Das Bürgerliche Gesetzbuch

mit besonderer Berücksichtigung
der Rechtsprechung des Reichsgerichts

erläutert von

Dr. Busch, Erler, Dr. Lobe, Michaelis, Oegg, Sayn, Schliewen und Seyffarth

Reichsgerichtsräten und Senatspräsidenten am Reichsgericht

Siebente, unveränderte Auflage

I. Band:

Allgemeiner Teil. Recht der Schuldverhältnisse I (allgemeiner Teil)

bearbeitet von

Dr. Busch, Oegg, Sayn (Allgemeiner Teil)

Michaelis (Recht der Schuldverhältnisse)

Berlin und Leipzig 1929.

Walter de Gruyter & Co.

vormals G. J. Göschen'sche Verlagshandlung — J. Guttentag, Verlagsbuchhandlung — Georg Reimer — Karl J. Trübner — Veit & Comp.

Roßberg'sche Buchdruckerei, Leipzig.

Vorwort zur ersten Auflage

Die vorliegende Bearbeitung des Bürgerlichen Gesetzbuchs ist vornehmlich den Bedürfnissen der Praxis gewidmet. Sie will in gedrängter Darstellung Sinn und Zusammenhang der einzelnen Vorschriften aufdecken, auf die bereits gesicherten Ergebnisse der Rechtsprechung, namentlich der höchstrichterlichen, aufmerksam machen, aber auch selbständig zur Lösung der vielfachen noch bestehenden Streitfragen und Zweifel beitragen. Hierbei mußten die gesetzgeberischen Vorarbeiten und die ältere Rechtsentwicklung zurücktreten. Besonderes Gewicht wurde auf möglichst erschöpfende Berücksichtigung der Rechtsprechung des obersten Gerichtshofs mit Einschluß nicht veröffentlichter Entscheidungen gelegt. Nur ausnahmsweise sind Entscheidungen der Oberlandesgerichte von grundlegender Bedeutung aus den gangbarsten Sammlungen herangezogen worden. Literaturangaben wurden nur dann für erforderlich erachtet, wenn sich die Meinung der Herausgeber mit gewichtigen Stimmen der Wissenschaft in Widerspruch setzte. Doch beruht das Werk auf umfassender Prüfung der zur Auslegung des Gesetzes dienlichen Hilfsmittel. Die Größe der Aufgabe brachte die Notwendigkeit mit sich, die Arbeit zu teilen. Von den Herausgebern bleibt jeder nur für den von ihm bearbeiteten Teil des Ganzen verantwortlich. Alle waren aber bemüht, nach einheitlichen Gesichtspunkten zu verfahren und Meinungsverschiedenheiten auszugleichen...

Das Einführungsgesetz ist im Anhang abgedruckt mit kurzen Verweisungen auf die Stellen, wo im Hauptwerk selbst darauf näher eingegangen ist. Die Anführungsweise entspricht den Vorschlägen des deutschen Juristentags.

Leipzig, Pfingsten 1910.

Vorwort zur sechsten Auflage

Bei der neuen Bearbeitung wurde an den bisherigen bewährten Richtlinien festgehalten und das Erläuterungsbuch unter Verwertung der weiteren Ergebnisse vornehmlich der Rechtsprechung auf den neuesten Stand gebracht. Die nach der fünften Auflage infolge des Währungsverfalls eingetretene Gesetzgebung und die damit verbundenen Aufwertungsfragen erforderten in den einschlägigen Rechtsgebieten vielfache Umgestaltungen und Erweiterungen des Erläuterungsstoffes. Auch sonst hat das Werk entsprechend seinem Zweck, in erster Linie den Bedürfnissen der Praxis zu dienen und in dieser Hinsicht möglichst Vollständiges zu bieten, eine beträchtliche Vermehrung des Inhalts der Erläuterungen erfahren. Infolgedessen ist das Werk der Handlichkeit wegen nicht wie bisher in drei, sondern in fünf Bände geteilt worden. Der Gleichmäßigkeit halber ist die Bearbeitung bis auf einzelne Nachträge mit dem 1. Juli 1927 abgeschlossen.

Von den ursprünglichen Mitherausgebern ist der Reichsgerichtsrat a. D. Brückner nach der ersten, der Reichsgerichtsrat a. D. Dr. Ebbecke nach der fünften Auflage von der Mitarbeit ausgeschieden und sind uns zu unserm tiefen Bedauern durch den Tod entrissen worden nach der zweiten Auflage die Reichsgerichtsräte Burlage, Hoffmann, Schmitt und nach der fünften Auflage die Reichsgerichtsräte a. D. Kiehl und Schaffeld. An ihre Stelle sind getreten seit der dritten Auflage die Herren Dr. Lobe, Dr. Mansfeld, Michaelis, Oegg, Schliewen, Seyffarth, von denen aber Senatspräsident Dr. Mansfeld nach der fünften Auflage wieder ausgeschieden ist, und nach der fünften Auflage Reichsgerichtsrat Sayn.

Nunmehr haben bearbeitet:

Band 1 (Allgemeiner Teil; Recht der Schuldverhältnisse I [allgemeiner Teil]):

§§ 1—89: RGR Sayn,
§§ 90—103: RGR a. D. Dr. Busch,
§§ 104—240: Senatspräsident Oegg,
§§ 241—432: RGR a. D. Michaelis.

Band 2 (Recht der Schuldverhältnisse II [einzelne Schuldverhältnisse]):

§§ 433—534: Senatspräsident Dr. Lobe,
§§ 535—606: Senatspräsident Oegg,
§§ 607—610: RGR Seyffarth,

§§ 611—661: Senatspräsident Degg,
§§ 662—687: Senatspräsident Dr. Lobe,
§§ 688—704: RGR Schliewen,
§§ 705—740: RGR Sayn,
§§ 741—764: Senatspräsident Degg,
§§ 765—822: Senatspräsident Dr. Lobe, ausgenommen
§ 779 (Vergleich): RGR Schliewen,
§§ 823—853: Senatspräsident Degg.

Band 3 (Sachenrecht):

§§ 854—872: RGR Schliewen,
§§ 873—928: RGR a. D. Dr. Busch,
§§ 929—1011: RGR Schliewen,
Erbbaurecht, §§ 1018—1203: RGR a. D. Dr. Busch,
§§ 1204—1296: RGR Schliewen.

Band 4 (Familienrecht):

§§ 1297—1588: RGR a. D. Erler,
§§ 1589—1921: RGR Sayn.

Band 5 (Erbrecht):

§§ 1922—2063: RGR a. D. Michaelis,
§§ 2064—2385: RGR Seyffarth.

Das Sachverzeichnis hat Landgerichtsrat Rudolf Erler bearbeitet.

Leipzig, im November 1927.

Die Herausgeber.

Inhaltsverzeichnis

Erstes Buch. Allgemeiner Teil

Zweites Buch. Recht der Schuldverhältnisse

Abkürzungen

(Nach den Vorschlägen des Deutschen Juristentags. Zweite Ausgabe. Berlin 1910)

AG . . . . Ausführungsgesetz.
ALR . . . Allgemeines Landrecht für die Preußischen Staaten v. 5. 2. 1794.
AnfG . . . Gesetz, betr. die Anfechtung von Rechtshandlungen eines Schuldners außerhalb d. Konkursverfahrens v.21.7.79/20.5.98.
ArbGG . . Arbeitsgerichtsgesetz v. 23. 12. 26.
AufwG . . Gesetz v. 16. 7. 25 über die Aufwertung von Hypotheken und anderen Ansprüchen.
BayObLG . Sammlung von Entscheidungen des Bayerischen Obersten Landesgerichts in Gegenständen des Zivilrechts.
BayRpflZ . Zeitschrift für Rechtspflege in Bayern.
DJZ . . . Deutsche Juristenzeitung.
EG . . . . Einführungsgesetz zum Bürgerlichen Gesetzbuch.
E I . . . . Entwurf zum Bürgerlichen Gesetzbuch in der Bearbeitung der I. Kommission.
E II . . . Derselbe Entwurf in der Bearbeitung der II. Kommission.
FGG . . . Gesetz über die Angelegenheiten der freiwilligen Gerichtsbarkeit v. 17. 5. 98.
GBO . . . Grundbuchordnung v. 24. 3. 97/20. 5. 98.
GenG . . . Gesetz betr. die Erwerbs- und Wirtschaftsgenossenschaften v.1.5.89/20.5.98.
GewGG . . Gewerbegerichtsgesetz v. 29. 9. 01.
GewO . . . Gewerbeordnung.
GmbHG . . Gesetz betr. die Gesellschaften mit beschränkter Haftung v. 20. 4. 92/20. 5. 98.
Gruch . . . Beiträge zur Erläuterung des Deutschen Rechts, begründet von Gruchot.
GVG . . . Gerichtsverfassungsgesetz.
HGB . . . Handelsgesetzbuch.
JFG . . . Jahrbuch für Entscheidungen in Angelegenheiten der freiwilligen Gerichtsrichtsbarkeit und des Grundbuchrechts.
JRdsch . . Juristische Rundschau.
JMBl. . . Justizministerialblatt.
JW . . . . Juristische Wochenschrift.
JWG . . Jugendwohlfahrtgesetz v. 9. 7. 22.
KfmGG . . Gesetz betreffend Kaufmannsgerichte v. 6. 7. 04.
KGJ . . . Jahrbuch für Entscheidungen des Kammergerichts in Sachen der freiwilligen Gerichtsbarkeit.
KO . . . . Konkursordnung v. 10. 2. 77/20. 5. 98.
LZ . . . . Leipziger Zeitschrift für deutsches Recht.
M. . . . . Motive zu dem von der ersten Kommission ausgearbeiteten Entwurfe des BGB.
OLG . . . Rechtsprechung der Oberlandesgerichte auf dem Gebiete des Zivilrechts, herausgegeben von Falkmann und Mugdan.
P oder Prot Protokolle der Kommission für die zweite Lesung des Entwurfs eines Bürgerlichen Gesetzbuchs, herausgegeben von Achilles, Gebhard und Spahn.
PStG . . Gesetz über die Beurkundung des Personenstandes und der Eheschließung v. 6. 2. 75/11. 6. 20.
RAO . . . Rechtsanwaltsordnung v. 1. 7. 78.
RBG . . . Gesetz, betr. die Rechtsverhältnisse der Reichsbeamten, v. 18. 5. 07.
Recht . . . Das Recht, Rundschau für den deutschen Juristenstand.
RFinH . . Sammlung von Entscheidungen und Gutachten des Reichsfinanzhofs.
RG . . . . Entscheidungen des Reichsgerichts in Zivilsachen, herausgegeben von den Mitgliedern des Gerichtshofs. — Die nicht in dieser Sammlung, sondern in anderen Zeitschriften veröffentlichten Entscheidungen sind mit dem Zusatze „RG" aus 1. der Juristischen Wochenschrift, 2. Warneyers Jahrbuch, s. unten Warn, 3. Gruchots Beiträgen, 4. Seufferts Archiv, 5. Leipziger Zeitschrift für deutsches Recht, 6. „Das Recht", in der angegebenen Reihenfolge, mehrfach abgedruckte Entscheidungen aber nur einmal angeführt. Andere Sammlungen sind nur ausnahmsweise berücksichtigt. Die bisher überhaupt noch nicht abgedruckten Entscheidungen sind mit „RG" nebst Datum und Aktenzeichen angeführt.
RGSt . . Entscheidungen des Reichsgerichts in Strafsachen.
RGBl . . . Reichsgesetzblatt.
RJA . . . Entscheidungen in Angelegenheiten der freiwilligen Gerichtsbarkeit und des Grundbuchrechts, zusammengestellt im Reichsjustizamt, jetzt Reichsjustizministerium.
ROHG . . Entscheidungen des Reichsoberhandelsgerichts.
RVerf . . Verfassung des Deutschen Reichs v. 11. 8. 19.
RVO . . . Reichsversicherungsordnung v. 19. 7. 11/15. 12. 24.
SeuffA . . Seufferts Archiv für Entscheidungen der obersten Gerichte in den deutschen Staaten.
StGB . . Strafgesetzbuch für das Deutsche Reich.
StPO . . Strafprozeßordnung.
UnlWG . . Gesetz gegen den unlauteren Wettbewerb v. 7. 6. 09.
UWG . . Gesetz über den Unterstützungswohnsitz v. 30. 5. 08.
VerlG . . Gesetz über das Verlagsrecht v. 19. 6. 01.
VersVG . . Gesetz über den Versicherungsvertrag v. 30. 5. 08.
Vf . . . . Verfügung.
VO . . . . Verordnung.
Warn . . . Warneyers Jahrbuch der Entscheidungen, Ergänzungsband 1908 ff., von 1919 ab Rechtsprechung des Reichsgerichts.
WO . . . Wechselordnung.
ZPO . . . Zivilprozeßordnung.
ZVG . . . Gesetz über die Zwangsversteigerung und Zwangsverwaltung v. 24. 3. 97/20. 5. 98.

Bürgerliches Gesetzbuch.

Vom 18. August 1896.

(Reichs-Gesetzblatt 1896, S. 195 ff.)

Wir Wilhelm, von Gottes Gnaden Deutscher Kaiser, König von Preußen usw.

verordnen im Namen des Reichs, nach erfolgter Zustimmung des Bundesrats und des Reichstags, was folgt:

Erstes Buch

Allgemeiner Teil

1. Die **Rechtsregel** enthält ihrem Wesen nach entweder eine Gebots- oder Verbotsbestimmung und gibt dementsprechend auf privatrechtlichem Gebiete entweder ein Recht auf Leistung oder ein Recht auf Unterlassung (Untersagungsrecht). Letzteres kann auch die Gestalt eines gegen jedermann wirksamen Ausschließungsrechts annehmen. Die Befreiung von einer Gebots- oder Verbotsbestimmung, woraus sich das Recht ergibt, etwas nicht zu tun zu brauchen oder etwas tun zu dürfen (Recht auf Duldung), stellt sich als Begrenzung der Gebots- oder Verbotsbestimmung dar. Der Form nach ist die Rechtssatzung regelmäßig derart gestaltet, daß an einen gewissen Tatbestand eine gewisse Rechtsfolge geknüpft ist. Doch gibt es auch Rechtssatzungen, die sich nur befassen mit der Erläuterung eines in mehreren Rechtsregeln vorkommenden Tatbestandes (begriffsentwickelnde Rechtssätze, wie über Begriff des Wohnsitzes, des Besitzes) oder mit der Bestimmung der mehreren Rechtsregeln gemeinsamen Rechtsfolgen (Anspruch auf Wiederherstellung, Schadensersatz) oder einen aus Tatbestand und Rechtsfolge zusammengesetzten Teil aus mehreren Rechtsregeln ausscheiden und für sich behandeln, wie die Bestimmungen über den im allgemeinen Teile des BGB dargestellten Vertrag, der als solcher im Rechtsleben niemals geschlossen wird, sondern nur als schuldrechtlicher Vertrag, dinglicher Vertrag usw. vorkommt. Oft wird im Gesetz ausgesprochen, daß die gleiche Rechtsfolge eintreten soll, wie wenn ein anderer Tatbestand vorläge (Unterstellung, daß die Handlungen des Vertreters Handlungen des Vertretenen seien, Unterstellung der Rückziehung); dies ist jedoch nur ein Mittel zur vereinfachten Darstellung des Rechtes, für die Erkenntnis des inneren Rechtsgehalts aber ohne Wert.

2. Die Geltung des Rechtes beruht entweder auf der Anerkennung durch freie bewußte Tätigkeit des Staates (im Wege der Gesetzgebung, des Staatsvertrags oder der Verordnung — **Gesetzesrecht**, wozu auch die vom Träger der Staatsgewalt erteilten Privilegien gehören, RG JW 1911, 989[27] und hinsichtlich der Regalrechte 94, 86) oder auf der durch gefestigte Übung sich kundgebenden Anerkennung der Volksgenossen (**Gewohnheitsrecht**). Über das Zustandekommen und das Inkrafttreten eines Gesetzes sind, da dies dem öffentlichen Recht angehört, in das BGB keine Bestimmungen aufgenommen (s. wegen des Inkrafttretens der Reichsgesetze Art 71 RVerf v. 11. 8. 19 und in Abstimmungsgebieten RG 108, 235 sowie bezüglich der Gesetze in den früheren Konsulargerichtsbezirken und Schutzgebietsbezirken § 30 KonsGG v. 7. 4. 00 und § 3 des SchutzgebG in der Fassung v. 10. 9. 00). Ein vom Reichstag beschlossenes Gesetz ist auf Entschließung des Reichspräsidenten, auf

Einspruch des Reichsrats, falls trotz erneuter Beschlußfassung des Reichstags der Reichsrat und der Reichspräsident bei dem Widerspruch beharren, unter Umständen auch auf Volksbegehren zum Volksentscheid zu bringen (Artt 73—75 RVerf). Die Ausfertigung des Reichsgesetzes muß nach Artt 70, 50 die Unterschrift des Reichspräsidenten und des Reichskanzlers oder zuständigen Reichsministers tragen, der damit die Verantwortlichkeit übernimmt, daß das Gesetz verfassungsmäßig zustande gekommen ist, ohne daß jedoch hierdurch das richterliche Prüfungsrecht, wozu ein besonderer Anlaß gegeben sein kann, ausgeschlossen ist (vgl. für früheres Recht RG 48, 88; 77, 231; 102, 164; JW 1916, 597[18], Arndt das. S. 809 und 1918, 681, anderseits Meyer-Anschütz S. 741, für das jetzige Recht RG 107, 379; 111, 322, s. auch die Aufsätze in JW 1922, 81—83; 1924 S. 527 u. 1564; 1925 S. 44 u. 454 und die Kommentare zu Artt 70, 102 RVerf). Die Prüfung, ob landesrechtliche Vorschriften mit dem Reichsrecht vereinbar sind, ist jedenfalls nach dem Grundsatze des Art 13 RVerf „Reichsrecht bricht Landesrecht" den Gerichten nicht beschränkt (RGSt 56, 177; RG 103, 200; 104, 59). Die Verordnungen der Reichsregierung (Artt 77, 91) brauchen im Reichsgesetzblatt nicht verkündet zu werden (vgl. für das frühere Recht RG 48, 88); über die Verkündung von Rechtsverordnungen des Reichs trifft das Ges v. 13. 10. 1923 Bestimmung. Auch über das Gewohnheitsrecht ist im BGB nichts gesagt. Damit ist dieser Rechtsquelle freier Raum gelassen, mit der aus der RVerf (vgl. Art 13) sich ergebenden Beschränkung, daß Reichsrecht nicht durch partikulares Gewohnheitsrecht gebrochen werden, auch nicht ergänzt werden kann, soweit nicht das Reichsrecht, wie in § 919 BGB, § 40 des Ges v. 7. 4. 00 und § 3 des Ges v. 10. 9. 00 (Handelsgewohnheitsrecht in den Konsulargerichts- und Schutzgebietsbezirken), hierauf verweist. Die Entstehung des Gewohnheitsrechts wird nicht dadurch gehindert, daß es in einem Mißverständnis des bestehenden Rechtes seinen Ursprung hat (anders für preußisches Recht, sofern nicht später die ursprüngliche Veranlassung in dem Bewußtsein der Beteiligten geschwunden ist, RG Warn 1912 Nr 23, Gruch 49, 1154; RG 18. 3. 26 IV 277/25), auch nicht dadurch, daß es einen nicht billigenswerten Inhalt hat. Nicht notwendig ist ferner, daß die Übung von den Beteiligten vorgenommen ist in der Überzeugung, damit in Befolgung eines bestimmten, vom Gesetz aufgestellten Rechtssatzes zu handeln (RG 76, 113; JW 1910, 944[25]). Nahe verwandt dem Gewohnheitsrecht sind die innerhalb bestimmter Verkehrskreise sich bildenden Geschäftsbräuche, denen die zu diesen Kreisen gehörigen Personen auch ohne besondere Kenntnis des Brauches auf Grund der Auslegung ihres Willens (§ 157 BGB; § 346 HGB; vgl. Denkschrift z. Entw. des HGB S. 4; RG 53, 147; Gruch 52, 1101; JW 1914, 140[2] — vgl. über stillschweigende Unterwerfung unter den Handelsbrauch JW 1914, 674[1]) unterworfen sind. — Über die Geltung des Gewohnheitsrechts auf den der Landesgesetzgebung vorbehaltenen Gebieten (Artt 55ff. EG) entscheidet das Landesrecht, über das eine vertragsmäßige Abmachung ersetzende Herkommen vgl. RG 102, 12; JW 1926, 1446[4]; Warn 1925 Nr 31; über Observanz nach preußischem Recht s. RG 52, 426; JW 1910, 662[30]; 1912, 484[31].

3. Behufs Anwendung des Gesetzes hat es der Richter **auszulegen**. Er hat den nach den Regeln der Sprach- und Denklehre sich ergebenden sprachlichen Sinn und den einzelnen Vorschriften zugrunde liegenden Rechtsgedanken klarzulegen, wobei die rechtsgeschichtliche Entwicklung, der Zusammenhang der Rechtssätze in dem sie zu einer Einheit verbindenden Rechtssystem und vor allem die mit der Regelung im Widerstreit der Lebensinteressen verfolgten praktischen Zwecke zu berücksichtigen sind. Von Bedeutung für die Auslegung ist auch die Rücksicht auf leichte Erkennbarkeit und Durchführbarkeit des Rechtes (Praktikabilität des Rechtes). Den hiernach sich ergebenden Inhalt des Gesetzes hat die Auslegung in vollem Umfange, auch über den Wortlaut der Bestimmung hinaus, zur Anerkennung zu bringen, und zwar auch bei einer aus Billigkeits- oder Nützlichkeitsgründen gegebenen Ausnahmevorschrift, bei der im allgemeinen eine ausdehnende Auslegung nicht am Platze ist (RG 44, 107; JW 1916, 592[15]; vgl. auch JW 1910, 934[2]). Stellt sich eine Gesetzesbestimmung oder eine Mehrheit solcher Bestimmungen als Ausfluß eines allgemeinen Grundsatzes dar, so überschreitet die Auslegung nicht die ihr gezogenen Grenzen, wenn sie diesen Grundsatz in seiner vollen Tragweite zur Geltung bringt. Man unterscheidet hierbei Gesetzesanalogie, durch welche eine Gesetzesvorschrift auf ein rechtsähnliches Verhältnis angewandt wird, und Rechtsanalogie, die aus verschiedenen Einzelvorschriften einen ihnen zugrunde liegenden allgemeinen Rechtsgedanken entnimmt — vgl. RG 52, 377; 54, 58 über die Pflicht zu billiger Rücksichtnahme auf den andern im Interesse der Verhütung von Schaden; RG 56, 286; 60, 7; 77, 222; 78, 210 u. 259; 95, 339 über die Zulässigkeit der allgemeinen Unterlassungsklage. Wertvoll für die Auslegung des Gesetzes sind die gesetzgeberischen Vorarbeiten. Doch bleibt zu prüfen, ob die in ihnen enthaltenen Erwägungen in das Gesetz übernommen sind. Als Hilfsmittel für Auslegung des Gesetzes kommt auch die Verkehrssitte in Betracht, auf welche in verschiedenen Vorschriften (wie §§ 97 Abs 1 Satz 2, 119 Abs 2, 151, 242, 2255 Abs 1) zur näheren Bestimmung des Gesetzesinhalts verwiesen ist. Durch eine solche Bezugnahme erlangt aber die Verkehrssitte nicht etwa die Be-

deutung eines Gesetzesrechts, ebensowenig wie die Bezugnahme auf das richterliche Ermessen oder die gute Sitte eine solche Wirkung haben kann. Soweit eine gesetzliche Regelung fehlt, hat der Richter in Ergänzung des Gesetzes die entscheidende Norm selbst aufzustellen.

4. Im Verhältnis zum Parteiwillen sind die Gesetzesbestimmungen entweder **zwingende,** die durch Vereinbarung der Parteien nicht abgeändert werden können, oder **ergänzende,** die den Parteien die Freiheit lassen, eine andere Bestimmung zu treffen. Von den letzteren unterscheiden sich die **Auslegungsregeln** dadurch, daß hier der Richter angewiesen ist, zunächst unter Prüfung aller in Betracht kommenden Umstände zu untersuchen, ob nicht im einzelnen Falle ein anderer Parteiwille anzunehmen ist (RG JW 09, 661[12]). Die ergänzenden Vorschriften haben dagegen ohne weiteres Geltung, falls nicht eine gegenteilige Vereinbarung getroffen ist.

5. Dem **bürgerlichen Recht** (Privatrecht) gehören die Rechte an, die dem einzelnen um seiner selbst willen, und zwar derart gewährt sind, daß die Geltendmachung — soweit sie nicht dem gesetzlichen Vertreter obliegt — dem Belieben des Berechtigten überlassen ist. Die Verzichtbarkeit ist nicht eine allgemeine Eigenschaft des bürgerlichen Rechtes (vgl. § 1614, Vorbem 1 vor § 1616 usw.). Die Berechtigung in der Betätigung gegen den Verletzer des Rechtes erscheint als Anspruch. Das Gegenstück zu dem Anspruche bildet die Einrede. Von dem Belieben des Einredeberechtigten hängt es ab, ob er von diesem Schutzmittel Gebrauch machen und das Erlöschen des mit der Einrede behafteten Rechtes — das regelmäßig mit Rechtskraft des Urteils eintritt, anders beim Anfechtungsrecht nach § 142 Abs 1 und bei Geltendmachung einer Einrede gegenüber der Vormerkung, der Hypothek oder einem Pfandrecht gemäß §§ 886, 1169, 1254 — herbeiführen will. In einzelnen Beziehungen (§§ 390, 813 Abs 1) steht der durch Einrede entkräftbare Anspruch dem nicht bestehenden Anspruch gleich. Die **Berechtigung** kann der einzelne in der Weise erlangen, daß sie ihm bei Vorhandensein eines gewissen Tatbestandes ohne weiteres zufällt, oder in der Art, daß ihm die rechtliche Möglichkeit gegeben ist, durch freie Willensbetätigung das Recht zur Entstehung zu bringen (Recht der Annahme, der Aneignung, Rücktritts-, Anfechtungs-, Scheidungsrecht, Aufrechnungsrecht, Verbotsrecht nach § 1577 Abs 3, sog. Gestaltungsrechte). Unter Umständen tritt, wenn durch Verwirklichung eines Teiles des Tatbestandes die Grundlage einer Berechtigung bereits geschaffen ist (schwebendes Rechtsverhältnis), mit Erfüllung des vollen Tatbestandes eine Rückwirkung ein (§§ 84, 108 Abs 1, 142, 161, 177, 184, 389, 1396, 1448, 1953, 1976, 2344). Den bürgerlichen Rechten eigentümlich ist es, daß sie im ordentlichen Rechtswege verfolgbar sind (§ 13 GVG). Dies gilt jedoch auch für die Eigenrechte, die in Rechtsverhältnissen des öffentlichen Rechtes ihren Grund haben (Gehaltsanspruch des Beamten, Entschädigungsanspruch wegen Enteignung, Schadensersatzpflicht wegen Verletzung öffentlich-rechtlicher Pflichten, insbesondere Amtspflichtverletzungen, RG 91 S. 178 u. 307; 54, 59; 70, 398; 87, 114; 99, 97; 103 S. 131, 429; 106, 42; 111, 64; JW 1926, 2083[1]; über Fahrlässigkeit bei Ausübung des militärischen Hoheitsrechts RG JW 1919, 930[1]; vgl. auch 92, 310; 105, 37; 107, 367; Ausgleichungsansprüche hinsichtlich öffentlich-rechtlicher Verpflichtungen, soweit nicht ausnahmsweise diese Streitigkeiten den Verwaltungsgerichten oder Verwaltungsbehörden zugewiesen sind, RG 91 S. 248 u. 291; Gruch 61, 654; JW 07, 145[26]; 1912, 81[27]; SeuffA 77 Nr 195). Zur Beilegung einer öffentlich-rechtlichen Streitigkeit kann ein privatrechtlicher Vergleich geschlossen werden (RG 77, 300; 79, 200). Auch sonst können Verträge, die auf öffentlich-rechtliche Verhältnisse sich beziehen, einen bürgerlich-rechtlichen Inhalt haben (RG 67, 291; 111, 209; JW 1916, 600[21]).

6. Wer auf ein Recht (Anspruch oder Einrede) sich beruft, hat die **Beweislast** (und Behauptungslast) dafür, daß der das Recht begründende Tatbestand, die Vorbedingungen dieses Rechtes, die bejahender oder verneinender Art sein können, gegeben sind. Nicht aber braucht er das Nichterlöschen des Rechtes oder das Nichtvorhandensein solcher Umstände zu beweisen, welche die sonst regelmäßig eintretende Entstehung des Rechtes hindern oder in seinem Umfange beschränken. Ob ein solcher Umstand vorliegt, der sich als Ausnahme von der Regel darstellt, ist meist aus der Fassung der Gesetzesvorschrift zu ersehen. Das BGB pflegt zur Kennzeichnung, daß es sich im Sinne der Beweislast um eine Ausnahmevorschrift handelt, einen einschränkenden oder verneinenden Zusatz, insbesondere die Worte „es sei denn, daß“, „wenn nicht“ (im Falle diese Wendung ungetrennt oder nur durch ein Fürwort getrennt gebraucht wird), „die Vorschrift findet keine Anwendung“ (vgl. §§ 4 Abs 2, 181, 273 Abs 2, 287, 407, 793 Abs 1, 932, 957, 1007 Abs 2 Satz 1, 1973 Abs 1 — 139, 460 Satz 2, 477 Abs 1, 955 Abs 1 Satz 2, 1699 Abs 1 — 9 Abs 2, 10 Abs 1 Satz 2, 173, 285, 312 Abs 2, 410 Abs 2, 685 Abs 1, 687 Abs 1, 793 Abs 1, 814, 831 u. 832 Abs 1 Satz 2, 833 Satz 2, 834 Satz 2, 836 Abs 1 Satz 2, 861 Abs 2, 905, 906, 911 Abs 2, 935, 937 Abs 2, 1007 Abs 2, 1298 Abs 3, 1345 Abs 2, 1537, 1591 Abs 1 Satz 2) zu verwenden. Die Beweislast ist damit demjenigen zugewiesen, welcher das Vorhandensein einer solchen Ausnahme behauptet. Wichtig für die Beweispflicht ist, daß der tatsächlich bestehende Zustand

der Regel nach als *rechtlich bestehend gilt* (Vermutung für die Gültigkeit des in gehöriger Form eingegangenen Rechtsgeschäfts, der in gehöriger Form geschlossenen Ehe, für die Rechtmäßigkeit des Besitzes einer beweglichen Sache nach § 1006, für die Rechtsgültigkeit des auf Bestehen oder Nichtbestehen eines Rechtes gerichteten Grundbucheintrags nach § 891, für die Ehelichkeit des in der Ehe oder bald nachher geborenen Kindes nach §§ 1591, 1593). Wesentlich auf anderem Gebiete liegt die Vermutung für die Richtigkeit einer Bescheinigung der Behörde (§ 418 ZPO), insbesondere für die Richtigkeit des von dem Nachlaßgericht ausgestellten Erbscheins (§ 2365), der eine im Erbrechtsstreit den Prozeßrichter nicht bindende, vorläufige Bescheinigung des Erbrechts enthält (vgl. **RG** Warn 1913 Nr 300, Kuttner in IheringsJ 61, 114, Heinsheimer in LZ 1915, 1275ff.). Keine Vermutung besteht dafür, daß die rechtsgeschäftliche Verpflichtung unbedingt übernommen ist (vgl. § 158 A 7, vgl. auch § 163 A 2). Ist eine Partei durch Rechtsgeschäft eine Verpflichtung eingegangen oder ist ihr durch Gesetz eine besondere, über das allgemeine Maß hinausgehende Verpflichtung (wie z. B. in den Fällen der §§ 833, 836) auferlegt, so hat sie sich *über die Erfüllung dieser Verpflichtung*, und somit auch darüber, daß sie an der Nichterfüllung kein Verschulden trifft, *auszuweisen*.

7. Das **zwischenstaatliche bürgerliche Recht** ist in den Artt 7—31 EG sehr verschiedenartig behandelt. Zum Teil ist nur bestimmt, welche Rechtsverhältnisse nach deutschen Gesetzen zu beurteilen sind, nicht aber eine Anweisung darüber gegeben, welches Recht sonst anzuwenden ist — *einseitige Herrschaftsregeln* (Kollisionsnormen) der Artt 8, 9, 14, 18, 19, 20, 22 EG. Zum Teil sind auch darüber, welches ausländische Recht anwendbar ist, Regeln aufgestellt, aber nur für gewisse Beziehungen (Wohnsitz des Ausländers im Inlande, Schließung der Ehe im Inlande usw.) — *unvollständig zweiseitige Herrschaftsregeln* der Artt 13, 15, 24, 25. Teilweise endlich wird durch dieselbe Rechtsregel sowohl der Geltungsbereich des deutschen Rechtes als das im einzelnen Falle anwendbare ausländische Recht bestimmt — *vollkommene Herrschaftsregeln*, zu denen auch Art 28 gerechnet werden darf. Die Frage, wie die hiernach bestehenden Lücken auszufüllen sind, ist mit der herrschenden Meinung dahin zu beantworten, daß die einseitigen und unvollständig zweiseitigen Herrschaftsregeln, die dem Grundsatz der internationalen Rechtsgemeinschaft entsprechen, eine Erweiterung durch entsprechende Anwendung zulassen (vgl. **RG** 62, 402; 91 S. 139 u. 406), nicht dagegen die auf den Schutz des Deutschen berechneten besonderen Bestimmungen der Artt 9 Abs 3, 12, 18 Abs 3, 16 Abs 2, 17 Abs 4, 19 Satz 2, 21 letzter Satz, 22 Abs 2. In erster Linie ist jedoch, wenn die Herrschaftsregeln derjenigen Staaten, die nach den möglichen Anknüpfungsbeziehungen (Staatsangehörigkeit, Wohnsitz usw.) allein in Betracht kommen können, hinsichtlich des anzuwendenden Rechtes übereinstimmen, dieses Recht zur Anwendung zu bringen (vgl. Niedner, Vorbem vor Art 7 EG unter IV; Neumann in Gruch 46, 67ff.; Enneccerus § 60 I 2; a. A. Niemeyer, Das internationale Privatrecht S. 34ff.). Auf dem Gebiete der ergänzenden Gesetzesvorschriften haben die Parteien es in der Hand, das anzuwendende Recht ausdrücklich oder stillschweigend zu vereinbaren, wobei als stillschweigend vereinbart das angenommen werden darf, was die Parteien bei vernünftigem Ermessen und billiger Berücksichtigung aller Umstände über das anzuwendende Recht bestimmt haben würden (**RG** 44, 301; 58, 367; 68, 203; 73, 387; 74, 173; JW 1911, 148[2] u. 361[8]; 1913, 552[20]; Gruch 54, 397 u. 1055; Warn 1914 Nr 303; 1921 Nr 148). Ist nicht festzustellen, daß die Parteien die allgemeine einheitliche Anwendung eines der beiden in Betracht kommenden Rechte für die beiderseitigen Verpflichtungen gewollt haben, so ist in der Regel das Recht des für die streitige Verpflichtung bestehenden Erfüllungsorts als vereinbart anzusehen (**RG** Gruch 54, 1054; **RG** 78, 55; 95, 164; 103, 261; 108, 243 u. ö.). Abgesehen von diesen Ausnahmen sind lediglich die Herrschaftsregeln des deutschen Rechtes dafür entscheidend, welches ausländische Recht anzuwenden ist. Ist hiernach das Recht eines bestimmten Auslandsstaats maßgebend, so ist dies im Zweifel dahin zu verstehen, daß nicht bloß die sachentscheidenden (materiell-rechtlichen) Vorschriften des Auslandsrechts, sondern auch seine den Herrschaftsbereich bestimmenden Regeln, die zusammen mit diesen erst den vollständigen Rechtssatz ergeben, anwendbar werden. Es kommt mithin, wenn dieses Recht, z. B. entgegen dem inländischen Recht, nicht die Staatsangehörigkeit, sondern den Wohnsitz für das anzuwendende Recht als maßgebend erklärt und damit auf ein anderes Recht *verweist*, das **letztere** Recht zur Anwendung, und zwar nicht bloß, wenn auf das deutsche Recht *zurückverwiesen* wird (Art 27; vgl. **RG** JW 1911, 208[1]), sondern auch, wenn auf ein anderes Auslandsrecht *weiterverwiesen* wird (**RG** 62, 404; 78, 234, und hinsichtlich der Zulässigkeit der Rückverweisung auf sachenrechtlichem Gebiete 78, 48). Auch eine fernere Weiterverweisung ist zu beachten. Diese Regeln greifen jedoch nicht ohne weiteres Platz, wenn das zwischenstaatliche Recht nicht durch Reichsgesetz, sondern durch zwischenstaatliche Vertragschließung geregelt ist, in welchem Falle es auf die Vertragsgrundsätze ankommt (**RG** 105, 340). Wird hierbei auf eines der vorerwähnten Rechte zurückverwiesen, so muß es bei dessen Anwendbarkeit verbleiben. Für die Entscheidung der Vorfrage, ob die *Staatsangehörig-*

keit oder der Wohnsitz in einem bestimmten Staate begründet ist, ist das Recht dieses Staates in Betracht zu ziehen. Die Frage der Staatsangehörigkeit kann nicht entschieden werden ohne Prüfung, ob die bisherige Staatsangehörigkeit in dem andern Staate nach dessen Gesetzen verlorengegangen ist. Bei mehrfachem Wohnsitz ist dem mit dem Aufenthalt verbundenen Wohnsitz der Vorzug zu geben. Ist in der Frage der Staatsangehörigkeit oder des Wohnsitzes abweichend vom Rechte des andern Staates die inländische Staatsangehörigkeit oder der inländische Wohnsitz begründet, so ist in dieser Frage das deutsche Recht zur Anwendung zu bringen (vgl. RG 102, 84). Für den Fall der Staatenlosigkeit läßt Art 29 das Recht der früheren Staatsangehörigkeit, in zweiter Linie das Recht des Wohnsitzes und in letzter Linie dasjenige des Aufenthalts maßgebend sein. Keinesfalls darf der deutsche Richter ausländisches Recht zur Anwendung bringen, das seinem Inhalte nach gegen die guten Sitten oder den Zweck eines deutschen Gesetzes verstoßen würde (Art 30). Es kommt hierfür wesentlich darauf an, welche Tragweite das inländische Gesetz sich beilegt, ob der verbietende inländische Rechtssatz nicht auf Inländer oder im Inlande vorgenommene Rechtshandlungen sich beschränkt. Die Anwendung ausländischen Rechtes ist außer dem Falle, daß nach dem Zweck des Gesetzes die Schädigung inländischer Interessen abgewehrt werden soll, namentlich dann ausgeschlossen, wenn es mit dem sittlichen Empfinden oder den Grundlagen der staatlichen Ordnung derart in Widerspruch steht, daß es auch unter Berücksichtigung der Eigenart des Auslandes keinesfalls Anerkennung verdient (vgl. RG 60, 296; 106, 85; 110, 175; Warn 1912 Nr 34; 1923/24 Nr 42, 43). Ebensowenig darf die Weiterverweisung dazu führen, daß Rechtsgrundsätze zur Anwendung kommen, denen zwingende Vorschriften des einheimischen Rechtes entgegenstehen. Zum Schutze der Deutschen gegen unbillige Zurücksetzung auf dem Gebiete des internationalen Privatrechts ist in Art 31 bestimmt, daß der Reichskanzler unter Zustimmung des Bundesrats (Reichsrats) ein Vergeltungsrecht gegen den betreffenden ausländischen Staat, dessen Angehörige und ihre Rechtsnachfolger anordnen kann. — Die Grundsätze des internationalen Privatrechts finden auch auf das Verhältnis der deutschen Bundesstaaten untereinander entsprechende Anwendung, soweit nicht für die der Landesgesetzgebung vorbehaltenen Gebiete landesrechtlich andere Vorschriften erlassen sind (KGJ 32 A 23). Gelten nach Landesrecht je nach dem Wohnsitz in den verschiedenen Rechtsgebieten verschiedenartige Vorschriften, so muß allerdings auch fernerhin für das anzuwendende Recht der Wohnsitz, nicht die Staatsangehörigkeit, maßgebend bleiben.

8. Der **zeitlichen Herrschaft** des BGB. sind die Rechtsverhältnisse unterworfen, die seit seinem Inkrafttreten entstanden sind, mögen sie auch bereits vor dieser Zeit in der Entstehung begriffen sein; ebenso die erbrechtlichen Verhältnisse, die mit dem nach dieser Zeit eingetretenen Erbfall in Zusammenhang stehen (Artt 170, 213 EG). Doch werden die Rechtswirkungen des zur Zeit des Inkrafttretens des BGB bereits bestehenden Eigentums oder Besitzes, der Erbbaurechte, Grunddienstbarkeiten oder Pfandrechte (im Sinne des neuen Rechtes) sowie mit gewissen Ausnahmen der personenrechtliche Zustand und die Rechtsstellung auf dem Gebiete des Familienrechts ebenfalls nach neuem Recht beurteilt (Artt 180, 181, 173, 184, 192, 195, 153—156, 199, 203, 210). Was die Verpflichtung aus unerlaubter Handlung betrifft, so kann die Anwendung des früheren Rechtes in einzelnen Beziehungen gerechtfertigt sein, obschon das Schuldverhältnis unter der Herrschaft dieses Rechtes noch nicht vollständig entstanden war, so in dem Falle, daß der schädliche Erfolg erst unter neuem Recht eingetreten ist, hinsichtlich der Frage der Verantwortlichkeit (vgl. RG 99, 225). Besondere Vorschriften wegen der Inhaberpapiere s. in Artt 174, 177, wegen Miete und Pacht in Art 171 und wegen eines früheren Scheidungs- oder Anfechtungsgrundes in Artt 201, 198. Für die Frage nach der Wirkung von Willensmängeln bei einem vor dem 1. 1. 00 entstandenen Schuldverhältnis ist das alte Recht maßgebend (RG 110, 32). Soweit eine andere Regelung nicht getroffen ist, ist davon auszugehen, daß sich das BGB rückwirkende Kraft nicht beilegen will. Auch hinsichtlich der zwingenden Gesetze ist eine rückwirkende Kraft nur ausnahmsweise anzunehmen (RG 44, 59; 46 S. 152 u. 177; über Rückwirkung des § 138 Abs 2 RG 47, 103). Von der Rückwirkung werden die durch rechtskräftiges Urteil oder gültigen Vergleich vollständig erledigten Rechtsverhältnisse nicht betroffen. Ist sowohl über die zeitliche Herrschaft als über die räumliche Herrschaft der Rechtsregeln Streit, so ist zuvörderst nach Maßgabe der Vorschriften über die zeitliche Herrschaft das anzuwendende Recht zu bestimmen, und es sind die Vorschriften dieses Rechtes dafür entscheidend, welchen Rechtsregeln in räumlicher Hinsicht das Rechtsverhältnis untersteht (RG JW 02, 67 und Beil 227[37]; Habicht, Einwirkung des BGB auf zuvor entstandene Rechtsverhältnisse § 6). Die Grundsätze des BGB über internationales Privatrecht können auf die einer früheren Zeit angehörigen Rechtsverhältnisse nicht ohne weiteres angewendet werden.

Erster Abschnitt
Personen
Erster Titel
Natürliche Personen
§ 1

Die Rechtsfähigkeit[1]) des Menschen[2]) beginnt mit der Vollendung der Geburt[3])[4]).

E I 3 II 1; M 1 28 ff.; P 1 4; 6 106, 107.

1. Die **allgemeine Rechtsfähigkeit,** d. i. die Fähigkeit, auf dem Gebiete des bürgerlichen Rechtes Träger von Rechten und Verbindlichkeiten zu sein, kommt einem jeden Menschen zu. Damit ist von dem BGB, das in dieser Beziehung ausschließliche Geltung beansprucht (Art 30 EG), soweit deutsche Gerichte entscheiden — nicht auch, soweit in den Schutzbezirken die besondere Gerichtsbarkeit über Eingeborene bestehen geblieben war (§ 4 SchutzgebG in der Fassung v. 10. 9. 00, § 2 VO v. 9. 11. 00 u. VO v. 3. 6. 08) —, auch die Rechtsfähigkeit des Sklaven anerkannt. Die Bestimmung des PrGes v. 9. 3. 57, daß Sklaven mit Betreten des preußischen Gebiets frei werden, ist vom BGB nicht übernommen. Aus der Nichtanerkennung der Sklaverei folgt nicht, daß zugleich alle Wirkungen des Dienstverhältnisses beseitigt wären (vgl. die zur Vorbereitung der Abschaffung der Haussklaverei in Deutsch-Ostafrika ergangene VO des RK v. 29. 11. 01). Nicht ausgeschlossen ist durch § 1 die Beschränkung der Rechtsfähigkeit hinsichtlich einzelner Rechte. Ein Unterschied zwischen Inländer und Ausländer findet jedoch in dieser Beziehung nicht statt. So ist der Schutz des Art 131 RVerf dem Ausländer nicht zu versagen (**RG** 111, 378). Nur ist durch Art 88 EG der Landesgesetzgebung, soweit nicht vom Reich geschlossene Staatsverträge entgegenstehen, gestattet, den Grundstückserwerb der Ausländer von staatlicher Genehmigung abhängig zu machen (so Art 25 AG für Hamburg — wegen dessen Geltung gegenüber dem Friedensvertrag von Brest-Litowsk s. **RG** 111, 40 — und Art 15 AG für Hessen). Bezüglich Art 86 EG und Art 7 § 2 PrAG vgl. Vorbem 4 vor § 21. Auch die Verschiedenheit des religiösen Bekenntnisses begründet keinen Unterschied, unbeschadet der Befugnis der Landesgesetzgebung nach Art 87 EG, für Mitglieder religiöser Orden oder ordensähnlicher Vereinigungen die staatliche Genehmigung zu unentgeltlichem Erwerb unter Lebenden oder von Todes wegen zu fordern, von welcher Befugnis einzelne kleinere Bundesstaaten Gebrauch gemacht haben. Die Rechts- und Erwerbsfähigkeit wird durch das von den Mönchen oder Nonnen abgelegte Gelübde der Armut nicht aufgehoben, wie auch die Handlungsfähigkeit dieser Personen durch das Gelübde des Gehorsams nicht beseitigt wird (**RG** 97, 124; vgl. über die vermögensrechtliche Bedeutung des Klostergelübdes Brünneck in Gruch 45, 193). — Die Geschlechter sind nach dem Programmsatz des Art 109 Abs 2 RVerf in bezug auf die staatsbürgerlichen Rechte und Pflichten einander grundsätzlich gleichgestellt. Ebenso sind durch Art 128 Abs 2 das. auf dem Gebiete des Beamtenrechts alle Ausnahmebestimmungen gegen weibliche Beamte beseitigt (**RG** 106, 154; 110, 190). Nach BGB bestehen noch Verschiedenheiten in der Stellung von Mann und Frau als Ehegatten und als Eltern, §§ 1354, 1358, 1363, 1443, 1519, 1549, 1627, 1634, 1684, 1687, 1697. — Die besondere Rechtsfähigkeit, die Frage, ob jemand ein bestimmtes Recht erwerben oder ausüben kann, ist nach den Gesetzen zu beurteilen, die für das betreffende Rechtsverhältnis maßgebend sind.

2. Rechtsfähig ist nur der **lebende Mensch.** Doch wirkt das Recht der Persönlichkeit auch nach dem Tode insofern fort, als der Leichnam bestattet werden und die in den Kirchhofsordnungen bestimmte Ruhezeit eingehalten werden muß (vgl. Raußnitz im Recht 03 S. 593 bis 595). Die Hinterbliebenen (nach verwaltungsrechtlichen Vorschriften auch öffentliche Krankenhäuser, wenn kein Angehöriger des im Krankenhause Verstorbenen sich meldet) können über den Leichnam in gewissem Umfange verfügen, können ihn abbilden oder sezieren lassen. Dies Verfügungsrecht beruht auf Gewohnheitsrecht (Josef in Gruch 65, 304 ff.). Einen Gegenstand sachenrechtlicher Herrschaft bildet der Leichnam (vgl. jedoch § 168 StGB) nur ausnahmsweise, wenn er zu wissenschaftlichen Präparierungszwecken einer Anatomie usw. überlassen ist. Zu einer solchen Überlassung sind die Angehörigen nur aus besondern Gründen befugt. Vgl. hierüber Gareis, Recht am menschlichen Körper, in der Festgabe für Schirmer S. 59 ff., Johnsen, Die Leiche im Privatrecht S. 63 ff., v. Blume im ArchZivPr 112, 367 ff., Oertmann in LZ 1924, 511. Das den Hinterbliebenen zustehende Recht der Verfügung über den Leichnam beruht auf privatrechtlicher Grundlage, und es ist deshalb bei Streitigkeiten hierüber (soweit nicht besondere landesrechtliche Vorschriften eingreifen) der Rechts-

weg nicht ausgeschlossen (RG 71, 20; 100, 172; 108, 219; JW 1913, 652[15]). Vorschriften darüber, wer berechtigt ist, über die Art der Beisetzung zu bestimmen, sind im BGB, das in den §§ 1968, 1360 Abs 3, 1615 Abs 2 nur die Pflicht zur Tragung der Begräbniskosten regelt, nicht gegeben. Maßgebend ist in erster Linie die von dem Erblasser selbst getroffene Anordnung, mit der aus § 138 folgenden Beschränkung, daß die Anordnung nicht wider die guten Sitten verstoßen darf, wozu auch ein Verstoß gegen die gute Familiensitte zu rechnen ist (RG 100, 173; JW 1912, 540[19]; Warn 1913 Nr 303; vgl. auch § 22 des Kunstschutzges. v. 9. 1. 07). In zweiter Linie werden nach Maßgabe der landesgesetzlichen Vorschriften (Art 133 EG; vgl. für Preußen ALR II 11 §§ 455, 460) über die Art der Beisetzung die nächsten Familienangehörigen, der hinterbliebene Ehegatte (SeuffA 62 Nr 88), sodann die großjährigen Kinder, äußerstenfalls die Eltern oder Großeltern zu befinden haben, so jedoch, daß die Bestattungsart keine unangemessene sein darf (vgl. LZ 1920, 666[4]) und daß der Erbe nicht zur Tragung unangemessen hoher Begräbniskosten verpflichtet werden kann (die in JW 1912, 540[19] als naheliegend bezeichnete Ansicht, daß derjenige, welcher die Kosten der Beerdigung zu tragen habe, auch den Ort und die Art der Beerdigung bestimmen dürfe, ist in der späteren Rechtsprechung des Reichsgerichts nicht aufrecht erhalten). Kommt eine Einigung über die Begräbnisstätte (oder den Aufbewahrungsraum für die Aschenurne) nicht zustande, so wird diejenige Meinung den Vorzug verdienen, welche den persönlichen Anschauungen des Verstorbenen am meisten Rechnung trägt (vgl. RG SeuffA 59 Nr 308). Schließt der Erblasser einen Familienangehörigen als Erben aus, so ist dies im Zweifel dahin zu verstehen, daß ihm zugleich das Verfügungsrecht über die Beerdigung hat entzogen werden sollen (a. M. Josef in Gruch 65, 308). Durch die Anordnung des Erblassers können die Angehörigen verpflichtet werden, die von ihm vorgeschriebene Bestattungsart, auch die Bestimmungen über Zuweisung des Leichnams an eine Anatomie, sofern die Anordnung mit der guten Sitte vereinbar ist, zur Ausführung zu bringen. Die Klage hierauf kann auch von den Erben und von dem Testamentsvollstrecker erhoben werden. Wegen der Klage der Witwe auf Gewährung eines ehrlichen Begräbnisses für ihren Mann nach preußischem Recht s. RG 106, 188. Aus dringenden Gründen können die Angehörigen auch die Wiederausgrabung und anderweite Beerdigung (Umbettung der Leiche oder Beisetzung der Ascheurnen an einem andern Ort) verlangen (RG 71, 22; 108, 220; JW 1925, 2125[14]; SeuffA 80 Nr 95). Über das durch die öffentlich-rechtliche Zweckbestimmung eingeschränkte Eigentum der Gemeinde am Friedhof s. RG 100, 213. Zur Vornahme der Feuerbestattung ist nach § 7 Nr 3 des PrGes. v. 14. 9. 11 die Anordnung des Verstorbenen erforderlich. Der Besuch der Grabstätte der Mutter kann dem Kinde von dem Vater, auf dessen Grundstück die Grabstätte belegen ist, nicht unbeschränkt untersagt werden (RG 72, 251).

3. **Vollendet** ist die Geburt mit der Trennung des Kindes vom Mutterleibe, nicht schon mit dem Beginne des Austritts. Dieser Zeitpunkt ist nur strafrechtlich für das Verbrechen der Kindestötung (§ 217 StGB) von Bedeutung. Nicht nötig ist die vollständige Aufhebung des Zusammenhangs mit der Mutter durch Lösung der Nabelschnur. Auch Lebensfähigkeit ist nicht erforderlich. Vorschriften darüber, inwieweit das Kind menschliche Gestalt aufweisen muß, sind nicht gegeben, da derartige Mißbildungen nur der Sage angehören. Die Regeln über Vollendung der Geburt haben ihre Hauptbedeutung auf dem Gebiete des Erbrechts. Maßgebend ist deshalb das für die Beerbung des Erblassers geltende Recht (Artt 24, 25 EG).

4. Die **Leibesfrucht** kann Rechte nur haben für den Fall der Geburt. Die ihr anfallende Erbschaft und der ihr anfallende Vermächtnisanspruch ist ein durch die Geburt bedingtes Recht (§§ 1923 A 2, 2108, 2043 Abs 1). Schon vor der Geburt hat sie in der Person der Mutter ein Recht auf Unterhalt aus dem Erbteil (§ 1963, vgl. § 1716). Das für den Fall der Geburt ihr zustehende Unterhaltsrecht kann durch Tötung des Unterhaltspflichtigen verletzt werden (§ 844). Die vor der Geburt des Kindes von dem Unterhaltspflichtigen zur Vereitlung des Unterhaltsanspruchs vorgenommenen Rechtshandlungen können nach Maßgabe des Anfechtungsgesetzes angefochten werden (a. A. RGSt 44, 251). Der Leibesfrucht kann ferner durch Vertrag zugunsten eines Dritten eine Zuwendung gemacht werden (§ 331 Abs 2). Zur Wahrung ihrer Rechte ist die Bestellung eines Pflegers zulässig (§ 1912, § 38 JWG. v. 9. 7. 22). Aber auch der noch **nicht erzeugten Nachkommenschaft** können für den Fall der Geburt Rechte zugewandt werden, sofern ein Dritter vorhanden ist, dem die diesem Rechte entsprechende Verbindlichkeit auferlegt wird. Dies kann geschehen durch Vertrag zugunsten eines Dritten, durch Einsetzung als Nacherbe oder Hinterlassung eines Vermächtnisses — wobei jedoch für die Regel ein Schwebezustand von längerer als 30jähriger Dauer nicht geschaffen werden darf — (§§ 2101, 2109, 2162 Abs 2, 2163, 2178), durch Eintragung einer Nachkommenschaftshypothek (RG 61, 355) usw. (vgl. RG 65, 277, welches Urteil anscheinend hinsichtlich der Zulässigkeit von Zuwendungen noch weiter geht und ebenso wie RG JW 1911, 362[10] der noch nicht erzeugten Nachkommenschaft geradezu eine gewisse [fingierte] Rechtspersönlichkeit beilegen will). Zur Wahrung der Rechte der Nachkommenschaft kann ein Pfleger bestellt werden (§ 1913). Die Rechtsfähigkeit der Leibesfrucht oder Nachkommenschaft ist aber hierdurch nicht zur

Anerkennung gebracht. Es wird nur ein der Rechtsfähigkeit ähnlicher Zustand dadurch erreicht, daß ihnen Rechte vorbehalten werden können. Auch die Bestellung eines Pflegers führt nicht dazu, daß über ihre Rechte eine über den Zweck der Sicherung hinausgehende Verfügung getroffen werden kann. Der Pfleger der als Nacherben eingesetzten künftigen Nachkommenschaft kann die Verwaltung des Nachlasses niemals beanspruchen (**RG** LZ 1919, 1247[23]). Eine unerlaubte Handlung kann gegen das neugeborene Kind nicht dadurch begangen werden, daß behufs Ausschließung des Unterhaltsanspruchs (§ 1717) eine zweite Person zur Beiwohnung in der Empfängniszeit veranlaßt wurde (vgl. Aufsätze in JW 1911 S. 696 u. 960; 1912, 555, s. auch § 1717 A 4). Über die in der Entstehung begriffene Stiftung s. § 80 A 3.

§ 2

Die Volljährigkeit tritt mit der Vollendung[1]) des einundzwanzigsten Lebensjahrs ein[2]).

E I 25 II 11; M 1 52, 53; P 1 45 ff.

1. **Vollendet ist das 21. Lebensjahr** nach der Berechnungsweise des § 187 Abs 2 Satz 2 mit dem Ablauf des letzten Tages des 21. Lebensjahrs, so daß der Tag der Geburt bei Berechnung des Jahres als voller Tag eingerechnet wird. Die Volljährigkeit ist privatrechtlich in vielen Beziehungen — unbeschränkte Geschäftsfähigkeit § 106, Ehemündigkeit des Mannes § 1303, Zulässigkeit der Bestellung als Vormund oder Testamentsvollstrecker §§ 1781 Nr 1, 2201, Beendigung der elterlichen Gewalt, der Vormundschaft usw. — von Bedeutung und wird deshalb im allgemeinen Teile behandelt. Bedeutungsvoll ist außerdem die Vollendung des 7. Lebensjahrs (Erlangung der beschränkten Geschäftsfähigkeit nach §§ 106 ff.), des 14. Lebensjahrs nach §§ 1728 Abs 2, 1827 Abs 1 und § 59 FGG, des 16. Lebensjahrs nach §§ 1303, 2229 (vgl. auch §§ 1650 Abs 3, 1658 Abs 2 RVO und § 7 Abs 2 RuStAngG v. 22. 7. 13), des 18. Lebensjahrs nach §§ 3, 828 Abs 2, 1827 Abs 2 und des 21. Lebensjahrs (unabhängig von der Volljährigkeit) nach § 1305 Abs 1, 1726 Abs 1, 1747.

2. Wer unter **früherem Recht** die Volljährigkeit erlangt hat, soll in seiner Rechtslage, wennschon diese nicht als ein wohlerworbenes Recht sich darstellt, durch Einführung des BGB nicht verschlechtert werden. Es verbleibt ihm deshalb die Volljährigkeit, die nach BGB ihm nicht zustehen würde, während ihre Wirkungen unter der Herrschaft des BGB sich lediglich nach diesem bestimmen (Art 153 EG). Aus gleichem Grunde ist, was die **örtliche Herrschaft des Gesetzes** betrifft, von dem allgemeinen Grundsatze, daß sich die Volljährigkeit nach dem Recht der Staatsangehörigkeit richtet, die Ausnahme zugelassen, daß der Ausländer, der die Reichsangehörigkeit erwirbt, die nach bisherigem Recht ihm zustehende Rechtsstellung eines Volljährigen beibehält (Art 7 Abs 1 u. 2 EG). Im Interesse der Verkehrssicherheit ist die weitere Ausnahme gemacht, daß sich der im Inlande ein Rechtsgeschäft abschließende Ausländer für dieses Rechtsgeschäft, soweit dies für den Bestand des Geschäfts günstiger ist, die Beurteilung seiner Geschäftsfähigkeit nach inländischem Recht gefallen lassen muß (Art 7 Abs 3). Auf Rechtsgeschäfte des Familienrechts oder Erbrechts und auf Rechtsgeschäfte über ausländische Grundstücke ist diese Ausnahme, da hier das Verkehrsinteresse zurücktritt, nicht ausgedehnt. Über die Prozeßfähigkeit des Ausländers s. § 55 ZPO.

§ 3

Ein Minderjähriger, der das achtzehnte Lebensjahr vollendet hat[1]), kann durch Beschluß des Vormundschaftsgerichts für volljährig erklärt werden[2])[3]).

Durch die Volljährigkeitserklärung erlangt der Minderjährige die rechtliche Stellung eines Volljährigen[4]).

E I 26, 27 Abs 1 Satz 1, Abs 2 Satz 1 II 12, 13 Abs 1 Satz 1; M 1 53 ff.; P 1 49 ff.; 6 382.

1. Das 18. **Lebensjahr ist vollendet** mit Beginn des 19. Geburtstages (vgl. § 2 A 1).

2. Dem Vormundschaftsgericht ist die Befugnis gegeben, die Minderjährigkeit im gegebenen Falle dadurch abzukürzen, daß es den Minderjährigen für **volljährig erklärt**, womit nicht eine einzelne gesetzesgleiche Rechtsvorschrift (durch Erteilung eines Privilegs) erlassen, sondern eine Verwaltungshandlung vorgenommen wird (a. A. namentlich Enneccerus § 43 I 2). Der Beschluß wird wirksam mit der Rechtskraft (§§ 56 Abs 2, 60 Nr 6, 22 FGG). Beschwerdeberechtigt ist nach § 20 das. — die Vorschrift des § 57 Abs 1 Nr 9 kommt wegen Abs 2 und § 60 Nr 6 hier nicht zur Anwendung —, wer durch die Volljährigkeitserklärung in seinen Rechten beeinträchtigt wird. Hauptsächlich kommen hierbei in Betracht der für volljährig Erklärte, da dieser ein Recht auf Fortbestehen des vormundschaftlichen Schutzes hat, sein gesetzlicher Vertreter in persönlichen Angelegenheiten sowie

der Gewalthaber auch dann, wenn seine Einwilligung zur Volljährigkeitserklärung nach § 4 nicht erforderlich ist. Diesen Personen ist daher — mit Ausnahme des Gewalthabers, gegen den das Ruhen der elterlichen Gewalt nach § 1677 von dem Vormundschaftsgericht festgestellt ist (KGJ 37 A 51) — der Beschluß zuzustellen (§ 16 Abs 1 FGG). Nicht beschwerdeberechtigt ist der zur Ausführung der Zwangserziehung verpflichtete Kommunalverband (KGJ 34 A 72). Die Verwandten können ein Beschwerderecht nicht darauf stützen, daß sie bei Volljährigkeitserklärung nach dem Testament des Erblassers schlechter gestellt sind (RJA 13, 74). Auf einen späteren Zeitpunkt als den der Rechtskraft des Beschlusses kann die Wirksamkeit der Volljährigkeitserklärung nicht hinausgeschoben werden (a. A. Hölder A 1). Ist die Volljährigkeitserklärung (vgl Art 147 EG) einer Zentralbehörde übertragen, wie dem Justizminister in Bayern und Sachsen, so tritt die Volljährigkeitserklärung, da eine Beschwerde nicht stattfindet, sofort mit der Bekanntmachung an den Minderjährigen in Wirksamkeit (§ 196 FGG). Die Volljährigkeitserklärung ist nur zulässig, wenn die vom Gesetz für unbedingt wesentlich erachteten Voraussetzungen des § 3 Abs 1 u. § 4 vorliegen. Ihr Fehlen hat zur Folge, daß die Volljährigkeitserklärung als ungültig aufgehoben werden muß (a. A. Planck A 5, Staudinger A 4, Örtmann A 2), wodurch jedoch die Gültigkeit der bisher von dem Minderjährigen oder ihm gegenüber vorgenommenen Rechtsgeschäfte (Rechtshandlungen) nicht beeinträchtigt wird (§ 32 FGG). Die Aufhebung kann nur von dem Vormundschaftsgericht oder dem übergeordneten Gericht, nicht im Prozeßwege ausgesprochen werden. Nur eine Sollvorschrift enthält § 56 Abs 1 FGG, welcher zur Volljährigkeitserklärung den Antrag des Minderjährigen oder seines gesetzlichen Vertreters in persönlichen Angelegenheiten (vgl. § 1631 A 1) erfordert. Über das Vorhandensein der Voraussetzung des § 5 hat das Vormundschaftsgericht nach pflichtmäßigem Ermessen zu befinden; ein Anspruch des Minderjährigen besteht nicht (streitig).

3. Die Volljährigkeitserklärung eines **Deutschen** steht ausschließlich der deutschen Behörde zu. Der Beschluß der ausländischen Behörde würde für deutsche Gerichte keine Wirksamkeit haben. Gleicherweise hat die deutsche Behörde sich der Volljährigkeitserklärung des **Ausländers** zu enthalten, falls nicht das Recht des Heimatsstaats die Wirksamkeit des Beschlusses anerkennt.

4. Der für volljährig Erklärte hat auf dem Gebiete des Privatrechts die **gleiche Rechtsstellung wie der Volljährige,** auch hinsichtlich der Ehemündigkeit (§ 1303), die der Mann vor Vollendung des 21. Lebensjahrs nur durch die Volljährigkeitserklärung erreichen kann. Zur Verheiratung des Kindes ist ausnahmsweise die elterliche Einwilligung nach § 1305 bis zur Vollendung des 21. Lebensjahrs erforderlich. Einschränkungen in bezug auf die Wirkung der Volljährigkeitserklärung können im Beschlusse nicht festgesetzt werden. Ist durch Privatwillenserklärung der Erwerb von Rechten von der Vollendung des 21. Lebensjahrs abhängig gemacht, so ist zu untersuchen, ob nach dem Willen des Erklärenden die Volljährigkeitserklärung dem gleichsteht. Auch für das öffentliche Recht hat § 3 Abs 2 an sich keine Geltung, falls nicht die einzelne Vorschrift die Volljährigkeit im Sinne des bürgerlichen Rechts versteht. Nach dem RuStAngG v. 22. 7. 13 kann, was die Wirkung der Aufnahme, der Einbürgerung oder des Verlustes der Staatsangehörigkeit auf die Kinder betrifft, ein Zweifel in dieser Beziehung nicht mehr aufkommen, da das Ges. in §§ 16, 29 von den kraft elterlicher Gewalt gesetzlich vertretenen Kindern spricht.

§ 4

Die Volljährigkeitserklärung ist nur zulässig, wenn der Minderjährige seine Einwilligung erteilt[1]).

Steht der Minderjährige unter elterlicher Gewalt, so ist auch die Einwilligung des Gewalthabers erforderlich, es sei denn, daß diesem weder die Sorge für die Person noch die Sorge für das Vermögen des Kindes zusteht[2]). Für eine minderjährige Witwe ist die Einwilligung des Gewalthabers nicht erforderlich[3]).

E I 27 II 13 Abs 1; M 1 55 ff.; P 1 49 ff.

1. Der durch die Beschränkung der Geschäftsfähigkeit dem Minderjährigen gewährte Schutz soll ihm ohne seine **Einwilligung** nicht entzogen werden dürfen. Die Einwilligung hat der Minderjährige persönlich zu erteilen, und zwar in solcher Weise, daß die Absicht, sie zur Kenntnis des Vormundschaftsgerichts gelangen zu lassen, hieraus erhellt (a. A. Dernburg I § 61 II 1, der Erklärung gegenüber dem Vormundschaftsgericht fordert, wenn auch die Erklärung durch einen Dritten übermittelt werden könne, ähnlich Hölder A 1, während Planck A 1 und andere von jeder Beschränkung absehen wollen). Die Einwilligung kann bis zur Rechtskraft des die Volljährigkeitserklärung aussprechenden Beschlusses widerrufen

werden, was durch Einlegung der Beschwerde gegen den Beschluß geschehen kann. Die nur für Rechtsgeschäfte geltenden Bestimmungen der §§ 182, 183 können hier nicht zur Anwendung kommen.

2. Dem **Gewalthaber** ist das Recht der Einwilligung nicht im Interesse des Kindes, sondern im eigenen Interesse gegeben. In der Verweigerung der Einwilligung kann deshalb niemals ein Mißbrauch der elterlichen Gewalt gefunden werden. Nicht nötig ist die Einwilligung, wenn der Gewalthaber die Sorge für die Person und das Vermögen verloren hat, und zwar auch in dem Falle nicht, daß das Recht zur Vertretung des Kindes ihm verblieben sein sollte (vgl. § 1627 A 1 — abw. Planck A 3 Abs 5). Das Recht der Einwilligung stellt sich nicht als eine Vertretungshandlung dar, sondern hat in dem Recht der Sorge für die Person und das Vermögen seine sachliche Grundlage. Das Recht der Sorge für das Vermögen fehlt nicht etwa schon dann, wenn tatsächlich das Kind kein Vermögen besitzt (OLG 9, 445). Darüber, wann die elterliche Gewalt der Mutter zusteht, vgl. § 1684. Einwilligungsberechtigt ist die Mutter, nicht der Vater, wenn sie nach § 1685 zur Ausübung der elterlichen Gewalt berechtigt ist. Auch in dem Falle des § 1676 Abs 2, wenn die elterliche Gewalt des Vaters wegen beschränkter Geschäftsfähigkeit usw. unter Belassung des Rechtes der Sorge für die Person des Kindes ruht, hat die Mutter die Einwilligung zu erteilen, da in diesem Falle bei Meinungsverschiedenheiten der Eltern die Meinung der Mutter vorgeht. Trotz des Verlustes des Einwilligungsrechts verbleibt dem Inhaber der elterlichen Gewalt das Recht der Beschwerde nach § 20 FGG gegen den auf Volljährigkeitserklärung lautenden Beschluß. Das Recht der Beschwerde gebührt auch der Mutter wegen des nach § 1635 ihr zukommenden Personensorgerechts.

3. Durch die **Verheiratung der Tochter** geht dem Gewalthaber das Recht der Vertretung in ihren persönlichen Angelegenheiten nicht verloren (§ 1633). Die Sachlage ist aber, wenn die Tochter einmal verheiratet war, regelmäßig eine solche, daß es unbillig sein würde, die von ihr erstrebte Volljährigkeitserklärung an dem Widerspruch des Gewalthabers scheitern zu lassen. Die hier zugunsten der minderjährigen Witwe getroffene Bestimmung darf auf die minderjährige geschiedene Ehefrau ausgedehnt werden (a. A. Planck A 4, Oertmann A 2b).

§ 5

Die Volljährigkeitserklärung soll nur erfolgen, wenn sie das Beste des Minderjährigen befördert[1]).

E I 27 II 13 Abs 2; M 1 55 ff.; P 1 51, 52.

1. Dem Vormundschaftsgericht ist hierdurch die selbstverständliche Pflicht eingeschärft, vor Entscheidung über die Volljährigkeitserklärung eine Prüfung eintreten zu lassen, ob sie zum **Besten der Minderjährigen** gereicht. Dabei ist nicht bloß auf das wirtschaftliche Wohl des Kindes, sondern auf die gesamten Lebensverhältnisse Rücksicht zu nehmen. Auch sittliche Rücksichten können von Bedeutung sein, z. B. der Umstand, daß der Minderjährige Gelegenheit erhält, die von ihm Geschwängerte zu ehelichen und dem zu erwartenden Kinde die Rechte eines ehelichen Kindes zu verschaffen, dadurch aber einer sittlichen Pflicht zu genügen (OLG 9, 441, 443).

§ 6

Entmündigt[1]) kann werden:

1. **wer infolge von Geisteskrankheit oder von Geistesschwäche[2]) seine Angelegenheiten nicht zu besorgen vermag[3]);**
2. **wer durch Verschwendung sich oder seine Familie der Gefahr des Notstandes aussetzt[4]);**
3. **wer infolge von Trunksucht[5]) seine Angelegenheiten nicht zu besorgen vermag oder sich oder seine Familie der Gefahr des Notstandes aussetzt oder die Sicherheit anderer gefährdet.**

Die Entmündigung ist wiederaufzuheben[6]), wenn der Grund der Entmündigung wegfällt[7]).

E I 28, 29, 1739 II 14; M 1 60 ff.; P 1 31 ff.; 4 830 ff.; 6 112, 121.

1. Die Entmündigung darf bei Vorhandensein der gesetzlichen Voraussetzungen trotz des Ausdrucks „kann" nicht etwa nach Ermessen des Gerichts wegen Fehlens eines Bedürfnisses abgelehnt werden. Sie wird wirksam mit Zustellung des Beschlusses an den Entmündigten, im Falle der Entmündigung wegen Geisteskrankheit mit Zustellung an den gesetzlichen Vertreter in persönlichen Angelegenheiten (vgl. § 1631 A 1) oder, wenn ein solcher fehlt, mit

Bestellung des Vormundes (§§ 661, 683 ZPO). Wird die Entmündigung ausgesprochen, so hat dies rechtsgestaltende Wirkung (RG 21. 10. 07 IV 88/07). Sollte selbst die Entmündigung zu Unrecht erfolgt sein, so bleibt sie bis zur Wiederaufhebung in Kraft. Das **Entmündigungsverfahren** ist durch §§ 645ff. ZPO geregelt. Das Verfahren findet nur auf Antrag statt. Das Gericht ist aber an den Antrag nicht in der Weise gebunden, daß es, wenn die Entmündigung wegen Geistesschwäche beantragt ist, verhindert wäre, die Entmündigung wegen Geisteskrankheit zu beschließen (RG JW 00, 867; 1915, 1263[3]; a. A. Staudinger D 2, Planck A 5). Ebensowenig ist das Prozeßgericht gehindert, an Stelle der im Entmündigungsverfahren festgestellten Geistesschwäche Geisteskrankheit anzunehmen (RG 21. 10. 07 IV 88/07). Antragsberechtigt ist bei Entmündigung wegen Geisteskrankheit oder Geistesschwäche auch die Staatsanwaltschaft (§ 646 Abs 2) — über die ihr zu machende Anzeige von der Aufnahme in eine Irrenanstalt vgl. AVf des PrJM v. 28. 11. 99 —, bei Entmündigung wegen Verschwendung oder Trunksucht nach Maßgabe landesgesetzlicher Bestimmungen (§ 680 Abs 5) auch die Gemeinde und der Armenverband, nicht aber die Aufsichtsbehörde (RG 28. 2. 07 IV 429/06). Der Beschluß kann binnen Monatsfrist, welche Frist für den Entmündigten erst von Kenntnis des Entmündigungsgrundes läuft (s. hierüber RG 68, 402; 107, 28; LZ 1923, 398; Wiedereinsetzung unzulässig RG Warn 1918 Nr 91), durch Klage angefochten werden, falls die Voraussetzungen der Entmündigung zur Zeit des Erlasses des Entmündigungsbeschlusses nicht gegeben waren. Prozeßgegner des Entmündigten (der für den Prozeß als prozeßfähig gilt) ist der Staatsanwalt des Landgerichts, der die Beklagtenrolle für die folgenden Instanzen beibehält, so daß ihm die Rechtsmittelschrift zugestellt werden darf (RG JW 1915, 1263[3]), bei der Entmündigung wegen Verschwendung oder Trunksucht der Antragsteller, und zwar ohne Rücksicht darauf, ob er zur Stellung des Antrags berechtigt war und ob die Berechtigung später weggefallen ist (RG 30. 10. 07 IV 303/07). Das im Anfechtungsprozeß ergangene Urteil wirkt für und gegen alle (RG 108, 133; Gruch 58, 1066). Das Entmündigungsverfahren kann aus den in § 6 Nr 1—3 angeführten Gründen auch gegen einen Minderjährigen eingeleitet werden, damit nach Vollendung des 21. Lebensjahrs keine Unterbrechung der Fürsorge eintritt (vgl. § 646 ZPO). Stellt sich heraus, daß die wegen Geisteskrankheit angeordnete Entmündigung nur wegen Geistesschwäche, wegen Verschwendung oder Trunksucht gerechtfertigt ist, so kann die Aufhebung der Entmündigung und die neue Entmündigung in demselben Verfahren beschlossen werden (vgl. RG Gruch 47, 897). Ebenso ist es zulässig, den wegen Geisteskrankheit oder Geistesschwäche gestellten Entmündigungsantrag im Laufe des Verfahrens mit einem solchen wegen Verschwendung zu verbinden (RG 108, 308). Über die Verwendbarkeit der Beweisverhandlungen des amtsgerichtlichen Entmündigungsverfahrens für den Anfechtungsprozeß s. RG 81, 193.

2. Die Unterscheidung zwischen **Geisteskrankheit** und **Geistesschwäche** beruht nicht auf einer Verschiedenartigkeit der Krankheitsform, sondern hat in praktischen Rücksichten ihren Grund. Die Fähigkeit, sich durch vernünftige Beweggründe leiten zu lassen, ist bei dem Geisteskranken infolge krankhafter Vorstellungen oder Triebe so gering, daß er einem Kinde gleichsteht (vgl. § 104 Nr 2), während diese Fähigkeit bei einem Geistesschwachen noch so weit vorhanden ist, daß er einem Minderjährigen gleichgestellt werden kann (§ 114). Geisteskrankheit und Geistesschwäche sind somit nur dem Grade nach voneinander verschieden (RG 50, 203). Geistesschwäche ist nicht bloß vorhanden im Falle angeborenen oder später durch Entwicklungshemmung erworbenen Schwachsinns. Sie kann auch trotz vorhandenen Intellekts bei einer auf psychopathischer Grundlage beruhenden Entartung des Charakters (des Gefühls- und Trieblebens) vorhanden sein (RG JW 1925, 937[6]). Das Vorliegen einer Geisteskrankheit oder Geistesschwäche setzt voraus, daß nach den Regeln der ärztlichen Wissenschaft eine Störung der Geistestätigkeit festzustellen ist, worüber der Richter nach §§ 655, 671 ZPO nur nach Anhörung von Sachverständigen entscheiden kann. Erst auf dieser Grundlage kann die Entscheidung ergehen, inwieweit die Geschäftsfähigkeit beeinflußt wird, ob Geisteskrankheit oder ob Geistesschwäche anzunehmen ist (RG Warn 1917 Nr 233). Die letztere Frage ist eine Rechtsfrage, über welche dem Richter selbständig die Entscheidung zusteht, ohne daß er an den Ausspruch der als Sachverständigen gehörten Ärzte gebunden ist (RG Gruch 49, 882). Durch das Bestehen lichter Zwischenräume wird das Vorhandensein der Geisteskrankheit im Sinne des § 6 nicht ausgeschlossen. Auch im übrigen deckt sich der Begriff der Geisteskrankheit des § 6 nicht mit dem der krankhaften Störung der Geistestätigkeit im Sinne des § 104 Nr 2, welche Vorschrift weitergehend auch die Geistesschwäche umfaßt (RG JW 09, 411[2]; 1911, 179[1]). Die Geschäftsunfähigkeit einer Person kann für ein bestimmtes Rechtsgeschäft nach § 104 Nr 2 angenommen werden, obschon sie in Rücksicht auf ihre allgemeinen geistigen Fähigkeiten nach § 6 nur wegen Geistesschwäche entmündigt werden könnte. Der Prozeßrichter wird übrigens dadurch, daß die Entmündigung nur wegen Geistesschwäche ausgesprochen ist, nicht gehindert, das Vorhandensein von Geisteskrankheit festzustellen. Besondere Voraussetzungen hinsichtlich der Geisteskrankheit gelten nach § 1569 für die Scheidung der Ehe. An die Geistesschwäche schließt sich als leichtere Form die geistige Gebrechlichkeit (geistige Unbeholfenheit u. dgl.) an,

welche einen Grund zur Einleitung der Pflegschaft, nicht zur Entmündigung gibt, auch nicht eine Beschränkung der Geschäftsfähigkeit zur Folge hat (§ 1910).

3. Geisteskrankheit oder Geistesschwäche führt nur dann zur Entmündigung, wenn der hiervon Betroffene die **Gesamtheit seiner Angelegenheiten** — worunter nicht bloß die Vermögensangelegenheiten, sondern auch die persönlichen Angelegenheiten zu verstehen sind, auch diejenigen, welche sich auf die Sorge für die eigene Person beziehen — **nicht zu besorgen vermag** (RG 50, 25; 52, 244; SeuffA 66 Nr 24). Beschränkt sich die Störung der Geistestätigkeit auf einzelne oder einen bestimmten Kreis von Angelegenheiten, so kann nur durch Einleitung einer Pflegschaft (§ 1910) geholfen werden. Die Entmündigung wird aber nicht dadurch ausgeschlossen, daß der zu Entmündigende zur Besorgung gewisser Angelegenheiten, sei es wegen ihrer Einfachheit, sei es wegen der erlangten Übung oder aus andern Gründen, befähigt bleibt (RG Warn 08 Nr 111; 1910 Nr 309). Anlaß zur Entmündigung ist insbesondere gegeben in Fällen des Querulantenwahnsinns, wenn die krankhaften Vorstellungen den Geisteskranken derart beherrschen, daß dadurch seine gesamten Lebensverhältnisse mehr oder minder in Mitleidenschaft gezogen werden (RG 18. 3. 07 IV 399/06 — nach RG Warn 08 Nr 1 genügt es, wenn die Geisteskrankheit hauptsächlich bei der Prozeßführung und im Verkehr mit Staatsbehörden zutage getreten ist, ebenso RG 17. 5. 24 IV 532/23, wo der Entmündigte aus krankhaftem Mißtrauen und Verfolgungswahn in zahlreichen Fällen unbegründete Eingaben und Beschwerden an Behörden gerichtet, aussichtslose Rechtsstreitigkeiten geführt und sich in Konflikt mit den Strafbehörden gebracht, in solcher Weise aber seine Zeit und Kraft einer unfruchtbaren und krankhaften Tätigkeit geopfert und dadurch seine gesamten Lebensverhältnisse gefährdet hatte). Die Unfähigkeit zur Besorgung der Angelegenheiten braucht noch nicht die Wirkung gehabt zu haben, daß die Angelegenheiten tatsächlich in Verwirrung geraten sind. Über die Zulässigkeit einer Pflegschaft auch bei Unfähigkeit zur Besorgung der gesamten Angelegenheiten s. § 1910 A 1.

4. Als **Verschwender** ist nicht schon anzusehen, wer unverhältnismäßig große Ausgaben oder Schulden macht. Die unwirtschaftlichen Aufwendungen müssen, wie das RG JW 05, 166[1] sagt, in Zusammenhang stehen mit persönlichen Eigenschaften, die, wie z. B. Leichtsinn, Liederlichkeit, Prunkliebe u. dgl., einen Hang zu unvernünftigen Ausgaben erkennen lassen. Ein solcher Hang wird um so eher anzunehmen sein, wenn es sich um zweck- und nutzlose Ausgaben handelt, was indes keine unbedingte Voraussetzung der Verschwendung bildet (a. A. Staudinger B II 2c). Der Hang kann in unangebrachter Vertrauensseligkeit begründet sein (so RG LZ 1917, 966[4]; in diesem Falle hatte der in hohem Alter stehende und geistig gebrechliche Mann sein gesamtes, nicht unerhebliches Vermögen an seine Wirtschafterin nur gegen die Pflicht der Unterhaltsgewährung ohne jede Sicherung weggegeben). Zum Begriff der Verschwendung ist nicht erforderlich, daß die Aufwendungen dem eigenen Vorteil des Ausgebenden dienen, und es ist ebensowenig nötig, daß der Hang zur Verschwendung sich unterschiedslos einem jeden gegenüber zeigt (RG SeuffA 63 Nr 266; Warn 1911 Nr 314). Die Verschwendungssucht einer Person kann sich darin betätigen, daß sie dem Reize zum Erwerbe von Kunstgegenständen nicht widerstehen kann, obschon nach ihren Vermögensverhältnissen der Ankauf unvernünftig erscheint. Auch eine verschwenderische Geschäftsführung, die auf einem Hange zu sinnloser Vergeudung beruht, kann zur Entmündigung Anlaß geben, desgleichen die auf persönlichen Eigenschaften beruhende Vernachlässigung der Wirtschaft, wenn sie einen so hohen Grad erreicht, daß hierdurch der wirtschaftliche Verderb herbeigeführt werden muß (vgl. M 1, 64, Prot 1, 72 f.). Das RG (JW 1914, 862[1]) hat die Entmündigung aus diesem Grunde in einem Falle ausgesprochen, wo der Entmündigte längere Zeit hindurch sich um die Wirtschaft nicht gekümmert hatte, die Ernte auf dem Felde hatte verkommen lassen und das Land nicht wieder bestellt, sonst aber sparsam gelebt hatte. Mit Entmündigung kann erst vorgegangen werden, wenn der Verschwender es dahin kommen läßt, daß er selbst oder seine Familie, das sind die Angehörigen, die gesetzlich ein Recht auf Unterhalt haben, der **Gefahr des Notstandes** ausgesetzt sind. Die Gefahr eines Notstandes für die Familie liegt vor, wenn auch nur die Ehefrau davon betroffen wird (RG 3. 6. 12 IV 621/11). Ist die Gefahr nach Lage der Sache nicht zu besorgen, weil er z. B. nur über einen Teil seines Vermögens verfügen kann oder ihm noch andere Hilfsquellen zu Gebote stehen, so muß die Entmündigung unterbleiben. Die Gefahr des Notstandes wird nicht dadurch ausgeschlossen, daß die Familienmitglieder durch zweckentsprechende prozessuale Maßregeln sich würden schützen können. Auch die Beschlagnahmefreiheit eines Teiles der Einkünfte (vgl. § 850 ZPO) sichert nicht unter allen Umständen gegen die Gefahr des Notstandes. Es kann die Gefahr bestehen, daß der Verschwender die ihm hiernach zur Verfügung bleibenden Mittel ebenfalls zur Befriedigung seiner verschwenderischen Neigungen verwendet.

5. Verwandt mit dem Begriff der Verschwendung ist der Begriff der **Trunksucht.** Erforderlich ist ein derartiger krankhafter Hang zum Genuß geistiger Getränke, daß die Kraft, diesem Anreiz zu widerstehen — wobei natürlich von außergewöhnlichen Vorkommnissen

abzusehen ist —, verlorengegangen ist (RG JW 02 Beil 280[230]). Ein solcher Hang ist nicht anzunehmen, wenn das Trinken auch nur aus Furcht vor der drohenden Entmündigung eingeschränkt ist (RG Warn 1913 Nr 1; vgl. § 681 ZPO). Notgedrungene Enthaltsamkeit z. B. infolge der Kriegsteuerung ohne innere Abkehr vom Alkohol behebt die Trunksucht noch nicht (RG Warn 1919 Nr. 129). Weiter wird erfordert, daß die Entmündigung nötig ist im Interesse des Trunksüchtigen oder seiner Familienmitglieder, die sonst der Gefahr des *Notstandes* ausgesetzt sein würden (vgl. A 4), oder im *öffentlichen Interesse*, weil infolge der durch die Trunksucht eingetretenen Neigung zu Gewalttätigkeiten oder rücksichtslosem Vorgehen die Sicherheit anderer gefährdet wird. Das Interesse des Trunksüchtigen läßt die Entmündigung auch dann als nötig erscheinen, wenn er infolge der Trunksucht, insbesondere wegen des hierdurch herbeigeführten Rückgangs seiner geistigen Fähigkeiten, *seine Angelegenheiten nicht mehr zu besorgen* vermag (s. A 3). Daß er während des Zustandes der Trunkenheit regelmäßig längere Zeit zur Besorgung einzelner Geschäfte unfähig war, kann nicht entscheidend ins Gewicht fallen, wenn gleichwohl seine Wirtschaft sich gehoben hat (RG JW 09, 654[3]). Bei der Prüfung, ob der Entmündigungsbeschluß wegen Trunksucht zu Recht ergangen ist, sind auch Umstände heranzuziehen, die nach Erlaß des Beschlusses hervorgetreten sind, z. B. Rückfall des Trunksüchtigen nach zeitweiliger Besserung (RG JW 1925, 770[23]). Die in § 6 Nr 3 bezeichneten Voraussetzungen stellen sich übrigens als gleichwertige Tatbestände dar, von denen der eine durch den andern ersetzt werden kann, ohne daß *Klageänderung* vorliegt. Auf die Morphiumsucht, Kokainsucht u. dgl. werden, wennschon dieser Zustand ein der Trunksucht sehr ähnlicher ist, die nur für diese gegebenen Vorschriften nicht ausgedehnt werden dürfen.

6. Für die **Wiederaufhebung der Entmündigung** kommt es nur darauf an, daß zu dieser Zeit ein Entmündigungsgrund nicht vorliegt, nicht darauf, daß der Zustand des Entmündigten sich gebessert hat (RG JW 09, 189[1]). Der Entmündigungsbeschluß muß aufgehoben werden, sowohl wenn seine Voraussetzungen später weggefallen sind als auch wenn der Richter bei der durch das frühere Urteil nicht beschränkten Würdigung des Sachverhalts zu der Überzeugung kommt, daß sie niemals vorgelegen haben (RG JW 08, 234[2]). Die Anfechtungsklage des § 664 ZPO kann dagegen nur darauf gegründet werden, daß die Voraussetzungen der Entmündigung zur Zeit des Erlasses des Entmündigungsbeschlusses nicht vorhanden waren (RG JW 02 Beil 280[230]; Warn 1916 Nr 260).

7. **Zeitliche und örtliche Geltung.** Ist die Entmündigung vor Inkrafttreten des BGB erfolgt — wenn auch nur in der dem französischen und badischen Recht bekannten Form, daß dem Verschwender ein Beistand bestellt ist —, so hat sie von diesem Zeitpunkt an die gleiche Wirkung wie eine unter der Herrschaft des BGB beschlossene Entmündigung (Artt 155, 156 EG). Ist die Entmündigung nach den Grundsätzen des neuen Rechtes nicht gerechtfertigt, so kann sie gemäß § 6 Abs 2 aufgehoben oder, wenn der wegen Geisteskrankheit Entmündigte im Sinne des neuen Rechtes nur geistesschwach ist, dementsprechend eingeschränkt werden (RG Gruch 47, 897). Auch die Entscheidung über die Wiederaufhebung der Entmündigung richtet sich nach dem 31. 12. 99 nach neuem Recht (RG JW 1901, 475). — Zugelassen ist in Art 8 EG nicht bloß die Entmündigung des Inländers, sondern im Interesse der Sicherheit des inländischen Rechtsverkehrs auch die Entmündigung des im Inlande wohnenden oder, falls wohnsitzlos, im Inlande sich aufhaltenden Ausländers. Der Aufenthalt darf nicht bloß ein vorübergehender sein. Es ist aber nicht notwendig, daß er auf längere Dauer berechnet oder ein freiwilliger ist (RG JW 1912, 914[12]). Der inländische Wohnsitz oder Aufenthalt muß noch zur Zeit des Erlasses des Entmündigungsbeschlusses vorhanden sein. Die Voraussetzungen und Wirkungen der Entmündigung bestimmen sich nach deutschem Recht. Wegen Entmündigung eines Ausländers wird indes regelmäßig erst vorzugehen sein, wenn der Heimatstaat hierzu sich nicht bereit findet. Die von dem Heimatstaate ausgesprochene Entmündigung des Ausländers (einschließlich der Beistandsbestellung) ist auch von den deutschen Gerichten anzuerkennen für die im Inland vorgenommenen Verkehrsgeschäfte, aber nicht über das Maß der Geschäftsunfähigkeit hinaus, die für entmündigte Inländer gilt (Art 7 Abs 3 EG; RG 80, 262). Für die Vertragstaaten Deutschland, Österreich-Ungarn, Frankreich (von diesem ist das Abkommen gekündigt zum 24. 6. 1917), Italien, die Niederlande, Portugal, Rumänien ist laut Bek des RK v. 30. 7. 12 und bez. Schwedens laut Bek v. 8. 12. 24 das *Haager Abkommen* über die Entmündigung usw. v. 17. 7. 05 in Kraft getreten. Für die Entmündigung und ähnliche Fürsorgemaßregeln sowie die Bevormundung des Entmündigten ist danach das Gesetz des Heimatstaats maßgebend und die Behörde des Heimatstaats zuständig. Die Behörde des gewöhnlichen Aufenthalts ist nur aushilfsweise zuständig (Artt 6 u. 11). Sie entscheidet nach dem Recht ihres Staates, hat aber zugleich das Recht des Heimatstaats hinsichtlich der Voraussetzungen der Entmündigung und tunlichst hinsichtlich der Berechtigung zur Führung der Vormundschaft zu beachten (Artt 7, 8 Abs 2, 11 Abs 2). Die Wirkung der Entmündigung (wegen der Veröffentlichung s. indes Art 9 Abs 2) richtet sich allgemein nach dem Recht der anordnenden Behörde. Die zum Schutze der Person und des Ver-

mögens erforderlichen vorläufigen Maßregeln können bis zum Einschreiten der Heimatbehörde von der örtlich zuständigen Behörde, in deren Bezirk sich der zu Entmündigende befindet, getroffen werden (Art 3). Durch Art 282 des Friedensvertrags v. 28. 6. 19 ist das Abkommen den ehemaligen Feindstaaten gegenüber außer Kraft gesetzt (vgl. Art 289 das.).

§ 7

Wer sich an einem Orte ständig niederläßt, begründet an diesem Orte seinen Wohnsitz[1])[2]).

Der Wohnsitz kann gleichzeitig an mehreren Orten bestehen[3]).

Der Wohnsitz wird aufgehoben, wenn die Niederlassung mit dem Willen aufgehoben wird, sie aufzugeben[4]).

E I 34 II 17; M 1 68 ff.; P 1 37 ff.

1. Die **Begründung des Wohnsitzes** setzt voraus die tatsächliche Niederlassung an einem Orte mit dem durch die Niederlassung in Erscheinung tretenden Willen, diesen Ort bleibend zum Mittelpunkt der Lebensverhältnisse zu machen (ständige Niederlassung — vgl. **RG** Warn 1916 Nr 269). Nur die Niederlassung, nicht der Rechtserfolg des Wohnsitzes, braucht gewollt zu sein. Die bloße Herrichtung der Wohnung, ohne daß sie in persönliche Benutzung genommen wird, genügt nicht zum Erwerbe des Wohnsitzes. Dagegen steht dem Erwerbe nicht entgegen, daß die Niederlassung in der Absicht erfolgt, später nach geraumer Zeit zu einem bestimmten Zeitpunkt oder bei sich bietender Gelegenheit den Wohnsitz zu ändern. Man darf sich aber nicht bloß auf einen vorübergehenden Aufenthalt eingerichtet haben. Kein Wohnsitz wird erworben durch den bloßen Aufenthalt zu Zwecken der Ausbildung (wie bei Schülern und Studenten), durch den Aufenthalt in einer Heilanstalt oder durch den zur Erfüllung der Wehrpflicht genommenen Aufenthalt, da es hier an der Absicht der ständigen Niederlassung fehlt. Aus dem gleichen Grunde wird auch durch Eingehung eines Dienstverhältnisses der Regel nach, falls nicht das zeitige Dienstverhältnis den Charakter einer dauernden Erwerbsstellung hat, kein Wohnsitz begründet (vgl. LZ. 1920, 396) — landesrechtlich können hierüber nach Artt 95, 218 EG besondere Bestimmungen getroffen werden; jedoch sind die Gesindeordnungen durch den Aufruf des Rates der Volksbeauftragten v. 12. 11. 18 in Verbindung mit § 1 Satz 2 des Übergangsgesetzes vom 4. 3. 19 aufgehoben). Kein Wohnsitz wird durch den Aufenthalt in einer Gefangenanstalt, der ein unfreiwilliger ist, begründet (a. A. Planck A 7). Über den amtlichen Wohnsitz s. § 9 A 1. Allgemeine Voraussetzung der Begründung eines Wohnsitzes ist, daß die Niederlassung nicht verboten ist (vgl. §§ 3 ff. des FreizügG v. 1. 11. 67). Dagegen hat eine vertragliche Beschränkung des Rechtes zur Änderung des Wohnsitzes und eine dem Beamten auf Grund dienstlicher Vorschriften in dieser Beziehung auferlegte Beschränkung nicht die Wirkung, daß dementgegen ein Wohnsitz nicht erworben werden könnte. Auch dem nach § 101 Abs 1 KO für den Gemeinschuldner bestehenden Verbote, sich ohne Erlaubnis des Gerichts von dem Wohnort zu entfernen, kann eine solche Wirkung nicht beigelegt werden (BayObLG in SeuffA 64 Nr 19). Der Wohnsitz im Sinne des BGB braucht sich mit demjenigen im Sinne der Steuergesetze nicht zu decken (**RG** Warn 1922 Nr 24). Verschieden von dem Begriff des Wohnsitzes ist der Begriff der geschäftlichen Niederlassung für einen bestimmten Geschäftsbetrieb, der persönliches Wohnen nicht erfordert (vgl. § 21 ZPO, § 42 GewO, §§ 29, 30, 31, 55 HGB). Unter Aufenthalt wird im Gegensatz zum Wohnsitz das tatsächliche Verweilen an einem Orte verstanden, ohne daß die Anwesenheit eine gewollte oder bewußte zu sein braucht (vgl. **RG** JW 92, 461[3]). Für das Vorhandensein des gewöhnlichen Aufenthalts (vgl. § 6 Abs 2 ErbschStG v. 3. 6. 06, § 14 II ErbschStG v. 10. 9. 19, § 8 I 2 ErbschStG v. 22. 8. 25) ist nur zu erfordern, daß das Verweilen von einer gewissen Dauer und Regelmäßigkeit ist, nicht auch, daß der Mittelpunkt der Lebenshaltung für einige Zeit an dem Orte des Aufenthalts begründet wird (**RG** 91, 287). Besondere Grundsätze galten für Erwerb und Verlust des Unterstützungswohnsitzes nach §§ 10—27 des Ges. v. 30. 5. 08; das Gesetz ist jetzt aufgehoben durch § 29 der VO über die Fürsorgepflicht v. 13. 2. 24. Exterritoriale werden so behandelt, als ob sie außerhalb des Heimatstaats keinen Wohnsitz hätten. Über den von der bloßen Niederlassung verschiedenen Sitz der juristischen Person s. § 24 A 1. — Die freie Wahl eines mit dem wirklichen Wohnsitz nicht übereinstimmenden Wohnsitzes ist den Parteien nicht mehr, wie dies nach französischen und badischen Gesetzen der Fall war, gestattet. Die Wirkungen der Wahl bleiben aber, soweit sie für das bereits verwirklichte Rechtsverhältnis von Bedeutung sind, nach Art 157 EG in Kraft.

2. Der Begriff des Wohnsitzes ist von Wichtigkeit sowohl für das bürgerliche Recht (vgl. namentlich §§ 269, 270, 1433 Abs 2, 1944 Abs 3, 1954 Abs 3 und Art 29 EG), als für das **öffentliche Recht.** Durch den Ort des Wohnsitzes, der an sich nur den Punkt der Erdoberfläche bedeutet, auf dem die Niederlassung sich befindet, wird die allgemeine Zugehörigkeit zu einer

bestimmten politischen Gemeinde, zu den Verwaltungsbezirken und Gerichtsbezirken hergestellt. Nicht ist unter Ort des Wohnsitzes im Sinne des § 7 BGB die politische Gemeinde als eine für alle andern Bezirke maßgebende kleinste Einheit zu verstehen, so daß die Landesgesetzgebung bei Abgrenzung der Gerichtsbezirke durch den reichsrechtlichen Begriff des Wohnsitzes, der auch dem § 13 ZPO zugrunde liegt, verhindert wäre, die Gemeinde in mehrere Bezirke zu teilen (**RG** 67, 191). Für die örtliche Zuständigkeit des Gerichts ist in diesem Falle nicht der Wohnsitz in der Gemeinde, sondern im Gerichtsbezirk maßgebend. — Durch ein vertragliches Wohnsitzverbot darf nicht in Widerspruch mit dem in § 1 Ges. v. 1. 11. 67 anerkannten Grundsatz der Freizügigkeit die Bewegungsfreiheit in unzulässigem Maße eingeschränkt werden. Ein ohne jede zeitliche Grenze auferlegtes Verbot des Wohnsitzes an einem bestimmten Orte ist nach § 138 nichtig (**RG** Warn 1915 Nr 8; vgl. aber 1910 Nr 412).

3. Dies ist der Fall, wenn sich an **mehreren Wohnorten** gleichmäßig der Mittelpunkt der Lebensverhältnisse in ihrer Gesamtheit befindet, wenn insbesondere mit dem Wohnen an mehreren Wohnorten zeitweilig in der Weise abgewechselt wird, daß der jedesmalige Wohnort den Mittelpunkt der Lebensverhältnisse und der Verwaltung bildet (vgl. PrOVG 54, 185 Nr 50).

4. Der bloße Wille, die Niederlassung aufzugeben, genügt allein nicht zur **Aufhebung des Wohnsitzes.** Es muß die wirkliche Aufgabe der Niederlassung hinzukommen. Ebenso wird der Wohnsitz dadurch nicht aufgehoben, daß der Wohnungsinhaber zeitweilig in der Absicht der Rückkehr sich entfernt. Der Wohnsitz kann unter Umständen selbst bei Aufgabe der Wohnung beibehalten werden, wenn die Aufgabe nur vorübergehend erfolgt, weil der bisherige Wohnungsinhaber auf Reisen geht, seine geschäftlichen, amtlichen usw. Beziehungen jedoch auch fernerhin in dem bisherigen Wohnorte ihren Mittelpunkt finden (etwas abweichend Staudinger A 10; Planck A 4). Der Wohnsitz ist nicht aufgehoben, wenn jemand, der an einem andern Orte Wohnung nimmt, die frühere, für seine Bedürfnisse eingerichtete Wohnung zu seiner Verfügung behält. In solchem Falle kann das Bestehen eines doppelten Wohnsitzes angenommen werden (vgl. PrOVG 58, 230). Mit dem Aufenthalt in einer Gefangenanstalt (vgl. A 1) ist die Aufgabe des bisherigen Wohnsitzes nicht notwendig verbunden.

§ 8

Wer geschäftsunfähig oder in der Geschäftsfähigkeit beschränkt ist, kann ohne den Willen seines gesetzlichen Vertreters einen Wohnsitz weder begründen noch aufheben[1]).

E I 36 II 18; M 1 72; P 1 39; 6 119 ff.

1. Die Begründung und Aufhebung des Wohnsitzes stellt sich als eine für die verschiedensten Rechtsverhältnisse bedeutsame Rechtshandlung dar, für welche deshalb ebenso wie für lästige Rechtsgeschäfte **unbeschränkte Geschäftsfähigkeit** gefordert wird. Ist diese Geschäftsfähigkeit nicht vorhanden, so entscheidet der Wille des gesetzlichen Vertreters, und zwar des Vertreters in persönlichen Angelegenheiten (vgl. § 1631 A 1), der den Willen des Vertretenen ersetzen oder ihn ergänzen kann. Zur Vertretung ist derjenige Elternteil, welchem nur die tatsächliche Fürsorge für die Person des Kindes zusteht, nicht berechtigt (vgl. §§ 1635, 1666, 1676 Abs 2, 1696, 1700, 1702 Abs 2, 1707). Ob der Wille des gesetzlichen Vertreters dahin gegangen ist, den Ort der Niederlassung zum Wohnsitze, d. i. zum Mittelpunkte der Lebensverhältnisse, des Geschäftsunfähigen zu erheben, ist aus den Umständen zu erkennen (vgl. OLG 1916, 19). Von Bedeutung hierfür kann sein, daß der unheilbar Geisteskranke unter Aufgabe der ihn mit andern Orten verknüpfenden Beziehungen dauernd in einer Irrenanstalt untergebracht ist (vgl. OLG 33, 19; abw. Josef in ArchZivPrax 114, 408). Die Zustimmung zu der Handlung des Geschäftsunfähigen hat regelmäßig die Bedeutung, daß dessen Wille ersetzt wird (a. A. namentlich Staudinger A 1 u. 3, welcher, falls nicht der gesetzliche Vertreter den Wohnsitz selbst bestimmt hat, eine natürliche Handlungsfähigkeit des Vertretenen fordert). Der Vertreter muß, damit sein Wille Wirksamkeit gewinnt, unbeschränkt geschäftsfähig sein.

§ 9

Eine Militärperson hat ihren Wohnsitz am Garnisonorte. Als Wohnsitz einer Militärperson, deren Truppenteil im Inlande keinen Garnisonort hat, gilt der letzte inländische Garnisonort des Truppenteils.

Diese Vorschriften finden keine Anwendung auf Militärpersonen, die nur zur Erfüllung der Wehrpflicht dienen oder die nicht selbständig einen Wohnsitz begründen können[1])[2]).

E I 37 II 19; M 1 72 ff.; P 1 40.

1. Zu den **Militärpersonen** im Sinne des § 9 sind, da die in Abs 2 bezeichneten Personen ausgenommen sind, nach der bisherigen Heeresverfassung nur die Berufsoffiziere, Militärärzte und einen militärischen Rang einnehmenden Militärbeamten (auch die Kriegsgerichtsräte, **RG** 17. 12. 07 III 215/07) für die Dauer der Anstellung und die Unteroffizierkapitulanten für die Dauer der Kapitulation zu zählen (§ 4 MStGB v. 20. 6. 72 und Anlage I zu diesem Ges. in der Fassung v. 6. 2. 11; Kais. VO v. 1. 8. 08, betr. die Klasseneinteilung der Militärbeamten; § 38 des RMilG v. 2. 5. 74). Die Landgendarmen (vgl. § 2 Abs 3 EG zur MStGO) wurden in Preußen und in den meisten Bundesstaaten — nicht in Bayern und Württemberg — zu den Personen des Soldatenstandes gerechnet. In gleicher Weise ist der Kreis der Militärpersonen auch für die Kriegszeit zu begrenzen mit der Änderung, daß die Dienstpflicht der Unteroffizierkapitulanten für die Dauer des Krieges (nach angeordneter Mobilmachung) eine zeitlich unbeschränkte ist. Mit den zur Erfüllung der Wehrpflicht dienenden Militärpersonen des Abs 2 — welcher Ausdruck insofern kein genauer ist, als der Kriegsdienst freiwillig übernommen werden kann, selbst von solchen Personen, die das wehrpflichtige Alter bereits überschritten haben, und als die zeitliche Grenze der Wehrpflicht für die Kriegszeit nicht gilt — hat nur der Gegensatz zu den Personen, die den Heeresdienst als Beruf ausüben, bezeichnet werden sollen (KGJ 48, 74; JW 1916, 211; LZ 1917, 137). Die in § 9 bezeichneten Militärpersonen haben, sofern sie selbständig einen Wohnsitz begründen können (§ 8 A 1), kraft Gesetzes, ohne daß es auf ihren Willen oder das Vorhandensein einer tatsächlichen Niederlassung (**RG** Warn 08 Nr 112) ankommt, ihren Wohnsitz (nicht den ausschließlichen Wohnsitz — bestr., vgl. LZ 1918, 137) an ihrem inländischen Garnisonorte oder, wenn ein solcher fehlt, am letzten inländischen Garnisonorte. Ist auch dieser nicht vorhanden, so konnte für Angelegenheiten der streitigen Gerichtsbarkeit ein im Inlande belegener Ort als Garnisonort durch Kais. VO bestimmt werden (§ 8 des Ges. v. 28. 5. 01). Durch eine bloße Abkommandierung wird der Garnisonort nicht geändert. Nach dem Erl des PrKM v. 27. 2. 16 bestimmt sich für neu aufgestellte Formationen der Garnisonort nach dem Standort der entsprechenden Ersatzformation. Der Gerichtsstand der Niederlassung (§ 21 ZPO) und der aus der Niederlassung sich ergebende Erfüllungsort (§ 269 Abs 2) wird selbstverständlich durch diesen Wohnsitz nicht berührt. Die Grundlagen der Wehrverfassung sind später (Ges. über Bildung einer vorläufigen Reichswehr v. 6. 3. 19, über Bildung einer vorläufigen Reichsmarine v. 16. 4. 19) dahin geändert, daß die Mannschaften angeworben werden. Eine Änderung der Vorschriften über den gesetzlichen Wohnsitz der Militärpersonen ist hierdurch nur insofern herbeigeführt worden, als die Angeworbenen zu den Militärpersonen gehören, die den Heeresdienst als Beruf ausüben. Zur Zeit sind Militärpersonen die Angehörigen der Reichswehr (Wehrges. v. 23. 3. 21). Die erste Alternative des Abs 2 ist jetzt gegenstandslos, da keine Wehrpflicht mehr besteht (Ges. v. 21. 8. 20). Nicht hierher gehören die Mitglieder der Einwohnerwehr, die nur polizeiliche Verrichtungen zu erfüllen haben.

2. Ein gesetzlicher Wohnsitz der **Beamten** besteht nicht. Die Beamten haben zwar an dem Orte, wo sie ihre dienstliche Tätigkeit zu versehen haben, ihren Amtssitz, und sie können von der vorgesetzten Behörde angehalten werden, dort ihren Wohnsitz zu nehmen. Ob sie aber an diesem Ort ihren Wohnsitz haben, ist lediglich nach den allgemeinen Grundsätzen der §§ 7ff. zu beurteilen. Denjenigen Deutschen, welche das Recht der Exterritorialität besitzen oder welche als Beamte des Reiches oder eines Landes im Auslande tätig sind und keinen inländischen Wohnsitz haben, ist ein gesetzlicher Wohnsitz nur in Ansehung des Gerichtsstandes, und zwar am letzten inländischen Wohnort oder in der Hauptstadt des Heimatstaats zugewiesen (§ 15 ZPO). Hinsichtlich der früheren Kolonialbeamten s. §§ 7ff. KolBG v. 8. 6. 10.

§ 10

Die Ehefrau teilt den Wohnsitz des Ehemanns. Sie teilt den Wohnsitz nicht, wenn der Mann seinen Wohnsitz im Ausland an einem Orte begründet, an den die Frau ihm nicht folgt und zu folgen nicht verpflichtet ist[1])[2]).

Solange der Mann keinen Wohnsitz hat oder die Frau seinen Wohnsitz nicht teilt, kann die Frau selbständig einen Wohnsitz haben[1]).

E I 39 II 20; M 1 74; P 1 41 ff.; 6 113.

1. Der Verpflichtung der **Ehefrau** zur häuslichen Gemeinschaft mit dem Manne (§§ 1353, 1354) entspricht es, daß sie einen von dem Wohnsitz des Mannes verschiedenen Wohnsitz nicht für sich begründen kann. Sie hat diese Befugnis auch nicht während einer Strafhaft des Mannes (**RG** 5. 7. 1915 IV 177/13). Dagegen steht ihr, solange der Mann keinen Wohnsitz hat (obschon die Pflicht zur ehelichen Folge nicht aufgehoben ist), die Begründung eines selbständigen Wohnsitzes frei. Die Frau kann auch von dem Manne ermächtigt werden, für sich und den Mann einen neuen Ehewohnsitz zu begründen. Eine stillschweigende Ermächtigung dieser

Art wird nach der Lage des Falles angenommen werden können, wenn der Mann durch Antritt einer mehrjährigen Freiheitsstrafe gezwungen ist, die erforderliche Wahl des neuen Wohnsitzes der Frau zu überlassen. Die von der Frau vorgenommene Wahl des neuen Wohnortes wird auch durch nachträgliche, wenn auch nur stillschweigende Genehmigung seitens des Mannes von dem Augenblick der Genehmigung an wirksam. Die Regel, daß die Frau den Wohnsitz des Mannes teilt, greift auch durch, wenn der Mann seinen inländischen oder ausländischen Wohnsitz arglistig der Frau verschwiegen haben sollte. Eine Ausnahme ist nur in dem Falle zugelassen, daß der Mann ins Ausland gezogen ist und die Frau ihm nicht folgt, auch, weil ein solches Verlangen des Mannes ein Mißbrauch seines Rechtes sein würde, nicht zu folgen braucht. Als Ausland im Sinne des § 10 sind auch die bisherigen Schutzgebiete anzusehen. Ein Mißbrauch des ehemännlichen Rechtes wird nicht anzunehmen sein, wenn die Frau von vornherein infolge der geschäftlichen oder amtlichen Beziehungen ihres Mannes mit der Verlegung des Wohnsitzes in das Ausland rechnen mußte. Bis zu dem Zeitpunkte, wo die Frau sich endgültig entschließt, dem Manne nicht zu folgen, bleibt der ausländische Wohnsitz des Mannes für sie maßgebend. Sonstige Gründe, aus denen sie die eheliche Gemeinschaft verweigern darf, berechtigen sie nicht zum Erwerb eines selbständigen Wohnsitzes (**RG** 59, 337; a. A. Staudinger A 8 und Planck A 5 für den Fall, daß die Frau dem Manne ins Ausland gefolgt, demnächst aber wieder in das Inland zurückgekehrt ist). Die von ihrem Manne getrennt lebende Frau ist hierzu selbst dann nicht berechtigt, wenn ihr das Recht zum Getrenntleben zuerkannt ist (**RG** 59, 337). Das Gesetz hat davon abgesehen, das Wohnsitzrecht und die Verpflichtung der Frau, dem Manne zu folgen, übereinstimmend zu gestalten, um die Feststellung des Wohnsitzes der Frau nicht zu erschweren. Die Vorschrift des Abs 1 Satz 2 gilt auch für den Fall, daß der Mann bereits zur Zeit der Verheiratung seinen Wohnsitz im Inlande hatte.

2. Der Wohnsitz der Ehefrau ist ein **abgeleiteter.** Es brauchen also die Voraussetzungen zum Erwerb des Wohnsitzes nur in der Person des Mannes vorzuliegen. Die Frau teilt den Wohnsitz, auch wenn zur Zeit der Eheschließung die Eheleute bereits den Willen haben, den früher von dem Manne erworbenen Wohnsitz binnen kurzem aufzugeben, somit die Frau den Wohnsitz als eigenen nicht hätte erwerben können. Der abgeleitete Wohnsitz bleibt so lange bestehen, bis rechtskräftig die Ehe geschieden oder die eheliche Gemeinschaft aufgehoben (**RG** 59, 340) oder die Ehe für nichtig erklärt ist. Es sind dies Vorgänge, die in das Heiratsregister eingetragen werden (§ 55 PStG in der Fassung des Art 46 EG) und leicht feststellbar sind. Den Wohnsitz des Mannes behält in diesem Falle die Frau nur bei, wenn der Wohnsitz gemäß § 7 auch von ihr begründet war. Ist die Ehe wegen mangelnder Form der Eheschließung und wegen mangelnden Eintrags in das Heiratsregister schlechthin nichtig (§ 1329 Satz 2), so tritt der abgeleitete Wohnsitz nicht ein.

§ 11

Ein eheliches Kind teilt den Wohnsitz des Vaters, ein uneheliches Kind den Wohnsitz der Mutter, ein an Kindes Statt angenommenes Kind den Wohnsitz des Annehmenden[1]). Das Kind behält den Wohnsitz, bis es ihn rechtsgültig aufhebt[2]).

Eine erst nach dem Eintritte der Volljährigkeit des Kindes erfolgende Legitimation oder Annahme an Kindes Statt hat keinen Einfluß auf den Wohnsitz des Kindes[3]).

E I 40 II 21; M 1 75 ff.; P 1 423; 6 113.

1. Die Familiengemeinschaft hat im Verhältnis zwischen Eltern und Kindern regelmäßig (vgl. A 2) auch eine **Gemeinschaft des Wohnsitzes** zur Folge. Das eheliche Kind, dem das durch nachfolgende Ehe oder Ehelichkeitserklärung legitimierte Kind gleichsteht (§§ 1719, 1736), teilt den Wohnsitz des Vaters, nicht des Inhabers der elterlichen Gewalt, und zwar ohne Rücksicht darauf, ob es minderjährig oder volljährig ist, ob die Ehe besteht oder geschieden ist, ob dem Vater die Sorge für die Person des Kindes zusteht oder nicht. Über die Ehelichkeit des Kindes aus nichtiger Ehe s. § 1699. Der die Nichtigkeit kennende Vater verliert zwar nach § 1701 alle sich aus der Vaterschaft ergebenden Rechte. Gleichwohl bleibt sein Wohnsitz, da es sich hier um ein solches Recht nicht handelt, maßgebend für den Wohnsitz des Kindes, falls nicht die Ehe schlechthin nichtig ist (§ 1699 Abs 2). Das uneheliche Kind (sofern es nicht legitimiert ist) teilt den Wohnsitz der Mutter, nicht aber das eheliche Kind, auch nicht, wenn der Vater gestorben ist und die Mutter im Besitz der elterlichen Gewalt sich befindet. Das an Kindes Statt angenommene Kind endlich hat, da es dem Einfluß der Eltern gänzlich entzogen ist (vgl. § 1765 A 1), den gleichen Wohnsitz wie der Annehmende.

2. Die zu 1 behandelte Gemeinschaft des Wohnsitzes hat nicht die Bedeutung, daß damit ein **selbständiger Wohnsitz** des Kindes ausgeschlossen wäre. Schon vor erreichter Volljährig-

keit kann das Kind mit Willen des gesetzlichen Vertreters oder kann der gesetzliche Vertreter für das Kind (§ 8 A 1) einen besondern Wohnsitz begründen, vorausgesetzt, daß der hierauf gerichtete Wille zur Durchführung gebracht ist. Ebenso kann der Vater bei Veränderung seines Wohnsitzes dem Kinde den bisherigen Wohnsitz belassen. Eine Änderung des Wohnsitzes des Kindes wird regelmäßig nicht schon darin zu finden sein, daß der Vater seiner am andern Orte wohnenden geschiedenen Ehefrau das Kind zur Erziehung überlassen hat (KGJ 38 A 79). Die zur Fürsorge für die Person des Kindes berechtigte Mutter ist nicht die gesetzliche Vertreterin in bezug auf den Wohnsitz des Kindes. Nach Erreichung der Volljährigkeit kann das Kind selbständig einen Wohnsitz nehmen. Dies kann auch dadurch geschehen, daß es, wenn der Vater verzieht, den bisherigen Wohnsitz beibehält. Es kann auch ohne Begründung eines neuen Wohnsitzes den früheren Wohnsitz aufgeben. Die Gemeinschaft des Wohnsitzes mit dem Vater erlischt in diesen Fällen und lebt nicht etwa dadurch wieder auf, daß das Kind den erworbenen Wohnsitz später wieder verliert. Bloß dadurch, daß der Vater wohnsitzlos wird (ohne daß er zugleich den Wohnsitz für das Kind aufgibt), geht dem minderjährigen Kinde der einmal erlangte Wohnsitz nicht verloren (M 1, 76).

3. In Übereinstimmung mit dem selbständigen Wohnsitzrecht des volljährigen Kindes vgl. A 2) steht es, daß eine erst nach der Volljährigkeit eintretende **Legitimation oder Annahme an Kindes Statt** auf den Wohnsitz des Kindes **ohne Einfluß** ist.

§ 12

Wird das Recht¹) zum Gebrauch eines Namens²) dem Berechtigten von einem anderen bestritten³) oder wird das Interesse des Berechtigten dadurch verletzt, daß ein anderer unbefugt den gleichen Namen gebraucht⁴), so kann der Berechtigte von dem anderen Beseitigung der Beeinträchtigung verlangen. Sind weitere Beeinträchtigungen zu besorgen, so kann er auf Unterlassung klagen⁵).

E II 22; P 1 43 ff.; 6 113.

1. Das Recht auf **Namensschutz,** das auf gewerblichem Gebiete durch besondere Gesetze geordnet ist (s. über Firmenrecht HGB §§ 17ff., über Warenzeichenrecht WZG v. 12. 5. 94; vgl. auch § 16 UnlWG v. 7. 6. 09), hat durch § 12 seine allgemeine gesetzliche Anerkennung gefunden. Bei dem Schutz des Namens, der den einzelnen im bürgerlichen und gesellschaftlichen Verkehre von anderen unterscheidet, handelt es sich — wie bei dem Recht am eigenen Bilde, vgl. §§ 22, 23 KunstUG v. 9. 1. 07 — wesentlich um ein Persönlichkeitsrecht (vgl. **RG** 69, 403). Die Vermögensinteressen kommen hierbei erst in zweiter Linie in Betracht. Der Anspruch erscheint deshalb als ein nicht vermögensrechtlicher, für welchen die Revision nach § 546 ZPO ohne Rücksicht auf den Wert des Beschwerdegegenstandes zulässig ist (**RG** JW 99, 574[8]). Der Namensschutz des BGB erstreckt sich sowohl auf den die Zugehörigkeit zu einer bestimmten Familie klarstellenden Familiennamen als auf den zur Unterscheidung des einzelnen von den Trägern des gleichen Familiennamens bestimmten Vornamen, ebenso auf den Geburtsnamen der verheirateten Frau (**RG** JW 1912, 338[1]; 1925, 363[18]). Geschützt ist durch § 12 auch die Adelsbezeichnung in ihrer namensrechtlichen Bedeutung, während über die Frage der Zugehörigkeit eines Geschlechts zum Adelsstande, als eine Frage des öffentlichen Rechtes — soweit nicht hierüber als Voraussetzung eines andern Klageanspruchs zu entscheiden ist —, der Rechtsweg ausgeschlossen war (**RG** JW 01, 173[36]; 04, 53[3]; 2. 5. 07 IV 480/06; 24. 6. 09 IV 553/08; vgl. über die Maßgeblichkeit der Entscheidung des bisherigen preußischen Heroldsamts über das Adelsrecht eines preußischen Staatsangehörigen für Berichtigung des Standesregisters KGJ 36 A 55; 42 A 66; 44 A 65 und für Prozeßentscheidungen **RG**St 43, 33; JW 01, 173[36]; PrJMBl 1913, 61; a. A. OLG Celle in JW 1911, 610). Auch nach Aufhebung des Heroldsamts (VO v. 3. 11. 19) ist dessen frühere Entscheidung maßgebend, doch hat der Standesregisterrichter zu prüfen, ob nicht nachher Umstände eingetreten sind, die zu einer davon abweichenden Beurteilung zwingen (JFG 3, 139). Die Beschränkung des Rechtswegs ist jetzt weggefallen, da die Adelsbezeichnung nach Art 109 Abs 3 RVerf sowohl beim hohen wie beim niederen Adel nur noch die Bedeutung hat, daß sie als Teil des Namens gilt (**RG** 103, 194; s. über den Adelsnamen im geltenden Recht neuerdings Müller, Standesvorrechte und Adelsnamen; Goslich in LZ 1926 S. 353ff., 420ff.). Danach ist § 12 nunmehr auf alle Adelsbezeichnungen anzuwenden, insbesondere auch im Fall eines bloß persönlichen Adels (Ordensadels, s. jedoch § 1616 A 1). Der frühere Grundsatz des preußischen Rechts, wonach die geschiedene, für schuldig erklärte Frau bürgerlicher Herkunft den Familiennamen ihres Mannes nur unter Weglassung des Adelsprädikats führen durfte (KGJ 47 A 88), hat keine Geltung mehr. Bei der Adelsbezeichnung der weiblichen Mitglieder ehemals adliger Familien ist auch in Zukunft die weibliche Form (Gräfin, Freiin usw.)

anzuwenden, ebenso deklinieren die männlichen Mitglieder den Adelsnamen wie früher (des Grafen, Freiherrn usw.), RG 113, 107, vgl. dazu JW 1926 S. 1944, 1945, 1952; 1927 S. 1188, 1189. Art 109 Abs 3 RVerf hat keine rückwirkende Kraft (RG 109, 252; OLG in RJA 17, 46; JW 1927, 1223[13]; JFG 2, 137; vgl. BayObLG in JW 1926, 2855[1]). In Bayern ist der Adel durch das Ges. v. 28. 3. 1919, später ersetzt durch § 15 Abs 2 der Verfassungsurkunde v. 14. 8. 1919, aufgehoben. Die bisherigen Adelsbezeichnungen dürfen nur als Teil des Namens weitergeführt werden. Für Preußen erging das Ges. v. 23. 6. 1920 (Adelsgesetz), wodurch die Vorrechte des Adels und der in Artt 57, 58 EG bezeichneten Familien beseitigt und diese dem allgemeinen öffentlichen und bürgerlichen Recht unterstellt sind. Wegen des Namens der bisherigen Adelsfamilien und ihrer Angehörigen vgl. § 22 des Ges. Das Gesetz ist für rechtsgültig erklärt durch die Entscheidung des Staatsgerichtshofs v. 10. 5. 1924 in RG 111 Anh. S. 1. Die Namensführung der Mitglieder der vormals landesherrlichen Familie in Preußen ist geregelt durch VO v. 27. 11. 1923. Über den Erwerb des Adelsnamens durch eheliche Kinder s. § 1616 A 1, durch uneheliche Kinder Vorbem 4 vor § 1705, durch angenommene Kinder § 1758 A 1. — Die Bestimmungen über den Schutz des Namensrechts kommen ferner der Telegrammadresse (einer mit der Telegraphenanstalt vereinbarten abgekürzten Adresse, TelO v. 16. 6. 04 § 3 VII) zugute (RG 27. 5. 09 IV 559/08; 102, 89). Sie haben wegen Rechtsähnlichkeit auch auf die Verletzung des Wappenrechts entsprechende Anwendung zu finden, und zwar auch dann, wenn es sich um das Wappenrecht einer Körperschaft des öffentlichen Rechtes handelt (RG 71, 262). Eine solche Verletzung des Wappenrechts liegt vor, wenn das Ortswappen einer Stadtgemeinde auf der Ausstattung eines gewerblichen Erzeugnisses angebracht wird, selbst wenn der Benutzer sich nicht das Recht anmaßt, das Wappen als eigenes zu führen (RG JW 1924, 1711[2] unter Aufgabe der insoweit gegenteiligen Ansicht in RG 71, 265, s. auch Warn 1911 Nr 468). Auf einen bloßen Titel findet § 12 keine Anwendung. Die Fortführung eines nach der Verleihung entzogenen Hoflieferantentitels kann gegen § 3 UnlWG verstoßen (RG 80, 273). Der in § 12 gewährte Namensschutz ist, obschon diese Vorschrift in dem von den natürlichen Personen handelnden Abschnitte seine Stelle hat, auch auf juristische Personen (RG 74, 114; 109, 214; 115, 406) und selbst auf nichtrechtsfähige Vereine (RG 78, 101; OLG München in JW. 1925, 2150[4]) auszudehnen, da diese Vereinigungen zur Unterscheidung im Rechtsverkehr unbedingt auf die Führung eines Namens angewiesen sind (vgl. § 22 A 3, § 57). Auch die offene Handelsgesellschaft genießt für ihre Firma den Schutz des § 12 (RG 114, 93, wo die in RG 88, 421 vertretene Ansicht, daß sie nur ein Firmenrecht, kein Namensrecht habe, aufgegeben wird). Die Berechtigung zum Gebrauch des Namens ist nach dem Rechte der Staatsangehörigkeit des den Namen Beanspruchenden zu beurteilen, nicht nach dem Rechte des Staatsgebiets, in welchem der Name geführt wird (RG 95, 272). Für den Umfang des Schutzes ist aber das inländische Recht maßgebend (RG 100, 185; Adler, Der Namen im deutschen und österreichischen Recht S. 148). — Eine Pflicht zur Namensführung kann — abgesehen von Normen des öffentlichen Rechts — auf familienrechtlicher Grundlage beruhen, vgl. § 1355 A 2.

2. Der Name dient in der Sprache zur ständigen Kennzeichnung einer Person, die dadurch von anderen Personen unterschieden wird (RG 91, 352). Den Namensschutz kann nur geltend machen, wer das **Recht zur Führung des Namens** hat. Hinsichtlich des Familiennamens steht dieses Recht allen Mitgliedern der Familie zu. Insbesondere kann die Ehefrau die unbefugte Führung des Familiennamens ihres Mannes aus eigenem Recht untersagen (RG Gruch 46, 127). Sie hat ein Klagerecht wegen Mißbrauchs ihres Namens selbst gegen den Ehemann (RG 108, 230). Über das Namensrecht der Ehefrau s. § 1355, der geschiedenen Ehefrau § 1577, über das Recht des Kindes § 1616, des angenommenen Kindes § 1758. Über Erteilung der Vornamen s. § 1616 A 2. Beweisend für die Richtigkeit des Namens sind die Eintragungen im Standesregister, deren Berichtigung nach § 66 PStG v. 6. 2. 75 nur von dem Gericht angeordnet werden kann. Die Landespolizeibehörde hat nicht das Recht, die Führung eines nach dem Standesregister dem andern zukommenden Namens zu untersagen (KGJ 42 A 72). Einen von diesen Bestimmungen abweichenden bürgerlichen Namen (Familiennamen und Vornamen) darf der einzelne sich nicht willkürlich beilegen. Eine privatrechtliche Ersitzung des Namensrechts ist, da eine solche nach BGB im allgemeinen nur an beweglichen Sachen, ausnahmsweise auch an Grundstücken und bestimmten Grundstücksrechten stattfindet (§§ 937, 900), gemäß Art 55 EG ausgeschlossen (RG SeuffA 59 Nr 175). Doch kann ein langjähriger ungehinderter Gebrauch des Namens die tatsächliche Vermutung begründen, daß er von dem Inhaber mit Recht geführt wird. Die Änderung des Namens ist nur zulässig mit Genehmigung der Behörde — in Preußen des Regierungspräsidenten (A. E. 12. 7. 67), jetzt des Justizministers nach V v. 3. 11. 19, betr. die Änderung der Familiennamen, in Bayern der Distriktspolizeibehörde (MinBek v. 27. 12. 99), die Änderung des Vornamens nach Vf des PrJM v. 21. 4. 20 (vgl. auch Vf v. 15. 8. 98) nur mit Genehmigung des Amtsgerichts. Die Annahme eines Doppelnamens kann nach Vf des PrM des J v. 29. 8. 19 schon da gestattet werden, wo wirtschaftliche Interessen, Familienbeziehungen oder ähnliche Gründe dies angezeigt erscheinen lassen. Anträgen polnischer Staatsangehöriger auf Änderung des früher deutschen Namens in einen polnischen kann nur stattgegeben werden, wenn der Antrag in beglaubigter Form gestellt ist und ebenso die Bewilligung der fremden Behörde in beglaubigter Form beigefügt ist (Erlaß des PrM des J v. 28. 7. 21). — In unbestrittener Übung ist, daß Künstler und Schriftsteller sich für ihr Fachgebiet einen von ihrem bürgerlichen Namen verschiedenen Namen beilegen. In der Benutzung dieses Namens, der ein gutes Teil künstlerischer und schriftstellerischer Ehre einschließt, haben sie deshalb nach § 12 auch Schutz zu beanspruchen (RG 101, 226; vgl. KG in JW 21, 39[2]). Weiter wird man aber in dem Schutz des **Decknamens** (Pseudonyms) nicht gehen dürfen (bestr.). Das Recht auf den Künstlernamen verbleibt dem Namensträger, auch wenn er die künstlerische Tätigkeit nicht mehr ausübt (RG 101, 231 oben). Auf die Gültigkeit eines Rechtsgeschäfts oder die Zulässigkeit einer Klage ist es übrigens ohne Einfluß, daß die Partei mit einem Decknamen bezeichnet ist. Beruht das Namensrecht darauf, daß der Name im Standesregister als von dem Vater überkommen eingetragen ist, so hat darüber, ob der Name der richtige ist, lediglich der für die Berichtigung des Standesregisters zuständige Richter zu entscheiden. Die Landespolizeibehörde hat nicht das Recht, die Führung eines nach dem Standesregister zukommenden Namens zu untersagen (KGJ 42 A 72). Grundsätzlich verschieden von dem Namensschutz ist der Firmenschutz, § 37 HGB (RG 114, 93). Die Berechtigung, den Namen eines andern in seiner Firma zu führen, gibt noch nicht die Rechte aus § 12 (RG 59, 284). Der Familienname eines Kaufmanns genießt den Schutz des § 12, wenn er unbefugt von einem andern Unternehmen auch nur als sog. Etablissementsname gebraucht wird (RG 88, 424). — Zulässig ist es, obschon das Namensrecht selbst von der Person des Berechtigten nicht abgetrennt und einem andern übertragen werden kann (RG 87, 147), durch schuldrechtlichen Vertrag die Benutzung des Namens einem andern zum Gebrauch als Künstlernamen, zur Bezeichnung eines Geschäfts, einer Anstalt, eines Vereins, einer Druckschrift, einer Ware usw. zu gestatten (Lizenz). In diesem Falle verzichtet der Namensberechtigte darauf, von seinem Verbietungsrecht einen dem Vertrage zuwiderlaufenden Gebrauch zu machen (RG JW 1927, 117[18]). Sache der Auslegung ist es, ob der Verzicht als ein endgültiger gewollt ist, ob nicht jedenfalls der Verzicht unter besonderen Umständen wegen Mißbrauchs widerrufen werden kann (RG JW 1921, 824[1]; 1924, 164[1]; vgl. Planck A 2b Abs 3). Ein Streit darüber, ob das Namensrecht verletzt ist, kann nur zwischen dem Inhaber des Rechtes und dem Verletzer ausgetragen werden (RG 87,147). Ein derartiges Benutzungsrecht kann einen großen Vermögenswert darstellen, namentlich dann, wenn das Geschäft oder die Ware unter dem ihnen beigelegten Namen in der Kundschaft sich gut eingeführt hat. Im Zweifel ist deshalb bei Verkauf eines den Namen des Verkäufers tragenden Fremdenheims anzunehmen, daß der Käufer befugt sein soll, bei Weiterveräußerung das Recht zur Benutzung des Namens mit zu übertragen (RG Gruch 45, 74). Der Benutzungsberechtigte erlangt (abgesehen von den besondern Bestimmungen über Schutz der Firma oder des Warenzeichens) nicht das eigene Recht, die Führung des Namens Dritten zu untersagen (RG SeuffA 53 Nr 207). Er kann aber das Untersagungsrecht als Bevollmächtigter des Namensberechtigten ausüben. Hat der Namensberechtigte die unbeschränkte Verwertung der unter seinem Namen in den Verkehr gebrachten Ware einem andern überlassen, so kann diesem hiermit die Befugnis eingeräumt sein, den Namen als Warenzeichen für sich eintragen zu lassen (RG 30. 5. 07 IV 539/06; vgl. auch Warn 1911 Nr 221). In der Zustimmung des früheren Firmeninhabers zur Fortführung der Firma liegt im Zweifel auch die Ermächtigung, die Firma für eine Zweigniederlassung zu gebrauchen, nicht aber auch die Ermächtigung, die Zweigniederlassung unter dieser Firma als selbständiges Geschäft weiterzuveräußern (RG JW 08, 18[23]). Der Betriebsinhaber kann, wenn er seinen Namen zur Bezeichnung des Geschäfts verwendet hat, das Recht auf Führung dieses Anstaltsnamens seinem Nachfolger einräumen. Wird lediglich aus Gefälligkeit die Benutzung des Namens gestattet, so ist diese Erlaubniserteilung im Zweifel als eine widerrufliche anzusehen. Durch die Eintragung eines Warenzeichens wird niemand gehindert, seinen eigenen Namen im Geschäftsverkehr zu gebrauchen (§ 13 WZG v. 12. 5. 94; RG 90, 88). Sind durch den unbefugten Namensgebrauch mehrere Personen verletzt, so kann jeder von ihnen selbständig den Anspruch geltend machen.

3. Das Klagerecht des Namensberechtigten hat eine doppelte Richtung. Er kann verlangen, daß ihm selbst das Recht der Namensführung nicht beeinträchtigt wird, und er kann einem jeden andern (s. hierüber A 4) die Benutzung des Namens verbieten. Es genügt objektive Rechtsverletzung. Als Beeinträchtigung ist es anzusehen, wenn dem Berechtigten die Befugnis zum Gebrauch seines Namens, sei es zur Bezeichnung seiner Person oder seines Geschäfts usw., **von einem andern bestritten wird**. Das Bestreiten kann wörtlich oder durch Handlungen erfolgen, die mit dem Namensrecht in Widerspruch treten. Es kann mittelbar auch in der Weise geschehen, daß dem Berechtigten grundsätzlich statt des ihm zukommenden

Namens ein anderer Name beigelegt wird. Das Klagerecht richtet sich gegen jeden, der das Namensrecht bestreitet. Der Rechtsweg ist aber unzulässig, wenn eine Behörde in Ausübung öffentlich-rechtlicher Befugnisse tätig geworden ist (RG 39, 303; JW 1919, 309[11]; 05, 72[4]; Gruch 50, 881). Zugelassen ist jedoch von dem RG im Urteil v. 21. 10. 09 IV 5/09 eine Klage gegen den Hamburgischen Staat, vertreten durch die Aufsichtsbehörde für die Hamburgischen Staatsämter, weil diese Aufsichtsbehörde im Wege des Berichtigungsverfahrens einen unrichtigen Namen für den Kläger in das Standesregister hatte eintragen lassen. Zur Klageerhebung kann auch der Umstand Veranlassung geben, daß in dem Gothaischen Genealogischen Taschenbuch eine zum Uradel gehörige Familie als zum Briefadel gehörig verzeichnet ist (vgl. RG 21. 3. 12 IV 419/11).

4. Ein **unbefugter Gebrauch des Namens** liegt vor, wenn jemand den fremden Namen ohne Recht zur Bezeichnung seiner Person, seines Geschäfts, seiner Ware usw. verwendet. Dabei ist es gleichgültig, ob die Schreibweise des Namens etwas verändert ist und ob der Benennung des früheren Geschäftsinhabers zur Individualisierung des Geschäfts ein dementsprechender Zusatz, wie „vormals", „früher" beigefügt ist (RG 56, 187). Die Hinzufügung des Wortes „nach" (Ware nach N N) ist nicht immer Systembezeichnung, es kann hierin auch, was im einzelnen Falle zu prüfen, ein unbefugter Gebrauch des Namens liegen (RG Warn 1912 Nr 195). Ein unbefugter Gebrauch ist aber auch darin zu erblicken, daß der Name in verletzender Weise einem Tiere (anders RG DJZ 06, 543) oder einer in einem Roman, Theaterstück oder Bildwerk dargestellten, auf den berechtigten Namensträger hinweisenden Figur beigelegt wird (bestr.). Nach RG DJZ 06, 543 (vgl. auch KG in LZ 1914, 1674[1] und in JW 1921, 1551[2]) enthält die Benutzung des Namens zur Bezeichnung einer typischen Figur (Professor Biedermann) nicht ohne weiteres eine Verletzung des Namensrechts. Der unbefugte Gebrauch des Namens der Stadtgemeinde kann in der Bezeichnung eines Theaters als Stadttheaters, einer Apotheke als Stadtapotheke liegen (RG 101, 169; JW 1927, 117[18]). Keine Verletzung des Namensrechts ist es, wenn hinsichtlich des berechtigten Namensträgers etwas Unrichtiges ausgesagt wird (RG 91, 353), auch nicht, wenn ein Kaufmann die an eine andere Firma gerichteten Postsendungen entgegennimmt, weil er früher Inhaber einer gleichlautenden Firma war (RG JW 1925, 1631[1]). Das Klagerecht setzt weiter voraus, daß durch den unbefugten Gebrauch das Interesse des Namensberechtigten verletzt ist. Wer den Namen „Müller" oder „Schulze" führt, kann bei der weiten Verbreitung des Namens regelmäßig kein Interesse daran haben, ob noch eine weitere Person existiert, die berechtigt oder unberechtigt sich des gleichen Namens bedient. Das Interesse, dem unbefugten Namensgebrauch entgegenzutreten, kann darin begründet sein, daß durch den Gebrauch der Schein der Zugehörigkeit zur Familie des Klägers erweckt wird (RG JW 1925, 1632[3]), es genügt aber auch jedes andere persönliche oder vermögensrechtliche Interesse, das jedoch nicht über das verständige Maß hinausgehen darf. Nach RG 108, 231 soll § 12 gegenüber demjenigen, der einem Dritten, nicht sich den Namen des andern beilegt, in der Regel nicht anwendbar sein (ein Ehemann hatte seine Geliebte im Fremdenbuch eines Gasthofs als seine Ehefrau eingetragen). Das Namensrecht des Ehemanns wird nicht verletzt, wenn auf dem Grabe seiner verstorbenen Ehefrau eine Inschrift angebracht wird, die nur ihren erstehelichen Familiennamen enthält (a. A. OLG München JW 1923, 132[6]). Der Namensberechtigte braucht sich nicht gefallen zu lassen, daß sein Name zu Anpreisungszwecken mit dem Geschäft oder den Waren eines andern in irgendeiner Weise in Verbindung gebracht wird (RG 74, 308 über Benutzung des Namens „Graf Zeppelin" als Warenzeichen; 86, 123; JW 1911, 26[2]; 1924, 1711[2]; Warn 1911 Nr 222). Der Benutzung eines Namens zur Bezeichnung einer Ware kann jedoch nicht widersprochen werden, wenn der Name sich zur Benennung einer Ware von bestimmter Beschaffenheit eingebürgert hat (RG 69, 310; 100 S. 9 u. 182; JW 1921, 1535[13]). Dem Geschäftsnachfolger ist es über § 22 HGB hinaus nicht gestattet, einen den Namen des früheren Geschäftsinhabers angebenden Zusatz in die Firma aufzunehmen (RG 56, 188). Das persönliche Interesse des Namensberechtigten kann verletzt sein, wenn dem den Namen unbefugt Gebrauchenden ein persönlicher Makel anhaftet. Abgesehen hiervon wird bei völliger Verschiedenheit des Wohnsitzes und der Lebensstellung beider Teile eine Beeinträchtigung des persönlichen Interesses nicht leicht anzunehmen sein (RG Warn 1915 Nr 101). Ausgeschlossen ist das Klagerecht gegen denjenigen, der sich den Namen mit Genehmigung der zuständigen Behörde (vgl. A 2) beigelegt hat. Es kann in diesem Falle auch nicht gegen die Behörde geklagt werden, wennschon diese bei Erteilung der Genehmigung auf die Namensrechte dritter Personen Rücksicht nehmen soll. Nicht ausgeschlossen ist das Klagerecht, wenn der Name unberechtigt als Firma oder Warenzeichen eingetragen ist, sofern nicht etwa der als Warenzeichen benutzte Name Gattungsbezeichnung geworden ist (§§ 4 Nr 1, 13 WZG v. 12. 5. 94; RG 56, 160; Warn 1915 Nr 5). Auch der Gebrauch eines schlagwortähnlichen Bestandteils des Firmennamens kann den Namensschutz des § 12 begründen, sofern er geeignet ist, Verwechslungen im geschäftlichen Leben herbeizuführen (RG 109, 213; 115, 401; JW 1926, 1434[2]; 1927, 653[1]). — Die Ver-

urteilung wird nicht dadurch gehindert, daß der Name für den Beklagten im Geburtsregister eingetragen ist (RG 2. 5. 07 IV 480/06). Ebensowenig steht der Klage entgegen, daß im standesamtlichen Berichtigungsverfahren das Namensrecht des Klägers nicht anerkannt ist (RG 21. 10. 09 IV 5/09). Ein unbefugter Gebrauch des Vereinsnamens (s. A 1 a. E.) ist anzunehmen, auch wenn der Name nicht ganz der gleiche ist, sondern geringfügige Abweichungen aufweist, denen im gewöhnlichen Verkehre keine Unterscheidungskraft beigemessen wird (RG Warn 1927 Nr 9 bez. des Zusatzes „E. V.", s. § 57 A 2). Es kann aber nicht die Unterlassung einer Bezeichnung gefordert werden, die nach staatlicher Regelung gerechtfertigt ist (RG JW 1913, 1144[1] in einem Falle, wo der Verband deutscher Diplom-Ingenieure gegen den Verein deutscher Diplom-Brauerei-Ingenieure klagte). Ein Anspruch darauf, daß der den gleichen Familiennamen Führende zur Vermeidung von Verwechslungen sich dieses Namens nur in Verbindung mit seinem Vornamen oder einem sonstigen Unterscheidungsmerkmal bediene, ist aus § 12 nicht herzuleiten (vgl. RG JW 1911, 572[3] — anders bei der Firma gemäß § 16 UnlWG, RG Warn 1913 Nr 79; vgl. RG 114, 94).

5. Mit der Klage kann die **Beseitigung der Beeinträchtigung** (falls nicht etwa die Sache so liegt, daß das Bestreiten gar nicht ernsthaft gemeint sein konnte) und die **Unterlassung weiterer Beeinträchtigung** gefordert werden. Nötigenfalls auch die der zuständigen Stelle gegenüber zu erklärende Einwilligung in die Ausübung des vom Kläger beanspruchten, von der Namensberechtigung abhängigen Rechtes. Zu der Beseitigung der Beeinträchtigung gehört, daß die rechtsverletzende Eintragung des Warenzeichens usw. gelöscht (RG 54, 42), der auf dem Ladenschild angebrachte Name entfernt, die unrichtige Namensangabe in Ankündigungen berichtigt wird, daß im Falle des öffentlichen Bestreitens des Namensrechts eine öffentliche Anerkennung erklärt wird u. dgl. Ist eine Fortsetzung des unbefugten Namensgebrauchs zu besorgen, so kann der Beklagte zur Unterlassung verurteilt werden, womit nach § 890 ZPO die Androhung von Haft- oder Geldstrafe und die Verurteilung zur Sicherheitsbestellung verbunden werden kann. Der Feststellungsklage des § 256 ZPO bedarf es hiernach zur Ergänzung des Namensschutzes nicht. Der Anspruch auf Unterlassung der Führung eines fremden Namens kann als ein höchstpersönliches Recht von dem Testamentsvollstrecker nicht geltend gemacht werden (RG SeuffA 76 Nr 133), wohl aber von einem eingetragenen Familienverein (RG 109, 246). Bei Eintragung des Handelsnamens hat der Registerrichter auf den Schutz dritter Personen von Amts wegen keine Rücksicht zu nehmen (RG 104, 343). Ein Anspruch auf Schadensersatz ist nach § 823 bei Verschulden des Gegners gegeben (vgl. RG 95, 272).

§ 13

Wer verschollen ist[1]), kann nach Maßgabe der §§ 14 bis 17 im Wege des Aufgebotsverfahrens[2]) für tot erklärt werden[3]).

E I 5, 10, 20 II 2 Abs 1 Satz 1, 6; M 1 33 ff., 41 ff.; P 1 4 ff, 10 ff., 25 ff.; 6 6 ff.

1. Die **Verschollenheit** setzt das Fehlen von Nachrichten über die Fortdauer des Lebens voraus. Sie wird regelmäßig schon dann anzunehmen sein, wenn an dem letzten inländischen Wohnsitz des Verschollenen — durch den zugleich, wenn ein solcher vorhanden ist, nach § 961 ZPO die Zuständigkeit des Aufgebotsgerichts bestimmt wird — keine Nachrichten über sein Leben zu erlangen sind und wenn auch die durch Verwandtschaft oder sonstige Beziehungen mit dem Verschollenen näher verbundenen Personen, bei denen das Vorhandensein von Nachrichten zu erwarten ist, ohne Nachricht sind, so daß Zweifel an dem Fortleben gerechtfertigt sind. Das Aufgebotsgericht hat gegebenenfalls nach § 968 ZPO hierüber Aufklärung zu schaffen. Die Verschollenheit kann eintreten, auch ohne daß der Verschollene sich von dem letzten bekannten Aufenthaltsorte entfernt hat.

2. Das Aufgebot ist in allen Fällen der **Todeserklärung** nach bürgerlichem Recht erforderlich (vgl. § 966 ZPO), dagegen nicht auf dem Gebiete des öffentlichen Versicherungsrechts, §§ 1099ff., 1265ff. RVO. Das Verfahren ist geregelt durch die allgemeinen Vorschriften der §§ 946—959 und die speziell auf das Todeserklärungsverfahren bezüglichen Vorschriften der §§ 960—976 ZPO. Das zuständige Gericht wird nötigenfalls von der Landesjustizverwaltung oder dem Reichskanzler bestimmt, § 961 (vgl. für Preußen AVf des JM v. 27. 11. 99). Antragsberechtigt ist ein jeder Interessent (§§ 962, 974). Dem Gläubiger des Verschollenen wird allgemein die Antragsberechtigung nicht zugestanden werden können (abw. der Aufsatz in JW 1916, 898). Über die Wirkung der Todeserklärung s. § 18 A 1, über die Rechtsstellung des Abwesenheitspflegers § 1921 A 3.

3. Die Todeserklärung eines **Deutschen** kann bei der großen Bedeutung dieser in alle Rechtsverhältnisse eingreifenden Maßnahme nur von deutschen Gerichten ausgesprochen werden. Das Bestehen der deutschen Reichsangehörigkeit braucht selbstverständlich nur für den Beginn der Verschollenheit nachgewiesen zu werden, da für die spätere Zeit keine Nachrichten vor-

handen sind. Ausnahmsweise ist in Art 9 Abs 2 EG auch die Todeserklärung eines **Ausländers** durch deutsche Gerichte nach Maßgabe der deutschen Gesetze zugelassen, jedoch nur mit Wirkung auf die nach deutschen Gesetzen sich bestimmenden Rechtsverhältnisse und mit Wirkung auf das inländische Vermögen (auch die in § 2369 Abs 2 BGB bestimmten Gegenstände). Dem ausländischen Staate muß natürlich die Befugnis zu gleichen Anordnungen hinsichtlich eines Deutschen zugestanden werden. Art 9 Abs 2 hat auch nicht etwa die Bedeutung, daß jede Wirkung der im Auslande erfolgten Todeserklärung eines Ausländers auf deutsche Rechtsverhältnisse ausgeschlossen wäre (a. A. Niemeyer § 10 S. 122). Eine weitere Ausnahme ist in diesem Artikel im Interesse der im Inlande befindlichen Ehefrau gemacht, die bis zu ihrer Verheiratung Deutsche war. Auf ihren Antrag kann der ausländische Ehemann, der seinen letzten Wohnsitz im Inlande hatte, von dem deutschen Gericht für tot erklärt werden, was namentlich für die Lösung der Ehe von Wichtigkeit ist. Die in Deutschland ausgesprochene Todeserklärung eines Deutschen, der in Österreich wohnhaft ist, wird nach dortigem Recht nicht als wirksam angesehen (BöhmsZ 20, 85ff.). — War das Todeserklärungsverfahren **vor Inkrafttreten** des BGB anhängig, so wird das Verfahren gemäß Art 161 EG nach den früheren Gesetzen fortgeführt, und nach diesen bestimmt sich auch die Wirkung der Todeserklärung. Hinsichtlich der Beendigung der Ehe (vgl. §§ 1348 bis 1352), der elterlichen Gewalt, des Amtes als Vormund usw. ist jedoch unbedingt, auch wenn die Todeserklärung früher erfolgt war, das neue Recht maßgebend (Artt 158—160 EG).

§ 14

Die Todeserklärung ist zulässig, wenn seit zehn Jahren keine Nachricht von dem Leben des Verschollenen eingegangen ist[1]). Sie darf nicht vor dem Schlusse des Jahres erfolgen, in welchem der Verschollene das einunddreißigste Lebensjahr vollendet haben würde[2]).

Ein Verschollener, der das siebzigste Lebensjahr vollendet haben würde, kann für tot erklärt werden, wenn seit fünf Jahren keine Nachricht von seinem Leben eingegangen ist[1]).

Der Zeitraum von zehn oder fünf Jahren beginnt mit dem Schlusse des letzten Jahres, in welchem der Verschollene den vorhandenen Nachrichten zufolge noch gelebt hat[1]).

E I 6 II 2; M 1 37, 38; P 1 4ff.; 6 107ff.

1. Die Verschollenheit muß, damit die Todeserklärung zulässig ist, eine gewisse Zeit — zehn Jahre und bezüglich eines Verschollenen, der zur Zeit der Todeserklärung das 70. Lebensjahr vollendet haben würde, fünf Jahre — gedauert haben, wobei der Beginn der Frist vom Schluß des Jahres, in welchem nach den eingegangenen Nachrichten der Verschollene zuletzt noch gelebt hat, zu rechnen ist (Kalenderjahrrechnung). Der Ablauf der **Verschollenheitsfrist** ist bei Stellung des Aufgebotsantrags glaubhaft zu machen (§ 963 ZPO). Ist dies versäumt, so wird gleichwohl die Todeserklärung zulässig sein, wenn nur zur Zeit des Urteils — das aber nicht zu diesem Zwecke auf längere Zeit hinausgeschoben werden darf — die Verschollenheitsfrist abgelaufen ist (vgl. § 970 ZPO). Bezüglich der Verschollenheitsfrist des Abs 2 ist nicht etwa zu verlangen, daß der Verschollene das 70. Lebensjahr bereits vor Ablauf der Frist vollendet haben muß. Die fünfjährige Verschollenheitsfrist beginnt auch hier mit dem Schluß des Kalenderjahrs. Dagegen braucht der Ablauf des Kalenderjahrs, in welchem der Verschollene später das 70. Lebensjahr vollendet haben würde, vor Erlaß des Aufgebots nicht abgewartet zu werden (a. A. Staudinger A III). Sind bei Erlaß des Aufgebots seit der Geburt des Verschollenen bereits 100 Jahre vergangen, so kann die Bekanntmachung des Aufgebots durch öffentliche Blätter unterbleiben (§ 966 ZPO).

2. Dem **Minderjährigen** soll daraus kein Nachteil entstehen, daß er oder sein gesetzlicher Vertreter, über sein Fortleben keine Nachricht gegeben hat. Die zehnjährige Verschollenheitsfrist nimmt deshalb erst nach Aufhören der Minderjährigkeit, und zwar mit Ablauf des Kalenderjahrs, in dem die Minderjährigkeit aufgehört hat, ihren Anfang.

§ 15

Wer als Angehöriger einer bewaffneten Macht an einem Kriege teilgenommen hat[1]), während des Krieges vermißt worden und seitdem verschollen ist, kann für tot erklärt werden, wenn seit dem Friedensschlusse drei Jahre verstrichen sind. Hat ein Friedensschluß nicht stattgefunden, so beginnt

der dreijährige Zeitraum mit dem Schlusse des Jahres, in welchem der Krieg beendigt worden ist[2]).

Als Angehöriger einer bewaffneten Macht gilt auch derjenige, welcher sich in einem Amts- oder Dienstverhältnis oder zum Zwecke freiwilliger Hilfeleistung bei der bewaffneten Macht befindet[1])[3]).

E I 7 II 8; M 1 38 ff.; P 1 67.

1. Die §§ 15—17 geben Vorschriften für den Fall, daß der Verschollene in einer bestimmten Lebensgefahr sich befunden hat. Die allgemeine Bestimmung ist in § 17 enthalten. § 15, der von der **Kriegsgefahr** handelt, gilt nicht bloß für die Militärpersonen (vgl. § 9 A 1), sondern auch für alle diejenigen, die sich, sei es auf Grund eines Amts- oder Dienstverhältnisses, sei es freiwillig, ohne zurückgewiesen zu sein, in den Dienst der bewaffneten Macht (Heer, Landsturm, Marine) gestellt haben (vgl. § 155 des MStGB v. 20. 6. 72 in der Fassung v. 16. 6. 26 über die Geltung der Kriegsgesetze). § 15 kommt auch zur Anwendung, wenn ein Verschollener als Angehöriger der bewaffneten Macht eines andern Staates, sofern er nach den Gesetzen dieses Staates als Angehöriger anzusehen ist, an einem Kriege teilgenommen hat. Nicht unbedingt notwendig ist für den Begriff des Krieges im Sinne des § 15, daß es sich um Feindseligkeiten zwischen mehreren Staaten handelt. Doch fällt darunter nicht der mit Militärgewalt unterdrückte lokale Aufstand. Über die Anwendbarkeit des § 15 auf Ausländer s. § 13 A 2.

2. Die Todeserklärung setzt voraus, daß die betreffende Person während des Krieges **„vermißt"** ist. Als vermißt gilt, wer sich nicht mehr bei seinem Truppenteil oder an seinem Dienstort befindet, wenn über den Grund seines Verschwindens und seinen Verbleib bei seiner militärischen Dienststelle keine Nachricht vorliegt. Die Verschollenheit muß sodann seit dem Friedensschluß, von welcher Zeit an darauf gerechnet werden kann, daß der Vermißte im Falle des Lebens sich melden werde, drei Jahre lang gedauert haben, was mit der Vorschrift des § 17 übereinstimmt. An Stelle des Friedensschlusses tritt, wenn der Krieg ohne Friedensschluß beendet ist, der Ablauf des Kalenderjahrs, in welchem der Krieg tatsächlich durch Niederwerfung des Gegners oder Aufhören der Feindseligkeiten sein Ende erreicht hat. Die Verschollenheit muß mit der Kriegsgefahr in Verbindung stehen. Der Zusammenhang kann gegeben sein, auch wenn das Vermißtsein nicht auf dem Kriegsschauplatze eingetreten ist, wenn z. B. jemand als Gefangener abseits vom Kriegsschauplatze verbracht ist (bestr.). Vor dem Friedensschluß kann eine Todeserklärung nicht stattfinden. Mitunter wird in der Weise geholfen werden können, daß der Truppenteil den Tod bescheinigt, auch wenn die angestellten Ermittlungen den Tod des Vermißten nur als in hohem Maße wahrscheinlich ergeben haben.

3. Besondere Vorschriften sind in der VO des BR v. 18. 4. 16, abgeändert am 9. 8. 17, über die Todeserklärung der **Teilnehmer am letzten Kriege** getroffen. Die lange Dauer des Krieges ließ es als ein dringendes Bedürfnis erscheinen, die Todeserklärung der Kriegsverschollenen schon vor Beendigung des Krieges zu ermöglichen. Die VO findet nicht bloß Anwendung auf die Angehörigen der bewaffneten Macht des Deutschen Reiches oder eines mit ihm verbündeten oder befreundeten Staates, sondern auch auf alle Personen, die tatsächlich sich der bewaffneten Macht angeschlossen haben oder (durch Festhaltung, Verschleppung usw.) in Feindeshand geraten sind. Zulässig ist der Antrag auf Todeserklärung, wenn seit dem Tage des Eingangs der letzten Nachricht bei den Stellen, bei denen füglich weitere Nachrichten zu erwarten waren, ein Jahr verstrichen ist (§ 1, vgl. Dronke in JW 1916, 635 f.; Stern in Gruch 60, 556). Hinsichtlich des Zeitpunkts des Todes gilt unter Aufrechterhaltung der Grundsätze des § 18 Abs 1 u. 3 BGB die dem § 18 Abs 2 Fall 1 entsprechende Vorschrift des § 2, hinsichtlich der Lebensvermutung die dem § 19 BGB entsprechende Vorschrift des § 3. Neben der letzteren Vorschrift kann natürlich die in § 15 BGB enthaltene Bestimmung eines dreijährigen Zeitraums nicht Platz greifen (**RG** 93, 108). Ist der Verschollene seit einem „besonderen" Kriegsereignis vermißt, so ist beim Mangel weiterer Aufklärung der Zeitpunkt dieses Ereignisses als Zeitpunkt des Todes anzunehmen (§ 2 Satz 2). Das Verfahren ist in den §§ 4—23 in Anschluß an die Vorschriften der ZPO geregelt. Abweichungen bestehen namentlich darin, daß die Bekanntmachung des Aufgebots durch öffentliche Blätter unterbleiben kann, daß unter Umständen das Verfahren bis zur Dauer eines Jahres ausgesetzt werden darf und daß die Todeserklärung, wenn der Verschollene sie überlebt hat, durch Beschluß (§ 16) aufzuheben ist (vgl. § 12 Abs 2). Hinsichtlich der bei dem Truppenteil (Kompagnie, Lazarett usw.) bekannten Tatsachen kann die Zeugenvernehmung durch eine mit Dienstsiegel versehene Erklärung des militärischen Disziplinarvorgesetzten ersetzt werden. Auch genügt die mit Dienstsiegel versehene Auskunft der obersten Militärverwaltungsbehörde (§ 22 — Zentral-Nachweisebureau beim Kriegsministerium). Zu dem Antrag auf Todeserklärung, auf Aufhebung derselben und

auf Berichtigung des Zeitpunkts des Todes — die auch von Amts wegen erfolgen kann — ist in allen Fällen die Staatsanwaltschaft befugt, nicht dagegen zur Erhebung der Anfechtungsklage. Die Staatsanwaltschaft ist auch sonst im Aufgebotsverfahren zuzuziehen (§§ 5, 9, 14, 19). Das Verfahren ist gebührenfrei. Wegen der Mitteilung an die Militärbehörde s. PrJMBl 1916 S. 129 u. 291. Durch Ges v. 20. 2. 25 haben die §§ 2, 3, 10, 18 der V v. 9. 8. 17 eine andere Fassung erhalten. Als Todestag ist nunmehr der 10. 1. 20 anzunehmen; Ausnahmen gelten für den Fall, daß ein rechtliches Interesse an der Annahme einer andern Todeszeit glaubhaft gemacht oder der Verschollene seit einem besonderen Kriegsereignis vermißt wird (§ 2). Dementsprechend wird das Fortleben des Verschollenen bis zum 10. 1. 20 oder dem zu bestimmenden besonderen Zeitpunkt vermutet (§ 3). Ein vor dem Inkrafttreten des Gesetzes bereits eingeleitetes Aufgebotsverfahren ist nach den bisherigen Vorschriften zu erledigen, es sei denn, daß sich der Antragsteller auf die Vorschriften des Gesetzes beruft (Art II). Wegen des Nachweises des Todes im Prozeß s. § 18 A 1 a. E.

§ 16

Wer sich bei einer Seefahrt auf einem während der Fahrt untergegangenen Fahrzeuge befunden hat und seit dem Untergange des Fahrzeugs verschollen ist[1]), kann für tot erklärt werden, wenn seit dem Untergang ein Jahr verstrichen ist[2]).

Der Untergang des Fahrzeugs wird vermutet, wenn es an dem Orte seiner Bestimmung nicht eingetroffen oder in Ermangelung eines festen Reiseziels nicht zurückgekehrt ist und wenn

bei Fahrten innerhalb der Ostsee ein Jahr,

bei Fahrten innerhalb anderer europäischer Meere, mit Einschluß sämtlicher Teile des Mittelländischen, Schwarzen und Azowschen Meeres, zwei Jahre,

bei Fahrten, die über außereuropäische Meere führen, drei Jahre

seit dem Antritte der Reise verstrichen sind[2]). Sind Nachrichten über das Fahrzeug eingegangen, so ist der Ablauf des Zeitraums erforderlich, der verstrichen sein müßte, wenn das Fahrzeug von dem Orte abgegangen wäre, an dem es sich den Nachrichten zufolge zuletzt befunden hat[2])[3]).

E I 8 II 4; M 1 39 ff.; P 1 7 ff.; 6 111.

1. Voraussetzung der **Seegefahr** ist, daß das Fahrzeug auf der Seefahrt, in den in Abs 2 bezeichneten Meeren, sich befand, daß zweitens das Fahrzeug untergegangen ist und daß endlich der Verschollene, dessen Verschollenheit seit Untergang des Fahrzeugs eingetreten sein muß, zur Zeit des Untergangs sich auf diesem Fahrzeug aufhielt. Es greift deshalb nicht § 16, sondern allenfalls § 17 Platz, wenn es feststeht, daß das Fahrzeug beim Untergang nicht auf der See, sondern ohne Zusammenhang mit der Seefahrt auf einem Flusse oder in einem Hafen sich befand (bestr.). § 16 ist ferner nicht anwendbar, wenn der Verschollene nicht auf dem untergegangenen Fahrzeug, sondern auf einem andern Fahrzeug beziehentlich im Rettungsboot oder auf dem Lande war oder wenn über die Fortdauer seines Lebens noch nach dem Untergang des Fahrzeugs zuverlässige Nachricht vorhanden ist. Der Anwendbarkeit des § 16 steht nicht entgegen, daß der Verschollene zu seiner Rettung in das Meer gesprungen ist (a. A. Hölder A 1 b, anscheinend auch Staudinger A 3b). Gleichgültig ist es, durch welche Ursachen, ob durch Wellengang, durch Brand, Explosion usw. der Untergang des Fahrzeugs herbeigeführt ist.

2. Die **Verschollenheitsdauer** ist auf ein Jahr beschränkt. Der Beweis des Untergangs des Fahrzeugs ist erleichtert durch die in Abs 2 aufgestellten Vermutungen. Die hier vorgeschriebenen Fristen richten sich danach, auf welchem Meere sich das Fahrzeug nach der letzten Nachricht befand, mit der Besonderheit jedoch, daß die längere Frist einzuhalten ist, wenn die Fahrt nach der von vornherein oder später dem Schiffe gegebenen Bestimmung nach einem Meere gehen sollte, für das die längere Frist gilt. Die bloße Möglichkeit, daß das Fahrzeug planwidrig nach einem solchen Meere gekommen ist, kann die Berechnung einer längeren Frist nicht rechtfertigen (a. A. Dernburg I § 52 III 2 und Hölder A 2b). Die Frist ist von dem Tage des Antritts der Reise an zu berechnen, auch wenn das Fahrzeug nicht sogleich das Meer erreicht hat. Sind während der Fahrt Nachrichten eingegangen, so beginnt die Frist mit der Zeit, in welcher das Fahrzeug nach diesen Nachrichten zuletzt noch unterwegs war. Zugrunde zu legen ist, wenn das Fahrzeug, das zunächst ein anderes Meer durchfahren hatte, nach den letzten Nachrichten sich in einem Meere, für das eine kürzere

Frist gilt, befunden hat, diese kürzere Frist. Als europäisches Meer ist, abgesehen von den in Abs 2 bestimmten Ausnahmen, das von europäischem Lande begrenzte Meer anzusehen (vgl. Enneccerus § 79 2, b).

3. Trifft die Seeverschollenheit mit der **Kriegsverschollenheit** zusammen, so gelten nicht die Vorschriften des § 16, sondern des § 15, die gerade mit Rücksicht darauf gegeben sind, daß der Verschollene in Feindesland zurückgeblieben sein kann.

§ 17

Wer unter anderen als den in den §§ 15, 16 bezeichneten Umständen in eine Lebensgefahr geraten und seitdem verschollen ist, kann für tot erklärt werden, wenn seit dem Ereignisse, durch welches die Lebensgefahr entstanden ist, drei Jahre verstrichen sind[1]).

E II 5; P 1 9, 10; 6 111.

1. Das die **Lebensgefahr** verursachende Ereignis kann in einem Unfall (Eisenbahnunfall, Brand eines Gebäudes usw.), dem der Vermißte ausgesetzt war, oder in einer besonders gefahrvollen Lage bestehen, wie dies z. B. bei einer gefährlichen Bergbesteigung, einer Reise durch unwirtliche Gegenden, durch das Gebiet feindlicher Völker angenommen werden darf (abw. namentlich Kluckhohn in ArchZivPrax 107, 354 ff., welcher die als erhebliche Steigerung der allgemeinen Lebensgefährdung von ihm bezeichnete Gefahr von dem Zustande unterscheiden will, aus dem die Gefahr sich entwickelt). In dem Falle der besonders gefahrvollen Lage ist die dreijährige Frist des § 17 von der Zeit an zu rechnen, wo der Verschollene, wenn er am Leben geblieben, vermutlich aus der gefährlichen Lage befreit gewesen wäre. — Unter § 17 fällt auch die infolge der Gefahren der Luftschiffahrt eingetretene Verschollenheit.

§ 18

Die Todeserklärung begründet die Vermutung[1]), **daß der Verschollene in dem Zeitpunkte gestorben sei, welcher in dem die Todeserklärung aussprechenden Urteile festgestellt ist.**

Als Zeitpunkt des Todes[2]) **ist, sofern nicht die Ermittelungen ein anderes ergeben, anzunehmen:**

in den Fällen des § 14 der Zeitpunkt, in welchem die Todeserklärung zulässig geworden ist;

in den Fällen des § 15 der Zeitpunkt des Friedensschlusses oder der Schluß des Jahres, in welchem der Krieg beendigt worden ist;

in den Fällen des § 16 der Zeitpunkt, in welchem das Fahrzeug untergegangen ist oder von welchem an der Untergang vermutet wird;

in den Fällen des § 17 der Zeitpunkt, in welchem das Ereignis stattgefunden hat.

Ist die Todeszeit nur dem Tage nach festgestellt, so gilt das Ende des Tages als Zeitpunkt des Todes[3]).

E I 21 II 7; M 1 47 ff.; P 1 18 ff.; 6 111.

1. Die Todeserklärung begründet regelmäßig nur eine **Vermutung des Todes**, die durch Gegenbeweis widerlegt werden kann (§ 292 ZPO; **RG** JW 1910, 104[1]). Ausnahmsweise kommt ihr auf dem Gebiete des Familienrechts verschiedentlich eine rechtsgestaltende Wirkung zu. Sie hat zwar nicht ohne weiteres die Auflösung der Ehe zur Folge; hinsichtlich der persönlichen und vermögensrechtlichen Befugnisse und Verpflichtungen des andern Ehegatten und hinsichtlich der Ehelichkeit der Kinder (vgl. § 1591 A 1) greift nur die Todesvermutung ein. Sobald sich aber der andere Ehegatte wieder verheiratet, wird hierdurch die frühere Ehe aufgelöst, sofern nicht beide Ehegatten der neuen Ehe das Fortleben des für tot Erklärten gekannt haben (§ 1348). Die Verwaltung und Nutznießung des Mannes am eingebrachten Gute, die fortgesetzte Gütergemeinschaft, die Errungenschaftsgemeinschaft und die elterliche Gewalt (nicht aber die allgemeine Gütergemeinschaft) läßt das Gesetz zur Vermeidung von Verwicklungen mit der Todeserklärung, genauer dem in der Todeserklärung festgesetzten Zeitpunkt des Todes, endigen (§§ 1420, 1494, 1544, 1679 Abs 1). Hierin liegt keine Unbilligkeit, da der noch lebende Ehemann auf Wiederherstellung der Verwaltung und Nutznießung und bei der Errungenschaftsgemeinschaft der

noch lebende Ehegatte auf Wiederherstellung der Gemeinschaft klagen kann (§§ 1425 Abs 1, 1547 Abs 1) — bis zur Wiederherstellung gilt Gütertrennung —, und da der Gewalthaber die elterliche Gewalt schon durch eine dem Vormundschaftsgericht gegenüber abzugebende Erklärung zurückerlangt (§ 1679 Abs 2). Das Amt des Vormundes, Gegenvormundes, Pflegers, Beistandes oder Mitgliedes eines Familienrats wird durch die Todeserklärung des Amtsinhabers endgültig beendet, ohne daß der irrtümlich für tot Erklärte ein Recht darauf hat, das Amt von neuem übertragen zu erhalten (§§ 1884 Abs 2, 1885 Abs 2, 1878, 1895, 1915, 1694, 1878). Auch die Vormundschaft endet mit Todeserklärung des Mündels, was selbstverständlich der Wiedereinleitung der Vormundschaft, falls sich das Fortleben des Mündels herausstellt, nicht entgegensteht. Im übrigen kann der irrtümlich für tot Erklärte nach § 2031 die Herausgabe seines Vermögens nach den für den Erbschaftsanspruch geltenden Vorschriften mit den in § 2370 zugunsten des redlichen Dritten bestimmten Beschränkungen verlangen. Ein Gesellschaftsverhältnis bleibt, wenn inzwischen die Auseinandersetzung stattgefunden hat, aufgelöst. Die Todeserklärung hat Wirkung für und gegen alle, ebenso das auf Anfechtungsklage eines Beteiligten ergehende, die Todeserklärung aufhebende Urteil (§§ 973, 974, 976 Abs 3 ZPO). Ist die zur Erhebung der Anfechtungsklage vorgeschriebene Monatsfrist versäumt, so bleibt den Beteiligten nur übrig, den Beweis der Unrichtigkeit der Todeserklärung in den zu führenden einzelnen Rechtsstreitigkeiten zu erbringen. In das Sterberegister kann die Todeserklärung, die nur eine Vermutung des Todes begründet, nicht den Tod mit Sicherheit feststellt, nicht eingetragen werden. Nach § 2370 kommt der Todeserklärung, was die Richtigkeit der Tatsache des Todes betrifft, für die Legitimation des Erben die gleiche Bedeutung wie dem Erbschein zu. Im übrigen kommen dem Dritten, der auf die Todeserklärung vertraut, die allgemeinen Vorschriften über den Schutz des redlichen Dritten zugute. — Im Prozeß kann der Tod einer verschollenen Person auf jede zulässige Art bewiesen werden; die Todeserklärung oder die Vorlegung einer Sterbeurkunde ist nicht erforderlich. Es gilt insoweit der Grundsatz der freien Beweiswürdigung nach § 286 ZPO, jedoch beschränkt durch die gesetzliche Vermutung des Todes oder des Fortlebens gemäß §§ 18, 19 (**RG** 6. 12. 24 V 120/24, vgl. **RG**St 57, 278).

2. In dem die Todeserklärung aussprechenden Urteil ist zugleich der **Zeitpunkt des Todes** festzustellen, zu welchem Zwecke Ermittlungen von Amts wegen angestellt werden können (§ 968 ZPO). Die Feststellung kann natürlich bei dem Fehlen sicherer Nachrichten nur nach Wahrscheinlichkeitsregeln erfolgen. Ist der Tod sicher bewiesen und nur die Todeszeit ungewiß, so ist für den Antrag auf Todeserklärung überhaupt kein Raum. Auch die Feststellung des Zeitpunkts des Todes nimmt an der Eigenschaft des Todeserklärungsurteils, daß es Wirkung für und gegen alle hat, teil, und es ist deshalb die Anfechtungsklage (vgl. A 1) schon wegen unrichtiger Feststellung der Zeit des Todes statthaft. Ist für einen andern Zeitpunkt kein genügender Anhalt gegeben, so ist anzunehmen, daß der Verschollene bei Ablauf der Verschollenheitsfrist (im letzten Zeitpunkt des betreffenden Kalenderjahrs) oder, wenn er in einer bestimmten Lebensgefahr sich befunden hat (§§ 15—17), bei Aufhören der Gefahr gestorben ist. Im ersteren Falle beruht die Vermutung darauf, daß die Verschollenheit eine bestimmte Zeit gedauert hat, im letzteren Falle wesentlich auf dem Vorhandensein der Gefahr, während die nachfolgende Verschollenheitsfrist nur dazu dient, die Vermutung des Umkommens in der Gefahr zu verstärken. Läßt sich nur so viel als wahrscheinlich feststellen, daß der Verschollene spätestens zu einer Zeit verstorben ist, die vor dem aus § 18 sich ergebenden gesetzlichen Zeitpunkte liegt, so ist diese späteste Zeit, und wenn wahrscheinlich der Verschollene frühestens zu einer nach dem gesetzlichen Zeitpunkt liegenden Zeit verstorben ist, diese früheste Zeit als Zeitpunkt des Todes anzunehmen. Die Unrichtigkeit der in der Todeserklärung festgestellten Todeszeit kann nicht bloß im Wege der Anfechtungsklage, wodurch die Vermutung des § 18 mit allgemeiner Wirkung beseitigt wird, sondern mit einer auf die Parteien beschränkten Wirkung auch in einem sonstigen Prozesse geltend gemacht werden (**RG** JW 1910, 104[1]).

3. Soweit möglich, ist nicht bloß der **Tag**, sondern der genauere Zeitpunkt des Todes festzustellen. Andernfalls soll der Ablauf des Tages als Zeitpunkt des Todes gelten.

§ 19

Solange nicht die Todeserklärung erfolgt ist, wird das Fortleben[1])[2]) des Verschollenen bis zu dem Zeitpunkte vermutet, der nach § 18 Abs 2 in Ermangelung eines anderen Ergebnisses der Ermittelungen als Zeitpunkt des Todes anzunehmen ist; die Vorschrift des § 18 Abs 3 findet entsprechende Anwendung.

E II 9; P 1 22, 23; 6 112.

1. Der in § 18 Abs 2 vom Gesetz bestimmte mutmaßliche Zeitpunkt des Todes (oder im Falle der Todeserklärung der im Urteil festgesetzte anderweite Zeitpunkt) hat zugleich die Bedeutung, daß bis zu diesem Zeitpunkte das Fortleben des Verschollenen vermutet wird. Diese **Lebensvermutung** gilt nicht bloß hinsichtlich des erbrechtlichen Erwerbs, sondern für alle Rechtsverhältnisse und — abweichend von der Todesvermutung — ohne Rücksicht darauf, ob eine Todeserklärung stattgefunden hat oder nicht. In Ermanglung einer Todeserklärung ist der hiernach maßgebende Zeitpunkt, wenn über den Eintritt der Verschollenheit usw. Streit entsteht, im Prozesse festzustellen. Die Beweislast für das Verschollensein fällt demjenigen zu, der die Lebensvermutung für sich in Anspruch nimmt. Den Beweis, daß die Verschollenheit schon zu einem früheren Zeitpunkt eingetreten sei oder daß die zur Vermutung einer kürzeren Lebensdauer führenden besonderen Voraussetzungen der §§ 15—17, 14 Abs 2 vorliegen, hat der Gegner zu führen. Mehr als die Glaubhaftmachung, die im Todeserklärungsverfahren genügt (vgl. § 18 A 2), wird auch hier nicht zu erfordern sein. Sind die Vorschriften der §§ 1, 2 der VO v. 18. 4. 16 (vgl. § 15 A 3) anwendbar, wonach die Todeserklärung schon nach Ablauf eines Jahres zulässig ist, so greift auch die Lebensvermutung nur bis zum Ablauf dieses Jahres Platz (RG 93, 108). Die Lebensvermutung hat Geltung auch für das Erbscheinverfahren. — Die in § 19 aufgestellte Lebensvermutung kommt, da es sich um eine Frage der Rechtsfähigkeit handelt, nur für Deutsche zur Anwendung (vgl. § 13 A 3). Es genügt jedoch nach dem auch hier anwendbaren Grundsatz des Art 9 Abs 1 EG, daß der Verschollene bei Beginn der Verschollenheit deutscher Reichsangehöriger gewesen ist.

2. Nur wenn die zur Vermutung des Todes führende **Verschollenheit** besteht, nicht auch in andern Fällen ist die Lebensvermutung gegeben (bestr.). Greift jene Vermutung nicht Platz, so hat bei Geltendmachung eines von der Fortdauer des Lebens abhängigen Anspruchs derjenige, der den Anspruch erhebt, die Fortdauer des Lebens zu beweisen. Der Schuldner kann demgemäß die Zahlung einer auf die Lebenszeit des Berechtigten beschränkten Pension von Beibringung einer Lebensbescheinigung abhängig machen. Hat die Verschollenheit über die in § 18 Abs 2 bestimmte Zeit hinaus fortgedauert, ohne daß eine Todeserklärung stattgefunden hat, so ist für die überschießende Zeit weder die Lebensvermutung noch die Todesvermutung begründet. Der Beweis des Lebens, beziehentlich des Todes, ist daher für diese Zeit von demjenigen zu führen, welcher hieraus Rechte herleitet.

§ 20

Sind mehrere in einer gemeinsamen Gefahr umgekommen, so wird vermutet, daß sie gleichzeitig gestorben seien[1]).

E II 10; P 1 30, 31.

1. An Stelle der Todesvermutung des § 18 und der Lebensvermutung des § 19 greift, wenn mehrere Personen in gemeinsamer Gefahr umgekommen sind, die (auch im Todeserklärungsurteil zu berücksichtigende) Vermutung Platz, daß sie **gleichzeitig gestorben** sind, so daß keiner von ihnen den andern beerben kann. Die Gemeinsamkeit der Gefahr wird, sofern dieselbe Gefahr räumlich und zeitlich die mehreren betroffen hat, anzunehmen sein, auch wenn die Art und Weise, wie die Gefahr sich schließlich bei dem einzelnen verwirklicht hat, eine verschiedene ist (a. A. Hölder A 1). Die Vermutung des § 20 hat nicht zur Folge, daß als Todeszeit, wenn für den Tod des einen Beteiligten ein von § 18 abweichender Zeitpunkt festgestellt ist, der gleiche Zeitpunkt auch für die andern Beteiligten angenommen werden müßte.

Zweiter Titel

Juristische Personen

1. **Begriff der juristischen Person.** Von dem Vermögen des einzelnen kann ein Vermögen derart abgesondert werden, daß die innerhalb eines bestimmten Rechtskreises entstandenen Rechte und Verbindlichkeiten geradeso als zu diesem Vermögen gehörig angesehen werden, als wenn Inhaber des Vermögens eine natürliche Person wäre. Für die Schulden ist das Sondervermögen verhaftet, entweder ausschließlich oder in der Weise, daß daneben eine unbeschränkte oder beschränkte persönliche Haftung der Mitglieder der betreffenden Vereinigung stattfindet. Das Sondervermögen kann wie ein anderes Vermögen im Eigentum bestimmter Personen stehen (die dem Gemeinschuldner gehörige Konkursmasse, die den Erben gehörige Nachlaßmasse, das den Gesellschaftern gehörige Gesellschaftsvermögen). Es kann aber auch sein, daß das Sondervermögen nicht an einen Eigentümer, sondern an Verfügungsberechtigte oder Verwaltungsberechtigte als Rechtsträger geknüpft ist. Diese sind es dann, die innerhalb bestimmter Grenzen das rechtliche Geschick des Vermögens zu bestimmen

haben, die unter dem Namen der juristischen Person klagen und verklagt werden können. Sie sind es, welche die Stelle des Berechtigten einnehmen, für deren Handlungen daher die juristische Person nach § 31 einzustehen hat (ähnlich Hölder, Natürliche und juristische Personen; Binder, Problem der juristischen Persönlichkeit). Von diesem Standpunkte aus ist sowohl die Fiktionstheorie, die zur Erklärung der Erscheinung nichts beiträgt, und die hauptsächlich von Gierke vertretene Realitätstheorie, welche der juristischen Person selbst als einem über dem Menschen stehenden besondern Gebilde Realität beilegen will, abzulehnen. Das Wesentliche der juristischen Person ist darin zu sehen, daß an Stelle des Eigentümers der Verfügungsberechtigte, der Vorstand in Verbindung mit der Mitgliederversammlung (vgl. § 32 A 1), und bei der Stiftung der Verwaltungsberechtigte, der Vorstand auf Grundlage der Stiftungsurkunde, tritt. Für die praktische Anwendung der Vorschriften der §§ 21 ff. hat übrigens die Streitfrage keine erhebliche Bedeutung. — Als Vermögen der Mitglieder darf das Vermögen des rechtsfähigen Vereins auch dann nicht aufgefaßt werden, wenn der Verein nicht zu den gemeinnützigen Vereinen gehört (vgl. hierüber Hölder S. 587 ff.), sondern nur den Interessen seiner Mitglieder dient, denen aus diesem Grunde in § 45 Abs 3 ein Anfallrecht gewährt ist. Die Bedeutung der juristischen Person liegt wesentlich auf vermögensrechtlichem Gebiete. Ein Recht auf Ehre kommt nur der natürlichen Person zu, was indes den Schutz der juristischen Person gegen Kreditgefährdung nach § 824 (RG 60, 5) nicht ausschließt. Über den Umfang der Rechtsfähigkeit s. § 21 A 4.

2. Über die **juristischen Personen des öffentlichen Rechtes** sind — abgesehen davon, daß § 31 und im Falle der Zulässigkeit des Konkurses § 42 A 2 auf sämtliche juristische Personen für anwendbar erklärt sind (§ 89) — im BGB keine Vorschriften getroffen. Ihre Organisation bestimmt sich nach dem öffentlichen Recht der Länder (RG 64, 413). Desgleichen beziehen sich die Vorschriften der §§ 80—88 nicht auf die Stiftungen des öffentlichen Rechtes. Das Unterscheidende zwischen den privatrechtlichen Körperschaften (Vereinen) und den öffentlich-rechtlichen Körperschaften (öffentlichen Verbänden) ist im allgemeinen darin zu sehen, daß letztere als Träger staatlicher Aufgaben der Staatsordnung (ähnlich wie die Gemeinden) eingegliedert sind. Ebenso unterscheiden sich die Stiftungen (Anstalten) des öffentlichen Rechtes von denen des Privatrechts darin, daß sie einen Teil der öffentlichen Ordnung des Staates oder der Kirche bilden. Eine solche Eingliederung kann nur von dem Staate oder der Kirche vorgenommen werden. Es erscheint somit das Stiftungsgeschäft, auch wenn eine zunächst private Stiftung vorausgegangen ist, weil der Errichtungswille des Staates oder der Kirche hinzukommen muß, als ein öffentlich-rechtliches. Die Errichtung einer Stiftung des Reiches erfolgt auf Grund besondern Gesetzes (vgl. RGes. v. 31. 5. 77 über Errichtung einer Generalstabsstiftung und RGes. v. 7. 1. 08, betreffend Errichtung zweier Stiftungen aus dem Nachlasse des Malers Professor Gustav Müller, durch welches die Errichtung und Verwaltung der beiden Stiftungen dem Reichskanzler übertragen ist). Dadurch allein, daß der Verein oder die Stiftung die Erfüllung öffentlich-rechtlicher Aufgaben übernommen hat oder daß die Verwaltung der Stiftung von einer öffentlichen Behörde geführt oder die für Zuwendungen an juristische Personen erforderliche staatliche Genehmigung erteilt wird, ist der öffentlich-rechtliche Charakter nicht hergestellt, wohl aber dadurch, daß den Ämtern die aus der öffentlich-rechtlichen Natur des Verbandes folgende Eigenschaft eines mittelbaren Staatsamts beigelegt wird (vgl. Hubrich ArchBürgR 43, 66 ff.). Verschieden von diesem Begriffe der öffentlich-rechtlichen Stiftung ist übrigens der im bayrischen Recht (vgl. Oertmann, Bayrisches Landesprivatrecht § 28, Full in JW 1914, 549) ausgebildete Begriff der öffentlichen Stiftung, worunter auch die privaten Stiftungen fallen, die einem öffentlichen Interesse dienen. Zu den juristischen Personen des öffentlichen Rechtes gehören vor allem der Staat, der, soweit er als Träger privater Rechte oder Verbindlichkeiten in Frage kommt, als Fiskus bezeichnet wird (§ 89), die Gemeinden und gemeindeartigen Verbände, Kreise und Provinzen, ferner die Religionsgesellschaften, die nach Regelung des Landesrechts bisher schon Körperschaften des öffentlichen Rechtes waren, wie die ausdrücklich aufgenommenen Kirchengesellschaften, deren Geistliche geradeso wie die Staatsbeamten in einem öffentlich-rechtlichen Dienstverhältnis stehen (RG 59, 329; 62, 259), und die Religionsgesellschaften, denen die Rechte einer öffentlich-rechtlichen Körperschaft später gewährt sind, worauf sie nach Art 137 RVerf Anspruch haben, wenn sie durch ihre Verfassung und die Zahl ihrer Mitglieder die Gewähr der Dauer bieten (über das Recht der Steuererhebung s. Art 137 Abs 6), die Schulverbände (PrGes. v. 28. 7. 06 über Unterhaltung der öffentlichen Volksschulen) und höheren Unterrichtsanstalten (vgl. RG 74, 57; ALR II 12 §§ 54, 67), die Armen- und Versicherungsanstalten, größere Krankenanstalten usw. (vgl. ALR II 19 § 42). Den verschiedenen fiskalischen Stationen kommt eine gesonderte Rechtspersönlichkeit nicht zu. Sie sind, auch in prozeßrechtlicher Hinsicht, nur Vertreter des ein einheitliches Rechtssubjekt darstellenden Fiskus (RG 2, 392; 59, 404; JW 1912, 641[12]; 1914, 921[5]; DJZ 1925, 1121). Keine Korporationsrechte haben in Preußen die durch Ges. v. 29. 4. 87 wieder zugelassenen Orden und ordensähnlichen Vereinigungen der katholischen Kirche, soweit sie ihnen nicht

durch Ges. v. 22. 5. 88 verliehen sind (vgl. RG 41, 304). Eine Behörde kann als selbständige juristische Person nicht in Betracht kommen (RG JW 1900, 534[32]; 1905, 201[4]; 27. 2. 17 III 341/16). Der Reichsfiskus untersteht keinem einheitlichen Rechte, sondern ist den Rechtsregeln unterworfen, die in dem fraglichen Rechtsgebiet nach der Landesgesetzgebung für den Landesfiskus gelten würden (RG 54, 201). Den Schutzgebieten kam besondere Rechtspersönlichkeit zu. Unter den auf Reichsrecht beruhenden juristischen Personen des öffentlichen Rechtes sind ferner zu nennen: die Reichsbank (BankG v. 14. 3. 75, jetzt Ges. v. 30. 8. 24; vgl. KGJ 39 A 149 darüber, daß zwar die Reichsbankstelle, nicht die Reichsbanknebenstelle, die Eigenschaft einer öffentlichen Behörde hat), die Rentenbank (V v. 15. 10. 23) und die an ihre Stelle getretene Rentenbankkreditanstalt (Ges. v. 18. 7. 25), der Reichsinvalidenfonds (Ges. v. 23. 5. 73), die körperschaftlich geordneten Orts-, Land- und Betriebskrankenkassen und Berufsgenossenschaften (deren Beamte aber nicht als mittelbare Staatsbeamte anzusehen sind, vgl. RG 71, 236) sowie die Versicherungsanstalten nach §§ 3, 4 RVO v. 15. 12. 24, die Landlieferungsverbände nach § 12 Abs 1 des Reichssiedlungsges. v. 11. 8. 19, die Kohlensyndikate und der Reichskohlenverband, welche Vereinigungen eine juristische Person und zugleich mit Ausnahme der der juristischen Person vorbehaltenen Vertretung und Vermögensverwaltung des Verbandes eine Gesellschaft bürgerlichen Rechtes bilden können (§§ 8—23 der Ausführungsbestimmungen v. 21. 8. 19 zum Kohlenwirtschaftsges. v. 23. 3. 19), die Innungen (§ 86 GewO) — vgl. über die Unzulässigkeit der Anfechtung der Beschlüsse im Rechtswege RG 70, 177 —, Innungskrankenkassen (§ 250 RVO) und Handwerkskammern (§ 103n GewO). Den Innungsausschüssen kann von den Landeszentralbehörden, den Innungsverbänden durch Beschluß des Bundesrats (§§ 101, 104g GewO) Rechtsfähigkeit beigelegt werden. Allgemein hervorzuheben ist, daß die für besondere Verwaltungszwecke bestimmten, getrennt verwalteten öffentlichen Fonds nicht ohne weiteres juristische Persönlichkeit besitzen (s. über die Behandlung dieser Fonds im Staatshaushalt PrGes. v. 11. 5. 98 §§ 2 u. 3; über die Parteifähigkeit RG 64, 401; 68, 280). Als selbständige Fonds mit eigener Rechtspersönlichkeit sind durch PrGes. v. 26. 5. 09 die daselbst in Art 2 bezeichneten Kassen für evangelische Geistliche anerkannt. Die juristische Persönlichkeit fehlt regelmäßig der Gemeindekrankenkasse, der Gemeindearmenkasse, der Kommunalsparkasse (RG 34, 6; vgl. über die Stellung der Sparkassenverwaltung als einer öffentlichen Behörde Beschl. des KG v. 26. 10. 91 im JMBl 92, 51), der Innungskrankenkasse und den sonstigen Innungseinrichtungen nach § 85 Abs 2 GewO. Die deutsche Reichsbahn, geschaffen durch V v. 12. 2. 24, war ein selbständiges Unternehmen öffentlichen Rechts mit eigener juristischer Persönlichkeit, während die an ihre Stelle getretene deutsche Reichsbahngesellschaft eine Aktiengesellschaft eigener Art mit starkem öffentlichrechtlichem Einschlag bildet (RG 109, 91; vgl. JW 1926, 395[1]). Die über privatrechtliche Stiftungen, insbesondere die Familienstiftungen, von den Verwaltungsbehörden oder Gerichten zu führende Aufsicht bestimmt sich nach öffentlichem Recht. Es ist dieserhalb auf die Gesetzgebung der einzelnen Länder zu verweisen. Verpflichtungen privatrechtlicher Stiftungen zu Schulzwecken werden, wenn daraufhin die Schule errichtet ist, durch Bestätigung der Schulbehörde zu einem Teil der örtlichen Schulverfassung, so daß der Rechtsweg hierüber ausgeschlossen ist (RG 78, 8). Über die Zulässigkeit der Zwangsvollstreckung wegen Geldforderungen und die Zulässigkeit des Konkurses gegen juristische Personen des öffentlichen Rechtes entscheidet das Landesrecht (§ 15 Nr 3 EG.ZPO, EG.KO v. 17. 5. 98 Art IV). Dem Landesrecht sind ferner vorbehalten die Bestimmungen über Erwerbsbeschränkungen der juristischen Personen (Art 86 EG, Artt 6, 7 PrAG, Artt 7—10 BayAG usw.). Der für die Notwendigkeit der Genehmigung maßgebende Wert — jetzt nach der 2. V zur Durchführung des Münzgesetzes v. 12. 12. 24 mehr als 5000 RM — ist auch im Falle des Art 6 PrAG (Zuwendung von Grundstücken) ohne Abzug der Lasten und Schulden zu berechnen (RG 76, 384 — a. A. KGJ 40 A 25). Das Fehlen der nach diesen Bestimmungen erforderlichen Genehmigung macht übrigens die Zuwendung nicht derart nichtig, daß vor Erteilung der Genehmigung eine Feststellungsklage nicht erhoben werden könnte. Es findet vielmehr bis zu diesem Zeitpunkt ein Schwebeverhältnis statt (RG 75, 406; 76, 385; JW 1916, 843[15]). Über das Erfordernis der staatlichen Genehmigung zum Erwerb von Grundstücken durch die evangelischen Kirchengemeinden in Preußen vgl. JW 1926, 954 u. 1179. Der Genehmigung zum Grundstückserwerb ausländischer juristischer Personen (Art 7 § 2 PrAG) bedarf auch der schuldrechtliche Vertrag (RG LZ 1924, 202). — Auf Vereine ohne Rechtsfähigkeit sind diese Vorschriften nicht anwendbar (RG JW 1917, 221[8]). Über die Verpflichtung zur Entrichtung der Erbschaftssteuer von Zuwendungen an juristische Personen s. § 18 Nr 17—20 des ErbschStG in der Fassung v. 22. 8. 25. Die zur Entstehung der Steuerpflicht erforderliche Bereicherung kann nicht deshalb verneint werden, weil die juristische Person etwas erhält, was sie zur Erfüllung ihres Zweckes wieder verausgaben muß (RG 71, 140; vgl. auch 75, 383). Eine milde Stiftung im Sinne des preußischen Gerichtskosten- und Stempelgesetzes setzt im Unterschiede von einer wohltätigen Stiftung voraus, daß die Stiftungsbezüge hilfsbedürftigen

Personen zugute kommen (RG 80, 145; JW 01, 95[46]; KGJ 37 B 1). Es genügt nicht, daß die Stiftung den Zwecken sozialer Wohlfahrtspflege dient. — Nicht als juristische Person erscheint die Allgemeinheit (das Publikum). Für die Allgemeinheit können deshalb auch keine Rechte durch Ersitzung usw. erworben werden. Es ist jedoch im einzelnen Falle zu prüfen, ob mit der Allgemeinheit etwa die örtliche Allgemeinheit, d. i. die Gemeinde (vgl. RG JW 1911, 413[41]), gemeint ist. Die Ersitzung einer Wegegerechtigkeit für das Publikum durch die Gemeinde ist zulässig (RG SeuffA 59 Nr 6). — Für das Gebiet des Strafrechts kommt der juristischen Person keine Bedeutung zu. Strafrechtlich verantwortlich sind nur die natürlichen Personen.

3. Die allgemeinen Grundsätze über Vereine, insbesondere die Bestimmungen der §§ 30, 31, 43, 48 sind, da § 22 alle juristischen Personen des Privatrechts einbegreift, die auf Grund reichsgesetzlicher Vorschrift Rechtsfähigkeit erlangt haben, auf diese, insbesondere auf die **juristischen Personen des Handelsrechts** ergänzungsweise anzuwenden (KG in RJA 3, 26; RG 57, 94; 78, 354; vgl. ZHR 49, 1ff.; 50, 100ff.). Über die allgemeine Anwendbarkeit des § 29 s. das. A 1. Für die Verfassung der Vereine, die auf staatlicher Verleihung beruhen, gelten nach Art 82 EG in erster Linie die Landesgesetze (s. hierüber § 25 A 1).

4. Die juristischen Personen unterstehen an sich dem **Rechte des Heimatstaats**, das ist, da von einer eigentlichen Staatsangehörigkeit nicht die Rede sein kann, dem Rechte des Staates, welchem sie nach den Hergängen bei der Errichtung angehören (vgl. JW 1911, 932ff.). Ist ein Verein nach dem Recht eines bestimmten Staates als juristische Person errichtet, so bleibt dieses Recht auch weiterhin für seine rechtlichen Schicksale maßgebend. Als dem Inlande angehörend, ist jedoch eine juristische Person, wie aus § 22 Satz 2 und § 55 folgt, nur dann anzuerkennen, wenn sie ihren Sitz (s. § 24 A 1) im Inlande hat. Ebenso kann einer Gewerkschaft die Rechtsfähigkeit mit Wirkung für die andern Bundesstaaten nur von demjenigen Bundesstaate verliehen werden, in welchem sie ihren Sitz hat (RG Warn 1917 Nr 254), und es braucht der Bundesstaat, dem die Gewerkschaft nach ihrem Sitze angehört, jedenfalls so lange, als diese Angehörigkeit bestehen bleibt, die von einem andern Bundesstaate ausgehende Verleihung nicht anzuerkennen (RG 92, 73; vgl. § 22 A 4). Als nichtig kann eine Gewerkschaft, die nur zum Zwecke des auswärtigen Bergbaues errichtet ist, nur angesehen werden, wenn das Recht des Heimatslandes eine solche Errichtung mißbilligt, was bei den Gothaischen Kaufgewerkschaften nicht angenommen werden kann (RG 100, 210). Ausländische Vereine, die nach dem Rechte des Heimatstaates rechtsfähig sind, werden deutscherseits nach Art 10 EG nur unter der weiteren Voraussetzung als rechtsfähig behandelt, daß die Rechtsfähigkeit von dem Reichsrat anerkannt ist. (Planck A 4 und Staudinger II G zu Art 10 EG wollen dies beschränken auf die nach deutschem Rechte sich bestimmenden Rechtsverhältnisse.) Es soll dadurch verhütet werden, daß ausländische Vereine besser gestellt sind als inländische, die den Beschränkungen der §§ 21 u. 22 unterliegen. Auf ausländische Handelsgesellschaften findet deshalb Art 10 keine Anwendung, falls nicht etwa der Sitz im Auslande nur dem Namen nach besteht und der wirkliche Verwaltungssitz sich im Inlande befindet (Prot 6 S. 24 u. 26; RG 83, 367; JW 04, 231[1]). Die Rechts-, Partei- und Prozeßfähigkeit der auswärtigen Handelsgesellschaften ist auch im Inlande anzuerkennen, sofern nicht etwa das Bestehen der Gesellschaft gegen die guten Sitten oder den Zweck eines deutschen Gesetzes verstößt (Art 30 EG; RG 83, 367). Keinesfalls können juristische Personen des Auslandes mehr Rechte im Inlande beanspruchen wie juristische Personen des Inlandes. Es gilt dies hinsichtlich des Umfangs der Rechtsfähigkeit und hinsichtlich der Erwerbsbeschränkungen (vgl. A 2). Deutsches Recht wird anwendbar, wenn das Recht des Heimatstaats hierauf verweist. Die von dem Bundesrat erteilte Anerkennung ist jederzeit widerruflich. Zum Erwerbe von Bergwerkseigentum durch ausländische juristische Personen ist nach dem PrGes. v. 23. 6. 09 besondere Genehmigung erforderlich.

5. **In zeitlicher Beziehung** gelten nach Artt 163—167 EG die Bestimmungen der §§ 25 bis 53, 85—89 auch für die vor Inkrafttreten des BGB errichteten juristischen Personen, soweit nicht nach den Vorbehalten in Artt 65, 66, 67, 69, 75, 83, 164—167 EG Landesrecht zur Anwendung kommt. Nach Art 82 EG bleiben die landesgesetzlichen Vorschriften über die Verfassung solcher Vereine, deren Rechtsfähigkeit auf staatlicher Verleihung beruht, unberührt; die Übergangsvorschrift des Art 163 findet insoweit keine Anwendung (RG 81, 244). Die Bestimmungen der §§ 55—79 haben dagegen nur Geltung für Vereine, die auf Grund des BGB in das Vereinsregister eingetragen werden. Für die vor dem 1. Januar 1900 gebildeten nichtrechtsfähigen Vereine bleibt gemäß Art 170 EG das frühere Recht maßgebend, desgleichen für die erlaubten Privatgesellschaften im Sinne der §§ 11ff. ALR II 6 (RG 51, 160; 17. 4. 02 IV 19/02; 13. 3. 13 IV 327/12; LZ 1915, 909[12]), soweit nicht der Verein sich durch Satzungsänderung dem neuen Recht unterstellt hat (RG 77, 21; Warn 1919 Nr 20); nur ist die Frage der Haftbarkeit der Mitglieder aus den seit dem 1. 1. 1900 geschlossenen Rechtsgeschäften nach neuem Recht (§ 54) zu beurteilen (RG 63, 64; 77, 429; JW 1915, 450[8]; Warn 1926 Nr 209).

I. Vereine

1. Allgemeine Vorschriften

§ 21

Ein Verein[1]), dessen Zweck nicht auf einen wirtschaftlichen Geschäftsbetrieb[2]) gerichtet ist, erlangt Rechtsfähigkeit durch Eintragung in das Vereinsregister des zuständigen Amtsgerichts[3])[4]).

E I 41, 42; II 23; M 1 78 ff.; P 1 476 ff., 578 ff.

1. Ein **Verein** kann in der Weise errichtet werden, daß er vor Erlangung der Rechtsfähigkeit überhaupt nicht in Wirksamkeit tritt. Es wird damit nur eine Vorbedingung für den Erwerb der Rechtsfähigkeit geschaffen, ohne daß vor diesem Zeitpunkte Vereinsverbindlichkeiten irgendwelcher Art, insbesondere auch nicht gegenüber dem die Erlangung der Rechtsfähigkeit betreibenden Vorstande, begründet werden. Das Regelmäßige wird aber sein (abw. Planck A 7), daß der Verein, der als rechtsfähiger errichtet werden soll, schon vor Erlangung der Rechtsfähigkeit als nichtrechtsfähiger mit der mehr oder weniger begrenzten Aufgabe besteht, die vorbereitenden Handlungen zur Gründung und Inbetriebsetzung des rechtsfähigen Vereins vorzunehmen (vgl. RG JW 04, 395[27]). Für den in der Entstehung begriffenen rechtsfähigen Verein können von diesem Vorverein bindende Verpflichtungen übernommen werden, vorausgesetzt, daß das Rechtsgeschäft dem Erwerb der Rechtsfähigkeit dient, nicht schon zum Vereinsbetriebe gehört (RG 85, 260 f.; SeuffA 67 Nr 171; vgl. auch hinsichtlich der Gesellschaften m. b. H. RG JW 04, 309[12] und 1913, 925[12]). Für den Verein (Gründerverein) sind, wennschon er eine Gesellschaft des bürgerlichen Rechtes bildet, die für den rechtsfähigen Verein geltenden Grundsätze in gewissem Umfange (vgl. § 54 A 1) heranzuziehen und es ist deshalb anzunehmen, daß, abweichend von § 728, die Eröffnung des Konkurses über das Vermögen eines Gesellschafters keinen Auflösungsgrund bildet (so mit Bezug auf Gesellschaften m. b. H. RG JW 1913, 925[12]). Erwirbt sonst ein bereits bestehender Verein die Rechtsfähigkeit, so wandelt er sich in einen rechtsfähigen derart um, daß die Rechte und Verbindlichkeiten — unbeschadet der bereits entstandenen persönlichen Haftung der Mitglieder — dem neuen Verein verbleiben (so jetzt auch Planck A 8). Der Verein besteht in der Form des rechtsfähigen Vereins mit allen bisherigen Rechten und Verbindlichkeiten weiter, ohne daß eine Rechtsnachfolge stattfindet und ohne daß demgemäß, wenn die Umwandlung im Laufe eines Rechtsstreits erfolgt, eine Unterbrechung des Prozesses eintritt (RG 85, 256; SeuffA 77 Nr 53). Es bedarf auch nicht zum Zwecke der Umschreibung der Grundstücke auf den Namen des neuen Vereins der Auflassung (bestr.). Haben die Mitglieder beschlossen, die Satzung des einzutragenden Vereins sofort in Kraft zu setzen, so ist zwar die Wirksamkeit des Vereins von der schließlichen Eintragung abhängig, aber nur in dem Sinne, daß damit eine auflösende, nicht eine aufschiebende Bedingung gesetzt ist (RG 4. 7. 18 IV 175/18).

2. Für die Erlangung der Rechtsfähigkeit ist ein verschiedener Weg gewiesen, je nachdem der Zweck des Vereins auf einen **wirtschaftlichen Geschäftsbetrieb** (§ 22) gerichtet ist oder nicht (§ 21). Vereine der letzteren Art werden auch als Vereine mit idealen Bestrebungen oder kürzer Idealvereine bezeichnet. Der E II 23 und die Reichstagsvorlage § 21 bezeichnete sie als Vereine zu gemeinnützigen, wohltätigen, geselligen, wissenschaftlichen, künstlerischen oder andern nicht auf einen wirtschaftlichen Geschäftsbetrieb gerichteten Zwecken. Auch diese Vereine sind zur Befriedigung ihrer Bedürfnisse auf Geldmittel angewiesen. Die Verwaltung des Vermögens und die Verwendung für die idealen Zwecke stellt jedoch einen wirtschaftlichen Geschäftsbetrieb noch nicht dar. Hierzu gehört die Einrichtung eines landwirtschaftlichen, gewerblichen oder kaufmännischen Geschäfts, das zu dem Zwecke betrieben wird, wirtschaftliche Machtmittel zu gewinnen. Der Geschäftsbetrieb kann auch so gestaltet sein, daß der wirtschaftliche Vorteil unmittelbar den Vereinsmitgliedern zufließt. Anderseits wird das Vorhandensein eines wirtschaftlichen Geschäftsbetriebs nicht dadurch ausgeschlossen, daß die Geschäftserträge der Bestimmung des Vereins entsprechend für gemeinnützige Zwecke usw. Verwendung finden, daß also das Geschäftsunternehmen das Mittel zur Erreichung dieser Zwecke bildet (vgl. v. Tuhr § 33; a. A. namentlich Staudinger unter V, welcher für den wirtschaftlichen Geschäftsbetrieb verlangt, daß er unmittelbar den Zweck des Vereins verwirklichen müsse, Dernburg I § 74 A 6 sowie Wiedemann, Beiträge zur Lehre von den idealen Vereinen § 9, insbesondere S. 278 β). Der Begriff des kaufmännischen Geschäftsbetriebs, worunter eine jede Verwaltungstätigkeit gebracht werden könnte, darf aber nicht zu weit ausgedehnt werden. Ein Verein, der sich mit der Förderung der allgemeinen beruflichen Interessen der Mitglieder, der Erteilung von Auskunft über Berufsangelegenheiten, der Herausgabe einer Berufszeitung, der Erleichterung des Rechtsschutzes u. dgl. befaßt (wie

Ärztevereine, Vereine von Haus- und Grundbesitzern, Kreditreformvereine), kann als nichtwirtschaftlicher Verein in das Vereinsregister eingetragen werden. Anerkannt ist durch Beschluß des **RG** v. 30. 10. 13 (83, 231) die Eintragungsfähigkeit ärztlicher Vereine, welche die Vermittlung einer geregelten, angemessen bezahlten ärztlichen Berufsausübung gegenüber den Krankenkassen und ähnlichen Verbänden sich zur Aufgabe machen. Zwar fehlt es bei den von dem Verein geschlossenen Verträgen nicht an dem wirtschaftlichen Entgelt, der eben darin besteht, daß den Mitgliedern die Möglichkeit einer wirtschaftlich vorteilhaften Berufsausübung verschafft wird. Wohl trifft aber der weitere Grund zu (der regelmäßig auch für andere Berufsvereine Bedeutung hat), daß die Bestrebungen zur Erhaltung eines leistungsfähigen Ärztestandes dem Allgemeinwohle dienen und deshalb die ideale Seite überwiegt (vgl. auch **RG** JW 1916, 1432[9]), während **RG** 88, 334 insofern weitergeht, als danach der auf den eigenen wirtschaftlichen Gewinn des Vereins selbst gerichtete Zweck entscheiden soll. Daß der Verein die wirtschaftliche Besserung der Lage seiner Mitglieder bezweckt, daß er den bedürftigen Mitgliedern Unterstützungen gewährt, genügt nicht, um einen auf einen wirtschaftlichen Geschäftsbetrieb gerichteten Zweck anzunehmen (ähnlich KGJ 36 A 146 hinsichtlich gemeinnütziger Vereine). Ein solcher Zweck liegt aber vor, soweit der Verein geschäftsbetriebmäßig sich damit befaßt, Forderungen seiner Mitglieder einzuziehen (Inkassogeschäft — bestr.). Ein idealer Verein wird nicht dadurch zu einem wirtschaftlichen, daß nebenbei im Rahmen des Vereinszwecks gewisse geschäftliche Veranstaltungen stattfinden, wie dies z. B. der Fall ist bei einem Leseverein, der die angeschafften Bücher nach der Benutzung durch die Mitglieder bestmöglich verkauft, einem Wohltätigkeitsverein, der zu einem wohltätigen Zwecke einen Basar veranstaltet, einem geselligen Verein, der für seine Mitglieder ein Kasino einrichtet, einem Alpenverein, der die von ihm errichtete Schutzhütte bewirtschaften läßt. Anders ist es, wenn der Geschäftsbetrieb zu einem selbständigen Erwerbsunternehmen auswächst. In solchen Fällen ist es gerechtfertigt, daß die Erlangung der Rechtsfähigkeit von staatlicher Verleihung abhängig gemacht wird, damit auf den Schutz dritter Personen, die mit dem Verein in rechtsgeschäftlichen Verkehr treten und ihm Kredit gewähren, Rücksicht genommen werden kann. Stellt sich nach der Eintragung in das Vereinsregister heraus, daß der Verein entgegen der Satzung einen wirtschaftlichen Geschäftsbetrieb verfolgt, so kann ihm die Rechtsfähigkeit nach §§ 43 Abs 2, 44 entzogen werden. Ist der Zweck des Vereins in gleicher Weise auf einen wirtschaftlichen und auf einen nichtwirtschaftlichen Betrieb gerichtet, so bleibt zur Erlangung der Rechtsfähigkeit nur der Weg der Verleihung. — Die Körperschaften des öffentlichen Rechtes, auch die nach öffentlich-rechtlicher Norm zum Organismus der Kirche gehörigen Klöster und Brüderschaften sind nicht eintragungsfähig.

3. Für die **Eintragung in das Vereinsregister** ist nach § 55 das Amtsgericht zuständig, in dessen Bezirk der Verein seinen Sitz hat. Über die Art der Eintragung s. § 64, über die Gültigkeit der Eintragung § 59 A 1, § 63 A 1, § 64 A 1. Etwaige der Errichtung des Vereins anhaftende sachliche Mängel werden durch die Eintragung nicht geheilt (vgl. **RG** JW 04, 395[27] und über Ungültigkeit und Unerlaubtheit des Vereins §§ 41 A 2, 60 A 1, 57 A 1). Eine rechtsgestaltende Wirkung in dem Sinne, daß bis zur Löschung die Eintragung in jeder Hinsicht gültig bleibt, kann der Eintragung nicht beigelegt werden (a. A. Hellwig, Grenzen der Rückwirkung S. 29ff.; Eccius in Gruch 46, 693; Oertmann A 3a, § 59 A 1d). Nur das ist richtig, daß durch die Ungültigkeit Dritte, die mit dem Verein in Rechtsverkehr getreten sind, keinen Schaden erleiden dürfen und daß deshalb vor Rückerstattung des Vermögens die Gläubiger befriedigt werden müssen, ohne daß eine Art Liquidationsverfahren stattzufinden hat. Die Ungültigkeit hat auch nicht ein vollständiges Erlöschen der Mitgliedsrechte zur Folge. Die Mitgliedsrechte bleiben insoweit erhalten, als das Vermögen auch im Falle der Auflösung des Vereins (§ 45 Abs 3) ihnen zufallen würde (vgl. § 60 A 1 a. E.). Ebensowenig wie der Eintragung kann der Verleihung der Rechtsfähigkeit rechtsgestaltende Wirkung beigelegt werden. Die Rechtsfähigkeit kann aber — abgesehen von der Zulässigkeit der Beschwerde und der Berechtigung des Registergerichts, die unzulässige Eintragung von Amts wegen zu löschen — nicht aus dem Grunde beanstandet werden, weil das Amtsgericht den im Vereinsregister eingetragenen Verein irrtümlich als einen nichtwirtschaftlichen oder die Verwaltungsbehörde, welche die Rechtsfähigkeit verliehen hat, den Verein irrtümlich als einen wirtschaftlichen angesehen hat. Weiter geht das **RG** in dem Urt. v. 17. 1. 13 (81, 206), indem es annimmt, daß durch die Eintragung in das Vereinsregister das Vorhandensein der sämtlichen gesetzlichen Vorbedingungen (vgl. indes § 57 A 1, § 59 A 1, § 60 A 1) für die Eintragung in maßgebender Weise bis zur Löschung der Eintragung festgestellt werde. Ausgesprochen ist dieser Satz jedoch nur für einen Fall, in welchem behauptet wurde, daß der Zweck des Vereins auf einen wirtschaftlichen Geschäftsbetrieb gerichtet gewesen und deshalb die Eintragung des Vereins unstatthaft gewesen sei, ebenso **RG** Gruch 65, 68; 22. 6. 22 IV 579/21 (vgl. jetzt auch Staudinger A VII). — Ist die Eintragung des Vereins von dem Registerrichter abgelehnt, weil er den Vereinszweck als wirtschaftlichen betrachtet, so kann die Rechtsfähigkeit verliehen werden, obschon die verleihende Behörde den Verein nicht als einen wirtschaftlichen ansieht.

4. Die von dem Verein erlangte **Rechtsfähigkeit** beschränkt sich nicht auf die Vermögensangelegenheiten, die sich innerhalb des satzungsmäßigen Zweckes des Vereins halten, wie z. B. einer Gewerkschaft, welche sich auf einem dem Bergbaubetrieb fremden Gebiete betätigt, für diese Angelegenheiten die Rechtsfähigkeit nicht versagt werden kann (RG 49, 292). Der rechtsfähige Verein kann Inhaber von Individualrechten, Patentrechten usw. sein, ist namensberechtigt (vgl. § 12 A 1), kann zum Testamentsvollstrecker, auch zum Mitgliede des Gläubigerausschusses im Konkurse bestellt werden, kann Schadensersatz aus § 824 beanspruchen und kann Mitglied von andern Vereinigungen, insbesondere einer offenen Handelsgesellschaft, werden. In der Rechtsfähigkeit ist auch die Erbfähigkeit enthalten. Ist im Testament die einer selbständigen Rechtspersönlichkeit entbehrende Anstalt einer juristischen Person als Erbe eingesetzt, so darf das Testament dahin ausgelegt werden, daß die juristische Person selbst als Erbe mit der Auflage berufen ist, die Erbschaft zum Besten der Anstalt zu verwenden (RG 9. 3. 11 IV 238/10). Rechte gegen sich selbst kann der Verein nicht haben. Er kann solche Rechte auch nicht durch Eintritt in die Rechtsstellung eines Vereinsmitgliedes erwerben, dem bestimmte Nutzungs- oder Verfügungsrechte, ein bestimmter Anteil am Gewinn usw. zustehen. Die ihm übertragenen Rechte fallen sogleich den andern Vereinsmitgliedern nach Verhältnis ihrer Beteiligung an und stehen nicht zur Verfügung des Vereins (vgl. RG 103, 66). Über Besitz der juristischen Person vgl. § 26 A 4. Auf dem Gebiete des Prozesses entspricht der Rechtsfähigkeit die Parteifähigkeit (§ 50 Abs 1 ZPO). Der Prozeßrichter hat die Rechtsfähigkeit eines eingetragenen Vereins nicht weiter nachzuprüfen (vgl. RG 22. 6. 22 IV 579/21).

§ 22

Ein Verein, dessen Zweck auf einen wirtschaftlichen Geschäftsbetrieb gerichtet ist[1]), erlangt in Ermangelung besonderer reichsgesetzlicher Vorschriften[2]) Rechtsfähigkeit durch staatliche Verleihung. Die Verleihung[3]) steht dem Bundesstaate zu, in dessen Gebiete der Verein seinen Sitz[4]) hat.

E I 41, 42 II 23; M 1 78 ff.; P 1 476 ff., 538, 578 ff.

1. Über die Frage, ob der Verein schon vorher bestanden haben muß, über den Begriff des wirtschaftlichen Vereins und die Wirkung der Verleihung s. § 21 A 1, 2, 3 u. 4.

2. Besondere **reichsgesetzliche Vorschriften** bestehen für die Aktiengesellschaften und Aktienkommanditgesellschaften (§§ 178ff., 320ff. HGB), für die Erwerbs- und Wirtschaftsgenossenschaften (Ges. v. 1. 5. 89/20. 5. 98), für Gesellschaften mit beschränkter Haftung (Ges. v. 20. 4. 92/20. 5. 98), welche Gesetze die Erlangung der Rechtsfähigkeit von Eintragung in das Handelsregister nach Erfüllung besonderer „Normativbestimmungen" abhängig machen, für die früheren eingeschriebenen Hilfskassen, jetzt Ersatzkassen (Ges. v. 10. 4. 76/1. 6. 84, §§ 503ff. RVO), deren Zulassung von der höheren Verwaltungsbehörde nur aus gesetzlichen Gründen verweigert werden darf, für Kolonialgesellschaften, welchen nach § 11 des SchutzgebG in der Fassung v. 10. 9. 00 die Rechtsfähigkeit auf Grund eines vom Reichskanzler genehmigten Gesellschaftsvertrags durch Beschluß des Bundesrats verliehen wurde, und für die Versicherungsvereine auf Gegenseitigkeit (wozu auch die mit den Kriegervereinen verbundenen, einen Rechtsanspruch gewährenden Krankenkassen zu rechnen sind), welche nach §§ 15ff. PrivVUntG v. 12. 5. 01 (vgl. auch § 103 das.) durch die von der Aufsichtsbehörde erteilte Erlaubnis zum Geschäftsbetriebe die Rechtsfähigkeit erlangen. Rechtsfähig sind ferner nach Art II § 1 Abs 3 BRV v. 12. 7. 15 die auf Grund dieser Verordnung für den Steinkohlen- und Braunkohlenbergbau gebildeten Zwangssyndikate (s. jetzt KohlenWGes v. 23. 3. 19), desgleichen die zum Zweck der Sozialisierung der Elektrizitätswirtschaft nach dem Ges v. 31. 12. 19 gebildeten Körperschaften.

3. Die **Verleihung der Rechtsfähigkeit** steht in den meisten Ländern der obersten Verwaltungsstelle zu. Die Verleihung steht im Ermessen der zuständigen Stelle und kann von beliebigen Bedingungen, insbesondere von der Aufnahme bestimmter Vorschriften in die Satzung, abhängig gemacht werden. Landesgesetzlich können allgemeine Vorschriften darüber erlassen werden, unter welchen Bedingungen die Verleihung statthaft sein soll. Es steht auch nichts im Wege, die Rechtsfähigkeit allen zur Zeit vorhandenen Vereinen bestimmter Art zu erteilen, wie dies in Preußen durch Allerh. Erlaß v. 27. 12. 99 hinsichtlich der damals bestehenden Versicherungsgesellschaften auf Gegenseitigkeit geschehen ist. Daß der Verein eine Satzung haben muß, und daß diese den Zweck und den Namen des Vereins angeben muß (vgl. § 57), ist für derartige Vereine zwar nicht besonders vorgeschrieben, folgt aber so sehr aus der Natur der Sache, daß ohne Erfüllung dieses Erfordernisses die Verleihung der Rechtsfähigkeit wirkungslos bleiben müßte. Vgl. im übrigen wegen der Wirkung der Verleihung § 21 A 3. In der Verleihung ist sachlich ein Gesetzeserlaß (§ 3 A 2) nicht zu sehen. Die einmal erteilte Verleihung bleibt in Kraft, auch wenn der Verein später seine Satzungen ändert. Es kann jedoch nach § 33 Abs 2, soweit diese Vorschrift nicht durch die Satzung beseitigt

ist, eine jede Satzungsänderung dadurch verhindert werden, daß die hierzu erforderliche Genehmigung nicht erteilt wird. Werden die Bestimmungen der Satzung tatsächlich nicht beobachtet, so kann dies unter den Voraussetzungen des § 43 zur Entziehung der Rechtsfähigkeit führen. Der Verein muß ferner, damit ein Handeln in seinem Namen möglich ist, einen besonderen Namen führen. Für Preußen ist durch Vf des MdJ. v. 19. 11. 07 (MBl 373) bestimmt, daß die Verleihung, wenn der Verein es beantragt, auf dessen Kosten im Regierungsblatt bekanntgemacht werden soll. Über die Ausübung des Verleihungsrechts können landesrechtliche Bestimmungen getroffen werden. Durch Landesgesetz würde aber nicht bestimmt werden können, daß allen künftig entstehenden Vereinen einer bestimmten Art die Rechtsfähigkeit erteilt sein soll. Die Landesgesetzgebung hat auch nicht die Macht, die Verfassung eines bereits bestehenden rechtsfähigen Vereins zu ändern.

4. Die Zuständigkeit des Landes richtet sich nach dem **Sitz** des Vereins (vgl. § 24 A 1). Ein unbeschränktes Recht des Vereins, den Sitz beliebig zu wählen, um auf diese Weise von den landesgesetzlichen Beschränkungen frei zu werden, denen er sonst hinsichtlich des Erwerbs der Rechtsfähigkeit unterliegen würde, kann nicht anerkannt werden (vgl. **RG** JW 1916, 495[11] über Gewerkschaften, LZ 1918, 611[6]; OLG Dresden in LZ 1918, 407[6]; s. auch Vorbem 4 vor § 21).

§ 23

Einem Vereine, der seinen Sitz nicht in einem Bundesstaate hat, kann in Ermangelung besonderer reichsgesetzlicher Vorschriften Rechtsfähigkeit durch Beschluß des Bundesrats verliehen werden[1])[2]).

1. § 23, der auf einem Beschlusse des Bundesrats beruht, hat seine hauptsächlichste Bedeutung für Vereine, die im deutschen Schutzgebiete oder in einem deutschen Konsulargerichtsbezirke ihren Sitz hatten, auf welche Vereine übrigens nach § 3 des SchutzgebG in der Fassung v. 10. 9. 00 und § 31 des Ges. v. 7. 4. 00 die §§ 21, 22, 44 Abs 1, 55—79 keine Anwendung fanden. An Stelle des Bundesrats ist jetzt nach Artt 60, 179 RVerf der Reichsrat getreten. Über Kolonialgesellschaften s. die besondere Bestimmung in § 11 des SchutzgebG (vgl. § 22 A 2). § 23 gibt aber auch die Möglichkeit, solchen **ausländischen** Vereinen, die für das Deutschtum von Bedeutung sind, im Auslande aber nicht als rechtsfähig anerkannt werden, für das Inland (einschließlich der deutschen Schutzgebiete und Konsulargerichtsbezirke) Rechtsfähigkeit beizulegen. Über Vereine, die im Ausland die Rechtsfähigkeit erlangt haben und über ausländische Handelsgesellschaften vgl. Vorbem 4 vor § 21.

2. Für Vereine der in § 21 bezeichneten Art, die ihren Sitz in einem **Schutzgebiete** hatten, war durch § 13a SchutzgebG — eingefügt durch Ges. v. 22. 7. 13 — die in den §§ 33 Abs 2, 43, 44 bestimmte Zuständigkeit des Bundesrats dem Reichskanzler zugewiesen, der ermächtigt war, diese Zuständigkeit, soweit es sich nicht um Religionsgesellschaften oder geistliche Gesellschaften handelte, weiter auf den Gouverneur zu übertragen.

§ 24

Als Sitz eines Vereins gilt, wenn nicht ein anderes bestimmt ist, der Ort, an welchem die Verwaltung geführt wird[1])[2]).

E II 23 Abs 4; M 1 77; P 1 504.

1. Wie die natürliche Person ihren Wohnsitz an dem Orte hat, wo der Mittelpunkt ihrer Lebensverhältnisse sich befindet (§ 7 A 1), ist als **Sitz der juristischen Person** der Ort anzusehen, wo der Mittelpunkt der Verwaltung ist. Abweichend von den Bestimmungen über den Wohnsitz kann die juristische Person — s. jedoch hinsichtlich der Inlandseigenschaft Vorbem 4 vor § 21, § 22 A 4 und hinsichtlich der in § 61 Abs 2 bezeichneten Vereine A 3 das. — ihren Sitz frei wählen (**RG** JW 1918, 304[8]; Warn 1918 Nr 47 — in der Rechtslehre bestr.). Der Sitz ist von Bedeutung für die Staatszugehörigkeit (Vorbem 4 vor § 21), für den Gerichtsstand nach § 17 ZPO und für die Zuständigkeit der Behörde nach §§ 22, 23, 55 BGB. Von diesem Sitz kann der tatsächliche Verwaltungssitz (vgl. **RG** JW 09, 504[23]) verschieden sein, der jedoch in den angegebenen Beziehungen nicht maßgebend ist. Zulässig ist nach § 17 Abs 3 ZPO, daß neben dem durch den Sitz des Vereins bestimmten allgemeinen Gerichtsstand ein weiterer allgemeiner Gerichtsstand in der Satzung festgesetzt wird (**RG** 59, 106 betreffs Aktiengesellschaften). Sollte eine juristische Person trotz der im Inlande geführten Verwaltung ihren Sitz im Auslande wählen, so erleidet sie hierdurch den Nachteil, daß sie im Inlande ohne besondere Anerkennung durch den Bundesrat, jetzt Reichsrat (§ 23), nicht als rechtsfähig gilt (Art 10 EG). Über den Sitz braucht die Satzung — anders beim eingetragenen Verein nach § 57 A 1 — nichts zu enthalten. Zu einer Verlegung des Sitzes bedarf es dann nicht der in § 33 Abs 2 vorgeschriebenen Genehmigung. Gleichwohl wird, da der inländische Sitz die un-

erläßliche Voraussetzung der Verleihung bildet, anzunehmen sein, daß mit der Verlegung des Sitzes in das Ausland die aus der Verleihung folgende Rechtsfähigkeit wegfällt (vgl. **RG** 7, 68 über Verlegung des Sitzes einer Aktiengesellschaft in das Ausland und Quassowski in Gruch 65, 411 ff.). Ebenso hat die von einem Lande ausgehende Verleihung nur so lange Geltung, als die durch den Sitz begründete Zugehörigkeit des Vereins zu diesem Lande fortdauert. Verlegt der Verein seinen Sitz in das Gebiet eines andern Landes, so hört er auf, als rechtsfähiger Verein zu bestehen (**RG** 88, 53; JW 1918, 510[10] hinsichtlich der Gewerkschaft, die in diesem Falle in den Liquidationszustand tritt). Ist in der Satzung ein anderer Sitz nicht bestimmt, so gilt der Ort, wo die Verwaltung geführt wird, als Sitz des Vereins. Nicht als Sitz des Vereins kommt derjenige Ort in Betracht, wo der technische Betrieb des Unternehmens geführt wird.

2. Die **Zweigniederlassung** eines Vereins oder einer staatlichen Anstalt, von welcher aus unmittelbar Geschäfte abgeschlossen werden können, wenn auch regelmäßig nur im beschränktem Umfange (vgl. **RG** Warn 1918 Nr 233), besitzt nicht eine selbständige juristische Persönlichkeit. Der für die Zweigniederlassung geschlossene Vertrag gilt als für die juristische Person geschlossen (**RG** JW 04, 297[27]). Dies hindert aber nicht, daß die Hypothek, die von der Zweigniederlassung unter ihrer von der Hauptniederlassung verschiedenen Firma erworben ist, auch im Grundbuch auf diese Firma einzutragen ist. Dieser Name ist die richtige Bezeichnung der juristischen Person für die durch die Zweigniederlassung betriebenen Geschäfte (**RG** 62, 7). Über die Stellung des Leiters der Zweigniederlassung als besonderen Vertreters s. § 31 A 1.

§ 25

[1]) **Die Verfassung eines rechtsfähigen Vereins wird, soweit sie nicht auf den nachfolgenden Vorschriften beruht, durch die Vereinssatzung bestimmt**[2]) [3]).

E I 43 II 24; M 1 93 ff.; P 1 504 ff.

1. Die über die **Verfassung** des Vereins in §§ 26ff. gegebenen Vorschriften gelten auch für die eingetragenen Vereine mit der aus den §§ 55ff. sich ergebenden Ergänzung. Die §§ 26—31 handeln von dem Vorstand, die §§ 32—39 von den Mitgliederrechten und der Mitgliederversammlung. Die Verfassung wird durch die Vereinssatzung bestimmt, soweit nicht ausnahmsweise die reichsrechtlichen Vorschriften zwingendes Recht enthalten, wie hinsichtlich der Notwendigkeit eines Vorstandes und der Mitgliederversammlung und der Freiheit des Austritts (§ 26 A 1, § 32 A 1, § 39 A 1). Über die Verfassung der Vereine, deren Rechtsfähigkeit auf staatlicher Verleihung beruht, können nach Art 82 EG landesrechtlich besondere Vorschriften gegeben werden. Solche Vorschriften können bei der Verleihung der Rechtsfähigkeit für den Verein besonders aufgestellt oder es können für eine gewisse Art von Vereinen besondere gesetzliche Vorschriften erlassen werden, die dann bei Verleihung der Rechtsfähigkeit als stillschweigend auferlegt gelten. Vorschriften dieser Art aus früherer Zeit sind durch Art 82 (vgl. auch Art 89c PrAG) für die vor Inkrafttreten des BGB errichteten rechtsfähigen Vereine aufrechterhalten (**RG** 81, 244). Über die Anwendbarkeit der §§ 25ff. auf nichtrechtsfähige Vereine vgl. § 54 A 1.

2. Die von den Mitgliedern errichtete **Satzung** hat nicht die Bedeutung, daß damit von dem Vereine ein Recht der Selbstgesetzgebung ausgeübt würde. Die Satzung kann deshalb nicht dem Gesetzesrecht gleichgestellt werden (a. A. Oertmann A 4 und ArchfRuWirtschPhilos 7, 127 — vgl. über die Anwendbarkeit des § 139 § 60 A 1 a. E.). Der Verein hat nur das Recht, seine inneren Angelegenheiten selbständig ohne Einmischung der Behörde zu verwalten, soweit nicht bei Verleihung der Rechtsfähigkeit (§ 22) Beschränkungen festgesetzt sind, und ist demgemäß auch befugt, sich selbst die Verfassung zu geben. Nur hierin besteht die sog. Vereinsautonomie. Von der Unterordnung unter die Gerichte wird der Verein hierdurch nicht befreit. Der Rechtsweg kann für die Rechtsbeziehungen zu den Mitgliedern in der Satzung ebensowenig ausgeschlossen werden, als dies sonst statthaft ist. Nur in der Form ist die Ausschließung des Rechtswegs möglich, daß ein Schiedsgericht bestimmt wird, dessen Verrichtungen einem besonderen von dem Vereine gewählten Ausschuß — der aber nicht so zusammengesetzt sein darf, daß ihm die erforderliche Selbständigkeit gegenüber dem Vereine fehlt —, nicht dagegen dem Vorstande oder der Mitgliederversammlung übertragen werden dürfen (**RG** 80, 191; 88, 402; 90, 306 mit Anm in JW 1917, 930[8]; 93, 288). Auch das einzelne Vorstandsmitglied ist zur Ausübung der schiedsrichterlichen Tätigkeit unfähig (**RG** JW 1918, 732[2]), doch sollen nach **RG** 113, 320 Vereinsmitglieder dem Schiedsgericht angehören können. Zulässig ist die Anordnung, daß vor Beschreiten des Rechtswegs die Entscheidung des Vereins eingeholt werden muß. Soll nach der Satzung die Mitgliederversammlung unter Ausschluß des Rechtswegs entscheiden, so hat diese Bestimmung doch insofern Gültigkeit, als vor Entscheidung der Mitgliederversammlung die Gerichte nicht angerufen werden dürfen (**RG** Warn 1919 Nr 20). Die Zulässigkeit des Rechtswegs kann somit

dadurch beschränkt werden, daß den Vereinsorganen die Vorentscheidung übertragen wird. Ein Sportverein kann gegen den Verband, dessen Mitglied er ist, auf Feststellung klagen, daß er entsprechend der Einstufung in der Satzung in der ersten Klasse der Gauvereine zu führen ist, weil es sich um ein satzungsmäßiges Mitgliedschaftsrecht des Vereins und nicht bloß um eine innere Verwaltungsangelegenheit des Verbandes handelt (RG JW 1925, 224[3]). Über Streitigkeiten zwischen Vorstand und Versammlung s. § 26 A 1. Eine besondere Vergünstigung ist den Vereinen im Interesse der Selbstverwaltung — was auch auf die nichtrechtsfähigen Vereine auszudehnen sein dürfte (bestr.) — dadurch gewährt, daß ein Beschluß des Vereins über Ausschließung eines Mitgliedes der sachlichen Nachprüfung durch die Gerichte nicht unterliegt. Die über die Ausschließung in § 39 A 2 dargelegten Grundsätze gelten gleicherweise für die in der Satzung zugelassene Bestrafung eines Mitglieds, vorausgesetzt, daß die Bestrafung das Mitglied nicht bloß in seiner Betätigung innerhalb des Vereins berührt, da andernfalls der satzungsgemäße Strafbeschluß überhaupt nicht durch Klage angefochten werden kann (RG JW 1915, 1424[1]; 13. 11. 19 IV 371/19). Nicht berechtigt ist der Verein — was der richterlichen Nachprüfung unterliegt (RG 31. 5. 16 IV 17/16) —, das Mitglied wegen einer nicht in das Vereinsgebiet fallenden Tätigkeit zur Verantwortung zu ziehen. Ehrenmitglieder und ausländische korrespondierende Mitglieder sind der Vereinsgerichtsbarkeit, wenn das Gegenteil nicht zweifelsfrei in der Satzung zum Ausdruck gebracht ist, nicht unterworfen (RG 22. 2. 17 IV 289/16; wegen des Rechtes auf Erstattung der Auslagen im ehrengerichtlichen Verfahren vgl. JW 1921, 770[6]). Von dem Gesellschaftsvertrage unterscheidet sich der Vertrag über Errichtung des Vereins — der vielfach als sozialrechtlicher Gesamtakt bezeichnet wird — darin, daß grundsätzlich die Gültigkeit des letzteren Vertrags durch Mängel, welche die Beteiligung des einzelnen Mitgliedes betreffen, nicht beeinträchtigt wird. Das gleiche ist für die Errichtung eines nichtrechtsfähigen Vereins anzunehmen. Dem einzelnen ist dagegen die Anfechtung seiner Beteiligung wegen Betrugs, Irrtums usw. nicht beschränkt (anders v. Tuhr S. 481 hinsichtlich der wirtschaftlichen Vereine). — Damit die Satzung der verleihenden Behörde oder dem für die Eintragung zuständigen Amtsgericht eingereicht werden kann, ist schriftliche Abfassung nötig. Zur Gültigkeit des Errichtungsvertrags oder des Beitritts zum Verein bedarf es aber nicht der Schriftform. In der Satzung pflegen Bestimmungen über die Beurkundung der Beschlüsse des Vorstandes und der Mitgliederversammlung getroffen zu werden. Ist Schriftlichkeit des Beschlusses für erforderlich erklärt, so wird dieser Form im Zweifel schon dadurch genügt, daß ein satzungsgemäßes Protokoll hierüber aufgenommen ist (RG JW 1912, 187[2]). Die Satzung kann, da sie die Grundlage der Rechtsfähigkeit bildet und allgemein für das Rechtsverhältnis Dritten gegenüber maßgebend ist, nur einheitlich ausgelegt werden. Dies führt dazu, daß eine Auslegung über den Wortlaut hinaus nur zulässig ist, wenn sie aus der Urkunde selbst gewonnen werden kann (RG 101, 247). Für die Auslegung der Satzung kann eine langjährige Übung von Wichtigkeit sein. Die Bestimmungen über die Verfassung (über die Ordnung des Vereins und seiner Organe, über Erwerb und Verlust der Mitgliedschaft und über Auflösung des Vereins) bilden einen Teil der Satzung, auch wenn sie in eine besondere Urkunde, in einen Anhang zur Satzung aufgenommen sein sollten (RG 73, 187), und können überhaupt nur in der Satzung getroffen werden. Auch die von den Mitgliedern an den Verein zu gewährenden Leistungen können nur durch die Satzung, nicht durch einfachen Beschluß der Mitgliederversammlung auferlegt werden. Ein solcher Beschluß genügt nur, wenn es sich um nähere Ausgestaltung der satzungsmäßig bestimmten Leistungen handelt (vgl. RG JW 1916, 128[12]). In die Satzung gehören ferner die Bestimmungen über Zusammensetzung und Zuständigkeit des in Vereinssachen entscheidenden Schiedsgerichts sowie über das Verfahren vor dem Schiedsgericht. Die Frage, welche Gegenstände nur durch Satzungsbeschluß geregelt werden können, ist von besonderer Wichtigkeit für eingetragene Vereine, weil § 71 zur Wirksamkeit einer Änderung der Satzung die Eintragung in das Vereinsregister erfordert. Eine Bestimmung der Satzung, die infolge veränderter Gesetzgebung unausführbar geworden ist, kommt mit den an sie geknüpften Folgen, ohne daß sie durch Vereinsbeschluß aufgehoben zu werden brauchte, ohne weiteres in Wegfall (RG 104, 349). — Die Satzungen der durch landesherrliche VO (oder Bestätigung der Behörde) gebildeten Zwangsverbände haben die Eigenschaft von Gesetzesrecht (RG 25, 274; 38, 126; JW 93, 318[49]; 06, 758[30] u. 09, 117[15]; Art 167 EG), desgleichen die Satzungen der für die Witwen und Waisen der Lehrer oder Geistlichen gebildeten Kassen (RG 5. 1. 21 IV 346/20).

3. Das **Recht, seine Angelegenheiten selbständig zu verwalten,** ist für den Bestand des Vereins wesentlich. Der Vorstand, Aufsichtsrat usw. müssen in Wahrheit Glieder des Vereins sein, die den Vereinsinteressen zu dienen haben. Sie dürfen nicht im Wege des Vertrags in eine solche Abhängigkeit von einer außenstehenden Person gebracht werden, daß damit dem Verein die Selbständigkeit genommen ist. Dies würde der Fall sein, wenn einer fremden Person eine derartige Einwirkung auf die Geschäftsführung zugestanden wird, daß sie die Ernennung und Entlassung der Geschäftsführer und die Fassung bestimmter Beschlüsse durch

den Aufsichtsrat und die Mitgliederversammlung verlangen kann. Ein Vertrag, durch welchen ein bestehender Verein in dieser Weise zum willenlosen Werkzeug herabgedrückt wird, kann deshalb nach § 138 nicht als gültig angesehen werden (RG JW 1913, 916[11]; vgl. auch RG 3, 123). Und ein Verein, dem von vornherein das Selbstverwaltungsrecht entzogen ist, kann überhaupt nicht zur Entstehung kommen. Nicht unzulässig ist es, wenn hinsichtlich der Gewinnverteilung dem Ermessen eines Dritten ein gewisser Einfluß eingeräumt wird. Ein Verein, der im öffentlichen Interesse liegende Bestrebungen verfolgt, kann sich insbesondere durch Vertrag mit der Behörde einer dem Zwecke des Vereins entsprechenden Begrenzung der Gewinnverteilung unterwerfen (vgl. RG 83, 377).

§ 26

Der Verein muß einen Vorstand[1]) haben. Der Vorstand kann aus mehreren[2]) Personen bestehen.

Der Vorstand vertritt den Verein gerichtlich und außergerichtlich; er hat die Stellung eines gesetzlichen Vertreters[3])[4]). Der Umfang seiner Vertretungsmacht kann durch die Satzung mit Wirkung gegen Dritte beschränkt werden[3]).

E I 44 Abs 1 u. 4 II 25; M 1 94 ff., 97 ff.; P 1 506 ff., 513; 6 114.

1. Der **Vorstand** bildet das notwendigste Vereinsorgan. Ohne den Vorstand würde der Verein überhaupt nicht in Tätigkeit treten können. Er ist ein von der Mitgliederversammlung verschiedenes Gebilde, wenn auch in der Satzung bestimmt werden kann, daß die sämtlichen Mitglieder den Vorstand bilden. Ohne eine solche Bestimmung ist dies nicht anzunehmen, da der für die Gesellschaft geltende Grundsatz des § 709 Satz 1 nicht auf den Verein übertragen werden kann (a. A. Hölder A 3 — vgl. hinsichtlich der Gewerkschaft RG JW 1915, 527[23]). Trifft die Satzung nicht in anderer Weise Vorsorge, so ist der Vorstand nach § 27 A 1 von der Mitgliederversammlung zu wählen. Außer dem Vorstande können noch andere Vereinsgebilde bestehen. Es können für gewisse Geschäfte besondere Vertreter bestellt sein (§ 30). Es kann ein Aufsichtsrat, ein Ehrenrat usw. eingerichtet sein. Ist zwischen Vorstand und Mitgliederversammlung eine Meinungsverschiedenheit über die ordnungsmäßige Wahl eines Vereinsgliedes, über dessen Befugnisse usw. entstanden, indem der Vorstand entgegen der Mitgliederversammlung die Wahl nicht anerkennt und den Gewählten nicht zu den Geschäften heranzieht, so steht nichts entgegen, daß der Gewählte gegen den Verein auf Anerkennung seiner Rechte klagt. Es handelt sich auch hier um eine bürgerliche Rechtsstreitigkeit, deren Entscheidung den Gerichten nicht entzogen ist (a. A. RG 79, 409, welche Entscheidung die Einmischung der Gerichte in derartige innere Vereinsangelegenheiten für ausgeschlossen hält, die Mitgliederversammlung darauf verweist, ihren Willen durch Entlassung des Vorstandes durchzusetzen und dem einzelnen nur hilfsweise die Klage gegen die widerstrebenden Vorstandsmitglieder gewährt). — Die Freiheit der Vereinsmitglieder, ein Vereinsamt anzunehmen, kann in der Regel durch vertragsmäßige Abmachungen nicht beschränkt werden (§ 138 — vgl. RG 57, 205). Über Beschränkungen des Stimmrechts s. § 32 A 3.

2. Soll der Vorstand aus **mehreren Personen** bestehen, so muß dies in der Satzung festgesetzt werden. Es genügt jedoch, wenn in der Satzung die Zusammensetzung des Vorstandes aus mehreren Mitgliedern für zulässig erklärt und die Höchstzahl dieser Mitglieder bestimmt wird. Über das Vertretungsrecht bei Vorhandensein mehrerer Vorstandsmitglieder s. § 28 A 1. Besteht der Vorstand teilweise aus Mitgliedern, die mit der Geschäftsführung betraut sind, teilweise aus andern Mitgliedern, so bilden nur die ersteren den Vorstand im Sinne des § 26, während im übrigen der als Vorstand bezeichnete Ausschuß den Charakter eines Aufsichtsrats hat (vgl. Planck A 5; RJA 11, 265).

3. Dem Vorstande gebührt die unbeschränkte gerichtliche und außergerichtliche **Vertretung** in allen Angelegenheiten des Vereins, und zwar hat der Vorstand hierbei die **Stellung eines gesetzlichen Vertreters** (vgl. §§ 52, 56, 241, 246, 473, 474, 171, 184 ZPO — nicht aber wird die Anwendbarkeit des § 206 BGB wegen Verjährung hierdurch begründet, a. A. Planck A 3). Ein richterlicher Eid, der den gesetzlichen Vertretern auferlegt wird, ist von den zur Zeit des Urteilserlasses, nicht zur Zeit der Eidesabnahme vorhandenen Vorstandsmitgliedern zu leisten (RG 116, 139). Die Stellung als gesetzlicher Vertreter zeigt sich auch darin, daß die Rechte des Vereins selbst in solchen Fällen, wo eine Vertretung an sich unstatthaft ist, durch den Vorstand wahrzunehmen sind, was im Grunde darauf beruht, daß die Handlungen des Vorstandes die eigenen Handlungen des Vereins sind (vgl. § 31). Das BGB. hat davon abgesehen, geradezu zu bestimmen, daß der Vorstand gesetzlicher Vertreter sei, um in den wissenschaftlichen Streit, ob die juristische Person als ein willensunfähiges Gedankengebilde sich darstellt oder eine wirkliche Persönlichkeit hat (vgl. Vorbem 1 vor § 21), nicht einzugreifen.

Die Vertretungsbefugnis des Vorstandes geht sowohl dahin, daß er Rechtshandlungen für den Verein vornehmen darf, als daß ihm gegenüber Rechtshandlungen für den Verein vorgenommen werden dürfen (tätige und duldende Vertretung). Sie kann dem Vorstande durch die Satzung niemals ganz entzogen werden, womit die Einrichtung des Vorstandes beseitigt wäre, wohl aber beschränkt werden, ohne daß sich Dritte auf ihre Unkenntnis der Beschränkung berufen können (RG im Recht 07 Nr 2497). Die Vertretungsbeschränkung kann darin bestehen, daß dem Vorstande die Vornahme bestimmter Arten von Rechtshandlungen untersagt oder nur unter bestimmten Bedingungen — Willenserklärung in bestimmter Form, Zustimmung der Mitgliederversammlung, Zustimmung eines Angestellten usw. — gestattet wird. Die Geschäfte können auch zwischen mehreren Vorstandsmitgliedern und zwischen den Vorstandsmitgliedern und einem besondern Vertreter (§ 30) derart geteilt werden, daß ein jeder nur für einen bestimmten Geschäftszweig vertretungsberechtigt ist. Eine nicht durch Satzungsbestimmung auferlegte Beschränkung (z. B. eine von der Mitgliederversammlung für einen einzelnen Fall erteilte Anweisung) hat gegen den Dritten keine Wirkung. Nicht beschränkbar ist die Befugnis zur Entgegennahme von Willenserklärungen (vgl. § 28 A 2). Durch Verfügungen, die erkennbar außerhalb des Rahmens des Vereinszweckes liegen, kann der Vorstand den Verein nicht verpflichten (abw. Planck A 4; vgl. RG 85, 262). Auf die Vertretungsbefugnis des Vorstandes ist es an sich ohne Einfluß, daß der von ihm geschlossene Vertrag einen gesetzwidrigen oder unsittlichen Zweck verfolgt. Ein derartiger Vertragsinhalt macht den Vertrag — im Gegensatz zu einer bloß einseitigen Verfügung — nur ungültig, wenn der Sachverhalt auch dem Vertragsgegner bei Eingehung des Vertrags klar war, wenn also ein arglistiges Zusammenwirken beider Teile stattgefunden hat (RG JW 1912, 526[3]). Das gleiche gilt für den Fall, daß die Vertretungsbefugnis von dem Vorstande zu eigennützigen Zwecken mißbraucht wird. Ist in der Satzung einem Mitgliede die Vertretungsbefugnis unter Ausschluß der übrigen übertragen, so können diese im Rechtssinne (vgl. A 2 a. E.) nicht als Vorstandsmitglieder gelten. Dem Vorstande verbleibt die Vertretungsbefugnis nach außen auch dann, wenn nach den die innere Verfassung regelnden Satzungsbestimmungen in der fraglichen Angelegenheit eine andere Vereinsstelle, Ausschuß, Aufsichtsrat usw. beschließen soll. Durch ein dem Vorstande auferlegtes Veräußerungsverbot werden übrigens die Gläubiger des Vereins nicht gehindert, die betreffenden Vermögensgegenstände zu ihrer Befriedigung in Anspruch zu nehmen.

4. Der **Besitz** wird dem Vereine durch Handlungen des Vorstandes erworben, der auch hierbei die Stellung eines Vertreters, nicht eines Besitzdieners hat (a. A. Dernburg III § 14 unter 7). Der Besitz des Vorstandes wird der juristischen Person als eigener Besitz zugerechnet (Förtsch in Gruch 43, 545). Es ist deshalb nicht richtig, dem Vorstande (vgl. OLG 5, 148) den unmittelbaren und der juristischen Person den mittelbaren Besitz (§ 868) zuzuschreiben. Die Angestellten der juristischen Person sind dagegen regelmäßig als Besitzdiener (§ 855) anzusehen. Bei einer Gemeinde kann der Besitz auch durch Benutzungshandlungen der Gemeindemitglieder erworben werden, wenn es sich um Sachen handelt, an denen den Gemeindemitgliedern ein Benutzungsrecht zukommt.

§ 27

Die Bestellung des Vorstandes erfolgt durch Beschluß der Mitgliederversammlung[1]).

Die Bestellung ist jederzeit widerruflich[2]), unbeschadet des Anspruchs auf die vertragsmäßige Vergütung. Die Widerruflichkeit kann durch die Satzung auf den Fall beschränkt werden, daß ein wichtiger Grund für den Widerruf vorliegt; ein solcher Grund ist insbesondere grobe Pflichtverletzung oder Unfähigkeit zur ordnungsmäßigen Geschäftsführung.

Auf die Geschäftsführung[3]) des Vorstandes finden die für den Auftrag geltenden Vorschriften der §§ 664 bis 670 entsprechende Anwendung.

E I 44 Abs 2 u. 3 II 26; M 1 95 ff.; P 1 509 ff., 552 ff.; 2 377 ff.

1. Die Vorschrift des § 27 Abs 1 ist durch die Satzung abänderlich § 40). Die **Bestellung des Vorstandes** oder das Vorschlagsrecht kann deshalb auch einem andern Vereinsgliede z. B. dem Aufsichtsrat oder bestimmten Mitgliedern oder einem Dritten, insbesondere einer Behörde, übertragen werden. Auch die Satzung selbst kann eine bestimmte Person zum Vorstande bestellen oder ihr ein Recht auf Bestellung einräumen. Einem mehrgliedrigen Vorstande kann das Recht der Selbstergänzung gewährt werden. In Ermanglung einer andern Bestimmung hat die Mitgliederversammlung den Vorstand zu wählen. Die Wahl erfolgt nach den für die Beschlußfassung geltenden Regeln (§ 32 A 3). Das Recht der Vertretung erlangt

der Vorstand kraft der Bestellung, die ein einseitiges Rechtsgeschäft bildet, von dem ihm eine besondere Mitteilung nicht gemacht zu werden braucht. Es genügt, daß er von der Bestellung in irgendeiner Weise Kenntnis erhalten hat (a. A. RG 68, 385, Planck A 5, Staudinger A 5b). Doch wird der Vorstand, sobald ihm die Bestellung vom Verein mitgeteilt wird, als verpflichtet anzusehen sein, sich über die Annahme der Bestellung alsbald (vgl. §§ 147ff.) zu erklären, widrigenfalls das Recht auf Annahme erlischt. Die Geschäftsführungspflicht überkommt der Vorstand, falls nicht ein besonderer Vertrag mit ihm geschlossen oder er als Mitglied nach der Satzung zur Übernahme des Amtes verbunden ist, erst durch die Annahme der Bestellung. Eine Verpflichtung hierzu kann der beschränkt Geschäftsfähige nur mit Zustimmung des gesetzlichen Vertreters übernehmen. Mit Rücksicht hierauf wird der Regel nach anzunehmen sein, daß auch die Ermächtigung zur Vertretung erst mit Erteilung der Zustimmung des gesetzlichen Vertreters zur Geschäftsführung wirksam werden soll. Daß der Vorstand ein Vereinsmitglied ist, ist nicht erforderlich (a. A. Hölder A 1).

2. Das **Widerrufsrecht** steht in der Regel derselben Stelle zu, welche den Vorstand zu bestellen hat. Daß daneben auch die Mitgliederversammlung allgemein zum Widerruf berechtigt wäre (so Staudinger A 9, ähnlich v. Tuhr S. 534), ist aus dem Gesetz nicht zu entnehmen. In der Ausschließung eines Mitglieds aus dem Verein ist zugleich ein Widerruf der Bestellung zum Vorstandsmitglied zu finden (RG SeuffA 77 Nr 17). Die Zulässigkeit des Widerrufs kann auf den Fall, daß ein wichtiger Grund vorliegt (vgl. §§ 671, 712), beschränkt, nicht aber in noch weiterem Maße ausgeschlossen werden, da sonst der Vorstand zum unbeschränkten Herren des Vermögens gemacht würde (vgl. RG 3, 129). Unzulässig sind auch Vereinbarungen, welche das Recht, die Bestellung aus wichtigem Grunde zu widerrufen, durch Festsetzung hoher Entschädigungssummen oder sonstiger Nachteile derart erschweren, daß seine Ausübung dem Vereine nicht wohl möglich ist (vgl. RG 61, 328; 75, 238; JW 1915, 1106[6]). Für den Anspruch des Vorstandsmitgliedes auf Fortbezug der Vergütung kommt es darauf an, ob das Vertragsverhältnis (A 3) wirksam beendet ist. Über Einräumung eines Sonderrechts auf Mitgliedschaft im Vorstande s. § 35 A 1.

3. Der **Vertrag zwischen dem Vereine und Vorstande** ist, wenn der Vorstand eine Vergütung erhält, nach den Regeln des Dienstvertrags, sonst nach den Regeln des Auftrags zu beurteilen. Hierbei ist allerdings der Eigenart des Verhältnisses, daß der Vorstand eine selbständigere Stellung einnimmt wie sonst der Beauftragte oder Dienstverpflichtete, Rechnung zu tragen, ohne daß aus diesem Grunde mit der herrschenden Meinung ein besonderartiger sozialrechtlicher Vertrag angenommen zu werden braucht. Hinsichtlich der Geschäftsführung sind in Ermanglung einer andern Vereinbarung die (nach § 713 auch bei der Gesellschaft geltenden) Bestimmungen der §§ 664—670 entsprechend anwendbar, die §§ 665 u. 666 natürlich nur insoweit, als in der fraglichen Beziehung ein Unterordnungsverhältnis des Vorstandes besteht. Diese Bestimmungen verhalten sich darüber, daß die Ausführung des Auftrags und der Anspruch des Auftraggebers auf die Ausführung im Zweifel nicht übertragbar ist (§ 664). Der Beauftragte darf ferner nach § 665 von den Weisungen des Auftraggebers nur abweichen, wenn er auf dessen Billigung rechnen kann. Er ist nach § 666 zur Auskunftserteilung und Rechenschaftslegung, gemäß §§ 667, 668 zur Herausgabe und, falls er das herauszugebende Geld für sich verwendet hat, zur Verzinsung verpflichtet. Der Auftraggeber hat ihm nach § 669 auf sein Verlangen Vorschuß zu leisten und nach § 670 ihm die Aufwendungen, die er für erforderlich halten durfte, zu ersetzen. Die Kündigung des Vertragsverhältnisses ist dem Vorstandsmitgliede und dem Vereine, wenn ein dauerndes Dienstverhältnis mit festen Bezügen eingegangen ist, ohne Einhaltung der vertragsmäßigen Kündigungsfrist nur aus wichtigem Grunde (§§ 626, 627), sonst unbeschränkt, nur nicht zur Unzeit (§§ 627, 671, 675) gestattet. Verschieden von dem Kündigungsrecht ist das in A 2 behandelte Widerrufsrecht. Wird aber durch rechtmäßige Kündigung das Vertragsverhältnis aufgelöst, so ist damit zugleich die Bestellung des Vorstandsmitgliedes widerrufen. — Als ein grobes Verschulden des Vorstandes, das ihn Dritten gegenüber ersatzpflichtig machen kann, ist es anzusehen, wenn er Veröffentlichungen in Vereinsangelegenheiten unter seinem Namen, ohne den Inhalt geprüft zu haben, zuläßt (RG 16. 3. 06 II 351/05). Wegen Verletzung seiner Pflichten haftet der Vorstand nur dem Verein, nicht den Mitgliedern (vgl. wegen der G. m. b. H. RG 59, 50), auch der Regel nach (s. jedoch § 42 A 2) nicht den Gläubigern. Durch eine von dem Vorstande vorgenommene Verteilung der Geschäfte unter die Mitglieder werden die bei der Geschäftsführung nicht mitwirkenden Mitglieder von der allgemeinen Aufsichtspflicht nicht befreit.

§ 28

Besteht der Vorstand aus mehreren Personen, so erfolgt die Beschlußfassung nach den für die Beschlüsse der Mitglieder des Vereins geltenden Vorschriften der §§ 32, 34[1])[3]).

Ist eine Willenserklärung dem Vereine gegenüber abzugeben, so genügt die Abgabe gegenüber einem Mitgliede des Vorstandes[2])[3]).

E I 44 Abs 5 u. 6 II 27; M 1 99 ff.; P 1 512 ff.; 6 114 ff.

1. Die Anwendbarkeit der §§ 32 u. 34 ergibt, daß die **Beschlußfassung des mehrgliedrigen Vorstandes,** falls nicht sämtliche Mitglieder schriftlich ihre Zustimmung zu dem Beschlusse erklären, nur in einer Sitzung erfolgen kann, zu der sämtliche Vorstandsmitglieder in dieser ihrer Eigenschaft unter Mitteilung des Gegenstandes der Beschlußfassung eingeladen sind. Der Beschluß ist nach Stimmenmehrheit der erschienenen und an der Abstimmung sich beteiligenden Mitglieder zu fassen, wobei die Stimmen der persönlich interessierten Mitglieder (§ 34) nicht mitzuzählen sind. Hat ein Vorstandsmitglied seine Erklärung über den Beschluß sich vorbehalten, so ist darin bis zur Erteilung späterer Zustimmung eine Ablehnung zu sehen (vgl. **RG** JW 1913, 994[23]). Über die Beurkundung der Beschlüsse vgl. § 25 A 2. Dem Dritten gegenüber wird der ordnungsmäßig gefaßte Beschluß erst wirksam, wenn er ihm mitgeteilt wird. Bis dahin handelt es sich bei dem gefaßten Beschluß um eine innere Angelegenheit (vgl. über Beschlüsse des Magistrats **RG** 89, 442). Durch die Mitteilung an den Dritten wird eine Befugnis zur Vertretung des Vereins ausgeübt, für welche in Ermanglung anderer Bestimmungen die gleichen Grundsätze gelten müssen, wie sie in § 28 Abs. 1 für die Beschlußfassung gegeben sind (vgl. Schack in Gruch 61, 864ff.). Den Vorstandsmitgliedern, die vorschriftsmäßig den Beschluß gefaßt haben, ist es unbenommen, die Wirksamkeit des Beschlusses nach außen dadurch herbeizuführen, daß sie dem Dritten den Beschluß mitteilen (vgl. Oertmann 1 b β, Planck A 2). Die Mitteilung kann auch durch das von ihnen hierzu bevollmächtigte Vorstandsmitglied erfolgen, und auch ohne besondere Bevollmächtigung darf es als im Sinne der Satzung liegend angesehen werden, daß der Vorsitzende des Vorstandes kraft seiner Geschäftsleitungsbefugnis hierzu berechtigt ist. Nicht erforderlich ist es, daß die Mitteilung von sämtlichen Vorstandsmitgliedern (a. A. Staudinger A 11 a zu § 26) oder der Mehrheit der vorhandenen Verstandsmitglieder (a. A. v. Tuhr S. 531) ausgeht. Die Ungültigkeit des Beschlusses kann durch die Mitteilung insofern geheilt werden, als darin eine neue gültige Beschlußfassung zu sehen ist. Die Vorschriften der §§ 28 u. 32 sind abänderlich (§ 40). Durch die Satzung kann bestimmt werden, daß ein einzelnes Mitglied des Vorstandes oder einige der Vorstandsmitglieder zur Vertretung des Vereins nach außen hin ermächtigt sind (**RG**St 42, 219). Durch die Satzung kann ferner angeordnet werden, daß ein jedes Vorstandsmitglied in allen Vereinsangelegenheiten selbständig handeln kann, in welchem Falle (vgl. § 711) angenommen werden darf, daß ein jedes andere Vorstandsmitglied ein — allerdings nicht nach außen wirkendes — Widerrufsrecht hat (v. Tuhr S. 530). Es kann unter Ausschaltung des Mehrheitsgrundsatzes in der Satzung auch festgesetzt werden, daß die Vorstandsmitglieder oder eine bestimmte Anzahl von ihnen nur gemeinschaftlich für den Verein handeln dürfen (Gesamt- oder Kollektivvertretung — vgl. hierüber Risch in Gruch 64, 3ff.), eine Vertretungsweise, die in § 44 des ersten Entwurfs allgemein für Vereine vorgesehen war und die namentlich bei Handelsgesellschaften, Aktiengesellschaften usw. vorkommt. Es genügt hier, daß die Willenserklärung des einen Vertreters mit Ermächtigung oder nachträglicher Genehmigung des andern Vertreters erfolgt. Die frühere Ansicht des Reichsgerichts, daß die Genehmigung stets dem Dritten gegenüber erklärt werden müsse und daß ebenso die für die Genehmigung bedeutsamen Handlungen oder Unterlassungen dem Dritten gegenüber in Erscheinung treten müssen (vgl. **RG** 75, 419), ist jetzt in dem Urteil des **RG** 81, 325 aufgegeben. Eine solche Kundgebung dem Dritten gegenüber ist nur zu erfordern, wenn der Gesamtvertreter das Rechtsgeschäft nicht als ein fertiges abgeschlossen, sondern durch sein Auftreten als Gesamtvertreter die Mitwirkung (Mitunterschrift usw.) des zweiten Vertreters vorbehalten hat. Festzuhalten ist aber daran, daß ein den Verein verbindendes Rechtsgeschäft immer erst dann vorliegt, wenn die Genehmigung des zweiten Vertreters erteilt wird. In diesem Zeitpunkt muß daher das Einverständnis des ersten Vertreters noch vorhanden sein. Zum Zustandekommen eines Rechtsgeschäfts ist bei der Gesamtvertretung die Übereinstimmung sämtlicher Vertreter nötig. Zur Annahme einer Nichtigkeit oder Anfechtbarkeit des Rechtsgeschäfts genügt es deshalb, wenn auch nur in der Person eines der Vertreter ein Nichtigkeits- oder Anfechtbarkeitsgrund vorhanden ist (**RG** 78, 354). Auf andere Handlungen als Willenserklärungen erstreckt sich die Notwendigkeit des Zusammenwirkens nicht. Die Kenntnis einer Tatsache seitens eines Gesamtvertreters oder Vorstandsmitgliedes ist der juristischen Person als eigene Kenntnis zuzurechnen (**RG** JW 1911, 1013[2]; 1914, 401[1]; 24. 10. 18 VI 182/18), und zwar auch in dem Falle, daß er beim Abschluß des Geschäfts nicht mitgewirkt hat, sofern er es schuldhaft unterläßt, seine Kenntnis den übrigen Vertretern mitzuteilen. Die juristische Person haftet deshalb gemäß § 31, wenn auch nur der eine Vertreter innerhalb seines Geschäftskreises bewußt unwahre Auskunft erteilt oder sonst arglistig gehandelt hat (**RG** 2. 12. 07 VI 79/07; **RG** 57, 94; 78, 354 oben; 81, 436; JW 1915, 999[6]); bez. einer solchen Haftung bei vertraglichem Verschulden vgl. **RG** 110, 145. Das Gesagte

gilt nicht, wenn es sich um das Wissen eines früheren Vorstandsmitgliedes handelt (**RG** SeuffA 77 Nr 65). Die Satzungsvorschrift der Gesamtvertretung kann nicht dadurch beseitigt werden, daß der eine Vertreter die Gesamtheit seiner Rechte auf den andern überträgt.

2. Die Vorschrift des Abs 2 über **Willenserklärungen gegenüber dem Vereine,** die dem Dritten die Berechtigungsprüfung abnehmen will, enthält zwingendes Recht (§ 40). Eine Anwendung des gleichen Grundsatzes findet sich in § 171 ZPO. Die Zustellung an einen Vorsteher genügt, auch wenn dieser satzungsmäßig nicht zur Vertretung befugt sein sollte (**RG** JW 06, 47[19]). Nicht zur Empfangnahme der Erklärung ist derjenige Vorsteher befugt, von welchem die Erklärung ausgegangen ist (§ 181).

3. Für die juristischen Personen des **öffentlichen Rechtes** hat § 28 keine Geltung (vgl. § 86 A 2). Über die Willenserklärungen eines Schulvorstandes s. **RG** 58, 62; über Vertretung einer Betriebskrankenkasse **RG** Gruch 52, 1175.

§ 29

Soweit die erforderlichen Mitglieder des Vorstandes fehlen, sind sie in dringenden Fällen für die Zeit bis zur Hebung des Mangels auf Antrag eines Beteiligten von dem Amtsgerichte zu bestellen, in dessen Bezirke der Verein seinen Sitz hat[1]).

E I 44 Abs 6 II 28; M 1 100; P 1 515 ff.

1. Die Vereine unterstehen nicht der gerichtlichen Aufsicht. Ausnahmsweise hat aber das Amtsgericht auf Antrag eines Beteiligten zur **Hebung eines Vertretungsmangels,** mögen nun die satzungsmäßig zur Beschlußfassung erforderlichen Vorstandsmitglieder nicht vorhanden oder aus tatsächlichen oder Rechtsgründen (§§ 34, 28) verhindert sein, bei Vorliegen eines dringenden Bedürfnisses einzugreifen. Auch die Verweigerung der Geschäftsführung durch die Vorstandsmitglieder kann die Ersatzbestellung durch das Amtsgericht rechtfertigen (a. A. Planck A 2 a). Die von ihm bestellten Vorstandsmitglieder bleiben so lange im Amt, bis der Verein in anderer Weise für die Vertretung gesorgt hat oder das Vertretungsbedürfnis weggefallen ist (a. A. Schack in Gruch 61, 854, der die Vertretungsbefugnis bis zur Aufhebung der Bestellung durch das Amtsgericht fortdauern lassen will). Doch kann über die Dauer der Vertretung in dem Beschlusse des Amtsgerichts, auf dessen Auslegung es ankommt, eine andere Festsetzung getroffen sein (**RG** JW 1918, 361[1]). Die Bestellung kann auch nur für eine bestimmte Handlung erfolgt sein. Zu weiteren Maßregeln (vgl. § 1846) ist das Amtsgericht nicht befugt. Nur wird es, um eine zur Übernahme des Amtes geneigte Person zu finden, den Betrag der von dem Vereine zu gewährenden Vergütung in dem Sinne festsetzen können, daß die Dienste der neu bestellten Vorstandsmitglieder nur gegen Leistung dieser Vergütung in Anspruch genommen werden können (abw. Schack a. a. O. S. 859). Der Beschluß wird wirksam mit Zustellung an den Antragsteller (§ 16 FGG). Die vom Amtsgericht ausgehende Bestellung hat ebenso wie die Bestellung eines Vormundes (vgl. § 1774 A 2) rechtsgestaltende Wirkung (**RG** JW 1918, 361[1]; vgl. KGJ 34 A 169). Die Bestellung eines Pflegers für die juristische Person ist durch die in § 29 bestimmte Regelung ausgeschlossen. Durch diese Regelung ist zugleich für die Vertretung im Prozesse — § 57 ZPO greift hier nicht ein — Vorsorge getroffen. Das Prozeßgericht hat nur zu prüfen, ob die Bestellung nach § 29 formell gültig vorgenommen ist (vgl. **RG** JW 1918, 362). Der durch Ges. v. 4. 8. 14 den Kriegsteilnehmern gewährte Schutz ist auf juristische Personen nicht auszudehnen, weil hier dem praktischen Bedürfnisse durch die Vorschrift des § 29 genügt ist (Güthe in Gruch 59, 28). — § 29 findet auch Anwendung auf die juristischen Personen des Handelsrechts (KGJ 34 A 55; OLG München in LZ 1916, 72[2]). Die Anwendbarkeit auf G. m. b. H. ist anerkannt vom **RG** 68, 180. Auf Kommanditgesellschaften auf Aktien (**RG** 74, 301) und nichtrechtsfähige Vereine ist die Bestimmung nicht auszudehnen. Beim Fehlen eines Vorstandes sind hier die Geschäfte vorläufig von den Vereinsmitgliedern gemeinschaftlich zu führen (**RG** 78, 55). § 29 ist ergänzend neben § 127 PrAllgBergGes anwendbar (BayObLG in JW 1925, 1880[1]).

§ 30

Durch die Satzung kann bestimmt werden, daß neben dem Vorstande für gewisse Geschäfte besondere Vertreter zu bestellen sind. Die Vertretungsmacht eines solchen Vertreters erstreckt sich im Zweifel auf alle Rechtsgeschäfte, die der ihm zugewiesene Geschäftskreis gewöhnlich mit sich bringt[1]).

E II 29; P 1 520 ff.

1. Regelmäßig bildet der Vorstand den Mittelpunkt für die Verwaltung aller Angelegenheiten des Vereins. Es ist aber auch zulässig, **besondere Vertreter** zu bestellen, denen unbeschadet der im allgemeinen und namentlich für das Innenverhältnis bestehenden Unterordnung unter den Vorstand für einen besondern Geschäftskreis eine selbständige Stellung übertragen ist. Auch der besondere Vertreter des § 30 ist als ein verfassungsmäßig berufener Vertreter im Sinne des § 31 anzusehen (**RG** 53, 279; a. A. v. Tuhr S. 540). Es kann deshalb wegen Erläuterung dieses Begriffs auf § 31 A 1 verwiesen werden. Die besondern Vertreter bilden in gleicher Weise wie der Vorstand ein Glied des Vereins und haben innerhalb ihres Geschäftsbereichs die Stellung eines gesetzlichen Vertreters. Von dem Vorstand unterscheidet sich der besondere Vertreter aber dadurch, daß seine Vertretungsbefugnis sich nur auf den ihm zugewiesenen besondern Geschäftskreis erstreckt, und zwar mangels einer weitergehenden Ermächtigung nur auf diejenigen Rechtsgeschäfte, die innerhalb dieses Geschäftskreises der gewöhnliche Betrieb mit sich bringt. Eine Beschränkung in letzterer Beziehung wirkt nach außen nur, wenn der Dritte die Beschränkung gekannt hat oder hat kennen müssen (**RG** 94, 320f.; JW 1917, 286[5]). Die über die Bestellung des Vorstandes gegebenen Vorschriften sind mit Ausnahme des § 29 auf sie entsprechend anzuwenden. Wegen der Anmeldung und Eintragung s. § 67 A 1. Auch die juristischen Personen des öffentlichen Rechtes können nach Maßgabe ihrer Verfassung einen besonderen gesetzlichen Vertreter haben (vgl. **RG** 64, 403 und § 89 A 2). — Nicht unter § 30 fallen Personen, die vom Vorstand lediglich zur Vornahme von Vereinsgeschäften bevollmächtigt sind. Wegen der Filialleiter s. § 31 A 1.

§ 31

Der Verein ist für den Schaden verantwortlich, den der Vorstand, ein Mitglied des Vorstandes oder ein anderer verfassungsmäßig berufener Vertreter[1]) durch eine in Ausführung der ihm zustehenden Verrichtungen begangene, zum Schadensersatze verpflichtende Handlung einem Dritten zufügt[2–4]).

E I 46 II 80; M 1 102 ff.; P 1 521 ff.; 6 144.

1. Der § 31 ordnet **die Verantwortlichkeit des Vereins für die Handlungen seiner Vertreter.** Als solche kommen, im Gegensatz zu den bloßen Angestellten, in Betracht die Vorstandsmitglieder und „die anderen verfassungsmäßig berufenen Vertreter", welche Bezeichnung dasselbe besagt wie der in § 30 gebrauchte Ausdruck „besonderer Vertreter". Aus § 30 ist zu entnehmen, daß ein solcher Vertreter durch die Satzung vorgesehen sein muß (**RG** 53, 277; 74 S. 21 u. 255; JW 1912, 338[2]; 26. 2. 17 VI 21/17). Es genügt nicht, daß die Bestellung — wie zwischendurch das **RG** in 70, 119 angenommen hatte — in den Bestimmungen der Satzung ihren Grund hat, sie muß durch diese entweder ausdrücklich vorgeschrieben oder besonders gestattet, auch müssen bei ihr im übrigen die Satzungsbestimmungen eingehalten sein. Erforderlich ist aber weiter, daß der Bestellte innerhalb seines Geschäftsbereichs (auch wenn seine Vertretungsbefugnis nach § 30 Satz 2 eine eingeschränktere ist) eine dem Vorstand ähnliche Selbständigkeit und Verantwortlichkeit hat und die rechtsgeschäftliche Vertretungsmacht (wenn auch nur in Gemeinschaft mit einem andern) besitzt (**RG** 74, 250; 81, 317; JW 1912 a. a. O.). Doch wird das Erfordernis rechtsgeschäftlicher Vertretungsmacht von den meisten bestritten, da das Wort „Vertreter" hier nicht im eigentlichen technischen Sinne zu verstehen sei (Örtmann 3c mit Nachweisen, s. jetzt auch **RG** 110, 147). Der nach der Vereinssatzung mit der Leitung eines Krankenhauses betraute Arzt, der nur zu ärztlichen Leistungen, nicht zum rechtsgeschäftlichen Handeln berufen ist, kann daher als Vertreter im Sinne des § 31 nicht gelten (a. A. v. Tuhr S. 540). Kein verfassungsmäßiger Vertreter ist aus demselben Grunde der von einem genossenschaftlichen Revisionsverband gemäß § 54 GenG bestellte Verbandsrevisor (**RG** 78, 143). Die Stellung eines besondern Vertreters kann der Leiter einer Zweigniederlassung (Prokurist usw.) haben. Es kann in dieser Beziehung genügen, daß die Satzung, deren Bedeutung durch Auslegung zu ermitteln ist, die Gründung einer Zweigniederlassung vorsieht (**RG** 91, 1; 94, 320; Warn 1915 Nr 317; 1917 Nr 110). Als besonderer Vertreter kann der von der Gemeinde mit der Verwaltung eines besondern Straßenbahnunternehmens betraute Betriebsdirektor anzusehen sein (**RG** Warn 1916 Nr 125). Die Vorstandsmitglieder und verfassungsmäßig berufenen Vertreter sind somit diejenigen Personen, welche, ähnlich wie die natürliche Person über das ihr gehörige Vermögen, über das Vermögen der juristischen Person verfügen und die deshalb zur Unterscheidung von Angestellten nicht unzutreffend als „Organe" der juristischen Person — vgl. jedoch gegen diese Ausdrucksweise Schloßmann in IheringsJ 44, 289; v. Tuhr § 32 — bezeichnet werden (vgl. Vorbem 1 vor § 21). Durch die innerhalb ihres Geschäfts-

kreises vorgenommenen unerlaubten Handlungen (§§ 823ff.) wird das Vermögen der juristischen Person geradeso belastet wie das Vermögen der natürlichen Person durch die von dieser vorgenommenen Handlungen. Die Kenntnis eines solchen Vertreters — der auch als Wissensorgan bezeichnet werden darf (vgl. RG JW 1911, 1013[2]) — genügt zur Annahme der Kenntnis des Vereins. Für die unerlaubten Handlungen der Angestellten, deren Stellung und Wirkungskreis auf den Auftrag des Vorstandes oder eines verfassungsmäßigen Vertreters zurückgeht, hat dagegen die juristische Person nur einzustehen, wenn die Pflichtverletzung eines ihrer Vertreter hinzukommt. Die Haftbarkeit kann dadurch begründet sein, daß der verfassungsmäßige Vertreter entgegen dem § 831 bei Auswahl des Angestellten oder Beschaffung der Einrichtungen oder bei Leitung der Verrichtung die im Verkehr erforderliche Sorgfalt nicht beobachtet hat, daß er insbesondere versäumt hat, die nötigen Sicherheitsmaßregeln vorzukehren, die erforderlichen Anweisungen über deren Handhabung zu erlassen oder daß er die aus § 823 herzuleitende allgemeine Pflicht der Dienstaufsicht, wozu namentlich auch die Pflicht gehört, die Dienstführung zu gewissen Zeiten nachzuprüfen, nicht erfüllt hat, insbesondere eine Unordnung hat einreißen lassen, die den Boden für die Schädigung geschaffen hat (RG 104, 146; JW 06, 427[13]; 1911, 939[1]; 1913, 924[10]; 1915, 397[8]; 1923, 1026[5] — vgl. anderseits über Entbehrlichkeit der Anweisung, wenn ohnedies die sachgemäße Besorgung mit Sicherheit erwartet werden kann, Warn 1912 Nr 410; JW 1915, 397[8]). Auch wenn die besondere Aufsicht über den Angestellten durch einen höheren Angestellten geführt wird, darf sich die juristische Person der allgemeinen Dienstaufsicht über beide Angestellte durch einen verfassungsmäßigen Vertreter nicht entschlagen (RG 89, 136; JW 1911, 96[20]). Muß infolge des großen Umfangs des Geschäftsbetriebs die Auswahl der niederen Angestellten den Angestellten höherer Ordnung überlassen werden, so ist doch durch allgemeine Anordnungen und Einrichtungen dafür zu sorgen, daß die höheren Angestellten auf dem ihnen zugewiesenen Gebiete sachgemäß verfahren (RG JW 1913, 920[6]). Die allgemeine Aufsicht muß durchweg in der Weise ausgeübt werden, daß die Überzeugung begründet erscheint, der mit der örtlichen Aufsicht betraute Betriebsleiter erfülle dauernd ordnungsgemäß seine Pflichten. Ist die Organisation eine mangelhafte und deshalb die Kontrolle eine unzureichende, so fällt dies der juristischen Person selbst zur Last (RG Warn 1914 Nr 35). Die Stadtgemeinde genügt in Bauangelegenheiten ihrer Sorgfaltspflicht nicht schon durch Bestellung eines Stadtbaumeisters. Sie hat außerdem geeignete Anordnungen zu treffen, um die regelmäßige Beaufsichtigung des Straßenwesens sicherzustellen und hat die Vollziehung, die Angemessenheit und die Hinlänglichkeit der Anordnungen fortlaufend zu kontrollieren (RG 78, 347). Über ihre Haftung gegenüber Kranken, die in Erfüllung der Armenfürsorge in ihr Krankenhaus aufgenommen und vom Wärter versehentlich mit einer Giftsalbe behandelt sind, s. RG 112, 290. Wird eine außergewöhnliche und besonders gefährliche Verrichtung vorgenommen, so kann es geboten sein, daß sie nicht ohne besondere Anordnung, Aufsicht und Verantwortlichkeit eines Vertreters im Sinne des § 31 erfolgt. Der Verein haftet, wenn hiergegen gefehlt wird und dadurch Schaden entsteht, wegen eigenen Verschuldens (RG 13. 2. 19 VI 136/19). Gehen dem Vorstande die zur Aufsichtführung erforderlichen Fachkenntnisse ab, so ist es seine Pflicht, sich der Hilfe eines Sachverständigen zu bedienen (vgl. RG Gruch 50, 984). Ausnahmsweise ist dem Vorstande eines gemeinnützigen Vereins nicht zuzumuten, die Aufsicht über den ärztlichen Anstaltsleiter auf Angelegenheiten auszudehnen, deren Beurteilung rein fachliche Kenntnisse voraussetzt, welche der Vorstand nicht haben kann (RG JW 1912, 339[2]). Hat der gefahrbringende Zustand einer Einrichtung längere Zeit hindurch bestanden, so darf angenommen werden, daß der verfassungsmäßige Vertreter seine Pflicht zur Aufsichtsführung nicht gehörig erfüllt hat (RG 15. 11. 06 IV 81/06; LZ 1914, 945[10]; Warn 1919 Nr 89). Die Haftung ist begründet, wenn ihm bei Anwendung der im Verkehr erforderlichen Sorgfalt das Bestehen der Gefahr nicht verborgen bleiben konnte. Der Feststellung des betreffenden Vertreters bedarf es nicht, wenn nach der Sachlage das Verschulden irgendeines Vertreters vorliegen muß (RG 89, 137; JW 1904[5]; 1910, 583[20]; 1913, 924[10]; Warn 1910 Nr 89). Desgleichen haftet die juristische Person, wenn unter den Augen ihrer Vertreter ein Mißbrauch eingerissen ist (RG JW 06, 547[13]). Ist die Schadensersatzpflicht an das Halten eines Tieres (§ 833), den Einsturz eines Werkes oder die Ablösung von Teilen (§ 836) oder den Betrieb eines gefährlichen Unternehmens (HaftpflG v. 7. 6. 71 in der Fassung des Art 42 EG) geknüpft, so ist die Haftung der juristischen Person in gleicher Weise gegeben wie die der natürlichen Personen. Die Haftung der juristischen Person wird selbstverständlich dadurch nicht ausgeschlossen, daß zugleich eine Schadensersatzpflicht des verfassungsmäßigen Vertreters besteht. Und umgekehrt wird die Verantwortlichkeit des Vertreters für gesetzwidrige Handlungen — welche Verantwortlichkeit die sämtlichen Vertreter trifft, vorbehaltlich des Entschuldigungsbeweises — nicht dadurch ausgeschlossen, daß zugleich die juristische Person haftet (RG 91, 72; JW 1911, 939[2]; 1924, 1155[19]). Das mitwirkende Verschulden des Geschädigten kann gemäß § 254 die Schadensersatzpflicht der juristischen Person aufheben oder mindern. Ausnahmsweise findet nach den für die Aktiengesellschaft, die G. m. b. H. und die Genossenschaft bestehenden besondern Grundsätzen im Interesse der Erhaltung des den Gläubigern verhafteten Gesellschaftsvermögens die Haftung der juristischen Person nicht statt, wenn der Beitritt eines Mitgliedes durch Betrug des Vorstandes veranlaßt oder das Ausscheiden eines Genossen durch Schuld des Vorstandes nicht angemeldet ist (**RG** 54, 128; 68, 344; 72, 293; JW 1916, 938).

2. Die Haftung der juristischen Person setzt voraus, daß die Handlung des **Vertreters** überhaupt in **den ihm zugewiesenen Geschäftsbereich** fällt, nicht aber, daß er sich dabei in den Grenzen seiner Vertretungsmacht gehalten hat (**RG** JW 1917, 593[1]), wie denn überhaupt von einer Berechtigung, in Vertretung der juristischen Person eine unerlaubte Handlung zu begehen, nicht wohl die Rede sein kann. Ebensowenig kommt es darauf an — abweichend von § 164 —, ob der Vertreter des Vereins den Vertretungswillen hat. Die Haftung eines Kreditvereins für die von einem Vorstandsmitgliede erteilte unrichtige Kreditauskunft wird nicht dadurch beseitigt, daß satzungsgemäß zu einer verbindlichen Willenserklärung des Vereins die Erklärung zweier Vorstandsmitglieder gefordert wird, da die Auskunfterteilung nicht eine Handlung rechtsgeschäftlicher Vertretung, sondern lediglich eine in Ausführung der Dienstverrichtungen zu leistende Handlung darstellt (**RG** im Recht 1921 Nr 2133; vgl. § 28 A 1 a. E.). Nicht haftbar ist die juristische Person, wenn der Vertreter nur bei Gelegenheit der Ausführung seiner Verrichtungen eine unerlaubte Handlung begeht, die mit der betreffenden Verrichtung nichts zu tun hat. Die schadenbringende Handlung muß mit der Verrichtung in innerem Zusammenhang stehen. Die Überschreitung amtlicher Befugnisse enthält jedoch eine Amtshandlung, sofern nur der gesetzliche Vertreter in seiner amtlichen Eigenschaft tätig geworden ist. Die juristische Person haftet, wenn der gesetzliche Vertreter (Pfarrer, Bürgermeister) seine amtliche Stellung zum Nachteil eines andern dazu mißbraucht, einen Vorstandsbeschluß zu fälschen und ihn durch Beidrückung des Amtssiegels als echt erscheinen zu lassen (**RG** JW 1917, 594[1] u. [2]). Hat der die Stadtgemeinde vertretende Bürgermeister einen Dritten zur Hergabe von Geld durch die betrügerische Vorspiegelung veranlaßt, die Stadtgemeinde habe die Aufnahme des Darlehns beschlossen, so wird durch diese unerlaubte Handlung die Stadtgemeinde zum Schadensersatz verpflichtet und folgt aus dieser Schadensersatzpflicht auch die Haftung der Stadtgemeinde dafür, daß der Bürgermeister die von ihm als Vertreter der Stadtgemeinde in Empfang genommenen Gelder unterschlagen hat (**RG** JW 1913, 587[1]). Aus der Unterschlagung allein, die nur der Stadtgemeinde, nicht dem Dritten gegenüber erfolgt ist, kann eine Schadensersatzpflicht der ersteren nicht hergeleitet werden. Eine andere Frage ist, ob der Besitz dadurch, daß der Bürgermeister die durch die Post eingegangenen Gelder auf Grund amtlicher Vertretungsbefugnis für die Stadtgemeinde in Empfang genommen hat, auf diese übergegangen ist, was für den Rückforderungsanspruch des Dritten von Bedeutung sein kann. Diese Frage wird nicht aus dem Grunde verneint werden können, weil der Bürgermeister sogleich bei der Empfangnahme in Ausführung des vorher gefaßten Entschlusses sich die Gelder rechtswidrig zugeeignet hat. Trotz des Vorhandenseins dieser Absicht hat der Bürgermeister das Geld zunächst für die Stadtgemeinde erworben, da er nur als Vertreter der Stadt den Besitz erlangen konnte (vgl. **RG** 44, 306; Warn 1910 Nr 311; anders anscheinend JW 1913, 587[1]). Auf Schadensersatz kann der Verein auch in Anspruch genommen werden, wenn dem Vertreter eine fahrlässige Entziehung oder Beeinträchtigung des Besitzes zur Last fällt (**RG** 102, 347).

3. In **Vertragsverhältnissen** haftet die juristische Person nach § 278 unbedingt für das Verschulden der Personen, deren sie sich zur Erfüllung ihrer Verbindlichkeiten bedient (**RG** JW 04, 5[2]; 1913, 976[3] für den Fall eines durch Aufnahme eines Kranken begründeten Vertrags). Eingegangen werden können rechtsgeschäftliche Verpflichtungen für die juristische Person immer nur von demjenigen, welcher zu ihrer Vertretung befugt ist, ohne daß es hierbei auf den Unterschied zwischen den verfassungsmäßigen Vertretern und den Angestellten ankommt (§ 164). Die Haftung aus § 31 ist begründet, wenn der Vertreter bei Eingehung der rechtsgeschäftlichen Verpflichtung oder bei den Vorverhandlungen, die zum Abschluß geführt haben, betrügerische oder unlautere Handlungen vorgenommen, insbesondere den Vertragsgegner arglistig getäuscht und ihm hierdurch Schaden zugefügt hat (**RG** JW 1916, 1270[2]). Eine Haftung des geselligen Vereins für sichere Aufbewahrung der von den Mitgliedern im Garderobenraum abgelegten Sachen wird in **RG** 103, 265 angenommen. Aus vertragsähnlichem Verhältnis ist die Gemeinde ersatzpflichtig, die als Unternehmerin einer Wasserleitungsanstalt den Einwohnern bleihaltiges, der Gesundheit schädliches Wasser geliefert hat, ohne daß sie die Erfüllung ihrer vertraglichen Sorgfaltspflicht nachweisen kann (**RG** 99, 101). Ein vertragsähnliches, die Anwendung des § 278 rechtfertigendes Verhältnis besteht auch zwischen der Gemeinde und dem Volksschullehrer, der infolge mangelhafter Unterhaltung der Schule einen Unfall erleidet (**RG** 102, 6).

4. Der Grundsatz des § 31 hat Geltung für alle juristischen Personen, auch diejenigen des **öffentlichen Rechtes** (§ 89 A 1). Ähnlich haftet die offene Handelsgesellschaft für die von einem vertretungsberechtigten Gesellschafter in Ausführung der ihm zustehenden Verrichtungen begangenen unerlaubten Handlungen (**RG** 76, 48). Auf nichtrechtsfähige Vereine findet § 31 keine Anwendung. Die Besonderheit des § 31, daß die Handlungen des Vorstandes uneingeschränkt als eigene Handlungen des Vereins gelten, kann auf nichtrechtsfähige Vereine, bei denen der Vorstand grundsätzlich eine andere Stellung hat und die Mitglieder als solche haften, nicht ausgedehnt werden (**RG** 91, 75; Warn 1913 Nr 449; 1917 Nr 263 vorletzter Absatz). Ist die Schädigung eine Folge staatlicher Hoheitshandlungen, so ist der Rechtsweg ausgeschlossen. Anders, wenn der Schaden in Verfolg einer Hoheitshandlung durch Unachtsamkeit herbeigeführt ist (**RG** 96, 219).

§ 32

Die Angelegenheiten des Vereins werden, soweit sie nicht von dem Vorstand oder einem anderen Vereinsorgane zu besorgen sind, durch Beschlußfassung in einer Versammlung der Mitglieder geordnet[1]. Zur Gültigkeit[5] des Beschlusses ist erforderlich, daß der Gegenstand bei der Berufung bezeichnet wird[2]. Bei der Beschlußfassung entscheidet die Mehrheit der erschienenen Mitglieder[3].

Auch ohne Versammlung der Mitglieder ist ein Beschluß gültig, wenn alle Mitglieder ihre Zustimmung zu dem Beschlusse schriftlich erklären[4].

E I 48 Abs 1—3 II 31 Abs 1 u. 2; M 1 105 ff.; P 1 524 ff.

1. Der **Mitgliederversammlung** steht die Beschlußfassung nur insoweit zu, als nicht der Vorstand oder ein anderes Vereinsorgan zuständig ist. Ist in der Satzung die Entscheidung über Ausschließung eines Mitgliedes dem als besonderes Vereinsorgan gebildeten Ehrengericht zugewiesen, so ist damit die Zuständigkeit der Mitgliederversammlung ausgeschlossen. Die Mitgliederversammlung kann nicht etwa als oberstes Vereinsorgan die Sache an sich ziehen (**RG** Warn 1913 Nr 392). Nicht entzogen werden kann der Mitgliederversammlung das Recht, die Auflösung des Vereins zu beschließen (§ 41 A 1 — a. A. anscheinend Staudinger A III). Auch die Bestimmungen der §§ 36, 37 können nicht durch die Satzung beseitigt werden (abw. Planck A 5). Die von der Mitgliederversammlung gefaßten Beschlüsse sind von dem Vorstande zur Ausführung zu bringen, soweit nicht die Mitgliederversammlung die weitere Behandlung der Sache sich selbst vorbehalten hat. Die Vertretung nach außen gebührt dem Vorstande oder besondern Vertreter (§§ 26 Abs 2, 29 — **RG** 64, 153). Der Mitgliederversammlung kann diese Befugnis (falls die Mitglieder nicht zugleich den Vorstand bilden) nicht übertragen werden. Der Verein kann nicht als durch die Mitglieder vertreten klagen oder verklagt werden (vgl. **RG** 86, 340). Mit Rücksicht hierauf erscheint der Vorstand, wennschon er an sich der Mitgliederversammlung untergeordnet ist, als das wichtigere Glied des Vereins. Über das Recht zur Bestellung und Entlassung des Vorstandes s. § 27 A 1 u. 2. Über die dem Vorstande zu gewährende Rechtsstellung und die ihm einzuräumende Vergütung kann die Mitgliederversammlung Festsetzungen treffen, die ohne weiteres für den Vorstand wirksam sind (vgl. **RG** 63, 208).

2. Zur Gültigkeit des Beschlusses ist erforderlich, daß die Versammlung von dem zuständigen Vereinsgliede einberufen ist. Nicht erforderlich ist jedoch, daß der Vorsitzende des Aufsichtsrats, wenn er zur Einberufung der Versammlung nach der Satzung der Zustimmung des Aufsichtsrats bedarf, die Erteilung dieser Zustimmung bei der Einberufung besonders ersichtlich machen muß (**RG** 8. 7. 20 IV 197/20). Die Gültigkeit des Beschlusses ist ferner davon abhängig, daß die Mitglieder in gehöriger Weise zu der Versammlung einberufen sind (vgl. hinsichtlich des nicht rechtsfähigen Vereins **RG** SeuffA 77 Nr 53). Dies gilt ebensowohl für die ordentliche als die außerordentliche Mitgliederversammlung. Eine ohne gehörige Einladung sämtlicher Mitglieder zusammengetretene Mitgliederversammlung kann, abgesehen von § 32 Abs 2, nicht als Glied des Vereins in Tätigkeit treten und kann deshalb keine gültigen Beschlüsse fassen. Der Beschluß kann nicht aus dem Gesichtspunkte aufrechterhalten werden, daß nach Lage der Sache als sicher angenommen werden dürfe, der Beschluß würde, auch wenn die Versammlung gehörig berufen wäre, wenn insbesondere die nicht einberufenen Mitglieder gehörig eingeladen und erschienen wären, in gleicher Weise ausgefallen sein (**RG** JW 1912, 741[1]). Die Berufung steht in Ermanglung einer andern Bestimmung der Satzung (vgl. § 27 A 1) dem Vorstande zu. In diesem Falle sind zur Berufung diejenigen Vorstandsmitglieder befugt, welche tatsächlich gewählt sind (vgl. für das Recht der Aktiengesellschaft **RG** JW 1911, 330[30]). Andernfalls würde es nicht gut möglich sein, eine ungültige Vorstandswahl

durch eine gültige zu ersetzen. Ist über die **Form der Berufung** in der Satzung eine Bestimmung getroffen (s. § 58 Nr 4), so ist diese Bestimmung zu beobachten. Die Satzung kann eine öffentliche Bekanntmachung genügen lassen. Hat satzungsgemäß die Einladung eingeschrieben zu erfolgen, so reicht es zum Nachweise der gehörigen Einladung aus, daß die Postscheine über die Einlieferung der Einladungsschreiben vorgelegt werden. Die Einladung ist hier bereits mit der Aufgabe des eingeschriebenen Briefes zur Post als bewirkt anzusehen (RG 60, 145). Zwischen der Ladung und der Versammlung muß die satzungsmäßige Mindestfrist oder, wenn die Satzung hierüber nichts bestimmt, jedenfalls eine angemessene Frist liegen. An Stelle des geschäftsunfähigen Mitgliedes muß die Einladung dem gesetzlichen Vertreter zugestellt werden. Ist das Mitglied beschränkt geschäftsfähig (vgl. § 38 A 2), so genügt jedenfalls die Zustellung an den gesetzlichen Vertreter. Zur gehörigen Einberufung gehört auch, daß der Gegenstand der Beschlußfassung, soweit die Satzung nichts anderes vorschreibt, bei der Einberufung bezeichnet wird, und zwar muß diese Bezeichnung in klarer Weise erfolgen (RG 22. 6. 16 IV 93/16, vgl. für Aktiengesellschaften RG 68, 232). Welche Anforderungen in bezug auf die Genauigkeit der Bezeichnung zu stellen sind, ist aus dem Zweck der Vorschrift, die Mitglieder vor Überraschungen zu schützen und ihnen die Möglichkeit der Vorbereitung zu geben, zu entnehmen (RG JW 08, 675[2]; 22. 6. 16 IV 93/16; vgl. auch JW 97, 246[63]; 01, 659[26]; 08, 113[13] u. 346[35]). Bei der Bezeichnung darf davon ausgegangen werden, daß den Vereinsmitgliedern die früheren Beschlüsse bekannt sind (RG 10. 5. 06 IV 529/05). Die Mitteilung des Namens des auszuschließenden Mitgliedes ist nicht unbedingt erforderlich (RG JW 08, 675[2]). Zu der Versammlung ist auch der Auszuschließende zu laden. Unter Umständen kann es, wenn die Satzung keine gegenteilige Bestimmung enthält, genügen, daß er von der Versammlung Kenntnis hat (RG Warn 09 Nr 123). Ungültig ist der Beschluß, wenn die Versammlung satzungswidrig sich nicht unter der Leitung des Vorstandes, sondern eines von ihr selbst gewählten Vorsitzenden befunden hat (RG JW 09, 411[4]). Ein Ungültigkeitsgrund kann auch darin liegen, daß in parteiischer Weise ein Mitglied nicht zum Worte verstattet oder ihm das Wort entzogen ist, insbesondere dann, wenn der Vorsitzende es darauf abgesehen hatte, das Mitglied zu überrumpeln. Nach Beginn der Wahlhandlung braucht übrigens der Vorsitzende nicht mehr das Wort zur Frage der Wahl zu erteilen (RG 19. 3. 13 IV 580/12). Über die Ausübung des Stimmrechts durch einen beschränkt Geschäftsfähigen vgl. § 38 A 2, über die Frage, in welchen Fällen ein Mitglied wegen eigener Beteiligung von der Beschlußfassung ausgeschlossen ist, § 34 A 1 und § 714 A 1. Über die Beurkundung der Beschlüsse s. § 25 A 2. Eine Verurteilung der Mitglieder, in gewissem Sinne zu stimmen, ist nicht zulässig, da durch äußeren Zwang in die Willensbildung der Mitgliederversammlung als eines Körperschaftsorgans nicht eingegriffen werden kann (RG 112, 279 bez. einer G. m. b. H.). Auf nichtrechtsfähige Vereine kann die Bestimmung, daß vorherige Bekanntgabe des in der Mitgliederversammlung zu verhandelnden Gegenstandes nötig, nicht ausgedehnt werden (RG 26. 6. 02 IV 110/02).

3. Der Beschluß der Mitgliederversammlung entsteht durch die zusammenwirkenden Erklärungen der Mitglieder, die von dem Leiter der Versammlung entgegengenommen werden und als ein den übrigen Mitgliedern gegenüber erklärtes Rechtsgeschäft, nicht aber als ein Vertrag aufzufassen sind (vgl. v. Tuhr § 36 IV). Die Stimmen werden beim Fehlen einer andern Satzungsbestimmung nach Köpfen, nicht nach dem Anteil am Vereinsvermögen gezählt (vgl. §§ 38, 40). Es kommen hierbei nur die erschienenen Mitglieder in Betracht, deren Beschlüsse die Ausgebliebenen sich gefallen lassen müssen. Der **Mehrheitsgrundsatz**, der bei dem Vereine kraft Gesetzes, nicht, wie bei der Gesellschaft (§ 709 Abs 2), kraft Parteivereinbarung gilt, ist hiernach wesentlich abweichend von den für die Gemeinschaft geltenden Bestimmungen der §§ 744, 745 durchgeführt. Es entscheidet regelmäßig die unbedingte Mehrheit, nicht bloß (bei Vorhandensein von mehr als zwei Meinungen) die verhältnismäßige Mehrheit. Und zwar ist die Mehrheit nicht bloß nach den abgegebenen Stimmen (bestr.), sondern nach der Zahl der erschienenen Mitglieder, die zur Stimmabgabe legitimiert waren, zu berechnen. Die Nichtabgabe der Stimme bedeutet die Ablehnung der beantragten Änderung, es sind somit bei der Berechnung, wieviel Mitglieder die Mehrheit bilden, die bei der Abstimmung anwesenden Mitglieder mitzuzählen (RG 80, 189; a. A. namentlich Tecklenburg ArchBürgR 43, 178, der nur die gültig abgegebenen Stimmen zählen will). Ist nur ein Mitglied erschienen, so kann dieses gültig Beschlüsse fassen. Bei Stimmengleichheit ist, sofern nicht die Satzung etwas anderes bestimmt, ein Beschluß nicht zustande gekommen. Vereinbarungen über Ausübung des Stimmrechts haben dem Vereine gegenüber keine Wirkung. Auch die vereinbarungswidrig vorgenommene Abstimmung bleibt gültig. Solche Vereinbarungen sind gemäß § 138 auch schuldrechtlich regelmäßig ohne Wirkung (vgl. RG 57, 205; 60, 174). Eine Verpflichtung des Mitgliedes, die darauf hinausläuft, daß er die Vereinsinteressen hintansetzen soll, verstößt gegen die guten Sitten. Der allgemeine Grundsatz des § 138 findet auch auf die Beschlüsse der Versammlung Anwen-

dung, er schützt die Minderheit gegen eine von der Mehrheit in sittenwidriger Weise zur Gewinnung besonderer Vorteile auf Kosten der Gesellschaft unternommene Ausbeutung (**RG** 68 S. 243 u. 317; JW 1916, 575[3]). Über Stellvertretung bei der Abstimmung s. § 38 A 1, über nichtrechtsfähige Vereine § 54 A 1 a. E.

4. Ist die Versammlung nicht gehörig einberufen, so ist eine Beschlußfassung in Ermanglung einer andern Satzungsbestimmung (§ 40) nur auf dem Wege des Abs 2 möglich, daß sämtliche Mitglieder zu dem Beschlusse ihre **Zustimmung in schriftlicher Form** — wozu hier auch die Briefform und telegraphische Form zu rechnen ist (vgl. § 126) — erklären. Es genügt nicht, wenn die sämtlichen Mitglieder darüber einig sind, daß die Versammlung als eine richtig einberufene gelten soll (s. oben 2 — str.). Die gleiche Form der schriftlichen Zustimmung ist zu beachten für die ohne Zusammenkunft gefaßten Beschlüsse. Es ist dies eine Vorschrift, die für andere Vereinigungen keine Geltung erhalten hat (vgl. über Gesellschaften m. b. H. **RG** JW 1918, 733[3]).

5. Die **Ungültigkeit** des Beschlusses, mag sie nun in der Nichtbeachtung der in A 2 bezeichneten Bestimmungen oder in andern Umständen ihren Grund haben, kann von einem jeden Beteiligten, insbesondere einem jeden Mitgliede, klageweise oder einwandweise geltend gemacht werden (vgl. § 256 ZPO). Sie ist, wenn der die Ungültigkeit begründende Tatbestand dem Richter vorgetragen ist, da es sich nicht um eine bloße Anfechtbarkeit handelt (vgl. **RG** 75, 243), von Amts wegen zu beachten. Die ergehende Entscheidung hat, falls auf Klage eines Mitgliedes gegen den Verein der Beschluß für ungültig erklärt ist, Wirkung gegen alle (v. Tuhr S. 518f.; vgl. **RG** 85, 313). Der Vorstand ist vor Ausführung eines Beschlusses verpflichtet, seine Gültigkeit zu prüfen. Eine ihm hierbei zur Last fallende Fahrlässigkeit macht ihn ersatzpflichtig. In einem zwischen einem Mitglied und dem Vereine geführten Rechtsstreit ist letzterer dafür beweispflichtig, daß bei der Einberufung der Mitgliederversammlung die vorgeschriebenen Förmlichkeiten beobachtet sind. Dieser Nachweis liegt dem Vereine auch ob, wenn er einem Dritten gegenüber aus der Gültigkeit des Beschlusses Rechte herleitet. Sonst fällt die Beweislast demjenigen zu, welcher die Gültigkeit des Beschlusses beanstandet. Wegen Willensmängel (§§ 119—123) können Generalversammlungsbeschlüsse von einem Mitglied nur angefochten werden, wenn es sich um seine eigene Abstimmungserklärung handelt und der Beschluß in seinem Ergebnis durch diese überhaupt beeinflußt ist (**RG** 115, 378 a. E. bez. einer Aktiengesellschaft). Ist wie z. B. in § 51 GenGes, § 271 HGB eine Frist für die Anfechtung vorgeschrieben, so erlangt der in der Generalversammlung gefaßte, vom Vorsitzenden verkündete Beschluß Rechtskraft, selbst wenn sich das Abstimmungsergebnis nachträglich anders herausstellt (**RG** JW 1927, 1358[8]).

§ 33

Zu einem Beschlusse, der eine Änderung der Satzung enthält, ist eine Mehrheit von drei Vierteilen der erschienenen Mitglieder erforderlich. Zur Änderung des Zweckes des Vereins ist die Zustimmung aller Mitglieder erforderlich; die Zustimmung der nicht erschienenen Mitglieder muß schriftlich erfolgen[1]).

Beruht die Rechtsfähigkeit des Vereins auf Verleihung, so ist zu jeder Änderung der Satzung staatliche Genehmigung oder, falls die Verleihung durch den Bundesrat erfolgt ist, die Genehmigung des Bundesrats erforderlich[2]).

E I 48 Abs 5 II 32; M 1 108; B 1 527 ff.

1. Eine jede **Satzungsänderung**, die nicht offensichtlich in einer bloßen Fassungsänderung besteht (bestr.), bedarf ohne Rücksicht auf die größere oder geringere Erheblichkeit der Änderung der Zustimmung von drei Vierteilen der erschienenen Mitglieder. Auch eine Ergänzung der Satzung, z. B. die spätere Einführung einer Schiedsgerichtsordnung, ist Satzungsänderung (**RG** 88, 402). Bei der Berufung der Versammlung ist anzugeben, in welchen Richtungen die Satzung abgeändert werden soll (vgl. **RG** JW 08, 346[35]). Zulässig ist auch die Änderung der Satzungsbestimmung über den Vereinszweck, ohne daß die Gläubiger hiergegen Widerspruch erheben dürfen und ohne daß ein Liquidationsverfahren sich anzuschließen hat. Diese Änderung ist aber nur zulässig mit Zustimmung der sämtlichen Mitglieder. Ein jeder, der dem Vereine beitritt, darf sich darauf verlassen, daß der Verein nicht durch Änderung des Vereinszwecks ein vollständig anderer wird. Als eine solche Änderung ist es nicht anzusehen, wenn zur besseren Erreichung des von vornherein bestimmten Zweckes der Wirkungskreis des Vereins nur eine Erweiterung erfährt. Eine Änderung des Zweckes ist dagegen in dem Falle anzunehmen, daß ein Verband, der die Förderung der gesellschaftlichen und wirtschaftlichen Interessen seiner Mitglieder

und des ganzen Standes unter Ausschluß der Ansammlung von Kapital sich zur Aufgabe gestellt hat, dazu übergeht, eine Unterstützungskasse für stellenlose Mitglieder einzurichten (**RG** 18. 9. 13 IV 204/13). Zweifellos ist es ferner eine Änderung des Zweckes, wenn dem Vereine eine wesentlich andere Aufgabe zugewiesen wird, wenn z. B. ein eigennütziger Verein in einen gemeinnützigen umgewandelt wird. Die Erlangung der Zustimmung der sämtlichen Mitglieder ist dadurch erleichtert, daß die Zustimmung schriftlich (vgl. § 32 Abs 2) erteilt werden kann. In dieser Weise können auch diejenigen, welche in der Versammlung gegen den Beschluß gestimmt haben, noch nachträglich ihre Zustimmung geben. In allen diesen Beziehungen kann die Satzung gemäß § 40 andere Bestimmungen treffen. Sie kann die Änderung des Vereinszwecks gänzlich ausschließen, sie kann anderseits einen mit einfacher Stimmenmehrheit gefaßten Beschluß für genügend erklären und kann die Bestimmung über Annahme eines andern, ausreichend spezialisierten Vereinszwecks dem Vorstande oder einem sonstigen Vereinsorgane (a. A. Hölder A 2) übertragen. Zulässig ist auch die Bestimmung, daß bei gewissen Änderungen der Satzung sämtliche Mitglieder in der Versammlung anwesend sein und der Satzungsänderung zustimmen müssen (vgl. **RG** 76, 173). Über Ungültigkeit des Beschlusses s. § 32 A 5. Ein gegen die Satzung verstoßender Beschluß ist ungültig, mag auch die zur Abänderung der Satzung erforderliche Mehrheit erreicht sein. Solange die Satzung ungeändert besteht, müssen eben ihre Vorschriften befolgt werden. — Für nichtrechtsfähige Vereine ist zur Änderung des Zweckes des Vereins ebenfalls die Zustimmung der sämtlichen Mitglieder zu erfordern (vgl. **RG** Gruch 51, 1121; abw. Planck § 54 A 3b).

2. Vgl. § 22 A 3. Eine Änderung der Vorschrift des Abs 2 durch die von der verleihenden Behörde genehmigte Satzung ist zulässig. Selbstverständlich kann ohne Genehmigung der Behörde die Satzung nicht dahin abgeändert werden, daß es zu weiteren Satzungsänderungen der Genehmigung der Behörde nicht mehr bedürfen soll. Nach der PrVO v. 29. 12. 20 und der Vf des PrM des J v. 7. 2. 21 ist die Genehmigung dem zuständigen Minister nur insoweit vorbehalten, als die Änderung den Zweck des Vereins, die staatliche Genehmigung künftiger Satzungsänderungen oder die Verlegung des Sitzes des Vereins außerhalb des Bezirks der bisherigen Aufsichtsbehörde betrifft. Im übrigen wird die Genehmigung von der Aufsichtsbehörde, das ist, sofern Gesetz oder Satzung nicht ein anderes bestimmen, von dem Regierungspräsidenten (in Berlin dem Polizeipräsidenten) erteilt.

§ 34

Ein Mitglied ist nicht stimmberechtigt, wenn die Beschlußfassung die Vornahme eines Rechtsgeschäfts mit ihm oder die Einleitung oder Erledigung eines Rechtsstreits zwischen ihm und dem Vereine betrifft[1]).

E I 48 Abs 4 II 31 Abs 3; M 1 107; P 1 527.

1. In eigener Angelegenheit ist ein Mitglied des Vereins — desgleichen, was aus § 181 folgt, eines Vereinsorgans — von der **Ausübung des Stimmrechts ausgeschlossen** (nicht auch von der Teilnahme an der beschließenden Mitgliederversammlung). Der Begriff der eigenen Angelegenheit ist in wesentlicher Übereinstimmung mit § 181 dahin bestimmt, daß es sich um die Vornahme eines Rechtsgeschäfts oder die Führung eines Rechtsstreits mit dem Verein handeln muß. Nicht unter den Begriff des Rechtsgeschäfts im Sinne des § 34 fällt die Vornahme einer Wahl, bei welcher der Natur der Sache nach alle Mitglieder zur Mitwirkung berufen sind (**RG** 60, 172; 68, 179; 104, 186), auch nicht die Regelung der Bezüge des Gewählten (**RG** 74, 276; JW 1917, 165[14]; 1919, 313[15]), ebenso nicht der Widerruf der Bestellung (**RG** 81, 37) — gegen diese Einschränkungen Marquardt in JW 1914, 1031 ff. Andersartig war der Fall von **RG** 75, 234, wo es sich zugleich um Anhängigmachung eines Rechtsstreits wegen vorsätzlicher Schädigung der Aktiengesellschaft durch den zu entlassenden Vorstand handelte. Unter den Begriff des Rechtsgeschäfts fällt dagegen die von der bloßen Feststellung der Bilanz zu unterscheidende Entlastung (**RG** 49, 146). Darauf, ob sachlich ein Interessengegensatz besteht, kommt es nicht an. Ebensowenig vermag das Bestehen eines Interessengegensatzes über den Rahmen des § 34 hinaus die Stimmberechtigung auszuschließen. Eine Verletzung des § 34 hat die Ungültigkeit des Beschlusses nur zur Folge, wenn er hierauf beruht. Dies ist nicht der Fall, wenn er zweifellos zuungunsten des nicht stimmberechtigten Mitgliedes ergangen ist (bestr.) oder wenn auch unter Abrechnung der ungültigen Stimmen eine genügende Mehrheit für den Beschluß verbleibt. Ist das Mitglied gemäß § 34 von der Stimmberechtigung ausgeschlossen, so kann es das Stimmrecht auch nicht für andere Mitglieder auf Grund der ihm von diesen erteilten Vollmacht ausüben. Die Vorschrift des § 34 kann durch die Satzung nicht abgeändert werden. Für die Mitglieder eines Vereinsorgans (§§ 28 Abs 1, 40) gilt sie nur insoweit, als nicht satzungsgemäß dem Mitgliede eine weitergehende Ermächtigung erteilt ist (vgl. § 181).

§ 35

Sonderrechte[1]) [2]) eines Mitglieds können nicht ohne dessen Zustimmung durch Beschluß der Mitgliederversammlung beeinträchtigt werden.

E II 33; M 1 109; P 1 529 ff.

1. Das **Sonderrecht,** das dem Mitgliede wesentlich um seiner selbst willen, nicht im Interesse des Vereins, als ein von den Rechten der andern Mitglieder verschiedenes Recht, eingeräumt ist (vgl. RG 49, 151; 104, 255, anders Örtmann A 4 a, Gadow in Gruch 66, 514 ff.), kann ihm wider seinen Willen nicht entzogen oder beeinträchtigt werden. Als ein solches Sonderrecht erscheint nicht bloß das Recht auf einen bestimmten erhöhten Gewinnanteil oder sonstige Vorzugsleistungen (vgl. über die andere Regelung bei Aktiengesellschaften § 275 Abs 3 und § 288 Abs 3 HGB sowie RG JW 1913, 688[6]), sondern auch das Recht einer besondern Teilnahme an der Verwaltung (erhöhtes Stimmrecht, dauernde Zugehörigkeit zum Vorstande, vgl. RG JW 1911, 747[1]), die jedoch im Falle des Mißbrauchs entzogen werden kann, Notwendigkeit der Zustimmung zu bestimmten Verwaltungshandlungen, zur Auflösung des Vereins vor Ablauf einer bestimmten Zeit usw.). Ein ein Sonderrecht begründendes Vorzugsrecht ist insbesondere darin zu sehen, daß das Vermögen oder einzelne Vermögensgegenstände nach Auflösung des Vereins (vgl. § 45 Abs 1) gewissen Mitgliedern, die besondere Voraussetzungen erfüllt haben, zufallen sollen (RG Warn 1918 Nr 133). Auch das Recht, zu Beiträgen in geringerem Maße herangezogen zu werden, und das Recht auf längere Dauer der Mitgliedschaft kann als Sonderrecht gewährt werden. Ein solches Sonderrecht muß in der Satzung zum klaren Ausdruck gebracht sein. Bloß daraus, daß die den Verein gründende Gesellschaft sich bestimmte Stellen im Vorstande vorbehalten hat, ist nicht ohne weiteres zu folgern, daß durch Satzungsänderung dieses Recht nicht beseitigt werden kann (RG JW 1911, 747[1]). Widerrufliche Vergünstigungen begründen kein Sonderrecht (RG 17. 11. 24 IV 266/24). Ein Sonderrecht bildet die dem Stammapostel (Hauptleiter) der Neuapostolischen Gemeinden Deutschlands in den Satzungen der einzelnen Gemeinden eingeräumte Befugnis, trotz seines auswärtigen Wohnsitzes die Mitgliedschaftsrechte auszuüben und darüber hinaus den Vorstand zu bestellen und zu entlassen, Religionsdiener ein- und abzusetzen, Vereinsmitglieder auszuschließen und in bestimmter Weise auf die Willensentschließungen des Vereins einzuwirken (RG Warn 1925 Nr 12). Das *Mitgliedschaftsrecht* als solches stellt ein Sonderrecht im Sinne des § 35 ebensowenig dar wie die aus der Mitgliedschaft hervorgehenden, dem einzelnen mit den andern Mitgliedern gemeinsamen Rechte auf Anteil an den Nutzungen, Ausübung des Stimmrechts usw. (vgl. RG 33, 178; 49, 151; 73, 191; a. A. Oertmann A 4 — für die handelsrechtlichen Gesellschaften gelten in dieser Beziehung andere Grundsätze, RG 68, 211). Das Maß dieser Rechte bestimmt sich lediglich nach der Satzung, deren Vorschriften jederzeit geändert werden können. Wohl aber können mit dem Mitgliedschaftsrecht Sonderrechte verbunden sein. Aus der Mitgliedschaft erwächst auch in Ermanglung einer andern Satzungsbestimmung einem jeden Mitgliede ein Recht darauf, daß er in bezug auf Rechte und Pflichten *nicht ungünstiger* gestellt werde wie die übrigen Mitglieder (RG 49, 198; 112, 124). Dieser Grundsatz schließt nicht aus, daß die Berechtigungen und Verpflichtungen wegen der bestehenden tatsächlichen Verschiedenheiten eine ungleiche Wirkung haben (vgl. RG 47, 149). Die *formelle Rechtsgleichheit* darf aber nicht dadurch verletzt werden, daß einzelnen Mitgliedern größere Lasten auferlegt werden oder geringere Rechte gewährt werden wie den andern. — Eine *Beeinträchtigung* des Sonderrechts ist auch dadurch möglich, daß durch Satzungsbeschluß neue Bedingungen für die Fortdauer der Mitgliedschaft aufgestellt werden, welche die Ausschließung eines Mitgliedes in ungerechtfertigter Weise erleichtern (vgl. RG Warn 1918 Nr 133). Ungültig ist ein Beschluß, der darauf hinausläuft, daß ein Teil der Mitglieder seine Mitgliedschaft vollständig verliert. Die Ungültigkeit derartiger Beschlüsse kann auch von denjenigen Mitgliedern, die durch den Beschluß nicht beeinträchtigt sind, durch Feststellungsklage geltend gemacht werden, da auch sie zum Zwecke der Herstellung geordneter Rechtszustände ein Interesse an Aufdeckung der Ungültigkeit haben. Sind die Mitglieder eines Vereins in Zweigvereine zusammengefaßt, so kann der Zweigverein Sonderrechte für seine Mitglieder erwerben und auch gegenüber dem Hauptverein gerichtlich vertreten (RG 26. 11. 25, IV 339/25). Über Ausschließung eines Mitgliedes s. § 39 A 2. Verschieden von den Sonderrechten sind die sog. *Individualrechte,* welche einer Minderheit die Befugnis geben, im Interesse des Vereins eine sonst den Vereinsorganen obliegende Tätigkeit vorzunehmen. Hierzu gehört das in § 37 bezeichnete Recht, die Berufung der Mitgliederversammlung zu verlangen, das nach § 40 ebenfalls durch die Satzung nicht ausgeschlossen werden kann. Nicht unter die Sonderrechte fällt das einem Mitgliede außerhalb des gesellschaftlichen Verhältnisses zustehende Recht als Gläubiger des Vereins (s. hierüber A 2).

2. Die Mitglieder können durch Abschluß von Rechtsgeschäften usw. mit dem Verein in **besondere Rechtsbeziehungen** treten. Es kann dies z. B. dadurch geschehen, daß die Mitglieder bei dem Verein gegen bestimmte Schäden versichert sind. Das hierdurch erworbene Recht unterliegt nicht der Einwirkung des Vereins. Ein unentziehbares Gläubigerrecht erlangen die Mitglieder auch dadurch, daß der satzungsgemäß ihnen zukommende Anteil am Gewinn oder am Vermögen des Vereins durch Beschluß der Mitgliederversammlung oder des sonst zuständigen Organs endgültig festgestellt wird. Immerhin handelt es sich im letzteren Falle um ein aus der Mitgliedschaft entsprungenes, nicht um ein durch besonderes Rechtsverhältnis begründetes Gläubigerrecht. Dies wird im Falle des Konkurses von Bedeutung, wo diese Mitglieder hinter die Rechte der andern Gläubiger zurücktreten müssen. Um ein Gläubigerrecht, nicht Sonderrecht handelt es sich, wenn ein Vereinsmitglied mit andern Personen eine Gesellschaft zum Erwerb eines Vereinshauses bildet und dieses an den Verein veräußert, dabei aber durch Vertrag mit dem Verein ihm die Benutzung der Vereinsräume auch für den Fall seines Ausscheidens aus dem Verein vorbehalten wird; dieses Recht kann durch nachträglichen Mehrheitsbeschluß nicht beseitigt oder beschränkt werden (**RG** 29. 6. 25 IV 120/25).

§ 36

Die Mitgliederversammlung ist in den durch die Satzung bestimmten Fällen sowie dann zu berufen[1]), wenn das Interesse des Vereins es erfordert.

E II 34; P 1 532 ff.

1. Die schuldhafte Verletzung der **Einberufungspflicht** macht den Vorstand oder das sonst zuständige Vereinsorgan dem Verein gegenüber verantwortlich. Das einzelne Mitglied hat aber, abgesehen von dem in § 37 bezeichneten Wege, nicht das Recht, die Berufung der Versammlung zu erzwingen (a. A. **RG** 79, 411).

§ 37

Die Mitgliederversammlung ist zu berufen, wenn der durch die Satzung bestimmte Teil oder in Ermangelung einer Bestimmung der zehnte Teil der Mitglieder[1]) die Berufung schriftlich unter Angabe des Zweckes und der Gründe verlangt.

Wird dem Verlangen nicht entsprochen, so kann das Amtsgericht, in dessen Bezirke der Verein seinen Sitz hat, die Mitglieder, welche das Verlangen gestellt haben, zur Berufung der Versammlung ermächtigen[2])[3]) und über die Führung des Vorsitzes in der Versammlung Bestimmung treffen. Auf die Ermächtigung muß bei der Berufung der Versammlung Bezug genommen werden.

E II 35; P 1 532 ff.; 6 115.

1. Der zehnte Teil oder der sonst in der Satzung bestimmte Teil der Mitglieder hat das Recht (vgl. § 35 A 1 a. E.), die **Berufung der Mitgliederversammlung zu verlangen,** wenn ein schriftlicher Antrag hierauf bei dem Vorstande gestellt wird und der Antrag die Angabe des Zweckes und der Gründe enthält, aus denen die Berufung für geboten erachtet wird. Eine Nachprüfung der Gründe steht dem Vorstande nicht zu (a. A. Staudinger II 2). Zur Ablehnung des Antrags ist er nur berechtigt, wenn die Befugnis aus § 37 mißbräuchlich ausgeübt wird (a. A. Planck A 1 b, der den Vorstand unbedingt zur Berufung für verpflichtet hält). In der Satzung darf die zur Stellung des Antrags erforderliche Zahl der Mitglieder, da § 37 den Schutz der Minderheit bezweckt und in dieser Eigenschaft nach § 40 zu den zwingenden Rechtssätzen gehört, keinesfalls auf mehr als die Hälfte der Mitglieder bestimmt werden (bestr.).

2. Bei Ablehnung des Antrags findet nicht ein eigentlicher Prozeß statt. Die Antragsteller können sich vielmehr in diesem Falle die **gerichtliche Ermächtigung zur Einberufung** erteilen lassen und haben sich zu diesem Zwecke an das zuständige Amtsgericht zu wenden. Dieses hat, nachdem der Vorstand des Vereins, soweit tunlich, gehört ist (§ 160 FGG), im Verfahren der freiwilligen Gerichtsbarkeit darüber zu entscheiden, ob der Antrag mit Grund abgelehnt werden durfte, wobei auch auf die sachliche Berechtigung des Antrags einzugehen ist (abweichend Oertmann A 3). Gegen den Beschluß ist sofortige Beschwerde zulässig (§ 160 FGG). Wird dem Antrage stattgegeben, so werden die Antragsteller ermächtigt, die Berufung an Stelle des Vorstandes unter Hinweis auf den Beschluß (dessen Rechtskraft abgewartet

werden muß, a. A. OLG 43, 197), selbst zu bewirken, worin zugleich die Vollziehung des Beschlusses liegt (vgl. § 887 ZPO). Das Amtsgericht kann außerdem, da die Besorgnis begründet sein kann, der Vorstand werde den mit der Berufung verfolgten Zweck durch die Art der Leitung der Versammlung vereiteln, wegen des Vorsitzes in der Versammlung besondere Bestimmung treffen. Das gleiche Verfahren findet auch statt, wenn der Minderheitsantrag, einen bestimmten Gegenstand auf die Tagesordnung zu setzen, abgelehnt ist.

3. § 37 hat keine Geltung für **nichtrechtsfähige Vereine.** Bei diesen kann die Erfüllung der dem Vorstande obliegenden Pflicht zur Einberufung der Mitgliederversammlung nur im Klagewege erzwungen werden. Die sachliche Berechtigung des Verlangens der Einberufung ist hier, um der Beschlußfassung der Mitgliederversammlung nicht vorzugreifen, von dem Prozeßgerichte nicht zu prüfen, jedenfalls dann nicht, wenn in der Mitgliederversammlung über ein pflichtwidriges Verhalten des Vorstandes abgeurteilt werden soll (**RG** JW 1912, 410[34]). Ist das Amt der Vorstandsmitglieder erloschen, so ist die Einberufung einer Mitgliederversammlung nur dadurch zu erreichen, daß die Geschäfte des Vereins vorläufig von den Vereinsmitgliedern gemeinschaftlich geführt werden (**RG** 78, 52).

§ 38

Die Mitgliedschaft ist nicht übertragbar und nicht vererblich. Die Ausübung der Mitgliedschaftsrechte kann nicht einem anderen überlassen werden[1][2].

E II 36 Abs 1; P 1 534 ff.

1. Die (nach § 40 abänderliche) Regel ist, daß die **Mitgliedschaft an die Person** des als Mitglied Aufgenommenen **gebunden** ist. Die Mitgliedschaft und das aus ihr folgende Recht der Betätigung in Vereinsangelegenheiten ist weder veräußerlich noch vererblich, noch durch einen Dritten ausübbar. Damit ist indes die Ausübung durch den gesetzlichen Vertreter nicht ausgeschlossen. Dieser Grundsatz gilt nicht bloß für Idealvereine, sondern auch für wirtschaftliche Vereine, da auch diese der Regel nach nicht ausschließlich private Vermögensinteressen verfolgen werden. Ist nach der Satzung die Vertretung durch einen Bevollmächtigten gestattet, so können von diesem die Mitgliedschaftsrechte nur einheitlich ausgeübt werden. Er kann nicht in derselben Angelegenheit teils für, teils gegen den Antrag stimmen. — Auch Vereine können Mitglieder eines andern Vereins sein. Ob in einem solchen Fall auch eine Mitgliedschaft der einzelnen Mitglieder des Zweigvereins beim Hauptverein besteht, richtet sich nach der Satzung des letzteren (**RG** SeuffA 59 Nr 118). Über die sog. Ortsgruppen vgl. JW 1924, 1120; 1925, 43, 44; über die nicht rechtsfähigen Vereine § 54 A 1. Der einem andern Verein als Mitglied angehörende Verein kann unter den in § 39 A 2 dargestellten Voraussetzungen von der Mitgliedschaft ausgeschlossen werden.

2. Zur **Erlangung der Mitgliedschaft,** falls diese nicht durch Abschluß des Errichtungsvertrags erworben wurde, ist die Aufnahme durch Beschluß der Mitgliederversammlung oder des sonst zuständigen Vereinsgliedes erforderlich. Die Satzung kann für die Beitrittserklärung (vgl. § 58 Nr 1) eine bestimmte Form vorschreiben, sie kann den Erwerb und die Fortdauer der Mitgliedschaft von gewissen Erfordernissen abhängig machen und kann anordnen, daß bei Erfüllung dieser Erfordernisse die Aufnahme nicht verweigert werden darf. Ist ein dem Landesärzteverband angeschlossener örtlicher Ärzteverein nach dem von dem Verband mit der Arbeitsgemeinschaft der Krankenkassenverbände geschlossenen Vertrag und der dementsprechenden Bestimmung der Satzung verpflichtet, Ärzte, die gewisse Bedingungen erfüllen, als Mitglieder aufzunehmen, so haben diese ein erzwingbares Recht auf Aufnahme. Doch kann durch die Satzung für Streitfälle die vorherige Entscheidung des Vorstands des Landesärzteverbands vorbehalten werden (**RG** 106, 120). Der Aufnahmebeschluß ist nur wirksam, wenn der Aufgenommene den Antrag auf Aufnahme gestellt hat oder nachträglich der Aufnahme zustimmt. Der Vertrag, durch welchen die Aufnahme eines Mitgliedes in den Verein erfolgt, ist nicht den gegenseitigen Verträgen zuzuzählen, da eine gegenseitige Verpflichtung zu Leistungen, wie sie für das Verhältnis der Gesellschafter zueinander durch § 705 bestimmt ist, zwischen den Vereinsmitgliedern nicht besteht. Die Leistungspflicht des Vereinsmitgliedes ist nicht davon abhängig, daß der Vorstand seine zur Erreichung des Vereinszwecks (Schutz und Förderung der Mitgliederinteressen) ihm obliegenden Verpflichtungen erfüllt (**RG** 100, 3). Der Antrag auf Aufnahme kann in Erwartung, daß der Verein die Rechtsfähigkeit erlangt, schon vor diesem Zeitpunkte gestellt werden. In der Satzung kann bestimmt werden, daß die Mitgliedschaft bei Vorhandensein gewisser Voraussetzungen schon durch die bloße Beitrittserklärung erworben wird. Möglich ist auch eine Bestimmung, welche die Mitgliedschaft derart von dem Besitz eines Geschäfts usw. abhängig macht, daß mit der Veräußerung desselben die Mitgliedschaft auf den Erwerber übergeht (**RG** Warn 1918 Nr 48). Gegen seinen Willen kann natürlich auch in diesem Falle der Erwerber nicht zum Mit-

gliede gemacht werden. Der beschränkt Geschäftsfähige kann, wenn die Mitgliedschaft mit vermögensrechtlichen Verpflichtungen, Verpflichtung zur Zahlung eines Beitrags usw., verbunden ist, Mitglied nur werden mit Genehmigung seines gesetzlichen Vertreters (§ 111), welche Genehmigung jedoch schon darin gefunden werden kann, daß der Vertreter sich mit der die Beteiligung an solchem Vereine mit sich bringenden Ausbildung für einen bestimmten Beruf einverstanden erklärt hat. Wegen Irrtums über die mit dem Beitritt nach dem Gesetz verbundenen Folgen, wie z. B. darüber, daß das Mitglied Mehrheitsbeschlüssen unterworfen ist, daß es sich Satzungsänderungen gefallen lassen muß, kann der Beitritt nicht angefochten werden. Seitens des Vereins ist die Anfechtung wegen Irrtums über persönliche Eigenschaften des Aufgenommenen nur in außerordentlichen Fällen zulässig. Über die Klage auf Feststellung der Mitgliedschaft an einem verbotenen Verein s. § 60 A 1 a. E. Was die Rechte der Mitglieder am Vereinsvermögen betrifft, so können diese niemals so weit gehen, daß die Mitglieder das Miteigentum erhalten (vgl. Vorbem 1 vor § 21). Nicht unzulässig ist es, den Mitgliedern als solchen Gerechtsame an den Vereinsgrundstücken einzuräumen, die wie dingliche Rechte gegen Dritte geschützt werden, nicht aber die Befriedigung der Gläubiger aus dem ihnen verhafteten Vereinsvermögen auszuschließen. Den Mitgliedern kann durch die Satzung oder einen die Satzung abändernden Beschluß die Verpflichtung zur Leistung von ordentlichen oder außerordentlichen Beiträgen sowie eine aushilfsweise oder gesamtschuldnerische, unbeschränkte oder beschränkte Haftung für die Vereinsverbindlichkeiten auferlegt werden. Die Haftung kann nach der Satzung die Bedeutung haben, daß sie nur für die Dauer der Mitgliedschaft bestehen soll (**RG** Warn 1917 Nr 46). Kraft seines Mitgliedsrechts ist der einzelne befugt, falls Dritte die Verwaltungs- oder Ehrenrechte des Vereins in einer sein Mitgliedsinteresse berührenden Weise sich anmaßen, diese Eingriffe durch Klage abzuwehren.

§ 39

Die Mitglieder sind zum Austritt aus dem Vereine berechtigt.

Durch die Satzung kann bestimmt werden, daß der Austritt nur am Schlusse eines Geschäftsjahrs oder erst nach dem Ablauf einer Kündigungsfrist zulässig ist; die Kündigungsfrist kann höchstens zwei Jahre betragen[1-3]).

E II 36 Abs 2; P 1 534 ff.

1. Der **Austritt aus dem Vereine** wird wirksam durch die einem Vorstandsmitgliede (§ 28 Abs 2) oder dem sonst zuständigen Organ gemachte Austrittsanzeige (auch durch Zustellung der Klageschrift statt des satzungsmäßigen eingeschriebenen Briefes [**RG** 77, 70] oder durch Übergabe eines die Anzeige enthaltenden verschlossenen Briefes an den Vorsitzenden der über die Ausschließung beratenden Versammlung, **RG** JW 1914, 461[2]). Die Vorschrift des § 723, wonach die Kündigung nicht zur Unzeit geschehen darf, findet hier keine Anwendung. Über § 39 hinaus kann die Freiheit des Austritts weder durch Einführung einer erschwerenden Form (als welche die bloße Schriftform nicht gelten kann — Hölder A 1 erfordert, daß die Formvorschrift gerade den Zweck haben müsse, den Austritt zu erschweren) noch durch sonstige Bestimmungen beschränkt oder erschwert werden, die dem ausscheidenden Mitgliede besondere Vermögensnachteile oder sonstige Lasten (Beschränkung des Wettbewerbs usw.) auferlegen (**RG** 71, 391; JW 1914, 1084[10]). Daß der Ausscheidende die mit seiner Eigenschaft als Mitglied verbundenen Vergünstigungen verliert, wie z. B. das Recht, das ihm in seiner Eigenschaft als Mitglied gewährte Darlehn zu behalten, stellt einen solchen Vermögensnachteil nicht dar (vgl. **RG** 91, 335). Eine die Kündigungsfrist unzulässig verlängernde oder sonst die Kündigung erschwerende Satzungsbestimmung ist insofern ungültig, als das Mitglied berechtigt bleibt, nach Ablauf von zwei Jahren seit der Kündigung auszuscheiden. Die Gültigkeit seiner Aufnahme als Mitglied wird hierdurch nicht berührt. Zulässig ist die Festsetzung einer einjährigen Kündigungsfrist zum 31. 12. jeden Jahres (**RG** 90, 311). Dagegen verstößt die Satzungsbestimmung, daß ein freiwilliges Ausscheiden aus dem Verein nicht mehr möglich sei, sobald gegen das Mitglied ein Verfahren vor dem Vereinsehrengericht schwebe, gegen § 39 Abs 2 (**RG** 108, 160). Mit dem Ausscheiden verliert das Mitglied nicht nur seine Verwaltungsrechte, sondern auch, soweit die Satzung nichts anderes bestimmt, jedes Recht am Vereinsvermögen. Für die Beiträge, die auf die Zeit bis zum Ausscheiden entfallen, bleibt der Ausscheidende verhaftet, und zwar auch dann, wenn die Bedingung, von der die Einforderung der Beiträge abhängig gemacht ist, erst nach dem Ausscheiden eintreten sollte. Den Bestimmungen der Satzung über die Schiedsgerichtszuständigkeit des Vereins bleibt der Austretende auch hinsichtlich der Frage der Wirksamkeit des Austritts unterworfen, sofern etwas anderes aus der Satzung nicht zu entnehmen ist (**RG** 113, 321). Die Zuständigkeit des Schiedsgerichts darf allerdings nicht dazu führen, die Mitgliedschaft über die in § 39 Abs 2 bestimmte Zeitgrenze hinaus zu verlängern. Andernfalls würde § 1041 Nr 2, nicht,

wie RG 88, 397 annimmt, § 1041 Nr 1 ZPO anwendbar werden. Die Freiheit des Austritts ist von großer Bedeutung, weil dieser oft das einzige dem Mitglied verbleibende Mittel ist, um einer schlechten Verwaltung oder einer erhöhten Beitragspflicht sich zu entziehen. Die Möglichkeit des Austritts hat für den einzelnen den gleichen Wert wie die Möglichkeit der Auflösung des Vereins für die Mitgliederversammlung.

2. Die **Ausschließung eines Mitgliedes** (vgl. hierüber Heinsheimer, Mitgliedschaft und Ausschließung) kann aus wichtigem Grunde, ohne daß dies in der Satzung ausdrücklich bestimmt zu sein braucht, beschlossen werden (RG 19. 5. 24 IV 731/23). In der Satzung kann auch bestimmt werden, daß die Ausschließung nach freiem Belieben durch Mehrheitsbeschluß zulässig sein soll (vgl. RG 73, 190). Der Ausschließungsbeschluß kann — falls nicht eine schiedsgerichtliche Entscheidung nach §§ 1025ff., 1041 ZPO ergangen ist, s. hierüber § 25 A 2 — im Rechtswege angefochten werden, nachdem der Ausgeschlossene die durch die Satzung selbst gebotenen Mittel der Abhilfe (Zulässigkeit der Berufung an die Mitgliederversammlung oder eine andere Vereinsstelle) erschöpft hat (RG 80, 191; 85, 355; Warn 1918 Nr 182; vgl. Recht 1925 S. 15 Nr 2, wo der Vorstand die Durchführung der Berufung vereitelt hatte). Die Prüfung des Gerichts ist aber, da in die Selbständigkeit der Vereinsverwaltung in dieser Beziehung nicht eingegriffen werden soll, nach der Rechtsprechung des Reichsgerichts darauf beschränkt, ob das vorschriftsmäßige Verfahren eingehalten ist, ob hinsichtlich des Verfahrens gegen das Gesetz oder die Satzung oder gegen allgemein anerkannte, wennschon in der Satzung nicht ausdrücklich erwähnte Grundsätze des Vereinslebens verstoßen ist. Die sachliche Richtigkeit des Beschlusses kann dagegen nicht nachgeprüft werden (RG 49, 150; JW 00, 417[19]; 03 Beil S. 3[7] u. 40[83]; 06, 416[1]; Warn 1912 Nr 285; anders für Genossenschaften usw. RG 57, 154; 88, 193; JW 08, 250[24]). Neuerdings gestattet das Reichsgericht eine sachliche Nachprüfung in der Richtung, ob nicht in dem Vorgehen des Vereins eine offenbare Unbilligkeit oder gegebenenfalls ein Verstoß gegen § 826 zu finden ist (RG 106, 120 a. E.; 107, 386; JW 1925, 49[3]; SeuffA 79 Nr 1, ebenso Hedemann in ArchBürgR 38, 135ff., Enneccerus § 105 VI). In dem Beschlusse muß, falls nicht nach der Satzung eine willkürliche Ausschließung zulässig ist, der der Satzung entsprechende Ausschließungsgrund zweifelsfrei bezeichnet werden, wenn auch nicht gerade der betreffende Paragraph der Satzung angeführt zu werden braucht (RG LZ 1917, 1245[1]); das gilt nicht, wenn der Grund dem Ausgeschlossenen ohnehin bekannt ist (RG SeuffA 79 Nr 1). Solange der Ausschließungsbeschluß nicht durch rechtskräftiges Urteil des Gerichts aufgehoben ist, kann der Ausgeschlossene an der Mitgliederversammlung nicht teilnehmen. Die spätere Aufhebung hat in dieser Beziehung keine rückwirkende Kraft (so RG JW 1916, 1478[8] für die eingetr. Gen.). Zur Ausschließung ist der Verein nicht mehr berechtigt, wenn der Auszuschließende zur Zeit der Beschlußfassung nicht mehr Mitglied des Vereins ist (RG 51, 66; 78, 137; JW 1914, 460[2]). Die Auflösung des Vereins schließt die Klage auf Feststellung der Vereinszugehörigkeit des vorher ausgeschlossenen Mitglieds nicht aus (RG JW 1925, 1392[21]). Der Feststellungsanspruch wird nicht dadurch hinfällig, daß der Ausgeschlossene im Laufe des Rechtsstreits freiwillig seinen Austritt erklärt (RG 80, 191ff.). Das Interesse an der Feststellung der Ungültigkeit des Ausschließungsbeschlusses kann wegen der Folgen der Ausschließung für die Ehre und soziale Stellung des Betroffenen auch noch vorhanden sein, wenn er längere Zeit mit der Klageerhebung gezögert hat und damit zu erkennen gegeben haben sollte, daß er sich nicht mehr als Vereinsmitglied betrachte (RG JW 1926, 2283[1]). Ein vorläufiges Ruhen der Mitgliedsrechte und Pflichten (Suspension der Mitgliedschaft) oder eine Ausschließung auf Zeit kann nur beschlossen werden, wenn eine solche Maßnahme in der Satzung zugelassen ist. Ebensowenig kann in der Regel die Ausschließung unter einer Bedingung ausgesprochen werden, z. B. unter der Bedingung, daß das Mitglied die Wahrheit seiner Beschuldigungen durch Beibringung eines gerichtlichen Urteils erweist. Die Ausschließung tritt vielmehr erst ein, wenn von der über den Ausschluß beschließenden Vereinsstelle das Vorhandensein sämtlicher Voraussetzungen der Ausschließung festgestellt ist (RG 82, 248). Es steht aber nichts entgegen, daß die Ausschließung unbedingt erfolgt und dem Ausgeschlossenen nur für einen bestimmten Fall die Wiederaufnahme in den Verein zugesichert wird (RG 24. 4. 13 IV 626/12). Ausnahmsweise ist es, falls die Satzung die Ausschließung bei Nichtbeachtung der verhängten Strafe vorsieht, für zulässig zu erachten, im voraus die Ausschließung für den Fall auszusprechen, daß der Auszuschließende bis zu einer bestimmten Zeit die festgesetzte Geldstrafe nicht entrichtet hat (RG 22. 5. 13 IV 695/12). Darüber, ob die Bedingung eingetreten, kann er, da es sich hier um eine von ihm selbst zu bewirkende Leistung handelt, nicht im Zweifel sein. — Vor der endgültigen Beschlußfassung ist in Ermangelung einer andern Satzungsbestimmung dem Auszuschließenden Gelegenheit zu geben, sich gegen die ihm gemachten Vorwürfe zu verteidigen, insbesondere dann, wenn seine Ausschließung wegen unehrenhaften Benehmens erfolgen soll (RG JW 1915, 1424[1]; 1925, 49[3]; Warn 1909 Nr 123; 1913 Nr 182). Ist in der Satzung vorgeschrieben, daß vor Zusammentritt des Ehrengerichts ein Sühneversuch stattzufinden hat, so hat der Mangel des Sühneversuchs die Unzulässigkeit

des ehrengerichtlichen Verfahrens zur Folge, und es kann dieser Mangel auch nicht durch nachträgliche Vornahme des Sühneversuchs geheilt werden (RG 10. 7. 13 IV 152/13). An der Beschlußfassung können, da § 34 nicht entgegensteht, auch diejenigen Mitglieder teilnehmen, welche durch die von dem Auszuschließenden gegen den Verein erhobenen Angriffe persönlich betroffen sind, falls nicht in der Satzung hierüber etwas anderes bestimmt ist (RG Warn 1913 Nr 182). Die gehörige Bildung des über die Ausschließung beschließenden Ehrengerichts kann von dem Mitgliede, wenn es widerspruchslos sich auf die Verhandlung vor ihm eingelassen hat, nicht mehr beanstandet werden (RG 22. 5. 13 IV 695/12). Kein die Ungültigkeit des Beschlusses herbeiführender Mangel ist es, sofern die Satzung nichts anderes vorschreibt, daß in dem mitgeteilten Beschlusse die Namen der an der Beschlußfassung mitwirkenden Personen nicht aufgeführt sind. Die Angabe der Namen hat auf Verlangen nachträglich zu erfolgen (RG 13. 11. 19 IV 371/19). Über die Zuständigkeit der Mitgliederversammlung s. § 32 A 1, über die Ladung des Auszuschließenden § 32 A 2. Die Ausschließung wird wirksam mit der Mitteilung des Beschlusses an den Ausgeschlossenen. Der zu Unrecht Ausgeschlossene kann zur Wiederherstellung seiner Ehre verlangen, daß die Aufhebung in derselben Weise wie der Ausschließungsbeschluß bekanntgemacht wird (RG 4. 10. 15 IV 81/15; vgl. RG 56, 287 und wegen Aufhebung der gegen den Ausgeschlossenen verhängten Sperre 78, 37). Der wegen Ungültigkeit der Ausschließung erhobene Anspruch ist als ein nicht vermögensrechtlicher im Sinne des § 546 ZPO (Zulässigkeit der Revision ohne Rücksicht auf den Wert des Beschwerdegegenstandes) anzusehen, wenn der Zweck des Vereins nicht auf einen wirtschaftlichen Geschäftsbetrieb gerichtet ist, wofür die Eintragung des Vereins auf Grund des § 21 allerdings nicht unbedingt entscheidend ist (RG 88, 332). Der nichtvermögensrechtliche Charakter ist aber auch dann anzunehmen, wenn die Ausschließung aus einem Grunde erfolgt ist, der den Betroffenen mit einem schweren Makel behaftet und hierbei im einzelnen Falle das Vermögensinteresse hinter dem persönlichen Interesse weit zurücktritt (anders bei G. m. b. H. RG 89, 337). — Handelt es sich um eine Religionsgesellschaft oder um eine zu Religionsübungen gebildete geistliche Gesellschaft, so ist, wie wenigstens für das preußische Recht auf Grund des Art 15 VerfU und des Ges. v. 13. 5. 73 für Bruderschaften angenommen ist, die Ausschließung aus der Kirche oder religiösen Gemeinschaft und die Entziehung eines für das innere Verhältnis bedeutsamen Rechtes eine Handlung der Selbstverwaltung und unterliegt in keiner Weise, auch nicht hinsichtlich der formellen Gültigkeit des Beschlusses, der Nachprüfung im ordentlichen Rechtswege (RG Gruch 62, 252; ebenso hinsichtlich der Ausschließung aus einem katholischen Ordensverband RG 113, 128; vgl. auch 26, 277).

3. Durch die Satzung kann bestimmt werden, daß die **Nichtzahlung des Beitrags** binnen bestimmter Frist den Verlust der Mitgliedschaft nach sich zieht. Der Verlust tritt in diesem Falle erst mit Ablauf der Frist ein. Die Weigerung des Beitragspflichtigen kann den Ablauf der Frist nicht ersetzen (RG Warn 1912 Nr 147).

§ 40

Die Vorschriften des § 27 Abs 1, 3, des § 28 Abs 1 und der §§ 32, 33, 38 finden insoweit keine Anwendung, als die Satzung ein anderes bestimmt[1]).

E I 44 Abs 7, 48 Abs 6 II 37; M 1 94 ff., 105 ff.; P 6 115

1. **Unabänderlich** sind die Vorschriften der §§ 26, 27 Abs 2, 28 Abs 2, 29, 31, 34—37 und 39, soweit nicht in ihnen selbst (§§ 26 Abs 2, 37 Abs 1, 39 Abs 2) eine Änderung durch die Satzung ausdrücklich zugelassen ist

§ 41

Der Verein kann durch Beschluß der Mitgliederversammlung aufgelöst[1]) [2]) werden. Zu dem Beschluß ist eine Mehrheit von drei Vierteilen der erschienenen Mitglieder erforderlich, wenn nicht die Satzung ein anderes bestimmt.

E II 38; P 1 538 ff.

1. Das Recht, die **Auflösung des Vereins zu beschließen**, das der Mitgliederversammlung als äußerste Maßregel verbleibt, wenn eine bessere Verwaltung nicht zu erreichen ist, kann ihr durch die Satzung nicht entzogen werden (vgl. § 39 A 1), wennschon die Ausübung dieses Rechtes durch das Erfordernis der Einstimmigkeit beschränkt werden kann. Als Auflösungsbeschluß ist es auch anzusehen, wenn die Vereinigung des Vereins mit einem fortbestehenden andern Verein beschlossen wird (vgl. über Verschmelzung der Aktiengesellschaften die besondersartigen Bestimmungen der §§ 305—307 HGB und RG Gruch 53, 703). Mit der Auflösung tritt, falls das Vereinsvermögen nicht an den Fiskus fällt, das in §§ 48 ff. vorgesehene Liquidationsverfahren ein, wobei der Verein, soweit der Zweck der Liquidation es erfordert, nach § 49

Abs 2 als fortbestehend gilt. Die dem Interesse der Gläubiger dienende Liquidation muß auch dann durchgeführt werden, wenn die Mitgliederversammlung bei oder vor der Auflösung beschließen sollte, daß der Verein als nichtrechtsfähiger bestehen bleibt, was die Bedeutung der Begründung eines neuen Vereins für die beitretenden Mitglieder hat (vgl. über die von der Auflösung verschiedene Entziehung der Rechtsfähigkeit § 42 A 1 u. § 43 A 1). Der Beschluß der Auflösung bedarf auch bei solchen Vereinen, deren Rechtsfähigkeit auf Verleihung beruht, nicht der staatlichen Genehmigung. Das gleiche gilt, wenn der Verein auf die Rechtsfähigkeit verzichtet (vgl. Staudinger A VIII). Dem Tode einer natürlichen Person im Sinne der von der Unterbrechung des Verfahrens handelnden §§ 239, 246 ZPO kann die Auflösung des Vereins, die eine Gesamtnachfolge nicht nach sich zieht, nicht gleichgestellt werden (vgl. **RG** JW 04, 119[21]). Über Auflösung des einer Genossenschaft angehörigen Vereins s. § 49 A 4 a. E.

2. Der Verein wird **ferner aufgelöst** durch Ablauf der in der Satzung bestimmten Zeit oder Eintritt der in ihr festgesetzten auflösenden Bedingung. Daß die Zahl der Mitglieder bis auf eines sinkt, hat — abgesehen von § 73 — die Auflösung des Vereins nicht zur Folge, s. für die G. m. b. H. **RG** 68, 174. Das verbleibende eine Mitglied hat die Macht, Mitgliederversammlungsbeschlüsse zu fassen und kann auch sich selbst (vgl. § 34 A 1) zum Vorstand wählen. Dagegen wird durch den Fortfall sämtlicher Mitglieder (infolge Todes oder Austritts) die Auflösung herbeigeführt. Der Auflösung steht in gewisser Hinsicht gleich die Nichtigkeit des Vereins. Auch in diesem Falle muß eine Art Liquidation stattfinden und verbleibt dem nichtigen Verein die Rechtsfähigkeit, soweit dies zum Zweck der Liquidation erforderlich ist (vgl. für die G. m. b. H. **RG** JW 05, 184[35]). Verfolgt der Verein nachträglich einen unsittlichen Zweck, bildet er sich z. B. in einen Spielklub um, so tritt die Auflösung erst in dem Zeitpunkte ein, wo die Eintragung von Amts wegen vom Registerrichter gelöscht oder die Ungültigkeit des Vereins auf Klage eines Mitgliedes durch rechtskräftiges Urteil ausgesprochen ist (vgl. **RG** LZ 1921, 745[2]). Dadurch, daß der Zweck des Vereins erreicht ist oder die Erreichung des Zweckes unmöglich geworden ist, wird die sofortige Auflösung des Vereins nicht herbeigeführt.

§ 42

Der Verein verliert[1]) die Rechtsfähigkeit durch die Eröffnung des Konkurses[2]).

Der Vorstand hat im Falle der Überschuldung[3]) die Eröffnung des Konkurses zu beantragen. Wird die Stellung des Antrags verzögert, so sind die Vorstandsmitglieder, denen ein Verschulden zur Last fällt, den Gläubigern für den daraus entstehenden Schaden verantwortlich; sie haften als Gesamtschuldner.

E I 47 II 39; M 1 104; P 1 523 ff., 539; 6 118.

1. Der Verlust der Rechtsfähigkeit (§§ 42, 43, 73) hat — im Gegensatz zur Auflösung — nicht ohne weiteres zur Folge, daß der Verein auch in der Eigenschaft als nicht rechtsfähiger Verein zu bestehen aufhört (a. A. Planck A 1 zu § 41). Über Verlust der Rechtsfähigkeit im Falle der Verlegung des Sitzes ins Ausland s. § 24 A 1.

2. Die **Eröffnung des Konkurses** läßt trotz des Wortlauts des § 42 die **Rechtsfähigkeit** des Vereins insoweit bestehen, als es zum Zwecke der konkursmäßigen Liquidation erforderlich ist (§ 49 Abs 2). Die Rechte des Vereins werden innerhalb dieser Grenzen von dem Konkursverwalter ausgeübt. Wird der Eröffnungsbeschluß auf Beschwerde wieder aufgehoben, so gilt die Entziehung der Rechtsfähigkeit als nicht erfolgt, unbeschadet jedoch der Gültigkeit der in der Zwischenzeit von dem Konkursverwalter vorgenommenen Rechtshandlungen. Wird das Konkursverfahren durch Schlußverteilung oder Zwangsvergleich beendigt oder gemäß §§ 202, 204 KO eingestellt, so lebt die durch die Konkurseröffnung verlorengegangene Rechtsfähigkeit nicht wieder auf (teilw. abw. früh. Aufl.). Doch kann in der Satzung bestimmt werden, daß in diesen Fällen der Verein als nichtrechtsfähiger sich fortsetze. Konkursfähig ist auch der nichtige Verein, s. für die G. m. b. H. **RG** JW 04, 503[35].

3. Der Vorstand hat **im Interesse der Gläubiger** auf die Erhaltung des zu ihrer Befriedigung erforderlichen Vereinsvermögens Bedacht zu nehmen. Er wird ihnen haftbar, wenn er schuldhaft ihre Befriedigung dadurch schmälert, daß er Vereinsvermögen unter die Mitglieder aufteilt oder die zur Schuldentilgung benötigten Beiträge von den Mitgliedern nicht erhebt oder arglistig die Gläubiger in sonstiger Weise schädigt. Ist Überschuldung eingetreten, worüber er nötigenfalls durch Aufnahme einer Bilanz sich zu vergewissern hat, so ist es seine Pflicht, die Konkurseröffnung zu beantragen. Hat die Verzögerung des Antrags zur Verkürzung der Gläubiger geführt, so können diese die Vorstandsmitglieder, die schuld-

haft gehandelt haben, als Gesamtschuldner in Anspruch nehmen. Schadensersatz können, wenn der Vorstand bei Nichtanmeldung des Konkurses unlauter gehandelt hat, auch diejenigen Gläubiger, deren Forderungen erst später entstanden sind, aus dem Gesichtspunkte des § 826 beanspruchen, insofern sie bei rechtzeitiger Konkursanmeldung sich nicht mehr zu Lieferungen und Kreditierungen verstanden haben würden. Die Verpflichtung zur Anmeldung des Konkurses besteht nach § 53 auch für die Liquidatoren.

§ 43

Dem Vereine kann die Rechtsfähigkeit entzogen werden, wenn[1]), er durch einen gesetzwidrigen Beschluß der Mitgliederversammlung oder durch gesetzwidriges Verhalten des Vorstandes das Gemeinwohl gefährdet[2]).

Einem Vereine, dessen Zweck nach der Satzung nicht auf einen wirtschaftlichen Geschäftsbetrieb gerichtet ist, kann die Rechtsfähigkeit entzogen werden, wenn er einen solchen Zweck verfolgt[3]).

Einem Vereine, der nach der Satzung einen politischen, sozialpolitischen oder religiösen Zweck nicht hat, kann die Rechtsfähigkeit entzogen werden, wenn er einen solchen Zweck verfolgt[3]).

Einem Vereine, dessen Rechtsfähigkeit auf Verleihung beruht, kann die Rechtsfähigkeit entzogen werden, wenn er einen anderen als den in der Satzung bestimmten Zweck verfolgt[3]).

E II 40 Abs 1—3; P 1 572 ff.; 6 116, 144.

1. Während nach § 2 des RVerG v. 19. 4. 08 ein jeder Verein, dessen Zweck den Strafgesetzen zuwiderläuft, polizeilich aufgelöst werden kann (vgl. auch bez. der Vereine, die sich mit militärischen Dingen befassen, Art 177 VerfFB und § 22 des AusfGes v. 31. 8. 19), ist auf privatrechtlichem Gebiete nur die **Entziehung der Rechtsfähigkeit** zulässig. Die Entziehung der Rechtsfähigkeit hat in gleicher Weise wie die in § 41 behandelte Auflösung die Folge, daß (abgesehen von § 46) die Liquidation erfolgen muß (§§ 45, 47). Von dieser Auflösung unterscheidet sich aber die Entziehung der Rechtsfähigkeit darin, daß der Verein fortbestehen kann (s. § 42 A 1). Es kann von vornherein durch Vereinbarung bei Errichtung des Vereins oder durch späteren satzungsändernden Beschluß für den Fall der Entziehung der Rechtsfähigkeit die Fortdauer des Vereins festgesetzt sein (bestr.). Eine auf Neubegründung des Vereins gerichtete Vereinbarung kann zwischen den Mitgliedern noch nach Entziehung der Rechtsfähigkeit mit der Wirkung getroffen werden, daß die Rechte dieser Mitglieder hinsichtlich des Vereinsvermögens auf den fortzusetzenden Verein übergehen, wenn dies für den Fall der Entziehung der Rechtsfähigkeit in der Satzung festgesetzt ist. Das Fortbestehen eines nach § 2 RVerG aufgelösten Vereins kann polizeilich gehindert werden.

2. Die **Gefährdung des Gemeinwohls** genügt nicht zur Entziehung der Rechtsfähigkeit. Es muß noch eine **gesetzwidrige Handlung oder Unterlassung** des Vereins hinzukommen, wodurch die Gefährdung verursacht ist (sachlich übereinstimmend § 81 GenG, § 62 GmbHG, §§ 97 Nr 3, 104f Nr 3 GewO betreffs der Innungen und Innungsverbände, Art 4 PrAG.HGB betreffs der Aktiengesellschaften und Aktienkommanditgesellschaften). Die Gesetzwidrigkeit kann begangen werden durch Beschlüsse der Mitgliederversammlung, namentlich insofern, als die Beschlüsse ihre Zuständigkeit überschreiten, und durch das Verhalten des Vorstandes, mag dieser nun selbst gesetzwidrig handeln oder das gesetzwidrige Verhalten der Angestellten dulden. Unter den Begriff der Gesetzwidrigkeit fällt auch die Satzungswidrigkeit und die Verletzung privatrechtlicher Gesetze, wennschon hierdurch eine Gefährdung des Gemeinwohls nur selten herbeigeführt werden wird. Daß die Gesetzwidrigkeit eine verschuldete ist, wird in § 43 nicht erfordert.

3. Besteht die Gesetzwidrigkeit darin, daß der Verein **andere als die zulässigen Zwecke** tatsächlich verfolgt, so kann die Rechtsfähigkeit entzogen werden, ohne daß die Gefährdung des Gemeinwohls festgestellt zu werden braucht (ebenso die in A 2 angeführten Bestimmungen des GmbHG und der GewO). Doch ist hier ein Unterschied zu machen zwischen den Vereinen, denen die Rechtsfähigkeit verliehen ist, und den eingetragenen Vereinen. Den ersteren kann, da die Verleihung wesentlich darauf beruht, daß die Angabe über den Vereinszweck richtig ist, die Rechtsfähigkeit schon dann entzogen werden, wenn sie ganz oder teilweise einen andern Zweck verfolgen. Bei den eingetragenen Vereinen kommt es dagegen darauf an, ob sie bei Angabe des später verfolgten Zweckes die Eintragung erlangt hätten. Es macht deshalb nichts aus, wenn statt des in der Satzung angegebenen idealen Zweckes ein anderer idealer Zweck verfolgt wird. Wohl aber ist die Entziehung der Rechtsfähigkeit zulässig, wenn der vom Verein später verfolgte Zweck auf einen wirtschaftlichen Geschäftsbetrieb ge-

richtet ist, da dies die Eintragung ausgeschlossen haben würde. Daß der Verein einen politischen, sozialpolitischen oder religiösen Zweck verfolgt, bildet jetzt nach Art 124 Abs 2 RVerf (s. § 61 A 3) kein Hindernis für die Eintragung des Vereins. Die durch Eintragung in das Vereinsregister erlangte Rechtsfähigkeit kann deshalb dem Verein auch nicht mehr aus dem Grunde entzogen werden, daß er entgegen der Satzung einen politischen, sozialpolitischen oder religiösen Zweck oder einen andern Zweck dieser Art als den in der Satzung angegebenen verfolgt. Die Entziehung der Rechtsfähigkeit aus dem gedachten Grunde wird auch dann nicht zulässig sein, wenn dem Vereine als einem wirtschaftlichen Vereine die Rechtsfähigkeit verliehen war. Über den Fall der Eintragung eines Vereins, dessen satzungsgemäßer Zweck auf einen wirtschaftlichen Geschäftsbetrieb gerichtet ist, s. § 65 A 2. Bloß aus dem Grunde, daß die Verwaltungsbehörde den Verein irrig als einen wirtschaftlichen beurteilt hat, kann dem satzungsgemäß sich betätigenden Vereine die Rechtsfähigkeit nach § 43 nicht entzogen werden.

§ 44

Die Zuständigkeit und das Verfahren bestimmen sich in den Fällen des § 43 nach den für streitige Verwaltungssachen geltenden Vorschriften der Landesgesetze[1]). Wo ein Verwaltungsstreitverfahren nicht besteht, finden die Vorschriften der §§ 20, 21 der Gewerbeordnung Anwendung[2]); die Entscheidung erfolgt in erster Instanz durch die höhere Verwaltungsbehörde, in deren Bezirke der Verein seinen Sitz hat[1]).

Beruht die Rechtsfähigkeit auf Verleihung durch den Bundesrat, so erfolgt die Entziehung durch Beschluß des Bundesrats[3]).

E II 40 Abs 4; P 1 572 ff.

1. Nach den **landesrechtlichen Bestimmungen** richtet es sich, ob das Verwaltungsstreitverfahren (wie in Preußen) bereits in erster Instanz oder (wie z. B. in Sachsen) erst in zweiter Instanz oder endlich (wie z. B. in Bayern) erst nach vorheriger Entscheidung der Verwaltungsbehörde zweiter Instanz stattfindet. Zuständig zur Erhebung der Klage ist in Preußen der Landrat, in Stadtkreisen die Ortspolizeibehörde (Art 2 AVBGB v. 16. 11. 99).

2. Besteht landesrechtlich ein **Verwaltungsstreitverfahren nicht,** so entscheidet in dem durch §§ 20, 21 GewO geregelten Verfahren die höhere Verwaltungsbehörde. Gegen deren Entscheidung kann binnen zwei Wochen Rekurs eingelegt werden, der in derselben Frist zu rechtfertigen ist. In erster oder zweiter Instanz muß die Entscheidung durch das Kollegium nach mündlicher und öffentlicher Verhandlung erfolgen; der Rekursbescheid ist mit Gründen zu versehen.

3. Ist die Rechtsfähigkeit von dem **Bundesrat,** jetzt Reichsrat, verliehen, so hat dieser, ohne daß über das Verfahren Vorschriften gegeben sind, auch über die Entziehung zu befinden. An Stelle des Bundesrats war bei nichtwirtschaftlichen Vereinen in den Schutzgebieten der Reichskanzler zuständig (s. § 23 A 2).

§ 45

Mit der Auflösung des Vereins oder der Entziehung der Rechtsfähigkeit fällt[2]) das Vermögen an die in der Satzung bestimmten Personen[1]).

Durch die Satzung kann vorgeschrieben werden, daß die Anfallberechtigten durch Beschluß der Mitgliederversammlung oder eines anderen Vereinsorgans bestimmt werden. Ist der Zweck des Vereins nicht auf einen wirtschaftlichen Geschäftsbetrieb gerichtet, so kann die Mitgliederversammlung auch ohne eine solche Vorschrift das Vermögen einer öffentlichen Stiftung oder Anstalt zuweisen[1]).

Fehlt es an einer Bestimmung der Anfallberechtigten, so fällt das Vermögen, wenn der Verein nach der Satzung ausschließlich den Interessen seiner Mitglieder diente, an die zur Zeit der Auflösung oder der Entziehung der Rechtsfähigkeit vorhandenen Mitglieder zu gleichen Teilen, anderenfalls an den Fiskus des Bundesstaats, in dessen Gebiete der Verein seinen Sitz hatte[1]).

E I 49 Abs 1 II 41; M 1 109 ff.; P 1 539 ff.

1. Der Auffassung, daß das Vermögen der juristischen Person nicht den Mitgliedern gehört (vgl. Vorbem 1 vor § 21), würde es, was die **Person des Anfallberechtigten** betrifft, ent-

sprechen, daß mit Auflösung des Vereins (Entziehung der Rechtsfähigkeit) das Vermögen dem Fiskus zufiele. Das BGB weicht jedoch hiervon darin ab, daß es bei einem selbstnützigen Verein (der satzungsmäßig ausschließlich den Interessen der Mitglieder dient), das Vermögen gleichanteilig an die Mitglieder fallen läßt (Abs 3), daß es ferner bei dem Idealverein, der nicht gerade ein gemeinnütziger zu sein braucht, der Mitgliederversammlung auch ohne Satzungsbestimmung gestattet, das Vermögen einer öffentlichen Stiftung oder Anstalt — worunter in Übereinstimmung mit der Ausdrucksweise des § 89 und des Art 85 EG eine Stiftung oder Anstalt des öffentlichen Rechts, nicht auch eine öffentlichrechtliche Körperschaft oder eine private Stiftung mit öffentlichen Zwecken zu verstehen ist (bestr.) — zuzuwenden und daß in jedem Falle durch die Satzung (auch durch einen die Satzung abändernden Beschluß) unmittelbar oder mittelbar, indem letzterenfalls die Verfügung der Mitgliederversammlung oder einem sonstigen Vereinsgliede übertragen wird, über den Verbleib des Vermögens Bestimmung getroffen werden kann. Es kann insbesondere für den Fall der Entziehung der Rechtsfähigkeit satzungsgemäß bestimmt werden, daß das Vermögen dem ohne Rechtsfähigkeit fortzusetzenden Verein verbleibt (s. oben § 43 A 1 — bestr.). Die Bestimmung nach Abs 2 muß spätestens bei Auflösung des Vereins erfolgen. Mehrere Anfallberechtigte können in der Weise berufen werden, daß der zweite erst berufen ist, wenn der erste die Zuwendung nicht annehmen kann oder will. Aufrechterhalten sind durch Art 85 EG die landesrechtlichen Vorschriften, nach welchen an Stelle des Fiskus das Vermögen einer Körperschaft, Stiftung oder Anstalt des öffentlichen Rechtes zufällt. Der Verteilung des Vermögens einer aufgelösten Innung unter die Mitglieder sind durch § 98a GewO insofern Schranken gezogen, als kein Mitglied mehr als den Gesamtbetrag der geleisteten Beiträge erhalten kann. Wegen Anfall des Stiftungsvermögens s. § 88 A 1.

2. Die **Art des Anfalls** ist eine verschiedene. Ist der Fiskus der Anfallberechtigte, so vollzieht sich der Vermögensübergang, da der Fiskus nach § 46 die Stellung des Erben hat, durch Gesamtnachfolge. In gleicher Weise ist der Übergang, wenn andere Personen die Anfallberechtigten sind, nicht geregelt. Es bleibt deshalb nur übrig, ihnen einen schuldrechtlichen Anspruch auf Ausantwortung des Vermögens zu geben, der gegen die Liquidatoren zu richten ist (vgl. KGJ 25 A 129; 43 A 184).

§ 46

Fällt das Vereinsvermögen an den Fiskus, so finden die Vorschriften über eine dem Fiskus als gesetzlichem Erben anfallende Erbschaft entsprechende Anwendung¹). Der Fiskus hat das Vermögen tunlichst in einer den Zwecken des Vereins entsprechenden Weise zu verwenden²).

E I 49 Abs 2 Satz 1 u. 2 II 42 Abs 1; M 1 109 ff.; P 1 545 ff.; 6 116.

1. Der **Fiskus** erwirbt das Vermögen durch Gesamtnachfolge (§ 1922 Abs 1), ohne daß er den Erwerb ausschlagen kann (§ 1942 Abs 2). Er haftet in allen Fällen nur mit dem Vereinsvermögen (§ 2011 BGB, § 780 ZPO). Seine Berechtigung und Inanspruchnahme ist davon abhängig, daß zuvor das Nachlaßgericht, d. i. das Amtsgericht, in dessen Bezirk der Verein seinen Sitz hatte (§§ 72, 73 FGG), sein Anfallrecht festgestellt hat (§ 1966 BGB; vgl. § 78 FGG). Handelt es sich um einen ausländischen, vom Bundesrat (jetzt Reichsrat) anerkannten Verein, so ist nach § 73 Abs 3 FGG jedes Amtsgericht, in dessen Bezirk sich Vereinsgegenstände befinden, bezüglich aller im Inlande befindlichen Vereinsgegenstände zuständig. Diese Vorschriften gelten für den Fiskus und die nach Art 85 EG an Stelle des Fiskus tretenden öffentlichen Verbände und Anstalten nur dann, wenn ihr Anfallrecht auf Gesetz, nicht auf der Satzung oder einem Vereinsbeschlusse (§ 45 Abs 1, 2) beruht (bestr.).

2. Die dem Fiskus auferlegte **Verwendungspflicht**, die nur für gemeinnützige Vereine in Betracht kommt (§ 45 Abs 3), ist eine öffentlich-rechtliche, auf deren Erfüllung namentlich von der Volksvertretung gedrungen werden kann. Sie liegt in gleicher Weise den in Art 85 EG (§ 45 A 1) bezeichneten öffentlichen Verbänden und Anstalten ob.

§ 47

Fällt das Vereinsvermögen nicht an den Fiskus, so muß eine Liquidation stattfinden¹).

E I 49 Abs 2 Satz 3 II 42 Abs 2; M 1 113; P 1 546.

1. Die Mußvorschrift des § 47 wird dadurch verwirklicht, daß mit der Auflösung, der Entziehung oder dem Verlust der Rechtsfähigkeit (abgesehen von dem Falle der §§ 42 u. 46) die Vorstandsmitglieder, falls nicht besondere Liquidatoren bestellt sind, ohne weiteres die

Stellung eines **Liquidators** erhalten, dessen Befugnis zur Vertretung des Vereins gemäß § 49 Abs 1 beschränkt ist. In gleichem Umfange beschränkt sich gemäß § 49 Abs 2 die Rechtsfähigkeit des Vereins, der zum Liquidationsverein wird.

§ 48

Die Liquidation erfolgt durch den Vorstand. Zu Liquidatoren können auch andere Personen bestellt werden; für die Bestellung sind die für die Bestellung des Vorstandes geltenden Vorschriften maßgebend[1]).

Die Liquidatoren haben die rechtliche Stellung des Vorstandes, soweit sich nicht aus dem Zwecke der Liquidation ein anderes ergibt[2]).

Sind mehrere Liquidatoren vorhanden, so ist für ihre Beschlüsse Übereinstimmung aller erforderlich, sofern nicht ein anderes bestimmt ist[2]).

E I 50 II 43; M 1 113 ff.; P 1 547 ff.

1. Falls in der Satzung oder durch Beschluß des zuständigen Vereinsgliedes nicht andere Liquidatoren bestellt sind, fällt dem **Vorstande** die Aufgabe zu, die Liquidation durchzuführen. Die Mitgliederversammlung, die durch die Auflösung nicht beseitigt wird, bleibt jedoch befugt, einen Liquidator nach § 27 Abs 2 abzuberufen und an seiner Stelle einen andern zu bestellen. Eine Abberufung durch das Gericht findet nicht statt, sofern nicht für Vereine mit verliehener Rechtsfähigkeit in der Satzung etwas anderes festgesetzt ist. Fehlen die erforderlichen Liquidatoren, so kann nach § 29 in dringenden Fällen das Amtsgericht eingreifen. Eine juristische Person kann nicht zum Liquidator bestellt werden.

2. Die **Liquidatoren** haben innerhalb ihres Wirkungskreises (§ 49 Abs 1) in gleicher Weise wie der Vorstand die Stellung eines gesetzlichen Vertreters (§ 26 Abs 2). Sie sind der Mitgliederversammlung insofern untergeordnet, als sie dieser über ihre Geschäftsführung Rechenschaft abzulegen haben und von ihr Entlastung erhalten. Die Stellung der Liquidatoren unterscheidet sich aber darin von der des Vorstandes, daß sie unmittelbar den Gläubigern gegenüber für richtige Durchführung des Liquidationsverfahrens verantwortlich sind (§ 53) und daher insoweit, als die Interessen der Gläubiger in Frage kommen, an Weisungen der Mitgliederversammlung nicht gebunden werden können. Abweichend ist ferner, daß mehrere Liquidatoren, falls nicht in der Satzung oder durch Beschluß der Mitgliederversammlung etwas anderes bestimmt ist (vgl. hinsichtlich des eingetragenen Vereins § 76 A 1), den Verein — wodurch den Gläubigern eine größere Sicherheit gegeben ist — nur gemeinschaftlich vertreten können. Der Umfang der Vertretungsmacht der Liquidatoren kann nur insoweit beschränkt werden, als dies mit dem Liquidationszweck verträglich ist.

§ 49

Die Liquidatoren haben die laufenden Geschäfte zu beendigen, die Forderungen einzuziehen, das übrige Vermögen in Geld umzusetzen, die Gläubiger zu befriedigen[3]) **und den Überschuß den Anfallberechtigten auszuantworten. Zur Beendigung schwebender Geschäfte können die Liquidatoren auch neue Geschäfte eingehen. Die Einziehung der Forderungen sowie die Umsetzung des übrigen Vermögens in Geld darf unterbleiben, soweit diese Maßregeln nicht zur Befriedigung der Gläubiger oder zur Verteilung des Überschusses unter die Anfallberechtigten erforderlich sind**[1—3]).

Der Verein gilt bis zur Beendigung der Liquidation als fortbestehend, soweit der Zweck der Liquidation es erfordert[4]).

E I 51 II 44; M 1 115, 116; P 1 548 ff.; 6 136 ff.

1. Die Liquidatoren haben, soweit dies zur Befriedigung der Gläubiger oder zur Auseinandersetzung der Anfallberechtigten erforderlich ist, das **Vereinsvermögen zu verwerten**. In dieser Hinsicht liegt ihnen auch ob, die laufenden Geschäfte zur Klarstellung des Vermögensstandes zu beendigen, was durch Kündigung, Erfüllung, Vergleich, Durchführung eines schwebenden Rechtsstreits usw. geschehen kann. Zu dem gedachten Zwecke können neue Geschäfte, sog. Abwicklungsgeschäfte, eingegangen werden (vgl. § 149 HGB). Forderungen sind, falls nicht nach Ermessen der Liquidatoren besondere Gründe für eine andere Art der Verwertung vorliegen, einzuziehen. Nicht unzulässig ist es, die Verwertung in der Weise vorzunehmen, daß das von dem Verein betriebene Geschäft im ganzen veräußert wird (a. A. Planck A 1). Den Liquidatoren steht auch das Recht zu, Beiträge, zu denen die

Mitglieder nach der Satzung verpflichtet sind (vgl. § 38 A 2 a. E.), insoweit zu erfordern, als dies zur Deckung der Schulden nötig ist. Haben die Liquidatoren die Einziehung dieser Beiträge unterlassen, so kann der Gläubiger, obschon die Beitragspflichtigen ihm haftbar bleiben, die Liquidatoren ersatzpflichtig machen, weil es für ihn eine Verschlechterung der Vermögenslage bedeutet, daß er genötigt ist, den Anspruch, statt der Befriedigung aus dem Vereinsvermögen, mit größeren Weiterungen und auf seine Kosten selbst zur Durchführung zu bringen (RG 19. 1. 22 IV 370/21).

2. Nur auf die zu 1 bezeichneten Liquidationsgeschäfte erstreckt sich die **Vertretungsmacht** der Liquidatoren. Dritte, die sich mit ihnen in Verhandlungen einlassen, haben daher zu prüfen, ob die Grenzen der Vertretungsmacht nicht überschritten sind. Es kann ihnen jedoch, wenn nach der objektiven Sachlage das Geschäft geeignet ist, als Liquidationsgeschäft zu dienen, daraus kein Nachteil entstehen, daß im besondern Falle, ohne daß ihnen dies bekannt sein konnte, das Geschäft zu andern als Liquidationszwecken abgeschlossen ist. Darüber, daß er der Erkundigungspflicht genügt hat, hat der Dritte sich auszuweisen (abweichend Staudinger A VI, welcher den das Geschäft Anfechtenden für beweispflichtig hält).

3. Die Rechte der **Gläubiger** werden durch die Auflösung des Vereins nur insofern berührt, als sie (ähnlich wie im Konkurse) sich die vollständige Abfindung wegen ihrer Rechte gefallen lassen müssen. Anders ist es mit den satzungsmäßigen Rechten der Mitglieder auf Benutzung, auf bestimmte Bezüge usw. Die hieraus entspringenden Verpflichtungen sind von den Liquidatoren nur insoweit und nur so lange zu erfüllen, als dies mit dem Liquidationszweck verträglich ist. Das Innungsmitglied, das berechtigt ist, in der der Innung gehörigen Walkmühle walken zu lassen, kann dieses Recht nicht mehr geltend machen, wenn die Walkmühle im Interesse der Liquidation zum Verkauf gebracht ist (vgl. RG LZ 1914, 752[1]).

4. Das **Fortbestehen des Vereins** wird nur für die Zwecke der Liquidation anerkannt. Deshalb ist in gleicher Weise wie die Vertretungsmacht der Liquidatoren auch die Rechtsfähigkeit des Vereins nach eingetretener Liquidation nur eine beschränkte. Es ist jedoch nicht zu bezweifeln, daß der Verein auch nach diesem Zeitpunkte die Fähigkeit behält, Zuwendungen, welche die Mittel zur Tilgung von Verbindlichkeiten gewähren, anzunehmen. Ist der Verein, was nach § 43 Abs 4 GenG v. 20. 5. 98 zulässig, Mitglied einer Genossenschaft, so hat die Auflösung des Vereins, wie in entsprechender Anwendung der den Fall des Todes eines Genossen betreffenden Vorschrift des § 77 GenG angenommen werden darf, das Ausscheiden aus der Genossenschaft zum Schluß des Geschäftsjahres zur Folge (RG JW 1916, 418[12]). — Der nichtrechtsfähige Verein wandelt sich durch die Liquidation nicht etwa in eine bloße Gesellschaft um.

§ 50

Die Auflösung des Vereins oder die Entziehung der Rechtsfähigkeit ist durch die Liquidatoren öffentlich bekanntzumachen. In der Bekanntmachung sind die Gläubiger zur Anmeldung ihrer Ansprüche aufzufordern. Die Bekanntmachung erfolgt durch das in der Satzung für Veröffentlichungen bestimmte Blatt, in Ermangelung eines solchen durch dasjenige Blatt, welches für Bekanntmachungen des Amtsgerichts bestimmt ist, in dessen Bezirke der Verein seinen Sitz hatte. Die Bekanntmachung gilt mit dem Ablaufe des zweiten Tages nach der Einrückung oder der ersten Einrückung als bewirkt.

Bekannte Gläubiger sind durch besondere Mitteilung zur Anmeldung aufzufordern[1]).

E I 52 II 45; P 1 550.

1. Die **öffentliche Aufforderung der Gläubiger** dient nicht dazu, die sich nicht meldenden Gläubiger auszuschließen, sondern soll nur ein Mittel sein, die Gläubiger und ihre Forderungen zu erfahren. An die bekannten Gläubiger ergeht eine besondere Aufforderung, da es, auch wenn die Höhe der ursprünglichen Forderung bekannt ist, möglich bleibt, daß der Stand der Forderung sich geändert hat. Meldet sich ein unbekannter Gläubiger innerhalb des Sperrjahrs (§ 51 A 1) nicht, so wird er tatsächlich insofern ausgeschlossen, als er die bis zur späteren Meldung bewirkten Verteilungen an Gläubiger oder Anfallberechtigte nicht anfechten kann. Nur aus der noch unverteilten Masse kann er Befriedigung beanspruchen. Werden die Gläubiger schon vor Ablauf des Sperrjahrs ganz oder teilweise befriedigt, so geschieht dies in der selbstverständlichen Voraussetzung, daß nicht nachträglich vor Ablauf des Sperrjahrs weitere Gläubiger sich melden, zu deren gleichmäßiger Befriedigung das Vereinsvermögen nicht ausreicht. Das hiernach zuviel Gezahlte können die Liquidatoren zurückfordern (a. A. Planck A 2 zu § 51).

§ 51

Das Vermögen darf den Anfallberechtigten nicht vor dem Ablauf eines Jahres[1]) nach der Bekanntmachung der Auflösung des Vereins oder der Entziehung der Rechtsfähigkeit ausgeantwortet werden[2]).

E I 53 II 46; M 1 116; P 1 550.

1. Während des **Sperrjahrs**, das nach § 50 mit Ablauf des zweiten Tages nach der Einrückung der öffentlichen Aufforderung an die Gläubiger beginnt — vgl. § 301 Abs 1 HGB betreffs der Aktiengesellschaft, ebenso § 73 GmbHG und § 90 GenG —, darf das Vereinsvermögen nicht zum Nachteil der Gläubiger den Anfallberechtigten ausgeantwortet werden, widrigenfalls die Liquidatoren nach § 53 schadensersatzpflichtig und die Anfallberechtigten nach § 812 herausgabepflichtig sind. Aber auch nach Ablauf des Sperrjahrs darf das Vermögen vor Befriedigung oder Sicherstellung der bekannten Gläubiger — selbst wenn diese erst nach Ablauf des Sperrjahrs sich gemeldet haben — bei Vermeidung der Schadensersatzpflicht der Liquidatoren den Anfallberechtigten nicht ausgeantwortet werden. Der Anfallberechtigte bleibt in Höhe der noch vorhandenen Bereicherung den Gläubigern, denen das Vereinsvermögen haftet, aus § 812 verpflichtet (a. A. Staudinger A 2; Planck § 53 A 4). Den Gläubigern verbleibt ihr Recht in der Gestalt, daß sie die Anfallberechtigten, denen der verbliebene Überschuß ausgeantwortet ist, in Höhe der Bereicherung anteilig in Anspruch nehmen können (Recht 1912, 661). Es kommt hier nicht darauf an, ob die Liquidatoren ihre Pflicht verletzt haben. Die Bereicherung des Anfallberechtigten ist, solange noch unbefriedigte Gläubiger vorhanden sind, zwar nicht dem Vereine, wohl aber den Gläubigern gegenüber eine ungerechtfertigte (bestr.). Anders ist es, wenn dem Vereine wegen Nichteinhaltung des Sperrjahrs — vor Ablauf des Sperrjahrs sind die Liquidatoren zur Ausantwortung nicht befugt — oder aus andern Gründen ein Rückforderungsrecht zusteht. In einem solchen Falle kann der Gläubiger sich nur an den Verein, der bezüglich des Rückforderungsanspruchs das Liquidationsverfahren fortzusetzen hat, nicht unmittelbar an den Anfallberechtigten halten (**RG** 92, 84). — Für die durch G. v. 15. 7. 21 aufgelösten Kriegsgesellschaften verkürzt sich nach § 2 dieses Gesetzes die Sperrfrist auf drei Monate.

2. Mit der Ausantwortung ist regelmäßig die **Liquidation beendet.** Stellen sich später weitere Gegenstände als zum Vereinsvermögen gehörig heraus (wie z. B. ein Schadensersatzanspruch gegen den Vorstand), so ist die Liquidation wieder aufzunehmen und lebt insoweit auch die Rechtsfähigkeit des Vereins wieder auf.

§ 52

Meldet sich ein bekannter Gläubiger nicht, so ist der geschuldete Betrag, wenn die Berechtigung zur Hinterlegung vorhanden ist, für den Gläubiger zu hinterlegen[1]).

Ist die Berichtigung einer Verbindlichkeit zur Zeit nicht ausführbar oder ist eine Verbindlichkeit streitig, so darf das Vermögen den Anfallberechtigten nur ausgeantwortet werden, wenn dem Gläubiger Sicherheit geleistet ist[2]).

E I 54 II 47; M 1 116ff.; P 1 551; 4 568 ff., 607; 6 116 u. 117.

1. Von den bekannten Verbindlichkeiten wird der Verein nicht dadurch frei, daß der Gläubiger sich nicht meldet. Der Verein hat bezüglich der ihm bekannten oder durch Anmeldung bekanntgewordenen Verbindlichkeiten die Pflicht, sie zu erfüllen oder bei Vorhandensein eines Hinterlegungsgrundes — Annahmeverzug des Gläubigers, ein sonstiges in seiner Person vorhandenes Hindernis oder nicht verschuldete Ungewißheit über die Person des Berechtigten, §§ 372ff. — den Schuldbetrag zu **hinterlegen.** Dadurch, daß der bekannte Gläubiger sich nicht meldet, wird bei einer Bringschuld der Annahmeverzug noch nicht begründet. Über die Wirkung der Hinterlegung vgl. §§ 378, 379. Ist eine Forderung noch nicht fällig, so braucht nur derjenige Betrag hinterlegt zu werden, der mit Hinzurechnung der Hinterlegungszinsen bis zur Fälligkeit den geschuldeten Betrag ergibt (abw. Planck A 2, der hinsichtlich einer betagten Verbindlichkeit nur eine Sicherheitsleistungspflicht annimmt). Bei Verzug des Gläubigers in Annahme einer nicht hinterlegungsfähigen beweglichen Sache kann nach §§ 383ff. verfahren werden.

2. An Stelle der Erfüllungs- oder Hinterlegungspflicht tritt die Pflicht der **Sicherheitsleistung,** wenn die Verbindlichkeit streitig ist oder die Berichtigung wegen Bedingtheit der Forderung, Ungewißheit der Dauer eines Rechtsverhältnisses usw. zur Zeit nicht ausführbar ist (ebenso § 301 Abs 3 HGB). Auch der Umstand, daß der Verein zur Hinterlegung be-

rechtigt sein würde, der geschuldete Gegenstand aber nicht hinterlegungsfähig ist, kann zur Sicherheitsleistung führen. Die Art der Sicherheitsleistung bestimmt sich nach §§ 232 ff. Sicherheitsleistung kann nur insoweit verlangt werden, als das Vereinsvermögen Mittel hierzu gewährt.

§ 53

Liquidatoren, welche die ihnen nach dem § 42 Abs 2 und den §§ 50 bis 52 obliegenden Verpflichtungen verletzen oder vor der Befriedigung der Gläubiger Vermögen den Anfallberechtigten ausantworten, sind, wenn ihnen ein Verschulden zur Last fällt, den Gläubigern für den daraus entstehenden Schaden verantwortlich[1]); sie haften als Gesamtschuldner.

E I 56 II 48; M 1, 117; P 1 551.

1. Die hier bezeichneten Verpflichtungen sind den Liquidatoren im Interesse der Gläubiger auferlegt. Diese haben deshalb gegen die Liquidatoren im Falle schuldhafter Zuwiderhandlung unmittelbar einen Anspruch auf **Schadensersatz,** auf den die Mitgliederversammlung nicht etwa verzichten kann und dem die Liquidatoren nicht mit dem Einwand, daß sie auf Anweisung der Mitgliederversammlung gehandelt hätten, begegnen können (vgl. § 48 A 2). Haben die Liquidatoren sich dadurch schadensersatzpflichtig gemacht, daß sie vor Befriedigung oder Sicherstellung der Gläubiger dem Anfallberechtigten Vermögen ausgeantwortet haben (vgl. § 51 A 1), so haben die Gläubiger, die durch die Ausantwortung verhindert sind, ihre Befriedigung aus dem bereiten Vereinsvermögen zu erlangen, nicht nötig, vor der Inanspruchnahme der Liquidatoren sich an den Anfallberechtigten oder an den Verein zu halten, damit dieser den Schadensersatzanspruch gegen die Liquidatoren oder den Rückforderungsanspruch gegen den Anfallberechtigten zur Durchführung bringt (a. A. Staudinger A 5, Planck A 2 u. 4). Der Anspruch auf Schadensersatz ist als solcher aus unerlaubter Handlung aufzufassen (§ 823 Abs 2) und daher der 3jährigen Verjährung aus § 852 unterworfen (abw. früh. Aufl.).

§ 54

Auf Vereine[1]), die nicht rechtsfähig sind, finden die Vorschriften über die Gesellschaft Anwendung. Aus einem Rechtsgeschäfte, das im Namen eines solchen Vereins einem Dritten gegenüber vorgenommen wird, haftet[2]) der Handelnde persönlich; handeln mehrere, so haften sie als Gesamtschuldner.

E II 676; P 1 553 ff.; 2 452 ff.; 6 117, 206, 209.

1. Die Gesellschaft erscheint als **Verein,** wenn sie körperschaftlich gebildet ist, einen Gesamtnamen führt und satzungsgemäß vom Wechsel der Mitglieder unabhängig ist (**RG** 60, 96; 74, 371; JW 1911, 100[2]; SeuffA 62 Nr 129; **RG** 76, 27 über Tarifgemeinschaften; 78, 134 über studentische Korps; 97, 124 über die staatlich zugelassene, aber als juristische Person nicht anerkannte Niederlassung eines Ordens oder einer Kongregation; 113, 127 über eine preußische Provinz des Franziskanerordens; SeuffA 77 Nr 54 über das Offizierkorps eines Regiments, ebenso 105, 309). In dem letzteren Erfordernis ist auch enthalten, daß der Verein auf einen größeren Mitgliederbestand eingerichtet sein und die Dauer der Gesellschaft, weil sonst die Unabhängigkeit von dem Wechsel der Mitglieder tatsächlich bedeutungslos sein würde, auf eine längere Zeit berechnet sein muß. Die Vereinigung auf die Zeit von zehn Jahren genügt nach **RG** JW 1913, 974[1], um das Erfordernis der Dauer — wobei auf die Auffassung im geschäftlichen Verkehr Rücksicht zu nehmen ist — als erfüllt anzusehen. Die Bestimmung, daß die Vereinigung trotz Wechsels der Mitglieder fortbestehen soll, kann auch ohne ausdrückliche Festsetzung aus dem Gesamtinhalt der Satzung entnommen werden. In dieser Beziehung kann namentlich der Gebrauch des Ausdrucks „Verein" von Bedeutung sein. Zur körperschaftlichen Gestaltung gehört, daß unter Änderung der §§ 709—712 eine in Vereinsangelegenheiten durch Mehrheitsbeschlüsse entscheidende Mitgliederversammlung eingeführt ist und daß die Führung der Geschäfte einem Vorstande — der ebensowenig wie ein sonstiges Vereinsglied aus den Vereinsangehörigen zu bestehen braucht — übertragen ist. Liegen die Erfordernisse des Vereins vor, so sind damit die mit dem Vereinscharakter unverträglichen Vorschriften des Gesellschaftsrechts (§§ 707, 723—729, soweit diese Vorschriften das Recht der Kündigung oder Auflösung des gesamten Gesellschaftsvertrags betreffen, 740, Anspruch auf Zahlung des Wertes des Anteils nach § 738, so bez. einer katholischen Ordensgemeinschaft **RG** 113, 135) stillschweigend außer Geltung gesetzt, nicht aber ist ohne weiteres anzunehmen, daß in allen Beziehungen, soweit dies durch

Vertrag geschehen kann, das Gesellschaftsrecht für das Innenverhältnis der Mitglieder durch Vereinsrecht ersetzt ist — anders Gierke, Nichtrechtsfähige Vereine S. 9; Eckstein in IheringsJ 55, 243 (vgl. über Anwendbarkeit der §§ 723, 724 RG 78, 136 und über Anwendbarkeit des § 728 § 21 A 1). — Ein durchgreifender Unterschied zwischen der Gesellschaft und dem Verein zeigt sich darin, daß, während bei der Gesellschaft ein jeder Gesellschafter dem andern gegenüber zur Leistung von Beiträgen und sonstigen zur Erfüllung des Gesellschaftszwecks erforderlichen Handlungen verbunden ist, bei dem Vereine eine solche Verpflichtung nur gegenüber den Vereinsorganen besteht. Durch die Bestellung dieser Organe sind ihnen innerhalb ihres Wirkungskreises die sonst den Gesellschaftern zustehenden Rechte, insbesondere das Recht der Geschäftsführung (§ 709), übertragen. Das Gesellschafterrecht hat sich infolge der Organisierung in ein Mitgliedsrecht (vgl. § 38 A 2) umgewandelt. Ein weiterer, sehr deutlich in die Erscheinung tretender Unterschied ist der, daß der **nichtrechtsfähige Verein** nach außen hin als ein einheitliches Ganzes auftreten will, zu welchem Zwecke er einen Gesamtnamen führt (vgl. § 12 A 1). Die Einheitlichkeit kann freilich, weil die Vereinigung nicht als juristische Person anerkannt wird, nur unvollkommen erreicht werden. Inhaber des Gesellschaftsvermögens, Träger der Rechte und Verbindlichkeiten sind die Mitglieder dieses Vereins (vgl. RG JW 04, 61[17]). Die Eingehung von Rechtsgeschäften ist zwar dadurch erleichtert, daß die Mitglieder unter der Vereinsbezeichnung zusammengefaßt werden können. Immerhin ergeben sich aus dem Mangel der Rechtsfähigkeit für die Rechtsbetätigung nicht unerhebliche Schwierigkeiten. Kommt es zur Klageanstellung, so müssen die sämtlichen Mitglieder (mit Ausnahme des in dem Rechtsstreit zu verklagenden Mitgliedes) als Kläger auftreten. Der Vorstand kann trotz der Satzungsbestimmung, daß er den Verein in allen Rechtsstreitigkeiten vertritt, nicht für Rechnung des Vereins, sondern nur namens der einzeln aufzuführenden Mitglieder klagen (RG 57, 92; 78, 106; JW 03, 4[8]; 1914, 414[15]). Er hat nicht die Stellung eines gesetzlichen Vertreters. Seine Vertretungsbefugnis erstreckt sich deshalb nicht auf Rechtsgeschäfte außergewöhnlicher Art (vgl. RG Gruch 55, 94). Über seine Bevollmächtigung zur Prozeßführung hat er demgemäß nach § 80 ZPO sich auszuweisen, wozu indes schon die Einreichung der Satzung genügen kann, ohne daß eine formelle Vollmachtsurkunde vorgelegt zu werden braucht (RG 57, 90). Die nur in schriftlicher Form vorliegende Satzung ist allerdings nicht genügend, wenn die Vorlegung einer gerichtlich oder notariell beglaubigten Prozeßvollmacht (§ 80 Abs 2 ZPO) verlangt wird (RG Warn 1913 Nr 118 — a. A. Raddatz in Gruch 58, 77 von dem Standpunkt aus, daß die Vertretungsbefugnis des Vorstandes nicht auf Vollmacht, sondern auf Ermächtigung beruhe). Die Namen der Mitglieder sind spätestens bis zur letzten mündlichen Verhandlung aufzuführen (RG Gruch 47, 1160), und zwar auch die Namen der nach der Klagezustellung dem Verein beigetretenen Mitglieder. Die Klage des Vereins ist dahin aufzufassen, daß von vornherein im Namen der zur Zeit der letzten mündlichen Verhandlung vorhandenen Mitglieder geklagt wird. Die nach der Klagezustellung neu eintretenden Mitglieder brauchen deshalb der Klage nicht besonders beizutreten. Ebenso ist das Ausscheiden eines Mitgliedes nach der Klagezustellung, da es nur in seiner Eigenschaft als Vereinsmitglied am Rechtsstreit beteiligt war, auf das Klagerecht des Vorstandes ohne Einfluß (vgl. indes RG 78, 105). Im Grundbuch können Rechte des Vereins nicht auf dessen Namen, sondern nur auf den Namen der Mitglieder eingetragen werden, wobei nach § 48 GBO zu vermerken ist, daß ihnen das Recht nur als Mitgliedern eines nichtrechtsfähigen Vereins zusteht. Ist eine Grundbucheintragung für einen der Rechtspersönlichkeit entbehrenden Verein erfolgt, so liegt keine ihrem Inhalt nach unzulässige Eintragung vor; die bestehende Unrichtigkeit des Grundbuchs ist im Wege der Berichtigung nach § 22 GBO zu beseitigen (RG in JFG 3, 1). Dem Verein als solchen kann ferner weder eine Erbschaft noch ein Vermächtnis zugewendet werden. Möglich ist aber, daß die Zuwendung — in welcher Weise die Verfügung regelmäßig auszulegen ist — den Vereinsmitgliedern oder den Vorstandsmitgliedern mit der Auflage gemacht wird, das Zugewendete (das sie zunächst nur für sich erhalten) dem Vereine zu überlassen und bis dahin die Verfügung durch den Verein sich geradeso gefallen zu lassen, als wenn es Vereinsvermögen wäre (ähnlich RG 19. 12. 12 IV 212/12; ähnlich auch Planck A 3g; für Zulässigkeit eines weitergehenden Vereinserwerbs Staudinger A VII 3a und Josef in Gruch 62, 712). Eine letztwillige Zuwendung, die der Erblasser einem Vereinsmitgliede in der Erwartung macht, daß dieser das Zugewendete dem Vereine übertragen werde, kann nicht etwa wegen Nichtübereinstimmung des Willens mit der Erklärung als ungültig angesehen werden. Der Mangel der Aktivlegitimation des Vereins wird oft dazu führen, die Vorstandsmitglieder als fiduziarische Eigentümer des Vereinsgutes zu bestellen, in welchem Falle bei einem Vorstandswechsel eine Übertragung auf das neu gewählte Vorstandsmitglied stattfinden muß (RG 14. 4. 19 VI 45/19). Zulässig ist es, wenn dies in der Satzung vorgesehen ist, ein Forderungsrecht für die jeweiligen Mitglieder des Vorstandes, die damit zu Treuhändern bestellt sind, zu begründen (RG LZ 1919, 855[5]). Die für juristische Personen geltenden Erwerbsbeschränkungen (Vorbem 2 vor § 21) greifen bei den nichtrechtsfähigen Vereinen nicht Platz. Der Vereinszweck kann ein idealer oder ein wirtschaftlicher sein. — Eine beschränkte Rechtsfähigkeit ist dem nichtrechtsfähigen Verein insofern beigelegt, als er als solcher gemäß § 50 Abs 2 ZPO verklagt werden kann (Parteifähigkeit), als demgemäß nach § 735 ZPO Zwangsvollstreckung gegen ihn stattfindet und nach § 213 KO das Konkursverfahren über ihn eröffnet werden kann. Der Verein wird in diesen Beziehungen geradeso behandelt wie ein rechtsfähiger Verein, woraus folgt, daß der Vorstand die ihm sonst nicht gebührende Stellung eines gesetzlichen Vertreters hat. Als rechtsfähig gilt der Verein auch in dem Verfahren über die gegenüber der Klage von ihm geltend gemachten Rechtsbehelfe (Widerklage, Widerspruchsklage, Kostenerstattungsanspruch usw.), und diese Rechtsfähigkeit muß auch demjenigen zustatten kommen, der Forderungen des Vereins auf Grund eines Pfändungs- und Überweisungsbeschlusses gegen den Drittschuldner geltend macht (RG 54, 300). Ist der Verein aufgelöst, so geht die Verpflichtung zur eidlichen Offenbarung des Vereinsvermögens, die vorher den Vorstandsmitgliedern oblag, auf die einzelnen Vereinsmitglieder über (SeuffA 67 Nr 64). Als Gesellschaften mit bloß formeller Rechtsfähigkeit, nicht als juristische Personen stellen sich dar die offene Handelsgesellschaft und die Kommanditgesellschaft (§§ 124, 161 Abs 2 HGB), sowie nach § 22 der preuß. Jagdordnung v. 15. 7. 07 die Jagdgesellschaft von nicht beschränkter Mitgliederzahl hinsichtlich der Rechte und Pflichten aus Pachtung der Jagd. — Der nichtrechtsfähige Verein kann Mitglied eines rechtsfähigen Vereins sein und ist in diesem Falle der Verein als solcher dem rechtsfähigen Verein gegenüber zur Leistung der Beiträge usw. verpflichtet (bestr., vgl. Geigel BayZ 1912, 187). Einen selbständigen nichtrechtsfähigen Verein kann z. B. die örtliche Geschäftsstelle eines Zentralverbandes bilden (RG 29. 4. 26 IV 558/25). Möglich ist es auch, einen Verein einem andern in der Weise anzugliedern, daß seine Organe für gewisse Angelegenheiten in Vertretung des Hauptvereins, in andern Angelegenheiten für den Zweigverein handeln (RG 73, 97). Dagegen entbehrt der örtliche Bezirk eines Zentralverbandes der Selbständigkeit, wenn ihm die besondere Organisation fehlt (RG 3. 5. 24 IV 855/23). Einer eingetragenen Genossenschaft kann aber der nichtrechtsfähige Verein wegen Verschiedenheit der Haftungsgrundlage nicht beitreten (KGJ 36 A 134). Wird durch einen Beschluß der Majorität satzungswidrig der Vereinszweck geändert, und von ihr ein neuer Verein gegründet, so kann der alte Verein durch die Minorität ohne weiteres fortgesetzt werden (RG JW 1925, 237[24]). Tritt eine offene Handelsgesellschaft einem Verein bei, so wird Mitglied des Vereins die Gesellschaft als solche, nicht aber werden es die Gesellschafter persönlich, sofern sie nicht selbst beitreten (RG DJZ 1923, 370). — Die Vorschriften der §§ 29, 31, 32 Satz 2 u. 37 (vgl. § 29 A 1, § 31 A 4, § 32 A 2, § 37 A 3) finden auf nichtrechtsfähige Vereine keine Anwendung, wohl aber die dem Gesellschaftsrecht entsprechende Vorschrift des § 33 Abs 1, daß eine Änderung des Zweckes des Vereins die Zustimmung aller Mitglieder erfordert (RG Gruch 51, 1117; RG 31. 1. 24 IV 266/23). — Eine unbedingte Haftung des nichtrechtsfähigen Vereins für schadenbringende Handlungen seiner Organe, wie sie für rechtsfähige Vereine in § 31 bestimmt wird, ist nicht anzuerkennen (vgl. § 31 A 4); vielmehr greift gegebenenfalls § 831 ein (RG JW 1924, 1155[19]). Die körperschaftliche Gestaltung des Vereins bringt es mit sich, daß er die Haftung für die in befugter Vertretung des Vereins von seinen Organen angestellten oder für eine Verrichtung angenommenen Personen nicht schon durch den Nachweis ablehnen kann, daß bei Bestellung der Vereinsorgane mit der erforderlichen Sorgfalt verfahren ist. Es ist weiter nach § 831 der Nachweis nötig, daß das Vereinsorgan bei Auswahl und Beaufsichtigung jener Personen es an der erforderlichen Sorgfalt nicht hat fehlen lassen (vgl. RG JW 1913, 737[7] über Haftung des nichtrechtsfähigen Vereins für die von dem Vergnügungsausschuß mit Abbrennen des Feuerwerks beauftragten Personen). Die die körperschaftliche Verfassung des rechtsfähigen Vereins betreffenden Vorschriften finden auf den nichtrechtsfähigen Verein, der gerade durch seine körperschaftliche Gestaltung sich von der Gesellschaft unterscheidet, entsprechende Anwendung. So hinsichtlich des § 32 Abs 1 RG 22. 9. 21 IV 68/21. Dem Vorstande eines nichtrechtsfähigen Vereins kann ein über den Umfang der satzungsgemäßen Vollmacht hinausgehender Auftrag erteilt sein (vgl. § 713 A 1 a. E.). Über Ungültigkeit des Errichtungsvertrags s. § 25 A 2. Die Ausschließung eines Mitglieds ist jederzeit aus einem wichtigen Grunde zulässig, vgl. im übrigen § 39.

2. Was die **Haftung Dritten gegenüber** betrifft, so haben nach den Vorschriften über die Gesellschaft für die durch Rechtsgeschäft des Vorstandes begründeten Verbindlichkeiten die Vereinsmitglieder persönlich als Gesamtschuldner zu haften (§§ 714, 427). Der Verein als solcher kann sich nicht durch Verträge verpflichten und ist daher z. B. nicht wechselfähig (RG 112, 125). Die Haftung der Mitglieder (die bei einem Vereine mit wechselndem Mitgliederbestande den Verhältnissen wenig entspricht) kann aber durch die Satzung auf ihre Anteile am Vereinsvermögen beschränkt werden, und diese Beschränkung hat Wirkung gegen Dritte, die bei Abschluß des Geschäfts davon Kenntnis hatten (RG 63, 65). Es darf sogar nach Lage der Sache bei einem solchen Vereine — worüber allerdings in

der Rechtslehre sehr verschiedene Auffassungen herrschen — ohne weiteres, ohne daß diese Haftungsbeschränkung mit besondern Worten in der Satzung ausgesprochen zu sein braucht, angenommen werden, daß die Mitglieder (abgesehen von der Haftung des sonstigen Vereinsvermögens, vgl. RG 76, 277) nur zu den zu diesem Vermögen gehörigen satzungsmäßigen Beiträgen, nicht zu einer weitergehenden persönlichen Haftung sich verpflichten wollen, und es darf ebenso davon ausgegangen werden, daß der Dritte, der, wie ihm bekannt, mit einem Vereine abschließt, mit diesem Willen der Vereinsmitglieder rechnet und deshalb auch ohne genauere Kenntnis die Haftungsbeschränkung gegen sich gelten lassen muß (RG 74, 374; JW 07, 186[16]; Warn 1916 Nr 270; 1917 Nr 263 und hinsichtlich eines Ausstellungsvereins JW 1910, 227[2]; vgl. auch 1912, 187[2] und RG 90, 177, wonach für eine Haftungsbeschränkung der Vereinsmitglieder nicht allgemein eine Vermutung spricht). Wegen dieser beschränkten Haftung der Mitglieder ist in § 54 Abs 2 die besondere Vorschrift getroffen, daß, wer im Namen eines nichtrechtsfähigen Vereins Rechtsgeschäfte vornimmt, mag er nun zur Vertretung berechtigt sein oder nicht (OLG 12, 3) und mag der andere Teil den Mangel der Rechtsfähigkeit gekannt haben oder nicht (RG Gruch 46, 848 ff.), damit, auch wenn er kein Vereinsmitglied ist (RG Warn 1912 Nr 148), die persönliche Haftung übernimmt (RG JW 1926, 2907[12]). Diese Haftung trifft auch den im Namen des Vorstandes für den Verein handelnden Vertreter (RG 82, 294). Sie besteht z. B. bei einer Kündigung, mögen daraus Schadensersatz- oder Erfüllungsansprüche hergeleitet werden (RG Warn 1923/24 Nr 97). Ist die Veranstaltung eines Festes ausschließlich einem Festausschuß übertragen, so sind die Mitglieder dieses Ausschusses die handelnden Personen im Sinne des § 54 Satz 2 (RG Warn 1917 Nr 263). Die Haftung aus § 54 kann vertragsmäßig ausgeschlossen werden. Hierzu genügt aber nicht, daß der Dritte weiß, der Handelnde wolle sich nicht persönlich verpflichten. Auch sonst wird ein stillschweigender Ausschluß dieser Haftung, um nicht den vom Gesetz erstrebten Schutz des Dritten zu vereiteln, nur aus zwingenden Gründen angenommen werden können (RG 82, 298). Auf Vereinsmitglieder, die mit dem Abschluß sich nur einverstanden erklärt, nicht aber den Vertreter ermächtigt haben, auf ihren persönlichen Kredit das Rechtsgeschäft einzugehen, ist diese Haftung nicht zu erstrecken. Für nichtrechtsfähige Vereine gilt somit in dieser Beziehung ein anderer Grundsatz als für Aktiengesellschaften und G. m. b. H., in deren Namen vor der Eintragung gehandelt ist (vgl. RG 55, 302; 72, 401; JW 09, 231[30], a. M. Heinsheimer Anm zu JW 1924, 218[20]). Mit dem in § 54 Satz 2 gebrauchten Ausdruck „Dritter" ist ein jeder gemeint, der nicht zu den Handelnden gehört, auch das Vereinsmitglied. Über die Geltung des § 54 für Vereine, die vor Inkrafttreten des BGB errichtet sind, s. Vorbem 5 vor § 21.

2. Eingetragene Vereine

§ 55

Die Eintragung¹) eines Vereins der im § 21 bezeichneten Art in das Vereinsregister hat bei dem Amtsgerichte zu geschehen, in dessen Bezirke der Verein seinen Sitz hat²).

E II 49; P 1 498 ff., 504.

1. Die **Eintragungspflicht** kommt bei den nichtwirtschaftlichen Vereinen (vgl. § 21 A 2) in verschiedener Bedeutung vor. Einzutragen sind 1. der Verein (§§ 21, 64 — die Rechtsfähigkeit wird nur durch Eintragung erlangt), 2. eine jede Änderung der Satzung, § 71 — die Wirksamkeit der Änderung ist durch die Eintragung bedingt —, 3. die Vorstandsmitglieder und Liquidatoren, sowie die das Vertretungsrecht beschränkenden Beschlüsse (§§ 64, 67—70, 76; vgl. auch §§ 74, 75). Die Nichteintragung der Änderung hat hier zur Folge, daß sie dem gutgläubigen Dritten nicht entgegengesetzt werden kann. Die Namen der Mitglieder brauchen nach § 72 nicht eingetragen oder angemeldet zu werden.

2. Wegen des Sitzes des Vereins s. § 57 Abs 1. Wird die Eintragung von einem unzuständigen Amtsgericht vorgenommen, so hat dies nach der allgemeinen Vorschrift des § 7 FGG, die für den besondern Fall des § 55 nicht beseitigt ist, die Ungültigkeit der Eintragung nicht zur Folge. Außer über die Zuständigkeit des Amtsgerichts enthält dieser Abschnitt Vorschriften über das **Verfahren,** die Festsetzung von Ordnungsstrafen, das Recht der Beschwerde und über die Öffentlichkeit des Vereinsregisters (§§ 59, 60, 66, 77—79). Ergänzt werden diese Vorschriften durch die nach § 159 FGG anwendbaren Bestimmungen der §§ 127—130, 142, 143 und (hinsichtlich des Ordnungsstrafverfahrens) der §§ 132—139 dieses Gesetzes. Die nähere Einrichtung des Vereinsregisters ist Landessache. Es gelten hierfür die auf Vereinbarung der Bundesstaaten beruhenden, vom Bundesrat genehmigten und vom Reichskanzler am 12. 11. 98 (RZBl 98 Nr 47) veröffentlichten Bestim-

mungen, die nebst ergänzenden Vorschriften von den einzelnen Bundesstaaten eingeführt sind. Wird der Vereinssitz in den Bezirk eines andern Amtsgerichts verlegt, so erfolgt die Eintragung dieser Änderung zunächst im bisherigen Register (RJA 17, 74).

§ 56

Die Eintragung soll nur erfolgen, wenn die Zahl der Mitglieder mindestens sieben[1]) beträgt.

E II 50; P 1 554 ff.

1. Durch diese Bestimmung über die **Mindestzahl der Mitglieder** soll dem vorgebeugt werden, daß Vereine, die ihrer Mitgliederzahl nach nur eine geringe Bedeutung haben, in das Vereinsregister eingetragen werden und Rechtsfähigkeit erlangen. Die Eintragung kann nicht erfolgen, wenn der Verein zwar anfangs die vorgeschriebene Mindestzahl der Mitglieder hatte, diese Mindestzahl aber zur Zeit der Eintragung nicht mehr vorhanden ist. Zur Ermöglichung der Kontrolle ist in § 59 bestimmt, daß die Satzung von mindestens 7 Mitgliedern unterschrieben werden soll. Eine weitere Prüfung steht dem Amtsgericht nicht zu. Doch sind diejenigen Personen nicht mitzuzählen, die nur zum Schein als Mitglieder aufgeführt sind. Stellt sich erst nach der Eintragung heraus, daß in Wirklichkeit zur Zeit der Eintragung die vorgeschriebene Mindestzahl nicht vorhanden war, so hat dieser Mangel, da es sich nur um eine Sollvorschrift handelt, zwar nicht die Ungültigkeit der Eintragung zur Folge, wohl aber hat das Registergericht, wenn es durch falsche Angaben des Vorstandes über die Mitgliederzahl zur Eintragung bestimmt war, von Amts wegen die Eintragung, soweit nicht inzwischen die erforderliche Mitgliederzahl erreicht ist, wieder zu löschen (a. A. Örtmann A 1, der § 43 Abs 1 anwenden will). Über den Fall der Verminderung der Mitgliederzahl s. § 73.

§ 57

Die Satzung muß[1]) den Zweck[3]), den Namen[2]) und den Sitz[2]) des Vereins enthalten und ergeben, daß der Verein eingetragen werden soll[4]).

Der Name soll sich von den Namen der an demselben Orte oder in derselben Gemeinde bestehenden eingetragenen Vereine deutlich unterscheiden[2]).

E II 51; P 1 555 ff.; 6 117.

1. Der Verein muß, damit er eingetragen werden kann, eine dem Registerrichter einzureichende schriftliche Satzung haben, welche, wenn auch nicht gerade im Text, so doch in der Überschrift oder Unterschrift die in § 57 Abs 1 erforderten Angaben ersehen läßt. Die Gültigkeit der Eintragung des Vereins ist aber ebensowenig wie die Gültigkeit der Errichtung des Vereins durch die Schriftform bedingt (vgl. § 25 A 2). Ist die **Mußvorschrift** des § 57 nicht befolgt, so kann durch die Eintragung ein rechtsfähiger Verein nicht entstehen. Es ist aber nicht ausgeschlossen, daß durch nachträgliche Ergänzung der Satzung und dementsprechende Vervollständigung der Eintragung die Ungültigkeit geheilt wird (vgl. über Ungültigkeit der Eintragung im allgemeinen § 21 A 3). Werden bei Errichtung des Vereins neben der Satzung Vereinbarungen getroffen, die in die Satzung aufzunehmen gewesen wären (vgl. §§ 57, 58), so haben diese dem Verein gegenüber keine Wirksamkeit. Dies gilt auch von Vereinbarungen über die Dauer des Vereins (vgl. § 74 A 1). Eine satzungsgemäße Vereinbarung, daß die Errichtung des Vereins von dem Eintritt einer aufschiebenden Bedingung abhängig sein soll (vgl. Warn 1917 Nr 216), hindert die Eintragung des Vereins. Sollte es gleichwohl zur Eintragung gekommen sein, so kann jene Bestimmung nur noch die Kraft einer auflösenden Bedingung haben.

2. Zur unterscheidenden Bezeichnung des Vereins ist nicht bloß die Angabe seines **Namens**, sondern auch seines **Sitzes** nötig, da nach Abs 2 Vereine, die ihren Sitz nicht in derselben, aus einem oder mehreren Orten bestehenden Gemeinde haben — unbeschadet der Vorschrift des § 26 UnlWG vom 7. 6. 09 —, den gleichen Namen führen können. Name und Sitz muß deshalb in das Vereinsregister mit eingetragen werden (§ 64). Wegen der Wahl des Namens sind in § 57 keine besonderen Vorschriften gegeben. Allgemeinen Grundsätzen entspricht es, daß der Registerrichter anstößige oder auf Täuschung berechnete Namen (bestr. — vgl. JFG 3, 259) nicht zulassen darf. Dem Namen ist nach § 65 der Zusatz „eingetragener Verein" beizufügen. Wegen dieses Zusatzes unterscheidet sich der Verein bereits genügend von einem nicht eingetragenen Verein. Es genügt deshalb ein Name, der die Gefahr der Verwechslung mit andern eingetragenen Vereinen desselben Ortes ausschließt. Die Unterscheidung muß eine deutliche sein. Namensunterschiede, die dem Leser oder Hörer leicht entgehen können, genügen nicht. Der Verein darf nur einen einzigen Namen haben (**RG** 85, 399),

womit indes eine spätere Änderung des Namens (§ 71) nicht ausgeschlossen ist. — § 57 Abs 2 enthält nur eine vom Registerrichter zu beachtende Anordnung, bestimmt aber nichts über den Namensschutz und besagt insbesondere nicht, daß durch den Zusatz „eingetragener Verein" eine Beeinträchtigung des Namensrechts in einem solchen Falle ausgeschlossen wird, wo der Name des Vereins ohne Hinweis auf die Eintragung gebraucht ist (RG Warn 1927 Nr 9, s. § 12 A 1, 4).

3. Die Angabe des **Zweckes** ist nötig zur Beurteilung der Eintragungsfähigkeit des Vereins (§§ 21, 22, 61). Der Vereinszweck ist ferner für die Eigenart des Vereins von solcher Bedeutung, daß seine Änderung regelmäßig die Zustimmung aller Mitglieder erfordert (vgl. § 33 A 1). Die Eintragung des Zweckes in das Vereinsregister ist nicht vorgeschrieben.

4. Vgl. § 59 A 1.

§ 58

Die Satzung soll Bestimmungen enthalten[1]):

1. über den Eintritt und Austritt der Mitglieder;

2. darüber, ob und welche Beiträge von den Mitgliedern zu leisten sind;

3. über die Bildung des Vorstandes;

4. über die Voraussetzungen, unter denen die Mitgliederversammlung zu berufen ist, über die Form der Berufung und über die Beurkundung der Beschlüsse.

E II 52; P 1 556 ff.

1. Die Satzung soll über die **Verfassung des Vereins,** was Erwerb und Verlust der Mitgliedschaft, Bildung des Vorstandes, Berufung der Mitgliederversammlung und Beurkundung der von ihr gefaßten Beschlüsse betrifft, sich aussprechen. Sie hat nicht bloß Bestimmungen über den freiwilligen Austritt, sondern auch über die Ausschließung eines Mitglieds zu enthalten (RG 73, 193). Die Satzung soll ferner bestimmen, inwieweit die Mitglieder zu Beiträgen herangezogen werden können, worunter nicht bloß Geldleistungen, sondern auch sonstige Leistungen für den Vereinszweck und etwaige Vertragsstrafen zu verstehen sind. Eine Beitragspflicht kann auch ohne ausdrückliche Satzungsbestimmung aus dem Zwecke des Vereins sich ergeben. Nicht nötig ist, daß die Höhe der Beiträge in der Satzung beziffert wird. Die Bemessung des Beitrags kann in der Satzung der Mitgliederversammlung, dem Vorstande oder einem andern Vereinsgliede überlassen werden. Wird nach der Satzung die Mitgliedschaft durch Leistung eines bestimmten Beitrags (in Friedensmark) erworben, so kann der Vorstand die Beitragsleistung in völlig entwertetem Gelde ablehnen und dadurch den Eintritt des neuen Mitglieds verhindern (RG DJZ 1925, 339). Die Nichtbeachtung des § 58 verpflichtet den Richter zur Ablehnung der Eintragung, zieht aber die Ungültigkeit der einmal geschehenen Eintragung nicht nach sich. Enthält die Satzung keine Bestimmungen, so greifen die allgemeinen Grundsätze der §§ 26, 27, 32, 36, 37 u. 39, insbesondere die in § 39 A 2 dargestellten Grundsätze über die Ausschließung Platz. Die Befugnis zur Aufnahme oder Ausschließung von Mitgliedern wird im Zweifel, da es sich um eine grundlegende Änderung handelt, der Mitgliederversammlung, nicht dem Vorstande zugestanden werden müssen (a. A. Staudinger A II 1). Werden über die in § 58 bezeichneten Gegenstände erst nachträglich Bestimmungen getroffen, so muß der von der Mitgliederversammlung zu fassende Beschluß den Erfordernissen eines Satzungsbeschlusses entsprechen.

§ 59

Der Vorstand hat den Verein zur Eintragung anzumelden[1]).

Der Anmeldung sind beizufügen:

1. die Satzung in Urschrift und Abschrift[2]);

2. eine Abschrift der Urkunden über die Bestellung des Vorstandes[3]).

Die Satzung soll von mindestens sieben Mitgliedern unterzeichnet sein und die Angabe des Tages der Errichtung enthalten[4]).

E II 53; P 1 557 ff.; 6 382.

1. Die **Eintragung** kann nur **auf Anmeldung des Vorstandes** erfolgen. Er ist zu dieser Handlung schon vor Entstehung des rechtsfähigen Vereins befugt (vgl. § 21 A 1) und würde sich bei Unterlassung des Antrags regelmäßig gegenüber den Mitgliedern der bereits bestehenden Vereinigung verantwortlich machen. Zur Eintragung ist weiter erforderlich, daß der Antrag in Übereinstimmung mit der Satzung steht. Aus der Satzung muß nach

§ 57 hervorgehen, daß der Verein eingetragen werden soll. Fehlt es an diesen Erfordernissen, so ist die Eintragung ungültig (a. A. v. Tuhr S. 490, ferner Planck A 1, der die Eintragung für gültig hält, wenn der Wille der Mitglieder auf Eintragung gerichtet war). Ohne Einfluß auf die Gültigkeit ist es dagegen, ob die in § 77 bestimmte Form der Anmeldung gewahrt ist. Die dem Vorstand obliegende Anmeldung ist von sämtlichen Vorstandsmitgliedern zu bewirken, wobei eine Vertretung durch Bevollmächtigte, die durch öffentlich beglaubigte Vollmacht sich auszuweisen haben, nicht ausgeschlossen ist. Der Registerrichter kann jedoch, um sich die Sicherheit zu verschaffen, daß die Erklärung dem Willen des Vollmachtgebers entspricht, je nach Lage des Falles eine Spezialvollmacht fordern oder das persönliche Erscheinen des Vollmachtgebers verlangen (vgl. RJA 8, 130). Durch die Satzung kann nicht bestimmt werden, daß Anmeldungen zum Vereinsregister nur der Unterschrift eines Teiles der Vorstandsmitglieder bedürfen sollen (RJA 9, 47). Die Anmeldenden sind gegenüber dem Verein für die Richtigkeit der Anmeldung verantwortlich. Ist die Anmeldung nicht von sämtlichen Vorstandsmitgliedern ausgegangen, so können die Fehlenden die Anmeldung nachholen.

2. Die **Satzung** kann als Unterlage der Eintragung nur dienen, wenn sie schriftlich abgefaßt ist (vgl. § 57 A 1). Die Einreichung zweier Exemplare, der Urschrift und einer Abschrift, ist zu dem in § 66 Abs 2 bezeichneten Zwecke vorgeschrieben. Die Eintragung der Satzungsbestimmungen findet nur in dem durch § 64 bestimmten Umfange statt. Die Nichtbeachtung der Vorschrift des Abs 2 hat die Ungültigkeit der Eintragung nicht zur Folge. — Sind besondere Bestimmungen in eine **Nebensatzung** aufgenommen, so muß auch diese dem Registerrichter eingereicht werden, widrigenfalls die Bestimmungen für das Rechtsverhältnis des Vereins keine Wirksamkeit gewinnen können. Die Einreichung kann nachgeholt werden, wozu der Vorstand von sich aus verpflichtet ist.

3. In eine Prüfung, ob der **Vorstand gehörig bestellt** ist, braucht regelmäßig der Registerrichter nur insofern einzutreten, als er etwaige Mängel, die aus der einzureichenden Abschrift der Bestellungsurkunde sich ergeben, zu berücksichtigen hat (vgl. KGJ 41 A 157). Eine weitergehende Prüfung kann angezeigt sein, wenn Bedenken gegen die materielle Richtigkeit des Anmeldungsinhalts gegeben sind (RJA 14, 298). Entsteht Streit über die Gültigkeit der Bestellung, so ist hierüber auf die von den Beteiligten anzustellende Klage (vgl. § 32 A 5) im Prozeßwege zu entscheiden. Die Klage ist nicht gegen das einzelne Vorstandsmitglied, sondern gegen den gesamten Vorstand zu richten. Eine Täuschung des Registerrichters über die Vorstandseigenschaft der Anmeldenden hat die Löschung der Eintragung von Amts wegen zur Folge (JFG 1, 273).

4. Zu dem dem Registerrichter zu führenden **Nachweise der Errichtung des Vereins** genügt es, daß die Satzung von mindestens 7 Mitgliedern (der in § 56 bestimmten Mindestzahl der Mitglieder) unterzeichnet und der Tag der Errichtung angegeben ist. Darüber, ob es zu einer vorschriftsmäßigen Errichtung gekommen ist, hat bei Vorhandensein von Zweifeln der Registerrichter Ermittlungen anzustellen (§ 12 FGG). Sobald einmal die Eintragung stattgefunden hat, kann hierüber nur im Prozeßwege, auf Klage des Beteiligten gegen den Vorstand, entschieden werden. Die Entscheidung hat an sich zwar nur Bedeutung für die Parteien. Doch kann der Registerrichter hieraus Anlaß nehmen, die Eintragung von Amts wegen zu löschen (§§ 159, 142, 143, vgl. auch 127 FGG).

§ 60

Die Anmeldung ist, wenn den Erfordernissen der §§ 56 bis 59 nicht genügt ist, von dem Amtsgericht unter Angabe der Gründe zurückzuweisen[1]).

Gegen einen zurückweisenden Beschluß findet die sofortige Beschwerde nach den Vorschriften der Zivilprozeßordnung statt[2]).

E II 53; P 1 558 ff.; 6 117.

1. Die **Zurückweisung der Anmeldung** ist auch dann geboten, wenn der Verein nicht eintragungsfähig ist, weil er die Rechtsfähigkeit nur durch Verleihung (§ 21, vgl. auch § 22 A 2) oder nur durch Gesetz erlangen kann (s. betreffs der Religionsgesellschaften und geistlichen Gesellschaften Art 84 EG u. § 61 A 3). Ebenso wenn der Errichtungsvertrag ganz oder teilweise ungültig ist. Dies ist der Fall, wenn der Zweck des Vereins gegen ein gesetzliches Verbot oder gegen die guten Sitten verstößt (§§ 134, 138), wenn z. B. der Verein hauptsächlich den Zweck verfolgt, die Neigung der Mitglieder und Gäste zu hohen Glücksspielen zu fördern und auszunutzen (vgl. RG JW 1920, 961[2]), oder wenn sich in der Satzung Bestimmungen finden, die nach den zwingenden Vorschriften der §§ 26ff. unzulässig sind. Für die Frage, ob der Verein unerlaubt ist, kommt auch das öffentliche Vereinsrecht (vgl. § 61 A 2) in Betracht (a. A. Hölder A 1). Durch die Eintragung wird in diesen Fällen die Ungültigkeit nicht beseitigt und die Rechtsfähigkeit — abgesehen von dem Falle unrichtiger Beurteilung, ob

der Verein als ein nichtwirtschaftlicher anzusehen ist (§ 21 A 3) — nicht bewirkt. Die Eintragung kann gemäß §§ 142, 143 FGG von Amts wegen gelöscht werden. Sind nur einzelne in der Satzung getroffene Bestimmungen nichtig, so wird hierdurch trotz grundsätzlicher Anwendbarkeit des § 139 die Nichtigkeit der ganzen Satzung regelmäßig nicht herbeigeführt, da nach den für die Vereine bestehenden besondern Verhältnissen eine solche weitgehende Wirkung der Ungültigkeit dem Willen der den Verein errichtenden Mitglieder nicht entsprechen wird. Die Eintragung des Vereins bleibt mithin wirksam. Durch die Zulässigkeit der Löschung von Amts wegen ist eine Klage des Mitglieds auf Erklärung der Nichtigkeit des Vereins nicht ausgeschlossen. Das Urteil hat aber nur eine auf die Parteien beschränkte Wirkung (vgl. § 59 A 4). Einer Klage auf Feststellung der Mitgliedschaft kann der Einwand, daß die Vereinigung gegen die guten Sitten verstoße oder der Vereinszweck ein verbotswidriger sei, nicht entgegengesetzt werden (**RG** JW 1921, 1527[1]).

2. Das Recht der **Beschwerde** ist abweichend von den für Angelegenheiten der freiwilligen Gerichtsbarkeit gegebenen Vorschriften geordnet. Für das Verfahren gelten die Vorschriften der ZPO, und zwar auch dann, wenn die Zurückweisung aus einem andern als dem in § 60 Abs 1 angeführten Grunde erfolgt (**RG** 47, 386; 84, 158; JW 03 Beil 113[248]). Weitere Beschwerde ist hiernach nur bei Vorhandensein eines neuen selbständigen Beschwerdegrundes statthaft (§ 568 ZPO). Grundsätzlich handelt es sich aber bei der Eintragung in das Vereinsregister um eine Angelegenheit der freiwilligen Gerichtsbarkeit, und es folgt hieraus, daß die Zuständigkeit des über die weitere Beschwerde entscheidenden Gerichts sich nach §§ 28 Abs 2, 199 FGG (Zuständigkeit des Kammergerichts für Preußen) bestimmt (**RG** 84, 158; KGJ 39 A 144). Gegen die erfolgte Eintragung im Vereinsregister findet eine Beschwerde nicht statt (RJA 13, 119).

§ 61

Wird die Anmeldung zugelassen, so hat das Amtsgericht sie der zuständigen Verwaltungsbehörde mitzuteilen[1]).

Die Verwaltungsbehörde kann gegen die Eintragung Einspruch erheben, wenn der Verein nach dem öffentlichen Vereinsrecht unerlaubt ist oder verboten werden kann[2]) *oder wenn er einen politischen, sozialpolitischen oder religiösen Zweck verfolgt[3])*.

E II 54, 55 Abs 1; P 1 558 ff.

1. Die Zuständigkeit der Verwaltungsbehörde bestimmt sich nach Landesrecht (vgl. für Preußen AGBGB Art 3 und wegen der Handhabung des Einspruchsrechts die Erlasse v. 29. 12. 99 und 14. 11. 10). Auch ohne daß Einspruch eingelegt wird, hat das Amtsgericht, wenn der Verein nach öffentlichem Vereinsrecht unerlaubt ist, die Eintragung von Amts wegen zu versagen. Kein Einspruchsrecht steht der Verwaltungsbehörde aus dem Grunde zu, daß der Verein einen wirtschaftlichen Zweck verfolge (RJA 12, 240).

2. Das öffentliche Vereinsrecht ist in der Hauptsache durch RGes. v. 19. 4. 08, ergänzt durch Ges. v. 26. 6. 16 und 19. 4. 17, einheitlich geregelt. Nach § 2 dieses Ges. sind **unerlaubt** nur solche Vereine, mögen sie politische oder nichtpolitische sein, deren Zwecke den Strafgesetzen zuwiderlaufen, wofür es weniger auf die Bestimmungen in der Satzung als auf das tatsächliche Verhalten des Vereins ankommt. Solche Vereine können polizeilich aufgelöst werden. Im übrigen unterliegen Vereine wegen ihres politischen Charakters keinem Verbot. Landesrechtlich konnten Vereine nach § 24 RVerG insofern beschränkt werden, als es sich um kirchliche oder religiöse Vereine, um Vereine in Zeiten der Kriegsgefahr, um Vereinigungen ländlicher Arbeiter oder Dienstboten zur Einstellung oder Verhinderung der Arbeit handelt. Diese Beschränkungen sind jetzt durch Art 124 RVerf — abgesehen davon, daß das Grundrecht des Art 124 zur Wiederherstellung der öffentlichen Sicherheit und Ordnung nach Art 48 vorübergehend außer Kraft gesetzt werden kann — in der Hauptsache beseitigt. Weitere Bestimmungen des öffentlichen Vereinsrechts finden sich in § 36 des RWehrges v. 23. 3. 21 und Erlaß des RWehrministers v. 1. 4 21 (Verbot der Teilnahme der Soldaten, das sind Offiziere, Unteroffiziere und Mannschaften, an politischen Versammlungen und der Zugehörigkeit zu politischen Vereinen) sowie in § 14 RepublSchutzG v. 19. 4. 22. Über die Ungültigkeit der Eintragung eines unerlaubten Vereins s. § 60 A 1.

3. Die Vorschrift des § 61 Abs 2, daß die Verwaltungsbehörde Einspruch erheben kann, wenn der Verein einen **politischen, sozialpolitischen** oder **religiösen Zweck** verfolgt, ist beseitigt durch Art 124 Abs 2 RVerf, wonach einem Vereine wegen Verfolgung eines derartigen Zwecks der Erwerb der Rechtsfähigkeit nicht versagt werden darf. Es bedarf deshalb nicht der genaueren Darlegung, in welchen Fällen der Verein als ein politischer (vgl.

§ 3 RVerG v. 19. 4. 08), als ein sozialpolitischer oder religiöser anzusehen ist. Das Vorhandensein eines politischen Vereins wurde angenommen, wenn er eine Einwirkung auf die Tätigkeit des Staates, auf die Gesetzgebung oder die Handhabung der Verwaltung erstrebte, nicht bloß zum Zwecke des Studiums oder der Belehrung oder zum Zwecke der technischen oder juristisch-technischen Fortbildung des Rechtes sich mit staatlichen Angelegenheiten befaßte. Vereine von Arbeitgebern oder Arbeitnehmern galten übrigens nach dem Ges. v. 26. 6. 16 nicht schon als politische Vereine wegen der in den Grenzen ihrer wirtschaftlichen Berufsinteressen erstrebten Einwirkung auf Angelegenheiten der Wirtschaftspolitik oder Sozialpolitik. Eine Unterart des politischen Vereins bilden Vereine mit sozialpolitischem Zweck. Zu den religiösen Vereinen im Sinne des § 61 wurden im weitesten Umfange alle Vereine gerechnet, welche die Förderung des inneren oder äußeren religiösen Lebens sich zur Aufgabe gemacht hatten. Durch den Erwerb der Rechtsfähigkeit erlangen übrigens die Religionsgesellschaften nach Art 137 RVerf nicht zugleich die Rechte einer öffentlich-rechtlichen Körperschaft, die vielmehr besonders verliehen werden müssen. Anspruch hierauf hat die rechtsfähige Religionsgesellschaft, wenn sie durch ihre Verfassung und die Zahl ihrer Mitglieder die Gewähr der Dauer bietet.

§ 62

Erhebt die Verwaltungsbehörde Einspruch[1]), so hat das Amtsgericht den Einspruch dem Vorstande mitzuteilen.

Der Einspruch kann im Wege des Verwaltungsstreitverfahrens[2]) oder, wo ein solches nicht besteht, im Wege des Rekurses[3]) nach Maßgabe der §§ 20, 21 der Gewerbeordnung angefochten werden.

E II 55 Abs 2, 3; P 1 558 ff., 564 ff.; 6 144.

1. Über Einlegung des **Einspruchs** s. § 61 A 1. Die Gründe des Einspruchs brauchen — entgegen der Regel des § 60 A 1 — dem Amtsgericht und damit auch dem Verein nicht mitgeteilt zu werden.

2. Der Verein hat das Recht, den **Einspruch anzufechten,** für welches Verfahren er als parteifähig anzusehen ist (bestr.). Wird indes der Verein mit der Klage abgewiesen und damit festgestellt, daß er die Rechtsfähigkeit nicht erlangen kann, so haften die Mitglieder, für deren Rechnung der Rechtsstreit geht, persönlich für die Kosten. § 62 gestattet zum Zweck der Anfechtung die Benutzung des **Verwaltungsstreitverfahrens,** in welchem nur die Gesetzmäßigkeit, nicht die Angemessenheit des Einspruchs nachzuprüfen ist. Auf die im Einspruch angeführten Gründe ist die Nachprüfung nicht beschränkt. Welches Verwaltungsgericht zuständig ist, in welcher Frist und Form die Anfechtung zu erklären ist, bestimmt das Landesrecht (vgl. für Preußen AVBGB Art 3). Nicht ausgeschlossen ist eine landesrechtliche Anordnung, daß dem Verwaltungsstreitverfahren ein Beschwerdeverfahren vorherzugehen hat.

3. Über den **Rekurs** s. § 44 A 2.

§ 63

Die Eintragung darf, sofern nicht die Verwaltungsbehörde dem Amtsgerichte mitteilt, daß Einspruch nicht erhoben werde, erst erfolgen, wenn seit der Mitteilung der Anmeldung an die Verwaltungsbehörde sechs Wochen verstrichen sind[1]) und Einspruch nicht erhoben oder wenn der erhobene Einspruch endgültig aufgehoben ist.

E II 56 Abs 1; P 1 560, 565 ff.

1. Die Eintragung darf mit Rücksicht auf die Möglichkeit des Einspruchs frühestens **nach Ablauf von sechs Wochen** seit Mitteilung der Anmeldung an die Verwaltungsbehörde (§ 61 Abs 1) erfolgen. Der Einspruch aber ist auch nach Ablauf dieser Frist noch zulässig, solange nicht die Eintragung vorgenommen ist. Ist die Eintragung vor Ablauf der Frist erfolgt, so hat das Gericht das Versehen dadurch wieder gutzumachen, daß es, sofern nicht die Möglichkeit des Einspruchs inzwischen fortgefallen ist, die Eintragung von Amts wegen löscht (§§ 159, 142, 143 FGG). Bis zur Löschung wird dann allerdings der eingetragene Verein, da die Nichteinhaltung der Frist keine nach außen hin wirkende Ungültigkeit erzeugt, als rechtsfähig anerkannt werden müssen (bestr.).

§ 64

Bei der Eintragung[1]) sind der Name und der Sitz des Vereins, der Tag der Errichtung der Satzung sowie die Mitglieder des Vorstandes im Vereinsregister anzugeben. Bestimmungen, die den Umfang der Vertretungsmacht des Vorstandes beschränken oder die Beschlußfassung des Vorstandes abweichend von der Vorschrift des § 28 Abs 1 regeln, sind gleichfalls einzutragen.

E II 56 Abs 2; P 1 560, 565 ff.

1. Die Rechtsfähigkeit des Vereins ist dadurch bedingt, daß er in das Vereinsregister **eingetragen** wird, und zwar muß der Verein hierbei so bezeichnet sein, daß er von andern unterschieden werden kann. Meist wird hierzu außer der Angabe des Namens auch die Angabe des Sitzes nötig sein. Die weiteren über den Inhalt der Eintragung in § 64 gegebenen Vorschriften haben nur die Bedeutung von Ordnungsvorschriften. Über die Eintragung der Vorstandsmitglieder und der die Vertretung regelnden Bestimmungen s. § 67 A 1. Durch § 71 ist auch die Eintragung einer jeden Änderung der Satzung vorgeschrieben. Sonstige Eintragungen sind unzulässig (**RG** 85, 141). Die Satzungsurkunde ist als Anlage des Vereinsregisters bei den Vereinsakten aufzubewahren (§ 66 Abs 2).

§ 65

Mit der Eintragung erhält der Name des Vereins den Zusatz „eingetragener Verein"[1])[2]).

E II 58 Abs 1; P 1 566 ff.

1. Die Rechtsfähigkeit ist an die Eintragung, nicht an die Aushändigung der mit der Bescheinigung der Eintragung versehenen Urschrift der Satzung (§ 66 Abs 2) geknüpft. Die Führung des Zusatzes **„eingetragener Verein"** ist nicht bloß ein Recht, sondern auch eine Pflicht des Vereins, deren mißbräuchliche Unterlassung Schadensersatzansprüche aus § 826 nach sich ziehen kann (a. A. anscheinend Oertmann A 2, der nur das Vorhandensein einer öffentlich-rechtlichen Pflicht anerkennt). Für den Rechtsverkehr mit Dritten ist es gleichgültig, unter welcher Bezeichnung der Verein auftritt, wenn nur der Dritte weiß, mit welchem Verein er es zu tun hat. Wegen Unkenntnis der Rechtsfähigkeit des Vereins wird eine Anfechtung des Rechtsgeschäfts nur unter ganz besondern Umständen im Falle arglistiger Täuschung möglich sein. Über die Umwandlung des Vereins in einen rechtsfähigen s. § 21 A 1.

2. Ist **unrichtig** ein Verein in das Vereinsregister eingetragen, dessen Zweck nach der Satzung auf einen wirtschaftlichen Geschäftsbetrieb gerichtet ist, so ist nach § 159 FGG die Löschung in dem durch §§ 142, 143 dieses Ges. geordneten Verfahren von Amts wegen zu bewirken. Wird satzungswidrig von dem eingetragenen Verein ein wirtschaftlicher Geschäftsbetrieb verfolgt, so kommt § 43 Abs 2 zur Anwendung. Über die Frage, inwieweit der Eintragung rechtsgestaltende Wirkung zukommt, s. § 21 A 3.

§ 66

Das Amtsgericht hat die Eintragung durch das für seine Bekanntmachungen bestimmte Blatt zu veröffentlichen[1]).

Die Urschrift der Satzung ist mit der Bescheinigung der Eintragung zu versehen und zurückzugeben. Die Abschrift wird von dem Amtsgerichte beglaubigt und mit den übrigen Schriftstücken aufbewahrt[2]).

E II 57 Abs 2; P 1 567.

1. Die **Veröffentlichung** der Eintragung (vgl. § 64 A 1) ist durch Ordnungsvorschrift angeordnet, deren Nichtbefolgung jedoch, da sie zum Schutze Dritter gegeben ist, nach § 839 schadensersatzpflichtig macht. Die Nichtveröffentlichung kann dafür, ob der Dritte als gutgläubig anzusehen ist (vgl. § 68), von Bedeutung sein.

2. Die mit der Bescheinigung der Eintragung versehene **Urschrift der Satzung** erhält der Verein zurück, um einen Ausweis über seine Rechtsfähigkeit in Händen zu haben. Dem Verein ist es unbenommen, auch eine beglaubigte Abschrift der Eintragung sich erteilen zu lassen. Die von dem Amtsgericht zu beglaubigende Abschrift der Satzung bleibt als Beleg bei den Vereinsakten (§ 15 der AVf des PrJM v. 6. 11. 99, vgl. § 55 A 2) zurück, zu denen auch die sonstigen als Beleg einzureichenden Urkunden (§§ 59 Abs 2, 71 Abs 1, 76 Abs 2) zu nehmen sind.

§ 67

Jede Änderung des Vorstandes sowie die erneute Bestellung eines Vorstandsmitglieds ist von dem Vorstande zur Eintragung anzumelden[1]). Der Anmeldung ist eine Abschrift der Urkunde über die Änderung oder die erneute Bestellung beizufügen[2]).

Die Eintragung gerichtlich bestellter Vorstandsmitglieder erfolgt von Amts wegen[3]).

E II 59; P 1 568 ff.

1. Die **Anmeldung der Vorstandsmitglieder,** und zwar sowohl der ursprünglich (§ 64) als der später bestellten — nicht auch der in § 30 erwähnten besonderen Vertreter (a. M. JFG 2, 280) — ist vorgeschrieben, weil alle diejenigen, welche mit dem Verein in Verbindung treten wollen, ein großes Interesse haben, die Namen der Vertreter zu erfahren. Die Anmeldung des neuen Vorstandsmitgliedes ist nötig, auch wenn das frühere Vorstandsmitglied nicht eingetragen gewesen sein sollte. Auch die Eintragung der erneuten Bestellung desselben Vorstandsmitgliedes ist erforderlich, falls bei der früheren Eintragung die Beschränkung der Bestellung auf die damalige Amtsdauer mit angegeben war (vgl. Planck A 1). Auf die Eintragung dürfen sich allerdings Dritte, einschließlich der Mitglieder, die in rechtsgeschäftlichen Verkehr mit dem Verein treten — abgesehen von § 69 —, nicht unbedingt verlassen. Nur insofern sind sie nach § 68 geschützt, als eine nicht eingetragene Änderung ihnen gegenüber, ihre Gutgläubigkeit vorausgesetzt, keine Wirkung hat. Es gilt auch nicht der Rechtssatz, daß der Dritte die stattgehabte Eintragung als bekannt gegen sich gelten lassen muß. Es kommt vielmehr hier darauf an, ob dem Dritten trotz der Eintragung und etwaigen Veröffentlichung die Eintragung nach Lage der Sache ohne sein Verschulden unbekannt bleiben konnte, was er beweisen muß. Von dem Dritten ist nicht zu verlangen, daß er in allen Fällen unmittelbar vor Vornahme des Rechtsgeschäfts sich über die Person und die Befugnisse der Vorstandsmitglieder durch Einsicht des Vereinsregisters unterrichtet. Der Eintragung in das Vereinsregister kommt somit die gleiche Bedeutung zu wie der Eintragung in das Handelsregister (§ 15 Abs 1 u. 2 HGB, ebenso § 29 GenG). Ausgedehnt sind diese Vorschriften durch § 70 auf Bestimmungen, welche die Vertretungsmacht des Vorstandes beschränken oder an das Zustandekommen des Vorstandsbeschlusses bei einem aus mehreren Mitgliedern bestehenden Vorstande weitergehende als die in §§ 28, 32, 34 bestimmten Anforderungen stellen. Zu beachten ist hierbei, daß diejenigen Beschlüsse, welche eine Änderung der Satzung enthalten, nach § 71 Wirksamkeit erst durch die Eintragung gewinnen, so daß es hier des Schutzes des gutgläubigen Dritten überhaupt nicht bedarf. Geschützt ist in allen diesen Fällen nur der rechtsgeschäftliche Verkehr, wobei Rechtshandlungen den Rechtsgeschäften gleichzustellen sind. Die Verpflichtung zur Anmeldung ist den Vorstandsmitgliedern als eine von ihnen persönlich zu erfüllende Pflicht auferlegt, deren Verletzung sie selbst, nicht den Verein haftbar macht. — Die Eintragung eines Urteils, durch welches ein Beschluß der Mitgliederversammlung für ungültig erklärt ist (vgl. § 59 A 3 u. 4) findet nicht statt. Das Urteil kann aber dazu Anlaß geben, daß ein Antrag auf Löschung gestellt werden muß.

2. Über das **Anmeldungsverfahren** s. § 59 A 1 u. 4. Ist aus der Urkunde ersichtlich, daß die Bestellung vorschriftswidrig ist, daß z. B. die satzungsmäßige Ladungsfrist nicht eingehalten ist, so ist die Eintragung abzulehnen. Die Einreichung der die gehörige Ladung nachweisenden Urkunden kann der Registerrichter ohne besondern Grund nicht verlangen. Die Eintragung der Änderung des Vorstandes ist von dem Vorstande in seiner neuen Zusammensetzung zu beantragen.

3. Die gerichtliche Bestellung von Vorstandsmitgliedern ist vorgesehen in § 29. Die **Eintragung** ist auch in andern Fällen, in denen der einzutragende Rechtsakt unter Mitwirkung des Gerichts stattgefunden hat, **von Amts wegen** herbeizuführen (vgl. §§ 74 Abs 3, 75, 76 Abs 3). Da die Verrichtungen aus § 29 und die Verrichtungen des Registerrichters nach der Geschäftsverteilung wohl ausnahmslos in der Hand desselben Richters sich befinden werden, bedarf es im Falle des § 29 zur Herbeiführung der Eintragung nicht erst einer dem Registerrichter zu machenden Anzeige.

§ 68

Wird zwischen den bisherigen Mitgliedern des Vorstandes und einem Dritten ein Rechtsgeschäft vorgenommen, so kann die Änderung des Vorstandes dem Dritten nur entgegengesetzt werden, wenn sie zur Zeit der Vor-

nahme des Rechtsgeschäfts im Vereinsregister eingetragen oder dem Dritten bekannt ist. Ist die Änderung eingetragen, so braucht der Dritte sie nicht gegen sich gelten zu lassen, wenn er sie nicht kennt, seine Unkenntnis auch nicht auf Fahrlässigkeit beruht[1]).

E II 60 Abs 1; P 1 569.

1. S. § 67 A 1.

§ 69

Der Nachweis, daß der Vorstand aus den im Register eingetragenen Personen besteht, wird Behörden gegenüber durch ein Zeugnis[1]) des Amtsgerichts über die Eintragung geführt.

E II 60 Abs 2; P 1 569.

1. Ohne diese Vorschrift würde die Behörde genötigt sein, sich die gehörige Bestellung der Vorstandsmitglieder durch Vorlegung der Urschrift der hierüber aufgenommenen Verhandlung — obschon § 67 nur die Einreichung einer Abschrift fordert — und durch Vorlegung sonstiger Urkunden nachweisen zu lassen. Dieser Nachweis wird durch das **Eintragungszeugnis** ersetzt. Auf die Richtigkeit der Eintragung dürfen die Behörden übrigens auch dann sich verlassen, wenn das in § 69 vorgesehene Zeugnis nicht erteilt ist. Privatpersonen haben dagegen, soweit nicht die §§ 67, 68, 71 ihnen zustatten kommen, die Berechtigung selbständig zu prüfen. Das Eintragungszeugnis ist für sie insofern von Wert, als sie bei Vorlegung des Zeugnisses gegen den Vorwurf einer fahrlässigen Unkenntnis der Eintragung (§ 68) gesichert sind. Mit dem Eintragungszeugnis wird übrigens auch die Behörde sich nicht begnügen dürfen, wenn dringende Bedenken gegen seine Richtigkeit, z. B. weil das Zeugnis vor langer Zeit ausgestellt ist, zu erheben sind. Der § 69 hat immer nur die Bedeutung einer Beweisvorschrift, welche die Führung des Gegenbeweises nicht ausschließt, nicht eine materiellrechtliche Bedeutung.

§ 70

Die Vorschriften des § 68 gelten auch für Bestimmungen, die den Umfang der Vertretungsmacht des Vorstandes beschränken oder die Beschlußfassung des Vorstandes abweichend von der Vorschrift des § 28 Abs 1 regeln[1]).

E II 60 Abs 3; P 1 569.

1. S. § 67 A 1.

§ 71

Änderungen der Satzung bedürfen zu ihrer Wirksamkeit der Eintragung in das Vereinsregister[1]). Die Änderung ist von dem Vorstande zur Eintragung anzumelden[2]). Der Anmeldung ist der die Änderung enthaltende Beschluß in Urschrift und Abschrift beizufügen.

Die Vorschriften der §§ 60 bis 64 und des § 66 Abs 2 finden entsprechende Anwendung.

E II 61; P 1 569 ff.

1. Eine jede **Änderung der Satzung,** die offensichtlich nicht bloß eine reine Fassungsänderung ist, **muß eingetragen werden,** widrigenfalls sie in jeder Beziehung sowohl für das Rechtsverhältnis nach innen (**RG** Warn 1925 Nr 13) wie nach außen der Wirksamkeit entbehrt. Ist die Eintragung erfolgt, so erlangt die Satzungsänderung — unbeschadet der Vorschriften über den Schutz des redlichen Dritten (vgl. § 68) — schon von der Zeit an Wirksamkeit, wo sie beschlossen ist. Zur Satzung gehören nicht bloß die Bestimmungen der als Satzung bezeichneten Urkunde, sondern alle die Verfassung des Vereins betreffenden Bestimmungen, auch wenn die Urkunde hierüber nicht, wie es nach Vorschrift des § 59 hätte geschehen sollen, bei Anmeldung des Vereins eingereicht worden ist (vgl. § 25 A 2). Die Eintragung geschieht nach Maßgabe der von dem Bundesrat genehmigten Bestimmungen über die Führung des Vereinsregisters (§ 12 der AVf des PrJM v. 6. 11. 99, vgl. § 55 A 2) in der Weise, daß, sofern nicht die Änderung die in §§ 64, 67 Abs 1 und 76 Abs 1 bezeichneten Bestimmungen betrifft, eine kurze Bezeichnung des Gegenstandes genügt, was mit § 71 nicht im Widerspruch steht (a. A. Stau-

dinger A 6). Der nähere Inhalt ist aus dem bei den Vereinsakten befindlichen Beschlusse zu ersehen. Einzutragen ist auch der Tag des die Satzung ändernden Beschlusses.

2. Das **Anmeldungsverfahren** bestimmt sich nach den für die Anmeldung der Errichtung des Vereins gegebenen Vorschriften (§§ 60—64, 66 Abs 2, vgl. auch § 59). Der der Anmeldung in Urschrift beizufügende Beschluß ist der nach Vorschrift des § 58 Nr 4 beurkundete Beschluß. Nicht erforderlich ist, daß der Beschluß selbst von dem Vorstande unterzeichnet ist. Das Recht der Verwaltungsbehörde, die Satzungsänderung wegen des von dem Vereine verfolgten politischen, sozialpolitischen oder religiösen Zweckes zu beanstanden, ist jetzt durch Art 124 Abs 2 RVerf in Wegfall gekommen. Soll der Zweck des Vereins in einen wirtschaftlichen umgeändert werden, so kann in der Weise verfahren werden, daß die nach § 22 erforderliche Verleihung von der Verwaltungsbehörde im voraus erteilt wird, so daß der Verein als ein rechtsfähiger trotz der Löschung im Vereinsregister bestehen bleibt (abw. Planck A 3). Die Veröffentlichung der Satzungsänderung (vgl. § 66 Abs 1) ist nicht vorgeschrieben.

§ 72

Der Vorstand hat dem Amtsgericht auf dessen Verlangen jederzeit eine von ihm vollzogene Bescheinigung über die Zahl der Vereinsmitglieder einzureichen[1]**.**

1. Durch § 22 des RVerG v. 19. 4. 08, dessen § 8 die politischen Vereine zur Einreichung eines Mitgliederverzeichnisses nicht mehr verpflichtet, ist dementsprechend die ursprüngliche Fassung des § 72, wonach die Einreichung eines Verzeichnisses der Vereinsmitglieder gefordert werden konnte, dahin geändert worden, daß allgemein nur die Einreichung einer **Bescheinigung** über die Zahl der Mitglieder (vgl. § 73) verlangt werden kann (RGBl 08, 156).

§ 73

Sinkt die Zahl der Vereinsmitglieder unter drei herab[1]**, so hat das Amtsgericht auf Antrag des Vorstandes und, wenn der Antrag nicht binnen drei Monaten gestellt wird, von Amts wegen nach Anhörung des Vorstandes dem Vereine die Rechtsfähigkeit zu entziehen. Der Beschluß ist dem Vereine zuzustellen. Gegen den Beschluß findet die sofortige Beschwerde nach den Vorschriften der Zivilprozeßordnung statt.**

Der Verein verliert die Rechtsfähigkeit mit der Rechtskraft des Beschlusses.

E II 63; P 1 570, 571.

1. Eine jede Verminderung der in § 56 zur Vereinserrichtung vorgeschriebenen Mindestzahl von 7 Mitgliedern hat den Verlust der Rechtsfähigkeit noch nicht zur Folge, da sonst ein von 7 Mitgliedern errichteter Verein jeden Augenblick Gefahr laufen würde, die Rechtsfähigkeit wieder einzubüßen. Mit der Entziehung der Rechtsfähigkeit kann erst vorgegangen werden, wenn **weniger als 3 Mitglieder** vorhanden sind. Auch hat das Amtsgericht, falls nicht die Auflösung von dem Vorstande beantragt wird, eine Frist von 3 Monaten abzuwarten, um dem Vereine Zeit zu lassen, die Zahl wieder auf mindestens 3 Mitglieder zu erhöhen, und hat erst dann, und zwar nach Anhörung des Vorstandes, die Entziehung der Rechtsfähigkeit auszusprechen, falls auch in diesem Zeitpunkt die Mindestzahl ungeachtet einer etwaigen Aussicht auf Vermehrung nicht erreicht ist. Ist der dem Vorstande — der für dieses amtliche Verfahren nötigenfalls unter entsprechender Anwendung von § 29 von Amts wegen zu bestellen ist (a. A. Staudinger A 2) — zuzustellende Beschluß rechtskräftig geworden, so schließt sich nach § 47 das Liquidationsverfahren an. Für das Rechtsmittel der sofortigen Beschwerde gelten auch hier wie in den Fällen des § 60 Abs 2 die Vorschriften der ZPO. Die Zuständigkeit des über die weitere Beschwerde entscheidenden Gerichts bestimmt sich, da eine Angelegenheit der freiwilligen Gerichtsbarkeit in Frage steht, nach §§ 28, 199 FGG (**RG** 84, 158).

§ 74

Die Auflösung[1] **des Vereins sowie die Entziehung der Rechtsfähigkeit**[2] **ist in das Vereinsregister einzutragen. Im Falle der Eröffnung des Konkurses unterbleibt die Eintragung.**

Wird der Verein durch Beschluß der Mitgliederversammlung oder durch den Ablauf der für die Dauer des Vereins bestimmten Zeit aufgelöst, so hat der Vorstand die Auflösung zur Eintragung anzumelden. Der Anmeldung ist im ersteren Falle eine Abschrift des Auflösungsbeschlusses beizufügen[1].

Wird dem Verein auf Grund des § 43 die Rechtsfähigkeit entzogen oder wird der Verein auf Grund des öffentlichen Vereinsrechts aufgelöst, so erfolgt die Eintragung auf Anzeige der zuständigen Behörde[2].

E II 64; P 1 576 ff.

1. Wird die **Auflösung** des Vereins von der Mitgliederversammlung beschlossen, so ist dieser Beschluß, und zwar auch in dem Falle, daß ein Liquidationsverfahren nicht eintritt (§ 46), in das Vereinsregister einzutragen. Dem Vorstande liegt es ob, die Eintragung unter Beifügung einer Abschrift des Beschlusses zu beantragen. Der Vorstand hat auch, wenn der Verein durch Ablauf der in der Satzung bestimmten Zeitdauer, durch Eintritt der in der Satzung vorgesehenen auflösenden Bedingung oder aus andern Gründen (s. § 41 A 2) aufgelöst ist, die Eintragung zu beantragen. Nötigenfalls ist zu diesem Zwecke, da die Eintragung von Amts wegen nicht zulässig ist (a. A. Hölder A 2; Oertmann A 2a), ein Vorstand nach § 29 vom Gericht zu bestellen (vgl. § 73 A 1). Ausnahmsweise darf, wenn die Auflösung des Vereins durch den Wegfall sämtlicher Mitglieder verursacht ist, die Auflösung von Amts wegen eingetragen werden. Die Vorschrift des § 50 über die Pflicht der Liquidatoren zur öffentlichen Bekanntmachung der Auflösung bleibt unberührt.

2. Der Auflösung des Vereins ist, was die Eintragungspflicht betrifft, die **Entziehung der Rechtsfähigkeit** (§ 43) gleichgestellt. Die Eintragung ist von der Behörde, welche die Entziehung ausgesprochen hat, durch Anzeige bei dem Registerrichter herbeizuführen. In gleicher Weise ist zu verfahren, wenn der Verein nach öffentlichem Vereinsrecht (vgl. § 61 A 2) polizeilich aufgelöst ist. Im Falle der Konkurseröffnung wird diese Tatsache bereits gemäß § 75, und zwar, da es sich um ein amtliches Verfahren handelt, von Amts wegen eingetragen, so daß es der Eintragung der Rechtsfolge des Verlustes der Rechtsfähigkeit (vgl. § 42 A 1) nicht bedarf.

§ 75

Die Eröffnung des Konkurses ist von Amts wegen einzutragen. Das gleiche gilt von der Aufhebung des Eröffnungsbeschlusses[1].

E II 65; P 1 576 ff.; 6 118.

1. Vgl. § 74 A 2.

§ 76

Die Liquidatoren[1]) sind in das Vereinsregister einzutragen. Das gleiche gilt von Bestimmungen, welche die Beschlußfassung der Liquidatoren abweichend von der Vorschrift des § 48 Abs 3 regeln.

Die Anmeldung[2]) hat durch den Vorstand, bei späteren Änderungen durch die Liquidatoren zu erfolgen. Der Anmeldung der durch Beschluß der Mitgliederversammlung bestellten Liquidatoren ist eine Abschrift des Beschlusses, der Anmeldung einer Bestimmung über die Beschlußfassung der Liquidatoren eine Abschrift der die Bestimmung enthaltenden Urkunde beizufügen.

Die Eintragung gerichtlich bestellter Liquidatoren geschieht von Amts wegen[3]).

E II 66; P 1 576 ff.

1. Die **Liquidatoren** haben die rechtliche Stellung des Vorstandes (§ 48 Abs 2). Hinsichtlich der Eintragungspflicht gilt deshalb das gleiche, was für die Vorstandsmitglieder bestimmt ist (s. § 67 A 1). Die Liquidatoren sind auch in dem Falle einzutragen, daß die bisherigen Vorstandsmitglieder (§ 48 Abs 1) als Liquidatoren eintreten. Durch die Eintragung wird in diesem Falle kenntlich gemacht, daß der Verein in Liquidation getreten ist. Wird die Vorschrift des § 48 Abs 3, daß mehrere Liquidatoren gemeinschaftlich handeln müssen, durch Satzungsbestimmung oder Beschluß der Mitgliederversammlung geändert, wodurch die Vertretungsmacht erweitert wird, so soll dies eingetragen werden, auch wenn es sich nicht um eine nach § 71 unbedingt einzutragende Änderung der Satzung handelt.

2. Über das **Anmeldungsverfahren** vgl. § 59 A 1 u. 4. Die Anmeldung der ersten Liquidatoren und des vor Beginn des Liquidationsverfahrens über Änderung des § 48 Abs 3 gefaßten Beschlusses gehört noch zu den Aufgaben des Vorstandes.

3. Vgl. § 67 A 3.

§ 77

Die Anmeldungen zum Vereinsregister sind von den Mitgliedern des Vorstandes sowie von den Liquidatoren mittels öffentlich beglaubigter Erklärung zu bewirken[1]).

E II 67; P 1 576 ff.; 5 163, 164.

1. § 77 entspricht der Bestimmung des § 12 HGB. Als **öffentlich beglaubigte Erklärung** (vgl. § 129) ist nach §§ 159, 128 FGG auch die Erklärung anzusehen, die zu Protokoll des Gerichtsschreibers des Registergerichts erfolgt. Wird die Erklärung von einem Bevollmächtigten abgegeben (s. hierüber § 59 A 1), so hat dieser durch Vorlegung einer öffentlich beglaubigten Vollmacht sich auszuweisen. Der die Beglaubigung bewirkende Notar gilt nach §§ 159, 129 FGG als ermächtigt, die in der Erklärung bezeichnete Eintragung zu beantragen.

§ 78

Das Amtsgericht kann die Mitglieder des Vorstandes zur Befolgung der Vorschriften des § 67 Abs 1, des § 71 Abs 1, des § 72, des § 74 Abs 2 und des § 76 durch Ordnungsstrafen[1]) **anhalten. Die einzelne Strafe** *darf den Betrag von dreihundert Mark nicht übersteigen*[2]).

In gleicher Weise können die Liquidatoren zur Befolgung der Vorschriften des § 76 angehalten werden.

E II 68; P 1 577 ff.

1. Die Verpflichtung der Vorstandsmitglieder und Liquidatoren, die erforderlichen Eintragungen zu beantragen, sowie die Verpflichtung der ersteren zur Ausstellung der in § 72 bezeichneten Bescheinigung wird durch **Ordnungsstrafen** im Höchstbetrage von 300 Mark für den einzelnen Fall erzwungen. Das Verfahren bestimmt sich gemäß § 159 FGG nach den §§ 132—139, 127 das. Wird der unter Androhung von Ordnungsstrafe gemachten Auflage nicht fristgerecht entsprochen, auch nicht innerhalb der Frist Einspruch erhoben, so wird die angedrohte Strafe festgesetzt und die Aufforderung unter Androhung neuer Ordnungsstrafe wiederholt. Das Ordnungsstrafverfahren richtet sich nicht gegen den Vorstand als solchen, sondern gegen die einzelnen Mitglieder, die persönlich verantwortlich sind. Nur diese, nicht der Verein, sind beschwerdeberechtigt.

2. Die Ordnungsstrafe beträgt jetzt 1 bis 1000 RM (s. Vorbem 5 vor § 1773).

§ 79

Die Einsicht des Vereinsregisters sowie der von dem Vereine bei dem Amtsgericht eingereichten Schriftstücke ist jedem gestattet. Von den Eintragungen kann eine Abschrift gefordert werden; die Abschrift ist auf Verlangen zu beglaubigen[1]).

E II 69; P 1 578; 6 118, 182.

1. Die **Einsicht des Vereinsregisters** ist wie die des Handelsregisters (§ 9 HGB) unbeschränkt gestattet, ebenso die Einsicht der als Beleg zu den Vereinsakten eingereichten Urkunden. Das Recht der Einsicht kann auch durch einen Bevollmächtigten oder unter Zuziehung eines Beistandes ausgeübt und es können Notizen angefertigt werden. Anerkannt ist auch das Recht, eine einfache oder beglaubigte Abschrift der Eintragungen und ein Zeugnis über Nichtvorhandensein einer bestimmten Eintragung (§ 162 FGG) zu fordern. Eine Abschrift der Urkunden kann dagegen nach allgemeinen Grundsätzen (§ 34 FGG, vgl. § 9 Abs 2 HGB) nur verlangt werden, wenn ein berechtigtes Interesse dargetan wird.

II. Stiftungen

§ 80

Zur Entstehung einer rechtsfähigen Stiftung[1]) ist außer dem Stiftungsgeschäfte[2]) die Genehmigung[3]) des Bundesstaats erforderlich, in dessen Gebiete die Stiftung ihren Sitz haben soll[4]). Soll die Stiftung ihren Sitz nicht in einem Bundesstaate haben, so ist die Genehmigung des Bundesrats erforderlich. Als Sitz der Stiftung gilt, wenn nicht ein anderes bestimmt ist, der Ort, an welchem die Verwaltung geführt wird.

E I 58 Satz 1, 59, 62 Abs 1 II 70; M 1 118 ff.; P 1 585 ff.

1. Die **rechtsfähige Stiftung** (vgl. über den Begriff Vorbem 1 vor § 21) besitzt die Fähigkeit, selbständig Träger von Rechten und Verbindlichkeiten zu sein und unterscheidet sich hierdurch von der zu ihrer Entstehung der staatlichen Genehmigung nicht bedürfenden **unselbständigen** (fiduziarischen) **Stiftung,** bei welcher das Vermögen durch Rechtsgeschäft unter Lebenden oder durch Verfügung von Todes wegen dem Fiduziar, regelmäßig einer juristischen Person (Stadtgemeinde, Kirche usw.) mit der Auflage zugewandt ist, es zu dem stiftungsmäßigen Zwecke zu verwenden (vgl. **RG** 88, 339 und über die Notwendigkeit, daß die Zuwendung ohne jede Änderung angenommen wird, **RG** Warn 1921 Nr 120). Es kann hierbei, ohne daß die Stiftung den Charakter einer unselbständigen verliert, auch bestimmt sein, daß dieses Vermögen von dem sonstigen Vermögen der juristischen Person getrennt zu halten und besonders zu verwalten ist, was insofern Bedeutung hat, als das Vermögen nicht seinem Zwecke durch Zugriff von Privatgläubigern des Fiduziars oder durch Hereinziehung in dessen Konkursmasse entfremdet werden kann und als die Haftung des Fiduziars, falls ihn kein Verschulden trifft, sich auf die Mittel dieses Sondervermögens beschränkt. Die juristische Person ist bei der unselbständigen Stiftung schuldrechtlich verbunden, die Auflage zu erfüllen (vgl. § 2194). Der Gesichtspunkt der Auflage schließt nicht aus, daß den bedachten Personen nach dem Willen des Stifters ein klagbares Recht auf die Stiftungsbezüge zukommen kann (vgl. § 85 A 2). Das Reichsgericht will freilich bei letztwilliger Zuwendung ein solches Recht nur anerkennen, wenn die Auflage als ein dem Vermächtnis an die juristische Person auferlegtes Untervermächtnis aufzufassen ist, und nur mit den für Vermächtnisse (§ 2162) geltenden Beschränkungen (**RG** Warn 1917 Nr 148; ähnlich **RG** 18. 11. 20 IV 266/20, vgl. **RG** LZ 1923, 454[2]). Das Rechtsverhältnis kann auch so gestaltet sein, daß in bezug auf Erfüllung der Auflage nur eine öffentlich-rechtliche Verpflichtung besteht, die dem Zuwender als genügende Sicherheit erscheinen kann. Die in § 3 Nr 1 u. 2 des PrGes. v. 20. 6. 75 über Vermögensverwaltung in katholischen Kirchengemeinden aufgeführten Gegenstände des kirchlichen Vermögens bilden im Gegensatz zu Nr 5 keine selbständige Stiftung. Die in §§ 80 ff. für die rechtsfähigen Stiftungen gegebenen Vorschriften finden auf unselbständige Stiftungen keine, auch keine entsprechende Anwendung (**RG** 105, 305). Die Genehmigung des § 80 wird nur zur Erlangung der Rechtsfähigkeit gefordert (ganz anderer Art ist die für juristische Personen zur Beseitigung der Erwerbsbeschränkungen gemäß Art 86 EG vorgeschriebene Genehmigung). Eine dem § 81 entsprechende Formvorschrift ist für unselbständige Stiftungen, um deren Errichtung nicht zu erschweren, geflissentlich abgelehnt (Prot 2, 33 f.). Die unselbständige Stiftung bleibt in Abhängigkeit von dem Zuwendungsgeschäft. Nach der Natur dieses Rechtsgeschäfts (Schenkung unter Auflage, falls die Zuwendung als Schenkung anzusehen ist, Leistung zu einem Zweck usw.) bestimmt es sich, ob und unter welchen Voraussetzungen ein Rückforderungsrecht des Zuwenders wegen Nichterfüllung des Zweckes gegeben ist (**RG** a. a. O.). Über die Reduktion der Stiftung wegen der Änderung der wirtschaftlichen Verhältnisse s. Festgabe für Zitelmann S. 373 ff., vgl. auch **RG** 112, 210. Eine Stiftung einzelner Sachen, die zur allgemeinen Benutzung bestimmt sind (Stiftung einer Ruhebank, eines Rettungsbootes, eines Aussichtsturms usw.), wird meist nur in der Form einer unselbständigen Stiftung vorkommen (vgl. **RG** 88, 339; Kohler in ArchBürgR 3, 289). Über Begründung eines öffentlichen Gebrauchsrechts durch Widmung eines Grundstücks zu Schulzwecken s. **RG** 74, 55. — Zu unterscheiden ist ferner von der Stiftung das aus Beiträgen einer Mehrheit von Personen gebildete **Sammelvermögen,** das zur Erfüllung einer vorübergehenden Aufgabe, wie zur Errichtung eines Denkmals, zur Verwendung für Unterstützungen in einem bestimmten Unglücksfalle, einem Ausschuß oder einem einzelnen Treuhänder anvertraut wird. Die rechtliche Konstruktion ist streitig (s. Oertmann 6 vor § 80). Als eine eigentliche juristische Person ist das Sammelvermögen nicht anzusehen. Es handelt sich aber um ein stiftungsähnliches Gebilde. Die zusammengebrachten Mittel gehören der aus den Spendern bestehenden Vereinigung, ohne daß diese jedoch hierüber verfügen können; eine Schenkung an die Sammler oder deren

Vereinigung liegt nicht vor (vgl. RG 62, 391). Von ihnen wird, und zwar in der Regel durch einen Ausschuß (Treuhänder), das Sammelvermögen verwaltet. Die Sammlung kann aber auch schon vor Vorhandensein eines Ausschusses in dem Sinne veranstaltet werden, daß ein später sich bildender Ausschuß (Zentralausschuß) die Verwaltung übernimmt oder den Beitragsleistern die Befugnis zur Wahl des Ausschusses vorbehalten bleibt. Soweit es zur Erreichung des bestimmungsmäßigen Zweckes erforderlich, ist der Ausschuß befugt, Schuldverbindlichkeiten einzugehen, durch die das Sammelvermögen als solches belastet wird. Von den Gläubigern der Beitragenden kann das Sammelvermögen, da letztere zur Verfügung hierüber nicht befugt sind, nicht gepfändet werden. Sind die zur Verwaltung und Verwendung berufenen Personen weggefallen, so kann für diese Zwecke nach § 1914 ein Pfleger bestellt werden. — Über Waldstiftungen und Waldgutstiftungen bei der Auflösung von Familiengütern und Hausvermögen (§ 9b PrFGV v. 30. 12. 20, §§ 12, 14—16 ZwAuflV v. 19. 11. 20) vgl. Breme in Zeitschr. f. Agrar- u. Wasserrecht 1. Jahrg. S. 169ff.

2. Über das **Stiftungsgeschäft** s. § 81 A 1.

3. Zur Entstehung der Stiftung kann die **staatliche Genehmigung** nicht entbehrt werden, da der Wille des Stifters (abgesehen von § 87) unabänderlich die für die Verwaltung maßgebende Norm bildet, das Vermögen somit für alle Zukunft festgelegt wird. Nicht erforderlich ist nach Reichsrecht, daß die Stiftung nach ihrer Zweckbestimmung im wesentlichen dem öffentlichen Interesse dient (vgl. über die unter Aufsicht der Verwaltungsbehörden stehenden öffentlichen Stiftungen des bayrischen Landesrechts Vorbem 2 vor § 21). Infolge der Notwendigkeit der Genehmigung hat es aber der Staat in der Hand, nur solche Stiftungen zuzulassen, deren Zwecke mit dem Allgemeininteresse im Einklang stehen und die hinreichend mit Vermögen ausgestattet sind. Ausnahmsweise hat nach Art 1 PrAG bei Familienstiftungen das die Genehmigung erteilende Gericht nur formell zu prüfen, ob die Stiftungsurkunde deutlich und bestimmt gefaßt ist und ausreichende Bestimmungen über die Bestellung eines Vorstandes enthält. Als Familienstiftung sind — was auch wegen der Erbschaftssteuer von Wichtigkeit ist — solche Stiftungen anzusehen, die zugunsten der nicht auf eine Generation beschränkten Angehörigen einer oder mehrerer Familien errichtet werden. Daß Stiftungsbezüge nebenbei oder aushilfsweise (bei Vorhandensein eines Überschusses) andern Personen zufallen, ändert die rechtliche Natur der Stiftung nicht, sofern auch für diese Verwendungen das Wohl der Familie maßgebend ist. Soll nach Erlöschen der Familie oder von einem sonstigen Zeitpunkt an die Stiftung einem andern Zwecke dienen, so bedarf es hinsichtlich dieser bedingten oder betagten Nichtfamilienstiftung der landesherrlichen Genehmigung (RG 82, 197 über den Begriff der Familienstiftung im Sinne des ErbschStG v. 10. 9. 19; Warn 1912 Nr 236; Gruch 49, 1143; KGJ 38 A 98; Gutachten des KG in JMBl 1915, 262 — vgl. § 247 des Pr. Fideikommißgesetzentwurfs v. 1917, Frommhold in ArchZivPrax 117, 87). Ist die gesamte Stiftung nach dem Willen des Stifters eine einheitliche, was bei einheitlicher Errichtung zu vermuten ist, so untersteht sie nicht dem Recht der Familienstiftung (vgl. jedoch Behrend in JheringJ 72, 117ff., der bei der großen Bedeutung der Familienstiftungen für das Gemeinwohl sie den anderen Stiftungen möglichst gleichstellen und deshalb auch bei Anordnung der Nachfolge einer andern Stiftung eine sukzessiv gemischte Familienstiftung annehmen will). Der mit einem Familienfideikommiß verbundene Familienfonds stellt, auch wenn er einer besonderen Verwaltung unterliegt, nicht eine Familienstiftung dar (RG 7. 5. 14 IV 544/13). — Die Erteilung der staatlichen Genehmigung setzt stets voraus, nicht nur, daß ein Stiftungsgeschäft vorhanden ist, sondern auch, daß ein Antrag auf Genehmigung von dem Stifter oder mit dessen Willen gestellt ist. Ohne einen solchen Antrag — dessen Mangel derjenige zu beweisen hat, der das Fehlen des Antrags behauptet — ist die erteilte Genehmigung unwirksam (a. A. v. Tuhr S. 603 — s. auch § 83 A 1 a. E.). Mit der Verweigerung der staatlichen Genehmigung wird das Stiftungsgeschäft hinfällig. Dies schließt aber bei einer Stiftung unter Lebenden nicht aus, daß der Stifter die formell gültige Stiftungserklärung dazu benutzen kann, um später von neuem die Genehmigung nachzusuchen. Wird die Genehmigung, die ein rechtsgestaltender Staatsakt ist und nicht als eine Gesetzgebungshandlung aufgefaßt werden darf, erteilt, so wird hierdurch, und zwar in dem Augenblicke, wo die Genehmigung dem Antragsteller mitgeteilt wird, die Stiftung begründet (vgl. § 81 Abs 2). Ausnahmsweise ist in § 84 aus praktischen Gründen eine Rückziehung in gewissem Umfange vorgeschrieben. Die Genehmigung hat nicht die Bedeutung, daß etwaige dem Stiftungsgeschäft anhaftende Mängel hierdurch geheilt werden (RG 28. 3. 12 VI 398/11). Die vor Erteilung der Genehmigung bestehende Ungewißheit, ob es zur Entstehung der Stiftung kommt, hindert nicht, daß der in der Entwicklung begriffenen Stiftung für den Fall der Entstehung Zuwendungen, und zwar nicht nur vom Stifter, sondern auch von andern Personen gemacht werden können (vgl. § 1 A 4). Nicht unbedingt ausgeschlossen ist, daß die Genehmigung nur auf Zeit oder auf Widerruf erteilt wird (a. A. v. Tuhr S. 614 A 112).

4. **Zuständig für die Erteilung der Genehmigung** ist das Land, in dessen Gebiet nach Inhalt der Stiftungsurkunde die Stiftung ihren Sitz haben oder, wodurch der Sitz

ebenfalls bestimmt wird, die Verwaltung der Stiftung geführt werden soll. Die in dem Bundesstaat zuständige Stelle bestimmt sich nach Landesrecht. Die Genehmigung steht — abgesehen von den in A 3 erwähnten Familienstiftungen — regelmäßig der obersten Verwaltungsstelle zu (in Preußen dem Staatsministerium nach Art 7 Verf). Die Genehmigung einer Stiftung, die ihren Sitz in einem deutschen Schutzgebiet hatte, war von dem Reichskanzler (s. § 23 A 2) zu erteilen. Der Bundesrat, jetzt Reichsrat, ist zuständig für die Erteilung der Genehmigung ausländischer Stiftungen, und zwar ist die Genehmigung nicht etwa beschränkt auf Stiftungen in einem Konsulargerichtsbezirk oder Schutzgebiet (**RG** 29. 9. 14 VII 182/14 — a. A. Staudinger A 6; v. Tuhr S. 603). Die Genehmigung ist allerdings nur für das Inland (einschließlich der deutschen Schutzgebiete und Konsulargerichtsbezirke) wirksam (**RG** Gruch 59, 155 — vgl. § 23 A 1). Der Sitz einer Familienstiftung, die nach dem Friedensvertrage ihren Sitz im Auslande oder besetzten Gebiete erhalten würde, kann übrigens nach Art 2 PrG v. 19. 7. 19 auf Antrag des Vorstandes von dem JM verlegt werden.

§ 81

Das Stiftungsgeschäft[1])[2]) unter Lebenden bedarf der schriftlichen Form. Bis zur Erteilung der Genehmigung ist der Stifter zum Widerrufe[3]) berechtigt. Ist die Genehmigung bei der zuständigen Behörde nachgesucht, so kann der Widerruf nur dieser gegenüber erklärt werden[3]). Der Erbe des Stifters ist zum Widerrufe nicht berechtigt, wenn der Stifter das Gesuch bei der zuständigen Behörde eingereicht oder im Falle der gerichtlichen oder notariellen Beurkundung des Stiftungsgeschäfts das Gericht oder den Notar bei oder nach der Beurkundung mit der Einreichung betraut hat[3])[4]).

E I 58 Satz 1 u. 2, 62 Abs 2 II 71 Abs 1 u. 2; M 1 118 ff.; P 1 591 ff.; 4 258; 5 443 ff.; 6 118.

1. Das **Stiftungsgeschäft** ist die auf Begründung der Stiftung gerichtete Willenserklärung des Stifters, der hierbei ebensowenig wie bei einer Verfügung von Todes wegen sich vertreten lassen kann. Die Willenserklärung muß deutlich erkennen lassen, daß eine rechtsfähige Stiftung geschaffen werden soll, muß in genügender Weise den Zweck der Stiftung bezeichnen, muß den Sitz der Stiftung oder, was dem gleichwertig ist, den Ort, wo die Verwaltung der Stiftung zu führen ist, festsetzen und über die Person des Vorstandes wenigstens insofern Bestimmung treffen, als der Weg für Bestellung des Vorstandes anzugeben ist (§ 86 in Verb. mit § 26; a. A. Rehbein A 3a zu §§ 80ff.). Über die Beauftragung des Testamentsvollstreckers s. § 83 A 1. Das Stiftungsgeschäft bildet die notwendige Unterlage für die staatliche Genehmigung und bedarf deshalb — wenn es nicht in einer Verfügung von Todes wegen enthalten ist, in welchem Falle die hierfür vorgeschriebene Form zu wahren ist —, einschließlich der zum Stiftungsgeschäft im weiteren Sinne gehörigen Vermögenswidmung, der schriftlichen Form. Die Stiftung kann durch Vertrag mit einem Dritten errichtet werden und ebenso kann sich der Stifter einem Dritten gegenüber zur Errichtung der Stiftung verpflichten. Im ersten Fall besteht ein klagbarer Anspruch des Dritten auf Nichtwiderruf, im zweiten kann von ihm auf Vornahme der Errichtung geklagt werden (abw. früh. Aufl.).

2. Mit dem Stiftungsgeschäft pflegt die **Vermögenswidmung** verbunden zu werden. Notwendig ist dies aber nicht, wenigstens nicht bei Errichtung einer Stiftung unter Lebenden (a. A. namentlich Planck A 3, der die Erteilung der Genehmigung, sofern das Stiftungsgeschäft keine Zuwendung enthält, für unzulässig erklärt). Die Stiftung kann, wennschon sie zur Erfüllung ihrer Aufgabe auf den Besitz von Mitteln angewiesen ist, auch ohne diese als ein vermögensfähiges Rechtssubjekt zur Entstehung kommen, das die erforderlichen Mittel erst durch Zuwendungen dritter Personen erhalten soll. Erst wenn jede Aussicht hierauf weggefallen ist, erlischt die Stiftung. Dagegen wird für die durch Verfügung von Todes wegen errichtete Stiftung daran festzuhalten sein, daß ihr gleichzeitig Vermögen zugewandt werden muß. Diese Zuwendung kann nur durch Verfügung von Todes wegen und nur in den hierfür vorgeschriebenen Formen erfolgen. Ungültig ist gemäß § 310 die von dem Stifter oder einem Dritten übernommene Verpflichtung, das künftige Vermögen (vgl. auch hinsichtlich der Verpflichtung zur Errichtung einer Verfügung von Todes wegen § 2302) der Stiftung zu überweisen. Die Ungültigkeit dieser Verpflichtung hat gemäß § 139 zugleich die Ungültigkeit einer durch dasselbe Rechtsgeschäft der Stiftung gemachten besondern Zuwendung zur Folge, falls nicht erweislich der Wille des Zuwenders dahin geht, daß die Stiftung nötigenfalls nur mit diesen beschränkten Mitteln bestehen soll. Durch die Erteilung der staatlichen Genehmigung, die das Widerrufsrecht des Stifters beseitigt (vgl. A 3), wird diese Ungültigkeit nicht gehoben (**RG** 28. 3. 12 VI 398/11). Den Rechtsregeln der Schenkung kann, was das Rechtsverhältnis zwischen Zuwender und Stiftung betrifft, das Stiftungsgeschäft, das ein Rechtsgeschäft besonderer Art ist, im allgemeinen

nicht unterstellt werden. Es erscheint jedoch gerechtfertigt, da es sich sachlich in der Regel um ein unentgeltliches, der Schenkung ähnliches Rechtsgeschäft handelt, auf die mit Bekanntmachung der Genehmigung an ihn beginnende Haftung des Stifters die für die Haftung des Schenkers bestehenden Grundsätze (§§ 519, 521—524) zur entsprechenden Anwendung zu bringen (vgl. Planck A 2 u. 3 zu § 82, der außerdem für die Zeit bis zur Genehmigung der Stiftung hinsichtlich des Gegenstandes der Stiftung die für Vermächtnisse gegebenen Auslegungsregeln für beachtlich hält). Ist testamentarisch das gesamte Vermögen zwei durch das Testament angeordneten Stiftungen zu bestimmten Teilen zugewiesen und demnächst die eine Stiftung von dem Erblasser bereits bei Lebzeiten unter Vermögenszuwendung errichtet, so darf in dem Testament der Ausdruck des Willens gefunden werden, daß das bei Lebzeiten des Erblassers Zugewendete, damit das Verteilungsverhältnis dasselbe bleibt, auf den Erbteil anzurechnen ist (RG 30. 3. 16 IV 456/15). Die Vorschrift des § 516 Abs 2 kommt nicht zur Anwendung, wenn es sich um eine Schenkung unter Auflage handelt. War das Angebot an die Genehmigung des Satzungsentwurfs durch das Kriegsministerium geknüpft, so kann das Angebot nicht stillschweigend, sondern nur durch Ausstellung einer Genehmigungserklärung dieser Behörde (vgl. auch § 147 Abs 2) angenommen werden (RG Warn 1921 Nr 120). Die Ungültigkeit der Vermögenszuwendung zieht bei einer Stiftung unter Lebenden nicht notwendig die Ungültigkeit des Stiftungsgeschäfts nach sich. Auch mit dem Verlust des Vermögens ist nicht ohne weiteres das Erlöschen der Stiftung verbunden (vgl. § 42 A 1 und § 86 A 3). Über die für Stiftungen geltenden Erwerbsbeschränkungen s. Vorbem 2 vor § 21.

3. Die Wirksamkeit des Stiftungsgeschäfts **unter Lebenden** ist nicht dadurch bedingt, daß das Gesuch um Genehmigung von dem Stifter selbst bei der hierfür zuständigen Behörde eingereicht ist. Auf Grund des Stiftungsgeschäfts kann, wenn der Erblasser inzwischen verstorben ist, der Antrag auf Genehmigung von dem Erben gestellt werden, womit eine Stiftung des Erblassers, nicht des Erben, begründet wird. Vor Eingang des Gesuchs um Genehmigung genügt bei Stiftungen unter Lebenden zum **Widerruf** eine jede formlose, nicht empfangsbedürftige Kundgebung, die auch in einer schlüssigen Handlung, insbesondere darin bestehen kann, daß der Stifter die von ihm der Stiftung gewidmeten Gegenstände vorsätzlich veräußert oder zerstört. Trotz des Widerrufs kann übrigens das Stiftungsgeschäft von dem Stifter oder dem Erben, der dann allerdings, falls der Widerruf vom Erblasser ausgegangen war, selbst als Stifter erscheint, zur Nachsuchung der Genehmigung benutzt werden. Das Widerrufsrecht verbleibt dem Stifter bei Stiftungen unter Lebenden auch nach Einreichung des Gesuchs um Genehmigung. Zur Wirksamkeit des Widerrufs ist in diesem Falle erforderlich, daß er vor Mitteilung der Genehmigung an den Antragsteller (vgl. § 80 A 3) zur Kenntnis der Behörde gebracht wird, und zwar, soweit landesrechtlich nicht andere Zuständigkeitsvorschriften gegeben sind, zur Kenntnis derjenigen Behörde, welche über die Genehmigung zu entscheiden hat. Ist die Stiftung von mehreren gemeinschaftlich errichtet, so kann das Widerrufsrecht von jedem einzelnen ausgeübt werden. Dem Erben des Stifters steht nach Einreichung des Gesuchs das Widerrufsrecht nicht zu. Der Einreichung steht es gleich, wenn der Stifter das Gericht oder den Notar, die das Stiftungsgeschäft beurkundet haben, mit der Einreichung beauftragt hat (vgl. § 1753 Abs 2). Vor diesem Zeitpunkt kann das Stiftungsgeschäft von den Erben gemeinsam widerrufen werden. Kein Widerrufsrecht des Erben besteht im Falle des § 83.

4. Beruht die Stiftung auf einer **Verfügung von Todes wegen,** welcher Fall in § 81 Abs 2 nicht behandelt wird, so kann das Stiftungsgeschäft in derselben Weise wie die letztwillige Verfügung widerrufen werden. Zulässig ist auch, wie aus § 83 zu folgern, daß die Stiftung in einem Erbvertrage angeordnet wird, und zwar ist, wenn die Erbeinsetzung oder das Vermächtnis zugunsten der Stiftung (vgl. A 2) als vertragsmäßige Verfügung (§ 2278) getroffen wird, auch die Anordnung der Stiftung als vertragsmäßige Verfügung anzusehen. Die Erben sind zum Widerruf der Verfügung von Todes wegen nicht berechtigt. Ein solches Widerrufsrecht würde mit der in § 83 getroffenen Regelung in Widerspruch stehen. Würde der Erblasser den Widerruf seinen Erben vorbehalten haben, so würde dies nur in dem Sinne aufgefaßt werden können, daß der Erblasser die Stiftung nicht selbst hat errichten, sondern die Errichtung seinen Erben hat überlassen wollen.

§ 82

Wird die Stiftung genehmigt, so ist der Stifter verpflichtet, das in dem Stiftungsgeschäfte zugesicherte Vermögen auf die Stiftung zu übertragen[1]). Rechte, zu deren Übertragung der Abtretungsvertrag genügt, gehen mit der Genehmigung auf die Stiftung über, sofern nicht aus dem Stiftungsgeschäfte sich ein anderer Wille des Stifters ergibt.

E I 58 Satz 3, 4 II 71 Abs 3; M 1 120; P 1 593.

1. Mit der Entstehung erwirbt die Stiftung den **Anspruch auf Übertragung der ihr zugewendeten Rechte.** Eine Gesamtnachfolge findet — abgesehen von dem Falle der Erbeinsetzung der Stiftung — nicht statt. Ist für die dingliche Übertragung eine bestimmte Form vorgeschrieben (Eintragung ins Grundbuch, Besitzübertragung usw.), so muß diese Form auch für die Übertragung an die Stiftung eingehalten werden. Das Stiftungsgeschäft darf aber so ausgelegt werden, daß diejenigen Rechte, die durch bloßen Abtretungsvertrag übertragen werden können, ohne weiteres mit der Entstehung der Stiftung auf diese über gehen sollen. Und diese Auslegung soll Platz greifen, wenn nicht aus dem schriftlichen Stiftungsgeschäft das Gegenteil erhellt. Das von dem Stifter Zugewendete kann die Stiftung, die als mit diesem Vermögen ausgestattet ins Leben tritt, nicht ausschlagen. Über die Haftung des Stifters s. § 81 A 2.

§ 83

Besteht das Stiftungsgeschäft in einer Verfügung von Todes wegen, so hat das Nachlaßgericht[1]) die Genehmigung einzuholen, sofern sie nicht von dem Erben oder dem Testamentsvollstrecker nachgesucht wird.

E I 59 II 72 Abs 1; M 1 120 ff.; P 1 586 ff., 594 ff.

1. Die Stiftung kann durch **Verfügung von Todes wegen** (vgl. § 81 A 4) in der Weise errichtet werden, daß sie zugleich als Erbe eingesetzt oder mit einem Vermächtnisse bedacht wird oder daß zu ihren Gunsten eine Auflage angeordnet wird. Die Erbeseinsetzung kann auch darin bestehen, daß die Stiftung eingesetzt wird als Miterbe (die Erbteilung ist bis zur Entscheidung über die Genehmigung der Stiftung auszusetzen, vgl. § 2043), als Vorerbe (der Eintritt des Nacherbfalls hat das Aufhören der Stiftung nicht notwendig zur Folge), als Nacherbe (die Genehmigung kann schon vor Eintritt des Nacherbfalls erteilt werden). Den Erben liegt es ob, die hinsichtlich der Stiftung von dem Erblasser getroffene Verfügung durch Nachsuchung der staatlichen Genehmigung zur Ausführung zu bringen. Es genügt hier, wenn der Antrag auf Genehmigung auch nur von einem der Erben gestellt wird. Ist ein Testamentsvollstrecker bestellt, so ist dieser gemäß § 2203 hierzu verpflichtet. Der Testamentsvollstrecker kann auch zur Ergänzung der über die Errichtung der Stiftung von dem Erblasser getroffenen Anordnungen ermächtigt werden. Für alle Fälle hat aber auch das Nachlaßgericht (ohne Rücksicht auf die Staatsangehörigkeit des Stifters) wegen der in Betracht kommenden verschiedenartigen Interessen dritter Personen, die sonst schutzlos bleiben würden, sich der Stiftung anzunehmen und die staatliche Genehmigung herbeizuführen. Die Fürsorge des Nachlaßgerichts wird insbesondere dann nötig, wenn die Stiftung der alleinige Erbe ist und ein Testamentsvollstrecker nicht bestellt ist. Der von dem Nachlaßgericht zu stellende Antrag auf Genehmigung hat, da den Erben ein Widerrufsrecht nicht zusteht, eine nur formelle Bedeutung. Der Gültigkeit der Stiftung schadet es nichts, wenn die Genehmigung ohne solchen Antrag von Amts wegen erteilt ist.

§ 84

Wird die Stiftung erst nach dem Tode des Stifters genehmigt, so gilt sie für die Zuwendungen des Stifters als schon vor dessen Tode entstanden[1]) [2]).

E I 62 Abs 3 II 72; M 1 123 ff.; P 1 594 ff.; 6 883 ff.

1. Ohne die Bestimmung des § 84 würde die durch Verfügung von Todes wegen errichtete Stiftung im Falle der Erbeinsetzung nur Nacherbe sein können und würde ein Vermächtnis ihr erst zu der Zeit der Entstehung der Stiftung anfallen können (§§ 2101 Abs 2, 2178). Nach § 84 soll es aber hinsichtlich der Zuwendungen des Stifters, mögen sie in derselben oder einer späteren letztwilligen Verfügung enthalten sein — nicht hinsichtlich der Zuwendungen anderer Personen —, so angesehen werden, als wenn die **später genehmigte Stiftung schon vor dem Tode des Stifters entstanden** wäre. Es fällt danach der Stiftung unter der Voraussetzung ihrer späteren Genehmigung die Erbschaft, die bis dahin durch einen Nachlaßpfleger zu verwalten ist (§ 1960), sofort mit dem Tode des Erblassers an (§ 1922). Ebenso fällt ihr das Vermächtnis in diesem Zeitpunkte an und gebühren ihr bereits seit dieser Zeit die Erträge des vermachten Gegenstandes (§§ 2176, 2184). Es findet somit, um die Nachteile einer verspäteten Genehmigung zu beseitigen, eine dem Willen des Stifters entsprechende Rückbeziehung statt.

2. Der Grundsatz des § 84 ist aber auch für die Zuwendungen des Stifters — nicht anderer Personen — an eine bereits **unter Lebenden errichtete Stiftung** zur Anwendung zu bringen. Wird die Stiftung erst nach dem Tode des Stifters genehmigt, so ist es so anzusehen, als wenn sie bereits vor dessen Tode entstanden wäre, so daß die Verpflichtung zur Übertragung der der Stiftung zugewendeten Vermögensgegenstände als eine bereits bei Lebzeiten des Stifters

entstandene unbedingte Verbindlichkeit behandelt wird und die Abtretung derjenigen Rechte, zu deren Übertragung der Abtretungsvertrag genügt (§ 82), bereits bei Lebzeiten des Stifters als geschehen gilt. Die Rückwirkung hat aber hier nicht die Bedeutung, daß die vor Einreichung des Gesuchs (vgl. § 81 A 3) von dem Stifter oder seinen Erben getroffenen Verfügungen über die der Stiftung zugewendeten Gegenstände hinfällig werden.

§ 85

Die Verfassung einer Stiftung wird, soweit sie nicht auf Reichs- oder Landesgesetz¹) beruht, durch das Stiftungsgeschäft²) bestimmt.

E I 60 II 73; M 1 121; P 1 596.

1. Der **Landesgesetzgebung** ist damit die Ermächtigung gegeben, über die **Verfassung der Stiftung,** soweit reichsrechtliche Vorschriften nicht entgegenstehen, Bestimmungen zu treffen, und zwar nicht bloß ergänzende, sondern auch zwingende. Bestimmungen letzterer Art finden sich z. B. in Artt 2 u. 4 des PrAG über die Zulässigkeit der Änderung der Verfassung oder Aufhebung einer Familienstiftung (vgl. § 80 A 3) durch Familienschluß und betreffs anderer Stiftungen durch Beschluß des Vorstandes mit hinzukommender staatlicher Genehmigung. Hinsichtlich des Erfordernisses der Einstimmigkeit des Familienschlusses greift das Reichsrecht insofern ein, als auf Grund des § 226 auf Zustimmung zu dem Familienschluß geklagt werden kann, wenn die Zustimmung in der offenbaren und ausschließlichen Absicht verweigert wird, den Mitbeteiligten Schaden zuzufügen (**RG** 22. 2. 06 IV 415/05). Die Beschlußfassung über Änderung der Verfassung oder Aufhebung einer Familienstiftung kann von dem Stifter, soweit das Landesrecht es nicht verbietet — eine solche Verbotsbestimmung ist in Art 2 § 7 des PrAG nicht zu finden —, einem Familienrat übertragen werden. Der landesrechtlichen Regelung unterliegt auch die staatliche A u f s i c h t über die Stiftungen (vgl. § 13 II 13 ALR). Über das Aufsichtsrecht bei Familienstiftungen in Preußen s. Aufsatz in JW 1910, 1036ff.).

2. Aus dem **Stiftungsgeschäft** ist zu entnehmen, ob und inwieweit den Stiftungsinteressenten ein klagbares Recht zusteht. In dem Stiftungsgeschäft kann bestimmt sein, daß über die Zuteilung der Stiftungsbezüge und über die Art der Verwaltung lediglich die Stiftungsorgane und die ihnen übergeordnete Aufsichtsbehörde zu entscheiden haben und kann deren Befugnis näher geregelt sein (**RG** 100, 230). Ein Klagerecht auf die Stiftungsbezüge ist nicht anzuerkennen, wenn die Berechtigung des einzelnen von Voraussetzungen abhängig gemacht ist, die nicht sicher feststellbar sind, über deren Vorhandensein vielmehr der Vorstand nach freiem Ermessen unter Berücksichtigung der tatsächlichen Verhältnisse des Einzelfalls zu entscheiden hat (**RG** JW 1901, 579²⁰; OLG 28, 13; vgl. auch die frühere Entscheidung **RG** 9, 207). Es kann in diesem Falle bei pflichtwidrigem Verhalten des Vorstandes nur die Aufsichtsbehörde angegangen werden. Ein im Rechtswege verfolgbarer Anspruch der Verwandten wird der Regel nach nicht als dem Willen des Stifters entsprechend anzunehmen sein, wenn dieser nur allgemein angeordnet hat, daß bei Verwendung der Zinsen der zu wohltätigem Zweck bestimmten Stiftung unterstützungsbedürftige Verwandte in erster Linie zu berücksichtigen sind (**RG** Warn 1917 Nr 148). Das Nichtbestehen eines klagbaren Anspruchs schließt nicht aus, daß von den Stiftungsbeteiligten bei Streitigkeiten darüber, ob in ihrer Person die stiftungsmäßigen Voraussetzungen für die Möglichkeit der Erlangung von Bezügen vorhanden sind, Feststellungsklage erhoben werden kann. Das durch Verleihung entstandene Recht auf den Stiftungsbezug kann wegen Irrtums des Verwalters über solche Tatsachen, welche für ihn nach freiem Ermessen zur Verleihung bestimmend waren (Irrtum im Beweggrund), nicht angefochten werden. Im Falle des Konkurses treten die Ansprüche der Bezugsberechtigten hinter die Ansprüche der Stiftungsgläubiger zurück (vgl. § 38 A 2). Auch gegen eine Stiftung des öffentlichen Rechts können privatrechtliche Ansprüche dritter Personen nach der Satzung begründet sein. Über Unpfändbarkeit der Stiftungsbezüge vgl. § 850 Nr 3 ZPO. Die an der Stiftung unmittelbar Beteiligten, insbesondere die an einer Familienstiftung beteiligten bezugsberechtigten Familienmitglieder können den Verwalter wegen schuldhafter Beeinträchtigung des Stiftungsvermögens ersatzpflichtig machen, und zwar haben sie nicht nur ein Klagerecht in Höhe der Schmälerung ihrer eigenen Bezüge, sondern sie können allgemein darauf klagen, daß der gesamte, der Stiftung entstandene Schaden dieser von dem Verwalter ersetzt wird (**RG** 61, 36; JW 09, 160⁵; 22. 9. 10 IV 526/09). Den Beteiligten kann in der Stiftungsurkunde auch das Recht verliehen werden, Satzungsänderungen, die den Anforderungen der Stiftungsurkunde nicht entsprechen, im Klagewege anzufechten (**RG** 27. 3. 07 IV 361/06). Besteht Streit über die Wählbarkeit zu dem Amte eines Stiftungsverwalters, so kann hierüber im Prozesse entschieden werden (**RG** 5. 1. 10 IV 111/09). Die Vorschriften der §§ 315, 319 können auf das dem Verwalter der Stiftung hinsichtlich der Verteilung der Bezüge satzungsmäßig

eingeräumte freie Befinden nicht zur Anwendung kommen. Dem freien Ermessen ist nur insofern eine Schranke zu ziehen, als eine unlautere Handlungsweise (§ 826) dem Verwalter nicht gestattet werden kann (RG 6. 11. 19 IV 230/19). — Etwaige Lücken des Stiftungsgeschäfts sind im Wege der Auslegung aus dem Zusammenhang aller darin enthaltenen Bestimmungen auszufüllen (RG 10. 5. 07 VII 384/06).

§ 86

Die Vorschriften des § 26, des § 27 Abs 3 und der §§ 28 bis 31[1]), 42[3]) finden auf Stiftungen entsprechende Anwendung, die Vorschriften des § 27 Abs 3 und des § 28 Abs 1 jedoch nur insoweit, als sich nicht aus der Verfassung, insbesondere daraus, daß die Verwaltung der Stiftung von einer öffentlichen Behörde[2]) geführt wird, ein anderes ergibt. Die Vorschriften des § 28 Abs 2 und des § 29 finden auf Stiftungen, deren Verwaltung von einer öffentlichen Behörde geführt wird, keine Anwendung.

E I 61 II 74; M 1 121; P 1 599 ff.; 6 144.

1. Die Stiftung muß ebenso wie der Verein einen ein- oder mehrgliedrigen **Vorstand** haben (vgl. § 81 A 1), welcher die Stellung eines gesetzlichen Vertreters hat und durch die innerhalb seines Vertretungsbereichs von ihm vorgenommenen, zu Schadensersatz verpflichtenden Handlungen die Stiftung haftbar macht (§§ 26, 27 Abs 3, 28, 29, 31). Neben dem Vorstande können besondere Vertreter (z. B. Kollatoren) im Sinne der §§ 30, 31 bestellt werden. Was die in § 27 Abs 3 vorgesehene Anwendbarkeit der §§ 664—670 betrifft, so ist als Auftraggeber im Sinne des § 665 der Stifter, dessen Wille in der Stiftungsurkunde niedergelegt ist, im Sinne der §§ 666 u. 667 die Aufsichtsbehörde (vgl. A 2) anzusehen. Nicht verwiesen ist in § 86 auf § 33. Es genügt deshalb für die Beschlußfassung des aus mehreren Mitgliedern bestehenden Vorstandes, soweit die Stiftungsurkunde nichts anderes bestimmt, einfache Stimmenmehrheit.

2. Die **Verwaltung** der Stiftung kann — was für Vereine nicht gilt — von dem Stifter einer **öffentlichen Behörde** oder, was auf dasselbe hinauskommt, dem durch diese Behörde vertretenen öffentlich-rechtlichen Verbande übertragen werden. Zu unterscheiden hiervon ist der Fall, daß einzelne Mitglieder der Behörde für ihre Person den Stiftungsvorstand bilden sollen (RG JW 1915, 1194[5]). Im ersteren Falle bestimmt sich die Geschäftsführung und die Art der Beschlußfassung der aus mehreren Mitgliedern bestehenden Behörde nach den für die Amtsführung geltenden öffentlich-rechtlichen Vorschriften. Es entfällt mithin die Anwendbarkeit der §§ 27 Abs 3 und 28 Abs 1, desgleichen des § 29 über die gerichtliche Ergänzung des Vorstandes und des mit den Befugnissen des Vorsitzenden einer Behörde nicht im Einklang stehenden § 28 Abs 2 über die Abgabe von Willenserklärungen gegenüber dem Vorstande. Auch bei Übertragung der Verwaltung an den Vorstand eines Vereins, einer Aktiengesellschaft usw. wird regelmäßig gewollt sein, daß statt der vorerwähnten Vorschriften die für die Geschäftsführung des Vorstandes in Vereinsangelegenheiten geltenden Bestimmungen zur Anwendung kommen. Über die Aufsichtsbehörde bestimmt das Landesrecht (vgl. Vorbem 2 vor § 21). Nach diesem Recht bestimmt sich auch die Befugnis der Aufsichtsbehörde, den Verwalter der Stiftung wegen Pflichtwidrigkeit zu entsetzen. Die Vorschrift des § 27 Abs 2 erfährt hierdurch eine Änderung. Für Familienstiftungen hat nach preuß. Recht das die Aufsicht führende Gericht diese Befugnis nur, wenn sie ihm in der Stiftungsurkunde oder durch Familienschluß beigelegt ist (KGJ 35 A 44 — vgl. über die Grenzen des nur im Staatsinteresse zu führenden Aufsichtsrechts KGJ 46 A 101). Andernfalls muß im Prozeßwege auf Entsetzung geklagt werden. Führt eine Behörde als Organ der Stiftung die Verwaltung, so ist diese in Ermanglung einer abweichenden Bestimmung der Aufsicht und Leitung der vorgesetzten Behörde in Stiftungsangelegenheiten ebenso wie in sonstigen Angelegenheiten unterworfen. Zum Bestehen der Stiftung ist nicht etwa eine derartige Selbständigkeit der verwaltenden Behörde erforderlich, daß eine Einwirkung der ihr vorgesetzten Behörde ausgeschlossen wäre. Ebensowenig ist erforderlich, daß die Stiftungsbeteiligten auf die Zusammensetzung der Behörde einen Einfluß haben (RG 14. 3. 12 IV 411/11, betr. die Charité in Berlin). Ein Streit darüber, inwieweit neben dem Verwaltungsrecht der öffentlichen Behörde die Verwaltungsbefugnisse des Testamentsvollstreckers Raum haben, ist im Prozesse zwischen dem Testamentsvollstrecker und der öffentlich-rechtlichen Körperschaft zum Austrag zu bringen (RG JW 1915, 1194[5]).

3. Über den Verlust der Rechtsfähigkeit durch Eröffnung des Konkurses s. § 42 A 1. Der Fortfall des Vermögens hat sonst nicht ohne weiteres das **Erlöschen der Stiftung** zur Folge. Es bedarf in diesem Falle der Aufhebung der Stiftung, die erst dann auszusprechen ist, wenn

keine Aussicht besteht, daß die Stiftung wieder zu Vermögen kommt. Die Stiftung erlischt durch Ablauf der in der Stiftungsurkunde bestimmten Zeit, durch Eintritt der darin festgesetzten auflösenden Bedingung oder durch Zurücknahme der Genehmigung, wenn ausnahmsweise mit Einverständnis des Stifters der Widerruf der Genehmigung, was gesetzlich zulässig ist, vorbehalten wurde. Wegen ihrer Aufhebung s. § 87.

§ 87

Ist die Erfüllung des Stiftungszwecks unmöglich geworden oder gefährdet sie das Gemeinwohl[1]), so kann die zuständige Behörde[2]) der Stiftung eine andere Zweckbestimmung geben oder sie aufheben.

Bei der Umwandlung des Zweckes[3]) ist die Absicht des Stifters tunlichst zu berücksichtigen, insbesondere dafür Sorge zu tragen, daß die Erträge des Stiftungsvermögens dem Personenkreise, dem sie zustatten kommen sollten, im Sinne des Stifters tunlichst erhalten bleiben. Die Behörde kann die Verfassung der Stiftung ändern, soweit die Umwandlung des Zweckes es erfordert.

Vor der Umwandlung des Zweckes und der Änderung der Verfassung soll der Vorstand der Stiftung gehört werden.

E II des EG Art 85.

1. Der **Stiftungszweck** ist derart wesentlich für das Bestehen der Stiftung, daß mit dem Fortfalle des Zweckes, wenn seine Erreichung aus tatsächlichen oder rechtlichen Gründen (Unerlaubtheit) unmöglich geworden oder aber der der Stiftung gesetzte Zweck erreicht ist, die Stiftung, falls sie nicht umgewandelt wird, der Aufhebung verfallen muß (Breslauer JW 1923, 226). Dieselbe Folge tritt ein, wenn die weitere Verfolgung des Stiftungszwecks sich als schädlich für das Gemeinwohl erweist oder doch die Gefahr der Schädigung besteht. Daß die Stiftung sich überlebt hat, der Stiftungszweck unnütz geworden ist, berechtigt nicht ohne weiteres zur Aufhebung der Stiftung (abw. Planck A 3). Eine Schädlichkeit kann sich jedoch dann ergeben, wenn durch die Stiftung in größerem Umfange einer verkehrten, der gesunden Vernunft oder der Kulturentwicklung widersprechenden Tätigkeitsrichtung oder dem Müßiggange Vorschub geleistet wird. Weitergehend gestattet Art 4 des PrAG ganz allgemein die Aufhebung der Stiftung oder die Änderung ihrer Verfassung durch Beschluß des Vorstandes, welcher der staatlichen Genehmigung bedarf. Eine solche landesrechtliche Vorschrift ist zulässig, da die Verfassung der Stiftung, zu der auch die Vorschriften über Umwandlung und Aufhebung der Stiftung gehören, nach § 85 der landesgesetzlichen Regelung unterliegt und § 87 nicht die ganze Materie der Aufhebung der Stiftung abschließend regelt, sondern nur eine einzelne Bestimmung gibt. Vgl. jetzt das PrGes v. 10. 7. 24, wonach Stiftungen (auch Familienstiftungen) durch Beschluß ihrer Vorstände mit Genehmigung der staatlichen Aufsichtsbehörde zusammengelegt, aufgehoben oder in ihren Zwecken geändert werden können, wenn es wegen wesentlicher Änderung der Verhältnisse angezeigt erscheint. — Die Stiftung erlischt auch dann, wenn die Behörde von dem bei Erteilung der Genehmigung vorbehaltenen Recht des Widerrufs (vgl. § 80 A 3) Gebrauch macht.

2. Handelt es sich um eine ausländische Stiftung, so ist der Bundesrat, jetzt Reichsrat, **zuständig** (vgl. jedoch § 80 A 4 und über die Stiftungen in den früheren Schutzgebieten § 23 A 2). Im übrigen entscheidet das Landesrecht. Zuständig ist hier regelmäßig die Landesregierung, in Bayern bezüglich einer allgemeinen öffentlichen Stiftung mit Zustimmung der Kammern und, sofern die Aufhebung oder Umwandlung aus andern als den in § 87 bezeichneten Gründen erfolgt, mit Zustimmung der „Beteiligten“. Auch in Württemberg bedarf es zur Aufhebung (nicht zur bloßen Umwandlung) der Stiftung meist eines Gesetzes.

3. Darüber, ob die Aufhebung der Stiftung oder als mildere Maßnahme die **Umwandlung** des Stiftungszwecks (nebst den hierdurch gebotenen sonstigen Änderungen der Verfassung) eintreten soll, hat die zuständige Stelle (vgl. A 2) nach freiem Ermessen zu befinden. Bei der Umwandlung ist darauf Rücksicht zu nehmen, daß die Absicht des Stifters oder doch seine Hauptabsicht möglichst erreicht wird, worüber der Vorstand zu hören ist. Der Absicht des Stifters wird es entsprechen, daß die Stiftungsbezüge möglichst demselben Personenkreise wie früher (Verwandte, Einheimische, Angehörige eines bestimmten Bekenntnisses usw.) zugute kommen. Über unselbständige Stiftungen s. § 80 A 1.

§ 88

Mit dem Erlöschen der Stiftung fällt das Vermögen an die in der Verfassung bestimmten Personen[1]**). Die Vorschriften der §§ 46 bis 53 finden entsprechende Anwendung**[2]**).**

E I 61, 62 Abs 1 II 75; M 1 124; P 1 605 ff.

1. Die Bestimmung darüber, **an wen das Stiftungsvermögen fällt**, ist in Ermanglung einer privatrechtlichen Vorschrift des Reichsrechts der Stiftungsurkunde und dem Landesrecht überlassen. Nach den ergänzenden Vorschriften des Landesrechts ist anfallsberechtigt meist der Fiskus, für Preußen, falls die Stiftung von einer Gemeinde oder sonstigen Körperschaft des öffentlichen Rechtes errichtet oder verwaltet war, diese Körperschaft (Art 5 AG). Als in der Verwaltung der Gemeinde befindlich ist in dieser Beziehung die Stiftung auch dann anzusehen, wenn zur Verwaltung der Vorstand der Gemeinde als solcher berufen ist (RG JW 1915, 1194[5]).

2. Die **Liquidation** erfolgt nach den §§ 47—53. Bei Anfall an den Fiskus — oder nach Art 5 PrAG an eine öffentliche Körperschaft — findet eine Liquidation nach § 46 nicht statt. Die nach § 46 für den Fiskus bestehende Verwendungspflicht gilt nach Art 5 PrAG auch für die öffentliche Körperschaft. Für Sachsen (§ 7 Abs 2 AusfVO) unterliegt die Verwendung des Stiftungsvermögens der Bestimmung des Ministers.

III. Juristische Personen des öffentlichen Rechtes

§ 89

Die Vorschrift des § 31[2]**)**[3]**) findet auf den Fiskus sowie auf die Körperschaften, Stiftungen und Anstalten des öffentlichen Rechtes**[1]**) entsprechende Anwendung.**

Das gleiche gilt, soweit bei Körperschaften, Stiftungen und Anstalten des öffentlichen Rechtes der Konkurs zulässig ist, von der Vorschrift des § 42 Abs. 2[4]**).**

E I 63 II 77; M 1 124 ff.; P 1 585 ff., 607 ff.; 6 144.

1. Über die **juristischen Personen des öffentlichen Rechtes** s. Vorbem 2 vor § 21. Die Haftung dieser juristischen Personen besteht reichsrechtlich nach § 89 nur für die in Ausführung privatrechtlicher Verrichtungen von ihren Vertretern vorgenommenen Handlungen, während über die Haftung des Staates und der Gemeinden für Versehen in Ausübung der öffentlichen Gewalt lediglich das Landesrecht entscheidet (RG JW 1911, 803[3] — vgl. A 3). Für die Haftung der juristischen Personen bürgerlichen Rechtes aus § 31 (s. das. A 3) macht es dagegen nichts aus, ob die Handlung bei Ausübung öffentlicher Gewalt begangen ist. Die Anstalten sind neben den Körperschaften und Stiftungen des öffentlichen Rechts genannt, weil es unter Umständen zweifelhaft sein kann, ob sie zu der einen oder andern gehören; sie bilden jedenfalls keine besondere Art der juristischen Person.

2. Bei der Anwendung des § 31 auf die juristischen Personen des öffentlichen Rechtes bietet der Begriff des **„verfassungsmäßigen Vertreters“** gewisse Schwierigkeiten. An Stelle der Satzung, in der bei den juristischen Personen des Privatrechts die Bestellung eines solchen Vertreters ihren Grund haben muß (§ 31 A 1), treten hier die die Verwaltungsorganisation regelnden Bestimmungen, welche durch Gesetz oder eine gleichwerte allgemeine Verwaltungsvorschrift getroffen sind (RG 53, 280; 62, 36; 74, 23; Gruch 56, 867; die in 70, 118 und JW 09, 682[1] vertreten gewesene abweichende Auffassung ist später aufgegeben). Bei der Stadtgemeinde muß die organisatorische Bestimmung im Gesetz oder in dem den Ausbau der Organisation bezweckenden Statut enthalten sein (RG 74, 23; Gruch 56, 867). Als eine die Organisation regelnde Verwaltungsvorschrift darf auch die bei Einrichtung einer Behörde dem Reichshaushaltsgesetz in Ergänzung des Kaiserl. Erl. beigefügte Denkschrift angesehen werden (RG 79, 107). Dem Vertreter muß ferner ein bestimmter Verwaltungszweig zur selbständigen Erledigung überlassen sein, und er muß — allein oder gemeinschaftlich mit andern — zur rechtsgeschäftlichen Vertretung befugt sein (s. § 31 A 1). Nicht notwendig ist, daß die Berufung zum verfassungsmäßigen Vertreter einer öffentlich-rechtlichen Körperschaft von dieser Körperschaft selbst ausgeht, die Berufung kann auch von einer über ihr stehenden staatlichen Stelle aus erfolgen (RG JW 1911, 149[3]). Die juristische Person haftet, wenn die von einem solchen Vertreter — der früher als „Willensorgan“ bezeichnet wurde — begangene unerlaubte

Handlung in seinen Amtsbereich fällt (vgl. § 31 A 2). Als verfassungsmäßige Vertreter hat die Rechtsprechung des Reichsgerichts anerkannt:

bei der Stadtgemeinde: den Bürgermeister (RG 44, 306; JW 1913, 587[1]; 1917, 594[2]), die zur Verwaltung der Sparkasse eingesetzte städtische Deputation (RG 64, 403), die dem Magistrat untergeordnete Baudeputation, zu deren Geschäften die Beaufsichtigung des baulichen Zustandes der Straßen und deren Instandhaltung gehört (RG Recht 1907 Nr 966), den nach mecklenburgischem Recht auf allerhöchsten Befehl der Stadtgemeinde unter Ausschaltung der Tätigkeit des Magistrats zur Oberleitung der Kanalisationsarbeiten überwiesenen Beamten (RG JW 1911, 149[3]), den dem Magistrat als Mitglied angehörenden Stadtbaurat (RG JW 1911, 939[1]; vgl. Warn 1914 Nr 35), nicht den ihm untergeordneten Bauinspektor und Ingenieur (RG JW 1911 S. 85[1] u. 939[1]), nicht allgemein den dem Stadtbaurat untergeordneten Vorsteher der Straßenbauabteilung (vgl. RG JW 1912, 849[1]), nicht den städtischen Gasdirektor (RG 74, 21), nicht den Schlachthofdirektor (RG LZ 1922, 615), auch nicht den Betriebsdirektor der Straßenbahn, falls er nicht als Mitglied der Verwaltungsdeputation oder kraft Ortsstatuts zu den verfassungsmäßigen Vertretern gehört (RG JW 1911. 640[1]), nicht den Straßenkontrolleur (RG JW 03 Beil 118[261]);

bei der Amtsgemeinde: den als Mitglied des Sparkassenvorstandes bestellten Rendanten (RG JW 1912, 283[1]; Gruch 56, 866);

bei dem Kreise: nicht den vom Kriegsausschuß in Preußen angestellten Kreisbaumeister, dessen Anstellung nicht auf statutarischer Anordnung beruht (RG JW 1915, 395[7] — früher anders RG 62, 37);

bei der Justizverwaltung: die Vorstandsbeamten des Landgerichts, Landgerichtspräsident und Erster Staatsanwalt, hinsichtlich der Beaufsichtigung des Gerichtsgebäudes (RG JW 03 Beil 132[294]; Gruch 50, 361), desgleichen den aufsichtführenden Amtsrichter (RG Gruch 49, 635), nicht den Obersekretär oder Kastellan;

bei der Gesundheitsverwaltung: den Leiter der Königl. Bade- und Brunnendirektion (RG Recht 1911 Nr 1476);

bei der Unterrichtsverwaltung: den Gymnasialdirektor hinsichtlich der baulichen Beaufsichtigung des Gymnasiums (RG 21. 1. 09 IV 227/08), den Schulvorstand (SeuffA 64 Nr 6), nicht den Schuldiener (RG JW 06, 427[13]);

bei der Bauverwaltung: den staatlich angestellten Kreisbauinspektor, dessen Amt in Preußen durch die Dienstanweisung für die Lokalbaubeamten der Staatsbauverwaltung v. 1. 12. 98, mithin in einer organisatorischen Bestimmung geregelt ist (RG JW 1915, 395[7]); desgleichen RG 1. 11. 12 III 142/12 hinsichtlich des Kreisbauinspektors, der bei Abnahme der Neubauten von Beamtendienstwohnungen die nach § 836 erforderliche Sorgfalt nicht beobachtet hat;

bei der Forstverwaltung: den preußischen Oberförster (RG JW 04, 548[1]);

bei der Eisenbahnverwaltung: die Betriebsinspektoren der Großh. Badisch. Staatseisenbahnen (RG 26. 11. 06 VI 96/06), die Vorstände der in der Verwaltungsordnung für die preuß. Staatseisenbahnen v. 17. 12. 94, jetzt 24. 5. 07 bezeichneten Betriebsinspektionen usw. (RG 53, 276), die Eisenbahndirektion (LZ 1916, 222[1]), nicht den Bahnmeister (RG 53, 276; 55, 229), auch nicht den Stationsvorsteher oder Bahnhofsvorsteher (RG JW 03 Beil 117[260]; Warn 1917 Nr 242; 1919 Nr 89), nicht den Rangierleiter (BayObLG in SeuffA 57 Nr 234) oder den Bahnwärter (RG Warn 1910 Nr 189);

bei der Postverwaltung: den Vorsteher des Postamts und Fernsprechamts (vgl. RG JW 13, 923[10]), nicht den Postassistenten (RG JW 06, 706[1]), nicht den Hausmeister, mag auch seine Bestellung durch die Verwaltungsbestimmungen des Postfiskus vorgesehen sein (RG JW 04, 165[3]), nicht den Postillon (RG 109, 112);

bei der Schiffahrtsverwaltung: den Betriebsdirektor des Kaiserl. Kanalamts, der dem Betriebsinspektor der preußischen Eisenbahnen gleichsteht (RG 79, 107), den Vorstand der Kanalbauverwaltung (RG 106, 340), nicht den Kanallotsen, weil diesem die rechtsgeschäftliche Vertretungsmacht fehlt (RG 74, 250), nicht den Hafenlotsen, der auf Grund privatrechtlichen Dienstvertrags tätig ist (RG 114, 197);

bei der Heeresverwaltung: den Regimentskommandeur und Garnisonkommandanten, der nicht für genügende Absperrung der verseuchten Pferde des Regiments gesorgt hat (RG Warn 08 Nr 589), den Regimentskommandeur hinsichtlich des Krümperwagenbetriebs (RG JW 1911, 487[8]; Gruch 57, 1141), den Kommandeur des Pionierbataillons hinsichtlich der Unterhaltung des Signalmastes (RG Gruch 57, 976), den Bataillonskommandeur hinsichtlich der Unterhaltung des dem Bataillon überwiesenen Turngeräts und der hierauf bezüglichen Verrichtungen (RG JW 1912, 87[37]), den Kommandanten eines Kriegsschiffs (vgl. RG 72, 350), nicht aber den mit Prüfung von Materialien (Glühzünder) beauftragten Offizier (RG 55, 171), auch nicht die dem Kommandeur des Pionierbataillons beigeordnete, aus zwei oder drei Offizieren bestehende Übungsverwaltung, welche die Geschäfte unter beständiger Kontrolle des Bataillonskommandeurs führt (RG Gruch 57, 976);

bei der **Bankverwaltung**: die in **RG** JW 1911, 594[47] offengelassene Frage, ob der Vorsteher der Reichsbanknebenstelle verfassungsmäßiger Vertreter ist, wird zu bejahen sein (s. aber KGJ 39 A 149).

Die **evangelische Gemeinde** wird nach Art 2 des PrGes. v. 25. 5. 74 durch den Gemeindekirchenrat vertreten. Die Kirchengemeinde ist aber auch für den Pfarrer haftbar, wenn dieser unter Mißbrauch seiner Stellung als Vorsitzender des Gemeindekirchenrats, die ihm das Recht gibt, die gefaßten Beschlüsse zu beglaubigen und das Kirchensiegel zu führen, Anträge gefälscht hat (JW 1917, 593[1]).

3. Die **Haftung des Staates, der Gemeinden und andern Kommunalverbände** war allgemein in verschiedenen Bundesstaaten für den Fall, daß der Beamte in Ausübung der **öffentlichen Gewalt** gehandelt hat, durch landesgesetzliche Bestimmungen ausgeschlossen, die durch Art 77 EG aufrechterhalten sind. Eine Ausübung der öffentlichen Gewalt ist anzunehmen, wenn der Staat sein Herrschaftsrecht betätigt, dem jeder einzelne sich fügen muß. Unter die Ausübung der öffentlichen Gewalt fällt es auch, wenn amtliche Machtmittel mißbräuchlich verwendet werden (**RG** 91, 381). Verschieden hiervon ist, wenn der Beamte in Ausübung solcher Rechte gehandelt hat, die in Rechtsverhältnissen des bürgerlichen Rechtes, in Eigentum, Nachbarrecht, Gewerbebetrieb, Unterhaltung des öffentlichen Verkehrs (vgl. für rheinisches Recht **RG** JW 1914, 483[24]), in Vertragsverhältnissen, Verwahrung durch die Zollbehörde (**RG** JW 1914, 869[9]) usw. ihren Grund haben (**RG** 71, 46; 72, 349; 84, 88 — vgl. über den Unterschied zwischen Ausübung des Militärhoheitsrechts und militärfiskalischen Anordnungen **RG** 55, 174; Warn 1916 Nr 123, ferner über den Unterschied zwischen einer in Ausübung des Militärhoheitsrechts und einer aus Anlaß dieser Ausübung zugefügten Schädigung **RG** Warn 1917 Nr 217). Verrichtungen, die darauf abzielen, gebrauchte Munition unschädlich zu machen, das durch Schießübungen gefährdete Gelände abzusperren u. dgl., erfolgen nicht in Ausübung des militärischen Hoheitsrechts, sondern gehören zur staatlichen Vermögensverwaltung (**RG** 55, 171; Warn 09 Nr 538; 1914 Nr 255). Eine zur Ausbildung der Truppe vorgenommene Sprengung fällt dagegen unter die Ausübung des Militärhoheitsrechts, auch wenn sie auf Grund eines privatrechtlichen Vertrags ausgeführt wird (**RG** JW 1912, 638[10]). Unbedingt unter die Ausübung des Hoheitsrechts ist zu rechnen die Tätigkeit des Staates beim Strafvollzuge, insbesondere bei der Beschäftigung, Verpflegung und ärztlichen Behandlung der Gefangenen (**RG** 56, 215; 78, 325), während bei Beschädigung dritter Personen durch den Arbeitsbetrieb der Gefangenen das Rechtsverhältnis ein privatrechtliches ist (**RG** 44, 225). Die Stadtgemeinde haftet nicht für Schäden, die in Ausübung der Polizeigewalt verursacht sind (**RG** JW 04, 233[8]). Sie hat nicht für das Verschulden des Betriebsinspektors der städtischen Gasanstalt aufzukommen, dem zugleich Verrichtungen der Wohlfahrtspolizei übertragen sind, wenn das Verschulden auf letzterem Gebiete liegt (**RG** 55, 364). Wird der Gemeindevorsteher — wenn auch als Führer der Gemeindefeuerwehr — auf dem Brandplatze tätig, so handelt er in Ausübung der ihm auf dem Gebiete des Feuerlöschwesens anvertrauten öffentlichen Gewalt und entfällt damit die Voraussetzung für die Haftung der Gemeinde (**RG** Warn 1910 Nr 232). Die Unterhaltung der Feuerlöschgerätschaften ist dagegen eine privatrechtliche Pflicht der Gemeinde (**RG** LZ 1914, 1367[2]; Warn 1918 Nr 200). Ebenso hat die Gemeinde für das Verschulden des Gemeindevorstehers einzustehen, das diesen als Badekommissar bei Ausübung der der Gemeinde als Inhaberin der Badeanstalt obliegenden Fürsorgepflicht trifft (**RG** Warn 1911 Nr 1). Die Haftung des Reiches aus Betätigung der öffentlichen Gewalt richtet sich nach den landesgesetzlichen Vorschriften, die am Ort der Handlung für die Haftung des Staates gelten (**RG** 54, 198; 72, 350). — Jetzt ist durch Ges. v. 22. 5. 10 für die besoldeten Beamten des Reiches und die Personen des Soldatenstandes (mit Ausnahme des bayrischen Kontingents, vgl. LZ 1916, 912) bestimmt, daß an ihrer Stelle für den in Ausübung der öffentlichen Gewalt verursachten, nach § 839 zu ersetzenden Schaden das Reich einzustehen hat, das gegen den Schuldigen seinen Rückgriff nehmen kann. Der Rückgriff ist nicht davon abhängig, daß zuvörderst das Reich zum Ersatz verurteilt oder auch nur auf Ersatz verklagt ist (**RG** 96, 147). Für die Beamten des auswärtigen Dienstes, für die Schutzgebiete und die öffentlichen Verbände in den Schutzgebieten und Konsulargerichtsbezirken sind in den §§ 4 u. 5 besondere Vorschriften gegeben. Soweit für einzelne Verwaltungszweige, wie z. B. Post- und Telegraphenwesen, die Haftung des Reiches über einen gewissen Umfang hinaus gesetzlich ausgeschlossen ist, sind diese Vorschriften in Geltung belassen. In ähnlicher Weise ist die Haftung des Staates und der Gemeindeverbände in mehreren Bundesstaaten landesgesetzlich geregelt, für Preußen — welches bisher eine Haftung des Staates für Handlungen der öffentlichen Gewalt nur im Gebiete des rheinischen Rechtes kannte (vgl. Art 89 Nr 2 AG; **RG** 54, 19) — durch Ges. v. 1. 8. 09. Nach diesen Gesetzen trifft bei Ausübung der öffentlichen Gewalt die in § 839 bestimmte Verantwortlichkeit an Stelle des Beamten usw. das Reich (Staat, Kommunalverband). Soweit also der Beamte außerhalb des § 839 nach §§ 823 ff. oder aus einem Vertragsverhältnis (§ 278) haftet, bleibt es bei seiner unmittelbaren Verantwortlichkeit. Doch darf der Geschädigte, wenn die Verantwortlichkeit in

gleicher Weise wie auf § 839 auf einen andern Grund sich stützen läßt, nach Inanspruchnahme des Reiches usw. nicht mehr den Beamten haftbar machen, da die staatliche Haftung nicht neben die Haftung des Beamten, sondern an Stelle dieser Haftung treten soll (vgl. JW 1912, 981ff.). Das Reich usw. haftet für seine Beamten (zu denen beim Reiche auch die mittelbaren Reichsbeamten zu zählen sind), ohne Unterschied, ob sie als verfassungsmäßige Vertreter anzusehen sind. Die Ersatzpflicht des Reiches usw. geht hiernach weiter als nach § 31. Als Ausübung der öffentlichen Gewalt im Sinne der vorbezeichneten Gesetze ist jede Amtsausübung anzusehen, die öffentlich-rechtlicher Natur ist, sich nicht als Wahrnehmung privatrechtlicher Interessen darstellt (RG 91, 274; 94, 102). Haftbar ist demgemäß das Reich auch für das Verschulden eines Zwangslotsen des Kaiser-Wilhelm-Kanals (RG 86, 117; 110, 349), desgleichen der mit dem Schleusenbetrieb in diesem Kanal betrauten Beamten (RG 105, 99). Die Staatsgewalt betätigt sich nicht nur im Zwange, sondern auch in der Fürsorge (vgl. RG 82, 86; 91, 384; 101, 354; 102, 32). Als in Ausübung der öffentlichen Gewalt, in Ausübung des Dienstes befindlich ist der Soldat anzusehen, der in dem ihm zugewiesenen Quartier seine Waffe unvorsichtig entladen und dadurch einen Unfall herbeigeführt hat (RG 101, 355; vgl. auch 104, 289), doch muß die schadenbringende Handlung in innerem Zusammenhang mit dem Dienste stehen (RG 105, 230). Das ist der Fall, wenn die Truppe während eines Eisenbahntransports Bahngut plündert (RG 107, 271). Die Haftbarkeit des Reiches (Staates) für Handlungen der Arbeiter- und Soldatenräte ist grundsätzlich angenommen vom RG 99, 285; 104 S. 257 u. 346; 112, 95, die der Stadtgemeinde vom RG 104, 362, weil hier der Arbeiter- und Soldatenrat als Organ der Stadt tätig war. Zur Amtsausübung gehören auch Handlungen, die in Verfolg einer polizeilichen Verfügung vorgenommen sind (RG 97, 232). Die Haftbarkeit tritt schon dann ein, wenn der Beamte (die Person des Soldatenstandes) in Ausübung der ihm anvertrauten öffentlichen Gewalt seine Zuständigkeit überschritten hat, da es zu der dem Beamten Dritten gegenüber obliegenden Amtspflicht gehört, die Grenzen seiner Zuständigkeit einzuhalten (RG 71, 60; 99, 288; 104, 260; 105, 174). Über die Haftung der Kriegsgesellschaften für die Handlungen ihrer Angestellten, die eine beamtenähnliche Stellung haben, s. RG 106, 374. Unter die Ausübung der öffentlichen Gewalt fällt auch die Handhabung des öffentlichen Unterrichts (RG 84, 27), nicht auch die Erteilung des Unterrichts in Privatschulen (RG im Recht 1922 Nr 1680). Auf die Schulverbände und Stiftungen des öffentlichen Rechtes ist die Haftung für Amtspflichtverletzungen der Lehrer durch PrGes. v. 14. 5. 14 (§ 4a) erstreckt. Die Gemeinde muß auf Grund des Ges. v. 1. 8. 09 für das Verschulden ihrer Beamten aufkommen, auch wenn ihre auf besonderer Vorschrift beruhende Verpflichtung zum Ersatz des bei öffentlichen Aufläufen verursachten Schadens wegen Versäumung der Anmeldefrist (vgl. § 5 des PrGes. v. 11. 3. 50) erloschen ist, da die in § 6 Ges. v. 1. 8. 09 bestimmten Ausnahmen sich nur auf sachliche Beschränkungen, nicht auf Beschränkungen hinsichtlich der prozessualen Geltendmachung beziehen (RG JW 1913, 503[29]). Nach dem Tumultges. v. 12. 5. 20, das die Haftung zu bestimmten Teilen dem Reiche, dem Lande und der Gemeinde auferlegt, kann gegen die Versäumung der Anmeldefrist Wiedereinsetzung bewilligt werden. Zwischen der Gemeinde und dem Brandmeister der freiwilligen Feuerwehr besteht kein Beamtenverhältnis (RG 83, 308). Ganz allgemein ist jetzt durch **Art 131 RVerf** unter Vorbehalt näherer gesetzlicher Regelung, wie sie z. B. hinsichtlich der Haftung für den Verlust von Postsendungen bereits besteht (RG 107, 41), der Grundsatz aufgestellt, daß die nach § 839 begründete Verantwortlichkeit des Beamten bei Ausübung der öffentlichen Gewalt dem Staate oder der Körperschaft obliegt, denen der Rückgriff gegen den Beamten vorbehalten ist. Über die Wirkung der Vorschrift in den Gebieten ohne und mit Staatshaftungsgesetz s. RG 102, 167. Die Beschränkung des Rechtswegs ist unzulässig (so schon RG 87, 114, jetzt 102, 392; 104, 291). — Die vorerwähnten Gesetze regeln nur die Deliktshaftung, nicht auch diejenige aus Vertragsverhältnissen des öffentlichen Rechts. Bei solchen Verträgen haften Körperschaften des preußischen öffentlichen Rechts nicht für das sog. Vertrauensinteresse (RG 110, 291).

4. Durch Art IV EG v. 17. 5. 98 zur KO sind die landesgesetzlichen Vorschriften, betr. Unzulässigkeit des **Konkurses** über eine juristische Person des öffentlichen Rechtes oder eine unter Verwaltung einer öffentlichen Behörde stehende juristische Person, aufrechterhalten.

Zweiter Abschnitt

Sachen

§ 90

Sachen[1]) im Sinne des Gesetzes sind nur körperliche[2]) Gegenstände[3]).

E I 778 II 77a; M 3 32; P 3 1.

1. Der Begriff der **Sache** ist als ein begrenztes Stück der den Menschen umgebenden Natur zu bestimmen, als ein nach natürlicher Anschauung für sich allein bestehender, im Verkehrsleben besonders bezeichneter und bewerteter körperlicher Gegenstand (RG 87, 45; Gruch 61, 918). Nach dem Sprachgebrauche des BGB ist eine Sache ein Unterbegriff von „Gegenstand" (s. A 3). — In der Regel beziehen sich die Vorschriften des BGB nur auf Einzelsachen. Von ihnen zu unterscheiden ist die **Sachgesamtheit** (Inbegriff von Sachen). Eine solche liegt vor, wenn eine Mehrheit von selbständigen Sachen, die nicht im Verhältnis von Hauptsache und Zubehör stehen, infolge eines gemeinschaftlichen wirtschaftlichen Zweckes im Verkehr als wirtschaftliche Einheit behandelt wird. In der Regel ist auch ein gemeinschaftlicher Name für diese Sachenmehrheit gebräuchlich (z. B. Warenlager, Herde, Gemäldesammlung, Briefmarkensammlung, Bücherei; vgl. aber in letzterer Hinsicht RG Warn 1918 Nr 154). Das BGB spricht aber nur von Rechten an Sachen. Eine bloß wirtschaftliche Einheit ist keine Sache. Darum können nach dem BGB Gegenstand von Rechten nur die zu der Gesamtheit gehörigen einzelnen Sachen sein. Ein von dem Recht an diesen Einzelsachen gesondertes Recht an der Gesamtheit besteht nicht. Zum Beispiel ist ein Eigentums- oder Pfandrechtserwerb an der Sachgesamtheit nur in der Weise möglich, daß die einzelnen Sachen übereignet bzw. verpfändet werden (RG 53, 219; 74, 146; JW 06, 224[7]; OLG 18, 133). Dies kann jedoch unter der verkehrsüblichen zusammenfassenden Benennung der Gesamtheit geschehen (RG 53, 220). — Da ein Recht an der Sachgesamtheit als solcher nicht besteht, so erlangt der Erwerber derselben nicht ohne weiteres das Eigentum an den nach der Übereignung vom Veräußerer angeschafften Sachen. Diese müssen vielmehr besonders übereignet werden (RG 53, 220). Doch kann bei einer Pfandbestellung (z. B. an einem Warenlager) im voraus vereinbart werden, daß die später angeschafften Sachen dem Pfandrecht unterliegen sollen (RG 53, 220). Ebenso kann bei einer Eigentumsübertragung gemäß § 930 (durch Besitzkonstitut) vereinbart werden, daß die vom Besitzer an Stelle veräußerter Sachen neu angeschafften Sachen Eigentum des Erwerbers werden sollen (RG Warn 08 Nr 62). — Soll ein Teil einer Sachgesamtheit übereignet oder verpfändet werden, so müssen die betreffenden Sachen je einzeln für sich bezeichnet werden, da sonst nicht eine Einigung über bestimmte Sachen vorliegt (vgl. RG 52, 390; Gruch 51, 616). — Ob ein Recht an einer Sachgesamtheit gültig erworben ist, kann für jede einzelne Sache unter Umständen verschieden beantwortet werden; z. B. kann ein Eigentumserwerb in gutem Glauben an einigen Sachen ausgeschlossen sein, weil diese gestohlen usw. sind. Daher muß, wer ein Recht an der Sachgesamtheit behauptet, grundsätzlich den Erwerb des Rechtes an jeder Einzelsache beweisen. Doch wird vielfach, wenn der Erwerb einer Sachgesamtheit im ganzen nachgewiesen ist, kein Grund zur Annahme eines besondern Rechtsverhältnisses an einzelnen nun dazugehörigen Sachen gegeben sein. Im Wege der Klage kann ebenfalls nur die Herausgabe der einzelnen Sachen, nicht der Sachgesamtheit als solcher verlangt werden. Ein Unterschied kann auch nicht für den Fall gemacht werden, daß der Beklagte gesetzlich zur Herausgabe eines „Inbegriffs" von Sachen verpflichtet ist, z. B. nach §§ 1035, 2018, 2371 (str.). Regelmäßig hat in solchen Fällen der Kläger die Möglichkeit, nach § 260 ein Bestandsverzeichnis zu erlangen und damit die einzelnen Sachen zu erfahren (vgl. aber RG Warn 1918 Nr 155). Doch wird, wenn kein Zweifel bestehen kann, eine zusammenfassende Bezeichnung mit dem Gesamtnamen zulässig sein. — Eine besondere rechtliche Bedeutung kommt der Sachgesamtheit dagegen in folgenden Fällen zu: Der Besitz an einer Sachgesamtheit ist zwar rechtlich nur als Besitz an den einzelnen Sachen aufzufassen. Da jedoch bei einer wirtschaftlichen Einheit die tatsächlichen Verhältnisse (im Gegensatze zur Rechtslage) für alle Stücke die gleichen sind, so erstreckt sich der Besitz an einer Sachgesamtheit mit Notwendigkeit auf alle dazugehörigen Sachen (z. B. der Ersitzungsbesitz an einer Briefmarkensammlung, OLG 36, 159). Ein Sonderbesitz an einzelnen Stücken kann nur in der Weise begründet werden, daß diese entweder aus der Sachgesamtheit ausgeschieden oder doch einzeln so bestimmt bezeichnet werden, daß der Sonderbesitz (in diesem Falle als Mitbesitz neben dem des Gesamtbesitzers) tatsächlich an ihnen ausgeübt werden kann. Eine bloße Bezeichnung der Zahl oder Menge nach genügt nicht zur Übertragung des Besitzes (RG 52, 385; Gruch 51, 616). Ferner hat das Gesetz durch einzelne Sondervorschriften der wirtschaftlichen Bedeutung der Sachgesamtheit Rechnung getragen. Vgl. §§ 92 Abs 2 (Verbrauchbarkeit der zu einem Sachinbegriffe gehörigen Sachen), 260 (Verpflichtung zur Vorlegung eines Bestandsverzeichnisses, vgl. RG Warn 1918 Nr 154), 587ff., 1048 (Inventar eines Grundstücks), 1035 (Nießbrauch an einer Sachgesamtheit), auch § 254 ZPO.

Ebensowenig wie die Sachgesamtheiten sind die sog. **Rechtsgesamtheiten** (Inbegriffe von Gegenständen, s. A 3), d. h. wirtschaftliche Einheiten von Sachen, Rechten und sonstigen Gütern des Rechtsverkehrs (RG Gruch 47, 910; 51, 897; JW 1913, 130[6]), Sachen im Sinne des BGB. Auch ist die Rechtsgesamtheit als solche nicht ein „Recht" oder ein „Gegenstand" eines dinglichen Rechtes (vgl. dazu A 3). Beispiele von Rechtsgesamtheiten sind das Vermögen einer Person, die verschiedenen, vom Rechte ausgebildeten Sondervermögen (eingebrachtes

Vermögen, Vorbehaltsgut der Frau, Gesamtgut der Ehegatten, Kindesvermögen, Gesellschaftsvermögen, Erbschaft u. a.) und das geschäftliche Unternehmen (vgl. RG Warn 1918 Nr 186). Im allgemeinen gelten in allen diesen Fällen dieselben Grundsätze wie bei der Sachgesamtheit. An der Gesamtheit als solcher können Rechte nicht begründet werden. Ihre Veräußerung z. B. kann nur dadurch erfolgen, daß die einzelnen Sachen und Rechte, aus denen sie besteht, besonders übertragen werden, und diese Übertragung muß nach den für die betreffenden Einzelgegenstände jeweils geltenden Vorschriften (z. B. §§ 398ff., 929ff.) geschehen (RG 68, 49; 70 S. 228, 231). Ebenso unterliegen der Zwangsvollstreckung nur die einzelnen Sachen und Rechte. Deshalb kann z. B. die Veräußerung eines Handelsgeschäfts nicht nach dem Anfechtungsgesetz oder der Konkursordnung angefochten werden. Nur die Übertragung der zur Zeit der Veräußerung vorhandenen Einzelgegenstände kann anfechtbar sein, nicht die der nachträglich angeschafften (RG 70, 226). — Für eine Reihe von Sondervermögen gilt allerdings der Grundsatz des dinglichen Ersatzes (Surrogation): das durch die Veräußerung von Vermögensgegenständen Erlangte tritt an ihre Stelle. Dies ist aber kein allgemeiner Grundsatz, vielmehr gilt er nur für die Fälle, für die er im Gesetz ausdrücklich bestimmt ist, z. B. §§ 1370, 1381, 1382, 1440, 1473, 1486, 1524, 1526, 1554, 2019, 2041, 2111 (RG 70, 233). Auch ist die Ausgestaltung des Grundsatzes in den einzelnen Fällen verschiedenartig. — Ferner läßt das Gesetz für gewisse Fälle einen einheitlichen Übergang der Rechte an der Gesamtheit zu, so z. B. bei der Rechtsnachfolge des Erben (§ 1922), der Veräußerung des Anteils eines Miterben (§ 2033), der Begründung der allgemeinen Gütergemeinschaft (§ 1438) und bei der Übertragung des Vermögens einer Aktiengesellschaft auf eine andere Aktiengesellschaft oder den Staat (§§ 304, 306 HGB). — Weiter sind einheitliche schuldrechtliche (obligatorische) Rechtsgeschäfte über Rechts- und Sachgesamtheiten zulässig (vgl. RG Warn 1918 Nr 186, auch A 3). Es ist dann durch Auslegung im einzelnen Falle zu ermitteln, welche Gegenstände nach dem Willen der Parteien zu der Gesamtheit gehören sollen. Wird z. B. ein Handelsgeschäft auf einem Grundstück betrieben, das für diesen Betrieb eingerichtet ist, und werden dann das Grundstück und das Handelsgeschäft zusammen verkauft, so bilden nach der Verkehrsauffassung beide den untrennbaren Kaufgegenstand, zumal wenn für alles ein Einheitspreis festgesetzt ist, und es erstreckt sich, wenn wegen Mängel des Grundstücks die Wandlung des Kaufvertrags erfolgt, diese nach § 469 Satz 2 oder nach § 470 auch auf das Handelsgeschäft (RG Warn 1918 Nr 186). Für derartige Verträge über ganze Vermögen oder Vermögensteile gibt das Gesetz besondere Vorschriften in den §§ 310 (Nichtigkeit der Verpflichtung zur Übertragung des künftigen Vermögens), 311 (Form des Vertrags auf Übertragung des gegenwärtigen Vermögens), 419 (Haftung des Übernehmers eines Vermögens), 1822 Nr 1 (vormundschaftsgerichtliche Genehmigung für Vermögensübertragungsverträge), 2371 ff. (Erbschaftskauf), HGB §§ 22ff. (Erwerb eines Handelsgeschäfts).

Eine besondere Stellung unter den Sachen nehmen die sog. **verkehrsunfähigen Sachen** ein. Dazu gehören zunächst die allen Menschen gemeinschaftlichen Sachen: die Luft, die fließende Wasserwelle, das offene Meer. Sie sind der privatrechtlichen Herrschaft durch ihre Natur entzogen; die beiden ersteren können nicht einmal als Sachen im Sinne des BGB betrachtet werden, da ihnen die feste Begrenzung fehlt. Wenn dagegen Teile der Luft oder des Wassers in besondere Behältnisse gebracht werden, können sie Gegenstand von Rechten sein (vgl. RGSt 11, 117; 14, 121; 44, 335). Vom fließenden Wasser selbst ist der von ihm durchflossene Raum, der Wasserlauf, Fluß, Teich, See zu unterscheiden (RG 53, 98). Ob hieran Privatrechte bestehen können, richtet sich nach Landesrecht (Art 65 EG). Vgl. § 903 A 2. — Nicht Sachen im Sinne des BGB sind auch der menschliche Körper und seine Teile, da sie nicht zu der den Menschen umgebenden Natur gehören. Am lebenden Körper besteht nur ein Persönlichkeitsrecht des Menschen, aber nicht ein irgendwie geartetes Vermögensrecht. — Der menschliche Leichnam ist Sache im Sinne des BGB, aber in gewisser Weise dem Verkehr entzogen (vgl. RG SeuffA 59 Nr 308; Gruch 56, 1009). — Verkehrsunfähig können ferner Sachen sein, die für öffentliche oder religiöse Zwecke bestimmt sind oder dem Gemeingebrauche dienen. Die Verkehrsunfähigkeit beruht hier aber auf öffentlichem Rechte und ist daher nach Landesrecht zu beurteilen (Art 55 EG). Auch die Regelung der Eigentumsverhältnisse an derartigen Sachen muß der Landesgesetzgebung überlassen bleiben, da sie aufs engste mit den sonstigen Rechtsverhältnissen an ihnen zusammenhängt. Reichsrechtlich steht der Zulassung eines Privateigentums an diesen Sachen nichts im Wege. Ebenso wird die Frage, ob dem einzelnen ein Privatrecht auf den Gemeingebrauch gegen den Eigentümer öffentlicher Sachen zusteht, nach Landesrecht zu entscheiden sein, da sie sich von der Ordnung der öffentlichrechtlichen Verhältnisse an den Sachen nicht trennen läßt (str., vgl. RG 70, 81, jedoch auch RG 53, 384). Das Landesrecht kann die Rechte an öffentlichen Sachen ganz verschiedenartig gestalten, und dementsprechend müssen auch die Ansprüche auf den Gemeingebrauch verschiedenartig gestaltet sein. Aus dem BGB ergeben sich derartige Ansprüche nicht, aber sie sind auch nicht ausgeschlossen.

Über die **Einteilung der Sachen** ist folgendes zu bemerken: Das BGB unterscheidet nur zwischen Grundstücken und beweglichen Sachen. Andere unbewegliche Sachen als Grundstücke kennt das BGB nicht (RG 59, 20; JW 1912, 129[2]). Daher gelten für alle Sachen, die nicht Bestandteile von Grundstücken sind, die Vorschriften über bewegliche Sachen (s. § 95 A 1). Vgl. jedoch § 926 (Eigentumserwerb am Zubehör eines Grundstücks). Nur für gewisse Rechte gelten die sich auf Grundstücke beziehenden Vorschriften, und zwar nach BGB (jetzt VO v. 15. 1. 1919) für das Erbbaurecht, nach Landesrecht auf den diesem vorbehaltenen Gebieten auch für andere Rechte, z. B. Bergwerkseigentum, Kohlenabbaugerechtigkeit (s. hierüber § 903 A 2). Nur einmal, im § 1551 (Fahrnisgemeinschaft), spricht das BGB von „unbeweglichem Vermögen". Ferner kennt die ZPO eine Zwangsvollstreckung in das unbewegliche Vermögen (§§ 864 ff.). Zu diesem sind hier auch die im Schiffsregister eingetragenen Schiffe gerechnet (vgl. RJA 4, 221). Vgl. §§ 1259 ff., Schiffspfandrecht. Sonst sind Schiffe, auch Seeschiffe, bewegliche Sachen (RG 80, 132). — Über vertretbare und verbrauchbare Sachen vgl. §§ 91, 92, über Gattungssachen § 243, teilbare Sachen § 752.

2. **Nur körperliche,** also nach menschlicher Vorstellung den Raum ausfüllende Gegenstände sind im Sinne des BGB Sachen, nicht Rechte (z. B. Patentrechte, Urheberrechte) oder sonstige Vermögensgegenstände (RG 80, 137; 83, 22; 89, 300; 94, 244; 106, 364; vgl. A 3), nicht auch eine mit einem Grundstück verbundene Gerechtigkeit (z. B. Abdeckereigerechtigkeit, Apothekengerechtigkeit), da sie, wiewohl sie nach § 98 als Bestandteil gilt, doch nicht wirklicher Sachteil des Grundstücks ist (RG 83, 200; vgl. A 1 § 96). Z. B. ist deshalb ein von dem Hersteller eines Films zu dessen Verwertung mit einem Filmverleiher unter Hingabe von Filmkopien geschlossener Vertrag kein Mietvertrag, da er nicht den Gebrauch einer Sache (§ 535), sondern die beschränkte Übertragung des Urheberrechts am Film zum Hauptinhalt hat (RG 106, 364). Außer festen können aber auch flüssige und gasförmige Körper Sachen sein. Daher ist z. B. der Vertrag über Zuleitung von Wasser und Leuchtgas in Röhren als Kauf beweglicher Sachen zu behandeln. Dagegen ist die Elektrizität von der Naturwissenschaft bisher nicht als ein Stoff anerkannt worden; sie ist daher auch keine Sache im Sinne des BGB (str.; RG 17, 271; 56, 409; 67, 232; 86, 12; RGSt 32, 165). Von dieser Auffassung geht auch das RGes. v. 9. 4. 00, betr. die Bestrafung der Entziehung elektrischer Arbeit, aus. Hiernach ist Elektrizität rechtlich nicht anders zu behandeln wie jede sonstige Kraft, die zu Arbeitsleistungen zwecks Herbeiführung eines bestimmten Erfolgs verwendet wird. Der Elektrizitätslieferungsvertrag wird danach als Werkvertrag aufzufassen sein (str.; a. M. RG 17, 272; 56, 408; 67, 232; 86, 12, wonach bei Verträgen über Lieferung elektrischen Stromes nicht die Arbeit, sondern das Produkt den Gegenstand des Vertrags bilde und dieses Produkt zwar keine körperliche Sache, aber doch ein Erzeugnis sei, das für den Güteraustausch geeignet sei und im Verkehr als Ware behandelt werde).

Urkunden sind körperliche Gegenstände, also Sachen (RG 91, 157). Hinsichtlich des Erwerbs von Rechten an ihnen werden sie aber verschieden behandelt. Man kann unterscheiden: bloße Beweisurkunden; Schuldscheine und gleich zu behandelnde Papiere; Inhaber- und Orderpapiere. Die Beweisurkunden (z. B. Familienstammbücher, Ausfertigungen von Urteilen, Sachverständigengutachten) weisen keine Besonderheiten auf. Der Eigentumserwerb daran bestimmt sich nach §§ 929 ff. Dienen sie zum Beweise einer Forderung (wie z. B. Hypothekenbriefe), so ist nach § 402 im Falle der Abtretung der bisherige Gläubiger lediglich schuldrechtlich verpflichtet, sie dem neuen Gläubiger zu übergeben. — Über die Urkunden der zweiten Art vgl. § 952 nebst A dazu. Hervorzuheben ist hier: An ihnen sind besondere Rechte nicht möglich, sie folgen lediglich dem Rechte an der Forderung (RG 91, 157). Sie sind aber darum doch Sachen. Insbesondere ist ein vertragliches oder gesetzliches Zurückbehaltungsrecht daran möglich (RG 51, 87; 66, 27; 91, 158; Warn 09 Nr 181). — Bei den Inhaberpapieren folgt das Recht aus dem Papiere dem Rechte am Papiere. Die Übertragung und Verpfändung geschieht nach sachenrechtlichen Grundsätzen (§§ 929 ff., insbesondere § 935, § 1293). Über die Befriedigung aus dem verpfändeten Papiere s. aber § 1294. Sparkassenbücher sind nicht Inhaberpapiere, sondern Ausweispapiere im Sinne des § 808 (RG JW 1913, 30[18]). — Bei Orderpapieren wird durch die eigentümliche Form des Indossaments sowohl das Recht am Papiere wie das in ihm verbriefte Recht übertragen. Im Falle einer einfachen Abtretung des Rechtes gilt § 952. — Über Wertpapiere vgl. § 793 nebst A. Sie (z. B. Kuxe) sind nicht Waren im Sinne des § 196 Nr 1, da hierunter bewegliche körperliche Gegenstände des Handelsverkehrs zu verstehen sind (RG 74, 162).

3. Eine Begriffsbestimmung für **Gegenstand** enthält das BGB nicht. Aus den verschiedenen Vorschriften aber, in denen der „Gegenstand" genannt wird, ergibt sich jedenfalls so viel, daß sein Begriff weiter geht als der der Sache. Da es sich bei einer Reihe solcher Vorschriften um Verfügungen über einen Gegenstand handelt, hat man versucht, die Verfügbarkeit als Be-

griffsmerkmal für den Gegenstand hinzustellen. Zu einer derartigen Beschränkung liegt aber kein Grund vor; denn in andern Vorschriften (z. B. §§ 256, 260, 273, 292, 504, 581, 2374) handelt es sich lediglich um schuldrechtliche Geschäfte über Gegenstände, und hierunter ist alles zu begreifen, was Bestandteil des Vermögens einer Person sein kann, also außer Sachen und Vermögensrechten (RG 89, 300; JW 1913, 130[6]) auch rein tatsächliche Verhältnisse, sofern sie einen Vermögenswert haben, z. B. Handelsgewerbe oder sonstiges gewerbliches Unternehmen (RG 53, 57; 67, 86; 68, 54; 69, 429; 70 S. 20, 224), ärztliche Praxis (RG 66, 139; 75, 120; Warn 09 Nr 5), Pensionsbetrieb (RG 67, 86), Kundschaft (RG 63, 57; SeuffA 56 Nr 307), Zeitschrifttitel (RG 68, 55; 70, 225), Geschäftsgeheimnis (OLG 22, 223). Insbesondere ist anzunehmen, daß derartige Vermögenswerte Gegenstand eines Kaufvertrags sein können (vgl. die obigen Entscheidungen, Prot 2, 51). Auch sind auf solche Verträge die Vorschriften über Sachmängel (§ 459) mit Recht entsprechend angewendet worden (RG 63, 57; 67, 86; 69, 429; vgl. auch 73, 137). Der Betrieb des Inseratenteils einer Zeitung ferner kann verpachtet werden. Gegenstand des Pachtvertrags im Sinne des § 581 ist hier ein Teil des Zeitungsunternehmens, das Inseratengeschäft (RG 70, 20). Vgl. weiter § 1822 Nr 3 BGB, § 22 Abs 2 HGB. Auch Immaterialgüterrechte (z. B. Urheberrechte) sind Gegenstände (RG 62, 321; 75, 225). Nicht Gegenstände sind dagegen Persönlichkeits- und Familienrechte sowie Handlungen, auch nicht Kräfte (Elektrizität); bei den letzteren insbesondere kommt rechtlich nur die Arbeitsleistung in Betracht (s. A 2). — Eine andere Bedeutung aber hat der „Gegenstand" allerdings in den lediglich Verfügungen betreffenden Gesetzesvorschriften (z. B. §§ 135, 161, 185, 816, 2040). Hier handelt es sich darum, was Gegenstand eines dinglichen Rechtes sein kann. Dies sind nur Sachen und Vermögensrechte, niemals aber die obenerwähnten sonstigen Rechtsgüter. Allerdings wird auch ihr Genuß, z. B. der eines eingerichteten Gewerbebetriebs, gegen widerrechtliche Eingriffe nach Maßgabe des § 823 geschützt (RG 56, 271; 58, 24; 64 S. 53, 155; JW 06, 163[7]). Auch steht dem Inhaber eines Gewerbebetriebs eine der Eigentumsfreiheitsklage entsprechende (quasinegatorische) Klage auf Unterlassung gegen rechtswidrige Störungen seines Betriebs zu (RG 60, 6; 61, 366; JW 07, 505[1]; 08, 133[1]). Allein die durch solche Rechtsbehelfe geschützte Rechtsstellung ist nicht ein übertragbares Recht am Rechtsgute, sondern lediglich die Folge der tatsächlichen Innehabung des Rechtsguts, also ganz entsprechend der Rechtsstellung des Besitzers einer Sache (§§ 854ff.). Daher kann ein gewerbliches Unternehmen als solches (z. B. ein Zeitschriftenverlag) nicht Gegenstand eines Pfandrechts sein (RG 68, 491). Auch das Recht auf einen Zeitschriftentitel ist nicht verpfändbar (RG 68, 55). Ebenso unterliegt die Veräußerung eines Handelsgeschäfts nicht der Gläubigeranfechtung (RG 70, 226; s. A 1). Den dinglichen Rechten wird weiter das ehemännliche Verwaltungs- und Nutznießungsrecht gleichzustellen sein. Der Ehemann darf also ohne Zustimmung der Ehefrau ein von dieser betriebenes Erwerbsgeschäft nicht selbst weiterführen (str.; RG 59, 25). Allerdings unterliegen die einzelnen zu dem Geschäfte gehörigen Sachen und Rechte seinem Verwaltungs- und Nutznießungsrechte (KGJ 32 A 191); er kann daher mit ihnen ein eigenes, von dem der Frau verschiedenes Gewerbe betreiben. Aber ihm fehlt die tatsächliche Möglichkeit der Ausübung des Gewerbebetriebs der Frau, wenn diese ihre Zustimmung zur Fortführung des Gewerbes durch ihn versagt (RG 59, 32; vgl. § 1367 A 5). Bei der elterlichen Nutznießung liegt dies anders, da hier dem Vater auch die Sorge für die Person des Kindes und die Vertretung des Kindes in allen Angelegenheiten zusteht (§ 1630). — Weder Gegenstände im weiteren noch im engeren Sinne sind für sich allein die sog. Gestaltungsrechte (Anfechtungs-, Kündigungs-, Rücktrittsrechte), da sie keinen selbständigen Vermögenswert haben (vgl. RG 30, 74; JW 09, 657[3]). Auch das Recht auf Annahme eines Vertragsantrags ist nicht übertragbar, außer wenn der Antragende dies bestimmt hat; es ist daher nicht pfändbar und kann vom Konkursverwalter und Ehemanne nicht ausgeübt werden (vgl. RG Gruch 53, 835).

§ 91

Vertretbare Sachen[1]) im Sinne des Gesetzes sind bewegliche Sachen[2]), die im Verkehre[3]) nach Zahl, Maß oder Gewicht[4]) bestimmt zu werden pflegen.

E I 779 II 77b; M 3 33; P 3 2.

1. Der im § 91 bestimmte Begriff der **vertretbaren Sachen** ist verwendet, z. B. in den §§ 607, 651, 700, 706, 783. Auch in §§ 363, 381, 406, 419 HGB und §§ 592, 688, 794 Nr 5 ZPO wird er in demselben Sinne gebraucht.

2. Nur **bewegliche Sachen** (s. § 90 A 1) können vertretbare Sachen sein, also niemals Grundstücke. Wohl aber können Grundstücke unter Umständen (z. B. bei mehreren Trennstücken gleicher Größe und Lage) kraft Parteiwillens Gegenstand einer Gattungsschuld im Sinne des § 243 sein.

3. Nur, wenn Sachen allgemein und regelmäßig **im Verkehre** nach Zahl, Maß oder Gewicht bestimmt werden, sind sie vertretbar. Auf die Anschauung und den Willen der Parteien im einzelnen Falle kommt es also nicht an. Zu beachten ist aber, daß in einigen der Vorschriften, die sich auf vertretbare Sachen beziehen, nach dem Sinne des Gesetzes nicht nur vertretbare Sachen geschuldet, sondern diese auch lediglich der Gattung nach bestimmt sein müssen (Gattungsschuld), z. B. in §§ 607 (Darlehn), 783 (Anweisung). Werden also in diesen Fällen bestimmte Stücke der Gattung ausgesondert, so sind die betreffenden Vorschriften nicht anwendbar (vgl. RG 10, 341). Bei der Gattungsschuld kommt es umgekehrt in erster Linie auf den Parteiwillen an (s. A 4).

4. Die Sachen müssen im Verkehre **nach Zahl, Maß oder Gewicht** und, was als selbstverständlich weggelassen ist, im übrigen nach Gattungsmerkmalen bestimmt werden. Derartige Sachen sind z. B. Getreide, Wertpapiere, Geld. Jedoch hängt es bei dem letzteren von der Währungsordnung ab, ob die einzelnen Geldsorten an Stelle anderer Sorten in Zahlung genommen zu werden brauchen (z. B. Scheidemünzen an Stelle von Gold; vgl. RMünzG v. 1. 6. 09 i. F. v. 4. 8. 14). Auch Maschinen sind vertretbare Sachen, wenn sie nach Preislisten gehandelt und nicht einem bestimmten Betriebe oder Raume angepaßt oder sonst nach besondern Zeichnungen für den einzelnen Fall angefertigt sind (RG 45, 63; JW 03, 244[26]; 1913, 27[14]; Gruch 48, 1070; OLG 22, 120); Abweichungen von den Formen der Preislisten in nebensächlichen Punkten stehen der Annahme der Vertretbarkeit nicht entgegen (OLG 34, 49). Ferner gewöhnliche Fensterflügel (OLG 22, 392). Dagegen nicht: Bier aus einer bestimmten Brauerei (RG JW 1913, 539[2]); nach Maß oder Beschreibung besonders angefertigte Möbel (RG 107, 340; OLG 16, 131); Luftschiffe (RG Warn 1914 Nr 72). — Da es zum Wesen der vertretbaren Sachen gehört, daß sie im Verkehre nur der Gattung nach bestimmt werden, sind sie auch regelmäßig Gegenstand einer Gattungsschuld (§ 243). Doch müssen sie es nicht notwendig sein, da es den Parteien freisteht, vertretbare Sachen im einzelnen Falle im Gegensatz zu der allgemeinen Verkehrsanschauung) nach Sondermerkmalen zu bestimmen.

§ 92

Verbrauchbare Sachen[1]) im Sinne des Gesetzes sind bewegliche Sachen[2]), deren bestimmungsmäßiger Gebrauch[3]) in dem Verbrauch[4]) oder in der Veräußerung besteht[5]).

Als verbrauchbar gelten[6]) auch bewegliche Sachen, die zu einem Warenlager[7]) oder zu einem sonstigen Sachinbegriffe[8]) gehören, dessen bestimmungsmäßiger Gebrauch in der Veräußerung der einzelnen Sachen besteht.

E I 780 II 77c; M 3 34; P 3 2.

1. Der Begriff der **verbrauchbaren Sachen** wird vom Gesetz in den §§ 706, 1067, 1075, 1084, 1086, 1376, 1377, 1392, 1411, 1540, 1653, 1659, 2116, 2325 verwendet. — Über die Möglichkeit, daß verbrauchbare Sachen (z. B. Brennmittelstücke) Zubehör einer andern Sache sind, s. § 97 A 6.

2. Wegen der **beweglichen Sachen** vgl. § 90 A 1, § 91 A 2.

3. Darin, daß der **bestimmungsmäßige Gebrauch** in dem Verbrauch oder der Veräußerung bestehen muß, liegt einmal, daß es nur auf die allgemeinen Verkehrsanschauungen über die Verbrauchbarkeit der Sachen ankommt, und sodann, daß der Verbrauch gerade der verfolgte Zweck des verkehrsüblichen Gebrauchs, nicht eine, wenn auch notwendigerweise, nebenher eintretende Folge desselben sein, und daß die leichte Veräußerlichkeit aus dem Wesen der Sache folgen, nicht auf zufälligen besondern Umständen beruhen muß.

4. Der bestimmungsmäßige Gebrauch besteht in dem **Verbrauch**, z. B. bei Lebensmitteln, Brennstoffen; nicht aber bei Kleidungsstücken, auch wenn sie nur kurze Zeit benutzbar sind (str.).

5. In der **Veräußerung** besteht vor allem beim Gelde der bestimmungsmäßige Gebrauch. Ferner bei Banknoten und andern geldähnlichen Papieren. Auch börsengängige Wertpapiere, die in der Regel zu Spekulationszwecken verwendet werden, wird man hierher rechnen müssen; nicht aber sog. Anlagepapiere (z. B. Deutsche Reichsanleihe, preußische Konsols). Die Grenze läßt sich in allen diesen Fällen nicht scharf ziehen.

6. **Als verbrauchbar gelten** die Sachen, hinsichtlich deren die Voraussetzungen des Abs 2 erfüllt sind, ohne Rücksicht darauf, ob die Sachen sonst nach der Verkehrsanschauung gemäß Abs 1 als verbrauchbar anzusehen wären (z. B. Schlachtvieh eines Fleischers, vgl. RG 79, 248).

7. **Warenlager** ist ein Inbegriff von Gegenständen des Handelsverkehrs, die zu dem Zwecke zusammengebracht worden sind, um veräußert zu werden.

8. Über **Sachinbegriffe** s. § 90 A 1 bei „Sachgesamtheit".

§ 93

Bestandteile[1]) einer Sache[2]), die voneinander nicht getrennt werden können, ohne daß der eine oder der andere[3]) zerstört[4]) oder in seinem Wesen verändert[5]) wird (wesentliche Bestandteile)[6]), können nicht Gegenstand besonderer Rechte sein[7]).

E I 782 II 77d; M 3 40; P 3 4.

1. **Bestandteile** sind die durch mechanische (nicht chemische) Zerlegung oder (bei Grundstücken) räumliche Abgrenzung zu gewinnenden Teile einer Sache (eine Erweiterung des Begriffs enthält § 96). In diesem Sinne sind alle Sachen teilbar. Aber der wirtschaftliche Erfolg der Teilung ist verschieden. Mit Rücksicht hierauf unterscheidet das BGB, wie § 93 ergibt, zwischen wesentlichen und unwesentlichen Bestandteilen. Über die wesentlichen Bestandteile s. A 3ff. — Die **unwesentlichen** Bestandteile unterscheiden sich von den wesentlichen dadurch, daß sie auch während ihrer Verbindung mit der Sache Gegenstand besonderer dinglicher Rechte sein können. Daher erlöschen Rechte an Sachen nicht, wenn diese mit einer andern Sache derart verbunden werden, daß sie nur unwesentliche Bestandteile bilden. Auch während ihrer Verbindung kann der Eigentümer der ganzen Sache an ihnen besondere dingliche Rechte bestellen. Sie werden, solange besondere Rechte daran bestehen, hinsichtlich der Befugnisse des Berechtigten wie selbständige Sachen zu behandeln sein. Daher kann sie z. B. ihr Eigentümer oder der Pfandgläubiger, der letztere, wenn er zum Verkauf berechtigt ist, von der Hauptsache abtrennen (vgl. **RG** 74, 402; JW 1922, 238[2]; § 925 A 4 a. E.). Das Eigentum daran wird (außer bei Flächenteilen eines Grundstücks) nach den §§ 929ff. erworben, selbst wenn sie Bestandteile eines Grundstücks sind. Auch Erwerb im guten Glauben nach § 932 kann an ihnen stattfinden. Dieser Erwerb tritt aber erst mit der Übergabe, nicht etwa schon mit der Auflassung des Grundstücks ein, zu dem sie gehören. — Alles dies hat jedoch nur als Ausnahme zu gelten. Grundsätzlich teilen auch unwesentliche Bestandteile das Schicksal der Hauptsache (**RG** 69, 120; 74, 402; Warn 1919 Nr 45; JW 1922, 238[2]). Wenn also keine besondern Rechte an ihnen bestehen, erstreckt sich das Recht an der Hauptsache auch auf sie (z. B. im Falle eines Fideikommißrechts, **RG** Warn 1919 Nr 45), und bei einer Veräußerung jener wird das Eigentum an ihnen miterworben, ohne daß hinsichtlich ihrer eine besondere Einigung und Übergabe stattzufinden braucht (vgl. **RG** 69, 120; 74, 402; JW 1922, 238[2]). Auch ist in diesem Falle eine besondere Zwangsvollstreckung in sie nicht zulässig. Unwesentliche Bestandteile eines Grundstücks unterliegen vielmehr lediglich der Zwangsvollstreckung in das unbewegliche Vermögen. Das ergibt sich schon daraus, daß die ZPO in § 865 nur über die Zwangsvollstreckung in getrennte Bestandteile (wesentliche und unwesentliche) Vorschriften gibt (str.). Desgleichen ist eine besondere Pfändung unwesentlicher Bestandteile beweglicher Sachen ausgeschlossen. — Unwesentliche Bestandteile sind z. B.: in einem Schlosse mittels Holzrahmen an den Wänden angebrachte Gobelins, sofern sie nicht nach der Art der Anbringung selbständige bewegliche Sachen geblieben und daher nur als Zubehör (§ 97) zu erachten sind (**RG** Warn 1919 Nr 45); die einzelnen Flächen eines Grundstücks (JW 1926, 991[1]; [JFG 3, 284]). Auch die zu einem Grundstück gehörenden Straßen und Wege, da sie durch Ziehen von Grenzlinien jederzeit in verschiedene Teile zerlegt werden können, ohne daß ihr Wesen dadurch verändert wird (**RG** JW 1910, 813[32]). Aus gleichem Grunde ist als unwesentlicher Bestandteil eines Weges ein dazugehöriger Abzugsgraben oder Wasserabflußkanal zu erachten (vgl. **RG** Warn 1919 Nr 187: vom Berufungsgericht wesentliche Bestandteilseigenschaft angenommen).

2. Die über wesentliche Bestandteile einer Sache sich verhaltende Vorschrift des § 93 setzt „Bestandteile einer Sache" als gegeben voraus. Deshalb ist, wenn es sich darum handelt, ob etwas im Sinne des § 93 (für die Fälle des § 94 s. dort A 1, 7) wesentlicher Bestandteil eines Ganzen ist, zunächst zu prüfen, ob das Ganze „eine Sache" und jenes „Bestandteil" dieser Sache ist (**RG** 67, 30; Gruch 61, 917). **Eine Sache** ist ein körperlicher Gegenstand (§ 90), d. i. ein begrenztes körperliches Stück der den Menschen umgebenden Natur, ein nach natürlicher Anschauung für sich bestehender, im Verkehrsleben besonders bewerteter und bezeichneter körperlicher Gegenstand (s. § 90 A 1). Jede Sache setzt sich aus Bestandteilen zusammen. Bestandteil kann daher nur das sein, was Teil einer einheitlichen Sache, ein unselbständiges Stück des einen Körpers ist, nicht, was selbst eine Sache unter den mehreren selbständigen Sachen ist, die ein wirtschaftliches Ganzes bilden (**RG** 63, 172; 67, 35; 69 S. 120, 152; 87, 45; Gruch 61, 918; JW 09 S. 267[1], 483[2]; 1911, 532[2]; 1912, 128[1]; Warn 1910 Nr 97, 190). — Die einzelnen Bestandteile setzen sich wieder aus Bestandteilen zusammen. Die letzteren sind natürlich immer auch Bestandteile der ganzen Sache. Jedoch mit einem Unterschiede: wenn sie außer zu dem Bestandteile auch in einem körperlichen und wirtschaftlichen Verhältnis zu der ganzen Sache stehen, werden sie auch in erster Linie Bestandteile dieser sein; sie können aber auch zunächst lediglich Unterbestandteile eines Bestandteils der Sache bilden, so daß

sie deren Bestandteile nur in zweiter Linie sind (vgl. RG 67, 33; 69, 152). Im letzteren Falle ist es möglich, daß sie wesentliche Bestandteile des Bestandteils, dieser dagegen nicht wesentlicher Bestandteil der ganzen Sache ist.

Die **Feststellung dessen, was eine einheitliche Sache** (eine Einzelsache im Verhältnis zu der umfassenderen wirtschaftlichen Gesamtheit) ist, beruht im wesentlichen auf der Abgrenzung von den bloß wirtschaftlichen Einheiten. Aus dem Gesetze ergibt sich für diese Abgrenzung nichts weiter, als daß die Sacheinheit ein zusammenhängendes körperliches Stück der Natur sein muß, der Bestandteil rechtlich nicht als selbständige Sache gewertet werden darf. Im übrigen muß die natürliche Anschauung maßgebend sein (RG 67, 30; 69 S. 121, 153; 83, 69; 87, 45; Gruch 61, 918; JW 1912, 128[1]). Sachbestandteile sind also Sachstücke, die entweder von Natur zusammen einen körperlichen Gegenstand bilden oder ihre frühere Eigenschaft als selbständige Sachen durch Verbindung miteinander dergestalt verloren haben, daß sie fortan, solange die Verbindung dauert, insgesamt als ein einziger körperlicher Gegenstand und je für sich betrachtet als unselbständige Stücke dieser Körpereinheit erscheinen (RG 63 S. 173, 418; 67, 32; 83, 68; 87, 45; Gruch 61, 918; JW 08, 738[3]; 09 S. 159[2], 267[1], 483[2]; 1911 S. 532[2], 574[4], 707[2]; 1912, 128[1]; Warn 09 Nr 59; 1910 Nr 97; 1913 Nr 80), und zwar kommt es in letzterer Hinsicht auf die Anschauung, die ein jeder verständige, unbefangene Beurteiler haben würde, an, nicht auf die Meinung einzelner beteiligter Kreise (RG 67, 33; 69, 153; 87, 45; Gruch 61, 918; JW 1911 S. 397[1], 574[4]; 1912, 128[1]). — Von Natur eine Einheit bildet z. B. ein Tier, ein Stein. Ihnen sind die sog. künstlichen Einheitssachen, bei denen die Bestandteile unter sich gleichartig und gegeneinander nicht irgendwie abgegrenzt sind (z. B. ein Goldbarren, ein Stück Butter, auch ein Haufen Getreide), gleichzustellen. Hier wird die Feststellung dessen, was eine Sache ist, selten Schwierigkeiten machen. — Diesen Sachen gegenüber stehen die sog. zusammengesetzten Sachen, die aus unter sich ungleichartigen Bestandteilen bestehen. Hier muß jedenfalls zunächst ein körperlicher Zusammenhang unter den Teilen bestehen. Es genügt also nicht ein gewisses räumliches Verhältnis wie beim Zubehör (RG 58, 342; 63, 173; 69, 152). Dieser Zusammenhang kann verschiedenartig sein: a) Bei einer festen Verbindung wird man eine einheitliche Sache anzunehmen haben, falls nicht die allgemeine Anschauung dem entgegensteht. § 94 Abs 1 wird als Anwendungsfall dieses allgemeinen Grundsatzes zu betrachten sein. Darüber, was als feste Verbindung anzusehen ist, s. § 94 A 2. Zu betonen ist hier aber besonders: die Verbindung muß eine derartige sein, daß nach allgemeiner Anschauung das Verbundene, als in dem betreffenden körperlichen Gegenstand aufgegangen, lediglich als dessen Teil erscheint (s. oben). Dabei ist wohl zu unterscheiden zwischen einem durch Zusammensetzung früher selbständiger Sachen zu einer Körpereinheit, einer Sache, gewordenen Ganzen und einer zur Erreichung eines wirtschaftlichen Zweckes zusammengebrachten Sachgesamtheit, die, wenn ihr auch im Verkehrsleben eine einheitliche Bezeichnung gegeben wird und sie wirtschaftlich als Einheit erscheinen mag, doch nach Sachenrecht nicht eine Körpereinheit, eine einzige Sache ist, sondern aus einer Mehrheit von Sachen besteht, die trotz ihrer Zusammenbringung zur Erreichung des wirtschaftlichen Zweckes ihre körperliche Selbständigkeit bewahrt haben (RG 87, 45; Gruch 61, 918; Warn 1918 Nr 155; 1919 Nr 45). Namentlich ist diese Unterscheidung im Auge zu behalten, wenn bisher selbständige Sachen in ein Gebäude eingebracht oder an einem Gebäude angebracht sind, ohne daß sie im Sinne des § 94 Abs 2 als zur Herstellung des Gebäudes eingefügt zu erachten sind, und es sich darum handelt, ob sie Bestandteile, also unselbständige Stücke der einen Gebäudesache geworden, oder trotz wirtschaftlicher Zweckbestimmung für das Gebäude diesem gegenüber selbständige Sachen geblieben sind (RG 87, 46; Gruch 61, 918; Warn 1918 Nr 155; 1919 Nr 45), wie z. B. an der Wand angehakte Heizkörperverkleidungen (SeuffA 74 Nr 10), Bodenbelag aus Linoleum (SeuffA 74 Nr 157; OLG 45, 110). b) Unter Umständen genügt auch eine nur lose Verbindung (RG 50, 243; 62, 250; 63, 173; 67, 34; 69, 152; 83, 69; JW 04, 110[4]; 08 S. 295[1], 322[2]; 1911, 573[3]). Sie kann nach Lage des Falles sogar in einem bloßen Aufeinanderliegen der Teile (RG 62, 250) oder darin bestehen, daß der eine Gegenstand in den andern lose hineingepaßt ist (z. B. Schublade und Tisch). Dann muß aber noch mehr vorliegen als die Verbindung, um das Ganze als einheitliche Sache erscheinen zu lassen (RG 87, 45). Notwendig wird hier zunächst ein allen Teilen gemeinsamer (in der Regel wirtschaftlicher) Zweck sein. Auch dies reicht aber trotz des körperlichen Zusammenhangs dann nicht aus, wenn die verbundenen Gegenstände eine größere Zahl besonderer Merkmale besitzen (anders z. B. Eisenstangen). Denn das Verbundene wird in einem solchen Falle nicht als Sachteil, sondern als eine trotz der Verbindung für sich selbst bestehende Sache anzusehen sein. So z. B.: Leuchter und sein Licht; Flasche und ihr Inhalt; ein Elektrizitätswerkgebäude (Zentrale) und die damit verbundenen, zur Fortführung und Verteilung der elektrischen Kraft dienenden, sich über fremde Grundstücke erstreckenden Leitungen und Transformatoren (RG 83, 69; 87, 43; Warn 1918 Nr 155); ein Gaswerksgrundstück und die von diesem ausgehenden (mit ihm aber nicht sonst verbundenen) Rohrnetze des Gaswerks, die über eine Reihe anderer Grundstücke hinweggehen (RG Warn 1915 Nr 271). Dagegen wird das Verbundene trotz nur loser Verbindung als Sachteil (Sachstück) erachtet werden können, wenn es einesteils durch die Verbindung erst seiner eigentlichen Bestimmung zugeführt wird, und es andernteils auf die Gestalt und das Wesen der betreffenden Sache einen derartigen Einfluß ausübt, daß die bestimmungsgemäße Benutzung der ganzen Sache während der Dauer der Verbindung erst durch das Verbundene ermöglicht wird und die Sache nach etwaiger Trennung der Ergänzung durch einen dem Verbundenen gleichen oder doch ganz ähnlichen Gegenstand bedürftig ist oder durch die Trennung wertlos wird. Das ist z. B. der Fall bei: den Preßluftreifen eines Kraftwagens oder Fahrrades, abschraubbaren oder sonst vom einheitlichen Ganzen ablösbaren Maschinenteilen, dem Rad eines Wagens (RG 87, 45; OLG 39, 250), einer Tischplatte, Glocke und Zylinder einer Stubenlampe (RG 87, 45), dem Altar einer Kirche. Auch die Öfen für Wohnhäuser wird man, soweit nicht, wie in einzelnen Gegenden, die Verkehrsauffassung entgegensteht, hierher rechnen müssen, da ihr Wesen darin besteht, daß sie zur Erwärmung der Räume eines Hauses dienen. Ist aber die Verbindung eine mehr äußerliche und beeinflußt ihr Zweck das Wesen des Ganzen nicht bestimmend, so daß im Falle einer Trennung das, zu dem das Verbundene hinzugekommen war, auch in anderer Art als gerade mittels einer solchen Verbindung verwendet werden kann (z. B. bei der Verbindung einer Lokomobile mit einer Dreschmaschine, die auch durch andere Triebkräfte in Bewegung gesetzt werden kann, oder bei Aufstellung einer Akkumulatorenbatterie in einem Hause), so wird anzunehmen sein, daß die vereinigten Gegenstände trotz der Verbindung selbständige Sachen geblieben sind (vgl. RG 56, 290 und die obigen Entsch.). Ferner wird in Anwendung des § 95, der allerdings nur von Grundstücken und Gebäuden spricht, aber einen allgemeinen Rechtsgedanken enthält, zu verlangen sein, daß die Verbindung zu einem dauernden Zwecke erfolgt ist (RG JW 04, 548[2], abw. 06, 417[2]). Doch verlieren Gegenstände nicht dadurch den Charakter als Bestandteile, daß sie zeitweise von der Sache (z. B. zu Zwecken der Reinigung) entfernt werden (OLG 10, 60). Vielmehr behalten bei einer zusammengesetzten, aber eine Einheit bildenden Sache (s. oben) im Falle der Trennung der Teile die einen wie die anderen Teile die die Begründung je von Sonderrechten an ihnen ausschließende (s. A 7) Eigenschaft wesentlicher Bestandteile so lange, bis die Trennung als eine dauernde zu erachten ist (vgl. RG Gruch 64, 97; OLG 39, 250). Daher büßen z. B. die Fenster eines Hauses, die zum Zwecke der Ausbesserung vom Hause gelöst werden, ihre Eigenschaft als wesentliche Bestandteile des Gebäudes durch eine solche Trennung nicht ein (RG Gruch 64, 97). Ist aber nach Zerlegung einer Einheitssache die Trennung der Stücke voneinander eine dauernde geworden, so sind weder die einen noch die andern Stücke als Bestandteile des ursprünglich Ganzen anzusehen und können die getrennten Stücke ein voneinander verschiedenes rechtliches Schicksal erleiden (RG Gruch 64, 97). Deshalb unterliegt z. B., wenn eine Lokomobile, welche Zubehör eines Grundstücks ist, verkauft und ein Teil davon vom Grundstück entfernt wird, dieser Teil, da die Trennung als eine dauernde anzusehen ist und die Voraussetzungen für die Zubehöreigenschaft nach § 97 (Dienen für den wirtschaftlichen Zweck des Grundstücks, räumliches Verhältnis) fortgefallen sind, gemäß § 1121 nicht mehr der Haftung für die Hypothek, während der zurückgebliebene Teil, wenn er nach den veränderten Verhältnissen noch als Zubehör gelten kann, nach § 1120 von der Haftung nicht frei ist (RG Gruch 64, 95; a. M. OLG 39, 250).

Die Frage, ob Bestandteile oder selbständige Sachen vorliegen, ist besonders wichtig geworden für **Maschinen** (zu einem Fabrikbetrieb bestimmte Gerätschaften, s. § 98 Nr 1), die in einem Fabrikgebäude aufgestellt sind. Von vornherein ist zu verneinen, daß Maschinen Bestandteile einer Fabrikanlage sein können. Eine Fabrikanlage ist nicht ein einziger körperlicher Gegenstand, als dessen Sachteile (Sachstücke) die Maschinen in Betracht kommen könnten; vielmehr besteht sie aus einer Mehrheit von selbständigen Sachen, die nur zu einem wirtschaftlichen Zwecke vereinigt sind (RG 62, 408; 63, 172; 67, 35; Gruch 52, 913; JW 1911, 707[2]). — Ferner können Maschinen als Bestandteile eines Fabrikgebäudes nur dann erachtet werden, wenn sie nach allgemeiner Anschauung als körperlich unselbständige Gebäudeteile (Gebäudestücke) gelten (RG 67, 32; 69, 121; JW 1912, 128[1]; s. auch oben Abs 2 unter a). Letzteres wird nur gegeben sein, wenn die Maschinen zur Herstellung gerade dieses Gebäudes eingefügt sind, das Gebäude also durch die Vereinigung mit ihnen eine besondere Eigenart als Baulichkeit erlangt hat, oder wenn die Maschinen mit dem Gebäude derart vereinigt sind, daß sie nach allgemeiner Anschauung nicht als körperlich selbständige Maschinen, sondern nur noch als Gebäudestücke in Betracht kommen und das Ganze nur als eine Sache. Im ersteren Falle folgt die Eigenschaft als Bestandteile, und zwar als wesentliche Bestandteile, nicht sowohl aus § 93 als vielmehr aus § 94 Abs 2 (s. § 94 A 7). Eine Einfügung zur Herstellung des Gebäudes wird aber in der Regel nur bei solchen Maschinen in Frage kommen können, die eigens für das betreffende Gebäude angefertigt worden sind (s. § 94 A 7). Nach Preislisten gehandelte Maschinenwaren, wie namentlich Lokomobilen, Motoren und ähnliche Betriebsmaschinen, werden wohl kaum jemals in dieser Weise eingefügt werden, und sie werden daher nicht als Bestandteile des Gebäudes zu erachten sein, es sei denn, daß sie im vorgenannten Sinne mit dem Gebäude vereinigt sind (RG 67, 34; 69, 122; JW 08, 322[2]; 08, 738[3] u. [4]; 1911, 532[2]; 1912, 128[1]; Warn 09 Nr 58; 09 Nr 59; 09 Nr 173; 09 Nr 174; 09 Nr 337; 1910 Nr 97; 1910 Nr 190; 1913 Nr 80, 81; 1918 Nr 155; a. M. bezüglich einer Entstaubungsanlage OLG 35, 290). Der oben aufgestellte Grundsatz, daß unter Umständen auch eine nur lose Verbindung die Bestandteilseigenschaft begründen kann, wird für das Verhältnis von Maschinen zu einem Fabrikgebäude, in der Regel wenigstens, nicht zur Anwendung kommen können, namentlich nicht bei nach Preislisten gehandelten Maschinenwaren; denn bei der Verschiedenheit des Wesens eines Gebäudes und einer Maschine werden beide Sachen im Falle einer nur losen Verbindung nach allgemeiner Anschauung nicht als zu einem einzigen körperlichen Gegenstand vereinigt, sondern als eine Mehrheit selbständiger, nur für einen wirtschaftlichen Zweck zusammengebrachter Sachen erscheinen (vgl. RG 67, 34; 69, 122; JW 1911 S. 317[1], 532[2]; Warn 1910 Nr 97; 1911 Nr 163; 1913 Nr 80; Gruch 58, 887). — An sich nicht völlig gleich mit dem Vorstehenden ist die Frage zu behandeln, ob Maschinen Bestandteile einer Fabrik sein können. Nach § 98 Nr 1 ist unter Fabrik ein für einen Fabrikbetrieb dauernd eingerichtetes Gebäude zu verstehen und sind Baulichkeit und Einrichtung zum Fabrikbetriebe zusammen als eine Sache aufzufassen. Daraus ist jedoch nicht zu folgern, daß Maschinen als Einrichtungsgegenstände Bestandteile der Fabriksache seien. Vielmehr sind nach §§ 97, 98 Nr 1 die zu dem Betriebe bestimmten Maschinen Zubehör der Fabrik, wenn sie zu dieser in einem dem Betriebszweck entsprechenden räumlichen Verhältnisse stehen, vorausgesetzt, daß sie nicht Bestandteile sind. Wenn auch hieraus nicht zu entnehmen ist, daß nach dem Willen des Gesetzes Maschinen regelmäßig als Zubehör der Fabrik anzusehen sein sollen (RG 69, 153; JW 1911, 573[3]), so ergibt doch die Zubehörbestimmung, daß außer dem bezeichneten räumlichen Verhältnisse zwischen Maschinen und Fabrik noch ein weiterer Umstand gegeben sein muß, um die Annahme der Bestandteilseigenschaft zu rechtfertigen. Dieser Umstand aber kann auch hier nur darin gefunden werden, daß die Maschinen zur Herstellung des zum Fabrikbetriebe dauernd eingerichteten Gebäudes eingefügt oder damit in obigem Sinne zu einer einzigen Sache (Sacheinheit im Gegensatz zu einer aus mehreren Sachen bestehenden wirtschaftlichen Einheit) vereinigt sind (vgl. RG 67, 33; 69, 120; JW 1911, 317[1]; 1912, 128[1]; Gruch 58, 888). — Sind Maschinen derart in einem Fabrikraume aufgestellt oder auch am Fabrikgebäude angebracht, daß sie ihre körperliche Selbständigkeit und nach allgemeiner Anschauung ihre Sondereigenschaft als Maschinensachen behalten haben, so sind sie nicht Bestandteile der Fabrik oder des Fabrikgebäudes, sondern sie sind zwar mit diesen Sachen zur Erreichung eines wirtschaftlichen Zweckes zusammengebracht und bilden insofern mit ihnen eine wirtschaftliche Einheit, jedoch ist das Ganze nicht eine Körpereinheit, eine einzige Sache, sondern eine Mehrheit selbständiger Sachen (RG 67, 30; 87, 46; JW 08, 738[3]; 09 S. 159[2], 267[1], 483[2]; 1911, 532[2]; 1911, 574[4]; 1912, 128[1]; Warn 09 Nr 58, 59; 1910 Nr 97, 190; 1913 Nr 80, 81; 1914 Nr 143; 1920 Nr 31; Gruch 58, 888; 61, 918; OLG 28, 17). Dies kann auch dann der Fall sein, wenn bei einer Entfernung der Maschinen einzelne Teile des Gebäudes unbedeutende Beschädigungen, die mit geringen Kosten zu beseitigen wären, erleiden, das Bindemittel, wodurch die Maschinen der Betriebssicherheit wegen mit Unterlageaufbauten verbunden sind, zu zerschlagen, Beschläge zu beseitigen, Schrauben oder Verankerungen herauszunehmen sein würden (RG 83, 69; 87, 46; JW 07, 128[6]; 08, 738[3]; 1911, 532[2]; 1912, 128[1]; Warn 1910 Nr 190; 1911 Nr 163; 1913 Nr 80, 81, 185; 1918 Nr 155; 1920 Nr 31; Gruch 58, 887). Daß bei der Lösung Vorsichtsmaßregeln anzuwenden sind, damit nicht der Lösende verletzt wird oder sonst ein Schaden entsteht (wie z. B. bei der Entfernung elektrischer Leitungen), rechtfertigt es nicht, die mit einem solchen Bindemittel verbundenen Maschinen (zum Betriebe bestimmten Gerätschaften) als fest verbunden zu erachten (RG 87, 46). — Anders verhält es sich, wenn die Maschinen mit dem Grund und Boden fest verbunden sind. Dann sind sie nach § 94 Abs 1 Bestandteile, und zwar wesentliche Bestandteile, unmittelbar des Grundstücks selbst (vgl. RG 103, 253, wo die Eigenschaft wesentlicher Bestandteile eines Fabrikgrundstücks für die Stempelbemessung unstreitig war, ohne daß freilich über die feste Verbindung eine Feststellung getroffen worden ist). Jedoch wird eine feste Verbindung mit dem Grund und Boden nur ausnahmsweise bei einer solchen Eingrabung und Vermauerung anzunehmen sein, die eine Entfernung der Maschine aus oder von dem Boden ohne wesentliche Zerstörung oder Beschädigung nicht ermöglicht

Ob etwas Bestandteil oder selbständiger Gegenstand ist, ist, insbesondere auch hinsichtlich der Maschinen, Tatfrage (RG 67, 36; JW 07, 128[6] u. [7]; 1911, 573[3]). Rechtsfrage ist nur die richtige Anwendung der Grundsätze, nach denen das Vorhandensein der Bestandteilseigenschaft festzustellen ist. — **Aus der** neueren **Rechtsprechung** sind folgende **Beispiele** anzuführen: Nicht als Bestandteile sind angesehen worden: eine Steindruckpresse in einer Bilderbücherfabrik (RG JW 07, 128[7]); Schnellpresse und Maschinen in einer Druckerei (RG JW 08, 322[2]; 09, 159[3]); Maschinen in einer Stickereifabrik (RG Warn 08 Nr 491); Webstühle und Maschinen in einer Spinnerei (RG JW 09, 267[1]; 09, 483[3]); eine Sauggasmotoranlage in einem Mühlen- oder Fabrikgebäude (RG Warn 09 Nr 58; 1911 Nr 163); ein zum Betriebe einer Mühle dienender, im Souterrain des Mühlengebäudes untergebrachter Motor (RG Warn 1920 Nr 31); Pendelsäge, Kreissäge, Bandsäge, Schnellbohrmaschine, Schmirgelschleifmaschine, Hobelmaschine, Motoren zur Licht- und Kraftanlage usw. in einer Holzbearbeitungsfabrik (RG Gruch 52, 913); ein Motor in einer Fleischwarenfabrik (RG 69, 117); eine Lokomobile in einem an ein Fabrikgebäude angebauten Schuppen (RG Warn 1910 Nr 97); eine Lokomobile in einem Dampfsägewerk (RG JW 1911, 532[2]; 1912, 128[1]); eine in einem Kesselhaus aufgestellte Lokomobile, obwohl diese die einzige treibende Kraft einer Mühle bildete und das Kesselhaus den Größenverhältnissen der Lokomobile angepaßt worden war (RG Warn 09 Nr 59; 1910 Nr 190); Maschinen für eine Metallwarenfabrik, für ein Elektrizitätswerk (RG Warn 1913 Nr 80, 81); elektrische Beleuchtungskörper in einem großstädtischen Gasthaus (RG Gruch 61, 915 [Warn 1917 Nr 264]); Turbinenanlage für eine Säge- und Mahlmühle (RG Warn 1913 Nr 145); Tanks und Gärbottiche in einem Brauereihaus (RG Gruch 58, 883); Gleisanlage eines Fabrikgrundstücks (RG Warn 08 Nr 114); die von einem Gasanstaltsgrundstück ausgehenden, durch die Ortsstraßen gelegten Gasröhren (RG 61, 24, auch 83, 70; OLG 28, 18; 30, 325); die von einem Elektrizitätswerk ausgehenden, über fremde Grundstücke sich erstreckenden Leitungen und Transformatoren zur Fortleitung und Verteilung elektrischer Kraft (RG 83, 67; 87, 43; Warn 1914 Nr 143; 1918 Nr 155; OLG 28, 18; 30, 324; a. M. OLG 30, 322); die von einem städtischen Wasserwerk ausgehenden Rohrleitungen (OLG 45, 223). Als *Bestandteil* ist dagegen beurteilt worden: die elektrische Kraftanlage eines Koksiwerks (RG 69, 150; nicht bedenkenfrei); die Automateneinrichtung eines Automaten-Restaurationsgebäudes (RG Gruch 53, 897, allerdings unter dem Gesichtspunkte der Einfügung zur Herstellung des Gebäudes; richtiger, weil einheitliche Sache nach § 93, s. § 94 A 7); eine nach Plänen und Skizzen gefertigte maschinelle Mahleinrichtung in einem Mühlengebäude (RG JW 1911, 573[3]).

Heizungs- und Beleuchtungsanlagen in herrschaftlichen Wohnhäusern und in Hotels werden ebenso wie die Öfen als Bestandteile insoweit anzusehen sein, als die einzelnen Einrichtungen nur zu einer derartigen Verwendung für die Zwecke des Hauses bestimmt sind (s. jedoch bezüglich Beleuchtungsanlagen RG Gruch 61, 915 [Warn 1917 Nr 264]; OLG 28, 17). Sie brauchen aber deshalb noch nicht *wesentliche* Bestandteile zu sein (vgl. RG 58, 338; JW 09, 130[1]; Gruch 46, 856; OLG 14, 8; s. A 5). Gleiches wird anzunehmen sein: von *Heizkörperbekleidungen*, wenn sie nach Angabe des Eigentümers besonders angefertigt und der Bauart der Wohnräume angepaßt sind (OLG 32, 338; unter Umständen können sie auch als zur Herstellung des Wohnhauses eingefügt anzusehen sein, und dann sind sie wesentliche Bestandteile nach § 94 Abs 2; s. aber oben Abs 2a); von *Badeeinrichtungen*, wenn sie mit Wasseranschlußröhren versehen und in besondern Badezimmern eines herrschaftlichen Hauses angebracht sind (RG 36, 263; Gruch 45, 1006; JW 01, 362; OLG 2, 340; vgl. OLG 39, 121, wo wegen Fehlens dieser Voraussetzungen die Bestandteilseigenschaft verneint ist; vgl. ferner wegen der Badeöfen und Badewannen A 3).

3. Bestandteile sind *wesentlich*, wenn **der eine oder der andere** durch die Trennung zerstört oder in seinem Wesen verändert werden würde. Es kommt also allein auf die Zerstörung oder Veränderung der *Bestandteile*, nicht etwa der ganzen Sache an (RG 62, 409; JW 04, 354[2]; Warn 08 Nr 114; 1911 Nr 163; 1913 Nr 185; OLG 8, 413). Sind die Bestandteile noch in der bisherigen Art wirtschaftlich auszunutzen, sei es auch, daß sie zu diesem Zwecke erst wieder mit andern Sachen verbunden werden müssen, so sind sie nicht wesentliche Bestandteile. Daher sind der Stein am Ring, Rad und Deichsel am Wagen, der Rahmen des Bildes in der Regel (Ausnahmen s. A 5) nicht wesentliche Bestandteile (vgl. Prot 3, 5). Wohl aber einzelne Teile einer Lokomobile, wenn weder sie noch die übrigen Teile für sich allein den Lokomobilbetrieb ermöglichen (OLG 39, 250). Badeöfen und Badewannen (s. A 2 a. E.) nebst den unter sich bestehenden Verbindungsröhren (im Gegensatz zu den durch das Haus gehenden Wasseranschluß- und Abflußröhren, welche wesentliche Bestandteile des Hauses nach § 93 oder nach § 94 Abs 2 sind) sind, wenn sie, ohne Schaden ihrer selbst und des Hauses, voneinander getrennt und entfernt werden können, nicht nach § 93 wesentliche Bestandteile des Hauses; jedoch unter den Voraussetzungen des § 94 Abs 2 können sie wesentliche Bestandteile sein (JW 1922, 238[2]).

4. Unter **Zerstören** ist die völlige Umänderung der bisherigen *körperlichen* Beschaffenheit des Bestandteils, nicht die Aufhebung seiner wirtschaftlichen Bedeutung zu verstehen. Die letztere kommt nur bei der Frage der Wesensveränderung in Betracht (str.). Wesentliche Bestandteile sind danach z. B. die Tapeten, da sie beim Abnehmen von der Wand zerrissen werden. Dagegen hat es nicht als Zerstörung zu gelten, wenn bei der Trennung der

eine oder der andere Bestandteil eine unerhebliche, leicht zu beseitigende Beschädigung erfährt (s. A 2 Abs 2 a. E.).

5. Für die Entscheidung der Frage, ob ein Bestandteil durch die Trennung **in seinem Wesen verändert wird,** sind, vorausgesetzt, daß eine Sacheinheit feststeht, besonders wirtschaftliche Rücksichten maßgebend, da auf ihnen in erster Linie die Unterscheidung zwischen wesentlichen und unwesentlichen Bestandteilen beruht (**RG** 58, 338; JW 1911, 573[3]). Daher ist Wesensveränderung vor allem Verlust oder Verringerung der bisherigen wirtschaftlichen Bedeutung oder des Wertes. Zum „Wesen" eines Gegenstandes gehören also alle Eigenschaften, die seine wirtschaftliche Bedeutung begründen. Die natürliche allgemeine Anschauung ist auch hier von Einfluß (**RG** 69, 121; JW 1912, 128[1]). Jedoch kann man als wesentlich nicht solche Eigenschaften bezeichnen, die nur von untergeordneter Art sind. Eine im Verhältnis zum Werte des ganzen Bestandteils nicht sehr erhebliche Minderung des Wertes eines Teiles und nicht bedeutende Änderung in der wirtschaftlichen Ausnutzungsmöglichkeit ist belanglos (**RG** 69, 122; JW 09, 130[1]). Daher können von diesem Gesichtspunkte aus Beleuchtungsanlagen eines Wohnhauses oder Hotels, je nach Lage der Umstände, wesentliche oder unwesentliche Bestandteile sein (**RG** 58, 338; JW 09, 130[1]; Gruch 46, 856, s. A 2). — Die Verminderung der wirtschaftlichen Bedeutung der ganzen Sache kommt zwar nicht in Betracht (s. A 3); in den Fällen jedoch, in denen der eine Bestandteil als Hauptsache im Sinne des § 947 Abs 2 zu betrachten ist, fällt der wirtschaftliche Zweck der ganzen Sache mit dem des Hauptbestandteils zusammen (vgl. **RG** 62, 409; JW 05, 387[2]; 1911, 573[3]), so z. B. zum Betriebe notwendige Teile einer Lokomobile (s. A 3), auch wenn die übrigen Teile die Hauptsache ausmachen (OLG 39, 251). Wenn daher zu einem Fabrikbetrieb bestimmte Gerätschaften (Maschinen) wirklich Bestandteile einer Fabrik sind (s. A 2), so sind sie wesentliche Bestandteile, falls der Fabrikbetrieb durch die Entfernung der Maschine unmöglich werden würde (**RG** 67, 30; 69, 152; OLG 24, 251). — Sonst aber kommt es nicht darauf an, ob das Wesen, das ein Bestandteil durch die Verbindung mit dem andern Bestandteil gewonnen hat, durch die Trennung verändert werden würde; vielmehr ist maßgebend, ob der Bestandteil in dem Wesen, das ihm gegeben wäre, wenn er nicht mit dem andern Bestandteil in Verbindung getreten wäre, eine Veränderung erleiden würde (**RG** Warn 1913 Nr 185). — Öfen eines Wohnhauses werden in der Regel dessen wesentliche Bestandteile sein, da sie für Wohnzwecke unentbehrlich sind (a. M. OLG 7, 347).

6. Die einzelnen gesetzlichen Merkmale des Begriffs der **wesentlichen Bestandteile** sind in den A 2—5 behandelt. Es gibt jedoch noch einige Arten von Bestandteilen, auf die jene Merkmale nicht genau zutreffen. So hat die Unterscheidung von wesentlichen und nicht wesentlichen Bestandteilen überhaupt nur für zusammengesetzte Sachen (s. A 2) Wert. An Bestandteilen von Einheitssachen (s. A 2) können keine besondern Rechte bestehen, da diese eine feste Begrenzung des Bestandteils voraussetzen. Alle Bestandteile einer Einheitssache sind daher wesentlich (str.). — Wesentliche Bestandteile müssen ferner die Teile des Erdbodens sowie die Teile des Luftraums über einem Grundstück sein. Dagegen sind die einzelnen Flächenteile eines Grundstücks unwesentliche Bestandteile. Sie können mit besondern Rechten belastet werden. Doch sollen sie nach der Ordnungsvorschrift des § 6 GBO vorher abgeschrieben werden. Eine für sich allein auf einem Grundbuchblatt stehende Liegenschaft (vgl. §§ 3, 5 GBO) ist eine selbständige Sache, niemals Bestandteil (oder Zubehör) eines andern Grundstücks (**RG** JW 1910, 60[1]). Vgl. auch § 873 A 4 sowie §§ 890, 1131. Über Anlandungen, entstehende Inseln und verlassene Flußbetten vgl. Art 65 EG., dazu **RG** 70, 148.

7. Das Gesetz bestimmt zwingend (**RG** 62, 410; 74, 203), daß wesentliche Bestandteile **nicht Gegenstand besonderer Rechte sein können.** Es können also weder während der Verbindung eines wesentlichen Bestandteils mit der Sache am Bestandteil ein vom Eigentum an der Sache verschiedenes Eigentum oder andere dingliche Rechte (z. B. ein Sonderpfandrecht) begründet werden, noch bleiben solche Rechte bestehen, wenn ein bisher selbständiger Gegenstand zum wesentlichen Bestandteil einer Sache wird. Für den letzteren Fall bestimmen die §§ 946—949, welches die Rechtsfolgen einer derartigen Verbindung sind. Danach wird insbesondere das, was wesentlicher Bestandteil einer Sache wird, Eigentum des Sacheigentümers, ohne daß es auf den Willen der Beteiligten ankommt, und sogar gegen ihn (**RG** 94, 129; JW 1920, 584[3]; OLG 39 S. 71 u. 250); z. B. wird, wenn der Mieter eines Grundstücks beim Abzug unberechtigt einen Baum aus dem Garten herausschafft und auf ein anderes Grundstück verpflanzt, gemäß § 94 Abs 1 Satz 2 der Grundstückseigentümer auch Eigentümer des Baumes und steht dem Vermieter nur gegen den Mieter ein schuldrechtlicher Anspruch auf Rückschaffung (§§ 556, 823) zu (OLG 39, 71). Es ist deshalb ein Eigentumsvorbehalt an einem Gegenstande, der zum wesentlichen Bestandteil einer im Eigentum eines andern stehenden Sache wird, unwirksam (**RG** 50, 241; 62, 410; 63, 420; 69, 153; 73, 335; 74, 203; 90, 202; JW 04 S. 138[2], 548[2]; 06, 417[2]; 09, 484[3]; Gruch 45, 1006; 57, 899; SeuffA 66 Nr 322; OLG 6 S. 214, 215). Die Verbindung eines unter Eigentumsvorbehalt verkauften Gegenstandes mit einer Sache kann auch nicht als eine nur zu einem vorübergehenden Zwecke erfolgte (§ 95) angesehen werden (RG 62, 410; 63, 421; JW 06, 189[3]). Das vorbehaltene Eigentum geht vielmehr unter. Selbst dann, wenn es an dem Bestandteile durch Zeichen kenntlich gemacht worden ist (RG JW 04, 138[2]). Ferner erstreckt sich die Hypothek auf die wesentlichen Bestandteile des Grundstücks, auch wenn an ihnen fremdes Eigentum vorbehalten war und trotz Kenntnis des Hypothekengläubigers vom Vorbehalt (RG 69, 150; 73, 335; 90, 202; JW 04, 138[2]; SeuffA 59 Nr 218; 66 Nr 322; OLG 22, 120). Beim Verkauf eines Grundstücks kann sich der Verkäufer nicht das Eigentum an einem darauf stehenden Gebäude vorbehalten (KGJ 25 A 139). Im Falle der Zwangsversteigerung eines Grundstücks erwirbt der Ersteher das Eigentum an den wesentlichen Bestandteilen auch dann, wenn hinsichtlich ihrer ein Eigentumsvorbehalt bestand, und selbst wenn der Zuschlagsbeschluß die Bestandteile ausdrücklich von dem Zuschlage ausnimmt oder bezüglich ihrer das Verfahren eingestellt worden ist (RG 50, 241; 67, 30; 74, 203; 90, 202; JW 02, 229[1]; 09, 484[3]; OLG 25, 250). Doch kann dem Ersteher im Zuschlagsbeschlusse (z. B. durch den Vermerk, daß die Sache von der Versteigerung ausgeschlossen werde, oder, daß die Sache auf den Ersteher nicht übergehe) die persönliche Verpflichtung auferlegt werden, die Bestandteile herauszugeben (RG 74, 204; JW 09, 484[3]; 1911, 599[55]; Gruch 46, 865), und zwar an denjenigen, der die Ausschließung der Bestandteile von der Versteigerung veranlaßt hat (RG 74, 206; Gruch 46, 870). Im Konkurse begründet ein Eigentumsvorbehalt und persönlicher Anspruch auf Abtrennung eines wesentlichen Bestandteils kein Aussonderungsrecht (RG 63, 307; JW 06, 417[2]). — Läßt der Eigentümer eines Grundstücks dieses an einen andern auf, so erstreckt sich die Auflassung schlechthin auch auf die wesentlichen Bestandteile (z. B. die mit dem Grund und Boden verbundenen Baulichkeiten), ohne daß es in der Macht der Beteiligten liegt, sie von der Auflassung auszuschließen (sofern nicht etwa ein Fall des § 95 vorliegt, s. dort A 1); ein entgegenstehender Wille würde die Auflassung nichtig machen, da sie auf etwas Unmögliches gerichtet wäre (RG 97, 103). So geht z. B., auch wenn bei der Veräußerung eines Grundstücks vereinbart wird, daß ein Gebäude dem Veräußerer verbleiben soll, durch die Auflassung des Grundstücks einschließlich des unter dem Gebäude befindlichen Grund und Bodens doch das Eigentum an dem Gebäude auf den Erwerber über (vgl. RG JW 1921, 604[18]); der Veräußerer hat nur gegen den Erwerber einen schuldrechtlichen Anspruch auf Besitz und Benutzung des Gebäudes, erst nach Abbruch erlangt er das Eigentum an den Gebäudeteilen (§ 956). — Ferner kann an stehenden Bäumen nicht das Eigentum übertragen oder ein anderes dingliches Recht daran begründet werden; auch die Bestellung sowie die Eintragung einer im Grundbuche eingetragenen „Abholzungsgerechtigkeit" ist unwirksam (RG 60, 317; Warn 1926 Nr 150). — Weiter ist ein Sondereigentum an einem Stockwerk eines Gebäudes nach den §§ 93, 94 ausgeschlossen (RJA 6, 83; SeuffA 58 Nr 187). Das zur Zeit des Inkrafttretens des BGB nach einigen Rechten bestehende Stockwerkseigentum bleibt aber gemäß Art 182 EG bestehen. — Zulässig dagegen ist die Begründung der lediglich persönlichen Verpflichtung, einen wesentlichen Bestandteil von einer Sache abzutrennen (RG 60, 319; 63, 307; Gruch 52, 919; OLG 22, 122); wie überhaupt auch wesentliche Bestandteile (z. B. Holz auf dem Stamme ohne den Grund und Boden) Gegenstand schuldrechtlicher Rechtsgeschäfte (z. B. Kauf, Miete) sein können (RG Warn 1919 Nr 155; 1926 Nr 150). Ebenso ist ein Sonderbesitz an wesentlichen Bestandteilen einer Sache (z. B. ungetrennten Bodenerzeugnissen, Holz auf dem Stamm) möglich, wenn wirkliche und ungehinderte Einwirkung auf die Bestandteile zusteht (str.; vgl. § 865; RG 108, 272; OLG 26, 1; Befugnis des Besitzers zur Abtrennung, § 997). — Früchte auf dem Halm unterliegen nach § 810 ZPO ausnahmsweise (s. OLG 2, 341) der Pfändung. — Sonderrechte nach früherem Recht an Gegenständen, die nach §§ 93 f. BGB wesentliche Bestandteile sind, erlöschen gemäß Art 181 EG mit dem Inkrafttreten des BGB (RG 56, 243; JW 03 Beil 90; 04, 89[6]; 1912, 129[2]). — Über die Rechtsfolgen der Trennung der Bestandteile voneinander bezüglich der Frage der Zulässigkeit der Begründung von Sonderrechten an den einzelnen getrennten Teilen s. A 2 Abs. 2 a. E.

§ 94

Zu den wesentlichen Bestandteilen eines Grundstücks gehören¹) die mit dem Grund und Boden fest verbundenen Sachen²), insbesondere Gebäude³), sowie die Erzeugnisse des Grundstücks⁴), solange sie mit dem Boden zusammenhängen. Samen⁵) wird mit dem Aussäen, eine Pflanze⁶) wird mit dem Einpflanzen wesentlicher Bestandteil des Grundstücks.

Zu den wesentlichen Bestandteilen eines Gebäudes gehören¹) die zur Herstellung des Gebäudes eingefügten Sachen⁷).

E I 783, 784 II 77e; M 3 42; P 3 6.

1. **Zu den wesentlichen Bestandteilen eines Grundstücks** bzw. **Gebäudes gehören** die in § 94 genannten Sachen ohne Rücksicht darauf, ob auf sie die Voraussetzungen des § 93 zutreffen. § 94 gibt nicht Beispiele zu § 93, sondern erweitert den Kreis der wesentlichen Bestandteile. — Indem § 94 bestimmte Sachen für wesentliche Bestandteile erklärt, sagt er auch, daß sie überhaupt Bestandteile sind. Es darf also nicht erst gefragt werden, ob eine Pflanze, ein Gebäude oder eine zur Herstellung eines Gebäudes eingefügte Sache Bestandteil des Grundstücks oder Gebäudes geworden ist; anders wie in § 93, wo die Bestandteilseigenschaft als eines der Merkmale des Begriffs der wesentlichen Bestandteile aufgestellt ist (vgl. § 93 A 2; RG JW 09 S. 159[2], 267[1], 483[2]). Wohl aber wird auch bei § 94 davon auszugehen sein, daß das Gesetz unter (wesentlichen) Bestandteilen nur Teile einer einheitlichen körperlichen Sache, nicht bloß eines wirtschaftlichen Ganzen versteht, und dieser Gesichtspunkt wird bei der Auslegung des § 94, insbesondere für die Frage, was mit den „zur Herstellung eines Gebäudes eingefügten Sachen" gemeint ist, zu verwenden sein (vgl. RG 67, 30). — Es kann vorkommen, daß ein Gegenstand mit zwei Sachen derartig verbunden ist, daß er nach § 93 oder § 94 als wesentlicher oder auch unwesentlicher Bestandteil der einen wie der andern Sache erscheint. Besonders kommt hier die Verbindung mit benachbarten Grundstücken in Betracht. Dann muß in Anwendung des Grundsatzes des § 905 (Raum über und unter der Erdoberfläche), der auch aus den §§ 921—923 ersichtlich ist, das Eigentum an dem betreffenden Gegenstande in der Weise geteilt werden, daß jedem Grundstückseigentümer das Eigentum an dem innerhalb seiner Grenzen befindlichen Teile des Gegenstandes, z. B. eines auf zwei Grundstücken errichteten Gebäudes, zusteht (str.; RG 70, 209; 72, 272; JW 1911 S. 211[5] u. 366[20]; Warn 1924 Nr 98; SeuffA 67 Nr 367; auch RG 53, 307; 65, 363; A 3; sowie hinsichtlich des Falles, daß beim Überbau der Bauende das Nachbargrundstück hinzuerwirbt, § 912 A 10). Nur fallen bei dem Abbruche des Gebäudes diejenigen Gebäudeteile, die von der Grenze durchschnitten werden, in das Miteigentum der Grundstückseigentümer, wenn sie unteilbar sind (RG 70, 202). Wenn der Gegenstand dagegen ausschließlich wesentlicher Bestandteil des einen ist und er bezüglich des andern Grundstücks nur als unwesentlicher Bestandteil behandelt werden könnte, wird er ausschließlich als Bestandteil des ersteren Grundstücks anzusehen sein (vgl. RG 72, 273). Das gilt auch, wenn hinsichtlich des einen Grundstücks die Voraussetzungen des § 95 zutreffen (Verbindung zu vorübergehendem Zwecke oder in Ausübung eines Rechtes). So ist z. B. die zu einer Kohlenabbaugerechtigkeit gehörende, auf einem fremden Grundstücke errichtete Anlage nur zu einem vorübergehenden Zwecke mit diesem Grundstücke verbunden und daher ausschließlich wesentlicher Bestandteil der Gerechtigkeit (RG 61, 188). Ein Überbau ist Eigentum des Überbauenden, wenn er nach § 912 berechtigt ist, den Überbau auf dem fremden Grundstücke zu behalten (vgl. RG 72, 272; A 3). Hinsichtlich der Röhren- und Drahtleitungen eines Elektrizitäts-, Gas- oder Wasserwerks, mit dem sie verbunden sind, gilt folgendes. Sind sie mit dem Grund und Boden, auf dem das Werk sich befindet, fest verbunden im Sinne des § 94 Abs 1, was in der Regel nicht der Fall sein wird (vgl. RG Warn 1915 Nr 271), so sind sie (wesentliche) Bestandteile dieses Grundstücks, soweit es reicht; andernfalls sind sie Zubehör nach §§ 97 Abs 1, 98 Nr 2 (RG 83, 69; 87, 50). Soweit sie von dem Eigentümer des Werkes in Ausübung eines dinglichen Rechtes oder nur vorübergehend (§ 95) über fremde Grundstücke geleitet sind, sind sie nicht Bestandteile dieser Grundstücke, auch wenn sie mit ihnen fest verbunden sind, sondern, da sie insoweit rechtlich als bewegliche Sachen gelten, Zubehör (nicht Bestandteile) des zuerst genannten Grundstücks (RG 83, 69; 87, 50; Warn 1918 Nr 155; anders nach früherem Recht RG 39, 205; 48, 267; 61, 192, wo die Leitungen, auch soweit sie sich auf fremden Grundstücken befanden, als Substanzteile des zuerst genannten Grundstücks erachtet worden sind).

2. **Die mit dem Grund und Boden fest verbundenen Sachen** sind wesentliche Bestandteile des Grundstücks, ohne daß es darauf ankommt, zu welchem Zwecke und von wem die Verbindung vorgenommen ist (RG 63, 419; vgl. jedoch 61, 192). Was feste Verbindung ist, kann nicht für alle Fälle gleich entschieden werden. Dies ist im wesentlichen Tatfrage (RG 50, 243; JW 04, 110[4]). Die Verbindung muß aber derartig sein, daß die Bestandteile nicht ohne Beschädigung des einen oder andern Teiles voneinander getrennt werden können oder die Trennung so erhebliche Schwierigkeiten bereitet, daß die Kosten der Trennung im Vergleiche zum Werte des einen oder andern Bestandteils unverhältnismäßig hoch sind (vgl. RG Warn 1914 Nr 143; OLG 38, 29). So liegt z. B. eine feste Verbindung nicht vor, wenn Maschinen nur durch Schrauben oder ein Bindemittel, wie Zementguß, am Fundament befestigt sind und von ihm losgelöst werden können, ohne daß sie selbst oder das Gebäude erheblich beschädigt werden (RG JW 04, 110[4]; 08, 738[3] u. [4]; 09, 267[1]; 1912, 128[1]; Warn 09 Nr 59; 1910 Nr 97, 190; 1913 Nr 80, 81, 185; 1918 Nr 155; SeuffA 61 Nr 217; OLG 7, 349; 10, 59; 12, 11; s. § 93 A 2). Keine feste Verbindung ist auch die Befestigung einer Akkumulatorenbatterie an der Wand durch Drähte (RG 56, 288). Nicht fest verbunden sind ferner z. B.: Leitungsmasten einer Anlage zur Erzeugung und Übertragung elektrischer

Kraft, wenn sie aus dem Erdboden leicht herausgenommen werden können, ohne daß der Erdboden abgegraben werden muß oder die Masten beschädigt werden (**RG** Warn 1914 Nr 143); Gleisanlage auf einem Fabrikgrundstück zum Anschluß an eine Eisenbahn (OLG 28, 18); Hopfen- oder Bohnenstangen. Fest verbunden sind dagegen in den Boden eingegrabene Mauern, Zäune, Rohrleitungen. Vgl. auch **RG** JW 08, 295[1] (Wellblechbaracke mit gemauerten Fundamentpfeilern und Giebeln). Auch Steine einer gepflasterten Straße oder einer Überfahrt über einen städtischen Bürgersteig werden (nicht nach § 93, a. M. OLG 34, 4, sondern) als mit dem Grund und Boden fest verbunden nach § 94 für wesentliche Bestandteile des Straßen- bzw. Bürgersteiggrundstücks zu erachten sein.

3. Ein **Gebäude** ist grundsätzlich nur so weit wesentlicher Bestandteil eines Grundstücks, als es mit diesem fest verbunden ist, also darauf steht. Reicht ein Teil des Gebäudes (z. B. die Giebelmauer oder die Umfassungsmauer) über die Grenze des Grundstücks hinaus, so ist dieser Teil Bestandteil des angrenzenden Grundstücks (str.; **RG** 70, 209; JW 1911, 366[20]; Warn 1924 Nr 98; s. A 1; a. M. OLG 13, 311; JW 1912, 1037). Von diesem Grundsatz macht das BGB nur Ausnahmen in § 95 und in dem darauf fußenden § 912 (**RG** 65, 363; 72, 272; 83, 148; 94, 133; JW 1911 S. 211[5] u. 366[20]; s. auch A 1). Vgl. aber über Giebelmauern auf der Grenze § 95 A 5. — Die wesentlichen Bestandteile eines Gebäudes sind auch wesentliche Bestandteile des Grundstücks, und zwar im Sinne des Abs 1 sowohl dann, wenn die Wesentlichkeit auf § 94 Abs 2, als auch, wenn sie auf § 93 beruht (**RG** 50, 243; 63, 419; 83, 148; JW 07, 300[2]; 08, 295[1]). — Unwesentliche Bestandteile des Gebäudes können nicht wesentliche Bestandteile des Grundstücks sein, obwohl der Ausdruck „Gebäude" an sich auch die unwesentlichen Bestandteile umfaßt. — Aus dem (bisherigen) § 1017 Abs 1 ist zu folgern, daß § 94 Abs 1 Satz 1 auch auf das Erbbaurecht Anwendung findet (KGJ 39 B 87). Daher sind Gebäude, die der Erbbauberechtigte auf dem Erbbaugrund errichtet hat, Bestandteile des Erbbaurechts. Bestandteile des Grundstücks sind solche Gebäude nach § 95 Abs 1 nicht. Anders verhält es sich mit Gebäuden, die der Grundstückseigentümer auf dem Erbbaugrund errichtet hat. Sie sind nach § 94 Abs 1 Satz 1 Bestandteil des Grundstücks, nicht des Erbbaurechts. Dieses erstreckt sich auf solche Gebäude nur ebenso, wie auf den Grund und Boden (KGJ 39 B 90; vgl. § 95 A 5). Vgl. jetzt VO über das Erbbaurecht v. 15. 1. 1919 §§ 12, 38.

4. Über die **Erzeugnisse des Grundstücks** s. § 99 A 3. Über Zulässigkeit der Pfändung der Früchte auf dem Halm s. § 93 A 7.

5. **Samen** von Pflanzen wird mit dem Aussäen wesentlicher Bestandteil ohne Rücksicht darauf, ob er keimt und ob er in die Erde aufgenommen wird. Ob der Aussäende der Eigentümer des Grundstücks ist oder nicht, ist für die Frage der Bestandteilseigenschaft belanglos.

6. **Pflanzen** werden mit dem Einpflanzen wesentliche Bestandteile, ohne daß es darauf ankommt, ob sie Wurzel geschlagen haben. Daher kann das Eigentum am Holz auf dem Stamme nicht übertragen und auch kein dingliches Abholzungsrecht begründet werden (**RG** 60, 317; s. § 93 A 7). Über Pflanzen in Baumschulen s. § 95 A 2. — Über die Rechtsfolgen, wenn der Mieter eines Grundstücks einen Baum auf ein anderes Grundstück verpflanzt, s. § 93 A 7.

7. Was als **zur Herstellung eines Gebäudes eingefügt** anzusehen ist, ist streitig. Der Ausdruck „Gebäude" wird in einem weiteren und einem engeren Sinne gebraucht (vgl. **RG**St 4, 164; 7, 263; 10, 103). So bezeichnet man als Gebäude ein Fabrikgebäude, wenn es noch leer steht, wie auch dann, wenn es mit Einrichtungen versehen ist, die seine Bestandteile geworden sind. Im letzteren Falle dient die Bezeichnung des Hauptbestandteils zugleich als Bezeichnung für die aus ihm und andern Bestandteilen gebildete neue Sache. In § 94 Abs 2 sind Gebäude im engeren Sinne als gemeint zu erachten. Würde man dies nicht annehmen, so müßten zunächst fast alle Bestandteile eines Gebäudes (im weiteren Sinne) als wesentliche angesehen werden, obwohl kein Grund für die Ausschaltung unwesentlicher Bestandteile bei Gebäuden ersichtlich ist (vgl. **RG** JW 1911, 574[4]). Sodann spricht auch die Entstehungsgeschichte des § 94 für die engere Auslegung. Der Ausdruck „zur Herstellung eines Gebäudes eingefügt" ist an Stelle des bisher üblichen Ausdrucks „Baumaterialien" nur deshalb in das Gesetz aufgenommen worden, weil unter Baumaterialien lediglich die zur Errichtung eines Gebäudes notwendigen Sachen verstanden wurden (M 3, 44). Danach muß angenommen werden, daß unter den zur Herstellung eines Gebäudes eingefügten Sachen im wesentlichen die Baumittelstücke zu verstehen sind (vgl. **RG** JW 1911, 574[4]; Warn 1913 Nr 80; Gruch 58, 885), und daß dazu entsprechend dem gewöhnlichen Sprachgebrauch alles gehört, was zur Herstellung eines fertigen Gebäudes als Baulichkeit dient. Das sind z. B. bei einem Wohnhause die Baumittelstücke der Mauern (nebst Verkleidung, Stuck, Putz, Betonklötze, Zieraten), der Fußböden und Decken, des Daches, der Treppen, Fenster, Türen, Jalousien u. dgl. (**RG** 62, 248; 94, 132; JW 07, 300[2]; SeuffA 65 Nr 17; OLG 6, 215; 15, 325; 22, 120). Andere mit dem Hause zwar verbundene, aber zu seiner Gestaltung als Gebäude nicht mitwirkende Sachen (z. B. Öfen, Kochmaschinen, Badeeinrichtungen, Beleuchtungs-, Heizungs-, Wasserleitungsanlagen) können wohl Bestandteile (auch wesentliche Bestandteile) nach § 93 (s. dort A 2 Abs 4), nicht aber auf Grund des § 94 Abs 2 sein (vgl. **RG** 73, 334; Gruch 58, 886; s. jedoch bezüglich

der Badeeinrichtungen § 93 A 3 und unten). Dazu ist hinsichtlich des Verhältnisses des § 94 Abs 2 zu § 93 zu bemerken, daß § 94 Abs 2 nicht etwa für Gebäudebestandteile als eine den § 93 erläuternde Vorschrift anzusehen ist, sondern selbständige Bedeutung hat. Es kann daher die Eigenschaft eines wesentlichen Gebäudebestandteils nach § 93 gegeben sein, während sie nach § 94 Abs 2 nicht vorliegt (s. unten), und umgekehrt (RG 63, 418; 90, 201). In letzterer Hinsicht kommt besonders in Betracht der Fall, daß es sich um Sachen handelt, die nicht fest mit dem Gebäude verbunden sind und ohne große Schwierigkeit und wesentliche Beschädigung ihrer selbst und des Gebäudes aus diesem entfernt werden können; sind solche Sachen zur Herstellung des Gebäudes eingefügt, so sind sie gemäß § 94 Abs 2 trotz ihrer losen Verbindung wesentliche Bestandteile des Gebäudes (s. unten), während nach § 93 möglicherweise, etwa weil sie ihre körperliche Selbständigkeit bewahrt hätten (s. § 93 A 2), die Bestandteilseigenschaft zu verneinen wäre (RG 90, 201). — Je nach dem Zwecke, dem das Gebäude dient, werden auch die Baumittelstücke verschieden sein. Es kommt also darauf an, ob eine Sache zur Herstellung eines Gebäudes gerade der betreffenden Art eingefügt ist, so daß das Gebäude erst hierdurch zu dem, was es ist, geworden ist (RG 50, 241; JW 07, 128[6]). Zu den wesentlichen Gebäudebestandteilen nach § 94 Abs 2 gehört mithin nicht nur, was zur Herstellung einer jeden Baulichkeit notwendig ist, was man als gewöhnliche, für jede Baulichkeit erforderliche Baumittelstücke bezeichnen kann, sondern auch, was durch seine Verarbeitung dem betreffenden Gebäude ein bestimmtes Gepräge, seine besondere Eigenart gegeben hat (RG 90, 201; JW 1911 S. 532[2] u. 574[4]; 1922, 238[2]). So ist z. B. eine bei dem Neubau eines mit Personen-, Last- und Speiseaufzügen versehenen modernen Hotelgebäudes gemäß dem Bauplan eingebaute elektrische Aufzugsanlage als zur Herstellung dieses besonders gearteten Hotelgebäudes eingefügt, als wesentlicher Bestandteil des Hotelgebäudes nach § 94 Abs 2 zu erachten (RG 90, 198); ferner können Badeeinrichtungen, bestehend aus Badeöfen und Badewannen nebst ihren Verbindungsröhren, wenn sie bei Errichtung eines großen Miethauses derart durchgängig eingebaut sind, daß sie dem Hause eine besondere Art gegeben haben, als wesentliche Bestandteile nach § 94 Abs 2 anzusehen sein (RG JW 1922, 238[2]; vgl. § 93 A 3 und oben). Anderseits jedoch ist immer daran festzuhalten, daß als dasjenige, zu dessen Herstellung eine Sache eingefügt sein kann, nur ein Gebäude im engeren Sinne in Betracht kommt. Daher ist es insbesondere unerheblich, ob durch die Verbindung einer Sache mit dem Gebäude erst ein wirtschaftlicher Betrieb, für den das Gebäude eingerichtet ist, ermöglicht wird (RG JW 1911, 574[4]; vgl. jedoch RG 50, 241; 63, 419; JW 05, 387[2]; 06, 543[6]; 07, 128[6]). — Auch bei einem für einen gewerblichen Betrieb dauernd eingerichteten Gebäude im Sinne des § 98 Nr 1 (Fabrik) wird sich das Gebäude im engeren Sinne (also im Sinne des § 94 Abs 2) in der Regel aus nicht wesentlich andern Baumittelstücken zusammensetzen wie den oben bezüglich des Wohnhauses aufgeführten. Nicht sind bei einem so eingerichteten Gebäude sämtliche Einrichtungsgegenstände ohne weiteres als im Sinne des § 94 Abs 2 zur Herstellung des Gebäudes eingefügt und deswegen als wesentliche Bestandteile zu erachten. Solche Gegenstände können zwar, wenn sie nicht etwa gemäß §§ 97, 98 Nr 1 als zum Betriebe bestimmte Gerätschaften Zubehör sind, Bestandteile, auch wesentliche, des eingerichteten Gebäudes sein. Aber nicht, wenigstens in der Regel nicht, nach § 94 Abs 2, sondern nur, wenn die Voraussetzungen des § 93 vorliegen, wenn also sie mit der Baulichkeit zusammen nach allgemeiner Anschauung als eine einzige Sache gelten und sie und die Baulichkeit voneinander nicht getrennt werden können, ohne daß sie oder die Baulichkeit zerstört oder im Wesen verändert werden (vgl. § 93 A 2ff.). Ein zu einem gewerblichen Betrieb dauernd eingerichtetes Gebäude ist, auch wenn es mit den Einrichtungsgegenständen zusammen eine einzige Sache bildet, hinsichtlich des Umfangs der Bestandteile und der Erfordernisse für die Eigenschaft der Bestandteile als wesentlicher eine anders geartete Sache wie das im § 94 Abs 2 gemeinte Gebäude, das lediglich die zu seiner Herstellung eingefügten Gegenstände als wesentliche Bestandteile in sich schließt (RG JW 1911, 574[4]; Warn 1913 Nr 80; Gruch 58, 886). Danach werden Maschinen (zum Fabrikbetriebe bestimmte Gerätschaften, s. § 98 Nr 1), auch wenn sie für den Fabrikbetrieb wesentlich sind, in der Regel nicht auf Grund des § 94 Abs 2 (wesentliche) Bestandteile des Gebäudes sein (RG 67, 30; JW 1911, 532[2]; Gruch 58, 886; OLG 30, 320; 35, 289; 38, 29; s. § 93 A 2). Vielmehr kann dies (nach § 94 Abs 2) nur dann angenommen werden, wenn Maschinen und Gebäude eine untrennbare Einheit bilden und letzteres als Baulichkeit durch die Verbindung mit den ersteren eine besondere Eigenart gewonnen hat. Das wird bei der Beschaffenheit der Maschinen in der Regel nur der Fall sein können, wenn Maschinen und Gebäude besonders aufeinander gearbeitet, insbesondere die ersteren an die Bauart, die Gliederung des Gebäudes angepaßt sind (RG JW 08, 323[2]; 09, 130[1]; 09, 159[2]; 09, 267[1]; 1911 S. 532[2], 573[3]; Warn 09 Nr 58; 09 Nr 59; 1910 Nr 97; 1910 Nr 190; 1913 Nr 81; OLG 35, 289). — „Einfügen zur Herstellung" bedeutet, daß der Gegenstand zwischen Teile des Gebäudes gebracht und durch Einpassen in eine für ihn bestimmte

Stelle mit den ihn umschließenden Stücken vereinigt wird, und zwar derart, daß durch ihn das betreffende Gebäude in seiner Sonderart und zu seinem Sonderzwecke mit hergestellt wird (RG 56, 288; 60, 423; 62, 252; 63, 419; JW 08, 322[2]; 09, 267[1]; 09, 483[2]; 1911 S. 532[2] u. 574[4]; 1912, 128[1]; Warn 09 Nr 58; 09 Nr 59; 1913 Nr 80; 1918 Nr 155; Gruch 58, 885). Dabei ist hauptsächlich der Unterschied zwischen einem bloßen Hineinstellen in ein Gebäude aus wirtschaftlichen Gründen (vgl. RG 56, 288; JW 1911, 532[2]; Gruch 58, 886) und der Verbindung zum Zwecke der Herstellung des Gebäudes selbst von Wesentlichkeit. Entscheidend ist also der Zweck der Verbindung, auf die Art kommt es nicht an (RG 62, 251; 63, 416; Warn 1913 Nr 81). Die Verbindung braucht insbesondere nicht eine feste im Sinne des § 94 Abs 1 zu sein (RG 60, 423; 62, 251; 63 S. 173, 419; 90, 201; OLG 2, 340; 6, 215; 12, 6; 13, 310; 15, 325). Daher sind z. B. auch die nur eingehängten Türen und Fenster wesentliche Bestandteile (RG 62, 251; 90, 201; OLG 15, 325; 29, 358), auch hölzerne Fensterläden (RG 60, 421), ebenso die Drehtüre eines Speisehauses (OLG 13, 310). Ferner ist das Gebälk eines noch nicht im Mauerwerk verankerten Dachstuhls zur Herstellung des Gebäudes eingefügt, da die erforderliche körperliche Verbindung durch die eigene Schwere des Gebälks hergestellt wird (RG 62, 248). Jedoch eine zwecks Herstellung des Gebäudes erfolgte körperliche Verbindung muß immer vorliegen. Dies ist z. B. nicht schon dann der Fall, wenn Fenster oder Türen zu einem Neubau lediglich auf das Grundstück geschafft oder nur probeweise eingehängt und nach Prüfung der Ordnungsmäßigkeit der Arbeiten wieder herausgenommen, mithin nicht zu dem Zwecke der Herstellung eines beweglichen Abschlusses der Fenster- oder Türöffnungen, sondern zu einem vorübergehenden Zwecke im Sinne des § 95 Abs 2 eingefügt sind (RG Warn 1915 Nr 6; OLG 15, 325; 22 S. 120, 392; a. M. OLG 28, 16 bezüglich Türen, die bereits mit Bändern versehen, eingepaßt und zur weiteren Fertigstellung wieder ausgehängt sind). Bleibt aber ein zunächst nur versuchsweise Eingefügtes in dem Gebäude so, daß es dann als zur Herstellung des demnächst fertiggestellten Gebäudes anzusehen ist, so ist es nach Abs 2 wesentlicher Bestandteil des Gebäudes (RG 94, 133). — Daß die Einfügung der Sache zur Errichtung des Gebäudes notwendig war, ist nicht erforderlich (s. oben). Daher ist z. B. auch überflüssiger Zierat an der Mauer oder eine Marmortreppe in einem einfachen Miethause wesentlicher Bestandteil. Ebenso ein Freskogemälde im Treppenflur eines Hauses (vgl. RG 79, 397).

§ 95

Zu den Bestandteilen eines Grundstücks gehören solche Sachen nicht¹), die nur zu einem vorübergehenden Zwecke mit dem Grund und Boden verbunden sind²). Das gleiche gilt von einem Gebäude³) oder anderen Werke⁴), das in Ausübung eines Rechtes an einem fremden Grundstücke⁵) von dem Berechtigten mit dem Grundstücke verbunden worden ist⁶).

Sachen, die nur zu einem vorübergehenden Zwecke²) in ein Gebäude eingefügt sind, gehören nicht zu den Bestandteilen des Gebäudes³).

E I 783 Abs 2, 785 II 77 f; M 3 48; P 3 6; 6 119.

1. Die in § 95 genannten Sachen sind **nicht Bestandteile** des Grundstücks oder Gebäudes, weder wesentliche noch unwesentliche. Sie sind vielmehr selbständige Sachen, an denen besondere Rechte möglich sind. Streitig ist, ob sie zu den beweglichen Sachen zu rechnen sind. Vielfach wird angenommen, daß es auf ihre natürliche Beschaffenheit ankomme, und daß, wenn sie hiernach als unbeweglich anzusehen seien, alle auf Grundstücke bezüglichen Vorschriften des BGB mit Ausnahme derjenigen, die eine Grundbucheinrichtung voraussetzten, auf sie Anwendung finden müßten. Dem kann aber nicht beigetreten werden. Das BGB unterscheidet nicht zwischen beweglichen und unbeweglichen Sachen, sondern nur zwischen Sachen der ersteren Art und Grundstücken (RG 103, 253). Zu den letzteren gehören die Sachen des § 95 nicht, also sind sie (z. B. auch Gebäude auf fremdem Grundstück, von einem Elektrizitätswerk aus über fremde [gemietete, s. A 2] Grundstücke nach Ortschaften in der Umgegend gehende Fernleitungen) rechtlich als bewegliche Sachen anzusehen (RG 55, 284; 59, 19; 87, 51; 97, 103; Gruch 59, 112; JW 1912, 129[2]; Warn 1918 Nr. 155; SeuffA 60 Nr 1; KGJ 39 B 92; OLG 30, 326; § 90 A 1 Abs 4), und es sind alle für diese geltenden Vorschriften auf sie anzuwenden. Sie können daher auch Zubehör des Grundstücks, auf dem sie stehen, oder eines andern Grundstücks sein, wie z. B. ein Maschinenhaus oder Vergnügungsveranstaltungen auf einem gepachteten Nachbargrundstück, die vorgenannten, von einem Elektrizitätswerk ausgehenden Fernleitungen auf gemieteten Grundstücken (RG 55, 281; 87, 51; 97, 107; Warn 1918 Nr. 155; JW 01, 184). Ebenso gelten sie für die Zwangsvollstreckung als bewegliche Sachen (Pfändung und Versteigerung durch Ge-

richtsvollzieher). Durch Auflassung (§ 925) können sie nicht übereignet werden (RG 97, 103). Eigentum daran wird vielmehr nach den §§ 929ff. erworben (RG 97 S. 106 u. 251; 109, 130; JW 1912, 129[2]; Gruch 59, 112; Warn 1920 Nr 184). Der öffentliche Glaube des Grundbuchs (§ 892) erstreckt sich nicht auf sie, auch wenn sie im Grundbuch als Bestandteile des Grundstücks angegeben sind (RG 61, 193; 73, 129). Der Erwerber muß sich also gemäß §§ 932ff. bei der Übergabe im guten Glauben befinden. Eine Hypothek kann an ihnen nicht bestellt werden. Ebensowenig erstreckt sich auf sie eine am Grundstücke bestehende Hypothek, selbst bei gutem Glauben des Gläubigers (RG 61, 193). Nur ausnahmsweise wird es zulässig sein, einzelne auf Grundstücke bezügliche, durch Parteivereinbarung abänderbare Vorschriften nach dem vom Gesetze verfolgten Zweck und dem zu vermutenden Parteiwillen auch auf Sachen des § 95, die nach der Verkehrsanschauung als unbeweglich gelten, entsprechend anzuwenden, z. B. § 565 Abs 1 (Kündigungsfrist bei der Grundstücksmiete). — Hinsichtlich der zur Zeit des Inkrafttretens des BGB auf einem Grundstück befindlichen Gebäude bestimmt sich gemäß Art 181 EG die Frage, ob einem andern als dem Eigentümer des Grund und Bodens das Eigentum daran zustand, nach bisherigem Recht (RG JW 1912, 129[2], auch 00, 890; 02 Beil 189). Wenn aber nach §§ 93ff. die Gebäude wesentliche Bestandteile sind, ist das etwaige Sondereigentum daran mit dem Inkrafttreten des BGB erloschen, da nach Art 181 EG auf das bestehende Eigentum, also auch auf den Umfang des Eigentums, das BGB Anwendung findet und gemäß § 93 wesentliche Bestandteile nicht Gegenstand besonderer Rechte sein können (RG 56, 243; 97, 103; JW 03 Beil 90; 04, 89[6]; 1912, 129[2]). — Vereinigt sich jedoch später das Eigentum an dem Grundstück mit dem Eigentum an den zu einem vorübergehenden Zwecke oder in Ausübung eines Rechtes an dem ursprünglich fremden Grundstück mit diesem verbundenen Sachen, so werden die Sachen nunmehr Bestandteile des Grundstücks (RG 97, 105, auch 97, 187; 97, 251). Aber dadurch allein, daß die Zweckbestimmung der Verbindung sich nachträglich ändert, werden die verbundenen Sachen nicht (wesentliche) Bestandteile mit der Wirkung, daß sie ohne weiteres in das Eigentum des Grundstückseigentümers übergehen; § 95 besagt nicht, daß der Ausschluß der Bestandteilseigenschaft nur so lange gilt, als der Zweck der Verbindung fortdauert (a. M. JW 1923, 790[4]).

2. Sachen sind **zu einem vorübergehenden Zwecke mit dem Grund und Boden verbunden** (Abs 1) bzw. **in ein Gebäude eingefügt** (Abs 2), wenn bei der Verbindung oder Einfügung die spätere Trennung beabsichtigt war oder sonst die Verbindung nach der Natur des Gegenstandes zeitlich begrenzt ist (RG 61, 191; 62, 411; 63, 421; 66, 89; 97 S. 104 u. 251; 106, 52; Warn 1913 Nr 39; 1924 Nr 119; OLG 20, 38). Darauf, ob die Trennung erst nach längerer oder kürzerer Zeit erfolgt, kommt es nicht an, wenn sie nur von vornherein mit Sicherheit erwartet werden kann (RG 61, 192; 63, 421; 87, 51; 97, 105; Gruch 59, 110 [Pacht auf 25 Jahre mit der Aussicht auf noch weitere Pachterlangung]; Warn 1924 Nr 119; OLG 15, 308). So ist z. B. die Verbindung zu Zwecken des Bergbaubetriebs eine nicht dauernde, da das Bergwerk allmählich erschöpft wird (RG 61, 192). Dagegen ist die Verbindung oder Einfügung eine dauernde: wenn sie eine bei normalem Verlauf der Dinge als dauernd gedachte nicht von vornherein zur Wiederaufhebung bestimmte ist (RG 62, 411; Warn 1924 Nr 119); wenn für das Fortwirken des Zweckes der Verbindung oder Einfügung, sofern nicht durch das Dazwischentreten unberechenbarer zufälliger Ereignisse Änderungen herbeigeführt werden, ein Endpunkt begrifflich nicht feststeht (RG 61, 191; 66, 89; Warn 1924 Nr 119). Deshalb macht z. B. ein Eigentumsvorbehalt an der eingefügten verkauften Sache, der den Veräußerer für den Fall der Nichtzahlung des Kaufpreises sichern soll, die Einfügung nicht zu einer vorübergehenden, da die Parteien verständigerweise erwarten, daß der Kaufpreis gezahlt wird (RG 62, 411; 63, 422). Desgleichen ist, wenn nach Abschluß eines Kaufvertrags über ein Grundstück, der sich demnächst als nichtig erweist, Sachen vom Käufer in Erwartung des Eigentumsübergangs mit dem Grund und Boden verbunden werden, die Verbindung nicht zu einem vorübergehenden Zweck erfolgt (RG 106, 148; Gruch 67, 316). Unerheblich ist es, wer die Verbindung oder Einfügung vorgenommen hat, und (anders wie nach E I 785) ob der Verbindende oder Einfügende dazu berechtigt war (RG JW 04, 336[1]; Warn 08 Nr 114; 1913 Nr 39; SeuffA 60 Nr 1; anders im Falle des Abs 1 Satz 2, s. A 5). — Zu vorübergehendem Zweck mit dem Grund und Boden verbunden sind z. B.: Schaubuden, Gerüste (RG Warn 1910 Nr 154); Gebäude für die Zwecke einer einzelnen Ausstellung (RG JW 01, 184); auch die Pflanzenbestände einer Baumschule, die nur so lange im Boden bleiben sollen, bis sie verkaufsfähig geworden sind, und die als lebende Pflanzen verkauft werden sollen (RG 66, 88; SeuffA 59 Nr 149; OLG 20, 38). Mit einem Gebäude zu einem vorübergehenden Zweck verbunden sind z. B.: als Gaszähler vermietete Gasuhren (SeuffA 76 Nr 188); Türen oder Fensterflügel zu einem Neubau, die, selbst noch nicht völlig fertiggestellt, nur probeweise, nicht zur Herstellung eines beweglichen Abschlusses der Tür- und Fensteröffnungen, eingehängt und nach Prüfung der Ordnungsmäßigkeit der Arbeiten wieder herausgenommen worden sind (RG

Warn 1915 Nr 6; vgl. § 94 A 7 a. E.). Ferner gehören hierher die vom Mieter oder Pächter ausdrücklich oder stillschweigend nur für die Pacht- oder Mietzeit verbundenen oder eingefügten Sachen oder solche, die lediglich seinem persönlichen Bedürfnisse dienen; z. B. Fensterrolläden, Sicherheitsketten, Briefkästen, Gasuhren, Wassermesser, Kochmaschine, von einem Elektrizitätswerk ausgehende, über fremde zur Aufstellung der Leitungsmasten gemietete Grundstücke hinweg nach Ortschaften in der Umgegend führende Fernleitungen (RG 55, 284; 59, 20; 63, 421; 83, 60; 87, 51; Gruch 59, 110; Warn 1918 Nr. 155; JW 04, 336[1]; 1912, 129[2]; SeuffA 60 Nr 1; KGJ 39 B 91; OLG 5, 76; 12, 11; 14, 108; 20, 37; 41, 113), ferner Heizungsanlagen, elektrische Licht- und Kraftanlagen (RG 109, 128), auch Gewächse, die der Pächter, nachdem er die jungen Pflanzen in Baumschulen oder Treibhäusern gezogen hatte, in das Pachtgrundstück eingepflanzt hat, um sie dort bis zur Verkaufsfähigkeit gedeihen zu lassen (RG 105, 215). Nicht dagegen Sachen, die auch über die Miet- oder Pachtzeit hinaus mit dem Grundstück oder Gebäude verbunden bleiben sollen (z. B. Straßenbahnschienen, wenn die Stadt das Recht hat, nach Beendigung des Vertrags mit der Straßenbahngesellschaft deren Anlagen zu übernehmen), oder wenn die Dauer der Verbindung sonst unabhängig vom Miet- oder Pachtverhältnis ist (z. B.: Pflanzungen eines Pächters, die nicht wie in einer Baumschule zum Verkaufe lebender Pflanzen dienen sollen, Prot 3, 11, RG Gruch 59, 111; Verbindung durch den Pächter zum Zwecke der Erfüllung einer ihm dem Verpächter gegenüber obliegenden Verpflichtung, wie Instandsetzung oder Instandhaltung, RG Warn 1913 Nr 39; Gruch 59, 111), oder wenn die Trennung des Verbundenen nur unter Zerstörung oder wesentlicher Beschädigung eines Gebäudes des Grundstückseigentümers (wie z. B. im Falle des Einbaues neuer Fußböden) erfolgen könnte. Vgl. auch RG Warn 09 Nr 176 (eine vom Eigentümer angeschaffte Lokomobile, die der Pächter demnächst eingebaut hat). Aber gerade bei besonders wertvollen Sachen von dauerndem Bestande wird die Verbindung, wenn sie nicht etwa in Erfüllung einer Verpflichtung aus dem (Miet- oder) Pachtvertrage vorgenommen wird, als eine zum vorübergehenden Zwecke bewirkte zu erachten sein, wie die Verbindung von Gebäuden oder maschinellen Einrichtungen, da nicht die Absicht des Pächters (Mieters) bestehen wird, diese Sachen auf dem Grundstück nach Beendigung der Pacht- (Miet-) Zeit zu belassen (RG Gruch 59, 111). Zu bemerken ist hier jedoch, daß dem Mieter gegenüber dem Vermieter nur ein Wegnahmerecht nach § 547 Abs 2 Satz 2 zusteht; macht er auf Grund seines Eigentums einen Herausgabeanspruch nach § 985 geltend, so kann ihm der Vermieter gemäß § 986 Abs 1 entgegensetzen, daß er bis zur Ausübung des Wegnahmerechts zum Besitz berechtigt sei (RG 109, 131). — Auch wenn die Sachen gemäß § 94 Abs 1 mit dem Grund und Boden fest verbunden sind, kann die Verbindung einen bloß vorübergehenden Zweck haben (RG 55, 281; 61, 188; 87, 50; Warn 1918 Nr 155; OLG 41, 114). — Über Anwendbarkeit des Abs 2 beim Nießbrauch an einem Gebäude, wenn der Nießbraucher Sachen in das Gebäude eingefügt hat, s. A 5. — § 95 spricht zwar nur von der Verbindung mit einem Grundstück oder Gebäude, hat aber eine allgemeine Bedeutung. Nach allgemeiner Anschauung macht eine nicht dauernde Verbindung auch bewegliche Gegenstände nicht zu Bestandteilen einer Sache (vgl. § 93 A 2). — Ob eine Verbindung (Einfügung) vorübergehend oder dauernd ist, ist keine rein tatsächliche Frage, daher vom Revisionsgericht rechtlich nachzuprüfen (RG 55, 284; Warn 1924 Nr 119).

3. Der Ausdruck **„Gebäude"** (Begriffsbestimmung s. § 912 A 4) ist hier im weiteren Sinne (§ 94 A 7) gebraucht. Er umfaßt die nach §§ 93 oder 94 wesentlichen und unwesentlichen Bestandteile des Gebäudes. Auch Sachen, die mit einem Gebäude, das nach § 95 nicht Grundstücksbestandteil ist, fest verbunden, also seine wesentlichen Bestandteile nach § 93 (entsprechende Anwendung des § 94 Abs 1; vgl. § 93 A 2) sind, gehören, auch wenn sie selbst nicht in Ausübung eines Rechtes eingefügt sind, nicht zu den Bestandteilen des Grundstücks (§ 94 A 3).

4. **Werk** (vgl. §§ 836 ff., 908) ist eine einem bestimmten Zwecke dienende, nach gewissen Regeln der Kunst oder der Erfahrung unter Verbindung mit dem Erdkörper hergerichtete leblose Sache (RG 60, 139; 76, 261). Nicht also z. B. Pflanzen, die vom Nießbraucher (oder Pächter, s. A 2) zu Zwecken der Fruchtgewinnung eingesetzt sind. Beispiele von Werken sind dagegen Röhren- und Drahtleitungen (OLG 18, 85), Bahndamm mit Schienengeleisen (RG JW 08, 196[10]), Baugerüst (RG JW 1910, 288[21]), Zaun (OLG 20, 37), Badeeinrichtung in einem Wohnhause mit Wasserkessel, Badewanne und Ofen (RG 106, 49).

5. **In Ausübung eines Rechtes an einem fremden Grundstücke** sind Sachen nach dem Sprachgebrauche des BGB nur dann verbunden, wenn ein dingliches Recht die Befugnis zur Verbindung gewährt (str.). Die Verbindung durch einen Mieter oder Pächter fällt also nicht unter Abs 1 Satz 2 (Prot 3, 11). Doch wird sie in der Regel nur zu einem vorübergehenden Zweck erfolgen (s. A 2). Daß das Wesen des dinglichen Rechts gerade darin bestehen muß, die Verbindung eines dem Berechtigten gehörigen Gebäudes oder anderen Werkes mit dem fremden Grundstücke herbeizuführen, ergibt sich aus dem Gesetz nicht; mit den Worten: „in Ausübung eines Rechts an einem fremden Grundstück" ist nichts anderes gemeint, als daß

die Verbindung durch den Inhaber des Rechts an dem fremden Grundstück in Betätigung dieses Rechts erfolgt sein muß (RG 106, 51). Nach dem BGB kommen als dingliche Rechte genannter Art in Betracht das Erbbaurecht, die Dienstbarkeiten, der Nießbrauch (RG 106, 50) und das Recht, einen Überbau zu haben (§ 912; vgl. § 94 A 1). Ihnen stehen die auf Landesrecht beruhenden dinglichen Rechte gleich (vgl. RG 72, 272). Beim Erbbaurecht ist zu unterscheiden zwischen Gebäuden, die vom Grundstückseigentümer, solchen, die von einem Dritten in Ausübung eines Rechtes, und solchen, die vom Erbbauberechtigten selbst mit dem Erbbaugrund verbunden worden sind. Die ersteren sind Bestandteile des Grundstücks (§ 94 Abs 1 Satz 1), die zweiten sind weder Bestandteile des Grundstücks noch des Erbbaurechts (§ 95 Satz 2), die dritten sind Bestandteile des Erbbaurechts (früher § 1017 Abs 1, § 94 Abs 1 Satz 1; jetzt VO v. 15. 1. 1919 § 12). Auf die ersteren Gebäude erstreckt sich das Erbbaurecht ebenso wie auf den Grund und Boden (KGJ 39 B 89; vgl. § 94 A 3). Beim Nießbrauch an einem Gebäude trifft, wenn der Nießbraucher Sachen für das Gebäude aus eigenen Mitteln anschafft und in das Gebäude einfügt, auch Abs 2 zu, da anzunehmen ist, daß der Nießbraucher, der nach § 1049 Abs 2 zur Wegnahme einer von ihm getroffenen Einrichtung berechtigt ist, die Sachen nur zu einem vorübergehenden Zweck mit dem Gebäude verbindet (RG 106, 52). — Wegen des Überbaues eines Gebäudeteils auf ein Nachbargrundstück vgl. § 912 A 10. Wird in geschlossenen Ortschaften bei Errichtung eines Neubaues eine Giebelmauer über die Grenze hinübergebaut mit der ausdrücklich oder stillschweigend von den Nachbarn vereinbarten Bestimmung, daß, wenn auf dem Nachbargrundstück ebenfalls ein Gebäude errichtet wird, der Eigentümer dieses Grundstücks an die Mauer anbauen und sie als Giebelmauer für sein Gebäude verwenden dürfe, so ist der über die Grenze hinausgehende Teil der Mauer als in Ausübung eines bedingten Rechtes mit dem Nachbargrundstück verbunden anzusehen. Der Mauerteil ist zunächst gemäß § 95 nicht Bestandteil des Nachbargrundstücks, sondern Bestandteil des Gebäudes und somit des Grundstücks des Bauenden (§ 94 A 3). Baut demnächst auch der Nachbar, so hört das Recht des zuerst Bauenden auf und wird der Mauerteil nunmehr nach § 94 Abs 1 wesentlicher Bestandteil des Nachbargrundstücks. Der Nachbar hat dann gemäß §§ 951, 812 den zuerst Bauenden wegen der Kosten der Herstellung des Mauerteiles zu entschädigen, es gehen auf die beiderseitigen Sondernachfolger die Rechte und Pflichten hinsichtlich der Entschädigung auch ohne Eintragung im Grundbuche über, da die Entschädigung die Gegenleistung für die Duldung des Anbaues ist, hinsichtlich deren die Rechte und Pflichten auf die betreffenden Sondernachfolger übergegangen sind, und finden hinsichtlich Benutzung der ganzen Mauer die §§ 921, 922 Anwendung (vgl. die sich gegen RG JW 1911, 366[20] wendenden Urteile in JW 1912 S. 491 u. 1037; vgl. ferner hinsichtlich der sog. Kommunmauer nach Münchner Übung RG Warn 1915 Nr. 225, 270, wo die nämlichen Grundsätze dargelegt sind und nur dahingestellt gelassen ist, ob durch den Anbau die über die Grenze hinüberreichenden Mauerteile Bestandteile des Grundstücks [und somit nach § 946 Eigentum] des Anbauenden werden). Hat aber der Eigentümer zweier angrenzender Grundstücke, als er auf dem einen Grundstück ein Gebäude errichtete, absichtlich die Giebelmauer mitten auf die Grenze gesetzt, um sich die Möglichkeit zu sichern, auf dem andern Grundstück an die Giebelmauer anbauen zu können, so ist die Giebelmauer nur bis zur Grenzlinie Bestandteil des ersteren Grundstücks, während ihr anderer Teil Bestandteil des letzteren Grundstücks ist (RG Warn 1924 Nr 98; vgl. § 94 A 1, 3, § 921 A 1). Dabei verbleibt es auch, wenn demnächst die Grundstücke an verschiedene Personen veräußert werden (RG Warn 1924 Nr 98).

6. Unter **Grundstück** ist hier nicht nur der Grund und Boden zu verstehen, sondern es gehören auch alle nach §§ 93, 94 wesentlichen Bestandteile, insbesondere Gebäude dazu, obwohl diese, anders wie in Abs 2, nicht erwähnt sind. Das muß daraus gefolgert werden, daß auch die „Rechte an dem Grundstück" alle diese Bestandteile ergreifen und daß andernfalls das Ergebnis widersinnig wäre (vgl. RG 106, 51). Ist dagegen ein Gebäude nach § 95 nicht Bestandteil des Grundstücks, so sind die in Ausübung eines Rechtes mit ihm verbundenen Sachen wesentliche Bestandteile des Gebäudes, falls die Voraussetzungen der §§ 93, 94 vorliegen. Dies wird zwar nur selten der Fall sein, da derartige Sachen nach allgemeiner Anschauung häufig nicht als Bestandteile des Gebäudes angesehen werden, ist aber doch nicht völlig ausgeschlossen (z. B. Einbauung von Öfen in einem Wohnhause durch den Nießbraucher).

§ 96

Rechte, die mit dem Eigentum an einem Grundstücke verbunden sind[1]), gelten als Bestandteile des Grundstücks[2]).

E I 788 II 77g; M 3 92; P 3 17.

1. Als **Rechte, die mit dem Eigentum an einem Grundstücke verbunden sind,** die also dem jeweiligen Eigentümer des Grundstücks zustehen (sog. subjektiv-dingliche Rechte), kommen

nach dem BGB in Betracht die Grunddienstbarkeiten (§ 1018), das dingliche Vorkaufsrecht (§ 1094 Abs 2; vgl. RG 104, 318) und das Recht auf eine Reallast (§ 1105 Abs 2). Weitere Rechte dieser Art sind nach Landesrecht z. B.: bei den durch landschaftliche Kreditanstalten (vgl. Art 167 EG) oder diesen gleichzustellende Pfandbriefinstitute (bezüglich anderer Amortisationshypothekengläubiger s. unten) beliehenen Grundstücken das Guthaben des Eigentümers in dem Tilgungsfonds der Pfandbriefshypothek, sofern nach der Satzung das Tilgungsguthaben nicht von dem Eigentum am Grundstück getrennt werden kann (RG 74, 402; JW 07, 702[2]; Warn 1915 Nr 196; SeuffA 60 Nr 306; 64 Nr 456; OLG 24, 247; 30, 327; 38, 127); Gewerbe- und Apothekerberechtigungen, soweit sie nicht „selbständige", also nicht mit dem Eigentum an einem Grundstücke verknüpfte Berechtigungen sind (RG 67, 226; JW 09, 475[47]; 1920 S. 71[3], 580[1]; KGJ 33 A 216; OLG 12 S. 143, 144; vgl. dazu JW 1922, 834[8]: preußische Apothekerberechtigungen neueren Rechts auf Grund der Kabinettsorder v. 5. 10. 46 haben nicht die Eigenschaft selbständiger Gerechtigkeiten, haben jedoch durch Verwaltungsübung in gewisser Hinsicht die Natur der Vererblichkeit und Veräußerlichkeit erhalten); Fischereiberechtigungen (KGJ 34 A 218); Abdeckereigerechtigkeit (RG 83, 198); eine aus Bergwerkseigentum an den jeweiligen Grundeigentümer zu entrichtende Kohlenrente (vgl. RG 109, 319). Ferner die aus öffentlichen Verhältnissen hervorgegangenen aber doch dem privaten Vermögensrecht angehörenden, einem landwirtschaftlichen Grundstück zustehenden Branntweinsteuerkontingente nach dem früheren Branntweinsteuergesetz v. 15. 7. 09 (RG 83, 57; nicht dagegen die einer Zündholzfabrik zustehenden Zündwarensteuerkontingente nach dem früheren Zündwarensteuergesetz v. 15. 7. 09; RG 83, 54). Sie können auch öffentlich-rechtlicher Natur sein (z. B. das Patronatsrecht). Es ist möglich, aber nicht notwendig, daß sie zugleich objektiv-dinglich (Rechte an einem Grundstück) sind. — Nicht ein Recht im Sinne des § 96 ist: ein schuldrechtliches Vertragsrecht, auch wenn es in einem tatsächlichen, geschäftlichen Zusammenhange mit einem Unternehmen steht, das auf einem Grundstück betrieben wird (RG Warn 1916 Nr. 126); das Recht auf Schatzerwerb (RJA 3, 136); ein aus Tilgungsbeiträgen auf eine, nicht landschaftlichen Kreditanstalten (s. oben) zustehende Amortisationshypothek angesammeltes Guthaben des Grundstückseigentümers (Amortisationsfond) (RG 104, 73). Über das Kellerrecht vgl. RG 56, 258.

2. Die Rechte **gelten als Bestandteile des Grundstücks**, d. h. das Gesetz behandelt sie, obwohl sie nicht wirkliche Bestandteile, Sachteile des Grundstücks, sind, als Bestandteile, um auf sie die für Bestandteile geltenden Vorschriften zur Anwendung bringen zu können, welche eine derartige Anwendung überhaupt zulassen (RG 83, 200; Warn 1916 Nr. 126). Daraus ergibt sich, daß dingliche Rechte am Grundstück auch diese Berechtigungen miterfassen, und daß sie für die Hypothek nach § 1120 haften (RG 83, 200, auch 54). Letzteres kann jedoch nicht gelten, wenn sie öffentlich-rechtlicher Natur sind. — Nach § 8 GBO sind sie auf dem Blatte des Grundstücks (Bestandsverzeichnis) zu vermerken. — Soweit aber Bestimmungen, die für Bestandteile vorgesehen sind, nicht in Betracht kommen, sind sie trotz der Verbindung mit dem Grundstück als für sich bestehende Rechte zu beurteilen (z. B. wenn sie [beispielsweise eine dem Grundstück zustehende Grunddienstbarkeit] zusammen mit dem Grundstücke verkauft werden, hinsichtlich der Haftung des Verkäufers für ihr Nichtbestehen nach § 437, wobei in der Zusicherung ihres Bestehens ihr Mitverkauf zu finden sein wird [nicht etwa die Zusicherung einer Eigenschaft des Grundstücks im Sinne des § 459 Abs 2, da, was nach dem Gesetz als Bestandteil gelten soll, nicht zugleich als eine Eigenschaft der betreffenden Sache angesehen werden kann]; RG 83, 200; 93, 73 [unter Aufgeben von RG 61, 84 insofern, als dort angenommen ist, es stelle das Recht, die Bebauung einer vor dem berechtigten Grundstücke liegenden Grundfläche zu verbieten, eine Eigenschaft des Grundstücks im Sinne des § 119 Abs 2 und auch des § 459 Abs 2 dar]; Gruch 58, 949). — § 96 sagt nur, daß die Rechte als Bestandteile, nicht, daß sie als wesentliche Bestandteile gelten, schließt aber auch dies nicht aus. Es kommt vielmehr auf die Natur des einzelnen Rechtes an, ob es vom Eigentum am Grundstücke getrennt und Gegenstand besonderer dinglicher Rechte sein kann (§ 93). Grunddienstbarkeiten, Vorkaufsrecht und Reallast sind danach, soweit ihre Bestandteilseigenschaft für die Gesetzesanwendung in Betracht kommt, als wesentliche Bestandteile zu behandeln (vgl. §§ 1103, 1110; RG 93, 73). Ebenso nach Landesrecht das Jagdrecht (vgl. RG 70, 73), ferner das Guthaben an dem landschaftlichen Tilgungsfonds (s. A 1), sofern es nach der maßgebenden Landschaftsordnung jeder Trennung von dem Grundstücke entzogen ist (vgl. RG 74, 403).

§ 97

Zubehör[1]) sind bewegliche Sachen[2]), die, ohne Bestandteile der Hauptsache[3]) zu sein, dem wirtschaftlichen Zwecke[4]) der Hauptsache[5]) zu dienen[6]) bestimmt[7]) sind und zu ihr in einem dieser Bestimmung entsprechenden[8])

räumlichen Verhältnisse[9]) stehen. Eine Sache ist nicht Zubehör, wenn sie im Verkehre nicht als Zubehör angesehen wird[10]).

Die vorübergehende Benutzung[11]) einer Sache für den wirtschaftlichen Zweck einer anderen begründet nicht die Zubehöreigenschaft. Die vorübergehende Trennung[12]) eines Zubehörstücks von der Hauptsache hebt die Zubehöreigenschaft nicht auf[13]).

E I 789 II 77h; M 3 61; P 3 17.

1. **Zubehör** sind selbständige bewegliche Sachen, die mit einer andern Sache zusammen eine wirtschaftliche Einheit bilden, dieser andern Sache aber untergeordnet sind. Wenn sie ihr gleichgeordnet sind, liegt eine Sachgesamtheit vor. Hierüber vgl. § 90 A 1. Da die Zubehörstücke nicht Sachteile sind, folgen sie nicht wie die Bestandteile ohne weiteres den rechtlichen Schicksalen der Hauptsache. Sie brauchen daher nicht dem Eigentümer der Hauptsache zu gehören (**RG** 53, 350; SeuffA 63 Nr 1; JW 1927, 402[11]). Auch Gegenstand anderer dinglicher Rechte (mit Ausnahme des Pfändungspfandrechts, s. unten) können sie sein. Das Gesetz enthält keine allgemeinen Vorschriften über ihre Rechtsstellung, sucht jedoch durch eine Reihe von Einzelvorschriften den wirtschaftlichen Zusammenhang zwischen Hauptsache und Zubehör zu wahren. In dieser Hinsicht kommen z. B. folgende Vorschriften in Betracht: Nach § 314 erstreckt sich die Verpflichtung zur Veräußerung oder Belastung einer Sache im Zweifel auf das Zubehör. Das gleiche gilt nach § 498 für den Wiederkauf, nach § 2164 für das Vermächtnis. — Während grundsätzlich für die Übertragung des Eigentums und die Bestellung dinglicher Rechte am Zubehör die §§ 929ff. gelten, geht mit der Auflassung und Eintragung auch das Eigentum am Zubehör eines Grundstücks ohne weiteres auf den Grundstückserwerber über, falls die Parteien nicht den Eigentumserwerb daran ausschließen wollten (§ 926). Ebenso wird der Rechtsübergang hinsichtlich des mitbelasteten Zubehörs bei einem Erbbaurecht (§ 1017; § 11 E.VO), Nießbrauch (§§ 1031, 1062), Wohnungsrecht (§ 1093) und dinglichen Vorkaufsrecht (§ 1096) behandelt. Um das Eigentum an fremden Zubehörstücken kraft guten Glaubens zu erwerben, ist jedoch Erlangung des Besitzes erforderlich (§ 926 Abs 2). — In § 1551 werden die Zubehörstücke eines Grundstücks für die Fahrnisgemeinschaft zum unbeweglichen Vermögen gerechnet. — Nach den §§ 1120ff. erstreckt sich die Hypothek an einem Grundstück auf die Zubehörstücke, die dem Eigentümer des Grundstücks gehören. Dasselbe gilt nach § 1265 für das Pfandrecht an einem Schiffe. Vgl. auch § 1135. — Nach § 865 Abs 2 ZPO können Zubehörstücke eines Grundstücks nicht gepfändet werden, sondern unterliegen nur zusammen mit dem Grundstück der Zwangsvollstreckung in das unbewegliche Vermögen (**RG** 59, 88; 60, 73). Wird jedoch Zubehör, das nicht im Eigentum des Grundstückseigentümers steht (s. oben), indem er es an einen andern veräußert hat, das aber nicht vom Grundstück getrennt ist, im Zwangsversteigerungsverfahren dem Ersteher nicht zugeschlagen, weil auf Antrag des Eigentümers des Zubehörs die Zwangsvollstreckung in dieses eingestellt worden ist (§ 55 Abs 2, § 37 Nr 5 ZVG), so erstreckt sich zwar die Hypothek weiter auf diese Gegenstände (§§ 1120, 1121 Abs 1 BGB) und können sich die im Zwangsversteigerungsverfahren ausgefallenen Hypothekengläubiger daran halten (§ 1147 A 3), aber unzulässig ist eine Pfändung, auch für einen persönlichen Gläubiger, nach § 865 Abs 2 ZPO nicht, da die Eigenschaft als Zubehör des Grundstücks für erloschen zu gelten hat, nur der Eigentümer der Gegenstände kann gegen die Pfändung Widerspruchsklage gemäß § 771 ZPO erheben; unterbleibt diese Klage, so ist der Widerstreit der Rechte zwischen den Hypothekengläubigern und dem Pfändungsgläubiger unter entsprechender Anwendung des § 805 ZPO zu lösen (bestr.; a. M. JW 1927, 402[11]). — Auch der Konkursverwalter darf nicht über die zum Grundstücke des Gemeinschuldners gehörenden Zubehörstücke zum Nachteile der Hypothekengläubiger verfügen (**RG** 69, 85; OLG 37, 212). — In §§ 20 Abs 2, 21, 55, 90 Abs 2, 148 Abs 1 ZVG sind besondere Vorschriften über die Wirkung der Zwangsversteigerung und Zwangsverwaltung auf Zubehörstücke enthalten.

2. **Bewegliche Sachen** können Zubehör sein; also alle Sachen außer den Grundstücken. Daher auch Gebäude, die nach § 95 nicht Bestandteile eines Grundstücks sind (**RG** 55, 281, § 95 A 1). Ferner lebende Tiere (A 6, § 98 A 13). Ein Grundstück kann einem andern Grundstück nur als Bestandteil zugeschrieben werden (s. § 93 A 6, § 890 Abs 2; vgl. § 1131 über die Wirkung der Zuschreibung hinsichtlich der Hypotheken). Z. B. sind daher die aus Tilgungsbeiträgen auf Amortisationshypotheken angesammelten Guthaben (Amortisationsfonds) nicht Zubehör der mit den Hypotheken belasteten Grundstücke, so daß sie (ohne besondere Festsetzung) nicht auf rechtsgeschäftliche Erwerber oder Ersteher der Grundstücke übergehen (**RG** 104, 73); eine bei Bestellung der Hypotheken getroffene Vereinbarung, daß die gezahlten, zu einem Amortisationsfonds gesammelten Tilgungsbeiträge als Zubehör des Grundstücks auf jeden neuen Eigentümer übergehen sollen, ist, da sie zu zwingenden sachenrechtlichen Vorschriften in Widerspruch steht, unwirksam (**RG** 104, 73; eine Ausnahme in dieser Hinsicht gilt nur für

die amortisierbaren Pfandbriefshypotheken der landschaftlichen Kreditanstalten, deren Reglements derartige Bestimmungen enthalten, auf Grund des Vorbehalts im Art 167 EG, **RG** 27, 218; 64, 214; 74, 405; 104, 74; JW 07, 702[2]; Warn 15 Nr 196). Rechte können nicht Zubehör, sondern nur Bestandteile nach § 96 sein (**RG** 83, 56). Was Bestandteil eines Grundstücks ist, gilt (sofern nicht ein Ausnahmefall nach § 95 vorliegt, s. § 95 A 1) nicht als bewegliche Sache und kann daher nicht Zubehör sein, insbesondere nicht Zubehör eines andern Grundstücks oder eines auf einem andern Grundstück befindlichen Gebäudes (**RG** 55, 283; 87, 50). Daher würden Fernleitungen, die von einem Elektrizitätswerksgebäude ausgehen und die erzeugte elektrische Kraft über fremde Grundstücke hinweg nach Ortschaften in der Umgegend hinaussenden, nicht Zubehör des Elektrizitätswerks sein, wenn sie Bestandteile der fremden Grundstücke (von deren Grenzen ab, **RG** 65, 363; 70, 201; 87, 50) wären, insbesondere durch feste Verbindung ihrer Leitungsmasten oder Kabel mit dem Grund und Boden gemäß § 94 Abs 1 (**RG** 87, 50; Warn 1918 Nr 155; jedoch werden in der Regel mit den Eigentümern der fremden Grundstücke Mietverträge geschlossen sein, so daß § 95 Anwendung findet, s. § 95 A 1).

3. Zubehör sind Sachen nur, wenn sie **nicht Bestandteile der Hauptsache** sind. Darüber, wann dies der Fall ist, s. § 93 A 2 u. § 94 A 7. — Streitig ist, ob solche Sachen, die zwar gegenwärtig selbständige Sachen, aber dazu bestimmt sind, Bestandteile der Hauptsache zu werden, Zubehör sein können, solange sie selbständig sind. Dies muß bejaht werden. Es ist insbesondere zu berücksichtigen, daß die Zubehöreigenschaft nicht erst mit der wirklichen Benutzung, sondern schon mit der Bestimmung für die Zwecke der Hauptsache entsteht (s. A 7), und daß deshalb auch solche Sachen als Zubehör angesehen werden können, die gerade durch die Benutzung, zu der sie bestimmt sind, ihre Zubehöreigenschaft verlieren (z. B. Kohlen durch den Verbrauch, Versandgefäße bei einer Fabrik durch Versendung an die Kunden; **RG** 84, 285; Gruch 53, 899, s. A 6). Auch die Erwähnung des Düngers und Saatgetreides, deren bestimmungsgemäßer Gebrauch gerade in dem Verbrauche besteht, in § 98 spricht dafür. Daß dies Ausnahmen sein sollen, ist in keiner Weise kenntlich gemacht, vielmehr entspricht ihre Aufführung den hergebrachten Rechtsanschauungen schon des gemeinen Rechtes (**RG** 66, 358). Auch ließe sich sonst die Annahme der Zubehöreigenschaft von künstlichem Dünger, die auch die herrschende Meinung anerkennt, nicht rechtfertigen. Es ist also lediglich festzustellen, ob die Sachen dadurch, daß sie in die Hauptsache eingefügt werden, deren wirtschaftlichem Zweck dienen. Daher sind z. B. Vorräte (Materialreserven) einer Fabrik, die zur Ausbesserung (z. B. der Herde, Öfen, Wannen einer Glashütte) oder zum Ersatz alter abgenützter Betriebsteile dienen, sowie Kohlenvorräte, die auf einem Ziegeleigrundstücke lagern und für den Betrieb der Ziegelei bestimmt sind, Zubehör (**RG** 66, 356; 77, 39; 86, 330; Gruch 53, 901; A 6), auch auf einem Ziegeleigrundstück lagernde Masten, die zerschnitten und als Schwellen für ein Feldbahngleis des Ziegeleibetriebs verwendet werden sollen (OLG 45, 110). Ebenso wird man zum Fabrikbetriebe bestimmte Gerätschaften (Maschinen), die auf dem Fabrikgrundstücke behufs künftiger Verwendung lagern, als Zubehör ansehen müssen, ohne Rücksicht darauf, ob sie durch die Ingebrauchnahme Bestandteile werden oder selbständige Sachen bleiben (vgl. **RG** 51, 272). Andere Beispiele sind die mit Fahrrädern und Kraftfahrzeugen mitgeführten Ersatzstücke (Preßluftreifen). Auch die zur Errichtung eines Gebäudes bestimmten, auf einem Baugrundstücke lagernden Baumittelstücke (z. B. Mauersteine, Balken, Türen, Fenster, s. **RG** JW 1910, 4[1]) sind danach als Zubehör des Grundstücks zu betrachten (str.; **RG** 84, 284; 86, 330; OLG 8, 418; 13, 313; 14, 10; a. M. OLG 4, 21; 14, 12; 14, 13; 15, 325; 22, 120). Allerdings kann von Zubehör zu einer Hauptsache nicht gesprochen werden, wenn die Hauptsache noch gar nicht besteht, vielmehr erst durch die zu ihrer Herstellung bestimmten Gegenstände gebildet werden soll (vgl. **RG** 89, 64). Daher sind z. B. beieinander liegende Gegenstände, aus denen eine bewegliche Sache angefertigt werden soll, auch wenn diese schon teilweise fertig ist, nicht Zubehör. Im Verhältnisse zu den Baumittelstücken für einen Neubau aber ist als Hauptsache das Baugrundstück anzusehen, nicht das erst zu errichtende Gebäude. Das Baugrundstück hat den wirtschaftlichen Zweck, durch Bebauung nutzbar gemacht zu werden, und diesem Zwecke dienen die Baumittelstücke dadurch, daß sie zu einem Gebäude verbunden werden (**RG** 84, 285; 86, 330; ähnlich OLG 8, 418). Anders verhält es sich mit den auf einem Fabrikgrundstücke lagernden Rohstoffvorräten; vgl. hierüber A 6. Auch sind auf einem Grundstück unbenutzt lagernde Maschinen, die bei einem zu einem gewerblichen Betrieb dauernd eingerichteten Gebäude zum Betriebe bestimmt sind, wenn das Gebäude noch nicht fertiggestellt ist und sie daher nicht Zubehör des bisher Erbauten sind (s. § 98 A 4), nicht unmittelbar Zubehör des Grundstücks, da ihre Zweckbestimmung nur ist, dem wirtschaftlichen Zwecke des hergestellten und zum Betriebe eingerichteten Gebäudes zu dienen, nicht dagegen schon vor dieser Gebäudefertigstellung dem Grundstücke zu seiner Nutzbarmachung durch Bebauung Hilfssachen zu sein (**RG** 89, 65). — Aus der Fassung des Gesetzes („ohne Bestandteile der Hauptsache zu sein") ergibt sich nicht, daß die in den

§§ 97, 98 genannten Sachen in der Regel selbständige Sachen und nur ausnahmsweise Bestandteile sind (RG 63, 418; 69, 151; s. jedoch bezüglich der Maschinen § 93 A 2).

4. Die Sachen müssen bestimmt sein, **dem wirtschaftlichen Zwecke** der Hauptsache zu dienen. Ein solcher Zweck der Hauptsache ist nur dann gegeben, wenn diese selbst durch ihre körperliche Beschaffenheit oder andere nach der Verkehrsauffassung erhebliche Umstände darauf eingerichtet ist, in bestimmter Art wirtschaftlich genutzt zu werden. Dabei ist aber unter „wirtschaftlichem" Benutzen nicht bloß ein solches zu verstehen, das auf vermögensrechtlichem Gebiete liegt, sondern ein jedes der Zweckbestimmung entsprechendes Benutzen, das durch das Zubehör gefördert wird (RG 47, 199; OLG 6, 270). Daher wird z. B. auch eine Orgel als Zubehör einer Kirche zu erachten sein (vgl. RG JW 1910, 466[1]); ferner Gobelins als Zubehör eines Schlosses, sofern sie nicht nach der Art ihrer Anbringung ihre Eigenschaft als selbständige bewegliche Sachen verloren haben und daher als (unwesentliche) Bestandteile des Schloßgebäudes anzusehen sind (vgl. Warn 1919 Nr 45, auch § 93 A 1). Bei einem Elektrizitätswerksgebäude sind die davon ausgehenden Fernleitungen dem wirtschaftlichen Zweck jenes zu dienen bestimmt, da das Elektrizitätswerk ohne das Leitungsnetz nicht die von ihm erzeugte elektrische Kraft an die Ortschaften in der Umgegend hinaussenden könnte (RG 87, 49). — Die Einrichtung muß ferner für die Dauer berechnet sein (vgl. im § 98: „für einen gewerblichen Betrieb dauernd eingerichtet"), darf also nicht für einen von vornherein feststehenden Zeitraum und nicht bloß für die persönlichen Bedürfnisse des derzeitigen Eigentümers getroffen sein (RG JW 09, 70[2]; Warn 09 Nr 491; 1913 Nr 127; 1917 Nr 171; Gruch 53, 900; OLG 22, 125; auch § 98 A 4). Die Verkehrsauffassung (z. B. hinsichtlich des Verhältnisses einer Ladeneinrichtung zu einem Gebäude) ist dabei entscheidend (RG JW 09, 485[5]). Es ist aber nicht notwendig, daß die Hauptsache ausschließlich für einen bestimmten wirtschaftlichen Zweck verwendbar ist, wenn nur die gegenwärtige Einrichtung auf die Dauer berechnet ist (RG 48, 209; Gruch 67, 168; OLG 5, 78; 6, 212; 22, 122; 24, 247; auch RG JW 09, 70[2]). So sind z. B. die für einen Theaterbetrieb bestimmten, im Theatergebäude aufbewahrten Kostüme und sonstigen Theaterrequisiten Zubehör des Theatergrundstücks, wenn der Grundstückseigentümer zugleich der Theaterunternehmer ist (OLG 30, 328). Dagegen sind Reitpferde, deren Vermietung auf einem Grundstück gewerbsmäßig betrieben wird, nicht als Zubehör des Grundstücks zu erachten, wenn keine Reitställe eingerichtet sind (OLG 34, 5).

5. Was als **Hauptsache** anzusehen ist, sagt das Gesetz nicht. Es kommt ebenso wie im § 947 Abs 2, wo derselbe Ausdruck in etwas abweichendem Sinne (nämlich in der Bedeutung als Hauptbestandteil) wiederkehrt, auf die allgemeine natürliche Anschauung an (vgl. auch §§ 470, 651 Abs 2). — Aus § 98 ergibt sich, daß Grundstücke und Gebäude (diese, wenn die Zubehörstücke lediglich in wirtschaftlicher Beziehung zum Gebäude stehen) stets als Hauptsache anzusehen sind (RG 87, 49; § 98 A 2). Daraus folgt, daß auch ein Teil einer Sache (eines Grundstücks, eines Gebäudes) als Hauptsache gelten kann; mittelbar ist dann aber auch die ganze Sache Hauptsache und das Zubehör des Bestandteils auch Zubehör des Ganzen (RG 48, 207; 89, 63; Gruch 54 134; Warn 09 Nr 491; 1910 Nr 132; OLG 6 S. 212, 270; 22, 122; 24, 247; § 98 A 2). — Sind mehrere grundbuchmäßig selbständige Grundstücke einheitlich zu einem Betriebe eingerichtet, so kommt es für die Frage, ob das eine oder das andere Grundstück gegenüber den beweglichen Einrichtungsgegenständen als die Hauptsache anzusehen ist, darauf an, welches Grundstück den Mittelpunkt der einheitlichen Bewirtschaftung bildet (z. B. ist nicht der Gastwirtschaftsgarten, sondern das mit den Gastwirtschaftsgebäuden versehene Grundstück die Hauptsache, RG Warn 1910 Nr 314). — Auch bewegliche Sachen (Kraftfahrzeuge, Eisenbahnwagen, Schiffe) können Hauptsache sein; nicht aber unkörperliche Gegenstände, mit Ausnahme der grundstücksgleichen Rechte (§ 90 A 1). Die Schuldurkunde ist also im Sinne des BGB nicht Zubehör der Forderung, obwohl sie ihr rechtliches Schicksal nach § 952 teilt. Auch eine nur wirtschaftliche Einheit ist nicht die vom Gesetz gemeinte Hauptsache (RG 41, 320; JW 07, 129[8]; § 98 A 4). — Eine Sache kann Zubehör mehrerer Hauptsachen sein, auch wenn diese verschiedenen Eigentümern gehören (vgl. RG 41, 320; OLG 35, 291; a. M. OLG 10, 61). Die für Zubehör geltenden Rechtssätze lassen sich darauf regelmäßig in entsprechender Weise anwenden. So geht z. B. bei der Veräußerung des einen von zwei Grundstücken, die bisher demselben Eigentümer gehört haben, das Miteigentum am Zubehör nach § 926 auf den Erwerber über (a. M. anscheinend OLG 35, 291 für den Fall, daß eines von zwei mehreren Miterben gehörenden Nachlaßgrundstücken, zu denen gemeinschaftliches Zubehör gehört, an einen der Miterben übertragen wird). Der Anteil, der jedem der Grundstückseigentümer an dem Zubehör gebührt, ist dann nach den besondern Verhältnissen der Grundstücke, insbesondere ihrer Größe, zu ermitteln. Ähnliche Grundsätze werden Platz greifen, wenn von einem Grundstück ein Teil abveräußert wird. Doch wird hier die Vermutung des § 314 oft nicht entsprechend anwendbar sein, z. B. wenn der veräußerte Teil einem beson-

dern wirtschaftlichen Zweck dient oder im Verhältnis zum Rest geringfügig ist. — Vgl. für Seeschiffe § 478 HGB, für Bergwerke RG JW 07, 129[8].

6. Die Sachen müssen bestimmt sein, dem wirtschaftlichen Zweck der Hauptsache zu **dienen,** ihre wirtschaftliche Ausnutzung zu ermöglichen oder erleichtern, und zwar in einer Weise, daß sie als der Hauptsache untergeordnet erscheinen, zu dieser im Abhängigkeitsverhältnis stehen (RG 86, 328). Daher sind die auf einem Fabrikgrundstücke lagernden, zur Verarbeitung in der Fabrik bestimmten Rohstoffvorräte nicht Zubehör der Fabriksache, da aus ihnen zwar dadurch, daß sie im Betriebe der Fabrik umgearbeitet oder verarbeitet werden, Fabritwaren hergestellt werden sollen, aber sie und die Fabriksache hinsichtlich der Selbständigkeit sich als gleichwertig und gleichwichtig zu achtende, voneinander unabhängige Sachen gegenüberstehen (RG 86, 326, auch 55, 288; Warn 1919 Nr. 168; anders verhält es sich bezüglich der Kohlenvorräte, s. unten, und bezüglich der Materialreserve und der Baumittelstücke, s. A 3). Was ferner nur Ergebnis der wirtschaftlichen Ausnutzung ist und für die künftige Benutzung nicht verwendet werden soll, dient nicht mehr der Hauptsache. Daher sind die in einem Wirtschaftsbetriebe erzeugten, zum Verkauf bestimmten Waren (z. B. Ziegel in einer Ziegelei, Kunststeine, Baumschulbestände, unvermietete Gasuhren einer Gasfabrik) nicht Zubehör (RG 66, 90; SeuffA 62 Nr 130; 67 Nr 257; OLG 14 S. 9, 106; 20, 38; 22, 124). Weiter sind Waren, deren Veräußerung und Verbrauch den Gegenstand eines Geschäftsbetriebes bildet, nicht Zubehör eines Grundstücks, das dem Geschäftsbetriebe dient, so z. B. Weinvorräte, Vorräte zur Beköstigung der Gäste nicht Zubehör eines Gastwirtschaftsgrundstücks (OLG 31, 311; auch 30, 329). — Nicht notwendig aber ist es, daß die Zubehörstücke dem wirtschaftlichen Zweck der Hauptsache unmittelbar dienen; es genügt, daß sie dem Wirtschaftsbetriebe irgendwelche Vorteile zu bringen bestimmt sind. Daher sind Gondeln auf einem in der Nähe eines Gastwirtschaftsgrundstücks befindlichen Teich, die dem Vergnügen der Gäste dienen und dadurch die Anziehungskraft der Gastwirtschaft erhöhen sollen, deren Zubehör (RG 47, 197). Ebenso ist der Hotelomnibus Zubehör des Gasthofs, auch wenn zuweilen andere Personen als Hotelgäste damit befördert werden (RG 47, 200). Ferner dienen dem wirtschaftlichen Zweck der Hauptsache die zum Vertriebe der fertiggestellten Waren bestimmten Gegenstände, z. B. Pferde und Wagen, Versandgefäße (RG 47, 262; JW 95, 607[51]; 96, 361[35]; 07, 703[3]; Gruch 53, 899). — Auch solche Sachen können den Zwecken der Hauptsache dienen, deren bestimmungsmäßiger Gebrauch in dem Verbrauch oder der Veräußerung besteht (RG 66, 358). Ein Grund dafür, verbrauchbare Sachen niemals als Zubehör anzusehen, ergibt sich aus dem Gesetze nicht. Vielmehr erwähnt dieses in § 98 selbst Dünger und landwirtschaftliche Erzeugnisse. Daher sind die auf einem Fabrikgrundstück befindlichen, für den Fabrikbetrieb bestimmten Kohlenvorräte Zubehör, denn sie haben die Bestimmung, durch ihre Verwendung zur Feuerung der Maschinen als Hilfsmittel des Betriebes den wirtschaftlichen Zweck der Fabriksache zu fördern (RG 77, 36; 86, 330; OLG 14, 9; 24, 250; a. M. OLG 13, 312). Ferner sind Mastschweine als Zubehör eines Grundstücks anzusehen, wenn auf diesem eine Molkerei betrieben und die Abfälle aus der Molkerei zur Schweinemästerei verwendet werden (RG 77, 241). Ebenso sind Versandgefäße, Biertonnen, Flaschen, in denen den Kunden die Waren geliefert werden, Zubehör, auch wenn sie von den Kunden nicht zurückgefordert zu werden pflegen (RG Gruch 53, 899; SeuffA 63 Nr 133; 67 Nr 257). Desgleichen müssen die zur Anfertigung der Waren bestimmten Stoffe (anders die fertigen Waren; s. oben) als Zubehör eines Fabrikbetriebs gelten (a. M. OLG 22 S. 123, 124). Endlich können deshalb auch solche Sachen, die durch den bestimmungsgemäßen Gebrauch ihr selbständiges Dasein verlieren, indem sie Bestandteile der Hauptsache werden, Zubehör sein (s. A 2). — Andere Beispiele für Zubehör sind: das Inventar von Gasthöfen und Wirtschaften (RG Gruch 52, 116; JW 04, 403[3]; Warn 1910 Nr 312; OLG 2, 499; 5, 78; 24, 249; vgl. aber OLG 28, 20: ein für Fremdenverkehr nicht genügendes Inventar einer Sommervilla ist nicht Zubehör der Villa); die Kontoreinrichtung einer Fabrik, wenn sich das Kontor auf dem Fabrikgrundstücke befindet (OLG 13, 314; 24, 249; dagegen sind Kontormöbel in einer nur in einzelnen Teilen für Kontorzwecke eingerichteten Villa nicht Zubehör des Villengrundstücks, OLG 29, 244); Bodenbelag aus Linoleum in einem Fremdenheim (SeuffA 74 Nr 157); die Apothekeneinrichtung auf einem Grundstücke, das für den Apothekenbetrieb dauernd eingerichtet ist (RG Warn 09 Nr 491); Topfpflanzen einer Gärtnerei, die zur Ausschmückung von Sälen, Kirchen usw. für Festlichkeiten ausgeliehen werden (OLG 3, 234); die vom Grundstückseigentümer in einem Miethause angebrachten Beleuchtungskörper (OLG 14, 8); Pferde und Wagen, Zubehör einer Brauerei, Meierei, Holzsägerei, eines Speditions- und Fuhrgeschäfts (RG 47, 262; 69, 85; JW 07, 703[3]; Warn 1917 Nr 171; SeuffA 63 Nr 133; OLG 6, 213; 15, 310; dagegen sind Wagen, die nur gelegentlich zum Besuche von Kunden, zur Einziehung von Außenständen u. dgl. verwendet werden, kein Zubehör des Fabrikgrundstücks, OLG 29, 244). Weitere Beispiele s. § 98 A 6. Nicht als Zubehör ist die von einem Gastwirt vor dem Gasthofe errichtete öffentliche städtische Wage angesehen worden, weil die bestimmte Beziehung zu dem Wirtschaftsbetriebe im Gasthofe fehlte (RG SeuffA 62 Nr 433).

7. Die Sachen müssen **bestimmt** sein, dem wirtschaftlichen Zweck der Hauptsache zu dienen. Daraus ergibt sich erstens, daß sie schon mit der bloßen Bestimmung Zubehör werden, auch wenn sie in diesem Zeitpunkte für den wirtschaftlichen Zweck noch nicht benutzt werden, sofern nur der räumliche Zusammenhang und die Möglichkeit ihrer Benutzung besteht (A 8, 9). Daher sind die auf das Fabrikgrundstück geschafften Maschinen schon vor ihrer Ingebrauchnahme Zubehör (RG 51, 272). Zweitens folgt aus jenem, daß es nur auf den Willen des Bestimmenden, nicht darauf ankommt, ob die Zubehörstücke für die Zwecke der Hauptsache geeignet oder gar notwendig sind (RG JW 09, 70[3]; OLG 22, 125; 40, 413; auch RG Warn 1913 Nr 127; SeuffA 67, 479). Deshalb hat das BGB aber noch nicht, wie teilweise das frühere Recht, sog. gewillkürtes Zubehör zugelassen, bei dem es nur auf den Willen des Eigentümers ankommt; vielmehr müssen stets sämtliche Voraussetzungen der Zubehöreigenschaft erfüllt sein (RG 55, 292). — Die Bestimmung ist kein Rechtsgeschäft, aber es gehört eine Willensäußerung dazu, die als Rechtshandlung zu betrachten ist. Es wird mindestens Willensfähigkeit, wenn auch nicht unbeschränkte Geschäftsfähigkeit zu verlangen sein. Wer die Bestimmung zu treffen hat, sagt das Gesetz nicht. Daraus ist zu folgern, daß es jeder sein kann, der die Hauptsache rein tatsächlich benutzt; auch ein Mieter und Pächter (falls diese nicht die Bestimmung bloß für vorübergehende Zeit treffen), ebenso jeder Eigenbesitzer.

8. Die Sachen müssen in einem **ihrer Bestimmung entsprechenden** räumlichen Verhältnisse zur Hauptsache stehen. Daraus folgt, daß ihre bestimmungsgemäße Benutzung an dem Platze, an dem sie sich befinden, möglich sein muß (RG 51, 272; Warn 09 Nr 176; OLG 5, 78; 15, 326). Deshalb sind z. B. die auf den Fabrikhof gebrachten, zum Fabrikbetriebe bestimmten Gerätschaften (§ 98 Nr 1), die jederzeit in der Fabrik verwendet werden können, Zubehör (RG 51, 272; OLG 28, 19; s. § 98 A 6); nicht aber eine Lokomobile, deren Transport zu dem Bergwerke, für das sie bestimmt war, unterwegs wegen ihrer Schwere unterbrochen werden mußte, auch wenn sie sich schon auf dem Grundstücke befand, auf das sie geschafft werden sollte (RG Warn 09 Nr 176).

9. **Ein räumliches Verhältnis zur Hauptsache,** das der Bestimmung der Sachen entspricht, liegt vor, wenn sich die Sachen in oder auf der Hauptsache oder sonst in ihrer unmittelbaren Nähe befinden. Geringe Entfernung steht dem gleich. So können z. B.: Gondeln auf einem in der Nähe eines Gastwirtschaftsgrundstücks befindlichen Teiche Zubehör der Gastwirtschaft sein (RG 47, 197); ebenso die Einrichtungsgegenstände in einem Gastwirtschaftsgarten, auch wenn dieser grundbuchmäßig ein selbständiges Grundstück bildet (RG Warn 1910 Nr 312). Ferner können Zubehör sein: Gebäude auf einem Nachbargrundstücke, die nach § 95 nicht dessen Bestandteile geworden sind (RG 55, 282); der Benutzung für ein Reitinstitut (Tattersall) dienende Stalleinrichtungen, auch wenn sie sich auf einem benachbarten, fremden Grundstück befinden (RG Gruch 67, 166); von einem Elektrizitätswerksgebäude ausgehende Fernleitungen Zubehör des Elektrizitätswerks, auch wenn sie über fremde Grundstücke nach Ortschaften in der Umgegend gehen, da sie dazu dienen, die erzeugte elektrische Kraft nach den Ortschaften hinauszusenden (RG 87, 48; Warn 1918 Nr 155; Zubehör wären sie allerdings nicht, wenn sie Bestandteile der fremden Grundstücke wären, da sie dann nicht bewegliche Sachen sein würden, sofern nicht § 95 Platz greift, s. A 2). Dagegen darf nicht eine (nach den jedesmaligen Verhältnissen zu beurteilende) größere Entfernung vorliegen. So ist die Einrichtung eines Kontors, das sich in einer andern Straße wie das Fabrikgrundstück befindet, ebensowenig Zubehör wie die Einrichtung einer Zweigniederlassung im Verhältnisse zur Hauptniederlassung. — Es schadet aber nichts, daß die Sachen zeitweilig von der Hauptsache getrennt werden müssen (vgl. A 12), auch wenn sie gerade dadurch ihre Zweckbestimmung erfüllen. Daher können die zur Fortschaffung der auf dem Grundstücke erzeugten Waren dienenden Pferde und Wagen Zubehör sein (s. A 6). Ferner ist, wenn ein Grundstück zum Betriebe eines Fuhrwerksunternehmens (z. B. durch Einrichtung von Stallungen für die Pferde, Schlafräumen für die Kutscher, Gelassen für die Geschirre und sonstigen Gerätschaften) dauernd eingerichtet ist, es der Zubehöreigenschaft der Pferde und Wagen nicht entgegenstehend, daß sich ihre Benutzung regelmäßig außerhalb des Grundstücks vollzogen hat (RG Warn 1917 Nr 171).

10. **Eine Sache ist nicht Zubehör, wenn sie im Verkehre nicht als Zubehör angesehen wird.** Die Verkehrsauffassung, d. i. die Anschauung, die sich allgemein oder doch in dem betreffenden Verkehrsgebiete gebildet hat und in den Lebens- und Geschäftsgewohnheiten in die Erscheinung tritt (RG 77, 244), entscheidet also stets, auch wenn alle sonstigen Voraussetzungen der Zubehöreigenschaft gegeben sind (RG Warn 09 Nr 175). So sind die Öfen in gewissen Gegenden, weil sie in der Regel von den Mietern mitgebracht werden, nicht Zubehör (Prot 3, 19). Ferner ist das auf Holzfußboden liegende Linoleum nach Hamburger Verkehrsanschauung nicht Zubehör (OLG 45, 110). Ein Musikautomat in einer Gastwirt-

schaft ist infolge einer entgegenstehenden Verkehrsauffassung nicht als Zubehör aufgefaßt worden (OLG 4, 204; s. jedoch 5, 78; 24, 249); ferner für Hamburg (nicht auch für Bremen, OLG 31, 192) die Einrichtung einer Gastwirtschaft nicht als Zubehör des Hauses, auch wenn dieses für den Wirtschaftsbetrieb dauernd eingerichtet ist (OLG 38, 30); weiter nicht die Ladeneinrichtung eines Metzgereigeschäfts (RG JW 09, 485[5]). Dagegen ist das Bestehen einer Verkehrsauffassung an einem Ort, wonach die Einrichtung einer Gastwirtschaft nicht als Zubehör zu gelten habe, verneint worden in RG Gruch 52, 116. Vgl. auch RG 77, 39 (Kohlenvorräte), OLG 2, 342 (Schweine), OLG 8, 417 (Feldbahn). — Liegen die sonstigen Voraussetzungen der Zubehöreigenschaft vor, so hat der, welcher behauptet, daß der Verkehr die Sache nicht als Zubehör auffasse, die Beweislast hierfür, und es muß das Bestehen einer die Annahme der Zubehöreigenschaft ausschließenden Verkehrsauffassung festgestellt werden (RG 77, 244; JW 09, 70[2]; Warn 1914, Nr 324; OLG 31, 132). Auch der Nachweis, daß in früheren Jahren eine Verkehrssitte bestanden habe, genügt nicht; es muß das gegenwärtige Bestehen der Verkehrssitte dargetan werden. Eine Vermutung für die Dauer einer Verkehrssitte besteht nicht, da sich die Verkehrssitte den jeweiligen zeitlichen Verhältnissen anpaßt (RG Warn 1914 Nr 324). Es kann aber das gegenwärtige Bestehen einer Verkehrssitte aus früheren Entscheidungen der Gerichte entnommen werden (RG Warn 1914 Nr 324).

11. Eine bloß **vorübergehende Benutzung** liegt vor, wenn die spätere Aufhebung der Zubehöreigenschaft von vornherein beabsichtigt oder nach der Natur des Zweckes der Benutzung als gewiß angenommen wird (RG 47, 202; Warn 1913 Nr 39; 1924 Nr 119; OLG 7, 350; 13 S. 212, 312; 14, 8; 15, 310; 22, 122), mag auch das Ende der Benutzung erst nach Jahren eintreten (RG Warn 1924 Nr 119). Dagegen nicht, wenn es sich um eine bei normalem Verlauf der Dinge als dauernd gedachte, nicht von vornherein zur Wiederaufhebung bestimmte Benutzung handelt (RG 62, 411; Warn 1924 Nr 119); auch nicht, wenn für das Fortwirken des Benutzungszwecks, sofern nicht durch das Dazwischentreten unberechenbare zufällige Ereignisse Änderungen herbeigeführt werden, ein Endpunkt begrifflich nicht feststeht (RG 61, 191; 66, 89; Warn 1924 Nr 119); ferner nicht, wenn der Eigentümer eines Grundstücks lediglich für den Fall, daß die wirtschaftlichen Verhältnisse es gestatten sollten, in Aussicht nimmt, einen gegenwärtigen Fabrikbetrieb durch einen andern zu ersetzen, sofern die Erfüllung dieses Wunsches zweifelhaft ist (OLG 5, 77). Die Benutzung für die ganze Dauer des Bestehens einer Sache ist niemals eine vorübergehende, auch wenn der Gebrauch nur kurze Zeit dauert (z. B. bei Bau- und Brennmittelstücken; RG 77, 38); ebenso nicht, wenn der Gebrauch in der Veräußerung besteht (RG 77, 38; Gruch 53, 900). — Auch ein Miet- oder Pachtverhältnis braucht nicht als vorübergehend betrachtet zu werden, wenn seine Verlängerung nach Ablauf der Miet- oder Pachtzeit zu erwarten steht (RG 47, 202; Warn 1913 Nr 39; OLG 15, 310). Dagegen sind Baumschulbestände nur vorübergehend in einer Gärtnerei aufbewahrt (RG 66, 90). — Ob die Benutzung vorübergehend oder dauernd ist, ist keine rein tatsächliche Frage, daher vom Revisionsgericht rechtlich nachzuprüfen (RG 55, 284; Warn 1924 Nr 119).

12. **Vorübergehende Trennung** ist z. B. die Entfernung zum Zwecke der Ausbesserung, auch wenn diese mehrere Monate dauert (OLG 6, 213). Vgl. auch A 9.

13. Die Zubehöreigenschaft wird **aufgehoben,** wenn eine ihrer Voraussetzungen fortfällt, die Zubehörstücke also z. B. nicht mehr selbständige bewegliche Sachen sind oder der Eigentümer es dauernd aufgibt, sie für die Zwecke der Hauptsache zu benutzen (z. B. Wirtschaftsinventar, das der Eigentümer jetzt für sich persönlich benutzt, RG Warn 09 Nr 175), oder wenn die Hauptsache dem ihr gegebenen wirtschaftlichen Zwecke entfremdet wird (RG Gruch 53, 900); oder im Falle dauernder Trennung. Ist dagegen *der Grund, der zur Aufhebung führen kann, nur vorübergehend,* so bleiben die Sachen nicht (wie es nach den Gesetzesworten scheinen könnte) bloß dann, wenn es sich um eine Trennung handelt, sondern auch in jedem andern Falle Zubehör. So wird dadurch, daß der Betrieb einer Fabrik zeitweilig eingestellt oder daß ein Werk zur Zeit betriebsunfähig (z. B. eine Zeche „ersoffen") ist, die Zubehöreigenschaft nicht aufgehoben, wenn die Möglichkeit der Wiederaufnahme des Betriebs besteht (RG 77, 40; JW 03 Beil 45; 07, 129[8]; Gruch 53, 901). Ferner wird dadurch, daß der Eigentümer Zubehörstücke öffentlich zum Kauf anbietet, die Zubehöreigenschaft noch nicht aufgehoben (so daß z. B., wenn es sich um Zubehör eines Landguts [§ 98 Nr 2] handelt, solches noch [s. A 1] gepfändet werden kann), wenn die Sachen noch in dem bisherigen räumlichen Verhältnis geblieben sind (OLG 35, 185). — Für die *Befreiung von der Hypothekenhaftung* im Falle der Aufhebung der Zubehöreigenschaft sind in § 1122 Abs 2 bestimmte Voraussetzungen aufgestellt. Auch hierbei kommt es nicht darauf an, auf welche Weise die Aufhebung geschieht. So besteht z. B. die Haftung trotz völliger Aufgabe der bisherigen Bewirtschaftung der Hauptsache fort, da diese Aufgabe nicht in den Grenzen ordnungsmäßiger Wirtschaft liegt (RG 69, 88).

§ 98

Dem wirtschaftlichen Zwecke der Hauptsache sind zu dienen bestimmt[1]):

1. bei einem Gebäude[2]), das für einen gewerblichen Betrieb[3]) dauernd eingerichtet ist[4]), insbesondere bei einer Mühle, einer Schmiede, einem Brauhaus, einer Fabrik[5]), die zu dem Betriebe[6]) bestimmten[7]) Maschinen[8]) und sonstigen Gerätschaften[9]);

2. bei einem Landgute[10]) das zum Wirtschaftsbetriebe[11]) bestimmte Gerät[12]) und Vieh[13]), die landwirtschaftlichen Erzeugnisse, soweit sie zur Fortführung der Wirtschaft bis zu der Zeit erforderlich sind[14]), zu welcher gleiche oder ähnliche Erzeugnisse voraussichtlich gewonnen werden, sowie der vorhandene auf dem Gute gewonnene Dünger[15]).

E I 791 II 771; M 3 66; P 3 17.

1. Indem das Gesetz von den in § 98 aufgeführten Sachen (die gewöhnlich als Inventar bezeichnet werden, vgl. §§ 586ff.) sagt, daß sie **dem wirtschaftlichen Zwecke der Hauptsache zu dienen bestimmt** seien, stellt es nur diese eine Voraussetzung der Zubehöreigenschaft zwingend fest. Zubehör sind die Sachen nur, wenn auch die anderen Voraussetzungen des § 97 vorliegen (RG 63, 418; JW 09, 70[2]). Sie dürfen also nicht Bestandteile der Hauptsache sein (RG 50, 241; 63, 418; 67, 34), müssen in dem ihrer Bestimmung entsprechenden räumlichen Verhältnisse zur Hauptsache stehen (RG 51, 273; OLG 24, 250) und im Verkehr als Zubehör gelten (OLG 24, 250) — Anderseits soll § 98 nicht nur den § 97 erläutern, sondern auch insofern erweitern, als dann, wenn die Voraussetzungen des § 98 vorliegen, stets angenommen werden muß, daß eine Sache dem Zweck der Hauptsache dient, auch wenn dies nach § 97 nicht anzunehmen wäre (RG JW 1920, 552[3]). — Jedoch soll nur die Anwendung des Zubehörbegriffs für die im § 98 bezeichneten, praktisch besonders wichtigen Fälle gesichert werden; nicht ist beabsichtigt, für die genannten Gebäude und Landgüter eine erschöpfende Aufzählung der als Zubehörstücke in Betracht kommenden Gegenstände zu geben (RG 66, 358; 77, 38). Z. B. können auch Vorräte zur Ausbesserung oder Brennmaterialien Zubehör einer Fabrik sein (s. § 97 A 3, 6).

2. Das Gesetz geht ersichtlich davon aus, daß ein **Gebäude** im Verhältnis zu den Gegenständen, die einem darin betriebenen Gewerbe dienen, stets als Hauptsache anzusehen ist, ebenso wie es auch immer Hauptsache nach § 947 Abs 2 sein wird (RG 87, 49; vgl. auch § 93 A 5, § 94). Daß das Gebäude einen höheren Wert hat, ist nicht erforderlich; auch wenn der Wert der zum Betriebe bestimmten Gerätschaften den Wert des für den Betrieb dauernd eingerichteten Gebäudes übersteigt (wie es z. B. bei Fernleitungen im Verhältnis zum Elektrizitätswerk der Fall sein kann), hat das Gebäude als die Hauptsache zu gelten (RG 87, 49). Wenn Sachen Zubehör des Gebäudes sind, müssen sie zugleich mittelbar solche des Grundstücks sein, dessen wesentlicher Bestandteil das Gebäude ist (RG 89, 63; § 97 A 5). So sind z. B. Zubehörstücke einer auf einem Landgute betriebenen Brennerei oder Haus- und Küchengerät, das zur Ausstattung der einem Wirtschaftsbeamten als Wohnung angewiesenen Räume dient, zugleich Zubehör des Gutes (RG Warn 09 Nr 175).

3. Unter einem **gewerblichen Betriebe** ist jede auf Erwerb im weitesten Sinne gerichtete Tätigkeit zu verstehen, die eine ständige Einrichtung zur Voraussetzung hat. Dazu gehören außer den in § 98 genannten Beispielen: Wirtschaften und Gasthöfe (RG 47, 197; 48, 207; JW 04, 403[3]; Gruch 52, 116; Warn 1910 Nr 312; OLG 2, 499; 5, 78; 6, 12; 24, 249); Apotheke (RG Warn 09 Nr 491; JW 1920, 71[3]); Holzsägerei und Holzhandelgeschäft (RG 69, 85); Schlachthaus (RG Gruch 41, 1049): Metzgerei (RG JW 09, 485[5]; OLG 15, 326; 24, 247); Molkerei (RG 77, 241); Meierei (SeuffA 63 Nr 133); Ziegelei (RG JW 09, 485[4]; SeuffA 62 Nr 130; OLG 4, 204); Bäckerei (SeuffA 65 Nr 305; OLG 22, 122); Schlosserei (OLG 12, 10); Kunstgärtnerei (OLG 3, 234); Reitinstitut mit Reitbahn, Ställen und Remisen (RG Gruch 67, 167). Bei einem Fuhrgeschäft findet der gewerbliche Betrieb nicht auf dem Grundstücke statt, auf dem sich das Kontor befindet, sondern auf der Straße. Das Grundstück ist daher nicht für den Betrieb eingerichtet, Pferde und Wagen sind nicht Zubehör (OLG 13, 314). Anders bei einem Speditions- und Fuhrgeschäft, wenn sich auf dem Grundstück ein Raum zur Lagerung der zu befördernden Waren befindet (OLG 15, 310) oder Stallung für die Pferde, Gelaß für die Geschirre usw. (§ 97 A 9).

4. Für einen gewerblichen Betrieb ist ein Gebäude im Sinne des Gesetzes **dauernd eingerichtet,** wenn es gerade für die bestimmte Betriebsart, zu der es benutzt wird, eingerichtet ist. Als so eingerichtet kann ein Gebäude sich schon allein durch seine eigenartige Gliederung oder seine sonstige Bauart darstellen (RG Warn 1912 Nr 286). Notwendig aber ist dies nicht. Vielmehr ist ein Gebäude für einen gewerblichen Betrieb auch dann dauernd eingerichtet

wenn es mit Gegenständen, die dem Betriebe dieses Gewerbes dienen, derart verbunden ist, daß das Ganze erkennen läßt, es sei dazu bestimmt, dauernd zum Betriebe dieses Gewerbes (z. B. eines Druckereigewerbes) benutzt zu werden (**RG** Warn 1912 Nr 286, auch JW 09, 485[5]; Gruch 54, 132; OLG 24, 250). — Es genügt, daß auch nur ein Teil eines Gebäudes für den Gewerbebetrieb dauernd eingerichtet ist (**RG** 48, 207; JW 09, 485[5]; Warn 09 Nr 491; OLG 6, 212; SeuffA 74 Nr 120). — Dauernd ist aber eine Einrichtung dann nicht, wenn sie für einen von vornherein feststehenden Zeitraum oder lediglich für die persönlichen Bedürfnisse des gegenwärtigen Besitzers getroffen ist (**RG** JW 09, 485[5]; Warn 1912 Nr 286, auch § 97 A 4). Auch ein Verkaufsladen in einem städtischen Wohnhause, der für verschiedene Geschäftsarten benutzt werden kann, wird als dauernde Einrichtung nicht angesehen werden können, da mit einem öfteren Wechsel der Benutzungsart zu rechnen ist (**RG** JW 09, 485[5]). Einrichtungsgegenstände für den Betrieb einer Apotheke können nur dann als Zubehör des Gebäudes erachtet werden, wenn dieses sich als besonders für den Apothekenbetrieb eingerichtet darstellt (vgl. JW 1922, 834[8]). — Ist ein Gebäude, das für einen gewerblichen Betrieb eingerichtet werden soll, noch nicht fertiggestellt (z. B. erst der Rohbau für ein Dampfschneidebetriebsgebäude hergestellt), so sind Maschinen, die für das (künftig) zum Betrieb eingerichtete Gebäude als Betriebsmittel bestimmt sind, aber noch unbenutzt auf dem Grundstück lagern, nicht Zubehör des bisher Erbauten, da, wenn eine Sache dem wirtschaftlichen Zwecke einer andern Sache als der Hauptsache nur dann dienen kann, wenn die andere Sache in bestimmter Art zur Entstehung gelangt ist, sie, bevor diese in der erforderlichen besondern Art entstanden ist, nicht schon Hilfssache dieser sein kann (**RG** 89, 64).

5. Unter einer **Mühle, einer Schmiede, einem Brauhaus, einer Fabrik** versteht der gewöhnliche Sprachgebrauch nicht nur das Gebäude, das zur Aufnahme des Betriebs dient, sondern auch das aus der Baulichkeit und der Einrichtung gebildete Ganze. Auch nach dem BGB wird man trotz der Wortstellung nichts anderes darunter zu verstehen haben, da die Baulichkeit selbst noch gar nicht den Charakter einer Fabrik usw. zu haben braucht. Das Wort „Fabrik" insbesondere hat eine mehrfache Bedeutung; je nach den Umständen, unter denen es angewandt wird, kann darunter auch gemeint sein ein Fabrikationsunternehmen nebst der zum Betriebe erforderlichen Einrichtung, ähnlich wie man unter einem kaufmännischen Geschäft ein handelsgewerbliches Unternehmen nebst der Geschäftseinrichtung versteht (**RG** 83, 59). Hier jedoch bedeutet es ein zum gewerblichen Fabrikationsbetriebe dauernd eingerichtetes Gebäude.

6. Solche Sachen, die für den **Betrieb** bestimmt sind, für den das Gebäude selbst dauernd eingerichtet ist, gelten entgegen dem früheren (gemeinen) Recht niemals als für die bloß persönlichen Bedürfnisse des gegenwärtigen Besitzers bestimmt (M 3, 66; **RG** Gruch 67, 167). Auch solche Sachen, die dem Vertriebe der fertiggestellten Waren dienen sollen, sind Zubehör (**RG** 47 S. 197, 262; JW 95, 607[51]; 96, 361[35]; Gruch 53, 899; § 97 A 6). Andere Beispiele sind: die Einrichtung von Hotels und Gastwirtschaften (Tische, Stühle, Büfetts, Ladentisch, Billard, Gläser, Flaschen; **RG** 48, 207; JW 04, 403[3]; Gruch 52, 116; OLG 5, 78; 6, 212); die Kontoreinrichtung eines Fabrikgebäudes (OLG 13, 314, wo unberechtigterweise solche Sachen, die leicht durch andere ersetzt werden können, ausgenommen werden); die Einrichtung einer Apotheke (**RG** Warn 09 Nr 491); Wagen eines Speditions- und Fuhrgeschäfts (OLG 13, 310); Stalleinrichtungen für ein Reitinstitut (**RG** Gruch 67, 167). Vgl. auch über „zum Betriebe der Hauptsache bestimmte Sachen" § 97 A 3, 6. Auch solche zum Betriebe (z. B. einer Brauerei) bestimmte Gerätschaften, die noch nicht zur Verwendung gelangt sind, sind bereits Zubehör, wenn sie (§ 97) in ein entsprechendes räumliches Verhältnis zu dem für den Betrieb dauernd eingerichteten Gebäude (z. B. auf das Fabrikgrundstück) gebracht worden sind (**RG** 51, 272; OLG 28, 19; s. § 97 A 8).

7. Der Begriff der **Bestimmung** deckt sich mit dem gleichen in § 97. Vgl. dort A 7.

8. Darüber, wann **Maschinen** Bestandteile des Gebäudes und daher nicht Zubehör sind, s. § 93 A 2, § 94 A 7.

9. **Gerätschaften** im Sinne der Nr 1 sind z. B. Dampfkessel, Tanks und Bottiche in einem Brauhaus (**RG** Warn 1914 Nr 106; SeuffA 74 Nr 120); Stalleinrichtungen für ein Reitinstitut (**RG** Gruch 67, 167). Unter ihnen kann man aber trotz deren Gegenüberstellung mit Vieh in Nr 2 nicht bloß leblose Gegenstände verstehen. Denn es liegt kein Grund vor, zum Gewerbebetriebe bestimmte Tiere, wenn auf sie alle Voraussetzungen des § 97 zutreffen (s. A 1), anders zu behandeln als sonstige Zubehörstücke. Daher können auch Pferde nach § 98 Zubehör sein (vgl. **RG** 69, 85 und § 97 A 6, 9).

10. **Landgut** ist nicht jedes landwirtschaftlich benutzte Grundstück, sondern nur ein solches, das zum selbständigen Betrieb der Landwirtschaft geeignet ist (OLG 22, 125; 29, 211). Vgl. §§ 593, 1822 Nr 4, 2049, 2312 (Landgut) mit §§ 582—584, 591, 592 (landwirtschaftliches Grundstück) und die Begriffsbestimmung in § 2 des PrGes., betr. das Anerbenrecht, vom 2. 7. 98: „Landgut ist jede, ihrem Hauptzwecke nach zum Betriebe der Land- oder Forstwirtschaft bestimmte und zur selbständigen Nahrungsstelle geeignete Besitzung, welche

mit einem, wenn auch räumlich von ihr getrennten Wohnhause versehen ist." Daher sind Schweine, die ein Ackerbürger auf seinem Hausgrundstück hält, nicht Zubehör dieses Grundstücks deshalb, weil der Ackerbürger außerhalb des Gemeindeweichbildes noch einige Parzellengrundstücke besitzt, die von einem Pächter landwirtschaftlich genutzt werden (OLG 29, 211).

11. Zum **Wirtschaftsbetriebe** eines Landguts können sowohl Ackerbau und Forstwirtschaft wie Viehzucht gehören; die letztere, soweit das Vieh seine Nahrung im wesentlichen aus dem Gute erhält (**RG** Warn 09 Nr 175; OLG 40, 413). Durch den Betrieb eines Nebengewerbes, das hauptsächlich zur Verwertung der auf dem Gute gewonnenen Erzeugnisse dient oder einen geringen Umfang hat, wird der Charakter als Landgut nicht geändert (**RG** JW 09, 70[2]).

12. Zu den **Geräten** gehören z. B. Pflüge, Wagen, Geschirr, Dreschmaschinen, ferner Haus- und Küchengerät, das zur Ausstattung der Wohnung eines Wirtschaftsbeamten dient (vgl. **RG** Warn 09 Nr 175; SeuffA 64 Nr 177; OLG 22, 125), auch eine Feldbahn (OLG 8, 417; vgl. **RG** Warn 08 Nr 114).

13. Zu dem zum Wirtschaftsbetriebe bestimmten **Vieh** gehören nicht bloß die Arbeits- (Zug-, Last-) Tiere, sondern auch Tiere zur Gewinnung von Erzeugnissen, z. B. Milchkühe (OLG 37, 212) sowie die zum Zwecke der Viehzucht (A 11) gehaltenen und daraus gewonnenen Tiere (**RG** Warn 09 Nr 175; SeuffA 64 Nr 172, 177; 68 Nr 44; OLG 15, 327; 22, 125; 40, 413), auch wenn sie zum Verkaufe bestimmt sind (**RG** JW 1912, 24[3]; OLG 3, 235; 40, 413; Prot 3, 18). Man kann das verkaufsfähige Vieh nicht mit den fertigen Erzeugnissen eines Fabrikbetriebs vergleichen, da sie fortdauernd ernährt werden müssen und anderseits durch den Dünger dem Gute Vorteil bringen. Über Mastschweine als Zubehör eines Grundstücks vgl. § 97 A 6.

14. **Landwirtschaftliche Erzeugnisse, die zur Fortführung der Wirtschaft erforderlich sind,** wie Saatgetreide und Viehfutter (**RG** JW 1920, 352[3]; OLG 29 S. 244 u. 245), sind Zubehör, auch wenn sie nicht auf dem Gute gewonnen, sondern zugekauft und auf dem Gute eingelagert sind (str., **RG** JW 1920, 352[3]). Auch solche landwirtschaftlichen Erzeugnisse, die auf einem von dem Eigentümer des Gutes zugleich mitbewirtschafteten (z. B. gepachteten) anderem Gute gewachsen sind, sind Zubehör jenes Gutes, sofern sie auf das letztere geschafft und zur Fortführung dessen Wirtschaft erforderlich sind (**RG** JW 1920, 352[3]). Zubehör des anderem Gutes (des Pachtgutes) sind sie schon deshalb nicht, weil es an der nach § 97 erforderlichen räumlichen Vorbedingung fehlt (**RG** JW 1920, 352[3]). — Ist die Voraussetzung der Erforderlichkeit zur Wirtschaftsfortführung gegeben und auch das nach § 97 erforderliche räumliche Verhältnis zum Gute hergestellt, so bedarf es nicht einer besondern Feststellung, daß die landwirtschaftlichen Erzeugnisse zur Fortführung der Wirtschaft bestimmt sind; vielmehr folgt dann die Zubehöreigenschaft aus den Eingangsworten „dem wirtschaftlichen Zwecke der Hauptsache sind zu dienen bestimmt" ohne weiteres (**RG** JW 1920, 352[3]; s. A 1).

15. Nur **der auf dem Gute gewonnene Dünger,** nicht also zugekaufter, ist nach § 98 Zubehör, wohl aber auch der künstliche, wenn er auf dem Gute gewonnen wird. Auch zugekaufter Dünger wird übrigens in der Regel nach § 97 Zubehör sein.

§ 99

Früchte[1]) einer Sache[2]) sind die Erzeugnisse der Sache[3]) und die sonstige Ausbeute[4]), welche aus der Sache ihrer Bestimmung gemäß[5]) gewonnen wird[4]).

Früchte eines Rechtes[6]) sind die Erträge[7]), welche das Recht seiner Bestimmung gemäß[8]) gewährt, insbesondere bei einem Rechte auf Gewinnung von Bodenbestandteilen die gewonnenen Bestandteile[9]).

Früchte sind auch die Erträge, welche eine Sache oder ein Recht vermöge eines Rechtsverhältnisses gewährt[10]).

E I 792 II 77k; M 3 67; P 3 23.

1. Das BGB gibt im § 99 Begriffsbestimmungen und Einteilungen für **Früchte,** die für die zahlreichen Vorschriften, in denen Bestimmungen über Früchte enthalten sind, maßgebend sind. In Betracht kommen namentlich die Vorschriften über Pacht (§§ 581 ff.; s. JW 1922, 821[4]), Nießbrauch (§§ 1030 ff., 1383, 1652) und über eine Verpflichtung zur Herausgabe von Sachen auf Grund eines dinglichen oder persönlichen Rechtes (besonders §§ 256, 292, 987 ff., 2020, 2036, 2133, 2184, 2379), wobei es sich meistens um den Begriff der Nutzungen handelt, der den der Früchte einschließt (§ 100). — Den Begriff der Früchte faßt das BGB sehr weit, indem es nicht nur solche Sachen dazu rechnet, die nach natürlicher Anschauung als Früchte gelten, sondern auch

die wirtschaftlichen Erträge von Sachen und Rechten. Es nimmt ferner im § 99 nicht darauf Rücksicht, ob die Gewinnung der Früchte einer ordnungsmäßigen Wirtschaft entspricht. Nur durch einige Sondervorschriften trifft es gegen die unwirtschaftliche Ausbeutung einer Sache Vorkehrungen, indem es, z. B. im § 581 dem Pächter, im § 993 dem Besitzer, im § 1039 dem Nießbraucher (RG 80, 232), im § 2133 dem Vorerben, nur ein Recht auf die nach den Regeln ordnungsmäßiger Wirtschaft gezogenen Früchte einräumt. Hierdurch wird aber nur das Recht zur Fruchtgewinnung und zum Teil (wie in § 581 in Verbindung mit § 956; anders § 1039) der Eigentumserwerb daran betroffen. Früchte sind auch die ordnungswidrig getrennten Erzeugnisse (z. B. ein vom Pächter abgeholzter Wald). — Die Einteilung des § 99 beruht auf zwei sich durchkreuzenden Grundsätzen: einerseits wird zwischen Sach- und Rechtsfrüchten, anderseits zwischen natürlichen und sog. juristischen Früchten unterschieden. Im § 101 dagegen wird nur auf den letzteren Unterschied Rücksicht genommen. — Über den Erwerb der Früchte werden in den §§ 99ff. keine Vorschriften gegeben. Der Eigentumserwerb an Erzeugnissen und anderen Früchten, die Bestandteile einer Sache sind, ist in den §§ 953ff. behandelt (§ 953: Eigentümer; § 954: dinglich Berechtigter; § 955: Eigenbesitzer; § 956: persönlich Berechtigter auf Grund Gestattung, vgl. dazu RG 60, 319; 72, 311; JW 1912, 197[19]). Früchte eines Rechtes fallen in der Regel dem zu, der Inhaber des Rechtes ist, juristische Früchte des Abs 3 dem, der nach dem betreffenden Rechtsverhältnisse der Berechtigte ist. So stehen z. B. Miet- und Pachtzinsforderungen demjenigen zu, der den Miet- oder Pachtvertrag abgeschlossen hat, ohne Rücksicht auf sein Recht an der Sache. Nur für den Fall der Veräußerung oder Belastung eines Grundstücks ist in den §§ 571—577, 581 Abs 2 ein Eintritt des Erwerbers bzw. neuen Berechtigten in das bestehende Miet- oder Pachtverhältnis vorgesehen, und diese Vorschriften finden nach § 1056 auf die Beendigung des Nießbrauchs entsprechende Anwendung. Im übrigen sind über den Erwerb von juristischen Früchten durch einen dinglich dazu Berechtigten keine Vorschriften gegeben. Man wird annehmen müssen, daß der Inhaber eines dinglichen Rechtes, das zum Fruchtbezug berechtigt, von dem Erwerbe des Rechtes ab alles erlangt, was als gewonnener Ertrag der Sache anzusehen ist, also auch juristische Früchte (Abs 3). Als solche dinglichen oder doch dinglich wirkenden Rechte kommen namentlich in Betracht Nießbrauch, ehemännliches Nutznießungsrecht (§ 1383), Nutznießungsrecht des Inhabers der elterlichen Gewalt (§ 1652). Betreffen diese ein Recht, das natürliche Früchte gewährt, wie z. B. ein Pachtrecht, so werden die Früchte gemäß §§ 954, 956 mit der Trennung bzw. der Besitzergreifung erworben. Soweit dadurch Rechte ergriffen werden, aus denen sich Forderungen auf Leistung als Früchte ergeben, wie verzinsliche Kapitalforderung, Reallastberechtigung, Leibrentenberechtigung, ist die Entscheidung darüber, wie und in welchem Zeitpunkt die Leistungsforderungen von dem Berechtigten erworben werden, nicht aus § 101 Nr 2 Halbs 2 zu entnehmen, da § 101 nur das schuldrechtliche Verhältnis mehrerer aufeinander folgender zum Fruchtbezuge Berechtigter untereinander ordnet (str.; RG 80, 316; KGJ 52, 189). Auch § 954 in Verbindung mit §§ 1030, 1039, 1068 ergibt die Entscheidung nicht, da er sich nur auf den Erwerb von Erzeugnissen einer Sache bezieht (KGJ 52, 189; a. M. OLG 6, 268; 7, 40). Vielmehr hat die Begründung des Nießbrauchsrechts, die Entstehung des Nutznießungsrechts nach dem Inhalt dieser Rechte die rechtliche Folge, daß für den Berechtigten sofort, ohne Abtretung oder sonstigen Übertragungsakt, ein Erwerb bezüglich der Leistungsforderungen stattfindet (vgl. § 1026 E I, der in der 2. Kommission als selbstverständlich gestrichen worden ist, Prot 3, 416). Der Erwerb betrifft aber weder die einzelnen Leistungsforderungen noch das Bezugsrecht, als Ganzes gedacht, in der Weise, daß ein Übergang zwar auf den Berechtigten sofort stattfände bzw. der Berechtigte Gläubiger des Bezugsrechts würde; sondern der Erwerb vollzieht sich nach der Richtung, daß der Berechtigte (Nießbraucher, Ehemann, Inhaber der elterlichen Gewalt) ein das Bezugsrecht (Zinsrecht, Reallastberechtigung, Leibrentenberechtigung) belastendes Anrecht auf die einzelnen Leistungsforderungen erlangt. Das Bezugsrecht verbleibt an sich dem bisherigen Berechtigten (im Falle des Zinsrechts dem Gläubiger der verzinslichen Forderung) und das belastende Anrecht gewährleistet dem Berechtigten nur, daß er die einzelnen Leistungsforderungen (Ansprüche auf Zins-, Reallast-, Rentenleistung) unter einer weiteren Voraussetzung erwirbt. Diese weitere Voraussetzung ist Eintritt der Fälligkeit der einzelnen Leistungsforderungen; denn erst damit stellen sich diese als gewonnene Erträge des dem Nießbrauch bzw. dem Nutznießungsrecht unterliegenden Rechtes, als dessen Früchte (§ 99 Abs 2, 3), dar (str.; vgl. Mot 3, 542, wo bemerkt wird, es „werde ein kontinuierlicher mit Ablauf der Zeit zunehmender Übergang stattfinden", auch OLG 6, 268; 7, 40, jedoch unter irriger Anwendung des § 954). In KGJ 40, 140 war die Eintragung einer Hypothek für die verzinsliche Darlehnsforderung einer Ehefrau gegen ihren Ehemann ohne Abschluß eines Ehevertrags deswegen für unzulässig erklärt, weil dem Ehemann das Zinsrecht als solches, nicht nur der Anspruch auf die einzelnen fällig gewordenen Zinsbeträge zustehe. In KGJ 52, 180 ist diese Entscheidung aufgegeben und die Eintragung der verzinslichen Hypothek auf das Grundstück des Mannes ohne Ehevertrag für zulässig erklärt mit der Begründung, das Zinsrecht stehe nicht dem Ehemanne zu, sondern die Ehefrau sei nicht nur Gläubigerin der Hauptforderung, sondern auch Gläubigerin des Zinsrechts, der Ehemann habe nur die Befugnis, das der Ehefrau zustehende Zinsrecht in eigenem Namen auszuüben. Auch nach obigen Ausführungen ist die Eintragung der Hypothek zulässig, da auch danach die Ehefrau Gläubigerin des Zinsrechts bleibt. Insofern führen beide Ansichten zu dem gleichen Ergebnis. Jedoch ergibt sich aus der Auffassung des Kammergerichts nicht, ob überhaupt und wann der Ehemann den Anspruch auf die einzelnen Zinsbeträge als Gläubiger erwirbt. § 1383 bestimmt aber, daß der Mann die Nutzungen (zu denen nach § 100 die Früchte einer Sache oder eines Rechtes gehören) in derselben Weise und in demselben Umfange wie ein Nießbraucher „erwirbt". Als praktische Folge der dargelegten Ansicht ergibt sich, daß die während der Dauer des Nießbrauchs und des Nutznießungsrechts fällig gewordenen Leistungsforderungen (Zinsen usw.) dem Verfügungsrecht des Nießbrauchers bzw. Nutznießungsberechtigten und der Pfändung seiner Gläubiger freistehen und daß sie im Falle des Konkurses über das Vermögen desjenigen, dessen Recht dem Nießbrauch bzw. dem Nutznießungsrecht unterliegt, nicht in die Konkursmasse fallen.

2. Im § 99 sind nur die Früchte einer **Sache** und eines Rechtes gegenübergestellt; sonstige Gegenstände (§ 90 A 3) aber, z. B. geschäftliches Unternehmen, sind nicht erwähnt. Man wird auch die aus einem solchen Unternehmen, z. B. einem Gewerbebetrieb, gezogenen Gewinne zu den Früchten rechnen können (vgl. OLG 38, 147), und zwar werden sie denen des Abs 2 am nächsten stehen.

3. Unter **Erzeugnissen der Sache** sind nur Naturgegenstände zu verstehen, deren Bestandteile ganz oder zum großen Teile der Sache entnommen sind, mit der sie bis zur Trennung verbunden waren, besonders Pflanzen und Früchte von Pflanzen im natürlichen Sinne, Tierjunge, Wolle der Schafe, Eier, Milch, Dünger. Dabei kommt es aber vor allem auf die Auffassung des gewöhnlichen Lebens an. So werden auch eingepflanzte Bäume, sobald sie Wurzeln geschlagen haben, als Früchte des Grund und Bodens anzusehen sein (**RG** 80, 232). Die Erzeugnisse müssen bis zur Trennung stets Bestandteile der Sache sein (§ 93), da die §§ 953ff. von Erzeugnissen und „sonstigen" Bestandteilen sprechen. Daher sind die auf einem Grundstücke befindlichen Tiere nicht Erzeugnisse des Grund und Bodens; die Jagdbeute deshalb nicht Frucht des Grundstücks (vielmehr des Jagdrechts, A 7). — Darauf, ob die Erzeugnisse ohne menschliches Zutun oder hauptsächlich durch menschliche Arbeit entstanden sind, kommt es nicht an. Unerheblich ist auch, ob sie im Wege ordnungsmäßiger Wirtschaft oder durch Raubbau gewonnen worden sind (A 1), ebenso, ob die Gewinnung der Bestimmung der Sache (A 5) entspricht. — Über Zulässigkeit der Pfändung noch hängender Früchte vgl. §§ 810, 824 ZPO.

4. Sonstige Ausbeute, welche aus der Sache gewonnen wird, sind hauptsächlich leblose Bestandteile, bei Grundstücken besonders die Bodenbestandteile (Sand, Kies, Lehm, Torf, Steine, andere [z. B. durch einen bergmännischen Betrieb zu gewinnende] Mineralien, auch Mineralwasser, Eis eines Teiches; vgl. **RG** 94, 261; JW 09, 451²; 1922, 821⁴; OLG 32, 339). Durch Benutzung einer Sache gewonnene Kraftleistungen (z. B. Elektrizität) wird man nicht als Früchte ansehen können, weil sie nicht „aus" der Sache gewonnen sind und auch nicht als selbständige Rechtsgüter gelten können (§ 90 A 2). Die durch die Kraftleistung gewonnenen Vorteile werden als Nutzungen im Sinne des § 100 zu erachten sein (str.). — Durch die Gewinnung der Ausbeute wird regelmäßig eine Verminderung des Bestandes der Sache herbeigeführt; sie darf aber nicht so weit gehen, daß die Sache selbst vernichtet wird. Daher ist z. B. das Fleisch des Masttiers nicht seine Frucht.

5. Die Einschränkung, daß die Ausbeute **der Bestimmung der Sache gemäß** gewonnen sein muß, hat keine sehr erhebliche Bedeutung. Damit ist nicht etwa gesagt, daß nur die im Wege ordnungsmäßiger Wirtschaft gewonnene Ausbeute Frucht ist (**RG** 80, 232). Auch durch Raubbau werden vielmehr Früchte gewonnen (A 1). Anderseits müssen doch wirtschaftliche Rücksichten maßgebend sein. Es wird also darauf ankommen, ob eine Sache durch ihre Natur für einen wirtschaftlichen Zweck geeignet oder, wenn sie (was in der Regel der Fall sein wird) für mehrere Zwecke geeignet ist, dauernd für einen bestimmten Wirtschaftsbetrieb eingerichtet ist (ähnlich wie die Hauptsache in den §§ 97, 98; vgl. OLG 6, 217). Bestimmungswidrig ist danach die Gewinnung einer Ausbeute, wenn sie eine erhebliche Beeinträchtigung des Wirtschaftsbetriebs, für den die Sache eingerichtet ist, mit sich bringt. So beeinträchtigt in der Regel das Graben von Lehm oder Kies den landwirtschaftlichen Betrieb auf einem größeren Gute nicht erheblich; daher kann es nicht als bestimmungswidrig angesehen werden. Anders ist es, wenn z. B. ein Miethaus abgebrochen wird, damit aus dem Grund und Boden Lehm gegraben werden kann. Dabei ist jedoch zu beachten, daß dann, wenn eine Sache für verschiedene wirtschaftliche Zwecke geeignet ist, ihre Bestimmung fortwährend geändert werden kann. Wird z. B. ein bisher zur Ausübung der Landwirtschaft benutztes Grundstück in einen Steinbruch umgewandelt, so hat es von diesem Augenblick an die Bestimmung, als Steinbruch zu dienen. Die gewonnenen Steine sind also Früchte. — Rein zufällige Gewinne, wie ein Schatz (vgl. §§ 984, 1040), werden niemals als bestimmungsgemäße Ausbeute zu betrachten sein. — Wer die Bestimmung vorzunehmen hat, wenn die Sache für mehrere wirtschaftliche Zwecke geeignet ist, geht aus dem Gesetze nicht hervor. Daraus ist zu folgern, daß es nicht nur der Eigentümer oder Eigenbesitzer sein kann, sondern jeder, der in der Lage ist, die Sache dauernd für einen Wirtschaftsbetrieb einzurichten, z. B. auch der Mieter und Pächter (str.; a. M. OLG 6, 217). Der Pächter eines landwirtschaftlichen Grundstücks darf allerdings nach § 583 nicht Änderungen in der wirtschaftlichen Bestimmung des Grundstücks vornehmen, ebenso nicht der Nießbraucher nach §§ 1036 Abs 2, 1037. Bei einer Zuwiderhandlung verstoßen Pächter und Nießbraucher aber nur gegen schuldrechtliche Verpflichtungen. Vgl. auch § 993 Abs 1.

6. Wenn das Gesetz von den **Früchten eines Rechtes** spricht, kann es damit nur etwas meinen, was nicht völlig gleichbedeutend mit dem Gegenstande des Rechtes ist. Bei einer Geldforderung ist also nicht das Kapital Frucht, auch nicht die einzelne Teilleistung (z. B. Amortisationsbeitrag; s. RG 54, 92); bei Forderungen aus einem Dienstverhältnisse nicht die einzelne Lohnzahlung (RG 69, 64). Vielmehr muß es sich um besondere, hauptsächlich wiederkehrende Nebenleistungen handeln; oder bei einem Rechte, das nur den Anspruch auf gewisse Teilleistungen gewährt, müssen diese im Rechtsverkehre als etwas von dem Rechte als Ganzem Verschiedenes behandelt werden, wie bei der Reallastberechtigung und der Leibrente (RG 67, 210; 68, 343; 80, 209; JW 1922, 736[10]).

7. Die **Erträge** des Rechtes können entweder natürliche Früchte einer Sache im Sinne des Abs 1 oder sonstige auf natürliche Weise gewonnene Früchte (z. B. Jagdbeute, OLG 4, 44) oder juristische Früchte, nämlich solche sein, die auf Grund eines Rechtsverhältnisses, aber (anders wie nach Abs 3) nach dem Inhalte des Rechtes erlangt werden. So sind die natürlichen Früchte einer Sache natürliche Früchte des Pachtrechts, Zinsen juristische Früchte des Kapitalforderungsrechts (JW 1922, 947[27]). — Als Erträge sind nicht nur die Leistungen anzusehen, die auf Grund eines Rechtes gewährt werden, sondern schon die auf diese Leistungen gerichteten Forderungen. Endgültig gewonnen werden diese Erträge aber erst mit dem Zeitpunkte der Fälligkeit der Forderungen (A 1).

8. Nur solche Erträge, die das Recht **seiner Bestimmung gemäß gewährt,** sind Rechtsfrüchte. Die Gewinnung muß also dem Inhalte des Rechtes entsprechen. So sind vom Pächter ordnungswidrig gezogene Früchte nach § 581 nicht Rechtsfrüchte, während sie natürliche Früchte der Sache sind.

9. Durch die Erwähnung der **Bodenbestandteile** stellt das Gesetz klar, daß auch natürliche Sachfrüchte Früchte eines Rechtes sein können (A 7). Über Bodenbestandteile als Ausbeute s. A 4.

10. **Vermöge eines Rechtsverhältnisses** gewährt eine Sache oder ein Recht im Sinne des Abs 3 Erträge, wenn dem Besitzer der Sache bzw. Inhaber des Rechtes dafür, daß er den Gebrauch oder die Nutzung der Sache oder des Rechtes durch Rechtsgeschäft oder infolge gesetzlicher Bestimmung einem andern überlassen hat, eine Vergütung gewährt wird. Es handelt sich dabei hauptsächlich um Miet- und Pachtzinsforderungen (vgl. RG 67, 380; 79, 119; 80, 316; 81 S. 24 u. 149; 86, 135; 91, 311; 105, 409). Der Nießbraucher an einem vermieteten oder verpachteten Grundstücke erlangt danach, da ihm gemäß § 1030 ein dingliches Recht auf Früchteziehung aus dem Grundstücke zusteht, den Anspruch auf die Erträge, die das Grundstück infolge des Miet- oder Pachtverhältnisses gewährt, also auf die Miet- oder Pachtzinsforderungen, bereits mit der Bestellung und Eintragung des Nießbrauchs, und zwar nach §§ 571, 577 gleichviel, ob schon der Grundstückseigentümer den Miet- oder Pachtvertrag abgeschlossen hat, oder ob dies erst der Nießbraucher tut (RG 81, 149; 86, 135). Ferner kommen in Betracht Kapitalzinsen, Gewinnanteile (s. § 101 A 10). — Die Frage, ob schon diese Forderungen oder erst die eingehenden Zahlungen die Früchte bilden, ist ebenso zu entscheiden wie in A 7 hinsichtlich der dort erwähnten juristischen Früchte. — Das Bezugsrecht auf neue Aktien ist nicht als Frucht des Aktienrechts, als Ertrag eines Kapitalvermögens, sondern als Kapitalvermögen selbst zu erachten, da es nicht ein bestimmungsmäßiger, regelmäßig wiederkehrender Ertrag der Aktien ist (s. § 101 A 10), es auch nicht aus den Aktien selbst entsteht, sondern zufolge Mitwirkung anderer maßgebender Tatsachen, wie Erhöhung des Grundkapitals der Aktiengesellschaft, Beschluß der Generalversammlung (str.; OLG 24, 139; 35, 23; 36, 283; JW 1921, 492; vgl. § 100 A 5).

§ 100

Nutzungen¹) sind die Früchte einer Sache oder eines Rechtes²) sowie die Vorteile³), welche der Gebrauch der Sache⁴) oder des Rechtes gewährt⁵).

E I 793 II 771; M 3 70; P 3 24.

1. Der hier festgestellte Begriff der **Nutzungen** wird in den §§ 256, 292, 302, 347, 379, 446, 452, 487, 745, 818, 987ff., 1030, 1038, 1039, 1213, 1214, 1383, 1525, 1652, 1656, 1813, 2020, 2023, 2184, 2379, 2380 erwähnt. Vgl. auch § 99 A 1.

2. Über **Früchte einer Sache oder eines Rechtes** s. § 99 A 1—10.

3. Unter **Vorteilen**, welche der Gebrauch gewährt, versteht das Gesetz zweierlei, nämlich, falls es jemandem ein Recht zur Benutzung einer Sache oder eines Rechtes gibt, die Vorteile im natürlichen Sinne, und, falls es jemand verpflichtet, Nutzungen herauszugeben, den Wert der Vorteile, da diese selbst in der Regel nicht herausgegeben werden können. Die Vorteile brauchen aber nicht Vermögenswert zu haben (z. B. Benutzung eines Kraftfahrzeugs zu Sportzwecken).

4. Vorteile gewährender **Gebrauch einer Sache**, z. B.: Benutzung einer Wohnung, eines Platzes für gewerbliche Zwecke, Gebrauch von Möbeln, Tieren. Dagegen sind Vorteile, die nicht durch den „Gebrauch", sondern nur „mittels" der Sache, insbesondere durch deren „Verbrauch" gewonnen werden, nicht Nutzungen im Sinne des § 100; so z. B. sind Nutzungen eines Grundstücks nicht Vorteile, die durch Verkauf des Grundstücks oder durch Erlangung eines Kapitals infolge Aufnahme einer Hypothek erzielt werden (**RG** Warn 1915 Nr 70). Jedoch ist unter „gezogenen Nutzungen", auf die sich nach § 818 bei Bereicherungsansprüchen die Verpflichtung zur Herausgabe erstreckt, auch dasjenige zu verstehen, was der Empfänger aus dem Empfangenen erworben hat (**RG** 108, 121).

5. Der Gebrauch eines **Rechtes** wird wohl fast ausschließlich nur dann in Frage kommen, wenn das Recht selbst auf den Gebrauch einer Sache gerichtet ist, vielleicht auch bei der Benutzung von Theatereinlaßkarten. Das Bezugsrecht auf neu ausgegebene Aktien ist keine Nutzung, weil der Vorteil nicht durch Gebrauch der alten Aktien gewährt wird (vgl. OLG 24, 139; 35, 23; 36, 283; § 99 A 10). Das Bezugsrecht bildet vielmehr ein neu erworbenes selbständiges Vermögensrecht, wodurch das Stammrecht des Eigentümers der Aktie vermehrt wird (OLG 36, 283; JW 1921, 492; woraus z. B. folgt, daß das Bezugsrecht nicht dem Nießbraucher, sondern dem Eigentümer der Aktie zusteht, OLG 36, 283).

§ 101

Ist jemand berechtigt[1]), die Früchte einer Sache oder eines Rechtes bis zu einer bestimmten Zeit oder von einer bestimmten Zeit[2]) an zu beziehen, so gebühren[3]) ihm, sofern nicht ein anderes bestimmt ist[4]):

1. **die im § 99 Abs 1 bezeichneten Erzeugnisse und Bestandteile[5]), auch wenn er sie als Früchte eines Rechtes zu beziehen hat[6]), insoweit, als sie während der Dauer der Berechtigung von der Sache getrennt werden[7]);**
2. **andere Früchte[8]) insoweit, als sie während der Dauer der Berechtigung fällig werden[9]); bestehen jedoch die Früchte in der Vergütung für die Überlassung des Gebrauchs oder des Fruchtgenusses, in Zinsen, Gewinnanteilen oder anderen regelmäßig wiederkehrenden Erträgen[10]), so gebührt dem Berechtigten ein der Dauer seiner Berechtigung entsprechender Teil[11]).**

E I 794 II 77m; M 3 71; P 3 24.

1. Auf Grund welchen Rechtsverhältnisses **jemand berechtigt ist**, die Früchte einer Sache oder eines Rechtes beim Wechsel des Nutzungsberechtigten innerhalb einer Fruchtziehungsperiode (**RG** 88, 46) an Stelle eines andern zu ziehen, der sie bisher gezogen hat, ist gleichgültig. Es kann sich um ein dingliches oder um ein persönliches Recht handeln. Zum Beispiel kommt in Betracht das Verhältnis zwischen: Käufer und Verkäufer (§ 446); Pächter und Verpächter (§§ 581ff.); Besitzer und Eigentümer (§§ 987ff.); Nießbraucher und Eigentümer (§ 1055; **RG** 80, 232); Vorerbe und Nacherbe (§§ 2130ff.; **RG** 80, 36; Gruch 52, 1093). Ferner das Verhältnis bei der ehemännlichen und der elterlichen Nutznießung (§§ 1383, 1652; KGJ 40 A 142). Jedoch findet § 101 nicht nur im Verhältnisse mehrerer aufeinander folgender Nutzungsberechtigter, sondern überall Anwendung, wo jemand Früchte bis zu einer bestimmten Zeit oder von einer bestimmten Zeit an zu beziehen berechtigt ist, so z. B. auf einen Erben, dem nach dem Testament nur die Nutzungen zustehen, während sein Erbteil selbst später seinen Kindern ausgeliefert werden soll (**RG** Gruch 57, 904).

2. **Die Zeit**, bis zu der oder von der an die Früchte zu ziehen sind, kann sich aus dem Inhalte des Rechtes (z. B. Eintritt der Nacherbfolge) oder besonderer gesetzlicher Bestimmung ergeben (z. B. § 446 für den Kauf) oder, soweit es sich um nicht zwingende Vorschriften handelt, auf Parteivereinbarung beruhen.

3. Indem das Gesetz allgemein davon spricht, daß jemandem die Früchte **gebühren**, gibt es im § 101 nicht etwa Vorschriften über den dinglichen Erwerb der Früchte. Dieser be-

stimmt sich nach ganz anderen Regeln (s. hierüber § 99 A 1). § 101 regelt vielmehr nur das schuldrechtliche Verhältnis zwischen dem bisherigen und dem neuen Fruchtbezugsberechtigten, kommt also hauptsächlich dann zur Anwendung, wenn der eine von beiden auf Grund der Vorschriften über den dinglichen Rechtserwerb von Früchten mehr erlangt hat, als ihm zukommt (**RG** 80 S. 232, 316; JW 1913, 193[1]; OLG 22, 272).

4. **Etwas anderes** kann **bestimmt** sein durch Rechtsgeschäft oder Gesetz. Als derartige Bestimmungen des BGB kann man die der §§ 987 ff. über das Verhältnis zwischen Eigentümer und Besitzer bezeichnen. Vgl. ferner §§ 1038, 1039, 1214, 2133. Auf den dem Landesrechte vorbehaltenen Rechtsgebieten kann auch landesgesetzlich Besonderes bestimmt werden. Die rechtsgeschäftliche Bestimmung kann durch Vertrag oder durch ein einseitiges Rechtsgeschäft (z. B. Testament) erfolgen (**RG** Gruch 52, 1093; JW 1913, 193[1]).

5. **Die im § 99 Abs 1 bezeichneten Erzeugnisse und Bestandteile** sind die natürlichen Früchte einer Sache (Erzeugnisse und bestimmungsgemäße Ausbeute; § 99 A 3—5).

6. Durch den Zusatz, **„auch wenn er sie als Früchte eines Rechtes zu beziehen hat"**, verläßt das Gesetz die im § 99 in erster Linie maßgebende Einteilung zwischen Sach- und Rechtsfrüchten und berücksichtigt für die Verteilung nach § 101 nur den Unterschied zwischen natürlichen und juristischen Früchten. Es fallen also auch diejenigen Früchte eines Rechtes unter Nr 1, die zugleich natürliche Früchte einer Sache (z. B. Bodenbestandteile) sind. Andere natürliche Früchte (z. B. Jagdbeute; § 99 A 7) sind in Nr 1 nicht erwähnt. Man wird aber diese Vorschrift entsprechend dahin anwenden müssen, daß sie dem gebühren, der sie gewinnt.

7. Bei den natürlichen Früchten kommt es nur darauf an, ob sie **während der Dauer der Berechtigung getrennt werden.** Auf das Wirtschaftsjahr (§ 998) kommt es ebensowenig an, wie darauf, wer den Boden zur Fruchtgewinnung bearbeitet hat. Das BGB hat also für diese Früchte den sog. Trennungsgrundsatz (Separationsprinzip) des gemeinen Rechtes angenommen und den Gewinnungsbetriebsgrundsatz (Produktionsprinzip), der die Früchte dem zuspricht, der die Bestellung des Bodens zur Gewinnung der Früchte besorgt hat, nur insofern berücksichtigt, als es im § 102 einen Erstattungsanspruch wegen der Gewinnungskosten gewährt.

8. Unter **anderen Früchten** im Sinne der Nr 2 sind die juristischen Früchte einer Sache oder eines Rechtes zu verstehen, nämlich die Früchte des § 99 Abs 3 und diejenigen Früchte des § 99 Abs 2, die nicht natürliche Früchte sind.

9. Als Regel bestimmt das BGB, daß es für juristische Früchte darauf ankommt, wann sie **fällig werden.** Tatsächlich gilt dies jedoch nur ausnahmsweise. Denn die große Mehrzahl der juristischen Früchte besteht in regelmäßig wiederkehrenden Erträgen. Unregelmäßige Erträge kann z. B. eine Reallast gewähren.

10. Die praktisch häufigsten und wichtigsten juristischen Früchte stellen sich als **regelmäßig wiederkehrende Erträge** dar, z. B. Miet- und Pachtzinsen, Rentenzahlungen, Aktien-Gewinnanteile (**RG** Gruch 52, 1093; JW 1913, 193[1]; OLG 24, 139; 35, 23), auch Gewinnanteil eines Gesellschafters bei einer Gesellschaft nach §§ 705 ff. (**RG** 88, 46). — Bezüglich der **Zinsen** setzt § 101 Nr 2 voraus, daß das Recht auf die Zinsen einem andern als dem Gläubiger der Hauptforderung zusteht. Daraus ist zu entnehmen, daß das Zinsrecht in der Hand eines andern als des Gläubigers der Hauptforderung ein selbständiges Vermögensrecht sein kann mit der Maßgabe, daß sein Bestehen von dem Fortbestehen der Hauptforderung abhängig ist (**RG** 74, 81; KGJ 40 A 142; vgl. § 1158 A 3). So steht dem Nießbraucher (§ 1076) sowie dem ehemännlichen oder elterlichen Nutznießer (§§ 1383, 1649) einer verzinslichen Forderung das Zinsrecht als Ganzes während der Dauer des Nutzungsrechts zu (KGJ 40 A 143).

11. Jedem Berechtigten gebührt bei regelmäßig wiederkehrenden Erträgen **ein der Dauer seiner Berechtigung entsprechender Teil.** Dabei ist die Dauer der Berechtigung während derjenigen Zeit maßgebend, für die die Erträge gewährt werden. So kommt es bei Aktien-Gewinnanteilen auf das Geschäftsjahr an, für das die Zahlung erfolgt, während die Zeit der Feststellung des Gewinnanteils unerheblich ist (**RG** Gruch 52, 1093). In der Regel wird anzunehmen sein, daß die Erträge für die Vergangenheit geleistet werden; dies entspricht dem Begriffe des regelmäßigen Ertrags als Endergebnisses eines gewissen Zeitraums. Die Verteilung erfolgt entsprechend dem folgenden Beispiele: Beträgt der jährliche Ertrag 2400 M. und ist A 5 Monate, B 7 Monate bezugsberechtigt, so erhält A 1000 M., B 1400 M.

§ 102

Wer zur Herausgabe von Früchten verpflichtet ist[1]), kann Ersatz der auf die Gewinnung der Früchte[2]) verwendeten Kosten[3]) insoweit verlangen[4]), als sie einer ordnungsmäßigen Wirtschaft entsprechen[5]) und den Wert der Früchte nicht übersteigen[4]).

E II 901 Abs 1 Satz 2, 2054 Abs 2; P 3 357; 5 221; 6 119.

1. Wann jemand **zur Herausgabe von Früchten verpflichtet ist,** ergibt sich aus besonderen gesetzlichen Bestimmungen (z. B. §§ 292, 347, 487, 818, 987 ff., 1656, 2020, 2023, 2184) oder dem Inhalte eines Rechtsgeschäfts.

2. Zu den auf die **Gewinnung der Früchte** verwendeten Kosten gehören diejenigen, durch die die Entstehung der Früchte überhaupt erst ermöglicht worden ist (OLG 22, 273), also die Bestellungskosten; ferner die Kosten der Erhaltung und Aberntung der Früchte. Dagegen nicht Kosten eines Umbaues, der eine Steigerung der Mietzinsen herbeigeführt hat (OLG 22, 273).

3. Der Begriff der **Kosten** wird nicht zu eng auszulegen sein; auch der Wert der eigenen Arbeit oder der Arbeit von Angestellten des Herausgabepflichtigen wird dazu zu rechnen sein, falls die Arbeitskraft sonst in anderer nutzbringender Weise verwendet worden wäre.

4. Das Gesetz sagt, daß der Herausgabepflichtige Ersatz **verlangen** kann, nicht bloß, daß er die Herausgabe bis zur Kostenerstattung verweigern darf. Daraus folgt nach dem Sprachgebrauche des BGB, daß er einen selbständigen, durch Klage geltend zu machenden Anspruch hat (str.). Ein Grund, ihm nur ein Einrederecht zu gewähren oder den Anspruch davon abhängig zu machen, daß der Berechtigte die Herausgabe der Früchte von ihm fordert, besteht nicht. Das Gesetz macht das Ersatzrecht lediglich von dem Bestehen, nicht von der Geltendmachung der Herausgabepflicht abhängig. Richtig ist es, daß hiernach der Berechtigte unter Umständen gezwungen wird, Früchte anzunehmen, an denen er kein Interesse hat. Er ist aber dadurch genügend geschützt, daß die zu ersetzenden Kosten den Wert der Früchte nicht übersteigen dürfen. — Jeder Teil hat neben dem Anspruch auch ein Zurückbehaltungsrecht an seiner Leistung nach § 273. Gemäß § 274 sind die gegenseitigen Verpflichtungen Zug um Zug zu erfüllen.

5. Nur Kosten, deren Verwendung **einer ordnungsmäßigen Wirtschaft entspricht,** können erstattet verlangt werden; also jedenfalls die notwendigen Kosten, meistens aber auch solche, die zu einer Verbesserung der Fruchtgewinnung geführt haben. — Über besondere Bestimmungen hinsichtlich der Kosten vgl. §§ 592, 998, 1055 Abs 2, 1421.

§ 103

Wer verpflichtet ist[1]), die Lasten[2]) einer Sache[3]) oder eines Rechtes[4]) bis zu einer bestimmten Zeit oder von einer bestimmten Zeit[5]) an zu tragen, hat, sofern nicht ein anderes bestimmt ist[6]), die regelmäßig wiederkehrenden Lasten[7]) nach dem Verhältnisse der Dauer seiner Verpflichtung[8]), andere Lasten[9]) insoweit zu tragen, als sie während der Dauer seiner Verpflichtung zu entrichten sind[10]).

E I 795 II 77 n; M 3 76; P 3 24.

1. § 103 gibt für das Innenverhältnis zwischen zwei Beteiligten, die einander **verpflichtet sind,** bis zu einer bestimmten Zeit oder von einer bestimmten Zeit an, die Lasten einer Sache zu tragen, Verteilungsvorschriften, die denen des § 101 entsprechen. Die Verpflichtung kann sich auch hier aus Gesetz oder Rechtsgeschäft ergeben. Vgl. §§ 446, 546, 1047, 1385, 1654, 2379. — Darüber, wer dem Lastenberechtigten verpflichtet ist, trifft § 103 keine Bestimmung. Dies ergibt sich aus dem Inhalte der Lasten oder auch aus besonderen Vorschriften (vgl. § 2145 Abs 1 Satz 2).

2. Unter **Lasten** sind nicht dingliche Belastungen jeder Art zu verstehen, sondern nur solche, die den Besitzer der Sache oder Inhaber des Rechtes zu einer Leistung verpflichten (**RG** 66, 318; Warn 1916 Nr 131). Dingliches Vorkaufsrecht, Nießbrauch, Grunddienstbarkeiten gehören nicht dazu, weil sie lediglich Einschränkungen des Eigentums sind (**RG** 66, 316; Warn 1916 Nr 131). Die Lasten können öffentlichrechtlicher oder privatrechtlicher Natur sein.

3. Lasten einer **Sache** können im Sinne des § 103 nur solche Leistungen sein, die von dem Besitzer einer Sache als solchem ohne Rücksicht auf seine persönlichen Verhältnisse gefordert werden können. Daß sie dinglich sind, ist nicht gerade erforderlich.

4. Als Lasten **von Rechten** werden hauptsächlich die Belastungen selbständiger Gerechtigkeiten, wie des Erbbaurechts, in Betracht kommen.

5. Bestimmungen über die für die Verteilung maßgebende **Zeit** treffen z. B. die §§ 446, 1047.

6. **Etwas anderes kann bestimmt sein** durch Gesetz (vgl. §§ 995, 2126, 2185) oder Rechtsgeschäft.

7. **Regelmäßig wiederkehrende Lasten** sind z. B. Renten, Hypotheken- und Grundschuldzinsen, Grundsteuer, Feuerkassenbeiträge (SeuffA 59 Nr 350).

8. Vgl. darüber, wie die Verteilung **nach dem Verhältnisse der Dauer der Verpflichtung** zu erfolgen hat, § 101 A 1. Auch hier wird in der Regel anzunehmen sein, daß die Lasten

für die Vergangenheit erhoben werden. Doch wird häufig vereinbart, daß Hypothekenzinsen usw. im voraus zu entrichten sind.

9. Andere Lasten sind z. B. Straßenanliegerbeiträge, Einquartierungslast, Schullasten, Patronatslasten (**RG** 70, 263).

10. Es kommt lediglich darauf an, wann die Lasten **zu entrichten sind**, d. h. fällig werden, nicht, wann sie tatsächlich entrichtet werden, und auch nicht, wann die Leistungspflicht entstanden ist (**RG** 70, 263).

Dritter Abschnitt

Rechtsgeschäfte

1. Begriff. Vorgänge, die nach der Rechtsordnung rechtserzeugend, verändernd oder zerstörend zu wirken vermögen, haben die Bedeutung von Rechtsereignissen oder juristischen Tatsachen. Sie stellen sich dar als Handlungen der Menschen oder als sonstige Geschehnisse. Die letzteren wirken unmittelbar kraft gesetzlicher Bestimmung, die Handlungen kraft der dem Willen der Einzelpersonen vom Rechte beigelegten Machtbefugnis. Unerläßliche Voraussetzung einer **Rechtshandlung** ist dieserhalb, daß sie von einem Willensfähigen ausgeht. Da sich ferner aber nach der Rechtsordnung die Willensmacht der einzelnen nur innerhalb des der Privatperson zugewiesenen Gebiets (Vorbem 3) zu betätigen vermag, so können ihre Handlungen den gewollten Erfolg auch nur dann erzielen, wenn sie sich innerhalb jenes Gebiets halten. Vgl. §§ 134, 138. Die Handlung selbst vollzieht sich durch die „Willenserklärung". Das BGB setzt den Begriff des Rechtsgeschäfts als gegeben voraus. Die Motive kennzeichnen das Rechtsgeschäft als „eine Privatwillenserklärung, gerichtet auf die Hervorbringung eines rechtlichen Erfolgs, welcher nach der Rechtsordnung deshalb eintritt, weil er gewollt ist". M 1, 126. Vgl. **RG** 68, 324. Daß der Erklärende sich der rechtlichen Tragweite des von ihm Erklärten nach allen Richtungen bewußt gewesen ist, oder daß er gar den juristischen Aufbau gekannt hat, ist kein Erfordernis für die Wirksamkeit einer Willenserklärung (**RG** 64, 165).

2. Subjekt des Rechtsgeschäfts. Zur Vornahme eines Rechtsgeschäfts ist imstande nur der Geschäftsfähige, und zwar nach den Abstufungen der §§ 104—116. Fähig ist ferner an sich nur eine Privatperson, physische oder juristische. Rechtsgeschäfte im engeren Sinne sind mithin nicht die Willenserklärungen der Obrigkeit als solcher, wie Verleihungen von Vorrechten, Enteignungsbeschlüsse, Verleihung der Rechtsfähigkeit an Vereine (§§ 22, 23, 33, 43), die Befreiung (Dispens) bei der Eheschließung (§§ 1303, 1312, 1313, 1316, 1328), sowie bei der Annahme an Kindes Statt (§ 1745), die Genehmigung der Stiftung (§ 80), das Inverkehrbringen von Schuldverschreibungen (§ 795); ferner die Genehmigung des Vormundschaftsgerichts (§§ 112, 1643, 1714, 1803, 1821, 1822ff.). Rechtsgeschäfte sind namentlich auch nicht die Entscheidungen oder Anordnungen der Gerichte im Gebiete der freiwilligen und streitigen Gerichtsbarkeit, einschließlich des Zwangsversteigerungs- und des Konkursverfahrens, selbst dann nicht, wenn durch sie ein subjektives Recht zur Entstehung gebracht, verändert oder beendigt wird. Alles das sind nur Rechtshandlungen im weiteren Sinne, auf welche die Grundsätze des bürgerlichen Rechts über Rechtsgeschäfte jedenfalls nicht unmittelbar anwendbar sind. Wenn jedoch das Reichsgericht vormals die „Genehmigung" des Vormundschaftsgerichts in gewissen Grenzen den Grundsätzen von Willenserklärungen unterwarf (**RG** 25, 282; 50, 284), so wird das aus Zweckmäßigkeitsgründen auch ferner gelten müssen. Über die entsprechende Anwendbarkeit der §§ 119, 123 bei Prüfung der Rechtsbeständigkeit von Anstellungsakten vgl. **RG** 83, 429; Warn 1914 Nr 270. — Wenn eine Person des öffentlichen Rechtes — so der Staat — ein wirkliches privates Rechtsgeschäft vornimmt, wird dessen Charakter nicht dadurch geändert, daß sie durch ein behördliches Vertretungsorgan handelte.

3. Gegenstand des Rechtsgeschäfts kann nur ein privates Rechtsverhältnis sein. Innerhalb dieser Grenze ist dem einzelnen auf dem Gebiete der Schuldverhältnisse grundsätzlich volle Freiheit eingeräumt — Grundsatz der Vertragsfreiheit —, im Sachenrechte, Familien- und Erbrechte dagegen sind Rechtsgeschäfte nur in den vom Gesetze anerkannten Fällen zulässig. Vertragsfreiheit ist im Gebiete des Familienrechts nicht die Regel (**RG** 22. 3. 06 IV 481/05). — Ob ein Rechtserfolg für den Erklärenden selbst oder für einen Dritten eintreten soll, ist für den Begriff Willenserklärung an sich nicht wesentlich; daher können Rechtsgeschäfte auch sein die Zustimmung, Einwilligung, Genehmigung (§§ 182—185), die Erlaubnis (§§ 549, 583), die Erklärung des Einverständnisses (§§ 180, 639), der Widerspruch (§§ 108, 113).

4. Bestandteile des Rechtsgeschäfts. Der notwendigste und wesentlichste Bestandteil des Rechtsgeschäfts ist die Willenserklärung (vgl. Bemerkungen vor § 116). Ohne sie ist kein Rechtsgeschäft denkbar. Die Begriffe Rechtsgeschäft und Willenserklärung unterscheiden sich insofern voneinander, als das Rechtsgeschäft die fertige juristische Tatsache als solche (Vorbem 1) darstellt, die Willenserklärung dagegen den rechtserzeugenden Vorgang bedeutet.

Falls das Zustandekommen des Rechtsgeschäfts noch an andere Bedingungen als an die Abgabe der Willenserklärung sich knüpft (zusammengesetzter Tatbestand), ist die Entstehung des Rechtsgeschäfts von Erfüllung der gesamten Voraussetzungen abhängig: so von Wahrung der Form (§ 125), vom Zusammentreffen mehrerer Willenserklärungen (§ 145), bei den Realverträgen von der Hingabe der Sache (§ 607). Das Gesetz sieht jedoch die Willenserklärung als einen so wesentlichen Bestandteil des Rechtsgeschäfts an, daß es sie der Sache nach dem letzteren gleichstellt, was schon in der nahezu gleichwertigen Verwendung der Ausdrücke hervortritt. Der Regel nach wird der Ausdruck Willenserklärung da gebraucht, wo diese gerade wesentlich im Vordergrunde steht (M 1, 126); vgl. die §§ 116ff. und anderseits die §§ 125, 134, 138, 142, die das fertige Geschäft im ganzen vor Augen haben.

5. **Arten der Rechtsgeschäfte.** Je nach dem Inhalte werden unterschieden: schuldrechtliche (obligatorische) Rechtsgeschäfte, die eine Leistung des Verpflichteten, dingliche, die unmittelbar ein Recht an einer Sache oder an einem Rechte zum Gegenstande haben; sodann familienrechtliche und erbrechtliche; ferner solche unter Lebenden und von Todes wegen, welche die Rechtsverhältnisse eines Menschen nach seinem Tode zu regeln bestimmt sind. Je nachdem die Partei auf Grund des Rechtsgeschäfts nur einen Vorteil erlangt, oder diesen durch eine eigene vermögenswerte Leistung entgelten muß, unterscheidet man unentgeltliche und entgeltliche Rechtsgeschäfte. — Bei Rechtsgeschäften, die eine Zuwendung zum Gegenstande haben, unterscheidet man das kausale und das abstrakte Rechtsgeschäft. Unter der Causa ist dabei der unmittelbar verfolgte Zweck (zu erfüllen, zu schenken, zu leihen) zu verstehen. Spielt dieser Zweck beim Rechtsgeschäfte eine derartige Rolle, daß von seiner Erreichbarkeit zugleich die Rechtsbeständigkeit des Geschäfts abhängt, dann ist dieses ein kausales. Der Zweck, der Grund der Zuwendung, ist hier eine wesentliche Voraussetzung des Rechtsgeschäfts überhaupt. Dagegen ist abstrakt dasjenige Rechtsgeschäft, das losgelöst ist von dem Rechtsgrunde, in dem es seine Veranlassung findet, und dessen rechtliche Wirkung an sich unabhängig ist von der Wirksamkeit des Rechtsgrundes (RG 68, 100). So der Wechsel, der Erlaß, die Auflassung. Gegebenenfalls ist der Kauf das Kausalgeschäft, die Übergabe, Auflassung das abstrakte Vollzugsgeschäft.

6. **Fiduziarische Rechtsgeschäfte.** Eigenartig sind die fiduziarischen Rechtsgeschäfte (RG JW 1910, 4[2]) insofern, als sich bei ihnen der wirtschaftliche Zweck der Zuwendung mit der juristischen Form des Rechtsgeschäfts nicht deckt, so daß der Empfänger der Zuwendung der Geschäftsform gemäß nach außen eine andere Rechtsstellung erhält, als sie dem wirtschaftlichen inneren Geschäftszwecke entspricht, und daß er deshalb seinem Geschäftsgegner gegenüber auch verpflichtet ist, von seiner äußeren Rechtsstellung nur einen dem inneren Zwecke entsprechenden Gebrauch zu machen. Das trifft insbesondere zu, wenn jemand seine Sache einem andern zu Eigentum überträgt, dies in die Form der Übereignung gekleidete Geschäft wirtschaftlich aber nur denjenigen Zweck erfüllen soll, dem sonst eine Pfandbestellung dient. Alsdann hat der Rechtserwerber zwar nach außen die Stellung des Eigentümers, seinem Geschäftsgegner gegenüber ist er jedoch verpflichtet, sich nur so zu verhalten, als hätte er nur die Rechtsstellung eines Pfandgläubigers. Solche Geschäfte sind in ständiger Rechtsprechung als zulässig anerkannt worden (RG 55, 391; 57, 177; 59, 146; 62, 129; 79, 185; Warn 08 Nr 197; 1910 Nr 98; JW 1911 S. 46[34] u. 181[5]). Vgl. §§ 117 A 3 u. 398 A 1 Abs 2.

7. Die **Verfügung.** Das Gesetz versteht darunter dasjenige Rechtsgeschäft, durch welches auf bestehende Rechte unmittelbar eingewirkt wird (RG 90, 399), so die Veräußerung und Belastung von Sachen, von Forderungen und anderen Vermögensrechten, ferner die Erfüllung, den Erlaß einer Forderung, die Aufrechnung, den Verzicht. Auch die Kündigung, die Einwilligung, Genehmigung und die Parzellierungsvollmacht sind als Verfügungen anzusehen (RG 90, 399); desgl. der Rücktritt, der Widerruf, die Fristbestimmung, denen allen gemeinsam ist, daß sie von einem bereits bestehenden Rechtsgeschäfte abhängen: abhängige Rechtsgeschäfte. Wird durch einen Vorgang ein Recht erst erzeugt, dann handelt es sich nicht um eine Verfügung: das Recht entsteht alsdann vielmehr kraft Gesetzes, z. B. bei der Verarbeitung (Spezifikation) und Ersitzung. Die Verfügung setzt anderseits nicht unbedingt voraus, daß die Sache oder das Recht bereits besteht. Die Übergabe einer noch nicht vorhandenen Sache (§ 90) ist allerdings ein Unding; aber die Abtretung einer erst zu begründenden Forderung ist möglich mit Wirkung von ihrer Entstehung an (RG 67, 167; 75, 225). Vgl. § 398 A 2. — Die mangelnde Befugnis zur Verfügung über Vermögensgegenstände schließt nicht die Fähigkeit der betreffenden Person aus, sich in bezug auf jene Gegenstände nur persönlich zu verpflichten. So behält eine solche Fähigkeit die Ehefrau trotz des ihr gemäß §§ 1395, 1398 mangelnden Verfügungsrechts nach §§ 1399ff., ebenso der Gemeinschuldner trotz der §§ 6, 7 KO. Umgekehrt umfaßt die Befugnis zur Verfügung über ein fremdes Vermögen nicht auch die Befugnis, den Rechtsinhaber in Person zu verpflichten (§ 1375). — In einzelnen Fällen sind im Wege der Zwangsvollstreckung oder der Arrestvollziehung getroffene Verfügungen den rechtsgeschäftlichen Verfügungen gleichgestellt (§§ 161, 184, 353, 499, 883, 2115). Die Gleichstellung erstreckt sich jedoch nicht zugleich auf die Anwendbarkeit der

Grundsätze vom guten Glauben beim Rechtserwerb (§§ 892, 893, 932, 1032, 1208 BGB; ferner §§ 366, 367 HGB), weil insoweit nur der rechtsgeschäftliche Erwerb geschützt sein soll. — Die Prozeßführung ist keine Verfügung, denn sie betrifft nicht den Gegenstand des Streites unmittelbar und begründet die beabsichtigte Rechtsänderung nicht durch sich selbst. — Veräußerung ist im Sinne des Gesetzes die Handlung, durch welche die Substanz eines Rechtes behufs dessen Übertragung oder Aufhebung aufgegeben wird (M 1, 128). Die bloße Belastung einer Sache stellt noch keine Veräußerung dar (**RG** 84, 410).

8. **Prozessuale Rechtshandlungen.** Über ihren Begriff vgl. § 211 A 2 und **RG** 77, 324. Sie können zugleich privatrechtliche Wirkungen äußern, so die im Prozesse erfolgende Kündigung, Mahnung, Anfechtung, Aufrechnung, Rücktrittserklärung, Anerkennung, Verzicht, Bestätigung eines wegen Formmangels nichtigen Geschäfts (**RG** 53, 149; 61, 266; 63, 412; 100, 148). Ob in der Klage auch ein wirksames Vertragsangebot enthalten sein kann, läßt das Urteil **RG** 100, 148 dahingestellt. Möglich scheint es jedoch. Solche Prozeßhandlungen haben demnach eine Doppelnatur. Ob sie auch die entsprechende materielle Rechtswirksamkeit erlangen, bestimmt sich nach den Grundsätzen des materiellen Rechtes. Dies gilt namentlich hinsichtlich des Formerfordernisses (unentschieden gelassen in **RG** 61, 266); es muß auch die durch Vertrag vereinbarte Form gewahrt sein (**RG** 24. 1. 07 IV 262/06). Dagegen ist es für die materielle Wirksamkeit nicht Erfordernis, daß auch die für die Prozeßhandlung als solche wesentliche Form, insbesondere die Mündlichkeit gewahrt ist. So genügt es, wenn eine Erklärung auch nur durch vorbereitenden Schriftsatz, allerdings nicht nur für künftig angekündigt, sondern schon wirklich abgegeben worden und dem Gegner auch zugegangen ist (**RG** 53, 148; 57, 362). Der gerichtliche Prozeßvergleich ist freilich, weil dem Urteile gleichgestellt, wirksam, ungeachtet der Vorschriften des bürgerlichen Rechtes über die Form des den Gegenstand des Vergleichs bildenden Rechtsgeschäfts (**RG** 48, 183). Der vom Vormund abgeschlossene Vergleich bedarf der vormundschaftsgerichtlichen Genehmigung (**RG** 56, 333). Entsprechend ist auch die Frage der materiellen Nichtigkeit einer Prozeßerklärung wegen Unsittlichkeit, Scheines nach den Regeln des bürgerlichen Rechtes zu entscheiden, a. M. die Prozeßrechtslehre. **RG** SeuffA 57 Nr 480 spricht einer Prozeßhandlung (Zustellung der Klage) wegen Scheines im Falle des § 603 Abs 2 sogar die lediglich prozessuale Wirkung des gemeinschaftlichen Gerichtsstandes ab. — Die Frage der Anfechtbarkeit auf Grund von Willensmängeln (Irrtum, Zwang, Betrug) regelt sich, soweit die materielle Wirkung in Frage kommt, nach materiellem Rechte, soweit es sich lediglich um die rein prozessuale Seite handelt, nach Prozeßrecht (**RG** 81, 177; Warn 1918 Nr 140, betreffend den Prozeßvergleich). Prozessuale Erklärungen (z. B. über die Eidesverweigerung) sind nicht nach § 119 anfechtbar (**RG** Warn 1911 Nr 208; 1914 Nr 2; Gruch 49, 1049, betreffend Verzicht auf Rechtsmittel), sondern unterliegen nach § 290 ZPO besonderen Regeln (wird aber beispielsweise angenommen, daß sich der Erklärende bei der Verweigerung eines Eides über den Inhalt des Eides geirrt hat, oder daß er die Weigerung des Eides nicht hat erklären wollen, so liegt eine Eidesverweigerung überhaupt nicht vor, **RG** 69, 262). Unzulässig ist auch die Anfechtung der Zurücknahme eines Rechtsmittels wegen Irrtums (**RG** 81, 177). Ein Prozeßvergleich unterliegt ebenfalls der Anfechtung aus §§ 119, 123 (**RG** Warn 1921 Nr 20), und zwar muß diese Anfechtung in einem besondern, neuen Verfahren erfolgen (**RG** 78, 286; 106, 312), während die Beseitigung des Vergleichs aus Rechtsgründen oder auf Grund einer Einigung der Parteien im alten Prozesse betrieben werden kann (**RG** 65, 420; 50, 425; 78, 289). Das auf Grund des Anerkenntnisses oder des Verzichts ergehende Urteil kann nur im Wege der prozeßmäßigen Rechtsmittel angefochten werden (**RG** JW 93, 156[6]). Ist aber das Urteil noch nicht ergangen oder wird das ergangene Urteil im Wiederaufnahmeverfahren beseitigt, so sind für die Anfechtung des Anerkenntnisses oder des Verzichts materiell die Regeln des bürgerlichen Rechtes maßgebend. Die Anfechtung kann auch durch mündliche Erhebung der Widerklage erfolgen (**RG** 23. 2. 07 V 297/06). Urteile, Zuschlagsbeschlüsse und die Bestätigung des Zwangsvergleichs können nur nach den besondern Vorschriften der ZPO, des ZVG und der KO angefochten werden (**RG** 61, 359; 60, 48; 57, 271; Warn 1911 Nr 353). Doch kann die materielle Wirksamkeit eines Urteils nach § 826 beseitigt werden (**RG** 61, 359 u. 59, 257). Vgl. § 242 Anm 1 Abs 4. Die Beseitigung des erschlichenen Urteils ist im übrigen auch schon vor Eintritt seiner Rechtskraft zulässig (**RG** 78, 394, wo zugleich ausgeführt ist, daß, wenn der Verurteilte den Gebrauch von Rechtsbehelfen aus Fahrlässigkeit unterlassen hat, das der Arglist des Gegners gegenüber nicht in Betracht kommt). — Auch die Rücknahme der Klage, sowie der Verzicht auf den Anspruch sind Willenserklärungen (**RG** 66, 14). Wenn jedoch **RG** 59, 349 anscheinend auch den Verzicht auf die Berufung als unmittelbar nach § 119 BGB anfechtbar erachtet hat, so ist das verfehlt, weil eine reine prozessuale Handlung in Frage stand (**RG** 81, 177; 105 S. 311 u. 355). Die Abgabe des Meistgebots im Zwangsversteigerungsverfahren kann im Wege der Klage nicht angefochten werden, weil der Klageweg da ausgeschlossen ist, wo das Gesetz das Beschlußverfahren vorsieht (**RG** 54, 309; §§ 100, 81 ZVG; § 766 ZPO). Aus gleichem Grunde wird auch nach erfolgter Bestätigung der Vergleichs-

vorschlag des Gemeinschuldners sowie die Zustimmung eines Gläubigers und die Erklärung des Vergleichsbürgen der Anfechtung durch Klage entzogen sein (§§ 84, 189 KO). Da jedoch im Beschwerdeverfahren die ganze Sache erörtert werden kann, so ist es nicht ausgeschlossen, Willensmängel dort noch geltend zu machen, falls es nicht schon im Bestätigungsverfahren nach § 184 KO geschehen ist. Die Dauer sowie der Umfang der materiellen Wirkung einer Prozeßhandlung sind unabhängig von der prozessualen Wirksamkeit. Die materielle Wirkung wird mithin auch durch die Zurücknahme der Klage oder durch ihre Abweisung ohne sachliche Entscheidung nicht beseitigt (RG 63, 412; 23. 2. 07 IV 297/06). Sie ist auch nicht eingeschränkt auf den Gegenstand.

Die Prozeßvollmacht und die Vertretungsbefugnis ermächtigen zugleich zur Abgabe sowie zur Entgegennahme aller Erklärungen, die zum Angriffe oder zur Verteidigung dienen, mit materieller Wirksamkeit (RG 53, 213; 49, 394). Auch ihre Dauer ist insoweit nicht an den Prozeß gebunden (RG 63, 411, über Anfechtungserklärung in einem Schriftsatze; RG 23. 2. 07 V 297/06, betreffend Anfechtung und Bestätigung; 25. 3. 07 I 516/06, betreffend Kündigungserklärung; 30. 10. 06 II 165/06, betreffend Ermächtigung zur Entgegennahme der Anzeige bei der Abtretung). Wenn RG 20. 1. 12 V 268/11 annimmt, daß die vom Prozeßvertreter erklärte Anfechtung nur für den Rechtsstreit Wirksamkeit habe, so scheint das unzutreffend; die Erklärung des Prozeßvertreters hat „in wie außer dem Prozesse die gleiche Wirkung wie die außerhalb eines Prozesses von einem sonstigen Vertreter abgegebene Erklärung" (RG 63, 411).

9. **Keine Rechtsgeschäfte** sind: a) Die „unerlaubte Handlung", weil bei ihr die Rechtswirkung kraft Gesetzes eintritt, und nicht, weil sie gewollt war. Hier gelten die Grundsätze der Verantwortlichkeit, nicht die der Geschäftsfähigkeit, Stellvertretung usw. b) Die Unrechtshandlung im Rahmen eines Rechtsverhältnisses, namentlich die Vertragsverletzung. Für sie gelten gleichfalls besondere Grundsätze (vgl. §§ 276, 278). c) Juristische Tatbestände, bei denen die Rechtsordnung die rechtliche Wirkung allein an einen äußeren Tatbestand knüpft, gleichviel ob er gewollt war oder nicht. Hierher gehören z. B. die Begründung und Aufhebung eines Wohnsitzes, die Besitzerwerbshandlung, die Spezifikation (M 1, 127), die Entfernung gewisser Gegenstände vom Grundstück (§§ 560, 1121, 1122), die Verweigerung (§§ 182, 634 usw.), die Zustimmung gemäß § 1565 Abs 2, die Verzeihung gemäß § 1570 (RG Warn 1914 Nr 218; JW 1919, 820[2]). Für einzelne nicht rechtsgeschäftliche Tatbestände angegebener Art — so Begründung und Aufhebung des Wohnsitzes — gibt das BGB besondere Bestimmungen (§ 8). Sonst kann nur die eine oder die andere von Rechtsgeschäften geltende Vorschrift entsprechende Anwendung finden. Aber eine unmittelbare Anwendung der bezeichneten Vorschriften im allgemeinen ist ausgeschlossen.

10. **Übergangsbestimmungen.** Für Rechtsgeschäfte im allgemeinen gibt das EG keine Übergangsvorschrift. Nach den Motiven zum EG S. 255 sind die unter der Herrschaft des alten Rechtes vorgenommenen Rechtsgeschäfte in Ansehung der Geschäftsfähigkeit und der Form nach altem Recht zu beurteilen. Aus den Gesamtbestimmungen des EG ist der weitere Satz abzuleiten, daß ein gleiches auch hinsichtlich solcher Umstände gelten muß, welche die Gültigkeit und Wirksamkeit der Rechtsgeschäfte berühren, einschließlich der Erfordernisse der Heilung eines mangelhaften Geschäfts, sofern nicht das EG besondere Ausnahmen aufstellt (Artt 198 Abs 2, 213, 215). Dagegen kann keine allgemein geltende Regel darüber aufgestellt werden, inwieweit nach dem 1. Jan. 1900 vorgenommene Rechtsgeschäfte oder rechtsgeschäftliche Handlungen, die sich auf ein dem alten Rechte angehörendes Rechtsverhältnis beziehen, noch nach altem Rechte zu beurteilen sind. Durch positive Vorschrift ist die Anwendung des alten Rechtes bestimmt in Artt 189 u. 215 Abs 1 EG. — Nach Art 3 EG.VersVG findet dieses Gesetz auf bereits bestehende Versicherungsverträge im allgemeinen keine Anwendung. Nur bei den in Art 4 aufgeführten Vorschriften ist das Gegenteil der Fall; zu ihnen gehören aber nicht die vom Kündigungsrechte handelnden Bestimmungen der §§ 167, 180 d. Ges. (RG Warn 1914 Nr. 43).

11. **Ausländisches Recht.** Ob deutsches Recht oder fremdes Recht anzuwenden ist, muß der Richter entscheiden, und er ist dieser Verpflichtung auch dann nicht enthoben, wenn er annimmt, daß die Vorschriften beider Rechte übereinstimmend seien (RG 71, 10; 100, 81; Warn 1915 Nr 311). Hat der Richter bei Auslegung eines Vertrags auch zu Unrecht deutsches Recht angewendet, dann läßt sich das Urteil gleichwohl halten, wenn die Begründung nur auf Anwendung der Sprachgesetze und allgemeiner, auch im fremden Rechte geltenden Grundsätze beruht, oder wenn es mit den Sätzen des internationalen Privatrechts in Einklang steht, nur muß die Auslegung sonst einwandfrei sein (RG 71, 91; 102, 215). Das deutsche bürgerliche Recht enthält keine allgemeine Vorschrift, nach welchem Rechte die Rechtsgeschäfte zu beurteilen sind, wenn örtlich verschiedene Rechtsgebiete in Frage kommen. In neuerer Zeit wurde (Zitelmann 2, 187ff.) mit beachtenswerten Ausführungen versucht, den allgemeinen Satz aufzustellen: Für die Entscheidung der Frage, welcher rechtsgeschäftliche Tatbestand vorliegen müsse, damit die behauptete Wirkung eintrete, sei das Gesetz, das über diese Wirkung herrscht — das Wirkungsstatut —, maßgebend: soll die Wirkung eine dingliche sein, das Sachstatut, hinsichtlich der schuldrechtlichen Wirkung das

Personalstatut des Schuldners, betreffs einer erbrechtlichen Wirkung das Personalstatut des Erblassers. Das Wirkungsstatut soll maßgebend sein nach der Seite des gesamten Tatbestandes, der verwirklicht werden müsse, damit die rechtsgeschäftliche Wirkung eintreten könne, einschließlich der nachholbaren Wirksamkeitserfordernisse. Sollen durch ein Rechtsgeschäft mehrere Wirkungen erzeugt werden, so sei das Rechtsgeschäft für jede seiner Wirkungen gesondert nach dem sie beherrschenden Wirkungsstatut zu beurteilen. Diese Auffassungen haben eine innere Berechtigung für sich, würden auch zu den befriedigendsten Ergebnissen führen, haben sich indes trotz vielfacher Vertretung im Schrifttum in der Rechtsprechung noch nicht als herrschende durchzusetzen vermocht. Beim Reichsgerichte insbesondere waren die Ansichten noch geteilt. Allgemeine Übereinstimmung besteht nur darüber, daß in erster Linie stets eine etwaige ausdrückliche oder auch nur aus den Umständen zu entnehmende stillschweigende Vereinbarung entscheidend sein soll, wobei es auf den mutmaßlichen, vernünftigen Willen der Parteien ankommt (RG 40, 197; 44, 154; 68, 203; 73, 379; 74, 174; 81, 273; Warn 1913 Nr 302). Nur die Einschränkung ist freilich zu machen, daß die Einigung auf Anwendung des fremden Rechtes nicht gegen die guten Sitten oder gegen den Zweck eines einschlägigen deutschen Rechtssatzes verstoßen darf (Art 30 EG), was dann, aber auch nur dann zuträfe, wenn die Anwendung des fremden Rechtes die Grundlagen des deutschen staatlichen oder wirtschaftlichen Lebens angreifen würde (RG 60, 299; 73, 368). Vgl. auch RG 80, 132. Der Einigung ist hier aber auch ohne Rücksicht auf den Art 30 insoweit eine Schranke gesetzt, als sie der Vertragsfreiheit überhaupt gezogen ist; nach dem inländischen Rechte verbotene oder unerfüllbare Verbindlichkeiten können im Inlande nicht dadurch erfüllbar gemacht werden, daß sich die Vertragsparteien einem fremden Rechte unterwerfen, nach dem die Erfüllung erlaubt oder zulässig wäre, und ist die Erfüllung im Inlande nach dessen Recht unmöglich, dann können die Folgen hiervon nicht durch Verweisung auf fremdes Recht ausgeschlossen werden (vgl. Zitelmann 2, 381). — Beim Mangel einer Vereinbarung haben sich der VI., VII. und I. ZS für die Anwendung des Personalstatuts ausgesprochen (RG 61, 343; 62, 380; 27. 11. 06 VII 639/05; 30. 10. 07 I 218/07). In weiteren Urteilen freilich (LZ 1908, 451; 1911 S. 395 u. 487) hat der I. ZS die Entscheidung, ob im Zweifel das Recht des Wohnsitzes oder das des Erfüllungsortes maßgebend sei, dahingestellt gelassen. Vgl. auch RG 69, 23. Dagegen ist der II. ZS, der sich mit den vorliegenden Fragen vorzugsweise zu beschäftigen hatte, dauernd der Savignyschen Lehre, daß das Recht des Erfüllungsorts maßgebend sei, treu geblieben, namentlich gegenüber den Urteilen des VI. ZS (RG 66, 75; 73, 387; 78, 59; 81, 274; 95, 164, betreffend eine Vertragsanfechtung; 102, 214). Der gleichen Ansicht ist der V. ZS in RG 103, 261 und nunmehr auch der I. ZS in Warn 1922 Nr 57. Völlig aufgegeben ist allseitig die Lehre, daß es auf das Recht am Orte des Vertragsschlusses ankomme (RG 61, 345). — **Im einzelnen** sei noch auf folgende Entscheidungen hingewiesen: Durch die (wenn auch nur stillschweigenden) Parteivereinbarungen kann auch bei einem gegenseitigen Vertrage ein einheitliches Recht für das ganze Rechtsverhältnis vorgesehen sein (RG Warn 1913 Nr 302). Ist ein einheitliches Recht nicht vereinbart worden (etwa durch Bestimmung eines gemeinsamen Erfüllungsorts), dann müßte, um ein solches trotzdem anwenden zu können, die eine, sich aus dem Vertragsverhältnisse ergebende räumliche Beziehung ein solches Gewicht haben, daß sie vor allen andern erkennbar den Ausschlag geben sollte; das trifft bei Kaufverträgen hinsichtlich der Leistungspflicht des Verkäufers nicht zu, die Frage, ob dem ausländischen Käufer die Pflicht zur unverzüglichen Rüge angesonnen werden kann, ist daher im Zweifel nach dem Rechte seines Erfüllungsorts zu beurteilen (RG 81, 275). Den Parteien ist es vermöge der Vertragsfreiheit unbenommen, sich durch eine rechtsgeschäftliche Abrede von vornherein einem bestimmten Rechte zu unterwerfen; unwirksam ist aber eine bloß prozessuale Regelung dieser Frage (RG Warn 1914 Nr 303). Zur Anwendung eines einheitlichen Rechtes liegt auch schon dann genügender Anlaß vor, wenn die Parteien selbst zwar daran nicht gedacht haben, sich aber aus der Gesamtheit der Sachumstände ergibt, daß sich die Parteien in solchem Sinne entschieden haben würden, wenn sie die Frage erwogen hätten (RG 68, 205; Warn 1913 Nr 302; 1922 Nr 57). Erst dann, wenn sich kein Anhalt dafür ergibt, daß ein einheitliches Recht für die beiderseitigen Verpflichtungen hat anwendbar sein sollen, kommt für jede Partei das Recht ihres Erfüllungsorts zur Anwendung (RG 81, 274; 95, 165; Warn 1921 Nr 148). Schließen ein Deutscher und ein Ausländer den Vertrag im Gebiete eines dritten Staates (Dänemark) ab und ist der Vertrag dort zu erfüllen, dann untersteht das Rechtsverhältnis dem Rechte dieses dritten Staates (RG 102, 214). Auch die Verpflichtung zum Schadensersatze wegen Nichterfüllung regelt sich nach dem Rechte, das für den Erfüllungsanspruch maßgebend gewesen wäre, also grundsätzlich nach dem des Erfüllungsorts (RG Warn 1920 Nr 188). Nach demjenigen Rechte, dem sich die Parteien unterworfen haben, ist namentlich auch zu bestimmen, welcher Form der Vertrag bedurfte; kennt das danach maßgebende Recht nicht den Satz locus regit actum, dann kann auch der Art 11 EG nicht Platz greifen, vielmehr müßte das für das Rechtsverhältnis maßgebende Recht entscheidend sein (RG Warn 1913 Nr 151 u. 302). Die Frage, ob der deutsche Vertreter Vertretungsbefugnis hatte, ist nach inländischem Rechte zu beurteilen (RG Warn 1921 Nr 9). Die Rangordnung von dinglichen Rechten (Pfandrechten an beweglichen Sachen und Schiffen) richtet sich nach der Entstehung des einzelnen Rechtes und nach seiner Einordnung in die Reihe der mitbeteiligten Rechte, so daß auch ein im Auslande entstandenes Pfandrecht den Rang eines deutschen Schiffspfandrechts haben kann (RG 81, 283). Die subjektiven Befugnisse eines Patentrechts bestimmen sich nach dem Territorialitätsprinzipe (RG JW 1914, 690[18]). Ein ausländisches, aber in die Zeichenrolle des deutschen Patentamts eingetragenes Warenzeichen genießt den Schutz des deutschen Warenzeichengesetzes (RG 81, 171; 51, 268). Das Rechtsverhältnis zwischen ausländischen Eltern und ihren ehelichen Kindern ist regelmäßig nach ausländischem Rechte zu beurteilen (Art 19 EG); ist die Ehe geschieden und der für schuldlos erklärte Teil später deutscher Reichsangehöriger geworden, dann bindet ihn im Inlande nicht eine im Auslande ergangene Anordnung über das Erziehungsrecht (RG 81, 373). Über internationales Konkursrecht vgl. RG 90, 124. — Eheschließungen zwischen Deutschen und Ausländern sind gültig, wenn sie im Auslande nach der gesetzlichen Form des Eheschließungsortes eingegangen sind, da Art 11 Abs 1 Satz 2 EG hier anwendbar ist (RG 88, 191). — Ist ein Konkursverfahren im Inlande eröffnet, dann regelt sich auch die Anfechtung eines Rechtsgeschäfts nach dem inländischen Rechte selbst dann, wenn das Rechtsgeschäft im Auslande vorgenommen und erfüllt worden ist (RG Warn 1916 Nr 233). — Die Haftpflicht von Beamten gegenüber dem Staate regelt sich auch in den Gebieten, wo französisches Recht gilt (Rheinprovinz), nach dem Allgemeinen Landrechte (RG 95, 346). Ist vom ausländischen Verkäufer an seinem im Auslande belegenen Niederlassungsorte zu erfüllen, so ist das Recht des Erfüllungsorts maßgebend (RG JW 1919, 499[4]). — Der auf unerlaubte Handlung gestützte Schadensersatzanspruch ist nach dem Rechte des Ortes der begangenen Tat zu beurteilen; mit der Einschränkung jedoch nach Art 12 EG, daß gegen einen Deutschen, der im Auslande eine unerlaubte Handlung vorgenommen hat, nicht weitergehende Ansprüche als die nach deutschem Rechte begründeten geltend gemacht werden können (RG 96, 98).

Deutsche Schutzgebiete sind nicht ohne weiteres dem Inlande gleichzustellen; es kann hierüber nur von Fall zu Fall je nach Grund und Zweck der Einzelvorschrift entschieden werden; in Ehesachen gelten sie als Inland (RG 84, 259). — In Konsulargerichtsbezirken ist die Anwendung fremden Rechtes, einschließlich des Gewohnheitsrechts, unzulässig (RG Warn 1914 Nr 312). Sie gelten als Inland (SeuffA 74 Nr 45).

Erster Titel

Geschäftsfähigkeit

§ 104

Geschäftsunfähig[1]) ist:

1. **wer nicht das siebente Lebensjahr vollendet hat[2]);**
2. **wer sich in einem die freie Willensbestimmung ausschließenden Zustande krankhafter Störung der Geistestätigkeit befindet, sofern nicht der Zustand seiner Natur nach ein vorübergehender ist[3]);**
3. **wer wegen Geisteskrankheit entmündigt ist[4—7]).**

E I 64 Abs 1, 2 II 78; M 1 129 ff.; P 1 55 ff., 72 ff.; 4 828; 6 119 ff.

1. **Geschäftsfähigkeit** ist die Fähigkeit, mit voller Wirksamkeit rechtsgeschäftliche Erklärungen abzugeben und entgegenzunehmen. Das BGB verwertet den weiteren Begriff der Handlungsfähigkeit, die auch die Fähigkeit zur Unrechtshandlung (Deliktsfähigkeit) umfaßt, nicht. Es unterscheidet aber zwischen Geschäftsunfähigkeit (§§ 104 ff.) und Fehlen der Verantwortlichkeit für Schadenszufügungen (§§ 827, 828). Inwieweit das Erfordernis der Geschäftsfähigkeit für die Vornahme von solchen Rechtshandlungen zu verlangen ist, die nicht Rechtsgeschäfte sind, kann nur von Fall zu Fall beantwortet werden. Für Begründung und Aufhebung eines Wohnsitzes ist in § 8 Geschäftsfähigkeit verlangt. Eine reine Besitzerwerbshandlung kann dagegen auch ein Geschäftsunfähiger vornehmen (§ 854 A 3); ebenso kann ein solcher durch „Entdeckung" (§ 984) und durch Verarbeitung (§ 950) Eigentum erwerben. Die Vorschriften über Geschäftsfähigkeit sind zwingenden Rechts. Der gute Glaube an die Geschäftsfähigkeit eines andern ist ohne Einfluß. — Die Geschäftsfähigkeit der Ehefrauen als solcher ist nach dem BGB nicht beschränkt; sie bemißt sich daher nach den allgemeinen Regeln (vgl. auch § 52 ZPO). Über die Fähigkeit zur Testamentserrichtung enthalten § 2229, zur Eheschließung §§ 1303—1308 besondere Vorschriften. Das Vorhandensein einer unheilbaren, fortschreitenden Gehirnerweichung reicht allein für sich noch nicht aus, um

den Erkrankten unfähig zur Testamentserrichtung zu machen; es muß der Nachweis hinzukommen, daß durch den Zustand krankhafter Störung seiner Geistestätigkeit seine freie Willensbestimmung im Zeitpunkte der Testamentserrichtung ausgeschlossen war (**RG** LZ 1919, 130[2]).

Geschäftsunfähig ist jemand kraft gesetzlicher Vorschrift oder infolge eines richterlichen Ausspruchs. Ohne weiteres ist geschäftsunfähig: a) der Mensch unter 7 Jahren, das Kind (Nr 1); b) der Geisteskranke (Nr 2); c) der Entmündigte (Nr 3).

2. Geschäftsunfähigkeit wegen Alters unter 7 Jahren. Das Gesetz erklärt alle Kinder unter 7 Jahren ohne Rücksicht auf die Geistesreife als geschäftsunfähig. Die Berechnung des vollendeten 7. Lebensjahres erfolgt nach § 187 Abs 2.

3. Geschäftsunfähigkeit wegen krankhaft gestörter Geistestätigkeit. Das Gesetz verlangt, indem es sich insoweit der Fassung des § 51 StGB anschließt, einen die freie Willensbestimmung ausschließenden Zustand krankhafter Störung (**RG** 65, 202), und zwar einen dauernden Zustand, so daß bloße vorübergehende Bewußtlosigkeit hier nicht in Betracht kommt. Auch muß die geistige Betätigung in ihrer Gesamtheit, vornehmlich das Denken und das Entscheiden in seiner Gesamtheit unter dem bestimmenden Einflusse des krankhaften Zustandes gestanden haben (**RG** Warn 1919 Nr 46). Schlechthin ist also noch nicht geschäftsunfähig, wer nur die Tragweite vermögensrechtlicher Beziehungen nicht zu erfassen vermag (**RG** Warn 1911 Nr 164). Eine auf ein nur bestimmtes Gebiet beschränkte Geisteskrankheit genügt namentlich auch nicht, die Prozeßfähigkeit auszuschließen (**RG** JW 1912, 872[33]; 1922, 1007[5]; SeuffA 51 Nr 89). Die krankhafte Störung kann ihren Grund haben in Geisteskrankheit oder Geistesschwäche; beide sind nur im Grade voneinander verschieden (**RG** 50, 203[4]; JW 1911, 179; Warn 09 Nr 122); die ärztlichen Unterscheidungen sind nicht maßgebend (**RG** Warn 09 Nr 122; 1913 Nr 78). Es muß ein Zustand gegeben sein, zufolge dessen die Bestimmbarkeit der Person durch vernünftige Erwägungen ausgeschlossen und vielmehr der Wille durch Vorstellungen, Triebe, oder auch durch den Einfluß anderer Personen übermäßig beherrscht ist, während eine Willensschwäche allein nicht ausreicht (**RG** Warn 1917 Nr 234); desgleichen nicht das bloße Unvermögen, die Tragweite der Willenserklärung zu ermessen (**RG** Warn 1911 Nr 164). Der hier vom Gesetze geforderte krankhafte Zustand ist mithin ein weiterer als der der Geisteskrankheit im Sinne des § 6 Nr 1, weil er sowohl Fälle der Geisteskrankheit wie der Geistesschwäche umfaßt (**RG** JW 09, 411[2]; 1911, 179[1]). Jedenfalls aber muß die Willensfreiheit ausgeschlossen sein. — Bei der Prüfung, ob Geschäftsunfähigkeit wegen Geisteskrankheit vorliegt, sind vom Standpunkte des BGB namentlich auch die Erscheinungen der Störung, wie sie sich im Verkehrsleben zeigen, zu berücksichtigen. Da es sich um eine wesentlich tatsächliche Frage handelt, kann von einer Gebundenheit des Richters an den ärztlichen Ausspruch keine Rede sein (**RG** Gruch 49, 881; JW 05, 167[3]; Warn 09 Nr 122). Da ein **seiner Natur nach nicht nur vorübergehender Zustand** vorausgesetzt wird, reichen Bewußtlosigkeit und vorübergehende Geistesstörung zur Begründung der Geschäftsunfähigkeit nicht aus. Beide haben nur die Unfähigkeit zur Abgabe von rechtsgeschäftlichen Willenserklärungen während der Dauer des Zustandes gemäß § 105 Abs 2 zur Folge (**RG** 65, 202). Hinsichtlich lichter Zwischenräume ist zu unterscheiden, ob eine Entmündigung wegen Geisteskrankheit stattgefunden hat oder nicht. Im ersteren Falle sind sie unbeachtlich und begründen nicht vorübergehende Geschäftsfähigkeit (**RG** 8. 3. 06 IV 420/05). Im andern Falle kann für die Zeit der lichten Zwischenräume volle Geschäftsfähigkeit des nicht Entmündigten angenommen werden (**RG** 18. 5. 08 IV 367/07); allerdings dann nicht, wenn das allgemeine Vorhandensein eines Zustandes im Sinne des § 104 Nr 2 nachgewiesen worden ist (**RG** Warn 1914 Nr 107).

4. Entmündigung wegen Geisteskrankheit hat ohne weiteres völlige Geschäftsunfähigkeit zur Folge. Entmündigung wegen bloßer Geistesschwäche begründet beschränkte Geschäftsfähigkeit nach den §§ 114, 106ff. (**RG** JW 08, 323[3]; 1911, 179[1]), desgl. die Entmündigung aus den in § 6 Nr 2—3 aufgeführten Gründen. Die Geschäftsunfähigkeit tritt infolge des die Entmündigung aussprechenden Beschlusses (wegen Beginns seiner Wirksamkeit vgl. § 661 ZPO) unabhängig davon ein, ob dieser mit Recht oder Unrecht erging. Sie dauert auch unbedingt fort, bis die Entmündigung wieder aufgehoben ist, sei es durch Beschluß (§ 678 ZPO), sei es durch Urteil (§§ 679, 672 ZPO). Ist jemand lediglich wegen Geistesschwäche entmündigt worden, dann ist der Prozeßrichter im Einzelfalle doch nicht gehindert, seinerseits festzustellen, daß der Entmündigte gemäß § 104 Nr 2 völlig geschäftsunfähig gewesen ist (**RG** Warn 08 Nr 3). — Die Unfähigkeit des zu Entmündigenden zur Geschäftsbesorgung muß sich auf die Gesamtheit seiner Angelegenheiten erstrecken; aber zu diesen Angelegenheiten gehört auch die Wahrnehmung der bürgerlichen Rechte sowie der Verkehr mit den Parteien, und daher kann auch schon wegen Unvermögens zur vernünftigen Betätigung auf diesem Gebiete (Querulantenwahnsinn) die Entmündigung möglich sein (**RG** Warn 08 Nr 111 u. 273; LZ 1919, 1008[2]).

5. Beweislast. Nach der herrschenden Meinung hat die Geschäftsunfähigkeit oder die Beschränkung der Geschäftsfähigkeit zu beweisen, wer sie behauptet. Dies ist unbedenklich, wenn der Grund des Mangels der Geisteszustand (RG 23, 297; JW 05, 73[5]) oder die erfolgte Entmündigung sein soll (streitig), dürfte aber auch dann zutreffend sein, wenn es sich um das Lebensalter handelt. Dem Gegner steht, soweit das überhaupt zulässig ist (A 3), der Gegenbeweis offen, daß die Handlung in lichten Zwischenräumen vorgenommen worden ist. — Die Beweiswürdigung betreffs der gesetzlichen Voraussetzungen des § 104 Nr 2 ist ganz wie sonst freie, auch von den ärztlichen Gutachten unabhängige Ermessenssache des Richters (RG Warn 1918 Nr 111). Aus Handlungen und Äußerungen eines Geisteskranken können bei der Beweiswürdigung auch Schlüsse auf die von ihm in gesunder Zeit verfolgten Absichten gezogen werden (RG 6. 10. 23 V 530/22).

7. Über das **Übergangsrecht** vgl. Artt 153—156 u. 200, 215 EG. — Hinsichtlich des ausländischen Rechtes vgl. Art 7 EG. Er erklärt grundsätzlich das Personalstatut für maßgebend. Die Vorschrift bezieht sich nur auf die Geschäftsfähigkeit, nicht auf die Deliktsfähigkeit (für letztere Art 12 EG). Der Begriff der Geschäftsfähigkeit ist nach dem BGB zu beurteilen. Der Art 7 Abs 1 enthält eine sog. vollkommene Kollisionsnorm; er gilt also sowohl für Deutsche, mögen sie sich im Inlande oder Auslande befinden, als auch für Ausländer. Seine Grundsätze sind maßgebend für die Voraussetzungen und Wirkungen der Geschäftsunfähigkeit wie der Beschränkung in der Geschäftsfähigkeit. Sie gelten für Rechtsgeschäfte aller Art, soweit nicht Ausnahmevorschriften bestehen. Hinsichtlich der Wechselfähigkeit vgl. Art 84 der WO. Ausnahmen zugunsten eines Ausländers in den Fällen des Art 7 Abs 2, 3. — Der Abs 3 des Art 7 ist anwendbar bei Rechtsgeschäften aller Art, namentlich auch bei solchen ausländischer Ehefrauen, soweit nicht Ausnahmen bestehen, für a) familienrechtliche Rechtsgeschäfte (vgl. Artt 13—23 EG), b) erbrechtliche Rechtsgeschäfte (vgl. Artt 24—26), c) Rechtsgeschäfte, durch die über ausländische Grundstücke verfügt wird. Abs 3 enthält nur eine einseitige Kollisionsnorm im Interesse des inländischen Rechtsverkehrs. Seine Vorschrift ist daher nicht anzuwenden auf Rechtsgeschäfte eines Ausländers in einem andern Staate. — Eine Ausnahme von Art 7 enthält Art 27 EG infolge des hier anerkannten Grundsatzes der Rückverweisung. Die internationale privatrechtliche Vorschrift des Auslandes, auf welche das Deutsche Recht in Art 27 verweist, weist auf das materiellrechtliche deutsche Gesetz zurück. Der Hauptanwendungsfall ist gegeben, wenn der entsprechende Staat das Recht des Wohnorts für maßgebend erklärt. Eine weitere Ausnahme von Art 7 kann sich aus Art 30 EG ergeben, wenn die Anwendung des ausländischen Rechtes den guten Sitten oder den Zwecken des deutschen Rechtes widerstrebt. Keinen Einfluß auf die Anwendung des Art 7 hat Art 28 EG.

§ 105

Die Willenserklärung eines Geschäftsunfähigen ist nichtig[1]).

Nichtig ist auch eine Willenserklärung, die im Zustande der Bewußtlosigkeit[2]) oder vorübergehender Störung[3]) der Geistestätigkeit abgegeben wird[4—6]).

E I 64 Abs 2, 3 II 79; M 1 130 ff.; P 1 55 ff., 72 ff.; 4 828; 6 119 ff.

1. Die Vorschrift betrifft nur die **Willenserklärungen.** Über die Wirkungen der Geschäftsunfähigkeit in andern Fällen vgl. die §§ 8, 131, 206, 682, 1325, 1676, 1780, 1865, 2201. Die Vorschrift bezieht sich auch nicht auf solche juristische Vorgänge, bei denen eine etwa abgegebene Willenserklärung kein rechtlich erhebliches Tatbestandsmerkmal bildet (Fund § 965, Schatz § 984, Verarbeitung § 950, Besitzhandlung § 854; streitig bei Preisgebung und Aneignung, §§ 959, 958). Über den Begriff **Nichtigkeit** vgl. § 125 A 1. Der Entmündigte behält die Befugnis, gemäß § 668 ZPO die Bestellung eines Vertreters zu fordern (RG 68, 404). Die Nichtigkeit ist eine unbedingte auch dann, wenn das Rechtsgeschäft für den Geschäftsunfähigen nur vorteilhaft ist (RG JW 1915, 570[2]). — Bei einem Grundstücksveräußerungsvertrage genügt die Geschäftsfähigkeit zur Zeit des Vertragsabschlusses, da die Auflassungserklärung gegebenenfalls durch das zu ihrer Abgabe verurteilende Urteil gemäß § 894 ZPO ersetzt werden kann (RG 6. 11. 18 V 204/18). Die durch einen Geschäftsunfähigen erteilte Vollmacht ist zwar nichtig, das von dem Bevollmächtigten vorgenommene Rechtsgeschäft ist jedoch nicht um deswillen ebenfalls nichtig, es ist vielmehr wie die von jemand ohne Vertretungsmacht abgegebene Erklärung gemäß § 177 genehmigungsfähig (RG 69, 265). — Der gute Glaube an die Geschäftsfähigkeit des Geschäftsgegners schützt nicht (RG Gruch 62, 118). Der Geschäftsgegner hat keinen Anspruch auf das negative Interesse (§ 122) oder auf Schadensersatz aus § 829.

2. **Der Zustand der Bewußtlosigkeit** kann auch schon bei erheblicher Trübung des Bewußtseins angenommen werden. Es genügt, daß das Bewußtsein so weit fehlt, daß die Erkenntnis des Inhalts und Wesens der vorgenommenen Handlung, sei es überhaupt, sei es in

einer bestimmten Richtung, mangelt. Dieser Zustand sowie der Zustand nur vorübergehender Störung der Geistestätigkeit begründen nur eine einstweilige Unfähigkeit zur Abgabe von Willenserklärungen, keine Geschäftsunfähigkeit im allgemeinen. Die während solcher Zustände abgegebenen Willenserklärungen sind aber ebenfalls nichtig. Die Nichtigkeit des Verpflichtungsgeschäfts macht indes nicht zugleich das nach Beendigung des fraglichen Zustandes bewirkte Leistungsgeschäft nichtig (**RG** 72, 61).

3. Die **Störung der Geistestätigkeit** muß ihrer Natur nach nur vorübergehend, anderseits aber auch hier in einem Grade vorhanden sein, daß die freie Willensbestimmung ausgeschlossen ist (§ 104; **RG** 74, 110; 103, 399). Bei Dauerzuständen, auch wenn sie sich nur in einzelnen Erscheinungen (Zwangsvorstellungen) bemerkbar machen, kann nur allgemeine Geschäftsunfähigkeit nach § 104 Nr 2 in Frage kommen.

4. **Gesetzliche Vertreter.** Das Gesetz sorgt für Kinder und volljährige Entmündigte dadurch, daß sie einen gesetzlichen Vertreter erhalten. Dieser ist allein zur Vertretung befugt, und zwar auch dann, wenn es sich um die Annahme von Schenkungen handelt. Über die Beschränkungen der Vertretungsbefugnis vgl. die §§ 1630 Abs 2, 1795, 181. Im Falle von Schenkungen der Mutter oder des Vaters selbst ist dieser demgemäß zur Vertretung des Kindes bei der Annahme nicht befugt (**RG** 1. 5. 12 V 13/12; 23. 10. 12 V 239/12; vgl. JW 1910, 395 [19]). Für die Wirkung von Willenserklärungen, die im Namen des Geschäftsunfähigen von seinem Vertreter oder ihm gegenüber abgegeben werden, gilt § 164. — Dem gesetzlichen Vertreter liegt die Sorge für die Person und das Vermögen des Vertretenen ob, soweit nicht in einzelnen Beziehungen Ausnahmen bestimmt sind. Das Nähere darüber im besondern Teile. Für die in § 104 Nr 2 bezeichneten Personen kann, sobald die Entmündigung beantragt ist, nach § 1906 eine vorläufige Vormundschaft angeordnet, für einen bestimmten Kreis ihrer Angelegenheiten auch sonst nach § 1901 ein Pfleger bestellt werden (**RG** 52, 240; JW 06, 376 [2]). Überdies vgl. für den Fall, daß eine nicht prozeßfähige Partei, die eines gesetzlichen Vertreters ermangelt, verklagt werden soll, § 57 ZPO (vorläufige Bestellung eines Prozeßvertreters durch den Vorsitzenden).

5. Für die Verantwortlichkeit aus **unerlaubten Handlungen** gelten die Vorschriften der §§ 827—829.

6. Wer sich darauf beruft, daß der Tatbestand des § 105 Abs 2 vorgelegen habe, muß ihn **beweisen.** Vgl. **RG** Warn 1913 Nr 243.

§ 106

Ein Minderjähriger, der das siebente Lebensjahr vollendet hat[1]), ist nach Maßgabe der §§ 107 bis 113 in der Geschäftsfähigkeit beschränkt[2]).

E I 65 Abs 1; M 1 131 ff.; P 1 59 ff.

1. Als **minderjährig** im Rechtssinne wird bezeichnet, wer über 7 Jahre alt, aber noch nicht volljährig, mithin noch nicht 21 Jahre alt und auch nicht für volljährig erklärt ist (§ 2). Die beschränkte Geschäftsfähigkeit der Minderjährigen beginnt von selbst mit vollendetem 7. Lebensjahre (§ 3). Übergangsrecht Artt 153, 154 EG; ausländisches Recht Artt 7, 27, 29 EG. Vorbehalten waren für Angehörige landesherrlicher und ihnen gleichgestellter Häuser die besondern Vorschriften der Hausverfassungen oder der Landesgesetze nach Art 57 EG, für vormals reichsständische und diesen gleichgestellte Familien die Landesgesetze und Hausverfassungen „nur in Ansehung der Familienverhältnisse und der Güter" nach Art 58 EG.

2. **Die Beschränkung der Geschäftsfähigkeit** ist eine Zwischenstufe zwischen der Geschäftsunfähigkeit und der vollen Geschäftsfähigkeit. Der in der Geschäftsfähigkeit Beschränkte ist eines rechtlich in Betracht kommenden Willens fähig (vgl. § 165 A 1). Es fehlt ihm aber regelmäßig der Grad von geistiger Reife oder Erfahrung, den das Gesetz zur Verfügung über das Vermögen oder über die Person für notwendig erachtet — so beim Minderjährigen, Geistesschwachen —; oder das Gesetz hält aus andern Gründen eine Fürsorge für geboten, so wegen Verschwendung oder Trunksucht. Der in der Geschäftsfähigkeit Beschränkte erhält daher ebenfalls einen gesetzlichen Vertreter (§ 105 A 5); er kann aber trotzdem in gewissen Grenzen auch durch seine eigenen Handlungen am Rechtsverkehre teilnehmen. Darum ist seine Geschäftsfähigkeit nur eine beschränkte, und zwar nach Maßgabe der §§ 107—113. — Besondere Vorschriften gelten für die Eheschließungen (§§ 1304 ff. BGB; § 712 ZPO), das Testament (§§ 2229, 2230, 2247), für den Erbvertrag (§ 2275) und Erbverzicht (§ 2347). Hinsichtlich des Antragsrechts in Vormundschaftssachen vgl. §§ 56, 59 FGG; hinsichtlich des Antragsrechts in Strafsachen § 65 StGB. — Die wichtige Frage, ob der Minderjährige befähigt ist, **in Angriffe** gegen seine Sache oder gegen seinen Körper derart wirksam **einzuwilligen,** daß der Angriff hierdurch zu einem statthaften (nicht rechtswidrigen) wird, beantwortet sich für den ersten Fall aus der Erwägung, daß die Einwilligung

eine Verfügung über die Sache darstellen würde, die dem Minderjährigen grundsätzlich entzogen ist. Bei Verfügungen über die Person dagegen können die sachenrechtlichen Grundsätze auch nicht einmal entsprechend anwendbar sein, weil das Erfordernis der Rechtsähnlichkeit der Fälle fehlt. Indessen auch dem Grundsatze, wonach der gesetzliche Vertreter für die Person des Minderjährigen zu sorgen verpflichtet ist (§§ 1627, 1793), kann das Gesetz keinesfalls die Tragweite beigemessen haben, daß dem Vertreter zugleich eine ausschließliche und uneingeschränkte Verfügung über die körperliche Unversehrtheit des Pflegebefohlenen eingeräumt und diesem anderseits jedes Selbstbestimmungsrecht entzogen sein sollte. Um mit den Lebensverhältnissen in Einklang zu bleiben, wird man vielmehr von Fall zu Fall prüfen müssen, und wird vor allem der Täter zu prüfen haben, ob der Minderjährige in der Lage gewesen ist, die Ersprießlichkeit des Eingriffs selbst zu ermessen, je nach seiner geistigen und sittlichen Reife und je nach der Erheblichkeit des Eingriffs (vgl. **RG**St 41, 392). Wenn **RG** JW 07, 505[2]; sowie **RG** 25, 375; 38, 34 und auch **RG** JW 1911, 748[2]; Warn 1911 Nr 398 (wo indessen wenigstens für ganz besonders geartete Fälle die Möglichkeit einer Ausnahme zugegeben wird) den allgemeinen Grundsatz aufstellen (vgl. auch **RG** 68, 433), daß die Berechtigung des Arztes zu einer Operation bei Minderjährigen stets von der Einwilligung des gesetzlichen Vertreters abhängig sei, so kann das nicht gebilligt werden (anderer Ansicht Planck § 107 A 4). Gegebenenfalls mit einer stillschweigend erteilten Einwilligung des gesetzlichen Vertreters zu rechnen (**RG** JW 07, 505[2]), stellt offenbar lediglich einen überdies sachlich keinesfalls immer brauchbaren Notbehelf dar. Bei unentschuldbarem Irrtum des Arztes über die Einwilligung des gesetzlichen Vertreters bliebe überdies die Handlungsweise des Arztes stets eine schuldhafte (**RG** 68, 437), sofern die Einwilligung des Kranken selbst grundsätzlich belanglos wäre.

Die Beschränkung der Geschäftsfähigkeit hat viel Gemeinsames mit den Fällen **subjektiver Verfügungsunfähigkeit,** der mangelnden Befugnis, über den Gegenstand des Geschäfts selbständig zu verfügen. Deshalb kehren die Vorschriften der §§ 108, 109, 111 mit entsprechenden Änderungen wieder bei: a) Vertretung ohne Vertretungsmacht (§§ 177, 178, 180); b) Rechtsgeschäften eines Ehegatten ohne die erforderliche Genehmigung des andern (§§ 1396, 1448); c) Rechtsgeschäften des Vaters, der Mutter als Inhabers der elterlichen Gewalt oder des Vormundes ohne die erforderliche Zustimmung des Vormundschaftsgerichts oder Gegenvormundes (§§ 1643, 1686, 1690, 1829, 1832).

§ 107

[1]) **Der Minderjährige bedarf zu einer Willenserklärung, durch die er nicht lediglich einen rechtlichen Vorteil erlangt[2]), der Einwilligung seines gesetzlichen Vertreters.**

E I 65 Abs 2, 3 Satz 1 II 81; M 1 133; P 1 59 ff.

1. § 107 spricht mittelbar den **allgemeinen Grundsatz** aus: Der Minderjährige ist geschäftsfähig für Rechtsgeschäfte, durch die er lediglich einen rechtlichen Vorteil erlangt. Zu allen andern Rechtsgeschäften bedarf er, wenn das Rechtsgeschäft mit seiner Vornahme ohne weiteres wirksam werden soll, der vor oder bei Abgabe der Willenserklärung erfolgenden Einwilligung seines gesetzlichen Vertreters (§ 183). Das ohne die Einwilligung vorgenommene Rechtsgeschäft ist jedoch nicht nichtig, ist vielmehr (abgesehen vom einseitigen Rechtsgeschäfte, § 111) einstweilen nur unwirksam und ist daher auch genehmigungsfähig (§ 108). Ausnahmen gegenüber dem Grundsatze des § 107 enthalten die §§ 110, 112, 113. — Die **Einwilligung** — die an sich nicht zum Tatbestande des Rechtsgeschäfts selbst gehört, vielmehr nur Bedingung für seine Wirksamkeit darstellt (Vorbem 3 vor § 104) — ist eine einseitige empfangsbedürftige, rechtsgeschäftliche Erklärung und kann sowohl dem Minderjährigen, wie dessen Geschäftsgegner gegenüber abgegeben werden (§ 182). Bis zur Vornahme des Hauptgeschäfts ist die Einwilligung frei widerruflich (§ 183 Satz 2). Die Erklärung der Einwilligung kann ausdrücklich oder stillschweigend abgegeben werden und ist frei von dem für das Hauptgeschäft bestehenden Formzwange (§ 182 Abs 2). Eine bloß allgemeine Einwilligung ist, abgesehen von den Fällen der §§ 110 (dort A 1), 112, 113, unzulässig und als nicht erfolgt zu betrachten. Die Annahme, daß die Einwilligung, sich auf einen bestimmten Beruf vorzubereiten — als Student, Lehrling usw. —, auch die wirksame Einwilligung zur Vornahme aller durch die entsprechende Lebenslage erforderten Rechtsgeschäfte in sich schließe, scheint mit dem Zwecke des Gesetzes nicht vereinbar. Zur erforderlichen Bestimmtheit des Genehmigungsgegenstandes ist anderseits nicht unbedingt eine individuelle Bezeichnung des Rechtsgeschäfts, nicht einmal unbedingt dessen Kenntnis erforderlich, zumal wenn es sich um ein Geschäft von allgemein üblichem Inhalte handelt. Die Einwilligung zur Einziehung einer Forderung schlösse auch die zur Kündigung in sich. — Ist nach den Vorschriften über elterliche Gewalt oder Vormundschaft zur Einwilligung des gesetzlichen Vertreters auch die

Genehmigung des Vormundschaftsgerichts oder des Gegenvormundes erforderlich, so ist die Wirksamkeit des Geschäfts noch von ihrer Erteilung abhängig. — Der Mangel der erforderlichen Einwilligung des gesetzlichen Vertreters wirkt verschieden bei Verträgen (§§ 108, 109) und bei einseitigen Rechtsgeschäften (§ 111). — Unter § 107 fällt auch das Verlöbnis (**RG** 61, 267). Hinsichtlich der Sondervorschriften in Familienrechten vgl. § 106 A 2.

2. Nur ein **rechtlicher** Vorteil kommt in Frage. Die bloß wirtschaftlichen Folgen bleiben mithin außer Betracht. **„Lediglich vorteilhaft"** ist ein Rechtsgeschäft niemals, wenn unmittelbar auch eine Verpflichtung, sei es begrifflich notwendig, wie bei gegenseitigen Verträgen, sei es auch nur unter besondern Umständen (in Form einer actio contraria, § 320 A 1) begründet wird, wie beim Auftrage; ferner dann nicht, wenn über das Vermögen des Minderjährigen verfügt wird, mag es auch erfüllungshalber geschehen. Eine Verfügung enthält auch die Kündigung (Vorbem 7 vor § 104). Sie begründet für den Minderjährigen zugleich die Verpflichtung zur Annahme der Leistung und bringt ihm mithin nicht nur einen rechtlichen Vorteil. Lediglich vorteilhaft können daher stets nur solche Rechtsgeschäfte sein, welche die Annahme einer unentgeltlichen Zuwendung an den Minderjährigen, sei es unter Lebenden, sei es von Todes wegen, ferner die Annahme eines Erlasses oder eines Verzichts auf Rechte enthalten, endlich die Aneignung (§ 958) sowie die Annahme der dem Minderjährigen geschuldeten Leistung (streitig). Der Erlaß und Verzicht dagegen sind wie die Erfüllung, Aufrechnung, Forderungsübertragung und Schuldübernahme der Einwilligung bedürftig. Daß durch den Hinzutritt weiterer Umstände nur mittelbar etwa eine Verpflichtung für den Minderjährigen entstehen kann, so die Herausgabepflicht bei Schenkungen, wenn der Schenker verarmt (§ 528), oder die Schenkung in den Fällen der §§ 530ff. widerruft, ist für das Vorhandensein eines nur vorteilhaften Rechtsgeschäfts unwesentlich. Daher kann der Minderjährige durch rein abstrakte Rechtsgeschäfte (Zession, Übergabe, Auflassung) auch ohne Einwilligung erwerben; denn aus dem abstrakten Rechtsgeschäft selbst kann für ihn niemals zugleich eine Verpflichtung entstehen, sondern gegebenenfalls nur aus dem zugrunde liegenden Rechtsverhältnisse.

§ 108

Schließt der Minderjährige einen Vertrag ohne die erforderliche Einwilligung des gesetzlichen Vertreters, so hängt die Wirksamkeit des Vertrags von der Genehmigung des Vertreters ab[1]).

Fordert der andere Teil den Vertreter zur Erklärung über die Genehmigung auf, so kann die Erklärung nur ihm gegenüber erfolgen; eine vor der Aufforderung dem Minderjährigen gegenüber erklärte Genehmigung oder Verweigerung der Genehmigung wird unwirksam. Die Genehmigung kann nur bis zum Ablaufe von zwei Wochen nach dem Empfange der Aufforderung erklärt werden; wird sie nicht erklärt, so gilt sie als verweigert[2]).

Ist der Minderjährige unbeschränkt geschäftsfähig geworden, so tritt seine Genehmigung an die Stelle der Genehmigung des Vertreters[3])[4]).

E I 65 Abs 3 Satz 2, Abs 5, 6 II 82; M 1 134 ff.; P 1 60 ff.; 6 124 ff., 276 ff.

1. **Schließt der Minderjährige einen Vertrag,** durch den er nicht lediglich einen rechtlichen Vorteil erlangt (§ 107), **ohne die Einwilligung des gesetzlichen Vertreters** ab, so ist der Vertrag doch nicht schlechthin und nicht ohne weiteres dauernd unwirksam. Der Vertrag befindet sich vielmehr für und gegen beide Teile zunächst nur in einem Zustande schwebender Unwirksamkeit — in der Genehmigungslage, so daß über den endgültigen Zustand erst das Verhalten des gesetzlichen Vertreters entscheidet. Die Erteilung der Genehmigung, d. i. die nachträgliche, keiner Form bedürftige (§ 182), aber empfangsbedürftige Zustimmung (§ 184 Abs 1), macht den Vertrag von Anfang an wirksam — jedoch gemäß § 184 unter Aufrechterhaltung der vom Vertreter oder der im Zwangsvollstreckungsverfahren in der Zwischenzeit getroffenen Verfügungen; die Verweigerung der Genehmigung dagegen macht den Vertrag von Anfang an, wenn auch nicht nichtig (vgl. auch § 110, anderseits § 105), so doch unwirksam, und zwar unwiderruflich (**RG** JW 06, 9[3]). Das BGB will hier nicht das sog. hinkende Rechtsgeschäft, wonach der Vertragsgenosse dem Minderjährigen gegenüber aus dem Geschäfte verpflichtet, der Minderjährige aber nicht verpflichtet wäre. Der Vertragsgenosse ist vielmehr während des Schwebezustandes sogar besser gestellt als der Minderjährige, da der letztere des Rechtes des Widerrufs ermangelt (M 1, 334), dem Vertragsgenossen dieses Recht dagegen durch § 109 (abgesehen vom Sonderfalle des Abs 2 das.) ausdrücklich eingeräumt ist. Die Genehmigung kann übrigens nur schlechthin

erteilt oder verweigert werden. — Auch das Verlöbnis fällt unter die §§ 108, 109 (RG JW 06, 9[3]).

2. Die durch den Vertrag geschaffene Rechtslage ist auch schon während des Schwebezustandes auf der Gläubiger- und auf der Schuldnerseite vererblich. Auf die Genehmigung wie deren Verweigerung sind im übrigen die §§ 182, 184 anzuwenden (vgl. das Nähere dort). — Grundsätzlich kann der gesetzliche Vertreter mit der Erklärung der Genehmigung oder ihrer Verweigerung warten, solange es ihm beliebt. Das Recht des Vertragsgenossen anderseits ist durch Abs 2 gewahrt. — Durch das hier ihm gewährte Recht, den gesetzlichen Vertreter **zur Erklärung über die Genehmigung aufzufordern,** erhält der Vertragsgenosse die Möglichkeit, den Schwebezustand der Genehmigungslage und damit die Ungewißheit über die Wirksamkeit des Vertrags zu beseitigen. Die Aufforderung ist eine einseitige empfangsbedürftige Willenserklärung, die nur dem gesetzlichen Vertreter gegenüber erfolgen kann. Ein Recht, vom Vertreter auch eine Erklärung über eine von ihm etwa dem Minderjährigen bereits erteilte Einwilligung zu verlangen, kennt das Gesetz nicht. Es bleibt hier nur die Feststellungsklage übrig. — Die **Wirkung der Aufforderung** besteht darin, daß die Genehmigung oder ihre Verweigerung jetzt nur noch dem Auffordernden gegenüber erteilt werden kann, und daß auch eine vor der Aufforderung dem Minderjährigen gegenüber erklärte Genehmigung oder Verweigerung für und gegen beide Vertragsteile unwirksam wird. Daher kann der Vertreter die Genehmigung noch jetzt endgültig wirksam verweigern, selbst wenn er sie dem Minderjährigen gegenüber nach dem Vertragsabschlusse bereits erteilt hatte. Hatte er freilich die Einwilligung schon vor dem Vertragsabschlusse erteilt, dann bleibt er hieran gebunden (§ 107). Eine Mitteilung des Vertreters an den andern Teil über die dem Minderjährigen gegenüber erklärte Genehmigung oder Verweigerung enthält dem andern Teile gegenüber zugleich die Genehmigung oder Verweigerung selbst. — Die **Genehmigung gilt als verweigert,** wenn sie nicht binnen **zwei Wochen** (Berechnung nach §§ 187, 188) seit Empfang der Aufforderung erklärt wird. Übrigens können der gesetzliche Vertreter und der andere Teil die gesetzliche Frist verlängern oder abkürzen. Der Ablauf der Frist bewirkt von selbst den Ausschluß mit dem Rechte zur Genehmigung (vgl. § 186 A 1); zur nachträglichen Beseitigung dieser Folge wäre ein entsprechender Vertragsschluß erforderlich. — Das, was der Minderjährige auf Grund eines nicht genehmigten Geschäfts erlangt hat, kann nur mit der Bereicherungsklage gemäß §§ 812, 818 zurückgefordert werden; den Beweis, daß die Bereicherung bereits fortgefallen sei, hat der Minderjährige zu führen (RG 65, 298; 68, 270; Warn 1918 Nr 70). Eine Schadensersatzpflicht des Minderjährigen besteht, abgesehen von einer arglistigen Täuschung über das Vorliegen der Genehmigung oder über die Tatsache der Minderjährigkeit, nicht (RG 10. 4. 23 III 321/22). Vgl. auch § 114 A 1 a. E.

3. Die **Erlangung der unbeschränkten Geschäftsfähigkeit** durch Volljährigkeit oder durch Volljährigkeitserklärung macht den Vertrag des früheren Minderjährigen nicht von selbst wirksam. Nur steht jetzt dem letzteren selbst die Erteilung oder Verweigerung der Genehmigung zu. Sie kann nur dem andern Teile gegenüber erklärt werden, wie auch die Aufforderung mit den in Abs 2 bezeichneten Wirkungen ihm gegenüber erfolgen muß. Die nicht formbedürftige Genehmigung kann auch durch schlüssige Handlungen erteilt werden, beispielsweise auch dadurch, daß der Minderjährige zu seiner zuvor abgegebenen Unterschrift jetzt ein neues Datum beifügt (RG Warn 1919 Nr 21).

4. Beweislast. Die Einwilligung oder Genehmigung hat zu beweisen, wer Rechte aus dem Vertrage ableitet. Wendet der andere Teil ein, daß er den Vertreter nach Abs 2 „aufgefordert habe", und daß die zweiwöchige Frist abgelaufen sei, wofür er beweispflichtig ist, so ist es Sache des Vertreters, nachzuweisen, daß er rechtzeitig seine Genehmigung erteilt habe.

§ 109

Bis zur Genehmigung des Vertrags ist der andere Teil zum Widerrufe berechtigt[1]). Der Widerruf kann auch dem Minderjährigen gegenüber erklärt werden[2]).

Hat der andere Teil die Minderjährigkeit gekannt, so kann er nur widerrufen, wenn der Minderjährige der Wahrheit zuwider die Einwilligung des Vertreters behauptet hat; er kann auch in diesem Falle nicht widerrufen, wenn ihm das Fehlen der Einwilligung bei dem Abschlusse des Vertrags bekannt war[3])[4]).

E I 65 Abs 4 II 83; M 1 134; P 1 60 ff.; 6 122.

1. Der andere Teil kann den Schwebezustand der Genehmigungslage (§ 108 A 1) und damit zugleich den Vertrag bis zur Genehmigung regelmäßig (vgl. A 3) durch einseitige

empfangsbedürftige Erklärung — seinen **Widerruf — überhaupt beseitigen.** Der Vertrag gilt dann als nicht rechtswirksam geschlossen. Das Widerrufsrecht ist jedoch ausgeschlossen, sobald der Vertrag vom Vertreter, wenn auch nur dem Minderjährigen gegenüber genehmigt worden ist (§ 108), was auch für den Fall gilt, daß das Geschäft auch der vormundschaftsgerichtlichen Genehmigung bedürftig gewesen, diese aber noch nicht erfolgt war. Allerdings ist der andere Teil in der Lage, durch die an den Vertreter gerichtete Aufforderung (nach § 108 Abs 2) die etwa dem Minderjährigen gegenüber nach dem Vertragsabschlusse bereits erteilte Genehmigung wieder unwirksam zu machen und so das Widerrufsrecht wieder zu erhalten. Diesen Erfolg erreicht er auch dann, wenn er mit dem Widerrufe zugleich die Aufforderung gemäß § 108 Abs 2 verbindet.

2. Die Regel des § 131 würde dazu führen, daß der **Widerruf dem Minderjährigen gegenüber** nicht rechtswirksam erklärt werden könnte. Satz 2 des Abs 1 enthält eine Abweichung von der Regel.

3. Wenn der **andere Teil** bei dem Abschlusse des Vertrags die **Minderjährigkeit gekannt hat,** bleibt er grundsätzlich an den Vertrag gebunden, es sei denn, daß der Minderjährige ihm gegenüber der Wahrheit zuwider die Einwilligung des Vertreters behauptet hat, was übrigens nur das Behaupten einer tatsächlich unrichtigen Tatsache, dagegen nicht auch ein wissentlich unwahres oder schuldhaftes Handeln des Minderjährigen erfordert. Aber auch in dem dargelegten Falle bleibt der **andere Teil gebunden,** wenn ihm das Fehlen der Einwilligung beim Abschlusse des Vertrags ohnehin bekannt war. Dem Kennen steht das Kennenmüssen nicht gleich.

4. **Beweislast.** Wer den Widerruf geltend macht, hat ihn zu beweisen, daher gegebenenfalls auch seine Rechtzeitigkeit. Wer behauptet, daß das Widerrufsrecht ausgeschlossen war (Abs 2), hat dies zu beweisen. Gegenüber dem Beweise, daß der andere Teil bei Abschluß des Vertrags die Minderjährigkeit gekannt habe, steht dem andern Teile der weitere Beweis frei, daß der Minderjährige die Einwilligung des Vertreters behauptet hat, und gegenüber diesem Beweise dem Gegner der Beweis, daß dem Widerrufenden auch das Fehlen der Einwilligung bekannt gewesen sei.

§ 110

[1]) Ein von dem Minderjährigen ohne Zustimmung des gesetzlichen Vertreters geschlossener Vertrag gilt als von Anfang an wirksam, wenn der Minderjährige die vertragsmäßige Leistung mit Mitteln bewirkt, die ihm zu diesem Zwecke oder zu freier Verfügung von dem Vertreter oder mit dessen Zustimmung von einem Dritten[2]) überlassen worden sind[3])[4]).

E I 69; M 1 147 ff.; P 1 66 ff.; 6 122.

1. **Wirksamkeit gewisser Verträge des Minderjährigen.** Nach § 107 A 1 bedarf die Einwilligung der nötigen Bestimmtheit. § 110 gibt eine durch das Verkehrsbedürfnis verlangte Ergänzung. Durch Überlassung von Mitteln zu besonders vorgesehener oder aber zu freier Verfügung erlangt der Minderjährige zwar nicht Geschäftsfähigkeit und nicht etwa die Fähigkeit zu Rechtsgeschäften aller Art. Aber jeder von ihm innerhalb der durch den gegebenen Zweck bestimmten Grenzen abgeschlossene Vertrag sowie die auf Grund dessen von ihm vorgenommene Verfügung gelten als von Anfang an wirksam, wofern der Minderjährige die vertragsmäßige Leistung mit den ihm zu dem angegebenen Zwecke gegebenen Mitteln bewirkt hat. Das Gesetz knüpft also zwar die Wirksamkeit des Vertrags unmittelbar an die Leistung des Minderjährigen; aber der rechtliche Grund dafür ist nicht in der Leistung selbst, sondern in der vom gesetzlichen Vertreter im voraus erteilten, in der Überlassung der Mittel sich aussprechenden Einwilligung zu finden (**RG** 74, 235). Der § 110 enthält daher auch nur einen besonderen Anwendungsfall von § 107. Vom Falle des § 108 anderseits unterscheidet er sich insofern, als bei ihm ein ohne die Einwilligung des gesetzlichen Vertreters abgeschlossener Vertrag vorausgesetzt und als Mittel zur Heilung der Unwirksamkeit die nachträgliche Genehmigung vorgesehen wird, während der § 110 für seinen Fall gerade annimmt, daß der Vertrag sofort wirksam wird, weil er mit der im voraus erteilten Einwilligung des Vertreters abgeschlossen worden. Während ferner der § 108 die nachträgliche Genehmigung bereits abgeschlossener, mithin bereits genau bestimmter Verträge im Auge hat, kann der gesetzliche Vertreter nach § 110 den Minderjährigen instand setzen, eine Reihe von noch völlig unbestimmten Rechtsgeschäften wirksam abzuschließen, ohne daß der gesetzliche Vertreter auf die Wirksamkeit noch einen Einfluß hätte. — Ob in der Überlassung der Mittel eine allgemeine oder eine nur beschränkte Einwilligung zu finden ist, hängt davon ab, zu welchem Zwecke die Überlassung der Mittel erfolgt: ob nämlich zu völlig beliebiger Verfügung, oder nur mit Rücksicht auf eine einzelne bestimmte Angelegenheit (Ankauf eines Anzugs), oder endlich im Hinblick zwar nicht auf ein völlig schrankenloses, aber doch ein weites, wenn

auch in sich geschlossenes Gebiet (Überlassung von Mitteln zu einer Badereise, zur Ausbildung, zum Studium). Welcher der Fälle gegeben sei, ist nach den Umständen zu ermitteln. Auch das, was der Minderjährige vermöge der ihm überlassenen Mittel erworben hat (kauf- oder tauschweise), kommt hier als ihm zur Verfügung überlassen in Betracht, falls nicht die erkennbare Grenze der gewährten Freiheit überschritten ist (RG 74, 235). Die Zweckbestimmung kann ausdrücklich, wie auch stillschweigend erfolgen. — Da im Falle einer Leistung des Minderjährigen davon auszugehen ist, als wäre der zugrunde liegende Vertrag, **von Anfang an wirksam** zustande gekommen, so ist die bewirkte Leistung nicht erst auf Grund eines unwirksamen, sondern auf Grund eines bereits wirksamen Grundgeschäfts erfolgt. Für einen Rückforderungsanspruch aus § 812 besteht daher nach der Leistung kein Raum mehr. Da indessen vor der Leistung der Vertrag Wirksamkeit noch nicht erlangt hat, so folgt, daß der gesetzliche Vertreter es bis zur Leistung grundsätzlich noch in der Hand hat, sowohl den Vertrag, wie damit auch die Rechtsbeständigkeit der etwaigen Leistung dadurch zu vereiteln, daß er dem Minderjährigen gegenüber die ihm im voraus erteilte Einwilligung rechtzeitig widerruft (etwa durch Zurückforderung der ihm überlassenen Mittel). Ist auch der Vertragsgegner im Falle des § 110 gemäß § 109 bis zur Leistung des Minderjährigen zum Widerrufe des Vertrags berechtigt? Das ist zu verneinen, da in der Überlassung der Mittel eine im voraus erteilte Einwilligung zu finden ist und daher der Fall des § 109 nicht in Frage kommen kann. Fallen Abschluß des Vertrags und Erfüllung zusammen, wie beim Handkaufe, dann besteht natürlich auch für den Vertreter keine Möglichkeit des Widerrufs. Die Bewirkung der Leistung setzt nach der Anforderung des Gesetzes die **volle Erfüllung** voraus. Nur teilweise Leistung macht den Vertrag nicht etwa teilweise wirksam. Nur wenn Leistung und Gegenleistung teilbar sind (§ 266 A 1), und die einzelne Teilleistung eine gewisse Selbständigkeit hat, wie bei einem auf Teilleistungen gerichteten Vertrage der Fall, kann die einzelne Leistung des Minderjährigen in entsprechendem Umfange auch die Wirksamkeit des Geschäfts herbeiführen. Der Erfüllung durch vertragsmäßige Leistung steht grundsätzlich die Erfüllung durch Hingabe an Zahlungs Statt, Hinterlegung, Aufrechnung usw. gleich.

2. **Dritter** kann jede beliebige andere Person sein als der gesetzliche Vertreter. Voraussetzung ist aber einmal, daß auch der Dritte die Mittel unter einer entsprechenden Zweckbestimmung zuwendet (gleichgültig ob unentgeltlich oder entgeltlich), und ferner, daß der gesetzliche Vertreter in diese entsprechende Zuwendung und Zweckbestimmung einwilligt.

3. **Als „Mittel"** kommen hier nur Vermögensgegenstände im engeren Sinne in Betracht, bei denen eine „Überlassung" überhaupt denkbar ist. Unmittelbar gehören daher nicht hierher Leistungen persönlicher Art (Dienst-, Arbeitsleistungen). Indessen hat ein Minderjähriger durch solche Leistungen einen Erwerb gemacht, ist dieser ihm alsdann belassen worden und hat er damit einen Vertrag erfüllt, dann wird der § 110 Platz greifen (s. weiter unten). Kann der Gesichtspunkt des § 110 auch dann durchgreifen, wenn der Minderjährige den Vertrag nicht mit den ihm überlassenen Mitteln, sondern durch andere Mittel erfüllt? Die Frage wird insoweit ohne weiteres zu bejahen sein, als der Minderjährige Mittel verwendet hat, die er durch die ihm zu freier Verfügung überlassenen erworben hatte (oben A 1; RG 74, 235). Höchstens entsprechend könnte dagegen § 110 Platz greifen, falls der Minderjährige den Vertrag durch Leistungen persönlicher Art erfüllt, etwa eine Kaufschuld abgearbeitet hat. Den Gesichtspunkt des § 107 hier heranzuziehen (Oertmann § 110 A 7) erscheint schwerlich als zulässig. Denn die Geltendmachung der Forderung auf die dem Minderjährigen für seine Dienstleistung vertraglich zugesagte Gegenleistung kann nicht im Sinne des § 107 als ein Rechtsgeschäft aufgefaßt werden, das ihm nur einen rechtlichen Vorteil bringt; oder man käme schließlich zu der Regel, daß ein von einem Minderjährigen abgeschlossener unwirksamer Vertrag durch die Vorleistung des Minderjährigen um deswillen allemal wirksam werde, weil nunmehr nur noch die Gegenleistung des Vertragsgegners ausstünde, und deren Geltendmachung dem Minderjährigen jetzt freilich nur zum Vorteile gereichen würde. Unter Willenserklärungen im Sinne des § 107 können doch nur solche verstanden werden, die auf Rechtserwerb (Aneignung, Annahme von Zuwendungen) oder auf Befreiung von einer Verpflichtung (Annahme von Erlassen und Verzichten) gerichtet sind. — Die **Überlassung der Mittel** kann ausdrücklich aber auch stillschweigend erfolgen. Ein stillschweigendes Überlassen zur freien Verfügung liegt vor, wenn der Minderjährige seinen Lebensunterhalt selbst verdient und ihm der Vertreter das Erworbene überläßt (vgl. dazu jedoch § 119 Abs 2 Nr 2 GewO). Die Überlassung durch den Vertreter enthält eine Verfügung über das Vermögen des Minderjährigen. Soweit der Vertreter dazu der Genehmigung des Vormundschaftsgerichts oder des Gegenvormundes bedarf, kann daher mangels solcher Genehmigung die in § 110 bestimmte Wirkung nicht erzielt werden. Die Genehmigung des Vormundschaftsgerichts oder des Gegenvormundes ist aber überhaupt nicht erforderlich, falls ein Dritter die Mittel mit Zustimmung des Vertreters gewährt.

4. Für **Minderjährige,** die sich mit Zustimmung ihres gesetzlichen Vertreters **in gewissen Lebensstellungen** befinden, in der sie selbst für ihre Bedürfnisse zu sorgen haben — Studierende, Lehrlinge, Soldaten, Schüler, Dienstboten —, enthält das BGB keine besondern Bestimmungen. Ein Antrag, die von solchen Minderjährigen geschlossenen Geschäfte allgemein für rechtswirksam zu erklären, wurde abgelehnt. Die Ansicht, daß in der vorausgesetzten Zustimmung des Vertreters zu der Beschäftigung des Minderjährigen ohne weiteres eine stillschweigende Einwilligung zu allen Rechtsgeschäften zu finden sei, die die Lebensstellung mit sich bringen mag, erweitert den § 110 in unzulässiger Weise. Geborgt soll nicht werden. Borgen soll nur dann als genehmigt gelten, wenn der Minderjährige mittellos gelassen wird.

§ 111

Ein einseitiges Rechtsgeschäft, das der Minderjährige ohne die erforderliche Einwilligung des gesetzlichen Vertreters vornimmt, ist unwirksam[1]). Nimmt der Minderjährige mit dieser Einwilligung ein solches Rechtsgeschäft einem anderen gegenüber vor, so ist das Rechtsgeschäft unwirksam, wenn der Minderjährige die Einwilligung nicht in schriftlicher Form vorlegt und der andere das Rechtsgeschäft aus diesem Grunde unverzüglich zurückweist[2]). Die Zurückweisung ist ausgeschlossen, wenn der Vertreter den anderen von der Einwilligung in Kenntnis gesetzt hatte[3])[4]).

E I 65 Abs 3 Satz 2 II 85; M 1 133 ff.; P 1 62.

1. **Einseitige Rechtsgeschäfte** (Vorbem 2 vor § 116) gestatten mit Rücksicht auf den andern Teil nicht den Schwebezustand der Genehmigungslage (§ 108 A 1). Deshalb ist ein vom Minderjährigen ohne die erforderliche Einwilligung des Vertreters vorgenommenes einseitiges Rechtsgeschäft, welcherart auch immer, schlechthin wirkungslos. Es ist wie nichtig und daher auch nicht einmal durch nachträgliche Genehmigung heilbar; es sei denn, daß diese mit einer erneuten Vornahme des Rechtsgeschäfts verbunden wäre (§ 141). Anwendbar ist aber der § 111 überhaupt nicht, wenn der andere und der Minderjährige ausdrücklich vereinbaren, daß die Wirksamkeit von der Genehmigung des Vertreters abhängen soll. Denn in dem Falle ist die Wirksamkeit der Erklärung unter eine Bedingung gestellt, und es sind alsdann die §§ 108 u. 109 entsprechend anzuwenden. Vgl. dazu auch RG 76, 91.

2. Bei **empfangsbedürftigen** einseitigen, mit Einwilligung des Vertreters vorgenommenen **Rechtsgeschäften der Minderjährigen** reicht auch die Einwilligung zur Wirksamkeit des Rechtsgeschäfts noch nicht unbedingt aus. Der andere Teil kann vielmehr Gewißheit über das Vorhandensein der Einwilligung verlangen. Jene ist nach dem Gesetze nur gegeben, wenn der Minderjährige die Einwilligung in schriftlicher Form vorlegt, oder wenn der gesetzliche Vertreter den andern von der Einwilligung in Kenntnis gesetzt hatte. Der Geschäftsgegner kann daher, wenn weder das eine noch das andere erfolgt ist, das Geschäft zurückweisen, und hat er es unverzüglich getan, so „ist" (nicht „wird") jenes unwirksam, also von Anfang an. Unterläßt er dagegen die Zurückweisung, so ist das Geschäft von Anfang an wirksam. Der § 111 trifft selbstverständlich nicht solche Geschäfte, die der Minderjährige auch ohne Einwilligung wirksam vornehmen kann, insbesondere also nicht solche, durch die er lediglich einen rechtlichen Vorteil erlangt (§ 107).

Die **Vorlegung der schriftlichen Einwilligung** kann vor und bei, sogar auch nach Vornahme des einseitigen Rechtsgeschäfts erfolgen; muß in letzteren Fällen aber erfolgt sein vor der Zurückweisung. Erfolgt sie nach der Zurückweisung, so kann das nur dann rechtliche Bedeutung haben, wenn die Voraussetzung einer wiederholten Vornahme des Geschäfts erfüllt wird (§ 141). Die **Zurückweisung** ist eine einseitige empfangsbedürftige Willenserklärung, die dem Vertreter oder dem Minderjährigen gegenüber abgegeben werden kann. Sie muß erkennen lassen, daß sie wegen unterbliebener Vorlegung der Einwilligung geschehe und muß **unverzüglich** — gemäß § 121 (A 2), also ohne schuldhaftes Zögern (RG JW 03 Beil 85) — nach dem Zugange der Willenserklärung erfolgen. Unterlassung der Zurückweisung heilt den Mangel der Vorlegung der Einwilligungserklärung auch dann, wenn der Minderjährige — beispielsweise bei einer Kündigung — nicht ausdrücklich gesagt hat, daß er mit Einwilligung des Vertreters handle (RG 50, 212). Die **Mitteilung des gesetzlichen Vertreters an den andern** ist eine einseitige empfangsbedürftige Erklärung, auf welche die §§ 130, 131 anzuwenden sind. Sie muß vor der Zurückweisung erfolgt sein.

3. Hatte der **Vertreter** den Dritten von der **Einwilligung in Kenntnis** gesetzt, dann besteht für die Zurückweisung selbstverständlich kein Grund.

4. **Beweislast.** Wer sich im Falle des **Satzes** 1 auf das einseitige Rechtsgeschäft **beruft,** hat die Einwilligung des Vertreters zu beweisen. Macht der Gegner unter den Voraus-

setzungen des **Satzes** 2 die Unwirksamkeit ungeachtet dieser Einwilligung geltend, so hat er die Zurückweisung zu beweisen, und der die Wirksamkeit Behauptende hat alsdann zu beweisen, entweder daß schon vor der Zurückweisung die Einwilligung durch den Minderjährigen in schriftlicher Form vorgelegt war, oder daß dessen Vertreter den andern von der Einwilligung zuvor in Kenntnis gesetzt hatte.

§ 112

Ermächtigt der gesetzliche Vertreter mit Genehmigung des Vormundschaftsgerichts den Minderjährigen zum selbständigen Betrieb eines Erwerbsgeschäfts, so ist der Minderjährige für solche Rechtsgeschäfte unbeschränkt geschäftsfähig, welche der Geschäftsbetrieb mit sich bringt[1]). Ausgenommen sind Rechtsgeschäfte, zu denen der Vertreter der Genehmigung des Vormundschaftsgerichts bedarf[2]).

Die Ermächtigung kann von dem Vertreter nur mit Genehmigung des Vormundschaftsgerichts zurückgenommen werden[3]).

E I 67-II 86; M 1 141 ff.; P 1 63 ff.

1. Die **Ermächtigung** ist eine einseitige empfangsbedürftige Erklärung des Vertreters gegenüber dem Minderjährigen, auf die § 131 Abs 2 sachgemäß keine Anwendung finden kann. (A. Ansicht Oertmann A 3a zu § 112.) Sie ist durch das Vormundschaftsgericht nicht ersetzbar. Die Ermächtigung bedarf aber noch der **Genehmigung des Vormundschaftsgerichts,** und zwar auch gegenüber dem Inhaber der elterlichen Gewalt. — Die Ermächtigung hat die gesetzliche **Wirkung,** daß der Minderjährige für Rechtsgeschäfte aller Art, die der Geschäftsbetrieb mit sich bringt, unbeschränkt geschäftsfähig ist, und daß insoweit die Vertretungsmacht des gesetzlichen Vertreters (bis zur etwaigen Zurücknahme der Ermächtigung nach Abs 2) ruht. Mit der Bestimmung des Gesetzes, daß der Minderjährige in den gegebenen Grenzen geschäftsfähig ist, erscheint die Annahme, daß innerhalb eben dieser Grenzen außerdem der gesetzliche Vertreter seine Vertretungsmacht behalte, unvereinbar. Es könnte zur Rechtsunsicherheit führen, wenn innerhalb des nämlichen Geschäftskreises sowohl der Minderjährige selbst, wie auch der gesetzliche Vertreter mit verpflichtender Kraft für den ersteren handeln dürfte. Das Gesetz geht offenbar davon aus, daß der Vertreter mit Erteilung der Ermächtigung zugleich seine eigene Vertretungsbefugnis, bis er die Ermächtigung etwa wieder zurücknimmt, entsprechend einschränkt, und daß er dazu auch befugt ist. Daher ist aber auch eine dem Minderjährigen gegenüber erklärte Beschränkung der Ermächtigung Dritten gegenüber wirkungslos. — **Selbständiger Betrieb eines Erwerbsgeschäfts** ist jede berufsmäßig ausgeübte, auf selbständigen Erwerb gerichtete Tätigkeit; sie mag im Handel, Betreiben einer Fabrik, eines Handwerks, eines künstlerischen oder wirtschaftlichen Berufs, der Landwirtschaft usw. bestehen. **Welche Geschäfte** der Geschäftsbetrieb im einzelnen mit sich bringt, bestimmt sich nach der Verkehrsanschauung unter Berücksichtigung der Umstände des einzelnen Falles. Es gehört dazu alles, was zum Betrieb des Erwerbsgeschäfts unmittelbar oder auch mittelbar nötig ist, einschließlich der dem eigenen Unterhalt des Minderjährigen dienenden Geschäfte. Die Ermächtigung hat in diesem Umfange auch die Wirkung, daß der Minderjährige prozeßfähig ist (§ 52 ZPO). Über den Eintritt in den Dienst s. § 113.

2. **Ausnahmen.** Die unbeschränkte Geschäftsfähigkeit nach Satz 1 erstreckt sich nicht auf solche Geschäfte, zu denen der gesetzliche Vertreter der Genehmigung des Vormundschaftsgerichts bedarf. Danach ist aber das Ausnahmegebiet ein engeres oder ein weiteres, je nachdem der Vertreter ein Vormund (§§ 1821 ff.) oder elterlicher Gewalthaber (§ 1643). Ausgenommen sind im übrigen auch die Fälle, in denen das Vormundschaftsgericht dem gesetzlichen Vertreter eine allgemeine Ermächtigung erteilen darf und erteilt hat (§§ 1825 u. 1822 Nr 8—10). Soweit ein Ausnahmefall nach Abs 1 Satz 2 vorliegt, ist jedesmal die besondere Genehmigung des gesetzlichen Vertreters erforderlich. Infolge der Einschränkungen aus Satz 2 ist der Minderjährige im Betriebe eines umfangreichen Erwerbsgeschäfts (Handelsgeschäfts, Gutsbetriebs) gegebenenfalls sehr gehemmt. Ausreichende Abhilfe kann nur die Volljährigkeitserklärung (§ 3) bieten.

3. Die **Zurücknahme der Ermächtigung** kann durch den gesetzlichen Vertreter wirksam nur mit Genehmigung des Vormundschaftsgerichts erklärt werden, und zulässig ist — abweichend von § 113 Abs 2 — auch nur eine allgemeine, nicht auf einzelne Geschäfte beschränkte Zurücknahme. Sie wirkt nur für die Zukunft. Die Zurücknahme erfolgt formlos durch Erklärung gegenüber dem Minderjährigen.

§ 113

Ermächtigt der gesetzliche Vertreter den Minderjährigen, in Dienst oder in Arbeit zu treten, so ist der Minderjährige für solche Rechtsgeschäfte unbeschränkt geschäftsfähig, welche die Eingehung oder Aufhebung eines Dienst- oder Arbeitsverhältnisses der gestatteten Art oder die Erfüllung der sich aus einem solchen Verhältnis ergebenden Verpflichtungen betreffen[1]). Ausgenommen sind Verträge, zu denen der Vertreter der Genehmigung des Vormundschaftsgerichts bedarf[2]).

Die Ermächtigung kann von dem Vertreter zurückgenommen oder eingeschränkt werden[3]).

Ist der gesetzliche Vertreter ein Vormund, so kann die Ermächtigung, wenn sie von ihm verweigert wird, auf Antrag des Minderjährigen durch das Vormundschaftsgericht ersetzt werden. Das Vormundschaftsgericht hat die Ermächtigung zu ersetzen, wenn sie im Interesse des Mündels liegt[4]).

Die für einen einzelnen Fall erteilte Ermächtigung gilt im Zweifel als allgemeine Ermächtigung zur Eingehung von Verhältnissen derselben Art[5]) [6]).

E I 68 II 87; M 1 144 ff.; P 1 64 ff.; 4 792; 6 122, 143 ff.

1. Die **Ermächtigung** (§ 112 A 1) wird durch den gesetzlichen Vertreter dem Minderjährigen gegenüber erteilt. Sie bedarf in Fällen vorliegender Art an sich nicht der Genehmigung des Vormundschaftsgerichts (vgl. jedoch A 2) und kann auch mit Wirkung gegen Dritte eingeschränkt werden, so mit Rücksicht auf Zeit oder auf bestimmte Dienste oder endlich auf die Dienstherrschaft oder den Arbeitsherrn. Eine Ermächtigung liegt zwar nicht schon dann vor, wenn der Vertreter den Dienstvertrag für den Minderjährigen mit einem Dritten abschließt. Rechtlich möglich ist es aber, daß der Vater kraft elterlicher Gewalt dem Minderjährigen die Ermächtigung dadurch erteilt, daß er mit ihm selbst einen Dienstvertrag abschließt. — Der Ausdruck **„Dienst- oder Arbeitsverhältnis“** ist im weiteren Sinne zu verstehen. Gegenstand des Vertrags kann sowohl die Dienstleistung selbst sein, sei sie höherer oder niederer Art (§§ 611 ff.), wie auch ein herzustellender Erfolg (§§ 631 ff.). Hierher gehört daher auch der Anstellungsvertrag eines Schauspielers, nicht aber der Lehrvertrag (vgl. §§ 126 ff. GewO; §§ 76 ff. HGB). Eine entsprechende Anwendung der Vorschrift, die eine Ausnahme von der in §§ 107, 108 ausgesprochenen Regel bildet, auf andere Fälle, z. B. auf Studierende, ist ausgeschlossen. Doch kann unter Umständen eine stillschweigende Einwilligung des gesetzlichen Vertreters im Sinne der §§ 107, 183 vorliegen, so z. B. zum Belegen eines Handelskurses, wenn der Vater den minderjährigen Sohn als Volontär nach einem Handelsplatz gesandt hat (LZ 1925, 270[1]). — Die Ermächtigung hat die gesetzliche Wirkung, daß der **Minderjährige nunmehr unbeschränkt geschäftsfähig** ist, und zwar: a) für Eingehung des Arbeits- oder Dienstvertrags (gegebenenfalls einschließlich der Vereinbarung einer Draufgabe oder Vertragsstrafe, falls nur solche Vertragsabreden verkehrsüblich oder nicht außergewöhnlich sind); b) für die Aufhebung oder Änderung des Vertrags und c) hinsichtlich seiner Erfüllung. Hierher gehören auch die etwaigen Schadensersatzansprüche des Minderjährigen aus dem Dienstverhältnisse, mithin auch sein Ersatzanspruch wegen dauernder Gesundheitsschädigung durch den Dienst (§ 618), sowie anderseits die gegen ihn aus dem Dienst- oder Arbeitsverhältnisse hervorgegangenen Ersatzansprüche. Im Umfange seiner Geschäftsfähigkeit ist der Minderjährige auch prozeßfähig (§ 52 ZPO). Soweit und solange die dem Minderjährigen gewährte Ermächtigung reicht, besteht daneben die Vertretungsmacht des gesetzlichen Vertreters auch hier nicht (streitig). Der Vertreter kann daher auch nicht die Lohnforderung des Minderjährigen einklagen. Vgl. § 112 A 1. Allerdings kann unter Umständen in seinem Eingriffe schon ein Widerruf nach Abs 2 enthalten sein. Ist dem Minderjährigen durch die ihm gemäß § 113 erteilte Ermächtigung ohne weiteres auch die freie Verfügung über seinen Arbeits- oder Dienstlohn gewährt? Das dürfte zu verneinen sein, wenngleich der Lohn zu seinem freien Vermögen gehört (§ 1651).

2. **Ausnahmen.** Die unbeschränkte Geschäftsfähigkeit umfaßt auch hier wie nach § 112 nicht solche Geschäfte, zu denen der Vertreter der Genehmigung des Vormundschaftsgerichts bedarf Erheblich ist im Falle der Vormundschaft, dagegen nicht auch der elterlichen Gewalt (§ 1643), der § 1822 Nr 7 (Verpflichtung des Mündels zu persönlichen Dienstleistungen auf länger als ein Jahr).

3. **Zurücknahme und Beschränkung der Ermächtigung.** Der Vertreter kann die erteilte Ermächtigung hier jederzeit frei zurücknehmen oder beschränken. Hat jedoch das Vormund-

schaftsgericht die Ermächtigung ersetzt (Abs 3), so steht die Befugnis, sie zurückzunehmen oder zu beschränken, nur ihm zu. Die Zurücknahme der Ermächtigung erfolgt formlos dem Minderjährigen gegenüber. Die Zurücknahme der Beschränkung hat keine rückwirkende Kraft.

4. Die **Ersetzung der Ermächtigung durch das Vormundschaftsgericht**, falls der Vormund die Ermächtigung verweigert, kann erfolgen auf Antrag des Minderjährigen (Verfahren nach den §§ 18 Abs 2, 53, 55 Abs 1, 60 Nr 6 FGG; sofortige Beschwerde nach § 60 Nr 6), durch Zustellung des Beschlusses an den Minderjährigen (§ 16 Abs 2 a. a. O.). Hinsichtlich schleuniger Fälle vgl. § 53 Abs 2 FGG. Dem Vertreter kraft elterlicher Gewalt gegenüber ist die Ersetzung der Ermächtigung nicht zugelassen. Für die Wirksamkeit des gerichtlichen Beschlusses ist es bedeutungslos, ob in Wirklichkeit das Interesse des Mündels gehörig gewahrt worden ist oder nicht.

5. Nach der Auslegungsregel („im Zweifel") gilt die für den einzelnen Fall erteilte Ermächtigung als **allgemeine Ermächtigung** zur Eingehung von Verhältnissen der gleichen Art. Eine derartige Ausdehnung der Ermächtigung wird jedoch rechtswirksam ausgeschlossen durch ihre entsprechende Einschränkung gemäß A 3

6. Ergänzt die Gemeindebehörde nach **§ 108 GewO** die Zustimmung des gesetzlichen Vertreters durch Ausstellung eines Arbeitsbuchs, so werden dadurch die Vorschriften des BGB in §§ 107—113 nicht berührt; daher wird durch sie insbesondere das Recht des Vertreters, die Zustimmung zum Arbeitsvertrage zu versagen, nicht betroffen.

§ 114

Wer wegen Geistesschwäche, wegen Verschwendung oder wegen Trunksucht entmündigt oder wer nach § 1906 unter vorläufige Vormundschaft gestellt ist, steht in Ansehung der Geschäftsfähigkeit einem Minderjährigen gleich, der das siebente Lebensjahr vollendet hat[1])[2]).

E I 70, 71 Abs 1; M 1 149 ff.; P 1 67 ff.; 4 839 ff.

1. Die wegen **Geistesschwäche**, wegen **Verschwendung** oder **Trunksucht Entmündigten** (§ 6 Nr 2, 3, 4) sind in der **Geschäftsfähigkeit beschränkt**. Die Beschränkung tritt mit Wirksamkeit des die Entmündigung aussprechenden Beschlusses (§§ 661, 680, 683 ZPO) ein und dauert fort bis zur Aufhebung der Entmündigung, also bis zur Rechtskraft der die Entmündigung aufhebenden Entscheidung, nämlich des Beschlusses oder des Urteils nach den §§ 672, 678, 680, 685, 686 ZPO. Es ist indes nicht ausgeschlossen, daß das Gericht die Voraussetzungen der vollen Geschäftsunfähigkeit gemäß § 104 Nr 2 als erfüllt erachtet, wiewohl die Entmündigung nur wegen Geistesschwäche erfolgt ist (**RG** JW 07, 737[1]). Die wegen körperlicher Gebrechen oder wegen Abwesenheit unter Pflegschaft Gestellten (§§ 1910, 1911) sind in der Geschäftsfähigkeit nicht beschränkt (**RG** 52, 224). Vgl. ferner § 53 ZPO und § 178 FGG. **Geistesschwäche** liegt vor, wenn die Person infolge ihres Geisteszustandes die Gesamtheit ihrer Angelegenheiten, nicht also lediglich die vermögensrechtlichen, zu besorgen außerstande ist und zu ihrem Schutze (auch gegenüber fremden Einflüssen) sonach eines Pflegers bedarf (**RG** Warn 1918 Nr 180). Immerhin müssen dem Geisteszustande Merkmale klinisch-medizinischer Art anhaften (**RG** JW 1917, 847[1]). **Trunksucht** liegt nur dann vor, wenn der Leidende die Kraft, dem Anreize zum übermäßigen Genusse geistiger Getränke zu widerstehen, wirklich verloren hat; widersteht er auch nur aus Furcht vor der Entmündigung, so spricht das gegen das Vorhandensein einer Trunksucht (**RG** Warn 1913 Nr 1; 1916 Nr 260). Eine Trunksucht kann nicht schon dann als fortgefallen gelten, wenn der von ihr befallene Entmündigte sich unfreiwillig im Alkoholgenusse beschränkt hat, ihm jedoch nicht auch die innere Kraft zugemutet werden darf, einem sich etwa bietenden Anreize zu übermäßigem Alkoholgenusse zu widerstehen (**RG** LZ 1919, 966[4]). — Die Beschränkung der Geschäftsfähigkeit im Falle **vorläufiger Vormundschaft** nach § 1906 (§§ 16, 52, 61 FGG) tritt mit dem Zeitpunkt ein, in dem der sie anordnende Beschluß nach § 52 FGG wirksam wird (vgl. **RG** Gruch 48, 108), und sie dauert solange wie die vorläufige Vormundschaft selbst (§ 1908). Die **Gleichstellung** der betroffenen Personen **mit dem Minderjährigen** besteht nur in Ansehung der Geschäftsfähigkeit (§§ 107—113), bezieht sich daher nicht auch auf ihre Deliktsfähigkeit, die unberührt bleibt. Daher regelt sich auch die Verantwortlichkeit des wegen Geistesschwäche Entmündigten für den durch eine unerlaubte Handlung einem andern zugefügten Schaden gegebenenfalls nur nach § 827, während § 828 außer Anwendung bleibt (**RG** JW 1912, 24[4]). Die Zurechnungsfähigkeit ist unabhängig von der Entmündigung, diese kommt bei jener nicht in Betracht, die Zurechnungsfähigkeit betreffs einer Handlung ist daher selbständig für sich zu prüfen (**RG** 105, 272). — Sonderbestimmungen des § 2229 wegen Testamentsunfähigkeit, des § 473 ZPO hinsichtlich des Parteieides. Die Abwesen-

heitspflegschaft berührt weder die Prozeßfähigkeit (§ 52 ZPO), noch die Geschäftsfähigkeit (§ 1911).

Die nicht genehmigten Rechtsgeschäfte sind wie die des Minderjährigen wirkungslos. Über den Rückforderungsanspruch des Geschäftsgegners vgl. § 108 A 1 a. E. Eine Bereicherung des Entmündigten besteht nicht mehr, wenn er das Empfangene in verschwenderischer Art verbraucht hat, während ihm zu seinem Unterhalte genügende Mittel von seinem gesetzlichen Vertreter zur Verfügung gestellt waren (RG Warn 1918 Nr 70).

2. **Übergangsrecht** vgl. Artt 155 u. 156 EG. War das Verfahren am 1. Januar 1900 noch nicht abgeschlossen (RG JW 00 S. 848 u. 867), so unterliegt es formell und materiell dem neuen Recht. Der zur Zeit des Inkrafttretens des BGB wegen Verschwendung Entmündigte steht von dieser Zeit an einem nach den Vorschriften des BGB aus gleichem Grunde Entmündigten gleich (Art 156 EG).

§ 115

Wird ein die Entmündigung aussprechender Beschluß infolge einer Anfechtungsklage aufgehoben, so kann die Wirksamkeit der von oder gegenüber dem Entmündigten vorgenommenen Rechtsgeschäfte nicht auf Grund des Beschlusses in Frage gestellt werden[1]). Auf die Wirksamkeit der von oder gegenüber dem gesetzlichen Vertreter vorgenommenen Rechtsgeschäfte hat die Aufhebung keinen Einfluß[2]).

Diese Vorschriften finden entsprechende Anwendung, wenn im Falle einer vorläufigen Vormundschaft der Antrag auf Entmündigung zurückgenommen oder rechtskräftig abgewiesen oder der die Entmündigung aussprechende Beschluß infolge einer Anfechtungsklage aufgehoben wird[3]).

E I 71 Abs 2 II 89; M 1 150 ff.; P 1 67 ff.; 4 854 ff.

1. Die **Aufhebung einer Entmündigung zufolge einer Anfechtungsklage** nach §§ 664 ff. ZPO gemäß § 684 das. beseitigt die Unwirksamkeit der von und gegenüber dem Entmündigten vorgenommenen Rechtsgeschäfte mit Rückwirkung bis auf den Anfang, weil im vorausgesetzten Falle — anders als bei einer Wiederaufhebung nach §§ 679, 686 ZPO — davon ausgegangen wird, daß der Entmündigungsgrund von Anfang an nicht bestanden hat. Diese Geschäfte werden also hinsichtlich ihrer Wirksamkeit so behandelt, als ob der die Entmündigung aussprechende Beschluß überhaupt nicht ergangen wäre, unbeschadet der Möglichkeit, die Wirksamkeit der Rechtsgeschäfte auf Grund der §§ 104 Nr 2, 105 Abs 2 anzugreifen.

2. Aber auch die **von oder gegenüber dem gesetzlichen Vertreter** in der Zwischenzeit **vorgenommenen Rechtsgeschäfte** werden nach der bestimmten Vorschrift des Satz 2 aufrechterhalten, wiewohl sie an sich als unwirksam angesehen werden müßten (A 1). Falls etwa der **Entmündigte** und sein **gesetzlicher Vertreter** vor Aufhebung der Entmündigung in der gleichen Sache **widersprechende Erklärungen** abgeben, wird es für die Frage, welches Geschäft gelten soll, einmal darauf ankommen, welches von ihnen dem andern zeitlich voraufgegangen ist, so daß das eine schon hiernach durch das andere ausgeschlossen sein könnte. Ist der Widerspruch auf diese Weise nicht lösbar, so wird man davon ausgehen müssen, daß zugunsten des Dritten das von ihm mit dem Vertreter abgeschlossene Geschäft den Vorzug verdient, weil der Dritte berechtigt war, mit der Befugnis des Vertreters zu rechnen (streitig).

3. Wird die **vorläufige Vormundschaft** (§ 114 A 1) aus den in Abs 2 angegebenen Gründen **wieder aufgehoben** (vgl. außerdem die §§ 60 Nr 5, 61 FGG), so sind die gleichen Gesichtspunkte wie im Falle des Abs 1 maßgebend.

Zweiter Titel

Willenserklärung

1. Erster Bestandteil der Willenserklärung ist der **Wille.** Geschäftswille ist er insofern, als er überhaupt eine Beeinflussung des Rechtslebens bezweckt, und Erfolgswille insofern, als er einen bestimmten Erfolg anstrebt. Wo der Wille nicht einen solchen Inhalt hat, kann von einer rechtsgeschäftlichen Willenserklärung nicht die Rede sein, und ein Rechtsgeschäft kommt daher überhaupt nicht zustande (RG 68, 322; 79, 305), auch nicht einmal

ein anfechtbares. — Zweiter Bestandteil ist die **Erklärung** des Willens. Sie bedeutet die Kundgebung des rechtsgeschäftlichen Willens nach außen hin und muß daher so geartet sein, daß der verfolgte Zweck auch erkannt werden kann. Wem der Wille erkennbar werden muß, das richtet sich nach den verschiedenen Arten der Rechtsgeschäfte. Falls es schon im Wesen des Geschäfts liegt, daß die Willenserklärung, um wirksam zu werden, an eine bestimmte Person gerichtet wird, kann als Erklärungsempfänger grundsätzlich nur diese bestimmte Person in Betracht kommen, wie das z. B. zutrifft bei der Kündigung, beim Vertragsangebot und bei der Vertragsannahme (mit Ausnahme des Sonderfalls im § 151). Der Grundsatz, daß Erklärungsempfänger nur eine bestimmte Person sein kann, greift auch überall da Platz, wo das Gesetz die Wirksamkeit der Erklärung ausdrücklich davon abhängig macht, daß diese einer bestimmten Person gegenüber (§§ 108 Abs 2, 143) oder in den zugelassenen Fällen an Stelle des Erklärungsgegners der Behörde gegenüber erfolgt (§§ 143 Abs 4 Satz 2, 875, 876, 880, 1168, 1180, 1183, 1726, 1748). In allen Fällen der vorbezeichneten Art handelt es sich um **„empfangsbedürftige Willenserklärungen"** (§§ 130—132). Auch die Erklärung des Konkursverwalters, daß er ein zur Masse gehöriges Grundstück gemäß § 117 KO freigebe, ist empfangsbedürftig, und Empfangsgegner ist der Gemeinschuldner (**RG** 94, 55). — In sonstigen Fällen, also bei den **nicht empfangsbedürftigen** Willenserklärungen, genügt es, wenn der Wille so kundgetan ist, daß die Absicht, die angestrebte Rechtsänderung herbeizuführen, denjenigen, die es angeht (§ 143 Abs 4), erkennbar wird. Ein Wille, der lediglich ein inneres Wollen geblieben ist, kann selbstverständlich niemals beanspruchen eine Rechtsänderung in der Außenwelt herbeizuführen. Wer gegebenenfalls die Beteiligten sind, denen der Wille erkennbar sein muß, hängt von der Art des Geschäfts ab. Zu den nicht empfangsbedürftigen Willenserklärungen gehören beispielsweise die Aneignung, die Preisgabe, das eigenhändige Testament, die Erbschaftsannahme, die Auslobung, die Anerkennung eines Kindes gemäß § 1598 I, das Anerkenntnis der Vaterschaft nach § 1718 (**RG** 58, 353). Auch hier handelt es sich um wirkliche Willenserklärungen, auf welche alle von solchen geltende Rechtsgrundsätze Anwendung finden, mit einziger Ausnahme des allein für die empfangsbedürftige Willenserklärung bestimmten § 130. Die Person des Beteiligten im angegebenen Sinne kommt besonders in Frage, wenn es sich um die Anfechtung einer Willenserklärung handelt, nämlich zur Bestimmung des Anfechtungsgegners (§ 143). — Echte und unechte Willenserklärung zu unterscheiden, liegt kein zwingender Grund vor. — Je nachdem zum Zustandekommen eines Rechtsgeschäfts die Willenserklärung einer Person genügt, oder die mehrerer sich gegenüberstehenden begrifflich notwendig ist, sind **einseitige und zweiseitige,** auf der Willensübereinstimmung der Erklärenden beruhende Rechtsgeschäfte (Vertrag) zu unterscheiden. — Die **Wirksamkeit** einer Willenserklärung **tritt ein** mit ihrer Abgabe; in denjenigen Fällen jedoch, in denen sie einem andern oder an dessen Stelle einer Behörde gegenüber abzugeben ist, erst mit ihrem Zugange (§§ 130—132). — Auf Verwaltungsakte lassen sich die Vorschriften des bürgerlichen Rechts über Willenserklärungen nicht schlechthin übertragen. Über prozessuale Erklärungen s. Vorbem 8 vor § 104.

2. Nach der Art und Weise einer Willensäußerung sind zu unterscheiden **ausdrückliche und stillschweigende Willenserklärungen.** Eine ausdrückliche, nicht notwendig wörtliche, liegt vor, falls die Äußerung des Erklärenden bezweckt, gerade das zum Ausdruck zu bringen, worauf sich der Geschäftswille richtet. Das Wort „ausdrücklich" im Gesetze selbst hat keine sichere, für alle Fälle gleiche Bedeutung; sie muß vielmehr im einzelnen Falle besonders geprüft werden (§§ 164, 244, 700; **RG** 65, 179). Eine stillschweigende Willenserklärung liegt vor, wenn die schlüssigen Handlungen des Erklärenden zwar unmittelbar auf andere Zwecke gerichtet waren, gleichwohl aber mit Gewißheit und jede andere Deutung ausschließend (**RG** Warn 1919 Nr 132), die Absicht erkennen ließen, auch den vorhandenen Geschäftswillen kundzugeben, wie beispielsweise die der Ausführung eines Auftrags dienende Tätigkeit stillschweigend zugleich die Annahme des Auftrags und das Zerreißen und Zurückgeben eines Schuldscheins den Erlaß der Schuld zu erkennen gibt oder wenigstens geben kann. Die Verkehrsanschauung kommt hierbei (§§ 133, 157) mit in Betracht (**RG** 67, 433; JW 1910, 573[40]). Bloß schlüssige Handlungen genügen nur dann nicht, wenn eine formelle oder eine ausdrückliche Erklärung im eigentlichen Sinne des Wortes gefordert wird. Eine stillschweigende Willenserklärung darf nur in einer solchen Handlung gefunden werden, die nach Lage der Sache keine andere Auslegung zuläßt; den Vorzug soll immer die dem Bestande des Geschäfts günstigere haben (**RG** 29. 10. 98 VI 202/98). Aber ganz stillschweigend kann sich ein rechtsgeschäftlicher Akt überhaupt nicht vollziehen, irgendwie muß die Willenserklärung immer erfolgt sein (**RG** 96, 138). Auch eine stillschweigende Willenserklärung einer juristischen Person ist an sich möglich; doch bedarf es hier besonders beweiskräftiger Tatsachen (**RG** 28. 3. 05 VII 398/04). Die Auslegungsregeln der §§ 133, 157 sind auch bei stillschweigenden Willenserklärungen anzuwenden (**RG** 67, 433; 68, 128; JW 1915, 19[2]). — Auch im Falle rein untätigen Verhaltens ist eine echte — daher auch anfechtbare — Willenserklärung als abgegeben anzu-

nehmen, falls die Unterlassung, nach den Grundsätzen von Treu und Glauben und nach der Verkehrssitte beurteilt, mit der Absicht erfolgte, hierdurch den Geschäftswillen zu erkennen zu geben (vgl. den Sonderfall des § 1956, Versäumung der Ausschlagungsfrist); oder dann, wenn der andere Teil eine Willenserklärung erwarten durfte und es wider Treu und Glauben verstieße, ihn — zumal bei noch in der Schwebe befindlichen Beziehungen — durch Schweigen im unklaren zu lassen (RG 103, 401; JW 1920, 283; Gruch 65, 596, wo eine stillschweigende Vertragsaufhebung sowie eine stillschweigende Rücktrittserklärung in der bloßen Untätigkeit des einen Vertragsteils nicht gefunden worden ist).

3. **Vorbehalte** dienen dazu, der schädlichen Auslegung einer Erklärung vorzubeugen (§§ 464, 640 Abs 2). Ob das Gesetz in den Fällen, in welchen es nur die Vermutung für eine stillschweigende Vereinbarung aufstellt („es gilt", §§ 110, 612, 632, 653), die Vermutung zugleich so weit wirken lassen will, daß auch alle von den Willenserklärungen überhaupt geltenden Regeln anzuwenden wären, insbesondere also auch die von der Anfechtung, kann zweifelhaft sein (vgl. auch § 568). Das Nähere darüber bei den angegebenen Bestimmungen.

4. Zur Rechtsbeständigkeit einer Willenserklärung gehört, daß ihr kein wesentlicher Mangel innewohnt. Das Vorhandensein eines solchen Mangels begründet Nichtigkeit oder Unwirksamkeit oder Anfechtbarkeit. **Nichtig** ist die Willenserklärung, falls sie die beabsichtigte Wirkung überhaupt nicht zu erzielen vermag; Gründe hierfür: Schein (§ 117), Mangel der Form (§ 125), Verstoß gegen ein gesetzliches Verbot (§ 134) und gegen die guten Sitten sowie das wucherische Geschäft (§ 138). Im Falle eines Verstoßes gegen ein Veräußerungsverbot ist das Geschäft unbedingt oder bedingt unwirksam. Das Nähere bei §§ 135, 136. Nur **unwirksam** — nicht nichtig — sind Rechtsgeschäfte in den Fällen, in denen nicht der volle vom Gesetze für das Wirksamwerden geforderte Tatbestand erfüllt ist, so wenn es an der nötigen Einwilligung eines Dritten fehlt (§§ 111, 174, 182, 185), so daß dem Geschäfte einstweilen die rechtliche Wirksamkeit versagt ist, durch Hinzutritt einer weiteren Tatsache volle Gültigkeit jedoch eintreten kann. Das Gesetz spricht sodann von Unwirksamkeit auch, falls es dem Rechtsgeschäfte den rechtlichen Erfolg aus irgendwelchem Grunde absprechen will. **Anfechtbar** sind Willenserklärungen wegen Irrtums (§§ 119, 120), Täuschung und Drohung (§ 123), eine Ehe außerdem wegen Beschränkung der Geschäftsfähigkeit des Ehegatten (§ 1331) und eine neue Ehe, wenn der für tot erklärte Ehegatte noch lebt (§ 1350). Das Rechtsgeschäft kommt in diesen Fällen zustande; aber die wirksame Anfechtung hat die volle Nichtigkeit „von Anfang an" (ex tunc) zur Folge (§ 142).

5. **Gemeinsames betreffs der §§ 116—124.** Das Gesetz knüpft die Fehlerhaftigkeit einer Willenserklärung sowohl an den etwaigen Mangel im Willen wie an einen Mangel in der Erklärung. Im Falle des **Willensmangels** liegt die Sache entweder so, daß der Erklärende in Wirklichkeit überhaupt nicht den Willen hat, irgendeinen Rechtserfolg hervorzubringen (s. oben A 1); oder auch so, daß er einen Rechtserfolg zwar will, indes einen andern als den anscheinend beabsichtigten. Im Falle des **Erklärungsmangels** handelt es sich darum, daß der Erklärende etwas anderes geäußert hat, als er seinem wahren Willen gemäß hat erklären wollen. Folgerichtig müßte in allen diesen Fällen der abgegebenen Willenserklärung jeder Rechtserfolg überhaupt versagt werden. Denn stets fehlte es an einer an sich notwendigen Voraussetzung für ihre Rechtsbeständigkeit. Und ist überhaupt der Wille derjenige Bestandteil eines Rechtsgeschäfts, dem nach der Rechtsordnung die rechtserzeugende Kraft zukommt (vgl. Vorbem 1 vor § 104), so dürfte zum mindesten niemals ein solcher Rechtserfolg eintreten, der nicht wirklich beabsichtigt war, und dürfte eine Erklärung, die sich nicht mit dem wahren Willen deckt, keinesfalls beachtlich sein. Das Gesetz hat die Sache jedoch zum Teil anders geregelt. Auch bei einem Widerstreite zwischen dem erklärten Willen und dem wahren Willen, oder zwischen diesem und der abgegebenen Erklärung ist es in Rücksicht auf das Verkehrsbedürfnis bemüht, der Willenserklärung einen Rechtserfolg möglichst zu sichern. Das Gesetz gelangt zu diesem Ziele einmal, indem es in gewissen Fällen das entscheidende Gewicht nicht auf den Willen, sondern auf die Erklärung legt und sonach schon dieser die rechtserzeugende Kraft, und zwar nach Maßgabe des nur geäußerten Scheinwillens beimißt (§ 116 Satz 1); zweitens, indem es unter gewissen Voraussetzungen auch ein Rechtsgeschäft, dem eine fehlerhafte Willenserklärung zugrunde liegt, rechtlich zur Entstehung gelangen läßt, indessen hier nur mit der Einschränkung, daß das Geschäft wegen des ihm anhaftenden Mangels durch eine Erklärung des Anfechtungsberechtigten noch nachträglich nichtig gemacht werden kann (§§ 119—123). Ob nunmehr das Gesetz jeweilig die Nichtigkeit eintreten oder das Rechtsgeschäft aufrechterhalten will, sei es als ein mangelloses, sei es auch nur als ein anfechtbares, das hängt, wie sich erweisen wird, von der Art des Mangels und von seinem Grunde ab. Danach bestimmt sich aber auch zugleich die Gliederung der nachfolgenden Bestimmungen. Das entscheidende Gewicht ist entweder auf den Willen (Willensgrundsatz) oder auf die Erklärung (Erklärungsgrundsatz) gelegt.

§ 116

Eine Willenserklärung ist nicht deshalb nichtig[4]), weil sich der Erklärende insgeheim[2]) vorbehält, das Erklärte nicht zu wollen[1]). Die Erklärung ist nichtig, wenn sie einem andern gegenüber abzugeben ist und dieser den Vorbehalt kennt[3])[4]).

E I 95 II 91; M 1 191 ff.; P 1 94.

1. **Der stille Vorbehalt.** Der § 116 hat den Fall im Auge, daß der Erklärende in Wirklichkeit das nicht will, was er zu wollen erklärt, vielmehr entschlossen ist, das Erklärte nicht zu wollen, diesen Entschluß jedoch nach außen hin geflissentlich verdeckt (RG 68, 128; 73, 222). Er war sich bei Abgabe der Erklärung also dessen bewußt, daß er etwas anderes erklärte, als seiner wahren Absicht entsprach. Die Erklärung deckt sich alsdann mit dem Scheinwillen, steht dagegen in Widerspruch mit dem wahren Willen. Hier legt das Gesetz das entscheidende Gewicht der Regel nach (Ausnahme in Satz 2) auf die Erklärung und entscheidet um deswillen dem Sinne nach in Satz 1, daß diejenige Folge, die wegen des Mangels im Willen an sich eintreten müßte, mithin die Nichtigkeit der Erklärung, doch nicht eintreten soll, daß vielmehr der dem erklärten Scheinwillen entsprechende Geschäftserfolg eintritt. Die Wirksamkeit einer Willenserklärung soll durch nicht in die Außenwelt getretene An- und Absichten des Erklärenden, die mit seiner Kundgebung in Widerspruch stehen, keine Einbuße erleiden. Wer beispielsweise unter einem stillen Vorbehalte eine Vollmacht erteilt, haftet trotz des Vorbehalts lediglich nach Maßgabe der Vollmacht, falls nicht der Geschäftsgegner den Vorbehalt kennt (RG 52, 99). Auch bei der Erforschung des wirklichen Willens gemäß § 133 kommt es mithin in solchen Fällen nicht auf den bloß inneren Willen (RG 68, 126), sondern auf das äußere Verhalten an (RG JW 1912, 132[3]). Wer der Erklärung eines andern, bei der ein Fehlgriff im Ausdrucke (Schreibfehler) vorgefallen ist, vorbehaltlos zustimmt, wiewohl er den wirklichen Sinn der Erklärung erkannt hatte, kann sich nicht darauf berufen, daß er sich insgeheim vorbehalten hatte, seine Zustimmung nur nach Maßgabe der tatsächlich vorhandenen Erklärung zu erteilen; er hat vielmehr sein Einverständnis zu der wirklich gewollten Erklärung des andern erteilt (RG 66, 428; 77, 105, SeuffA 74 Nr 47). Offensichtlich will das Gesetz durch die Regel des Satz 1 der Rechtssicherheit Rechnung tragen und den Erklärungsempfänger, der sich auf das Wort verließ, billigerweise schützen. Man soll sich eben im Verkehrsleben auf das Wort verlassen dürfen (RG Warn 09 Nr 124). — **Anwendungsgebiet.** Satz 1 bezieht sich auf Willenserklärungen aller Art, beispielsweise auch auf letztwillige Verfügungen und auf die Aufgabe des Eigentums (§§ 928, 959). Auch der Scherz, der nach der Absicht des Erklärenden nicht hat erkannt werden sollen (anders im Falle des § 118), gehört hierher. Eine besondere Bedeutung hat der stille Vorbehalt in den Fällen des Rechtserwerbs durch einen Beauftragten. Wenn ein solcher erkennbar namens des Auftraggebers handelt, ist sein stiller Vorbehalt, nicht für jenen, sondern für sich zu erwerben, sofern der Veräußerer den Vorbehalt nicht kennt, bedeutungslos (RG 73, 222; Warn 09 Nr 124). Vgl. anderseits § 164 Abs 2 wegen des stillen Vorbehalts des nicht erkennbar in fremdem Namen auftretenden Stellvertreters dahin, daß er nicht in eigenem Namen handeln wolle.

2. **Insgeheim.** Dieses Merkmal trifft überall zu, wo der Vorbehalt derjenigen Person gegenüber verheimlicht ist, der gegenüber die Erklärung abgegeben wurde, und bei nicht empfangsbedürftigen Willenserklärungen (Vorbem 1 vor § 116) demjenigen verheimlicht worden, in dessen Person die Wirkung eintreten soll, so z. B. im Falle der Auslobung gegenüber den beteiligten Bewerbern (RG JW 06, 576[54]).

3. Bei **empfangsbedürftigen Willenserklärungen** (Vorbem 1) liegt ein Schutzbedürfnis nicht vor, wenn der **Empfänger wußte,** daß ihm gegenüber nur ein Scheinwille erklärt wurde. In solchen Fällen kann unbedenklich dem Grundsatze Folge gegeben werden, daß die angegebene Willenserklärung wegen mangelnden Geschäfts- oder Erfolgswillens (Vorbem 1 vor § 116) nichtig ist. Das sieht Satz 2 vor (RG JW 1910, 60[3]). Demnach ist beispielsweise auch die beurkundete Auflassungserklärung insoweit nichtig, als der das gesamte Grundstück Auflassende dem andern Teile gegenüber nebenher erklärt, daß er die Auflassung auf ein bestimmtes Teilstück nicht miterstrecken wolle (RG 78, 372). Unkenntnis aus Fahrlässigkeit (Kennenmüssen) kommt nicht in Betracht. Eine nur zwangsweise abgegebene Erklärung ist, wiewohl dem Drohenden bewußt ist, daß der andere die Erklärung nicht hat abgeben wollen, gleichwohl immer nur anfechtbar. Denn gemäß § 123 hängt es von dem andern ab, ob er seine Erklärung gelten lassen will oder nicht. Auch eine unter Vorbehalt erteilte Vollmacht ist nichtig, falls der Empfänger der Vollmacht den Vorbehalt kennt. Die Annahme jedoch, daß das vom Vollmachtsempfänger mit einem Dritten auf Grund der unter einem Vorbehalte im Sinne des § 116 Satz 1 erteilten Vollmacht abgeschlossene Rechtsgeschäft für den Vollmachtgeber auch dem Dritten gegenüber nicht ver-

bindlich, und der Dritte nur auf Geltendmachung des Vertrauensschadens nach § 120 beschränkt sei, ist jedenfalls für die Fälle der §§ 171, 172 unzutreffend.

4. Über den Begriff **Nichtigkeit** vgl. § 125 A 1.

§ 117

Wird eine Willenserklärung, die einem anderen gegenüber abzugeben ist, mit dessen Einverständnisse nur zum Schein abgegeben, so ist sie nichtig[1]).

Wird durch ein Scheingeschäft ein anderes Rechtsgeschäft verdeckt, so finden die für das verdeckte Rechtsgeschäft geltenden Vorschriften Anwendung[2—5]).

E I 96 II 92; M 1 192 ff.; P 1 95 ff.

1. Das **Scheingeschäft.** Es liegt vor, wenn eine Willenserklärung einem anderen gegenüber abgegeben wird und beide Teile — anders als im Falle des § 116 Satz 2 — darüber einverstanden sind, daß das Erklärte nicht gewollt sei, daß mithin der Wille nur zum Schein erklärt sein sollte (RG JW 1910, 60[3]). Es handelt sich auch hier um einen Fall des bewußten Widerspruchs zwischen Wille und Erklärung (§ 116 A 1), eigenartig indessen um deswillen, weil hier lediglich empfangsbedürftige Willenserklärungen (Vorbem 1 vor § 116) in Frage stehen und dabei Voraussetzung ist, daß die Abgabe der sich mit dem wirklichen Willen nicht deckenden Erklärung auf ausdrücklicher oder stiller Vereinbarung der beiden Beteiligten beruht. Begrifflich ist für ein solches Scheingeschäft erforderlich, daß ein nicht vorhandener Wille nach außen als vorhanden vorgespiegelt wird, nicht aber genügt die Vorspiegelung einer bloßen äußeren Tatsache (RG 60, 21). Demgemäß hat auch das Handeln durch eine vorgeschobene Person (Strohmann) mit dem Scheingeschäft nichts zu tun (RG 84, 304; 81, 41; 69, 46; SeuffA 60 Nr 177); zumal wenn der erstrebte Erfolg nur durch ernstliches Geschäft, nicht aber durch ein Scheingeschäft zu erreichen war. So bei Verwendung einer Mittelsperson zum Zwecke des käuflichen Erwerbs einer Sache durch einen stillen Stellvertreter (RG JW 1914, 587[3]; RG Gruch 66, 100; RG 19. 5. 25 V 443/25) oder bei der Führung eines Geschäftes für den eigentlichen Inhaber (RG 84, 304) oder der Schenkung an einen Dritten (nahen Angehörigen), wobei verdeckte Stellvertretung oder ein fiduziarisches Geschäft vorliegen kann (RG 10. 10. 07 IV 97/07; 7. 7. 15 V 108/15). Der Strohmann, der die Sache (für sich) erwirbt, wird deren Eigentümer und ist nur schuldrechtlich zu ihrer Herausgabe an den Geschäftsherrn verpflichtet (Gruch 66, 101). Aber vgl. auch Vorbem 4 vor § 164 und § 164 A 3 Abs 2. — Zum Begriffe eines Scheingeschäfts gehört es aber nicht, daß das Scheingeschäft auf die Täuschung eines Dritten berechnet war (RG 90, 277). Vgl. § 398 A 3. Daher kann ein Scheingeschäft auch dann schon gegeben sein, wenn die Parteien etwa bei der Bestellung eines Pfandrechts an einer Hypothek die zu sichernden Forderungen bewußt und geflissentlich wahrheitswidrig angeben (RG Warn 1914 Nr 245). Eine Hypothek ist jedoch nicht schon deshalb nichtig (oder anfechtbar), weil der Gläubiger nicht richtig angegeben ist (RG 79, 75 und die dort angegebenen Urteile).

Daß unter den gegebenen Voraussetzungen die Willenserklärung zwischen den unmittelbar Beteiligten **keine Wirkung** haben kann, folgt schon aus dem in § 116 Satz 2 zur Geltung gebrachten Grundsatze. Daß ferner das Scheingeschäft als Rechtsgeschäft auch Dritten gegenüber bedeutungslos ist, folgt aus dem Grundsatze von der unbedingten Wirkung der Nichtigkeit (vgl. § 125 A 1). Jeder auf Grund eines Scheingeschäfts in Anspruch Genommene kann sonach die Nichtigkeit mindestens dann geltend machen, wenn er ein Interesse daran hat, gleichviel ob prozessuales oder materielles (RG Warn 09 Nr 177; RG 53, 416, betreffend eine Scheinzession; RG SeuffA 64 Nr 310), womit jedoch nicht gesagt sein soll, daß der Dritte sein Interesse stets besonders nachweisen muß, da sich sein Interesse ohne weiteres schon aus der Sache selbst ergeben kann, wie beispielsweise, wenn er das Klagerecht des Scheinerwerbers oder Scheinberechtigten bestreitet. Der Gläubiger kann die von seinem Schuldner nur zum Schein veräußerte Sache pfänden, und anderseits kann ein Dritter die Sache von ihrem Scheinerwerber nicht weiter erwerben, oder doch nur nach den Grundsätzen vom gutgläubigen Erwerbe (§§ 932, 892). Ist eine Hypothek oder Grundschuld nichtig, weil beide Teile darüber einverstanden waren, daß der eingetragene Gläubiger keine Rechte aus der Eintragung erlangen solle, dann kann der Eigentümer von ihm die Bewilligung der Löschung verlangen (RG 28. 4. 15 V 539/14). Ist nur ein Teil des Rechtsgeschäfts zum Scheine abgeschlossen worden, dann wird nicht das ganze Rechtsgeschäft ohne weiteres nichtig; vielmehr entscheidet sich das nach § 139 (RG Warn 1913 Nr 41). — Ein Scheingeschäft kann zugleich auch wegen Benachteiligung der Gläubiger der Anfechtung durch diese unterliegen (RG SeuffA 67 Nr 73).

Schutz des Dritten gegen ein Scheingeschäft. Durch ein Scheingeschäft wird oftmals die Rechtslage eines Dritten schädlich beeinflußt; meist wird es sogar auf die Täuschung Dritter zu deren Nachteile berechnet sein (beispielsweise um durch die Scheinveräußerung einen Vermögensgegenstand dem Zugriffe der Gläubiger zu entziehen). Demnach sind Dritte gegenüber den üblen Einwirkungen des Scheingeschäfts besonders schutzbedürftig. Sofern nun ein Scheingeschäft zugleich den Tatbestand einer unerlaubten Handlung erfüllt (§§ 823, 826), findet der Dritte einen ausreichenden Schutz in den allgemeinen Grundsätzen vom Schadensersatze gemäß §§ 249 ff. Handelte es sich bei einem Scheingeschäfte um die Vereitlung von Erfüllungsansprüchen (beispielsweise der zur Gewährung eines grundbuchlichen Rangvorrechts verpflichtete Hypothekengläubiger veräußert zum Scheine seine Hypothek, um sich der Verpflichtung zu entziehen), so kann die richtige Anwendung des Grundsatzes aus § 249 Satz 1 auch dazu führen, daß der berechtigte Dritte nunmehr ohne weiteres den Scheinerwerber auf die Erfüllung seines Anspruchs belangt (**RG** 95, 162). Einen weiteren Schutz verleiht das Gesetz Dritten mittels der Grundsätze vom gutgläubigen Erwerb einer Sache (§§ 932, 892, 893) oder einer Forderung (§ 405), wonach der gutgläubige Erwerb auch dann wirksam ist, wenn der Veräußerer nur ein Scheinberechtigter war (vgl. die §§ 1032 u. 1207 betreffs des gutgläubigen Erwerbs eines Nießbrauchs und eines Pfandrechts). Unter den Voraussetzungen des § 171 ist ferner zugunsten des gutgläubigen Dritten auch eine bloße Scheinvollmacht wirksam (vgl. § 171 A 1). Gemäß §§ 409, 576 sodann müssen der Gläubiger einer Forderung und der Vermieter eines Grundstücks, die ihren Anspruch an einen andern zum Schein abgetreten haben, die Abtretung dem Schuldner gegenüber auch ohne Rücksicht auf dessen Gutgläubigkeit als wirksam gelten lassen, wenn sie ihm die Abtretung angezeigt haben. Sonstige Schutzmittel hat das Gesetz Dritten dem Scheingeschäfte gegenüber ausdrücklich nicht gewährt. Indes die Schutzbedürftigkeit des Dritten kann sich auch weiterhin äußern und entsprechend auch weiteren Schutz erheischen. So wird dem Dritten unter den gegebenen Voraussetzungen (§ 242 A 4) auch die Einrede der Arglist (exceptio doli generalis) zuzugestehen sein (a. A. Planck § 117 A 1 und Oertmann das. A 2 b β); namentlich dann, wenn nach Lage des Falles der Grundsatz Platz greift: dolo facit, qui petit, quod redditurus est. Man denke nur an den Fall, daß der zur Gewährung einer Sache Verpflichtete diese, um sich seiner Verpflichtung zu entziehen, an einen andern durch bloßes Scheingeschäft veräußert, der andere alsdann jedoch die Sache dem anspruchsberechtigten Dritten gewährt hätte und jetzt der Verpflichtete die Sache vom Dritten mit der Behauptung herausverlangen wollte, daß jener andere zur Verfügung über die Sache nicht befugt gewesen sei. Hier ist eine richtige Stelle für die exceptio doli generalis. Endlich aber erscheint es auch als recht und billig, dem Dritten bei Ansprüchen, zu deren Erfüllung die Verfügung eines anderen über eine Sache oder ein eingetragenes Recht erforderlich ist, den entsprechenden Leistungsanspruch unmittelbar auch gegen denjenigen zu geben, der die Sache oder das eingetragene Recht durch Scheingeschäft von dem zur Leistung verpflichteten anderen an sich gebracht hat. Das bedeutete einerseits nur, daß der Dritte vor dem Einwande mangelnder Passivlegitimation geschützt wäre, und daß er also nicht nötig hätte, zur Verwirklichung seines Rechtes vorerst den Anspruch des ihm Verpflichteten gegen den Scheinerwerber auf Rückgewährung der Sache oder des Rechtes pfänden und sich überweisen lassen, gegebenenfalls auch erst das Grundbuchberichtigungsverfahren herbeizuführen. Anderseits aber hätten der Verpflichtete und der Scheinerwerber, falls sie sich die sofortige Belangung des letzteren gefallen lassen müßten, nur die Folgen ihres eigenen Tuns zu erleiden, da sie geflissentlich es bewirkt hätten, daß einstweilen nur der Scheinerwerber zur Erfüllung des Leistungsanspruchs imstande wäre. Es wäre doch nicht recht und billig, den schuldlosen Dritten darunter leiden zu lassen (vgl. **RG** 90, 279; 95, 161). Meist wird der Dritte in solchen Fällen sich freilich mit der Schadensersatzklage hinreichend helfen können (**RG** 95, 162). Indes denkbar sind auch Fälle, wo die Voraussetzungen eines derartigen Anspruchs nicht erfüllt sind, zumal nicht gegenüber dem Scheinerwerber.

2. Das verdeckte Geschäft. Erfahrungsgemäß kommt es vor, daß die Parteien ein Geschäft vornehmen, das sich in dieser Rechtsform nicht mit ihrem wirklichen Willen deckt, zugleich aber bestimmt ist, ein anderes wirklich gewolltes Rechtsgeschäft zu verdecken. So, wenn die Parteien in Wahrheit eine Schenkung beabsichtigen, äußerlich aber ein Kaufgeschäft abschließen, mit dem Willen, die Schenkung auf jene Weise zu verdecken (**RG** 15, 294; 68, 326; 87, 301; Gruch 40, 964). Auch unter solchen Umständen fehlt es zwar an der Übereinstimmung zwischen dem wirklichen Willen und dem erklärten Willen. Aber dieser Fall unterscheidet sich von dem reinen Scheingeschäfte des Abs 1 insofern, als bei dem letzteren in Wirklichkeit keine Rechtsveränderung beabsichtigt, hier dagegen eine solche erstrebt wird. Daher kann und soll hier grundsätzlich auch der wirklich gewollte Erfolg eintreten und soll also das verdeckte Rechtsgeschäft gelten. (Grundsätzlich anders liegt der Fall der Umwandlung [Konversion] gemäß § 140 wonach ein anderes Geschäft anstatt des nichtigen auslegungsweise unterstellt wird; vgl. § 140 A 1).

Der Fall des Abs 2 trifft beispielsweise auch dann zu, wenn die Parteien eine bewegliche Sache als nur mietweise überlassen bezeichnet haben, während in Wirklichkeit käufliche Veräußerung beabsichtigt war, und die Folge dessen wäre, daß gegebenenfalls auch der Gläubiger des angeblichen Mieters die an diesen gelangte Sache pfänden dürfte. Haben die Parteien in Wirklichkeit eine Bevollmächtigung beabsichtigt, äußerlich aber eine Abtretung erklärt, dann sind die von der Vollmacht geltenden Rechtsgrundsätze (insbesondere hinsichtlich der Widerruflichkeit) anwendbar (RG Warn 09 Nr 268). Nur ist selbstverständliche Bedingung für die Anwendbarkeit des Abs 2 stets, daß die für das gültige Zustandekommen des wirklich beabsichtigten Geschäfts sonst erforderten Voraussetzungen, wie die Form usw., erfüllt sind; bei einer durch ein Darlehnsgeschäft verdeckten Schenkung also auch die Formvorschrift des § 518 gewahrt ist (RG 98, 127; RG SeuffA 78 Nr 11). Das Scheingeschäft darf nicht zur Umgehung von gesetzlichen Bestimmungen dienen.

Befolgt werden die Vorschriften des § 117 Abs 1 u. 2 auch in dem Falle, daß in einem förmlich abgeschlossenen **Grundstücksveräußerungsvertrage (§ 313)** der wirkliche Kaufpreis im beiderseitigen Einverständnisse unrichtig angegeben ist, indem angenommen wird, daß hier der beurkundete Vertrag bestimmt sei, den den richtigen Kaufpreis enthaltenden mündlichen Vertrag zu verdecken (RG 78, 115; Warn 1913 Nr 309), und hiernach weiter gefolgert wird, daß dieser nur mündliche Vertrag gemäß § 313 Satz 2 durch die Auflassung und Eintragung rechtsgültig werden könne (RG 94, 149; 104 S. 102 u. 298; RG Warn 1927 Nr 18). Diese Auffassungen sind nicht zweifelsfrei, da es unter den bezeichneten Umständen sachgemäßer scheinen könnte, nur einen Kaufvertrag, und zwar einen teilweise falsch beurkundeten als gegeben anzusehen, und weiter davon auszugehen, daß der beurkundete Vertrag deswegen nichtig sei, weil er die wirkliche Preisabrede überhaupt nicht enthalte, sonach aber gegen den Grundsatz des § 313 verstoße, daß der formbedürftige Grundstücksveräußerungsvertrag alle (wesentlichen) Abreden enthalten müsse. Indes aus praktischen Gründen empfiehlt sich doch die Rechtsprechung des Reichsgerichts, da sie die Möglichkeit bietet, das von den Parteien beabsichtigte Geschäft aufrechtzuerhalten und eine unheilbare Nichtigkeit abzulehnen.

3. **Das Anwendungsgebiet des § 117 ist beschränkt auf die Fälle der empfangsbedürftigen Willenserklärungen (vgl. Vorbem 1 vor § 116) und auf die zweiseitige Vortäuschung im Gegensatze zu der einseitigen (§ 116).** Auf eine einer Behörde gegenüber abgegebene Willenserklärung ist er sonach unanwendbar (RG 16. 2. 11 IV 331/10). Auch der der Auflassung zugrunde liegende dingliche Vertrag (die Einigung) kann ein Scheingeschäft darstellen (RG 2. 7. 19 V 92/19). — Das **fiduziarische Geschäft** (vgl. Vorbem 6 vor § 104) kann zwar ein bloßes Scheingeschäft darstellen (RG Warn 1918 Nr 135). An sich aber unterscheidet es sich vom Scheingeschäfte dadurch, daß bei ihm der beabsichtigte Rechtserfolg der abgegebenen Erklärung wirklich entspricht (RG Warn 1910 Nr 98), nur daß die gewählte Geschäftsform regelmäßig einem andern wirtschaftlichen Erfolge dient, als dem hier bezweckten. Ein Einklang fehlt hier also gewissermaßen nur zwischen dem erstrebten wirtschaftlichen Ergebnisse und der Geschäftsform, nicht aber zwischen dem Willen und der Erklärung. Wenn A seine Sache dem B käuflich übereignet, damit B an ihr Sicherheit habe, bis A ihm seine Schuld bezahlt, dann hat A den ernsten Willen, B im Wege der Eigentumsübertragung zu sichern; nur entspräche diesem wirtschaftlichen Zwecke an sich nicht die Vornahme des Übereignungs-, sondern die eines Pfandgeschäfts. Möglich ist ein fiduziarisches Geschäft auch zu dem Zwecke, dem andern Teile Kredit zu verschaffen (RG Gruch 55, 634). Beim Sicherungskaufe, der von einem Kaufe nach § 433 insofern abweicht, als er nicht eigentlich die Begründung der dortselbst vorgesehenen Verbindlichkeiten, sondern nur die Sicherung bezweckt, hat der Käufer das Recht, zugleich aber auch die Pflicht, die Sache zu seiner Befriedigung weiterzuverkaufen und alsdann den Preisüberschuß dem Verkäufer herauszuzahlen (RG JW 1911, 181[5]). Dabei hat der Käufer wie ein Beauftragter die Verpflichtung zur treulichen Verwahrung der Sache und zur Wahrung des Interesses seines Schuldners bei ihrem Verkaufe (RG 76, 345; JW 1911, 581[23]). Der Schuldner kann aber nicht Zug um Zug gegen Angebot seiner Leistung Rückgabe des sicherheitshalber übereigneten Gegenstandes verlangen, da er vorzuleisten hat und der § 1223 hier außer Anwendung bleibt (RG JW 1914, 76[8]). Vgl. ferner die Ausführungen bei § 398 A 1. **Keine Scheingeschäfte**: Wenn A sich B gegenüber zum Empfange eines tatsächlich nicht gewährten Darlehns bekennt und dem B die Schuldurkunde unter der Abrede aushändigt, daß B seine (angebliche) Forderung einem Dritten abtritt, um die von diesem dafür zu gewährende Leistung dem A zuzuführen, so daß alsdann das Schuldverhältnis erst zwischen A und dem Dritten begründet werden soll (RG 60, 21; 12. 2. 10 V 198/09). Ferner, wenn die Parteien, um einen vom Gesetze gemißbilligten Erfolg zu erreichen, eine an sich statthafte Geschäftsform wählen. In solchen Fällen wäre die Frage der Nichtigkeit aus § 134, nicht aber aus § 117 zu beantworten. Wird die Erklärung mehreren gegenüber abgegeben, ihre Bedeutungslosigkeit aber nur mit einem von ihnen abgemacht, so entsteht kein Scheingeschäft (RG 3. 1. 07 I 310/06).

Das Ausstellen eines Schuldscheins über ein Darlehn, falls die Schuld aus einem andern Grunde herrührt, ist kein Scheingeschäft, sondern Umwandlung der Schuld in ein Darlehn gemäß § 607 Abs 2 (RG 13. 2. 06 VI 150/06). Ein Scheingeschäft liegt daher auch dann nicht vor, wenn eine Hypothek für ein Darlehn bestellt, ein solches aber nicht gewährt ist und nur anderweite Leistungen infolge der Umwandlung als Darlehn gelten sollen (RG 12. 1. 21 V 395/20). Anders ist es natürlich, wenn der Eigentümer und der eingetragene Hypothekengläubiger vereinbart haben, daß die zur Hintergehung von Gläubigern bestellte Hypothek keine Wirksamkeit haben solle. — Die Abtretung einer Forderung unter der Verabredung, daß die Forderung erst nach Eintritt einer Bedingung in das Vermögen des Zessionars übergehen und bis dahin dieser nur nach außen hin als der Gläubiger erscheinen solle, ist ein zulässiges (fiduziarisches) Geschäft und kein Scheingeschäft (RG Gruch 59, 142). — Ein Kaufangebot stellt noch nicht ein Scheingeschäft und in Wirklichkeit noch nicht den Kauf selbst dar, wenn nach einer nebenher gehenden Abrede die beiderseitigen in Aussicht genommenen Leistungen bereits vorweg erfolgen sollen, derart insbesondere, daß die Sache bereits übergeben und der Preis mit der Abrede angezahlt wird, daß er beim Zustandekommen des Kaufes auf den Preis angerechnet, beim Nichtzustandekommen aber als Entgelt für die Bindung des Verkäufers dienen soll (RG JW 16, 391[2]; 1. 2. 19 V 249/18). — Eine urkundliche Bürgschaftserklärung ist noch nicht deswegen ein Scheingeschäft, weil eine von der schriftlichen Erklärung abweichende mündliche Nebenabrede über den Umfang der Haftung getroffen worden ist (RG LZ 1919, 590[4]). — Hinsichtlich der Eheschließung besteht die Ausnahme, daß die Scheinerklärung die Ehe nicht nichtig macht. Das Gesetz hat diese Frage in den §§ 1324—1328 selbständig geregelt, und die ebendort aufgeführten Nichtigkeitsgründe müssen daher als erschöpfend erachtet werden. — Darüber, inwieweit die Grundsätze vom Scheingeschäft auch bei **Prozeßhandlungen** und gegenüber einem **Urteile** Anwendung finden, vgl. Vorbem 8 vor § 104 und die dort angezogenen Entscheidungen.

4. Die **Beweislast** regelt sich nach dem Grundsatze, daß, wer eine rechtszerstörende Tatsache behauptet, sie auch zu beweisen hat (RG 29. 11. 07 VII 536/06).

5. Über die **Nichtigkeit** und ihre Folgen, insbesondere über den Einfluß der Nichtigkeit des Grundgeschäfts auf das Vollzugsgeschäft, vgl. § 125 A 1.

§ 118

Eine nicht ernstlich gemeinte Willenserklärung, die in der Erwartung abgegeben wird, der Mangel der Ernstlichkeit werde nicht verkannt werden, ist nichtig¹).

E I 97 Abs 1, 2, 4 II 93; M 1 193 ff.; P 1 98 ff.

1 **Mangel des Ernstes.** Es handelt sich auch hier darum, daß eine rechtsgeschäftliche Erklärung abgegeben wird, wiewohl ein Geschäftswille (Vorbem 1 vor § 116) überhaupt nicht vorhanden ist, weil nämlich der Erklärende beabsichtigt, daß seine Erklärung einen Rechtserfolg überhaupt nicht haben soll. Sie ist trotz des nur insgeheim gemachten Vorbehalts des Nichtwollens (§ 116) nichtig, falls der Erklärende erwartet hat, der andere Teil werde den Mangel der Ernstlichkeit erkennen. Er soll unter diesen Umständen nicht beim Worte genommen werden, selbst wenn der andere den Willensmangel tatsächlich nicht erkannt hat. Erkannte der andere die Nichternstlichkeit, dann liegt der Fall des § 116 Satz 2 vor und, sofern zwischen beiden Teilen sogar ein Einverständnis bestand, der Fall des § 117. **Unter § 118 fallen** Erklärungen, die zum Scherze, zu Anpreisungen oder aus Prahlerei abgegeben werden. Aber einer Erklärung, die sich nach ihrer äußeren Erscheinung, besonders nach ihrem Inhalte, als die Kundgebung eines rechtsgeschäftlichen Willens darstellt, ist in der Regel von vornherein auch rechtsgeschäftliche Bedeutung beizulegen. Die rechtsgeschäftliche Bedeutungslosigkeit ist mithin vom Behauptenden nachzuweisen (RG 8. 12. 05 II 179/05). Die Rechte des andern Teiles in solchen Fällen berücksichtigt der § 122. — Anwendbar ist § 118 auch bei letztwilligen Verfügungen (RG 104, 322).

§ 119

¹) Wer bei der Abgabe einer Willenserklärung über deren Inhalt³) im Irrtume²) war oder eine Erklärung dieses Inhalts überhaupt nicht abgeben wollte⁴), kann die Erklärung anfechten⁵), wenn anzunehmen ist, daß er sie bei Kenntnis der Sachlage und bei verständiger Würdigung des Falles nicht abgegeben haben würde²).

Als Irrtum über den Inhalt der Erklärung gilt auch der Irrtum über solche Eigenschaften der Person oder der Sache, die im Verkehr als wesentlich angesehen werden[5—7]).

E I 98, 99 Abs 1, 3 II 94; M 1 196 ff.; P 1 102 ff., 114 ff.; 6 122.

1. **Irrtum bei Willenserklärungen.** Der § 119 enthält zwei Tatbestände; gemeinsame Voraussetzung für beide ist: der Erklärende beabsichtigt zwar, das kundzugeben, was er wirklich rechtsgeschäftlich erreichen will oder zu wollen geglaubt hat, und meint auch, das Beabsichtigte erreicht zu haben; aber es ist das Gegenteil davon eingetreten, weil sich der Erklärende entweder schon über seinen *wirklichen Willen* oder andernfalls über die Bedeutung seiner *Erklärungshandlung* im Irrtume befand. In beiden Fällen liegt also wiederum ein Widerspruch zwischen dem wirklichen Willen und dem erklärten Willen oder der Erklärung vor, nur daß der Widerspruch hier, im Gegensatze zu § 118, nicht bewußt, sondern unbewußt entstanden ist, verursacht nämlich durch falsche Vorstellungen beim Erklärenden entweder über den Inhalt seines Willens oder den seiner Erklärungshandlung. Berücksichtigen will das Gesetz bei dieser Sachlage, dem Erklärungsgrundsatze folgend (Vorbem 5 vor § 116), in erster Linie das Interesse des Erklärenden, weil dieser nur aus Irrtum fehlgegangen ist, und es stellt deshalb auch lediglich in sein Ermessen, ob er das Geschäft nichtig machen oder bestehen lassen will. Das Geschäft schon als nichtig kraft Gesetzes zu behandeln, läge nicht im Bedürfnisse des Verkehrs. Auf solche Weise ist das Gesetz zur Ausgestaltung des nur *anfechtbaren Rechtsgeschäfts* gelangt. Eine *Gefährdung des Erklärungsgegners* kann dabei gar nicht in Frage kommen, wenn der Erklärende das Rechtsgeschäft nicht anficht, der Irrtum des Erklärenden also einflußlos bleibt (RG 84, 352). Der Vertragsgegner kann mithin seinerseits auch nicht einwenden, daß der Erklärende sich geirrt, beispielsweise eine Urkunde in Irrtum über ihren Inhalt unterschrieben habe (RG Warn 08 Nr 276). Macht jedoch der Erklärende von dem Anfechtungsrechte Gebrauch, dann kann jetzt gerade ein anerkennenswertes Interesse des Gegners beeinträchtigt sein, und für diesen Fall bedarf er daher auch einer besondern Schutzvorschrift. Darüber verhält sich der § 122. — **Auszuscheiden von den Fällen des § 119 sind zunächst solche,** in denen etwa der eine Teil den andern oder beide sich gegenseitig *mißverstehen*, so daß nur der Schein einer Willensübereinstimmung besteht (RG 66, 122; Warn 08 Nr 591, *versteckte*, nach § 155 zu behandelnde Willensuneinigkeit). Vgl. des näheren § 154 A 1 und § 155 A 2. Im Falle des *Mißverständnisses* — das voraussetzt, daß beide Parteien irrtumsfrei erklärt haben, was sie haben erklären wollen (RG 105, 211) — betrifft der Irrtum überhaupt nicht den eigenen Willen des sich Erklärenden, sondern nur die Annahme, daß eine gegenseitige Willenseinigung vorliege. Ein bloßes Mißverständnis liegt gewissermaßen auch dann vor, wenn eine Erklärung *an eine Person gelangt ist, an die sie nicht gerichtet war, und an die sie auch nicht hat gelangen sollen*, sondern nur infolge irgendwelcher nicht gewollter Umstände gelangt ist. In solchen Fällen des Mißverständnisses bedarf es zur Beseitigung des Vertrags nicht erst der Anfechtung. — **Der Tatbestand des § 119 liegt auch dann nicht vor,** wenn beide Teile trotz vorhandener Willensübereinstimmung nur infolge eines beiderseitigen Versehens oder Irrtums eine andere Sache oder ein anderes Geschäft bezeichnet haben, als sie im Auge hatten; denn alsdann handelt es sich nur um eine *falsche Bezeichnung*, die unschädlich ist, weil entscheidend bleibt, daß in dem wirklich Gewollten Willensübereinstimmung geherrscht hat (RG 61, 265; 60, 338; 99, 148; JW 07, 825[1]). — **Zu einer Anfechtung besteht weiter kein Anlaß,** wenn der Erklärungsgegner die irrtümlich abgegebene Erklärung des andern *richtig verstanden hat*, da unter diesen Umständen die Erklärung so zu gelten hat, wie sie gemeint war und auch verstanden worden ist (RG 66, 427; 105, 185; JW 1911, 179[2]). — Unter § 119 gehört endlich nicht der Fall, daß das Tun einer Person von andern *nur irrtümlich als eine Erklärungshandlung aufgefaßt wird*, während eine solche in Wirklichkeit gar nicht beabsichtigt war. Hier fehlt es für die Anwendbarkeit des § 119 an dem ersten Erfordernisse, nämlich am Vorhandensein einer Willenserklärung überhaupt (vgl. Vorbem 1 vor § 116). — **Anwendungsgebiet.** In Betracht kommen im übrigen bei § 119 *Willenserklärungen aller Art* (M 1, 201). Eine Unterscheidung zwischen empfangsbedürftigen und andern macht erst § 122 (Sonderregelung hinsichtlich der Eheschließung durch die §§ 1332, 1333 u. 1336 ff., hinsichtlich letztwilliger Verfügungen durch die §§ 2078, 2080 ff., 2281 ff.; vgl. dazu RG 77, 174; 86, 206). Anfechtbar wegen bloß einseitigen Irrtums ist auch ein Vergleich (RG JW 1915, 190[1]). Auch *stillschweigende Willenserklärungen* oder nur „fingierte" Erklärungen, die nach dem Gesetze nur als abgegeben gelten, sind anfechtbar (RG 58, 84; 103, 401). Vgl. auch Vorbem 2 vor § 116. Betreffs *prozessualer Handlungen* vgl. Vorbem 8 vor § 104. Unzulässig ist die Anfechtung des Beitritts zu einer Aktiengesellschaft oder Genossenschaft (RG 57, 292; 68, 344).

2. **Das Wesen des Irrtums.** Er kann beruhen auf einer falschen Vorstellung vom Wirklichen oder auf einer Nichtkenntnis des wirklichen Sachverhalts, soweit diese Nichtkenntnis für den Willensentschluß wesentlich gewesen ist. Beide Fälle gehören hierher (RG 62, 205). Erfordernis ist jedenfalls, daß dem Erklärenden der Mangel nicht zum Bewußtsein kam. Deshalb ist, wer eine Willenserklärung trotz des Bewußtseins abgibt, ihren Inhalt nicht zu kennen — etwa durch Unterzeichnung einer ungelesen gebliebenen **Urkunde** —, nicht im Irrtum und nicht berechtigt zur Anfechtung (RG 62, 205; 77, 309). Denn wer sich über einen gewissen Punkt überhaupt keine Gedanken gemacht hat, kann sich insoweit auch nicht im Irrtum befunden haben (RG JW 1912, 26). Anders, wenn der Erklärende auf Grund voraufgegangener Verhandlung mit einem Vertragsgegner eine Urkunde in der unzutreffenden Meinung unterzeichnet, sie enthalte das Besprochene und nichts anderes (RG 77, 312; 88, 282; Warn 1918 Nr 25; JW 09, 214[1]). Unterschreibt jemand eine Urkunde zwar in dem Bewußtsein, ihren Inhalt nicht zu kennen, aber in der Annahme, daß sie einem gewissen Sachverhalte nicht widerspreche, so kann er, wenn die Annahme unrichtig ist, die Erklärung anfechten (RG 77, 309). Auch wer sich bei Abgabe einer Willenserklärung nur in Zweifeln bewegt, den Eintritt von Tatsachen oder ihr Vorhandensein nur für möglich oder wahrscheinlich gehalten hat, mithin durch Schätzungen oder Mutmaßungen bewogen worden ist, ist zur Anfechtung nicht berechtigt (RG 85, 324). Im Falle einer schätzungsweise vorgenommenen Preisbestimmung kann daher ein zur Anfechtung berechtigender Irrtum nur dann in Frage kommen, wenn der Käufer angenommen hat, durch seine Schätzung ein gewisses Ergebnis gefunden zu haben (RG 90, 268). Demgemäß ist auch ein Kalkulationsirrtum dann beachtlich, wenn die Kalkulation zum Gegenstande der entscheidenden Vertragsverhandlung gemacht und der geforderte Kaufpreis erkennbar als ein auf dieser Kalkulation beruhender bezeichnet worden ist, weil dann der Inhalt der Erklärung auch die Preisberechnung umfaßt (RG 64, 268; 90, 272; 94, 67; 101, 108 s. auch unten über den Irrtum im Beweggrunde). Ob der Irrtum bei gehöriger Aufmerksamkeit vermeidbar, ob er entschuldbar oder nicht entschuldbar war, darauf kommt es nicht an (RG 62, 205; 88, 411). — **Zur Beachtlichkeit** des Irrtums ist **erforderlich: a)** Subjektiv, daß die falsche Vorstellung oder die Unkenntnis geeignet war, gerade den Irrenden, nach seiner Persönlichkeit, in seiner Entschließung derart zu beeinflussen, daß anzunehmen ist, er würde nach seinen persönlichen Verhältnissen bei richtiger Kenntnis des Sachverhalts oder bei dessen Kenntnis überhaupt nicht so, sondern anders gehandelt haben, und zwar unter der weiteren Voraussetzung, daß er den Fall „verständig gewürdigt", mithin, nach diesem allgemeinen Maßstabe bemessen, wie ein verständiger Mensch gehandelt hätte (RG 62, 205; RG BayZ 1927, 228). Diese Fragen sind nach den Verhältnissen zur Zeit des Vertragsschlusses, gegebenenfalls nach richterlichem Ermessen, zu beurteilen. **b)** Objektiv; der Irrtum muß betreffen: nach Abs 1 entweder die Erklärungshandlung oder den Inhalt des erklärten Willens, nach Abs 2 die Eigenschaften der Person oder Sache. — Beachtlich ist im allgemeinen auch ein **Rechtsirrtum,** wobei es auf Fahrlässigkeit oder auf Entschuldbarkeit des Irrtums auch hier grundsätzlich nicht ankommt. Das Gesetz unterscheidet nicht zwischen tatsächlichem Irrtum und Rechtsirrtum (RG 62, 201). Letzterer gehört jedoch folgerichtig nur insofern hierher, als er eine rechtsirrtümliche Auffassung über den Inhalt der Erklärung bewirkt, dagegen nicht, wenn er lediglich Rechtsfolgen betrifft, die nicht mehr von dem Inhalte des Rechtsgeschäfts mitumfaßt werden (RG 51, 283; 57, 273; 55, 281; 76, 440; 85, 326). Letzteres träfe beispielsweise zu, wenn jemand, der die Befreiung des Schuldners übernimmt, irrtümlich (§ 418) meint, daß die durch einen Dritten für die nämliche Schuld geleistete Bürgschaft trotz der befreienden Schuldübernahme bestehenbleibe und er sich demgemäß auch seinerseits an den Bürgen werde halten können (JW 1916, 1183[1]). Ein unbeachtlicher bloßer Rechtsirrtum wird also namentlich dann in Frage stehen, wenn er lediglich den Beweggrund betraf (RG 75, 272), oder wenn der Erklärende sich über die rechtlichen Folgen nicht gerade des konkreten Geschäfts, sondern nur von Rechtsgeschäften gewisser Art nur im allgemeinen falsche Vorstellungen gemacht hat (RG 83, 202). Beispielsweise ein Konkursverwalter verkennt aus Rechtsirrtum, daß, wenn er bei einem Teillieferungsvertrage trotz seiner Kenntnis, daß Teillieferungen bereits erfolgt sind, Vertragserfüllung verlangt, dann die gesamten Verpflichtungen des Zwangsschuldners eine Masseschuld darstellen (RG 98, 138; vgl. auch Anm 3). Ein beachtlicher, weil zum Inhalte des Rechtsgeschäfts gehörender Irrtum wird dagegen anzunehmen sein, wenn der Erklärende infolge Rechtsirrtums von dem vorgenommenen, konkreten Rechtsgeschäfte selbst andere Rechtswirkungen erwartet hat, als eintreten mußten, er also eine Erklärung abgegeben hat, die nicht die beabsichtigte, sondern eine anderweite Rechtswirkung herbeigeführt hat (RG 88, 282); denn bildet der beabsichtigte rechtliche Erfolg einer Willenserklärung einen Bestandteil des erklärten rechtsgeschäftlichen Tatbestandes, dann gehört er zum Inhalte der Erklärung (RG 89, 33). Die Bedeutung einer Willenserklärung liegt eben gerade darin, daß sie einen rechtlichen Erfolg erstrebt. Ob die irrige Unterwerfung konkreter tatsächlicher Umstände unter einen Rechtssatz einen tatsächlichen oder rechtlichen Irrtum

enthält, ist nach den Umständen zu entscheiden (RG JW 01, 806[15]). — **Unbeachtlich ist ein Irrtum im Beweggrunde,** mithin über Vorgedanken, die den Abschluß veranlaßt haben, aber für das Geschäft selbst nicht wesentlich sind (RG Warn 1910 Nr 137); Berechnungsirrtum (RG JW 1925, 1633[5]); es sei denn, daß der Irrtum im Beweggrunde zugleich einen solchen in der Erklärung (JW 03, 106[237]) oder im Gegenstande hervorgerufen hat (RG JW 06, 104[2]), was insbesondere auch bei dem Berechnungsirrtum zutreffen kann (RG 101, 107; 105, 406; RG JW 1927, 1362[12]; auch LZ 1927, 481[1]). Vgl. A 3. Unbeachtlich ist daher auch ein Irrtum über künftige Ereignisse (RG Gruch 49, 893), ferner über die geschäftlichen Vorteile, Rechnungsfehler (RG 55, 368; 64, 266; JW 09, 412[5]), über die Höhe des bisherigen Ertrags (RG 67, 87), über die Angemessenheit des Kaufpreises (RG 111, 260), über die Zweckmäßigkeit und das wirtschaftliche Ergebnis eines vergleichsweise festgesetzten Maßstabes für eine Unterhaltsrente (RG JW 1926, 975[1]). Auch die bloße Mitteilung der Beweggründe an den Gegner ist im allgemeinen bedeutungslos. Im Einzelfalle kann jedoch in solchen Erklärungen eine Geschäftsbedingung enthalten und so der Beweggrund zugleich in den rechtsgeschäftlichen Tatbestand aufgenommen sein; dann ist der Irrtum auch erheblich (RG Warn 1912 Nr 3). Demgemäß ist ein Irrtum im Beweggrunde grundsätzlich dann, aber auch nur dann zu berücksichtigen, wenn der Beweggrund, so z. B. auch der mit dem Geschäft erstrebte Erfolg, dem Geschäftsgegner bei den Vertragsverhandlungen oder im Vertrage selbst ausdrücklich oder stillschweigend kenntlich gemacht und mit zum Gegenstande der entscheidenden Erklärung gemacht worden ist, in der Erklärung also auch seinen, wenn auch nicht wörtlichen, Ausdruck gefunden hat (RG 85, 326; 94, 65; 97, 138; 105, 407; 116, 15; RG LZ 1926 S. 742[1], 1063[1]; RG JW 1927, 676[17]). Ein Irrtum über die Höhe der Belastung des verkauften Grundstückes kann die Anfechtung des Kaufvertrages rechtfertigen, wenn die Belastung Gegenstand der entscheidenden Verhandlungen war und die Bemessung des Preises durch den Verkäufer erkennbar beeinflußten (RG BayZ 1927, 228). Anfechtung des Ankaufs von Wertpapieren wegen Irrtums über ihren Kurs s. RG 116, 15. Unbeachtlich ist der Irrtum eines Bevollmächtigten über den Inhalt der ihm von seinem Vollmachtgeber erteilten Weisung (RG 20. 12. 24 I 694/23). Ein die Anfechtung nach § 119 nicht rechtfertigender Irrtum im Beweggrund ist es, wenn jemand eine Verpflichtung in der irrigen Meinung anerkennt, daß sie bereits bestanden habe; befinden sich aber beide Vertragsteile in dem gleichen Irrtum über die objektive Grundlage des Anerkennungsvertrags, dann braucht der Anerkennende seine Erklärung nicht gegen sich gelten zu lassen, dem Gegner, der ihn daran festhalten wollte, würde die Einrede der allgemeinen Arglist entgegenstehen (RG 108, 105; RG 2. 11. 26 III 2/26; s. aber auch RG Warn 1926 Nr 40).

Der **Rücktritt** wegen nachträglich und wider Erwarten eingetretener **veränderter Umstände** oder wegen **Irrtums** über die **Voraussetzungen** ist nicht schlechthin aus dem Gesichtspunkte des Irrtums, sondern nur dann zulässig, wenn sich der eine Teil nur unter einem entsprechenden Vorbehalte hat binden wollen und der Vorbehalt zur Vertragsbedingung erhoben ist (RG 62, 267; SeuffA 64 Nr 137), während im übrigen das Gesetz die clausula rebus sic stantibus grundsätzlich nicht anerkennt (RG 66, 58; 86, 398; 99, 259; SeuffA 76 Nr 153). Doch hat die durch die Veränderungen der Kriegs- und Nachkriegszeit hervorgerufene Umwälzung der wirtschaftlichen Verhältnisse zu einer Änderung auch der rechtlichen Beurteilung geführt und in gewissen Grenzen der clausula rebus sic stantibus erneute Anerkennung gebracht. Im näheren kann hierzu auf die Darlegungen zu § 242 A 5 verwiesen werden.

3. Irrtum über den Inhalt des Geschäfts (RG JW 08, 269[2]) steht in Frage, wenn inhaltlich etwas anderes oder mehr erklärt ist, als gewollt war, wenn also der Erklärende über die Tragweite seiner Erklärung und sonach über die Folgen des Geschäfts irrt; wenn er also andere Folgen beabsichtigt und sich vorgestellt hat, als sie nach Maßgabe seiner Erklärungen eintreten mußten, mag es sich um einen tatsächlichen oder einen Rechtsirrtum (vgl. oben Anm 2) gehandelt haben. Hierher gehört auch der Fall, wenn sich jemand über die Grundlagen der rechtsgeschäftlichen Erklärung in einem Irrtum befunden hat (RG 75, 271; 97, 140; 112, 332). Dabei sind jedoch nur solche Folgen zu berücksichtigen, die sich als Folgen des Rechtsgeschäfts nach Maßgabe seines eigenen Inhalts und der dadurch bedingten rechtlichen Wirkungen darstellen, dagegen nicht darüber hinaus auch solche rein tatsächliche, nur den Beweggrund betreffende Folgen, die außerhalb des Rechtsgeschäfts selbst liegen und etwa nur die wirtschaftliche Seite des Geschäfts, dessen Ersprießlichkeit betreffen (RG 75, 271; JW 1911, 212[6]). Es darf die Sache auch nicht so liegen, daß das irrtumsfrei gewollte und erklärte Rechtsgeschäft außer den beabsichtigten Folgen noch andere nicht erkannte und gewollte Nebenwirkungen hervorbringt, mit deren Eintritt der Erklärende nur wegen mangelnder Rechtskenntnis nicht gerechnet hatte, was beispielsweise zuträfe, wenn ein Konkursverwalter bei einem Teillieferungsvertrage die Erfüllung wählte, wissend, daß einzelne Teillieferungen bereits erfolgt waren, und hierbei rechtsirrtümlich verkannt hätte, daß die Vertragsverpflichtungen des Gemeinschuldners infolge der erklärten Wahl insgesamt als Masseschuld gelten müssen (RG 51, 283; 98, 138). Vgl. A 2. — Im Einzelfalle kann die Frage, ob es sich um einen Irrtum über den Inhalt der Erklärung oder nur um einen solchen im Beweggrunde handelte, zweifelhaft sein. **Irrtum über den Inhalt der Erklärung** liegt namentlich vor, wenn der Erklärende nach seinem wirklichen Willen das Rechtsgeschäft überhaupt mit einer andern Person als mit dem Erklärungsgegner hat abschließen wollen (error in persona), oder wenn er einen andern Gegenstand im Auge gehabt hat (error in objecto, Identitätsirrtum), oder wenn er endlich eine andere juristische Geschäftsform gewollt hat (error in negotio, nicht Kauf, sondern Miete). Notwendige Voraussetzung für das Vorhandensein eines Irrtums über den Inhalt der Erklärung ist im übrigen stets, daß eine Erklärung, die eben mit dem wirklichen Willen in Widerspruch stehen soll, überhaupt abgegeben worden und auch zum Bestandteile des Rechtsgeschäfts geworden ist (RG 88, 284; 89, 33; Warn 1919 Nr 188). — In RG 102, 88 ist angenommen: Hat der Prinzipal auf Grund eines von seinem Reisenden unter Vorbehalt der Genehmigung des Prinzipals abgeschlossenen Kaufes in Unkenntnis dieser Klausel erfüllt, dann ist die Anfechtung wegen Irrtums gegeben. Diese Entscheidung ist augenscheinlich verfehlt. Denn hat der Prinzipal in Unkenntnis der Klausel erfüllt, so kann von einer Genehmigung des Geschäfts keine Rede sein, weil es am Genehmigungswillen fehlte (§ 182 A 1), und dann lag die Sache nur so, daß der Prinzipal auf Grund eines noch unwirksam gebliebenen Geschäfts geleistet hatte und infolgedessen die Leistung gemäß § 812 zurückfordern konnte, für eine Anfechtung bestand aber kein Raum, eine solche setzt ein wirksames Rechtsgeschäft voraus.

Einzelne **Fälle** von **Irrtum im Gegenstande:** Verkauft jemand eine Sache, die er aus Irrtum über den Stoff für minderwertig hält, während sie aus einem erheblich wertvolleren Stoffe bestand, für einen entsprechend zu niedrigen Preis, dann hat seine unrichtige Vorstellung möglicherweise zwar zugleich zur Folge, daß er das Geschäft für günstig ansieht und es deshalb abschließt; aber sein Irrtum betrifft anderseits auch unmittelbar den zum Kaufe angestellten Gegenstand selbst und hat deshalb zur Folge, daß der Erklärende etwas anderes, nämlich etwas Minderwertigeres zu verkaufen glaubte, als in Wirklichkeit der Fall war. Übernimmt jemand die Bürgschaft für eine Schuld, von der er irrigerweise annimmt, sie sei durch ein Sachpfand gedeckt, dann ist sein Irrtum nicht nur dafür entscheidend, daß er sich über das Maß seiner wirtschaftlichen Gefährdung täuscht; vielmehr betrifft er auch den sachlichen Gegenstand der Erklärung selbst insofern, als der Erklärende meint, Bürgschaft für eine anders geartete, nämlich nicht für eine ungesicherte, sondern für eine gesicherte fremde Schuld zu leisten (RG 75, 271). Irrtum über den Inhalt der Erklärung liegt daher gelegentlich auch dann vor, wenn der Verkäufer einen zu niedrigen Preis fordert, weil er nicht weiß, daß die Kaufsache, die beschädigt gewesen war, „inzwischen auf seine Kosten wiederhergestellt worden ist" (RG JW 04, 112[5]); oder wenn der Käufer einer Wassermühle irrtümlich annimmt, daß die Wasserkraft der Mühle zugehört, während sie nur widerruflich gestattet ist (RG Warn 1912 Nr 240); oder wenn der Käufer eines Grundstücks sich über dessen Grenzen irrt (RG Warn 1912 Nr 365); ferner, wenn der Verkäufer nicht den ganzen im Vertrage bezeichneten Gegenstand, sondern nur ein Minderes verkaufen wollte (RG 26. 5. 10 V 577/09); wenn jemand nach seiner Erklärung ein umfangreicheres Vorrecht bewilligt, als er beabsichtigt hatte (RG 14. 2. 12 V 328/11); wenn der Käufer sich mehr zu kaufen vorgestellt hat, als den abgegebenen Erklärungen entspricht (RG Warn 1914 Nr 271); oder wenn der Erwerber eines Rechts gemäß § 398 über dessen Inhalt sich geirrt hat (RG 95, 115). Über den Kalkulationsirrtum s. oben A 2. In RG 62, 204 ist Irrtum über den Inhalt der Erklärung auch in einem Falle angenommen worden, wo ein Konkursverwalter sich für die Erfüllung des gesamten Teillieferungsvertrags infolge des Irrtums erklärte, daß die vom Gemeinschuldner bisher empfangenen Raten sämtlich bereits berichtigt seien. Diese Entscheidung ist bedenklich. Denn der Irrtum des Konkursverwalters betraf lediglich Umstände aus der Vergangenheit, die außerhalb des Rahmens seiner Erklärung lagen, und seine falsche Vorstellung war daher für seine Entschließung nur deshalb entscheidend, weil er infolge ihrer seine Erklärung als für die Konkursmasse ersprießlich erachtete. Fordert ein Konkursverwalter nach § 17 KO Erfüllung des ganzen Teillieferungsvertrags in dem irrigen Glauben, daß der gesamte Vertrag noch nicht erfüllt sei, während der Gemeinschuldner einen Teil der Lieferungen bereits empfangen, aber noch nicht bezahlt hatte, dann liegt auch ein beachtlicher Irrtum insofern vor, als der Konkursverwalter nicht wußte, daß er die bereits gewährten Lieferungen noch zu bezahlen habe, und als mithin sein Irrtum die objektive Sachlage betraf (RG 85, 223). Bei dem Verkaufe von Wertpapieren kann der Irrtum über ihren Börsenkurs einen Irrtum über den Erklärungsinhalt darstellen, nämlich dann, wenn im Sinne des Geschäfts dessen Grundlage der Tageskurs sein sollte (RG 97, 138; 101, 51). Die irrtümliche Angabe eines unrichtigen Zeitpunkts der Fälligkeit einer Versicherungssumme berechtigt zur Anfechtung (RG SeuffA 76 Nr 4). Ist ein Darlehen in ausländischer Währung gegeben und Rückzahlung zu einem bestimmten Betrage in deutscher Währung versprochen, haben sich die Parteien dabei aber betreffs des Wertes des ausländischen Geldes geirrt, dann handelt es sich um einen Irrtum über den Inhalt der Erklärung (RG 105, 407). — **Verneint** ist ein Irrtum über den Erklärungsinhalt und vielmehr Irrtum über den Beweggrund angenommen worden, wenn der Irrtum die Angemessenheit der eigenen Leistung gegenüber der Gegenleistung betraf (RG JW 1917, 214[1]); wenn der Verkäufer eines Grundstücks in der Inflationszeit sich bei der Bemessung des Kaufpreises geirrt (RG Warn 1926 Nr 110); ebenso wenn beim Verkauf eines Grundstücks nach der Inflationszeit der Verkäufer die von ihm zur Löschung zu bringende Vorkriegshypothek irrtümlich für eine geringwertige Nachkriegshypothek gehalten hat (RG Warn 1926 Nr 75). Kein Fall des § 119 Abs 1 liegt ferner vor, wenn der Irrtum nur darin besteht, daß der Erklärende nicht mit der Möglichkeit der durch die Zunahme der Geldentwertung veranlaßten künftigen Gestaltung der Gesetzgebung und Rechtsprechung gerechnet hat; der Verkäufer eines Grundstücks, der sich dem Käufer gegenüber zur Löschung der Hypotheken verpflichtet hat, kann daher den Kaufvertrag nicht deshalb wegen Irrtums anfechten, weil er nach dem Aufwertungsgesetze höhere Beträge zur Herbeiführung der Löschung aufwenden muß, als zur Zeit des Vertragsschlusses voraussehbar war (RG 112, 329; vgl. auch LZ 1926, 289[1]); ebenso kann der Schuldner, der eine Schuldverschreibungsanleihe in der Zeit der Geldentwertung gekündigt hat, die Kündigung nicht aus dem Grunde wegen Irrtums anfechten, weil er an die Möglichkeit der Verpflichtung zur Aufwertung auf Grund der künftigen Gestaltung der Rechtsprechung oder der Gesetzgebung nicht gedacht habe (RG SeuffA 81 Nr 45); ferner wenn der Gläubiger die ihm vom Schuldner bestellte Sicherheit in der irrigen Annahme freigibt, daß die Schuld bereits getilgt sei (RG Warn 1918 Nr 24). Ein Irrtum des Bevollmächtigten über den ihm erteilten Auftrag berechtigt niemals zur Anfechtung der vom Bevollmächtigten infolge jenes Irrtums abgegebenen Willenserklärung (RG 82, 193; Gruch 49, 1049). Über die Anfechtbarkeit einer Urkunde vgl. A 2.

4. **Irrtum in der Erklärungshandlung** (JW 06, 10[4]). Er liegt vor, wenn sich der Erklärende im Ausdrucke vergriffen (RG 66, 429), oder wenn er mit dem gewählten Ausdrucke, etwa weil er der Sprache nicht genügend kundig war (RG JW 07, 506[3]), oder von der Ausdehnung eines gesetzlichen Begriffs („gesetzliche Erben") eine falsche Vorstellung gehabt hatte (RG 70, 394), einen andern Sinn, als sonst geschieht, verbunden hat (§ 133 A 1). Regelmäßig darf sich also der Erklärende des Erklärungsmangels nicht bewußt gewesen sein (RG JW 09, 214[1]; RG 77, 309; vgl. auch Gruch 55, 104). **Als Grundsatz gilt,** daß, wer eine Erklärung abgibt damit rechnen muß, daß sie ihrem Wortlaute gemäß, jedenfalls aber nicht in Widerspruch mit ihm verstanden wird (RG 68, 128). Mangels eines Vorbehalts stimmt er einer solchen Auslegung zu (RG JW 1911, 90[6]). Das Nähere §§ 133 A 1 und 155 A 2. Das Ergebnis des bezeichneten Irrtums muß sein, daß als Wille des Irrenden etwas anderes kundgetan ist, als das, was er hat kundtun wollen, und darunter gehören alle Fälle, in denen (insbesondere infolge Versprechens oder Verschreibens) mit der Erklärung ein anderer Sinn verbunden wird, als dem gewählten Ausdrucke zukommt (RG JW 03 Beil, 120[265]). Über die Unschädlichkeit einer beiderseits gewählten bloßen falschen Bezeichnung vgl. A 1. — Auch hier ist im übrigen zu beachten, daß für die Anwendbarkeit des Gesetzes immer Voraussetzung ist, daß überhaupt eine rechtsgeschäftliche Erklärung hat abgegeben werden sollen.

5. Beim **Irrtume über die Eigenschaften der Person oder Sache** handelt es sich im Grunde ebenfalls nur um einen Irrtum über die Person oder die Sache überhaupt, nur daß gegebenenfalls die Person oder die Sache nicht in ihrer Gesamtheit, sondern lediglich in Hinsicht auf ihre Eigenschaften für den Irrtum in Betracht kommt, insofern nämlich, als unter Eigenschaften die nach der Auffassung des Verkehrs geltenden wesentlichen Unterscheidungsmerkmale oder auch solche Merkmale zu verstehen sind, denen für den wirtschaftlichen Erfolg des Geschäfts eine wesentliche Bedeutung beizumessen ist (objektiver Maßstab). — „Wesentlich" sind aber nicht bloß solche Eigenschaften, durch deren Vorhandensein oder Fehlen die Sache zu einer andern wird. Als Eigenschaft kommen vielmehr nicht nur die der Person oder der Sache unmittelbar eigentümlichen Merkmale in Betracht, nach feststehendem Grundsatze vielmehr auch solche tatsächlichen und **rechtlichen Verhältnisse,** welche infolge ihrer Beschaffenheit und vorausgesetzten Dauer nach den Anschauungen des Verkehrs einen Einfluß auf die Wertschätzung in allen oder doch gewissen Rechtsbeziehungen zu üben pflegen (RG 21, 311; 52, 2; 59, 243; 61, 85; 64, 269, 103, 22; JW 1912, 26[7]; Warn 09 Nr 383). Auch muß es sich dabei, wie es schon im Begriffe der Eigenschaft liegt, um Verhältnisse handeln, die auch für die Zukunft auf den Grad der Wertschätzung von Belang sind, und zudem um einen Sachverhalt, wie er typisch im Leben und Verkehr mehr oder weniger oft in gleicher Weise vorzukommen pflegt, während eine weitere Ausdehnung des Begriffs Eigenschaft im Interesse der Verkehrs- und Rechtssicherheit unzulässig ist (RG 94, 278; 99, 215). — Des weiteren können Verhältnisse der bezeichneten Art überhaupt nur dann als Eigenschaften beachtlich sein, wenn sie dem andern Teile erkennbar als wesentlich dem Vertragsschlusse zugrunde gelegt wurden (Warn 1914 Nr 271), ohne daß jedoch eine Zusicherung gemäß § 463 vorzuliegen braucht (RG 64, 269; Warn 1912 Nr 55). Andernfalls läge nur ein Irrtum im Beweggrunde vor. An sich sind insbesondere

Verkehrswert, Marktpreis, Einkaufspreis kein tatsächliches oder rechtliches Verhältnis der Sache, sondern nur das Ergebnis der Schätzung aller für die wertbildenden maßgebenden Eigenschaften der Sache auf der Grundlage der allgemeinen Konjunkturen oder der besonderen Umstände des einzelnen Kaufgeschäfts (RG a. a. O. und Gruch 1912, 582, betreffend Taxen). Ob der Erklärende bei Kenntnis der Sachlage so oder anders gehandelt hätte, ist im übrigen auch im Falle des Abs 2 nach dem Grundsatze A 2a (subjektives Erfordernis) zu beurteilen (RG JW 1912, 26[7]). Notwendiges Erfordernis ist dabei auch, daß das **vorausgesetzte Verhältnis die Person oder die Sache unmittelbar trifft** (RG 59, 243; 64, 269; Warn 09 Nr 134).

Um eine **Grundstückseigenschaft** handelt es sich daher **nicht**, wenn eine Gerechtigkeit (Flößereirecht) mitverkauft ist und nur diese (Bestandteil gemäß § 96) einen Mangel enthält; hier kommt vielmehr § 434 in Frage (RG 4. 7. 14 V 91/14). Rechtsverhältnisse, die eine Grundstückslast betreffen, stellen keine Eigenschaft des Grundstücks selbst dar (RG 27. 4. 18 V 368/17). Jedenfalls muß es sich auch um bereits bestehende und nicht erst künftig etwa zur Entstehung gelangende Verhältnisse handeln, hinsichtlich deren eine Haftung nur in Form eines Garantievertrags übernommen werden kann (RG 52, 431; Warn 1911 Nr 172). Es handelt sich auch nicht um Eigenschaften eines **Gesellschaftsanteils**, wenn lediglich rechtliche und geschäftliche Beziehungen der Gesellschaft zu Dritten in Frage stehen (RG 94, 278).

Zweifelhaft ist, was unter **Sache in Abs.** 2 zu verstehen ist. Nach dem Urteile des 5. ZS RG Warn 09 Nr 134 und JW 1912, 742[4], sowie des 6. ZS RG 73, 136 hätte Abs 2 nur die körperliche Sache im Auge (§ 90). Will man damit aber bei Vertragsgegenständen anderer Art die Bestimmung des Abs 2 für überhaupt unanwendbar erklären, so bestände im Gesetz unfraglich eine wesentliche Lücke. Denn unanwendbar wäre die im Interesse des Verkehrs gegebene Vorschrift des Abs 2 überall, wo der Vertragsgegenstand etwas anderes ist, als eine körperliche Sache, insbesondere mithin bei Rechten und Forderungen sowie bei sonstigen veräußerlichen Vermögensgütern (Kundenkreis, Erfindungsrecht, Geschäftsgeheimnis). Vom Vorhandensein einer Lücke könnte allerdings dann nicht geredet werden, wenn schon der Begriff Eigenschaft bei Gegenständen der bezeichneten Art nicht anwendbar wäre und hier der § 119 Abs 2 daher schon aus diesem Grunde nicht Platz greifen würde. Für eine solche Auffassung besteht jedoch kein Raum, nachdem man sich entschlossen hat, den Begriff Eigenschaft auch auf tatsächliche und rechtliche Verhältnisse zu beziehen, und weil demgemäß auch eine Forderung oder ein Recht eine Eigenschaft haben kann. Die Entstehungsgeschichte des Abs 2 spricht nun an sich dafür, daß der Ausdruck „Sache" in Abs 2 nur gleichbedeutend ist mit „Erklärungsgegenstand" (vgl. Prot 1, 114). Daß bei § 459 die engere Auslegung des Ausdrucks „Sache" zutrifft, hat seinen Grund lediglich darin, daß das Gesetz betreffs der Gewährleistung die Fälle, in denen Vertragsgegenstand eine Sache oder aber Rechte oder Forderungen sind, ausdrücklich voneinander scheidet (§§ 443, 459). Bei § 119 ist indessen eine solche Scheidung jedenfalls nicht ausdrücklich vorgesehen. Nach allem scheint es daher richtig, den Begriff Sache in Abs 2 in dem hier befürworteten weiteren Sinne zu verstehen (wie dies bei § 433 Abs 1 geschieht; vgl. dort A 6), mindestens aber eine entsprechende Anwendung der Bestimmung bei sonstigen Gegenständen der zuvor bezeichneten Art für zulässig zu erklären. Es ist in der Tat nicht einzusehen, weshalb derjenige, der ein Recht, etwa eine Hypothek kauft, hinsichtlich des Anfechtungsrechts schlechter gestellt sein soll als derjenige, der eine Sache kauft, zumal er auch schon des Wandlungsrechts aus § 459 ermangelt! Daß der Verkehr eine unterschiedliche Behandlung fordere, ist nicht zuzugeben. Um die Anwendung des § 119 Abs 2 auch in einem Falle zu ermöglichen, bei dem es sich um den Kauf einer Hypothek handelte und der Käufer sich über die Güte der Hypothek geirrt hatte, ist in RG JW 09, 655[4] angenommen worden: „da der Erwerb der Hypothek nach Absicht beider Parteien nur als Mittel zum Erwerbe des Grundstücks selbst habe dienen sollen, so stelle dieser **Zweck** den eigentlichen Gegenstand der Erklärung dar, und daher sei auch der Irrtum des Käufers über die Eigenschaften des Grundstücks gemäß § 119 Abs 2 beachtlich". Und ähnlich spricht das Urteil des 2. ZS Warn 1911 Nr 315 aus, daß, „wenn der Irrtum Eigenschaften einer Sache betreffe, die zwar nicht unmittelbar, aber mittelbar den Vertragsgegenstand darstelle (der Anfechtende hatte das Recht aus dem Meistgebote gekauft, um das Grundstück zu erwerben), alsdann unter Umständen der § 119 Abs 2 auch hier anwendbar sei". Diese Anschauungsweise erscheint indessen nicht zulässig. Den Gegenstand der Erklärung bildete in beiden erwähnten Fällen nur der Kauf der Hypothek oder des Rechtes aus dem Meistgebote; der bloße dahinterliegende wirtschaftliche Zweck, das Grundstück demnächst zu erwerben, konnte dagegen schwerlich als Gegenstand der Erklärung angesehen werden, zumal in den gedachten Fällen der Veräußerer der Hypothek oder des Rechtes überhaupt nicht zugleich als Veräußerer des Grundstücks in Betracht kam. Wenn sich daher der Käufer der Hypothek oder des Rechtes aus dem Meistgebote über Eigenschaften nur des Grundstücks, das er demnächst erwerben wollte, im Irrtum befand, dann betraf dieser Irrtum in keiner Weise die Eigenschaften des bezeichneten Gegenstandes seiner

Erklärung; vielmehr ergab sich nur, daß der Käufer mittels des vorgenommenen Geschäfts demnächst nicht das erreichen konnte, was er sich als erreichbar irrtümlich vorgestellt hatte, nämlich ein Grundstück von der vorausgesetzten Beschaffenheit an sich zu bringen. Sein Irrtum hatte danach aber nur die weiteren, mittelbaren Folgen betroffen (als Irrtum im Beweggrunde, Gruch 48, 893), und daher könnte auch niemals der Abs 2, sondern allerhöchstens — indessen auch dies nur bei sehr großer Nachgiebigkeit (RG Gruch 48, 893) — der Abs 1 des § 119 in Frage kommen. Die in den beiden angezogenen Urteilen gewählte Konstruktion beweist nur, wie man dem gegebenen Bedürfnisse dann nicht gerecht werden kann, wenn man sich nicht dazu entschließt, auch bei Rechten die Anwendbarkeit des Abs 2 zuzugestehen. Unmöglich ist im übrigen auch die Vorstellung, als könnten die Eigenschaften eines Grundstücks wenigstens mittelbar als Eigenschaften auch der Hypothek in Betracht kommen, da die Eigenschaft begrifflich notwendig etwas dem betreffenden Gegenstande unmittelbar Anhaftendes darstellen muß. So hat es der 1. ZS im Urteile JW 1914, 674[2] auch bereits als selbstverständlich angesehen, daß § 119 Abs 2 auch bei Rechten und sonstigen Lebensgütern Anwendung findet. Auch der IV. ZS hat in RG 103, 22 sich gegen die hier bekämpfte enge Auslegung des Begriffs Sache in § 119 Abs 2 ausdrücklich ausgesprochen.

In Gemäßheit der zu Anfang erörterten Grundsätze sind als **Eigenschaft der Person** im Sinne des § 119 Abs 2 nur solche Eigenschaften anzusehen, die zu dem Inhalte des abgeschlossenen Geschäfts in einer unmittelbaren inneren Beziehung stehen; die namentlich also geeignet wären, die Erfüllbarkeit des abgeschlossenen Rechtsgeschäfts zu gefährden, während ein Irrtum über solche Eigenschaften nicht in Betracht kommen könnte, die die Erfüllbarkeit des Geschäfts, wie es abgeschlossen ist, in keiner Weise berühren, selbst wenn dem Anfechtenden zuzugeben wäre, daß er bei Kenntnis der Eigenschaft seines Vertragsgegners den Vertrag mit ihm nicht abgeschlossen haben würde, da in solchem Falle nur ein Irrtum im Beweggrunde in Frage käme (RG 25. 6. 21 V 111/21). Sodann muß es sich auch bei Eigenschaften einer Person grundsätzlich um ein ihr nicht bloß vorübergehend, sondern dauernd anhaftendes Merkmal handeln, das für ihre Wertschätzung auch für die Zukunft in Betracht kommen kann. Daher stellen bloß vertragsmäßige Beziehungen der Person zu einem Dritten (ein ihr etwa zustehender Anspruch keine Eigenschaft der Person dar (RG 99, 215). — Als Eigenschaften einer Person können auch beachtlich sein ihre **Vermögensfähigkeit** bei Kreditgeschäften (RG 66, 387; JW 1912, 26[7], betreffend Zahlungsunfähigkeit in solchem Grade, daß ein verständiger Mann den Kaufvertrag mit der Persönlichkeit nicht abgeschlossen haben würde), die Überschuldung eines Geschäftsführers (RG JW 05, 365[1]). Bei Abschluß eines Bürgschaftsvertrags insbesondere wird der Gläubiger regelmäßig von der Zahlungsfähigkeit des Bürgen ausgehen und anderseits der Bürge sich als zahlungsfähig ausgeben (RG Warn 1915 Nr 198). Erforderlich ist im übrigen nicht, daß der Irrtum die Person des Erklärenden oder des Erklärungsempfängers selbst betrifft; es kann vielmehr auch ein Irrtum über die Eigenschaft einer dritten, für den Inhalt und Zweck des Rechtsgeschäfts bedeutsamen Person erheblich sein (RG 98, 207), so bei dem Bürgschaftsversprechen der Irrtum des Bürgen über wesentliche Eigenschaften des Hauptschuldners (RG JW 06, 131[2]; Gruch 52, 925). Denn zu den Worten „der Person" ist wie bei den „der Sache" in § 119 Abs 2 eben nur zu ergänzen: „um die es sich nach dem Inhalte des Rechtsgeschäfts gehandelt hat", nicht aber: „mit der das Rechtsgeschäft abgeschlossen worden ist"; gegen eine solche Ergänzung spricht schon, daß der Irrtum über Eigenschaften der Person dem Irrtum über Eigenschaften der Sache vom Gesetze gleichgestellt worden ist. Beachtlich ist auch der Irrtum der Braut über den Vermögensbesitz des Bräutigams (RG 61, 86). Bei Verträgen, nach denen die Leistung vom Vertragsgegner in Person oder doch unter seiner persönlichen Verantwortlichkeit gefordert ist, können die Sachkunde und die persönliche Vertrauenswürdigkeit des Verpflichteten eine wesentliche Rolle spielen (RG 62, 284), so insbesondere bei Abschluß eines Gesellschaftsvertrags (RG 2. 10. 07 I 586/06); ferner das Vorleben eines Chefarztes bei dessen Anstellung (RG Warn 09 Nr 2); so auch der Irrtum darüber, daß die Firma (oder deren Leiter), der der andere Teil den Vertrieb von Lebensmitteln übertrug, das Recht zum Handeln mit solchen habe (RG 98, 207). Dagegen gehört der Kauf im allgemeinen nicht zu denjenigen Verträgen, die ein persönliches Vertrauensverhältnis voraussetzen (RG Warn 1920 Nr 185; Gruch 55, 629). Bei einem Pachtvertrage kann nicht die etwaige Vorbestrafung des Pächters allein entscheidend sein; es ist vielmehr nach der ganzen Persönlichkeit des Pächters zu prüfen, ob sie Gewähr für die Erfüllung der Pflichten bietet (RG JW 1912, 25[5]). Beachtlich ist aber ein Irrtum über wesentliche bei einem Pächter vorauszusetzende Eigenschaften, nämlich seine Zuverlässigkeit und Vertrauenswürdigkeit (RG 102, 226). Entmündigung eines Pächters wegen Verschwendung als Grund für die Irrtumsanfechtung eines Pachtvertrags s. SeuffA 77 Nr 18. Insbesondere kann bei Geschäften aller Art, die auf eine längere Folgezeit einwirken sollen, die Zuverlässigkeit des Verpflichteten eine wesentliche Rolle spielen, insofern von ihr die vertragstreue Erfüllung abhängt (RG 90, 342), wie das namentlich auch bei einem Agenturverhältnisse der Fall sein kann, auf Grund dessen dem Agenten für längere Zeit der Alleinverkauf übertragen ist (RG Warn 1920 Nr 185). Irrtum über den Gesundheitszustand bei der Invalidenversicherung begründet für die Versicherungsgesellschaft kein Anfechtungsrecht (RG Gruch 50, 643). Im allgemeinen ist im übrigen zu sagen, daß bei der Verpflichtung zu einer Sachleistung die Person des Verpflichteten in der Regel keine entscheidende Rolle spielt; es müßte denn sein, daß ausnahmsweise durch die Mängel der Person die Sicherheit der Vertragserfüllung ernstlich gefährdet wird (RG 107, 212). Unzulässig ist es auch, einen Irrtum über die Leistungsfähigkeit eines Unternehmers, der sich überdies als Irrtum erst durch die mangelhafte Art der Erfüllung herausgestellt hat, als Anfechtungsgrund zu benutzen (RG JW 06, 131; Warn 08 Nr 590). Die Zahlungsfähigkeit des Geschäftsgegners kann als persönliche Eigenschaft nur dann eine Rolle spielen, wenn es sich um Geschäfte auf Kredit handelt, nicht oder doch nur unter besonderen Umständen beim Barkauf (RG 105, 206).

Als Eigenschaften einer Sache kommen in erster Linie in Betracht: der Stoff und die Herkunft (Echtheit); vgl. RG 115, 286; RG Gruch 66, 452 (Echtheit eines Gemäldes). In weiterem Sinne sind als Eigenschaften auch anerkannt die Bebaubarkeit eines Grundstücks (RG 61, 86; vgl. auch die dort weiter aufgeführten Fälle) und auch die vom Vorhandensein der polizeilichen und ortsstatutarischen Bedingungen abhängige Bauweise eines sonst bebauungsfähigen Grundstücks (RG Warn 1911 Nr 172 u. 1912 Nr 65; ferner RG 11. 5. 18 V 31/18, wonach die Entscheidung in RG 52, 431 aufgegeben ist); ferner die Ertragsfähigkeit eines Grundstücks sowie dessen Belastung mit öffentlichen Lasten oder die Unkosten eines Hauses (RG 49, 422; 64, 268; 66, 389; JW 1914, 74[6]); weiter die Brauereifreiheit einer Gastwirtschaft, ihre Freiheit also von dem Bezugszwange aus einer Brauerei (RG 95, 176); sodann unter Umständen die Lage eines Grundstücks (RG Warn 1911 Nr 368; 1912 Nr 205, betreffend die Lage eines Grundstücks am See und die Zusicherung, daß zu ihm das Ufer- und Seerecht gehöre); weiter die Tauglichkeit eines Grundstücks zu einem Gewerbebetriebe (RG JW 1911, 640[2]), wobei auch gewerbepolizeiliche Beanstandungen (im Interesse der Betriebssicherheit oder der Gesundheit) einen Mangel begründen können (RG 7. 10. 11 V 113/11); die Befreiung eines Grundstücks von Baubeschränkungen und Straßenbaukosten (RG Warn 1912 Nr 346); beim Verkaufe eines Fabrikgeheimnisses stellt die Gesamtheit des Verfahrens eine verkehrswesentliche Eigenschaft dar (RG Gruch 58, 949); bei einem Erwerbsgeschäft dessen Kundenkreis oder der Jahresumsatz (RG Warn 09 Nr 383), bei einer Wassermühle die Wasserkraft (RG SeuffA 07 Nr 246); bei einem Hause dessen Benutzung als Schlupfwinkel für ein unsittliches Treiben (RG 2. 5. 06 V 458/05), bei Kuxen die Freiheit von Zubußen (RG Warn 08 Nr 592). **Der Bestand einer Sache, die Größe, der Umfang** des Bestandes (Zahl der Bäume innerhalb einer verkauften Plantage) bildet dann eine Eigenschaft der Kaufsache, wenn deren Wert auf dem Bestande beruht, oder durch den Bestand die Sache erst ihre eigentümliche Beschaffenheit (als Plantage) erhält (RG 101, 68). — **Der Wert einer Sache** bildet keine Eigenschaft der Sache (RG JW 1912, 525[1]; RG LZ 1926, 742[1]); ebensowenig die Kaufkraft des Geldes, z. B. der Mark im Januar 1923 oder in einem anderen Zeitpunkt der Inflationszeit, eine Eigenschaft desselben, daher keine Irrtumsanfechtung bei Grundstückskäufen der Inflationszeit wegen zu niedrigen Kaufpreises (RG 111, 257; RG Warn 1926 Nr 110). Wohl aber sind als Eigenschaft einer Sache in gewissem Umfange anzusehen die für ihren Wert in Betracht kommenden Umstände (RG 59, 242 zu § 459), die sog. wertbildenden Faktoren (RG 52, 2; 59, 242; 61, 86 u. 54, 222 sowie RG JW 1911, 212[6], betreffend öffentliche Feuerversicherungsabschätzungen); nicht aber die Ertragshöhe eines Jahres (JW 1912, 25[5]) oder der Selbstkostenpreis (RG JW 1910, 934[4]; Warn 09 Nr 309; Gruch 58, 827). Die Ertragshöhe kann aber eine Eigenschaft bedeuten, wenn sie für mehrere Perioden angegeben wird, so daß sie einen Maßstab für die Beurteilung der Art des Umfangs und des Wertes der Kaufsache abgibt (RG JW 1915, 1117[2]), und dabei auf eine gewisse Dauer der Ertragsfähigkeit zu rechnen ist (RG 11. 11. 16 V 276/15). Die Zusicherung, daß ein Grundstück mietfrei sei, betrifft nicht eine Eigenschaft des Grundstücks, während der Umstand, daß das verkaufte Haus vermietet ist, einen Mangel im Rechte darstellt (RG Warn 1917 Nr 100). Die Anfechtung eines Kaufes wegen Irrtums über eine verkehrswesentliche Eigenschaft erfordert nicht, daß der Irrtum dem andern Teile erkennbar geworden ist (RG SeuffA 68 Nr 2). Aber der Irrtum über die künftige Herstellung eines gekauften, abzubauenden Grundstücksteils (seine Bebaubarkeit) ist nur dann zu berücksichtigen, wenn über jene Eigenschaft verhandelt wurde (RG Warn 1912 Nr 557). Die Zusicherung, daß für ein Geschäft gewisse Bezugsquellen gegeben seien, betrifft keine Eigenschaft des Geschäfts (RG SeuffA 67 Nr. 219). Die Zusicherung **der Unkündbarkeit** einer Hypothek enthält **nicht** die Zusage einer **Eigenschaft** des Grundstücks (RG Warn 09 Nr 134; vgl. auch RG 30, 288), wohl aber einer Eigenschaft der Hypothek. Der Irrtum über die Sicherheit einer Hypothek ist ebenfalls kein Irrtum über die Eigenschaften des Grundstücks (RG 59, 242; Warn 1912 Nr 287). Die Erklärung, daß der Eigentümer ein pünktlicher Zahler sei, enthält keine Zusicherung einer Eigenschaft der Hypothek (RG Warn 1912 Nr 73), wohl aber die Zusicherung, daß die Mieter zahlungsfähig seien (RG Gruch 1912, 932). Die verabredeten Zahlungsbedingungen betreffen nicht die Hypothek unmittelbar. Anderseits ist bei der Zusicherung, daß eine Hypothek „gut sei", die Zusage einer Eigenschaft der Hypothek angenommen worden (RG Gruch 48, 343; Warn 1914 Nr 49). Hier handelt es sich unmittelbar um die Beschaffenheit der Hypothek selbst, wobei davon auszugehen ist, daß für die Güte einer Hypothek allein der allgemeine Verkaufswert eines Grundstücks maßgebend ist (RG JW 1912, 536[15]). Wegen Fehlens des Erfordernisses der Unmittelbarkeit kann auch ein Irrtum über die Beschaffenheit eines Bergwerks beim Ankaufe von Kuxen nicht in Betracht kommen (RG Gruch 48, 100; JW 06, 378[5]). Ebensowenig beim Ankaufe einer Wirtschaft der Irrtum über bloß persönliche Konzessionen. Auch die **Fehlerfreiheit** ist **keine verkehrswesentliche Eigenschaft** (aber Haftung nach § 459). Besteht die betreffende Sache überhaupt nicht, dann kann auch von einem Irrtum über die Eigenschaften der Sache keine Rede sein (RG JW 1910, 613[2] — zum Teil abgedruckt RG 73, 210 —, betreffend rechtlich nicht bestehende Kuxe). Die schätzungsweise sich ergebende Überschuldung eines Nachlasses stellt keine verkehrsrechtliche Eigenschaft des Nachlasses dar, gemäß dem Grundsatze, daß Werturteile über eine Sache keine Eigenschaft begründen können (RG 103, 22).

6. **Über die Anfechtungserklärung** vgl. § 143, über ihre Wirkung § 142, über die Anfechtungsfrist § 121. Die Anfechtung wegen Arglist schließt zugleich die wegen Irrtums derart in sich, daß die Anfechtung in der Regel auch als solche aus § 119 aufrechterhalten und im Rechtsstreit noch nachträglich ohne Klageänderung geltend gemacht werden kann (RG 57, 358; Warn 08 Nr 278; 1915 Nr 197; aber auch RG 100, 207); jedoch darf das Gericht die letztere Anfechtung nicht ohne Antrag berücksichtigen (RG JW 1925, 2752[1]; RG 27. 9. 19 V 153/19; im Hinblick auf § 122). Vgl. § 121 A 1. Grundsätzlich ist Voraussetzung für die Anfechtung wegen Irrtums, daß die Leistung *noch nicht* ganz oder zum Teil *bewirkt* worden ist; denn in solchen Fällen greifen die Bestimmungen über die Folgen der vertragswidrigen Erfüllung Platz (RG 62, 285). **Berechtigt** zur Anfechtung ist immer nur der Erklärende, der sich geirrt hat; dagegen nicht auch sein etwaiger Vertragsgenosse oder der Vertragsgegner (RG JW 05, 111[3]). Vgl. auch A 1 und das dort angezogene Urteil RG Warn 08 Nr 276. Wenn **mehrere zur Anfechtung** eines gemeinschaftlichen Geschäfts **berechtigt** sind, kann jeder einzelne von ihnen das Recht zu seinen Gunsten ausüben (RG 56, 424). Die Ausübung eines zum Nachlasse gehörenden Anfechtungsrechts steht nur der Erbengemeinschaft, nicht den einzelnen Miterben zu (RG 107, 238).

Die **Beweislast** hat der den Irrtum Behauptende. Er muß insbesondere auch darlegen, wie er bei richtiger Kenntnis der Sachlage anders gehandelt haben würde. Indizienbeweis ist zulässig (RG JW 05, 525[1]). Die Behauptung jedoch, daß der Anfechtende gegebenenfalls anders gehandelt haben würde, kann überhaupt nicht Gegenstand eines Beweises sein; über sie kann vielmehr, wie über die Frage des ursächlichen Zusammenhangs überhaupt, nur das richterliche Ermessen entscheiden. Der Richter darf sich aber nicht auf eine wortwidrige Auslegung der Erklärung stützen (RG 27. 11. 07 V 127/07). Der **ursächliche Zusammenhang** ist als gegeben anzusehen, wenn anzunehmen, daß der Erklärende bei Kenntnis der richtigen Sachlage die Erklärung nicht abgegeben haben würde (RG Warn 08 Nr 196). Der bloße Irrtum über künftige Ereignisse kann jedoch hierbei nicht ins Gewicht fallen, weil er nur die Erwartungen und daher nur den Beweggrund betrifft (RG Gruch 49, 893).

7. Über die Anfechtbarkeit von **prozessualen Rechtshandlungen** vgl. Vorbem 8 vor § 104. Irrt sich der *Bevollmächtigte* bei der Abgabe einer Willenserklärung für seinen Vollmachtgeber über dessen wahre Willensmeinung, so begründet das nicht die Anfechtbarkeit der Erklärung (RG Gruch 49, 1049). Vgl. auch § 166 A 2.

Willensfehler im Sinne der §§ 119, 123 können auch die Rechtsbeständigkeit von **Staatsakten**, durch die Staatsbeamte angestellt werden, beeinflussen; über die entsprechende Anwendbarkeit der die Anfechtung regelnden Bestimmungen des bürgerlichen Rechtes vgl. RG 83, 429, einen preußischen Fall betreffend.

Ausgeschlossen ist die Anfechtung wegen Irrtums unter folgenden Umständen: Zunächst wenn der Erklärende irrtümlich zwar eine unzutreffende Erklärung abgegeben, anderseits aber mit der Erklärung das wirklich beabsichtigte Geschäft hat abschließen wollen und der Gegner das erkannt hat; denn unter diesen Umständen muß das wirklich beabsichtigte Geschäft als abgeschlossen gelten, und auf den entgegengesetzten *stillen Vorbehalt des Gegners* (§ 116) ist nichts zu geben (RG 66, 429; JW 07, 825[1]); denn ein Widerspruch zwischen dem wirklichen Willen und dem erklärten Willen ist unter solchen Umständen nicht anzunehmen (RG 66, 429). Ein bloßer Irrtum über das künftige Verhalten des Vertragsgegners berechtigt niemals zur Anfechtung (RG Warn 08 Nr 590). Ausgeschlossen ist *ferner* nach der (an sich freilich zu beanstandenden, s. weiter unten) Ansicht, des Reichsgerichts die Anfechtung aus § 119 Abs 2, *wenn das Wandlungsrecht* aus den §§ 459, 462 *Platz greift*; eine in der Wissenschaft viel umstrittene Frage. „Es sollte durch diese Bestimmungen zur Verkehrssicherheit für eine glatte Abwicklung der Kaufgeschäfte in kurzer Frist vorgesorgt werden, und dazu hat das Gesetz die bezeichneten Fälle in den Grundsätzen von der Gewährleistung erschöpfend geregelt." Daher kann nach jener Ansicht auch dann, wenn das Wandlungsrecht bereits verjährt ist, nicht mehr auf die Anfechtung zurückgegangen werden (RG 61, 171ff.; 62, 285; 70, 429; Gruch 54 S. 135, 141; 66, 452; LZ 06, 1010[3]). Wohl aber dann, wenn der Fehler schon zur Zeit des Kaufabschlusses vorhanden war, ein Wandlungsanspruch anderseits aber noch nicht bestand, weil die Sache noch nicht übergeben war (RG 53, 73; 66, 333; JW 1911, 539[12]; Gruch 53, 939). Die Annahme des Reichsgerichts, daß die Wandlung vor der Übergabe oder Auflassung überhaupt noch nicht statthaft sei, ist nun allerdings ebenfalls bedenklich (vgl. § 320 A 7). Wollte man aber gerade davon ausgehen, daß die Wandlung grundsätzlich auch bereits vor der Übergabe oder Auflassung zulässig ist, anderseits jedoch dabei verbleiben, daß das Anfechtungsrecht von dem Wandlungsrechte ausgeschlossen wird, dann wäre für die Anfechtung bei Kaufverträgen und ähnlichen Verträgen, sobald es sich um Irrtum über Eigenschaften der Kaufsache handelt, überhaupt fast kein Raum. Hat nun das Gesetz das Anfechtungsrecht hier wirklich derart beschränken wollen? Es scheint das schwerlich zutreffend. Ist die Sache noch nicht übergeben oder aufgelassen, dann kann die Anfechtung, weil sie nur der einseitigen Erklärung bedarf, unter Umständen doch bequemer zum Ziele führen als die Wandlung (§ 465). Ist aber die Übergabe oder Auflassung bereits erfolgt, dann hat die Anfechtung für den Berechtigten der Wandlung gegenüber immer noch den Vorteil, daß das Anfechtungsrecht auch dann nicht ausgeschlossen zu sein braucht, wenn es bei der Wandlung gemäß §§ 467, 350, 351 der Fall wäre. Jedenfalls stellt sich das Anfechtungsrecht auf der Grundlage des § 119 dem Gesetzeswortlaute nach als ein unbeschränktes dar. Beim Spezieskaufe trifft auch nicht zu, daß von einem Irrtume des Käufers über Eigenschaften der Kaufsache erst im Zeitpunkte der Ablieferung die Rede sein kann, wie es allerdings beim Gattungskaufe der Fall ist (RG 70, 423; JW 1912, 340[4]). Handelt es sich nicht um einen Sachmangel, sondern um einen Mangel im Recht (§§ 434, 439 BGB), so sind die Gewährleistungsansprüche der §§ 462 ff. unbedingt nicht gegeben, und daher kann hier neben den Rechten aus §§ 320—327 das Anfechtungsrecht nach § 119 zweifellos bestehen (RG JW 09, 132[3]). In RG 96, 156 ist jedenfalls bereits durchaus zutreffend angenommen worden, daß die Anfechtung aus § 123 durch das Vorhandensein eines Wandlungsanspruchs nicht ausgeschlossen wird. — Beseitigt der **vertragsmäßige Ausschluß der Gewährleistung** für Mängel in entsprechendem Umfange auch das Anfechtungsrecht wegen Irrtums? Bejaht in RG JW 05, 79[16]. Vgl. dagegen auch RG JW 09, 655[4], wo zutreffend ausgeführt ist, daß die Anfechtbarkeit wegen Irrtums über eine Eigenschaft im Sinne des § 459 nicht dadurch ausgeschlossen wird, daß der Käufer auf das Recht der Gewährleistung wegen Sachmängel verzichtet. Denn das Anfechtungsrecht hat mit der Frage der „Haftung" nichts zu tun. Die Frage, ob der Verzicht auf die Gewährleistung auch das Anfechtungsrecht wegen Irrtums beseitigt und ob es nach Absicht der Beteiligten beseitigt sein soll, wird sich nur von Fall zu Fall auslegungsweise beantworten lassen. — **Vergleiche** sind an sich anfechtbar; jedoch dann nicht, wenn der Irrtum der einen Partei einen Punkt betraf, der gerade vergleichsweise geregelt werden sollte und die Partei in dieser Hinsicht von einer falschen Auffassung ausgegangen ist; die Zulassung der Anfechtung würde gegebenenfalls mit dem Wesen und der Bedeutung des Vergleichs unvereinbar sein (RG Warn 1916 Nr 272; 1918 Nr 140). — Unzulässig ist die Anfechtung eines **Versicherungsvertrags** durch den Versicherer, wenn sein Irrtum einen Umstand betraf, an den durch Gesetz oder Vertrag die Verwirkungsfolge geknüpft ist, falls sich der Versicherungsnehmer der Verwirkungseinrede des Versicherers gegenüber entschuldigen kann (§ 157 A 3), weil er dieses Vorteils im Falle der Anfechtung des Vertrags durch den Versicherer verlustig gehen würde (RG SeuffA 65 Nr 191). Die Rücksichtnahme auf die Sicherheit des Verkehrs verlangt es endlich, die Anfechtbarkeit des **Beitritts zu einer Genossenschaft**, die Zeichnung von Aktien oder die Einzahlung von Stammeinlagen bei Gesellschaften m. b. H. zu versagen (RG 57, 292), und die etwa erfolgte Anfechtung kann auch nicht dadurch wirksam werden, daß sie vom Vorstande als berechtigt anerkannt wird (RG 68, 347). — Fordert der Verkäufer nur das, was der Käufer nur geboten haben will, dann hat der letztere kein Interesse an der Anfechtung (RG 1. 5. 06 II 466/05).

Unter Umständen kann der Anfechtung die Einrede der Arglist entgegengesetzt werden (RG 102, 88).

§ 120

Eine Willenserklärung, welche durch die zur Übermittelung verwendete Person oder Anstalt unrichtig übermittelt worden ist, kann unter der gleichen Voraussetzung angefochten werden wie nach § 119 eine irrtümlich abgegebene Willenserklärung[1]) [2]).

E I 101 II 95; M 1 202 ff.; P 1 116 ff.

1. **Irrtum bei Übermittlung von Willenserklärungen.** Der § 120 beruht auf der Voraussetzung, daß sich der eine Teil dem andern gegenüber nicht persönlich, sei es mündlich, sei es schriftlich, sondern durch die Vermittlung eines andern erklärt, und daß dieser andere, nämlich der Bote, die ihm aufgegebene Erklärung unrichtig wiedergibt. Das Ergebnis ist hier mithin eine Nichtübereinstimmung zwischen dem Willen des sich nur mittelbar Erklärenden und dem Inhalte der dem Empfänger zugegangenen Erklärung, und auch diesen Fall will das Gesetz so angesehen wissen, als wäre der Widerstreit zwischen Wille und Erklärung durch einen Irrtum des Geschäftsherrn bei seiner eigenen Erklärungshandlung verursacht worden. Der Fall des § 120 ist daher genau nach Maßgabe des entsprechenden Falles aus § 119 zu behandeln, so daß gegebenenfalls die Erklärung des Boten so zu betrachten ist, als hätte sie der Auftraggeber selbst abgegeben. — Vorauszusetzen ist im übrigen, daß der Übermittler den Auftraggeber *nur bei Abgabe* der Erklärung vertritt und daß sich die vom Boten abgegebene Erklärung als diejenige des Auftraggebers selbst darstellt, hervorgegangen aus seinem eigenen, zuvor bereits gebildeten Willensentschlusse (RG Gruch 67, 194: Kutscher eines Speditionsgeschäfts). Daraus folgt, daß der § 120 niemals dann anwendbar sein kann, wenn der Bote auf Grund eigenen Willens handelt und daher auch die abgegebene Erklärung nur als seine eigene, nicht aber als die des Auftraggebers erachtet werden darf. Dies trifft einmal dann zu, wenn der Beauftragte, wiewohl er nur zur Übermittlung bestellt war, demnächst dennoch als Vertreter im Willen handelt, weiter aber selbstverständlich auch dann, wenn der Bote anscheinend zwar als solcher auftritt, indessen *bewußt eine andere Erklärung* abgibt, als diejenige, die er abgeben sollte. Ein Gleiches kann indes nicht auch schon dann gelten, wenn der Bote die ihm aufgetragene Erklärung nur *unbewußt*, also aus bloßem eigenen Mißverständnisse unrichtig wiedergibt. In diesem Falle muß vielmehr dem Auftraggeber gegenüber der Gesichtspunkt durchgreifen, daß der andere Teil auf die Richtigkeit und Gültigkeit der ihm abgegebenen Erklärung vertrauen konnte (§ 122), und daß anderseits dem Auftraggeber der Irrtum seines Boten als der seines Erklärungsvertreters unmittelbar zuzurechnen ist (RG SeuffA 76 Nr. 189). Nur muß der Geschäftsgegner bei Entgegennahme der Erklärung diese auch seinerseits für diejenige des Auftraggebers gehalten haben und haben halten können. Das wäre nicht der Fall, wenn er schon aus dem Inhalte der Erklärung erkannt hätte oder wenigstens hätte erkennen können, daß das ihm namens des Auftraggebers Erklärte sich mit dessen Willen nicht decken könne. Vgl. § 119 A 4. Die Annahme, daß die abgegebene Erklärung schlechthin auch schon dann nicht als die des Geschäftsherrn zu erachten sei, wenn nicht bloß Entstellung vorliege, vielmehr eine Erklärung „ganz andern" Inhalts abgegeben sei (beispielsweise anstatt eines Mietangebots ein Kaufantrag oder statt eines Kauf- ein Verkaufsangebot), kann abweichend vom Standpunkte der ersten Auflage und entgegen Planck (A 1a) nicht mehr als richtig anerkannt werden. Sie hat nur den Schein einer inneren Begründetheit für sich und widerspricht dem dargelegten Gesetzesgedanken einer entsprechenden Anwendung des § 119.

Zu scheiden ist die Stellung des bloßen **Übermittlers** von derjenigen des **Stellvertreters.** Während der Bote den Geschäftsherrn lediglich bei Abgabe seiner, des Geschäftsherrn, eigenen Erklärung vertritt, handelt es sich im andern Falle um eine Stellvertretung im Willen und hat die abgegebene Willenserklärung rechtlich gerade als die Erklärung des Stellvertreters zu gelten (er ist selbst der „Kontrahent"), mit der Maßgabe nur, daß die Wirkung des Rechtsgeschäfts sich unmittelbar in der Person des Vertretenen äußern soll und äußert (§§ 164, 179). Demgemäß ist auch die Frage der *Anfechtbarkeit* einer durch den Vertreter abgegebenen Willenserklärung im § 166 durchaus anders geregelt als im § 120. *Die Frage, ob Bote, ob Stellvertreter*, kann indessen auch noch in andern Beziehungen von entscheidender Tragweite sein. Da unmittelbar rechtserzeugend (Vorbem 1 vor § 104 u. § 164) bei der Stellvertretung allein der Wille des Vertreters ist, nicht der des Vertretenen, so kommt der durch einen bestellten Stellvertreter (§ 168) abgeschlossene Vertrag selbst dann zustande, wenn der Genannte von den ihm *gegebenen Weisungen* des Machtgebers — dem Geschäftsgegner unerkennbar (§ 166 A 3 Abs 2) — bewußt abweicht, sofern er sich überhaupt nur innerhalb der Grenzen der nach außen wirksamen Ermächtigung gehalten hat (§ 164 A 1); bei der bloßen Übermittlung im Sinne des § 120 dagegen hat die bewußte Abweichung, wie dargelegt, die Folge, daß die abgegebene Erklärung dem Auftraggeber überhaupt nicht zugerechnet werden kann. Handelt es sich ferner um einen *formbedürftigen Vertrag* (§ 313), dann wird das Formerfordernis erfüllt, wofern nur der vom Stellvertreter abgeschlossene Vertrag der Form genügt, und es ist auch die Frage, welcher Form der Vertrag bedurfte, im besondern Falle von der Person des Vertreters, nicht aber der des Vertretenen aus zu beurteilen: so braucht, falls eine preußische Landgemeinde sich durch einen bestellten Vertreter verpflichtet, bei Abschluß des Vertrags durch den Vertreter die Form des § 86 der preußischen Landgemeindeordnung nicht gewahrt zu werden (RG JW 1910, 663[33]; 1912, 816[40]). Dem Formerfordernisse des § 313 würde dagegen nicht genügt sein, falls etwa ein bloßer Bote die Vertragserklärungen, wenn auch vor dem Gerichte oder dem Notar, abgäbe (**RG** Warn 1913 Nr 396; 1918 Nr 71; Gruch 58, 176). Denn dadurch würde der zweckentsprechenden Anforderung des Gesetzes, daß die Vertragschließenden selbst (zu denen auch der Stellvertreter gehört) vor der öffentlichen Urkundsperson unmittelbar verhandeln und abschließen, niemals genügt sein. Die dem Boten formlos aufgetragene und von diesem alsdann abgegebene Erklärung bliebe vielmehr immer eine außergerichtliche (**RG** Warn 1913 Nr 396). Vgl. § 167 A 2, § 313 A 1 a. E. und A 2 Abs 1 sowie die dort aufgeführten Entscheidungen. — **Unterscheidungsmerkmale.** Ob gegebenenfalls die Tätigkeit des Erklärenden als bloße Übermittlung oder aber als Stellvertretung aufzufassen ist, wird im wesentlichen davon abhängen, in welcher Weise der Erklärende nach außen aufgetreten ist. Konnte der Geschäftsgegner die Mittelsperson deren Verhalten gemäß nach Treu und Glauben als einen Stellvertreter im Rechtssinne ansehen, dann wird für die Annahme kein Raum und der Einwand ausgeschlossen sein, daß die Mittelsperson nur Botendienste verrichtet hat, und fehlte es ihr an einer Ermächtigung zur Stellvertretung, dann liegt ein Fall auftragsloser Geschäftsführung vor. Allgemeinen Rechtsgrundsätzen gemäß darf der Geschäftsgegner auch die Erklärungen der Mittelsperson so würdigen, wie sie nach dem Verhalten zu verstehen sind, mithin gegebenenfalls als solche eines Stellvertreters (vgl. **RG** 68, 128; 95, 93). Selbstverständlich kann das dann nicht gelten, wenn dem Geschäftsgegner bekannt war, daß die Mittelsperson ihrer Bestellung gemäß nur mit Botendiensten betraut war. Wie aber etwa die Urkundsperson die Stellung der Mittelsperson aufgefaßt hat, ist unwesentlich. Denn sie hat sich darauf zu beschränken, die vor ihr verlautbarten Erklärungen zu Urkund zu nehmen, ist aber beim Vertrage selbst kein Beteiligter. — Ausschließlich um eine tatsächliche Verrichtung, nicht aber um Stellvertretung im Rechtssinne muß es sich namentlich handeln, wenn die Parteien ihren Vertrag bereits fertig abgeschlossen, ihn gar auch bereits schriftlich aufgesetzt hatten, so daß es nunmehr, um ihn auch rechtlich wirksam zu machen (§ 313), nur noch der förmlichen Beurkundung bedurfte und jetzt zu ihrer Herbeiführung, sei es ein Dritter von beiden Parteien, sei es auch die eine Partei von der andern mit der Verlautbarung des Vertrags beauftragt wurde. Allerdings fällt auch in solchen Fällen der Mittelsperson immer noch die Aufgabe zu, auch die Verbindlichkeit des bisherigen formlosen Vertrags durch dessen Verlautbarung zu erwirken. Aber das kann nicht ausreichen, ihrer Tätigkeit die einer Stellvertretung zuzusprechen. Denn schließlich würde der Vertrag doch nicht auf einem Willensentschlusse der Mittelsperson, sondern auf dem durch sie bloß übermittelten Willensentschlusse der Parteien selbst beruhen. Man denke insbesondere an den Fall des Grundstücksveräußerungsvertrags gemäß § 313. Dessen Formvorschrift bezweckt es, das ist der ganze Gedanke des Gesetzes, den Grundstücksbesitzer vor Übereilungen zu schützen, indem sie ihn zum Abschlusse des Vertrags vor dem Gerichte oder dem Notar nötigt. Der Gesetzeszweck wäre aber völlig vereitelt, wenn man zugestehen wollte, daß der Gesetzesvorschrift auch schon allein durch die Verlautbarung des fertigen Vertrags durch eine Mittelsperson genügt sei. Oder man müßte sich zu der Auffassung versteigen, daß das vom Gesetze zum Schutze vor Übereilungen in § 313 vorgesehene Erfordernis zur Erreichung des Zweckes ein überhaupt untaugliches Mittel sei. Angesichts des Gesetzes selbst wird man sich aber zu einer solchen Auffassung keineswegs entschließen dürfen. Mithin wird man sich schon mit Rücksicht auf das Gesetz selbst und auf die Rechtssicherheit zu der diesseits vertretenen Anschauungsweise bekennen müssen, wie man auch sonst zu der allerdings heiklen Frage über den Unterschied zwischen einer nur tatsächlichen Übermittlung und einer Stellvertretung grundsätzlich Stellung nehmen mag.

Niemals ist eine Stellvertretung schon dadurch ausgeschlossen, daß der bestellte Vertreter an die ihm gegebenen Weisungen gebunden worden und er sich an sie auch gehalten hat. In § 166 Abs 2 rechnet das Gesetz selbst mit einer solchen Möglichkeit. Daher kann das Merkmal einer bloßen Übermittlung auch niemals darin allein gefunden werden, daß Weisungen erteilt und beim Vertragsabschlusse befolgt sind. — Gibt schließlich auch ein bestellter Stellvertreter die Erklärungen des Machtgebers ersichtlich nur als dessen Werkzeug ab, dann verrichtet er in Wirklichkeit lediglich Botendienste (vgl. **RG** 76, 100; Warn 1922 Nr 66).

Die **vermittelnde Anstalt** — Telegraphenanstalt, Verkehrsanstalt — muß von dem Erklärenden selbst verwendet sein, mithin in seinem Auftrage gehandelt haben, nicht etwa auf Veranlassung des Erklärungsempfängers. Ob die Übermittlung mündlich, telephonisch, schriftlich oder telegraphisch erfolgt, ist gleichgültig; nur ist erforderlich, daß die Erklärung des Geschäftsherrn wirklich nur übermittelt wird, und daß daher der Übermittler äußerlich als der die Erklärung Abgebende erscheint, so in Form der Zufertigung einer telegraphischen Depesche. Wird dagegen die Urschrift der Erklärung übermittelt, dann kann § 120 nicht Platz greifen; vielmehr handelt es sich hier lediglich um eine Art des Zugänglichmachens der Erklärung im Sinne des § 130. — Ist die Erklärung einem unrichtigen Adressaten übermittelt worden, dann ist im Zweifel ein Rechtsgeschäft überhaupt nicht zustande gekommen. Nur dann wird § 120 anwendbar sein, wenn der Geschäftsherr einen bestimmten Adressaten überhaupt nicht erkennbar bezeichnet hat; dann wird er nicht damit gehört werden können, daß er sich sich einen andern Aressat gedacht hat, als den wirklichen Erklärungsempfänger (Planck Anm 3 und Oertmann Anm 5b etwas weitergehend). — Unanwendbar ist endlich § 120, wenn die richtig übermittelte Erklärung von beiden Teilen je in einem verschiedenen Sinne verstanden worden ist und sonach ein Fall mangelnder Willenseinigung vorliegt (**RG** 68, 9).

Gemäß §§ 22, 23 der TelO vom 9. Juni 1897 haftet die Telegraphenverwaltung nicht für eine unrichtige Übermittlung von Telegrammen.

2. Die **Beweislast** hat der Anfechtungskläger.

§ 121

Die Anfechtung[1]) muß in den Fällen der §§ 119, 120 ohne schuldhaftes Zögern (unverzüglich) erfolgen, nachdem der Anfechtungsberechtigte von dem Anfechtungsgrunde Kenntnis erlangt hat[2]). Die einem Abwesenden gegenüber erfolgte Anfechtung gilt als rechtzeitig erfolgt, wenn die Anfechtungserklärung unverzüglich abgesendet worden ist[3]).

Die Anfechtung ist ausgeschlossen, wenn seit der Abgabe der Willenserklärung dreißig Jahre verstrichen sind[4])[5]).

E II 96; P 1 112 ff.; 6 122 ff., 290 ff.

1. Die **Anfechtung** ist eine formlose, empfangsbedürftige, unwiderrufliche Erklärung, die unzweideutig sein muß (**RG** JW 03, 107[239]). Sie dient als Mittel, die Willenserklärung zu vernichten, und zwar mit der Wirkung der Nichtigkeit von Anfang an (§ 142). Das Nähere bei § 143. Die Anfechtung wegen Betrugs enthält zugleich die wegen Irrtums (**RG** 57, 358; Warn 08 Nr 278); daher keine Klageänderung und auch Rechtzeitigkeit der Anfechtung, wenn der Anfechtungsberechtigte demnächst erklärt — was zur späteren Berücksichtigung der Irrtumsanfechtung allerdings notwendig ist (**RG** Warn 1916 Nr 7; 1917 Nr 236; **RG** 16. 10. 25 II 464/25) —, daß er jetzt die Anfechtung auch wegen Irrtums geltend mache (**RG** JW 07, 116[19]; Warn 08 Nr 278; 1915 Nr 197). Man wird die in den angeführten Urteilen ausgesprochenen Anschauungen richtig nur dahin zu verstehen haben, daß die Anfechtung wegen arglistiger Täuschung zugleich die Behauptung eines Irrtums betreffs derjenigen Tatsache enthält, über die der Anfechtungskläger getäuscht sein will, und daß sonach insoweit in der Anfechtungsklage aus § 123 schon ein Element für die Anfechtung aus § 119 mitenthalten ist. Dagegen wird man nicht annehmen können, daß die erstere Klage schlechthin zugleich die letztere Klage in sich schließt. Denn wäre das der Fall, dann müßte der Richter notwendig neben der ersteren Klage zugleich die letztere mit berücksichtigen, und möglicherweise verstieße er dabei gegen das Interesse und gegen den Willen des Klägers, insofern als dieser in Hinblick auf die Schadensersatzpflicht aus § 122 für geratener halten könnte, von der Irrtumsanfechtung abzusehen.

2. **„Unverzüglich"** will besagen im Interesse des Anfechtungsgegners ohne schuldhaftes Verzögern (**RG** 49, 394; 53, 148; 64, 161). Als objektiver Maßstab hierfür gilt ein nach den Umständen zu bemessendes schleuniges Handeln, wobei die Verkehrsanschauung maßgebend ist und zugunsten des Anfechtungsberechtigten auch die besondern Umstände des Falles (z. B. das Erfordernis einer Ratseinholung [**RG** JW 93 Beil 120]) oder einer längeren Überlegung oder bei Körperschaften einer Beschlußfassung zu berücksichtigen sind. Daß die Anfechtungserklärung „sofort" abgegeben werde, ist keineswegs gesetzliches Erfordernis (**RG** Warn 1922 Nr 125). **Schuldhaftes Zögern** kann anderseits auch insofern gegeben sein, als der Anfechtungsberechtigte das Interesse des andern nicht genügend berücksichtigt hat (**RG** JW 06, 707[2]). Es liegt nicht vor, wenn die Verzögerung auch bei Beachtung der im Verkehr erforderlichen Sorgfalt (§ 276) unabwendbar war (**RG** 49, 395; 53, 148; 64, 159). Die Frage der Unverzüglichkeit ist eine in der Revisionsinstanz zu prüfende *Rechtsfrage* (**RG** 64, 161). — Die Frist beginnt, sobald der Anfechtungsberechtigte **von dem Anfechtungsgrunde**, mithin von den seinen Irrtum ergebenden Umständen, eine **Kenntnis erlangt**, die ihm vernünftigerweise einen die bloße Vermutung ausschließenden sicheren Schluß gewährt und ihn so seines Irrtums sich bewußt werden läßt, da Anfechtungsgrund der Irrtum ist, nicht aber die Tatsache, über die der Anfechtungsberechtigte sich geirrt hat (**RG** 85, 223). Die Kenntnis vom Anfechtungsgrunde ist jedenfalls so lange ausgeschlossen, als der Anfechtungsberechtigte sich nicht dessen bewußt geworden ist, daß er die irrtümliche Erklärung abgegeben hat (**RG** a. a. O. S. 224). Bei Anfechtung einer Urkunde (§ 119 Anm 2 Abs 1) muß der Anfechtungsberechtigte erkannt haben, daß sich der Inhalt der Urkunde mit dem irrtümlich angenommenen Inhalte nicht deckt (**RG** Warn 1918 Nr 25). Der Irrtum muß daher erst aufgedeckt sein, und gegebenenfalls kann der Anfechtungsberechtigte auch erst die Beweisaufnahme abwarten, bevor er die Anfechtung erklärt

(RG Warn 08 Nr 116). Aber Kenntnis ist nicht gleich Überzeugung (RG Recht 07 Nr 1775), und nur zuverlässige Kenntnis der Umstände, nicht aber volle Überzeugung von deren Richtigkeit wird verlangt (RG JW 1912, 741[3]). Nichtkennen aus Fahrlässigkeit (§ 276) schadet also nicht, und Zweifel stehen der Kenntnis nicht gleich. Wird der Irrtum erst im Prozesse aufgedeckt, so kann die Anfechtung auch noch im Prozesse erklärt werden (RG Warn 08 Nr 116). Die Bestimmung des § 121 Abs 1 **greift auch dann Platz,** wenn der Anfechtungsgegner den Irrtum des Gegners nachträglich erkannt hatte (streitig). Eine Einrede der Arglist kann diesfalls dem Anfechtungsberechtigten nicht zugebilligt werden, wenn der Gegner die Verspätung der Anfechtung geltend macht. Hatte der Anfechtungsgegner die Erklärung des andern schon bei ihrer Abgabe richtig verstanden, dann liegt zur Anfechtung überhaupt kein Grund vor (§ 119 A 1; RG 66, 427; JW 1911, 179[2]), weil jetzt die Erklärung so zu gelten hat, wie sie gemeint war und auch anderseits verstanden worden ist.

Ist die anzufechtende Erklärung von einem Bevollmächtigten abgegeben, dann ist erst der Zeitpunkt maßgebend, in dem der Vollmachtgeber die Kenntnis erhielt, es sei denn, daß auch der Vertreter auf Grund der Vollmacht anfechtungsberechtigt war, in diesem Falle kommt es sowohl auf die Kenntnis des Vollmachtgebers, wie die des Bevollmächtigten an. Bei einem gesetzlichen Vertreter kann nur seine Kenntnis in Betracht kommen.

Ficht der Nachlaßpfleger einen vom Erblasser geschlossenen Vertrag an, so ist für die Unverzüglichkeit der Anfechtung in erster Linie der Zeitpunkt maßgebend, in dem der Erblasser (nicht erst der Nachlaßpfleger) von dem Anfechtungsgrund Kenntnis erhielt (RG BayZ 1927, 228).

3. Die Anfechtungserklärung **unter Abwesenden wird wirksam** nicht erst mit ihrem Zugange (§ 130), sondern bereits seit ihrer Absendung, falls diese unverzüglich geschah, so daß die Gefahr von Verzögerungen während der Beförderung der Anfechtungsgegner trägt.

4. **Ausschlußfrist,** nicht Verjährungsfrist (§ 186 A 1).

5. Zu **beweisen** hat der Anfechtende die Voraussetzungen der Anfechtung, der Gegner alsdann die Nichtrechtzeitigkeit, indem er nachweist, daß der Anfechtende die Kenntnis schon in einem früheren Zeitpunkte, als er angegeben, erhalten hatte (RG JW 04, 196[2]; Warn 1914 Nr 108; dazu RG SeuffA 78 Nr 110), oder daß bis zur Anfechtung 30 Jahre seit Abgabe der Willenserklärung verflossen waren. Für den Fall des Abs 1 Satz 1 bleibt dem Anfechtenden gegebenenfalls der Nachweis mangelnden Verschuldens offen.

§ 122

[1]) **Ist eine Willenserklärung nach § 118 nichtig oder auf Grund der §§ 119, 120 angefochten, so hat der Erklärende, wenn die Erklärung einem anderen gegenüber abzugeben war, diesem, anderenfalls jedem Dritten[3]) den Schaden zu ersetzen, den der andere oder der Dritte dadurch erleidet, daß er auf die Gültigkeit der Erklärung vertraut, jedoch nicht über den Betrag des Interesses hinaus, welches der andere oder der Dritte an der Gültigkeit der Erklärung hat[2]).**

Die Schadensersatzpflicht tritt nicht ein, wenn der Beschädigte den Grund der Nichtigkeit oder der Anfechtbarkeit kannte oder infolge von Fahrlässigkeit nicht kannte (kennen mußte)[4])[5]).

E I 97 Abs 3, 499 Abs 2, 3, 101, 146; II 97; M 1 194, 200, 202 ff., 281; P 1 98 ff., 116 ff.

1. **Schadensersatzpflicht.** Der § 122 beruht auf der Voraussetzung, daß die Nichtigkeit im Falle des § 118 und die Anfechtbarkeit des Geschäfts im Falle der §§ 119, 120 allein in der Person des Erklärenden ihren Grund haben, und hält es daher für billig, dem andern Teile, der infolge der Vornahme des Geschäfts zu Schaden kommt, zur Genugtuung zu verhelfen (§ 119 A 1). Auf ein Verschulden des Anfechtungsberechtigten kommt es hier nicht an; vielmehr genügt die Tatsache, daß er den Schaden des andern veranlaßt hat, und es ist daher der Veranlassungs-, nicht aber der Verschuldungsgrundsatz zur Geltung gebracht (RG 60, 345; 81, 398; 94, 197). Das Gesetz steht hier auch nicht auf dem Standpunkte, daß der Erklärende dem Gegner auf das Erfüllungsinteresse aus dem Gesichtspunkte der culpa in contrahendo haftbar sei (RG 62, 315; JW 09, 684[4]), da von einem Verschulden überhaupt abgesehen wird. Endlich hat die Verpflichtung aus § 122 auch nicht die Natur einer solchen wegen unerlaubter Handlung gemäß §§ 823, 826. Sie beruht vielmehr auf dem Gesetze allein. Somit können hinsichtlich der Verjährung auch nur die §§ 194, 195 Anwendung finden, dagegen nicht § 852. Vgl. die ähnliche Regelung der Schadensersatzpflicht gemäß § 307. — Im Falle der Anfechtung wegen arglistiger Täuschung ist § 122 nicht anwendbar (RG 13. 11. 11 V 165/11).

2. Ersetzt wird nur **das negative Interesse.** Der Geschädigte kann deshalb Schadloshaltung (und zwar gemäß § 249) überhaupt nur insoweit verlangen, als seine Vermögenslage gerade durch die von ihm im Vertrauen auf die Gültigkeit der Erklärung getroffenen Maßnahmen verschlechtert worden ist. Innerhalb dieser Grenze kann er freilich nicht minder Ersatz des entgangenen Gewinns als des wirklichen Schadens (§ 252) beanspruchen. Die Forderung darf jedoch ihrem Umfange nach niemals über die Höhe des Erfüllungsinteresses hinausgehen. Das Erfüllungsinteresse selbst kann um deswillen überhaupt nicht in Frage kommen, weil das Geschäft gegebenenfalls mit rückwirkender Kraft nichtig wird und deswegen ein Erfüllungsanspruch ausgeschlossen ist. Wenn der Geschäftsgegner beispielsweise im Vertrauen auf das ihm gemachte Angebot ein anderweitiges Angebot ausschlägt, kann er im Falle der Anfechtung des ersten Angebots zwar alles ersetzt verlangen, was er durch Ablehnung des zweiten Angebots eingebüßt hat (so die Mehrkosten einer anderweiten Eindeckung, **RG** SeuffA 62 Nr 226), gegebenenfalls einschließlich dessen, was ihm an Gewinn entgangen ist, aber alles das unbedingt nur bis zur Höhe dessen, was er gehabt haben würde, wenn das angefochtene Geschäft zur Erfüllung gekommen wäre, während die Geltendmachung gerade des Erfüllungsinteresses unzulässig ist. Über die Berechnung des negativen Interesses vgl. **RG** JW 04, 447[1]. Als Zeitpunkt für die Berechnung des negativen Interesses ist derjenige Zeitpunkt maßgebend, in welchem der Ersatzberechtigte den Irrtum des Gegners bei Anwendung der erforderlichen Sorgfalt hätte erkennen können (**RG** Gruch 57, 907). Danach ist die abstrakte Berechnungsart zulässig. Beispielsweise kann auch der Käufer, der im Vertrauen auf die Gültigkeit des Kaufes den Abschluß anderer Käufe zu der gegebenen Zeit unterlassen hat, den Schaden ersetzt verlangen, der aus der Unterlassung hervorgegangen ist. — Im übrigen kann nach wirksamer Anfechtung wegen bloßen Irrtums nur Rückgabe der Bereicherung verlangt, dagegen ein Schadensersatzanspruch weder aus § 276 noch aus § 823 erhoben werden (vgl. A 1 a. E.).

3. **Ersatzberechtigt** ist nur derjenige, für den die Willenserklärung bestimmt war; daher bei empfangsbedürftigen Willenserklärungen nur derjenige, an den die Erklärung gerichtet war; bei nicht empfangsbedürftigen (vgl. Vorbem 1 vor § 116) jeder Dritte, der von der Erklärung in der Folge betroffen wurde, wie z. B. bei der Auslobung oder der Preisgabe.

4. Folgerichtig ist (A 2), daß derjenige **Ersatz zu fordern nicht berechtigt ist,** der seine Maßnahmen ergriffen hat, wiewohl ihm der Nichtigkeits- oder Anfechtungsgrund bekannt war, oder der den Irrtum gar durch sein eigenes Verhalten hervorgerufen hat (**RG** 81, 395). In der ersteren Hinsicht genügt es, daß der Erklärungsgegner Umstände erfahren hatte, die vernünftigerweise einen Schluß auf die Anfechtbarkeit ergaben (**RG** JW 1910, 937[11]), so daß er die Kenntnis bei Anwendung der im Verkehr erforderlichen Sorgfalt (§ 276) hätte haben müssen. Denn gegebenenfalls liegt der Eintritt der schädlichen Folge an ihm selber, und daher hat er ihn auch selbst zu verantworten. Auch für eine Schuldausgleichung gemäß § 254 ist hier also kein Raum (**RG** 57, 88).

5. Das Anwendungsgebiet des § 122 ist beschränkt auf die Fälle eines **Vermögensschadens.** Sonderreglung bei Anfechtung einer Ehe wegen Irrtums in den §§ 1345, 1346. — **Beweislast.** Der Ersatzberechtigte hat die Anfechtung und den ihm durch diese verursachten Schaden (A 2) zu beweisen; der Beklagte den Einwand aus Abs 2 (Kennen oder Kennenmüssen) sowie den ihm vom Gesetze weiter freigelassenen Einwand, daß der geforderte Betrag das Erfüllungsinteresse übersteigt. Dagegen braucht der Ersatzberechtigte nicht zu beweisen, daß der geforderte Betrag über das Erfüllungsinteresse nicht hinausgeht.

§ 123

Wer zur Abgabe einer Willenserklärung durch arglistige Täuschung[2]) oder widerrechtlich durch Drohung[3]) bestimmt worden ist, kann die Erklärung anfechten[1]).

Hat ein Dritter[4]) die Täuschung verübt, so ist eine Erklärung, die einem anderen gegenüber abzugeben war, nur dann anfechtbar, wenn dieser die Täuschung kannte oder kennen mußte. Soweit ein anderer[4]) als derjenige, welchem gegenüber die Erklärung abzugeben war, aus der Erklärung unmittelbar ein Recht erworben hat, ist die Erklärung ihm gegenüber anfechtbar, wenn er die Täuschung kannte oder kennen mußte[4—6]).

E I 103 II 98; M 1 204 ff.; P 1 118 ff.; 6 128 ff.

1. **Anfechtung wegen Täuschung und Drohung.** Dem unfreien Willen will das Gesetz keine größere Tragweite beimessen als dem unbewußten Scheinwillen (§ 119). Er reicht aus, rechtserzeugend zu wirken. Aber wer sich im Zustande der seelischen Unfreiheit ent-

schlossen hat, soll es ebenfalls in der Hand haben, seine Erklärung durch Anfechtung nichtig zu machen. Auf dieser Auffassung beruht der § 123. Gegenstand des Schutzes im Sinne des § 123 ist die Willensfreiheit (RG Warn 1910 Nr 263). Und nur um den Fall der Unfreiheit des Willens, nicht auch um den der Unfähigkeit zur Entschließung, handelt es sich hier. Der Gesetzesfall liegt also insbesondere nicht vor, wenn eine solche zwangsweise Einwirkung stattgefunden hat, daß der Betroffene gar nicht in der Lage war, sich entschließen zu können. Alsdann war sein Tun überhaupt nicht das Ergebnis seines Willens; es fehlte ihm vielmehr der Geschäftswille (Suggestion, Hypnose, gewaltsames Führen der Hand bei Herstellung einer Unterschrift). — In Betracht kommen **Willenserklärungen jeder Art** (§ 119 A 1). Verstößt ein Rechtsgeschäft allein wegen einer unzulässigen Willensbeeinflussung gegen die guten Sitten, ohne daß solches zugleich hinsichtlich des Geschäftszwecks und Geschäftsinhalts zuträfe, dann ist auch ein solches Rechtsgeschäft nur anfechtbar, nicht aber nichtig (RG JW 08, 710[2]; 1913, 1144[2]; Warn 1917 Nr 234; § 138 A 1). Über die Anfechtung eines Fusionsvertrags s. JW 1927, 1348[1]. — **Bewirkt** werden kann Willensunfreiheit durch **Täuschung** und **Drohung**. — Die Anfechtungsfrist bestimmt der § 124, die Vollziehung der Anfechtung regelt § 143. — Das Anfechtungsrecht nach § 123 wegen arglistigen Verschweigens eines Fehlers als ausgeschlossen zu erachten, wenn die Wandlungsklage nach §§ 480, 459 möglich und bereits gegeben ist — so RG 48, 282; 70, 429, ist verfehlt. Das bezeichnete Urteil handelt allerdings nur vom Gattungskauf (§ 480). Aber nach seiner Begründung (Seite 429), wo auf RG 61, 171; 62, 282 Bezug genommen ist, müßte der angenommene Grundsatz auch beim Kaufe einer bestimmten Sache gelten. Der Standpunkt des Reichsgerichts in dieser Frage kann jedoch weder beim Spezieskaufe noch beim Genußkaufe gebilligt werden. Überwiegen muß doch die Erwägung, daß es nicht angebracht ist, den Betrüger irgendwie zu begünstigen. Vgl. dazu § 459 A 6Be, ferner § 124 A 1 und § 119 A 7.

2. Die **Täuschung** ist jedes wissentliche auf Täuschung berechnete Verhalten (RG JW 05, 639[3]; 09, 308[1]). Sie erfolgt entweder durch die Hervorrufung eines Irrtums im Sinne von § 119 (RG JW 09, 308[1]) oder durch die arglistige Ausnutzung eines bei dem andern Teile bereits vorhandenen wesentlichen Irrtums, so daß der Tatbestand der arglistigen Täuschung auch dadurch erfüllt werden kann, daß der andere Teil über seinen Irrtum nicht aufgeklärt wird (RG 62, 150; 77, 314; Warn 1911 Nr 326; 1912 Nr 2). Ein fahrlässiges Verhalten des Anfechtungsberechtigten kommt seinem Gegner nicht zugute (RG JW 1911, 275[2]). Da das Ergebnis der arglistigen Täuschung stets sein muß, daß der Getäuschte durch sie in der Freiheit seiner Entschließung beeinträchtigt wird, so kann ihr Tatbestand nur dann erfüllt sein, wenn der Irrtum, in den der Genannte versetzt worden oder der bei ihm ohnehin bereits vorhanden war, die für seinen Willensentschluß maßgebenden Voraussetzungen betraf, und nicht auch schon dann, wenn der Gegner nur persönliche Urteile oder Auffassungen ausgesprochen und als solche zu erkennen gegeben hat, da auf diese Weise dem Erklärungsempfänger die Freiheit seiner Entschließung nicht genommen wird. Regelmäßig muß daher die Täuschung auf Tatsachen gerichtet sein. Weiß freilich der Erklärende, daß der Erklärungsempfänger sein, des Erklärenden Urteil, auch für sich als maßgebend erachtet und erachten will, und spricht er trotzdem bewußt ein unzutreffendes, den Gegner zu seinem Nachteile irreführendes Urteil aus (so eine Wertsabschätzung, Äußerung über die Güte einer Hypothek), dann können die Voraussetzungen der arglistigen Täuschung auch hier nicht bezweifelt werden (vgl. RG Gruch 56, 878; RG 24. 3. 23 V 397/22; und für den Fall der Täuschung durch Äußerung einer Rechtsansicht RG LZ 1926, 324[1]). Der Fall liegt dann nicht anders, als hätte der Erklärende eine falsche Tatsache vorgespiegelt. — Die Täuschung muß, um als solche gelten zu können, auch **beabsichtigt** worden sein. Dies trifft nicht zu, wenn der Täuschende selbst nur aus Irrtum gehandelt hat, selbst wenn der Irrtum, beispielsweise das Nichtkennen eines Fehlers (§ 460), auf Fahrlässigkeit beruht (RG JW 09, 308[1]). In diesem Falle könnten nur die Grundsätze des Irrtums Platz greifen. Arglist ist auch ausgeschlossen, wenn der eine erhebliche Tatsache Verschweigende annahm, daß sie dem andern bekannt sei (RG JW 1912, 907[2]). Die Absicht der Vermögensschädigung gehört nicht zur arglistigen Täuschung. Dadurch unterscheidet diese sich vom strafrechtlichen Betruge (RG Warn 1909 Nr 440; 1911 Nr 5; 1913 Nr 310; JW 1912, 69[3]; 1925, 2755[5]; SeuffA 79 Nr 199). — Die Absicht muß im Sinne des Gesetzes auch eine **arglistige** sein, was voraussetzt, daß die Täuschung, mithin die Hervorrufung oder Benutzung der irrigen Vorstellung des Gegners, als Mittel benutzt ist, auf den Entschluß des Erklärenden zu dessen Nachteil bestimmend einzuwirken. Es genügt aber für den Vorsatz schon, wenn der Täuschende das Bewußtsein gehabt hat, daß der andere gegebenenfalls in seiner Entschließung zu seinem Nachteile beeinflußt werden würde (RG 62, 150; Warn 1911 Nr 5; 1913 Nr 310; 1915 Nr 138). Vgl. noch § 443 A 2 und § 439 A 2. Erforderlich ist auch nicht, daß der Täuschende in dem Bewußtsein handelt, der Gegner würde bei Bekanntgabe des wahren Sachverhalts den Vertrag bestimmt nicht abschließen, vielmehr genügt es, wenn der Täuschende nur mit der Möglichkeit dessen

rechnet (RG 96, 346; RG LZ 1924, 736[2]). Arglist liegt jedenfalls dann vor (Eventualdolus), wenn der Erklärende weiß, daß seine Angabe für den Geschäftsgegner erheblich ist, und er dabei mit der Möglichkeit rechnet, daß sie der Wahrheit nicht entspricht (RG Warn 1913 Nr 42; RG LZ 1926, 324[1]). Ausgeschlossen ist Arglist allemal dann, wenn der Täuschende zum Besten des andern hat handeln wollen. Der Fall arglistiger Täuschung im Sinne des Gesetzes liegt in der Regel auch dann nicht vor, wenn das Verhalten des Täuschenden nur dazu dienen sollte, einen vom andern Teile erhobenen Anspruch zu beseitigen; denn niemand ist verpflichtet, den Anspruch des Gegners begründen zu helfen, weder im Prozesse noch sonst. So auch RG 58, 355 für einen Fall, in dem die uneheliche Mutter gegenüber dem Erzeuger des Kindes, der die Anerkennung der Vaterschaft anfechten wollte, fälschlich behauptet hatte, es habe ihr sonst niemand beigewohnt (vgl. auch RG Warn 1914 Nr 207; RGSt 23, 244; JW 98, 369[68]; SeuffA 80 Nr 192). Doch wird auch in dem in RG 58, 355 gedachten Falle trotz § 1718 eine Anfechtung wegen arglistiger Täuschung möglich sein, wenn die uneheliche Mutter sich nicht auf ein bloßes Verschweigen beschränkt, sondern durch positives Handeln, wie z. B. durch Erbieten zum Eid, in dem Gegner eine irrige Vorstellung hervorgerufen hat. Daß für den Handelnden nach den im Rechtsverkehr herrschenden Grundsätzen von Treu und Glauben oder aus besonderen Rechtsgründen eine Aufklärungspflicht bestand, ist nur im Falle bloßen Verschweigens (s. unten) erforderlich. So auch RG 107, 177 unter Aufgabe der in RG 58, 355 und Warn 1914 Nr 207 vertretenen Auffassung.

Die **Täuschungshandlung** kann begrifflich bestehen sowohl in einer Vorspiegelung unrichtiger (beispielsweise bei arglistigen Anpreisungen, empfehlenden Zusicherungen, RG JW 07, 473[2]) wie in einem Verschweigen wahrer Tatsachen (RG JW 08, 476[3]; 1911, 641[2]). Das bestimmte Behaupten bestimmter, dem Behauptenden selbst nicht genau gewisser Tatsachen kann arglistig sein (RG Warn 1913 Nr 42), braucht es aber nicht zu sein, weil nur Fahrlässigkeit zugrunde liegen kann, es bedarf also jedesmal noch des Nachweises besonderer die Arglist ergebender Umstände (RG JW 06, 130[1]; Warn 1913 Nr 42; 1914 Nr 109; 1917 Nr 237, betreffend eine durch den Agenten veranlaßte unrichtige Angabe im Versicherungsantrage). — Bloßes Verschweigen liegt vor, ist aber als Tatbestandsmerkmal auch ausreichend, wenn das Schweigen den Grundsätzen von Treu und Glauben widerspricht (RG 62, 149; 69, 15; 77, 314; 111, 233; Warn 1911 Nr 360; 1913 Nr 2) und der andere also nach der Verkehrsanschauung (RG Warn 09 Nr 3) die erhebliche Mitteilung unter den gegebenen Umständen (§ 242, nicht auch nach der guten Sitte, § 138, wie Staudinger A VI annimmt) erwarten durfte (RG 69, 15; Warn 1912 Nr 196; 1913 Nr 273; 1917 Nr 6). Ob diese Voraussetzung gegeben ist, muß auf Grund der zwischen den Beteiligten bestehenden Rechtsbeziehungen nach den Verhältnissen des einzelnen Falles beurteilt werden. Eine allgemeine **Offenbarungspflicht** besteht nicht (RG 62, 150; JW 1911, 575[7]; 1912, 342[5]). So ist, wer Spekulationspapiere veräußert, regelmäßig nicht verpflichtet, den Erwerber auf allgemeine Verhältnisse des Marktes hinzuweisen, die ein erhebliches Sinken der Kurse erwarten lassen, während Treu und Glauben im Verkehr allerdings eine Mitteilung besonderer Umstände erfordern können, die bezüglich des bestimmten Kaufgegenstandes und seiner Wertschätzung für die Entschließung des Käufers erheblich sind (RG 111, 233; vgl. RG LZ 1926, 916[1]). Daher braucht der Käufer beim Kreditkaufe nicht ungefragt seine Kreditwürdigkeit anzuzeigen (RG Warn 1911 Nr 360); oder es müßten besondere, erschwerende Umstände vorliegen (RG 69, 15, wo der Käufer nicht nur seine große Überschuldung, sondern auch seine auf unlautere Schiebungen gerichtete Absicht verschwieg; ferner Warn 1911 Nr 360). Der Angestellte ist nicht ohne weiteres verpflichtet, dem Dienstherrn die Tatsachen mitzuteilen, die seine fristlose Entlassung rechtfertigen; doch können die Umstände dem Dienstherrn eine exceptio doli generalis gegenüber Erfüllungsansprüchen des Angestellten geben (RG JW 1926, 795[2]). Auch der Gläubiger, der einen Bürgen sucht, hat an sich keine Offenbarungspflicht hinsichtlich der Vermögensverhältnisse seines Schuldners; aber macht er über diese überhaupt Mitteilungen oder wird er über sie befragt, dann muß er wahr sein und darf er nichts verschweigen (RG 91, 81). Hinzukommen muß im übrigen immer noch, daß der Anfechtungsgegner sich dessen bewußt war, daß die Offenbarung für die Entschließung des Gegners bestimmend sein werde oder sein könnte (RG LZ 1920, 887[1]). Es liegt auch noch kein arglistiges Verhalten vor, wenn der Verkäufer seine persönliche Ansicht über den Wert des Kaufgegenstandes zurückhält (RG 6. 4. 10 V 208/09); oder wenn etwa der Verkäufer nicht mitteilt, daß ihm nicht die volle Schankkonzession erteilt war, es sei denn, daß er wußte, daß der Käufer gerade hierauf einen wesentlichen Wert legte und daß er den Irrtum des Käufers arglistig ausnutzen wollte (RG 18. 5. 12 V 49/12). Wohl aber besteht eine Offenbarungspflicht, wenn sie durch ein zwischen den Beteiligten bereits bestehendes Vertrauensverhältnis geboten war (RG 77, 309; JW 1912, 68[2]; RG SeuffA 79 Nr 60). Und überhaupt ist anzunehmen, daß schon das bloße Verschweigen allemal dann den Tatbestand der arglistigen Täuschung erfüllt, wenn der Verschweigende eine Tatsache nicht mitteilt, von der er weiß, daß sie für die Entschließung des andern Teiles von entscheidender Bedeutung sei, und wenn zugleich Treu und Glauben die Bekanntgabe erheischen (RG 62, 150). Daher hat der Verkäufer die Offenbarungspflicht, wenn er die Wertlosigkeit (nicht nur Minderwertigkeit) der verkauften Hypothek kennt (RG JW 1921, 680[3]). Wer im geschäftlichen Leben jemand als kreditwürdig empfiehlt, muß dem Empfänger der Auskunft alles offenbaren, was er von dem Kreditsuchenden für die Kreditfrage Erhebliches weiß (RG 24. 6. 26 IV 59/26). Vgl. auch einerseits RG 69, 15; 77, 314; JW 1912, 342[5]; Warn 1913 Nr 2; sowie anderseits RG 62, 149; Warn 09 Nr 3; 1912 Nr 196; JW 1911, 641[3]. Zur Anfechtung genügt es im allgemeinen nicht, wenn der Gegner nur die Absicht verheimlicht hat, nicht erfüllen zu wollen (RG 70, 427; 48, 282). Wohl aber kann es der Fall sein, wenn der eine Vertragsteil weiß, daß der andere mit der getreulichen Erfüllung besonders rechnet, und er ihn trotzdem bei dem Irrtum, daß es nicht geschehen wird, beläßt, um auf diese Weise bestimmend zu eigenem Vorteile einzuwirken (RG 104, 1, wo angenommen ist, daß unter den gegebenen Umständen auch ein Gattungskauf wegen Unterlassung einer erheblichen Anzeige anfechtbar ist); oder wenn ein Vertragsteil erkennbar nur unter einer bestimmten Voraussetzung abschließen wollte, der andere aber bewußt unwahr erklärt, diese Voraussetzung sei in seiner Person vorhanden (RG 6. 5. 24 II 329/23). **Unterdrückung** ist das Verschweigen, wenn der Täuschende durch positive Tätigkeit, Anwendung täuschender Mitte, einen erheblichen Umstand verdeckt (RG 62, 150). Sie setzt voraus eine Rechtspflicht zur Offenbarung, die entweder auf Gesetz oder Vertrag beruht (RGSt 37, 62; 31, 210 und die hier angeführten Urteile; ferner RG 62, 150; RG Warn 09 Nr 3). Anfechtung eines Kaufvertrags, weil der vom Käufer bestochene Angestellte des Verkäufers diesem seine Beziehungen zum Käufer pflichtwidrig verschwiegen hat (RG 107, 208).

Daß sich die Arglist des Betrügers von vornherein gerade gegen diejenige Person gerichtet hat, die alsdann den Nachteil erleidet, ist kein unbedingtes Erfordernis; der volle Tatbestand des zivilrechtlichen Betrugs kann vielmehr auch dann erfüllt sein, wenn der Täter sich nur dessen bewußt gewesen, er werde einen andern schädigen, und wenn er in Voraussicht aller möglichen Folgen gehandelt hat (RG JW 1910, 846[20]).

Die Täuschung muß im Falle des § 123 (anders im Falle der vertraglichen Schadensersatzklage aus § 463, Warn 1915 Nr 230) für die Entschließung des Getäuschten von **ursächlicher Wirkung**, für den Entschluß des Getäuschten also bestimmend (RG JW 1911, 275[2]), mindestens mitbestimmend (RG 77, 314) gewesen sein, was nach richterlichem Ermessen zu entscheiden ist. Die Probe dafür bietet die Frage, ob der Anfechtende durch seinen mittels der Täuschung hervorgerufenen oder wenigstens aufrechterhaltenen Irrtum zu der angefochtenen Erklärung bestimmt worden ist, oder anderseits ob sein auf die Täuschung zurückzuführender Irrtum ohne Einfluß war und die Erklärung also auch ohne die Täuschung abgegeben worden wäre; dagegen ist nicht zu fragen, ob der Anfechtende die Abgabe der Erklärung bei Kenntnis der Sachlage und bei verständiger Würdigung des Falles unterlassen hätte (RG 81, 16). Die Anfechtbarkeit des gesamten Vertrags verlangt auch nicht, daß der Getäuschte den Vertrag bei Kenntnis der wahren Sachlage überhaupt nicht abgeschlossen haben würde; vielmehr genügt es, daß er sich dazu nur unter für ihn günstigeren Bedingungen verstanden, daß er beispielsweise nur einen geringeren Kaufpreis geboten haben würde (RG JW 1911, 275[2]; Warn 1910 Nr 314; 1912 Nr 292; 1918 Nr 181). Eine ohne Erfolg gebliebene Arglist ist bedeutungslos (RG Warn 08 Nr 186). Regelmäßig kann der erforderliche ursächliche Zusammenhang nur dann gegeben sein, wenn die Täuschung spätestens beim Abschlusse des Vertrags erfolgt ist. Nur beim Kaufe einer Gattungssache ist das im Falle des § 480 Abs 2 anders, weil hiernach der Anspruch auf Schadensersatz in der Regel erst auf eine arglistige Verschweigung des Fehlers bei Lieferung der Sache gestützt wird (RG 70, 423; JW 1912, 340[4]).

Besteht der ursächliche Zusammenhang, dann ist es unwesentlich, welchen Umstand die Täuschung betraf, ob den **Inhalt der Erklärung oder den Beweggrund.** (RG 69, 15, wo es sich um die Kreditwürdigkeit des Käufers handelte; 55, 86, betreffend Täuschung über die Eigenschaft als Vollkaufmann; Warn 1912 Nr 196, wo es sich darum handelte, daß der Verkäufer einer Gastwirtschaft verschwiegen hatte, daß die Erlangung der Konzession auf Schwierigkeiten stoßen würde; JW 1911, 275[2], betreffend Täuschung durch bloße Anpreisungen.) Da ein Erfolg durch **mehrere Ursachen** herbeigeführt werden kann, genügt es im übrigen, wenn die arglistige Täuschung auch nur mitbestimmend gewesen ist (RG 77, 309). Ein Unterschied zwischen dolus causam daus und dolus incidens besteht hier nicht (RG JW 1910, 799[4]). Zu erwägen ist im Einzelfalle, daß, wenn die Anfechtung wegen Betrugs versagt, eine solche wegen Irrtums gegeben sein kann, und daß die Anfechtung wegen Betrugs zugleich die Grundlage für die Irrtumsanfechtung enthält (§ 121 A 1). Die strafrechtlichen Grundsätze vom dolus eventualis gelten auch hier (RG JW 1911, 218[7]).

Unerheblich ist für die Anfechtung wegen arglistiger Täuschung auch, ob der Getäuschte einen Vermögensschaden erlitten hat; es genügt, daß die Täuschung für die Abgabe der angefochtenen Willenserklärung ursächlich war (**RG** SeuffA 79 Nr 199).

3. Drohung. Die Drohung besteht in der Ankündigung eines Übels für den Fall, daß der Bedrohte nicht so handelt, wie es der Drohende begehrt. Sie muß also über einen bloßen Vergleichsvorschlag hinausgehen. Falls der Drohende nicht zugleich ein gewisses Tun erzwingen will, ist der Tatbestand nicht erfüllt (**RG** JW 1913, 1033[1]). Es gehört also zum Begriffe der Drohung, daß der Drohende die Absicht verfolgt hat, den Bedrohten zur Abgabe der Willenserklärung zu zwingen oder wenigstens die Möglichkeit dieses Erfolges in seinen Vorsatz aufgenommen hat (**RG** 23. 1. 15 V 398/4). Daher genügt es nicht, wenn jemand, ohne die Absicht, einen Zwang auszuüben, nur von einem in Aussicht stehenden Übel spricht und schon dies den andern zur Vermeidung des Übels bestimmt hat (**RG** 59, 353; Warn 1913 Nr 186). Welcher Art das angedrohte **Übel,** ist gleichgültig (vgl. z. B. SeuffA 64 Nr 307). Es kann materieller oder ideeller Art sein (**RG** 10. 4. 06 III 57/05). Nötig ist nur, daß es überhaupt geeignet war, den Bedrohten in seiner Entschließung entscheidend zu beeinflussen. Ob eine solche Drohung anzunehmen, ist gegebenenfalls einerseits nach dem objektiven Maßstabe vernünftigen Ermessens zu beurteilen. Anderseits ist aber auch die Eigenart des Bedrohten zu berücksichtigen. Begrifflich erforderlich ist nicht, daß das Übel unmittelbar den Bedrohten selbst treffen soll (**RG** JW 1913, 638[1]); nur muß dieser die Verwirklichung des etwa einem andern (Ehegatten, einem Kind, auch dem Androhenden selbst) zugedachten Übels als ein solches auch für sich selbst ansehen (**RG** 60, 373; JW 1915, 238). Daher kann unter Umständen auch die Drohung mit Selbstmord in Betracht kommen (**RG** 7. 2. 12 V 378/11). Wesentlich ist endlich auch nicht, daß das Übel unmittelbar von dem Androhenden selbst verwirklicht werden soll. Es genügt, wenn der Drohende zu erkennen gibt, daß er einen Dritten dazu veranlassen werde (**RG**St 15, 336; 27, 307). Ohne eine solche Ankündigung würde nur die Voraussage eines künftigen Übels vorliegen. Die Drohung mit dem Fortbestehenlassen eines Übels reicht aus, falls das Ergebnis von der Tätigkeit des Drohenden abhängt (**RG**St 14, 265). Es erfüllt aber den Tatbestand der Drohung nicht, wenn die schon bestehenden Verhältnisse von selbst ein künftiges Übel erwarten lassen, und der Drohende nur darauf hinweist. Es muß vielmehr die Beeinflussung durch ein von dem Willen des Drohenden abhängiges, irgendwie durch seine positive Tätigkeit in Bewegung zu setzendes Übel in Aussicht gestellt sein (**RG** JW 05, 200[2]).

Widerrechtlich muß die Drohung **als Mittel benutzt sein**; die **Benutzung** des Mittels der Drohung zur Willensbestimmung muß sich ihrerseits also als eine rechtswidrige darstellen (**RG** 59, 349; JW 05, 134[7]; 09, 11[2]; Gruch 54, 283; 55, 626). Vgl. § 823 Anm 10. Entscheidend ist danach also, daß es unstatthaft war, die Androhung eines solchen Tuns als Mittel zu benutzen, um den andern in seiner Entschließung zu bestimmen (**RG** JW 05, 134[6], 06, 82[1]; Warn 1911 Nr 258; JW 1913, 638[1]), um so mehr dann, wenn der Drohende eine Erklärung erzwingt, auf die er kein Recht hatte (**RG** JW 1917, 459[1]). War die angedrohte Handlung an sich schon eine widerrechtliche, dann entlastet es den Drohenden sogar nicht, wenn er auf Abgabe der Willenserklärung ein Recht hatte. Eine **widerrechtliche Absicht** bei der Drohung, oder daß sich der Drohende der Widerrechtlichkeit seiner Handlungsweise auch bewußt gewesen, ist **keine Voraussetzung** für die Anfechtbarkeit des Rechtsgeschäfts. Denn das Gesetz gibt das Anfechtungsrecht nicht um der Handlungsweise des Drohenden willen (etwa zur Strafe, oder weil er eines rechtswidrigen Vermögensvorteils wegen gehandelt hat, **RG** Warn 1910 Nr 263); es geht vielmehr allein davon aus, daß die freie Willensbestimmung des andern Teils zu schützen sei (**RG** 59, 351; JW 1911, 27[4], womit auch der 5. ZS seine frühere entgegengesetzte Ansicht [JW 07, 5[3]] ausdrücklich aufgegeben hat). Abweichend **RG** Gruch 57, 909, wonach der Drohende den Willen gehabt haben muß, eine Leistung zu erzwingen, auf die er kein Recht hatte. Daß sich der Drohende auch dessen bewußt gewesen sein muß, daß er kein Recht auf die Leistung hatte, erscheint als unzutreffend; es genügt in subjektiver Hinsicht, daß der Drohende überhaupt die Absicht hatte, die Leistung oder die Erklärung dem andern abzuzwingen, und er braucht sich daher nur dessen bewußt gewesen zu sein, daß sein Tun geeignet sei, den Gegner in unzulässiger Weise zu beeinflussen, während nicht ebenfalls erforderlich ist, daß er das Bewußtsein von der Widerrechtlichkeit der Drohung hatte (**RG** 104, 80; 107, 80; 108, 102; JW 1913, 1033[1]; Gruch 55, 626; LZ 1926, 324[1]). Nach dem Standpunkte des Gesetzes kann es somit auch darauf nicht ankommen, ob dem Täter die Drohung wegen seiner persönlichen Eigenschaften überhaupt zugerechnet werden kann. Daher ist auch die Drohung eines Handlungsunfähigen zur Erfüllung des Tatbestandsmerkmals geeignet (streitig). — Auch die **Ernstlichkeit** einer Drohung und ihre Ausführbarkeit durch den Drohenden ist kein Erfordernis. Nur muß der Bedrohte die erstere wie die letztere als vorhanden angenommen haben, sonst könnte er durch die Bedrohung nicht bestimmt worden sein.

Erforderlich ist endlich für das Anfechtungsrecht der **ursächliche Zusammenhang** zwischen der abgegebenen Willenserklärung und der Drohung (RG 59, 351; JW 09, 16; Warn 1913 Nr 186). Anfechtbar ist auch ein durch Drohung abgenötigtes außergerichtliches Zugeständnis, weil ihm eine gewisse Beweiskraft beiwohnt (RG Gruch 58, 835).

Ausschluß der Widerrechtlichkeit. Das Gesetz sieht die Verwendung der Drohung als Mittel zur Willensbeugung nicht schon an sich und unbedingt als eine Widerrechtlichkeit an; andernfalls wäre die Beifügung „widerrechtlich“ zum Erfordernisse des Bestimmens überflüssig. Nach der allgemeinen Bedeutung des Begriffs „widerrechtlich“ kann somit das Tun des Drohenden dann nicht ein widerrechtliches sein, wenn der Genannte zu seiner Handlungsweise ein Recht hatte (RG 50, 60). Das Recht zur Drohung kann nun entweder auf einer allgemeinen Regel der Rechtsordnung oder auf einem besondern Rechtsanspruche des Drohenden beruhen; so, wenn der Drohende einen Anspruch auf Abgabe einer Willenserklärung hatte; nach RG 64, 59 beispielsweise auch dann, wenn ein Verein von Arbeitnehmern bei einer Koalitionsbestrebung im Sinne des § 153 GewO nach seinen Satzungen dem Mitgliede, das die Beteiligung am Kampfe versagt, die Ausschließung aus dem Vereine androht. Grundsätzlich statthaft sodann ist das Verhalten des Drohenden, wenn er nur das Recht der Selbsthilfe (§§ 226ff.) ausüben will, oder den Gebrauch einer sonst jedermann nach der Rechtsordnung zustehenden Befugnis androht, wie die, zu klagen, einen Arrest auszubringen, die Zwangsvollstreckung herbeizuführen, ein Zurückbehaltungsrecht auszuüben, eine Strafanzeige zu erstatten (RG 59, 353; 108, 102; 110, 382; 112, 226; RG Gruch 66, 454). Die Androhung der Klage ist auch dann nicht als widerrechtlich anzusehen, wenn sie sich nachträglich als unbegründet erweist (RG 108, 102; 110, 382; 112, 226; RG LZ 1922, 854[1]; JW 1923, 367[1]). Selbstverständlich aber kann auch die Verwendung solcher Mittel immer nur dann erlaubt sein, wenn sie auch einem zulässigen Zwecke dienen soll. Wer sie zur Erreichung eines unstatthaften Zweckes gebrauchen will, handelt widerrechtlich (RGSt 14, 391). Die Frage, ob die Drohung mit der Ausübung eines Rechts unter diesem Gesichtspunkt widerrechtlich ist, kann nur nach den Umständen des einzelnen Falles beantwortet werden (RG SeuffA 78 Nr 141). Es darf kein Mißbrauch einer an sich gegebenen Befugnis vorliegen. Zur Strafanzeige ist der Verletzte berechtigt, und wer nur ankündigt, daß er von dieser Befugnis Gebrauch machen werde, um ein bestehendes Recht zu schützen, handelt nicht widerrechtlich (RG 110, 382). Aber wer es tut, um einen Vorteil oder eine Leistung zu erlangen, auf die er keinen Anspruch hatte (RG JW 05, 134[6]), oder wer eine Strafanzeige lediglich aus dem Grunde erstatten will, um den andern zur Strafe zu bringen (RG Gruch 48, 1128), oder wer mit Strafanzeige droht, um nicht von dem haftbaren Täter, sondern von dessen Angehörigen Ersatz zu erhalten (RG Gruch 54, 821), oder wer ohne jedes erkennbare Interesse handelt, der beabsichtigt überhaupt nicht, berechtigte Interessen wahrzunehmen und handelt also widerrechtlich. Auch eine an sich erlaubte Handlung schließt somit die widerrechtliche Drohung nicht unbedingt aus (RG JW 00, 418[20]). Nach alledem folgt also: *Die Drohung als Mittel zur Abgabe einer Willenserklärung ist nur dann statthaft, wenn sowohl die angedrohte Handlungsweise an sich wie auch der verfolgte Zweck erlaubt waren* (RG JW 06, 82[1]; JW 1913, 638[1]), oder anderseits: der Tatbestand der Drohung im Sinne des § 123 ist nur dann erfüllt, wenn der Bedrohte ohne die Drohung die Willenserklärung nicht abgegeben haben würde und der Drohende kein Recht auf die Erklärung gehabt hat (RG JW 09, 11[2]; 1913, 638[1]), oder wenn er sich unerlaubter Mittel bedient hat (RG Warn 1913 Nr 186). Wer nun das Vorhandensein dieser Voraussetzungen behauptet, beruft sich auf einen Ausnahmefall und hat ihn mithin zu *beweisen*.

4. Gehen Täuschung oder Drohung von einem Dritten aus, nicht vom Geschäftsgegner, so gelten im einzelnen noch folgende Regeln: a) Im *Falle der Drohung* ist es für das Anfechtungsrecht gleichgültig, wer die Willenserklärung erzwungen hat, ob also der Erklärungsempfänger oder ein Dritter; b) im *Falle der Täuschung* besteht das Anfechtungsrecht *gegenüber dem Erklärungsempfänger*, wenn nicht dieser selbst der Täuschende war, nur dann, wenn er die durch den Dritten verübte Täuschung kannte oder nur aus Fahrlässigkeit nicht gekannt hat (§ 122 Abs 2). Dies gilt jedoch nach dem Gesetzeswortlaute nur bei **empfangsbedürftigen Willenserklärungen** (Vorbem 1 vor § 116). Anwendungsfall: A kauft durch einen Vertrag von B und C, B ist allein der Betrüger, C hat um den Betrug nicht gewußt; dann ist der Vertrag C gegenüber nicht anfechtbar; das Gegenteil träfe aber zu, wenn C den Betrug des B mindestens hätte erkennen müssen (RG 62, 187 zugleich unter Hinweis auf § 139). Gegenüber einem Dritten, der **nicht empfangsberechtigter Erklärungsgegner** ist, besteht das Anfechtungsrecht unter der Voraussetzung, daß der Dritte aus der dem Erklärungsgegner gegenüber abgegebenen Erklärung *unmittelbar* selbst ein Recht erworben hat, und zwar unter der weiteren Bedingung, daß er die Täuschung kannte oder nur aus Fahrlässigkeit nicht gekannt hat. — Anwendungsfälle bei Verträgen zugunsten eines Dritten (§ 328) und bei der Schuldübernahme, ferner § 28 HGB.

Bei **einseitigen nicht empfangsbedürftigen** Rechtsgeschäften, wie bei der Auslobung oder der Anerkennung der Vaterschaft nach § 1718, ist nur der Abs 1 § 123 anwendbar (RG 58, 352). Vgl. hier auch die Vorbem vor § 116 sowie § 143 A 4. Dem Gläubiger als einem Dritten gegenüber ist der vertragsmäßige Eintritt in ein bestehendes Handelsgeschäft als persönlich haftender Gesellschafter nur dann anfechtbar, wenn der Gläubiger den Betrug des Inhabers des Handelsgeschäfts, durch den der Eintritt veranlaßt worden ist, gekannt hat oder hat kennen müssen (RG 76, 441).

Dritter im Sinne des Abs 2 Satz 1 kann nur sein ein anderer als der Empfänger der Erklärung, zu deren Abgabe der Getäuschte bestimmt worden ist, also nur ein bei dieser Erklärung Unbeteiligter (RG JW 09, 718[4]). Als Dritter kann aber niemals ein Vertreter des Erklärungsempfängers angesprochen werden. Auch wird anzunehmen sein, daß sich der Erklärungsempfänger als Anfechtungsgegner die Täuschungshandlungen aller derjenigen Personen unmittelbar zurechnen lassen muß, die der von diesen Getäuschte nach ihrer Stellung zu dem Erklärungsempfänger und nach der Anschauung des Verkehrs als Vertreter des Genannten ansehen durfte, oder derjenigen Persönlichkeiten, deren sich der Erklärungsempfänger zur Erledigung seiner Geschäfte bestimmungsgemäß bediente, selbst wenn ein wirkliches Vollmachtsverhältnis nicht bestand, und dahin werden gehören Angestellte eines Kaufmanns, wie etwa auch ein Hausverwalter, soweit sie zur Erledigung der Geschäfte des Erklärungsempfängers von diesem bestellt waren. Diese Annahme ist im Interesse der Verkehrssicherheit geboten und entspricht der Billigkeit. — Wer einen Vertrag als Vertreter abschließt und hierbei den Vertragsgegner arglistig täuscht, ist niemals ein Dritter im Sinne des Gesetzes (RG 76, 109; Warn 1910 Nr 405); für die Anfechtung greift hier vielmehr der Abs 1 Platz. Dies trifft auch dann schon zu, wenn bei einem Kaufvertrage der Täuschende nur dahin mit der Vertretung der einen Vertragspartei betraut war, daß er (mündlich) die Bedingungen des Vertrags zu vereinbaren hatte, daß aber die Bindung des Vertretenen demnächst von seiner eigenen Genehmigung abhängen sollte; war in solchem Falle die andere Vertragspartei an die getroffenen Abreden ihrerseits gebunden, dann ist für sie der Vertrag gemäß § 123 Abs 1 auch dann anfechtbar, wenn der Vertrag demnächst durch den Gegner selbst oder durch einen andern Vertreter noch förmlich zum Abschlusse gebracht worden ist; dagegen greift der Abs 2 Platz, wenn die Täuschung von jemand ausging, der nur zur Vorbereitung des Vertragsabschlusses, zur Ermittlung eines Käufers und zur Vermittlung beauftragt gewesen war (RG 72, 133; 101, 97; Warn 09 Nr 178; 1915 Nr 198; JW 01, 623[2], betreffend Agenten). Im allgemeinen genügt ein bloßer Auftrag zur Führung von Verhandlungen nicht, um die Eigenschaft des Beauftragten als „Dritter" auszuschließen (RG Warn 09 Nr 178). — Über die Rechtsstellung der Agenten von Versicherungsgesellschaften vgl. §§ 43ff. VersVG v. 30. 5. 08 und RG 46, 184; 73, 302; JW 1913, 542; Warn 1917 Nr 237. Der Verkauf eines eigenen Geschäftsanteils durch eine Gesellschaft m. b. H. ist wegen einer von ihrem Geschäftsführer verübten arglistigen Täuschung ihr gegenüber anfechtbar (RG 68, 309). Anfechtung eines Kaufvertrags, der unter Bestechung von Angestellten des Verkäufers durch den Käufer zustande gekommen ist, nach § 123 Abs 2 Satz 1 s. RG 107, 208.

5. Die unmittelbare Folge der berechtigten Anfechtung ist die **Nichtigkeit des Rechtsgeschäfts „von Anfang an"**, und daraus folgt, daß nunmehr die Beteiligten nach den Grundsätzen der §§ 812ff. gegenseitig Rückgewährung der grundlos erlangten Bereicherung fordern können. Vgl. dazu des näheren § 142 A 1 Abs 4 a. E. Ein Anspruch auf Rückgewährung der empfangenen Leistungen wie im Falle des Rücktritts gemäß § 346 soll hier dagegen nicht bestehen (§ 346 A 3). Demnach ist aber der Rückforderungsanspruch des Anfechtungsberechtigten auch nicht dadurch bedingt, daß er zur Rückgabe des Empfangenen imstande ist; der Fall einer Zug-um-Zug-Leistung, wie beim Rücktritte und bei der Wandlung, liegt hier nicht vor (RG 59, 93; Warn 1910 Nr 315 u. 406). Vgl. jedoch § 142 a. a. O. Dem Anfechtungsgegner steht somit auch nicht die Einrede zu, daß die Leistung des Berechtigten, das seinerseits grundlos Erlangte zurückzugeben, unmöglich geworden sei (RG JW 1910, 799[3]).

Die Drohung wie die arglistige Täuschung können sodann auch einen **Anspruch auf Schadensersatz** begründen. Dieser Anspruch entsteht indessen nicht jedesmal und nicht schlechthin aus der Drohung oder aus der arglistigen Täuschung, vielmehr nur dann, wenn eine von den drei nachfolgenden Voraussetzungen erfüllt ist (RG 7. 10. 11 V 113/11): a) entweder, daß der Täter in einer wider die guten Sitten verstoßenden Weise mit dem Vorsatze der Schädigung des andern gehandelt hat (§ 826); b) oder, daß die Voraussetzungen des Betrugs oder der Erpressung im Sinne der §§ 263, 253 StGB (RG 78, 397) erfüllt sind (§ 823 Abs 2); c) oder, daß der Anfechtungsberechtigte beim Kaufe, sei es durch arglistiges Verschweigen von Fehlern, sei es durch arglistige Vorspiegelung nicht vorhandener Eigenschaften getäuscht worden ist (§ 463 in unmittelbarer und entsprechender Anwendung). — Ist die Anfechtung des Vertrags aus § 123 erfolgt, dann ist ein Anspruch auf Schadensersatz so lange ausgeschlossen, als nicht feststeht, daß die Anfechtung unbegründet war (RG SeuffA 77 Nr 65).

Der Schadensanspruch regelt sich:

a) im Falle unerlaubter Handlung — die Fälle zu a, b oben — nach den Grundsätzen des § 249. Der Betrogene (oder Bedrohte) kann also regelmäßig nur Herstellung des Zustandes fordern, der bestünde, wenn der Betrug (oder die Drohung) nicht vorgefallen wäre, oder nur fordern, daß er wirtschaftlich in die Lage gesetzt wird, in der er sich ohne den Betrug (oder die Drohung) befände (§ 249 A 1). Im Falle der Vertragsanfechtung ist daher in der Regel auch nur der Anspruch auf Erstattung des negativen Interesses gegeben (§ 122 A 2), da dieses ausreicht, den Berechtigten so zu stellen, wie er gestanden hätte, wenn er den Vertrag überhaupt nicht abgeschlossen haben würde (RG 96, 158; 103, 59; JW 1912, 137[9]; Warn 1912 Nr 292), und der Anfechtende anderseits nicht Ansprüche erheben darf, die das Bestehen des Vertrags oder die Unterstellung des Bestehens eines Vertrags andern Inhalts voraussetzen (RG 74, 1; 103, 59). Das negative Interesse des Käufers eines Grundstücks umfaßt auch diejenige Einbuße, die er infolge der Bewirtschaftung des Grundstücks während der Zeit seit der Anfechtung und seit der Geltendmachung des Anspruchs auf Rücknahme des Grundstücks bis zu dessen Zurücknahme erleidet, da der ursächliche Zusammenhang zwischen dieser Einbuße und dem Betruge durch die bloße Befugnis des Käufers aus § 303, sich einseitig des Besitzes zu entledigen, nicht beseitigt wird (RG 2. 11. 21 V 239/21). — Grundsätzlich ist die Geltendmachung des Ersatzanspruchs nicht davon abhängig, daß der Geschädigte den Vertrag anficht (RG 103, 159). Bei Aufrechterhaltung des Vertrags (unverändert also mit allen seinen Bestimmungen) kann aber ein Anspruch auf Geldersatz nur ausnahmsweise gegeben sein, weil eben der Grundsatz des § 249 Satz 1 von der Naturalherstellung regelmäßig auch jetzt Platz greifen müßte und die Anwendung dieses Grundsatzes an sich gerade nur zur Beseitigung des Vertrags zu führen hätte (RG 83, 246; JW 1910, 934[4]; Warn 1911 Nr 120; 1915 Nr 230; 1918 Nr 181). Unter besondern Umständen kann indes die Anwendung des bezeichneten Grundsatzes gerade auch den Anspruch auf Entschädigung in Geld oder auf das positive Erfüllungsinteresse ergeben; nämlich dann, wenn der Geschädigte nachzuweisen vermag, daß der Vertrag auch dann zustande gekommen wäre, insbesondere ein Kauf, wenn der andere Teil sich redlich verhalten, also die Wahrheit bekannt oder die Drohung unterlassen hätte, und zwar diesfalls unter für den Geschädigten günstigeren Bedingungen. Ist beispielsweise ein Käufer durch die Täuschung bewogen worden, einen Preis zu bewilligen, den er in dieser Höhe nicht bewilligt haben würde, falls der Betrug nicht vorgefallen wäre, dann kann er bei Aufrechterhaltung des Vertrags Erstattung des angeblich zuviel bezahlten Betrags (oder Minderung des Preises) unter der Voraussetzung verlangen, daß er nachweist, der Kauf würde, falls die Täuschung nicht vorgefallen wäre, der Verkäufer vielmehr sich redlich verhalten hätte, auch zu der günstigeren Bedingung zustande gekommen sein (RG 83, 246; Warn 1910 Nr 383; 1915 Nr 230; 1918 Nr 181; Gruch 55, 350; LZ 1921, 373[1]). Anderseits kann auch der Verkäufer unter den entsprechenden Umständen Geldentschädigung fordern. So im Falle des Nachweises (§ 287 ZPO), daß er ohne den Betrug des Käufers, der ihm betrügerisch minderwertige oder wertlose Hypotheken in Zahlung gegeben hat, vom Verkaufe Abstand genommen und alsdann Gelegenheit gehabt haben würde, sein Grundstück anderweit unter günstigeren Bedingungen zu verkaufen (RG 83, 245). — Der Anfechtende kann sodann das positive Erfüllungsinteresse fordern im Falle insbesondere arglistiger Verletzung der Offenbarungspflicht (A 2 Abs 2), wenn sich diese Pflichtverletzung noch bei der Vertragserfüllung äußerte (RG JW 1912, 743[5]); oder wenn anzunehmen, daß einem Unternehmer etwa im Falle redlicher Offenbarung höhere Preise bewilligt worden wären (RG 95, 59). Im allgemeinen ist somit zu sagen, daß das positive Erfüllungsinteresse immer dann zuzusprechen ist, wenn dem Berechtigten ohne das schuldhafte Verhalten des Gegners ein entsprechender Erfüllungsanspruch zugestanden hätte (RG 103, 47). — Zu beachten ist im übrigen in allen derartigen Fällen, daß eine Schädigung des Käufers oder Verkäufers überhaupt nicht in Frage kommen kann, wenn die empfangene Leistung ihrem allgemeinen Werte nach den Wert der gegebenen Leistung völlig erreicht, so daß eine Vermögensminderung überhaupt nicht eingetreten wäre (RG 83, 246; Beschluß der Vereinigt. Strafsenate RG 16, 1).

b) Im Falle des § 463 Satz 2 (Fall 3 oben). Hier regelt sich der Schadensersatzanspruch nach Vertragsrecht, und zwar als Anspruch auf Gewährleistung. Danach kann der Käufer, wenn der Verkäufer Fehler des Kaufgegenstandes, und zwar einer Sache oder eines solchen Rechtsguts, das weder unter den Begriff Sache noch Recht fällt (RG Warn 1912 Nr 60), arglistig verschwiegen oder nicht vorhandene Eigenschaften als vorhanden versichert hat, verlangen, daß er so gestellt wird, wie er gestellt sein würde, wenn der Mangel nicht bestände oder wenn die Eigenschaften wirklich vorhanden wären. Er kann jetzt also das Erfüllungsinteresse geltend machen. Zu beachten ist dabei, daß hier gegebenenfalls nicht notwendige Voraussetzung ist, daß eine vertragsmäßige Zusicherung vorliegt; schon die arglistige Vorspiegelung des Vorhandenseins von Eigenschaften macht den Verkäufer vielmehr selbständig haftbar. Praktisch wird also diese Frage insbesondere dann, wenn die Versicherung nicht in den Vertrag aufgenommen worden und somit nicht Teil des letzteren geworden ist (§ 463 A 6; RG Warn 1910 Nr 383). Ist beispielsweise beim Verkaufe eines Restaurationsgeschäfts ein gewisser Umsatz fälschlich vorgespiegelt worden, dann kann der Käufer Erstattung desjenigen Betrags fordern, um den das Geschäft, wenn sich die falsche Vorspiegelung bewahrheitet hätte, mehr wert wäre, als es nach Maßgabe des nur tatsächlich vorhanden gewesenen Umsatzes wert gewesen ist. Zu vergleichen sind dabei in beider Hinsicht die objektiven Werte. Den Geldbetrag kann der Käufer auch sogleich in bar bezahlt verlangen, selbst dann, wenn der Kaufpreis gestundet ist. Auf Minderung des Kaufpreises braucht er sich nicht einzulassen. Hat etwa der Verkäufer die polizeiliche Beschränkung der Benutzbarkeit der Räume des verkauften Hauses (§ 259) arglistig verschwiegen, dann läßt sich der Schaden nach der Höhe des jährlichen Mietausfalles ermitteln (RG Warn 1915 Nr 230). Dieses sind die vom 5. ZS seit längerer Zeit ständig festgehaltenen Grundsätze (RG 63, 112; 66, 338; JW 1910, 934[4]; 1912, 137[10]; Warn 1913 Nr 282; 1915 Nr 230). Seines Anspruchs auf Schadensersatz nach § 463 geht der Käufer auch dann nicht verlustig, wenn er die Kaufsache trotz Kenntnis des richtigen Sachverhalts entgegennimmt, sich dabei aber seinen Anspruch vorbehält, denn der § 469 ist auch hier anwendbar (RG 59, 105). Der zuvor dargestellte Schadensersatzanspruch wegen arglistiger Täuschung, sei es durch Verschweigung von Fehlern, sei es durch Vorspiegelung nicht vorhandener Eigenschaften, unterliegt endlich nicht der dreijährigen Verjährung aus § 852, sondern der 30jährigen, da sich ein derartiger Anspruch nicht mit einem Schadensersatzanspruche wegen unerlaubter Handlungen im Sinne der §§ 823 Abs 2 und 826 deckt (RG 66, 86; 67, 146; 78, 58); er ist vielmehr ein Vertragsanspruch (RG Warn 1912 Nr 198; 1913 Nr 282); oder ist doch wenigstens als ein solcher zu behandeln. Vgl. § 463 A 6.

Für den Fall, daß mit der Schadensersatzklage nach § 249 die Wiederherstellung des früheren Zustandes gefordert wird, sind auch die Grundsätze von der Vorteilsausgleichung (Vorbem 5 vor § 249) anwendbar (RG Warn 09 Nr 178).

Hat ein Dritter bei dem Betruge, den eine Vertragspartei beim Vertragsabschlusse mit der Folge verübte, daß sie zum Ersatze des positiven Schadens verpflichtet worden, **mitgewirkt,** so haftet er ebenfalls darauf, sofern er als Mittäter oder Gehilfe der Vertragspartei anzusehen war, da hier dem Rechtsgedanken der §§ 830, 840 Raum zu geben ist (RG 103, 157). (Anders dieser Fall, als wenn der Dritte den Betrug allein verübt hat, RG 61, 250; ferner RG 22. 3. 07 II 466/06.) — Über die Einwirkung des Fristenlaufs aus § 124 auf den Schadensersatzanspruch vgl. dort A 1.

6. Anwendungsgebiet. An sich sind rechtsgeschäftliche Willenserklärungen jeder Art ausnahmslos der Anfechtung aus § 123 unterworfen. So auch ein Vergleich (RG Warn 1919 Nr 189). — Die Annahme, daß das Anfechtungsrecht durch das Vorhandensein eines Wandlungsanspruchs ausgeschlossen werde (vgl. § 119 A 7 Abs 3), erscheint als verfehlt und ist jetzt durch das Urteil RG 96, 156 auch ausdrücklich verworfen worden. Vgl. auch § 124 A 1. — Entzogen sind der Anfechtung wegen notwendiger Rücksichtnahme auf die Rechtssicherheit diejenigen Rechtshandlungen, durch die jemand die Mitgliedschaft bei einer Aktiengesellschaft, einer Genossenschaft oder einer Gesellschaft m. b. H. erwirbt. Vgl. § 119 A 7 a. E. — Sonderbestimmungen: bei Willensmängeln im Falle der Stellvertretung (§ 166), bei der Eheschließung (§§ 1334, 1335), bei letztwilligen Verfügungen (§ 2078), bei Erbverträgen (§ 2281). — Ist der Erfüllungsort im Auslande gelegen, dann ist für die Anfechtung des Vertrags und die sich daraus ergebenden Folgen das **fremde Recht** maßgebend (RG 78, 55). Über die Anwendbarkeit des § 123 bei staatsrechtlichen Anstellungsakten vgl. § 119 A 7 Abs 2.

Beweislast. Der Anfechtungskläger hat die volle Beweispflicht. In RG 4. 6. 13 V 54/13 ist in Befolgung dieses Grundsatzes angenommen, daß, wenn der Kläger arglistige Verschweigung eines Sachmangels dem Beklagten zum Vorwurfe macht und der Beklagte demgegenüber behauptet, daß er dem Kläger den Mangel bei bestimmter Gelegenheit angezeigt habe, der Kläger grundsätzlich auch die Unrichtigkeit dieser Tatsache zu beweisen habe; es sei denn, daß das Gericht bereits die Überzeugung erlangt hätte, daß der Beklagte sich der ihm vorgeworfenen Arglist wirklich schuldig gemacht habe. Diese Annahme ist zwar an sich folgerichtig; doch kann ihre strenge Anwendung bedenklich sein, da es in solchem Falle der Beklagte regelmäßig in der Hand hätte, dem Kläger willkürlich einen unter Umständen kaum oder doch nur einen durch Eideszuschiebung an den Beklagten selbst zu erbringenden Beweis aufzunötigen. Nach RG 21. 4. 15 V 534/14 muß der Kläger, der wegen arglistiger Verletzung der Offenbarungspflicht anficht, beweisen, daß die Mitteilung nicht gemacht worden ist, dies freilich nur unter der Voraussetzung, daß der Gegner die bestimmte Behauptung aufgestellt hat, daß er und bei welcher Gelegenheit er die Mitteilung gemacht habe. Nach RG 14. 1. 18 IV 351/17 und JW 1918, 814[1] darf jedoch der Beweis der

Negative nicht zu schwer gemacht werden, es kann daher für die Beweispflicht schon genügen, wenn derjenige, der eine gegenteilig behauptete positive Tatsache zu widerlegen hat, die etwaigen Umstände widerlegt, die für das Vorhandensein jener Tatsache sprechen könnten.

§ 124

Die Anfechtung einer nach § 123 anfechtbaren Willenserklärung kann nur binnen Jahresfrist erfolgen[1]).

Die Frist beginnt im Falle der arglistigen Täuschung mit dem Zeitpunkt, in welchem der Anfechtungsberechtigte die Täuschung entdeckt, im Falle der Drohung mit dem Zeitpunkt, in welchem die Zwangslage aufhört[2]). Auf den Lauf der Frist finden die für die Verjährung geltenden Vorschriften des § 203 Abs. 2 und der §§ 206, 207 entsprechende Anwendung[3]).

Die Anfechtung ist ausgeschlossen, wenn seit der Abgabe der Willenserklärung dreißig Jahre verstrichen sind[4]).

E I 104 II 99; M 1 204 ff.; P 1 120 ff.; 6 129, 290 ff.

1. Der Anfechtungsberechtigte soll im Falle des § 123 besser gestellt sein als im Falle der §§ 119, 120. Die **Anfechtungsfrist** ist hier daher auf **ein Jahr** bemessen, mit der Einschränkung jedoch, daß jetzt die Ausnahmebestimmung des § 121 Abs 1 Satz 2 nicht gilt und daher gemäß § 130 für die Wirksamkeit der Anfechtungserklärung der Zeitpunkt ihres Zugangs (nicht des Abgangs) entscheidend ist, und daß nach Ablauf von 30 Jahren die Anfechtung unbedingt unzulässig ist (Abs 3). Die Frist ist keine Verjährungsfrist, sondern eine Ausschlußfrist (vgl. § 186 A 1). Über die Fristberechnung vgl. §§ 186ff.; über die Rechtsfolgen und die Vollziehung der Anfechtung die §§ 142, 143. — Der Ablauf der Anfechtungsfrist schließt weder die Einrede des § 853 noch (entgegen der Entscheidung RG 63, 270) den Anspruch auf Herstellung des früheren Zustandes unter dem Gesichtspunkte des Schadensersatzes gemäß §§ 826, 249 aus. Stehen nämlich dem Anfechtungsberechtigten zwei selbständige Rechtsbehelfe zur Seite, von denen jeder auf einem besondern Rechtsgrunde beruht, so ist nicht ersichtlich, weshalb die Verwirkung des einen Rechtsbehelfs zugleich den Untergang des andern zur Folge haben müßte. Vgl. § 262 A 1a. Es ist auch nicht einmal richtig, daß die Ergebnisse der Anfechtung mit denen aus § 249 sich decken: im Falle der Anfechtung tritt unbedingte Nichtigkeit von Anfang an ohne weiteres ein, gemäß § 249 dagegen bestünde nur die schuldrechtliche Verpflichtung, den früheren Zustand wiederherzustellen. Demnach haben sich auch die neuerlichen Urteile des RG auf den diesseitigen Standpunkt gestellt (RG 70, 197; 79, 197; 84, 131; JW 1918, 815[2]). Vgl. auch § 123 A 6. Das Ergebnis des Urteils RG 63, 270 führt überdies zu einer unangebrachten Bevorzugung des Schädigers. Jedenfalls verbleibt dem Anfechtungsberechtigten auch nach Ablauf der Ausschlußfrist des § 124 die **Einrede der Arglist oder der Drohung,** mindestens in der Form der exceptio doli generalis (RG 58, 356; 64, 222; 71, 435; 79, 179). Daß die Fristversäumnis Ersatzansprüche anderer Art als den auf Herstellung des früheren Zustandes unberührt läßt, verneint auch das Urteil RG 63, 270 nicht. — Sonderbestimmungen bei Anfechtung der Ehe (§ 1339), der Verfügungen von Todes wegen (§§ 2082, 2283), der Erbschaftsannahme und -ausschlagung (§ 1954).

2. Die einjährige **Frist beginnt** im Falle: a) des **Betrugs** mit dem Zeitpunkte, in dem der Anfechtungsberechtigte die Täuschung entdeckt, mithin sowohl die objektive Unrichtigkeit der bestimmenden Tatsache, wie auch die subjektive Voraussetzung der Täuschungsabsicht, mithin auch die Arglist erkannt hat (RG 65, 89; 59, 94; JW 07, 165[2]); dagegen nicht schon in dem Zeitpunkte, in dem er die Täuschung zu vermuten beginnt (RG JW 1911, 648[18]). Auch Nichtkennen aus Fahrlässigkeit kommt nicht in Betracht. Nach dem Wortlaute des Gesetzes beginnt die Frist mit der Kenntnis, daher aber nicht erst mit Beschaffung der nötigen Beweismittel; b) im Falle der **Drohung** mit dem Zeitpunkte, in dem die Zwangslage aufhört. Die Wirkung der Drohung darf also nicht mehr fortdauern, dem Bedrohten muß also die Furcht vor dem angedrohten Übel bereits entschwunden sein (RG JW 1918, 31[1]). Das träfe beispielsweise schon dann zu, wenn eine angedrohte Strafanzeige bereits von anderer Seite erfolgt oder sonst ein Umstand eingetreten wäre, der dem Bedrohten die Furcht vor dem ihm jetzt angedrohten Übel benahm (RG 60, 373). — Durch das Gesetz vom 4. VIII. 14 betreffend den Schutz der infolge des Kriegs an Wahrnehmung ihrer Rechte behinderten Personen in Verbindung mit der Bekanntmachung über die Erstreckung der Anfechtungsfristen ist der Ablauf der Ausschlußfrist aus § 124 Abs 2 gehemmt. Diese Vorschrift findet auch zugunsten einer Offenen Handelsgesellschaft Anwendung, selbst dann,

wenn die Voraussetzungen der Gesetze nur bei einem Gesellschafter zutreffen (**RG** 3. 1. 23 V 128/22 — zum Abdrucke bestimmt).

3. Zugunsten des Berechtigten werden die **Grundsätze der Verjährung** angewendet, soweit sie bestehen hinsichtlich: a) der Hemmung durch höhere Gewalt (§ 203 Abs 2); b) der Hinderung des Ablaufs der Frist bei Geschäftsunfähigen oder in der Geschäftsfähigkeit Beschränkten (§ 106), sowie in Ansehung von Ansprüchen, die zu einem Nachlasse gehören oder sich gegen einen solchen richten (§ 207 — das Nähere dort).

4. **Beweislast.** Daß die Anfechtung nicht rechtzeitig erfolgt ist, hat der Anfechtungsgegner zu beweisen (**RG** Warn 1911 Nr. 361; Gruch 48, 334; vgl. auch § 121 A 6). Vgl. ferner § 121 A 5.

§ 125

[1]) Ein Rechtsgeschäft, welches der durch Gesetz vorgeschriebenen Form ermangelt[2]), ist nichtig. Der Mangel der durch Rechtsgeschäft bestimmten Form hat im Zweifel gleichfalls Nichtigkeit zur Folge[3—7]).

E I 91 Abs 2 II 104; M 1 178 ff.; P 1 87 ff.; 6 130 ff.

1. **Die Nichtigkeit und ihre Folgen.** a) **Der Begriff Nichtigkeit** ist im Sinne des BGB für alle Fälle, in denen er überhaupt in Frage kommt, ein feststehender und gleichmäßiger, ungeachtet der Mehrgestaltigkeit der Nichtigkeitsgründe. Mag die Nichtigkeit eines Rechtsgeschäfts also eintreten aus Gründen, die in der Person des Geschäftsurhebers liegen, insbesondere in seiner Geschäftsunfähigkeit (§§ 104, 105), oder wegen Formmangels (§§ 125 ff.), oder wegen Scheins (§ 117), wegen des Geschäftsinhalts (§§ 134, 138), die Bedeutung der Nichtigkeit an sich ist immer die nämliche. Es empfiehlt sich daher, die Nichtigkeit und ihre Folgen, soweit angängig, hier erschöpfend zu behandeln. Der Begriff Nichtigkeit, auf ein Rechtsgeschäft angewandt, besagt, daß die rechtsgeschäftlich beabsichtigten Folgen wegen Vorhandenseins eines Nichtigkeitsgrundes nicht eintreten können; daß das Rechtsgeschäft grundsätzlich auch keiner Heilung fähig ist, und nur der Abschluß eines neuen Rechtsgeschäfts die beabsichtigten Wirkungen herbeiführen kann (§ 141). Insofern unterscheidet sich das nichtige Rechtsgeschäft vom bloß unwirksamen, das nur von vornherein die gewollte Wirkung nicht zu zeitigen vermag, wohl aber nachträglich durch Hinzukommen eines neuen Ereignisses volle Wirksamkeit erlangen kann. Vgl. beispielsweise §§ 182 ff. und § 177. Mögen sich aus der Vornahme des nichtigen Geschäfts unter Umständen auch sonst gewisse Rechtsfolgen ergeben — z. B. wegen Vorhandenseins einer unerlaubten Handlung —, so sind es doch niemals die gewollten. Die Sache liegt auch in solchen Fällen vielmehr so, als wäre ein Rechtsgeschäft überhaupt nicht vorgenommen worden, und daß die äußeren Geschehnisse, welche das Rechtsgeschäft zur Entstehung bringen sollten, lediglich als tatsächliche Vorgänge von Bedeutung sind. Aus einem nichtigen Kaufgeschäfte dürfen daher auch keine Gewährleistungsansprüche hergeleitet werden (**RG** 71, 433). Ist mithin dem nichtigen Rechtsgeschäfte als solchem jede Rechtswirksamkeit versagt, so ist nur folgerichtig: zunächst, daß **jeder Beteiligte** die Nichtigkeit geltend machen darf, und es an und für sich auch nicht als eine sittenwidrige Handlungsweise (§ 138), oder als ein Tun wider Treu und Glauben (§ 242) anzusehen ist, wenn der Beteiligte die Nichtigkeit geltend macht und etwa von einem wegen Formmangels nichtigen Vertrage zurücktritt, selbst wenn er weiß, daß der andere Teil zur Herbeiführung eines formgerechten Vertrags Aufwendungen gemacht hat, die ihm nicht erstattet werden (**RG** 52, 5; 58, 217; 55, 372; 73, 209; 77, 277; 96, 315; JW 1912, 525[2]; SeuffA 75 Nr 3). In dem Urteile Warn 09 Nr 537 ist dahingestellt gelassen, ob gegebenenfalls der § 226 anwendbar wäre. Die Frage ist jedoch zu verneinen, da die Nichtigkeit ohne das Dazutun der Partei ohne weiteres Platz greift, und die Rücktrittserklärung mithin an sich etwas rechtlich Unerhebliches, daher aber auch keine Rechtsausübung im Sinne des § 226 darstellt. Ebensowenig darf der Bereicherungsklage desjenigen, der auf Grund eines formlosen Vertrags geleistet hat, der Einwand aus § 814 entgegengesetzt werden, daß die Leistung einer Anstandspflicht entsprochen habe (Prot 2, 696); freilich aber der Einwand, daß der vorbehaltlos Leistende den Mangel seiner Leistungspflicht wegen Nichtigkeit des Vertrags gekannt habe (**RG** JW 02 Beil 281 Nr 233). Indessen kann die Handlungsweise desjenigen, der sich auf die Nichtigkeit des Vertrags beruft, gegen die guten Sitten oder doch gegen Treu und Glauben verstoßen (§§ 242, 826). Dies gilt vor allem, wenn der eine Teil auf den Abschluß eines formlosen Vertrags schon in der Absicht eingegangen ist, den andern in Sicherheit einzuwiegen, oder wenn er den andern vom Abschluß eines formgerechten Vertrags abgehalten hat, um demnächst die Nichtigkeit geltend zu machen (**RG** JW 1913, 986[16]; **RG** Warn 08 Nr 38; 1919 Nr 23). Arglistig handelt auch, wer die Nichtigkeit eines von ihm abgeschlossenen Vertrags (Vergleichs) in der Absicht geltend macht, um für sich einen Vorteil zu erlangen, den er, wie etwa einen Anspruch aus einem andern Vertrage, ohne den

Abschluß nicht gehabt haben würde (RG Warn 1917 Nr 16). Die Einrede der allgemeinen Arglist ist aber darüber hinaus überall da zuzulassen, wo die gegenwärtige Geltendmachung der Nichtigkeit mit Rücksicht auf ein früheres Verhalten des die Nichtigkeit geltend machenden Teils gegen die guten Sitten oder doch gegen Treu und Glauben verstößt (RG 71, 425; 76, 354; 85, 120; 86, 192; 87, 282; RG JW 1927 S. 973[8], 974[9]; RG Warn 1919 Nr 29). Ein Verstoß gegen Treu und Glauben, der die Einrede der allgemeinen Arglist begründet, liegt namentlich dann vor, wenn der eine Teil den andern, sei es auch ohne böse Absicht, durch sein Verhalten in den Irrtum versetzt oder in dem Irrtum erhalten hat, daß der Vertrag auch formlos gültig sei, und dann gleichwohl die Nichtigkeit geltend macht; der eine Teil muß sich dann dem andern gegenüber so behandeln lassen, als ob der Vertrag formgerecht abgeschlossen wäre (RG 96, 315; 107 S. 180, 357; 108, 105; 115, 35; RG Gruch 68, 650; RG Warn 1908 Nr 38; 1917 Nr 174; 1919 Nr 23; 1925 Nr 162; 1926 Nr 113, 136; RG JW 1919, 993[2]; RG SeuffA 77 Nr 114; 78 Nr 178; RG LZ 1927, 1125[11]). Die Einrede wird solchenfalls auch dadurch nicht ausgeschlossen, daß derjenige, der sie erhebt, sich an einem Steuerbetrug beteiligt hat, der durch die die Nichtigkeit begründende falsche Angabe (über einen Grundstückskaufspreis s. § 313 A 2) verübt worden ist (RG 107, 357; RG Gruch 68, 650). Liegt aber weiter nichts vor, als daß beide Vertragsteile bewußt gegen die gesetzliche Vorschrift verstoßen haben, so ist keiner mit dem Einwand zu hören, die Rüge des Formmangels verstoße gegen Treu und Glauben (RG JW 1926, 1810[2]). Daß die Parteien, sei es auch in verschuldetem Irrtum, das nichtige Rechtsgeschäft jahrelang als ein gültiges erachtet und behandelt haben, genügt allerdings für sich allein nicht, um die spätere Berufung auf die Nichtigkeit zurückweisen zu können. Die Einrede der Arglist gegenüber einem nichtigen Kaufvertrage (weil dem Käufer die erforderliche Handelserlaubnis fehlte) ist dem Käufer auch dann zu versagen, wenn der Verkäufer beim Vertragsabschlusse arglistig gehandelt hat (RG 105, 366).

Weiter ergibt sich aus der unbedingten Nichtigkeitsfolge, daß auch der **Richter** die Nichtigkeit von Amts wegen berücksichtigen muß, und auch ein Verzicht auf Geltendmachung der Nichtigkeit wirkungslos ist (RG 61, 267; JW 1922, 1195[2], betreffend Kettenhandel); endlich, daß sich auf die Nichtigkeit des Geschäfts auch **jeder Dritte** berufen kann, der ein Interesse daran hat (RG JW 09, 696[31]; Gruch 54, 165) — beispielsweise also im Falle der Bestellung einer nichtigen Hypothek auch der jedesmalige Nachfolger des Bestellers (RG JW 08, 297[3]); oder der Schuldner einer nichtigen Abtretung gegenüber (RG 93, 75). Vgl. auch § 125 A 1 und § 409 A 1. Ist wegen einer Schuld aus einem nichtigen Rechtsgeschäfte bloß ein Anerkenntnisurteil ergangen, so können sich diejenigen, denen gegenüber das Urteil keine Rechtskraft hat, betreffs der Nichtigkeit auch nicht auf das Urteil berufen (RG JW 09, 131[2]). — Darüber, daß das auf eine die Nichtigkeit herbeiführende Anfechtung ergehende Urteil Dritten gegenüber keine Rechtskraft macht, vgl. § 142 A 1 Abs 2.

Weiter folgt, daß das nichtige Rechtsgeschäft auch **nicht als Grundlage für Nebenrechte**, wie Bürgschaft, Pfand, Vertragsstrafe (§ 344), sowie etwa bei Nichtigkeit aus § 138 nicht als Grundlage einer Klage dienen kann, durch die der Erwerber des Grundstücks etwa festgestellt wissen wollte, daß die Kaufgelderforderung nicht bestehe, um alsdann die Kaufgeldhypothek als Eigentümergrundschuld für sich umschreiben zu lassen (RG Warn 1912 Nr 243). Endlich folgt, daß das nichtige Rechtsgeschäft, weil es der Rechtswirksamkeit grundsätzlich ein für allemal entkleidet ist, einer **Heilung des Mangels**, insbesondere durch Erfüllung, Anerkenntnis oder Vergleich (auch gerichtlichen, RG 27. 6. 04 V 10/04; 9. 2. 07 VI 348/06), begrifflich nicht zugänglich ist (vgl. dazu auch A 2). Auch die Wirkung der einmal erklärten Anfechtung (§ 142) läßt sich somit auf keine Weise wieder beseitigen (vgl. § 142 A 1). Als rechtsbeständig wird in RG 49, 192 sowie RG JW 02 Beil 264 Nr 191 und 23. 10. 06 VII 44/06 allerdings ein Vergleich angesehen, der den Streit darüber beilegte, ob das gegebene Rechtsgeschäft nichtig sei. Indessen auch diese Auffassung ist nicht unbedenklich, weil die Erwägung des Reichsgerichts, daß auf derartige Vergleiche der gesetzgeberische Grund, aus dem dem Grundgeschäfte die Rechtsbeständigkeit versagt wird, nicht zutreffe, schwerlich stichhaltig sein dürfte. Wenn A und B ein Geschäft abschließen, das sich in Wirklichkeit als Differenzgeschäft darstellt, demnächst A die Erfüllung verweigert, weil es sich seiner Auffassung nach um ein Geschäft der bezeichneten Art handelt, B dagegen in gegenteiliger Meinung auf Erfüllung besteht, und wenn nunmehr die Parteien sich dahin vergleichen, daß B einen Preisnachlaß gewährt und A die Leistung daraufhin verspricht, dieser Vergleich alsdann aber durch das Gericht als rechtsgültig anerkannt wird, so erfährt dadurch das zugrunde liegende Differenzgeschäft im Endergebnisse jedenfalls mittelbar den ihm vom Gesetze grundsätzlich versagten Rechtsschutz, indem ihm wenigstens die vergleichsweise bedungene teilweise Erfüllung gesichert wird. Unbedingt nichtig sind zweifellos solche Vergleiche, die der Erfüllung des nichtigen Geschäfts dienen sollen (RG 49, 194), oder die auf Aufhebung des nichtigen Rechtsgeschäfts und auf Wiederherstellung des früheren Zustandes gerichtet sind (RG JW 06, 301[4]), und die bezwecken, den Beteiligten so das ohne Rechtsgrund Erlangte zu erhalten, oder ihnen noch ausstehende Vorteile zu verschaffen (RG Warn 1911 Nr 388). Soweit das Gesetz in der Bestätigung (§ 141) und in der Umwandlung (§ 140) Mittel zur Aufrechterhaltung eines nichtigen Geschäfts gewähren will, verläßt es doch nicht den grundsätzlichen Standpunkt, daß das nichtige Geschäft aus sich selbst Rechtswirkungen nicht zu erzeugen vermag (Näheres hierüber bei den §§ 141 u. 140). — Nach § 57 des BörsG gilt ein nicht verbotenes Börsentermingeschäft als von Anfang verbindlich, wenn der eine Teil bei oder nach Eintritt der Fälligkeit sich mit Bewirkung der vereinbarten Leistung einverstanden erklärt und der andere Teil diese Leistung bewirkt. Auch eine verhältnismäßig große Teilleistung kann dazu schon genügen (RG 82, 176). Eine Heilung klagloser Termingeschäfte tritt auch dadurch ein, daß die Parteien durch nachträgliche Vereinbarung den Gegenstand der Leistung ändern und nun diese neue Leistung bewirkt wird (RG Gruch 59, 514).

b) **Der Ausgleich zwischen den Beteiligten** gestaltet sich, wenn die Leistung auf Grund eines nichtigen Geschäfts bewirkt worden ist, verschieden, je nach der Art der Rechtsfolgen der Leistung und nach der Natur des zugrunde liegenden Rechtsverhältnisses. Hat die Leistung eine Vermögensverschiebung nicht bewirkt, ist vielmehr der Leistungsgegenstand trotz des Vollzugsgeschäfts im Vermögen des Leistenden verblieben, dann muß dessen Rechtsbehelf notwendig ein anderer sein, als wenn jener Gegenstand in das Vermögen des Empfängers übergegangen wäre. Hat beispielsweise jemand auf Grund eines nichtigen Geschäfts dem andern eine Sache zu Eigentum gewähren wollen und hat der andere das Eigentum auch erworben, dann ist eine Vermögensverschiebung eingetreten; hat dagegen die dingliche Verfügung (Vorbem 7 vor § 104) den beabsichtigten Rechtserfolg nicht erzielt, weil auch sie nichtig war, so ist die Vermögensverschiebung ausgeblieben. In diesem Falle müssen mithin nach den hier eingreifenden Rechtsgrundsätzen (§ 985) auch andere Rechtsbehelfe Platz greifen als im Falle der eingetretenen Vermögensverschiebung (§ 812). Um verschiedene Rechtsbehelfe muß es sich naturgemäß aber auch dann handeln, je nachdem eine sachenrechtliche Leistung in Frage steht, oder eine schuldrechtliche. Letzteres ist z. B. der Fall, wenn jemand dem andern auf Grund eines nichtigen Geschäfts eine Forderung überträgt (§ 398), oder wenn er zugunsten des andern eine Forderung erläßt (§ 397), oder ein ihn selbständig verpflichtendes Schuldversprechen abgegeben hat (§§ 780, 781). Im einzelnen gilt demgemäß folgendes: Ist eine **Sache** geleistet worden und ist das Vollzugsgeschäft ebenfalls nichtig, dann steht dem Leistenden in erster Linie die Eigentumsklage aus § 985 zur Seite und für das Gebiet des Liegenschaftsrechts der Anspruch auf Berichtigung des Grundbuchs gemäß § 894. Hat dagegen das Leistungsgeschäft, der Nichtigkeit des Grundgeschäfts ungeachtet, die Vermögensverschiebung bewirkt, weil es von dieser Nichtigkeit nicht mitbetroffen wird, dann ist der Leistende von vornherein auf den Bereicherungsanspruch gewiesen (§§ 812 ff.), während die Anwendbarkeit der Grundsätze vom Rücktrittsrechte gemäß § 346 ausgeschlossen ist (RG JW 09, 486 [6]; 1910, 799 [3]). Auf den Rechtsbehelf aus § 812 ist aber der Leistende auch dann beschränkt, wenn die Vermögensverschiebung erst nachträglich dadurch eintritt, daß der Empfänger die nicht wirksam erworbene Sache demnächst mit Rechtswirkung (§§ 932, 894) weiterveräußert (§ 816), oder endlich, wenn die Sache untergeht. Die Annahme Staudingers (§ 812 A I 4b β), daß dem Leistenden jedesmal die freie Wahl zwischen der dinglichen Klage und der Bereicherungsklage zustehe, muß abgelehnt werden, weil die letztere Klage unbedingt eine Vermögensverschiebung zur Voraussetzung hat, und von einer solchen keine Rede sein kann, solange der Leistende die noch vorhandene Sache von ihrem Empfänger kraft seines Eigentums zurückfordern kann. Gehörte das Leistungsgeschäft dem Gebiete der **Schuldverhältnisse** an und ist es wirkungslos, dann besteht zur Ausgleichung überhaupt kein Anlaß. Denn wie der Leistende nichts einbüßt, so erlangt der andere Teil nichts. Im Falle der Nichtigkeit der Abtretung bleibt das Gläubigerrecht bei seinem früheren Inhaber, und im Falle eines beabsichtigten Erlasses verbleibt die zu erlassende Forderung im Vermögen des Erklärenden; im Falle endlich der Abgabe eines nichtigen Schuldversprechens gelangt eine Verpflichtung nicht zur Entstehung. Der Erklärende hat demnach in allen jenen Fällen höchstens Anlaß zur Erhebung einer negativen Feststellungsklage nach § 256 ZPO, um einer Gefährdung seiner Rechtslage vorzubeugen. Im Falle einer Forderungsübertragung ist es indessen auch hier denkbar, daß noch nachträglich eine Vermögensverschiebung eintritt, wenn nämlich der Zessionar über die Forderung wiederum nach den Grundsätzen vom gutgläubigen Rechtserwerbe mit Wirkung weiter verfügt (§§ 407—409). Unter diesen Umständen wäre die Ausgleichung wiederum nach §§ 812 ff. zu suchen. — Wer auf Grund eines nach § 138 nichtigen Vertrags eine Sache käuflich erwirbt, kann nicht einen Gewährleistungsanspruch erheben; er kann aber Beseitigung der für den Kaufgelderrest eingetragenen Hypothek nach §§ 812, 817 fordern; solange er jedoch die vertragsmäßige Gegenleistung verweigert, anderseits aber die Sache behält, wird sein Anspruch durch die Einrede der Arglist beseitigt (RG 71, 432). Vgl. hierzu auch Warn 1911 Nr 167. Auch die dingliche Hypothekenklage ist hinfällig, wenn die Hypothek auf Grund eines nichtigen Kaufvertrags eingetragen worden ist, ungeachtet dessen, daß das dingliche Vollzugsgeschäft an sich nicht von jener Nichtigkeit berührt wird (RG JW 08, 297[3]; RG 72, 93). Denn durch die an sich rechtsgültige Hypothekenbestellung wird wegen Nichtigkeit der Kaufpreisforderung zwar keine Hypothek, aber gemäß §§ 1163 Abs 1, 1177 Abs 1 eine Eigentümergrundschuld begründet (RG Warn 1911 Nr 167). Eine Sicherstellung ist nicht um deswillen, weil der zu sichernde Anspruch aus einem wider die guten Sitten verstoßenden Rechtsgeschäfte herrührt, gemäß § 138 nichtig; aber sie ist es deswegen, weil der zu sichernde Anspruch überhaupt nicht besteht (RG JW 09, 131[3]). — In allen Fällen der erörterten Art steht schließlich dem Leistenden von vornherein auch ein **Anspruch auf Schadensersatz** zu, wenn sich der andere Teil eine unerlaubte Handlung hat zuschulden kommen lassen (§§ 823, 826), und er kann alsdann nach den Grundsätzen der §§ 249ff. zum Ziele kommen. — Für den Fall, daß die Voraussetzungen des **§ 817 Satz 2** gegeben sind, entbehrt der Gebende eines Rückforderungsanspruchs aus dem Grunde der ungerechtfertigten Bereicherung überhaupt, also auch des Anspruchs aus § 812 (RG 78, 284; Warn 1912 Nr 98). Es trifft das nach der ständigen Praxis des 5. ZS insbesondere zu bei Rechtsgeschäften, auf Grund deren zum Zwecke eines Bordellbetriebs ein Vermögensgegenstand gewährt und dieser für die Dauer in das Vermögen des Empfängers übergegangen ist (RG 63, 353; 70, 4). Die Vorschrift des § 817 Satz 2 steht indes der Rückforderung nicht entgegen, wenn nicht bereits eine dauernde Vermögensvermehrung beabsichtigt war, wie beispielsweise bei bloßer Leistung einer Kaution (RG 67, 322; JW 1911, 186[15]; 1912, 862[20], wo ein Grundstück unter der Verpflichtung zur Rückauflassung übereignet war), ferner dann nicht, wenn als Leistung nur „die Eingehung einer Schuldverbindlichkeit" in Frage steht und es sich sonach vorerst nur um ein noch unfertiges, erst zu erfüllendes Schuldverhältnis handelt, was jedoch ausgeschlossen ist, wenn bereits eine Leistung in Geld oder Geldeswert bewirkt worden ist, so durch die Hingabe eines auf den Kläger von einem Dritten gezogenen Wechsels in Anrechnung auf eine Kaufpreisforderung des Beklagten an den Kläger ohne Vorhandensein eines Begebungsvertrags zwischen den Parteien selbst (RG Gruch 1921, 344); oder wenn etwa eine Grundschuld bestellt worden ist (RG 73, 143). Der § 817 Satz 2 schließt auch nicht aus, daß derjenige, der ein Grundstück zum Zwecke des Weiterbetriebs eines Bordellgeschäfts auf Grund eines unsittlichen Mietvertrags nur mietweise überlassen hat, das Grundstück mit der Eigentumsklage zurückfordert (RG JW 1911, 186[15]).

c) Verhältnis des Erfüllungsgeschäfts zum Grundgeschäfte. Grundsätzlich sind die Erfüllungsgeschäfte von der Rechtsbeständigkeit der Grundgeschäfte unabhängig (vgl. Vorbem 5 vor § 104). Es liegt das eben daran, daß sie vermöge ihrer selbständigen Natur — und zwar bei den sachenrechtlichen Geschäften auf Grund des in der Einigung bestehenden dinglichen Vertrags (§§ 925, 929), bei den Rechtsgeschäften im Gebiete der Schuldverhältnisse ebenfalls schon zufolge der bloßen Willenseinigung (§§ 397, 398, 780, 781) — selbständig zur Entstehung gelangen und somit das Vorhandensein eines rechtsgültigen Grundgeschäfts begrifflich überhaupt nicht zur Voraussetzung haben (vgl. z. B. RG 75, 69; Warn 1911 Nr 167). Diese Auffassung entspricht der allgemeinen Ansicht (RG 63, 184ff.; 68, 98ff.; 104, 102; 106, 307). Der Regel nach könnte daher die Nichtigkeit des Grundgeschäfts die durch das Leistungsgeschäft bezweckte Vermögensverschiebung niemals hindern. Allein unter Umständen wird **das Erfüllungsgeschäft** dennoch **von der Nichtigkeit des Grundgeschäfts mitergriffen.** Das trifft zunächst dann zu, wenn die Parteien das Erfüllungsgeschäft von der Rechtsbeständigkeit des Grundgeschäfts selbst haben abhängig machen wollen, insofern als hierin die Aufstellung einer Bedingung läge (RG 57, 96ff.). Eine solche Annahme wird aber überhaupt am ehesten der Parteiabsicht gerecht werden, so daß der strenge Grundsatz für das praktische Ergebnis erheblich an Bedeutung verlieren muß. Die Fälle, in denen die Parteien ein dingliches Leistungsgeschäft unabhängig von einem Kausalgeschäfte haben vornehmen wollen, werden im Verkehre in der Tat sehr selten sein. Die fragliche Ausnahme trifft ferner da zu, wo der Nichtigkeitsgrund wie dem Grundgeschäfte so ohne weiteres auch dem Erfüllungsgeschäfte anhaftet, was beispielsweise der Fall ist, wenn eine Veräußerung gegen ein unbedingtes Verbotsgesetz vorgenommen (§ 134), oder gemäß § 138 Abs 2 ein wucherisches Geschäft erfüllt wird (§ 138 A 3 Abs 3). Weiter ist der Ausnahmefall auch da gegeben, wo das nichtige Schuldverhältnis und das Leistungsgeschäft zusammenfallen (RG 66, 385), wie etwa unter der Voraussetzung, daß ein Geschäftsunfähiger schenkungshalber eine Sache hat übereignen wollen, oder wenn bei selbständigen (abstrakten) Rechtsgeschäften im Gebiete der Schuldverhältnisse mit der Vornahme eines solchen Leistungsgeschäfts zugleich eine obligatorische Verpflichtung hat begründet werden sollen (RG 63, 187). Endlich überall, wenn derselbe Willensmangel dem Verpflichtungs- wie dem Erfüllungsgeschäfte anhaftet, und beide alsdann angefochten werden (RG 69, 13; JW 09, 45[4]). Handelt es sich um den Nichtigkeitsgrund der Geschäftsunfähigkeit, so kommt es darauf an, ob sie auch noch im Zeitpunkte des Vollziehungsgeschäfts vorhanden war (RG 72, 64). In RG 70, 57 ist angenommen, daß bei einer Vertragspartei, die zum Abschlusse des Kaufvertrags durch arglistige Täuschung von seiten der andern Partei bestimmt worden ist, dieser Betrug im Zweifel auch noch bei Vornahme des Erfüllungsgeschäfts bestimmend fortwirkt, und daß unter solchen Umständen die Anfechtung des Kaufvertrags auch die Nichtigkeit des dinglichen Übereignungsvertrags herbeiführt, falls nicht besonders festzustellen ist, daß die anfechtungsberechtigte Vertragspartei das Erfüllungsgeschäft ohne Rücksicht auf die Täuschung hat vornehmen wollen. Vgl. dazu auch **RG** 78, 44 und SeuffA 67 Nr 192. Damit ist der starre Grundsatz, daß das Vollzugsgeschäft von der Nichtigkeit des Grundgeschäfts nicht miterggriffen wird, im Sinne der diesseits vertretenen Anschauungen zugunsten der wirklichen Lebensverhältnisse entsprechend gemildert worden. In den Urteilen **RG** 75, 68; 78, 285 ist anderseits freilich grundsätzlich angenommen, daß, wenn eine Grundstücksveräußerung oder zugunsten des Restkaufgeldes eine Hypothekenbestellung auf Grund eines gemäß § 138 nichtigen Rechtsgeschäfts erfolgt, das dingliche Vollzugsgeschäft trotzdem unbedingt wirksam zur Entstehung gelange, weil der Nichtigkeitsgrund nicht auch der dinglichen Einigung anhafte und ihr nicht anhaften könne, und zwar hinsichtlich der Hypothek mit der Maßgabe, daß sie als Eigentümergrundschuld dem Eigentümer zustehe. So entsprechend auch **RG** SeuffA 1914 Nr 47, betreffs der Abtretung einer Hypothek; ferner **RG** 93, 221, betreffend Abtretung einer Hypothek auf Grund eines formungültigen Kaufvertrags. Indessen dieser, freilich auch im Schrifttum vielfach vertretene Standpunkt erscheint nach dem, was zuvor ausgeführt worden, doch als bedenklich. Es ist nicht einzusehen, weshalb es ausgeschlossen sein sollte, daß die Parteien gegebenenfalls auch das dingliche Vollzugsgeschäft gerade zum Zwecke der Herbeiführung des angestrebten unsittlichen Erfolgs vornehmen, beispielsweise die Übergabe und Übereignung des Gebäudes gerade zur Ermöglichung des Bordellbetriebs, und weshalb sollte in solchem Falle der dingliche Vertrag trotzdem fehlerlos sein? An sich scheint es doch mit der Natur eines abstrakten Rechtsgeschäfts auch keineswegs unvereinbar, daß es aus bestimmter Absicht und zu einem bestimmten Zwecke vorgenommen wird, und erachtet man es einmal für möglich, daß ein Willensfehler, der dem Grundgeschäfte angehaftet hat, demnächst auch das Vollzugsgeschäft derart beeinflussen kann, daß es seine Wirksamkeit ebenfalls in Frage stellt (vgl. oben), dann ist in der Tat nicht ersichtlich, weshalb die Annahme unmöglich sein sollte, daß ein dem Grundgeschäfte anhaftendes widersittliches Wollen das Vollzugsgeschäft ebenfalls noch beeinflussen könne! Vgl. dagegen die den Standpunkt des 5. ZS vertretenden Ausführungen zu § 873 A 7b.

2. Die §§ 125—129 behandeln den **Mangel der Form als Nichtigkeitsgrund.** Im allgemeinen steht das Gesetz auf dem Standpunkte der Formfreiheit. Das Formerfordernis besteht nur insoweit, als das Gesetz ausnahmsweise entweder eine Form selbst besonders vorschreibt, oder als es den Parteien die Befugnis einräumt, eine Form von Fall zu Fall ihrerseits vorzusehen. Die Vertragsfreiheit ist hier im übrigen so weit gewahrt, daß es den Beteiligten zugleich überlassen ist, auch die Art der Form zu bestimmen. — **Die Grundsätze von der unbedingten Nichtigkeit** wegen Formmangels erleiden insoweit eine **Einschränkung** als Platz greift: a) gemäß § 139 die Möglichkeit einer nur teilweisen Nichtigkeit (**RG** 61, 284; 63, 27); b) gemäß § 140 die Regel von der Aufrechterhaltung des Geschäfts in einer andern Gestalt (Konversion); c) der Ausnahmefall des § 566 sowie des § 1154; d) in den Fällen der §§ 313, 766, 518, 2301 — aber auch nur in diesen Fällen — der Grundsatz der Heilbarkeit der Nichtigkeit durch Erfüllung und im Falle des § 1324 Abs 2 durch Zeitablauf. In den Fällen der §§ 313, 518, 766 wirkt die Heilung jedoch nicht zurück („wird" geheilt), während in § 1324 Abs 2 (wie entsprechend auch im Falle des § 110) ausdrücklich das Gegenteil vorgeschrieben ist. Auch die Eintragung in das Handelsregister heilt den Mangel der Formlosigkeit des Vertrags nicht (**RG** 54, 418).

3. Im Ergebnisse sind die Fälle des **gesetzlichen** und des **gewillkürten Formzwangs** sich gleichgestellt. Wo nämlich ein solcher überhaupt besteht, gilt die Regel, daß die Verabsäumung der Form die **Nichtigkeitsfolge** hat, und zwar nach den bei § 139 unter A 1 entwickelten Grundsätzen hinsichtlich des gesamten Geschäfts, soweit es auf einem einheitlichen Vertragsabkommen beruht, selbst wenn der Nichtigkeitsgrund nur einen Teil des Vertrags trifft (**RG** 63, 27; Warn 08 Nr 25). Das Nähere bei § 139.

Auch die gesetzlichen Formvorschriften sind **auslegungsfähig** (**RG** 73, 74). Auch in den **Landesgesetzen** gegebene Formvorschriften fallen unter § 125 (**RG** 6. 3. 18 V 346/17); selbst wenn sie vor dem Inkrafttreten des Bürgerlichen Gesetzbuchs erlassen sind (**RG** 29. 1. 16 V 357/15). Zu den Formvorschriften rechnet man gewöhnlich auch die Vorschriften des § 88 **Abs 4 Nr 7 der preuß. Landgemeindeordnung** v. 3. 7. 91, des § 56 Nr 8 der **preuß. Städteordnung** v. 30. 5. 53, des § 137 Abs 3 der **preuß. Kreisordnung** v. 13. 12. 72 und des § 91 der **preuß. Provinzialordnung** v. 29. 6. 75 (vgl. **RG** 50, 23). In der Tat handelt es sich dabei, wie das Reichsgericht in ständiger Rechtsprechung anerkannt hat, nicht nur um Formvorschriften, sondern zugleich und in erster Reihe um eine allgemeine, z. B. auch für die Eingehung wechselmäßiger Verpflichtungen maßgebende Beschränkung der Willensorgane der betreffenden juristischen Person des öffentlichen Rechts in ihrer Vertretungsmacht (**RG** 67, 269; 68, 407; 73 S. 73 u. 205; 82, 7; 83, 396; 89, 433; 104, 205; 115, 311; JW 1905, 446[35]; 1926, 1450[5]; Warn 1923/24 Nr 157). Die Vorschriften greifen nicht nur dann Platz, wenn

Urkunden über die die Gemeinde verpflichtenden Rechtsgeschäfte aufgenommen werden, sondern sind bei Vornahme solcher Rechtsgeschäfte überhaupt zu beobachten (RG 68, 407; 67, 269; 64, 408; 82, 8; Warn 1912 Nr 143 u. 474; JW 1922, 392[5]; 1925, 1614[2]). Dem gesetzlichen Erfordernisse ist jedoch genügt, wenn zum Abschlusse des verpflichtenden Rechtsgeschäfts eine den Vorschriften des Gesetzes entsprechende Vollmacht erteilt worden ist, und der Bevollmächtigte den Vertrag alsdann vollmachtsmäßig, wenn auch formlos abgeschlossen hat (RG JW 1912, 1064[11]; 10. 3. 15 V 516/14; 29. 1. 16 V 357/15; 24. 2. 17 V 338/16). Auch eine allgemeine Vollmacht (*Generalvollmacht*) genügt in dieser Hinsicht, wenn sie auf einen bestimmt begrenzten Geschäftskreis (beispielsweise auf den Abschluß von Straßenbauverträgen) beschränkt worden ist. Auch die einem Magistratsbeschluß zu entnehmende Ermächtigung des Bürgermeisters, mit dem Vertragsgegner zu verhandeln, kann die Wirksamkeit formloser Erklärungen des Ermächtigten begründen (RG LZ 1926, 1341[13]). Verpflichtende Rechtsgeschäfte, die eine der Städteordnung entsprechende *ständige Deputation* vornimmt, unterliegen gleichfalls der gesetzlichen Vorschrift; da indes der Vorsitzende der Deputation als Stellvertreter des Bürgermeisters anzusehen ist und jedes Deputationsmitglied (auch ein nicht zugleich dem Magistrate angehörendes) innerhalb des Geschäftskreises der Deputation die Stellung eines Magistratsmitgliedes einnimmt, so genügt die Unterschrift des Vorsitzenden und eines Deputationsmitgliedes; auch Entschließungen des Magistrats in seiner Gesamtheit erhalten verbindliche Kraft nach außen nur dann, wenn sie dem Geschäftsgegner in formgerechter Weise mitgeteilt sind (RG 89, 433). Die *Bestätigung* eines der gesetzlichen Vorschrift nicht entsprechenden, daher unwirksamen Vertrags bedarf zu ihrer Wirksamkeit gleichfalls der Form des Gesetzes; fortgesetzte Erfüllung reicht nicht aus (RG Gruch 1921, 698). — Notwendiges Erfordernis ist nach § 88 der Landgemeindeordnung auch die Beidrückung des Gemeindesiegels (RG 73, 73; JW 1922, 392[5]), und dieser etwaige Mangel wird nicht dadurch geheilt, daß die Beidrückung des Siegels später nachgeholt wird; die Beidrückung des Siegels ist auch dann erforderlich, wenn die Gemeinde den Veräußerungsvertrag in der Form des § 313 abschließt; endlich muß das Siegel zu der Erklärung der Gemeindevertreter selbst in räumlicher Beziehung stehen, so daß nicht genügt, wenn der Gemeinde-Urkundsbeamte das Siegel *seiner* Unterschrift beidrückt, es sei denn, daß die Gemeindevertreter sich des Urkundsbeamten als Werkzeugs bei der Untersiegelung bedient hätten (RG JW 1911, 749[3]). Über den Begriff Urkunde im Sinne des § 88 der preuß. Landgemeindeordnung vgl. RG 68, 407. Zu § 56 Nr 8 der westfälischen Städteordnung v. 19. 3. 56 s. RG JW 1916, 677[7] und 1926, 1450[4]; SeuffA 78 Nr 6. Der gesetzlichen Form bedarf es nicht, wenn der Magistrat einer Stadtgemeinde durch Beschluß in corpore einen Vertrag abschließt, wobei allerdings vorauszusetzen ist, daß der Beschluß dem andern Vertragsteil mitgeteilt wird (RG 18. 3. 24 III 73/23; dahingestellt in RG JW 1925, 2439[2]). — **Formbedürftigkeit besteht nicht,** falls nicht Verpflichtungen für die Gemeinde übernommen werden, beispielsweise also nicht bei bloßen Kündigungen (RG 83, 397; Gruch 60, 516), oder wenn nur der Vertragsgegner eine Verpflichtung eingeht, beispielsweise die zur Straßenherstellung, während die ihm dabei erteilte Bauerlaubnis nur einen Akt der Polizeiverwaltung darstellte (RG 2. 3. 18 V 336/17), auch dann nicht, wenn es sich nur um die Abwicklung von Geschäften aus bereits abgeschlossenen Verträgen handelt, oder bei Geschäften der Gemeinde aus der laufenden Verwaltung (RG 104, 205). Der Erlaß eines Teiles der der Gemeinde zustehenden Leistung aus einem gegenseitigen Vertrage (eines Teiles des Pachtzinses) begründet keine neue Verpflichtung der Gemeinde und ist daher nicht formbedürftig (RG 92, 161). Der Form bedarf es auch nicht, wenn eine Stadtgemeinde eine Konzession für den Betrieb eines Unternehmens erteilt und sich hierbei das Recht vorbehalten hat, den Betrieb gegen Entrichtung einer Entschädigung unter Zugrundelegung des vom Unternehmer investierten Kapitals zu gewähren, alsdann aber die dazu vom Unternehmer vorgelegte Abrechnung genehmigt; es genügt hier die Unterschrift des Bürgermeisters, da durch die Genehmigung eine neue Verpflichtung nicht begründet wird (RG 4. 6. 19 V 134/19).

Nach RG 73, 73 ist, wenn die in der pr. Landgemeindeordnung unter Nr 7 Abs 2 Satz 1 geforderte Aufnahme des Gemeindebeschlusses in die Verpflichtungsurkunde unterblieb, der *Formmangel geheilt*, falls der Beschluß dem Vertragsgegner zuvor mitgeteilt war (RG Gruch 1921, 694). Eine **erleichternde Formvorschrift** gibt Art 12 PrAGBGB für den Abschluß von Rentengutsverträgen und für die vertragliche Enteignung.

4. Für den Fall der **Verabredung einer Geschäftsform** geht das Gesetz nicht davon aus, daß eine solche Parteibestimmung immer den für die rechtsgültige Entstehung des Rechtsgeschäfts maßgebenden Formzwang begründen wolle, in welchem Falle die Wahrung der Schriftform wesentlich ist und das Erfordernis auch nicht durch Rücksichten auf Treu und Glauben beseitigt werden kann (RG 98, 236). Nach seiner Auffassung kann vielmehr auch beabsichtigt sein, die Form nur *Beweiszwecken* dienstbar zu machen, und es kann die Schriftform auch nur vorgesehen sein, damit dem Gegner eine zuverlässige Kenntnis zuteil wird; so bei Kündigungen, wenn sie durch eingeschriebenen Brief geschehen soll (RG Warn

1927 Nr 50) oder bei Versicherungsverträgen, wenn schriftliche Anzeige des Unfalls vorgeschrieben ist (RG 98, 235). In welchem Sinne nun eine rechtsgeschäftliche Formbestimmung im Einzelfalle zu verstehen ist, ist an sich zwar Sache der Auslegung. Das Gesetz gibt indessen mit Satz 2 eine allgemeine Auslegungsregel, indem es die Vermutung aufstellt („im Zweifel"), es **sei der Formzwang gewollt** (RG Gruch 52, 928). Danach ergibt sich für alle Fälle entsprechender Art zugleich die Beweisregel, daß hinsichtlich der Absicht der Beteiligten derjenige Teil beweispflichtig ist, der behauptet, es sei nur der Beweiszweck gewollt. Ausgeschlossen ist nicht, daß die Parteien nachträglich das Formerfordernis durch stillschweigende, keiner Form bedürftige Einigung wieder beseitigen, was namentlich durch die tatsächliche Bewirkung der vertragsmäßigen Leistung zum Ausdrucke kommen kann (RG JW 1911, 94[15]; Warn 1912 Nr 367). Dagegen besteht für die Anwendbarkeit des § 125 Satz 2 kein Raum, wenn die Parteien die Beurkundung erst nach Abschluß des Vertrages vereinbaren, da das Geetz die Beweisregel nur betreffs des erst abzuschließenden Vertrags gibt, und daher liegt auch in solchem Falle der Beweis dafür, daß die Gültigkeit des Vertrags von Wahrung der Form abhängig gemacht worden sei, demjenigen Teile ob, der behauptet, daß die entsprechende Vereinbarung getroffen sei (RG 94, 333; RG Gruch 69, 74). — Ist die Aufstellung des Formerfordernisses (soweit nicht der gesetzliche Formzwang besteht) überhaupt ins Parteibelieben gestellt, so muß diesem ein Spielraum auch insoweit eingeräumt sein, als die Parteien zu bestimmen vermögen, **auf welche Bestandteile des Rechtsgeschäfts** sich der **Formzwang** erstrecken soll (vgl. RG 68, 15; RG SeuffA 77 Nr 118), insbesondere, ob nur auf die wesentlichen Bestandteile, ohne welche das Rechtsgeschäft überhaupt nicht bestehen kann, oder auch auf die an sich nicht wesentlichen Nebenumstände, wie Erfüllungszeit, Erfüllungsort und Bedingungen, die sog. Nebenabreden (vgl. unten A 6). Im allgemeinen läßt sich hier nun annehmen, daß das durch Parteiabrede vorgesehene Formerfordernis vermutlich auch diejenigen bloßen Nebenumstände mitumfaßt und mitumfassen soll, denen nach Lage des Falles, sei es wegen der Natur des Geschäfts, sei es zufolge der besondern Parteiabsicht, dennoch eine bestimmende Bedeutung beigemessen ist — die sog. relativ wesentlichen. Das trifft stets zu bei Bedingungen; beispielsweise aber auch bei einer Zeitbestimmung betreffs der Dauer einer Bürgschaft oder eines Mietverhältnisses (RG JW 06, 348[5]). — Anlangend das **Formerfordernis beim Vorvertrage** vgl. Vorbem 2 vor § 145. — Auf **die Art des den Formzwang vorsehenden Rechtsgeschäfts** kommt es nicht an. Er kann wie durch Verträge, so durch einseitige Rechtsgeschäfte bestimmt werden, insbesondere auch durch eine letztwillige Verfügung. Das Formerfordernis kann auch stillschweigend vereinbart werden, z. B. notarielle Form in der Weise, daß der eine Teil einen Vertragsentwurf, in dem solche Form vorgesehen ist, dem andern Teile zusendet, und dieser vorbehaltlos antwortet: „nehme Vertrag fest an" (RG Warn 08 Nr 9; vgl. RG Gruch 69, 74). Die Wirksamkeit der Vereinbarung einer bestimmten Form wird nicht durch die Gründe der Vereinbarung berührt; sie ist daher auch dann gültig, wenn sie auf einem Rechtsirrtum beruht (RG Gruch 69, 74). — Sieht der Gesellschaftsvertrag einer Aktiengesellschaft für Beschlüsse der Generalversammlung über den § 259 HGB hinaus noch eine weitere Form vor, so ist insoweit der § 125 Satz 2 nicht anwendbar, weil der § 259 eine unbedingte Vorschrift gibt; ein Beschluß der Generalversammlung, der die Form des § 259 wahrt, ist daher, auch wenn die im Gesellschaftsvertrage weiter vorgesehene Form nicht gewahrt worden ist, wegen Formmangels auch nicht anfechtbar (RG 65, 91). — Zwei gegeneinander ausgetauschte Vertragsurkunden bilden eine rechtliche Einheit (RG Warn 08 Nr 25).

5. **Formarten.** Das Gesetz unterscheidet folgende Formen: a) Schriftform, und zwar nur einseitig erforderliche, insbesondere nach den §§ 32, 37, 81, 368, 409, 416, 761, 766, 780, 781, 783, 784, 792, 1154, oder zweiseitig erforderliche (§§ 566, 581 Abs 2); b) amtliche Beurkundung in § 128; c) die öffentliche Unterschriftsbeglaubigung (§ 129); d) die amtliche Beurkundung unter gleichzeitiger Anwesenheit der Parteien (§§ 925, 1015, 1434, 1750, 1770, 2276, 2290); e) die Anwesenheit von Zeugen in § 1318, der aber nur eine Ordnungsvorschrift darstellt.

6. Von praktischer Wichtigkeit ist die Frage der **mündlichen Nebenabreden**; also solcher Abreden, die schon bei Abschluß des Vertrags und nicht erst nachträglich (RG JW 09, 452[3]) getroffen, aber nicht in die Vertragsurkunde aufgenommen worden sind. Der schriftliche — nicht minder der gerichtlich oder notariell beurkundete — Vertrag hat die tatsächliche Vermutung für sich, daß in ihm der endgültige und maßgebende Vertragswille niedergelegt ist: **„Die Vermutung der Vollständigkeit und Richtigkeit"** (RG 52, 23; 65, 46; 68, 15; Warn 1911 Nr 6; JW 1912, 237[5]); namentlich dann, wenn die angebliche mündliche Nebenabrede mit dem Inhalte der Urkunde unvereinbar ist (RG 21. 3. 14 V 434/13). Die Vermutung gilt im übrigen auch dann, wenn im Falle der Formbedürftigkeit des Rechtsgeschäfts (§ 313) nur eine privatschriftliche Urkunde aufgenommen wird (RG 5. 2. 12 V 359/11); ferner auch dann, wenn die Beurkundungen nur des Beweises halber vorgenommen worden sind (RG

23. 9. 10 III 4/10). Die Anwendbarkeit der Vermutung hat zur *Voraussetzung, daß das, was die Parteien schriftlich vereinbart haben, klar und zweifelsfrei ist.* Falls solches nicht zutrifft, der Vertrag mithin *auslegungsbedürftig* ist, muß die Vermutung weichen, und es steht hier vielmehr gemäß § 133 die Ermittlung des wahren Parteiwillens auf Grund aller, auch außerhalb der urkundlichen Erklärung liegenden Umstände, sowie der etwaige Einwand in Frage, der Vertrag sei anders niedergeschrieben worden, als er verabredet war (RG 59, 219; 62, 49ff.; vgl. auch unten § 133 A 1). Für die Anwendbarkeit der Vermutung besteht selbstverständlich auch dann kein Raum, wenn die Erklärung in der Urkunde erweislich lediglich deshalb fortgelassen worden ist, weil der Erklärende oder die Beteiligten meinten, daß die Abrede ohnehin schon aus den schriftlichen Erklärungen enthalten sei (RG 88, 372; 52, 23; JW 06 S 11[7] u. 458[4]; RG 16. 2. 18 V 274/17). Behauptet der eine Vertragsteil, daß der Vertrag **anders niedergeschrieben sei, als verabredet** worden, und will er auf Grund dessen den Vertrag durch Anfechtung wegen Irrtums beseitigen (RG Warn 1910 Nr 1), dann muß er in gehöriger Weise geltend machen, daß er sich über den Inhalt des schriftlichen Vertrags bei Abgabe der Unterschrift im Irrtum befunden habe; vgl. darüber § 119 A 2. Andernfalls steht ihm die Vermutung der Richtigkeit des schriftlichen Vertrags entgegen. Wird nur behauptet, daß die Vertragsurkunde den Vertragsinhalt **nicht vollständig** wiedergebe, weil **daneben noch mündliche** Vereinbarungen getroffen seien, so kommt zunächst in Frage, ob die nur mündlich getroffene Abrede neben dem beurkundeten Vertrag überhaupt vertragliche Geltung haben und sonach ebenfalls einen Bestandteil des Vertrags bilden sollte; oder aber, ob sie um deswillen völlig unbeachtlich ist, weil die Parteien nicht willens waren, ihr die Bedeutung einer Vertragsabrede beizumessen, oder ob endlich der beurkundete Vertrag und die mündliche Nebenabrede ohne gegenseitige Abhängigkeit je für sich bestehen sollten (RG 102, 64). Liegen diese Voraussetzungen vor, dann kann die Abrede höchstens bei der Auslegung des Vertrags in Betracht kommen (RG 62, 49; Warn 1910 Nr 408). Vgl. § 133 A 1 Abs 2. Ist dagegen die Abrede als Teil der Vertragsvereinbarungen ins Auge zu fassen, so daß der beurkundete Teil des Vertrags erst in Verein mit der mündlichen Nebenabrede den Gesamtvertrag ergäbe (RG 102, 64; 65, 94; 71, 415), dann kommt bei formbedürftigen Verträgen weiter in Frage, ob nicht der gesamte Vertrag deswegen nichtig ist, weil er der Vollständigkeit entbehrt (darüber weiter unten; vgl. dazu namentlich auch § 313 A 2). Dieser Fall ist freilich dann ausgeschlossen, wenn die *Heilung des Formmangels* an sich möglich war und im gegebenen Falle tatsächlich herbeigeführt worden ist (§ 313). Denn alsdann erstreckt sich diese Heilung auch auf die nur mündlich getroffene Nebenabrede (RG 52, 4; 54, 109; 61, 251), so daß diese zum Inhalte des Vertrags so vollwertig gehört wie die beurkundete Vereinbarung. Auch wenn im schriftlichen Vertrage bestimmt ist, daß Abänderungen wie Zusätze der Schriftform bedürfen, ist es möglich, daß die Parteien einer mündlichen Nebenabrede Gültigkeit beilegen (RG 95, 175, betreffend Mietvertrag). — Den **Nachweis** endlich, daß im gegebenen Falle eine mündliche Nebenabrede Teil des Vertrags sei, hat gegenüber der Vermutung der Richtigkeit und Vollständigkeit der urkundlichen Erklärung an sich derjenige zu führen, der die Abrede geltend machen will (vgl. RG 65, 49; 52, 26; 8, 16; Warn 1911 Nr 6; 1909 Nr 340). Dazu kann aber, falls die Vermutung ihrer Bedeutung nicht wieder entkleidet werden soll, nicht schon grundsätzlich die bloße Behauptung genügen, daß vor oder bei dem schriftlichen (förmlichen) Vertragsabschlusse eine solche Abrede überhaupt getroffen worden ist. Da vielmehr für die rechtliche Erheblichkeit der mündlichen Nebenabrede notwendige Voraussetzung immer bleibt, daß die Abrede nach dem Willen der Parteien Bestandteil des Vertrags sein sollte, und mithin bei einer im voraus getroffenen Abrede auch erforderlich bleibt, daß die Parteien an ihr trotz ihrer Nichtberücksichtigung in der Urkunde bis zuletzt haben festhalten wollen, so muß auch die Erfüllung aller dieser Voraussetzungen gegebenenfalls von der an sich beweispflichtigen Partei zum mindesten wahrscheinlich gemacht werden. Vgl. RG Warn 1917 Nr 100; 1918 Nr 50. Wenn in RG 103, 157 gesagt ist: „Darüber, wie es komme, daß das mündliche Abkommen in die Urkunde nicht aufgenommen sei, brauche regelmäßig keine besondere Darlegung zu erfolgen", so ist das bedenklich und kann jedenfalls nicht aus den oben angeführten Urteilen RG 52, 25; 65, 99; 88, 372 entnommen werden. Vielmehr wird je nach Lage des Falles und insbesondere nach der *inhaltlichen Erheblichkeit* der Abrede wird die Beweisanforderung strenger oder weniger strenge zu stellen sein. Bei einer Abrede, die sachlich so erheblich ist, daß schon an sich die Annahme begründet scheint, die Parteien haben an ihr dauernd festhalten wollen, oder wenn sich die Richtigkeit dieser Annahme aus dem ganzen Vertragszwecke ergibt, wird möglicherweise schon darin eine genügende Erhärtung der Behauptung des Beweispflichtigen zu finden sein (RG JW 1912, 237[5]; Warn 1912 Nr 4; 1913 Nr 87; Gruch 65, 80; RG 16. 3. 18 V 372/17; 11. 5. 18 V 31/18). Dabei können unter Umständen auch schon frühere Umstände den vollen Vertragswillen ausreichend ergeben (RG 68, 15; JW 1910, 936[5]; Gruch 64, 80). Handelt es sich dagegen um eine Abrede *minder erheblichen oder außergewöhnlichen Inhalts* (beispielsweise um Verzicht auf die Gewährleistung

oder anderseits um eine Garantieleistung), dann wird sich ein gewisser Schluß darauf, daß die Abrede auch noch bei Vollziehung des Vertrags (§ 126) als maßgebend erachtet worden, regelmäßig nur dann ergeben, wenn auch wahrscheinlich gemacht wird, weshalb die Aufnahme der Abrede in die Vertragsurkunde unterblieben ist (RG JW 1911, 534[5]). Ein allgemeiner Grundsatz aber des Inhalts, der Beweispflicht könne immer nur dann genügt sein, wenn durch Anführung bestimmter Umstände dargetan worden, weshalb die Nebenabrede nicht in die Urkunde aufgenommen sei, läßt sich nicht aufstellen (RG 52, 25; 68, 15; 88, 370; 103, 157; JW 1912, 237[5]; 1915, 506[7]; Warn 1918 Nr 50; RG 23. 11. 25 I 4/25).

Verschieden von Fällen erörterter Art liegt die Sache, wenn die mündliche Nebenabrede in der Urkunde implizite bereits ihren Ausdruck gefunden hat, und ob das der Fall, ist Sache der Auslegung (RG 88, 372). Steht endlich in Frage nicht nur, ob die Abrede als Teil des schriftlichen (formellen) Vertrags anzusehen (mit der Folge etwa seiner Nichtigkeit), sondern auch im Falle des § 313, ob die Nichtigkeit des Vertrags geheilt worden, dann erweitert sich in entsprechendem Maße die Beweispflicht und wird jetzt daher auch nachzuweisen sein, daß die Parteien die Abrede auch noch zur Zeit der Auflassung haben gelten lassen wollen. Vgl. RG 52, 4; 54, 109; 61, 251; 65, 49; Gruch 48, 793; Warn 09 Nr 350, ferner 1910 Nr 1, wo auch der 5. Senat abweichend von seiner früheren Entscheidung 13. 5. 08 V 337/07 sich zum dargelegten Standpunkt hinsichtlich der Beweisanforderungen angeschlossen hat; ferner JW 1912, 237[5]. Vgl. auch § 313 A 6 Abs 2. Steht es fest, daß eine neben dem schriftlichen Vertrage getroffene mündliche Abrede unbedingt maßgebend sein soll, so ist sie bindend, mögen sich die Parteien auch nicht dessen bewußt gewesen sein, daß die Abrede über den Vertrag hinausgehe oder gar gegen ihn verstoße (RG LZ 1922, 259[2]).

Nichtigkeit wegen Formmangels. Soweit ein Formzwang bestand, sind die nur formlos getroffenen Nebenabreden nichtig (vgl. auch RG 65, 393), und ob infolge dieser teilweisen Nichtigkeit des Rechtsgeschäfts auch der formgerecht abgeschlossene Teil vernichtet wird, hängt davon ab, ob das Geschäft nach dem Parteiwillen nur so Geltung haben sollte, wie es sich nach den gesamten Abreden darstellt, oder ob die Parteien es auch ohne den nichtigen Teil abgeschlossen haben würden (§ 139; RG 52, 4; 65, 393). Der nichtige schriftliche Vertrag hat ersterenfalls nur die Bedeutung einer Beweisurkunde. Je nachdem es sich um einen **gesetzlichen oder** einen **nur gewillkürten Formzwang** handelt, besteht dabei folgender Unterschied: Im ersteren Falle ergreift der Formzwang notwendig den ganzen Vertrag, und daraus folgt, daß auch jede einzelne, sei es nach der Natur des Geschäfts, sei es nur nach dem Willen der Parteien wesentliche Abrede von dem Formzwange ergriffen wird; im Falle des gewillkürten Formzwangs dagegen besteht ein Formzwang überhaupt nur insoweit, als es die Parteien wollen (oben A 4), und daher steht auch das in ihrer Willkür, ob die neben dem schriftlichen Vertrage nur mündlich getroffene Abrede nicht trotzdem um deswillen Geltung haben soll, weil sich auf sie der Formzwang überhaupt nicht hat erstrecken sollen. Falls die Schriftform nicht Erfordernis für die Gültigkeit des Vertrags, sind auch die mit dem Wortlaute der Urkunde in Widerspruch stehenden Abreden als rechtswirksam anzusehen, wenn nachgewiesen wird, daß sie anstatt des Beurkundeten Geltung haben sollten. Im Falle gesetzlichen Formzwangs stellt dagegen eine formlose Nebenabrede die Wirksamkeit des ganzen Vertrags unter den angegebenen Voraussetzungen notwendig in Frage (RG 65, 393); im Falle bloß gewillkürten Formzwangs nur „im Zweifel" § 127. Wird indes durch die mündliche Abrede die Verpflichtung des einen Teiles nur eingeschränkt, dann wird ihre Rechtsgültigkeit durch den Formmangel nicht beseitigt (RG 71, 415; Warn 1917 Nr 288; JW 1918, 367[5] — Bürgschaft betreffend). Möglich ist indessen auch, daß eine Nebenabrede sich als einen selbständigen Nebenvertrag darstellt, und daß sie aus diesem Grunde, falls sie selbst nicht formbedürftig ist, neben dem schriftlichen Vertrage Geltung haben kann (RG 65, 49; LZ 1919, 590[4], betreffend eine Nebenabrede zu einem Bürgschaftsvertrage). — Überdies greift für den Fall, daß die Beurkundung des beabsichtigten Vertrags verabredet war, auch die Bestimmung des § 154 Abs 2 mit der Wirkung Platz, daß die Vermutung gegen den Abschluß des Vertrags besteht, solange nicht der gesamte Vertragsinhalt beurkundet worden ist.

Der Einwand, daß man die Urkundenverlesung überhört oder das Selbstlesen versäumt habe, ist in der Regel nicht zuzulassen (RG 13. 4. 07 V 378/06). Jedenfalls wird man bei öffentlichen Urkunden bis zum Beweise des Gegenteils davon ausgehen müssen, daß der Vertragspartei durch ihre Erklärung, daß sie das ihr Vorgelesene genehmige, ihren Willen hat kundtun wollen, alles Vorgelesene vollinhaltlich als maßgebend gelten zu lassen. Der Beweis, daß letzteres nicht zutreffe, die Partei vielmehr nur das habe genehmigen wollen, was sie als Vertragsinhalt angenommen habe, ist jedoch zuzulassen. Der § 415 ZPO schließt diese Annahme nicht aus, da das Wort „Vorgang" in Abs 2 nicht auf die äußeren Umstände des Herganges einzuschränken ist, diese Vorschrift vielmehr auch den Beweis zuläßt, daß der Inhalt der Urkunde nicht dem wirklichen Willen der Vertragspartei bei Aufnahme der Urkunde entspreche (vgl. RG 50, 420; JW 09, 1461[21]; 1912, 87[28]; RG 15. 4. 16 V 73/16). Die Grundsätze von den Nebenabreden zu einem schriftlichen Vertrage greifen im allgemeinen auch insoweit Platz, als das Gesetz nur einseitige Schriftform verlangt; ferner bei Bestätigungsschreiben nach RG Warn 1911 Nr 166, und bei Schlußscheinen eines Vermittlers nach RG 2. 2. 06 VII 502/05.

7. **Statutenkollision.** a) Örtlich: Nach Art 11 EG bestimmt sich die Form des Rechtsgeschäfts nach den Gesetzen des Ortes, nach welchen das Rechtsverhältnis selbst zu beurteilen ist; unbedingt genügt jedoch die Beobachtung des Gesetzes des Abschlußorts. Bei Rechtsgeschäften über Sachen ist allein das Gesetz der belegenen Sache (rei sitae) maßgebend. Vgl. ferner Vorbem 11 a. E. vor § 104. b) Zeitlich: Entscheidend ist das zur Zeit der Vornahme des Rechtsgeschäfts geltende Gesetz (Artt 170, 198, 214).

§ 126

Ist durch Gesetz schriftliche Form vorgeschrieben[1]), so muß die Urkunde von dem Aussteller eigenhändig[2]) durch Namensunterschrift[3]) oder mittels gerichtlich oder notariell beglaubigten Handzeichens unterzeichnet werden[3]).

Bei einem Vertrage muß die Unterzeichnung der Parteien auf derselben Urkunde erfolgen. Werden über den Vertrag mehrere gleichlautende Urkunden aufgenommen, so genügt es, wenn jede Partei die für die andere Partei bestimmte Urkunde unterzeichnet[4]).

Die schriftliche Form wird durch die gerichtliche oder notarielle Beurkundung ersetzt[5]).

E I 92 Abs 1, 3, 94 Abs 1 II 105; M 1 184 ff., 188 ff.; P 1 89 ff., 99 ff.; 5 444; 6 130 ff.

1. Diese Bestimmung bezieht sich — vgl. anderseits § 127 — nur auf die Fälle des **gesetzlichen Formzwangs** (vgl. § 125 A 2 und § 128); ist aber insoweit auch in den außerhalb des BGB geregelten entsprechenden Fällen anzuwenden (RG 6. 3. 18 V 340/17). Ihre Beobachtung ist ein wesentliches Erfordernis. Andernfalls tritt Nichtigkeit ein (vgl. § 125 A 3). Zur Wahrung der Schriftform ist erforderlich, daß die sämtlichen wesentlichen Teile des Rechtsgeschäfts, oder bei einem Vertrage die sämtlichen von den Parteien für wesentlich erachteten Teile in die Urkunde mit aufgenommen werden und hierbei in irgendwie erkennbarer Weise ihren schriftlichen Ausdruck finden (RG 57, 260; 80, 402ff. und dort angezogene Urteile; ferner RG Gruch 69, 76). Die Unterzeichnung eines Schriftstücks, das erst im Zusammenhalt mit andern, darin in Bezug genommenen Schriftstücken die Erklärungen der Beteiligten erkennen läßt, genügt nicht zur Wahrung der gesetzlichen Schriftform (RG 105, 289). Ist aber das in Bezug genommene Schriftstück der Haupturkunde unmittelbar beigefügt, bilden also beide eine Einheit, dann deckt die Unterschrift unter der Haupturkunde auch den Inhalt der damit verbundenen Anlage (RG 107, 291). S. auch § 566 A 1. — Über die Haftung desjenigen, der schuldhaft das Zustandekommen der Schriftform hindert, vgl. § 125 A 3 a. E. Über die Beweiskraft einer Urkunde vgl. § 416 ZPO.

2. **Eigenhändig** muß die Urkunde vom **Aussteller** (zwar nicht geschrieben, RG 57, 67, aber unterzeichnet werden. Unzulässig ist daher Unterzeichnung durch einen bloßen Schreibgehilfen (RG 58, 387; JW 1911, 442[3]). Dem Gesetze wird indes genügt, wenn der bevollmächtigte Vertreter als Aussteller der Urkunde mit dem Namen (oder der Firma) des Vertretenen unterschreibt, denn das Gesetz verlangt nur Unterzeichnung „durch Namensunterschrift" durch den Aussteller der Urkunde, nicht aber auch, daß der Aussteller die Urkunde mit seinem eigenen Namen unterschreibt, schließt mithin nicht aus, daß der Aussteller mit dem Namen eines andern unterzeichnet (RG 74, 69; 81, 2). Vgl. dagegen Staudinger A IV 2b. Dabei ist von folgender Auffassung auszugehen: Wer einer handlungsfähigen Person die Vollziehung seiner für die Abgabe einer urkundlichen Erklärung erforderlichen Unterschrift überträgt, bedient sich dieser Person der Regel nach nicht als bloßen Werkzeugs, sondern als rechtsgeschäftlichen Vertreters; daher ist das Vorhandensein einer solchen Vertretung regelmäßig anzunehmen, wenn die beauftragte Person den Namen des Auftraggebers unterschrieben hat, und zwar auch dann, wenn das Vertreterverhältnis sonst aus der Urkunde nicht weiter hervorgeht (RG 81, 2). Es ist auch statthaft, daß der Vertreter die Urkunde mit seinem Namen und außerdem mit dem Namen des Vertretenen unterzeichnet. Unterzeichnet der Vertreter die Urkunde (Vertrag) nur mit seinem eigenen Namen, dann ist der erforderlichen Schriftform nur dann Genüge geschehen, wenn die Stellvertretung aus der Urkunde selbst irgendwie hervorgeht (RG 67, 214; 71, 116; 75, 3; 76, 306; 80, 405; 96, 289; RG Gruch 69, 76). Gibt ein Vertreter in der Urkunde Erklärungen für mehrere Vertretene ab, so genügt seine einmalige Unterschrift auch ohne einen Zusatz über die Vertretungsverhältnisse, wenn

sich diese aus der Urkunde selbst ergeben (RG LZ 1927, 840[1]). Das Vorhandensein eines rechtsgeschäftlichen Vertreterverhältnisses wird auch dadurch nicht ausgeschlossen, daß der Vertreter vor Abgabe der Unterschrift zuvörderst die Willensmeinung des Vertretenen einholt (RG 76, 99). — Vorstehende Grundsätze gelten insbesondere auch hinsichtlich der Unterzeichnung von Wechseln durch Dritte (RG 50, 51; Warn 08 Nr 596). — Sondervorschrift des § 2231 beim eigenhändigen Testamente, wonach der Erblasser die Erklärung auch eigenhändig zu schreiben hat.

3. **Der Name des Erklärenden** (oder gegebenenfalls des Vertretenen, A 2), und zwar der volle Familienname, ist zu unterzeichnen, im Falle des § 17 HGB die Firma. Gleichgestellt der Unterzeichnung des Namens ist die Unterzeichnung mittels beglaubigter **Handzeichen.** Die Frage, ob die Unterzeichnung mit einem „angenommenen Namen", Pseudonym, genügt, wird schon aus Zweckmäßigkeitsgründen zu bejahen sein (vgl. hierüber Staudinger zu § 12 A II 2b). Voraussetzung ist indessen unbedingt, daß das Pseudonym über die in Betracht kommende Persönlichkeit keinen Zweifel läßt. Bei Unterzeichnung des Namens einer Firma genügt es, wenn sie die Firma so wiedergibt, daß dies der Verkehrsauffassung entsprechend zur Individualisierung ausreicht (RG Warn 1914 Nr 272), und die bloße Firmenzeichnung ist auch materiell ausreichend (RG 50, 60; 75, 1; 63, 122). — Das Vorhandensein einer **„Unterschrift"** als solcher setzt nur voraus, daß sie bei der (fertigen) Urkunde unterhalb des Textes steht (RG 52, 280; 57, 67). Nötig ist es dagegen im allgemeinen nicht, daß sie erst unter den bereits fertigen Text gesetzt wurde. Es genügt daher in der Regel auch die sog. Blankounterschrift (RG 78, 29), so daß derjenige, der eine „Unterschrift" als seine Namensunterschrift anerkennt, gegebenenfalls beweisen muß, daß er die Unterschrift nicht zum Zwecke der Verpflichtung gegeben habe, oder daß der Text ohne, möglicherweise gegen seinen Willen darübergesetzt sei, oder daß die Urkunde nicht seine Erklärung enthalte (RG 57, 66; 58, 169; 60, 408; 63, 234; 71, 116; a. A. Staudinger IV 1 und die dort aufgeführten Schriftsteller). Das Erfordernis der Unterschrift ist erfüllt, wenn sich die vorhandene Unterschrift durch ihre örtliche Stellung äußerlich als eine den Inhalt der Urkunde deckende und sie vollendende Willenserklärung darstellt (RG 62, 175; JW 1911, 576[8]). — Wird ein bereits vollzogener **Vertrag nachträglich** von einem Vertragsteil **abgeändert,** so bedarf, es falls die Abänderung im Einverständnisse mit dem andern Vertragsteile erfolgt, nicht einer nochmaligen Unterschrift, um einen, den nachträglichen Abreden entsprechenden schriftlichen Vertrag herzustellen (RG 27, 269; 78, 30; Warn 1911 Nr 165), wie es gleichfalls grundsätzlich zulässig ist, alte schon unverbindlich gewordene Urkunden ohne nochmalige Unterschrift zur Begründung eines neuen Rechtsgeschäfts mit dem früheren Inhalte zu verwenden (RG 78, 31, betreffend eine wiederholte Hypothekenverpfändung). Die alte Unterschrift deckt auch die Abänderungen. — **Als Aussteller einer Urkunde gilt,** wer die in ihr enthaltene, von ihm unterschriebene rechtsgeschäftliche Erklärung, sei es in eigenem Namen, sei es als Vertreter abgegeben hat (RG 76, 191; 96, 288). Die bloße Mitunterschrift der Urkunde eines andern, die keine Erklärung des Mitunterschreibenden enthält, kann auch keine zu ihrer Begründung der Schriftform bedürfende Verpflichtung (Bürgschaft) zur Entstehung bringen; wohl aber möglicherweise eine Verbindlichkeit, zu deren Begründung die Schriftform nicht erforderlich ist (Schuldübernahme; RG 77, 378; 78, 39). Eine Erklärung, zu der die Schriftform erforderlich ist (Bürgschaft), muß in der Urkunde selbst ihren inhaltlich erkennbaren Ausdruck gefunden haben (RG Gruch 51, 941; Warn 08 Nr 506; 1915 Nr 113 u. 114). — Unwirksam ist die Abtretung einer Hypothek oder Grundschuld an einen ungenannten Zessionar, und eine nachträgliche Ausfüllung einer Blankoabtretungserklärung entbehrt der Rückwirkung auf den Zeitpunkt der Unterschriftsabgabe jedenfalls da, wo die Schriftform allein oder in Verbindung mit einer andern Tatsache unmittelbar einen dinglichen Rechtsübergang zur Folge hat (RG 63, 234ff.). Nach RG 78, 30 gilt nicht die gleiche Beschränkung bei Blankoverpfändungen von Hypotheken wie Grundschulden.

Die Unterzeichnung muß **handschriftlich** geschehen und kann durch eine in welcher Art auch immer hergestellte Nachbildung nicht ersetzt werden (RG 74, 339; 106, 330; JW 00, 469[3]); auch nicht bei Ausstellung von Verpflichtungsscheinen an Order durch einen Nichtkaufmann (RG JW 1911, 86[3]). Ob der Unterzeichner außer seinem Namen noch etwas anderes schreiben oder lesen kann, ob er ferner der in der Urkunde gewählten Sprache kundig ist oder nicht, darauf kommt es nicht an (RG JW 00, 29[18], teilw. abgedruckt).

4. Bei **Verträgen** muß im Falle gesetzlichen Formzwangs (bei gewillkürtem Formzwange vgl. § 127 Satz 2), wenn nur eine Urkunde vorhanden, die Unterzeichnung notwendig auf der nämlichen Urkunde erfolgen. Eine getrennte Beurkundung von Antrag und Annahme ist nur bei der gesetzlich vorgeschriebenen gerichtlichen oder notariellen Beurkundung zulässig (RG 105, 62). Nur bei Vorhandensein **mehrerer Vertragsurkunden,** von denen also jede für sich den gesamten Vertragsinhalt wiedergeben muß (RG 95, 83), genügt es für das Formerfordernis, wenn jeder Teil die für den andern bestimmte Urkunde unterzeichnet. Das Zustandekommen des Vertrags schon durch die beiderseitige Unterzeich-

nung ist aber noch davon abhängig, ob die Erklärung mit der Unterzeichnung auch schon als verpflichtend abgegeben anzusehen ist (§ 130 A 3). Denn schriftlich erteilt ist die Erklärung grundsätzlich keineswegs schon mit der Unterzeichnung des Schriftstücks. Daher ist auch ein schriftlicher Vertrag auf Grund des schriftlichen, mit der Unterschrift des Antragenden versehenen, dem Antragsgegner zugesandten Antrags erst dann zustande gekommen, wenn die nunmehr auch vom Antragsgegner unterschriebene Urkunde an den Antragenden wieder zurückgelangt ist, und dies gilt selbst dann, wenn die beiden Beteiligten sich über den Vertragsinhalt zuvor bereits geeinigt hatten (RG 61, 776; 93, 175; 96, 288; Ausnahme hiervon nur gemäß § 152). Die ausgetauschten urkundlichen Erklärungen stellen eine Einheit dar (RG Warn 1908 Nr 25). Auch unter Anwesenden ist die Überreichung des Schriftstücks für die Begründung der Verpflichtung an sich erforderlich (RG 61, 415). Vgl. dazu noch § 130 A 1 Abs 3. — Die einseitige Bestätigung eines Vertragsverhältnisses, wo das Gesetz die Schriftform verlangt, genügt nicht zur Wahrung der Schriftform. Die Schriftform wird auch nicht gewahrt, wenn jede Partei ihre einseitige Erklärung unterschreibt und die Erklärungen in dieser Beschaffenheit aneinander gereiht werden, oder wenn die eine Partei lediglich den Teil der Urkunde unterschreibt, welche ihre einseitigen Erklärungen enthält, und nur die andere Partei den gesamten Vertragsinhalt unterzeichnet; daher genügt es auch nicht, wenn beispielsweise bei einem Mietvertrage gemäß § 566 der Mieter den Vertragsantrag des Vermieters auf gleicher Linie mit dessen Namenszug unter Voranstellung des Wortes „Einverstanden" unterschreibt (RG 105, 62; 87, 188). Die Schriftform wird im Falle des § 126 auch nicht durch Auswechslung von Briefen gewahrt, die nur einseitige Erklärungen enthalten (RG 59, 245; 68, 186; 95, 84), auch dadurch nicht, daß der andere den Empfang des Bestätigungsschreibens bescheinigt (RG 15. 2. 07 III 361/06). Anders im Falle des § 127.

5. **Abs 3** bezieht sich nicht nur — wie § 177 Abs 1 FGG — auf die Beurkundung von Rechtsgeschäften, sondern auf gerichtliche oder notarielle Beurkundungen jeder Art, mithin auch auf solche, bei denen das aufgenommene Protokoll nicht unterschrieben zu werden (RG 64, 82) oder vorgelesen zu werden braucht (RG 76, 194).

§ 127

Die Vorschriften des § 126 gelten im Zweifel auch für die durch Rechtsgeschäft bestimmte schriftliche Form¹). Zur Wahrung der Form genügt jedoch, soweit nicht ein anderer Wille anzunehmen ist, telegraphische Übermittelung und bei einem Vertrage Briefwechsel²); wird eine solche Form gewählt, so kann nachträglich eine dem § 126 entsprechende Beurkundung verlangt werden³).

E I 92 Abs 2, 93, 94 Abs 2 II 106; M 1 185, 187; P 1 90, 92 ff., 99 ff.; 6 130 ff.

1. Danach besteht eine **Vermutung dafür,** daß auch im Falle rechtsgeschäftlich — sei es einseitig (beispielsweise in der Vollmachtsurkunde), sei es vertraglich — vorgesehener Schriftform die Grundsätze des § 126 Anwendung finden sollen. Die Vermutung ist beseitigt, wenn die Parteien etwas anderes bestimmen, und es gilt alsdann nicht die Formvorschrift des § 126, sondern das Vereinbarte. Wer solche abweichende Abmachungen behauptet, hat für sie die Beweislast (RG Warn 1910 Nr 368). Über die Zulässigkeit einer Herstellung der Namensunterschrift des Ausstellers einer Urkunde im Wege der mechanischen Vervielfältigung s. RG 106, 330, aber auch LZ 1927, 864¹ (anders im Falle des § 126 s. dort A 3). Satz 1 des § 127 bezieht sich nur auf die Erklärungsform, dagegen nicht auch auf eine etwa verabredete Übersendungsform, beispielsweise eines Briefes mittels „Einschreibens" (RG 77, 70). Die §§ 126, 127 greifen auch Platz hinsichtlich eines schiedsgerichtlichen Ausspruchs, wenn seine Schriftlichkeit bedungen ist (RG JW 1911, 412³⁵). Gültigkeit einer Lebensversicherung, bei der der Versicherungsantrag von dem Bevollmächtigten des Antragstellers nur mit dem eigenen Namen unterschrieben ist, s. RG JW 1927, 654². — Über vertragliche Beseitigung des Formerfordernisses vgl. § 125 A 4 (RG JW 1911, 94¹⁵). Übrigens können mündliche Nebenabreden trotz entgegenstehender Bestimmung des schriftlichen Vertrags wirksam getroffen werden, selbst wenn die Beteiligten sich der Abweichung von dem schriftlichen Vertrage nicht bewußt sind; vorausgesetzt ist nur, daß nach ihrem Willen die Abreden neben dem schriftlichen Vertrage gelten sollen (RG SeuffA 77 Nr 113).

2. Das Gesetz sieht hier für den Fall nur gewillkürten Formzwangs in Abweichung von dem Falle gesetzlichen Formerfordernisses (§ 126 A 4) zwei Erleichterungen vor, indessen wiederum nur unter der Voraussetzung, daß aus den etwaigen Parteiabreden nicht ein anderer

Wille zu entnehmen ist. Es läßt nämlich zur Wahrung der Schriftform auch zu: a) **telegraphische Übermittlung;** b) **bei einem Vertrage Briefwechsel.** Das aufgegebene Telegramm braucht die Form des § 126 nicht zu erfüllen; denn das Gesetz setzt nur die „Übermittlung einer Erklärung" voraus. Daher ist insbesondere die Abgabe der Namensunterschrift auf dem aufgegebenen Telegramm nicht erforderlich (a. A. Oertmann Anm 3 aα). Beim Briefwechsel dagegen handelt es sich um den Austausch von schriftlichen Erklärungen, und daher liegt hier kein Grund vor, von dem Erfordernisse der Unterschrift gleichfalls abzusehen; a. M. Staudinger A 2b; Planck Anm 2. Die Zulassung des Briefwechsels als einer Form des schriftlichen Vertragsschlusses will eine Abweichung vom Regelfalle offenbar nur insoweit geben, als nicht, wie im Falle des § 126 Abs 2, Unterzeichnung beider Teile auf derselben Urkunde oder wechselseitige Unterzeichnung der mehreren Urkunden verlangt wird. Für die Ansicht, daß das Gesetz die Formfreiheit im gegebenen Falle noch weiter begünstigen wolle, findet sich dagegen in der vorliegenden Bestimmung keine Stütze. Die Briefe, durch die ein Vertrag geschlossen wird, müssen also von den Vertragsteilen oder ihren zum Abschluß bevollmächtigten Vertretern unterschrieben werden. Im Falle der Gesamtvertretung (Gesamtprokura) genügt jedoch unter Umständen die Unterschrift eines der mehreren Vertreter (RG 106, 268). — Die vereinbarte Form der Kündigung mittels „eingeschriebenen Briefes" wird dadurch ersetzt, daß der Gegner von dem Inhalte der die Kündigung enthaltenden Klageschrift Kenntnis erhält (RG 77, 70). Das gleiche muß gegebenenfalls allemal gelten, wenn der Gegner von dem Inhalte eines ihm zugegangenen Kündigungsschreibens sonst irgendwie Kenntnis nimmt, da die Ausbedingung eines eingeschriebenen Briefes lediglich die Gewähr dafür bieten soll, daß dem Gegner die Kündigung zugehen werde. — Der Briefwechsel genügt nicht, wenn es sich um ein Abkommen im Sinne des § 566 (Mietverlängerung für mehrere Jahre) handelt (vgl. RG Warn 1919 Nr 163).

3. Die **nachträgliche Beurkundung,** in der Form des § 126, dient nur noch dem Beweiszwecke. Da beim Briefwechsel jeder Teil der Empfänger ist, kann auch jeder Teil die Beurkundung verlangen. Behauptet der Beklagte, daß ein Vertrag nicht zustande gekommen sei, weil die Beurkundung vereinbart sei, so muß der Kläger **beweisen,** daß der Vertrag auf die von ihm behauptete Art zustande gekommen sei, wobei für den Tatrichter möglicherweise genügt, wenn dargetan wird, daß der vom Kläger behauptete Vorgang von einem derartigen Vorbehalt nichts erkennen lasse (RG JW 1919, 304[3]; Warn 1913 Nr 44; vgl. § 127 A 3).

§ 128

Ist durch Gesetz gerichtliche oder notarielle Beurkundung eines Vertrags vorgeschrieben, so genügt es, wenn zunächst der Antrag und sodann die Annahme des Antrags von einem Gericht oder einem Notar beurkundet wird[1])[2]).

E II 106a; M 1 186 ff.; 3 314; 4 311 ff., 972; 5 316; P 5 443 ff.

1. Diese Bestimmung hat ausdrücklich nur den Fall vor Augen, daß **gerichtliche oder notarielle Beurkundung** (nicht bloße Unterschriftsbeglaubigung gemäß § 129) **eines Vertrags** erforderlich ist, und daß dieses Formerfordernis auf gesetzlicher Vorschrift beruht. Das trifft zu bei den Fällen der §§ 311, 312, 313, 518, 1491, 1492, 1501, 1516 ff., 1730, 1748, 2033, 2282, 2291, 2296, 2348, 2351, 2352, 2371, 2385. In den Fällen der §§ 925, 1015, 1434, 1750, 1770, 2276, 2290 ist gleichzeitige Beurkundung vorgeschrieben (vgl. auch § 182 HGB). — Gegebenenfalls sieht das Gesetz hier zur Erleichterung die **getrennte** (sukzessive) **Beurkundung** vor. Erforderlich für das Zustandekommen des Vertrags ist danach grundsätzlich weder, daß die Beurkundung in Gegenwart beider Teile erfolgt, oder daß ihre beiderseitigen Erklärungen zusammen (simultan) beurkundet werden, noch daß sie wechselseitig ausgetauscht werden. Der Vertrag kommt im Falle des § 128 vielmehr zustande schon mit Beurkundung der Annahme. Erforderlich ist auch nicht einmal, daß die notarielle Urkunde über das Angebot bereits durch die Unterschrift des Notars vollzogen und fertiggestellt war, bevor die von dem Antragenden unterschriebene Erklärung dem andern Teile zugeht. Daher ist die Form des § 128 auch dann gewahrt, wenn der Notar die beiderseitigen Erklärungen der beiden Vertragsparteien ohne ihre gleichzeitige Anwesenheit in nur einem Protokolle nacheinander aufnimmt und das Protokoll erst demnächst vollzieht (RG 69, 130 betreffs eines Erbverzichtsvertrags; JW 09, 272[5] betreffs eines Grundstücksveräußerungsvertrags). Streitig. Selbstverständliche Voraussetzung ist stets, daß die beiderseitigen Erklärungen einander entsprechen (RG 52, 433), und daß die eine von ihnen als Antrag, die andere als Annahme aufgefaßt werden kann (RG JW 09, 139[18]). Der Regelfall des § 128 liegt dann nicht vor, wenn eine **Frist für die Annahme** gesetzt worden ist. Denn die Frist kann in der Regel nur dann gewahrt sein, wenn die Annahmeerklärung dem Antragenden fristgerecht so zugegangen, daß er über die

Entschließung des andern rechtzeitig unterrichtet worden ist (RG JW 03, 31[36] und RG 49, 127 ff.). Vgl. indes hierüber noch des näheren § 152 A 1. — Bedarf allein das Versprechen der gerichtlichen oder notariellen Beurkundung, wie bei der Schenkung (§ 518), so genügt die Beurkundung dieser Erklärung.

Die Zuständigkeit zur Beurkundung und das **Verfahren** bei öffentlichen Beurkundungen regeln sich nach den §§ 167 ff. FGG. Über die Verfahrenserfordernisse, wenn der gerichtlichen oder notariellen Verhandlung eine privatschriftliche Urkunde als Anlage beigefügt wird, vgl. § 313 A 3. Die in § 177 Abs 1 Satz 2 FGG sowie die in § 2242 Abs 1 Satz 2 erforderte Feststellung durch die Urkundsperson, daß das Protokoll vorgelesen, von den Beteiligten genehmigt und eigenhändig unterschrieben worden ist, gehört nicht zu denjenigen Teilen des Protokolls, die den Parteien vorgelesen, von ihnen genehmigt und unterschrieben werden müssen, es kann daher die Feststellung auch nachträglich wirksam nachgeholt werden (RG 79, 368). Durch den unter das Protokoll gesetzten Vermerk „vorgelesen, genehmigt, unterschrieben" wird festgestellt, daß auch die dem Protokolle beigefügten Anlagen mit verlesen worden sind, weil diese einen Teil des Protokolls darstellen (RG 54, 195; 61, 145; 71, 320; 96, 181). Vgl. auch § 313 A 3. — Der Art 141 EG macht **einen Vorbehalt für die Landesgesetzgebung** dahin, daß sie berechtigt ist, nach ihrer Wahl entweder nur die Gerichte oder nur die Notare für zuständig zu erklären. Nach Art 142 EG bleiben die landesgesetzlichen Vorschriften, wonach in den Fällen der §§ 313, 873 Abs 2 zur Beurkundung des Vertrags und der Einigung auch andere Behörden und Beamte als das Gericht und der Notar zuständig sind, unberührt. Zutreffendenfalls findet § 128 auch hier Anwendung (RG 68, 393). — Über die einzelnen Landesgesetze vgl. Staudinger A 5 zu § 128.

2. Der § 128 umfaßt an und für sich **nicht** den Fall der **rechtsgeschäftlich bedungenen** gerichtlichen oder notariellen Beurkundung. Nach richtiger Ansicht wird indessen im Zweifel auch hier, entsprechend der Auslegungsregel in § 127, anzunehmen sein, daß die Parteien die Befolgung der in § 128 gegebenen Vorschrift gewollt haben.

§ 129

Ist durch Gesetz für eine Erklärung öffentliche Beglaubigung vorgeschrieben, so muß die Erklärung schriftlich abgefaßt und die Unterschrift des Erklärenden von der zuständigen Behörde oder einem zuständigen Beamten oder Notar beglaubigt werden. Wird die Erklärung von dem Aussteller mittels Handzeichens unterzeichnet, so ist die im § 126 Abs 1 vorgeschriebene Beglaubigung des Handzeichens erforderlich und genügend[1]).

Die öffentliche Beglaubigung wird durch die gerichtliche oder notarielle Beurkundung der Erklärung ersetzt[2]).

E II 125; P 6 130 ff.

1. **Öffentliche Beglaubigung.** Gegenstand der Beglaubigung ist allein die Namensunterschrift oder die Unterzeichnung mittels Handzeichens. Die Beglaubigung umfaßt daher nicht auch die urkundliche Erklärung. Die Eigenschaft als öffentliche Urkunde im Sinne des § 415 ZPO hat mithin auch nur der Beglaubigungsvermerk, nicht aber auch die Urkunde im übrigen. Da nur die „Unterschrift" oder die „Unterzeichnung" zu beglaubigen ist, so bildet auch die Blankettunterschrift eine genügende Grundlage für die Beglaubigung. Denn nach § 183 Abs 2 FGG erfolgt die Beglaubigung durch einen unter die Unterschrift zu setzenden Vermerk, und eine beglaubigte Unterschrift kann als solche auch dann schon vorhanden sein, wenn der Wortlaut der Urkunde erst nach der Beglaubigung der Unterschrift über diese gesetzt wird. Die Beglaubigung hat endlich auch allein den Zweck, öffentlichen Glauben für die Echtheit der Unterschrift zu erbringen. Zu bescheinigen, welche Erklärung der Unterschreibende hat abgeben wollen, liegt dagegen außerhalb der Aufgabe des Beglaubigungsvermerks (vgl. über die entgegengesetzten Ansichten Oertmann § 129 A 1 und Staudinger A 3; Planck A 1). Soweit nachträglich der Inhalt der Urkunde mit Wissen und Willen des Urhebers abgeändert wird, bedarf es keiner wiederholten Beglaubigung (RG 60, 397). — Fälle, in denen das Gesetz **öffentliche Beglaubigung** unbedingt verlangt, enthalten beispielsweise die §§ 77, 371, 403, 411, 1035, 1342. In andern Fällen braucht die Beglaubigung nur auf Verlangen zu geschehen (§§ 1154, 1528, 2121 Abs 1, 2215 Abs 2). Die Zuständigkeit und das Verfahren bei der Beglaubigung bestimmen sich nach den §§ 167, 183, 184 FGG. Nach § 191 a. a. O. bleibt es den Landesgesetzen vorbehalten, auch andere Behörden oder Beamte als zuständig zu erklären.

2. Vgl. § 128.

§ 130

Eine Willenserklärung, die einem anderen gegenüber abzugeben ist, wird, wenn sie in dessen Abwesenheit abgegeben wird, in dem Zeitpunkte wirksam, in welchem sie ihm zugeht[1]). Sie wird nicht wirksam, wenn dem anderen vorher oder gleichzeitig ein Widerruf zugeht[2]).

Auf die Wirksamkeit der Willenserklärung ist es ohne Einfluß, wenn der Erklärende nach der Abgabe stirbt oder geschäftsunfähig wird[3]).

Diese Vorschriften finden auch dann Anwendung, wenn die Willenserklärung einer Behörde gegenüber abzugeben ist[4]).

E I 74 II 107; M 1 156 ff.; P 1 68 ff., 330 ff.; 4 131 ff.

1. Der § 130 hat **empfangsbedürftige Willenserklärungen** (Vorbem 1 vor § 116) im Auge und will die Frage — aber auch nur sie — beantworten, in welchem Zeitpunkte solche bereits abgegebenen, mithin bereits in die äußere Erscheinung getretenen und daher überhaupt bereits vorhandenen Erklärungen für und wider den Erklärenden wirksam, also bindend, rechtserzeugend oder verpflichtend werden, falls ihre Abgabe in Abwesenheit des Erklärungsgegners erfolgt ist. Als entscheidend erachtet das Gesetz erst den **Zeitpunkt des Zugehens** der Erklärung, wobei zugleich als selbstverständliche Voraussetzung gelten muß, daß die abgegebene Erklärung dem Gegner auch mit Wissen und Willen des Erklärenden zugegangen ist. Läßt beispielsweise der letztere den an den Gegner gerichteten Brief auf seinem Tische liegen, noch unschlüssig, ob er ihn auch wirklich befördern soll, dann kann für ihn der ohne sein Wissen und Willen durch einen andern beförderte Brief trotz seines so bewirkten Zugangs jedenfalls nicht verpflichtend werden; es sei denn, daß er die Geschäftsführung des andern genehmigte. Darauf nur kann es nicht ankommen, ob etwa die Beförderung auch gerade in der Weise bewerkstelligt wurde, wie sie der Erklärende vorgesehen hatte. — Da das Gesetz den Zugang der Erklärung als maßgebend erklärt, lehnt es damit die „Äußerungstheorie" ab und folgt es der „Empfangstheorie" (RG JW 09, 719[5]). Da anderseits aber zum Begriffe des Zugehens einer Erklärung nicht auch gehört, daß der Adressat sie vernommen hat, so ist zugleich auch die „Vernehmungstheorie" verworfen.

Der Begriff des Zugehens. Nach dem zugrunde liegenden Rechtsgedanken ist die Anforderung des Gesetzes erfüllt, wenn die Erklärung derartig in den Bereich des Erklärungsgegners gelangt ist, daß es ausschließlich an ihm lag, ob er sie „vernehmen" — kennen lernen — wollte oder nicht (RG 50, 191), oder daß er über die Urkunde die Verfügungsgewalt erlangte (RG 96, 274; JW 1914, 863[2]). Voraussetzung ist dabei also auch, daß die urkundliche Erklärung dem Erklärungsgegner unter solchen Umständen zuging, daß er von ihr alsbaldig Kenntnis zu nehmen voraussichtlich in der Lage war (vgl. RG 50, 191; 56, 263; 58, 407; 60, 336; 61, 125). Demgemäß ist insbesondere eine briefliche Erklärung zugegangen schon durch die Ausfolgung des Briefes an den Adressaten, während es gleichgültig ist, ob dieser von seinem Inhalte alsdann auch Kenntnis nimmt (RG JW 05, 488[6]). Eine billige Rücksichtnahme auf den Erklärenden und auf die Sicherheit der Verkehrs nötigen zu der weiteren Auffassung, daß es auch schon genügt, wenn die schriftliche Erklärung dem andern in der Art zugänglich gemacht wurde, daß er zu ihrer Empfangnahme nach den von ihm im allgemeinen getroffenen Einrichtungen instand gesetzt worden war, gleichviel ob er das Schriftstück demnächst auch wirklich in Empfang genommen hat oder nicht. Das wird beispielsweise zutreffen, wenn der Brief in einen an der Wohnung angebrachten Briefkasten hineingelegt war (RG Gruch 54, 1127; Warn 1921 Nr 131, welchenfalls der in den Kasten eines Geschäfts nach Geschäftsschluß eingesteckte Brief erst im Zeitpunkte der Wiedereröffnung des Geschäfts als zugegangen gelten kann), oder wenn der Brief mit der Post befördert worden ist und der Adressat nach seiner Abmachung mit der Ausgabestelle seine Postsachen abzuholen hat; oder wenn der Brief einem Familienangehörigen oder einem Dienstboten in der Wohnung des Adressaten abgeliefert worden ist (RG 60, 336; 50, 191; 56, 262; 58, 406). Dagegen gilt ein Brief, dessen Annahme der Adressat verweigert, nicht als diesem zugegangen (RG 110, 34). — Falls sich der Erklärende zur Entgegennahme und weiteren Übermittlung der Erklärung an den abwesenden Erklärungsgegner einer solchen **Mittelsperson bedient,** die nicht ein empfangsberechtigter Vertreter des Genannten ist (§§ 164 Abs 3, 28 Abs 2, Vereine, und § 86, Stiftungen betreffend), wird es in der Regel ausreichen, wenn die Erklärung zu dem angegebenen Zwecke mündlich an einen Hausgenossen des Erklärungsgegners oder den Wohnungswirt abgegeben wird (RG 50, 192; 60, 334; 61, 125). Desgleichen, wenn ein Brief im Kontor eines Kaufmanns an einen Angestellten, oder im Geschäftszimmer eines Rechtsanwalts an einen Schreiber abgeliefert wird (RG 19. 3. 08 V 343/07). Auch eine Depesche ist erst dann zugegangen, wenn dem Empfänger vom Amte die Möglichkeit eröffnet worden ist, von ihr Kenntnis zu nehmen, und das kann auch dadurch bewirkt werden, daß der Inhalt der Depesche einem Familien- oder Haushaltsmitgliede durch den Fernsprecher zugesprochen wird (RG 105, 256; 97, 336). Nur ist Voraussetzung für die Anwendbarkeit aller jener Grundsätze stets, daß der Erklärende bei der Wahl des Mittels die im Verkehr übliche und der Sache nach gebotene Sorgfalt angewendet hat. So wird er im Falle mündlicher Bestellung an eine Mittelsperson, wo die Gefahr unrichtiger oder verabsäumter Bestellung erfahrungsgemäß besteht und jedenfalls in höherem Maße besteht, als wenn es sich um die Bestellung eines Briefes handelt, überdies zu prüfen haben, ob die Mittelsperson auch geeignet und fähig ist, die Erklärung pünktlich und richtig weiterzugeben. Wird diesem Erfordernisse entsprochen, dann muß die Erklärung dem andern selbst dann als zugegangen gelten, wenn die Bestellung an ihn wider Erwarten unterblieben ist. Hat sich der Erklärende dagegen einer ungeeigneten Persönlichkeit als Mittelsperson bedient, dann ist im vorausgesetzten Falle die Erklärung nur im Falle wirklich ausgeführter richtiger Bestellung zugegangen (RG 60, 336). Willenserklärungen, die mittels eines Fernsprechers in das Kontor eines Kaufmanns in dessen Abwesenheit gelangen, gehen ihm in dem Augenblicke zu, in dem sie von einem dazu Befugten entgegengenommen werden, als welcher in der Regel jeder kaufmännische Angestellte des Kontors gemäß § 377 HGB anzusehen ist (RG 102, 296). — Grundsätzlich ist endlich nur von den **gewöhnlichen Verhältnissen auszugehen,** unter denen der Erklärungsgegner die Erklärung hätte wirklich vernehmen oder in Empfang nehmen können. Wenn er lediglich wegen Abwesenheit (Ferienreise) oder durch Krankheit an Vernehmung der Erklärung gehindert wurde, oder falls er die Kenntnisnahme geflissentlich oder auch nur schuldhaft gehindert hat, etwa weil er die Verlegung der Wohnung oder der Geschäftsräume dem Absender nicht angezeigt, auch die Postbehörde nicht benachrichtigt hatte, wird die Erklärung unter den erörterten Voraussetzungen dennoch als ihm rechtzeitig zugegangen anzusehen sein (RG 60, 336; 58, 406; 95, 317; s. auch OLG 44, 120; LZ 1927, 925[4]), so daß der Erklärungsgegner auch die Verspätung des Zugangs nach Treu und Glauben nicht zu seinem Vorteile geltend machen kann (RG 95, 317; s. aber auch RG LZ 1925, 470[1]). Hat der Erklärungsgegner die Entgegennahme einer durch Fernsprecher zu erwartenden Annahmeerklärung durch sein Verschulden unmöglich gemacht, so muß er die deshalb auf andere Weise verspätet zugegangene Erklärung als rechtzeitig gegen sich gelten lassen (RG LZ 1925, 252[1]). Freilich darf anderseits auch der Erklärende nicht darauf ausgehen, die Abwesenheit oder die Wahrnehmungsunfähigkeit des andern zu benutzen. Ist verabredet, daß eine Erklärung (Kündigung) nur dann rechtswirksam sein sollte, wenn sie mittels eines eingeschriebenen Briefes erklärt worden, dann kann als Zweck der Vereinbarung nur gelten, daß der Zugang der Erklärung gewährleistet und daher der Brief dem Erklärungsgegner (oder seinem Vertreter) persönlich ausgehändigt werden soll. Nicht aber ist der Erklärung mittels eingeschriebenen Briefes die Bedeutung eines Formalakts beizulegen. Daher kann der Erklärungsgegner, wenn ihm die Erklärung überhaupt nur auf irgendeine Weise rechtzeitig zuverlässig bekanntgeworden ist, nicht den Mangel des eingeschriebenen Briefes vorschützen (RG 77, 70). Willenserklärungen gegenüber einer Behörde müssen den zum Empfang ermächtigten Organen zugehen. Werden sie andern übermittelt, so gelten sie erst dann als der Behörde zugegangen, wenn sie, worauf der Erklärende keinen Anspruch hat, an die zuständigen Organe weitergeleitet sind (RG 9. 12. 24 II 125/24). — Der Begriff des Zugehens ist ein Rechtsbegriff, und daher ist die Eideszuschiebung hier unzulässig (RG Warn 09 Nr 271). — Zulässig sind besondere Vereinbarungen darüber, unter welchen Voraussetzungen das Erfordernis des Zugehens als erfüllt gelten soll; dann entscheidet nicht der gesetzliche Begriff, sondern der Inhalt der Vereinbarung (RG 108, 91). Die Beteiligten können auch wirksam vereinbaren, daß ein von A mit B zu führender Briefwechsel auch als von A mit C geführt gelten soll (RG 4. 7. 24 VII 683/23).

Wiewohl der § 130 ausdrücklich nur von den unter **Abwesenden** erfolgenden Erklärungen spricht, ist Satz 1 entsprechend auch bei Erklärungen unter Anwesenden verwendbar. Eine schriftliche Erklärung insbesondere ist auch unter Anwesenden erst „abgegeben" durch ihre Überreichung und wirksam erst geworden in dem Zeitpunkte, in welchem sie dem Erklärungsgegner „zuging", regelmäßig also erst in demjenigen, in dem er das ihm angebotene Schriftstück tatsächlich in seine Verfügungsgewalt gebracht hat (RG 61, 415). Sie gilt im Sinne des § 147 als eine einem Abwesenden gegenüber abgegebene Erklärung (RG 83, 106). Hätte indessen der Erklärungsgegner die Empfangnahme des dargebotenen Schriftstücks geflissentlich unterlassen, um das Wirksamwerden der Erklärung zu hindern, dann müßte die Erklärung trotzdem als rechtzeitig zugegangen gelten (vgl. oben RG 60, 336). Im Verkehre mittels eines **Fernsprechers** ist nur die „von Person zu Person", d. h. seitens des Erklärenden unmittelbar dem Adressaten gegenüber erfolgende Erklärung eine solche unter Anwesenden (RG 90, 166). Vgl § 147 Anm 1 Abs 2. Andernfalls handelt es sich um eine Erklärung unter Abwesenden unter Verwendung einer Mittelsperson zur Weiterbestellung (RG 61, 126), wobei die sonstigen hier einschlägigen, oben dargelegten Regeln Platz greifen. — Ausnahmen von § 130 in § 121 Abs 1 Satz 2.

2. Durch rechtzeitigen **Widerruf** beseitigt der Erklärende schon die „Abgabe" der Erklärung, und rechtlich möglich ist für ihn die Erreichung dieses Erfolgs um deswillen, weil bis zum Wirksamwerden seiner Erklärung seine Bindung noch nicht eingetreten ist (§ 145 A 2). Entscheidend ist der Zeitpunkt des Zugehens des Widerrufs und nicht erst der der Kenntnisnahme (RG 60, 334; 91, 62). — Die dem Grundbuchamte gegenüber erklärte Eintragungsbewilligung wird durch deren Zustellung an den Begünstigten unwiderrufbar, die Eintragung muß daher auf den Antrag des Begünstigten auf Grund der bei den Grundakten zurückgebliebenen Urschrift auch trotz eines etwaigen nachträglichen Widerrufs erfolgen (RG 8. 4. 11 V 402/10).

3. Diese Bestimmung will nur die Annahme ausschließen, als machten die bezeichneten Vorgänge, **Tod oder Eintritt der Geschäftsunfähigkeit,** bzw. beschränkte Geschäftsfähigkeit, des Erklärenden nach Abgabe der Erklärung diese wirkungslos. Sie bezweckt dagegen nicht, dem Erben oder dem gesetzlichen Vertreter des Erklärenden das ihnen nach allgemeinen Rechtsgrundsätzen zustehende Recht des Widerrufs zu nehmen. Anderseits besagt die Vorschrift auch nicht, daß die Erklärung unter den gegebenen Voraussetzungen wirksam werde auch ohne ihren Zugang; oder etwa, daß ein Vertragsantrag nicht der Annahme bedürfe (RG 64, 246).

4. Abs 3 macht die Grundsätze des Abs 1 u. 2 anwendbar für alle Fälle, in denen eine **Behörde als der Erklärungsempfänger** tatsächlich **in Betracht kommt,** mag es sich um eine empfangsbedürftige Erklärung gehandelt haben (vgl. §§ 875, 876, 880 u. a.) oder nicht (§§ 376, 928, 976 u. a.). Das Gericht kann bei einem Vertragsschlusse, der durch seine Vermittlung zustande kommt (Erbesauseinandersetzung), für die Empfangnahme der Erklärungen der Abwesenden auch als Vertreter aufgefaßt werden (RG Warn 08 Nr 188).

§ 131

Wird die Willenserklärung einem Geschäftsunfähigen gegenüber abgegeben, so wird sie nicht wirksam, bevor sie dem gesetzlichen Vertreter zugeht[1]).

Das gleiche gilt, wenn die Willenserklärung einer in der Geschäftsfähigkeit beschränkten Person gegenüber abgegeben wird[1]). Bringt die Erklärung jedoch der in der Geschäftsfähigkeit beschränkten Person lediglich einen rechtlichen Vorteil oder hat der gesetzliche Vertreter seine Einwilligung erteilt, so wird die Erklärung in dem Zeitpunkte wirksam, in welchem sie ihr zugeht[2]) [3]).

E I 66 II 107; M 1 139 ff.; P 1 62 ff., 71 ff.; 6 132 ff.

1. Ein **Geschäftsunfähiger** oder ein **beschränkt Geschäftsfähiger** (§§ 104, 106, 114) vermag abgegebene Willenserklärungen nicht mit der Wirksamkeit entgegenzunehmen, daß sie damit als zugegangen (§ 130 A 1) gelten könnten. Das muß sowohl bei Erklärungen unter Abwesenden wie unter Anwesenden gelten. Daß auch die Abgabe der Erklärung wirksam nur gegenüber dem Vertreter erfolgen kann, folgt aus den allgemeinen Grundsätzen.

2. Diese Ausnahme findet ihre rechtliche Grundlage in den §§ 107 u. 183.

3. Falls sich der Erklärungsempfänger nur im Zustande der **Bewußtlosigkeit** oder vorübergehender Geistesstörung befindet (§ 105 Abs 2), greift § 131 nicht Platz, da solche Personen nicht zu den Geschäftsunfähigen gehören. Grundsätzlich kann mithin solchen Personen eine Willenserklärung mit Rechtswirksamkeit zugehen. Man wird aber im allgemeinen annehmen müssen, daß eine Willenserklärung, die wissentlich einem Bewußtlosen gegenüber mündlich abgegeben wird, rechtlich nicht als abgegeben gelten darf, da der Erklärende gar nicht damit rechnen kann, daß seine Erklärung dem andern zugehe. Anders ist die Sachlage bei schriftlichen Erklärungen, da solche zur Verfügung des Adressaten verbleiben und dieser daher von ihrem Inhalte nach Wiedererlangung des Bewußtseins Kenntnis nehmen kann.

§ 132

[1]) Eine Willenserklärung gilt auch dann als zugegangen, wenn sie durch Vermittelung eines Gerichtsvollziehers zugestellt worden ist. Die Zustellung erfolgt nach den Vorschriften der Zivilprozeßordnung.

Befindet sich der Erklärende über die Person desjenigen, welchem gegenüber die Erklärung abzugeben ist, in einer nicht auf Fahrlässigkeit beruhenden Unkenntnis oder ist der Aufenthalt dieser Person unbekannt, so kann die Zustellung nach den für die öffentliche Zustellung einer Ladung geltenden

Vorschriften der Zivilprozeßordnung erfolgen. Zuständig für die Bewilligung ist im ersteren Falle das Amtsgericht, in dessen Bezirke der Erklärende seinen Wohnsitz oder in Ermangelung eines inländischen Wohnsitzes seinen Aufenthalt hat, im letzteren Falle das Amtsgericht, in dessen Bezirke die Person, welcher zuzustellen ist, den letzten Wohnsitz oder in Ermangelung eines inländischen Wohnsitzes den letzten Aufenthalt hatte.

E I 75, 76 II 108; M 1 160 ff.; P 1 73 ff.

1. Der § 132 gibt ein praktisch bedeutsames, sachlich vollwertiges **Ersatzmittel** für den Zugang einer Willenserklärung in der **Zustellung**. Das Gesetz drückt sich zwar nur dahin aus, daß eine Willenserklärung „auch dann als zugegangen gelte", wenn sie zugestellt werde. Der dahinterliegende eigentliche Rechtsgedanke ist aber der, daß eine abgegebene Willenserklärung, ohne daß es auf ihr Zugehen im gewöhnlichen Sinne (§ 130 A 1) ankommt, schon durch die Tatsache ihrer Zustellung wirksam werden kann (vgl. die §§ 181, 182 ZPO). Der Zeitpunkt der Zustellung ist alsdann auch der des Wirksamwerdens der Erklärung. Dabei dient die Zustellung durch Vermittlung eines Gerichtsvollziehers als allgemeines, ausnahmslos verwendbares Ersatzmittel, die öffentliche Zustellung dagegen nur als ein ausnahmsweise gültiges (§§ 203 f. ZPO; **RG** Gruch 45, 1025; § 176 ZPO). Zu bewilligen hat die öffentliche Zustellung in diesen Fällen das Amtsgericht (Abs 2 Satz 2). — **Das Verfahren** der Zustellung richtet sich in beiden Fällen nach den einschlägigen Vorschriften der ZPO, wonach sich zugleich auch der Zeitpunkt der bewirkten Zustellung bestimmt. Vgl. für den Regelfall die §§ 167, 169—173, 180—184, 186—191, 193—195, 199, für den Ausnahmefall die §§ 204—207 ZPO. — Nicht zugelassen ist in Abs 1 die Zustellung durch Vermittlung eines Gerichtsschreibers (§ 196) und ebensowenig die Zustellung durch Aufgabe zur Post (§§ 192, 175 ZPO).

§ 133

Bei der Auslegung[1]) einer Willenserklärung ist der wirkliche Wille zu erforschen und nicht an dem buchstäblichen Sinne des Ausdrucks zu haften[2]).

E I 73 II 90; M 1 154 ff.; P 1 68.

1. Aufgabe der **Auslegung einer Willenserklärung** ist es, deren Inhalt und Tragweite so festzustellen, daß kein Zweifel mehr besteht, daß mithin im Falle schriftlicher Erklärungen sogar für die sonst regelmäßig geltende Vermutung der Vollständigkeit und Richtigkeit der Vertragsurkunde kein Raum übrig bleibt (**RG** 62, 49; 7. 2. 07 VI 290/06; vgl. auch § 125 A 6). Ziel der Auslegung ist **die Erforschung des wirklichen Willens** (**RG** 95, 10), und zwar so, wie die Erklärung nach Treu und Glauben zu verstehen war (**RG** JW 1915, 571[3]). — Gegenstand der Auslegung kann im Sinne des § 133 nur eine wirklich **abgegebene Erklärung** sein. Denn eine Willenserklärung, die das Gesetz hier als gegeben voraussetzt, liegt so lange überhaupt nicht vor, als der Wille nur ein innerer geblieben ist. Mit der Ermittlung dessen, was der Erklärende etwa außerhalb der abgegebenen Erklärung, sei es neben ihr, sei es im Widerspruche zu ihr, beabsichtigt hat, hat es mithin die Auslegung gemäß § 133 überhaupt nicht zu tun (**RG** Warn 1912 Nr 3; 1913 Nr 395; 1914 Nr 36), und im Sinne des § 133 (anders gemäß § 157; vgl. dort Anm 1) darf daher ihr Zweck auch niemals eine Willensergänzung sein. Innere unausgesprochen gebliebene Absichten sind grundsätzlich (§ 116) ungeeignet, die ausgesprochene Erklärung zu beseitigen oder an ihre Stelle gesetzt zu werden (**RG** 67, 433; Gruch 54 S. 387 u. 890; Warn 1914 Nr 177). Soweit ferner die Partei behauptet, infolge Irrtums etwas erklärt zu haben, was sie nicht wahrhaft gewollt habe, oder behauptet, sich in der Erklärungsform vergriffen zu haben, ist das Gebiet der Anfechtung eröffnet (§§ 119, 121; **RG** 70, 393; vgl. dazu § 119 A 4), für die Auslegung ist dagegen kein Raum. Denn andernfalls würde es sich wiederum nur darum handeln, an Stelle des erklärten Willens einen andern Willen zu setzen. **Auslegungsfähigkeit.** Endlich kann aber auch dann niemals Platz für die Auslegung sein, wenn die abgegebene Erklärung, zumal eine urkundliche (**RG** Warn 1912 Nr 4), so klar und ihrer Bedeutung nach so zweifelsfrei ist (**RG** 78, 49; 95, 126; Warn 1919 Nr 2), daß eine andere Deutung ausgeschlossen wäre, was alles allerdings in gewissem Maße wiederum nur durch Auslegung festgestellt werden kann. Es gehört also zur Auslegungsfähigkeit einer Willenserklärung ohne weiteres ihre Mißverständlichkeit oder Mehrdeutigkeit (**RG** 82, 316; Warn 1912 Nr 4), und zwar letzteres nach der Auffassung des Verkehrs und nach Treu und Glauben bemessen (**RG** 82, 316; JW 1914, 673[1]). Unbenommen ist freilich der Partei der Nachweis, daß sich die beurkundete Erklärung mit dem Willen beider Parteien nicht deckt (**RG** Gruch 56, 1054; Warn 1912 Nr 288 u. 330). Auch darf sich keine Partei auf die Mehrdeutigkeit einer Erklärung berufen, wenn sie den wirklichen Willen der gegnerischen Erklärung erkannt hatte; denn sie muß die Erklärung alsdann so gegen sich gelten

lassen, wie sie gemeint war (RG JW 18, 765[1]). Das Rechtsleben erfordert unbedingt derartige Schranken der Auslegungsfähigkeit. Ist also eine Willenserklärung klar und zweifelsfrei, so ist sie selbst dann nicht auslegungsfähig, wenn sie gegen Treu und Glauben verstößt (RG 82, 316). Denn auf eine klare und unzweideutige Erklärung muß man sich verlassen können. Demgemäß ist es auch ein feststehender Grundsatz, daß jede Partei ihre Erklärung in dem Sinne gegen sich gelten lassen muß, in dem sie von der andern Partei nach Treu und Glauben und nach der allgemeinen Auffassung des Verkehrs verstanden werden konnte, während dem Erklärenden, der behauptet, irrtümlich eine unzutreffende Erklärung abgegeben zu haben, nur die Anfechtung übrigbleibt (RG 67, 433; 68, 128; 86, 88; 88, 428; 91, 426; JW 1911, 87[4]; Warn 09 Nr 57; 1912 Nr 3) —, welcher Grundsatz auch gegenüber Bescheiden von Behörden Platz greift (RG 95, 297; 96, 303; JW 1913, 697[17]). Das gilt auch bei stillschweigenden, durch schlüssige Handlungen abgegebenen Willenserklärungen, so daß auch hier auf stille Vorbehalte nichts zu geben ist (RG 68, 128; JW 1915, 19[2], betreffend den Verzicht des Konkursgläubigers auf sein Absonderungsrecht). Vgl. auch § 154 A 1 und § 157 A 1 a. E. Die dargestellten Auslegungsgrundsätze treffen namentlich zu, wenn der Vertrag unter Abwesenden durch Schriftwechsel abgeschlossen ist; der Empfänger der schriftlichen Erklärung kann diese auch dann so gelten lassen, wie sie nach dem klaren und deutlichen Wortlaute zu verstehen ist, wenn er erkennt, daß die Erklärung dem Interesse des Erklärenden zuwiderläuft, und dieser ist an sie gebunden (RG Warn 1912 Nr 330). Ein Kaufmann, der es duldet, daß Postkarten oder Blankette mit seiner Firma zu wichtigen geschäftlichen Mitteilungen von seinen Angestellten ohne Handlungsvollmacht verschickt werden, muß diese Erklärungen nach Treu und Glauben als seine eigenen gelten lassen (RG 105, 185). — Grundsätzlich kommt also dem Wortlaute einer Erklärung auch insoweit eine wesentliche Bedeutung bei der Auslegung zu, als er der Auslegungsfreiheit eine Grenze setzt (RG 68, 127; JW 1910 S. 60[3] u. 105[2]). Aber auch dann entbehrt eine Erklärung der Auslegungsfähigkeit, wenn sie — zumal die Urkunde — so widerspruchsvoll oder so widersinnig ist, daß daraus überhaupt nicht festgestellt werden kann, was gewollt war (RG JW 1910, 801[7]). Eine letzte Schranke findet die Auslegung an dem Einverständnisse der Parteien. Eine Auslegungsfähigkeit besteht nämlich auch dann nicht, wenn die Parteien über die Bedeutung einer Erklärung einverstanden sind (RG Warn 1912 Nr 288; Gruch 52, 929; SeuffA 62 Nr 133; 9. 6. 20 V 131/20), oder wenn einer Partei der Beweis gelingt (RG 23. 2. 06 VII 265/05), daß über jene Bedeutung Einverständnis geherrscht hat, auch der Erklärungsgegner also die an sich mehrdeutige Erklärung so verstanden hat, wie sie gemeint war (RG JW 1918, 765[1]); alles freilich nur unter der Voraussetzung, daß sich die Deutung der Parteien mit dem Wortlaute der Erklärung noch in Einklang bringen läßt (RG 57, 209; 71, 115; Warn 1917 Nr 288; Gruch 65, 594); denn niemals darf ihre Deutung zu einer Umdeutung führen (RG 70, 393; JW 07, 269[34]; 1918, 765[1]; Warn 09 Nr 60; 1912 Nr 4 und Nr 330). Haben die Parteien in bewußter Übereinstimmung der Vertragsurkunde eine von den wirklichen Vereinbarungen abweichende Fassung gegeben, dann handelt es sich um eine beachtliche Nebenabrede und kann nur das maßgebend sein, was die Vertragschließenden wirklich gewollt haben, und bei formbedürftigen Rechtsgeschäften käme es nur noch darauf an, ob der Gültigkeit der Nebenabrede nicht der Formmangel entgegensteht, oder ob dieser Mangel nicht etwa (vgl. § 125 A 6 und § 313 A 4) geheilt worden ist (RG Warn 1912 Nr 4 und 1915 Nr 7).

Die Auslegung ist **Sache des Richters**, und er darf sich dieser Pflicht nur dann entziehen, wenn er die Ermittlung des Parteiwillens geradezu für unmöglich hält (RG JW 1910, 807[7]). Der eigenen Würdigung des wirklichen Sachverhalts darf sich der Richter (beispielsweise zur Feststellung, ob eine Einigung zwischen den Parteien zustande gekommen ist) auch dann nicht entziehen, wenn die Parteien widerstreitende Erklärungen vorgebracht haben (RG 95, 102). Jene Verpflichtung hat auch mit der Beweisführung und Beweiswürdigung nichts zu tun (RG JW 1915, 650[1]). Die Partei anderseits ist nur befugt, dem Richter durch Behauptung bestimmter, außerhalb der auszulegenden Urkunde liegender Tatsachen eine Grundlage für die Auslegung zu schaffen. In diesem Umfange, aber auch nur in diesem Umfange, liegt ihr auch der Beweis ob und kann sie nur zum Beweise verstattet werden, da die Auslegung selbst eben lediglich Sache des Richters ist, soweit die Auslegungsfähigkeit (s. oben) überhaupt vorliegt (RG JW 06, 226[9]; SeuffA 71 Nr 106). Innerhalb der gegebenen Grenzen soll der Richter mit möglichster Freiheit walten dürfen, und daher ist es ihm auch ausdrücklich erlassen, zugleich aber auch untersagt worden, am buchstäblichen Sinne zu haften. Der Richter darf deshalb nicht die einzelnen Ausdrücke und Wendungen pressen, sondern muß die vorliegenden Erklärungen in ihrer Gesamtheit ins Auge fassen (RG JW 09, 190[2]) und erwägen, welchen Sinn die zweifelhafte Stelle nach dem ganzen Zusammenhange hat. In erster Linie ist der Wortsinn maßgebend, wenn er klar und bestimmt ist (RG JW 1910, 105[2]). Aber unter Umständen ist auch er nicht ausschließlich entscheidend (RG JW 1912, 69[4]). Denn daneben müssen auch der verfolgte wirtschaftliche Zweck des Geschäfts (RG JW 08, 544), die begleitenden Umstände (RG JW 1910, 72[28]) und hierbei gegebenenfalls auch die gepflogenen Vorverhandlungen berücksichtigt werden (außer den zuvor angezogenen Urteilen auch RG 71 S. 115 u. 223; JW 1906, 11[7]; 1910, 72; Gruch 65, 599), insbesondere bei Formverträgen (RG 67, 214; Warn 1917 Nr 288). Die Benutzung formloser Nebenabreden zur Auslegung einer förmlich abgegebenen Erklärung, die an sich statthaft ist (RG 59, 219; 62, 48), findet indessen darin ihre Schranke, daß der formlos erklärte Wille in der förmlichen Erklärung seinen, wenn auch noch so unvollkommenen Ausdruck gefunden haben muß (RG 57, 204; 71 S. 115 u. 223; JW 1910, 998[3]; Warn 1917 Nr 288) und nicht mit ihr in Widerspruch steht. Es entscheidet der erklärte Wille (vgl. § 157 A 3; RG JW 1910, 998[3]). Aber erklärt ist auch das, was sich als selbstverständliche Folge aus dem ganzen Zusammenhange der getroffenen Abreden darstellt (RG Gruch 54, 387). Die Auslegung darf daher keine abstrakte, von der konkreten Sachlage, von allen tatsächlichen Umständen und vom Willen der Parteien absehende sein (RG JW 08, 476[4]; 09, 387[1]). Ist beispielsweise in einem Versicherungsvertrage bestimmt, daß die Zahlung an die „Erben" erfolgen solle, so ist es Auslegungssache, zu ermitteln, ob die als Erben Berufenen oder die tatsächlich zur Erbschaft Gelangenden gemeint sind (RG SeuffA 64 Nr 124, dazu jetzt § 167 VVG). Empfangsbekenntnisse bei Bewilligung hypothekarischer Darlehen können dahin zu verstehen sein, daß die Darlehnshingabe erst bei der Bestellung der Hypothek stattfinden solle (RG 25. 3. 27 VI 560/26). Der Richter wird sich endlich vergegenwärtigen müssen, daß die Parteien keine Juristen sind, und hat ihren Sprachgebrauch zugrunde zu legen (RG 24.9.07 III 28/07). Auch besteht keine Vermutung, daß die Parteien die Gesetze kennen (RG JW 03, 399[7]). Es ist auch nicht Voraussetzung für die Wirksamkeit einer Willenserklärung, daß der Erklärende sich der rechtlichen Tragweite des von ihm Erklärten nach allen Richtungen bewußt gewesen ist, oder daß er gar den juristischen Aufbau gekannt hat; die rechtliche Tragweite einer Willenserklärung zu ermitteln ist vielmehr Sache des Richters (RG 65, 165; Gruch 55, 104). Enthält das erklärte Rechtsgeschäft alle Merkmale eines Mietsverhältnisses, so ist ein solches begründet worden, selbst wenn die Parteien sich dessen nicht bewußt gewesen sind und demzufolge eine juristisch unzutreffende Bezeichnung gewählt haben (RG 30. 3. 06 VII 343/05; JW 1910, 191[18]), oder ein Verwahrungsvertrag, wenn die Parteien entsprechend statt Verwahrung Leihe gesagt haben. Haben etwa die Parteien im Vertrage von einer bedingten Gültigkeit des Vertrags gesprochen, so ist doch eine Auslegung dahin zulässig, daß in Wirklichkeit ein Rücktrittsrecht hat bedungen werden sollen (RG 7. 5. 21 V 17/21) und haben sie erwiesenermaßen die Verpfändung einer Hypothek beabsichtigt, als verpfändet aber die Hypothekenurkunde bezeichnet, so wird trotzdem die Hypothek selbst als verpfändet gelten müssen (vgl. RG Warn 09 Nr 181). Unter Verpfändung kann eine Sicherheitsübereignung verstanden sein (RG Warn 1910 Nr 448); unter Pfändung des Anspruchs auf Erbauseinandersetzung, Pfändung des Miterbrechts (RG Warn 1911 Nr 139). Auch bei der Auslegung eines Testaments ist davon auszugehen, daß der Wille des Erblassers nicht ausdrücklich erklärt zu sein braucht, daß er aber in der Gesamtheit der letztwilligen Verfügungen einen wenn noch so unvollkommenen Ausdruck gefunden haben muß (RG 26. 11. 06 IV 212/06). — Prozessual ist der Richter an die Ansicht der Parteien gebunden, wenn sie ihren Erklärungen einen bestimmten Sinn geben; weichen sie voneinander ab, so kann der Richter auch zu einer dritten, von keiner Partei vorgetragenen Deutung kommen (RG 6. 1. 25 III 305/24). — **Besondere Auslegungsregeln** gibt das Gesetz nicht; insbesondere besagt es nicht, daß unter gewissen Voraussetzungen gegen eine der Parteien (RG 53, 60), insbesondere gegen die, der ein Recht eingeräumt worden (RG 7. 10. 07 IV 65/07), und ebensowenig, daß unter besondern Voraussetzungen einschränkend auszulegen sei. Aus Gründen, die in der Sache selbst liegen, wird jedoch eine einschränkende Auslegung am Platze sein bei einem vertraglich abgemachten Strafgedinge (RG JW 04, 139[4]; vgl. indes auch RG JW 1920, 137[1]; 1910, 934[2]; ferner dort 279[2]; 1904, 139[4]), wonach die allgemeinen Auslegungsregeln der §§ 133, 157, 242 auch bei Konkurrenzverboten mit Strafgedinge Anwendung finden, so daß unter Umständen auch eine ausdehnende Auslegung statthaft ist; ferner einschränkend insbesondere bei Zusagen, welche die wirtschaftliche Bewegungsfreiheit im wesentlichen einschränken (RG JW 00, 277[15]); ferner im Falle der Bestellung eines dinglich beschränkten Rechtes am Grundstücke, wonach nicht anzunehmen ist, daß der Besteller sich auch persönlich hat verpflichten wollen (RG 13. 3. 07 V 315/06). Denn es kann als allgemeiner Rechtsgrundsatz gelten, daß niemand sich zu mehr hat verpflichten wollen, als er versprochen hat. Wegen der streng formalen Bedeutung und Wirkung des Grundbuchrechts ist auch eine ausdehnende Auslegung über den Wortlaut einer Vormerkung unzulässig (RG 10. 2. 04 V 337/03). Anderseits aber gibt das Gesetz in einer Reihe von Sonderfällen bei diesen je eigene Auslegungsregeln (vgl. §§ 186, 336, 494, 2066, 2072); insbesondere gehören hierher diejenigen Fälle, in denen das Gesetz besagt, was im Zweifelsfalle gelten solle, wie beispielsweise in den §§ 314, 926, 1031, 1032, 30, 714.

Anwendungsgebiet. Die Auslegung hat ihren Platz auf dem ganzen Rechtsgebiete, und zwar nicht nur bei eigentlichen rechtsgeschäftlichen Erklärungen, sondern auch bei sonstigen Rechtshandlungen, z. B. bei Gerichtsstandsvereinbarungen (RG Warn 1911 Nr 50), insbesondere aber auch auf dem Gebiete des Liegenschaftsrechts (RG 52, 476; 19. 6. 14 V 55/14, wonach auch der eingetragene Rangvorbehalt auslegungsfähig ist; RG 76, 375; 83, 126; 86, 223, betreffend Auslegung einer Vorrangseinräumung zugunsten von Baugeldhypotheken); bei Strafversprechen (RG JW 10, 934[2]), auch bei formbedürftigen Rechtsgeschäften (RG 59, 219; 62, 172 ff.; 71, 115, betreffend den Bürgschaftsvertrag gemäß § 766; RG 80, 403; LZ 1919, 787[10]; JW 1910, 999[3]), bei Wechselversprechen (RG 85, 196) und bei letztwilligen Verfügungen (RG 59, 32; 70, 391; JW 1912, 334; Warn 1913 Nr 230; 1916 Nr 111), falls der Wille des Erblassers überhaupt nur irgendwie festzustellen ist (RG 30. 3. 11 IV 353/10). Daher ist auch die unrichtige Bezeichnung eines Vermächtnisses unschädlich (RG LZ 1921, 376[3]). Der Gebrauch des Ausdrucks „Schenken" in einer Verfügung für den Todesfall hindert nicht die Verfügung als Testament mit Erbeinsetzung oder Vermächtnis aufzufassen (RG 22. 11. 23 IV 792/22). Maßgebend sind bei Testamenten alten Rechtes die damaligen Auslegungsvorschriften (RG Warn 1914 Nr 257). Endlich auch bei gesetzlichen Formvorschriften (RG 73, 74). Sie sind nach ihrem Zwecke und verständigen Inhalte auszulegen (RG 13. 4. 21 V 486/20). Auch die Entscheidungen einer Verwaltungsbehörde unterliegen der freien Auslegung (RG 91, 27; 92 S. 114 u. 117; 102, 3). Vgl. über Auslegung von Patenten RG 80, 55; 86, 201; JW 1914, 594[12]; von vertraglichen Schweigegeboten (§ 133 f GewO; RG JW 1912, 601[24]). — Bei Auslegung von Gesetzen ist der Richter berechtigt und verpflichtet, alle zur Aufklärung des Gesetzeswillens dienlich scheinenden Mittel nach eigenem Ermessen zu beschaffen, er kann auch Zeugen und Auskunftspersonen hören (RG 81, 282; vgl. auch 79, 136).

2. **Revisibilität.** Die Frage, inwieweit die Revision auf die Behauptung unrichtiger Auslegung gestützt werden kann (§ 549 ZPO), ist zweifelhaft, und es haben jeweils auch die einzelnen Senate des RG eine verschiedene Stellung zu ihr eingenommen (vgl. Gaupp-Stein, § 549 Note 47, 52, 55). Auszugehen ist davon, daß zwar das Ziel der Auslegung die Feststellung von Tatsachen ist, daß jedoch das Verfahren bei der Auslegung auch die Anwendung von Rechtsgrundsätzen erheischt, und daß daher aus diesem Grunde auch eine Gesetzesverletzung möglich ist (RG 71, 223; JW 09 S. 190[2], 936[6]). Die Revision kann insbesondere auf die Behauptung gestützt werden, daß das Gericht den § 133 insofern verletzt habe, als er sich an den bloßen Wortlaut gehalten und nicht unter Benutzung der begleitenden Umstände den wirklichen Willen erforscht habe; oder darauf anderseits, daß gegen den klaren Wortlaut ausgelegt worden sei (RG 95, 126; 82, 316; 85, 327; Warn 1919 Nr 2; RG SeuffA 79 Nr 117) — es muß zum mindesten erörtert sein, weshalb eine an sich dem Wortlaut widersprechende Auslegung doch mit ihm vereinbar sein soll (RG 11. 5. 26 VII 622/25) —, oder darauf, daß eine Erklärung ausgelegt worden, die überhaupt nicht auslegungsfähig war, oder daß der Richter den Auslegungsgegenstand verkannt, oder daß er die Grenzen der Auslegung überschritten hat, oder daß er bei der Auslegung von der Partei behauptete wesentliche Tatsachen nicht berücksichtigt hat, oder Tatsachen anderseits verwertet hat, die nicht Gegenstand der Verhandlung waren (RG 17. 2. 06 V 349/05; JW 1911, 180[3]). Ob ein Verstoß gegen Treu und Glauben vorliegt, ist keine reine Tatfrage, sondern auch Rechtsfrage (RG JW 06, 456[8]). Die Feststellung, daß die Parteien selbständige Nebenabreden neben der schriftlichen Urkunde getroffen haben, ist als tatsächliche Feststellung der Nachprüfung in der Revisionsinstanz entzogen (RG 28. 10. 10 II 219/10). Desgleichen der Regel nach die Feststellung, daß ein wichtiger Grund zur sofortigen Kündigung im Sinne der §§ 70, 72 HGB gegeben war (RG JW 1911, 57[60]). Die Frage, ob eine Vertragsabrede genügend bestimmt oder wenigstens bestimmbar ist, unterliegt der Nachprüfung (RG 85, 289). — Ist eine Vertragsklausel („frei bleibend") nicht auf Grund der konkreten Umstände, auch nicht mit Rücksicht auf einen etwaigen Handelsgebrauch, sondern ausschließlich nach der Logik und nach allgemeinen Rechtsgrundsätzen ausgelegt worden, dann unterliegt die Auslegung der Nachprüfung (RG 103, 415), wie sich das Reichsgericht auch das Recht zur Nachprüfung von allgemeinen, vom Berufungsgerichte aufgestellten Erfahrungsgrundsätzen, insbesondere auch eines „allgemeinen deutschen Sprachgebrauchs" (beispielsweise „Lieferzeit bis 1. Oktober", oder bei einem Angebote „gebunden bis zum 31. März") vorbehalten hat (RG 99, 71; 105, 418; JW 1922, 706[3] V 114/22, wo angenommen ist, daß es naheliege, in Fällen bezeichneter Art den angegebenen Betrag in die Frist mit einzubeziehen). Die Frage des Mitverschuldens gemäß § 259 ist nachprüfbar als Rechtsfrage (RG JW 1922, 105[2]).

Privilegien, die nicht durch lästigen Vertrag erteilt worden sind, stellen eine nachprüfbare Rechtsnorm dar (RG 94, 36 und die dort angeführten Urteile). — Bei der Auslegung typischer Vertragsklauseln („allgemeiner Vertragsbedingungen") ist davon auszugehen, daß sie zum Schutze solcher Interessen des Unternehmers bestimmt sind, die sich als berechtigte darstellen, und daß sie nicht bestimmt sind, den Interessen und Rechten des Vertragsgegners Abbruch zu tun (RG 79, 438; 88, 416; 98, 123). Allgemeine Vertragsbedingungen in Urkunden, die allgemein für den Verkehr bestimmt sind und einen typischen Inhalt haben, wie z. B. allgemeine Versicherungsbedingungen, Genußscheine einer Aktiengesellschaft, formularmäßige Rentenguts-Vertragsbedingungen, die Geschäftsbedingungen der Spediteure Groß-Berlins, die allgemeinen Bedingungen einer Maschinenfabrik, sind, sofern sich ihre Anwendung auf mehrere Oberlandesgerichtsbezirke erstreckt, auf die Richtigkeit der Auslegung auch vom Revisionsgerichte nachzuprüfen (RG 81, 117; 83, 296; 87, 305; 96, 266; JW 1916, 134[7]; 1919, 189[11]; 1926, 1947[1]; Warn 1922 Nr 10; Gruch 1921, 349). Dieser Standpunkt ist im Interesse einer einheitlichen Rechtsprechung durchaus zu billigen. Der Gedanke der Rechtseinheit fordert, daß solche Vertragsbedingungen nicht von dem einen Oberlandesgericht so, von einem andern anders ausgelegt werden. So auch für die von den Regierungen in Preußen den Jagdgenossenschaften empfohlenen „Allgemeinen Bedingungen" zu Jagdpachtverträgen RG 111, 276; für allgemeinverbindlich erklärte Tarifverträge RG 114, 409; für Vertragsbedingungen einer gewerbsmäßigen Auskunftei über der Haftungsausschluß RG 115, 122. Auch die formularmäßigen Mietverträge von Hausbesitzervereinigungen könnten hierher gehören. Ob das gleiche für die allgemeinen Scheckbedingungen einer Bank gilt, ist im Urteile RG 10. 11. 20 V 197/20 dahingestellt gelassen, dürfte aber zu bejahen sein. Nachprüfung der Auslegung von Gesellschaftssatzungen s. RG 83, 319; 86, 283; 97, 242; RG Warn 1922 Nr 100. Über die Revisibilität von Bestimmungen eines Tarifvertrags nach dem Arbeitsgerichtsgesetz s. dort § 73.

§ 134

Ein Rechtsgeschäft, das gegen ein gesetzliches Verbot verstößt, ist nichtig[1]), wenn sich nicht aus dem Gesetz ein anderes ergibt[2])[3]).

E I 105 II 100; M 1 210 ff.; P 1 122 ff.

1. Die **Nichtigkeit** (§ 125 A 1) von Rechtsgeschäften, die **gegen ein Verbotsgesetz** verstoßen, ist eine derart unbedingte und vollkommene, daß aus ihnen weder eine Klage noch eine Einrede entsteht. Ob die Beteiligten den Inhalt des Rechtsgeschäfts und seine Wirkungen billigen oder nicht, ist dabei gleichgültig (RG 111, 28). (Inwiefern die Nichtigkeit eines Teiles des Rechtsgeschäfts dieses insgesamt vernichtet, vgl. § 139 und A 1 weiter unten.) Der gesetzliche Grund der Vorschrift liegt in dem Satze: jus publicum privatorum pactis mutari non potest. Voraussetzung ist, daß sich das Verbot gegen das Rechtsgeschäft selbst richtet und daß also das Rechtsgeschäft objektiv gegen das Gesetz verstößt. Im übrigen aber macht es keinen Unterschied, ob gegen den Wortlaut des Gesetzes unmittelbar gefehlt ist, oder ob der unzulässige Erfolg durch die Umgehung des Gesetzes erreicht werden soll (JW 1911, 708[3]). Freilich liegt eine solche Umgehung des Gesetzes nicht schon dann vor, wenn, ohne daß der angestrebte Erfolg an sich gesetzlich unzulässig wäre, der an sich zulässige wirtschaftliche Erfolg anstatt durch das verbotene Mittel durch ein statthaftes Rechtsgeschäft von anderer Rechtsform erzielt werden konnte (vgl. beispielsweise unten § 137 A 4), so daß es sich auch nicht um eine Vereitlung des Gesetzeszwecks handelt (RG 37, 62; 44, 108; 61, 299). So ist die Nichtigkeit eines Kaufvertrages verneint worden, bei dem das Erfordernis der behördlichen Genehmigung zum Grundstückserwerb nach Art 7 § 2 PrAGBGB durch Verkauf an einen Treuhänder umgangen wurde (RG SeuffA 80 Nr 100). Ein Vorteil aber, dessen Erlangung das Gesetz verbietet, kann niemals auf dem Wege des Schadensersatzanspruchs zu einem schutzfähigen werden (RG 90, 306). — Auf die **Form des Verbots**, ob es ausdrücklich oder mittelbar erlassen ist, kommt es nicht an. Unwesentlich ist es ferner, ob das Verbot in einem Strafgesetze oder in einer privatrechtlichen Norm enthalten ist, endlich, ob in einem Reichsgesetze oder Landesgesetze. Der Sprachgebrauch des BGB bedient sich, um einer Bestimmung die Eigenschaft als Verbotsgesetz beizulegen, verschiedener Ausdrucksformen. In einer Reihe von Vorschriften erklärt es das verstoßende Rechtsgeschäft ausdrücklich als nichtig (vgl. §§ 248, 310, 312, 443, 723 Abs 3, 746 Abs 3, 795 Abs 3, 925 Abs 2, 1136, 1229, 1714 Abs 2, 2040, 2302). In andern Fällen bezeichnet es die rechtliche Unmöglichkeit des Rechtserfolgs durch die Wendungen „kann nicht" (RG JW 1912, 29[11]) und „ist nicht übertragbar" (vgl. beispielsweise §§ 137, 225, 276 Abs 2, 399, 400, ferner 514, 613, 717). Die Ausdrucksweise **„kann nicht"** weist jedoch nicht immer auf Nichtigkeit hin. So nicht im Falle des § 181. Wenn es dort heißt, daß der Vertreter ein Rechtsgeschäft namens des Vertretenen mit sich im eigenen Namen regelmäßig nicht vornehmen könne, so will das nur so viel besagen, daß ein derartig vorgenommenes Rechtsgeschäft schlechthin und ohne weiteres imstande ist, die beabsichtigte Wirkung auszuüben, will jedoch nicht die Möglichkeit ausschließen, daß das Geschäft durch die nachträgliche Genehmigung des Vertretenen wirksam wird (vgl. das Nähere bei § 181 A 1). Ähnlich wie bei § 181 dürfte die Sache auch im Falle der §§ 1795 u. 1630 Abs 2 liegen, betreffend das Erfordernis der Vertretung des Mündels oder des Hauskindes durch den Vormund oder durch elterliche Gewalthaber; ferner bei § 719. Das vom Vormunde oder dem Vater in Fällen der gedachten Art vorgenommene Rechtsgeschäft wäre genehmigungsfähig und könnte durch die nachträgliche

Genehmigung seitens der großjährig Gewordenen oder seitens des Pflegers wirksam werden. Vgl. auch § 399 A 1. In denjenigen Fällen, in denen sich das Gesetz des Ausdrucks **„darf nicht“** bedient, nimmt es für den Fall des Zuwiderhandelns nicht ohne weiteres und nicht regelmäßig Nichtigkeit an. Es sieht vielmehr die Folgen der Zuwiderhandlung regelmäßig besonders vor (vgl. §§ 456, 457, 458, 1238, ferner §§ 1309, 1310, 1312 und dazu §§ 1326, 1327, 1328). Der Ausdruck **„soll nicht“** bedeutet nur eine nicht wesentliche Ordnungsvorschrift. Dem Sprachgebrauche des BGB schließt sich entsprechend das HGB an (vgl. beispielsweise die §§ 60, 74 Abs 2, 3).

Verbotsgesetze begründen die Nichtigkeit des Rechtsgeschäfts auch ohne ausdrückliche Androhung dann, wenn sich das Verbot gegen den Inhalt eines solchen Rechtsgeschäfts und nicht gegen seine Vornahme richtet, aber auch in jenem Falle nicht einmal, wenn die Strafandrohung sich nur gegen die besonderen Umstände, unter denen, und gegen die Absicht, in der ein Rechtsgeschäft abgeschlossen wird, nicht aber gegen das Rechtsgeschäft als solches wenden will (**RG** 6, 169; SeuffA 1920 Nr 85). Vgl. A 2. — Auf eine Leistung, deren Vornahme mit Strafe bedroht ist, kann eine Verurteilung nicht ergehen (**RG** 8. 10. 21 V 168/21, hier war auf Erteilung der Auflassung eines ausländischen Grundstücks auf Grund eines nach Landesrecht genehmigungsbedürftigen Vertrags geklagt worden, wiewohl die Genehmigung noch nicht erfolgt war). — Der Regel nach hat ein Verbotsgesetz die Nichtigkeit des Rechtsgeschäfts nur dann zur Folge, wenn sich das Verbot gegen beide Teile richtet (**RG** 100, 40; 105, 65; 106, 317). Das Verbotsgesetz muß bereits im Zeitpunkte der Vornahme des Rechtsgeschäfts bestanden haben, um die Nichtigkeit herbeizuführen (**RG** 105, 177). Wird das Verbot später wieder aufgehoben, so wird ein verbotswidriges Rechtsgeschäft nur dann nachträglich gültig, wenn die Voraussetzungen der §§ 308, 309 erfüllt sind (**RG** 105, 137; **RG** SeuffA 79 Nr 197). Fehlt es an diesen Voraussetzungen, so muß das nichtige Geschäft neu vorgenommen werden (§ 141), wenn nicht das Verbotsgesetz selbst hiervon eine Ausnahme bestimmt (**RG** 1. 12. 24 V 16/24; 9. 10. 25 III 498/24).

Grundgeschäft und Vollzugsgeschäft. Ein Verbotsgesetz, das die Nichtigkeit sowohl des Grund- wie des Vollzugsgeschäfts herbeiführt, enthält § 3 der Bekanntmachung zur Verordnung über den Verkehr mit fettlosen Wasch- und Reinigungsmitteln v. 11. 5. 18 (**RG** JW 1922, 89[1]). — Richtet sich im Falle von Veräußerungsgeschäften das Verbot sowohl gegen den Verkäufer wie gegen den Käufer, dann ist davon auszugehen, daß es sowohl das Veräußerungs- wie das Erwerbsgeschäft untersagt und daher das Schuldverhältnis wie das Vollzugsgeschäft nichtig sein soll (**RG** 60, 276; 78, 353; 100, 238). — Richtet sich ein Verbot (das Verbot der Einfuhr aus § 1 der Bekanntmachung v. 16. 1. 17 über die Regelung der Einfuhr) nur gegen den Käufer und nicht auch gegen den Lieferanten, dann ist der Ankauf nicht ohne weiteres nichtig, und ist die Ware eingeführt worden, dann ist die Möglichkeit des Eigentumserwerbs durch einen Dritten noch vor erfolgter Beschlagnahme rechtlich möglich (**RG** 102, 323). Das Einverständnis beider Vertragsteile über den Zweck der verbotenen Einfuhr macht aber auch das mit einem Ausländer geschlossene Rechtsgeschäft nichtig, seine Aufrechterhaltung nach ausländischem Recht würde gegen den Zweck des deutschen Gesetzes verstoßen (vgl. EG Art 30, **RG** JW 1924, 1710[1]). — Nichtigkeit des schuldrechtlichen und des dinglichen Devisengeschäfts nach den Bestimmungen über den Devisenhandel s. **RG** 98, 256; 105, 298; **RG** JW 1926, 2080[9]. Die Abrede der Zahlung „in effektiven Devisen“ macht, wenn sie gegen gesetzliche Bestimmungen verstößt, in der Regel nur diese Zahlungsbestimmung, nicht das ganze Rechtsgeschäft nichtig (**RG** JW 1926, 2838[1]).

Als **Verbotsgesetze** im Sinne des § 134 kommen in Betracht: § 288 StGB; HGB §§ 23 (**RG** JW 07, 843[24]), 74, 109, 261 (**RG** 72, 37); KO § 181 (**RG** 72, 48), die §§ 1 u. 2 des AbzG; § 1 des FreizügG (**RG** Warn 1915 Nr 8); die Bestimmung des § 10 der GewO, welche der Neubegründung von Gewerbeberechtigungen, Zwangs- und Bannrechten entgegentritt; ferner die Bestimmungen, die das Recht zum Gewerbebetriebe von Genehmigung, Konzession oder Erlaubnis abhängig machen (§§ 14ff., 33ff., 55ff. GewO). Das Nordostseekanal-Gesetz v. 16. 3. 86 verbietet den vertragsmäßigen Ausschluß der Haftung des Staates (**RG** 68, 358). Der § 12 Abs 3 des Ges., betreffend die gemeinsamen Rechte der Besitzer von Schuldverschreibungen, v. 4. 12. 99, schließt die Zulässigkeit eines beschlußmäßigen Verzichts auf die dem Nennwerte der Schuldverschreibungen entsprechenden Kapitalansprüche aus (**RG** 75, 259). Nichtigkeit des ohne die nach BRV v. 8. 3. 17 (RGBl 220) erforderliche Genehmigung abgeschlossenen Vertrags über die Ausgabe von Teilschuldverschreibungen s. **RG** 106, 157. Über die Nichtigkeit von Verträgen, die gegen §§ 213, 215 HGB verstoßen s. **RG** 107, 161. Zur Anwendung des § 134 bei Zuwiderhandlungen gegen die V über die Sicherstellung von Kriegsbedarf v. 24. 6. 15/26. 4. 17 s. **RG** 92, 34; 100, 248; **RG** LZ 1924, 119[1]. — Nach feststehendem Grundsatze sind insbesondere nichtig Verträge, die bezwecken, unter Täuschung der zuständigen Behörden die einer bestimmten Person konzessionierte Gast- und Schankwirtschaft auf einen andern zu übertragen, gleichviel in welcher Form das Gesetz umgangen ist (vgl. oben A 1), ob im Wege eines Mietvertrags oder durch angebliche Bestellung des andern als Stellvertreter (RG 12. 1. 06 III 230/05; 8. 2. 06 VI 193/05; 25. 3. 07 VI 379/06; JW 1912, 456[2]; Warn 08 Nr 371 u. 09 Nr 443; 1920 Nr 32); **die sog. Kastellanverträge:** Verträge, die einen nach §§ 33, 147 Nr 1 GewO unerlaubten Wirtschaftsbetrieb zum Gegenstande haben, in welcher Geschäftsform auch immer die Überlassung des Betriebes stattfindet (RG 39, 268; 63, 145; 67, 323; 84, 305; Warn 08 Nr 371; 09 Nr 443; JW 17, 654[1]). Die Nichtigkeit erstreckt sich hier gegebenenfalls, jedoch nicht notwendig, auch auf den Mietvertrag im übrigen, oder auf die einzelnen infolge des Getränkeabnehmervertrags abgeschlossenen Kaufgeschäfte (RG 12. 1. 06 III 230/05 u. 8. 2. 06 VI 193/05); ebensowenig auf die für die Wareneinkäufe geleistete Bürgschaft (RG Gruch 50, 919); wohl aber gegebenenfalls auf solche Kaufpreisforderungen, die die Natur des Anspruchs als Pachtzins verdecken (RG JW 1912, 133[5]). Die Leistungen der einen oder andern Partei, welche unmittelbar auf Grund von Verträgen der bezeichneten Art bewirkt werden, unterliegen hinsichtlich der Rückforderung der Ausnahmevorschrift des § 817 Satz 2 (RG 72, 48, betreffend § 181 Satz 3 KO); dies jedoch gegebenenfalls nur dann, wenn die Leistung zur Erfüllung eines Vertrags erfolgt war, der einen gesetzlich verbotenen Zweck verfolgte (RG Gruch 61, 303 zu § 400). Dagegen können Leistungen, die, wie die Bestellung eines Pfandes, auf Grund eines Nebenvertrags erfolgt sind, nach § 812 zurückgefordert werden (RG 67, 321; vgl. ferner § 400). — Rechtsunwirksam ist in Preußen ein sog. Apothekenverwaltungsvertrag, falls darin dem Verwalter der selbständige, wenn auch nach außen auf den Namen des Konzessionsinhabers gehende Betrieb gegen eine feste Vergütung übertragen wird (RG 15. 3. 27 III 396/26; vgl. SeuffA 81 Nr. 76). — **Ein Verbotsgesetz enthalten auch** die §§ 135, 154a GewO. Gegebenenfalls schließt jedoch die Nichtigkeit des Dienstvertrags das Kind nicht von der Unfallversicherung aus (RG 66, 42). Nichtigkeit droht endlich § 133f GewO bei Vereinbarung einer Konkurrenzklausel mit einem minderjährigen Angestellten an. Vgl. auch § 135 A 5. Verträge zwischen Ärzten und Krankenkassen, wenn diese sich gegen § 414 Satz 2 RVO ohne die erforderliche Genehmigung zum gemeinsamen Abschlusse von Verträgen mit Ärzten vereinigt haben, sind nichtig (RG 86, 371; 90, 39; JW 1917, 595[3]). — Bilanzen, die unter Verletzung der Vorschriften der §§ 30 HGB oder 42 GmbHG aufgestellt werden, sind nach § 134 nichtig (RG 80, 333). Verstößt der Vertreter einer Aktiengesellschaft zu deren Schaden gegen ein Strafgesetz (§ 266 StGB), so macht er sich dadurch gegen die Aktiengesellschaft ersatzpflichtig, aber dem Dritten gegenüber, der durch die Verfügung Rechte erwirbt, bleibt das Rechtsgeschäft gültig, falls er nicht an der strafbaren Handlung teilgenommen hat; Voraussetzung ist hierbei jedoch, daß das vom Vertreter vorgenommene Rechtsgeschäft nicht aus § 138 oder aus § 134 nichtig war (RG 78, 353). Eine Gemeinde, die im öffentlichen Interesse eine Anlage geschaffen hat (Hafenanlage), für deren Benutzung ein staatlich genehmigter Tarif aufgestellt ist, kann nicht vertraglich die Gebühr herabsetzen (RG JW 1914, 185[1], zu den §§ 4, 5, 7 des PrKommAbgG). — Die Umwandlung eines freien Gutes in ein Ansiedlungsrentengut gemäß den preuß. Besitzbefestigungsgesetzen (v. 20. 3. 08; 26. 6. 12; 28. 5. 13) mit dinglichem Wiederkaufsrechte verstößt nicht gegen den Vorbehalt des Art 62 EG, noch gegen ein sonstiges Gesetz (RG 84, 100). Eine behördlich angeordnete Beschlagnahme ist ein Staatshoheitsakt, der, auch wenn er unberechtigt erfolgt ist, der Anfechtung nicht unterliegt (RG Warn 1922 Nr 110). — Unter Umständen treffen bei einem Rechtsgeschäfte die Nichtigkeitsgründe sowohl des § 134 wie des § 138 zu, so bei einem vertragsmäßigen Ausschlusse der Berufung für den Fall, daß auf Ehescheidung erkannt werden sollte (RG 70, 60). — Verbotsgesetze waren auch die Bestimmungen gegen den **Kettenhandel.** Über den Begriff des Kettenhandels vgl. RG 96 S. 240, 330, 344; 98, S. 1, 61; 99, 50; 103, 161; 101, 371; 105, 177; Warn 1921 Nr 114 u. 115, 137. Wesentlich für den Begriff des Kettenhandels ist danach eine unlautere, gemeinwirtschaftlich unnütze, eine Preissteigerung verursachende Machenschaft. Nichtig ist ein Kettenhandelsgeschäft jedenfalls dann, wenn beiden Teilen die Kenntnis vom Vorhandensein der objektiv vom Gesetze gemißbilligten Tatbestandsmerkmale beiwohnt und sie den Willen haben, sie zu verwirklichen (RG 98, 2; 101, 338; vgl. RG LZ 1927, 45[16] zu § 1 Nr. 4 PreistreibereiV v. 8. 5. 18). „Unlautere Machenschaften" setzen voraus ein den Anschauungen ehrbarer Kaufleute widersprechendes, für die Allgemeinheit zweckloses, aus selbstsüchtiger Absicht bewirktes preissteigerndes Einschieben von gleichartigen Funktionären des Handelsverkehrs (RG Warn 1920 Nr 93 u. 143; RGSt 50, 270; 51 S. 54 u. 277, 294, 300). Liegen bei einem derartigen Vertrage die Voraussetzungen der Strafbarkeit vor, dann ist er schlechthin nichtig und seine Aufrechterhaltung unter Herabsetzung des Preises ist ausgeschlossen (RG 96, 237; Warn 1920 Nr 144). Bei einem Kaufhandel unter Großkaufleuten besteht ein starkes Anzeichen für das Zwischenschieben eines unnützen Gliedes in die Kette des Absatzes; aber es kann auch anders sein, so wenn die Verteilung der Ware unter Großkaufleuten eine zweckgemäße Maßnahme zur Verteilung des Absatzes war (RG 103, 16; 99, 50; Warn 1921 Nr 137; 1922 Nr 137; JW 1922, 709[4]), oder wenn etwa der Großhändler eine Ware kauft, die er nicht selbst verarbeiten lassen kann und daher die Ware an einen andern Großhändler abgibt, der die Verarbeitung selbst oder durch einen andern vornehmen läßt (RG 103, 163; 105, 270, betreffend verschiedene wirtschaftliche Funktionen). Der Verkäufer, der erkannt hat, daß der Käufer mit der Ware Kettenhandel oder Preiswucher treiben will, darf die Erfüllung auf Grund des § 242 verweigern (RG 105, 178). Die Beweislast beim Kettenhandel hat in vollem Umfange derjenige, der den Einwand erhebt (RG Warn 1919 Nr 44); spricht die Vermutung für den Kettenhandel, etwa weil die Beteiligten auf der gleichen wirtschaftlichen Stufe stehen, beide etwa als Großhändler, so hat derjenige, der gleichwohl die gemeinwirtschaftliche Nützlichkeit geltend macht, diese zu beweisen (RG 98, 1; JW 1921, 627[7]); die gleiche wirtschaftliche Stufe der Beteiligten begründet die bezeichnete Vermutung jedoch nicht zwingend, es kommt auf die konkrete Sachlage an (RG JW 1922, 92[4]). Nach der Preissteigerungsverordnung v. 23. 7. 15/23. 3. 16 reicht es für den subjektiven Tatbestand aus, wenn Beweggrund für den Täter war, durch die Preissteigerung für sich Gewinne zu erzielen, dagegen braucht seine Absicht nicht auf „Steigerung des Preises" gerichtet gewesen zu sein (RG 105, 178). Die an die Stelle der PreistreibereiV v. 8. 5. 18 (RGBl 395) getretene PreistreibereiV v. 13. 7. 23 (RGBl I 760) ist durch das am 24. 7. 26 in Kraft getretene RGes v. 19. 7. 26 (RGBl I 413) aufgehoben worden. Die bürgerlich-rechtliche Wirksamkeit der vor seinem Inkrafttreten abgeschlossenen Rechtsgeschäfte entscheidet sich nach wie vor nach dem bisherigen Recht, das erwähnte Reichsgesetz hat insoweit keine rückwirkende Kraft (RG 115, 151). Vgl. auch § 433 A 1a Abs 3. — Über den Einfluß eines Verstoßes gegen die deutschen Einfuhrbeschränkungen im besetzten Gebiete unter der Herrschaft des Waffenstillstandsvertrags vom November 1918 auf die Gültigkeit eines Kaufvertrags s. RG 105, 179 in Verbindung mit 102, 255 und 104, 105.

Ausländische Verbotsgesetze haben nicht die verbindliche Kraft der inländischen Gesetze und begründen daher nicht die Anwendung des § 134. Es ist vielmehr in jedem Falle die Nichtigkeit oder Zulässigkeit des Geschäfts nach dem inländischen Rechte zu prüfen und dabei insbesondere zu erwägen, ob das Geschäft gegen die guten Sitten verstößt (§ 138), und welche Bedeutung das inländische Recht dem ausländischen Verbote nach dessen Zweck und Inhalt beilegt (RG 108, 241; Warn 1912 Nr 241; Gruch 61, 461; 66, 104; s. auch EG Art 30). Anordnungen, die fremde Besatzungsbehörden für deutsches Gebiet erlassen, sind nicht gesetzliche Verbote nach § 134, mögen auch diese Behörden nach völkerrechtlichen Grundsätzen oder Verträgen die gesetzgebende Gewalt im besetzten Gebiete haben und ihre Anordnungen sich in diesen Grenzen halten (RG 107, 173). Keine Nichtigkeit eines Vertrags über die Versicherung eines Waffentransports nach China, wenn die Ausfuhr nach deutschem Recht erlaubt ist, mögen auch ausländische Behörden die Bestimmungen des Versailler Vertrags (Art 170) anders auslegen (RG 115, 97). Verstöße gegen die Devisenvorschriften können ein Geschäft auch dann nichtig machen, wenn es im Ausland geschlossen und zu erfüllen ist, sofern sich nur seine wirtschaftliche Auswirkung auf deutsches Gebiet erstreckt, z. B. die Vertragsteile Wohnsitz und Geschäftsbetrieb in Deutschland haben (RG 29. 6. 23 III 540/22). — Nach internationalem Übereinkommen über den Eisenbahnverkehr v. 14. 10. 90 ist jedes Privatübereinkommen verboten und nichtig, wodurch dem Absender eine Preisermäßigung gegenüber den Tarifen gewährt werden soll (RG 96, 67).

2. Ob sich **aus dem gesetzlichen Verbote ein anderer Zweck** ergibt als der, Rechtsgeschäfte entsprechenden Inhalts unmöglich zu machen, ist durch Auslegung und unter Berücksichtigung des gesetzgeberischen Grundes zu ermitteln. Zur Entkräftung der Regel des § 134 muß aus dem übertretenen Gesetze selbst hervorgehen, daß es auf die Gültigkeit des verbotswidrig abgeschlossenen Geschäfts keinen Einfluß haben will (RG 100, 239). a) Verbote eines Strafgesetzes machen ein Rechtsgeschäft namentlich dann nicht nichtig, wenn das Gesetz die durch das Rechtsgeschäft eingeleitete Veränderung in den Privatrechtsverhältnissen nicht verhindern will, sondern andere Zwecke verfolgt (RG SeuffA 81 Nr 2: Verkauf von Zigarren gegen die Vorschriften des Tabaksteuergesetzes), insbesondere das Verbot sich nur gegen die Handlungsweise des einen Teiles der Vertragschließenden richtet, wie das beispielsweise zutrifft bei den §§ 253, 263, 301, 302, 288 StGB und bei § 7 AbzG (vgl. des näheren RG 60, 275), sowie bei dem noch geltenden § 270 des PrStGB (RG 60, 64; JW 1912, 525[2]; Warn 1912 Nr 368); ferner bei einem Verstoße gegen die §§ 12—14 des Nahrungsmittelgesetzes v. 14. 5. 79 (RG 100, 39); vgl. jetzt das an die Stelle des Nahrungsmittelgesetzes getretene Lebensmittelgesetz v. 5. 7. 27 RGBl I 134 §§ 12, 13. (Der § 270 a. a. O. enthält aber ein Schutzgesetz im Sinne des § 823 Abs 2, indem er namentlich eine Gefährdung der Interessen des Zwangsvollstreckungsschuldners und der übrigen Beteiligten verhüten will; RG JW 1912, 44[42]; JW 1911, 291[34]). Ebenso sind nicht nichtig Verstöße gegen das auf Grund der V v. 16. 10. 17 in AusfV v. 17. 10. 17 ausgesprochene Verbot, Ätzalkalien und Soda ohne die vorgeschriebene Genehmigung abzusetzen (RG 26. 1. 23 III 175/22). Keine Nichtigkeit tritt ferner dann ein, wenn nach der Absicht des Gesetzes das betreffende

Geschäft nicht schon allgemein mit Rücksicht auf seine Natur, sondern nur wegen der besondern Umstände seiner Vornahme untersagt sein soll, wie solches der Fall bei der Vornahme von Kaufgeschäften unter Verstoß gegen die Bestimmungen über die Sonntagsruhe (GewO §§ 41a, 146a), ferner bei Schenkungen, sofern dabei seitens des Beschenkten gegen das Verbot des Bettelns gefehlt wird. In diesen Fällen trifft übrigens das Verbot wiederum nur die Person der einen Vertragspartei. Das ist auch der Fall beim Verbote des Spielens in auswärtigen Lotterien (RG 48, 178; 58, 278). b) Die Nichtigkeitsfolge haben ferner nicht die gesetzlichen und behördlichen Veräußerungsverbote im Sinne der §§ 135, 136. c) Ebensowenig ist die Nichtigkeit geknüpft an die Strafbestimmung des § 241 KO, selbst für den Fall des Zuwiderhandelns beider Vertragsteile (RG 56, 229; 26. 9. 02 VII 181/02). Die Vorschrift des § 138 I 8 ALR, betreffend die Verpflichtung zur Verwahrung von Fenstern, dient nicht dem öffentlichen Interesse, sondern dem des Nachbarn (RG Warn 1913 Nr 152). — Wenn die zuständige Behörde die Genehmigung zur Ansiedlung davon abhängig macht, daß das betreffende Grundstück an keine Person polnischer Nationalität veräußert wird, so handelt es sich um einen erlaubten privatrechtlichen Vertrag (Vorbem 1 vor § 145); auch läßt sich aus den Vorschriften der §§ 13, 13b PrAnsiedlG ein Verbotsgesetz im Sinne des § 134 mit der Folge der Nichtigkeit nicht herleiten (RG 73, 18); ebenso nicht aus den Vorschriften der V v. 15. 3. 18 (RGBl 123) und des preuß. Grundstücksverkehrsgesetzes v. 10. 2. 23 (GS 25; RG 102, 3; 103, 106; 106, 324; 108, 94; 116, 107; Gruch 67, 313 [verbotswidrige Auflassung]; JW 1927, 521[13], 1416[12]; LZ 1927, 239[2]). Nach ihrem Zwecke, die Waren für einen erschwinglichen Preis den Verbrauchern zugänglich zu machen, ist auch die Höchstpreisverordnung (Ges v. 4. 8. 14 und 21. 1. 15) kein Verbotsgesetz im Sinne des § 134; die unter Verletzung der Verordnung abgeschlossenen Käufe sind daher nicht nichtig, sind vielmehr unter Herabsetzung der Preise auf ein angemessenes Maß aufrechtzuerhalten (RG 88, 250; 89, 198; RG Gruch 67, 164). Das gleiche gilt für Fälle der Preistreiberei nach den Verordnungen vom 8. 5. 18 und v. 13. 7. 23 (RG 98, 293; RG SeuffA 80 Nr 19; RG LZ 1921, 216; JW 1926, 2624[8]). Nach der Preistreibereiverordnung vom 8. 5. 18 sind Verträge über Lieferungen nach dem Auslande unbedingt statthaft, selbst Inlandsgeschäfte, die nur mittelbar dazu dienen, die Ware einem ausländischen Verbraucherkreise zuzuführen (RG Warn 1922 Nr 113). — Ebensowenig Verbotsgesetz ist § 1 der V v. 24. 6. 16, betreffend die Erfordernisse zum Handel mit Lebensmitteln (RG 96 S. 232 u. 343; 97, 83), weil diese Vorschrift nur gewerbepolizeilicher Natur ist und die bürgerlich-rechtliche Gültigkeit eines Rechtsgeschäfts nicht berühren will (RG 96, 343; 100, 240; 106, 317; RG JW 1920, 45[5], 141[6]; RG LZ 1925, 868[16]). Anders nach dem durch Art III der WuchergerichtsV v. 27. 11. 19 (RGBl 1909), der V. zur Fernhaltung unzuverlässiger Personen vom Handel v. 23. 9. 15 (RGBl 603) eingefügten § 4b, wonach jedes ohne die erforderliche Handelserlaubnis vorgenommene Geschäft nichtig ist (RG 105, 288, 366, 410; 106, 413; RG LZ 1925, 868[16], wobei die Nichtigkeit nicht nur den schuldrechtlichen Kaufvertrag, sondern auch das dingliche Übereignungsgeschäft umfaßt (RG 25. 3. 24 VII 227/23). Spätere Erteilung der Erlaubnis macht das nichtige Rechtsgeschäft nicht wirksam; es bedürfte dazu der Bestätigung im Sinne des § 141. Auch § 26 der V. über Handelsbeschränkungen v. 13. 7. 23 (RGBl I 706) sieht Nichtigkeit vor; doch soll die Nichtigkeit nicht zum Nachteil dessen wirken, der den Mangel der Erlaubnis weder kannte noch kennen mußte (vgl. RG JW 1926, 1335[1]). Über die Aufhebung der Vorschriften über Handelserlaubnis s. V. v. 26. 6. 24 RGBl I 661. Wohl aber sind der § 11 der V. v. 24. 6. 16, sowie der gegen eine übermäßige Preissteigerung gerichtete § 5 Nr 1 der BRVO v. 23. 3. 16 Verbotsgesetze (RG 96, 343); weiter nicht das Ausfuhrverbotsgesetz (RG Gruch 64, 339); endlich die V v. 31. 8. 17 (§§ 5 u. 8), betreffend den Verkauf von Wein (RG SeuffA 1920 Nr 85). — Das Veräußerungsverbot des § 717 fällt unter § 135, nicht unter § 134 (RG Warn 1920 Nr 10). — Die Überschreitung der festgesetzten Richtpreise hat nicht die Nichtigkeit des Kaufes zur Folge, vielmehr findet gegen den Verkäufer nur § 817 Anwendung (RG 97, 82). Über den Einfluß von Zuwiderhandlungen gegen das Süßstoffgesetz auf die Wirksamkeit der bezüglichen Rechtsgeschäfte s. RG 105, 65; RG Gruch 66, 98. — Anfechtbar, nicht nichtig ist der Generalversammlungsbeschluß einer Aktiengesellschaft, der gegen § 11 der V über Goldbilanzen v. 28. 12. 23 die Zahl der Aktien vermindert (RG 111, 26).

Ein Vertrag, bei dem nur der eine Teil gegen ein Verbotsgesetz verstößt (gegen die VO, betreffend den Handel mit Tabakwaren v. 26. 6. 17), ist der Regel nach nicht nichtig; er ist es aber, wenn der andere Teil bewußt zu dem Verstoße mitgewirkt hat (RG 60, 276; 78, 353; SeuffA 76 Nr 68).

Das **Rückforderungsrecht** aus Veräußerungsgeschäften, die gegen ein absolutes Verbotsgesetz verstoßen (beispielsweise die Bundesratsverordnung v. 24. 6./25. 11. 15 über die Sicherung von Kriegsbedarf) ist gemäß § 817 Satz 2 ausgeschlossen; jedoch reicht dazu der objektive Verstoß gegen das Verbot allein für sich nur dann aus, wenn das Verbotsgesetz kraft seiner inneren Bedeutung und in Betracht seiner langen Dauer in das Allgemeinbewußtsein des Volkes derart eingedrungen ist, daß es regelmäßig als allgemein bekannt angesehen werden kann, während es ungerechtfertigt wäre, auch den unwissentlichen Verstoß gegen ein allgemein noch unbekanntes Verbot mit dem Ausschlusse des Rückforderungsrechts zu bestrafen (RG 95, 348).

3. **Unvollkommene Verbindlichkeiten.** Wohl zu unterscheiden von den Fällen, in denen das Gesetz einem Rechtsgeschäfte jede rechtliche Wirkung abspricht (A 1), sind diejenigen, in denen es wegen des Geschäftsinhalts zwar die Klage versagt, anderseits aber doch mittelbar eine erfüllbare Schuld als bestehend anerkennt, so daß die Rückforderung ausgeschlossen ist. Hier besteht zwar kein voll wirksamer Anspruch im Sinne des § 194, jedoch ein durch Einrede geschütztes Interesse. Wird mithin die versprochene Leistung gewährt, so ist zwar eine klaglose Forderung, aber keineswegs eine wirkliche Nichtschuld erfüllt (vgl. RGSt 40, 29), und der Empfänger der Leistung hat nicht eine Schenkung und nicht eine grundlose Bereicherung erfahren. Es handelt sich hier sonach um die sog. unvollkommenen Verbindlichkeiten. Nach dem BGB stehen dabei in Frage die Forderungen aus Spiel, Wette, staatlich nicht genehmigter Lotterie, Differenzgeschäft (§§ 762, 763, 764) sowie die Forderung auf den Ehemaklerlohn nach § 656. Durch § 763 haben landesgesetzliche Verbote des Spielens in auswärtiger Lotterie für das Zivilrecht ihre Bedeutung verloren. Als Grundlage für ein wirksames Strafgedinge reichen auch solche unvollkommene Verbindlichkeiten nicht aus (§ 344 A 1), wohl aber als Grundlage für eine wirksame Schuldübernahme (RG Warn 1916 Nr 68).

§ 135

Verstößt die Verfügung[1]) über einen Gegenstand gegen ein gesetzliches Veräußerungsverbot, das nur den Schutz bestimmter Personen bezweckt, so ist sie nur diesen Personen gegenüber unwirksam[2]). Der rechtsgeschäftlichen Verfügung steht eine Verfügung gleich, die im Wege der Zwangsvollstreckung oder der Arrestvollziehung erfolgt[3]).

Die Vorschriften zugunsten derjenigen, welche Rechte von einem Nichtberechtigten herleiten, finden entsprechende Anwendung[4]).

E I 107 Abs 1, 2 II 101; M 1 212 ff.; P 1 124 ff.; 6 129 ff.

1. Über den Begriff **Verfügung** vgl. Vorbem 7 vor § 104.

2. Der § 135 hat es in erster Linie zwar ebenfalls mit gesetzlichen Verboten, und zwar **Veräußerungsverboten** zu tun, aber doch nur mit solchen, welche nicht wie die unbedingten Verbote des § 134 den Schutz der Allgemeinheit, sondern nur den **Schutz bestimmter Personen** bezwecken: mithin mit den nur bedingten (relativen) Veräußerungsverboten. Folgerichtig sehen diese für den Fall der Zuwiderhandlung auch nicht unbedingte Nichtigkeit gemäß § 134 vor; sie berühren die Wirksamkeit der gegen sie verstoßenden Verfügungen vielmehr nur so weit, als das anzuerkennende Interesse der geschützten Person getroffen und zu wahren ist. Dieser gegenüber, aber auch nur ihr gegenüber (RG 71, 40), ist die Verfügung unter den angegebenen Voraussetzungen daher unwirksam, als wäre sie nichtig. Sonst ist sie dagegen voll wirksam. Hat beispielsweise A eine Sache oder eine Forderung, deren Veräußerung ihm zugunsten des B verboten war, an C veräußert, so ist dieser zwar der Eigentümer oder der Gläubiger geworden, aber zugunsten des B ist es so anzusehen, als wäre noch A der Eigentümer oder der Gläubiger geblieben, und demgemäß würde auch A noch imstande sein, die Forderung, trotz der zuvor bereits an C erfolgten Abtretung, auf B zu übertragen. — Ob die nur bedingte Unwirksamkeit gegebenenfalls überhaupt zu berücksichtigen ist, hängt demnach auch lediglich vom Befinden des Geschützten ab, da allein sein besonderes Interesse in Frage steht. Das Recht, sie geltend zu machen, ist daher auch verzichtbar. Es muß auch erlöschen, sobald die Voraussetzung für die Schutzbedürftigkeit, das schutzbedürftige Interesse, fortfällt. Trifft beispielsweise ein Gemeinschuldner eine den Gläubigern gegenüber nach § 7 KO unwirksame Verfügung, dann würden die Gläubiger an Geltendmachung der Unwirksamkeit nach Aufhebung des Konkurses im Wege des Vergleichs kein erkennbares Interesse mehr haben. Darüber, daß auf einen derartigen Verzicht nicht die Grundsätze von der Zustimmung im Sinne der §§ 182 ff. insbesondere der Grundsatz der Rückwirkung der nachträglichen Zustimmung aus § 184 Anwendung finden können, vgl. § 182 A 1.

Rechtsbehelfe. Zur Geltendmachung der Unwirksamkeit steht dem Geschützten dem verfügenden Verpflichteten gegenüber ein Anspruch auf Beseitigung der durch die Verfügung eingetretenen Folgen schon auf Grund des bestehenden Rechtsverhältnisses zur Seite. Daß er ihn auch dem Dritten gegenüber hat, zu dessen Gunsten die Verfügung erfolgte, spricht das Gesetz für das Fahrnisrecht zwar nicht ausdrücklich aus, ist aber (streitig) schon nach dem Grundsatze anzunehmen: wem das Gesetz ein Recht gibt, bewilligt es auch die Mittel, ohne welche es nicht durchgeführt werden kann (§ 89, Einleitung zum PrALR). Für das Liegenschaftsrecht ist der Anspruch des Berechtigten gegen den Dritten in § 888 Abs 2 ausdrücklich anerkannt, und gemäß § 772 Satz 2 ZPO kann der Geschützte bei einer im Wege der Zwangsvollstreckung betriebenen Veräußerung des Gegenstandes wenigstens unter den dort näher angegebenen Voraussetzungen die Widerspruchsklage aus § 771 erheben (nämlich dann, wenn die Veräußerung entweder nur auf Grund eines persönlichen Anspruchs oder auf Grund eines infolge des Verbots unwirksamen Rechtes erstrebt wird; **RG** 17. 10. 10 V 444/09). Offenbar steht also das Gesetz allgemein auf dem Standpunkte, daß der Geschützte ein Klagerecht auf Beseitigung der Folgen der ihn verletzenden Verfügung auch dem Dritten gegenüber hat. Der Berechtigte könnte daher beispielsweise im Falle einer verbotswidrigen (§ 399) Forderungsübertragung gegen den Zessionar auf Rückübertragung der Forderung an den Zedenten klagen (vgl. § 894 ZPO). Wird auf Grund eines vor der Eintragung des Veräußerungsverbots eingetragenen Hypothekenrechts die Zwangsvollstreckung in das Grundstück betrieben, dann kann der Geschützte eine Widerspruchsklage weder aus § 771 noch aus § 772 ZPO erheben (**RG** 17. 10. 10 V 444/09).

Als **bedingte (relative) Veräußerungsverbote** kommen in Betracht: die Verfügungsbeschränkungen, denen die Ehefrau unterworfen ist (§§ 1395 ff.), jedoch mit der Maßgabe, daß nach § 1404 ein Dritter sie ohne Rücksicht auf guten Glauben unbedingt gegen sich gelten lassen muß; ferner die Verfügungsbeschränkungen, denen der Erbe zufolge einer bestehenden Testamentsvollstreckung unterworfen ist (§ 2211). Vgl. weiter die §§ 1373 ff., 1432 ff., 1487 ff., 1649 ff., 1802 ff., betreffend Verfügungsbeschränkungen, denen der Ehemann, der elterliche Gewalthaber und der Vormund unterworfen sind; endlich die §§ 399, 719, 1124, 1126 (**RG** 92, 399, wonach die entgegen dem § 719 Abs 1 vorgenommene Abtretung des Anteils am Gesellschaftsvermögen der Gesellschaft gegenüber unwirksam, Dritten gegenüber aber verbindlich ist). Auch das Veräußerungsverbot des § 717 fällt unter § 135, nicht § 134 (**RG** Warn 1920 Nr 10). Sonst kommt hier noch besonders in Betracht die für den Gemeinschuldner mit der Konkurseröffnung aus §§ 6, 7 KO entstehende, zugunsten der Konkursgläubiger erfolgende, aber von jedem Interessenten, nicht nur vom Konkursverwalter geltend zu machende Verfügungsbeschränkung (vgl. **RG** 83, 189). Durch die Eintragung des Konkursvermerks wird das Grundbuch gegen Verfügungen des Eigentümers gesperrt (**RG** 71, 38). Auch die Bestimmungen der §§ 97, 99 VersVG, betreffend die Verbote vorzeitiger Abtretung der Versicherungsforderung, stellen nur ein Veräußerungsverbot gemäß § 135 dar (**RG** 95, 208). Vgl. dazu § 399 A 1. (Um unbedingte [absolute] Veräußerungsverbote dagegen handelt es sich in den §§ 94, 333, 335, 180 StPO, §§ 93, 94, 40, 42, 152, 295 u. a. StGB; § 15 NahrMittelG; §§ 89b, 115a, 116 GewO.) Wegen des Vorbehalts für Landesgesetze vgl. Artt 168, 119 EG. — Nach § 5 des PrGes. über die Bahneinheiten v. 19. 8. 95/11. 6. 02 handelt es sich nicht um ein Veräußerungsverbot, sondern lediglich um eine Verfügungsbeschränkung. Der Eigentümer ist daher rechtlich auch nicht schlechthin außerstande zur Veräußerung, so daß auch die zwangsweise Versteigerung des Grundstücks möglich ist. Aber die Verfügung bleibt, solange das Unternehmen besteht, ungültig, falls nicht die Bahnaufsichtsbehörde bescheinigt, daß die Verfügung dem Unternehmer unschädlich ist (vgl. **RG** 72, 354). Die Unwirksamkeit der Verfügung eines Vorerben nach § 2113 besteht nicht nur zugunsten des Nacherben, sondern jedermann gegenüber und kann auch von Dritten geltend gemacht werden (**RG** Warn 1914 Nr 126). Bei vorhandener Testamentsvollstreckung ist der § 135 in Hinsicht auf die Rechtsstellung des Erben nicht anwendbar, weil der § 2211 nicht ein Veräußerungsverbot dem Erben gegenüber ausspricht, vielmehr seine Verfügungsfähigkeit in den angegebenen Grenzen überhaupt ausschließt; die Verfügung des Erben ist allerdings nicht nichtig, sondern nur einstweilen unwirksam, aber fähig, wirksam zu werden (**RG** 87, 433). — Die Rechtshängigkeit schließt zwar an sich das Recht zur Veräußerung der in Streit befangenen Sache oder Forderung nicht aus (§ 265 ZPO). Aber das Urteil, das der Geschützte erstreitet (etwa gegenüber dem Dritterwerber) wirkt nach § 325 ZPO auch gegenüber dem weiteren Rechtsnachfolger, der das Recht nach eingetretener Rechtshängigkeit erwirbt.

Den Konkursgläubigern gegenüber sind die nur bedingten Veräußerungsverbote (im Gegensatze zu den unbedingten) ohne Wirkung; nur eine Beschlagnahme des unbeweglichen Vermögens nach dem ZVG bleibt wirksam (§ 13 KO). Der gute Glaube bei Erwerbsgeschäften wird gegenüber der konkursmäßigen Verfügungsbeschränkung nur in Ansehung unbeweglicher, dagegen nicht auch beweglicher Sachen geschützt (§ 7 KO).

Über Veräußerungsverbote im Gebiete des Liegenschaftsrechts vgl. §§ 888, 878, 892, 893.

3. Dahin gehören Veräußerungen von Sachen sowie Überweisungen von Forderungen oder Rechten **im Zwangsvollstreckungs- oder Arrestverfahren.** Das geschützte Recht wird hier gemäß § 772 Satz 2 ZPO durch die Widerspruchsklage aus § 771 daselbst geltend

gemacht. Zu den Geschützten gehört gemäß §§ 20, 23 ZVG namentlich auch der die Zwangsvollstreckung in ein Grundstück betreibende Hypothekengläubiger in Ansehung aller von der Hypothek ergriffenen Gegenstände (RG 86, 255).

4. **Schutz des gutgläubigen Erwerbs.** Wo unbedingte Nichtigkeit vorliegt, kann es bei sachenrechtlichen Erwerbsgeschäften auf die Gutgläubigkeit des Erwerbers hinsichtlich des Nichtigkeitsgrundes überhaupt nicht ankommen; denn der beabsichtigt gewesene Rechtserfolg ist rechtlich unmöglich. Bei den nur bedingten Veräußerungsverboten dagegen (A 1) fällt dieser Grund fort. Demgemäß erklärt auch das Gesetz die Grundsätze über den gutgläubigen Erwerb von einem Nichtberechtigten (§§ 932ff., 1207, 1208, 1244) im Falle des § 135 für entsprechend anwendbar, so daß sich vorliegend der gute Glaube auf das Bestehen oder Nichtbestehen des Veräußerungsverbots beziehen muß (RG 90, 338). Vgl. die ähnliche Regelung im Falle der Anfechtung bei § 142 A 3. Eine entsprechende Anwendbarkeit im Sinne des § 135 Abs 2 verlangt immer, daß es sich um eine rechtsgeschäftliche Verfügung handelt (§ 892), sie ist daher unzulässig bei Erwerb im Wege der Zwangsvollstreckung (RG 84, 279; 90, 338). Da der Grundsatz vom gutgläubigen Erwerbe bei Forderungen nicht anerkannt ist, so kann ein solcher Erwerb auch im Falle des § 135 überhaupt nicht in Frage kommen. Demnach wird ein Schuldner, der im Falle der Abtretung einer gemäß § 399 nicht übertragbaren Forderung dem Zessionar zahlt, dem Geschützten gegenüber nicht befreit. Eine entsprechende Anwendung des § 407 (Planck A 5; Oertmann A 5b) scheint hier unzulässig, da Rechtsähnlichkeit zwischen den beiden in Betracht kommenden Fällen nicht besteht (M 1, 214). Hinsichtlich des gutgläubigen Erwerbes von Rechten an Grundstücken sind lediglich die Vorschriften des § 892 anwendbar (RG 90, 338).

§ 136

Ein Veräußerungsverbot, das von einem Gericht oder von einer anderen Behörde innerhalb ihrer Zuständigkeit erlassen wird, steht einem gesetzlichen Veräußerungsverbote der im § 135 bezeichneten Art gleich[1]).

E I 107 Abs 1 II 102; M 1 212 ff.; P 1 124 ff.; 6 129 ff.

1. Als **Veräußerungsverbote** im Sinne des § 136 gelten, wie gemäß § 135, nur solche, die den Schutz bestimmter Personen bezwecken (RG 105, 75, wonach ein auf Grund des § 6 des Kapitalsabfindungsgesetzes v. 3. 7. 16 von der Behörde erlassenes Verbot der Veräußerung oder Belastung des mittels der gewährten Kapitalsabfindung erworbenen Grundstücks nicht unter den § 136 fällt). In solchen Fällen findet daher auch nicht die Bestimmung vom gutgläubigen Erwerbe (§ 135 Abs 2) Anwendung, macht vielmehr das Verbot das verbotene Rechtsgeschäft unbedingt unzulässig (RG a. a. O.).

Als **gerichtliche Veräußerungsverbote** kommen in Betracht: a) Aus der ZPO die einstweilige Verfügung nach § 938, die Leistungsverbote im Sinne der §§ 829, 857 und die Zahlungssperre gemäß § 1019. Das Verbot wird wirksam nach den prozeßrechtlichen Grundsätzen erst durch die Zustellung, so daß vor diesem Zeitpunkte auch die Kenntnis des Schuldners von der richterlichen Anordnung unschädlich ist. Bei einer nach der Zustellung verbotswidrig erfolgten Leistung anderseits kann sich der Schuldner auf seine etwaige Unkenntnis nicht berufen; denn ist die Zustellung der behördlichen Anordnung überhaupt rechtswirksam bewirkt worden, dann muß die letztere auch unbedingt als zugegangen gelten (vgl. auch § 132 BGB), mag der Schuldner von der Zustellung tatsächlich Kenntnis erhalten haben oder nicht (§§ 181, 182, 203 ZPO). Über die besondern Voraussetzungen der Pfändung einer Forderung, für welche eine Hypothek besteht, vgl. § 830 ZPO. b) Aus dem Zwangsversteigerungsgesetze die Beschlagnahme des Grundstücks zum Zwecke der Zwangsversteigerung oder der Zwangsverwaltung nach §§ 20, 22, 23, wonach sich die Wirkung des Veräußerungsverbots auch auf diejenigen Gegenstände erstreckt, die von der hypothekarischen Haftung mitumfaßt werden (RG JW 1915, 501[3]). Die Gutgläubigkeit im Sinne des § 135 Abs 2 BGB hängt hier davon ab, ob derjenige, zugunsten dessen verfügt wurde, die „Beschlagnahme kannte", und der Kenntnis dieser letzten Tatsache ist nach § 23 Abs 2 ZVG gleichgestellt die Kenntnis des Versteigerungsantrags. Nach erfolgter Eintragung des Versteigerungsvermerks gilt die Beschlagnahme auch in Ansehung der beweglichen Zubehörstücke als dem Dritten bekannt (§ 23 Abs 2 Satz 2). c) Aus der KO das allgemeine Veräußerungsverbot nach § 106 (vgl. auch § 136 A 5). d) Zu den gerichtlichen Veräußerungsverboten gehören auch solche der Strafgerichte (vgl. §§ 325, 326 StPO) und der Sondergerichte (Gewerbegerichte, Kaufmannsgerichte, Verwaltungsgerichte). — Als **Behörden** kommen in Betracht Reichs- und Landesbehörden, je nach ihrer Zuständigkeit. So enthält auch der Enteignungsbeschluß ein Veräußerungsverbot (RG 62, 218). Im übrigen vgl. § 135 A 2 u. 4.

§ 137

Die Befugnis zur Verfügung über ein veräußerliches Recht[1]) kann nicht durch Rechtsgeschäft ausgeschlossen oder beschränkt werden[2]). Die Wirksamkeit einer Verpflichtung, über ein solches Recht nicht zu verfügen, wird durch diese Vorschrift nicht berührt[3—6]).

E I 796 II 102; M 3 77; P 3 76 ff., 257 ff.; 6 167.

1. **Die Veräußerlichkeit eines Rechts** bildet die Regel. Was seiner Natur nach dem Rechtsverkehr zugänglich ist, ist auch veräußerlich, soweit ihm nicht das Gesetz die Verkehrsfähigkeit entzieht (vgl. § 134). Dies gilt insbesondere für „Sachen" (§ 90). Forderungen indessen, denen Rechte — etwa Urheberrechte, Verlagsrechte, Patentrechte, Hypotheken, Grundschulden — gemäß § 413 entsprechend gleichgestellt sind, wohnt zwar grundsätzlich ebenfalls die Eigenschaft der Übertragbarkeit bei. Aber nach § 399 kann ihnen diese Eigenschaft auch durch Rechtsgeschäft genommen werden, so daß in solchem Falle für die Anwendung des § 137 kein Raum bliebe (vgl. A 2). Unter den Voraussetzungen des § 405 ist jedoch der gutgläubige Erwerb einer Forderung (wie der eines Rechtes, § 413) auch einer Veräußerungsbeschränkung im Sinne des § 399 gegenüber geschützt (RG 71, 31; Warn 1912 Nr 334). — Nach VerlG § 28 sind die Rechte des Verlegers übertragbar, soweit nicht die Übertragung durch Vereinbarung zwischen dem Verfasser und dem Verleger ausgeschlossen ist. Weder das Patent-, noch das Urheber-, noch das Verlagsrecht geben jedoch dem Rechtsinhaber die Möglichkeit, dem Abnehmer seiner Erzeugnisse deren Weiterveräußerung überhaupt oder zu gewissen Bedingungen durch Vertrag mit Wirkung gegen Dritte zu verbieten; das Rechtsgeschäft kann vielmehr nur schuldrechtlich unter den Vertragschließenden wirken (RG 63, 398).

2. Indem das Gesetz die **Ausschließung und Beschränkung der Verfügungsfreiheit** für **unwirksam** erklärt, bringt es den Grundsatz „der unbedingten rechtsgeschäftlichen Aktionsfreiheit auf dinglichem Gebiete" (Prot 3, 256 ff.) zur gesetzlichen Anerkennung, während im Gebiete der Schuldverhältnisse gerade die Vertragsfreiheit (Vorbem 3 vor § 104) gelten soll. Praktisch gestaltet sich mithin die Sache auf dinglichem Gebiete dahin: Verpflichtet sich jemand einem andern gegenüber, über ein ihm zustehendes Recht nicht zu verfügen (es nicht zu übertragen, nicht zu belasten, nicht aufzugeben, Vorbem 7 vor § 104), so wird die Rechtswirksamkeit der gleichwohl vorgenommenen Verfügung durch das Bestehen der übernommenen Verpflichtung, nicht zu verfügen, in keiner Weise berührt, gleichgültig, ob der Erwerber von der Verpflichtung des Veräußerers Kenntnis gehabt hat oder nicht, so daß die Verfügung auch in vollem Maße die entsprechenden Folgen nach sich zieht und insbesondere eine unangreifbare Rechtsübertragung bewirkt, da die nur rechtsgeschäftliche Verfügungsbeschränkung Dritten gegenüber keine Geltung hat. Solche rechtsgeschäftlichen Verfügungsbeschränkungen haben ihre Stelle insbesondere bei Kaufverträgen mit vorbehaltenem Wiederkaufs- oder Vorkaufsrechte, in Eheverträgen und in Testamenten (vgl. RG 110, 270; RG SeuffA 78 Nr 4). Übertragung einer Forderung nur zur Einziehung s. RG 99, 142. Sonderbestimmung bei Erbverträgen in § 2286. Der erweiterungsfähige Rechtsgedanke des Gesetzes ist der, daß es überhaupt rechtlich nicht möglich ist, einen andern mit Wirkung nach außen hin zu einem bestimmten Tun oder Unterlassen zu verpflichten; vgl. den A 1 a. E. wiedergegebenen Fall. Wirkungslos nach außen hin ist daher auch eine Verabredung, durch die sich jemand seinen Berufsgenossen oder ihrem Verbande gegenüber verpflichtet, Arbeitsverträge nur unter bestimmten Bedingungen abzuschließen. Auch der vom Verbande oder Berufsvereine mit dem Unternehmer abgeschlossene Tarifvertrag begründet keine Gewährspflicht des Verbandes dafür, daß seine Angehörigen nicht tarifwidrige Verträge abschließen, vielmehr nur die Verpflichtung, tunlichst dahin zu wirken, daß die Angehörigen nur tarifmäßige Verträge schließen (RG JW 1911, 1014[4]). Vgl. dazu noch § 427 A 1 a. E., ferner über den Tarifvertrag RG 73, 105 u. 81, 4, wo ausgeführt ist, daß durch einen zwischen dem Arbeitgeberverbande und dem Verbande der Arbeitnehmer abgeschlossenen Tarifvertrag auch für die einzelnen zugehörigen Arbeiter unmittelbar Rechte erworben werden (§ 328).

3. **Die Rechtsbeständigkeit einer Verpflichtung, nicht zu verfügen** (RG 73, 17), bleibt von § 137 Satz 2 für sich unberührt (RG 75, 35), und sie äußert sich daher, falls der Schuldner der übernommenen Überlassungspflicht zuwiderhandelt, dahin, daß der Schuldner dem Berechtigten wegen Vertragsverletzung schadensersatzpflichtig ist und unter Anwendung des § 249 somit zutreffendenfalls auch zur Wiederherstellung des früheren Zustandes genötigt werden kann. Unzulässig ist zwar eine dem jedesmaligen Eigentümer eines Grundstücks auferlegte Beschränkung, das Grundstück nicht an einen Polen zu verkaufen; sie kann auch nicht durch Eintragung dingliche Wirksamkeit erlangen; auch eine etwaige bloße Eintragungsbewilligung ist schon nichtig; dagegen ist die vom Käufer übernommene entsprechende Verpflichtung gegen ihn selbst wirksam und daher auch geeignet, durch eine Vertragsstrafe gesichert zu werden (RG 55, 78; 73, 16). Vgl. auch A 4.

4. Für das Gebiet des **Liegenschaftsrechts** bestehen noch folgende Besonderheiten: Die Eintragung von rechtsgeschäftlichen Verfügungsbeschränkungen in bezug auf das Grundstück (das Verbot, dieses zu veräußern) ist unzulässig, da die Verbote Dritten gegenüber keine Wirkung haben können und mithin der dinglichen Kraft überhaupt entbehren. Vgl. § 892 A 11. Sogar eine Vereinbarung, durch die sich der Eigentümer dem Hypothekengläubiger gegenüber verpflichtet, das Grundstück nicht zu veräußern oder nicht weiter zu belasten, ist nach § 1136 nichtig, so daß insoweit auch der § 137 Satz 2 außer Anwendung gesetzt ist. Als ein Verstoß gegen § 137 oder gegen § 138 ist es jedoch nicht angesehen worden, wenn das Verbot nur derart beschränkt lautet, daß etwa nur die Veräußerung an einen Nichtdeutschen untersagt ist (**RG** 55, 78). Vgl. auch A 2 a. E.

5. **Ersatzmittel für die rechtsgeschäftliche Verfügungsbeschränkung.** Als Mittel, dem Erwerber einer Sache die Möglichkeit einer wirksamen Weiterverfügung über sie zu entziehen, dient dem Veräußerer mittelbar die Vereinbarung, daß der Fall der Weiterveräußerung als auflösende Bedingung hinsichtlich des zwischen ihm und seinem Gegner abgeschlossenen Veräußerungsgeschäfts gelten solle. Denn gegebenenfalls würde, abgesehen vom Falle gutgläubigen Erwerbs des Dritten (§ 161 Abs 3), das Eigentum an der veräußerten Sache an den Veräußerer zurückfallen (§§ 158 Abs 2, 161 Abs 2). Bei der Übertragung des Eigentums an Grundstücken ist freilich gemäß § 925 Abs 2 die Hinzufügung von Bedingungen unzulässig. Aber hier kann die Eintragung einer Vormerkung gemäß § 883 Abs 1 Satz 2 nach § 883 Abs 2 zum Ziele führen. Eine solche Vormerkung behält ihre Wirksamkeit auch für den Konkurs. In Betracht kommt weiter der Vorbehalt eines Wiederkaufsrechts oder eines Vorkaufsrechts im Sinne der §§ 497ff. u. 504ff., 1094ff. Endlich kann der Berechtigte, dessen Anspruch auf Gewährung einer Sache durch das Verhalten des Verpflichteten gefährdet wird, ein Veräußerungsverbot in Form einer einstweiligen Verfügung erwirken, wonach die in den §§ 135, 136 dargelegten Folgen eintreten (vgl. § 136). Die einstweilige Verfügung ist — als Zwangsvormerkung — eintragungsfähig (vgl. § 941 ZPO; § 39 GBO).

6. Nach Art 168 EG bleibt eine zur Zeit des Inkrafttretens des BGB bestehende Verfügungsbeschränkung wirksam.

§ 138

Ein Rechtsgeschäft, das gegen die guten Sitten verstößt, ist nichtig[1]).

Nichtig ist insbesondere ein Rechtsgeschäft, durch das jemand unter Ausbeutung der Notlage, des Leichtsinns oder der Unerfahrenheit eines anderen sich oder einem Dritten für eine Leistung Vermögensvorteile versprechen oder gewähren läßt, welche den Wert der Leistung dergestalt übersteigen, daß den Umständen nach die Vermögensvorteile in auffälligem Mißverhältnisse zu der Leistung stehen[2—4]).

E I 106 II 103; M 1 211 ff.; P 1 123 ff.

1. Abs 1. **Nichtigkeit wegen Verstoßes gegen die guten Sitten.** Über den Begriff und die Folgen der Nichtigkeit, insbesondere über die Einwirkung der Nichtigkeit des Grundgeschäfts auf das dingliche Vollzugsgeschäft und über die nachfolgende Ausgleichung vgl. § 125 A 1 a b, c. Die Unsittlichkeit des schuldrechtlichen Grundgeschäfts zieht regelmäßig die Nichtigkeit des dinglichen Erfüllungsgeschäfts nicht nach sich (**RG** 63, 184; 68, 100; 75, 14; 109, 201; 111, 239; **RG** SeuffA 78 Nr 60; s. auch SeuffA 79 Nr 178). Eine Ausnahme besteht nach Abs 2 für die Erfüllung wucherischer Rechtsgeschäfte, weil hier auch das Sichgewährenlassen der Vermögensvorteile für nichtig erklärt ist. Ferner kann auch abgesehen hiervon gerade im Leistungsgeschäft die Unsittlichkeit liegen (**RG** Warn 1913 Nr 129; in Anwendung auf die Sicherheitsübereignung). — Ist der Vertrag nichtig, dann kann dem die Erfüllung Verweigernden auch nicht die Einrede der Arglist entgegengehalten werden (**RG** Warn 1914 Nr 273; **RG** LZ 1927, 448[3]). Die Nichtigkeit ist auch nicht heilbar; namentlich auch nicht durch eine Veränderung der Umstände oder durch Entgegenkommen des andern Teiles (**RG** LZ 1919, 790[11]). Da das Rechtsgeschäft gegebenenfalls unbedingt nichtig ist, kann auch derjenige Beteiligte die Nichtigkeit geltend machen, dessen Handlungsweise ebenfalls gegen die guten Sitten verstoßen hat (**RG** Warn 1920 Nr 145).

Die Nichtigkeit hat gemäß § 138 ihren Grund wesentlich in dem objektiven Inhalte des Geschäfts. Denn das „Rechtsgeschäft" selbst, mithin sein Inhalt, soll sich nach dem Ausspruche des Gesetzes als wider die guten Sitten verstoßend darstellen, und nach den Motiven (1, 211) hätte die subjektive Seite sogar völlig auszuscheiden, und richtig ist auch, daß ein objektiv berechtigtes und zur Wahrnehmung berechtigter Interessen dienendes Handeln allein durch den verwerflichen Beweggrund noch nicht zu einem unerlaubten, sittenwidrigen gemacht wird (**RG** 58, 217; 63, 350; 68, 97; 71, 192; 82, 222; 78, 283). Das

Rechtsgeschäft selbst muß widersittlich sein. (Sittenwidrigkeit liegt daher nicht vor, wenn beispielsweise eine Frau, um ihren Mann über den Umfang ihrer Aufwendungen zu täuschen, den Verkäufer veranlaßt, über die Käufe unvollständige Rechnungen auszustellen, RG 101, 401.) Indes der Ausspruch der Motive geht doch zu weit. Denn gerade auch der Beweggrund kann mit dazu beitragen, einem Rechtsgeschäfte seinen besondern Charakter zu verleihen (vgl. RG 98, 73; Warn 1916 Nr 193); anderseits freilich können auch rein subjektive Momente unter Umständen entlastend wirken; so, wenn jemand aus tatsächlichem Irrtum ein Rechtsgeschäft für erlaubt hielt und infolge solchen Irrtums auch für erlaubt halten durfte (RG 71, 112; 79, 23 — zu § 826 —; Warn 09 Nr 506). Das richtige dürfte also sein, daß sich die Sittenwidrigkeit *aus den objektiven und subjektiven Momenten zusammen* ergeben muß, wie das der feststehende Standpunkt des Reichsgerichts ist (RG 56, 230; 63, 150; 68, 98; 75, 74; 78, 263; 80, 221; 107, 72; Warn 1921 Nr 89). Zur Erfüllung des Tatbestandes des Abs 1 ist daher erforderlich, daß das Rechtsgeschäft sich nach seinem erhellenden *Gesamtcharakter* aus der Zusammenfassung von Inhalt, Beweggrund und Zweck als ein sittenwidriges darstellt (RG 56, 231; 63, 346; 75, 74; 78, 263; 80, 221), und ist auch nicht erforderlich, daß sich der Handelnde der Sittenwidrigkeit seines Tuns bewußt ist, so wird er regelmäßig sich doch derjenigen Tatumstände bewußt gewesen sein müssen, die seiner Handlung den Stempel der Sittenwidrigkeit aufdrücken (RG 97, 255; Gruch 64, 216).

Als **Maßstab für die guten Sitten** im Sinne des Gesetzes dient nicht eine bestimmte Sitte, eine Anschauung, wie sie in bestimmten Kreisen besteht, sondern nur das, was dem herrschenden Volksbewußtsein, dem Anstandsgefühl aller billig und gerecht Denkenden entspricht (RG 63, 391; 77, 421; 80, 221; JW 1910, 142[1]; 1912, 69[5]; Warn 1918 Nr 54). Maßgebend ist dagegen nicht ein allgemeines bloßes Billigkeitsgefühl (RG JW 1914, 83[14]), und das Gesetz will auch nicht einem Sittengesetze Geltung verschaffen; es hat vielmehr Rechtspflichten im Auge (Mot 1, 211). Daher ist ein Rechtsgeschäft beispielsweise noch nicht deshalb widersittlich, weil ein auffälliges Mißverhältnis zwischen Leistung und Gegenleistung besteht (RG 83, 112), oder weil der eine Teil unter Ausnutzung der Marktlage einen großen Gewinn erzielt hat (RG Warn 1918 Nr 129). Vgl. dazu unten A 2 Abs 1. Dabei kann von besonderer Bedeutung auch sein, welchen Niederschlag die Anschauungen des Verkehrslebens in der Gesetzgebung gefunden haben (RG 48, 114; 77, 419; JW 1912, 134[6]). Maßgebend sind dabei die *jeweiligen Anschauungen*, so daß sich ein Rechtsgeschäft, das sich in späterer Zeit in Gemäßheit der dann geltenden Rechtsordnung als sittenwidrig darstellt (Kettenhandel) noch nicht als sittenwidrig zu gelten braucht, wenn es zuvor abgeschlossen war (RG Warn 1920 Nr 72 u. 143). Die Grenze der Anforderungen wird nach oben nicht durch eine vornehme Gesinnungsart (RG 28. 2. 14 V 396/13 — der leitende Arzt eines Sanatoriums hatte von einer an Nervosität erkrankten Patientin eine Hypothek gekauft) und nach unten nicht durch eine etwa üblich gewordene niedrige Denk- und Handlungsweise — Geschäftspraktiken, die sich als Unsitte darstellen — gekennzeichnet; sie liegt vielmehr in dem *Durchschnittsmaße von Anforderungen, die der Geschäftsverkehr* an Wahrung von Redlichkeit und Anstand stellt (RG 48, 124; 55, 372; 58, 216; 67, 102; Warn 1913 Nr 189). Wer nur von seinem Rechte Gebrauch macht, handelt daher nicht wider die guten Sitten, mag auch der Gegner dadurch in eine wirtschaftliche Bedrängnis kommen (RG Warn 1921 Nr 134). Auch ein Mangel an vaterländischem Pflichtgefühl begründet nicht ohne weiteres einen Verstoß gegen die guten Sitten (RG 105, 182). Möglich ist es, daß nach den besonderen Umständen bei einem und demselben Vertrage die Frage, ob sein Abschluß eine unsittliche Handlung darstellt, für die verschiedenen Beteiligten je verschieden zu beantworten ist (RG 58 S. 204 u. 399). (Wichtig bei Anwendung des § 817; RG Gruch 53, 685.) Der Umstand, daß ein Vertrag unter Verletzung der Standesehre geschlossen wird, macht ihn nicht ohne weiteres sittenwidrig (RG 83, 110). Doch werden solche Verstöße bei Personen, die, wie z. B. Richter und Rechtsanwälte, vermöge ihres Amtes oder Berufs bei der Aufrechterhaltung der Rechtsordnung mitzuwirken haben, also Träger wichtiger öffentlich-rechtlicher Funktionen sind, wegen der an solche Personen zu stellenden strengeren Anforderungen in der Regel auch als sittlich anstößig empfunden. Als sittenwidrig ist z. B. erklärt worden ein Vertrag, durch den ein Richter auf seine eigene Veranlassung gegen Entgelt zum Obmann eines Schiedsgerichts bestellt wurde, das über einen Rechtsstreit entscheiden sollte, mit dem der Richter amtlich befaßt war (RG 113, 1); ebenso — unbeschadet einer andern Beurteilung bei besonderer Sachlage, wie z. B. wenn die Partei ohne erhebliche Verletzung ihrer eigenen Interessen die Zahlung eines Honorars in anderer Form nicht zu übernehmen vermag, — ein Vertrag, in dem ein Rechtsanwalt sich ein nach der Höhe des im Rechtsstreit zu erzielenden Betrags abgestuftes Honorar versprechen ließ (RG 115, 141).

Bei Verträgen *ist Nichtigkeit des ganzen Geschäfts in der Regel nicht anzunehmen, wenn nur der eine Teil unsittliche Zwecke verfolgt*, der andere Teil dagegen den unsittlichen Charakter des Geschäfts nicht kennt, hierüber sogar geflissentlich in Unkenntnis gehalten wird. So RG 114, 338 und JW 1912, 525[2] mit Bezug auf einen Kindesannahmevertrag, ferner RG 78, 353; 86, 148; 99, 107; RG SeuffA 65 Nr 178; RG Warn 1917 Nr 194. Der richtige Entscheidungsgrund liegt darin, daß allein durch verwerfliche, sittenwidrige Beweggründe das Rechtsgeschäft überhaupt noch nicht einen wider die guten Sitten verstoßenden Inhalt erhält (RG 63, 346; 68, 99; 71, 173; Warn 1918 Nr 200). Aus diesem Grunde wird ein Vertrag auch nicht schon dadurch unsittlich, daß der unsittliche Zweck, den der eine Teil verfolgt, dem andern bekannt ist (Beispiele s. im nächsten Absatz). Andererseits ist die Verneinung der Nichtigkeit als Regel auf die Fälle zu beschränken, in denen dem an sich nicht unerlaubten Rechtsgeschäfte nur durch die sittenwidrige Absicht der Vertragschließenden und durch den verfolgten Zweck das Gepräge der Sittenwidrigkeit aufgedrückt wird. Dagegen ist die Regel unanwendbar, wenn sich das Geschäft schon seinem Wesen und Inhalte nach objektiv als offenbar unsittlich darstellt, wie dies insbesondere bei Knebelungsverträgen zutrifft, und dann, wenn das sittenwidrige Verhalten der einen Partei sich gegen die andere, nicht gegen Dritte, richtet und, wie z. B. bei Knebelverträgen weitgehende Eingriffe in die wirtschaftliche und sonstige Freiheit des andern Teils stattfinden (RG 78, 353; 85, 344; 93, 30; 98, 78; 99, 108; 108, 213; RG Warn 1916 Nr 371; 1917 Nr 234; 1918 Nr 1; 1921 Nr 88; RG SeuffA 78 Nr 111).

Die dargelegten Grundsätze von der Nichtigkeit sind angewendet besonders auch bei Geschäften, die zum Zwecke der Ermöglichung eines Bordellbetriebs vorgenommen worden sind, so durch Vermietung oder Verkauf von Inventar, durch Darlehn oder Weinlieferung, durch einen Bordellbauvertrag (RG 63, 370), sowie beim Bordellkauf selbst (RG 68, 99; 71, 433; 75, 68). Ein Bauvertrag über ein Bordellzwecken dienendes Haus fällt nicht schon deswegen unter § 138, weil dem Übernehmer der Bauarbeiten der Zweck der Verwendung der baulichen Einrichtungen bekannt ist (RG 63, 367; 71, 192). Beim Bordellkauf genügt nicht die Kenntnis des Verkäufers von der Absicht des Käufers, den Bordellbetrieb fortzusetzen (RG 68, 99; 71, 433). Vielmehr muß immer auch eine innere Beziehung zwischen dem unsittlichen Zweck und dem Inhalt des Vertrags vorhanden sein, wie z. B. dann, wenn das für die Leistung zu gewährende Entgelt (Kaufpreis, Mietzins) den allgemeinen Wert (wesentlich) übersteigt. Denn andernfalls fehlte es an der Voraussetzung, daß das Rechtsgeschäft zum Zwecke der Beförderung des Bordellbetriebs abgeschlossen wird (RG 78, 282; RG Gruch 66, 91). In der gleichen Weise sind Verträge zu beurteilen, die andern den Betrieb des Glücksspiels oder die Beteiligung daran ermöglichen. So ist ein Darlehn nicht schon aus dem Grunde unsittlich, weil der Darlehnsgeber weiß, daß der Empfänger den dargeliehenen Betrag zum Glücksspiel verwenden will (RG 67, 355; 70, 1; RG JW 1926, 2918[17]). Auch ein Vertrag über die entgeltliche Lieferung von Geräten zu Spielzwecken verstößt nicht ohne weiteres gegen die guten Sitten (RG Warn 1923 Nr 8). Es wird immer auf die Umstände des einzelnen Falles ankommen (vgl. § 762 A 5). Nichtigkeit der Miete eines Hotels zu Spielzwecken s. RG Warn 1922 Nr 121. Ferner fallen zwar Verträge, die auf Förderung des gewerbsmäßigen Schmuggels oder, was dem gleichzuachten ist, der wissentlichen Verletzung eines Ausfuhrverbots, abzielen, unter § 138 (RG 42, 296; 56, 181; 96, 282ff.; OLG 44, 126). Jedoch reicht die bloße Kenntnis des einen Vertragsteils von der auf Schmuggel oder verbotene Ausfuhr gerichteten Absicht des andern Teils für sich allein noch nicht aus, den Vertrag zu einem sittenwidrigen zu stempeln; hinzukommen muß eine innere Beziehung zwischen dem unsittlichen Zweck und dem Inhalt des Vertrags, wie z. B. durch besonders hohe Bemessung der Vergütung, oder doch mindestens der Wille des einen Teiles, die auf den Schmuggel gerichtete Absicht des andern Teiles zu fördern und so dem Schmuggel Vorschub zu leisten (RG Warn 1923 Nr 49; JW 1923, 1359[4]; 1926, 2169[1]; RG Gruch 69, 78; RG 4. 12. 16 VI 276/16). Nichtig nach § 138 ist ein Rechtsgeschäft nicht schon dann, wenn die eine Partei damit einen Steuerbetrug begehen will, während die andere zwar diese Absicht kennt, aber selbst das Geschäft zu andern, einwandfreien Zwecken abschließt (RG 28. 11. 23 V 230/430/22). Mißbrauch der Rechtseinrichtung der Annahme an Kindes Statt seitens des einen Teils macht den Annahmevertrag selbst nicht sittenwidrig, wenn der andere Teil aus lauteren Beweggründen handelt (RG 114, 338). Über die Frage, ob und inwieweit Vergleiche auf Grund eines sittenwidrigen Vertrags rechtsgültig abgeschlossen werden können, s. § 125 A 1. Über die Beseitigung der Rechtskraftwirkung eines Urteils durch die Einrede, daß es durch eine sittenwidrige Handlungsweise erwirkt sei, vgl. RG 61, 359; 67, 151; in Vorbem 8 vor § 104 angeführt; über das Anerkennungsurteil vgl. RG Gruch 53, 908. — Ein allgemeiner Rechtsgrundsatz des Inhalts, daß niemand bei Gericht gehört werden soll, der bei Begründung seines Anspruchs seine eigene Unehrlichkeit bekennen müßte, ist nicht anzuerkennen, und der wegen einer unerlaubten Handlung Belangte wird nicht deswegen frei, weil dem Verletzten ebenfalls eine sittenwidrige Handlung zur Last fällt (RG JW 1913, 734[2]).

Bloße Anfechtungsgründe ergeben noch keine Nichtigkeit aus § 138. Äußert sich insbesondere die sittenwidrige Handlungsweise nur darin, daß eine unzulässige Willensbeeinflussung durch arglistige Täuschung oder Drohung stattfindet, dann kommt nur die Anfechtbarkeit des Geschäfts in Frage (RG 69, 145; 114, 338; 115, 382; JW 08, 710[2]; 1913, 1144[2]; Warn 1917 Nr 234; 1918 Nr 172; SeuffA 75 Nr 86). Denn die Anwendung des § 138 fordert, daß das Geschäft selbst gegen die guten Sitten verstößt, und sie kann also nicht darauf gegründet werden, daß die eine Partei die andere arglistig zum Abschlusse des Geschäfts bestimmt hat (RG 64, 181; 72, 216; 74, 226; 115, 382; JW 1908, 710[2]; 1912, 133[5]). Möglich ist es jedoch, daß bei Vorhandensein von Anfechtungsgründen zugleich der Gesamtcharakter des Rechtsgeschäfts dieses zu einem sittenwidrigen macht (RG 114, 338; Warn 1917 Nr 234; JW 1923, 922[6]; SeuffA 78 Nr 111).

Über Handeln gegen Verbotsgesetze vgl. § 134.

A. Als wider die guten Sitten verstoßend sind angesehen worden:

a) **Wegen des verfolgten Zweckes:**

Die Einwilligung „in die eigene Tötung" (RG 66, 308; die unmittelbare Anwendung des § 138 erscheint als bedenklich, weil die Einwilligung hier schwerlich ein Rechtsgeschäft darstellt); ein Vermächtnis, das der Bedachten in der ihr bekannten Absicht zugewendet wird, sie zur weiteren Gestattung des Beischlafs geneigt zu machen (RG JW 1910, 6[6]; 1911, 29[6]; s. auch RG 111, 153; LZ 1927, 531[5] und § 2171 A), dienstvertragliche Anstellung einer Hausdame, wenn in Wirklichkeit beiderseits ein Konkubinatsverhältnis bezweckt ist (RG Warn 1926 Nr 41); das Schuldversprechen eines Mannes gegenüber einer Frauensperson, mit der er in wilder Ehe gelebt hat, zu dem Zwecke abgegeben, um ihn von einer andern Eheschließung abzuhalten oder um die Fortsetzung des außerehelichen Verkehrs zu sichern (RG 98, 176); das Versprechen eines Mannes an eine Frau, mit der er in Geschlechtsverkehr gelebt hat, ihr für den Fall seiner anderweiten Verheiratung eine bestimmte Summe zu zahlen, ist widersittlich, wenn die Abrede dazu gedient hat, den Mann von der Verheiratung abzuhalten, es kann dagegen statthaft sein, wenn es bezweckte, von der Frau Nachteile abzuwenden (RG JW 1920, 960[1]); Schenkung eines Grundstücks an eine Person, mit der der verheiratete Schenker die Ehe gebrochen hat, in der Absicht, das Grundstück der Ehefrau zu entziehen (RG 111, 151 zu LZ 1925, 990[1]); eine Zuwendung an die uneheliche Mutter, um sie zur Verschweigung der Vaterschaft zu bestimmen (SeuffA 77 Nr 58); eine Abtretung zu dem Zwecke, daß der Zessionar im Armenrechte klage und dem Gegner die Einziehung der Kosten unmöglich gemacht werde (RG 81, 175; RG 22. 1. 24 III 319/23); ein fiduziarisches Geschäft, bei dem es ausschließlich auf die Täuschung der Außenwelt über das Vorhandensein eines Vermögenswertes beim Übereigner abgesehen ist (RG Gruch 54, 167); Rechtsgeschäfte, die in bewußtem Zusammenwirken zur Umgehung und Schädigung fremder Rechte, schuldrechtlicher oder dinglicher, vorgenommen worden sind (RG 62, 138; 81, 86; 88, 366; RG JW 1927, 1407[2]; RG SeuffA 79 Nr 139 und § 826 A 5e); ein Vertrag, der auf bewußter Zuwiderhandlung gegen behördliche Maßregeln zum Schutze der deutschen Wirtschaft in der Übergangszeit beruht (RG LZ 1925, 366[1]); ein Vertrag, durch den ein Teil veranlaßt werden soll, Schleichhandelsware zu liefern (RG SeuffA 79 Nr 160); ein Mietvertrag, der zur Täuschung des Wohnungsamts geschlossen ist (RG Warn 1923/24 Nr 89, 106, 153, 161; vgl. auch 1926 Nr 50); ein Lieferungsvertrag, der die für die Einfuhrbewilligung und Devisengenehmigung zuständigen Behörden irreführen soll (RG JW 1926, 2838[2]). Sittenwidrigkeit verbotener Einfuhr durch das besetzte ins unbesetzte Gebiet s. RG JW 1923, 287[4]. Über die Frage, ob ein Vertrag gegen die guten Sitten verstößt, der geschlossen ist, um das gesetzliche Vorkaufsrecht eines gemeinnützigen Siedlungsunternehmens auszuschließen, s. RG SeuffA 80 Nr 126.

b) **Wegen des Handelns aus Eigennutz auf Kosten anderer:**

Die Hergabe von Schmiergeldern (RG 77, 96), so z. B. auch durch den Kauflustigen an den gesetzlichen Vertreter des minderjährigen Verkäufers, wenn die Schmiergelder so hoch sind, daß eine Herabdrückung des Kaufpreises auf der Hand liegt (RG 16. 5. 25 V 367/24); unter Umständen die Ausbedingung eines übermäßigen Entgelts (RG JW 1912, 133[5]); ein Vertrag, der auf die Ausbeutung des Irrtums eines Geschäftsunkundigen gerichtet ist (RG Warn 09 Nr 183); der Verkauf völlig wertloser Ware in Benutzung der Notlage des Publikums und in Vortäuschung der Brauchbarkeit (RG LZ 1920, 294[1] — wo es sich um Ersatzmittel für Seife handelte); ein Vertrag mit einem Geistesschwachen, wenn die Geistesschwäche zur Erlangung ungewöhnlicher Vorteile ausgebeutet werden sollte (RG 67, 393; 72, 68; JW 1913, 392[2]; Warn 1918 Nr 49; über die Benutzung der Angst eines andern vgl. RG JW 1910, 142[1]); rücksichtslose Ausnutzung der durch die Wohnungszwangswirtschaft geschaffenen Lage (RG JW 1926, 977[1]); ein Abkommen zwischen Verkäufer und Käufer, die Ware zur Erzielung höherer Preise unter fälschlicher Bezeichnung (französischer Sekt statt deutscher Schaumwein) in Verkehr zu bringen (RG 29. 11. 07 II 223/07); das Übereinkommen zwischen den Vertragsparteien, die gegenseitigen Verpflichtungen zum Schaden anderer nicht zu erfüllen (RG JW 1912, 789[2]); Abschluß des Vertrags durch den Bevollmächtigten im Einverständnisse mit dem Vertragsgegner zum Schaden des Vollmachtgebers, wenn der Bevollmächtigte sich dafür einen Vermögensvorteil zuwenden läßt (RG 26. 10. 06 II 107/06;

6. 2. 19 V 318/18; RG SeuffA 79 Nr 138; Recht 1923 Nr 853; vgl. Warn 09 Nr 481); ein Vertrag, durch den der Bevollmächtigte, auf Grund eingeräumter Befugnis mit sich selbst abschließend, zu eigenem Nutzen den Vollmachtgeber bewußt schädigt (RG 10. 11. 26 V 105/26); die Vereinbarung zwischen zwei Hypothekaren, sich der Ersteigerung des Grundstücks zu enthalten, um so planmäßig zum Schaden anderer einen Teil des Wertes des Grundstücks an sich zu bringen (RG JW 07, 201[5]); das Versprechen dessen, der ein Grundstück meistbietend erstehen will, an einen andern Kauflustigen, ihn für den Fall der Abstandnahme vom Mitbieten zu entschädigen (RG 58, 399; 60, 273); das zwischen zwei Personen abgeschlossene Rechtsgeschäft, das nur dem Zwecke dienen soll, das für einen Dritten bestehende Vorkaufsrecht zu hintertreiben und den Dritten so zu schädigen (RG 22. 6. 21 V 94/21); ein Abkommen über Eigentumswechsel mittels Betreibens der Zwangsversteigerung, um langjährige Mietverträge zu beseitigen (RG LZ 1927, 448[3]); der Verkauf der ärztlichen Praxis an einen andern Arzt, zwar nicht an sich (RG Warn 1912 Nr 150), aber unter so schweren Bedingungen, daß der Käufer genötigt sein könnte, sein Augenmerk vor allem auf Erzielung möglichst hoher Einnahmen zu richten (RG 66, 139; vgl. weiter RG 75, 120; JW 1911, 276[1]; Warn 1915 Nr 162); Vereinbarungen eines Arztes, die auf eine hauptsächliche oder vorwiegende Ausnutzung seines Berufes als Erwerbsquelle abzielen, da sein Beruf kein freies Gewerbe darstellt (RG Warn 1915 Nr 162); ein geheim zu haltendes Abkommen zwischen Ärzten, wonach der eine als Krankenhausleiter sich von dem andern als seinem Nachfolger für dessen Empfehlung eine Vergütung versprechen läßt (RG JW 1916, 252[1]); das Konkurrenzverbot zwischen Ärzten (RG 66, 143; 90, 437); ein Vertrag, durch den sich jemand gegenüber demjenigen, der ihn in die Naturheilkunde einzuführen verspricht, verpflichtet, 5 Jahre lang nur Heilmittel des andern Teils anzuwenden (RG 2. 1. 23 III 144/22); die entgeltliche Übernahme der Verpflichtung zum Schweigen über eine unerlaubte Handlung des andern (RG 58, 204; 62, 273); unter Umständen auch ein Darlehn zu Spiel und Wette, so z. B. Darleihung hoher Beträge an einen jungen Menschen, um ihm die Teilnahme an Gewinnspielen zu ermöglichen, aus eigennütziger Absicht (RG 70, 1; JW 1920, 96[2]), ferner das Darlehn, das aus Gewinnsucht gegeben wird, indem das Glücksspiel zur Quelle eigenen Verdienstes dienen soll (RG 67, 355; 70, 1; Warn 1921 Nr 11 u. 12, 13; 1922 Nr 63 und § 762 A 5; unter Umständen die Ausbedingung eines der Angemessenheit übersteigenden Honorars durch einen Rechtsanwalt (RG 83, 113); die Machenschaften von Unternehmerverbänden, namentlich durch planmäßige Irreführung des Bestellers, zum Zwecke der Erzielung übermäßiger Preise (RG JW 1914, 976[1]; 1913, 734[2]; Gruch 60, 484); das Streben nach übermäßigem Gewinn verstößt dann (aber auch nur dann; RG JW 1918, 555[9]; SeuffA 75 Nr 39) gegen die guten Sitten, wenn zur Erzielung solchen Gewinns unlautere Mittel benutzt oder durch unlautere Machenschaften eine außerordentliche Preissteigerung bewußt ausgeübt wird (RG Warn 1919 Nr 3); insbesondere in der Zeit der Kriegsnot, bei einem Handeln auf Kosten des einzelnen oder der Gesamtheit, zumal wenn es sich um Gegenstände des Kriegsbedarfs handelt (RG 90, 401; 93, 208; Warn 1920 Nr 9; SeuffA 75 Nr 67, betreffend unter Umständen auch unverhältnismäßig hohen Mäklerlohn für die Vermittlung von Kriegslieferungen). Daß hierbei Verluste der Militärverwaltung bereits eingetreten sind, ist keine Voraussetzung; es genügt, daß durch die unverhältnismäßig hohe Provision die Gefahr solcher Verluste für die Zukunft besteht (RG 3. 11. 20 V 198/20). Abreden unter Unternehmern, die darauf abzielen, bei einer öffentlichen Ausschreibung einem Beteiligten den Zuschlag dadurch zu erwirken, daß die andern besonders hohe Gebote abgeben, sind dieserhalb noch nicht sittenwidrig; sie sind es aber dann, wenn sie auf planmäßige Irreführung des Bestellers und zu dessen Schaden auf Erzielung übermäßiger Preise ausgehen (RG Warn 1920 Nr 74; Gruch 60, 484). Auch das bewußte Zusammenwirken zur Umgehung und Schädigung fremder Vertragsrechte ist nichtig (RG LZ 1920 Nr 134). Eine sittenwidrige Handlungsweise kann auch darin liegen, daß ein Gläubiger von seinem Schuldner sich aus Mitteln befriedigen läßt, von denen er weiß, daß sich der Schuldner sie durch Betrug verschafft hat (RG 94, 193). Vgl. auch Gruch 60, 487. Der Kettenhandel ist ein an sich unerlaubtes, seinem Gegenstande und Inhalte nach unerlaubtes Geschäft, das jedenfalls dann auch gegen die guten Sitten verstößt, wenn auf beiden Seiten bewußt der Tatbestand verwirklicht wird, der dem Gesetze oder den guten Sitten zuwiderläuft (RG 98, 2; 101, 383). Über den Begriff vgl. § 134 A 1 Abs. 4. Wider die guten Sitten verstößt es auch, wenn der Inhaber eines für den Verkehr unentbehrlichen (privatrechtlichen) Gewerbes die zu seinen Gunsten bestehende Monopolstellung oder den Ausschluß einer Konkurrenzmöglichkeit dazu mißbraucht, um dem allgemeinen Verkehr aus Eigennutz unbillige Opfer aufzulegen, die Vertragsbedingungen, die eine übermäßige Ausnutzung der gegebenen Machtstellung enthalten, sind daher nichtig (RG 99, 107). So ist es unzulässig, wenn die sämtlichen Spediteure eines bestimmten Bezirks oder auch nur die Angehörigen einer Gruppe, auf deren Inanspruchnahme ein bestimmter Kreis der Geschäftswelt bei der Abwicklung seiner Geschäfte angewiesen ist, ihre Haftpflicht auch für den Fall eigenen Ver-

schuldens ausschließen oder auf einen verhältnismäßig geringfügigen Betrag beschränken (RG 103, 82; 115, 218; RG JW 1927, 1588[22]; RG SeuffA 79 Nr 101). Eine solche Beschränkung wird auch nicht dadurch zulässig, daß die Spediteure sich erbieten, auf Kosten der Auftraggeber das in Frage stehende Gut zu versichern (RG 106, 386). Übrigens schlägt hier auch der unter f erörterte Gesichtspunkt ein; vgl. dort gegen Ende. Nicht zu beanstanden ist eine Bestimmung, wonach der Spediteur wegen aller seiner Ansprüche an den Auftraggeber ein Pfand- und ein Zurückbehaltungsrecht an den in seiner Verfügungsgewalt befindlichen Gütern, auch den nicht im Eigentum des Auftraggebers stehenden, hat (RG 113, 427). Wirksam ist, unbeschadet der Vorschrift des § 276 Abs 2 die vertragliche Ausschließung jeder Haftung einer gewerbsmäßigen Auskunftei für die Folgen der Entschließung, die auf Grund ihrer Auskünfte getroffen worden ist (RG 115, 122). Ausbeutung der Monopolstellung einer Stadt in bezug auf die Versorgung mit Elektrizität s. RG 111, 310. Sittenwidrig ist der aus Eigennutz erfolgte Verkauf von Gegenständen des Kriegsbedarfs, die um dieses Zweckes willen mit Beschlag belegt sind (RG 100, 349). Gegen die guten Sitten verstößt der Abschluß eines Kaufes über eine Ware, deren Einführung, den Parteien bewußt, um eine Schädigung der Valuta zu hindern, verboten ist, wenn sich die Parteien darüber hinwegsetzen (RG 21. 5. 21 V 19/21).

c) **Mit Rücksicht auf den Gegenstand des Rechtsgeschäfts.**

Das Versprechen oder die Gewährung von Vermögensvorteilen, um jemand zum Glaubenswechsel zu bestimmen, es sei denn, daß jener ohnehin dazu entschlossen gewesen wäre und ihm der Übertritt nur erleichtert werden sollte (RG JW 1918, 1100[1]); oder um jemand zu bestimmen, von seinem Zeugnisverweigerungsrechte keinen Gebrauch zu machen (RG 79, 373); eine letztwillige Verfügung, durch die mittels vermögensrechtlicher Anordnungen auf die freie Entschließung des Bedachten in der Wahl des religiösen Bekenntnisses eingewirkt werden soll (RG SeuffA 1914 Nr 48); das entgeltliche Versprechen zur Beschaffung einer staatlichen Auszeichnung (RG 86, 98); Abmachungen, die geeignet sind, die Zwecke der Ehe zu vereiteln: die Vereinbarung im Verlöbnisse wegen Beschränkung der Kinderzahl (RG JW 08, 28[2]); die Vereinbarung, die Lebensgemeinschaft auszuschließen (RG 22. 12. 10 IV 48/10); oder getrennt zu leben falls dieses auf an sich unerlaubte Weise befördert oder erleichtert werden soll (RG 68, 322; Warn 1911 Nr 224 und 1913 Nr 188; Gruch 64, 611; LZ 1920, 382[1]); eine unter Aufhebung der häuslichen Gemeinschaft getroffene Vereinbarung über die Gewährung des Unterhalts, falls sie auf das Getrenntleben abzielt, und ein gesetzlicher Grund für die Aufhebung der Gemeinschaft nicht vorliegt (RG 109, 137); der für alle Zeit bestimmte Verzicht der Eheleute auf gegenseitige Unterstützung und Beihilfe zur Lebensführung (RG 15. 11. 07 III 142/07); eine vor der Scheidung vorgenommene, nicht nur vorübergehend, wie etwa für die Dauer des Scheidungsprozesses, getroffene Regelung der Unterhaltsansprüche (RG JW 1916, 573[2]; RG Warn 1923/24 Nr 169); Vereinbarungen zur Erleichterung der Scheidung, was indes nicht notwendig mit dem Zweck einer Beschleunigung des Ehescheidungsverfahrens gegeben ist (RG Warn 1926 Nr 82) und überhaupt dann nicht vorliegt, wenn ein Ehegatte einen unbedingten Scheidungsgrund hatte und entschlossen war, ihn ohnehin geltend zu machen und auf Scheidung zu klagen (RG Warn 1913 Nr 3 u. 128, 398; 1916 Nr 9; 1919 Nr 93; 1922 Nr 64; JW 1916, 57[3]; Gruch 58, 891; LZ 1922 Nr 64); ein Prozeßvergleich, wonach der Ehemann der Ehefrau für den Fall der Scheidung aus beiderseitigem Verschulden eine Unterhaltsrente verspricht, sofern damit mittelbar zugleich ein Verzicht auf Einlegung des Rechtsmittels verbunden worden ist (RG Gruch 60, 657); das Versprechen eines Vermögensvorteils dafür, daß der eine Ehegatte die Ehescheidungsklage erhebt (RG Warn 1913 Nr 3 und 1914 Nr 273; JW 1913, 321[6]), und zwar auch dann, wenn zur Erleichterung der Scheidung Abmachungen über das Recht zur Erziehung der Kinder getroffen werden (RG Gruch 49, 1175); oder wenn in einem Prozeßvergleiche der Mann die Erziehung der Kinder der allein für schuldig erklärten Frau überläßt (SeuffA 75 Nr 33); oder wenn vereinbart wird, an Stelle des wirklichen Scheidungsgrundes einen andern geltend zu machen (RG SeuffA 67 Nr 193); ein Übereinkommen, wonach die Berufung gegen das künftige Scheidungsurteil unzulässig sein soll (RG 70, 60; 71, 88); ein Vertrag, durch den ein Eheteil sich für den Fall der von ihm ohne berechtigten Grund erstrebten Scheidung der Ehe von dem andern Teil Vermögensvorteile versprechen läßt (RG 108, 213); der Verzicht auf die Revision (RG JW 1911, 398[3]); Verträge zwischen Eheleuten, wonach die Sorge für die gemeinschaftlichen Kinder in einer den gesetzlichen Vorschriften widersprechenden Weise geregelt wird (RG Warn 1912 Nr 115); der Verzicht des Vaters auf das Erziehungsrecht (RG 68, 322); ein Geldversprechen, das sich ein Mann von seiner Geliebten als Entschädigung für verpaßte Heiratsgelegenheiten geben läßt (RG JW 1913, 855[2]); Eheversprechen eines verheirateten Mannes (RG SeuffA 78 Nr 191); eine Schenkung an eine Frau zur Belohnung dafür, daß sie nicht zu ihrem Manne zurückkehrte, sondern beim Schenker blieb, mag auch die Absicht eines Geschlechtsverkehrs dabei nicht mitgewirkt haben (RG 4. 4. 24 VII 532/23). Versprechen, das sich ein Zeuge zur Vergütung der Abgabe seiner Aussage geben läßt (RG 79, 371;

88, 374); die Vereinbarung der Bestellung eines Schiedsgerichts zur Entscheidung über eine Spielschuld (RG 68, 9); der Ausschluß eines Arztes vom beruflichen Verkehr durch den ärztlichen Verein (vgl. RG 79,17); ein Vertrag, durch den ein Gewerbtreibender einen Handlungsgehilfen, dem von seinem früheren Dienstherrn für die Zeit nach Beendigung des Dienstverhältnisses eine Beschränkung gemäß § 74 HGB auferlegt war, dazu bestimmt, gegen diese Unterlassungspflicht zu verstoßen und in seinen Dienst zu treten (RG 81, 86); der Abschluß eines Dienstvertrags mit dem vertragsbrüchig gewordenen vormaligen Angestellten eines Konkurrenten dann (vgl. RG 78, 17; JW 1910, 705, wonach der Vertragsabschluß gegebenenfalls nicht immer sittenwidrig ist), wenn der Angestellte durch unlautere Mittel zum Vertragsbruche verleitet wird, oder wenn letzteres zum Vorteile des Verleitenden und anderseits unter Schädigung des Konkurrenten erfolgt (RG Warn 1913 Nr 322). Das Versprechen einer Leistung, oder einer Leistung (Errichtung einer Stiftung) unter der Bedingung, daß der Empfänger dem Leistenden eine Titel- oder Ordensauszeichnung verschaffe, verstößt wider die guten Sitten und die Rückforderung ist nach § 817 Abs 2 unstatthaft (RG Warn 1919 Nr 51). Ein Vertrag, der in bewußtem Zusammenwirken zur Umgehung und Schädigung fremder, auch nur obligatorischer, Rechte abgeschlossen wird, ist auch dann als sittenwidrig nichtig, wenn der entferntere Zweck der war, einen gemeinen Nutzen zu fördern (RG 88, 365). Eine aus selbstsüchtigen Zwecken auf ein Bordellgrundstück gegebene Darlehnshypothek (RG Gruch 66, 92). Der aus gewinnsüchtiger Absicht abgeschlossene Mietvertrag über ein Hotel zum Zwecke des Betriebs von Glücksspielen (RG Warn 1922 Nr 121).

d) **Wegen Beschränkung der Willensfreiheit oder der Bewegungsfreiheit eines andern oder der Möglichkeit, sein Fortkommen zu befördern:**

Wegen unstatthafter Beschränkung der Willensfreiheit sind Verträge nur dann widersittlich, wenn die Freiheit des Entschlusses in bezug auf Angelegenheiten beschränkt werden soll, zu denen sich der Mensch durch äußere Dinge nicht soll bestimmen lassen (daher ist das Versprechen einer Geldzahlung für den Fall seiner Verheiratung, das jemand einer Frauensperson gibt, mit der er die Ehe gebrochen hat, nicht ohne weiteres widersittlich (RG Gruch 65, 217). Die zeitlich unbeschränkte Verpflichtung, an einem bestimmten Orte nicht zu wohnen (RG Warn 1915 Nr 8); die sog. Knebelungsverträge (RG 63 S. 297, 336 u. 390; 76, 78; JW 09, 412[7] und 1910, 62[5]; RG 67, 102, wonach es auf die Gesamtwirkung aller Umstände ankommt; Warn 1912 Nr 142, wonach eine übermäßig harte und drückende Beschränkung in der persönlichen Freiheit und in der wirtschaftlichen Freiheit erforderlich ist); die gegenseitige Verpflichtung zwischen den Mitgliedern einer Gesellschaft m. b. H., bei der Wahl des Aufsichtsrats für einen bestimmten Gesellschafter nicht zu stimmen, oder eine Wahl selbst nicht anzunehmen (RG 57, 205); die Vereinbarung, daß das Vorstandsmitglied einer Aktiengesellschaft nur bei Begehung einer den Verlust der Ehrenrechte nach sich ziehenden Handlung solle entlassen werden können (RG 75, 234); die Vereinbarung zwischen den Beteiligten eines Geschäfts, den Vertrag auch trotz aller künftigen etwaigen Vertragsverletzungen fortzusetzen und sich mit einer geringen Vertragsstrafe zu begnügen (RG 78, 298); ein Abkommen bei Verträgen auf fortdauernde Leistungen, durch das sich der eine Teil (der Verkäufer) ganz in die Hand des andern Teiles gibt (RG 82, 308); das Versprechen eines Gesellschafters an einen Dritten, dem er sein Anteilsrecht veräußert, falls die Veräußerung vom Aufsichtsrate nicht genehmigt wird, der Gesellschaft gegenüber Mitglied zu bleiben, aber seine Rechte nach dem Willen des Dritten auszuüben (RG 69, 137); der Vertrag, durch den sich ein Bühnenmitglied dem Unternehmer gegenüber auf eine lange Reihe von Jahren (9) wirtschaftlich völlig abhängig macht (RG Warn 1913 Nr 187); die Abtretung aller künftigen Forderungen, die der Abtretende jemals erwerben wird (RG JW 1907, 707[11]; SeuffA 67 Nr 103); der Verzicht auf die Unpfändbarkeit gemäß § 811 Nr 1 ZPO (RG 72, 183); die übermäßige Beschränkung der Koalitionsfreiheit (RG 57, 154); vertragliche Beschränkungen der Freizügigkeit eines Arztes (RG 68, 190); die Benutzung der Aussperrung, um die einem Schutzverbande von Betriebsunternehmern nicht zugehörigen Inhaber gleichartiger Betriebe zum Beitritte zu bestimmen (RG Warn 1913 Nr 82); im Lohn- und Klassenkampfe zwischen Arbeitgeber und Arbeitnehmer sind zwar weder der Boykott noch anderseits die Aussperrung schon an sich unerlaubte Kampfmittel, aber sie sind dies gegebenenfalls vermöge der Art, wie das Kampfmittel gebraucht wird, wobei jedoch die Benutzung der Presse oder sonstiger Druckschriften noch nicht als unstatthaft gelten kann (RG 64, 55; 66, 383); über einen Bauunternehmerring vgl. RG JW 1908, 296[2]; 1911, 642[5]; ein Vertrag mit ehrenwörtlicher Bestärkung der Vertragspflichten, wenn die dadurch begründete Bindung geeignet ist, die bürgerliche Stellung und das Fortkommen zu gefährden (RG 82, 222, betreffend ehrenwörtliches Versprechen eines Zahnarztes zur Einhaltung von Mindestgebührsätzen); die Verpfändung des Ehrenworts für eine vermögensrechtliche Leistung, die jedoch dann zulässig sein kann, wenn der Gewissenszwang nur zum Schutze wichtiger (anerkennenswerter) Interessen ausgeübt und durch ihn einer ehrlosen Handlung vorgebeugt werden soll (RG 78, 258; Warn 1915 Nr 227). Vgl. VO gegen Mißbrauch wirtschaftlicher Machtstellungen

v. 2. 11. 23 RGBl I 1067 § 2, wonach Verträge und Beschlüsse, die Verpflichtungen über die Handhabung der Erzeugung und des Absatzes, die Anwendung von geschäftlichen Bedingungen, die Art der Preisfestsetzung oder die Forderung von Preisen enthalten, nichtig sind, wenn zu ihrer Bekräftigung das Ehrenwort oder eine ähnliche feierliche Versicherung verlangt oder gegeben worden ist. — Ein Vertrag unter mehreren Brauereien, der den gegenseitigen Wettbewerb ausschließen und den derzeitigen Besitzstand jeder Brauerei sichern soll, ist an sich statthaft; wider die guten Sitten verstößt es jedoch, wenn der Vertrag auch gegen Dritte derart ausgenutzt wird, daß diese gezwungen werden sollen, sich ihm zu eigenem Schaden zu unterwerfen (RG 93, 19; hier hatte eine Brauerei eine Wirtschaft gepachtet, dies Pachtverhältnis gekündigt und daraufhin die andern Brauereien auf Grund des Vertrags gehindert, sich ihrerseits um die Pachtung zu bewerben). — Die sog. Knebelungsverträge, vermöge deren ein Schuldner sich zugunsten des Gläubigers der wirtschaftlichen Freiheit und Unabhängigkeit gänzlich beraubt (RG Warn 1918 Nr 1; RG SeuffA 80 Nr 21); und zwar ungeachtet dessen, daß der wirtschaftlich Stärkere nicht in der Absicht gehandelt hat, den andern Teil zu schädigen, es ist vielmehr die Herbeiführung der wirtschaftlichen Unfreiheit des andern schon an sich widersittlich (RG JW 19, 443[1] und das dort angeführte Urteil). Der Vertrag, wodurch sich ein Arzt dem Inhaber einer Heilanstalt, der nicht Arzt ist, zur Unterlassung des Wettbewerbs verpflichtet (RG JW 17, 536[1]). Nichtig ist der Beschluß einer Gesellschaft m. b. H., wonach die Gesellschafter, die bei einem Konkurrenzunternehmen tätig sind, ihre Rechte aus dem Gesellschaftsverhältnisse vertragsweise durch andere Gesellschafter wahrnehmen lassen können (RG 88, 220). Nichtig ist ein Vertrag, durch den sich eine Tochter zugunsten ihres Vaters der Verfügung über ihr Vermögen durch Einräumung eines lebenslänglichen Nießbrauchsrechts und Erteilung einer langjährigen unwiderruflichen Vollmacht begibt (RG LZ 1919, 1131[3]). Würdigung eines Vertrags, in dem der Erzeuger von Waren die Alleinvertretung für den Vertrieb seiner gesamten Erzeugnisse einem andern überträgt, unter dem Gesichtspunkt des Knebelvertrags s. RG SeuffA 79 Nr 3.

e) **Im Falle von Wettbewerbsverboten:**

Bei Ärzten, Zahnärzten, Rechtsanwälten schlechthin (RG 66, 146; 68, 186; 90, 35; Warn 1913 Nr 217); desgl. bei Patentanwälten (RG Warn 1913 Nr 218) — anders bei amerikanischen Zahntechnikern (RG 70, 339) —; Wettbewerbsverbote, die den Verpflichteten, sei es zeitlich, sei es örtlich, sei es gegenständlich, übermäßig in seiner wirtschaftlichen Freiheit beschränken (RG 53, 156; 68, 229; JW 1907, 494[37]), wobei auch die auferlegte Schweigepflicht in Hinsicht auf Fabrikationsgeheimnisse eine übermäßige Beschränkung enthalten kann (RG Gruch 47, 1002); oder Rechtsgeschäfte, bei denen nach der Gesamtheit der Bestimmungen nur das Interesse des einen Teils ganz einseitig berücksichtigt, dem andern Teile (einem Angestellten) dagegen in seiner Bewegungsfreiheit eine übermäßige Schranke gesetzt wird (RG JW 1913, 592[2]; 1914, 83[15]; 1915, 191[2]); oder wenn bestimmt ist, daß das Wettbewerbsverbot auch dann gelten soll, wenn der Angestellte wegen vertragswidrigen oder unehrbaren Verhaltens des Dienstherrn zu kündigen berechtigt ist (RG JW 07, 707[11] zu § 75 HGB, dessen Grundsatz auch auf Gewerbegehilfen nach RG 59, 76 und Warn 1913 Nr 275 zu erstrecken ist); ein Wettbewerbsverbot, das den Verpflichteten mittels Ehrenworts bindet und ihm im Falle der Zuwiderhandlung eine unverhältnismäßig hohe Vertragsstrafe auflegt, so daß seine Vermögensstellung auf Lebenszeit gefährdet bleibt (RG 68, 229); unter besondern Umständen die Bestimmung in der Satzung einer Gesellschaft m. b. H., daß das einen Wettbewerb betreibende Mitglied sich in Versammlungen durch einen andern Gesellschafter vertreten lassen muß (RG 88, 290; vgl. anderseits RG 80, 385).

f) **Wegen übermäßiger Ausnutzung der Lage des wirtschaftlich Schwächeren durch den wirtschaftlich Stärkeren zum Schaden des ersteren selbst oder Dritter:**

Die Übernahme der Verpflichtung durch einen im übrigen vermögenslosen Geschäftsinhaber, alle gegenwärtigen und alle zukünftigen Außenstände ohne Beschränkung auf einen bestimmten Zeitraum (1 Jahr) oder auf Forderungen für Waren, die dem Geschäftsinhaber zum Zwecke des Verkaufs geliefert waren (RG Warn 1914 Nr 316), einem andern zur Sicherheit zu übereignen (RG Gruch 55, 883); die Sicherheitsübereignung, wenn die Verwendung in den Verhältnissen des Schuldners nach außen hin verdeckt und dadurch wissentlich die Schädigung der Gläubiger des Übereignenden herbeigeführt wird (RG 77, 210; Gruch 58, 825; vgl. auch RG 85, 345 und Warn 1915 Nr 134); die Übertragung aller gegenwärtigen wie zukünftigen Forderungen eines Kaufmanns gegen seine Kunden an einen einzigen Gläubiger, so daß den übrigen Gläubigern die sämtlichen Werte, die zu ihrer Befriedigung dienen könnten, entzogen werden (RG 67, 166; JW 1911, 576[10]; Warn 1919 Nr 189; 1923 Nr 6); die Übertragung aller ausstehenden Forderungen und die Übereignung aller sonstigen Vermögensstücke des Schuldners zur Sicherheit nur einzelnen Gläubiger, während äußerlich dem tatsächlich in seiner Freiheit übermäßig beschränkter Schuldner der Schein der Freiheit belassen wird (RG Warn 1916 Nr 271; 1926 Nr 84; JW 1917, 282[1]); die Übertragung aller künftigen Guthaben eines kaufmännischen Geschäfts an einen einzelnen Gläubiger, während das Geschäft unter Aufrechterhaltung des Anscheins eigener Kreditwürdigkeit im Interesse des einen Gläubigers auf den Namen des Übertragenden fortgeführt wird (RG Warn 1913 Nr 129), während die Sicherheitsübereignung eines ganzen Warenlagers mit Einschluß der künftig dazu kommenden Bestandteile an sich für zulässig erklärt ist (vgl. auch JW 1911, 576[10]; 1914, 83[15]; Warn 1913 Nr 400; 1917 Nr 235); ein Kreditvertrag bei übermäßiger Höhe der ausbedungenen Zinsen und Sicherungsübereignung der gesamten Einrichtung eines kreditsuchenden Ehepaares nebst Unterwerfung unter die sofortige Zwangsvollstreckung (RG LZ 1927, 525[1]); ein Gesellschaftsvertrag, mittels dessen der eine Teil in seiner ganzen wirtschaftlichen Lage durch die Entschließungen des andern Gesellschafters „geknebelt" wird (RG JW 1912, 457[3]); Beschlüsse von Gesellschaften m. b. H., Aktiengesellschaften und sonstiger Vereinigungen, wodurch die Mehrheit ihren eigenen Vorteil zum Nachteile der Minderheit empfindlich schmälert (vgl. RG 107, 72; 108, 41; 112, 14; 113, 188; RG JW 1916, 575[3] und § 826 Anm 5 l); ein Abkommen zwischen dem Dienstherrn und dem vermögenslosen Angestellten, daß dieser ein bestimmtes Gehalt überhaupt nicht erhält und anderseits noch an dem Geschäftsverlust beteiligt sein soll (RG JW 1910, 5[5]); der Verzicht des Arbeitnehmers auf das Gehalt des ganzen Jahres für den Fall, daß er bis zu dem vorgesehenen Zeitpunkte kündige oder ihm gekündigt werde (RG JW 1904, 481[2]); die Bindung eines Angestellten auf Ehrenwort zur Geheimhaltung des Geschäftsgeheimnisses sowie auf Einhaltung der im etwaigen Wettbewerbsverbote enthaltenen Verpflichtungen (RG 68, 229; 74, 332; 78, 258); Verträge, durch die ein Wirt zum Bierbezuge auf lange Jahre unter solchen Bedingungen verpflichtet wird, daß „nach der Gesamtwirkung aller Umstände" eine übermäßige Beschränkung in seiner wirtschaftlichen Freiheit entsteht (RG 63 S. 297, 336, 390; 67, 102; 76, 78; JW 09, 412[7]; 1910, 62[5]; Warn 1912 Nr 242; SeuffA 80 Nr 161 und RG 15. 5. 26 V 449/25 ebenda Fußnote 1); solche langfristigen Verträge sind jedoch nicht schon an sich widersittlich, sondern nur dann, wenn nach Lage des Falles in der Länge der Gebundenheit eine unbillig drückende Härte, eine Knebelung, sei es schon allein für sich, sei es in Zusammenhang mit andern Bedingungen, gefunden werden muß (RG JW 09, 412[7]; 1927, 119[20]; Warn 1918 Nr 223; das Übereinkommen zwischen Brauereien, den Wirten „unbekümmert um bestehende Verträge" so lange kein Bier zu verabfolgen, bis sie sich der vom Verbande der Brauereien angestrebten Preissteigerung unterworfen haben, oder den Wirten Bier nur zu einem festgesetzten Mindestpreise zu liefern (RG 79, 279); der Mißbrauch eines Monopols, z. B. im Speditionsgewerbe, oder der Wettbewerbsmöglichkeit derart, daß dem Verkehr unbillige, unverhältnismäßig große Opfer auferlegt werden (RG 62, 364; 99, 109; 103, 82; 106, 386; RG LZ 1924, 464[6]; RG JW 1925, 1395[26]; 1926, 570[2]; 1927 S. 118[10], 655[4], 681[21]; LZ 1925, 271[3] — vgl. dazu oben b a. E.); ein Vertrag, durch den sich ein Angestellter, der nur durch eine Beteiligung am Gewinne entlohnt werden soll und überdies eine Geschäftseinlage zu machen hat, aller seiner Ansprüche bei Zuwiderhandlung gegen eine seiner Vertragspflichten zur Strafe verlustig gehen soll (RG 90, 181). Über die Sittenwidrigkeit einer Vertragsstrafe s. RG 114, 304 und A 1 zu § 343. Über die Frage der Sittenwidrigkeit von Generalversammlungsbeschlüssen wegen Beeinträchtigung des Aktienrechts der Minderheit s. RG 68, 235; 105, 373; 107, 72; 108, 322; 112, 14; RG JW 1926, 543[1]. S. auch § 826 A 5 l. Ausschließung von Aktionären von der Teilnahme an der Generalversammlung wegen formeller Bedenken gegen die Art der Hinterlegung der Aktien als Verstoß gegen die guten Sitten s. RG 112, 109.

g) **Mit Rücksicht auf die Beschaffenheit des Geschäftsgegners:**

Der mit einem Geistesschwachen oder geistig Minderwertigen abgeschlossene Vertrag ist nichtig, wenn ein Ausbeuten der Geistesschwäche oder Minderwertigkeit zur Erlangung außergewöhnlicher Vorteile stattfand (RG 67, 393; 72, 68; Warn 08 Nr 119; 1917 Nr 234; 1918 Nr 49; JW 1915, 392[2]; 1925, 2126[15]). Über die Benutzung der Angst eines andern (RG JW 10, 142[1]). Wider die guten Sitten verstößt es, wenn der Vertreter einer Haftpflichtversicherungsgesellschaft die gänzliche Unerfahrenheit des hinterbliebenen Erben veranlaßt, gegen eine geringfügige Abfindung auf die Versicherungssumme zu verzichten (RG 96, 92). Aus ähnlichen Erwägungen ist die Abfindung eines durch einen Kraftwagen Verletzten wegen seiner Ansprüche gegen alle Beteiligten, insbesondere den leistungsfähigen Eigentümer des Kraftwagens, für sittenwidrig erachtet worden (RG SeuffA 79 Nr 198). Nichtigkeit eines Vertrags, durch den die Schwäche und Ängstlichkeit des einen Teils zu dessen Nachteil unter dem Deckmantel der Fürsorge ausgebeutet wird, s. RG SeuffA 78 Nr 111. Ein Vater, der die Unerfahrenheit seiner Tochter benutzt, um mit ihr zu seinem Vorteile einen ihr nachteiligen, sie in der Verfügung über ihr Vermögen knebelnden Vertrag abzuschließen, handelt wider die guten Sitten gemäß § 138 (RG LZ 1919, 1131[3]). Sittenwidrigkeit eines Vertrags, in dem sich Kinder unter Ausnutzung der geistigen Minderwertigkeit, Willensschwäche und Ängstlichkeit des Vaters dessen Vermögen übertragen lassen (RG Warn 1927 Nr 46).

B. Rechtsgeschäfte folgender Art sind (an und für sich) als zulässig erachtet worden:

Zu a. Das Versprechen, einen Strafantrag zurückzunehmen (RG 23. 2. 07 I 185/06), oder einen Strafantrag zu unterlassen, falls sich der Geschädigte nur den durch die Straftat ihm zugefügten Schaden wenigstens zum Teil ersetzen läßt (RG 12. 6. 06 III 574/05; Warn 1910 Nr 370; vgl. auch JW 09, 487[8]). Das von einem Manne einer Frau gegebene Schuldversprechen zur Entschädigung dafür, daß sie ihren Beruf aufgegeben hat, um sich ihm hinzugeben und mit ihm in wilder Ehe zu leben (RG 98, 177). Der sog. Kundschaftervertrag (Vertrag auf Beschaffung von politisch oder handelspolitisch wichtigen Nachrichten aus dem Ausland), die daraus sich ergebenden Verpflichtungen sind klagbar (RG JW 1924, 1424[1]). Ein Grundstücksveräußerungsvertrag verstößt nicht deshalb allein gegen die guten Sitten, weil zum Zwecke der Hinterziehung von Steuern oder Stempeln in der notariellen Urkunde der Kaufpreis niedriger als vereinbart angegeben ist (RG 17. 6. 25 V 457/24). Die Absicht, das Vorkaufsrecht eines Dritten, z. B. auch das gesetzliche eines gemeinnützigen Siedelungsunternehmens, zu umgehen, macht einen Vertrag nur dann sittenwidrig, wenn unlautere Handlungen, z. B. die Verheimlichung des Verhandelten, hinzutreten (RG 16. 6. 23 V 565/22; 19. 2. 26 III 470/25).

Zu b. Die Gewährung eines Darlehns zum Glückspiel (RG 67, 355; dazu oben A Ab und § 762 A 5); der Erwerb des Eigentums an einer Sache trotz Kenntnis des älteren Rechtes eines andern (RG 83, 240); ein Vertrag, durch den mehrere Personen einem andern bei einer Ausbietung das Alleinrecht zur Abgabe von Geboten auf ein bestimmtes Los einräumen, während der andere sich verpflichtet, auf weitere Lose nicht mit zu bieten (JW 1915, 1258[2]). Ein Rechtsgeschäft, das gegen die Verordnung v. 24. 6. 16, betreffend den Verkauf von Lebensmitteln verstößt oder bei dem die bestimmten Richtpreise überschritten werden, ist nicht nichtig (RG 96 S. 232 u. 343; 97, 83; vgl. § 138 A 2). Daß sich der Nießbraucher eines Grundstücks rückständige Hypothekenansprüche abtreten läßt und sich nicht aus den Grundstückseinkünften bezahlt macht, reicht für die Annahme eines Verstoßes gegen die guten Sitten nicht aus (RG 100, 158).

Zu c. Das Versprechen des wegen Ehebruchs des andern Teiles geschiedenen Ehegatten, niemals Strafantrag zu stellen, falls ihm dafür nur der gesetzliche Unterhalt versprochen wird (RG Warn 08 Nr 126); die Einigung zwischen Eheleuten über die im Falle des § 1361 während der Zeit des Getrenntlebens zu gewährenden Unterstützungen (RG Warn 1911 Nr 223); ein Vertrag, durch den sich die Frau die Möglichkeit des Getrenntlebens aus sittlich zu billigenden Gründen sichert (RG Warn 1913 Nr 188); Vereinbarungen zwischen Eheleuten vor erfolgter Scheidung zur Regelung der Unterhaltsansprüche, falls nicht die Regelung zur Erleichterung der Scheidung getroffen worden ist (RG JW 16, 573[2]); Vereinbarungen zwischen Eheleuten für die Zeit nach der Scheidung zur Vorsorge für ihr Kind oder über ihre Vermögensverhältnisse (RG Warn 1913 Nr 3), oder über die Abkürzung des Scheidungsverfahrens, falls ein wirklich stichhaltiger Scheidungsgrund gegeben ist (RG Gruch 58, 898); Vereinbarungen über die Kindererziehung (RG 20. 3. 05 IV 244/64); die Abfindung einer verlassenen Braut (RG 9. 5. 11 VII 472/10); der Vercicht auf Schadensersatzansprüche gegenüber dem behandelnden Heilgehilfen (RG Warn 1910 Nr 411); der Ausschluß eines Arztes von kollegialem Verkehre, falls der Arzt nach seinem Verhalten das verdient (RG JW 1914, 35[5]); die unentgeltliche Dienstleistung des Schuldners nach Aufgabe seines Geschäfts in dem alsdann neu begründeten Geschäfte seiner Frau (RG 67, 169); die Übernahme der Verpflichtung von seiten des Arbeitgebers, einen Teil der seinem Angestellten zukommenden Vergütung nicht an diesen, sondern an seine Frau zu zahlen, falls nur bezweckt war, der Familie des Angestellten den notdürftigen Unterhalt zu sichern, nicht aber den Gläubigern die Befriedigungsmittel zu entziehen (RG 81, 14; JW 1912, 689[13]); die Übernahme der Verpflichtung zur Sperre von Wertpapieren (RG JW 1911, 31[9]); das pactum de non licitando (RG 58, 893; 60, 273; Warn 1912 Nr 368; vgl. noch § 134 A 4); die Inanspruchnahme des Bürgen, wenn die Hauptschuld nichtig ist (RG 78, 354); die Verständigung unter den mehreren Wettbewerbern über ihr Verhalten, selbst wenn sie dann dem Veranstalter nicht Kenntnis geben (RG 24. 11. 03 III 121/03); ein Vertrag unter mehreren Bauunternehmern zum Zwecke der Erhöhung der üblich gewordenen niedrigen Preise bei Ausbietungen (RG JW 08, 296[2]); der Verkauf der ärztlichen oder zahnärztlichen Praxis (RG 66, 139; 75, 120; 115, 172; Warn 1912 Nr 150); die Gewährung eines Darlehns zur freiwilligen Erfüllung verbotener Termingeschäfte (RG Gruch 54, 613); die Übernahme der Verpflichtung, ein Grundstück nur an Käufer deutscher Nationalität zu verkaufen (RG 75, 78; 73, 16), oder an keinen Nationalpolen zu verkaufen (RG 53, 71; 73, 21), oder das Versprechen eines Nationalpolen, das ihm verkaufte, in der Provinz Posen belegene Gut, wenn überhaupt, dann nur an einen Nationalpolen zu verkaufen (RG 77, 419; vgl. auch Warn 1910 Nr 371 und 1911 Nr 8); rechtsgeschäftliche Maßregeln zur Erhaltung deutschen Besitztums in deutscher Hand (RG Warn 1914 Nr 110); Übermäßigkeit der Vertragsstrafe (RG 68, 229; JW 09, 988[9]; 1913, 319[5]); eine Zession lediglich in der Absicht, den Zedenten als Zeugen auftreten zu lassen (RG 81, 160; JW 09, 270[3]); die

Vereinbarung eines an sich unzuständigen Gerichts (RG 86, 7). — Die Vermittlung eines Darlehnsgeschäfts zum Zwecke der Vergrößerung eines auf Gewinnerzielung durch Kriegslieferungen gerichteten Unternehmens ist nicht unzulässig (RG LZ 1920, 334[1]). Die zu niedrige Angabe des Kaufpreises im Vertrage zum Zwecke der Steuerhinterziehung begründet noch nicht die Widersittlichkeit des Vertrags gemäß § 138 (RG Warn 1921 Nr 89; vgl. auch RG JW 1925, 1109[7]). Käufe der Frau unter Überschreitung der Schlüsselgewalt und indem sie den Verkäufer zur Ausstellung fingierter Rechnungen bewegt, sind deswegen noch nicht widersittlich (RG Warn 1921 Nr 98). Die Bekräftigung einer bestehenden Schuld durch Abgabe des Ehrenworts verstößt nicht schlechthin gegen die guten Sitten (RG LZ 1920, 526[1]). Nicht jede Verleitung eines andern zum Vertragsbruche stellt eine widersittliche Handlung dar, es sind dazu noch besondere Umstände erforderlich (RG 18. 10. 22 V 81/22).

Zu d, e und f. Das Versprechen einer Leistung, die zur Gegenleistung in einem auffälligen Mißverhältnisse steht (RG 83, 112; es muß zur Sittenwidrigkeit noch etwas Weiteres dazu kommen, was dem Geschäfte das Gepräge eines widersittlichen verleiht, wie etwa die Ausbeutung); die Annahme eines Schenkungsversprechens in dem Bewußtsein, daß die Mittel zur Erfüllung der Schenkung aus unlauteren Quellen fließen würden, wie aus einem Bordellbetriebe (RG 19. 1. 18 V 283/17); das Versprechen einer lebenslänglichen Unterstützung gegen die Verpflichtung des andern, den Wohnsitz dauernd zu verlegen (RG Warn 1910 Nr 412); Verzicht auf die Wohltat des § 811 ZPO (RG SeuffA 65 Nr 478); die Bestimmung im Vertrage einer Gesellschaft m. b. H., daß diejenigen Gesellschafter, welche mit der Gesellschaft in Wettbewerb stehen, sich in den Versammlungen durch Mitglieder der Geschäftsführung oder des Aufsichtsrats vertreten lassen müssen (RG 80, 390); die Vereinigung von Gewerbetreibenden gleichartiger oder verwandter Betriebe zur Ausschaltung oder Verminderung des Wettbewerbs unter den Mitgliedern, oder zum Schutze des Gewerbebetriebes gegen Entwertung oder Preisunterbietungen, soweit nicht als Mittel zur Hereinziehung in das Kartell gegen Außenseiter die Aussperrung benutzt wird (RG Warn 1913 Nr 82); die Vereinigung von Gewerbetreibenden zur Verhängung von Maßregeln gegen Gewerbegenossen, um das Gewerbe (Buchhandel) gegen Schleuderpreise zu schützen, sofern nicht durch das gewählte Mittel in die Rechtssphäre Dritter eingegriffen wird (RG 56, 274); die Aussperrung eines Arbeitnehmers durch einen Arbeitgeberverband durch Versagung eines „Handzettels" der Arbeitsnachweisstelle, falls ein triftiger Grund gegeben ist, den Arbeitnehmer wegen seiner körperlichen oder geistigen Beschaffenheit von den zum Vereine gehörigen Betrieben fernzuhalten (RG 65, 423; 71, 108); Verträge, durch welche ein Komponist sich einem Verleger gegenüber verpflichtet, die künftigen Werke zunächst ihm vorzulegen und bei gleich günstigen Bedingungen ihm auch den Vorzug zu geben (RG 79, 156); oder Verträge, durch welche die Entfaltung der künstlerischen Tätigkeit mittels Konkurrenzverbots eingeengt wird (RG 80, 219); oder vereinbart wird, daß eine Schauspielerin im Falle ihrer Verheiratung dieserhalb kein Recht zur Vertragsauflösung haben, vielmehr bei einer auf Geheiß ihres Ehemanns erfolgenden Auflösung in eine Geldstrafe verfallen soll (RG Gruch 54, 934); der Vertrag, durch den ein Ausländer sich verpflichtet, in einer Stadt, in der sich eine Berlitz-school befindet, während einer Frist von 10 Jahren nicht eine Sprachschule zu gründen (RG Gruch 54, 892); oder durch den ein Kleinhändler sich zur Gewährung von Sonderrabatt an Mitglieder wirtschaftlicher Vereinigungen verpflichtet (RG 78, 194); oder durch den von einer Gemeinde einem Gastwirt Beschränkungen zum Besten der Gemeindemitglieder auferlegt werden; oder in dem sich der eine Teil verpflichtet, für den andern Teil Waren herzustellen und zu liefern, die der andere Teil in eigenem Namen verkaufen soll (RG Gruch 59, 467, wo zugleich ein Verstoß gegen § 310 verneint ist); die Bestimmung in der Satzung einer Gesellschaft m. b. H., daß sich das einen Wettbewerb betreibende Mitglied in den Versammlungen durch einen Mitgesellschafter vertreten lassen muß (RG 80, 385; vgl. anderseits RG 88, 220); mit Rücksicht auf die Wohnungsnot die bei einem Grundstücksverkauf eingegangene Verpflichtung, die Wohnung zu räumen und von dem Orte wegzuziehen (RG Warn 1925 Nr 134). Widersittlich ist auch nicht schlechthin ein von einer Willkürbedingung abhängig gemachter Vertrag, es müßte vielmehr noch hinzukommen eine wucherische Ausbeutung, eine Ausnutzung eines unzulässigen Zwanges, wirtschaftliche Knebelung oder dgl. (RG 104, 101). — Ein Verlagsvertrag, durch den dem Verleger das Verlagsrecht an sämtlichen Auflagen eines Werks eingeräumt wird, verstößt nicht schon deshalb gegen die guten Sitten, weil der Verfasser sich zur Durchsicht oder Neubearbeitung jeder Auflage verpflichtet, oder dem Verleger bei seiner, des Verfassers, Behinderung das Recht gewährt, die notwendigen Änderungen durch einen sachkundigen Dritten vornehmen zu lassen (RG 112, 173). Als nicht sittenwidrig ist beim Verkauf eines Patents die Abrede erachtet worden, daß der Bruder des Patentinhabers Bau und Betrieb von Maschinen der patentierten Art unterlasse und alle künftigen Erfindungen an solchen Maschinen dem Patenterwerber kostenlos überlasse (RG 112, 361).

Ein widersittlicher Knebelungsvertrag liegt nicht vor, wenn der Schuldner trotz aller dem Gläubiger eingeräumten Vorteile noch imstande bleibt, sich anderweit wirtschaftlich zu betätigen (RG Warn 1918 Nr 14); ebensowenig unter entsprechenden Umständen ein widersittliches Wettbewerbsverbot. Ein Abkommen, dessen Hauptzweck ist, das notleidende Unternehmen des Schuldners durch weitgehende Kreditsicherung zu retten, ist nicht unzulässig, falls eine wirtschaftliche Selbständigkeit des Schuldners gewahrt bleibt, mag der einzelne Gläubiger eine besonders hohe Sicherheit erhalten haben und mag auch das Abkommen geheimgehalten werden (RG JW 16, 476[1]). Daher stellt auch der Vertrag, durch den ein Kaufmann durch Übertragung seines Warenlagers seinem Gläubiger Sicherheit gewährt, nicht schlechthin einen Knebelungsvertrag dar (RG LZ 1922, 227[3]). — Es verstößt nicht gegen die guten Sitten, wenn sich der Staat in einem Rentengutsvertrage ausbedingt, daß er im Falle seines berechtigten Rücktritts vom Vertrage über die Erstattungsfähigkeit von baulichen, durch den Käufer gemachten Aufwendungen mit Ausschluß eines Rechtsanspruchs selbst entscheiden darf (RG Gruch 63, 327). Rechtsgeschäfte, die gegen die Höchstpreisverordnung v. 4. 8. 14 oder gegen § 11 der VO v. 24. 6. 16., betreffend den Verbot des Kettenhandels, verstoßen, sind nicht nichtig (RG 88, 250 und 96, 244). Vgl. § 134 A 2 a. E.

2. **Das Wuchergeschäft.** Wie das Wort „insbesondere" zeigt, soll das Wuchergeschäft einen Sonderfall des unsittlichen Rechtsgeschäfts überhaupt darstellen und mithin nur einen besondern Anwendungsfall der Bestimmung des Abs 1 bezeichnen. Sofern eines der Merkmale des Wuchers fehlt, kann nur in Frage kommen, ob sich das Geschäft aus andern Gründen als ein widersittliches darstellt (RG 64, 181; 72, 61; Warn 09 Nr 494). Dazu reicht jedoch das Vorhandensein eines groben Mißverhältnisses zwischen Leistung und Gegenleistung allein noch nicht aus, es muß vielmehr noch ein anderer Umstand dazu kommen, der außerhalb des Tatbestandes des § 138 Abs 2 die Anwendbarkeit des Abs 1 zuläßt, so etwa die unerlaubte, sittenwidrige Ausnutzung der Schwierigkeiten des Geld- und Arbeitsmarktes infolge eines Krieges (RG 90, 400; 93 S. 28 u. 107; Warn 1916 Nr 2; LZ 1921, 216[1]), oder die Bestimmung in einem Pachtvertrage, wonach bei irgendeiner nicht gehörigen Erfüllung durch den Pächter dieser für den fortlaufenden Pachtzins haftbar bleiben und die geleistete Anzahlung dem Verpächter ohne Gegenleistung verbleiben soll (RG 103, 37). Ist anderseits der Tatbestand des § 138 Abs 2 festgestellt, dann bedarf es nicht noch der Prüfung, ob das Rechtsgeschäft gegen die guten Sitten verstößt (RG 72, 69).

In welcher Form der Wucher äußerlich in die Erscheinung tritt, ist nach dem Gesetze unwesentlich. Es unterscheidet insbesondere nicht mehr zwischen Sachwucher und Kreditwucher (vgl. die Gesetze, betr. den Wucher v. 2. 5. 80 u. 19. 6. 93), so daß nach der gegenwärtigen Rechtslage jedes lästige Vermögensgeschäft ein wucherliches sein kann, namentlich: das Darlehn, der Kauf, das Pfandleihgeschäft, der Mietvertrag, Gesellschaftsvertrag (vgl. RG 46, 112; Warn 09 Nr 387; 1911 Nr 9; 1916 Nr 98), der Dienstvertrag, das Vermittlungsgeschäft.

Die Rechtsfolge des Wuchers ist die **Nichtigkeit des Rechtsgeschäfts** (§ 125 A 1). Hinzuzufügen ist hier nur noch: Auch das wucherliche Rechtsgeschäft stellt im Zweifel insgesamt ein einheitliches dar, so daß, wenn auch nur ein Teil des Geschäfts die wucherische Ausbeutung enthält, das Geschäft im ganzen nichtig ist (RG Warn 08 Nr 280; RG 72, 63). Die Nichtigkeit des obligatorischen Rechtsgeschäfts ergreift grundsätzlich zugleich auch das dingliche Erfüllungsgeschäft. Denn die Bestimmung des Abs 2 umfaßt, wie das Versprechen, so auch das Gewähren wucherischer Vorteile (RG 57, 95 ff.; 75, 76; 93, 75; 109, 201; RG LZ 1924, 329[1]). Aber das Erfüllungsgeschäft ist nicht nichtig, wenn zur Zeit der Erfüllung die Voraussetzungen des Wuchers nicht mehr vorliegen; wohl aber kann der Bewucherte seine auf Grund des wucherischen nichtigen Geschäfts bewirkte Leistung gemäß § 812 zurückfordern, es sei denn, daß er im Zeitpunkte der Leistung gewußt hat, daß er zur Leistung nicht verpflichtet sei (§ 814), was zu behaupten Sache des Gläubigers ist; daher darf auch ein Schuldner, der etwa einen Wechsel zur Erfüllung eines wucherischen Vertrags gegeben hat, unter den entsprechenden Voraussetzungen die Leistung aus dem Wechsel verweigern (RG 29. 10. 21 V 168/21; Warn 09 Nr 295).

Subjektiv erfordert der Wucher **vorsätzliches Handeln.** Dies Erfordernis **der Ausbeutung** ist erfüllt, wenn der Wucherer bewußt, sei es die Notlage, sei es den Leichtsinn, sei es die Unerfahrenheit eines andern ausnützt. Daß indes auch seine Absicht hierauf gerichtet war, ist nicht erforderlich (RG 60, 9; 86, 300; JW 07, 167[4]), wie es auch des Nachweises der Arglist nicht bedarf (RG JW 05, 366[3]). Die **Ausbeutung** verlangt auch nicht einmal ein angriffsweises Vorgehen; es genügt die Benutzung einer zufällig gegebenen Gelegenheit (RG 60, 9; 86, 300; JW 05, 366[3]; 1913, 483[3]). Das Erfordernis der Ausbeutung ist aber nicht erfüllt, wenn sich der Gläubiger des Vorhandensein eines Mißverhältnisses nicht bewußt war (RG 11. 10. 11 V 602/10). — Ein **anderer,** dessen Notlage ausgebeutet werden soll, kann auch ein anderer sein als der Vertragsgegner des Wucherers, sofern nur die Notlage dieses andern für das Geschäft wirtschaftlich bestimmend war; insbesondere dann, wenn der wucherische Vertrag im wirtschaftlichen Interesse eines Dritten abgeschlossen wird und der Wucherer im Bewußtsein dessen die Notlage des Dritten ausbeutet (RG JW 15, 574[6]; 20. 3. 18 V 338/17). Verpflichten sich in einem einheitlichen Vertrage mehrere Personen dem Wucherer, sei es als Hauptschuldner, sei es als Bürge, dann reicht es zur Geltendmachung des Einwandes des Wuchers aus, wenn auch nur einem von den mehreren gegenüber Wucher vorliegt (RG 72, 218; Gruch 54, 886; RGSt 28, 115; 39, 125). Als der Wucherer dagegen kann nur der Vertragsgegner selbst in Betracht kommen, der der Empfänger des Versprechens war. — Die Tatbestandsmerkmale „Ausbeutung der Notlage, des Leichtsinns oder der Unerfahrenheit" bedeuten im Sinne des Gesetzes verschiedene mögliche Besonderheiten der gleichen Begehungsart (RGSt 17, 442). **Notlage** ist nicht jede finanzielle Bedrängnis (vgl. RG LZ 1926, 917[3]). Der Begriff „Notlage" erfordert eine dringende Not, welche die wirtschaftliche Existenz bedroht. Eine Notlage anderer Art kommt nicht in Betracht (RG JW 05, 75[8] u. 1911, 576[9]). Ein Zustand der Vermögenslosigkeit und Unpfändbarkeit ist jedoch noch nicht identisch mit dem Zustande eines dringenden Geldbedarfs zur Abwendung einer die wirtschaftliche Existenz bedrohenden Gefahr (RG Warn 1919 Nr 92). Für das Vorhandensein einer solchen Gefahr reicht es aber aus, wenn eine wesentliche Verschlimmerung der derzeitigen wirtschaftlichen Lage droht (RG 16. 10. 18 V 41/18). Nach alledem kann nur bei Vermögensgeschäften von Wucher die Rede sein, auch bei einem Erbschaftsentsagungsvertrage mithin lediglich unter ganz besondern Umständen (RG JW 07, 167[4]). Völlige Vermögenslosigkeit, unbedingter Mangel an Kredit und Zahlungsmitteln ist kein Erfordernis, vielmehr genügt eine finanzielle Bedrängnis, ein unabweisliches Kreditbedürfnis, eine augenblickliche, anders nicht zu beseitigende Geldverlegenheit (RG JW 1911, 576[9]). Die Notlage muß tatsächlich vorhanden sein; eine nur eingebildete Notlage reicht nicht aus (RGSt 28, 290). Das Vorhandensein einer augenblicklich drängenden Not reicht aus (RG SeuffA 64 Nr 180). Steht nur die Beschaffung oder Erhaltung von Gewinn in Frage, handelt es sich somit nur um S p e k u l a t i o n s z w e c k e, so liegt keine Notlage vor. Wohl aber ist sie denkbar, auch wenn jemand Mittel zu Erwerbszwecken braucht, sofern nur von deren Erfüllung seine wirtschaftliche Existenz abhängt (RGSt 4, 390ff.), und es muß sich auch um die Erhaltung eines bereits bestehenden, nunmehr gefährdeten Betriebs handeln (RG JW 1919, 102[1]). Es muß auch das wirtschaftliche Dasein überhaupt und nicht nur die Erfüllbarkeit der Aussicht auf Erwerb bedroht sein. Bei Spekulationsgeschäften ist auch ein auffälliges Mißverhältnis zwischen den beiderseitigen Leistungen nicht schon aus der objektiven Ungleichheit herzuleiten (RG JW 09, 215[2]). Auch bei Stundungen kann eine Notlage in Frage stehen (RGSt 4, 390). Möglich ist es endlich, daß sich auch eine wohlhabende Persönlichkeit im entscheidenden Zeitpunkte im Notstande befand. Notlage ist auch nicht deswegen ausgeschlossen, weil der Bewucherte noch Sachen hat, die er zur Befriedigung des Gläubigers verwenden kann; es kommt darauf an, ob ihm die Sachen nach den für seine Zukunft gefaßten Plänen unentbehrlich sind (RG JW 08, 142[13]). Besaß aber der angeblich Bewucherte Vermögensstücke, durch deren Verwertung (Verpfändung) er sich möglicherweise hätte Geldmittel verschaffen können, dann gehört zum Nachweise der Notlage die Darlegung der Bemühungen, die er zur Beschaffung des Kapitals vergeblich angestellt hat (RG SeuffA 69 Nr 232; RG 19. 2. 21 V 404/20). Auch bei einer P e r s o n e n m e h r h e i t (G e s e l l s c h a f t o d e r j u r i s t i s c h e n P e r s o n) kann eine Notlage bestehen und sich dahin äußern, daß die dringende Gefahr der Liquidation und somit die Aufgabe der unwirtschaftlichen Existenz obwaltet (RG 93, 28; RG SeuffA 80 Nr 2), so daß bei einer juristischen Person des Privatrechts (einer Aktiengesellschaft) ihre Existenz wegen Überschuldung und deswegen erforderlicher Konkursanmeldung gefährdet ist (RG 98, 324). N o t l a g e i s t k e i n d e r E i d e s z u s c h i e b u n g z u g ä n g l i c h e r R e c h t s b e g r i f f (RG JW 09, 45[3]). Unter Umständen darf der Richter schon allein aus der Vornahme des wucherischen Geschäfts darauf schließen, daß es wegen eines vorliegenden Notstandes (oder aus Leichtsinn) abgeschlossen worden, nämlich dann, wenn das Mißverhältnis zwischen Leistung und Gegenleistung ein so ungeheuerliches ist, daß die Annahme begründet scheint, es müßten die gesetzlich erforderten Voraussetzungen eines Notstandes (oder des Leichtsinns) vorgelegen haben (RG 29. 10. 21 V 168/21). Der **„Leichtsinn"** zeigt sich darin, daß der Handelnde den Folgen seines Tuns aus Sorglosigkeit oder aus Mangel an genügender Überlegung die ihnen zukommende Bedeutung nicht beilegt. Er muß bei dem besondern gegebenen Geschäfte hervorgetreten sein, während es auf die sonstige Lebensweise des Betreffenden nicht ankommt (RGSt 27, 18; Warn 1916 Nr 128). Auch schon der Beweggrund kann auf Leichtsinn beruhen (RG JW 08, 142[13]; SeuffA 64 Nr 2). Der Leichtsinn kann sich auch gerade darin zeigen, daß der Schuldner den Vertrag ohne Kenntnis seiner Einzelheiten oder der Wertverhältnisse zwischen den Vertragsgegenständen eingeht. Die Tatsache, daß sich das Geschäft in der Folge als sehr nachteilich erweist und diese Folgen bei ruhiger Überlegung auch voraussehbar gewesen wären, reicht zur Feststellung des Leichtsinns nicht aus, zumal bei Spekulationsgeschäften (RG Warn 1916 Nr 195). Leichtsinnig ist es auch nicht, wenn jemand schwere Lasten auf sich nimmt, um sich damit die Erhaltung seiner Existenz zu erkaufen (RG LZ 1926, 918[3]). Ist das Geschäft durch einen Bevollmächtigten abgeschlossen worden, dann ist gegebenenfalls dessen Leichtsinn entscheidend; anders im Falle auftragsloser Geschäftsführung, weil hier die Wirksamkeit des Geschäftes erst von der Entschließung und Genehmigung des Geschäftsherrn abhängt (RG

9. 10. 15 V 130/15). — **Unerfahrenheit** bedeutet Mangel an allgemeiner Lebenserfahrung oder auch in geschäftlichen Dingen eines bestimmten Gebiets, also etwa auch nur in landwirtschaftlichen Dingen (**RG** 60, 10; Warn 1914 Nr 111; **RG** LZ 1926, 819[2]; 1927, 606[5]). Die Unerfahrenheit ist eine Eigenschaft, sie beruht auf Mangel an Lebenserfahrung und an Kenntnis geschäftlicher Dinge überhaupt; mangelnde Erfahrung in Ansehung einer besonderen Angelegenheit genügt daher nicht (**RG** Warn 1916 Nr 128; 1918 Nr 157). Auf ihr Vorhandensein kann daraus geschlossen werden, daß der Handelnde die vorhandene und naheliegende Möglichkeit, sich Mittel auf andere, weit günstigere Art zu verschaffen, infolge mangelnder Geschäftskenntnis und Lebenserfahrung nicht benutzt hat (**RG**St 25, 319; **RG** 60, 9; 64, 181; JW 1913, 483[3]). Unerfahrenheit im Sinne des § 138 Abs 2 kann auch die Unkenntnis in bezug auf den Einfluß der Geldentwertung auf die Grundstückspreise sein (**RG** LZ 1926, 819[2], auch **RG** 23. 2. 24 V 350/23). — Die Ausbeutung eines geistig Minderwertigen verstößt noch mehr gegen die guten Sitten als die Ausbeutung der Unerfahrenheit (**RG** 67, 393).

Die **objektive Voraussetzung** des Wuchergeschäfts bildet das **Mißverhältnis** zwischen dem Vermögensvorteile und der Leistung. Das Merkmal des Mißverhältnisses ist lediglich ein objektives, unabhängig von den Vorstellungen des Wucherers; das Bewußtsein der Ausbeutung gehört allein zu den subjektiven Erfordernissen des Tatbestandes (**RG** 60, 11; 86, 300; Warn 1918 Nr 23). Objektiv kommen neben dem Verkehrsüblichen anderseits auch die besondern Umstände (Risiko, Sanierungszweck) in Betracht (**RG** JW 09, 215[5]). Eine lex commissoria im Sinne des § 1229 kann, da sie an sich nichtig ist, zur Begründung des Wuchers nicht dienen (**RG** JW 09, 719[6]). Als Vermögensvorteil kann auch die Möglichkeit, über fremdes Vermögen zu eigenem Nutzen zu verfügen, angesehen werden (**RG** Warn 1919 Nr 108). Es kommen außer dem objektiven Werte der beiderseitigen Leistungen auch die subjektiven Verhältnisse des Bewucherten in Betracht (**RG** JW 05, 366[3]); beispielsweise der Umstand, daß der Bewucherte, um vom Wucherer überhaupt Geld zu erlangen, genötigt wird, Sachen käuflich zu übernehmen, die für ihn unverwertbar sind (**RG** 28. 11. 06 V 134/06). Die Höhe des Vermögensvorteils ist regelmäßig nach dem allgemeinen Verkehrswerte des dem Wucherer versprochenen oder gewährten Leistungsgegenstandes zu berechnen (**RG** 19. 10. 04 V 145/04), während als Maßstab für den Wert der Leistungen des Bewucherten die übliche Vergütung anzusehen ist, die für eine solche Leistung im allgemeinen gewährt zu werden pflegt (**RG** Gruch 46, 897). Dieser Maßstab wird aber bei Geschäften gewagter Natur (bei denen Bewucherung ebenfalls an sich möglich ist) häufig versagen (vgl. **RG** JW 09, 215[2]). Bei der Frage, ob ein Mißverhältnis vorliegt, kommt es auf den Wert der versprochenen Gegenleistung, nicht aber darauf an, wie sich das Ergebnis bei der demnächst erfolgten Verwertung der beiderseitigen Leistungen gestellt hat (**RG** JW 1918, 424[1]; **RG** SeuffA 80 Nr 2). Entscheidend ist auch nicht allein der Nennwert der Leistung des Bewucherten; bei Bemessung des Wertes seiner Leistung sind vielmehr auch seine Vermögensverhältnisse maßgeblich, so daß seine Leistung gegebenenfalls gar keinen Wert haben kann (**RG** Warn 1918 Nr 26; 28. 11. 17 V 318/17) und dieserhalb ein Mißverhältnis nicht besteht. Bei Abwägung des Mißverhältnisses sind im übrigen die im Zeitpunkte des Geschäftsabschlusses vorhandenen Verhältnisse ins Auge zu fassen, und es kann sich daher der Wucherer nicht darauf berufen, wenn die empfangene Leistung nachträglich an Wert verliert, wie anderseits auch der angeblich Bewucherte nicht geltend machen kann, daß die von ihm hingegebenen Vermögensstücke eine unerwartete Wertsteigerung erfahren hätten (**RG** 86, 296). Belanglos sind auch die Folgen einer nachträglichen in ihrem Ausmaß nicht voraussehbaren Folgen der Geldentwertung (**RG** LZ 1924, 739[4]). Bei der Beurteilung von Geschäften während und nach der Inflation sind die besonderen wirtschaftlichen Verhältnisse der damaligen Zeit zu berücksichtigen (vgl. **RG** Warn 1926 Nr 210: Bankzinsen im November/Dezember 1923; **RG** SeuffA 80 Nr 145: starke Überschreitung des üblichen Zinssatzes im November 1923; **RG** Warn 1926 Nr 151: Darlehen gegen 8% Monatszinsen im August 1924; vgl. auch **RG** JW 1926, 2683[13]; **RG** LZ 1926 S. 1066[2], 1261[7]; SeuffA 80 Nr 1; LZ 1925, 275; 1926, 122[1, 2]). — Ob das Mißverhältnis ein **auffälliges**, ist von Fall zu Fall zu beurteilen, und zwar nach den Umständen, die zur Zeit der Eingehung des Geschäfts bestanden. Das Vorhandensein des Merkmals wird auch dadurch nicht nachträglich wieder beseitigt, daß in der Folge Ereignisse eintreten, die das Verhältnis zwischen dem Werte der beiderseitigen Leistung nunmehr anders gestalten (**RG** 13. 6. 06 I 50/06).

Folgende Rechtsmittel stehen dem Bewucherten, nachdem durch Art 47 EG der Art 3 des Wuchergesetzes vom 24. V. 80 aufgehoben worden ist, zur Seite; jedoch nur nach Maßgabe der bei § 125 unter A 1 näher dargelegten Regeln (wobei zu beachten, daß — vgl. oben A 1 Abs 1 — im Falle des Wuchers die Nichtigkeit regelmäßig auch das Leistungsgeschäft umfaßt, und eine Vermögensverschiebung mithin nicht eintritt): a) Die Bereicherungsklage aus § 812 auf Rückgewährung dessen, was der Wucherer auf Kosten des Bewucherten erlangt hat, auf das mithin, was der letztere mehr empfangen hat, als er gegeben (RG Warn 1911 Nr 325; 1915 Nr 199), da die Leistung des Bewucherten (regelmäßig) nicht eine Sittenwidrigkeit darstellt, und ihm daher auch nicht der Ausnahmefall des § 817 Satz 2 entgegensteht (RG SeuffA 70 Nr 120); b) gegebenenfalls die dingliche Klage aus § 985 (RG 63, 184; 72, 63; 75, 76); c) die Klage auf Schadensersatz aus § 826. Ist der Wucherer zur Herausgabe der empfangenen Sache außerstande, so haftet er auf Ersatz des Wertes gemäß §§ 818, 819, 989, und für die Berechnung des Ersatzes ist der Wert der Sache zur Zeit der Annahme der Leistung maßgebend (RG 21. 12. 06 II 254/06). Der Wucherer kann ebenfalls das zurückverlangen, was er gewährt hat (JW 00, 347, für altes Recht), allerdings nicht mit der Vertragsklage, aber mittels des Bereicherungsanspruchs aus § 812. Die entgegengesetzte Ansicht (Dernburg I § 127 II Abs 4) stützt sich zu Unrecht auf § 817 Satz 2, denn die Sittenwidrigkeit des Rechtsgeschäfts zeigt sich allein darin, daß der Wucherer sich übermäßige Vorteile versprechen läßt, nicht aber darin, daß der Wucherer die seinesteils dem Bewucherten geschuldete Leistung bewirkt. Auch ihm gegenüber greift also § 817 Abs 2 (wenigstens regelmäßig) nicht Platz. Versagt ist dem Wucherer die Aufrechnung mit seiner Forderung gemäß § 393 (RG 21. 12. 06 II 254/06). Über die Bestätigung eines wucherischen Geschäfts vgl. § 141 Abs 2.

3. **Revisibilität.** Die Frage, ob ein Vertrag gegen die guten Sitten verstößt, ist insofern eine Rechtsfrage, als auch vom Revisionsgerichte nachgeprüft werden kann und muß, ob die festgestellten tatsächlichen Umstände dem Maß an Anstands- und Sittlichkeitspflicht widersprechen, welches im Geschäftsleben noch von einem Durchschnittsmenschen verlangt werden kann (RG 67, 101). Auch der Begriff Notlage ist ein Rechtsbegriff (RG JW 05, 75[8]; 09, 45[3]).

Das rechtskräftige Urteil hindert zwar die nachträgliche Erhebung des Einwandes aus § 138 (§ 767 ZPO). Es vermag jedoch keinesfalls das an sich widersittliche Rechtsgeschäft umzugestalten und zu einem statthaften zu machen, und daher steht es Dritten, insbesondere dem Bürgen, nicht entgegen (§§ 767, 686, vgl. RG 56, 109 und Gruch 58, 908, betreffend ein Anerkenntnisurteil). Ist das Urteil selbst in einer wider die guten Sitten verstoßenden Weise herbeigeführt worden, dann steht dem Verurteilten der Rechtsbehelf aus §§ 826, 249 zu, wonach er die materielle Wirksamkeit des Urteils beseitigen kann (RG 61, 359; 59, 257). Vgl. Vorbem 8 vor § 104.

4. Der § 138 hat rückwirkende Kraft insofern, als den betreffenden Ansprüchen keinerlei Rechtsschutz gewährt werden kann (RG JW 1910, 62; 07, 167[4]); ob aber die rückwirkende Kraft so weit geht, daß auf Grund ihrer auch die Beseitigung des vor dem Inkrafttreten des Gesetzes bereits eingetretenen Rechtszustandes verlangt werden kann, ist zweifelhaft (RG 47, 103; JW 07, 167[4]; 1910, 62[5]). Die Frage dürfte zu verneinen sein.

§ 139

Ist ein Teil eines Rechtsgeschäfts nichtig, so ist das ganze Rechtsgeschäft nichtig[1]), wenn nicht anzunehmen ist, daß es auch ohne den nichtigen Teil vorgenommen sein würde[2]).

E I 114 II 112; M 1 222; P 1 134.

1. **Teilweise Nichtigkeit eines Rechtsgeschäfts.** Das Gebiet dieser Bestimmung ist keineswegs gewiß. Folgendes kommt in Betracht: Zunächst setzt § 139 ein zustande gekommenes Rechtsgeschäft voraus, da bei einem überhaupt noch nicht zustande gekommenen Rechtsgeschäfte von dessen Nichtigkeit keine Rede sein könnte (RG 79, 78). Unanwendbar ist daher § 139, falls der Mangel fehlender Willenseinigung (§§ 154, 155) in Frage steht. — Auszuscheiden aus dem eigentlichen Gebiete des § 139 sind sodann auch alle diejenigen Fälle, in denen der Nichtigkeitsgrund einen wesentlichen Bestandteil des einen an sich unteilbaren Rechtsgeschäfts trifft, einen Teil also, ohne den das Geschäft überhaupt nicht bestehen kann. Das eigentliche Gebiet des § 139 beschränkt sich auf die derart teilbaren Rechtsgeschäfte, daß an und für sich jeder einzelne Teil ein selbständiges Rechtsgeschäft darstellen könnte. Wäre beispielsweise einem Vertrage eine widersittliche Bedingung beigefügt, dann würde damit das gesamte Rechtsgeschäft, ohne daß es noch des positiven Grundsatzes des § 139 bedürfte, ohnehin vernichtet, weil das Geschäft ohne die Bedingung ein Geschäft von einem andern Inhalte als das gewollte darstellen würde, und somit könnte die Ausnahmevorschrift des § 139 höchstens unter entsprechender Anwendung des Gesetzes herangezogen werden. Wäre etwa in einem Grundstückskaufvertrag der Kaufpreis unrichtig beurkundet worden, dann könnte schon dieserhalb das beurkundete Geschäft keinen Bestand haben (RG Warn 1927 Nr 18). Kein Teil des Rechtsgeschäfts im Sinne des § 139 ist auch die einer Vollmacht beigefügte Erklärung der Unwiderruflichkeit (RG Gruch 68, 538). Grundsätzlich anders liegt

natürlich die Sache, wenn mit dem abgeschlossenen einen Rechtsgeschäfte noch ein Nebengeschäft einheitlich verbunden worden, von dessen Bestand das erstere Geschäft an und für sich nicht abhängig ist (s. unten). — Unmittelbar ist der § 139 endlich auch insoweit nicht anwendbar, als die Grundsätze von der nachträglichen Unmöglichkeit der Leistung durchgreifen. Wäre das Rechtsgeschäft unteilbar, weil der Leistungsgegenstand unteilbar ist, dann fehlt es für die Anwendbarkeit des § 139 wiederum an der erforderlichen Voraussetzung. Ist anderseits der Leistungsgegenstand teilbar, dann besteht im Falle nachträglicher Unmöglichkeit für § 139 deswegen kein Raum, weil hier der erfüllbare Teil des Rechtsgeschäfts, sofern nicht gegebenenfalls die nur teilweise Unmöglichkeit der völligen Unmöglichkeit gleichzustellen ist, nach der Bestimmung des § 275 oder der §§ 323—325 erhalten bleibt. Bei der anfänglichen Unmöglichkeit liegt die Sache freilich anders. In § 306 ist der Fall anfänglicher nur teilweiser Unmöglichkeit überhaupt nicht vorgesehen. Diese Lücke muß daher der § 139 ausfüllen, und er ist dazu auch geeignet (vgl. RG 51, 94). Vgl. auch RG 68, 293; 78, 12. Allerdings muß man sich dabei dessen bewußt bleiben, daß hier ein eigentlicher Fall des § 139 nicht vorliegt. Ist beispielsweise eine Sache verkauft worden, für die ein Gebrauchsmuster eingetragen war, und erweist sich dieses als gesetzlich untauglich, dann tritt zwar Nichtigkeit des ganzen Geschäfts wegen teilweiser Unmöglichkeit der ganzen Leistung ein, aber die Voraussetzung eines zusammengesetzten Rechtsgeschäfts im Sinne des § 139 (s. unten) trifft nicht zu; denn die Bestimmung, daß die Kaufsache mit einem Musterschutze versehen sei, diente nur zur Bestimmung der Art der Kaufsache, das Geschäft an sich war aber im ganzen notwendig ein einheitliches. Wenn Oertmann für die Anwendbarkeit des § 139 wegen teilweiser Unmöglichkeit als Beispiel auch den Fall anführt, daß von zwei verkauften Pferden das eine (schon zur Zeit des Vertragsabschlusses) krepiert gewesen wäre, ohne hinzuzufügen, daß für jedes der beiden Pferde ein besonderer Preis verabredet worden sei, so ist das bedenklich. Wenn beide Pferde zusammen für einen Einheitspreis gekauft worden, dann ließe sich dieses einheitliche Kaufgeschäft keineswegs in zwei Teile zerlegen. Der Kauf des einen Pferdes würde sich nicht nur teilweise, sondern im ganzen als etwas anderes darstellen als der die beiden Pferde einheitlich umfassende Kauf.

Faßt man alles bisher Erwogene ins Auge, so ergibt sich: Für die unmittelbare Anwendung des § 139 besteht nur dann Raum, wenn das gegebene Rechtsgeschäft sich überhaupt in mehrere Teile zerlegen läßt und von diesen zum mindesten der eine (der vom Nichtigkeitsgrund nicht betroffene), unabhängig von dem andern, nichtigen Teile, selbständig für sich bestehen könnte; wenn ferner der dem einen Teile anhaftende Nichtigkeitsgrund nicht ohne weiteres notwendig das gesamte gewollte Rechtsgeschäft vernichtet, und wenn endlich nicht schon die Bestimmungen der §§ 275, 323—325 durchgreifen. — Wird das gewollte Rechtsgeschäft auch nicht einmal teilweise aufrechterhalten, sondern durch ein anderes, unterstelltes ersetzt, dann liegt Konversion gemäß § 140 vor. Entsteht ein Vertrag erst dadurch, daß der Mangel voller Willenseinigung durch die Unterstellung einer solchen beseitigt wird, dann ist der Fall des § 155 gegeben. Allen drei Bestimmungen, §§ 139, 140, 155, liegt nur der gemeinsame Rechtsgedanke zugrunde, daß vorgenommene Rechtsgeschäfte solange nach Möglichkeit zu schützen sind, als das mit der Parteiabsicht vereinbar ist.

Da der § 139 von dem Gedanken der Teilbarkeit des Rechtsgeschäfts ausgeht und für seine Anwendbarkeit die Möglichkeit der Teilung voraussetzt, so ist es in diesem Sinne richtig, die der Bestimmung unterfallenden **Rechtsgeschäfte als zusammengesetzte** zu bezeichnen, oder aber die unmittelbare Anwendbarkeit der Vorschrift auf derartige Rechtsgeschäfte zu beschränken (RG 62, 168; 78 S. 43 u. 120). Bei dem Ausdrucke „zusammengesetzt" ist hier indes nicht zu denken an Rechtsgeschäfte mit schon begrifflich notwendig zusammengesetztem Tatbestande, sondern an die gewillkürte Verbindung einer Mehrheit von Rechtsgeschäften, gleichgültig ob von dem gleichen oder ob je von einem verschiedenen juristischen Typus (RG 78, 43; 79, 436; 88, 413). **Der eigentliche Fall der Zusammensetzung** ist der, daß mehrere Geschäfte, die je für sich als ein besonderes, selbständiges Rechtsgeschäft in Betracht kommen könnten, durch den Willen der Parteien insgesamt zu nur einem Geschäfte miteinander verbunden werden, so daß der Parteiabsicht nach die Gültigkeit des einen Rechtsgeschäfts von der des andern abhängen soll (RG 62, 185; 79, 436; 97, 220); selbst wenn an den mehreren Verträgen nicht durchweg dieselben Personen teilgenommen haben (RG 67, 104; vgl. ferner § 305 A 2); beispielsweise ein Grundstücksveräußerungsvertrag, verbunden mit Vermögensübertragung (RG 61, 284); ein in zwei Kaufverträge zerlegbarer Tauschvertrag (RG 78, 44); ein Grundstücksveräußerungsvertrag, verbunden mit Miete (RG 16. 1. 07 I 251/06); die Übernahme der Verpflichtung zur Grundstücksveräußerung, verbunden mit Vollmachtserteilung (RG 50, 169; 54, 79; 62, 337; 78, 41; 79, 212; 81, 51; 94, 147; 10. 12. 19 V 249/19; s. jedoch unten Abs. 6); ein kaufmännisches Lombardgeschäft, verbunden mit Bürgschaft (RG 87, 159); ein Grundstücksveräußerungsvertrag, verbunden mit einem Mietvertrage (RG 97, 219); oder einem Darlehnsvertrage (Warn 1920 Nr 34); oder mit einem Bierbezugsvertrage (RG Warn 1913 Nr 219); ein Miet- oder Pachtvertrag mit Vereinbarung eines Vorkaufsrechts (RG 107, 39). Immer aber muß das Ergebnis sein, daß sich das gesamte Rechtsgeschäft nach dem Willen der Parteien nur als ein einheitliches darstellt, und dies ist dann der Fall, wenn das eine Geschäft nicht ohne das andere, also weder das eine noch das andere allein für sich abgeschlossen worden wäre (RG 103 S. 298 u. 382), so daß auch die Leistungspflichten aus den beiden Geschäften in innerer Beziehung zueinander stehen und mithin nicht nur ein tatsächlicher wirtschaftlicher Zusammenhang (wie in RG 78, 43 und 79, 34 zu Unrecht angenommen worden), sondern ein rechtlicher Zusammenhang besteht (RG 103 S. 298, 299; RG JW 1924, 1507[1]). Nach § 139 bestimmt sich auch, ob ein ohne vormundschaftsgerichtliche Genehmigung geschlossener Pachtvertrag im Sinne des § 1822 Nr 5 nicht wenigstens für die Zeitdauer wirksam ist, für die es der Genehmigung nicht bedurft hätte (RG 82, 124; 114, 35). Notwendig ist im übrigen nicht, daß schon äußerlich nur ein Vertrag vorliegt, es können vielmehr auch mehrere, durch verschiedene Urkunden äußerlich getrennte Verträge in Frage stehen, falls diese sich nur zusammen als ein gewolltes Ganzes darstellen (RG 79, 436; 81, 51; Warn 1922 Nr 123), und dabei kommt es auch nicht einmal auf die zeitliche Reihenfolge an, in denen die verschiedenen Urkunden hergestellt wurden (RG SeuffA 73 Nr 109). Vgl. über diese Fragen und die Folgen des rechtlichen Zusammenhangs auch § 313 A 2. — Möglich ist es indes auch, daß das Hauptgeschäft und das Nebengeschäft nach dem Parteiwillen je voneinander unabhängige Rechtsgeschäfte darstellen sollten, in welchem Falle der § 139 unanwendbar bleibt (RG 102, 64; Warn 08 Nr 24). Die Anwendbarkeit des § 139 ist selbst bei gleichzeitigem Abschlusse der mehreren Geschäfte in der nämlichen Urkunde ausgeschlossen, wenn ihre Vereinheitlichung nur eine äußerliche, nur scheinbare ist; so beispielsweise, wenn mehrere Personen sich für die nämliche Schuld in einer Urkunde als Bürgen verpflichten, sofern jede Bürgschaftsverpflichtung selbständig für sich bestehen soll (RG 86, 324; 88, 415). Über das Verhältnis von Darlehenshingabe und Vereinbarung einer Hypothekbestellung s. RG 108, 146.

Betreffs der Beweislast wird im allgemeinen von folgenden Erwägungen auszugehen sein: Sind die mehreren Rechtsgeschäfte in einer und derselben Urkunde beurkundet worden, dann kann eine tatsächliche Vermutung dafür sprechen, daß die Herstellung eines einheitlichen Gesamtvertrags im Willen der Parteien lag, und dann wird das die Partei zu widerlegen haben, die die Unabhängigkeit der Rechtsgeschäfte voneinander behauptet; haben die Parteien anderseits über die mehreren Rechtsgeschäfte verschiedene Urkunden hergestellt oder verlautbart, dann läßt sich von vornherein eher vermuten, daß sie die einzelnen Geschäfte als voneinander unabhängige gewollt, und daß solches auch durch ihre äußerliche Trennung zum Ausdrucke gebracht sein sollte (RG 79, 439; 103, 297); dann wird also die Einheitlichkeit der Geschäfte von dem zu beweisen sein, der sie geltend macht. Im übrigen aber kann sich die eine Vermutung oder die andere auch aus dem Inhalte der mehreren Geschäfte und dem daraus zu entnehmenden Zusammenhange ergeben, so daß die Sache in jedem Falle anders liegen kann. Handelt es sich beispielsweise um einen Grundstücksveräußerungsvertrag und ein gleichzeitig abgeschlossenes Darlehnsgeschäft, so tritt ein innerer, rechtlicher Zusammenhang nicht ohne weiteres zutage; stehen anderseits ein Grundstücksveräußerungsvertrag und ein Bierbezugsvertrag oder der Verkauf des Grundstücks und daneben ein Kaufvertrag über das Grundstücksinventar in Frage, dann ist das Gegenteil der Fall und wird leicht anzunehmen sein, daß auch die Leistungspflichten aus den beiden Verträgen in gegenseitiger Beziehung zueinander derart stehen, daß der eine Vertrag nicht ohne den andern abgeschlossen sein würde. In RG 103, 297 scheint das nicht genügend beachtet zu sein. Stets ist aber zu beachten, daß die Parteien es nicht in der Hand haben, in Wirklichkeit einheitliche Gesamtverträge etwa mit Rücksicht auf Kostenersparnis (bei formbedürftigen Rechtsgeschäften) willkürlich zu zerreißen. Vgl. § 313 A 2.

Die Voraussetzung eines **zusammengesetzten** Rechtsgeschäfts im Sinne des § 139 kann endlich sowohl **in objektiver wie in subjektiver Hinsicht** erfüllt sein, insbesondere also auch dann, wenn sich am Vertragsschlusse auf der einen oder der andern Seite eine Mehrheit von Personen beteiligt, und nunmehr die Nichtigkeit nur gegenüber einem von den mehreren Beteiligten gegeben ist (RG 59, 175; 62, 184; 71, 201; 72, 218, betreffend mehrere Wechselschuldner; 79, 436; JW 1912, 189[4]; LZ 1924, 329[2]). Vgl. SeuffA 65 Nr 434, betreffend eine von Miteigentümern bestellte Hypothek. So kann beispielsweise ein von beiden Eheleuten geschlossener Kaufvertrag für die Ehefrau gültig sein, wiewohl er etwa dem geschäftsunfähigen Manne gegenüber nichtig ist, falls nämlich die Frau den Vertrag erweislich auch ohne Beteiligung des Mannes geschlossen haben würde (RG 59, 174; 62, 186). Nichtigkeit des gesamten Vertrags (im Zweifel) auch dann, wenn das Rechtsgeschäft gegenüber einem von mehreren Mitbeteiligten wegen Minderjährigkeit (RG 51, 34) oder wegen Wuchers (RG 72, 218) nichtig ist. Nichtigkeit eines Darlehensgeschäfts wegen Geisteskrankheit eines der mehreren Darlehensschuldner s. RG SeuffA 77 Nr 20. Darauf, ob ein Gesamtschuldverhältnis vorliegt, kommt es nicht an (RG 99, 53; SeuffA 76 Nr 20; JW 05, 684[5]). Ein wirtschaftlich einheitlich aufzufassender Kaufvertrag wird durch Anfechtung im ganzen nichtig, wenn nur einer der mehreren Verkäufer sich des Betrugs schuldig gemacht hat (RG JW 06, 83[2]; Warn 1912 Nr 360; SeuffA 67 Nr 105).

Unanwendbar ist der § 139 grundsätzlich dann, wenn die mehreren Rechtsgeschäfte voneinander schon an und für sich unabhängig sind; so ist die abstrakte Vollmacht nicht schon deshalb nichtig, weil der ihrer Erteilung zugrunde liegende Vertrag nichtig ist (RG 69, 234). Selbständig stehen einander gegenüber auch die Aufrechnung in Kontokorrent und die Saldofeststellung (RG 56, 24). Weiter ist für § 139 dann kein Raum, wenn eine rechtsgeschäftliche Abrede mit einer nichtrechtsgeschäftlichen in Verbindung gebracht ist, die nach der Parteiabsicht überhaupt keine Rechtswirksamkeit haben sollte (RG 68, 322; 79, 305; 86, 324; Warn 1919 Nr 155), oder wenn sich die Beteiligten beim Abschlusse des Rechtsgeschäfts seiner teilweisen Nichtigkeit von vornherein bewußt waren, weil es alsdann insoweit bei ihnen an dem Erfordernisse eines Geschäftswillens überhaupt fehlte, und sie daher von vornherein nur dem übrigen rechtswirksamen Teile ihrer Vereinbarungen rechtsgeschäftliche Bedeutung beigemessen hätten (RG 68, 325; 79, 437). Demgemäß ist aber für § 139 auch dann kein Raum, wenn nur der eine Teil des Rechtsgeschäfts wirklich gewollt, der andere dagegen nur zum Schein erklärt war (RG 104, 102; JW 1910, 388[2]). Aus dem gleichen Grunde bleibt die in einem gemäß § 117 nichtigen Grundstücksveräußerungsvertrage förmlich mit beurkundete Auflassung gültig und wirksam, sofern sie der Erfüllung des durch das Scheingeschäft gedeckten, von den Beteiligten wirklich gewollten Rechtsgeschäfts dienen sollte (RG 104, 102, 296; vgl. 94, 147; 97, 273; RG Warn 1923/24 Nr 99, 100). Das gleiche muß für die Auflassungsvollmacht gelten (RG 103, 302; 114, 351; RG Warn 1923/24 Nr 163; 1925 Nr 17, 20; OLG 43, 30, 65). Auch dann greift § 139 nicht Platz, wenn zu einem schriftlichen und der Schriftform bedürfenden Vertrage (Bürgschaft) eine bloß mündliche Nebenabrede getroffen ist und diese einen selbständigen Nebenvertrag darstellte oder auch formlos gültig war (RG LZ 1919, 590[4]).

Unanwendbarkeit des § 139 kraft Gesetzes. Ist die Nichtigkeit von Rechtsgeschäften für ein Rechtsgebiet besonders geregelt, so durch § 75 GmbHG die Nichtigkeit von Gesellschaften m. b. H., durch § 309 HGB die Nichtigkeit der Aktiengesellschaft, dann greifen allein diese Regeln Platz, dagegen nicht auch der Grundsatz des § 139 von der teilweisen Nichtigkeit (RG 73, 429; 114, 77). Vgl. ferner RG Warn 1916 Nr 147. — Unanwendbar ist § 139 ferner da, wo das Gesetz selbst nur die teilweise Nichtigkeit vorsieht. So tritt im Falle der §§ 443, 476 (Ausschließung der Gewährleistung) die Nichtigkeit nur so weit ein, als die Arglist reicht (RG 62, 125; Warn 1914 Nr 115). So fällt gemäß § 67 Abs 4 HGB nur das gesetzwidrige Abkommen über die Kündigungsfrist fort (RG 17. 9. 07 III 72/07). Unanwendbar ist § 139 auch in dem Falle, daß die in einem formlos abgeschlossenen Schiedsvertrag enthaltene Vereinbarung über die Zuständigkeit im schiedsrichterlichen Verfahren mangels Beobachtung der im § 1045 ZPO vorgesehenen Schriftform unwirksam ist; die Folge des Formmangels ist nur, daß es bei der gesetzlichen Zuständigkeit bleibt, der Bestand des Schiedsvertrags im übrigen wird dadurch nicht berührt (RG SeuffA 79 Nr 58). Ein Mietvertrag ist nicht schon deshalb ungültig, weil er Bestimmungen enthält, die gegen das zwingende Recht des Mieterschutzes verstoßen; dies folgt aus dem Zwecke des Mieterschutzrechts, unwirksam sind regelmäßig nur die gesetzwidrigen Einzelbestimmungen (RG Gruch 68, 518: Verzicht des Mieters auf Einholung der Zustimmung des Mieteinigungsamtes zu einer Kündigung des Vermieters). — Sonderbestimmungen bei der Wahlschuld gemäß § 265 und bei den letztwilligen Verfügungen nach §§ 2085, 2298 (Beschränkung der Unwirksamkeit).

Der Paragraph greift im übrigen Platz, gleichgültig, ob die teilweise Nichtigkeit von Anfang an vorlag, oder ob sie erst nachträglich durch Anfechtung herbeigeführt wurde (RG 62, 186). Unwesentlich ist ferner die Art des Nichtigkeitsgrundes (vgl. § 125 A 1a; RG 52, 4; 59, 133; 64, 40; 65, 393; 68 S. 192, 232, 293; 71, 388). In entsprechender Anwendung des § 139 ist auch nur teilweiser Rücktritt von einem einheitlichen Vertrage ausgeschlossen (RG 67, 103; SeuffA 74 Nr 28).

Nichtigkeit des ganzen Geschäfts gegebenenfalls die **Regel,** gleichviel, worin die Nichtigkeit ihren Grund hat (RG 62, 186). Es entspricht das der Anschauung des Gesetzes (vgl. §§ 154, 155, 320, 323), daß im Zweifel alle Bestimmungen eines Vertrags nach der Parteiabsicht als ein zusammengehöriges einheitliches Ganzes zu betrachten sind (RG 72, 218; 94, 149), und daß besondere Umstände vorliegen müssen, um eine Ausnahme hiervon zu begründen (RG 57, 165; 71, 388). Aus § 139 kann auch nicht ein Recht des Richters abgeleitet werden, den nämlichen Vertrag in der Weise aufrechtzuerhalten, daß er unterstellt, die Parteien hätten nur das vereinbart, was an sich zulässig gewesen wäre. Ist beispielsweise ein Bierabnahmevertrag wegen zu langer Bindung nach § 138 Abs 1 nichtig, so ist es unzulässig, die Bindungsdauer auf eine angemessene Frist in der Annahme herabzusetzen, daß die Einigung auf eine zu lange Zeit die auf eine angemessene mit umfasse (RG 76, 78). Auch steht es der Partei nicht frei, die Nichtigkeit des ganzen Geschäfts aus § 139 dadurch abzuwenden, daß sie auf die Rechtsgültigkeit desjenigen Vertragsbestandteils, der nur ihr einen Vorteil bringt, der aber nichtig ist, Verzicht leisten zu wollen erklärt; auch die exceptio doli generalis kann die Partei dem Vertragsgegner, der die Nichtigkeit des ganzen Vertrags einwendet, regelmäßig nicht entgegenhalten (RG 91, 361). Wohl aber dann, wenn die Berufung auf § 139 der Partei dazu dienen soll, sich ihrer Vertragspflicht zu entziehen, gleichzeitig aber das auf Grund des Vertrags Erhaltene zu behalten (RG 86, 123; 71, 435; 78, 436; JW 1910, 390; LZ 1921, 103[1]); ebenso wenn der nichtige Teil des Vertrags nur dem daran Festhaltenden zugute kommen sollte, die Geltendmachung der Nichtigkeit des ganzen Geschäfts durch den andern Teil also arglistig ist (RG JW 1926, 1144[1]). — Ist eine Hauptforderung wegen Nichtigkeit des Vertrags nicht entstanden (z. B. wegen Formmangels), so besteht auch nicht die Nebenforderung, etwa der Zinsanspruch (RG 74, 342). Verstößt die Übernahme einer Verpflichtung auf Ehrenwort gegen die guten Sitten, so ist auch die ehrenwörtlich übernommene Verpflichtung nichtig (RG SeuffA 67 Nr 104).

2. Die **Ausnahmebestimmung**, wonach gegebenenfalls nur der von der Nichtigkeit betroffene **Teil** des gesamten Rechtsgeschäfts nichtig sein soll, erklärt sich grundsätzlich aus der Neigung des Gesetzes, einmal abgeschlossene Rechtsgeschäfte nach Möglichkeit zu schützen und zu erhalten (vgl. §§ 140, 155). Es befolgt dabei den Grundsatz pacta servantur und entnimmt die Rechtfertigung hierfür dem Satze utile non debet per inutile vitiari. Die Frage, ob der Regelfall oder der Ausnahmefall als gegeben anzusehen, ist auch hier nach der vermutlichen Parteiabsicht zu entscheiden, und zwar nach der Absicht, wie sie zur Zeit der Vornahme des Geschäfts nach den damaligen Verhältnissen erweislich bestanden haben würde (RG Warn 1912 Nr 411). Der Richter hat also durch Auslegung zu ermitteln, was die Parteien verständigerweise gewollt haben (RG 91, 361). Haben die Parteien im Prozesse die teilweise Nichtigkeit nicht geltend gemacht, dann ist der Schluß zulässig, daß sie diesen Teil des Vertrags nicht als wesentlich angesehen haben (RG 18. 12. 16 V 262/16). Ähnliche Regelung im Falle der §§ 140, 155. Die Probe liegt in der Frage des Gesetzes, ob anzunehmen, daß der Urheber des Geschäfts dieses vormals auch ohne den nichtigen Teil vorgenommen haben würde (RG 52, 4; 59, 174; 64, 40; 65, 393; Warn 08 Nr 352), und das wäre namentlich dann zu bejahen, wenn feststünde, daß sich die Parteien bei Abschluß des Vertrags der Nichtigkeit eines Teiles desselben bewußt gewesen seien, zumal dann, wenn sie sich das gegenseitig auch zu erkennen gegeben haben und davon ausgingen, daß das nicht eintreten werde, was rechtlich (wegen Nichtigkeit des betroffenen Vertragsteils) nicht erzwungen werden könne (RG 68, 325; 86, 324; Warn 1914 Nr 209; 1919 Nr 155). Nicht erforderlich ist für die Anwendung der Ausnahmebestimmung, daß der nichtige Vertragsteil für die Beteiligten ganz unwesentlich war, wie insbesondere bei formularmäßigen Verträgen vielfach der Fall; die Regel des § 139 entfällt schon, wenn die Parteien dem nichtigen Teil nicht die Bedeutung beilegten, daß davon das Zustandekommen des ganzen Vertrags abhänge, und dies kann auch dann zutreffen, wenn eine Partei sich bemüht hatte, die andere zur Annahme der nichtigen Vereinbarung zu bestimmen (RG 107, 39). Wesentliche Voraussetzung für die Aufrechterhaltung eines Vertragsteils ist aber, daß das Rechtsgeschäft überhaupt teilbar ist, nach dem Ausscheiden des nichtigen Teils also noch etwas übrigbleibt, das als selbständiges Rechtsgeschäft bestehen kann (RG 93, 334; RG 16. 10. 25 II 583/24). Vgl. A 1 Abs 3. Diese Regelung entspricht der Billigkeit und dem Verkehrsbedürfnisse.

Im einzelnen sei noch auf folgende Fälle hingewiesen: Ist ein Darlehn gegen eine gemäß § 138 sittenwidrige ehrenwörtliche Übernahme gewisser Verpflichtungen von seiten des Schuldners und unter Ausbedingung einer Vertragsstrafe für den Zuwiderhandlungsfall gewährt worden, dann ergreift die Nichtigkeit nur die Übernahme der bezeichneten Verpflichtungen und die Vertragsstrafe, dagegen nicht auch das Darlehn, das durch die Hingabe entstanden ist, wofern anzunehmen ist, daß beide Teile die Wirksamkeit dieses Geschäfts auch für den Fall der Nichtigkeit der sonstigen Abreden gewollt haben (RG Warn 1915 Nr 226). Desgleichen bleibt eine für die Darlehnsschuld geleistete Bürgschaft von der Nichtigkeit einer ebenfalls erfolgten Pfandbestellung unberührt (RG 86, 323); desgleichen die Vereinbarung eines Schiedsgerichts von der Nichtigkeit desjenigen Rechtsgeschäfts, betreffs dessen das Schiedsgericht vereinbart worden ist (RG 87, 7). Nichtig ist nicht eine mit dem Hauptvertrage etwa verbundene Vereinbarung eines an sich unzuständigen Gerichts wegen Nichtigkeit des sonstigen Rechtsgeschäfts, da die Vereinbarung auch für den Fall als getroffen zu gelten hat, daß über die Rechtsbeständigkeit des Vertrags zu entscheiden wäre und sie somit von der Rechtsbeständigkeit des sonstigen Rechtsgeschäfts unabhängig ist (RG 87, 9). Anders der Fall einer Umgestaltung des Rechtsgeschäfts durch Unterstellung eines Geschäfts von anderer Art (vgl. A 1 Abs 1 und § 140 A 1). — Ist das Hauptgeschäft (Kauf, Darlehn) rechtsgültig zustande gekommen, und ist nur das Nebengeschäft (die Bestellung einer Sicherheit für die Schuld) nichtig, dann darf der Verpflichtete, der das Empfangene behalten will, nicht aus § 139 die Nichtigkeit des gesamten Rechtsgeschäfts geltend machen, um sich seiner Verpflichtung zu entziehen, weil dem die Einrede der Arglist entgegenstünde (RG 86, 323; JW 1916, 390[8]; vgl. dazu auch RG 91, 362; 71, 436; 78, 354). Ist derjenige Teil des Vertrags, der sich als sittenwidrig darstellt, nur für einen bestimmten, aber nicht eingetretenen Fall berechnet worden (Abrede zwischen Eheleuten für den Fall der Scheidung), dann ist zu ermitteln, ob die andern, nicht sittenwidrigen Abreden von der Nichtigkeit trotzdem mitergriffen werden (RG Warn 1918 Nr 172). Es handelt sich in allen derartigen Fällen um Ausmittlung des mutmaßlichen Willens unter Berücksichtigung der obwaltenden Umstände (RG 79, 304; 86, 324). Teilweise Nichtigkeit eines Gesellschaftsvertrags s. RG SeuffA 80 Nr 185. — Die **Beweislast** für das Vorhandensein des Ausnahmefalls des § 139 liegt dem Teile ob, der den Ausnahmefall geltend machen, also behaupten will, das Rechtsgeschäft wäre auch ohne den nichtigen Teil vorgenommen worden (RG 61, 286). Es ist ein positiver Beweis zu erbringen (RG 74, 332).

Ein scheinbarer Ausnahmefall kann sich ergeben aus dem **Verhältnisse zwischen dem Grundgeschäfte und anderseits dem abstrakten Vollzugsgeschäfte** (§ 125 A 1c). An sich gehören das schuldrechtliche Geschäft und das dingliche Vollzugsgeschäft verschiedenen Rechtsgebieten an und demgemäß besteht zwischen beiden, auch wenn sie in dem nämlichen Vertrage verlautbart sind, nicht schlechthin ein Abhängigkeitsverhältnis, so daß das nicht zwischen den beiden beteiligten Parteien allein, sondern dinglich wirkende Vollzugsgeschäft auch trotz der etwaigen Nichtigkeit des Grundgeschäfts seinen Rechtsbestand behalten kann. So ist die Auflassung eines Grundstücks nicht schon deshalb nichtig, weil sie in der gleichen Urkunde erklärt worden ist, die die Beurkundung des nichtigen Kaufvertrags enthält; so auch die neuere Rechtsprechung in RG 103, 300; 104 S. 102, 296; RG Warn 1923/24 Nr 99, 100 (s. auch oben A 1 Abs 6). Möglich ist aber auch, daß die Parteien die Abhängigkeit des Vollzugsgeschäfts vom Grundgeschäft gewollt haben, und liegt das erweislich vor, dann hat die Nichtigkeit des letzteren Geschäfts auch die des Leistungsgeschäfts zur Folge (RG 54, 340; 57, 96; 78, 44). Grundsätzlich wird es überhaupt mehr im Sinne der Parteien liegen, das Vollzugsgeschäft als von dem Grundgeschäft abhängig anzusehen. So würde beispielsweise, falls in einem Grundstücksveräußerungsvertrage zur Berichtigung des Kaufgeldes auf den Verkäufer eine Hypothek übertragen und diese Übertragung im Vertrage beurkundet worden, der Kaufvertrag alsdann aber mit Erfolg angefochten wäre, es kaum den Absichten der Beteiligten entsprechen, daß derjenige Teil des Vertrags, der die Übertragung der Hypothek zum Gegenstande hat, dennoch wirksam bleiben und der Käufer daher nur berechtigt sein sollte, die Rückübertragung wegen grundloser Bereicherung des Verkäufers zu verlangen. Ein derartig unliebsames Ergebnis ist abzulehnen und ist auch abgelehnt worden mit der Annahme, daß die Anfechtung des Grundgeschäfts (Kauf) zugleich die im Vertrage erklärte Zession einer Forderung auf die Preisforderung mit vernichtet (vgl. RG 70, 89; Warn 1912 Nr 360, wo angenommen ist, daß die zur Berichtigung des Kaufpreises erfolgte Übertragung einer Hypothek auf einen Dritten [§ 328] von der durch Anfechtung herbeigeführten Nichtigkeit des Kaufvertrags um deswillen mitergriffen wird, weil die Verpflichtung zur Übertragung der Hypothek ein wesentlicher Teil des Vertrags gewesen und zweifellos von dem Bestehen des Kaufvertrags abhängig gemacht worden sei). In RG 58, 368 ist angenommen worden, daß die Nichtigkeit eines Kaufvertrags aus § 138 zugleich die Nichtigkeit der im Vertrage enthaltenen Schuldübernahme (also ebenfalls eines abstrakten Rechtsgeschäfts) nach sich zieht, und in RG 87, 71 wird ausgeführt, daß das in einem Kaufvertrage mitenthaltene, der Zession zugrunde liegende obligatorische Grundgeschäft als Bestandteil des Kaufvertrags von allen Mängeln des Kaufgeschäfts mitergriffen wird. (In RG 23. 11. 21 V 209/21 ist freilich das Gegenteil angenommen.) — Ob die in einem nichtigen Grundstücksveräußerungsvertrage miterteilte Auflassung oder Auflassungsvollmacht von der Nichtigkeit mitergriffen wird, darüber s. oben und A 1 Abs 6, sowie § 313 A 2, 3. Die Auflassung bleibt unfraglich gültig, wenn die Parteien die Auflassung im Bewußtsein der heilbaren Nichtigkeit des Vertrags vorgenommen haben, um durch sie die Heilung zu erwirken; ist die Nichtigkeit eine unbedingte und unheilbare (§ 138), dann wird auch die Auflassung als das Erfüllungsgeschäft von der Nichtigkeit regelmäßig mit ergriffen (RG 78, 44). — Anderseits läßt die teilweise Nichtigkeit des dinglichen Vollzugsgeschäfts — im gegebenen Falle richtiger: die teilweise Nichtentstehung des Vollzugsgeschäfts, oben A 1 — (beispielsweise der Auflassung, weil etwa mehr aufgelassen worden, als nach dem beiderseitigen Willen aufgelassen werden sollte) das schuldrechtliche Grundgeschäft unberührt (RG 78, 375; RG Warn 1926 Nr 40). Vgl. auch RG 79, 185. Sind lediglich mehrere abstrakte Rechtsgeschäfte zusammen vorgenommen, etwa in einer Urkunde mehrere Hypothekeneintragungen bewilligt worden, dann wird die Nichtigkeit der einen Hypothek nicht zugleich die der andern zur Folge haben, falls nicht die Einigung der Beteiligten nur unter der Bedingung der Rechtsbeständigkeit aller Hypotheken erzielt worden ist. — Bestellen die mehreren Miteigentümer eines Grundstücks zusammen eine Hypothek auf dem ganzen Grundstücke, und betrifft der gegebene Nichtigkeitsgrund nur das von einem der mehreren Miteigentümer abgeschlossene Rechtsgeschäft, dann kommt die Hypothek auf den Miteigentumsanteilen der andern Miteigentümer zur Entstehung, falls der Ausnahmefall des § 139 erweislich vorliegt. Denn die Hypotheken belasten jeden einzelnen Miteigentumsanteil selbständig (**RG** JW 1910, 473[12]). Besteht nur teilweise Nichtigkeit eines aus mehreren Rechtsgeschäften zusammengesetzten Rechtsgeschäfts, dann ist die Rückforderung der teilweisen Leistung nicht ausgeschlossen (**RG** 78, 41).

§ 140

Entspricht ein nichtiges Rechtsgeschäft den Erfordernissen eines anderen Rechtsgeschäfts, so gilt das letztere, wenn anzunehmen ist, daß dessen Geltung bei Kenntnis der Nichtigkeit gewollt sein würde[1])[2]).

E I 111; M 1 218; P 1 126 ff.

1. **Umgestaltung des Rechtsgeschäfts** (Konversion). Ein Rechtsgeschäft, das die mit ihm bezweckten Rechtsfolgen wegen Nichtigkeit nicht zu erzeugen vermag, kann denkbar noch die Bestandteile zu einem Rechtsgeschäfte von anderer Natur in sich schließen, das seinerseits, zur Entstehung gelangt, und von dem gegebenen Nichtigkeitsgrunde nicht mitbetroffen, dazu ausreichen würde, wenigstens in wirtschaftlicher Hinsicht gleichartige Wirkungen zu begründen wie das beabsichtigte nichtige Geschäft. Unter solchen Umständen will das Gesetz wiederum seinen Grundsatz (vgl. § 155 A 1; § 139 A 2), daß einmal vorgenommene Rechtsgeschäfte nach Möglichkeit aufrechtzuerhalten sind, durchgreifen lassen, und das Mittel, das ihm dazu dienlich scheint, findet es hier in dem Rechtsbehelfe der Umgestaltung (Konversion), indem es vorsieht, daß gegebenenfalls das andere (nicht beabsichtigte) Rechtsgeschäft an die Stelle des beabsichtigten nichtigen zu setzen ist, nämlich das andere Geschäft, durch welches der gewollte wirtschaftliche Erfolg, sei es ganz, sei es auch nur zum Teil, erreicht wird (**RG** 48, 250; 110, 391; Gruch 61, 466; **RG** 23. 2. 26 II 452/25). Dabei ist nicht nötig, daß die Beteiligten die etwaige Geltung des andern Rechtsgeschäfts schon als möglich ins Auge gefaßt haben; es genügt insoweit, wenn anzunehmen ist, daß sie als vernünftig denkende Leute bei Kenntnis der Nichtigkeit des vorgenommenen Rechtsgeschäfts das andere Geschäft gewollt haben würden (**RG** 103, 388). Immer aber ist erforderlich, daß die Willenserklärungen, die zur Hervorbringung der von den Beteiligten in erster Linie gewollten Rechtsfolgen nicht geeignet sind, zugleich die Bestandteile des andern Rechtsgeschäfts in sich schließen; es geht nicht an, an Stelle des nichtigen Rechtsgeschäfts ein anderes nur deshalb zu setzen, weil es die Beteiligten bei Kenntnis der Nichtigkeit des ersteren vermutlich abgeschlossen haben würden (**RG** SeuffA 80 Nr 110). Ausgeschlossen ist es auch, eine formbedürftige unwiderrufliche Vollmacht (vgl. § 167 A 2, § 313 A 1) bei Nichteinhaltung der Form als formfreie widerrufliche Vollmacht aufrechtzuerhalten (**RG** Gruch 68, 538). Auf die Art des Nichtigkeitsgrundes (§ 125 A 1) sowie darauf, ob der Grund das gegebene Rechtsgeschäft durchweg, oder aber, ob er nur einen seiner mehreren Bestandteile berührt (Formmangel; vgl. § 139 A 1), soll es im übrigen nicht ankommen. — **Die Anwendbarkeit des § 140** beschränkt sich auf die Fälle, in denen ein Rechtsgeschäft den von der Rechtsordnung aufgestellten objektiven Erfordernissen nicht entspricht; sie ist dagegen nicht zulässig, wo ein Rechtsgeschäft um deswillen nichtig ist, weil es von einem Nichtberechtigten vorgenommen wurde (**RG** Warn 08 Nr 441). Anderseits verlangt der § 140 wirkliche Nichtigkeit, so daß alle Fälle von ihm ausgeschlossen bleiben, wo es sich um eine bloße behebbare Unwirksamkeit handelt (**RG** 79, 308). Die Anwendbarkeit ist auch dahin einzuschränken, daß nicht im Wege der Umgestaltung einer Willenserklärung die Begründung eines Rechtes, oder eines Rechtes für eine andere Person herbeigeführt wird (**RG** 70, 358, wonach nicht eine Eigentümergrundschuld gemäß § 140 als entstanden gelten kann, wenn der Eigentümer zur Täuschung seiner Gläubiger für seine Kinder eine Hypothek ohne Einigung mit ihnen bestellt hat). Ob der a. a. O. ausgesprochene Grundsatz unbedingt zu billigen ist, kann fraglich sein, namentlich nach der Richtung, ob nicht unter Umständen die Entstehung eines andern Rechtes als gewollt unterstellt werden kann. Die Regel des § 140 darf auch nicht dazu führen, die Nichtigkeit eines Vertrags derart zu beseitigen, daß ihm ein nur beschränkterer Inhalt gegeben, beispielsweise also die verabredete übermäßige Dauer eines Knebelungsvertrags auf ein geringeres Maß herabgesetzt wird (**RG** 76, 78). — Bei Vorhandensein der erforderlichen Voraussetzungen ist **die Regel des § 140 derart zwingend,** daß ihre Anwendung zutreffendenfalls auch gegen den Willen der einen Partei erfolgen muß. Denn der Ausdruck „gilt" (= „hat Geltung") enthält hier ein unbedingtes Gebot. Ob der Geschäftsurheber oder bei einem Vertrage beide Teile das andere Geschäft bereits in Er-

wägung gezogen hatten, ist unerheblich (so daß die Sache in dieser Hinsicht grundsätzlich gerade wesentlich anders liegt als im Falle des verdeckten Geschäfts gemäß § 117 Abs 2). Die Entscheidung hängt hier vielmehr vom richterlichen Ermessen ab. Dieses wird vor allem den wirtschaftlichen Erfolg zu berücksichtigen haben, dem das beabsichtigte Rechtsgeschäft hat dienen sollen (Prot 1, 127), und schließlich wird also zu erwägen sein, ob die Parteien ehemals etwa auch die andere Geschäftsform zur Erreichung ihres Zweckes gewählt haben würden. Dieses andere Geschäft bedarf im gegebenen Falle der besondern Feststellung (RG 30. 5. 06 I 567/05). Dem Richter die Unterlagen für seine Feststellung zu verschaffen, ist Sache der Partei, die das Geschäft in einer andern Form aufrechterhalten wissen will.

2. Praktisch wichtige **Anwendungsfälle** sind: die Aufrechterhaltung eines formungültigen Wechsels als Schuldschein (SeuffA 80 Nr 22: Schuldversprechen im Sinne des § 780) oder gemäß § 363 HGB als kaufmännischer Verpflichtungsschein (RG 48, 223); Annahme eines rechtsgeschäftlichen, zwischen den Parteien nur persönlich wirkenden Zurückbehaltungsrechts, falls ein Pfandgeschäft beabsichtigt war, ein solches aber nicht zustande kommen konnte, weil der Pfandvertrag als solcher nichtig gewesen ist (RG 66, 24; 68, 386); weiter: die Umwandlung eines einzutragenden dinglichen Vorkaufsrechts mit festem Preise in ein durch die Bestellung einer Auflassungsvormerkung zu sicherndes schuldrechtliches Vorkaufsrecht (RG 104, 122); Behandlung eines ungültigen, einseitigen Erbvertrags (§ 2275 A 1) als Testament; die Aufrechterhaltung eines formungültigen Rechtsgeschäfts unter Lebenden (nur schriftliches Schenkungsversprechen) als eigenhändiges Testament (RG JW 1910, 467[3]); eines mangels Beobachtung der Formvorschriften in §§ 2276, 2233 ungültigen notariellen Erbvertrags zwischen Vater und Kindern als Vertrag unter künftigen gesetzlichen Erben über ihren Erbteil gemäß § 312 Abs 2 (RG 12. 5. 27 IV 82/27); die ungültige Abtretung eines Nießbrauchsrechts als bloße Überlassung seiner Ausübung (RG JW 1910, 801[8]); die Aufrechterhaltung eines formungültigen Vermögensübertragungsvertrags als Verpflichtung zur Übertragung einzelner Gegenstände (RG 76, 13; 82, 277); einer formungültigen Bürgschaft als Schuldübernahme (RG 65, 27; vgl. anderseits RG 78, 39); einer ungültigen Prokura als Handlungsvollmacht; der Fall eines nichtigen Indossaments als Eigentumsübertragung durch Abtretung des Herausgabeanspruchs (RG SeuffA 67 Nr 83, der indossierte Lagerschein rührte nicht von einem privilegierten Lagerhalter her); die Übertragung zum Nießbrauche als Übertragung zum Gebrauche (RG Warn 1910 Nr 317); die Aufrechterhaltung einer ohne die vereinbarte Kursgarantieklausel eingetragenen Hypothek als Hypothek ohne diese Klausel (RG 108, 146); eines wegen Formmangels nichtigen Grundstücksveräußerungsvertrags als Vertrag über die Bestellung eines lebenslänglichen Nießbrauchs (RG 110, 391); des unzulässigen Vorbehalts des Eigentums an einem Keller des verkauften Grundstücks als Ausbedingung eines Erbbaurechts am Keller (RG SeuffA 79 Nr 31); von wegen inhaltlicher Unzulässigkeit nichtigen Verträgen über die Bestellung von Erbbaurechten als Pachtverträge (RG SeuffA 80 Nr 135). Umdeutung der vereinbarten Bestellung eines dinglichen Vorkaufsrechts zu einem bestimmten Preise in die Vereinbarung der Eintragung einer Vormerkung zur Erhaltung des Rechts auf Auflassung (RG SeuffA 77 Nr 142); des an sich nichtigen Kaufs der eigenen Sache als Kauf des Besitzes oder Rückgängigmachung eines früheren Kaufvertrags (RG JW 1924, 1360[6]). Unvereinbar ist aber mit § 2265 die Aufrechterhaltung von letztwilligen Verfügungen, die von andern als Ehegatten in einem gemeinschaftlichen Testamente errichtet worden sind, als Einzeltestamente (RG 87, 33); unzulässig ist auch die Umgestaltung einer Verpfändung in eine Abtretung (RG 79, 308); die Umwandlung einer Gewerkschaft in einen nichtrechtsfähigen Verein (RG Gruch 61, 463); die Umdeutung einer Rücktrittserklärung gemäß § 326 in eine Anfechtung wegen Irrtums nach § 119 (RG 105, 206).

§ 141

Wird ein nichtiges Rechtsgeschäft von demjenigen, welcher es vorgenommen hat, bestätigt[1]), so ist die Bestätigung als erneute Vornahme zu beurteilen[2]).

Wird ein nichtiger Vertrag von den Parteien bestätigt, so sind diese im Zweifel verpflichtet, einander zu gewähren, was sie haben würden, wenn der Vertrag von Anfang an gültig gewesen wäre[3]).

E I 110 II 110; M 1 217 ff.; P 1 126.

1. **Bestätigung** ist nach dem Sprachgebrauche des BGB dasjenige Rechtsgeschäft, durch welches der Erklärende entweder einem von ihm in eigener Person vorgenommenen und bereits nichtig gewordenen Rechtsgeschäfte nach § 141 Rechtsgültigkeit, oder einem vorerst nur anfechtbaren Rechtsgeschäfte gemäß § 144 Rechtsbeständigkeit verleihen will. Sie setzt mit-

hin Kenntnis, oder wenigstens die Möglichkeit einer solchen (RG 29. 1. 21 V 322/20; RG SeuffA 79 Nr 102), von der Nichtigkeit sowie den Bestätigungswillen voraus (RG 68, 398; 69, 412; 93, 228; 104, 54; Warn 1913 Nr 43; 1923/24 Nr 163; 1925 Nr 20; JW 1912, 681[2]; SeuffA 77 Nr 57; 79 Nr 102). — Über den Begriff **Genehmigung**, der nur in Richtung auf Geschäfte Dritter oder in Hinsicht auf die vom auftragslosen Stellvertreter vorgenommenen Rechtsgeschäfte verwendet wird, vgl. die §§ 184, 185, 177, 179, 684. — Auch die Bestätigung nur eines bestimmten Teiles des Geschäfts ist möglich (RG Warn 1913 Nr 43).

2. Nach dem Standpunkte des Gesetzes ist Nichtigkeit, von welchem Falle der § 141 allein handelt, grundsätzlich unheilbar (vgl. § 125 A 1 a). Demgemäß ist es hier nicht die Aufgabe der Bestätigung, die vorhandene Nichtigkeit zu heilen; vielmehr faßt das Gesetz die Bestätigung als eine, sei es ausdrückliche, sei es stillschweigende, schlüssige **erneute Vornahme des Rechtsgeschäfts** auf und so als eine Art und Weise der Beseitigung des Nichtigkeitsgrundes (RG 61, 265; 64, 149; JW 09, 11[4]). Daher versteht es sich von selbst, daß die Bestätigung nur dann Erfolg haben kann, wenn sie allen Anforderungen eines Rechtsgeschäfts der entsprechenden Art entspricht (RG 61, 266), also insbesondere auch hinsichtlich des Formerfordernisses (RG 68, 41; 76, 84; 55, 40; Warn 08 Nr 121), und daher bedarf es bei der Bestätigung eines formwidrigen Grundstücksveräußerungsvertrags selbst dann der Form des § 313, wenn die Auflassung und Eintragung bereits erfolgt, diese beiden Rechtsgeschäfte aber, weil durch einen auftragslosen Vertreter vorgenommen, bislang ebenfalls rechtsunwirksam waren und daher den Formmangel nicht heilen konnten, und zwar besteht das Formerfordernis auch dann, wenn die Bestätigung mittels eines Vergleichs erfolgen soll (RG 94, 151; vgl. dazu auch § 313 A 2 Abs 3). In der auf Grund eines formungültigen Grundstückskaufvertrags vor dem Notar erklärten und angenommenen Auflassung ist auch bei Bezugnahme auf den Vertrag keine wirksame Bestätigung zu finden (RG JW 1925, 2230[4]). Im Falle des Formerfordernisses reichen also bloß schlüssige Handlungen als Bestätigung niemals aus (RG JW 03 Beil 42; 8. 4. 07 IV 424/06); während bei formlosen Rechtsgeschäften das Gegenteil der Fall sein kann (RG Warn 1921 Nr 60; JW 03 Beil 42). Handelt es sich um einen **Vertrag**, so muß in der nachträglichen Bestätigung insbesondere auch die Willensübereinstimmung über alle wesentlichen Punkte zum Ausdrucke gelangt sein (RG 61, 266), und es müssen die Beteiligten jedenfalls in Kenntnis der Nichtigkeit des Vertrags gehandelt haben; s. oben. Sind ferner beim Vertragsabschlusse **mehrere beteiligt** gewesen, dann müssen alle Beteiligten auch bei dem Bestätigungsgeschäfte mitwirken (RG 52, 164). Der Bestätigung darf auch nicht, falls die Nichtigkeit im **Inhalte** des Geschäfts ihren Grund hatte, der betreffende Mangel wiederum anhaften. Insbesondere kann ein unsittliches Rechtsgeschäft durch Bestätigung niemals zu einem sittlichen werden (RG 64, 149; Warn 1922, 64; Gruch 53, 683). Deswegen wird auch ein zur Erleichterung der Ehescheidung abgeschlossener nichtiger Vertrag nicht durch die fortdauernd geleisteten Zahlungen wirksam (RG LZ 1922, 158[1]). So wäre auch die Bestätigung des Abkommens zwischen einer G. m. b. H. und einem Gesellschafter, daß dieser unter gewissen Voraussetzungen seine Stammeinlage zurückfordern dürfe, als gegen § 30 Abs 1 GmbHG verstoßend, ebenfalls nichtig (RG 5. 5. 06 I 611/05). Desgleichen die Bestätigung eines Vertrags, in dem ein Miterbe seinen vermeintlichen Erbanspruch an einem Bestandteile des Nachlasses verkauft, weil bei einem solchen Geschäfte überhaupt ein zulässiger Gegenstand fehlt (§§ 1922 Abs 2, 2033 Abs 1 Satz 1; RG 61, 78). Die Bestätigung eines **wucherlichen** Rechtsgeschäfts kann dann von Erfolg sein, wenn zur Zeit ihrer Vornahme die Voraussetzungen des Wuchers nicht mehr bestehen. — Im Falle der Nichtigkeit eines **beurkundeten** Vertrags erfordert die erneute Vornahme nicht auch die wiederholte Beurkundung des vollen Vertragsinhalts, vielmehr genügt die Bezugnahme auf die frühere Vertragsurkunde (vgl. § 126 A 2). — Die **Folge der Bestätigung** ist, daß das beabsichtigte Rechtsgeschäft nunmehr **wirksam „wird“**, und zwar auf der Grundlage des erneut vorgenommenen Geschäfts (RG 68, 41; 76, 84). Demnach fallen bei einem Vertrage, falls das nichtige Geschäft schon vor der Bestätigung erfüllt worden war, mit dieser nunmehr auch alle etwaigen Ausgleichungsansprüche (§ 125) fort, wiewohl der Bestätigung eine dingliche Rückwirkung nicht zukommt (A 3).

3. Nach der Bestimmung des Abs 2 wird lediglich die **obligatorische Verpflichtung der Parteien** begründet, einander **das zu gewähren, was sie haben würden,** wenn der Vertrag von Anfang an gültig gewesen wäre. Die Rückwirkung äußert sich daher nur in schuldrechtlicher Art (RG JW 1911, 187[17]), dagegen findet eine Rückwirkung von dinglicher Kraft nicht statt (RG 75, 115; RG SeuffA 78 Nr 133). Wenn in RG 75, 115 gesagt ist, daß die Heilung eines formlosen Kaufvertrags durch Auflassung und Eigentumseintragung gemäß § 313 Satz 2 der Bestätigung eines nichtigen Vertrags nach § 141 Abs 2 gleichzusetzen sei, so kann es sich dabei nicht um eine unmittelbare Anwendung des § 141 Abs 2 handeln; nur der ihm zugrunde liegende schuldrechtliche Gedanke muß auch im Falle des § 313 Satz 2 zur Anwendung kommen (RG JW 1927, 965[1]). Auch nach außen hin tritt sonach eine dingliche Wirkung nicht ein, so daß auch Verfügungen, die der eine Vertragsteil in der Zwischenzeit zugunsten Dritter vorgenommen hat, ungeachtet der nachträglichen Bestätigung des nichtigen Vertrags, in Kraft bleiben (RG 75, 116). (Anders bei der Genehmigung der Verfügungen eines Nichtberechtigten; vgl. § 185 A 1). Rückwirkende Kraft hat nur die Bestätigung einer nach § 1325 Abs 1 nichtigen Ehe (§ 1325 Abs 2).

§ 142

Wird ein anfechtbares Rechtsgeschäft angefochten, so ist es als von Anfang an nichtig anzusehen[1]).

Wer die Anfechtbarkeit kannte oder kennen mußte, wird, wenn die Anfechtung erfolgt, so behandelt, wie wenn er die Nichtigkeit des Rechtsgeschäfts gekannt hätte oder hätte kennen müssen[2])[3]).

E I 112, 837 Abs 2 Satz 2, 877 Satz 2 II 113; M 1 218 ff.; P 1 127, 164 ff.; Z 214.

1. Die **Anfechtung** (über die Anfechtungsform vgl. § 143) äußert sich darin, daß der Anfechtungsberechtigte den seiner Willenserklärung, als einem Bestandteile des Rechtsgeschäfts, anhaftenden Mangel (Irrtum §§ 119, 120, Betrug, Zwang § 123) geltend macht (vgl. Vorbem 2 vor § 116). Da nun jedwedem Rechtsgeschäfte begrifflich notwendig eine Willenserklärung zugrunde liegt, so ist auch die Anfechtbarkeit eines jeden Rechtsgeschäfts (auch die in einem gerichtlichen Vergleiche enthaltene Willenserklärung, RG Warn 08 Nr 594) denkbar, und somit sowohl die des obligatorischen Geschäfts wie die des abstrakten Leistungsgeschäfts (RG 69, 17), sei es im Gebiete des Sachenrechts, sei es in dem der Schuldverhältnisse (vgl. Vorbem 5 vor § 104). Grundsätzlich kann es hinsichtlich der Anfechtbarkeit auch keinen Unterschied machen, ob ein Rechtsgeschäft durch eine positive Erklärung oder vermöge einer Unterlassung begründet worden ist. Geltend gemacht werden kann die Anfechtung durch Klage sowie durch Einrede. Diese ist zuzulassen, auch wenn sie nur auf einer Vermutung beruht, falls sie tatsächlich genügend begründet wird (RG Warn 1911 Nr 361). — Wo das Gesetz von Anfechtung mit Bezug auf Rechtsverhältnisse spricht (Anfechtung der Ehelichkeit eines Kindes nach §§ 1593ff. und des Erbschaftserwerbs behufs Geltendmachung der Erbunwürdigkeit nach §§ 2340ff.), handelt es sich nicht um Anfechtung einer Willenserklärung, sondern um eine solche des Rechtsverhältnisses überhaupt, und sie erfolgt hier auch nicht durch eine bloße formlose Erklärung, sondern im Wege der Klage; die Wirkung endlich tritt hier erst mit der Rechtskraft des Urteils ein. — Eine Sonderregelung hat die Anfechtung der Ehe in den §§ 1330ff. erfahren, sodann die Anfechtung der Annahme oder Ausschlagung einer Erbschaft in den §§ 1954ff. — Über die Anwendbarkeit der Grundsätze von der Anfechtung bei **prozessualen Rechtshandlungen** vgl. Vorbem 8 vor § 104.

Seiner sachlichen Bedeutung nach stellt sich das Anfechtungsrecht als ein bereits vorhandenes und daher auch vererbliches Vermögensrecht dar. Seiner selbständigen rechtsgeschäftlichen Übertragbarkeit stellt sich aber der Umstand entgegen, daß es, weil an das zugrunde liegende Rechtsverhältnis untrennbar geknüpft, der erforderlichen Selbständigkeit entbehrt und somit in Wirklichkeit nur eine dem Rechte selbst innewohnende Befugnis darstellt. Indessen, da auch derartige (unselbständige) bloße Befugnisse wenigstens der Ausübung nach übertragbar sind, so ist auch (streitig) eine Übertragbarkeit des Anfechtungsrechts der bloßen Ausübung nach im Sinne einer Ermächtigung möglich (RG 73, 307). Vgl. auch §§ 399 A 4 sowie 401 A 1.

Die **Wirkung der Anfechtung** ist die, daß das an sich rechtswirksam entstandene Geschäft (auch ein gerichtlicher Vergleich, RG Warn 08 Nr 594) ohne die Annahme der Anfechtung oder eine sonstige Mitwirkung des Gegners ohne weiteres und endgültig **nichtig wird** und daß nicht etwa wie beim Rücktritte oder bei der Wandlung vorerst nur ein Anspruch auf Wiederherstellung des früheren Zustandes entstünde (RG 66, 389). Die Vernichtung des Rechtsgeschäfts äußert sich im übrigen auch derart, als wäre es **von Anfang an** nichtig gewesen (RG 62, 186; 69, 17), und mit der weiteren Folge, daß das Geschäft materiell für und gegen jedermann des rechtlichen Bestandes entbehrt (RG 69, 17), und es auch nicht anders als durch die erneute Vornahme gemäß § 141 Abs 1 (gegebenenfalls also unter Mitwirkung der sämtlichen Beteiligten) wiederhergestellt werden kann (RG 74, 1; RG JW 1924, 404[2]; RG Warn 1923/24 Nr 162), und daß endlich auch die Beteiligten selbst nicht in der Lage sind, die einmal wirksam, d. h. aus zutreffenden Gründen erklärte Anfechtung als eine unberechtigte oder wirkungslose behandeln zu können (RG Warn 1912 Nr 149), oder sie durch Widerruf oder durch gegenseitige Einigung zu beseitigen (RG Warn 1912 Nr 149; 1913 Nr. 190; SeuffA 68 Nr 4). Es ist das alles ein notwendiges Ergebnis der Nichtigkeitswirkung. Zu beachten ist daher auch, daß, wenn die Anfechtung und die Wandlung zugleich erklärt sind, stets zunächst die erstere zu berücksichtigen ist, da im Falle ihrer Wirksamkeit für die Wandlung kein Raum mehr besteht

(RG 74, 3; Warn 1913 Nr 190). Vgl. § 125 A 1. (Über die Aufrechterhaltung eines anfechtbaren, aber noch nicht angefochtenen Rechtsgeschäfts durch einseitige Bestätigung vgl. § 144 A 1.) Der Richter muß sonach die in einem Prozesse von der einen oder der andern Partei aufgestellte Behauptung, daß die Anfechtung erfolgt sei, unbedingt berücksichtigen, solange diese Behauptung bestehen bleibt, und sie wird also erst dann unbeachtlich (nach dem Verhandlungsgrundsatze), wenn die Partei die Behauptung hat fallen lassen und auch der Gegner sie an ihrer Behauptung nicht festgehalten hat (RG 22. 5. 22 V 127/22). Zu beachten ist weiter, daß die dingliche Außenwirkung der Anfechtung nur die materielle Seite des Verhältnisses trifft, daß dagegen nicht auch das zwischen den Parteien ergehende, die Nichtigkeit des Rechtsgeschäfts feststellende Urteil auch Dritten gegenüber Rechtskraft macht (RG 80, 322; JW 1912, 788[1]).

Materiell kann die Vernichtung eines Vertrags auch Dritten gegenüber sich äußern; so verliert der Mäkler die Gebührenforderung, wenn das durch ihn vermittelte Rechtsgeschäft wirksam angefochten ist (RG 76, 355), und der Dritte, zu dessen Gunsten der Vertrag abgeschlossen ist (§ 328), büßt durch die dem Vertragsgegner (Promittenten) gegenüber erfolgte Anfechtung seinen ihm zugewachsenen Anspruch ein (vgl. § 334 Anm 1). Die wirksam erfolgte Anfechtung wirkt endlich grundsätzlich auch zugunsten des Zessionars desjenigen, welcher die ihm übertragene Forderung weiter übertragen hat (vgl. Anm 2). — Von einem anfechtbaren Rechtsgeschäfte kann den zuvor erörterten Grundsätzen entsprechend überhaupt nur dann die Rede sein, wenn es jemals gültig zur Entstehung gelangt war, während umgekehrt Voraussetzung des nichtigen Geschäfts ist, daß die Nichtigkeit von Anfang an bestand (RG 49, 422).

Solange die Anfechtung noch nicht erklärt ist, äußert die Anfechtbarkeit des Rechtsgeschäfts im allgemeinen noch keine Wirkung, und die Anfechtung selbst steht auch nur dem am Rechtsgeschäfte selbst Beteiligten zu. Ausnahmsweise hat aber der Bürge ohne Rücksicht auf die erfolgte Anfechtung die verzögerliche Einrede aus § 770, und der Eigentümer sowie der Verpfänder haben die gleiche Einrede aus dem Anfechtungsrechte des persönlichen Schuldners (§§ 1137, 1211).

Grundsatz der Rückwirkung. Die Rückwirkung der Anfechtung äußert sich (anders als bei der Wandlung und beim Rücktritte) dinglich (RG 66, 389) und führt daher zu folgenden Ergebnissen: a) Beim dinglichen Rechtsgeschäfte — sei es, daß es allein für sich, sei es, daß es zugleich mit dem Grundgeschäfte angefochten ist (§ 125 A 1c; RG 70, 55; 66, 389) — wird der Rechtserwerb des Anfechtungsgegners (§ 143) derart vernichtet, als wäre er niemals wirksam entstanden, und zugunsten des Veräußerers anderseits ist die Sache so anzusehen, als hätte er das auf seinen Gegner übertragene Recht niemals eingebüßt (vgl. RG 69, 16). Er würde mithin im Falle der Eigentumsübertragung gemäß § 985 die Herausgabe verlangen, gegebenenfalls die Berichtigung des Grundbuchs gemäß § 894 herbeiführen und in jedem Falle dinglich klagen können. b) Bei Schuldverhältnissen: Bis zur Erfüllung steht jedem Teile der Einwand der Nichtigkeit zu; jeder Anspruch wie jede Verpflichtung hat aufgehört. Nach der Erfüllung aber findet die Ausgleichung der Regel nach, wie angenommen wird, gemäß §§ 812ff. statt (RG 68, 312), und zwar unter dem Gesichtspunkte, daß der Rechtsgrund, auf Grund dessen die Leistung erfolgte und angenommen wurde, durch die Anfechtung des Grundgeschäfts in Wegfall gebracht ist (§ 812 Abs 1 Satz 2). — Die Eigentumsklage aus § 985 ist ausgeschlossen, wenn das dingliche Leistungsgeschäft, als von dem Grundgeschäfte unabhängig, trotz dessen Vernichtung bestehengeblieben ist. Wird dagegen auch das dingliche Rechtsgeschäft nichtig, dann steht dem Anfechtenden gerade nur der dingliche Anspruch zu. Vgl. des näheren § 125 A 1b. Ob der Anfechtende im übrigen auch berechtigt ist, Schadensersatz zu verlangen, richtet sich nach den allgemeinen Rechtsgrundsätzen (§§ 276, 823, 826). Jedenfalls aber darf er nicht das Erfüllungsinteresse, sondern nur das sog. negative Vertragsinteresse geltend machen (vgl. über diesen Begriff § 122 A 2), also nur Ersatz desjenigen Schadens fordern, den er durch den Abschluß des Vertrags erlitten hat (RG 59, 157; 74, 3; RG SeuffA 77 Nr 55 zu § 463).

Der **Ausgleichungsanspruch gemäß § 812**, im besondern im Lichte der bisherigen Rechtsprechung. In erster Linie kann jeder Teil seine Leistung in Natur zurückfordern (RG 94, 254; 96 S. 156 u. 347; 29. 9. 20 V 155/20); ist der Gegner zu dieser Rückgabe nicht mehr imstande, dann kann der Berechtigte von ihm den Betrag herausfordern, um den er bereichert worden ist (§§ 812, 818, 819). Der Betrag der Bereicherung ergibt sich jedoch nicht lediglich aus der Leistung, die der Verpflichtete empfangen hat, sondern aus dem, was er auf Grund des Rechtsgeschäfts im Sinne des § 812 „erlangt" hat, also aus dem Vergleiche zwischen der empfangenen Leistung und seiner Gegenleistung, also zwischen allen erlangten Vorteilen und den in ursächlichem Zusammenhange stehenden Nachteilen, so daß die Höhe der Bereicherung sich nur in dem Überschusse ausspricht (RG 54, 141; 94, 254; Warn 1922 Nr 122; JW 15, 918[7]). Kann der Berechtigte seinerseits die empfangene Leistung nicht mehr in

Natur zurückgeben, dann muß es sich der Verpflichtete gefallen lassen, daß ihm nur der Wert seiner Leistung zugute gerechnet wird (RG 86, 344). — Zweifelhaft kann sein, ob es, sofern es sich um einen Anspruch aus § 812 handelt, nicht schon zur Begründung der Klage und zur Vermeidung einer Zuvielforderung gehört, daß schon der Kläger, der die Bereicherung des Gegners herausverlangt, seine eigene Leistung darlegt und sie zugunsten des Gegners in Anrechnung bringt, um so den „Überschuß" nachzuweisen, womit auch die weitere Frage zusammenhängt, ob nicht der Richter die ihm (etwa auch nur aus dem Vortrage des Klägers selbst) bekanntgewordene Leistung des Beklagten bei Prüfung des Klageanspruchs schon deswegen ohne weiteres mit zu berücksichtigen hat (RG 29. 9. 20 V 155/20), oder ob er es erst zu tun braucht, wenn der Beklagte seinen Anspruch „irgendwie geltend macht" (RG Warn 1918 Nr 181; JW 1919, 377[4]). Handelt es sich um gleichartige Leistungen, namentlich um beiderseitige Geldansprüche, dann werden die beiden aufgestellten Fragen zuungunsten des Klägers zu bejahen sein. Stehen dagegen ungleichartige Leistungen in Frage, fordert insbesondere der Kläger seine Leistung in Natur zurück, dann wird er zu dieser Forderung schlechthin berechtigt sein (vgl. darüber RG 94 S. 254, 310; 54, 137; 29. 9. 20 V 155/20). Geht, wenn auch nur aus dem Klagevorbringen des Verkäufers bereits hervor, daß er Gegenleistungen bereits empfangen hat, und hat er sich in der Klage schon selbst zur Erstattung des Empfangenen bereit erklärt, dann darf der beklagte Käufer zur Herausgabe des Grundstücks nur gegen Erstattung seiner Leistungen verurteilt werden (RG 71 S. 399 u. 401; 29. 9. 20 V 155/20). Hat endlich die Partei den Mangel des rechtlichen Grundes bei Empfang der Leistung gekannt, dann haftet sie gemäß § 819 so, wie wenn der Herausgabeanspruch rechtshängig gewesen wäre (RG Warn 1919 Nr 196; 1922 Nr 122). Vgl. dazu auch § 158 A 5.

So würde sich die Ausgleichung vom Standpunkte der Bereicherung aus gestalten. Indes scheint es doch empfehlenswert, diesen Standpunkt überhaupt zu verlassen. Denn, wollte man ihm wirklich ganz konsequent folgen, dann müßte das zu recht unliebsamen Ergebnissen führen, weil nämlich der Kläger zur Vermeidung einer Zuvielforderung immer nur „den Überschuß" fordern dürfte, den der Beklagte im Sinne des § 812 „erlangt" hätte (RG 54, 141; 60, 284), und weil die vom Beklagten gegebenen Werte sonach stets mit berücksichtigt werden müßten, auch ohne daß der Beklagte sie geltend gemacht hätte. **Sachgemäßer wäre dagegen eine Regelung,** wonach dem Anfechtungskläger grundsätzlich das Recht zugestanden würde, schlechthin nur **seine eigene Leistung zurückzufordern** und es lediglich dem Beklagten zu überlassen, seine Leistung zur Geltung zu bringen. Denn entsprechender wäre es, eine Regelung in Gemäßheit des § 346 Satz 1 anstatt nach § 812 eintreten zu lassen, da die Berührungspunkte mit dem Falle des § 346 gerade besonders nahe liegen; hat doch die Anfechtung in gleichem Maße wie der Rücktritt das Ziel, das Schuldverhältnis durch einseitige Erklärung von Anfang an rückgängig zu machen.

Seine Anfechtung hindert den Anfechtenden (beispielsweise den Käufer) rechtlich nicht, den empfangenen Gegenstand weiter zu veräußern und es stellt die Weiterveräußerung auch nicht eine unerlaubte oder sonst zum Schadensersatze verpflichtende Handlung dar; dem Anfechtungsgegner (Verkäufer) erwächst aus der Weiterveräußerung vielmehr nur ein Anspruch aus § 818 Abs 2, indem sich der Betrag des Wertersatzes nach dem Zeitpunkte bestimmt, in welchem der Anfechtende den weiterveräußerten Gegenstand erlangt hat (RG 101, 391). — Diese Entscheidung hätte ebenfalls anders ausfallen müssen, wenn das Gericht nicht von den Grundsätzen der Bereicherung, sondern, wie oben dargelegt, von denen des Rücktrittsrechts ausgegangen wäre, und befriedigend scheint ihr Ergebnis schwerlich. Es scheint doch gegebenenfalls der Gesichtspunkt zutreffender, daß der Käufer einer Sache, der den Vertrag angefochten hat und sonach weiß, daß er das Empfangene zurückzugeben hat, und der bei seiner Anfechtung auch auf Wiederherstellung des früheren Zustandes ausgegangen ist, sich für verpflichtet halten muß, sich zur Zurückgewährung imstande zu halten. Vgl. § 347 A 1.

Die Frage, ob eine **nur teilweise Anfechtung** eines Vertrags mit der Folge möglich ist, daß der Vertrag im übrigen bestehenbleibt, muß grundsätzlich bejaht werden. Voraussetzung ist aber, daß Gegenstand der Anfechtung ein Vertragsbestandteil ist, der von den andern Vertragsvereinbarungen unabhängig für sich bestehen kann, und daß anzunehmen, die Parteien würden diese Vereinbarungen auch ohne die anzufechtende oder angefochtene Abrede getroffen haben; maßgebend ist hier § 139 (RG 11. 2. 25 V 205/24). Sonst greift der Grundsatz durch, daß alle Bestimmungen eines Vertrags im Zweifel als ein einheitliches Ganzes angesehen werden müssen (RG 94, 149), und daß folgerichtig (wie beim Rücktritte; RG 67, 103) die an sich zulässige Anfechtung nur im ganzen möglich ist (RG JW 1918, 18[4]), oder aber, daß die Anfechtung eines Teiles des Rechtsgeschäfts das gesamte Geschäft vernichtet (RG 67, 103; vgl. § 143 A 1, ferner § 139 Anm 1 Abs. 5, insbesondere auch darüber, ob die Anfechtung des Grundgeschäfts zugleich ein in den Vertrag eingeschlossenes Vollzugsgeschäft vernichtet).

2. **Der gutgläubige Erwerb Dritter.** Dritte, zu deren Gunsten der Anfechtungsgegner über das erworbene Recht in der Zeit bis zur Anfechtung weiter verfügt hat, leiten unter diesen Umständen ihren Erwerb von jemand her, der zur Zeit der Verfügung zwar noch Berechtigter gewesen war, dessen Recht jedoch nachträglich vernichtet worden und nunmehr „als von Anfang an" nichtig anzusehen ist. Strenggenommen müßte sonach auch der Rechtserwerb des Dritten und damit weiterfolgend derjenige aller seiner Rechtsnachfolger allemal als nichtig erachtet werden, nach dem Grundsatze nemo plus juris transferre potest quam ipse habet. Aber das Gesetz will auch hier die Grundsätze vom Rechtserwerbe in gutem Glauben gelten lassen. Nur kann sich der gute Glaube des Dritten jetzt nicht auf die Berechtigung des Veräußerers richten, da dessen Recht bis zur Anfechtung tatsächlich bestanden hatte. Der gute Glaube des Dritten muß vielmehr die Anfechtbarkeit desjenigen Geschäfts betreffen, auf Grund dessen sein Rechtsurheber das ihm (dem Dritten) weiter übertragene Recht zuvor seinerseits erworben hatte (ähnlich § 135 Abs 2). Hat dagegen der Dritte auch nur die Anfechtbarkeit dieses Rechtsgeschäfts gekannt oder auch nur kennen müssen (§ 122 A 4), dann ist die Sache nach dem Gesetze so anzusehen, als wäre ihm die Nichtigkeit selbst bekannt gewesen, oder doch nur aus einer ihm zuzurechnenden Fahrlässigkeit (§ 122 Abs 2) unbekannt geblieben, und der gutgläubige Erwerb ist alsdann ausgeschlossen, dies alles selbstverständlich nur unter der Voraussetzung, daß demnächst die Anfechtung auch wirksam wirklich erfolgt. Der Abs. 2 bedeutet daher eine Erweiterung der in Abs 1 vorgesehenen dinglichen Wirkung der Nichtigkeit, nicht aber eine Einschränkung (RG Warn 1911 Nr 360). Durch Abs 2 wird übrigens nicht etwa bestimmt, daß in den Fällen der Anfechtung eines Willensmangels dem guten Glauben des Dritten stets nicht nur das Kennen, sondern auch das Kennenmüssen der Anfechtbarkeit entgegenstehe; vielmehr wird die Vorschrift darüber, worauf es in dieser Beziehung ankommt, als anderweit gegeben vorausgesetzt (RG SeuffA 79 Nr 199 zu § 892). — Im Falle mehrfacher Übertragung einer Forderung können die überhaupt nur im Gebiete des Sachenrechts anwendbaren Grundsätze vom guten Glauben keine Anwendung finden. Die Nachfolger des Anfechtungsgegners verlieren daher unbedingt ihr Gläubigerrecht. Denn die auch erst nach der Abtretung erfolgte Anfechtung wirkt auch zuungunsten des Zessionars (RG JW 06, 380[7]), und der Schuldner, der an einen solchen Nichtgläubiger gezahlt hat, ist mithin gegen eine nochmalige Inanspruchnahme durch den Gläubiger nur unter den besondern Voraussetzungen der §§ 409, 410 geschützt. Im übrigen hat er vor der Leistung gegebenenfalls das Hinterlegungsrecht nach § 872.

3. **Die Beweislast** regelt sich dahin, daß der Anfechtende die Voraussetzungen des Anfechtungsrechts, der Gegner etwa dessen Erlöschen durch Bestätigung (§ 144) nachzuweisen hat. Vgl. ferner § 121 A 5.

§ 143

Die Anfechtung erfolgt durch Erklärung gegenüber dem Anfechtungsgegner[1]).

Anfechtungsgegner ist bei einem Vertrage der andere Teil, im Falle des § 123 Abs 2 Satz 2 derjenige, welcher aus dem Vertrag unmittelbar ein Recht erworben hat[2]).

Bei einem einseitigen Rechtsgeschäfte, das einem anderen gegenüber vorzunehmen war, ist der andere der Anfechtungsgegner. Das gleiche gilt bei einem Rechtsgeschäfte, das einem anderen oder einer Behörde gegenüber vorzunehmen war, auch dann, wenn das Rechtsgeschäft der Behörde gegenüber vorgenommen worden ist[3]).

Bei einem einseitigen Rechtsgeschäft anderer Art ist Anfechtungsgegner jeder, der auf Grund des Rechtsgeschäfts unmittelbar einen rechtlichen Vorteil erlangt hat[4]). Die Anfechtung kann jedoch, wenn die Willenserklärung einer Behörde gegenüber abzugeben war, durch Erklärung gegenüber der Behörde erfolgen; die Behörde soll die Anfechtung demjenigen mitteilen, welcher durch das Rechtsgeschäft unmittelbar betroffen worden ist[4]).

E I 113 Abs 1, 2 II 112; M 1 220 ff.; P 1 127 ff.; 6 145 ff., 383.

1. Die **Anfechtungshandlung** ist eine formlose (RG 4. 4. 07 IV 404/06), unwiderrufliche, nur durch gegenseitige (§ 141), dagegen nicht auch bloß einseitige Bestätigung gemäß § 144 (RG 74, 1), und auch nicht durch nachträglichen Verzicht (RG JW 1910, 647; § 141 A 2) zu beseitigende Willenserklärung des Anfechtungsberechtigten **gegenüber dem Anfechtungsgegner**, mithin eine empfangsbedürftige Erklärung (Vorbem 1 vor § 116), mit

dem Ziele, das anfechtbare Rechtsgeschäft zu vernichten (vgl. § 142 A 1). Der Anfechtende erstrebt dieses Ziel nicht auf vertragsmäßigem Wege, sondern durch einseitige Berufung auf das Gesetz; in der Regel ist auch nicht anzunehmen, daß er in jedem Falle, also auch wenn die Anfechtung nicht begründet sein sollte, auf alle ihm aus dem angefochtenen Rechtsgeschäft zustehenden Rechte endgültig verzichten wolle (RG Warn 1923/24 Nr 162). Die Anfechtungserklärung setzt die Kenntnis des Anfechtungsgrundes voraus (RG 68, 8), bedarf aber einer besondern Begründung nicht. Vielmehr genügt jede zuverlässige Erklärung, wie „ich sehe das ganze Geschäft als nicht zustandegekommen an" (RG JW 1911, 575[5]), die den Gegner nicht in Zweifel darüber läßt, welches Geschäft gemeint ist, und ebensowenig darüber, daß das gemeinte wegen des Willensmangels nicht bestehen bleiben soll (RG 65, 88; Warn 08 Nr 595; RG SeuffA 78 Nr 110). Namentlich bedarf es nicht des Ausdrucks, daß „angefochten" werde (RG JW 1911, 575[5]; 1912, 28[8]; Gruch 50, 908). Schon Wendungen, wie „Bestreiten der Verpflichtung, Nichtanerkennen, Zurückfordern", reichen in der Regel zur Anfechtung aus (RG 48, 221). Desgleichen unter Umständen die Erklärung, daß gewandelt werde (RG Warn 1910 Nr 100). Ist aber absichtlich ein falscher Anfechtungsgrund angeführt worden, dann kann nicht nachträglich der wirklich gewollte geltend gemacht werden (RG LZ 1922, 679[1]). Auch die Angabe des abstrakten Anfechtungsgrundes, wie Betrug, Irrtum, ist nicht erforderlich (RG 65, 86; JW 1912, 28[8]; 1914, 1036[1]). Auch ist es zulässig, daß in der Anfechtungserklärung zunächst der Gesichtspunkt der Nichtigkeit hervorgekehrt wurde, und dann später erst, wenn auch erst nach Ablauf der Anfechtungsfrist, die Anfechtung als solche geltend gemacht wird (RG 4. 4. 07 IV 404/06). Doch enthält die Behauptung, ein Vertrag sei wegen Formmangels nichtig, keine Anfechtung wegen Irrtums; daß das Rechtsgeschäft wegen Irrtums nicht gelten solle, muß aus der Erklärung hervorgehen (RG 26. 6. 17 II 43/17; 9. 1. 24 V 94/23). Jedenfalls aber muß aus der Erklärung genügend hervorgehen, daß durch sie das Rechtsgeschäft von Anfang an beseitigt werden soll; eine Erklärung, die einen Rücktritt gemäß § 326 zum Ausdrucke bringt, genügt daher als Anfechtung nicht (RG 105, 207). Es braucht sich der Anfechtende auch nicht darüber klar zu sein, welche Folgen die nur teilweise Anfechtung für das ganze Rechtsgeschäft hat (RG 4. 3. 11 V 216/10). Unerläßlich ist aber, daß die Anfechtung bedingungslos erfolgt (RG 66, 153), und sie darf daher auch nicht von der etwaigen Stellungnahme des Anfechtungsgegners abhängig gemacht werden (RG JW 06, 10[5]). Möglich freilich ist die Anfechtung für den Fall, daß der Anfechtende die jetzt angefochtene, in erster Linie aber überhaupt in Abrede gestellte Erklärung wirklich abgegeben haben sollte (RG 20. 6. 05 VII 549/04), weil es dann sich nicht um eine eigentliche Bedingung, sondern nur um eine eventuelle, also nur unter Voraussetzung eines bestimmten, zunächst zwar noch unbekannten, so doch schon jetzt bestimmbaren Sachverhalts erklärte Anfechtung handelt. Vgl. Vorbem 4 u. 6 vor § 158 und RG 97, 273). — Es ist auch nicht nötig, daß zur Beseitigung des ganzen Vertrags der gesamte Vertrag angefochten wird — was aber im Zweifel anzunehmen ist (RG 70, 90) —; unter Umständen kann vielmehr schon die teilweise Anfechtung zur Vernichtung des ganzen Geschäfts ausreichen (RG 48, 211, wo der Besteller von Waren nur denjenigen Teil des Bestellscheins angefochten hatte, in dem eine Bestimmung über den Erfüllungsort enthalten war). Vgl. dazu auch § 142 Anm 1 Schlußabsatz. — Darüber, inwieweit die Anfechtung wegen Betrugs auch die wegen Irrtums in sich schließt, vgl. § 121 A 1. — Im Prozesse wird die Anfechtung geltend gemacht durch die Feststellungsklage (RG 61, 243) oder durch Einrede (RG Warn 08 Nr 594). Vgl. dazu noch insbesondere über die Befugnis des Prozeßvertreters Vorbem 8 vor § 104.

Anfechtungsberechtigt ist derjenige, dessen Interessen durch das anzufechtende Rechtsgeschäft unmittelbar verletzt sind, und in dessen Person der Anfechtungsgrund zutrifft. Nach dieser Regel kann auch bei Verträgen zugunsten eines Dritten (§§ 328ff.) nur einer der Vertragschließenden selbst Anfechtungsberechtigter sein. Vgl. § 334 A 1. Von mehreren Berechtigten kann jeder einzelne das Anfechtungsrecht ausüben (RG 65, 405), und das zugunsten oder zuungunsten des einen Anfechtungsberechtigten ergangene Urteil schafft den übrigen gegenüber auch keine Rechtskraft (RG JW 1912, 788[1]). Von mehreren Beteiligten kann jedoch immer nur derjenige als Anfechtungsberechtigter in Betracht kommen, in dessen Person der Anfechtungsgrund gegeben ist (RG 62, 184; 65, 404). Hinsichtlich der Einwirkung der Anfechtung auf das gesamte Rechtsgeschäft vgl. § 139 A 1 Abs 4 und § 142 A 1 Schlußabsatz. Nur ausnahmsweise sind auch Dritte zur Anfechtung berechtigt, so bei letztwilligen Verfügungen derjenige, dem die Aufhebung der Verfügung unmittelbar zustatten käme (§ 2080). Im Falle des § 318 ist aber anfechtungsberechtigt nicht auch der Dritte, der die Bestimmung der Leistung getroffen hat. In andern Fällen haben Dritte die bloße Befugnis zur einstweiligen Verweigerung der Leistung auf Grund des Anfechtungsrechts eines andern; so der Bürge nach § 770, der Grundstückseigentümer aus § 1137 und der Pfandschuldner aus § 1211. — Über die Anfechtungsbefugnis des Prozeßvertreters vgl. Vorbem 8 Abs 2 vor § 104.

2. **Anfechtungsgegner** ist derjenige, dem gegenüber die Anfechtung zu erklären ist. Bei einem **Vertrage** ist das regelmäßig nur der andere Teil. Hier besteht nur die eine Ausnahme, daß, wenn der Anfechtungsgrund eine arglistige Täuschung ist, und infolge dieser ein Dritter unmittelbar einen Vorteil erlangt hat (§ 123 A 4), alsdann dieser Dritter der Anfechtungsgegner ist. Bei Anfechtbarkeit des Rechtsgeschäfts *mehreren Vertragsgenossen gegenüber* besteht die Möglichkeit, von der Anfechtung *nur einem von ihnen* gegenüber Gebrauch zu machen, und alsdann hat dieses Urteil den andern Gegnern gegenüber auch keine Rechtskraft (RG Warn 1912 Nr 360). Grundsatz der *Teilbarkeit des Anfechtungsrechts* (RG 56, 423; 65, 399; 71, 202). Ein Kaufvertrag über Geschäftsanteile einer Gesellschaft m. b. H. kann dem Verkäufer gegenüber angefochten werden, ohne daß die Anfechtung zugleich der Gesellschaft gegenüber erfolgt (RG 77, 128). Bei mehreren Vertragsgegnern kann das Anfechtungsrecht auch nur einem von ihnen gegenüber gegeben sein, dem andern gegenüber dagegen nicht, falls nämlich nur in der Person des einen der Anfechtungsgrund vorliegt (RG 65, 405). Ob durch die nur dem einen von den mehreren Vertragsgegnern gegenüber erfolgende Anfechtung der Vertrag im ganzen nichtig wird, ist nach § 139 zu beurteilen, der hier ebenfalls Platz greift (RG 65, 405; 62, 184; 71, 201). — Der Vertragsgegner *bleibt* allein der *Anfechtungsgegner* auch dann, wenn er die aus dem Vertrage hervorgehende Forderung abgetreten hat (RG 86, 310; SeuffA 69 Nr 68), und die Anfechtung ihm gegenüber wirkt alsdann auch dem Zessionar gegenüber (RG JW 06, 380[7]), gleichviel ob er von der Anfechtbarkeit Kenntnis gehabt hat oder nicht. Ob das Urteil gegebenenfalls dem Zessionar gegenüber auch Rechtskraft hat, bestimmt sich nach § 407 Abs 2 (Anm 2 das. a. E.). An sich ist Grundsatz, daß das über die Anfechtung ergehende Urteil seine prozessuale Wirkung nur zwischen den beiden Streitfällen äußert (vgl § 142 Anm 1 Abs 2 u. 3).

3. Bei einem **einseitigen, empfangsbedürftigen** Rechtsgeschäfte (Vorbem 1 vor § 116) ist der Erklärungsempfänger der Anfechtungsgegner auch dann, wenn das Rechtsgeschäft in den zutreffenden Fällen (§§ 875, 876, 880, 1168, 1180, 1183, 1726, 1748) nicht ihm, sondern der Behörde gegenüber vorgenommen wurde. Betreffs Anfechtung einer Vollmacht vgl. § 166 A 3 Abs 1 a. E.

4. Bei einem **einseitigen, aber nicht empfangsbedürftigen** Rechtsgeschäfte (§§ 657, 793, 959, 1718) ist Anfechtungsgegner jeder, der auf Grund des Geschäfts unmittelbar einen rechtlichen Vorteil erlangt hat, mit der Maßgabe, daß, wenn die Erklärung einer Behörde — also nur dieser — gegenüber abzugeben war (§§ 928, 1017, 1109 Abs 2, 1188 u. a.), die Anfechtung statt dem Gegner auch der *Behörde* gegenüber erklärt werden kann, die dann dem unmittelbar Betroffenen *Mitteilung zu machen* hat (§ 143 Abs 4). „Auf Grund" eines nicht empfangsbedürftigen Rechtsgeschäfts erlangt einen Vorteil unmittelbar z. B. derjenige, der sich die von einem andern preisgegebene Sache aneignet. Denn entscheidend ist, daß schon allein die Preisgabe die Aneignung ermöglicht und es zu dieser also nicht mehr eines Zwischenerwerbs durch einen Mittelsmann bedarf. Im Falle der Anerkennung der Vaterschaft gemäß § 1718 kann die Anerkennung, falls sie auf Grund arglistiger Täuschung durch die Mutter erfolgt ist, auch dem Kinde gegenüber erklärt werden (RG 58, 353; s. auch SeuffA 80 Nr 192).

§ 144

Die Anfechtung ist ausgeschlossen, wenn das anfechtbare Rechtsgeschäft von dem Anfechtungsberechtigten bestätigt wird.

Die Bestätigung bedarf nicht der für das Rechtsgeschäft bestimmten Form[1]).

E I 113 Abs 3 II 115; M 1 222; P 1 133 ff.

1. Die **Bestätigung** des anfechtbaren, aber noch nicht angefochtenen, also noch anfechtungsfähigen (§§ 121, 124) Rechtsgeschäfts bedarf *nicht der für das Rechtsgeschäft bestimmten Form* — wie das bei einem durch die Anfechtung bereits nichtig gewordenen Geschäfte der Fall ist (§ 141 A 2 und RG 21. 1. 27 VI 256/26). Sie erfordert auch nicht eine empfangsbedürftige Willenserklärung (RG 68, 399; Warn 1911 Nr 225), und kann auch durch bloß schlüssige Handlungen, z. B. durch freiwillige Erfüllung (RG JW 05, 75[1]; 1910, 573[1]; 1911, 359[3]), erklärt werden, wie anderseits auch durch Entgegennahme der Leistung oder durch Verfügung über den Vertragsgegenstand (RG JW 1911, 359[3]). Dabei ist aber immer zu prüfen, ob der Anfechtungsberechtigte durch seine Handlungsweise auch hat zu erkennen geben wollen, daß er willens sei, trotz Kenntnis der Anfechtbarkeit den Vertrag aufrechtzuerhalten und daher auf die Anfechtung zu verzichten (RG 68, 398; JW 1910, 573[3]; 1914, 187[2]; Warn 1912 Nr 151, wonach bei Feststellung eines unentgeltlichen Verzichts besondere Vorsicht zu beobachten ist). Auch in einer Fortsetzung des Vertragsverhältnisses braucht jedoch nicht unbedingt eine Bestätigung gefunden zu werden (RG Warn 1912 Nr 5); beispielsweise dann nicht, wenn der Anfechtungsberechtigte nur gehandelt hat, um größere Vermögensverluste (durch die Ver-

pachtung der Kaufsache) abzuwenden (RG 9. 3. 12 V 369/11). Alles in allem muß sonach das Verhalten des Anfechtungsberechtigten mit dem Willen, das Rechtsgeschäft als nichtig zu behandeln, unvereinbar sein, wobei es auf seine etwaigen stillen Vorbehalte (bei Annahme von Erfüllungshandlungen und eigener Leistung) nicht ankommt (RG Warn 1913 Nr 276). Bestätigung eines anfechtbaren, einem Makler gegebenen Provisionsversprechens ist beispielsweise noch nicht darin zu finden, daß der Geschäftsherr den vom Makler vermittelten und abgeschlossenen Vertrag genehmigt und erfüllt (RG 26. 1. 12 III 124/11). Wenn ein Käufer trotz Kenntnis der Anfechtbarkeit des Vertrags wegen arglistiger Täuschung lediglich den durch diese verursachten wirklichen Schaden ersetzt verlangt, kann hierin die stillschweigende Erklärung liegen, daß er beim Vertrage stehen bleiben und nur auf Grund des Vertrags den Schaden ersetzt verlangen wolle (RG 65, 403). Bei Vorhandensein mehrerer Anfechtungsgründe bedeutet die Geltendmachung nur eines Grundes nicht ohne weiteres einen Verzicht auf die Anfechtung aus den andern Gründen, da ein Verzicht nicht weiter geht, als er erklärt worden ist. — Eine Bestätigung liegt nicht vor, wenn in erster Linie Ansprüche aus der Wandlung geltend gemacht werden, und nur fürsorglich Anfechtung wegen Täuschung erklärt wird (RG 66, 153; Warn 1922 Nr. 6). Da die Bestätigung im Sinne des § 144 lediglich einen Verzicht auf die Anfechtung bedeutet (RG 68, 400), ist für sie und für die Anwendbarkeit des § 144 überhaupt kein Raum mehr, wenn die Anfechtung bereits vor der Bestätigung im Sinne des § 144 erklärt worden war (RG 74, 1). Denn alsdann ist die Nichtigkeitsfolge bereits eingetreten, und in solchen Fällen bedürfte es daher auch zur Beseitigung der Anfechtung eines Bestätigungsakts nach § 141. In ihrer Eigenschaft als Verzicht setzt die Bestätigung notwendig die Kenntnis der Anfechtungsmöglichkeit voraus, wenigstens die sichere (RG Warn 09 Nr 553; 1912 Nr 57; 1913 Nr 276) Kenntnis des Anfechtungsgrundes, d. h. der die Anfechtung begründenden Tatsache, verbunden mit der Vorstellung, es könne daraufhin das Anfechtungsrecht bestehen (RG 68, 398; 69, 412; Warn 1913 Nr 84) und nach den Gesetzen wirksam geltend gemacht werden. Im Falle des § 123 Abs 2 Satz 1 ist daher Voraussetzung, daß der Anfechtungsberechtigte entsprechend auch gewußt hat, der andere habe die Täuschung gekannt oder kennen müssen (RG Warn 09 Nr 440; JW 1914, 188). Anderseits genügt es freilich auch für die Annehmbarkeit des Verzichtswillens, wenn sich der Berechtigte auch nur der Möglichkeit der Anfechtung bewußt gewesen ist (RG 69, 412; JW 09, 19[13]; 1911, 359[3]; 1914, 187[2]). — Seiner Beweispflicht in Hinsicht auf die Kenntnis des Anfechtungsklägers wird der Anfechtungsgegner regelmäßig schon dann genügen, wenn er beweist, daß dem Genannten im entscheidenden Zeitpunkte die die Anfechtung begründende Tatsache bekannt gewesen sei (RG 68, 401).

Weitere Folgen als die Beseitigung des Anfechtungsrechts hat die Bestätigung nach § 144 nicht; insbesondere schließt sie nicht den etwaigen Anspruch auf Schadensersatz wegen Betrugs aus (RG JW 1911, 398[4]). Vgl. § 123 A 5. Im Zweifel erstreckt aber die Bestätigung ihre Wirkung auf den gesamten Vertrag, so daß sie regelmäßig auch die Möglichkeit einer nur teilweisen Anfechtbarkeit beseitigt. Da jedoch nicht ausgeschlossen ist, daß ein Vertrag auch nur teilweise anfechtbar ist (§ 142 A 1 a. E.), so kann unter Umständen entsprechend auch nur eine teilweise Bestätigung in Frage kommen. Erfolgt bei Vorhandensein von mehreren Anfechtungsberechtigten oder mehreren Anfechtungsgegnern die Bestätigung nur von seiten eines der Berechtigten oder nur gegenüber einem der Verpflichteten, dann bleibt im übrigen das Anfechtungsrecht bestehen, und erfolgt insoweit demnächst die Anfechtung, dann kommt hinsichtlich der Erstreckung ihrer Wirkung (§ 142 Abs 1) der § 139 in Frage.

Dritter Titel

Vertrag

1. Unter **Vertrag** versteht das Gesetz die Einigung mehrerer Personen zur Hervorbringung eines bestimmten Rechtserfolgs auf Grund der geeinten, beiderseitigen Willenserklärungen (vgl. RG Warn 09 Nr 185). Eine Beschränkung des Gebiets der Verträge kennt das Gesetz nicht. Daher sind sie rechtlich möglich auf allen Rechtsgebieten, und zwar wie innerhalb des Privatrechts so auch des öffentlichen Rechtes (RG 65, 1; 56, 4; JW 1912, 531[9], betreffend vertragsmäßige Bewilligung von Ausnahmen einem Bauverbote gegenüber). Möglich sind privatrechtliche Verträge auf dem Gebiete des öffentlichen Rechts, insbesondere zum Zwecke von Baukonsensen und zur Genehmigung von Ansiedlungen (RG 73, 19); sowie Verträge mit Stadtgemeinden über die Bebauung oder Anlegung von öffentlichen Straßen (RG 56, 6; 67, 291; 73, 197; 15. 2. 13 V 395/12), oder über die Schullasten (RG 79, 198); über die Aufnahme von Kranken in eine städtische (öffentliche) Anstalt gegen Entgelt (RG 64, 231; 91, 136). Vgl. § 278 Anm 3 Abs 3. Erfolgt die Aufnahme auf Grund behördlicher Anordnung aus Rücksicht öffentlich-rechtlicher Fürsorge, dann wird hier-

durch kein bürgerrechtliches, sondern ein öffentlich-rechtliches Verhältnis begründet (RG 91, 264). Endlich gibt es auch auf öffentlich-rechtlicher Grundlage beruhende vertragsähnliche Verhältnisse, bei denen die Anwendbarkeit von schuldrechtlichen Grundsätzen zulässig ist, namentlich die der §§ 276, 278: so betreffs des Verhältnisses zwischen dem Deutschen Reiche und von Beteiligten am Fernsprecher (RG 98, 343), bei dem Verhältnisse zwischen einer Stadtgemeinde und den Beteiligten an der Wasserleitung, Badeanstalten usw. (RG 99, 98). Vgl. auch § 278 A 3 Abs 6. — Auf privatrechtlichem Gebiete haben Verträge ihre Stelle vorzugsweise bei Schuldverhältnissen, ferner aber auch im Erbrechte, Familienrechte und Sachenrechte. Hier handelt es sich um den sog. dinglichen Vertrag, der nach dem Gesetze die „Einigung" zur Hervorbringung eines die Sache oder das Recht unmittelbar betreffenden Rechtserfolgs bedeutet (§§ 873, 880, 925, 929, 1015, 1032, 1205, 1260; Vorbem 5 vor § 104). Während aber das Vertragsrecht auf dem Gebiete der Schuldverhältnisse von dem Grundsatze der Vertragsfreiheit beherrscht wird, ist solches auf den andern Rechtsgebieten nicht der Fall; Vorbem 3 vor § 104. Während ferner die von den Rechtsgeschäften geltenden allgemeinen Grundsätze der §§ 104—185 für Verträge sowohl auf dem Gebiete der Schuldverhältnisse wie dem des dinglichen Vertrags allgemeine Geltung haben, finden die besonderen Bestimmungen, die auf dem Gebiete der Schuldverhältnisse für Verträge gelten, im Sachenrechte keine Anwendung (RG 66, 97). — Das Gesetz unterscheidet einseitige und gegenseitige Verträge, je nachdem durch den Vertrag nur die eine Partei verpflichtet wird, wie bei der Schenkung, oder beide Teile wechselseitig verpflichtet sein sollen. Das Nähere hierüber bei § 320. — Vgl. auch § 305 A 2 und 3. — Allgemeine Voraussetzungen für das Zustandekommen eines rechtsgültigen Vertrags sind: die Willenseinigung, die Zulässigkeit des Gegenstandes, die Bestimmtheit oder wenigstens Bestimmbarkeit (§ 315) des Gegenstandes (RG 66, 121; Gruch 1912, 918) und zutreffendenfalls die Wahrung der Form (§ 125). Ein unzulässiger Gegenstand ist eine Vereinbarung über die Erfüllung einer Amtspflicht öffentlich-rechtlicher Art (RG 85, 413, betreffend einen Notar).

2. **Vorvertrag.** Regelmäßig ist es der Zweck eines Vertrags, den beabsichtigten Rechtserfolg ohne weiteres herbeizuführen. Solche Verträge nunmehr, die sich darauf beschränken, vorerst nur den demnächstigen Abschluß eines alsdann auf den Endzweck gerichteten Vertrags zu sichern, nennt man Vorverträge. Sie haben ihre Bedeutung in Fällen, wo die Sache zum Abschlusse des eigentlichen, bereits auf den angestrebten Zweck selbst gerichteten Vertrags aus irgendeinem tatsächlichen oder rechtlichen Grunde noch nicht reif ist, während die Parteien die zweckentsprechende Bindung schon jetzt begründen wollen, um sich so die wirkliche Erreichung des Zweckes für später zu sichern. Demgemäß bildet das Versprechen, seinerzeit zur Erreichung des erstrebten Zieles in der zum voraus vereinbarten Art mitzuwirken, den besondern Inhalt eines Vorvertrags, gegebenenfalls auch selbst bereits als eines gegenseitigen Vertrages. Aus dem vorstehenden ergibt sich, daß auch ein gültiger Vorvertrag nur dann gegeben sein kann, wenn die Willenseinigung über alle wesentlichen Punkte bereits erzielt ist (RG 72, 385). Wo das nicht zutrifft, und insbesondere für keine der Parteien bereits eine zwingende Pflicht begründet worden ist, handelt es sich vorerst nur um Vorverhandlungen, Traktate, und solche können höchstens für die Auslegung demnächst von Bedeutung sein (§ 133 A 2). Solange die Parteien darüber einverstanden sind, daß die schriftlich niedergelegten Verabredungen noch nicht rechtswirksam sein sollen, zumal wenn es dazu noch der Nachholung einer Form bedarf (§ 313), ist der beabsichtigte Vertrag überhaupt noch nicht zustande gekommen (RG 79, 214). Auch der Vorvertrag bedarf der allgemein erforderlichen Bestimmtheit, oder wenigstens Bestimmbarkeit (RG 66, 121; Gruch 1912, 918). Ferner ergibt sich, daß, wo das Gesetz für die Vornahme eines Vertrags eine bestimmte Form vorschreibt, auch der Vorvertrag regelmäßig der Form genügen muß. Denn es handelt sich auch schon bei ihm um den Gegenstand des Endvertrags selbst (RG 43, 139; 48, 186; 50, 48; 53, 239; 66, 120; 72, 385; 106, 174; 112, 199). Für den auf Abschluß eines für länger als auf ein Jahr bestimmten Mietvertrags (§ 566) gerichteten Vorvertrag ist jedoch aus praktischen Erwägungen angenommen, daß er der Form des § 566 nicht bedarf (RG 86, 30; 104, 132). Da nun für den rein schuldbegründenden Vertrag, abgesehen von den besondern Ausnahmefällen (§§ 311, 313, 518, 566, 766), ein Formerfordernis überhaupt nicht aufgestellt ist, so bedarf regelmäßig auch der entsprechende Vorvertrag einer besondern Form nicht. Aber für das Liegenschaftsrecht gilt dabei der Grundsatz, daß die nachfolgende dingliche Einigung die in § 873 Abs 2 vorgeschriebene Form nötig hat (RG 50, 81; 48, 133). Wenn also die Parteien beispielsweise die Begründung einer Hypothek formlos vereinbaren, so entsteht aus diesem Vorvertrage beiderseitig zwar das Recht und die Pflicht, diejenigen Voraussetzungen zu erfüllen, die gemäß § 873 zur Begründung des dinglichen Rechtes überhaupt erfüllt werden müssen; bevor aber die Parteien dem nachgekommen sind, bevor sie sich insbesondere in der nach Abs 2 des § 873 vorgeschriebenen Form geeinigt haben, fehlt es noch an der dinglichen Bindung. Das Gesetz erwähnt die Vorverträge nicht ausdrücklich. Sie stehen auf dem Boden der Vertragsfreiheit und betreffs ihres Inhalts stehen sie unter den allgemeinen Rechtsgrundsätzen (RG 66, 116).

3. Der Vertrag (die Einigung) **kommt zustande** durch Antrag (§ 145) und Annahme (§§ 146ff.). Das Nähere über diese beiden Voraussetzungen enthalten die §§ 145—153; über die stillschweigende Annahme insbesondere vgl. § 151 A 2. Die §§ 154, 155 behandeln die Fälle nur teilweiser Einigung; der § 156 den Sonderfall einer Versteigerung; der § 157 enthält eine allgemeine Auslegungsregel. Über den Ort des Vertragsschlusses gibt das Gesetz keine Bestimmung. Er ist derjenige Ort, an welchem die Einigung zustande kommt (§ 151), der Regel nach (vgl. §§ 151, 152) mithin der Ort, wo der Antrag angenommen oder die Annahmeerklärung abgegeben wird (RG 62, 38). Praktisch bedeutsam ist der Vertragsort insbesondere für die Form des Geschäfts (Art 11 EG); vgl. auch Vorbem 11 vor § 104. Als Zeitpunkt des Vertragsschlusses ist derjenige anzusehen, in dem die Annahmeerklärung dem Gegner zugeht (§ 130) und, falls es des Zugangs dieser Erklärung überhaupt nicht bedarf, in dem die Annahme erfolgt (§ 151). Unbenommen ist es den Parteien selbstverständlich, den Eintritt der Vertragswirkungen abredegemäß auf einen früheren Zeitpunkt zurückzuverlegen.

4. Ein **Zwang zum Eingehen von Verträgen** ist dem BGB unbekannt, aber mit Rücksicht auf öffentliche Interessen namentlich bei Werkverträgen vielfach festgesetzt (vgl. Planck BGB Vorbem V 3 vor § 631). Ein solcher Zwang folgt indessen nicht ohne weiteres aus dem Vorhandensein eines rechtlichen Monopols (RG LZ 1927, 449[4]).

§ 145

Wer einem anderen die Schließung eines Vertrags anträgt[1]), ist an den Antrag gebunden, es sei denn, daß er die Gebundenheit ausgeschlossen hat[2]).

E I 80 ff. II 118; M 1 164 ff.; P 1 75 ff.

1. **Vertragsantrag** ist die empfangsbedürftige (daher erst mit ihrem Zugange wirksam werdende, § 130) Erklärung, durch die der eine Teil dem andern die Schließung des Vertrags anträgt. Er setzt demgemäß vor allem den Willen voraus, einen Vertrag abzuschließen, und zwar mit dem Erklärungsgegner nach Maßgabe des Angebots. Ein Angebot des Inhalts, daß die Annahme durch den Antragsgegner selbst oder durch eine von ihm zu bezeichnende andere Person solle erfolgen können, ist jedoch rechtlich möglich; er entbehrt nicht der erforderlichen Bestimmtheit des Antragsgegners; ein solches Angebot enthält zugleich die Zustimmung zur Abtretung des Rechtes aus dem Vertragsangebote (RG JW 1914, 350[3]; 22. 4. 14 V 24/14). Eine andere Frage ist es, ob der Antragende in derartigen Fällen gebunden ist, jede beliebige dritte Person, etwa als Käufer, anzunehmen. Diese Frage ist von Fall zu Fall auslegungsweise (§ 157) nach Treu und Glauben zu entscheiden; eine unzuverlässige Persönlichkeit kann der Antragende ablehnen (RG 12. 1. 16 V 228/15). Unter Umständen ist das Vorhandensein eines Vertragswillens sowie eines Vertragsantrags ohne weiteres anzunehmen (vgl. darüber § 150 Abs 1 u. 2). Wenn jemand telegraphisch anbietet und Drahtzusage verlangt, so liegt der maßgebende Antrag schon im Telegramm, nicht in einem nachfolgenden Bestätigungsschreiben, der Inhalt des Telegramms ist also maßgebend; eine Verstümmelung des Telegramms verliert ihre Bedeutung, wenn der Absender den verstümmelten Inhalt gelten lassen will (RG 13. 3. 25 VI 6/25). — Anderseits kann den bezeichneten Erfordernissen eines Vertragsantrags naturgemäß nicht genügt sein einmal dann, wenn Angebote nur an die Allgemeinheit ergehen, z. B. durch Ankündigungen, öffentliche Bekanntmachung der Bedingungen (RG JW 05, 76[10]) oder durch bloße Zurschaustellung. Ferner dann nicht, wenn auch die an eine bestimmte Person gerichtete Kundgebung nicht mit dem Willen geschah, schon auf Grund ihrer einen Vertrag abzuschließen, wie z. B. bei Versendung von Preislisten. Versendet eine Bank an die mit ihr in dauerndem Geschäftsverkehr (der Scheckabrechnung) stehenden Banken Zirkulare, in denen die bisherigen Geschäftsbedingungen abgeändert werden, dann ist hierin ein Vertragsantrag zu finden, und geben hierauf die Kunden das Formular, in dem die Annahmeerklärung vorgedruckt ist, unterschrieben zurück, dann liegt auch eine Vertragsannahme vor, während der bloße Vermerk „Kenntnis genommen" eine Annahme regelmäßig nicht enthalten würde (RG Warn 1911 Nr 362). Inwiefern in der Zusendung eines Lotterieloses ein Vertragsangebot liegen kann, vgl. RG 48, 175ff.; 50, 193; 59, 296 (RG Warn 1914 Nr 3) und § 763 A 5. In allen Fällen der zuvor bezeichneten Art handelt es sich regelmäßig erst um eine Aufforderung zur Abgabe von Geboten (RG JW 05, 76[10]; SeuffA 60 Nr 3). — Da endlich ein Vertrag gegebenenfalls lediglich durch die Annahme des Antrags zustande kommt (§ 151) und zustande kommen soll, so folgt weiter, daß eine Erklärung den Anforderungen eines Vertragsantrags inhaltlich auch nur dann genügen kann, wenn es zur Herbeiführung der Willenseinigung über den gesamten Vertragsgegenstand überhaupt nur noch der Annahme der Erklärung bedarf. Ist

diese so unbestimmt, daß im Falle ihrer Annahme eine Einigung über einen bestimmten Gegenstand doch nicht erzielt wäre, so ist sie als Antrag unzureichend. Es genügt jedoch die Bestimmbarkeit nach den Grundsätzen von Treu und Glauben (1. 4. 14 V 514/13). Zu beachten ist dabei jedoch folgendes: **a)** Das Erfordernis der Bestimmtheit schließt nicht in sich, daß der Antrag in allen Einzelheiten ausdrückliche Erklärungen enthalten muß. Grundsätzlich ist der Inhalt eines Vertragsantrags vielmehr so zu verstehen, wie er nach Treu und Glauben mit Rücksicht auf die Verkehrssitte verstanden werden muß. Demgemäß ist die Erklärung auch aus andern Beziehungen, z. B. aus der früheren Geschäftsverbindung zwischen den Parteien, oder nach dem mutmaßlichen Willen des Antragenden ergänzungsfähig, wobei der Grundsatz gilt, und zwar bei Anträgen sowohl unter An- wie Abwesenden, daß, wenn der Antragsgegner den Antrag so verstanden hat, wie er nach dem Grundsatze von Treu und Glauben mit Rücksicht auf die Verkehrssitte zu verstehen war, der Antragende nicht behaupten kann, er habe den Antrag anders aufgefaßt; solchenfalls steht ihm nur die Anfechtung seiner Erklärung frei. Vgl. § 133 A 1 Abs 1. Die gehörig veröffentlichten „allgemeinen Bedingungen" eines Betriebs, der nach Art und Umfang derart ist, daß das Publikum nach dem zur Zeit Üblichen mit dem Bestehen solcher allgemeinen Bedingungen rechnen muß (wie das beispielsweise bei einer Bank oder einem dem Verkehre dienenden Verbande zutreffen kann), muß der Vertragsgegner auch dann als Teil des Antrags oder des Vertrags gelten lassen, wenn er sie nicht gekannt hat, soweit es sich nicht um solche Bedingungen handelt, von denen von vornherein anzunehmen ist, daß der Vertragsgegner sie nicht angenommen hätte (RG 103, 86). Enthält ein Schreiben, richtig verstanden, keinen Antrag, sondern nur die Aufforderung zur Abgabe einer Offerte, versteht aber der Empfänger die ihm zugegangene Erklärung als bindenden Antrag und gibt er das durch sein Antwortschreiben dem Gegner zu erkennen, dann ist dieser durch Treu und Glauben zur Aufklärung verpflichtet, andernfalls muß er sein Schreiben als Antrag gelten lassen (RG LZ 1920, 175[2]). **b)** Die Möglichkeit des Vertragsschlusses mit einer noch unbestimmten, aber bestimmbaren Person (persona incerta) ist grundsätzlich nicht ausgeschlossen. Daher besteht auch die Möglichkeit, einen Antrag einer noch ungewissen Person zu machen. Hierher gehören die Fälle, in denen ein Vertragsangebot von einer Straßenbahn usw., oder mittels eines Automaten an jeden einzelnen gemacht wird, der ihn anzunehmen bereit ist und diese Bereitschaft dadurch betätigt, daß er einsteigt, oder daß er das Geldstück in den Automaten hineinsteckt. Bei der Auslobung wird der Auslobende durch seine einseitige Erklärung ebenfalls derjenigen noch unbestimmten Person gegenüber verpflichtet, welche die Handlung vornimmt (§ 657). Das Zustandekommen des Vertrags setzt alsdann eine dem Antrage schlechthin entsprechende Annahme voraus. An einer solchen fehlt es, wenn der Antragsgegner die Annahme zwar schlechthin erklärt, aber doch in einem andern, nämlich der wirklichen Sachlage entsprechenden Sinne, mag er sich auch insgeheim vorbehalten haben, den auf Irrtum über die wirkliche Sachlage beruhenden Antrag auch in dessen Sinne annehmen zu wollen (RG Gruch 63, 213; vgl. auch § 154 A 1).

2. Der einmal wirksam erklärte (also auch bereits zugegangene) Antrag (§ 130) bewirkt regelmäßig schon als solcher eine **Bindung des Antragstellers gegenüber dem Antragsgegner,** und zwar bis zu seinem Erlöschen nach § 146 (RG 43, 79). Dieser Erfolg bleibt nur für den Fall aus, daß der Antragende die Gebundenheit in irgendeiner Form ausdrücklich ausgeschlossen hat, sei es sofort bei der Antragstellung, sei es nachträglich, falls nur diese Erklärung mindestens gleichzeitig mit dem Antrage zugegangen ist (RG JW 1911, 643[7]). Den etwaigen Ausschluß zu beweisen, ist Sache desjenigen, der sich auf ihn beruft. Die Ansicht, daß die Geltendmachung des Vorbehalts im Sinne des § 145 eine bloße Verneinung der Verbindlichkeit des Antrags bedeute, und daß das Vorbringen des Vorbehalts daher den andern Teil zum Beweise eines vorbehaltlosen Antrags nötige (Staudinger A 5), kann nicht gebilligt werden. Wer den Vorbehalt behauptet, macht vielmehr einen Ausnahmefall geltend und übernimmt daher die Beweislast. — Die Gebundenheit des Antragstellers im Sinne des Gesetzes schließt insbesondere das Recht des Widerrufs aus, und zwar regelmäßig bis zu dem Zeitpunkte, wo der Antrag gemäß § 146 erlischt. Hatte sich ferner der Antragende das Widerrufsrecht auch wirklich vorbehalten (RG JW 1911, 643[7]), dann erlischt es gleichwohl mit Zugang der Annahmeerklärung, falls dieser vor dem später erklärten Widerrufe erfolgt. Der Widerruf verlangt der Vorschrift des § 349 entsprechend eine zuverlässige und unbedingte Erklärung (RG 1. 4. 14 V 514/13). Bei einem Kaufangebote ist der Antragende nicht gebunden, wenn die Kaufsache mit Fehlern behaftet ist, die den Antragenden im Falle des bereits zustande gekommenen Vertrags zur Wandlung berechtigen würden (RG 87, 260). Die Gebundenheit des Antragenden begründet auch ein gegenseitiges Vertrauensverhältnis und gewisse Sorgfaltspflichten des Antragsempfängers für die Behandlung des Antrags, namentlich dann, wenn besondere Vorkehrungen für die Entgegennahme und Weiterbeförderung der Anträge getroffen sind; dabei haftet er für Verschulden seiner Angestellten nach § 278 (RG 107, 240).

Im Falle der Klausel „frei bleibend" schließt zwar der Antragende seine Gebundenheit aus; nach Treu und Glauben ist er aber verpflichtet, auf eine dem Angebote entsprechende unverzügliche Bestellung ohne schuldhaftes Verzögern zu antworten, andernfalls er als die Bestellung annehmend anzusehen wäre (RG Gruch 65, 339). Ist in der Beifügung „frei beibend" nur die Aufforderung des Erklärenden an den Erklärungsempfänger zur Abgabe einer Offerte seinerseits zu finden, dann kommt der Antrag erst durch die Annahme der daraufhin erfolgten Offerte zustande (RG 105, 12).

Entsteht infolge der Gebundenheit des Antragenden **für den Gegner ein Recht?** Ein Anspruch im Sinne des § 241 jedenfalls nicht, da der Antragsgegner auf Grund des bloßen Antrags weder ein Tun noch eine Unterlassung fordern darf. Ein vererbliches Vermögensrecht kann dagegen allerdings (§ 1922) in Frage kommen (man denke nur an ein Kaufangebot), freilich mit der in der Natur der Sache liegenden Einschränkung, daß der Antrag nicht ausschließlich an die Person des Gegners gerichtet war (§ 153 A 2). Daher scheint es auch nicht richtig, wenn man dem Antragsgegner für alle Fälle nur eine „Rechtsposition" zuschreibt (RG JW 1911, 752[7]; 1912, 195; Gruch 53, 835). Es entspricht diese Auffassung mindestens nicht derjenigen des Verkehrs, der erfahrungsgemäß gerade von der freien Übertragbarkeit des Rechtes aus dem Angebote (so namentlich aus Kauf- oder Verkaufsanträgen) ausgeht. Nach dem diesseitigen Standpunkte läßt sich demgemäß auch die weitere Frage, ob das Recht des Antragsgegners auf Annahme des Angebots **rechtsgeschäftlich übertragbar** ist (§ 398), nicht schon deshalb verneinen, weil es sich stets nur um eine Rechtsposition handle, und auch nicht schon deshalb etwa, weil jedenfalls kein Anspruch bestehe; denn übertragbar sind auch Rechte (§ 413). Vgl. RG JW 1914, 350[3]. Indessen so viel ist im allgemeinen richtig, daß die freie willkürliche rechtsgeschäftliche Unübertragbarkeit des Rechts aus dem Antrage grundsätzlich trotzdem nicht gegeben sein kann, weil es nämlich nicht im Belieben des Antragsgegners stehen kann, dem Antragenden irgendeine dritte Person als Vertragsgegner aufzunötigen. Ansprüche aus Verträgen sind freilich regelmäßig frei veräußerlich. Aber das ist deswegen der Fall, weil in derartigen Fällen der Vertragsgegner trotz der Übertragung immer noch sein Vertragsrecht an den Veräußerer des Rechtes behält. Im Falle der Übertragung des Rechtes aus einem vorerst nur erklärten Antrage durch den Antragsgegner würde durch die Annahme des Antrags allein von seiten des Zessionars der Antragende das Vertragsrecht allein dem Zessionar gegenüber erlangen können, und derart auf die Rechtslage des Antragstellers durch die Abtretung einzuwirken, steht dem Antragsgegner keine Befugnis zu. Da jedoch im besondern Falle die Sache so liegen kann, daß der Antragende, sei es ausdrücklich, sei es stillschweigend, im voraus sein Einverständnis mit der Übertragung des Rechtes auf Annahme des Antrags erklärt hat (vgl. die obengenannten Urteile JW 1914, 350[3] und 1. 4. 14 V 514/13; ferner 22. 1. 16 V 223/15), so sind allerdings auch solche Fälle denkbar, in denen das Annahmerecht rechtlich unbedenklich übertragen werden kann. Überdies könnte die Sache unter Umständen auch so angesehen werden, als wäre der Antrag zugleich an den Dritten gerichtet worden. So geschieht es tatsächlich häufig, daß mit Stellung des Vertragsantrags zugleich das Einverständnis mit der Übertragung des Annahmerechts verbunden wird. Vgl. dazu § 315 A 1 gegen das Ende. — Daß eine schuldhafte Handlungsweise des Antragenden, durch die er dem Gegner die Möglichkeit der Annahme rechtswidrig vereitelt, ihn nicht nach § 823 haftbar macht (RG 50, 195), folgt daraus, daß das Annahmerecht sich im besten Falle nur als ein Vermögensrecht darstellt, und daß dieses nicht unter den Begriff „sonstiges Recht" im Sinne des § 823 fällt (RG 57, 353; 59, 327). Anwendbar wäre aber § 826, falls der Antragende den Antragsgegner vorsätzlich an der Annahme hindert (RG 50, 91; 63, 286; JW 08, 85). — Von der Frage nach der Abtretbarkeit des bezeichneten Rechtes hängt auch die Frage nach seiner Pfändbarkeit ab (§ 851 Abs 1 ZPO).

§ 146

Der Antrag erlischt, wenn er dem Antragenden gegenüber abgelehnt oder wenn er nicht diesem gegenüber nach den §§ 147 bis 149 rechtzeitig angenommen wird¹).

E I 82 ff., 88 Abs 2 II 119; M 1 168 ff., 175; P 1 77; 6 124, 128.

1. Das **Erlöschen des Antrags** beseitigt diesen überhaupt, so daß er auch nicht mehr annahmefähig ist (RG 93, 176; Warn 1919 Nr 131; SeuffA 77 Nr 112), und eine etwaige nachträgliche Annahme als ein neuer Antrag gelten müßte (§ 150). Die **Ablehnung** ist eine empfangsbedürftige Willenserklärung (§ 130). Gleichgestellt ist der ausdrücklichen Ablehnung die mit Beifügungen versehene Annahme im Sinne des § 150 Abs 2. Über die Erfordernisse der rechtzeitigen Annahme vgl. die §§ 147, 148, 149. Hat der Antragsgegner alles Erforderliche getan, um das rechtzeitige Eintreffen seines Schreibens zu bewirken, und ist der verspätete Eingang

nur auf Umstände zurückzuführen, die in der Person des Empfängers lagen, dann kann sich dieser auf die Verspätung nicht berufen (RG 95, 317, der Empfänger war verreist). Über sonstige Erlöschungsgründe vgl. § 145 (Widerruf im Falle des Vorbehalts) und § 156. — Auch eine feste Offerte mit einseitiger Bindung, auf Verlangen des andern Teiles liefern zu wollen, erlischt durch Zeitablauf, dessen Dauer nach den Umständen zu bestimmen ist (RG 97, 3).

§ 147

[1]) **Der einem Anwesenden gemachte Antrag kann nur sofort angenommen werden. Dies gilt auch von einem mittels Fernsprechers von Person zu Person gemachten Antrage**[2]).

Der einem Abwesenden gemachte Antrag kann nur bis zu dem Zeitpunkt angenommen werden, in welchem der Antragende den Eingang der Antwort unter regelmäßigen Umständen erwarten darf[3]).

E I 83 f. II 120; M 1 168 ff.; P 1 78 ff.

1. Der § 147 handelt von den gesetzlichen Annahmefristen, § 148 von den gewillkürten. Beide Fristen begrenzen die zeitliche Gebundenheit des Antragstellers (RG 43, 79).

2. **Vertragsschluß unter Anwesenden.** Voraussetzung hierfür ist, wie das in Ansehung des Verkehrs mittels Fernsprechers vom Gesetze ausdrücklich vorgesehen wird, ein Verhandeln von Person zu Person. Ein Vertragsschluß bezeichneter Art kann mithin niemals vorliegen, wenn sich der Antragende zur Erklärung eines Boten, oder beim Verhandeln mittels Fernsprechers eines Mittlers bedient, der zur Entgegennahme der Annahmeerklärung nicht bevollmächtigt ist. Denn unter diesen Voraussetzungen geht die Erklärung dem Antragsteller nicht von Person zu Person, sondern erst mit ihrer Bestellung zu. Anders, wenn die Mittelsperson zur Vertretung des Auftraggebers bei Entgegennahme der Erklärung befugt war (RG SeuffA 59 Nr 387; RG Gruch 67, 194). Ein Verhandeln von Person zu Person findet auch dann nicht statt, wenn einem Anwesenden nur ein schriftlicher Antrag überreicht wird (s. A 3). Bedingung sodann für das Zustandekommen des Vertrags unter Anwesenden ist, daß die Annahme **sofort** erklärt wird. Geschieht es nicht, dann erlischt der Antrag (§ 146), während die verspätete Annahmeerklärung die Bedeutung eines neuen Antrags (§ 150) hat (RG JW 1911, 535[6]). Die Annahme selbst ist, abgesehen vom Falle des § 151, eine empfangsbedürftige Erklärung. Sie kann aber auch stillschweigend erfolgen, insbesondere dadurch, daß der Antragsgegner sich so verhält, wie es ihm der Antragende ansinnt, insbesondere indem er die entsprechende Leistung bewirkt (RG 54, 219), oder aber die ihm angetragene Erwerbshandlung vornimmt. Bloßes Stillschweigen auf einen Vertragsantrag kann nur dann als Annahme gelten, wenn die aus der Unterlassung einer Antwort herzuleitende Ablehnung eine Verletzung des Grundsatzes der Redlichkeit, eine Nichtachtung von Treu und Glauben (im Handelsverkehre) enthalten würde (RG 54, 213; RG 79 Nr 103); so auch, wenn der eine Teil dem andern Mitteilung über vorhandene Ware nebst Verkaufspreis und sonstigen Bedingungen und der andere unverzüglich ein den Bedingungen entsprechendes Kaufangebot gemacht hat (RG 19. 12. 24 VI 217/24). Im übrigen bedeutet Schweigen Nichtannahme. Gilt danach im einzelnen Falle das Schweigen bei mündlicher Verhandlung als Annahme, so wird diese Rechtswirkung nicht dadurch wieder beseitigt, daß der Schweigende unmittelbar darauf schriftlich seinen gegenteiligen Standpunkt zum Ausdruck bringt (RG 115, 266). Handelt es sich nicht um ein beliebiges Geschäft des (kaufmännischen) Verkehrs, sondern um ein außergewöhnliches, namentlich um einen Vergleichsvorschlag, dann kann im Schweigen auf den Vorschlag eine Annahme des Antrags nach Treu und Glauben nicht gefunden werden (RG Warn 1919 Nr 131). Jedenfalls kann aus § 147 Abs 1 nicht gefolgert werden, daß auf jeden einem Anwesenden gemachten Antrag eine Erklärung über Annahme oder Ablehnung sofort abgegeben werden müßte, widrigenfalls das Schweigen des Erklärungsgegners als Annahme zu gelten hätte (RG JW 1911, 535[6]). — Die Regel, daß ein Vertragsantrag unter Anwesenden nur sofort angenommen werden könne, ist vertraglicher Änderung zugänglich. Ist ein fernmündlicher Vertragsantrag zur unbefristeten, aber nicht sofortigen Annahme gemacht worden, so bedeutet die Antwort, daß nach zwei Tagen endgültiger Bescheid gegeben werde, die Angemessenheit der Frist vorausgesetzt, keine Ablehnung mit neuem Antrag und die Annahme innerhalb der Frist ist noch rechtzeitig (RG SeuffA 80 Nr 72).

Von Bedeutung ist das kaufmännische **Bestätigungsschreiben**, dessen Voraussetzung ist, daß ein Vertragsschluß bereits erfolgt war (RG 95, 96). Enthält ein kaufmännisches Bestätigungsschreiben Abweichungen von dem unter den Parteien bisher Besprochenen, so ist unter besondern Umständen nach Treu und Glauben mit Rücksicht auf die Verkehrssitte (§ 157 BGB; § 346 HGB) eine Antwort erforderlich, und es müßte hier daher Schweigen als Annahme gelten (RG 58, 69; 54, 176; 58, 69; 105, 389; 114, 282; Warn 1920 Nr 5 u. 144; 1925 Nr 57; 1927 Nr 47; JW 1911, 976[7]; 1918, 769[6]). Im kaufmännischen Verkehre, wo Nebenpunkte vielfach erst mittels Bestätigungsschreibens geregelt werden, muß widerspruchslose Annahme eines Bestätigungsschreibens regelmäßig als Zustimmung angesehen werden, je nach der Lage des einzelnen Falles selbst dann, wenn eine Gegenbestätigung verlangt worden ist (RG 88, 380; 104, 201; 106, 414; vgl. auch RG Warn 1922 Nr 92, 93), insbesondere wenn es im Bestätigungsschreiben heißt, daß Stillschweigen als Einverständnis erachtet werden würde (RG Warn 1922 Nr 5). Das gilt jedoch dann nicht, wenn der Inhalt der Abmachungen arglistig entstellt ist oder der Inhalt des Bestätigungsschreibens „auf Erfindung beruhte" (RG 95, 48). Lautete der telephonische Antrag als „frei bleibend" und hat das der ihn annehmende Antragsgegner auch so verstanden, dann braucht er dem späteren Bestätigungsschreiben des Antragenden, in dem es heißt: „Leistungsmöglichkeit vorbehalten" nach Treu und Glauben nicht zu widersprechen; anders aber, wenn der Antragsgegner den telephonischen Antrag nicht richtig verstanden oder wenn er den dortigen Vorbehalt überhaupt nicht vernommen hatte (RG Warn 1921 Nr 138). Regelmäßig muß den genehmigten schriftlichen Bestätigungen eine derartige rechtsgestaltende Wirkung beigelegt werden, daß fortab nur ihr Inhalt maßgebend sein soll und abweichende frühere Abreden als beseitigt zu gelten haben, und auch solche Bedingungen Geltung erlangen, die früher nicht vereinbart waren (RG 54, 177; 58, 69; 88, 380; 90, 136; Warn 1919 Nr 50; SeuffA 78 Nr 93; 76 Nr 5). Hat der eine Teil dem andern ein Bestätigungsschreiben zugesandt, dies zunächst vom Gegner mit Zusätzen zurückerhalten und daraufhin geschwiegen, dann muß darin eine Zustimmung gefunden werden, so daß der Vertrag mit Einschluß der Zusätze in dem Zeitpunkte zustande gekommen ist, in dem der Gegner den Zugang des etwaigen Widerspruchs hätte erwarten können (RG Gruch 55, 888). In dem Schweigen auf ein Bestätigungsschreiben kann ein Einverständnis oder eine Genehmigung jedoch nur dann gefunden werden, wenn anzunehmen ist, daß es der Empfänger so verstanden hat oder nach der Verkehrssitte so verstehen mußte, wie es vom Absender gemeint war (RG 97, 195). Hat der Empfänger eines Bestätigungsschreibens dieses eine Woche lang unbeantwortet gelassen, so muß er die Fiktion seines Einverständnisses auch dann gegen sich gelten lassen, wenn er bei Eingang des Schreibens verreist war und nach seiner Rückkehr sofort widersprochen hat; dies erfordert die Sicherheit des Geschäftsverkehrs (RG 105, 389). Allgemeine Geschäftsbedingungen, die bei den mündlichen Verhandlungen und im Bestätigungsschreiben nicht erwähnt sind, werden nicht schon dadurch verbindlich, daß sie auf der Rückseite des Bestätigungsschreibens abgedruckt oder diesem in einem besonderen Blatte beigefügt sind; der Handel erfordert klare und unzweideutige Erklärungen (RG JW 1925, 779[33]). Ist der Vertragsantrag von einem nicht befugten Vertreter des angeblichen Antragstellers ausgegangen, dann kann dessen Schweigen auf das ihm selbst zugegangene Bestätigungsschreiben des Antragsgegners, aus dem hervorgeht, daß dieser den Antrag als den des angeblichen Antragstellers angesehen hat, auch als Genehmigung der Vertretung gelten; diese anzunehmende stillschweigende Genehmigungserklärung ist dann aber anfechtbar (RG 103 S. 98 u. 401). Bedeutung des Verlangens einer schriftlichen Gegenbestätigung s. RG LZ 1924 S. 197[2], 411[1]. — Auch unter Nichtkaufleuten können die dargelegten Grundsätze betreffs des Bestätigungsschreibens Platz greifen (LZ 1920, 755[1]). — Die Übung schriftlicher Bestätigung im kaufmännischen Verkehr und die oben dargelegte rechtliche Bedeutung der Bestätigungsschreiben beeinträchtigen übrigens die rechtliche Wirksamkeit des tatsächlichen (mündlich, durch Fernsprecher oder Drahtnachricht geschehenen) Vertragsabschlusses nicht, es müßte denn sein, daß die Beteiligten den Abschluß erkennbar von schriftlichen gleichlautenden Bestätigungen abhängig gemacht haben (vgl. § 154 Abs 2 und RG JW 1924, 405[3]). Welche Bedeutung die Bitte um „endgültige Bestätigung" hat, ist eine Frage des Einzelfalls; ist anzunehmen, daß der Verfasser des Schreibens davon ausging, eine vollständige Einigung sei bereits erzielt worden, dann kann seine ausgesprochene Bitte regelmäßig nur im Sinne eines Verlangens nach voller Gewißheit und nach einem urkundlichen Beweismittel verstanden und kann das Schweigen des Gegners auch nicht als Ablehnung des Vertragsabschlusses aufgefaßt werden (RG 104, 202). Wer eine schriftliche Bestätigung zu erwarten erklärt, bringt damit regelmäßig zum Ausdrucke, daß er bloßes Stillschweigen nicht als Annahme der Bestätigung ansehe, vielmehr im Schweigen eine Ablehnung finde (RG 103, 86). Vereinbaren die Parteien, für die Agenten den Vertrag bei der Börse abgeschlossen haben, demnächst die schriftliche Bestätigung, so sind die Bestätigungsschreiben nicht nur betreffs der Nebenpunkte, sondern betreffs des ganzen Vertrags maßgebend (RG JW 1922, 1675[3]). — Wirksam werden die Erklärungen gemäß § 130 erst im Zeitpunkte ihres Zugehens (vgl. auch § 149). Im Falle des Mißverständnisses kann mangelnde Willenseinigung (§§ 154, 155) oder auch die Anfechtbarkeit des zustande gekommenen Vertrags in Frage kommen (RG 90, 168).

3. **Vertragsschluß unter Abwesenden.** Wann ein Verhandeln unter Abwesenden anzunehmen ist, ergibt sich aus dem Gegensatze zum Falle des Abs 1. Im Sinne des § 147

gilt auch der einem Anwesenden überreichte schriftliche Vertragsantrag als Antrag unter Abwesenden (RG 61, 415; 83, 106). Bedingung für das Zustandekommen des Vertragsabschlusses ist hier regelmäßig, daß die Annahmeerklärung dem Gegner in einer nach den Umständen zu bemessenden Frist zugeht (vgl. A 1 und anderseits §§ 151, 152). Ob die Frist gewahrt ist, hat schließlich der Richter zu entscheiden. Der Zusatz „Brief folgt" in einer sonst ordnungsmäßigen telegraphischen Annahmeerklärung verzögert die Annahme nicht (RG LZ 1924, 811[1]). — Für die Berechnung der Frist kommen als wesentlich in Betracht die Beförderungszeit des Antrags sowie die der Antwort und dazu noch eine dem Antragsgegner zu bewilligende angemessene Überlegungsfrist (RG 27. 6. 24 II 770/23), wobei davon auszugehen ist, daß der Antragende mit regelmäßiger Beförderung und auch mit Anwesenheit des Antragsgegners in seinem Wohnorte rechnen darf (RG 43, 79; 59, 300; JW 1910, 999[4]). Falls der Antrag einer Gesellschaft, einem Verein, einer Körperschaft gemacht wird, ist überdies auch eine angemessene Frist für die erforderliche Beschlußfassung zu bewilligen. Stets ist aber die Fristdauer nur nach Maßgabe der **regelmäßigen Umstände** zu begrenzen, worüber das richterliche Ermessen entscheidet. Daß dem Antragsgegner zur Erstreckung der Frist außergewöhnliche Ereignisse (äußerliche Beförderungshindernisse oder Abwesenheit des Adressaten von seinem Wohnsitze) zugute gerechnet werden, braucht sich der Antragsteller im allgemeinen nicht gefallen zu lassen (RG 59, 300). Wohl aber dann, wenn er mit der Abwesenheit des Gegners schon nach dem regelmäßigen Gange der Dinge (Manöverzeit, Gerichtsferien) von vornherein rechnen mußte. Zum Begriff der „regelmäßigen Umstände" für die Verhältnisse des besetzten Gebiets s. RG SeuffA 80 Nr 23. Verhindert der Antragsteller den rechtzeitigen Zugang der Annahmeerklärung arglistig oder schuldhaft, dann gilt die Frist gleichwohl als gewahrt (RG 58, 406). Verzichtet der Antragende auf die Erklärung der Annahme, dann kommt für die Fristberechnung nicht § 147, sondern § 151 zur Anwendung (RG 83, 106). In dem Schweigen des Antragenden auf eine verspätete Annahmeerklärung kann die Annahme des damit gegebenen neuen Antrags liegen, s. § 150 A 1. — Abs 2 ist entsprechend auch bei Feststellung des Zeitpunkts maßgebend, in dem ein stillschweigend zustande gekommener Vertrag als abgeschlossen anzunehmen ist (RG Gruch 55, 892). Vgl. § 151 A 2.

§ 148

Hat der Antragende für die Annahme des Antrags eine Frist bestimmt, so kann die Annahme nur innerhalb der Frist erfolgen[1]).

E I 82 II 121; M 1 168 ff.; P 1 77 ff.

1. **Gewillkürte Annahmefrist.** Die Fristbestimmung hat nach dem Gesetze unmittelbar nur die Dauer der Wirksamkeit des Antrags, nicht die der Gebundenheit des Antragstellers im Auge, begrenzt also zeitlich die Annahmefähigkeit des Antrags selbst (§ 146). Die Bestimmung der Frist kann ausdrücklich oder stillschweigend erfolgen. Bei einem Angebote etwa „bis zum 31. Oktober" gehört dieser Tag im Zweifel noch mit zur Frist (RG 92, 210; 105, 420). Gegebenenfalls ist das Formerfordernis für den Vertragsabschluß auch hier zu wahren. Vertragsantrag unter der Bedingung „umgehender Antwort" s. LZ 1924, 648. — Bei Abkürzung der gesetzlichen Frist (§ 147) muß die Fristsetzung zugleich bei der Antragstellung erklärt werden, oder aber bei nachträglicher Erklärung muß diese spätestens gleichzeitig mit dem Antrage zugehen. Im Zweifel ist hierbei davon auszugehen, daß die Frist nur dann als gewahrt gelten soll, wenn die Antwort dem Antragsteller innerhalb der Frist zugegangen ist, und nicht schon dann, wenn die Antwort innerhalb der Frist abgegangen ist (RG 53, 59; 49, 132; Warn 08 Nr 187; 1912 Nr 152). Behauptet der Antragsgegner, daß im gegebenen Falle der Fristsetzung die angegebene Bedeutung nicht beigemessen worden sei, so liegt ihm dafür der Beweis ob (RG 76, 366; JW 1912, 133[4]; Gruch 57, 148; SeuffA 75 Nr 4). Über die Beweislast, wenn streitig ist, ob der Antrag befristet war, s. RG SeuffA 80 Nr 72. Im übrigen vgl. § 147 A 3. Die Fristberechnung erfolgt gemäß §§ 186ff. Hat sich der Antragende (Kaufmann) ohne Fristsetzung einseitig gebunden, so ist doch nach den Umständen des Falles zu entscheiden, wie lange seine Bindung währt; mit Ablauf der hiernach anzunehmenden Bindungsfrist erlischt auch eine feste Offerte ohne weiteres durch Zeitablauf (RG 97, 2). Bindung „bis zu" einem bestimmten Tage bedeutet im Zweifel „einschließlich" dieses Tages (vgl. RG 105, 417). — Hat der Antragsteller die Gebundenheit an seinen Antrag davon abhängig gemacht, daß der Antragsgegner in bestimmter Frist (sofort) eine bestimmte Handlung vornehme (beispielsweise ein empfangenes Lotterielos postwendend zurücksende), dann kommt der Vertrag, falls die Bedingung nicht rechtzeitig erfüllt worden, aus diesem Grunde keinesfalls zustande, gleichgültig, ob die Verspätung an einem Verschulden des Antragsgegners liegt oder nicht, und ohne daß es eines Widerrufs bedarf (RG 48, 179). — Wird durch eine vom Antragenden

nicht verschuldete Störung an seinem Fernsprecher die rechtzeitige Annahme seines befristeten Antrags verhindert, so geht dies zu Lasten dessen, dem das Angebot gemacht ist (RG SeuffA 80 Nr 175). — Nicht unter § 148 gehört der Fall, daß ein Kauf unter der Bedingung nachträglicher Einigung über den Preis zustande gekommen ist; der Verkäufer kann daher dem Käufer nicht eine Frist zur Erklärung des Einverständnisses über den verlangten Preis bestimmen (RG 2. 4. 24 I 285/22). Vgl. § 516 Abs 2, wonach Schweigen innerhalb der gesetzten Frist als Annahme gilt.

§ 149

[1]) **Ist eine dem Antragenden verspätet zugegangene Annahmeerklärung dergestalt abgesendet worden, daß sie bei regelmäßiger Beförderung ihm rechtzeitig zugegangen sein würde, und mußte der Antragende dies erkennen, so hat er die Verspätung dem Annehmenden unverzüglich nach dem Empfange der Erklärung anzuzeigen, sofern es nicht schon vorher geschehen ist. Verzögert er die Absendung der Anzeige, so gilt die Annahme als nicht verspätet**[2]).

E I 85 II 122; M 1 170 ff.; P 1 81.

1. Die §§ 149—150 behandeln die **fehlerhafte Annahme.** Der Mangel kann begründet sein einmal durch verspäteten Zugang der Annahmeerklärung (§ 149), sodann durch den Inhalt der Erklärung selbst (§ 150 Abs 2). Für beide Fälle ist nach § 150 Regel, daß eine fehlerhafte Annahme als neuer Antrag gilt, so daß in bezug hierauf wiederum die Grundsätze der §§ 145 ff. Platz greifen. Eine inhaltlich fehlerfreie Annahme darf insgesamt nichts anderes darstellen als schlechthin eine vorbehaltlose Bejahung des Angebots (RG 27. 9. 11 II 160/07); andernfalls enthält die Erklärung zugleich eine Ablehnung des Antrags. — Über die Voraussetzungen der **Verspätung** der Annahme verhalten sich die §§ 147, 148.

2. **Zustandekommen des Vertrags trotz Verspätung des Zugangs der Annahmeerklärung.** Rechtzeitigkeit der Annahme setzt zwar voraus, daß die Erklärung nicht nur rechtzeitig erklärt worden, sondern (vgl. § 147 A 1) dem Gegner innerhalb der gehörigen Frist auch zugegangen ist (§§ 147, 148, 130). Für den Fall indes, daß eine Verspätung tatsächlich eingetreten ist, solches aber nicht in einer Verzögerung der Absendung, sondern erst in den Verhältnissen der Beförderung seinen Grund hat, und daß der Antragende dies erkennen mußte (§ 276), soll die Annahme gleichwohl als nicht verspätet „gelten", es sei denn, daß der Antragende die Verspätung unverzüglich (§ 121 Abs 1) nach dem Empfange der Erklärung (§ 130) oder schon zuvor angezeigt hatte. Voraussetzung für die Anwendbarkeit der Bestimmung ist also, daß die Antwort rechtzeitig abgesendet war (§ 147 A 2), daß sie dem Antragsteller überhaupt zugegangen ist, daß dies jedoch erst nach Ablauf der Frist erfolgt ist; ferner anderseits, daß die Verspätung ausschließlich durch Unregelmäßigkeiten der Beförderung verursacht worden, und endlich, daß der Antragsteller die Rechtzeitigkeit der Absendung bei Anwendung der erforderlichen Aufmerksamkeit hat erkennen können (§ 276). Die Anzeige muß erkennen lassen, daß die Annahmeerklärung dem Antragenden verspätet zugegangen ist; es genügt nicht, daß der Antrag aus anderen Gründen als erloschen erklärt wird (RG 105, 255). Sie ist keine empfangsbedürftige Willenserklärung, da nach dem Gesetze zur Abwendung der angedrohten Folge schon die (rechtzeitige) Absendung der Erklärung genügt. Von einer Verpflichtung zur Anzeige ist nicht zu reden. Das Gesetz knüpft an die Unterlassung der Erklärung nur die Fiktion des rechtzeitigen Zugangs der Annahme. — Danach richtet sich auch die **Beweislast.** Der Antragsgegner, der die Fiktion der Rechtzeitigkeit für sich geltend machen will, hat nur deren Voraussetzungen zu beweisen; der Antragende dagegen, der alsdann die Anwendbarkeit der Fiktion von sich ablehnen will, weil er rechtzeitig die erforderliche Anzeige erstattet habe, hat hierfür die Beweislast (RG 53, 62). Streitig.

§ 150

Die verspätete Annahme eines Antrags gilt als neuer Antrag[1]) [2]).

Eine Annahme unter Erweiterungen, Einschränkungen oder sonstigen Änderungen gilt als Ablehnung verbunden mit einem neuen Antrage[3]).

E I 88 Abs 1, 3; M 1 175; P 1 86.

1. Vgl. § 149 A 2. Hat der Antragende bei der gewillkürten Annahmefrist (§ 148) diese in unbestimmten, unklaren Ausdrücken bestimmt, und hat er trotz tatsächlich verspätet erklärter Annahme den Abschluß bestätigt, dann kann er nachträglich die Verspätung nicht geltend machen, weil er durch die Bestätigung zu erkennen gegeben hat, daß die Annahme noch rechtzeitig erfolgt sei (RG Warn 1911 Nr 423). Schweigt der Empfänger der verspäteten An-

nahmeerklärung nach deren Eingang ungebührlich lange, länger also als seine Gegenerklärung nach Treu und Glauben zu erwarten gewesen wäre, dann gilt, wenn es sich um ein beiderseitiges Handelsgeschäft handelt (RG 30. 11. 23 II 160/23), der in der verspäteten Annahmeerklärung zu findende neue Antrag als angenommen, spätestens aber in dem Zeitpunkte, in dem der Gegner den Eingang einer ablehnenden Antwort hätte erwarten können (RG 103, 12; RG SeuffA 77 Nr 112).

2. Der Grundsatz des § 150 Abs 1 greift auch dann Platz, wenn der Antragsgegner durch nachträgliche Leistung dessen, was dem Antrag an sich entsprach, diesen **verspätet angenommen** hat. Es bedarf auch in solchem Falle erst einer Annahme seitens des Antragenden, um den Vertrag zustande zu bringen (RG 3. 4. 07 V 406/06). Auch ein Bestätigungsschreiben, das dem Zwecke dienen sollte, ein nach der Meinung des Schreibenden mündlich abgeschlossenes Geschäft zu bestätigen, während der Vertrag in Wirklichkeit nicht zustande gekommen war, kann als ein neues Vertragsangebot gelten (RG Warn 1911 Nr 422). Vgl. noch § 147 A 2.

3. Eine Annahme mit der Hinzufügung: „vorausgesetzt, daß der Vertrag rechtsgültig geschlossen werden könne", ist geeignet, den Vertrag zustande zu bringen, wenn nach der Erklärung die objektive Möglichkeit des rechtsgültigen Abschlusses entscheidend sein sollte (RG Warn 1910 Nr 409). Nicht unbedenklich, falls die Hinzufügung nach Lage des Falles geeignet wäre, das Zustandegekommensein des Vertrags einstweilen noch als ungewiß erscheinen zu lassen. Ist eine Annahmeerklärung trotz einer Hinzufügung nach Treu und Glauben als unbeschränkte Annahme aufzufassen, so ist der § 150 nicht anwendbar (RG JW 08, 4[3]). Hat der Antragsgegner bei der Annahmeerklärung einen Vorbehalt gemacht, hat darauf der Antragende dem Vorbehalte widersprochen und der Antragsgegner hierauf geschwiegen, so ist anzunehmen, daß er den Vorbehalt aufgegeben hat (RG Warn 1918 Nr 178). Sonst aber wird das Zustandekommen des Vertrags durch die Hinzufügung einer Bedingung zu der Annahmeerklärung vereitelt (RG 92, 232). Wird eine größere Menge angenommen, als angeboten war, so liegt darin nicht schlechthin die Annahme der angebotenen geringeren Menge, etwa mit der Aufforderung, noch eine weitere Menge zu den gleichen Bedingungen zu liefern; zu einer Auslegung im letzteren Sinne können nur die besonderen Umstände des Falles führen (RG JW 1925, 236[22]). Über die Annahme einer Teilmenge bei größerem Angebot s. OLG 44, 130.

§ 151

Der Vertrag kommt durch die Annahme des Antrags zustande, ohne daß die Annahme dem Antragenden gegenüber erklärt zu werden braucht, wenn eine solche Erklärung nach der Verkehrssitte nicht zu erwarten ist oder der Antragende auf sie verzichtet hat[1]). Der Zeitpunkt, in welchem der Antrag erlischt, bestimmt sich nach dem aus dem Antrag oder den Umständen zu entnehmenden Willen des Antragenden[2]).

E I 86 II 124; M 1 171 ff.; P 1 81 ff.

1. Es handelt sich hier um einen Ausnahmefall, in dem es zum **Zustandekommen des Vertrags** regelwidrig **keiner Annahmeerklärung bedarf.** Selbstverständliche Voraussetzung für den Vertragsschluß bleibt aber immer, daß der Antragsgegner den Antrag überhaupt angenommen hat (RG 84, 323; 8. 10. 19 V 138/19). Da indes für das Verkehrsleben rein innere Vorgänge ohne Tragweite sind, so muß auch der Annahmeentschluß irgendwie durch schlüssige und unzweideutige Handlungen, die allerdings nicht dem Antragenden gegenüber vorgenommen zu werden und zunächst auch nicht einmal zu seiner Kenntnis zu gelangen brauchen, äußerlich in die Erscheinung getreten sein (RG 84, 320; 90, 434; Warn 1919 Nr 131; 1922 Nr 125; JW 1914, 241[3]); so durch die sofortige Aneignung der etwa käuflich zum Erwerbe angebotenen Sache (einer ohne Bestellung zugesandten Ware, RG JW 00, 297[17]), oder aber durch Bewirkung derjenigen Leistung, die dem Antragsgegner nach Maßgabe des Antrags als Erfüllung angesonnen wurde (beispielsweise durch sofortige Lieferung der bestellten Ware). Da der Vertragsschluß eine Willenseinigung voraussetzt, so ist im übrigen auch hier erforderlich, daß sich die Annahme mit dem Antrage deckt, und eine Handlung, die der Antragsgegner nicht in der Absicht der Annahme vornimmt, ist überhaupt nicht geeignet, den Vertrag zustande zu bringen, da ein Vertragsabschluß unbedingt den Vertragswillen voraussetzt. Soweit endlich ein Mangel der Einigung besteht, greift der § 154 Platz. Als Zeitpunkt des Vertragsabschlusses muß hier derjenige gelten, in dem die Annahme erfolgt ist (nicht derjenige, in dem der Antragende die Annahme erfährt, RG 36, 323). Seitdem steht keinem Teile mehr der Widerruf zu. Als Ort des Vertragsschlusses ist derjenige anzusehen, wo die Annahme erfolgt ist (RG 62, 381).

Als **Verkehrssitte** (§ 157 A 1 a. E.) kommen hier vornehmlich in Betracht die Anschauungen im Handelsverkehr. Für die Anwendbarkeit des § 151 genügt nicht, daß nach der besondern Lage des Falles eine Erklärung der Annahme nicht zu erwarten war, vielmehr muß notwendig eine dahingehende Verkehrssitte bestanden haben (RG JW 09, 720[7]). Alsdann kann aber auch das bloße Stillschweigen Annahme bedeuten (RG 84, 323; JW 03, 102[18]); zumal wenn nach Treu und Glauben des Handelsverkehrs im Falle der Ablehnung eine dahingehende Äußerung zu erwarten war (RG 54, 181; 58, 69; Warn 1911 Nr 112 und 422; Gruch 59, 351). Über die Grundsätze betreffs eines Bestätigungsschreibens s. § 147 A 2. Vgl. auch § 157 A 3 „Besondere Fälle". **Einzelfälle:** Bei einer dauernden Geschäftsverbindung zwischen den Vertragschließenden kann schon im Behalten der übersendeten Ware die Annahme liegen; in dem Falle freilich nicht, daß bei der Zusendung eine neue Bedingung gestellt wurde (RG 48, 175). An sich liegt aber in dem Behalten unbestellt zugesandter Waren noch keine Annahme, wie gegebenenfalls auch keine Verpflichtung besteht, sie zurückzusenden. Der Empfänger ist lediglich Besitzer der Sachen, ohne die vertragliche Pflicht eines Verwahrers zu haben. Bei einer unentgeltlichen Zusendung oder einem Schulderlasse wird nach der Auffassung des Lebens eine besondere Annahmeerklärung nicht erwartet; die Zustimmung gilt hier als selbstverständlich (RG 19. 4. 07 VII 348/06; JW 1911, 87[5]). Ebenso bei dem schriftlichen Anerkenntnis einer Forderung (RG 22. 9. 06 I 685/05) und bei einer kumulativen Schuldübernahme (RG SeuffA 79 Nr 89). Bei Schenkungen gilt nach § 516 Abs 2 Nichtablehnung in der gesetzten Frist als Annahme. Die an das Registergericht gerichtete Beitrittserklärung als Mitglied einer Genossenschaft kann als stillschweigende Genehmigung des Beitritts durch den Vorstand gelten (RG 60, 412). Steht eine Bank mit einem Kunden in dauernder Geschäftsverbindung und handelt es sich um ein wichtiges Geschäft, das auch große Eile erfordert, dann muß beim Schweigen des Kunden auf einen Antrag der Bank Zustimmung angenommen werden; der Widerspruch muß in solchen Fällen auch telegraphisch oder mittels Fernsprechers erklärt werden (RG 87, 143). Tritt der Schuldner eine Forderung zahlungshalber an den Gläubiger seines Gläubigers ab, dann ist die Annahme des Zahlungsangebots durch den ersteren ohne weiteres anzunehmen (RG 90, 434). Zum Zustandekommen einer die Übergabe des Hypothekenbriefs ersetzenden Vereinbarung gemäß § 1117 Abs 2 ist die Annahmeerklärung des Erwerbers nicht notwendig, wenn die ihm zugesandte Urkunde die Erklärung des Hypothekenbestellers enthält, daß der zu bildende Hypothekenbrief dem Erwerber ausgehändigt werden solle, und wenn der Hypothekenbestellung (oder -abtretung) eine darüber zuvor getroffene Verabredung zugrunde liegt, oder wenn der Gläubiger die ihm übersandte Urkunde an das Grundbuchamt mit seinem Antrage weitergibt (RG 93, 248). Auch in der nur einseitigen Erklärung des Verkäufers in seinem Bestätigungsschreiben kann die Zusicherung von Eigenschaften der Kaufsache gefunden werden (RG 95, 120). Liefert der Verkäufer mehr gleichartige Waren, als bestellt waren, dann liegt insoweit ein Vertragsangebot mit einem Verzicht auf eine Annahmeerklärung vor, und es kann unter besondern Umständen (so, wenn die Ware dem Verderben ausgesetzt ist) schon in dem Schweigen des Käufers während auch nur einer verhältnismäßig kurzen Frist die Annahme des Angebots gefunden werden (RG LZ 1919, 966[5]). Der **Verzicht auf die Annahmeerklärung** kann ausdrücklich oder auch stillschweigend erklärt sein, wie das beispielsweise der Fall ist, wenn bei einem Kaufmann Waren zu schleuniger Lieferung bestellt, oder einem mit der Besorgung fremder Geschäfte Befaßten schleunige Aufträge erteilt werden (RG 84, 323; JW 1913, 1145). Wer starken Preisschwankungen ausgesetzte Waren „als expreß" bestellt, verzichtet auf eine Annahmeerklärung, und der Absender der Ware ist mit der Absendung derart an den so zustande gekommenen Vertrag gebunden, daß er sich auch durch einen Widerruf bei der Post nicht mehr befreien kann (RG 102, 372). Wenn der Verkäufer einer beweglichen Sache diese dem Käufer, ohne eine Bedingung zu stellen, übersendet und der Käufer die Sache annimmt, geht das Eigentum auf ihn über, ohne daß der Käufer dem Verkäufer gegenüber noch eine Erklärung abgibt (RG 64, 145). Ein Verzicht des auf den Abschluß einer Lebensversicherung Antragenden auf die Abgabe einer Annahmeerklärung durch den Versicherer ist in der Vorauszahlung der ersten Prämie im Zweifel nicht zu finden, eine Verkehrssitte, nach der eine Annahmeerklärung nicht zu erwarten wäre, besteht im Versicherungsgewerbe nicht (RG 12. 10. 26 VI 225/26).

2. **Diese Frist für die Annahme** (nicht für die Erklärung) und damit zugleich für die Gebundenheit des Antragstellers bestimmt sich in erster Linie aus der im Antrage hierüber ausdrücklich getroffenen Bestimmung; sonst nach dem mutmaßlichen, aus den Umständen zu entnehmenden Willen des Antragenden. Mit Ablauf der Frist erlischt der Antrag (§ 146 A 1). In der Regel wird es sich um Fälle handeln, in denen eine sofortige Leistung erwünscht war. In solchen Fällen anderseits, in denen eine Fristsetzung nicht erfolgt und auch nicht einmal aus den Umständen zu entnehmen ist, wird anzunehmen sein, daß der Antragende eine Frist überhaupt nicht hat setzen wollen und daß er daher bis zur Ablehnung des Antrags durch den Antragsgegner gebunden bleibt (RG 17. 2. 17 V 339/16);

mit der Maßgabe freilich, daß der Antragende noch nachträglich bis zur Erklärung des Gegners eine Frist bestimmen kann, um eine Entscheidung herbeizuführen. — Geltungsdauer eines Angebots bei gerichtlicher Versteigerung, wenn eine Frist für die Annahme nicht gesetzt ist s. RG LZ 1926, 437[2].

§ 152

Wird ein Vertrag gerichtlich oder notariell beurkundet, ohne daß beide Teile gleichzeitig anwesend sind, so kommt der Vertrag mit der nach § 128 erfolgten Beurkundung der Annahme zustande[1]), wenn nicht ein anderes bestimmt ist. Die Vorschrift des § 151 Satz 2 findet Anwendung[2])[3]).

E II 124a; P 5 439 ff.

1. Während der Vertrag regelmäßig (Ausnahme § 151 Satz 1) in dem Zeitpunkte zustande kommt, in welchem die Annahmeerklärung dem Antragenden zugeht (§ 147 A 3), ist im **Falle der öffentlichen Beurkundung des Vertrags** im Zweifel schon der Zeitpunkt der Beurkundung der Annahme entscheidend (RG 68, 393; JW 09, 139[18]), ohne daß der Antragende Anspruch auf Benachrichtigung von der Annahme hat (RG 20. 6. 10 V 367/09). Der beurkundende Notar kann zugleich die eine Partei bei der Entgegennahme des Antrags vertreten (RG 49, 127), so daß die Erklärung gegebenenfalls der Partei selbst als zugegangen gelten muß. — **Ein anderes** kann beispielsweise bestimmt sein, wenn der Antragende eine Frist für die Annahme setzt (RG 49, 131). Ist in einem (notariellen) Vertragsantrage nur gesagt, daß der Antrag bis zu dem angegebenen Zeitpunkte verbindlich sein solle, dann spricht viel dafür, daß der Antragsteller zu erkennen gegeben hat, er wolle bis zu dem Endtermine (vgl. über die vermutliche Fristdauer § 148 A 1) Gewißheit über die erfolgte Annahme haben. Regelmäßig ist daher im Falle solcher Fristsetzung auch anzunehmen, daß das Zustandekommen des Vertrags auch davon abhängt, daß die Annahmeerklärung dem Antragenden innerhalb der Frist zugegangen ist, oder daß er sonst von ihr wenigstens zuverlässige Kenntnis erhalten hat. Ob die dem Antragenden zuteil gewordene Mitteilung von der formgerechten Vertragsannahme eine zuverlässige war, ist nach den Umständen des Falles zu entscheiden; daß die Benachrichtigung durch einen Dritten erfolgte, schließt die Zuverlässigkeit nicht aus; hatte der Antragende eine Mitteilung erhalten, die er selbst als zuverlässig ansehen konnte und angesehen hat, dann verlangen es Treu und Glauben, falls ihm doch noch Zweifel kommen, daß er solche kundtut (RG 96, 275). Vgl. auch RG 49, 132; 76, 366; Warn 1912 Nr 152; Gruch 57 S. 148 u. 925; 60, 121; RG 13. 7. 12 V 99/12; 1. 4. 14 V 514/13, wonach namentlich angenommen ist, daß eine zuverlässige Bekanntgabe der erfolgten Vertragsannahme genügt. Aber schließlich bleibt es immer Auslegungssache, was mit der Erklärung hat bestimmt werden sollen (RG Warn 1912 Nr 152; Gruch 60, 925). Gegenstand der Auslegung muß natürlich die die Fristsetzung enthaltende Urkunde sein, und dabei kommt es entscheidend nicht darauf an, was der Antragende für sich etwa gewollt hat, sondern darauf, wie seine urkundliche Erklärung nach Treu und Glauben zu verstehen war (RG 96, 275). Hat derjenige, welchem der Vertrag eine befristete Rechtsausübung einräumt, alles getan, was nach den Verhältnissen von ihm erwartet werden konnte, um seine Erklärung rechtzeitig zugehen zu lassen, und lag die Verspätung des Zugangs nur an Umständen, die in der Person des Erklärungsempfängers lagen, dann kann dieser die Verspätung als solche nicht geltend machen (RG 95, 317; JW 1919, 569[2]).

Die **Beweislast** hat derjenige, der behauptet, die Fristsetzung habe nicht die Bedeutung gehabt, daß der Antragsgegner von der Annahme innerhalb der Frist auch Kenntnis erhalten haben müsse (RG Warn 1913 Nr 354).

2. Danach besteht die Annahmefähigkeit des Antrags im Falle des § 152 nicht länger als bis zum Ablaufe der im Antrage ausdrücklich bestimmten oder nach den Umständen als gewollt anzunehmenden Frist (vgl. § 151 A 2).

3. Der § 152 greift Platz auch bei Beurkundungen durch eine nach Landesrecht zuständige Behörde (RG 68, 393; 72, 412).

§ 153

Das Zustandekommen des Vertrags wird nicht dadurch gehindert, daß der Antragende vor der Annahme stirbt oder geschäftsunfähig wird, es sei denn, daß ein anderer Wille des Antragenden anzunehmen ist[1])[2]).

E I 89 II 125; M 1 175 ff.; P 1 86 ff.

1. Im Zweifel hindern der **Eintritt des Todes oder der Geschäftsunfähigkeit** des Antragenden nicht **das Zustandekommen des Vertrags** durch die daraufhin erfolgende

Annahme. Dabei ist vorauszusetzen, daß der Antrag bereits erklärt, unter Abwesenden also bereits abgesendet war. Nicht aber ist auch erforderlich, daß er dem Antragsgegner vor Eintritt der bezeichneten Ereignisse bereits zugegangen war. Den Antrag anstatt des Verstorbenen erst zu erklären, beispielsweise den von ihm angefertigten schriftlichen Antrag erst in Abgang zu bringen, dazu gibt der § 153 den Gesamtrechtsnachfolgern keine Befugnis. Ob sie dazu befugt sind oder nicht, wie auch ihr etwaiges Recht, den bereits erklärten, aber noch nicht zugegangenen Antrag zu widerrufen, richtet sich vielmehr lediglich nach den allgemeinen Rechtsgrundsätzen von der Gesamtrechtsnachfolge. — Die Regel des § 153 dient als bloße Auslegungsregel und kann daher nicht Platz greifen, wenn ihrer Anwendbarkeit nach den obwaltenden Umständen erkennbar ein anderer Wille des Antragstellers entgegensteht, sei es also, weil er den Antrag ausdrücklich nur für seine Person gemacht hatte, oder weil sonst ersichtlich ist, daß er den Vertrag nur in seinem eigenen Interesse hat abschließen wollen. Der Beweis des andern Willens liegt dem Erben ob, der behaupten will, daß der Antrag für ihn nicht bindend sei. — Der § 153 ist entsprechend anzuwenden, wenn dem Antragsteller die Verfügung über sein Vermögen oder über gewisse Bestandteile desselben nach Erklärung des Antrags entzogen wird, wie insbesondere durch die Eröffnung des Konkurses. In solchem Falle kommt der Vertrag durch die Annahme zwar mit dem Gemeinschuldner, aber nicht mit dem Konkursverwalter zustande. — Über den Fall, daß der Todesfall, auf den eine Lebensversicherung genommen wird, schon vor der Annahme des Versicherungsantrags eingetreten ist, s. **RG** SeuffA 81 Nr 20.

2. Welchen Einfluß der **Tod oder der Eintritt der Geschäftsunfähigkeit des Antragsgegners** gegebenenfalls hat, besagt das Gesetz nicht. Hier greifen die allgemeinen Rechtsgrundsätze Platz. Als Regel muß insbesondere auch hier gelten, daß, wenn die Absicht bestand, den Vertrag gerade im Interesse der Person des Antragsgegners abzuschließen, beispielsweise behufs Zuwendung einer Schenkung an ihn, oder falls ihm eine höchstpersönliche Leistung angesonnen wurde, seine Rechtsnachfolger keine Befugnis haben, den Vertrag erst durch ihre Annahmeerklärung zustande zu bringen. In sonstigen Fällen aber haben sie ein solches Recht, zumal wenn nach Lage des Falles anzunehmen, daß der Antrag zugleich an die Erben gerichtet sein sollte (**RG** JW 1911, 752[7]). Der Auffassung indes, als könne das Recht der Erben auf die Annahme des ihrem Erblasser bereits zugegangenen Antrags ausschließlich in der Unterstellung, daß der Antrag zugleich an sie gerichtet worden, seine Begründung finden (vgl. M 1, 175/176 zu § 89 E I), dürfte schwerlich beizutreten sein. Sie stellt sich lediglich als ein im Interesse des Verkehrs angenommener Notbehelf dar, der um deswillen einer stichhaltigen Grundlage entbehrt, weil es im Leben tatsächlich nur höchst ausnahmsweise vorkommen wird, daß der Antragende seinen Antrag (beispielsweise einen Verkaufsantrag, **RG** JW 1911, 752[7]) zugleich an die Erben gerichtet haben will. Der Notbehelf ist auch übrig, wenn man sich nur zu der Ansicht entschließen will, daß das Recht des Antragsgegners auf Annahme des Antrags ein Vermögensrecht darstellen kann (vgl. § 145 A 2). Die andere Frage, ob der Erbe auch in der Lage sei, den seinem Erblasser noch nicht zugegangenen Antrag gegen den nunmehrigen Willen des Antragenden erst entgegenzunehmen und alsdann anzunehmen, ist zu verneinen, weil vor Zugang des Antrags der Antragende überhaupt noch nicht gebunden war (§ 130). — Wird der Antragsgegner vor Zugang oder vor der Annahme des zugegangenen Antrags geschäftsunfähig, so ist sowohl das eine wie das andere rechtlich um deswillen einflußlos, weil in beiden Fällen der Vertreter an die Stelle des Genannten tritt.

§ 154

Solange nicht die Parteien sich über alle Punkte eines Vertrags geeinigt haben, über die nach der Erklärung auch nur einer Partei eine Vereinbarung getroffen werden soll, ist im Zweifel der Vertrag nicht geschlossen[1]). Die Verständigung über einzelne Punkte ist auch dann nicht bindend, wenn eine Aufzeichnung stattgefunden hat[1]).

Ist eine Beurkundung des beabsichtigten Vertrags verabredet worden, so ist im Zweifel der Vertrag nicht geschlossen, bis die Beurkundung erfolgt ist[2])[3]).

E I 78 II 116; M 1 162 ff.; P 1 74 ff., 87 ff.; 6 133.

1. Die **volle Willenseinigung Voraussetzung des Vertragsschlusses.** Dieser Vorschrift liegt die vom Gesetze durchweg festgehaltene Auffassung zugrunde (**RG** 57, 164; 62, 187; 139 Abs 1), daß die gesamten Vertragserklärungen ein einheitliches Ganzes ausmachen. Daher ist auch die hier ausgesprochene Auslegungsregel nur folgerichtig: daß, solange die Einigung nicht **alle Punkte** des Vertrags umfaßt, der Vertrag „im Zweifel“ nicht zustande gekommen ist und daß eine Bindung selbst insoweit nicht besteht, als über einzelne Punkte eine

Verständigung und eine Aufzeichnung erzielt worden ist (Punktation; Abs 1 Satz 2). Da diese Grundsätze jedoch lediglich im Zweifel gelten sollen, so ist es den Parteien unbenommen, vorerst nur über gewisse Punkte eine Vereinbarung zu treffen, andere Punkte dagegen einer späteren Regelung vorzubehalten (RG Warn 1910 Nr 413). So ist es auch möglich, daß ein Kauf durch die bloße Einigung über die Ware und über den Preis zustande kommt, und die Vereinbarung über sonstige Geschäftsbedingungen noch vorbehalten wird; aber eine solche Parteiabsicht muß deutlich erhellen (RG 105, 13). S. auch weiter unten. Was alles Gegenstand der Vereinbarung sein soll, entscheidet sich nicht nur nach der Natur des Geschäfts, sondern auch nach dem Willen jeder einzelnen Partei (RG JW 1911, 442[4]). Es muß der entsprechende Wille aber erklärt sein. Doch kann die Erklärung durch schlüssige Handlungen geschehen (RG SeuffA 78 Nr 61: Vorbehalt der Einigung über Lieferfrist und Zahlungsweise). Dagegen sind bloße stille Vorbehalte nicht zu berücksichtigen (§ 116). So kommt ein Vertrag nicht zustande, wenn ein Angebot nicht in dem Sinne, in dem es gemeint war, sondern in einem andern, und zwar dem der wirklichen Sachlage entsprechenden angenommen wird, sachgemäß auch nur so angenommen sein kann, der Annehmende sich dabei aber den geheimen Vorbehalt macht, das Angebot in dessen Sinne annehmen zu wollen (RG Gruch 63, 213). Der § 154 hat demgemäß den **Fall des offenen Mangels der Willenseinigung vor Augen.** (Über den versteckten Mangel der Einigung vgl. § 119 A 1 und § 155 A 1, 2.) Ob der Vorbehalt nachträglicher Einigung einen unbedingt wesentlichen Bestandteil des Vertragsgegenstandes betrifft oder einen an sich nicht wesentlichen (aber relativ, d. h. nach dem Willen der Beteiligten wesentlichen), ist für die Anwendung des in § 154 Satz 1 ausgesprochenen Grundsatzes gleichgültig. Der erklärte Vorbehalt hindert das Zustandekommen eines schriftlichen (oder notariellen) Vertrags selbst dann, wenn der Vorbehalt nicht in die Urkunde aufgenommen worden ist (RG 29. 4. 03 V 518/02). Da indessen der Grundsatz der Vertragsfreiheit gilt, so steht es den Parteien auch frei, nachträglich den Vertrag als abgeschlossen gelten zu lassen, selbst wenn die Einigung über einzelne, an sich nicht wesentliche Punkte ausgeblieben war. Die dadurch veranlaßte Lücke in den Vereinbarungen muß alsdann den gesetzlichen Bestimmungen gemäß (vgl. §§ 157 A 1, 155 A 1) ausgefüllt werden (RG 52, 437; 57, 51; 60, 174. — Eine Unvollständigkeit der Vereinbarung im Sinne des § 154 liegt nicht vor, wenn die Vertragsleistungen zwar nicht fest bestimmt wurden, aber (bei im übrigen vorliegender wirklicher Willenseinigung) nach den gegebenen Umständen bestimmbar sind, was insbesondere dann zutrifft, wenn die Bestimmung der Parteiabsicht entsprechend nach verabredeter Maßgabe getroffen werden soll (RG Gruch 53, 830). So kann beispielsweise ein Mietvertrag vollgültig zustande kommen, wenn die Parteien die Bestimmung des Mietpreises späterer Vereinbarung vorbehalten (RG Warn 1914 Nr 325). So genügt es auch, wenn hinsichtlich der Leistungszeit nur so viel vereinbart ist, daß der Richter imstande ist, über die Rechtzeitigkeit der Leistung zu befinden (RG 90, 29). Vgl. noch §§ 315, 316.

2. Während Abs 1 den Fall mangelnder Einigung regelt, setzt Abs 2 voraus, daß zwar die Einigung erfolgt ist (RG 17. 5. 07 VII 236/07; 17. 12. 26 VI 345/26), daß jedoch nach der getroffenen Vereinbarung zur völligen Erfüllung des Parteiwillens noch die **Beurkundung des Vertrags** hinzukommen müßte. Ein solcher Parteiwille ist gegebenenfalls im Zweifel anzunehmen. Alsdann entsteht ein Vertrag nicht früher, als bis auch die Form erfüllt und die Vertragsurkunde überdies dem Antragsgegner auch bereits zugegangen ist (RG Gruch 61, 776). Dies gilt entsprechend auch dann, wenn die Parteien beispielsweise einen Kaufvertrag über ein Grundstück beabsichtigen, die Vertragsbedingungen, über die sie einig sind, schriftlich festlegen, indessen willens sind, daß der Vertrag förmlich nach § 313 abgeschlossen werden soll. Hier liegt, falls letzteres unterbleibt, kein Nichtigkeitsfall aus § 313 vor, vielmehr ist ein Vertragsabschluß überhaupt noch nicht erfolgt (RG 79, 78). Zwei gegeneinander ausgetauschte Vertragsurkunden gelten als eine rechtliche Einheit (RG Warn 08, 29). Unter Umständen ist eine stillschweigende Verabredung der Beurkundung anzunehmen (RG JW 08, 446[6]). Auf den Beweggrund der Verabredung einer Beurkundung kommt es für die Anwendung des § 154 Abs 2 nicht an (RG Gruch 69, 74). Dagegen beschränkt sich das **Anwendungsgebiet des Abs 2** auf den Fall, daß die Beurkundung vor oder beim Abschlusse des Vertrags bedungen ist (RG 62, 78; 94, 333; RG SeuffA 78 Nr 59; RG Gruch 69, 74; RG 19. 2. 24 III 553/23). Eine nachträgliche entsprechende Abrede stellt einen neuen Vertrag dar, der die gleiche Wirkung haben kann (RG JW 08, 739[5]). Der § 154 Abs 2 ist auch auf den Fall beschränkt, daß die Beurkundung des zwischen den Parteien selbst abzuschließenden Vertrags erfolgen soll, die Vorschrift ist dagegen nicht anwendbar, wenn etwa verabredet wird, daß die eine Partei mit einem Dritten einen zu beurkundenden Vertrag abschließen soll (RG Warn 1915 Nr 43). — Für die Auslegungsregel des Abs 2 ist selbstverständlich kein Raum, wenn die Beurkundung nach dem Parteiwillen nicht Bedingung für das Zustandekommen des Vertrags sein, sondern nur Beweiszwecken

dienen sollte (vgl. § 125 A 4). Möglich ist auch, daß die Parteien, welche eine derartige Bedingung ursprünglich vereinbart hatten, beim formlosen Abschluß des Vertrags das Formerfordernis wieder aufgegeben haben (**RG** SeuffA 68 Nr 51). Sinngemäß ist anderseits die Bestimmung des Abs 2 auch dann anwendbar, wenn vor erfolgter Einigung abgemacht wurde, daß der Austausch der mehreren schriftlichen Urkunden erfolgen und der Vertragsschluß hiervon abhängig sein solle. Falls im Antrage die Beurkundung des Vertrags verlangt ist und der Antragsgegner den Antrag vorbehaltlos annimmt, erstreckt sich die Annahme auch auf das bezeichnete Verlangen, und es greift sonach Abs 2 Platz (**RG** Warn 08 Nr 9). Über Nebenabreden vgl. § 125 A 7.

3. **Beweislast.** Wer aus einem Vertrage Rechte herleitet, hat dessen Zustandekommen zu beweisen. Dazu genügt an und für sich der Nachweis der Einigung über die nach der Natur des Geschäfts an sich wesentlichen Punkte. Behauptet der andere Teil jedoch, daß der Vertrag durch die bloße Einigung noch nicht zustande gekommen sei, weil sich die Parteien bei ihren Verhandlungen über die Schriftform geeinigt hätten, dann handelt es sich um ein begründetes Bestreiten, und der Kläger muß jetzt also noch dartun (streitig), daß die sachliche Einigung schlechthin zustande gekommen ist (**RG** Warn 1913 Nr 44; 1918 Nr 72; 1922 Nr 48; Gruch 62, 950; 19. 2. 24 III 553/23); oder gibt der Kläger die Formverabredung an sich zu, dann hat er nachzuweisen, daß die Form hier nur aus Beweiszwecken vereinbart worden sei. Jedenfalls muß der Kläger, ähnlich hier wie im Falle, daß der Beklagte Abschluß unter einer aufschiebenden Bedingung einwendet, beweisen, daß der Vertrag in der von ihm selbst behaupteten Art und Weise zustande gekommen ist (**RG** Warn 1918 Nr 72); wobei es jedoch genügt, wenn der Kläger das Vorhandensein einer Vereinbarung nachweist, die den vom Beklagten eingewendeten Vorbehalt nicht erkennen läßt. Vgl. § 158 A 7b. Macht der Beklagte endlich nur eine Vereinbarung geltend, die nicht beim Vertragsabschlusse selbst sondern schon bei früherer Gelegenheit oder erst bei späterer getroffen worden sein soll, dann steht ein selbständiger Einwand in Frage und der Beweis liegt jetzt daher dem Beklagten ob. Vgl. Warn 08 Nr 9.

§ 155

Haben sich die Parteien bei einem Vertrage, den sie als geschlossen ansehen, über einen Punkt, über den eine Vereinbarung getroffen werden sollte, in Wirklichkeit nicht geeinigt, so gilt das Vereinbarte, sofern anzunehmen ist, daß der Vertrag auch ohne eine Bestimmung über diesen Punkt geschlossen sein würde[1]) [2]).

E I 100 II 117; M 1 202; P 1 115 ff.

1. Im Gegensatze zu § 154, der den offenen Einigungsmangel vor Augen hat, regelt § 155 den Fall, daß die Parteien selbst **den Vertrag als geschlossen ansehen,** also die Einigung über den gesamten Vertragsgegenstand als erzielt erachten, während in Wahrheit über **einen Punkt die Einigung fehlt** (versteckter Mangel der Einigung). Unter diesen Voraussetzungen müßte das Vorhandensein einer Bindung folgerichtig (§ 154) durchweg verneint werden. Indessen nach dem Grundsatze, Verträge möglichst aufrechtzuerhalten (vgl. § 139 A 3), ist auch hier bestimmt, daß das **wirklich Vereinbarte** gilt, falls anzunehmen ist, daß der Vertrag auch ohne eine Bestimmung über den noch offenen Punkt abgeschlossen worden wäre. Die Beweislast hierfür liegt demjenigen ob, der die Geltung des Vereinbarten behauptet. Die entstandene Lücke in der Vereinbarung ist aus den einschlägigen gesetzlichen Bestimmungen zu ergänzen (**RG** 60, 174; 88, 378; Warn 1914 Nr 326). Vgl. §§ 157 A 1, 154 A 1. Steht es fest, daß eine in die notarielle Vertragsurkunde vom Notar aufgenommene Bestimmung nicht Gegenstand der Vereinbarung war und daß der eine Vertragsteil diese Bestimmung auch beim Verlesen des Protokolls nicht gehört, sie also auch nicht stillschweigend hat genehmigen wollen, dann gilt diese Bestimmung nicht als Bestandteil des Vertrags und daher besteht dieser nur im übrigen zu Recht (**RG** JW 1916, 1118[1]). In solchem Falle kann indes unter Umständen augenscheinlich auch mangelnde Willenseinigung vorliegen.

2. **Der versteckte Einigungsmangel** und seine **Abgrenzung.** Ein Ergebnis der Art, daß die beiden Vertragsgegner beim Vertragsabschlusse glauben, völlig einig zu sein, obgleich tatsächlich das Gegenteil der Fall, und daß beide Teile sich dieses Sachverhalts bis zuletzt nicht bewußt werden, hat regelmäßig in folgenden Umständen seinen Grund: 1. darin, daß die Parteien zwar sich äußerlich deckende Erklärungen abgeben, daß jede Partei jedoch mit den Erklärungen einen verschiedenen Sinn verbindet; 2. darin, daß der eine Teil den andern

mißverstanden hat, so daß er auch nur zu einer mißverständlich angenommenen, dagegen nicht zu der in Wirklichkeit abgegebenen Erklärung des Gegners seine Zustimmung gab und hat geben wollen (so etwa infolge von Schwerhörigkeit oder Unaufmerksamkeit oder wegen mangelnder Sprachkunde; vgl. auch RG 68, 6, wo die eine Partei sich eines bloßen, ungewissen Phantasieworts bedient hatte). In beiden Fällen ist eine wirkliche Willenseinigung allerdings nicht erzielt und die für die Entstehung eines Vertrags erforderliche Bedingung somit anscheinend unerfüllt geblieben. Gleichwohl darf diese Folge weder in dem einen Falle noch in dem andern unbedingt gezogen werden. Die Rechtssicherheit des Vertrags fordert hier vielmehr eine Einschränkung. Es ist ein feststehender *Grundsatz, daß jeder Erklärende sich selbst beim Worte nehmen lassen und sich gefallen lassen muß, daß seine Erklärung so verstanden wird, wie sie von der Allgemeinheit aufgefaßt wird* (RG 68, 128; 95, 53; JW 1911, 90[8]; 1926, 2620[5]; § 157 A 1 Abs 2), wie anderseits auch, *daß jeder Teil die Erklärung des Gegners so gelten zu lassen hat, wie sie nach Treu und Glauben mit Rücksicht auf die Verkehrssitte zu verstehen ist.* Vgl. Vorbem 6 vor § 116 und RG 67, 433; 68, 128; 86, 88; 88, 428; 91, 426; 95, 53; 105, 209; Gruch 65, 595; JW 08, 4[3]; 09, 489[10]; 1913, 480[1]; SeuffA 77 Nr 172; 79 Nr 61). Daraus ergibt sich aber einmal, daß der Erklärende, der eine an sich klare und bestimmte Erklärung abgegeben hat, die sein Gegner inhaltlich nur so verstehen konnte, wie er sie verstand, sich zur Verneinung der Einigung nicht der Ausflucht bedienen darf, er selbst habe seiner Erklärung (innerlich) einen andern Sinn beigelegt. Ferner folgt, daß, wenn die sich äußerlich deckenden Erklärungen beider Teile überhaupt nur einen objektiv bestimmten und klaren Inhalt gehabt haben, das Zustandekommen des Vertrags nicht dadurch gehindert ist, daß sich jeder Teil bei den Erklärungen etwas anderes gedacht hat als der andere (RG 58, 233; 66, 125; 105, 209; RG SeuffA 79 Nr 61; 81 Nr 43). Danach ergeben sich kurz die beiden *Leitsätze*: War die Erklärung oder waren die Erklärungen an sich nur *eindeutig*, dann ist für die Anwendung des Grundsatzes vom versteckten Einigungsmangel überhaupt kein Raum (Erklärungsgrundsatz; RG JW 1913, 480[1]; Warn 1918 Nr 222). Waren dagegen die Erklärungen an sich *mehrdeutig*, dann ist entscheidend, ob die Parteien in Wirklichkeit je etwas Verschiedenes gewollt haben, und ob ihnen je auch der abweichende Wille des Gegners verborgen geblieben ist (Willensgrundsatz). Vgl. RG 58, 233; 66, 21; 105, 209; Gruch 50, 897; JW 1911 S. 87[5] u. 213[9]; Warn 08 Nr 185 u. 591; 09 Nr 57; RG SeuffA 77 Nr 59. Denn schließlich ist nach dem Grundsatze von Treu und Glauben auch die Einschränkung zu machen, daß sich kein Vertragsteil auf die Mehrdeutigkeit der Erklärungen und darauf, daß er ihnen einen andern Sinn beigelegt hat als der andere Teil, dann berufen kann, wenn er die Erklärung des Gegners nach Treu und Glauben so verstehen mußte, wie sie gemeint war (s. oben), oder, wenn er die Auffassung des Gegners erkannt hatte, da er in solchem Falle die Erklärung so gelten lassen müßte, wie sie wirklich gemeint war, und sein stiller Vorbehalt etwa, das gegnerische Angebot in anderm Sinne anzunehmen, gemäß § 116 unbeachtlich wäre (RG 66, 428; SeuffA 74 Nr 47). Vgl. § 116 A 1. Sein stiller Vorbehalt, das nicht zu wollen, was ihm bewußt der Gegner wollte, wäre ohne Bedeutung (§ 116). Hat freilich der Erklärende (oder sein Vertreter) gewußt, daß der Erklärungsgegner die Erklärung nicht so verstehe, wie sie an sich zu verstehen war, dann darf er sich auf den erörterten Grundsatz nicht berufen, vielmehr liegt jetzt ein den Vertragsschluß hindernder Dissens vor (RG 97, 195). Zu beachten ist im übrigen bei allem dem, daß das entscheidende Gewicht nicht darauf zu legen ist, ob die beiderseitigen Erklärungen äußerlich gleichlauteten, sondern darauf, ob sie den nämlichen Inhalt hatten (RG 66, 125; JW 07, 386[2]). Ob der Einigungsmangel den gesamten Vertrag betrifft, oder nur einen Teil davon, ist gemäß § 154 unerheblich (vgl. dort A 1), solange nicht der Ausnahmefall des § 155 (A 1) gegeben. *Die lediglich die Höhe des Betrags betreffende Uneinigkeit hindert jedoch nicht immer das* Vorhandensein eines Vertragsanspruchs; nämlich dann nicht, *wenn der Berechtigte nur das Mindere fordert*, das der Verpflichtete als bedungen zugesteht. Beispielsweise A behauptet, einen Kaufpreis von 1000 Mark vereinbart zu haben, während B entgegnet, es seien nur 800 Mark verabredet (RG 28. 6. 07 II 123/07). Hier kann A deswegen 800 Mark fordern, weil, wenn er es tut, anzunehmen, daß die Einigung hierauf jedenfalls erfolgt sein würde. — Da der Erklärungsgrundsatz darauf berechnet ist, daß der eine Teil den andern an dessen Erklärung festhalten darf, anderseits aber für ihn dann nicht Platz sein kann, wenn *kein Teil* die vorliegenden Erklärungen als maßgebend gelten lassen, und also auch kein Teil den andern an dessen Erklärungen festhalten will, so ergibt sich noch ein **3. Fall versteckten Einigungsmangels**, und zwar auf folgender Grundlage: Die Erklärungen sind bestimmt und nur eindeutig, aber jede Partei wollte etwas anderes als das Erklärte und jede Partei wollte außerdem auch etwas anderes als der Gegner. Beispielsweise: Nach der Vertragsurkunde wäre das Grundstück X verkauft; dieses Kaufgeschäft hätte aber weder der Verkäufer noch der Käufer gewollt; der erstere wollte das Grundstück Y verkaufen, der Gegner wollte Z kaufen, oder aber X nur pachten. Wollte man auch unter diesen Umständen die Regel des Erklärungsgrundsatzes um deswillen durchgreifen lassen, weil die abgegebene Erklärung an und für sich nur eindeutig ist, so führte das zu einem ganz unmöglichen Ergebnisse. Um zu einem befriedigenden Ergebnisse zu gelangen, kann hier vielmehr wiederum nur dem Willensgrundsatze gefolgt werden, und das Zustandekommen eines Vertrags wäre gegebenenfalls wiederum zu verneinen.

Um feststellen zu können, daß eine Einigung zwischen den Parteien nicht zustande gekommen ist, muß der Richter das beiderseitige Vorbringen so weit würdigen, daß hierdurch die Feststellung möglich wird, das Vorhandensein einer Einigung ist in der Tat ausgeschlossen (RG 95, 101). Die Anwendung der Regel des § 155 ist ausgeschlossen, wenn die Auslegung nach Treu und Glauben eine Willensübereinstimmung ergibt, sofern sich nämlich derjenige Teil, der mangelnde Willenseinigung geltend macht, es sich auch nur gefallen lassen muß, so behandelt zu werden, als hätte sein Wille mit dem des Gegners übereingestimmt, weil andernfalls sein Verhalten gegen Treu und Glauben verstoßen würde (RG 100, 135, hier hatte der eine Teil eine Stelle in dem dem andern Teile zur Unterschrift vorgelegten gedruckten Vertragsformulare in einer leicht übersehbaren und vom anderen Teile tatsächlich übersehenen Weise eingeklammert; SeuffA 76 Nr 109). — Wegen culpa in contrahendo haften die Parteien auf das negative Interesse, wenn sie es verschuldet haben, daß es wegen versteckten Dissenses zu einer Einigung nicht gekommen ist, und zwar je nachdem beide Parteien unter dem Gesichtspunkte des § 254, oder nur die eine Partei, falls sie nur ein Verschulden trifft (vgl. § 276 A 1 Abs 1; RG 104, 267).

Zu unterscheiden ist der Fall mangelnder Einigung zunächst von dem der bloßen falschen Bezeichnung. Ein Fall der letzteren Art liegt vor, wenn die Vertragsparteien über den Vertragsinhalt wirklich einig gewesen sind, und nur ihre beiderseitigen Erklärungen sich mit dem nicht decken, was sie übereinstimmend gewollt haben. Hier gilt der anerkannte Rechtsgrundsatz, daß eine bloße falsche Bezeichnung unschädlich ist (RG 60, 338; 99, 148), und es ist die erzielte Willenseinigung entscheidend (RG 61, 265; 63, 169; 99, 148; JW 05, 639). Vgl. § 119 A 1. Danach ist beispielsweise ein Kaufvertrag, durch welchen nach der Absicht beider Parteien nur ein bestimmter Teil eines Grundstücks verkauft werden sollte, auch dann zustande gekommen, wenn in der Vertragsurkunde versehentlich das gesamte Grundstück als verkauft bezeichnet worden ist, da der Vertrag alsdann in Ansehung des bezeichneten Grundstücksteils besteht (RG 66, 21; Gruch 59, 1002). Eine Auflassung hat gleichfalls nur so weit Wirkung, als sie nach dem beiderseitigen Willen hat gehen sollen, während die etwa weitergehende Bezeichnung des Auflassungsgegenstandes wirkungslos ist (RG 46, 225; 63, 169; 66, 21; 73, 157; 77, 33; Warn 1913 Nr 394). Haben die Parteien beiderseits die Begründung einer Leibrente gewollt, indes in beiderseitigem Mißverständnisse der gegenseitigen Erklärungen Erklärungen abgegeben, die eine Rentenschuld zum Gegenstande haben, dann ist, die Wahrung der Form vorausgesetzt, ein Leibrentenvertrag zustande gekommen (RG SeuffA 70 Nr 235). Hat nur die eine Partei sich bei der Bezeichnung geirrt, die andere aber in Erkenntnis dieses Irrtums schlechthin zugestimmt, dann liegt kein Nichtigkeitsfall vor (§ 116); vielmehr ist die Sache so anzusehen, als hätten beide Parteien die falsche Bezeichnung irrtümlich gewählt (RG 25. 1. 19 V 250/18). — Vom Falle des Irrtums im Sinne des § 119 unterscheidet sich der vorliegende Fall mangelnder Willenseinigung insofern, als dort vorauszusetzen ist, daß die eine Vertragspartei sich über den Inhalt ihrer eigenen Erklärung im Irrtum befunden hat, oder daß sie eine andere Erklärung hat abgeben wollen, als sie abgegeben hat, während § 155 verlangt, daß die Parteien sich über das im Irrtum befunden haben, was der andere Teil gewollt hat. Im Falle des § 119 decken sich also nicht der eigene Wille und die eigene Erklärung, im Falle des § 155 nicht die beiderseitigen Absichten. Vgl. § 119 A 1 und RG 58, 236. Verkauft beispielsweise A an B das Grundstück X in der irrtümlichen Meinung, daß die Parzelle Y zum Grundstücke nicht zugehöre, nimmt aber B anderseits das Angebot in der zutreffenden Meinung an, daß die Parzelle Y einen Bestandteil des Grundstücks bildet, dann ist der Vertrag (weil die Erklärung des A an sich nur eindeutig war) über das gesamte Grundstück zustande gekommen, ein Fall des § 155 also nicht gegeben. Für A besteht hier lediglich das Anfechtungsrecht aus § 119 (RG 26. 5. 10 V 577/09; 14. 2. 12 V 345/11; JW 99, 680[24]), während, wenn ein Vertrag gemäß § 254 oder § 255 überhaupt nicht zustande gekommen ist, für die Anfechtung niemals Raum sein kann (RG 58, 236; JW 09, 489[10]; 1910, 803[12]; 1911 S. 87[5] u. 179[2]). — Vom Falle der Nichtigkeit endlich ist der des § 155 insofern zu unterscheiden, als dort ein Vertrag, d. h. eine Willenseinigung, tatsächlich zustande gekommen ist, nur daß das Rechtsgeschäft die gewollten Rechtswirkungen nicht hervorzubringen vermag, während es bei § 155 an einem Vertrag überhaupt fehlt (RG 79, 78). Von der Nichtigkeit des Vertrags auf Grund mangelnder Einigung durfte also auch in RG 66, 24 nicht gesprochen werden.

§ 156

Bei einer Versteigerung kommt der Vertrag erst durch den Zuschlag zustande. Ein Gebot erlischt, wenn ein Übergebot abgegeben oder die Versteigerung ohne Erteilung des Zuschlags geschlossen wird[1][2].

E I 90 II 126; M 1 176 ff.; P 1 87.

1. Die **Versteigerung**, ein öffentlicher Verkauf, bei dem das Publikum zur Abgabe von Geboten im gegenseitigen Wettbewerbe aufgefordert wird, ist den Regeln des Vertragsrechts unterstellt, und zwar in folgender Weise: als Vertragsantrag gilt das Gebot; als Annahme der Zuschlag; die Gebundenheit aus dem Antrage besteht bis zur Abgabe eines Übergebots (ohne Rücksicht auf dessen Rechtsbeständigkeit, da nach dem Gesetze der tatsächliche Hergang entscheidet) oder bis zum Abbruche der Versteigerung, ohne daß Erteilung eines Zuschlags erfolgt. Der Zuschlag ist als Annahme wirksam — mangels anderweiter Abrede — schon kraft seiner Erteilung, unabhängig davon, ob diese Erklärung dem Bieter zugeht oder nicht, und mag er, sie zu vernehmen, auch überhaupt nicht in der Lage sein (Abwesenheit). Die Annahme — in Form des Zuschlags an den Meistbietenden — steht wie regelmäßig im Belieben des Verkäufers so auch hier im Belieben des Versteigerers. Dem Bieter erwächst somit kein Anspruch auf den Zuschlag (vgl. jedoch A 2). Über die Rechtsfrage, ob in den nach dem Meistgebote liegenden Handlungen die Erteilung des Zuschlags zu finden ist, s. **RG** LZ 1924, 633[1]. — Da das Versteigerungsgeschäft unter die Regeln des Vertragsrechts fällt, so kommt auch der Grundsatz der **Vertragsfreiheit** zur Geltung, und den Parteien steht danach frei, abweichende Bestimmungen zu treffen. So kann der Versteigerer sich verbinden, den Zuschlag zu erteilen, anderseits sich das Recht vorbehalten, den Zuschlag nach seiner Wahl nicht dem Meistbietenden, sondern einem andern Bieter zu geben. Eine solche Abmachung mit den Bietern würde zugleich die Außerkraftsetzung der Vorschrift über das Erlöschen des Gebots durch ein Übergebot in sich schließen. Es kann auch verabredet werden, daß *der Zuschlag erst später erteilt werden solle*, oder daß sich der Versteigerer die Erteilung des Zuschlags vorbehalte. Alsdann liegt das Verhältnis nicht anders als sonst bei einem Vertragsabschlusse unter Abwesenden, der Versteigerungsvertrag kommt also erst durch die empfangsbedürftige Zuschlagserteilung und deren Zugang (§ 130) zustande (**RG** 96, 102).

2. Das **Anwendungsgebiet** des § 156 umfaßt die *Versteigerungen* nach den Vorschriften des BGB §§ 383 ff., 489, 753, 966, 975, 979 ff., 1219 ff., die *Pfandverkäufe* nach den §§ 1233 ff., die Fälle der §§ 373, 376 HGB, ferner die Zwangsversteigerungen wegen Geldforderungen in Gemäßheit der Vorschriften der *ZPO*. Hier ist die Anwendung des § 156 durch § 817 Abs 1 ZPO ausdrücklich vorgeschrieben unter gleichzeitiger Erteilung weiterer Sonderbestimmungen für den Versteigerungsvertrag. Im Falle der *Zwangsversteigerung* nach dem *ZVG* ist dagegen für den § 156 kein Raum. Denn zweifellos sind hier die vertragsrechtlichen Grundsätze über die Gebundenheit des Bieters sowohl wie anderseits über die Entschließungsfreiheit des Antragsgegners durch die Bestimmungen der §§ 71 ff. u. 81 ZVG außer Anwendung gesetzt. Danach ist der Bieter nicht schon schlechthin durch sein Gebot gebunden, sondern erst unter der Voraussetzung, daß sein Gebot vom Richter als wirksam befunden und zugelassen wird. Anderseits aber hat der Meistbietende hier einen Anspruch auf die Erteilung des Zuschlags, was bei Anwendung der Grundsätze vom Vertrage nicht der Fall sein könnte. Der § 72 gibt ferner eigenartige Bestimmungen über das Erlöschen eines Gebots. Der Zuschlag selbst entnimmt seine Kraft überhaupt nicht einer Willenseinigung der Beteiligten; der Richter überträgt vielmehr durch den Zuschlag das Eigentum auf den Ersteher des Grundstücks kraft der ihm vom Gesetze gegebenen Macht (**RG** 60, 54). Nach § 53 ZVG gilt der Eigentümer des Grundstücks als der „Veräußerer" (nicht als der Verkäufer). Diese Ausgestaltung des Zwangsversteigerungsgeschäfts weist somit mehr auf seinen öffentlich-rechtlichen Charakter als auf einen Vertrag hin. Darüber, daß die betreffenden rechtsgeschäftlichen Erklärungen auch nicht nach den Grundsätzen der §§ 119 ff. BGB anfechtbar sind, vgl. Vorbem vor § 104.

§ 157

Verträge sind so auszulegen, wie Treu und Glauben mit Rücksicht auf die Verkehrssitte es erfordern[1—3].

E I 359 II 127; M 2 197 ff.; P 1 623 ff.

1. **Vertragsauslegung.** Während der § 133 die Auslegung der einzelnen Willenserklärungen regeln will, hat der § 157 die *Auslegung eines Vertrags insgesamt* im Auge. Während danach bei § 133 Ziel der Auslegung ist, den Inhalt der einzelnen, tatsächlich vorhandenen Erklärung zu ermitteln, handelt es sich nach § 157 regelmäßig (vgl. jedoch Abs 2)

um Feststellung des gesamten Vertragsinhalts und Vertragszwecks. Während es ferner gegebenenfalls Aufgabe der Auslegung gemäß § 133 vorerst ist, festzustellen, ob ein Vertrag überhaupt zustande gekommen, besteht für die Anwendung des § 157 in der Regel (s. unten A 2) erst dann Raum, wenn das Vorhandensein des auszulegenden Vertrags schon feststeht, so daß der § 133 für den § 157 gewissermaßen erst die Grundlagen zu schaffen hätte. Während endlich im Sinne des § 133 ausschließlich vom Standpunkte des Erklärenden selbst aus zu ermitteln ist, was sein wirklicher Wille gewesen, sollen nach § 157 als Auslegungsmaßstab Merkmale dienen, die außerhalb des Erklärenden selbst zu finden sind, nämlich die Anforderungen von Treu und Glauben mit Rücksicht auf die Vertragssitte, so daß hier ein ausschließlich objektiver Maßstab in Frage steht. Nach diesem Zusammenhange der Dinge ergibt sich ohne weiteres, daß die Anwendungsgebiete der §§ 133 u. 157 nicht nur nach ihren Voraussetzungen, sondern auch nach ihren Zielen voneinander durchaus verschieden sind; ferner aber, daß dementsprechend, was besonders wichtig, auch die auslegende Tätigkeit des Richters in beiden Fällen eine verschiedenartige sein muß. Denn, soll der Richter es nach § 157 nicht dabei bewenden lassen, eine tatsächlich vorhandene Erklärung seiner Auslegung zu unterziehen, hat er hier vielmehr die Aufgabe, den gesamten Vertragszweck und Vertragsinhalt nach objektivem Maßstabe zu ermitteln, dann hat ihm das Gesetz hiermit zweifelsohne nicht nur ein sachlich umfassenderes Ziel als das des § 133, sondern zugleich auch eine weitere Befugnis als die des § 133 einräumen wollen und einräumen müssen. Es ist doch klar, daß, wenn der Richter der ihm durch § 157 gestellten Aufgabe überhaupt genügen will, er auch den ihm gewährten objektiven Auslegungsmaßstab benutzen und daher mittels dessen auch das zu ermitteln suchen und alsdann mitberücksichtigen muß, was die Parteien zwar nicht erklärt haben, was sie aber in Gemäßheit des gesamten Vertragszwecks dann erklärt haben würden, wenn sie den offengebliebenen Punkt in ihren Vereinbarungen ebenfalls geregelt haben würden und hierbei zugleich dem Gebot von Treu und Glauben gefolgt wären. Hätte das Gesetz nicht hierauf ein besonderes Gewicht gelegt, und hätte es dem Richter nicht mit § 157 überhaupt eine neue Aufgabe stellen wollen, dann hätte es sich mit der Auslegungsregel des § 133 begnügen dürfen und wäre der § 157 überflüssig. Hiernach ist aber im Ergebnisse anzunehmen, daß das Gesetz in § 157 dem Richter auch eine **ergänzende Tätigkeit** einräumt, während eine solche gemäß § 133 gerade grundsätzlich ausgeschlossen ist (vgl. § 133 A 1).

Folgt man diesen Erwägungen, so gestaltet sich die Sache bei der **ergänzenden Auslegung** folgendermaßen: Ergibt sich im Einzelfalle, daß die Parteien innerhalb ihrer Vereinbarungen eine Lücke offengelassen haben, die, falls nicht der gesamte Vertragszweck mehr oder weniger gefährdet sein, oder der eine Vertragsteil einen ungebührlichen, ihm nicht zuzumutenden Nachteil erleiden soll, notwendig der Ausfüllung bedarf, dann wird sich der Richter die Frage vorlegen und beantworten müssen, wie die Parteien den fraglichen, ungeregelt gebliebenen Punkt dann geregelt haben würden, wenn sie ihn ausdrücklich hätten regeln wollen und hierbei nach Treu und Glauben mit Rücksicht auf die Verkehrssitte verfahren wären. Voraussetzung ist dabei immer, daß der Vertrag wirklich besteht, und daß es sich nur um eine Lücke handelt, die, ohne die Entstehung des Vertrags überhaupt gemäß § 154 in Frage zu stellen, insofern als ausfüllbar erscheinen kann, als anzunehmen ist, daß beide Teile den fraglichen Punkt bei redlichem Verhalten übereinstimmend in der ermittelten Weise geregelt haben würden. Allerdings ist für eine Ergänzung nur dann Raum, wenn der Vertrag innerhalb seines tatsächlich gegebenen Rahmens oder innerhalb der wirklich getroffenen Vereinbarungen, also innerhalb des abredegemäßen Vertragsgegenstandes selbst eine Lücke aufweist. Es handelt sich nicht um eine Ergänzung des Parteiwillens, wie vielfach gesagt wird, sondern um die Ergänzung des Vertrags durch Ermittlung dessen, was für einen später eingetretenen, beim Vertragsschluß nicht vorhergesehenen Fall zwischen den Vertragsteilen rechtens sein soll, nach den Richtlinien von Treu und Glauben im Verkehr und unter Berücksichtigung des im Vertrage für die dort ins Auge gefaßten Verhältnisse ausgedrückten Willens. Daher darf die Ergänzung nicht zu einer Erweiterung des Vertragsgegenstandes selbst führen (RG 87, 211; hier hatte sich der Kläger vom Beklagten ein Wegerecht nur an einer ganz bestimmten Strecke ausbedungen, der Kläger wollte es aber vermöge ergänzender Auslegung auch noch an einer andern Strecke bewilligt haben; Gruch 65 S. 471 u. 594). Das Ergebnis der ergänzenden Auslegung muß sich als selbstverständliche Folge aus dem Zusammenhang der wirklich getroffenen Abreden derart darstellen, daß eine Ablehnung der Ergänzung sich in Widerspruch mit dem ausdrücklich Verabredeten setzen würde (RG Warn 1916 Nr 289). Keinesfalls darf ferner eine ergänzende Auslegung zur Abänderung oder Einschränkung des erklärten Vertragswillens führen; vielmehr bleibt der im Vertrage zum Ausdruck gekommene Vertragswille maßgebend (RG Warn 1916 Nr 157), und einem festgestellten Vertragswillen gegenüber kann eine Auslegung nach Billigkeit und nach der

Verkehrssitte niemals Platz greifen (RG Warn 1916 Nr 241). Auch muß es sich um einen Punkt handeln, der der Regelung bedurfte, und es muß die Ergänzung in dem Vertragsinhalte auch eine Stütze als Richtlinie finden (RG 92, 320 u. 420). Kurzum: die Ergänzung durch Auslegung ist nur innerhalb des Rahmens des Vertrags zulässig, darf nicht zur Umänderung des Vertrags führen, und sie ist zu finden nach den Richtlinien des im Vertrage sonst ausgedrückten Parteiwillens und nach dem Gesichtspunkte von Treu und Glauben (RG 87, 211; 92 S. 320 u. 421; Warn 1912 Nr 289; JW 1921, 1077[1]; Gruch 54, 386; 61, 113). Danach ist dem Richter die gebührende, eine willkürliche Ausübung der Auslegungsbefugnis nach § 157 ausschließende Grenze gezogen. Richtig angewandt bietet aber der § 157, zumal in Verbindung mit § 242 (vgl. § 242 A 1), dem Richter eine sehr brauchbare und erfreuliche Handhabe, um der Billigkeit zum Siege zu verhelfen. Aber es ist auch darin Maß zu halten, um nicht hinwiederum zu einer Unbilligkeit begründeten Ansprüchen des Berechtigten gegenüber zu gelangen. Zu berücksichtigen ist daher bei der Auslegung gemäß § 157 das beiderseitige Interesse (RG 79, 438; 88, 416). Besteht wirklich eine ausfüllbare Lücke, dann ist es im übrigen gleichgültig, ob die Lücke deswegen entstanden ist, weil die Vertragsparteien die zu vermissende Regelung unbewußt oder bewußt unterlassen haben (letztere Methode wird im Geschäftsleben häufig genug befolgt), wie auch ferner, ob die Lücke als solche von Anfang an bestanden hat, oder ob sie sich erst nachträglich als Folge des weiteren Verlaufs der Dinge ergeben hat. Im letzteren Falle wird die zu beantwortende Frage die sein, wie würden die Parteien diesen Fall, wiederum nach dem Maßstabe des § 157 bemessen, dann geregelt haben, wenn sich für sie die Notwendigkeit der Regelung schon beim Vertragsschlusse herausgestellt hätte. Die Richtlinie für die Ergänzung bilden aber Treu und Glauben und der im Vertrage hinsichtlich der dort ins Auge gefaßten Verhältnisse ausgedrückte Parteiwille (RG 92 S. 320 u. 420). Im Wege der ergänzenden Vertragsauslegung ist z. B. anzunehmen, daß die Parteien eines behördlicher Genehmigung unterliegenden Grundstücksveräußerungsvertrags gegenseitig verpflichtet sind, zur Herbeiführung der Genehmigung mitzuwirken (RG LZ 1927, 239[2]).

Die Auslegung im Sinne des § 157 stellt sich sonach alles in allem als ein von der wissenschaftlichen Bedeutung dieses Begriffes abweichendes, eigenartiges Rechtsgebilde dar, das im Interesse des Verkehrs die Ergänzung des Vertragsinhaltes durch das Gesetz zum Gegenstande hat. Die Notwendigkeit einer Vertragsergänzung tritt überdies auch in sonstigen Fällen und unter andern Umständen zutage (vgl. § 154 A 1 und § 155 A 1). Der in § 157 ausgesprochene Grundsatz findet endlich auch in dem Rechtsgedanken seine Rechtfertigung, daß arglistig handelt, wer sich auf Grund eines Vertrags dem Vertragsgenossen gegenüber zu einem Verhalten berechtigt hält, welches mit Treu und Glauben unvereinbar ist. Von diesem Standpunkte aus dient ein Einwand aus § 157 zum Ersatze der vom BGB nicht aufgenommenen (aber von ihm doch anerkannten, RG 71, 435) exceptio doli generalis des gemeinen Rechtes (RG JW 04, 89[7]). — In Gemäßheit der dargelegten Rechtsgrundsätze ist inzwischen bereits eine große Anzahl von Entscheidungen gefällt worden. Vgl. außer den bereits aufgeführten Urteilen RG 60, 65; Warn 1920 Nr 98; JW 1914, 296[2]; 1915 S. 87 u. 912[2]; 1918, 216[2]; Gruch 60, 989; 62, 653. Im Urteile RG Warn 1913 Nr 302 ist die ergänzende Auslegung auch für die Feststellung als zulässig erachtet worden, welchem Rechte, ob dem deutschen oder dem fremden die Parteien sich unterworfen haben würden, wenn sie diese Frage in Berücksichtigung gezogen hätten.

Die Vorschrift des § 157, die es mit der Auslegung der Verträge zu tun hat, ist ebenso wie § 242, der sich auf ihre Ausführung bezieht, zur Beantwortung der im Zusammenhang mit den Kriegs- und Nachkriegsverhältnissen so wichtig gewordene Frage verwendet worden, ob die infolge veränderter Umstände nachträglich eingetretene wesentliche Erschwerung der Erfüllbarkeit den Schuldner von seiner Leistungspflicht zu befreien geeignet sei, und anderseits, ob die veränderten Umstände den Gläubiger berechtigen könnten, seine Ansprüche zu erhöhen. Vgl. darüber, sowie über die Behandlung der Aufwertungsfrage die Ausführungen zu § 242 A 5.

Die **Verkehrssitte** stellt keine Rechtsregel dar und erfordert keine rechtliche Grundlage; sie ist lediglich die den Verkehr der beteiligten Kreise beherrschende tatsächliche Übung (RG 49, 162; 55, 377; JW 06, 736[4]; Warn 1919 Nr 131). Die Verkehrssitte ergänzt das Gesetz und bindet im allgemeinen auch den, der mit ihrem Vorhandensein nicht vertraut war, ohne daß eine stillschweigende Vereinbarung zugrunde gelegt zu werden braucht; es muß vielmehr der Wille, sich der Verkehrssitte nicht zu unterwerfen, kundgetan sein (RG 69, 125; JW 07, 149; Gruch 53, 410; 59, 115). So ist auch anzunehmen, daß derjenige, der auf einem bestimmten Marktplatze Geschäfte abschließt, sich den dortigen Gebräuchen unterwirft; hat er sich nach ihnen nicht erkundigt, so hat er fahrlässig gehandelt und muß die Folgen tragen (RG. JW 1922, 706[2]). Es braucht sich nicht lediglich um Sätze des Handelsgewohnheitsrechts zu handeln, vielmehr können auch bloß in der Übung beruhende in Betracht kommen (RG a. a. O.)

Allgemein ist davon auszugehen, daß jedermann sein Verhalten im geschäftlichen Verkehr gegen sich so gelten lassen muß, wie es von der Verkehrssitte verstanden wird, ohne daß es auf seinen inneren Willen ankommt. Wer sich von einem Dritten als Käufer vorschieben läßt, haftet demgemäß dem Verkäufer für die Erfüllung aller, auch der ihm unbekannt gebliebenen Vertragsbedingungen (RG SeuffA 78 Nr 62). Vgl. auch § 242. — Ob ein Verstoß gegen Treu und Glauben vorliegt, ist keine reine Tatfrage, sondern zugleich eine die Zulässigkeit der Revision begründende Rechtsfrage (RG JW 06, 457[9]). Vgl. auch hinsichtlich der Revisibilität § 133 A 3. Das Bestehen einer behaupteten örtlichen Verkehrssitte ist Gegenstand des Beweises wie jede andere Tatsache (RG 10. 11. 06 V 75/06). Es besteht auch keine Vermutung für die Fortdauer einer Verkehrssitte (RG JW 1914, 460[1]). Besteht eine allgemeine und ausnahmslose Verkehrsauffassung über die Bedeutung von Rechtshandlungen, so genügt für die Auslegung im Zweifel die Bezugnahme auf jene Auffassung, wird aber eine Verkehrsauffassung nur als in der Regel, dagegen nicht als ausnahmslos bestehend angenommen, so bedarf es zur Feststellung des konkreten Vertragswillens der Parteien eines bestimmten Ausspruchs dahin, daß sich die Parteien die Regel als Richtschnur haben dienen lassen (RG 75, 340). Zu berücksichtigen ist eine Verkehrssitte oder ein Handelsgebrauch auch dann, wenn sie sich erst nach Abschluß des Vertrags gebildet hat (RG Warn 1916 Nr 69), und gemäß § 346 HGB ist eine Handelssitte auch dann maßgebend, wenn sie einer Partei unbekannt war (RG 95, 243). Zu berücksichtigen sind aber nicht solche Handelsgebräuche, die einen Mißbrauch darstellen (RG JW 1922, 488[10]).

2. Das **Anwendungsgebiet** des § 157 umfaßt Verträge aller Art und Gattung (§ 145 A 1); entsprechend aber auch vertragsähnliche Verhältnisse (wie beispielsweise die Auslobung) mit alleiniger Ausnahme der Fälle, wo die Anwendung des Grundsatzes von Treu und Glauben und der Verkehrssitte ausdrücklich ausgeschlossen ist (RG 6. 10. 03 VII 208/03). Vgl. auch § 133 A 1 a. E. — Der § 157 greift nicht schlechthin bloß bei der Auslegung eines gegebenen Vertrags, sondern unter Umständen auch insoweit Platz, als es sich um die Frage handelt, ob ein Vertragsabschluß zustande gekommen ist. Dann namentlich, wenn nach Treu und Glauben zu beurteilen steht, ob Schweigen als Zustimmung gelten mußte, insbesondere falls der Erklärungsgegner, dem der andere Teil zu erkennen gegeben hat, daß er den Vertrag mit bestimmtem Inhalte als bereits geschlossen ansehe, nach Treu und Glauben hätte widersprechen müssen (RG 11. 4. 11 III 119/10). Vgl. ferner §§ 147 A 2 u. 151 A 2. Zur Wiederholung einer bereits abgegebenen Erklärung ist jedoch der Erklärende dann nicht verpflichtet, wenn der Gegner bei Abgabe seiner Erklärung nicht erwarten durfte, daß der Erstgenannte von seinem früher kundgegebenen Standpunkte abgehen werde (RG 29. 11. 10 II 61/10). Die allgemeinen Auslegungsgrundsätze der §§ 133, 157, 242 sind auch bei Strafgedingen, insbesondere solchen, die mit Konkurrenzverboten verbunden sind, anwendbar (JW 08, 476[4]; 1910, 279[2] und 934[2]; 1920, 137[8]). Vgl. auch § 133 A 1 Schlußabsatz.

3. **Einzelne Auslegungsgrundsätze:** Der Richter hat die Auslegung eines Vertrags von sich aus vorzunehmen; sie hat mit der Beweislast und Beweisführung nichts zu tun. Er darf daher nicht gegen eine Partei aus dem Grunde entscheiden, weil sie für die ihr günstige Auslegung keinen Beweis angetreten oder erbracht habe. Beweispflichtig ist eine Partei nur, wenn sie sich für ihre Auslegung auf außerhalb der Vertragsurkunde liegende bestrittene Tatsachen beruft (RG JW 1925, 650[1]; LZ 1927, 314[3]). Der Verpflichtung zur Auslegung darf sich der Richter nicht durch Verwendung von Beweisvermutungen entziehen (RG JW 1911 S. 87[5] u. 213[9]). Eine Regel dahin, daß Rechtsverzichte nicht zu vermuten seien, besteht im allgemeinen nicht; steht aber ein unentgeltlicher Verzicht in Frage, dann ist der etwaige Vertrag gegen den auszulegen, dem der Verzicht zum Vorteil gereichen würde (RG JW 1911, 1014[6]). Ein Vertrag darf nicht nach den einseitigen Interessen und dem bloß inneren Willen der einen oder der andern Partei ausgelegt werden; die Auslegung muß vielmehr unter Berücksichtigung der Interessen beider Teile und ihres erklärten Willens erfolgen (RG 79, 438; 88, 416). Gegen Treu und Glauben verstößt im allgemeinen nicht die Geltendmachung der Nichtigkeit eines Rechtsgeschäfts, worauf diese auch beruhen mag (RG Warn 1911 Nr 224). Aber vgl. § 125 A 1. Es gibt keinen Rechtssatz des Inhalts, daß eine Bestimmung, die nicht völlig klar ist, gegen den auszulegen sei, dem ein Recht eingeräumt worden ist (RG Warn 08 Nr 7); auch keinen des Inhalts, daß gewisse Verträge eng auszulegen sind (RG JW 08, 476[4]). Die Berücksichtigung von Treu und Glauben darf nicht zu einer Korrektur der in den gesetzlichen Grenzen getroffenen Vereinbarung führen, vielmehr findet sie ihre notwendige Begrenzung in der Sicherheit des Rechtsverkehrs und in dem obersten Grundsatze pacta sunt servanda. Die bloße Möglichkeit einer Härte macht einen Vertrag noch nicht zu einem auslegungsbedürftigen (RG JW 09, 169[20]). — Bei der Vertragsauslegung kann ein Unterschied zwischen Irrtum im Beweggrunde und Irrtum über den Erklärungswillen nicht gemacht werden (RG SeuffA 64 Nr 137). — Die Bedeutung von Rechtsgebräuchen für die Auslegung hängt nicht von dem Nachweise ab, daß sie der Partei bekannt waren; denn es ist die Vermutung begründet, daß

die Ausdrücke und Wendungen so gemeint und verstanden waren, wie sie allgemein üblich sind (RG 69, 127, über die Klausel „netto Kasse gegen Faktura"; 95, 243; JW 07, 149; Gruch 53, 410). Zur Verkehrssitte gehören insbesondere Handelsgebräuche (RG JW 1922, 706[3]); der geheime Vorbehalt einer Partei, sie wolle sich einem Handelsgebrauche nicht unterwerfen, kann an dem Vertragsinhalte nichts ändern (RG JW 08, 688[23]). Bei Bestellung von Waren ist das maßgebend, was an dem Orte, wo die Bestellung erfolgt ist, unter den gebrauchten Ausdrücken verstanden wird (RG 1. 3. 07 II 367/06). Der bewußte Wechsel eines einmal angenommenen Rechtsstandpunktes mag die Einrede der Arglist begründen, nicht aber genügt dazu die Aufgabe einer irrtümlich angenommenen Rechtsanschauung (RG Gruch 50, 962). — Über die Auslegung von Verträgen, in denen dingliche Rechte begründet werden, s. RG LZ 1917, 917; RG SeuffA 79 Nr 117.

Einzelne Fälle: Die Klausel in einem Kaufvertrage „wie besehen" oder „wie zu besehen" bedeutet in der Regel den Ausschluß der Haftung für Mängel, die bei ordnungsmäßiger Besichtigung erkennbar waren (RG 31, 162; Gruch 53, 176; Warn 1913 Nr 281); die Klausel „wie es steht und liegt" kann den Ausschluß der ädilizischen Haftung überhaupt bedeuten, was Sache der Auslegung ist (RG Gruch 63, 222). Die Klausel in einem Kaufvertrage (über zu liefernde Maschinen), daß „alle andern Ansprüche, insbesondere solche auf Schadensersatz, Wandlung, Minderung ausgeschlossen seien", kann im Zweifel nach Treu und Glauben nicht dahin verstanden werden, daß auch Schadensersatzansprüche wegen Nichterfüllung ausgeschlossen seien, die Klausel bezweckt vielmehr nur eine Beschränkung der Mangelhaftung (RG Warn 1920 Nr 144). — Bei der Abrede „Lieferziel Oktober bis Mai" ist dieser Monat eingeschlossen (RG 92, 22). — Der Stundungsvertrag wird im Zweifel als im Vertrauen auf eine gesicherte Vermögenslage des Schuldners geschlossen angesehen; daher Rücktrittsrecht des Gläubigers, wenn sich die Vermögenslage des Schuldners verschlechtert (RG JW 05, 168[5]; Warn 1912 Nr 6), z. B. dadurch, daß der Schuldner eine neue Schuld von erheblichem Betrage aufnimmt (RG SeuffA 64 Nr 220). Gestattet eine Stadtgemeinde den Betrieb einer Straßenbahn auf bestimmten Strecken, so ist die Zulassung von Wettbetrieben (nur) bei Vorliegen (Entstehung) eines dringenden Bedürfnisses statthaft (RG 10. 7. 05 VI 181/05). — Das Konkurrenzverbot ist im Zweifel nicht auf den Fall zu beziehen, wenn der Dienstherr seinem Angestellten ohne einen von diesem gegebenen gerechten Grund kündigt (RG 7. 6. 04 III 107/04; RG 59, 76 für den Fall, daß der Dienstherr dem Angestellten Grund zur Kündigung gibt). Vgl. auch Warn 1913 Nr 275. Der Verzicht auf Gewährleistung jeglicher Art schließt die Behauptung aus, daß nach der Verkehrssitte die Gewährleistung aus Schwammschäden vom Verzichte nicht umfaßt sei (RG 10. 2. 06 V 335/05), denn die bezeichnete Klausel ist klar und daher nicht auslegungsfähig. Die Abrede im Kaufvertrage, „dem Käufer sind die Mietverträge bekannt", hat zur Folge, daß sich der Käufer so behandeln lassen muß, als hätte er alle Verträge wirklich gekannt, so daß der § 439 Platz greift (RG 8. 4. 16 V 36/16). Eine Bestimmung im Kaufvertrage, daß das Grundstück „an NN. bzw. dessen von ihm zu benennenden Auftraggeber" verkauft worden, läßt die Auslegung zu, daß NN. der Käufer ist unter Vorbehalt des Rechtes für ihn, einen Dritten in den Vertrag eintreten zu lassen und auch die Auflassung von den Dritten fordern zu dürfen (RG 26. 11. 13 V 242/13). — Wer die Überschreitung der von ihm erteilten Vollmacht wissentlich fortgesetzt duldet, erteilt damit stillschweigend die entsprechend weitergehende Vollmacht (RG 8. 12. 05 VII 173/05). Vgl. § 167 Anm 1. Bei der Bürgschaft (wie beim Garantievertrage im Sinne des § 538) besteht keine Pflicht zur Sorgfalt des Gläubigers; aber er darf seine Vertragsgenossen nicht dadurch schädigen, daß er gegen Treu und Glauben bestehende Sicherheiten aufgibt (RG 13. 7. 07 V 621/06). Bei einem Baugeldvertrage entspricht es regelmäßig der Vertragsabsicht, daß der Bauunternehmer die ihm bestellte Baugeldhypothek vor der Geldgabe abtreten darf, um sich so die Mittel zur Fortsetzung des Baues zu verschaffen, oder um sich für die ihm erwachsenen Bauforderungen zu befriedigen. Anderseits ist es nach der Verkehrsanschauung und nach Treu und Glauben der Regel nach unstatthaft, die Hypothek auch dann noch abzutreten, wenn der Schuldner auf die vollendete Bauausführung nichts mehr zu leisten hat (RG JW 1910, 755[17]). Wer Zahlung verspricht, wiewohl er die Leistung beanstandet, erklärt damit nach Treu und Glauben einen Verzicht auf die Bemänglung (RG 18. 12. 06 VII 88/06). Wenn ein Schuldner seinen Gläubigern die Verwertung seines Vermögens aufträgt, liegt in ihrem Beitritte zum Liquidationsverfahren nicht ohne weiteres ein Verzicht in Höhe des Ausfalls ihrer Forderungen, vielmehr ist der wahre Wille nach §§ 133, 157 zu ermitteln (RG JW 1911, 213[9]). Ein Bankier, der einem andern verspricht, die Schuld eines Dritten abzulösen, will damit regelmäßig unter Befriedigung des andern an dessen Stelle als neuer Gläubiger eintreten (RG JW 1912, 28[10]). Wer seine Willenserklärung anders aufgefaßt wissen will, als wie sie von der Allgemeinheit aufgefaßt wird, ist nach Treu und Glauben verpflichtet, den andern über seine wahren Absichten aufzuklären; andernfalls haftet er nach Maßgabe der abgegebenen Erklärung so, wie Treu und Glauben mit Rücksicht auf die Verkehrssitte es fordern

(RG JW 08, 4[3]; ferner JW 09 S. 489[10] u. 11, 90[8]); er kann nicht geltend machen, daß die seiner Erklärung gegebene Auslegung nicht seinem Willen entspreche. Vgl. § 155 A 1. Ist eine Erklärung klar und zweifelsfrei, so kann sie nicht deswegen umgedeutet werden, weil sie gegen Treu und Glauben verstößt (RG 82, 316). — Ein durch Unpünktlichkeit in der Zinszahlung entstehendes Kündigungsrecht erlischt nicht durch vorbehaltlose Annahme der nachträglichen Zahlung: kein Verstoß gegen Treu und Glauben (RG SeuffA 63 Nr 444). Verträge, in denen dem einen Teile unter gewissen Umständen ein sofortiges Kündigungsrecht oder die sofortige Fälligkeit bedungen ist, sind dahin auszulegen, daß der Berechtigte von seinem Rechte bei Verlust seines Erlöschens in angemessener Frist Gebrauch machen muß, damit nicht der Verpflichtete in einen besonders lästigen Schwebezustand gerät (RG 88, 145; Warn 08 Nr 283; 1918 Nr 201; JW 1915, 572[5]). Verwirkungsklauseln sind nur im Zweifel zugunsten des Verpflichteten auszulegen (RG 82, 54). Vgl. ferner über die Auslegung von Verwirkungsklauseln §§ 357, 360. Das Recht des Vermieters, einseitig den Vertrag aufzuheben, ist auf Grund der Vertragsbestimmung, daß ihm dies Recht bei Ausbleiben der Zahlung einer Mietrate (über 8 Tage hinaus) zustehen solle, dann gegeben, wenn der Mieter den Mietzins ganz oder wenigstens zu einem nicht ganz unerheblichen Teile in Rückstand gelassen hat (RG 82, 54). Die in einem Lieferungsvertrage enthaltene Streikklausel ist dahin zu verstehen, daß der Verpflichtete von der Erfüllung nur dann befreit sein soll, wenn der Arbeiterausstand gerade den dem Vertrage zugrunde liegenden Geschäftszweig unmittelbar trifft (RG JW 1913, 87[1]). Die Einrede der Arglist im Falle arglistiger Täuschung entsteht aus § 157 selbständig, ohne daß es der Anfechtung des Geschäfts oder der Geltendmachung eines Schadensersatzanspruchs bedarf (RG JW 04, 89[7] und RG 58, 356). Eine Verpflichtung des Dienstherrn gegenüber dem Angestellten, über ihn Auskunft zu erteilen, besteht nach der Verkehrssitte nicht (RG JW 1913, 195[3]). Über die Auslegung von Bestätigungsschreiben vgl. § 147 A 2. — Eine Bestimmung im Mietvertrage, daß der Mieter berechtigt sei, nach Ablauf der Mietzeit, den Vertrag auf unbestimmte Zeit zu verlängern, ist dahin auszulegen, daß sich der Mieter bereits innerhalb bestimmter Frist über sein Optionsrecht zu äußern hat (RG 99, 155). — Nimmt der Käufer einer Ware diese von einem andern als dem Verkäufer an, so verlangt es Treu und Glauben, daß er den Preis dem andern zahlt, falls dieser ihm zu erkennen gegeben hat, daß der Kaufpreis an ihn gezahlt werden müsse (RG 101, 321). — Lieferungsverträge, bei denen sich der Verkäufer abredegemäß der Hilfe eines Unterlieferanten bedient, sind dahin auszulegen, daß der Verkäufer für die Vertragstreue des Unterlieferanten einzustehen hat, sofern er eine solche Haftung nicht ausgeschlossen hatte (RG 103, 181). Ist in einem Kohlenlieferungsvertrage zur Ausfuhr nach dem Auslande bestimmt, daß sich der Preis nach dem Steigen und Fallen der Syndikatspreise ändern solle, dann ist dieser Bestimmung nach Treu und Glauben auch dann Raum zu geben, wenn die Mindestpreise für Auslandsverkäufe durch behördliche Festsetzung erhöht werden (RG 101, 45). Auslegung einer Chartepartie, in die Zusicherungen des Verfrachters über den Zeitpunkt der Ladebereitschaft aufgenommen sind s. RG 116, 156. — Der Zusatz in einem Telegramm „Brief folgt" ist nach Treu und Glauben unter Berücksichtigung aller Umstände auszulegen und kann den sofortigen Abschluß des Vertrags hindern; widersprechen sich demnächst die telegraphische und die briefliche Erklärung, dann kann eine Erklärung überhaupt nicht als abgegeben gelten, und daher ist die etwaige Anfechtung Sache des Gegners, falls dieser in der irrtümlichen Annahme, daß eine bestimmte Erklärung abgegeben sei, sich auf die vermeintliche Erklärung gebunden hat (RG 105, 13; Warn 1921 Nr 119). — Gegen denjenigen, der einen Vertrag mit einem Betriebe abschließt, der allgemeine Bedingungen abzuschließen pflegt, mit deren Vorhandensein das Publikum zur Zeit auch rechnet (beispielsweise mit einer Bank — RG 58, 151 —, oder einem dem Verkehre dienenden Verbande), ist anzunehmen, daß er sich diesem Betriebe unterworfen hat, selbst wenn er die Bedingungen nicht kannte, allerdings nicht auch solchen Bedingungen, denen er sich, wie von vornherein anzunehmen, keinesfalls unterworfen haben würde (RG 103, 80). Die genehmigten allgemeinen Bedingungen bilden nicht einen selbständigen Vertrag, werden vielmehr zum Bestandteile der demnächst abzuschließenden Verträge (RG 105, 291).

Derartige Klauseln, daß Ereignisse, wie Krieg, Streik, Betriebsstörungen und andere Fälle höherer Gewalt befreien sollen, setzen einerseits nicht voraus, daß das eingetretene Ereignis die Erfüllung (rechtzeitige Erfüllung) wirklich unmöglich macht, anderseits aber, daß der Eintritt des Ereignisses wirklich wesentlich störend einwirkt, daß also auch zwischen dem Ereignisse und den Handlungen oder Unterlassungen ein ursächlicher Zusammenhang besteht (RG 90, 380; 109, 28; Warn 1916 Nr 122; LZ 1920, 159[4]). Nach der sogenannten Kriegsklausel ist der Krieg ohne weiteres als ein Ereignis anzusehen, das die Erfüllung unmöglich macht, gleichgültig, ob die Unmöglichkeit tatsächlich eingetreten ist oder nicht (RG 87, 92; Warn 1916 Nr 3, 4, 212, 215). Die Klausel „Unter allen durch den Krieg bedingten Vorbehalten" umfaßt auch die Folgen der durch den Krieg hervorgerufenen Revolution (RG Warn 1922 Nr 114). Der Rücktritt kann gegebenenfalls nur in *angemessener*, im Streitfalle vom Richter zu bestimmender *Frist* wirksam ausgeübt werden (RG 88, 146; 91 S. 59 u. 109). Anderseits muß aber unter so außerordentlichen Umständen auch der andere Teil einer verspäteten Rücktrittserklärung gegenüber in angemessener Frist widersprechen, falls er nicht als zustimmend gelten soll (RG 88, 261). Eine auf Streitigkeiten „aus dem Vertragsverhältnisse" abgestellte Kriegsklausel ist nicht auf Ansprüche wegen unerlaubter Handlungen auszudehnen, mögen sie auch auf dem Boden des Vertrags erwachsen sein (RG JW 1918, 264[3]). Unklarheiten bei Freizeichnungsklauseln gehen zu Lasten dessen, der sie sich ausbedingt (RG 17. 9. 24 I 454/23). Über die Auslegung des Ausdrucks „Friedensschluß", „endgültiger Friedensschluß" in Verträgen s. RG Warn 1920 Nr 81; 1922 Nr 83; 1923/24 Nr 93. Vertragliches Rücktrittsrecht wegen Streik und Aussperrung s. RG JW 1924, 1039[1].

Über Auslegung von Klauseln „wie gesehen" oder „Kenntnis genommen" vgl. RG 84 S. 1 und 7; der Erfindungsklausel in einem Anstellungsvertrage RG 84, 49; der Vereinbarung einer Vertragsstrafe RG 85, 103; einer Bürgschaftserklärung RG 85, 327; eines Schiedsvertrags RG 88, 183; der Klausel „Kasse gegen Verladungsdokumente" RG 61, 348; 65, 185; 97, 152; 106, 299; RG LZ 1926, 480[1]; „Kasse gegen Rechnung bei Verladebereitschaft" SeuffA 78 Nr 198; „netto Kasse gegen Faktura" RG 69, 125; „Zahlung netto Kasse" RG Warn 1922 Nr 9; „Zahlung bei Erhalt der Faktura" RG Gruch 67, 649; „Kasse bei Faktura" RG JW 1923, 685[2]; „Zahlung durch Scheck" RG JW 1926, 2074[1]; „Zahlung bei Empfang" OLG 44, 242; „rebus sic stantibus" bei Akzeptkredit RG 65, 185; betreffs der Klausel cif. § 269 A 4 und RG 87, 134; 90, 1.

Die wegen der Unsicherheit der Verhältnisse immer mehr üblich gewordene *Klausel* **„freibleibend"** äußert sich verschieden, je nachdem sie erst in einem Vertragsantrage gemacht oder in den Vertrag selbst aufgenommen worden ist. Bei *Angeboten* bedeutet die Klausel, daß sich der Antragende an sein Angebot vorerst noch nicht gebunden wissen will, vielmehr erst vom Gegner die Abgabe einer Offerte erwartet (RG 105, 12; Warn 1921 Nr 38; RG SeuffA 79 Nr 103; RG LZ 1926 S. 43[1], 435[1]); nimmt indes der Antragsgegner jenes Angebot an, dann muß sich der Antragende alsbald darüber erklären, ob er gebunden sein will oder nicht, andernfalls ist nach Treu und Glauben das erstere anzunehmen (RG Gruch 66, 462; JW 1923, 118[1]; 1926, 2674[3]; Warn 1921 Nr 38; 1925 Nr 14; SeuffA 80 Nr 25). „Freibleibend unter Vorbehalt des Zwischenverkaufs" bedeutet in der Regel allgemeines Freibleiben, nicht beschränkt auf den Fall des Zwischenverkaufs (RG 24. 10. 25 I 18/25). Ist die in der Offerte enthaltene Klausel beim Vertragsschlusse selbst nicht wiederholt worden, dann hat sie sich durch diesen erledigt (RG 101, 75; 102, 228; JW 1922, 1319[5]). Als *Bestandteil eines Vertrags* gibt die Klausel dem Berechtigten, falls sie ohne nähere Bestimmung dessen, worauf sie sich beziehen soll, schlechthin hinzugefügt ist, nur die Befugnis, den Vertrag überhaupt rückgängig zu machen, nicht aber auch die, den Vertragsinhalt zu ändern (RG Gruch 66, 213; RG Warn 1923/24 Nr 101; JW 1922, 23[3]). Die Klausel des Inhalts „*freibleibend unter Vorbehalt der Lieferungsmöglichkeit*" oder „Berechnung des Preises zum Preise des Lieferungstages vorbehalten" berechtigt den Verkäufer, die Lieferzeit sowie die Höhe des Preises nach Treu und Glauben zu bestimmen, und solche Verträge sind auch zulässig (RG 104 S. 115 u. 306; Warn 1922 Nr 62; RG 7. 12. 23 II 288/22). Die Vertragsklausel freibleibend kann auch statthafterweise die Bedeutung haben, daß der Verkäufer zur Bemessung des Preises gemäß § 315 befugt sein soll (RG 103, 415; 65, 339; Warn 1922 Nr 61). Die Klausel „*Lieferungsmöglichkeit vorbehalten*" bedeutet, daß die Lieferungspflicht ausgeschlossen sein soll, wenn die Lieferung an sich zwar möglich bleibt, aber nur unter besonderen Schwierigkeiten und Opfern (RG JW 1921, 333[1]; vgl. auch RG Warn 1922 Nr 90, 91; 1923/24 Nr 137; LZ 1925, 768[2]). Bei einem Gattungskaufe gemäß § 279 kann ein solcher Fall nur dann gegeben sein, wenn die Ware überhaupt nicht zu beschaffen ist; es müßte denn zwischen den Parteien Einverständnis darüber geherrscht haben, daß der Verkäufer die Ware von einem bestimmten Dritten beziehen sollte, der den Verkäufer ohne sein Verschulden im Stich ließ (RG JW 1922, 1675[3]) oder daß der Verkäufer die Ware als Fabrikant selbst herstellen oder von einem bestimmten Fabrikanten bearbeiten lassen sollte, was ihm ohne sein Verschulden unmöglich wurde, in solchen Fällen wird der Verkäufer frei (RG JW 1922 1675[3]; 1925, 49[4]). Die Klausel, daß Käufer „keinen Rechtsanspruch wegen Nichtlieferung haben soll, wenn der Verkäufer aus irgendwelchen Gründen außerstande ist, zu liefern", enthebt den Verkäufer nicht der Verpflichtung, gegenüber seinem Lieferanten mit allen Mitteln und Rechtsbehelfen auf Lieferung zu dringen, wobei er dafür einstehen muß, daß dieser ihm nicht zu leichteren Bedingungen verpflichtet ist, als er seinem Abnehmer zugestanden hat (RG 15. 5. 23 II 756/22; vgl. RG 97, 325). Zur Auslegung der Klausel, daß der Verkäufer nicht zu liefern brauche, wenn er von seinem Lieferer im Stiche gelassen werde, s. RG JW 1925, 239[2]. Die Klausel „stets freibleibend" in einem Vertragsschlusse ist wegen ihrer Unbestimmtheit und Allgemeinheit rechtlich bedeutungslos (RG 102, 229). Als Ausnahme von den üblichen Vereinbarungen ist die Klausel freibleibend streng auszulegen, und sie verpflichtet ganz besonders zur Wahrung von Treu und Glauben (RG 102, 228; Warn 1912 Nr 61; JW 1922, 23[3]; 1921, 234[5]); sie darf auch nicht beliebig oft verwendet werden, gestattet vielmehr nur eine einmalige Ausübung (RG JW 1922, 1319[5]). Ist die Klausel dahin zu verstehen, daß der Verkäufer im Falle der Preissteigerung nur berechtigt sein sollte, einen andern Preis oder eine andere Regelung vorzuschlagen, und der Käufer alsdann sich darauf zu erklären hatte, dann kann der Verkäufer nicht einseitig den neuen Preis bestimmen, und erklärt sich der Käufer auf den neuen Antrag des Verkäufers nicht, dann ist der Vertrag für die Folge (betreffs der noch ausstehenden Lieferungen) aufgehoben und der Verkäufer zur weiteren Erfüllung nicht mehr verpflichtet (RG Warn 1922 Nr 61). Die Klausel „freibleibend unter Vorbehalt des Rücktrittsrechts" macht den Vertrag nicht unwirksam (RG 105, 368). „Auftrag freibleibend" s. RG Warn 1923/24 Nr 121; „Preiserhöhung durch Gestehungskosten vorbehalten" und „Neue Preise müssen angezeigt werden" s. ebenda Nr 164. — Vgl. auch § 433 A 1b Abs 2.

Versicherungsverträge: Der Versicherer muß sich gefallen lassen, daß die von ihm aufgestellten Versicherungsbedingungen, die allgemeinen und die besonderen, im Falle der Unklarheit gegen ihn ausgelegt werden, weil es ihm oblag, sich deutlich auszudrücken. Wie der Versicherungsnehmer die Bedingung verstanden hat, ist jedoch nur dann maßgebend, wenn er sie nach Treu und Glauben in diesem Sinne verstehen konnte (RG JW 1927, 1588[23]; RG Warn 1919 Nr 158). — Wird die Zahlung der ersten Prämie als Beginn für die Versicherung vereinbart, dann ist das dahin zu verstehen, daß das Recht des Versicherungsnehmers erst mit Zahlung der ersten Prämie erworben sein soll (RG 80, 144). Über das Verhältnis von vorläufiger Deckungszusage und endgültiger Versicherung s. RG 113, 150; 114, 321; JW 1927, 169[2]. Bei Unklarheiten von Versicherungsbedingungen sind diese gegen den Versicherer auszulegen (RG DJZ 10, 71). Auch unter der Herrschaft des BGB ist daran festzuhalten, daß die Verwirkungsabreden in Versicherungsverträgen im Zweifel den Vorbehalt für den Versicherten enthalten, daß er sich durch den Nachweis der Nichtverschuldung von der Verwirkung zu befreien vermag (RG 62, 190; 69, 175; 70, 44; 71, 440), und daß daher sein Anspruch gegebenenfalls nicht erlischt, wiewohl in der Abrede regelmäßig eine Ausschlußfrist enthalten ist (RG Gruch 54, 825 und JW 1911, 805[6]; Warn 1913 Nr 26, wo die Unterlassung der Prämienzahlung als eine nicht schuldhafte angesehen wird, wenn bisher die Prämie vom Agenten stets abgeholt worden war). Vgl. ferner § 6 und über die Folgen nicht rechtzeitiger Prämienzahlung (Befreiung des Versicherers von der Leistung) die §§ 38, 39 VersVG. Die auf Verletzung einer vertragsmäßigen Anzeigepflicht abgestellte Verwirkung tritt ebenfalls nicht ohne weiteres ein, sondern nur unter der Voraussetzung, daß eine schuldhafte Verletzung in Frage steht (RG 83, 43; Warn 1912 Nr 95; RG LZ 1927, 638[20]). Schon leichte Fahrlässigkeit genügt aber zur Verwirkung des Anspruchs (RG Warn 1910 Nr 138). Die Verpflichtung zur Anzeige des eingetretenen Versicherungsfalls (§ 33 VersVG) hat der den Anspruch Erhebende, wenn dies im Vertrage (Lebensversicherungsvertrag) vorgesehen ist, daher kommt es ausschließlich auf sein Verschulden an, wenn diese Anzeigepflicht verletzt ist (RG Warn 1912 Nr 95), also nicht etwa auf ein etwaiges Verschulden des vom Anspruchsberechtigten verschiedenen Versicherungsnehmers bei Aufbewahrung der Police (RG Warn 1914 Nr 43). Ob bei der Versicherung „für fremde Rechnung" die Anzeige einer späteren Gefahrerhöhung dem Versicherungsnehmer oder dem (Dritten) Versicherten obliegt, ist je nach den Umständen des Einzelfalls zu beurteilen (RG 95, 254, hier hatte eine Landesversicherungsanstalt ihre Angestellten versichert, und es wurde deren Anzeigepflicht angenommen). Bedient sich der Anzeigepflichtige zur Anzeige eines andern, dann greift § 278 nicht Platz, weil die Anzeigepflicht keine Verbindlichkeit dem Versicherer gegenüber, sondern nur eine Voraussetzung für das Recht auf Erhebung des Anspruchs darstellt (RG 83, 43; JW 09, 198[26]). Schon leichte Fahrlässigkeit genügt aber alsdann, die Befreiung nicht eintreten zu lassen (RG Warn 1910 Nr 138). Unentschuldbare unrichtige Beantwortung einer für den Entschluß des Versicherers erheblichen Frage macht die Versicherung für den Versicherer schon gemäß §§ 133, 157 unverbindlich (RG JW 1910, 193[23]). Bei der Lebensversicherung braucht der Versicherungsnehmer nur die in Hinsicht auf die Gefahrumstände gestellten Fragen zu beantworten; insoweit muß er aber auch etwaige erst nachträglich, indes noch vor dem Vertragsabschlusse eingetretene Umstände ohne weiteres anzeigen (RG Warn 1915 Nr 252 zu §§ 18 Abs 2, 16 VersVG). Für die unrichtige Beantwortung der im Formulare des Versicherungsantrags gestellten Fragen haftet der Versicherungsnehmer regelmäßig auch ohne besonderes Verschulden, und zwar auch dann, wenn der Agent des Versicherers die Antworten abgefaßt und niedergeschrieben hat (RG 46, 184; Warn 1910 Nr 467). Dem Versicherungsnehmer ist solches jedoch dann nicht als Verschulden zuzurechnen, wenn er dem Agenten, der die selbständige Beantwortung von Fragen übernimmt, diese schlechthin überläßt, vorausgesetzt, daß es sich um solche Fragen handelt, die der Agent ebensogut und zuverlässig, je nach seiner Sachkunde noch zuverlässiger als er selbst beantworten kann (RG Warn 1910 Nr 264); oder wenn der Versicherungsnehmer durch den Agenten zu der unrichtigen Beantwortung veranlaßt worden ist, zumal wenn in den allgemeinen Versicherungsbedingungen auf den Agenten als Auskunftsperson verwiesen ist (RG Warn 1913 Nr 306 u. 307). Vgl. Gruch 1914, 467; JW 1919, 381[9], wonach die Gesellschaft für die Erklärung solcher Agenten einstehen muß. Die Gesellschaft haftet für die Erklärungen des Agenten insoweit, als dieser den Versicherungsnehmer über die Bedeutung der Versicherungsbedingungen aufklärt und belehrt (RG 86, 128; 73, 303; JW 1916, 122[10]; Warn 1920 Nr 20). Aber die Vertretungsbefugnis des Versicherungsagenten findet darin ihre Grenze, als seine Erklärungen mit dem in den Versicherungsbedingungen klar und zweifelsfrei ausgedrückten Willen der Gesellschaft in Widerspruch stehen (RG JW 1920, 280[1]). — Über die Anzeigepflicht des Versicherungsnehmers und demgegenüber betreffs des Rücktrittsrechts des Versicherers bei Verletzung der bezeichneten Pflicht vgl. die §§ 16ff. VersVG. Beweist der Versicherte, daß ihn wegen falscher Beantwortung einer Frage oder wegen verspäteter Anzeige kein Verschulden trifft, dann darf der Versicherer weder aus dem einen Grunde noch aus dem andern Rechte herleiten (RG JW 06, 145[23]; 1913 S. 274[17] u. 275[18]). Wegen Unterlassung der an sich erforderlichen Anzeige des Versicherten kann der Versicherer nur dann zurücktreten, wenn die Anzeige nicht grob fahrlässig, sondern arglistig unterlassen ist (RG JW 1921, 109[7]). Macht der Versicherer bei verspäteter Bezahlung der Prämie von der entsprechenden Vertragsbestimmung Gebrauch, so verstößt dies nur dann gegen Treu und Glauben, wenn sein früheres Verhalten in dem Versicherungsnehmer den Glauben erregen konnte, von der Klausel werde nicht Gebrauch gemacht werden (RG Warn 1910 Nr 486). Spricht der Versicherer den Wunsch aus, die Entschädigungsfrage bis zum Schlusse einer strafgerichtlichen Untersuchung aufzuschieben, so ist darin ein Verzicht auf die Verwirkungseinrede zu finden (RG JW 1910, 35[58]). Die Verwirkung tritt auch dann nicht ein, wenn ihr Eintritt schon mit der Vertragstreue und Billigkeit in Widerspruch stünde (RG JW 09, 198[20]). Verwirkung des Versicherungsanspruchs durch Weigerung des gegen Haftpflicht Versicherten, die Führung des Haftpflichtprozesses dem Versicherer allein zu überlassen, s. RG 101, 213; LZ 1924, 89[5]. Der Versicherte kann von dem Versicherungsvertrage zurücktreten, wenn der Versicherer selbst unsicher wird, und daher auch im Falle der Verschmelzung der Gesellschaft mit einer andern, wenn dabei die Interessen der Versicherten nicht genügend gewahrt sind (RG 60, 56). — Bei der Anwendung einer Bestimmung der allgemeinen Versicherungsbedingungen, wonach sich die Versicherung eines Kraftwagens auf den Fall seiner Unterschlagung erstreckt, ist im Zweifel der strafrechtliche Begriff der Unterschlagung maßgebend (RG 114, 347). Der Anspruch auf Herabsetzung der Prämie aus § 60 RVG wird nur durch das tatsächliche Kennen des Vorhandenseins einer Doppelversicherung, nicht aber schon durch das Kennenmüssen ausgeschlossen (RG JW 1921, 395[6]). — Enthält ein Unfallversicherungsvertrag die Bestimmung, daß der Unfall die „alleinige" („ausschließliche") Ursache für den Erfolg gewesen sein müsse, so ist als Vertragswille anzusehen, daß eine Verursachung des Schadens allein durch den Unfall dann nicht als vorliegend angenommen werden soll, wenn vor dem Unfalle eine krankhafte Veränderung des Klägers bestand, ohne welche die schädliche Folge überhaupt nicht eingetreten wäre; der Krankheitszustand muß alsdann als „mitwirkende Ursache" erachtet werden (RG Warn 09 Nr 444). Ist der Unfall nur infolge einer abnormen Veranlagung schädlich geworden, so kann er nicht als die alleinige Ursache der entstandenen Nachteile angesehen werden (RG Warn 1912 Nr 94). Als solche kann jedoch nicht schon eine nach dem natürlichen Verlaufe der Dinge, z. B. infolge des Alters eingetretene größere Empfänglichkeit gelten (RG 68, 67; JW 08 S. 346[36] u. 565[31]; Warn 09 Nr 126). Die Ausschlußfrist für die Unfallanzeige kann nicht beginnen, solange der Eintritt einer Verletzung dem Versicherten noch nicht erkennbar geworden ist (RG Gruch 54, 814). Der § 39 VersVG macht dem Versicherer unabänderlich zur Pflicht, bei Bestimmung der dort vorgesehenen Frist zugleich die Rechtsfolgen anzugeben, wie sie aus Abs 1 mit dem Fristablaufe verbunden sind, und eine ungenügende Fristsetzung ist unwirksam (RG 86, 27). Ungenügend ist auch die Erklärung etwa, der Versicherer werde im Falle des Verzuges den Vertrag als aufgehoben betrachten (RG 93, 82). Daraus allein, daß im Versicherungsschein die Zeit der vorläufigen Deckung in die Versicherungszeit eingerechnet worden ist, kann noch nicht die Vereinbarung entnommen werden, daß für die Zahlung der ersten Prämie § 39 a. a. O. gelten soll (RG 114, 321, vgl. 113, 150). — Ein betrügerisches Verhalten des von ihm zur Schadensermittlung bestellten Vertreters hat der Versicherungsnehmer zu vertreten (RG Warn 1914 Nr 109). — Die Bestimmung, daß bei Übergang des versicherten Betriebs auf einen andern dieser ohne weiteres in den Vertrag eintrete, kann einen Vertrag im Sinne des § 328 ergeben (RG Warn 1914 Nr 280). Gemäß § 69 Abs 1 VersVG und einer dieser Vorschrift gleichlautenden Vertragsbestimmung erlischt das Recht des Versicherungsnehmers auf die Brandversicherungssumme nicht schon dadurch, daß er die versicherte Sache verkauft, sondern erst dadurch, daß auch bereits die Übereignung erfolgt und der Erwerber hierdurch in den Vertrag eingetreten ist (RG 84, 409). — Zur Auslegung einer Bestimmung, wonach der Versicherer den Versicherten zunächst auf Durchsetzung seiner Ansprüche gegen Dritte verweisen will, s. RG JW 1926, 1330[7]. — Dem Lebensversicherungsscheine kann abredegemäß eine solche konstitutive Wirkung beigelegt werden, daß sich das Rechtsverhältnis ausschließlich nach ihm regelt (RG SeuffA 76 Nr 4). Die Anwendbarkeit der die Haftung des Versicherers einschränkenden Kriegsklausel bei Lebensversicherungsverträgen verlangt nur, daß der Versicherte im Kriegsdienste tätig und hierdurch einer Erhöhung der seinem Leben drohenden Gefahren ausgesetzt ist, und dazu kann auch genügen, daß die Gefahr aus etwaigen Krankheiten gesteigert ist (RG 93, 84; hier war der Offizier in der Etappe an den Folgen einer Blinddarmoperation verstorben). — Ist im Vertrage die Haftung des Versicherers durch Klauseln, wie „Unfälle durch Erdbeben, durch Kriegsereignisse oder im mobilen Militärdienste, durch Unruhen", ausgeschlossen, dann muß zum Eintritte der Befreiung zwischen dem Unfalle und der Befreiung ein unmittelbarer Zusammenhang bestehen, ein nur mittelbarer genügt nicht (RG Gruch 61, 778). Das gleiche gilt entsprechend bei der Seeversicherung betreffs der Klauseln „nur für Seegefahr", „frei von Kriegsverlust" (RG 89 S. 140, 143, 317). Zum Begriff der bürgerlichen Unruhen im Versicherungsrecht s. RG 108, 188. — Wegen veränderter Umstände ist dem Versicherungsnehmer ein Kündigungsrecht einzuräumen, falls mittels ergänzender Auslegung anzunehmen ist, daß der Genannte nur bei Fortdauer gewisser für das Vertragsverhältnis bedeutsamer Umstände an den Vertrag gebunden sein wollte (RG 60, 65; JW 1914, 296[2]; Gruch 60, 988). — Die Bestimmung des § 94 Abs 2 VersVG hat nicht die Bedeutung, daß der Versicherungsnehmer nach Ablauf eines Monats seit der Anzeige, falls sich sein Schaden ohne sein Verschulden nicht feststellen läßt, immer nur so viel fordern könne, als der Versicherer ihm zubilligen wolle (RG SeuffA 72 Nr 176). — Betreffs der Versicherung gegen Kriegsgefahr und des darauf beruhenden Verzögerungsschadens bei der Transportgefahr in Verbindung mit der Freizeichnungsklausel vgl. Warn 1919 Nr 109. Ist eine Versicherung in Gemäßheit der Kriegsklausel auf die in der Wegnahme, Beschädigung oder Zerstörung der versicherten Waren bestehende Kriegsgefahr abgestellt, dann bleibt die Entschädigungspflicht auf diese Fälle beschränkt, und sie kann nicht auch auf sonstige Fälle erweitert werden, wo ein das Gut betreffender Schaden unmittelbar auf den Krieg zurückzuführen ist, wie namentlich auf eine vom Feinde angeordnete Beschlagnahme (RG 81, 117; 90, 378; 96, 150; RG 27. 3. 25 VI 502/24). Auslegung der Klausel „innerer Verderb hervorgerufen durch Streik" s. RG JW 1925, 616[20]. Soll der Versicherer nach den Vertragsbedingungen von seiner Verpflichtung befreit sein, falls die ihn befreiende Tatsache dem Leiter des versicherten Betriebs bekannt gewesen wäre, dann genügt es, wenn auch nur sonst ein Angestellter von jener Tatsache Kenntnis gehabt hatte (RG 101, 403, hier hatte der Angestellte eines Nachtwachunternehmens, das bei einer Gesellschaft gegen Haftpflicht versichert war, Kenntnis davon gehabt, daß der Wachtdienst nicht gehörig ausgeübt worden war). — Wird der Versicherer gemäß § 61 auch dem Versicherungsunternehmer gegenüber wegen dessen Beteiligung an der Brandstiftung befreit, so blieben doch die Ansprüche der Hypothekengläubiger aus § 101 RVG bestehen (RG 102, 350).

Über **Revisibilität** s. § 133 A 2. Bei Nachprüfung der Auslegung der einem Versicherungsvertrage beigefügten „Allgemeinen Versicherungsbedingungen" hat das Revisionsgericht eine freiere Stellung als sonst, um den Sinn der allgemeinen Bedingungen, weil diese für alle Verträge gleichmäßig gelten, selbständig feststellen zu können (RG 81, 117; 108, 188; 112, 372; Warn 1919 Nr 158; LZ 1920, 154[4]). Auch die „Besonderen Bedingungen" der Versicherungsgesellschaften können in der Revisionsinstanz nachgeprüft werden (RG JW 1926, 554[2]). Die Frage, welcher Sinn einer Erklärung vom Vertragsgegner nach Treu und Glauben beigelegt werden konnte, ist eine Rechtsfrage (RG JW 1913, 593[4]; Warn 1919 Nr 131). Die Frage, ob eine behauptete Verkehrssitte besteht, ist eine der Nachprüfung durch das Revisionsgericht entzogene Tatfrage, da es sich bei ihr nicht um eine Rechtsnorm, sondern nur um eine tatsächliche Übung handelt (RG Warn a. a. O.).

Vierter Titel

Bedingung Zeitbestimmung

1. **Bedingungen und Befristungen** ist gemeinsam, daß sie nicht zu den notwendigen Bestandteilen eines Rechtsgeschäfts gehören, daß sie jedoch, dem Rechtsgeschäfte beigefügt, zu dessen Bestandteilen werden. Nach den früher üblichen Einteilungen wurden sie nebst der Auflage dem Oberbegriffe „Nebenbestimmungen" unterstellt. Über die Auflage gibt das BGB nur noch bei einzelnen Rechtsgebilden, wie bei der Schenkung und bei letztwilligen

Verfügungen, Sonderbestimmungen. Die Begriffe Bedingung und Zeitbestimmung sind vom Gesetze als bekannt vorausgesetzt. Das Nähere darüber unter §§ 158 u. 163.

2. **Eigentliche Bedingung** im Sinne des Gesetzes ist ausschließlich die einem Rechtsgeschäfte zugefügte Bestimmung, durch welche seine Rechtswirkungen von einem zukünftigen, ungewissen Ereignisse abhängig gemacht werden, sodann aber auch dieses Ereignis selbst. Als das die Bedingung darstellende künftige Ereignis können sowohl Handlungen wie Unterlassungen, und zwar sowohl der Parteien wie Dritter, wie auch sonstige Begebenheiten rein tatsächlicher oder rechtsgeschäftlicher Art vorgesehen sein, und zwar die Leistung einer Handlung des einen Teiles sogar dann, wenn die Leistung selbst wegen ihrer Unbestimmtheit nicht klagbar sein würde (RG 28. 3. 01 VI 3/01). Sprachgebräuchlich wird das Wort Bedingung auch in Ansehung von bloßen Geschäftsbestimmungen verwendet, wie z. B. der: „Zahlung geschieht unter der Bedingung, daß die Übergabe erfolgt.“ Alsdann handelt es sich nur (RG 22. 2. 06 IV 409/05) um eine sog. Geschäftsbedingung, welche zum Inhalte des Geschäfts (der lex contractus) gehört, dagegen nicht dazu bestimmt ist, die Wirkung des Geschäfts in Frage zu stellen (RG JW 09, 453[5]). — Grundsätzlich verschieden von Bedingungen im Rechtssinne sind die bloßen **Voraussetzungen**. Über deren Bedeutung vgl. § 119 A 2 und RG 66, 132; 70, 86).

Ob der Eintritt des als Bedingung gestellten Ereignisses von der Willkür, sei es des Berechtigten, sei es des Verpflichteten — Willkürbedingung —, oder lediglich vom Gange der Dinge selbst — zufällige —, oder endlich von beiden Voraussetzungen abhängig sein soll — gemischte Bedingung —, ist für den Begriff Bedingung unwesentlich. Freilich muß es sich auch bei der Willkürbedingung um eine wahre Bedingung handeln, mithin darum, daß lediglich die Wirksamkeit des Rechtsgeschäfts von dem Eintritte oder Nichteintritte des Ereignisses abhängig gemacht ist (§ 158), nicht aber schon die Entstehung des Rechtsgeschäfts überhaupt. Bei Verträgen insbesondere darf also nicht schon die Bindung der Partei in die Willkür gestellt sein („si volam“), weil dann bereits das Zustandekommen des Rechtsgeschäfts in Frage gestellt wäre. Wohl aber ist es möglich, die Wirksamkeit des Vertrags derart auf den freien Willensentschluß einer Vertragspartei abzustellen („si voluero“, „si placuerit“), daß es demnächst allein von ihrer freien Entschließung abhängt, ob der Vertrag wirksam wird oder nicht (RG 94, 297), wie das beispielsweise zutrifft beim Kaufe auf Probe (§ 495) sowie bei Ausbedingung eines persönlichen Vorkaufsrechts (RG 69, 283; 77, 147); oder wenn zur Bedingung gestellt ist, daß der eine Teil eine bestimmte Erklärung abgeben werde (RG 67, 45), und wie es auch bei gegenseitigen Verträgen zulässig ist (RG 67, 45; 69, 283; 72, 385; 77, 417; 94, 297; 104, 100; Warn 1911 Nr 174), insbesondere auch vermöge der Vertragsklausel freibleibend betreffs der Bestimmung der Lieferzeit oder der Preishöhe (RG 104 S. 115 u. 306; 103, 415). In diesem Falle hängt zwar die Ausübung des Rechtes von der Willkür des Berechtigten ab, eine Gebundenheit des bedingt Verpflichteten besteht aber sofort (RG 66, 132; Warn 09 Nr 67; 1911 Nr 147; Gruch 53, 411). Vgl. auch § 162 A 1.

Begrifflich bedeutungslos ist es ferner, ob die Bedingung zu ihrer Erfüllung eine Veränderung — bejahende (affirmative) Bedingung — oder eine Nichtveränderung des bestehenden Zustandes — verneinende (negative) Bedingung — voraussetzt. Zu bemerken ist endlich, insbesondere für die Fälle der unmöglichen und unsittlichen Bedingung, daß das BGB im allgemeinen keinen Unterschied macht, ob die Bedingung einem Rechtsgeschäfte unter Lebenden oder einer letztwilligen Verfügung beigefügt worden ist (vgl. nur die Auslegungsregeln der §§ 2074, 2075).

3. Um eine **uneigentliche Bedingung** handelt es sich überall, wo die anscheinend als Bedingung gesetzte Tatsache an sich nicht geeignet ist, von ihrem Eintritt oder ihrem Ausbleiben die Wirksamkeit des Rechtsgeschäfts abhängig zu machen, oder wo die Beifügung die Rechtsbeständigkeit des Rechtsgeschäfts selbst beseitigt. Rechtlich möglich ist auch der Abschluß eines Verlöbnisses unter einer Bedingung oder Betagung; aber hier steht ebenfalls keine eigentliche aufschiebende Bedingung in Frage, vielmehr erlangt die Willenseinigung auch trotz der Beifügung sofort und unbedingt die gesetzlich vorgesehene Wirksamkeit mit den Rechtsfolgen aus den §§ 1298—1300 (RG 80, 88).

a) Steht es schon bei der Vornahme des Geschäfts fest, daß der als Bedingung gesetzte Fall nicht eintreten kann (unmögliche Bedingung), und ist sein Wirksamwerden gleichwohl vom Eintritte der Bedingung abhängig gemacht, so kann der (anscheinend) beabsichtigte Erfolg selbstverständlich überhaupt niemals eintreten; Nichtigkeit bei Verträgen gemäß § 306; indes vgl. § 308; ist dagegen die Beendigung der Wirksamkeit in der angegebenen Weise bedingt worden, so ist die Beifügung einer solchen Bedingung bedeutungslos. Wohl aber ist es zulässig, ein Ereignis zur Bedingung zu setzen, dessen Eintritt zur Zeit unmöglich ist, falls nur die Unmöglichkeit in der Folge, beispielsweise durch Änderung der Gesetzgebung, gehoben werden kann (M 1, 265ff.; vgl. auch die §§ 306, 308).

b) Wird die Wirkung eines Rechtsgeschäfts von einem Ereignisse, das eintreten muß, abhängig gemacht — notwendige Bedingung —, so ist das Rechtsgeschäft in Wirklichkeit überhaupt nicht bedingt; soll die Wirkung bei Eintritt eines derartigen Ereignisses aufhören, so handelt es sich der Sache nach um einen Endtermin.

c) Unnütze Bedingungen, die für keinen Teil einen Vorteil begründen, können etwaig eine besondere Bedeutung insofern gewinnen, als sie die Ernstlichkeit des Geschäfts in Frage stellen. Sonst unterliegen sie den allgemeinen Grundsätzen von der Bedingung, insbesondere müssen auch sie nach dem Parteiwillen erfüllt werden. Das BGB gibt hierfür keine abweichende Regel.

d) Macht die Bedingung das Rechtsgeschäft zu einem unsittlichen (§ 138), oder gibt sie ihm auch nur teilweise einen unerlaubten Inhalt (§ 134), so ist das Geschäft ganz oder teilweise nichtig (§ 139).

e) An sich unverständliche Bedingungen — perplexe — sind geeignet, das ganze Rechtsgeschäft wegen mangelnder Bestimmtheit und Unklarheit zu vernichten.

Fremd ist dem Gesetze die hergebrachte **Einteilung der Bedingungen** in affirmative und negative, potestative, kasuelle und gemischte, notwendige, unmögliche und unnütze, perplexe, unerlaubte und unsittliche. Das Gesetz erachtet mit Recht Sonderbestimmungen in allen diesen Beziehungen für überflüssig. Denn handelt es sich um eine wirkliche Bedingung, so muß ohnehin überall dieser nämliche Rechtsbegriff Platz greifen und die nämliche Rechtsfolge; soweit es sich dagegen um uneigentliche Bedingungen handelt, reichen die sonstigen allgemeinen Rechtsgrundsätze für Beurteilung ihrer Wirkung aus. In jedem Falle ist die Frage, welchen Einfluß eine Bedingung auf die Gültigkeit eines Rechtsgeschäfts haben kann, nach dem Inhalte des ganzen Geschäfts zu beurteilen, mag dieses seine besondere Beschaffenheit auch erst durch die hinzugefügte Bedingung erhalten haben. Denn immer muß das Geschäft mit allen seinen Bestandteilen als ein einheitliches Ganzes betrachtet werden. So ist es auch möglich, daß ein Geschäft gerade durch die Hinzufügung der Bedingung eine solche Unbestimmtheit oder einen so unsittlichen Charakter annimmt, daß es sich aus solchem Grunde als ungültig darstellt.

Keine eigentliche Bedingung sind: a) Die Wiederholung einer Rechtsbedingung (condicio juris), d. h. die Anerkennung einer an sich (oder vermeintlich) notwendigen gesetzlichen Voraussetzung für die Begründung des Rechtsgeschäfts; sie macht das Geschäft nicht zu einem bedingten, selbst wenn die Voraussetzung in Wirklichkeit nicht zutrifft (**RG** JW 1912, 135[7]; Gruch 56, 119). Vgl. § 162 A 2 a. E. b) Die auf die Vergangenheit oder die Gegenwart gestellte Bedingung — in praeteritum oder in praesens collata. In diesem Falle sind die Parteien zur Zeit nur im ungewissen darüber, ob das Ereignis eingetreten ist oder nicht, und es kann sich somit für künftig auch nur um ihre Aufklärung darüber handeln, ob das Geschäft zustande gekommen ist oder nicht.

4. Das Gesetz faßt bedingte oder befristete Rechte nicht als eine bloße Aussicht, als eine Anwartschaft, sondern als ein **bereits erworbenes Vermögensrecht** auf (**RG** 69, 421; Gruch 54, 1166). Das zeigt sich in der Übertragbarkeit und Vererblichkeit bedingter Rechte (§ 1922; betreffs bedingter Zuwendungen vgl. §§ 2074ff.); ferner in ihrer Tauglichkeit, materiell als Grundlage für ein Nebenrecht wie Bürgschaft (§ 765 Abs 2) und Pfandbestellung (§§ 1113 Abs 2, 1204 Abs 2) und prozessual als Grundlage für einen Arrest (§ 916 Abs 2 ZPO), für die Feststellungsklage (§ 256) sowie für eine Klage auf künftige Leistung (§ 259 ZPO) zu dienen. Endlich kommt in Betracht, daß das bedingte und betagte Recht pfändbar (§ 844 ZPO) und im Konkurse sowie bei der Grundstücksversteigerung zu berücksichtigen ist (§§ 66, 67, 154, 168 KO; §§ 14, 48, 119, 120 ZVG). Demgemäß gehören derartige Rechte auch zur Konkursmasse.

5. Bei gewissen Geschäften ist **die Bedingung überhaupt unzulässig**: so bei der Aufrechnung (§ 388), der Auflassung (§ 925), nicht aber bei sonstigen abstrakten Rechtsgeschäften (**RG** Warn 1915 Nr 165), bei der Eheschließung (§ 1317), bei der Ablehnung der Fortsetzung der Gütergemeinschaft (§ 1484 Abs 2) und bei andern Rechtsgeschäften im Gebiete des Familien- und Erbrechts (§§ 1598, 1724, 1742, 1768, 1947, 2180 Abs 3, 2202 Abs 2). Eine unbedingte Erklärung erfordern auch die Anfechtung (**RG** 66, 153; vgl. aber § 143 A 1 Abs 1) und die Rücktrittserklärung die rein einseitige Kündigung (**RG** Warn 1915 Nr 103), die Mahnung, die Ausübung des Wiederkaufs- und Vorkaufsrechts, mit der Maßgabe jedoch, daß diese Erklärungen, die eine Bedingung nicht vertragen, rechtswirksam als eventuelle abgegeben werden können, also nur für den Fall, daß eine Tatsache gegeben sei oder nicht gegeben sei (vgl. **RG** 57, 101; 74, 5; 97, 171). Im übrigen ist die Zulässigkeit von Bedingungen die Regel. Auch die Einsetzung eines Nacherben ist unter der Bedingung zulässig, daß der Vorerbe nicht anders über den Nachlaß verfüge (**RG** 95, 279). Desgl. ist eine entsprechende Anwendung zulässig in Ansehung der Verzeihung von Ehescheidungsgründen (JW 1919, 820[2]).

§ 158

[1]) **Wird ein Rechtsgeschäft unter einer aufschiebenden Bedingung[2]) vorgenommen, so tritt die von der Bedingung abhängig gemachte Wirkung mit dem Eintritte[3]) der Bedingung ein[4]).**

Wird ein Rechtsgeschäft unter einer auflösenden[1]) Bedingung vorgenommen, so endigt mit dem Eintritte[3]) der Bedingung die Wirkung des Rechtsgeschäfts; mit diesem Zeitpunkte tritt der frühere Rechtszustand wieder ein[5—7]).

E I 128 ff. II 128; M 1 250 ff.; P 1 179 ff.

1. Über den Begriff Bedingung vgl. Vorbem 2, 3. Über die Eigenschaft des bedingten Rechtes als Vermögensrecht vgl. Vorbem 5. — Daß nach der Auffassung des Gesetzes nichts anderes als die **Wirkung des Rechtsgeschäfts** durch eine Bedingung betroffen wird, stellt der Wortlaut außer Zweifel. Der frühere Streit darüber, was als bedingt zu denken sei, ob der Wille oder der Erfolg, kann somit Bedeutung nicht mehr haben. Betrifft die Bedingung ausschließlich die Wirkung des sonst als rechtsbeständig zu denkenden Geschäfts, dann kann durch sie auch nichts anderes als der Beginn oder aber die Fortdauer der Wirkung in Frage gestellt sein. Demnach liegt eine **aufschiebende Bedingung** vor, wenn die von der Bedingung abhängig gemachte Wirkung (erst) mit ihrem Eintritte entsteht, eine **auflösende,** falls die Wirkung mit dem Eintritte der Bedingung aufhört. Ob nach der Parteiabrede die eine oder die andere Bedingung als gewollt anzunehmen, ist im Zweifel Sache der Auslegung (§§ 133, 157). Abrede, daß der eine Vertragsteil das Recht haben soll, bis zu einem bestimmten Zeitpunkte zurückzutreten als auflösende Bedingung s. **RG** 9. 3. 10 I 167/09; Auslegung einer „auflösenden Bedingung" als Vereinbarung eines einseitigen Rücktrittsrechts s. **RG** SeuffA 79 Nr 15. Auflösende Bedingung kann auch die Klausel „Lieferung vorbehalten" sein, und zwar im Sinne einer Auflösungsbefugnis nach freiem Belieben; die in **RG** 104, 98 für die aufschiebende Bedingung enthaltenen Erwägungen kommen dann nicht in Betracht (**RG** 23. 1. 23 III 154/22). Allgemeine Auslegungsregeln gibt das Gesetz nicht, wohl aber eine solche im Einzelfalle (§§ 455, 495, 2075).

2. Bei der **aufschiebenden** Bedingung besteht zwar das Rechtsgeschäft schon jetzt, der beabsichtigte Rechtserfolg kann jedoch noch nicht eintreten. Ist eine Forderung oder ein Recht nur bedingt übertragen, so steht die beabsichtigte dingliche Rechtsänderung einstweilen noch aus, und das Gläubigerrecht, das Eigentumsrecht usw. ist bei dem andern daher noch nicht entstanden. Ist ein bloßes Forderungsrecht unter einer aufschiebenden Bedingung begründet worden, so ist es auch noch nicht erfüllbar; die trotzdem gemachte Leistung kann somit nach § 812 zurückgefordert werden. Die unbedingte Abtretung einer aufschiebend bedingten Forderung ist selbst aber sofort wirksam, nicht erst mit Eintritt der Bedingung (**RG** 67, 425; Gruch 54, 1165).

3. **Eingetreten ist die Bedingung** — aufschiebende wie auflösende —, falls sich derjenige Tatbestand, der als Bedingung gesetzt worden, voll und ganz vollzogen hat, daher bei der bejahenden (Vorbem 2), sobald das Ereignis eingetreten ist; bei der verneinenden, sobald feststeht, daß es nicht eintreten kann (**RG** JW 1912, 135[7]). **Ausgefallen** ist die Bedingung, wenn sich der fragliche Tatbestand nicht mehr vollziehen kann; daher bei der bejahenden, sobald die Möglichkeit des Eintritts des fraglichen Ereignisses vereitelt ist; bei der verneinenden, sobald dasjenige Ereignis eingetreten ist (z. B. Verheiratung), von dessen Nichteintritt die Wirkung des Rechtsgeschäfts abhängig gemacht worden ist. Ein Zwang auf Erfüllung einer Bedingung besteht niemals. „Die Bedingung zwingt nicht", wie die Auflage es gerade tut. Ausnahmsweise soll nach § 2076 die einer letztwilligen Verfügung beigefügte Bedingung auch dann schon als erfüllt gelten, wenn sich der Tatbestand deswegen nicht hat verwirklichen lassen, weil der Dritte, dessen Mitwirkung dazu erforderlich gewesen wäre, diese versagt hat; vgl. ferner § 162. Besteht die Bedingung in einer Handlung des Verpflichteten, so überträgt sich die Erfüllungsmöglichkeit auf seine Erben (Vorbem 4). Die Zeit der Erfüllbarkeit muß stets erkennbar sein; andernfalls wäre das ganze Geschäft wegen Unbestimmtheit ungültig (**RG** 27. 2. 06 VII 308/05), soweit nicht die Lücke durch richterliche Entscheidung ausfüllbar ist; vgl. § 315. — Bis zum Eintritte der Bedingung besteht ein *Schwebezustand*. Über die verbindlichen Beziehungen zwischen den beiden Beteiligten während des Schwebezustandes vgl. die §§ 160, 161.

4. Der **Eintritt** der **aufschiebenden Bedingung** hat den **Eintritt der Wirkung des Rechtsgeschäfts** zur Folge, und zwar vom Zeitpunkte des Eintritts ab (§ 159). Das vom Berechtigten zuvor nur bedingt erworbene Recht ist nunmehr zu einem unbedingten geworden. Hatte also die Übertragung der veräußerten Forderung, die Übergabe der Sache bereits stattgefunden, so bedarf es, um den Erwerb zu einem endgültigen zu machen, auch nicht mehr eines

weiteren Übertragungsakts (RG 54, 341; JW 08, 270[3]). Das zum Zwecke der Vertragserfüllung vor Eintritt der Bedingung Geleistete kann jetzt nicht mehr zurückgefordert werden. **Fällt dagegen die Bedingung aus,** so verliert das Geschäft jede Wirksamkeit und der Erwerber auch jede Rechtsanwartschaft; die ihm übergebene Sache, die ihm übertragene Forderung hat er fortan ohne Rechtsgrund hinter sich, und die Rückforderung kann sowohl mit der dinglichen Klage wie mit dem Bereicherungsanspruche nach Satz 2 § 812, wie endlich auch mit der Vertragsklage erfolgen. Denkbar ist es freilich, daß die Parteien das dingliche Vollzugsgeschäft, z. B. die Übergabe der Kaufsache auch dann unbedingt vornehmen, wenn das Schuldverhältnis ein bedingtes war. In dem Falle bleibt das dingliche Geschäft vom Schicksale des Schuldverhältnisses unberührt, und bei Ausfall der Bedingung verbleibt der Erwerber daher in dem ihm übereigneten Rechte, so daß der Veräußerer jetzt auf die Rückforderung aus § 812 und auf die Vertragsklage gewiesen ist (vgl. § 125 A 1c). Auf eine Bedingung, die nur im Interesse des einen Vertragsteils gestellt ist, kann dieser verzichten (vgl. RG 26. 4. 24 V 453/23: Erteilung einer Konzession an den Käufer als Bedingung des Kaufvertrags).

5. Bei der **auflösenden Bedingung** liegt die Sache umgekehrt wie bei der aufschiebenden: Die dingliche Rechtsänderung entsteht sofort; der Veräußerer büßt somit das unter einer auflösenden Bedingung veräußerte Recht sogleich ein, während auf der andern Seite der Erwerb schon jetzt erreicht ist. Tritt aber die Bedingung ein, so *endigt damit die Wirkung* des Rechtsgeschäfts, und zwar kraft Gesetzes sogleich, und es *tritt* nunmehr ohne weiteres, aber nur von jetzt ab, der *frühere Rechtszustand wieder ein* (§ 159). Das Forderungsrecht, oder gegebenenfalls das Eigentumsrecht, verliert also der Erwerber, und es entsteht jetzt wiederum beim Veräußerer. Diese Wirkung ist eine *dingliche* und zeigt sich daher nicht nur im Verhältnisse der unmittelbar Beteiligten untereinander, sondern auch Dritten gegenüber (vgl. das Nähere hierüber bei § 161). Der Veräußerer kann fortan wieder die Eigentumsklage geltend machen und bei eingetragenen Rechten (RG JW 08, 270[3]) die Berichtigung des Grundbuchs verlangen gemäß § 894. Einer Übertragungshandlung, um die Forderung, das Recht dem Veräußerer als bedingt Berechtigtem zurückzugewähren, bedarf es nicht. Der Veräußerer ist materiell auch *nicht Rechtsnachfolger* des bedingt Verpflichteten (vgl. über die prozessuale Frage § 161 A 4); denn der Rückerwerb des Rechtes vollzieht sich unmittelbar allein zufolge des Eintritts der Bedingung. Das alles gilt freilich nur unter der Voraussetzung, daß nicht allein das Schuldverhältnis, sondern auch das dingliche Vollzugsgeschäft nach der Absicht der Parteien auflösend bedingt sein sollte. Andernfalls bliebe das letztere trotz Eintritts der Bedingung wirksam und die Rückgewährung könnte nur mit der persönlichen Klage gefordert werden (vgl. § 125 A 1b). Alsdann entsteht die beiderseitige Herausgabepflicht nach den Grundsätzen von der ungerechtfertigten Bereicherung, wobei jedoch eine Zug-um-Zug-Verpflichtung (wie im Falle eines Rücktrittsrechts) nicht besteht (RG 49, 424; 29. 6. 10 V 34/09). Der Bereicherungsanspruch geht nur auf dasjenige, was nach der Ausgleichung des durch die Vermögensverschiebung Erhaltenen mit dem anderseits Weggegebenen und den etwa entstandenen sachlichen Nachteilen als Vermögensvermehrung schließlich übrigbleibt (RG 54, 140; 60, 284), so daß unter Umständen, wenn der empfangene Gegenstand inzwischen eine wesentliche Verschlechterung erlitten hat, der etwa zurückzuerstattende Kaufpreisbetrag sich mindern, ja gänzlich fortfallen kann (RG 28. 4. 20 V 470/19). Doch vgl. dazu auch § 142 Abs 6. — *Fällt die Bedingung aus*, so wird damit das Recht des auflösend Verpflichteten ein endgültiges.

6. Bei der **Übereignung von Grundstücken** durch Auflassung besteht die Besonderheit, daß dem Übereignungsgeschäfte selbst eine Bedingung überhaupt nicht beigefügt werden kann, weil nur eine unbedingte Auflassung zulässig ist (§ 925). Die Wirksamkeit der Eigentumsübertragung kann hier daher höchstens mittelbar von einer Bedingung abhängig gemacht werden, nämlich nur insofern, als dem etwaigen *Grundgeschäfte* eine Bedingung hinzugefügt wird, woraus allerdings immer nur eine Verpflichtung oder anderseits Berechtigung persönlicher Art entstehen kann (RG 57, 96; 56, 313; vgl. § 125 A 1b). Abgesehen davon bietet den Parteien eine Aushilfe die Vormerkung. Der Verkäufer eines Grundstücks läßt sich beispielsweise das Recht auf Rückauflassung des dem Käufer aufgelassenen Grundstücks für den Fall des Ausfalls der aufschiebenden oder für den Fall des Eintritts der auflösenden dem Vertrage beigefügten Bedingung eintragen (§ 883). Diese Vormerkung hat alsdann dingliche Wirkung und schützt den Verkäufer auch Dritten gegenüber.

7. **Die Beweislast.** a) Wer den Eintritt einer *auflösenden Bedingung* behauptet und daraus einen Anspruch herleitet (z. B. auf Rückgabe der bedingt veräußerten Sache), hat damit mittelbar zugegeben, daß das Recht oder die Forderung des Gegners vormals wirksam entstanden war, und macht demgegenüber nur geltend, daß das Recht, der Anspruch des Gegners, wieder erloschen sei. Demgemäß liegt ihm der Beweis ob, aber nicht nur für den Eintritt der angeblich als Bedingung gestellten Tatsache, sondern auch dafür, daß die Bedingung als eine auflösende gesetzt war. Wird dagegen ein Anspruch (auf Gewährung der

Kaufsache) aus einem angeblich unbedingten Rechtsgeschäfte erhoben und vom Gegner alsdann eingewendet, das Rechtsgeschäft (der Kauf) sei auflösend bedingt abgeschlossen und durch Eintritt der Bedingung inzwischen wieder unwirksam geworden (etwa durch die als Bedingung gestellte Enteignung), dann hat der Gegner (der Verkäufer) die volle Beweislast, weil er eine rechtszerstörende Tatsache geltend macht (RG 28, 144).

b) Wird von dem auf Erfüllung eines Rechtsgeschäfts in Anspruch Genommenen behauptet, das Rechtsgeschäft sei nur unter einer aufschiebenden Bedingung abgeschlossen worden und sei noch nicht wirksam geworden, so ist damit die Entstehung eines Geschäfts überhaupt eingeräumt, anderseits aber verneint, daß das Geschäft so zustande gekommen sei, wie es gegenteils als ein unbedingtes geltend gemacht wird, und insbesondere wird geleugnet, daß es schon Wirksamkeit erlangt habe (RG 18, 158; 29, 119; 68, 307). Demzufolge muß der Fordernde, der die derzeitige Wirksamkeit des Geschäfts geltend macht, indem er den bedingten Abschluß bestreitet und vielmehr unbedingten Abschluß behauptet, beweisen, daß das Geschäft mit einem Inhalte zustande gekommen ist, der eine Bedingung nicht enthält oder wenigstens nicht erkennen läßt (RG 18, 157; 29, 119; 68, 307; JW 1919, 304[3]; Warn 1918 Nr 72; 2. 3. 21 V 421/20). Zieht der Kläger indessen vor, die ihm entgegengesetzte Behauptung des Gegners nicht zu bestreiten, dann muß er, die Leistung fordernd, beweisen, daß die Bedingung eingetreten ist. Anders gestaltet sich die Sache, wenn der Beklagte etwa einwendet, daß eine Bedingung erst nach dem Hauptgeschäfte verabredet sei. Hier handelt es sich um die Erhebung eines selbständigen Einwandes, die den Beklagten beweispflichtig macht. Vgl. § 154 A 3. Die Entscheidung RG Gruch 51, 828 vertritt den Grundsatz, daß hinsichtlich der Beweislast bei bedingten Geschäften auch auf dem Boden des BGB an der früheren Rechtsprechung des Reichsgerichts festzuhalten sei. Es handelte sich in jener Sache um eine aufschiebende Bedingung.

§ 159

Sollen nach dem Inhalte des Rechtsgeschäfts die an den Eintritt der Bedingung geknüpften Folgen auf einen früheren Zeitpunkt zurückbezogen werden, so sind im Falle des Eintritts der Bedingung die Beteiligten verpflichtet, einander zu gewähren, was sie haben würden, wenn die Folgen in dem früheren Zeitpunkt eingetreten wären[1]).

E I 130 II 129; M 1 254 ff.; P 1 180 ff.

1. Diese Bestimmung bringt zum Ausdrucke, daß dem Eintritte der Bedingung an sich eine **rückwirkende Kraft versagt** ist, und zwar sowohl bei der auflösenden wie bei der aufschiebenden (RG 77, 190). Das will besagen, daß dasjenige Ergebnis, welches durch den Eintritt der Bedingung entsteht, erst in dem Zeitpunkte als eingetreten zu gelten hat, in dem die Bedingung sich erfüllt hat, und nicht bereits im Zeitpunkte des Geschäftsabschlusses. Denn das Gesetz macht die Zurückziehung der an den Bedingungsfall geknüpften Folgen ausdrücklich von dem Inhalte des Rechtsgeschäfts abhängig, mithin nicht schlechthin von dem Eintritte der Bedingung, sondern davon, daß die Zurückbeziehung rechtsgeschäftlich vereinbart worden ist, wie auch der § 158 in Abs 1 u. 2 nur von der mit dem Eintritt der Bedingung eintretenden oder endigenden Wirkung, nicht aber von einer Zurückwirkung spricht. Ist also beispielsweise Folge der auflösenden Bedingung, daß das Eigentun des bedingt Verpflichteten aufhört und der bedingt Berechtigte wieder Eigentümer ist, so äußern sich doch die Wirkungen dieser Rechtsänderung erst seit dem Zeitpunkte des Eintritts der Bedingung und nicht schon von dem des Geschäftsabschlusses ab. Daß eine Zurückwirkung stattfinden soll, setzt eben nach dem Gesetze eine entsprechende Vereinbarung voraus, und demnach begründet eine solche auch nur einen Anspruch auf Herstellung desjenigen Zustandes, der dann eingetreten wäre, wenn sich die Wirkung der Bedingung bereits im Zeitpunkte des Vertragsabschlusses erfüllt hätte. Denn auch die Abrede der Rückwirkung hat nach dem Gesetze nicht die Tragweite, daß das schließlich gewollte Ergebnis nunmehr ohne weiteres eintritt (z. B. das Eigentum an den Früchten demjenigen ohne weiteres zufällt, dem kraft Eintritts der Bedingung nunmehr das Eigentum an der Sache zusteht). Vielmehr sollen die Beteiligten nur persönlich verpflichtet sein, einander das zu gewähren, was sie haben würden, wenn die Folgen schon in „dem früheren Zeitpunkte" eingetreten wären. Mithin keine dingliche Rückwirkung. Vgl. § 141 A 3 und anderseits § 142 A 1; ferner RG 59, 371; 68, 276. Welcher Zeitpunkt schließlich der maßgebende sein soll, entscheidet sich ebenfalls lediglich nach dem Inhalte der Abrede. Von der Frage, ob der Eintritt der Bedingung zurückwirken soll oder nicht, hängt insbesondere ab, welchem Teile die Früchte der Zwischenzeit seit der Errichtung des Rechtsgeschäfts bis zum Eintritte der Bedingung gebühren, und wer die Gefahr während dieser Schwebezeit zu tragen hat. Von der Rückwirkung gegenüber Zwischenverfügungen handelt § 161, wo sie an und für sich angenommen wird.

§ 160

Wer unter einer aufschiebenden Bedingung berechtigt ist, kann im Falle des Eintritts der Bedingung Schadensersatz von dem anderen Teile verlangen, wenn dieser während der Schwebezeit das von der Bedingung abhängige Recht durch sein Verschulden vereitelt oder beeinträchtigt[1]).

Den gleichen Anspruch hat unter denselben Voraussetzungen bei einem unter einer auflösenden Bedingung vorgenommenen Rechtsgeschäfte derjenige, zu dessen Gunsten der frühere Rechtszustand wiedereintritt[1]).

E I 134 II 130; M 1 258 ff.; P 1 183 ff.

1. **Schadensersatzanspruch des bedingt Berechtigten.** Der bedingt Berechtigte ist während des Schwebezustandes (§ 158 A 2, 3, 5) nicht in der Lage, seinerseits solche Vorkehrungen zu treffen, daß ihm eintretendenfalls bei einer aufschiebenden Bedingung das zu erwerbende Recht und bei einer auflösenden Bedingung das zurückzuerwerbende Recht auch wirklich, und zwar ungeschmälert, zuteil wird und überhaupt zuteil werden kann; denn er hat rechtlich keine Möglichkeit, auf die Erhaltung der Sache oder des Rechtes unmittelbar einzuwirken. Während ihm nun als prozessuale Sicherheitsmittel der Arrest und die einstweilige Verfügung zur Seite stehen, nach § 259 ZPO auch eine Klage auf künftige Leistung zulässig ist (RG 51, 243), sorgt der § 160 dafür, daß der bedingt Berechtigte jedenfalls schadlos gestellt wird, wenn der Verpflichtete es während des Schwebezustandes schuldhaft verursacht, daß der bedingt Berechtigte eintretendenfalls nicht das erlangt, was er hat erlangen sollen (RG JW 1912, 135[7]). Nach § 160 haftet daher der Verpflichtete gegebenenfalls sowohl für schuldhafte (§ 276) positive Handlungen, sei es tatsächlicher, sei es rechtlicher Art, wie für vertretbare Unterlassungen auf Ersatz des vollen dem Berechtigten dadurch verursachten Schadens. Die Durchführung des Anspruchs regelt sich nach den §§ 249 ff. Die Gefahr des Zufalls trägt dagegen der bedingt Berechtigte. Er muß von vornherein damit rechnen, daß ihm sein Recht während der Schwebezeit durch zufällige Ereignisse vereitelt werden kann (§ 446 A 8). Hinsichtlich des Sonderfalls, daß dem bedingt Berechtigten oder aber Verpflichteten das Recht durch dingliche Verfügung schon übertragen war, vgl. § 161 A 1.

§ 161

Hat jemand unter einer aufschiebenden Bedingung über einen Gegenstand verfügt, so ist jede weitere Verfügung, die er während der Schwebezeit über den Gegenstand trifft, im Falle des Eintritts der Bedingung insoweit unwirksam, als sie die von der Bedingung abhängige Wirkung vereiteln oder beeinträchtigen würde[1]). Einer solchen Verfügung steht eine Verfügung gleich, die während der Schwebezeit im Wege der Zwangsvollstreckung oder der Arrestvollziehung oder durch den Konkursverwalter erfolgt[2]).

Dasselbe gilt bei einer auflösenden Bedingung von den Verfügungen desjenigen, dessen Recht mit dem Eintritte der Bedingung endigt[1]).

Die Vorschriften zugunsten derjenigen, welche Rechte von einem Nichtberechtigten herleiten, finden entsprechende Anwendung[3])[4]).

E I 135 II 131; M 1 259 ff.; P 1 184; 6 129 ff., 133.

1. **Zweck des Gesetzes ist der Schutz des bedingt Berechtigten gegenüber nachträglichen Verfügungen des bedingt Verpflichteten.** Während der § 160 den Berechtigten nur schadlos halten will, wenn sein Rechtserwerb durch irgendwelche Maßnahmen des bedingt Verpflichteten beeinträchtigt oder vereitelt wird, bezweckt der § 161, dem Berechtigten den Rechtserwerb (Abs 1), oder im Falle auflösender Bedingung die Möglichkeit des Rückerwerbs (Abs 2), soweit beide durch Zwischenverfügungen des bedingt Verpflichteten gefährdet werden könnten, überhaupt zu sichern. In Abs 1 hat das Gesetz dabei den Fall vor Augen, daß über den Gegenstand des Rechtserwerbs zugunsten des aufschiebend bedingt Berechtigten bereits dinglich verfügt (z. B., daß ihm die Kaufsache schon übergeben) war, so daß es für ihn zur endgültigen Erlangung des Rechtes nur noch des Eintritts der aufschiebenden Bedingung bedürfte, und daß er mit diesem Vorgange das Recht auch wirklich unbedingt erwerben würde. Abs 2 sodann betrifft den Fall, daß der bedingt Berechtigte das auf den bedingt Verpflichteten unter einer auflösenden Bedingung übertragene Recht bei Eintritt der Bedingung unter gewöhnlichen Umständen ohne weiteres zurückerwerben würde. Die Gefahr aber, daß

der (bedingungsweise) vorgesehene Rechtserfolg (dort der Erwerb, hier der Rückerwerb) vereitelt werden könnte, erblickt das Gesetz in der Möglichkeit, daß der bedingt Verpflichtete vor Eintritt der Bedingung den Gegenstand des Rechtserwerbs mit der Wirkung noch auf einen andern übertragen könnte, daß hierdurch der Erwerb, bzw. der Rückerwerb, von seiten des bedingt Berechtigten auch im Falle des Eintritts der Bedingung ausgeschlossen sein würde. Denn das Recht, das jener andere inzwischen erworben hätte, bliebe an und für sich vom Eintritte der Bedingung um deswillen unberührt, weil das Gesetz dem Eintritte der Bedingung rückwirkende Kraft versagt (§ 159), und weil es dem bloßen Recht zur Sache, auf das der bedingt Berechtigte während des Schwebezustandes beschränkt ist, einen Schutz grundsätzlich nicht gewährt. Um nun dem bedingt Berechtigten gegebenenfalls trotzdem den Rechtserwerb zu ermöglichen, hat das Gesetz zu einem besonderen Mittel gegriffen. Von dem allgemeinen Rechtsgedanken ausgehend „resoluto jure concedentis resolvitur jus concessum", stellt das Gesetz den Grundsatz auf (vgl. anderseits Abs 3), daß unter den erörterten Voraussetzungen die nachträgliche, zugunsten eines Dritten getroffene dingliche Verfügung im Falle des Eintritts der Bedingung grundsätzlich (vgl. A 3) **insoweit unwirksam** ist, als die Verfügung den Rechtserwerb auf seiten des bedingt Berechtigten beeinträchtigen oder vereiteln würde. Naturgemäß kann übrigens der Fall des Abs 1 nur dann gegeben sein, wenn der bedingt Verpflichtete trotz der bereits erfolgten Übertragung des Rechtes auf den bedingt Berechtigten überhaupt noch in der Lage verblieben ist, über das Recht nochmals weiter verfügen zu können. Das würde zwar ausgeschlossen sein, sofern die Sache dem bedingt Berechtigten bereits übergeben wäre und die weitere Rechtsübertragung wiederum durch körperliche Übergabe erfolgen müßte, würde dagegen möglich sein im Falle der weiteren Rechtsübertragung mittels einer Abtretung des Herausgabeanspruchs gemäß § 931, ferner überall bei Abtretungen von bloßen Forderungen. Das praktische Ergebnis des § 161 wäre sonach im Einzelfalle folgendes: Wenn A die dem B unter einer aufschiebenden Bedingung veräußerte (bewegliche) Sache während der Schwebezeit nochmals, und zwar an C veräußert (§ 931), so ist bei Eintritt der Bedingung diese zweite Verfügung des A zugunsten des B unwirksam; ist anderseits die Veräußerung an B unter einer auflösenden Bedingung erfolgt, und veräußert demnächst B die Sache während der Schwebezeit an C, dann ist eintretendenfalls dieses Veräußerungsgeschäft des B zugunsten des A unwirksam. C stünde mithin in beiden Fällen dem bedingt Berechtigten gegenüber nicht anders, als hätte er das Recht niemals erworben (soweit freilich nicht gutgläubiger Erwerb nach Abs 3 in Frage käme). — Nach der weiteren Regelung des Gesetzes tritt indessen **die Unwirksamkeit** der Verfügungen des dinglich Verpflichteten gegebenenfalls nicht nur (wie im Falle des § 135) zugunsten des Berechtigten ein, sie besteht vielmehr **jedem gegenüber** (**RG** 76, 91), insbesondere auch gegenüber dem weiteren Rechtsnachfolger des Dritterwerbers, da der letztere gegebenenfalls auch schon seinerseits ein Recht nicht wirksam erlangt hätte — freilich überall mit der aus Abs 3 sich ergebenden Beschränkung. Da anderseits jedoch die Verfügung nach der vorliegenden Bestimmung nicht nichtig, sondern nur unwirksam ist, und zwar lediglich im Interesse des bedingt Berechtigten, so folgt, daß auch hier (wie bei § 135) die Grundsätze von der Genehmigung und Einwilligung Platz greifen können (**RG** 76, 91), insbesondere aber in entsprechender Anwendung auch die Regel des § 185, nach welcher die Verfügung eines Nichtberechtigten durch die nachträgliche Zustimmung des Berechtigten wirksam wird. Vgl. unten §§ 183—185 (**RG** Warn 1914 Nr 126, wo § 161 auch für den Fall anzuwenden ist, daß ein Vorerbe ohne Zustimmung des Nacherben über ein Grundstück verfügt). Da endlich aber die Unwirksamkeit der Zwischenverfügung immer nur insoweit eintreten soll, als dies im Interesse des Berechtigten erforderlich ist, so versteht es sich von selbst, daß die Verfügung im übrigen wirksam bleibt. Ist beispielsweise jemand nur ein Recht an fremder Sache (Pfandrecht) bedingt eingeräumt worden, so bliebe die spätere Übereignung der Pfandsache an einen Dritten wirksam, da durch sie das Pfandrecht nicht berührt würde.

Über das Verhältnis zwischen Veräußerungsverbot und Bedingung vgl. § 137 A 5. In Betracht dessen, daß der Eintritt der Bedingung gemäß § 158 unmittelbar kraft Gesetzes wirkt, nicht aber in Eigenschaft einer rechtsgeschäftlichen Verfügungsbeschränkung, ist die Bedingung auch eintragungsfähig. Im Falle der Auflassung kann nur die Eintragung einer Vormerkung helfen gemäß § 883 (§ 158 A 6).

2. Vgl. § 135 Abs 1 Satz 2 (**RG** 59, 92; Gruch 54, 1166).

3. Die Grundsätze vom **gutgläubigen Erwerbe** (§§ 892, 893, 1032, 1207) finden zugunsten des Dritten (A 1) dahin Anwendung, daß, wenn der Dritte hinsichtlich der Gebundenheit des bedingt Verpflichteten im guten Glauben war (§ 932 Abs 3), sein durch die Zwischenverfügung des bedingt Verpflichteten erlangter Rechtserwerb auch dann wirksam bleibt, wenn die Bedingung zugunsten des bedingt Berechtigten eintritt. In den A 1 gegebenen Beispielen würde also der gutgläubige C das ihm von A bzw. von B übertragene Recht behalten, auch wenn diese Rechtsübertragung wegen Eintritts der Bedingung im Falle aufschiebender

Bedingung zugunsten des B, und im Falle auflösender Bedingung zum Vorteile des A nach den Grundsätzen von Abs 1 u. 2 an sich unwirksam sein müßte (vgl. § 135 A 4).

4. **Prozeßführung** bedeutet keine Verfügung (vgl. Vorbem 7 vor § 104). Gemäß § 325 ZPO wirkt jedoch ein Urteil, das gegenüber demjenigen ergeht, der ein Recht unter einer auflösenden Bedingung erworben hat, auch für und gegen seinen Vorgänger, falls dieser das Recht nach Eintritt der Rechtshängigkeit zurückerwirbt, da insoweit das Bestehen einer Rechtsnachfolge gemäß § 325 ZPO anzunehmen ist. Denn als Rechtsnachfolger ist jedesmal der gegenwärtige Inhaber desjenigen Rechtes zu verstehen, welches vorher der Kläger oder der Beklagte innegehabt hatte, gleichgültig ob er dieses Recht im Wege der Ableitung von dem Rechte des Vorgängers oder auf ursprüngliche (originäre) Weise erworben hat (**RG** 40, 339; a. A. Staudinger A 3).

§ 162

Wird der Eintritt der Bedingung von der Partei, zu deren Nachteil er gereichen würde, wider Treu und Glauben verhindert, so gilt die Bedingung als eingetreten[1]).

Wird der Eintritt der Bedingung von der Partei, zu deren Vorteil er gereicht, wider Treu und Glauben herbeigeführt, so gilt der Eintritt als nicht erfolgt[1])[2]).

E I 136 II 132; M 1 262 ff.; P 1 184; 6 133 ff.

1. **Arglistiges Verhalten des bedingt Berechtigten oder bedingt Verpflichteten.** Abs 1 stellt eine Fiktion zugunsten desjenigen auf, dem der Eintritt der Bedingung, der Abs 2 zugunsten desjenigen, dem das Ausbleiben der Bedingung vorteilhaft wäre. Im ersten Falle soll die Bedingung als eingetreten, im zweiten als nicht eingetreten gelten, wenn der Gegner wider Treu und Glauben dort ihren Eintritt vereitelt, hier ihn herbeigeführt hat, was nach den Umständen des Falles zu beurteilen ist (§ 157; **RG** 53, 257; 79, 98; 88, 4). Gegebenenfalls kann daher der Berechtigte auch die Erfüllung des Vertrags fordern; demgemäß kann er aber auch, wenn der Eintritt der Bedingung schon zur Zeit des Vertragsabschlusses unmöglich war und er hierüber durch den bedingt Verpflichteten arglistig getäuscht worden, statt des negativen Schadens das positive Vertragsinteresse geltend machen (**RG** Warn 1915 Nr 200). Ist die Wirksamkeit eines Vertrags von einem Ereignisse abhängig gemacht, dessen Eintritt von dem Willen des bedingt Verpflichteten an sich unabhängig war, dann entspricht es nicht Treu und Glauben, wenn er eine Tatsache herbeiführt, die ihm bewußt dazu angetan ist, die Bedingung zu vereiteln (**RG** JW 1912, 188[3]) oder auch nur ihren Eintritt zu erschweren (**RG** 66, 226). Ein Fall des § 162 liegt beispielsweise auch dann vor, wenn der Verkäufer den Käufer, der sich das Rücktrittsrecht bis zu einem bestimmten Zeitpunkte vorbehalten hat, durch arglistige Täuschung vom Rücktritt zurückhält; die auflösende Bedingung der Rücktrittserklärung muß in dem Falle als eingetretene gelten (**RG** 9. 3. 10 I 167/09). Desgleichen, wenn zugunsten eines nacheingetragenen Hypothekars eine Vormerkung für den Fall eingetragen ist, daß die Forderung des vorgehenden Hypothekengläubigers nicht zur Entstehung gelangen sollte, als Bedingung aber für diese Forderung gesetzt worden ist, daß der Vorhypothekar die zur Bebauung des Grundstücks erforderlichen Mittel darleiht; hindert der Eigentümer alsdann die Weiterführung des Baues wider Treu und Glauben, und hält der Nachhypothekar aus diesem Grunde die Weitergewährung der Mittel zurück, die er andernfalls gegeben hätte, dann muß seine Forderung trotzdem als entstanden gelten, und von der Löschungsvermerkung kann der Nachhypothekar keinen Gebrauch machen (**RG** 93, 121). Der Gesichtspunkt des § 162 trifft auch dann zu, der bedingt Berechtigte ist also auch dann gegebenenfalls so zu stellen, als wäre die in Wirklichkeit ausgefallene Bedingung eingetreten, wenn der bedingt Verpflichtete ihn darüber getäuscht hat, daß die Bedingung aller Voraussicht nach nicht eintreten werde (**RG** Gruch 60, 305). — Grundsätzlich erforderlich ist einmal die Absicht der Vereitelung, während bloße Fahrlässigkeit, selbst grobe, nicht genügt (**RG** 12. 12. 06 V 169/06). Ferner setzt die Handlungsweise regelmäßig ein positives Eingreifen in den Gang der Dinge voraus. Bloßes Unterlassen von Bemühungen, um den Eintritt der Bedingung zu vereiteln oder herbeizuführen, genügt mithin (namentlich) dann nicht, wenn zur Aufwendung von Bemühungen keinerlei Pflicht vorhanden war. Eine Rechtspflicht zum Handeln besteht indessen ohne weiteres, wenn der bedingt Verpflichtete nach Treu und Glauben auch im Interesse des andern zu handeln hatte. So beispielsweise, wenn ein Grundstückseigentümer zur Verzinsung einer Hypothek unter der Bedingung verpflichtet worden ist, daß alle Wohnungen seines Grundstücks vermietet seien; er muß alsdann bei Vermietung der Wohnungen nach der im Verkehr erforderlichen Sorgfalt handeln (**RG** JW 07, 357[3]).

Niemals aber ist erforderlich, daß der bedingt Verpflichtete zur Erfüllung der Bedingung auch vertraglich verpflichtet war, da es sich für die Anwendbarkeit des § 162 niemals darum handelt, ob sich der bedingt Verpflichtete einer vertraglichen Verpflichtung entzogen hat, sondern nur darum, ob er wider Treu und Glauben den Eintritt desjenigen Ereignisses gehindert hat, das zur Bedingung gestellt war. Daher ist auch dann, wenn der Eintritt des Ereignisses von der Vornahme einer Handlung des bedingt Verpflichteten abhängig war, für die Anwendbarkeit des § 162 nicht entscheidend, ob für den Genannten zur Vornahme der Handlung eine vertragliche Verpflichtung bestand, sondern nur das, ob die Vornahme nach dem Gebote von Treu und Glauben geboten war; danach wird es sich endlich aber auch regeln, in welcher Weise die Handlung vorgenommen werden mußte, um nicht die Bedingung zu vereiteln (RG 79, 96). Ist daher in einem Anstellungsvertrage (zwischen einem Kaufmann und einem Handlungsbevollmächtigten) bestimmt, daß der Vertrag sich verlängern soll, wenn im letzten Geschäftsjahre eine aktive Bilanz erzielt worden, dann muß der Prinzipal auch dann die Bedingung als eingetreten gelten lassen, wenn er im letzten Jahre Verlustgeschäfte abgeschlossen hat, um auf diese Weise den Wettbewerb von andern Firmen auszuschließen (RG Gruch 64, 614). Eine Verkehrssitte, daß gegen eine, betreffs eines Rechtserwerbs oder eines Rechtsverlustes als Bedingung gesetzte Entscheidung des Gerichts das zulässige Rechtsmittel einzulegen sei, besteht nicht; in der Unterlassung kann somit auch nicht ein Handeln wider Treu und Glauben gefunden werden (RG 5. 2. 06 V 512/05). Der ursächliche Zusammenhang zwischen dem Eingreifen des andern und anderseits dem Ausfallen der Bedingung ist nachzuweisen; eine Fiktion besteht insoweit nicht (RG 66, 222). Die Partei genügt aber ihrer Beweispflicht, wenn sie darlegt, daß der andere Teil wider Treu und Glauben den Eintritt der Bedingung herbeigeführt (oder aber gehindert), den Erfolg mithin verursacht hat; sie braucht demnach gegebenenfalls nicht ferner nachzuweisen, daß andernfalls der Vertrag jedenfalls wirksam geworden wäre, daß also in dem Verhalten des andern Teils die einzige Ursache für den Eintritt (oder Ausfall) der Bedingung zu erblicken ist (RG JW 1911, 218[10]). — Als **Zeitpunkt**, in dem gegebenenfalls die Bedingung als eingetreten zu gelten hat, ist der Zeitpunkt anzusehen, in dem der Eintritt bei redlichem Verhalten des bedingt Verpflichteten erfolgt sein würde (RG 79, 96).

2. Das **Anwendungsgebiet** des § 162 beschränkt sich grundsätzlich auf solche Fälle, in denen die Erfüllung der Bedingung der Willkür der Parteien entzogen sein soll (Vorbem 3 vor § 158). Grundsätzlich ist für § 162 daher kein Raum im Falle von reinen Willkürbedingungen. Eine Partei, deren Verpflichtung nach dem Vertrage von einer bloßen Willkürbedingung abhängt, handelt mithin (regelmäßig) noch nicht gegen Treu und Glauben, falls sie den Eintritt der Bedingung wenn auch in der Absicht verhindert, sich die Vorteile des Geschäfts auf andere Weise zu sichern (RG 53, 257). Freilich läßt sich schwerlich verkennen, daß auch solche Fälle denkbar sind, in denen der bedingt Verpflichtete gegen sich gelten lassen muß, daß er den an sich in seine Willkür gestellten Eintritt der Bedingung wider Treu und Glauben vereitelt hat. Jedenfalls kann es unter besondern Umständen nach Treu und Glauben geboten sein, daß der bedingt Verpflichtete, auf dessen Handeln eine Bedingung abgestellt ist, durch sein an sich in seine Willkür gestelltes Tun den Eintritt der Bedingung in der gehörigen Weise wirklich herbeiführt (RG 79, 96; hier hatte der Kläger vom Beklagten dessen Grundstück unter der Bedingung gekauft, daß der Beklagte die Konzession für den Hotelbetrieb erhalte; der Beklagte erlangte die Konzession nicht, und der Kläger machte geltend, daß der Beklagte den Eintritt der Bedingung wider Treu und Glauben vereitelt habe, weil er die Instandsetzung seines Grundstücks unterlassen hätte). Wäre ferner jemand bereits bestimmt entschlossen gewesen, die zur Bedingung gestellte Handlung rechtzeitig vorzunehmen, hat er sie dann aber nicht bis zu dem in die Bedingung aufgenommenen Zeitpunkte, sondern erst kurz darauf vorgenommen, und zwar ganz ausschließlich zu dem Zwecke, um nicht durch den Eintritt der Bedingung den Vertrag wirksam werden zu lassen, so schiene es doch recht und billig, die Sache so anzusehen, als wäre die Bedingung wider Treu und Glauben vereitelt worden (§ 157). — Anwendbar ist der § 162 auch bei der bedingungsweise erfolgten Verzeihung einer Eheverfehlung (RG JW 1919, 820[2]). Der Rechtsgrundsatz des § 162 gilt entsprechend auch für das öffentliche Recht (RG 6. 5. 25 III 303/24).

Nicht anwendbar ist der § 162 bei sog. Rechtsbedingungen, beispielsweise nicht, falls die Wirksamkeit eines Vertrags von der gemäß § 1829 Abs 1 Satz 2 und Abs 2 in die Willkür des Vormundes gestellten Entscheidung abhängt (RG 6. 4. 21 V 480/20). Ebenso nicht auf die in dem Erfordernis der behördlichen Genehmigung zur Veräußerung eines Grundstücks liegende Bedingung (RG JW 1927, 657[5]; RG Warn 1926 Nr 111; 1927 Nr 41; über die Gebundenheit der Vertragsteile, solange die behördliche Genehmigung noch aussteht s. RG 98 S. 48, 245; 106, 142; 114, 158; RG Warn 1927 Nr 49, 50.

§ 163

Ist für die Wirkung eines Rechtsgeschäfts bei dessen Vornahme ein Anfangs- oder ein Endtermin bestimmt worden, so finden im ersteren Falle die für die aufschiebende, im letzteren Falle die für die auflösende Bedingung geltenden Vorschriften der §§ 158, 160, 161 entsprechende Anwendung[1])[2]).

E I 141 II 132; M 1 269 ff.; P 1 186; 2 694.

1. Die beigefügte **Zeitbestimmung** ist der Bedingung — aufschiebenden wie auflösenden — unter der Voraussetzung gleichgestellt, daß durch sie ebenfalls die Wirkung des Rechtsgeschäfts beeinflußt, auch von ihr also der Beginn oder die Beendigung der Wirkung vom Eintritt des Zeitpunkts abhängig gemacht wird (RG 54, 898; JW 09, 11[3]). Entsprechende Anwendung finden dann die §§ 158, 160, 161. Eine Zurückwirkung kraft Gesetzes kann hier niemals stattfinden. Bloße Verpflichtungen im Sinne des § 159 zu begründen, muß jedoch den Parteien auch hier nach dem Grundsatze der Vertragsfreiheit unbenommen sein (RG 68, 141). Eine entsprechende Anwendung auch des § 162 auf die Zeitbestimmung ist der Natur der Sache nach ausgeschlossen. Soll trotz Bestimmung eines Anfangstermins die Wirkung des Rechtsgeschäfts sofort eintreten, dann bleibt für die Gleichstellung der Zeitbestimmung mit der Bedingung kein Raum mehr. In solchen Fällen spielt der Anfangs- wie der Endtermin bei Schuldverhältnissen nur die Rolle, das Recht auf die Leistung oder anderseits den Zeitpunkt der Leistungspflicht hinauszuschieben; es handelt sich alsdann lediglich um ein betagtes oder befristetes Recht (vgl. § 813), bei dem die Wirksamkeit sofort besteht und nur die Befugnis zur Ausübung (Fälligkeit) hinausgeschoben ist. Ob nach der Parteiabsicht Bedingung oder bloße Befristung vorliegt, ist Sache der Auslegung. Vgl. RG 8, 140; Gruch 46, 366; SeuffA 57 Nr 217. Auch in der Bestimmung eines Anfangstermins, von dem ungewiß ist, ob und wann er eintreten werde, ist nur eine Befristung „während einer angemessenen Zeit" enthalten (RG Gruch 46, 366; vgl. auch Gruch 54, 898). Der § 1154, der für die Abtretung einer Briefhypothek die Abtretungserklärung und die Übergabe des Hypothekenbriefs fordert, schließt die Hinausschiebung der Wirkung durch Setzen einer aufschiebenden Bedingung oder einer Zeitbestimmung nicht aus (RG JW 1912, 681[3]). Auch das befristete Recht stellt gleich dem bedingten ein bereits erworbenes Vermögensrecht dar. Vgl. Vorbem 5. — Der § 163 ist nicht anwendbar, wenn bei einem Kaufe verabredet worden, daß der Abruf bis zu einem bestimmten Zeitpunkte erfolgt sein müsse und dieser Klausel nicht der Bedeutung eines Endtermins, sondern die Bedeutung beigelegt worden ist, daß nach Ablauf des Zeitraumes die Erfüllung habe ausgeschlossen und die Erfüllung nicht mehr möglich habe sein sollen — vgl. § 361 A 1 (RG Warn 1916 Nr 273).

Zulässig sind Fristsetzungen wo das nicht ausdrücklich für unzulässig erklärt worden (§§ 388 Satz 2, 925 Abs 2, 1017 Abs 2, 317 Abs 2, 1598 Abs 2, 1724, 1742, 1768 Abs 1 Satz 2, 1947, 2180 Abs 2 Satz 2, 2002 Abs 2 Satz 2), bei Rechtsgeschäften jeder Art.

Nach §§ 257—259 ZPO kann auch schon vor Eintritt der Fälligkeit auf Leistung geklagt werden. Den Eintritt des Fälligkeitstermins erst nach der Klagerhebung kann der Kläger in den beiden ersten Instanzen ohne Klagänderung geltend machen (RG 57, 46).

2. **Beweislast.** Sofern die Zeitbestimmung einer Bedingung gleichsteht, greifen lediglich die bei einer solchen bestehenden Beweisregeln Platz (§ 158 A 7). Steht nur eine Befristung (A 1) in Frage, dann gilt der Grundsatz, daß, wer vom Gesetze abweichende Nebenbestimmungen behauptet, hierfür beweispflichtig ist, demgemäß auch der Beklagte für seine Behauptung, daß eine andere als die gesetzliche Kündigungsfrist abgemacht sei (RG 57, 96). Demnach hat der Beklagte auch die Behauptung der Stundung zu beweisen. Vgl. auch § 433 A 12.

Fünfter Titel

Vertretung Vollmacht

1. **Vertretung** liegt vor, wenn jemand „für" einen andern, also in dessen Interesse, oder wenn er „namens" des andern, also an dessen Stelle handelt. Danach ist eine Vertretung unter den verschiedensten Verhältnissen denkbar. So auch bei rein tatsächlichen, indem der eine an Stelle des andern und für ihn dessen Angelegenheit, insbesondere „ein Geschäft" besorgt (§ 675), wobei nur Voraussetzung ist, daß überhaupt eine vertretbare Handlung in Frage steht (§§ 887, 888 ZPO). In solchen nur tatsächlichen Fällen bleibt die Vertretung aber allemal eine rein innere Angelegenheit zwischen den beiden Beteiligten, wirkt rechtlich nicht nach außen hin und hat juristisch nichts Eigentümliches. Eine Stellvertretung im eigentlichen Sinne ist dagegen nur die rechtsgeschäftliche, bei welcher der eine entweder

„für" den andern oder „an dessen Statt" ein Rechtsgeschäft vornimmt. Vgl. RG Warn 1910 Nr 479. Im ersteren Falle handelt es sich um mittelbare (indirekte) Stellvertretung, im letzteren um unmittelbare (direkte). Nach außen tritt nur die letztere in die Erscheinung, während es bei der mittelbaren Vertretung gerade eigentümlich ist, daß der Vertreter, weil er zwar im Interesse des Vertretenen, dabei aber doch auf eigenen Namen handelt, nach außen selbst als der Geschäftsherr zu gelten hat, so daß die Wirkungen des Vertretungsverhältnisses sich auch hier nur nach innen betätigen können (RG 58, 276; 80, 417), und daher auch die vom stillen Stellvertreter erworbene Forderung von seinen Gläubigern gepfändet werden kann (RG JW 1914, 866[6]). Vom Gesetze selbst geregelte Fälle der Art sind: das Speditions- und Kommissionsverhältnis (§§ 383ff., 407ff. HGB). Nur im Falle von Vertragsverletzungen gilt der Grundsatz, daß der mittelbare Stellvertreter vom Vertragsgegner nicht nur denjenigen Schaden ersetzt verlangen kann, den er selbst erlitten hat, sondern auch den seinem Auftraggeber erwachsenen; vgl. § 249 A 3. — **Treuhandverhältnisse** stehen in Frage, wenn jemand (der Treuhänder) kraft eigenen Rechtes und in eigenem Namen zu handeln hat, aber nicht zu eigenem Vorteil, sondern in fremdem Interesse und auf Grund eines ihm geschenkten Vertrauens (fiduziarisches Verhältnis) (RG 84, 417; 94, 308; RG SeuffA 77 Nr 173; 25. 5. 21 V 37/21; zum Begriffe des Treuhandverhältnisses s. auch RG JW 1926, 2571[5]). Dabei hat das Treuhandverhältnis zur Voraussetzung, daß der Treugeber dem Treuhänder einen Gegenstand aus seinem Vermögen zu treuen Händen anvertraut, d. h. übereignet (RG 84, 217; 94, 308); wobei es auch ausreichen kann, wenn der Treuhandgeber den Dritten, von dem er den Gegenstand gekauft hat, anweist, diesen sogleich an den Treuhänder zu übereignen (RG 25. 5. 21 V 37/21, wo die Frage unentschieden geblieben ist); das zu treuen Händen gewährte Recht scheidet mithin zwar rechtlich, aber nicht wirtschaftlich aus dem Vermögen des Treugebers aus (RG 84, 21; 91, 12), und daher besteht für die Gläubiger des Treuhandgebers auch ein Absonderungsrecht im Konkurse (RG 91, 14; Warn 1921 Nr 130). Solche Treuhandverhältnisse sind auch unter Eheleuten möglich (RG JW 1912, 32[16]; Warn 1915 Nr 135 — hier wurden die Erben der Frau, weil diese das Geschäft nur als Treuhänder ihres Ehemanns innegehabt hatte, mit ihrer Klage auf Herausgabe von Vermögenswerten abgewiesen). Vgl. über Treuhänder bei Hypothekenbanken §§ 29ff. HypBankG. Dem Treugeber steht, falls die für ihn auf Grund des Treuverhältnisses vom Treuhänder in eigenem Namen erworbene Sache von einem Gläubiger des letztgenannten gepfändet wird, die Widerspruchsklage aus § 771 ZPO sowie gegebenenfalls auch das Aussonderungsrecht im Konkurse zu (RG 79, 121). — **Vermittler (Agent, Makler)** ist derjenige, der ein Rechtsgeschäft nur derart vorbereitet, daß sein demnächstiger Abschluß Sache des Geschäftsherrn bleibt (RG 105, 206). Schließt namens des letzteren der Agent selbst ab, dann liegt (auftragslose) Stellvertretung vor (RG Warn 1910 Nr 321). — Der von dem der Landessprache unkundigen Vertragsteil zugezogene Dolmetscher ist nicht Vertreter im Sinne der §§ 164ff. Über den Einfluß unrichtiger Übertragung der Vertragsverhandlungen auf den Vertragsinhalt s. RG LZ 1926, 917[4].

2. Der 5. Titel beschäftigt sich nur mit der **rechtsgeschäftlichen Vertretung**, der eigentlichen Stellvertretung, und zwar nur mit der unmittelbaren. Die rechtlichen Folgen der mittelbaren regeln sich nach allgemeinen Rechtsgrundsätzen, soweit nicht für die zutreffenden Fälle die besondern Grundsätze des HGB Platz greifen. Der Titel behandelt im übrigen die gesetzliche wie die gewillkürte Stellvertretung. Die letztere beruht auf der Vollmacht (§ 166 Abs 4), die erstere auf einer gesetzlich geregelten Beziehung zwischen den beteiligten Personen: elterlicher Gewalt (§ 1630), Vormundschaft (§ 1793), Schlüsselgewalt der Ehefrau (§ 1357). Eine solche Vertretungsmacht ist auch dem Vorstande einer juristischen Person nach § 26 beigelegt. — Der **Konkursverwalter**, der Zwangsverwalter, der Testamentsvollstrecker haben nicht die Stellung eines Vertreters im eigentlich juristischen Sinne, sie haben nach dem Gesetze die Befugnis, kraft eigenen Rechtes über fremde Rechte mit Wirkung für und gegen den Rechtsinhaber zu verfügen (RG 29, 29; 49, 129; 52, 333; JW 1910, 802[9]; Warn 1914 Nr 271). S. auch § 855 A 5. Für das Gebiet des Handelsrechts vgl. die §§ 125ff., 149, 231, 247, 298, 493, 494 HGB; ferner das GenG §§ 24ff. und das GmbHG §§ 35ff. Nach dem Beschlusse der vereinigten Zivilsenate vom 2. 6. 13 III 13/12 (RG 82, 83) besteht zwischen dem **Gerichtsvollzieher** und dem ihn mit der Zwangsvollstreckung beauftragenden Gläubiger keinerlei privatrechtliches Rechtsverhältnis; der Gerichtsvollzieher tritt vielmehr ausschließlich als Organ der Staatsgewalt in Tätigkeit und hat diese in voller Unabhängigkeit vom Gläubiger zu entfalten; die vormals gemäß dem Plenarbeschlusse (RG 16, 396) vertretene Auffassung, daß im Verhältnisse zwischen dem Gläubiger und dem Gerichtsvollzieher auch die Grundsätze des „Mandats" Anwendung fänden, ist aufgegeben worden. Dahingestellt ist in der Plenarentscheidung gelassen, ob nicht der Gerichtsvollzieher wenigstens in gewissen Fällen dennoch als (gesetzlicher) Stellvertreter des Gläubigers zu gelten hat (RG 77, 24). Verneint ist die Stellvertretung des Gerichtsvollziehers bei der

Vornahme von Vollstreckungshandlungen in RG 90, 193 und JW 1914, 863[3] mit Bezug auf § 166. Der Gerichtsvollzieher, der die in Besitz genommene Pfandsache einem Dritten in Verwahrung gibt, schließt diesen Vertrag nur im eigenen Namen, nicht aber in dem des Gläubigers und auch nicht zu dessen Gunsten im Sinne des § 328 (RG 102, 79). Vgl. § 166 A 2. Auch der **Handelsmakler** hat keine Vertretungsbefugnis, er hat nur zu vermitteln, und der Vertrag kommt erst dadurch zustande, daß der Antragsgegner dem Makler gegenüber die Annahme erklärt (RG 104, 367). Der Geschäftsführer einer Gesellschaft m. b. H. berechtigt und verpflichtet die erst zu gründende Gesellschaft ohne weiteres bereits insoweit, als die von ihm vorgenommenen Rechtsgeschäfte zur Entstehung der Gesellschaft dienen und erforderlich sind (RG 105, 229). — Zu unterscheiden ist zwischen der aktiven Stellvertretung, bei welcher der Vertreter die Willenserklärung namens des Vertretenen abgibt, und der passiven, bei der er im Namen des Vertretenen die Willenserklärung eines Dritten entgegennimmt (§ 164 Abs 3). — Die Stellvertretung ist eine befugte, wenn die Vertretungsmacht auf gesetzlicher oder rechtsgeschäftlicher Grundlage, nämlich Vollmacht (§ 166 Abs 2), beruht. Stellvertretung setzt indessen begrifflich eine solche Befugnis nicht voraus. Das Gesetz regelt ausdrücklich auch die Stellvertretung ohne Vertretungsmacht (§ 177).

3. Nicht alle Rechtsgeschäfte lassen eine **Stellvertretung** zu. **Unzulässig** ist sie in den Fällen der §§ 1317, 2064, 2256 Abs 3, 2274, 2281, 2290 Abs 2, 2347 Abs 2, in denen persönliche Anwesenheit des Beteiligten erforderlich ist, sowie nach Bestimmung der §§ 1307, 1336, 1337 Abs 3, 1358 Abs 3, 1595, 1598 Abs 3, 1728, 1731, 1748 Abs 2, 1750, 1755, 2271, 2282, 2296. Die Fälle, in denen durch besondere Vorschriften eine Vertretung in familienrechtlichen Verhältnissen ausgeschlossen ist, lassen sich nicht verallgemeinern.

4. Eine **unmittelbare Stellvertretung beim Besitzerwerbe** ist zunächst möglich beim Erwerbe mittels bloßer Einigung (§ 854 A 4); außerdem ist sie insofern zulässig, als es nach § 855 möglich ist, daß jemand — der Vertretene — unmittelbar Besitzer wird, wiewohl die tatsächliche Gewalt nicht durch ihn, sondern durch einen andern, nämlich seinen Besitzdiener, erlangt und ausgeübt wird. Sonst kann der eine durch Handlungen des andern als seines Vertreters nur in der Weise Besitz erlangen, daß zwischen beiden ein Verhältnis der in § 868 bezeichneten Art hergestellt, und der Vertretene dadurch zum mittelbaren Besitzer wird, daß der Vertreter den unmittelbaren Besitz erwirbt. Das kann sich auch in der Form des Verhandelns des Vertreters mit sich selbst nach § 181 vollziehen. Vgl. §§ 854 A 5, 181 u. 868 A 1, ferner § 181 A 1.

§ 164

[1]) Eine Willenserklärung, die jemand innerhalb der ihm zustehenden Vertretungsmacht im Namen des Vertretenen abgibt, wirkt unmittelbar für und gegen den Vertretenen[2]). Es macht keinen Unterschied, ob die Erklärung ausdrücklich im Namen des Vertretenen erfolgt oder ob die Umstände ergeben, daß sie in dessen Namen erfolgen soll[3]).

Tritt der Wille, in fremdem Namen zu handeln, nicht erkennbar hervor, so kommt der Mangel des Willens, im eigenen Namen zu handeln, nicht in Betracht[3]).

Die Vorschriften des Abs 1 finden entsprechende Anwendung, wenn eine gegenüber einem anderen abzugebende Willenserklärung dessen Vertreter gegenüber erfolgt[4])[5]).

E I 116 II 134; M 1 225 ff.; P 1 136 ff.

1. **Stellvertretung bei Rechtsgeschäften.** Sie liegt vor, wenn jemand ein Rechtsgeschäft in der Weise vornimmt, daß die Wirkung sich unmittelbar und auch nur allein in der Person eines andern äußern und das Rechtsgeschäft somit seiner gesamten Wirkung nach, wiewohl es nicht von dem andern vorgenommen worden, dennoch als das seinige gelten soll. Erforderlich ist dazu in erster Linie, daß der Erklärende, sei es ausdrücklich, sei es auch nur erkennbar, im Namen des andern, des Geschäftsherrn, handelt. Daß aber die beabsichtigte Folge der bloßen und unmittelbaren Außenwirkung auch wirklich eintreten kann, dazu ist weiter erforderlich das Vorhandensein eines eine solche Vertretungsmacht gewährenden Rechtsgrundes. Diesen Rechtsgrund kann entweder das Gesetz selbst bieten (Fall der gesetzlichen Stellvertretung: väterliche Gewalt, Vormundschaft, Schlüsselgewalt der Ehefrau), oder eine dem Vertreter von dem andern rechtsgeschäftlich erteilte Ermächtigung (gewillkürte Stellvertretung; Vorbem 2 vor § 164 u. § 166 A 3). Handelt der Stellvertreter anstatt eines andern zwar in der Absicht der bloßen Außenwirkung, aber ohne eine entsprechende Ermächtigung, dann liegt

nur ein Fall auftragsloser Stellvertretung vor (§ 177), und alsdann können die rechtlichen Folgen einer Stellvertretung mit Ermächtigung auch erst damit eintreten, daß der andere das Rechtsgeschäft durch nachträgliche Genehmigung zu dem seinigen macht. — Die Stellvertretung selbst äußert sich entscheidend nicht in der Abgabe der Erklärung namens des Geschäftsherrn, sondern in der Willensbetätigung anstatt des letzteren. Hierdurch unterscheidet sich der Stellvertreter vom Boten als bloßem Vertreter in der Erklärung (**RG** 58, 347), und da das Gesetz diesen letzteren Fall gesondert für sich behandelt und dabei durchaus zu andern Ergebnissen gelangt als bei der eigentlichen Stellvertretung (vgl. einerseits § 120 und andererseits § 166), so liegt hierin der beste Beweis dafür, daß das Gesetz selbst bei der Stellvertretung gerade eine Willensvertretung annimmt (Repräsentationstheorie). Über den bedeutsamen Unterschied zwischen Willensvertretung und Erklärungsvertretung in den Folgeerscheinungen vgl. § 120 A 1. Bemerkt sei hier nur noch, daß ein Bevollmächtigter noch nicht dadurch zum Boten wird, daß er erst die Willensmeinung des Vollmachtgebers einholt; nach außen hin kann er trotzdem Bevollmächtigter bleiben (**RG** 76, 99). Die Auffassung des Gesetzes, wonach der Stellvertreter den Geschäftsherrn im Willen vertritt, geht indessen nicht zugleich dahin, daß der Wille des Geschäftsherrn als der eigentliche Träger des Rechtsgeschäfts zu erachten wäre, sei es bei seiner Entstehung (Vorbem 1 vor § 104), sei es hinsichtlich seiner Rechtsbeständigkeit. Vielmehr vertritt das Gesetz den Standpunkt, daß das Rechtsgeschäft, was seine Begründung, seine Rechtsbeständigkeit und seine Tragweite anlangt, ausschließlich auf der Entschließung und auf der Handlung des Vertreters beruht. Sein Wille ist die rechtserzeugende Quelle (Vorbem 1 vor § 104; § 165 A 1), auch nur seine Erklärung ist maßgebend (§ 166 A 1), und bei Verträgen kann mithin auch allein der Vertreter selbst als derjenige angesehen werden, der den Vertrag abschließt (Kontrahent), während Vertragspartei der Vertretene ist. Diese Auffassungsweise ist auch dann von besonderer Bedeutung, wenn ein Bevollmächtigter wider die ihm vom Machtgeber erteilten Weisungen handelt. Sind nämlich nach außen hin allein sein Wille und seine Erklärung maßgebend, so versteht es sich von selbst, daß das Rechtsgeschäft, sofern nur die Grenzen der Vollmacht selbst eingehalten werden, so gelten muß, wie der Vertreter es abgeschlossen hat, während die Weisungen des Vollmachtgebers grundsätzlich nur für das Innenverhältnis zwischen ihm und dem Vertreter von Belang bleiben. Das Nähere hierüber § 166 A 3 Abs 2. So auch für Weisungen, die der Inhaber eines Handelsgeschäfts von seinem auswärtigen Aufenthaltsort an denjenigen hat gelangen lassen, den er für die Zeit seiner Abwesenheit die Leitung des Geschäfts übertragen hat (**RG** 106, 200). — Die Tragweite einer Vollmacht bestimmt sich regelmäßig nach dem Recht des Ortes, an dem der Bevollmächtigte tätig werden, seine Vertretungsmacht sich auswirken soll (**RG** 78, 60; **RG** 14. 6. 23 VI 1236/22).

Über den **Mißbrauch der Vertretungsmacht** und dessen Folgen vgl. § 166 A 3 Abs 3.

2. **Unmittelbare Wirkung der Willenserklärung des Vertreters für und gegen den Vertretenen.** Dieser wird demnach ohne weiteres und sofort berechtigt oder verpflichtet, als hätte er selbst gehandelt. Demgemäß wirkt auch bei dinglichen Geschäften die zum Rechtserwerbe erforderliche, durch den Vertreter vorgenommene „Einigung" (§§ 873, 929, 1032, 1205) unmittelbar zugunsten des Vertretenen. Über die Möglichkeit auch des für den dinglichen Rechtserwerb noch weiter erforderlichen (§ 929 usw.) Besitzerwerbs durch den Stellvertreter vgl. oben Vorbem 4. — Das Rechtsverhältnis zwischen dem Vertretenen und dem Vertreter regelt sich nach den außerhalb der Vollmacht zwischen ihnen sonst bestehenden Beziehungen, dem Grundgeschäfte mithin. Keineswegs hat der Vertreter dem Vertretenen gegenüber auf Grund des bloßen Vollmachtsverhältnisses eine Klage auf Erfüllung des für jenen wirksam abgeschlossenen Vertrags (**RG** 24. 3. 11 III 58/10). — Ein Rechtsverhältnis zwischen dem Vertreter und dem Dritten entsteht bei der befugten unmittelbaren Stellvertretung überhaupt nicht (vgl. A 1 und **RG** LZ 1927, 451[6]: Generalvollmacht). Der Vertreter wird dem Dritten insbesondere auch dann nicht persönlich haftbar, wenn er das Rechtsgeschäft in Vertretung eines dem Namen nach Unbekannten abgeschlossen hat (**RG** SeuffA 78 Nr 63). Doch ist nicht ausgeschlossen, daß der Bevollmächtigte neben dem, den er zu vertreten erklärt, gleichzeitig sich selbst vertraglich verpflichtet, was mangels ausdrücklicher Abrede auch aus den Umständen hervorgehen kann (vgl. **RG** LZ 1927, 451[6]).

3. Voraussetzung für die Anwendbarkeit des Abs 1 Satz 1 ist, daß der Vertreter im **Namen des Vertretenen** gehandelt hat. Gleichgültig ist aber, ob es ausdrücklich oder nur in einer nach den Umständen erkennbaren Weise geschehen ist. Insbesondere braucht der Wille, im Namen eines andern zu handeln, nicht durch die Nennung seines Namens erkennbar gemacht zu werden (**RG** SeuffA 78 Nr 63; **RG** 14. 5. 23 VI 633/22). Daher kann beispielsweise ein Vertrag mit der Firma zustande kommen, wenn das Angebot nicht an diese, sondern an die Privatadresse des Firmeninhabers gerichtet war, dann aber von diesem unter seinem Namen angenommen worden ist (**RG** Warn 1918 Nr 3). Ein von den Gesellschaftern gemeinschaftlich gemachter

Erwerb gilt als Erwerb der Gesellschaft auch dann, wenn der Wille, für sie zu erwerben, dem Gegner gegenüber nicht kundgetan worden ist (RG 24. 1. 14 V 444/3). Es spricht keine Vermutung dafür, daß der Teilhaber einer Erwerbsgesellschaft, dessen Namen mit der Gesellschaftsfirma gleichlautet, und der ein Geschäft in dem Handelszweige der Gesellschaft abschließt, solches nicht für sich, sondern für die Gesellschaft tut; gegebenenfalls könnte mangelnde Willensübereinstimmung in Frage kommen (RG Warn 1914 Nr 210). — Auch bei einem Wechselvertrage ist eine stillschweigende Stellvertretung zulässig (RG Warn 1919 Nr 92).

Ist der Vertreter weder ausdrücklich noch erkennbar namens des zu Vertretenden aufgetreten (RG 85, 183), hat er anderseits aber auch **nicht den Willen gehabt, in eigenem Namen zu handeln** (sei es, daß er sich gerade d e n Willen, nicht für sich zu handeln, gemäß § 116 insgeheim vorbehielt, sei es, daß er sich über die Art und Tragweite seiner Erklärung selbst im Irrtum befand), so fehlt es einerseits an den Voraussetzungen der Stellvertretung nach Abs 1; anderseits aber mangelt es dem Vertreter auch an dem eigenen Geschäftswillen (Vorbem 1 vor § 116; RG 58, 276). Danach könnte die Erklärung des Vertreters weder in der Person des Vertretenen (§ 164 Abs 1 Satz 1) noch auch in der des Vertreters Wirksamkeit erlangen. Ein Rechtsgeschäft käme also unter solchen Umständen überhaupt nicht zustande. Das Gesetz schützt jedoch das Verkehrsinteresse auch hier, indem es vorsieht, daß **der Mangel des eigenen Geschäftswillens** auf seiten des Vertreters gegebenenfalls **nicht in Betracht kommt,** und daß daher das Geschäft zwischen dem Dritten und dem Vertreter trotz seines entgegengesetzten Willens (RG 58, 276; 99, 208; JW 06, 380[8]) zustande kommt. Diese Regel anzuwenden, liegt freilich dann kein Anlaß vor, wenn nicht nur vom Vertreter, sondern auch vom Geschäftsgegner der Abschluß des Geschäfts mit Wirkung für den Vertretenen gewollt war (RG JW 08, 29[3]; 1921, 1309[4]), was insbesondere auch dann zutrifft, wenn jemand mit dem im Geschäftsraume anwesenden Bevollmächtigten des Geschäftsinhabers in der irrigen Annahme verhandelt, es mit dem letzteren selbst zu tun zu haben, und dabei die beiden Verhandelnden beabsichtigen, den Geschäftsinhaber selbst zur Geschäftsperson zu machen (RG 30, 78; 67, 149; 68, 433; Warn 1910 Nr 316; JW 1921, 1309[4]; wo es sich darum handelte, daß der Ehemann der Beklagten auf deren Gut Pflanzen für dieses gekauft hatte). Die Vorschrift des § 164 Abs 2 greift auch dann gegenüber dem Verhandelnden Platz, wenn dieser den Vertrag mit dem Namen eines andern — dem des angeblich Vertretenen — unterschreibt, der Vertragsgegner aber annahm und annehmen durfte, der Verhandelnde selbst sei der andere (RG 95, 188). Ist im besondern Falle fraglich, wer eine Erklärung abgegeben hat, so sind für die Feststellung dessen nicht die §§ 133, 157, sondern die §§ 164, 177 maßgebend (RG 87, 145). Auszahlung eines Scheckbetrages, wenn der Vorzeiger nicht zum Ausdruck bringt, daß er den Betrag für einen andern abhebe, s. RG Warn 1923/24 Nr 158.

Auch beim **dinglichen Erwerbsgeschäfte,** insonderheit in Ansehung der dazu neben der Übergabe erforderlichen Einigung, regelt sich die Frage, ob der Vertreter, der nicht erkennbar im Namen des Machtgebers handelt, seinerseits das Recht erwirbt, oder ob es gegebenenfalls der Machtgeber erwirbt, nach der Regel des Abs 2. Grundsätzlich wird sich also im vorausgesetzten Falle der Rechtserwerb in der Person des Vertreters und nicht des Vertretenen vollziehen, beispielsweise der Erwerb des Eigentums an den vom Geschäftsgegner veräußerten Sachen. So erwirbt auch der Strohmann als stiller Stellvertreter das Eigentum an der ihm dazu vom Veräußerer übertragenen Sache (RG LZ 1921, 23[2]; RG Gruch 66, 100). Jedoch kann das Gegenteil dann eintreten, wenn zweierlei zusammentrifft: einmal, daß der Veräußerer nicht den Willen gehabt hat, das Recht gerade auf den mit ihm verhandelnden Vertreter zu übertragen, daß ihm vielmehr die Person des Erwerbers gleichgültig war (Veräußerung in incertam personam), und zweitens, daß der Vertreter anderseits für seine Person (beispielsweise, weil er ein Bediensteter des Auftraggebers ist), den Willen gehabt hat, das Recht gerade für seine Machtgeber zu erwerben (RG 100, 192; s. auch LZ 1924, 476[1]), und daß er dazu bei Erlangung des Besitzes gleichzeitig durch Verhandeln mit sich selbst (§ 181) zugunsten des Vertretenen ein Besitzkonstitut (§ 868) vornimmt (RG 30, 141; Gruch 47, 987; Warn 1925 Nr 27; s. auch LZ 1927, 263[1]). Diese Abweichung von der Regelung rein schuldrechtlicher Verhältnisse erscheint um deswillen statthaft, weil bei Verhältnissen der letzteren Art die Person des Schuldners regelmäßig von wesentlicher Bedeutung ist (vgl. RG 58, 277), während bei Veräußerungsgeschäften dem Veräußernden die Person des Erwerbers häufig genug gleichgültig ist. Schuldrechtlich bleibt daher der stille Vertreter dem Verkäufer gegenüber selbst der Berechtigte und Verpflichtete auch dann, wenn er das Eigentum sofort für den Geschäftsherrn erwirbt, falls der § 164 Abs 2 Platz greift (RG 99, 208; 100, 192).

Durch die Einzahlung eines Sparkassenguthabens wird, gleichgültig, auf wessen Namen das Buch ausgestellt ist, unbedingt derjenige der Gläubiger, zu dessen Gunsten die Einzahlung erfolgt ist, da die Sparkasse nur mit dem wirklichen Darlehnsgeber den Vertrag abschließen will; der Abs 2 des § 164 steht dem nicht entgegen (RGSt 43, 17; 8. 2. 12 VI 463/11; vgl. § 328 A 3).

4. **Willenserklärung gegenüber dem Vertreter** = passive Stellvertretung (Vorbem 2). Sie kann ebenfalls sowohl bei schuldrechtlichen, wie bei dinglichen Rechtsgeschäften in Frage kommen. Die Erklärung muß dem Vertreter gegenüber erkennbar in dieser Eigenschaft abgegeben sein, während nicht erforderlich ist, daß auch der Vertreter die Erklärung als Vertreter in Empfang zu nehmen willens war.

5. **Beweislast.** Ist jemand als Vertragspartei in Anspruch genommen und behauptet er, nicht in eigenem Namen gehandelt zu haben, so bedeutet das ein Leugnen des Klagevorbringens, zwingt also den Gegner nachzuweisen, daß der in Anspruch Genommene in eigenem Namen aufgetreten ist. Hierfür genügt der Beweis der Tatsache, daß der Betreffende nicht erklärt hat, er handle als Bevollmächtigter (RG 24. 10. 07 VI 537/06, unter Hinweis auf RG 2, 195 u. 3, 122; ferner JW 08, 480[14]).

§ 165

Die Wirksamkeit einer von oder gegenüber einem Vertreter abgegebenen Willenserklärung wird nicht dadurch beeinträchtigt, daß der Vertreter in der Geschäftsfähigkeit beschränkt ist[1]).

E II 135; P 1 138 ff.

1. Durch die Bestimmungen der §§ 107, 108 ist die Geschäftsfähigkeit der Minderjährigen und nach § 114 die der ihnen Gleichgestellten nur in Richtung auf ihre *eigenen* Angelegenheiten beschränkt. Die Eigenschaft **beschränkter Geschäftsfähigkeit** des Vertreters schließt sonach seine Fähigkeit zur Vornahme von Rechtsgeschäften namens anderer nicht aus. *Geschäftsunfähige*, deren Willenserklärungen nichtig sind (§ 105), können dagegen auch die bezeichnete Fähigkeit nicht haben. Der § 165 greift sowohl bei der gewillkürten wie bei der gesetzlichen Vertretung Platz, und zwar sowohl im Falle befugter wie nicht befugter Stellvertretung (Vorbem 2). Über den Ausschluß der Haftung des minderjährigen Vertreters vgl. § 179.

§ 166

Soweit die rechtlichen Folgen einer Willenserklärung durch Willensmängel oder durch die Kenntnis oder das Kennenmüssen gewisser Umstände beeinflußt werden, kommt nicht die Person des Vertretenen, sondern die des Vertreters in Betracht[1]).

Hat im Falle einer durch Rechtsgeschäft erteilten Vertretungsmacht (Vollmacht)[4]) der Vertreter nach bestimmten Weisungen des Vollmachtgebers gehandelt, so kann sich dieser in Ansehung solcher Umstände, die er selbst kannte, nicht auf die Unkenntnis des Vertreters berufen[2]). Dasselbe gilt von Umständen, die der Vollmachtgeber kennen mußte, sofern das Kennenmüssen der Kenntnis gleichsteht[2])[3])[4])[5]).

E I 117 II 136 f.; M 1 226 ff.; P 1 139 ff.

1. **Willensmängel** (§§ 116—123) begründen Nichtigkeit oder Anfechtbarkeit der Willenserklärung. Wird nun eine Willenserklärung durch einen Stellvertreter namens eines andern abgegeben, so entsteht der Zweifel, ob es bei der Frage nach der Nichtigkeit oder Anfechtbarkeit des Rechtsgeschäfts auf das Vorhandensein des Willensmangels in der Person des Vertreters oder der des Vertretenen ankommt. Das Gesetz erklärt die Person des Vertreters für entscheidend (RG 58, 347; 59, 349; 76, 109; 78, 353; 106, 200). Vgl. § 164 A 1 sowie RG 76, 107. Das gleiche gilt, wenn es sich um das *Kennen* oder *Kennenmüssen* gewisser Umstände handelt, beispielsweise betreffs des guten Glaubens (§ 932; RG 3. 2. 17 V 358/16), oder der Kenntnis von Mängeln (§ 460), oder betreffs Ausschlusses des Anspruchs auf das negative Interesse (§ 122). Alles das erklärt sich aus der Auffassung, daß das Rechtsgeschäft ausschließlich auf der Willensentschließung und auf der Erklärung des Vertreters beruht (§ 164 A 1). Daher greift § 166 auch da Platz, wo zwar keine eigentliche Stellvertretung stattfindet, jemand aber wenn auch kraft eigenen Rechtes so doch mit unmittelbarer Wirksamkeit für andere Rechtsgeschäfte abschließt, wie beispielsweise der Zwangsverwalter (RG 21. 9. 18 V 122/18). Eine weitere Folge des Grundsatzes des Abs 1 ist es, daß der Vertretene durch bewußt wahrheitswidrige Erklärungen des Vertreters auch keine Rechtsvorteile erlangen kann. Insbesondere verliert der Versicherungsnehmer den Schadensersatzanspruch, wenn der Stellvertreter das Verzeichnis wissentlich falsch aufgestellt hat und vertragsgemäß mit der wissentlich falschen Herstellung des Verzeichnisses Verlust des Versicherungsanspruchs verbunden war (RG 58, 343). Vgl. dazu § 157 A 3 a. E. Im Falle der

Gesamtvertretung genügt nicht nur für die Haftung aus unerlaubter Handlung, sondern auch für die vertragliche Haftung das Verschulden eines Vertreters, um die Haftung des Vertretenen zu begründen (RG 110, 145). Ein Irrtum des Vertreters über den Inhalt des ihm erteilten Auftrags begründet keinen Anfechtungsgrund (RG Gruch 49, 1049; JW 1913, 733[1]). — Die **Grundsätze des Abs 1 finden Anwendung** auch auf dem Gebiete der Gläubigeranfechtung in und außerhalb des Konkurses (RG 68, 375; 72, 133; 80, 5). Hat aber z. B. der minderjährige Anfechtungsgegner die rechtsgeschäftliche Willenserklärung selbst abgegeben, dann kommt es für die Kenntnis der Benachteiligungsabsicht nur auf seine Person an; die nachträgliche Genehmigung durch den gesetzlichen Vertreter macht die Willenserklärung nicht zu einer solchen des Vertreters und § 166 Abs 1 ist nicht anwendbar (RG 116, 134). Ferner ist Abs 1 anzuwenden bei einem vom auftragslosen Geschäftsführer abgeschlossenen und nachträglich genehmigten Rechtsgeschäfte (RG 68, 376; JW 1911, 575[6]), unbeschadet einer Anfechtung der Genehmigung als einer vom Geschäftsherrn allein ausgehenden Erklärung wegen Willensmängeln, die bei ihm vorlagen (RG 24. 1. 25 V 338/24). Der Versicherte, der sich auf Reisen begibt, muß sich gefallen lassen, daß derjenige, den er sonst zu seiner geschäftlichen Vertretung bestellt hat, auch in bezug auf Vorschriften des Versicherungsvertrags, die an Ort und Stelle und ohne Aufschub erfüllt werden müssen, als sein Vertreter angesehen wird; aus der Person des Vertreters ist dann in entsprechender Anwendung des § 166 Abs 1 zu beurteilen, ob die durch den Versicherungsvertrag begründeten Obliegenheiten erfüllt sind (RG SeuffA 80 Nr 13). Kenntnis des Beauftragten (Vermittlers), der nicht zugleich Vollmacht hat, schadet dem Auftraggeber nicht (RG Warn 1913 Nr 102). Anwendung des Abs 1 auf eine dem Versicherer durch einen Vertreter des Versicherten erteilte Auskunft s. RG JW 1927, 763[2]; auf den besitzerwerbenden Besitzdiener s. RG SeuffA 79 Nr 186.

Ist jemand gleichzeitig Vertreter beider Teile (§ 181), dann ist seine Kenntnis oder das Kennenmüssen notwendig beiden Vertretenen in gleicher Weise zuzurechnen (RG 74, 414). Wird eine Genossenschaft durch mehrere Mitglieder vertreten, dann ist die Kenntnis der Genossenschaft (im Falle der actio pauliana) anzunehmen, wenn sie auch nur einem der Vertreter beiwohnte (RG JW 1911, 1012[2]); desgleichen gilt eine offene Handelsgesellschaft als bösgläubig, wenn die Kenntnis auch nur einem von den Gesellschaftern beiwohnte (RG 9, 145; 190, 23). Insoweit als der Gerichtsvollzieher kraft Gesetzes als Vertreter seines Auftraggebers handelt (§ 897 Abs 1 ZPO; RG 82, 89; Vorbem 2 vor § 164), kommt es beim Rechtserwerbe gemäß § 164 Abs 1 auf seine Kenntnis an (RG 77, 24). Bei der Pfändung ist jedoch der Gerichtsvollzieher nicht Vertreter des Gläubigers (JW 1914, 863[3]); daher ist auch dem Gläubiger hinsichtlich der Anfechtbarkeit der Pfändung die etwaige Kenntnis des Gerichtsvollziehers nicht zuzurechnen (RG 90, 193; Warn 1915 Nr 274). Steht die Kenntnis des Fiskus in Frage, so kommt es darauf an, ob wenigstens eine von den mehreren Personen, durch die er vertreten worden, die fragliche Kenntnis gehabt hat (RG 59, 408). Die Kenntnis des bloßen Vermittlers ersetzt überhaupt nicht die fehlende Kenntnis des Geschäftsherrn (RG Warn 1913 Nr 86). Schließt aber der Vermittler das Geschäft selbst ab, dann liegt (auftragslose) Stellvertretung vor (RG Warn 1910 Nr 321). — Bei Beantwortung der Streitfrage, ob im Falle der Anfechtung wegen Irrtums, dessen Erheblichkeit (vgl. § 119 A 2) aus der Person des Vertretenen oder der des Vertreters zu prüfen ist, kann nur von dem Gesichtspunkte ausgegangen werden, daß der Vertreter der Vertragschließende ist und daß mithin zu erwägen ist, wie er sich bei richtiger Kenntnis der Dinge verhalten haben würde (RG 82, 196). Dabei ist zu beachten, daß der Vertretene regelmäßig der sachlich Beteiligte ist, und daß um deswillen für den Vertreter voraussichtlich die Rücksicht auf das Interesse des Vertretenen bestimmend war. Waren Fehler der Sache oder der Mangel von Eigenschaften auch nur dem Vertretenen bekannt, dann kann ihm freilich die Unkenntnis des Vertreters nicht zugute kommen. War aber im Sonderfalle dem Vertreter die Vollmacht zu eigenem Interesse oder im Interesse eines Dritten erteilt (vgl. § 168), dann könnten für ihn nur seine eigenen Verhältnisse oder die des Dritten ausschlaggebend gewesen sein. — Darüber, ob die Kenntnis des Vertreters oder des Vertretenen bei Bestimmung des Anfechtungszeitpunktes im Sinne des § 124 maßgebend ist, vgl. § 124 A 1.

2. Abweichend von der Regel des Abs 1 kommt es grundsätzlich unter gewissen Umständen schon allein auf die **dem Vertretenen beiwohnende Kenntnis** an. Dieser soll nämlich, falls die Folgen der Willenserklärung durch das Kennen oder Kennenmüssen gewisser Umstände (§§ 122 Abs 2, 276) — beispielsweise hinsichtlich der Gutgläubigkeit (§§ 892, 932), oder des „Vertrauens auf die Gültigkeit" (§§ 122, 307), oder des Laufes einer Erklärungsfrist (§§ 1943, 1944) — beeinflußt werden, nicht die Unkenntnis seines Vertreters vorschützen dürfen, wenn er selbst die Kenntnis hatte oder haben mußte, und wenn überdies der Vertreter auf Grund einer ihm erteilten Vollmacht und zugleich nach den ihm erteilten Weisungen gehandelt hat, so daß gegebenenfalls — was erforderlich — alle drei Voraussetzungen zusammen erfüllt sind. Diese Ausnahmebestimmung will das **Interesse des Dritten schützen** und gilt daher nur zuungunsten des Vertretenen, ist mithin gerade dann von Wichtigkeit, wenn der Vertreter selbst die Kenntnis nicht hatte. Im entgegengesetzten Falle greift schon die Grundregel des Abs 1 durch. Hat ein dem Vertreter übergeordneter Generalbevollmächtigter dem Vertreter die Weisungen erteilt, dann kommt es auch auf seine Schlechtgläubigkeit an (RG Gruch 58, 907). Der Begriff **nach bestimmten Weisungen** ist nicht zu enge auszulegen; der Fall ist schon dann gegeben, wenn der Bevollmächtigte zu dem bestimmten Geschäfte schreitet, zu dessen Vornahme der Vollmachtgeber ihn veranlaßt hat (RG JW 1916, 317[2]; hier war einem Rechtsanwalte Vollmacht zur Einklagung eines Wechsels und damit auch „gemäß § 81 ZPO ohne weiteres auch Vollmacht zum Betriebe der Zwangsvollstreckung erteilt worden"). — Die Ausnahmebestimmung des Abs 2 besteht ausschließlich bei der gewillkürten Stellvertretung (Vorbem 2), und zwar einschließlich des Falles der Stellvertretung ohne Vertretungsmacht (RG 68, 376), dann aber auch beim dinglichen Vertrage (RG 62, 218). Bei der gesetzlichen Stellvertretung ist für die Bestimmung naturgemäß kein Raum. Betreffs der Vertreter juristischer Personen vgl. § 26.

3. Der § 166 trifft keine Bestimmung für den Fall, daß sich der **Vertreter einer arglistigen Täuschung** oder einer **Drohung** dem Geschäftsgegner gegenüber schuldig gemacht hat. In dieser Hinsicht ist folgendes zu sagen:

a. In Ansehung der **Anfechtung** kann der Vertreter nicht als Dritter im Sinne des § 123 in Betracht kommen; der Geschäftsherr muß daher die Handlungsweise des Vertreters unmittelbar gegen sich gelten lassen. Vgl. § 123 A 4; RG 58, 347; 76, 107. Die Anfechtung aus § 123 kann aber auch auf eine arglistige Handlungsweise des Vertretenen selbst gestützt werden, und zwar auch dann, wenn der Vertreter seinerseits gutgläubig gehandelt hat. — Hat eine juristische Person (Aktiengesellschaft) mehrere Vertreter, und hat nur einer von diesen das Rechtsgeschäft abgeschlossen, dann genügt es für dessen Anfechtung, wenn der abschließende Vertreter zwar gutgläubig war, ein anderer Vertreter jedoch den Irrtum des Vertragsgegners gekannt, es aber trotz seiner Wissenschaft um das Bevorstehen des Vertragsabschlusses unterlassen hat, den Vertragsgegner sowie den gutgläubigen abschließenden Vertreter über die wirkliche Sache in Kenntnis zu setzen (RG 81, 433; 17. 1. 14 V 358/13). Zuzurechnen ist einer juristischen Person nur die Kenntnis desjenigen Vertreters (oder derjenigen Vertreter), die zur Zeit der Vornahme des Geschäfts die Vertreter gewesen waren, unwesentlich ist es daher, wenn etwa nur ein früherer Vertreter Kenntnis von der Fehlerhaftigkeit des erst von einem späteren Vertreter verkauften Gegenstandes gehabt hatte (RG 3. 12. 21 V 218/21).

b. Die **Haftung auf Schadensersatz** regelt sich gegebenenfalls nach folgenden Gesichtspunkten:

α) Für Erklärungen des bevollmächtigten Vertreters, die zum Vertragsinhalte geworden sind, muß der Vertretene schlechthin aufkommen, da das Rechtsgeschäft ihm gegenüber im ganzen so wirksam geworden ist, wie es abgeschlossen wurde (§ 164).

β) Sind die Erklärungen des bevollmächtigten Vertreters nicht Bestandteil des Vertrags geworden, handelt es sich mithin nur um eine bei Gelegenheit des Vertragsabschlusses begangene betrügerische Täuschung (§ 823 Abs 2, § 826), dann kann eine Haftung des Vertretenen gemäß § 831 in Frage kommen, da auch die Bestellung zu einem Vertragsabschlusse als Bestellung zu einer Verrichtung im Sinne des § 831 angesehen werden darf, und in solchem Falle stünde dem Vertretenen auch der Entlastungsbeweis nach § 831 offen (RG 73, 436). — Eine vertragsmäßige Haftbarkeit des Vertretenen hat das Reichsgericht in den Urteilen RG 61, 209; 96, 179 für Fälle bezeichneter Art grundsätzlich verneint. — Dieser Standpunkt scheint jedoch bedenklich, und dürfte das praktische Bedürfnis wenig befriedigen, auch schwerlich mit Recht und Billigkeit vereinbar sein. Erteilt jemand einem andern Vollmacht zum Vertragsabschlusse ohne jede Einschränkung, und weist er hiermit den Vertragsgegner, anstatt selbst mit diesem zu verhandeln, schlechthin an den Bevollmächtigten, dann gibt er dem Vertragsgegner zu erkennen, daß das gesamte, dem Vertragsabschlusse dienende Verhalten des Bevollmächtigten und dessen gesamte Erklärungen auch für ihn, den Vollmachtgeber, so maßgebend sein sollen, als hätte er sie selbst abgegeben und daß der Vertragsgegner sich in jeder Hinsicht auf die Handlungsweise des Bevollmächtigten so verlassen könne, als hätte er, der Vollmachtgeber, selbst verhandelt. Dann ist es aber auch richtig, daß der Vollmachtgeber dem durch fälschliche Vorspieglungen oder durch ein arglistiges, dem Bevollmächtigten zur Last fallendes Verschweigen geschädigten Vertragsgegner in gleicher Weise haftbar sein muß, als hätte er sich bei Gelegenheit des Vertragsabschlusses selbst des Betrugs schuldig gemacht. Vgl. dazu RG 63, 150. Dem Vollmachtgeber wäre daher auch (entgegen der Entscheidung JW 1913, 587[1]) der Einwand zu versagen, daß er den Vertreter zur Betätigung eines arglistigen Verhaltens nicht ermächtigt habe. Daß der Vertragschließende für eigene culpa in contrahendo einzustehen hat, wird vom Reichsgericht zur Zeit nicht mehr bezweifelt (vgl. § 276 A 1). In dem Maße muß der Vollmachtgeber aber auch für die culpa in contrahendo seines Bevollmächtigten einstehen, falls er diesen ohne jede Einschränkung zum Vertragsabschlusse ermächtigt hat. So ist auch bereits angenommen, daß, wenn schon bei den Vorverhandlungen für die Parteien gewisse Verpflichtungen zu redlichem Verhalten (vgl. § 123 A 2 Abs 2 und § 276 A 1 betreffend culpa in contrahendo) bestehen, deren Nichterfüllung die Partei haftbar machen würde, diese auch für das schuldhafte Verhalten derjenigen Personen, deren sie sich zu den Vorverhandlungen bedient hat, gemäß dem Sinne des § 278 in gleichem Maße haften muß (**RG** 103, 50; JW 1915 S. 240[3] u. 577[10]). Zu einer Unbilligkeit müßte die gegnerische Ansicht um deswillen führen, weil es nicht billig sein kann, daß der Vollmachtgeber zwar den Vorteil genießen dürfte, den ihm das betrügerische Verhalten seines Vertreters bei Abschluß des Vertrags gebracht hat, anderseits aber für den Nachteil, den der Vertragsgegner erleidet, nicht einzustehen brauchte. Erwägt man endlich, welcher Teil in Fällen in Rede stehender Art überhaupt eher Anspruch auf Schutz hat, ob der Vollmachtgeber oder der Vertragsgegner, so müßte auch entscheidend sein, daß der letztere nur Schaden von sich abwenden, der andere Teil dagegen den Vorteil sich wahren wollte, den er durch den Vertrag erlangt hätte. Hier gilt es also mangels einer gesetzlichen Entscheidung der Frage um eine dem Bedürfnisse des Verkehrs dienende Fortbildung des Rechtes. — Wie sich der Anspruch des Vertragsgegners gegen den Vollmachtgeber im Einzelfalle regeln würde, beantwortet sich genau nach den Grundsätzen der Haftung für culpa in contrahendo. Regelmäßig wird der geschädigte Vertragsgegner also nur von den Rechtsbehelfen aus §§ 249ff. Gebrauch machen dürfen und nur im Falle des § 463 Anspruch auf Ersatz des Erfüllungsinteresses haben. Vgl. § 276 A 1.

Daß man schon unter entsprechender Anwendung des § 166 zu dem wünschenswerten, billigen Ergebnisse gelangen könnte (vgl. **RG** 58, 347; 76, 109; 83, 244), erscheint nicht als zutreffend, weil ein rechtsähnlicher Fall nicht vorliegt. Der § 166 hat es nur mit abgegebenen Willenserklärungen zu tun, die zum Bestandteile des Rechtsgeschäfts geworden sind, und betrifft nur die Frage nach der Wirksamkeit oder nach der Fehlerhaftigkeit solcher Willenserklärungen, und diese Frage muß allerdings in erster Linie aus der Person des Vertreters, als des Urhebers der Erklärung, beurteilt werden. In unserm Falle dagegen handelt es sich nur um ein bei Gelegenheit des Vertragsabschlusses betätigtes Verhalten des Vertreters, also auch nur um etwaige Erklärungen außerhalb des Vertrags, und hier steht überhaupt nicht die Rechtsbeständigkeit der etwaigen Erklärungen, sondern die Haftung des Vollmachtgebers in Frage. Vgl. **RG** 96, 177. — In **RG** 83, 244 hat der V. ZS den Grundsatz, daß der Vollmachtgeber in Fällen gedachter Art nicht haftbar sei, dahin eingeschränkt, daß eine vertragsmäßige Haftung gemäß § 463 dann gegeben sei, wenn der Vertreter entweder Fehler der Kaufsache arglistig verschwiegen oder nicht vorhandene Eigenschaften arglistig vorgespiegelt habe (vgl. dazu auch **RG** Warn 1915 Nr 166). Hier ist indes wiederum nicht einzusehen, wie diese Entscheidungen gerade in § 463 eine Stütze finden könnten. Allerdings soll eine nach § 463 erhobene Schadensersatzklage so behandelt werden, als hätte der Verkäufer für sein Verhalten beim Vertragsabschlusse auf Grund des Vertrags einzustehen. Aber die Fiktion, auf welcher diese Regelung beruht, als gehörte nämlich die Verschweigung oder die fälschliche Versicherung zum Vertragsinhalte, kann doch nicht so weit reichen, daß gegebenenfalls zugleich fingiert werden dürfte, es sei der Vertreter, der sich bei Gelegenheit des Vertragsabschlusses einer arglistigen Verschweigung oder einer fälschlichen Vorspieglung schuldig gemacht habe, auch zu diesem Verhalten durch den Vollmachtgeber ermächtigt gewesen, während anderseits doch der Standpunkt vertreten werden soll, in der Erteilung der Vollmacht zum Vertragsabschlusse sei noch nicht die Ermächtigung zu einer unerlaubten Handlungsweise enthalten. Das genannte Urteil beweist mithin nur, daß in ihm gegenüber dem angenommenen Grundsatze, daß der Vollmachtgeber für ein arglistiges, schädigendes Verhalten des Vertreters bei Gelegenheit des Vertragsabschlusses nicht hafte, ein Ausweg gesucht worden ist, um auf diese Weise zu dem zu billigenden Ergebnisse zu gelangen. Dieser Ausweg scheint jedoch nicht gangbar. — Im Urteile **RG** Warn 1914 Nr 109 und den dort weiter angeführten Entscheidungen hat sich der VII. ZS zutreffend auch auf den Standpunkt gestellt, daß der Versicherte für das betrügerische Verhalten seines Vertreters bei der Schadensermittlung aufkommen muß. — Die Vorschrift des § 85 ZPO bezieht sich nur auf die prozessualen Wirkungen der Handlungen des Prozeßvertreters und verpflichtet die Partei auch nur insoweit (**RG** 96, 177).

γ) Eine Haftung für die Arglist des gesetzlichen Vertreters (elterlichen Gewalthabers, Vormundes) ist stets ausgeschlossen, weil es niemals zutreffen kann, daß das Gesetz den Vertreter auch hätte befähigen wollen, den Vertretenen durch eine unerlaubte Handlung zu verpflichten (**RG** 61, 209; JW 1913, 587[1]).

δ) Eine Haftung für die Arglist eines bloßen Vermittlers besteht regelmäßig ebenfalls nicht (**RG** JW 04, 354[3]). Eine außervertragliche Haftung kann jedoch auch hier nach Maßgabe des § 831 gegeben sein (**RG** SeuffA 69 Nr 197); eine vertragliche ferner nach den oben unter b β dargelegten Gesichtspunkten (RG 63, 150); so wenn der Verkäufer den Käufer wegen der gewünschten Auskünfte an den Vermittler verweist.

ε) Die unbedingte Haftung der juristischen Person für die Arglist ihres Vorstandes ergibt sich daraus, daß der Vorstand nicht der Vertreter der juristischen Person ist, sondern gemäß § 26 Abs 2 ihr Willensorgan darstellt, und seine Erklärungen daher der vertretenen nicht bloß zugerechnet werden, vielmehr als ihre eigenen Erklärungen zu gelten haben. Vgl. RG 81, 433ff.; 72, 133; 76, 107. — Gemäß § 31 haftet eine juristische Person (Stadtgemeinde) für den Schaden, der auch nur eines von ihren Vorstandsmitgliedern (der Bürgermeister) einem Dritten betrügerisch zufügt, sofern das Vorstandsmitglied innerhalb der ihm verfassungsmäßig an sich zustehenden Befugnis (Abschluß eines Darlehnsvertrags) gehandelt hat (RG JW 1913, 587[1]). — Über die Haftung der Vereine vgl. § 31 (RG 63, 183).

Über die Haftung für ein Verschulden des Vertreters bei Erfüllung einer Verbindlichkeit, die auch den Abschluß eines Vertrags zum Inhalte haben kann (RG JW 1915, 240[3]), vgl. § 278 A 3.

4. **Vollmacht** ist die dem Vertreter durch Rechtsgeschäft (Bevollmächtigung) erteilte Vertretungsmacht mit den Wirkungen des § 164. Daß die Ermächtigung eines andern die ihr zugeschriebene Wirkung überhaupt zu äußern vermag, beruht auf der durch die Rechtsentwicklung gezeitigten Vorstellung des Gesetzes, daß es grundsätzlich möglich ist, auf einen andern die Befugnis zu übertragen, Rechtsgeschäfte mit unmittelbarer Wirkung für den die Ermächtigung Erteilenden vorzunehmen. — Über den Unterschied zwischen Vollmacht und Einwilligung vgl. § 182 A 1. Die einem andern erteilte Ermächtigung, in eigenem Interesse über ein Recht des Erklärenden zu verfügen, enthält nur eine Zustimmung, keine Vollmacht (RG 53, 274). — Die Bevollmächtigung ist ein einseitiges, empfangsbedürftiges, selbständiges (abstraktes) Rechtsgeschäft, welches von dem ihm etwa zugrunde liegenden Grundgeschäfte, durch das es veranlaßt worden, begrifflich unabhängig besteht (RG 62, 337; 69, 234; JW 08, 655). A. A. Planck § 167 A 3. Sie setzt das Vorhandensein eines solchen Grundgeschäfts begrifflich überhaupt nicht voraus, weder für ihre Entstehung noch für ihren Fortbestand (§ 168). Es spricht sich in der Vollmacht lediglich die selbständig für sich bestehende Befugnis aus, nach außen hin als Stellvertreter eines andern aufzutreten, ohne daß aus dieser Befugnis an und für sich betrachtet irgendein Anspruch für einen der Beteiligten erwüchse. Das die Vollmachterteilung veranlassende Grundgeschäft anderseits äußert seine Wirkungen ausschließlich zwischen den beiden unmittelbar beteiligten Personen, wie beispielsweise der Auftrag und der Dienstvertrag. Auch die Ungültigkeit des Grundgeschäfts berührt mithin dem Dritten gegenüber, der gutgläubig auf Grund der ordnungsmäßig erscheinenden Vollmacht mit dem Bevollmächtigten verhandelt, die Gültigkeit der Vollmacht nicht (RG 69, 232). Daß die Vollmacht indes in ihren Wirkungen doch nicht völlig unabhängig ist von dem etwaigen Grundgeschäfte, ergibt die Bestimmung des § 168 über ihr Erlöschen (RG 75, 299; JW 1911, 399[5]). Da bei der Vollmacht das etwaige Grundgeschäft begrifflich unwesentlich ist und die Außenwirkung das wesentliche ist, so kann sie auch durch Erklärung gegenüber dem Geschäftsgegner erteilt werden (§ 167). — Zur Wirksamkeit der Vollmacht gehört es, daß sie von einem zur entsprechenden Verfügung Befugten erteilt wird. Die Bestellung eines Prokuristen oder eines Handlungsbevollmächtigten für den gesamten Geschäftsbetrieb einer Gesellschaft m. b. H., die nur durch den Geschäftsführer ohne Mitwirkung der Gesellschafter erfolgt, ist jedoch nur nach innen unwirksam, nach außen dagegen wirksam, weil der § 46 Nr 7 des Gesetzes nur das Innenverhältnis im Auge hat (RG 75, 164 — unter Heranziehung auch des § 37 Abs 2 des Ges). Darüber, ob durch die Nichtigkeit des Grundgeschäfts auch die auf Grund desselben erteilte Vollmacht hinfällig wird, vgl. § 139 A 1 Abs 2.

Als selbständiges Rechtsgeschäft ist die Vollmacht auch **selbständig anfechtbar,** und Anfechtungsgegner ist gemäß § 243 Abs 3, je nachdem die Vollmachtserteilung gegenüber dem Bevollmächtigten selbst, oder nur gegenüber dem Dritten gemäß §§ 167, 170, oder endlich nur gemäß § 171 durch öffentliche Bekanntmachung erklärt worden, entsprechend der Bevollmächtigte, oder der Dritte, oder jeder andere, mit dem das Rechtsgeschäft durch den Vertreter abgeschlossen worden ist. Streitig. Vgl. Planck § 167 A 4. Da die Anfechtung der Vollmacht gemäß § 142 zurückwirkt, so hat dies zur Folge, daß die vom Bevollmächtigten bereits vorgenommenen Rechtsgeschäfte als von einem auftragslosen Vertreter (§ 177) vorgenommen anzusehen sind. Kommt es daher dem Vollmachtgeber nur darauf an, die Vollmacht für die Zukunft zu beseitigen, so wird er sich des Widerrufs nach § 168 bedienen müssen. Anfechtbar ist die Bevollmächtigung aus Gründen in der Person des Vollmachtgebers (Irrtum), oder in der Person des Bevollmächtigten (eine durch ihn begangene arglistige Täuschung des Vollmachtgebers), oder, falls ein Dritter sich eine arglistige Täuschung schuldig gemacht hat, gemäß § 123 Abs 2. Daß auch das vom Bevollmächtigten abgeschlossene Rechtsgeschäft für den Vollmachtgeber anfechtbar ist, kann nicht zweifelhaft sein.

Dagegen ist die Ansicht unhaltbar, daß die Anfechtung der Vollmacht zugleich die Anfechtung des auf Grund ihrer abgeschlossenen Geschäftes bedeutet.

Umfang der Vollmacht. Wieweit der Bevollmächtigte den Machtgeber ohne weiteres zu berechtigen und zu verpflichten vermag, bestimmt sich grundsätzlich nach dem Inhalte der Vollmacht allein, der seinerseits gemäß den Grundsätzen von Treu und Glauben nach den Erfordernissen des vorzunehmenden Rechtsgeschäfts und namentlich wie sonst eine Willenserklärung durch Auslegung gemäß §§ 133, 157 zu ermitteln ist (**RG** 71, 221; 73, 349; 2. 7. 21 V 30/21), wobei der Grundsatz gilt, daß, soweit nicht der größere Umfang nachweisbar ist, nur der geringere Umfang angenommen werden kann (**RG** JW 1913, 1634[3]). Handelt der Vertreter außerhalb dieser Grenze, dann liegt ein Fall des § 177 vor, gleichviel ob eine bloße Überschreitung der Vollmacht vorliegt oder ob der Vertreter überhaupt ein anderes Rechtsgeschäft als das vollmachtsmäßige abgeschlossen hat. Etwaige Weisungen, die der Geschäftsherr dem Bevollmächtigten erteilt, bilden keinen Bestandteil der Vollmacht. Sie sind daher an und für sich auch nur für das Innenverhältnis zwischen den Genannten von Belang (**RG** Gruch 52, 953) und können im übrigen behufs Feststellung des Vollmachtsumfangs höchstens als Auslegemittel dienen. Mithin kommt es auch betreffs der Verbindlichkeit des Rechtsgeschäfts für den Vollmachtgeber grundsätzlich gar nicht darauf an, ob der Vertreter den Weisungen gemäß oder ihnen zuwidergehandelt hat. Es greift hier auch schon der allgemeine Gesichtspunkt durch, daß derjenige, der eine an sich immer nur für die Außenwirkung berechnete Vollmacht erteilt, gleichviel ob die Erteilung gegenüber dem Vertreter selbst oder einem bestimmten Dritten (§ 167), oder endlich der Allgemeinheit gegenüber (§ 171) erfolgt, damit ohne weiteres zu erkennen gibt, daß er nach Maßgabe dieser Vollmacht gebunden sein wolle, sofern nur der Ermächtigte auf Grund der Vollmacht und innerhalb der Vollmachtsgrenze abschließe. Sodann aber besteht auch keine innere Berechtigung für die Vermutung, daß eine Vollmacht eingeschränkt sei, wie freilich eine Vermutung auch nicht für die Ausdehnung der Vollmacht gegeben ist (**RG** 23. 9. 05 V 42/05, wonach in der Ermächtigung zum Verkaufe nicht zugleich die zu einer Garantieübernahme enthalten ist).

Mißbrauch von der Vollmacht. Die Regel, daß für die Verbindlichkeit des Rechtsgeschäfts dem Vollmachtgeber gegenüber grundsätzlich allein der Vollmachtsinhalt maßgebend ist, muß dann eine Ausnahme erleiden, wenn zuungunsten des Geschäftsgegners die Grundsätze vom Handeln wider Treu und Glauben Platz greifen (**RG** SeuffA 75 Nr 126). Der Geschäftsgegner braucht sich im allgemeinen zwar nur um die Vollmachtsmäßigkeit des Rechtsgeschäfts zu kümmern, und diese wird auch noch nicht dadurch ausgeschlossen, daß der Stellvertreter auftragswidrig und gar gegen das Interesse seines Machtgebers handelt (**RG** 71, 222). Vgl. auch **RG** Warn 1912 Nr 198. Indessen kennt der Geschäftsgegner die Weisungen, weil sie etwa in der Vollmachtsurkunde mitenthalten sind, oder weil er von ihnen sonst erfahren hat, oder mußte er sich ohnehin sagen, daß der Stellvertreter dem Willen des Machtgebers offenbar zuwiderhandle (vgl. § 116 A 1) und daß der letztere das fragliche Geschäft keinesfalls beabsichtigt haben könne (**RG** 52, 98); oder war dem Geschäftsgegner bekannt (**RG** 71, 219; 74, 219; 75, 299), oder hat er auch nur erkennen müssen (**RG** 16. 9. 11 V 101/11; 27. 10. 17 V 151/17), daß der Stellvertreter die Interessen seines Machtgebers beeinträchtige, und hat er trotzdem das Rechtsgeschäft mit dem Stellvertreter abgeschlossen, dann kann er daraus keine Rechte herleiten, vielmehr ist das Rechtsgeschäft für den Vertretenen trotz seiner äußeren Vollmachtsmäßigkeit unverbindlich. Es entsteht alsdann aber auch dadurch nicht wirksam, daß der Geschäftsgegner sich demnächst etwa anheischig macht, die Bedingungen des Vertretenen einhalten zu wollen (**RG** SeuffA 61 Nr 385). Verspricht der Dritte dem Bevollmächtigten einen Vorteil dafür, daß der Bevollmächtigte gegen das Interesse des Vollmachtgebers handelt, dann ist der vom Bevollmächtigten mit dem Dritten abgeschlossene Vertrag gemäß § 138 nichtig (**RG** 26. 5. 06 II 107/06; 5. 2. 19 V 318/18). — Bei der gesetzlichen Ermächtigung besteht für alle vorstehenden Erwägungen über ein anweisungswidriges Verhalten des Vertreters selbstverständlich kein Raum. Hier entscheidet über den Umfang der Ermächtigung lediglich das Gesetz selbst. Wohl aber kann es auch hier den zuvor dargestellten Grundsätzen gemäß in Betracht kommen, ob der Geschäftsgegner bei Anwendung gehöriger Sorgfalt hätte erkennen können (§ 122 A 2), daß der gesetzliche Vertreter mit seiner Ermächtigung Mißbrauch treibe (**RG** 83, 348; 17. 1. 14 V 358/13, betreffend einen Testamentsvollstrecker). — Ob sich der Vertreter durch ein anweisungswidriges oder pflichtwidriges Verhalten dem Vertretenen gegenüber haftbar macht oder nicht, entscheidet sich nach dem zwischen ihnen sonst bestehenden Rechtsverhältnisse und nach den allgemeinen Grundsätzen vom vertraglichen oder außervertraglichen Schadensersatze.

Ersatzvollmacht (Substitution). Die Frage, ob die Vollmacht das Recht zu einer derartigen Weiterübertragung enthält, daß der ursprünglich Bevollmächtigte ganz ausscheidet, ist für die Regel zu verneinen (§§ 27, 86, 613, 664, 713; ferner §§ 52, 58 HGB). Die Bevollmächtigung enthält aber im Gegensatze zur Prozeßvollmacht gemäß § 81 ZPO auch nicht ohne weiteres die Befugnis zur Bestellung eines Ersatzbevollmächtigten mit der Tragweite, daß auch das ursprüngliche Vollmachtsverhältnis bestehenbleibt und der Ersatzbevollmächtigte nur an Stelle des Bevollmächtigten handeln soll, dem Geschäftsherrn aber gegenüber mit der gleichen Wirkung, als hätte der Bevollmächtigte selbst gehandelt. Schließlich handelt es sich jedoch auch hier um eine Auslegungsfrage. Man wird annehmen können, daß die Befugnis zur Übertragung insoweit gegeben sein soll, als es der Übertragung zur Ausführung des Geschäfts bedarf, und als die Übertragung das Interesse des Machtgebers in keiner Weise verletzt. Denn grundsätzlich ist davon auszugehen, daß die Vollmacht schon an sich die Ermächtigung zur Vornahme aller derjenigen Handlungen umfaßt und umfassen soll, ohne die das aufgetragene Geschäft nicht ausgeführt werden kann (§ 98 I 13 ALR). Danach ist übrigens auch zu beurteilen, ob der Bevollmächtigte befugt ist, die Ausführung nur einzelner, dem Zwecke des Ganzen dienenden Verrichtungen auf einen andern zu übertragen.

Je nachdem die Vollmacht für ein bestimmtes Geschäft oder für alle das ganze Vermögen betreffenden Angelegenheiten erteilt ist, unterscheidet man **Spezial- und Generalvollmacht.** Auch die letztere ermächtigt den Bevollmächtigten dem Vollmachtgeber gegenüber nicht zu Geschäften, die gegen dessen ausgesprochenen Willen vorgenommen würden, und wenn der Vertragsgegner diesen Widerspruch kennt, so kann er aus einem derartigen Geschäft Rechte nicht herleiten (RG 52, 100; 71, 222; vgl. auch § 164). In der Generalvollmacht kann auch die Ermächtigung des Bevollmächtigten enthalten sein, namens des Vollmachtgebers für seine, des Bevollmächtigten, eigene Schuld einem Dritten gegenüber eine Bürgschaft zu übernehmen; ob die Bürgschaftsübernahme im Interesse des Vollmachtgebers liegt, berührt an sich nur das innere Verhältnis zwischen ihm und dem Bevollmächtigten (RG 71, 221). Der Begriff des Generalvertreters ist kein feststehender, er wird auch in Fällen verwendet, wo der Generalvertreter in eigenem Namen und für eigene Rechnung handelt (RG 65, 37; Warn 1912 Nr 8). Auch die freie Widerruflichkeit der Generalvollmacht richtet sich nach dem ihr zugrunde liegenden Rechtsverhältnisse (RG JW 1912 Nr 1102[2]). — Eine vom Geschäftsführer einer Gesellschaft m. b. H. einem Dritten erteilte Generalvollmacht, die die Übertragung der gesamten Geschäftsführung zum Inhalte hat, ist auch Dritten gegenüber unwirksam (RG 86, 265; JW 1912, 527[3]); doch kann die Geschäftsführung durch eine formgerechte (§ 2 Abs 2 GmbHG) nachträgliche Genehmigung wirksam werden (RG 102, 21).

Gesamtvollmacht. Ist die Vollmacht mehreren erteilt, so kann entweder beabsichtigt sein, daß jeder einzelne von ihnen, oder daß nur alle zusammen zur Vertretung befugt sein sollen (Gesamtvollmacht). Das ist von Fall zu Fall zu entscheiden. Eine Regel stellt das Gesetz nicht auf. Die Grundsätze der §§ 420 ff. werden hier schwerlich Anwendung finden können, da, wie bereits erwähnt, aus dem Vollmachtsverhältnisse Ansprüche überhaupt nicht hervorgehen, mithin insoweit auch von Gläubigerschaft und Schuldnerschaft nicht die Rede sein kann. Sondervorschriften sind gegeben für die Gesellschafter in den §§ 709, 710 in Verbindung mit § 714; im HGB in den §§ 48 Abs 2, 125 Abs 2, 150, 232; ferner beim GenG in § 25 und GmbHG in § 35 Abs 2. Bei der Gesamtvertretung ist ein Zusammenwirken aller Vertreter notwendig, und daher wird das Rechtsgeschäft fehlerhaft (nichtig oder anfechtbar), wenn ein Willensmangel auch nur in der Person eines Vertreters bestanden hat. Vgl. A 1. Ein Grundsatz des Inhalts, daß bei Behinderung des einen Vertreters einer Gesellschaft m. b. H. der andere allein vertretungsberechtigt sei, ist nicht anzuerkennen; die Gesellschaft muß vielmehr für Abhilfe sorgen, falls nicht beide Geschäftsführer einem Dritten Vollmacht erteilt haben (RG 103, 417). Die Mitwirkung aller Gesamtvertreter braucht nicht eine gleichzeitige zu sein; sie muß aber von seiten jedes einzelnen dem Geschäftsgegner gegenüber erfolgen (RG 61, 223; 75, 423). Es ist indes zulässig und ausreichend, wenn die übrigen Gesamtvertreter dem einen von ihnen Vollmacht zum Abschlusse eines bestimmten Geschäfts erteilt haben (RG 80, 181; 81, 325; 106, 268; 112, 215). Handelt der eine von den mehreren Gesamtvertretern ohne solche Ermächtigung, daher auftragslos, dann bedarf es der nachträglichen, sei es auch nur formlosen Genehmigung des Rechtsgeschäfts durch die übrigen Vertretungsberechtigten; dabei genügt es, wenn die Genehmigung dem handelnden Gesamtvertreter gegenüber erklärt wird (RG 81, 325; 101, 343; 112, 215; RG JW 1913, 482[2]). Nach Treu und Glauben und nach der Verkehrssitte reicht auch eine stillschweigend erklärte Genehmigung aus (RG JW 1911, 491[20]), und diese kann auch schon darin gefunden werden, daß der andere Geschäftsführer die von dem einen abgeschlossenen fortgesetzten Geschäfte unbeanstandet gelassen hat (RG 75, 424). Genügt satzungsgemäß das Zusammenwirken von zwei Vorstandsmitgliedern einer Genossenschaft, so ist das durch nur einen von ihnen abgeschlossene Rechtsgeschäft zunächst unwirksam, wird jedoch wirksam, wenn das andere Mitglied seine Genehmigung erteilt; unzulässig ist aber eine Übertragung der einem von den mehreren Mitbevollmächtigten zustehenden Gesamtbefugnis auf einen Dritten (§ 184; RG 86, 265). Der Vorstand einer eingetragenen Genossenschaft kann zur Vornahme bestimmter Geschäfte oder bestimmter Arten von Geschäften auch eines seiner Mitglieder ermächtigen, und dieses ist von seiner Mitwirkung bei Erteilung dieser Ermächtigung nicht ausgeschlossen (RG 80, 180). Bei der passiven Stellvertretung können dagegen Willenserklärungen gegenüber auch nur einem von mehreren Gesamtvertretern mit Wirkung für die vertretene Person abgegeben werden, und Kenntnis einer Tatsache auf seiten eines der Gesamtvertreter genügt, um Kenntnis der vertretenen Person annehmen zu können (RG 53, 230). Ist das Rechtsgeschäft formbedürftig, dann muß die Form von allen mitwirkenden Vertretern gewahrt werden; handelt einer von den mehreren Gesamtvertretern allein und daher ohne Vertretungsmacht (als auftragsloser Geschäftsführer), dann genügt für die nach § 177 erforderliche Zustimmung eine formlose Erklärung (RG JW 1913, 482[2]; 6. 12. 12 III 343/12). Wie die juristische Person außervertraglich auf Schadensersatz haftet, wenn auch nur einer von den mehreren Gesamtvertretern die unerlaubte Handlung dem Geschädigten gegenüber sich hat zuschulden kommen lassen (RG 58, 277; 74, 21 u. 255; JW 1912, 399[2]; vgl. § 31 A 1; übereinstimmend für die Haftung aus vertraglichem Verschulden RG 110, 145), so genügt es auch für die Nichtigkeit oder Anfechtbarkeit des von den Gesamtvertretern vorgenommenen Rechtsgeschäfts, wenn der Willensfehler nur bei einem von ihnen vorlag (RG 78, 354). Der § 125 Abs 2 HGB schließt nicht aus, daß mehreren Gesellschaftern in der Art das Vertretungsrecht eingeräumt wird, daß der eine von ihnen für sich allein, die andern aber nur alle zusammen vertretungsberechtigt sind (RG 90, 21).

5. Der § 166 gilt auch für die **Prozeßerklärungen**, z. B. bei einem Rechtsmittelverzichte (RG Gruch 49, 1049). Vgl. Vorbem 8 vor § 104. — Hat der Bevollmächtigte seinen Auftrag **im Auslande** auszuführen und dort auf Grund seiner Vollmacht zu handeln, dann ist auch die Frage, ob die Angaben des Bevollmächtigten als solche des Machtgebers zu erachten sind, nach dem fremden Rechte zu beurteilen (RG 78, 60).

§ 167

Die Erteilung der Vollmacht erfolgt durch Erklärung gegenüber dem zu Bevollmächtigenden oder dem Dritten, dem gegenüber die Vertretung stattfinden soll[1]).

Die Erklärung bedarf nicht der Form, welche für das Rechtsgeschäft bestimmt ist, auf das sich die Vollmacht bezieht[2]).

E II 137; M 1 228 ff.; P 1 143 ff.; 6 124 ff., 134.

1. Die **Erteilung der Vollmacht** erfolgt durch eine einseitige, empfangsbedürftige Willenserklärung. — Über den Begriff der Vollmacht usw. vgl. § 166 A 4. — Annahme der Vollmachtserteilung von seiten des Bevollmächtigten nicht erforderlich. **Auch stillschweigende Erklärungen**, insbesondere die Duldung eines bestimmten Verhaltens des Vertreters, können ausreichen, um die Erteilung einer Vollmacht anzunehmen. Dabei kommt es aber weniger darauf an, ob der Vertretene das Verhalten des Vertreters wirklich gekannt und geduldet hat, als vielmehr darauf, ob das Verhalten des Vertreters von dem mit ihm verhandelnden Dritten nach Treu und Glauben mit Rücksicht auf die Verkehrssitte dahin gedeutet werden durfte, daß der Vertretene von dem Verhalten des Vertreters Kenntnis haben müsse und es dulde (RG 65, 292; 67, 433; Warn 1913 Nr 130; 1926 Nr 154; JW 1925, 1753[10]). Stillschweigende Bevollmächtigung ist beispielsweise anzunehmen, wenn der Agent einer Versicherungsgesellschaft ermächtigt ist, die Police zu unterschreiben (RG 50, 75); wenn der Inhaber eines geschäftlichen Unternehmens sich jeder tatsächlichen Mitwirkung bei der Geschäftsführung enthält und diese ganz einem andern überläßt (RG Gruch 52, 937); wenn jemand als Bevollmächtigter eines andern auftritt und dieser es in einer Weise geschehen läßt, die nach Treu und Glauben als Erteilung einer Vollmacht aufgefaßt werden kann (RG 43, 190; 65, 295; Warn 1913 Nr 130); insbesondere wenn ein Kaufmann es widerspruchslos duldet, daß ein nicht mit Handlungsvollmacht ausgestatteter Angestellter als sein Bevollmächtigter auftritt (RG 65, 295; 100, 48; 105, 185; RG Warn 1923/24 Nr 157), z. B. durch Girierung von Wechseln in seinem Namen Wechselverbindlichkeiten eingeht (RG 117, 164) oder unter Verwendung des Firmenstempels und des mit dem Firmenaufdruck versehenen Papiers Schreiben rechtsgeschäftlichen Inhalts hinausgehen läßt (RG 18. 5. 25 IV 533/24); wenn der Handlungsgehilfe, der für seinen Geschäftsherrn Vertragsbedingungen zu vermitteln hat, Erklärungen abgibt, und der Geschäftsherr beim Vertragsschlusse nicht Gegenteiliges erklärt (RG 1. 2. 07 II 272/06); weiter im Falle der fortgesetzten wissentlichen Duldung der Überschreitung einer Vollmacht (RG 8. 12. 05 VII 173/05 und 27. 2. 06 VII 280/05). Wer seinen nichtbevollmächtigten auswärtigen Vertreter briefliche Angebote an Dritte machen läßt, muß auch briefliche Annahmeerklärungen dieser Dritten an den Vertreter, sofern sie der Vorschrift des § 147 Abs 2 entsprechen, als rechtzeitig gelten lassen; die Gefahr einer verspäteten Weitergabe durch den Vertreter trägt

der Vertretene (RG 14. 12. 23 II 217/23). Die gleichen Grundsätze gelten auch für Vertreter von Nichtkaufleuten, wenn es sich um einen Betrieb handelt, der, wie dies z. B. bei einem größeren land- und forstwirtschaftlichen Besitz zu geschehen pflegt, in kaufmännischer Art geleitet wird (RG JW 1927, 1089[2]). Auch der Umfang der stillschweigenden Vollmacht hängt davon ab, welche Schlüsse aus dem Verhalten des Geschäftsherrn in Hinsicht auf seinen Willen gezogen werden können, aus dem Dulden minder wichtiger Geschäfte kann nicht auch auf eine Ermächtigung zu wichtigen Geschäften, beispielsweise auf die zur Eingehung wechselrechtlicher Verbindlichkeiten, geschlossen werden (RG 26. 1. 18 V 235/17). Zu berücksichtigen sind bei Bemessung des Umfangs einer stillschweigend erteilten Vollmacht die allgemeinen Grundsätze der §§ 133, 157 und die Verkehrssitte (RG 73, 349, betreffend einen kaufmännischen Angestellten). Läßt die Vollmacht danach dem Bevollmächtigten einen gewissen Spielraum, so ist sein Ermessen entscheidend und für den Geschäftsherrn bindend (RG JW 1924, 961[1]). Vgl. auch RG 81, 257 und dazu § 171 A 1; ferner Warn 08 Nr 439 und 463; 1913 Nr 130. Wer einen andern mit einer Tätigkeit betraut, mit der für den Verkehr mit einem Dritten gewisse Vollmachten verbunden zu sein pflegen, muß die danach Dritten gegenüber begründete Ermächtigung auch für sich gelten lassen (RG SeuffA 76 Nr 73). Über die Vertretungsbefugnis desjenigen, der in einem Laden angestellt ist, s. HGB § 56 und RG 108, 48. Hat ein kaufmännischer Angestellter ohne Handlungsvollmacht auf Postkarten mit darunter gedruckter Firma des Prinzipals geschäftliche Mitteilungen gemacht, so handelt es sich nicht um Stellvertretung, vielmehr ist die Verbindlichkeit dieser Erklärungen für den Prinzipal nach dem Gesichtspunkt zu beurteilen, ob der Empfänger der Mitteilungen diese nach Treu und Glauben als solche des Prinzipals selbst ansehen durfte, sofern nämlich der Prinzipal es duldete, daß solche Postkarten oder Blankette mit wichtigen Mitteilungen verwendet wurden (RG 105, 185). Der in einem kaufmännischen Betriebe den Fernsprecher bedienende Angestellte gilt als ermächtigt, rechtsgeschäftliche Erklärungen Dritter entgegenzunehmen, nicht aber seinerseits bindende Erklärungen für die Firma abzugeben, falls diese nicht in den Bereich einer ihm sonst zustehenden Vertretungsmacht fallen (RG 61, 127; 102, 295; RG JW 1925, 611[15]; RG LZ 1925 S. 851[1], 269[2]; RG SeuffA 77 Nr 150; 80 Nr 172). Zur Empfangnahme von Geldern kann der Bureauvorsteher eines Rechtsanwalts im allgemeinen nur im Falle einer ausdrücklichen Bevollmächtigung als ermächtigt gelten (RG JW 1922, 1315[2]). Gemäß § 54 HGB hat ein Geschäftsreisender Abschlußvollmacht nur insoweit, als er im allgemeinen zum Abschlusse oder zur Vermittlung von Geschäften ermächtigt worden ist (RG 97, 1). Umfang der Vollmacht der zu Kaufabschlüssen auf einer Messe (Leipzig, Frankfurt a. M.) bestellten Vertreter s. RG LZ 1924, 364[2]; RG JW 1925, 1276[2]; RG SeuffA 79 Nr 104. Unter Umständen greifen die Grundsätze von der stillschweigenden Vollmachtserteilung auch schon dann Platz, wenn der Vertretene das Auftreten des Vertreters zwar nicht kannte, aber bei Anwendung der erforderlichen Sorgfalt hätte kennen müssen (RG 65, 295; Warn 1913 Nr 130; 1923/24 Nr 157; 1926 Nr 154). Vgl. noch § 171 Abs 1 a. E. Der Gegner muß jedoch jedenfalls gewußt haben, daß der Vertreter im Namen des (angeblich) Vertretenen gehandelt hat (RG Warn 1914 Nr 38; hier hatte der Wechselnehmer nicht gewußt, daß die Akzepte nicht vom Beklagten selbst, sondern von einem andern auf die Akzepte gesetzt waren). Hat der Geschäftsherr in seinem Geschäfte einem Geschäftsführer eine Stellung eingeräumt, die ihn zum Abschlusse von Verträgen ermächtigte, dann währt diese Befugnis Dritten gegenüber fort, bis der Widerruf der Vollmacht nach außen hin erkennbar geworden ist (RG Warn 1915 Nr 273). Im Falle des § 714 soll eine Vermutung für eine Bevollmächtigung des geschäftsführenden Gesellschafters bestehen, und zwar genau im Umfange der Geschäftsführungsbefugnis (RG 3. 12. 07 III 178/07 u. 27. 2. 06 VII 280/05). Vgl. auch § 171 A 1. „Vermutete Vollmacht" im Falle des § 370 (Quittungsempfänger). Vgl. auch § 54 HGB. — Stillschweigend kann auch eine Prozeßvollmacht erteilt werden (RG 95, 269 zu § 233 ZPO).

2. Die Bevollmächtigungserklärung ist grundsätzlich **formfrei** (RG 54, 79; 65, 178; Gruch 50, 115; JW 1927, 1363), auch dann, wenn sie auf den Erwerb oder auch auf die Veräußerung von Grundstücken gerichtet ist; denn der § 313 bezieht sich nur auf das entsprechende Hauptgeschäft — die Veräußerung —, nicht aber auch auf ein Hilfsgeschäft, wie Vollmacht oder Antrag (RG 62, 336; 108, 125). **Anders freilich**, wenn die Vollmacht ein Teil des einheitlichen Geschäfts ist (§ 139 A 1 Abs 2), das der Form bedarf; oder wenn schon die Vollmacht in Wirklichkeit demselben Zwecke dienen soll und dient wie der Abschluß des formbedürftigen Hauptgeschäfts (§ 313); beispielsweise, wenn der Verkäufer eines Grundstücks einen andern ermächtigt, den Kauf gemäß § 181 mit sich selbst abzuschließen, oder wenn der zum Abschlusse des Verkaufs mit einem Dritten Ermächtigte dem Vollmachtgeber — etwa als dessen Angestellter — gebunden war, lediglich nach dessen Weisungen als willenloses Werkzeug tätig zu sein (RG 54, 79; 62, 336; 76, 183; 79, 215; 81, 51; 97, 334; Warn 1911 Nr 393; JW 1920, 966[5]; SeuffA 77 Nr 61; RG 22. 4. 25 V 277/24); oder wenn der Bevollmächtigung zum Verkaufe des Grundstücks ein unwiderruflicher Vertrag zugrunde liegt (RG 104, 238:

110, 319; RG Gruch 68, 538; JW 1911, 806[9]; Warn 1917 Nr 114; 1922 Nr 66; RG LZ 1927, 103[3]; RG Gruch 69, 82; Parzellierungsvollmacht). Die Formfreiheit der Vollmachterklärung darf nicht dazu dienen, einen formpflichtigen Grundstückskaufvertrag im Wege formfreier Bevollmächtigung vorzunehmen (RG 108, 125). Vgl. des Näheren darüber § 313 A 3c und ferner § 120 A 1 Abs 2. Die von einer Gesellschaft m. b. H. erteilte Vollmacht bedarf der Form des § 2 Abs 2 GmbHG, wie auch die nachträgliche Genehmigung einer etwaigen auftragslosen Geschäftsführung derart formbedürftig ist (RG 102, 21). Die Vollmacht zur Stimmabgabe in der Generalversammlung einer Aktiengesellschaft bedarf nach § 252 Abs 2 Satz 2 der Schriftform (RG 105, 292). Soweit eine schriftliche Vollmacht erforderlich ist, muß aus der Urkunde selbst der Gegenstand der Bevollmächtigung hervorgehen, andernfalls ist die Vollmacht nichtig (RG a. a. O.). Eine andere Frage ist es, ob die wegen Nichtigkeit des Grundgeschäfts (sei es wegen eines Willensfehlers, sei es wegen Formmangels) anzunehmende Nichtigkeit zugleich der erteilten Vollmacht auch einem gutgläubigen Dritten entgegengehalten werden kann; das ist zu verneinen; der gutgläubige Dritte muß sich auf die Gültigkeit einer ordnungsmäßig erscheinenden Vollmacht verlassen können, es kann ihm die Prüfung der Gültigkeit des der Vollmacht zugrunde liegenden Rechtsgeschäfts nicht zugemutet werden (RG 69, 234; 97, 273). Vgl. dazu auch die §§ 171, 172. — Die Vollmacht, die eine Stadtgemeinde zu einem Vertrage erteilt, durch den sie verpflichtet werden soll, unterliegt den Formvorschriften des § 56 Nr 8 der preuß. StOrdnung (RG 64, 413; 10. 3. 15 V 510/14) und das gleiche gilt für Landgemeinden nach § 88 Nr 7 OLG (RG JW 1924, 1520[16]). Vollmachtserteilung ist auch durch öffentliche Bekanntmachung möglich (§ 171).

§ 168

Das Erlöschen der Vollmacht bestimmt sich nach dem ihrer Erteilung zugrunde liegenden Rechtsverhältnisse[1]). Die Vollmacht ist auch bei dem Fortbestehen des Rechtsverhältnisses widerruflich, sofern sich nicht aus diesem ein anderes ergibt[2]). Auf die Erklärung des Widerrufs findet die Vorschrift des § 167 Abs 1 entsprechende Anwendung[3]).

E I 119 II 138; M 1 233 ff.; P 1 143 ff.

1. **Erlöschen** der Vollmacht **nach dem ihr zugrunde liegenden Rechtsverhältnisse.** Regel ist, daß mit dem Rechtsverhältnisse auch die Vollmacht endigt. Nur mittelbarer Erlöschungsgrund. Welche Umstände aber das Grundverhältnis zur Erledigung bringen, das bestimmt sich jedesmal nach seiner Sondernatur. In Betracht kommen als Rechtsverhältnisse in Rede stehender Art wesentlich Auftrag, Dienstvertrag, Werkvertrag, Gesellschaft, und demgemäß als Erlöschungsgründe entsprechend Kündigung — sowohl von seiten des Vollmachtgebers wie des Bevollmächtigten —, Tod, Konkurs, Eintritt der Geschäftsunfähigkeit gemäß den §§ 671ff., 620ff., 649, 723ff., endlich das Rücktrittsrecht gemäß § 326 und § 23 KO. Eine Vollmacht für die Dauer eines Rechtsverhältnisses (sogar eines solchen im eigenen Interesse des Bevollmächtigten) kann auch durch eine Verfügung von Todes wegen erteilt werden (RG 28. 11. 07 IV 146/07).

2. **Widerruf der Vollmacht** durch den Vollmachtgeber als unmittelbarer Erlöschungsgrund. Er ist jederzeit zulässig, und zwar ohne Rücksicht auf den Fortbestand des Rechtsverhältnisses, falls sich nicht aus diesem ein anderes ergibt. Da die letztere Voraussetzung stets nur dann gegeben sein kann, wenn die Vollmacht mit Rücksicht auf ein bestimmtes Rechtsverhältnis erteilt worden, so folgt, daß die rein abstrakte Vollmacht unter allen Umständen frei widerruflich ist, mithin auch dann, wenn ihr die Bestimmung der Unwiderruflichkeit beigefügt wird, während umgekehrt eine solche Bestimmung bindend ist, wenn sie mit Rücksicht auf das der Vollmacht zugrunde liegende Rechtsverhältnis hinzugefügt und erkennbar dazu vorgesehen ist, die Fortdauer der Vollmacht für die Dauer des Rechtsverhältnisses selbst, oder aber bis zur Erledigung aller aus ihm hervorgehenden Beziehungen zu sichern (RG 62, 337). Die Vereinbarung der Beteiligung eines Mäklers an einem den Mindestverkaufspreis übersteigenden Mehrerlöse schließt den Widerruf der Vollmacht mangels anderweitiger Sonderabrede aus, sofern der Mäklerauftrag für festbestimmte Zeit erteilt ist (RG JW 1927, 1139[1]). Der einseitige Verzicht des Vollmachtgebers auf die mit Rücksicht auf ein bestehendes Rechtsverhältnis erteilte Vollmacht ist nicht bindend (RG 62, 337); wohl aber ist es der durch Annahme des Verzichts abgeschlossene Verzichtvertrag. Eine auf Einräumung der Verwaltung des ganzen Vermögens und auf Vertretung in allen vermögensrechtlichen Angelegenheiten gerichtete Vollmacht (Generalvollmacht im weitesten Sinne) kann ohnehin schon gemäß § 138 (wegen übermäßiger Beschränkung der Willensfreiheit) nichtig sein (RG Warn 1912 Nr 413). Eine abstrakt erteilte Generalvollmacht ist frei widerruflich; bei einer auf Grund eines bestimmten Rechtsverhältnisses erteilten Generalvollmacht greifen die gewöhnlichen Regeln

Platz (RG Warn 1912 Nr 413; RG SeuffA 79 Nr 221). Frei widerruflich ist die Vollmacht in der Regel dann nicht, wenn sie nicht im Interesse des Vollmachtgebers, sondern in fremdem Interesse, dem des Bevollmächtigten oder eines Dritten, erteilt ist, insbesondere, um den Bevollmächtigten zu ermächtigen, eine Forderung zu eigener Befriedigung oder der eines Dritten einzuziehen (RG 52, 99; 53, 419; Warn 08 Nr 123). Denn unter solchen Umständen folgt der Verzicht des Vollmachtgebers auf das Widerrufsrecht und seine Annahme durch den Bevollmächtigten regelmäßig aus dem zugrunde liegenden Rechtsverhältnisse ohne weiteres. Das Vorliegen einer einseitigen Erklärung des Vollmachtgebers genügt für sich allein auch in Fällen dieser Art nicht, es bedarf einer, wenn nicht ausdrücklichen, so doch stillschweigenden Vereinbarung mit dem Bevollmächtigten oder dem Dritten (RG 109, 331). Die einer Vollmacht beigefügte Unwiderruflichkeitsabrede ist wirkungslos, wenn der Vollmachterteilung lediglich ein Auftrag zugrunde gelegen hat (RG Warn 1912 Nr 369). — Für einen Widerruf durch den Bevollmächtigten ist kein Raum, da er bei Begründung des Vollmachtsverhältnisses überhaupt nicht mitwirkt und seine Rechtsstellung sich überhaupt in einer bloßen Befugnis erschöpft. Der Bevollmächtigte kann jedoch mittelbar auf die Beseitigung des Vollmachtsverhältnisses in der Weise einwirken, daß er das Grundverhältnis zum Erlöschen bringt (A 1).

Andere Umstände, die die Vollmacht unmittelbar beenden, sind, falls die Vollmacht befristet oder bedingt erteilt ist, der Ablauf der Frist und der Eintritt der Bedingung. Daß der Tod des Vollmachtgebers grundsätzlich als ein unmittelbar wirkender Erlöschungsgrund anzusehen sei, bestimmt das Gesetz nicht, ist daher auch nicht anzunehmen. Es wird nur Auslegungssache sein, ob der Machtgeber die Ermächtigung ausschließlich für seine Person hat geben wollen. Grundsätzlich behält daher die Vollmacht auch über den Tod des Vollmachtgebers hinaus ihre volle Wirksamkeit, so daß auch ein Ehegatte, der von dem Gatten Vollmacht zur Veräußerung eines Grundstücks erhalten hat, nach dessen Tode zur Veräußerung kraft der Vollmacht berechtigt bleibt, ohne daß er der vormundschaftsgerichtlichen Genehmigung bedarf (RG 106, 185). Die Vollmacht kann sogar auf den Tod des Bevollmächtigten, z. B. eines Kriegsteilnehmers beschränkt werden (RG Warn 1925 Nr 126). Ist die Vollmacht widerruflich, so kann jeder Erbe bei Erbengemeinschaft für seine Person dem Bevollmächtigten die Vertretungsmacht wirksam entziehen (RG SeuffA 79 Nr 221). Dagegen findet die Annahme, daß der Tod des Bevollmächtigten das Vollmachtsverhältnis der Regel nach unmittelbar beendet, in der Erwägung ihre Rechtfertigung, daß die Vollmachterteilung regelmäßig Vertrauenssache ist und sonach schon die Vermutung für eine Beschränkung auf die Person spricht. Regelmäßig stellt die in der Vollmacht enthaltene Befugnis auch kein Vermögensrecht im Sinne des § 1922 dar. Eintretende Geschäftsunfähigkeit des Bevollmächtigten wird aus dem zuvor angeführten Grunde ebenfalls als Erlöschungsgrund anzusehen sein, während kein Grund vorliegt, ein gleiches hinsichtlich nachträglicher Geschäftsunfähigkeit des Vollmachtgebers anzunehmen. Bloße Beschränkung der Geschäftsfähigkeit ist an und für sich einflußlos. Vgl. § 165. Die Beschränkung in der Verfügungsbefugnis (§ 6 KO) ist insoweit von Bedeutung, als sie auf das Grundverhältnis einwirkt. Daher wird auch die Vollmacht, die eine Ehefrau vor der Ehe einem Dritten zur Auflassung ihres später von dem Verwaltungsrechte des Mannes betroffenen Grundstücke erteilt hatte, mit Begründung des Verwaltungsrechts ihres Ehemanns erlöschen (in RG 80, 248 unentschieden gelassen). Erlischt das Verfügungsrecht des Vollmachtgebers in Ansehung eines fremden Vermögens (wie das des Konkursverwalters, Zwangsverwalters, Testamentsvollstreckers), dann erlischt damit auch die Vollmacht. Die vom gesetzlichen Vertreter erteilte Vollmacht erlischt dagegen mit Aufhören des Vertretungsrechts nicht (RG 41, 65 — für preußisches Recht). Über das etwaige Fortbestehen der Vertretungsbefugnis trotz Erlöschens der Vollmacht vgl. §§ 170—173.

3. Danach kann die **Erklärung des Widerrufs** entweder dem Bevollmächtigten oder dem Geschäftsgegner gegenüber abgegeben werden, und der Dritte ist jedenfalls in den Fällen der §§ 170—172 der richtige Erklärungsempfänger. Sie ist eine einseitige, formlose, empfangsbedürftige Willenserklärung.

§ 169

Soweit nach den §§ 674, 729 die erloschene Vollmacht eines Beauftragten oder eines geschäftsführenden Gesellschafters als fortbestehend gilt, wirkt sie nicht zugunsten eines Dritten, der bei der Vornahme eines Rechtsgeschäfts das Erlöschen kennt oder kennen muß[1]).

E I 119 II 138; M 1 234 ff.; P 2 518 ff.

1. Ist das Grundverhältnis Auftrag und endet dieser in anderer Weise als durch Widerruf oder Kündigung, z. B. durch Konkurs des Auftraggebers, so gilt er nach § 674 **zugunsten**

des Beauftragten als fortbestehend, bis dieser von dem Erlöschen Kenntnis erhalten hat, oder bis er es kennen muß (§ 122). Gemäß § 729 währt das Recht des geschäftsführenden Gesellschafters zur Stellvertretung fort, wenn die Gesellschaft auf andere Weise als durch Kündigung aufgelöst wird. Beide Bestimmungen bezwecken, den gutgläubigen Beauftragten gegen die Gefahr zu schützen, die für ihn aus einer auftragslosen Geschäftsführung entstehen kann, und zu dem Ende geht auch § 169 davon aus, daß gegebenenfalls die gemäß § 168 Satz 1 an sich erloschene Vollmacht zugunsten des Vertreters als fortbestehend gilt. In den beiden bezeichneten Fällen (§§ 674, 729) ist die Fortwirkung der Vertretungsbefugnis auch **zugunsten des Dritten noch davon abhängig**, daß dieser das Erlöschen der Befugnis des ehemaligen Vertreters nicht gekannt hat und daß es ihm auch nicht aus bloßer Fahrlässigkeit (§ 122) unbekannt geblieben ist (**RG** JW 05, 488[7]).

§ 170

Wird die Vollmacht durch Erklärung gegenüber einem Dritten erteilt, so bleibt sie diesem gegenüber in Kraft, bis ihm das Erlöschen von dem Vollmachtgeber angezeigt wird[1]).

E II 139; P 1 147 ff.

1. Ist die Vollmacht durch Erklärung gegenüber dem Dritten gemäß § 167 begründet (nicht also bloß eine Vollmachtserteilung gemäß § 171 angezeigt) worden, so kann sie dem Dritten gegenüber trotz ihres Erlöschens (§ 168 Satz 1 u. 2) auch nur dadurch außer Kraft gesetzt werden, daß ihm das **Erlöschen** der Vollmacht **angezeigt**, und ihm diese Mitteilung also auch zugänglich gemacht wird (§ 130). Zu beachten bleibt dabei jedoch die Regel des § 173, wonach schlechtgläubige Dritte das Fehlen der Anzeige nicht vorschützen können. Ist die Erteilung der Vollmacht durch Erklärung dem Bevollmächtigten gegenüber erfolgt, so greift der § 170 nicht Platz, und es muß daher der Dritte das Erlöschen der Vollmacht auch im Falle unterbliebener Anzeige unbedingt gegen sich gelten lassen. Da das Gesetz eine Verpflichtung des Vollmachtgebers zur Anzeige des Erlöschens der Vollmacht überhaupt nicht vorsieht, so kann er vom Dritten wegen Unterlassens der Anzeige höchstens nach den Grundsätzen von unerlaubten Handlungen (§§ 823ff.) haftbar gemacht werden. — Die Vorschrift des § 170 ist entsprechend auch dann anwendbar, wenn die Vollmacht des Vertreters inhaltlich abgeändert, namentlich eingeschränkt wird (**RG** JW 1915, 998[6]).

§ 171

Hat jemand durch besondere Mitteilung an einen Dritten oder durch öffentliche Bekanntmachung kundgegeben, daß er einen anderen bevollmächtigt habe, so ist dieser auf Grund der Kundgebung im ersteren Falle dem Dritten gegenüber, im letzteren Falle jedem Dritten gegenüber zur Vertretung befugt[1]).

Die Vertretungsmacht bleibt bestehen, bis die Kundgebung in derselben Weise, wie sie erfolgt ist, widerrufen wird[2]).

E I 120 II 140; M 1 237 ff.; P 1 145 ff.

1. Im Falle **besonderer Mitteilung oder öffentlicher Bekanntmachung** der angeblich einem Dritten erteilten Vollmacht gilt diese als wirklich erteilt, ohne Rücksicht darauf, ob ein Vollmachtsverhältnis wirklich besteht oder nicht (**RG** 104, 360). Die Stellvertretungsbefugnis wird daher, auch wenn das Vollmachtsverhältnis in Wirklichkeit überhaupt nicht begründet worden, oder aber aus irgendeinem Grunde nicht wirksam zur Entstehung gelangt (Schein, Scherz), oder endlich durch Anfechtung vernichtet ist, selbständig begründet, und zwar bei Mitteilung an einen bestimmten Dritten diesem, bei öffentlicher Bekanntmachung jedem Dritten gegenüber. Die Mitteilung bedarf keiner Form (**RG** 2. 7. 02 V 160/02). Ebensowenig ist eine bestimmte Art der Bekanntmachung vorgesehen. Sie kann daher in jeder geeigneten Weise (auch durch Anschlag im Geschäftslokale oder durch das Firmenschild) bewirkt werden. Zu beachten bleibt aber auch hier die Vorschrift des § 173 (**RG** 3. 12. 07 III 178/07). Anwendbar ist § 171 nur insoweit, als die Ermächtigung für ein erst vorzunehmendes Rechtsgeschäft in Frage steht; dagegen nicht auch dann, wenn es sich darum handelt, ob ein anderer zur Vornahme eines bereits abgeschlossenen Rechtsgeschäfts bevollmächtigt gewesen sei, und die Vertretungsbefugnis besteht erst, nachdem die Kundgabe erfolgt ist (**RG** 104, 360). Kannte der Dritte die Unwirksamkeit der Vollmacht, dann kann er sich auf § 171 nicht berufen; er würde wissen, daß der angeblich Bevollmächtigte mit der nur scheinbaren Vollmacht Mißbrauch treibe (vgl. § 166 A 3 Abs 4). Unkenntnis aus bloßer

Fahrlässigkeit kann dagegen dem Dritten nicht entgegenstehen; der § 173 hat lediglich den Fall des Erlöschens der Vollmacht und nicht auch den ihrer Erteilung im Auge. — Dritter im Sinne des § 171 muß ein anderer sein als der angeblich Bevollmächtigte, während die Kundgabe an jemand, daß er bevollmächtigt sei, die Bevollmächtigung selbst enthält (RG 104, 360). — Hat der Gläubiger die von ihm mit einer Blankozession ausgestellte Schuldurkunde einem andern ausgehändigt, dann gilt dieser Dritten gegenüber als zur freien Verfügung über die Forderung befugt, zumal wenn der andere ein Bankier ist; verfügt der andere über die Forderung nicht auftragsgemäß im Interesse des Gläubigers, sondern mißbräuchlich im eigenen Interesse, so ist die Verfügung gleichwohl wirksam, es sei denn, daß der Dritte gewußt hat, oder wenigstens aus den Umständen, insbesondere aus dem Inhalte der Blankozession ersehen mußte, daß der andere auftragswidrig und mißbräuchlich handle (RG 71, 22; 16. 9. 11 V 101/11). Blankoscheck als Vollmacht s. RG SeuffA 79 Nr 141. Nach den gleichen Grundsätzen muß auch derjenige, welcher einem andern eine zu dessen Gunsten lautende Abtretungsurkunde ausgehändigt hat, dem Dritten gegenüber, der von dem angeblichen Zessionar gutgläubig erworben hat, seine Zessionserklärung auch dann gegen sich gelten lassen, wenn sie nur zum Schein abgegeben worden ist (RG 90, 277). Wer einem andern Grundschuldbriefe nebst unterschriebenen Abtretungsformularen aushändigt, gibt jedem Dritten, mit dem sich der andere einläßt, zu erkennen, daß er den andern zur Verfügung über die Grundschuldbriefe ermächtigt hat (RG 81, 257). — Auf den guten Glauben des anzeiglich Bevollmächtigten kommt es nicht an, denn die Bestimmung des § 171 dient lediglich zum Schutze des gutgläubigen Dritten (vgl. dagegen § 169 A 1).

2. Die nach Abs 1 anzunehmende Vertretungsmacht kann wiederum nur auf dem Wege der **Mitteilung** oder der öffentlichen **Bekanntmachung beseitigt werden.** Auch diese Erklärungen sind formfrei. Demjenigen Dritten gegenüber, dem der Widerruf besonders bekanntgemacht worden, bedarf es, um die Vollmacht ihm gegenüber zu entkräften, gegebenenfalls nicht erst der öffentlichen Bekanntmachung des Widerrufs (§ 173).

§ 172

Der besonderen Mitteilung einer Bevollmächtigung durch den Vollmachtgeber steht es gleich, wenn dieser dem Vertreter eine Vollmachtsurkunde ausgehändigt hat und der Vertreter sie dem Dritten vorlegt[1]).

Die Vertretungsmacht bleibt bestehen, bis die Vollmachtsurkunde dem Vollmachtgeber zurückgegeben oder für kraftlos erklärt wird[2]).

E I 121 II 141 4; M 1 238 ff.; P 1 147 ff.

1. **Vorlegung der Vollmachtsurkunde.** An sich ist die Beurkundung der Vollmacht kein Erfordernis. Ist sie aber erfolgt, die Urkunde auch von dem Vollmachtgeber oder doch mit seinem Wissen und Willen (RG 23. 11. 23 V 107/23) dem Vertreter ausgehändigt, und von diesem dem Geschäftsgegner vorgelegt worden, dann gilt dem letzteren gegenüber auch jetzt das Vollmachtsverhältnis so, wie beurkundet, als wirklich und als wirksam bestehend, selbst dann, wenn tatsächlich das Gegenteil der Fall ist. Es kann ihm also nicht entgegengehalten werden, die Vollmacht sei nicht so erteilt, wie sie laute oder ihm mitgeteilt sei. Vgl. RG 108, 125, sowie § 171 A 1 und die dort angeführten Anwendungsfälle. Jedoch kann sich auf § 172 ebenso wie auf § 171 nur der gutgläubige Dritte berufen. Wer weiß oder wissen muß, daß die Vollmacht nicht oder nicht wirksam oder nur mit Einschränkungen erteilt worden ist, kann sich auf die Vorschriften der §§ 171 Abs 1, 172 Abs 1 ebensowenig berufen, wie gemäß § 173 die Vorschriften der §§ 170, 171 Abs 2, 172 Abs 2 dem zugute komme, der das Erlöschen der Vertretungsmacht bei Vornahme des Rechtsgeschäfts kennt oder kennen muß. Dabei braucht der Dritte rechtliche Mängel der Bevollmächtigung oder des ihr zugrunde liegenden Rechtsverhältnisses, die aus der Urkunde nicht hervorgehen, nicht gegen sich gelten zu lassen, wenn sie ihm nicht sonst bekannt geworden oder erkennbar sind. Rechtliche Mängel, die aus dem Inhalte der Urkunde selbst zu erkennen sind, muß er gegen sich gelten lassen (RG 108, 125; RG Gruch 68, 538; LZ 1914, 1804; 1919, 243; RG SeuffA 78 Nr 167). So kann dem gutgläubigen Erwerber eines Grundstücks, dem bei der Auflassung die in den Veräußerungsvertrag eingeschlossene Auflassungsvollmacht vorgelegt wurde, die Nichtigkeit des Veräußerungsvertrags gemäß § 138 und die daraus sich gleichzeitig ergebende Nichtigkeit der Vollmacht (RG 94, 147) nicht entgegengehalten werden (RG 97, 275); der Erwerber kann sich aber nicht auf die Gültigkeit der Vollmacht berufen, wenn aus der vom Vertreter des Veräußerers vorgelegten privatschriftlichen Vollmachtsurkunde die Unwiderruflichkeit der Vollmacht und damit zugleich ihre Nichtigkeit wegen Nichteinhaltung der Form des § 313 sich ergibt (RG 108, 125). — Zur

Vorlegung (die auch vor dem Geschäftsabschlusse erfolgt sein kann) gehört, daß die Urkunde der sinnlichen Wahrnehmung des Dritten unmittelbar zugänglich gemacht wird, während eine bloße Bezugnahme auf sie, sogar im Falle des Verzichts auf die Vorlegung durch den Bevollmächtigten, nicht ausreicht (**RG** 56, 63). Daß die Partei sich von der Richtigkeit der Vollmacht durch die Einsichtnahme in die Urkunde auch überzeugt hat, ist nicht mehr wesentlich (**RG** 97, 275). Notwendig ist im übrigen die Vorlegung der Vollmacht in ihrer Urschrift (**RG** 88, 430). Daß sich die Urkunde im Besitz des beurkundenden Notars befunden hat, genügt nicht, sie muß bei der Verhandlung dem Geschäftsgegner vorgelegt werden (**RG** 22. 4. 25 V 277/24). — Die Aushändigung einer Löschungsbewilligung an einen Notar enthält keine Vollmacht zum Zahlungsempfange, aber der Erteiler der Löschungsbewilligung ist an die vom Notar gegen Empfang der Zahlung weitergegebene Löschungsbewilligung gebunden, auch wenn der Notar das Geld unterschlägt (**RG** 15. 1. 08 V 116/07).

2. Bis der eine oder der andere Fall eingetreten ist, **bleibt die Vertretungsbefugnis** ohne Rücksicht darauf **bestehen,** gleichgültig ob die Vollmachtsurkunde zur Verfügung des Dritten belassen wurde oder nicht (vgl. indessen § 173). Die Kraftloserklärung erfolgt nach § 176.

§ 173

Die Vorschriften des § 170, des § 171 Abs 2 und des § 172 Abs 2 finden keine Anwendung, wenn der Dritte das Erlöschen der Vertretungsmacht bei der Vornahme des Rechtsgeschäfts kennt oder kennen muß[1]**).**

E I 120 II 142; M 1 239; P 1 147 ff.; 4 225; 6 134.

1. Die hier angezogenen Bestimmungen, welche sämtlich vor Augen haben, daß eine Vollmacht trotz ihres Erlöschens zugunsten Dritter als noch fortbestehend zu gelten hat, sollen nur **dem gutgläubigen Dritten** zugute kommen. Nicht geschützt ist daher, wer das Erlöschen der Vertretungsmacht bei der Vornahme des Geschäfts — also zu irgendeiner Zeit vor seinem völligen Abschlusse — gekannt hat oder bei Anwendung der nötigen Sorgfalt gekannt haben würde (§§ 122 Abs 2, 276; **RG** 69, 235; 108, 125). Hat einer von mehreren Gesamtvertretern einer juristischen Person als Bevollmächtigter eines Dritten unter Vorlegung der Vollmachtsurkunde mit der durch die übrigen Gesamtvertreter vertretenen juristischen Person ein Rechtsgeschäft abgeschlossen, so muß letztere die dem Bevollmächtigten zugegangene Kündigung gegen sich gelten lassen, auch wenn sie den für sie handelnden Gesamtvertretern nicht bekannt war (**RG** 22. 4. 25 V 277/24).

§ 174

Ein einseitiges Rechtsgeschäft, das ein Bevollmächtigter einem anderen gegenüber vornimmt, ist unwirksam, wenn der Bevollmächtigte eine Vollmachtsurkunde nicht vorlegt und der andere das Rechtsgeschäft aus diesem Grunde unverzüglich zurückweist[1]**). Die Zurückweisung ist ausgeschlossen, wenn der Vollmachtgeber den anderen von der Bevollmächtigung in Kenntnis gesetzt hatte**[2]**).**

E I 122 II 143; M 1 240; P 1 152 ff.

1. Das Anwendungsgebiet dieser Vorschrift beschränkt sich auf **einseitige, empfangsbedürftige Geschäfte** (Vorbem 1 vor § 116), wie beispielsweise die Kündigung. Sie geht davon aus, daß der Erklärungsempfänger bei diesen Rechtsgeschäften handelnd überhaupt nicht mitwirkt, die Vornahme des Rechtsgeschäfts auch nicht hindern kann und daher für den Fall, daß ihm die Erklärung durch einen (angeblichen) Vertreter seines Gegners abgegeben wird, wenigstens Sicherheit darüber verlangen kann, daß der Vertreter befugt handelt. Das Gesetz, das nach § 180 Satz 1 bei einseitigen Rechtsgeschäften eine Stellvertretung ohne Vertretungsrecht grundsätzlich als unzulässig erklärt, gewährt daher dem Erklärungsempfänger das Recht, das vom Vertreter vorgenommene einseitige Rechtsgeschäft zurückzuweisen, falls der Genannte nicht eine Vollmachtsurkunde vorlegt (§ 172 Abs 1). Macht er von dieser Befugnis Gebrauch, und zwar unverzüglich (§ 121 A 2), so soll die Erklärung ohne Wirkung bleiben. Zurückweisung aus anderm Grunde würde diese Folge nicht haben. Die Vorlegung einer nicht ausreichenden Vollmachtsurkunde genügt nicht (**RG** 66, 431). Ähnlich § 111. Daß er das Rechtsgeschäft zurückgewiesen habe, hat der Erklärungsempfänger, die Nichtrechtzeitigkeit hat der Gegner (§ 121 A 7) zu beweisen. — Die Vorschrift des § 174 ist auf den Fall eines vom gesetzlichen Vertreter (besonders dem Vormunde) vorgenommenen einseitigen Rechtsgeschäfts auch nicht entsprechend anwendbar (**RG** 74, 263), weil die Bestallung nicht die Eigenschaft einer Vollmacht, sondern nur die Bedeutung eines gerichtlichen Zeugnisses über die Bestallung der betreffenden Person als Vormund hat.

2. Unter dieser Voraussetzung (§ 171) besteht für das Zurückweisungsrecht kein Raum.

§ 175

Nach dem Erlöschen der Vollmacht hat der Bevollmächtigte die Vollmachtsurkunde dem Vollmachtgeber zurückzugeben; ein Zurückbehaltungsrecht steht ihm nicht zu[1]).

E I 121 II 144; M 1 239; P 1 147, 149 ff.

1. Der § 175 gibt dem Vollmachtgeber in allen Fällen einen unbedingten **Anspruch auf Rückgabe** der Vollmachtsurkunde nach Erlöschen der Vollmacht, gleichgültig, ob der Vollmachtgeber oder der Bevollmächtigte das Eigentum an ihr hat. Der Anspruch wird auch nicht dadurch ausgeschlossen, daß in der Urkunde außer der Bevollmächtigung etwa noch das ihr zugrunde liegende Rechtsverhältnis erklärt worden ist (**RG** JW 02 Beil 211 Nr 52). Der Anspruch kann auch nicht, was gerade das Wesentliche der Vorschrift ist, durch die Einrede der Zurückbehaltung beeinträchtigt werden. Im Falle des Verzugs macht sich der Bevollmächtigte gemäß §§ 284 ff. ersatzpflichtig. — Nach dem Wortlaute des Gesetzes besteht der Anspruch nur dem Bevollmächtigten gegenüber. Daß aber auch der Dritte, dem die Urkunde vom Bevollmächtigten ausgehändigt ist, ebenfalls zur Rückgabe verpflichtet ist, dürfte nicht zweifelhaft sein. Er kann vom Bevollmächtigten nicht mehr Recht an der Urkunde erlangt haben, als diesem selbst zustand, und resoluto jure concedentis resolvitur jus concessum. Nach Planck A 3 soll diese Rechtsansicht nicht zutreffen für den Fall, daß der Vertreter zur Aushändigung der Urkunde an den Dritten ermächtigt war. Indes läge in einer solchen Ermächtigung nicht zugleich ihre Beschränkung für nur so lange, als das Vollmachtsverhältnis bestände? Denkbar ist es freilich, daß der Dritte ein besonderes Interesse an Zurückbehaltung der Urkunde hat, und solange das der Fall, wird der Dritte die ihm kraft der dem Bevollmächtigten erteilten Ermächtigung ausgehändigte Urkunde auch weiter zurückbehalten dürfen. — Ist die Urkunde in den Besitz sonst irgendeines andern gelangt, dann wird das Rückforderungsrecht nach den zutreffenden allgemeinen Rechtsgrundsätzen zu beurteilen sein. Daß § 175 einen besondern Anspruch jedem beliebigen Besitzer gegenüber gewährt (Staudinger A 5 zu § 175), kann nicht angenommen werden. In jedem Falle käme dem Vollmachtgeber zum Schutze gegen eine Gefährdung jedwedem Dritten gegenüber § 176 zu Hilfe.

§ 176

Der Vollmachtgeber kann die Vollmachtsurkunde durch eine öffentliche Bekanntmachung für kraftlos erklären; die Kraftloserklärung muß nach den für die öffentliche Zustellung einer Ladung geltenden Vorschriften der Zivilprozeßordnung veröffentlicht werden. Mit dem Ablauf eines Monats nach der letzten Einrückung in die öffentlichen Blätter wird die Kraftloserklärung wirksam[1]).

Zuständig für die Bewilligung der Veröffentlichung ist sowohl das Amtsgericht, in dessen Bezirke der Vollmachtgeber seinen allgemeinen Gerichtsstand hat, als das Amtsgericht, welches für die Klage auf Rückgabe der Urkunde, abgesehen von dem Werte des Streitgegenstandes, zuständig sein würde[1]).

Die Kraftloserklärung ist unwirksam, wenn der Vollmachtgeber die Vollmacht nicht widerrufen kann[2]).

E I 121 II 144; M 1 239 ff.; P 1 150 ff.; 6 135

1. Die **Kraftloserklärung der Vollmachtsurkunde,** so insbesondere wenn die Urkunde verlorengegangen ist oder wenn sich der Rückforderung Schwierigkeiten entgegensetzen (§ 175 a. E.), dient dazu, die Urkunde für Dritte rechtlich unverwendbar zu machen, um den Vollmachtgeber gegen die Gefahr zu schützen, daß die Urkunde trotz Erlöschens der Vollmacht gegen ihn gemäß § 172 noch wirksam verwendet werden kann. Die **Veröffentlichung** der Erklärung ist durch das Amtsgericht (Abs 2) zu bewilligen. Die Bewilligung ist Sache der freiwilligen Gerichtsbarkeit; der Beschluß ist mit Beschwerde anfechtbar (§§ 19 ff. FGG). Die Veröffentlichung selbst ist nach den Vorschriften §§ 204, 205 ZPO durchzuführen. Wirksam wird die Kraftloserklärung, entsprechend § 206 ZPO, mit dem Ablaufe eines Monats (§§ 187, 188) nach der letzten Einrückung.

2. **Unwirksamkeit der Kraftloserklärung.** Rechtlich belanglos ist das ganze Verfahren, wenn die Vollmacht überhaupt nicht erloschen ist, und wenn insbesondere der Widerruf ausgeschlossen ist (§ 168 A 2). Denn die Kraftloserklärung der Urkunde vermag nicht, auch die Vollmacht selbst zum Erlöschen zu bringen. Immerhin kann etwa, soweit die Vollmacht frei widerrufbar ist, in Herbeiführung der Kraftloserklärung zugleich ein wirksamer Widerruf gefunden werden.

§ 177

[1]) Schließt jemand ohne Vertretungsmacht im Namen eines anderen einen Vertrag, so hängt die Wirksamkeit des Vertrags für und gegen den Vertretenen von dessen Genehmigung ab[2]).

Fordert der andere Teil den Vertretenen zur Erklärung über die Genehmigung auf, so kann die Erklärung nur ihm gegenüber erfolgen; eine vor der Aufforderung dem Vertreter gegenüber erklärte Genehmigung oder Verweigerung der Genehmigung wird unwirksam[3]). Die Genehmigung kann nur bis zum Ablaufe von zwei Wochen nach dem Empfange der Aufforderung erklärt werden; wird sie nicht erklärt, so gilt sie als verweigert[3])[4]).

E I 123 II 145; M 1 240 ff.; P 1 154 ff.; 6 124 ff., 276 ff.

1. Die den §§ 108, 109 nachgebildeten §§ 177—180 behandeln die **Stellvertretung ohne Vertretungsmacht.** Sie liegt vor sowohl, wenn der Vertreter der Vertretungsbefugnis überhaupt ermangelt, sei es, daß ihm Vollmacht überhaupt nicht erteilt worden, sei es, daß die erteilte Vollmacht wegen Geschäftsunfähigkeit des Vollmachtgebers oder aus andern Gründen nichtig ist (RG 69, 266; 110, 319; ferner JW 08, 709[1]), wie auch im Falle der Überschreitung (RG Warn 09 Nr 345) der gegebenen Befugnis (§ 164 A 1; Vorbem 3). Der § 177 betrifft im Falle eines Vertragsabschlusses durch einen unbefugten Stellvertreter (und zwar nach richtiger Ansicht auch eines dinglichen Vertrags, RG 69, 263) die Stellung des Vertretenen, § 178 die des Vertragsgegners und § 179 die des Vertreters. Entsprechend ist § 177 anwendbar, auch wenn jemand kraft Amtes oder in einer amtsähnlichen Stellung (beispielsweise als Verwalter eines Fideikommisses) in eigenem Namen, aber in fremdem Interesse handelt (RG 80, 417). Ebenso, wenn jemand Vollmacht hatte, aber von ihr keinen Gebrauch machte, vielmehr dem Vertragsgegner gegenüber als Vertreter ohne Vertretungsmacht auftrat (RG 21. 12. 23 VII 723/23). — Die Stellvertretung gemäß § 177 wirkt auch zugunsten eines in der Geschäftsfähigkeit Beschränkten; das Rechtsgeschäft wird für, wie gegen ihn wirksam durch die Genehmigung des gesetzlichen Vertreters (nötigenfalls durch die hinzukommende Genehmigung des Gegenvormundes oder des Vormundschaftsgerichts); dabei reicht es aus, wenn der auftragslose Geschäftsführer das Rechtsgeschäft unter Voraussetzung seiner künftigen Bestellung als Vertreter abgeschlossen hat und er es alsdann nach seiner Bestellung selbst genehmigt (RG JW 1916, 1016[2]).

2. **Genehmigung des Vertretenen.** Für diese Genehmigung gelten die Vorschriften der §§ 182, 184, 185 insoweit, als nicht die Sonderbestimmungen der §§ 177 Abs 2, 178 Platz greifen (RG 69, 267; RG Warn 1926 Nr 93). Die Erteilung der Genehmigung macht daher das bis dahin schwebend unwirksame Rechtsgeschäft wirksam, wie wenn der Vertreter mit Vertretungsbefugnis gehandelt hätte, so daß zutreffendenfalls auch die Vorschriften des § 166 Abs 1 u. 2 Anwendung finden (RG 68, 376; 76, 107; JW 11, 574[6]). Zugleich wäre übrigens eine etwaige Auftragsüberschreitung auch gegenüber dem Vertreter genehmigt, und daher ein Ersatzanspruch gegen ihn ausgeschlossen (RG 7, 306). Ist die Vollmacht wegen Geschäftsunfähigkeit des Vollmachtgebers nichtig, so ist das auf Grund ihrer vorgenommene Rechtsgeschäft des Vertreters doch genehmigungsfähig gemäß § 177 (RG 69, 266). Verweigert der Vertretene die Genehmigung oder gilt diese nach Abs 2 als verweigert, so bleibt der Vertrag für wie gegen ihn ohne jede Wirkung (RG JW 02 Beil 211[51]), und zwar dauernd und unwiderruflich, da der andere Teil Gewißheit darüber haben muß, ob der bisher in der Schwebe befindliche Vertrag zu Recht besteht oder nicht (RG 24. 5. 27 III 373/26; vgl. RG JW 1906, 9[3] zu § 108). — Die Genehmigungserklärung bedarf keiner besonderen Form (vgl. § 182 Abs 2 und RG Warn 1926 Nr 93). Sie kann auch durch schlüssige Handlungen abgegeben werden, beispielsweise durch Entgegennahme der etwaigen Vertragsurkunde ohne Beanstandung (RG 30. 10. 07 I 601/06), oder auch durch Unterlassung des Widerspruchs, wie z. B. wenn ein Kaufmann dem den Abschluß mit einem nicht bevollmächtigten Angestellten bestätigenden Schreiben des Vertragsgegners nicht alsbald widerspricht (RG 3. 6. 24 II 823/23), wobei vorauszusetzen ist, daß der Vertretene sich ausdrücklich überhaupt nicht erklärt hat, wie ferner, daß dem Vertragsgegner der Mangel der Vertretungsmacht unbekannt war

(RG Warn 1910 Nr 369). In jedem Falle ist aber ein Verhalten des Vertretenen erforderlich, das erkennen läßt, daß er den ohne Vertretungsmacht abgeschlossenen Vertrag als wirksam gelten lassen will; er muß also auch den Mangel der Vertretungsmacht kennen (RG Warn 1925 Nr 20). Ist die Erteilung der Bevollmächtigung formbedürftig (§ 167 A 2), dann ist es auch die nachträgliche Genehmigung der auftragslosen Geschäftsführung (RG 102, 21). Ein vom Vertreter der Vorschrift des § 181 zuwider vorgenommenes Rechtsgeschäft kann nur durch die Genehmigung der beiden Vertretenen gültig werden (RG 67, 51). Regelmäßig kann die Genehmigung mit Wirkung sowohl dem Vertreter wie dem Geschäftsgegner gegenüber erklärt werden (vgl. den Ausnahmefall A 3). Hat aber der Vertreter mit sich in eigenem Namen zugleich namens des Vertretenen abgeschlossen (§ 181), dann kann zur Entgegennahme der Genehmigungserklärung nur der Vertreter berechtigt sein. Hätte daher A durch Verhandeln mit sich selbst ohne Ermächtigung des B eine Forderung an C abgetreten, dann käme die Übertragung auch dadurch nicht wirksam zustande, daß B gegen C Klage erhöbe und auf diese Weise zugleich die Abtretung stillschweigend zu genehmigen beabsichtigte (RG 8. 10. 10 V 309/09). Wenn zwei Personen gemeinsame Vollmacht erteilt ist, so können die Erklärungen eines Bevollmächtigten nicht nur durch die Genehmigung des Vollmachtgebers, sondern auch durch die Genehmigung des Mitbevollmächtigten wirksam werden; letzteren Falles kann die Genehmigung wie bei gesetzlichen Gesamtvertretern auch dem andern Bevollmächtigten gegenüber erklärt werden (RG 112, 215; vgl. § 166 A 4). Im übrigen vgl. noch § 181 A 1. — Wie eine Genehmigung unter Erweiterungen, Einschränkungen oder sonstigen Änderungen zu bewerten ist, insbesondere ob darin eine Verweigerung liegt, kann nur nach den Umständen des Falles beurteilt werden (RG 6. 11. 03 III 413/03; 2. 5. 25 V 391/24). Auch die Wechselunterschrift eines Vertreters ohne Vertretungsmacht wird durch nachträgliche Genehmigung gültig (RG SeuffA 56 Nr 464). Für den Fall einer Gesamtvertretung vgl. § 166 A 3 (Gesamtvollmacht).

3. **Aufforderung zur Genehmigung.** An sich ist das Recht zur Genehmigung nicht befristet. Das Gesetz gibt jedoch dem Vertragsgegner ein Mittel, den endgültigen Zustand herbeizuführen. Er kann nämlich den Vertretenen zur Erklärung über die Genehmigung auffordern, und zwar mit der Folge, daß der Aufgeforderte sich alsdann mit Wirkung nur ihm gegenüber zu erklären vermag, und daß sogar eine zuvor dem Vertreter gegenüber bereits abgegebene Erklärung noch nachträglich unwirksam wird. Vgl. § 108 A 2. Die Genehmigung muß auch innerhalb der Ausschlußfrist von 14 Tagen nach Empfang der Aufforderung erklärt werden, widrigenfalls anzunehmen ist, daß sie verweigert wurde. Die Aufforderung dient gegebenenfalls zugleich zur Klarstellung des Verhältnisses des Geschäftsgegners dem Vertreter gegenüber gemäß § 178 (das. A 1).

4. **Beweislast.** Wer im Falle des § 177 die Wirksamkeit des Vertrags geltend machen will, hat die Voraussetzungen hierfür zu beweisen, mithin die rechtzeitige Genehmigung. Der andere Teil könnte einwandsweise den zuvor erfolgten Widerruf nach § 178 nachweisen. Falls der Vertretene dessen Wirkungslosigkeit behaupten will, hat er den Beweis für die Kenntnis des Vertragsgegners zu erbringen (§ 178 A 1).

§ 178

Bis zur Genehmigung des Vertrags ist der andere Teil zum Widerrufe berechtigt, es sei denn, daß er den Mangel der Vertretungsmacht bei dem Abschlusse des Vertrags gekannt hat. Der Widerruf kann auch dem Vertreter gegenüber erklärt werden[1]).

E I 123 II 145; M 1 243; P 1 154 ff.

1. Vgl. § 109. Eine Gebundenheit des Vertragsgegners besteht vor erteilter Genehmigung grundsätzlich nicht. Er hat vielmehr regelmäßig **das Recht des Widerrufs.** Seine Gebundenheit besteht aber von vornherein, wenn er, gleichviel infolge welchen Vorgangs, den Mangel der Vertretungsmacht bei der Vornahme des Geschäfts gekannt hat. Die Gebundenheit wird endlich eine unbedingte und dauernde (nach § 177), sobald der Vertretene durch Genehmigung des Geschäfts (vor erfolgtem Widerrufe) jenes damit wirksam gemacht hat. Denn die Genehmigung wirkt auf den Zeitpunkt der Vornahme des Geschäfts zurück (§ 184). Die Genehmigung bildet also die Grenze für den Widerruf, wie anderseits der voraufgegangene Widerruf das Recht zur Genehmigung ausschließt. — Der Widerruf bedarf an sich keiner Begründung, die Erklärung muß aber den Willen erkennen lassen, die auftragslose Geschäftsführung als rechtlich unwirksam und den Vertrag sonach als nicht abgeschlossen gelten zu lassen (RG 102, 25).

§ 179

Wer als Vertreter einen Vertrag geschlossen hat, ist, sofern er nicht seine Vertretungsmacht nachweist, dem anderen Teile nach dessen Wahl zur Erfüllung oder zum Schadensersatze verpflichtet, wenn der Vertretene die Genehmigung des Vertrags verweigert[1]).

Hat der Vertreter den Mangel der Vertretungsmacht nicht gekannt, so ist er nur zum Ersatze desjenigen Schadens verpflichtet, welchen der andere Teil dadurch erleidet, daß er auf die Vertretungsmacht vertraut, jedoch nicht über den Betrag des Interesses hinaus, welches der andere Teil an der Wirksamkeit des Vertrags hat[2]).

Der Vertreter haftet nicht, wenn der andere Teil den Mangel der Vertretungsmacht kannte oder kennen mußte. Der Vertreter haftet auch dann nicht, wenn er in der Geschäftsfähigkeit beschränkt war, es sei denn, daß er mit Zustimmung seines gesetzlichen Vertreters gehandelt hat[2])[3]).

E I 125 II 146; M 1 243 ff.; P 1 156 ff.

1. **Verpflichtung des auftragslosen Vertreters** dem Geschäftsgegner gegenüber. Sie hat zur Voraussetzung, daß jemand beim Abschlusse eines Vertrags als Vertreter eines andern aufgetreten ist, das Vorhandensein aber der Vertretungsmacht, gleichviel ob sie bestand oder nicht, nicht nachweist oder nicht nachzuweisen vermag. Weitere Voraussetzung ist, daß der Vertrag an und für sich zwar zum Abschlusse gekommen ist, dem Vertretenen gegenüber jedoch der Wirksamkeit aus dem Grunde entbehrt, weil es an der Vertretungsmacht tatsächlich fehlte, oder weil der Vertreter den ihm obliegenden Nachweis der Vertretungsbefugnis nicht erbringt. Für die Anwendbarkeit des § 179 ist daher niemals Raum, wenn der Vertretene den Vertrag genehmigt, da hierdurch die Unwirksamkeit des Vertrags gemäß § 177 auf alle Fälle beseitigt wird. Voraussetzung des § 179 ist demnach auch, daß der Vertreter seine Genehmigung auf die Aufforderung des Geschäftsgegners gemäß § 177 (das. A 3) verweigert. § 179 kann auch auf Fälle, in denen ein Vertrag schon aus anderen Gründen als wegen Mangels der Vertretungsmacht unwirksam ist, nicht angewendet werden (**RG** Warn 1926 Nr 152; **RG** 29. 6. 23 III 540/22; OLG 44, 134). Ebenso nicht auf den Fall, daß der Vertreter die Genehmigung des Vertretenen ausdrücklich vorbehalten hat (**RG** 7. 10. 24 VII 912/23). Falls alle Voraussetzungen erfüllt sind, gibt das Gesetz dem Geschäftsgegner einen unmittelbaren Anspruch gegen den Vertreter, und zwar nach eigener Wahl (§§ 262ff.) auf Erfüllung oder auf Schadensersatz. — Die Ausübung des Wahlrechts des ersatzberechtigten Vertragsgegners bestimmt sich nach den Grundsätzen vom Wahlschuldverhältnisse (vgl. die §§ 262ff.). Büßt der Vertragsgegner das Wahlrecht ein, wenn der auftragslose Vertreter die Leistung anbietet? Das wird zu bejahen sein, da der Gläubiger nach § 267 die Leistung ohnehin auch von einem Dritten annehmen muß. Wird die **Erfüllung des Vertrags** gefordert, so bedeutet das nicht, daß der Vertreter dadurch zur Vertragspartei wird, oder daß dadurch ein Vertrag zwischen dem Vertreter und dem andern zustande käme; es bedeutet vielmehr nur, daß der Vertreter nunmehr eben das zu leisten hat, was der Vertretene selbst im Falle der Wirksamkeit des Vertrags auf Grund dieses zu leisten gehabt hätte, und bezweckt sonach nur eine Art von Interessenausgleichung (reparatio damni; Vorbem 5 vor § 249). Das Zustandekommen eines Vertragsverhältnisses zwischen dem Geschäftsgegner und dem Vertreter läßt sich, da der Vertreter im Sinne des § 179 nicht in eigenem Namen, sondern namens eines andern verhandelt haben muß, schlechterdings nicht annehmen (a. A. Planck Anm 4b, wonach der Vertreter an Stelle des Vertretenen in den Vertrag eintreten muß). Demnach ist auch die andere Annahme ausgeschlossen, als könnte der haftende Vertreter, falls der Geschäftsgegner von ihm die Erfüllung fordert, nun auch seinerseits Erfüllung verlangen. Da jedoch bei gegenseitigen Verträgen Leistung und Gegenleistung durch einander bedingt sind, so folgt hieraus wenigstens so viel, daß gegebenenfalls auch dem haftenden Vertreter die Rechtsbehelfe aus den §§ 320ff. zustehen. Ist der auftragslose Vertreter nach der Natur der Leistung als einer unvertretbaren, sie an Stelle des Vertretenen zu erfüllen außerstande, dann ist der Vertragsgegner auf den Schadensersatzanspruch beschränkt (§ 265). — Der Anspruch auf **Schadensersatz** regelt sich hier nicht nach den §§ 249ff. Da nämlich gemäß § 249 der nämliche Zustand herzustellen sein würde, der bestünde, wenn das schädigende Ereignis nicht eingetreten, der Vertrag also dem Vertragsgegner gegenüber wirksam zustande gekommen wäre, so führte die Zustandsherstellung gemäß § 249 zu einem Ergebnisse, das der in § 179 vorausgesetzten Sachlage gerade widersprechen würde. Der Fall des § 179 ist eben der, daß der Vertrag nicht wirksam zustande

kommt, und bei der Art der Geltendmachung des Ersatzanspruchs muß mithin ebenfalls gerade von diesem Tatbestande ausgegangen werden. Der Schaden umfaßt sonach lediglich das negative Interesse bis zur Höhe des Erfüllungsinteresses, und zwar greift hier der Gesichtspunkt einer culpa in contrahendo Platz, und der Schaden besteht daher lediglich in dem Unterschiede zwischen der Vermögenslage für den Fall der Wirksamkeit des Vertrags und anderseits seiner Unwirksamkeit (RG 95, 60; 58, 327; 59, 157; Gruch 51, 903). Auch die abstrakte Schadensberechnung ist zulässig (RG 58, 327).

Anwendbar ist § 179 sowohl im Falle des Handelns auf Grund angeblich gesetzlicher (RG 104, 193) wie angeblich gewillkürter Stellvertretung; stets ist er aber auf den Fall der Stellvertretung zu beschränken, daher nicht auch auf den Fall der bloßen Übermittlung im Sinne des § 120 auszudehnen. Die Grundsätze des § 179 müssen im übrigen nach dem Rechtsgedanken und nach dem Zwecke des Gesetzes auch dann Platz greifen, wenn der Vertreter vorspiegelt, Vollmacht von jemand erhalten zu haben, der überhaupt nicht oder nicht mehr existiert. Der Wortlaut des Gesetzes schließt diese Annahme jedenfalls nicht aus, umfaßt vielmehr nach seiner uneingeschränkten Fassung unterschiedslos alle Fälle, in denen der Vertreter einer Vollmacht entbehrt, mithin auch den, daß er die fälschlich vorgespiegelte Vollmacht überhaupt nicht haben kann, weil der angebliche Vollmachtgeber gar nicht vorhanden ist. Anderseits fehlt auch jeder innere Grund dafür, daß der § 179 nur für solche Fälle gegeben sein könnte, in denen sich der Vertreter als Bevollmächtigten einer wirklich vorhandenen Persönlichkeit ausgibt. Insbesondere ist nicht ersichtlich, weshalb der als Vertreter Auftretende in dem hier fraglichen Sonderfalle besser gestellt sein sollte, als dann, wenn er sonst das Vorhandensein einer Vollmacht fälschlich vorgibt. Der gegen die Anwendung des § 179 angeführte Grund (RG Recht 09 Nr 1841; Staudinger A 3a), daß der namens einer nicht vorhandenen Person abgeschlossene Vertrag nichtig sei, ist hier um deswillen ohne Tragweite, weil der § 179 den falsus procurator überhaupt nicht aus dem Vertrage haften läßt (ebensowenig wegen Verschuldens RG 60, 345), sondern auf Grund der von ihm durch das Auftreten als Vertreter eines andern übernommenen Gewährpflicht, mithin aber entsprechend zugleich aus der Gewährpflicht für das Vorhandensein der angeblich vertretenen Persönlichkeit. Auch wenn der Dritte die Erfüllung wählt, ist dieser Anspruch gerade deshalb begründet, weil der falsus procurator die Möglichkeit des Wirksamwerdens des Vertrags zwischen dem Dritten und dem angeblich Vertretenen durch sein Verhalten vereitelt hat. In RG 106, 68 wird die entsprechende Anwendbarkeit des § 179 sowohl für den hier erörterten Fall, daß die angeblich vertretene Person nicht existiert, als auch für den Fall anerkannt, daß sie existiert, aber zum Abschlusse eines Geschäfts von der Art, wie es in ihrem Namen vorgenommen wurde, rechtlich nicht befähigt ist. Anwendbar ist § 179 auch dann, wenn ein gesetzlicher Vertreter in Überschreitung der nach außen hin in gewisser Weise eingeschränkten Vertretungsmacht handelt, beispielsweise der Vertreter einer Gemeinde (RG Warn 1914 Nr 1; vgl. auch 1926 Nr 152).

Nicht anwendbar ist § 179, wenn jemand für einen andern handelt, als den er sich selbst fälschlich ausgibt, weil in solchem Falle schon an sich eine Stellvertretung niemals in Frage kommen kann (RG 38, 179). Unanwendbar ist § 179 ferner, wenn ein Angestellter Karten, die die Unterschrift des Geschäftsherrn tragen, auftragswidrig ausgefüllt dessen gutgläubigem Vertragsgegner zugehen läßt; hier kann nur Anfechtung nach § 119 helfen (RG 105, 183). Unanwendbar ist die Vorschrift auch, wenn vor der Eintragung einer Gesellschaft m. b. H. oder einer Aktiengesellschaft namens der Gesellschaft gehandelt wird. In diesen Fällen kommt es auch auf die Kenntnis des Geschäftsgegners von dem Fehlen der Eintragung nicht an. Die Haftung des Handelnden ist hier nach dem Gesetze eine unbedingte (§ 11 Abs 1 u. 2 GmbHG, § 200 Abs 1 Satz 2 HGB). Der Geschäftsführer einer Gesellschaft m. b. H. verpflichtet aber durch sein Rechtsgeschäft die zu gründende Gesellschaft ohne weiteres insoweit, als die Rechtsgeschäfte zur Entstehung der Gesellschaft bestimmt und erforderlich sind (RG 105, 228).

2. Der Grundsatz des Abs 1 erleidet Abweichungen nach zwei Richtungen: a) Die **Haftung** des Vertreters **besteht überhaupt nicht** (Abs 3), wenn der Vertragsgegner den Mangel der Vertretungsmacht gekannt hat oder hat kennen oder erkennen müssen (§§ 122, 276), und daher bei Anwendung der im Verkehr erforderlichen Sorgfalt auch erkannt haben würde (RG 104, 194), weil er dann die Folgen selbst zu verantworten hat; ebensowenig besteht die Haftung dann, wenn der Vertreter in der Geschäftsfähigkeit beschränkt war, es sei denn, daß er mit Zustimmung des gesetzlichen Vertreters gehandelt hat. Regelmäßig darf man auf das Vorhandensein der Vertretungsmacht des Handelnden oder aber auf die Herbeiführung der Genehmigung vertrauen (Mot 1, 244); aber unter Umständen kann die Sache auch so liegen, daß dem Geschäftsgegner nach den Anschauungen des gesunden Verkehrs die Erkundigungspflicht obliegt (RG Warn 1914 Nr 1).

b) Die Haftung **des Vertreters ist eine volle überhaupt nur dann** (Abs 2), wenn ihm der Mangel der Vertretungsmacht bekannt war. Sie geht dagegen nur auf das **negative Interesse,** und zwar nur bis zur Höhe des Erfüllungsinteresses, falls dem Vertreter jener Mangel unbekannt war. Kennenmüssen kommt hier nicht in Betracht. Über das negative Interesse vgl. § 122 A 2. Es kann hier auch eine abstrakte Schadensberechnung eintreten (Unterschied zwischen Kaufpreis und Marktpreis; RG 58, 326), und es kann der sog. Vertrauensschaden auch schon dann gefordert werden, wenn sich der Vertragsgegner, auf die Erfüllung des Vertrags vertrauend, im Interesse seines allgemeinen Geschäftsbetriebs, um seinen Kundenkreis befriedigen zu können, anderweit eindeckte; es ist auch nicht einmal erforderlich, daß er sich zur Lieferung solcher Waren nach anderer Seite schon gebunden hatte (RG Gruch 51, 903).

c) Hat der Vertreter den Vertrag ausdrücklich von der Genehmigung des Vertretenen abhängig gemacht, dann liegt der Fall eines bedingten Rechtsgeschäfts vor (§ 158), und von einer Haftung des Vertreters kann auch hier im Zweifel keine Rede sein (RG 4. 3. 14 V 192/13; 7. 10. 24 VII 912/23; vgl. auch § 178 A 1).

3. **Beweislast.** Der vom Vertreter Erfüllung oder Schadensersatz fordernde Vertragsgegner muß beweisen, daß der Vertreter namens eines andern verhandelt hat, daneben auch behaupten, daß der Vertretene die Erteilung der Vollmacht leugnet, oder daß er die Genehmigung verweigert hat, oder daß diese als verweigert anzusehen ist. Sache des in Anspruch genommenen Vertreters wäre es, demgegenüber die Vertretungsmacht nachzuweisen (RG JW 02, 365[23]), oder andernfalls zu beweisen, daß der Vertragsgegner ihr Nichtvorhandensein gekannt hat; oder daß er (der Vertreter) in seiner Geschäftszeit beschränkt war, während demgegenüber der Vertragsgegner die Zustimmung des gesetzlichen Vertreters zu beweisen hätte; wendet der Vertreter nur beschränkte Haftung ein, so muß er beweisen, daß er den Mangel der Vertretungsmacht selbst nicht gekannt hat.

§ 180

Bei einem einseitigen Rechtsgeschäft ist Vertretung ohne Vertretungsmacht unzulässig. Hat jedoch derjenige, welchem gegenüber ein solches Rechtsgeschäft vorzunehmen war, die von dem Vertreter behauptete Vertretungsmacht bei der Vornahme des Rechtsgeschäfts nicht beanstandet oder ist er damit einverstanden gewesen, daß der Vertreter ohne Vertretungsmacht handele, so finden die Vorschriften über Verträge entsprechende Anwendung[1]). Das gleiche gilt, wenn ein einseitiges Rechtsgeschäft gegenüber einem Vertreter ohne Vertretungsmacht mit dessen Einverständnisse vorgenommen wird[2])[3]).

E I 126 II 148; M 1 244 ff.; P 1 167 ff.

1. Vgl. § 177 A 1. Das **einseitige Rechtsgeschäft** (Vorbem 1 vor § 116) bleibt im Falle auftragloser Geschäftsführung grundsätzlich überhaupt wirkungslos, so daß es auch im Wege der Bestätigung nur im Falle seiner erneuten Vornahme Wirksamkeit erlangen kann (§ 141), und auch für die Genehmigungslage im Sinne des § 177 (A 2, 3) kein Raum ist. Dieser Grundsatz ist auch anwendbar, wenn eine Vollmacht unzureichend war (RG 66, 430). — Die Regel des Satz 1 ist jedoch keine unbedingte; sie kann durch das im Gesetze vorgesehene Verhalten des passiv Beteiligten, so des gemahnten Schuldners, mit der Folge beseitigt werden, daß an ihre Stelle die Vorschriften über Verträge (§§ 177, 178, 179) treten. Die vom Vertreter behauptete Vertretungsmacht ist nicht beanstandet, wenn weder Vorlegung einer Vollmachtsurkunde verlangt, noch das Geschäft zurückgewiesen wird (§ 174). Dabei ist vorausgesetzt, daß Vertreter und Erklärungsempfänger von derselben Art der Vertretungsmacht, also entweder einer rechtsgeschäftlichen oder einer gesetzlichen, ausgehen (RG JW 04, 574[5]). Hat der Vertreter ohne Vertretungsmacht dem nämlichen Dritten gegenüber nacheinander zunächst einen Vertrag abgeschlossen und daraufhin ein einseitiges Rechtsgeschäft vorgenommen (Mietvertrag-Kündigung), und hat der Geschäftsgegner die Vornahme des letzteren Geschäfts nicht beanstandet, so wird auslegungsweise angenommen werden können, daß er sich auch hinsichtlich des Vertrags des Widerrufsrechts aus § 177 begeben hat. Eine Haftung des Vertreters ohne Vertretungsmacht, entsprechend derjenigen aus § 179, ist in § 180 nicht vorgesehen, da die Vornahme des Geschäfts als unwirksam hingestellt wird. Sie kann mithin höchstens nach den allgemeinen Grundsätzen von unerlaubten Handlungen (§§ 823 ff.) begründet werden. Der § 179 muß aber Platz greifen, falls der Geschäftsgegner die Vertretung nicht beanstandet und der Vertreter der Vertretungsmacht entbehrte. Ist der Geschäftsgegner mit der Vertretung ohne Vertretungsmacht einverstanden, dann ist der Vertreter nach § 179 Abs 3 Satz 1 haftfrei.

2. Das **gegenüber einem Vertreter ohne Vertretungsmacht** vorgenommene einseitige Rechtsgeschäft (z. B. Kündigung) ist für den Vertretenen selbstverständlich unverbindlich.

Satz 3 will nur besagen, daß das einseitige Rechtsgeschäft genehmigungsfähig ist (§§ 177 ff.), falls der Erklärungsempfänger durch das im Gesetze vorausgesetzte Einverständnis die (passive) Stellvertretung übernommen hat (§ 164 Abs 3).

3. **Die Beweislast.** Wer die Wirksamkeit des einseitigen Geschäfts geltend macht, hat die Voraussetzungen hierfür nachzuweisen, also das Einverständnis oder die Nichtbeanstandung, wobei jedoch genügen muß, daß Tatsachen dargetan werden, aus denen das Einverständnis zu folgern ist. Sache des Gegners wäre es, demgegenüber nachzuweisen, durch welche Erklärung er die Vornahme des Geschäfts beanstandet habe, und daraufhin gegebenenfalls Sache des andern Teiles, die Verspätung der Beanstandung (§ 174) darzutun.

§ 181

[1]) Ein Vertreter kann, soweit nicht ein anderes ihm gestattet ist[2]), im Namen des Vertretenen mit sich im eigenen Namen oder als Vertreter eines Dritten ein Rechtsgeschäft nicht vornehmen, es sei denn, daß das Rechtsgeschäft ausschließlich in der Erfüllung einer Verbindlichkeit besteht[2]).

E II 149; M 1 224 ff.; P 1 174 ff.; 2 73 ff.

1. **Verhandeln des Vertreters mit sich selbst.** Der Rechtsgedanke der Vorschrift ist der, daß in allen Fällen des Verhandelns mit sich selbst mit der Gefahr widerstreitender Interessen zu rechnen ist und danach die Rechtssicherheit gefährdet sein kann, diesen Übelständen mithin durch die Vorschrift vorgebeugt werden soll (RG 68, 175 und die dort wiedergegebene Entstehungsgeschichte der Vorschrift). — Möglich sind hier zwei Fälle: Der Vertreter eines andern schließt für sich selbst und zugleich namens des Vertretenen ab; oder jemand vertritt zwei verschiedene Personen und verhandelt in sich namens dieser beiden. Die Bestimmung trifft im übrigen zweiseitige wie auch empfangsbedürftige einseitige Rechtsgeschäfte. Bei den letzteren spielt hier auch die etwaige Befugnis des Vertreters zur Erteilung der Einwilligung (§ 182) namens des Vertretenen eine besondere Rolle. Es fragt sich nämlich, ob § 181 auch dann Platz greift, wenn jemand dem von ihm in eigenem Namen mit einem andern abgeschlossenen Vertrage zugleich namens desjenigen Dritten die Genehmigung erteilt, von dessen Zustimmung die Wirksamkeit des Vertrags oder der Verfügung gemäß §§ 182 ff. abhängig ist. Beispielsweise A tritt in eigenem Namen und durch Verhandeln mit sich selbst dem B die Forderung seines Vollmachtgebers C ab, und erklärt hierzu namens des C, den er zu vertreten an sich berechtigt ist, dessen Zustimmung. Erklärt er die erforderliche Zustimmung namens des Dritten (C) sich selbst gegenüber, dann kann an der Anwendbarkeit des § 181 kein Zweifel bestehen. Sein Fall wäre unmittelbar gegeben. Wie aber, wenn der Vertreter die Zustimmung gegenüber seinem Vertragsgegner (B) erklärt, da doch ein Fall des Verhandelns mit sich selbst äußerlich hier überhaupt nicht vorzuliegen scheint? Die Frage könnte aus dem allgemeinen Rechtsgedanken des § 181: der Gefahr widerstreitender Interessen vorzubeugen (RG 68, 175), bejaht werden. So auch die frühere Auflage, in der ausgeführt ist: Die Wirkung der Genehmigung sei die nämliche, gleichviel ob der Vertreter die Zustimmung sich selbst oder dem Vertragsgenossen gegenüber erklärt (§ 182), und es wäre doch nicht richtig, hinsichtlich der Anwendbarkeit des § 181 trotzdem lediglich auf die Verschiedenartigkeit der äußeren Vorgänge, mittels deren die Wirkung herbeigeführt wird, das entscheidende Gewicht zu legen. Auch dürfe es schwerlich in das Belieben eines Vertreters gestellt sein, der zugunsten des zu Vertretenden gegebenen Gesetzesbestimmung geflissentlich dadurch auszuweichen, daß er die Erklärung nicht sich selbst, sondern dem Vertragsgenossen gegenüber abgibt. Endlich aber sei gegebenenfalls das Schwergewicht der Vorschrift des § 181 überhaupt nicht auf die Erklärung der Zustimmung, sondern auf die Tatsache der Zustimmung selbst zu legen, da doch die Erklärung nur die Zustimmung zum äußeren Ausdrucke bringe, derjenige Umstand dagegen, der die in § 182 vorgesehene Wirkung hervorruft, allein die Zustimmung selbst sei. Stehe nun aber die Tatsache der Zustimmung (des Dritten) ebensowohl dann in Frage, wenn sie von seinem Vertreter dem Vertragsgegner gegenüber erklärt werde, wie dann, wenn der Vertreter sie sich selbst gegenüber erteile, so scheine es auch aus diesen Gründen nicht richtig, bei der Anwendbarkeit des § 181 einen Unterschied zu machen je nach der verschiedenen Richtung der Erklärungsabgabe. Das Reichsgericht hat indessen in RG 76, 89 (zustimmend Planck A 1 e β; a. M. KG in OLG 43, 358) den gegenteiligen Standpunkt vertreten und auch sonst in ständiger Rechtsprechung betont, daß es im Sinne des § 181 nicht auf die zugrunde liegenden Interessen, sondern auf die Art des Zustandekommens der Rechtsgeschäfte ankomme (RG 103, 418; vgl. ferner RG 102, 411; 108, 405; RG Warn 1915 Nr 179). Dem dürfte, unbeschadet der Folgen einer von den Beteiligten beabsichtigten Schädigung des Vertretenen, nach der Fassung des Gesetzes beizutreten sein. — Zu Zweifeln hinsichtlich der

Anwendbarkeit des § 181 geben auch die Fälle Anlaß, in denen es nach dem Gesetze möglich ist, rechtsgeschäftliche Erklärungen mit Wirkung für einen Dritten dem Grundbuchamte gegenüber abzugeben (§§ 873 Abs 2, 875 Abs 2, 1183 Satz 2). Beispielsweise fragt es sich, ob der Hypothekengläubiger, der die Löschung seiner Hypothek bewilligt, zugleich als Vertreter des Eigentümers in dessen Namen dem Grundbuchamte gegenüber gemäß § 1183 die Zustimmung zur Löschung wirksam erklären kann. Auch diese Frage dürfte entgegen der früheren Auflage zu bejahen sein. Entscheidend ist auch hier, an wen die Erklärungen gerichtet sind. Der Hypothekgläubiger handelt allerdings teils im eigenen, teils im fremden Namen, aber nicht mit sich selbst (so auch Planck A 1 e β). Dagegen ist es unzulässig, daß der Bevollmächtigte für sich auf dem Grundstücke des Vollmachtgebers eine Hypothek bestellt (**RG** 89, 371). Das Grundbuchamt darf seinem Antrage nicht stattgeben. Alle Rechtsveränderungen im Gebiete des Liegenschaftsrechts setzen in der Form der Einigung einen dinglichen Vertrag voraus (§ 873), und dieser Vertrag kann nur durch Einigung zwischen den beiden materiell Beteiligten zustande kommen (**RG** a. a. O.). Alle erörterten Fälle sind indessen streitig (vgl. Güthe, Grundbuchordnung, 2. Aufl., Bd. 2 S. 1697). Das Grundbuchamt in Fällen der bezeichneten Art (§§ 873 Abs 2, 875 Abs 2, 1183 Abs 2) als Vertreter des Eigentümers anzusehen, ist für den Regelfall unzulässig, da das Grundbuchamt die Erklärungen kraft eigener Befugnis, nicht aber namens des Eigentümers entgegennimmt (Prot 3, 86 II). Der § 181 schließt es für den Regelfall auch aus, daß der Vertreter namens des vertretenen Eigentümers einem Dritten eine Hypothek bestellt und zugleich namens des Dritten die zum Rechtserwerbe erforderliche Einigung zustande bringt (vgl. **RG** 89, 369). — Die Frage, ob der Vertreter die Anwendung des § 181 dadurch hindern kann, daß er behufs Verhandlung mit dem Vollmachtgeber einen Dritten als weiteren Vertreter des Vollmachtgebers bestellt, wird für die Regel zu verneinen sein. Schließt jetzt der Bevollmächtigte mit dem von ihm bestellten Unterbevollmächtigten ab, so liegt zwar äußerlich ein Fall des Verhandelns in sich selbst nicht vor, § 181 ist daher unmittelbar nicht anzuwenden; die Gefahr widerstreitender Interessen, der er vorbeugen will, genügt nicht, seine Anwendung zu rechtfertigen. In Wahrheit aber handelt es sich regelmäßig um eine mit der Erteilung der Untervollmacht beabsichtigte Umgehung des Gesetzes und das auf dieser Grundlage vorgenommene Rechtsgeschäft kann keine größere Wirksamkeit haben als ein unmittelbar den Tatbestand des § 181 erfüllendes (**RG** 56, 104). Bieten aber die Umstände des Falles keinen Anhalt für die Absicht einer Umgehung des Gesetzes und beabsichtigen die Beteiligten auch sonst nicht etwa in einer gegen die guten Sitten verstoßenden Weise unter Mißbrauch ihrer Vertretungsmacht den Vollmachtgeber zu schädigen (§ 826), so steht nichts im Wege, daß der Unterbevollmächtigte im Namen des Machtgebers mit dem Bevollmächtigten, von dem er die Untervollmacht erhalten hat, wirksam Rechtsgeschäfte abschließt; sowenn die Untervollmacht schon zu einer Zeit erteilt worden ist, als an das vorgenommene Rechtsgeschäft noch nicht gedacht wurde (**RG** 108, 405). Besonders läge der Fall natürlich dann, wenn in der Ermächtigung des Bevollmächtigten zur Bestellung eines weiteren Vertreters gelegentlich zugleich die Gestattung zu finden wäre, mit diesem zu verhandeln. Dann wäre für § 181 schlechthin kein Raum. Falls der Dritte nur zur Vertretung des Vertreters berufen wäre und dann mit diesem abschlösse, läge die Sache nicht anders, als wenn der Vertreter mit sich selbst verhandelte. Kein Fall des § 181 liegt vor, wenn der Bevollmächtigte mit einem Dritten abschließt, der ohnehin, etwa als Prokurist, schon zur Vertretung des Vollmachtgebers berechtigt war (**RG** 89, 371). Ein Fall des Verhandelns mit sich selbst liegt nicht vor, wenn der gesetzliche Vertreter namens seiner und zugleich namens des Vertretenen mit einem Dritten einen Vertrag abschließt; er ist dazu vielmehr schlechthin befugt (**RG** Warn 1912 Nr 399). Desgleichen nicht, wenn der Prokurist einer Firma auf einen von ihm auf die Firma gezogenen Wechsel das Akzept der Firma setzt, weil es sich hier nicht um ein vom Prokuristen mit sich in eigenem Namen vorgenommenes Rechtsgeschäft handelt (**RG** Gruch 63, 84). — Ein Anwendungsfall des § 181 ist aber auch dann gegeben, wenn die gleiche Person auf der einen Seite als einzelner oder als Einzelvertreter auf der andern Seite mit andern zusammen in Gesamtvertretung steht (**RG** 89, 373; **RG** LZ 1926, 438[3]).

Die Tragweite des Grundsatzes „kann nicht". Für die unter das Gesetz gehörenden Fälle ist bestimmt, daß der Vertreter das Rechtsgeschäft nicht vornehmen „kann", soweit nicht einer der beiden vorgesehenen Ausnahmefälle (A 2) vorliegt. Zu Zweifeln über die Tragweite der Bestimmung gibt der Ausdruck „kann nicht" Anlaß (vgl. § 134 A 1). Findet man in ihm ein Verbotsgesetz, so hätte ein Zuwiderhandeln ohne weiteres Nichtigkeit zur Folge. Dieser Standpunkt, den vormals auch das Reichsgericht vertrat (**RG** 51, 422), ist jedoch nicht richtig. Er entbehrt jedes inneren Grundes. Das Gesetz will vielmehr besagen: In der Vertretungsmacht liegt nicht ohne weiteres die Befugnis zum Abschlusse mit sich selber, und sie „kann" in ihr insbesondere auch deshalb nicht ohne weiteres gefunden werden, weil von vornherein mit der Möglichkeit sich widerstreitender Interessen zu rechnen ist. Der Vertreter, der trotzdem mit sich selbst abschließt, handelt mithin regelmäßig außerhalb der Grenzen seiner Vertretungsmacht. Dieses Bedenken fällt aber fort, wenn dem Vertreter die Befugnis zum Abschlusse mit sich selber vom Machtgeber eingeräumt ist, oder wenn nach dem zugrunde liegenden Rechtsverhältnisse das Gesetz selbst von dem Bedenken absehen will; oder endlich, wenn ein solches Bedenken nach der Art der Geschäftserledigung an sich nicht bestehen kann. Von diesem Gesichtspunkte aus erklären sich auch folgerichtig die gesetzlichen Ausnahmefälle: die „Gestattung" und die ausschließliche Erfüllung einer Verbindlichkeit. Sofern lediglich eine Verbindlichkeit erfüllt wird, kann schon aus diesem Grunde von widerstreitenden Interessen keine Rede sein. Der gegenwärtige Standpunkt des Reichsgerichts ist ebenfalls der, daß unbefugtes Selbstkontrahieren bei gewillkürter Stellvertretung genau zu beurteilen ist wie eine Überschreitung der Vollmacht, so daß das Rechtsgeschäft nicht nichtig, sondern genehmigungsfähig ist im Sinne des § 177 (RG 56, 104; 67, 51; 68, 37; 89, 374; 93, 337; 108, 406; Warn 08 Nr 602). Gemäß RG 103, 418 enthält der § 181 kein Verbotsgesetz. Das gleiche muß aber im Falle der gesetzlichen Vertretung (s. auch unten) gelten (RG JW 1924, 1862[5]). Über die Frage, wann der Vertretene verpflichtet ist, ein vom Vertreter gegen § 181 mit sich selbst vorgenommenes Geschäft zu genehmigen, s. RG 110, 214.

Anwendungsgebiet. Es erstreckt sich auf Rechtsgeschäfte jedes Rechtsgebiets, einschließlich der familienrechtlichen, soweit hier die Stellvertretung überhaupt zulässig ist (RG 79, 283), einschließlich ferner des Liegenschaftsrechts (§§ 873, 929 ff.; RG 89, 367), und es umfaßt in gleicher Weise die aktive wie die passive Stellvertretung. Immer aber muß eine Stellvertretung stattfinden, und daher ist § 181 nicht anwendbar bei rein einseitigen Rechtsgeschäften. Von solchen ist jedoch nicht zu reden, wenn die Willenserklärung dem Grundbuchamte gegenüber behufs Erwerbs eines Rechtes für den Vertretenen, oder behufs Löschung seines Rechtes abgegeben wird. Vgl. oben Anm 1. — Ein Fall des Verhandelns mit sich selbst liegt ferner nicht vor, wenn jemand einen Wechsel in eigenem Namen annimmt, den er als Vertreter eines andern auf sich gezogen hat (RG 77, 139); oder wenn der mit Generalvollmacht versehene Schuldner für seine Schuld im Namen des Vollmachtgebers Bürgschaft übernimmt (RG 71, 219), weil im ersteren Falle bei der Annahme des Wechsels überhaupt nicht die Vertretung des Ausstellers stattfindet, und im andern Falle, beim Bürgschaftsvertrage, weil der Schuldner ebenfalls nicht mit beteiligt ist. Besteht eine Gesellschaft m. b. H. nur noch aus einem Mitgliede, so kann dieses sich zwar zum Vorstande bestellen, es ist aber nicht befugt, sich als Vorstand zugleich die Befugnis zum Verhandeln mit sich selbst zu erteilen (RG 68, 172). Wenn von mehreren Gesellschaftern einer Gesellschaft m. b. H., die zugleich Geschäftsführer mit der Befugnis, die Gesellschaft allein zu vertreten, sind, nur einer in der die Erhöhung des Stammkapitals beschließenden Gesellschafterversammlung erscheint, so kann er in dieser nicht für seine Person die auf das erhöhte Kapital zu leistende Stammeinlage übernehmen (RG 109, 77). — Wer als Vertreter eines andern mit sich selbst verhandelnd auf jenen Besitz und Eigentum beweglicher Sachen übertragen will, muß diesen Willen durch solche Tatsachen bestätigen, die den Eigentumsübergang auch für andere erkennbar machen (RG 52, 130; 63, 16; 73, 415; 99, 216; 116, 198; RG Warn 1925 Nr 28; vgl. ferner § 868 A 6). Zum Abschlusse eines Schuldvertrags genügt es dagegen, wenn der gemeinschaftliche Vertreter in sich die Willenseinigung vornimmt, ohne solches auch äußerlich zum Ausdrucke zu bringen (RG Gruch 1912, 895). — Der § 181 gilt sodann auch für den Fall der gesetzlichen Vertretung (RG 71, 163; RG SeuffA 77 Nr 62; RG JW 1924, 1862[5]). Insbesondere auch für den Vormund, der nicht für mehrere seiner Mündel als deren beiderseitiger Vertreter abschließen kann (vgl. §§ 1795, 1630; RG 67, 61). Dazu kann ihn auch das Vormundschaftsgericht nicht ermächtigen, wie es auch nicht dem Rechtsgeschäfte nachträglich durch Genehmigung Wirksamkeit zu verleihen vermag (RG 71, 162). Der Testamentsvollstrecker kann einen andern als Vertreter bestellen mit der Ermächtigung, in des Testamentsvollstreckers Namen mit sich selbst als Bevollmächtigtem der Erben die Auflassung entgegenzunehmen (RG 61, 139). Diese Entscheidung ist indes bedenklich. Richtig scheint es vielmehr, den Grundsatz des § 181 entsprechend auch in Ansehung aller derjenigen Persönlichkeiten anzuwenden, die zwar nicht auf Grund eines Stellvertretungsverhältnisses (vgl. Vorbem 2 vor § 164), wohl aber kraft ihrer gesetzlichen Stellung, wie Konkursverwalter, Testamentsvollstrecker, Fideikommißadministratoren (RG 80, 416), mit gleicher Wirkung wie ein Stellvertreter für einen andern wie gegen ihn unmittelbar verbindlich handeln. Notwendig ist getrennte Vertretung von Miterben auch bei der Umwandlung Gesamteigentums in einfaches Miteigentum (RG 67, 61). Die Anwendbarkeit des § 181 kann seinem Zwecke nach auch dann gegeben sein, wenn die Stellvertretung von beiden Vertragsparteien nur scheinbar auf je eine verschiedene Persönlichkeit übertragen worden ist, während in Wirklichkeit die Sache anders liegt (vgl. RG Gruch 58, 176; hier war eine Landbank vom Kläger zum Ankaufe eines Grundstücks bevollmächtigt worden, und der Eigentümer, der das Verkaufsangebot machte, bevollmächtigte zum Vertragsabschlusse die

Vorstandsmitglieder der Landbank, worauf das eine Vorstandsmitglied namens der Klägerin und das andere namens des Beklagten den Vertrag abschloß). Unzulässigkeit einer Vereinbarung über die Einlösung von Teilschuldverschreibungen gegen eine bestimmte Aufwertung, abgeschlossen von der verwahrenden Bank als Vertreterin des Eigentümers mit sich als Einlösungsstelle des Schuldners s. RG 111, 345. Die Anwendbarkeit des § 181 wird endlich auch nicht dadurch ausgeschlossen, daß das Rechtsgeschäft dem Vertretenen nur vorteilhaft ist. Daher kann auch der gesetzliche Vertreter nicht durch Verhandeln mit sich selbst einen Schenkungsvertrag mit dem Vertretenen wirksam abschließen (RG Warn 1910 Nr 414). — Über das Wirksamwerden eines dem § 181 zuwider vorgenommenen Rechtsgeschäfts durch Genehmigung vgl. § 177 A 2.

2. Die **Befugnis zum Selbstkontrahieren** kann beruhen auf rechtsgeschäftlicher (auch stillschweigender RG 3. 3. 23 V 274/22) Erklärung (RG 51, 422; 76, 184, Ermächtigung des Käufers, durch den Eigentümer den Verkaufsantrag an sich selbst zu stellen; JW 1912, 236[3], betreffend Verkaufsvollmacht mit der Gestattung, zugleich den Käufer beim Abschlusse zu vertreten) oder auf Gesetz (RG 68, 175; 71, 165); so in den Fällen des § 1009 Abs 2 (RG 47, 209), ferner der §§ 125, 232 HGB. Nach RG 64, 378 kann es für die Annahme einer Gestattung schon genügen, wenn die Zustimmung ohne Arglist nicht verweigert werden dürfte. Ein Bankier, der auftragsgemäß Wertpapiere für einen Kunden ankauft und ohne Nummerausgabe für ihn verwahrt, führt, wenn er anstatt abhanden gekommener Papiere andere anschafft und in die Verwahrung nimmt, den ursprünglichen Kommissionsauftrag aus und überträgt daher wirksam Eigentum auf den Kunden (RG 52, 130; 63, 16; vgl. auch Vorbem 5 vor § 164 und § 868 A 5). Bei der Sicherungsübereignung eines Warenlagers einschließlich der noch eingehenden liegt ohne weiteres die Ermächtigung für den Übereignenden, die eingehenden Waren für den andern in Empfang zu nehmen, und er erwirbt dadurch für ihn Eigentum, ohne daß es noch eines besondern Besitzkonstituts bedürfte (RG JW 1911, 762[21]). Versichert der Ehemann seiner Ehefrau gehörige, eingebrachte Sachen auf seinen Namen gegen Brandschaden, dann kann er den ihm erwachsenen Versicherungsanspruch durch Verhandeln mit sich selbst auf seine Ehefrau übertragen, und es genügt dazu, daß sein Wille irgendwie erkennbar in die Erscheinung trat (RG 76, 138). Die Übergabe des Hypothekenbriefs an den Gläubiger kann in der Weise geschehen, daß der Eigentümer nach Empfang des Hypothekenbriefs mit sich selbst und als Vertreter des Gläubigers gemäß § 181 einen (durch schlüssige Handlungen erkennbaren) Vertrag im Sinne des § 930 abschließt (RG 78, 415). Das eine Mitglied von mehreren Mitgliedern des Vorstandes einer eingetragenen Genossenschaft ist zur Mitwirkung bei Erteilung der Vollmacht an sich selbst befugt (RG 80, 180). — Ein Vertrag, durch den ein Bevollmächtigter auf Grund eingeräumter Befugnis mit sich selbst abschließend, zu eigenem Nutzen den Vollmachtgeber bewußt schädigt, ist nach § 138 nichtig (RG SeuffA 81 Nr 49).

Die Erfüllung einer Verbindlichkeit umfaßt unterschiedlos alle Erfüllungsgeschäfte, mögen sie in einer dinglichen Leistung oder in Eingehung von schuldrechtlichen Verbindlichkeiten bestehen. Die Ausnahmebestimmung bezieht sich nur auf die Erfüllung von Verbindlichkeiten des Vertreters gegenüber dem Vertretenen und umgekehrt (RG SeuffA 77 Nr 62). Voraussetzung ist ferner stets, daß es sich um eine rechtsverbindliche Schuld (daher beispielsweise auch nur eine formgültige Schenkung, RG 23. 10. 12 V 239/12) und um Leistung des eigentlichen Schuldgegenstandes handelt. Daher gehört nicht hierher die Leistung an Erfüllungs Statt (§ 365). Wohl aber die Aufrechnung (§§ 387, 389). Niemals kann der Vertreter dem Vertretenen durch das Erfüllungsgeschäft etwas von seinem Rechte vergeben, daher nicht seine eigenen noch zweifelhaften oder noch nicht fälligen Forderungen an den Vertretenen durch Verwendung von Mitteln des letzteren befriedigen.

Sechster Titel

Einwilligung Genehmigung

§ 182

Hängt die Wirksamkeit eines Vertrags oder eines einseitigen Rechtsgeschäfts, das einem anderen gegenüber vorzunehmen ist, von der Zustimmung[1]) eines Dritten ab, so kann die Erteilung sowie die Verweigerung der Zustimmung sowohl dem einen als dem anderen Teile gegenüber erklärt werden[2]).

Die Zustimmung bedarf nicht der für das Rechtsgeschäft bestimmten Form[3]).

Wird ein einseitiges Rechtsgeschäft, dessen Wirksamkeit von der Zustimmung eines Dritten abhängt, mit Einwilligung des Dritten vorgenommen, so finden die Vorschriften des § 111 Satz 2, 3 entsprechende Anwendung[4]).

E I 127 II 150; M 1 245 ff.; P 1 176 ff.; 6 124, 128, 138.

1. **Zustimmung.** Rechtsgeschäfte, durch die ohne Befugnis in eine fremde Rechtssphäre eingegriffen wird, sind im Sinne des Gesetzes nicht nichtig, aber unwirksam. Denn soll eine Willenserklärung rechtliche Wirkungen hervorbringen, so muß der Erklärende über den Gegenstand seiner Erklärung zu verfügen nicht nur subjektiv, sondern auch objektiv berechtigt sein. Das hier in Frage stehende unwirksame Rechtsgeschäft unterscheidet sich vom nichtigen dadurch, daß die Nichtigkeit grundsätzlich unheilbar ist (§ 125 A 1), daß dagegen das bloß unwirksame Geschäft auf die gesetzlich vorgesehene Weise ungeschmälerte Wirksamkeit erlangen kann, und zwar gemäß § 184 von Anfang an. Das Mittel nun, durch welches dieser Erfolg herbeigeführt wird, ist die Zustimmung des Berechtigten. Diese umfaßt „die Einwilligung", d. i. die im voraus, und die „Genehmigung", d. i. die nachträglich erteilte Zustimmung. Während die Bestätigung (§ 141) eigene nichtige Rechtsgeschäfte des Erklärenden wirksam zu machen bestimmt ist, kommt die Zustimmung in ihren beiden Formen in Frage bei Rechtsgeschäften, bei deren Abschluß der Erklärende selbst nicht beteiligt war. Hier sind aber die §§ 182—185 durchweg anwendbar, soweit nicht Sondervorschriften, insbesondere die §§ 108 ff., betreffend die Rechtsgeschäfte Minderjähriger, 177 f., betreffend die auftraglose Geschäftsführung (RG 53, 275), 1395 ff., betreffend die Genehmigung von Rechtsgeschäften des Vormundes durch den Gegenvormund, vorzugsweise Platz greifen (vgl. auch die §§ 415, 458, 1071, 1245, 1255, 1276, 1405, 1444, 1516, 2120). Von der Vollmacht unterscheidet sich die Einwilligung derart, daß bei jener eine Ermächtigung zum Handeln im Namen des Vollmachtgebers erteilt wird, die Einwilligung dagegen wird erteilt zu Handlungen, die jemand in eigenem Namen, aber im Interesse eines anderen vorgenommen hat (RG 105, 290; 104, 359; 53, 275; RG Warn 1926 Nr 93). — Die Anwendbarkeit der §§ 182—185 ist nicht auf solche Fälle auszudehnen, in denen ein Rechtsgeschäft lediglich insoweit unwirksam ist, als es gegen das nur zugunsten eines andern bestehende gesetzliche (§ 135) oder gewillkürte (§ 399) Veräußerungsverbot verstößt. Denn im Sinne der §§ 182 ff. muß eine einstweilige unbedingte Wirkungslosigkeit in Frage stehen. In den Fällen der §§ 135, 399 wird demgemäß die Unwirksamkeit auch nicht durch die Genehmigung geheilt, wie bei § 182 vorgesehen ist; vielmehr handelt es sich dort gegebenenfalls um einen Verzicht des Geschützten auf Geltendmachung der Unwirksamkeit. Der Verzicht und anderseits die Genehmigung sind aber zwei an sich verschiedene Dinge. Insbesondere kann also in den Fällen der §§ 135, 399 auch der Grundsatz von der Rückwirkung der Genehmigung nicht schlechthin Platz greifen. Der nachträgliche Verzicht des Geschützten auf Geltendmachung seines Rechtes wirkt vielmehr nur von der Erklärung ab. Auf behördliche Zustimmungserklärungen, landesherrliche Genehmigung bei Stiftungen (§ 80), oder bei Zuwendungen an juristische Personen (EG Art 86), können die §§ 182 ff. ebenfalls nicht Anwendung finden. Hier liegen bedingte Rechtsgeschäfte vor (RG 40, 235; 75, 407). Vor der Genehmigung besteht bereits ein bindendes Rechtsverhältnis und ein Schwebezustand, mit der Genehmigung wird das Rechtsgeschäft vollwirksam, und zwar gemäß Art 86 mit rückwirkender Kraft; ob für die Zwischenzeit die betreffs rechtsgeschäftlicher Bedingungen geltenden Vorschriften der §§ 160, 161 ebenfalls anwendbar sind (in RG 75, 409 unentschieden gelassen), kann streitig sein. Für den Fall der Stiftung ist die Frage mit Rücksicht auf § 81 zu verneinen; für den Fall des Art 86 dürfte die entsprechende Anwendung eher anzunehmen sein. Auch in solchen Fällen, in denen die Gesetze für die Vornahme gewisser Rechtsgeschäfte durch kommunale Verwaltungsbehörden die Genehmigung der Gemeindevertretungen verlangen, wird der Gesichtspunkt bedingter Rechtsgeschäfte der zutreffende sein. — Rechtsgeschäfte, zu denen eine vormundschaftsgerichtliche Genehmigung erforderlich ist, unterstehen in jeder Hinsicht, also auch in Ansehung der Genehmigung, den Vorschriften des bürgerlichen Rechtes (RG 71, 170), und es greifen hier in erster Linie die Vorschriften der §§ 1828 ff. Platz. Wo endlich das Gesetz von der „Erlaubnis" eines Dritten spricht (§ 549), dient diese überhaupt nicht dazu, ein Rechtsgeschäft wirksam zu machen.

Bei Verträgen einer Landgemeinde, die zu ihrer Wirksamkeit der Genehmigung der Aufsichtsbehörden bedürfen, entsteht bis zu ihrer Erteilung ein Schwebezustand, währenddessen die Vertragsparteien an den Vertrag gebunden bleiben und es der Gemeinde obliegt, auf die Genehmigung hinzuwirken (RG 98, 48). Ein gleiches greift Platz bei Grundstücksveräußerungsgeschäften, und zwar den Verträgen wie der Auflassung, die die **Genehmigung des Landrats** erfordern (BRBO v. 15. 3. 18). Die bürgerlichrechtlichen Vorschriften der §§ 182—184 sind hier allerdings, weil es sich bei der Genehmigung um einen Staatshoheitsakt handelt, nicht anwendbar; vielmehr ist von den allgemeinen

Grundsätzen des Verwaltungsrechts auszugehen (RG 106, 142). Vor der Genehmigung kann nicht auf Erfüllung und nicht einmal auf die Feststellung des Bestehens des Kaufvertrags geklagt werden; aber auch hier besteht eine Gebundenheit der Parteien insoweit, als sie während des Schwebezustandes nicht zurücktreten können (RG 98, 245; 106, 142). Die Entscheidung des Landrats herbeizuführen, steht jedem Teile frei, während der § 108 unanwendbar ist (RG a. a. O.). Der Landrat seinerseits ist an seine Entscheidung niemals gebunden, bevor er sie den Beteiligten durch förmliche Zustellung bekanntgemacht hat (RG 102, 1ff., wo zugleich angenommen ist, daß das Gericht befugt ist, die Bedeutung und Tragweite von Entscheidungen einer Verwaltungsbehörde festzustellen, und in dieser Hinsicht auch das Reichsgericht die Annahme des Berufungsgerichts nachprüfen darf). Seine den Parteien bereits bekanntgemachte Versagung der Genehmigung kann der Landrat, da sie eine rechtsbegründende oder rechtszerstörende Wirkung hat, selbst nicht mehr widerrufen (RG 103, 104). Wohl aber kann er die Erteilung der Genehmigung des Vertrages so lange widerrufen, als die Auflassung noch nicht erfolgt ist; denn war der Kaufvertrag genehmigt, so kann der Landrat immer noch seine Genehmigung zur Auflassung versagen (das zuvor angeführte Urteil RG 106, 142). In allen zuvor erörterten Fällen bleiben, wie erwähnt, die §§ 183, 184 außer Anwendung, weil es sich hier bei der Genehmigung um einen Staatshoheitsakt handelt.

Das wirkliche **Anwendungsgebiet** des § 182 umfaßt Verträge und einseitige empfangsbedürftige Willenserklärungen, während § 185 hinsichtlich der Verfügungen Nichtberechtigter eine Sonderbestimmung gibt. Immer aber ist Voraussetzung, daß gerade die Wirksamkeit eines Vertrags von der Zustimmung eines Dritten abhängt. Daher greift § 182 nicht Platz, wenn an die Zustimmung des Dritten andere Folgen als die Wirksamkeit des von anderen Beteiligten abgeschlossenen Vertrags geknüpft sind, wie beispielsweise in § 549. Wird jemand das Recht auf Überlassung einer Sache (Miete) durch einen andern als den Eigentümer der Sache vertraglich eingeräumt, und willigt der Eigentümer in den Vertrag ein oder erteilt er nachträglich seine Genehmigung, dann greifen die §§ 183, 184 (nicht § 185) Platz, und die Folge ist, daß der Vertrag gegenüber dem Eigentümer in gleicher Weise wirksam ist, als wäre er namens seiner durch einen Vertreter abgeschlossen worden (RG 80, 399; dazu RG JW 1924, 809[17]). Bei einseitigen nicht empfangsbedürftigen Erklärungen kann eine Zustimmung überhaupt nicht in Frage kommen. — Der § 182 greift auch im Falle der Schuldübernahme nach § 415 Platz (RG 9. 5. 11 VII 456/10). Die §§ 182—184 ergänzen die Vorschrift des § 17 GmbHG (RG 105, 153).

2. Die **Zustimmung** ist eine **einseitige empfangsbedürftige Willenserklärung** (RG Warn 1919 Nr 132) und ist ein abstraktes Rechtsgeschäft. Sie kann ausdrücklich oder auch stillschweigend, muß alsdann aber dem andern erkennbar (RG JW 08, 301[7]; Warn 1919 Nr 132) erteilt werden. Sie setzt jedenfalls voraus, daß der Erklärende den Willen gehabt hat, den von andern Personen abgeschlossenen Vertrag durch seine Zustimmung wirksam zu machen, und erfordert also auch, daß der Erklärende *sich der wirklichen Sachlage bewußt war* (RG 16. 12. 22 V 173/22; 8. 7. 25 V 528/24). Es gilt hier entsprechend das gleiche, das betreffs der Bestätigung eines vom Erklärenden selbst abgeschlossenen, aber nichtigen Vertrags erörtert worden ist (vgl. § 144). Eine wirksame Zustimmung läge beispielsweise nicht vor, wenn der beim Vertragsabschluß durch einen in Wirklichkeit auftragslosen Geschäftsführer Vertretene den Vertrag demnächst nur auf Grund seines Irrtums erfüllt hätte, daß sein Vertreter zur Zeit des Vertragsabschlusses noch die Vertretungsbefugnis gehabt habe und sonach der Vertrag für wie gegen ihn wirksam sei. — Über die Widerruflichkeit vgl. § 183. — Als Willenserklärung ist die Zustimmung auch gemäß §§ 119, 123 anfechtbar, und zwar nach § 143 Abs 2 jeder von den beiden Vertragsparteien gegenüber.

Wirksam erklärt werden kann die Zustimmung **nur gegenüber** dem einen oder dem andern der am Vertrage oder am einseitigen empfangsbedürftigen Rechtsgeschäfte **Beteiligten** abgegeben werden. Die Erklärung an eine andere Person oder Stelle (Gericht) ist wirkungslos (RG 64, 153; Warn 1910 Nr 322; 1915 Nr 10; 1919 Nr 132). Zwischen den beiden Beteiligten hat der Zustimmende die Wahl.

3. Die Zustimmungserklärung ist grundsätzlich **formfrei** (vgl. jedoch die Sonderbestimmungen der §§ 1516, 1517, 1730, 1748 und A 4); auch bei der Genehmigung eines Grundstücksveräußerungsvertrags (RG 15. 2. 13 V 447/12); Genehmigung eines Grundstücksveräußerungsvertrags durch Miterben s. RG LZ 1926, 438[4]. Formpflichtigkeit eines ein Grundstücksveräußerungsgeschäft betreffenden Vergleichs s. RG LZ 1926, 480[3].

4. Entsprechend § 111 kann der Dritte die **Zustimmungserklärung** zurückweisen, falls sie ihm nicht in *schriftlicher Form* vorgelegt wird; es sei denn, daß ihn der Zustimmende zuvor von der Zustimmung in Kenntnis gesetzt hatte.

§ 183

Die vorherige Zustimmung (Einwilligung) ist bis zur Vornahme des Rechtsgeschäfts widerruflich, soweit nicht aus dem ihrer Erteilung zugrunde liegenden Rechtsverhältnisse sich ein anderes ergibt[1]). Der Widerruf kann sowohl dem einen als dem anderen Teile gegenüber erklärt werden[2]).

E I 127 II 151; M 1 245 ff.; P 1 176 ff.; 6 124, 128.

1. Die **Einwilligung** ist als eine Unterart der Zustimmung (§ 182 A 1) eine einseitige empfangsbedürftige, der Regel nach **bis** zur Vornahme des Rechtsgeschäfts **frei widerrufliche** Willenserklärung. Das Widerrufsrecht fällt jedoch fort entweder kraft einer besondern, gesetzlichen Bestimmung, so in den Fällen der §§ 876, 1071, 1178, 1245, 1255, 1276, 1516, 1517, 1748; oder zufolge einer besondern Parteiabrede; oder endlich — ähnlich wie betreffs der Widerruflichkeit einer Vollmacht gemäß § 168 — nach dem Zwecke des zugrunde liegenden Geschäfts (**RG** JW 1910, 329[2]). Falls beispielsweise der Dritte in den zwischen A und B geschlossenen Vertrag infolge einer gegenüber A bestehenden Verpflichtung einwilligt, wird er des Widerrufsrechts aus diesem Grunde entbehren (vgl. § 168 A 2). Die *Wirkung* der im voraus erteilten Einwilligung ist, daß sie das Rechtsgeschäft des Dritten *schon von seinem Zustandekommen an vollwirksam macht*. Wird die Einwilligung mit Rücksicht auf ein zugrunde liegendes Rechtsverhältnis erteilt, so erlischt sie mit dem letzteren ohne weiteres (§ 168).

Die nach Vornahme des Rechtsgeschäfts erteilte Zustimmung ist nicht mehr frei widerrufbar, sondern nur anfechtbar (vgl. § 182 A 1), und auf Grund der Anfechtung (aber nicht auch ohne eine solche; vgl. dagegen Planck A 1 Abs 3) steht dem Zustimmenden der Bereicherungsanspruch aus § 812 zu. An sich ist die Frage der Widerruflichkeit von Bedeutung nicht nur für das Verhältnis zwischen den Beteiligten selbst, sondern auch im Verhältnisse zu dem Dritten, demgegenüber die Rechtshandlung vorgenommen worden (**RG** JW 1918, 365[3]).

2. **Wahlrecht** wie im Falle des § 182 A 2.

§ 184

Die nachträgliche Zustimmung (Genehmigung) wirkt auf den Zeitpunkt der Vornahme des Rechtsgeschäfts zurück, soweit nicht ein anderes bestimmt ist[1]).

Durch die Rückwirkung werden Verfügungen nicht unwirksam, die vor der Genehmigung über den Gegenstand des Rechtsgeschäfts von dem Genehmigenden getroffen worden oder im Wege der Zwangsvollstreckung oder der Arrestvollziehung oder durch den Konkursverwalter erfolgt sind[2]).

E I 127 II 152; M 1 247; P 1 176 ff.; 6 129 ff., 133.

1. Auch die **Genehmigung** (§ 182 A 1) ist eine einseitige empfangsbedürftige, **nicht widerrufliche** Willenserklärung, die auch stillschweigend, so beispielsweise durch Prozeßführung, erklärt werden kann (**RG** 50, 154; 64, 149; 106, 44; **RG** LZ 1927, 732[1]). Möglich ist die Genehmigung auch ohne Kenntnis des wesentlichen Inhalts eines Geschäfts, allein auf Grund der Kenntnis der Tatsache seines Abschlusses (**RG** 10. 10. 06 V 11/06), es kann auch genügen, wenn der Genehmigende nur mit der *Möglichkeit* rechnet, daß seine Genehmigung z. B. der von einem Vertreter für ihn vorgenommenen Auflassung erforderlich sei (**RG** 13. 6. 23 V 526/22); aber jedenfalls muß der Genehmigungswille vorhanden sein. Vgl. § 182 A 2. Der Ansicht (Planck A 2), daß, wenn die Genehmigung ohne rechtlichen Grund erteilt sei, ein Anspruch wegen ungerechtfertigter Bereicherung nach § 812 auf Herausgabe dessen begründet sein könne, was der andere Teil durch die Genehmigung auf Kosten des Genehmigenden erlangt habe, kann nur mit der Einschränkung beigepflichtet werden, daß der Genehmigende zuvor seine Genehmigung wirksam angefochten hat; denn andernfalls ist seine Genehmigung zu Recht bestehengeblieben und könnte daher auch von einer grundlosen Bereicherung noch keine Rede sein. Ist auf Grund der von einem nicht bevollmächtigten Vertreter entgegengenommenen Auflassung der Vertretene als Eigentümer eingetragen worden, so wird der Eigentumsübergang durch Genehmigung auch dann wirksam, wenn der Vertretene im Zeitpunkte der Genehmigung nicht mehr als Eigentümer eingetragen ist (**RG** Gruch 67, 549). — Vor erteilter Genehmigung können die Vertragsparteien den Vertrag unbehindert noch aufheben. Anders freilich im Falle der §§ 177, 178. — Der § 184 ist auch auf die *vormundschaftsgerichtliche* Genehmigung anwendbar; solange der Vormund die erteilte Genehmigung noch nicht bekanntgemacht hat, ist

der Vertrag noch nicht wirksam geworden, und ob der Vormund von der gerichtlich erteilten Genehmigung überhaupt Gebrauch machen will oder nicht, hängt von seinem Ermessen ab; wirksam wird der Vertrag erst dadurch, daß der Vormund die Genehmigung dem Vertragsgegner mitteilt (**RG** 76, 366). Genehmigt der Eigentümer einer Sache, die ein anderer in eigenem Namen an einen Dritten vermietet hat, das Rechtsgeschäft, dann kommt hierdurch ein Mietverhältnis unmittelbar zwischen dem Eigentümer und dem Dritten zustande (**RG** 80, 399). Der Grundsatz des Abs 1 ist auch beim Besitzerwerbe (**RG** 29, 310) sowie bei der Klageerhebung anwendbar (**RG** 9, 68). Im übrigen vgl. über das Anwendungsgebiet des § 184 § 182 A 1.

Die **Rückwirkung der Genehmigung** begründet regelmäßig die Wirksamkeit des Geschäfts von Anfang an (**RG** 69, 263). Den Parteien steht es jedoch frei, den Zeitpunkt des Wirksamwerdens anders zu bestimmen. Die Rückwirkung hat keinen Einfluß auf den Beginn der Verjährung, weil er zur notwendigen Voraussetzung hat, daß der Anspruch schon damals wirklich hätte geltend gemacht werden können, wie die Verjährung sich auch auf rein tatsächliche Verhältnisse, wie Besitzverhältnisse, nicht erstreckt (**RG** 65, 245; 75, 114). Die gesetzlich vorgesehene Rückwirkung äußert sich auch dinglich: die dingliche Verfügung (Vorbem 7 vor § 104) des Nichtberechtigten beispielsweise wird wirksam von Anfang an. Das Recht ist gegebenenfalls von Anfang an entstanden oder aber untergegangen, und die von einem Nichtbefugten begründete Verpflichtung des Genehmigungsberechtigten gilt als von Anfang an zu Recht bestehend (§ 170). Vgl. jedoch betreffs der Zwischenverfügungen Abs 2 (**RG** 64, 154). Auch die Übertragung der Mitgliedschaft innerhalb einer Gesellschaft durch einen zur Übertragung nicht Befugten wird durch die Genehmigung der Gesellschaft mit Rückwirkung wirksam (**RG** Warn 1914 Nr 179).

2. Bis zur Erteilung der Genehmigung oder bis zu ihrer Verweigerung befindet sich das Rechtsgeschäft im Zustande schwebender Unwirksamkeit, währenddessen die Parteien einstweilig gegenseitig gebunden sind und sonach des einseitigen Widerrufsrechts entbehren (**RG** 64, 154). Ist ein Vertrag mit dem Vorbehalt der Genehmigung eines Dritten, sei es einer Behörde oder einer Privatperson, abgeschlossen worden, so darf die durch den Schwebezustand begründete einstweilige Gebundenheit der Beteiligten (vgl. **RG** 64, 154) nicht auf längere Zeit erstreckt werden, als für die Einholung der Entschließung des Zustimmungsberechtigten unbedingt erforderlich ist (**RG** 16. 5. 24 VII 497/23). **Rechte Dritter** sollen **durch die Rückwirkung nicht beeinträchtigt werden**, soweit sie entstanden sind durch Verfügungen, die der Genehmigungsberechtigte selbst schon vor Erteilung der Genehmigung getroffen hatte; und ebensowenig durch derartige vom Konkursverwalter oder im Wege der Zwangsvollstreckung getroffene Verfügungen. Unter Verfügungen im Sinne des § 184 sind nur solche Rechtsgeschäfte zu verstehen, durch die zugunsten des Dritten eine Rechtsänderung (Übertragung, Belastung) unmittelbar herbeigeführt wird; daher gehört hierher nicht eine in der Zwischenzeit erfolgte, gegen die Richtigkeit des Grundbuchs gerichtete Eintragung (**RG** 69, 263). — Die Ansicht (Planck A 1), durch ein rechtskräftiges Urteil, das in einem Rechtsstreite zwischen dem Genehmigenden (A) und einem andern (B) den Gegenstand des zu genehmigenden Rechtsgeschäfts dem andern zugesprochen habe, werde auch die Rückwirkung der später erfolgten Genehmigung des Berechtigten (A) zuungunsten desjenigen Dritten, der das dem andern (B) zugesprochene Recht durch die Verfügung des nichtberechtigten B erlangt habe, ausgeschlossen, kann nicht gebilligt werden. Sententia jus facit inter partes. Eine Rechtsnachfolge im Verhältnisse zwischen dem Dritten und dem andern liegt nicht vor, und § 325 ZPO kann daher nicht Platz greifen.

§ 185

Eine Verfügung, die ein Nichtberechtigter über einen Gegenstand trifft, ist wirksam, wenn sie mit Einwilligung des Berechtigten erfolgt[1]).

Die Verfügung wird wirksam, wenn der Berechtigte sie genehmigt[1]) oder wenn der Verfügende den Gegenstand erwirbt oder wenn er von dem Berechtigten beerbt wird und dieser für die Nachlaßverbindlichkeiten unbeschränkt haftet[2]). In den beiden letzteren Fällen wird, wenn über den Gegenstand mehrere miteinander nicht in Einklang stehende Verfügungen getroffen worden sind, nur die frühere Verfügung wirksam[3])[4]).

E II 153; P 1 179.

1. **Sofortige Wirksamkeit** der Verfügung des Nichtberechtigten im Falle **im voraus** erteilter Einwilligung. Diese Bestimmung überträgt zunächst die Grundsätze der §§ 182—184 auf den Sonderfall, daß ein **Nichtberechtigter über einen Gegenstand eine dingliche Ver-**

fügung trifft, gibt alsdann aber auch noch Sonderbestimmungen, namentlich in Abs 2. Nach der Regel, daß niemand mehr Rechte übertragen kann, als er selbst hat, müßte eine derartige Verfügung zwar nicht nichtig sein, wohl aber der Rechtswirksamkeit entbehren; unbeschadet der etwaigen schuldrechtlichen Verpflichtung des Veräußernden, dem andern gemäß § 433 das Eigentum an der Sache zu verschaffen (**RG** 54, 365). Das Gesetz läßt jedoch die Verfügung des Nichtberechtigten im Falle der vorausgegangenen Einwilligung (§ 183) *von Anfang an wirksam* sein und im Falle der *nachträglichen Genehmigung* (§ 184) *mit rückwirkender Kraft* (§ 184 A 3) wirksam werden (**RG** 89, 158; **RG** LZ 1927, 732[1]). Die Einwilligung bedeutet hier (im Gegensatze zur Vollmacht) die im voraus erteilte Zustimmung dazu, daß der andere in eigenem Namen über das Recht des Zustimmenden wirksam verfüge (**RG** 53, 275). In dem Falle hat das dem Ermächtigten gegenüber ergehende Urteil auch dem Einwilligenden gegenüber Rechtskraft (**RG** 73, 306). Nimmt der Berechtigte selbst die Verfügung als Bevollmächtigter des Nichtberechtigten für diesen vor, dann liegt darin regelmäßig zugleich eine Einwilligung in die Verfügung (**RG** JW 1913, 594[5]). Können mehrere Personen, z. B. Miterben oder Ehegatten in Gütergemeinschaft, nur gemeinschaftlich über einen Gegenstand verfügen, so ist die von einem allein getroffene Verfügung rechtlich wirkungslos und § 185 Abs 2 nicht anwendbar (**RG** 93, 292; **RG** JW 1925, 604[7]).

2. **Sonstige nachträgliche Heilung der Unwirksamkeit.** Die Verfügung des Nichtberechtigten „**wird**" außer durch nachträgliche Genehmigung (A 1) auch dann wirksam, **wenn der Verfügende den Gegenstand erwirbt** oder von dem Berechtigten **beerbt wird** und dieser für die Nachlaßverbindlichkeiten unbeschränkt haftet (Vorbemerkung vor § 1967), so daß er die Verpflichtungen des Erblassers gegen sich gelten lassen muß. In diesen beiden Fällen tritt jedoch — im Gegensatze zum Falle des Abs 1 — eine **Rückwirkung nicht ein** und die Wirksamkeit der Verfügung besteht daher erst vom Eintritte der bezeichneten Ereignisse ab (**RG** 89, 158). Die Übertragung einer Buchhypothek nebst der Bewilligung der Eintragung des Zessionars als Hypothekengläubiger, sowie die Erteilung der Auflassung nebst Bewilligung der Eintragung des andern als Eigentümer enthält im Zweifel zugleich die Einwilligung des Zedenten oder des Eigentümers in die vom andern vorzunehmenden Verfügungen gemäß § 185 (**RG** 54, 369; 105, 290). Eintragungen für eine nicht bestehende Forderung können nachträglich durch Entstehung der Forderung als Hypotheken Rechtswirksamkeit erlangen, indessen nur unter der Voraussetzung, daß der schuldnerische Eigentümer in jenem Zeitpunkte noch in der Lage ist, über die Hypothekenstelle verfügen zu können; andernfalls erwirbt sein Nachfolger die Eigentümergrundschuld (**RG** JW 1911, 277[4]). Ein Fall der Heilung (Konvaleszenz) gemäß Abs 2 Satz 1 tritt insbesondere ein, wenn der Käufer eines Grundstücks, der sich vor dessen Erwerbe mit einem andern über die demnächstige Begründung eines Rechtes am Grundstücke für den andern geeinigt hat, alsdann das Grundstück erwirbt; die zuvor noch unwirksam gebliebene dingliche Einigung wird alsdann derart wirksam, daß der Erwerber an sie gebunden ist und sie daher nicht mehr widerrufen oder abändern kann (**RG** 77, 84). In der Aushändigung der mit einer Blankozession versehenen Schuldurkunde durch den Gläubiger an einen andern liegt die im voraus erteilte Einwilligung in die spätere Verfügung des andern mittels Zession (**RG** 16. 9. 11 V 101/11; ferner 81, 257). Der § 185 Abs 2 Satz 1 ist auch dann anwendbar, wenn der Ehemann, der über Frauengut unberechtigt verfügt hat, den Gegenstand später erwirbt; ferner dann wenigstens entsprechend anwendbar, wenn jemand, der in der Verfügung beschränkt war und während dieses Zustandes eine Verfügung getroffen hat, demnächst das *Verfügungsrecht wiedererlangt* (**RG** Recht 1912 Nr 22). Über die Anwendung des § 185 Abs 2 Satz 1 Halbsatz 3 auf Verfügungen des Vorerben im Sinne des § 2113 f. **RG** 110, 94 und unten A 4. Auf eine letztwillige Verfügung oder sonstige Verfügung von Todes wegen ist § 185 Abs 2 Satz 1 nicht anzuwenden (**RG** 111, 247). — Der Ausdruck „**Berechtigter**" ist hier im weitesten Sinne zu verstehen. Als der Berechtigte ist daher nicht nur derjenige anzusehen, dem das Recht selbst zusteht, sondern auch derjenige, welcher namens des Rechtsinhabers zu verfügen befugt ist, so der gesetzliche Vertreter (**RG** 68, 40); oder derjenige, dem die Verfügungsgewalt kraft eigenen Rechtes zukommt, wie der Konkursverwalter, Zwangsverwalter, Testamentsvollstrecker. Dadurch, daß die Abtretbarkeit einer Forderung gemäß § 399 ausgeschlossen ist, wird der Gläubiger nicht zu einem Nichtberechtigten, die Forderung ist daher ihm gegenüber auch pfändbar, und das Pfandrecht geht auch dann nicht unter, wenn der Schuldner, zu dessen Gunsten die Abtretbarkeit der Forderung ausgeschlossen worden war, die von seinem Gläubiger vor der Pfändung verbotswidrig bewirkte Abtretung nach der Pfändung genehmigt, weil die Genehmigung in diesem Falle nicht zurückwirkt (**RG** 75, 142; vgl. dazu § 182 A 1 und § 399 A 1).

3. Für den Fall, daß der Nichtberechtigte über den nämlichen Gegenstand **nacheinander mehrere Verfügungen** trifft, z. B. dieselbe Sache durch Besitzkonstitut (§ 930) mehrfach veräußert, ist *nur die frühere Verfügung* wirksam. Im Falle ihrer Nichtigkeit würde freilich überhaupt nur die spätere Verfügung in Betracht kommen.

4. **Anwendungsgebiet.** Der § 185 betrifft ausschließlich (**RG** 49, 416) Verfügungen (Vorbem 7 vor § 104) rechtsgeschäftlicher Art. Dazu gehört auch die Kündigung der Miete, insofern damit über Rechte des Kündigenden aus dem Mietverhältnis verfügt wird (**RG** 18. 6. 24 III 139/24). Er findet im übrigen Anwendung sowohl bei Verfügungen auf schuldrechtlichem Gebiete wie im Sachenrechte und hier auch im Gebiete des Liegenschaftsrechts (**RG** 54, 366 u. 18. 2. 11 V 149/10). Voraussetzung ist hier regelmäßig (s. weiter unten), daß für jemand auf Grund der Bewilligung eines nicht eingetragenen Nichtberechtigten ein Recht eingetragen wird. Nicht hierher gehört dagegen der Fall, daß der Bewilligende, obwohl nicht eingetragen, doch der wirklich Berechtigte war (etwa weil er das Recht nicht durch Rechtsgeschäft, sondern auf andere Weise erworben hat), und ebensowenig der Fall, daß der Bewilligende zwar eingetragen, aber trotzdem nicht wirklich berechtigt war. Denn ersterenfalls wäre nur die sachlich bedeutungslose Ordnungsvorschrift des § 40 GBO verletzt worden, die die ordnungswidrig erfolgte Eintragung nicht unwirksam macht; in dem andern Falle fänden die Bestimmungen vom Erwerbe im guten Glauben Anwendung (§§ 892, 893, 1138). Die Fälle der Heilung unwirksamer grundbuchlicher Eintragungen gemäß § 185 liegen somit nur dann vor, wenn die Eintragung sonst aus materiellem Grunde unwirksam ist, und dieser materielle Mangel auf einem der in § 185 vorgeschriebenen Wege beseitigt werden kann. Der § 185 kann aber überhaupt nirgends Anwendung finden, wo sich der Erwerb aus der Hand eines Nichtberechtigten — wie für das Liegenschaftsrecht bereits zuvor hervorgehoben worden — ohnehin schon nach den Grundsätzen vom guten Glauben vollzieht (§§ 932, 1032, 1244 usw.). Wiewohl sich der § 185 seinem Wortlaute nach auf die Fälle rechtsgeschäftlichen Erwerbs beschränkt, ist gleichwohl anzunehmen, daß auch ein Pfändungspfandrecht wirksam wird, wenn der Schuldner nachträglich die Pfandsache zu Eigentum erlangt (**RG** 60, 72). Voraussetzung für eine derartige Heilung ist jedoch, daß das Recht, welches der Pfandschuldner nachträglich erlangt, das nämliche ist wie das den Gegenstand der Pfändung bildende. Das trifft beispielsweise nicht zu, falls ein Amortisationsguthaben des Grundeigentümers gepfändet ist und nachträglich der letztere im Wege der Verrechnung aus jenem Guthaben eine Eigentümergrundschuld erwirbt (**RG** 64, 211). — Als Verfügung im Sinne des § 185 ist auch eine Parzellierungsvollmacht anzusehen, durch die der Beauftragte zur Einräumung des Besitzes und des Nutzungsrechts an die Käufer der Trennstücke ermächtigt wird (**RG** 90, 400). Auch das gesetzliche Pfandrecht des Vermieters entsteht, sobald der Mieter die eingebrachten Sachen eines Dritten zu Eigentum erworben hat (**RG** 60, 70). Eine besondere Anwendung der Grundsätze des § 185 ist im § 362 Abs 2 für den Fall der Leistung an einen Dritten, der nicht Gläubiger ist, vorgesehen (vgl. ferner § 161 A 1 a. E.). — **Entsprechende Anwendung** muß der § 185 auch finden in Ansehung von Verfügungen dessen, der in der Verfügung beschränkt war, demnächst aber das Verfügungsrecht wiedererlangt hat, wie das beispielsweise beim Gemeinschuldner zutreffen kann. Vgl. endlich über die entsprechende Anwendbarkeit des § 185 im Falle des Erlasses und der Abtretung unter § 397 A 1 und § 398 A 1. Zweifelhaft ist die Anwendbarkeit des § 185 bei Verfügungen des Vorerben im Sinne des § 2113. Gegen die Bejahung spricht der Umstand, daß einerseits der Vorerbe einstweilen das Verfügungsrecht hat, und der Nacherbe anderseits eines erworbenen Rechtes einstweilen noch ermangelt. Trotzdem wird es richtig sein, dem § 185 entsprechend hier ebenfalls Raum zu geben, mit Rücksicht darauf, daß das Verfügungsrecht des Vorerben ein geschwächtes ist (M 5, 114 Abs 3), und daß die ganze Rechtslage hier eine ähnliche ist wie im Falle des § 161 bei bedingten Rechten (M 5, 115; übereinstimmend **RG** 110, 94). Es greift hier im übrigen der Grundsatz resoluto jure concedentis resolvitur jus concessum ein (**RG** Warn 1914 Nr 126). — Die einseitige Aufrechnung mit der Forderung eines andern kann gegen den Willen des Aufrechnungsgegners auch durch die Genehmigung des Berechtigten nicht wirksam werden (§ 387); wohl aber die durch Vertrag vorgenommene Aufrechnung (**RG** 72, 377; 78, 382; Warn 1912 Nr 66). — Verpflichtung zur Herausgabe des durch die Verfügung eines Nichtberechtigten Erlangten nach § 816.

Vierter Abschnitt

Fristen Termine

§ 186

[1]) Für die in Gesetzen, gerichtlichen Verfügungen und Rechtsgeschäften enthaltenen Frist- und Terminsbestimmungen gelten die Auslegungsvorschriften der §§ 187 bis 193[2])[3]).

E I 147 II 154; M 1 282; P 1 188.

1. **Frist** bedeutet nach dem Sprachgebrauche des BGB einen abgegrenzten Zeitraum, gleichviel ob er zusammenhängend verlaufen muß oder nicht (§ 191; M 1, 282). Zu unterscheiden sind: a) die **Ausschlußfrist** (Präklusivfrist), die besagt, daß eine Handlung mit Wirkung nur innerhalb der bestimmten Frist vorgenommen werden kann (vgl. beispielsweise die §§ 121, 123, 148, 1944, 1994; § 41 KO); b) die **Verjährungsfrist,** die rechtsverändernd, sei es rechtsbegründend (erwerbende), sei es rechtszerstörend (erlöschende Verjährung) wirkt. Zwischen beiden Fristarten bestehen nach dem BGB, das übrigens nur die Anspruchsverjährung kennt (§ 194), im einzelnen folgende wichtige Unterschiede: Die Ausschlußfrist kommt zwar in allen Rechtsgebieten, aber anderseits doch nur in den ausdrücklich vorgesehenen Fällen in Betracht, die Verjährungsfrist dagegen lediglich bei „Ansprüchen", hier aber — abgesehen von gewissen Ausnahmen — durchweg (§ 194). Die Ausschlußfrist wirkt von Rechts wegen und unbedingt, so daß das Recht regelmäßig (über eine Ausnahme vgl. § 157 A 3) auch dann verwirkt ist, wenn der Berechtigte die Handlung innerhalb der Frist gar nicht vornehmen konnte (**RG** 48, 162), oder wenn er vom Rechte nicht unterrichtet war (**RG** 62, 129). Die vollendete Verjährung dagegen gibt nur eine Einrede (§§ 222, 813). Bei der Ausschlußfrist sind grundsätzlich Hemmung wie Unterbrechung des Fristlaufs ausgeschlossen, während bei der Verjährung das Gegenteil zutrifft (§§ 202ff., 208). Nur ausnahmsweise erklärt das Gesetz die Hemmungsgründe der §§ 203, 206, 207 auch bei der Ausschlußfrist für anwendbar. Diese kann begrifflich überhaupt nur Platz greifen, wo die Rechtsausübung von vornherein an eine bestimmte Frist geknüpft ist; während es zur Natur der verjährbaren Ansprüche gerade nicht gehört, daß sie auf eine bestimmte Zeit beschränkt sind. Die Dauer der Verjährungsfrist ist allgemein vom Gesetze festgesetzt (vgl. jedoch § 225), die der Ausschlußfrist kann entweder auf Gesetz (gesetzliche Frist; § 121 unverzüglich, §§ 147 Abs 2, 150), oder auf richterlicher Bestimmung (§ 1944, richterliche Frist), oder auf Bestimmung der Partei (§§ 148, 326, Parteifrist) beruhen. Ob im Einzelfalle eine vereinbarte Frist Ausschlußfrist sein soll, ist Sache der Auslegung. Ausschlußfrist ist angenommen bei der Abmachung, daß der betreffende Anspruch nur innerhalb 4 Monaten vom angegebenen Zeitpunkte ab berücksichtigt werden könne (**RG** JW 06, 209[29]); ferner bei der Abrede, daß durch den Ablauf der Frist alle nicht anerkannten oder durch Klage verfolgten Ansprüche auf Brandentschädigung erlöschen (**RG** 22. 6. 06 VII 531/05). Hier ist zugleich der praktisch sehr wichtige Grundsatz angenommen, daß die Versicherungsgesellschaft sich auf die Frist nicht berufen könne, wenn das gegen Treu und Glauben verstieße, was der Fall wäre, falls der Versicherte die Versäumnis zu entschuldigen vermöchte. Eine Ausschlußfrist ist regelmäßig auch in einer Verwirkungsklausel zu finden (**RG** JW 1911, 805[6]). Vgl. auch § 157 A 3. — Vgl. auch § 194 A 1 a. E. — **Termin** ist der bestimmte Zeitpunkt, an welchem sich ein rechtserheblicher Vorgang ereignen soll, beispielsweise eine Kündigung.

2. Die gesetzlichen Bestimmungen über Fristen und Termine haben grundsätzlich nur die Bedeutung von **Auslegungsvorschriften** und können daher insoweit nicht Platz greifen, als einer Frist durch Parteiabrede ausdrücklich oder stillschweigend eine besondere, vom Gesetze abweichende Bedeutung beigelegt worden ist. Als Gesetz kommen Gesetze aus allen Rechtsgebieten in Betracht, so auch das Patentgesetz (**RG** 65, 25; vgl. § 187 A 2). Anwendbar sind die Vorschriften insbesondere auch im Gebiete des Handelsrechts und Wechselrechts, soweit hier nicht besondere Vorschriften bestehen (Artt 30, 32, 41 Abs 2, 92 WO); ferner im Gebiete des Zivilprozesses (§ 222 Abs 2 ZPO) und der freiwilligen Gerichtsbarkeit (§ 17 FGG), zu §§ 17, 23 PStG, BayObLG JW 1926, 2450[1].

3. **Übergangsrecht.** Ist eine Frist nach dem 31. 12. 99 bestimmt, so findet das BGB Anwendung, selbst wenn das zugrunde liegende Rechtsverhältnis schon zuvor begründet worden war (**RG** 50, 253; § 170 EG).

§ 187

Ist für den Anfang einer Frist ein Ereignis oder ein in den Lauf eines Tages fallender Zeitpunkt maßgebend, so wird bei der Berechnung der Frist der Tag nicht mitgerechnet, in welchen das Ereignis oder der Zeitpunkt fällt[1]).

Ist der Beginn eines Tages der für den Anfang einer Frist maßgebende Zeitpunkt, so wird dieser Tag bei der Berechnung der Frist mitgerechnet[2]). Das gleiche gilt von dem Tage der Geburt bei der Berechnung des Lebensalters[2]) [3]).

E I 148 II 155; M 1 282 ff.; P 1 188 ff.

1. **Beginn der Frist,** abgestellt auf ein **Ereignis.** Falls es z. B. heißt „vom Einlaufen des Schiffes ab in einer Woche" oder vom „1. April mittags 12 Uhr ab binnen 3 Tagen", wird der 1. April nicht mitgezählt (vgl. **RG** LZ 1925, 34[1]: Angebot auf Zusage innerhalb

vierzehn Tagen). Dem Abs 1 liegt der Gedanke zugrunde, daß nur volle Tage in Rechnung kommen sollen (vgl. daher die andere Vorschrift des Abs 2). — Bei der fünfjährigen Frist des § 28 Abs 3 PatG ist der Tag der Bekanntmachung nicht mitzuzählen (**RG** 65, 24), bei der dreimonatigen Verjährungsfrist für Wechselregreßansprüche (Art 78 Nr 1) wird der Tag der Protesterhebung in die Frist nicht eingerechnet (**RG** 113, 340). Bei einer Gesetzesnorm, die „nach dem Tage der Verkündung in Kraft tritt", ist hierfür schon der Beginn des Tages maßgebend (**RG** 91, 340; Beschluß v. 2. 10. 05 Rep. VI 459/05, betreffend die Novelle zur ZPO v. 5. 6. 05).

2. Hier handelt es sich um den Fall, daß nicht, wie bei Abs 1, ein in den Lauf eines Tages fallender Vorgang oder Zeitpunkt, sondern daß schon **der Beginn des Tages** für den Anfang der Frist maßgebend sein soll; so beim Mieten einer Wohnung vom 1. April ab auf 1 Jahr. In diesem Falle muß folgerichtig der betreffende Tag eingerechnet werden. Nach Satz 2 findet diese Regel entsprechende Anwendung auch bei der Berechnung des Lebensalters, so daß der Tag der Geburt voll gerechnet wird, gleichgültig, zu welcher Stunde diese stattfand. Unter Anwendung des § 187 Abs 2 Satz 1 ist angenommen worden, daß, wenn die Revisionsfrist innerhalb der Gerichtsferien abläuft, die Frist zur Begründung der Revision schon mit dem 15. Oktober abläuft (**RG** 87, 209).

3. Fristen von **Stunden** berücksichtigt das Gesetz nicht. Möglich sind sie aber bei Fixgeschäften (§ 361) wie auch sonst nach Verabredung, insbesondere bei der Miete (**RG** JW 1911, 92[11]). In der Regel wird hierbei wirklich nach Stunden zu rechnen sein. Ob nicht bei Bestimmung einer Frist von 24 Stunden ein Tag gemeint ist, ist Sache der Auslegung (vgl. § 222 Abs 3 ZPO).

§ 188

Eine nach Tagen bestimmte Frist endigt mit dem Ablaufe des letzten Tages der Frist[1]).

Eine Frist, die nach Wochen, nach Monaten oder nach einem mehrere Monate umfassenden Zeitraume — Jahr, halbes Jahr, Vierteljahr — bestimmt ist, endigt im Falle des § 187 Abs 1 mit dem Ablaufe desjenigen Tages der letzten Woche oder des letzten Monats, welcher durch seine Benennung oder seine Zahl dem Tage entspricht, in den das Ereignis oder der Zeitpunkt fällt, im Falle des § 187 Abs 2 mit dem Ablaufe desjenigen Tages der letzten Woche oder des letzten Monats, welcher dem Tage vorhergeht, der durch seine Benennung oder seine Zahl dem Anfangstage der Frist entspricht[2]).

Fehlt bei einer nach Monaten bestimmten Frist in dem letzten Monate der für ihren Ablauf maßgebende Tag, so endigt die Frist mit dem Ablaufe des letzten Tages dieses Monats[3]).

E I 148, 149 II 156; M 1 282 ff.; P 1 189; 6 138 ff.

1. **Fristablauf.** Die Regel des Abs 1 gilt ausnahmslos. Ob etwa unter der Bestimmung „in acht Tagen" eine Woche oder die Zahl der Tage verstanden werden soll, ist Sache der Auslegung. Nach § 359 Abs 2 HGB sollen im Zweifel acht volle Tage gerechnet werden. Die Erklärung des Antragenden, bis zu einem bestimmten Tage gebunden sein zu wollen, bedeutet im Zweifel Bindung einschließlich dieses Tages (vgl. **RG** 105, 417).

2. Ist die Frist nach den in Abs 2 bezeichneten **Zeiträumen** bestimmt, so ist zu unterscheiden: a) Fällt der für den Anfang der Frist maßgebende Vorgang oder Zeitpunkt in den Lauf eines Tages (Abs 1 des § 187), dann endigt die Frist mit dem Ablaufe des entsprechenden Wochentags oder Monatstags (z. B. am Montage oder am 1. des Monats). b) Fängt dagegen der Fristlauf bereits mit dem Beginne des Tages an, dann endigt die Frist schon mit Ablauf des vorhergehenden Tages. Ist beispielsweise zu zahlen vom 1. April mittags 12 Uhr ab binnen 1 Monat, so endigt die Frist mit dem 1. Mai; ein vom 1. April ab für ein Jahr abgeschlossener Mietvertrag läuft dagegen mit dem 31. März ab, nicht erst mit dem 1. April. Eine zur Fristwahrung vorzunehmende einseitige Handlung darf noch bis zum Ablaufe des letzten Fristtags (Mitternacht) vorgenommen werden; ist jedoch die Mitwirkung des andern Teiles erforderlich, dann darf diesem hinsichtlich der Tageszeit nicht mehr zugemutet werden, als Treu und Glauben entspricht (**RG** Gruch 54, 1128). Unfähigkeit desjenigen, der die Frist wahren soll, zur Vornahme der Handlung hindert den fruchtlosen Fristablauf nicht. Vgl. jedoch § 193. — Bei einer Abrede wie „Lieferzeit Oktober bis Mai" ist der letzte Monat in die Frist im Zweifel einzurechnen (**RG** 95, 22).

3. Z. B. mit dem 30. Juni.

§ 189

Unter einem halben Jahre wird eine Frist von sechs Monaten, unter einem Vierteljahre eine Frist von drei Monaten, unter einem halben Monat eine Frist von fünfzehn Tagen verstanden.

Ist eine Frist auf einen oder mehrere ganze Monate und einen halben Monat gestellt, so sind die fünfzehn Tage zuletzt zu zählen[1]).

E I 150 II 157; M 1 285; P 1 189; 6 138 ff.

1. Eine vertragsmäßige Frist von „4 Wochen" darf nicht ohne weiteres gleich 1 Monat gerechnet werden (RG 2. 11. 04 V 304/04). Hinsichtlich der Bezeichnungen „Frühjahr" und „Herbst" vgl. für das Gebiet des Handelsrechts § 359 HGB, wonach im Zweifel der Handelsgebrauch entscheidet.

§ 190

Im Falle der Verlängerung einer Frist wird die neue Frist von dem Ablaufe der vorigen Frist an berechnet[1]).

E I 152 II 158; M 1 286; P 1 189.

1. Diese Vorschrift trifft alle Fälle einer **Fristverlängerung**, auch wenn sie erst bei oder sogar nach Ablauf der Frist bewilligt worden ist. Nur darf es sich nicht um eine ganz neue Frist handeln. Vor allem wird zu prüfen sein, was beabsichtigt war (§ 186 A 2).

§ 191

Ist ein Zeitraum nach Monaten oder nach Jahren in dem Sinne bestimmt, daß er nicht zusammenhängend zu verlaufen braucht, so wird der Monat zu dreißig, das Jahr zu dreihundertfünfundsechzig Tagen gerechnet[1]).

E I 151 II 159; M 1 286; P 1 189.

1. **Nicht zusammenhängend verlaufender Zeitraum.** Die Motive führen als Beispiele an: die Zusicherung eines dreimonatigen, aber nicht auf einmal zu nehmenden Urlaubs; die Verpflichtung eines Geschäftsreisenden, sich jährlich mindestens neun Monate auf der Reise zu befinden. Hier entscheidet also nicht das Kalenderjahr. Auf die gesetzliche Frist des § 1567 Abs 1 (bösliche, ein Jahr währende Verlassung) findet § 191 keine Anwendung.

§ 192

Unter Anfang des Monats wird der erste, unter Mitte des Monats der fünfzehnte, unter Ende des Monats der letzte Tag des Monats verstanden[1]).

E I 153 II 160; M 1 286; P 1 189.

1. **Anfang, Mitte, Ende des Monats.** Diese, dem Art 30 WO entsprechende Vorschrift berücksichtigt die im Verkehr üblichen Zeitbestimmungen: Anfang, Mitte, Ende des Monats.

§ 193

Ist an einem bestimmten Tage oder innerhalb einer Frist eine Willenserklärung abzugeben oder eine Leistung zu bewirken und fällt der bestimmte Tag oder der letzte Tag der Frist auf einen Sonntag oder einen am Erklärungs- oder Leistungsorte staatlich anerkannten allgemeinen Feiertag, so tritt an die Stelle des Sonntags oder des Feiertags der nächstfolgende Werktag[1]).

E II 228; M 1 286, 287; P 1 190 ff., 310.

1. Hiernach ist der **Leistungs-** sowie der **Erklärungstag**, der auf einen Sonntag oder Feiertag fällt, auf den nächstfolgenden Werktag zu verlegen, und zwar auch zugunsten des Leistungs- oder Erklärungsempfängers (RG JW 07, 705[6]; streitig). Es handelt sich aber auch hier gemäß § 186 nur um eine Auslegungsregel und nicht um ein Verbotsgesetz. Abredegemäß kann die Leistung gerade zu einem Sonntage bedungen sein (beispielsweise ein Festmahl). Welchen Tagen die Bedeutung als **Feiertag** zukommt, ist nach dem Rechte des Einzelstaats, und zwar des Ortes, wo die Handlung vorzunehmen ist, zu beurteilen; die Bestimmung der Feiertage ist Sache der Landesregierungen (RGSt 24, 268; 31, 321).

— Der Feiertag muß ein „allgemeiner“ sein, darf mithin nicht auf die Angehörigen nur einer Konfession beschränkt sein, wie das bei den israelitischen Feiertagen zutrifft. Politische Festtage sind keine Feiertage im Sinne des § 193. — Der § 193 hat nur Termine (§ 186 A 1 a. E.), beispielsweise den Kündigungstag bei Mietverträgen, und Fristen zur Abgabe rechtsgeschäftlicher Erklärungen (oder zur Bewirkung von Leistungen), nicht aber auch Verjährungsfristen im Auge; er ist daher auf solche nicht anwendbar (RG 7. 2. 06 V 327/05). Die entgegengesetzte, von Staudinger (A 1) und andern vertretene Ansicht erscheint mit dem Gesetzeswortlaute nicht vereinbar. Die Bestimmung ist nur dann anwendbar, wenn der letzte Tag einer Frist auf einen Sonntag oder Feiertag fällt (RG JW 02, 10). Danach kann § 193 dem Schuldner nicht zur Seite stehen, wenn etwa bestimmt ist, daß die Forderung sofort fällig sein soll, falls er die je am ersten Vierteljahrstage fälligen Zinsen nicht innerhalb einer Woche bezahlt hat, und wenn alsdann der erste Vierteljahrstag auf das Neujahrsfest, der letzte Tag der späteren einwöchigen Frist aber auf einen Werktag fällt. Im Zweifel würde auch anzunehmen sein, daß die Vertragsparteien für Berechnung der letzten Frist unbedingt den vertragsmäßigen Fälligkeitstag im Auge gehabt haben. Aber vgl. Warn 1913 Nr 223. Hier war die Kündbarkeit einer Hypothek für den Fall pünktlicher, d. h. innerhalb einer Woche nach Fälligkeit erfolgender Zinszahlung vertraglich bis zu einem bestimmten Zeitpunkte ausgeschlossen, und es wurde die Ansicht des Berufungsgerichts, daß die Nachsichtsfrist von einer Woche ohne Rücksicht auf den § 193 immer streng und genau vom ersten Tage des Kalendervierteljahrs zu berechnen sei, gemißbilligt.

Im Falle des § 222 Abs 2 ZPO ist § 193 nicht anwendbar (RG 83, 338 zu § 798 ZPO, wo zugleich die Unwirksamkeit eines Schuldnerverzichts auf Einhaltung der Frist des § 798 angenommen ist).

Fünfter Abschnitt

Verjährung

Die Verjährung gehört zu denjenigen juristischen Tatbeständen (vgl. Vorbem 1 vor § 104), welche kraft Gesetzes wirksam werden. An sich kann ihre Wirksamkeit sich rechtserzeugend oder zerstörend äußern, weshalb man die erwerbende und erlöschende Verjährung unterschied. Das BGB kennt jedoch nur die erlöschende, auf die allein sich dieser Abschnitt bezieht. Die Stelle der erwerbenden Verjährung wird nach dem geltenden Rechte durch die Ersitzung vertreten (§§ 900, 937—945, 1033, 2026). Nach dem Gesetze stellt die Verjährung unterschiedlos ein einheitliches Rechtsgebilde dar. Insbesondere ist ihm die Abart der unvordenklichen Verjährung unbekannt. Indessen sind hier doch die landesgesetzlichen Vorschriften insoweit in Geltung geblieben, als ein Gebiet der Landesgesetzgebung überhaupt vorbehalten worden ist (EG Artt 56, 66, 69, 73, 74, 132, 133; RG 2. 12. 25 V 39/25). In Ansehung der Übergangszeit vgl. EG Art 169; ferner RG 64, 421. Die Vorschriften der §§ 194ff. betreffen nur die Verjährung solcher Ansprüche, welche nach dem BGB anerkannt sind. Ein nach dem PrALR begründeter, nach dem BGB nicht begründeter Anspruch verjährt beispielsweise nach dem PrALR (RG JW 07, 44[2]). Als materiell-rechtliches Gebilde ist die Verjährung nach dem Rechte des Ortes zu beurteilen, dem das Schuldverhältnis angehört, mithin bei Verträgen nach dem des Erfüllungsorts (RG 58, 367; 54, 316; Gruch 55, 1036). Nur die rein prozessualen Grundsätze des ausländischen Rechtes sind, soweit sie die Verjährung betreffen, für den deutschen Richter nicht bindend (RG 2, 13; 7, 24). Über den Unterschied zwischen Verjährung und Ausschlußfrist vgl. § 186 A 1

§ 194

Das Recht, von einem anderen ein Tun oder ein Unterlassen zu verlangen (Anspruch), unterliegt der Verjährung[1]).

Der Anspruch aus einem familienrechtlichen Verhältnis unterliegt der Verjährung nicht, soweit er auf die Herstellung des dem Verhältnis entsprechenden Zustandes für die Zukunft gerichtet ist[2]) [3]).

E I 154 II 161; M 1 288 ff.; P 1 194 ff.

1. Der Abs 1 bestimmt das Gebiet der **erlöschenden Verjährung**; der § 222 bestimmt ihre Wirkung, während die sonstigen Bestimmungen des 5. Abschn. die Voraussetzungen geben, unter denen sich die Verjährung zu erfüllen vermag. Das Gebiet der Verjährung ist beschränkt auf das der **Ansprüche** (Anspruchsverjährung), so daß, wo nicht das Bestehen und Fortbestehen eines Anspruchs in Frage steht, auch für die Verjährung kein Platz ist, und daß man umgekehrt überall, wo das Gesetz von Verjährung spricht, auf das

Vorhandensein eines Anspruchs in seinem Sinne schließen kann (vgl. § 477). — Der Abs 1 gibt zugleich auch den Begriff Anspruch. Dieser ist danach das Recht des Berechtigten, vom Verpflichteten ein Tun oder Unterlassen zu verlangen. (Hinsichtlich des letzteren Anspruchs vgl. noch § 241 A 2.) Auf die Natur des dem Anspruche zugrunde liegenden Rechtsverhältnisses kommt es nicht an. Es kann sich insbesondere um ein reines Schuldverhältnis handeln, das seiner Natur nach von vornherein eine unmittelbare Beziehung zwischen dem Berechtigten und dem Verpflichteten voraussetzt, gleichgültig ob sie rechtsgeschäftlich oder kraft Gesetzes besteht. Sodann aber kann auch ein dingliches Rechtsverhältnis in Frage kommen. Dieses erzeugt zwar an und für sich eine unmittelbare Beziehung nur zu der seinen Gegenstand bildenden Sache oder zu dem Rechte, nicht aber sofort auch eine Beziehung zu einer bestimmten Person. Indessen es können aus ihm durch Hinzutritt einer weiteren Tatsache, insbesondere einer Verletzung des Rechts, demnächst auch Ansprüche hervorgehen, die nunmehr auch eine Beziehung zu einer bestimmten Person ergeben, wie z. B. das aus dem Eigentume hervorgehende Recht, die Sache von demjenigen herauszuverlangen, der sich in ihren Besitz gesetzt hat (§ 985), sowie die Ansprüche aus einer sonstigen Beeinträchtigung des Eigentums (§ 1004). Auch dann handelt es sich um wahre Ansprüche, und diese müssen mithin ebenfalls der Verjährung unterliegen (**RG** 93, 283; 105, 88; **RG** LZ 1927, 164[1]; **RG** JW 1927, 893[4]). — Ist in einem Vertrage zwischen Kommunalverbänden und einem Privateisenbahnunternehmer zugunsten der Gemeindeeingesessenen ausbedungen worden, daß an den Haltestellen, an denen Gewerbebetriebe sich befinden, der Eisenbahnunternehmer auf seine Kosten einen Bahnanschluß legen muß, so unterliegt der Verjährung nicht dieses Grundrecht, sondern nur der durch die Eröffnung eines derartigen Gewerbebetriebs entstandene Anspruch (**RG** 1. 4. 27 VI 474/26).

Die Fristen aus dem PrStempG v. 24. 5. 61 sowie aus dem PrStempG v. 31. 7. 95 und dem RStempG v. 15. 7. 09 sind Verjährungs- und nicht Ausschlußfristen (**RG** Warn 1913 Nr 401); desgleichen die Fristen aus § 168 InvVG v. 13. 7. 99 und aus § 103 Abs 2 GewUVG v. 5. 7. 00 (**RG** 84, 281). Betreffs der Wirkung der Verjährung in diesen Fällen vgl. § 222 A 1 a. E.

2. Unverjährbarkeit. Nach der allgemeinen Bestimmung des Abs 1 sind Ansprüche jedweder Art verjährbar, soweit nicht das Gesetz ausdrücklich eine Ausnahme macht. Solche Ausnahmen sind vorgesehen:

a) bei **Ansprüchen aus einem familienrechtlichen Verhältnisse,** soweit sie auf die Herstellung des dem Verhältnisse entsprechenden Zustandes für die Zukunft gehen, gleichgültig ob sie gegen einen Familienangehörigen oder gegen Dritte gerichtet sind (M 1, 294). Für das Eherecht kommen hier die §§ 1353, 1356, 1360, 1427, 1428, für das Verhältnis zwischen Eltern und Kindern die §§ 1617, 1632, für das vormundschaftliche Verhältnis die §§ 1800, 1897, für die Unterhaltspflicht unter Verwandten die §§ 1601 ff. in Betracht. Nicht getroffen durch Abs 2 sind solche Ansprüche, welche eine Ausgleichung für die Vergangenheit anstreben (§ 1613). Eine Sonderregelung enthalten ferner der § 1623, betreffend den Anspruch der Tochter auf Aussteuer, ferner die §§ 1298—1301, betreffend Ansprüche bei Aufhebung eines Verlöbnisses, endlich der § 1584, betreffend Rückforderung der Geschenke nach erfolgter Ehescheidung. Das Verhältnis zwischen der unehelichen Mutter und dem Erzeuger ihres Kindes ist überhaupt kein familienrechtliches, mithin gehören die betreffenden Ansprüche unter § 194 Abs 1 (§ 1715). Die Motive lassen es unentschieden, ob der Unterhaltsanspruch des geschiedenen Ehegatten gegen den allein für schuldig erklärten Teil (§ 1578) hierher gehört (M 1, 294), und es fehlt anderseits auch eine Sonderbestimmung. Da jedoch der bezeichnete Anspruch gleichfalls allein in dem betreffenden familienrechtlichen Verhältnisse seinen rechtlichen Grund haben kann — wenn freilich auch in dem ehemaligen, inzwischen bereits beendigten —, so muß hier der § 194 Abs 2 anwendbar sein. Nach M 4, 517 ff. sollte dieser Anspruch „möglichst im Anschlusse an die gesetzliche Unterhaltspflicht der Verwandten" gestaltet werden, und für den Standpunkt des Gesetzes ist es schon an sich bezeichnend, daß es hier, anders als im Falle des § 1578, wie bemerkt, überhaupt keine Sonderbestimmung gibt.

b) **in Einzelbestimmungen:** der Anspruch auf Aufhebung einer Gemeinschaft (§ 758), auf Auseinandersetzung der Erbengemeinschaft (§ 2042 Abs 2); Ansprüche aus eingetragenen Rechten (§ 902 Abs 1 Satz 1, mit der Beschränkung nach Satz 2 daselbst) sowie ein Recht, wegen dessen ein Widerspruch gegen die Richtigkeit des Grundbuchs eingetragen ist (§ 902 Abs 2); die in den §§ 894—896 bezeichneten Ansprüche auf Grundbuchberichtigung (§ 898); nachbarrechtliche Ansprüche der in § 924 aufgeführten Art. Schon grundsätzlich können der Verjährung nicht unterworfen sein, weil sie keinen Anspruch darstellen, Klagerechte jeder Art, die Aufrechnung, die in einer einseitigen Erklärung besteht (§ 387), das Anfechtungsrecht, endlich die Einreden im Sinne des Gesetzes, mithin das Recht, eine Leistung zu verweigern (vgl. § 202 A 2). Soweit aber eine Einrede sich aus einem Anspruche ergibt, muß dessen Verjährung auch die Einrede beseitigen, da diese in dem Anspruche allein ihren Grund hat (M 1, 291). Demgegenüber bestimmt jedoch das Gesetz für die einredeweise behufs Verweigerung der Leistung geltend zu machende **Wandlung** und **Minderung**, daß diese Rechtsbehelfe durch eine Anzeige des Mangels an den Verkäufer unabhängig von der Anspruchsverjährung erhalten werden (§ 478; RG 74, 292). Nur der § 1169 gibt dem Eigentümer das Recht, auf Grund einer bloßen, die Geltendmachung der Hypothek dauernd ausschließenden Einrede, vom Hypothekar den Verzicht auf die Hypothek anspruchsweise durch Klage zu fordern (RG 71, 12). In den §§ 821, 853 ferner ist vorgesehen, daß die Einrede der Erfüllungsverweigerung auch dann bestehenbleibt, wenn die Ansprüche auf Befreiung von der Verbindlichkeit und auf Aufhebung der Forderung verjährt sind. — Der Anspruch auf Buße ist der Verjährung so lange entzogen, als der betreffende Strafanspruch noch nicht verjährt ist (RGSt 44, 294).

3. **Ausländisches Recht.** Die grundsätzliche Stellung des deutschen Rechts, wonach, von besonders beschaffenen Fällen abgesehen, Ansprüche forderungsrechtlicher Art durchweg der Verjährung unterworfen sind, hat zur Folge, daß die Anwendung eines ausländischen Gesetzes, das die Unverjährbarkeit solcher Ansprüche vorsieht, als im Sinne des Art 30 EG gegen den Zweck des deutschen Gesetzes verstoßend ausgeschlossen ist (RG 106, 82).

§ 195

Die regelmäßige Verjährungsfrist beträgt dreißig Jahre[1]).

E I 155 II 162; M 1 295 ff.; P 1 194, 201.

1. Die §§ 195—197 bestimmen die Verjährungsfristen. Die **dreißigjährige Verjährungsfrist** gilt überall, wo nicht einer der vielen vom Gesetze geschaffenen Ausnahmefälle vorliegt, jedoch immer unter Berücksichtigung der in § 218 betreffs rechtskräftig festgestellter Ansprüche gegebenen Regel, vgl. dort A 1. — Beim Zusammentreffen mehrerer Ansprüche, beispielsweise eines vertraglichen und eines solchen aus unerlaubter Handlung, folgt jeder seiner besondern Regel (RG 66, 86; Warn 1912 Nr 154). Jedoch findet die kurze Verjährungsfrist für Ersatzansprüche des Vermieters und Verleihers (§§ 558, 606) zugleich auf die etwaigen Ansprüche aus unerlaubter Handlung Anwendung (RG 66, 363), und ein gleiches kann dann gelten, wenn die Verjährungsfrist vertragsmäßig abgekürzt ist (Gruch 1912, 901). Dagegen unterliegt die Haftung des Unternehmers einer Straßenbahn aus dem HaftpflG nach § 8 das. der zweijährigen Verjährung, der daneben bestehende Anspruch aber aus dem Transportvertrage der dreißigjährigen nach § 195. Der Anspruch auf Rückzahlung von Fahrgeld und auf Ersatz des erforderlich gewordenen Aufwandes, wie jeder Ersatzanspruch wegen positiver Verletzung des Beförderungsvertrags, verjährt im Falle einer Zugentgleisung nach § 638 Abs 1, der Anspruch anderseits auf Ersatz des Sachschadens in 30 Jahren (RG 62, 119; Warn 1912 Nr 245). Der Anspruch auf Ersatz desjenigen Schadens, der unmittelbar durch die mangelhafte Beschaffenheit des Werkes selbst begründet ist (wie derjenige auf Ersatz der zur Beseitigung der am Werke vorhandenen Mängel aus § 633 Abs 3; RG 80, 439), verjährt nach § 638; der Anspruch auf Ersatz desjenigen Schadens, den der Besteller infolge eines körperlichen Unfalls bei Benutzung des fehlerhaften Werkes erleidet, verjährt nach § 195 (RG Warn 1911 Nr 235). Verlangt der Besteller nach bereits erfolgter Abnahme des Werkes Beseitigung eines Mangels, so unterliegt auch dieser Anspruch (aus § 633) der kurzen Verjährung des § 638 (RG 95, 329). Entsprechend kann der Schuldner auch die Einrede aus § 222 nur gegenüber demjenigen von mehreren Ansprüchen geltend machen, betreffs dessen die Verjährung eingetreten ist. Auf Ersatzansprüche, die aus § 75 Einl zum PrALR hergeleitet werden, finden hinsichtlich der Verjährung nach Art 4 EG die Grundsätze des BGB Anwendung, und sie unterliegen der dreißigjährigen Verjährung auch dann, wenn der Anspruch etwa gegen eine Stadt infolge eines Eingriffs mittels einer Verfügung der städtischen Polizei bewirkt worden ist, da dieser Eingriff nicht als eine unerlaubte Handlung (§ 852) angesehen werden kann (RG 78, 205). In RG 70, 154ff. (vgl. dazu RG JW 1927, 893[4] und Gruch 69, 105) ist für Fälle, in denen nach besonderen Vorschriften die Ansprüche aus dem Eigentum im Interesse des öffentlichen Wohles versagt werden, im Anschlusse an RG 35, 309; 54, 260; 23, 257; 37, 270 zutreffend folgende Unterscheidung gemacht worden: Ersatzansprüche verjähren in 30 Jahren, wenn durch die schädigende Anlage das Eigentums- (oder Nutzungs-) Recht **unmittelbar** verletzt ist; sie unterliegen dagegen der kurzen Verjährung des § 852, wenn durch die Anlage nur **mittelbar** in das Recht eingegriffen ist, und zwar auch dann, wenn der Anspruch mangels eines Verschuldens aus gesetzlicher Bestimmung hergeleitet wird. Namentlich trifft letzteres auch im Falle unerlaubter Immissionen zu (RG JW 1912, 31[15]). — Schadensersatzansprüche gegen einen **Rechtsanwalt** verjähren, wenn ein Werkvertrag vorlag, in 30 Jahren, in nur 5 Jahren gemäß § 32a RAO, wenn, wie hier regelmäßig der Fall, ein Dienstvertrag bestand (RG 88, 233; hier war dem Rechtsanwalte der Entwurf eines Vertrags zu einem

bestimmten Erfolge aufgetragen worden). — Gegenüber Ansprüchen aus § 17 KraftFahrG greift die Verjährung aus § 195 Platz, nicht die des § 14 des Ges. (RG 90, 293).

Zu berechnen ist die Frist nach den §§ 187, 188 Abs 2, 3, aber nicht auch nach § 193 (vgl. A 2 zu § 193).

§ 196

In zwei Jahren verjähren die Ansprüche[1]):

1. der Kaufleute, Fabrikanten, Handwerker und derjenigen, welche ein Kunstgewerbe betreiben, für Lieferung von Waren, Ausführung von Arbeiten und Besorgung fremder Geschäfte, mit Einschluß der Auslagen, es sei denn, daß die Leistung für den Gewerbebetrieb des Schuldners erfolgt;

2. derjenigen, welche Land- oder Forstwirtschaft betreiben, für Lieferung von land- oder forstwirtschaftlichen Erzeugnissen, sofern die Lieferung zur Verwendung im Haushalte des Schuldners erfolgt;

3. der Eisenbahnunternehmungen, Frachtfuhrleute, Schiffer, Lohnkutscher und Boten wegen des Fahrgeldes, der Fracht, des Fuhr- und Botenlohns, mit Einschluß der Auslagen;

4. der Gastwirte und derjenigen, welche Speisen oder Getränke gewerbsmäßig verabreichen, für Gewährung von Wohnung und Beköstigung sowie für andere den Gästen zur Befriedigung ihrer Bedürfnisse gewährte Leistungen, mit Einschluß der Auslagen;

5. derjenigen, welche Lotterielose vertreiben, aus dem Vertriebe der Lose, es sei denn, daß die Lose zum Weitervertriebe geliefert werden;

6. derjenigen, welche bewegliche Sachen gewerbsmäßig vermieten, wegen des Mietzinses;

7. derjenigen, welche, ohne zu den in Nr 1 bezeichneten Personen zu gehören, die Besorgung fremder Geschäfte oder die Leistung von Diensten gewerbsmäßig betreiben, wegen der ihnen aus dem Gewerbebetriebe gebührenden Vergütungen, mit Einschluß der Auslagen;

8. derjenigen, welche im Privatdienste stehen, wegen des Gehalts, Lohnes oder anderer Dienstbezüge, mit Einschluß der Auslagen, sowie der Dienstberechtigten wegen der auf solche Ansprüche gewährten Vorschüsse;

9. der gewerblichen Arbeiter — Gesellen, Gehilfen, Lehrlinge, Fabrikarbeiter —, der Tagelöhner und Handarbeiter wegen des Lohnes und anderer an Stelle oder als Teil des Lohnes vereinbarter Leistungen, mit Einschluß der Auslagen, sowie der Arbeitgeber wegen der auf solche Ansprüche gewährten Vorschüsse;

10. der Lehrherren und Lehrmeister wegen des Lehrgeldes und anderer im Lehrvertrage vereinbarter Leistungen sowie wegen der für die Lehrlinge bestrittenen Auslagen;

11. der öffentlichen Anstalten, welche dem Unterrichte, der Erziehung, Verpflegung oder Heilung dienen, sowie der Inhaber von Privatanstalten solcher Art für Gewährung von Unterricht, Verpflegung oder Heilung und für die damit zusammenhängenden Aufwendungen;

12. derjenigen, welche Personen zur Verpflegung oder zur Erziehung aufnehmen, für Leistungen und Aufwendungen der in Nr 11 bezeichneten Art;

13. der öffentlichen Lehrer und der Privatlehrer wegen ihrer Honorare, die Ansprüche der öffentlichen Lehrer jedoch nicht, wenn sie auf Grund besonderer Einrichtungen gestundet sind;

14. der Ärzte, insbesondere auch der Wundärzte, Geburtshelfer, Zahnärzte und Tierärzte, sowie der Hebammen für ihre Dienstleistungen, mit Einschluß der Auslagen;

15. der Rechtsanwälte, Notare und Gerichtsvollzieher sowie aller Personen, die zur Besorgung gewisser Geschäfte öffentlich bestellt oder zugelassen sind, wegen ihrer Gebühren und Auslagen, soweit nicht diese zur Staatskasse fließen;

16. der Parteien wegen der ihren Rechtsanwälten geleisteten Vorschüsse;

17. der Zeugen und Sachverständigen wegen ihrer Gebühren und Auslagen.

Soweit die im Abs 1 Nr 1, 2, 5 bezeichneten Ansprüche nicht der Verjährung von zwei Jahren unterliegen, verjähren sie in vier Jahren[1]**.**

E I 156 II 163; M 1 297 ff.; P 1 201 ff.

1. Diese kurze, nach § 201 vom Jahresschlusse ab zu berechnende **zweijährige Verjährungsfrist** ist für die „Geschäfte des täglichen Verkehrs" angeordnet, aus „rechtspolizeilichen", nicht wirtschaftlichen Gründen (M 1, 297 ff.). Das Gesetz setzt dabei seinem Wortlaute nach keineswegs voraus, daß die Forderung gerade aus einem Vertrage entstanden ist. Daher greift der § 196 beispielsweise auch dann Platz, wenn der Anspruch unter dem Gesichtspunkte der auftragslosen Geschäftsführung (§§ 677 ff.) oder der Bereicherung (§ 812) geltend gemacht wird. Immer ist nur Bedingung, daß sonst die objektiven Voraussetzungen des Gesetzes wirklich erfüllt sind, daß also bei Nr 1 von einem Kaufmanne Waren geliefert, oder von einem Handwerker Arbeiten ausgeführt sind, und daß es sich um einen Anspruch hieraus handelt. Diese Bedingung wäre aber nicht auch dann erfüllt, wenn jemand etwa die der kurzen Verjährung unterliegende Forderung eines Kaufmanns an diesen ohne Auftrag bezahlte und nun aus dem Gesichtspunkte der §§ 677, 683, 684 vom Schuldner Erstattung verlangte. Denn in diesem Falle machte der Zahler nicht den Anspruch des Kaufmanns, sondern eine erst in seiner Person durch die Zahlung entstandene Forderung geltend, da das BGB eine Sondernachfolge kraft Gesetzes (cessio legis) unter den angegebenen Voraussetzungen grundsätzlich nicht anerkennt. Das ist der Standpunkt der M 1, 360 a. E. und 2, 684 Abs 3. Er scheint auch jetzt zutreffend (a. A. anscheinend Staudinger A 6). Vgl. **RG** 69, 429; 86, 96. Da anderseits die kurze Verjährungsfrist Platz greift, so oft nach dem Entstehungsgrunde der Forderung der objektive Tatbestand des Gesetzes gegeben ist, so folgt, daß die kurze Frist auch ferner in Geltung bleibt: a) wenn sich durch Übertragung, sei es rechtsgeschäftlicher Art (§ 398), sei es in den zutreffenden Ausnahmefällen der §§ 774, 1143, 1225, 1607 Abs 2, 1709 Abs 2 kraft Gesetzes nur die Person des Gläubigers ändert (**RG** 70, 29); b) wenn die Forderung infolge eines dazutretenden Umstandes lediglich eine andere Richtung erhält, so wenn etwa wegen Verzugs des Schuldners nunmehr statt auf Erfüllung gemäß § 326 auf Schadensersatz gerichtet wird (**RG** 61, 390; JW 1913, 129[3]; LZ 1927, 783[5]; **RG** 24. 4. 26 I 272/25). Der Fall zu b liegt indessen nicht mehr vor, sobald die Forderung zugleich eine rechtsgeschäftliche Umgestaltung erfährt, wenn also etwa eine Kaufschuld fortan als Darlehn geschuldet sein soll (§ 607 Abs 2), oder wenn der Schuldner nachträglich ein Versprechen oder ein Anerkenntnis abgibt, durch das die Verpflichtung für künftig selbständig begründet wird (§§ 780, 781). Unter diesen Umständen käme vielmehr nur der neue Anspruch in Betracht, bei dem der Tatbestand des § 194 nicht mehr vorläge (**RG** JW 06, 457[10]), und es griffe alsdann die dreißigjährige Verjährung Platz (**RG** 75, 4). Ein **Vergleich** jedoch, in dem sich der Schuldner zur Zahlung für den Fall verpflichtete, daß er in bessere Umstände käme, würde die Schuld nicht umgestalten, sondern sachlich nur eine Stundung bedeuten (**RG** JW 06, 457[10]); desgleichen nicht die Ausstellung eines bloßen Schuldscheins (**RG** JW 06, 457[10]), und es entsteht durch den Abschluß eines Vergleichs über die der kurzen Verjährung unterliegende Forderung (Werklohnforderung) wiederum eine seitdem der kurzen Verjährung unterworfene Forderung (**RG** Gruch 60, 658). Über die Verjährung der Verpflichtung aus einem Vertrage zugunsten Dritter, worin sich jemand verpflichtet, eine fremde Schuld zu begleichen, s. **RG** 114, 298. Der sog. Aufwertungsanspruch unterliegt der nämlichen kurzen Verjährung wie der ursprüngliche Anspruch (**RG** Warn 1926 Nr 126; vgl. auch **RG** JW 1925, 1371[4]). Ebenso der Anspruch auf Ersatz eines Verzugsschadens; seine Verjährung beginnt aber erst mit dem Eintritte der Verzugsfolgen (**RG** 111, 102). Betreffs der Vertragsstrafe vgl. unten Nr 1 Abs 1.

Im einzelnen handelt es sich bei den Nummern zu 1—15 um berufsmäßige Leistungen (RG 60, 341). Soweit der Begriff des **Gewerbebetriebs** in Frage kommt, ist eine dauernde berufsmäßige Tätigkeit vorauszusetzen, die, auf einen Kreis von Geschäften als Ganzes gerichtet, als eine dauernde, berufsmäßig fließende Einnahmequelle dienen soll (RG 66, 48). Gewerbebetrieb liegt daher nicht vor, wenn die Absicht nur auf einzelne oder mehrere einzelne Geschäfte (die Verwertung nur bestimmter Grundstücke) gerichtet war (RG Gruch 57, 935). Die Vermietung von Wohnungen durch den Eigentümer stellt regelmäßig keinen Gewerbebetrieb dar, weil es sich gemeinhin nur um eine allgemein übliche Ausnutzung des Eigentums handelt; wohl aber dann, wenn der Eigentümer beabsichtigt, auch unter Aufwendung persönlicher Arbeitsleistungen seinen Unterhalt zu gewinnen (RG 94, 162). Mietet jemand ein Haus im ganzen, um einzelne Weitervermietungen vorzunehmen und sich daraus unter Verwendung seiner persönlichen Arbeitskraft eine dauernde, berufsmäßige Erwerbsquelle zu verschaffen, so liegt ein Gewerbebetrieb vor (RG 74, 150). Bei Verträgen eines Gewerbtreibenden kann, wenn sie nicht im Einzelfalle klar erkennbar eine andere Richtung erhalten haben, regelmäßig die Beziehung auf den Gewerbebetrieb angenommen werden (RG JW 04, 77[54]). Der Ausnahmefall der Leistung **für den Gewerbebetrieb** des Schuldners — bei dem **Abs 2 des § 196** Anwendung findet —, setzt nur die Zweckbestimmung voraus, dagegen nicht auch, daß die empfangene Leistung auch wirklich in dem Betriebe des Schuldners verwendet worden ist (RG JW 05, 110[1]). Es genügt, daß die Leistung irgendwie dem Zwecke des Geschäfts dienlich ist (RG 5, 274; Gruch 32, 1077), mag es sich auch erst um dessen Begründung gehandelt haben (RG 81, 9). Wer das Vorhandensein des Ausnahmefalles behauptet, hat für ihn die Beweislast. — Soweit die Ansprüche der **Nr 1, 2, 5** nicht der zweijährigen Verjährung unterliegen, verjähren sie **in vier Jahren** gemäß Abs 2. Das trifft zu, wenn die Leistungen erfolgt sind: bei Nr 1 für den Gewerbebetrieb des Schuldners — Beweislast des Gläubigers —; bei Nr 2 für andere Zwecke als zur Verwendung im Haushalte des Schuldners, sei es für ihn, sei es für die sonstigen, seinem Haushalte zugehörenden Personen — Beweislast des Schuldners, der die kürzere Verjährungsfrist geltend machen will —; endlich bei Nr 5 zum Zwecke des Weitervertriebs der Lose — Beweislast des Gläubigers, falls er sich auf die längere Verjährungsfrist beruft. Der Ausdruck **„Schuldner"** im Sinne von Nr 1 ist wörtlich zu verstehen und ist nicht gleichbedeutend mit „Empfänger", so daß die Ausnahmevorschrift auch dann Platz greift, wenn mehrere die Ware als Gesamtschuldner gekauft haben, aber nur einer von ihnen die Ware für einen Gewerbebetrieb empfangen hat (RG 78, 27).

Durch Kriegsverordnungen wurden die Verjährungsfristen der §§ 196, 197 hinausgeschoben (Bekanntmachungen v. 22. 12. 14 und 4. 11. 15, RG 95, 24); diese Verordnungen beziehen sich ausschließlich auf Forderungen im Sinne der §§ 196, 197 (RG JW 1922, 481[1]).

Zu Nr 1 über den Begriff **Kaufmann** vgl. die §§ 1—6 HGB. Nicht schon das bloße Auftreten als Kaufmann rechtfertigt die Anwendung des § 196 Nr 1; der Gläubiger muß vielmehr wirklich Kaufmann im Sinne des HGB gewesen sein (RG 89, 163). Die objektiven Voraussetzungen müssen auch bereits zur Zeit der Entstehung der Forderung erfüllt gewesen sein (RG JW 05, 169[7]). Das ist nicht der Fall, wenn der Gläubiger erst nachträglich, infolge einer andern Gesetzgebung, Kaufmannseigenschaft erhalten hat, so daß auch die Frage, ob die Person schon vormals Kaufmann gewesen war, nach dem früheren Rechte zu beurteilen ist (RG 60, 74). Bei Forderungen von Kaufleuten ist für den Beginn der Verjährung nicht Bedingung, daß die Waren bereits geliefert sind; dem Wortlaute nach trifft der Ausdruck „für Lieferung der Waren" auch dann zu, wenn die Lieferung noch nicht erfolgt ist und daher die Forderung für eine noch ausstehende Lieferung geschuldet wird (RG 83, 179). (Streitig.) Vorfrage hierbei ist freilich, ob die Kaufpreisforderung im Sinne des § 198 überhaupt schon entstanden sein kann, bevor die Lieferung erfolgte. Indessen das ist grundsätzlich zu bejahen, weil der Anspruch des Verkäufers allein auf dem Abschlusse des Vertrags beruht, und das Gesetz auch nicht einmal fordert, daß der Anspruch durch die Behauptung bereits erfolgter Erfüllung begründet wird (§§ 433 Abs 2, 320 A 1). Im Falle unterbliebener Leistung hat der Gegner nur eine Einrede, und diese hat auch nicht einmal die Hemmung der Verjährung zur Folge (§ 202 Abs 2; vgl. RG 62, 178). Der Anspruch für „Lieferung von Waren" muß im übrigen, wenn auch nicht die Preisforderung selbst, so doch ein Äquivalent für die Warenlieferung darstellen; daher ist § 196 nicht anwendbar hinsichtlich der wegen Verletzung sonstiger Vertragspflichten bedungenen Vertragsstrafe (RG 85, 244). Auch der Gesichtspunkt der Ersatzleistung (RG 61, 390) rechtfertigt nicht die Anwendung des § 196 Nr 1, wenn die Strafe so hoch bemessen worden ist, daß sie nicht mehr als bloße Ersatzleistung angesehen werden kann, sondern den Berechtigten auch sonst in seinem Interesse schützen soll (RG 85, 243; JW 1914, 977[2]). — Der Anspruch des Verkäufers auf Abnahme der Sache unterliegt der regelmäßigen Verjährung nach § 195 (RG 57, 106 und 62, 183; hier unentschieden gelassen). Ebenso der Anspruch des Käufers auf Lieferung und Schadensersatz wegen Nichtlieferung (RG LZ

1927, 783[5,6]). Über den Beginn der Frist vgl. § 201. Unter „Waren" sind hier nach dem Sprachgebrauche des BGB wie des HGB nicht auch Wertpapiere zu verstehen, sondern nur solche bewegliche körperliche Sachen, die Gegenstand des Handelsverkehrs sind und auch in der Verkehrssprache als Waren bezeichnet werden (RG 74, 161).

Nach RG Gruch 50, 95 ist **Handwerker**, wer nach althergebrachter Arbeitsteilung in kleinerem Umfange durch Alleinarbeit oder doch unter Mitarbeit gewisse Gebrauchs- oder Verbrauchsgegenstände herstellt und in den Verkehr bringt oder sonst bestimmte Werke verrichtet, während der Betrieb eines Kunstgewerbes erfordert, daß die Erzeugnisse eine künstlerische Beschaffenheit aufweisen. Arbeiten eines Zivilingenieurs oder Bauunternehmers (zum chausseebaumäßigen Ausbau eines Weges) fallen weder unter den Begriff des Handwerks (Nr 1) noch unter den der Dienstleistungen Nr 7 (RG Gruch 50, 93; 60, 74). In RG JW 05, 110[1]; 1913, 196 und RG 66, 50 ist die kurzbefristete Verjährung aus Nr 1 § 196 bei Ansprüchen aus einem Bauentreprisevertrag gleichfalls als ausgeschlossen erachtet. Die Honorarforderung eines Architekten fällt nicht unter Nr 1, sondern unter Nr 7, falls nicht ein Werkvertrag vorliegt, auf den die Vorschrift zu Nr 7 nicht Anwendung findet (RG 97, 125; 72, 179; 86, 75). Nach RG 70, 28 in Übereinstimmung mit RG 66, 4; JW 07, 325[1] u. 08, 235[6] unterliegen aber auch die Ansprüche eines Kaufmanns wie diejenigen eines Handwerkers der kurzen Verjährung, falls die Bauarbeiten von den Genannten in ihrer Eigenschaft als Kaufmann und Handwerker übernommen sind. Es ist dabei davon ausgegangen, daß es einen eigenartigen Vertrag betreffend die Übernahme eines Baues neben dem Werkvertrage nach geltendem Rechte nicht mehr gebe. Dieser Standpunkt scheint der zutreffende. Der Bauunternehmer braucht freilich nicht notwendig immer Kaufmann, Fabrikant, Handwerker oder Unternehmer eines Kunstgewerbes zu sein, und hat jemand einen Bau in keiner der bezeichneten Eigenschaften übernommen, dann wird allerdings auch für die Anwendung von § 196 Nr 1 kein Raum sein, weil es an den objektiven Voraussetzungen der Bestimmung fehlen würde (A 1). Vgl. auch RG Warn 08 Nr 286 und JW 08, 328[9], wonach ein Bauunternehmer weder zu den Handwerkern noch ohne weiteres zu den Kaufleuten gehört.

Der § 196 Abs 1 findet auch gegenüber der Haftung desjenigen Anwendung, der für eine noch nicht eingetragene G. m. b. H. handelt (§ 11 Abs 2 GmbHG), weil die Sache auch jetzt schon so anzusehen ist, wie der Fall sein würde, wenn die Gesellschaft bereits eingetragen gewesen und das Rechtsgeschäft schon mit ihr abgeschlossen wäre (RG 75, 203). Für Künstler (eine Sängerin), die höhere Kunstleistungen, wenn auch gegen Entgelt darbieten und daher nach der Auffassung des Verkehrs nicht als Gewerbtreibende gelten, kommt der § 196 Nr 1 nicht in Betracht (RG 75, 52). Werden Waren von mehreren Personen bestellt, die Gesamtschuldner sind, dann genügt es für die Anwendung des § 196 Nr 1, wenn die Leistung nur für den Gewerbebetrieb des einen von den Schuldnern erfolgt ist, auch wenn der andere am Gewerbebetriebe nicht beteiligt ist; auch ihm gegenüber läuft alsdann die kurze Verjährung (RG 78, 275). — Gleichgültig ist überall die Höhe der Forderung (RG JW 07, 359[6]), und die Nebenverpflichtung teilt das Schicksal der Hauptforderung (RG 68, 183).

Zu Nr 2. Streitig, ob hierunter auch die sog. Urproduktionen, wie insbesondere Jagd und Fischerei, fallen. Eine entsprechende Anwendung (Staudinger A 7 zu Nr 2) scheint nicht zulässig. Denn unbedingt ist für die Anwendung der Bestimmung Voraussetzung, daß der Gläubiger „Land- oder Forstwirtschaft betrieben hat", und zwar berufsmäßig (RG 60, 341). Nun kann freilich die Ausübung der Jagd oder der Fischerei, die Gewinnung von Sand, Steinen usw. ein Nebengewerbe der bezeichneten Betriebe darstellen, und alsdann wäre die Anwendung des Gesetzes aus diesem Grunde unmittelbar zulässig. — Das Vorhandensein der Einschränkung, daß die Lieferung zum Zwecke der Verwendung im Haushalte erfolgt ist, hat zu beweisen, wer die kurze Verjährung geltend macht.

Zu Nr 3. Auch die Ansprüche des Eisenbahnfiskus gehören hierher (RG JW 07, 56[21]). Streitig, ob auch die des Postfiskus. Die Frage dürfte zu verneinen sein. Die handelsrechtlichen Vorschriften vom Frachtgeschäft sollen auf die Postverwaltungen des Reiches sowie der Einzelstaaten nicht Anwendung finden (§ 452 HGB). Das Gesetz setzt aber in § 196 objektiv die Forderung „eines Frachtfuhrmanns" ausdrücklich voraus, entsprechend wie unter Nr 1 die Eigenschaft des Berechtigten als Kaufmann usw. — Der kurzen Verjährung unterliegt auch der an Stelle der Frachtgebühr tretende Anspruch des Frachtführers auf Schadensersatz wegen Nichterfüllung (RG 61, 391). — Unter Nr 3 fallen auch die Ansprüche aus Frachtverträgen zwischen Großkaufleuten, und zwar auch aus Seetransporten (RG 86, 422).

Zu Nr 5. Vgl. §§ 763, 134. Bei einer hiernach nichtigen Forderung könnte Verjährung überhaupt nicht in Frage kommen. Erfordert ist ein berufsmäßiger Betrieb (RG 60, 341).

Zu Nr 6. Über Vermietung von unbeweglichen Sachen s. § 197.

Zu Nr 7. Kommissionäre gehören zu den Kaufleuten (Nr 1); unter Nr 7 fallen Agenten, Volksanwälte, Naturärzte, Stellenvermittler, Lohndiener, Prozeßagenten. Die Anwendbarkeit des § 196 Nr 7 ist nicht auf den Fall beschränkt, daß alltägliche kleine gewerbsmäßige Geschäftsbesorgungen und Dienstleistungen erfolgt sind; sie ist vielmehr auch dann gegeben, wenn es sich um eine einzelne, wirtschaftlich bedeutsame Geschäftsbesorgung handelt (RG 81, 9), beispielsweise um die Umwandlung eines Geschäfts in eine Aktiengesellschaft, sofern kein Werkvertrag vorliegt (RG 72, 179), der seinesteils nicht unter Nr 7 fällt (RG Warn 1913 Nr 45). Daher fällt auch der Anspruch des Bauunternehmers nicht unter Nr 7 (RG JW 1913, 196[5]). Der zwischen dem Bauherrn und dem Architekten abgeschlossene Vertrag kann auch Dienstvertrag (nicht Werkvertrag) sein, nämlich dann, wenn die Hauptleistung nicht in der Herstellung des Bauplanes, sondern in der Leitung des Baues besteht (RG JW 1915, 239[2]; RG 12. 1. 26 III 60/25). Liegt ein Werkvertrag vor, dann greift die Vorschrift Nr 7 überhaupt nicht Platz (RG 97, 125; 72, 179; 86, 175).

Zu Nr 8. Es handelt sich hier um Ansprüche aller derjenigen, die im Privatdienste stehen (vgl. dagegen § 197), und zwar nicht nur hinsichtlich des Gehalts, sondern hinsichtlich aller Bezüge (RG 19. 6. 06 III 538/05). Vgl. auch JW 05, 716[4]. Auch der wegen vertragswidrigen Verhaltens des Prinzipals gegebene Schadensersatzanspruch unterliegt der kurzen Verjährung (RG JW 1918, 550[1]).

Zu Nr 9. Forderungen der Arbeitgeber können hier nur insoweit in Betracht kommen, als sie auf Erstattung von Vorschüssen gehen.

Zu Nr 11. „Nicht berührt durch die Vorschrift wird das Schulgeld, zu dessen Entrichtung das öffentliche Recht verpflichtet" (M 1, 301). Auch Verpflegungsansprüche der Provinzial-Irrenanstalten gehören hierher (RG Gruch 52, 125). Dagegen nicht Ersatzansprüche eines Armenverbandes wegen des einem Hilfsbedürftigen gewährten Unterhalts gegen diesen selbst oder gegen dritte Unterstützungspflichtige (RG 72, 334).

Zu Nr 12. Vorausgesetzt ist gewerbs- oder berufsmäßiger Betrieb (RG 60, 340).

Zu Nr 13. Ausgenommen sind insbesondere die nach den staatlichen Einrichtungen gestundeten Kollegiengelder der Universitätsprofessoren (M 1, 302).

Zu Nr 14. Die Erstreckung der Vorschrift auch auf nicht approbierte Ärzte und Hebammen nach § 156 des E I ist fortgefallen. In Betracht kommen daher nur noch Forderungen approbierter Ärzte und Hebammen. Forderungen der Naturärzte usw. fallen, soweit diese die Dienste im Gewerbebetriebe leisten, unter Nr 7; sonst greift die dreißigjährige Verjährung Platz. — In Betracht kommen ferner nur Forderungen aus der Ausübung der beruflichen Tätigkeit; daher nicht die Ansprüche eines Arztes auf Zahlung des Betrages, den ihm eine Krankenkasse für den Fall zugesichert hat, daß seine Dienste von ihr nicht in Anspruch genommen werden sollten (RG SeuffA 81 Nr 44).

Zu Nr 15. Hierunter fallen Rechtsanwälte, Gerichtsvollzieher, auch die öffentlich bestellten oder zugelassenen Feldmesser, Fleischbeschauer und Auktionatore.

Zu Nr 17. Nach § 16 der ZGebO „erlischt" die Gebührenforderung, wenn das Verlangen nicht binnen 3 Monaten gestellt worden ist. Insoweit handelt es sich um eine Ausschlußfrist. Die Bestimmung Nr 17 wird indessen dann Platz greifen, wenn das Verlangen während der Ausschlußfrist gestellt und so dem Erlöschen der Forderung noch vor Ablauf der Verjährungsfrist vorgebeugt worden ist. Bedenklich scheint aber die Annahme, daß alsdann die Verjährung erst „vom Augenblicke des gestellten Verlangens" zu laufen beginne (Staudinger zu Nr 17). Denn es ist nicht einzusehen, inwiefern der Beginn der Verjährung gemäß § 198 bis zur Kundgabe des Verlangens zum Vorteile des Zeugen gehemmt sein sollte.

§ 197

In vier Jahren verjähren die Ansprüche auf Rückstände von Zinsen[1]), mit Einschluß der als Zuschlag zu den Zinsen zum Zwecke allmählicher Tilgung des Kapitals zu entrichtenden Beträge, die Ansprüche auf Rückstände von Miet- und Pachtzinsen, soweit sie nicht unter die Vorschrift des § 196 Abs 1 Nr 6 fallen[1]), und die Ansprüche auf Rückstände von Renten, Auszugsleistungen, Besoldungen, Wartegeldern, Ruhegehalten, Unterhaltsbeiträgen und allen anderen regelmäßig wiederkehrenden Leistungen[2]).

E I 157 II 164; M 1 305 ff.; P 1 202 ff., 207 ff., 212 ff.

1. **Vierjährige Verjährung.** Beginn des Fristlaufs nach § 201. Hierher gehören **Zinsen** aller Art (§ 301), rechtsgeschäftliche wie gesetzliche, beispielsweise Verzugszinsen, oder Zinsen aus § 36 Abs 2 des PrEnteignG. (RG 65, 129; JW 08, 656[4]), sowie Rückstände von gesetzlichen Zinsen (RG Warn 08 Nr 17), auch Hypotheken- und Grundschuldzinsen (§ 902 Abs 1 Satz 2). Rückstände von Zinsen liegen auch dann vor, wenn die gesamte

Zinsschuld noch rückständig, d. h. fällig und nicht getilgt ist. Hierher gehören auch Zinsen aus einem vor Inkrafttreten des BGB im Gebiete des preußischen Rechts erlassenen rechtskräftigen Urteile (RG 70, 68). Die Zuschläge müssen als solche „zu den Zinsen" vereinbart sein (Amortisationsquoten); es darf sich also nicht um sonstige selbständige Teilzahlungen handeln. Dividenden haben nicht die Natur von Zinsen; sie bedeuten Anteil am Gewinne. Wegen des Mietzinses für bewegliche Sachen vgl. § 196 zu Nr 6. Vgl. ferner § 196 A 1 Abs 1, betreffs Vermietung im Gewerbebetriebe.

2. **Renten** (vgl. die §§ 759ff., 843, 912 Abs 2, 916, 917 Abs 2, 1199, 1361, 1580, 1612, 1710). Hierher gehören auch Renten aus Stiftungen und Fideikommissen, sowie Ablösungsrenten (M 1, 305), Besoldungen usw. Betreffs der Besoldungen handelt es sich um öffentlich-rechtliche Bezüge, im Gegensatz zu den Ansprüchen der Privatbediensteten (§ 196 Nr 8). Von den Ansprüchen der öffentlichen Beamten sind der kurzen Verjährung nur unterworfen die auf regelmäßig wiederkehrende Leistungen gerichteten, wie auf Besoldung, Sterbegeld, Ruhegehalt; dagegen nicht etwaige Ansprüche auf Ersatz von Auslagen oder auf Tagegelder (RG 84, 406). Als Unterhaltsbeiträge sind auch solche auf Grund BHinterblG v. 17. 5. 07 sowie der entsprechenden Landesgesetze zu verstehen. Die kurzen Verjährungsfristen aus diesen Gesetzen sind aufgehoben (EG Artt 48, 49, 51, 55). Für den Begriff der wiederkehrenden Leistungen kommt es nur auf die fest bestimmte regelmäßige zeitliche Wiederkehr an, nicht aber auch auf die Gleichmäßigkeit des Betrags (RG 88, 46; JW 1912, 791[5]). Daher fallen beispielsweise Ansprüche der Gesellschafter auf den Gewinnanteil nicht unter § 197, sondern unter § 195 Nr 6, wohl aber zutreffenden Falles Lizenzgebühren (RG 88, 43). — Auch der Anspruch eines Armenverbandes, der jemand auf Grund des UWG unterhalten hat und nunmehr vom Unterstützungspflichtigen nach § 62 des Ges. Ersatz fordert, unterliegt der vierjährigen Verjährung (RG 72, 334), wo weiter ausgeführt ist, daß nur diejenigen Ersatz- und Erstattungsansprüche, welche ein Armenverband gegen den andern aus § 61 des Ges. erhebt, nach § 30a das. in 2 Jahren verjähren. Als „Rückstände" von Unterhaltsbeiträgen sind alle Beiträge anzusehen, die hätten geleistet werden müssen und nicht geleistet worden sind; sie unterliegen von dem Zeitpunkte ab der vierjährigen Verjährung, in welchem der Verpflichtete in Verzug gekommen oder der Anspruch rechtshängig geworden ist (§ 1613); daß die Beiträge dem Grunde wie der Höhe nach bereits festgestellt sind, gehört nicht zum Begriffe des Rückstandes (RG a. a. O.).

§ 198

Die Verjährung beginnt[1]) mit der Entstehung des Anspruchs[2]). Geht der Anspruch auf ein Unterlassen, so beginnt die Verjährung mit der Zuwiderhandlung[3]).

E I 158 II 165; M 1 307 ff.; P 1 209 ff.

1. **Beginn der Verjährung.** Die §§ 199, 200 behandeln Fälle, in denen die Verjährung früher beginnt, als dies nach der Regel des § 198 der Fall sein müßte, der § 201 schiebt dagegen den Beginn der Verjährung hinaus, und die §§ 202—205 handeln von der Hemmung des Fristablaufs. Falls keiner der zuvor bezeichneten Fälle vorliegt, greift die allgemeine Regel des § 198 Satz 1 Platz, daß die Verjährung mit der Entstehung des Anspruchs beginnt. Nur für gewisse Sonderfälle hat das Gesetz den Beginn der Verjährung noch an andere Tatsachen als die Entstehung des Anspruchs geknüpft, so bei der Wandlung und Minderung an die Übergabe (§ 477), bei der Wandlung beim Tierkauf an das Ende der Gewährsfrist (§ 490), bei Ansprüchen aus einer Schuldverschreibung an die Vorlegung der Urkunde (§ 801 Abs 1 Satz 2). Erste Voraussetzung für den Beginn der Verjährung ist aber auch hier überall, daß der Anspruch überhaupt entstanden ist. So kann die Verjährung der Gewährleistungsklage wegen Mängel erst mit dem Wirksamwerden des Kaufvertrags (beispielsweise durch vormundschaftsgerichtliche Genehmigung) beginnen, auch wenn die Übergabe der Sache bereits früher erfolgt war (RG 65, 245). Dagegen ist keine Voraussetzung für den Beginn der Verjährung die Kenntnis des Rechts (RG Warn 1913 Nr 46).

2. **Der Anspruch ist entstanden,** sobald er geltend gemacht werden, sobald also im Sinne des § 194 das „Tun" oder das „Unterlassen" gefordert werden kann (Zeitpunkt der actio nata), wobei bei einer Vertragsschuld der fragliche Zeitpunkt auslegungsweise zu ermitteln ist (RG JW 1912, 29[12]). Erforderlich ist demnach gegebenenfalls, daß sich der gesamte Tatbestand, auf Grund dessen der Gläubiger nunmehr fordern kann (RG JW 1912, 29[12]), und der zum Wirksamwerden des Rechtsgeschäfts gehört, erfüllt hat; jedenfalls so weit, daß eine Feststellungsklage erhoben werden kann (RG 83, 358). Somit kann die Verjährung eines Gewährleistungsanspruchs aus einem formlosen Grundstücksveräußerungsvertrage erst von dem Zeitpunkte ab beginnen, wo die Auflassung und Eintragung erfolgt sind, mithin nicht schon

mit der Übergabe (RG 75, 114). Ein Rückgriffsanspruch ist entstanden, sobald durch das Verschulden des Haftbaren sich die Vermögenslage des Geschädigten verschlimmert hat, im besonderen Falle also, sobald durch das Versehen des Ersatzpflichtigen (beispielsweise eines Rechtsanwalts) zugunsten des in erster Linie Verpflichteten die Einrede der Verjährung entstanden ist (RG 90, 84). Die Verjährung der Abänderungsklage aus § 323 ZPO beginnt erst mit dem Zeitpunkte, in dem die wesentliche Veränderung der Verhältnisse eingetreten ist und dieses, falls § 852 in Frage steht, dem Verletzten auch bekannt geworden war (RG 86, 181 und die dort angeführten Urteile). In gleicher Weise ist für Rentenansprüche aus dem Reichshaftpflichtgesetz, die wegen der Geldentwertung erhöht werden, davon auszugehen, daß für den Anspruch auf die Erhöhung die Verjährungsfrist des § 8 dieses Gesetzes nicht vom Tage des Unfalles, sondern erst vom Eintritt der die Erhöhung bedingenden Änderung der Verhältnisse an zu laufen beginnt; die durch die Erhebung der Klage bewirkte Unterbrechung der Verjährung ergreift auch den später wegen der Geldentwertung erweiterten Anspruch (RG 108, 38; vgl. 106, 184). Über die Verjährung von Aufwertungsansprüchen s. § 202 A 2. Die Verjährung der Forderung gegen den Fiskus aus § 12 GewO beginnt erst, wenn feststeht, daß eine Klage gegen den Ersatzpflichtigen aussichtslos ist (RG 31. 3. 15 V 327/14). — Bei **dinglichen Rechten** entsteht der Anspruch erst mit der Verletzung (§ 194 A 1). Bei **Schuldverhältnissen** wird die Entstehung des Anspruchs regelmäßig mit der Entstehung des Gläubigerrechts zusammenfallen, und zwar ohne Rücksicht auf einen etwaigen Verzug, so bei der Verwahrung, bei welcher die hinterlegte Sache „jederzeit" zurückgefordert werden kann (§ 695); ferner beim Kaufe, wo die Forderung auf den Preis unter gewöhnlichen Umständen (s. Ausnahme unter § 202 Abs 1) mit dem Abschlusse des Vertrags entstanden ist (RG 62, 178; 83, 179). Anders bei *bedingten* Ansprüchen, die erst mit Eintritt der Bedingung wirksam werden, und *bei befristeten*, bei denen der Zeitpunkt der Verfolgbarkeit des Anspruchs hinausgeschoben ist. Entstanden sind diese Ansprüche im Sinne des § 198 erst mit Eintritt der Bedingung oder des Zeitpunkts. Vgl. auch RG 65, 245 bei A 1. Entsprechend sind Ansprüche, die den erfolgten Rücktritt von einem Rechtsgeschäfte zur Voraussetzung haben, erst bei deren Erfüllung entstanden. *Bei nachträglich eingetretener Vergrößerung* des Schadens beginnt insoweit eine neue Verjährung (RG 2. 6. 10 VI 381/09); gleichfalls wenn an die Stelle des ursprünglichen Vertragsanspruchs der Schadensersatzanspruch *wegen Nichterfüllung* (§§ 280, 283, 325, 326) tritt; denn hier liegt ebenfalls ein neu entstandener Anspruch vor. — *Sonderbestimmungen* der §§ 558, 606, 638 (Ersatzansprüche des Vermieters, Verleihers und des Bestellers). — Bei Ansprüchen auf *wiederkehrende Leistungen* beginnt hinsichtlich jeder Leistung eine besondere Verjährung. In Ansehung der Nebenleistungen vgl. noch § 224.

Über den Beginn der Verjährung von **Schadensersatzansprüchen aus unerlaubter Handlung** vgl. § 852. Hier sei nur auf folgende Grundsätze hingewiesen: Der einmal entstandene Schadensersatzanspruch umfaßt als einheitlicher Anspruch auch die späteren schädigenden Folgen des Verhaltens des Verpflichteten, soweit sie sich voraussehen und erwarten ließen (RG 83, 360; 87, 311). Das gilt jedoch nur insoweit, als die nachteiligen Folgen aus der einmal angenommenen Handlung ohne erneutes Zutun immer wieder eintreten, gilt dagegen nicht, wenn schädigende Handlungen, obwohl gleichartiger Natur, immer wieder vorgenommen werden, beispielsweise schädigende Immissionen aus Zuführung von Abwässern (RG JW 12, 31[15] und RG 30. 9. 16 V 167/16), oder bei Fortsetzung eines schädigenden Fabrikbetriebes (RG 26. 9. 18 V 120/18). Der aus einer unerlaubten Handlung erwachsende voraussehbar gewesene Schaden stellt andernfalls eine Einheit und nicht etwa eine Summe verschiedener selbständiger Einzelschäden dar (RG 70, 157; 85, 424; 86, 181; Warn 1914 Nr 84), während die Entstehung eines neuen Schadens ein neues selbständiges Ereignis voraussetzt (RG 20. 2. 15 V 441/14). Die infolge der Veränderung aller Verhältnisse eingetretene Erhöhung der Kosten für die *Wiederherstellung einer beschädigten Sache* stellt eine neue Schadensfolge dar und unterliegt daher einer besonderen Verjährung (RG 102, 143). Diese jedenfalls dem Rechtsgefühle entsprechende Entscheidung ist auch sonst zu billigen, weil der haftbare Urheber des Schadens grundsätzlich für alle Folgen einzustehen hat, auch soweit, als solche konkret nicht voraussehbar und nicht erkennbar waren (§ 276 A 3 Abs 2), als aber die schädlichen Wirkungen noch auf seine Handlungsweise ursächlich zurückzuführen sind, und das kann auch betreffs des Umstandes zutreffen, daß nachträglich Zustände eingetreten sind, infolge deren (etwa auch der inzwischen eingetretenen Geldentwertung) die Wiederherstellungskosten wesentlich gesteigert sind, und alsdann stellt sich dieser Anspruch allerdings als ein neuer dar. Allerdings ist hierbei ein besonderer Vorbehalt zu machen, dessen Berücksichtigung in der genannten Entscheidung zu vermissen ist: das Erfordernis der gesteigerten Aufwendung darf nicht erst dadurch veranlaßt sein, daß der Geschädigte, der sich zur Herstellung der Sache entschlossen hatte (§ 249 Satz 2), die Vornahme der erforderlichen Maßnahmen schuldhaft und ohne Not verzögert hat; denn dadurch wäre der ursächliche Zusammenhang unterbrochen. Mit

Recht hat das Urteil RG JW 1921, 1230[3] der Verjährungseinrede stattgegeben bei einem erst nachträglich aus § 847 wegen einer zugefügten Knieverletzung erhobenen Anspruche, mit der Ausführung, daß dieser Anspruch gegenüber denen aus den §§ 842, 843 zwar eine besondere Forderung darstelle, daß aber die durch die Verletzung begründeten Folgen voraussehbar gewesen seien.

Weitere Voraussetzungen für den Beginn der Verjährung als die unter A 1 u. 2 angegebenen **kennt das Gesetz nicht.** Insbesondere ist bei Schuldverhältnissen grundsätzlich nicht Erfordernis eine bereits erfolgte Rechtsverletzung oder das Unterrichtetsein des Gläubigers von seinem Anspruch (JW 1912, 70[6]). Mangelnde Kenntnis vom Bestehen des Anspruchs ist dementsprechend in der Regel auch kein Hemmungsgrund. Nur der Lauf der dreijährigen Verjährung (nicht auch der dreißigjährigen, RG 95, 79) beginnt nach § 852 bei Ansprüchen aus unerlaubten Handlungen ausnahmsweise erst mit der Kenntnis des Ersatzberechtigten vom Schaden (jedoch nicht auch von dessen Umfange; RG 63, 255) sowie von der Person des Ersatzpflichtigen, und eine entsprechende Bestimmung gibt § 2332 hinsichtlich des Pflichtteilsanspruchs. Dessen Verjährung beginnt mit Kenntnis von dem Erbanfalle und der den Berechtigten verletzenden Verfügung, ohne daß es auch der Kenntnis vom Nachlaßstande bedarf (RG 104, 197). Desgleichen beginnt die Verjährung gemäß § 151 des preuß. Berggesetzes erst dann, wenn der Beschädigte eine so volle Kenntnis des Schadens und seines Urhebers erweislich erlangt hat, als zur Klageanstellung erforderlich ist (RG JW 1911, 726[37]); ferner bei Ersatzansprüchen des Prinzipals gegen den Handlungsgehilfen gemäß § 60 Abs 1 HGB erst mit dem Zeitpunkte, wo der erstere von der Zuwiderhandlung Kenntnis erhält (RG 63, 255). Als dem Verletzten bekanntgeworden muß der Schaden insoweit gelten, als die nachträglichen Folgen der schädigenden Tatsache auch dem Umfange nach bereits voraussehbar waren; spätere wesentliche Verschlimmerungen, deren Eintritt nicht zu erwarten war, sind dem Geschädigten dagegen zuzurechnen (RG Warn 1916 Nr 137; Gruch 65, 610). Anders bei Forderungen auf Schadensersatz auf Grund des § 8 HaftpflG, wo die Regel des § 198 Satz 1 gilt, und also schon der Zeitpunkt des Unfalls unbedingt entscheidend ist.

3. Zuwiderhandeln gegen den Anspruch auf ein Unterlassen. Praktisch bedeutungslos ist der Streit, ob man in Satz 2 eine Folgerung aus dem in Satz 1 ausgesprochenen Grundsatze oder eine Abweichung von dieser Regel zu finden hat. Die Entscheidung hängt davon ab, ob man annimmt, daß der Anspruch auf Unterlassung erst mit der Zuwiderhandlung oder schon mit der Begründung des Rechtsverhältnisses entsteht. Die Verjährung indessen kann jedenfalls erst mit der Zuwiderhandlung beginnen, so daß eine Verjährung überhaupt nicht in Frage kommen könnte, falls im besondern Falle nur die Verpflichtung zu einer einmaligen Unterlassung gegeben wäre, weil in diesem Falle nach erfolgter Zuwiderhandlung ein Anspruch auf die Unterlassung überhaupt nicht mehr verwirklicht werden könnte. Bei Ansprüchen auf dauernde Unterlassung hebt bei jeder wiederholten Zuwiderhandlung eine neue besondere Verjährung an (RG 49, 20; JW 02, 101[49]), so daß sie nicht vor der letzten Zuwiderhandlung zur Vollendung gelangen kann (RG 80, 438; betreffend einen Unterlassungsanspruch aus § 8 des UnlWG). Im übrigen liegt auch hier (vgl. § 194 A 1) kein zwingender Grund vor, Satz 2 nur hinsichtlich solcher Ansprüche anzuwenden, die von Hause aus gegen eine bestimmte Person gerichtet sind, ihn dagegen außer Anwendung zu lassen, falls der Anspruch auf Unterlassung gegen eine bestimmte Person erst dadurch zur Entstehung kommt (wie bei dinglichen Ansprüchen der Fall ist, §§ 1004, 1027), daß die Person das Recht des Berechtigten verletzt oder beeinträchtigt hat (a. A. Planck A 2 zu § 198). Vgl. § 194 A 1 gegen das Ende.

§ 199

Kann der Berechtigte die Leistung erst verlangen, wenn er dem Verpflichteten gekündigt hat, so beginnt die Verjährung mit dem Zeitpunkte, von welchem an die Kündigung zulässig ist[1]). Hat der Verpflichtete die Leistung erst zu bewirken, wenn seit der Kündigung eine bestimmte Frist verstrichen ist, so wird der Beginn der Verjährung um die Dauer der Frist hinausgeschoben[2]).

E I 158 II 165; M 1 308 ff.; P 1 209 ff.

1. Kündbare Leistungen. § 199 wie § 200 Satz 1 wollen den Gläubiger hindern, den Beginn der Verjährungsfrist dadurch hinauszuschieben, daß er den Zeitpunkt, wo er die Leistung fordern kann, willkürlich hinausschiebt. Es handelt sich um die Anwendung des Grundsatzes: toties praescribitur actioni nondum natae, quoties nativitas est in potestate creditoris.

Seine Anwendbarkeit ist aber nur unter den Voraussetzungen der beiden genannten Paragraphen (199 u. 200) anerkannt. Falls die Leistung gemäß § 271 Abs 1 sofort gefordert werden kann, beginnt auch die Verjährung sofort (§ 605 Leihe; § 695 Verwahrung). Ist die Kündbarkeit um eine gewisse Frist hinausgeschoben (§ 271 Abs 2), dann beginnt die Verjährung erst mit Ablauf dieses Zeitraums, so daß der Beginn der Verjährung gewöhnlich mit dem Zeitpunkte der Fälligkeit zusammenfällt (RG 3. 5. 19 V 347/18). Voraussetzung ist dabei, daß der Schuldner auf die erfolgte Kündigung auch sofort zu leisten hat. Für den andern Fall vgl. A 2. Kündbarkeit steht im Sinne des § 199 nur dann in Frage, wenn es vom freien Willen des Gläubigers abhängt, die Klagbarkeit der Forderung herbeizuführen; sie ist daher nicht gegeben, wenn der Berechtigte die Leistung erst nach einer gewissen Zeit fordern kann (RG 31. 3. 11 II 413/10).

2. **Gesetzliche Hinausschiebung des Beginns der Verjährung.** Diese Regelung war für die Fälle erforderlich, in denen der Schuldner auch auf die erfolgte Kündigung nicht sofort, sondern erst nach Ablauf einer bestimmten Frist zu leisten braucht. Beträgt beispielsweise die Leistungsfrist bei einem am 1. April gegebenen, sofort kündbaren Darlehn nach § 609 drei Monate, so würde die Verjährung nach Satz 1 schon am 1. April beginnen müssen, unter Berücksichtigung des Satz 2 jedoch beginnt sie erst mit dem 1. Juli (Fristberechnung nach §§ 187 Abs 1 u. 188 Abs 2). Ob der Schuldner nach § 271 Abs 2 berechtigt gewesen wäre, die Leistung früher anzubieten, als der Gläubiger fordern konnte, ist für den Beginn der Verjährung unerheblich.

§ 200

Hängt die Entstehung eines Anspruchs davon ab, daß der Berechtigte von einem ihm zustehenden Anfechtungsrechte Gebrauch macht, so beginnt die Verjährung mit dem Zeitpunkte, von welchem an die Anfechtung zulässig ist[1]). Dies gilt jedoch nicht, wenn die Anfechtung sich auf ein familienrechtliches Verhältnis bezieht[2]).

Rev. E 195; P 1 209, 211; 6 139 ff., 150, 200.

1. Vgl. § 199 A 1. Der Anspruch kann **von Geltendmachung eines Anfechtungsrechts abhängen,** so z. B. der Herausgabeanspruch aus § 812, wenn auf Grund eines anfechtbaren Rechtsgeschäfts geleistet worden war. Die Zulässigkeit der Anfechtung ist gegeben, sobald die objektiven Bedingungen der Anfechtbarkeit erfüllt sind, während es für den Beginn der Verjährung auf die Kenntnis des Berechtigten vom Vorhandensein des Anfechtungsgrundes nicht ankommen soll (vgl. § 198 A 2). Es wird auf diese Weise vermieden, daß sich der Beginn des Fristlaufs übermäßig jemals hinauszieht. Denn an sich ist es denkbar, daß der Berechtigte die Anfechtbarkeit des Geschäfts erst nach langen Jahren kennenlernt. Im Falle der Anfechtung eines Rechtsgeschäfts verjährt sonach der daraus entstandene Bereicherungsanspruch zugleich mit Ablauf der dreißigjährigen Ausschlußfrist aus § 121 Abs 2, da diese Frist und die Verjährungsfrist zeitlich zusammenfallen. Die Verjährung des Bereicherungsanspruchs beginnt aber gegebenenfalls erst mit dem Zeitpunkt, wo die Leistung auf Grund des angefochtenen Rechtsgeschäfts bewirkt worden ist; die Verjährung dagegen des Anspruchs auf die geschuldete Leistung bereits mit dem Zeitpunkte der Zulässigkeit der Anfechtung. — Diente das anfechtbare Rechtsgeschäft nicht zur Begründung, sondern zur Beseitigung eines gegebenen Anspruchs (Erlaß, Aufrechnung, Vergleich), dann soll der § 200 nach RG 86, 367 nicht anwendbar sein. Eine entsprechende Anwendung scheint hier aber doch geboten; denn, ob die Entstehung eines Anspruchs, oder ob das Wiederaufleben eines zuvor erloschenen Anspruchs in Frage steht, scheint doch für den Rechtsgedanken des § 200 gleichwertig zu sein. Die entsprechende Anwendung dieser Vorschrift würde daher ergeben, daß die Anspruchsverjährung zunächst zwar nach dem Grundsatze des § 198 zu laufen begonnen hätte, daß ihr Lauf demnächst aber durch das anfechtbare Rechtsgeschäft (den Erlaß oder den Vergleich) gehemmt worden, und daß sie erst von dem Zeitpunkte ab weitergelaufen wäre, in dem die Anfechtung des fraglichen Rechtsgeschäfts zulässig geworden war, was indes mit dem Zeitpunkte der Vornahme des Rechtsgeschäfts zusammenfallen kann, sofern nämlich schon damals die objektiven Voraussetzungen der Anfechtbarkeit gegeben waren.

2. **Bei familienrechtlichen Verhältnissen,** so wenn sich die Anfechtung bezieht auf die Ehe (§§ 1330—1347), die Ehelichkeit eines Kindes (§§ 1593 ff.) und auf die Annahme an Kindes Statt (§ 1755), verbleibt es bei der Regel, daß die Verjährung des durch die Anfechtung bedingten Anspruchs (etwa der auf Rückgabe des Frauenguts) allemal erst mit der Entstehung dieses Anspruchs beginnt, also erst in dem Zeitpunkte, in dem die Anfechtung wirklich geltend gemacht worden ist.

§ 201

Die Verjährung der in den §§ 196, 197 bezeichneten Ansprüche beginnt mit dem Schlusse des Jahres, in welchem der nach den §§ 198 bis 200 maßgebende Zeitpunkt eintritt[1]). Kann die Leistung erst nach dem Ablauf einer über diesen Zeitpunkt hinausreichenden Frist verlangt werden, so beginnt die Verjährung mit dem Schlusse des Jahres, in welchem die Frist abläuft[2]).

E I 159 II 166; M 1 310; P 1 211, 216 ff.; 6 140 ff.

1. Hier wird im Gegensatze zu den §§ 199 u. 200 der Beginn der Verjährung über die Entstehung des Anspruchs hinaus auf einen späteren Termin verlegt, und zwar auf den **Schluß des Jahres**, d. i. des Kalenderjahrs, in welchem der Anspruch, vom Gesichtspunkte der §§ 198, 199 aus beurteilt, als entstanden anzusehen ist. Vgl. die §§ 198, 199 Satz 1 u. 2, 200, 202. Da das Kalenderjahr mit dem 31. Dezember abschließt, kann somit die Verjährung in den zutreffenden Fällen immer erst mit dem 1. Januar des nächstfolgenden Kalenderjahrs anfangen.

2. Wenn die **Fälligkeit eines Anspruchs erst nach dessen Entstehung eintritt**, so bestimmt sich dasjenige Jahr, mit dessen Schlusse die Verjährung beginnt, nach dem Zeitpunkte der Fälligkeit, so daß unter Umständen der Beginn der Verjährung um ein weiteres Jahr hinausgeschoben wird. Demnach beginnt die Verjährung der Forderung eines Kaufmanns regelmäßig mit dem Schlusse desjenigen Jahres, in welchem der Vertrag geschlossen ist, und nicht desjenigen, in welchem er die Kaufsache geleistet hat (**RG** 62, 178; 83, 179; vgl. auch § 196 A 1); falls die Fälligkeit jedoch aus irgendeinem Grunde (insbesondere Stundung) erst im folgenden Jahre eintritt, kann die Verjährung erst mit dem 1. Januar des weiterhin folgenden Jahres anfangen. Wird in den Fällen der §§ 196, 197 der Lauf der Verjährung unterbrochen (§§ 208 ff.), so hat dies nur zur Folge, daß nach der Beendigung der Unterbrechung eine neue Verjährung beginnt, und zwar sofort mit Beendigung der Unterbrechung; für die Anwendung des § 201 besteht hier dagegen kein Raum, da der „nach den §§ 189—200 maßgebende Zeitpunkt" nicht von neuem eintreten kann (**RG** 65, 268).

§ 202

Die Verjährung ist gehemmt[1]), solange die Leistung gestundet oder der Verpflichtete aus einem anderen Grunde vorübergehend zur Verweigerung der Leistung berechtigt ist[2]).

Diese Vorschrift findet keine Anwendung auf die Einrede des Zurückbehaltungsrechts, des nicht erfüllten Vertrags, der mangelnden Sicherheitsleistung, der Vorausklage sowie auf die nach § 770 dem Bürgen und nach den §§ 2014, 2015 dem Erben zustehenden Einreden[3]).

E I 162 II 168; M 1 312 ff.; P 1 215 ff.; 2 518; 6 141, 383.

1. Die §§ 202—205 handeln von der **Hemmung der Verjährung.** Die §§ 200—204 geben die Hemmungsgründe an, der § 205 bestimmt ihre Wirkungen. Das Gesetz hat hier solche Fälle im Auge, in denen die Verjährungsfrist an sich in Lauf gesetzt ist, und die Verjährung in der zutreffenden Zeit sich auch vollenden würde, falls der Fristverlauf voll zur Anrechnung kommen dürfte, in denen jedoch jener Erfolg ausbleibt, weil die Anrechnung eines gewissen Zeitraums unterbleiben muß. **Hemmung** bedeutet mithin sachlich nichts anderes als Ruhen des Fristlaufs infolge Vorhandenseins und Fortwirkens eines Hemmungsgrundes. Je nachdem dieser beim Anfange der Verjährung oder aber in ihrem weiteren Verlaufe eintritt, hat dies das Ruhen des Fristlaufs von Anfang an oder erst in einem späteren Zeitabschnitte zur Folge. Deshalb kann auch der Fristlauf ersterenfalls erst von da ab beginnen, letzterenfalls aber erst von da ab weitergerechnet werden, wo der Hemmungsgrund beseitigt ist. In jedem Falle ist die praktische Wirkung der Hemmung die, daß sich die eigentliche Verjährungsfrist um den Zeitraum der Hemmung verlängert. (Über die hiervon verschiedene Wirkung der Unterbrechung der Verjährung vgl. § 208 A 1.) Der Grundgedanke der Hemmung spricht sich in dem Satze aus: agere non valenti non currit praescriptio. Die einzelnen gesetzlich ausgesprochenen Hemmungsgründe (A 2, § 203, 204) bilden seine gesetzlich anerkannten Anwendungsfälle. Im übrigen haben mit dem Grundsatze des § 202 alle Fälle getroffen werden sollen (Prot 1, 217), in denen der Geltendmachung des an sich fortbestehenden Anspruchs ein ernstliches Hindernis entgegensteht (**RG** 80, 216, mit Bezug auf die §§ 135, 146 LwUVG) und insbesondere die Einleitung eines gerichtlichen Verfahrens zum Zwecke der Unterbrechung der Verjährung als ausgeschlossen erscheint (**RG**

94, 180). Andere Hemmungsgründe gelten nicht; insbesondere nicht die mangelnde Kenntnis vom Bestehen des Anspruchs, § 198 A 3 (**RG** Warn 1912 Nr 46), selbst wenn die Nichtkenntnis durch ein arglistiges Verhalten des Schuldners herbeigeführt wurde (**RG** 64, 222). Gegebenenfalls könnte der Berechtigte nur die bereits vollendete Verjährung auf Grund des § 249 in Verbindung mit § 286 beseitigen (**RG** a. a. O.). Ein besonderer Fall der Hemmung besteht hinsichtlich der Verjährung eines Anspruchs auf Buße: er ist der Verjährung so lange entzogen, als die Verjährung des entsprechenden Strafanspruchs noch läuft (**RG**St 17. 1. 11 5 D 207/10). Da die Hemmungsursachen sämtlich allein in der Person des Berechtigten oder in den persönlichen Beziehungen zwischen ihm und dem Verpflichteten ihren Grund haben, so folgt, daß die Hemmung unmittelbar auch nur zwischen den Genannten wirkt (vgl. insbesondere für Gesamtschuldverhältnisse die §§ 425 und 429 Abs 3). Mittelbar kann die Hemmung jedoch auch einem Dritten insofern zum Nachteile gereichen, als dieser gegebenenfalls berechtigt wäre, die etwa zugunsten des Schuldners vollendete Verjährung auch für sich geltend zu machen, und als ihn um deswillen die Hinausschiebung des Fristablaufs ebenfalls nachteilig berührt. Das betrifft insbesondere den Bürgen gemäß § 768. — Durch § 137 Abs 2 des GewUVG wird keine Hemmung begründet (**RG** 94, 180).

2. Die **Hemmungsgründe** werden gebildet zunächst durch die aufschiebenden (dilatorischen) Einreden, also solche, welche, ohne das Bestehen des Anspruchs an sich zu berühren, dem Verpflichteten nur vorübergehend das Recht zur Verweigerung der Leistung geben. Außer Betracht bleiben somit die zerstörenden (peremtorischen) Einreden, welche, wie insbesondere nach § 853 die Einrede des Betrugs, ein Recht auf dauernde Verweigerung geben und mithin die Durchführbarkeit des Anspruchs dauernd ausschließen. Die Geltendmachung einer Tatsache, welche den Anspruch zerstört, wie die der Erfüllung, der erfolgten Aufrechnung, der erfolgten Anfechtung, bedeutet nach dem Sprachgebrauche des BGB an sich nicht eine „Einrede". Insoweit handelt es sich nur um die Geltendmachung eines Einwands. — Die nachstehenden **aufschiebenden Einreden** stehen hier in Frage: die der Stundung (**RG** JW 1910 S. 280[3] u. 574[5]; Warn 1919 Nr 2), und zwar einer nachträglichen (andernfalls läge der Tatbestand des § 199 vor; **RG** JW 08, 430[1]); die Verweisung auf die hinterlegte Sache (§ 379); das Verweigerungsrecht des Schenkers aus §§ 519, 526; ferner die Geltendmachung eines persönlichen (Miete) oder dinglichen (Nießbrauch) Rechtes zum Besitze gegenüber dem Eigentumsanspruche auf Herausgabe im Sinne des § 986; weiter die Einrede des Eigentümers gegenüber dem (dinglich) Vorkaufsberechtigten aus § 1100; endlich die Einrede des Miterben bis zur Teilung des Nachlasses, wenn er für Nachlaßverbindlichkeiten aus § 2059 in Anspruch genommen wird. Diese Hemmungsgründe sind auch bei der Wechselverjährung zu berücksichtigen (**RG** 63, 370). Die im Prozesse getroffene Vereinbarung, daß das Verfahren ruhen solle, hat nur eine prozeßrechtliche Wirkung, gewährt dem Schuldner dagegen keine Stundung und kein Leistungsverweigerungsrecht (**RG** JW 1914, 14[4]); die durch die Klageerhebung unterbrochene Verjährung (§ 209) beginnt daher gemäß § 211 Abs 2 wieder zu laufen, und alles das gilt auch dann, wenn die Parteien Ruhen des Prozesses bis zur Erledigung eines andern Rechtsstreits vereinbaren (**RG** 73, 394). Um eine Stundung handelt es sich dagegen, wenn zwischen dem Pflichtteilsberechtigten und dem Erben verabredet wird, daß die ziffermäßige Berechnung des herauszugebenden Pflichtteils wegen noch erforderlicher Feststellung der Nachlaßmasse einstweilen auszusetzen sei. Der § 202 Abs 1 ist auch dann anwendbar, wenn Gläubiger und Schuldner vereinbaren, daß der erstere seine Befriedigung zunächst aus einer ihm dazu vom Schuldner abgetretenen Forderung suchen soll (**RG** 70, 37). Ferner dann, wenn dem Versicherten aus der Unfallversicherung eine Rente durch Bescheid des Vorstandes ausgesetzt worden ist, dieser Bescheid demnächst aber durch Urteil des Schiedsgerichts wieder aufgehoben wird (**RG** 80, 213). — Für Aufwertungsansprüche ist § 202 sinngemäß dahin anzuwenden, daß ihre Verjährung frühestens im Laufe des Jahres 1923, in keinem Fall vor dem Urteile des Reichsgerichts vom 6. 8. 23 (**RG** 106, 422), beginnen konnte, weil bis dahin ein Aufwertungsanspruch jedenfalls grundsätzlich und allgemein noch nicht anerkannt war (**RG** 111, 147; **RG** JW 1926, 154[4]; 1927, 983[17]; **RG** Warn 1925 Nr 190; 1926 Nr 126; **RG** SeuffA 80 Nr 128, 173; **RG** 4. 4. 26 I 272/25; 19. 10. 26 III 211/26; vgl. auch OLG 46, 78). Der gleiche Grundsatz ist auch für Klagen auf Schadensersatz wegen Geldentwertung anzuwenden, da auch diese erst durchdringen konnten, nachdem sich der Aufwertungsgedanke Bahn gebrochen hatte (**RG** LZ 1927, 39[4]; Recht 1926 Nr 785). Als Zeitpunkt, wann Aufwertungsansprüche oder Schadensersatzansprüche wegen Geldentwertung mit Aussicht auf Erfolg geltend gemacht werden konnten, ist in der angegebenen Rechtsprechung schließlich die zweite Hälfte des Jahres 1923 angenommen worden.

3. Den in Abs 2 aufgeführten verzögerlichen Einreden ist die **Wirkung der Hemmung** ausnahmsweise **versagt**, nämlich dem Zurückbehaltungsrechte (§§ 273, 274, 1000, 1428, 1585); der Einrede des nichterfüllten Vertrags (§ 320); der Einrede mangelnder Sicher-

heitsleistung (§§ 258, 811, 867, 997, 1005, 1049 Abs 2, 2125 Abs 2); den Einreden des Bürgen (§§ 771, 770 Abs 1); den Einreden des Erben (§§ 2014, 2015; vgl. auch die Sonderbestimmung § 2332 Abs 3). Denn wie dem Berechtigten das Recht entzogen wird, den Beginn der Verjährung willkürlich aufzuhalten (oben §§ 199 u. 200 A 1), so soll es ihm anderseits auch verwehrt sein, ihre Vollendung dadurch zu hemmen, daß er durch Unterlassung der eigenen Leistung, bzw. der Sicherheitsleistung oder der Inanspruchnahme des Hauptschuldners, sich eine aufschiebende Einrede willkürlich lange erhält.

§ 203

Die Verjährung ist gehemmt, solange der Berechtigte durch Stillstand der Rechtspflege innerhalb der letzten sechs Monate der Verjährungsfrist an der Rechtsverfolgung verhindert ist[1]).

Das gleiche gilt, wenn eine solche Verhinderung in anderer Weise durch höhere Gewalt herbeigeführt wird[2]).

E I 164 II 169, 165; M 1 315 ff.; P 1 218 ff.

1. Hemmung § 202 A 1. **Stillstand der Rechtspflege** als Hemmungsgrund. Voraussetzung ist, daß die Gerichtstätigkeit selbst eingestellt ist, nicht, daß nur der Berechtigte persönlich gehindert ist, das Gericht in Anspruch zu nehmen (Unzugänglichkeit wegen Überschwemmung). Bloße Erschwerung kommt nicht in Betracht. Falls der Berechtigte zwischen mehreren Gerichtsständen die Wahl hat, könnte der Stillstand der Rechtspflege an nur einem der mehreren Gerichte die Verjährung jedenfalls dann nicht hemmen, wenn es dem Berechtigten an einem erheblichen Grunde fehlte, die Ausübung des Wahlrechts zu unterlassen, zumal wenn er dies in der Absicht täte, den Verpflichteten zu schädigen (§ 226). Die Ansicht, daß der Gerichtsstillstand auch bei nur einem Gerichte unbedingt einen Hemmungsgrund bilde (Staudinger A 5; Dernburg I § 179 A 11), kann sonach nicht gebilligt werden. — Die Gerichtsferien spielen, da auch während ihres Verlaufs die Erhebung der Klage möglich ist, keine Rolle (RG 68, 57).

2. Der Begriff **höhere Gewalt**, der vom BGB noch in den §§ 701 (Haftung des Gastwirts) und 1996 (Verhinderung des Erben an der Inventarerrichtung) verwertet wird, ist als gegeben vorausgesetzt (M 1, 317 ff.). Nach der absoluten Theorie gehören zur höheren Gewalt alle Ereignisse, welche von außen her eingreifen und die unter gewöhnlichen Umständen voraussehbaren Gefahren merklich übersteigen (RG 95, 24; 101, 95; Warn 1920 Nr 172 u. 174). Nach der relativen Theorie ist überhaupt kein allgemeiner Maßstab gegeben, es kommt vielmehr auf die jedesmaligen Verhältnisse an; nach ihnen ist zu prüfen, ob der Handelnde auch bei Anwendung eines höheren Grades von Aufmerksamkeit und von Vorsicht imstande war, die Gefahr vorauszusehen und abzuwenden. Der letztere Standpunkt ist der begründetere. Auszugehen ist von der Auffassung, daß die höhere Gewalt eine besondere Art des Zufalls ist, d. i. eines Ereignisses, das vom Handelnden nicht verschuldet ist und von ihm auch bei Anwendung der allgemein erforderlichen Aufmerksamkeit nicht vorausgesehen werden konnte. In der Regel befreit nun ein solches Ereignis von der Haftung. Soweit aber das Gesetz eine Verantwortlichkeit darüber hinaus annimmt, und die Befreiung erst unter der Voraussetzung der „höheren Gewalt" eintreten lassen will, reicht dazu nicht schon ein Zufall im gewöhnlichen Sinne aus. Es muß vielmehr ein Ereignis eingetreten sein, das auch bei Anwendung aller Vorsicht und Aufmerksamkeit nicht voraussehbar und selbst mit allen zu Gebote stehenden Mitteln nicht abzuwenden war (RG 95, 65). Falls daher mit gewissen Betrieben die Gefahr des Zufalls schon der Natur der Sache nach verbunden ist, so daß gewisse Unfälle mehr oder minder häufig vorzufallen pflegen, wird man von höherer Gewalt folgerichtig nur dann sprechen können, wenn sich das Ereignis, auch nach dem zuvor bezeichneten Maßstabe bemessen, noch als ein außergewöhnliches darstellt. Mit den in der Gefährlichkeit des Betriebs ohnehin begründeten Gefahren hat der Unternehmer allemal zu rechnen. Da nun die höhere Gewalt ihrer Natur nach, wie gesagt, gleichwohl eine besondere Art von Zufall bedeutet, so folgt endlich, daß ihr Vorhandensein namentlich ausgeschlossen ist durch jede Art von Verschuldung des Handelnden. Das Ereignis muß vielmehr von außen her eingewirkt haben (vgl. RG 95, 65; 21, 16; 44, 27; 50, 92; 54, 407; 64, 404; JW 1910, 1000[7]). Als Richtschnur für den Begriff höhere Gewalt, insbesondere im Falle des § 203, können die Bestimmungen des § 233 ZPO (RG 87, 52; RG 30. 6. 24 IV 72/24) und des § 44 StPO gelten. Sie berechtigen zur Wiedereinsetzung in den vorigen Stand, wenn die Einhaltung einer Notfrist, bzw. Frist, „durch Naturereignisse oder andere unabwendbare Zufälle" verabsäumt worden ist. Und solche sind ein Ereignis, „das nach den gegebenen, nach der Besonderheit des Falles zu berücksichtigenden Umständen auch durch die äußerste, diesen Umständen angemessene und vernünftigerweise zu erwartende Sorgfalt weder abzuwenden noch in seinen schädlichen Fol-

gen zu vermeiden ist" (RG 48, 409). — Der Begriff der höheren Gewalt (§ 1 HaftpflG) deckt sich nicht mit dem Begriffe des unabwendbaren Ereignisses (§ 7 Abs 2 KraftFahrG); der letztere Begriff stellt vielmehr eine Erweiterung des ersteren dar; die Frage, ob ein Ereignis mit gewisser Regelmäßigkeit wiederzukehren pflegt, ist auch nur hinsichtlich der höheren Gewalt von Bedeutung (RG 86, 151). Die Haftung aus § 1 HaftpflG (für Schaden an der Person), sowie aus § 25 des preuß. Eisenbahngesetzes (für den Sachschaden) tritt nicht ein, wenn der Schaden durch höhere Gewalt oder — was gleichbedeutend ist — durch einen unabwendbaren äußeren Zufall verursacht worden ist; zur Abwendung des Schadens kann unter Umständen auch die Einstellung des Betriebs nötig gewesen sein, dies ist aber die alleräußerste Maßregel, die nicht ergriffen zu werden braucht, ehe sich nicht übersehen läßt, daß etwa das eingetretene Unwetter (Schneesturm) für den Betrieb gefährlich werden kann (RG 101, 96). Befreiung von der Haftung tritt aus dem Grunde höherer Gewalt auch dann nicht ein, wenn eine der Bahn zur Beförderung (als Eilgut) übergebene Sache auf dem Bahnhofe geraubt worden ist und die Bahnverwaltung unterlassen hatte, dort Sicherungsmaßregeln zu treffen, wiewohl sie nach den vorausgegangenen Vorkommnissen mit erneuten Plünderungen oder Beraubungen rechnen hätte müssen (RG Warn 1920 Nr 174). Auch ist der Streik von Eisenbahnbeamten, falls der Verlust von Umzugsgut an ihm lag, der Eisenbahn nicht als höhere Gewalt zuzugestehen, weil der Streik nicht als ein von außen her auf den Betrieb einwirkendes Ereignis anzusehen ist, vielmehr aus den Entschließungen der Eisenbahnbeamten selbst ausgeht, für die die Eisenbahn haftet (RG 104, 151). Das schuldhafte Verhalten eines Bahnangestellten stellt niemals höhere Gewalt im Sinne des RHaftpflG dar (RG 61, 64; Warn 1915 Nr 149; Gruch 65, 75). Die durch Krieg herbeigeführte Blockade von Seehäfen stellt höhere Gewalt dar (RG JW 1922, 158[1]). — Wird ein Wechsel von der Staatsanwaltschaft beschlagnahmt, so ist der Kläger im Wechselprozesse an der Rechtsverfolgung durch höhere Gewalt um deswillen nicht gehindert, weil er den Prozeß nach § 596 in das ordentliche Verfahren übergehen lassen kann, aber auch deswegen nicht, weil ihm die Möglichkeit gegeben ist, den Prozeß durch Gerichtsbeschluß aussetzen zu lassen (RG 72, 187). Schwere Erkrankung ist noch kein Hemmungsgrund im Sinne des Abs 2; sie ist es erst dann, wenn dem Berechtigten infolge seines Zustandes (Bewußtlosigkeit, Fieberdelirien) die Besorgung seiner Angelegenheiten schlechthin unmöglich geworden war (RG Warn 1912 Nr 153). Denn stets muß es sich um ein von außen wirkendes Ereignis handeln, das unter den gegebenen Umständen auch durch die äußerste, diesen Umständen angemessene Sorgfalt und Umsicht nicht verhütet werden konnte (RG JW 1910, 1000[7]), und das außerhalb des dem Betriebe eigentümlichen Gefahrenkreises gelegen ist (RG JW 1911 S. 192[28] u. 227[43]). — Die verzögerte Entscheidung über ein Armenrechtsgesuch im Anwaltsprozesse kann (als unabwendbarer Zufall) eine Hemmung der Verjährung begründen (RG 87, 52).

§ 204

Die Verjährung von Ansprüchen zwischen Ehegatten ist gehemmt, solange die Ehe besteht[1]). Das gleiche gilt von Ansprüchen zwischen Eltern und Kindern[2]) während der Minderjährigkeit der Kinder und von Ansprüchen zwischen dem Vormund und dem Mündel während der Dauer des Vormundschaftsverhältnisses[3]).

E I 168 II 170; M 1 324 ff.; P 1 221 ff.

1. Hemmung § 202 A 1. Die in § 204 aufgeführten Hemmungsgründe sind von Amts wegen zu berücksichtigen (RG JW 08, 192[4]) und greifen bei Ansprüchen aller Art Platz. **Bestehende Ehe** als Hemmungsgrund. Im Falle der Scheidung durch Urteil endet die Ehe mit der Rechtskraft des Urteils (§ 1564). Im Falle der Anfechtung ist sie zwar als von Anfang an nichtig anzusehen (§ 1343), aber solange die Anfechtung noch nicht erfolgt ist, besteht die Ehe und ruht infolgedessen die Verjährung. Dieser Zustand kann gegebenenfalls auch nicht dadurch als rückwärts beseitigt gedacht werden, daß die Ehe nachträglich angefochten wird. Denn es wäre unbillig, zuungunsten des Ehegatten, der im Vertrauen auf das Bestehen der Ehe von Geltendmachung seines etwaigen Anspruchs gegenüber dem andern Teile Abstand genommen hat und davon nach damaliger Sachlage auch gefahrlos Abstand nehmen konnte, nach erfolgter Anfechtung der Ehe anzunehmen, die Verjährung seines Anspruchs habe trotzdem bereits in dem Zeitpunkte begonnen, in welchem der Anspruch geltend gemacht werden konnte (a. M. Staudinger A 3a und Planck A 2 zu § 204). In Befolgung obiger Gesichtspunkte wird man auch annehmen dürfen, daß auch im Falle einer schon an sich nichtigen Ehe dem gutgläubigen Teile der § 204 zur Seite steht. Im übrigen kann freilich eine nichtige Ehe überhaupt nicht als eine bestehende gelten.

2. Verhältnis **zwischen Eltern und Kindern**, einschließlich des Verhältnisses, welches durch Annahme an Kindes Statt (§ 1757), durch nachträgliche Eheschließung (§ 1719) und durch Ehelichkeitserklärung (§§ 1723, 1736) geschaffen wird. Auf das Bestehen der elterlichen Gewalt über das minderjährige Kind kommt es nach dem Gesetze nicht an.

3. Verhältnis **zwischen Vormund und Mündel**, dem dasjenige zwischen Pfleger und Pflegebefohlenen nach § 1915 entsprechend gleichgestellt ist. Der Gegenvormund ist zwar nicht gleichfalls Vertreter des Mündels, aber er wirkt bei der Vermögensverwaltung mit, und daher ist es richtig, den § 204 auch in diesem Verhältnisse Platz greifen zu lassen.

§ 205

Der Zeitraum, während dessen die Verjährung gehemmt ist, wird in die Verjährungsfrist nicht eingerechnet[1]).

E I 161 Abs 1; M 1 311 ff.; P 1 212.

1. Vgl. § 202 A 1, ferner die §§ 203, 204.

§ 206

[1]) Ist eine geschäftsunfähige oder in der Geschäftsfähigkeit beschränkte Person ohne gesetzlichen Vertreter[2]), so wird die gegen sie laufende Verjährung nicht vor dem Ablaufe von sechs Monaten nach dem Zeitpunkte vollendet, in welchem die Person unbeschränkt geschäftsfähig wird oder der Mangel der Vertretung aufhört. Ist die Verjährungsfrist kürzer als sechs Monate, so tritt der für die Verjährung bestimmte Zeitraum an die Stelle der sechs Monate[3]).

Diese Vorschriften finden keine Anwendung, soweit eine in der Geschäftsfähigkeit beschränkte Person prozeßfähig ist[4]).

E I 166; M 1 318 ff.; P 1 219 ff.; 6 241.

1. **Hemmung der Vollendung der Verjährung** (§ 202 A 1). Die §§ 206, 207 wollen in den vorgesehenen Fällen, da regelmäßig damit zu rechnen ist, daß der Geschäftsunfähige sowie auch der in der Geschäftsfähigkeit Beschränkte einen Vertreter hat, der für ihn handeln kann, nicht schlechthin den Lauf, sondern nur den Ablauf der Verjährung hemmen. Demnach können diese Vorschriften auch nur dann Platz greifen, wenn der besondere Hemmungsgrund am Ende der Frist, und zwar innerhalb des im Gesetze bezeichneten Zeitraums von sechs Monaten eintritt. Das Gesetz will diejenigen Personen, die nicht selbständig handeln können und zugleich auch eines Vertreters ermangeln, jedenfalls gegen den Ablauf der Verjährung schützen. Während des vorgesehenen letzten Zeitraums soll daher die Verjährung ruhen (§ 202 A 1). Sobald die Person unbeschränkt geschäftsfähig wird oder einen gesetzlichen Vertreter erhält, ist der Hemmungsgrund beseitigt. Denn nunmehr besteht die Möglichkeit, daß der Vertreter oder der Berechtigte selbst den Ablauf der Verjährung durch eine geeignete Maßnahme unterbricht. — Einen Sonderfall der Ablaufshemmung bietet § 2031, betreffend Ansprüche eines zu Unrecht für tot Erklärten (Frist ein Jahr).

2. Der Anspruch muß der **geschäftsunfähigen** (§ 104) oder einer in der **Geschäftsfähigkeit beschränkten Person** (§§ 106, 114) zustehen, darf also nicht gegen sie gerichtet sein. Eines gesetzlichen Vertreters ermangelt sie nicht schon dann, wenn der bestellte Vertreter nur tatsächlich behindert ist, oder wenn der gegebene Vertreter selbst der Geschäftsfähigkeit gänzlich oder zum Teil entbehrt. Das Fehlen eines gesetzlichen Vertreters wird anderseits nicht dadurch ersetzt, daß der ehemalige Vertreter einen Bevollmächtigten bestellt hatte.

3. Der **Zeitraum**, innerhalb dessen der Hemmungsgrund gegeben sein muß, besteht regelmäßig aus den **letzten 6 Monaten** der Verjährungsfrist, falls aber die Verjährungsfrist an sich weniger als 6 Monate ausmacht, aus der entsprechenden kürzeren Frist.

4. Vgl. ZPO § 52 Abs 1 u. §§ 112, 113 BGB.

§ 207

Die Verjährung eines Anspruchs, der zu einem Nachlasse gehört oder sich gegen einen Nachlaß richtet[1]), wird nicht vor dem Ablaufe von sechs Monaten nach dem Zeitpunkte vollendet, in welchem die Erbschaft von dem Erben angenommen oder der Konkurs über den Nachlaß eröffnet wird oder von welchem an der Anspruch von einem Vertreter oder gegen einen Vertreter

geltend gemacht werden kann[2]). Ist die Verjährungsfrist kürzer als sechs Monate, so tritt der für die Verjährung bestimmte Zeitraum an die Stelle der sechs Monate[3]).

E I 167 II 172; M 322; P 1 221.

1. Hemmung des Verjährungsablaufs (§ 202 A 1, § 206 A 1). **Nachlaßansprüche** §§ 2039, 2212; **Nachlaßverbindlichkeiten** §§ 1967, 2213.

2. Vgl. § 206 A 1, 3, dessen Rechtsgedanke entsprechend hier verwertet ist. Zeitpunkt der ausdrücklichen oder stillschweigenden Erbschaftsannahme oder endlich der unterstellten Annahme infolge von Ablauf der Ausschlagungsfrist (§ 1943); Zeitpunkt der Eröffnung des Nachlaßkonkurses gemäß §§ 1975 ff. **Vertreter** im Sinne des § 207 sind diejenigen Persönlichkeiten, denen nach dem Gesetze die aktive und passive Vertretung des Nachlasses im Prozesse zusteht: der Nachlaßpfleger (§§ 1960, 1961), der Testamentsvollstrecker (§§ 2212, 2213), der Nachlaßverwalter (§ 1975). Ob Vertretung im eigentlichen Sinne (§ 164) vorliegt, darauf kommt es nicht an. Vgl. Vorbem 2 vor § 164.

3. Vgl. § 206 A 3.

§ 208

Die Verjährung wird unterbrochen[1]), wenn der Verpflichtete dem Berechtigten gegenüber den Anspruch durch Abschlagzahlung, Zinszahlung, Sicherheitsleistung oder in anderer Weise anerkennt[2])[3]).

E I 169 II 172; M 1 326 ff.; P 1 222 ff.

1. Die §§ 208—217 regeln die **Unterbrechung der Verjährung.** Während die Hemmung nur ein einstweiliges Ruhen der Verjährung bewirkt (§ 202 A 1) und sich sowohl beim Beginne der Verjährung als auch während des Fristlaufs zu äußern vermag, kann eine Unterbrechung nur im Laufe der begonnenen Verjährung stattfinden, und es ist ihre Wirkung nach § 217 die, daß nach der Unterbrechung der bis dahin abgelaufene Zeitraum überhaupt nicht mehr in Betracht kommt, mithin nach Beseitigung der Unterbrechung nur eine neue Verjährung beginnen kann, und zwar allemal (also gegebenenfalls auch trotz der Bestimmung des § 201) sofort, nicht erst mit Ablauf des Jahres (**RG** 65, 268). Andere als die vom BGB ausdrücklich anerkannten Unterbrechungsgründe haben keine Geltung mehr, insbesondere auch die Mahnung nicht. Die vom BGB anerkannten gelten jetzt aber allgemein, insbesondere auch bei der Wechselverjährung (EGHGB Art 8 Nr 2). Einen eigentümlichen Unterbrechungsgrund hat das Gesetz nur noch in der Sondervorschrift des § 477 Abs 2 gegeben, wonach in den Fällen der §§ 480, 490, 639 Abs 1 der Antrag auf Beweisaufnahme *zur Sicherung des Beweises* zur Unterbrechung genügt, falls die Erhebung des Beweises wirklich beabsichtigt und der Antrag nicht nur zum Scheine gestellt war (**RG** 66, 412). — Die Unterbrechung wirkt bei Vorhandensein von *mehreren Mitberechtigten oder Mitverpflichteten* nur für und gegen denjenigen, in dessen Person die Unterbrechungsgründe eingetreten sind (§§ 425, 429 Abs 3). Die dem Bürgen gegenüber herbeigeführte Unterbrechung wirkt auch nicht gegen den Hauptschuldner, und ebensowenig die gegen den letzteren erfolgende gegenüber dem Bürgen, unbeschadet jedoch seines Rechtes aus § 768, die dem Hauptschuldner zustehende Einrede der Verjährung auch für sich geltend zu machen.

2. Gefordert wird *nicht ein rechtsgeschäftliches* **Anerkenntnis** und nicht die Schaffung eines neuen Verpflichtungsgrundes; vielmehr genügt nach § 208 jede einseitige, nicht einmal im Sinne des § 130 empfangsbedürftige, dem Berechtigten gegenüber vorgenommene Handlung oder Äußerung, durch welche der Verpflichtete dem Berechtigten tatsächlich zu erkennen gibt, daß er den Anspruch als noch bestehend ansehe (**RG** Warn 08 Nr 357; JW 1910, 280[4]). Es genügt also jedes Verhalten dem Gläubiger gegenüber, aus dem das Bewußtsein des Verpflichteten von dem Bestehen der Forderung unzweideutig erhellt (**RG** 73, 131; 78, 132; JW 1914, 14[4]). Denn das Gesetz besagt nicht, daß die Verjährung durch die Anerkennung des Anspruchs unterbrochen werde, sondern fordert nur, daß die Anerkennung durch *Abschlagszahlung, Zinszahlung, Sicherheitsleistung oder in anderer Weise* (beispielsweise durch Stundungsgesuch) zutage trete, und bezeichnet daher nur die rein tatsächlichen Vorgänge als das hier erforderliche Anerkenntnis (M 1, 326; Prot 1, 22 ff.). Nötig ist auch nicht, daß ein bestimmter Schuldgrund anerkannt wird (**RG** 54, 219). Voraussetzung für das Anerkenntnis ist aber jedenfalls, daß der Schuldner den Anspruch des Gläubigers gekannt hat (**RG** JW 07, 302[5]). Ist ein vertragsmäßiges Anerkenntnis beabsichtigt worden, dann hat die Erklärung, falls der Vertrag nicht zustande kommt, keine Bedeutung, mithin auch nicht die einer Anerkennung im Sinne des § 208. Unwesentlich ist endlich, ob der Verpflichtete die Abschlagszahlung usw. selbst leistet oder durch einen Dritten leisten läßt. Daher muß es auch ausreichen, wenn der Verpflichtete die Leistung eines Dritten nachträglich als für sich geschehen

anerkennt (M 1, 327). — Es genügt, wenn die Forderung allein dem Grunde nach anerkannt wird. Hierdurch entsteht die Unterbrechung hinsichtlich des ganzen Betrags (RG Warn 08 Nr 192), sogar dann, wenn der Verpflichtete sich gegen eine Anerkennung der Höhe des Betrags ausdrücklich verwahrt (RG 73, 132; 63, 382; Warn 1910 Nr 416). Eine solche Anerkennung dem Grunde nach kann bezüglich eines Pflichtteilsanspruchs z. B. darin gefunden werden, daß der Erbe auf Verlangen des Pflichtteilsberechtigten diesem nach §§ 2314, 260 durch Vorlegung eines Nachlaßverzeichnisses Auskunft erteilt oder nach §§ 1994, 1967 Abs 2 dem Nachlaßgericht ein Inventar einreicht und nach § 260 Abs 2 oder § 2006 den Offenbarungseid leistet (RG 12. 4. 26 IV 315/25). Die Anerkenung wirkt alsdann wie eine Feststellungsklage. Freilich darf der Verpflichtete sein Anerkenntnis bei teilbaren Verbindlichkeiten nicht ausdrücklich auf einen bestimmten Teil der Schuld eingeschränkt haben (RG 63, 389). Denn diese Anerkennung wirkt grundsätzlich nur so weit, als sie reicht, während in Fällen bezeichneter Art das Anerkenntnis die Verjährung für den ganzen Anspruch grundsätzlich nur dann unterbricht, wenn es sich auf den Anspruch im ganzen bezieht (RG Warn 08 Nr 192), oder wenn das Anerkenntnis eine allgemeine Richtung auf das Bestehen des Anspruchs genommen hat (RG Warn 1911, 82[10]). Bei wiederkehrenden Leistungen läuft die Verjährung für jede einzelne Teilforderung selbständig, so daß die Verjährung durch Anerkennung auch immer nur in entsprechendem Umfange unterbrochen wird. Die **Beweislast** gegenüber dem Einwande der Verjährung trifft den Berechtigten, der die Unterbrechung durch Anerkenntnis behauptet (RG 29. 11. 07 VII 142/07).

3. Zu beurteilen ist die Unterbrechung der Verjährung nach demjenigen örtlichen Rechte, dem das Schuldverhältnis im übrigen angehört (RG 9. 3. 08 VI 208/07).

§ 209

Die Verjährung wird unterbrochen, wenn der Berechtigte auf Befriedigung oder auf Feststellung des Anspruchs, auf Erteilung der Vollstreckungsklausel oder auf Erlassung des Vollstreckungsurteils Klage erhebt[1]).

Der Erhebung der Klage stehen gleich[2]):

1. **die Zustellung eines Zahlungsbefehls im Mahnverfahren;**

1a. **die Geltendmachung eines Anspruchs durch Anbringung eines Güteantrags bei dem Amtsgericht oder einer Gütestelle der im § 495a Abs 1 Nr 1 der Zivilprozeßordnung bezeichneten Art;**

2. **die Anmeldung des Anspruchs im Konkurse;**
3. **die Geltendmachung der Aufrechnung des Anspruchs im Prozesse;**
4. **die Streitverkündung[3]) in dem Prozesse, von dessen Ausgange der Anspruch abhängt;**
5. **die Vornahme einer Vollstreckungshandlung und, soweit die Zwangsvollstreckung den Gerichten oder anderen Behörden zugewiesen ist, die Stellung des Antrags auf Zwangsvollstreckung.**

E I 170 II 175; M 1 327 ff.; P 1 228 ff. — Zu Abs 2 Nr 1a: VO. über das Verfahren in bürgerlichen Rechtsstreitigkeiten v. 13. 2. 24 RGBl. I 135 Art IV Nr 1.

1. § 208 A 1 Unterbrechung. **Klageerhebung** als Unterbrechungsgrund. Ob die Klage auf Leistung oder auf Feststellung — und zwar gemäß § 256 ZPO des dem Anspruche zugrunde liegenden Rechtsverhältnisses —, auf Erteilung der Vollstreckungsklausel (§§ 731, 796, 797 ZPO) oder auf Erlaß des Vollstreckungsurteils gerichtet wird (§§ 722, 1042 ZPO), ist gleichgültig. Auch die Inzidentfeststellungsklage genügt (RG 66, 13). Mängel der Zustellung kommen nicht mehr in Betracht, wenn der Beklagte sie nicht rechtzeitig gemäß § 295 ZPO gerügt hat (RG 87, 271). Daß die Feststellungsklage auch allen prozessualen Bedingungen des § 256 ZPO genügt hat, ist kein Erfordernis, da wirksam bleibt die in ihr enthaltene Willenshandlung (RG 100, 150). Als **„Berechtigter"** kann nur der wirklich Berechtigte, d. h. also nur derjenige in Betracht kommen, den demnächst das Urteil (§ 211) als den Berechtigten ansieht. Auch der nur bedingt Berechtigte ist Berechtigter im Sinne des Gesetzes (RG JW 1914, 638[2]). Bei Schadensersatzansprüchen, die kraft Gesetzes sofort mit ihrer Entstehung auf eine Berufsgenossenschaft oder auf den Staat übergehen (§ 412), ist Klageberechtigter vom bezeichneten Zeitpunkte ab nur der Rechtsnachfolger (RG 85, 427). Daß die Klage eines sachlich Unzuständigen zuungunsten des Verpflichteten auf den Lauf der Verjährung Einfluß ausüben könnte, läßt sich gar nicht annehmen. Da die Klageerhebung keine Verfügung darstellt (Vorbem 7 vor § 164 a. E.), so können auch die Grundsätze vom Wirksamwerden der Verfügungen Nichtberechtigter durch Zustimmung des Berechtigten (§§ 182—185) nicht Platz greifen. Wird der

Kläger wegen mangelnder sachlicher Zuständigkeit (Aktivlegitimation) abgewiesen, kann von einer Unterbrechung der Verjährung überhaupt keine Rede sein. Wie aber, wenn etwa dem nichtberechtigten Kläger die Forderung während des Prozesses vom Berechtigten abgetreten worden wäre, der Kläger auf Grund dessen den Prozeß fortsetzen würde, und der Einwand der Klageänderung alsdann nicht erhoben oder aber verworfen werden sollte? Alsdann müßte die Unterbrechung der Verjährung für den Zeitpunkt angenommen werden, in dem der Kläger seine Klage nunmehr auf die Abtretung gestützt hätte. Ein Antrag auf Abweisung der negativen Feststellungsklage sowie auf Abweisung der auf negative Feststellung gerichteten Widerklage unterbrechen die Verjährung nicht (RG 60, 387; 65, 398; 75, 305).

Erforderlich ist eine den wesentlichen Erfordernissen des § 253 ZPO genügende Klage (RG JW 1914, 638[2]) und eine wirksame, die Rechtshängigkeit begründende **Klageerhebung**, daher ist regelmäßig auch Voraussetzung Zustellung mit wirksamer Ladung (§§ 253, 496ff., 166 Abs 2 ZPO), während im Falle des § 281 ZPO Geltendmachung des Anspruchs in der mündlichen Verhandlung (vgl. § 267 ZPO) genügt (vgl. RG 45, 426). Nach § 496 Abs 3 ZPO tritt im Verfahren vor den Amtsgerichten die Wirkung der Unterbrechung, sofern die Zustellung „demnächst" erfolgt (dazu RG 105, 422), schon mit der Einreichung der Klageschrift ein und der Güteantrag (§ 495a ZPO) steht insoweit der Klageerhebung gleich. Stillschweigender Verzicht auf die Rüge der Verletzung einer Verfahrensvorschrift (§ 295 ZPO) beseitigt den Mangel der Klageerhebung (RG 87, 271, wonach die für das alte Recht geltende, entgegengesetzte Entscheidung RG 14, 341 für das neue Recht ausdrücklich aufgegeben worden ist). Ob die Klage des an sich Berechtigten sachlich begründet war, darauf kommt es für die Anwendung des § 209 nicht an (RG 84, 311). Hier greift vielmehr der § 212 Platz. Die Zustellung der Klage an einen der Vollmacht mangelnden Vertreter reicht zur Unterbrechung der Verjährung dann aus, wenn die Prozeßführung des Vertreters demnächst genehmigt wird (RG 86, 245). — Die Verjährung einer persönlichen Forderung wird nicht schon dadurch unterbrochen, daß sie zum geringsten Gebote angemeldet und daß die Anmeldung berücksichtigt wird (RG Gruch 50, 1200), ebensowenig durch Erwirkung einer Vormerkung (RG JW 08, 235[6]).

Die **Unterbrechung tritt so weit ein**, als Rechtshängigkeit entsteht; daher auch bei Erhebung einer unbezifferten Feststellungsklage (oder auch einer etwa unbezifferten Leistungsklage) hinsichtlich des gesamten Anspruchs (RG 75, 306), dagegen bei Geltendmachung nur eines **Teiles des Anspruchs** nur in bezug hierauf (RG 57, 372; 66, 366; 75, 302; 77, 215; beispielsweise nur in bezug auf die Zinsen; RG JW 07 S. 171[10] u. 302[5]); selbst wenn der Kläger bereits in der Klage den gesamten Anspruch begründet und sich die Klageerweiterung vorbehalten hat (RG 66, 366; JW 1911, 805[7]; Warn 1912 Nr 4), oder wenn die Teilklage nach ihrer Natur und nach ihrem Inhalte die Feststellung des ganzen Anspruchs erforderlich macht (RG 66, 365). Die Klage eines Zessionars, dem die Hälfte der Forderung abgetreten ist, unterbricht nicht die Verjährung hinsichtlich der andern Hälfte (RG JW 08, 235[6]). Ist nach der Fassung der Urteilsformel eines aus § 304 ZPO ergangenen Urteils in Verbindung mit den Gründen klar, daß der Richter den Klageanspruch als einen einheitlichen aufgefaßt hat, gerichtet auf Ersatz des ganzen schon entstandenen und noch entstehenden Schadens, so ist über den Grund des ganzen Anspruchs entschieden, und es kann nicht ein Teil davon nach der kurzen Verjährungsfrist des § 852 verjähren (RG 27. 5. 07 VI 402/06). Dieser Grundsatz greift aber nicht Platz, wenn die Klage sich darauf beschränkt hat, nur die im Antrage bezeichnete Teilsumme zu fordern (RG Warn 08 Nr 124). Bei einer nur teilweisen Unterbrechung der Verjährung verbleibt es auch dann, wenn die Forderung (auf Schadensersatz) sich nachträglich erweitert und damit insoweit eine neue Verjährung beginnt (RG 2. 6. 10 VI 381/09). Davon, daß nur ein Teilbetrag geltend gemacht worden sei, kann nicht gesprochen werden, wenn der in der Klage als Ausgleich des ganzen Schadens geforderte bestimmte Geldbetrag zur Zeit des Urteils wegen der inzwischen gesunkenen Kaufkraft des Geldes erheblich höher bemessen werden muß; die durch die Klageerhebung eingetretene Unterbrechung der Verjährung wirkt daher auch für den erhöhten Betrag (RG 106, 184; 108, 38; 110, 390; 111, 103; RG JW 1921, 1229[2]; 1924, 1362[10]; 1925, 1371[4]; LZ 1925, 208; 1927, 39). Dagegen wird durch die Einklagung eines Teilbetrags als solchen die Verjährung nur für diesen und den ihm entsprechenden, durch die Geldentwertung begründeten höheren Betrag unterbrochen (RG JW 1926, 1151[10]). — Enthält indessen der nämliche Anspruch nur **mehrere verschiedene Befriedigungsformen**, so der Schadensersatzanspruch aus § 843 sowohl das Recht auf Kapitalabfindung wie auch das auf Entrichtung einer Rente, dann wird der einheitliche Anspruch in Höhe desjenigen Betrags insgesamt rechtshängig, in Höhe dessen die Befriedigung, wenn auch nur nach der einen Richtung hin, klageweise begehrt worden, so, wenn gegebenenfalls in erster Linie auf Kapitalsabfindung und in zweiter Linie auf Rentenzahlung geklagt ist, in Höhe der gesamten geltend gemachten Abfindungssumme, auch wenn der Anspruch auf Rente dahinter zurückbleibt (RG 77, 213). Dies Ergebnis bliebe übrigens hinsichtlich des § 209 das gleiche, auch wenn zunächst allein auf die Kapitalsabfindung Klage erhoben worden wäre; denn auch alsdann wäre der gesamte, beide Befriedigungsformen einschließende Anspruch anhängig geworden. Gemäß § 477 Abs 3 unterbricht die Klageerhebung sowohl die Verjährung des Wandlungs- wie auch des Minderungsanspruchs, wenn die Klage auch nur nach der einen Richtung erhoben worden ist. Aber durch Erhebung der Wandlungsklage wegen einzelner bestimmter Mängel wird die Verjährung des Wandlungsanspruchs wegen noch anderer Mängel nicht unterbrochen (RG 78, 295). Durch die Klage des Pflichtteilsberechtigten aus § 2314 auf Auskunft wird die in § 2332 vorgesehene Verjährung des Pflichtteilsanspruchs nicht unterbrochen (RG 115, 27). Wahrung der Verjährungsfrist für den Anspruch auf Schadensersatz wegen Unmöglichkeit der Herausgabe durch Erhebung der Klage auf Herausgabe s. RG 109, 234. — Geht der Klageanspruch während des Prozesses auf einen andern über, sei es rechtsgeschäftlich, sei es kraft Gesetzes (§ 412), so hindert das nicht die Unterbrechung der Verjährung (RG 85, 429). — Über Klageerhebung bei einem unzuständigen Gerichte und über die Klagerücknahme vgl. § 212. Über die Frage, ob auch die Erhebung der Klage vor einem ausländischen Gerichte die Verjährung unterbricht, s. RG JW 1926, 374[6].

2. Zu Abs 2 Nr 1 vgl. § 213. Die Unterbrechung der Verjährung mittels **Zahlungsbefehls** tritt nach § 693 ZPO bereits mit der Einreichung oder Anbringung des Gesuchs um Erlassung des Zahlungsbefehls ein, wenn die Zustellung demnächst geschieht, und dies auch dann, wenn die Zustellung ordnungswidrig ist, der Gegner dies aber nicht rechtzeitig gemäß § 295 ZPO rügt (RG 87, 271). — Nr 1a ist im Zusammenhange mit der Einführung des Güteverfahrens durch Art IV Nr 1 der VO über das Verfahren in bürgerlichen Rechtsstreitigkeiten v. 13. 2. 24 (RGBl I 135) dem § 209 eingefügt worden. Die Anbringung des **Güteantrags** (dazu §§ 495a ff. ZPO, insbesondere § 496) unterbricht entsprechend der Erhebung der Klage (A 1 Abs 3) die Verjährung nur insoweit, als durch sie der der Verjährung unterliegende Anspruch verfolgt wird. Dauer der Unterbrechung s. § 212a. — Zu Nr 2 vgl. § 214. Vorausgesetzt ist eine den Vorschriften der KO entsprechende **Anmeldung beim Konkursgericht**; Anmeldung beim Konkursverwalter genügt nicht (RG 39, 44). — Zu Nr 3 vgl. § 215. Die **Aufrechnung** im Prozesse unterbricht die Verjährung des aufgerechneten Anspruchs nur bezüglich des zur Aufrechnung verwendeten Teils (RG 57, 375; Warn 1910 Nr 372). — Zu Nr 4 **Streitverkündung** vgl. § 215 und unten A 3. — Zu Nr 5 **Vollstreckungshandlung** vgl. § 216.

3. Die **Streitverkündung** setzt hier die Bedingungen des § 72 ZPO voraus (RG 58, 76; SeuffA 63, 51). Die Streitverkündung geschieht nach § 73 ZPO durch Zustellung eines Schriftsatzes. Im amtsgerichtlichen Verfahren genügt zur Unterbrechung der Verjährung Einreichung der Erklärung, wenn die Zustellung demnächst erfolgt (§ 496 Abs 3 ZPO; RG 105, 422). — Eine Streitverkündung zwischen zwei verschiedenen fiskalischen Stationen ist nicht möglich, weil der Fiskus nur ein einziges Rechtssubjekt darstellt und daher eine Station gegenüber der andern nicht als ein Dritter (§ 72 ZPO) gelten kann (RG JW 1912, 640[12]). Falls der Prozeß im Auslande schwebt, kann eine Streitverkündung als Unterbrechungsgrund nur dann in Frage kommen, wenn sie den Anforderungen der ZPO entspricht, da diese für das materielle Recht bestimmend ist (RG 61, 392). Vgl. auch RG 58, 79. Die Unterbrechung der Verjährung durch Streitverkündung gilt nur für den Fall eines ungünstigen Prozeßausgangs (RG SeuffA 68 Nr 75).

§ 210

Hängt die Zulässigkeit des Rechtswegs von der Vorentscheidung einer Behörde ab oder hat die Bestimmung des zuständigen Gerichts durch ein höheres Gericht zu erfolgen, so wird die Verjährung durch die Einreichung des Gesuchs an die Behörde oder das höhere Gericht in gleicher Weise wie durch Klagerhebung oder durch Anbringung des Güteantrags unterbrochen, wenn binnen drei Monaten nach der Erledigung des Gesuchs die Klage erhoben oder der Güteantrag angebracht wird[1]). Auf diese Frist finden die Vorschriften der §§ 203, 206, 207 entsprechende Anwendung[2]).

E I 171, 180 II 176; M 1 330 ff., 340; P 1 226 ff., 231; 6 383. — VO. über das Verfahren in bürgerlichen Rechtsstreitigkeiten v. 13. 2. 24 RGBl I 135 Art IV Nr 2.

1. In den Sonderfällen des § 210 (§ 11 EGGVG; beispielsweise RVG §§ 150ff.; MilVersorgG § 39; vgl. weiter Gaupp-Stein zu § 148 ZPO) ist der **Zeitpunkt der Unterbrechung** auf den angegebenen Zeitpunkt **zurückverlegt**, aber nur unter der Bedingung, daß binnen drei Monaten nach der Erledigung des Gesuchs die Klage erhoben oder der Güteantrag angebracht wird. Die Berücksichtigung des Güteantrags beruht auf Art IV Nr 2 der VO über das Verfahren in bürgerlichen Rechtsstreitigkeiten v. 13. 2. 24 (RGBl I, 135);

dazu § 209 Abs 2 Nr 1a und A 2. Erledigt ist das Gesuch, nachdem der Rechtsweg für zulässig erklärt oder das zuständige Gericht bestimmt worden (§ 36 ZPO) und diese Entscheidung dem Antragsteller zugegangen ist. Voraussetzung ist dabei immer, daß die Zulässigkeit des Rechtswegs von der Vorentscheidung auch wirklich abhing.

2. Die Frist ist eine Ausschlußfrist, hinsichtlich deren jedoch der Billigkeit halber die **Hemmungsgründe** aus den §§ 203, 206, 207 zugelassen sind (vgl. § 186 A 1).

§ 211

Die Unterbrechung durch Klagerhebung dauert fort, bis der Prozeß rechtskräftig entschieden oder anderweit erledigt ist[1]**.**

Gerät der Prozeß infolge einer Vereinbarung oder dadurch, daß er nicht betrieben wird, in Stillstand, so endigt die Unterbrechung mit der letzten Prozeßhandlung der Parteien oder des Gerichts[2]**. Die nach der Beendigung der Unterbrechung beginnende neue Verjährung wird dadurch, daß eine der Parteien den Prozeß weiter betreibt, in gleicher Weise wie durch Klagerhebung unterbrochen**[3]**.**

E I 174 II 177; M 1 331 ff.; P 1 228 ff., 745, 747; 6 264 ff.

1. **Fortdauer der Unterbrechung bis zur rechtskräftigen Entscheidung.** Dahin gehören das unbedingte Urteil, das Läuterungsurteil gemäß §§ 460ff. ZPO und das Vorbehaltsurteil nach § 219, nicht aber auch schon das bedingte Urteil (**RG** 50, 278), oder ein über den Grund des Anspruchs ergehendes Zwischenurteil aus § 304 ZPO (**RG** 66, 10; **RG** 7. 7. 27 IV 41/27). Gegebenenfalls beginnt, falls der Kläger durchdringt, vom Zeitpunkte der Rechtskraft ab die neue Verjährung des § 218. Da das aberkennende Urteil nicht eine materiell rechtsvernichtende Wirkung hat, sondern nur den Einwand der rechtskräftig entschiedenen Sache gibt, so bleibt für eine neue Verjährung an und für sich noch Raum; im Ergebnisse ist das jedoch kaum von Bedeutung. Im übrigen vgl. § 212 A 1 oben. Erfolgt indes die Klageabweisung nicht aus sachlichen Gründen, dann greift § 212 Platz, und dieser Fall scheidet daher aus § 211 überhaupt aus. Als sonstiger **Erledigungsgrund** kann nur noch der Vergleich in Betracht kommen. Der Fall der Klagezurücknahme ist in § 212 besonders behandelt. Anerkenntnis wie Verzicht erledigen den Prozeß überhaupt nicht (§§ 306, 307 ZPO). Erst das daraufhin ergehende Urteil tut es. — Ergeht ein Teilurteil, so greift § 211 Abs 1 nur in Ansehung des insoweit erledigten Anspruchs Platz. Ein Beweissicherungsantrag, der nur zur Unterbrechung der Verjährung mit der Bitte eingereicht wird, darauf bis auf weiteres nicht zu verfügen, unterbricht die Verjährung nicht (**RG** 66, 413). Solange die Unterbrechung fortdauert, kann eine neue Verjährung nicht anfangen, ist mithin der Beginn einer solchen gehemmt. — Der Übergang des Klaganspruchs während des Prozesses auf einen andern, sei es rechtsgeschäftlich, sei es kraft Gesetzes (§ 412), hindert die Unterbrechung der Verjährung nicht (**RG** 85, 429).

2. **Endigung der Unterbrechung.** Kommt der Prozeß durch *Vereinbarung* der Parteien *oder durch ihre Untätigkeit* zum Stillstande (§ 251 ZPO), oder hat der Kläger die Klage ohne Einwilligung des Beklagten zurückgenommen, oder die Anträge nicht verlesen (**RG** JW 1911, 359[4]; **RG** 66, 15; 75, 290), so wäre es unbillig, die durch die Klageerhebung eingetretene Unterbrechung gleichwohl fortdauern zu lassen. Daher soll sie gegebenenfalls durch die letzte Prozeßhandlung als beendigt gelten (**RG** Warn 1912 Nr 370; 1914 Nr 5). Von der letzten Prozeßhandlung beginnt eine neue Verjährung. Gerät der Prozeß nur in Höhe eines Teilbetrages der eingeklagten Forderung in Stillstand, dann hört die Unterbrechung der Verjährung auch nur insoweit auf (**RG** JW 1916, 936[11]). Ist auf Zahlung von Schadensersatz und daneben zur weiteren Begründung dieses Anspruches auf Rechnungslegung geklagt, so gerät der Prozeß über den Zahlungsanspruch nicht dadurch im Sinne des Abs 2 in Stillstand, daß er bis zur Erledigung des Anspruchs auf Rechnungslegung nicht weiter verfolgt wird (**RG** LZ 1927, 106[4]). — **Prozeßhandlung** im Sinne der ZPO ist jede Handlung, sei es der Parteien, sei es des Gerichts, die zur Begründung, Führung und Erledigung des Rechtsstreits dient und vom Gesetze in ihren Voraussetzungen und Wirkungen geregelt ist. Auch die Anbringung eines Armenrechtsgesuchs stellt daher eine Prozeßhandlung dar (**RG** 77, 329). Als weitere Prozeßhandlungen kommen namentlich Zustellungen und Ladungen in Betracht, und zwar schon die Einreichung der Ladung und nicht erst deren Zustellung (**RG** 97, 66). Für die Anwendung dieser Grundsätze ist kein Raum, wenn es sich nur um eine *Unterbrechung des Verfahrens kraft Gesetzes* gemäß §§ 239ff. oder um eine *Aussetzung* des Verfahrens durch Gerichtsbeschluß nach §§ 246ff. ZPO handelt (**RG** 72, 187). In diesen Fällen dauert die Unterbrechung fort, bis der Grund der Unterbrechung oder der Aussetzung fortgefallen ist; erst wenn die Partei auch dann noch den

Prozeß liegen läßt, beginnt eine neue Verjährung (RG 72, 187). Die Folge des Nichtbetreibens einer bei Gericht angebrachten Sache ergibt sich nur aus § 211 Abs 2; § 212 Abs 1 ist nicht nebenher anwendbar (RG 66, 365). Auch wenn der Kläger seinen Antrag nur zum Teil (durch Nichtverlesen, ohne gleichzeitig erklärten Verzicht) nachträglich nicht weiterbetreibt, ist insoweit allein der § 211 Abs 2, dagegen nicht § 212 anwendbar (RG 66, 14; 75, 291). — Die Eröffnung des Konkurses nach bereits eingetretener Unterbrechung der Verjährung hat auf jene keinen Einfluß; eine neue Verjährung kann erst beginnen, wenn nach Beendigung des Konkurses und des durch ihn herbeigeführten Prozeßstillstandes der Prozeß weitergeführt worden ist (RG 72, 187; Gruch 61, 118).

3. Vgl. § 209. **Stillstand** des Prozesses setzt immer eine Vereinbarung der Parteien oder ein Nichtbetreiben des Prozesses durch eine Partei voraus; daher fallen hierunter nicht auch bloße Verzögerungen, die bei Erledigung einer Beweisanordnung — etwa durch Nichtangabe der Adresse eines Zeugen — entstehen, denn die Durchführung des Beweisverfahrens ist Sache des Gerichts und nicht der Partei (RG 97, 126).

§ 212

Die Unterbrechung durch Klagerhebung gilt als nicht erfolgt, wenn die Klage zurückgenommen oder durch ein nicht in der Sache selbst entscheidendes Urteil rechtskräftig abgewiesen wird[1]).

Erhebt der Berechtigte binnen sechs Monaten von neuem Klage, so gilt die Verjährung als durch die Erhebung der ersten Klage unterbrochen. Auf diese Frist finden die Vorschriften der §§ 203, 206, 207 entsprechende Anwendung[2]).

E I 171 II 178; M 1 330 ff.; P 1 226 ff.; 6 383.

1. Die Unterbrechung durch Klagerhebung (§ 209) gilt im Falle der **Klagezurücknahme** (§ 271 Abs 2 ZPO) rückwirkend auch dann als nicht erfolgt — indessen stets mit der Einschränkung gemäß Abs 2 —, wenn eine anderweite Weiterverfolgung des Anspruchs beabsichtigt worden ist (RG 30. 5. 04 VI 441/03). Voraussetzung für die Anwendbarkeit des § 212 ist aber immer, daß die Zurücknahme mit (ausdrücklicher oder stillschweigender) Einwilligung, wenn etwa auch erst nachträglicher, erfolgt ist, in welchem Falle die Wirkungen des § 212 erst mit dem Zeitpunkte der Einwilligung eintreten, so daß sich die sechsmonatige Frist des Abs 2 auch erst von da ab berechnet (RG 75, 290). Der Fall einer Zurücknahme ohne Einwilligung ist nach § 211 Abs 2 zu beurteilen. **Klageabweisung durch ein nicht in der Sache selbst entscheidendes Urteil** liegt vor, wenn sie wegen Mangels einer notwendigen Prozeßvoraussetzung erfolgt, insbesondere also wegen Unzuständigkeit des Gerichts (vgl. § 211 A 1; RG 66, 368), wegen Unzulässigkeit der gewählten Prozeßart (§§ 256, 597 Abs 2 ZPO), oder wegen fehlender Prozeßfähigkeit. Bis zu einer solchen Abweisung hat z. B. die Klage bei einem unzuständigen Gericht für die Unterbrechung der Verjährung die gleiche Wirkung wie die beim zuständigen Gericht erhobene. Die Verweisung an das zuständige Gericht nach § 276 ZPO hebt die Wirkung der Unterbrechung nicht auf; es kann nur, wenn die Parteien den Rechtsstreit bei dem Gerichte, an das er verwiesen worden ist, nicht betreiben, die Unterbrechung der Verjährung durch Stillstand des Verfahrens nach § 211 Abs 2 endigen (RG JW 1927, 658[6]). Eine Abweisung der ursprünglichen Klage (nach Antrag des Beklagten) im Falle nachträglicher, aber unzulässiger Klageänderung, sowie wegen mangelnder Sachzuständigkeit enthält eine Entscheidung in der Sache selbst. Da über die unzulässige neue Klage sachlich überhaupt nicht entschieden wird, kann diese lediglich aus prozessualem Grunde erfolgende Entscheidung die Unterbrechung der Verjährung nicht herbeiführen. Die Zurücknahme der Klage (wie der Verzicht) sind Willenserklärungen, die auch durch schlüssige Handlungen abgegeben werden können; läßt sich ein materiell-rechtlicher oder prozessualer Verzichtswille nicht feststellen, so bedeutet die Nichtverfolgung des einmal gestellten Antrags nur einen Stillstand, ein Ruhenlassen des Prozesses, sei es ein gänzliches, sei es ein nur teilweises; insoweit kann eine neue Verjährung beginnen (RG 66, 12; 75, 289).

2. **Neue Klagerhebung wegen des nämlichen Anspruchs.** Der Klagerhebung ist die Klagerweiterung in einem bereits schwebenden Prozesse gemäß § 281 ZPO gleichgestellt (RG Gruch 50, 649). Es ist auch nicht notwendig, daß gerade die zunächst erhobene und dann zurückgenommene Klage von neuem erhoben wird; es genügt eine der im § 209 Abs 1 bezeichneten Klagen, ebenso eine der in § 209 Abs 2 der Klagerhebung gleichgestellten Prozeßhandlungen, wenn es sich nur sachlich um die Durchführung des nämlichen Anspruchs handelt (RG JW 1926, 374[6]). Die neue Klage dient als Mittel, die nach Abs 1 erfolgte Beseitigung der Unterbrechung wieder rückgängig zu machen. Alsdann ist die Sache so anzusehen, als wäre die erste Klage nicht zurückgenommen, oder, als hätte es an der Prozeßvoraussetzung

auf Grund deren die Abweisung erfolgte, nicht gefehlt. Auch die neue Klagerhebung bei einem unzuständigen Gerichte hat die bezeichnete Wirkung (RG 24, 201), nicht aber entsprechend auch zur Wahrung von Ausschlußfristen (RG 88, 296). Auf Ausschlußfristen ist § 212 überhaupt nicht anzuwenden (RG 88, 296f.; RG 13. 12. 07 III 179/07; 17. 11. 25 III 29/25). — Die sechsmonatige Frist ist eine Ausschlußfrist. Sie beginnt regelmäßig mit Zurücknahme der Klage (§ 271 ZPO) oder entsprechend mit der Rechtskraft des der neuen Klage voraufgegangenen Urteils (§ 705 ZPO). Zugunsten des Berechtigten sind jedoch aus Billigkeitsrücksichten die Hemmungsgründe aus den §§ 203, 206, 207 mit der Folge zugelassen, daß die Frist für die Erhebung der neuen Klage gegebenenfalls erst von der Beseitigung des Hemmungsgrundes ab läuft. Im übrigen ist die Frist nach §§ 187, 188 zu berechnen.

§ 212 a

[1]) **Die Unterbrechung durch Anbringung des Güteantrags dauert bis zur Erledigung des Güteverfahrens und, wenn an dieses Verfahren sich ein Streitverfahren unmittelbar anschließt[2]), nach Maßgabe der §§ 211, 212 fort. Gerä das Güteverfahren dadurch, daß es nicht betrieben wird, in Stillstand[3]), so finden die Vorschriften des § 211 Abs. 2 entsprechende Anwendung. Wird der Güteantrag zurückgenommen, so gilt die Unterbrechung der Verjährung als nicht erfolgt.**

VO. über das Verfahren in bürgerlichen Rechtsstreitigkeiten v. 13. 2. 24 RGBl. I 135 Art IV Nr 3.

1. **Dauer der Unterbrechung durch Anbringung des Güteantrags.** § 212a ist im Zusammenhange mit der Einführung des Güteverfahrens (§§ 495a ff. ZPO) durch Art IV Nr 3 der VO über das Verfahren in bürgerlichen Rechtsstreitigkeiten v. 13. 2. 24 RGBl I 135) eingefügt worden (dazu § 209 Abs 2 Nr 1a und A 2). Das Güteverfahren ist **erledigt,** wenn der Güteantrag zurückgenommen oder für zurückgenommen erklärt wird (§ 499f ZPO), mit der Folge, daß die Unterbrechung der Verjährung als nicht erfolgt gilt (§ 212a Satz 3), oder wenn eine Einigung der Parteien stattfindet oder endlich der Einigungsversuch erfolglos bleibt, ohne daß der Güteantrag zurückgenommen oder der Antrag auf Eintritt in das Streitverfahren gestellt wird, in welchem Falle die Ausstellung der in § 499e Abs 2 ZPO vorgeschriebenen Bescheinigung als Zeitpunkt der Erledigung anzusehen sein wird.

2. **Unmittelbare Anschließung eines Streitverfahrens** vgl. § 499e Abs 1. Das Streitverfahren schließt sich unmittelbar an das Güteverfahren an, wenn bei Erfolglosigkeit des Einigungsversuches noch in der Güteverhandlung der Antrag auf streitige Verhandlung gestellt wird. Maßgebend für die weitere Dauer der Unterbrechung sind dann die für die Unterbrechung durch Klageerhebung geltenden Vorschriften der §§ 211, 212.

3. Bei einem **Stillstand des Güteverfahrens** ist § 211 Abs 2 entsprechend anzuwenden (vgl. § 211 A 2).

§ 213

[1]) **Auf die Unterbrechung durch Zustellung eines Zahlungsbefehls im Mahnverfahren finden die Vorschriften des § 212a entsprechende Anwendung. Die Unterbrechung gilt als nicht erfolgt, wenn der Zahlungsbefehl seine Kraft verliert (§ 701 der Zivilprozeßordnung).**

E I 172 II 179: M 1 381; P 1 228. — VO. über das Verfahren in bürgerlichen Rechtsstreitigkeiten v. 13. 2. 24 RGBl I 135 Art IV Nr 4.

1. **Dauer der Unterbrechung durch Zahlungsbefehl.** § 213 lautete ursprünglich: „Die Unterbrechung durch Zustellung eines Zahlungsbefehls im Mahnverfahren gilt als nicht erfolgt, wenn die Wirkungen der Rechtshängigkeit erlöschen." Die gegenwärtige Fassung beruht auf Art IV Nr 4 der VO über das Verfahren in bürgerlichen Rechtsstreitigkeiten v. 13. 2. 24 (RGBl I 135). Nach § 209 Abs 2 Nr 1 steht in bezug auf die Unterbrechung der Verjährung die Zustellung eines Zahlungsbefehls der Klagerhebung gleich; nach § 693 ZPO tritt aber, wenn die Zustellung demnächst erfolgt, die Unterbrechung schon mit der Einreichung oder Anbringung des Gesuchs um Erlassung eines Zahlungsbefehls ein. Für die Dauer der Unterbrechung ergibt sich aus der entsprechenden Anwendung des § 212a in Verbindung mit den §§ 211, 212 folgendes: Wird gegen den Zahlungsbefehl rechtzeitig Widerspruch erhoben, so ist die Dauer der Unterbrechung, wenn es zu einem Güteverfahren kommt, nach § 212a, sonst nach den §§ 211, 212 zu beurteilen. Wird Widerspruch nicht erhoben, aber innerhalb der gesetzlichen Frist die Erlassung eines Vollstreckungsbefehls nicht nachgesucht

oder das rechtzeitig gestellte Gesuch zurückgewiesen, so verliert der Zahlungsbefehl seine Kraft (§ 701 ZPO) und die Unterbrechung gilt als nicht erfolgt (§ 213 Satz 2). Ergeht Vollstreckungsbefehl, dann gilt der Anspruch als mit der Zustellung des Zahlungsbefehls im Streitverfahren rechtshängig geworden (§§ 699, 700 ZPO) und die Unterbrechung dauert fort, bis der Vollstreckungsbefehl rechtskräftig geworden oder auf Einspruch durch Urteil entschieden ist. Für den rechtskräftig festgestellten Anspruch beginnt nach § 218 eine neue, dreißigjährige Verjährung. Im Falle eines Stillstandes des Verfahrens nach Erlassung des Vollstreckungsbefehls ist § 211 Abs 2 anzuwenden.

§ 214

Die Unterbrechung durch Anmeldung im Konkurse dauert fort, bis der Konkurs beendigt ist[1]).

Die Unterbrechung gilt als nicht erfolgt, wenn die Anmeldung zurückgenommen wird[2]).

Wird bei der Beendigung des Konkurses für eine Forderung, die infolge eines bei der Prüfung erhobenen Widerspruchs in Prozeß befangen ist, ein Betrag zurückbehalten, so dauert die Unterbrechung auch nach der Beendigung des Konkurses fort; das Ende der Unterbrechung bestimmt sich nach den Vorschriften des § 211[3]).

E I 176 II 180; M 1 334 ff.; P 1 230 ff.

1. Die **Anmeldung des Anspruchs im Konkurse** gemäß § 139 KO (RG 39, 44; vgl. § 209 A 2) ist Unterbrechungsgrund. In Betracht kommen hier nur Konkursforderungen im Sinne des § 3 KO. Der Konkurs wird beendigt durch dessen Aufhebung (§§ 163, 116, 190 KO) oder durch die Einstellung des Verfahrens (§§ 202, 204, 205 KO). Auch die Aufhebung auf Beschwerde beseitigt also die einmal eingetretene Unterbrechung nicht (streitig). Ob die Aufhebung schon im Zeitpunkte der Beschlußfassung oder erst nach erfolgter Bekanntmachung rechtlich wirksam wird, ist streitig. Richtig dürfte das letztere sein, weil die Bekanntmachung gleichzeitig als Bedingung für das Wirksamwerden des Beschlusses anzusehen ist. Demnach währt auch die Unterbrechung fort bis zum Zeitpunkte der erfolgten Bekanntmachung. Diese setzt den Gläubiger tatsächlich auch erst in die Lage, sich über die Vornahme einer neuen Maßregel zwecks Unterbrechung der Verjährung entschließen zu können.

2. Die **Zurücknahme der Anmeldung** beseitigt die Unterbrechung rückwirkend wie die Zurücknahme der Klage (§ 212 Abs 1); jedoch dann nicht, wenn die Zurücknahme auf Grund eines Abkommens mit dem Konkursverwalter erfolgt; wird durch dieses die angemeldete Forderung überhaupt beseitigt, dann bleibt für die Verjährung überhaupt kein Raum; erfolgt abredegemäß die Zurücknahme deswegen, weil der Gläubiger seine Befriedigung aus einer ihm vom Konkursverwalter dazu abgetretenen Forderung suchen soll, dann ist die Verjährung nach § 202 gehemmt (RG 70, 35). Vgl. auch RG JW 08, 740[7].

3. Betreffs **Fortdauer der Unterbrechung** über die Beendigung des Konkurses hinaus vgl. die §§ 146, 168 KO.

§ 215

Die Unterbrechung durch Geltendmachung der Aufrechnung im Prozeß oder durch Streitverkündung dauert fort, bis der Prozeß rechtskräftig entschieden oder anderweit erledigt ist; die Vorschriften des § 211 Abs 2 finden Anwendung[1]).

Die Unterbrechung gilt als nicht erfolgt, wenn nicht binnen sechs Monaten nach der Beendigung des Prozesses Klage auf Befriedigung oder Feststellung des Anspruchs erhoben wird. Auf diese Frist finden die Vorschriften der §§ 203, 206, 207 entsprechende Anwendung[2]).

E I 175 II 181; M 1 333 ff.; P 1 229 ff.; 6 383.

1. Die **Aufrechnung des Anspruchs** im Prozesse ist Unterbrechungsgrund (§ 209 A 2). Das Gesetz kann hier übrigens nur Fälle im Auge haben, bei denen die Aufrechnungserklärung nicht zugleich die Tilgung der Forderung bewirkt (§§ 388, 389); denn in letzterem Falle wäre für die Unterbrechung der Verjährung überhaupt kein Raum mehr. Wohl aber greift die Bestimmung Platz, wenn der Beklagte die Klageforderung bestreitet, die Aufrechnung jedoch für „alle Fälle" erklärt (Eventualaufrechnung), ferner dann, wenn sich die Aufrechnung als unzulässig erweist. — Zur Unterbrechung der Verjährung kann die Aufrechnung nur in der

mündlichen Verhandlung oder im Falle des § 767 ZPO durch Klage geltend gemacht werden. Die **Streitverkündung** (in demjenigen Prozesse, von dessen ungünstigem Ausgange der mit Verjährung bedrohte Anspruch abhängt) ist nur dann zu beachten, wenn sie unter den Voraussetzungen und Formen der ZPO (§§ 72, 73) erfolgt, und zwar auch dann, wenn der Prozeß im Auslande schwebt (**RG** 61, 392). Zu denken ist hier wesentlich an Ansprüche des Käufers, die gegen den Verkäufer etwa daraus entstehen, daß dieser seiner Verschaffungs- oder Rechtsgewährpflicht nicht genügt, während der Käufer in dem mit dem Berechtigten anhängigen Prozesse unterliegen könnte (Entwehrung, §§ 434, 440; vgl. ferner § 839 Satz 2). Verkündet der Käufer mit Rücksicht hierauf dem Verkäufer den Streit, so wird dadurch die Verjährung seiner ihm gegen den Verkäufer zustehenden Gewährleistungsansprüche unterbrochen. In Betracht kommen dagegen nicht Fälle einer Abhängigkeit im Sinne des § 148 ZPO (**RG** 65, 398). — Über die Endigung der Unterbrechung vgl. § 211 A 1 u. 2.

2. Vgl. §§ 211 A 1, 212 A 2. Der Abs 2 greift nicht Platz, wenn der Prozeß durch eine mit Einwilligung des Beklagten erfolgte Klagezurücknahme erledigt ist (**RG** JW 08, 740[7]).

§ 216

Die Unterbrechung durch Vornahme einer Vollstreckungshandlung[1]) gilt als nicht erfolgt, wenn die Vollstreckungsmaßregel auf Antrag des Berechtigten oder wegen Mangels der gesetzlichen Voraussetzungen aufgehoben wird[2]).

Die Unterbrechung durch Stellung des Antrags auf Zwangsvollstreckung gilt als nicht erfolgt, wenn dem Antrage nicht stattgegeben oder der Antrag vor der Vornahme der Vollstreckungshandlung zurückgenommen oder die erwirkte Vollstreckungsmaßregel nach Abs 1 aufgehoben wird[2]).

E I 173 II 182; M 1 331; P 1 228.

1. Die **Vornahme einer Vollstreckungshandlung** und, soweit die Zwangsvollstreckung den Gerichten oder andern Behörden zugewiesen ist, die Stellung des Antrags auf Zwangsvollstreckung ist Unterbrechungsgrund aus § 209 Nr 5. Die Voraussetzungen und Formen der Zwangsvollstreckung regeln sich nach der ZPO und dem ZVG. Soweit die Vollstreckung den Gerichten überwiesen ist (§§ 829ff., 887ff., 930 ZPO; §§ 16 Abs 1 u. 146 ZVG), beginnt sie schon mit der Anordnung des Gerichts, nicht erst mit ihrer Zustellung (**RG** 12, 381; 25, 370). In Betracht kommen hier nur solche Vollstreckungen, die auf Grund rechtskräftiger Urteile erfolgen. Denn bis zum Eintritte der Rechtskraft währt schon die durch die Klagerhebung bewirkte Unterbrechung fort, so daß für eine neue Unterbrechung erst nach Erledigung des Prozesses (vgl. § 211 Abs 2) Platz ist.

2. **Unwirksamkeit der Unterbrechung** von Anfang an infolge Aufhebung der Zwangsvollstreckung (§ 209 A 2), oder Ablehnung des Antrags, oder infolge seiner Zurücknahme. Die Aufhebung der Zwangsvollstreckung muß gegebenenfalls deswegen erfolgt sein, weil sie sich aus gesetzlichen Gründen als unstatthaft erwiesen hat; dagegen ist es unwesentlich, wenn die Aufhebung nur deswegen erfolgt, weil dem Schuldner ein besonderer Einwand (§§ 766, 767 ZPO) zustand, oder wenn es sich nur um eine Einstellung nach § 775 handelt, oder wenn ein Dritter die Aufhebung im Wege der Widerspruchsklage (§§ 771—774 ZPO) erwirkt.

§ 217

Wird die Verjährung unterbrochen, so kommt die bis zur Unterbrechung verstrichene Zeit nicht in Betracht; eine neue Verjährung kann erst nach der Beendigung der Unterbrechung beginnen[1]).

E I 161 II 173 Abs 2; M 1 311 ff.; P 1 212.

1. Vgl. § 208 A 1; ferner **RG** 32, 359.

§ 218

Ein rechtskräftig festgestellter Anspruch verjährt in dreißig Jahren, auch wenn er an sich einer kürzeren Verjährung unterliegt. Das gleiche gilt von dem Anspruch aus einem vollstreckbaren Vergleich oder einer vollstreckbaren Urkunde sowie von einem Anspruche, welcher durch die im Konkurs erfolgte Feststellung vollstreckbar geworden ist[1]).

Soweit sich die Feststellung auf regelmäßig wiederkehrende, erst künftig fällig werdende Leistungen bezieht, bewendet es bei der kürzeren Verjährungsfrist[2]).

E I 177 II 183; M 1 337 ff.; P 1 230.

1. **Die Verjährung rechtskräftig festgestellter Ansprüche** bezieht sich auf Ansprüche aller Art. In Betracht kommen: das Leistungs- und Feststellungsurteil (**RG** 84, 373; 109, 234) der Vollstreckungsbefehl, gegen den der Einspruch aus § 700 ZPO, der Kostenfestsetzungsbeschluß aus § 105, gegen den eine Beschwerde nicht mehr zulässig ist; gleichgestellt sind der Vergleich gemäß § 794 Nr 1 u. 2 ZPO, ferner die vollstreckbare Urkunde im Sinne der §§ 794 Nr 5, 800, 801 ZPO, oder nach Maßgabe der §§ 164 Abs 2, 194, 206 Abs 2 KO. Vorläufige Vollstreckbarkeit reicht nicht aus. Ein nach § 304 ZPO nur über den Grund, nicht auch der Höhe nach ergangenes Urteil genügt zur Anwendung des § 218 nicht (**RG** 61, 170; 66, 11). Wohl aber genügt eine allein über den Grund des Anspruchs ergangene Entscheidung eines Schiedsgerichts, falls dieses nur zu solcher Entscheidung berufen war, weil dann der Spruch des Schiedsgerichtsverfahrens abschloß (**RG** 100, 119). Ist nur ein Teil der Forderung rechtskräftig zuerkannt, so verjährt nur dieser Teil in dreißig Jahren (**RG** 66, 271). Die dreißigjährige Verjährung nimmt ihren Lauf, sobald die rechtskräftige Feststellung — im Sinne des § 218 — erfolgt ist. Die dreißigjährige Verjährung gilt nicht nur für einen Herausgabeanspruch, dem durch rechtskräftiges Urteil stattgegeben worden ist, sondern auch für den Anspruch auf Schadensersatz wegen Nichterfüllung, der nach fruchtloser Vollstreckung oder sonst dargetaner Unmöglichkeit an die Stelle des Herausgabeanspruchs tritt (**RG** 109, 234).

2. Bei **wiederkehrenden Leistungen** bewendet es in allen Fällen bei der vierjährigen Verjährung aus § 197 (**RG** JW 05, 335[2]), also auch dann, wenn es sich um Nebenleistungen wie Zinsen handelt, und zugleich mit dem Hauptanspruche auch über sie rechtskräftig entschieden ist (**RG** 70, 68). Vgl. auch § 197 A 1.

Im übrigen vgl. § 211 A 1.

§ 219

Als rechtskräftige Entscheidung im Sinne des § 211 Abs. 1 und des § 218 Abs. 1 gilt auch ein unter Vorbehalt ergangenes rechtskräftiges Urteil[1]).

E I 178 II 184; M 1 338, 339; P 1 230.

1. **Unter Vorbehalt ergehende Urteile** ergeben sich aus den §§ 302, 305 Abs 1, 540, 529 Abs 3, 599 ZPO, ferner aus § 1489 Abs 2 BGB in Verbindung mit § 305 Abs 2 ZPO.

§ 220

Ist der Anspruch vor einem Schiedsgericht oder einem besonderen Gerichte, vor einem Verwaltungsgericht oder einer Verwaltungsbehörde geltend zu machen, so finden die Vorschriften der §§ 209 bis 213, 215, 216, 218, 219 entsprechende Anwendung.

Sind in dem Schiedsvertrage die Schiedsrichter nicht ernannt oder ist die Ernennung eines Schiedsrichters aus einem anderen Grunde erforderlich oder kann das Schiedsgericht erst nach der Erfüllung einer sonstigen Voraussetzung angerufen werden, so wird die Verjährung schon dadurch unterbrochen, daß der Berechtigte das zur Erledigung der Sache seinerseits Erforderliche vornimmt[1]).

E I 179 II 185; M 1 339 ff.; P 1 231.

1. Über **Schiedsgericht** vgl. §§ 1034ff. ZPO; über **besondere Gerichte** § 14 GVG, ferner GewGG vom 29. 9. 00 und KfmGG vom 6. 7. 04, endlich das KrankVG in der Fassung vom 30. 6. 00 und 25. 5. 03, über Verwaltungsgerichte oder Behörden § 13 GVG. Auch Streitverkündung im schiedsrichterlichen Verfahren ist Unterbrechungsgrund (**RG** 54, 16). Der § 220 gilt auch im Falle eines ausländischen Schiedsgerichts, selbst wenn dieses nicht den Vorschriften des § 1030 ZPO entspricht (**RG** SeuffA 67 Nr 240).

§ 221

Gelangt eine Sache, in Ansehung deren ein dinglicher Anspruch besteht, durch Rechtsnachfolge in den Besitz eines Dritten, so kommt die während des Besitzes des Rechtsvorgängers verstrichene Verjährungszeit dem Rechtsnachfolger zustatten[1]**).**

E I 181 II 186; M 1 340 ff.; P 1 231.

1. **Anrechnung der Verjährungszeit im Falle der Rechtsnachfolge bei dinglichen Ansprüchen.** Auch der dingliche Anspruch setzt, einmal entstanden, einen bestimmten Verpflichteten voraus, gegen den er sich richtet (§ 194 A 1 a. E.). Demgemäß dürfte die Verjährung auch eines derartigen Anspruchs grundsätzlich nur zwischen dem Berechtigten und dem bestimmten Verpflichteten wirksam werden. Das Gesetz sieht hier jedoch aus allgemeinen Gründen eine Abweichung vor. Für den Fall nämlich, daß der Anspruch in Ansehung einer Sache (§ 90) besteht, und der Besitz an ihr von dem ursprünglich Verpflichteten durch Rechtsnachfolge auf eine andere Person (oder der Reihe nach auf mehrere andere) übergeht, soll sich der Besitznachfolger auch auf die während des Besitzes des Rechtsvorgängers verstrichene Verjährungszeit berufen dürfen (accessio possessionis). Da der Besitz an sich ein tatsächliches Verhältnis ist (vgl. § 854), kann es sich hier, strenggenommen, überhaupt nicht um eine Rechtsnachfolge, sondern lediglich um eine Nachfolge in das tatsächliche Verhältnis handeln. Der einzige Fall, in dem das Gesetz Besitzerlangung „durch" Rechtsnachfolge kennt, ist der des Erbfalls (§ 857). Der Ausdruck **Rechtsnachfolge** ist daher in § 221 auch in einem andern Sinne zu verstehen, als es seiner eigentlichen Bedeutung entspräche. Er umfaßt hier auch die Fälle, in denen der Besitzwechsel sich nicht auf Grund, sondern nur *infolge* einer Rechtsnachfolge vollzieht, beispielsweise wenn der bisherige Besitzer in Gemäßheit eines Kaufvertrags dem Käufer die veräußerte Sache übergibt, oder falls beide sich unter den Voraussetzungen des § 854 Abs 2 über den Besitzerwerb einigen. Soweit der Erwerb des Rechts nach den Grundsätzen vom guten Glauben von einem Nichtberechtigten hergeleitet wird (§ 932), ist ebenfalls eine Rechtsnachfolge im Sinne des § 221 anzunehmen, wiewohl der Vorgänger des Rechtes überhaupt ermangelt hatte. Es kann aber auch unmittelbarer Erwerb ausreichen, so der Erwerb durch die rechtmäßige Veräußerung der Pfandsache gemäß § 1241 (**RG** 56, 244; 82, 35 — zu § 325 ZPO). Rechtsnachfolge im angegebenen Sinne ist aber niemals anzunehmen, falls die Besitznachfolge *widerrechtlich* (§ 858) erlangt ist, wie etwa durch Diebstahl. Man wird also annehmen können, daß eine Sache immer dann in den Besitz eines Dritten durch Rechtsnachfolge gelangt ist, wenn der Dritte auf rechtsbeständige Art denjenigen Besitz erlangt hat, den sein Vorgänger gehabt hatte (**RG** 40, 339; 53, 10; 56, 244), wobei Eigenbesitz nicht gefordert ist. Nach diesem Grundsatze wird der § 221 selbst dann anwendbar sein, wenn der Besitzwechsel ohne oder gar gegen den Willen des Vorgängers erfolgt ist (streitig), falls nur der Nachfolger einen Anspruch auf die Gewährung des Besitzes gehabt hatte (a. A. Planck Anm 2b). Dies kann zutreffen unter Anwendung des § 986 auf Grund der Einrede des Kaufes, wird aber auch in solchen Fällen gegeben sein, in denen jemand seinen Besitz auf Grund eines anfechtbaren oder auflösend bedingten Rechtsgeschäfts auf einen andern übertragen hatte und den Besitz demnächst, nach Anfechtung des Geschäfts oder nach Eintritt der Bedingung, auf irgendwelche an sich zulässige Art wiedererlangt hat. Vgl. M 1, 341 Abs 2. Denn auch in diesen Fällen hätte der Nachfolger gegen den Vorgänger einen Anspruch auf Wiedereinräumung des Besitzes gehabt. Ein bloßer Wechsel in der Person des Anspruchsberechtigten begründet keine Unterbrechung der Verjährung.

§ 222

Nach der Vollendung der Verjährung ist der Verpflichtete berechtigt, die Leistung zu verweigern[1]**).**

Das zur Befriedigung eines verjährten Anspruchs Geleistete kann nicht zurückgefordert werden, auch wenn die Leistung in Unkenntnis der Verjährung bewirkt worden ist[2]**). Das gleiche gilt von einem vertragsmäßigen Anerkenntnisse sowie einer Sicherheitsleistung des Verpflichteten**[2]**)**[3]**).**

E I 182 II 187; M 1 341 ff.; P 1 232 ff.

1. Diese Bestimmung entscheidet die frühere Streitfrage über die **Wirkung der Verjährung** dahin, daß diese nicht den Anspruch selbst erlöschen läßt, sondern dem Verpflichteten nur das **Recht zur Verweigerung** der Leistung gibt, mithin nur eine verzichtbare Einrede (§ 202 A 2) gewährt, deren Geltendmachung von seinem Belieben abhängt und daher nicht von Amts wegen unterstellt werden kann. Der Verzicht setzt im übrigen als solcher Kenntnis der eingetretenen

Verjährung voraus. Es genügt zu ihm jede formlose, ausdrücklich oder auch stillschweigend (so durch Unterlassung der Geltendmachung der Einrede oder durch Bestellung einer Sicherheit nach Ablauf der Verjährung) dem andern Teile gegenüber erfolgte Kundgebung, aus der der Verzichtwille erhellt, ohne daß es der Annahme des Verzichts bedarf (RG 78, 130). Auch bei den dinglichen Ansprüchen kommt der Verjährung nur die zuvor beschriebene Wirkung zu (M 1, 293). Gäbe beispielsweise der Besitzer die Sache dem Eigentümer nach vollendeter Verjährung seines, des Eigentümers, Anspruchs aus § 985 heraus, so hätte er keineswegs eine Nichtschuld erfüllt, und ein Recht auf Rückgewährung des Besitzes aus § 812 (condictio possessionis) hätte er nicht erlangt. Der Eigentümer anderseits, der wieder in den Besitz seiner Sache gelangte, würde damit, trotz der inzwischen eingetretenen Verjährung seines Anspruchs aus § 985, doch in die Lage gesetzt sein, nunmehr alle einem besitzenden Eigentümer überhaupt zustehenden Rechte auszuüben, ohne daß er noch nötig hätte, seine Sache von neuem zu erwerben. — Aus der Auffassung des Gesetzes, daß die Verjährung eine eigentliche rechtszerstörende Wirkung nicht hat, ergeben sich wichtige Folgerungen. So bleibt im Sinne der §§ 222, 813 Abs 1 eine Forderung auch dann noch erfüllbar, wenn ihr die Einrede der Verjährung entgegensteht, und es kann die Leistung daher nicht zurückgefordert werden. Gemäß § 390 ist ferner eine verjährte Forderung noch tauglich zur Aufrechnung (vgl. jedoch die Ausnahme des § 479); die verjährte Schuld kann endlich noch Grundlage eines Pfandrechts sein (§ 223). — Bei auf öffentlich-rechtlicher Grundlage beruhenden Ansprüchen hat die Verjährung nicht nur die Wirkung des § 222 Abs 1; ihre Vollendung ist hier vielmehr von Amts wegen zu berücksichtigen (RG 84, 281). — Im Gebiete des Liegenschaftsrechts hat in den Fällen der §§ 901, 1028 die Verjährung des entsprechenden Anspruchs zugleich das Erlöschen des dinglichen Rechtes zur Folge. Anderseits beseitigt in den Fällen der §§ 821, 853 die Verjährung des Anspruchs auf Befreiung von der grundlos eingegangenen Verbindlichkeit oder auf Aufhebung der Forderung nicht zugleich das Recht zur Leistungsverweigerung, und in den Fällen der §§ 478, 490, 639 schließt die Verjährung des Anspruchs auf Minderung oder Wandlung nicht das Recht aus, die Zahlung in entsprechender Höhe zu verweigern. Die Einrede der Verjährung steht bei Vorhandensein von mehreren Verpflichteten gemäß §§ 425, 429 grundsätzlich allein demjenigen zu, zu dessen Gunsten sich die Verjährung vollendet hat (vgl. §§ 202 A 1 u. 208 A 1). Nur der Bürge kann die Einrede des Hauptschuldners auch für sich geltend machen, und selbst der Verzicht des Hauptschuldners auf die Einrede ist ihm gegenüber unschädlich (§ 768). Anders liegt die Sache im Falle der Sachhaftung (vgl. § 223).

Vollendung der Verjährung setzt voraus: positiv den Ablauf der Frist und negativ, daß während des Fristablaufs kein die Vollendung der Verjährung hinderndes Ereignis eingetreten ist, nämlich weder eine Hemmung noch eine Unterbrechung (§§ 202—205 u. 208—217).

2. **Kein Recht auf Zurückforderung des Geleisteten.** Diese Bestimmung stellt sich als ein Ergebnis des in Abs 1 ausgesprochenen Grundsatzes dar. Gemäß § 812 Abs 2 gilt auch das vertragsmäßige Anerkenntnis als eine Leistung und demnach soll auch diese gegebenenfalls nicht zurückgefordert werden können. Unter dem vertragsmäßigen Anerkenntnisse im Sinne des Abs 2 ist, anders als im Falle des § 208, das rechtsgeschäftliche, mit dem Verpflichtungswillen abgegebene zu verstehen (RG Gruch 50, 1200). Es bedarf nach § 781 der Schriftform (RG 78 S. 132 u. 169; JW 1912, 286[5] u. [6]; 1915, 393[3]) — streitig —, sofern es nicht vergleichsweise abgegeben wird (RG 10, 280), und setzt (im Gegensatze zum Verzichte, A 1) die Kenntnis vom Ablaufe der Verjährung nicht voraus (RG 78, 132; JW 1912, 286[5] u. [6]; Warn 1919 Nr 25). Auch die Umwandlung einer verjährten Schuld in eine Darlehnsschuld bedarf der Schriftform (RG 78, 163). Das dem Hauptschuldner gegenüber abgegebene Anerkenntnis nimmt dem Bürgen nicht das Einrederecht aus § 768 Abs 1; vgl. §§ 768 Abs 2 u. 767 Abs 1 Satz 3. — Sicherheitsleistung nach §§ 232ff.

3. Der Einrede der Verjährung kann die **Einrede der Arglist** zunächst dann entgegengesetzt werden, wenn der Verpflichtete geflissentlich und der Schädigung des Berechtigten sich bewußt diesen von der rechtzeitigen gerichtlichen Geltendmachung des Anspruchs abgehalten hat, etwa durch Vergleichsverhandlungen (RG 57, 372); oder durch die Bitte um Stundung und das Versprechen der Erfüllung (RG SeuffA 63 Nr 128), oder durch arglistige Verheimlichung der Schuld, oder durch Vorenthaltung der Schuldurkunden (RG 32, 143), oder unter Umständen durch die Vereinbarung des Prozeßstillstandes (RG JW 1916, 1188[6]); oder wenn der Schuldner den Gläubiger veranlaßt hat, von einer Unterbrechungshandlung Abstand zu nehmen (RG JW 1919 S. 102[2] u. 304[4]), vorausgesetzt, daß dem Gläubiger nicht noch nach Ablauf der etwa gewährten Nachsicht genügende Zeit geblieben war, seine Rechte durch nunmehrige Unterbrechung der Verjährung sich zu wahren (RG SeuffA 75 Nr 122). Mittels eines begründeten Einwandes der Arglist wird in solchen Fällen die vollendete Verjährung auf Grund der §§ 249, 826 wieder beseitigt (RG 64, 223; 73, 396). Der Einwand der Arglist ist aber nicht nur dann begründet, wenn der Schuldner den Gläubiger absichtlich über den Ablauf der Frist hinaus hingehalten und ihm durch sein Verhalten die fristgemäße

Erhebung der Klage oder sonstige Unterbrechung der Verjährung unmöglich gemacht hat (dolus praeteritus); die Verjährungseinrede kann vielmehr, wie in der neueren Rechtsprechung anerkannt ist, mit dem Gegeneinwande der Arglist schon dann zurückgewiesen werden, wenn der Schuldner den Gläubiger durch sein Verhalten, sei es auch unabsichtlich, von der rechtzeitigen Erhebung der Klage abgehalten hat, weil nämlich mit einem solchen (früheren) Verhalten des Schuldners nach dem Grundsatze von Treu und Glauben die (jetzige) Erhebung der Verjährungseinrede unvereinbar ist (dolus praesens); vgl. RG 57, 376; 78, 134 (gegen 64, 223); 87, 281; 109, 309; 115, 135; RG Warn 1919 Nr 2; RG JW 1919 S. 102[2], 304[4]; 1924, 1967[2]. Dabei ist insbesondere nicht erforderlich, daß der Schuldner dem Gläubiger die Wahrung der Verjährungsfrist unmöglich gemacht hat; es genügt, daß das Verhalten des Schuldners, z. B. ein Schriftwechsel mit dem Ziele einer gütlichen Einigung, dem Gläubiger nach verständigem Ermessen ausreichenden Anlaß bot, die Erhebung der Klage aufzuschieben. Veranlaßt eine Versicherungsgesellschaft den gegen Haftpflicht Versicherten, auf ihre Kosten mit dem Geschädigten wegen der Haftung zunächst einen Prozeß durchzuführen, so braucht der Versicherte zur Abwendung der Verjährung des Versicherungsanspruchs weder Klage gegen die Versicherungsgesellschaft zu erheben noch ihr den Streit zu verkünden; dem Einwande der Verjährung würde die Einrede der Arglist entgegenstehen (RG 8. 12. 25 VI 311/25). Nach dem Wegfall der den Einwand der Arglist begründenden Umstände beginnt nicht etwa die Verjährung, wie bei einer Unterbrechung, von neuem zu laufen, es findet auch nicht eine Hemmung mit der im § 205 bezeichneten Wirkung statt, vielmehr ist eine den Umständen angemessene Frist zu bestimmen, innerhalb der nunmehr der Anspruch durch Klage oder in einer andern zur Unterbrechung der Verjährung geeigneten Weise geltend zu machen ist (RG 115, 135[6]). Der Einwand der Arglist steht der Wirksamkeit der Verjährung nicht im Wege, wenn dem Gläubiger nach dem Wegfall der bezeichneten Umstände noch innerhalb der Verjährungsfrist ein angemessener Zeitraum blieb, die Klage zu erheben (RG 109, 310; RG SeuffA 75 Nr 122; RG JW 1927, 974[9]).

§ 223

Die Verjährung eines Anspruchs, für den eine Hypothek oder ein Pfandrecht besteht, hindert den Berechtigten nicht, seine Befriedigung aus dem verhafteten Gegenstande zu suchen[1]).

Ist zur Sicherung eines Anspruchs ein Recht übertragen worden, so kann die Rückübertragung nicht auf Grund der Verjährung des Anspruchs gefordert werden[2]).

Diese Vorschriften finden keine Anwendung bei der Verjährung von Ansprüchen auf Rückstände von Zinsen oder anderen wiederkehrenden Leistungen[3]).

E I 183 II 188; M 1 344 ff.; P 1 236; 3 751.

1. Während dem Bürgen die Einrede der Verjährung der Hauptschuld zusteht (§ 768), läßt § 223 Abs 1 die (vor Vollendung der Verjährung bestellte) **Sachhaftung trotz Verjährung des persönlichen Anspruchs** unverändert fortbestehen, wie die §§ 1137 u. 1211 dem Eigentümer und dem Pfandschuldner auch nur die Einrede des Bürgen aus § 770, nicht aber die aus § 768 gewähren. Auf Grund- und Rentenschulden kann § 223 selbstverständlich überhaupt keine Anwendung finden. Ebensowenig bei Vormerkungen. Hier greift der § 886 Platz, wonach gegebenenfalls die Beseitigung der Vormerkung verlangt werden darf (RG Warn 08 Nr 286). — Streitig ist, ob Abs 1 auch die Fälle eines kraft Gesetzes erworbenen Pfandrechts umfaßt. Nach dem Wortlaute des Gesetzes, wo nur ein „bestehendes" Pfandrecht ohne Einschränkung auf einen bestimmten Entstehungsgrund vorausgesetzt ist, und nach dem Grundgedanken des Gesetzes ist die Frage zu bejahen.

2. Dementsprechend kann gemäß Abs 2 auch **nicht die Rückübertragung eines nur sicherungshalber übertragenen Rechtes** wegen Verjährung der gesicherten Forderung verlangt werden (vgl. Vorbem 6 vor § 104).

3. Über **wiederkehrende Leistungen** vgl. § 218 A 2.

§ 224

Mit dem Hauptanspruche verjährt der Anspruch auf die von ihm abhängenden Nebenleistungen, auch wenn die für diesen Anspruch geltende besondere Verjährung noch nicht vollendet ist[1]).

E I 184 II 189; M 1 345; P 1 236.

1. Unter den **von dem Hauptanspruche abhängigen Nebenleistungen,** auf die sich die Bestimmung beschränkt, sind Zinsen aller Art, Früchte, Nutzungen, Kosten (RG 61, 392) zu verstehen, unter Umständen auch eine vom Hauptanspruche abhängige Forderung auf Schadensersatz. Die Abhängigkeit muß die Entstehung der Nebenleistung betreffen, und es muß die Hauptforderung überhaupt entstanden sein (RG 85, 243). Alle bis zum Zeitpunkte der Vollendung der Verjährung zu entrichten gewesenen Nebenleistungen sind also mit der Hauptforderung mitverjährt, selbst wenn sie an sich noch nicht verjährt wären.

§ 225

Die Verjährung kann durch Rechtsgeschäft weder ausgeschlossen noch erschwert werden. Erleichterung der Verjährung, insbesondere Abkürzung der Verjährungsfrist, ist zulässig[1]).

E I 185 II 190; M 1 345 ff.; P 1 238.

1. Diese im öffentlichen Interesse gegebene Vorschrift (RG 86, 424; 87, 284) beschränkt die Vertragsfreiheit insofern, als vor ihrer Vollendung **die Verjährung rechtsgeschäftlich weder ausgeschlossen noch erschwert werden kann.** Dagegen verstoßende Abmachungen, insbesondere also auch der zum voraus erklärte Verzicht auf die Einrede der Verjährung, sind daher nichtig. Voraussetzung ist indessen, daß die Vereinbarung den Ausschluß oder die Erschwerung unmittelbar zum Gegenstande hat; dagegen genügt es für die Anwendbarkeit des § 225 nicht, wenn sich der eine oder der andere Fall nur mittelbar als Folge der Abrede ergibt, beispielsweise wenn eine Schadensersatzforderung nur bedingungsweise erlassen wird, alsdann die auflösende Bedingung eintritt und jetzt infolge dieser Vorgänge mit dem Eintritte der Bedingung nur eine neue Verjährung beginnen kann (RG Warn 1911 Nr 259). Ausnahmen von der Vorschrift enthalten die Sonderbestimmungen in den §§ 477 Abs 1 Satz 2, 486 Satz 1, 490 Abs 1 Satz 2, 638 Abs 2; ferner die §§ 414 Abs 1, 423, 439 HGB. Unterwirft sich der Verkäufer stillschweigend einer länger andauernden Garantiepflicht hinsichtlich der Beschaffenheit der Kaufsache, so liegt darin nicht zugleich die Vereinbarung über die Hinausschiebung des Beginns oder der Dauer der gesetzlichen kurzen Verjährungsfrist aus § 477 (RG 91, 307). Die **Erleichterung** der Verjährung, insbesondere die Abkürzung der Verjährungsfrist, ist der Parteiwillkür überlassen. Demgemäß kann auch der Beginn der Verjährungsfrist auf einen früheren Zeitpunkt verlegt werden (RG 66, 413). Es ist Sache der Auslegung, ob die vereinbarte Kürzung der Verjährungsfrist zugleich auf den Fall miterstreckt sein soll, daß an Stelle des Vertragsanspruchs ein Anspruch aus dem Eigentum oder aus unerlaubter Handlung geltend gemacht wird (RG 66, 363; Warn 1912 Nr 154). — Da die zwingendes Recht enthaltende Bestimmung des § 225 im allgemeinen Interesse gegeben ist, hat sie vom 1. Januar 1900 ab unbedingte Geltung, greift also auch dann Platz, wenn die Parteien vor dem 1. Januar 1900 die Verjährung vertraglich ausgeschlossen hatten (RG JW 1912, 682[4]). Demgemäß hat auch ein unter der Herrschaft des alten Rechtes (im voraus) erklärter Verzicht auf die Verjährung mit dem 1. Januar 1900 seine Wirkung verloren, so daß von da ab die Verjährung zu laufen beginnt (RG 79, 268).

Sechster Abschnitt

Ausübung der Rechte Selbstverteidigung Selbsthilfe

Dieser Abschnitt faßt allgemeine Grundsätze zusammen, erstens über die Grenzen der Zulässigkeit einer Rechtsausübung (§ 226), zweitens über die Statthaftigkeit eines Eingriffs in ein fremdes Rechtsgebiet, sofern er zur Abwehr eines Angriffs oder einer Gefahr (§§ 227, 228) dient, oder auch angriffsweise zum Zwecke der Selbsthilfe erfolgt (§§ 229 ff.). Vgl. ferner die Einzelbestimmungen §§ 561, 581 Abs 2, 704 über das Selbsthilferecht des Vermieters, Verpächters und Gastwirts, §§ 859, 860, 865, 1029 über das Selbsthilferecht des Besitzers, § 910 über das Überhangsrecht, § 962 über das Verfolgungsrecht des Eigentümers und die §§ 867 u. 1005 über das Abholungsrecht.

§ 226

Die Ausübung eines Rechtes ist unzulässig, wenn sie nur den Zweck haben kann, einem anderen Schaden zuzufügen[1]) [2]).

M 1 274.

1. **Verbot der Schikane.** Jedes subjektive Recht (Vorbem 1 vor § 241) hat das Bestreben sich durchzusetzen, und es ist ein allgemein anerkannter Grundsatz, daß, soweit jemand ein

Recht hat, er dieses auch in den gesetzmäßigen Schranken ausüben darf, und daß er zum Genusse aller Vorteile befugt ist, die er sich durch den gesetzmäßigen Gebrauch des Rechtes verschaffen kann (§§ 88, 90 Einl zum PrALR). Diesen Standpunkt vertritt auch das BGB, indem es freilich nur negativ ausspricht, welche Art der Rechtsausübung unstatthaft sei. Diese letztere Regel, das sog., zur Abwehr eines Unrechts dienende (**RG** 72, 254) Schikaneverbot, geht dahin, daß nur ein solcher Gebrauch des Rechtes unzulässig ist, der einzig und allein den Zweck haben kann, einem andern Schaden zuzufügen (**RG** 68, 424; 98, 171). Aber unter solchen Voraussetzungen beabsichtigt der betreffende Rechtsinhaber in Wirklichkeit auch nicht eine Rechtsausübung, vielmehr bezweckt er die Schädigung eines andern, und das stellt einen vom höheren Standpunkte des Rechtes aus zu verwerfenden Mißbrauch der Befugnis dar. Entscheidend ist dabei nicht die bei der Rechtsausübung sonst etwa verfolgte Absicht, sondern der Zweck der Schadenszufügung (**RG** Warn 1912 Nr 10). Für das Vorhandensein eines solchen Mißbrauchs reicht es daher auch nicht aus, daß der Rechtsinhaber handelt, ohne einen besondern Vorteil für sich zu erstreben; denn auch dann kann seine Handlungsweise noch innerhalb der Befugnis zur willkürlichen Rechtsausübung liegen. Jedenfalls ist § 226 dann nicht anwendbar, wenn der Handelnde irgendein erkennbares Interesse hat, dem eine Berechtigung nicht abzusprechen ist (**RG** JW 05, 388[4]; **RG** 22. 3. 10 II 320/09 u. 16. 10. 11 V 163/11). Schließlich kann also der Fall des § 226 nur dann gegeben sein, wenn sich erweist, daß für den Handelnden jeder andere Zweck als der der Benachteiligung eines andern ausgeschlossen war (**RG** JW 05, 388[4]; **RG** 69, 380; Warn 09 Nr 188), oder wenn nach der objektiven Rechtslage kein anderer Beweggrund als der der Schadenszufügung gegeben sein kann (**RG** JW 07 S. 507[5] u. 527[39]; beispielsweise wenn die Abnahme eines bestellten Werkes wegen so geringfügiger Mängel verweigert wird, daß das gegen Treu und Glauben verstößt, **RG** 24. 1. 11 VII 284/10) oder wenn der Grundeigentümer den Nutzungsberechtigten auf Grund veralteter Bestimmungen bei einer überlebten Wirtschaftsweise festhalten will, die ihm selbst keinen Vorteil bringt und nur die Einnahmen des Nutzungsberechtigten und die Volksernährung beeinträchtigt (**RG** 15. 1. 26 VI 300/25). Die Geltendmachung der im Eigentumsrechte liegenden Befugnisse und Ansprüche (§§ 903, 906) ist statthaft, selbst wenn sie nicht erfolgt, um nachteilige Einwirkungen Dritter zu verbieten (**RG** 54, 433; Warn 09 Nr 69). Und so ist auch die Zulässigkeit des Gebrauchs eines Wettbewerbsverbots nicht davon abhängig, daß der Berechtigte selbst ein Konkurrenzgeschäft betreibt (**RG** 47, 238). Ein genügendes Interesse ist auch dann anzuerkennen, wenn jemand zum allgemeinen Besten handelt; beispielsweise einem Patente gegenüber die Nichtigkeitsklage anstellt, um so im Interesse der Allgemeinheit die Nutzungsfreiheit für den durch das Patent geschützten Gegenstand zu gewinnen (**RG** 74, 209); oder gemäß § 9 WZG auf Löschung eines unzulässigen Warenzeichens klagt (**RG** 109, 73). Endlich ist es kein Rechtsmißbrauch, wenn ein Ehegatte gegen die Pfändung von Sachen eine ihm unter den besondern Umständen zustehende Widerspruchsklage erhebt, selbst wenn er nach § 1480 mit den Sachen haftet (**RG** 68, 424). Unstatthaft ist es daher auch nicht, wenn jemand eine Sache trotz Kenntnis eines älteren Rechtes zur Sache eines Dritten erwirbt (**RG** 62, 137). Ersatzpflichtig macht er sich gegebenenfalls nur dann, wenn bei seiner Handlungsweise die Voraussetzungen des § 826 erfüllt sind (**RG** 62, 139). Unter Umständen kann § 226 auch dann in Frage kommen, wenn ein Verkäufer zur Beseitigung des Wandlungsbegehrens des Käufers sich zur Beseitigung der vorhandenen Mängel anheischig macht (**RG** 61, 94 unter Mitberücksichtigung der §§ 157, 242) und der Käufer das zur Schädigung des Verkäufers ablehnt. Vgl. dazu **RG** 65, 10 und SeuffA 57 Nr 343.

Ob jemand in Ausübung eines besondern Rechtes oder nur kraft der allgemeinen Freiheit zu erlaubten Handlungen gehandelt hat, macht für die Anwendung des § 226 keinen Unterschied, wie hier auch nicht die Frage nach den guten Sitten eine Rolle spielt (**RG** 58, 214). In **RG** 96, 184 ist der § 226 in einem Falle für anwendbar erachtet worden, wo der Beklagte, der zur Sicherung eines Darlehns Aktien mit bestimmten Nummern verpfändet hatte, demnächst, als er auf Bezahlung des Darlehns in Anspruch genommen wurde, Rückgabe der Aktien mit den nämlichen Nummern verlangte, wiewohl die Aktien inzwischen völlig wertlos geworden waren.

Das Verbot der Schikane hat im **ganzen Rechtsgebiete Geltung** (**RG** Gruch 51, 820) und dient keineswegs nur zur Abwendung eines Vermögensschadens (**RG** 72, 254). Insbesondere auch im Familienrechte. Daher könnte eine Ehefrau, die vom Ehemann auf Herausgabe eines Kindes belangt ist, unter Umständen mit Erfolg den Einwand aus § 226 erheben (**RG** JW 07, 6[6]). Der Vater darf die Betretung seines Gartens, in dem die Mutter seines Sohnes, mit dem er in Feindschaft lebt, beerdigt ist, seinem Sohne nicht schlechthin verbieten (**RG** 72, 253). Die Anwendbarkeit des § 226 ist auch bei Verletzung idealer Werte und Interessen gegeben (**RG** 72, 254).

Die **Rechtsfolge des schikanösen Handelns** gemäß § 226 ist, daß die Handlung als rechtswidrig anzusehen und daher die Abwehr nach § 227 statthaft, mit ihr zudem auch eine

Voraussetzung für die Verpflichtung zum Schadensersatze gemäß § 823 Abs 1 u. 2 erfüllt ist, da der § 226 ein Schutzgesetz darstellt, und ferner auch eine Voraussetzung des § 826 gegeben ist, insofern als eine schikanöse Handlungsweise zugleich als eine unsittliche anzusehen ist (vgl. **RG** 62, 139). Bei dauerndem Eingreifen in ein Recht kann endlich der Anspruch auf Unterlassung gegeben sein (**RG** 72, 253).

2. Die Frage, ob das Schikaneverbot **von Amts wegen zu berücksichtigen** ist, dürfte insoweit zu verneinen sein, als der Richter nicht befugt ist, von Amts wegen tatsächliche Ermittlungen anzustellen. Keinesfalls aber ist nötig, daß der Einwand förmlich erhoben wird. Es muß für die Anwendung des § 226 durch den Richter vielmehr genügen, wenn die Partei die Art der Rechtsausübung im allgemeinen als unzulässig erklärt, und das Sachverhältnis für die Prüfung der Frage sonst ausreichende Unterlagen bietet.

§ 227

Eine durch Notwehr gebotene Handlung[1]) ist nicht widerrechtlich[2]).

Notwehr ist diejenige Verteidigung, welche erforderlich ist[3]), um einen gegenwärtigen[4]) rechtswidrigen[5]) Angriff von sich oder einem anderen abzuwenden[6])[7]).

E I 186 II 191; M 1 348 ff.; P 1 240 ff., 251.

1. **Notwehr.** Wie die Ausübung eines eignen Rechtes im allgemeinen zulässig ist (§ 226 A 1), so ist der Eingriff in einen fremden Rechtskreis grundsätzlich unzulässig. Ein Eingriff in ein fremdes Rechtsgebiet ist daher nur unter den vom Gesetze besonders anerkannten Voraussetzungen berechtigt (vgl. die in der Vorbem vor § 226 aufgeführten Einzelbestimmungen und § 904), während sonst stets eine Rechtswidrigkeit vorliegt, die den Handelnden verantwortlich macht, sei es zivilrechtlich, sei es strafrechtlich. Einen Ausnahmefall allgemeiner Art stellt das Recht der Notwehr im Sinne des § 227 dar. Das Gesetz geht davon aus, daß die Abwehr eines rechtswidrigen Angriffs selbst dann nicht widerrechtlich, mithin erlaubt ist, wenn die Abwehrhandlung ein fremdes Recht verletzt. Sonach nimmt aber das Gesetz rechtsgrundsätzlich auch die etwaige Zulässigkeit des selbständigen Rechtsschutzes an. Voraussetzung hierbei ist grundsätzlich, daß ein Fall wirklicher, also nicht nur vermeintlicher, nur irrtümlich (putativ) angenommener Notwehr vorliegt (**RG** Warn 1911 Nr 261; JW 1914, 587[4]), und daß also in Wirklichkeit, in Übereinstimmung mit § 53 StGB, **a)** ein rechtswidriger Angriff erfolgt ist (A 5); b) daß dieser ein „gegenwärtiger" war (A 4); c) daß die Verteidigungshandlung zur Abwendung des Angriffs „erforderlich" gewesen ist (A 3). Auch im Falle bloß vermeintlicher Notwehr kann jedoch der Täter haftfrei bleiben, nämlich dann, aber auch nur dann, wenn er infolge entschuldbaren tatsächlichen Irrtums angenommen hat, er befinde sich im Zustande der Notwehr (**RG** 88, 120; **RG** Warn 1926 Nr 112), was zugunsten des Jagdberechtigten je nach den Umständen auch einem fliehenden Wilderer gegenüber anzunehmen sein kann (**RG** JW 1924, 1968[3]). Darauf kommt es anderseits nicht an, ob der Wille des Handelnden ausschließlich auf die Verteidigung gerichtet war; berechtigte Notwehr kann vielmehr auch dann vorliegen, wenn der Handelnde zugleich Rache hat nehmen wollen (**RG** JW 1911, 578[12]).

2. **Nicht widerrechtlich.** Objektive Rechtswidrigkeit, um die es sich hier handelt, setzt ein Tun voraus, zu dem der Handelnde kein Recht hat, weder ein öffentlich-rechtliches noch ein privatrechtliches, weder ein gesetzliches Recht noch eine besondere Befugnis. Sie ist im allgemeinen eine Voraussetzung sowohl für die strafrechtliche Haftbarkeit des Täters wie für seine Verpflichtung zum Schadensersatze (§ 823). Dementsprechend hat regelmäßig schon das Nichtvorhandensein der Widerrechtlichkeit die Befreiung des Täters von jeder Art Haftbarkeit zur Folge. (Darüber, daß die privatrechtlichen Rechtsgrundsätze der §§ 227 ff. auch für das Strafrecht von Einfluß sind, vgl. **RG**St 34, 295.) Das Nichtvorhandensein einer Widerrechtlichkeit bewirkt insbesondere auch, daß ein Handeln im Notwehrzustande nicht als verbotene Eigenmacht im Sinne des § 857 gelten kann. Demgemäß würde einem Besitzer, der die berechtigte Notwehrhandlung eines andern abwehren wollte, der § 859 Abs 1 nicht zur Seite stehen, vielmehr würde gerade er widerrechtlich handeln.

3. **Welche Verteidigungsmaßregel** zur Abwendung des Angriffs **erforderlich,** oder ob die tatsächlich ergriffene hierzu notwendig war, ist von Fall zu Fall nach der objektiven Sachlage zu beurteilen. So könnte sich grundsätzlich auch die vorsätzliche Tötung eines Menschen sogar einem Angriffe auf ein bloßes Vermögensobjekt gegenüber als eine notwendige Verteidigungsmaßregel darstellen. Denn das Gesetz macht in § 227 nicht zur Bedingung (wie in § 228), daß der durch die Notwehr bewirkte Erfolg dem drohenden Übel gegenüber kein unverhältnismäßig schlimmer sein darf. Auf die nur subjektiven Vorstellungen des Handelnden

über das Maß der erforderlichen Verteidigung nimmt dagegen das BGB in keiner Weise Rücksicht. Es sieht vielmehr ausschließlich die zur Abwehr nach den Umständen des Falles an sich erforderliche Handlung als statthaft an, und daher stellt auch der sog. Exzeß der Notwehr, falls der Täter aus Bestürzung, Furcht, Schrecken (§ 53 Abs 3 StGB) oder Irrtum (§ 59 StGB) über die Grenzen der an sich erforderlichen Verteidigung hinausgeht, nach dem Zivilgesetze stets eine Widerrechtlichkeit (RG Warn 1911 Nr 261) und einen rechtswidrigen Angriff dar (RG JW 1911, 578[12]), während anderseits die Berechtigung der Notwehrhandlung nicht dadurch ausgeschlossen wird, daß der Angegriffene sich zu ihr entschloß, wiewohl er die wirkliche Gefährlichkeit des Angriffs nicht eingesehen, sondern unterschätzt hatte (RG 84, 306). Es ist also nur entscheidend, ob an sich die Voraussetzungen der Notwehr gegeben waren. Die Möglichkeit der Flucht schließt die Annahme der Notwehr rechtmäßig nur dann aus, wenn der Angegriffene sich dem Angriff entziehen kann, ohne daß er berechtigte Interessen aufgibt (RG 84, 308; RG JW 1925, 939[8]). — Ob der Exzeß auch die Verpflichtung zum Schadensersatze begründet, ist lediglich nach den Grundsätzen von unerlaubten Handlungen zu beurteilen (§§ 823ff.); es würde daher regelmäßig noch ein Verschulden hinzukommen müssen (RG JW 02 Beil 192; 1911, 578[12]). Der Täter bleibt also auch haftfrei, wenn er die Grenzen der Notwehr infolge entschuldbaren tatsächlichen Irrtums überschritten hat (RG 88, 120; JW 1914, 587[4]).

4. **Gegenwärtig** ist ein Angriff, sobald er begonnen hat (ohne daß es bereits zur wirklichen Verletzung gekommen sein muß; RG Warn 1911 Nr 316), und solange der Angriff noch nicht aufgegeben, fehlgeschlagen oder durchgeführt, mithin noch nicht beendigt ist (RGSt 29, 240 und RG JW 1912, 136[8]; Warn 1911 Nr 261; SeuffA 78 Nr 112). Begonnen haben kann der tätliche Angriff schon damit, daß der Angreifer auf den Gegner losgeht, um ihn zu mißhandeln (RG Warn 1911 Nr. 316). Beendigt ist der Angriff bei einer Mehrheit von Angreifern erst dann, wenn sich sämtliche bereits zur Flucht gewandt haben (RG JW 06, 297[1]); dagegen ist der Angriff noch nicht beendigt, falls jemand (ein Wilderer) auf einen andern (den Förster) geschossen hat, solange noch die Abgabe eines weiteren Schusses zu besorgen ist (RG 10. 12. 06 VI 142/06). Ein bereits vollzogener oder abgeschlossener Angriff genügt für den Tatbestand erlaubter Notwehr nicht (RG JW 05, 14[6]; ferner 06, 297[1]). Der gegenwärtige Angriff des Diebes gegen das Eigentum des Bestohlenen dauert so lange fort, als er bestrebt ist, sich die Diebesbeute zu sichern; das Schießen auf einen davonlaufenden Dieb kann daher nach § 227 gerechtfertigt sein, wenn er die gestohlenen Sachen mit sich führt (RG 111, 370; RGSt 55, 82).

5. **Rechtswidrig** muß der **Angriff** gewesen sein (RG JW 06, 297[1]; 1912, 136[8]). Das trifft, wie schon unter A 1 bemerkt, bei Angriffen auf fremde Rechtsgüter regelmäßig zu, und ist nur ausgeschlossen, wenn ein besonderer Rechtfertigungsgrund für den Angriff gegeben war, wie beim Handeln kraft amtlicher Befugnis (Vollstreckungsmaßregeln des Gerichtsvollziehers), kraft väterlicher Gewalt, auf Grund eines Züchtigungsrechts, auf Grund eines Privatpfändungsrechts (EG Art 89), oder auf Grund eines Notstandes im Sinne der §§ 228 u. 904. Angreifer kann nur eine Person, natürliche oder juristische, sein. Daß der rechtswidrige Angriff auch ein schuldhafter sei, verlangt das Gesetz nicht. Daher kann die Notwehrhandlung auch einem Kinde oder einem Geisteskranken, ferner demjenigen gegenüber statthaft sein, der sich zufolge Irrtums, beispielsweise ein Polizeiorgan (aber vgl. RGSt 22, 300; 25, 152), zum Angriffe für berechtigt hielt. Offenbar geht das Gesetz von der Schutzbedürftigkeit des Interesses, nicht aber auch von der Verantwortlichkeit des Angreifenden aus (RGSt 27, 44). Eine Sache, ein Tier insbesondere vermag wohl einer Person als Mittel zu einem Angriffe zu dienen, kann aber niemals selbst als das Subjekt des Angriffs in Betracht kommen (hinsichtlich des Tieres streitig). Es ist schon ausgeschlossen, hinsichtlich eines Tieres von einer Rechtswidrigkeit des Angriffs zu reden. Einer Sache gegenüber kann es sich nur um Notstand (§ 228) handeln (RG 71, 242). Da im Falle echter Notwehr zur Verteidigung auch ein angriffsweises Vorgehen erforderlich sein kann, und ein derartiger Angriff alsdann keine Widerrechtlichkeit bedeuten würde, so folgt, daß die Abwehr wiederum einer derartigen Verteidigungsmaßregel ihrerseits als eine widerrechtliche gelten müßte. „Notwehr gegen (echte) Notwehr" ist somit ausgeschlossen.

6. **Gegenstand des Angriffs** kann jedes rechtlich geschützte Interesse sein, wie Eigentum, auch Besitz, Freiheit, Ehre, Gesundheit (RGSt 21, 170; 29, 240), unter Umständen auch ein bloßes Vertragsrecht, so das auf Unterlassung einer Handlung (beispielsweise der Schuldner, der dem Gläubiger eine bestimmte Sache zu gewähren verpflichtet ist, will die Erfüllbarkeit des Anspruchs durch Zerstörung der Sache vereiteln und der Gläubiger wehrt das ab). Notwehr einer Zeitung durch Erklärungen in ihr gegenüber ehrverletzenden Angriffen in einer andern Zeitschrift ist denkbar und zulässig (RG JW 1915, 913[3]). Nötig ist auch nicht, daß ein Gut des Handelnden selbst angegriffen ist; die Notwehr wird vielmehr ausdrücklich auch zum Schutze fremder Interessen („von einem andern") für statthaft erklärt (RG Warn 1913 Nr 102: Fall der Nothilfe).

7. **Beweislast.** Die Behauptung der Notwehr enthält nicht ein Leugnen des Klagegrundes, sondern einen selbständigen Einwand, durch den die Rechtswidrigkeit des Tuns ausgeschlossen werden soll. Der Beweis liegt daher dem die Notwehr geltend Machenden ob (RG JW 03 Beil 54 Nr 125 und Gruch 51, 907), während die Überschreitung der Notwehr derjenige zu beweisen hat, der sich auf sie beruft (RG LZ 1921, 218[3]). Bei nur vermeintlicher Notwehr (Putativnotwehr, A 1, 3) sowie bei Überschreitung der Notwehr hat der Täter, um seine Schadensersatzpflicht zu widerlegen, auch die Entschuldbarkeit seines Irrtums nachzuweisen (RG 88, 120). Auch im Falle vorsätzlicher Tötung oder Körperverletzung braucht nicht der Geschädigte zur Begründung seines Schadensersatzanspruchs die Widerrechtlichkeit nachzuweisen, vielmehr hat der Täter den Nachweis für die Nichtwiderrechtlichkeit seines Tuns zu erbringen (RG JW 07, 138[20]).

§ 228

[1]) Wer eine fremde Sache beschädigt oder zerstört[2]), um eine durch sie drohende Gefahr[3]) von sich oder einem anderen abzuwenden, handelt nicht widerrechtlich[4]), wenn die Beschädigung oder die Zerstörung zur Abwendung der Gefahr erforderlich ist[5]) und der Schaden nicht außer Verhältnis zu der Gefahr steht[6]). Hat der Handelnde die Gefahr verschuldet, so ist er zum Schadensersatze verpflichtet[7]) [8]).

E I 187 II 129; M 1 340 ff.; P 1 251 ff.; 6 212 ff.

1. Das BGB kennt den **privatrechtlichen Notstand,** verneint die Widerrechtlichkeit einer Notstandshandlung und erklärt damit den mittels einer Notstandshandlung bewirkten Eingriff in ein fremdes Rechtsgebiet ebenfalls als statthaft (§ 227 A 1). Die Voraussetzungen des zivilrechtlichen Notstands sind: a) daß „durch" eine Sache eine Gefahr droht, sei es dem Handelnden selbst, sei es einem andern (A 3); b) daß die Beschädigung oder Zerstörung der Sache zur Abwendung der Gefahr erforderlich ist (A 2); c) daß der Schaden nicht außer Verhältnis zu der Gefahr steht (A 6). — Von Erheblichkeit ist die Abgrenzung des § 228 gegenüber dem § 904. Auch dieser erklärt es für statthaft, auf eine fremde Sache, selbst wider das Verbot des Eigentümers, einzuwirken, wenn das zur Abwendung einer gegenwärtigen Gefahr erforderlich ist. Aber er setzt nicht ebenfalls voraus, daß die Gefahr „durch" die fremde Sache droht, fordert jedoch anderseits, daß der abzuwendende Schaden unverhältnismäßig größer ist als der durch die Einwirkung entstehende, und gibt schließlich dem Eigentümer einen unbedingten Anspruch auf Schadensersatz. Die innerliche Verschiedenheit dieses Falles von dem des § 228 liegt wesentlich darin, daß der Täter hier im Verteidigungszustande handelt, gemäß § 904 aber das fremde Gut angriffsweise verletzt (RG 88, 214; 71, 242).

2. Die Notstandshandlung stellt gewissermaßen eine Notwehrhandlung gegenüber Tieren und leblosen Sachen dar (§ 227 A 5) und besteht in **Beschädigung oder Zerstörung der die Gefahr verursachenden fremden Sache;** möglicherweise auch einer vorerst noch herrenlosen (Wild), falls nämlich an ihr einem andern das Aneignungsrecht zusteht (Jagdrecht). Ein Notstandsexzeß würde vorliegen, wenn der Täter außer der gefährlichen Sache auch noch eine andere beschädigen wollte. Eine Notstandshandlung gegenüber einer Person ist hier, abweichend von § 54 StGB, ausgeschlossen.

3. **Durch die Sache** muß die Gefahr drohen. Die Sache selbst muß also unmittelbar die Gefahr schaffen. Das trifft beispielsweise nicht zu, wenn der Sturm das Schiff gegen eine fremde Sache treibt, weil hier die Gefahr nicht von der fremden Sache, sondern vom Sturme herbeigeführt ist (RG 88, 214). Auch dann nicht, wenn der Eigentümer einen unterhalb seines Grundstücks befindlichen fremden Damm durchsticht, um die sich oberhalb des Dammes anstauenden Wasser ablaufen zu lassen; die Gefahr war hier unmittelbar durch die Wassermassen verursacht, dagegen nicht durch den Damm, der zuvor selbst nur ein Schutzmittel dargestellt, aber keine Gefahr begründet hatte (RG 71, 240). Die Voraussetzung der Unmittelbarkeit fehlt auch dann, wenn die Sache selbst nur deshalb gefährlich ist, weil sie in dem gegebenen Zeitpunkte von einer Person in gefahrdrohender Weise verwendet wird. Falls A auf B schießen will, entsteht die Gefahr nicht durch die von A benutzte Flinte, sondern durch die Handlungsweise des A; falls aber A etwa seinen brennenden Benzinmotor im Gebäude des B stehen läßt, geht fortan die Gefahr von dem Motor aus. Wenn endlich A seinen Hund auf B hetzt, dürfte sowohl der Tatbestand der Notwehr wie der des Notstandes vorliegen. Das Tier dient in solchem Falle einmal einer Person als Werkzeug für ihren Angriff, daneben aber ist es auch selbsttätig (durch sich) gefahrdrohend. Bei der Frage, ob die Gefahr durch die Sache selbst drohte, ist im allgemeinen eine enge Auslegung geboten (RG JW 09, 387[3]). — Es genügt, daß die Gefahr **droht,** also schon unmittelbar bevorsteht, ohne sich schon gegenwärtig zu äußern (RG 12, 137; anders bei der Notwehr). Man braucht nicht erst die Verwirklichung der

Gefahr abzuwarten. Anderseits muß diese schon wirklich bestehen, und es reicht nicht schon die bloße Möglichkeit des künftigen Eintritts einer Gefahr aus.

Auf die **Art des gefährdeten Rechtsguts** kommt es (anders gemäß § 54 StGB) ebensowenig hier wie im Falle des § 227 an (vgl. dort A 6). Auch das dem dinglichen Rechte selbst vergleichbare ausschließliche Aneignungsrecht ist ein geschütztes Rechtsgut. Daher das Recht des Jagdberechtigten zur Tötung wildernder Hunde (RGSt 34, 295). Ferner sind auch ideelle Werte und Interessen (die Ehre) schutzwürdig (RG 72, 254). Erforderlich ist auch nicht, daß das eigene Interesse bedroht ist. Auch ein Dritter darf daher die Notstandshandlung vornehmen.

4. **Nicht widerrechtlich** vgl. § 227 A 2. Bedingung für die Zulässigkeit einer Notstandshandlung ist nicht, daß der Notstand ein unverschuldeter war (vgl. indessen unten A 7). Darin ist der privatrechtliche Notstand von dem strafrechtlichen nach § 54 StGB wesentlich verschieden. Bedingung ist auch nicht, daß der Täter gerade den Vorsatz hatte, eine Notstandshandlung vorzunehmen. Darüber, ob eine solche vorliegt, kann vielmehr schon der sachliche Tatbestand entscheidend sein. Zu der Annahme, daß die Handlung auch wirklich bewußt in der Absicht vorgenommen sein muß, die Gefahr abzuwenden (Planck A 1d), liegt wohl kein zwingender Anlaß vor, wenngleich das Gesetz seinem Wortlaute nach von dem regelmäßigen Falle ausgeht, daß zum Zwecke der Abwendung der Gefahr gehandelt worden ist. Vgl. § 327 A 3 und das dort angeführte Urteil (RG 84, 306). Aber umgekehrt kann dem Täter auch sein guter Glaube an das Vorhandensein eines Notstandes oder sein Irrtum in dieser Hinsicht nicht zugute kommen. Die nur vermeintliche Notstandshandlung ist ebenso rechtswidrig wie die nur vermeintliche Notwehr, so daß die Schadensersatzpflicht auch hier nur noch von dem Vorhandensein eines Verschuldens abhängig sein kann (vgl. § 227 A 1).

5. **Erforderlich** ist, daß die betreffende Maßregel zur Abwendung der Gefahr nötig war. In dieser Hinsicht gilt entsprechend das zu § 227 unter A 3 Gesagte.

6. Ob der durch die Notstandshandlung bewirkte **Schaden außer Verhältnis zu der Gefahr** steht, mithin ganz beträchtlich den Wert des geschützten Interesses (A 3 a. E.) übersteigt (anders der Maßstab des § 904), läßt sich nur von Fall zu Fall beurteilen. Entscheidend ist schließlich das freie richterliche Ermessen, das, wofern Rechtsgüter von verschiedenartiger Natur in Betracht kommen, in erster Linie auch ein der allgemeinen Anschauung entsprechendes Wertverhältnis der Güter zueinander zu berücksichtigen, dabei aber auch das besondere Interesse der Beteiligten in Anschlag zu bringen haben wird. An erster Stelle wird regelmäßig das Leben einer Person stehen. Ist der durch die vermeintliche Notstandshandlung bewirkte Schaden beträchtlich höher, dann liegt höchstens eine bloße Putativ-Notstandshandlung, mithin eine grundsätzlich widerrechtliche Handlung vor (§ 227 A 1). Und nur hinsichtlich der Frage nach der Schadensersatzverpflichtung kann es in Fällen gedachter Art darauf ankommen, ob der tatsächliche Irrtum des Handelnden geeignet war, sein gemäß § 823 erforderliches Verschulden auszuschließen (RG JW 1926, 1145[2]: Verletzung eines wertvollen fremden Hundes, um den eigenen Hund zu verteidigen).

7. Wirklich vorhandener, aber **selbstverschuldeter Notstand**. Eine wesentliche Abweichung von den Grundsätzen der Notwehr (§ 227 A 2) besteht beim Notstande insofern, als bei der Notstandshandlung die Verpflichtung zum Schadensersatze durch den Mangel der Rechtswidrigkeit nicht unbedingt ausgeschlossen ist. Nach Satz 2 tritt diese Verpflichtung vielmehr grundsätzlich schon dann ein, wenn der Handelnde den Notstand verschuldet hat, wiewohl die Notstandshandlung dadurch noch nicht zu einer rechtswidrigen wird. (Fälle, in denen eine Schadensersatzpflicht trotz fehlender Rechtswidrigkeit anerkannt ist, enthalten sonst noch die §§ 904, 962, 867, 1005.)

8. Über die **Beweislast** vgl. § 227 A 7.

§ 229

Wer zum Zwecke der Selbsthilfe[1]) eine Sache wegnimmt, zerstört oder beschädigt oder wer zum Zwecke der Selbsthilfe einen Verpflichteten, welcher der Flucht verdächtig ist, festnimmt oder den Widerstand des Verpflichteten gegen eine Handlung, die dieser zu dulden verpflichtet ist, beseitigt[2]), handelt nicht widerrechtlich[3]), wenn obrigkeitliche Hilfe[4]) nicht rechtzeitig zu erlangen ist und ohne sofortiges Eingreifen die Gefahr besteht, daß die Verwirklichung des Anspruchs[5]) vereitelt oder wesentlich erschwert werde[6])[7]).

E I 189 II 193 Abs 1; M 1 354 ff.; P 1 241 ff.

1. Während die §§ 227, 228 nur die Befugnis zur Verteidigung eines gefährdeten Rechtsguts gewähren, indessen ohne Rücksicht darauf, ob der Handelnde selbst oder ein anderer der

Inhaber des Rechtsguts ist, hat der § 229 **ein Handeln auf Grund eines subjektiven Rechtes** (§ 241 A 2), alsdann aber nicht ein abwehrendes, sondern ein angriffsweises Vorgehen behufs Verwirklichung der Rechtsbefugnis im Auge. Im übrigen ist dem § 229 mit den §§ 227 u. 228 der Gedanke gemeinsam, daß der einzelne im Interesse der Rechtssicherheit bei drohender Rechtsgefährdung unter Umständen, ohne auf die Staatshilfe angewiesen zu sein, zum Selbsthandeln befugt ist. Daß der Berechtigte ohne sein Verschulden in die sein Interesse gefährdende Lage gekommen ist, setzt das Gesetz nicht voraus, und die Handlung wird auch nicht dadurch zu einer widerrechtlichen, daß dem Berechtigten bei seinem Tun das Bewußtsein dessen fehlte, daß er zu seiner Handlungsweise gemäß § 229 befugt war. Entscheidend ist auch hier der objektive Tatbestand. Vgl. § 227 A 3, § 228 A 4.

2. **Gestattet ist die Wegnahme, Zerstörung oder Beschädigung** einer Sache (§ 90), ohne daß es auf die Natur der Sachen anzukommen scheint. Unzweifelhaft sind indessen solche Sachen, welche auch vom Vollstreckungsbeamten für den Gläubiger nicht in Anspruch genommen werden könnten (§ 811 ZPO), der Ausübung des Selbsthilferechts ebenfalls entzogen (vgl. **RG**St 33, 248). Die Befugnis zur Einwirkung auf Sachen beschränkt sich anderseits nicht unbedingt auf Maßregeln in Ansehung der dem Verpflichteten selbst gehörigen Sachen (a. A. Staudinger A 5a). Denn unter den gleichen Voraussetzungen, unter denen auch eine fremde Sache im Wege staatlicher Hilfe in Anspruch genommen werden könnte, muß dies auch bei Ausübung der Selbsthilfe statthaft sein. Wie daher gemäß § 808 ZPO auch die Pfändung einer dem Schuldner zwar nicht gehörigen, aber in seinem Gewahrsame befindlichen Sache zulässig und rechtswirksam ist, so kann es dem Verpflichteten gegenüber ebensowenig widerrechtlich sein, wenn der Berechtigte unter eben jenen Voraussetzungen ihm im Wege der Selbsthilfe eine fremde Sache wegnimmt. A. A. Planck A 3a. Weiß freilich der Berechtigte, daß die Sache eine fremde ist, dann handelt er zweifellos widerrechtlich, weil er an sich nur aus dem Vermögen des Schuldners Befriedigung suchen darf. Das Selbsthilferecht wäre unter Umständen überhaupt vereitelt, falls dem Handelnden grundsätzlich erst die Prüfung zugemutet würde, ob die im Gewahrsam des Schuldners befindliche Sache diesem auch gehört. Wollte beispielsweise der Schuldner auf einem Kraftfahrzeuge seine Flucht bewerkstelligen, so müßte sein Gläubiger, falls sich kein anderes Mittel, die Flucht zu hindern oder die Zahlung zu erwirken, bietet, doch auch zur Wegnahme des Fahrzeugs befugt sein, wenn er es nur als seinem Schuldner gehörig ansieht (vgl. M 1, 355). Das Selbsthilferecht besteht auch nur im Verhältnisse vom Berechtigten zum Verpflichteten, und daher muß auch die Frage, ob seine Ausübung im gegebenen Falle gerechtfertigt war oder nicht, wesentlich gerade aus eben jenem Verhältnisse geprüft werden. Selbstverständlich verbleibt dem Eigentümer der in Anspruch genommenen Sache der Eigentumsanspruch aus § 985, oder der Bereicherungsanspruch aus den §§ 812ff., der Anspruch auf Schadensersatz endlich mindestens dann, wenn der Berechtigte von dem fremden Eigentumsrecht gewußt hat oder nur aus Fahrlässigkeit Kenntnis nicht gewonnen hat (§ 276). Zweifelhaft kann sein, ob hier auch eine entsprechende Anwendung des § 231 statthaft wäre. — Die **Befugnis zur Festnahme** der Person entspricht dem persönlichen Sicherungsrechte der §§ 918, 933 ZPO; die **Befugnis zur Beseitigung des Widerstandes** derjenigen aus § 892 a. a. O.

3. Über die Folgen des **Ausschlusses der Widerrechtlichkeit** vgl. § 227 A 2. Über die unbedingte Schadensersatzpflicht im Falle eines nur putativen Notstandes im Sinne des § 229 vgl. § 231.

4. **Obrigkeitliche Hilfe.** Im allgemeinen ist der einzelne, falls sich sein Anspruch nur im Wege des Zwanges durchsetzen läßt, auf die Hilfe der staatlichen Organe angewiesen, die in den von der Rechtsordnung vorgeschriebenen Formen einzuschreiten verpflichtet sind. Falls jedoch ihr Einschreiten nicht rechtzeitig zu erlangen ist, oder falls die staatliche Mitwirkung zu Unrecht abgelehnt wird, ist der Fall erlaubter Selbsthilfe gegeben. Wer ohne die obrigkeitliche Hilfe in Anspruch zu nehmen (ohne eine einstweilige Verfügung herbeizuführen), von der Selbsthilfe Gebrauch macht, handelt auf eigene Gefahr und macht sich möglicherweise schadensersatzpflichtig (**RG** JW 1921, 1362[5]). Wurde die Staatshilfe mit Recht versagt, so wird zu unterscheiden sein, aus welchem Grunde es erfolgte. Geschah es wegen Mangels eines rechtsbeständigen Anspruchs, oder auch nur, weil dieser durch Einrede (§§ 273, 320) beeinträchtigt war, so kann auch von einem Selbsthilferecht selbstverständlich keine Rede sein. Geschah es aus Gründen, die bloß in einem Mangel in der Antragstellung lagen, und war zu ihrer Verbesserung keine hinreichende Zeit mehr vorhanden, so scheint es billig, das Recht zur Selbsthilfe zuzugestehen. Streitig. — Als staatliche Maßregeln kommen hier insbesondere in Betracht die Anordnung des Arrestes oder einer einstweiligen Verfügung (§§ 916, 935ff. ZPO).

5. Über den Begriff **Anspruch** vgl. § 194 A 1. In Betracht kommen kann nur ein durch Klage geschützter Anspruch, nicht auch ein unvollkommener, der höchstens einwandweise geltend zu machen ist (vgl. § 134 A 4); denn in solchen Fällen wäre auch für die staatliche Hilfe kein Raum. Auch bedingte wie betagte Ansprüche sind vollkommene im angegebenen Sinne

(vgl. Vorbem 4 vor § 158). Die Wegnahme von Sachen ist zulässig auch lediglich zum Zwecke der Sicherung der Beweisführung (**RG** 64, 385). Steht das Recht zur Selbsthilfe grundsätzlich auch nur dem Rechtsinhaber selbst zu, zum Schutze eines eigenen Anspruchs, so kann doch die Befugnis seines Vertreters, anstatt seiner zu handeln, auch hier nicht ausgeschlossen sein. Auch die Unterstützung durch andere ist zulässig (M 1, 356). Auch eine auftragslose Geschäftsführung dürfte eine ausreichende Grundlage bieten (streitig). Das Gesetz gestattet doch auch in den Fällen der §§ 227, 228 den Schutz fremder Interessen. Freilich handelt der auftragslose Geschäftsführer wie sonst (§ 179) so auch hier zunächst auf seine Gefahr.

6. Ausreichend ist schon eine **wesentliche Erschwerung der Verwirklichung des Anspruchs.** Daher ist nicht Voraussetzung, daß die Durchsetzung des Anspruchs durch das Verhalten des Verpflichteten ein für allemal ausgeschlossen werden würde. Es genügt vielmehr schon eine durch die etwaige wesentliche Verzögerung der Durchsetzbarkeit des Anspruchs begründete Erschwerung. Mithin kann auch schon das Vorhaben des Verpflichteten, sich nur einstweilen durch Flucht zu entziehen, einen genügenden Grund zum sofortigen Einschreiten bieten. Erforderlich ist auch nicht, daß ohne die Selbsthilfe die Erfüllung des Anspruchs bestimmt vereitelt oder erschwert sein würde. Es genügt vielmehr schon die entsprechende Gefahr. Unbedingtes Erfordernis ist endlich auch nicht, daß die Selbsthilfe zutreffendenfalls zur Sicherung der gerade geschuldeten Leistung dient. Es reicht in dieser Hinsicht vielmehr aus, wenn etwa an Stelle der eigentlich geschuldeten Leistung eine Ersatzleistung gesichert werden könnte, wie die Gewährung von Schadensersatz oder die Befriedigung im Wege der Aufrechnung.

7. Über die **Beweislast** vgl. § 227 unter A 7.

§ 230

Die Selbsthilfe darf nicht weiter gehen, als zur Abwendung der Gefahr erforderlich ist[1]).

Im Falle der Wegnahme von Sachen ist, sofern nicht Zwangsvollstreckung erwirkt wird, der dingliche Arrest zu beantragen[2]).

Im Falle der Festnahme des Verpflichteten ist, sofern er nicht wieder in Freiheit gesetzt wird, der persönliche Sicherheitsarrest bei dem Amtsgerichte zu beantragen, in dessen Bezirke die Festnahme erfolgt ist; der Verpflichtete ist unverzüglich dem Gerichte vorzuführen[2]).

Wird der Arrestantrag verzögert oder abgelehnt, so hat die Rückgabe der weggenommenen Sachen und die Freilassung des Festgenommenen unverzüglich zu erfolgen[3]).

E I 189 II 194; M 1 354 ff.; P 1 243 ff.

1. **Grenzen** der Selbsthilfe entsprechend §§ 803, 918 ZPO. Vgl. **RG** JW 03 Beil 134 Nr 297.

2. Abs 2 u. 3 geben **Verhaltungsmaßregeln für das weitere Verhalten des Täters nach Ausübung** der Selbsthilfe. Das Verfahren richtet sich in allen diesen Fällen nach der ZPO. Die Notwendigkeit zur Beantragung der Zwangsvollstreckung oder des Arrestes wird indessen nicht immer vorliegen. Nämlich dann nicht, wenn es sich bei der Wegnahme einer Sache überhaupt nicht um eine bloße Sicherungsmaßregel, sondern um die Wiederherstellung des bereits verletzten Rechtes selbst gehandelt hat. Das träfe beispielsweise zu, wenn der Eigentümer einer Sache diese dem Diebe, oder wenn der Pfandbesitzer die ihm verpfändete Sache dem Verpfänder, der sie widerrechtlich fortnahm, im Wege der Selbsthilfe wieder abgenommen hätte. Bei Personen ist der Sicherheitsarrest nach § 918 zu beantragen, und zwar unverzüglich (§ 121).

3. Die Verzögerung sowohl der Antragstellung wie der **Herausgabe** oder der Freilassung würde eine Rechtswidrigkeit bedeuten und im Falle Verschuldens die Verpflichtung zum Schadensersatze nach sich ziehen (§ 286).

§ 231

Wer eine der im § 229 bezeichneten Handlungen in der irrigen Annahme vornimmt, daß die für den Ausschluß der Widerrechtlichkeit erforderlichen Voraussetzungen vorhanden seien, ist dem anderen Teile zum Schadensersatze verpflichtet, auch wenn der Irrtum nicht auf Fahrlässigkeit beruht[1]).

E II 195; P 1 244.

1. Das Eigenartige dieser Bestimmung, die voraussetzt, daß die objektiven Voraussetzungen der Selbsthilfe nicht gegeben waren, liegt darin, daß diese eine **Verpflichtung zum Schadensersatze ohne Rücksicht auf Verschulden** begründet, da nach dem Gesetze der Täter, der das Vorhandensein der Voraussetzungen der Selbsthilfe gemäß § 229 nur irrtümlich angenommen hat, selbst dann haftbar ist, wenn sein Irrtum nicht auf Fahrlässigkeit (§ 276 Abs 1) beruhte, während die Haftung aus § 823 grundsätzlich Verschulden voraussetzt (**RG** 60, 345). Daß im Falle bewußt widerrechtlichen Handelns gehaftet wird, ist dem Gesetze selbstverständlich. Allerdings ist für die Haftung anderseits stets Bedingung, daß die Handlungsweise des Täters eine objektiv widerrechtliche war, und daß sie sich also auch nicht aus einem andern Grunde als dem des Selbsthilferechts als statthaft erweist. Die Vorschrift des § 231 muß Anwendung finden, gleichgültig, ob es sich um einen tatsächlichen Irrtum oder um einen Rechtsirrtum handelt, ob ferner der Irrtum die Befugnis zum Handeln überhaupt oder nur die Zulässigkeit zur Vornahme der getroffenen besondern Maßregel betroffen hat. Auch die infolge eines Irrtums begangene Überschreitung der Selbsthilfe würde mithin unter § 231 fallen. Eine Befreiung von der Schadensersatzpflicht könnte sich nur aus § 827 ergeben.

Siebenter Abschnitt

Sicherheitsleistung

Die Rechtsordnung bietet nicht nur diejenigen Mittel, die zur Wiederherstellung eines verletzten Rechtes oder zur Verwirklichung eines bereits durchführbaren Anspruchs dienen; im Interesse der Rechtssicherheit sieht sie vielmehr auch solche Maßregeln vor, die schon der Gefahr einer künftigen Rechtsverletzung oder Benachteiligung vorzubeugen geeignet sind. Für den Gläubiger kann eine Gefahr der bezeichneten Art daraus erwachsen, daß sein Anspruch zur Zeit, weil betagt oder bedingt, noch nicht durchführbar ist, während zugleich die Besorgnis besteht, daß er zur Zeit der Fälligkeit sich nicht mehr werde durchführen oder verwirklichen lassen. Für den Schuldner anderseits können Nachteile gerade daraus drohen, daß es dem Gläubiger unter Umständen gestattet wird, einen noch nicht fälligen oder noch ungewissen Anspruch geltend zu machen. Demgemäß geben *vorbeugende Sicherungsmittel* sowohl das Prozeßrecht (in der Feststellungsklage § 256, in der Klage auf künftige Leistung § 259, im Arreste und der einstweiligen Verfügung nach den §§ 916—945 ZPO) wie auch das materielle Recht. Hier kommen insbesondere in Betracht: Die Sicherungsleistung im Sinne des vorliegenden Abschnitts, die grundbuchlichen Eintragungen, wie Eintragung einer Vormerkung nach §§ 883ff. und eines Widerspruchs nach § 899, die Rechnungslegung (§§ 666, 681, 740); vgl. ferner die §§ 1960 und 1993 (Inventarpflicht). Unter welcher Voraussetzung die Sicherung, sei es vom Gläubiger, sei es vom Schuldner, verlangt werden kann, darüber enthält das Gesetz keine allgemeinen Bestimmungen. Es ist deshalb auf die einschlägigen Sonderbestimmungen zu verweisen, einerseits die §§ 52, 257, 775 Abs 2, 843 Abs 2, 867, 1039, 1391, 1580, 1688, 1844, 1986, 2128, 2217 Abs 2 und anderseits die §§ 273, 509, 262. Außer auf Gesetz kann die Verpflichtung zur Sicherung auch auf Verträgen beruhen. Als ein derartiges Sicherungsmittel kommt die Vertragsstrafe nach den §§ 339ff. in Betracht.

§ 232

[1]) **Wer Sicherheit zu leisten hat, kann dies bewirken**
durch Hinterlegung von Geld oder Wertpapieren,
durch Verpfändung von Forderungen, die in das Reichsschuldbuch oder in das Staatsschuldbuch eines Bundesstaats eingetragen sind,
durch Verpfändung beweglicher Sachen,
durch Bestellung von Hypotheken an inländischen Grundstücken,
durch Verpfändung von Forderungen, für die eine Hypothek an einem inländischen Grundstücke besteht, oder durch Verpfändung von Grundschulden oder Rentenschulden an inländischen Grundstücken[2]).

Kann die Sicherheit nicht in dieser Weise geleistet werden, so ist die Stellung eines tauglichen Bürgen zulässig[1]).

E I 199 II 196; M 1 387 ff.; P 1 264 ff.; 6 384.

1. Das Recht auf Sicherheitsleistung enthält einen klagbaren Anspruch. Nach richtiger Ansicht muß der Gläubiger dabei dem Schuldner überlassen, in welcher nach dem Gesetze

überhaupt statthaften Weise er seiner Verpflichtung genügen will. Das Gesetz stellt dem Verpflichteten ausdrücklich eine Mehrheit von Sicherungsmitteln zur Auswahl. In erster Linie läßt es freilich nur die **Sachsicherung** zu, wie sie im Abs 1 vorgesehen ist, während die Befugnis aus Abs 2, einen Bürgen zu stellen, nur dann zustehen soll, wenn der Verpflichtete in der in Abs 1 beschriebenen Art Sicherheit nicht leisten kann. — Die Bestimmungen dieses Abschnitts greifen nur Platz, wo es sich um eine Sicherheitsleistung aus materiell-rechtlichen Gründen handelt, dagegen nicht, falls eine Sicherheitsleistung nach den Bestimmungen der ZPO in Frage steht. Hier ist sie nach § 108 ZPO zu bestimmen (**RG** JW 01, 505[5]).

2. Gesetzliche **Sicherungsmittel.** Über Geld vgl. § 244; über Wertpapiere die §§ 234, 793—808; s. auch die §§ 233—235; über die Tauglichkeit der bezeichneten Buchforderungen vgl. § 236, über die Einrichtung des Reichsschuldbuchs die RGes. v. 31. 5. 91, 28. 6. 04, 6. 5. 1910; über Verpfändung beweglicher Sachen die §§ 1204ff., 237; über Bestellung von Hypotheken die §§ 1112ff., 238; über die Verpfändung von Rechten die §§ 1237ff. Welche Anforderungen an die Sicherheit der zu begründenden Hypothek zu stellen sind, sagt das Gesetz nicht; es wird daher diejenige Sicherheit zu verlangen sein, die § 238 für den Fall der Verpfändung einer hypothekarisch gesicherten Forderung vorschreibt. — Forderungen anderer Art als eingetragene Buchforderungen können überhaupt nicht Mittel der Sicherheitsleistung sein. Über die Tauglichkeit des Bürgen als Sicherungsmittel vgl. § 239. — Unbedingt unzulässig ist dies Mittel im Falle der §§ 273 Abs 3, 1218 Abs 1.

§ 233

Mit der Hinterlegung erwirbt der Berechtigte ein Pfandrecht an dem hinterlegten Gelde oder an den hinterlegten Wertpapieren[1]) und, wenn das Geld oder die Wertpapiere nach landesgesetzlicher Vorschrift in das Eigentum des Fiskus oder der als Hinterlegungsstelle bestimmten Anstalt übergehen, ein Pfandrecht an der Forderung auf Rückerstattung[2]).

E I 200 II 197; M 1 390; P 1 266; 6 143.

1. Das an dem hinterlegten Gelde oder an den hinterlegten Wertpapieren bestehende **gesetzliche Pfandrecht** gewährt die Rechte aus den §§ 1204ff. und 1292ff.; es ist dem rechtsgeschäftlich begründeten gemäß § 1257 gleichzustellen. Entsteht das Pfandrecht auch an unbefugt hinterlegtem, fremdem, dem Hinterleger nicht gehörigem Gelde und ohne Rücksicht auf guten Glauben? Wohl zu bejahen; aber streitig. Der vom gesetzlichen Pfandrechte des Vermieters handelnde § 529 beschränkt zwar das Recht ausdrücklich in bezug auf Sachen „des Mieters". Der § 233 macht aber eine derartige Einschränkung nicht. — Gemäß Art 144 EG ist die Einrichtung von Hinterlegungsstellen dem Landesgesetze überlassen, das insbesondere auch über die sachliche und örtliche Zuständigkeit zu bestimmen hat.

2. Vgl. § 372 A 1. Die Vorschrift des § 233 greift Platz auch bei der prozessualen Sicherheitsleistung (**RG** JW 1914, 466[6]).

§ 234

Wertpapiere sind zur Sicherheitsleistung nur geeignet, wenn sie auf den Inhaber lauten, einen Kurswert haben und einer Gattung angehören, in der Mündelgeld angelegt werden darf. Den Inhaberpapieren stehen Orderpapiere gleich, die mit Blankoindossament versehen sind.

Mit den Wertpapieren sind die Zins-, Renten-, Gewinnanteil- und Erneuerungsscheine zu hinterlegen.

Mit Wertpapieren kann Sicherheit nur in Höhe von drei Vierteilen des Kurswerts geleistet werden[1]).

E I 201 II 198; M 1 390; P 1 256ff.; 4 570, 607; 6 143.

1. Über **Wertpapiere** und **Orderpapiere** vgl. Vorbem vor § 793; über Markt- oder Börsenpreis § 385 A 1; über Mündelsicherheit § 1807. Ein Wechsel kann hiernach als Sicherungsmittel im Sinne des Gesetzes niemals in Betracht kommen.

§ 235

Wer durch Hinterlegung von Geld oder von Wertpapieren Sicherheit geleistet hat, ist berechtigt, das hinterlegte Geld gegen geeignete Wertpapiere,

die hinterlegten Wertpapiere gegen andere geeignete Wertpapiere oder gegen Geld umzutauschen[1]).

E II 199; P 1 268 ff.

1. Im allgemeinen besteht ein derartiges Recht des Pfandschuldners nicht.

§ 236

Mit einer Buchforderung gegen das Reich oder gegen einen Bundesstaat kann Sicherheit nur in Höhe von drei Vierteilen des Kurswerts der Wertpapiere geleistet werden, deren Aushändigung der Gläubiger gegen Löschung seiner Forderung verlangen kann[1]).

E II 200; P 1 267.

1. Nach RGes. v. 31. 5. 91; § 20 RGes. v. 28. 6. 04 u. 6. 5. 1910 über die Einrichtung des Reichsschuldbuchs können auf den Inhaber lautende Reichsanleihen in Buchschulden des Reiches umgewandelt werden. Bei Löschung der Buchschuld erhält der Berechtigte Anleihescheine in dem seiner Forderung entsprechenden Nennwerte zurück. PrGes. v. 20. 7. 83 und 24. 7. 04 betreffs des Staatsschuldbuchs.

§ 237

Mit einer beweglichen Sache kann Sicherheit nur in Höhe von zwei Dritteilen des Schätzungswerts geleistet werden. Sachen, deren Verderb zu besorgen oder deren Aufbewahrung mit besonderen Schwierigkeiten verbunden ist, können zurückgewiesen werden[1]).

E I 202 II 201; M 1 390; P 1 268.

1. Unbedingt **geeignet zur Sicherheitsleistung** sind hiernach nur solche bewegliche Sachen, bei denen die Voraussetzungen des Satz 2 nicht zutreffen. Andernfalls kommt es auf die Zustimmung des Berechtigten an, die aber gemäß § 119 Abs 2 anfechtbar sein kann. Den Beweis des Wertes hat der Verpflichtete zu erbringen. Unberechtigte Zurückweisung zieht die Folgen des Annahmeverzugs (§§ 294, 300) nach sich.

§ 238

Eine Hypothekenforderung, eine Grundschuld oder eine Rentenschuld ist zur Sicherheitsleistung nur geeignet, wenn sie den Voraussetzungen entspricht, unter denen am Orte der Sicherheitsleistung Mündelgeld in Hypothekenforderungen, Grundschulden oder Rentenschulden angelegt werden darf[1]).

Eine Forderung, für die eine Sicherungshypothek besteht, ist zur Sicherheitsleistung nicht geeignet[2]).

E I 203 II 202; M 1 390; P 1 268; 6 243.

1. Unter welchen Voraussetzungen eine **Hypothekenforderung** usw. **mündelsicher** ist, bestimmt sich nach den von der Landesgesetzgebung aufgestellten Grundsätzen (§ 1807 Abs 2). Maßgebend ist das Recht des Ortes der Sicherheitsleistung, und dieser fällt zusammen mit dem Leistungsorte nach § 269.

2. Vgl. §§ 1184 ff.

§ 239

Ein Bürge ist tauglich, wenn er ein der Höhe der zu leistenden Sicherheit angemessenes Vermögen besitzt und seinen allgemeinen Gerichtsstand im Inlande hat.

Die Bürgschaftserklärung muß den Verzicht auf die Einrede der Vorausklage enthalten[1]).

E I 204 II 203; M 1 391; P 1 269 ff.

1. Das Recht, einen **Bürgen** zu stellen, ist an und für sich nur aushilfsweise zugestanden (§ 232 A 1). Ein angemessenes Vermögen besitzt der Bürge nach Prot 1, 270 auch dann, wenn er regelmäßig wiederkehrende Einkünfte in genügender Höhe bezieht. Über den allgemeinen

Gerichtsstand vgl. §§ 13—18 ZPO. Die Bürgschaftserklärung selbst muß nach § 766 schriftlich sein. Einrede der Vorausklage §§ 771, 773.

§ 240

Wird die geleistete Sicherheit ohne Verschulden des Berechtigten unzureichend, so ist sie zu ergänzen oder anderweitige Sicherheit zu leisten[1])[2]).

E I 205 II 204; M 1 459; P 1 270; 6 243.

1. Anspruch des Berechtigten auf **Ergänzung der bestellten** oder auf **Leistung einer anderweitigen Sicherheit** für den Fall, daß die bestellte unzureichend „wird". Zwischen den beiden bezeichneten Maßregeln steht wiederum die Wahl dem Verpflichteten zu. Der vorausgesetzte Fall kann eintreten einmal durch Umstände, die eine Entwertung des Sicherheitsgegenstandes herbeiführen (Verschlechterung der Sache, Sinken des Kurswerts, Vermögensverfall beim Bürgen), sodann infolge einer Erhöhung des zu sichernden Anspruchs. Der Anspruch auf Verbesserung der Sicherheit muß aber ausgeschlossen sein, wenn der Berechtigte selbst verschuldet hat, daß die ihm bestellte Sicherheit unzureichend wird (beispielsweise infolge Annahmeverzugs, § 237 A 1), und selbstverständlich dann, wenn ihm eine vertragliche Abrede, ein Verzicht, entgegensteht.

2. **Beweislast.** Hat der Berechtigte gegebenenfalls seine Schuldlosigkeit an der veränderten Sachlage oder der Besteller der Sicherheit ein Verschulden des Genannten zu beweisen? Das richtige dürfte sein, daß der Berechtigte seiner Behauptungs- und Beweispflicht zunächst schon dann genügt, wenn er diejenigen Umstände nachweist, welche das derzeitige Unzureichende der Sicherung bewirkt haben, wobei sich möglicherweise sein eigenes ursächliches Verschulden schon aus der Sache selbst ergeben kann. Anderseits aber muß es dem Verpflichteten überlassen bleiben, den Zusammenhang zwischen einem Verschulden des Berechtigten und dem eingetretenen Erfolge seinerseits nachzuweisen. Wenn beispielsweise mit einer Hypothek Sicherheit bestellt ist und die letztere wegen Eingangs von Vieh auf dem belasteten Grundstücke minderwertig geworden ist, wird von dem Berechtigten, der von dem Rechtsbehelfe aus § 240 Gebrauch macht, doch nicht der Nachweis verlangt werden können, daß er die Minderung der Sicherheit nicht verschuldet habe.

Zweites Buch

Recht der Schuldverhältnisse

Erster Abschnitt

Inhalt der Schuldverhältnisse

1. Das Wort „Schuldverhältnis" schließt zwei Begriffe in sich: den des „Verhältnisses" und den der „Schuld". Der Begriff „Schuld" ist hier zur näheren Bestimmung der Art des Verhältnisses gebraucht. Unter einem **Verhältnisse** versteht man im allgemeinen die Beziehungen einer Person zu einer andern Person oder zu einer Sache (im weitesten Sinne die „Lebensverhältnisse"). Insofern eine solche Beziehung von der Rechtsordnung anerkannt wird, handelt es sich um ein „Rechtsverhältnis" (obligatorisches, dingliches; Vorbem 5 vor § 104), im Gegensatze zu einem Verhältnisse rein tatsächlicher Art, das für das Rechtsleben in der Regel keine Bedeutung hat. Das Ergebnis des Rechtsverhältnisses ist ein **subjektives Recht.** Ein solches hat zur Voraussetzung: einmal eine Willensmacht, mithin die von der Rechtsordnung anerkannte Fähigkeit, eine Rechtshandlung mit rechtlichem Erfolge vorzunehmen (Vorbem 1 vor § 104) — „das Wollen-Können" —, ferner das „Wollen-Dürfen", welches darauf beruht, daß die Vornahme der Handlung von der Rechtsordnung gestattet, somit nicht widerrechtlich ist; endlich ist erforderlich, daß das Wollen auf ein „Gut" im objektiven Sinne oder doch auf ein rechtlich anerkennenswertes subjektives „Interesse" gerichtet sei. Wenn sich die Willensmacht im Verhältnisse der einzelnen untereinander äußert, handelt es sich um ein privatrechtliches Recht, wenn die Willensmacht im Verhältnisse der einzelnen gegenüber dem Staate in Frage kommt, um ein subjektives Recht des öffentlichen Rechts. Im BGB ist in der Hauptsache nur der Inhalt der Privatrechtsverhältnisse geordnet.

2. Das Ergebnis des subjektiven Rechtes ist der **Anspruch,** und zwar, je nach der Natur des Rechtes, der persönliche oder der dingliche (vgl. § 194 A 1). Sofern nun der Anspruch den Inhalt hat, daß die eine Person von der andern eine Leistung fordern darf, daß mithin diese Leistung geschuldet wird (§ 194 A 1), liegt ein **Schuldverhältnis** vor. Voraussetzung eines solchen ist sonach einmal, daß es sich um ein Rechtsverhältnis von Person zu Person handelt, sodann, daß es ein Fordern-Dürfen zum Inhalte hat. Danach unterscheidet sich das (relative) Schuldverhältnis vom (absoluten) dinglichen Rechtsverhältnis durch die Art der Beziehung; von einem familienrechtlichen nach dem Inhalte: dort steht immer nur eine Forderung mit vermögensrechtlichem Inhalte in Frage, hier ein ganzer Inbegriff von Rechten und Pflichten, wie sie in der Eigenart des Familienverhältnisses ihren Grund haben. Doch können auch auf diesem Boden bestimmte Forderungsrechte erwachsen, wie der Anspruch auf Gewährung von Unterhalt. Auch aus dinglichen Rechten können Ansprüche von Person zu Person entstehen, insbesondere durch ihre Verletzung; auf solche Ansprüche finden die allgemeinen Vorschriften über Schuldverhältnisse entsprechende Anwendung, jedoch nur, soweit sich nicht aus der besonderen Natur des dinglichen Anspruchs und den mit Rücksicht hierauf gegebenen Vorschriften eine Abweichung ergibt (**RG** 105, 88; vgl. auch § 242 A 3). Während ferner das Schuldverhältnis, weil es lediglich die Leistung zum Zwecke hat, durch die Erfüllung sowie durch alles, was ihr in der Wirkung gleichgestellt ist (wie Aufrechnung und Erlaß), notwendig untergehen muß, ist das dingliche Rechtsverhältnis seiner Natur nach ein fortdauerndes; es währt fort, bis die rechtliche Beziehung der Person zur Sache gelöst ist. Auch durch die Vereinigung von Forderung und Schuld in einer Person (Konfusion) muß das Schuldverhältnis notwendig erlöschen — das Gesetz erachtet dies als so selbstverständlich, daß es eine Bestimmung darüber, wie sie in § 291 des E I enthalten war, als entbehrlich fortgelassen hat —; im Gebiete des Sachenrechts dagegen ist der Vereinigung nicht die gleiche Wirkung beigelegt (vgl. §§ 889, 1163, 1164, 1174ff.). Aus der Natur des Schuldverhältnisses folgt endlich notwendig, daß der Anspruch nur durch den Verpflichteten verletzt werden kann (das Nähere bei § 823), während das dingliche Recht von jedem geachtet werden muß und daher an sich auch von jedem verletzt werden kann.

Mittelbar vermag freilich auch ein Dritter die Verwirklichung einer Forderung zu vereiteln, indem er beispielsweise die von jemand einem andern verkaufte Sache zerstört oder vor der Übereignung für sich erwirbt und so die Möglichkeit der Gewährung hindert. Aber hierdurch wird nicht ein „Recht" des andern verletzt, da das BGB das „Recht zur Sache" des PrALR (I 10 § 25) nicht anerkannt hat. Deshalb tritt auch eine Schadensersatzpflicht nicht nach § 823 Abs 1 ein, sondern nur wenn der Tatbestand des § 823 Abs 2 oder des § 826 erfüllt ist (**RG** 57, 353; 59, 327; 95, 284; vgl. auch zu § 823).

3. **Ein Schuldverhältnis wird begründet** entweder rechtsgeschäftlich, und zwar alsdann der Regel nach durch Vertrag und nur ausnahmsweise auch durch ein einseitiges Rechtsgeschäft (§§ 657, 793, 2174ff.), oder durch Vorgänge, an die das Gesetz die Haftung unmittelbar knüpft (vgl. Vorbem 1 vor § 104, ferner die §§ 812ff., 823ff., 677ff.). Über unvollkommene Schuldverhältnisse vgl. § 134 A 3, über den Unterschied zwischen kausalen und abstrakten Verträgen Vorbem 5 vor § 104.

Erster Titel

Verpflichtung zur Leistung

§ 241

Kraft des Schuldverhältnisses ist der Gläubiger berechtigt, von dem Schuldner eine Leistung zu fordern[1]). Die Leistung kann auch in einem Unterlassen bestehen[2]).

E I 206 II 205; M 2 5 f.; P 1 279 ff.; 6 150.

1. Über den Begriff **Schuldverhältnis** s. die Vorbem 2. Der § 241 bestimmt den Begriff durch Angabe der rechtlichen Wirkung. Er bringt zum Ausdrucke, daß beim Vorhandensein eines Schuldverhältnisses eine bestimmte Person (der Gläubiger) von einer andern bestimmten Person (dem Schuldner) eine Leistung zu fordern hat, und läßt damit erkennen, daß das Gläubigerrecht sich ausschließlich gegen den Schuldner richtet, Dritte es sonach grundsätzlich nicht zu beachten brauchen, und widerrechtliche Eingriffe in schuldrechtliche Ansprüche auch nicht eine Forderung auf Schadensersatz begründen, solange nicht der Tatbestand des § 823 Abs 2 oder des § 826 erfüllt ist, vgl. Vorbem 2 (**RG** 57, 353; 59, 327), wie auch regelmäßig ein Anspruch nur dem Gläubiger, nicht aber auch einem Dritten zusteht, der nur mittelbar betroffen ist (**RG** JW 08, 9[9]). Entstanden ist das Schuldverhältnis, sobald die Rechtsbeziehungen zwischen den Beteiligten, die sich auf eine Leistung richten, zur Entstehung gelangt sind, ohne daß jedoch schon die sämtlichen Voraussetzungen für den Leistungsanspruch erfüllt zu sein brauchen, es kann dieses vielmehr von dem Hinzukommen noch weiterer Umstände (Rechtsbedingungen) abhängig sein. Entstehungsgrund für ein Schuldverhältnis sind das Gesetz, das Rechtsgeschäft und die unerlaubte Handlung, die widerrechtlich ein Recht eines andern oder ein geschütztes Rechtsgut verletzt, in letzterem Falle muß jedoch der andere bereits in Beziehungen eingetreten sein, die ihn als den durch das Gesetz Geschützten erscheinen lassen; **RG** 93, 281; 99, 224, betreffend die Haftung eines Grundbuchbeamten gemäß § 12 GBO; 105, 88, betreffend Ansprüche aus § 985. — Den **Begriff „Leistung"** bestimmt das Gesetz nicht. Nur so viel besagt es in Satz 2, daß die Leistung „auch in einem Unterlassen bestehen kann". Danach hat eine Leistung begriffsmäßig entweder ein positives Tun oder ein geschuldetes Nichttun zum Inhalt. Im übrigen wird der Ausdruck Leistung sprachgebräuchlich auch zur Bezeichnung des Gegenstandes einer Leistung verwendet. Die positive Tätigkeit hat zum Ziele entweder die Herbeiführung des geschuldeten Rechtszustandes (**RG** Warn 08 Nr 22), so die Verschaffung des Eigentums an einer Sache, oder das Tun selbst, so die Leistung eines Dienstes, oder den tatsächlichen Erfolg eines Tuns, so die Herstellung eines Werkes. Ihrem **Inhalte nach** können Schuldverhältnisse so verschieden voneinander sein, als Forderungen von verschiedenartigem Leistungsinhalte denkbar sind. Während im Sachenrechte die Zahl der Rechte eine geschlossene ist, gilt hier der Grundsatz, daß es den Parteien freisteht, ihre rechtlichen Beziehungen zu ordnen, wie sie es für dienlich halten, und daß Verträge in Ansehung ihres Inhalts gültig sind, soweit sie nicht gegen das Gesetz oder gegen die guten Sitten verstoßen (**RG** 57, 250). Zu beachten bleibt nur, daß immer ein wirkliches Rechtsverhältnis (oben Vorbem 1) zugrunde liegen muß, und daß sonach Abmachungen auf religiösem Gebiete (**RG** 57, 256) oder im gesellschaftlichen Verkehre, die nicht eine zu erfüllende Rechtspflicht bezielen, nicht in das Gebiet der Schuldverhältnisse fallen. Wer einen Wanderer einladet, sich in den Wagen zu setzen und mitzufahren, wer jemand zu Gaste ladet, hat nicht die Absicht, sich zu verpflichten (**RG** JW 06, 740[9]). Gestattung des Mitfahrens auf einem Kraftfahrzeuge begründet dann einen Schuldvertrag, wenn der Mitfahrende das

Fahrzeug behufs etwaigen Kaufes kennenlernen soll (**RG** 65, 17). Bedeutsam ist die Frage, ob begrifflich notwendiges Merkmal eines Schuldverhältnisses auch ist, daß die Leistung einen Vermögenswert hat. Der Wortlaut des Gesetzes läßt eine solche Auffassung nicht erkennen; **RG** 87, 293, wo die Frage verneint wird, ebenso RGZ 102, 222. Aber auch eine innere Notwendigkeit besteht für sie nicht. Nur ein rechtlich anerkennenswertes Interesse ist erforderlich (Vorbem 1). So wird, um bei einem üblichen Beispiele zu verbleiben, das Versprechen eines Nachbarn, zu bestimmter Stunde nicht zu spielen, sehr wohl zum Inhalte eines Schuldversprechens gemacht werden können (a. A. Oertmann A 1b). Auch dieser räumt indessen so viel ein, daß durch Ausbedingung einer Vertragsstrafe „auch ideale Interessen" gesichert werden können. Nach § 339 setzt nun aber das Versprechen einer Vertragsstrafe an sich schon eine erfüllbare Verbindlichkeit voraus. Auch das Pfandrecht setzt notwendig eine bestimmte Forderung voraus (**RG** JW 1911, 367[23]). Endlich ist es Erfordernis für ein wirksames Schuldverhältnis, daß die Leistung möglich (§ 306) und bestimmt oder wenigstens bestimmbar ist. Das Nähere hierüber bei den §§ 243, 262, 315ff. — Neben den Schuldverhältnissen, wie sie das Gesetz in § 241 im Auge hat, gibt es auch die sog. **unvollkommenen**, die keine Klage auf Erfüllung geben, anderseits aber auch nicht als nichtig erachtet werden, und somit nicht jeder Rechtswirkung entbehren. Vgl. § 134 A 3. Auch die Bezahlung einer verjährten Schuld unterliegt nicht der Rückforderung (§ 222 Abs 2); desgleichen kann der Gemeinschuldner das, was er über die im Zwangsvergleiche bestimmte Akkordrate geleistet hat, nicht zurückfordern (**RG** 42, 118; 78, 77; Gruch 54, 1174; JW 09, 361[6]).

2. Die **Unterlassungspflicht** kann entweder selbständig für sich begründet werden, so im Falle eines Wettbewerbsverbots, oder sie kann auch einer positiven Verpflichtung angeschlossen sein, so im Falle der Überlassung einer Sache zum Gebrauche durch das Versprechen ihres Empfängers, gewisse Veranstaltungen zu unterlassen (§ 550), oder beim Dienstvertrage, indem sich der Dienstverpflichtete etwa verpflichtet, die Leistung von Diensten bei einem Dritten zu unterlassen. Hier handelt es sich durchweg um klagbare Ansprüche auf die Leistung des Unterlassens für die Zukunft. Unter Umständen kann aber im Falle der Zuwiderhandlung gegen die Unterlassungspflicht das Vorhandensein eines Erfüllungsanspruchs für die Zukunft ohne weiteres ausgeschlossen sein; beispielsweise bei der Zuwiderhandlung gegenüber der Verpflichtung, im Falle einer Versteigerung nicht mitzubieten; während unter anderen Umständen die Zuwiderhandlung dem Erfüllungsanspruche noch Raum läßt, so wenn gegen die Verpflichtung, eine Sache zu veräußern, gehandelt und die Veräußerung dann wieder rückgängig gemacht werden kann (**RG** 70, 441). Im übrigen schließt die Verpflichtung zur (positiven) Erfüllung eines Vertrags allemal schon grundsätzlich auch die Pflicht in sich, zu unterlassen, was die Erfüllbarkeit der geschuldeten Leistung vereiteln würde (Fall der **positiven** Vertragsverletzung; vgl. § 325 A 4; § 276 A 6). Wenn in § 664 bestimmt ist, daß der Beauftragte im Zweifel die Ausführung des Auftrags einem Dritten nicht übertragen dürfe, ist damit im Grunde nur die positive Verpflichtung zur eigenen Erledigung des Auftrags ausgesprochen. Aber eine andere Frage ist es, ob auch bei solchen negativen Verpflichtungen, die sich bloß als eine Folgeerscheinung der positiven Verpflichtung darstellen, mangels eines besonderen verpflichtenden Nebenversprechens eine selbständige Klagbarkeit auf die Unterlassung anzunehmen ist. Diese Frage ist zu verneinen, weil das BGB bei den auf ein Tun gerichteten Schuldverbindlichkeiten nicht außerdem noch einen klagbaren, nach § 890 ZPO vollstreckbaren Anspruch auf ein Unterlassen kennt. Die Unterlassung gehört gegebenenfalls überhaupt nicht mehr zum Inhalte der Leistung im Sinne des § 241. Nach den geltenden Grundsätzen über Schuldverhältnisse erschöpfen sich die Rechtsbehelfe des Berechtigten in dem Anspruche auf die geschuldete Leistung, zutreffendenfalls also in dem auf das positive Tun, und wenn diese Leistung durch das Verhalten des Verpflichteten vereitelt wird — also etwa durch eine vertretbare Unterlassung — gemäß §§ 280, 325 in der Forderung auf Schadensersatz wegen Nichterfüllung; beim Verzuge in dem Anspruche auf Schadensersatz gemäß den §§ 286, 326 (**RG** 72, 393, wo die Frage, ob einem Dienstherrn gegen den Handlungsgehilfen, der den Antritt des Dienstes unterläßt oder den Dienst vor Ablauf der Dienstzeit verläßt, etwa kraft Gesetzes ein Anspruch dahin zusteht, daß der Gehilfe in der betroffenen Zeit nicht einem andern Dienste leiste, verneint ist). — Eine Abart der Unterlassungspflicht ist die Duldungspflicht. Sie geht auf Unterlassung des Widerspruchs oder eines Entgegenhandelns gegen das Tun eines andern, selbst wenn dieses in das eigene Rechtsgebiet eingreift.

Auch unerlaubten Handlungen gegenüber ist ein zivilrechtlicher Klageanspruch auf Unterlassen nur dann gegeben, wenn ein besonderes Rechtsschutzbedürfnis besteht (**RG** 48, 119; 77, 217; 82, 59; 88, 130; 91, 268), und wenn durch den unerlaubten Eingriff in den Rechtskreis eines andern ein den letzteren schädigender Zustand herbeigeführt wird (**RG** Warn 1913 Nr 10). Ein besonderes Rechtsschutzbedürfnis besteht aber im allgemeinen dann nicht, wenn die Vornahme der Handlung, um deren Unterlassung es sich handelt, schon mit einer öffentlichen Strafe bedroht ist und der Strafverfolgung — öffentlicher oder einer solchen im Wege der Privatklage (RG 82, 59; 95, 342; 98, 89) — keine übermäßigen Schwierigkeiten entgegenstehen (RG 88, 129; 77, 222; JW 1913, 34[23]), auch ist die Unterlassungsklage ausgeschlossen, wenn sittliche Gründe der zivilrechtlichen Verfolgbarkeit grundsätzlich entgegenstehen (RG 71, 85 — betreffend eine Klage auf Unterlassung ehebrecherischen Umgangs). Nach RG 88, 129 ist unter Versagung der Unterlassungsklage eine Klage auf Widerruf für den Fall gegeben, daß die Ehrenkränkungen öffentlich und wiederholt zugefügt sind, so daß es des Widerrufs zur Beseitigung eines dauernden schädigenden Zustandes bedarf; vgl. auch RG 60, 12. Eine Klage auf Unterlassung ist im übrigen in allen Fällen nur dann statthaft, wenn die Wiederholung der Zuwiderhandlung nicht nur denkbar, sondern ernstlich zu befürchten ist (RG JW 1913, 543[8]). Einer unerlaubten Handlung gegenüber erfordert die Klage nur, daß objektiv rechtswidrige Eingriffe in das fremde Rechtsgut vorliegen und eine Vollendung oder Fortsetzung der begonnenen oder verübten Schädigung zu befürchten ist (RG 98 S. 36, 267; JW 1915, 29[13] u. 34[18]; 8. 3. 16 V 4/16, wo die Anforderung der Erfüllung des vollen subjektiven und objektiven Tatbestandes der unerlaubten Handlung als zu weitgehend abgelehnt wird). Unter Umständen kann auch schon gegenüber einem nur drohenden ersten Eingriffe die vorbeugende Unterlassungsklage gewährt werden (RGZ 101, 339). In allen Fällen soll endlich für die vorbeugende Unterlassungsklage nur Raum sein, wo es an andern ausreichenden Rechtsbehelfen fehlt, so daß die Klage nötig ist, um einem dringenden Rechtsschutzbedürfnisse Genüge zu tun (RG 95, 342; Warn 1918 Nr 95). Vgl. Näheres über die Unterlassungsklage vor § 823. Die die Unterlassungsklage weitgehend einschränkende Rechtsprechung des Reichsgerichts (6. ZS) ist im Schrifttum, wohl nicht ganz ohne Berechtigung, vielfach angegriffen worden; der Senat hat aber ausdrücklich erklärt, an ihr festzuhalten (RG 88, 130).

§ 242

Der Schuldner ist verpflichtet, die Leistung so zu bewirken, wie Treu und Glauben mit Rücksicht auf die Verkehrssitte es erfordern[1—5]) [6]).

E I 224 II 206; M 197/198; P 303.

1. **Treu und Glauben mit Rücksicht auf die Verkehrssitte** als allgemeiner Maßstab der Leistungspflicht. Diese, das ganze Gebiet der Schuldverhältnisse beherrschende Bestimmung unterscheidet sich von der Auslegungsregel des § 157 insofern, als diese den Vertragsinhalt, der § 242 dagegen seiner Fassung nach („so zu leisten"), nur die Leistungsart im Auge hat. Der § 242 besagt an sich nicht, was der Gläubiger fordern darf und der Schuldner leisten muß; er will vielmehr bestimmen, wie zu leisten ist, sei es dem Gegenstande nach, sei es in Ansehung der Zeit oder des Ortes der Erfüllung. Beide genannte Vorschriften haben zusammen aber in der Rechtsprechung, namentlich des Reichsgerichts, immer mehr an Bedeutung gewonnen, wenn es gilt, gegenüber einem formalen oder einem anscheinend gegebenen Rechtsanspruche den Verpflichteten gegen ungehörige, gegen Recht und Billigkeit verstoßende Zumutungen zu schützen (RG 60, 164; 69, 406; 94, 69; 100 S. 131 u. 136; JW 1922, 483[3]); oder anderseits wenn es geboten scheint, zugunsten des Berechtigten arglistige oder unbillige, Treu und Glauben widerstreitende Einwendungen des Schuldners zu entkräften. Daß der Gläubiger von seinem Rechte gegenüber dem Schuldner nicht lediglich zum Zwecke der Schikane Gebrauch machen darf, dafür will der § 226 sorgen. Der Zweck der Regel des § 242 ist, zu hindern, daß ein schikanöses Festhalten an dem wirklichen Vertragsinhalte zu einem mit den billigen Anschauungen des Verkehrs in Widerspruch stehenden Ergebnisse — summum jus summa injuria — führe. Ist beispielsweise ein Lieferungsvertrag nur zu dem beiderseits gewollten Zwecke abgeschlossen worden, dem Verkäufer als Entgelt für ein anderweites Entgegenkommen durch die vereinbarte Lieferung einen Vorteil zukommen zu lassen, dann widerspricht es schon Treu und Glauben, wenn der Käufer kraft seines formalen Vertragsrechts den Verkäufer an der Erfüllung auch dann noch festhalten will, wenn diese den Verkäufer erheblich schädigen würde (RG 101, 169). Grundsätzlich hat eben gemäß § 242 jeder Teil auch auf das berechtigte Interesse des andern Teiles billig Rücksicht zu nehmen und er darf insbesondere nicht aus einem eigenen ordnungswidrigen Verhalten Vorteil für sich zu gewinnen suchen (RG JW 1913, 129[4]), und, wo es die Billigkeit fordert, muß er gegebenenfalls zur Abwendung einer Schädigung des andern Teils sogar mitwirken. So muß der Gläubiger nach Treu und Glauben auf Verlangen des Schuldners zur Versilberung des Pfandes (§ 1218) mitwirken, da auch er gewissermaßen eine Schuldnerstellung hat (RG 74, 154; 101, 47), und ein Mieter dem Vermieter zur Beseitigung von Mängeln der Mietsache behilflich sein (RG JW 1911, 359[5]).

2. **Bei Verträgen** führt die Regel des § 242 zu dem Grundsatze, daß jeder Teil bei der Abwicklung des Vertragsverhältnisses dem ihm bekannten besonderen Interesse des

andern Rechnung zu tragen (RG 101, 49) und sein Verhalten so einzurichten hat, daß eine Benachteiligung des andern tunlichst vermieden wird, widrigenfalls er bei fahrlässiger Verletzung dieser Vertragspflicht auf Ersatz des dem andern entstandenen Schadens haftbar ist (RG Warn 1910 Nr 247). Daher kann schon die an sich berechtigte Ablehnung der Annahme von Teilleistungen bei einer teilbaren Leistungspflicht als Mißbrauch des Ablehnungsrechts anzusehen sein (RG SeuffA 76 Nr 22). Daher muß auch die Bahnverwaltung für einstweilige Aufbewahrung des ihr anvertrauten Frachtgutes sorgen, falls es nicht seiner Bestimmung zugeführt werden kann (RG 108, 343). Daher ist ferner auch nach vollzogener Abtretung der Zedent verpflichtet, alles zu unterlassen, was die Einziehung der Forderung durch den Zessionar beeinträchtigt (RG 111, 303). Auch nach Erfüllung eines Dienstvertrags können aus dem Dienstverhältnis nach der von Treu und Glauben beherrschten Verkehrssitte gemäß § 242 in Verbindung mit der das Wesen des Dienstvertrags beherrschenden Treupflicht (vgl. Vorbem. 1, 4 vor § 611) weiterhin Verbindlichkeiten bestehen bleiben: RG 113, 72. Auch ein vertragsmäßig begründetes Wettbewerbsverbot kann nicht zur Anwendung gelangen, wenn seine Anwendung unter den gegebenen Umständen gegen Treu und Glauben im Verkehr verstieße: RG 113, 74. Bei Vertragsverhältnissen, welche die Interessen beider Teile eng miteinander verknüpfen (Dienst-, Gesellschafts-, Agenturverträgen) und überhaupt bei Verträgen für längere Dauer, die ein gegenseitiges Vertrauensverhältnis erfordern, kann jeder Teil bei wichtigem Grunde fristlos kündigen (RG 65, 37; 78, 385; JW 1919, 309[16]; RG 115, 365, Herausgebervertrag). Bei einer Gesellschaft des bürgerlichen Rechtes ist es den Gesellschaftern nicht erlaubt, ihre eigenen Sonderinteressen oder die eines Dritten vor dem Gesellschaftszwecke zu bevorzugen (RG 13. 4. 12 IV 353/11). Ein Gesellschafter, der sich das Recht zur Übertragung des Gesellschaftsrechts auf fremde Personen vorbehalten hat, muß hierbei das Interesse der Gesellschaft im Auge behalten, andernfalls können die Gesellschafter die Übertragung ablehnen (RG 92, 167). Bei einem Verlagsvertrage über mehrere oder alle Auflagen ist der Verleger verpflichtet, dem Verfasser zur Bearbeitung der neuen Auflage eine angemessene Frist zu gewähren, unter Berücksichtigung von Krankheit oder sonstiger zeitweiliger Verhinderung, und er darf mit etwa erforderlichen Ersatz- oder Ergänzungsarbeiten nur einen geeigneten Bearbeiter betrauen (RG 112, 173 auf S. 179, 184). Auch bei der Verpflichtung zu „kostenloser" Überlassung künftiger Erfindungen kann nach § 242 in Einzelfällen ein Anspruch auf angemessene Gegenleistung begründet sein (RG 112, 366). Mit dem Grundsatze des § 242 ist es unvereinbar, daß der Verpflichtete, der vertragswidrig gehandelt hat, daraus (beispielsweise aus seinem Verzuge) Vorteile zieht (RG JW 1913, 129[4]). Der Schuldner, dem eine aufrechnungsfähige Gegenforderung zusteht, darf mit dieser nicht nur teilweise aufrechnen, wenn dem Gläubiger aus der nur stückweisen Befriedigung eine besondere Belästigung erwächst, wie namentlich nach den §§ 1142 bis 1145 der Fall wäre (RG 79, 359). Bei einem Werkvertrage hat der Besteller, wie beim Dienstvertrage nach § 618 der Dienstberechtigte, die laut Vertrag von ihm zu beschaffenden Arbeitsräume, Vorrichtungen und Geräte so herzurichten, daß Leben und Gesundheit des Werkverpflichteten (Unternehmers) nach Möglichkeit geschützt sind (RG 80, 28; 88, 435; JW 1914, 14[3]). Wenn der Gläubiger vertragswidrig gehandelt hat, ist der Schuldner berechtigt, auch sein eigenes Verhalten dementsprechend einzurichten. Beispielsweise ist der Schuldner befugt, bei Abnahmeverzug des Gläubigers die Kaufsache preiszugeben, falls ihre fernere Bereithaltung ihn zu Aufwendungen nötigen würde (RG 60, 160). Zerstört bei dauernden Geschäftsverbindungen ein Teil das zur Durchführung des Vertrags erforderliche Vertrauen und gute Einvernehmen, dann ist der andere Teil zur Erfüllung jedenfalls so lange nicht verpflichtet, als eine Änderung im Verhalten des andern Teiles nicht erkennbar geworden ist (RG SeuffA 67 Nr 195; Warn 1911 Nr 223). — Der § 242 gewährt dem Schuldner (Verkäufer) auch ein Leistungsverweigerungsrecht, wenn er erkannt hat, daß der Gegner (Käufer) mit der ihm zu gewährenden Sache einen verbotswidrigen Gebrauch machen (Kettenhandel oder Preiswucher treiben) will (RG 99 S. 52 u. 156); ein gleiches Recht hat unter entsprechenden Umständen auch der Käufer (RG 105, 178). Ebensowenig kann dem Verpflichteten zugemutet werden, daß er durch seine Leistung bei einem gesetzlich verbotenen oder wider die guten Sitten verstoßenden Geschäfte mitwirke (RG 106 S. 307, 318); oder daß er sich der Gefahr einer Bestrafung oder einer Beschlagnahme durch die Leistung aussetze (RG 107, 175); er kann die Lieferung einer Ware, die der Käufer im Wege eines unbefugten Handelsbetriebs weiterveräußern will, verweigern, und zwar auch dann, wenn er von dieser Absicht bereits bei Abschluß des Kaufes Kenntnis gehabt hat, da in diesem Falle das Geschäft wegen Verstoßes gegen die guten Sitten nichtig sein würde (RG 106, 317). — Eine treffende Anwendung von § 242 macht der § 320 Abs 2 (SeuffA 67 Nr 2; vgl. § 320 A 7), ferner § 259 Abs 3 (RG Warn 09 Nr 401). Dementsprechend darf auch der Vermieter von seinem Kündigungsrechte nicht Gebrauch machen, wenn nur unerhebliche Teile der Mietsraten rückständig geblieben sind (RG 82, 54; 86, 334). Der Käufer, der wandeln will, darf das Erbieten des Verkäufers, die Sachmängel zu beseitigen, nicht ablehnen, wenn der Vertrag nach Treu und Glauben mit Rücksicht auf die Verkehrssitte dahin auszulegen ist, daß er sich die Nachbesserung gefallen lassen muß (RG 61, 92); welcher Fall namentlich dann vorliegen wird, wenn die Parteien beim Vertragsschlusse von vorhandenen Sachmängeln sprachen und dabei erkennen ließen, daß die nachträgliche Beseitigung etwaiger weiterer Mängel im Vertragszwecke läge (RG 87, 337). — Treu und Glauben verlangen bei Verpachtung von Grundstücken zur Gewinnung von Bodenbestandteilen nicht, daß der Verpächter auch ohne besondere Abrede für lohnenden Abbau einstehe (RG Warn 08 Nr 39).

3. Bei **dinglichen Ansprüchen** aus §§ 985, 1004 hat die für Schuldverhältnisse gegebene Regel des § 242 keine Stelle. Derartige Ansprüche müssen durch Herstellung des gesetzmäßigen Zustandes schlechthin erfüllt werden (RG 51, 411; 93, 105; Warn 1910 Nr 271). Vgl. § 275 A 2 Schlußabsatz. Wohl aber ist für die Grundsätze des § 242 (wie auch für die der §§ 275, 323) Raum in Ansehung der aus Reallasten entspringenden jeweiligen Leistungspflichten (was in RG LZ 1922, 327 dahingestellt geblieben), da aus der Reallast auch schuldrechtliche Verpflichtungen hervorgehen.

4. Alles in allem ist durch die Vorschrift des § 242 auch ein der gemeinrechtlichen **exceptio doli generalis** entsprechender Rechtsbehelf geschaffen worden, wie dies der feststehenden Rechtsprechung des Reichsgerichts entspricht (RG 58 S. 356 u. 428; 64, 223; 71, 435; 75, 342; 86, 192; 87, 282; 89, 105; 90 S. 64 u. 216; 107, 363). Doch darf diese Einrede keineswegs so weit ausgedehnt werden, daß dadurch jeder „unbilligen Rechtsverfolgung" entgegengetreten werden könnte (RG 86, 194). Es steht vielmehr mit dem durch § 242 zur Grundlage des Rechtsverkehrs gemachten Satze von Treu und Glauben regelmäßig nicht in Widerspruch, daß der Schuldner genötigt wird, auch eine unbillig erscheinende Leistung, zu der er sich verpflichtet hat, zu machen; in diesem Sinne hat der Satz: „Pacta sunt servanda" seine volle Berechtigung. Andererseits ist die Einrede nicht auf den Fall der Schikane (§ 226) zu beschränken, kann vielmehr auch aus andern Vorschriften des Gesetzes hergeleitet werden. Eine positive Grundlage für sie ist namentlich in § 826 zu finden, insofern als mit ihr einem den Tatbestand dieser Vorschrift erfüllenden Vorgehen auch dann mit Erfolg entgegengetreten werden kann, wenn es sich auf formales Recht stützt (RG a. a. O.; vgl. auch RG 57, 376; 58, 356; 61, 359; 64, 220; 71, 434). Einen besonderen Anwendungsfall der Arglisteinrede bildet der unten noch zu besprechende Einwand der veränderten Umstände (sog. clausula rebus sic stantibus). — Es liegt im Sinne der Rechtsordnung, daß jeder sein Tun und Lassen so einzurichten hat, wie es Treu und Glauben mit Rücksicht auf die Verkehrssitte verlangen, und niemand darf in einer wider die guten Sitten verstoßenden Weise einem andern Schaden zufügen (RG JW 04, 482[3]; 1917, 460[2]). So darf beispielsweise ein Verkäufer selbstgefertigter kunstgewerblicher Erzeugnisse, die eines Urheberschutzes entbehren, die Lieferung verweigern, wenn wegen des früheren Verhaltens des Käufers andern Lieferanten gegenüber die Besorgnis begründet ist, daß der Käufer auch die Arbeitsleistungen des Verkäufers zu eigenem Vorteile, aber zum Schaden des Verkäufers ausnutzen und so gegen den Grundsatz des § 826 verstoßen würde (RG 101, 1). Gegeben ist die Einrede nur dann, aber andererseits auch stets dann, wenn das gegenwärtige Verhalten des einen Teiles, insbesondere sein Vorbringen im Rechtsstreit, mit Rücksicht auf sein früheres Verhalten gegen Treu und Glauben verstößt (RG 58 S. 356 u. 429; 64, 223; 71, 435; 76, 354; 87, 283; 108, 110; Warn 1914 Nr 326; 1915 Nr 256; JW 1917, 460[2]); oder wenn der Grundsatz eingreift: dolo facit qui petit quod redditurus est (RG JW 1912, 459[6]). Erforderlich ist jedenfalls, daß die Einrede aus einem eigenen Interesse, weder also aus dem Interesse eines Dritten noch dem der Allgemeinheit entnommen ist (RG 91, 332). **Zulässig ist die Einrede** unter den gegebenen Voraussetzungen auch gegenüber einem Begehren, das sich auf eine **rechtskräftige Entscheidung** stützt (RG 61, 359; 69, 277; 75, 213; 78, 389; Warn 1920 Nr 110; 1922 Nr 45); unter Umständen auch gegenüber einem Entmündigungsbeschlusse, falls nämlich der Antragsteller auf den vom Gerichte gehörten Sachverständigen arglistig eingewirkt hat (RG Warn 1922 Nr 46); weiter zur Zurückweisung des Einwandes der Nichtigkeit eines Rechtsgeschäfts wegen Formmangels, jedoch nur, wenn diejenige Partei, die sich auf die Nichtigkeit beruft, wenn auch nur fahrlässig, die andere in den Irrtum versetzt hat, die Form sei nicht nötig (RG 58, 428; 71, 435; 76, 354; 78, 354; 85, 120; 86, 192; 87, 282; 91, 362; 96, 313; 107, 181, 357; JW 1917, 460[2]; Warn 1914 Nr. 273; 1918 Nr 13 u. 174), so daß es nicht etwa des Nachweises bedarf, daß die Partei bereits bei Abschluß des Vertrags arglistig gehandelt, insbesondere damals schon die Absicht gehabt habe, sich auf die von ihr selbst herbeigeführte Nichtigkeit zu berufen (so RG III 302/25, 4. 5. 26). Noch allgemeiner ist in RG III 795/23, 4. 11. 24 ausgesprochen, es verstoße wider Treu und Glauben, wenn der Vertragsteil, der durch sein Verhalten, wenn auch ohne Arglist, den anderen Vertragsteil zu der Überzeugung gebracht habe, daß die Vertragsgrundlage, auf die fußend beide Teile den Vertrag geschlossen haben, wirklich vorhanden sei, den Vertragsgegner an dem

Vertrage festhalten wolle, nachdem die Vertragsgrundlage sich als nicht vorhanden erwiesen habe. Hier ist unter gewissen Voraussetzungen die Maßgeblichkeit der Geschäftsgrundlage (Oertmann, vgl. A 5) anerkannt. Die Einrede der allgemeinen Arglist greift Platz auch gegenüber dem Einwande der Verjährung, und zwar schon dann, wenn der Schuldner durch sein Verhalten, wenn auch unabsichtlich, den Gläubiger von der rechtzeitigen Erhebung der Klage abgehalten hat, sei es, daß er sie ihm unmöglich machte oder ihm auch nur ausreichenden Anlaß gab, sie aufzuschieben, weil er nach verständigem Ermessen annehmen durfte, daß ein Rechtsstreit nicht notwendig sein werde (RG 57, 376; 78, 134; 87, 281; 109, 309; 115, 135; JW 1919, 102[2] u. 304[4]; abweichend RG 64, 223). Vgl. dazu § 222 A 3. Ferner auch gegenüber einer Irrtumsanfechtung (RG 102, 88). Der Einrede ist jedoch nicht dahin Raum zu geben, daß die Geltendmachung von Ansprüchen aus gegenseitigen Verträgen durch den Einwand ausgeschlossen würde, der Kläger habe den Vertrag selbst verletzt, da in solchem Falle der Schuldner von den ihm dafür gesetzlich gegebenen Rechtsbehelfen (der Leistungsverweigerung, der Zurückhaltung, des Rücktrittsrechts, des Schadensersatzes wegen Nichterfüllung) Gebrauch machen könnte und schon hierdurch genügend geschützt wäre, so daß es der Einrede der Arglist nicht erst bedürfte (RG Warn 1920 Nr 186; JW 1921, 1232). Die Einrede ist jedenfalls insoweit zuzulassen, als sie zu einer aus dem Gesetze selbst erkennbaren Beschränkung einer Vorschrift (§ 817) führt (RG SeuffA 72 Nr 57, wonach der Empfänger einer Leistung außer den Vorteilen des § 817 Satz 2 nicht auch noch die Vorteile aus der Nichtigkeit des Geschäfts ziehen darf und deshalb gegenüber der Geltendmachung der Nichtigkeit die Einrede der Arglist durchgreift). Gemäß § 242 darf der Schuldner auch dann die Erfüllung verweigern, wenn er sich der Beihilfe zu einer gesetzlich verbotenen Handlung oder der Begünstigung einer unlauteren Machenschaft schuldig machen würde, und es kann dieser Einwand auch noch in der Revisionsinstanz vorgebracht werden (RG 96, 237; 99, 157; 102, 294; JW 1922, 91[2]). — Die Würdigung der Einrede ist ihrer Natur nach dem völlig freien Ermessen des Richters je nach den Umständen überlassen (RG 85, 120).

Unter Umständen kann **das bisherige Schweigen** des Berechtigten gegenüber Versäumnissen des Verpflichteten, oder sein passives Verhalten überhaupt dem Verpflichteten die Einrede gewähren; falls nämlich die Verzögerung der Rechtsausübung nicht mehr mit der guten Sitte vereinbar ist (RG Warn 1919 Nr 22). So darf der Gläubiger von der kassatorischen Klausel nicht mehr Gebrauch machen, wenn er längere Zeit (monatelang) geschwiegen hat, obwohl eine Anzahl von Ratenzahlungen schon rückständig geblieben waren (RG Warn 1920 Nr 192). Bei dem Angebote „freibleibend" entsteht zwar noch keine Bindung, schweigt der Anbietende aber, nachdem der Gegner seinerseits das entsprechende Angebot gemacht hat (vgl. § 157 A 3 „Klausel freibleibend"), dann gilt er als zustimmend (RG Warn 1921 Nr 38). Das Recht zum Rücktritte vom Vertrage auf Grund einer Freizeichnungsklausel erlischt zwar nicht schon durch das Unterlassen einer alsbaldigen Erklärung, wohl aber durch eine Verzögerung, die wider Treu und Glauben verstößt (RG Warn 1919 Nr 22; 1920 Nr 71). Der Käufer darf seinen Anspruch nicht mehr geltend machen, wenn er den die Vertragserfüllung bestimmt verweigernden Verkäufer in einer wider Treu und Glauben verstoßenden Weise darüber im ungewissen gelassen hat, ob er die Erfüllung noch verlange (RG 88, 262; 91, 345). Grundsätzlich braucht sich der Gläubiger auf die Erfüllungsverweigerung des Schuldners allerdings nicht zu erklären; aber unter Umständen ist das bei Verlust des Forderungsrechts nach Treu und Glauben gleichwohl erforderlich (RG JW 1916, 829[2]). Wer Schadensersatz wegen ernstlicher Erfüllungsverweigerung verlangen will, darf die entsprechende Erklärung nicht ungebührlich verzögern (RG SeuffA 76 Nr 75). Allgemein ist unter Berücksichtigung des § 157 anzunehmen, daß, wenn dem Berechtigten abredegemäß unter gewissen Voraussetzungen ein fristloses Kündigungsrecht zustehen oder die sofortige Fälligkeit eintreten soll, das hieraus entspringende Recht innerhalb einer angemessenen Zeit geltend zu machen ist, widrigenfalls es erlischt; es widerspricht Treu und Glauben, den Verpflichteten in einem ihm besonders lästigen Schwebezustande zu belassen (RG 88, 145; Gruch 47, 398; Warn 08 Nr 283; JW 1912, 385[4] u. 572[5]; 1915, 572[5]). Doch setzt, wie in RG 8. 2. 26, V 259/25 hervorgehoben worden ist, die Anwendung dieser Grundsätze voraus, daß der Berechtigte nach der Art der Klausel und den ganzen Umständen des Falles annehmen mußte, dem Verpflichteten sei der Zustand lästig und für sonstige Entschließungen hinderlich. Der Verlust des Rechts wird zutreffendenfalls auch nicht dadurch gehindert, daß der Verpflichtete nach der unzeitgemäß erfolgten Kündigung um deren Rücknahme bittet und nicht das Erfüllungsverlangen sofort und unbedingt zurückgewiesen hat (RG Warn 1918 Nr 201). Bei Ausübung des vertragsmäßigen Rücktrittsrechts kann unter Umständen Treu und Glauben es erfordern, daß der Gläubiger zuvor seinen Rücktritt für den Fall weiterer Unpünktlichkeit in der Erfüllung androht (RG Warn 1918 Nr 136). Geringfügige und unverschuldete Fristüberschreitungen, besonders hinsichtlich Anzeigen und Erklärungen bei Rechtsverhältnissen, deren Natur eine Nachsicht fordert, sind unschädlich, falls nicht abredegemäß der Grundsatz gelten sollte, daß jede Fristversäumnis entscheidend sein solle (RG 92, 210). Der Empfänger einer Ware mit verborgenen Mängeln kann deren Vorhandensein nicht mehr rügen, wenn er, trotz Vorliegens genügender Anhaltspunkte für ihr Vorhandensein, sich an den Wortlaut des § 377 Abs 3 HGB klammernd, schweigt (RG 99, 247). Enthält ein Schreiben nur eine Aufforderung an den Gegner, seinerseits ein Angebot zu machen, faßt aber der Gegner das Schreiben irrtümlich als ein ihm gemachtes Angebot auf und gibt er das durch seine Gegenerklärung zu erkennen, dann ist der andere nach Treu und Glauben zur Aufklärung verpflichtet, und durch sein Schweigen kommt der Vertrag zustande (RG LZ 1920, 178[2]). Vgl. auch §§ 146 A 1 und 147 A 1 Abs 2. — Bei Käufen auf Abruf kann der Käufer des Erfüllungsanspruchs dadurch verlustig gehen, daß er den Abruf wider Treu und Glauben verzögert (RG Warn 1918 Nr 161; JW 1919, 499[3]). An und für sich verliert aber der Käufer seinen Anspruch noch nicht durch Verzögerung des Abrufs (RG SeuffA 69 Nr 3, betreffend einen Teillieferungsvertrag). Ist bei einem Teillieferungsvertrage vereinbart, daß der Verkäufer bei verspätetem Abrufe einer Teillieferung ohne Erinnerung zu weiteren Lieferungen nicht verpflichtet sein solle, so geht er dieser Vergünstigung nach Treu und Glauben noch nicht dadurch verlustig, daß er nach längerer Geschäftsübung aus Entgegenkommen von der Vertragsabrede nicht Gebrauch gemacht hat (LZ 1919, 967[6]). — Hat der Berechtigte die Zuwiderhandlung gegen ein Wettbewerbsverbot längere Zeit (wissentlich) geduldet, dann verstößt es wider Treu und Glauben, wenn er nachträglich die Strafe fordert (RG Warn 1914 Nr 44). Hatte der Verkäufer fortdauernd innerhalb bestimmter Frist zu liefern und ist er dem nicht nachgekommen, dann kann der Käufer die Nachholung der Lieferungen durch das Angebot eines unverhältnismäßig großen Teiles der Warenmenge noch kurz vor Ablauf der Lieferfrist als eine nicht mehr ordnungsmäßige Leistung ablehnen (RG 96, 127).

5. Die Vorschrift des § 242 ist auch geeignet, soweit erforderlich, einen Ersatz zu bieten für die in das BGB als allgemeiner Rechtssatz nicht aufgenommene sog. **„clausula rebus sic stantibus"**, d. h. das Recht, sich gegenüber einer vertragsmäßig übernommenen Verbindlichkeit auf eine nachträglich eingetretene Veränderung der Umstände zu berufen, unter denen und mit Rücksicht auf welche der Vertrag von beiden Parteien oder einer von ihnen abgeschlossen worden ist, ohne daß sie ausdrücklich oder stillschweigend zur Bedingung für die Wirksamkeit des Vertrags erhoben worden sind. In anderer Form ausgedrückt handelt es sich dabei um die Frage der Bedeutung der „Voraussetzung" (Windscheid) oder der „Geschäftsgrundlage" (Oertmann) für die Wirksamkeit der Verträge. Indem der § 242 bestimmt, daß der Schuldner so zu leisten hat, wie es Treu und Glauben mit Rücksicht auf die Verkehrssitte erfordern, spricht er zugleich aus, daß eine Leistung von dem Schuldner nicht verlangt werden kann, wenn die Verhältnisse sich derart geändert haben, daß ein solches Verlangen Treu und Glauben mit Rücksicht auf die Verkehrssitte widersprechen würde; weiter aber auch positiv, insofern über die bisher der clausula zugeschriebene Bedeutung hinausgehend, daß der Gläubiger eine den veränderten Verhältnissen entsprechende Leistung vom Schuldner verlangen kann, wenn Treu und Glauben mit Rücksicht auf die Verkehrssitte es erfordern. Es kommt deshalb nur darauf an, zu bestimmen, in welchen Fällen dieser Tatbestand als gegeben anzusehen ist. Dabei handelt es sich (wie in der 5. Auflage von Kiehl durchaus zutreffend hervorgehoben worden ist) um den Kampf zwischen dem Satze: **„Pacta servanda sunt"** in dem Sinne, daß unter allen Umständen die eingegangene Verpflichtung buchstäblich erfüllt werden muß und nur buchstäblich erfüllt zu werden braucht — einem Satze des starren formalen Rechts — und den Anforderungen, welche die Billigkeit, das gesunde Rechtsbewußtsein und Treu und Glauben zu stellen berechtigt sind. Dieser Kampf ist mit voller Heftigkeit entbrannt infolge der besonderen und anormalen Lage, die als Auswirkung der durch den unglücklichen Kriegsausgang und die Revolution eingetretenen Umwälzung aller wirtschaftlichen Verhältnisse entstanden war. Daß die Rechtsprechung, wenn auch nur unter Überwindung großer Schwierigkeiten und starker Widerstände, in diesem Kampfe dem gesunden — materiellen — Rechte hat zum Siege verhelfen können, ohne in eine uferlose Freirechtlerei zu verfallen und der berechtigten Mahnung Kiehls zu vergessen, daß es auch dem wohlmeinendsten Richter nicht gestattet sein könne, sich über die Schranken des geltenden Rechts hinwegzusetzen, ist der Vorschrift des § 242 unseres Gesetzbuchs zu verdanken, welches, ohne daß bei seinem Erlasse eine Lage, wie sie in der Kriegs- und Nachkriegszeit eintrat, auch nur im Entferntesten vorhersehbar gewesen wäre, bereits Treu und Glauben als obersten Grundsatz für die Bemessung der Leistungspflicht des Schuldners aufgestellt hat. Mit Recht ist von Kiehl auch darauf hingewiesen worden, daß der Satz: **„Pacta sunt servanda"** eine besondere Gewähr bietet für die Rechtssicherheit, die ein wesentliches Element des Rechtsverkehrs bildet, und daß deshalb von ihm nur abgegangen werden kann, wenn dazu ganz besonders schwerwiegende Gründe Anlaß geben. Aber dieser Gesichtspunkt muß, wie auch Kiehl nicht verkannt hat, zurücktreten, wenn die elementarsten Anforderungen der Gerechtigkeit und Billigkeit in Frage kommen, damit nicht **summum ius summa iniuria** werde. In diesem Sinne

hat seit dem Erscheinen der 5. Auflage die Entwicklung der Rechtsprechung bedeutsame Fortschritte gemacht. Die damit zusammenhängenden Fragen sind auch jetzt noch und auf lange Zeit hinaus in hohem Maße aktuell. Es muß ihnen deshalb auch in dieser Auflage ein über die sonst gebotene knappe Darstellung hinausgehender Raum, unter Darlegung der geschichtlichen Entwicklung der Rechtsprechung in ihren wesentlichen Zügen, gewidmet werden.

a) Die Clausula rebus sic stantibus, die in der älteren gemeinrechtlichen Lehre als allen Schuldverträgen ohne weiteres innewohnend angesehen und im PrALR (I 5 §§ 377 bis 384) wegen Vereitelung des Endzwecks beider Parteien oder auch nur einer von ihnen, allerdings gemildert durch wechselseitige Entschädigungspflichten, grundsätzlich zugelassen war, ist vom BGB nur in ganz bestimmten einzelnen Fällen ausdrücklich anerkannt worden, nämlich in den §§ 321 (Vorleistungsverpflichtung), 614 (Darlehnsversprechen), 712, 713 (Gesellschaftsverhältnis); vgl. die Anmerkungen zu diesen Paragraphen. Die betreffenden Vorschriften sind jedoch vom Reichsgericht von jeher entsprechend angewendet worden auf andere Vertragsverhältnisse von längerer Dauer, die eine Interessenverknüpfung und insbesondere ein persönliches Zusammenwirken der Beteiligten und daher ein gutes Einvernehmen und gegenseitiges Vertrauen erfordern; bei solchen Verhältnissen wird ein wichtiger Grund, der die Kündigung rechtfertigt, schon in einem Verhalten eines Beteiligten gefunden, durch welches dieses gute Einvernehmen zerstört worden ist (**RG** 65, 37; 78, 385; 78, 424; 79, 161; JW 1919, 309[10]; Warn 1918, 205; LZ 1920, 893[7]). Im übrigen aber hat sich das Reichsgericht zur Frage der Anwendbarkeit der Klausel außerhalb der durch positive Gesetzesbestimmung geregelten Fälle auf der Grundlage des BGB zunächst durchaus ablehnend verhalten. In **RG** 50, 255 hat der 2. ZS die entsprechende Anwendung der §§ 321 und 610 auf sonstige Fälle einer Änderung in der Vermögenslage einer Vertragspartei abgelehnt; er hat dabei den Satz vorangestellt, das BGB habe einen Satz des Inhalts, daß jeder Vertrag oder doch das Termingeschäft als mit der clausula rebus sic stantibus abgeschlossen anzusehen sei, nicht aufgenommen, und die Beratungen (Prot 2, 47) ließen unzweideutig erkennen, daß es sich in den beiden Fällen, in denen die Klausel zugelassen ist, nicht um Anwendung eines allgemeinen Prinzips auf zwei konkrete Tatbestände, sondern um die singuläre Normierung lediglich jener besonders gearteten Verhältnisse gehandelt habe. Gleichfalls in Anknüpfung an die Motive (a. a. O.) führt der Senat weiter aus, es sei allerdings in jedem Einzelfalle in Anwendung der §§ 346 HGB, 157 BGB zu prüfen, ob nicht nach der Absicht der Parteien der Rücktritt wegen veränderter Umstände der einen oder anderen Partei zustehen soll; das habe aber der Berufungsrichter ohne Rechtsirrtum verneint. Hier wird sonach der Gesichtspunkt der Geschäftsgrundlage, die nicht Vertragsbestandteil ist, ganz ausgeschaltet und die Berücksichtigung veränderter Umstände nur gestattet, wenn sie durch Auslegung als Vertragsinhalt festgestellt werden kann. — Einigermaßen anders hat schon der 7. ZS in **RG** 60, 57 die Rechtslage aufgefaßt, wo er dem Versicherungsnehmer den Rücktritt vom Versicherungsvertrage wegen eingetretener Verschlechterung der Vermögensverhältnisse des Versicherers gestattet, mit der Begründung, es herrsche zwar darüber kein Streit, daß die clausula rebus sic stantibus nach dem BGB im allgemeinen keine Geltung habe, es werde aber dadurch die Prüfung nicht ausgeschlossen, ob nicht im einzelnen Falle oder auch bei einer ganzen Gattung von Verträgen nach der Absicht der Parteien und nach der Natur der Verträge ein Rücktrittsrecht wegen veränderter Umstände gegeben sei; bei dieser Prüfung sei auf das, was Treu und Glauben mit Rücksicht auf die Verkehrssitte fordere, Gewicht zu legen, wofür im allgemeinen auf die §§ 133, 157 BGB Bezug genommen wird. Es wird dann aus der Natur des Versicherungsvertrags hergeleitet, daß der Versicherungsnehmer den Vertrag in der auch dem Versicherer nicht verborgenen Annahme abschließe, daß die ihm durch die Vermögensverhältnisse des Versicherers gegebene Sicherung auch ferner andauern werde. Hier wird also jedenfalls nicht lediglich auf Auslegung des Vertragsinhalts abgestellt, sondern eine dem anderen Teile erkennbare Vorstellung eines Teiles über Umstände, welche nach der Natur des Geschäfts die Geschäftsgrundlage bilden, für hinreichend erachtet, im Falle sie wegfällt, den Rücktritt zu gewähren. In **RG** 62, 267 (2. ZS) ist — unter Ablehnung der Windscheidschen Voraussetzungslehre — für den Rücktritt wegen veränderter Umstände allerdings wieder lediglich die Auslegung und Ermittelung des Parteiwillens nach den Grundsätzen der §§ 133, 157 BGB für maßgebend erklärt und angenommen, daß der Vorbehalt der polizeilichen Genehmigung für die zu liefernde Drehtür zum Vertragsinhalt erhoben worden sei. Noch in **RG** 86, 398 (3. ZS) ist unter Voranstellung des Satzes, durch die Vorschriften des geltenden Rechts sei dem Richter nicht die Machtbefugnis erteilt, zwecks Milderung der Härten des Krieges einen Ausgleich zwischen den Vertragsparteien zu schaffen, dem Mieter eines Zirkus das Rücktrittsrecht wegen der durch den Krieg geschaffenen Verhinderung an dem vertragsmäßigen Gebrauch des Mietgegenstandes versagt, weil ein solches nur dann anerkannt werden könnte, wenn es stillschweigend vereinbart wäre, was auch bei weitester Berücksichtigung der in den §§ 133, 157 BGB ausgesprochenen Grundsätze aus dem Vertrage nicht entnommen werden könne; Treu und Glauben und die Verkehrssitte rechtfertigten keineswegs die Abwälzung des dem Mieter durch den Krieg entstehenden Schadens auf den Vermieter. In gleichem Sinne und unter Wiederholung des die Machtbefugnis des Richters zum Ausgleich der durch den Krieg entstehenden Härten verneinenden Satzes entscheidet derselbe Senat (RG 90, 374) den auf die durch die Kriegsverhältnisse eingetretene Umgestaltung der gastwirtschaftlichen Verhältnisse zum Schaden der Wirte gestützten Kündigungsanspruch des Mieters einer Gastwirtschaft. Auch der Gesichtspunkt der Unmöglichkeit der Leistung wurde zunächst, unter Bezugnahme auf § 279 BGB, rundweg abgelehnt, solange noch eine Leistung aus der Gattung möglich sei, was bei Geschäften des Großhandels so lange zutreffe, als überhaupt ein Marktpreis für die Ware bestehe; die Ansicht, daß, wenn dieser Marktpreis gewisse Grenzen überschreite, dem Verkäufer der Deckungskauf nicht mehr zugemutet werden könne und deshalb die Leistung gemäß § 242 BGB nach Treu und Glauben von ihm nicht mehr gefordert werden dürfe, wurde ausdrücklich verworfen, weil eine Befreiung des Verkäufers aus solchem Grunde durch die Regel von Treu und Glauben nicht gerechtfertigt werde und in aufgeregten Zeiten die Einhaltung eines geordneten Wirtschaftslebens unmöglich machen würde (RG 88, 175; 92, 322; 95, 43). Für andere, nicht auf dem Gebiete des Großhandels liegende Verträge hat freilich das Reichsgericht auch den Begriff der wirtschaftlichen Unmöglichkeit wegen Unerschwinglichkeit der Leistung verwertet, jedoch zunächst nur in solchen Fällen, in denen während des Krieges durch die Absperrung vom Auslande eine tatsächliche Unmöglichkeit eingetreten war, wegen deren die Leistung bis zum Ende des Krieges verschoben werden mußte und in denen dann auch nach dem Kriege noch die Leistung unter Verhältnissen hätte erfolgen müssen, die sie als eine wesentlich andere hätten erscheinen lassen wie die ursprünglich vereinbarte; in solchen Fällen wurde eine endgültige Befreiung des Lieferungspflichtigen angenommen (RG 88, 71; 90, 102; 92, 87; 93, 342; 94, 46); das wurde in Einzelfällen auch für während der Kriegszeit abgeschlossene Verträge auf Lieferung nach Kriegsende anerkannt, wenn die Änderung der Verhältnisse durch die Revolution herbeigeführt war (RG 98, 18). Doch wurde der in diesen Urteilen hervorgehobene Gesichtspunkt noch keineswegs in allen Entscheidungen ohne Einschränkungen anerkannt, vielmehr noch in einem Urt des 3. ZS v. 8. 7. 20 (RG 99, 259) ein Lossagungsrecht des Lieferungspflichtigen wegen außerordentlicher und nicht vorhersehbarer Preissteigerung der zur Beschaffung der Lieferung erforderlichen Stoffe (Elektrizität und Dampfkraft) auch für andere Verträge als die des Großhandels versagt, unter Vorbehalt einer Ausnahme einzig für den Fall, daß die Lieferung für den Lieferungspflichtigen „geradezu ruinös" sein würde. Infolge des erst nach Abschluß des Krieges mit voller Deutlichkeit hervortretenden Umfanges der durch ihn und seine Folgeerscheinungen verursachten Umwälzungen hat sich jedoch in der bis dahin so zurückhaltenden Auffassung des Reichsgerichts ein unverkennbarer Umschwung vollzogen. Dieser tritt zuerst zutage in dem auch in sonstiger Hinsicht bemerkenswerten Urt des 3. ZS v. 21. 9. 20 (RG 100, 130), wo das Begehren der Erhöhung einer vor Kriegsbeginn vereinbarten Vergütung für die Lieferung von Dampfkraft ausdrücklich „vom Standpunkte der clausula rebus sic stantibus" als gerechtfertigt erklärt wird. Auch dort wird freilich noch davon ausgegangen, daß das BGB diesen Grundsatz nicht als einen „allgemein durchgreifenden" anerkannt habe; es wird aber „wegen des durch den ungeahnten Verlauf und Ausgang des Krieges herbeigeführten Umsturzes und Umschwunges aller wirtschaftlichen Verhältnisse" eine Lossagung von bestehenden Verträgen „ausnahmsweise" dann für gerechtfertigt erklärt, wenn einer Partei das Aushalten des Vertrags unter den neuen Verhältnissen nicht mehr zugemutet werden könne, weil die Vertragsleistung jetzt wirtschaftlich zu einer ganz anderen geworden sei, als sie ursprünglich von beiden Parteien gedacht und gewollt war. Die „Anknüpfung an das positive Gesetzesrecht" wird dabei in den §§ 242 (§ 157 ist bemerkenswerterweise nur in Klammern beigefügt!) und 325 gefunden und hinzugesetzt, daß, sofern man in § 325 (vgl. auch § 275) nicht nur die tatsächliche, sondern auch die wirtschaftliche Unmöglichkeit zu verstehen habe, damit im Gesetz die clausula rebus sic stantibus unverhüllt zutage trete. Ausdrücklich aufgegeben wird sodann der Satz, daß der Richter nicht die Befugnis habe, zwecks Milderung der Härten des Krieges einen Ausgleich unter den Vertragsparteien zu schaffen, und es wird im Gegensatze dazu das Eingreifen des Richters für geboten erklärt, „wenn nicht ein Treu und Glauben und jedem Gebote der Gerechtigkeit hohnsprechender Zustand geschaffen werden solle". Wenn danach sogar die Lösung des ganzen Vertragsverhältnisses auf Verlangen einer Partei erfolgen könne, so erscheine es auch zulässig, eine einzelne Vertragsbestimmung (die Höhe der Vergütung) zu ändern, sofern der Vertrag nach dem übereinstimmenden Willen beider Parteien fortgesetzt werden solle (hier ist allerdings wohl übersehen, daß der Lieferungsberechtigte den Vertrag nur zu dem alten Preise fortsetzen wollte). Als Leitsätze für die Anwendung der entwickelten Grundsätze wird ferner aufgestellt, daß es sich um eine ganz ausnahmsweise Neugestaltung und Änderung der Verhältnisse handeln müsse und daß ein Ausgleich der beiderseitigen Interessen stattfinde, nicht etwa einem Teile der ganze Nachteil aufgebürdet werde. Nicht ganz im Einklange mit den in diesem Urteile der Rechtsprechung gesteckten weiten Zielen hat freilich der gleiche Senat noch in einem Urt v. 22. 10. 20 (**RG** 100, 134) daran festgehalten, daß eine die Lossagung rechtfertigende wirtschaftliche Unmöglichkeit nur anerkannt werden könne, wenn die Vertragserfüllung ganz oder nahezu den geschäftlichen Ruin des Lieferungspflichtigen zur Folge haben würde, wenn auch nur mittelbar unter Berücksichtigung seiner sonstigen in der gleichen Weise zu erfüllenden Lieferungsverpflichtungen. Auch in nachfolgenden Urteilen des gleichen und anderer Senate ist hierauf noch entscheidendes Gewicht gelegt (**RG** 101, 81; 102, 273). Erst das Urt des 2. ZS v. 29. 11. 21 (**RG** 103, 177) hat nicht nur die auf den geschäftlichen Ruin sich beziehende Einschränkung, sondern auch den Gesichtspunkt der wirtschaftlichen Unmöglichkeit an sich als zu eng bezeichnet, und das Urt des gleichen Senats v. 3. 2. 22 (**RG** 103, 329) hat die rechtliche Grundlage der Klausulalehre und ihrer Anwendung in dem Wegfall der Geschäftsgrundlage in dem oben entwickelten Sinne gefunden. In diesem Urteile ist zum ersten Male die Erkenntnis zum Ausdruck gekommen, daß die eingetretene Veränderung nicht auf der Seite der Sachleistung liege und in einer Preissteigerung der zu leistenden Sache (Ware) bestehe, sondern daß die vereinbarte Geldleistung, die in einem bestimmten Marknennbetrage ausgedrückt war, durch die eingetretene Geldentwertung eine Veränderung erfahren habe. Damit war das Problem der Aufwertung zutage getreten; über dessen Bedeutung und weitere Entwicklung vgl. unten zu b.

b) Der Begriff der **Aufwertung** ist nicht ein von lange her bekannter und feststehender Rechtsbegriff in der juristischen Fachsprache; er ist vielmehr erst anläßlich der in den letzten Jahren in Deutschland eingetretenen Geldentwertung und im Zusammenhange mit dieser in der Sprache der Gerichte und im Schrifttum gebräuchlich geworden. Man kann ihn bestimmen als die ziffermäßige Erhöhung des Betrags einer in entwertetem Gelde ausgedrückten Geldschuld (vgl. über diesen Begriff § 244 A 1) über ihren Nennbetrag hinaus derart, daß zur Tilgung der Schuld eine größere Anzahl von Geldeinheiten geleistet werden muß, als der Nennbetrag ergibt. Hatte man bereits früher erkannt (vgl. oben zu a), daß bei Lieferungsverträgen, die für längere Zeit abgeschlossen sind, wegen der durch den Krieg wesentlich erschwerten Beschaffung der zu liefernden Ware die Lossagung vom Vertrage dem Lieferungsverpflichteten gestattet werden müsse, so tauchte nun weiter die Frage von der Geldseite her auf in der Richtung, ob nicht der Lieferungsverpflichtete auch wegen der eingetretenen Veränderung des Wertes der in dem entwerteten Währungsgeld ausgedrückten Gegenleistung, wodurch die beim Vertragsabschlusse vorausgesetzte Gleichwertigkeit der beiderseitigen Leistungen zerstört worden ist, berechtigt sein müsse, zu verlangen, daß entweder die Gegenleistung erhöht oder ihm die Lossagung vom Vertrage gestattet werde. Diesem Äquivalenzgedanken stand anfänglich die Auffassung von der unbedingten und ausnahmslosen Maßgeblichkeit des Nennwerts bei Geldschulden, des sog. Zwangskurses (vgl. § 244 A 1 b), hindernd entgegen. Noch in einem Urt v. 16. 4. 21 (**RG** 102 98) lehnte der 5. ZS des RG ab, ihn auf einen Fall anzuwenden, in welchem sich ein Grundstückseigentümer durch langfristiges Angebot zur Übertragung des Eigentums an einem bereits in seinem Eigentum befindlichen Grundstücke verpflichtet hatte, ungeachtet der nach den getroffenen Feststellungen „im wesentlichen auf die Entwertung der Reichsmark als Folge der Papiergeldwährung zurückzuführenden unerhörten Preissteigerung". Das wurde damit begründet, daß weder die Leistung schwerer zu beschaffen geworden sei noch auch die Gegenleistung sich verändert habe (Mark gleich Mark!), sondern nur eine Verschiebung des Wertverhältnisses zwischen Leistung und Gegenleistung eingetreten sei. Der Äquivalenzgedanke war aber dadurch nicht auf die Dauer ausgeschaltet, kam vielmehr schon im Urt des 2. ZS v. 3. 2. 22 (**RG** 103, 329) zur Geltung, wo ausgeführt wurde, daß der Fortfall der „Geschäftsgrundlage", der die Anwendung der Klausel rechtfertigen könne, auch als Folge einer bloßen „Valutaverschiebung" möglich sei, wenn die Fortdauer der Äquivalenz von Leistung und Gegenleistung bei Abschluß des Vertrags vorausgesetzt worden sei, und daß dazu in der Regel (vorbehaltlich des Nachweises einer aleatorischen Natur des Vertrags) eine Geldentwertung, wie sie im Herbst 1919 eingetreten, hinreichend sein werde.*) Der

---

*) In dem Urt v. 23. 10. 25 II 24/25 (**RG** Warn 1926 Nr 26) hat der 2. ZS erklärt, daß er nach der Entwicklung, welche die Rechtsprechung zur Frage der **clausula** und weiterhin im Punkte der Aufwertung seitdem genommen habe (vgl. unten zu d α), für die in Betracht kommende Zeit — 1919/1920 — an seiner Ansicht, daß dem Lieferungspflichtigen wegen Verweigerung der Aufwertung des Kaufpreises durch den Käufer ein Rücktrittsrecht zugestanden habe, nicht festhalten könne.

gleiche Gedanke ist dann auch von dem 5. ZS, unter Aufgabe seines früheren Standpunktes, in dem Urt v. 6. 1. 23 (RG 106, 12) anerkannt und seitdem von ihm wie auch von anderen Senaten ständig festgehalten worden, unter überwiegender Billigung der sonstigen Rechtsprechung wie auch des Schrifttums. Die gegen diese Urteile und den Äquivalenzgedanken überhaupt in der 5. Auflage von Kiehl erhobenen Bedenken können nicht als überzeugend befunden werden. Daß das Gegenseitigkeitsverhältnis zwischen Leistung und Gegenleistung bei gegenseitigen Verträgen (Synallagma) lediglich ein rechtliches und nicht auch ein wirtschaftliches sei, ist nicht zuzugeben; es ist vielmehr gerade der wirtschaftliche, auf den Austausch von Leistung und Gegenleistung gerichtete Charakter der gegenseitigen Verträge, der die Vorschriften über die rechtliche Abhängigkeit erst erzeugt hat. Ein in normalen Grenzen sich haltendes Wertverhältnis zwischen den beiderseitigen Leistungen bildet nach Treu und Glauben, die einen ehrlichen Geschäftsverkehr erfordern, die Geschäftsgrundlage; Hingabe der Leistung gegen eine absolut unzureichend gewordene, nunmehr als unverhältnismäßig gering erscheinende Leistung kann nach § 242 keiner Partei zugemutet werden. Einer besonderen Feststellung, daß der Verkäufer auf die dauernde Gleichwertigkeit Gewicht gelegt und daß der andere Teil diese Vorstellung erkannt habe (die Kiehl für erforderlich hielt), bedurfte es nicht, da eine solche Vorstellung in der Regel jedem gegenseitigen Vertrage zugrunde liegt (vgl. § 320 A 1). Eine Gefahrübernahme desjenigen, der ein langfristiges Kaufangebot macht, kann nur für voraussehbare Umstände angenommen werden, nicht für ganz ungewöhnliche und nicht vorauszuahnende Verschiebungen des Wertverhältnisses bis zur Erfüllung. — Eine Erhöhung der ursprünglich vereinbarten Geldleistung wegen wesentlich veränderten Geldwertes (Aufwertung) war auch als zulässig anerkannt bereits in dem Urt des 3. ZS v. 27. 7. 22 (RG 104, 394) für die bei Abschluß eines langjährigen Pachtvertrages erfolgte Abschätzung des vom Pächter gemäß § 598 Abs 3 BGB zurückzugewährenden Inventars mit der Begründung, daß die der früheren Schätzung zugrunde gelegte Goldmark mit der Papiermark, in der jetzt die Ausgleichung erfolgen müsse, nicht vergleichbar sei; ferner: in mehreren Urteilen für Ansprüche auf Rente aus Unterhalts- und Altenteilsverträgen, wenn infolge der Geldentwertung es dem Berechtigten auch nicht annähernd mehr möglich war, aus der ziffernmäßig festgesetzten Rentensumme sich den als erforderlich vorausgesetzten Lebensunterhalt noch zu verschaffen (RG Warn 1921 Nr 99; 1923 Nr 3 u. 36; RG 106, 233). Für solche Fälle wurde auch bereits durch das Ges v. 18. 8. 23 (RGBl I, 815) über die anderweite Festsetzung von Geldbezügen aus Altenteilsverträgen (§ 1) eine Aufwertung zugelassen, indem dort den obersten Landesbehörden die Befugnis erteilt wurde zu bestimmen, daß solche Geldleistungen — und ebenso die Versorgungsansprüche, welche einzelnen Familiengliedern gegenüber den Inhabern von bisherigen Stammgütern und Familienfideikommissen zustehen — entsprechend den veränderten Geldverhältnissen anderweit festgesetzt werden, soweit dies der Billigkeit entspreche; daselbst ist in § 4 auch die Erweiterung eines dinglichen Rechts für solche Geldleistungen zugelassen und eine Eintragung an nächstbereiter Stelle ins Grundbuch vorgesehen. Auch auf steuerlichem und fiskalischem Gebiete wurde die Aufwertung von Geldforderungen mehrfach durch gesetzliche Vorschrift angeordnet; so in der VO des Reichspräsidenten über Steueraufwertung usw. v. 11. u. 18. 10. 23 (RGBl I, 939, 979), die in § 2 vorschreibt, daß bei gewissen Steuern die Zahlung auch dann nach dem Goldwerte zu leisten ist, wenn die Steuer selbst nicht in Gold berechnet ist, und in § 10 für Nachforderungen von Steuern, bei denen die Steuerschuld vor dem 1. September 1923 entstanden ist, die Aufwertung des Steuerbetrages unter Berücksichtigung der seitdem eingetretenen Geldentwertung zuläßt. Für Vermögensstrafen und Bußen ist in Art IV des Ges v. 13. 10. 23 (RGBl I, 943) eine Änderung für den Fall einer nach der Verurteilung eintretenden Veränderung des Geldwertes vorgesehen; ähnlich für die Gerichtskosten und die Gebühren der Gerichtsvollzieher in der VO v. 30. 10. 23 (RGBl I, 1040ff.).

Mit den angeführten Entscheidungen und gesetzlichen Vorschriften war die unbedingte Maßgeblichkeit des Nennwerts bei Geldschulden bereits durchbrochen und für eine freiere Auffassung Raum gewonnen. Die noch zu überwindende Schwierigkeit lag aber darin, den weiteren, durch die Folgerichtigkeit gebotenen Schritt zu tun in der Richtung, daß der angesichts der Verhältnisse nicht mehr aufrechtzuerhaltende, zu ungeheuerlichen, jedem Rechtsgefühle hohnsprechenden Unbilligkeiten führende Satz „Mark gleich Mark“ auch für Fälle von Geldschulden, welche aus einseitigen Verträgen, insbesondere aus langfristigen Darlehen, entstanden waren, ausgeschaltet wurde. Vor diesem Schritt schreckten auch aufwertungsfreundliche Schriftsteller wie Henle zurück, obgleich sie nicht verkannten, daß die Zulassung der Erfüllung in Goldmark begründeter Geldschulden durch Leistung des Nennwerts in Papiermark eine „Enteignung sei, die durch die blinde Naturgewalt des Zwangskurses ohne Entschädigung stattfinde und eine katastrophale Niederlage des bürgerlichen Rechts bedeute.“ Es war aber Gefahr im Verzuge, da zahlreiche Geldschuldner, namentlich Hypothekenschuldner, die Gelegenheit benutzten, sich ihrer Schulden in entwerteter Papiermark zum Nennbetrage zu entledigen. Die Gesetzgebung, die unter solchen Umständen rechtzeitig hätte eingreifen müssen, versagte gegenüber dieser Aufgabe völlig. Der damalige Justizminister Dr. Heinze widersetzte sich dem Antrage Düringer auf Erlaß eines Sperrgesetzes mit der Begründung, es dürften nicht Hoffnungen erweckt werden, die nachher doch nicht erfüllt werden könnten; die Aufwertung der Hypotheken und Grundschulden sei ganz unmöglich. Durch eine solche Erklärung von offizieller Seite wurden zahlreiche Gläubiger veranlaßt, die ihnen von den Schuldnern angebotene Auszahlung in Papiermark zum Nennwerte anzunehmen und Löschungsbewilligungen zu erteilen, um sich nicht weiteren Kosten und Schäden auszusetzen. So fiel denn der Rechtsprechung, insbesondere der höchsten Instanz, die schwierige Aufgabe zu, ohne Überschreitung der ihr gezogenen Grenzen wenn möglich zu verhüten, daß summum ius summa iniuria werde. Diese Möglichkeit war dem Reichsgericht geboten durch die in neuerer Zeit auch bei ihm bereits mehr und mehr zum Durchbruche gelangte Auffassung über das Verhältnis des Richters zum Gesetze, die besonders in den Urt des 3. ZS v. 21. 9. 20 (RG 100, 130) und v. 27. 6. 22 (RG 104, 397) ihren Ausdruck gefunden hatte, wonach unter Ablehnung weitergehender Ansprüche der sog. Freirechtsschule dem Richter innerhalb gewisser Grenzen eine „rechtsschöpferische" Tätigkeit zusteht. In Verfolg der mit dieser Rechtsprechung eingeschlagenen Bahn hat der 5. ZS in dem Urt v. 28. 11. 23 (RG 107, 78) die rechtliche Möglichkeit der Aufwertung von hypothekarisch gesicherten Darlehnsforderungen grundsätzlich anerkannt. Er beruft sich dafür in erster Linie auf § 242 BGB in dem Sinne, daß durch eine Zurückzahlung in Goldmark erhaltener Beträge in derart entwerteter Papiermark zum Nennbetrage der Schuldner die Leistung nicht so bewirken würde, wie Treu und Glauben mit Rücksicht auf die Verkehrssitte es erfordern. Die Anwendung dieser Vorschrift könne gerade für Hypothekenforderungen zu einer Aufwertung führen, weil bei ihnen der Schuldner regelmäßig in dem — wenigstens nach dem Papiermarkbetrage — erheblich gestiegenen Werte des Grundstücks einen entsprechenden Ausgleich erhalten habe, ohne daß aber eine schematische Aufwertung in gleicher Höhe, etwa gar im Wertverhältnis der Papiermark zur Goldmark stattzufinden habe, da § 242 billige Rücksichtnahme auf die Interessen beider Teile erfordere. Als Umstände, die bei Bemessung der Höhe der Aufwertung neben dem Grundstückswerte in Betracht zu ziehen seien, werden in dem Urteile besonders hervorgehoben: die wirtschaftliche und finanzielle Leistungsfähigkeit des Schuldners, der Umstand, ob es sich um landwirtschaftliche, industrielle oder „städtische" Grundstücke handle; die dem Grundbesitze auferlegten Lasten, namentlich öffentlicher Art; bei Mietgrundstücken auch die Verminderung ihres Ertrages durch die zum Schutze der Mieter ergangenen Bestimmungen. Daß die Bestimmungen des deutschen Währungsrechts einer solchen Aufwertung nicht entgegenstehen, wird in dem Urteile aus ihrer Entstehungsgeschichte und dem mit ihnen verfolgten Zwecke dargelegt (vgl. Näheres § 244 A 1 b, c). Daraus wird hergeleitet, daß der Gesetzgeber bei ihrem Erlasse an eine wesentliche Entwertung des Papiergeldes, noch dazu an eine derart hohe, wie sie nach dem unglücklichen Ausgange des Krieges und nach dem Umsturze mehr und mehr Wirklichkeit geworden sei, nicht gedacht habe. Bei dem infolge des Verfalls der Papiermark eingetretenen Widerstreit der Währungsvorschriften mit den Anforderungen von Treu und Glauben, namentlich mit der zur Beherrschung des Rechtslebens bestimmten Vorschrift des § 242 BGB, müsse deshalb diese letztere Vorschrift den Vorrang haben. Diese Grundsätze müssen nach der Auffassung des Reichsgerichts auch bei hypothekarisch gesicherten Darlehnsforderungen in Anwendung kommen, weil gerade beim Darlehn aus § 607 BGB die Verpflichtung des Schuldners sich ergebe, das empfangene Geld nicht nur in gleicher Menge, sondern auch in gleicher Güte zurückzuzahlen. Hilfsweise wird auch durch ergänzende Vertragsauslegung gemäß § 157 BGB das Ergebnis gewonnen, daß für solche außerordentlichen, nicht vorausgesehenen Fälle der „Zwangskurs", was rechtlich zulässig, als vertraglich wegbedungen anzusehen sei. Die in diesem Urteile ausgesprochenen Grundsätze über die Aufwertung von Hypothekenforderungen sind vom gleichen Senat in drei Urt v. 16. 1. 24 (eines davon abgedruckt in RG 107, 400) bestätigt worden. Nicht entschieden, vielmehr ausdrücklich dahingestellt gelassen ist in diesen Urteilen die Frage, ob auch der Aufwertungsbetrag durch die Hypothek dinglich gesichert ist und bejahendenfalls ob ihm die gleiche Rangstelle wie der zum Nennwerte eingetragenen Hypothek zuzubilligen ist oder ob dem die Vorschriften des Liegenschaftsrechts, insbesondere der Grundsatz der Spezialität entgegenstehen. Die Entscheidung dieser Fragen durch die Rechtsprechung ist durch das bald darauf erfolgende Eingreifen des Gesetzgebers (vgl. unter c) gegenstandslos geworden.

c) Die in dieser Weise durch die Rechtsprechung zugunsten einer möglichsten Ausgleichung der Folgen der Geldentwertung zwischen Gläubiger und Schuldner nach Treu und Glauben gewonnenen Ergebnisse wurden bald nach dem Bekanntwerden des reichsgerichtlichen Urt

v. 28. 11. 23 durchkreuzt durch eine bereits vorher in Aussicht gestellte tiefgreifende und mit großer Energie durchgeführte Aktion des Gesetzgebers, der aus Gründen des Staatswohles, wie er es erkannte, die Durchführung der Aufwertung nicht der Rechtsprechung allein überlassen zu können glaubte. Diese Aktion wurde eingeleitet durch den Erlaß der Dritten Steuernotverordnung v. 14. 2. 24 (RGBl I, 74), an deren Stelle dann die Ges v. 16. 7. 25 über die Aufwertung von Hypotheken und anderen Ansprüchen (Aufwertungsgesetz) und über die Ablösung öffentlicher Anleihen (RGBl I 117 u. 137) getreten sind. Die nähere Darstellung des Ganges der Entstehung und des Inhalts dieser Gesetze und der auf sie sich beziehenden Rechtsprechung muß den Spezialkommentaren über das Aufwertungsrecht, die in reicher Fülle erschienen sind (unter andern seien hier genannt die Kommentare von Mügel, Schlegelberger-Harmening, Michaelis, Quassowski, Lehmann-Bösebeck, Neukirch) überlassen bleiben. Der vorliegende Kommentar zum BGB muß sich an dieser Stelle auf die allgemeine Darlegung beschränken darüber, welche Rechtsgebiete und in welchem Umfange diese durch die Aufwertungsgesetzgebung der Aufwertung „nach allgemeinen Vorschriften" — als solche kommen vorzugsweise die Vorschriften des BGB und in erster Linie der § 242 in Betracht — entzogen worden sind. Die Rechtsgültigkeit sowohl der dritten Steuernotverordnung wie der Aufwertungsgesetze ist allerdings anfänglich von verschiedenen Seiten in Zweifel gezogen worden, die der letzteren mit Rücksicht darauf, daß sie nicht mit verfassungsändernder Mehrheit angenommen worden seien und Bestimmungen enthielten, die mit der Reichsverfassung in Widerspruch ständen. Die Frage ist aber vom Reichsgerichte, das sich dazu für befugt erachtete, eingehend geprüft und die Rechtsgültigkeit der Gesetze bejaht worden; vgl. RG 107, 370; 108, 182; Warn 1924 Nr 203. Dem sonach maßgebenden Willen des Gesetzgebers mußte sich die Rechtsprechung beugen und hat sie sich in loyaler Weise gebeugt.

Die Ausschaltung der allgemeinen Vorschriften ist durch die Aufwertungsgesetzgebung nach drei verschiedenen Richtungen hin erfolgt. Zunächst ist für gewisse Arten von Ansprüchen die Aufwertung selbständig eingehend geregelt worden. Es ist das geschehen für die in den Abschnitten 2—8 des AufwGes einzeln aufgeführten Arten von Ansprüchen, nämlich: 1. Hypotheken (Abschnitt 2 §§ 4—30) einschließlich der durch sie gesicherten persönlichen Forderungen (§ 9); 2. Grundschulden, Rentenschulden und Reallasten, Schiffs- und Bahnpfandrechte (Abschnitt 3 §§ 31, 32); 3. Industrieobligationen und verwandte Schuldverschreibungen (Abschnitt 4 §§ 33—46); 4. Pfandbriefe und verwandte Schuldverschreibungen (Abschnitt 5 §§ 47—50); 5. Schuldverschreibungen der Genossenschaften des öffentlichen Rechts und verwandter Körperschaften als Unternehmer wirtschaftlicher Betriebe (Abschnitt 6 §§ 51—54); 6. Sparkassenguthaben (Abschnitt 7 §§ 55—58); 7. Versicherungsansprüche der dort aufgeführten Arten (Abschnitt 8 §§ 59—61). Für andere als die in den §§ 4—61 bezeichneten Ansprüche ist in § 62 die generelle Bestimmung getroffen, daß ihre Aufwertung sich nach den allgemeinen Vorschriften richtet, soweit sich nicht aus den Vorschriften der §§ 63—66 ein anderes ergibt. Ein anderes ergibt sich aber zunächst aus § 63 in der Richtung, daß die Aufwertung von Vermögensanlagen zwar nach den allgemeinen Vorschriften erfolgt, aber 25 v. H. des Goldmarkbetrags nicht übersteigen darf. Der Begriff der Vermögensanlage ist kein in der juristischen Terminologie gebräuchlicher und feststehender Rechtsbegriff und auch vom Aufwertungsgesetz nicht bestimmt. Das RG hat in JW 1925, 936[6] (ebenso RG 113, 205) als Vermögensanlage die auf eine gewisse Dauer berechnete, zum Zwecke der Erhaltung und Nutzung des Kapitals erfolgende Verwendung von Vermögensstücken bezeichnet. Das AufwGes führt aber in § 63 Abs 2 u. 3 eine Reihe von Ansprüchen auf, die im Sinne des Abs 1 nicht als Vermögensanlagen gelten; diese können sonach unbeschränkt aufgewertet werden, auch wenn sie sich wirtschaftlich als Vermögensanlagen darstellen. Es sind dies zunächst folgende (Abs 2): 1. Ansprüche aus Gesellschaftsverträgen und anderen Beteiligungsverhältnissen; 2. aus Gutsüberlassungsverträgen sowie solche, die auf den Beziehungen aus der Auseinandersetzung unter Miterben, unter Ehegatten, unter geschiedenen Ehegatten, unter Eltern und Kindern oder zwischen Erben und Pflichtteilsberechtigten oder Vermächtnisnehmern beruhen; 3. Ansprüche, die auf den Beziehungen zwischen unterhaltsberechtigten und unterhaltsverpflichteten Personen beruhen; 4. Ansprüche auf wiederkehrende Leistungen, die bei Abfindungen, Auseinandersetzungen, Überlassungen oder ähnlichen Rechtsvorgängen begründet sind; 5. Ansprüche auf Entrichtung eines Erbbauzinses; 6. Guthaben bei Fabrik- oder Werksparkassen, sowie Ansprüche an Betriebspensionskassen, mit gewissen Einschränkungen. Ferner aber gelten nicht als Vermögensanlagen und sind deshalb unbeschränkt nach allgemeinen Vorschriften aufwertbar Ansprüche aus gegenseitigen Verträgen (Abs 3 des §); vgl. darüber unten zu dß. Die Aufwertung nach allgemeinen Vorschriften unter Abweichung von dem für Hypotheken festgesetzten Höchstbetrage ist auch für die durch Hypothek gesicherten Forderungen zugelassen, wenn sie zu den in § 63 Abs 2 Nr 1—4 (gleichlautend mit § 10 Abs 1 Nr 1—4) aufgezählten gehören; sowie für nach dem 31. 12. 08 begründete Kaufgeldforderungen und zwar auch dann, wenn sie bei ihrer Begründung in Darlehnsforderungen umgewandelt sind (§ 10 Abs 1 Nr 5); jedoch mit gewissen Einschränkungen hinsichtlich des Höchstbetrags, die auch bei Gutsüberlassungsverträgen Anwendung finden (§ 10 Abs 3); endlich für durch Sicherungshypothek gesicherte Forderungen mit Ausnahme von Darlehnsforderungen (§ 10 Abs 1 Nr 6). Andererseits ist die Aufwertung in einzelnen Fällen überhaupt ausgeschlossen und zwar auch dann, wenn die in Frage stehenden Ansprüche keine Vermögensanlagen im Sinne des Aufwertungsgesetzes sind, nämlich: 1. für Ansprüche aus einem Kontokorrent oder einer andern laufenden Rechnung, einschließlich der Ansprüche aus dem Postscheckverkehr, § 65 AufwGes; 2. für Ansprüche aus einem Darlehen oder einem Verwahrungsvertrage der im § 700 BGB bezeichneten Art — depositum irregulare, vgl. § 700 Anm 1 — sofern sie sich gegen ein Unternehmen zum Betriebe von Bankgeschäften richten (Bankguthaben; § 66 AufwGes. Vgl. Näheres unten zu d.

d) **Grundsätzliches zur Aufwertung außerhalb der Aufwertungsgesetze (freie Aufwertung).** Die sie beherrschenden Rechtsgrundsätze sind vom Reichsgericht nunmehr in reichhaltiger Rechtsprechung unter Zugrundelegung des § 242 herausgearbeitet und dadurch die Zulässigkeit, die Art, der Umfang und die Grenzen der Aufwertung im Einzelfalle bestimmt worden. Diese Rechtsprechung im Zusammenhange zu erörtern, ist Aufgabe der nachstehenden Darlegung.

α) **Allgemeines.** Das Reichsgericht hat grundlegend ausgesprochen und daran auch gegenüber dem im Schrifttum vereinzelt aufgetretenen Widerspruch (Zeiler) festgehalten, daß ein Aufwertungsanspruch nicht bei jeder Einbuße des Währungsgeldes an Kaufkraft gegeben ist, eine Aufwertung sich vielmehr aus § 242 nur rechtfertigen läßt, wenn die vereinbarte Papiermarksumme im Verhältnis zu der hingegebenen oder hinzugebenden Leistung des anderen Teiles überhaupt keine Bedeutung mehr hat oder doch in ihrem wirtschaftlichen Werte verschwindend gering geworden ist: **RG** 107, 129; 110, 39; JW 1924, 1139[4]; I 241/24, 5. 1. 25 (DRZ Beil Nr 94); I 337/24, 11. 3. 25 (DRZ Beil Nr 81). In dem zuletzt genannten Urteil ist allerdings nur von einem „unbilligen Mißverhältnis" die Rede; ebenso in den Urteilen des gleichen Senats in **RG** 112, 327 und Warn 1926, 64, wo — übrigens ohne dafür hinreichenden Nachweis — die frühere Auffassung sogar als vom Reichsgericht verlassen und der dort vertretene Standpunkt als allgemein anerkannt bezeichnet wird. Damit steht auch nicht recht im Einklange, daß noch in dem Urt des 6. ZS v. 25. 2. 26 (Warn Nr 69) die Aufwertung einer in französischen Franken ausgedrückten Geldschuld wegen der Entwertung dieser Währung abgelehnt worden ist unter Bezugnahme auf **RG** 110, 39, wo die strengere Auffassung vertreten ist. Auf alle Fälle wird auch für in Zukunft etwa eintretende ähnliche Erscheinungen daran festzuhalten sein, daß es sich um außerordentliche, nicht im Rahmen normaler Entwicklung liegende Verhältnisse handeln muß. In der Tat wird mit Rücksicht auf die Währungsgesetzgebung (vgl. § 244 Anm 1 b, c) sich eine Zulassung der Aufwertung nur rechtfertigen lassen, wenn eine ganz außerordentliche und anormale Veränderung des Wertes des als Wertmesser dienenden Geldes eingetreten ist, und zwar in dem Zeitraum zwischen der Begründung der Forderung (nicht der Fälligkeit, **RG** 110, 144; JW 1926, 153[3]) und der Leistung der Zahlung. Bei bindenden Grundstückskaufofferten hat der Tag des Angebots, nicht der der Annahme den Ausgangspunkt zu bilden (**RG** JW 1926, 1538[1]). — Die Aufwertung ist bei dieser Auffassung nicht etwa Schaffung einer neuen oder zusätzlichen Forderung durch richterliches Gestaltungsurteil (vgl. **RG** 100, 129; 111, 63), sondern die aus dem geltenden Rechte sich ergebende und ohne weiteres eingetretene ziffermäßige Erhöhung des zu zahlenden Nennbetrags, die in Wirklichkeit (vgl. unten) in der Regel vielmehr eine Abwertung bedeutet; sie wird durch das Urteil lediglich deklarativ als eingetreten festgestellt. Dementsprechend stellt sich nach der neueren Rechtsprechung des Reichsgerichts (anders noch in **RG** 106, 12) eine ohne entsprechende Aufwertung geleistete Zahlung nicht als eine Tilgung der ganzen Forderung dar, durch welche diese gemäß § 362 BGB erloschen wäre, sondern als eine unvollständige Leistung und ihre Annahme als Erfüllung hat gemäß § 363 (vgl. diesen Paragraph Anm 3) nur die Wirkung, daß der Gläubiger, der sie entgegengenommen hat, den Nachweis zu führen hat, daß sie unvollständig war, ein Nachweis indessen, der mit dem Nachweise des eingetretenen Mißverhältnisses zusammenfällt und daher ohne weiteres als geführt zu erachten ist (**RG** 109, 112). Der Gläubiger ist deshalb, sofern nicht eine besondere Tilgungsvereinbarung — Verzicht, Vergleich, vgl. unten — ausdrücklich oder stillschweigend getroffen worden ist, nicht gehindert, die Nachzahlung des Aufwertungsbetrags zu verlangen; **RG** 109 S. 111, 346; 110 S. 78, 132, 400; 114, 403; Warn 1925, 38; 1926, 32, 63; JW 1926, 1432[4]; AufwRechtspr 1926 Nr. 114, 1927 Nr. 128; vgl. auch den Schiedsgerichtsbeschluß in DStZ 1927, 67. — Über die Frage aber, von welchem Zeitpunkte ab die Geldentwertung soweit vorgeschritten war, daß ein Aufwertungsanspruch sich rechtfertigen läßt, besteht unter den Senaten des

Reichsgerichts keine ganz einheitliche Auffassung. Der 2. Zivilsenat hat, nachdem er anfänglich schon für Januar 1922 und für den 14. März 1922 eine die Aufwertung rechtfertigende Verschiebung des Gleichgewichts zwischen Leistung und Gegenleistung angenommen hatte (II 339/24, 2. 7. 25, Warn Nr 194, und RG 109, 378), sich für Handelskäufe allmählich auf den 15. August 1922 als denjenigen Stichtag festgelegt, von welchem an erst eine Aufwertung habe beansprucht werden können und daher eine unaufgewertete Zahlung sich als unvollständige Leistung dargestellt habe. Er begründet diese Auffassung, an der er ungeachtet der auch von ihm erkannten, für Einzelfälle sich daraus ergebenden Härten festhalten zu müssen glaubt, damit, daß bis zu dem um Mitte August 1922 eingetretenen rapiden Sinken des Markwertes der Verkehr noch allgemein mit einer Wiedererstarkung der deutschen Währung gerechnet, jedenfalls die Hoffnung, daß die Mark sich wieder erholen werde, nicht aufgegeben habe; vgl. RG 109, 39; 111, 156; 112, 197; 113, 136, 202; JW 1925, 599; 1926, 788[3]; Warn 1926, 36, 175; DRZ Beil 1926, 263; AufwRechtspr 1926, 431; neuestens noch in RG 115 S. 198, 202. Auch der 4. und 6. ZS haben wiederholt ausgesprochen, daß es darauf ankomme, ob zu der in Frage kommenden Zeit noch damit gerechnet worden sei, daß es sich nur um vorübergehende Störungen handle (Warn 1925, 156; JW 1925, 599; Warn 1926, 127).*) Es ist jedoch nicht recht verständlich, daß für die objektive Tatsache eines zur Aufwertung berechtigenden Mißverhältnisses, auf die es für diese Frage, wie der 2. ZS in RG 109, 378 selbst ausgeführt hat, allein ankommt, (anders für die Fragen des Verschuldens bei Ablehnung der Aufwertung und der Verjährung des Aufwertungsanspruchs, s. unten) die damalige vorübergehende, später als unrichtig erkannte Meinung des Verkehrs, die mit einer gemäß § 242, übrigens nur innerhalb des Rahmens von Treu und Glauben zu berücksichtigenden „Verkehrssitte" nicht verwechselt werden darf, entscheidend sein soll. Andere Senate des Reichsgerichts, insbesondere der 1. und 5. ZS, stehen denn auch, ohne sich auf einen bestimmten Stichtag festzulegen, auf dem Standpunkte, daß in jedem einzelnen Falle zu prüfen ist, ob die in dem in Betracht kommenden Zeitraume zwischen seinem Anfangs- und Endpunkte eingetretene Änderung im Geldwerte objektiv nach jetziger Rechtsanschauung eine derart erhebliche war, daß sie eine Aufwertung rechtfertigte. Vgl. RG 112, 324 (1. ZS), wo bereits für eine im Mai/Juni 1919 begründete, im Januar 1920 bezahlte Forderung eine Aufwertung als möglicherweise gerechtfertigt bezeichnet wird; ebenso I 210/25, 23. 1. 26 (Warn Nr 64) für 1919/20 bis Januar 1922. Der 5. ZS hat die Verneinung eines Mißverhältnisses für eine am 1. Oktober 1921 geleistete Zahlung aus einem am 2. Juli 1920 abgeschlossenen Vertrage gebilligt, dagegen die Aufwertung als gerechtfertigt erklärt für eine am 1. Oktober 1922 geleistete Zahlung aus dem gleichen Vertrage (V 465, 25; 3. 5. 26; Warn Nr 96). Vom 1. ZS ist in Anwendung der erwähnten Rechtsgrundsätze die Zulassung der Aufwertung nach Lage des Falles ferner gebilligt worden bereits für März 1920 (Warn 1926, 95); für 15. Juli 1920 (ebenda 64); für Oktober 1920 (ebenda 126); für Ende 1921 (RG 110, 124); vom 5. ZS für September 1920 (Zeiler, Aufwertungsfälle Nr 151); für 8. März 1922 (RG 110, 399); für 7. August 1922 (Warn 1926, 128); für 1. Oktober 1922 (ebenda 96). Die Versagung der Aufwertung wurde vom 5. ZS gebilligt für eine am 31. Dez. 1921 entstandene Grundstückskaufpreisforderung, deren Zahlung in verschiedenen Raten in der ersten Hälfte 1922 erfolgt ist, unter Hinweis darauf, daß die Zahlungen „alsbald nach dem Kaufabschlusse" und in einer Zeit erfolgt seien, als die (wohl zu ergänzen: seit dem Kaufabschlusse eingetretene) Geldentwertung sich noch in mäßigen Grenzen gehalten habe. In RG 114, 400 endlich hat der 5. ZS unter nochmaliger ausführlicher Darlegung und Bestätigung seines Rechtsstandpunktes gegenüber dem 2. und 6. ZS die Aufwertung aus einem Grundstückskaufvertrage vom 5. Januar 1920 zwar als nicht berechtigt erklärt für die am 13. Oktober 1920 und 25. Februar 1921 geleisteten Zahlungen, dagegen als berechtigt für die Zahlungen vom 3. März und 1. Juni 1922, indem er auch hier folgerichtig auf das Maß der vom Vertragsabschlusse bis zur Zahlung eingetretenen Verschiebung des Geldwerts abstellt. Ebenso in AufwRechtspr 1927 Nr. 52. Der Senat lehnt in diesen Urteilen die Herbeiführung einer Entscheidung der Vereinigten Zivilsenate ab mit dem durchaus berechtigten Hinweise auf die Verschiedenheit der für den Rechtsverkehr in Grundstücks- und in Handelsgeschäften in Betracht kommenden Gesichtspunkte. Es bleibt aber der offene Konflikt zwischen dem 1. und 2. ZS (vgl. RG 113, 140) und es wäre eine Klärung zwischen ihnen dringend erwünscht, durch die der Rechtsprechung einigermaßen sichere Richtlinien in diesen für die Aufwertung grundlegenden Fragen gegeben würden. Vgl. auch den Schiedsspruch in DStZ 1927 Sp 69, der die Aufwertung von Zahlungen aus den Jahren 1920 bis 1923 ausspricht.

Der Rechtsgedanke der Aufwertung führt keineswegs dazu, dem Gläubiger stets den

---

*) In RG 115, 205 hat jedoch derselbe Senat den Stichtag nicht mehr als unbedingt maßgebend erklärt für andere als die regelmäßigen kaufmännischen Güterumsatzgeschäfte, z. B. nicht für den Verkauf eines Handelsgeschäfts im ganzen.

vollen Goldmarkbetrag seiner Forderung zuzuwenden, auch dann nicht, wenn sie in vollem Goldmarkwerte begründet war; es entspricht vielmehr Treu und Glauben, daß die Interessen beider Teile berücksichtigt und miteinander nach Möglichkeit ausgeglichen und die durch den Krieg und seine Nachwirkungen entstandenen Verluste an der Substanz des Volksvermögens, von der auch die Geldschuldner mehr oder weniger betroffen sind, dabei in Betracht gezogen werden. Das ist schon in dem grundlegenden Urt des 5. ZS v. 28. 11. 23 (RG 107, 87) grundsätzlich ausgesprochen. In RG 108, 122 ist ausgeführt, volle Aufwertung könne nicht beansprucht werden; denn die Erfahrung lehre, daß ein in Deutschland befindliches Markkapital durch reguläre Geschäftsverwendung oder erlaubte geschäftsübliche Anlegung nicht in demjenigen Werte erhalten werden konnte, den es, gemessen an einem ständigen Wertmesser, im Jahre 1920 gehabt habe. Daran hat das Reichsgericht in ständiger Rechtsprechung festgehalten (Berücksichtigung des sog. „Verarmungsfaktors"); RG 110, 40; Warn 1925, 93, 171, 187, 188, 209; 1926, 10; RG 112, 329; Warn 1926, 64).

Andererseits ist es nach der neueren Rechtsprechung des Reichsgerichts auch nicht ausgeschlossen, daß die Aufwertung unter Umständen über den Goldmarkbetrag der Forderung im Zeitpunkte ihrer Begründung, gemessen an dem Dollarkurse oder einem anderen geeigneteren Maßstabe — Lebenshaltungsindex, Reichsrichtlinien — hinausgeht. Insbesondere ist für beiderseits noch nicht erfüllte Großhandelsgeschäfte in dem Beschlusse der Vereinigten Zivilsenate v. 13. 3. 25 (RG 110, 371) ausgesprochen, daß bei ihnen 1. die Aufwertung des vereinbarten Kaufpreises in dem für die Zeit des Vertragsabschlusses amtlich festgestellten Mittelkurs einer wertbeständig gebliebenen ausländischen Währung ihre Höchstgrenze nicht findet und daß 2. ein heutiger höherer Marktpreis neben anderen Umständen als Anhaltspunkt für die Höhe der Aufwertung benutzt werden darf. Diese Stellungnahme begründen die Vereinigten Zivilsenate in der Hauptsache damit, daß die durch § 242 gebotene Berücksichtigung der auf beiden Seiten vorhandenen berechtigten Interessen nicht unbedingt zu einem geringeren Maße der Aufwertung als dem Dollarstande entspreche, führen müsse und daß infolge der in den Jahren 1920 bis 1923 in Deutschland herrschenden niedrigen Warenpreise die nach dem Dollarkurs aufzuwertenden Preise nicht entfernt den heutigen Marktpreisen gleichkommen würden, wodurch man den berechtigten Interessen der Verkäufer im Großhandel nicht gerecht werden könne. Weitere Richtlinien zu geben haben die Vereinigten Zivilsenate als über die ihnen gestellten Fragen hinausgehend abgelehnt, insbesondere darüber, ob, wie der 1. und 2. ZS in den Urt RG 108, 379; 109, 97 u. 241; Warn 1926 Nr 77 wollen, bei der Aufwertung grundsätzlich von den heutigen Marktpreisen auszugehen sei, vorbehaltlich eines etwaigen Einschlags der Warenkonjunktur, der dem Käufer zugute kommen solle, während der 6. ZS (RG 109, 146) eine Aufwertung über den Dollarkurs überhaupt für unzulässig erklärt hatte. Der 5. ZS hatte vor der Entscheidung der Vereinigten Zivilsenate, dem Kammergericht entgegentretend, für Grundstückskaufverträge ausgesprochen (RG 109, 163; Warn 1925, 35), daß grundsätzlich nur der vertragsmäßig bedungene Kaufpreis aufzuwerten und die Aufwertung nicht dazu bestimmt sei, etwa einen zu billigen und unvorteilhaften Verkauf, wie er bei Grundstücken in der Inflationszeit häufig vorgekommen, für den Verkäufer vorteilhafter zu gestalten. Er hat an dieser Auffassung auch nach der Entscheidung der Vereinigten Zivilsenate festgehalten und ausdrücklich betont, daß von der Kaufkraft des bedungenen Vertragspreises im Inlande zur Zeit des Vertragsabschlusses und nicht etwa vom Gegenwartswerte auszugehen sei, da das zu einer Abänderung des Vertragsinhalts, zu einer Richtigstellung des nicht wertgerecht bemessenen Preises führen würde. Die Berücksichtigung des Gegenwartspreises erklärt dieser Senat nur in einer ganz bestimmten eingeschränkten Richtung für zulässig und geboten, nämlich zum Zwecke der Erkenntnis, ob und in welchem Maße die Kaufkraft des Vertragspreises beim Vertragsschlusse eine höhere war, als sein Wert nach dem Dollarkurse oder der Reichsrichtzahl, um zu verhüten, daß bei Vergleichung dieser Kaufkraft mit dem als Ausgleich zu zahlenden (aufgewerteten) Betrage ausschließlich ein für andere Kaufgegenstände bestimmter und geeigneter Maßstab zugrunde gelegt werde. Vgl. den Beschluß v. 17. 6. 25, JW 1925, 2241[14]; ferner die Urt V 340/24, 8. 4. 25 (JW 1926, 790[5]), V 188/25, 16. 12. 25 (JW 1926, 976[4]); V 10/25, 4. 11. 25 (Warn 1926 Nr 31); V 354/25, 24. 3. 26 (Warn Nr 178), V 433/25, 28. 4. 26 (Warn Nr 148); V 300/25, 6. 2. 26 (Warn Nr 60); V 404/25, 30. 1. 26 (Warn Nr 58); V 440/25, 10. 4. 26 (JW 1538[1]); V 465/25, 3. 5. 26 (Warn Nr 96); V 70/26, 16. 10. 26 (AufwRechtspr 1927 Nr. 44). Der 2. ZS hat in dem Urt II 64/25, 1. 12. 25 (JW 1926, 697[2]) daran festgehalten, daß bei Großhandelsgeschäften, die beiderseits noch nicht erfüllt sind, dem Marktpreise der zu liefernden Waren am Lieferungstag maßgebliche Bedeutung beizumessen; auch für andere als Großhandelsgeschäfte erklärt er in II 70/25, 4. 12. 25 (JW 1926, 790[4]), daß der Goldmarkwert des Kaufpreises zur Zeit des Vertragsschlusses nicht die Höchstgrenze für die Aufwertung bilden dürfe. Auch der 1. ZS hat in neueren Entscheidungen (13. 3. 26 bei Warn 77) wiederum betont, daß bei noch nicht erfüllten Umsatzgeschäften die Aufwertung des vertragsmäßigen Kaufpreises sich dem Marktpreise des Lieferungstags tunlichst anzunähern habe, und zwar ohne Abzug eines Verarmungsfaktors (vgl. oben); diesen Satz erklärt er „nach feststehender Rechtsprechung" auch auf andere als Großhandelsgeschäfte anwendbar. Der 3. ZS hat gleichfalls bei einem Werklieferungsvertrage die Ablehnung jeder Berücksichtigung des gegenwärtigen Marktpreises für rechtsirrig erklärt, unter Bezugnahme auf die Entscheidung der Vereinigten Zivilsenate, deren Gründe auch für andere als Großhandelsgeschäfte zuträfen. Anders für den Dienstvertrag, **RG** 108, 157. Es erhellt daraus, daß die Rechtsprechung über diese Fragen ungeachtet der Entscheidung der Vereinigten Zivilsenate noch keineswegs in ausreichendem Maße geklärt ist. Soweit die Entscheidungen eine Aufwertung über den aus der inneren Kaufkraft der Mark zur Zeit des Vertragsabschlusses sich ergebenden Goldmarkwert des Vertragspreises zulassen, dürften sie über den Rechtsgedanken der Aufwertung hinausgehen und auf eine Korrektur der Verträge hinauslaufen, die auch mit dem richtig begrenzten Sinne des Satzes: „Pacta servanda sunt" kaum noch in Einklang gebracht werden kann. Die Anfechtung solcher Verträge auf Grund des § 119 Abs 1, 2 BGB wegen Irrtums über die Kaufkraft der Mark hat das Reichsgericht wohl mit Recht ständig abgelehnt (**RG** 111, 257; 112, 332; Warn 1926, 77, 110).

Zu bemerken ist übrigens zu der Rechtsprechung des 5. ZS in dieser Frage, daß für Kaufgeldforderungen von Grundstücken, zu deren Sicherung eine Hypothek bereits eingetragen ist, gemäß § 10 Abs 1 Nr 5, Abs 3 AufwGes die Aufwertung im Höchstbetrage beschränkt ist auf 75 v. H. des nach §§ 2ff. zu berechnenden Goldmarkbetrags, wenn die Forderung nach dem 31. 12. 08, aber vor dem 1. 1. 12, und auf 100 v. H., wenn sie nach dem 31. 12. 12, aber vor dem 1. 1. 22 begründet worden ist, während sie bei vor dem 1. 1. 08 begründeten derartigen Forderungen der Regel nach zu dem „normalen Höchstsatze", also auf 25 v. H. zu erfolgen hat. Diese Beschränkungen finden aber keine Anwendung, wenn es sich um den Anspruch auf Zahlung des Kaufpreises für ein Grundstück handelt, für den eine Hypothekbestellung zwar vertragsmäßig vereinbart, aber noch nicht eingetragen ist. Vgl. für den Rechtszustand unter der 3. StNotVO **RG** 109, 164 und Warn 1925, 48.

Der Entscheidung der Vereinigten Zivilsenate ist aber jedenfalls insofern unbedenklich beizustimmen, als sie annimmt, daß für das Maß der Aufwertung der Dollarindex, den die 3. StNotVO der Aufwertung zugrunde gelegt hatte, sich nicht als geeignet erwiesen habe, da er mit der Kaufkraft der Mark im Inlande nicht übereinstimmte. Auch der durch das Aufwertungsgesetz an seine Stelle gesetzte Umrechnungsmaßstab trägt der inneren Kaufkraft der Mark nicht hinreichend Rechnung. Der in den Reichsrichtzahlen statistisch festgestellte Lebenshaltungsindex wird für die Durchschnittsfälle den am wenigsten bedenklichen Anhaltspunkt für die Umrechnung bilden, sofern nur ein darin mitenthaltenes Moment der Teuerung auf der Warenseite ausgeschaltet wird (**RG** 109, 163; vgl. auch **RG** 108, 382; 109, 146, 158, 242; 13. 3. 25, DRZ Beil Nr 203). Auch die auf den Reichsteuerungszahlen beruhenden Zeilerschen Umwertungszahlen, welche die allgemein in Deutschland eingetretene Verarmung berücksichtigen (vgl. darüber Zeiler, Die Zeilerschen Umwertungszahlen) eignen sich als Ausgangspunkt für die nach Treu und Glauben zu bewirkende Festsetzung des Maßes der Aufwertung. Doch hat die Umrechnung nach einem solchen „Index" keineswegs die Bedeutung, daß die sich aus ihr ergebende Summe oder ein bestimmter Hundertsatz von ihr ohne weiteres den von dem Schuldner zu zahlenden Betrag darstellt; das Ergebnis kommt vielmehr nur als einer der für die Bestimmung der Leistung zu berücksichtigenden Faktoren in Betracht. Vgl. über das Maß und die Maßstäbe der Aufwertung im übrigen **RG** Warn 1926, 34; DJZ 1926, 1038; JW. 1926, 791; Zeiler, AufwFälle Nr 77, 78, 79, 80, 140, 162, 216; Warn 1926, 64. In III 129/25, 12. 3. 1926 (Warn 149) ist sogar ausgesprochen, daß es grundsätzlich verfehlt sei, für die Aufwertung zunächst von einem der verschiedenen Maßstäbe auszugehen und nur allenfalls ihn nach Maßgabe des Einzelfalls zu berichtigen; der Richter habe vielmehr stets in erster Linie von den Umständen des Einzelfalles auszugehen und diese allseitig zu beachten. Daß die Geldentwertung immerhin die wesentlichste Bedeutung behält, soll damit wohl nicht bestritten werden. — Ist eine Forderung abgetreten, so kann der Erwerbspreis — die Zessionsvaluta — zwar als ein nicht unwesentlicher Faktor bei Bemessung der Höhe der Aufwertung in Betracht gezogen werden; nicht aber ist sein nach dem Zeitpunkt der Abtretung zu berechnender Wert als Höchstbetrag der Aufwertung anzusehen; eine Beteiligung des früheren Gläubigers an dem Aufwertungsbetrage in der Art, wie sie § 17 AufwGes vorschreibt, kann für die freie Aufwertung nicht in Betracht kommen; **RG** Warn 1926, 55.

In der Rechtsprechung aus der Zeit vor der Inflationsperiode war ausgesprochen, daß der Schuldner sich für die Nichtzumutbarkeit der Leistung auf § 242 nicht berufen könne, wenn er mit der Möglichkeit des Eintritts der erschwerenden Umstände schon beim Vertragsabschluß gerechnet habe oder hätte rechnen müssen, weil sie voraussehbar waren, in solchem Falle habe er die Gefahr von Anfang an auf sich genommen (**RG** 102, 239; Warn 1918 Nr 220; LZ 1919, 1074[5]); doch war das damals schon dahin eingeschränkt worden, daß der Eintritt veränderter Umstände an sich erwartet worden sein kann, daß er sich aber alsdann in einer gar nicht voraussehbar gewesenen unmäßigen Schwere geltend gemacht haben kann (RG Warn 1921 Nr 116; JW 1922, 255[5]; LZ 1921, 652[1]); hieraus ergab sich bereits die Zulassung des Einwandes der Nichtzumutbarkeit (oder der clausula rebus sic stantibus) für die durch die in keiner Weise vorauszusehen gewesene Geldentwertung betroffenen Fälle. Auch ein „spekulativer Einschlag" des Geschäfts oder die Übernahme eines gewissen Risiko (RG 88, 177; 92, 322; 112, 335) kann nicht ohne weiteres zu der Annahme führen, daß auch das Risiko einer derartigen in keiner Weise voraussehbaren Gefahr übernommen worden sei. Vgl. darüber RG in AufwRechtspr I S. 520 u. RG 110, 251. Immerhin sind Fälle denkbar, die so liegen, daß angenommen werden muß, es sei von dem Leistungspflichtigen auch das Risiko des verlorenen Krieges und der Staatsumwälzung mit allen ihren Folgen übernommen worden, vgl. RG 106, 177; in solchem Falle würde das Verlangen nach Aufwertung der Gegenleistung ausgeschlossen sein. Bedenklich aber erscheint es, daß in RG 106, 403 der Abfindungsvergleich eines unehelichen Kindes mit seinem Erzeuger als ein gewagtes Geschäft bezeichnet und daraus hergeleitet wird, daß dem Kinde zugemutet werden müsse, den durch die unvorhergesehene Geldentwertung entstandenen Schaden als Folge des Abfindungsvergleichs zu tragen. Doch wird dem Urteile im Ergebnisse insofern zugestimmt werden müssen, als es die Aufrollung eines vor der Inflationszeit abgeschlossenen und durch Zahlung der vereinbarten Abfindungssumme erfüllten Abfindungsvertrags für unmöglich erklärt, weil ein aufzuwertender Anspruch nicht übrig geblieben sei. Übrigens läßt das Urteil selbst (auf S. 402) die Möglichkeit einer Aufwertung offen, wenn die gewährte Abfindungssumme einfach durch Kapitalisierung der gesetzlichen, bis zum 16. Lebensjahre des Kindes berechneten Rente gefunden worden ist. — Ob der Aufwertungsanspruch dadurch ausgeschlossen wird, daß der Geldschuldner, insbesondere der ausländische, sich in Erwartung der zu leistenden Zahlung bereits mit Mark eingedeckt hat, die dann bei ihm entwertet sind, hängt davon ab, ob ihm angesichts der derzeitig bestehenden Konjunktur für das Steigen oder Sinken der Mark ein Verschulden beizumessen ist: RG in JW 1925, 137[4]; RG 109, 337; 111, 381. Ausgeschlossen ist die Aufwertung ferner, wenn auf sie verzichtet oder wenn ein über sie entstandener Streit durch Vergleich erledigt ist. Ein Verzicht ist aber nicht etwa schon in der vorbehaltlosen Annahme einer nicht aufgewerteten, daher (vgl. oben) unvollständigen Leistung zu finden (RG **109** S. 112, 199, 347; **110**, 133; JW 1926, 1432[4]); auch nicht in dem Verlangen des Papiermarkbetrags zu Anfang 1923 (JW 1926, 359[3]); ob in einem nach Erlangung sicherer Kenntnis von der Unvollständigkeit der Leistung und dem Rechte auf Aufwertung fortgesetzten untätigen Verhalten, ist vorzugsweise Tatfrage (RG 110, 133); doch hat das RG in dem Urt I 398/25 v. 22. 9. 26 (AufwRechtspr Nr 369) die Auslegung des Berufungsgerichts, welches in einer einjährigen Untätigkeit des Aufwertungsberechtigten nach Bekanntwerden des Aufwertungsurteils des RG v. 6. 8. 23 (RG 106, 422) einen „Verzicht auf Aufwertungsansprüche" gefunden hatte, für auf Rechtsirrtum beruhend erklärt. Auch in einem zweijährigen Stillschweigen seit August 1922 ist kein Verzicht gefunden worden (RG Warn 1926, 128). Andererseits hat der 1. ZS, allerdings unter Hinweis auf die besonderen Umstände des Falles, ausgesprochen, es könne „angesichts der damaligen Zeitlage" dem Gläubiger mit Erfolg entgegengehalten werden, daß er von Ende Dezember 1922 bis zur Klageerhebung im September 1924 nichts unternommen habe, um seine Forderung aufrechtzuerhalten (Warn 1926, 129).*) Die Vorschrift des § 67 Abs 2 AufwGes, wonach Vergleiche über die Aufwertung, die in der Zeit vom 15. Juni 22 bis 14. Februar 24 abgeschlossen sind, der Aufwertung nicht entgegenstehen, kann bei der freien Aufwertung auch keine sinngemäße Anwendung finden (RG JW 1926, 975[1]; Warn 1926 Nr 20; VI 234/26, 26. 10. 26, AufwRechtspr 1926 Nr 382). Eine Anfechtung des Vergleichs wegen Irrtums über die Kaufkraft der Papiermark (§ 119 Abs 1, 2) ist unstatthaft, da ein solcher Irrtum weder den Inhalt der Erklärung noch verkehrswesentliche Eigenschaften der Sache betrifft, vielmehr nur ein Irrtum im Beweggrunde ist (RG JW 1926, 525; Warn 1923/24 Nr 140; 1926 Nr 20; JW 1925, 350[3]; 1926, 975[1]). Ebenso, wenn der Irrtum die künftige Gestaltung der Rechtsprechung und Gesetzgebung über die Aufwertung von Hypotheken betroffen hat (RG AufwRechtspr 1926 Nr 75). Auch ein die Unwirksamkeit des Vergleichs nach § 779 bewirkender Irrtum liegt darin nicht (RG AufwRechtspr 1927 Nr 255). — Nicht ausgeschlossen wird der Aufwertungsanspruch und auch nicht der Geldentwertungsanspruch wegen Verzugs dadurch, daß über die

---

*) Doch hat der gleiche Senat in einem andern Falle (AufwRechtspr 1927 Nr 249) in mehr grundsätzlicher Ausführung keine Verwirkung des Aufwertungsanspruchs durch ein dreijähriges Schweigen angenommen, da ein Verzicht auf ein erwachsenes Recht nicht vermutet werde, vielmehr nur anzunehmen sei, wo besondere Umstände einen Verzichtswillen erkennen lassen, was namentlich dann nicht der Fall sei, wenn erhebliche Vermögenswerte in Frage standen.

Forderung bereits ein rechtskräftiges Papiermarkurteil ergangen ist; der eingeklagte Papiermarkbetrag hat nur eine Teilforderung dargestellt (RG 109 S. 153, 195, 288, 345, 375; 110 S. 128, 147, 388, 400; 113, 55; 111, 361; Warn 1926, 7; JW 1926, 52[3], 151[2]; VI 25/25, 5. 5. 25); nach RG 109, 375 sind in dem Nachprozesse auch Einwendungen gegen den Bestand und die Höhe der Forderung (abgesehen von der Aufwertung) statthaft. Andererseits nimmt aber das RG (106, 184; 108, 38; 111, 103) an, daß durch die Einklagung des unaufgewerteten Betrags eines durch ein bestimmtes Ereignis entstandenen Schadens die Verjährung des Anspruchs auch hinsichtlich des Aufwertungbetrags, nicht dagegen hinsichtlich des Verzugsschadens, unterbrochen werde. Bei Rentenforderungen steht ein rechtskräftiges Urteil aus der Zeit vor Beginn der Geldentwertung der Aufwertung nicht entgegen (RG 2. 10. 26 V 394/396/26). — Die Geldentwertung ist nach der Rechtsprechung des Reichsgerichts aus dem Gesichtspunkte des § 242 — also durch Aufwertung — nur insoweit zu berücksichtigen, als ihr nicht aus andern Gründen, insbesondere aus dem Gesichtspunkt des Verzugsschadens, — vgl. unten zu δ, αα — Rechnung getragen werden kann; RG Warn 1926, 126; AufwRechtspr I 718; II 78. In prozessualer Beziehung ist das Reichsgericht zu einer recht weitgehenden Berücksichtigung der Aufwertung auch in Fällen gelangt, in welchen ein Einwand aus der Nichtaufwertung nicht ausdrücklich erhoben war; vgl. RG **107**, 20, 149; 108, 75; 30. 11. 23 in JW 1924, 292; ferner die Zusammenstellung in der Spruchsammlung der DJZ zur Aufwertung Teil 7 Nr 3, 4.

β) **Gegenseitige Verträge.** Bei ihnen ist der Gedanke der Aufwertung, und zwar zunächst an der Hand der clausula rebus sic stantibus und des Synallagma, zuerst erkannt und entwickelt worden, vgl. oben zu a und b; sie bilden auch jetzt noch das Hauptgebiet der freien, nach Treu und Glauben in Anwendung des § 242 erfolgenden Aufwertung, da der Gesetzgeber sein Machtwort auf sie nicht erstreckt hat; vgl. oben zu c. Hatte noch in dem Urt v. 21. 9. 20 (RG 100, 130) der 3. ZS ausgesprochen, daß eine Aufrechterhaltung gegenseitiger Verträge unter Erhöhung der Geldleistung nur stattfinden könne, wenn beide Parteien mit der Fortsetzung des Vertrags einverstanden seien, so geht seit dem Urt des 2. ZS in RG 103, 329 die ständige Rechtsprechung des Reichsgerichts dahin, daß der Sachschuldner (Verkäufer), bevor er wegen erheblicher Verschiebung des Wertverhältnisses zwischen Leistung und Gegenleistung vom Vertrage zurücktritt oder ihn kündigt, den Sachgläubiger zur Erhöhung der Geldleistung aufzufordern hat und nur frei wird, wenn dieser die Aufwertung endgültig verweigert: RG 106, 13; 107, 153, 182; 16. 4. 24, JW 1425, und diese Rechtsprechung ist bestätigt worden in den Gründen der Entscheidung der Vereinigten Zivilsenate v. 31. 3. 25, RG 110, 376/77. Folgerichtig muß aber auch dem Sachschuldner (Verkäufer) bei vorhandenem Interesse das Recht zugestanden werden, von dem Käufer die Entgegennahme der Leistung und die Zahlung des aufgewerteten Kaufpreises zu verlangen. Während ferner noch in dem eben genannten Urteile des 2. ZS der Rücktritt aus dem Gesichtspunkte der clausula als ohne weiteres berechtigt erklärt wird, sofern zur Zeit der Weigerung objektiv ein die Aufwertung rechtfertigendes Mißverhältnis bestanden hat — ebenso anscheinend noch IV 642/24 v. 6. 4. 25, DRZ 1925 Beil Nr 269 —, hat sich seitdem die Rechtsprechung wohl aller in Betracht kommenden Senate — die des zweiten unter ausdrücklicher Aufgabe seines in dem genannten Urteile vertretenen Standpunktes, vgl. JW 1926, 157[9] — dahin entwickelt, daß der Rücktritt des Verkäufers nur gerechtfertigt ist, wenn die Weigerung des Käufers, den vereinbarten Kaufpreis aufzuwerten, sich als eine positive Vertragsverletzung darstellt, die auf Grund der nach der Rechtsprechung des Reichsgerichts auf solche Vertragsverletzungen entsprechend anwendbaren Vorschrift des § 326 BGB — vgl. § 325 A 4 — den andern Teil zum Rücktritte berechtigt; und daß eine solche Vertragsverletzung, da sie ein Verschulden voraussetzt, auch wenn der Aufwertungsanspruch zur Zeit der Verweigerung nach der späteren Rechtsanschauung objektiv begründet war, nicht vorliegt, wenn die Verweigerung der Aufwertung zu einer Zeit erfolgt ist, als diese Rechtsanschauung sich noch nicht durchgesetzt hatte, sondern von dem später als irrig erkannten Grundsatze: „Mark = Mark" im Verkehr und in der Rechtsprechung ausgegangen wurde. Dementsprechend sind für unberechtigt erklärt worden Rücktrittserklärungen, die abgegeben worden waren auf Grund von Verweigerungen der Aufwertung in den Jahren 1919/20 (Warn 1926, 26); im Jahre 1921 und in den ersten Monaten 1922 (RG 111, 157); am 23. 8. 21 (Warn 1926, 101), im September 1922 (Warn 1926, 79); aber auch noch im Januar 1923 (JW 1926, 156[8]) und im Sommer 1923 (DRZ 1925 Beil Nr 271), weil damals zwar bereits anerkannt gewesen sei, daß bei Ablehnung der Aufwertung der Sachschuldner frei werde, aber noch nicht daß dies auch im Falle des Verzugs des Sachschuldners gelte, vgl. unten. Zugleich ist mehrfach hervorgehoben worden, daß im Interesse der Aufrechterhaltung der Verträge und mit Rücksicht auf die unsichere Rechtslage während der Inflationszeit eine nachsichtige Behandlung geboten sei hinsichtlich solcher Erklärungen des Geldschuldners, die noch keine endgültige Verweigerung der Aufwertung enthielten, sondern bestimmt waren, den Sachschuldner hinzuhalten oder zu vertrösten: V 228/1925, 14. 12. 25 (AufwRechtspr

1926, 160); V 407/25, 3. 5. 26 (Warn 130); V 354/25, 24. 3. 26 (Warn 178), eine allerdings recht weitgehende Berücksichtigung der Belange des Geldschuldners gegenüber dem eine endgültige Erklärung erfordernden Interesse des Sachschuldners. Die Aufforderung erübrigt sich aber, wenn der Geldschuldner die Aufwertung bereits vorher ernstlich und endgültig verweigert hat. Darüber, in welchen Fällen eine derartige Weigerung als erfolgt anzusehen sei, besteht eine ins Einzelne gehende reichhaltige Rechtsprechung des Reichsgerichts; vgl. die Zusammenstellung in der 39. Spruchsammlung der DJZ 1925 zur Aufwertung Teil II Nr 18—28. Hat in der Zeit vorgeschrittener Inflation der Käufer sich geweigert, aufzuwerten, und der Verkäufer, ohne Aufwertung zu liefern, so trifft keine Partei ein Verschulden; daher ist auch ein Anspruch auf Schadensersatz wegen Nichterfüllung (§ 326) nicht begründet: RG JW 1926, 539[2]. Andererseits ist ausgesprochen, daß das Recht des Sachschuldners, wegen **Veränderung anderer Umstände als des Geldwertes,** insbesondere solcher, die auf der Warenseite eingetreten sind: echte Teuerung, erschwerte Beschaffung der Ware, auf Grund des clausula rebus sic stantibus sich vom Vertrage loszusagen, durch die für die Aufwertung von der Rechtsprechung entwickelten Rechtsgrundsätze nicht ausgeschlossen werde (VI 496/24, 27. 3. 25; DRZ Beil Nr 267). — Streitig war längere Zeit, ob das Recht des Sachschuldners, die Lieferung ohne Aufwertung des Kaufpreises zu verweigern, dadurch unbedingt ausgeschlossen werde, daß und für solange als er sich im **Lieferungsverzuge** befunden habe; diese früher nach allgemeiner Rechtsanschauung bejahte Frage ist zum ersten Male durch das Urteil des Feriensenats v. 6. 8. 23 (RG 106, 425) unter Hinweis auf § 287 BGB verneinend entschieden, soweit nicht der Geldschuldner durch den Verzug Schaden erlitten habe, was nicht in allen Fällen anzunehmen sei, z. B. nicht, wenn er das Geld in der Zwischenzeit in Sachwerten angelegt und dadurch der Entwertung entzogen habe; diese Auffassung ist seitdem vom Reichsgericht ständig festgehalten worden: RG 107 S. 22, 127, 149, 160; 109 S. 98, 222; 29. 1. 24 (Recht Nr 332); 6. 2. 24 (Recht Nr 604). Doch dürfte es zu weit gehen, wenn in RG 109, 222 dem Geldschuldner der Beweis auferlegt wird, daß er durch das Unterbleiben der Aufwertung nicht ungerechtfertigt bereichert werden würde. Noch weniger gerechtfertigt dürfte es sein, wenn in RG 109, 99 das Bestehen eines „adäquaten Zusammenhangs" zwischen dem Lieferungsverzuge des Sachschuldners und dem für den Geldschuldner entstehenden Schaden überhaupt verneint werden zu sollen scheint. — Ist ein Kauf oder Lieferungsvertrag von seiten des Sachschuldners erfüllt worden zu einer Zeit, als die Geldentwertung noch nicht begonnen oder noch nicht ihr volles Maß erreicht hatte, so ist bei der Aufwertung der noch ausstehenden Leistung des Geldschuldners in Betracht zu ziehen, ob und in welchem Maße diesem der Sachwert erhalten geblieben ist, ohne durch die Geldentwertung berührt zu sein. Ist andererseits die Geldleistung zu einer Zeit gemacht, als sie noch als ein in Betracht kommendes Entgelt für die noch ausstehende Gegenleistung gelten konnte, so kann der Sachschuldner aus einer seitdem eingetretenen Geldentwertung keinen Anspruch auf Erhöhung durch Nachzahlung machen, und zwar auch dann nicht, wenn es ihm nicht gelungen ist, das erhaltene Geld vor dem Währungsverfalle zu schützen. Vgl. die ständige Rechtsprechung des Reichsgerichts: RG 108, 156; Warn 1925 Nr 51; 1926 Nr 24 und die dort angeführten weiteren Entscheidungen; ferner Warn 1926 Nr 24.

Eine bedeutsame Ergänzung der Aufwertungsgrundsätze bei gegenseitigen Verträgen enthalten die Entscheidungen des Reichsgerichts über die Ausgleichung der vertraglich übernommenen, aber auch schon kraft Gesetzes (§ 439 Abs 2 BGB) dem Verkäufer obliegenden Verpflichtung zur Beseitigung der auf dem Grundstück lastenden Hypotheken zwischen dem Veräußerer und dem Erwerber, die dahin gehen, daß der Erwerber einen angemessenen Beitrag zu der von dem Veräußerer für die Beseitigung aufzuwendenden Summe zu leisten hat, falls infolge der Geldentwertung und der Gesetzgebung über die Aufwertung der Hypotheken ein unbilliges Mißverhältnis zwischen Leistung und Gegenleistung aus dem Grundstücksvertrage eingetreten ist, und daß der Veräußerer zum Rücktritte vom Vertrage berechtigt ist, falls der Erwerber die Leistung eines solchen Beitrags verweigert (RG 112, 329 und Warn 1926 Nr 74, 132; AufwRechtspr 1927 Nr. 2). Das soll nicht gelten, wenn dem Geschäfte ein „spekulativer Einschlag" (vgl. oben) innewohnt in dem Sinne, daß der Veräußerer bereits mit der Aufgabe des Satzes „Mark gleich Mark" gerechnet hat.

Ist der Sachschuldner kraft des Vertrags zur **Vorleistung** verpflichtet, so kann er dazu verurteilt werden, ohne daß zugleich über die Aufwertung des Kaufpreises entschieden wird, es sei denn, daß Anlaß zu der Befürchtung besteht, der Geldschuldner werde sich der Verpflichtung zur Aufwertung entziehen (vgl. § 321 A 2; RG 112, 148). In letzterem Falle ist in dem Urteile auch über die Höhe der Aufwertung der Geldleistung zu entscheiden (RG 112, 197). Ausgeschlossen ist durch positive Gesetzesbestimmung (§ 65 AufwGes) die Aufwertung von Ansprüchen auch aus gegenseitigen Verträgen mit Ausnahme der daselbst in § 63 Abs 2 genannten, wenn sie sich als Ansprüche aus einem Kontokorrent oder einer laufenden Rechnung darstellen. Über die begrifflichen Erfordernisse des Kontokorrents und der laufenden Rechnung vgl. RG Warn 1926 Nr 2, 27. Im übrigen vgl. über die mit der Aufwertung zusammenhängenden besonderen Fragen bei den einzelnen gegenseitigen Verträgen die Erläuterungen zu den sie betreffenden Paragraphen, insbesondere: für Kaufverträge zu § 433, für Miet- und Pachtverträge zu § 535, § 581; Dienstverträge zu § 611, Werkverträge zu § 631, Gesellschaftsverträge zu § 705.

γ. **Andere Schuldverhältnisse.** Der zuerst in dem Urt des 5. ZS v. 28. 11. 23 (vgl. oben zu b) ausgesprochene Satz, daß eine Aufwertung auch bei Geldforderungen Platz zu greifen habe, die nicht auf gegenseitigen Verträgen beruhen, ist seitdem in der Rechtsprechung des Reichsgerichts festgehalten worden. Vgl. namentlich RG 107, 148; ferner im Recht 1924 Nr 1460; Warn 1923/24 Nr 138, 141; JW 1924, 1975; Warn 1925 Nr 6. Gerade auf diesem Gebiete aber hat die Aufwertungsgesetzgebung eingegriffen, da sie in der Hauptsache Vermögensanlagen, also einseitige Hingabe von Geld, zum Gegenstande hatte (vgl. oben zu c). Das typische Geschäft für solche ist das Darlehen, das in aller Regel eine Vermögensanlage darstellt. Doch ist dieses Vermögensanlage nur dann, wenn es mindestens auch im Interesse des Darlehensgebers gegeben wird. Bloße Gefälligkeitsdarlehen fallen daher nicht unter die Beschränkungen des Aufwertungsgesetzes. Ob ein solches vorliegt, ist vorzugsweise Sache der Würdigung des Einzelfalles; Vereinbarung einer Verzinsung ist dafür nicht unbedingt entscheidend. Vgl. KG in AufwRechtspr 1 S 63; Hamburg (ebenda 553); Breslau (ebenda 26); Düsseldorf (ebenda 153); München (ebenda 2, 37); RG Warn 1926 Nr 94; JW 1926, 149[4]. Auch ein partiarisches Darlehen ist als Beteiligungsverhältnis (§ 63 Abs 2 Nr 1) unbeschränkt aufwertbar (Dresden in AufwRechtspr 1, 111). Vgl. im übrigen über die Aufwertung beim Darlehen zu § 607.

Bei selbständigen (abstrakten) Schuldversprechen und Schuldanerkenntnissen (§§ 780, 781), insbesondere für den Wechsel und den Scheck, erklärt das Reichsgericht eine Aufwertung für grundsätzlich ausgeschlossen (RG 110, 40 und DJZ 1926, 1103; Warn 1926 Nr 134); gegen diese Auffassung sind im Schrifttum (vgl. unter anderem Michaelis, Scheckgesetz zu § 17 A 24) nicht von der Hand zu weisende Bedenken erhoben worden. Die Aufwertung der Reichsbanknoten war aber nicht nur wegen ihrer Eigenschaft als abstraktes Schuldversprechen (vgl. RG Warn 1926 Nr 134), sondern wegen ihrer durch das noch in Geltung befindliche Ges v. 4. 8. 14 (vgl. § 244 A 1c) geschaffenen Uneinlöslichkeit schon vor dem BankG v. 30. 8. 24 (vgl. § 244 A 1c) jedenfalls „bis auf weiteres" ausgeschlossen und ist durch das genannte Bankgesetz, dessen Rechtsgültigkeit von den Interessenten wohl zu Unrecht bestritten wird, endgültig unmöglich gemacht worden. Diese Grundsätze sind auch für die Einlösung der Marknoten der Privatnotenbanken als maßgebend erklärt in RG 25. 11. 26 IV 370/26. — Über die Aufwertung bei Verwahrungsverträgen, insbesondere dem depositum irregulare, vgl. zu § 700. Auch Geldansprüche gegen den Staat, die auf öffentlich-rechtlichen Verhältnissen beruhen, unterliegen grundsätzlich, jedoch nicht ohne Einschränkungen, der Aufwertung; so der Anspruch auf rückständige Pensionsbezüge (RG 109, 127/128; Warn 1926 Nr 4; vgl. aber über die Zulässigkeit des Rechtswegs RG 111, 366); ferner der Anspruch auf Auszahlung des an die Stelle im Strafverfahren beschlagnahmter Gegenstände getretenen Erlöses im Falle der Freisprechung (RG 113, 19). Vgl. aber über die Aufwertung von Sicherheiten, die auf Grund der Preußischen Hinterlegungsordnung erfolgt sind, RG 112, 222. Für ausgeschlossen erklärt das Reichsgericht auch die Ausgleichung der bei Beamtenbezügen bis zur Fälligkeit eingetretenen Geldentwertung durch die Gerichte; das sei lediglich Aufgabe der Besoldungsgesetzgebung (RG 113, 81). — Unterhaltsrentenverträge sowohl auf dem Gebiete des Familien- wie auf dem des Haftpflichtrechts sind wiederholt mit regelmäßiger Billigung des Reichsgerichts in dem Sinne ausgelegt, daß dadurch dem Unterhaltsberechtigten eine Rente gewährt werden sollte, die ihm einen wenigstens annähernd ausreichenden Unterhalt gewähre, und es ist mit dieser Begründung die Erhöhung der Rente schon gerechtfertigt worden, bevor der Aufwertungsgedanke durchgedrungen war (vgl. RG 106, 233; Warn 1921 Nr 99; 1923 Nr 36; 1924 Nr 3; RG 108, 294; 110, 100). Anders soll nach dem Urt v. 9. 7. 26 II 179/26 (Warn 1926 Nr 147) die Sache liegen, wenn in den Vertrag eine Klausel aufgenommen ist, wonach der Rentenbetrag unter allen Umständen unverändert bleiben soll. Doch hätte in solchem Falle für die Frage der Aufwertung geprüft werden müssen, ob dadurch wirklich der Rentenberechtigte auch die Gefahr der nicht vorhersehbaren Geldentwertung übernommen habe.

Der in § 242 BGB zum Ausdruck gekommene Grundsatz von Treu und Glauben beherrscht aber auch die erbrechtlichen Schuldverhältnisse und es entspricht diesem Grundsatze sowie dem Gedanken der möglichsten Erfüllung der Absichten des Erblassers, daß der in einer letztwilligen Anordnung bestimmte Übernahmepreis für die Übernahme eines Grundstücks durch einen Miterben in angemessener Weise unter Berücksichtigung auch der gegenwärtigen wirtschaftlichen Lage des Übernahmeberechtigten aufgewertet wird (RG 108, 88; Warn 1926 Nr 6). Auch die Anfechtung der Bestimmungen einer letztwilligen Verfügung aus Anlaß der Geldentwertung auf Grund des § 2078 Abs 2 BGB ist vom Reichsgericht für zulässig erklärt, sofern ein ursächlicher Zusammenhang besteht zwischen dem irrtümlichen Glauben des Erblassers an den Fortbestand der Währungsverhältnisse einerseits und dem Inhalte der letztwilligen Verfügung andererseits, dergestalt, daß der Erblasser bei Voraussicht der Geldentwertung anders verfügt haben würde (RG 106, 395; LZ 1923, 603[6]; Warn 1926 Nr 187). An Stelle der Anfechtung ist aber der Aufwertungsanspruch gegeben, wenn der Erblasser bei der Verteilung des Nachlasses das Verhältnis der Zuwendungen an den Vermächtnisnehmer und die Erben zugrunde gelegt hat und davon ausgegangen ist, daß dieses Verhältnis in Zukunft gewahrt bleiben solle (RG 108, 85; JW 1925, 359[12]; Warn 1926 Nr 187). Vereinbarungen, durch welche ein erbrechtlicher Anspruch in ein Darlehen umgewandelt oder ein erbrechtliches Verhältnis vergleichsweise geregelt ist, sind, auch wenn sie wirtschaftlich eine Vermögensanlage darstellen, unbeschränkt nach allgemeinen Vorschriften aufwertbar, da sie auf den Beziehungen aus der Auseinandersetzung unter den an der Erbschaft Beteiligten „beruhen" (§ 63 Abs 2 Nr 2 AufwGes, vgl. oben zu c; RG Warn 1926 Nr 53; AufwRechtspr 1 S. 259; Dresden ebenda S. 605).

δ. **Uneigentliche Aufwertungsfälle.** Von der eigentlichen Aufwertung zu unterscheiden sind diejenigen Fälle, in welchen bei Bestimmung der Höhe von Geldleistungen, die den Zweck haben, Ersatz zu bieten für eine eingetretene Vermögensverminderung, die Berücksichtigung der eingetretenen Geldentwertung sich erforderlich macht, damit dieser Zweck erreicht werde. Eine solche Berücksichtigung ist namentlich dann erforderlich, wenn der zu erzielenden Ausgleichung der Wert der Vermögensbestandteile, auf welche sich die eingetretene Wertverminderung bezieht, zu einem bestimmten, in der Vergangenheit liegenden Zeitpunkte zugrunde zu legen ist. In solchem Falle wird der zu leistende Betrag durch eine nach diesem Zeitpunkte eintretende Veränderung des Werts dieser Vermögensbestandteile selbst nicht berührt, wohl aber durch die eingetretene Änderung des Wertes des Wertmessers, in welchem ihr Wert ausgedrückt ist, nämlich des Geldes, um die es sich hier handelt. Solche Fälle sind:

αα. Ansprüche auf **Schadensersatz,** durch welche nach § 249 BGB der Zustand hergestellt werden soll, der bestehen würde, wenn das schädigende Ereignis nicht eingetreten wäre, sofern entweder der Schaden von vornherein in Geld besteht oder an Stelle der in erster Linie geschuldeten anderweiten Naturalrestitution eine Ersatzleistung in Geld zu treten hat (vgl. § 251 und A 1, 2 dazu). Die Herstellungspflicht aus § 249 umfaßt ohne weiteres und schon begrifflich auch den Geldentwertungsschaden (RG 109, 62). In dem über einen solchen Anspruch entscheidenden Urteile ist der Bestimmung der Höhe des Schadens der Zeitpunkt der letzten mündlichen Verhandlung zugrunde zu legen, vorbehaltlich der Geltendmachung weiterer Erhöhungsansprüche bis zur wirklichen Zahlung, falls nicht in dem Urteile selbst schon der zu zahlende Betrag wertbeständig bestimmt worden ist (RG 108, 396). Daß der Zeitpunkt des schädigenden Eingriffes oder der Klagerhebung nicht maßgebend sein kann, hat das Reichsgericht in einer großen Anzahl von Urteilen ausgesprochen; so schon in RG 98, 55 für Bergbauschäden; ferner in 101, 418; 102, 383; 105, 117; 105, 151; 106, 184 für Beschädigung von Sachen; Warn 1924 Nr 181 für Schadensersatzansprüche wegen Rücktritts vom Verlöbnisse; ebenda Nr 114 für immateriellen Schaden. Wegen der Schadensersatzansprüche im Eisenbahnfrachtrecht vgl. unten zu ββ. — Die Schadensberechnung bei Lieferungsverträgen wegen Nichtlieferung darf aber nicht in der Weise vorgenommen werden, daß der Papiermarkbetrag des Vertragspreises ohne weiteres mit dem Papiermarkbetrage des Marktpreises am Stichtage (bei abstrakter Schadensberechnung) oder mit dem Eindeckungspreise (bei konkreter Schadensberechnung) verglichen wird, obwohl inzwischen die Geldentwertung in solcher Weise fortgeschritten ist, daß die Mark in dem früheren Zeitpunkte nach jetziger Rechtsanschauung der Mark in dem späteren Zeitpunkte nicht mehr gleichgestellt werden kann und deshalb Lieferung nur zu dem aufgewerteten Vertragspreise hätte verlangt werden können; in solchen Fällen ist ein Schaden nur entstanden, wenn und insoweit der Marktpreis bzw. Eindeckungspreis den nach den dafür maßgebenden Grundsätzen aufgewerteten Vertragspreis überstiegen hat (RG 2. 7. 25 II 339/24, Warn 1925 Nr 194; RG 112, 324; 23. 1. 26 I 210/25, Warn 1926 Nr 64; anders anscheinend RG 111, 343).

Auch der Verzugsschaden (§ 286 BGB) kann darin bestehen, daß infolge der Säumnis des Geldschuldners mit der Zahlung der in Papiermark ausgedrückte Geldbetrag entwertet ist (RG 107, 212). Soweit freilich nach Aufwertungsgrundsätzen Aufwertung, und zwar von Rechts wegen, eingetreten ist, sollte man annehmen, daß ein Schaden durch den Verzug nicht entstanden sei; eine Annahme jedoch, die nicht in Einklang steht mit der Auffassung des Reichsgerichts über die Subsidiarität der Aufwertung (vgl. oben zu α am Schlusse).

Beim Verzugsschaden sind — anders wie bei der reinen Aufwertung — nicht die gesamten Verhältnisse und Interessen des Gläubigers und des Schuldners in Betracht zu ziehen, einschließlich des Verarmungsfaktors (vgl. oben zu α Abs 2), sondern es ist die Geldentwertung grundsätzlich voll auszugleichen und lediglich zu fragen, welchen Wert der Gläubiger bei rechtzeitiger Zahlung sich zu erhalten in der Lage gewesen wäre (RG 110, 52; 111, 366 und Warn 1926 Nr 4, 8; RG 103, 107; AufwRechtspr 1927 S. 77). Dieser Gesichtspunkt wird aber in der Regel auch hier nicht zu einer Erhöhung bis zum vollen Goldmarkbetrage führen, da eine Vermutung dafür spricht, daß wenigstens der deutsche Gläubiger, und zwar auch im Großhandel, das Geld nicht vollständig vor Entwertung hätte schützen können (RG 108 S. 122 u. 381; 110, 40; Warn 1926 Nr 10; AufwRechtspr 1927 S. 77; vgl. oben zu α). Doch muß dem Gläubiger der Beweis offengehalten werden, daß er das Geld sofort in Sachwerten oder in wertbeständiger Währung angelegt haben würde, wofür als hinreichend anzusehen ist, daß er nach der Art seines Geschäftsbetriebes in der Regel so verfährt (RG 107, 284; ähnlich 107, 213). Für den Fall des Gläubigerwechsels vgl. aber RG 107, 188; für den Fall des Speditions- und Frachtvertrags RG 109, 21. Bei ausländischen Gläubigern hat das Reichsgericht in zahlreichen Fällen die Vermutung sofortiger Anlage in ihrer heimischen Währung für begründet erklärt (RG Warn 1925 Nr 10 und die dort angeführten weiteren Urteile); ebenso früher auch bei deutschen Warenimporteuren und -Exporteuren (RG JW 1924, 672[5]; LZ 1924, 416[6]); überhaupt ist ausgesprochen, es sei bei bereits fortgeschrittener Geldentwertung anzunehmen, daß im geschäftlichen Verkehr stehende Personen ihr wenigstens teilweise zu begegnen gewußt hätten (RG Warn 1924 Nr 176). Entgegen dieser Auffassung hat das Reichsgericht später erklärt, die Annahme, daß der deutsche Kaufmann, da er sein Geld in Waren anlegen konnte, im allgemeinen die Substanz seines Vermögens sich erhalten habe, sei längst als irrig erkannt (RG JW 1926, 1323[3]). Weitere Fälle, in denen die Annahme der Erhaltung des Geldwertes nicht ohne weiteres als gerechtfertigt erachtet wurde: RG 12. 12. 23, Recht 1924, 221; RG 107, 189; 111, 345. Unter diesen Umständen wird man nicht gut mit RG 29. 9. 26 V 533/25 (AufwRechtspr 2 S. 77) sagen können, daß die Beweislast grundsätzlich den Beklagten (Schuldner) treffe. — Ersatz des während des Verzugs infolge Geldentwertung eingetretenen Schadens kann nicht beansprucht werden für einen Zeitraum, in welchem die Geldentwertung noch keine so erhebliche gewesen ist, daß eine Aufwertung im eigentlichen Sinne Platz zu greifen hätte (RG 1. 6. 26 II 443/25, Warn 1926 Nr 175). — Auch bei Schadensersatzforderungen, die auf einem öffentlichen Rechtsverhältnisse beruhen, wie die Entschädigung wegen unschuldig erlittener Untersuchungshaft, ist der zu leistende Betrag nach Maßgabe der oben dargelegten Grundsätze zu bestimmen (RG Warn 1925 Nr 78). Für den Schadensersatz wegen Nichterfüllung einer in ausländischer Währung ausgedrückten Geldschuld (§§ 325, 326) hat das Reichsgericht aus der Differenztheorie (vgl. § 325 A 1) für die Berücksichtigung der Geldentwertung besondere, nicht ohne weiteres einleuchtende Folgerungen gezogen (RG 102, 61). — Vorauszahlungen auf Schadensersatzansprüche (Unfallrenten) sind nicht zum bloßen Papiermarkbetrage, sondern unter entsprechender Aufwertung in Abzug zu bringen (RG 108, 395). — Die Verjährung des Anspruchs auf Aufwertung beginnt bei Schadensersatzforderungen nicht früher als mit dem endgültigen Eintritt des Verfalls der deutschen Währung (Frühjahr 1922), da dieses Ereignis eine von niemandem voraussehbare und deshalb neue Schadensfolge (vgl. § 852 A 4) darstellt (RG JW 1924, 1434). Nach RG 111, 147 und JW 1926 S. 153[3], 154[4, 5] muß aber der Beginn noch später gesetzt werden, nämlich erst in den Anfang des Jahres 1923, da eine früher angestellte Klage nicht zum Erfolge geführt haben würde (vgl. auch RG JW 1926, 975[2]). Ebenso RG 19. 11. 26 IV 211/26. — Wie für die eigentliche Aufwertung, so gilt auch für Schadensersatzansprüche der Satz, daß eine rechtskräftige Entscheidung über den allein eingeklagten Papiermarkbetrag der nachträglichen Geltendmachung des Geldentwertungsschadens nicht entgegensteht (vgl. die oben zu α angeführten Urteile).

ββ. **Ansprüche auf Wertersatz.** Bei ihnen ist nicht, wie bei eigentlichen Schadensersatzansprüchen, die volle Vermögenseinbuße, sondern nur der Wert (gemeine Wert) zu ersetzen, den eine Sache zu einer bestimmten Zeit gehabt hat. Für die Enteignungsentschädigung (§ 8 PrEnteignG) hat das Reichsgericht (RG 107, 228) Grundsätze ausgesprochen, welche eine Berücksichtigung der nach dem für die Wertfeststellung maßgebenden Zeitpunkte der Zustellung des Entschädigungsfeststellungsbeschlusses eingetretenen Geldentwertung zulassen (ebenso RG 109, 261; Warn 1924 Nr 83, 112, 113; 1925 Nr 8; 28. 9. 26 VI 162/26, wo ausgesprochen ist, daß namentlich maßgebend sein muß, wie der Enteignete das Kapital, das ihm zufließt, anzulegen in der Lage ist). — Bei Schadensersatzansprüchen im Eisenbahnfrachtverkehr ist nach § 88 EisenbVerkO und Art 34 BernFrachtÜb nur der gemeine Handelswert der Ware im Zeitpunkte der Annahme zur Beförderung zu ersetzen; sie sind daher in Wirklichkeit nur Wertersatzansprüche. Doch ist auch bei ihnen sowohl für den Ersatz eines infolge Verzuges mit der Zahlung eingetretenen Geldentwertungsschadens, wie auch, aber nur hilfsweise (vgl. oben), für die eigentliche Aufwertung Raum (RG 109, S. 20, 61; 110, 37; Warn 1926 Nr 34). Auch die für die Haftung der Bahn (bei Verlust von Kostbarkeiten) durch Tarife festgesetzten Höchstbeträge sind der Aufwertung zugänglich (RG 112, 88). Auch Entschädigungsforderungen auf Grund des Branntweinmonopolgesetzes (§§ 199, 228ff.) unterliegen einer solchen Aufwertung; ebenso die Übernahmepreise für die den Brennern gesetzlich vorgeschriebenen Ablieferungen von Branntwein (RG 113, 333). — Bei dem Anspruche des Beauftragten und Geschäftsführers ohne Auftrag auf Erstattung ihrer Auslagen (§§ 670, 683) wird die Berücksichtigung der Geldentwertung vom Reichsgericht gleichfalls von den Gesichtspunkten der Aufwertung und des Verzugs behandelt (RG 107, 148; DJZ 1925, 187; Warn 1924 Nr 70). Bei in ausländischer Währung gemachten Aufwendungen wird auch der Erstattungsanspruch als in ausländischer Währung entstanden angesehen (RG JW 1924 S. 1590[1] u. 1593[9]; RG 109, 85). Auch für Ansprüche von Miterben untereinander und des Erben gegen den Pflichtteilsberechtigten auf Anrechnung von Zuwendungen (§§ 2055, 2315) ist zwar der Sachwert zur Zeit der Zuwendung maßgebend, aber der ihm entsprechende Geldbetrag nach der Kaufkraft der Mark zur Zeit der Auseinandersetzung bzw. Anrechnung zu bestimmen (RG 108, 340). Im Falle des § 244 BGB und des Art 37 WO ist für die Umrechnung nicht der Tag der Fälligkeit, sondern der der wirklichen Zahlung maßgebend (vgl. § 244 A 3). Bei der dem Akzeptanten durch Art 40 WO gestatteten Hinterlegung der in ausländischer Währung bestimmten Wechselsumme hat nach RG 108, 337 eine doppelte Umrechnung stattzufinden.

γγ. **Ansprüche aus ungerechtfertigter Bereicherung.** Auch die Höhe des Bereicherungsanspruches bemißt sich nach dem Zwecke der Ausgleichung der dem Bereicherungsgläubiger entstandenen Vermögenseinbuße, aber unter Beschränkung auf die dem Bereicherungsschuldner entstandene Vermögensvermehrung. Maßgebend in beiden Richtungen muß der Tag sein, an dem die Ausgleichung der Bereicherung stattfindet. Zu erstatten ist deshalb nicht unbedingt der volle Goldmarkwert des Empfangenen, sondern nur so viel davon, als in dem Vermögen des Bereicherungsschuldners ungeachtet der Geldentwertung erhalten geblieben ist (§ 818 Abs 3), unter Beachtung des Erfahrungssatzes, daß innerhalb des erlaubten und ordnungsmäßigen wirtschaftlichen Handelns ein in Mark empfangenes Kapital in der Regel nicht auf der vollen Höhe durch die Inflationszeit hindurch erhalten werden konnte. Die Rückforderungsmöglichkeit liegt aber in dem Umfange vor, in welchem ein Betrag, der so verwendet oder angelegt ist, wie dies in kaufmännischen Geschäften zu geschehen pflegt, also ohne besondere Glücksfälle oder Spekulationsgewinne, sich durch die Geldentwertung dem Papiermarknennbetrage nach bis zur Zeit der Ausgleichung vergrößert d. h. in Wirklichkeit nur wertbeständig erhalten hat (RG 108 S. 120, 281; 114, 343; Warn 1926 Nr 28; AufwRechtspr 1927 Nr. 16); ebenso ist bei Rückforderung von Grundstückskaufpreisen, wenn der Verkäufer das empfangene Geld zum Ankauf anderer Grundstücke oder auch zur Bestreitung notwendiger Lebensbedürfnisse verwendet hat, zu prüfen, ob er sich dadurch nicht den Wert des Empfangenen nach Maßgabe der inländischen Kaufkraft erhalten hat (RG 8. 4. 25 V 340/24, JW 1926, 790[5]). Unter der gleichen Voraussetzung und in gleichem Umfange kann gegenüber einem Anspruch auf Herausgabe einer Sachleistung, z. B. eines Grundstücks wegen Nichtigkeit des Kaufvertrags, Zug um Zug gegen diese die Erstattung der Geldleistung in erhöhtem Nennbetrage verlangt werden (RG 107, 180; 108, 112). Auch der Anspruch auf Erstattung zuviel bezahlter Steuern ist ein Bereicherungsanspruch (RG 76, 275; vgl. Vorbem 2 vor § 812) und würde daher an sich in diesem Sinne aufzuwerten sein, soweit sich das Vorhandensein im Vermögen des Fiskus noch feststellen läßt (vgl. RG 72, 153). Doch sind durch den Gesetzgeber Beschränkungen dieser Rückforderungen angeordnet; vgl. die VO des Reichspräsidenten über Steueraufwertung v. 11. 10. 23 (RGBl I, 939) § 16 und für Preußen die LandesaufwertungsVO v. 7. 11. 23 (GS 501) §§ 1 Abs 2, 8 und v. 18. 1. 24 (GS 43), gegen deren Rechtsgültigkeit Bedenken nicht bestehen (RG 109, 264); ferner für Reichssteuern §§ 8, 17 der genannten VO des Reichspräsidenten.

c) Die seit Mitte November 1923 plötzlich eingetretene **Stabilisierung der Mark** und die seitdem erfolgte Ordnung und Befestigung der Währungsverhältnisse in Deutschland hat, wie das Reichsgericht wiederholt ausgesprochen hat (Warn 1926 Nr 20; DJZ 1926 Sp 745; AufwRechtspr 1926 Nr. 358; RG 115, 88) keine so einschneidende Umwälzung der wirtschaftlichen Verhältnisse zur Folge gehabt, daß dadurch ein Abgehen von Verträgen, die während der Inflationsperiode unter Zugrundelegung eines damals als wertbeständig angesehenen Wertmessers (Dollar, Roggen, Öl, sonstiger Index) abgeschlossen worden sind, auf Grund der clausula rebus sic stantibus oder eine ziffermäßige Erhöhung der Geldleistung (Aufwertung) nach § 242 gerechtfertigt werden könnte.

6. Zu beweisen hat eine Verkehrssitte, wer sich auf sie beruft (RG 25. 10. 02 V 233/02). Eines Beweises bedarf es aber nicht, wenn der Richter von dem Bestehen der Verkehrssitte Kenntnis hat. Vgl. weiter über die rechtliche Natur der Verkehrssitte § 157 A 1 Abs 5.

§ 243

Wer eine nur der Gattung nach bestimmte Sache schuldet[1]), hat eine Sache von mittlerer Art und Güte zu leisten[2]).

Hat der Schuldner das zur Leistung einer solchen Sache seinerseits Erforderliche getan, so beschränkt sich das Schuldverhältnis auf diese Sache[3])[4]).

E I 213 II 207; M 10; P 285.

1. **Gattungsschuld.** Falls Gegenstand der Leistung eine Sache (körperliche Sache § 90 A 2), ist zu unterscheiden: entweder wird eine bestimmte Sache, mithin gerade diese und nur diese geschuldet, oder es ist der zu leistende Gegenstand nicht an und für sich, sondern „nur der Gattung nach" bestimmt. Im ersteren Falle handelt es sich um eine Speziesschuld, im andern um eine Gattungsschuld. Der § 243 gibt hinsichtlich der letzteren nur zwei Sonderbestimmungen (unten A 2, 3). Es besteht aber noch eine Reihe anderer wichtiger Eigentümlichkeiten, insbesondere infolge des Grundsatzes genus non perit, und auf sie ist hier besonders hinzuweisen: **a)** Für die Rechtswirksamkeit des Schuldverhältnisses ist allgemeines Erfordernis die Möglichkeit der Leistung (§ 241 A 1). Da nun bei einer Speziesschuld das Schuldverhältnis von vornherein auf eine bestimmte Sache beschränkt ist, so folgt, daß ihr Nichtvorhandensein zur Zeit des Vertragsschlusses die Nichtigkeit des Vertrags bewirkt (§ 306), und daß, wenn die bestimmte Sache nach Abschluß des Vertrags untergeht, der Schuldner unter den in § 275 angegebenen Voraussetzungen befreit wird. Bei der Gattungsschuld ist die Anwendbarkeit dieser Grundsätze nur unter der Voraussetzung denkbar, daß die ganze Gattung, aus der zu leisten ist, zur Zeit des Vertragsschlusses schon untergegangen war, oder nachträglich untergeht. Denn solange weder das eine noch das andere der Fall, könnte nur persönliches Unvermögen des Schuldners zur Leistung in Frage kommen und auf solches will das Gesetz bei der Gattungsschuld grundsätzlich nicht Rücksicht nehmen (§ 279). **b)** Beim Spezieskaufe ist der Käufer hinsichtlich der Gewährleistung auf die beiden Rechtsbehelfe der Wandlung und Minderung beschränkt (§ 462). Dagegen ist hier für den Anspruch auf Lieferung einer andern fehlerlosen Sache kein Raum. Beim Gattungskaufe anderseits ist die Möglichkeit eines solchen Anspruchs, solange nur die Gattung noch vorhanden, keineswegs ausgeschlossen. Daher hat das Gesetz hier auch für richtig befunden, dem Käufer neben den beiden zuvor bezeichneten Rechtsbehelfen wahlweise zugleich den Anspruch auf Lieferung einer mangelfreien Sache zu gewähren (§ 480). **c)** Die Einrede des nicht erfüllten Vertrags ist bei der Speziesschuld auch dann gegeben, wenn eine andere Sache geleistet wurde, als diejenige, die gerade zu leisten war; bei der Gattungsschuld dagegen nur dann, wenn die geleistete Sache nicht der bestimmten Gattung angehört hat, beispielsweise wenn an Stelle Winterweizens Sommerweizen oder anstatt Natureises Kunsteis geliefert ist. **d)** Hinsichtlich der Einrede des nicht gehörig erfüllten Vertrags vgl. unten A 2 Abs 2. **e)** Ist es der Gattungsschuld auch eigentümlich, daß der eigentliche Gegenstand der Leistung erst durch die zu treffende Auswahl bestimmt wird, so handelt es sich bei ihr gleichwohl nicht um eine Wahlschuld im eigentlichen Sinne (§§ 262ff.); denn es werden nicht von vornherein mehrere Leistungen alternativ geschuldet, sondern nur die eine, aus der Gattung zu leistende Sache; daher ist die Anwendung des § 265 ausgeschlossen, und zwar gilt das im Zweifel auch, wenn Sachen aus einem bestimmten Vorrate zu leisten sind (RG 57, 141). Daß die Wahl grundsätzlich dem Schuldner zusteht, ergibt sich aus dem Inhalte seiner Leistungspflicht selbst. **f)** Von einer arglistigen Täuschung kann bei der Gattungsschuld regelmäßig nicht schon beim Vertragsabschlusse, sondern erst bei der Lieferung die Rede sein (RG 70, 427; JW 1912, 340[4]). — Hinsichtlich der Zwangsvollstreckung vgl. die §§ 883, 884, 893 ZPO. Danach beschränkt sich das Recht des Gläubigers auf Geltendmachung des Interesses, falls Sachen der bestimmten Gattung beim Schuldner nicht vorgefunden werden. Die Befugnis, Sachen aus der betreffenden Gattung an Stelle des Schuldners im Vollstreckungsverfahren selbst zu beschaffen, ist dem Gläubiger vom Gesetze versagt (§ 887 Abs 3 ZPO).

2. Voraussetzung für die Anwendbarkeit des § 243 ist, daß eine **nur der Gattung nach bestimmte Sache** geschuldet wird. Unter Sache sind hier gemäß § 90 nur körperliche Gegenstände, bereits bestehende oder erst noch zu erzeugende, vertretbare und nicht vertretbare, zu verstehen. Der Begriff Gattung ist der allgemeinen Anschauung zu entnehmen. Danach hat man unter einer Gattung den Inbegriff aller derjenigen körperlichen Gegenstände zu verstehen, welche, durch gemeinschaftliche Merkmale von Sachen anderer Art unterschieden, hierdurch als einer gemeinsamen Art zugehörig gekennzeichnet werden. Als solche Merkmale kommen in Betracht nicht nur natürliche, sondern auch wirtschaftliche Merkzeichen, d. h. solche, die sich erst im Verkehre als wesentlich herausgebildet haben, wie beispielsweise der Ursprungsort einer Ware (die Kohle eines bestimmten Bezirks) oder auch die **Preishöhe** (Panamahut zum Preise von 50 Mark). Innerhalb einer Gattung lassen

sich sodann durch Aufstellung noch weiterer bezeichnender Merkzeichen noch engere Unterabteilungen abgrenzen. So ergäbe sich beispielsweise die Stufenfolge: Kartoffel, Eßkartoffel, Dabersche Kartoffel, oder Weißwein, Rheinwein, Rüdesheimer Schloßabzug; Geld und Geldsorte (§§ 244, 245). Festzuhalten ist jedoch daran, daß auch durch genaue Bestimmung nach Beschaffenheit und Herkunft ohne besondere Vorkehrungen für ihre Individualisierung eine Gattungssache immer noch nicht zu einer bestimmten Einzelsache wird (**RG** 28, 221). Eine solche wird auch in dem Falle nicht geschuldet, daß etwa aus einem ganzen noch vorhandenen Vorrate, beispielsweise aus dem ganzen Ertrage eines gewissen Gutes oder Ackerstückes, ein bestimmter Teil zu liefern ist (**RG** 57, 141; Warn 1918 Nr 86). Denn der Umstand, der etwa das Ganze (den gesamten vorhandenen Vorrat) zu einer bestimmten Sache macht, kennzeichnet damit nicht zugleich auch die einzelnen Teile als bestimmte Einzelsachen. Ein Gattungskauf liegt aber dann nicht vor, wenn beispielsweise ein Gutsbesitzer seine gesamte Ernte, etwa die gesamte Kartoffelernte, verkauft (vgl. **RG** Gruch 61, 625; JW 1917, 908[5]; Warn 1918 Nr 217). Auch dann nicht, wenn eine erst nachträglich zur Entstehung gelangende Sache Kaufgegenstand ist und die Sache von den Parteien als eine bereits bestehende und individuell bestimmte gedacht wurde; so wenn etwa die „nächsten aus einer (bestimmten) Grube zu fördernden Erze" verkauft werden, in solchen Fällen handelt es sich um einen Spezieskauf, und es bedarf daher zur Bestimmung (Konkretisierung) der Kaufsache auch nicht erst der Ausscheidung (**RG** 92, 371, wo zugleich die Anwendbarkeit des § 281 angenommen ist). Beim Verkaufe einer bestimmten schwimmenden Ware oder der Ware aus einem bestimmten Dampfer handelt es sich um einen Spezieskauf (**RG** Warn 1918 Nr 45 u. Nr 217). Zur Begründung einer Speziesschuld ist das Einverständnis beider Teile darüber nötig, daß sich der Vertrag auf die Leistung des bestimmten Gegenstandes beschränken soll; es genügt nicht die einseitige Ausscheidung eines Gegenstandes durch den Schuldner vor Vertragsabschluß (**RG** 70, 426). Von besonderer Wichtigkeit ist die Frage, ob Spezieskauf oder Gattungskauf, insbesondere auch hinsichtlich des § 281; s. dort A 2. — Verschieden von dem Begriff „Gattungssache" ist derjenige der vertretbaren Sache (vgl. § 91). Während die Eigenschaft der Vertretbarkeit auf der Anschauung des Verkehrs beruht, der Maßstab mithin ein sachlicher ist, hängt es lediglich von der Parteiwillkür ab, eine Sache im gegebenen Falle als Gattungssache oder als eine bestimmte Sache zu behandeln.

Durch die Bestimmung, daß **Sachen mittlerer Art und Güte zu liefern sind,** ist zugleich vorgesehen, was bei der Gattungsschuld zur „gehörigen" Erfüllung erforderlich ist, während für den Spezieskauf § 459 Haftung für die Fehlerfreiheit der bestimmten Sache vorschreibt. Beim Gattungskaufe auf Besicht muß der Verkäufer dem Käufer Sachen mittlerer Art und Güte zur Besichtigung stellen (**RG** 93, 255); anders beim Spezieskaufe auf Besicht (**RG** 94, 287). Ob eine Sache von mittlerer Art und Güte ist, entscheidet sich nach der Handelssitte oder nach dem Gutachten Sachverständiger, im Zweifel unter Berücksichtigung der Grundsätze von Treu und Glauben. Als Maßstab wird in zutreffenden Fällen auch die Preishöhe zu berücksichtigen sein. Treffen aber bei der gelieferten Sache nicht alle Merkmale der bestimmten Gattung zu, so ist überhaupt nicht ein Gegenstand der geschuldeten Gattung geleistet, und demnach wäre auch nicht die Einrede mangelhafter Erfüllung, sondern die der Nichterfüllung gegeben (vgl. oben A 1c).

3. **Beschränkung des Schuldverhältnisses** auf die Einzelsache (Konzentration). In einem gewissen Zeitpunkte muß sich die Gattungsschuld in eine Speziesschuld umwandeln, soll überhaupt jemals abgemachte Sache vorliegen. Denn schließlich kann es immer nur eine bestimmte Sache sein, mit der die Schuld erfüllt wird, und von einem gewissen Zeitpunkte ab müssen Gläubiger wie Schuldner die Leistung als endgültig bewirkt ansehen. Fraglich kann nur sein, welcher Zeitpunkt hier der maßgebende sein soll. Schon der, in welchem der Schuldner die Sache auswählt und ausscheidet? Oder der spätere, in dem er die bezeichnete Leistung auch bereits angeboten hat? Ersichtlich stellt sich das Gesetz grundsätzlich auf den letzteren Standpunkt (**RG** 88, 391; Warn 1922 Nr 49). Denn alles zur Leistung Erforderliche kann der Schuldner im Sinne des Gesetzes erst dann getan haben, wenn er die zu leistende Sache nicht nur ausgewählt und ausgeschieden, sondern dem Gläubiger schon derart angeboten hat, daß es regelmäßig nur noch an diesem liegt, ob er die Sache in Empfang nimmt oder nicht (**RG** 57, 404). Dementsprechend geht auch die Bestimmung des § 300 Abs 2 dahin, daß bei einer Gattungsschuld die Gefahr auf den Gläubiger in dem Zeitpunkte übergeht, in dem er in Annahmeverzug gerät. Hieraus folgt aber zugleich, daß auch nur ein solches Angebot ausreichend sein kann, welches geeignet ist, den Gläubiger in Annahmeverzug zu versetzen (**RG** JW 1913, 130[5]). Das träfe nicht zu, wenn entweder die angebotene Sache nicht annahmefähig (**RG** 69, 407; Warn 1913 Nr 47), oder wenn das Angebot nicht in der gehörigen Weise erfolgt wäre (§§ 293, 294, 295). Beim Übersendungskaufe gilt nach § 447 die Sonderregel, daß der Verkäufer seiner Leistungspflicht schon in dem Zeitpunkte genügt, in dem er die Sache der zur Ausführung der Versendung bestimmten Person oder Anstalt abliefert (**RG** 57, 141; 108, 187). Diese Regel greift aber nur Platz, wenn

die Übergabe zur Versendung an dem vertragsmäßig bestimmten oder gesetzlichen (§ 269) Erfüllungsorte erfolgt (RG 106, 213; 111, 25). Auch ein Gattungskauf kann im übrigen nachträglich zu einem Spezieskaufe dadurch werden, daß Verkäufer und Käufer sich über eine bestimmte Sache als Kaufgegenstand demnächst einigen (RG 43, 184; 70, 426). Wird die Gattungssache mehreren Käufern abredegemäß derart übersandt, daß die einzelnen Käufer ihren Anteil aus der ganzen Masse herauszunehmen haben und ihnen ein Bruchteil am Miteigentum zu gewähren ist, so stellt die gesamte Masse die bestimmte Sache dar, auf die sich das Schuldverhältnis gemäß § 243 beschränkt (RG 88, 390); erfolgt in solchem Falle die Versendung zu Schiffe gegen ein an die Order des Verkäufers ausgestelltes Konnossement, so tritt die Beschränkung erst ein, wenn der Verkäufer das indossierte Konnossement oder statt dessen wenigstens die (im Handelsverkehr übliche) Verladungsanzeige an den Käufer absendet, sofern nicht ein Handelsgebrauch besteht, wonach die Konzentration erst mit Zugang der Anzeige eintritt (RG 88, 393; Warn 1918 Nr 218). — Die **Rechtsfolgen der Beschränkung** des Schuldverhältnisses sind im einzelnen die, daß die Gefahr im Sinne der §§ 275, 323 auf den Gläubiger übergeht (RG 88, 390), der Schuldner mithin im Falle des Unterganges oder der zufälligen Verschlechterung der angebotenen, oder abgesendeten Sache, sowie bei sonstiger von ihm nicht zu vertretender Unmöglichkeit der Leistung (z. B. ungerechtfertigter Beschlagnahme, RG 106, 17) von seiner Leistungspflicht frei wird, aber seine Gegenansprüche behält, und daß anderseits der Schuldner grundsätzlich gebunden ist, eben die Sache zu leisten, die er angeboten oder zur Versendung abgeliefert hat. Daraus folgt aber, daß der Schuldner fortan auch nicht mehr berechtigt ist, ohne Einverständnis mit dem Berechtigten die angebotene Sache gegen eine andere umzutauschen. Doch ist dieser Grundsatz dahin einzuschränken, daß der Verkäufer noch berechtigt ist, unverzüglich eine Ersatzware zu liefern, falls der Käufer die angebotene Sache als vertragswidrig zurückgewiesen und kein Interesse daran hat, gerade diese geliefert zu erhalten (RG 91, 110). Der Verkäufer kann, wenn er über die zurückgewiesene Sache anderweit verfügt hat, sich nicht auf den Standpunkt stellen, daß sie die geschuldete gewesen sei (RG 108, 187). In dem Zurückgeben und Zurücknehmen der zuerst gelieferten Ware liegt keine Wandelung, sondern nur die Rückgängigmachung des Erfüllungsgeschäfts.

4. **Die Beweislast.** Bis zur Annahme der Sache trifft regelmäßig den Schuldner die Beweislast dafür, daß die angebotene Sache zu der bestimmten Gattung gehört und von mittlerer Art und Güte ist; nach der Annahme hat gemäß § 363 der Gläubiger zu beweisen, daß den Voraussetzungen des § 243 Abs 1 nicht genügt worden ist.

§ 244

Ist eine in ausländischer Währung ausgedrückte Geldschuld[1]) im Inlande zu zahlen, so kann die Zahlung in Reichswährung erfolgen, es sei denn, daß Zahlung in ausländischer Währung ausdrücklich bedungen ist[2]).

Die Umrechnung erfolgt nach dem Kurswerte, der zur Zeit der Zahlung für den Zahlungsort maßgebend ist[3]).

E I 215 II 208; M 2 12; P 1 289.

1. **Geldschuld** ist eine Schuld, die auf Leistung (Zahlung) von Geld gerichtet ist.

a) **Begriff des Geldes.** Geld im wirtschaftlichen Sinne sind diejenigen Gegenstände, welche im wirtschaftlichen Tauschverkehr als allgemeines Mittel zur Vermittlung des Austausches der Güter und als allgemeiner Wertmesser anerkannt sind. Geld im Rechtssinne sind diejenigen Gegenstände, durch deren Hingabe eine auf „Geld" gerichtete Schuldverpflichtung erfüllt werden kann. Es besteht Streit darüber, ob als Geld im Rechtssinne nur dasjenige zu bezeichnen ist, zu dessen Annahme als Erfüllung der Gläubiger kraft staatlichen Rechtssatzes verpflichtet ist — das gesetzliche Zahlungsmittel — oder auch dasjenige, was im Verkehr tatsächlich als ordentliches Zahlungsmittel angesehen und ohne gesetzlichen Zwang angenommen zu werden pflegt — usuelles oder Verkehrsgeld. Tatsächlich erfüllen im rechtlichen Verkehr die Funktion des Geldes vielfach auch solche Gegenstände, die nicht gesetzliche Zahlungsmittel sind, in der Weise, daß sie unbeanstandet angenommen werden und ihre Leistung dann als rechtliche Erfüllung der Geldschuld, nicht als Hingabe an Zahlungs Statt gilt. Das ist namentlich der Fall bei ausländischem Währungsgeld; ferner galt es schon in früherer Zeit (vor ihrer Erhebung zu gesetzlichen Zahlungsmitteln) von den Reichsbanknoten und Reichskassenscheinen; gegenwärtig werden die Rentenbankscheine und die Noten der Privatnotenbanken (diese innerhalb des Landes, dem die Notenbank angehört) in solcher Weise allgemein verwendet. Dieser weitere Begriff liegt aber auch den Vorschriften des BGB und der sonstigen Privatrechtsgesetze insoweit zugrunde, als es sich nicht um die Annahmepflicht des Gläubigers handelt; so auch dem § 244 Abs 1 insofern, als dort eine in ausländischer Währung ausgedrückte Schuld als „Geldschuld" bezeichnet wird. Sobald aber es sich um die Frage handelt, durch welche Leistung der Schuldner einer Geldschuld berechtigt ist, sich zu befreien, und welche Leistung als Erfüllung anzunehmen der Gläubiger verpflichtet ist, kommt der engere Begriff des Geldes im Sinne des gesetzlichen Zahlungsmittels in Betracht. Das Geld, welches in einem Staate als gesetzliches Zahlungsmittel gilt, ist das Währungsgeld; die Gesamtheit der darüber bestehenden Bestimmungen bildet das Währungsrecht (die Währungsverfassung) dieses Staates. Der Stoff, aus dem das Währungsgeld herzustellen und die Form, die ihm zu geben ist, wird durch den Staat bestimmt. In erster Linie werden dazu kraft ihrer Eignung zum Umlaufe und ihres Eigenwertes edle Metalle (Gold, Silber) verwendet, die in Stücken geformt (gemünzt) und unter Zugrundelegung einer bestimmten Werteinheit (Mark, Frank, Dollar) als das Einfache oder ein Vielfaches dieser Werteinheit bezeichnet (proklamiert) werden. Doch ist der Begriff des Währungsgeldes nicht an einen bestimmten Stoff, insbesondere einen solchen mit Eigenwert, gebunden; der Staat kann auch einem wertlosen Stoffe, wie dem Papiere, die Eigenschaft als Währungsgeld verleihen und hat davon häufig Gebrauch gemacht. Die Herstellung des Währungsgeldes erfolgt in der Regel durch den Staat selbst, der seit dem Mittelalter sich die Befugnis dazu als Regal beigelegt hat (Münzregal, Münzhoheit), doch ist die Ausübung dieses Regals im Mittelalter vielfach im Wege der Pacht auf Privatpersonen übertragen worden. Auch heutzutage besteht in manchen Staaten noch Währungsgeld, das nicht durch den Staat selbst hergestellt wird, in den Banknoten der Notenbanken, soweit diese, wie seit 1909 die Reichsbanknoten, gesetzliches Zahlungsmittel sind. Durch die Form der Banknoten, die meistens ein Zahlungsversprechen enthalten, wird ihre Eigenschaft als Geld nicht ausgeschlossen. Solange sie aber jederzeit einlöslich sind, d. h. ihre Einlösung durch das eigentliche Währungsgeld (Gold, Silber) verlangt werden kann, sind sie kein selbständiges Währungsgeld, sondern stellen dieses nur vor, in das sie jederzeit verwandelt werden können. Auch in England haben die Noten der Bank von England, in Frankreich diejenigen der Bank von Frankreich die Eigenschaft gesetzlicher Zahlungsmittel, ohne daß dadurch die Währung dieser Staaten angetastet wird; ebenso war es in Deutschland von 1909—1914 (vgl. unten). Das gleiche gilt von sonstigen papierenen Zahlungsmitteln, solange sie jederzeit einlöslich sind. Sobald dagegen die Einlösbarkeit außer Kraft gesetzt wird, werden sie echtes Papiergeld (definitives Geld) und die Währung eine Papierwährung. Der unbegrenzten Vermehrung des Währungsgeldes (Inflation) und den daraus entstehenden Folgen der Geldentwertung ist damit Tor und Tür geöffnet. — Eine Doppelwährung (Bimetallismus) besteht, wenn das Wertverhältnis der in einem Metalle (Silber) auszuprägenden Geldstücke zu den in einem anderen Metalle (Gold) auszuprägenden gesetzlich festgelegt ist, z. B. 16:1 in den Vereinigten Staaten von Amerika; der Schuldner hat hier die freie Wahl, seine Zahlungen in dem einen oder dem anderen Metalle zu leisten. Auch wo eine Einheitswährung (Goldwährung) besteht, können Zahlungen in beschränkten Beträgen in anderen Zahlungsmitteln (Silber, Papier) gestattet sein; der Charakter der Währung wird bestimmt durch dasjenige Zahlungsmittel, zu dessen Annahme in unbeschränkten Beträgen der Gläubiger verpflichtet ist.

b) **Nenn- oder Kurswert. Zwangskurs.** Durch die Bestimmung, daß ein gewisser Stoff (Gold, Silber, Papier), der in eine bestimmte Form gebracht und nach einer Werteinheit bezeichnet ist, gesetzliches Zahlungsmittel sein soll, wird noch nicht ohne weiteres die Frage entschieden, welche Mengen dieses Zahlungsmittels zur Tilgung einer in dem Zahlungsmittel ausgedrückten Geldschuld erforderlich sind. Diese Frage ist so lange nicht von Bedeutung, als die der Werteinheit, nach der die einzelnen Zahlungsmittelstücke bezeichnet sind, im inner- und zwischenstaatlichen Verkehr beigelegte Wertschätzung die gleiche bleibt oder doch nur geringen Schwankungen unterworfen ist; denn solange bleibt die den Geldstücken aufgeprägte Bezeichnung des Einfachen oder Vielfachen dieser Werteinheit (ihr Nennbetrag) unbedenklich maßgebend. Die Frage gewinnt dagegen Bedeutung, sobald jene Wertschätzung sich aus irgendeinem Grunde erheblich ändert, sei es wegen Münzverschlechterung, die in früherer Zeit häufig vorkam oder (was der Neuzeit vorbehalten geblieben ist) wegen Inflation durch Papiergeld. Die Wertschätzung kommt im innerstaatlichen Verkehr durch die Kaufkraft des Geldes, im zwischenstaatlichen durch seinen Kurs, d. h. sein Verhältnis zu ausländischen Zahlungsmitteln, zum Ausdruck. Es fragt sich daher im Falle eingetretener Veränderung der Wertschätzung der Geldeinheit, ob der Nennwert oder der Kurswert für die Zahlkraft maßgebend ist. Diese Frage war in der älteren Geldlehre bestritten. Savigny vertritt die Auffassung, daß nach dem Willen der Parteien, wie er sich aus der Auslegung des Rechtsgeschäfts ergebe, grundsätzlich der Kurswert, nicht der Nennwert maßgebend sei, wobei er nicht verkennt, daß durch staatliches Gesetz die Maßgeblichkeit des Nominalwerts vorgeschrieben werden kann, vgl. für Darlehnsverpflichtungen Art 1895 des französischen Code civil. Entgegen der Savignyschen Auffassung hat sich aber in der neueren geldrechtlichen Lehre die Nennwertstheorie ziemlich allgemein durchgesetzt, der zufolge den Inhalt einer Geldschuld, sofern nicht besondere Vereinbarungen bestehen, die Leistung einer bestimmten Anzahl von Geldstücken bildet, die von der staatlichen Gesetzgebung mit Zahlkraft zu einem bestimmten Nennwerte ausgestattet sind, ohne Rücksicht auf die Wertbeziehung zu einem bestimmten Metall oder auf die Kaufkraft dieser Stücke. Diese Theorie konnte sich freilich nur durchsetzen, weil überall, wo (wie es in Deutschland bis 1914 der Fall war) das staatliche Geldsystem die Forderung eines wertbeständigen, in seiner Kaufkraft nur geringen Schwankungen unterliegenden Geldes verwirklicht, die Streitfragen zwischen Kurs- und Nennwerttheorie nahezu bedeutungslos sind, während, sobald durch eine Erschütterung des Geldsystems dieses Verhältnis zerstört wird, die Grundlage fortfällt, auf der allein sich das allgemeine Rechtsgefühl mit der Durchführung der Nennwerttheorie abgefunden hat. Das hat sich in Deutschland in Verfolg der seit 1914 eingetretenen Ereignisse gezeigt und zu dem ganzen Komplexe der Aufwertungsfragen geführt; der noch in der vorigen Auflage an dieser Stelle als ausnahmslos gültig vertretene Satz „Mark gleich Mark" hat unter diesen Umständen aufgegeben werden müssen. Vgl. Näheres § 242 Anm 5b. Übereinstimmung besteht darüber, daß die Maßgeblichkeit des Nennwerts für die Tilgung der Geldschulden — der sog. Zwangskurs — in der Regel durch Parteivereinbarung außer Kraft gesetzt werden kann. Allerdings sind in der Geschichte des staatlichen Geldwesens auch Zwangskurse vorgekommen, die nach dem Willen des Gesetzgebers absolute Geltung haben sollten und deren Durchführung deshalb durch Verbote gesichert wurde, die sich gegen abweichende Parteivereinbarungen richteten; wo aber solche Verbote nicht bestehen, ist die Maßgeblichkeit des Nennwerts abdingbar, und zwar kann die Abdingung sowohl ausdrücklich durch Vereinbarung der Zahlung in einer bestimmten Geldsorte unter Ausschluß der übrigen gesetzlichen Zahlungsmittel (Goldklausel, vgl. § 245 Anm 1) oder eines dem Werte dieser Geldsorte entsprechenden Betrags in andern gesetzlichen Zahlungsmitteln (Goldwertklausel, vgl. ebenda) erfolgen; aber auch als stillschweigend vereinbart aus dem Verhalten der Parteien und den Umständen entnommen werden. Diese letztere Art der Abdingung hat bei der Aufwertungsfrage eine gewisse Rolle gespielt.

c) **Das Währungsrecht des Deutschen Reiches.** Die Entwicklung des Währungsrechts im Deutschen Reiche hat ihren Ausgang genommen von dem Reichsgesetz, betreffend die Ausprägung von Reichsgoldmünzen v. 4. 12. 71 (RGBl 404), welches bereits eine Begriffsbestimmung der Mark enthielt als der der Währung zugrunde zu legenden Werteinheit. Das MünzG vom 9. 7. 73 (RGBl 233) führte sodann an Stelle der Landeswährungen eine einheitliche Reichsgoldwährung ein, die zunächst noch eine hinkende blieb bis zum Erlaß des abschließenden MünzG v. 1. 6. 09 (RGBl 507). Mit diesem Gesetze war die Goldwährung in Deutschland vollständig durchgeführt. Währungsgeld waren danach — abgesehen von den nur beschränkt zugelassenen Silber- und Kupfer- (Scheide-) Münzen — lediglich die Reichsgoldmünzen; Papiergeld als Währungsgeld gab es überhaupt nicht; weder die Reichskassenscheine, zu deren Ausgabe der Reichskanzler zunächst durch das Ges v. 30. 4. 74 (RGBl 90) ermächtigt wurde, noch die Reichsbanknoten, welche die durch das BankG v. 14. 3. 75 (RGBl 177) gegründete Reichsbank auf Grund des Art 16 dieses Gesetzes unter Einhaltung des vorgeschriebenen Deckungsverhältnisses ausgab, hatten die rechtliche Natur eines gesetzlichen Zahlungsmittels; ein Zwang zu ihrer Annahme bestand nicht; ihre Einlösung in Währungsgeld konnte aber jederzeit verlangt werden (Ges v. 30. 4. 74 § 5; BankG § 18). Hinsichtlich der Reichsbanknoten trat in dieser Beziehung eine Änderung insofern ein, als das Ges betr. die Abänderung des BankG v. 6. 6. 09 in Art 3 sie zum gesetzlichen Zahlungsmittel erklärte. Da sie aber nach wie vor jederzeit einlöslich blieben, wurde durch diese Änderung die bestehende Goldwährung nicht in Frage gestellt. Diese bestand vielmehr unberührt und vom vollen Vertrauen des In- und Auslandes getragen bis zum Beginn des Weltkriegs Anfang August 1914. Die aus diesem Anlaß erforderlich gewordene Vervollständigung der finanziellen Kriegsrüstung des Reichs brachte grundlegende Änderungen auch auf dem Gebiete der Währungsgesetzgebung mit sich. Unter dem 4. 8. 14 erging das Ges betr. die Reichskassenscheine und die Banknoten, das im § 1 auch die Reichskassenscheine „bis auf weiteres" als gesetzliches Zahlungsmittel erklärte und in § 2 bestimmte, daß „bis auf weiteres" die Reichshauptkasse zur Einlösung der Reichskassenscheine und die Reichsbank zur Einlösung ihrer Noten nicht verpflichtet sei, sowie in § 3, daß, gleichfalls „bis auf weiteres", die Privatnotenbanken, die bisher zur Einlösung ihrer Noten in Gold verpflichtet waren, zu dieser Einlösung Reichsbanknoten zu verwenden berechtigt sein sollten; in § 4 wurde der Bundesrat ermächtigt, den Zeitpunkt zu bestimmen, zu welchem die Vorschriften der §§ 1—3 außer Kraft treten sollten. Gleichzeitig wurde durch das Ges v. 4. 8. 14, betr. die Abänderung des MünzG (RGBl 326) bestimmt, daß die Reichs- und Staatskassen bei Umwechslung von Silber- und Kupfermünzen statt der Goldmünzen Reichskassenscheine und Reichsbanknoten verabfolgen könnten, und durch das Ges vom gleichen Tage, betr. Abänderung des BankG (RGBl 327) wurde die bisher bestandene sog. indirekte Kontingentierung der Notenausgabe der Reichsbank (durch Besteuerung des ungedeckten Teiles ihres Notenumlaufs, soweit dieser das ihr zugewiesene Kontingent überstieg, BankG §§ 9, 10) außer Kraft gesetzt (§ 1) und ferner bestimmt, daß zur Deckung des nicht bar gedeckten Betrags (§ 17 BankG) auch solche Wechsel des Reichs, aus denen ein zweiter Verpflichteter nicht hafte, sowie Schuldverschreibungen des Reichs von kürzerer als dreimonatlicher Verfallzeit (Reichsschatzwechsel) dienen können. Durch ein weiteres Gesetz vom gleichen Tage (RGBl 340) wurden ferner Darlehnskassen errichtet mit der Ermächtigung, für den Betrag der von ihnen ihrer Bestimmung gemäß zur Abhilfe des Kreditbedürfnisses, vorzüglich zur Beförderung des Handels und Gewerbebetriebs, gegen Sicherheit bewilligten Darlehen besondere Geldzeichen unter der Benennung „Darlehnskassenscheine" bis zum Gesamtbetrage von 1500 Millionen Mark auszugeben, die bei allen öffentlichen Kassen des Reichs und der Bundesstaaten zum vollen Nennwerte in Zahlung genommen werden sollten, während im Privatverkehr ein Zwang zu ihrer Annahme nicht eintrat. — Durch diese Bestimmungen war die Reichsgoldwährung gefallen und an ihre Stelle eine höchst bedenkliche Papiergeldwirtschaft getreten. Der durch diese als lediglich vorübergehendes Auskunftsmittel gedachte und bezeichnete Notgesetzgebung geschaffene Rechtszustand der deutschen Währung blieb nun aber nicht nur während des Krieges, sondern auch während der ganzen folgenden Zeit bestehen, in welcher die Papiermark schließlich bis zu einem Billionstel ihres früheren Goldmarkwertes entwertet wurde. Auch die Gründung der Rentenbank und die Einführung der Rentenmark (Ges v. 15. 10. 25, RGBl I 963) brachte keine Änderung der gesetzlichen Währung, da die Rentenmark kein gesetzliches Zahlungsmittel war. Einziges gesetzliches Zahlungsmittel blieb tatsächlich, da die Reichsgoldmünzen sowohl wie die mit beschränkter Zahlungskraft ausgestatteten Silber- und Kupfermünzen aus dem Verkehr verschwunden waren, die „Papiermark" in Gestalt der in ungeheuren Mengen und in immer größeren Nennwertabschnitten ausgegebenen Reichsbanknoten und der Reichskassenscheine. Dieser ungeheuerliche Zustand der rechtlichen Geltung eines weder als Tauschmittel noch als Wertmesser mehr geeigneten „Geldes" wurde erst beseitigt durch das MünzG v. 30. 8. 24 (RGBl II 254), an dessen Spitze in § 1 der mehr ein Programm und Ziel des Wiederaufbaues als eine vollendete Tatsache bedeutende Satz gestellt ist: „Im Deutschen Reiche gilt die Goldwährung", und das BankG vom gleichen Tage (RGBl II 235). Nach den Bestimmungen dieser Gesetze sollen einzige unbeschränkte gesetzliche Zahlungsmittel in Deutschland sein die Reichsgoldmünzen, die gemäß § 3 des MünzG mit einem bestimmten Goldfeingehalte auszuprägen sind, und die auf die neu eingeführte Rechnungseinheit „Reichsmark" lautenden Reichsbanknoten (§ 3 BankG), denen jedoch vorläufig die auf Mark bisheriger Währung lautenden Reichsbanknoten bis zum Ablauf von drei Monaten nach ihrem der Reichsbank zur Pflicht gemachten Aufrufe gleichstehen sollten in der Weise, daß eine Billion Papiermark einer Reichsmark gleichgesetzt wurde (§ 1 der ersten DurchfVO zum MünzG v. 10. 10. 24). Der Aufruf sämtlicher vor dem 11. 10. 24 ausgegebener auf Papiermark lautender Reichsbanknoten ist erfolgt durch Bekanntm des Reichsbankdirektoriums v. 5. 3. mit Frist bis zum 5. 6. 25 und mit Ablauf dieser Frist haben sie ihre Eigenschaft als gesetzliches Zahlungsmittel verloren. Sofern eine Schuld in bisheriger Währung gezahlt werden kann, ist der Schuldner berechtigt, die Zahlung in den neuen gesetzlichen Zahlungsmitteln in der Weise zu leisten, daß eine Billion Papiermark einer Reichsmark gleichgesetzt wird (§ 5 Abs 2 MünzG); selbstverständlich ist dabei nicht unbedingt der Nennbetrag, sondern der nach Aufwertungsgrundsätzen festgestellte Betrag in Papiermark zugrunde zu legen. Zur wirklichen Durchführung der Goldwährung fehlt jedoch noch die Verpflichtung der Reichsbank, ihre Noten jederzeit in Gold einzulösen; vgl. oben unter a. Eine solche Verpflichtung ist zwar in dem neuen Bankgesetz (§ 3) grundsätzlich ausgesprochen, aber diese Bestimmung ist noch nicht in Kraft getreten, da für ihre Inkraftsetzung gemäß § 52 ein übereinstimmender Beschluß des Reichsbankdirektoriums und des Generalrats erforderlich ist, der noch nicht ergangen ist und in naher Zeit auch nicht zu erwarten sein dürfte, da ihm umfangreiche Ausprägungen von Reichsgoldmünzen vorhergehen müssen.

2. Die Geldschuld bildet einen wichtigen Fall der Gattungsschuld. Zu unterscheiden ist dabei folgendes: a) Falls die Schuld in **inländischer Währung** ausgedrückt ist, kann allein mit inländischem Gelde gezahlt werden, und zwar jetzt nach Maßgabe des MünzG v. 30. 8. 24; s. oben A 1. b) Ist die Geldschuld in **ausländischer Währung** ausgedrückt und ausdrücklich die Zahlung in dieser Währung bedungen, so ist das bindend. Eine ausdrückliche Vereinbarung der Zahlung in ausländischer Währung liegt noch nicht darin, daß die Schuld im Vertrage oder gar nur in der Rechnung in ausländischer Währung ausgedrückt ist; andererseits bedarf es nicht eines Ausdrucks, der diese Vereinbarung unmittelbar durch ein entsprechendes Wort („effektiv", „zu zahlen in ...") wiedergibt; es wird aber eine in besonderem Maße unzweideutige Offenbarung des darauf gerichteten Willens, sei es durch Worte oder durch schlüssige Tatsachen, erfordert (**RG** 107, 110; 111, 317; vgl. auch Warn 1924, 2). Aber auch dann, wenn die Geldschuld in ausländischer Währung ausgedrückt ist,

ist eine Vereinbarung möglich und wirksam, daß die Zahlung in Reichswährung zu erfolgen hat (RG Warn 1920 Nr 136). c) Fehlt eine derartige Abmachung, so hat der Schuldner die Wahl, in der Währung des Reiches oder des Auslandes zu zahlen. Es ist das keine Wahlschuld im Sinne des § 262; die Zahlung in Reichswährung ist nicht in obligatione, sondern nur in solutione (facultas alternativa) (RG 101, 313; 106, 80). Darüber, welcher Betrag in Reichswährung zu zahlen ist, bestimmt Abs 2; vgl. A 3. Ein Anspruch auf Schadensersatz wegen Nichterfüllung ist auf Zahlung in deutscher Währung gerichtet, auch wenn das zugrunde liegende Geschäft in ausländischer Währung abgewickelt werden sollte; dieser Umstand ist aber bei der Berechnung der Höhe des Schadens in Betracht zu ziehen (RG 102, 62). Ebenso für einen Schadensersatzanspruch aus § 84 EisenbVerkO RG 109, 61. Liegt aber der Versendungsort im Auslande, so wird der Ersatz des gemeinen Handelswertes in der an diesem Orte geltenden Währung geschuldet: RG 105, 313. — Für eine in ausländischer Währung ausgedrückte Geldschuld kann zwar keine gewöhnliche Sicherungshypothek, wohl aber eine Höchstbetragshypothek in deutscher Währung eingetragen werden (RG 106, 74). — Gegen eine in ausländischer Währung ausgedrückte Forderung, die in deutscher Währung bezahlt werden kann, kann der Schuldner mit Gegenforderungen in Mark aufrechnen, unter Umrechnung der ersteren zum Kurse des Tages der Aufrechnungserklärung, die als Zahlung gilt (RG 106, 99). — Auf Geldschulden, die im Auslande zu zahlen sind, bezieht sich § 244 nicht; sie sind in der ausländischen Währung zu zahlen, in der sie ausgedrückt sind. Für ein von einem Ausländer eingegangenes Schuldverhältnis, auf Grund dessen die in ausländischer Währung ausgedrückte Schuld im Auslande zu zahlen war, bleibt das ausländische Recht auch hinsichtlich der Währung maßgebend, wenn der Schuldner nachträglich Deutscher geworden ist (RG JW 1920, 52[2]).

3. Die Vorschrift des Abs 1 beruht auf dem Gedanken, daß der Markbetrag, durch dessen Zahlung sich der Schuldner einer in ausländischer Währung ausgedrückten Geldschuld soll befreien können, gleichwertig sein muß mit der allein (vgl. A 2) geschuldeten ausländischen Währungssumme. Um das zu erreichen, ist eine **Umrechnung** des in ausländischer Währung ausgedrückten Betrags in die deutsche Währung erforderlich. **Abs 2** bestimmt, daß diese Umrechnung zu erfolgen habe nach dem Kurswerte (der ausländischen Währung), der zur Zeit der Zahlung für den Zahlungsort maßgebend ist. Es war zwischen den Senaten des Reichsgerichts streitig geworden, ob unter der „Zeit der Zahlung" die Zeit zu verstehen sei, zu welcher die Zahlung erfolgen soll, also die Fälligkeit (so der 1. ZS in RG 96, 121 und der 6. ebenda 262) oder die Zeit, zu der tatsächlich gezahlt wird (so der 3. ZS in RG 98, 160). Die Vereinigten Zivilsenate haben entschieden, daß die Zeit, zu der tatsächlich gezahlt wird, maßgebend ist (RG 101, 312ff.). Dabei ist ausgesprochen, daß nur durch die in dieser Weise erfolgende Umrechnung der Gläubiger das erhält, worauf er nach Abs 1 Anspruch hat, nämlich einen Markbetrag, mit welchem er sich am Tage, an dem er die Zahlung erhält, den Betrag in ausländischer Währung, auf welche die Schuld lautet, kaufen kann; zurückgewiesen wird die Ansicht des 6. ZS (a. a. O.), die dahin ging, daß der Gläubiger an sich nur Anspruch auf den Umrechnungskurs zur Zeit der Fälligkeit habe, aber einen darüber hinausgehenden Schaden vom Eintritt des Verzugs ab bis zur wirklichen Zahlung als Verzugsschaden geltend machen könne, einen Schaden, der übrigens in der Regel nur für im Auslande wohnende Gläubiger in Betracht kommen würde. Eine gewisse Einschränkung des hier ausgesprochenen Gedankens bedeutet es, wenn das Reichsgericht später (RG 111, 316) ausgesprochen hat, es sei nicht unbedingt erforderlich, daß der Gläubiger auch tatsächlich im Einzelfalle in der Lage sei, sich für den erhaltenen Markbetrag ausländisches Geld, insbesondere Devisen, in entsprechendem Betrage anzuschaffen; der Satz, daß das sog. „Repartierungsrisiko" durch den Schuldner getragen werden muß, sei abzulehnen. Jedenfalls verstieß eine Vereinbarung, durch die der Verkäufer (Geldgläubiger) dem Käufer (Geldschuldner) das Repartierungsrisiko abnahm, weder gegen die derzeitige Devisenverordnung (vom 12. 10. 22) noch gegen die guten Sitten und war daher rechtsgültig (RG 27. 11. 25, II 102/25). Wenn der Kaufpreis in ausländischer Währung ausgedrückt, aber vereinbart ist, daß der Käufer in Papiermark, umgerechnet zu dem Briefkurse, der einen Tag nach der Zahlung am Wohnorte des Verkäufers gelte, zahlen solle, so trägt der Verkäufer das Repartierungsrisiko (RG I 187/25, 2. 1. 26). — Auch der Ausdruck „Zahlungsort" ist nicht gleichbedeutend mit dem Orte, an dem die Zahlung erfolgen soll (vertragsmäßiger oder gesetzlicher Erfüllungsort), sondern bedeutet den Ort, an dem die Zahlung tatsächlich erfolgt und entgegengenommen wird (VZS a. a. O. S. 316). — Aus der Umrechnungsvorschrift des Abs 2 ergibt sich, daß für die Anwendung des § 244 nur die Währungen solcher ausländischer Staaten in Betracht kommen, die in wirtschaftlichen Beziehungen zum Inlande stehen und deren Geld deshalb im Inlande als Tauschmittel kursiert; vgl. RG 106, 77/78. Das Geld anderer Staaten kann im Inlande nur als Ware Gegenstand von Schuldverpflichtungen sein. — Die Umrechnungsvorschrift des § 244 Abs 2 ist auch durch die eingetretene Entwertung der deutschen Mark nicht berührt worden: RG bei Warn 1924 Nr 62, wo allerdings noch der Standpunkt vertreten wird, daß

eine Aufwertung einseitiger Geldschulden überhaupt nicht zulässig sei (vgl. § 242 A 5b Abs 2); doch dürfte die Entscheidung auch abgesehen von dieser Begründung gerechtfertigt sein.

Nach Art 37 der Wechselordnung ist der Akzeptant eines auf ausländische Währung lautenden Wechsels berechtigt, den Wert dieser Währung zur Verfallzeit in der Landesmünze zu zahlen; nach Art 40 hat er das Recht, mangels Vorlegung des Wechsels die Wechselsumme auf Gefahr des Inhabers zu hinterlegen. Um sich durch solche Hinterlegung zu befreien, genügte es aber nach Entwertung der deutschen Mark nicht, daß er den Betrag der Wechselsumme, in Papiermark zum Kurse des Verfalltages umgerechnet, zahlte oder hinterlegte; vielmehr mußte die Wechselsumme nach ihrem Wert am Verfalltage zunächst in eine wertbeständige Währung und der so gewonnene Betrag nach dem Werte des Zahlungs- oder Hinterlegungstages in Papiermark umgerechnet werden; diese doppelte Umrechnung ergab sich aus der Tatsache, daß die Mark nach ihrer Entwertung nicht mehr der Mark vor der Entwertung gleich war und daher nicht als Wertmesser benutzt werden konnte, vgl. § 242 A 5 b; **RG** 108, 338.

§ 245

Ist eine Geldschuld in einer bestimmten Münzsorte zu zahlen, die sich zur Zeit der Zahlung nicht mehr im Umlaufe befindet, so ist die Zahlung so zu leisten, wie wenn die Münzsorte nicht bestimmt wäre[1]) [2]).

E I 216 II 209; M 2 15; P 1 290.

1. **Geldsortenschuld** ist eine Geldschuld (vgl. § 244 A 1), die nicht auf Geld schlechthin, sondern auf eine gewisse Sorte Geldes (Gold, Silber, Reichsbanknoten; auch auf ausländische Geldsorten, z. B. Schweizer Frankengoldstücke) lautet. Besonders häufig sind **Goldklauseln,** und zwar sowohl als Goldmünzklauseln, die dahin gehen, daß eine bestimmte Geldsumme im Nennbetrage in Reichsgoldmünzen zu leisten ist, wie auch als Goldwertklauseln, deren Inhalt darin besteht, daß ein Geldbetrag geschuldet wird, dessen Höhe sich nach dem jeweiligen Kurse des deutschen Geldes im Verhältnis zum Golde richtet; vgl. über diesen Unterschied **RG** 50, 148; 101, 144; 103, 385; 104, 354; 107, 401. In letzterem Falle geht die Verpflichtung dahin, außer dem Nennbetrage der Forderung in Reichswährung unter Umständen noch je nach dem Stande des Goldwerts dieser Währung ein darüber hinausgehendes, dem Betrage nach unbestimmtes Aufgeld zahlen zu müssen. Daher kann für eine Forderung mit Goldwertklausel keine Hypothek eingetragen werden, wohl aber für eine Forderung mit Goldmünzklausel (**RG** 50, 145; 101, 145; 103, 387). Ob die Klausel in dem einen oder andern Sinne zu verstehen, ist im Zweifel in erster Linie Sache der Auslegung; für diese muß die Unzulässigkeit der Eintragung einer Hypothek, falls eine solche beabsichtigt war, bei der Goldwertklausel von Bedeutung sein. Der Umstand, daß der Gläubiger bei der Vereinbarung einer solchen Klausel nicht gerade die Absicht hatte, in den effektiven Besitz von Goldstücken zu gelangen, sondern daß es ihm in der Hauptsache um Sicherung gegen etwaige Kursschwankungen zu tun war, steht der Annahme einer Goldmünzklausel nicht entscheidend entgegen (**RG** 101, 144). Nachdem durch die Bekanntmachung des Bundesrats v. 28. 9. 14 die vor dem 31. 7. 14 getroffenen Vereinbarungen, nach denen eine Zahlung in Gold zu erfolgen hatte, bis auf weiteres für nicht verbindlich erklärt worden sind (§ 244 A 1 c), ist der Anspruch des Gläubigers aus Forderungen mit solchen Klauseln grundsätzlich auf diejenige Leistung beschränkt, die er ohne die Klausel zu fordern haben würde (**RG** 107, 406). Daraus folgt aber nicht, daß eine solche Forderung auch nach Entwertung der Mark mit dem bloßen Papiermarknennbetrage abgeglichen werden kann; sie unterliegt vielmehr der Aufwertung nach den für diese entwickelten Rechtssätzen (§ 242 A 5 b). Bei dieser ist zu berücksichtigen, daß auch die Goldmünzklausel in vielen Fällen dem Zweck hat dienen sollen, den Gläubiger gegen eine Entwertung der Mark zu schützen und daß der Schuldner durch sie eine strengere Verpflichtung eingegangen ist, wie durch die gewöhnliche Währungsschuld; das wird dazu führen, dem Schuldner eine höher aufgewertete Zahlung zuzumuten, wie bei einer Forderung ohne Goldklausel (**RG** 107, 403). Besonders geregelt sind die Verhältnisse der sog. **Schweizerischen Goldhypotheken,** d. h. der mit Goldklauseln versehenen auf deutschen Grundstücken hypothekarisch gesicherten Forderungen Schweizer Gläubiger, die nach **RG** 101, 141 — vgl. auch 104, 352 — unter die Bundesratsverordnung gefallen und dadurch zu einfachen Markforderungen geworden waren; vgl. darüber die Abkommen zwischen dem Deutschen Reiche und der Schweizerischen Eidgenossenschaft v. 6. 12. 20 und 25. 3. 23, welche in Deutschland Gesetzeskraft erlangt haben durch die Ges v. 9. 12. 20 (RGBl 2023) und v. 23. 6. 23 (RGBl II 284).

2. Voraussetzung für die Anwendung des § 245 ist einmal eine Geldsortenschuld (vgl. oben zu 1) und sodann, daß die Geldsorte (Münzsorte, es kann aber auch eine bestimmte Sorte Papiergeld, z. B. Reichsbanknoten, sein) sich zur Zeit der Zahlung nicht mehr im Umlaufe befindet. Eine bloße Erschwerung der Beschaffung reicht zur Anwendung

des § 245 nicht aus. Das Vorliegen der Voraussetzung des Nichtmehrumlaufens ist angenommen worden für deutsche Reichsgoldmünzen im Jahre 1919 und später (RG 103, 388; 107, 371; V 129/23, 1. 3. 24); es genügt dazu ein tatsächliches Verschwinden aus dem Verkehr, Außerkurssetzung oder Verruf ist nicht erforderlich. Infolgedessen sind auch Goldklauseln, die nach dem 31. Juli 1914 vereinbart sind und deshalb von der BRVO v. 28. 9. 14 nicht betroffen werden (vgl. A 1), insofern unwirksam, als die Zahlung in Reichswährung in der gleichen Weise geleistet werden kann, als wenn die Geldsorte nicht bestimmt wäre. Doch sind auch solche Klauseln dadurch nicht gänzlich bedeutungslos; vielmehr werden sie, ebenso wie die vor dem 31. Juli 1914 vereinbarten (vgl. A 1), aus den gleichen Gründen zu einer höheren Aufwertung führen müssen, wie Forderungen ohne solche Klausel (RG 107, 372; 108, 181). — Durch die in § 245 getroffene besondere Regelung wird die Anwendung der allgemeinen Grundsätze über Unmöglichkeit der Leistung (§§ 275, 306 BGB) ausgeschlossen; RG 107, 371; 108, 181. — Unter „Zeit der Zahlung" wird auch hier, wie in § 244 (vgl. A 3 dazu) die Zeit der tatsächlichen Zahlung, nicht die der Fälligkeit zu verstehen sein (RG 101, 316).

§ 246

Ist eine Schuld nach Gesetz oder Rechtsgeschäft zu verzinsen, so sind vier vom Hundert für das Jahr zu entrichten[1]), sofern nicht ein anderes bestimmt ist[2])[3]).

E I 217 II 210; M 15; P 29.

1. Den Begriff **Zinsen** gibt das Gesetz nicht. Aus seinem Wortlaute geht nur so viel hervor, daß Zinsen das Bestehen einer Schuld voraussetzen. Diese Voraussetzung stempelt die Zinsschuld zu einer Nebenverbindlichkeit, und inhaltlich stellt die letztere die Verpflichtung zu einer Vergütung für den Gebrauch des dem Schuldner gewährten Gegenstandes dar; die Vergütung selbst aber besteht aus einem im voraus bestimmten Bruchteile des Kapitals (RG 86, 400). Vgl. zum Begriffe Zinsen auch RG Warn 1910 Nr 417. Leistungen, die, wie Renten, allein für sich geschuldet werden, können somit nicht als Zinsen gelten. Ebensowenig Dividenden, da diese nicht eine Schuld der Gesellschaft gegenüber dem Gesellschafter, sondern dessen in seinem Mitgliedschaftsrechte begründeten Gewinnanteil darstellen, und weil sie nicht im voraus als Bruchteil auf das Kapital fest bemessen sind (RG 86, 401). Ebensowenig Mietzinsen, weil diese keine Nebenverpflichtung, sondern die Gegenleistung des Mieters bedeuten. Endlich auch nicht Amortisationsquoten, weil diese als Zuschläge zu den Zinsen zur allmählichen Tilgung der Schuld, nicht aber zur Vergütung für den Gebrauch dienen (RG 54, 92; 91, 299). — Aus der Natur der Zinsen als Nebenverbindlichkeit folgt, daß die Nichtigkeit des Hauptanspruchs auch die Nichtigkeit des Zinsanspruchs zur Folge haben muß (RG 74, 81) und daß nach Erlöschen des Hauptanspruchs kein weiterer Zinsanspruch entstehen kann (RG 86, 219). Aber daraus folgt nicht zugleich, daß auch der Fortbestand eines einmal wirksam entstandenen Zinsanspruchs vom Fortbestehen der Hauptschuld abhängt. Der einmal entstandene Anspruch besteht vielmehr selbständig für sich weiter und erlischt weder durch die Tilgung der Hauptschuld, noch durch deren Erlaß, wofern dieser sich nicht zugleich auf die Zinsen erstrecken sollte, was Sache der Auslegung ist. Nur die Verjährung der Hauptschuld hat gemäß § 224 auch den des Zinsanspruchs zur Folge, selbst wenn die für diesen geltende besondere Verjährung noch nicht vollendet war. Hinsichtlich der kurzen Verjährungsfrist vgl. § 197. — Daß Zinsen, wiewohl sie eine Nebenverbindlichkeit darstellen, dennoch selbständig, ohne die Hauptforderung, übertragen, anderseits dem die Hauptforderung abtretenden Gläubiger vorbehalten, gepfändet (§ 851 ZPO.) und eingeklagt werden können, und daß sonach gegebenenfalls auch das Recht auf die Hypothekenzinsen einem andern zustehen kann als dem Hypothekar (gemäß § 1145 Abs 2 unter Umständen dem Eigentümer, während die Hypothek im übrigen dem Gläubiger verbleibt), folgt grundsätzlich daraus, daß es sich bei dem Rechte auf den Zinsgenuß um ein Forderungsrecht im Sinne des § 241 handelt, und daß auch erst künftige und bedingte Forderungen übertragbar sind (RG 74, 78; 86, 218, wo zugleich angenommen ist, daß über das abgetretene künftige Zinsrecht ein Zweighypothekenbrief gebildet werden, und daß der Vorbehalt des Zinsrechts für den die Hauptforderung abtretenden Gläubiger die Belastung der Haupthypothek mit einem Nießbrauchsrechte jenes Gläubigers im Zweifel nicht darstellt, so daß § 876 nicht Platz greift. Möglich ist es endlich auch, daß der Schuldner einem andern als dem Gläubiger und auch ohne dessen Mitwirkung ein selbständig verpflichtendes Verzinsungsversprechen nach § 780 abgibt (RG 94, 138).

2. Nach dem Verpflichtungsgrunde sind zu unterscheiden **gesetzliche** Zinsen und **Vertragszinsen.** Die letzteren unterliegen an sich keiner Beschränkung, weder hinsichtlich der Form des Versprechens, noch hinsichtlich des Zinsfußes. Nichtig sind nur gemäß § 138 wucherliche Abmachungen, vgl. auch die §§ 247, 248. Fällig sind bedungene Zinsen mangels besonderer

Abmachung mit dem Ablaufe des Jahrs („für das Jahr"). Hinsichtlich der Darlehnszinsen vgl. § 608. — Gesetzliche Zinsen sind vorgesehen bei der Bereicherung (§§ 820 Abs. 2, 818), der Verpflichtung zur Rückgabe einer Geldsumme (§ 347), bei der Verwendung fremden Kapitals im eigenen Interesse (§§ 668, 698, 1834), der Verpflichtung zum Ersatze von Aufwendungen (§ 256), der gleichzeitigen Nutzung von Kaufsache und Kaufgeld (§ 452) — ähnlich bei der Werkverdingung (§ 641 Abs 2) —; endlich beim Verzuge (§ 288) und nach Rechtshängigkeit (§ 291, Prozeßzinsen). Die Höhe der gesetzlichen Zinsen beträgt nach § 246 in der Regel 4 v. H.; bei beiderseitigen Handelsgeschäften 5 v. H. (§ 352 HGB); bei Regreßansprüchen aus Wechseln und Schecken (Art 50ff. WO, § 17 SchGes), sowie kraft wechselrechtlichen Gewohnheitsrechts (vgl. Staub-Stranz WO 11. Aufl zu § 50 Anm 12) bei Verzug des Akzeptanten eines Wechsels betrugen sie bis zu dem Gesetze vom 3. 7. 25 (RGBl I 93) 6 v. H., seitdem bis auf weiteres 2 v. H. über dem jeweiligen Reichsdiskontsatz, mindestens aber 6 v. H. Der durch die Reichstagskommission für das BGB von 5 auf 4 v. H. herabgesetzte gesetzliche Zinssatz hat sich in der Folgezeit, namentlich während der Nachkriegsperiode, als zu niedrig gegriffen und nicht mehr geeignet erwiesen, dem Gläubiger eine ausreichende Vergütung für die Entbehrung des Kapitals zu gewähren. Durch das genannte Gesetz ist aber eine Abhilfe für Zinsen aus bürgerlich-rechtlichen Schuldverhältnissen nicht geschaffen. Wegen der Verzugszinsen vgl. übrigens § 288 Anm 1. Wegen Prozeßzinsen im Enteignungsverfahren nach preußischem Recht vgl. § 291 Anm 1. Gemeinsam für gesetzliche und Vertragszinsen gelten hinsichtlich der Verjährung die Bestimmungen der §§ 197, 218, 223, 224. Gemäß §§ 62, 63 KO ist während des Konkursverfahrens der Zinsenlauf gegenüber den Konkursgläubigern gehemmt. — Durch Urteil zugesprochene Beträge sind als solche nicht kraft Gesetzes verzinslich, sondern nur wenn die Zinsen im Urteile selbst für die Zeit nach Erlaß des Urteils zugesprochen sind oder, falls die Voraussetzungen des § 321 ZPO vorliegen, ihre Zusprechung nachträglich durch Ergänzungsurteil erreicht werden kann; andernfalls müssen die Zinsen nachträglich besonders eingeklagt werden (vgl. A 1), sei es als vertragsmäßige oder gesetzliche (Prozeß-)Zinsen. Welcher Art die Hauptschuld sein muß, besagt das Gesetz nicht. Es spricht ausdrücklich nur von „Schuld", ohne Einschränkung auf „Geldschuld". Danach kann jede Schuld verzinslich sein, die die Verpflichtung zur Erstattung einer dem Schuldner gewährten, nach Mengen bestimmten Sache (Getreide und dgl.) enthält. — Wird ein **Zinssatz** nicht vereinbart, so greift bei Vertragszinsen ergänzend die Bestimmung von § 246 ein, und es müssen danach 4 v. H. als vereinbart gelten.

3. **Übergangsrecht.** Gemäß Art 170 EG bleiben hinsichtlich der vor dem 1. 1. 00 entstandenen Schuldverhältnisse die bisherigen Gesetze maßgebend. Das muß also auch hinsichtlich der Zinsen gelten.

§ 247

Ist ein höherer Zinssatz als sechs vom Hundert für das Jahr vereinbart, so kann der Schuldner nach dem Ablaufe von sechs Monaten das Kapital unter Einhaltung einer Kündigungsfrist von sechs Monaten kündigen. Das Kündigungsrecht kann nicht durch Vertrag ausgeschlossen oder beschränkt werden.

Diese Vorschriften gelten nicht für Schuldverschreibungen auf den Inhaber[1])[2]).

E I 358 II 211; M 196; P 473.

1. Durch § 247 wurde die **Vertragsfreiheit bei Vereinbarung der Höhe des Zinsfußes** zwar nicht aufgehoben, aber insofern eingeschränkt, als dem Schuldner, wenn mehr als 6 v. H. vereinbart waren, aus sozialpolitischen Gründen ein Kündigungsrecht gewährt wurde. Dem Schuldner sollte dadurch ein Schutz gewährt werden gegen wucherische Ausbeutung durch eine allzulange Bindung an einen übermäßig hohen Zinssatz. Die Vorschrift galt auch für Schuldverhältnisse unter Kaufleuten (RG 66, 411). Nicht dagegen laut Abs 2 für Schuldverschreibungen auf den Inhaber; vgl. über diese §§ 793ff. Die Bestimmung griff nicht Platz, wenn neben weniger als 6 v. H. Zinsen eine Beteiligung am Gewinn versprochen war (RG 86, 399). Die sechsmonatige Frist, nach deren Ablauf das Kapital gekündigt werden konnte, begann mit dem Tage der Vereinbarung; über ihre Berechnung vgl. § 188. Über die rechtliche Natur, die Erfordernisse und die Wirkungen der Kündigung vgl. zu §§ 542, 609.

2. Der § 247 ist durch das Gesetz vom 3. 3. 1923 (RGBl I 163) bis auf weiteres **außer Kraft gesetzt worden,** und zwar rückwirkend auch für bereits vorher entstandene Schuldverhältnisse. Die Aufhebung geschah angesichts der eingetretenen Verhältnisse im wohlverstandenen Interesse auch des Schuldners, da in und nach der Inflationszeit die Geldzinssätze, hauptsäch-

lich wegen der immer noch drohenden Gefahr oder doch der Besorgnis weiterer Geldentwertung, zu einer außerordentlichen Höhe gestiegen waren und die Gläubiger sich schwerlich bereit gefunden haben würden, Geld herzugeben, wenn sie es nicht für länger als 6 Monate zu einem höheren Zinssatze als 6 v. H. fest anlegen konnten. Nachdem nunmehr auf dem Geldmarkte wieder normale und stabile Verhältnisse eingetreten und der Geldzinssatz gesunken ist, soll nach Zeitungsnachrichten die Wiederinkraftsetzung des § 247 geplant sein. Sie würde sich, da der Grund für die Außerkraftsetzung im wesentlichen weggefallen ist, wohl rechtfertigen lassen; ob auch für bereits entstandene Schuldverhältnisse, erscheint zweifelhaft, da es sich um einen nicht unbedenklichen Eingriff in erworbene Rechte handeln würde. Allerdings fand auch vor der Aufhebung bereits § 247 auf vor seinem Inkrafttreten, nämlich vor dem 1. 1. 1900, entstandene Schuldverhältnisse Anwendung (RG 66, 411).

§ 248

Eine im voraus getroffene Vereinbarung, daß fällige Zinsen wieder Zinsen tragen sollen, ist nichtig.

Sparkassen, Kreditanstalten und Inhaber von Bankgeschäften können im voraus vereinbaren, daß nicht erhobene Zinsen von Einlagen als neue verzinsliche Einlagen gelten sollen. Kreditanstalten, die berechtigt sind, für den Betrag der von ihnen gewährten Darlehen verzinsliche Schuldverschreibungen auf den Inhaber auszugeben, können sich bei solchen Darlehen die Verzinsung rückständiger Zinsen im voraus versprechen lassen[1]).

E I 358 II 212; M 196; P 475.

1. **Zinseszinsen.** Verbot des Anatozismus. Vgl. auch § 289, betreffend Verzugszinsen; ferner zu Abs 2 § 355 Abs 2 HGB, betreffend eine weitere Ausnahme vom Zinseszinsverbote beim Kontokorrentverkehre. Vgl. dazu RG 95, 19. Eine Vereinbarung, daß sich der Zinssatz bei unpünktlicher Zinszahlung erhöht, ist zulässig (RG 87, 274). Zinsen sind im Sinne des § 13 Abs 1 ZVG rückständig, wenn sie für eine Zeit bis zum letzten Fälligkeitstermine vor der Beschlagnahme zu entrichten waren und der Anspruch auf sie noch nicht erloschen war (RG 91, 301).

Schadensersatz (§§ 249—255) Vorbemerkungen.

Die §§ 249—253 regeln die Frage, in welcher Weise Schadensersatz zu leisten ist, § 254 handelt vom mitwirkenden Verschulden des Berechtigten, § 255 von dem etwaigen Gegenanspruche des Verpflichteten. Über den Begriff Schaden und über die Entstehung der Verpflichtung zum Schadensersatze sind weder hier, noch sonst zusammenfassende, einheitliche Bestimmungen gegeben. Im allgemeinen ist darüber folgendes zu sagen:

1. **Schaden** bedeutet die infolge eines bestimmten Ereignisses gegen ihren Willen eingetretene ungünstige Veränderung der Verhältnisse einer Person in Ansehung eines ihr zustehenden Rechtsgutes (Persönlichkeit, Freiheit, Ehre, Vermögen). Der Vermögensschaden, den das Gesetz in den Regelfällen allein im Auge hat (§ 253, Warn 08 Nr 58), setzt die Beeinträchtigung eines wirtschaftlichen Gutes voraus (RG JW 1910, 934[4]). Eine ungünstige Veränderung ist schon gegeben, sobald die Lage des Ersatzberechtigten sich in rechtlichen oder wirtschaftlichen (RG Gruch 59 S. 338 u. 912) Verhältnissen irgendwie erkennbar verschlechtert hat; wozu es beispielsweise auch genügt, wenn der Berechtigte an Stelle einer unbestrittenen Forderung eine erst im Prozeßwege durchzusetzende erhalten hat (RG 62, 331); oder wenn eine Forderung durch Versehen des Haftbaren (Rechtsanwalts) der Verjährung verfallen ist (RG 90, 83). Es handelt sich alsdann nicht um einen erst drohenden, sondern um einen bereits eingetretenen, verfolgbaren Schaden, und der Berechtigte braucht sich nicht auf künftige, möglicherweise zur Ausgleichung führende Maßregeln verweisen zu lassen (RG 62, 331; 76, 148; 90, 85); er kann vielmehr nach § 249 alsbaldige Erstattung verlangen und braucht sich daher auch nicht auf die Möglichkeit eines anderweiten Ersatzes verweisen zu lassen (RG 80, 254). Zu einer Schadenszufügung genügt auch die Benachteiligung einer bloß tatsächlichen Erwerbsaussicht: RG 79, 58; 111, 156. Wer einen Schaden ohne Verschulden eines anderen erleidet, hat ihn an und für sich auch selbst zu tragen, und es bedarf eines besonderen Rechtsgrundes, um ihn auf einen andern abwälzen zu können (Casus a nullo praestantur; casum sentit dominus; cujus est commodum ejus est periculum). Rechtsgründe der erforderlichen Art sind entweder rechtsgeschäftlicher Natur — der Versicherungsvertrag —, oder gesetzlicher; vgl. Vorbem 2. Gesetzliche Voraussetzung für die Haftung eines andern ist grundsätzlich, daß eine gegenüber dem Geschädigten bestehende schuldrechtliche Verpflichtung oder aber ein außerhalb einer solchen vom Gesetze besonders geschütztes Rechtsgut verletzt worden ist (§ 823). Die Auffassung, daß man

allgemein für vorsätzlich oder fahrlässig verursachten Vermögensschaden hafte, ist dem BGB fremd (RG 57, 354; 59, 357; vgl. auch § 276 A 1).

2. **Verpflichtung zum Schadensersatze.** Nach allgemeinem Grundsatze ist zum Schadensersatze nur derjenige verpflichtet (RG 60, 345; 51, 411), der den Schaden eines andern verschuldet, d. h. den Erfolg durch ein schuldhaftes Verhalten verursacht hat. Das Nähere über den Begriff der zu vertretenden Schuld bei § 276. In Betracht kommt Verschulden innerhalb oder außerhalb eines bestehenden Vertragsverhältnisses, und dementsprechend handelt es sich um Haftung für Vertragsschaden oder außerkontraktlichen Schaden. Die Haftung ohne Rücksicht auf Verschulden setzt jedesmal eine Sonderbestimmung voraus. Einer Gruppe der hier zutreffenden Fälle liegt die Rechtsauffassung zugrunde, daß schon die Veranlassung des Schadens ersatzpflichtig macht. Dahin gehört die Haftung für das negative Vertragsinteresse im Falle des § 122 (vgl. dort A 2), ferner der Anspruch des Grundeigentümers auf Schadensersatz in den Fällen, in denen ihm das Recht, Angriffe in sein Eigentum abzuwehren, entzogen ist (RG 58, 134; 63, 376; vgl. zu § 906). In anderen Fällen endlich ist die Haftbarkeit vorgesehen sogar für einen solchen Schaden, den der Ersatzverpflichtete nicht „verursacht" und auch nicht einmal „veranlaßt" hat, indem hier die Haftung ausschließlich an einen gewissen Tatbestand geknüpft ist. Dahin gehört die Haftung des Tierhalters (§ 833), des Grundstücksbesitzers nach § 836, die Haftung für Hilfspersonen im Sinne des § 278. Vgl. ferner HaftpflG §§ 1 u. 2. Eine Folge, die in der Sache selbst ihre Begründung findet, ist es, daß überall, wo die Haftung ein Verschulden voraussetzt, Bedingung für ihren Eintritt grundsätzlich auch die persönliche Zurechnungsfähigkeit des Täters ist; während in den sonstigen Fällen allein der sachliche Tatbestand entscheidet. In einzelnen Fällen läßt das Gesetz eine geminderte Haftung eintreten; vgl. § 276 A 5.

3. **Der ursächliche Zusammenhang.** Soweit die Ersatzpflicht voraussetzt, daß der Haftbare den Schaden verursacht hat, liegt die Frage nach dem ursächlichen Zusammenhange vor. Die verschiedenen wissenschaftlichen Theorien über diesen Begriff hier wiederzugeben, würde zu weit führen. Für das Rechtsleben muß auf alle Fälle eine Einschränkung des mechanistisch-naturwissenschaftlichen oder philosophisch-logischen Ursachenbegriffes stattfinden, der als Ursache eines Ereignisses jedes zeitlich vorausgegangene Ereignis ansieht, durch das eine Bedingung für den Eintritt des späteren Ereignisses gesetzt worden ist, in der Weise, daß nur gefragt wird, ob dieses auch eingetreten wäre, wenn jenes sich nicht ereignet hätte (**condicio sine qua non**). Dieser uferlose Ursachenbegriff ist für die Erfordernisse des Rechtslebens offensichtlich unbrauchbar. Die erforderliche Einschränkung haben Rechtslehre und Rechtsprechung zu erreichen gesucht durch Aufstellung des Erfordernisses des **„adäquaten Kausalzusammenhanges"**. Darunter wird verstanden, daß ein ursächlicher Zusammenhang im Rechtssinne dann nicht als gegeben angesehen werden kann, wenn das als Erfolg (Wirkung) anzusprechende Ereignis, hier der Schaden, nur unter Mitwirkung anderer, selbständiger Ereignisse zustande gekommen ist, deren Eintritt nach menschlicher Erfahrung über den naturgemäßen und gewöhnlichen Lauf der Dinge („vom Standpunkte eines alle dem Menschen zu Gebote stehenden Erfahrungen und Kenntnisse beherrschenden Beurteilers"; so RG 81, 361) nicht in der allgemeinen Richtung der Wirkungen gelegen hat, die durch das als Ursache anzusprechende Ereignis ausgelöst werden konnten, derart, daß (wie sich RG aaO ausdrückt) von solchem Standpunkte aus, „zur Zeit der die Verantwortung begründenden Handlung eine derartige schadenstiftende Verkettung von Umständen ebenso wahrscheinlich erscheinen mußte, wenn die Handlung unterblieb, als wenn sie erfolgte". In anderen Entscheidungen ist das so ausgedrückt worden, daß die nur mittelbar (durch Vermittlung anderer Ereignisse) eingetretene Folge nicht in einem so losen oder entfernten Zusammenhange mit dem als Ursache in Anspruch genommenen Ereignisse stehen dürfe, daß dieser Zusammenhang nach der Auffassung des Lebens vernünftigerweise nicht mehr in Betracht gezogen werden könne (RG SeuffA 64 Nr 7; RG 78, 272; RG JW 1910, 650[6]; Warn 1912 Nr 244); oder daß die als Ursache anzusprechende Betätigung „generell" oder „erfahrungsmäßig" geeignet sein müsse, zu einem schädlichen Erfolge derart, wie er eingetreten, zu führen, RG 104, 143; 106, 14. Vgl. auch RG JW 1903 Beil S. 114 Nr. 250; 1908 S. 526[11]; 1909 S. 358[3]; 1911 S. 579[17]; 1912 S. 581[1]; ferner RG 72, 326. Man kann darüber streiten, welche dieser Formulierungen oder ob eine von ihnen das, worauf es ankommt, mehr oder weniger glücklich zum Ausdruck gebracht hat. Wesentlicher ist, daß bei der praktischen Anwendung wohl in den meisten Fällen das Richtige getroffen worden ist. So ist ausgesprochen, daß grundsätzlich und vorbehaltlich der durch positive Bestimmungen geschaffenen Ausnahmen (§ 15 Tumultschädengesetz, RG 105 S. 118, 151) auch für mittelbare Folgen gehaftet werde, und zwar (auch soweit ein Verschulden erforderlich, vgl. zu § 276 A 4 unter a) ohne Rücksicht darauf, ob sie im Einzelfalle von dem subjektiven Standpunkte des Handelnden aus voraussehbar oder als regelmäßige Folgen seiner Handlung zu erwarten waren: RG 69, 344; 81, 361; 110, 214; Warn 1921 Nr 69; JW 1921, 1601[4]. Auch Folgen, die nur selten und ausnahmsweise eintreten, aber auf Grund allgemeiner Erfahrung als möglich

erkennbar sind, liegen nicht jenseits aller Erfahrung und Berechnung, sondern innerhalb derselben (RG Warn 1921 Nr 69). Es genügt daher, wenn der Eintritt des Schadens durch die als Ursache angesprochene Handlung in einer ihr gemäßen Richtung gefördert oder begünstigt worden ist. So z. B. in einem Falle, wo ein Schaden (Tod eines Menschen) dadurch entstanden war, daß eine Fabrik einen Aufzug vertragswidrig mit mangelhafter Seilbefestigung hergestellt und so abgeliefert hatte, und er in diesem Zustande von dem Besteller, wiewohl gegen ein polizeiliches Verbot, in Benutzung genommen war (RG 69, 57); ferner in einem Falle, wo eine vertragsmäßig an einem bestimmten Tage auszuführende Schleppschiffahrt von dem Verpflichteten nicht an diesem, sondern an dem darauffolgenden Tage ausgeführt worden und infolge eines an letzterem Tage ausgebrochenen Sturmes die geschleppten Schiffe verloren gegangen waren, während sie an dem vorhergegangenen Tage unversehrt geblieben sein würden (RG 81, 359). Ebenso haftet derjenige, dessen unerlaubte Handlung (Körperverletzung durch Schlag) infolge Hinzutritts anderer, nicht voraussehbarer, aber nicht außerhalb aller Erfahrung liegender Umstände (unglücklicher Fall des Verletzten) den Tod des Verletzten herbeigeführt hat, für den dessen Hinterbliebenen entstandenen Vermögensschaden nach Maßgabe des § 844 BGB, da ein Verschulden nur für die schädigende Handlung selbst, nicht für ihre weiteren Folgen erfordert wird (RG 66, 252; 69, 344). Ein adäquater Zusammenhang besteht ferner zwischen einer Verletzung und der gesundheitlichen Schädigung, die der Verletzte infolge der Aufregungen erlitten hat, die der von ihm wegen der Verletzung zu führende Prozeß mit sich brachte (RG 75, 19); ebenso zwischen rechtswidriger Behandlung durch Polizeibeamte bei einer Festnahme und einem durch die seelische Erregung dabei herbeigeführten Tode des Festgenommenen infolge Herzstillstandes, auch wenn der Anfang einer Herzerkrankung bei ihm vorhanden war, die nach 10 Jahren zum Tode geführt haben würde (RG 91, 348). Ist jemand durch einen Stoß verletzt und hat dieser Stoß die schädlichen Folgen wenn auch nur deswegen hervorgerufen, weil sich eine Krankheit infolge einer bei ihm bereits vorhandenen nervösen Veranlagung entwickelt hat, so sind dem Täter diese schädlichen Folgen als durch ihn verursacht zuzurechnen (RG Warn 1911 Nr 363). — Die Schadensersatzpflicht wegen einer Körperverletzung erstreckt sich auch auf die Folgen fehlerhafter ärztlicher Behandlung (RG SeuffA 67 Nr 57). Zieht der einen Verletzten behandelnde Arzt einen anderen Arzt zu und macht sich dieser, etwa als Operateur, eines Fehlers schuldig, so besteht ein adäquater Zusammenhang mit der Verletzung dann, wenn der Fehler des zweiten Arztes auf einem ihm zurechenbaren Verschulden beruht, das innerhalb der Grenzen der erfahrungsmäßig vorkommenden ärztlichen Fehler bleibt, aber es fehlt an einem solchen Zusammenhang, wenn der zugezogene Arzt gegen alle ärztliche Regel und Erfahrung gröblich gefehlt hat (RG 102, 231; JW 1911, 755). Auch durch das Dazwischentreten einer *auf eigenem, freiwilligem Entschlusse des Handelnden beruhenden selbständigen Handlung eines Menschen*, das zur unmittelbaren Ursache des Erfolges geworden ist, z. B. Verletzung bei dem Anhalten durchgegangener Pferde, wird der ursächliche Zusammenhang zwischen der Handlung des für das Durchgehen der Pferde Verantwortlichen und der Verletzung nicht unterbrochen, wenn für den Handelnden eine rechtfertigende Veranlassung, insbesondere eine sittliche Pflicht zu einem solchen Eingreifen bestanden hat (RG 50, 223). Anders, wenn eine ungerechtfertigte, willkürliche Handlung eines Menschen den Erfolg unmittelbar herbeigeführt hat, z. B. ist der Kausalzusammenhang zwischen der ungerechtfertigten Anordnung einer Verhaftung und der Erschießung des Verhafteten auf dem Transporte durch die ihn transportierenden Polizeibeamten verneint worden (RG 106, 14). Doch wird der ursächliche Zusammenhang nicht ausgeschlossen dadurch, daß durch das *fahrlässige Verhalten* eines Dritten eine „Zwischenursache" gesetzt worden ist, ohne die der rechtswidrige Erfolg nicht eingetreten wäre, sofern nur ein solches Dazwischentreten im Rahmen der täglichen Erfahrung liegt (RGSt 56, 348; 58, 131). Ebensowenig wird der ursächliche Zusammenhang ausgeschlossen durch *eigenes sachwidriges Verhalten* des Beschädigten, sofern nur dieses selbst mit der Handlung des Schädigers in adäquatem Zusammenhange steht; RG 29, 120; 50, 95. — Verneint worden ist das Vorhandensein eines ursächlichen Zusammenhanges im Rechtssinne zwischen einem von dem Verkäufer durch arglistige Täuschung des Käufers herbeigeführten Verkaufe eines Geschäfts und den Verlusten, die der Käufer später infolge von Differenzen mit seinem Geschäftsteilhaber erlitten hat, weil hier nur ein „logischer" Kausalzusammenhang besteht (RG 78, 272). — Ausgeschlossen wird der Kausalzusammenhang durch das Dazwischentreten eines als unmittelbare Ursache wirkenden Ereignisses, infolgedessen *auch ohne* die als mittelbare Ursache anzusprechende Handlung der Erfolg eingetreten wäre (RG JW 1913, 546[12]; RGSt 58, 131, für Unterlassungen). Deshalb entfällt die Haftung eines Notars wegen einer durch falsche Rechtsbelehrung begangenen Amtspflichtverletzung, wenn festgestellt wird, daß der Belehrte den Vertrag auch bei richtiger Belehrung abgeschlossen haben würde: RG 101, 157. Nicht genügend ist aber für den Ausschluß die *bloße Möglichkeit*, daß der Schaden auch ohne die Tätigkeit des als haftbar in Anspruch Genommenen entstanden sein würde (RG 25. 1. 06 VI 168/05). Ebensowenig die Feststellung, daß der nämliche oder ein ähnlicher wie der durch das Tun des Schädigers herbeigeführte Erfolg ohnedies durch ein anderes Geschehnis herbeigeführt worden wäre. Doch kann eine solche Feststellung geeignet sein, den Umfang des Schadens als geringer erscheinen zu lassen, z. B. wenn der Verletzte ohnehin wegen Krankheit in Bälde erwerbsunfähig geworden sein würde. — Ein Gläubiger, der sich von seinem Schuldner aus Mitteln befriedigen läßt, von denen er weiß, daß sie durch Betrug erlangt sind, schädigt auch seinerseits noch den Betrogenen insofern, als er ihm die Möglichkeit entzieht, die aus seinem Vermögen dem Betrüger zugeflossenen Mittel von diesem wiederzuerlangen (RG 94, 193). — Durch das Dazwischenliegen eines langen, auch vieljährigen Zeitraumes zwischen der schädigenden Handlung und dem Eintritt des Schadens wird der ursächliche Zusammenhang zwischen beiden nicht ausgeschlossen, sofern nur die Wirkungsmöglichkeit der ersteren solange fortgebauert hat (RG 95, 76, betreffend einen Bergschaden). Entstanden ist der Schaden erst, wenn die sämtlichen Bedingungen, deren Zusammenwirken zur Entstehung erforderlich war, eingetreten sind, RG aaO. S. 78. Haben mehrere Ereignisse nur in ihrem Zusammenwirken einen einheitlichen Schaden verursacht, so ist jedes ursächlich für den ganzen Schaden (Gesamtkausalität, RG 73, 290). — Die Ansicht, daß die Amtspflichtverletzung eines Grundbuchbeamten die einzige Schadensursache und der Kausalzusammenhang ein unmittelbarer gewesen sein müsse, steht im Widerspruch mit dem Begriff des ursächlichen Zusammenhanges, der nicht dadurch ausgeschlossen wird, daß mehrere Ursachen zu einem Erfolge zusammenwirken (RG 66, 109). Der ursächliche Zusammenhang zwischen dem Bahnbetrieb einerseits und dem Scheuwerden eines Pferdes und den dadurch herbeigeführten schädlichen Folgen andererseits wird nicht dadurch ausgeschlossen, daß ein Dritter (der Kutscher des Geschädigten) es schuldhaft unterlassen hat, Vorkehrungen gegen die drohende Gefahr zu treffen (RG 53, 116). — Ein ursächlicher Zusammenhang besteht zwischen dem Streik von Eisenbahnern, der als grobes Verschulden dieser Bediensteten angesehen werden kann und für dessen Folgen in solchem Falle die Eisenbahn nach § 5 EVO haftet, und einem durch Verwendung ungeschulten Hilfspersonals entstandenen Beförderungsschaden (RG 110, 214). — In dem Urteile des 5. ZS v. 17. 1. 1920 (RG 98, 52) ist der Kausalzusammenhang zwischen einer vor Ausbruch des Weltkrieges begangenen schädigenden Handlung und der Weiterentwicklung des aus ihr entstandenen Schadens (Bergschadens) durch Vergrößerung des Minderwerts des beschädigten Hauses infolge der durch den Weltkrieg verursachten Steigerung der Preise der zur Wiederherstellung erforderlichen Reparaturen (vgl. § 249 A 2) verneint worden mit der Begründung, daß der Weltkrieg, an dessen Ausbruch zur Zeit der Begehung der schädigenden Handlung noch niemand habe denken können, ein so ungewöhnliches Ereignis gewesen sei, daß der dadurch bedingte größere Minderwert nicht eine Folge der schädigenden Handlung (Einwirkungen des Bergbaus), sondern (allein) durch die neu eingetretene Tatsache des Ausbruches des Krieges verursacht sei. In RG 105, 118 hat der 6. Senat dahingestellt gelassen, ob der Ausbruch des Krieges den Ausschluß des ursächlichen Zusammenhanges in solchem Falle rechtfertige. Nach der seit dem Urteile vom 17. 1. 1920 eingetretenen weiteren Entwicklung der Verhältnisse wird der Annahme, daß der Weltkrieg mit seinen grundstürzenden Umwälzungen auch auf wirtschaftlichem Gebiete ein jeder früheren Erfahrung und Berechnung spottendes außergewöhnliches Ereignis gewesen sei, nicht wohl entgegengetreten werden können. — Nicht nur positive Handlungen, sondern auch Unterlassungen können ursächlich für den Eintritt eines Schadens sein (RG 52, 376; 54, 53; 58, 334; RGSt 58, 131). Voraussetzung ist, daß bei positivem Handeln in der gebotenen Richtung der schädigende Erfolg nicht eingetreten wäre oder mit anderen Worten, daß die Unterlassung nicht weggedacht werden kann, ohne daß der Erfolg entfiele (RGSt 58, 131). — Vgl. im übrigen über den ursächlichen Zusammenhang auf dem Gebiete des Strafrechts RGSt 4, 243; 5, 29; 6, 146; 15, 151; 19, 141; 22, 173.

Beweislast. Der Kläger hat an sich auch den ursächlichen Zusammenhang darzutun; es genügt jedoch, wenn er zunächst ein solches Zusammentreffen der Tatsachen nachweist, welches nach dem durch die Erfahrung erkennbaren Zusammenhange der Dinge einen Schluß darauf rechtfertigt, daß die Vorgänge im Verhältnisse von Ursache und Wirkung stehen; der prima facie-Beweis genügt (RG 84, 385; 86, 205; JW 1921, 748[12]; 1922, 485[6]; SeuffA 75 Nr 98); insbesondere muß dies dann gelten, wenn die Vorgänge so verwickelt sind, daß die Ursächlichkeit wegen der Beschränktheit des menschlichen Erkenntnisvermögens nicht mit Sicherheit festgestellt werden kann; in solchen Fällen braucht der Geschädigte nicht einen alle andern Möglichkeiten ausschließenden Beweis zu führen, vielmehr hat dann der Beklagte Tatsachen darzutun, die eine anderweite als die vom Kläger behauptete ursächliche Wirkung ergeben; der Richter endlich hat die Frage des ursächlichen Zusammenhangs gemäß § 287 ZPO frei zu beurteilen (RG 95 S. 104 u. 249; 98, 60; SeuffA 70 Nr 151). Zum Nachweis der Dienstunfähigkeit bei einem Betriebsunfalle im Sinne des Beamtenunfallfürsorgegesetzes genügt der Nachweis, daß der Unfall nach dem gewöhnlichen Laufe der Dinge geeignet war, die Dienstunfähigkeit herbeizuführen; Sache des haftbar Gemachten ist es dann, nachzuweisen, daß die Dienstunfähigkeit auch ohne den Unfall eingetreten wäre: RG 95 S. 104, 249; 102, 242. — Durch Art 31 Abs 1 Nr 4 Int. Übereink. über den Eisenbahnfrachtverkehr ist für die besonderen Gefahren, denen leichtverletzliche Güter ausgesetzt sind und für welche die Bahn daher nicht haftet, eine Vermutung aufgestellt, daß der eingetretene Schaden auf diese Gefahren zurückzuführen ist; die Vermutung tritt ein, sofern nach den Umständen des Falles die (konkrete) Möglichkeit einer Verursachung durch die genannten Gefahren besteht; RG 110, 44. — Besonders geregelt ist die Beweislast für die Frage des Anteils mehrerer Bergwerke an der Verursachung eines Bergschadens: PrAllgBerggesetz § 149, vgl. RG 102, 316. Über die Beweislast für die Verursachung des Schadens bei Beteiligung mehrerer an einer unerlaubten Handlung vgl. § 830 Abs 1 Satz 2 und zu § 830. Auch für den erforderlichen Nachweis des Verschuldens genügt es zunächst, wenn ein äußerer Tatbestand nachgewiesen ist, der die Folgerung zuläßt, daß die Schadenszufügung bei ordnungsmäßigem oder pflichtgemäßem Verhalten vermieden worden wäre (RG 97, 116). Der Verpflichtete hat sich dann durch den Beweis, daß er die erforderliche Sorgfalt angewendet habe, zu entlasten (RG Warn 1920 Nr 12 u. 76). Die Unmöglichkeit, die Ursache einer Verletzung des Patienten bei einer Operation festzustellen, kann nicht ohne weiteres zu Lasten des Arztes gehen. Nach RG 78, 432 (vgl. auch JW 1913, 32[20]) hat dieser seiner Beweispflicht für die ihm obliegende Sorgfalt genügt durch den Nachweis, daß nach dem soweit möglich klargelegten Sachverhalte ein positiver Anhalt für ein ihm zur Last fallendes Verschulden nicht gegeben sei und daß der ungünstige Erfolg auch ohne ein solches eingetreten sein könne. In dem Urt v. 9. 7. 26 III 407/25 ist jedoch betont, daß diese Grundsätze mit Vorsicht behandelt werden müßten und ernstlich zu prüfen sei, ob nicht so starke Anhaltspunkte für ein kausales schuldhaftes Verhalten des Arztes bei der Operation vorlägen, daß von einer Unmöglichkeit der Feststellung des Kausalzusammenhanges nicht mehr gesprochen werden könne. — Die Entscheidung über den ursächlichen Zusammenhang ist revisibel, wenn Rechtsgrundsätze ersichtlich verletzt sind (RG JW 1911, 579[17]).

4. Umfang der Haftung. Sie geht so weit, **als der ursächliche Zusammenhang reicht.** Der Täter haftet danach im allgemeinen für allen Schaden, den er verursacht hat, und somit nicht nur für die unmittelbaren, sondern auch für die mittelbaren Nachteile (vgl. oben A 3), wobei nicht Erfordernis ist, daß er den tatsächlich eingetretenen (konkreten) Schaden voraussehen konnte (RG 69, 344; 81, 361; Warn 08 Nr 125). In einzelnen Fällen läßt das Gesetz ausdrücklich auch für zufällige Ereignisse einstehen, sofern nicht der Nachweis erbracht wird, daß sie auch ohne die schädigende Handlung eingetreten wären (§§ 287, 848); vgl. ferner § 701 und die Ausführungen bei § 203 A 2, betreffend den Begriff Zufall und die Haftung für höhere Gewalt.

5. Vorteilsausgleichung. Die Ersatzpflicht kann in keinem Falle weiter gehen, als Schaden entstanden ist. Möglich ist nun, daß das schädigende Ereignis wie Nachteile so anderseits auch Vorteile gebracht hat. In dem Falle besteht der Schaden nur aus dem Nettobetrage („Saldo"), der sich bei Ausgleichung aller beiderseitigen aus derselben Wurzel entsprungenen **Vermögens-Ab- und Zugänge ergibt (RG 54, 137 für den Fall eines durch Betrug herbeigeführten, demnächst angefochtenen Vertrags; 65, 60). Die Ausgleichung selbst vollzieht sich in Form einer Rechnungsaufstellung, nicht aber im Wege der Aufrechnung, da der Ersatzpflichtige aus dem entstehenden** Vorteile keinen Gegenanspruch erwirbt (RG 54, 137). Die ältere Rechtsprechung hat streng daran festgehalten, daß schlechterdings nur solche Vorteile zu berücksichtigen seien, die (unmittelbar) aus dem nämlichen Ereignisse entstanden sind, das sich als schädlich erwiesen hat. So ist bereits in RG 10, 10 und später namentlich in RG 65, 57 dargelegt, daß der bloße tatsächliche (ursächliche?) Zusammenhang zweier verschiedener Ereignisse, aus deren einem der Schaden, aus deren anderem der Vorteil erwachsen ist, nicht genüge. **Daher ist die Vorteilsausgleichung verneint worden, falls es sich nur um die Beseitigung der bereits erlittenen Einbuße (reparatio damni) handelt (RG 59, 239;** der Kläger hatte wertlose Aktien gekauft, diese alsdann aber vorteilhaft weiterverkauft); ferner **könne dem ausgefallenen Hypothekengläubiger regelmäßig nicht der Vorteil entgegengehalten werden, den er anderseits durch günstigen Erwerb des Grundstücks erlangt hat (RG 65, 60; ein Notar war von seinem Auftraggeber haftbar gemacht worden, weil er verabsäumt hatte, ihn von dem Vorhandensein eingetragener Rechte in Kenntnis zu setzen; sein Einwand, daß sein mit der Hypothek ausgefallener Auftraggeber das Grundstück in der Zwangsversteigerung vorteilhaft erstanden habe, wurde zurückgewiesen). Doch hat schon in RG 80, 155 der 6. ZS erkannt, daß es nicht „ein und dasselbe Ereignis" sein müsse, sondern auch mehrere, der äußeren Erscheinung nach selbständige Ereignisse (Handlungen) sein können, sofern nur unter ihnen ein „adäquater Zusammenhang"** (vgl. oben A 3) **bestehe. Einen solchen hat er jedoch in dem Falle der Erstehung des Grundstücks durch den bei der Zwangsversteigerung ausgefallenen Hypothekengläubiger nicht ohne weiteres als gegeben erachtet, vielmehr darauf abgestellt, ob der Gläubiger ein Geschäftsmann ist, der regelmäßig solche Geschäfte betreibt und mit der Ersteigerung von Grundstücken zum Zwecke**

der Verhütung von Ausfällen rechnet, oder ein Privatmann oder kleiner Beamter, der durchaus gegen seine Willensrichtung und seine Verhältnisse genötigt ist, zu solchem Zwecke das Grundstück zu erwerben. Der III. ZS hat sich in RG 84, 389 auf einen mehr grundsätzlichen Standpunkt gestellt und ausgeführt, daß auch in derartigen Fällen regelmäßig ein adäquater Zusammenhang gegeben sei, weil das Bieten des Auftraggebers und demzufolge die Erstehung des Grundstücks „als mittelbar aber adäquat verursachte Folge des schädlichen Verhaltens des Anwalts anzusehen sei", wobei jedoch die Frage, ob jenem dadurch ein Vorteil erwachsen sei, von den konkreten Umständen abhänge. Man wird dem beipflichten können. Der Begriff des ursächlichen Zusammenhangs darf hier nicht zu eng gefaßt werden; Zusammenhängendes ist nicht zu trennen und die Billigkeit nicht unberücksichtigt zu lassen. Der erforderliche einheitliche Zusammenhang ist schon dann vorhanden, wenn die Schadensursache nach dem gewöhnlichen Laufe und der natürlichen Entwicklung der Dinge, wenn auch nur mittelbar und nur in Verbindung mit anderen, für sich allein betrachtet selbständigen Ereignissen mit dazu beigetragen hat, dem Geschädigten einen Nutzen zu verschaffen, mit diesem also in adäquatem Zusammenhange steht; es sind mithin die Gesamtumstände des Falles und das wirtschaftliche Ergebnis ins Auge zu fassen (RG 84, 388; 100, 90; 103, 407). Aus diesen Gründen ist dem Mieter eines Wirtshauses ein Nachlaß an der Miete, den er aus dem Grunde gefordert hatte, weil wegen des Krieges die Polizeistunde herabgesetzt war, versagt worden, weil anderseits feststand, daß sich der Besuch des Wirtshauses wegen der durch den Krieg herbeigeführten Verhältnisse sehr gehoben hatte (RG 93, 144). Daher kann insbesondere auch ein für die Vorteilsausgleichung genügender Zusammenhang dann gegeben sein, wenn der Berechtigte wegen Nichterfüllung des Vertrags durch den Verpflichteten zwar in Schaden gekommen ist, die Nichterfüllung des Vertrags zugleich aber auch veranlaßt hat, daß der Berechtigte Maßregeln ergriff, die die Vermögensverminderung wieder ausglichen. Beispielsweise A ist seiner Verpflichtung, B sein Grundstück zu gewähren, nicht nachgekommen, B hat alsdann aber das zur Versteigerung gekommene Grundstück vorteilhaft erstanden; oder A hat seine vertragliche Verpflichtung, die Hypothek des B auszubieten, nicht erfüllt, B hat aber den Ausfall dadurch gedeckt, daß er das Grundstück selbst erstand (RG JW 09, 46[5]; 1912, 791[6]). Oder ein Hypothekengläubiger hat den ihm für seine Hypothek zugesagten Rang nicht erhalten, würde dadurch einen Ausfall erleiden, ersteht aber demnächst das Grundstück bei der durch ihn oder einen Dritten herbeigeführten Zwangsversteigerung vorteilhaft (RG 84, 386; vgl. auch JW 1916, 577[5]). Hat der Verkäufer Ersatz zu leisten, weil das verkaufte Grundstück mit einer Dienstbarkeit belastet ist (§ 434), verzichtet dann aber der Berechtigte infolge der Bemühungen des Verkäufers auf die Dienstbarkeit gegen Bestellung eines minder drückenden Rechtes durch den Käufer, dann findet eine Vorteilsausgleichung statt (RG 23. 6. 15 V 46/15). Haftet der Verkäufer auf Schadensersatz, weil er dem Käufer die Mieten zu hoch angegeben hat, so findet die Vorteilsausgleichung statt, wenn der Käufer den Mietsertrag von dem Zeitpunkte ab, wo er in den Genuß des Grundstücks eintritt, selbst auf die angegebene Höhe gesteigert hat (RG JW 1911, 644[8]; SeuffA 67 Nr 51).

In RGZ 89, 284 hat aber der II. ZS unter Wiederholung des von den anderen Senaten bereits verlassenen Gesichtspunktes der Identität des Ereignisses die Vorteilsausgleichung gegenüber dem Anspruche des Verkäufers aus § 326 wegen Nichtabnehmen bereits angeschaffter Ware insofern abgelehnt, als geltend gemacht wurde, der Verkäufer habe die Ware anderweit mit Vorteil verkauft, und nur zugelassen insofern, als der Verkäufer die Ware infolge der Nichtabnahme in seinem Vorrat behalten hatte. Derselbe Senat hat aus dem gleichen Gesichtspunkte in RG 90, 160 die Ausgleichung des Schadens, den der Käufer durch den Verzug des Verkäufers mit der Lieferung erlitten hatte, mit dem aus dem Verkaufe der Ware, mit der er sich eingedeckt hatte, erzielten Vorteile abgelehnt. Diese Entscheidungen dürften nicht im Einklang stehen mit den in den neueren Entscheidungen anderer Senate für maßgeblich erklärten Grundsätzen des adäquaten Zusammenhanges und der Billigkeit. Daß bei konkreter Schadensberechnung der Verkäufer sich den Einwand gefallen lassen muß, er sei im Besitze der Ware verblieben und deshalb in der Lage, sie an einen Dritten mindestens ebenso vorteilhaft zu veräußern, ist vom RG auch bei Warn 1918 Nr 184 und RG 110, 159 ausgesprochen. Der Einwand, der Gläubiger würde bei früherer Zahlung das Geld nicht vor Entwertung haben schützen können (vgl. § 242 Anm 5 d δ αα), kann auch einem Schadensersatzanspruche aus § 249 entgegengesetzt werden (RG 109, 62). Ein Schaden, den ein Hypothekengläubiger durch Wegschaffung von Gegenständen von dem Grundstück in Gestalt des Ausfalles seiner Hypothek erlitten hat, wird insoweit ausgeglichen, als er selbst infolgedessen das Grundstück unter dem Werte ersteigert: RG 73, 340. Die Voraussetzungen der Vorteilsausgleichung sind dann nicht als erfüllt angesehen worden, wenn das Ereignis, das zugleich einen Vorteil gebracht hat, um deswillen schädlich geworden ist, weil der Täter schuldhaft gehandelt hat; beispielsweise: infolge der Anlegung eines Kanals durch eine Stadt wird ein Haus beschädigt, weil die Stadt versäumt hat, die nötigen Vorsichtsmaßregeln zu treffen; hier sei der etwaige Vorteil der Kanalanlage durch diese verursacht, der etwaige Schaden dagegen durch das Versehen der Stadt: RG 19. 4. 11 V 493/10 (außer der nach der neueren Rechtsprechung nicht mehr unbedingt erforderlichen Identität des Ereignisses dürfte hier auch der adäquate Kausalzusammenhang fehlen). — Die Entschädigungsforderung des in einem Betriebe Beschädigten wird nicht durch die Leistungen der Betriebsverwaltung (gemäß dem Unfallfürsorgegesetze) beseitigt, weil diese Leistungen nur gegen Übergang der Forderung gegen den Dritten gemäß § 12 Abs 3 des Ges. geschuldet werden (RG 73, 214; 89, 235). Für eine Vorteilsausgleichung ist weiter kein Raum, wenn ein Hypothekengläubiger, der die Veräußerung von Zubehörstücken wirksam angefochten hatte, demnächst das Grundstück vorteilhaft ersteigert (RG 100, 90); wenn ferner der Wert des vom ausgefallenen Hypothekengläubiger ersteigerten Grundstücks erst später infolge unvoraussehbarer Verhältnisse eine Wertsteigerung erfährt (RG 100, 255). Auch zwischen dem Schaden, den der Käufer wegen unterbliebener Lieferung der Kaufsache erlitten hat, und dem Gewinne, den er durch den Verkauf der im Wege des Deckungskaufs angeschafften anderweiten Ware erzielt, besteht kein adäquater Zusammenhang (RG Gruch 64, 101).

Die Vorteilsausgleichung greift Platz unter Umständen auch bei einer durch das schädliche Ereignis ermöglichten **Ersparung von Aufwendungen** (RG JW 06, 332[6]; ferner RG 76, 106, betreffend Entschädigung unschuldig Verurteilter). Ferner wenn dem Gläubiger aus dem Verzuge des Schuldners Nachteil und Vorteil erwächst (RG 40, 172). Desgleichen ist auf die Entschädigung, die ein im Eisenbahnbetriebe verunglückter und infolge dieses Unfalls in den Ruhestand versetzter Bahnbeamter erhält, die ihm zu gewährende Pension anzurechnen (RG 17, 45; vgl. auch 15, 114 wegen des Abzugs von Witwen- und Waisengeldern unter ähnlichen Umständen und 64, 350). Wenn aber ein Dritter aus reiner Freigebigkeit eine Versicherung zum Besten des Verletzten genommen hat, sind die Bezüge aus der Versicherung auf die Schadensersatzansprüche aus den §§ 893, 894 ebensowenig anzurechnen, wie in dem Falle, daß der Verletzte sich selbst versichert hätte; hat aber der Arbeitgeber infolge der zwischen ihm und den Arbeitnehmern bestehenden Gepflogenheit diese fortlaufend versichert, dann liegt der Fall so wie bei Beamtenpensionen und die Bezüge sind daher anzurechnen (RG 70, 101). Der Ersatzanspruch eines Kindes wegen schuldhaft verursachten Todes seines unterhaltspflichtigen Vaters wird nicht dadurch gemindert, daß das Kind von einem Dritten aus Wohltätigkeit Unterhalt empfängt (RG 92, 57). Grundsatz ist überhaupt, daß im Falle eines Ersatzanspruchs wegen Todes des Unterhaltspflichtigen die auf Gesetz beruhenden Bezüge in Abzug zu bringen sind, dagegen nicht auch solche Bezüge, die auf Vertrag beruhen (RG 64, 355; 70, 101; 73, 216; 80, 51; 92, 402). Im ersteren Falle entsteht dem Ersatzberechtigten insoweit, als er den gesetzlichen Anspruch auf Versorgung erhält, überhaupt kein Schaden, und der zur Versorgung oder dergleichen Verpflichtete kann infolgedessen auch nicht von demjenigen, der den Unfall verursacht hat (etwa ein Eisenbahnunternehmen), Ersatz verlangen (RG 92, 403).

Sehr bestritten ist die Anwendung der Grundsätze von der Vorteilsausgleichung auf die **Enteignung**, die übrigens nicht eine Schadensersatzforderung im eigentlichen Sinne, sondern eine Forderung auf Werterersatz ist (RG 107, 228), wodurch aber die Vorteilsausgleichung nicht ausgeschlossen wird. Vgl. die ausführliche Darlegung der Rechtslehre und Rechtsprechung in RG 57, 242ff. Es handelt sich dabei namentlich um die Frage, ob bei einer Teilenteignung nur die Vorteile zur Anrechnung zu kommen haben, die besonders und allein dem verbleibenden Restgrundstücke des von der Enteignung betroffenen Grundbesitzers durch die Anlage, für welche die Enteignung erfolgt, entstehen oder auch die allgemeinen Vorteile, die dieser wie andere benachbarte Grundbesitzer aus der neuen Anlage gewinnt; und um die weitere Frage, ob die Anrechnung der Vorteile zu geschehen hat auf die gesamte Entschädigung, also auch diejenige für den enteigneten Teil, oder nur auf die Entschädigung für den Minderwert des verbliebenen Restbesitzes. Die Anrechnung auf die Entschädigung für den enteigneten Grundstücksteil hat das RG in ständiger Rechtsprechung aus allgemeinen Rechtsgrundsätzen für ausgeschlossen erklärt; vgl. JW 1898, 176[60] und die dort angeführten Urteile sowie RG 57, 245. Die Anrechnung der allgemeinen Vorteile ist vom RG mehrfach auch auf den Minderwert des Restgrundstücks für unzulässig erklärt worden, insbesondere soweit es sich um die Entschädigung für den durch die Lösung des Zusammenhanges zwischen dem enteigneten Teil und dem verbleibenden Restbesitz für diesen entstandenen Minderwert handelt; vgl. RG 57, 245/246 und die dort angeführten Urteile, ferner JW 04, 371[43]. Die dafür angeführten Rechtsgründe nehmen zum Teil bezug auf den Grundsatz der Identität des Ereignisses (vgl. oben) und es ist bereits in RG 57, 246 dagegen geltend gemacht, daß die Enteignung und das Unternehmen, dem sie dient, sich nicht in solcher Weise trennen ließen und daß auch sonst gewichtige Gegengründe entgegenstünden; solche sind in der Tat nach der neueren Rechtsprechung in der Richtung des Bestehens eines adäquaten Zusammenhanges zwischen Enteignung und Anlage vorhanden. Doch hat das RG a. a. O. für das Gebiet des Preußischen Enteignungsgesetzes aus positiven, aus dem Wortlaute und der Entstehungsgeschichte dieses Gesetzes hergeleiteten Gründen die Anrechnung der allgemeinen Vorteile für unzulässig erklärt. Die Frage, ob die Anrechnung der besonderen Vorteile zulässig sei, ist dabei ausdrücklich offengelassen (a. a. O. S. 250). — Wird Ersatz für eine dem Enteigneten infolge der Enteignung obliegende Last (Herstellung einer Einfriedigung, Verlegung eines Weges) verlangt, so kann von einer Wertminderung des Restgrundstücks durch diese Last insoweit keine Rede sein, als das Restgrundstück durch die Anlage eine Werterhöhung erfahren hat (Angrenzen an eine Straße), für welche die Belastung ein Äquivalent bildet (RG 67, 175; JW 1894, 190[38]).

Keine entsprechende Anwendung der Grundsätze von der Vorteilsausgleichung bei anderen Fällen als bei der Forderung auf Schadensersatz, insbesondere gegenüber einem Anspruche auf Vertragserfüllung (RG 80, 154; JW 1913, 19[5]; Warn 1916 Nr 227; Gruch 60, 847; 61, 133). So ist für die Vorteilsausgleichung überhaupt kein Raum, wenn der bei der Zwangsversteigerung ausgefallene Hypothekengläubiger nicht eine Schadensersatzforderung, sondern seine Gläubigerforderung gegen den persönlichen Schuldner geltend macht (RG 80, 154; Gruch 57, 934; JW 1919, 571[5]). Dies ist in Zweifel gezogen im Urteile Warn 1914 Nr 47, wo erwogen wird, ob nicht in der Übernahme der Haftung für die Güte einer Hypothek ein Gewährschaftsversprechen für den Schaden zu finden sei, den der Gläubiger durch den Ausfall der Hypothek erleidet. Indes es liegt doch gerade im Sinne des Garantieversprechens, daß der Gläubiger das ungeschmälert aus der Hypothek erhält, wofür der Verpflichtete einzustehen zugesagt hat. Macht der Bürge, der vom Gläubiger in Anspruch genommen wird, geltend, daß der Gläubiger durch den Verkauf der ihm vom Schuldner verpfändeten Sachen Vorteil gehabt habe, so dürfte es sich freilich nicht um Vorteilsausgleichung handeln (wie in RG 13. 1. 16 VI 369/15 anscheinend angenommen werden, vgl. die 5. Aufl), sondern um den dem Gläubiger zustehenden Einwand, daß der Gläubiger insoweit befriedigt sei (§§ 767, 1228). — **Beweislast.** Hat der eine Teil die Beschädigung nachgewiesen, dann muß der andere Teil beweisen, daß die nachteilige Tatsache anderseits den Vorteil gebracht hat (RG JW 09, 455[8]; Gruch 51, 947; 53, 917).

Unzulässig ist es, die Entscheidung über den Einwand der Vorteilsausgleichung **in das Nachverfahren über den Betrag zu verweisen,** wenn behauptet und nicht widerlegt ist, daß der volle Schaden durch den Vorteil ausgeglichen sein könnte (RG 65, 59; 103, 408).

§ 249

Wer zum Schadensersatze verpflichtet ist, hat den Zustand herzustellen, der bestehen würde, wenn der zum Ersatze verpflichtende Umstand nicht eingetreten wäre[1]). Ist wegen Verletzung einer Person oder wegen Beschädigung einer Sache Schadensersatz zu leisten, so kann der Gläubiger statt der Herstellung den dazu erforderlichen Geldbetrag verlangen[2])[3])[4])[5]).

E I 219 II 213; M 2 19; P 2 291.

1. Über den **Begriff des Schadens** vgl. Vorbem 1, über die Verpflichtung zum Schadensersatz, ihre Voraussetzungen und ihren Umfang Vorbem 2—5. § 249 verhält sich nur darüber, in welcher Weise Ersatz zu leisten ist, während die Verpflichtung dazu als bereits gegeben vorausgesetzt wird. In Satz 1 wird dazu der allgemeine Grundsatz an die Spitze gestellt, daß derjenige **Zustand herzustellen ist,** der zurzeit bestände, wenn nicht das zu vertretende Ereignis vorgefallen wäre (Grundsatz der Naturalrestitution: RG 76, 147; 77, 101; 83, 247; 84, 376; 91, 106; 96, 122). Das will besagen: Der Verpflichtete hat den Gläubiger in diejenige Lage zu bringen, sei es wirtschaftlich, sei es gegebenenfalls in anderer Hinsicht, in der der Gläubiger sich nunmehr befände, falls er in seiner vormaligen Lage nicht die ungünstige Veränderung erfahren hätte (vgl. Vorbem 1). Daß es sich dabei, zumal bei Beschädigung einer Sache, nicht um Wiederherstellung genau des früheren tatsächlichen Zustandes, in dem sich der Ersatzberechtigte (oder die Sache) befand, handeln kann, liegt in der Natur der Dinge; denn es wird sich genau der frühere Zustand in Wirklichkeit meist überhaupt nicht herstellen lassen (RG 76, 147; SeuffA 75, 208). Es muß daher beim Vermögensschaden genügen, wenn der herzustellende neue Zustand nur wirtschaftlich dem früheren entspricht (RG 77, 101; 83, 247; 84, 376), so wenn die beschädigte Sache nur wirtschaftlich die frühere Brauchbarkeit wiedererlangt (RG Warn 08 Nr 287 und RG 76, 146; 91, 107); oder wenn der Verkäufer eines Grundstücks wertlose Hypotheken in Zahlung angenommen hat und dafür Gelderſatz erlangt (RG JW 1914, 140[3]). Für den Verlust von Sachen, die Handelsware sind, kann Ersatz durch dieselbe Menge gleicher Waren geleistet und verlangt werden (RG 93, 284; 106, 88; einem solchen Anspruche kann der Ersatzpflichtige nicht entgegenhalten, daß der Ersatzberechtigte die Ware nach regelmäßigem Verlaufe weiterverkauft haben würde (RG JW 1926, 1541[3]). Auch der zum Schadensersatz Verpflichtete kann behufs Herstellung unter Umständen wie ein Geschäftsbesorger zur Aus-

kunfterteilung verpflichtet sein (RG 89, 103). Auch sonst ist ein Anspruch auf Auskunfterteilung (Rechnungslegung) gegen den Schädiger anerkannt, wenn dem Beschädigten ohne solche Auskunfterteilung die Feststellung eines bestimmten Schadens unmöglich oder wenn sie für ihn mit Schwierigkeiten verbunden ist (RG 108, 7; OLG Hamburg in JW 1926, 1244[3]). Siehe auch RG 96, 122, betreffend Umrechnung einer in ausländischer Währung (österreichischer) festgesetzten Schadensersatzforderung in deutsche Reichswährung. Das Gesetz spricht nur von der „Herstellung", nicht aber von der „Wiederherstellung" des Zustandes. Danach ist es auch zulässig, daß der Hypothekengläubiger, dessen Hypothek zu Unrecht gelöscht worden, mit der Schadensersatzklage Wiederherstellung der Hypothek verlangt, wenngleich ein Wechsel in der Person des Eigentümers stattgefunden hat (RG 20. 1. 12 V 268/11); oder daß ein Hypothekengläubiger, dem gegenüber ein anderer eine Ausbietungsgarantie übernommen hat, der dann aber das Grundstück selbst hat erstehen müssen, weil der andere seiner Verpflichtung nicht nachkam, von diesem die Abnahme des Grundstücks verlangt (RG 91 S. 213, 217).

Der Schadensersatzberechtigte kann mithin unter Umständen auch etwas fordern, was vorher noch nicht dagewesen ist, falls er es nur ohne den störenden Eingriff des Beschädigers erlangt haben würde (RG 69, 306). Es ist die wirtschaftliche Lage des Ersatzberechtigten zu vergleichen, wie sie sich bei pflichtgemäßem Verhalten des Schädigers gestaltet haben würde, und wie sie sich nach der schädlichen Handlung gestaltet hat (RG 76, 147; 77, 101; Warn 08 Nr 577; 1915 Nr 74). Wenn der ausgefallene Hypothekar das Pfandgrundstück, das durch Fortschaffung von Gegenständen verschlechtert worden, ersteht, kann er den Betrag ersetzt verlangen, um den das Grundstück mit den Gegenständen wertvoller gewesen wäre, denn um diesen Betrag wäre sein Ausfall vermindert worden (RG 73, 333). Besteht der Schaden in Übernahme einer Verpflichtung für einen andern, dann hat der hierdurch Geschädigte den Anspruch auf Befreiung von dieser Verpflichtung, aber ein Ersatzanspruch besteht nicht, wenn der Geschädigte vermögenslos ist, da ihn in diesem Fall die übernommene Verpflichtung überhaupt nicht beschwert (RG Gruch 59, 912). — Ist eine Sache zweimal verkauft und von dem Verkäufer dem ersten Käufer zu Eigentum übertragen und übergeben worden, so geht der gegen den zweiten Käufer wegen sittenwidriger Beteiligung an dem Vertragsbruche des Verkäufers aus § 826 etwa begründete Schadensersatzanspruch des ersten Käufers nicht lediglich auf Ersatzleistung in Geld oder auf Rückgabe der Sache an den Verkäufer, sondern der erste Käufer kann unmittelbar von dem zweiten Käufer die Herausgabe der Sache an ihn (den ersten Käufer) verlangen; so RG 108, 58 (II. ZS) gegen 103, 419 (VI. ZS); vgl. auch JW 1926, 986[5] und dazu die Anm von Endemann. — Die Vertragspartei und der Dritte, die durch ihr Zusammenwirken in einer gegen die guten Sitten verstoßenden Weise (§ 826) den anderen Vertragsteil aus einem bestehenden Lichtbilderreklamevertrag herausgedrängt haben und das Lichtspieltheater, in dem die Reklame zu erfolgen hatte, gemeinschaftlich weiterbetreiben, sind zur Herstellung in der Weise verpflichtet, daß sie dem Berechtigten die Ausübung der Reklame in dem weiterbetriebenen Theater zu den in dem Vertrage vereinbarten Bedingungen gestatten (RG 114, 72). Steht der Berufung auf die Nichtigkeit eines der Form des § 313 entbehrenden Grundstückskaufvertrages, der nach dem Grundstücksverkehrsgesetze auch der behördlichen Genehmigung bedürftig ist, die Einrede der Arglist (vgl. § 242 A 4) entgegen, so ist der Verkäufer aus dem Gesichtspunkte der Herstellungspflicht verpflichtet, dem Käufer seine Mitwirkung im Genehmigungsverfahren in dem gleichen Umfange zu gewähren, als wenn der Vertrag formgültig wäre (RG 115, 44; vgl. JW 1926, 1427). Vgl. auch RG 111, 304 betr. die Haftung des Zedenten. Gemäß § 249 kann unter Umständen auch Herstellung des Zustandes verlangt werden, der bestände, wenn der Verpflichtete den Vertrag erfüllt hätte (RG JW 1918, 217[4]). So geht, wenn der Beauftragte auftragswidrig ein Grundstück in der Zwangsversteigerung für sich statt für einen ihm bezeichneten Dritten erwirbt, der Schadensersatzanspruch dahin, daß der Beauftragte das Grundstück dem Dritten übereignet (RG Warn 1920 Nr 101). Auch ist der Verkäufer eines Grundstückes, der arglistig die gesetzlich erforderliche rechtzeitige Genehmigung des Kaufvertrages hintertrieben hat, verpflichtet, dem Käufer als Schadensersatz alles zu gewähren, was dieser haben würde, wenn der Kaufvertrag gültig geworden wäre, deshalb kann der Käufer die Herausgabe des Grundstücks an ihn verweigern, sofern nicht ein öffentliches Interesse entgegensteht (RG 110, 365). — Wer eine Lebensversicherung zugunsten eines andern abgeschlossen und sich zur Zahlung der Prämie diesem gegenüber verpflichtet hat, muß, wenn er demnächst die Versicherung wegen Nichtzahlung der Prämien verfallen ließ, dem andern die Versicherungssumme in dem Zeitpunkte zahlen, in dem sie dem Versicherungsvertrage gemäß zu zahlen gewesen wäre und dafür Sicherheit leisten (RG Warn 1920 Nr 187). — Entsteht der Schaden wegen Nichterfüllung infolge der Vereitelung einer bestellten Sicherheit, dann ist der Zustand in der Weise herzustellen, daß eine andere Sicherheit gewährt wird, namentlich auch Hinterlegung von Geld (RG SeuffA 75 Nr 209). — Unter Umständen kann der gemäß § 249 zu ermittelnde Vertragsschaden auch dem positiven Erfüllungsinteresse gleichkommen, nämlich dann, wenn der Berechtigte ohne das Verschulden des Gegners einen entsprechenden Erfüllungsanspruch erlangt hätte (RG 103, 47). Vgl. dazu § 276 A 3 „culpa in contrahendo". Der Käufer, der schadensersatzpflichtig ist, weil er die Kaufsache nach Aufhebung des Kaufvertrags nicht zurückgewährt hat und dann die Rückgabe danach unmöglich geworden ist, hat dem Käufer so viel zu zahlen, als zur anderweiten Beschaffung der Sache von diesem aufgewendet werden mußte, ohne Rücksicht darauf, ob und wie dieser die Sache weiterverkaufen konnte (RG 103, 42). — Bedingung für den Herstellungsanspruch ist im übrigen natürlich, daß derjenige Zustand, dessen Herstellung gefordert wird, ein erlaubter ist. Daher kann nicht die Erstattung von solchen Vorteilen verlangt werden, die der angeblich Geschädigte erlaubterweise gar nicht hätte gewinnen können (RG 90, 306). — Bei dem Verzugsschaden im Sinne des § 286 ist derjenige Zustand herzustellen, der ohne den Verzug bestehen würde, gegebenenfalls ist hierfür gemäß § 251 in Geld Ersatz zu leisten (RG 20. 1. 11 II 157/10). Ist die Berufung einer Partei auf die Nichtigkeit des Vertrags durch die Einrede der allgemeinen Arglist ausgeschlossen (vgl. § 242 A 4), so geht der Schadensersatzanspruch aus § 249 auf Herstellung des Zustandes, der bestehen würde, wenn sich die Partei auf die Nichtigkeit nicht berufen hätte, also auf Erfüllung des nichtigen Vertrags, sofern die Nichtigkeit sich nicht etwa ohne weiteres aus dem Vertrage der Parteien im übrigen ergab und deshalb von Amts wegen berücksichtigt werden mußte (RG 107, 365). — Darüber, welche Maßnahmen zur Herstellung erforderlich sind, braucht sich das Urteil nicht auszusprechen; das kann der Entscheidung im Zwangsvollstreckungsverfahren überlassen bleiben (RG 109, 152).

Voraussetzung für das **Bestehen des Ersatzanspruchs** ist, abgesehen von den sonstigen Erfordernissen, daß der Schaden bereits erwachsen ist, während es darauf nicht ankommt, daß etwa sein späterer Wegfall in Aussicht steht. Dieser Umstand kann nur bei Bemessung der Höhe des Ersatzanspruchs berücksichtigt werden. Vgl. Vorbem 1. So ist auch ein gegenwärtiger, ersetzbarer Schaden dann anzunehmen, wenn der Verkaufswert eines Grundstücks nur wegen zeitweiliger Unverkäuflichkeit gemindert ist; der spätere Wegfall dieser Wertminderung beseitigt den Schaden erst für die Zukunft, und hat demnach allein auf Ermittlung der Schadenshöhe Einfluß (RG 21. 6. 10 III 411/09). Ist ferner ein Grundstück durch Zuführungen (§ 906) entwertet, dann wird der Anspruch auf Ersatz der bereits eingetretenen Wertminderung nicht dadurch beseitigt, daß es sich bei den Zuführungen nicht um einen dauernden Zustand handelt, daß ihr Aufhören vielmehr in Frage steht (RG JW 1911, 161[29]). Ob die Entschädigung hier in Kapital oder Rente zu gewähren, vgl. § 251 A 3. Herstellung des Zustandes im Sinne des § 249 kann auch dann schon verlangt werden, wenn durch den zum Schadensersatze verpflichtenden Umstand ein Zustand geschaffen ist, aus dem sich Schädigungen für die Zukunft ergeben können, indem Maßnahmen begehrt werden, wodurch die Beseitigung des gefährdenden Zustandes herbeigeführt werden soll (RG 56, 286; 60, 19; 91, 107). — **Die Schadenshöhe.** Auszugehen ist bei Ermittlung der Schadenshöhe von demjenigen Zustande, wie er zur Zeit des schädigenden Ereignisses bestand, wobei gegebenenfalls auch die entzogenen tatsächlichen mit dem Eigentume verbunden gewesenen Vorteile zu berücksichtigen sind (RG 4. 2. 14 V 419/13, zu § 148 des PrBerggeſ.). So sind auch im Falle der Enteignung tatsächliche Vorteile mit in Anschlag zu bringen, deren Fortbestand für längere Zeit zu erwarten war (RG 91, 87). Ist etwa für ein zerstörtes Gebäude, dessen Wert sich nach dem Mietsertrage bemißt, Ersatz zu leisten, so wird der volle Wert auch dann zugrunde zu legen sein, wenn zur Zeit der Zerstörung ein an sich vermietbarer Teil nicht vermietet war. Entsprechend ist in RG JW 1911, 584[26] angenommen, daß bei Bemessung des Ersatzanspruchs einer Person, deren Erwerbsfähigkeit das zu ersetzende wirtschaftliche Gut darstellt, die ihrer vollen Erwerbsfähigkeit entsprechende Erwerbslage auch dann zugrunde gelegt werden muß, wenn die Person sich zur Zeit der Verletzung in einer augenblicklich ungünstigen, nicht einträglichen, ihrer Erwerbsfähigkeit nicht entsprechenden Erwerbslage befand. Ein Gewerbetreibender (Mieter), dessen Ehefrau ihm in seinem Gewerbe Dienste geleistet hat, kann, wenn die Ehefrau durch das Verschulden eines andern (des Vermieters) dienstunfähig geworden ist, von dem Verpflichteten fordern, daß dieser ihn wirtschaftlich in die Lage versetzt, in der er sich ohne dieses Verschulden befände (RG 77, 99). Wer Schadensersatz deswegen verlangen kann, weil er infolge arglistiger Empfehlung einer unsicheren Hypothek diese erworben hat, kann verlangen, daß der Gegner ihm gegen Rückübertragung der Hypothek den empfangenen Geldbetrag zurückzahlt, oder, falls die Hypothek bereits ausgefallen, den Ausfall ersetzt (RG 23. 12. 11 V 201/11). — Wie eine nur vorübergehende, zur Zeit des schädigenden Ereignisses vorhandene Wertminderung dem Beschädigten bei Bemessung der Schadenshöhe nicht zum Nachteile gerechnet werden kann, so darf anderseits auch nicht eine nur zufällige und nur außergewöhnliche vorübergehende Wertsteigerung des beschädigten Gegenstandes zugunsten des Ersatzberechtigten in Anschlag gebracht werden. Es ist vielmehr nur derjenige Wert in Ansatz zu bringen, den der beschädigte Gegenstand seinem gewöhnlichen dauernden Zustande gemäß hatte. Wird beispielsweise für die Wertminderung eines Grundstücks Ersatz gefordert, dann ist nur von seinem allgemeinen Werte auszugehen, nicht aber davon, daß etwa im Zeitpunkte der Beschädigung besonderer Umstände wegen eine besonders hohe Ertragsfähigkeit anzunehmen gewesen sein würde. — **Über den zugrunde zu legenden Zeitpunkt** bei Berechnung des Schadens vgl. § 251 A 3 und RG 98, 56; 101, 419; 102, 383; 105, 117; 108, 40.

Anwendbar ist der Grundsatz der Herstellungspflicht ohne Rücksicht auf den Haftungsgrund oder auf die Art des Schadens wie des verletzten Rechtsguts (vgl. Vorbem 1). Er greift daher Platz auch bei Verletzung ideeller Rechtsgüter. Selbst bei Verletzung der Ehre ist die Herstellung an sich möglich; nur daß auf die Erklärung eines Widerrufs, sofern er sich lediglich als eine Strafe darstellt und nicht erforderlich ist, eine künftige Schädigung des Beleidigten oder Verleumdeten durch Wiederherstellung seines guten Rufes abzuwenden, zivilrechtlich nicht geklagt werden kann (RG 60, 17; 88, 133; JW 1913, 34[23]). Ein allgemeines Bedenken besteht auch nicht dagegen, eine Klage auf Herstellung des früheren Zustandes in Form einer Unterlassungsklage zuzulassen, wenn ein unerlaubtes Verhalten bereits verwirklicht wurde und weitere Eingriffe zu besorgen sind (insbesondere auch gegen die im § 824 aufgeführten Rechtsgüter; RG 56, 286; 61, 366. Vgl. § 241 A 2 a. E.). Nur muß stets die Wiederholung der Zuwiderhandlung nicht nur denkbar, sondern auch ernstlich zu befürchten sein (RG JW 1913, 543[8]). — Hinsichtlich des Grundsatzes der Naturalrestitution besteht eine notwendige Ausnahme bei dem Ersatzanspruche wegen Nichterfüllung einer Vertragspflicht nach § 326 Abs 1 Satz 1, weil die Naturalherstellung hier wieder zum Erfüllungsanspruche führen würde (RG 61, 353; vgl. auch § 179 A 1). Auch die Arglisteinrede (§ 242 A 4) kann nicht dazu führen, daß der Vertragsgegner zur Erfüllung des nichtigen Vertrags oder zum Abschlusse eines neuen, dem Inhalte der Vereinbarungen nicht entsprechenden Vertrags genötigt wird; sondern es kann nur eine Umgestaltung nach § 140 in Frage kommen (RG 17. 3. 26 V 323/25). — **Die Regel** des § 249 Satz 1 ist überhaupt **niemals anwendbar,** wenn die Wiederherstellung nicht auf Grund einer Ersatzpflicht, sondern aus anderem Grunde zu erfolgen hat, wie insbesondere nach § 1004, weshalb hier auch die Anwendbarkeit des § 251 Abs 2 ausgeschlossen ist (RG 51, 408). Trotz der vorbehaltlosen Fassung des Satzes 1 sind endlich auch wirkliche Ausnahmen von der Regel durch das Gesetz selbst vorgesehen, und zwar zugunsten des Gläubigers durch Satz 2 des § 249; zugunsten des Schuldners durch § 251 Abs 2; endlich aus sachlichen Gründen nach § 251 Abs 1. — Über die Vorteilsausgleichung vgl. Vorbem 5. — Die Zuerkennung einer Buße schließt den Schadensersatzanspruch gegen den Verurteilten aus (RG 79, 148; StGB § 231 Abs 2), aber nur ihm und nicht auch anderen Personen gegenüber (RG SeuffA 68 Nr 11).

2. Nach **Satz** 2 des Paragraphen hat der Berechtigte in den dort gesetzlich vorgesehenen Fällen von vornherein ein zwiefaches Recht. Er kann die Herstellung (A 1) verlangen, kann aber auch statt dessen den **zur Herstellung erforderlichen Geldbetrag** fordern, und zwar für Maßregeln, die nach vernünftigem Ermessen als zweckgemäß erachtet werden konnten, und falls die Herstellung noch nicht erfolgt ist, vorschußweise. Dieses Recht enthält nicht den nämlichen Anspruch, wie er in den §§ 250 Satz 2, 251, 253 behandelt ist (Geldersatz); vielmehr stellt es immer noch einen Anspruch auf Herstellung dar, nur in der Form, daß nicht der Schuldner selbst die Herstellung zu bewirken hat, sondern daß der Gläubiger sich mittels der vom Schuldner zu gewährenden Geldzahlung selbst befriedigt (RG 71, 214). Wenn die Herstellung der Sache an sich möglich ist, aber nur mit unverhältnismäßigem Aufwande zu erreichen wäre (§ 251 Abs 2), kann der Gläubiger sofort den geringeren Minderwert der Sache statt des nach § 249 Satz 2 zur Herstellung der Sache zu verlangenden Geldbetrags erstattet verlangen (RG 76, 146). Der Ersatzpflichtige hat dagegen gegebenenfalls kein Recht darauf, daß ihm die Beseitigung der Schäden selbst überlassen wird (RG JW 1921, 233[4] — wo dem Bergbautreibenden ein solches Recht abgesprochen wurde —). Das Wahlrecht wird durch Erklärung gegenüber dem Schuldner ausgeübt, und schon diese Erklärung bindet den Berechtigten, falls er an Stelle der Herstellung Geldersatz gewählt hat. Dagegen kann er, falls er die Herstellung gewählt hat, von der getroffenen Wahl wieder abgehen und Geldleistung fordern in Gemäßheit der §§ 250 (A 1), 251. — Die Befugnis des Gläubigers aus Satz 2 stellt nicht eine Wahlschuld (obligatio alternativa) im Rechtssinne (§§ 262ff.) dar, sondern eine facultas alternativa gemäß § 262 A 1 (RG 71, 214). Denn es werden nicht von vornherein mehrere Leistungen geschuldet; vielmehr ist der Gläubiger nur berechtigt, an die Stelle der einen geschuldeten Leistung eine andere mit der Folge zu setzen, daß fortan nur diese letztere Erfüllung ist (vgl. § 262 A 1). Daher wird auch der Schuldner nicht frei, wenn der Gläubiger die Herstellung wählt, alsdann aber Unmöglichkeit der Leistung eintritt (vgl. §§ 263 Abs 2, 265 A 1 a. E.). — Gemäß § 249 Satz 2 kann nur **Ersatz der Kosten** verlangt werden, die an sich **erforderlich** (RG 71, 215) und nicht unverhältnismäßig hoch sind (RG JW 09, 454[7]). Zu ersetzen ist also ein Betrag, der für dergleichen Arbeiten regelmäßig gefordert

und bewilligt wird (**RG** 90, 154). Man wird aber auch annehmen müssen daß, wenn der Geschädigte die erforderlichen Herstellungsarbeiten selbst ausführt und er derartige Arbeiten geschäftsmäßig betreibt, z. B. der Eisenbahnunternehmer den Transport von Materialien, ihm nicht nur seine eigenen Auslagen zu erstatten sind, sondern darüber hinaus ein allgemein angemessener Betrag, wie er zur Herstellung der Sache an sich erforderlich war, also die tarifmäßige Fracht. Denn daß der Geschädigte für seine Leistungen, für die er sonst bezahlt wird, zur Entlastung des Verpflichteten nicht die volle Vergütung erhält, kann dieser nicht verlangen; a. M. **RG** a. a. O. — Ob der Geschädigte die Herstellung selbst besorgen oder ob er sich dazu eines Dritten bedienen will, steht im übrigen in seinem freien Belieben (**RG** Warn 1917 Nr 176). Welcher Geldbetrag zur Herstellung erforderlich, richtet sich nach den zur Zeit der Urteilsfällung (genauer: der Zahlung) vorliegenden Verhältnissen; eine nach der schädigenden Einwirkung eingetretene Erhöhung der Preise der Reparaturkosten hat regelmäßig der Ersatzpflichtige zu tragen, sofern nicht der ursächliche Zusammenhang (vgl. Vorbem 3) unterbrochen oder durch positive Bestimmung (Tumultschadengesetz) der Ersatz mittelbaren Schadens ausgeschlossen ist: **RG** 98, 55; 105 S. 117, 151. — § 249 Satz 2 ist nur anwendbar, wenn die Sache an ihrer körperlichen Unversehrtheit Schaden erlitten hat; nicht wenn sie nur in ihrer wirtschaftlichen Verwertbarkeit beeinträchtigt ist, z. B. ein Grundstück durch Beseitigung eines Schutzdeiches auf einem anderen Grundstück (**RG** 91, 107).

3. **Wer der Ersatzberechtigte ist,** ergibt sich daraus, wessen Rechtsgut verletzt worden ist. Bei einem Sachschaden ist es derjenige, zu dessen Besitzzeit die Schadenszufügung erfolgt, der schädliche Erfolg also sichtbar eingetreten ist, nicht derjenige, zu dessen Besitzzeit die schädigende Ursache gesetzt wurde (**RG** 95, 76, einen Bergschaden betreffend, wo gleichzeitig angenommen ist, daß es für den Eintritt des Schadens genügt, wenn die Grundstücke infolge umgehenden Bergbaues an ihrer allgemeinen Wertschätzung gelitten haben). Im Falle des § 826 ist Ersatzberechtigter auch derjenige, der nur mittelbar geschädigt worden ist, wofern sich der Täter dieses Erfolges nur bewußt war (**RG** 79, 58), und die §§ 844, 845 geben dem nur mittelbar Geschädigten den Ersatzanspruch ausdrücklich (**RG** 55, 30).

Eine bedeutsame Frage ist schließlich noch die, ob der Berechtigte unter Umständen **auch den einem Dritten entstandenen Schaden** selbständig geltend machen kann. „Anerkannter Satz, insbesondere des Handelsrechts ist es, daß der mittelbare Stellvertreter (vgl. Vorbem 1 vor § 164) beim Bruche des Vertrags durch den andern Vertragsteil Ersatz auch desjenigen Schadens verlangen kann, der seinem Auftraggeber erwachsen ist" (**RG** 62, 331 hinsichtlich des Spediteurs, ebenso 113, 254; 58, 42 hinsichtlich des Kommissionärs; ferner allgemein 14. 3. 08 I 322/07; 90, 246, hier hatte es sich darum gehandelt, daß der Kläger auf Grund eines ihm erteilten Parzellierungsauftrags für Rechnung seines Auftraggebers aber im eigenen Namen mit dem Beklagten ein Rechtsgeschäft abgeschlossen hatte und nunmehr den Schadensersatz wegen Nichterfüllung seinerseits einklagte). Mit Recht ist jedoch in der Entscheidung 58, 42, ferner in JW 1910, 1000[5] die Einschränkung gemacht, daß der Anspruch ungerechtfertigt ist, wenn feststeht, daß der Beauftragte von seinem Auftraggeber nicht haftbar gemacht ist und auch künftig nicht gemacht werden soll. In Befolgung der zuvor ausgesprochenen Grundsätze wird auch unter der Voraussetzung, daß jemand einem andern für dessen Sache auf Grund eines Auftragsverhältnisses einzustehen hat, und daß diese Sache durch einen Dritten widerrechtlich beschädigt wird, der Beauftragte gegen den Täter regelmäßig unmittelbar auf Schadensersatz klagen können. So ist auch angenommen worden, daß derjenige, der einem andern gegenüber zur Obhut über eine Sache vertraglich verpflichtet ist, den der Sache durch einen Dritten zugefügten Schaden ohne weiteres selbst geltend machen kann, weil sein Interesse und dasjenige des Sacheigentümers, dem er haftbar ist, miteinander verknüpft sind (**RG** 93, 39). Trägt jemand einem andern die Beförderung eines Dritten auf, dann kann der Auftraggeber für den dem Dritten durch die schuldhafte Beförderung zugefügten Schaden aus eigenem Rechte Ersatz verlangen, ohne daß er nachzuweisen nötig hat, daß der Dritte ihn haftbar gemacht hat (**RG** 87, 289, wo ausgeführt ist, daß es bei solchen zugunsten eines Dritten abgeschlossenen Beförderungsverträgen in deren Sinne liege, daß der Dritte unversehrt befördert werde, daß aber kein Vertrag zugunsten eines Dritten im Sinne des § 328 vorliege). Voraussetzung in allen derartigen Fällen ist es, daß der Dritte der wirklich und endgültig Geschädigte ist und sein Schaden von demjenigen geltend gemacht wird, der zwar in eigenem Namen aber für Rechnung des Dritten gehandelt hat, so daß er dieserhalb nach außen hin als zur Klage berufen erscheint (**RG** 97, 88).

4. Über den **Einfluß der Geldentwertung** auf den Herstellungsanspruch aus § 249, soweit er an sich oder nach Satz 2 oder nach §§ 250 Satz 2, 251 auf eine Geldleistung gerichtet ist — uneigentlicher Aufwertungsfall — vgl. § 242 Anm 5 unter d δ $\alpha\alpha$.

5. **Beweislast.** Grundsätzlich hat der Gläubiger den Beweis zu führen, daß und in welcher Höhe ihm ein Schaden entstanden ist. Doch hat nach § 273 ZPO das Gericht nach freier

Überzeugung unter Würdigung aller Umstände über diese Fragen zu entscheiden, ohne an Beweisanträge gebunden zu sein. Diese Vorschrift findet auch Anwendung, wenn der Zeitpunkt des Schadens nicht mit Sicherheit feststellbar und infolgedessen aus tatsächlichen Umständen die Höhe sich nicht genau bemessen läßt (RG 31, 81); nicht aber, wenn es sich um die materiellrechtliche Frage handelt, welcher Tag nach dem Inhalte des Vertrages für die Höhe des Schadens maßgebend zu sein hat (RG JW 1926, 1558[2]). Über den Nachweis des ursächlichen Zusammenhanges vgl. Vorbem 3 Schlußabs.

§ 250

Der Gläubiger kann dem Ersatzpflichtigen zur Herstellung eine angemessene Frist mit der Erklärung bestimmen, daß er die Herstellung nach dem Ablaufe der Frist ablehne[1]). Nach dem Ablaufe der Frist kann der Gläubiger den Ersatz in Geld verlangen, wenn nicht die Herstellung rechtzeitig erfolgt; der Anspruch auf die Herstellung ist ausgeschlossen[2])[3]).

E I 219 II 213; M 2 19; P 2 293.

1. **Die Fristsetzung** bietet dem Gläubiger in allen Fällen, in denen er nach § 249 Satz 1 zunächst nur die Herstellung fordern kann, ein Mittel, möglichst bald aus der Ungewißheit über den weiteren Verlauf der Sache herauszukommen (ähnlicher Zweck der Fristsetzung in den Fällen der §§ 264, 283, 326, 354, 355, 466, 496, 542, 561, 643). Sie vollzieht sich durch die einseitige, empfangsbedürftige Erklärung (§§ 130—132), daß dem Schuldner eine bestimmte Frist (§ 186) zur Herstellung gesetzt und diese nach fruchtlosem Ablaufe der Frist abgelehnt werde (RG 53, 161). Form und Inhalt dieser Erklärung sind die gleichen wie in § 326. Es gilt deshalb auch für sie das zu § 326 A 1b Gesagte. Für die Anwendung des § 250 ist selbstverständliche Voraussetzung, daß sich die Herstellung im Sinne des Gesetzes in angemessener Frist überhaupt bewerkstelligen läßt. Andernfalls greift § 251 Platz. Vgl. § 251 A 1 a. E.

2. **Die Wirkung des Fristablaufs** für den Gläubiger ist die, daß er bis zum Ablaufe der Frist keine andere Forderung stellen (auch nicht die aus § 249 Satz 2) und nach fruchtlosem Fristverlaufe nur noch Entschädigung in Geld fordern darf; für den Schuldner anderseits die, daß er bis zum Fristablaufe zwar das unbedingte Recht auf Ersatzleistung durch Naturalrestitution hat, nach jenem Zeitpunkte aber nur noch durch die Geldleistung erfüllen kann. Die Fristsetzung ist für den Gläubiger schlechthin schon mit Zugang seiner Erklärung (§ 130) bindend; gleichgültig, ob die gesetzte Frist eine angemessene war oder nicht; für den Schuldner dagegen nur unter der gesetzlichen Bedingung der Angemessenheit der Frist. War die Frist eine unangemessene, so bleibt zwar auch dem Schuldner gegenüber die allgemeine Wirkung der Fristsetzung bestehen; aber die Dauer der Frist erweitert sich zu seinen Gunsten ohne weiteres auf einen angemessenen, vom Richter zu bemessenden Zeitraum (RG 56, 234; 62, 68; JW 1911, 755[10]; 1912, 141[16]). Ausreichend ist demgemäß auch die Aufforderung, „binnen angemessener Frist" herzustellen (RG 75, 357). Die Ansicht, daß die Setzung einer unangemessenen Frist die ganze Erklärung wirkungslos mache, ist nicht zu billigen. Denn das Wesentliche bei der Fristsetzung liegt im Gebrauche des Rechtsbehelfs überhaupt, während das Erfordernis der Angemessenheit nicht nach dem Ermessen des Gläubigers, sondern nach der objektiven Sachlage zu beurteilen und schließlich durch den Richter zu prüfen ist. Gibt der Ersatzpflichtige durch sein Verhalten zu erkennen, daß er den früheren Zustand herzustellen keinesfalls willens sei, dann bedarf es der Fristsetzung überhaupt nicht (RG 66, 419; 67, 313; Warn 1912 Nr 11). Ohne Fristsetzung kann Ersatz in Geld verlangt werden, wenn der Schuldner sich in so bestimmter Weise zur Naturalherstellung außerstande erklärt hat, daß angenommen werden kann, er werde dabei auch nach Setzung der Frist beharren (RG IV 466/22, 4. 10. 23). Ebenso bei endgültiger Verweigerung (RG 10. 1. 22; VII 327/21).

3. **Beweislast.** Der Geschädigte hat zu beweisen, daß er eine Frist gesetzt hatte und daß diese angemessen war, während dem Beklagten der Gegenbeweis freisteht, daß die Frist nicht angemessen war, und daß er in angemessener Frist erfüllt habe.

§ 251

Soweit die Herstellung nicht möglich oder zur Entschädigung des Gläubigers nicht genügend ist, hat der Ersatzpflichtige den Gläubiger in Geld zu entschädigen[1]).

Der Ersatzpflichtige kann den Gläubiger in Geld entschädigen[3]), wenn die Herstellung nur mit unverhältnismäßigen Aufwendungen möglich ist[2])[3])[4]).

E I 219 II 213; M 2 19; P 2 293.

1. **Entschädigung in Geld.** Durch die Bestimmung des Abs 1 wird der Grundsatz des § 249 Satz 1 (von der Naturalrestitution) insoweit ausgeschaltet, als er sich im Einzelfalle als undurchführbar erweist, was aber so lange nicht zutrifft, als sich wenigstens wirtschaftlich ein entsprechender Zustand gemäß § 249 (A 1) herstellen läßt (RG SeuffA 75 Nr 208). Trifft es zu, so steht allein die Geldentschädigung in Frage. Es kann dies an tatsächlichen wie rechtlichen Gründen liegen; so etwa weil die in Betracht kommende Verletzung tatsächlich unheilbar ist, oder weil eine dauernde Minderung der Erwerbsfähigkeit eingetreten ist (RG 80, 28); oder anderseits etwa, weil der Dieb rechtlich außerstande ist, dem Eigentümer die gestohlene Sache wieder zu verschaffen. Angewendet wurde § 251 zuungunsten des Postfiskus auch in einem Falle, wo von dem Empfänger einer Depesche diese durch einen Beamten des Telegraphenamtes nach der Bestellung widerrechtlich wieder abgeholt und der Empfänger aus diesem Grunde über die ihm in der Depesche erklärte Vertragsannahme in Unkenntnis geblieben war (RG 91, 67). Ob die Unmöglichkeit von Anfang anbestand, oder ob sie nachträglich eintritt, beispielsweise durch Untergang der beschädigten Sache, ist nach der richtigen Ansicht hier gleichgültig. Insbesondere kann der Schuldner durch den nachträglichen Untergang der Sache von seiner an sich bestehenden Ersatzpflicht für die Beschädigung nicht etwa gemäß § 275 frei werden, da der Schadensersatzanspruch von vornherein für diesen Fall auf Geldersatz gerichtet ist. — Für den besonderen Fall, daß die Herstellung **nur zum Teil möglich,** zum andern Teile aber nicht möglich ist, will das Gesetz in erster Linie seinem Hauptgrundsatze von der Naturalrestitution Geltung verschaffen, demgemäß soll auch unter den angegebenen Umständen die Wiederherstellung wenigstens **„so weit"** bewirkt werden, als das an sich tunlich ist, die Geldleistung dagegen nur insoweit erfolgen, als das zur Ausgleichung des noch ungedeckt bleibenden Schadensbetrags erforderlich ist. (Vgl. RG Warn 1911 Nr 81.) Eine teilweise Unmöglichkeit der Herstellung kann auch zeitlich insofern gegeben sein, als es zur vollen Deckung des Schadens gehörte, daß die Herstellung schon bis zu einem gewissen Zeitpunkte geschehen sein würde, während solches sich nicht erreichen läßt. Alsdann wäre in Geld derjenige Nachteil zu ersetzen, der gerade zufolge des bezeichneten Umstandes noch ungedeckt bliebe. — Ob der erforderliche Zustand überhaupt **herstellbar ist oder nicht,** läßt sich nur von Fall zu Fall beurteilen, unter Anwendung der Grundsätze von Treu und Glauben. Da der Gläubiger die Herstellung nach § 250 in angemessener Frist und nach dem allgemeinen Grundsatze des § 271 sogleich fordern kann, so ist die „Herstellbarkeit" auch dann ausgeschlossen, wenn sie an sich zwar tunlich wäre, aber doch nur in so großer Frist sich bewerkstelligen ließe, daß dies der Unmöglichkeit der Herstellung gleichkäme (vgl. § 275 A 4). Der Berechtigte kann die Entschädigung alsdann sofort fordern und braucht sich nicht auf ungewisse künftige Ereignisse vertrösten zu lassen (RG 76, 146). Ist das dem Berechtigten entzogene, ihm aber wieder zu verschaffende Recht (beispielsweise Eigentum) vom Verpflichteten inzwischen auf einen Dritten übertragen worden, dann ist, wenigstens bis zum Beweise des Gegenteils, Unmöglichkeit der Herstellung noch nicht ohne weiteres anzunehmen (RG 56, 387; JW 1911, 709[6]; Warn 1912 Nr 11; 14. 3. 24 VII 380/23, wo dieser Satz unter Anführung noch anderer Urteile als „ständige Rechtsprechung" bezeichnet ist). Den Anspruch eines dienstuntauglich gewordenen Beamten auf Rente kann der Fiskus nicht durch seine Wiederanstellung beseitigen, da zur Herstellung des früheren Zustandes auch die Wiederverschaffung des früheren Gesundheitszustandes gehören würde (RG JW 08, 448[11]). Der Anspruch auf Schadensersatz wegen Nichterfüllung bei gegenseitigen Verträgen (§§ 325, 326) geht stets nur auf Geldersatz (15. 10. 23 VI 1054/22). Der Schadensersatzanspruch wegen Unmöglichkeit der Leistung bei einem Anspruche auf Besitzeinräumung geht nicht auf Ersatz des absoluten Sachwertes, sondern nur des Interesses am Besitze (RG 5. 3. 27 I 225/26).

2. Der **Absatz 2** bietet ein Gegenstück zu § 249 Satz 2 (vgl. Anm 2 zu § 249): facultas alternativa des Schuldners, wie dort des Gläubigers. Danach ist der Schuldner **zur Entschädigung in Geld berechtigt,** falls die Herstellung nur mit unverhältnismäßigen Aufwendungen möglich wäre, namentlich wenn die Wiederherstellungskosten, z. B. die Hebung eines gesunkenen Schiffes (RG 71, 212), den Wert des Schiffes ganz erheblich übersteigen würden. Damit ist aber nicht gesagt, daß durch die Zahlung des Wertes der Sache in Geld der Schadensersatzanspruch unter allen Umständen vollständig ausgeglichen werden könnte; nur soweit er auf Herstellung der Sache gerichtet ist, tritt der Wertersatz an deren Stelle. Das darüber hinausgehende Interesse des Schadensersatzberechtigten ist ja von vornherein auf Geldleistung gerichtet. Die Grundsätze von Treu und Glauben erfordern aber, daß den Schuldner nicht durch die Naturalrestitution unverhältnismäßige Opfer auferlegt werden, wenn eine angemessene Geldleistung zur Ausgleichung genügt (RG JW 1911, 666[51]). Die

Ansicht, daß der Schuldner das Recht aus § 251 Abs 2 nur in der Weise ausüben könne, daß er dem Gläubiger die Geldentschädigung zahle oder bar anbiete, bevor dieser die Herstellung vornehme, ist rechtsirrig; der Gläubiger handelt vielmehr auf eigene Gefahr, wenn er die Herstellung unter Aufwendung unverhältnismäßiger Kosten vornimmt, und der Ersatzverpflichtete kann die Unverhältnismäßigkeit der Aufwendungen als Einwand gegenüber der Erstattungsklage des Gläubigers geltend machen (**RG** 71, 215). Ob der Gläubiger bei der Herstellung schuldhaft gehandelt hat, ist dafür unerheblich (**RG** a. a. O.). — Hat der Schuldner wegen Unverhältnismäßigkeit der Aufwendungen die Geldentschädigung angeboten, der Gläubiger aber auf der Naturalherstellung bestanden, so ist seine Klage abzuweisen, falls er nicht hilfsweise einen Antrag auf Geldentschädigung stellt. — Die Herstellung ist auch dann nur mit unverhältnismäßigen Aufwendungen möglich, wenn sie nur in der Weise erfolgen kann, daß statt einer alten, abgenutzten Sache eine neue geliefert wird; ein solches Verlangen kann der Gläubiger nur stellen, wenn er sich zur Herauszahlung des ihm dadurch zufließenden Mehrwerts von Neu gegenüber Alt erbietet; andernfalls kann der Schuldner Entschädigung in Geld leisten. Über deren Bemessung vgl. Anm 3. — Unter der Voraussetzung des § 251 Abs 2 kann auch der Gläubiger sofort Erstattung des (geringeren) Minderwertes der beschädigten Sache an Stelle desjenigen Betrages verlangen, der gemäß § 249 Satz 2 zur Herstellung der Sache erforderlich wäre (**RG** 76, 146). Bei Schadensersatzansprüchen wegen Beeinträchtigung des Eigentums im Sinne des § 1004 kann sich der Schuldner nicht auf § 251 Satz 2 berufen, um Entschädigung in Geld zu fordern (**RG** 51, 412). Hat der Schuldner dem Gläubiger Schadensersatz für Verlust einer Handelsware zu leisten, so kann er sich der Verpflichtung zur Lieferung einer gleichen Menge derselben Ware in Natur (vgl. § 249 Anm 1 Abs 1) nicht durch Berufung darauf entziehen, daß der Gläubiger, wenn die Lieferung rechtzeitig erfolgt wäre, die Ware unterdessen bereits weiterverkauft haben würde (**RG** JW 1926, 1541[3]). — Auch bei durch den Schuldner zu vertretender Unmöglichkeit der Leistung (§ 280) kann nicht Naturalrestitution, sondern nur Geldentschädigung nach § 251 verlangt werden (**RG** 107, 17). Der Anspruch auf Schadensersatz wegen Nichterfüllung (§ 326) kann in aller Regel nicht zur Naturalrestitution und damit zur Erfüllung führen (**RG** 107, 342).

3. Nach welchen Grundsätzen die **Geldentschädigung zu bemessen** ist, besagt das Gesetz nicht. Es sagt insbesondere nicht, ob der allgemeine (objektive) Wert des beschädigten Gutes zugrunde zu legen ist, oder derjenige besondere Wert, den der Gegenstand für den Beschädigten nach dessen Verhältnissen hatte. Im Sinne des Gesetzes ist grundsätzlich von der letzteren Auffassung auszugehen; denn zu ersetzen ist im Sinne des Gesetzes der volle Schaden, den der Beschädigte erlitten hat, einschließlich des entgangenen Gewinns (§ 252), mithin ist sein volles Interesse zu vergüten, nicht aber, wie anderweit vorgesehen (§§ 102, 256, 290), nur der Wert des beschädigten Gutes an sich (**RG** 98, 56; 101, 419; 102, 384; 105, 117). Besondere Zweifel können gerade in den alltäglichen Fällen von Schadenszufügungen entstehen, nämlich bei Beschädigungen schon gebrauchter Sachen. Läßt sich die Sache nicht mehr „herstellen", und braucht sich der Gläubiger „Flickarbeit" nicht gefallen zu lassen, so ist der volle Wert der Sache in Ansatz zu bringen, und zwar, ungeachtet des etwaigen Vorhandenseins noch einiger Teile, der Wert der ganzen Sache (**RG** Warn 08 Nr 126). Der Verletzte braucht sich daher in der Regel nicht mit dem Ersatz der Minderung des Gebrauchswerts zu begnügen, sondern kann Ersatz des Verkehrsminderwerts verlangen (**RG** 102, 384). Zu ersetzen ist mindestens der Minderwert, den die Sache unmittelbar nach der Schadenszufügung durch diese gehabt hat (**RG** 98, 53). Handelt es sich um Erstattung von Aufwendungen, die zur Erhaltung der Sache zu machen waren, dann sind diejenigen Kosten anzusetzen, die im Zeitpunkte der erforderlich gewordenen Maßregeln aufgewendet werden mußten, auch wenn bis dahin eine Preissteigerung eingetreten war (**RG** 98 S. 53 u. 55, wo es sich um die Beseitigung eines durch Bergbau verursachten Schadens gehandelt hatte). Ist dem Verpflichteten die Wiederbeschaffung von Sachen, die er für den Berechtigten aufzubewahren hatte, unmöglich, dann muß er jenem so viel an Ersatz leisten, als zur Anschaffung anderer gleichwertiger Sachen erforderlich ist, und maßgebend ist nicht der Zeitpunkt der Klagerhebung, sondern der des Urteils (**RG** 101, 419). Beim Ersatze für eine beschädigte Sache ist demgemäß auch die bis zur Urteilsfällung eingetretene Preissteigerung in Anschlag zu bringen (**RG** 102, 383; 105, 117, womit der in **RG** 41, 87 vertretene Standpunkt, daß für den Richter der Tatbestand zur Zeit der Klageerhebung maßgebend sei, augenscheinlich aufgegeben worden ist; wie übrigens ausdrücklich schon in **RG** 98, 57. — Hatte die Sache nach ihrer Beschaffenheit überhaupt keinen allgemeinen Wert (Verkaufswert) mehr, beispielsweise weil sie schon zu abgenutzt oder weil das System veraltet war, hatte sie aber noch Wert für den Geschädigten, so ist doch dieser besondere Wert zu erstatten. In allen solchen Fällen muß aber der Geschädigte, um nicht eine Bereicherung zu erfahren — sonach zur Vorteilsausgleichung — die Sache oder die noch vorhandenen Teile (**RG** Warn 08 Nr 126) dem Schuldner zur Ver-

fügung stellen (vgl. Vorbem 5 vor § 249). — Der Anspruch einer beschädigten Person, deren Erwerbsfähigkeit das in Frage stehende wirtschaftliche Gut darstellt, ist nach Maßgabe des ihrer Erwerbsfähigkeit im allgemeinen entsprechenden Wertfaktors zu bemessen, auch dann, wenn der Verletzte sich zur Zeit der Verletzung in einer augenblicklichen ungünstigen Erwerbslage befand (RG JW 1911, 584[26]).

Das Gesetz spricht sich endlich auch darüber nicht aus, ob die Geldentschädigung nur in Form einer Kapitalzahlung oder auch unter Umständen in Form einer **Geldrente** zu gewähren ist. An sich sind beide Fälle möglich. Kapitalsabfindung ist aber die Regel, das Recht auf Abfindung in Rente bedarf einer besonderen Begründung (RG 45, 203; Gruch 61, 804; JW 1915, 602[33]; 1918, 65[5]; Warn 1917 Nr 265). Es kommt darauf an, ob ein Schaden endgültig zu vergüten ist, und ob also bereits ein dauernder, namentlich durch Wertminderung begründeter und sich hierin aussprechender endgültiger Schaden zur Entstehung gelangt ist, oder ob der Berechtigte lediglich für einen in absehbarer Frist voraussichtlich endigenden Nachteil schadlos zu halten ist. (Vgl. dazu § 249 A 1 Abs 3.) In dem letzteren Falle, oder bei Schadensfolgen, die ihrer Natur nach sich fortlaufend erneuern (RG Warn 1917 Nr 265), kann nur eine Rente am Platze sein; sonst grundsätzlich aber nur die Ausgleichung durch Kapitalszahlung (RG 45, 203; Gruch 55, 117; JW 1918, 96[5]). Besteht der dem Grundstücke zugefügte Schaden nicht nur in der Minderung der einzelnen Jahreserträge, sondern der Ertragsfähigkeit an sich, dann ist durch eine (einmalige) Geldleistung, nicht aber durch Rentenzahlungen Ersatz zu leisten; insbesondere auch im Falle von Schädigungen durch Bergwerksbetrieb; die Schadensersatz in Geldrenten vorsehenden §§ 843—845 stellen lediglich Ausnahmen dar, darauf beruhend, daß bei einer Kapitalabfindung (M zu § 724 E I) zu sehr mit unbekannten Faktoren zu rechnen ist (RG JW 1911, 666[51] u. 28. 1. 11 V 81/10; sowie JW 1911, 161[29]). Entschädigung in Rente kann beispielsweise auch derjenige nicht fordern, welcher durch eine unerlaubte Handlung am Fortbetriebe seines Erwerbsgeschäfts gehindert ist, wofern er persönlich erwerbsfähig blieb; ebensowenig der Hauseigentümer, dessen Mietgrundstück durch Brandstiftung zerstört worden ist (RG Warn 1917 Nr 265). Ersatz wegen Immissionen gemäß § 26 GewO ist regelmäßig in Kapital zu leisten, in Rente dagegen nur unter ganz besonderen Umständen, etwa dann, wenn feststünde, daß der geschädigte Eigentümer das Grundstück in gewisser Zeit veräußern werde (RG JW 1918, 96[5]; 30. 4. 19 V 344/18). Zu entscheiden ist die vorliegende Frage von Fall zu Fall (RG 68, 429) nach dem Ermessen des Richters (RG JW 08, 473[1]). — Läßt sich die beschädigte Sache noch herstellen, so berechnet sich der Ersatzwert auf die Höhe der Herstellungskosten (vgl. dazu § 249 A 2); es kann gegebenenfalls aber außerdem auch noch Ersatz des Minderwerts verlangt werden, den die Sache im Vergleiche zum Werte in unbeschädigtem Zustande hat (RG JW 04, 140[5]).

4. **Beweislast.** Im Falle des § 251 Abs 1 liegt dem Gelderſatz fordernden Kläger der Beweis der dort aufgestellten Voraussetzungen ob, im Falle des Abs 2 dem Beklagten der Beweis seines Einwandes.

§ 252

Der zu ersetzende Schaden umfaßt auch den entgangenen Gewinn¹). Als entgangen gilt der Gewinn, welcher nach dem gewöhnlichen Laufe der Dinge oder nach den besonderen Umständen, insbesondere nach den getroffenen Anstalten und Vorkehrungen, mit Wahrscheinlichkeit erwartet werden konnte²)³).

E I 218 I 214; M 2 15; P 2 291.

1. **Entgangener Gewinn.** Es ist möglich, daß das schädigende Ereignis nicht nur den bereits vorhandenen Vermögensstand vermindert, sondern auch das Hinzukommen neuer Vermögenswerte hindert. Im ersten Falle handelt es sich um wirklichen Schaden (damnum emergens), im zweiten um entgangenen Gewinn (lucrum cessans). Nach dem Grundsatze des § 252 Satz 1 umfaßt der volle Schaden auch eine Einbuße letzterer Art und ist daher auch für sie Ersatz zu leisten. — Im Falle des preuß. Quellengesetzes v. 14. 5. 08 ist gemäß § 19 des Ges. nur der Minderwert des Grundstückes unter Ausschluß des etwa entgangenen Gewinns zu erstatten (RG 16. 3. 18 V 358/17). Ebenso ist durch § 15 RTumultschädengesetz der Ersatz des entgangenen Gewinnes ausgeschlossen (RG 105, 118).

2. Die **Bedeutung des Satzes 2** ist sehr umstritten. Es wird darüber gestritten, ob die Bestimmung eine Einschränkung des Begriffs **„entgangener Gewinn“** bedeute in der Richtung, daß anderer als der unter sie fallende Gewinn für die Erstattung nicht in Betracht komme (materiellrechtliche Auffassung) oder ob sie im Gegenteil eine Erleichterung der Geltendmachung des entgangenen Gewinnes bezwecke durch Aufstellung einer Beweisregel dahin, daß nicht die Gewißheit, sondern nur die Wahrscheinlichkeit des Gewinnentganges im

Zusammenhange mit der schädigenden Handlung darzutun ist; RG 99, 49. Der Wortlaut des Gesetzes läßt von einer Beweisregel nichts erkennen, da nicht auf einen dem Gerichte zu führenden Wahrscheinlichkeitsbeweis, sondern auf eine durch Wahrscheinlichkeit begründete, in der Vergangenheit liegende Erwartungslage abgestellt ist. Der Wortlaut weist vielmehr wie die Entstehungsgeschichte (auch ohne das im Entwurfe enthaltene Wörtchen „nur") darauf hin, daß eine bestimmte Grenze für den als Folge der schädigenden Handlung noch in Betracht zu ziehenden Gewinnentgang gezogen werden sollte, was auch sachlich gerechtfertigt erschien, um nicht durch den damals noch nicht wie heute geklärten Begriff des ursächlichen Zusammenhanges (vgl. Vorbem 3 vor § 249) uferlosen Ersatzansprüchen Raum zu geben. Die Bestimmung ist demnach dahin aufzufassen, daß nicht jeder, auch der nur durch außergewöhnliche Ereignisse vermittelte unvermutete Gewinn, der eingetreten sein würde, wenn die schädigende Handlung unterblieben wäre (condicio sine qua non), in Betracht gezogen werden darf, sondern nur derjenige, der auf Grund der Sachlage zur Zeit der schädigenden Handlung und ihrer weiteren Entwicklung nach dem erfahrungsmäßigen gewöhnlichen Laufe der Dinge, unter Berücksichtigung etwaiger zur Herbeiführung seines Eintritts getroffener besonderen Anstalten oder Vorkehrungen, bei objektiver vernünftiger Betrachtung mit Wahrscheinlichkeit erwartet werden konnte. Es wird also insofern eine Erleichterung der Voraussetzungen geschaffen, als nicht Gewißheit, sondern nur Wahrscheinlichkeit des zu erwartenden Gewinnes verlangt wird; andererseits genügt nicht eine bloße entfernte Möglichkeit. Vgl. RG JW 02 Beil S. 283 Nr 237. An Stelle der allgemeinen Rechtsgrundsätze über den ursächlichen Zusammenhang hat sonach hier die Vorschrift des § 252 Satz 2 als lex specialis zur Anwendung zu kommen. Für die Überzeugung des Richters von dem Vorhandensein dieser Voraussetzungen ist die besonders freie Beweiswürdigung nach § 287 ZPO maßgebend. Selbstverständliche Voraussetzung ist ferner, daß der erwartete oder durch besondere Vorkehrungen erstrebte Gewinn ein statthafter gewesen sein würde: RG 90, 305; 105, 295; vgl. § 249 Anm 1 Abs 2. Der Maßstab ist ein rein sachlicher, so daß es auf bloße subjektive Erwartungen, die der angeblich Geschädigte hegte, nicht ankommt: RG JW 07, 828[4]; RG 68, 165. Daß der Geschädigte bereits einen Rechtsanspruch auf den Gewinn hatte, ist nicht erforderlich: RGSt 41, 375; Warn 1917 Nr 9. — Die einleuchtendsten Beispiele bieten Gewinne aus Glücksspiel oder Lotterie. Es genügt nicht, daß jemand geltend macht, er hätte mit dem ihm vorenthaltenen geschuldeten Gelde an einem Glücksspiel teilnehmen oder ein Lotterielos kaufen und dadurch Gewinn machen können. Hat er jedoch ein bestimmtes Los schon bestellt oder auch nur derart ins Auge gefaßt, daß er es wahrscheinlich gekauft haben würde, wenn ihm das geschuldete Geld nicht vorenthalten worden wäre, und hat dieses Los tatsächlich einen Gewinn gemacht, so bildet der Gewinnentgang für ihn einen ihm zu ersetzenden Schaden. Weiter: hat jemand einen Kraftwagen zum Zwecke des Vermietens angeschafft und wird dieses Fahrzeug durch einen andern beschädigt, so wird der letztere für den wahrscheinlichen Ausfall des Erwerbs haften, und zwar unter Berücksichtigung auch der inzwischen etwa eingetretenen besonders günstigen Erwerbsbedingungen, gleichgültig ob diese verbesserten Bedingungen schon zur Zeit der Tat zu erwarten waren oder nicht (RG SeuffA 63 Nr 150). Nach solchen Gesichtspunkten beantwortet sich auch die besondere Frage, ob im Falle der Verletzung einer Person auch die Aussicht auf einen gesteigerten Verdienst (etwa aus dem Grunde einer Beförderung oder einer allgemeinen Gehaltsaufbesserung) zu berücksichtigen sei. Grundsätzlich ist freilich bei Berechnung des Schadensumfangs im wesentlichen die Lage zur Zeit des Urteils maßgebend. Es dürfen aber auch diejenigen günstigen Verhältnisse berücksichtigt werden, die, von der Gegenwart aus beurteilt, schon zur Zeit des Unfalls in sicherer Aussicht standen und deren Eintritt durch den Unfall ausgeschlossen worden ist (RG 22, 90 zu § 7 des HaftpflG und SeuffA 63 Nr 261). Beim Schadensersatze wegen Nichterfüllung hat der Gläubiger bei Geltendmachung des abstrakten Schadens die Wahl zwischen dem Zeitpunkte des Eintritts des Verzuges oder dem des Ablaufs der Vorfrist gemäß § 326 (RG 90, 424; 91, 31; 96, 158). — Die Vorteilsausgleichung findet auch hier statt; vgl. Vorbem 5 vor § 249. — Der § 252 greift auch dann Platz, wenn der Schaden durch Fahrlässigkeit verursacht worden ist (RG JW 07, 828[4]; 08, 140[10]). Ein Gewinn, den der Sachgläubiger durch Lieferung der Sache gegen eine gänzlich entwertete Papiermarkzahlung machen würde, fällt nicht unter § 252; deshalb darf er die Aufwertung des Kaufpreises (vgl. § 242 Anm. 5d β) nicht verweigern, auch wenn der Sachschuldner im Verzuge war (RG 107, 150).

3. Die Bestimmung des Satzes 2 bietet auch die Grundlage für die im kaufmännischen Verkehr allgemein übliche und in der Rechtsprechung zugelassene **abstrakte Schadensberechnung,** die namentlich dann in Betracht kommt, wenn der Käufer einer Handelsware auf Grund der §§ 325, 326 Schadensersatz wegen Nichterfüllung verlangt. Diese Art der Schadensberechnung beruht auf der (der Widerlegung nach Maßgabe des § 287 ZPO zugänglichen) Vermutung, daß der Käufer, wenn die Ware geliefert worden wäre, in der Lage

gewesen sein würde, sie zum Marktpreise weiterzuverkaufen, wodurch er, wenn dieser höher war als sein Einkaufspreis, einen Gewinn gemacht haben würde, der ihm durch die Nichtlieferung entgangen ist; auf Grund dieser Vermutung kann ohne weiteren Nachweis der Unterschied zwischen dem Marktpreise und dem Vertragspreise als Gewinnentgang verlangt werden (RG 68, 165; 90, 425; 99, 46; 101, 217, 240; 105, 286, 293; Warn 1921 Nr 140). Für Waren, die keinen Marktpreis haben, wird als genügend angesehen, daß sie Gegenstand des Handelsverkehrs bilden und deshalb bis zum Beweise des Gegenteils anzunehmen ist, daß sie jederzeit verkäuflich sind; an die Stelle des Marktpreises tritt hier der Verkäuflichkeitswert, d. h. der Preis, zu dem die Ware „nach dem gewöhnlichen Laufe der Dinge" mit Wahrscheinlichkeit hätte verkauft werden können (RG 68, 165). Die Verkäuflichkeit wird dadurch nicht ausgeschlossen, daß die Ware noch keinen Markt besitzt, sondern einen solchen erst erobern will; auch in solchem Falle soll es Sache des Verkäufers sein, zur Widerlegung der Vermutung die Unmöglichkeit des Absatzes zu beweisen (RG 68, 166). Unerheblich ist, ob die Ware so, wie sie gekauft worden, oder erst nach einer Verarbeitung, z. B. lebend gekauftes Vieh nach Schlachtung, als Fleisch weiterverkauft worden wäre (RG 101, 241). Die Vermutung wird aber entkräftet, wenn Umstände vorliegen, welche ergeben, daß die gewinnbringende alsbaldige Veräußerung ausgeschlossen gewesen wäre, z. B. wenn der Käufer sich verpflichtet hat, die Ware nicht weiterzuverkaufen oder wenn überhaupt nur Verbrauch in eigenem Betriebe in Frage kam. Dementsprechend hat das RG 99, 49 angenommen, daß der Fiskus, der Waren zur Versorgung des Heeres angekauft hat, seinen Schaden nicht abstrakt berechnen könne; ebenso RG 105, 285. In andern Urteilen (RG 101, 217; 101, 421; 105, 293; Warn 1921 Nr 140) ist aber dargelegt worden, daß die abstrakte Schadensberechnung auch in Fällen zugelassen werden könne, in denen die Ware nicht in der Absicht der Weiterveräußerung, sondern zunächst zu eigenem Verbrauche gekauft sei, wofern nur die Möglichkeit der Weiterveräußerung mit Gewinn bestanden habe und es nicht ausgeschlossen gewesen sei, daß der Käufer, insbesondere der Fiskus, sich noch nachträglich infolge der eingetretenen Umstände dazu entschlossen hätte, wozu er berechtigt war. Diese weitgehende Begünstigung der allerdings „einfacheren und bequemeren", aber auch roheren und weniger zuverlässigen abstrakten Schadensberechnung erscheint nicht unbedenklich. Es müßte jedenfalls, wie in RG 105, 286 gesagt ist, konkret gemäß § 287 ZPO glaubhaft gemacht werden, daß eine solche Sinnesänderung den Umständen nach in Frage kam. Das Richtigste scheint schließlich doch der in RG 105, 286 berichtete aber abgelehnte Standpunkt des damaligen Berufungsgerichts zu sein, daß es lediglich Sache der gemäß § 287 ZPO ohne Bindung an Beweislastregeln auszuübenden freien Beweiswürdigung des Gerichts ist, ob es durch die abstrakte Berechnung im Einzelfalle die Überzeugung von der Entstehung und Höhe eines Schadens gewinnen kann. Als unzulässig ist in dem Urt v. 9. 1. 26, I 248/25 die abstrakte Schadensberechnung ausnahmsweise dann bezeichnet, wenn es ausgeschlossen sei, daß der Berechtigte den berechneten Gewinn gehabt haben würde. In dem Urt v. 1. 10. 26, VI 181/26 ist gesagt, die abstrakte Schadensberechnung sei nur zulässig, wenn ein Weiterverkauf für den Käufer in Frage gekommen wäre. — Durch § 376 HGB ist die abstrakte Schadensberechnung bei Fixgeschäften als Regel angeordnet. Im übrigen kann nach dem jetzigen Handelsgesetzbuche (§§ 373, 374; anders nach dem ADHGB Artt 354, 343) auch der Verkäufer seinen Schaden wegen Nichtabnahme der Kaufsache durch den Käufer auf jede nach BGB zulässige Art berechnen; insbesondere, auch wo die Voraussetzungen für einen auf Rechnung des Käufers gehenden Selbsthilfeverkauf (§ 373 HGB) nicht erfüllt sind, unter Zugrundelegung von Deckungsverkäufen (RG 61, 281; 109, 136; 110, 157); aber auch durch Berechnung des Unterschiedes zwischen dem „Selbstkostenpreis" (bei noch nicht angeschaffter Ware) und dem Vertragspreis (RG 60, 347 unter Hinweis auf die Denkschrift S. 218/219, wo diese Art der Schadensberechnung aber wohl mit Unrecht als „abstrakte" bezeichnet ist). Über die Frage, welcher Zeitpunkt der Berechnung des Gewinnentganges zugrunde zu legen ist, und über weitere Fragen der Schadensberechnung vgl. § 325 A 1a Abs 3 und § 326 A 1c Abs 3.

§ 253

Wegen eines Schadens, der nicht Vermögensschaden ist, kann Entschädigung in Geld nur in den durch das Gesetz bestimmten Fällen gefordert werden[1] [2].

E I 221 II 216; M 2 21; P 2 298.

1. **Immaterieller Schaden.** Nach dem obersten Grundsatze des Gesetzes ist bei Schadenszufügungen der in § 249 Satz 1 bezeichnete Zustand herzustellen. Dem entspricht es, wenn § 253 bestimmt, daß wegen eines Schadens, der nicht Vermögensschaden ist, Entschädigung in Geld grundsätzlich nicht in Frage kommt. Denn durch eine Geldleistung wäre in solchen Fällen der bezeichnete Zustand überhaupt nicht herstellbar (RG Warn 08 Nr 58). Im Falle

des § 253 soll daher eine Forderung auf Ersatzleistung in Geld an Stelle der Herstellung nur insoweit geltend gemacht werden können, als dies in **Sonderfällen** vom Gesetze ausdrücklich zugelassen wird (vgl. §§ 847, 1300; RG 112, 294). — Der Grundsatz des § 253 ist anwendbar auch dann, wenn Schadensersatz auf Grund eines Vertrags gefordert wird (RG 65, 17 zu § 847 Abs 1). Danach braucht also bei lediglich vertraglicher Haftung auch im Falle einer Gesundheitsbeschädigung nicht zugleich für den durch diese verursachten immateriellen Schaden Ersatz geleistet zu werden, obwohl ein innerer Grund für diese Verschiedenheit nicht ersichtlich ist (RG a. a. O.). Als rechtsgeschäftliches Mittel, auch bei Verletzungen ideeller Güter sich einen Geldanspruch zu sichern, kann aber die Ausbedingung einer Vertragsstrafe dienen (vgl. § 241 A 1). Gemäß § 253 kann auch für das sog. Liebhaberinteresse, das auf bloßen persönlichen Empfindungen und Meinungen beruht (M 2, 22), Geldentschädigung nicht gefordert werden. Dahin gehört aber nicht auch der Anspruch auf Ersatz für Entziehung des Gebrauches sog. Luxusgegenstände. Denn auch durch die Entziehung des Gebrauchs eines Luxusgegenstandes, z. B. eines Luxuspferdes, kann ein Vermögensschaden verursacht werden. Wer gewohnt ist, täglich eine Ausfahrt in den Wald zu machen, wird gegebenenfalls das erstattet verlangen können, was er nunmehr für Beschaffung eines Mietfuhrwerks verausgaben muß. Zieht er es aber vor, zu Hause zu bleiben, so ist ihm ein Vermögensschaden nicht entstanden. Gleiches muß gelten, wenn jemandem durch Zuführung übler Gerüche oder Geräusche das Wohnen in seinem Hause zur Unannehmlichkeit geworden ist, er aber trotzdem in dem Hause verbleibt (RG SeuffA 63, 53; a. M. Planck A 1).

2. Unberührt bleiben vom § 253 die Bestimmungen des StGB und der Gesetze über den Schutz des geistigen Eigentums, soweit sie einen Anspruch auf Buße gewähren.

§ 254

Hat bei der Entstehung des Schadens ein Verschulden des Beschädigten mitgewirkt, so hängt die Verpflichtung zum Ersatze sowie der Umfang des zu leistenden Ersatzes von den Umständen, insbesondere davon ab, inwieweit der Schaden vorwiegend von dem einen oder dem anderen Teile verursacht worden ist[1]).

Dies gilt auch dann, wenn sich das Verschulden des Beschädigten darauf beschränkt, daß er unterlassen hat, den Schuldner auf die Gefahr eines ungewöhnlich hohen Schadens aufmerksam zu machen, die der Schuldner weder kannte noch kennen mußte, oder daß er unterlassen hat, den Schaden abzuwenden oder zu mindern[2]). Die Vorschrift des § 278 findet entsprechende Anwendung[3]) [4]) [5]) [6]).

E I 222 II 217; M 2 223; P 2 30.

1. **Mitwirkendes Verschulden des Beschädigten.** a) Hat bei der Entstehung eines Schadens, für welchen die Haftung eines andern in Frage kommt, der Beschädigte mitgewirkt, so fragt es sich, wie diese Tatsache die Haftbarkeit des andern beeinflußt. Es bestehen an und für sich drei Möglichkeiten: der andere bleibt in vollem Maße haftbar, oder seine Haftung ist eine geminderte, oder endlich die Haftung ist völlig beseitigt. Das Gesetz trägt allen drei Möglichkeiten Rechnung (Abs 1), setzt stets ein mitwirkendes Verschulden des Beschädigten voraus, und will die Entscheidung alsdann allgemein auf die besonderen Umstände des Falles, insonderheit aber auf die vorwiegende Verursachung abgestellt wissen. Zu prüfen ist danach in erster Linie jedesmal (RG 54, 407), ob das zur Entstehung des Schadens mitwirkende Verhalten des Beschädigten ein schuldhaftes war, demnächst aber zutreffendenfalls, ob der nachteilige Erfolg vorwiegend auf das Verhalten des einen Teiles oder des andern ursächlich zurückzuführen ist. Im einzelnen ist zu den gegebenen Begriffsmerkmalen folgendes zu sagen: **Eigenes Verschulden des Beschädigten:** Es kann sich in einer positiven Tätigkeit, wie auch in einem Unterlassen äußern (Abs 2). Nicht aber kann es sich vorliegend um ein Verschulden in der gewöhnlichen Richtung handeln, nämlich um die Verletzung einer gegenüber einem andern obliegenden Rechtspflicht. Hier handelt es sich vielmehr um ein Verschulden in eigener Angelegenheit, das in der Außerachtlassung derjenigen Aufmerksamkeit und Sorgfalt besteht, welche (nach Lage der Sache) zur Wahrnehmung der eigenen Angelegenheiten jedem ordentlichen und verständigen Menschen obliegt, um Schaden zu vermeiden (RG 52, 351; Warn 08 Nr 495 u. 606; JW 1914, 827; RG 105 S. 119, 152). Demgemäß ist erkannt worden (Warn 1916 Nr 133), daß ein Mitverschulden schon darin liegen könne, wenn ein Mieter die Mietwohnung weiter benutzt, trotzdem er ihren gefährdeten Zustand kennt und deshalb mit dem Eintritt eines Schadens rechnen muß. Ein Verschulden „im eigentlichen Sinne" wird nicht erfordert (RG 112, 287). Was eine Haftung wegen Verschuldens Dritten gegenüber be-

gründet, begründet sie regelmäßig auch in der Form der Berücksichtigung des Verschuldens bei der Schadensteilung (RG JW 15, 214). So hat der Gast die Pflicht, in bezug auf die Sorge für seine im Gasthause untergebrachten Sachen die erforderliche Aufmerksamkeit und Sorgfalt selbst anzuwenden, gegebenenfalls also auch die vom Wirt zur Sicherheit während der Nacht getroffenen Vorkehrungen zu benutzen (RG 75, 386); doch darf er sich andererseits darauf verlassen, daß der Wirt durch ordnungsmäßige Einrichtungen für seine Sicherheit gesorgt hat (RG 103, 11). Der Kassenbeamte ist verpflichtet, die Echtheit der vorgelegten Quittung zu prüfen, versäumt er das und erfolgt die Zahlung auf eine gefälschte Quittung, so kann mitwirkendes Verschulden vorliegen (RG 10. 5. 10 II 493/09). Ein Mitverschulden kann unter Umständen auch darin gefunden werden, daß ein Mieter, der durch den fehlerhaften Zustand der Mietsache Schaden erlitten hat, trotz Kenntnis des Fehlers die Wohnung behielt und nicht vielmehr von seinem Kündigungsrechte Gebrauch machte (RG Warn 1916 Nr 133). Hat jemand (ein Angestellter) den Schaden, für den ihm ein anderer haftbar ist, bei Befolgung von Anordnungen eines Dritten erlitten, dem er an sich Gehorsam schuldete, so kann er sich zwar nicht schlechthin auf seine Gehorsamspflicht berufen, aber diese Pflicht und die Gepflogenheit, die Anordnungen des Dritten (des Dienstherrn) zu befolgen, die damit verbundene Abstumpfung, sind dennoch zu seinen Gunsten zu berücksichtigen (RG SeuffA 70 Nr 152). — Vorausgesetzt ist ein Verschulden im Sinne des § 276 (RG 54, 410; 59, 222; 68, 423), und zu berücksichtigen ist dabei jeder Grad (RG JW 05, 283[5]), vom Standpunkte der damaligen Lage des Geschädigten und von seiner damaligen Auffassung aus beurteilt, nicht aber ist entscheidend, was sich „hinterher bei kühler Überlegung der wirklichen Sachlage als das Richtige ergibt" (RG Warn 09 Nr 7). Individuelle Eigenschaften des Geschädigten kommen nicht in Betracht (RG Warn 09 Nr 281). Jedenfalls muß sich das Verschulden gerade bei derjenigen Handlung oder Unterlassung (RG JW 1914, 589[5]) geäußert haben, welche für den Eintritt des Schadens mit ursächlich geworden ist. So wenn der Geschädigte bewußt die zu seinem Schutze angebrachten Vorrichtungen nicht benutzt hat (RG Warn 08 Nr 20); oder wenn derjenige, welcher weiß, daß er alkoholische Getränke nicht vertragen kann, sich in Trunkenheit versetzt und hierdurch den Unfall mit herbeiführt (RG Warn 1913 Nr 132). Mitwirkendes Verschulden kann auch dann vorliegen, wenn die den Schaden verursachende Tätigkeit beider Teile zeitlich nicht zusammenfällt (RG 69, 57). Auch ein der schädigenden Handlung des andern voraufgegangenes schuldhaftes Verhalten des Geschädigten kann die Anwendung des § 254 begründen, falls nämlich dies Verhalten die spätere Handlungsweise des andern veranlaßt hat (RG JW 07, 7[7]; Warn 1911 Nr 261; Gruch 58, 921; 54, 1016). Endlich ist die Anwendung der Grundsätze von der Einwirkung des mitwirkenden Verschuldens auch dann nicht unbedingt ausgeschlossen, wenn der Täter vorsätzlich den Schaden herbeigeführt und der Geschädigte anderseits bei der Entstehung oder bei dem Anwachsen des Schadens nur fahrlässig mitgewirkt hat, wenngleich regelmäßig in derartigen Fällen die Haftung des mit Vorsatz handelnden Täters durch die bloße Fahrlässigkeit des Geschädigten nicht gemindert wird (RG 76, 323; 69, 281; 78, 394; Warn 08 Nr. 446; 1911 Nr. 64). Vgl. dazu des Näheren Anm 5. Mitverschulden kann auch durch eine schikanöse Handlungsweise (§ 226) begründet sein; so wenn der Grundstückseigentümer das Betreten seines Hauses dem bauenden Nachbareigentümer, der von jenem Hause aus für dessen genügende Befestigung Sorge tragen wollte, rundweg untersagt (RG Gruch 54, 1016); ferner durch ein Reizen des Täters (RG JW 07, 7[7]; Warn 1911 Nr 201). Hat der Verletzte mit anderen in bewußtem Zusammenwirken gehandelt, dann muß er sich unter Anwendung des § 830 Abs 1 auch die Handlungen seiner Genossen dem Täter gegenüber (der ihn demnächst verletzt hat) gemäß § 254 als eigenes Verschulden zurechnen lassen (RG Warn 1911 Nr 261). — Da Verschulden des Beschädigten vorausgesetzt ist, so folgt zugleich, daß der Beschädigte zu einer schuldhaften Handlungsweise auch befähigt und mithin zurechnungsfähig gewesen sein muß. Die Frage der Zurechnung ist auch hier unter entsprechender Anwendung der Grundsätze der §§ 827, 828 zu beantworten (RG 59, 221; 68, 423; 108, 89). Erforderlich ist nicht Vorhandensein der Geschäftsfähigkeit. Mitwirkendes Verschulden bei Kindern unter 7 Jahren kann überhaupt nicht in Frage kommen (RG 54 S. 404, 407), während bei Kindern von 7—18 Jahren ihre Einsichtsfähigkeit entscheidet (RG 59, 221; 68, 423; Warn 08 Nr 314 und 1910 Nr 19); die in § 828 geforderte Einsicht der Verantwortlichkeit wird durch die Einsicht zur Erkenntnis der Gefährlichkeit des Tuns gedeckt (RG Warn 08 Nr 579). Bei einem jugendlichen Verletzten ist sein mitwirkendes Verschulden, falls er einem klaren und eindrucksvollen Verbote zuwidergehandelt hat und nicht bewiesen ist, daß ihm die zur Erkenntnis der Verantwortlichkeit für die Verbotsverletzung erforderliche Einsicht gefehlt hat, selbst dann in Betracht zu ziehen, wenn er die zur Erkenntnis der Gefahr erforderliche Einsicht nicht besessen hat (§ 828; RG 76, 187). Hat jemand sich in Trunkenheit versetzt und in diesem Zustande eine gefährliche Treppe benutzt, so liegt Mitverschulden im Sinne des Gesetzes vor (RG JW 05, 229[5]). — In der Regel kommt es auch nur auf das eigene Verschulden des Geschädigten selbst an. So bleibt im

Falle der Haftung des Eisenbahnunternehmers gemäß § 25 des preuß. Eisenbahngesetzes v. 3. 11. 38 ein Verschulden des Beauftragten des Verletzten außer Betracht (RG 63, 270). Auch ein etwaiges Versehen der Eltern als solcher kann dem verletzten Kinde nicht als ein von ihm zu vertretendes Verschulden angerechnet werden (RG JW 06, 55[6]), insbesondere auch nicht die den Eltern zur Last fallende schuldhafte Unterlassung der Zuziehung eines Arztes (RG JW 06, 85[4]). Indessen der nur mittelbar Geschädigte (der Ehemann) muß sich das Verschulden des unmittelbar Geschädigten (der Ehefrau) stets anrechnen lassen (RG 81, 215; hier hatte der Mieter wegen des infolge Schadhaftigkeit der Mietsache seiner Ehefrau zugestoßenen Unfalls Schadensersatz verlangt). Die Sache liegt da grundsätzlich überhaupt anders, wo gegen den Geschädigten die Bestimmung des § 278 anwendbar ist (vgl. dazu Anm 3).

b) Der Begriff der „**Mitwirkung**" setzt voraus, daß mehrere Ursachen (Bedingungen) zu dem eingetretenen Erfolge im Sinne der adäquaten Verursachung (vgl. Vorbem 3 vor § 249) zusammengewirkt haben. § 254 setzt deshalb voraus, daß es sich um einen Schaden handelt, der auf solche mehreren Ursachen zurückzuführen ist. Er findet Anwendung in allen Fällen, in denen eine dieser Ursachen (Bedingungen) in dem eigenen Verschulden des Beschädigten besteht. Nicht aber ist erforderlich, daß die außer dem eigenen Verschulden des Beschädigten wirkend gewordenen Ursachen oder eine derselben in einer Handlung oder Unterlassung des andern „Teiles", d. h. desjenigen, der für den Schaden haftbar gemacht werden soll, insbesondere in einem ihm zur Last fallenden Verschulden, bestehen, so daß also etwa beiderseitiges ursächliches Verschulden vorliegen müßte. Vielmehr findet § 254 nicht nur auf solche Schadensersatzansprüche Anwendung, die auf ein (schuldhaftes) Verhalten des Haftbaren gegründet werden, sondern auf alle Fälle, in denen jemand für ein schadenbringendes Ereignis, sei es kraft Gesetzes oder auf Grund einer rechtsgeschäftlich übernommenen Verpflichtung (Garantie) einzustehen hat (RG 67, 120; 112, 286). In solchen Fällen kann allerdings nicht unmittelbar die Rede davon sein, daß der Schaden „vorwiegend von dem einen oder von dem andern Teile" verursacht worden ist und versagt deshalb der hieraus zu entnehmende Vergleichungsmaßstab. Dieser Maßstab ist indessen in dem mit „insbesondere" eingeleiteten Teile des Abs 1 nur beispielsweise als einer von den „Umständen" hervorgehoben, die bei der Anwendung des § 254 in Betracht zu ziehen sind. In den Fällen, in denen er versagt, müssen die sonstigen Umstände (vgl. unten zu d) entsprechend herangezogen werden.

c) **Anwendungsgebiet.** α. Unmittelbare Anwendung. Nach dem oben (zu b) Gesagten ist für die unmittelbare Anwendung des § 254 nur erforderlich das Vorhandensein eines Schadens, für den ein anderer einzustehen hat, während zu seiner Entstehung der Geschädigte in irgendeiner Weise schuldhaft beigetragen hat. § 254 greift daher nach ständiger Rechtsprechung des Reichsgerichts in allen durch das BGB bestimmten Fällen der Schadensersatzpflicht unmittelbar Platz, mag diese aus Verträgen, unerlaubten Handlungen oder unmittelbarer gesetzlicher Vorschrift begründet sein; das ergibt sich schon aus der Stellung der Vorschrift im allgemeinen Teile des Rechts der Schuldverhältnisse (RG 62, 348; Warn 1910 Nr 419). Demgemäß ist die Anwendbarkeit anerkannt worden: bei Vertragsschaden wegen Nichterfüllung: Kauf (RG 57, 107), Werkvertrag (69, 381); bei Schadensersatzansprüchen aus dem Eigentume nach §§ 989ff. (RG 93, 281; nicht bei dem Herausgabeanspruche des Eigentümers; vgl. unten zu β); aus § 325 (RG JW 1919, 308[9]); bei der Haftung des Tierhalters, § 833 (RG 18. 5. 05 VI 417/04; 51, 275; 67, 120; Warn 1912, 74); des Gastwirts, § 701 (RG 75, 394; Warn 1922 Nr 68); für Wildschaden (RG 52, 349); für Hilfspersonen gemäß § 278 BGB, § 485 HGB (RG 56, 155; 111, 38); bei der Haftung auf Grund des Haftpflichtgesetzes (RG Warn 08 Nr 18; 1911 Nr 340; RG 56, 155; JW 05, 77[13]; 1912 Nr 138); bei der Haftung infolge vorläufiger Vollstreckung nach §§ 717, 945 ZPO (RG JW 1907, 485[25]; Warn 1909 Nr 260); bei culpa in contrahendo, falls es wegen einer solchen nicht zum Vertragsabschlusse gekommen ist (RG 104, 267; 97, 339) oder auch sonst wegen eines beiden Teilen beim Vertragsabschlusse zur Last fallenden Verschuldens (RG 93, 62; vgl. auch § 276 Anm 3); auf Schadensersatz statt Herausgabe der Sache, sei es in Geld oder durch Leistung einer andern gleichwertigen Gattungssache (RG 93, 281; Warn 1910 Nr 419); im Eisenbahnfrachtrecht (RG 103, 186; 108 S. 279, 344; 109, 21; 111, 337), jedoch kann wegen § 456 HGB eine Teilung des Schadens nur in Frage kommen, wenn die Bahn ein Verschulden trifft, da andernfalls die gesetzliche Haftung der Bahn bei (auch nur mitwirkendem) Verschulden des Verfügungsberechtigten gänzlich wegfällt (RG 108, 279; 112, 287). Auch im internationalen Eisenbahnfrachtrecht (Int. Übereinkommen v. 14. 10. 90) ist die Anwendbarkeit des § 254 anerkannt (RG 67, 171). Keine Anwendung bei der Schadensersatzpflicht wegen Schließung eines auf eine unmögliche Leistung gerichteten Vertrags nach §§ 307, 309, da hier die Sondervorschrift des § 307 Abs 1 Satz 2 entgegensteht (RG 57, 89; 105, 412; 110, 55). Nicht ausgeschlossen wird die Anwendung des § 254 dadurch, daß der Ersatzpflichtige, z. B. eine Fürsorgeanstalt, vertraglich verpflichtet war, den Beschädigten, z. B. einen Geistesschwachen, vor Selbstbeschädigung zu bewahren (RG 108, 89). — Auf § 254 kann sich der nach § 1 HaftpflG haftbare Eisenbahnunternehmer nicht berufen, wenn ein Tier den Schaden mitverursacht hat, dessen Halter der Verletzte war (wegen § 840 Abs 3; RG Warn 1911 Nr 122, vgl. Näheres zu § 840).

β. Entsprechende Anwendung des § 254. Der Vorschrift des § 254 ist aber eine über ihren, nur auf Fälle einer Schadensersatzpflicht sich beziehenden Wortlaut hinausgehende Bedeutung beigelegt worden. Die Rechtsprechung hat in ihm den Ausdruck allgemeiner Rechtsgedanken gefunden, die auch auf andern Rechtsgebieten Beachtung verdienen, wenn es sich um die nicht durch besondere gesetzliche Bestimmungen für die in Betracht kommenden Fälle geregelte Frage des Verschuldens von zwei oder mehreren Personen und des Abwägens dieses Verschuldens handelt (RG 71, 191; 94, 142; JW 1912, 71[8]). Demgemäß ist die entsprechende Anwendung für statthaft erachtet bei Wandelungsansprüchen, bei denen das Verschulden der einen oder andern Partei in bezug auf die Unmöglichkeit der Rückgewähr der gekauften Sache in Frage kam (RG 56, 267; JW 1904, 140[6]; II 465, 06, 7. 5. 07); bei Ausübung des Rücktrittsrechts wegen vom andern Teile zu vertretender Unmöglichkeit der Leistung nach § 325 (RG 71, 191); bei dem Anspruch auf die Gegenleistung im Falle einer durch Verschulden beider Teile unmöglich gewordenen Leistung nach §§ 324, 325 (RG 94, 141); bei der Verteilung des Schadens unter mehrere, einem Dritten aus unerlaubter Handlung haftende Gesamtschuldner gemäß § 426 (RG 75, 251; vgl. § 426 Anm 1 Abs 3); bei der Ausgleichung nach § 9 KraftfahrG (RG JW 1912, 70[7]) oder nach §§ 17, 18 ebenda (RG 87, 67; vgl. auch § 426 A 1 Abs 3). In Fällen, in denen dem Beschädigten eine Verantwortlichkeit ohne Verschulden kraft Gesetzes obliegt, z. B. wenn er Tierhalter ist und ein von ihm gehaltenes Tier zur Entstehung des Schadens mitgewirkt hat, ist eine solche Mitwirkung einem Verschulden des Beschädigten gleichzustellen (RG 67, 120). — Keineswegs aber kann aus § 254 ein Rechtssatz des Inhalts hergeleitet werden, daß jedes Verschulden, aus dem Rechtsfolgen hergeleitet werden, durch das mitwirkende Verschulden des andern gemindert oder entkräftet werde (RG 62, 424; Warn 1910 Nr 266; V 58/18, 15. 6. 18). Für nicht (entsprechend) anwendbar ist § 254 erklärt auf den Werterssatzanspruch im Falle nicht schuldhaften Überbaues nach § 915 (RG 74, 90), obwohl der ihm zugrunde liegende Rechtsgedanke wohl auch auf diesen Fall zutrifft. Für den Anspruch auf Wertersatz bei der Enteignung ist in RG 21. 6. 07, VII 442/06 ausgesprochen, es könne sich „höchstens" um eine sinngemäße Verwertung des Grundgedankens handeln. Keine Anwendung auf den Herausgabeanspruch des Eigentümers (RG 93, 282; JW 1918, 731[1]). Ob § 254 auf den Herausgabeanspruch im Falle des Art 74 WO, § 8 ScheckG Anwendung finden kann, ist in RG 103, 91 als zweifelhaft bezeichnet worden. Auf die Fälle des § 829 (subsidiäre Billigkeitshaftung nicht verantwortlicher Schädiger) ist wegen deren besonderer Natur § 254 nicht entsprechend anwendbar (RG JW 03 Beil 122[270]). Auch im Falle des § 136 GewUVG (Haftung des Unternehmers für Aufwendungen der Genossenschaft, RG 62, 429), sowie bei den nach § 25 des preußischen Eisenbahngesetzes zu beurteilenden Fällen (RG 62, 146) ist § 254 unanwendbar.

γ. Anwendbar ist der § 254 im übrigen nur da, wo den Beschädigten selbst ein Mitverschulden trifft. Beschädigter ist im Sinne des § 254 derjenige, der einen Vermögensschaden erlitten hat und dafür aus eigenem Rechte Ersatz fordert (RG 54, 407). Darüber, inwieweit § 278 eingreift, vgl. A 3. Die Anwendbarkeit des § 254 ist daher beispielsweise **ausgeschlossen, wenn nicht der Verletzte klagt, sondern der Geschäftsführer ohne Auftrag von dem Ersatzpflichtigen die Erstattung der Aufwendungen verlangt, die er für den Ersatzberechtigten gemacht hat** (RG JW 05, 531[11]). **Wenn jedoch aus der Verletzung oder Tötung einer Person Ansprüche mittelbar für einen Dritten entstehen** (§§ 844, 845), **findet § 254 auch diesem gegenüber derart Anwendung, daß es auf sein „mitwirkendes Verschulden" ankommt** (RG 55, 24). **Keinesfalls kommt der § 254 auch dem Beschädigten zugute, und deshalb kann der Erklärungsempfänger, der des Entschädigungsanspruchs aus § 122 Abs 1 nach Abs 2 daselbst wegen eigener Fahrlässigkeit verlustig geht, nicht gemäß § 254 mitwirkendes Verschulden des Erklärenden geltend machen**; auch eine entsprechende Anwendung des § 254 ist hier unstatthaft, da durch die Sondervorschrift des Abs 2 jede Ersatzpflicht ausgeschlossen wird (RG 57, 89). „Beschädigter" ist bei der großen Haverei auch der Schiffseigentümer, der Kosten für die Reparatur des Schiffes nach einem Zusammenstoße hat aufwenden müssen; deshalb kann er gegenüber der seinem Erstattungsanspruche aus § 702 HGB entgegengehaltenen Einrede, daß sein Angestellter, dessen Verschulden er nach § 278 zu vertreten hat, den Zusammenstoß verschuldet habe, nicht im Wege der Replik unter Berufung auf § 254 geltend machen, daß einen Angestellten des als ersatzpflichtig in Anspruch genommenen Beklagten ein von diesem zu vertretendes mitwirkendes Verschulden treffe (RG 62, 420).

d) **Maßstäbe für die Schadenshaftung bei Mitwirkung eines Verschuldens des Beschädigten.** Die vorwiegende Verursachung des Schadens ist vom Gesetze als Vergleichungspunkt ausdrücklich hervorgehoben. Mithin muß in erster Linie in Betracht gezogen werden, ob einerseits die Handlung des Schädigers oder das Ereignis, für das er verantwortlich ist (oben zu b), anderseits die schuldhafte Handlung oder Unterlassung des Beschädigten als eine mehr oder weniger wirksame Ursache des Schadens objektiv anzusprechen sind (RG JW 1912, 31[15]; Warn 1911 Nr 340). Zu prüfen ist sonach überall da, wo das Verhalten beider Teile von ursächlicher Bedeutung geworden ist, zunächst, in welchem Maße die Handlungsweise des einen oder des andern Teiles zum Erfolge beigetragen hat (RG 54, 13; Warn 08 Nr 19 u. 445; 1911 Nr 64); in denjenigen Fällen sodann, wo der Ersatzpflichtige kraft Gesetzes oder zufolge rechtsgeschäftlicher Übernahme einer Gefahr haftet, in welchem Maße einerseits das schuldhafte Verhalten des Beschädigten und anderseits die die Haftung des Ersatzpflichtigen begründenden Umstände selbst (die von einem Tiere ausgehende Gefahr, die mit dem Eisenbahnbetriebe verbundene Gefahr, die bei der Übernahme einer Versicherung in Frage stehende Gefahr) als Ursache für den Schaden anzusehen sind (RG JW 03 Beil 136 Nr 298, 299 und SeuffA 59 Nr 224; RG 56, 154; 62, 350; Warn 08 Nr 606 sowie 290 u. 291; ferner 1911 Nr 340). Daneben will indessen das Gesetz auch die sonstigen Umstände des Falles beachtet wissen, und unter ihnen wird namentlich auch die Frage, welchem Teile bei der Verursachung des Schadens das stärkere Verschulden zur Last fällt, in Betracht kommen (RG 68, 422; 69, 57; JW 1912, 138[11]). Doch kann auch vorsätzlichen Schädigungen gegenüber ein auf bloßer Fahrlässigkeit beruhendes mitwirkendes Verschulden des Beschädigten unter Umständen zu beachten sein (RG 69, 281; 76, 323). Dementsprechend hängt bei einem Eisenbahnunfalle im Falle mitwirkenden Verschuldens des Beschädigten die Schadensersatzpflicht des Unternehmers von den Umständen ab, namentlich von dem Maße der Ursächlichkeit einerseits des Verschuldens des Verletzten, anderseits der Betriebsgefahr, aber auch unter Berücksichtigung solcher Umstände, die jenes Verschulden größer oder geringer erscheinen lassen (Recht 1924 Nr 800) und es ist bei jugendlichen, nach § 828 verantwortlichen Personen auch ein Zurückbleiben der individuellen Entwicklung hinter der normalen zu beachten (RG 68, 422; Warn 1910 Nr 19); auf der andern Seite die Erhöhung der Betriebsgefahr, wenn ein schuldhaftes Verhalten des Unternehmers oder seiner Angestellten als Element jener Gefahr in Betracht kommt (RG 56 S. 154, 157); Grundsätze, die nochmals zusammengefaßt sind in dem Urt v. 12. 7. 26, IV 31/26. In denjenigen Fällen, in denen der haftbar Gemachte für das Verschulden Dritter einzustehen hat (§ 278), ist zu erwägen, ob das Verhalten der Hilfspersonen oder das des Beschädigten als Hauptursache anzusehen ist (RG 69, 57). Hiernach kann sich im Einzelfalle sogar ergeben, daß das schuldhafte Verhalten des Geschädigten völlig bedeutungslos ist, oder umgekehrt kann sich auch das Verschulden des Beschädigten als von so überwiegender Bedeutung erweisen, daß es allein als ursächlich anzusehen ist. Im ersten Falle hat der Ersatzpflichtige den vollen Schaden zu ersetzen; im zweiten Falle besteht für ihn keine Verpflichtung (JW 06, 54[4]; Warn 08 Nr 578). Wäre anzunehmen, daß das Maß der Ursächlichkeit auf beiden Seiten gleich zu bewerten ist, so würde der Ersatzpflichtige nur für die Hälfte des Schadens aufzukommen haben (RG 28. 11. 04 VI 235/04); und wäre endlich die Ursächlichkeit zu Lasten beider Teile je nach einem verschiedenen Verhältnisse als gegeben anzusehen, so müßte der Umfang des zu leistenden Ersatzes diesem Verhältnisse entsprechend bemessen werden (RG JW 03 Beil 67 Nr 155 u. 121 Nr 268 für den Rechtskreis des Haftpflichtgesetzes). Der § 254 ist auch dann anwendbar, wenn die schädliche Handlungsweise des anderen deswegen keine rechtswidrige war, weil sie infolge des rechtswidrigen Verhaltens des Geschädigten notwendig geworden war (RG SeuffA 48 Nr 48). — Stehen dem Geschädigten mehrere Haftbare als Gesamtschuldner gegenüber, so kann sein Verschulden im Verhältnisse zu dem des einen Täters größer sein, als zu dem des andern, so daß der eine einen geringeren Ersatz zu leisten hat, als der andere (RG Gruch 54, 414). — Hat der Scheckkunde einer Bank die Schecke so sorglos aufbewahrt, daß sie auch Unberufenen zugänglich waren und hat ein solcher infolgedessen einen Scheck ausgefüllt, mit dem Faksimilestempel des Scheckkunden den Scheck unterzeichnet und daraufhin das Geld bei der Bank erhoben, so ist unter gewöhnlichen Umständen anzunehmen, daß der Scheckkunde seinen Schaden allein verursacht hat (RG 81, 255). Die Verteilung der Verantwortlichkeit im Rahmen des § 254 gehört im übrigen dem Gebiete der tatsächlichen Würdigung an und ist somit nach ständiger Rechtsprechung Revisionsangriffen entzogen (RG 26. 1. 22, VI 543/21 und VI 265/24, 16. 12. 24); vgl. aber A 4.

2. Abs. 2 enthält lediglich einen besonderen Anwendungsfall des in Abs 1 ausgesprochenen allgemeinen Grundsatzes. Das in ihm ebenfalls vorausgesetzte Verschulden des Beschädigten besteht hier **in Unterlassungen.** Damit ist zugleich die Verpflichtung anerkannt, auch bei schuldhaftem Verhalten des andern Teiles das zur **völligen Abwendung oder wenigstens zur Minderung des Schadens,** jedenfalls aber zur Verhütung eines **ungewöhnlich hohen Schadens** Erforderliche, nach Möglichkeit beizutragen, in der letzten Hinsicht, indem der andere auf die Möglichkeit eines derartigen Schadens aufmerksam gemacht wird (RG Warn 1911 Nr 10). Auf die Unterlassung kann sich jedoch der Schädiger dann nicht berufen, wenn der Geschädigte nachweist, daß jener auch im Falle eines Hinweises auf die Gefahr nichts veranlaßt haben würde (RG 22. 11. 13, V 260/13). Zur Abwendung des Schadens kann auch die Ergreifung solcher erst nachträglicher Maßregeln geboten sein, die den bereits eingetretenen Schaden zu beseitigen geeignet sind. — Das Unterlassungsverschulden des Beschädigten setzt nicht die Verletzung einer besonderen Rechtspflicht voraus, sondern umfaßt jeden Verstoß gegen Treu und Glauben nach der Verkehrssitte, ein Unterlassen derjenigen Maßregeln mithin, die nach der Auffassung des Lebens ein ordentlicher Mann hätte anwenden müssen, um Schaden von sich abzuwenden (RG 52, 351; 71, 216; 105, 119). So kann ein mitwirkendes Verschulden auch darin gefunden werden, daß der Geschädigte, auf die Schadensersatzpflicht des andern pochend, ein Grundstück trotz seiner Fähigkeit hierzu nicht meistbietend erstanden und die dazu erforderte Sicherheit nicht geleistet hat (RG JW 15, 1001[8]). Mitwirkendes Verschulden liegt auch vor, wenn der Mieter, der bereits einen Einbruchsdiebstahl erlitten und daraufhin vom Vermieter das Versprechen erhalten hat, daß der genügende Verschluß hergestellt werden solle, auch seinerseits nichts dazu getan hat, danach aber ein zweiter Diebstahl erfolgt ist (RG 100, 43). Auch im Falle der Haftung des Gastwirts gemäß § 701 kann mitwirkendes Verschulden des Hotelgastes in Frage kommen, wenn der Gast nicht auf die Gefahr eines ungewöhnlich hohen Schadens aufmerksam gemacht hat (RG 55, 320; Warn 1920 Nr 159). Mitwirkendes Verschulden des Arrestgegners in Ansehung des ihm durch die Vollziehung des Arrests entstandenen Schadens wegen Unterlassung der Abwendung des Schadens durch Sicherheitsleistung (RG LZ 22, 116[3]). Die Pflichtverletzung muß auf Vorsatz oder Fahrlässigkeit beruhen (RG 54, 411) und kann daher auch dann vorliegen, wenn der Geschädigte die Gefahr des Schadenseintritts nicht erkannt hat, falls nämlich diese Nichtkenntnis auf Fahrlässigkeit zurückzuführen ist (RG 4. 7. 05 III 580/04). Eine schuldhafte Unterlassung liegt beispielsweise vor, wenn A dem B ein Paket zur Beförderung übergibt, ohne ihn auf den an sich nicht ersichtlichen wertvollen Inhalt aufmerksam zu machen, oder wenn der Käufer zur Abwendung des Schadens einen Deckungskauf, der sich nur unter erheblichen Aufwendungen bewerkstelligen läßt, vornimmt, ohne den Verkäufer darauf hinzuweisen (RG 18. 11. 15 V 224/15), oder wenn der Beschädigte schuldhaft eine nachträgliche Besserung seines Zustandes hindert (RG 60, 149; 68, 352; 83, 17; Warn 1913, Nr 131), oder wenn derjenige, der einen in zweiter Linie haftenden Beamten aus § 839 in Anspruch nehmen will, schuldhaft unterläßt, zuvor gegen den in erster Linie verpflichteten Beamten vorzugehen (RG 80, 256). Der gegen Einbruchsdiebstahl Versicherte hat nach Kräften alles zur Wiedererlangung der Sache Geeignete vorzunehmen; die Unterlassung solcher Maßnahmen kann eine Pflichtverletzung darstellen, auf die der Schaden des Versicherers ursächlich zurückzuführen wäre (RG Warn 1913 Nr 270). Eine Verpflichtung zur Vornahme des Deckungsverkaufs kann erst dann in Frage kommen, wenn der Verkäufer bereits den Anspruch auf Schadensersatz wegen Nichterfüllung gewählt hat, da er bis dahin sich noch selbst erfüllungsbereit halten muß (RG JW 1914, 72[2]). Unter besonderen Umständen ist aber die Vornahme des Deckungskaufs (oder Verkaufs) mit Rücksicht auf die im kaufmännischen Verkehre gebotene Sorgfalt als Abwendungsmaßregel notwendig (RG 58, 327; JW 1910, 613[4]). Es besteht keine Verpflichtung für die Vertreter der Bahn zur Belehrung der Beamten dahin, daß sie Waren, deren Namen ihnen nicht bekannt seien oder deren Zusammensetzung ihnen zu Zweifeln Anlaß gäbe, nicht anzunehmen hätten, bevor ihnen durch Rückfrage die Ungefährlichkeit dargetan sei (RG 96, 279). — Der Fußgänger auf der Straße ist nicht verpflichtet, seine Aufmerksamkeit auf die Hindernisse oder Gefahren zu richten, die nicht seinen eigenen Weg bedrohen (RG 95, 154). — Die Vornahme von Valutaspekulationen kann dem Käufer im Interesse seines vertragsbrüchigen Verkäufers im allgemeinen nicht zugemutet werden. Anders ist aber die Rechtslage, wenn ein ausländischer Käufer, der sich in Mark eingedeckt hat, der völligen Entwertung dieser Währung untätig zusieht, statt daraus zur Wiederabstoßung der angeschafften Mark Anlaß zu nehmen; darin kann ein mitwirkendes Verschulden gefunden werden (RG JW 1925, 137[4] und RG 109, 337). Doch fällt ihm ein Verschulden nicht zur Last, wenn es sich um eine Zeit handelt, in der das weitere Fortschreiten der Markentwertung bis zum gänzlichen Verfall noch nicht mit einiger Sicherheit vorauszusehen war (RG 111, 383).

Die Voraussetzung eines **ungewöhnlich hohen Schadens** ist gegeben, wenn der Schaden hinsichtlich der Höhe so sehr von einem gewöhnlichen Schaden abweicht, daß es deshalb gegen Treu und Glauben verstieße, wenn der Gefährdete den andern nicht auf die Gefahr eines solchen Schadens aufmerksam machte (RG JW 1911, 35[13]); z. B. dann, wenn einem Hypothekengläubiger wegen nicht rechtzeitiger Zahlung der an einem bestimmten Tage fälligen Hypothek ein ungewöhnlich hoher Schaden entsteht (etwa wegen Entgehens der Gelegenheit zu einer außergewöhnlich günstigen Unterbringung des Kapitals) und er unterläßt, den Schuldner auf diese Gefahr aufmerksam zu machen; er haftet dafür, es sei denn, daß der Schuldner den fälligen Betrag doch nicht rechtzeitig hätte beschaffen können (RG Warn 1911 Nr 10). Daß der Beschädigte schon die konkrete Gefahr vorausgesehen hat, ist nicht erforderlich; es genügt, wenn er das Vorhandensein einer Gefahr überhaupt erkannt hat und dennoch schwieg oder untätig blieb. Die Vorschrift des

§ 254 Abs 2 (erster Fall) ist gegen den Beschädigten nur dann anwendbar, wenn die außergewöhnliche Höhe des Schadens durch Umstände herbeigeführt worden ist, deren Eintritt der Schädiger nicht voraussehen konnte, während der Beschädigte in der Lage war, sie vorauszusehen, und deshalb Treu und Glauben erfordert haben würden, daß er den Schädiger darüber aufklärte (RG 24. 9. 19 V 145/19). Dem Geschädigten steht überdies der Nachweis frei, daß seine Unterlassung mit der Höhe des Schadens nicht in ursächlichem Zusammenhange steht (RG SeuffA 62 Nr 132). — Einwände wegen Unterlassung der Abwendung oder Minderung des Schadens kommen häufig vor bei Betriebsunfällen im Gebiete des Haftpflichtgesetzes, ferner im Gebiete des § 326 in der Form, daß der Schuldner geltend macht, der Gläubiger habe bei der Vornahme des Deckungskaufs schuldhaft gehandelt (RG 57, 106). Ist der Käufer wegen Nichtabnahme der Kaufsache auf Schadensersatz wegen Nichterfüllung in Anspruch genommen, dann kann er nicht entgegenhalten, daß er vom Verkäufer nicht auf den im Unterschiede zwischen dem Verkaufspreise und dem Einkaufspreise bestehenden Schaden aufmerksam gemacht worden ist; auch nicht, daß der Verkäufer, dem nach Eintritt des Verzuges des Käufers die Gewährung der Sache unmöglich geworden ist (weil nämlich der Dritte, von dem der Verkäufer die Sache beziehen wollte, diese inzwischen anderweit verkaufte), diesen Weiterverkauf nicht gehindert hat (RG LZ 1919, 1074[4]). — Ob der Schaden durch eine positive Tätigkeit oder durch eine Unterlassung des haftbar Gemachten herbeigeführt worden, ist unerheblich (RG JW 03 Beil 121 Nr 267). Bei Vertragsverletzungen enthält die Vorschrift des § 254 Abs 2 eine Milderung des Grundsatzes, daß die Verpflichtung zum Schadensersatze den ganzen, selbst den nicht voraussehbar gewesenen Schaden umfaßt (RG 12. 10. 06 II 106/06). Vgl. über einzelne sonstige Anwendungsfälle unten A 5.

Solange der Beschädigte die nachteilige Folge **durch Rechtsbehelfe abwenden kann,** ist der Schaden überhaupt noch nicht endgültig entstanden (RG 75, 118). Ob aber in dem Unterlassen der Ergreifung von Rechtsmitteln (namentlich gegen Entscheidungen oder Anordnungen von untergeordneten Verwaltungsbehörden) ein Verschulden liegt oder nicht, ist im einzelnen Falle nach den Umständen zu prüfen, wobei es besonders auf die Aussichten des etwaigen Rechtsmittels ankommt (RG 12. 6. 11 II 597/10; ferner Warn 1912 Nr 65; 1916 Nr 276; Gruch 58, 917). Im Zweifelsfalle liegt der Beweis dafür, daß der Rechtsbehelf von Erfolg gewesen wäre, dem Beklagten ob, da es sich hier nicht um eine Voraussetzung für die Entstehung des Schadens und für die Haftung des Täters, sondern um einen Grund für dessen Entlastung handelt (RG 13. 11. 12 V 207/12). Ist jemand (der Aussteller eines Wechsels) einem andern (dem Gefälligkeitsakzeptanten) für dessen Inanspruchnahme durch einen Dritten (den Wechselinhaber) haftbar, dann darf der andere die ihm zu erstattenden Kosten nicht dadurch erhöhen, daß er auf die Klage des Dritten nutzlose Einwendungen erhebt (RG 77, 29). Wer gegen die Beeinträchtigung seiner Grundgerechtigkeit Klage erhoben hat, braucht sich nicht ohne weiteres vorwerfen zu lassen, daß er nicht eine Regelung schon im Wege der einstweiligen Verfügung versucht habe (RG 11. 12. 18 V 272/18).

Der Ausdruck **Schuldner** in Abs 2 soll nicht besagen, daß ein bereits bestehendes Schuldverhältnis vorauszusetzen ist; er will vielmehr nur die haftbar gemachte Persönlichkeit bezeichnen.

3. Die **Bezugnahme auf § 278** im Schlußsatze des Abs 2 besagt, daß der Geschädigte es sich unmittelbar zuzurechnen hat, wenn seinem gesetzlichen Vertreter oder demjenigen, dessen er sich zur Erfüllung einer Verbindlichkeit bedient, ein Verschulden zur Last fällt (RG 55, 316). Ein solcher Erfüllungsgehilfe kann auch der zum Prozeßbevollmächtigten bestellte Rechtsanwalt sein (RG 55, 332; 115, 188). Vgl. auch RG 56 S. 155, 378; 59, 305; Warn 1910 Nr 234; auch A 1 a a. E.; ferner § 426 Anm 1 Abs 3, wonach § 278 in Verbindung mit § 254 auch bei der Ausgleichung zwischen Gesamtschuldnern anwendbar ist (RG 69, 422; 75, 251; Warn 1911 Nr 394; JW 1912, 141[17] u. 865[24]). Im übrigen findet die Vorschrift des Satzes 2 von Abs 2 auch auf das im Abs 1 behandelte, schon bei der Entstehung des Schadens mitwirkende Verschulden Anwendung (RG 62, 106; 75, 114; SeuffA 71 Nr 108). Der Beschädigte haftet mithin gegebenenfalls in eben dem Maße für seine Erfüllungsgehilfen, wie gegebenenfalls der Schädiger für seine Erfüllungsgehilfen (RG 79, 312; JW 1912, 138[13]). Dies führt dazu, dem Geschädigten, also dem Gläubiger, die Vertretung des Verschuldens derjenigen Personen aufzuerlegen, die mit der Wahrnehmung des einschlägigen Pflichtenkreises betraut sind, und zwar nicht nur für die in Abs 2 des § 254 bezeichneten Unterlassungen von Maßregeln behufs Abwendung, sondern auch für positive Handlungen solcher Personen bei Entstehung des Schadens (RG 55, 332; 62, 108; 75, 114). Voraussetzung für die Mitberücksichtigung des § 278 ist aber stets, daß es sich um die Erfüllung einer Verbindlichkeit handelt, oder daß wenigstens etwas einer Verbindlichkeit Ähnliches vorliegt, was erfüllt werden kann, während die Mitverwertung des § 278 über jene Grenze hinaus, insbesondere bei Schadenszufügungen durch eine unerlaubte Handlung, unzulässig ist (RG 75, 258; 77, 211; 79, 319; 91, 138). Nach seinem allgemeinen Rechtsgedanken jedoch, wonach der Beschädigte für seine Hilfspersonen in gleicher Weise einstehen soll, wie der Schädiger für die seinigen, ist der § 254

auch in Verbindung mit § 831 entsprechend anwendbar, wenn ein Verschulden des vom Beschädigten zu einer Verrichtung Bestellten bei der Entstehung des Schadens mitwirkt, so beispielsweise, wenn der Kutscher des Beschädigten (RG 77, 211), oder der von ihm verwendete Chauffeur (RG 79, 319; SeuffA 71 Nr 108) den Zusammenstoß mitverschuldet, durch den die Verletzung des Beschädigten herbeigeführt wird. Doch braucht sich der Beschädigte auch hier das etwaige Mitverschulden des zu der Verrichtung Bestellten dann nicht zurechnen zu lassen, wenn er den ihm freistehenden Nachweis erbringt (§ 831), daß er bei der Auswahl des Bestellten die erforderliche Sorgfalt angewendet hat. Das Verschulden seines approbierten Arztes braucht der Verletzte nicht zu vertreten (RG Warn 1913 Nr 131; 72, 219). Für das Seerecht hat das RG den Grundsatz aufgestellt, daß die diesem Rechte (§ 485 HGB) eigentümliche Haftung des Reeders für seine Schiffsbesatzung, die über die §§ 278 und 831 BGB hinausgeht, auch im Rahmen des § 254 Anwendung zu finden hat (RG 55, 321; 59, 311; 111, 38).

4. Die **prozessuale Behandlung.** Von Amts wegen ist ein eigenes Verschulden des Verletzten nicht zu berücksichtigen; ein solches geltend zu machen, ist Sache der Einrede (RG 51, 186; 55, 321; 59, 311; JW 06, 85[4] u. 09, 13[5]; Warn 1922 Nr 71), wobei es jedoch genügt, daß die Behauptungen des Beklagten seine Absicht erkennen lassen, das eigene Verhalten des Klägers zur Abwehr seiner Ansprüche zu verwerten (RG Warn 08 Nr 608). Solange Art und Umfang des Verschuldens des Beschädigten und dessen ursächliche Bedeutung nicht feststehen, kann nicht abgemessen werden, inwieweit der Schaden von dem einen oder andern Teile verursacht worden ist (RG JW 05, 44[8]). Anderseits ist zur Berücksichtigung des etwaigen eigenen Verschuldens des Geschädigten in der Regel zuvörderst die Feststellung der Art und des Umfangs des Verschuldens des Ersatzpflichtigen erforderlich (RG JW 1920, 553[4]). Das bei der Entstehung des Schadens mitwirkende Verschulden des Beschädigten muß bereits in dem etwa nur über den Grund des Anspruchs ergehenden Urteile festgestellt werden (RG 53, 117; 62, 148; JW 08, 558[22]; Warn 09 Nr 128 u. 540; Gruch 48, 591; 50, 1012). In RG Warn 09 Nr 112 ist es allerdings auch für zulässig erklärt worden, daß das Gericht im Grundurteil die Anwendung des § 254 dem Verfahren über den Betrag vorbehält, ein solches Urteil erlangt in diesem Sinne die Rechtskraft. Gegebenenfalls ist auch die Quote der Haftung bereits festzustellen (RG JW 05, 284[6]). Der nämliche Grundsatz greift auch für den Feststellungsprozeß Platz (RG Warn 1918 Nr 187). Das Zwischenurteil im Sinne des § 304 schließt eine nachträgliche Erörterung der Frage des mitwirkenden Verschuldens aus (RG Warn 1910 Nr 477), soweit nicht die Frage nach dem mitwirkenden Verschulden auch bei Prüfung des Umfangs der Ersatzpflicht in Betracht kommen muß (RG 81, 272; Gruch 54, 1145). Die Abwägung des Verhältnisses zwischen dem beiderseitigen Verschulden unterliegt der Nachprüfung des Revisionsgerichts, das, wenn die Sachlage völlig aufgeklärt ist, die Abwägung ohne Zurückverweisung abändern kann (RG JW 1912, 71[8]; 1920, 282[3]; 1921, 1231, 5[6]; 1922, 105[2]; vgl. aber A 1 d a. E.). Der Beweis des mitwirkenden Verschuldens liegt, entsprechend wie bei der Ausgleichung des Schadens mit dem Vorteile (vgl. Vorbem 5 vor § 249) dem Schädiger ob (RG 55, 320; 59, 311; JW 09, 13[5]; Gruch 51, 947; 53, 917). Die Beweislast kehrt sich um, wenn jemand außerhalb eines vertraglichen Verhältnisses dem Gegner die ihm an sich obliegende Beweisführung durch ein nach dem allgemeinen Rechtsbewußtsein verwerfliches Verhalten vereitelt (RG 60, 147).

5. **Einzelfälle.** Mitwirkendes Verschulden des Geschädigten wird nicht dadurch ausgeschlossen, daß der Täter pflichtwidrig gehandelt hat, falls nur der Geschädigte auch mit einer solchen Pflichtwidrigkeit rechnen mußte (RG Warn 1910 Nr 419). Hat der Aussteller eines Bankschecks dadurch Schaden erlitten, daß der Empfänger den Scheck durch Eintragung einer höheren Summe verfälscht hatte und die Bank diese Summe gezahlt hat, und hatte der Aussteller insofern gefehlt, als er die seitliche Zahlenreihe nicht entsprechend durchstrichen hatte, dann kann ein mitwirkendes Verschulden der Bank darin gefunden werden, daß sie in früheren Fällen auf die Beobachtung jener Maßregel kein Gewicht gelegt und so den Kunden in den Glauben versetzt hatte, daß sie auf die Beobachtung der Maßregel überhaupt kein Gewicht lege (RG 16. 7. 20 V 37/20). Der § 254 ist auch dann anwendbar, wenn die schädliche Handlungsweise des andern deswegen keine rechtswidrige war, weil sie infolge des rechtswidrigen Verhaltens des Geschädigten notwendig geworden war (SeuffA 48 Nr 48). Es besteht keine allgemeine Regel, daß gegenüber demjenigen, der fremdes Eigentum angreift (Dieb), eine Haftung des Eigentümers für jenem zugefügte Verletzungen ausgeschlossen wäre; es kommt vielmehr auch dabei auf die nach § 254 zu berücksichtigenden Umstände an (RG 16. 12. 26, IV 402/26). Wer einen andern arglistig zum Vertragschlusse bestimmt hat, kann sich nicht auf die Fahrlässigkeit des andern gegenüber jener Arglist berufen (RG Warn 08 Nr 49 u. 446; 1911 Nr 64). Jedoch greift § 254 ein, wenn beide Teile einander arglistig täuschten (RG SeuffA 68 Nr 222). Arglistigem Verhalten gegenüber ist bloß fahrlässiges in der Regel (RG 76, 323; JW 1911, 91[9]) kein Mitver-

schulden im Sinne von § 254 (RG 69, 281; Warn 08 Nr 49 u. 446). Es kann aber unter ganz besonderen Umständen auch das Gegenteil zutreffen (RG 76, 322; SeuffA 67 Nr 196). Keinesfalls kann sich der Verpflichtete auf § 254 allein deshalb berufen, weil ihm der Geschädigte ein zu großes Vertrauen geschenkt hat (RG Gruch 64, 256, hier hatte der Widerkläger die ihm vom Kläger gelieferten und dann an die Heeresverwaltung weiterverkauften, demnächst als unbrauchbar zurückgewiesenen Geschosse nicht geprüft, während der Kläger die Untauglichkeit der Geschosse gekannt und den Widerkläger darüber nicht unterrichtet hatte). Der wegen einer unerlaubten Handlung in Anspruch Genommene wird nicht dadurch frei, daß dem Geschädigten ebenfalls eine sittenwidrige Handlung zur Last fällt (RG JW 1913, 734[2]). Der wegen Nichterfüllung des Vertrags in Anspruch genommene Schuldner kann sich nicht darauf berufen, daß der Gläubiger ihn nicht auf die Unregelmäßigkeiten seines mit der Erfüllung beauftragten Gehilfen aufmerksam gemacht hat (RG 75, 109). Nicht jede Verfehlung gegen ein behördliches Verbot begründet ein Verschulden; es kommt vielmehr auch hier darauf an, ob das im Verkehr erforderliche Maß von Aufmerksamkeit verletzt ist (RG 29. 3. 06 VI 280/05). Dem Verletzten, dessen Verschulden festgestellt ist, steht der Beweis frei, daß durch Verletzung der Dienstvorschrift von seiten des Beklagten die Betriebsgefahr erhöht worden ist (RG Warn 09 Nr 129; 1911 Nr 91 u. 90). — Im Sinne des § 254 handelt nicht schuldhaft, wer sich bewußt in eine Gefahr begibt, wenn das zur Abwendung einer dringenden Gefahr für Gut und Leben geboten war (beispielsweise, um eine Person vor der herannahenden Lokomotive wegzureißen, RG JW 02, 136[53]); oder wer versucht, eine durch ein Tier herbeigeführte Gefährdung zu beseitigen, selbst wenn er in der Aufregung sachwidrig handelt (RG 10. 10. 10 IV 138/10). Es ist auch nicht anzuerkennen, daß derjenige, der sich bewußt einer an sich möglichen Gefahr aussetzt, hierdurch stets und unbedingt schuldhaft handelt, beispielsweise wenn er eine die Möglichkeit einer Gefahr einschließende Verrichtung mit einem Tier vornimmt (RG 13. 10. 10 IV 56/10). Vgl. anderseits RG Warn 09 Nr 357, sowie JW 1910, 468[4]; 1912, 857[10], betreffend: „Handeln auf eigene Gefahr" und stillschweigende Übernahme der Gefahr dem Gegner gegenüber. Schuldhaft aber handelt, wer sich ohne Not in Gefahr begibt, beispielsweise bei fehlender, vom Hauseigentümer unterlassener Treppenbeleuchtung kein Licht beschafft oder nicht wenigstens mit aller Vorsicht die Treppe benutzt (RG 29. 9. 04 VI 142/04), oder als Wirtshausgast einen ihm unbekannten dunklen Korridor betritt, wobei das Verschulden des Wirtes zu einem Drittel überwiegend befunden wurde (RG JW 05, 44[7]), oder wer einen näheren unbestreuten, steileren Weg wählt, während die Hauptstraße bestreut ist; sein Verschulden ist überwiegend (RG JW 05, 284[6]; 1910, 618[10]; 1912, 1060[1]); desgleichen, wer eine Straße trotz Kenntnis ihres schlechten Zustandes ohne gehörige Vorsichtsmaßregeln benutzt (RG Warn 09 Nr 76); endlich wer durch sein Benehmen den Gegner zu dessen tätlichen Ausschreitungen gereizt hatte (RG 16. 7. 20 V 37/20). Selbstverschulden ist nicht ohne weiteres anzunehmen, wenn sich ein Beschädigter, den herrschenden Anschauungen seiner Kreise folgend, in die Behandlung eines Naturheilkundigen (Knochenflickers) begibt (RG Gruch 60, 307 ff.). — Wenn ein Mieter die schon länger bestehende Schadhaftigkeit der Treppe kennt und nie dagegen Einwand erhoben hat, daß der Wirt ihre Beleuchtung den Mietern überlassen hat, demnächst aber zu Schaden kommt, so liegt ausschließlich eigenes Verschulden vor (RG JW 05, 77[12]). Ein Mieter, der durch die mangelhafte Beschaffenheit der Wohnung zu Schaden gekommen ist, geht seines Ersatzanspruchs noch nicht dadurch verlustig, daß er trotz Kenntnis der Schadhaftigkeit der Wohnung nicht gekündigt hat (RG JW 1916, 303[2]). Wer in einem fremden Hause im Dunkeln die nicht beleuchtete Treppe hinaufsteigt, ohne Vorsichtsmaßregeln zu gebrauchen, handelt fahrlässig; doch tritt daneben das Verschulden des Hauswirts nicht völlig zurück (RG 27. 6. 07 VI 468/06; ähnlich RG 18. 10. 06 VI 33/06). Der durch einen Unfall in seiner Gesundheit Beschädigte muß die zur Herstellung oder Besserung seiner Krankheit sich darbietenden Mittel anwenden, nötigenfalls sich auch ärztlicher Behandlung in einer Nervenanstalt (RG 60, 147), oder einer Operation (RG Warn 1912 Nr 63) unterziehen. Dieses aber nur unter der Voraussetzung, daß die Operation gefahrlos ist (daher niemals bei Notwendigkeit einer Narkose); daß sie auch nicht mit nennenswerten Schmerzen verbunden ist, daß anderseits aber eine wesentliche Besserung der Leistungsfähigkeit zu erwarten ist und der Verpflichtete die Operationskosten übernimmt; die Haftung für das Mißlingen trägt der Verpflichtete; weist dieser das Vorhandensein der Voraussetzungen, unter denen sich der Verletzte der Operation zu unterziehen hatte, nach, dann erwächst ihm hieraus gegebenenfalls ein rechtsvernichtender Einwand, den der Verletzte zu entkräften hat (RG 83, 17; Warn 08 Nr 21). Denn es genügt, daß der Verletzte zur Entstehung des Schadens durch seine Unterlassung beiträgt. Jedoch ist er nicht verpflichtet, jede ärztliche Anregung ohne weiteres zu befolgen (RG Warn 09 Nr 130); anderseits haftet er nicht für das Verschulden eines approbierten Arztes (RG Warn 1913 Nr 131). Der Schädiger, durch dessen Schuld eine ärztliche Behandlung notwendig geworden ist, muß für ein Versehen des Arztes einstehen (RG JW 1911, 754[9]). Über Abgrenzung zwischen den Pflichten eines Wirtes gegenüber dem Gaste und anderseits dem mitwirkenden Verschulden des Gastes vgl. RG JW 1912, 793[9]. Eine Verpflichtung für den Hypothekengläubiger, bei der Versteigerung des Grundstücks mitzubieten, um den Ausfall der Hypothek zu hindern, besteht nicht (RG 80, 161). Den Erwerber von Aktien, die auf Grund eines unrichtigen (gefälschten) Prospektes ausgegeben sind, trifft nicht mitwirkendes Verschulden, wenn er die Richtigkeit des Prospekts nicht nachprüft (RG 80, 202). — Die Zugehörigkeit zu einer wenn auch in ihren Zielen revolutionären politischen Partei und das Eintreten für eine solche kann dem Beschädigten, solange er den Boden der Gesetze nicht verläßt, nicht als mitwirkendes Verschulden angerechnet werden (RG 105, 175).

Haftung einer Stadt wegen Vernachlässigung der Aufsicht über die Verkehrssicherheit, falls eine den Rinnstein verdeckende Bohle infolge ihrer mangelhaften Beschaffenheit längere Zeit hindurch nicht festliegt, und hierdurch Schaden entsteht (RG 15. 11. 06 VI 81/06). Eine Gemeinde, die Straßenbauten an einen Unternehmer vergibt und diesen zum Anbringen von Sicherungsvorrichtungen verpflichtet, bleibt für die Verkehrssicherheit mitverantwortlich (RG Warn 08 Nr 630). Ein Bauherr, dem die Bauleitung obliegt und der die Verträge mit den Handwerkern und Arbeitern abschließt, haftet auch für den von ihm angestellten Architekten sowie für dessen Angestellte (RG 63, 341), wenigstens in der Regel (RG Warn 09 Nr 532).

Im Bahn- und Straßenverkehre. Die besondere Gefährlichkeit des Eisenbahnbetriebs muß bei Abwägung des Verschuldens des Beschädigten besonders berücksichtigt werden; anderseits erheischt sie aber auch eine erhöhte Vorsicht (RG JW 06, 54[5]). Die Haftbarkeit der Eisenbahn ist beispielsweise völlig ausgeschlossen, wenn jemand unter Außerachtlassung aller Aufmerksamkeit kurz vor dem daherkommenden Zuge das Bahngleis kreuzt und überfahren wird (RG Warn 08 Nr 289 u. 578); oder der Regel nach, wenn der Absteigende die Griffstangen nicht benutzt (RG Warn 1911 Nr 284). Es ist die Pflicht jedes Fußgängers, vor dem Betreten und bei dem Überschreiten einer Fahrstraße Umschau zu halten, ob ihn herankommende Fuhrwerke gefährden (RG 8. 4. 07 IV 394/06; Warn 09 Nr 9). Ein Verschulden kann grundsätzlich nicht darin gefunden werden, daß jemand von einem haltenden Straßenbahnwagen nach der der Fahrtrichtung entgegengesetzten Seite abspringt (RG 19. 11. 07 II 245/07), wohl aber beim Auf- oder Abspringen auf einen oder von einem wenn auch nur langsam fahrenden Zuge (RG Warn 08 Nr 19 u. 127 u. 09 Nr 275). Drohende erhebliche Gefahr (zufolge des großstädtischen Straßenbahnverkehrs) kann den Mangel an besonnener Überlegung entschuldigen und trotz sachwidrigen Handelns Fahrlässigkeit ausschließen (RG JW 02, 31[28]). Ein Reisender, der bei Wiederabfahrt des Zuges noch mit dem Aussteigen beschäftigt ist, ist für die Folgen selbst verantwortlich (RG Warn 08 Nr 18). Eine teilweise Haftung der Bahn kann noch gegeben sein, wenn der Fahrgast aussteigt, bevor die Bahn gehalten hat (RG JW 1914, 45[3]); oder wenn der Verletzte Umstände, die die Betriebsgefahr erhöhten (fehlerhaftes Verhalten eines Angestellten) gekannt, aber trotzdem nicht alle Vorsicht angewendet hat (RG JW 1914, 96[25]). Ein Motorradfahrer, der in bewohnter Gegend so schnell fährt, daß er nicht imstande ist, bei einem Zusammenstoße mit Menschen oder Tieren sofort die zur Abschwächung des Stoßes dienenden Maßnahmen zu treffen und die Maschine zum Stillstande zu bringen, hat für den ihm entstehenden Schaden keinen Ersatzanspruch (RG Warn 09 Nr 11). Für einen Automobilfahrer genügt es, wenn er einem Betrunkenen gegenüber die Geschwindigkeit mäßigt und dem Hindernis ausweicht; er braucht nicht damit zu rechnen, daß der Angetrunkene ihm abermals in den Weg läuft (RG Warn 09 Nr 9). Der Fahrer hat die Verpflichtung, den Fußgängern möglichst auszuweichen (RG SeuffA 67 Nr 201). Der Lenker eines Automobils ist verpflichtet, vor Beginn der Fahrt sich über die von ihm einzuschlagenden Wege und die dort etwa vorhandenen Hindernisse (Bahnkreuzungen) zu unterrichten (RG SeuffA 67 Nr 8). Ein Radfahrer darf im Vertrauen auf das abzugebende Warnungszeichen des Wagenführers neben oder zwischen den Schienen der elektrischen Straßenbahn fahren (RG SeuffA 67 Nr 81). Eigenes Verschulden liegt nicht unbedingt vor, wenn der Fahrgast einer elektrischen Straßenbahn sich zum Verlassen des Wagens anschickt, bevor dieser vollständig zum Stehen gekommen ist (RG Warn 1912 Nr 93). Mitwirkendes Verschulden kommt nicht in Betracht gegenüber der Haftung der Bahn aus § 1 RHaftpflG, wenn der Verletzte infolge Anstürmens des Publikums gegen den anfahrenden Zug gedrängt und so verletzt wurde (RG LZ 1920, 234[3]).

Staatsbeamte, die für Kassendefekte gesamtschuldnerisch miteinander haften, können sich nicht auf das mitwirkende Verschulden der Mitverhafteten gemäß § 254 dem Staate gegenüber berufen (RG 95, 347). Haftet das Reich aus § 1 Abs 3 des Ges. v. 22. 5. 10 für ein Verschulden eines Beamten, dann kommt es für die Anwendbarkeit des § 254 nur auf die Handlungen und Unterlassungen des Beamten selbst und anderseits des Geschädigten an; außer Betracht zu lassen ist daher, ob etwa dem Reiche ein Versehen bei der Auswahl des Beamten zur Last fällt (RG 105, 175).

6. Übergangsrecht. Das Gesetz hat keine rückwirkende Kraft; ist mithin eine vor dem 1. 1. 00

entstandene Vertragspflicht verletzt worden, so ist das alte Recht, nicht § 254 anzuwenden (**RG** JW 05, 386[1]). Der Einfluß des mitwirkenden Verschuldens des durch den Erfüllungsverzug des Schuldners geschädigten Gläubigers ist bei einem unter der Herrschaft des früheren Rechts begründeten Schuldverhältnisse, wie der Verzug selbst, nach dem früheren Rechte zu beurteilen (**RG** Warn 1911 Nr 339).

§ 255

Wer für den Verlust einer Sache oder eines Rechtes[1]) Schadensersatz zu leisten hat, ist zum Ersatze nur gegen Abtretung der Ansprüche verpflichtet, die dem Ersatzberechtigten auf Grund des Eigentums an der Sache oder auf Grund des Rechtes gegen Dritte zustehen[2])[3]).

E I 223 II 218; M 2 24; P 2 301.

1. **Verlust der Sache** liegt vor, wenn sie untergeht oder dem Eigentümer ihr Besitz oder das Eigentum entzogen wird; Verlust des Rechts, sei es eines dinglichen oder eines Forderungsrechts, wenn es untergeht oder dem Berechtigten entzogen wird. Die Meinung, daß Sachverlust im Sinne des § 255 nur Besitzverlust ohne Eigentumsverlust bedeute (Planck-Siber Erl 1 Abs 2) findet im Gesetz keine Stütze. Ein Verlust des Rechts liegt auch dann vor, wenn es zwar bestehenbleibt, aber ihm ein Einrederecht entgegentritt, wie im Falle der Verjährung eines Anspruchs (§ 222). Dagegen bedeutet eine bloße Entwertung, etwa durch Beschädigung der Sache oder dadurch, daß der Schuldner eines Forderungsrechts zahlungsunfähig wird, keinen Verlust der Sache oder des Rechts; wer für solche Entwertung ersatzpflichtig ist, kann die Abtretung von Ansprüchen des Ersatzberechtigten gegen Dritte aus dem entwerteten Eigentume oder Rechte auf Grund des § 255 nicht verlangen. Doch hat das **RG** (JW 1906, 109[7]) ihn entsprechend angewendet auf einen Fall, in dem wenigstens zunächst nicht der endgültige Verlust des Rechts, sondern nur ein seiner Geltendmachung entgegenstehendes Hindernis (Abhandenkommen der **Wechselurkunde**) und zum Zwecke von dessen Beseitigung nicht sowohl ein Privatanspruch gegen Dritte, als vielmehr ein öffentlich-rechtlicher Anspruch gegen den Staat — auf Einleitung des Aufgebotsverfahrens — in Frage stand, durch dessen Abtretung die Legitimation des Ersatzpflichtigen zur Geltendmachung des Rechts herbeigeführt werden sollte. Die Vorschrift des § 255 nur auf dingliche Rechte zu beschränken (so Staudinger A 3), besteht gleichfalls kein ausreichender Grund.

2. Das Gesetz geht einerseits davon aus, daß der Ersatzberechtigte aus dem Grunde, weil er etwa die Möglichkeit hat, die in Verlust geratene Sache oder das Recht wiederzuerlangen, seinen Schadensersatzanspruch an den Täter nicht verliert (**RG** JW 06, 109[7]); anderseits aber steht es auf dem Standpunkte, daß der Berechtigte auch kein Anrecht darauf hat, mittels zweier ihm zu Gebote stehender Rechtsbehelfe möglicherweise eine Bereicherung zu erlangen (**RG** 53, 327). Darauf beruht die Regel, daß der Berechtigte gegebenenfalls zwar den Anspruch auf Schadensersatz sofort erheben kann, daß er alsdann jedoch seine Ansprüche gegen Dritte dem in Anspruch Genommenen abzutreten verpflichtet ist. Der Verpflichtete braucht deshalb nur **Zug um Zug gegen Abtretung der Ansprüche** des Berechtigten zu leisten und hat daher auch das Recht der Zurückbehaltung oder die verzögerliche Einrede aus § 273 (vgl. **RG** 59, 371), und zwar steht das Recht auf Abtretung jedem Ersatzpflichtigen, ohne Rücksicht auf den Grund seiner Verpflichtung zu, also auch dem, der wegen unerlaubter Handlung haftet. Denn niemals soll der Berechtigte, dem zwei Ansprüche zustehen, aus diesem Umstande eine Bereicherung erlangen. Nicht aber ist der Berechtigte auch verpflichtet, vor Inanspruchnahme des Ersatzpflichtigen seinen ihm an den Dritten zustehenden Anspruch gegen diesen geltend zu machen (**RG** Warn 09 Nr 482). Der Ersatzpflichtige kann im übrigen das Recht auf Abtretung auch durch Klage zur Geltung bringen, wenn er bereits vorgeleistet hat. Trifft letzteres zu, und erlangt der Beschädigte alsdann nachträglich die verlorene Sache oder das Recht wieder zurück, dann ist der rechtliche Grund für die zuvor erfolgte Leistung des Ersatzpflichtigen fortgefallen, und daher kann dieser sie nunmehr gemäß § 812 Abs 2 zurückfordern. Mit der Abtretung des Eigentumsanspruchs erwirbt gegebenenfalls der Schuldner ohne weiteres das Eigentum (§ 931; **RG** 59, 371; a. A. Oertmann A 3).

3. Als vom Berechtigten abzutretende Ansprüche kommen hier nur solche in Betracht, die der Genannte **„auf Grund" des Eigentums an der verlorenen Sache oder „auf Grund" des verlorenen Rechtes** erlangt hat, und die also in dem betreffenden Rechte selbst ihre Grundlage haben, wie beispielsweise in dem Eigentumsrechte oder Pfandrechte. Der zu befriedigende Schadensersatzanspruch und anderseits der abzutretende Anspruch müssen mithin aus derselben Wurzel (aus dem nämlichen Eigentumsrechte oder Pfandrechte usw.) hervorgegangen sein. Zu den abzutretenden Ansprüchen „auf Grund des Eigentums" gehört nicht nur der Herausgabeanspruch, sondern es fallen darunter auch die nach §§ 989, 990 an dessen Stelle tretenden Schadensersatzansprüche, sowie die Deliktsansprüche wegen Verletzung des Eigen-

tums aus § 823 Abs 1 (a. M. Planck-Siber Erl 2). Ist dagegen dem Gläubiger infolge des ihn schädigenden Ereignisses ein Anspruch auf anderweiter, besonderer Grundlage erwachsen, beispielsweise, es hätte ein Dritter dem Beschädigten den Ersatz versprochen, dann ist für § 255 kein Raum. Kein die Abtretung rechtfertigender Zusammenhang besteht auch zwischen dem satzungsgemäß von einem Knappschaftsverein an die Witwe eines verunglückten Mitgliedes zu leistenden Witwengelde und dem Anspruche der Witwe aus dem Haftpflichtgesetze gegen den Betriebsunternehmer auf Schadensersatz wegen des Todes ihres Mannes (RG JW 1908, 446[7]). Nach § 67 des VersVG v. 30. 5. 08 geht jedoch, falls der Geschädigte gegen einen Dritten Anspruch auf Schadensersatz hat, dieser Anspruch auf den Versicherer ohne weiteres über, soweit der letztere dem Versicherten seinen Schaden ersetzt, und gibt dieser seinen etwaigen Ersatzanspruch an den Dritten auf, so wird hierdurch der Versicherer von seiner Verpflichtung insoweit frei, als er sich aus dem Ersatzanspruche hätte befriedigen können. Gemäß §§ 774, 1225 vollzieht sich der Übergang der Forderung auf den Bürgen und auf den Verpfänder, der nicht zugleich der persönliche Schuldner ist, ebenfalls schon kraft Gesetzes. — Fälle der in § 255 vorausgesetzten Art liegen beispielsweise unter folgenden Umständen vor: A entwendet B dessen Uhr und veräußert sie an C. Hier hat B gegen A die Klage auf Schadensersatz, und zwar auf Gelderſatz, falls A die ihm gemäß § 250 gestellte Frist fruchtlos verstreichen läßt, gegen C hat er außerdem auf Grund seines Eigentums den Anspruch auf Herausgabe der Uhr (§§ 935, 985). Er kann den Schadensersatzanspruch gegen A nur geltend machen Zug um Zug gegen Abtretung seines Herausgabeanspruchs gegen C, wodurch A dann zugleich das Eigentum an der Sache erwirbt; vgl. A 2. Dieses Ergebnis läßt sich auch dem Diebe gegenüber nicht vermeiden, da der Bestohlene sich nicht auf seine Kosten bereichern darf. Oder: Der Rechtsanwalt A verzögert die Klagezustellung, weshalb die Forderung seines Auftraggebers B gegen C verjährt und ihr daher gemäß § 222 eine Einrede entgegentritt. B kann nunmehr gegen A auf Schadensersatz klagen, anderseits aber hat er seine an sich (trotz der Verjährung) noch klaglos fortbestehende Forderung an C (vgl. die Ausführungen bei § 222) behalten und muß sie daher gegebenenfalls an den A abtreten. — Der § 255 greift in den gegebenen Grenzen Platz bei Ersatzansprüchen jeder Art, mögen sie auf unerlaubter Handlung oder auf Vertragsverletzung beruhen.

§ 256

Wer zum Ersatze von Aufwendungen[1]) verpflichtet ist, hat den aufgewendeten Betrag oder, wenn andere Gegenstände als Geld aufgewendet worden sind, den als Ersatz ihres Wertes zu zahlenden Betrag von der Zeit der Aufwendung an zu verzinsen[2]). Sind Aufwendungen auf einen Gegenstand gemacht worden, der dem Ersatzpflichtigen herauszugeben ist, so sind Zinsen für die Zeit, für welche dem Ersatzberechtigten die Nutzungen oder die Früchte des Gegenstandes ohne Vergütung verbleiben, nicht zu entrichten[3]).

Eingefügt vom Reichstage.

1. **Gegenstand von Aufwendungen** können sein Geld oder andere Sachen wie auch Dienste (§ 1835 Abs 2). Die Aufwendungen können gemacht sein zur Erreichung eines Zwecks, so zur Vollziehung einer Auflage (§ 527 Satz 2), zur Ausführung eines Auftrags (§ 670), oder „auf einen Gegenstand" als „Verwendungen" auf die Sache (§§ 304, 347, 467, 480, 488, 500, 601 Abs 2, 970, 994 ff., 2022. Zweck des § 256 wie des § 257 ist es, demjenigen, der im Interesse eines andern eine Aufwendung macht, einen vollen Ausgleichungsanspruch zu gewähren. Grundsätzlich setzt die „Aufwendung" eine auf freiem Willen beruhende Auslage und Aufopferung von Vermögenswerten zur Erreichung eines gewissen Zweckes voraus; der Anspruch auf Ersatz einer Aufwendung besteht daher auf anderer Grundlage, als der Anspruch auf Schadensersatz (RG JW 1910, 803[11]).

2. Bei Aufwendungen jeder Art umfaßt die Erstattungspflicht auch die **Verzinsung** (§ 246) des aufgewendeten Geldbetrags und im Falle der Aufwendung eines andern Gegenstandes die Verzinsung des dafür zu erstattenden Wertbetrags. Die Verzinslichkeit beginnt vom Zeitpunkte der Aufwendung.

3. Hat der Ersatzberechtigte dem Ersatzpflichtigen einen Gegenstand herauszugeben, der **Nutzungen oder Früchte** gewährt (§§ 99, 100), und hat der Berechtigte auf diesen Gegenstand Aufwendungen gemacht, so gilt er wegen seines Verzinsungsanspruchs für die Zeit als befriedigt, für welche ihm die Nutzungen oder Früchte verbleiben, und zwar ohne Rücksicht auf die von ihm selbst zum Zweck des Fruchtbezugs aufgewendeten und von ihm zu tragenden Gewinnungskosten. (Zu diesen würde jedoch eine außerdem erforderliche Verausgabung im Interesse der Sache nicht ebenfalls zu rechnen sein.) Das trifft namentlich

zu für den redlichen Besitzer in der Zeit bis zur Rechtshängigkeit des Herausgabeanspruchs hinsichtlich der ordnungsmäßig gezogenen Früchte und der Nutzungen (§ 993). Wenn der Berechtigte schuldhaft etwa verabsäumt hätte, die Früchte zu ziehen, so hätte er sich damit selbst geschädigt.

§ 257

Wer berechtigt ist, Ersatz für Aufwendungen zu verlangen, die er für einen bestimmten Zweck macht, kann, wenn er für diesen Zweck eine Verbindlichkeit eingeht, Befreiung von der Verbindlichkeit verlangen. Ist die Verbindlichkeit noch nicht fällig, so kann ihm der Ersatzpflichtige, statt ihn zu befreien, Sicherheit leisten[1]).

E I 595 II 601; M 2 542.

1. Der Anspruch auf die **Befreiung von eingegangenen Verbindlichkeiten** stellt eine besondere Form des Rechtes auf Ersatz von Aufwendungen dar (§ 256). Hat z. B. der Ersatzberechtigte im Auftrage eines andern für dessen Rechnung, aber im eigenen Namen eine Sache auf Kredit gekauft, so kann er Befreiung von der Kaufschuld verlangen. Ist diese noch nicht fällig, so steht es im Belieben des Verpflichteten, dem Berechtigten anstatt der Befreiung nach den §§ 232ff. Sicherheit zu gewähren (facultas alternativa, § 262 A 1).

§ 258

Wer berechtigt ist, von einer Sache, die er einem anderen herauszugeben hat, eine Einrichtung wegzunehmen, hat im Falle der Wegnahme die Sache auf seine Kosten in den vorigen Stand zu setzen[1]). Erlangt der andere den Besitz der Sache, so ist er verpflichtet, die Wegnahme der Einrichtung zu gestatten; er kann die Gestattung verweigern, bis ihm für den mit der Wegnahme verbundenen Schaden Sicherheit geleistet wird[2]).

E I 514 II 435; M 2 394.

1. Das **Wegnahmerecht,** jus tollendi. Die allgemeine Voraussetzung der Bestimmung geht dahin, daß jemand verpflichtet ist, eine in seinem Besitze befindliche Sache einem andern herauszugeben, dabei aber zugleich berechtigt ist, eine mit der Sache verbundene Einrichtung wegzunehmen. Auf den Grund dieser Berechtigung zur Wegnahme, wie anderseits auf den der Verpflichtung zur Herausgabe kommt es nicht an. Anwendungsfälle ergeben die §§ 500 Satz 2, 601 Abs 2, 1049 Abs 2, 1093, 1216, 2125; von Wichtigkeit ist besonders das Wegnahmerecht des Mieters (§ 547 Abs 2 Satz 2), des Pächters (§ 581 Abs 2) und des Besitzers gegenüber dem Eigentümer (§ 997). In Satz 1 des § 258 ist vorausgesetzt, daß der Verpflichtete von dem Rechte der Wegnahme Gebrauch macht, bevor er die Sache zurückgibt; daher seine Verpflichtung zur Instandsetzung. Satz 2 hat dagegen den Fall im Auge, daß der andere den Besitz der Sache erlangt hat, bevor die Einrichtung fortgenommen ist; daher hier das aufschiebende Weigerungsrecht des Verpflichteten (A 2). — Der Begriff **Einrichtung** setzt voraus, daß eine körperliche Verbindung zwischen der herauszugebenden Hauptsache und den wegzunehmenden Gegenständen derart hergestellt ist, daß sich die Veranstaltung äußerlich als eine bauliche Anlage, etwa eine Heizvorrichtung, ein Anbau, ein Gebäude (§ 581 Abs 2 in Verbindung mit § 547 Abs 2), oder als eine zur besseren wirtschaftlichen Benutzung der Hauptsache dienende Anlage darstellt, wie eine Gas-, Wasserleitung oder eine Entwässerungsvorrichtung. Daß die Einrichtung ein Bestandteil im Sinne des Gesetzes geworden sei, ist nicht Erfordernis, sonst träfe § 258 überhaupt nicht auch alle diejenigen Fälle, in denen Sachen „nur zu vorübergehendem Zwecke" mit einem Grundstücke verbunden sind, wie beispielsweise im Falle einer Miete oder Pacht (§ 95). Aus diesem Grunde ist die Streitfrage, ob der Begriff Einrichtung sich nur auf wesentliche oder auch auf nicht wesentliche Bestandteile bezieht, bedeutungslos. Für die erstere Auffassung gibt das Gesetz keinesfalls einen Anhalt. Insbesondere liegt es nicht in seinem Sinne, daß der Berechtigte gemäß § 93 aufgehört haben muß, Eigentümer der Einrichtung zu sein (§§ 95 u. 547 Abs 2; a. A. Staudinger A 2). Ist die Wegnahme ausgeschlossen und an deren Stelle ein Anspruch auf Wertersatz getreten (§ 997 Abs 2), so können Wiederherstellungskosten nicht berechnet werden (**RG** 106, 149).

2. Das Wegnahmerecht besteht auch dann noch, wenn die Sache bereits in den Besitz des andern gelangt ist; alsdann hat dieser aber die verzögerliche Einrede der Verweigerung bis zur Sicherheitsleistung (§ 202 A 2 u. 3). Das Wegnahmerecht ist auch nicht davon abhängig, daß die Herstellung des früheren Zustandes möglich ist, wie mittelbar insbesondere die Fassung des zweiten Halbsatzes von Satz 2 ergibt. Denn danach soll die Sicher-

heit bestellt werden nicht für die Herstellung des früheren Zustandes, sondern für den „mit der Wegnahme verbundenen Schaden", und dieser Schaden kommt nicht nur für den Fall in Frage, daß die Herstellung unterbleibt, sondern gerade auch für den, daß sie unterbleiben muß, weil sie nicht ausgeführt werden kann. Aber auch in Satz 1 ist das Wegnahmerecht bereits als ein unbedingtes aufgefaßt. Denn die Herstellungspflicht kommt im Falle des Satz 1 überhaupt erst dann in Frage, wenn die Wegnahme schon erfolgt ist, während das Gesetz die Ausübbarkeit des Rechtes nicht davon abhängig macht, daß zuvörderst die Herstellbarkeit des früheren Zustandes feststeht. Stellt sich die Unmöglichkeit der Herstellung demnächst heraus, dann wird es sich nur um eine Ersatzleistung nach den §§ 249ff. handeln können. — Die **Verweigerung der Gestattung** der Wegnahme erfolgt in Form einer aufschiebenden Einrede (§ 202 A 2). Sicherheitsbestellung nach den §§ 232ff. — Gegenüber dem Anspruche des Eigentümers auf Herausgabe der Einrichtung kann Sicherheitsleistung auf Grund des § 258 Satz 2 nicht verlangt, sondern nur ein Recht zum Besitze nach § 986 geltend gemacht werden (**RG** 109, 131).

§ 259

Wer verpflichtet ist, über eine mit Einnahmen oder Ausgaben verbundene Verwaltung Rechenschaft abzulegen[1]), hat dem Berechtigten eine die geordnete Zusammenstellung der Einnahmen oder der Ausgaben enthaltende Rechnung mitzuteilen und, soweit Belege erteilt zu werden pflegen, Belege vorzulegen.

Besteht Grund zu der Annahme, daß die in der Rechnung enthaltenen Angaben über die Einnahmen nicht mit der erforderlichen Sorgfalt gemacht worden sind, so hat der Verpflichtete auf Verlangen den Offenbarungseid dahin zu leisten:

daß er nach bestem Wissen die Einnahmen so vollständig angegeben habe, als er dazu imstande sei.

In Angelegenheiten von geringer Bedeutung besteht eine Verpflichtung zur Leistung des Offenbarungseids nicht[2])[3]).

E I 591 II 698; M 2 537; P 2 358.

1. Die **Rechenschaftspflicht** setzt das Gesetz als gegeben voraus, ohne irgendwo einen allgemeinen Grundsatz über das Bestehen einer solchen auszusprechen (**RG** Gruch 51, 897; JW 12, 72[9]). Eine allgemeine Rechenschaftspflicht läßt sich insbesondere auch nicht aus der Regel des § 249 von der Naturalrestitution entnehmen (**RG** 47, 102 zu § 15 des WZG.) Doch kann sich aus dieser Regel ein Recht auf Rechnungslegung ergeben, wenn der Geschädigte ohne die schädigende Handlung ein solches Recht, etwa auf Grund des § 666, wenn auch gegenüber einer andern Person, gehabt haben würde (**RG** 89, 103). Die Rechenschaftspflicht besteht sonach nur da, wo sie für das entsprechende Rechtsverhältnis vom Gesetze ausdrücklich vorgesehen oder aus seinen Bestimmungen zu folgern ist, während in sonstigen Fällen der Ersatzpflichtige nicht genötigt werden kann, selbst dem Berechtigten im Wege einer Rechnungslegung zur Begründung der von ihm erhobenen Forderung zu verhelfen. Daher besteht für einen Käufer, falls der Verkäufer das dem Käufer übergebene Grundstück wegen Nichtigkeit des Kaufvertrags aus dem Gesichtspunkte der Bereicherung (§ 812) zurückfordert und dabei die gezogenen Nutzungen erstattet verlangt, keine Verpflichtung zur Rechnungslegung (**RG** Warn 1912 Nr 14). Besonders vorgesehen ist die Rechenschaftspflicht des Beauftragten (§ 666), des Geschäftsführers (§ 681), des Gesellschafters (§ 713), des Ehemanns (§§ 1421, 1546), die auch dann besteht, wenn der Ehemann das Ehegut zur Konkursmasse seiner Ehefrau herauszugeben hat (**RG** 73, 238), des Vaters (§§ 1667, 1681), des Vormundes (§ 1890) und Pflegers (§ 1915). In anderen Vorschriften spricht das Gesetz nur von Rechnungslegung, so in §§ 261, 1667, 1840. Aus diesen Einzelvorschriften, zumal in Verbindung mit §§ 242 u. 157, ergibt sich der allgemeine Grundsatz, daß rechenschaftspflichtig ist, wer fremde Angelegenheiten oder solche besorgt, die zugleich eigene und fremde sind (**RG** 73, 288). Die Rechenschaftspflicht besteht daher auch im Falle der sog. „unechten Geschäftsführung" (§ 687), im Falle also der Besorgung eines fremden Geschäfts als eines eigenen (**RG** 62, 320; 96, 283; 70, 251, wo angenommen ist, daß auch bei einem bloß fahrlässigen Nachdrucke und einer bloß fahrlässigen Verletzung eines fremden Urheber- und Patentrechts der Täter rechenschaftspflichtig ist; ferner Warn 1918 Nr 232). Doch hat das **RG** in einer Reihe von Entscheidungen (Z. für Bergrecht 24, 504; 26, 103 für früheres; 58 S. 251, 254, 255 für jetziges Recht; **RG** 110, 16) eine Verpflichtung desjenigen, der zu

Unrecht aus einem Bergwerke geförderte Kohlen herauszugeben hat, zur Rechnungslegung verneint und ihm nur die Vorlegung eines Verzeichnisses nach § 260 auferlegt. — Eine Rechenschaftspflicht besteht überall da, wo infolge einer dauernden Interessengemeinschaft zwischen den Vertragsparteien der eine Teil mit seinen eigenen auch die Interessen des anderen Teiles wahrzunehmen verpflichtet ist; so bei einer Generalvertretung zum Alleinvertrieb von Erzeugnissen des andern Teiles (RG 92, 203); bei einem Syndikate zur gemeinsamen Verwertung der in den Betrieben der Gesellschafter gewonnenen Erzeugnisse (RG 108, 25); bei einem Vertrage über Förderung von Bergwerkserzeugnissen (Kalisalz), wenn der Förderpreis von Menge und Preis des geförderten Erzeugnisses abhängig ist (RG 4. 11. 25, V 544/24). Eine Rechenschaftspflicht hat insbesondere der Verwalter, der als solcher für einen andern eine Reihe von einzelnen mit Einnahmen und Ausgaben verknüpften Geschäften besorgt (RG JW 01, 411[36]); der Kommissionär gemäß § 384 HGB (RG 81, 439). Auch aus dem Grundsatze des § 249 Satz 1 kann sich ein Recht auf Rechnungslegung ergeben, um in die gleiche Lage versetzt zu werden, in der sich der Berechtigte ohne die Handlungsweise des Verpflichteten befände (RG 89, 103). Derjenige, welchem ein Gesellschafter seinen Anspruch auf Auseinandersetzung abgetreten, oder welcher den Anteil eines Gesellschafters hat pfänden lassen, ist nicht berechtigt, von der Gesellschaft Rechnungslegung zu fordern (RG 90, 19; 95, 231). — Der Anspruch auf Rechnungslegung ist mit dem Rechte unlösbar verbunden. Betreffs der Verbindung der Klage auf Rechnungslegung mit der auf Herausgabe vgl. § 254 ZPO. — Die **Rechnung** muß eine geordnete (schriftliche, RG JW 01, 662[31]) Darstellung der Einnahmen und Ausgaben in der verabredeten oder in einer der Verkehrsanschauung entsprechenden Art enthalten (RG 11. 4. 05, II 87/05). Es genügt dazu jede Auskunftserteilung, die in verständlicher, der Nachprüfung zugänglicher Kundgebung der Tatsachen, namentlich der Einnahmen und Ausgaben, besteht, nach denen sich die Ansprüche des Berechtigten bemessen lassen (RG 53, 254; Gruch 49, 834). Die Verpflichtung zur Vorlegung der Belege umfaßt zugleich die Pflicht, Belege zu beschaffen, soweit solche erteilt zu werden pflegen. Darüber, ob Belege in Fällen entsprechender Art erteilt zu werden pflegen, entscheidet die Anschauung des Verkehrs. Entspricht die vorgelegte Rechnung diesen Erfordernissen, so ist damit dem § 259 genügt; materielle Unvollständigkeit kann nur hinsichtlich der Einnahmen gemäß Abs 2 geltend gemacht werden (OLG 30, 236). Ob aber noch eine weitergehende Verpflichtung zur Ablegung von Rechenschaft besteht, bestimmt sich nach dem zugrunde liegenden Rechtsverhältnis. Die Zwangsvollstreckung erfolgt, da die Handlung nicht vertretbar ist, gemäß § 888 ZPO (RG JW 98, 357[31]; 04, 416[34]; 05, 235[19]), nicht nach § 887 (Staudinger A 2). — Der Agent hat kein Recht, hinsichtlich derjenigen Geschäfte, die ihm aus seinem Geschäftsverkehre mit dem Geschäftsherrn ohnehin bekannt geworden sind, noch besondere Auskunft zu verlangen; wohl aber betreffs der von dem Geschäftsherrn mit Dritten abgeschlossenen Geschäfte, betreffs deren er auch ohne seine Vermittlung die Gebühr verlangen kann (RG Warn 1919 Nr 160).

2. Falls an einer hinsichtlich der Einnahmen gehörig sorgfältigen Rechnung zu zweifeln begründeter Anlaß besteht, hat der Berechtigte den klagbaren und gemäß §§ 888, 889 ZPO vollstreckbaren Anspruch gegen den Verpflichteten **auf Ableistung des Offenbarungseides**; natürlich erst dann, wenn die Rechnung bereits gelegt, das Verzeichnis (§ 260) bereits aufgestellt ist (RG 73, 243), und gemäß Abs 3 immer nur unter der ferneren Voraussetzung, daß es sich nicht um eine Angelegenheit von geringerer Bedeutung handelt. Der Offenbarungseid bezieht sich der Regel nach nur auf die Vollständigkeit der angegebenen Einnahmen, nicht auf die Ausgaben und auch nicht auf die vorgelegten Belege. Das erklärt sich daraus, daß hinsichtlich der Ausgaben der Rechnungspflichtige beweispflichtig ist und ihre Nichtangabe bzw. die Nichtvorlegung der Belege dafür in der Regel nur ihm zum Nachteile gereicht. Vgl. aber wegen des Testamentsvollstreckers § 260 A 2. Liegt im Einzelfalle eine Verpflichtung zur eidlichen Erhärtung auch der Ausgaben vor, so kann das Gericht dem nach § 261 Abs 2 Rechnung tragen. Über das Verfahren und die Zuständigkeit des Gerichts vgl. § 261. Ob jemand zur Leistung eines Offenbarungseides über die abgelegte Rechnung (Auskunft) verpflichtet ist, ist nicht lediglich objektiv zu beurteilen, vielmehr ist auch subjektiv zu berücksichtigen, ob der Verpflichtete die nötige Sorgfalt bei Aufstellung der Rechenschaft angewendet hat (RG LZ 1922, 406[3]).

3. Die §§ 259 Abs 3, 260 Abs 2 haben keine rückwirkende Kraft (EG Art 170; RG 56, 221).

§ 260

Wer verpflichtet ist, einen Inbegriff von Gegenständen herauszugeben oder über den Bestand eines solchen Inbegriffs Auskunft zu erteilen, hat dem Berechtigten ein Verzeichnis des Bestandes vorzulegen[1]).

Besteht Grund zu der Annahme, daß das Verzeichnis nicht mit der erforderlichen Sorgfalt aufgestellt worden ist, so hat der Verpflichtete auf Verlangen den Offenbarungseid dahin zu leisten:

daß er nach bestem Wissen den Bestand so vollständig angegeben habe, als er dazu imstande sei²).

Die Vorschrift des § 259 Abs 3 findet Anwendung²).

E I 777 II 699; M 2 893; P 2 779.

1. Auch eine allgemeine **Auskunftspflicht** ist vom Gesetze nirgends anerkannt (RG 102, 236; Gruch 51, 897; RG Warn 1912 Nr 14). Doch ist sie vom RG angenommen nach den Grundsätzen von Treu und Glauben bei Rechtsverhältnissen, deren Wesen es mit sich bringt, daß der Berechtigte entschuldbarerweise über Bestehen und Umfang seines Rechts im Ungewissen, der Verpflichtete aber in der Lage ist, unschwer solche Auskunft zu erteilen (RG 108, 7). Die Verpflichtung wird dadurch nicht ausgeschlossen, daß es sich um eine Angelegenheit handelt (Kauf), die durch eingehende gesetzliche Bestimmungen geregelt ist (RG 102, 237). — Die Verpflichtung zur **Herausgabe eines Inbegriffs** kommt in Frage insbesondere beim Ehemann (§§ 1421, 1546, 1550), beim elterlichen Gewalthaber (§§ 1667, 1681, 1686), beim Vormunde (§ 1890), beim Vorerben (§ 2130). Die Verpflichtung **zur Auskunftserteilung** besteht insbesondere beim Ehemanne gemäß §§ 1374, 1525, 1550 (RG 87, 107), beim Vormunde (§ 1891) und in erbrechtlichen Verhältnissen für den Fiskus als Erben und für den Nachlaßpfleger gegenüber den Nachlaßgläubigern (§§ 2011 Satz 2, 2012 Satz 2); für den Erbschaftsbesitzer und die Hausgenossen des Erblassers gegenüber dem Erben (§§ 2027, 2028) — RG Warn 1913 Nr 64 —; für den Miterben hinsichtlich ausgleichspflichtiger Zuwendungen gegenüber den übrigen Erben (§ 2057); für den Vorerben gegenüber dem Nacherben im Falle des § 2127; für den Erben gegenüber dem Pflichtteilsberechtigten (§ 2314); für den Besitzer eines unrichtigen Erbscheins gegenüber dem wirklichen Erben (§ 2362 Abs 2). Nach § 2057 in Verb. mit § 2316 Abs 1 besteht die Auskunftspflicht, die dem Miterben gegenüber den übrigen Erben obliegt, auch für den Erben dem Pflichtteilsberechtigten gegenüber (RG 73, 375), und gegenüber dem pflichtteilsberechtigten Alleinerben die Auskunftspflicht desjenigen, dem der Erblasser sein Vermögen geschenkt hat (RG 84, 204). Vgl. auch Warn 1918 Nr 229. Dagegen ist eine allgemeine gegenseitige Auskunftspflicht der Miterben auch aus § 2038 nicht herzuleiten (RG 81, 31). Ob diese Entscheidung dem praktischen Bedürfnisse entspricht, kann bezweifelt werden; vgl. zu § 2038. — Ein **Inbegriff** (vgl. auch § 1035) im Sinne der Vorschrift ist jede Mehrheit von Vermögensgegenständen, Sachen wie Rechten, die (wie Herde, Bibliothek, Erbschaft, Sondervermögen) im Verkehre unter einer gemeinschaftlichen Bezeichnung zusammengefaßt werden, „jede Mehrheit von Gegenständen, bei welchen der Beteiligte nach der Natur des in Frage stehenden Rechtsverhältnisses nicht in der Lage ist, die einzelnen Dinge zu bezeichnen", Denkschr. S. 71 (RG 90, 139; JW 09, 191⁸). Unter den Gesichtspunkt des Inbegriffs können mithin auch Nutzungen fallen, die der Eigentümer vom Besitzer herausverlangt (RG Warn 1912 Nr 14). Vorauszusetzen ist ein einheitliches Rechtsverhältnis, kraft dessen die Herausgabe oder die Auskunftserteilung verlangt werden kann (RG 6. 4. 03 IV 414/02). Als Inbegriff ist demgemäß anerkannt die Gesamtheit der dem Agenten gegen den Geschäftsherrn zustehenden Vermittlungsgebühren (RG Gruch 47, 910); ferner der einen bestimmten Betrag übersteigende Verdienst des Schuldners, zu dessen Herausgabe er sich seinem Gläubiger gegenüber verpflichtet hat (RG Warn 1913 Nr 49); weiter, wenn Kaufgegenstand sind Bestandteile einer Anzahl von Wagen (RG 102, 236). Die Auskunftspflicht besteht auch dann, wenn die Herausgabe eines Inbegriffs gemäß § 812 zu erfolgen hat (RG 90, 139). Die Bestimmung ist dagegen nicht anwendbar, wenn die im Besitze der Ehefrau eines Gemeinschuldners befindlichen Sachen als dem letzteren gehörig in Anspruch genommen werden, weil es hier an einem einheitlichen Rechtsverhältnisse fehlt (RG 6. 4. 03, IV 414/02). Ein solches ist dagegen weiter angenommen worden für den Anspruch auf Herausgabe von zu Unrecht aus einem Bergwerke geförderter Kohlen (RG ZfBergr 58, 251; RG 110, 16); ferner von Gewinn, der durch Vertrieb eines fremden Musters erlangt worden ist (RG 90, 137); sowie auf Schadensersatz wegen wissentlicher oder grobfahrlässiger Verletzung eines geschützten Warenzeichens (RG 108, 7); auch auf Herausgabe des Erlöses geschlachteter Pferde durch einen Kommunalverband an den Abdeckereiprivilegberechtigten (RG 103, 411). Eine Auskunftspflicht kann unter den gleichen Umständen, wie die Rechenschaftspflicht (vgl. § 259 A 1) sich auch aus der Regel des § 249 (Naturalrestitution) ergeben (RG 89, 103). Eine Auskunftspflicht kann jedoch insbesondere dann nicht angenommen werden, wenn es dem Berechtigten am erforderlichen Interesse an der Auskunft fehlt, weil er ohnehin unterrichtet ist (RG Warn 1912 Nr 14). Hat der Verpflichtete in dem vorgelegten Verzeichnisse einen Vermögensbestandteil gänzlich ausgelassen, dann kann er bei Nachweis seines Vorhandenseins zu wiederholter Auskunftserteilung

angehalten werden (RG 84, 44). Über die Auskunftspflicht des Geschäftsbesorgers bei einem kommissionsähnlichen Geschäfte s. RG 83, 201, über die Auskunftspflicht des Hausgenossen des Erblassers gemäß § 2028 s. Warn 1922 Nr 91.

2. Hinsichtlich Abs 2 und 3 vgl. § 259 A 2; hinsichtlich der Fassung des Offenbarungseides und des Verfahrens § 261 und A 1, 2 dazu. Die Verpflichtung zur Auskunftserteilung oder zur Rechnungslegung umfaßt zwar regelmäßig nicht auch die Verpflichtung zur Angabe und eidlichen Erhärtung der Ausgaben, aber beim Testamentsvollstrecker erstreckt sie sich auch hierauf (RG Gruch 1914, 441). Es ist im wesentlichen Tatfrage, ob ein Verzeichnis mit der erforderlichen Sorgfalt angefertigt ist oder nicht (RG Warn 1919 Nr 117, zu § 1527).

§ 261

Der Offenbarungseid ist, sofern er nicht vor dem Prozeßgerichte zu leisten ist, vor dem Amtsgerichte des Ortes zu leisten, an welchem die Verpflichtung zur Rechnungslegung oder zur Vorlegung des Verzeichnisses zu erfüllen ist. Hat der Verpflichtete seinen Wohnsitz oder seinen Aufenthalt im Inlande, so kann er den Eid vor dem Amtsgerichte des Wohnsitzes oder des Aufenthaltsorts leisten[1]).

Das Gericht kann eine den Umständen entsprechende Änderung der Eidesnorm beschließen[2]).

Die Kosten der Abnahme des Eides hat derjenige zu tragen, welcher die Leistung des Eides verlangt[3]).

E I 777 II 700; M 2 895; P 2 788.

1. Zur **Abnahme des Offenbarungseides** (§§ 259, 260) ist zuständig bei freiwilliger Eidesleistung das Amtsgericht des Erfüllungsorts (§ 269), oder falls der Verpflichtete seinen Wohnsitz oder Aufenthalt im Inlande hat, nach seiner Wahl das Amtsgericht des Wohnsitzes oder des Aufenthalts; bei im Klagewege erzwungener Eidesleistung — wobei der Eid durch das Prozeßgericht zu normieren ist (RG JW 02 Beil 193) — das Prozeßgericht erster Instanz (§ 889 ZPO). Hat das Prozeßgericht von Festsetzung der Eidesnorm abgesehen, dann ist das gemäß § 744 ZPO im Vollstreckungsverfahren nachzuholen (RG 34, 407). Im Falle freiwilliger Eidesleistung findet nach § 163 FGG § 79 FGG entsprechende Anwendung; danach kann die Bestimmung des Termins sowohl von dem Berechtigten wie von dem Rechnungspflichtigen beantragt werden und sind zu dem Termin beide Teile zu laden; die Anwesenheit des Berechtigten ist nicht erforderlich. Auf das Verfahren bei der Abnahme des Eides finden nach § 15 FGG die Vorschriften der ZPO (§§ 478—484) Anwendung.

2. Diese Bestimmung gilt auch für das Prozeßgericht, das den Offenbarungseid abzunehmen hat (RG JW 02 Beil 193).

3. Nach allgemeinen Grundsätzen müßte der Verpflichtete die durch die Erfüllung seiner Verpflichtung entstehenden Kosten tragen. Das Gesetz macht indessen für den Offenbarungseid eine Ausnahme, da es diesen als ein außergewöhnliches Hilfsmittel betrachtet, das dem Berechtigten in seinem Interesse gegeben ist. Die Vorschrift gilt auch für den vor dem Prozeßgericht zu leistenden Eid; nicht dagegen für die durch eine Zwangsvollstreckung gemäß §§ 889 Abs 2, 888 ZPO entstehenden Kosten.

§ 262

Werden mehrere Leistungen[1]) in der Weise geschuldet, daß nur die eine oder die andere zu bewirken ist, so steht das Wahlrecht im Zweifel dem Schuldner zu[2]).

E I 207 II 219; M 2 6; P 1 282.

1. Das Eigenartige des **Wahlschuldverhältnisses** (Alternativobligation) liegt darin, daß von vornherein mehrere verschiedene Leistungen geschuldet werden (in obligatione sich befinden), dabei aber (in solutione) nicht jede von ihnen, sondern nur „die eine oder die andere" zu bewirken ist. Die Verschiedenheit der Leistungen kann sich auf ihren Gegenstand, aber auch nur auf Ort oder Zeit beziehen. Beispielsweise A verpflichtet sich, sein Grundstück dem B entweder zu verkaufen oder auf 20 Jahre zu vermieten; oder er verpflichtet sich, sei es an dem einen oder an dem anderen Orte zu erfüllen. Dagegen bedingt die Leistungspflicht gattungsmäßig bestimmter Sachen aus einem gewissen Vorrat keine Wahl; sie ist eine besonders geartete Gattungs-, keine Alternativschuld (RG 57, 141; vgl. auch § 243 A 1). Während in der Regel ein Schuldverhältnis seinem ganzen Inhalte nach erfüllt

werden muß und der Leistungsgegenstand von vornherein bestimmt ist (§ 241 A 1 g. E.), gehört es daher zu einer Wahlschuld, daß überhaupt nur die eine oder die andere Leistung gefordert werden kann, und daß schon durch die eine der mehreren in obligatione befindlichen Leistungen das ganze Schuldverhältnis getilgt wird, daß es zuvörderst jedoch unbestimmt ist, welche Leistung zu bewirken sein wird; schließlich aber, daß die Entscheidung darüber der einen oder der andern Partei zusteht. Immer muß aber ein einheitliches Schuldverhältnis vorliegen trotz seiner Erfüllbarkeit auf mehrfache Weise. Eine Wahlschuld liegt demnach nicht vor: a) Wenn bei Vorhandensein eines einheitlichen Schuldverhältnisses nicht abredegemäß verschiedene Leistungen in Frage stehen, sondern dem Berechtigten kraft Gesetzes mehrere voneinander verschiedene Ansprüche für die Rechtsausübung zur Wahl gestellt sind, in welchen Fällen man von elektiver Konkurrenz spricht, so bei dem Wahlrechte zwischen Ersatzanspruch und Rücktritt im Falle der §§ 325, 326, oder zwischen Wandelung und Minderung gemäß § 462 (RG JW 1911, 592[41]). In solchen Fällen greift daher auch nicht die Vorschrift des § 263 Platz; mithin verliert der Gläubiger durch die Wahl des einen Anspruchs nicht notwendigerweise das Recht, von dem anderweiten Anspruche Gebrauch zu machen. Vgl. RG 85, 282; 102, 264; 107, 348; 109, 186, alle für den Fall des § 326; auch § 326 A 1 c Abs 4. Im Falle des § 462 insbesondere geht der Berechtigte des Wahlrechts zwischen der Wandelung und Minderung erst verlustig durch die mittels der Einigung herbeigeführte Vollziehung im Sinne des § 465 (RG Warn 1911 Nr 322; 1914 Nr 332); b) Wenn geschuldet nur eine Leistung ist, eine Partei aber berechtigt ist, zur Erfüllung anstatt der eigentlich geschuldeten Leistung eine andere zu setzen („**facultas alternativa**"); vgl. die Fälle der §§ 244 Abs 1, 251 Abs 2, 617 Abs 1, 1973 Abs 2, 2329 Abs 2 mit Bestimmungsrecht des Schuldners, und der §§ 340 Abs 1, 843 Abs 3, 844 Abs 2, 845, 1580 Abs 2 mit Bestimmungsrecht des Gläubigers. In solchen Fällen mit Bestimmungsrecht des Schuldners besteht für den Gläubiger keine weitere Verpflichtung als die, die dem Schuldner freigestellte Ersatzleistung als Erfüllung anzunehmen, falls der Schuldner sie in gehöriger Weise anzubieten vermag; die Gefahr dessen trägt allein der Schuldner; ist die Ersatzleistung unmöglich oder etwa nur im Falle des Eintritts einer Bedingung möglich (beispielsweise von einer Genehmigung des Vormundschaftsgerichts abhängig), dann bleibt der Anspruch des Gläubigers auf die eigentlich geschuldete Leistung, in letzterem Falle auch bei Ausfall der Bedingung schlechthin bestehen (RG 94, 60; vgl. auch zu § 265 A 1 Abs 3). — Nach RG 114, 397 liegen nicht „mehrere Leistungen" vor, wenn im Gesellschaftsvertrage bestimmt ist, daß die Auseinandersetzung nur in einer oder der andern der dort aufgezählten Arten solle verlangt werden können; deshalb soll nicht § 262 anwendbar sein, sondern § 315, und zwar in der Weise, daß die Bestimmung durch den die Auseinandersetzung betreibenden Gesellschafter zu erfolgen hat. Näher hätte es wohl gelegen, den § 262 wenigstens entsprechend anzuwenden. — Einen Fall der **facultas alternativa** enthält auch § 130 des PrAllgBergges., wonach sich der Gewerke von der Entrichtung der ausgeschriebenen Buße durch Anheimstellung seines Anteils behufs Verkaufs zur Befriedigung der Gewerkschaft befreien kann (RG 96, 113). Ein der **facultas alternativa** entsprechender Fall ist auch der des § 244 Abs 1 (RG 101, 313); vgl. § 244 A 2. — Durch § 91 EisVerkO ist eine Wahlschuld begründet, aber mit Wahlrecht des Gläubigers (RG 106, 103). — Vgl. auch § 265 A 3 am Schlusse.

2. Die Bestimmung, daß das **Wahlrecht „im Zweifel" dem Schuldner zusteht**, ist nur eine Auslegungsvorschrift und schließt daher nicht aus, daß das Wahlrecht dem Gläubiger eingeräumt wird. Das Wahlrecht ist an sich nicht an die Person gebunden und geht sonach, falls auf der Gläubiger- oder Schuldnerseite ein Personenwechsel stattfindet (§§ 398, 414 ff.), entsprechend auf den neuen Gläubiger oder den neuen Schuldner über. Die Übertragung des Wahlrechts auf einen Dritten bloß der Ausübung nach dürfte unzulässig sein, weil das Wahlrecht mit dem Rechte selbst untrennbar verbunden ist. Dritte können jedoch durch Bewirkung der einen Leistung in Gemäßheit des § 267 die Beschränkung des Schuldverhältnisses im Sinne des § 263 herbeiführen; vgl. § 263 A 1.

§ 263

Die Wahl erfolgt durch Erklärung gegenüber dem anderen Teile[1]). Die gewählte Leistung gilt als die von Anfang an allein geschuldete[2]).

E I 208—209 II 220; M 2 7; P 1 282.

1. Die Wahl **wird ausgeübt** durch eine einseitige, empfangsbedürftige, unwiderrufliche (aber nach §§ 119, 123 anfechtbare) Willenserklärung und erlangt Wirksamkeit mit ihrem Zugange (§§ 130—132). Sie kann auch stillschweigend erfolgen (vgl. Vorbem 2 vor § 116), z. B. im Wege der Klageerhebung sowie durch Bewirkung oder Angebot bzw. Annahme einer Leistung. Eine bedingte Wahl braucht sich der Gegner nicht gefallen zu lassen; jedenfalls ist sie nicht geeignet, den Eintritt des Wahlverzugs (§ 264) auszuschließen.

Bei einer Mehrheit von Erklärungsgegnern kann die Erklärung nur dann für und gegen alle wirksam sein, wenn sie jedem zugegangen ist (§§ 425, 130). Ob indessen die Erklärung nicht wenigstens gegenüber dem einzelnen Erklärungsempfänger, dem sie zugeht, Wirksamkeit hat, hängt davon ab, ob der einzelne nach Inhalt des Schuldverhältnisses auch für sich allein berechtigt oder verpflichtet ist. Bei einer Mehrheit von Wahlberechtigten kann die Wahl grundsätzlich nur von allen ausgeübt werden, unbeschadet der Möglichkeit gegenseitiger Stellvertretung (§§ 164, 177, 710). Dritte können die Beschränkung des Schuldverhältnisses nur durch die Leistung selbst, nicht aber auch durch bloße Erklärung herbeiführen.

2. Die Wirkung der Wahl ist die, daß die **gewählte Leistung als die von Anfang an allein geschuldete** gilt. Es tritt damit eine Beschränkung (Konzentration) des Schuldverhältnisses derart ein (vgl. § 243 Abs 2), als wäre von Anfang an nur die gewählte Leistung Gegenstand des Schuldverhältnisses gewesen. Dies führt insbesondere zu folgenden Ergebnissen: a) Waren beide Leistungen von Anfang an möglich und wird nach der Wahl die gewählte Leistung unmöglich, so greifen die allgemeinen Grundsätze von der nachträglichen Unmöglichkeit (§§ 275 ff., 306, 323 ff.) derart Platz, als wäre die Möglichkeit der Erfüllung insgesamt vereitelt. Auf die etwaige Möglichkeit der andern Leistung kommt es in diesem Falle überhaupt nicht an. b) Für den Fall, daß die eine Leistung von Anfang an unmöglich war oder später vor der Wahl unmöglich wird, vgl. § 265. c) Hat der Verpflichtete in Unkenntnis seines Wahlrechts eine Leistung gemacht und wählt er nach erlangter Kenntnis die andere, so hat er irrtümlich eine Nichtschuld erfüllt und kann demgemäß von dem Rechtsbehelfe aus §§ 812 ff. Gebrauch machen. Ist dagegen der wahlberechtigte Empfänger der Leistung über sein Wahlrecht im Irrtum gewesen, so kann er sein Wahlrecht noch später ausüben und daraufhin gegen Rückgabe des Empfangenen die nunmehr gewählte Leistung verlangen. — Auch mit einer bloßen facultas alternativa (§ 262 A 1) ist es vereinbar, daß der Schuldner an seine Erklärung darüber, in welcher Art er erfüllen wolle, gebunden bleibt; ob dieses der Fall, oder ob der Schuldner nachträglich noch eine andere Art der Erfüllung wählen kann, hängt von dem Parteiwillen, der Sonderart des Falles, gegebenenfalls von der Handelssitte ab (RG Warn 1916 Nr 158).

§ 264

[1]) Nimmt der wahlberechtigte Schuldner die Wahl nicht vor dem Beginne der Zwangsvollstreckung vor, so kann der Gläubiger die Zwangsvollstreckung nach seiner Wahl auf die eine oder auf die andere Leistung richten; der Schuldner kann sich jedoch, solange nicht der Gläubiger die gewählte Leistung ganz oder zum Teil empfangen hat, durch eine der übrigen Leistungen von seiner Verbindlichkeit befreien[2]).

Ist der wahlberechtigte Gläubiger im Verzuge, so kann der Schuldner ihn unter Bestimmung einer angemessenen Frist zur Vornahme der Wahl auffordern. Mit dem Ablaufe der Frist geht das Wahlrecht auf den Schuldner über, wenn nicht der Gläubiger rechtzeitig die Wahl vornimmt[3]).

E I 210 II 291; M 2 8; P 1 282.

1. Dieser Paragraph handelt von den **Folgen einer Verzögerung der Wahl,** und zwar in Abs 1, falls der Schuldner, in Abs 2, falls der Gläubiger wahlberechtigt ist. In beiden Hinsichten kommen jedoch nur die Einwirkungen der Verzögerung auf das Wahlrecht als solches in Frage; nicht aber treten dadurch auch die Folgen des Leistungsverzugs ein. Denn grundsätzlich nimmt das Gesetz eine Verpflichtung zur Wahlausübung überhaupt nicht an (M 2, 8), so daß die Ausübung des Wahlrechts auch keine Leistungspflicht in sich schließt, und auf die Vornahme der Wahl auch nicht geklagt werden kann (RG 8, 355). Insbesondere sind auch die §§ 887, 888 ZPO nicht anwendbar (RG JW 03 Beil 77, 176). Anders ist es freilich, wenn die Ausübung der Wahl bis zu einem gewissen Zeitpunkte ausdrücklich ausbedungen und auf diese Weise eine entsprechende Verpflichtung begründet worden ist.

2. Den **wahlberechtigten Schuldner** zur Ausübung der Wahl zu veranlassen, ist dem Gläubiger überhaupt kein Mittel gewährt. Im Sinne des Abs 1 bleibt daher dem Gläubiger gegebenenfalls nur übrig, auf Erfüllung der „einen oder der andern Leistung“ (§ 262), also wahlweise auf Erfüllung der beiden Leistungen zu klagen und erst nach Erlangung eines obsieglichen Urteils die Zwangsvollstreckung nach seiner eigenen Wahl auf die eine oder auf die andere Leistung zu richten. Dann ist dem Gläubiger aber unbenommen, seine Bestimmung noch nachträglich zu wechseln, da ihm in dem unterstellten Falle ein Wahlrecht überhaupt nicht zusteht und somit in dem Auftrage an das Vollstreckungsorgan oder auch in dem Beginn der Vollstreckung nicht die Ausübung eines Wahlrechts gegenüber dem Gegner

gefunden werden kann. Das Wahlrecht im Sinne des § 263 ist vielmehr an sich auch noch im Abschnitte der Vollstreckung beim Schuldner verblieben, so daß er auch jetzt noch befugt ist, diejenige Leistung zu wählen, mit der er erfüllen will (**RG** 27, 384; 53, 84; Gruch 47, 917). Letzteres gilt freilich mit der besonderen Maßgabe: a) daß der Gläubiger die von ihm gewählte Leistung (d. h. diejenige, auf die er die Zwangsvollstreckung gerichtet hat) noch nicht „ganz oder zum Teil" empfangen hat, mithin auch noch nicht einmal teilweise Erfüllung eingetreten ist, und b) daß vom Beginne der Zwangsvollstreckung ab die Wahl durch den Schuldner überhaupt nicht mehr wie sonst (§ 263) durch bloße Erklärung, sondern nunmehr nur noch durch die Leistung selbst ausgeübt werden kann (**RG** 53, 82). Mittelbar ergibt sich daraus zugleich, daß, wenn die anderen zur Wahl des Schuldners stehenden Leistungen nach Beginn der Zwangsvollstreckung unmöglich geworden sind, er jetzt nur noch durch die vom Gläubiger verlangte erfüllen kann. — Der **Beginn der Zwangsvollstreckung** richtet sich nach den Vorschriften der ZPO. Das Merkmal ist in dem Zeitpunkte erfüllt, in dem der Gerichtsvollzieher zuerst tätig wird, oder gegebenenfalls, sobald das Vollstreckungsgericht den Beschlagnahmebeschluß (§§ 828, 857), oder im Falle des § 890 ZPO die Strafandrohung erlassen hat (**RG** 12, 381; 42, 419). In **RG** 53, 82 ist die Frage, ob schon die Stellung des Antrags auf Zwangsvollstreckung genügt, unentschieden gelassen. Die Frage dürfte zu verneinen sein. — „Empfangen" hat der Gläubiger die Leistung gegebenenfalls schon in dem Zeitpunkte, in dem der Gerichtsvollzieher in den Besitz des gepfändeten Geldes oder der „weggenommenen Sache" gelangt ist (§§ 815, 987 a. a. O.). — Nicht anwendbar ist § 264 im Falle des § 244 Abs 1, da hier keine Wahlschuld vorliegt (**RG** 106, 80); vgl. § 244 Anm 2.

3. Um den **wahlberechtigten Gläubiger in Verzug (Annahmeverzug) zu setzen**, genügt nach § 295 ein wörtliches Angebot der geschuldeten Leistungen zur Wahl. Nimmt daraufhin der Gläubiger die Wahl nicht vor, so hat der Schuldner das Mittel der Fristsetzung gemäß Absatz 2. Er hat zu diesem Zwecke den Gläubiger unter Setzung einer angemessenen Frist zur Vornahme der Wahl aufzufordern. Über die Erfordernisse der Fristsetzung und die Folgen der Setzung einer unangemessenen Frist vgl. zu § 250 Anm 1, 2. Einer ausdrücklichen Androhung, daß nach Ablauf der Frist der Schuldner selbst die Wahl vornehmen werde, bedarf es jedoch nicht. Der Schuldner braucht aber den Verzug des Gläubigers nicht erst abzuwarten, sondern kann die Fristsetzung schon mit dem Angebote verbinden, entsprechend wie im Falle des § 326 (vgl. Anm 1a Abs 3 dazu) die Fristsetzung mit der Mahnung verbunden werden kann. A. A. Oertmann Anm 3. Die Aufforderung zur Wahlausübung ist eine formlose, empfangsbedürftige Willenserklärung, die Wirksamkeit mit ihrem Zugehen erlangt (§§ 130—132). Die Wirkung besteht darin, daß mit dem fruchtlosen Ablauf der bestimmten oder, falls diese nicht angemessen ist, einer objektiv angemessenen Frist **das Wahlrecht auf den Schuldner übergeht** (Abs 2 Satz 2). Bietet er nunmehr dem Gläubiger die von ihm gewählte Leistung nach § 294 tatsächlich an, so gerät der Gläubiger in weiteren Annahmeverzug, wenn er diese Leistung nicht annimmt, und zwar mit der Wirkung, daß der Schuldner nunmehr durch Hinterlegung der angebotenen Sache gemäß §§ 372ff. befreit wird.

§ 265

Ist eine der Leistungen von Anfang an unmöglich oder wird sie später unmöglich, so beschränkt sich das Schuldverhältnis auf die übrigen Leistungen[1]). Die Beschränkung tritt nicht ein, wenn die Leistung infolge eines Umstandes unmöglich wird, den der nicht wahlberechtigte Teil zu vertreten hat[1]) [2]) [3]).

E I 211 II 222; **M** 2 8; **P** 1 282.

1. Gedacht ist hier an die beiden Fälle, daß die Unmöglichkeit der einen Leistung **schon von Anfang an**, also bereits bei Begründung des Schuldverhältnisses bestanden hat, oder daß die Unmöglichkeit zwar **erst nach dem angegebenen Zeitpunkte**, aber noch vor Ausübung der Wahl eingetreten ist. Handelt es sich um nachträgliche Unmöglichkeit nach erfolgter Wahl, dann regelt sich die Sache nach §§ 275, 323ff. Nach § 306 ist ein auf eine unmögliche Leistung gerichteter Vertrag nichtig, und gemäß § 139 bewirkt die teilweise Nichtigkeit eines Schuldverhältnisses regelmäßig seine Nichtigkeit überhaupt. In Befolgung dieser Grundsätze müßte auch ein Wahlschuldverhältnis im Sinne des § 262 der Regel nach im ganzen nichtig sein, falls nur eine der geschuldeten Leistungen von Anfang an unmöglich war. Eine solche Folge hat das Gesetz hier jedoch sachgemäß abgelehnt, weil das Schuldverhältnis an sich erfüllbar bleibt, auch wenn nur die eine der mehreren Leistungen möglich ist (M 2, 9). Gegebenenfalls wird aber das Interesse des Wahlberechtigten durch die Unmöglichkeit und durch das Unmöglichwerden insofern beeinträchtigt, als die Möglichkeit der Wahl fortfällt. Davon ausgehend gelangt das

Gesetz zu folgender Regelung: a) Die Unmöglichkeit der einen Leistung **bestand von Anfang an.** Hier beschränkt sich das Schuldverhältnis ausnahmslos von selbst auf die mögliche Leistung. Die Frage, ob der eine Teil dem andern daneben für den Schaden haftet, den der andere dadurch erleidet, daß er auf die Möglichkeit aller Leistungen vertraut hat, beantwortet sich nach § 307 Abs 2. b) Die Unmöglichkeit tritt **erst nach der Entstehung des Schuldverhältnisses ein.** Dann wird die Entscheidung auf die Frage abgestellt, ob das Ergebnis auf Zufall oder einen von dem Wahlberechtigten zu vertretenden Umstand oder aber auf einen vom Nichtwahlberechtigten zu vertretenden Umstand zurückzuführen ist. Ersterenfalls tritt, gleichgültig, wer der Wahlberechtigte ist, die Beschränkung ein und die Folgen regeln sich nach den §§ 275, 323ff. Hat dagegen der Nichtwahlberechtigte den Eintritt der nachträglichen Unmöglichkeit zu vertreten, dann entsteht die Beschränkung nicht; es kann vielmehr der Wahlberechtigte auch jetzt noch zwischen der unmöglich gewordenen und der noch möglich gebliebenen Leistung wählen. Wählt er die unmöglich gewordene Leistung, so hat dies weiter zur Folge: bei Wahlberechtigung des Schuldners, daß er gemäß § 275 frei wird (wobei hinsichtlich seines etwaigen Gegenanspruchs bei gegenseitigen Verträgen § 324 zu beachten ist); bei Wahlberechtigung des Gläubigers, daß er vom Schuldner gegebenenfalls gemäß § 280 Ersatz des durch die Nichterfüllung ihm entstandenen Schadens fordern kann. Hat der Schuldner für die unmöglich gewordene Leistung einen Ersatz oder Ersatzanspruch erlangt, so wird der wahlberechtigte Gläubiger durch § 265 nicht gehindert sein, gemäß § 281 Herausgabe oder Abtretung dieses Ersatzes zu wählen; so Planck-Siber Erl 3 Abs 3.

Der Grundsatz des § 265 ist entsprechend auch bei der **facultas alternativa** (§ 262 A 1) anzuwenden, wenn die dem Schuldner eingeräumte Lösungsbefugnis aus Umständen unmöglich wird, die der Gläubiger nicht zu vertreten braucht (**RG** 94, 60). Der Verpflichtete wird also von der ihm obliegenden Leistung nicht frei; er trägt vielmehr die Gefahr, daß seine Lösungsbefugnis unverwertbar wird.

2. **Ausgeschlossen** ist die Anwendbarkeit des § 265, falls die sämtlichen Leistungen, sei es von Anfang an unmöglich waren, sei es später unmöglich wurden. Ersterenfalls ist das ganze Schuldverhältnis nichtig (§ 306); letzterenfalls müssen die Grundsätze der §§ 275 u. 280, 323ff. eingreifen. Ob im Falle nur teilweiser Unmöglichkeit der einen Leistung diese überhaupt als unmöglich anzusehen ist, darüber vgl. § 275 A 4, auch § 280 A 2.

3. Die Frage, ob § 265 entsprechende Anwendung auch dann findet, wenn das Versprechen der einen Leistung unsittlich oder wegen Verstoßes gegen ein gesetzliches Verbot oder wegen Formmangels nichtig war, wird zufolge der das Geschäft als ganzes ergreifenden Unsittlichkeit im Falle des § 138 zu verneinen, für die beiden letzteren Fälle zu bejahen sein (**RG** Gruch 48, 973; vgl. auch § 309). In dem in **RG** 106, 176 entschiedenen Falle, in welchem die Wahl der Form der nach Inhalt des Vertrags zu gründenden Gesellschaft späterer Übereinkunft der Parteien überlassen war, ist der Vertrag als Vorvertrag zu einem gegebenen Falles die Gründung einer Aktiengesellschaft oder GmbH enthaltenden Vertrage wegen Formmangels für gänzlich nichtig erachtet worden, unter Ablehnung des Standpunktes, daß es sich um eine Wahlschuld handle.

§ 266

Der Schuldner ist zu Teilleistungen nicht berechtigt[1)][2)].

E I 228 II 223; M 2 33; P 1 305.

1. **Teilleistungen.** Nach § 241 ist der Gläubiger berechtigt, die geschuldete Leistung zu fordern. Die Annahme einer Leistung, die nicht der geschuldeten entspricht, kann er daher ablehnen, ohne in Annahmeverzug zu kommen (vgl. § 293). Mithin braucht er auch eine solche Leistung nicht anzunehmen, die die Schuld nur zum Teil zu erfüllen vermöchte, und zwar gleichgültig, ob der Schuldner die Teilleistung nur als solche oder als volle Erfüllung anbietet (**RG** 30. 1. 06 II 255/05). Dieser Auffassung trägt der § 266 Rechnung. Demgemäß vermag eine bloße Teilleistung auch nicht den Leistungsverzug des Schuldners abzuwenden (**RG** SeuffA 61 Nr 149.) Unzulässig wäre das ablehnende Verhalten des Gläubigers einer wirklichen Teilleistung gegenüber jedoch im Falle des Rechtsmißbrauchs im Sinne des § 226 (vgl. die dortigen Ausführungen), oder wenn die Ablehnung gegen Treu und Glauben verstieße (§ 242 A 1). Daher rechtfertigt nicht jeder noch so geringe Unterschied die Anwendung des § 266 (**RG** a. a. O.) und besteht insbesondere kein Rücktrittsrecht aus § 326 wegen Einbehaltung eines geringfügigen Restbetrags auf Grund einer unbegründeten Gegenforderung durch den Schuldner (**RG** 2. 1. 24, V 278/23).

Von einer **Teilleistung** im Rechtssinne kann im übrigen nur dann gesprochen werden, wenn durch sie der Zweck des Geschäfts wenigstens teilweise erreicht wird. Läßt sich der Gegenstand der Schuld überhaupt nicht teilen, oder entspricht die teilweise Leistung auch nicht einmal verhältnismäßig der gesamten Leistung, dann ist der Begriff der Teilleistung überhaupt nicht gegeben. Die angebliche Teilleistung würde sich alsdann vielmehr im Verhältnisse zur Gesamtleistung als eine Leistung von inhaltlich anderer Art darstellen. Teilbar sind daher regelmäßig nur Geldleistungen (RG 67, 260), Verpflichtungen zur Leistung von Gattungssachen, unter Umständen auch die Leistung von Diensten (RG JW 1911, 756[11]). Unteilbar anderseits ist die Verpflichtung aus dem Werkvertrage (RG a. a. O.), die zur Gewährung einer bestimmten Sache (§ 243 A 1), sowie die Unterlassungspflicht. Rechtlich stellt sich auch das Recht eines Gesellschafters, eine zum Gesellschaftsvermögen gehörende Forderung geltend zu machen, gemäß §§ 705ff. u. 432 ohne Rücksicht auf die Teilbarkeit des Gegenstandes als eine unteilbare dar (RG 70, 33). Wird eine Mehrheit von Leistungen geschuldet, die als voneinander unabhängige Verpflichtungen anzusehen sind, so kann die Erfüllung der einen keine Teilleistung bedeuten, weil eine solche das Vorhandensein eines einheitlichen Anspruchs voraussetzt. Ist bei einem Lieferungsvertrage die Abnahme in Teilen innerhalb bestimmter Frist vereinbart, so hat der Vertrag im Zweifel von vornherein nicht eine einheitliche Leistung, sondern Teillieferungen zum Gegenstande (RG JW 04, 90[8]; Gruch 61, 942). Falls in einem Vertrage mehrere ungleichartige Gegenstände für einen Einheitspreis versprochen sind, ist es Sache der Auslegung, ob nur ein sog. zusammengesetzter Vertrag vorliegt (vgl. § 305 A 2), oder ob die Schuld eine einheitliche sein soll. Wenn außer dem Kapitale auch gesetzliche Zinsen, insbesondere Verzugszinsen, oder auch Vertragszinsen geschuldet werden, liegt ein einheitlicher Anspruch vor (M 2, 33). Denn Vertragszinsen wie Verzugszinsen können zwar selbständig geltend gemacht werden, beruhen aber auf dem nämlichen Rechtsgrunde wie die Hauptforderung (a. A. hinsichtlich der Vertragszinsen Planck A 1b). Auch § 367 Abs 1 faßt die Hauptleistung mit Zinsen und Kosten zu einer „ganzen Schuld" zusammen.

Die Vorschrift des § 266 enthält **kein zwingendes Recht.** Es kann also ausbedungen werden, daß der Gläubiger Teilzahlungen anzunehmen hat.

Ausnahmsweise ist die Teilleistung kraft Gesetzes zulässig, so nach Art 38 WO; sodann im Zwangsvollstreckungsverfahren nach § 757 ZPO und im Konkurse nach § 149 KO. Ob der Schuldner eine ihm zustehende Gegenforderung, die die Forderung des Gläubigers nur teilweise deckt, oder einen Teil einer Gegenforderung zur teilweisen Aufrechnung gegen die Forderung des Gläubigers verwenden kann, erscheint zweifelhaft; der dafür (in RG 79, 361, wo aber die Frage nicht bestimmt entschieden ist) angeführte Grund, daß die Aufrechnung keine Leistung sei, ist bedenklich; sie ist zum mindesten eine Ersatzleistung (vgl. § 267 A 1). Jedenfalls folgt aus dem allgemeinen Zwecke des § 266, den Gläubiger zu schützen, in Verbindung mit § 242, daß es unstatthaft ist, eine Forderung nur teilweise zur Aufrechnung zu verwenden, wenn mit der stückweisen Befriedigung des Gläubigers für ihn Belästigungen verbunden sind, wie beispielsweise bei einer Hypothekenforderung durch Vervielfältigung der hypothekarischen Verpflichtungen (RG 79, 359). Der Gläubiger kann dagegen regelmäßig eine bloße Teilleistung einklagen (RG JW 04, 90[8]), und bei einer Mehrheit von Ansprüchen aus einem dauernden Vertragsverhältnisse auch nur einen einzelnen Anspruch (RG Warn 1912 Nr 15). Der nur eine Teilforderung geltend machende Kläger kann den mit einer Gegenforderung aufrechnenden Beklagten nicht auf den nicht eingeklagten Teil seiner Forderung verweisen (RG 66, 266; 80, 394).

Ein gesetzliches Recht zu Teilzahlungen ist auch für den **Aufwertungsbetrag** (vgl. § 242 Anm 5b) dem Schuldner durch das Aufwertungsgesetz (§ 25 Abs 2) nicht verliehen worden (RG 111, 401). Besteht kein Recht zu Teilzahlungen, so kann auch eine Kündigung durch den Schuldner nur für den ganzen Forderungsbetrag, also bei aufgewerteten Forderungen für den Aufwertungsbetrag, erfolgen. Ist die Forderung durch eine Sicherungshypothek dinglich gesichert, so kann der Eigentümer, der zugleich persönlicher Schuldner ist, nur als solcher das Kündigungsrecht ausüben, und zwar nur für den gesamten Aufwertungsbetrag der dinglich gesicherten Forderung, nicht lediglich für den Aufwertungsbetrag der Hypothek, falls dieser, was zulässig (vgl. §§ 4, 9 ff. AufwG), geringer ist (RG a. a. O.). Handelt es sich um eine Verkehrshypothek, bei der § 1141 BGB Anwendung findet, so wird gegenüber dem auf § 1144 gestützten Verlangen des Eigentümers, der zugleich persönlicher Schuldner ist, auf Aushändigung der zur Löschung der Hypothek erforderlichen Urkunden gegen Zahlung des Aufwertungsbetrags lediglich der Hypothek, der Gläubiger aus § 266 einwenden können, daß er zur Annahme von Teilzahlungen nicht verpflichtet sei (dahingestellt in RG 111, 402; vgl. aber RG in SeuffA 79 Nr 37).

§ 267

Hat der Schuldner nicht in Person zu leisten, so kann auch ein Dritter die Leistung bewirken. Die Einwilligung des Schuldners ist nicht erforderlich[1]).

Der Gläubiger kann die Leistung ablehnen, wenn der Schuldner widerspricht[2]).

E I 227 II 224; M 2 32; P 1 305.

1. **Leistung durch einen Dritten.** Im Wesen eines Schuldverhältnisses liegt es zwar, daß der Gläubiger die Leistung nur vom Schuldner fordern darf (§ 241 A 1), nicht aber zugleich, daß die Erfüllung wirksam nur durch den Schuldner erfolgen kann. Denn regelmäßig ist es für das Interesse des Gläubigers gleichgültig, wer ihn befriedigt. Anders ist es nur in den Ausnahmefällen, wo es im Sinne der Verabredung oder ohnedies in der Natur des Schuldverhältnisses liegt, daß nur der Schuldner selbst erfüllen kann (vgl. §§ 613, 664, 691, 713). Dementsprechend bestimmt auch § 267, daß ein Dritter die Leistung bewirken kann, falls der Schuldner nicht in Person zu leisten hat, und zieht das Gesetz in Satz 2 zugleich die weitere Folge, daß die Erfüllbarkeit der Schuld durch die Leistung eines Dritten von der Zustimmung des Schuldners unabhängig ist. — Der Dritte kann indes nur **„die Leistung"** bewirken, mithin nur durch Leistung des wirklich Geschuldeten (quod debetur) erfüllen (**RG** 65, 162), nicht aber auch mittels der sog. Ersatzleistungen, wie Aufrechnung (**RG** 78, 384) und Hinterlegung (§ 372 A 1); es sei denn, daß hierfür einer der besonders vorgesehenen Ausnahmefälle (§§ 268, 1142, 1150, 1223, 1224, 1249; vgl. § 268 A 2) vorläge. Selbstverständliche Voraussetzung ist dabei im Sinne des Gesetzes, daß der Dritte nicht etwa seine eigene Verpflichtung gegenüber dem Gläubiger erfüllen will, wie der Bürge die Verpflichtung, für die fremde Schuld einzustehen (vgl. über die Wirkung einer solchen Leistung § 774), und daß die Leistung des Dritten überhaupt zum Zwecke der Erfüllung bewirkt wird; während es für die schuldtilgende Wirkung der Leistung des Dritten gleichgültig ist, welche Absicht dieser bei seiner Leistung dem Schuldner gegenüber verfolgt hat. Ausgeschlossen ist daher die Anwendbarkeit des § 267, wenn der Dritte nicht zum Zwecke der Tilgung der Schuld, sondern behufs Erwerbs der Forderung leistet; denn alsdann fehlt es überhaupt an der Tatbestandsvoraussetzung des Gesetzes. Letzteres trifft auch dann zu, wenn jemand nur in Vertretung des Schuldners an dessen Statt leistet und daher nicht als Dritter in Betracht kommen kann. Unbedingt ausgeschlossen ist die Anwendbarkeit des § 267 endlich aus anderem Grunde im Falle der Erlegung von Geldstrafen (vgl. **RG**St 8, 366; 30, 232). Um einen Fall des § 267 handelt es sich auch dann nicht, wenn der Dritte sich zwar zur Bewirkung der dem Gläubiger geschuldeten Leistung erbietet, dabei aber zugleich vom Gläubiger die seinerseits dem Schuldner geschuldete Gegenleistung beansprucht; nimmt der Gläubiger in solchem Falle die Leistung vom Dritten an, dann entsteht hierdurch ein neues Schuldverhältnis zwischen ihm und dem Dritten, zufolge dessen der Gläubiger zur Leistung an den Dritten verpflichtet wird (**RG** 88, 70). — Die **Folge der Regel des § 267 ist,** daß der Gläubiger durch eine unzulässige Ablehnung des Angebots eines Dritten in Annahmeverzug gerät (§§ 293ff.), im Falle des Vollzugs der Leistung anderseits aber das Schuldverhältnis erlischt (§ 362). Weitere Wirkungen ergeben sich aus der Regel des § 267 nicht. Insbesondere folgt aus der Befugnis des Dritten, die Leistung zu bewirken, nicht, daß er bei der Leistung dem Gläubiger gegenüber an die Stelle des Schuldners tritt und somit dessen etwaige Gegenrechte (§§ 320, 255) ausüben kann, und ebensowenig, daß der leistende Dritte — auch hier von den Ausnahmefällen der §§ 268, 1143, 1150, 1225, 1249 (vgl. § 268 A 2) abgesehen — die Gläubigerforderung erlangt. Der Rechtsübergang kraft Gesetzes (Surrogation) ist dem BGB als allgemeine Regel fremd. — Ob und welche **Rückgriffsrechte** der Dritte dem befreiten Schuldner gegenüber hat, kann sich nur nach dem zwischen beiden unmittelbar bestehenden Rechtsverhältnisse richten, wie Schenkung, Auftrag, Geschäftsführung ohne Auftrag. Bestand die Schuld überhaupt nicht, dann kann der Dritte die Leistung nur vom Gläubiger zurückfordern, nicht aber vom Schuldner (von besonderen Verhältnissen abgesehen), da der Schuldner durch die Leistung nichts erlangt hatte. Leistet aber der Dritte etwa auf Anweisung des Schuldners, oder ohne solche, um sich von einer vermeintlichen, in Wirklichkeit nicht bestehenden (oder anfechtbaren) Schuld dem Schuldner gegenüber zu befreien, dann hat der Schuldner durch die Leistung eine grundlose Bereicherung erfahren und er unterliegt daher der Bereicherungsklage (**RG** SeuffA 69 Nr 192).

2. Der **Widerspruch des Schuldners** berechtigt den Gläubiger, die Annahme zu verweigern, verpflichtet ihn aber nicht dazu. Im Falle des § 1249 steht weder dem Schuldner das Widerspruchsrecht, noch dem Gläubiger im Falle solchen Widerspruchs das Recht zu, die Leistung des Dritten — nämlich dessen, der durch die Veräußerung des Pfandes ein Recht daran verlieren würde — abzulehnen (**RG** 83, 393). Ebenso in den anderen Fällen des Ablösungsrechts; vgl. § 268 A 1.

§ 268

Betreibt der Gläubiger die Zwangsvollstreckung in einen dem Schuldner gehörenden Gegenstand, so ist jeder, der Gefahr läuft, durch die Zwangsvollstreckung ein Recht an dem Gegenstande zu verlieren, berechtigt, den Gläubiger zu befriedigen. Das gleiche Recht steht dem Besitzer einer Sache zu, wenn er Gefahr läuft, durch die Zwangsvollstreckung den Besitz zu verlieren[1]).

Die Befriedigung kann auch durch Hinterlegung oder durch Aufrechnung erfolgen[2]).

Soweit der Dritte den Gläubiger befriedigt, geht die Forderung auf ihn über[3]). Der Übergang kann nicht zum Nachteile des Gläubigers geltend gemacht werden[4]).

E I 1081—1082; M 3 690.

1. **Das Ablösungsrecht** (jus offerendi). Während der § 267 nur den allgemeinen Grundsatz aufstellt, daß regelmäßig jeder Dritte anstatt des Schuldners zu erfüllen vermag, gibt das Gesetz in den Fällen des § 268 dem Dritten ein **Recht auf Befriedigung** des Gläubigers eines andern. Der Schuldner kann in diesen Fällen der Leistung des Dritten nicht mit Erfolg widersprechen (§ 267 A 2), und der Gläubiger anderseits kann sie nicht gefahrlos (§ 293) ablehnen (§ 267 A 1). — Als **Dritte** kommen hier in Betracht dinglich Berechtigte (auch Miteigentümer, **RG** Warn 1911 Nr 11) und der Besitzer einer Sache (als solcher insbesondere der Mieter und Pächter, § 57 Satz 2 ZVG). Der Zweck des Gesetzes ist es, den Dritten dagegen zu schützen, daß er durch die vom Gläubiger gegen seinen Schuldner betriebene Zwangsvollstreckung ein ihm, dem Dritten, am Gegenstande der Vollstreckung zustehendes Recht oder seinen Besitz der Sache verliert. Voraussetzung ist dabei, daß der Gegenstand der Zwangsvollstreckung nicht dem Dritten, sondern dem Schuldner gehört; denn andernfalls stände dem Dritten schon die Widerspruchsklage des § 771 ZPO zur Seite. — Besondere **Anwendungsfälle** des § 268 enthalten die §§ 1150, 1249 zugunsten von dinglich Berechtigten am Grundstücke, die durch die Zwangsvollstreckung in das Grundstück Gefahr laufen, ein Recht am Grundstücke zu verlieren, und zugunsten derjenigen, welche durch die Veräußerung des Pfandes an diesem ein Recht einbüßen würden. — Zeitlich ist das Ablösungsrecht ausübbar, sobald die Zwangsvollstreckung begonnen hat (vgl. hierüber § 264 A 2). Trifft diese Voraussetzung auch schon dann zu, wenn der Gläubiger vorerst nur den etwaigen Anspruch seines Schuldners auf Herausgabe der Sache (§§ 846ff. ZPO) pfänden läßt? Man wird das nach dem Rechtsgedanken des Gesetzes bejahen können. Erledigt ist das Ablösungsrecht, sobald die Zwangsvollstreckung beendigt ist. — Macht der Gläubiger seine Forderung dem Schuldner gegenüber nur teilweise geltend, so kann auch der Dritte sein Ablösungsrecht nur hinsichtlich dieses Teilbetrags ausüben.

2. Die Ausübung des Rechtes erfolgt durch **Befriedigung des Gläubigers.** Dazu kann aber der Dritte hier (anders als im Falle des § 267) auch von den Ersatzleistungen, Hinterlegung (§§ 372ff.) und Aufrechnung (§ 387) Gebrauch machen (**RG** 78, 384). Der Ausübbarkeit dieses Rechtes steht es nicht entgegen, wenn der Dritte für die Forderung selbst mit haftet (**RG** 70, 409 zu § 1249).

3. Im Gegensatze zum Regelfalle des § 267 (dort A 1) geht die **Forderung des Gläubigers,** soweit er befriedigt wird, ohne weiteres (kraft Gesetzes) **auf den Dritten über,** und zwar nebst ihren Nebenrechten, wie Bürgschaft und Pfandrecht, sowie mit der Auskunftspflicht des Gläubigers aus § 402 und der Beurkundungspflicht aus § 403 (cessio legis). Es findet hier also ein Rechtsübergang ohne Übertragung (§ 398) statt (§ 412).

4. **Nicht zum Nachteile des Gläubigers.** Der durch den Dritten befriedigte Gläubiger darf durch den Übergang der Forderung auf den Dritten nicht schlechter gestellt sein, als er gestellt sein würde, wenn die Forderung durch die Leistung erloschen wäre, und zwar gilt das sowohl dann, wenn der Dritte durch die gänzliche Befriedigung des Gläubigers die volle Forderung, wie entsprechend auch dann, wenn er durch Teilzahlung nur einen entsprechenden Teil der Forderung erworben hat. Daher darf der Dritte dem Gläubiger gegenüber keine Gewährleistungsansprüche wegen Mängel der Forderung aus § 437 geltend machen (zumal der Rechtsübergang kein kaufähnliches Geschäft darstellt), und im zweiten Falle darf er auf keine Weise ein Vorrecht zum Nachteile der dem Gläubiger verbliebenen Restforderung ausüben. Er steht vielmehr im Range nach. Im Konkurse des Schuldners darf der Dritte insbesondere nicht die etwa getilgte Zinsforderung zum Nachteile des Gläubigers mit dem konkursmäßigen Vorzugsrechte anmelden. Ungeachtet des weitergehenden Wort-

lautes ist aber erkannt worden, daß der Gläubiger nur geschützt werden soll gegen Benachteiligung in Ansehung derjenigen Forderung, wegen deren er durch den Dritten teilweise befriedigt worden ist, nicht dagegen in Ansehung anderer ihm gegen den Schuldner zustehender Forderungen, wenigstens sofern diese nicht mit der ersteren in rechtlichem Zusammenhange ständen: **RG** Warn 1914 Nr 275; 11. 11. 16 V 220/16. In **RG** 76, 198 ist für den Fall des § 774 Abs 1 Satz 2 ausgesprochen, der Bürge dürfe von den infolge der Zahlung auf ihn übergegangenen Pfand- oder sonstigen Sicherungsrechten auch dann Gebrauch machen, wenn es zum Nachteile anderer Forderungen desselben Gläubigers geschehe. In **RG** 82, 135 ist dieser Satz „in seiner allgemeinen Fassung" unter Hinweis auf die Entstehungsgeschichte der Vorschrift als bedenklich bezeichnet; doch ist auch dort für das Gebiet des Hypothekenrechts angenommen, daß nicht „andere Hypotheken" desselben Gläubigers, sondern nur dessen etwaige Resthypothek für die Vorschrift in Betracht kommen. Auch in **RG** 76, 195 hat es sich übrigens nicht um das gleiche Sicherungsrecht, sondern um eine Pfändung gehandelt, die erst nach der Zahlung erfolgt war. Man wird in diesen Grenzen der Rechtsprechung des **RG** beistimmen können. Dagegen wird dem Zahlenden nicht gestattet werden können, das gleiche Sicherungsrecht, das zur Zeit der Zahlung bereits auch für andere Forderungen des Gläubigers bestanden hat, zum Nachteil dieser Forderungen geltend zu machen, auch soweit es an sich ihnen vorgehen würde. Vgl. auch zu §§ 774, 1150. — Ein Gesamtschuldner, der vom Gläubiger in Anspruch genommen wird, kann nicht von ihm Zug um Zug gegen seine Leistung Herausgabe des Pfandes verlangen, das dem Gläubiger ein Mitschuldner bestellt hat, auf Grund der Behauptung, daß er gegen diesen Mitschuldner ein volles Ausgleichungsrecht gemäß § 426 habe (**RG** 82, 28). — Der § 268 Abs 3 Satz 2 schließt nicht aus, daß der Bürge, der die Hauptschuld vor dem Konkurse des Hauptschuldners teilweise bezahlt, die auf ihn übergegangene Teilforderung an Stelle des Gläubigers im Konkurse geltend macht (**RG** SeuffA 69 Nr 196). — Der Abs 3 ist auch dann anwendbar, wenn durch die Teilzahlung der Zweck, die Zwangsvollstreckung abzuwenden, nicht erreicht wird; er ist auch nicht auf den Fall beschränkt, daß der Gläubiger nur wegen einer Rate die Zwangsvollstreckung betreibt (**RG** JW 1916, 670[2]). — Eine der Vorschrift von Abs 3 Satz 2 entsprechende Bestimmung enthalten die §§ 426, 774, 1143, 1150, 1164, 1225.

§ 269

Ist ein Ort für die Leistung[1]) weder bestimmt noch aus den Umständen, insbesondere aus der Natur des Schuldverhältnisses, zu entnehmen, so hat die Leistung an dem Orte zu erfolgen, an welchem der Schuldner zur Zeit der Entstehung des Schuldverhältnisses seinen Wohnsitz hatte[2]).

Ist die Verbindlichkeit im Gewerbebetriebe des Schuldners entstanden, so tritt, wenn der Schuldner seine gewerbliche Niederlassung an einem anderen Orte hatte, der Ort der Niederlassung an die Stelle des Wohnsitzes[3]).

Aus dem Umstand allein, daß der Schuldner die Kosten der Versendung übernommen hat, ist nicht zu entnehmen, daß der Ort, nach welchem die Versendung zu erfolgen hat, der Leistungsort sein soll[4]) [5]) [6]) [7]).

E I 229—230 II 225; M 2 34; P 1 306; 4 154.

1. **Leistungsort.** Zur gehörigen Erfüllung ist auch erforderlich, daß die Leistung am rechten Orte (§ 269) und zur rechten Zeit (§ 271) angeboten wird. Andernfalls setzt das Angebot den Gläubiger nicht in Annahmeverzug (§§ 293ff.) und befreit den Schuldner nicht vom Leistungsverzuge (§§ 284ff.). — Der Leistungsort ist auch von Bedeutung für den Gerichtsstand nach § 29 ZPO und im Gebiete des internationalen Privatrechts für die Frage, welches Recht Anwendung findet (vgl. Vorbem 11 vor § 104, ferner **RG** 53, 140; 54, 316; 55, 117; 58, 367; 73, 387; 74, 173; 95, 164; 103, 261; Warn 1922 Nr 157, 183). Nach dem Rechte des Erfüllungsortes ist auch die Einrede der Verjährung zu beurteilen (**RG** 74, 173 und 4. 5. 18 V 8/18, teilweise abgedruckt 93, 23). Zu unterscheiden vom Leistungsorte ist der Bestimmungs- oder Ablieferungsort, nämlich derjenige, wo die Ablieferung zu erfolgen hat (**RG** 101, 143; 111, 24; vgl. auch Abs 3 und § 270); ferner der Versandort (§§ 447, 448, 644 Abs 2; vgl. **RG** 66, 76). Bloße Vereinbarungen über den Ablieferungsort sind noch nicht maßgebend für die Bestimmung des Erfüllungsorts (**RG** 103, 261). — Die Regeln des § 269 greifen auch bei Unterlassungspflichten Platz (**RG** 51, 312; 69, 13; 90, 165).

2. Der Abs 1 sieht behufs Ermittlung des Leistungsorts die nachstehende Stufenordnung vor: In erster Linie ist entscheidend die **Bestimmung durch die Parteien.** Sie setzt eine Eini-

gung voraus, wobei eine stillschweigende Abmachung genügt, die sich aus dem Gegenstande, der Natur des Schuldverhältnisses und aus den Umständen ergeben kann. Die Abrede, daß die Ware spätestens an einem bestimmten Tage am Wohnorte des Bestellers eintreffe, enthält nicht zugleich eine Bestimmung des Leistungsorts (RG 68, 78). Desgleichen nicht schon eine Nebenabrede wie „Kasse Zug um Zug", da diese sich nur auf die Art der Zahlung des Kaufpreises bezieht (RG Warn 08 Nr 129). Durch Vereinbarung der Zahlung des Kaufpreises in ausländischer Währung wird der inländische Erfüllungsort nicht geändert, vielmehr § 244 anwendbar (RG 106, 99). Einseitige Parteierklärungen reichen regelmäßig nicht aus, auch nicht bei fortgesetzter Warenbestellung und Warenleistung (RG 52, 135; 57, 411; 59, 351; 65, 330). Nach ständiger Rechtsprechung sind daher auch bloße Fakturenvermerke oder ein Randvermerk auf einem Kostenanschlage (RG 52, 133) bedeutungslos. Vermerke jedoch in einem Bestätigungsschreiben müssen nach Treu und Glauben als genehmigt gelten, falls der Empfänger schweigt (RG 57, 408; 58, 66). Vgl. hierüber des Näheren § 147 A 2 Abs 2. Maßgebend ist auch die Angabe in den Schlußnoten des Handelsmäklers (RG 59, 350; JW 05, 147[29]). Gleiches gilt, wenn vor der Begründung der Geschäftsverbindung schriftlich Geschäftsbedingungen zugesandt sind und demnächst der Geschäftsverkehr auf Grund eben dieser Bedingungen stattgefunden hat (RG JW 01, 621[14]; RG 57, 408, betreffend Bestellung auf Grund eines Zirkulars). Wer einen Bestellschein unterschrieben hat, haftet nach dessen Inhalt; er kann nur wegen Irrtums anfechten (RG 20. 3. 08 III 394/07). Der Ort, wo beide Teile erfüllt haben (wobei gegebenenfalls auch schon die Hingabe eines Schecks zahlungshalber als Erfüllung angesehen werden kann) muß als stillschweigend vereinbarter Erfüllungsort angesehen werden (RG 102, 283). Auch nachträglich kann ein Erfüllungsort, unter Abänderung des bisher bestandenen, durch Vereinbarung festgesetzt werden (RG 106, 211). — **Aus den Umständen zu entnehmen.** Dabei kann auch die Verkehrssitte in Betracht kommen, insbesondere darüber ob aus dem Schweigen Zustimmung zu entnehmen ist. **Aus der Natur des Schuldverhältnisses** wird sich der Leistungsort insbesondere ergeben bei Abmachungen, die die Bearbeitung von Sachen an Ort und Stelle zum Gegenstande haben, z. B. beim Einbau von Maschinen in ein Gebäude, wie anderseits bei Herstellung eines Werks in einer Werkstätte; ferner bei der Übergabe und Auflassung eines Grundstücks, bei der Überlassung der Mietssache, endlich wenn sich die zu gewährende Sache nach Wissen beider Parteien zur Zeit des Vertragschlusses an einem bestimmten Orte befindet. Bei Bringschulden (nicht Schickschulden) ist maßgebend der Wohnort des Gläubigers; bei Holschulden der des Schuldners. — **Wohnsitz des Schuldners** (vgl. §§ 7—11) im Zeitpunkte der Entstehung des Schuldverhältnisses. Er ist im Zweifel auch maßgebend bei Unterlassungspflichten, gegebenenfalls namentlich bei der Geltendmachung von Vertragsstrafen wegen Verletzung solcher und selbst wenn die Unterlassung nicht an einen bestimmten Ort gebunden ist (RG 51, 314; 69, 13). Unter mehreren Wohnsitzen hat der Regel nach der Schuldner die Wahl (§ 262). Beim Mangel eines Wohnsitzes entscheidet der Aufenthaltsort. Eine nachträgliche Veränderung des Wohnsitzes ist einflußlos. Es kann aber, wenn der Vertrag am Wohnorte des Schuldners abgeschlossen ist, nicht schon deshalb angenommen werden, daß der dortige Wohnort des Schuldners auch als vereinbart gelten soll (RG SeuffA 54 Nr 77). Daß der Wohnsitz des Schuldners im Zweifel als Erfüllungsort anzusehen ist, ändert sich nicht durch die Vereinbarung, daß an einem anderen Orte „gezahlt" werden soll, sofern diese Vereinbarung nur als Bestimmung über die Übermittlung des Geldes (§ 270) auszulegen ist (RG 103, 261). Entstanden ist das Schuldverhältnis mit Vollendung der es begründenden juristischen Tatsachen (vgl. Vorbem 1 vor § 104 und § 198 A 2). Bei bedingten oder bei befristeten Geschäften kommt es nicht erst auf den Zeitpunkt des Eintritts der Bedingung oder des Termins an (RG 69, 11). Er ist nur für das Wirksamwerden des Rechtsgeschäfts maßgebend (§§ 158, 163).

Durch Gesetz selbst ist der Leistungsort bestimmt in den §§ 261 (Offenbarungseid), 697, 700 (unregelmäßiger Verwahrungsvertrag), 811 (Vorlegung), 1194 (Grundschuld, vgl. über den Zahlungsort bei Umwandlung einer Hypothek in eine Grundschuld zu §§ 1177, 1194, 1198; RG 107, 80), 1200 (Rentenschuld), § 36 VersVG (Zahlung der Prämie), § 5 ScheckG, Art 4 Nr 8 und Art 97 WO, betreffend die Zahlung des Bezogenen sowie des Ausstellers eines eigenen Wechsels. Der für diese maßgebende Zahlungsort ist jedoch nicht zugleich maßgebend für den Leistungsort der Regreßpflichtigen, mithin auch nicht des Trassanten; für diese ist der Ort des Wohnsitzes oder der Niederlassung Leistungsort. Der wechselrechtliche Bereicherungsanspruch (Art 83 WO, § 21 ScheckG) ist am Wohnort des Bereicherten zu erfüllen (Staub-Stranz WO Art 83 A 19; für den Aussteller auch RG in Recht 18 Nr 1446; a. M. OLG Köln in ZfHR 38, 568 und die 5. Auflage).

3. Das Vorhandensein einer **gewerblichen Niederlassung** erfordert, daß dort dauernde Einrichtungen zum Betriebe getroffen sind; vgl. ZPO § 21 (RG 42, 379).

4. **Übernahme der Versendungskosten.** Diese Auslegungsvorschrift trifft insbesondere auch zu bei den Nebenabreden cif (cost, insurance, freight) und fob (frei an Bord), „frei Wag-

gon", „frei Hamburg Freihafen" (RG 111, 24); „frei Grenzort versichert" (RG 114, 405) oder „Kasse Zug um Zug" (s. auch A 2). Bei Cif-Verkäufen gilt der Abladehafen für den Verkäufer auch als Erfüllungsort, jedenfalls im Sinne der §§ 446, 447 (RG 87, 134; Warn 1916 Nr 159). Betreffs der Cif-Klausel vgl. auch § 157 A 3 Abs 3 und RG 87, 135; 90, 1; 92, 14; 93, 166. Solche Klauseln enthalten an sich noch keine Vereinbarungen über den Erfüllungsort (RG Gruch 47, 1152; 48, 1015). Auch die Übernahme der Gefahr enthält im Zweifel noch keine Bestimmung über den Leistungsort (RG 68, 78).

5. Einzelfälle. Bei dem nämlichen Schuldverhältnisse können für die verschiedenen Beteiligten je verschiedene Leistungsorte gegeben sein (RG 49, 76). Der Erfüllungsort für die Bürgschaftsschuld richtet sich nicht grundsätzlich nach dem der Hauptschuld (RG 54, 311; 71, 56; 73, 263). Ist aber für eine Schuld Bürgschaft geleistet, bezüglich deren ein Erfüllungsort ausdrücklich bestimmt war, so ist das auch für den Bürgen maßgebend (RG 34, 17). Wird bedungen, daß der Käufer die Ware am Bestimmungsorte abzunehmen habe, so folgt hieraus noch nicht, daß dortselbst, wenn für den Käufer, dann auch für den Verkäufer der Erfüllungsort gegeben sei (RG Warn 1912 Nr 99). Bei Zug-um-Zug-Leistungen ist der Erfüllungsort ein gemeinsamer. Das gilt auch im Falle des vertragsmäßigen Rücktrittsrechts und der Wandelung. Hier muß nach der Natur des Geschäfts regelmäßig derjenige Ort als beiderseitiger Leistungsort gelten, wo sich die Sache dem Vertrage gemäß befindet, nicht etwa der davon verschiedene Ort, wo die Ablieferung der Sache erfolgt war (RG 50, 270; 52, 54; 55, 111; 57, 12; 70, 199). Vgl. anderseits auch RG 46, 195 und 66, 76. Die Rückgabepflicht im Falle der Nichtigkeit des Vertrags ist ebenfalls da zu erfüllen, wo sich die zurückzugewährende Sache befindet (RG 96, 347). Gesetzlicher Erfüllungsort für den Minderungsanspruch ist der Wohnort des Verkäufers zur Zeit des Vertragsschlusses (RG Gruch 47 Nr 1150, während in RG 66, 76 die Richtigkeit dieser Ansicht dahingestellt geblieben ist). Falls ein Vertrag (Kauf) wegen Irrtums oder Betrugs angefochten ist und Rückzahlung des Preises und Zurücknahme der Sache gefordert wird, ist der Wohnsitz des Gegners maßgebend (RG 49, 421). Der Erfüllungsort ist maßgebend auch für den Anspruch auf Schadensersatz wegen Nichterfüllung (RG 55, 425); desgleichen für den Anspruch auf Zahlung des Reugeldes (RG Gruch 34, 440), sowie auf Leistung der Vertragsstrafe (RG 69, 12). Der Anspruch auf Schadensersatz wegen Annahmeverzugs ist zu erfüllen, wo die Abnahme hätte erfolgen müssen (RG 55, 423). Für die Feststellungsklage ist der Erfüllungsort dort, wo der Vertrag zu erfüllen war (RG 56, 138). Nebenverpflichtungen sind an dem für die Hauptverbindlichkeit maßgebenden Leistungsorte zu erfüllen (RG 55, 105). Bei einem Anspruche auf Anerkennung eines Kontokorrents gilt als Erfüllungsort der für die einzelnen Leistungen vereinbarte Leistungsort (RG JW 03, 175[6]). Wenn auch nach Obigem die Erfüllungsorte für die Ansprüche wegen mangelhafter Leistung, insbesondere auf Wandelung und Minderung, nicht notwendig mit dem Erfüllungsorte für die Hauptverpflichtungen zusammenfallen (RG 57, 12), so liegt es doch, wenn einer von ihnen im Auslande liegt, nahe, anzunehmen, daß die Parteien, sofern sie überhaupt einen Erfüllungsort vereinbart haben, ihn als einheitlichen für alle Ansprüche aus dem Vertrage haben vereinbaren wollen (RG Warn 1922 Nr 60).

6. Beweislast. Wer einen außergewöhnlichen Erfüllungsort geltend macht, hat dafür nach allgemeinen Rechtsgründen die Beweislast.

7. Internationales Privatrecht. Im Zweifel ist bei vertraglichen Schuldverhältnissen für das anzuwendende Recht das Recht des Erfüllungsortes maßgebend, jedoch nur soweit nicht der mutmaßliche Parteiwille entgegensteht (RG 61, 343; 68, 205). Ist ein Vertragsverhältnis unter der Herrschaft des zur Zeit des Vertragsschlusses am Erfüllungsorte geltenden Rechts einmal entstanden, so bleibt das damals geltende Recht maßgebend auch im Falle einer gesetzlichen Änderung, z. B. infolge Abtretung des bisher deutschen Gebiets, sofern nicht der gemeinsame Wille beider Parteien, sich dem neu eingeführten Rechte zu unterwerfen, erkennbar ist oder beide Parteien sich an Ort und Stelle befinden (RG 107, 123).

§ 270

Geld hat der Schuldner im Zweifel auf seine Gefahr und seine Kosten dem Gläubiger an dessen Wohnsitz zu übermitteln[1]).

Ist die Forderung im Gewerbebetriebe des Gläubigers entstanden, so tritt, wenn der Gläubiger seine gewerbliche Niederlassung an einem anderen Orte hat, der Ort der Niederlassung an die Stelle des Wohnsitzes[1]).

Erhöhen sich infolge einer nach der Entstehung des Schuldverhältnisses eintretenden Änderung des Wohnsitzes oder der gewerblichen Niederlassung des Gläubigers die Kosten oder die Gefahr der Übermittelung, so hat der

Gläubiger im ersteren Falle die Mehrkosten, im letzteren Falle die Gefahr zu tragen[2]).

Die Vorschriften über den Leistungsort bleiben unberührt[1])[3]).

E I 230 II 226; M 2 36; P 1 307.

1. **Geldübermittlung an den Gläubiger an dessen Wohnsitz oder Niederlassungsort.** Vgl. § 269 A 1, wo bereits darauf hingewiesen ist, daß § 270 nur den Bestimmungsort, nicht aber den Leistungsort im Auge hat (hier Abs 4). Der Schwerpunkt des § 270 liegt in der Vorschrift, daß, falls der Leistungsgegenstand Geld ist, dieses, gleichviel wo der Erfüllungsort sein mag, dem Gläubiger an dessen Wohnsitz, im Falle des Abs 2 an den Ort der gewerblichen Niederlassung (vgl. A 3 § 269) „zu übermitteln" ist, und daß die dazu dienende Versendung auf Gefahr und Kosten des Schuldners geht. Macht der Gläubiger der Post gegenüber von dem Abholungsrechte Gebrauch, so trägt er auch die damit verbundene Gefahr selbst (RG 69, 137; der vom Schuldner übersandte Scheck war auf Grund einer Fälschung des Postscheins von einem Unbefugten abgeholt worden). Über den Begriff Geld vgl. § 244. Wenn nichts Entgegenstehendes vereinbart ist, genügt es an sich für die Rechtzeitigkeit der Leistung — und zwar auch bei Platzgeschäften —, wenn nur die Einzahlung des Geldes bei der Post am Leistungsorte, also regelmäßig am Wohnsitze des Schuldners, innerhalb der gegebenen Frist erfolgt ist (RG 78, 137). Dagegen trägt der Schuldner die Gefahr bis zur Aushändigung des Geldes an den Gläubiger und hat also, wenn die Sendung nicht an den Empfänger gelangt ist, nochmals zu leisten. Die Gefahrtragung bedeutet, daß der Verlust des übersandten Geldes — eine Beschädigung wird bei Geld schwerlich in Betracht kommen — zu Lasten des Schuldners geht, sei es daß er durch Zufall, insbesondere durch höhere Gewalt oder durch Verschulden des Transportunternehmers, eines Angestellten von diesem oder auch eines Dritten (Diebstahl!) eintritt. Dagegen haftet der Schuldner nicht für bloße Verzögerungen der Ankunft des Geldes, mögen diese durch Zufall oder durch Verschulden einer Person, auch des Transportunternehmers oder eines Angestellten von ihm, eingetreten sein, da für ihn als Leistungsort nach Abs 4 der Ort seines Wohnsitzes, an dem er das Geld abgesandt hat, gilt und die Übermittlung daher keine Leistung, der Transportunternehmer nicht Erfüllungsgehilfe im Sinne des § 278 ist. Doch haftet er für ordnungsmäßige Auswahl des Transportunternehmers, da diese zu seiner Leistung bei der Absendung gehört. Anders bei Bringschulden, d. h. solchen, bei denen infolge Vereinbarung oder gesetzlicher Bestimmung der Wohnsitz oder Aufenthaltsort des Gläubigers Leistungsort ist. — Bei Zahlungen mittels eines Schecks genügt es für die Wahrung der Frist, wenn der Scheck innerhalb der Frist zur Post gegeben und nach Ankunft am Bestimmungsorte von dem Gläubiger angenommen und sofort einkassiert worden ist (RG 78, 137). Eine Zahlung auf Postscheckkonto ist nach dem Urteil vom 9. 1. 24 III 134/23 so zeitig zu bewirken, daß noch innerhalb der bestimmten Frist der Betrag auf das Postscheckkonto des Gläubigers gebucht werden kann. Doch dürfte die Bareinzahlung auf Zahlkarte im Postscheckverkehr der Einzahlung auf Postanweisung (vgl. oben) gleichzustellen sein, und ebenso die Überweisung, falls der Schuldner ein entsprechendes Guthaben besitzt. Im Falle der Erfüllung eines Darlehnsvorvertrags (pactum de mutuo dando) durch Gewährung des zugesagten Geldes muß § 270 gleichfalls Anwendung finden. An sich gibt dieser nur eine Auslegungsvorschrift und schließt daher anderweite Abmachungen nicht aus.

2. Der Schuldner hat im Falle der **Änderung des Wohnsitzes** oder der Niederlassung die Übermittlungskosten nur in der Höhe zu tragen und für die Gefahr nur so weit zu haften, als er haften würde, wenn es bei den zur Zeit der Entstehung des Schuldverhältnisses maßgebenden Verhältnissen geblieben wäre. Jedenfalls bleibt aber die Übermittlungspflicht an sich bestehen. Gibt der Gläubiger den Wohnsitz auf, ohne einen neuen Wohnsitz zu begründen (Abs 3), dann muß der Schuldner das Geld an den ihm bekannten Aufenthaltsort übermitteln, wie das schon aus dem Grundsatze des § 242 folgt. In RG 22. 12. 15 V 305/16 ist diese Frage unentschieden gelassen.

3. Den **Beweis** für die Ablieferung und die Ankunft des Geldes, gegebenenfalls für die Erhöhung der Kosten und der Gefahr hat der Schuldner zu führen. Eine von dem Gläubiger zu widerlegende Vermutung zugunsten des Schuldners wird bei Übersendung durch die Post dann bestehen, wenn er das Geld auf Postanweisung eingezahlt oder einen Brief mit entsprechender Wertangabe abgesandt hat, nicht aber für einen Einschreibebrief; vgl. ROHG 13, 46ff. Landesgesetzlichen Vorbehalt für Zahlungen aus öffentlichen Kassen enthält EG Art 92.

§ 271

Ist eine Zeit für die Leistung[1]) weder bestimmt noch aus den Umständen zu entnehmen, so kann der Gläubiger die Leistung sofort verlangen, der Schuldner sie sofort bewirken[2]).

Ist eine Zeit bestimmt, so ist im Zweifel anzunehmen, daß der Gläubiger die Leistung nicht vor dieser Zeit verlangen, der Schuldner aber sie vorher bewirken kann[3])[4]).

E I 231 II 227; M 2 37; P 1 309.

1. Die **Leistungszeit** kommt nach zweifacher Richtung in Betracht. Einmal fragt es sich, wann der Gläubiger fordern kann und der Schuldner also auch leisten muß; zweitens, wann der Schuldner leisten darf und demnach der Gläubiger annehmen muß. In beiden Beziehungen handelt es sich um den Zeitpunkt der Fälligkeit. Über diesen Begriff vgl. § 198 A 2. In gewissen Fällen sieht das Gesetz die Leistungszeit besonders vor, so bei Miete (§ 551), Leihe (§ 604), Darlehn (§§ 608, 609), Dienstvertrag (§ 614), Werkvertrag (§ 641), Verwahrung (§ 695), Unterhaltsgewährung (§ 1710); Aufwertung von Hypotheken und Industrieobligationen (§§ 25, 36 AufwG). Über das Fixgeschäft vgl. § 361. In einzelnen Fällen ist die zugunsten des Schuldners bestehende Fälligkeit auch für Dritte von Bedeutung (§§ 1142, 1223, betreffend das Befriedigungsrecht des Eigentümers und Pfandschuldners). — Die Vertragsbestimmung, daß die Forderung sofort fällig sein soll, falls die Zinsen nicht rechtzeitig gezahlt werden, hat für ihre Anwendung zur Voraussetzung, daß die Zinszahlung infolge einer Verletzung der Vertragspflichten unterbleibt (**RG** Warn 1913 Nr 223 und die dort angezogenen Urteile); die Fälligkeit tritt also beispielsweise nicht ein, wenn der Käufer zur Minderung des Preises berechtigt war und deswegen die Zinsen von dem Minderungsbetrage nicht gezahlt hat (**RG** 19. 10. 10 V 593/09). Kündigt der Gläubiger, läßt er sich alsdann aber die Zinszahlung noch weiter gefallen, ohne auf Zahlung des Kapitals zu klagen, dann kann hieraus gefolgert werden, daß die erklärte Kündigung nicht als solche, sondern nur als Mahnung gemeint war (**RG** JW 1912, 385[4]). Vgl. auch § 360 A 1. Nach Treu und Glauben (§ 242) muß der Gläubiger in solchen Fällen dem Schuldner jedenfalls erst bekanntgeben, daß seine Nachsicht nunmehr ein Ende habe. Vgl. auch §§ 242 A 4 Abs 2; 357 A 1 u. 360 A 1.

2. Im Falle **mangelnder Zeitbestimmung** besteht sowohl sofortiges Forderungsrecht, wie sofortiges Leistungsrecht. Abs 1 stellt im übrigen keine gesetzliche Vermutung für die Fälligkeit auf, bestimmt vielmehr nur, daß mangels einer Abrede der fehlende Parteiwille durch die Vorschrift sofortiger Fälligkeit ersetzt werde (**RG** 68, 308). Bei Ermittlung des Zeitpunkts, der unter dem Ausdrucke „sofort" zu verstehen, ist auch der allgemeine Grundsatz des § 242 zu beachten. Bei den **Umständen** im Sinne des Abs 1 ist wie in § 269 (A 2) an die Natur des Schuldverhältnisses und an die Art der Leistung (z. B. Werkvertrag), sowie an die mutmaßliche Parteiabsicht unter Berücksichtigung der Verkehrssitte zu denken.

3. Die vertragliche **Zeitbestimmung kommt dem Schuldner** regelmäßig derart zugute (dies adjectus pro reo est), daß er auch schon vor Eintritt des bestimmten Zeitpunkts die Leistung anbieten kann und der Gläubiger sie bei Vermeidung der Verzugsfolge annehmen muß (A 1), daß anderseits aber der Gläubiger die Leistung nicht vorzeitig fordern kann. Da der Grundsatz aber nur im Zweifel gelten soll, so greift er nicht Platz im Falle einer ihn ausschließenden Parteiabrede oder einer ihm entgegenstehenden Verkehrssitte (M 2, 38). Für die Rückzahlung aufgewerteter Hypotheken und Industrieobligationen ist in den §§ 25 ff., 36 AufwG Stundung bis 1. 1. 32 bestimmt mit der Maßgabe, daß der Eigentümer und der Schuldner berechtigt sind, den Aufwertungsbetrag nebst den fälligen Zinsen 3 Monate nach Kündigung schon vorher zu zahlen und daß die Aufwertungsstelle weitere Hinausschiebung, im Falle der Hypothek auch vorzeitige Zahlung anordnen kann. — Ist eine Leistungszeit an sich zwar vorgesehen, **aber in so unbestimmten Ausdrücken, daß ein gewisser Zeitpunkt sich daraus nicht feststellen läßt**, oder ist die Leistungszeit durch entsprechende Wendungen (wie: „nach seiner Bequemlichkeit", „nach Möglichkeit", oder „falls er in bessere Vermögensverhältnisse kommt") in das Belieben des Schuldners gestellt, dann bestimmt unter Anwendung des § 242 (dort A 1) der Richter den Zeitpunkt, etwa auf eine Feststellungsklage hin, und alsdann erst kann der Berechtigte von den Rechtsbehelfen aus § 326 Gebrauch machen (**RG** 34, 19; 42, 153; 64, 116; JW 08, 478[7]; Gruch 52, 429). Der Gläubiger muß gegebenenfalls die verbesserte Vermögenslage beweisen, der Schuldner demgegenüber dartun, weshalb trotzdem die Fälligkeit noch nicht eingetreten sei (**RG** 28, 179). Bei einer Zeitbestimmung, die einen gewissen Spielraum läßt, wie „sobald als tunlich", oder „ehestens", „in kurzem", „in regelmäßigen Zwischenräumen" entscheidet billiges Ermessen (M 2, 38ff.; **RG** SeuffA 47 Nr 100; **RG** 33, 54; 42, 152; JW 08, 478[7]). Wird zwar eine Leistungszeit verabredet, vom Verpflichteten aber hinzugefügt, daß er für Einhaltung der Zeit nicht aufkomme, dann greift wegen Mangels einer Zeitbestimmung § 271 Abs 1 Platz (**RG** Gruch 51, 917). Die Abstellung der Leistungszeit auf den Eintritt eines Ereignisses kann sowohl Zeitbestimmung wie auch Bedingung sein. Vgl. § 163 A 1. Die Klausel „netto Kasse gegen Faktura" ist gemäß § 157 und § 346 HGB dahin zu verstehen, daß der Schuldner gegen Empfang der Faktura vorzuleisten verpflichtet ist (**RG** 69, 126). Nach der Klausel „Kasse

gegen Verladungsdokumente" ist der Schuldner nicht unbedingt verpflichtet, gegen Übergabe der Papiere zu leisten; tut er es aber nicht, dann überkommt er die Beweislast für die Berechtigung seiner Weigerung (RG 31, 100; 47, 131; 59, 24; 61, 349). Eine etwa gewährte Stundung kann der Gläubiger widerrufen, wenn sich die Verhältnisse, unter denen die Stundung bewilligt worden, nachträglich wesentlich verschlechtern (RG JW 05, 160[5]; 08, 711[4]). — Bei einer für einen bestimmten Tag vorgesehenen Leistung genügt der Schuldner seiner Pflicht, wenn er an diesem Tage während der üblichen Geschäftszeit leistet (RG Warn 1914 Nr 276).

4. **Beweislast.** „In der Behauptung des Schuldners, daß ihm beim Vertragsschlusse Stundung gewährt sei, liegt ein begründetes Bestreiten, demgegenüber muß daher der Kläger beweisen, daß die Stundung nicht gewährt ist" (RG 68, 305ff.). Vgl. zu § 433. Nicht ohne Bedenken, falls man den Satz für berechtigt hält, daß beweispflichtig ist, wer einen Ausnahmefall behauptet, und falls man in § 271 Abs 1 die Regel findet, daß die Leistung sofort geschuldet wird, in der Hinausschiebung der Leistung aber die Ausnahme. Vgl. auch § 163 A 2.

§ 272

Bezahlt der Schuldner eine unverzinsliche Schuld vor der Fälligkeit, so ist er zu einem Abzuge wegen der Zwischenzinsen nicht berechtigt[1]).

E I 232 II 229; M 2 40; P 1 310.

1. Das Verbot des **Abzugs von Zwischenzinsen** entspricht dem in § 813 Abs 2 ausgesprochenen Grundsatze, betreffend vorzeitige Erfüllung einer betagten Forderung. Über Fälligkeit vgl. § 271 A 1 u. § 198 A 2. Ist die Forderung verzinslich, so hört mit der Rückzahlung die Verzinslichkeit auf. — In besonderen Fällen läßt das Gesetz den Abzug von Zwischenzinsen zu (vgl. §§ 1133, 1217 BGB, 65 KO, für die Zeit unmittelbar nach Kriegsende und Revolution RG Warn 1924 Nr 53). Die Berechnung geschieht gegebenenfalls nach der Hoffmannschen Methode, die in § 65 KO zur Regel erhoben ist. Danach mindert sich die unverzinsliche Forderung auf die Summe, die unter Hinzurechnung der für die Zeit seit der Zahlung bis zum Fälligkeitstage zu berechnenden gesetzlichen Zinsen dem Nennbetrage der Forderung gleichkommt. Vgl. auch ZVG § 111. In § 27 AufwG ist bei Anordnung vorzeitiger Zahlung des AufwBetrags durch die Aufwertungsstelle (vgl. § 271 A 3) der Abzug von Zwischenzinsen vorgesehen und in § 88 ist die Reichsregierung zum Erlasse von Vorschriften über die Berücksichtigung eines mit Rücksicht auf eine vorzeitige Zahlung angemessenen Zwischenzinses ermächtigt; sie hat davon in der DurchfVO v. 27. 11. 25 (RGBl I 392) Artt 21, 37 für Hypotheken und Industrieobligationen Gebrauch gemacht.

§ 273

Hat der Schuldner aus demselben rechtlichen Verhältnis, auf dem seine Verpflichtung beruht, einen fälligen Anspruch gegen den Gläubiger, so kann er, sofern nicht aus dem Schuldverhältnisse sich ein anderes ergibt[1 a]), die geschuldete Leistung verweigern[1 b]), bis die ihm gebührende Leistung bewirkt wird (Zurückbehaltungsrecht)[1]).

Wer zur Herausgabe eines Gegenstandes verpflichtet ist, hat das gleiche Recht, wenn ihm ein fälliger Anspruch wegen Verwendungen auf den Gegenstand oder wegen eines ihm durch diesen verursachten Schadens zusteht, es sei denn, daß er den Gegenstand durch eine vorsätzlich begangene unerlaubte Handlung erlangt hat.[2])

Der Gläubiger kann die Ausübung des Zurückbehaltungsrechts durch Sicherheitsleistung abwenden. Die Sicherheitsleistung durch Bürgen ist ausgeschlossen[3])[4]).

E I 233—235 II 230; M 2 40; P 1 310.

1. **Das Zurückbehaltungsrecht.** Hier wird die materielle, in § 274 die prozessuale Seite des gesetzlichen Zurückbehaltungsrechts geregelt. Es gewährt keinen Anspruch, sondern begründet gegenüber dem Gläubiger, der einen Anspruch ohne Rücksicht auf einen dem andern Teile zustehenden Gegenanspruch erhebt und dadurch gegen Treu und Glauben handelt, einen Rechtsbehelf zur Abwehr. Es vertritt sonach, zusammen mit anderen Rechtsbehelfen, die exceptio doli des gemeinen Rechts (M 2, 41; vgl. § 242 A 4; RG 68, 34; Gruch 51, 921). Es gilt aber auch über die Bestimmung des § 273 hinaus der alte selbstverständliche Satz, daß arglistig handelt, wer vom Gegner etwas verlangt, was er ihm zurückzugeben verpflichtet ist (RG 72, 103; JW 07, 100[2]; 1914, 76[8]). Gegenstand des Zurückbehal-

tungsrechts können sein: Sachen (auch Urkunden, die nicht Wertpapiere sind; RG 51, 87; Gruch 51, 921), gleichgültig, ob die Sache pfändbar ist oder nicht, wie Grundschuldbriefe (RG 66, 24; 68, 389; Gruchot 47, 955 für den Fall vertragsmäßiger Einräumung), Hypothekenbriefe (JW 07, 477[7]), ferner Handlungen und Unterlassungen (beispielsweise der Verkäufer hat sich verpflichtet, den Betrieb eines Wettbewerbsgeschäfts zu unterlassen, und er hält die Erfüllung dieser Unterlassungspflicht zurück, setzt den Betrieb fort, weil er gegen den Käufer aus demselben rechtlichen Verhältnisse den fälligen Anspruch auf Zahlung des Kaufpreises hat). — Materiell hat die Geltendmachung zur Folge, daß trotz der Fälligkeit der verweigerten Leistung und trotz Mahnung der Leistungsverzug (§ 284) nicht eintritt. An sich wirkt das Zurückbehaltungsrecht, auch wenn die Gegenforderung des Schuldners geringer ist als die Gläubigerforderung, gegenüber dem gesamten Anspruche des Gläubigers. Aber es darf nur so weit ausgedehnt werden, als es für den Sicherungszweck erforderlich ist. Denn das Zurückbehaltungsrecht ist ein gesetzliches Schutzmittel, und sein Gebrauch findet daher, seinem Zwecke entsprechend, seine natürliche Grenze an dem Schutzbedürfnisse, so daß es überhaupt versagt, wenn der Schuldner bereits auf andere Weise gesichert ist (RG 85, 137). Zulässig ist seine Geltendmachung auch dann, wenn der Kläger nur eine Teilforderung erhebt (RG JW 1912, 139[13]). Aber der Schuldner handelte wider Treu und Glauben, falls er seine Befugnis übermäßig ausdehnen und seine Leistung wegen einer unverhältnismäßig geringen Gegenforderung verweigern wollte (vgl. § 320 Abs 2 A 7 u. § 242 A 1; RG 61, 128); so, wenn der Käufer eines Grundstücks, der zu dessen Zurückgabe verpflichtet ist, die Rückgabe wegen verhältnismäßig geringer Aufwendungen verweigern wollte (RG 29. 9. 20 V 155/20). Zulässig ist auch die rechtsgeschäftliche Einräumung eines Zurückbehaltungsrechts, indessen nur mit Wirkung zwischen den Vertragsparteien, während die Bestellung eines dinglich wirkenden unmöglich ist (RG 51, 83; 68, 389). Der Umstand, daß der Anspruch, wegen dessen die geschuldete Leistung verweigert wird, auf einer unerlaubten Handlung beruht, schließt das Zurückbehaltungsrecht nicht unbedingt aus; es kommt vielmehr darauf an, ob sich der Ausschluß aus der besondern Art der unerlaubten Handlung rechtfertigt (RG 72, 67; 16. 3. 21 V 466/20; JW 09, 133[5]; anders im Falle des Abs 2, vgl. Anm 2). — Für das Zurückbehaltungsrecht ist kein Raum, wenn die Gegenleistung unmöglich geworden ist, weil es sonst zur Beseitigung des Klageanspruchs überhaupt führen würde; mit dem etwaigen Entschädigungsanspruche kann nur aufgerechnet werden (SeuffA 74 Nr 83).

Wesentlich verschieden ist das Zurückbehaltungsrecht von der Aufrechnung (§ 387); denn das erstere stellt eine bloße (aufschiebende) Einrede, die letztere ein Rechtsgeschäft dar. Daher enthält die Aufrechnungserklärung nicht zugleich die Ausübung des Zurückbehaltungsrechts (RG Gruch 55, 896; Warn 1918 Nr 201); während anderseits bei beiderseits fälligen Geldforderungen regelmäßig die Geltendmachung des Zurückbehaltungsrechts in Wahrheit die Erklärung der Aufrechnung bedeutet (RG 83, 140; 85, 109; Warn 08 Nr 550), weil durch die Zurückbehaltung die geschuldete Leistung in Wirklichkeit ein für alle Male getilgt werden soll. Eine solche Aufrechnungserklärung muß in der angeblichen Geltendmachung eines Zurückbehaltungsrechts in Wirklichkeit namentlich dann gefunden werden, wenn der Erklärende weiß, daß seine Forderung vom Gegner nicht beigetrieben werden kann (RG 83, 140; 85, 112). Daher ist zunächst die angebliche Zurückbehaltung grundsätzlich überhaupt unzulässig solchen Forderungen gegenüber, gegen die eine Aufrechnung unstatthaft ist gemäß § 394 BGB und §§ 850—852 ZPO, da durch die Zulassung der Zurückbehaltung in solchen Fällen der Gesetzeszweck vereitelt werden würde (RG 83, 148; 85, 110). Vgl. auch Warn 1915 Nr 11 und anderseits RG JW 03 Beil 49[110]. Sie soll aber nach RG 85, 115 auch gegenüber pfändbaren Forderungen unwirksam sein, da sie eine durch die künftige Zahlungsfähigkeit und Zahlungsbereitschaft des Zurückbehaltungsgegners bedingte Aufrechnungserklärung enthalte (§ 388 Satz 2). Anders, wenn die Forderung, für welche das angebliche Zurückbehaltungsrecht geltend gemacht wird, aus einer vorsätzlich im Rahmen desselben Verhältnisses (Dienstverhältnis) begangenen unerlaubten Handlung herrührt, da mit einer solchen Forderung auch gegenüber einer der Pfändung nicht unterworfenen Forderung aufgerechnet werden könne und die Zurückbehaltungserklärung in solchem Falle eine unbedingte und daher wirksame Aufrechnung enthalte (RG 85, 116). — Das Zurückbehaltungsrecht beeinflußt nicht den Leistungsort und kann nicht zur Folge haben, daß, wenn der Leistungsort für beide Teile ein verschiedener ist, der Zurückbehaltungsberechtigte nur Zug um Zug an seinem Leistungsorte zu erfüllen braucht. Das Zurückbehaltungsrecht gibt, wenn der Berechtigte den Besitz der Sache an den Gegner verliert, ihm das Recht auf Wiedereinräumung der Zurückbehaltung (RG 68, 386).

Das **Anwendungsgebiet** des § 273 ist nicht auf Schuldverhältnisse im engeren Sinne beschränkt (RG 59, 202). Die Regel greift vielmehr überall Platz, wo aus einem „rechtlichen Verhältnisse" Ansprüche und Gegenansprüche hervorgegangen sind; daher beispielsweise auch gegenüber dem aus dem Eigentume hergeleiteten Herausgabeanspruche (RG Warn 1919

Nr 27). Für Ansprüche und Gegenansprüche aus einem gegenseitigen Vertrage ist das besonders geregelte Zurückbehaltungsrecht des § 320 (vgl. die Anmerkungen zu diesem Paragraphen) gegeben. — Verboten ist die Zurückbehaltung von Quittungskarten der Invalidenversicherung (§ 1425 RVO) und von Arbeitsbüchern wie sonstiger Gegenstände durch den Stellenvermittler (§ 6 des Stellenvermittlungsgesetzes v. 2. 6. 10).

Aus demselben rechtlichen Verhältnis. Erforderlich ist nicht, daß die Forderung und Gegenforderung aus einem einheitlichen Rechtsgeschäfte entsprungen sind (**RG** 72, 103; Warn 1919 Nr 3), oder daß sie in sich gegenseitig bedingendem (synallagmatischem) Verhältnisse zueinander stehen, in diesem Falle griffe das Zurückbehaltungsrecht aus § 320 Platz (**RG** 56, 251; 72, 65). Vielmehr ist nur ein innerlich zusammengehöriges einheitliches Lebensverhältnis erforderlich (vgl. Vorbem 1 vor § 241), und dieser Voraussetzung kann genügt sein, auch wenn die gegenseitigen Forderungen je einem verschiedenen Rechtsgeschäfte entsprungen sind, wofern beiden nur ein einheitliches tatsächliches Verhältnis zugrunde liegt (**RG** 57, 1) und der Zusammenhang ein natürlicher, wirtschaftlicher ist (**RG** 72, 103; Warn 08 Nr 441 u. 09 Nr 12 u. 72; 1912 Nr 5). Es genügt mithin ein solcher natürlicher oder wirtschaftlicher Zusammenhang, daß es wider Treu und Glauben verstieße, wenn der eine Anspruch ohne Rücksicht auf den andern geltend gemacht und verwirklicht werden könnte (**RG** 57, 5; 68, 33; 72, 65; 78, 334; 83, 268; Warn 1916 Nr 10). Rechtlicher Zusammenhang ist auch in einem Falle angenommen worden, in dem der Besteller eines Nießbrauchs vom Nießbraucher die Entrichtung der Lasten forderte, und der Nießbraucher einwendete, daß ihm der Nießbrauch zur Deckung von noch ungetilgten Ansprüchen an den Besteller gewährt sei (**RG** 13. 10. 09 V 569/08). Ferner in einem Falle, wo der Kläger vom Beklagten als eingetragenem Eigentümer eines Grundstücks wegen Nichtigkeit der Auflassung die Eigentumsberichtigung forderte, und der Beklagte anderseits Erstattung der in der Zwischenzeit bezahlten Hypothekenzinsen, sowie die im Auftrage des Klägers gemachten Aufwendungen ersetzt verlangte (**RG** Warn 1911 Nr 391). Weiter in einem Falle, wo nach Aufhebung eines Verlöbnisses der eine Teil Berichtigung des Grundbuchs verlangte und der andere Teil Gegenansprüche hatte (**RG** Warn 1914 Nr 39); sowie in einem andern Falle, wo der Kläger in einem Vorprozesse, der dasselbe Rechtsverhältnis betraf, zur Erstattung der Kosten verurteilt war und der Beklagte demnächst wegen dieses Erstattungsanspruchs das Zurückbehaltungsrecht geltend machte (**RG** Warn 1914 Nr 241). Der § 273 greift auch Platz, wenn ein Vertrag wegen versteckten Mangels der Willenseinigung oder aus einem andern Grunde (§ 105) nicht zustande gekommen oder nichtig ist und die in Erwartung oder zur Erfüllung des Vertrags gemachten beiderseitigen Leistungen zurückgefordert werden (**RG** 72, 65; 108, 336; SeuffA 74 Nr 68). Unterhielten die Parteien eine längere Zeit währende Geschäftsverbindung derart, daß jeder neue Abschluß als Fortsetzung der früheren Bestellung aufzufassen war, so kann gefolgert werden, daß die Verpflichtung zur weiteren Leistung (Lieferung) abhängig war von der Erfüllung der fälligen Verbindlichkeiten durch den andern Teil (**RG** 68, 34; 72, 103; 78, 336; Warn 1911 Nr 111; 1917 Nr 134). Eine dauernde Geschäftsverbindung (zwischen einem Bankier und einem Kunden) begründet nicht unbedingt den erforderlichen Zusammenhang zwischen Anspruch und Gegenanspruch; es kommt auch hier vielmehr in jedem einzelnen Falle auf die besonderen Umstände an (**RG** 78, 334). Ist die Ehefrau zur Herausgabe des Frauenguts an den Mann verpflichtet und kann sie gleichzeitig Sicherheitsleistung nach § 1391 verlangen, so hat sie ein Zurückbehaltungsrecht (**RG** Warn 09 Nr 283). Der rechtliche Zusammenhang ist auch dann gegeben, wenn der eine Teil die Vertragsleistung und der andere Teil Ersatz des ihm durch den Verzug des ersteren oder sonst durch eine Vertragsverletzung verursachten Schadens beansprucht (**RG** 66, 101; 7. 10. 22 V 75/22; 11. 2. 11 V 145/10; 21. 11. 12 V 240/12). Fraglich ist, ob in solchem Falle nicht § 320 zutrifft, da doch mit der Ersatzforderung ein Gegenanspruch aus dem nämlichen gegenseitigen Vertrage, wenn auch in abgeänderter Richtung, geltend gemacht wird; vgl. aber § 320 Anm 3. — **Verneint** ist das Vorhandensein „desselben rechtlichen Verhältnisses": im Verhältnisse zwischen dem Anspruche des Versicherten auf die Entschädigungssumme und anderseits seiner Verpflichtung zur Zahlung der Nachversicherungsprämien (**RG** Warn 08 Nr 496); ferner im Verhältnisse zwischen dem Anspruche der Erben aus der Berichtigung von Nachlaßverbindlichkeiten, und anderseits ihrer Verpflichtung, zum Nachlasse etwas zurückzugewähren (**RG** Warn 1910 Nr 141); weiter zwischen dem Anspruche des Eigentümers auf Löschung einer Vormerkung zur Sicherung einer Bauhandwerkerforderung und seiner Verpflichtung für derartige in Ansehung anderer Grundstücke entstandene Forderungen (**RG** Gruch 54, 941); desgl. zwischen dem Zahlungsanspruche aus einer Hypothek und dem sich gegen einen Dritten richtenden Anspruche des Eigentümers auf Löschung der Hypothek (**RG** 1. 12. 20 V 107/20). Ein rechtlicher Zusammenhang besteht nicht, wenn der die Leistung empfangende Gläubiger die Quittung oder gegebenenfalls die Löschungsbewilligung wegen anderweiter Forderungen aus dem Vertrage zurückbehält.

Denn das Recht auf die Erteilung der Quittung wie Löschungsbewilligung geht nicht aus dem Schuldverhältnisse hervor, sondern entsteht kraft Gesetzes (§§ 368, 1144) durch die Zahlung (RG Warn 1911 Nr 392, ferner RG 18. 10. 11 V 106/11). Dem Herausgabeanspruche des Erben gegenüber hat der beklagte Vermächtnisnehmer (oder der Pflichtteilsberechtigte) kein Zurückbehaltungsrecht, es sei denn wegen Verwendungen aus § 2022 (RG Warn 1913 Nr 233). — Im Konkursverfahren kann ein Zurückbehaltungsrecht aus § 273 nicht geltend gemacht werden, wenn der Konkursverwalter nach § 17 KO die Erfüllung eines zweiseitigen, noch nicht erfüllten Vertrags verlangt, und dem Gegner Forderungen aus einem früheren Vertrage gegen den Gemeinschuldner zustehen (RG 77, 436). Der frühere Konkursverwalter kann wegen seiner Auslagen und Gebühren seinem Nachfolger gegenüber nicht die Masse zurückbehalten (RG JW 03, 51[23]). Im Konkurse einer Aktiengesellschaft hat der Zeichner von Aktien gegenüber der Forderung des Konkursverwalters auf Einzahlung des gezeichneten Betrages kein Zurückbehaltungsrecht wegen seines Anspruchs auf Herausgabe der Aktien, falls diese noch nicht ausgefertigt sind, weil er gegen den Konkursverwalter keinen Anspruch auf Ausfertigung der Urkunden hat (RG 94, 64). — An einem zu einem Fideikommißvermögen gehörenden Gegenstande kann kein Zurückbehaltungsrecht geltend gemacht werden auf Grund von Ansprüchen, die sich nicht gegen den Fideikommißbesitzer als solchen, sondern gegen ihn persönlich richten (RG 110, 302).

Begrifflich notwendig ist, daß **auf beiden Seiten selbständig für sich bestehende, fällige Forderungen** vorhanden sind, so daß der § 273 ausgeschlossen ist, wenn sich nur aus der Vergleichung der gegenseitigen Beziehungen, also einerseits dessen, was gewährt, und anderseits dessen, was empfangen ist, ergeben kann, ob ein Teil etwas und wieviel er vom andern zu verlangen hat. Das trifft z. B. zu, wenn nach Anfechtung eines erfüllten Vertrags Rückforderungsansprüche, sei es aus § 249, sei es aus §§ 812ff. erhoben werden (RG 54, 140). Vgl. hierüber § 142 A 1 Abs 7 ff. Auch auf der Schuldnerseite muß eine wirkliche rechtsbeständige und klagbare Forderung bestehen und nicht etwa, nach der Eigenart des Schuldverhältnisses, nur ein besonderes Verweigerungs- oder Zurückbehaltungsrecht, wie im Falle des § 410 (RG 56, 303). Gegenüber einer auf eine unmöglich gewordene Leistung gerichteten Forderung kann kein Zurückbehaltungsrecht geltend gemacht, sondern es kann nur der etwa an ihre Stelle getretene Schadensersatzanspruch aufgerechnet werden (RG SeuffA 74 Nr 83). Ob die geschuldete Leistung zu Händen des Gläubigers oder in anderer Art zu bewirken ist, beispielsweise an einen Dritten behufs Enthaftung des Gläubigers, ist unwesentlich (RG 66, 101). Über die **Fälligkeit** vgl. § 198 A 2. Auch der Schuldneranspruch muß fällig sein, Erfordernis im Sinne des § 273 ist aber nicht, daß der zurückzubehaltende Anspruch schon ohnehin bestanden hatte oder schon fällig geworden war; vielmehr genügt es, wenn der Gegenanspruch erst mit der Erfüllung der geschuldeten Leistung dem Gegner gegenüber entsteht oder wenn er erst gemäß § 271 Abs 2 fällig wird (RG 82, 27; JW 06, 545[10]; 1911, 808[12]; 1912, 1060[2]). Auch daß die Gegenforderung bereits klar („liquid") ist, ist kein materielles Erfordernis für die Einrede; wohl aber muß die Gegenforderung, um die Klagabweisung zu erlangen, nachgewiesen werden (RG Warn 1914 Nr 39). — Wer die Annahme der ihm geschuldeten Leistung endgültig ablehnt, hat kein Recht auf Zurückbehaltung der von ihm zu bewirkenden Gegenleistung (RG Warn 08 Nr 296).

Aufwertungsrecht. In RG 107, 93 (Urt. v. 28. 11. 23) hat das RG (5. ZS) auf Grund der Rechtslage vor der Aufwertungsgesetzgebung ausgesprochen, daß gegenüber dem Verlangen des Grundstückseigentümers, der zugleich persönlicher Schuldner ist, auf Bewilligung der Löschung und Herausgabe der in § 1144 bezeichneten Urkunden gegen Zahlung lediglich des Aufwertungsbetrags des dinglichen Hypothekenrechts der Gläubiger auf alle Fälle wegen des höheren Aufwertungsbetrages der fälligen und aus dem nämlichen Verhältnisse hervorgegangenen persönlichen Forderung das Zurückbehaltungsrecht aus § 273 geltend machen kann. In RG 111, 397 hat der gleiche Senat es für zweifelhaft erklärt, ob dieser (im Schrifttum mehrfach bekämpfte) Standpunkt auch gegenüber der durch die Aufw.-Gesetzgebung erfolgten Regelung aufrechterhalten werden könne (verneinend OLG Stettin 14. 5. 26 in AufwRechtspr. I 524). Sofern es sich aber um eine Sicherungshypothek handelt, nimmt das RG a. a. O. an, daß der Eigentümer, der persönlicher Schuldner sei, nur die ganze Forderung kündigen und nur durch eine solche Kündigung die Fälligkeit der für einen Teil der Forderung bestehenden Sicherungshypothek herbeiführen könne und daß er deshalb auch nur gegen Zahlung des vollen AufwBetrages der Forderung die Aushändigung der Urkunden verlangen könne. Vgl. auch § 266 Anm 1 Schlußabsatz.

1a. Ein anderes, mithin der **Ausschluß des Zurückbehaltungsrechts,** kann sich aus dem **Schuldverhältnisse** ergeben, z. B. aus der rechtsgeschäftlichen Vereinbarung, daß der Schuldner vorzuleisten hat (RG 16. 4. 04 V 423/03), ferner in Ansehung der Verpflichtung des Beauftragten zur Rechnungslegung gegenüber dem Auftraggeber (RG JW 07, 479[11]), und allgemein auch bei gegenseitigen Verträgen, wenn die Geltendmachung des Anspruchs des einen Teiles abhängig ist von der dem andern Teile obliegenden Verpflichtung zur Rechnungslegung oder zur Erteilung von Buchauszügen; in solchen Fällen widerspräche es Treu und Glauben, wenn der letztere Teil ein Zurückbehaltungsrecht wegen anderer Forderungen aus dem gleichen Rechtsverhältnisse geltend machen wollte (**RG** 102, 110). Oder aus der Bestimmung, daß die Leistung unverzüglich zu bewirken (beispielsweise eine Hypothek unverzüglich zur Löschung zu bringen) ist (**RG** JW 1911, 536[8]), aber auch aus besonderer Gesetzesbestimmung, so im Falle der §§ 175, 556 Abs 2 (vgl. **RG** 108, 138), 1060; RVO § 1425; ferner § 19 Abs 2, 3 GmbHG. Mit der Natur des Schuldverhältnisses ist es unvereinbar, daß der Gesellschafter einer G. m. b. H. die ihr geschuldete Einlage wegen eines ihr gemachten Darlehens zurückbehält (**RG** 83, 268). Siehe ferner den Fall § 426 A 4. Der Gläubiger, der die volle Leistung empfängt und annimmt, ist zur Erteilung der Quittung (§ 368 Satz 2) oder der Löschungsbewilligung (§ 1144) unbedingt verpflichtet; die Zurückbehaltung würde wider Treu und Glauben verstoßen (**RG** Warn 1911 Nr 392).

1 b. Die **Geltendmachung des Zurückbehaltungsrechts** besteht in Erhebung der Einrede der Verweigerung der geschuldeten Leistung, die auch durch schlüssige Handlungen erfolgen kann. Der § 273 verlangt aber jedenfalls, daß der Rechtsbehelf, weil er eine Einrede darstellt, dem **Gegner gegenüber in irgendwie erkennbarer Weise geltend gemacht wird**, während die Feststellung von Amts wegen, daß der Partei ein Zurückbehaltungsrecht zustehe, unzulässig ist (**RG** 77, 438; JW 1911, 215[146] u. 536[8]). Das bloße Schweigen des Schuldners auf die Aufforderung des Gläubigers, zu leisten, und die Unterlassung der Leistung, selbst die ausdrückliche Verweigerung der Leistung ohne Hinweis auf Gegenansprüche, können als ausreichende Erklärung nicht gelten (**RG** 6. 6. 05 VII 501/04; 1. 3. 13 V 432/12), ebensowenig die Geltendmachung der Aufrechnung (vgl. oben A 1 Abs 2). — Das Zurückbehaltungsrecht kann dann nicht mehr geltend gemacht werden, wenn die Erfüllung des Gegenanspruchs unmöglich geworden ist; hat der aus diesem Verpflichtete die nachträgliche Unmöglichkeit der ihm obliegenden Leistung verschuldet, dann kann gegen seine Forderung der Berechtigte mit seiner wegen der Haftung des Verpflichteten entstandenen Schadensersatzforderung aufrechnen (**RG** JW 1919, 105[5]). Die Einrede der Zurückbehaltung ist natürlich auch verzichtbar und ein Verzicht würde notwendig schon darin liegen, daß der aus dem Gegenanspruche Berechtigte die Annahme der ihm geschuldeten Leistung endgültig ablehnt (**RG** Warn 08 Nr 296).

2. Das Zurückbehaltungsrecht des Herausgabepflichtigen wegen **Verwendungen auf den Gegenstand** — Sache oder Recht — (§ 256 Satz 2, §§ 304, 601, 972, 1000), oder wegen eines **„durch" den Gegenstand** (§ 228 A 3) **verursachten Schadens** enthält einen besonderen Anwendungsfall, bei dem der Zusammenhang durch die Identität des Gegenstandes hergestellt und deshalb nicht erfordert wird, daß Forderung und Gegenforderung aus demselben rechtlichen Verhältnis herrühren, auch die in Abs 1 vorgesehene Ausnahme (vgl. A 1 a) nicht gemacht ist (**RG** Warn 1919 Nr 27). Das Zurückbehaltungsrecht nach Abs 2 kann deshalb auch ausgeübt werden gegenüber einem Anspruche auf Herausgabe (Übertragung) des Eigentumsrechts, das der Beklagte an einem Grundstücke auf eigenen Namen im Auftrage des Klägers erworben hat; die Verwendungen auf das Grundstück gelten als Verwendungen auf das Eigentumsrecht (Warn 1911 Nr 391). Gleiches gilt gegenüber dem Anspruch auf Grundbuchberichtigung gemäß § 894 mangels Rechtsbeständigkeit des Übertragungsaktes (**RG** 114, 268). Denn unter Gegenstand im Sinne des Abs 2 ist auch ein herauszugebendes Recht zu verstehen (**RG** 62, 321), **insbesondere das durch die anderseits begehrte Auflassung zu übertragende Eigentumsrecht (RG Warn 1912 Nr 417). Das Zurückbehaltungsrecht aus § 273 Abs 2 ist unbedingt ausgeschlossen, wenn der Schuldner den herauszugebenden Gegenstand durch** eine vorsätzlich begangene unerlaubte Handlung erlangt hat (**RG** 72 S. 66 u. 67). Nicht aber dadurch, daß vor der zufolge VO v. 15. 3. 18 erforderlichen Genehmigung des Grundstückskaufvertrags durch die Behörde eine Besitzübertragung des Grundstücks stattgefunden hat, die durch § 7 der VO mit Strafe bedroht war (**RG** 110, 365 und die dort angeführten Urteile). Keinesfalls, wenn die Genehmigung nachträglich erteilt ist, so daß öffentliche Interessen nicht berührt werden (**RG** a. a. O.). Das Zurückbehaltungsrecht aus Abs 2 setzt (falls es sich um Verwendungen auf Sachen handelt) voraus, daß derjenige, der es ausüben will, im Besitze der Sache ist; es kann daher zwar grundsätzlich noch in der Berufungsinstanz aber nicht mehr geltend gemacht werden, wenn infolge vorläufig vollstreckbaren erstinstanzlichen Urteils zur Zeit des Vorbringens der Einrede dem Herausgabeschuldner der Besitz bereits entzogen war; vgl. § 274 A 1.

3. Abwendung des Zurückbehaltungsrechts. Abs 3 verleiht dem Gläubiger **gegenüber dem schuldnerischen Zurückbehaltungsrecht ein Gegenrecht.** Die Sicherheitsleistung ist zu bewirken nach den §§ 232ff.; doch ist die Sicherheitsleistung durch Bürgen (§ 232 Abs 2) ausgeschlossen. Um dem Gläubiger die Abwendung zu ermöglichen, ist der Schuldner verpflichtet, ihm kundzutun, daß er die Leistung bis zur Bewirkung der ihm gebührenden Leistung verweigern wolle; andernfalls gerät er durch Mahnung in Leistungsverzug (**RG**

77, 438; Warn 1921 Nr 42 und die dort angeführten Urteile; ferner Warn 1925 Nr 120 und RG 17. 4. 26 V 381/25. Anders bei gegenseitigen Verträgen, da bei diesen dem Gläubiger ein solches Gegenrecht nicht zusteht; vgl. § 320 A 6.

4. Über das anders geartete Zurückbehaltungsrecht nach Handelsrecht vgl. §§ 369 ff. HGB; über das Zurückbehaltungsrecht des Besitzers gegenüber dem Eigentumsanspruche §§ 1000 ff. und zu § 1000 sowie RG 71, 424; über das Zurückbehaltungsrecht wegen Verwendungen im Konkurse §§ 49 Nr 3, 127 KO; RG 77, 438.

5. **Zeitliche und örtliche Anwendung des Gesetzes.** Für die zeitliche Anwendung der in § 273 enthaltenen Regeln über das Zurückbehaltungsrecht ist maßgebend der Zeitpunkt der Geltendmachung; daher ist § 273 auch dann anwendbar, wenn die Gegenforderung vor dem 1. 1. 00 entstanden war (RG 49, 81; 16. 2. 03 VI 342/02). — Gehören die Vertragschließenden verschiedenen Rechtsgebieten an, so regelt sich auch das Zurückbehaltungsrecht des Schuldners nach demjenigen Rechte, das im gegebenen Falle für die gesamten Rechtsbeziehungen der Parteien maßgebend ist (RG 10. 1. 11 II 285/10).

§ 274

Gegenüber der Klage des Gläubigers hat die Geltendmachung des Zurückbehaltungsrechts nur die Wirkung, daß der Schuldner zur Leistung gegen Empfang der ihm gebührenden Leistung (Erfüllung Zug um Zug) zu verurteilen ist[1]).

Auf Grund einer solchen Verurteilung kann der Gläubiger seinen Anspruch ohne Bewirkung der ihm obliegenden Leistung im Wege der Zwangsvollstreckung verfolgen, wenn der Schuldner im Verzuge der Annahme ist[2]).

E I 234 II 231; M 2 43; P 1 312.

1. Die einredeweise erfolgende Geltendmachung des Zurückbehaltungsrechts hat prozessual (vgl. § 273 A 1) nicht die Abweisung des Klägers überhaupt, sondern nur so viel zur Folge, daß der **Schuldner zur Erfüllung Zug um Zug zu verurteilen ist.** Demgemäß darf der Beklagte auch nicht die Abweisung der Klage beantragen; vielmehr hat er seinen Antrag dahin zu stellen, daß er zur Leistung nur Zug um Zug gegen Empfang der von ihm selbst begehrten Leistung verurteilt werde (RG Warn 1914 Nr 39). Gemäß § 274 ist selbst dann zu erkennen, wenn der Verpflichtete seine Mitwirkung bei Erfüllung der ihm andrerseits geschuldeten Leistung (durch Verweigerung der Annahme) versagt und dadurch nach §§ 293 ff. in Annahmeverzug gerät (RG 84, 230; SeuffA 59 Nr 196). Die Wirksamkeit des Verzugs zeigt sich gemäß Abs 2 erst bei der Zwangsvollstreckung (RG 51, 368). Vgl. A 2. Das Zurückbehaltungsrecht kann gemäß § 529 Abs 1 ZPO noch in der Berufungsinstanz geltend gemacht werden (RG 73, 54; 109, 105), jedoch nicht mehr, wenn der Besitz der Sache, auf welche die Verwendungen gemacht sind (§ 273 Abs 2), durch Vollstreckung des erstinstanzlichen Urteils dem Einwendenden bereits entzogen war (RG 109, 105); anders wenn der Besitz ihm vertragsmäßig gesichert war (RG 68, 389). § 529 Abs 3 ZPO, der die Zurückweisung eines in der Berufungsinstanz geltend gemachten Aufrechnungseinwandes vorsieht, ist auf den Einwand des Zurückbehaltungsrechts nicht anwendbar (RG JW 1911, 751[5]). Die Regel des § 274 ist auch dann anwendbar, wenn der Gläubiger nur einen Teil seines Anspruchs geltend macht (RG 51, 368; JW 1912, 139[13]).

2. Falls sich der Schuldner hinsichtlich der ihm zu gewährenden Leistung im Annahmeverzuge befindet, darf der **Gläubiger die Zwangsvollstreckung so betreiben,** als wäre der Schuldner auf Leistung schlechthin, und nicht nur auf Leistung Zug um Zug verurteilt worden, ohne also die seinerseits geschuldete Leistung zu bewirken (RG 84, 230). Die Zwangsvollstreckung erfolgt nach Maßgabe der §§ 726 Abs 2, 756, 765 ZPO. Danach bedarf es des Beweises, daß der Schuldner befriedigt oder im Annahmeverzug ist, der durch öffentliche Urkunden zu führen ist, jedoch nicht schon bei der Erteilung der vollstreckbaren Ausfertigung, sondern erst behufs Vornahme von Vollstreckungshandlungen durch den Gerichtsvollzieher oder das Vollstreckungsgericht. Ein auf Leistung Zug um Zug gegen eine Gegenleistung lautendes Urteil erlangt Rechtskraft nur hinsichtlich der Leistung, zu der es verurteilt, nicht hinsichtlich der Verpflichtung zur Gegenleistung; auch kann aus ihm keine Zwangsvollstreckung wegen der Gegenleistung stattfinden (RG Warn 1921 Nr 22).

§ 275

Der Schuldner wird von der Verpflichtung zur Leistung frei[1]), soweit[4]) die Leistung infolge eines nach der Entstehung[5]) des Schuldverhältnisses eintretenden Umstandes, den er nicht zu vertreten hat,[3]) unmöglich wird[2]).

Einer nach der Entstehung des Schuldverhältnisses eintretenden Unmöglichkeit steht das nachträglich eintretende Unvermögen[6]) des Schuldners zur Leistung gleich[5])[6]).

E I 237 II 232, 235; M 2 14; P 1 314.

Die §§ 275—282 handeln von dem Einflusse der „nachträglichen Unmöglichkeit" auf Schuldverhältnisse überhaupt; die §§ 323—325 von ihrem Einflusse bei gegenseitigen Verträgen insbesondere; die §§ 306—309 von der „anfänglichen Unmöglichkeit" bei Verträgen allgemein.

1. Das **Freiwerden von der Verpflichtung zur Leistung** bedeutet nur, daß dem Schuldner jetzt nicht mehr die von ihm an sich geschuldete Leistung abverlangt werden kann, besagt dagegen nicht, daß die nachträgliche Unmöglichkeit das Schuldverhältnis überhaupt vernichtet, wie das gemäß § 306 bei der anfänglichen Unmöglichkeit der Fall ist. Das Schuldverhältnis bleibt vielmehr bestehen, auch wenn die Unmöglichkeit infolge eines Umstandes eingetreten ist, den der Schuldner nicht zu vertreten hat. Für diese Anschauung spricht insbesondere zwingend die Bestimmung des § 281, nach welcher der Schuldner zu der dort vorgesehenen Ersatzleistung gegebenenfalls selbst dann verpflichtet ist, wenn er die nachträgliche Unmöglichkeit nicht zu vertreten hat. Denn unter solchen Umständen kann als Verpflichtungsgrund schlechterdings nichts anderes gedacht werden als das ursprüngliche Schuldverhältnis. Aber auch wenn der Schuldner wegen Haftung für die nachträgliche Unmöglichkeit gemäß § 280 zum Schadensersatze verbunden ist, findet diese Forderung — ähnlich wie in den Fällen der §§ 325, 326 — ihre rechtliche Grundlage nur in dem Schuldverhältnisse, indem sich der Anspruch auf die geschuldete Leistung in eine Schadensersatzforderung umwandelt (RG 54, 31; 88, 77). Eine völlige und wirkliche Befreiung des Schuldners kann dagegen allein unter der Voraussetzung eintreten, daß aus tatsächlichen Gründen weder für den § 280 noch für den § 281 Raum ist, und der Schuldner also fortan nach keiner Richtung hin mehr etwas zu leisten hat. Möglich ist dann nur eine Haftung des Schuldners aus einer etwaigen Garantieleistung (RG Warn 1917 Nr 82). — Das Freiwerden des Schuldners im Sinne des § 275 vollzieht sich *ohne weiteres kraft Gesetzes*, nicht erst infolge erhobener Einrede. Die entgegengesetzte Ansicht wird durch den Gesetzeswortlaut widerlegt. Eine Klage, aus deren Vortrage schon sich die nachträgliche Unmöglichkeit der Leistung ergäbe, müßte mithin auch im Versäumnisverfahren abgewiesen werden. Grundsätzlich *darf indessen auf die Leistung solange geklagt werden, als die Unmöglichkeit bestritten und noch nicht festgestellt* ist und es kommt auf den vom Schuldner erbotenen Beweis der Unmöglichkeit gegenüber einer Leistungsklage nicht an, wenn bereits feststeht, daß der Schuldner eine etwaige Unmöglichkeit zu vertreten haben würde (RG 54, 28; 88, 77; 107, 18; 109, 235; Warn 1911 Nr 412; JW 1919, 98 Nr 3; 1923, 826[4]; Warn 1924 Nr 102; a. A. Jacobi in JW 1923 A zu S. 826[4]). Anders *wenn bereits feststeht, daß die Leistung unmöglich ist*; dann ist eine Verurteilung dazu als zweckwidrig und widersinnig ausgeschlossen und kann nur gegebenenfalls Schadensersatz verlangt werden (RG 88, 78; 107, 17). Gleiches gilt, wenn das nachträglich eingetretene *Unvermögen* (Abs 2, vgl. A 5) bereits feststeht (RG 25. 11. 24 VI 235/24). Ist streitig, ob der Schuldner eine etwaige Unmöglichkeit zu vertreten haben würde, so ist er zum Beweise der Unmöglichkeit und Nichtvertretbarkeit (§ 282) zuzulassen (RG 107, 18). In diesem Falle kann aber der Gläubiger ohne Klagänderung (§ 268 ZPO) zu dem Antrage auf Schadensersatz übergehen, wenn er die Unmöglichkeit nicht bestreitet. Vgl. auch § 283 Anm 1. Von Amts wegen darf die Unmöglichkeit grundsätzlich nicht berücksichtigt werden (RG Warn 1924, 102); doch dürfte davon eine Ausnahme zu machen sein, wenn es sich um eine offensichtliche absolute Unmöglichkeit handelt.

2. **Unmöglichkeit** ist im Sinne des Gesetzes gegeben, wenn die Erfüllbarkeit der Leistung *aus sachlichen Gründen* ausgeschlossen ist. Davon unterscheidet das Gesetz begrifflich das *aus persönlichen Gründen* eintretende Unvermögen des Schuldners (Abs 2). Unmöglichkeit liegt vor, wenn die Leistung von niemand, den Schuldner selbst eingeschlossen, bewirkt werden kann (RG JW 1912, 72[10]). Gründe dafür können liegen in Ereignissen tatsächlicher Art, die den Leistungsgegenstand selbst betreffen — beispielsweise die Sache geht unter —, oder in Vorgängen rechtlicher Art (RG 57, 257; 68, 293), wie Erlaß eines Verbotgesetzes, mag die Erfüllbarkeit auch erst durch ein nachträglich erlassenes Verbotsgesetz gehindert sein (RG 102, 205; Gruch 65, 219), und mag es sich auch bei einer im Auslande zu erfüllenden Verpflichtung um ein dortiges, im Inlande nicht anwendbares Verbotsgesetz handeln (RG 93, 184); weiter in der Außerverkehrsetzung der Sache, in einem polizeilichen Verbote, Versagung der Erlaubnis zu einem Wirtschaftsbetriebe in den zu solchen Zwecken gemieteten Räumen; Vorschrift einer Kriegsverordnung, daß eine verkaufte Sache (die gesamten eigenen Erzeugnisse) an einen Dritten zu liefern sei (RG 95, 22); Aufenthaltsverbot (RG Gruch 64, 469); die Beschlagnahme einer Ware infolge des Krieges (RG 88, 172; Warn 1918 Nr 61). — Aus *Rechtsgründen* ist es auch unmöglich, jemand

eine ihm bereits gehörige Forderung zu übertragen (RG JW 1913, 136[13]), oder ihm eine ihm schon gehörende Sache zu übereignen (RG Gruch 48, 880). Erwirbt der Käufer die ihm verkaufte Sache anderweit, so läßt sich der Kaufvertrag seitens des Verkäufers nicht mehr erfüllen. Dieses gilt selbst dann, wenn jemand ein (ihm noch nicht gehöriges) Grundstück einem andern verkauft und diesem daraufhin das nämliche Grundstück auf Grund eines von ihm mit dem Eigentümer abgeschlossenen zweiten Vertrags von diesem übereignet wird; der erste Vertrag ist alsdann unerfüllbar (RG JW 10, 805[15]); wegen der Vertretung vgl. A 3. Falls es sich um die Herstellung eines Zustandes aus § 249, oder um Rückgewährung des grundlos Erlangten aus § 812 handelt, liegt Unmöglichkeit der Leistung insoweit nicht vor, als der erforderliche Zustand, wenigstens wirtschaftlich, wiederhergestellt werden kann. Vgl. § 249 A 1. Ist der Verkäufer zur Auflassung oder der Käufer im Falle der Wandlung zur Rückauflassung des verkauften Grundstücks verpflichtet, dann steht, selbst wenn er das Grundstück weiterveräußert hat, nicht ohne weiteres die Unmöglichkeit der Leistung oder das Unvermögen des Verpflichteten zur Leistung fest, so daß eine Verurteilung zur Leistung ausgeschlossen erschiene (vgl. A 1); denn es ist die Möglichkeit denkbar, daß er das Grundstück sich wieder verschaffe (RG Warn 1918 Nr 158). Aber dem Rückauflassungsberechtigten liegt in solchem Falle der Nachweis ob, daß der Rückauflassungsverpflichtete in der Lage ist, das prima facie jedenfalls zur Zeit vorliegende Unvermögen zur Leistung zu beseitigen (RG 52, 95; 54, 225; Warn 1912 Nr 11; JW 1911, 709[6]). A. A. Planck Vorbem III 2a. Doch ist es im allgemeinen eine Tatfrage, ob Leistungsunvermögen vorliegt, wenn der Leistungspflichtige über den Gegenstand der Leistung zur Zeit nicht mehr oder nicht allein verfügen kann, oder ob er sich das Verfügungsrecht ohne obligationsübermäßige Schwierigkeiten (vgl. Abs 2 dieser A) verschaffen kann (RG Warn 1919 Nr 194; RG 99, 234). Die vertragliche Verpflichtung, einem Dritten bis zu einem bestimmten Zeitpunkte ein Kaufangebot zu machen, ist nach Eintritt des Zeitpunkts unter Umständen unerfüllbar geworden (RG 91, 229). Bloße Preissteigerung stellt keine Unmöglichkeit dar (RG JW 1919, 496[1]). Besteht für eine vom Auslande zu beziehende Ware infolge Kriegs kein ausländischer Markt mehr, so tritt Erfüllungsunmöglichkeit ein (RG JW 1919, 499[3]).

Der unbedingten Unmöglichkeit der Leistung ist der Fall gleichzusetzen, daß der Schuldner nur mit übermäßiger Kraftanstrengung, also nur unter **solchen Schwierigkeiten** oder nur unter so großen Aufwendungen zu erfüllen vermöchte, daß ihm die Leistung nach Treu und Glauben mit Rücksicht auf die Verkehrssitte nicht zugemutet werden kann, weil über diese letzte Grenze hinaus die Leistungspflicht des Schuldners gemäß § 242 überhaupt nicht geht (**wirtschaftliche Unmöglichkeit**; so RG 57, 118; 65, 34; 88, 74). Ist der Schuldner ungeachtet dieser nach allgemeinen (objektiven) und rechtlichen (§ 242) Gesichtspunkten als vorhanden anzuerkennenden wirtschaftlichen „Unmöglichkeit" im einzelnen Falle dennoch kraft seiner besonderen subjektiven Verhältnisse in der Lage zu erfüllen — also tatsächlich nicht „unvermögend zur Leistung" (vgl. Abs 2 und A 6) — und ist er dazu bereit, so steht ihm das frei, da seine Befugnis zu leisten dadurch, daß er nach § 275 „von der Leistung frei wird", nicht ausgeschlossen ist. Unter Anwendung des § 275 hat das Reichsgericht auch insbesondere angenommen, daß die durch veränderte Umstände, namentlich durch den unglücklichen Kriegsausgang und durch die Revolution verursachte Verschiebung aller wirtschaftlichen Verhältnisse und die dadurch übermäßig gesteigerte Schwierigkeit der Vertragserfüllung den Schuldner unter Umständen dauernd von seiner Leistungspflicht befreie (RG 88, 74; 90, 102; 92, 87; 94, 47 usw.; JW 1916, 48[6]; Warn 1919 Nr 107). Ob man die Berücksichtigung der nachträglich eingetretenen wirtschaftlichen Unmöglichkeit unter den Gesichtspunkt des § 242 oder den der clausula rebus sic stantibus bringt, ist nicht von wesentlicher Bedeutung, da nach BGB die Klausel lediglich als ein Anwendungsfall des § 242 Berücksichtigung finden kann. Vgl. Näheres § 242 A 5. Der Befreiungsgrund dieser sog. „unechten Unmöglichkeit" versagt aber, wenn der Lieferungspflichtige die Lieferung schuldhaft verzögert hat, ohne daß es, wie bei der „echten" Unmöglichkeit darauf ankommt, ob er in formellem Verzug war (RG 103, 4). Desgleichen wenn die Hinausschiebung der Erfüllung eines Geschäfts (Valutageschäft in russischen Rubeln) während des Krieges dadurch zum Vertragsinhalt geworden ist, daß sich die Parteien den darauf bezüglichen Beschlüssen des Börsenvorstandes von vornherein unterworfen haben (RG 106, 248). Ebenso auch wenn anzunehmen ist, daß der Lieferungspflichtige mit der Übernahme der Lieferung auch das Risiko der Lieferbarkeit übernommen hat (RG 95, 264; 93, 17; 107, 158; RG Warn 1920 Nr 66; 1918 Nr 22). Die Einschränkung, daß eine wirtschaftliche Unmöglichkeit nur vorliege, wenn die Leistung „den wirtschaftlichen Ruin" des Schuldners herbeiführen würde (RG 100, 134; Warn 1921 Nr 116; vgl. aber RG 101, 76), ist später vom RG nicht aufrechterhalten worden. Vgl. Näheres zu § 242 A 5a. — Nach RG 20. 10. 26, III 533/25 (vgl. auch RG 104, 312) liegt Unmöglichkeit nicht vor, wenn für einen zur Räumung rechtskräftig verurteilten Mieter Ersatzräume nicht beschafft werden können und deshalb das Mieteinigungsamt seine Zustimmung zur Vollstreckung versagt hat; der Mieter gerät in solchem Falle durch die Nichträumung in Verzug und wird schadensersatzpflichtig. Dieses Ergebnis dürfte den durch die Wohnungsnot geschaffenen Verhältnissen und den Absichten der Mieterschutzgesetzgebung nicht hinreichend Rechnung tragen.

Unmöglichkeit liegt dann nicht vor, wenn die Verpflichtung noch in anderer Weise als der ursprünglich vorausgesetzten erfüllbar ist und diese Erfüllungsart dem Schuldner nach Treu und Glauben zugemutet werden kann; RG 92, 225; Warn 1924 Nr 43. So beispielsweise, wenn der Hypothekenschuldner seine Verpflichtung zur Bezahlung seiner Schuld in deutscher Mark in Polen wegen des dort geltenden Valutagesetzes v. 20. 11. 19 nicht durch solche Zahlung erfüllen kann, wohl aber in der Lage ist, sich durch Hinterlegung der Summe im Inlande zu befreien (RG 103, 262; Warn 1924 Nr 43). Bei einer Goldmünzklausel ist die Unmöglichkeit durch § 245 ausgeschlossen: RG 108, 181, vgl. A 1 zu § 245. Ist nur eine Maßnahme unmöglich geworden, die sich als eine bloße Nebenleistung darstellt (beispielsweise beim Kauf eine bestimmte Versendungsart), dann wird der Verpflichtete nicht ohne weiteres frei, er muß sich vielmehr auch einer andern Leistungsart (etwa einer andern Versendungsart) unterziehen, soweit ihm das nach Treu und Glauben (§§ 242, 157) zugemutet werden kann (RG JW 1917, 356[4]; vgl. aber A 4 Abs 1 am Schlusse). Gleiches muß gelten, wenn nur die Erfüllung an dem vertragsmäßig bestimmten Orte unmöglich geworden ist (teilweise Unmöglichkeit, vgl. A 4). Da aber kein Rechtsanspruch darauf besteht, daß der Verpflichtete Schleichwege geht, deren Notwendigkeit nicht voraussehbar war (§ 242), so stellt der nachträgliche Eintritt solcher Notwendigkeit eine Leistungsunmöglichkeit dar (RG 93, 184). — Die Vereitelung einer Voraussetzung oder der Zweckbestimmung berechtigt unter gewöhnlichen Umständen (vgl. aber § 242 A 5) zur Lossagung von dem Vertrage nur dann, wenn die Voraussetzung oder der Zweck zum Vertragsinhalte gemacht worden sind (RG 62, 267; 66, 122; 70, 86; 88, 38; Gruch 1921, 351). Vgl. auch § 119 A 2 Abs 2.

Anwendbar ist der § 275 bei allen Schuldverhältnissen (RG 62, 225, wonach er auch durch § 542 nicht ausgeschlossen wird). Dagegen ist für ihn kein Raum bei dinglichen, auf Beseitigung eines störenden Zustandes gerichteten Ansprüchen; hier muß vielmehr der gesetzmäßige Zustand, soweit das im Bereiche der physischen Möglichkeit liegt, unter allen Umständen hergestellt werden (RG 51, 411; 93, 105; Warn 1910 Nr 271). Anwendbar sind aber die Grundsätze von der Unmöglichkeit bei Leistungspflichten aus einer Reallast, die den Eigentümer gemäß § 1108 persönlich treffen (RG LZ 22, 328[2]). In RG JW 1922, 1513 ohne Grund dahin gestellt gelassen. — Für die Regel des § 275 ist kein Platz, wenn die Befreiung des Schuldners im Falle des nachträglichen Eintritts eines die Unmöglichkeit herbeiführenden Ereignisses (wie Feuer, Streik, Mobilmachung, Krieg, Ausfuhrverbot usw.) ohnehin schon vertraglich vorgesehen ist (RG 87, 92; Warn 1918 Nr 68). — Auf die nachträgliche Unmöglichkeit kann sich auch derjenige nicht berufen, der mit dem Eintritt der veränderten Umstände schon beim Vertragsschlusse gerechnet hat oder rechnen mußte und der die Gefahr auf sich genommen hat (RG Warn 1920 Nr 68; 1921 Nr 37; Gruch 65, 219); oder wer insbesondere die Möglichkeit späterer behördlicher Anordnungen voraussehen mußte und sich dennoch bedingungslos verpflichtet hat (RG Warn 1920 Nr 66). Kann der Verpflichtete alsdann die obligationsmäßige Leistung nicht bewirken, dann haftet er gemäß § 280.

3. Nachträgliche Unmöglichkeit. Sie liegt vor, wenn die Leistung zwar bei Entstehung des Schuldverhältnisses (§ 198 A 2) möglich war, demnächst aber zu irgend einem späteren Zeitpunkte vor der Erfüllung unmöglich geworden ist. Die Ansicht, daß für die nachträgliche Unmöglichkeit lediglich der Zustand zur Zeit der Fälligkeit der Forderung (oder etwa der Ladung, der Klageerhebung oder der Urteilsfällung) entscheidend sei, steht mit dem Gesetzeswortlaute insofern nicht im Einklang, als dieser nur schlechthin fordert, daß die Unmöglichkeit nach Entstehung des Schuldverhältnisses eingetreten ist, den Zeitpunkt des Eintritts aber in keiner Weise sonst noch näher einschränkt. Andrerseits besagt der Wortlaut auch nicht, daß die einmal eingetretene Unmöglichkeit bis zur tatsächlichen Leistung fortgewährt haben müsse. Doch kann eine vorher eingetretene, zur Zeit der Fälligkeit oder des Eintritts der Bedingung aber bereits behobene Unmöglichkeit nicht in Betracht kommen und ebensowenig wird sich der Schuldner auf eine während seines Verzugs eingetretene oder sonst von ihm zu vertretende Unmöglichkeit (§§ 287, 276) berufen können, um die Leistung auch zu einer Zeit noch zu verweigern, zu welcher die Unmöglichkeit bereits wieder behoben ist. Auch wenn die Leistung nach Fälligkeit, aber vor Eintritt des Verzugs (§ 284) durch einen vom Schuldner nicht zu vertretenden Umstand **zeitweise unmöglich** geworden ist, wird im Falle späterer Behebung der Unmöglichkeit die Weigerung des Schuldners nur dann begründet erscheinen, wenn die Leistungszeit so wesentlich war, daß die Leistung nunmehr nicht mehr als die geschuldete, sondern als eine andere sich darstellt. In dem gleichen Falle wird auch der Gläubiger berechtigt sein, ungeachtet der wiedereingetretenen äußerlichen Möglichkeit der Leistung statt ihrer Schadensersatzansprüche geltend zu machen, sofern die Voraussetzungen dafür gegeben sind. Es kann nämlich sein, daß die Erfüllung zu einer bestimmten Zeit für den einen oder andern Teil von so wesentlicher Bedeutung ist, daß die Unmöglichkeit, innerhalb der bestimmten Zeit zu leisten, die Erfüllbarkeit der geschuldeten Leistung überhaupt ausschließt, und daß demnach die nur zeitweilige, in späterer Zeit an sich behebbare Unmöglichkeit der dauernden Unmöglichkeit gleichzustellen ist (RG 88 S. 73 u. 76; 105, 387; SeuffA 45 Nr 176; 54 Nr 81). Im allgemeinen kann man sagen, daß die einstweilige Unmöglichkeit der dauernden dann gleichzustellen ist, wenn die noch möglich gebliebene Leistung nicht mehr als eine dem Vertrage entsprechende gelten könnte (RG 90, 104; 94, 47 und die dort angeführten Urteile; JW 1919 S. 443[3], 673[1]; 1920, 376[5]; Warn 1917 Nr 197; 1918 Nr 88 und 87). Es kann aber auch die nur zeitliche Unmöglichkeit unerheblich sein. Falls A eine Wohnung zum 1. April mietet, wird die zeitweilige Unmöglichkeit der Erfüllung durch den Vermieter die Erfüllbarkeit der Leistung für den Gläubiger regelmäßig überhaupt ausschließen, selbst wenn anzunehmen wäre, daß sich der Vermieter zur Leistung nach gewisser Zeit instandsetzen könnte (RG 62, 225). Falls dagegen die Verpflichtung dahin geht, an einem Grundstücke mit den darauf stehenden Gebäuden eine Hypothek zu bestellen, wird, falls die Gebäude abbrennen, die zeitweilige Unmöglichkeit der vollen Erfüllung nicht als ein den Geschäftszweck völlig vereitelnder Umstand gelten können, da der Schuldner gleichwertige Gebäude neu errichten muß und die Leistung zu einem wesentlichen Teile sofort erfüllbar ist (RG JW 05, 388[6]). Die Unmöglichkeit stellt sich im Rechtssinne dann als eine dauernde dar, wenn infolge der notwendigen Verzögerung einer Lieferung der Leistungsinhalt ein anderer wird (RG 42, 115ff., unter besonderer Berücksichtigung des Einflusses der schwankenden Konjunkturen); ferner dann, wenn die künftige Behebung des Hindernisses zwar nicht ausgeschlossen, indessen der Zeitpunkt einstweilen unübersehbar ist (RG 5, 279; 42, 115). Vgl. besonders über den Einfluß der Kriegsverhältnisse A 2 Abs 2. Eine durch die Einziehung eines Kassenarztes zum Heeresdienste geschaffene, an sich nur zeitweilige Unmöglichkeit ist einer dauernden gleichgestellt worden in einem Falle, wo wegen der Unklarheit darüber, ob und wann er aus dem Heeresdienste zurückkehren würde, die ärztliche Versorgung der Kassenmitglieder ernstlich gefährdet und deshalb der Kasse die Aushaltung des Vertrags nicht zuzumuten war (RG 105, 388). Auch ein Fehlen der zu liefernden Ware auf dem Markte kann, obwohl es in der Regel nur eine zeitweilige Erscheinung ist, einer dauernden Unmöglichkeit gleichgeachtet werden, da der Handel nicht auf zeitlich unbegrenzte Lieferpflichten eingestellt ist (RG 107, 158). Ebenso die als Folge militärischer oder behördlicher Eingriffe eintretende an sich zeitweilige Unmöglichkeit (RG 107, 159). Ausschlaggebend wird auch hier im Einzelfalle sein, ob die Zeitbestimmung zugunsten des Gläubigers oder des Schuldners getroffen worden ist (RG JW 02 Beil 229[92]). Vgl. auch § 151 A 1, betreffend die Herstellbarkeit des beschädigten Gegenstandes. — Die als baldige Wiederaufhebung einer behördlich erfolgten Beschlagnahme schließt die Annahme einer Unmöglichkeit der Leistung aus (RG Warn 1916 Nr 212). Sind Räume als Tanzlokale vermietet und wird die Abhaltung von Tanzlustbarkeiten für die Dauer des Kriegs untersagt, dann begründet diese nur zeitweilige Unmöglichkeit eine dauernde (RG 89, 205 unter Heranziehung des § 537). Anders, wenn der Pächter (Schankwirt) durch öffentliche Beschränkung des Bierumsatzes nur eine Einbuße an seinen Einnahmen erleidet, der Charakter der Pachtsache sich also nicht ändert (RG 90, 374). — Vereinbarungen, nach denen bei Eintritt bestimmter Ereignisse bis zu deren Beseitigung die Leistung verschoben werden soll, sollen regelmäßig den Schuldner begünstigen, sie schließen die Anwendbarkeit des Grundsatzes von der zeitweiligen Unmöglichkeit als einer dauernden nicht aus; sie können aber auch den Sinn haben, daß der Grundsatz nicht anwendbar, der Schuldner vielmehr zur Leistung unbedingt verpflichtet sein soll (RG 92, 87). — In allen solchen Fällen von einer „zeitlich nur teilweisen Unmöglichkeit" zu sprechen (so die 5. Aufl.) ist doch bedenklich; es liegt vielmehr in der Regel eine vollständige, wenn auch nur zeitweise Unmöglichkeit vor. Doch kann auch bei zeitweiser Unmöglichkeit eine teilweise Unmöglichkeit (vgl. A 4) vorliegen, wenn es sich um Dauerverpflichtungen handelt und während eines Teiles der Erfüllungszeit die Leistung gänzlich unmöglich war, z. B. wenn das vermietete Haus während der Mietzeit abbrennt, vgl. das oben angeführte Beispiel in RG 62, 225. So auch Planck-Siber Vorbem IV 3. In der Regel aber wird, wenn die nachträglich eingetretene Unmöglichkeit bis zum Urteile wieder fortgefallen ist, von einer Befreiung des Schuldners nicht die Rede sein können (RG JW 05, 388[6]; 04, 169[11]; 07, 159[45]).

. Die Frage, ob der Schuldner die nachträgliche Unmöglichkeit **zu vertreten** hat, regelt sich nach den §§ 276—279, auf die zu verweisen ist. Bei Beurteilung der bezeichneten Frage sind im einzelnen Falle nicht ausschließlich diejenigen Umstände, welche die Unmöglichkeit unmittelbar herbeigeführt haben, sondern die gesamten Umstände des Falles, einschließlich also auch der nur mittelbar wirksam gewesenen Vorgänge zu berücksichtigen (RG 60, 162; 66, 347 u. 23. 9. 10 II 634/09). Danach hat der Schuldner sein nachträglich eingetretenes Unvermögen zur Leistung auch dann zu vertreten, wenn das Unvermögen unmittelbar zwar durch den Gläubiger selbst herbeigeführt ist, dieser anderseits aber zu seiner Handlungsweise durch ein vorheriges vertragswidriges Verhalten des Schuldners genötigt worden war (RG JW 1910, 805[15]). Der

Beklagte hatte hier seine Verpflichtung, dem Kläger das ihm verkaufte fremde Grundstück zu übereignen, nicht erfüllt, und der Kläger hatte es alsdann, weil er auf dem Grundstücke Gebäude errichtet hatte, von dessen Eigentümer selbst erworben. Vgl. A 2 Abs 1; vgl. auch **RG** 66, 347: 60, 162. Wird einem Vertragsteile die Erfüllung seiner Verpflichtung infolge späterer polizeilicher Anordnungen unmöglich, oder könnte er seiner Verpflichtung nur unter Verletzung polizeilicher Vorschriften nachkommen, so hat er diesen Umstand nicht zu vertreten (**RG** JW 1911, 94[15]). Jedenfalls aber doch dann, wenn er beim Vertragsschlusse wußte, daß das entsprechende Verbot ergehen werde, diese Tatsache indessen arglistig verschwieg oder auch nur fahrlässig mit dem vorauszusehenden Verbote nicht gerechnet hat (culpa in contrahendo, vgl. § 276 A 3). Vgl. A 2 Schluß. So ist auch in **RG** 93, 18 angenommen, daß, wer Waren unter Verhältnissen verkauft, unter denen er wußte, daß er sie nicht würde beschaffen können, sich auf Unmöglichkeit der Leistung nicht berufen kann, wenn die Waren demnächst wirklich nicht erhältlich sind. Er haftet dann also auf Schadensersatz. Desgleichen haftet der Schuldner, der an Lieferung von verkauften Gegenständen durch eine behördlich erfolgte Beschlagnahme (der Rohmaterialien) gehindert wird, trotzdem, wenn es seine Sache gewesen wäre, sich durch rechtzeitige Beschaffung der Stoffe zur Erfüllung instand zu setzen (**RG** 93, 18; 95, 264). Ist die nachträgliche Unmöglichkeit nach Eintritt des Verzugs des Schuldners, wenn auch durch Zufall eingetreten, so hat er sie gemäß § 287 zu vertreten (**RG** Warn 1918 Nr 84; 1917 Nr 162).

4. Die **Wirkung der Unmöglichkeit** reicht nur so weit wie die letztere selbst. Möglich ist also eine völlige Vereitelung der Leistungsmöglichkeit. Denkbar ist aber auch, daß **nur teilweise Unmöglichkeit** eintritt. Dabei ist Voraussetzung einer solchen, daß die teilweise Unmöglichkeit nicht zugleich die Unmöglichkeit der Leistung im ganzen zur Folge hat. Das trifft stets zu, wenn der Leistungsgegenstand an sich unteilbar ist, weiter aber auch in allen solchen Fällen, wo der Leistungszweck die volle Leistung verlangt. In allen Fällen mithin, in denen eine teilweise Leistung dem Leistungszwecke auch nicht einmal teilweise Genüge tun könnte, und die Teilleistung sonach nicht nur nach der Menge, sondern auch der Art nach etwas anderes vorstellen würde als die geschuldete Leistung, ist gegebenenfalls völlige Unmöglichkeit der Leistung anzunehmen. Vgl. § 266 A 1. Falls A von B vier Ackerpferde kauft, wird das Geschäft, wenn nachträglich ein Pferd eingeht, regelmäßig noch teilweise erfüllbar bleiben; falls aber ein Viergespann den Kaufgegenstand bildet, wird im entsprechenden Falle regelmäßig die entgegengesetzte Folge eintreten. Die Frage, ob eine teilweise Leistung auch die teilweise Erfüllung bedeuten kann oder nicht, wird übrigens möglicherweise verschieden zu beantworten sein, je nachdem man von der einen Partei oder von der andern ausgeht. Dem Interesse des Verkäufers des Viergespanns wäre regelmäßig auch dann noch gedient, wenn der Vertrag hinsichtlich der übriggebliebenen Tiere erfüllt wird. Der vom Käufer verfolgte Zweck, gerade ein passendes Viergespann zu erhalten, wird dagegen durch das Eingehen des einen Pferdes völlig vereitelt. Bei Fällen teilweiser Unmöglichkeit muß daher, soweit der Leistungszweck die bestimmende Rolle spielt, jederzeit geprüft werden, wessen Interesse in Frage steht, ob das des Gläubigers oder des Schuldners oder das beider Teile. Ist mithin der Leistungszweck trotz nur teilweiser Unmöglichkeit für beide Teile völlig vereitelt, so tritt die Folge der gänzlichen Unmöglichkeit ein; ist dagegen nur das Interesse des Gläubigers berührt, dann wird kein Anlaß vorliegen, den Schuldner als befreit anzusehen, vielmehr wird es Sache des Gläubigers sein, zu entscheiden, ob er die dem Schuldner möglich gebliebene Teilleistung noch verlangen mag oder nicht, wäre auch der für ihn bestimmend gewesene Zweck nicht mehr erreichbar (**RG** JW 04, 169[11]; 07, 159[45]). Es wird nach der Rechtsprechung des Reichsgerichts unter Umständen auch der Gesichtspunkt des § 139 verwendbar sein, falls zu entscheiden ist, ob die Sache im Falle nur teilweiser Vereitelung der geschuldeten Leistung vom Standpunkte der Parteien aus jeweils so anzusehen ist, als wäre damit die Erfüllbarkeit im ganzen unmöglich geworden, oder ob die noch mögliche Leistung noch gefordert werden kann und anderseits angeboten werden darf und angenommen werden muß (vgl. § 139 A 1). Um teilweise Unmöglichkeit handelt es sich auch, wenn die Leistung nicht in der vertragsmäßigen Beschaffenheit erfolgen kann (qualitative Unmöglichkeit). Ob auf diesen Fall die Grundsätze von der teilweisen Unmöglichkeit zur Anwendung zu bringen sind, ist freilich bestritten (vgl. zu § 459), aber mit der herrschenden Meinung zu bejahen. Vgl. Gruch 60, 609ff.; Planck-Siber Vorbem IV 1c vor § 275. Eine andere Frage ist, ob im Einzelfalle die mangelfreie Lieferung zur vertragsmäßigen Leistungspflicht gehört, insbesondere beim Spezieskauf die Leistung der Sache mit den zugesicherten Eigenschaften; vgl. zu § 459; § 363 A 2. Wegen der von Anfang an bestehenden qualitativen Unmöglichkeit vgl. § 306 A 3. Die qualitative Unmöglichkeit kann von solcher Bedeutung sein, daß der Vertragszweck durch sie völlig vereitelt wird; in diesem Falle würde gänzliche Unmöglichkeit anzunehmen sein. Man denke an den Fall, daß ein als Wohnhaus verkauftes Haus von solcher Baufälligkeit ist, daß es nicht bewohnt werden kann; oder daß dem als Bauplatz verkauften Grundstücke die Eigenschaft der Bebaubarkeit fehlt. Fehlt der Sache eine zugesicherte Eigenschaft, so kann im Falle

des Gattungskaufs auf Grund des § 480 Abs 2 und im Falle des Spezieskaufs auf Grund des § 463 der Käufer, ohne daß es überhaupt auf die Behebbarkeit des Mangels ankommt, Schadensersatz wegen Nichterfüllung des ganzen Vertrags verlangen (RG 52, 355; 53, 90; 86, 90). Daß auch schon die Unmöglichkeit, Nebenleistungen zu bewirken, möglicherweise gänzliche Unmöglichkeit der Erfüllung begründet, falls nämlich der in Frage stehenden Nebenleistung besondere Bedeutung beigemessen wird, ist anerkannt (RG 88, 37, wo es sich um die Unmöglichkeit der bestimmten Versendungsart handelte).

5. Abs 2 stellt das **nachträglich eintretende „Unvermögen" des Schuldners** der nachträglichen Unmöglichkeit gleich, während das anfängliche Unvermögen vom Gesetze weder als Befreiungsgrund noch gemäß § 306 als Nichtigkeitsgrund berücksichtigt wird, weil mit der Verpflichtung zur Leistung der Schuldner die Haftung für seine Leistungsfähigkeit zur Zeit der Verpflichtung übernimmt (RG 69, 355). Demnach muß zutreffendenfalls dem Unvermögen auch die gleiche Wirkung beigemessen werden wie der Unmöglichkeit (RG 52, 95; 67, 235; 60, 162; JW 08, 712[7]). Zu verwerfen sind alle Versuche, im Falle des Unvermögens noch einen Anspruch auf die geschuldete Leistung aufrechtzuerhalten (vgl. über die verschiedenen Theorien Oertmann § 275 A 4). Unter **Unvermögen** ist eine subjektive Unmöglichkeit zu verstehen. Sie liegt vor, wenn die Leistung nicht überhaupt, sondern nur dem Schuldner nach seinen eigenen besonderen Verhältnissen nicht möglich ist, mag das Unvermögen durch äußere Umstände oder durch eigene Tätigkeit des Schuldners herbeigeführt worden sein. Bloßes Unvermögen zur Leistung, und zwar schon anfängliches liegt beispielsweise vor, wenn jemand eine fremde Sache, oder wenn eine im gesetzlichen Güterstande lebende Ehefrau ihr zum eingebrachten Vermögen gehörendes Grundstück ohne Zustimmung des Mannes verkauft (RG 80, 249). Ob der Schuldner den Eintritt seines Unvermögens zu vertreten hat (A 3 Abs 2), richtet sich auch hier nach den Bestimmungen der §§ 276, 278, 279, 280. Vgl. auch § 280 A 1; vgl. dazu auch § 306 A 2. Daher ist beispielsweise der Verkäufer einer Sache gemäß § 275 Abs 2 selbst dann ohne Schadensersatzpflicht befreit, wenn er sich zur Gewährung der Sache durch ihre Veräußerung wegen Annahmeverzugs des Gläubigers in statthafter Weise (§ 300) außerstande gesetzt hat (RG 60, 162), und der Erbe wird befreit, wenn er einen Nachlaßgegenstand, an dem einem andern ein Vorkaufsrecht vermacht wird, in (nicht verschuldeter) Unkenntnis dessen einem Dritten veräußert (RG 67, 235). Der Hauptmieter wird zur Erfüllung seinem Untermieter gegenüber regelmäßig durch Beendigung seines eigenen Mietverhältnisses unvermögend (RG 65, 34). Hat sich der Verkäufer einer Sache zu deren Leistung durch ihren anderweiten Verkauf außerstand gesetzt, so muß Unvermögen zur Leistung so lange angenommen werden, als der Verkäufer nicht gehörig nachweist, daß er zur Erfüllung durch den ihm tatsächlich möglichen Wiedererwerb der Sache befähigt ist (RG 52, 95; Warn 1912 Nr 11; JW 1911, 709[6]; vgl. A 2). Bei dauerndem von vornherein bestehendem oder nachträglich eingetretenem, aber vom Schuldner zu vertretenden Unvermögen kann unmittelbar auf Schadensersatz geklagt werden (RG 69, 355). Nachträgliches Unvermögen liegt jedoch nicht schon vor, wenn die Leistung, zufolge eines nachträglichen Vorgangs nur unter größeren Schwierigkeiten, insbesondere unter erheblich vergrößerten Anschaffungskosten möglich ist. Die Erfüllbarkeit muß vielmehr mit so außergewöhnlichen Schwierigkeiten verbunden sein, daß diese nach der Auffassung des Verkehrs dem Unvermögen gleichzuachten sind (RG 57, 118; 65, 34). Vgl. dazu A 2 Abs 2. Nach diesem Grundsatze kann daher ein nur zeitweiliges Unvermögen die Verpflichtung des Schuldners überhaupt nicht beeinflussen, wenn er den eingetretenen Hinderungsgrund im vorangegebenen Sinne zu beseitigen vermag. — Steht die zu gewährende Sache im Miteigentume des Schuldners und eines Dritten, so liegt dieserhalb noch nicht Unvermögen vor, weil der Schuldner die Möglichkeit hat, die Sache gemäß § 753 zur Versteigerung zu bringen (RG JW 11, 380[13]). Nachträglich eintretende bloße Mittellosigkeit kann regelmäßig nicht Unvermögen bedeuten (§ 279). Sie muß der Schuldner stets vertreten. Vgl. § 285 A 1 sowie § 279 A 3; RG 75, 335; JW 1912, 138[11]. Bei Verpflichtungen auf Leistung von Gattungssachen hat der Schuldner sein Unvermögen so lange zu vertreten, als eine Leistung aus der Gattung möglich ist (§ 279, vgl. A 2 dazu).

6. Beweislast. Falls der Schuldner seine völlige Befreiung von der Schuld geltend machen will, hat er den Einwand der Unmöglichkeit der Leistung in allen seinen Voraussetzungen zu beweisen, mithin auch nach der Richtung, daß die Unmöglichkeit nach Entstehung des Schuldverhältnisses eingetreten sei, sowie gemäß § 282, daß er die Unmöglichkeit nicht zu vertreten habe (RG 63, 68). Erhebt der Gläubiger an Stelle der Erfüllung einen Anspruch auf Schadensersatz nach Maßgabe der §§ 280, 281, dann hat er seinerseits die nachträglich eingetretene Unmöglichkeit zu beweisen; der ihm nach allgemeinen Rechtsgrundsätzen noch weiter obliegende Beweis, daß die Unmöglichkeit infolge eines von dem Schuldner zu vertretenden Umstandes eingetreten sei, wird ihm durch die Sondervorschrift des § 282 abgenommen; vgl. Näheres zu § 282 A 1. Klagt der Gläubiger auf die ursprüngliche Leistung, so ist der vom Schuldner erbotene Beweis der Unmöglichkeit unerheblich, wenn bereits feststeht, daß der Schuldner die etwaige Unmöglichkeit zu vertreten hätte und sich deshalb auf sie nicht berufen dürfe; in solchem Falle kann der Schuldner zu der ursprünglichen Leistung ohne weiteres verurteilt und dadurch dem Gläubiger ein Vorgehen nach § 283 (vgl. A 1 zu diesem Paragraphen) ermöglicht werden (RG 54, 31; 107, 18; Warn 1925 Nr 52).

§ 276

[1]) **Der Schuldner hat, sofern nicht ein anderes bestimmt ist[5]), Vorsatz[4 b]) und Fahrlässigkeit[4 c]) zu vertreten[2])[3])[4]). Fahrlässig handelt, wer die im Verkehr erforderliche Sorgfalt außer acht läßt[4 c]). Die Vorschriften der §§ 827, 828 finden Anwendung[4 a]).**

Die Haftung wegen Vorsatzes kann dem Schuldner nicht im voraus erlassen werden[5])[6]).

E I 144 II 233; M 1 279; 2 27; P 1 287, 303.

1. **Inhaltsübersicht.** Der § 276 hat nicht die Bedeutung, daß für jeden, einem andern vorsätzlich oder fahrlässig verursachten Vermögensschaden grundsätzlich gehaftet, d. h. durch derart schuldhafte Handlungen allgemein eine Verpflichtung zum Schadensersatz begründet würde. Ein solcher Satz ist dem BGB fremd; vgl. Vorbem 1 vor § 249. Der § 276 setzt vielmehr in Abs 1 Satz 1, wo festgesetzt wird, welche Schuldformen zu vertreten sind, d. h. (vgl. A 2) für welche Schuldformen gehaftet wird, regelmäßig ein bereits bestehendes oder doch angebahntes (culpa in contrahendo, vgl. A 3) Schuldverhältnis voraus, wie sich aus seinen Eingangsworten („der Schuldner") ergibt. Ein solches Schuldverhältnis kann durch Vertrag oder unmittelbar durch Gesetz begründet sein. Auf das Gebiet der unerlaubten Handlungen dagegen, bei denen erst durch die die Haftung begründende Handlung ein Schuldverhältnis entsteht, bezieht sich Satz 1 des § 276 nicht; für sie ist besonders geregelt, welche Schuldformen und in welchen Fällen sie Haftbarkeit begründen; vgl. Buch 2 Titel 25, §§ 823ff. und die Anmerkungen zu diesen Paragraphen. — Die Sätze 2 und 3 sodann geben Begriffsbestimmungen der in Satz 1 verwendeten Begriffe: „Vorsatz" und „Fahrlässigkeit"; sie schließen sich zu diesem Zwecke zwar an Satz 1 an, haben aber eine allgemeinere Bedeutung, die über den Inhalt dieses Satzes hinausgeht, indem sie die genannten Begriffe auch für Handlungen festlegen, die nicht „durch den Schuldner", also nicht innerhalb eines bereits bestehenden Schuldverhältnisses erfolgen, sondern außerhalb eines solchen, sonach namentlich auf dem Gebiet der unerlaubten Handlungen; vgl. A 6. Absatz 2 des Paragraphen wiederum trifft eine Bestimmung, die sich nur auf bereits vor der zu vertretenden Handlung bestehende Schuldverhältnisse bezieht, also in den Rahmen des Abs 1 Satz 1 fällt, indem sie vorschreibt, daß die Haftung für Vorsatz dem Schuldner nicht im voraus erlassen werden kann.

2. **Zu vertreten** hat der Schuldner die in Abs 1 Satz 1 genannten Schuldformen. Da das Gesetz hier nicht ausdrücklich sagt, in welcher Weise die „Vertretung" zu erfolgen hat, sind Zweifel entstanden, ob aus § 276 unmittelbar ein allgemeiner Rechtssatz hergeleitet werden kann, wonach jeder Schuldner durch schuldhafte Verletzung einer ihm innerhalb eines bestehenden Schuldverhältnisses obliegenden Verpflichtung dem Gläubiger ohne weiteres (soweit nicht für Unterlassungen das in § 286 aufgestellte Erfordernis des Verzugs in Betracht kommt) zum Schadensersatze verpflichtet wird. Daß ein solcher Rechtssatz besteht, ist nicht zweifelhaft; das RG hat ihn in ständiger Rechtsprechung unmittelbar aus § 276 hergeleitet, indem es darin zutreffend nicht die Aufstellung einer Regel bloß darüber erblickt, welche Umstände dem Schuldner, sofern ihm durch anderweite Vorschriften eine Haftung auferlegt ist, zuzurechnen sind, sondern den selbständigen Ausspruch einer Verpflichtung des Schuldners zum Schadensersatze für vorsätzlich oder fahrlässig erfolgte Verletzungen seiner Schuldnerverpflichtung (RG 52, 19; 53, 202; 68, 194). Darauf ist die Lehre von den sog. „positiven Vertragsverletzungen" (Staub) zu gründen. Vgl. RG 52, 19; 62, 120; 66, 291; 106, 22; nicht entgegenstehend 20. 12. 07 II 399/07 und RG 68, 192 (Verzugserfordernis bei bloßer Verspätung mit einer Leistung); ebenso Warn 08 Nr 130. Vgl. auch A 6.

3. **Culpa in contrahendo.** Es gilt heute als ausgemachte Sache, daß eine Haftung auch schon durch ein schuldhaftes Verhalten beim Vertragsabschlusse begründet werden und die Verletzung einer Pflicht schon in einem solchen Verhalten gefunden werden kann. Nämlich dann, wenn der eine Verhandelnde es vorsätzlich oder fahrlässig unterläßt, den andern Teil (den Käufer) auf Umstände aufmerksam zu machen, von denen er sich sagen muß, daß sie zur Vereitelung des Vertragszwecks geeignet seien (RG JW 1912, 743[5]). Über eine derartige Offenbarungspflicht spricht sich das Gesetz selbst allerdings nirgends aus. Indessen der Gedanke des Urteils, daß die bezeichnete Pflicht insoweit schon als eine wirkliche Rechtspflicht besteht, als die Kundmachung nach den Anschauungen eines redlichen Verkehrs und nach Treu und Glauben zu erwarten war, entspricht zweifellos dem Geiste des Gesetzes, da

dieses die Befolgung der Grundsätze von Treu und Glauben für den Verkehr überall als maßgebend erachtet (§§ 276 Abs 2, 157, 242). Überdies ergeben verschiedene Bestimmungen des Gesetzes, daß ihm der Gedanke auch der Haftung für **culpa in contrahendo** nicht fremd ist (§§ 122, 179, 307, 309, 463 Satz 2), und es ist dem Urteile **RG** 95, 58 darin zuzustimmen, daß der angenommene Grundsatz für den redlichen Verkehr nicht entbehrlich ist; auch läßt sich nicht einsehen, weshalb die Parteien minder beim Vertragsschlusse als nach ihm zur Bewährung der Sorgfalt verpflichtet sein sollten. Ablehnender standen bei dieser Frage die Urteile **RG** 88, 105 und JW 1916, 116[3] (des V. ZS), wonach für **culpa in contrahendo** nur unter ganz besonderen Umständen, nämlich dann gehaftet werden sollte, wenn zwischen den Vertragschließenden bereits ein Vertrauensverhältnis bestand. Aber allein aus einem derartigen Verhältnisse ergäbe sich immer noch nicht die erforderliche Rechtspflicht. Die Rechtsprechung hat sich inzwischen schon in überwiegendem Maße auf den Standpunkt gestellt, daß grundsätzlich für **culpa in contrahendo** gehaftet wird (**RG** 95, 58; 97, 327; 103, 49; 107, 362; ferner **RG** 20. 10. 22, V 261/22, betreffend die Verschweigung der für den Käufer unverkennbar wichtigen Hypothekenverhältnisse des Grundstücks). Vgl. auch JW 1915, 240[3], wonach der Fiskus bei der Ausschreibung zu vergebender Arbeiten zur Aufklärung der Bewerber über für sie wesentliche Punkte verpflichtet ist; ferner JW 1915, 577[10] (und die dort angeführten Urteile), wonach der Bankier für einen bei Gelegenheit der Veräußerung von Wertpapieren durch seinen Angestellten erteilten falschen Rat haftet; weiter JW 1918, 613[3]. So hat auch derjenige, der für eine gewisse Dauer berechnete Verpflichtungen übernimmt, schon dafür einzustehen, daß er beim Vertragsschlusse mit der gehörigen Sorgfalt ermißt, ob er nach seinen Verhältnissen dauernd zur Erfüllung imstande sein werde (**RG** Warn 1912 Nr 418 unter Bezugnahme auf **RG** 65, 33; 75, 337). Auch für Verschulden einer andern Person, durch welche sie die Verhandlungen geführt hat, haftet eine Vertragspartei unter entsprechender Anwendung des § 278 (**RG** 103, 50). Die Haftung für **culpa in contrahendo** findet auch dann statt, wenn es wegen versteckten Dissenses zu einer Einigung nicht gekommen und dies Ergebnis von einer Partei verschuldet ist; falls beide schuldhaft gehandelt haben, greift auch der § 254 Platz unter Berücksichtigung der in den §§ 122, 179, 307 gegebenen Regeln (**RG** 104, 267). Durch die Eröffnung eines Verkehrs auf einem Wege oder in einem Hause übernimmt der Eröffnende eine Sorgfaltspflicht für die Sicherheit der Verkehrenden ohne Vertragsabschluß mit ihnen (**RG** 54, 56; 68, 365; 85, 186; 88, 434); ebenso durch den Betrieb eines Gewerbes der Gewerbetreibende hinsichtlich der dadurch geschaffenen Beziehungen (Rollfuhrunternehmer, **RG** 102, 43; Tierarzt, **RG** 102, 374). Der für die Erfüllung von Verkehrspflichten gegenüber der Allgemeinheit (Streupflicht) Verantwortliche hat eine allgemeine Aufsichtspflicht, wenn er die Erfüllung Dritten überträgt; er haftet daher wegen Vernachlässigung dieser Pflicht aus eigenem Verschulden, und zwar auch wenn er die Aufsicht einem geeignet ausgewählten Angestellten oder Betriebsleiter übertragen hat, für dessen Verschulden eine Haftung aus § 278 (vgl. A 7 dazu) nicht besteht (**RG** 113, 297). Diese weite Ausdehnung der Aufsichtspflicht dürfte bedenklich sein. — Besteht bereits ein Vertragsverhältnis (Versicherungsvertrag), so kann in der fahrlässigen Behandlung eines Antrags auf Erstreckung dieses Verhältnisses (der Versicherung nach Umzug in ein anderes Lokal) ein Verschulden nach § 276 gefunden werden (**RG** 104, 20). Auch während des Bestehens eines Schwebezustandes nach Abschluß eines der Genehmigung einer Behörde bedürfenden Rechtsgeschäfts (Grundstückskaufvertrag) haftet jeder Vertragsteil dem andern für Schaden, den er ihm durch unzulängliche Rücksichtnahme auf dessen berechtigte Interessen schuldhaft zufügt (**RG** 114, 159). — Durch Aushändigung einer Urkunde an einen andern, die mit Wissen des Ausstellers einem Dritten zum Nachweise rechtserheblicher Tatsachen vorgelegt zu werden bestimmt ist, tritt der Aussteller unter Umständen zu dem Dritten in ein Vertragsverhältnis, das ihm eine Haftung nach § 276 auferlegt (**RG** 114, 289). Ebenso durch freiwillig erteilte Auskunft auf im Geschäftsverkehr übliche Anfragen darüber, ob ein Schein oder ein Wertpapier „in Ordnung gehe" (**RG** 82, 337; 101, 301). — Daß die Haftung für **culpa in contrahendo**, soweit sie für Handlungen des Stellvertreters anzuerkennen ist, auch die schwerste Form der „culpa", den Vorsatz einschließe (bezweifelt in **RG** 61, 212), kann wohl nicht mit Grund bestritten werden. — **Die Frage, worauf die Haftung bei culpa in contrahendo geht,** und wie sie sich zu regeln hat, ist regelmäßig nach dem allgemeinen Grundsatze des § 249 zu beantworten (**RG** 103, 50; SeuffA 75 Nr 124); dabei kann es auch Fälle geben, in denen das Erfüllungsinteresse gefordert werden darf, falls nämlich der Herstellungsgrundsatz des § 249 (A 1 Abs 1 u. 2 das.) zu solchem Ergebnisse führt (**RG** 95, 58; Warn 1920 Nr 149; JW 1912, 743[5]); regelmäßig also dann, wenn anzunehmen ist, daß der Berechtigte ohne das schuldhafte Verhalten des Gegners einen entsprechenden Erfüllungsanspruch gehabt hätte (**RG** 103, 50; 97, 336). Vgl. auch § 123 A 5a. Der Fall des **§ 463,** wonach schon grundsätzlich das Erfüllungsinteresse gefordert werden kann, ist ein Ausnahmefall und setzt überdies Arglist und nicht bloße Fahrlässigkeit voraus.

4. Zu vertreten hat der Schuldner in der Regel **Vorsatz** und **Fahrlässigkeit.** Beide sind

Formen des Verschuldens. **a)** Verschulden setzt der Regel nach die allgemeine Voraussehbarkeit eines Schadens voraus. Aber der letztere Begriff schließt nicht in sich, daß der Täter schon eine genaue Vorstellung von der tatsächlichen Art des Schadens oder von dessen Umfange gewonnen hat oder hätte gewinnen können (**RG** JW 06, 740[9]; 09, 358[3]; Gruch 55, 1127). Es genügt, daß er voraussehen konnte, es könne irgendeine Gefahr entstehen (**RG** JW 06, 740[9]; 09, 358[3]; 15, 577[9]; Gruch 55, 1127; LZ 1922, 617[2]). So haftet der Turnlehrer, der die Sicherheit der Geräte vor dem Gebrauche nicht prüft, für den durch ihre Unsicherheit verursachten Schaden (**RG** JW 08, 547[6]). Es genügt auch, daß der Täter nur die unmittelbaren Folgen seines Tuns vorauszusehen vermochte, ungeachtet dessen haftet er auch für die mittelbaren Folgen (vgl. Vorbem 4 vor § 249). So haftet derjenige, der fahrlässig den Tod eines andern verursacht hat, auch für die daraus entstehenden vermögensrechtlichen Folgen, selbst wenn er den tödlichen Ausgang nicht hat voraussehen können; das Verschulden selbst braucht nur in Hinsicht auf die Handlung, nicht aber auch in Ansehung der entfernteren Schadenswirkungen vorhanden gewesen zu sein (**RG** 69, 344). Im übrigen finden für den Umfang der Haftung die Grundsätze über den adäquaten ursächlichen Zusammenhang und über die Vorteilsausgleichung — vgl. Vorbem 3, 4, 5 vor § 249 — Anwendung. Die Frage, ob ein Rechtsanwalt durch sein Verfahren seinem Auftraggeber Schaden zugefügt hat und daher ersatzpflichtig ist, ist nicht darauf abzustellen, wie das Gericht bei richtigem Verfahren des Rechtsanwalts vermutlich entschieden haben würde, sondern darauf, wie es hätte erkennen müssen (**RG** JW 1917, 102[3]). — Subjektiv notwendige Voraussetzung für die Vertretungspflicht ist ferner die Zurechnungsfähigkeit des Täters (vgl. § 254 A 1). Dementsprechend erklärt Abs 1 Satz 3 die für unerlaubte Handlungen gegebenen Bestimmungen der **§§ 827 und 828** — über die Nichtverantwortlichkeit nicht zurechnungsfähiger Personen außer bei selbstverschuldeter Unzurechnungsfähigkeit und über die Nichtverantwortlichkeit von Kindern unter 7 Jahren und die von der zur Erkenntnis der Verantwortlichkeit erforderlichen Einsicht abhängige Verantwortlichkeit jugendlicher Personen von 7—18 Jahren — auch hier für anwendbar. — Die Frage, ob festgestellte Handlungen unter den Begriff Vorsatz oder Fahrlässigkeit, gegebenenfalls grobe Fahrlässigkeit fallen, unterliegt der Nachprüfung durch das Revisionsgericht (**RG** 60, 34; JW 07, 45[4]; Gruch 48, 593).

b) Vorsatz ist die schwerere Form des Verschuldens. Das Gesetz gibt keine Begriffsbestimmung. Nach feststehender Praxis gehört zum Vorsatze nicht die Absicht auf Herbeiführung des (schädlichen) Erfolgs, also das Wünschen dieses Erfolgs; vielmehr genügt es, daß der Handelnde das Bewußtsein gehabt hat, der schädliche Erfolg werde eintreten, und daß er trotzdem die ihn verursachenden Bedingungen gesetzt hat (vgl. Vorbem 2, 3, 4 vor § 249). Denn in diesem Falle hat er den vorausgesehenen Erfolg jedenfalls gebilligt und somit gewollt, selbst wenn er ihn nicht bezweckt haben mag (**RG** 57, 241; 58, 216; 62, 139; 63, 148). Auch auf den Beweggrund für die Handlungsweise kommt es daher regelmäßig nicht an. Über dolus eventualis vgl. zu § 823; ferner **RG** 68, 437; 76, 319 u. JW 1911, 213[7]; 1914, 678[7], wonach der Begriff auch hier der nämliche ist wie der strafrechtliche, nämlich Billigung des als möglich erkannten Erfolges (**RG**St 33, 5). Vgl. auch § 823 A 2. Wegen des Erlasses der Vorsatzhaftung vgl. A 5.

c) Fahrlässigkeit ist nach dem Gesetze die Außerachtlassung der im Verkehr erforderlichen Sorgfalt (**RG** 95, 17; JW 04 S. 356[7] u. 357[8] u. [9]; 06 S. 336[12] u. 351[11]), nicht der nur verkehrsüblichen Sorgfalt (**RG** 105, 83; Gruch 48, 789; 50, 978). Sie setzt voraus, daß der Handelnde bei pflichtgemäßer Anwendung der erforderlichen Sorgfalt schädliche Folgen seines Tuns hätte voraussehen können, solche Sorgfalt aber nicht angewendet hat. Eben dafür muß er aufkommen. Beispielsweise: Der Empfänger von Schecks einer Bank unterläßt es, jene so aufzubewahren, daß sie nicht Unberufenen zugänglich sind (**RG** 81, 254). Ob Fahrlässigkeit vorliegt, ist im wesentlichen Tatfrage (**RG** 25. 4. 11 II 409/10, betreffend grobe Fahrlässigkeit). So haftet der Besitzer eines städtischen, dem Verkehr eröffneten Grundstücks dafür, daß in ihm nicht Einrichtungen getroffen sind, durch die dort verkehrende Personen gefährdet werden, gleichgültig ob besondere Schutzmaßregeln polizeilich angeordnet sind oder nicht (**RG** 24. 9. 03 VI 209/03; ferner **RG** JW 06, 681[2] über die an den Besitzer eines Kraftfahrzeugs zu stellenden erhöhten Anforderungen — „die Polizeivorschriften können ihm nur einen Anhalt geben"). Wo Gegenstände so aufgestellt sind, daß der Verkehr mit ihnen in Berührung kommt, ist ihr Eigentümer verpflichtet, dafür zu sorgen, daß durch ihre Beschaffenheit für Dritte kein Schaden entsteht (**RG** 89, 121). — Den Maßstab für den zur Verhütung eines Schadens anzuwendenden **Grad von Umsicht und Sorgfalt**, der an sich ein objektiver ist (**RG** 95, 17), geben die Anforderungen des Verkehrs (**RG** 102, 49). Danach begründet schon jede, auch nur geringe Fahrlässigkeit eine Haftbarkeit gemäß § 276 (**RG** 86, 151). Die Berücksichtigung der Anschauungen eines gewissen engeren Verkehrskreises ist nicht ausgeschlossen (**RG** 95, 17; 102, 49; Warn 09, 499); aber auf eine im Verkehr eingerissene Nachlässigkeit und Unsitte ist nicht Rücksicht zu nehmen (**RG** 102, 49; 105, 83; JW 04, 356[7]; 06, 351[11]; 19. 11. 07 II 245/07, betreffend Unsitte bei Taxen; Warn 09 Nr 499, betreffend die Sorgfalt eines Jägers; 08 Nr 497, 498, 292, betreffend die Sorgfalt eines Rechtsanwalts). Den abgeschwächten Ansichten von geschäftlicher Redlichkeit und Sorgfaltspflicht, die als Zeiterscheinungen (Kriegs- und Nachkriegszeit) hervortreten, darf die Rechtsprechung keinen Vorschub leisten (RG VI 205/26 8. 10. 26). Die Erfahrungen des Verkehrs dürfen als Grundlage für die Beurteilung der Gefährlichkeit eines Verfahrens benutzt werden. Vom einzelnen kann nicht verlangt werden, daß er einsichtiger und vorsichtiger ist, als dies den Erfahrungen eines gesunden und regelrechten Verkehrs und den Anschauungen der dem gleichen Verkehrskreise angehörigen Personen entspricht, wofern es sich nicht um eine Unsitte handelt (RG JW 04, 356[7]; Warn 1911 Nr 270). Auch örtliche Unterschiede, z. B. ob Groß- oder Kleinstadt, sind bei Bemessung der im Verkehr erforderlichen Sorgfalt zu berücksichtigen (RG 113, 425). Zu verlangen ist nicht eine so hoch gespannte Sorgfalt, daß auch jede entfernte Möglichkeit in Betracht gezogen wird (RG Gruch 49, 614). Die Einsicht und Erfahrung gerade des Handelnden, der Grad seiner Unerfahrenheit kann (außer bei Jugendlichen, § 888) in der Regel nicht zu seinen Gunsten maßgebend sein; der Maßstab der erforderlichen Sorgfalt, d. h. derjenigen, die ein normaler, ordentlicher und gewissenhafter Mensch in dem betreffenden Verhältnisse des Verkehrs anzuwenden pflegt (RG Gruch 50, 931), ist vielmehr ein objektiver (RG 95, 17; 83, 75). Die Eigenart der Person ist nicht zu berücksichtigen, abgesehen von der Abmessung des Grades des mitwirkenden Verschuldens im Sinne des § 254 Abs 1 (RG 68, 423). Vgl. auch § 277. Doch kann anderseits die Feststellung nach dem objektiven Maßstabe nicht dazu führen, alle Menschen in allen Lebensjahren und Lebensverhältnissen einer gleichen Beurteilung zu unterwerfen. Die typische Verschiedenheit ganzer Gruppen von Menschen nach Alter, Bildung, Lebensstellung usw. führt vielmehr notwendig zu einer Unterscheidung des an die erforderliche Sorgfalt anzulegenden Maßstabs (RG Warn 1911 Nr 269), wenn auch nicht nach der Individualität des einzelnen, so doch mit Rücksicht auf seine Zugehörigkeit zu der besonderen Gruppe (RG 95, 17; JW 1912, 856[9]), teils also mildernd, teils verschärfend. Beispielsweise bei Jugendlichen (RG Gruch 65, 76); bei einem Jäger (JW 1911, 319[6]); bei einem Arzt (RG 78, 435; 97, 4; JW 07, 505[2]; 1912, 528[5], wonach ein Arzt im allgemeinen nicht verpflichtet ist, den Kranken über alle etwa möglichen Folgen der Operation aufzuklären; ferner 1912, 857[11], betreffend Behandlung in einer Naturheilanstalt; bei einem Rechtsanwalte (JW 1911, 537[10]; Warn 1912 Nr 246 u. 371, wonach der Rechtsanwalt die Partei über die Aussichtslosigkeit der Sache wegen Verjährung zu belehren hat; RG JW 1919, 44[67], betreffend seine Belehrungspflicht über eine unverhältnismäßig hohe Steigerung der Kosten; JW 1914, 72[3], wonach auch die subjektive Auffassung eines Rechtsanwalts zu berücksichtigen ist, der von Ergreifung eines Rechtsmittels Abstand genommen hat; Warn 1916 Nr 247, wonach ein Rechtsanwalt als Rechtsbeistand eines im Zwangsversteigerungsverfahren ausgefallenen Gläubigers haftet, wenn er im Versteigerungstermine nicht selbst die erforderliche Berechnung aufgestellt, sondern sich auf die Angaben des Gläubigers verlassen hat; RG 87, 187; JW 1910, 298, wonach es grundsätzlich Sache des Rechtsanwalts nur ist, sich nach sorgfältiger Prüfung selbst die Rechtsanschauung zu bilden und dieser zu folgen, soweit nicht die allgemein anerkannte Theorie, oder die oberste Rechtsprechung eine sichere Richtschnur geben; JW 1915, 1259[2], wonach ein Rechtsanwalt haftfrei ist, wenn er eine vom Reichsgerichte gebilligte, wenngleich sonst bekämpfte Rechtsansicht vertreten hat; von mehreren möglichen Wegen hat der Rechtsanwalt den sichereren und zweifelsfreieren einzuschlagen, selbst wenn Rechtslehrer sich für einen andern, aber zweifelhafteren ausgesprochen haben (RG Warn 1921 Nr 103); bei einem Notar (RG 78, 243; 81 S. 125 u. 157, bei Prüfung der Personenidentität; 81, 130, bei Aufbewahrung des Dienstsiegels; 86, 102, falls der Notar seine auf unbeschriebenem Blatte vollzogene Unterschrift aus der Hand gibt; 85, 409; 93, 69; 95, 217, wonach ein Notar nicht auf Grund eines Dienstvertrags, sondern wegen Verletzung der Amtspflicht gemäß § 839 haftet, und daher auch einem Dritten haften kann, in dessen Interesse die Beurkundung zu erfolgen hatte; 95, 218; 100, 285; Warn 1915 Nr 234 u. 235, betreffend die Belehrungspflicht eines Notars); bei einem Gastwirt (JW 1910, 281[7, 8]; 1912, 530[7]; Warn 1913 Nr 195; RG 104, 45); Automobilführer (JW 1011, 979[11]; Warn 1914 Nr 259; RG 79 S. 316 u. 317); Automobilbesitzer (JW 09, 276[11]; 1914, 192; 1915, 90); Haftung des Versteigerungsrichters für Versehen bei Festsetzung des geringsten Gebots, und zwar haftet er in erster Linie (RG JW 1914, 864[4]). An einen Gemeindevorsteher, der ein Nottestament aufgenommen hat, darf nicht der Maßstab wie an einen berufsmäßig ausgebildeten Beamten gestellt werden (RG Warn 1918 Nr 119). Haftung der Eisenbahnverwaltung für die Verkehrssicherheit auch in den Wartesälen (RG JW 1916, 737[2]). Dem Eisenbahnunternehmer kann die Einstellung des Betriebs wegen eines Unwetters nicht zugemutet werden (RG 101, 94). Über die Haftung des Vermieters (RG Warn 1916 Nr 133, 134, 223 u. 246); über die des Gerichtsvollziehers (RG 91, 179); über die des Vormundschaftsrichters (RG 96, 146); des Schiedsrichters wegen Amtsniederlegung (RG 101, 397). Ein Vormund haftet, wenn er zu prüfen unterlassen hat, ob ein dem Mündel ungünstiges Urteil mit Rechtsmitteln anfechtbar ist (RG JW 1922, 106[3]). Eine Bank, die Auskunft erteilt unter dem Vorbehalte „ohne jede Verbindlichkeit", schließt damit die Haftung wegen Fahrlässigkeit aus, aber nicht die für eine arglistige Handlungsweise ihres Vertreters (RG JW 1917, 34[1]). Eine Bank hat beim Ankaufe eines Inhaberpapiers von einer ihr unbekannten Persönlichkeit die Legitimation sorgfältig zu prüfen (RG SeuffA 75 Nr 26 — hier hatte die Bank gestohlene Kriegsanleihe von einem unbekannten Dritten gekauft). Ein Bankier handelt nicht fahrlässig, wenn er bei der Auswahl der dem Kunden empfohlenen Wertpapiere die Sorgfalt eines ordentlichen Kaufmanns wahrt (RG Warn 1910 Nr 3). Der Grundbuchbeamte haftet wegen vorsätzlicher oder fahrlässiger Verletzung der Amtspflicht den Geschädigten überhaupt nicht, an seiner Statt haftet der Staat, und zwar schon wenn eine fahrlässige Verletzung vorliegt (§ 12 GBO); gemäß Art. 8 PrAG.GBO haftet aber der Grundbuchbeamte dem ersatzpflichtigen Staate im Falle vorsätzlicher oder grob fahrlässiger (§ 277 A 1) Verletzung der Amtspflicht. (Über andere Landesrechte s. das Grundbuchrecht von Fuchs und Arnheim unter § 12 GBO.) Über die Voraussetzungen der Fahrlässigkeit eines Grundbuchbeamten gelten gleichfalls die oben für Rechtsanwälte und Notare angegebenen Grundsätze. Zumeist wird seine Fahrlässigkeit die Unkenntnis oder die Nichtbeachtung der gesetzlichen Bestimmungen oder die Verletzung von Auslegungsregeln betreffen (RG 57, 279; 59, 383; 60, 392). Auch schon die Nichtbeachtung der oberstrichterlichen Entscheidungen kann genügen (RG JW 06, 133). Fahrlässigkeit liegt nicht vor, wenn der Grundbuchrichter in zweifelhaften Fragen, die durch das oberste Gericht noch nicht entschieden sind, infolge übergroßer Sorgfalt zu große Anforderungen stellt (RG JW 06, 132); oder wenn er sich bei noch ungeklärten Fragen den Ansichten namhafter Rechtslehrer anschließt (RG 59, 381). Wegen Erteilung einer unrichtigen Auskunft haftet der Grundbuchrichter selbst dann, wenn er zu ihrer Erteilung nicht verpflichtet war (RG Warn 1914 Nr 81). Er handelt schuldhaft, wenn er zur Eintragung einer Hypothek einen nur zufällig bei den Akten befindlichen Hypothekenbrief benutzt (RG Warn 1917 Nr 277). Aber auch im Falle einer Gesetzesverletzung ist immer noch ein Verschulden des Grundbuchbeamten Voraussetzung für seine Haftung, und das Verschulden ist von dem Ersatz Fordernden nachzuweisen; es spricht keine Vermutung für Fahrlässigkeit; eine solche kann besonders dann zu verneinen sein, wenn es sich um die Auslegung unklarer, lückenhafter Gesetzesvorschriften handelt und eine höhergerichtliche Entscheidung noch nicht vorlag (RG 59, 388; 85, 72; Warn 09 Nr 171; 1913 Nr 140; JW 1917, 972[13]; 1922, 901[1]). Vgl. weitere Fälle zu § 823. — Über **grobe Fahrlässigkeit** vgl. § 277 A 1. Nach den Grundsätzen von der Fahrlässigkeit beurteilt es sich auch, ob ein **Irrtum** entschuldbar ist (RG JW 06, 711[6]), gleichviel ob es sich um einen Irrtum tatsächlicher oder rechtlicher Art handelt (RG 73, 337; 86 S. 286, 289; Warn 1911 Nr 268; 1922 Nr 11; RG 110, 17). Beide Fälle stehen grundsätzlich gleich (RG JW 07, 251[12]; 1912, 26[6]; Warn 1914 Nr 288; ferner RG JW 1911, 709[6], betreffend Irrtum über die Nichtigkeit eines Vertrags wegen Formmangels). Auch der Rechtsirrtum über den Inhalt oder die Tragweite einer Rechtsregel ist im Sinne des § 276 nur dann entschuldbar, wenn der Täter bei Beobachtung der im Verkehr erforderlichen Sorgfalt zu der rechtsirrigen Auffassung gelangen konnte, seine beschädigende Handlung sei erlaubt (RG 73, 337; JW 07, 251[12]; 09, 432[40]; 110, 17). Als unentschuldbare Fahrlässigkeit ist es beispielsweise dem Täter zuzurechnen, wenn er die von ihm gelieferten Stoffe in ein fremdes Grundstück eingebaut hat und sie demnächst zum Schaden des Realberechtigten in dem Glauben beseitigt, seine Handlungsweise sei eine statthafte (RG 73, 333). Allerdings können die Anforderungen an die Sorgfalt beim Rechtsirrtum unter Umständen strengere sein (RG JW 07, 251[12]; Warn 1911 Nr 268; RG 110, 17; 113, 423). — Über Sonderfälle, in denen die Haftung gesetzlich gesteigert oder gemildert ist, vgl. A 5, ferner Vorbem 2 a. E. und 4 vor § 249, sowie § 277 und insbesondere § 287 (Haftung für Zufall). Das Bestehen von Verboten, die wegen besonderer Verhältnisse (besetztes Gebiet!) nicht befolgt werden können, kann den Vorwurf des Verschuldens (§ 276) oder des mitwirkenden Selbstverschuldens (§ 254) weder begründen noch ausräumen (RG 104, 110).

d) Die Beweislast hinsichtlich des Verschuldens trifft den Gläubiger (RG 66, 291; Gruch 65, 71). Nach BGB ist nicht anzunehmen, daß beispielsweise der Verkäufer, der wegen mangelhafter Vertragserfüllung, insbesondere wegen vertragswidriger Lieferung von Waren auf Schadensersatz in Anspruch genommen wird, seinerseits zu seiner Entlastung nachzuweisen habe, er sei ungeachtet gehöriger Sorgfalt nicht in der Lage gewesen, vertragsmäßig zu erfüllen; denn der Anspruch gründet sich wesentlich auf § 276, wonach das schuldhafte Handeln einen besonderen selbständigen Grund für ihn bildet, den der Kläger zu beweisen hat (RG 66, 289; JW 1912, 682[5]). Die Beweislast wird sich jedoch dann umkehren, wenn der Schaden durch fehlerhafte Vertragserfüllung verursacht ist und dabei das Vorhandensein des Mangels, der den Schaden bewirkt hat, an sich gegen geübte Sorgfalt so lange spricht, als nicht ihre Betätigung nachgewiesen ist (RG 90, 135; 65, 13, wo ein Schankwirt haftbar gemacht war, weil ein Gast infolge Herabfallens einer Leiste eine Beschädigung erlitten hatte; ferner JW 1912, 682[5]; hier war nach den Umständen des Falles nichts anderes denkbar, als daß der Käufer infolge der Unordnung im Geschäfte des Verkäufers anstatt des bestellten Sauerbrunnens eine andere schädliche Flüssigkeit erhalten und hierdurch Schaden erlitten hatte); ferner **RG** Gruch 65, 71. Der Beweis eines besonderen Verschuldens ist überhaupt unnötig, wenn schon in der den Schaden verursachenden Handlung selbst sich ein Mangel an Vorsicht offenbart (**RG** 12, 191; Gruch 66, 291). Ist die Ursache einer bei einer Operation eingetretenen Verletzung nicht mit Sicherheit festzustellen, so kann nicht der Arzt für haftbar erklärt werden um deswillen, weil er nicht den positiven Beweis seines Nichtverschuldens zu erbringen vermag (**RG** 78, 435; JW 1913, 32[20]). Anders wenn positive Anhaltspunkte für ein Verschulden des Arztes vorliegen (**RG** Warn 1922 Nr 7). Bei der Zuwiderhandlung gegen ein Schutzgesetz muß sich der Beweis des Verschuldens darauf richten, daß der Täter vorsätzlich oder fahrlässig gegen das Gesetz verstoßen hat, der Beweis einer bewußten Zuwiderhandlung genügt daher; vgl. zu § 823. Nur im Falle des § 282, betreffend nachträgliche Unmöglichkeit als Befreiungsgrund, trifft den Schuldner die Beweislast hinsichtlich der Schuldfrage. Vgl. § 282 A 1.

e) Einzelne Fälle der Haftung aus § 276: Bei der Abwicklung von Vertragsverhältnissen hat jeder Vertragsteil nach den Grundsätzen von Treu und Glauben mit Rücksicht auf die Verkehrssitte auch die Pflicht, dem ihm bekannten besonderen Interesse des andern Rechnung zu tragen und sein Verhalten so einzurichten, daß Schaden für den andern möglichst vermieden wird; bei fahrlässiger Verletzung dieser selbstverständlichen Pflicht entsteht die Haftung für den dadurch dem andern entstandenen Schaden (**RG** Warn 1910 Nr 247; hier hatte ein Verkäufer die ihm als Entgelt gegebene Zahlungsanweisung auf eine öffentliche Kasse nicht sorgfältig verwahrt und dadurch seinem Angestellten Gelegenheit gegeben, den Betrag mittels der Anweisung und einer gefälschten Quittung für sich zu erheben). Über die im Scheckverkehr der bezogenen Bank gegenüber dem Scheckkunden obliegende Pflicht zur Prüfung der Echtheit ihr vorgelegter Schecke vgl. **RG** 100, 60; 56, 412 (für den Girovertrag); 92, 50; über die Sorgfaltspflicht des Scheckkunden **RG** 92, 53; über die Bedeutung abweichender Vereinbarungen **RG** JW 1919, 821[3]; **RG** 100, 59; **RG** V 551/21, 14. 1. 22 (BankArchiv 21, 356); über die Grenzen ihrer Zulässigkeit A 5. Der gegen Einbruchsdiebstahl Versicherte hat alles zur Wiedererlangung der Sachen vorzunehmen, andernfalls kann in der Unterlassung eine vertragliche Pflichtverletzung gefunden werden (**RG** Warn 1913 Nr 270). Zu den Pflichten des Verkäufers einer bestimmten Ware gehört es regelmäßig nicht, die Ware auf ihre Tauglichkeit für den ihm bekannten Verwendungszweck des Käufers näher zu prüfen, die Prüfung ist vielmehr Sache des Käufers (**RG** JW 1910, 748[5]). Ein Verkäufer handelt schuldhaft, wenn er eine Ware, besonders Saatgetreide, liefert, von der er selbst die Beschaffenheit nicht kannte (**RG** 103, 81). Der bloße Nachweis, daß die Leistung des Schuldners mangelhaft oder sonst seiner Verpflichtung nicht entsprechend war, führt an sich nur zu Gewährleistungsansprüchen, aber im Falle eines Verschuldens auch zum Anspruche auf Schadensersatz, insbesondere im Falle einer positiven Vertragsverletzung (**RG** JW 1920, 831[1]). Kann der Käufer nach vollzogener Wandlung seiner Vertragspflicht, die empfangene Sache unverändert zurückzugeben, nicht genügen, so besteht bis zur Erbringung des Gegenbeweises die Vermutung, daß er seine Vertragspflicht schuldhaft verletzt hat, und im Zweifel ist er daher dem Verkäufer gemäß § 276 zum Schadensersatz verpflichtet (**RG** 30. 9. 10 II 664/09). Die Verletzung des Gläubigerrechts durch den Schuldner kann nicht eine Haftung wegen unerlaubter Handlung (§§ 823ff.), sondern nur eine solche nach den allgemeinen oder aber nach den zutreffenden besonderen Bestimmungen über sonstige Schuldverhältnisse begründen (**RG** 57, 356; 59, 357 u. JW 1912, 135[7]); wofern nicht gleichzeitig der Tatbestand einer unerlaubten Handlung vorliegt (vgl. A 6 a. E.). Eine Rechtspflicht, fremdes Eigentum gegen Gefahren, Diebstahl oder Beschädigung zu beschützen, besteht nur auf Grund eines besondern Rechtsverhältnisses (**RG** 97, 12); in solchem Verhältnisse befinden sich der Lagerhalter, der Spediteur, der Frachtführer, vgl. A 3. Hinsichtlich der Obhutspflicht des Führers eines Schleppzuges zum Schutze eines im Zuge befindlichen Fahrzeugs ist — mangels vertraglicher Abmachungen oder behördlicher Anordnungen — die Verkehrssitte insoweit entscheidend, als es sich nicht um eine Unsitte handelt (**RG** 102, 50). Die Eisenbahn hat nach Ablieferung des Gutes keine Obhutspflicht mehr (**RG** 112, 341). Der Inhaber eines Geschäfts haftet seinem Käufer gegenüber für die Sicherheit des Verkehrs **nur** vom Gesichtspunkte der unerlaubten Handlung aus, da die Vertragspflichten **des** Verkäufers als solchen sich nur auf die Verpflichtungen aus § 433 beschränken (**RG** 74, 124). — Eine Klage aus § 276 kann neben der Vertragsklage (Wandelung bei der Werklieferung) zulässig sein (**RG** 93, 160; 95, 4).

5. Ein anderes bestimmt das Gesetz selbst, indem es die Haftung verschärft (§ 287 bei Schuldnerverzug für „jede Fahrlässigkeit" und auch für Zufall, § 701 gegenüber dem Gastwirt bis zur höheren Gewalt), oder mindert (so Haftung nur wegen Vorsatzes und grober Fahrlässigkeit nach §§ 300 bei Annahmeverzug, 521 bei Schenkung, 599 bei Leihe), oder endlich den Verpflichteten nur für diejenige Sorgfalt einstehen läßt, die er in eigenen Angelegenheiten anzuwenden pflegt (§ 690 als Verwahrer, § 708 als Gesellschafter, §§ 1359, 1664, 1686, 2131). Nach § 7 KraftFahrG besteht die Haftung für jede „nach den Umständen gebotene" Sorgfalt (**RG** 86, 151). Schadensersatzpflicht ohne Verschulden besteht ferner in den Fällen der Gefährdungshaftung (Haftpflichtgesetz usw.); ferner wenn der Schadensersatzanspruch an die Stelle eines Privatrechts tritt, dessen Ausübung hinter höheren Interessen der Allgemeinheit hat zurücktreten müssen (**RG** 100, 69; 101, 102; 104, 84 zu § 26 GewO). Nach dem Grundsatze der Vertragsfreiheit ist es aber auch gestattet, die Haftung des Schuldners durch Rechtsgeschäft zu steigern oder zu mindern oder auszuschließen (selbst bei unerlaubten Handlungen, **RG** Warn 1910 Nr 411), indes mit der in Abs 2 gegebenen Grenze, daß die Haftung zwar auch für grobes Versehen (**RG** Gruch 46, 90), aber **niemals für Vorsatz,** d. h. für vorsätzlich zu begehende Handlungen des Schuldners selbst, **im voraus erlassen** werden kann. Eine solche Abmachung ist nichtig (vgl. dazu § 139 über die Einwirkung nur teilweiser Nichtigkeit auf die Gültigkeit des ganzen Rechtsgeschäfts). Wohl aber für vorsätzliche Handlungen von Erfüllungsgehilfen (§ 278 A 5; **RG** 92, 52). In dem Zusammenschluß von Gewerbeunternehmern mit Monopolstellung (Spediteure eines Ortes) zum Zwecke vertragsmäßigen Ausschlusses oder Beschränkung ihrer Haftung wegen Fahrlässigkeit kann ein Verstoß gegen die guten Sitten gefunden werden, der die Haftungsbeschränkung nichtig macht; **RG** 103, 82; 106, 386. Ebenso bei Banken im Scheckverkehr (**RG** JW 1914, 204[20]; vgl. aber **RG** 92, 53). Unter Umständen kann das Wegbedingen einer Haftpflicht sittenwidrig sein, wenn es lediglich zu dem Zwecke erfolgt, um eine daneben bestehende subsidiäre Haftpflicht etwa des Staates oder Reiches auszunutzen (29. 10. 26 III 440/25; DJZ 1927 Sp. 464). Sittenwidrig ist auch das Abdingen der Haftbarkeit für grobe Fahrlässigkeit leitender Angestellten durch einen in Monopolstellung befindlichen Transportunternehmer (**RG** 102, 397). Verneint ist dagegen die Sittenwidrigkeit des Abdingens der Haftung auch für Vorsatz von Angestellten durch gewerbliche Auskunfteien (**RG** 115, 122). Beim Verwahrungsvertrage über Garderobe kann nach der Verkehrssitte der Halter von Kleiderablagen seine Haftung nicht durch Aufdruck auf den Kleidermarken, wohl aber durch hinreichend sichtbare und genügend zahlreiche Aushänge beschränken (**RG** 113, 425). Zulässig ist auch, vorbehaltlich Abs 2, der Ausschluß jeder Haftung einer gewerbsmäßigen Auskunftei für die infolge ihrer Auskunft gefaßten Entschließungen; ein solcher Ausschluß enthält keinen Verstoß gegen die guten Sitten (**RG** 14. 12. 26 VI 342/26), was aber nicht unter allen Umständen zutreffen dürfte. Der Erfahrung entspricht die Annahme, daß durch eine stillschweigende Vereinbarung zwar die Haftung für eine Gefährdung des andern (§ 833) ausgeschlossen wird, daß aber der Ausschluß der Haftung für Verschulden in der Regel durch besondere, die Willenseinigung ergebende Ausdrücke erfolgt (**RG** Gruch 55, 343). Anderseits ist es auch nicht unzulässig, vertraglich die Haftung für einen durch den Vertragsgegner einem Dritten grobfahrlässig verursachten Schaden zu übernehmen (**RG** JW 1922, 223[7]).

6. Anwendungsgebiet. Trotz seiner unmittelbaren Beziehung zu § 275 ist § 276 nach übereinstimmender Ansicht von Wissenschaft und Rechtsprechung überall anwendbar, wo es sich um die Frage der Vertretung von Vorsatz oder Fahrlässigkeit innerhalb eines Schuldverhältnisses handelt, wie auch den beiden bezeichneten Schuldformen für sich eine allgemeine Bedeutung zukommt (vgl. A 1). Gleichgültig ist dabei, ob es sich um die Verletzung einer vertraglichen (RG JW 1910, 743[5]), oder einer gesetzlichen (RG JW 1912, 67[1], betreffend Haftung der Vormundes), bereits bestehenden Verpflichtung oder um eine unerlaubte Handlung (§§ 823 ff.) **handelt** (**A 1**). **Die** Begriffsbestimmung der **Fahrlässigkeit nach** § 276 ist **auch außerhalb des Rechtsgebiets des BGB anwendbar**; entsprechend anwendbar ist § 276 daher auch bei den auf öffentlich-rechtlicher Grundlage beruhenden vertragsähnlichen Verhältnissen; **RG** 65, 117. Für Anwendung des § 276 ist es ferner gleichgültig, ob Unterlassungen oder positive Handlungen in Frage stehen. Eine **positive Vertragsverletzung** liegt vor, wenn der Schuldner dem Gläubiger durch schuldhafte Verletzung der Leistungspflicht einen über dessen Erfüllungsinteresse hinausgehenden Schaden verursacht hat; oder wenn durch die Verletzung der Vertragspflicht der Vertragszweck bei dauernden Vertragsverhältnissen derart gefährdet ist, daß dem vertragstreuen Teile die Fortsetzung des Vertragsverhältnisses nicht mehr zugemutet werden kann (**RG** Gruch 65, 221). Die Verpflichtung zum Schadensersatze entsteht jedoch durch die positive Vertragsverletzung ohne weiteres, ohne daß hierzu noch der Nachweis einer Gefährdung oder Vereitelung des Vertragszwecks erforderlich wäre, solcher Nachweis ist nur für den Gebrauch der Rechtsbehelfe aus § 326 nötig (**RG** 106, 22). Demnach kann der Schuldner, der zwar geleistet hat, aber fehlerhaft, wegen des hieraus dem Gläubiger erwachsenen Schadens in Anspruch genommen werden (z. B. ein Badeanstaltsbesitzer wegen des dem Badegast zufolge der Undichtigkeit der Röhren entstandenen Schadens (**RG** 26. 5. 02 VI 78/02). Darüber, daß die Verpflichtung zum Schadensersatze unter Umständen auch schon durch ein vorzeitiges positives vertragswidriges Verhalten (schon durch eine vor der Leistungszeit erklärte entschiedene Erfüllungsverweigerung) begründet werden kann, vgl. §§ 325 A 4 und 326 A 1a. Die obigen Grundsätze gelten auch beim Gattungskaufe (RG Warn 1912 Nr 372). Der Zedent einer Briefhypothek, der dem Zessionar nicht den Hypothekenbrief ausgehändigt hat, ist, wenn die Hypothek im Zwangsversteigerungsverfahren ausgefallen und infolge des Zuschlags erloschen ist, dem Zessionar auf Schadensersatz haftbar (RG 63, 423). Ausgeschlossen ist jedoch gemäß § 463 ein Schadensersatzanspruch aus § 276 neben Geltendmachung der Rechtsbehelfe aus der Gewährleistung beim Fehlen zugesagter Eigenschaften (RG 53, 200; Warn 1915 Nr 139). — **Neben der Haftung aus einem Vertrage kann auch die aus unerlaubter Handlung** bestehen, falls etwa das nämliche Verhalten sowohl den Tatbestand der Vertragsverletzung wie auch den der unerlaubten Handlung erfüllt (RG Warn 08 Nr 499; RG 85, 184, betreffend die Haftung eines Arztes für schuldhafte bei seinem Vertragsgegner begangene Kunstfehler; 85, 185, über die Haftung des Gastwirts wegen fehlerhafter Einrichtung der Gaststube; 88, 318, betreffend die Haftung der Eisenbahn aus dem Beförderungsvertrage und aus unerlaubter Handlung; 88, 433 und 90, 68, betreffend die Haftung des Vermieters wegen gefährdender Mängel der Mietsache). Niemals aber stellt die Verletzung eines Vertragsrechts durch den Schuldner schon an und für sich eine unerlaubte Handlung dar. Nach RG Warn 09 Nr. 285 soll nur die schuldhafte Verletzung bereits bestehender Vertragsverpflichtungen Schadensersatzpflicht nach sich ziehen; daher nicht auch die bloß fahrlässig verursachte Nichtigkeit eines Vertrags. Vgl. dazu aber A 3 (culpa in contrahendo) und § 122.

§ 277

Wer nur für diejenige Sorgfalt einzustehen hat, welche er in eigenen Angelegenheiten anzuwenden pflegt, ist von der Haftung wegen grober Fahrlässigkeit nicht befreit[1]**).**

E I 145 II 233; M 1 280; P 1 187, 304.

1. Der subjektive Maßstab der **Sorgfalt in eigenen Angelegenheiten** führt in den Fällen der §§ 690, 708, 1359, 1664, 2131 (aber nicht auch beim Auftrage oder der Geschäftsführung ohne Auftrag, obwohl auch diese unentgeltlich sind, RG JW 1913, 87[2]) zur Einschränkung der Haftung des Verpflichteten. Denn im Gegensatze zum allgemeinen Grundsatze soll hier nur die Veranlagung und das gewohnheitsmäßige Verhalten des Schuldners maßgebend sein. Dagegen darf dieser Grundsatz nicht zu einer Steigerung der Verantwortlichkeit, anderseits aber auch niemals zur Entlastung bei grober Fahrlässigkeit führen. Diese liegt vor (M 1, 280), wenn die im Verkehre erforderliche Sorgfalt in ungewöhnlich großem Maße verletzt, oder wenn nicht beachtet wird, was im gegebenen Falle jedem einleuchten mußte (RG Warn 1920 Nr 6; JW 08, 412[16]; 09, 108[5]; 1911, 36[14]; 1915, 22[5]). Gesetzliche Merkmale fehlen. Beurteilung nur von Fall zu Fall möglich (RG JW 08, 412[16]; Warn 1913 Nr 197 u. 198 zu Art 8 PrAGGBO). Zu berücksichtigen sind im übrigen für die Frage der groben Fahrlässigkeit auch subjektive, in der Individualität des Handelnden begründete Umstände (RG 10. 12. 21 V 415/21). — Grobe Fahrlässigkeit wird vorausgesetzt für die Haftung auf Schadensersatz wegen eines Eingriffs in ein fremdes Patent gemäß § 35 PatG (vgl. RG 94, 276); ferner für die Haftung des Grundbuchrichters gegenüber dem preußischen Staate gemäß § 12 GBO und Art 8 PrAGGBO. Im internationalen Frachtverkehre gemäß dem Internationalen Übereinkommen v. 14. 10. 91 hat die Bahn bei Vorhandensein mehrerer für die gleiche Beförderungsstrecke geltender Tarife den dem Absender günstigsten Tarif zu wählen, für die Folgen dieser Wahl aber haftet sie nur bei grobem Verschulden (RG 96, 65). Vgl. auch § 460.

§ 278

[1]) **Der Schuldner hat ein Verschulden seines gesetzlichen Vertreters**[2]**) und der Personen, deren er sich zur Erfüllung seiner Verbindlichkeit bedient**[3]**), in gleichem Umfange zu vertreten wie eigenes Verschulden**[4]**). Die Vorschrift des § 276 Abs 2 findet keine Anwendung**[5]**)**[6]**)**[7]**).**

E I 224 II 234; M 2 29.

1. **Haftung für fremdes Verschulden.** Ein Fall, in dem ohne eigenes Verschulden gehaftet wird (vgl. Vorbem 2 vor § 249 und § 254 A 1, 3). Zugrunde liegt der Gedanke der Gefährdungshaftung Braucht der Verpflichtete nicht in Person zu leisten, kann er sich dazu vielmehr eines anderen bedienen, so ist es doch recht und billig, daß er dem Berech-

tigten gegenüber die Gefahr trägt, die für diesen daraus entsteht, daß er nicht selbst, sondern durch einen andern leistet. — Voraussetzung für die Anwendbarkeit des § 278 ist einerseits ein **Verschulden** (§ 276) **der Hilfsperson, anderseits, daß eigenes Verschulden des Haftbaren selbst** nach keiner Richtung hin vorliegt, da andernfalls der Genannte schon aus diesem Gesichtspunkte haftet. § 278 kommt daher nicht zur Anwendung, wenn der Verpflichtete zur Erfüllung mittels einer Hilfsperson überhaupt nicht berechtigt gewesen war (§ 664 Satz 1), gleichwohl aber sich einer solchen bedient hat; ebenso dann, wenn er zur Leistung durch einen andern zwar befugt gewesen wäre (§ 664 Satz 2), indessen bei der Auswahl der Hilfsperson schuldhaft gehandelt hat. Ersterenfalls hat schon die Handlungsweise an sich, im zweiten Falle die Art und Weise der Rechtsausübung eine zu vertretende Pflichtverletzung bedeutet. Im Rahmen des § 278 kann sich der Verpflichtete im Gegensatze zu § 831 auch niemals mit der Behauptung entlasten, daß er bei der Auswahl des Erfüllungsgehilfen mit der erforderlichen Sorgfalt verfahren sei (RG 55, 337; JW 09, 105[2]). — § 278 ist nur anwendbar auf die Haftung des Verpflichteten gegenüber dem Gläubiger selbst, nicht gegenüber solchen Personen, die zu diesem in vertragsmäßigen oder sonstigen rechtlichen Beziehungen stehen, also z. B. nicht gegenüber demjenigen, der das Gut für den Empfänger (Gläubiger) aus dem Güterschuppen der Eisenbahn abgeholt hat und dabei durch Verschulden eines Eisenbahnangestellten verletzt worden ist (RG Warn 1911 Nr 260). Soweit aber durch solche Verletzung mittelbar dem Vertragsgegner (Gläubiger) Schaden entsteht, muß diesem gegenüber § 278 Anwendung finden.

2. **Über den Kreis der gesetzlichen Vertreter** vgl. § 105 A 4. Gesetzlicher Vertreter im Sinne des § 278 ist nur derjenige, dessen Vertreterstellung auf Gesetz oder organisatorischen Bestimmungen (Ortsstatut) beruht, nicht aber auch derjenige, der nur tatsächlich eine mehr oder weniger selbständige Stellung einnimmt. Vertreter ist daher gegebenenfalls nur der Baurat einer Stadt und nicht auch der ihm unterstellte, mit einer Bauausführung betraute Bauinspektor (RG 74, 23; ferner JW 1911, 939[1], wo deshalb die Anwendbarkeit des § 831 hinsichtlich der Haftung für den nur durch den Bauinspektor herbeigeführten Schaden anerkannt ist). Der Konkursverwalter, der Zwangsverwalter, der Testamentsvollstrecker können als gesetzliche Vertreter nicht gelten, da sie überhaupt nicht als Vertreter anzusehen sind (Vorbem 2 vor § 164), vielmehr kraft eigenen Rechtes handeln. Man kann auch nicht sagen, daß sich der Schuldner oder der Erbe ihrer als Erfüllungsgehilfen „bedient" (vgl. Anm 3), da die Genannten auf die Handlungen des Verwalters oder des Testamentsvollstreckers überhaupt keinen Einfluß haben. Diese verpflichten den Schuldner oder den Erben somit auch nicht persönlich; nur ihre Verfügungen über die zu verwaltende Masse sind unbedingt wirksam, und das hat seinen Grund allein in ihrem unbedingten Verfügungsrechte. Für eine Anwendung des § 278 ist hier daher offenbar kein Raum. A. A. Planck A 2a. Die Haftung des Vereins für den durch einen verfassungsmäßig berufenen Vertreter in Ausführung der ihm zustehenden Verrichtungen begangene, zum Schadensersatz verpflichtende Handlung einem Dritten zugefügten Schaden, die über die Haftung aus § 278 hinausgeht (vgl. A 1—3 zu § 31), beruht auf der besonderen Vorschrift des § 31. Bei Gesamtvertretung haftet der Vertretene schon für Verschulden eines einzelnen Vertreters (Vorstandsmitglieds) RG 110, 145.

3. **Erfüllungsgehilfen.** Zu denjenigen Personen, deren sich der Schuldner **zur Erfüllung seiner Verpflichtung bedient** (den „Hilfspersonen" oder „Erfüllungsgehilfen"), gehört unterschiedslos jeder zu dem angegebenen Zwecke Verwendete, falls seine Tätigkeit überhaupt nur in irgendeiner Beziehung der Erfüllung gedient hat, mag der Gehilfe die gesamte Leistung allein bewirkt haben, oder mag außerdem auch der Verpflichtete selbst mit tätig geworden sein, mag der Gehilfe also auch nur bei den Vorbereitungshandlungen zugezogen worden sein (RG 55, 331; SeuffA 1920 Nr 16). Daher haftet in solchem Umfange beispielsweise auch der Gastwirt; der Eisenbahnunternehmer für alle Bediensteten, sowie der Schauspielunternehmer für eine Fahrlässigkeit der Schauspieler; der Mieter für ein Verschulden seiner Angehörigen (vgl. RG JW 1913, 427[2]), sowie der Dienstboten, auch der mit Fortschaffung eines Gegenstandes aus den Mieträumen von ihm oder mit seinem Einverständnis von dem Käufer des Gegenstandes beauftragten Arbeiter (RG 106, 133); der Mieter eines Schließfachs für Unterlassung der Anzeige von mangelhaftem Zustande des Verschlusses durch den mit der Leerung beauftragten Angestellten (RG 103, 150); unter Umständen auch der Gastgeber für ein Verschulden des Gastes, sofern diesem der Gebrauch der Sache überlassen war (streitig, vgl. zu § 548); der Notar für seinen Bureauvorsteher, wenn durch dessen Verschulden eine Urkunde zu spät eingereicht ist (RG Warn 08 Nr 52); der Rechtsanwalt für den Bureauvorsteher, dem er die entsprechende Geschäftsführung überlassen hat (RG 101, 248, betreffend eine Unterschlagung und fahrlässige Mitteilungen des Bureauvorstehers); ferner für den zu seiner Vertretung bestellten Referendar (RG JW 1914, 77[9]); der Arzt für den von ihm zugezogenen Heilgehilfen (RG Warn 1922 Nr 7); der Vermieter für den Dritten, dem er die Vornahme einer baulichen Veranstaltung aufgetragen hat, und durch dessen fehler-

hafte Ausführung der Mieter zu Schaden gekommen ist (RG SeuffA 1920 Nr 16), und zwar gegenüber allen Mietern, deren Mieträume durch den Umbau gefährdet werden (RG 102, 234); auch für den Hauswart, der den Verkehr im Hause zu überwachen hat (RG 103, 141); die Bank für ihre Angestellten (RG 84, 353); ein Arbeitnehmerverband für seine Ortsgruppe und deren Angestellte, deren er sich bei Abschluß und Ausführung eines Tarifvertrages bedient (RG 111, 111). Die Bank, deren sich der Schuldner zur Erfüllung seiner Zahlungsverbindlichkeit bedient, ist sein Erfüllungsgehilfe (RG 104, 41; 105, 34).

Immer **muß es sich um die Erfüllung einer eigenen Verbindlichkeit des Geschäftsherrn** gehandelt haben. Daher ist § 278 unanwendbar, wenn der Angestellte des Geschäftsherrn (Bahnangestellter) nur einem andern bei Erfüllung einer diesem zufallenden Obliegenheit (für ihn selbst zu befördernde Güter abzuladen) geholfen hat (RG 97, 18). Für seinen Angestellten, der durch Fahrlässigkeit den Schadensfall herbeigeführt hat, haftet der Versicherte nach § 278 nicht, weil der mit einer Tätigkeit in bezug auf den versicherten Gegenstand betraute Angestellte nicht eine Verbindlichkeit des Versicherten dem Versicherer gegenüber erfüllt; gemäß § 160 VersVG haftet der Versicherte nur für die eigene Fahrlässigkeit (RG 83, 43). Desgl. ist § 278 nicht anwendbar, wenn der Vertreter des Versicherten unterlassen hat, den Eintritt des Versicherungsfalls anzuzeigen, da eine solche Anzeige nur eine Voraussetzung für den Versicherungsanspruch bildet, nicht aber eine Leistungspflicht darstellt (RG 58, 342; 62, 190; 97, 280). Der Käufer, der die ihm gelieferte Ware beanstandet und sie dann einem andern (Transportgesellschaft) zur Aufbewahrung übergibt, haftet nicht für dessen Verschulden, weil er in Befolgung des § 379 HGB seiner Verpflichtung genügt hat (RG 98, 70). Auch im Falle der Versicherung gegen Einbruchsdiebstahl ist der vom Versicherten den Versicherungsbedingungen gemäß angestellte Innenwächter nicht sein Erfüllungsgehilfe, weil es nicht als eine Verbindlichkeit des Versicherten anzusehen ist, die Wache selbst auszuüben (RG 102, 216). Als Erfüllungsgehilfe des Beauftragten ist der von ihm für die Ausführung des ganzen Auftrags bestellte Ersatzmann (Substitut) nicht anzusehen (RG Warn 1920 Nr 8); ist eine solche Substitution, wie im Zweifel nach § 664 Abs 1 Satz 1 anzunehmen, unzulässig, so haftet der Beauftragte aus eignem Verschulden wegen der Übertragung; ist sie gestattet, so haftet er nach § 664 Abs 1 Satz 2 nur für die Auswahl (RG 63, 304; 109, 302); dagegen ist für einen Gehilfen, der nur zur unterstützenden Mitwirkung verwendet wird, die Haftung nach Maßgabe des § 278 begründet (RG 78, 310; vgl. auch zu § 664). A. A. Planck-Siber A 2 b γ, Oertmann A 2 a γ. Der Vormund haftet gemäß § 278 für dritte Personen nur insoweit, als er sich ihrer zur Mithilfe bei der Erledigung eigentlicher vormundschaftlicher Geschäfte bedient; soweit er sie dagegen zur Führung einer gewerblichen oder beruflichen Tätigkeit des Mündels (insbesondere zur Fortführung einer solchen nach Entmündigung des Mündels) bestellt hat, haftet er nur für sorgfältige Auswahl und Überwachung (RG 76, 185; SeuffA 67 Nr 41). Der Gerichtsvollzieher ist bei der Zwangsvollstreckung nicht Erfüllungsgehilfe des Gläubigers (RG 104, 285). — Zu den Erfüllungsgehilfen des Schuldners im Sinne des § 278 gehören ferner nicht diejenigen Personen, die durch ihre Leistung nicht die Verpflichtung des Schuldners dem Gläubiger gegenüber, sondern nur ihre eigene Verpflichtung gegenüber dem Schuldner erfüllen. Der Lieferant des Verkäufers ist daher nicht dessen Gehilfe im Sinne des § 278 (RG 101, 158). Für die Vertragstreue des Unterlieferanten, dessen sich der Verkäufer abredegemäß bedienen sollte, haftet aber der Verkäufer gemäß § 157, falls er die Haftung nicht ausgeschlossen hat (RG 108, 181). Beauftragt jemand eine Bank, einen Dritten bei einer zweiten Bank zu akkreditieren und tut das die beauftragte Bank, dann ist die zweite Bank nicht ihr Erfüllungsgehilfe (RG 105, 51). Der Verletzte haftet Dritten gegenüber auch nicht aus § 278 für den ihn behandelnden Arzt (RG 72, 219), und derjenige, der auf einem Fahrzeuge Waren eingelagert hat, nicht für die auf dem Fahrzeuge angestellte Bedienungsmannschaft (RG 7. 12. 10 I 432/09). Der Eigner eines Schleppdampfers ist nicht Hilfsperson des Schiffers, der die Beförderung ausführt, weil er als selbständiger Unternehmer gelten muß (RG 91, 245). Auch der Zwischenspediteur ist kein Erfüllungsgehilfe, weil er als selbständiger Spediteur an die Stelle des Hauptspediteurs eintritt (RG 94, 101), wohl aber der Unterspediteur (RG 109 S. 291, 302). Der Verkäufer, der die Ware beanstandet, hat seiner Verpflichtung aus § 447 durch Erteilung des Versendungsauftrags und Auslieferung der Ware an den Spediteur genügt; dieser ist deshalb nicht Erfüllungsgehilfe des Verkäufers (RG 62, 331; 99, 59; 101, 153; 115, 164); wohl aber ist er Erfüllungsgehilfe des Verkäufers, wenn sich dieser seiner zur Erfüllung einer ihm obliegenden besonderen Verpflichtung zur Übermittlung der Ware an einen bestimmten Ort bedient (RG 101, 153). — Eine Reinmachefrau ist nicht Erfüllungsgehilfin des Arbeitgebers für seine Verpflichtung aus § 618 gegenüber einer andern Arbeitsfrau (RG 106, 293). — In Hinsicht auf die Wiedereinsetzung in den vorigen Stand gemäß § 232 Abs 2 ZPO ist zwar ein Versehen des Rechtsanwalts in der Regel (vgl. aber RG 115, 412) auch der Partei zuzurechnen, nicht aber ein lediglich seinen Angestellten zur Last fallendes Versehen, das für die Partei einen unabwendbaren Zufall darstellen kann (RG SeuffA 69, 225; Warn 1920 Nr 62). Hat aber der Rechtsanwalt eine ihm persönlich obliegende Verrichtung unbefugterweise einem Angestellten (Bureauvorsteher) zur Ausführung übertragen, so kann wegen einer durch den Angestellten herbeigeführten Versäumnis eine Wiedereinsetzung der Partei nicht stattfinden; doch haftet der Rechtsanwalt der Partei in diesem Falle aus § 278 (RG 48, 59; 85, 228; Warn 1914 Nr 212). — Die Stadtgemeinde haftet nicht wegen Verletzungen, die innerhalb des kommunalen Schlachthauses zugefügt sind (RG Gruch 54, 904).

Ob der **Schuldner die Leistung auch selbst auszuführen imstande wäre**, ist unerheblich (RG 64, 234, über die Haftung einer Stadtgemeinde für die in ihrer Krankenanstalt an einem Kranken vorgenommene ärztliche Operation; RG 83, 71, wo ein bürgerliches Vertragsverhältnis zwischen der Stadtgemeinde und dem in das öffentliche Krankenhaus in eine höhere Pflegeklasse aufgenommenen Kranken angenommen ist; 91, 135, wonach durch die Aufnahme eines Kranken im Krankenhause einer Gemeinde durch den zur Aufnahme Berechtigten auch dann ein Vertragsverhältnis begründet wird, wenn die Aufnahme nur zur vorläufigen Gewährung von Unterkunft erfolgte und die Aufnahme nach der Art der Krankheit regelwidrig war; weiter RG JW 08, 448[11], betreffend die Haftung des Staates für einen Unfall bei einer Operation in der Tierärztlichen Hochschule). Der Staat, der auf einem öffentlichen Flusse eine Fähre betreibt, haftet für Verschulden des Fährmanns (RG 72, 52). — Ob die Erfüllungshilfsperson in einem Vertragsverhältnisse zu dem Schuldner stand oder nicht, ist nach dem Gesetze gleichgültig. Vgl. über die Haftung für Erfüllungsgehilfen der Eisenbahn RG 55, 336; 61, 59; 66, 405; JW 1910, 573[2]; über die Haftung des Gastwirts RG 58, 336; JW 1911, 360[6]; der Postverwaltung RG 67, 184; des Lehrherrn RG JW 09, 685[7]. Geeignet als Hilfsperson ist auch der bestellte rechtliche Stellvertreter; es ist möglich, daß es sich bei der Erfüllung gerade um die Vornahme einer rechtlichen Vertretung handelt (RG 55, 331). Nach Sinn und Zweck des § 278 kann als Erfüllungsgehilfe auch schon die Person gelten, deren sich die Vertragspartei zur Führung von Vorverhandlungen bedient hat, nämlich dann, wenn die Partei selbst schon bei den Vorverhandlungen gewisse Pflichten (zu redlichem Verhalten) zu erfüllen gehabt hat (vgl. § 276 A 3), und ihre Hilfsperson die Pflichten schuldhaft verletzt hat (RG 103, 50; JW 1915 S. 240[3] u. 577[10]; RG 107, 243; vgl. auch 78, 239 (nächster Absatz).

Als **Erfüllungshandlung** sind nicht nur solche Maßnahmen anzusehen, durch welche die eigentlich geschuldete Leistung (id quod debetur) bewirkt und die Schuld sonach zum Erlöschen gebracht werden soll; vielmehr auch solche Maßnahmen, die nur mittelbar zu einer gehörigen Leistung erforderlich sind (RG 66, 402); auch nur die Vornahme vorbereitender Handlungen (vgl. oben Abs 1) und gegebenenfalls auch Unterlassungen. Denn zur Erfüllung der Verbindlichkeit gehört alles, was (aus dem Vertrage) vom Vertragsschuldner überhaupt verlangt werden kann. So haftet die Eisenbahnverwaltung für das Verschulden desjenigen Beamten, dessen sie sich zur Erhaltung der Verkehrssicherheit der Zu- und Abgänge bedient (RG 19. 9. 10 VI 434/09 und JW 1911, 450[18]). Der Gastwirt haftet, falls er in herkömmlicher Weise dem Gast zur Unterbringung und Wartung von Pferden den Hausknecht zur Verfügung stellt, auch für dessen Handlungen (RG JW 1910, 750[6]). Der Geschäftsinhaber haftet — entsprechend den Grundsätzen für **culpa in contrahendo**, vgl. § 276 A 3 — gemäß § 278, wenn sein Angestellter einem Kunden Waren vorlegt, hierbei fahrlässig umgeht und der Kunde infolgedessen beschädigt wird (RG 78, 239). Bedenklich dagegen RG 74, 125, wo die Anwendung des § 278 zugunsten eines Käufers abgelehnt wird, der zum Zwecke des Kaufes ein Geschäftslokal betreten und dort einen Kauf abgeschlossen hat, beim Weggehen aber infolge durch die Fahrlässigkeit eines Geschäftsgehilfen herbeigeführter mangelhafter Beleuchtung des Zuganges verletzt worden ist. Unbedenklich andererseits RG Warn 1912 Nr 410, wo es sich um die Beschädigung einer Person handelt, die ein Warenhaus betreten hatte, ohne bereits in irgendwelche Kaufverhandlungen eingetreten zu sein. Auch in den Fällen der §§ 618 Abs 3 BGB, 62 Abs 3, 76 HGB, wonach der Dienstherr zur ordnungsmäßigen Unterhaltung der Arbeitsstätten usw. dem Angestellten gegenüber verpflichtet ist, greift der § 278 Platz (RG 77, 408).

Obhutspflicht. Falls für jemand die Verpflichtung besteht, eine Sache nach gemachtem Gebrauche in unversehrtem Zustande zurückzugeben, umfaßt diese Verpflichtung auch die Pflicht, von der Sache nur einen statthaften Gebrauch zu machen, so daß mittelbar auch die Art des Gebrauchs, den der Verpflichtete von der Sache selbst macht oder durch andere machen läßt, die Erfüllung der Vertragspflicht betrifft — wichtig insbesondere für die Frage, inwieweit der Mieter für Handlungen der Hilfspersonen haftet (Oertmann A 3b). Der Mieter haftet demgemäß auch für die durch die Fahrlässigkeit eines Angestellten verursachte Beschädigung der Mietsache (RG 84, 222; JW 1914, 665[5]; 1915, 1428[2]); indes nur dann, wenn das pflichtwidrige Verhalten des Angestellten in ursächlichem Zusammenhange mit der ihm aufgetragenen Arbeitsleistung steht, und daher nicht, wenn die Handlung des Angestellten (Dienstboten) außerhalb der ihm aufgetragenen Tätigkeit begangen wurde (RG

87, 276; hier hatte der Angestellte ein zum Anzünden einer Zigarre benutztes Streichhölzchen achtlos fortgeworfen). Zur Vertragserfüllung des Gastwirts oder Restaurateurs gehört es zwar nicht, die Zugangswege (RG 58, 333), wohl aber alle dem Gaste zum Gebrauche überlassenen Räume, mithin auch die Bedürfnisanstalt, in gefahrlosem Zustande zu erhalten (RG Gruch 49, 617); desgleichen des Inhabers eines Ballhauses, eines Theaterunternehmens, für genügende Sicherheit des Fahrstuhls, bzw. des Luftschachts und der Zugänge zu sorgen (RG JW 04 S. 383[4] u. 549[3]); und zur gehörigen Erfüllung des Transportvertrags eines Eisenbahnunternehmens, einen gefahrlosen Zustand des Beförderungsmittels (RG 61, 59), sowie des Bahnhofszugangs und des Bahnsteigs zu erhalten (RG 55, 335; Warn 08 Nr 194 u. 293). Aus dem Beförderungsvertrage haftet der Unternehmer einer Eisenbahn oder Straßenbahn für das Verschulden nicht nur derjenigen Angestellten, die an der Beförderung unmittelbar beteiligt waren, sondern auch derjenigen, deren Verschulden bei der Kreuzung eines andern Zuges die Beschädigung des Fahrgastes herbeigeführt hat, weil der gesamte Betrieb als ein einheitlicher anzusehen ist (RG 83, 344; Warn 1912, 245). Die Postverwaltung haftet für den einem Fahrgast durch den Postkutscher schuldhaft zugefügten Unfall (RG 67, 182). Zur vertragsmäßigen Erfüllung des Unternehmers eines Theaters (od. dergl.) gehört die gesamte Durchführung der Vorstellung (RG 59, 22).

Zur Voraussetzung des Gesetzes gehört, daß sich der **Schuldner eines andern zur Erfüllung seiner (eigenen) Verbindlichkeit bedient hat** (RG 72, 219; 74, 166; 102, 217). Diese Bedingung ist daher nicht erfüllt, wenn sich die Hilfsperson **nur bei Gelegenheit** der Hilfeleistung vorsätzlich (oder fahrlässig) eine unerlaubte Handlung zum Schaden des Gläubigers hat zuschulden kommen lassen, denn die Handlung des Gehilfen muß mit der Erfüllung nicht nur äußerlich, sondern in einem inneren Zusammenhange stehen (RG 63, 344; JW 06, 460[16]; SeuffA 67 Nr 75 zu § 831), und als Probe darauf, ob es sich um eine Erfüllungshandlung des Gehilfen gehandelt hat oder nicht, kann dienen, ob diese Handlung als Erfüllungshandlung zu gelten hätte, wenn sie vom Geschäftsherrn selbst vorgenommen worden wäre. Demgemäß haftet der Geschäftsherr nicht, wenn der mit der Herstellung einer beschädigten Sache von ihm Beauftragte diese sich rechtswidrig aneignet. Dagegen würde er haften, wenn sein Beauftragter die Sache vorsätzlich etwa noch mehr beschädigt hätte. Denn hierdurch wäre die Erfüllung der Verbindlichkeit zur Wiederherstellung der Sache gerade vereitelt worden. Und daher haftet etwa auch die Wach- und Schließgesellschaft, wenn ihr zur Ausübung des Wachtdienstes Beauftragter gerade bei Ausübung dieser Verpflichtung sich selbst eines Diebstahls schuldig macht. So haftet auch der Postfiskus dem Inhaber eines Postscheckkontos für den diesem durch einen Dritten unter Mitwirkung eines Postangestellten verursachten Schaden nur dann, wenn der schuldige Beamte mit der Bearbeitung des Postscheckkontos dienstlich betraut gewesen war, denn nur in solchem Falle hat der Beamte in Ausübung einer Verbindlichkeit des Postfiskus gehandelt (RG 104, 145). Auch der Frachtführer, oder sonst der Unternehmer von Beförderungen haftet für die von ihm beschäftigten Personen nur insoweit, als er sich ihrer zur Vertragserfüllung bedient hat; nur die Eisenbahn hat ausnahmsweise auch für das Verschulden derjenigen Hilfspersonen einzustehen, die nur bei Gelegenheit ihres Dienstes oder sonstwie auf die Beförderung des Frachtguts schädigend eingewirkt haben (RG 104, 152). — Nicht ausgeschlossen ist die Anwendung des § 278, wenn die Hilfsperson bei Vornahme der Erfüllungshandlung fahrlässig die Beschädigung eines andern Gegenstandes herbeiführt; beispielsweise der vom Gehilfen fehlerhaft befestigte Kronleuchter fällt herab und zertrümmert dabei eine Vase; oder der mit Herstellung einer elektrischen Beleuchtung beauftragte Angestellte des Werkunternehmers verursacht durch Unvorsichtigkeit Brand (RG Warn 1911 Nr 168). Die Haftung des Schuldners für solche nur mittelbare Folgen des Verschuldens des Gehilfen entspricht den allgemeinen Rechtsgrundsätzen über Haftung für mittelbar verursachten Schaden (vgl. Vorbem 3 vor § 249). Auch für ein Verschulden desjenigen, den der Versicherte mit der Aufstellung des Schadensverzeichnisses beauftragt hat, haftet jener in entsprechender Anwendung des § 166 (RG 58, 343). Ist im Versicherungsvertrage bestimmt, daß der Anspruch auf die Versicherungssumme verwirkt wird, wenn sich der Versicherte bei der Schadensermittlung einer betrügerischen Angabe oder einer solchen Verschweigung schuldig macht, so haftet der Versicherte auch für das betrügerische Verhalten des von ihm für die Verhandlung über den Schaden bestellten Vertreters (RG Warn 1914 Nr 109).

Welcher Art die Verbindlichkeit ist, ob rechtsgeschäftlicher oder gesetzlicher, ist unwesentlich. Jedenfalls aber muß es sich um eine bereits bestehende Schuldverbindlichkeit handeln, so daß der Fall des § 278 noch nicht gegeben ist, wenn etwa erst aus der Zuwiderhandlung gegen Gebots- oder Verbotsgesetze eine schuldrechtliche Verbindlichkeit entsteht (RG Warn 1916 Nr 283, wo die Frage verneint ist, ob der von seinem Vormunde vertretene Hausbesitzer haftbar ist, wenn der Vormund der Verpflichtung aus § 836 nicht nachkam). Auch die allgemeine Rechtspflicht von Verkehrsanstalten (Straßenbahn), den Verkehr so einzurichten, daß Dritte nicht geschädigt werden, stellt dem einzelnen gegenüber noch keine bestehende Verbindlichkeit dar; eine Verbindlichkeit entsteht erst durch die eingetretene Verletzung, und daher ist auch § 278 auf die Verletzung jener allgemeinen Rechtspflicht nicht anwendbar (**RG** 75, 257; 77, 211; 79, 319; 99, 264). Auch durch die der Allgemeinheit gegenüber bestehende Streupflicht wird noch keine Verbindlichkeit gegenüber bestimmten Personen begründet, bei deren Verletzung § 278 zur Anwendung gebracht werden könnte (**RG** 113, 296); vgl. aber wegen der dem Verpflichteten auferlegten Aufsichtspflicht über die Personen, deren er sich zur Erfüllung der Streuverpflichtung bedient, § 276 A 3. Da der Frachtführer dem Frachtgutsempfänger gegenüber zwar nicht vertraglich, wohl aber gesetzlich verpflichtet ist (§ 435 HGB und § 66 EisenbVerkO), so haftet er aus diesem Grunde auch für diejenigen Personen, deren er sich zur Erfüllung der gesetzlichen Ablieferungspflicht bedient (**RG** 73, 148; Warn 1911 Nr 203). Auch der Vormund haftet gegebenenfalls seinen Mündeln aus § 278 (**RG** 76, 185); ferner der Dienstherr wegen Erfüllung der gesetzlichen Verpflichtungen aus § 618 BGB (**RG** 77, 408). Niemals aber darf es sich um eine bloße „Verrichtung" im Sinne des § 831 handeln, in welchem Falle auch eine entsprechende Anwendung des § 278 ausgeschlossen ist (**RG** 77, 211; 79, 319), und es darf die Haftung auch nicht erst durch eine unerlaubte Handlung des Gehilfen begründet sein (**RG** 62, 346; 75, 258), in welchem Falle der § 831 Platz greift (**RG** 79, 319). Für nicht anwendbar ist § 278 auch in dem Falle erklärt worden, wenn eine Hilfsperson (Bevollmächtigter, Beauftragter) sich bei Eingehung eines Vertrags einer arglistigen Täuschung des Geschäftsgegners schuldig gemacht hat, weil es sich dabei nicht um die Erfüllung von Verbindlichkeiten gehandelt habe (**RG** 61, 213; SeuffA 69 Nr 197). Angesichts der neueren Stellungnahme des Reichsgericht zu der Frage der culpa in contrahendo (vgl. § 276 A 3) kann aber die Begründung dieser Entscheidungen nicht aufrechterhalten werden. In neueren Entscheidungen ist denn auch ausgesprochen, daß, soweit bereits beim Vertragsabschlusse oder während eines Schwebezustandes vor Inkrafttreten des Vertrages eine Verpflichtung zur Rücksichtnahme auf die Interessen des andern Teils durch ein Treu und Glauben entsprechendes Verhalten besteht — vgl. darüber § 276 A 3; **RG** JW 1912, 743[5]; **RG** 103, 51; 105, 185; 114, 160 —, auch für ein in dieser Richtung liegendes Verschulden einer Hilfsperson der Geschäftsherr verantwortlich ist (**RG** SeuffA 71 Nr 33; **RG** 114, 160). Bestand zwischen den Beteiligten bereits ein Vertragsverhältnis und gehörte zu dessen Erfüllung die Vornahme von Verhandlungen und ein Vertragsabschluß dann ist derjenige, dessen sich die eine Partei dazu bedient, auf alle Fälle als Erfüllungsgehilfe anzusprechen (**RG** JW 1915, 240[3]; Warn 1917 Nr 11). — Ob die Verbindlichkeit, um deren Erfüllung es sich handelt, ein Tun oder eine Unterlassung zum Gegenstande hat, ist gleichgültig. Der Geschäftsherr haftet daher auch für die Handlungen seiner Angestellten, falls er zur Unterlassung verpflichtet war (**RG** 63 S. 116 u. 341). Nur muß deutlich hervortreten, daß sowohl eine Gehilfenschaft vorliegt, wie auch, daß sich der Geschäftsherr des Gehilfen zu der Unterlassung bedient hat (**RG** 79, 37, beispielsweise, um seine Verpflichtung zu erfüllen, aus einem Bezirke keine Milch zu beziehen).

Ob § 278 **auch bei öffentlichrechtlichen Verbindlichkeiten** Platz greift, war lange zweifelhaft. In **RG** 65, 113 wurde angenommen, daß die Berufsgenossenschaft dem Reichspostfiskus gegenüber die öffentlichrechtliche Pflicht zur gehörigen Aufbewahrung derjenigen Formulare habe, durch welche die Post zur vorschußweisen Auszahlung der Entschädigungen gemäß § 87 GewUVG angewiesen werde, und daß sie daher unter entsprechender Anwendung der Vorschriften des BGB hafte, wenn infolge der Verletzung jener Pflicht ein Angestellter in die Lage gekommen sei, von den Anweisungsformularen für sich Gebrauch zu machen. In **RG** 59, 197 anderseits ist ausgeführt, daß, wenn eine nach dem InvVG in einem Krankenhause der Versicherungsanstalt untergebrachte Person infolge des Versehens eines Angestellten einen Schaden erleide, der § 278 der Versicherungsanstalt gegenüber nicht anwendbar sei, und zwar deswegen nicht, weil „sich die Verpflegung des Geschädigten nur als eine öffentlichrechtliche Leistung, nicht aber als die Erfüllung einer Schuldverbindlichkeit im Sinne des BGB darstelle." In **RG** 74, 163 (vgl. auch Warn 1915, 916[4]) ist die Haftung eines Knappschaftsvereins, der den Kranken in einem Krankenhause untergebracht hat, für die Fehler des Arztes und des Personals deswegen verneint worden, weil der Verein seiner Fürsorgepflicht schon durch die Unterbringung des Kranken in der Anstalt genügt habe und seine Haftung nicht weiter zu erstrecken sei, zumal sonst der Verein seine Zwecke überhaupt nicht gehörig würde erfüllen können, und weil die Unterbringung des Kranken an sich überhaupt nicht in Erledigung einer derartigen Pflicht, sondern auf Grund einer Befugnis des Vereins erfolgt sei. **RG** 2. 12. 11 V 612/10 versagte die Anwendbarkeit des § 278 in einem Falle, wo die Polizei die Benutzung einer öffentlichen Straße zu Bauzwecken bewilligt hatte, weil dadurch keine schuldrechtliche Verbindlichkeit begründet worden sei. Grundsätzlich dürfte danach das Richtige sein: Bei rein öffentlich rechtlichen Verpflichtungen greift der § 278, da dieser Verbindlichkeiten im Sinne eines Schuldverhältnisses des 2. Buchs im Auge hat, nicht ohne weiteres Platz.

Das Gegenteil trifft aber dann zu, wenn zugleich ein derart bestimmtes vertragsähnliches Verhältnis in Frage steht (vgl. Vorbem 1 vor § 145), daß aus diesem Grunde die entsprechende Anwendung der von Schuldverhältnissen handelnden Grundsätze statthaft ist, was insbesondere zutrifft, wenn eine öffentlich-rechtliche Verpflichtung zur Aufbewahrung von übergebenen Sachen besteht, die inhaltlich den Pflichten aus einem schuldrechtlichen Verwahrungsvertrage entspricht. Daher wird es auch richtig sein, den § 278 überall da Platz greifen zu lassen, wo einer Behörde (namentlich den Gerichten) Urkunden anvertraut werden. Vgl. RG 51, 219 und Warn 1921 Nr 1. Auch auf das durch eine Beschlagnahme entstehende Verhältnis zwischen dem Staate und dem Eigentümer, das eine Verpflichtung des Staates zu sorgfältiger Aufbewahrung ergibt; RG 12. 11. 26 III 570/25. Ein vertragsähnliches die Anwendung des § 278 rechtfertigendes Verhältnis besteht auch zwischen dem Staate und dem Beamten, dem die Benutzung bestimmter Vorrichtungen oder Gerätschaften zugewiesen ist (RG Warn 1915 Nr 76). Eine vertragsähnliche Verbindlichkeit liegt einer Gemeinde dem Lehrer gegenüber insofern ob, als sie gehalten ist, das ihm zugewiesene Schulgebäude zur Verhütung von Schädigungen instand zu halten, und demgemäß müssen die Gemeindebeamten, deren sich die Gemeinde zur Erfüllung der Verbindlichkeit bedient, als Erfüllungsgehilfen gemäß § 278 gelten (RG 102, 7). Nach § 278 muß der Fernsprechteilnehmer dem Deutschen Reiche für eine Verletzung eines Beamten durch Verschulden eines Angestellten des Teilnehmers bei Benutzung des Fernsprechers auch dann aufkommen, wenn man (entgegen der Rechtsprechung des Reichsgerichts) in der Beziehung zwischen dem Deutschen Reiche und den Teilnehmern am Fernsprechnetze nicht ein privates, sondern ein öffentlichrechtliches Verhältnis erblicken wollte (RG 98, 343). Vgl. ferner RG 79, 104, wo es sich darum handelte, ob der Fiskus als Betriebsunternehmer des Kaiser-Wilhelm-Kanals dem die Durchfahrt nehmenden Schiffer für ein Verschulden des Lotsen (abgesehen von § 831, RG 74, 250) auch gemäß § 278 haftet. In RG Gruch 1912, 912 hat der 3. ZS allgemein angenommen, daß der öffentlichrechtliche Charakter einer Schuldverbindlichkeit die Anwendung des § 278 dann nicht ausschließe, wenn eine konkrete, bestehende Verbindlichkeit gegeben sei, daß dagegen eine nur der Allgemeinheit gegenüber bestehende Pflicht (die der Gemeinde, für die Sicherheit der Straßen Sorge zu tragen) nicht genüge, weil unter diesen Umständen erst die unerlaubte Handlung eine Grundlage für eine Verpflichtung einer bestimmten Person gegenüber ergebe. Neuerdings (RG 112, 290) hat aber das Reichsgericht grundsätzlich ausgesprochen, daß der Rechtsgedanke des § 278 auch für öffentlichrechtliche Verhältnisse zu gelten hat, es sei denn, daß die Eigenart des Verhältnisses im Einzelfalle seine Anwendung ausschließe, daß aber ein solcher Ausschlußfall nicht gegeben ist, wenn es sich um die öffentlich-rechtlichen Beziehungen zwischen den in Gemeindekrankenhäusern unentgeltlich behandelten Personen und den Gemeinden handelt. Das RG erklärt in dieser bedeutsamen Entscheidung in durchaus zutreffender Würdigung der sozialen Gesichtspunkte, es hieße den Begriff der Fürsorge in sein Gegenteil verkehren, wenn man diese Beziehungen nicht in den Herrschaftsbereich des in § 278 enthaltenen Rechtsgrundsatzes fallen lassen wollte. Damit ist die in RG 59, 197 (vgl. oben) vertretene Auffassung sachlich aufgegeben. — Durch die Zulassung eines Schiffes zur Fahrt durch den Nordostseekanal entstehen nur öffentlich-rechtliche Beziehungen, und der § 278 ist hier daher unanwendbar (RG 81, 316). Zwischen dem Fiskus, der auf Grund Monopolrechts es gegen Entgelt übernommen hat, auf einem Kanal einen Schleppkahn zu schleppen und dem Eigentümer des Kahnes besteht ein Vertragsverhältnis (Schleppvertrag); Erfüllungsgehilfe des Fiskus ist dabei nicht nur der Führer des fiskalischen Schleppdampfers, sondern auch der Kanalwärter, der für die Sicherheit des Schleppzugs vor Hindernissen im Kanal zu sorgen hat (RG 105, 200). — Auf die Verpflichtungen, die sich aus Schutzgesetzen **ergeben** (§ 909 BGB; § 367 Nr 14 StGB), **ist der § 278 nicht anwendbar** (RG 2. 12. 11 V 612/10; JW 1911, 403[16]). Es greifen hier vielmehr die §§ 823 ff. Platz, wonach der Geschäftsherr gemäß § 831 seiner Verpflichtung in der Regel durch die Bestellung tüchtiger Vertreter genügt (RG 21. 3. 06 V 145/05; 15. 2. 11 V 220/10).

Über die Beziehung **des § 278 zum § 254** (mitwirkendes Verschulden des Geschädigten betreffend) vgl. § 254 A 1 unter a a. E. und A 3.

4. **Der Umfang der Haftung** des Schuldners für das Verschulden seines gesetzlichen Vertreters oder der Hilfsperson entspricht dem der Haftung für eigenes Verschulden bei Erfüllung der Verpflichtung (RG Warn 08 Nr 293; 1910 Nr 434). Da eine Haftung für Schmerzensgeld nur auf Grund einer unerlaubten Handlung (§§ 813, 831) entsteht, so umfaßt eine Verantwortlichkeit aus § 278 nicht auch die Haftung für Schmerzensgeld (RG JW 1911, 360[6]). Der Schuldner haftet mithin genau so weit, als es im Falle eigenen schuldhaften Verhaltens zuträfe (vgl. §§ 275, 280, 286, 287 Satz 2). Auch hier ist nur derjenige Grad von Verschulden zu vertreten, für den der Schuldner selbst aufzukommen hätte zu seinen Gunsten greift daher auch § 277 Platz (RG 65, 20). Die Haftung verwirklicht sich in der Verpflichtung zum Schadensersatze (vgl. § 276 A 2), und gehaftet wird hier

ebenfalls auch für positive Vertragsverletzungen (RG 65, 19; JW 07, 99[1]; 1911, 360[6]). Der Gehilfe haftet aus dem Vertrage dem Geschädigten überhaupt nicht (RG 67, 182), wohl aber möglicherweise neben dem Vertretenen aus außervertraglichem Verschulden (RG Gruch 48, 282).

5. Abweichend von § 276 Abs 2 kann dem Schuldner die Haftung selbst wegen Vorsatzes seines gesetzlichen Vertreters sowie des Erfüllungsgehilfen **im voraus erlassen werden.** Vgl. § 276 A. 5.

6. **Beweislast.** Der Kläger genügt seiner Beweispflicht hinsichtlich des Verschuldens der Hilfsperson, wenn dieses aus dem nachgewiesenen Sachverhalte nach dem gewöhnlichen Gange der Dinge hervorgeht; Sache des andern ist es alsdann, die besonderen entlastenden Umstände nachzuweisen (RG 15. 6. 08 VI 337/07 und Warn 08 Nr 194).

7. Sonderbestimmungen enthalten die §§ 31, 86, 89 Abs 1 hinsichtlich der Haftung juristischer Personen für ihre Vertreter. — Vorbehalt für die Landesgesetze hinsichtlich der Haftung des Staates, der Gemeinden und anderer Kommunalverbände für das Verschulden ihrer Beamten nach EG Art 77 und der Haftung der Beamten für die von ihnen angenommenen Stellvertreter und Gehilfen nach Art 78.

§ 279

[1]) Ist der geschuldete Gegenstand nur der Gattung nach bestimmt, so hat der Schuldner, solange die Leistung aus der Gattung möglich ist[2]), sein Unvermögen zur Leistung auch dann zu vertreten, wenn ihm ein Verschulden nicht zur Last fällt[3]) [4]).

E I 237 II 235; M 2 45; P 1 314.

1. **Vertretung des Unvermögens bei einer Gattungsschuld.** Über den Begriff der Gattungsschuld vgl. § 243 A 1, 2; über den des Unvermögens § 275 A 5. Von Anfang an vorhandenes Unvermögen dient dem Schuldner niemals als Befreiungsgrund (§ 306 A 2). Nachträglich eintretendes Unvermögen, wovon allein der § 279 handelt, befreit den Schuldner nur dann, wenn die Leistung aus der Gattung überhaupt nicht mehr möglich ist; andernfalls hat er es zu vertreten, auch wenn ihm ein Verschulden nicht zur Last fällt (RG 95, 42). Insofern enthält § 279 eine grundsätzliche Abweichung von § 275 (A 1, 3 das.)

2. Über den Begriff der Unmöglichkeit vgl. 275 A 2. Die **Unmöglichkeit des Leistens aus der Gattung** ist hier regelmäßig im wirtschaftlichen Sinne (§ 275 A 2 Abs 2) zu denken. Sie tritt daher nicht nur im Falle des Unterganges der ganzen Gattung, sondern schon dann ein, wenn die Beschaffung von Gegenständen der Gattung eine so schwierige geworden ist, daß sie billigerweise (§ 242) dem Schuldner nicht mehr zugemutet werden kann (RG 57, 116; 88, 73; 97, 10); wenn der Eintritt unvorhergesehener Umstände die Beschaffung der Leistung derart beeinflußt hat, daß das Erfüllungsverlangen nach § 242 als unbillig oder ungerechtfertigt erscheinen muß — clausula rebus sic stantibus, vgl. § 242 A 5 —; oder, anders ausgedrückt, es kommt darauf an, ob die Ware noch durch Mittel beschafft werden kann, mit deren Anwendung nach Treu und Glauben zu rechnen ist (RG 88, 174; 107, 156; JW 1919, 499[3]). Voraussetzung ist regelmäßig, daß sich noch Ware der zu liefernden Gattung am Markt befindet und einen Marktpreis hat; ein Verschaffen aus den Händen der Verbraucher ist dem Schuldner nicht zuzumuten (RG 107, 156). Ebensowenig ein Bezug aus dem Auslande ohne alle Rücksicht auf den Preis (RG 57, 116; 107, 158; I 9/19, 12. 4. 19). Die in den Urt RG 88, 172; 92, 322; 95, 43 noch enthaltenen Einschränkungen für die Anwendung des § 242 auf die Verhältnisse des Großhandels sind wohl in dieser Form durch die spätere Rechtsprechung in Sachen der clausula nicht mehr aufrechterhalten. Bei einer Fixschuld ist Unmöglichkeit der Leistung aus der Gattung schon angenommen worden, wenn es nur unmöglich geworden ist, die an sich vorhandenen Waren dieser Gattung innerhalb der Leistungsfrist an den Bestimmungsort zu schaffen (RG SeuffA 57 Nr 236). Liegt eine beschränkte Gattungsschuld vor (§ 243 A 2), so kommt es nur auf die Lieferungsmöglichkeit aus der beschränkten Gattung (z. B. aus Holland einzuführende Ware, RG 97, 10) an. Das Vorliegen einer reinen Gattungsschuld wird aber nicht dadurch ausgeschlossen, daß die Parteien bei Vertragsschluß erwartet haben, es werde dem Lieferungspflichtigen Ware aus einer bestimmten Quelle zur Verfügung stehen (RG Warn 1924 Nr 137). Auch durch die Klausel: „Lieferungsmöglichkeit vorbehalten" wird der Leistungspflichtige nicht berechtigt, sich um deswillen vom Vertrage loszusagen, weil der Lieferant, bei dem er sich eingedeckt hatte, ihm die Ware nicht geliefert hat, sofern ihm die Beschaffung aus andern Quellen möglich ist (RG Warn a. a. O.). — Doch kommt die wirtschaftliche Unmöglichkeit dem Schuldner nicht zustatten, wenn er sie unter einem besonderen Gesichtspunkte zu vertreten, insbesondere wenn er das

Risiko der Lieferbarkeit übernommen hat; ob das der Fall, ist Tatfrage (RG 107, 158). Durch das Vorliegen einer Gattungsschuld ist der Schuldner nicht gehindert, den Eintritt der katastrophalen Geldentwertung nach Aufwertungsgrundsätzen (vgl. § 242 A 5) geltend zu machen (RG 107, 159).

3. Ist Inhalt des Schuldversprechens, dem Gläubiger **durch Aufwendung von Geldmitteln eine bestimmte Sache zu verschaffen,** so findet § 279 entsprechende Anwendung; denn der ihm zugrunde liegende Gedanke läßt eine erweiterte Anwendung zu auf solche Fälle, in denen der Schuldner lediglich subjektiv unvermögend ist, die zur Beschaffung der Leistung erforderlichen Geldmittel aufzuwenden; dieses Unvermögen soll ihn von der Leistungspflicht nicht befreien (RG Warn 1915 Nr 278; RG 75, 335; 106, 181; 5. 4. 19 V 337/18; 20. 6. 19 VII 87/19). Der Schuldner kann sich deshalb auch nicht darauf berufen, daß er ohne sein Verschulden nicht mehr die Mittel zur Beschaffung der Ware habe (RG 75, 335; JW 1911, 361[9]; 1912, 138[12]; Warn 1919 Nr 194). Gerät er wegen Mangels der Mittel in Verzug, so haftet er auch für die Verzugsfolgen (§ 286); doch ist dabei zu beachten, daß der Verzug ein Verschulden erfordert; vgl. § 285 A 1. Gleiches gilt bei positiver Vertragsverletzung; vgl. § 276 A 6. § 279 kann ferner keine Anwendung finden, wenn der Schuldner zu beweisen vermag, daß er durch widerrechtliche Maßnahmen des Gläubigers (etwa Arreste) unvermögend geworden sei, denn hier stützt sich der Schuldner auf das Verschulden des Gläubigers als die Ursache des Unvermögens (RG 97, 10; Warn 1919 Nr 161). Er ist auch nicht anwendbar auf den Fall des § 245 BGB, insbesondere wenn Zahlung in Reichsgoldmünzen bedungen ist, die nicht mehr in Umlauf sind; vielmehr wird solche Schuld zu einer gewöhnlichen Geldschuld (RG 103, 388).

4. Über den Einfluß nachträglicher objektiver Unmöglichkeit bei Gattungsschulden vgl. § 243 A 1, über ihre Voraussetzungen § 275 A 3 u. 2. Über den Einfluß der Umwandlung der Gattungsschuld in eine Speziesschuld gemäß § 243 Abs 2 vgl. das. A 3.

§ 280

Soweit die Leistung infolge eines von dem Schuldner zu vertretenden Umstandes unmöglich wird, hat der Schuldner dem Gläubiger den durch die Nichterfüllung entstehenden Schaden zu ersetzen[1]).

Im Falle teilweiser Unmöglichkeit kann der Gläubiger unter Ablehnung des noch möglichen Teiles der Leistung Schadensersatz wegen Nichterfüllung der ganzen Verbindlichkeit verlangen, wenn die teilweise Erfüllung für ihn kein Interesse hat[2]). Die für das vertragsmäßige Rücktrittsrecht geltenden Vorschriften der §§ 346 bis 356 finden entsprechende Anwendung[3])[4]).

E I 240, 242 II 236; M 2 49; P 1 317.

1. Der für die nachträgliche Unmöglichkeit (§ 275 A 3) gemäß §§ 276—279, 286 vertretungspflichtige Schuldner ist **zum Schadensersatze verpflichtet,** soweit die Wirkung der Unmöglichkeit reicht (§ 275 A 4). Diese Bestimmung erstreckt sich auch auf die Haftung wegen Unvermögens (Prot 1, 321). Darüber, daß der Anspruch auch in diesem Falle grundsätzlich nur noch auf Schadensersatz gehen kann, vgl. § 275 A 1 a. E. Aber es kann auf die geschuldete Leistung so lange geklagt werden, als nicht bereits feststeht, daß die Leistung unmöglich geworden sei (RG 54, 33; 88, 77; JW 1911, 807[10]). — Der Anspruch des Gläubigers umfaßt den gesamten Schaden, der ihm durch die vereitelte und ausbleibende Erfüllung entsteht (vgl. dazu die Vorbem 4 vor § 249). Er kann also verlangen, vermögensrechtlich so gestellt zu werden, wie er im Falle der Erfüllung gestanden hätte, während der Vertrauensschaden (das negative Interesse) hier nicht in Betracht kommt. Bei gegenseitigen Verträgen regelt sich der Schadensersatz nach den Grundsätzen der Differenztheorie im Sinne der §§ 325, 326; vgl. § 325 A 1 a (RG 96, 20). Bei Sachen, die regelrechte Handelsware sind, geht auch der Schadensersatzanspruch aus § 280 in erster Linie auf Leistung einer gleichen Menge derselben Sachen (RG 106, 88). Im übrigen aber geht der Schadensersatzanspruch im Falle des § 280 nur auf Geldersatz (§ 251), da die Naturalherstellung gemäß § 249 durch die eingetretene Unmöglichkeit der Leistung ausgeschlossen ist (RG 107, 17).

2. Sonderregelung des **Falles teilweiser Unmöglichkeit** unter der Voraussetzung, daß eine Teilerfüllung überhaupt möglich und auch noch möglich ist (vgl. A 4 bei § 275 und A 1 bei § 266). Der Gläubiger ist an sich zur Annahme der noch möglich gebliebenen Leistung verpflichtet, und anderseits Schadensersatz zu fordern nur so weit berechtigt, als die Unmöglichkeit reicht (A 1). Es ist ihm jedoch die besondere Befugnis verliehen, auch die Annahme der an sich möglichen Teilleistung aus dem Grunde mangelnden Interesses an ihr abzulehnen und Schadensersatz in dem Umfange zu verlangen, als wäre die ganze

Forderung unerfüllbar geworden. Die Voraussetzung des mangelnden Interesses ist nach den tatsächlichen Umständen, insbesondere mit Rücksicht auf den Leistungszweck zu beurteilen. Das bloße Belieben des Gläubigers ist dagegen nicht entscheidend. Soweit der Gläubiger durch schon erfolgte Annahme einer Teilleistung in diesem Umfange bereits befriedigt worden wäre, könnte er sich nachträglich auf die Bestimmung des Satz 1 nicht mehr berufen, falls er sich gegen diese Folge nicht durch einen bei Annahme der Teilleistung erklärten Vorbehalt geschützt hätte. Indessen gemäß Abs 2 Satz 2 (vgl. A 3) ist er doch bei nachträglichem Eintritte einer vom Schuldner zu vertretenden Unmöglichkeit des noch ausstehenden Teiles der Leistung zur Rückgabe der bereits empfangenen Teilleistung und daraufhin zur Geltendmachung des gesamten Schadens wegen Nichterfüllung berechtigt, sofern er infolgedessen an der erfolgten teilweisen Erfüllung erweislich kein Interesse mehr hat. Bei gegenseitigen Verträgen greifen die §§ 325, 326 Platz.

3. In entsprechender Anwendung der Vorschriften für das vertragsmäßige **Rücktrittsrecht** erfolgt die Ausübung der Befugnis des Gläubigers aus § 280 Abs 2 Satz 1 durch Erklärung gegenüber dem andern Teile, die empfangsbedürftig (§§ 130—132) und nach Zugang bindend ist; beide Teile haben sich das bereits Empfangene zurückzugewähren, wie wenn der Rücktritt erfolgt wäre (§ 286 A 3). Das Nähere bei §§ 346ff.

4. Über die **Beweislast** s. § 282.

§ 281

Erlangt der Schuldner infolge des Umstandes, welcher die Leistung unmöglich macht, für den geschuldeten Gegenstand[2]) einen Ersatz oder einen Ersatzanspruch, so kann der Gläubiger Herausgabe des als Ersatz Empfangenen oder Abtretung des Ersatzanspruchs verlangen[1]).

Hat der Gläubiger Anspruch auf Schadensersatz wegen Nichterfüllung, so mindert sich, wenn er von dem im Abs 1 bestimmten Rechte Gebrauch macht, die ihm zu leistende Entschädigung um den Wert des erlangten Ersatzes oder Ersatzanspruchs[3]).

E I 138 II 237; **M** 2 46; **P** 1 317, 683.

1. **Anspruch des Gläubigers auf Herausgabe des Ersatzes oder Abtretung des Ersatzanspruchs,** den der Schuldner für denjenigen geschuldeten Gegenstand erlangt hat, dessen Leistung nachträglich unmöglich geworden ist. Unter „Ersatz" ist ein von dem Schuldner erlangtes Eigentum oder sonstiges dingliches Recht, auch der Besitz, unter „Ersatzanspruch" ein von ihm erlangter Anspruch (vgl. § 194 A 1) gegen einen Dritten zu verstehen. Der Ersatz ist „herauszugeben", sei es in Natur oder, falls es sich um Geld oder andere vertretbare Sachen handelt und die Herausgabe in Natur wegen Vermischung nicht möglich ist, durch Ersatz des Wertes, entsprechend § 818 Abs 2. Der Ersatzanspruch gegen den Dritten ist abzutreten. Es findet sonach nicht, wie in andern Fällen nach BGB (§§ 1370, 1381, 1382, 1440, 774) ein unmittelbarer dinglicher Eintritt des vom Schuldner Erlangten in das Vermögen des Gläubigers (Surrogation) statt, sondern es wird nur ein schuldrechtlicher Anspruch des Gläubigers gegen den Schuldner auf Herausgabe bzw. Abtretung begründet (**RG** 94, 23; 105, 87; JW 1919, 186[7]) **RG** 6. 10. 22, III 691/21). — Der Anspruch auf die Herausgabe oder Abtretung besteht ohne Rücksicht darauf, ob der Schuldner die nachträgliche Unmöglichkeit zu vertreten hat oder nicht, lediglich auf Grund des ursprünglichen Schuldverhältnisses (§ 275 A 1), also selbst dann, wenn der Gläubiger die nachträgliche Unmöglichkeit verschuldet und zu vertreten hat; denn der Ersatz tritt an die Stelle der unmöglich gewordenen Leistung und dient nur zur Verhinderung einer ungerechtfertigten Bereicherung des Schuldners (**RG** Warn 1918 Nr 160; **RG** 111, 303). Voraussetzung ist aber stets, daß der Schuldner den Ersatz oder den Ersatzanspruch infolge des Umstandes erlangt hat, durch den die Unmöglichkeit herbeigeführt worden ist. Beispielsweise Ersatzanspruch gegen einen Dritten, der die dem Gläubiger geschuldete Sache zerstört hat. Oder der Anspruch auf eine Versicherungssumme (**RG** 89, 38). Oder es wird der Verkäufer durch obrigkeitliche Anordnung genötigt, die dem Käufer geschuldete Sache an einen Dritten zu verkaufen, und er erzielt dabei einen Mehrerlös, auf diesen hat der erste Käufer dann Anspruch (**RG** 91, 260). Keineswegs ist aber Voraussetzung, daß der Ersatz oder Ersatzanspruch unmittelbar durch das nämliche Ereignis und lediglich durch dieses erlangt worden ist, das die Leistung unmöglich gemacht hat. Vielmehr ist, wie bei der Vorteilsausgleichung — vgl. Vorbem 5 vor § 249 — nur ein adäquater Zusammenhang erforderlich (**RG** 102, 205), der auch durch Vermittlung anderer Ereignisse hergestellt sein kann, die sich aus dem natürlichen und erfahrungsgemäßen Laufe der Dinge ergeben haben. Daher ist die Anwendung des § 281 auch dann nicht ausgeschlossen, wenn der Schuldner die geschuldete Sache freiwillig anderweit verkauft

hat; auch eine solche Handlung des Schuldners ist ein „Umstand", der die Unmöglichkeit herbeigeführt hat (RG 105, 89); nicht entgegen steht RG 91, 263, wo wohl mit Recht bei einem durch die eigene Tätigkeit des Schuldners herbeigeführten besonders günstigen Verkaufe der Schuldner nicht für verpflichtet erklärt wird, den dadurch über das Erfüllungsinteresse des Gläubigers hinaus erlangten Vorteil herauszugeben. — Bestritten ist, ob die Vorschrift des § 281 über das Gebiet der Schuldverhältnisse hinaus auch auf dingliche Ansprüche namentlich auf den Anspruch des Eigentümers einer gestohlenen Sache gegen den gutgläubigen) Besitzer auf Herausgabe nach § 985, angewendet werden kann. Der (ehemalige) VI. ZS des RG hat in RG 105, 88 die Frage bejaht; den gegen diese Entscheidung namentlich vom OLG Hamburg in mehreren Urteilen erhobenen Bedenken hat sich der IV. ZS in RG 115, 31 angeschlossen und ist zur Verneinung der Anwendbarkeit gelangt. Er hat dabei wohl zutreffend erwogen, daß § 281 auf dem Gedanken eines Fortbestehens des Schuldverhältnisses an sich trotz eingetretener Unmöglichkeit der Leistung, wenn auch mit veränderter Richtung und Wirkung, beruhe, während der dingliche Herausgabeanspruch als solcher gegen den Besitzer an den Besitz als wesentliche Voraussetzung geknüpft ist und ohne weiteres in jeder Richtung erlischt, wenn dieser den Besitz verliert. Die gleiche Ansicht ist übrigens bereits in der 5. Auflage dieses Kommentars, § 985 A 3, vertreten worden. Im Ergebnisse macht dieser Wechsel in der rechtlichen Auffassung jedoch keinen wesentlichen Unterschied, da der IV. ZS. a. a. O. anerkennt, daß der Anspruch auf Herausgabe des Erlangten als Bereicherungsanspruch aus § 816 Abs 1 Satz 1 hergeleitet werden kann und anderseits auch der Anspruch aus § 281, wenn er begründet wäre, sich auf die Bereicherung beschränken müßte (so OLG Hamburg JW 1926, 1244[4]); vgl. auch oben. — Dagegen hat z. B. der Bankier, der ihm anvertraute Wertpapiere veräußert hat, auch abgesehen von einem ihn treffenden Verschulden wegen des bestehenden Schuldverhältnisses schon aus § 281 den erzielten Erlös dem Eigentümer herauszugeben, unbeschadet der etwa im Falle schuldhaften Handelns ihn treffenden Schadensersatzpflicht aus dem Vertrage und der unerlaubten Handlung. Der Zedent, der nach der Abtretung von dem Schuldner in wirksamer Weise (§ 407) die Erfüllung entgegengenommen hat, hat, auch wenn ihn dabei kein Verschulden trifft, das Erhaltene auf Grund des § 281 dem Zessionar, zu dem er auf Grund des Abtretungsvertrags auch nach vollzogener Abtretung noch in einem Schuldverhältnisse steht, herauszugeben; dieser ist nicht auf einen Geldersatzanspruch beschränkt (RG JW 1926, 981[2]).

2. Da ein **„geschuldeter" Gegenstand** nur ein bestimmter Gegenstand sein kann, so ist § 281 nur bei einer **Speziesschuld anwendbar** (RG 88, 288); bei einer Gattungsschuld erst nach eingetretener Konkretisierung, RG Warn 1918 Nr 160; nicht aber, wenn die Konkretisierung durch Ablehnung der angebotenen Ware und Zustimmung des Verkäufers zu dieser Ablehnung wieder rückgängig gemacht war (RG 108, 187); anwendbar auch bei sog. „beschränkten Gattungsschulden" (RG JW 1917, 968[5]; Gruch 61, 626), sofern in Wirklichkeit, wie z. B. beim Verkaufe der „gesamten eigenen Erzeugnisse" oder der „zunächst zu fördernden 35 Tonnen Wolframerz" (RG 92, 371; 91, 260) eine Speziesschuld vorliegt. Aber auch sonst hat bei Gattungsschulden § 281 Anwendung zu finden, wenn die eingetretene Unmöglichkeit, z. B. durch behördliches Verbot oder Beschlagnahme sich auf die gesamte Gattung oder auf den gesamten Vorrat, aus denen zu liefern war, erstreckt hat und hierfür ein Ersatz erlangt ist (RG 93, 143; 95, 23; Warn 1921 Nr 41). — Derjenige Gegenstand, für den der Schuldner Ersatz erhält, muß der gerade geschuldete sein. Das träfe beispielsweise nicht zu, wenn sich der Schuldner zur Herstellung einer Sache verpflichtet hätte, und ihm der Rohstoff, den er hierzu zu verwenden hatte, gegen Entgelt enteignet wäre; oder wenn sämtliche zur Gattung gehörigen Sachen in Beschlag genommen wären und der Schuldner alsdann aus den beschlagnahmten Sachen andere Gegenstände hergestellt und für diese ein Entgelt erhalten hätte; wohl aber — und § 281 ist deshalb anwendbar —, wenn der von vornherein ins Auge gefaßte bestimmte Leistungsgegenstand zur Zeit des Eintritts der Unmöglichkeit noch nicht entstanden war, z. B. ein von einer bestimmten Kuh zu werfendes Kalb (RG 92 S. 372, 373). Zur Anwendbarkeit des § 281 gehört es weiter, daß die unmöglich gewordene Leistung noch geschuldet geblieben war, und daher ist für die Regel kein Raum, wenn etwa die Leistungspflicht wegen Ausfalls einer Bedingung fortgefallen war, mag auch der Verpflichtete dieserhalb sonst einen Vorteil erlangt haben (RG 15. 11. 13 V 249/13). — Unanwendbar ist § 281, wo nicht ein Gegenstand, sondern die Herstellung eines Werkes geschuldet ist (RG 97, 90).

3. **Hat der Schuldner die Unmöglichkeit zu vertreten und haftet er demgemäß** dem Gläubiger nach § 280 auf **Schadensersatz wegen Nichterfüllung,** so würde der Gläubiger, wenn er außer dem Schadensersatz ungeschmälert auch die Herausgabe der Ersatzleistung (A 1) verlangen dürfte, eine ungerechtfertigte Bereicherung erfahren. Daher die Bestimmung des Abs 2, daß der Gläubiger, falls er von den beiden Ansprüchen — auf Herausgabe und auf Schadensersatz — Gebrauch macht, von dem Betrage der Schadensersatzforderung den Wert des bereits erlangten Ersatzes oder des Ersatzanspruchs abzurechnen hat.

Insoweit mindert sich der Schadensersatzbetrag von selbst (mithin kein Fall der Aufrechnung), ähnlich wie bei der Vorteilsausgleichung (RG 74, 199). Vgl. Vorbem 5 vor § 249. — Der Gläubiger, der auf Herausgabe oder Abtretung des Ersatzes bzw. Ersatzanspruchs geklagt hat, kann davon abgehen und auf seinen Schadensersatzanspruch zurückgreifen, auch noch nach ergangenem Urteile, jedenfalls so lange, als nicht die Herausgabe usw. vom Schuldner angeboten ist (RG 108, 187). Der Schuldner kann den Gläubiger nicht auf seine Abtretungsbereitschaft verweisen, um sich dem Schadensersatzanspruche zu entziehen (RG 101, 155).

§ 282

Ist streitig, ob die Unmöglichkeit der Leistung die Folge eines von dem Schuldner zu vertretenden Umstandes ist, so trifft die Beweislast den Schuldner[1]).

E I 239 II 238; M 2 47; P 1 317.

1. Beweislast. Vgl. die Ausführung § 275 A 6, ferner § 283 A 1. Die Vorschrift des § 282 hat den Fall vor Augen, daß die geschuldete Leistung unmöglich geworden ist, setzt diese Tatsache als gegeben voraus und will nur noch die Frage entscheiden, wen die Beweislast hinsichtlich der Frage trifft, ob die Unmöglichkeit die Folge eines von dem Schuldner zu vertretenden Umstandes ist. Dabei macht das Gesetz keinen Unterschied, ob der Schuldner gegenüber der Leistungsklage des Gläubigers behauptet, daß die Leistung unmöglich geworden sei durch einen von ihm nicht zu vertretenden Umstand (§ 275) oder ob er gegenüber der auf die Behauptung einer von dem Schuldner zu vertretenden Unmöglichkeit gestützten Schadensersatzklage des Gläubigers einwendet, daß die Unmöglichkeit durch einen von ihm nicht zu vertretenden Umstand eingetreten sei (§ 280). Auch im letzteren Falle legt ihm die Sondervorschrift des § 282 die Beweislast auf. Da das Gesetz nicht unterscheidet, darf auch durch die Rechtsprechung ohne hinreichende Gründe, die nicht ersichtlich sind, eine solche Unterscheidung nicht in das Gesetz hineingetragen werden, zumal auch die Motive (2, 47) keinen Anhalt für eine dahingehende Absicht des Gesetzgebers bieten. Auf diesem Standpunkte steht ersichtlich auch das RG in den Urteilen RG 63, 68 und 101, 152, da es sich in beiden Fällen um Schadensersatzklagen des Gläubigers handelte. Wie hier, Planck-Siber Erl 2a; a. A. die 5. Auflage. Auch im Falle des § 282 ist jedoch dem Schuldner kein zwingender Verursachungsbeweis (vgl. Vorbem. 3 vor § 249) zuzumuten und daher auch nicht ein unbedingter Nachweis gerade des Umstandes, der eine unverschuldete Unmöglichkeit herbeigeführt haben soll, zu verlangen. **Der Beweis wird vielmehr oftmals schon dann als erbracht anzusehen sein, wenn der Schuldner nur wahrscheinlich macht, wie die Unmöglichkeit eingetreten sein könne, sofern dieser Annahme entgegenstehende Umstände nicht bekannt sind** (M 2 S. 47, 48). So genügt ein Beamter, der wegen Abhandenkommens einer in seiner Verwahrung befindlichen Sache in Anspruch genommen wird, seiner Entlastungspflicht regelmäßig schon durch den Nachweis, daß der Schaden auf die eine oder die andere Weise, die er nicht zu vertreten hat, entstanden sein könne, es sei denn, daß seine Unzuverlässigkeit im allgemeinen dargetan wäre (RG 74, 342). Ein Vermieter, dem der wegen Mieterückständen des Mietbesitzes entsetzte Mieter für den Mietausfall haftet, hat die Pflicht, nach Möglichkeit für anderweite Vermietung zu sorgen und ist gemäß § 282 beweispflichtig dafür, daß ihm die anderweite Vermietung infolge nicht von ihm zu vertretender Umstände nicht möglich war (RG JW 1911, 400[7]). — Auf freier Beweiswürdigung (prima facie-Beweis) beruht es, daß bei einer auf eine polizeiliche Anordnung gegründeten Unmöglichkeit von dem Gläubiger der Nachweis verlangt worden ist, daß der Eintritt der Unmöglichkeit durch Erschöpfung des Instanzenzuges hätte abgewendet werden können (RG JW 1911, 94[15]). — Der Beweis ist dahin zu führen, daß weder den Schuldner selbst noch eine Person, deren er sich als Erfüllungsgehilfe (§ 278) bedient hat, ein Verschulden trifft (RG 101, 153). — Die Bestimmung gilt auch dann, wenn es sich darum handelt, ob dem Schuldner, der nicht vollständig erfüllt hat, die vollständige Erfüllung unmöglich war (RG SeuffA 58 Nr 160, betreffend nachträgliche Verschlechterung der Kaufsache). Vgl. RG JW 08, 478[8]. Auch der Kassenbeamte haftet für den Bestand der Kasse, wofern er nicht nachweist, daß ein nachgewiesener Fehlbetrag von ihm nicht verursacht sei (RG JW 08, 411[14]). — Verschieden von der Frage des § 282, ob der in Frage stehende Umstand die Unmöglichkeit herbeigeführt hat, ist die Frage, ob der Schuldner diesen Umstand zu vertreten hat; das hierfür in der Regel erforderliche schuldhafte Verhalten des Schuldners (§ 276 A 1) hat der Gläubiger nach allgemeinen Grundsätzen zur Begründung eines Schadensersatzanspruchs aus § 280 zu beweisen.

§ 283

[1]) Ist der Schuldner rechtskräftig verurteilt, so kann der Gläubiger ihm zur Bewirkung der Leistung eine angemessene Frist mit der Erklärung be-

stimmen, daß er die Annahme der Leistung nach dem Ablaufe der Frist ablehne[2]). Nach dem Ablaufe der Frist kann der Gläubiger Schadensersatz wegen Nichterfüllung verlangen[3]), soweit nicht die Leistung rechtzeitig bewirkt wird[1]); der Anspruch auf Erfüllung ist ausgeschlossen[1])[3 a]). Die Verpflichtung zum Schadensersatze tritt nicht ein, wenn die Leistung infolge eines Umstandes unmöglich wird, den der Schuldner nicht zu vertreten hat[1]).

Wird die Leistung bis zum Ablaufe der Frist nur teilweise nicht bewirkt, so steht dem Gläubiger auch das im § 280 Abs 2 bestimmte Recht zu[4])[5]).

E I 234 II 239; M 2 53; P 1 321.

1. **Anspruch auf Schadensersatz im Falle zu unterstellender Unmöglichkeit.** Ist der Schuldner auch bereits rechtskräftig zur Leistung verurteilt worden, so kann der Gläubiger grundsätzlich doch noch von dem Leistungsanspruche auf den Anspruch auf Schadensersatz wegen Nichterfüllung übergehen, wenn er nämlich nachzuweisen vermag, daß die Leistung infolge eines vom Schuldner zu vertretenden Umstandes unmöglich geworden ist (§ 280). Er braucht es in diesem Falle nicht erst auf den Versuch zur Durchführung des Erfüllungsanspruchs im Vollstreckungsverfahren ankommen zu lassen (RG Warn 1912 Nr 375). Ob die Unmöglichkeit vor der Verurteilung des Schuldners oder nach diesem Zeitpunkte eintrat, ist hierfür übrigens grundsätzlich gleichgültig. Anderseits kann aus einem vor der Verurteilung vorgefallenen Ereignisse der bereits verurteilte Schuldner den Einwand der nachträglichen Unmöglichkeit gemäß dem prozessualen Grundsatze des § 767 ZPO nicht mehr entnehmen (RG 107, 19). Der § 283 gibt nun aber — worin seine hauptsächliche Bedeutung liegt — dem Gläubiger, der bereits ein rechtskräftiges Leistungsurteil erlangt hat, in der Fristsetzung noch ein Mittel an die Hand, von dem Leistungsanspruche auf den Schadensersatzanspruch auch ganz ohne Rücksicht darauf überzugehen, ob die Leistung wirklich unmöglich geworden ist oder ob sie noch möglich ist. Leistet nämlich der Schuldner nach seiner rechtskräftigen Verurteilung innerhalb der ihm gesetzten, angemessenen Frist nicht, so braucht der Gläubiger es überhaupt nicht mehr auf die Vollstreckungsmöglichkeit des Urteils ankommen zu lassen; vielmehr ist die Sache alsdann ohne weiteres so anzusehen und zu behandeln, als wäre die Leistung nachträglich tatsächlich unmöglich geworden. Gemäß § 283 Abs 1 Satz 2 kann der Gläubiger jetzt sofort die Klage auf Schadensersatz erheben. Hinsichtlich einer bereits vor dem Erlasse des Urteils eingetretenen (nachträglichen) Unmöglichkeit greift im übrigen zuungunsten des Schuldners auch hier die Bestimmung des § 767 Abs 2 ZPO Platz und der Schuldner kann deshalb gegenüber der Schadensersatzklage nicht mehr einwenden, daß er durch ein vorher eingetretenes, von ihm nicht zu vertretendes Ereignis befreit worden sei (RG 96, 21; JW 1913, 831[4]; RG 107, 19). Kann anderseits aber der Schuldner beweisen, daß die Leistung **erst nachträglich,** also erst nach Erlaß des Urteils infolge von ihm nicht zu vertretender Umstände — gleichgültig ob vor oder nach der Fristsetzung — **unmöglich geworden** ist, dann wird er auch jetzt noch frei, trotz der Fristsetzung (Abs 1 Satz 3). Die bis zum Ablaufe der Frist angebotene Leistung muß der Gläubiger, um nicht in Annahmeverzug zu kommen, annehmen, gleichviel ob er an ihr noch Interesse hat oder nicht. Den Anspruch auf die geschuldete Leistung selbst kann der Gläubiger nach der Fristsetzung keinesfalls mehr geltend machen, da er ihn durch den Gebrauch dieses Rechtsbehelfs schlechthin verwirkt.

Die Regeln des § 283 sind **anwendbar** bei allen Schuldverhältnissen, auch bei solchen, die aus dinglichen Verhältnissen erst erwachsen sind, wie insbesondere wegen Verletzung des Eigentums (vgl. Vorbem 2 vor § 241); also auch dann, wenn der Besitzer infolge einer Eigentumsklage gemäß § 985 zur Herausgabe der Sache rechtskräftig verurteilt worden ist (RG Warn 1912 Nr 375). Unanwendbar ist § 283 dagegen, wenn die Frage der Unmöglichkeit überhaupt keine Rolle spielen kann. Daher auch bei Verurteilungen zur Abgabe von Willenserklärungen. Denn ist jemand zur Abgabe einer Willenserklärung bereits rechtskräftig verurteilt worden, dann ist schon damit die von ihm geschuldete Leistung bewirkt, und für die Anwendung des § 283 besteht sonach kein Raum mehr (RG 76, 409).

2. **Über den Rechtsbehelf der Fristsetzung** vgl. § 250 A 1 u. 2. Gemäß § 259 ZPO kann, falls die Besorgnis gerechtfertigt ist, daß der Schuldner sich der rechtzeitigen Leistung entziehen wird, schon bei Erhebung der Leistungsklage beantragt werden, dem Schuldner durch das Urteil eine Frist im Sinne des § 283 für den Fall der Nichtleistung zu bestimmen (RG 109, 236). — Der Fristsetzung bedarf es überhaupt nicht, wenn der verurteilte Schuldner erklärt, oder bereits im Vorprozesse erklärt hatte, nicht leisten zu können; vielmehr kann alsdann der Gläubiger ohne weiteres und ohne das Vollstreckungsverfahren versucht zu haben, Schadensersatz fordern (RG JW 03, 290[6], RG 69, 357; 96, 20; Warn 1912 Nr 375; 1920 Nr 7;

Gruch 64, 99; RG 109, 236). Einer Fristsetzung bedarf es auch nicht mehr, wenn die Vollstreckung fruchtlos versucht worden ist. Der Gläubiger kann dann ohne weiteres in Geld als Schadensersatz den Wert der ausgebliebenen Leistung verlangen, sofern nicht der Schuldner Umstände dartut, aus denen sich ein geringerer Schaden ergibt (§ 287 ZPO; RG 54, 33; 109, 236).

3. **Der Anspruch auf Schadensersatz** wegen Nichterfüllung geht hier nicht, wie in §§ 325, 326 (vgl. § 325 A 1a), stets auf Entschädigung in Geld. Grundlegend ist vielmehr auch hier der Grundsatz des § 249 und der Schuldner daher der Regel nach gehalten, den Gläubiger in eine Lage zu versetzen, die wirtschaftlich derjenigen entspricht, in der sich der Gläubiger im Falle der Erfüllung befinden würde (RG 96, 24; 91, 217). Auch im Falle des § 283 geht aber der Ersatzanspruch gemäß § 251 schlechthin auf Geld, wenn die Herstellbarkeit des entsprechenden Zustandes nach Lage der Sache überhaupt ausgeschlossen ist, oder wenn eine dem Herstellungsgrundsatze des § 249 Satz 1 entsprechende Ersatzleistung nichts anderes als wiederum die Erfüllung des Vertrags darstellen würde; oder es müßte durch Geltendmachung des Anspruchs aus § 249 Satz 1 gerade der Zustand herbeigeführt werden, der ohne das vom Schuldner zu vertretende Ereignis eingetreten wäre (RG JW 1918, 217[4]). Die Möglichkeit, den Gläubiger wegen Vereitelung des ursprünglichen Anspruchs durch eine anderweite (nicht auf Geld gehende) Ersatzleistung zu entschädigen, erscheint keineswegs in allen Fällen ausgeschlossen. Falls z. B. der Schuldner zur Bestellung einer Sicherheit von bestimmter Art (Sicherungshypothek) verurteilt worden ist und der Schuldner diese Leistung nach seiner Verurteilung vereitelt hat, könnte der Gläubiger möglicherweise durch eine anderweite Sicherheitsleistung schadlos gehalten werden, und daher wäre er gegebenenfalls auch nach § 283 berechtigt, die anderweite Sicherheitsleistung wirklich zu verlangen (RG 73, 21). Die Bestimmung des § 250 Satz 2 rechtfertigt die Annahme, daß der Gläubiger im Falle des § 283 nach der Fristsetzung ausnahmslos nur Schadensersatz in Geld fordern könne (Oertmann A 3), um deswillen nicht, weil jene Vorschrift nur für Ansprüche, die von vornherein auf Schadensersatz gehen und für den Fall gegeben ist, daß der Schuldner die ihm zur „Herstellung" gesetzte Frist fruchtlos hat verstreichen lassen, während es sich nach § 283 um eine Fristbestimmung für Bewirkung der geschuldeten Leistung selbst handelt. Danach ist der § 250 im Rahmen des § 283 erst dann anwendbar, wenn der Schuldner zunächst die ihm zur Leistung des Geschuldeten gestellte Frist fruchtlos hat verstreichen lassen, und demnächst der Gläubiger unter erneuter Fristsetzung die Herstellung gefordert, der Schuldner alsdann aber auch diese Frist nicht gewahrt hat. — Bei gegenseitigen Verträgen regelt sich der Anspruch auf Schadensersatz wegen Nichterfüllung gemäß der im Rahmen der §§ 325, 326 geltenden Differenztheorie (vgl. § 325 A 1a). Durch ein rechtskräftiges Wandelungsurteil wird ein Verpflichtungsverhältnis ähnlich dem eines gegenseitigen Vertrags begründet (RG 66, 65). Ist nun ein Schuldner zur Wadelnung eines Tauschvertrags rechtskräftig verurteilt und hat er, ihr zu genügen, unbedingt abgelehnt oder die ihm gesetzte Frist verstreichen lassen, dann kann der Berechtigte gemäß § 283 in der Weise den Anspruch auf Schadensersatz wegen Nichterfüllung geltend machen, daß er die empfangene Sache zurückgewährt und vom Verpflichteten wegen Vorenthaltung der ihm gegebenen Sache Entschädigung in Geld fordert (RG 96, 24; 93, 47). Dem Berechtigten kann billigerweise nicht zugemutet werden, die empfangene Sache trotz ihrer Fehlerhaftigkeit zu behalten. Vgl. § 325 A 1a Abs 2. Aus dem ursprünglichen Vertrage hergeleitete Einwendungen gegen seine Leistungspflicht, auch solche, die erst nach dem in § 767 Abs 2 bezeichneten Zeitpunkte entstanden sind, abgesehen von der nach diesem Zeitpunkte eingetretenen Unmöglichkeit der Leistung (Abs 1 Satz 3), kann der Schuldner dem Schadensersatzanspruche aus § 283 nicht entgegenhalten (RG 107, 234; 111, 364). Das gilt auch von der Vertragsklausel, daß der Schuldner im Falle der Nichtlieferung nur Rückzahlung des angezahlten Kaufpreises, nicht aber Schadensersatz verlangen könne, sofern nicht eine zweifelsfreie Vereinbarung des Inhalts vorliegt, daß auch der besondere Schadensersatzanspruch aus § 283 ausgeschlossen sein sollte (RG a. a. O.). Es gilt auch von dem Einwande einer (vertragsmäßigen) kurzen Verjährung (RG 109, 236).

3a. Ausgeschlossen ist nur der **Anspruch auf Erfüllung**; nicht aber ein aus § 326 sich ergebendes und durch den Fristablauf und das Verlangen eines Schadensersatzes nicht endgültig verlorengegangenes Rücktrittsrecht (RG 109, 184); vgl. § 326 A 1c.

4. Abs 2 gibt dem Gläubiger für den Fall, daß der **Schuldner die Leistung bis zum Fristablaufe nur teilweise bewirkt,** entsprechend der Bestimmung § 280 Abs 2 Satz 1, das Recht, wegen mangelnden Interesses an der Teilleistung diese abzulehnen und in vollem Umfang Schadensersatz zu fordern, worauf sich die weitere Auseinandersetzung unter den Parteien nach Satz 2 Abs 2 § 280 zu regeln hat. Vgl. dort A 2.

5. **Übergangszeit.** Der § 283 ist auf vor dem 1. Januar 1900 entstandene Schuldver-

hältnisse nicht anwendbar (EG Art 170). Das Gegenteil trifft zu (EG Art 181), wenn dem Schadensersatzanspruche ein dingliches Rechtsverhältnis zugrunde liegt (RG Warn 1912 Nr 375).

§ 284

[1]) Leistet der Schuldner auf eine Mahnung des Gläubigers nicht, die nach dem Eintritte der Fälligkeit erfolgt[2]), so kommt er durch die Mahnung in Verzug[1]). Der Mahnung steht die Erhebung der Klage auf die Leistung sowie die Zustellung eines Zahlungsbefehls im Mahnverfahren gleich[3]).

Ist für die Leistung eine Zeit nach dem Kalender bestimmt, so kommt der Schuldner ohne Mahnung in Verzug, wenn er nicht zu der bestimmten Zeit leistet. Das gleiche gilt, wenn der Leistung eine Kündigung vorauszugehen hat und die Zeit für die Leistung in der Weise bestimmt ist, daß sie sich von der Kündigung ab nach dem Kalender berechnen läßt[4])[5]).

E I 245 II 240; M 2 56; P 1 324.

1. Der **Schuldnerverzug** (§§ 284—289) entsteht durch das — und zwar in der Regel (A 2) trotz nach Fälligkeit erfolgter Mahnung — stattfindende Unterlassen der Leistung; der Gläubigerverzug ohne weiteres durch das Unterlassen der Annahme (§ 293). Möglich ist, daß Leistungs- und Annahmeverzug zusammentreffen, so in den Fällen der §§ 433 Abs 2, 640 (RG 60, 162). Zu den Voraussetzungen, die § 284 für den Schuldnerverzug gibt, kommt nach § 285 noch die des Verschuldens hinzu. — Gehören die Parteien verschiedenen Rechtsgebieten an, so sind die Folgen des Verzugs einer Partei für diese und die Gegenpartei je nach den verschiedenen Grundsätzen der beiden Rechtsgebiete zu beurteilen (RG 51, 218). Bei einem unter der Herrschaft des früheren Rechts begründeten Schuldverhältnisse sind die Voraussetzungen wie auch die Wirkungen des Erfüllungsverzugs nach jenem Rechte zu beurteilen, selbst wenn der Verzug erst unter der Herrschaft des neuen Rechts eingetreten ist (RG JW 1911, 535[7]).

2. **Mahnung** ist die einseitige, empfangsbedürftige (§§ 130—132), formlose, gegebenenfalls auch nur stillschweigend (RG 50, 261) an den Schuldner gerichtete Aufforderung des Gläubigers (oder seines Vertreters, auch Prozeßvertreters, Vorbem 8 vor § 104), zu leisten. Sie wird nicht dadurch unnötig, daß sich der Schuldner freiwillig vor der Fälligkeit zur Leistung bereit erklärt hat (RG SeuffA 75 Nr 185); sie muß bestimmt und unbedingt sein, darf also den Schuldner nicht im unklaren darüber lassen, daß der Gläubiger jetzt die Leistung wirklich verlangt. Daher ist auch eine Mahnung erst für den Fall, daß die in erster Linie erfolgte Anfechtung des Vertrags erfolglos sein sollte, wirkungslos (RG 75, 333). Vorbringen im Prozesse nur aus prozessualen Gründen genügen als Mahnung nicht (RG Gruch 51, 587). Um den Verzug abzuwenden, muß der Schuldner die Möglichkeit der rechtzeitigen Leistung nötigenfalls schon vor der Fälligkeit vorbereitet haben, der Gläubiger braucht ihm nicht noch die ganze Erfüllungszeit zur Verfügung zu stellen (RG SeuffA 75 Nr 185). — Weiter ist grundsätzlich erforderlich, daß die Mahnung erst nach Eintritt der Fälligkeit (§§ 271 A 1, 198 A 2) erfolgt. Doch kann die Mahnung mit der die Fälligkeit begründenden Handlung verbunden werden (RG 50, 255). Eine vor Fälligkeit erfolgte Mahnung ist unbeachtlich (RG 113, 254) und bleibt auch nach Eintritt der Fälligkeit wirkungslos. — Solange der Schuldner die Leistung zu verweigern berechtigt ist, ist Verzug auf seiner Seite ausgeschlossen (RG JW 1911, 486[4]); sei es, daß durch das Bestehen der Einrede die Fälligkeit gehindert wird, sei es, daß sich die Handlungsweise des Verpflichteten nach Maßgabe der Einrede als eine berechtigte und daher nicht schuldhafte darstellt. Vgl. aber wegen der Kundmachung des Zurückbehaltungsrechts § 285 A 1. Demgemäß kann auch ein Kaufpreis vor Lieferbarkeit der Ware nicht fällig werden, sofern nicht Vorauszahlung vereinbart ist (RG JW 09, 456[10]). Bei Zug-um-Zug-Leistungen ist die Wirksamkeit der Mahnung nicht vom gleichzeitigen Angebote der Gegenleistung abhängig (unentschieden geblieben in RG 50, 259). Doch ist bei gegenseitigen Verträgen hinsichtlich der Zug-um-Zug-Leistungen Verzug des Schuldners trotz der Mahnung ausgeschlossen, wenn der andere Teil nicht selbst zur Leistung bereit und imstande ist, und erhebt der Schuldner die Einrede des nichterfüllten Vertrags, oder erbietet er sich zur Leistung Zug um Zug, dann muß der Gläubiger nachweisen, daß er zur Erfüllung bereit und imstande war, andernfalls der Verzug nicht eintritt (RG 76, 413; JW 09, 456[10]; 1911, 486); Beweislast dahingestellt bei Warn 1921 Nr 42; dem aus §§ 320, 322 sich ergebenden Standpunkte des Gesetzes (vgl. § 320 A 2) dürfte es mehr entsprechen, daß der die Leistung Verweigernde nachzuweisen hat, daß der Fordernde zur Leistung nicht bereit oder nicht imstande war. Ist zur Vertragserfüllung **die Anwesenheit beider Teile erforderlich** (so beispielsweise bei der Auflassung), dann hat der Gläubiger mit der Mahnung zugleich einen bestimmten Erfüllungs-

termin zu benennen (RG 53, 75; SeuffA 61 Nr 61). Aber es genügt auch, wenn er sich bereit erklärt, innerhalb einer gegebenen Frist einen Termin zu vereinbaren und an diesem seine Leistung zu bewirken und die Gegenleistung in Empfang zu nehmen (RG 66, 431; 69, 107; JW 1913, 487[7]). Hatte indes der Beklagte einmal wegen Unvermögens um Fristverlängerung gebeten, dann ist der Kläger zur Bestimmung des Auflassungstermins nicht mehr verpflichtet gewesen (RG JW 1913, 487[7]). — Beim Gattungskaufe tritt, falls der Käufer die Annahme der gelieferten Ware mit Recht verweigert und Ersatzware verlangt (§ 480), schon mit diesem Verlangen Lieferungsverzug des Verkäufers ein, wenn dem Verlangen nicht entsprochen wird (RG JW 05, 17[10]). Hat sich die angenommene Leistung nachträglich als unzulänglich erwiesen, so genügt zur Herbeiführung des Verzugs die Mitteilung des Mangels (RG Seuff A 60 Nr 51). — Eine Mahnung, die eine **Zuviel-Forderung** enthält, ist regelmäßig (RG 21. 11. 12 V 240/12), insbesondere aber dann wirkungslos, wenn anzunehmen, daß der Gläubiger eine mindere Leistung als die geforderte nicht annehmen würde (RG 5. 1. 06 II 219/05); sie kann dagegen von Wirkung sein, wenn sich ergibt, daß auch eine richtige Mahnung nicht gefruchtet hätte (RG SeuffA 59 Nr 388; 109, 22), oder wenn nur ein unbeachtlicher Betrag zuviel gefordert wurde (§ 242). Eine in ausländischer Währung statt in Mark gestellte Forderung enthält eine wirksame Mahnung, namentlich mit Rücksicht auf § 244 Abs 1 (RG 109, 63; JW 1924, 113[1]). Macht sich der Gläubiger einer Zuviel-Forderung insofern schuldig, als dem Schuldner als Käufer ein Anspruch auf Preisminderung zusteht, dann kann dieserhalb auch die Mahnung nicht den Verzug herbeiführen (RG 11. 5. 18, V 36/18). Diese Annahme dürfte nicht bedenklich sein (a. A. 5. Aufl.), da zwar die Minderung erst nach § 465 oder 472 vollzogen wird, aber auf Grund des Anspruchs auf Minderung dem Käufer bereits ein Zurückbehaltungsrecht nach § 273 zusteht, das er allerdings dem Gläubiger kundtun muß (vgl. § 285 A 1). — Bei **Teillieferungsverträgen** kann eine Mahnung, die hinsichtlich bereits fällig gewordener Raten erfolgt, genügen, den Schuldner auch hinsichtlich der erst später fällig werdenden Raten in Verzug zu setzen, wenn nämlich eine erneute Mahnung als zwecklos zu erachten wäre (RG 97, 137); sonst gilt im Rahmen des § 284 nicht der für § 326 angenommene Grundsatz, daß bei Teillieferungsverträgen der Verzug mit einer Teilleistung regelmäßig die gleiche Wirkung hat, als wenn der Schuldner mit der ganzen Leistung in Verzug geraten wäre. — Nach ständiger Rechtsprechung tritt **Verzug auch ohne Mahnung** ein, wenn ein Schuldner aus einem gegenseitigen Vertrage vor oder nach Eintritt der Fälligkeit bestimmt erklärt hat, nicht erfüllen zu wollen, der Schuldner setzt sich damit selbst in Verzug (RG 51, 347; 57, 106; 67, 317; JW 08, 194[8]). Indessen der Gläubiger darf sich solchenfalls mit der Erklärung des Schuldners nicht einverstanden gezeigt haben (RG 63, 103). Nach gesetzlicher Vorschrift entsteht ferner die gesteigerte Haftung des Schuldners auch ohne die Mahnung in den Fällen der §§ 848, 849. — Die Mahnung kann auch durch einen Vertreter (§§ 164, 180) wirksam erfolgen; durch einen beschränkt Handlungsfähigen dann, wenn sie ihm nur einen Vorteil bringt (§ 107). Auf die Mahnung kann verzichtet werden, und zwar schon bei Vertragsschluß, insbesondere durch das Versprechen, „unaufgefordert" zu zahlen, auch wenn die Zahlungszeit nicht kalendermäßig (A 4) bestimmt ist (RG 25. 4. 25, IV 665/24).

3. **Gleichgestellt sind der Mahnung die Erhebung der Leistungsklage** (nicht auch Feststellungsklage) sowie die **Zustellung eines Zahlungsbefehls.** Eine Klage kann als Kündigung wirksam werden, falls deren Voraussetzungen vorlagen; aber sie kann nicht eine unwirksame Kündigung wirksam machen (RG JW 03 Beil 138[302]). Ist ein geltend gemachter Entschädigungsanspruch erst im Laufe des Prozesses in einem Schriftsatze beziffert worden, so gilt als Zeitpunkt der Mahnung erst die mündliche Verhandlung (RG 16. 10. 07 V 60/07). Es müßte indes doch schon die Zustellung des Schriftsatzes maßgebend sein, wenn sie zum Zwecke der Mahnung erfolgt wäre (vgl. Vorbem 8 vor § 104). Auch ein hilfsweise gestellter Klagantrag auf Leistung enthält eine wirksame Mahnung (RG 108, 281).

4. **Dies interpellat pro homine.** Einer Mahnung bedarf es hiernach zunächst (Abs 2 Satz 1) dann nicht, wenn die Leistungszeit kalendermäßig schlechthin, also nur nach dem Kalender, sei es unmittelbar, sei es mittelbar bestimmt war, und zwar vertragsmäßig von beiden Teilen und nicht nur einseitig (RG 103, 34; Warn 1908 Nr 130; Gruch 52, 948). Dazu würde die Bestimmung, daß die Leistung spätestens an dem benannten Tage bewirkt sein müsse, genügen (RG 12. 10. 10 V 585/09); ebenso, daß das Gekaufte „noch innerhalb des Monats April" geliefert werden müsse (RG 106, 89 und die dort angeführten Urteile). Nicht genügend sind dagegen (außer im Falle der Kündigung, Satz 2) alle Klauseln, bei denen der Zeitpunkt der Fälligkeit nicht lediglich aus dem Kalender bestimmt werden, sondern nur unter Heranziehung eines Ereignisses, dessen Eintritt kalendermäßig unbestimmt ist, von dessen Eintritt ab kalendermäßig berechnet werden kann, insbesondere wenn der Zahltag in bestimmter Weise von der künftigen Lieferung der Ware abhängig gemacht ist; die Ausnahmevorschrift des Satzes 2 kann nicht auf die Fälle des Satzes 1 ausgedehnt werden (RG 103, 34); daher nicht als genügend angesehen: Zahlung dreißig Tage nach Lieferung, Zahlung am Ende jeder Empfangswoche (RG 60, 84); Zahlung am 20. des der Lieferung folgenden Monats (RG 68, 22); Zahlung

Mitte des auf die Lieferung folgenden Monats (Warn 09 Nr 555); „Lieferung zirka 6 Wochen nach Bestellung“ (Vertragsabschluß, wegen Unbestimmtheit der Lieferzeit, Warn 08 Nr 130). Auch der Abruf ist der Kündigung nicht gleichzustellen; daher nicht genügend: „Lieferung innerhalb 30 Tagen vom Tage der Bestellung“ (des Abrufs; RG SeuffA 61 Nr 65; RG 103, 35). „Lieferung innerhalb so und soviel Stunden nach Abforderung“ (RG Warn 1908, 447). Ist aber in einem Sukzessivlieferungsvertrag vereinbart, daß der Käufer die Waren „im Laufe des Kalenderjahres“ abzunehmen (abzurufen) hat, so ist für den Abruf eine Zeit nach dem Kalender bestimmt und bedarf es daher nach Satz 1 einer Mahnung nicht (RG 13. 6. 11 II 617/10). Vorausgesetzt ist hierbei, daß die Abnahmepflicht eine Schuldnerleistung darstellt, da andernfalls nur Gläubigerverzug in Frage stehen würde, für den nicht Mahnung, sondern Angebot regelmäßig erforderlich ist; vgl. § 293 A 1. Ist bestimmt, daß die Auflassung oder die Entgegennahme der Auflassung innerhalb einer kalendermäßigen Frist zu erfolgen habe, so bedarf es trotzdem noch der Aufforderung, in einem bestimmten oder zu vereinbarenden Termine vor dem Grundbuchamte zu diesem Zwecke zu erscheinen; vgl. Näheres § 326 A 1b. — Von einer Kündigung abhängig ist eine Leistung, die infolge des durch Kündigung eintretenden Ablaufs eines Vertrags zu machen ist, z. B. Rückgabe der Mietsache, Rückzahlung eines Darlehns; in solchen Fällen bedarf es keiner Mahnung, wenn die Zeit der Leistung von der Kündigung ab sich nach dem Kalender berechnen läßt, z. B. „3 Monate nach Kündigung“; „spätestens 6 Wochen nach Kündigung“. Gleiches muß gelten, wenn die Leistung sofort nach der Kündigung zu erfolgen hat (Kündigung ohne Kündigungsfrist). Hier enthält die Kündigung im Zweifel zugleich die Mahnung (RG 50, 261).

5. Der **Verzug hört für die Zukunft auf** mit der Leistung (bei Teilleistungen so weit, als eine solche erfolgt); aber auch schon mit dem gehörigen Angebote der ganzen geschuldeten Leistung, einschließlich also des Betrags für den etwa zu ersetzenden, bereits eingetretenen Verzugsschaden (RG JW 05, 13[3]; Warn 1911 Nr 393), jedoch ohne daß damit die bereits eingetretenen sonstigen Verzugsfolgen beseitigt würden (bedeutsam bei Mietverhältnissen, falls an den Verzug des Mieters gewisse Folgen geknüpft sind, wie insbesondere das Recht des Vermieters auf sofortige Kündigung). Ferner durch Stundung; nicht aber durch Verhängung der Geschäftsaufsicht, die keine Stundung bewirkt (RG 113, 56 und 8. 11. 26 IV 11/26). Geheilt wird der Verzug dadurch, daß auch der andere Teil in Verzug gerät (RG 24. 6. 03 V 220/03; nach RG JW 1911, 806[9] in Annahmeverzug). Alsdann bedarf es einer erneuten Mahnung (RG Warn 1913 Nr 355). Zur Heilung des Verzugs genügt es aber nicht, daß während des Verzugs eine Gegenforderung des säumigen Schuldners gegen den Gläubiger fällig geworden ist, wegen deren er ein Zurückbehaltungsrecht erlangt hat, vielmehr muß der Schuldner dann erst eine die Heilung herbeiführende Handlung vornehmen, das Zurückbehaltungsrecht also geltend machen, oder mindestens seine Leistung Zug um Zug anbieten (RG Warn 1919 Nr 3). Auch eine nachträgliche Stundung enthält nicht ohne weiteres einen Verzicht auf Geltendmachung der bereits eingetretenen Verzugsfolgen (RG JW 1913, 591[2]). — Der Kommissionär, der gemäß § 3 des Bankdepotgesetzes binnen drei Tagen nach dem tatsächlichen oder möglich gewesenen Erwerbe der Stücke deren Verzeichnis zu übersenden hat, gerät durch den fruchtlosen Ablauf der Frist nicht ohne weiteres in Verzug; es bedarf vielmehr noch der Mahnung (RG 72, 58).

§ 285

Der Schuldner kommt nicht in Verzug, solange die Leistung infolge eines Umstandes unterbleibt, den er nicht zu vertreten hat[1])[2]).

E I 246 II 241; M 2 60; P 1 325

1. **Verschulden des Schuldners eine gesetzliche Voraussetzung des Verzugs.** Nach dieser Bestimmung tritt der Verzug nicht ein, solange die Leistung infolge eines vom Schuldner nicht zu vertretenden Umstandes unterbleibt. Darüber, welche Umstände der Schuldner zu vertreten hat, vgl. §§ 276, 278, 279 und Anmerkungen. Liegen solche Umstände nicht vor, so kommt der Schuldner trotz Fälligkeit und Mahnung (§ 284) durch Unterlassen der Leistung nicht in Verzug. Beispielsweise der Schuldner vermochte zur Kriegszeit die versprochene, aus dem Auslande zu verschaffende Ware wegen inzwischen erfolgter Maßnahmen der ausländischen Regierung oder der inländischen Zentraleinkaufsgesellschaft überhaupt nicht mehr, oder doch nur unter solchen Schwierigkeiten sich zu verschaffen, daß ihm das nach Treu und Glauben (§ 242) nicht zugemutet werden kann (RG 97, 10); oder der Schuldner kann wegen schwerer Krankheit nicht leisten (RG JW 03 Beil 114[251]); oder der Gläubiger hat seinen Wohnsitz geändert, ohne dies dem Schuldner bekanntzumachen (RG SeuffA 60 Nr 49); oder es ist dem Schuldner die Adresse des Zessionars nicht mitgeteilt worden (RG SeuffA 68 Nr 22); oder die Leistung ist wegen eines vom Schuldner nicht zu vertretenden Umstandes unmöglich geworden (§ 275 A 3); oder endlich es schweben Ver-

handlungen wegen einer andern Leistungsweise (RG Warn 1910 Nr 369). Vgl. ferner § 284 A 2. Der Schuldner kommt nicht in Verzug, wenn der Gläubiger den Vertrag angefochten und Wiederherstellung des früheren Zustandes begehrt hat (RG 75, 333). Ebenso nicht der Erbe, dem noch die Ausschlagungsfrist läuft, wenn er eine gegen ihn außergerichtlich geltend gemachte Nachlaßforderung unbefriedigt läßt (RG 79, 203). Der Käufer kann eine verzögerte Eindeckung dem Verkäufer nicht vorwerfen, wenn er beim Vertragsabschlusse die mangelhafte Eindeckung des Verkäufers gekannt und ihn durch weitgehende Zusicherungen der eigenen Beschaffung von Rohmaterialien zur Übernahme der Lieferungsfristen bestimmt hat (RG Warn 1920 Nr 94). — Auch ein nicht auf Fahrlässigkeit beruhender, daher nicht zu vertretender **Irrtum** kann den Schuldner vom Verzuge befreien, so wenn der Mieter nicht zahlt, weil er (ohne Verschulden) irrtümlich annahm, die von ihm erklärte Aufrechnung sei wirksam (RG Warn 1917 Nr 48); oder unter besondern Umständen, wenn ein Mieter den formbedürftigen aber formlos abgeschlossenen Vertrag, der jahrelang durchgehalten worden war, rechtsirrtümlich für rechtsgültig hielt und im Vertrauen darauf nicht rechtzeitig geräumt hat (RG 96, 316). Auch ein Rechtsirrtum befreit den Schuldner vom Verzuge, wenn er nicht auf Fahrlässigkeit beruht (RG SeuffA 75 Nr 3); doch ist die bloße Zweifelhaftigkeit einer Rechtsfrage dazu nicht ausreichend, auch wenn sie der Schuldner selbst in einem ihm günstigen Sinne beantwortet (RG 92, 380; 96, 316); zu weit geht aber wohl der allgemeine Ausspruch, daß der Schuldner bei zweifelhafter Rechtslage die Folgen seiner Leistungsverweigerung unbedingt auf sich nehmen müsse, vgl. auch RG 105, 359 und 110, 435; Warn 1925 Nr 5; 1924 Nr 176. Lagen aber bei Eintritt der objektiven Verzugsvoraussetzungen bereits höchstrichterliche Entscheidungen im entgegengesetzten Sinne vor, so hat er die Unterlassung der Leistung zu vertreten (RG 105, 359). Doch kann der Gläubiger dem Schuldner nicht eine Rechtsauffassung zum Vorwurfe machen, die er jahrelang nicht beanstandet und selbst geteilt hat (RG 96, 316). Der Schuldner hat, wenn er über die Rechtslage im ungewissen ist, auf alle Fälle Erkundigungen darüber einzuziehen (RG 104, 111). — Beauftragt der Schuldner einen Dritten mit der Leistung, so muß er eine unentschuldigte Verzögerung der Leistung durch den Dritten vertreten (RG 12. 12. 14 V 333/14), selbst wenn er bei der Auswahl des Dritten mit genügender Sorgfalt gehandelt hat (§ 278). — Das Ausbleiben des Verzugs entsteht bei Zutreffen der Voraussetzungen ohne weiteres, ohne daß es noch auf die Geltendmachung des Befreiungsgrundes ankommt, da das Gesetz nur verlangt, daß der Schuldner den Umstand, wegen dessen er in Verzug gekommen sein könnte, nicht zu vertreten braucht (RG Warn 1921 Nr 42; SeuffA 76 Nr 48). Dieser Grundsatz greift auch Platz, wenn es sich um die Einrede des nicht erfüllten Vertrags handelt (RG JW 1921, 523[2]; Warn 1921 Nr 42; 7. 10. 24 II 599/23). Nicht jedoch, wenn der Vertrag dahin auszulegen ist, daß die angeblich nicht erfüllte Verpflichtung erst durch ein besonderes Verlangen des den Ausschluß des Verzugs geltend machenden Teiles ausgelöst worden sein würde (RG Warn 1925 Nr 120). Leistet aber der Schuldner nicht, weil er von einem Zurückbehaltungsrecht Gebrauch machen will, so muß er letzteres zur Abwendung des Verzugs geltend machen, da der Gläubiger nur so in die Lage versetzt wird, die Geltendmachung des Zurückbehaltungsrechts durch Sicherheitsleistung (§ 273 Abs 3) abwenden zu können (RG 77, 438; JW 11, 486; LZ 1920, 482[2]). Diese Entscheidungen können aber auf das Leistungsverweigerungsrecht aus § 320 keine Anwendung finden (RG Warn 1921 Nr 42). — **Einzelfälle:** Lehnt der Gläubiger bei einer Forderung, die auf Teilleistungen gerichtet ist, die Annahme einer Teilleistung ab, so ist der Schuldner unter Umständen der Pflicht, weitere Teilleistungen anzubieten, enthoben, wofern nämlich die Annahme begründet ist, daß der Gläubiger auf seinem ablehnenden Standpunkte beharren werde (RG Warn 1910 Nr 325). Der nichtliefernde Schuldner ist entschuldigt, wenn er die berechtigte Besorgnis hegen durfte, daß die Lieferung vom Gläubiger in einer vertragswidrigen, den Schuldner schädigenden Weise verwendet werden würde (RG JW 1910, 804[14]). Hat sich eine Leistung erst nachträglich als zur Erfüllung ungeeignet erwiesen, so verwandelt sich in diesem Zeitpunkte der anscheinend unverschuldete Verzug in einen schuldhaften (RG SeuffA 60 Nr 51). Wenn der Schuldner die Leistung wegen vermeintlich ihm zustehender Gegenforderungen verweigert, so tut er es auf die Gefahr hin, daß die Gegenforderungen nicht bestehen (RG 18. 10. 07 III 93/07). Ebenso liegt es, wenn er annimmt, zur Vorausleistung nicht verpflichtet zu sein; seine Verzögerung wird mit dem Augenblicke eine schuldhafte, in dem er aus einem Schreiben des Gläubigers erfährt, daß seine Auffassung auch unrichtig sein könnte (RG Warn 08 Nr 295, vgl. oben A 1 wegen des Rechtsirrtums). Bei Zug-um-Zug-Leistungen bleibt der Verzug aus, solange der Schuldner die Leistung wegen Ausbleibens der Gegenleistung verweigern darf, so daß solange auch eine Mahnung den Verzug nicht herbeiführen kann (RG 28. 1. 13 III 331/12). Im übrigen ist die Verweigerung der Leistung als gerechtfertigt anzusehen, auch wenn sich der zutreffende Grund für sie erst später herausgestellt hat (RG 31. 1. 05 VII 303/04; 59, 23). Verhältnismäßig geringfügige Rückstände sind nach § 242 bei der Frage des

Verzugs unter Umständen außer Betracht zu lassen (RG 6. 2. 03 II 342/02). Vgl. ferner über die Einwirkung des Zurückbehaltungsrechts aus § 273 A 5 das. Der Schuldner kommt nicht in Verzug, wenn er die Leistung wegen eines Verbots verweigert, das durch die Besatzungsmächte im besetzten Gebiete erlassen worden, da ihm die Übertretung eines solchen Verbots, obwohl es keine Geschäftsnichtigkeit nach § 134 begründet, nicht zuzumuten ist (RG 107, 175). Auch nicht wenn er Leistung ohne entsprechende Aufwertung (§ 242 A 5) der Gegenleistung verweigert; RG Warn 1924 Nr 145. — Ein bloßes Unvermögen wegen mangelnder Geldmittel zur Beschaffung der Leistung befreit den Schuldner nicht vom Verzuge (RG 75, 335, in erweiterter Anwendung des im § 279 ausgesprochenen Grundsatzes, daß der Schuldner bei Gattungsschulden sein Unvermögen so lange zu vertreten hat, als die Leistung aus der Gattung möglich ist). — Noch nachträglich entsteht der Verzug bei Vorhandensein der sonstigen Voraussetzungen ohne weiteres, sobald der vormalige Befreiungsgrund aufhört, oder sobald die Haftung des Schuldners für den in Frage stehenden Umstand beginnt.

2. **Beweislast.** Den Befreiungsgrund im Sinne des § 285 zu beweisen ist Sache des Schuldners (RG 75, 336). Vgl. für den Fall der Unmöglichkeit auch § 275 A 6, § 282. Bei Zug-um-Zug-Leistungen soll nach RG 76, 413 der Gläubiger darzulegen haben, daß er zur Vornahme der Gegenleistung (Auflassung) bereit gewesen sei. Das erscheint bedenklich, da zu dem vom Schuldner zu führenden Nachweise der Nichtvertretbarkeit auch gehört, daß er nicht zur Leistung verpflichtet, weil der Gläubiger nicht erfüllungsbereit war. Vgl. auch RG Warn 1921 Nr 42.

§ 286

[1]) **Der Schuldner hat dem Gläubiger den durch den Verzug entstehenden Schaden zu ersetzen[2]).**

Hat die Leistung infolge des Verzugs für den Gläubiger kein Interesse, so kann dieser unter Ablehnung der Leistung Schadensersatz wegen Nichterfüllung verlangen. Die für das vertragsmäßige Rücktrittsrecht geltenden Vorschriften der §§ 346 bis 356 finden entsprechende Anwendung[3]).

E I 247 II 242; M 2 61; P 1 326.

1. Die **Schadensersatzpflicht als Verzugsfolge** beruht ähnlich wie im Falle des § 280 Abs 1 auf der Auffassung, daß der Schuldner den Verzug (wegen Verschuldens) zu vertreten hat. Beide Fälle decken sich jedoch insofern nicht, als nach richtiger Ansicht die Verzögerung der Leistung nicht ohne weiteres zugleich deren Unmöglichkeit begründet, wenngleich die rechtzeitige Erfüllung durch den Verzug allerdings vereitelt ist. Wenn aber im Einzelfalle unter besonderen Umständen dennoch das Gegenteil zutrifft (Fixgeschäft), dann ist die Sachlage überhaupt nicht nach den Grundsätzen vom Verzuge, sondern nach den Regeln von der nachträglichen zu vertretenden Unmöglichkeit (§ 275) zu beurteilen. — Bloße Verspätung der Leistung ohne Verzug (§ 285) begründet regelmäßig keine Ersatzpflicht (RG 68, 194). Gelegentlich kann jedoch schon allein die schuldhafte Verzögerung der Leistung auch ohne hinzukommende Mahnung eine Verpflichtung zum Schadensersatze begründen, falls nämlich die Erfüllung der zur Abwendung einer drohenden erheblichen Gefahr übernommenen Pflicht, deren sofortige Erfüllung beiderseits gewollt war, schuldhaft verzögert worden ist; auch in solchem Falle dürfte der Gesichtspunkt der zu vertretenden Unmöglichkeit in Betracht kommen (RG 100, 43, hier hatte der Vermieter dem Mieter, der einen Einbruchsdiebstahl bereits erlitten hatte, die sofortige Instandsetzung der Schließvorrichtung versprochen, sein Versprechen jedoch nicht erfüllt und dadurch einen zweiten Einbruchsdiebstahl verschuldet).

2. Im Falle des § 286 tritt der Schadensersatzanspruch neben den fortbestehenden Leistungsanspruch, da hier **der durch den Verzug entstehende Schaden,** nicht aber wie bei § 280 oder § 326 der durch die Nichterfüllung verursachte Schaden zu ersetzen ist. Für die Art und Weise des Schadensersatzes sind die Grundsätze der §§ 249 ff. anwendbar. Danach hat der Schuldner den Zustand herzustellen, der ohne den Verzug bestehen würde, gegebenenfalls gemäß §§ 251, 252 Geldersatz zu leisten (RG 20. 1. 11 II 157/10). Ist die Leistung während des Verzugs des Schuldners unmöglich geworden und fordert jetzt der Gläubiger Schadensersatz gemäß § 325, dann ist der den Schuldner haftbar machende Umstand der Verzug, und der Gläubiger kann daher als für die Berechnung der Schadenshöhe maßgeblichen Zeitpunkt nicht nur denjenigen wählen, in dem die Unmöglichkeit eintrat, sondern auch den, in dem der Schuldner in Verzug geriet (RG 96, 160). Auf Umstände, die dem Verpflichteten etwa die Schutzbehelfe aus den §§ 242, 275 gewährt hätten (Revolution) kann er sich nicht berufen, wenn sie erst nach dem Verzuge eingetreten sind (Warn 1921 Nr 5). — Hat der Käufer eines Grundstücks die Umsatzsteuer übernommen, so haftet er, falls er die entgegenzunehmende Auflassung verzögert und inzwischen die Steuer erhöht wird, auch für die Erhöhung (RG 2. 8. 10 V 204/09).

Die Kosten der Mahnung durch einen Rechtsanwalt braucht der Schuldner nicht zu tragen (RG 9. 4. 08 VI 305/07). In Frage kommen kann übrigens auch im Falle des § 286 das mitwirkende Verschulden des Geschädigten gemäß § 254. — War die schuldhafte Vertragsverletzung nur die Folge eines vertragswidrigen Verhaltens schon vor dem Verzuge, so ist die Vertretungspflicht hierfür nach § 276 zu beurteilen (RG 68, 192). Im Sinne des § 341 Abs 1 bedeutet das Ausbedingen einer Strafe für den Fall des Verzugs im Zweifel eine im voraus getroffene Festsetzung des Schadensbetrags (RG 66, 310); der Gegenbeweis, daß ein geringerer oder kein Schaden entstanden sei, ist unzulässig (RG 103, 99). Der Erstattungsanspruch des Gefälligkeitsakzeptanten umfaßt auch die ihm zur Last gelegten, durch die Klage des Wechselinhabers verursachten Prozeßkosten; denn sie stellen sich als eine Folge des Verzugs des Ausstellers dar, der zur rechtzeitigen Bereitstellung und Deckung verbunden war (RG 77, 29). Auch der Versicherer, der mit der Zahlung der Entschädigungssumme in Verzug gerät, hat dem Versicherten den durch den Verzug entstehenden Schaden ohne Rücksicht auf die Höhe der Versicherungssumme zu ersetzen (RG 111, 104).

Bei gegenseitigen Verträgen kann der Gläubiger neben dem Erfüllungsanspruche den reinen Verzugsschaden fordern, soweit dieser Schaden sich nicht mit dem geltend gemachten Erfüllungsinteresse deckt oder in diesem mit enthalten ist (RG 94, 206; vgl. § 326 A 1), und der Verzugsschadensanspruch kann sich lediglich auf § 286 Abs 1 stützen (RG 106, 24), während zur Geltendmachung des Ersatzanspruchs wegen Nichterfüllung unbedingt das Vorhandensein der in § 326 gegebenen Voraussetzungen erforderlich ist, weil diese Sondervorschrift innerhalb ihres Rahmens die Anwendbarkeit des § 286 ausschließt (RG 70, 129; Warn 1922 Nr 50). — Durch die vorbehaltlose Annahme der verspäteten Leistung verliert der Gläubiger nicht ohne weiteres den bereits entstandenen Anspruch auf Erstattung des Verzugsschadens (RG 43, 268). Namentlich liegt in der vorbehaltlosen Annahme eines Teiles der Mietrate noch nicht der Verzicht auf das dem Vermieter bei unpünktlicher Mietzahlung zustehende Kündigungsrecht (RG JW 1913, 593[4]). Der Vertragsuntreue kann aus der Vertragsuntreue des andern Teiles so lange keine Rechte geltend machen, als er sich nicht selbst wieder auf den Standpunkt der Vertragstreue gestellt hat (RG 67, 319; JW 1913, 196[6]).

Über den Verzugsschaden **wegen nachträglich eingetretener Geldentwertung** vgl. § 242 A 5d δ. Auch einem in Leistungsverzug gekommenen Schuldner ist, unbeschadet seiner Schadensersatzpflicht aus § 286, nicht zuzumuten, die Leistung gegen ein gänzlich entwertetes Entgelt ohne Aufwertung zu machen (RG 107 S. 128, 150; 109 S. 98, 224; und in vielen weiteren Entscheidungen; vgl. § 242 A 5d β). — Der Anspruch auf Verzugsschaden **verjährt** in der Frist, die gesetzlich für den Hauptanspruch vorgesehen ist (RG 111, 104). Die Frist beginnt, falls nicht der Verjährungsbeginn des Hauptanspruchs noch später ist, mit der Entstehung des Schadens. Betrifft dieser aber Geldentwertung, so kann die Verjährung nicht vor dem Zeitpunkte beginnen, in dem die Gerichte Geldentwertungsansprüche anerkannt haben und dies allgemein bekannt geworden war (RG 24. 4. 26, I 272/25).

3. Recht auf **Ablehnung der Leistung und Anspruch auf Schadensersatz wegen Nichterfüllung; Absatz 2.** Dieser Fall ist nachgebildet dem § 280 Abs 2. In entsprechender Anwendung der §§ 346—356 haben sich die Parteien die empfangenen Leistungen zurückzugewähren, wiewohl die Erhebung des Schadensersatzanspruchs durch den Gläubiger nicht den Rücktritt vom Vertrage, sondern gerade die Geltendmachung des Vertragsrechts darstellt. Ein Rücktrittsrecht wegen Verzugs ist nur gegeben bei gegenseitigen Verträgen (§§ 320, 326) und beim Fixgeschäfte (§ 361). — Sonderbestimmungen enthalten noch die §§ 264, 354, 554, 633 Abs 3, 775 Nr 3.

§ 287

[1]) Der Schuldner hat während des Verzugs jede Fahrlässigkeit zu vertreten. Er ist auch für die während des Verzugs durch Zufall eintretende Unmöglichkeit der Leistung verantwortlich, es sei denn, daß der Schaden auch bei rechtzeitiger Leistung eingetreten sein würde[2])[3]).

E I 250, 251 II 243; M 2 281; P 1 327.

1. **Erweiterung der Vertretungspflicht des säumigen Schuldners** über § 276 hinaus insofern, als der Schuldner vom Verzuge ab nicht nur, wie vorher, in der Regel (§ 276) für die im Verkehr erforderliche Sorgfalt, in Ausnahmefällen (§ 277) für eine geringere Sorgfalt einzustehen hat, sondern in allen Fällen für jede denkbare äußerste Sorgfalt (Satz 1), darüber hinaus aber in gewissem Maße auch für Zufall (Satz 2).

2. Die **Haftung für Zufall** (vgl. über diesen Begriff § 203 A 2) tritt ein, wenn die Leistung während des Verzugs durch Zufall unmöglich geworden ist (Satz 2 Halbsatz 1). Ein ursächlicher Zusammenhang (vgl. über diesen Begriff Vorbem 3 vor § 249) ist hiernach nur erforderlich zwischen dem zufälligen (d. h. nicht auf einem Verschulden des Schuldners beruhenden) Ereignis und der Unmöglichkeit der Leistung; nicht dagegen zwischen dem Verzuge

und der Unmöglichkeit; hier genügt ein zeitliches Zusammentreffen. Doch wird durch Halbsatz 3 das Erfordernis des ursächlichen Zusammenhangs auch in dieser Beziehung in gewissem Grade wiederhergestellt, indem die Haftung des Schuldners nicht eintritt, wenn der Schaden auch bei rechtzeitiger Leistung entstanden sein würde, sonach der Verzug nicht die condicio sine qua non des Schadens gewesen ist; dagegen wird ein adäquater Zusammenhang im Rechtssinne nicht erfordert; auch hat der Schuldner, wie sich aus der Fassung „es sei denn" ergibt, den Beweis des mangelnden Zusammenhanges in diesem Sinne zu führen. Dem Gläubiger liegt sonach ob nachzuweisen, daß eine Unmöglichkeit der Leistung während des Verzugs durch ein wenn auch zufälliges Ereignis eingetreten ist und welchen Schaden er dadurch erleidet, daß er die Leistung nicht erhält (sein Erfüllungsinteresse); Sache des Schuldners ist es dann nachzuweisen, daß dieser Schaden auch entstanden sein würde, wenn er rechtzeitig geleistet hätte. Nicht erforderlich ist, daß der Schaden durch dasselbe Ereignis (denselben Zufall) entstanden sein würde, der die Leistung unmöglich gemacht hat, z. B. durch denselben Brand (anders Entw I § 251; vgl. Prot II 1 S. 327). Die Haftung des Schuldners tritt deshalb auch dann nicht ein, wenn die bei dem Schuldner untergegangene Sache bei rechtzeitiger Leistung schon vorher mit dem Schiffe, durch das sie zu versenden war, untergegangen sein würde; oder wenn sie durch einen vor ihrem Untergange bei dem Schuldner bei dem Gläubiger verübten Einbruch diesem entzogen sein würde, falls der Schuldner sie rechtzeitig geleistet hätte. Doch wird der Schuldner sich auf einen Zufall nicht berufen können, der nach dem Untergange bei ihm und also nach Entstehung seiner Schadensersatzpflicht die Sache bei dem Gläubiger betroffen haben würde; so auch Planck A 2. Zu dem vom Schuldner zu führenden Beweise gehört aber ferner grundsätzlich auch der Nachweis, daß der Gläubiger die Sache nicht vor dem Ereignisse, das sie ihm entzogen hätte, weggegeben und dadurch vor dem Untergange bewahrt haben würde; doch wird es Sache der Beweiswürdigung sein, ob nicht den Umständen nach dieser Beweis ohne weiteres als geführt erachtet werden kann. Der Nachweis der bloßen Möglichkeit, daß der Schaden auch bei rechtzeitiger Leistung eingetreten sein könnte, ist nicht genügend; vgl. Vorbem. 3 vor § 249. Im Falle einer während des Verzugs eingetretenen nicht wieder gutzumachenden Verschlechterung der zu leistenden Sache liegt teilweise Unmöglichkeit vor und es regelt sich der Entschädigungsanspruch dementsprechend nach § 280 Abs 2 (A 2, 3 das.). Der Gläubiger kann gegebenenfalls den höchsten Wert in Ansatz bringen, den die Sache während des Verzugs hatte (Prot II 1 S. 327 f.).

3. Auf den Fall eines **Schuldner- (Käufer-) Verzugs mit der Abnahme** (§ 433 Abs 2) soll nach **RG** 57, 405 § 287 Satz 2 insofern nicht passen, als diese Bestimmung eine Unmöglichkeit der Leistung einer Sache voraussetze, die bei einer Abnahmeverpflichtung nicht eintreten könne; daher habe im Falle des Gattungskaufes auch bei Abnahmeverzug des Käufers der Verkäufer sein durch Zufall eintretendes Unvermögen zur Leistung so lange zu vertreten, als nicht die Voraussetzungen des Gefahrüberganges nach § 300 Abs 2 (vgl. A 2 das.) vorliegen.

§ 288

Eine Geldschuld ist während des Verzugs mit vier vom Hundert für das Jahr zu verzinsen. Kann der Gläubiger aus einem anderen Rechtsgrunde höhere Zinsen verlangen, so sind diese fortzuentrichten[1]).

Die Geltendmachung eines weiteren Schadens ist nicht ausgeschlossen[2]).

E I 248 II 244; M 2 62; P 1 326.

1. **Verzugszinsen** sind von einer Geldschuld (§ 244 A 1) ohne Rücksicht darauf, ob ein Schaden vorhanden ist, zu entrichten (Abs 1), während der Gläubiger nach Abs 2 gegebenenfalls noch Ersatz des weitergehenden Schadens fordern darf. Der Zinsanspruch aus Satz 1 ist ein unbedingter, besteht also auch für den Fall, daß die Forderung unverzinslich war, und stellt den Mindestersatz dar (**RG** 92, 284). Anwendbar ist § 288 Abs 1 auch beim Darlehnszusagevertrage und es braucht sich der Versprechensempfänger auf die geforderten Verzugszinsen nicht Zinsbeträge abrechnen zu lassen, die er im Falle des Empfangs des Darlehns von diesem hätte entrichten müssen (**RG** a. a. O.). Höhere Zinsen als 4 Prozent können geschuldet werden auf Grund des Schuldverhältnisses (vgl. § 246 A 2) oder, weil sie zuerkannt sind (**RG** JW 08, 656[4]). Der Schenker ist von der Verpflichtung zur Zahlung von Verzugszinsen befreit (§ 522). Gemäß § 36 des PrEnteignG hat der Unternehmer, falls die von ihm gezahlte Entschädigungssumme durch gerichtliche Entscheidung herabgesetzt wird, bei Rückerstattung des zuviel Bezahlten auf Zinsen (Verzugs- wie Prozeßzinsen) keinen Anspruch (**RG** 74, 157). — Der § 288 hat nach ständig festgehaltener Praxis des **RG** hinsichtlich der Zinsbeschränkung rückwirkende Kraft (**RG** 46, 74).

2. **Der weitere Schaden** kann neben den Verzugszinsen gemäß §§ 286, 287 geltend gemacht werden. Dieser Anspruch stellt einen eigentlichen Verzugsschaden dar (**RG** 92, 284;

Warn 1922 Nr 3 u. 4). Auch höhere als die gesetzlichen Verzugszinsen (Abs 1) können als weiterer Verzugsschaden gefordert werden (RG 101, 113). Zum Verzugsschaden gehört unter Umständen auch die während der Verzugszeit eingetretene Entwertung der deutschen Währung (RG 107, 213; 109, 21). Vgl. § 242 A 5 d δ. Ebenso einer ausländischen Währung (franz. Franken); doch kann die bloße Möglichkeit wertbeständiger Anlage im Falle rechtzeitiger Zahlung den Nachweis eines weiteren Schadens im Sinne des § 288 Abs 2 nicht ersetzen (RG JW 1926 I S. 1323[3]). Es genügt jedoch, wenn der Gläubiger darlegt, daß er nach der Art seines Geschäftsbetriebs in der Regel Beträge, die er erhält, ganz oder zu einem gewissen Teile in Waren oder andern beständigen Werten anzulegen pflegt (RG 107, 284). Die zugunsten des ausländischen Gläubigers bestehende Vermutung, daß er das Geld, wenn er es rechtzeitig empfangen hätte, in seiner Währung angelegt und sich dadurch wertbeständig erhalten haben würde (Warn 1922 Nr 4), gilt solange als nicht der Nachweis geführt wird, daß er im vorliegenden Falle anders gehandelt haben würde. Dieser Nachweis kann unter Umständen als erbracht angesehen werden, wenn festgestellt wird, daß der Gläubiger ständige Geschäftsbeziehungen zu Deutschland hat, die ihn zu häufigen Zahlungen in deutscher Währung und deshalb zur Unterhaltung eines Markguthabens nötigen (RG I 66/23, 12. 12. 23). Doch genügt nicht die allgemeine Erwägung, daß ausländische Firmen mit Geschäftsbeziehungen zu Deutschland Markguthaben zu unterhalten pflegen (RG VII 181/23, 8. 1. 24). Die Frage, ob die infolge der Markentwertung eingetretene Entwertung einer vom Gläubiger behufs Vollstreckung des Urteils hinterlegten Sicherheit als Folge des Verzugs des Schuldners anzusehen sei, ist in RG 110, 401 (I. ZS) wohl mit nicht ganz überzeugender Begründung verneint; dagegen (wohl richtiger) in II 443/24 und II 341/25, 18. 9. 25 bejaht; in VI 302/25, 4. 12. 25 offengelassen. Von dem auf §§ 286ff. gegründeten Schadensersatzanspruch wegen Verzugs auf Ersatz des Geldentwertungsschadens ist der Aufwertungsanspruch aus § 242 nach Voraussetzungen und Wirkungen durchaus verschieden (RG VI 214/24, 9. 1. 25; vgl. § 242 A 5 d δ α α). Doch ist auch bei dem Geldentwertungsverzugsschaden nach den Grundsätzen von der Vorteilsausgleichung (Vorbem 5 vor § 249) die Gestaltung der Vermögenslage des Ersatzberechtigten infolge des Verzugs unter Berücksichtigung aller aus derselben Wurzel entsprungenen Ab- und Zugänge zu berücksichtigen (RG I 242/25, 24. 2. 26). Dagegen ist eine Berücksichtigung der Vermögenslage des Schuldners ausgeschlossen (RG II 599/25, 22. 10. 26).

§ 289

Von Zinsen sind Verzugszinsen nicht zu entrichten. Das Recht des Gläubigers auf Ersatz des durch den Verzug entstehenden Schadens bleibt unberührt[1]).

E I 249 II 245; M 2 62; P 1 327.

1. **Ausschluß von Zinseszinsen als Verzugszinsen.** Vgl. auch § 248. Ausnahme für den Fall des Kontokorrentverhältnisses nach § 355 HGB. Als weiterer Verzugsschaden (§ 288 Abs 2) können auch Zinseszinsen geltend gemacht werden; vgl. § 288 A 2.

§ 290

Ist der Schuldner zum Ersatze des Wertes eines Gegenstandes verpflichtet, der während des Verzugs untergegangen ist oder aus einem während des Verzugs eingetretenen Grunde nicht herausgegeben werden kann, so kann der Gläubiger Zinsen des zu ersetzenden Betrags von dem Zeitpunkt an verlangen, welcher der Bestimmung des Wertes zugrunde gelegt wird. Das gleiche gilt, wenn der Schuldner zum Ersatze der Minderung des Wertes eines während des Verzugs verschlechterten Gegenstandes verpflichtet ist[1]).

E I 252 II 246; M 2 66.

1. Die Verpflichtung des Schuldners zum **Ersatze des Wertes** oder der **Wertminderung** eines während des Verzugs untergegangenen oder nicht herausgabefähig gewordenen (z. B. veräußerten, vgl. § 275 A 2) Gegenstandes regelt sich nach § 286. — Auf alle Fälle Anspruch des Gläubigers auf **Zinsen von der Ersatzsumme.** Bei Bestimmung des Zeitpunkts der Wertbemessung und damit zugleich des Beginns des Zinslaufs ist davon auszugehen, daß der Gläubiger Anspruch auf Ersatz des vollen Interesses hat, einschließlich des entgangenen Gewinns (§ 252), und daß sonach der höchste Wert des Gegenstandes während des Verzugs

in Ansatz zu bringen ist, sofern der Gläubiger ihn für sich hätte nutzbar machen können. — Auch durch diese Bestimmung wird ein weitergehender Schadensersatzanspruch nicht ausgeschlossen (vgl. § 288 Abs 2).

§ 291

Eine Geldschuld hat der Schuldner von dem Eintritte der Rechtshängigkeit an zu verzinsen, auch wenn er nicht im Verzug ist; wird die Schuld erst später fällig, so ist sie von der Fälligkeit an zu verzinsen. Die Vorschriften des § 288 Abs 1 und des § 289 Satz 1 finden entsprechende Anwendung[1]).

E II 247; M 2 55; P 1 323.

1. **Prozeßzinsen von einer Geldschuld** (§ 244 A 1). Die §§ 291, 292 handeln von dem selbständigen Einflusse der Rechtshängigkeit auf den Umfang der Forderung, ohne Rücksicht auf Verzug. Der Zeitpunkt der Rechtshängigkeit bestimmt sich nach den §§ 263, 281, 500, 510, 693, 695 ZPO. Durch die Klageerhebung wird Verzug begründet, falls Leistungsklage nach Fälligkeit erhoben wird (vgl. § 284 Abs 1 Satz 2), nicht aber falls gemäß §§ 257 bis 259 ZPO auf künftige Leistung geklagt wird. In solchen Fällen läuft die Verzinslichkeit erst vom Eintritte der später eintretenden Fälligkeit. Über diesen Begriff vgl. § 198 A 2, über den Zinsfuß § 288 Abs 1. Die Bestimmung des § 36 des PrEnteignG, wonach der Übernehmer den etwa gezahlten Mehrbetrag ohne Zinsen zurückerhält, falls die zuvor festgesetzte Entschädigungssumme durch richterliche Entscheidung herabgesetzt wird (vgl. § 288 A 1), bezieht sich auch auf Prozeßzinsen (**RG** 74 S. 45, 157).

§ 292

Hat der Schuldner einen bestimmten Gegenstand herauszugeben, so bestimmt sich von dem Eintritte der Rechtshängigkeit an der Anspruch des Gläubigers auf Schadensersatz wegen Verschlechterung, Unterganges oder einer aus einem anderen Grunde eintretenden Unmöglichkeit der Herausgabe nach den Vorschriften, welche für das Verhältnis zwischen dem Eigentümer und dem Besitzer von dem Eintritte der Rechtshängigkeit des Eigentumsanspruchs an gelten, soweit nicht aus dem Schuldverhältnis oder dem Verzuge des Schuldners sich zugunsten des Gläubigers ein anderes ergibt[1]).

Das gleiche gilt von dem Anspruche des Gläubigers auf Herausgabe oder Vergütung von Nutzungen und von dem Anspruche des Schuldners auf Ersatz von Verwendungen.

E I 244 II 248; M 2 55; P 1 323.

1. Besondere Gestaltung des Schadensersatzanspruchs, falls eine **Forderung auf Herausgabe eines bestimmten Gegenstandes** klageweise geltend gemacht wird und nach der Rechtshängigkeit des Anspruchs dessen gehörige Erfüllung unmöglich geworden ist. — Der Ausdruck „**Gegenstand**" weist darauf hin, daß das Gesetz nicht lediglich die Herausgabe von Sachen, sondern auch die von Vermögensrechten im Auge hat. Vgl. **RG** Warn 1912 Nr 417. Soweit nicht Verzug in Frage steht, oder das Schuldverhältnis selbst nach seinen besonderen Abmachungen etwas anderes zugunsten des Gläubigers ergibt, soll sich die Haftung des Schuldners in Fällen vorliegender Art, wiewohl es sich nur um ein Schuldverhältnis handelt, nach den nämlichen Grundsätzen bestimmen, die im Falle eines (dinglichen) Anspruchs des Eigentümers gegenüber dem herausgabepflichtigen Besitzer von der Rechtshängigkeit ab maßgebend sind. Vgl. dazu insbesondere § 987, betreffend den Anspruch des Gläubigers auf die Nutzungen, § 989 hinsichtlich der Haftung des Schuldners für den Schaden, falls infolge seines Verschuldens der Gegenstand verschlechtert oder die Herausgabe unmöglich wird; ferner die §§ 994 Abs 2, 995, 1000—1003 über den Ersatz von Verwendungen des Besitzers (Herausgabeschuldners) auf die Sache. Das Nähere hierüber an den angeführten Stellen. Als Gegenstand im Sinne des Paragraphen ist auch ein solcher des „Immaterialgüterrechts" anzusehen, insbesondere ein Patentrecht; aber der Verletzer des Patentrechts braucht, falls er nicht vorsätzlich oder fahrlässig gehandelt hat, die seit der Klageerhebung aus der patentierten Erfindung gezogenen Nutzungen nicht herauszugeben (**RG** 62, 321).

Zweiter Titel

Verzug des Gläubigers

§ 293

Der Gläubiger kommt in Verzug, wenn er die ihm angebotene Leistung nicht annimmt[1]).

E I 254 II 249; M 2 68; P 1 328.

1. Die §§ 293—299 bestimmen die Voraussetzungen, die §§ 300—304 die Wirkungen des **Gläubigerverzugs**. Die §§ 294—296 handeln von dem Erfordernisse und den Voraussetzungen des **Angebots**. Die Voraussetzungen des Gläubigerverzugs nachzuweisen, ist Sache des Schuldners. Namentlich liegt ihm in der Regel (vgl. aber § 296) der Nachweis eines gehörigen Angebots ob; ist dieses ein tatsächliches (§ 294) gewesen, so ist damit auch zugleich dargetan, daß er zur Erfüllung imstande und bereit war; bei dem wörtlichen, wo ein solches genügt, ist die Widerlegung dieses Umstandes Sache des Einwandes des Gläubigers; vgl. § 297 A 1. — Über die Möglichkeit des Zusammentreffens von Gläubiger- und Schuldnerverzug bei derselben Partei, vgl. § 284 A 1. Die **Nichtannahme** der Leistung begründet den Gläubigerverzug, ohne daß eine ausdrückliche Annahmeverweigerung erforderlich wäre. Auch auf den Grund der Nichtannahme kommt es nicht an, sofern die geschuldete Leistung angeboten war. Ebensowenig (anders wie beim Schuldnerverzug, vgl. § 285) auf ein Verschulden des Gläubigers oder (in der Regel, vgl. aber § 299) auf ein subjektives Unvermögen zur Annahme. Die Nichtannahme kann sich sowohl auf Sachen wie auf sonstige Vermögensgegenstände (Rechte, z. B. Kuxe, RG 60, 162), auf Arbeitsleistungen (RG Warn 1914 Nr 149) beziehen. Das Angebot aus einem Vertrage muß auch dann erfolgen, und zwar am Erfüllungsorte, wenn der andere bereits erklärt hat, daß er den Vertrag als wirksam nicht anerkenne und deshalb die Annahme verweigern werde (RG 50, 210). Es genügt alsdann jedoch gemäß § 295 wörtliches Angebot (RG 102, 372; JW 02 Beil 197/198). Vgl. aber auch RG JW 1910, 804[13]. Überhaupt keines Angebots bedarf es unter Umständen in den Fällen des § 296; vgl. die Anmerkung dazu. Über die **Beendigung** und **Heilung** des Verzugs vgl. § 284 A 5 und RG 8, 24; 32, 64. Auch der im Leistungsverzuge befindliche Schuldner kann diesen Verzug durch gehöriges Angebot heilen und dadurch Annahmeverzug des Gläubigers herbeiführen (RG 109, 331). Der Gläubigerverzug wird geheilt, wenn der Gläubiger sich bereit erklärt, die ihm geschuldete Leistung als eine solche (vertragsgemäße) anzunehmen (RG 14, 149). Auch durch eine vom Prozeßbevollmächtigten des Gläubigers entsprechend abgegebene Annahmeerklärung (RG SeuffA 60 Nr 333). Ist der Gläubiger einmal in Annahmeverzug gesetzt, dann bedarf es einer erneuten Mahnung, um den Schuldner gegebenenfalls nochmals in Verzug zu setzen (RG Warn 1913 Nr 355). Das Angebot muß an den Gläubiger oder einen empfangsberechtigten Vertreter gerichtet sein; es stellt eine einseitige, empfangsbedürftige Erklärung dar, sie ist widerrufbar (M 2, 71). — Die Voraussetzungen wie Wirkungen des Annahmeverzugs beurteilen sich nach dem alten Rechte, wenn unter dessen Herrschaft die Leistungspflicht begründet worden ist (RG 66, 412).

§ 294

Die Leistung muß dem Gläubiger so, wie sie zu bewirken ist, tatsächlich angeboten werden[1]).

E I 255 II 250; M 2 69; P 1 329.

1. **Erfordernis des tatsächlichen Angebots.** Es muß so erfolgen, daß der Gläubiger nichts anderes zu tun braucht als zuzugreifen und die angebotene Leistung entgegenzunehmen (RG 85, 416; 18. 11. 22 V 73/22). Zu berücksichtigen ist nur ein ordnungsmäßiges Angebot. Dazu gehört: **a)** daß eine zur gehörigen Erfüllung taugliche Leistung angeboten wird, wobei jedoch verhältnismäßig geringfügige Abweichungen nach dem Grundsatze des § 242 nicht in Betracht kommen (RG Warn 09 Nr 196); **b)** daß das Angebot auch in der rechten Art erfolgt, mithin der Regel nach (vgl. § 295) nicht nur wörtlich, sondern tatsächlich (realiter; RG 85, 416, wonach es gegebenenfalls genügt, wenn der Schuldner das Geld in der Tasche hat und der Gläubiger weiß, daß der Schuldner zur Hergabe bereit ist); ferner zu rechter Zeit (§ 271) und am rechten Orte (§ 269; RG 50, 208). Ungenügend ist zum tatsächlichen Angebote eine bloße Bereiterklärung des Schuldners zur Leistung, auch wenn der Schuldner dazu imstande und bereit ist. Bei Nachnahmesendungen ist Vorzeigung durch die Post erforderlich (RG 102, 372). Bereithalten des Geldes bei einer Bank genügt nicht (RG 108, 160; 109, 328). Falls der Käufer beim Gattungsverkaufe die tatsächlich angebotene Ware wegen vertragswidriger Beschaffenheit mit Recht zurückweist, kommt der Verkäufer

in Leistungsverzug (RG JW 04, 198[7]; 05, 117[10]). Versagt der Käufer die Abnahme, weil er die vertragsmäßige Beschaffenheit der Ware verneint, dann tut er dies auf seine Gefahr (RG 106, 297), aber hatte er Recht, dann schadet es nichts, wenn er sich von der mangelhaften Beschaffenheit tatsächlich noch nicht überzeugt hatte. Ist die angebotene Ware mangelhaft, so kommt der Käufer durch die Ablehnung nicht in Annahmeverzug, auch wenn er sich auf den Mangel dabei nicht berufen hat (RG 111, 89). Der Gläubiger kam nicht in Verzug durch Ablehnung einer ihm in entwerteter Papiermark, die nur einen geringen Teil des Aufwertungsbetrags erreichte, angebotenen Zahlung (RG 22. 11. 24 IV 1002/23). — Das Angebot ist auch notwendig, um den Gläubiger, der die Lieferung der Ware abzurufen, einen Abruf während der vereinbarten Frist aber unterlassen hat, dieserhalb in Verzug zu setzen (RG Warn 1918 Nr 177). — Inwiefern ein vom Schuldner beim Angebote der Zahlung gemachter Vorbehalt den Gläubiger zur Ablehnung der Annahme berechtigt, vgl. § 362 A 4.

§ 295

Ein wörtliches Angebot des Schuldners genügt, wenn der Gläubiger ihm erklärt hat, daß er die Leistung nicht annehmen werde, oder wenn zur Bewirkung der Leistung eine Handlung des Gläubigers erforderlich ist, insbesondere wenn der Gläubiger die geschuldete Sache abzuholen hat. Dem Angebote der Leistung steht die Aufforderung an den Gläubiger gleich, die erforderliche Handlung vorzunehmen[1]).

E I 255 II 251; M 2 70; P 1 329.

1. **Wörtliches Angebot** (Verbaloblation), und zwar des „Schuldners" — mithin nicht auch gemäß § 267 jedes Dritten (RG Warn 09 Nr 348), wohl aber des zur Schuldnerleistung berechtigten (§§ 268, 1142, 1249) Dritten (RG 83, 398) —, **genügt** unter den beiden hier gegebenen Voraussetzungen, ist anderseits aber auch unter diesen Voraussetzungen erforderlich, um den Gläubiger in Annahmeverzug zu setzen (RG 50, 208; 102, 372; unklar 106, 91). Es genügt in diesen Fällen, daß der Schuldner sich zur Leistung wörtlich — schriftlich oder mündlich — bereit erklärt, vorausgesetzt jedoch, daß er nicht zur Bewirkung der Leistung außerstande ist, was der Gläubiger beweisen muß (vgl. § 297 A 1). Bei Gattungsschulden ist sonach eine vorherige Konkretisierung — durch Ausscheidung — in diesen Fällen zur Inverzugsetzung des Gläubigers nicht erforderlich. Doch ist in RG 57, 404 angenommen, daß zum Übergange der Gefahr nach § 300 Abs 2 auch bei Vorliegen der Voraussetzungen des § 295 die vorherige Ausscheidung der Ware und die Kundgebung von dieser Ausscheidung erforderlich sei; vgl. § 300 A 2. Die Anwendbarkeit der Ausnahmebestimmung des § 295 zugunsten des Schuldners wird nicht dadurch ausgeschlossen, daß er sich schon im Leistungsverzuge befunden hat und daß der Gläubiger erst danach die Annahmeverweigerung erklärt hat. Eine schon im voraus erfolgte Verweigerung der Annahme liegt auch dann vor, wenn der Gläubiger Unwirksamkeit oder Nichtigkeit des Vertrags, oder den Rücktritt geltend macht (RG 57, 113). Bei einem Teillieferungsvertrage ist der Schuldner, wenn der Gläubiger die Annahme auch nur einer Lieferung verweigert hat, unter Umständen auch der Verpflichtung, die weiteren Raten anzubieten, enthoben (RG JW 1910, 804[13]) Wörtliches Angebot genügt zutreffendenfalls auch dann, wenn es dem Hypothekengläubiger gegenüber vom nur dinglich haftenden Grundstückseigentümer ausgeht, der nicht zugleich der persönliche Schuldner ist (RG Warn 09 Nr 348). — Der zweite Fall, **erforderliche Handlung** des Gläubigers, kommt in Frage bei der Wahlschuld mit Wahlrecht des Gläubigers (§ 262; RG SeuffA 58 Nr 229); bei der Verpflichtung des Gläubigers zum Abrufe der Waren (RG JW 04, 168[8]; vgl. auch zu § 433); beim Werkvertrage (§ 640); beim Spezifikationskaufe (§ 375 HGB; RG 14, 245; 43, 103); bei der Holschuld. In keinem Falle kann aber vom Gläubigerverzuge die Rede sein, wenn der die Leistung wörtlich anbietende Schuldner zu ihr nicht imstande war (§ 297). — Erklärt sich der Gläubiger noch nachträglich zur Annahme der Leistung bereit oder nimmt er die Handlung vor, so entsteht damit die Verpflichtung des Schuldners zum tatsächlichen Angebote (§ 294).

§ 296

Ist für die von dem Gläubiger vorzunehmende Handlung eine Zeit nach dem Kalender bestimmt, so bedarf es des Angebots nur, wenn der Gläubiger die Handlung rechtzeitig vornimmt. Das gleiche gilt, wenn der Handlung eine Kündigung vorauszugehen hat und die Zeit für die

Handlung in der Weise bestimmt ist, daß sie sich von der Kündigung ab nach dem Kalender berechnen läßt[1]).

E I 255 II 251; M 2 702; P 1 329.

1. **Diese Bestimmung bildet ein Gegenstück zu der Vorschrift des** § 284 Abs 2 (**dies interpellat pro homine**), **und zwar zugunsten des Schuldners.** Auch sogar das wörtliche Angebot ist hier zur Herbeiführung des Gläubigerverzugs entbehrlich. Es genügt also, daß der Gläubiger die Handlung nicht rechtzeitig vornimmt, etwa die Sache nicht holt oder die dem Schuldner vorzulegende Urkunde nicht vorlegt. Er gerät dann mit dem Eintritte der kalendermäßig bestimmten Zeit ohne weiteres in Annahmeverzug. Dieser wird aber, sofern es sich nicht um ein Fixgeschäft handelt, dadurch geheilt werden, daß der Gläubiger die Handlung nachträglich vornimmt; um ihn aufs neue in Annahmeverzug zu versetzen, wird dann auch hier (vgl. § 295 A 1) ein tatsächliches Angebot des Schuldners erforderlich sein.

§ 297

Der Gläubiger kommt nicht in Verzug, wenn der Schuldner zur Zeit des Angebots oder im Falle des § 296 zu der für die Handlung des Gläubigers bestimmten Zeit außerstande ist, die Leistung zu bewirken[1]).

E I 255 II 251; M 2 702; P 1 329.

1. § 297 hat nur Bedeutung für die Fälle, in denen ein wörtliches Angebot genügt (§ 295), da bei dem tatsächlichen Angebote das Imstandesein und die Bereitschaft des Schuldners zur Leistung schon in dem Angebote zur Erscheinung kommt. Ist der Schuldner zur Leistung in den angegebenen Zeitpunkten **außerstande** gewesen — wegen Unmöglichkeit der Leistung oder wegen persönlichen Unvermögens —, so ist ein **Verzug des Gläubigers ausgeschlossen** (**RG** 106, 276 für Dienstleistungen). Die Bereitschaft des Schuldners zur Erfüllung braucht aber erst in dem Zeitpunkte vorhanden zu sein, in dem der Schuldner die Leistung anbietet; zu diesem Zeitpunkte muß sie vorhanden sein, auch wenn der Gläubiger erklärt hat, die Leistung nicht anzunehmen oder wenn zur Bewirkung der Leistung eine nicht nach dem Kalender zeitlich bestimmte Handlung erforderlich ist (**RG** 103, 15). Bereitschaft zur Zeit des etwaigen Widerrufs der Erklärung oder der Vornahme der Handlung durch den Gläubiger genügt nicht, um ein vorher ohne Bereitschaft erklärtes wörtliches Angebot wirksam zu machen; a. A. Planck Erl. zu § 297, Abs 2. Im Falle des § 296 ist Bereitschaft zu der für die Handlung des Gläubigers kalendermäßig bestimmten Zeit erforderlich. Die Bereitschaft wird namentlich nicht dadurch ausgeschlossen, daß der Schuldner vorerst noch solche **Maßnahmen zu treffen** hat, die vernünftigerweise **erst bei bevorstehender Abnahme** getroffen zu werden brauchen, wie etwa die Ausscheidung (**RG** 34, 99; 45, 30). Auch genügt es, daß sich der Schuldner den Leistungsgegenstand jederzeit verschaffen kann (**RG** 33, 96; 34, 99; 45, 30), so durch Bezug bei einem Dritten, selbst wenn ein Bezugsrecht zuvor noch nicht begründet worden war (**RG** 50, 260). **Bei einem Teillieferungsvertrage muß der Schuldner je zu den einzelnen Teilleistungen erfüllungsbereit sein** (**RG JW** 03 Beil 79[180]). **Das Leistungsunvermögen des Schuldners bildet einen Befreiungsgrund** für den Gläubiger und ist sonach von ihm zu beweisen (anders der Entwurf I § 255 Abs 2; vgl. Prot II Bd. 1 S. 329).

§ 298

Ist der Schuldner nur gegen eine Leistung des Gläubigers zu leisten verpflichtet, so kommt der Gläubiger in Verzug, wenn er zwar die angebotene Leistung anzunehmen bereit ist, die verlangte Gegenleistung aber nicht anbietet[1]).

E I 256 II 252; M 2 73; P 1 331.

1. Bei allen **Zug-um-Zug-Leistungen** (§§ 274, 320, 348, 368, 371) genügt nicht die Bereitschaft des Gläubigers, die Leistung des andern anzunehmen, um den Annahmeverzug von sich abzuwenden; dazu ist vielmehr erforderlich, daß der Gläubiger auch die seinerseits geschuldete Leistung anbietet, und zwar der Regel nach tatsächlich. Unterläßt er das, obwohl der Schuldner die Gegenleistung verlangt hat, so kommt er, nicht aber der Schuldner durch Zurückbehaltung seiner Leistung in Leistungsverzug. Ist der eine Teil seinerseits verpflichtet, ein Grundstück heraus- (zurück-) zugeben, so genügt es, um den zahlungspflichtigen Gegner in Gläubigerverzug zu setzen, wenn der Verpflichtete den Gegner zur Zahlung auffordert und dabei zugleich mit dem Angebote der Herausgabe die Preisgabe des Grundstücks für den Fall der Nichtabnahme (§ 303) androht (**RG** 73, 69).

§ 299

Ist die Leistungszeit nicht bestimmt oder ist der Schuldner berechtigt, vor der bestimmten Zeit zu leisten, so kommt der Gläubiger nicht dadurch in Verzug, daß er vorübergehend an der Annahme der angebotenen Leistung verhindert ist, es sei denn, daß der Schuldner ihm die Leistung eine angemessene Zeit vorher angekündigt hat[1]).

E II 253; P 1 329.

1. Während der Gläubiger vom Annahmeverzuge durch sein **Unvermögen zur Annahme** regelmäßig nicht befreit wird (§ 293 A 1), sieht § 299 für seine beiden Fälle — unbestimmte Leistungszeit und Berechtigung des Schuldners zu vorzeitiger Leistung — bei vorübergehender Verhinderung des Gläubigers ausnahmsweise das Gegenteil vor. Muß sich der Gläubiger auch zur Annahme bereit halten, so entsteht die Gefahr, daß er in Verzug kommt, doch in diesen Fällen erst durch die von seiten des Schuldners erfolgte Ankündigung. In Betracht kommt nur eine bloß vorübergehende Verhinderung, deren Vorhandensein Tatfrage ist. Geeignet zur Inverzugsetzung ist demnach erst ein angemessene Zeit nach der Ankündigung ergangenes Angebot. Das Vorhandensein des gesetzliche Befreiungsgrundes hat der Gläubiger zu beweisen, während dem Schuldner der Beweis offensteht, daß er dem Gläubiger die Leistung in „angemessener Frist" (vgl. § 250 A 2) angekündigt habe. Übersendet der Schuldner dem Gläubiger nach Ankündigung berechtigterweise das Geld und hat der verreiste Gläubiger nicht dafür gesorgt, daß sich der Schuldner seiner Zahlungspflicht entledigen konnte, dann gerät er in Annahmeverzug (RG Warn 1913 Nr 355). — Über das Recht des Schuldners zur vorzeitigen Leistung s. § 271 Abs 2 und A 4.

§ 300

Der Schuldner hat während des Verzugs des Gläubigers nur Vorsatz und grobe Fahrlässigkeit zu vertreten[1]).

Wird eine nur der Gattung nach bestimmte Sache geschuldet, so geht die Gefahr mit dem Zeitpunkt auf den Gläubiger über, in welchem er dadurch in Verzug kommt, daß er die angebotene Sache nicht annimmt[2])[3]).

E I 257 II 254; M 2 73; P 1 331.

1. **Verminderte Haftung des Schuldners** während des Gläubigerverzugs. Eine Verpflichtung des Gläubigers zum Schadensersatze ist, anders als beim Schuldnerverzuge (§ 286), für den Fall des Gläubigerverzugs, abgesehen von der Ersatzpflicht für die in § 304 bezeichneten Mehrkosten, nicht anerkannt (RG 24. 6. 08 V 452/07). Das Gesetz mildert hier aber wenigstens die Haftung des Schuldners gegenüber § 276. Über die Begriffe „Vorsatz" und „grobe Fahrlässigkeit" vgl. § 276 A 4b, c; § 277 A 1. — Dieser Grundsatz gilt allgemein für alle Schuldverhältnisse, auch für das aus der Wandelung entstehende (RG 56, 270), mit der Folge, daß, wenn der Verkäufer auf die gerechtfertigte Wandelungserklärung des Käufers hin diesem die Kaufsache nicht rechtzeitig abnimmt, der Käufer, der bis dahin hinsichtlich der Sache die Fürsorgepflicht hatte, jetzt nur noch für grobe Fahrlässigkeit und Vorsatz haftet (RG Warn 1912 Nr 376). Über die Befugnis zur Preisgabe des Besitzes von Grundstücken vgl. § 303. Über die Beweislast vgl. § 282.

Über sonstige Wirkungen des Gläubigerverzugs vgl. §§ 264 Abs 2, 274 Abs 2, 322 Abs 2, 324 Abs 2, 372 ff., 615, 642, 644.

Die geminderte Haftung gemäß § 300 Abs 1 tritt nicht ein im Eisenbahnfrachtrecht, da die Haftung der Eisenbahn durch die EVerkO eine besondere und abschließende Regelung gefunden hat, wonach die Bahn bis zur Ablieferung trotz Annahmeverzugs des Empfängers grundsätzlich ungemindert haftet, solange sie nicht das Gut selbst auf Lager nimmt oder es bei einem Spediteur oder in einem öffentlichen Lagerhause hinterlegt (§§ 76, 81 Abs 1, 3 EVerkO; RG 108, 57).

2. **Gefahrübergang bei der Gattungsschuld.** Über die Frage, wer die Gefahr trägt, und insbesondere über die verschiedene Regelung bei der Speziesschuld und der Gattungsschuld vgl. § 243 A 1, 3. Gemäß § 300 geht bei der letzteren Schuld die Gefahr auf den Gläubiger erst über nach Beschränkung des Schuldverhältnisses im Sinne des § 243 Abs 2 (vgl. dort A 3) und mit dem Zeitpunkt, in dem der Gläubiger durch Nichtannahme der angebotenen Sache in Verzug gerät; es muß also die Sache bereits ausgeschieden und daraufhin dem Gläubiger angeboten worden sein; geht sie alsdann erst unter (etwa durch Brand), dann bleibt der Käufer zur Gegenleistung verpflichtet; während der Verkäufer im Falle des Untergangs der Sache vor erfolgter Beschränkung des Schuldverhältnisses und vor einem unter Kund-

machung der Ausscheidung der Ware erfolgten Angebot der ausgeschiedenen Ware seinerseits die Gefahr tragen muß und mithin gemäß § 279 von der Leistungspflicht nicht befreit ist (**RG** 57, 402). — Ist der Käufer im **Abnahmeverzuge, so muß er für die ihm bereits angebotene Ware Sorge tragen, andernfalls hat er den vom Verkäufer bewirkten Selbsthilfeverkauf gegen sich gelten zu lassen** (**RG** JW 03 Beil 6[14]).

3. Der § 300 Abs 2 findet keine Anwendung, wenn dem Schuldner die Leistung erst nach eingetretenem Verzuge des Gläubigers durch einen von keinem Teile zu vertretenden Umstand (behördliche Beschlagnahme der Ware) unmöglich geworden ist, hier greift § 324 Abs 2 Platz (**RG** 103, 15). Vgl. auch § 324 A 2.

Ausnahmsweise geht beim Versendungskaufe (§ 447) die Versendungsgefahr schon mit der Auslieferung der Ware an die zur Ausführung der Versendung bestimmte Person auf den Gläubiger über; § 447, vgl. die Anmerkungen dazu.

§ 301

Von einer verzinslichen Geldschuld hat der Schuldner während des Verzugs des Gläubigers Zinsen nicht zu entrichten[1]**.**

E I 259 II 255; M 2 57; P 1 332.

1. Solange der Gläubigerverzug währt (vgl. § 293 A 1) **ruht jede Art von Zinspflicht.**

§ 302

Hat der Schuldner die Nutzungen eines Gegenstandes herauszugeben oder zu ersetzen, so beschränkt sich seine Verpflichtung während des Verzugs des Gläubigers auf die Nutzungen, welche er zieht[1]**.**

E I 258 II 256; M 2 74; P 1 332.

1. **Herausgabe der Nutzungen.** Solange der Gläubigerverzug währt (vgl. § 293 A 1), ist der Schuldner zur Ziehung von Früchten im Interesse des Gläubigers nicht verpflichtet (M 2, 75); er **hat daher grundsätzlich nur die tatsächlich gezogenen Nutzungen** (§ 100) **herauszugeben.** Ob aber dem Schuldner überhaupt die Verpflichtung zur Herausgabe oder zum Ersatze der Nutzungen obliegt, bestimmt sich nach dem Inhalte des Schuldverhältnisses, beispielsweise §§ 667, 987, 990, 1422.

§ 303

Ist der Schuldner zur Herausgabe eines Grundstücks verpflichtet, so kann er nach dem Eintritte des Verzugs des Gläubigers den Besitz aufgeben. Das Aufgeben muß dem Gläubiger vorher angedroht werden, es sei denn, daß die Androhung untunlich ist[1]**.**

E II 257; P 1 332.

1. Diese Bestimmung gibt dem Schuldner nur das Recht zur **Aufgabe des Besitzes eines Grundstücks** (§ 856), nicht aber auch die Befugnis zum Verzichte auf das Eigentum (§ 928). Für etwaige Beschädigungen nach der Preisgabe des Grundstücks ist der Schuldner, da seine Handlung keine widerrechtliche, nicht haftbar (**RG** 73, 69). Das Recht aus § 303 ist gegeben, sobald der andere Teil sich im Sinne der §§ 293—299 in Verzug befindet; die Androhung der Preisgabe kann mit dem Leistungsangebote wirksam verbunden werden (**RG** 73, 70; hier hatte der Käufer wegen Nichtigkeit des Kaufvertrags Rückzahlung des Kaufpreises verlangt und bei der Mahnung zugleich die Preisgabe des gekauften Grundstücks angedroht). Die Androhung ist eine einseitige empfangsbedürftige Erklärung (§§ 130—132). Ob sie untunlich ist, entscheidet sich nach den Grundsätzen von Treu und Glauben. Falls es im Interesse des Schuldners geboten scheint, beispielsweise, weil die Aufgabe des Besitzes keinen Aufschub duldet, kann danach auch von einer Androhung mittels öffentlicher Zustellung abgesehen werden. — Über anderweite Befugnisse des Schuldners bei Wertpapieren und sonstigen beweglichen Sachen vgl. §§ 372, 383. Falls der Schuldner durch den Verzug des Gläubigers in eine Notlage gerät, aus der ihn auch die Hinterlegung des geschuldeten Gegenstandes nicht befreien würde, kann er sich auch bei andern Gegenständen als Grundstücken nach dem Gesichtspunkte des § 303 und weiter der §§ 242, 157 durch ihre Preisgabe der Gewährungspflicht entledigen (**RG** 60, 163; der Verkäufer von Kuxen hatte diese, nachdem der Käufer in Abnahme- und Zahlungsverzug geraten war, der Gewerkschaft zur Verfügung gestellt, um sich von der Haftung für Zubuße zu befreien).

§ 304

Der Schuldner kann im Falle des Verzugs des Gläubigers Ersatz der Mehraufwendungen verlangen, die er für das erfolglose Angebot sowie für die Aufbewahrung und Erhaltung des geschuldeten Gegenstandes machen mußte[1]).

E I 261 II 258; M 2 76; P 1 333.

1. **Ersatzpflicht** des im Verzuge befindlichen Gläubigers für **Mehraufwendungen** des Schuldners (§ 256 A 1), wobei insbesondere die nötig gewordenen Aufbewahrungs- und Erhaltungskosten in Frege kommen. Nur die wirklich erforderlichen Aufwendungen kommen hier in Betracht (RG 45, 302); dagegen nicht auch solche, die der Schuldner nur für erforderlich halten durfte (§ 670). Die Ersatzpflicht des Gläubigers besteht ohne Rücksicht auf Verschulden („Veranlassungsgrundsatz"); gemäß § 273 hat der Schuldner auch das Zurückbehaltungsrecht. — Falls der Gläubiger zugleich in Leistungsverzug gerät (vgl. § 284 A 1), richtet sich seine Haftung insoweit nach den Grundsätzen vom Schuldnerverzug.

Zweiter Abschnitt

Schuldverhältnisse aus Verträgen[1])

Erster Titel

Begründung Inhalt des Vertrags

§ 305

Zur Begründung eines Schuldverhältnisses durch Rechtsgeschäft[1a]) sowie zur Änderung des Inhalts eines Schuldverhältnisses[1b]) ist ein Vertrag zwischen den Beteiligten erforderlich, soweit nicht das Gesetz ein anderes vorschreibt[1—3]).

E I 342 II 310; M 2 175; P 1 447; 6 163.

1. Die §§ 305—319 haben den **Vertrag** als Entstehungsgrund von Schuldverhältnissen im Auge. Über die entsprechenden anderweiten Rechtsgründe vgl. Vorbem 3 vor § 241. Über den Begriff Vertrag und die Entstehung eines solchen vgl. Vorbem 1 vor § 145. Über den gegenseitigen Vertrag insbesondere handeln die §§ 320—327; über den Vertrag zugunsten Dritter die §§ 328ff.

1a. Begründung eines Schuldverhältnisses durch Rechtsgeschäft (Vorbem 1—6 vor § 104). Nach dieser Bestimmung können Schuldverhältnisse auf rechtsgeschäftliche Art der Regel nach nur mittels eines **Vertrags**, mithin nur mittels eines zweiseitigen Rechtsgeschäfts begründet oder geändert werden. Vgl. Vorbemerkungen vor § 145. Einseitige Rechtsgeschäfte sind sonach lediglich in den ausdrücklich zugelassenen Sonderfällen zur Begründung eines Schuldverhältnisses ausreichend (vgl. Vorbem 3 vor § 241). Ein Vertragsverhältnis kann unter Umständen auch begründet sein zwischen demjenigen, der eine Bescheinigung ausstellt und einem andern übergibt, von der er weiß, daß sie einem Dritten zum Nachweise der darin bezeugten Tatsachen vorgelegt werden soll, einerseits und dem Dritten, dem die Bescheinigung zu solchem Zwecke vorgelegt worden ist, anderseits (RG 114, 289; vgl. § 276 A 3). Auch im Gebiete des öffentlichen Rechtes können Schuldverträge mit privatrechtlichen Wirkungen abgeschlossen werden (RG 65, 3; 67 S. 292 u. 336; JW 1910, 63[9]). — Auch zur **Aufhebung** eines Schuldverhältnisses ist der Vertrag das in der Regel erforderliche Mittel (Erlaßvertrag § 397, Schuldübernahmevertrag §§ 414ff.). Er bedarf dazu selbst dann nicht der Form, wenn der Begründungsvertrag (§ 313) seinerseits formbedürftig war (RG 16. 2. 18 V 320/17). Möglich ist auch die Aufhebung durch stillschweigende Willenserklärungen (Vorbem 2 vor § 116 a. E.). **Dazu genügt jedoch nicht** ein rein passives Verhalten; es muß vielmehr der Aufhebungswille durch irgendeine Handlung nach außen hin kundgegeben werden; namentlich genügt es also nicht, wenn der Gläubiger von der weiteren Durchsetzung seines Anspruchs (nach fruchtlos vorgenommener Vollstreckung) Abstand nimmt (RG Gruch 65, 596).

1b. **Änderung des Inhalts.** Auch dazu ist in der Regel ein Vertrag erforderlich. Wird ein Vertrag durch einen späteren Vertrag mit der Absicht abgeändert, daß der ursprüngliche Schuldgrund bestehenbleibt, so ändert dies an dem ursprünglichen Schuldverhältnisse nur so viel, daß an die Stelle der abgeänderten Abreden die neuen treten (RG 65, 392). So können die Erfüllungsarten oder Abreden über die Verzinsung sowie über die zu gewährende Sicherheit geändert oder neu getroffen werden. In allen solchen Fällen besteht der ursprüngliche Vertrag an sich fort. Ob der spätere Vertrag der für den ursprünglichen Vertrag vorgeschriebenen Form bedarf, hängt davon ab, ob die abändernde Abmachung Bestandteil des ursprünglichen Vertrags werden soll (RG 51, 181; 65, 392; Warn 1911 Nr 226). Vgl. auch § 313 A 2 Abs 4. — Ging die Absicht dahin, den späteren Vertrag an die Stelle des ersteren treten zu lassen, so liegt eine **Umschaffung** (Novation) vor. Das BGB gedenkt dieses Rechtsgebildes nirgends ausdrücklich. Daß es auch unter seiner Herrschaft zulässig ist, folgt aus dem Grundsatze der Vertragsfreiheit. Auch die Novation erfordert eine Vereinbarung, sie wirkt daher nur zwischen den an dieser Beteiligten; die durch Hingabe von Prolongationswechseln gegen Aushändigung der alten Wechsel zwischen dem Aussteller und dem Wechselinhaber sich vollziehende Novation befreit daher nicht den Akzeptanten der alten Wechsel (RG 107, 36). Handelt es sich um eine wirkliche Umschaffung, so hat dies das Erlöschen des ursprünglichen Schuldgrundes zum Ergebnisse, und demnach zur weiteren Folge auch den Untergang der etwaigen Nebenrechte (Bürgschaft, Pfand). Vgl. § 418 für den Fall des Eintritts eines andern Schuldners an die Stelle des ursprünglichen (Passivdelegation), ferner § 364 Abs 2, betreffend die Übernahme einer neuen Verbindlichkeit zum Zwecke der Befriedigung des Gläubigers, endlich § 607 Abs 2 über Umschaffung eines Schuldverhältnisses in ein Darlehn.

2. **„Gemischte Verträge“** sind solche, die Bestandteile aus an sich verschiedenartigen Geschäften enthalten, z. B. Sachmiete und Dienstmiete (RG 33, 47), oder Pacht und Darlehn (RG 37, 90), oder Grundstücksveräußerungsvertrag und andere damit nicht innerlich zusammenhängende Abmachungen (RG 51, 181); Übernahme einer Bürgschaft und außerdem anderer, rechtlich nicht unter den Begriff des Bürgschaftsvertrags fallender selbständiger Verpflichtungen, z. B. zur Darlehenshingabe (RG 86, 323). Vgl. auch § 139 A 1. Auch in solchen Fällen liegt ein einheitlicher Vertrag vor, falls die Verbindung der einzelnen Abmachungen nicht nur eine äußerliche ist, die bedungenen Leistungen sich vielmehr sämtlich als Leistungen und Gegenleistungen im Sinne desjenigen Geschäfts darstellen, welches nach dem wirtschaftlichen Zwecke als das Hauptgeschäft erscheint. Daher greifen die §§ 325, 326 auch bei gemischten aber einheitlichen Verträgen derart Platz, als stände nur eine Leistung in Frage und als handelte es sich bei den einzelnen, an sich verschiedenartigen Leistungen um Teilleistungen (§ 326 A 4; RG Gruch 53, 947). Hängen Verlagsvertrag und ein Werkvertrag innerlich zusammen, dann ist anzunehmen, daß der Besteller auf das Kündigungsrecht aus dem Werkvertrage verzichtet hat (RG 86, 107). Besteht dagegen zwischen zwei durch einen Vertrag begründeten Ansprüchen nur ein äußerer, kein innerer Zusammenhang, dann kann der eine auch dann auf Erfüllung weitergehen, wenn der andere sich in einen Anspruch auf Schadensersatz umwandelt (RG Gruch 54, 925), und es ist in solchen Fällen auch der teilweise Rücktritt gemäß §§ 325, 326 möglich (RG 79, 311). Vgl. § 325 A 1 c Abs 1. Aber die Einheitlichkeit eines Rechtsgeschäfts wird auch dadurch nicht ausgeschlossen, daß äußerlich eine Mehrheit von Verträgen abgeschlossen worden ist, und daß auch nicht durchweg dieselben Personen daran teilgenommen haben; auch in solchen Fällen können die Grundsätze der §§ 346 u. 326 in bezug auf das ganze, als einheitlich anzusehende Rechtsgeschäft Anwendung finden (RG 62, 185; 79, 436; 67, 104; 17. 11. 17 V 194/17; 8. 7. 18 V 111/18). Danach regelt sich auch das Formerfordernis hinsichtlich der einzelnen Abreden sowie die Entscheidung der Frage, ob die gesamten Vereinbarungen nach den für das Hauptgeschäft gültigen Auslegungsregeln zu beurteilen sind, oder ob für jedes einzelne der verabredeten Geschäfte je die zutreffenden besondern Vorschriften maßgebend sind. — Über den Einfluß der teilweisen Nichtigkeit auf die Rechtsbeständigkeit der gesamten Abreden vgl. § 139. Enthält von den mehreren Rechtsgeschäften, aus denen ein Rechtsgeschäft zusammengesetzt ist (§ 139), nur ein Teil einen Verstoß gegen die guten Sitten, so ist eine Zurückforderung der Leistung aus den übrigen durch § 817 Satz 2 nicht ausgeschlossen, auch wenn das gesamte Rechtsgeschäft nach der Regelvorschrift des § 139 nichtig ist (RG 78, 41).

3. Bei der Frage, welches **örtliche Recht** auf einen zwischen zwei in verschiedenen Gebieten wohnhaften Parteien abgeschlossenen Vertrag anzuwenden ist, entscheidet in erster Linie der Parteiwille (RG 68, 205; 73, 387; Gruch 55, 891 und die dort weiter angezogenen Urteile). Im übrigen vgl. Vorbem 11 vor § 104 und § 269 A 1.

§ 306

[1]) Ein auf eine unmögliche Leistung gerichteter Vertrag ist nichtig[2])[3]).

E I 344 II 295; M 2 161; P 1 448.

1. Während die §§ 275 ff. allgemeine Grundsätze über die nachträgliche Unmöglichkeit für Schuldverhältnisse überhaupt geben (vgl. § 275 A 2 Abs 4), haben die §§ 306 ff., welche

die Wirkungen der von Anfang an bestehenden Unmöglichkeit regeln, nur **Verträge** im Auge, und zwar sind sie nur auf schuldrechtliche Verträge (§ 241) anwendbar, nicht auch auf Erfüllungsgeschäfte (dingliche Übereignung; RG Gruch 57, 942). Doch wird ihrer entsprechenden (sinngemäßen) Anwendung auf andere, insbesondere kraft Gesetzes oder ausnahmsweise durch einseitigen Rechtsakt entstandene Schuldverhältnisse (vgl. § 305 A 1 a), nichts entgegenstehen. § 306 übernimmt den römisch-rechtlichen, in der Regel auf Denknotwendigkeit zurückgeführten Satz: **„Impossibilium nulla obligatio"**. Zeitlich maßgebend für die Frage der Unmöglichkeit ist nach der Fassung des § 306 nicht der Zeitpunkt des Vertragsschlusses, sondern der Zeitpunkt, an welchem die Leistung vertragsmäßig zu erfolgen hat. Ist bis dahin das vorher bestandene Hindernis beseitigt, so findet § 306 keine Anwendung. Bei Leistungen, die nicht sofort zu erfolgen haben, ist sonach in der Zwischenzeit ein Schwebezustand vorhanden, indem die Gültigkeit des Vertrags davon abhängt, ob bei Eintritt der Fälligkeit die Leistung möglich sein wird. Der Vertrag ist z. B. gültig, wenn das verkaufte Gebäude zur Zeit des Vertragsschlusses mit Schwamm behaftet war, dieser aber zur vereinbarten Zeit der Übergabe bereits beseitigt ist (RG Gruch 53, 938). Ist die Leistung aber bei Eintritt der Fälligkeit noch unmöglich, so ist der Vertrag nichtig, auch wenn die Unmöglichkeit später noch behoben werden kann. § 308 enthält lediglich eine Anwendung dieser Rechtsgrundsätze, und zwar Abs 1 für den Fall, daß der Eintritt der Leistungszeit ausdrücklich oder stillschweigend von der Bedingung abhängig gemacht ist, daß die Leistung möglich werde; Abs 2 für den Fall, daß die Leistung von einer anderen Bedingung abhängig gemacht oder ein bestimmter Termin für sie bestimmt ist. — Die Nichtigkeit tritt rückwirkend unmittelbar mit Beendigung des Schwebezustandes ein, falls die Bedingung des Möglichwerdens der Leistung ausfällt, also die Leistung dauernd unmöglich wird. — Die Unmöglichkeit der bedungenen Hauptleistung hat nicht ohne weiteres auch die Nichtigkeit einer bedungenen Nebenleistung, namentlich eines Garantieversprechens zur Folge, das nicht die Herbeiführung des unmöglichen Erfolges, sondern ein Einstehen für diesen mit dem Vermögen des Versprechenden bedeutet, also die Übernahme einer Vertragspflicht, deren Erfüllung möglich ist. Anders wenn die Verpflichtung dahin geht, den unmöglichen Erfolg herbeizuführen (RG 23. 9. 19 VII 81/19 in SeuffA 75 Nr 9). Ein Vertrag, in welchem eine mögliche Leistung (Geldzahlung) unter einer unmöglichen Bedingung versprochen ist, fällt nicht unter § 306. Ist die Bedingung als aufschiebende beigefügt, so steht von vornherein fest, daß eine Verpflichtung zu der Leistung nicht eintreten kann; ist sie als auflösende beigefügt, so ist (sofern Ernstlichkeit anzunehmen) die Verpflichtung zur Leistung als unbedingte entstanden. Vgl. Vorbem 3 a vor § 158.

2. Der Paragraph berücksichtigt nur die **sachliche Unmöglichkeit** (§ 275 A 2), dagegen nicht auch, wie § 275, das persönliche Unvermögen (RG 69, 357; 81, 61; JW 08, 712[7]). Daraus folgt, daß, wenn der Schuldner zur Zeit des Vertragsschlusses zur Leistung nur unvermögend war (beispielsweise ein Laie verspricht die Herstellung eines Kunstwerks, oder es verkauft jemand eine fremde Sache, oder die im gesetzlichen Güterstande lebende Ehefrau verkauft ein zum eingebrachten Vermögen gehörendes Grundstück ohne Zustimmung des Mannes, RG 80, 250), gleichwohl das Schuldverhältnis hier wirksam entstanden ist und der Schuldner jedenfalls haftet, und zwar, sobald sich das Unvermögen als ein dauerndes herausstellt, ohne weiteres auf Grund des Vertrages auf das Erfüllungsinteresse, da er durch den Vertragsabschluß die Haftung für seine (derzeitige) Leistungsfähigkeit übernommen hat (RG 69, 355; 80, 250); sonst aber, sobald der Schuldner in Verzug gesetzt ist, auf den durch den Verzug entstehenden Schaden (§ 286), bei gegenseitigen Verträgen nach Maßgabe des § 326 (RG 80, 250). Bloßes Unvermögen des Schuldners liegt dann nicht mehr vor, wenn er die Möglichkeit der Leistung trotz des nach Treu und Glauben zu bemessenden Grades seiner Bemühungen aus allgemeinen, nicht in seiner Person allein liegenden Gründen nicht herbeiführen kann; alsdann steht vielmehr objektive Unmöglichkeit oder doch Nichtzumutbarkeit in Frage (vgl. § 275 A 2 Abs 2). **Unmöglich ist die Leistung** insbesondere dann, wenn eine Sache oder ein Recht, deren Gewährung versprochen worden ist, zur Zeit des Vertragsschlusses bereits untergegangen, oder wenn eine verkaufte Hypothek im Zeitpunkte der Vertragsannahme bereits ausgefallen war (RG 29. 5. 18 V 24/18); oder wenn der als vorhanden angenommene Gegenstand (Leistungsgegenstand) überhaupt nicht zur Entstehung gelangt ist, wenn beispielsweise Aktienurkunden, deren Lieferung versprochen wurde, nicht ausgegeben worden sind (RG 52, 417); oder eine angebliche Erfindung vom Patentanspruche überhaupt nicht umfaßt ist (RG JW 1912, 139[14]); oder auch wenn der Schuldner sich einer „von Tag zu Tag sich verdoppelnden" Vertragsstrafe (also einer ganz ungemessenen) unterwirft (RG SeuffA 61 Nr 351). Käme der Gegenstand später zur Entstehung, so griffe § 308 Platz. Verkauft ein Gesamthandmiteigentümer Bruchstückseigentum, dann leidet der Vertrag nicht an sachlicher Unmöglichkeit, weil die Umwandlung des Eigentums an sich möglich ist (RG Gruch 54, 1064). Ein Vertrag über ein Patent, das hinterher vernichtet wird, ist nicht wegen ursprünglicher sachlicher Unmöglichkeit nichtig, da auch ein nur tatsächliches Patent ein wirtschaftliches Gut ist, dessen Ge-

währung eine mögliche Vertragsleistung darstellt (RG 11. 7. 08 I 446/07; JW 1912, 139[14]). Anders verhält es sich bei einem Gebrauchsmuster (RG 68, 292; 78, 13). Die Übernahme der Verpflichtung zur Aufgabe eines Rechts, das überhaupt nicht bestand, ist auf eine unmögliche Leistung gerichtet (RG 78, 431, betreffend die Verpflichtung zur Befreiung von einem nicht bestehenden Bauverbote). Nach RG 105, 349 soll eine von vornherein bestehende objektive Unmöglichkeit im Sinne des § 306 auch vorliegen, wenn jemand Sachen, die einem andern gestohlen, verloren gegangen oder sonst abhanden gekommen sind (§ 935) verkauft und mit einer Zustimmung des Eigentümers zur Veräußerung nicht zu rechnen ist; doch steht dem wohl entgegen, daß dem Eigentümer die Leistung möglich ist (s. unten). Kein auf eine von vornherein unmögliche Leistung gerichteter Vertrag liegt vor, wenn es sich um Gegenstände handelt, die nur durch eine Reichsstelle oder mit deren Genehmigung in Verkehr gebracht werden dürfen (RG 102, 294; 104, 108; anders III 203/18 15. 10. 18). Auch Rechtsgründe können die Unmöglichkeit begründen (vgl. § 275 A 2; ferner RG 12. 10. 07 V 57/07, Verbot des Bergamts im Interesse der öffentlichen Sicherheit; Warn 1918 Nr 217, betreffend den Verkauf einer wegen bereits erfolgter behördlicher Beschlagnahme nicht lieferbaren Ware). Lassen sich die zum Zwecke des Schankbetriebs vermieteten Räume nicht so einrichten, wie es die polizeilichen Anforderungen verlangen, so ist der Vertrag gemäß § 306 nichtig (kein Kündigungsrecht gemäß § 542; RG Warn 08 Nr 26). Rechtlich unmöglich ist gemäß § 312 ein Vertrag über den Nachlaß eines noch lebenden Dritten (RG Gruch 63, 216).— Anwendbar ist § 306 bei dem Verkaufe einer nicht bestehenden Forderung oder eines nicht bestehenden Rechtes nur dann, wenn die Entstehung der Forderung oder des Rechtes an sich unmöglich war, während sonst die Verschaffungspflicht nach § 437 Platz greift (RG 68, 293; 94, 210). Daher greift § 306 auch nicht Platz beim Verkaufe einer noch nicht eingetragenen Hypothek (RG Warn 1914 Nr 150). Miete einer eigenen Sache ist rechtlich möglich (RG JW 06, 437).

3. Bei nur teilweiser Unmöglichkeit von Anfang an richtet sich die Frage, ob das ganze Rechtsgeschäft nichtig ist, nach § 139; vgl. A 1 dazu. Das gilt grundsätzlich auch von der qualitativen Unmöglichkeit; vgl. § 275 A 4. Ist z. B. Lieferung von Wein eines gewissen Jahrganges mit einem bestimmten Alkoholgehalt vereinbart, solcher Wein aber überhaupt nicht oder innerhalb des Gebietes der bestimmten Gattung (§ 279) nicht gewachsen, so wird in entsprechender Anwendung des § 139 zu bestimmen sein, ob eine Pflicht zur Lieferung bzw. zur Entgegennahme von Wein der Gattung mit geringerem Alkoholgehalt unter entsprechender Minderung der Gegenleistung (§ 323 Abs 1 Schlußhalbsatz) besteht. Auf Speziesgeschäfte ohne oder mit Zusicherung bestimmter Eigenschaften der Kaufsache findet aber § 306 keine Anwendung, weil die Leistungspflicht gemäß § 433 nur auf Übereignung der Kaufsache geht, nicht auf die etwa unmögliche Beseitigung der ihr anhaftenden Mängel oder Herstellung der zugesicherten Eigenschaften, vielmehr insoweit nur eine gesetzliche (§ 459) oder vertragsmäßige (§ 463) Garantiepflicht (vgl. A 1) begründet ist, die durch § 306 nicht berührt wird und die in §§ 459ff. bestimmten Gewährschaftspflichten, zu denen auch der in § 463 erwähnte Schadensersatz wegen Nichterfüllung zu rechnen ist, erzeugt. A. A. bei Erörterung der Beweislastfrage RG 66, 281. Ein Werklieferungsvertrag über eine Maschinenanlage von bestimmter Bauart ist nicht um deswillen aus § 306 nichtig, weil die Erzielung des gewährleisteten Erfolges mit dem angegebenen Kraftaufwande sich durch die Anlage nicht erreichen läßt; hier ist nicht die vertragliche Leistung (Lieferung der Maschine von bestimmter Bauart), ganz oder teilweise, sondern die Gewährung einer zugesicherten Eigenschaft unmöglich und treten die daraus sich ergebenden rechtlichen Folgen (§ 463) ein (RG 11. 1. 27 VI 339/26).

§ 307

Wer bei der Schließung eines Vertrags, der auf eine unmögliche Leistung gerichtet ist, die Unmöglichkeit der Leistung kennt oder kennen muß, ist zum Ersatze des Schadens verpflichtet, den der andere Teil dadurch erleidet, daß er auf die Gültigkeit des Vertrags vertraut, jedoch nicht über den Betrag des Interesses hinaus, welches der andere Teil an der Gültigkeit des Vertrags hat[1]). Die Ersatzpflicht tritt nicht ein, wenn der andere Teil die Unmöglichkeit kennt oder kennen muß[2]).

Diese Vorschriften finden entsprechende Anwendung, wenn die Leistung nur teilweise unmöglich und der Vertrag in Ansehung des möglichen Teiles gültig ist oder wenn eine von mehreren wahlweise versprochenen Leistungen unmöglich ist[3]).

E I 345 II 259; M 2 178; P 1 450.

1. Angewendet sind hier die Grundsätze der Haftung für culpa in contrahendo (vgl. § 276 A 3; RG 95, 60) und der Haftung für das negative Vertragsinteresse; vgl. §§ 122 A 2 u. 179 A 2b. Die Vorschrift trifft sowohl den Versprechenden wie den Versprechensempfänger. Aufwendungen für den Transport und die Aufbewahrung von Sachen, die im Glauben an die Gültigkeit des Vertrags gemacht worden sind, stellen einen nach § 307 gegebenen Falles zu ersetzenden Vertrauensschaden dar (RG 51, 92).

2. Falls **auch der andere Teil die Unmöglichkeit kannte,** kann von einem ihm entstandenen Vertrauensschaden im Sinne des Satzes 1 nicht die Rede sein. Aber auch wenn er die Unmöglichkeit nur „kennen mußte," d. h. aus Fahrlässigkeit nicht gekannt hat, ist die Ersatzpflicht aus Satz 1 ausgeschlossen (RG 110, 55). Beweislast: Der Teil, welcher den Schadensersatzanspruch geltend macht, hat zu dessen Begründung darzutun, daß der andere Teil die Unmöglichkeit gekannt habe oder habe kennen müssen. Alsdann hat der andere Teil, um den Anspruch abzuwehren, zu beweisen, daß auch jener die Unmöglichkeit gekannt habe oder habe kennen müssen. Diese Beweislastregelung ergibt sich aus Satz 2, wo die Kenntnis oder das Kennenmüssen auch desjenigen Teiles, der den Schadensersatzanspruch geltend macht, lediglich als Ausschlußgrund für die Ersatzpflicht aus Satz 1 gestaltet ist. — Wegen des Satzes 2 ist für die Verteilung des Schadens bei mitwirkendem Verschulden des Beschädigten (§ 254) kein Raum (RG 105, 412 zum Falle des § 309).

3. Falls die **Leistung teilweise möglich,** der Vertrag insoweit auch gültig ist, teilweise anderseits unmöglich ist (vgl. § 306 A 3), greift der Grundsatz des Abs 1 nur hinsichtlich des nicht erfüllbaren Teiles Platz. Der Einfluß der teilweisen Unmöglichkeit auf die Gültigkeit des gesamten Geschäfts ist im übrigen nach § 139 zu beurteilen. — Bei einem **Wahlschuldverhältnisse** (§ 262) kann die teilweise Unmöglichkeit sich darin äußern, daß die eine oder die andere der Leistungen unmöglich ist. In diesem Falle besteht die Haftung gemäß § 307 auf den Schaden, den der andere erleidet, weil er auf die Möglichkeit sämtlicher Leistungen vertraut hat.

§ 308

[1]) **Die Unmöglichkeit der Leistung steht der Gültigkeit des Vertrags nicht entgegen, wenn die Unmöglichkeit gehoben werden kann und der Vertrag für den Fall geschlossen ist, daß die Leistung möglich wird**[1]).

Wird eine unmögliche Leistung unter einer anderen aufschiebenden Bedingung oder unter Bestimmung eines Anfangstermins versprochen, so ist der Vertrag gültig, wenn die Unmöglichkeit vor dem Eintritte der Bedingung oder des Termins gehoben wird[2]).

E I 346 II 260; M 2 180; P 1 454.

1. **Möglichkeit einer Hebung der Unmöglichkeit.** Vgl. § 306 A 1. Es handelt sich danach in § 308 nicht um einen Fall der sog. Konvaleszenz oder um Heilung der Nichtigkeit durch nachträglich eintretende Möglichkeit der Leistung. Der Standpunkt des Gesetzes ist vielmehr der, daß trotz § 306 anfängliche Unmöglichkeit die Nichtigkeit überhaupt nicht zur Folge hat, falls a) die Unmöglichkeit nachträglich gehoben werden kann, und zugleich b) die Parteien beim Vertragsabschlusse schon mit dem Falle gerechnet und für ihn den Vertrag geschlossen hatten, daß die Erfüllung möglich werde (RG JW 1912, 72[10]). Die Voraussetzung zu b wird auch schon dann gegeben sein, wenn die Parteien nur stillschweigend die Leistungspflicht von dem Eintritt der Möglichkeit abhängig gemacht haben (RG 102, 255). Wird eine Leistung auf die Zukunft abgestellt, dann werden die Parteien regelmäßig nur die Erfüllbarkeit zur vorgesehenen Leistungszeit im Auge gehabt haben. Sind bei Eintritt der Leistungszeit lediglich der Natur der Sache nach vorübergehende Hindernisse eingetreten, beispielsweise ein die versprochene Arbeitsleistung hinderndes zeitweiliges Frostwetter, so wird von Unmöglichkeit der Leistung überhaupt nur dann die Rede sein können, wenn die Einhaltung der Leistungszeit wesentlich war (vgl. § 275 A 3).

2. Auch **Absatz** 2 enthält lediglich eine Anwendung der aus § 306 sich ergebenden Rechtsgrundsätze; vgl. A 1 dazu. Eine Nichtigkeit des Vertrags tritt danach nicht ein, wenn die Leistung von einer Bedingung, und zwar einer anderen, als der in Abs 1 behandelten Bedingung der Möglichkeit, abhängig gemacht oder aufschiebend befristet ist und zur Zeit des Eintritts der Bedingung bzw. des Termins die Leistung möglich ist. Sie tritt dagegen rückwirkend ein, falls die Leistung zur Zeit des Eintritts der Bedingung bzw. des Termines unmöglich ist.

§ 309

Verstößt ein Vertrag gegen ein gesetzliches Verbot, so finden die Vorschriften der §§ 307, 308 entsprechende Anwendung[1]).

E I 347 II 361; M 2 180; P 1 455.

1. Weiterer Nichtigkeitsgrund bei einem Vertrage ist der **Verstoß gegen ein Verbotsgesetz** (vgl. § 134). Hier finden die §§ 307, 308 entsprechende Anwendung. Über die Natur des Anspruchs auf Schadensersatz vgl. § 307 A 1 und § 179 A 1 Abs 1 a. E. In Gemäßheit des § 308 Abs 2 ist ein zur Zeit des Bestehens eines Verbots bedingt abgeschlossener Vertrag gültig, wenn zur Zeit des Eintritts der Bedingung das Verbot aufgehoben ist (**RG** 105, 138). — Die Nichtigkeit eines gegen das Handelsverbot des § 1 VO v. 24. 6. 1916 verstoßenden Rechtsgeschäfts wird auch nicht dadurch zugunsten des gutgläubigen Teiles ausgeschlossen, daß der andere Teil jenen arglistig in den Glauben versetzt hat, das Geschäft verstoße nicht gegen das Verbot; der gutgläubige Teil ist hier auf den aus § 307 sich ergebenden Schadensersatzanspruch angewiesen (**RG** 105 S. 366, 410). Ein fahrlässiges Nichtkennen (Kennenmüssen) im Sinne des § 307 Abs 1 Satz 1 und 2 liegt auf beiden Seiten (Kaufleuten) vor, wenn der eine Teil nicht gewußt hat, daß er einer Handelserlaubnis bedurfte, und der andere Teil sich nicht danach erkundigt hat, ob jener einer solchen Erlaubnis bedürfe und sie gegebenenfalls besitze; daher versagt in solchem Falle der Schadensersatzanspruch; vgl. § 307 A 2 (**RG** 105, 410). Eine Ausdehnung dieser Vorschrift auf den Fall des Verstoßes gegen die guten Sitten ist unzulässig. Dieser Fall wird durch die Vorschrift des § 138 erschöpft. Demnach ist in Fällen letzterer Art auch ein Anspruch auf das negative Vertragsinteresse für beide Teile ausgeschlossen. Vgl. hinsichtlich der Vermächtnisse § 2171.

§ 310

Ein Vertrag, durch den sich der eine Teil verpflichtet, sein künftiges Vermögen oder einen Bruchteil seines künftigen Vermögens zu übertragen oder mit einem Nießbrauche zu belasten, ist nichtig[1]).

E I 350 II 262; M 2 186; P 1 457.

1. **Vertrag über künftiges Vermögen.** Diese, sozialpolitischen Rücksichten dienende Vorschrift bedroht mit Nichtigkeit nur die Verträge des vorausgesetzten Inhalts, trifft also unmittelbar nur das Schuldverhältnis. Die Möglichkeit, ein dingliches Recht — insbesondere Eigentum oder Nießbrauch — an der Gesamtheit des Vermögens als solcher zu bestellen, besteht nach dem Gesetze ohnehin nicht. Möglich ist nur die Übereignung jedes einzelnen zur Gesamtheit gehörenden Vermögensbestandteils in der für ihn zutreffenden Geschäftsform (Auflassung, Übergabe, Abtretung). Von der Nichtigkeit gemäß § 310 wird daher nur der schuldrechtliche Verpflichtungsvertrag betroffen; die zu seiner Erfüllung im Vertrage selbst oder nachher erfolgten einzelnen dinglichen Übereignungsakte können nur nach §§ 812 ff. rückgängig gemacht werden, also gemäß § 814 nicht, wenn der Übereignende gewußt hat, daß er zu der Übereignung wegen der Nichtigkeit des Kausalgeschäfts nicht verpflichtet war; vgl. § 125 A 1 unter c. Sonach würde unter § 310 auch nicht ein Vertrag fallen, durch den ein Schuldner seinem Gläubiger „alle seine künftigen Außenstände" zur Sicherung übertrüge; doch ist in **RG** 67, 166 ein solcher Vertrag „in Verfolg des Grundsatzes des § 310", jedoch unter Heranziehung des § 138 als selbständiger Grundlage für unzulässig erachtet; vgl. auch **RG** JW 1911, 576; Warn 1912 Nr 155. Auch ein schuldrechtlicher Verpflichtungsvertrag dieses Inhalts würde unter § 310 nur fallen, sofern der Schuldner im übrigen vermögenslos wäre. In welche Form der Vertrag gekleidet ist (z. B. Gesellschaftsvertrag), ob es sich um ein einseitiges Vertragsversprechen oder um einen gegenseitigen Vertrag (§ 320) handelt, ist im Sinne des § 310 gleichgültig. Ein Fall des § 310 liegt nicht vor, wenn zwischen den beiden Beteiligten das Verhältnis besteht, daß der eine Teil die von dem andern Teile mit Dritten abgeschlossenen Kaufverträge durch Lieferung seiner eigenen Ware erfüllt und dafür ihm der andere Teil seine künftigen Außenstände abtritt (**RG** Warn 1914 Nr 316). Ob die Verpflichtung von einer physischen Person oder einer juristischen übernommen wird, ist gleichgültig. Fälle eines Sondervermögen's werden von § 310 nicht betroffen (vgl. § 311 A 1). — Unter das Gesetz fällt nicht ein Vertrag, der nur die Erträgnisse eines bestimmten Vermögensbestandteils, beispielsweise des Grundvermögens (**RG** JW 08 Beil 53[122]), oder einzelne Bestandteile des Vermögens (**RG** JW 09, 11[3]) betrifft. Weiter nicht ein Vertrag nach Maßgabe des altgermanischen Instituts der Vergabungen von Todes wegen, wobei dem Bedachten schon bei Lebzeiten ein unentziehbares Recht an dem Vermögen für den Fall des Überlebens gewährt wird, der Vergebende sich aber die mit dem vollen Eigentum verbundenen Rechte auf Besitz, Bewirtschaftung und Nutzung vorbehält, vgl. § 1937 A 1 (**RG** 26. 1. 21 V 387/20). Ebensowenig ein Vertrag, durch den sich ein Schuldner der freien Bestimmung über die Art der Verwendung der Nutzungen seines Vermögens zugunsten seiner Gläubiger begibt; vgl. **RG** 72, 116 für den Fall des § 311. Weiter nicht ein Vertrag, der den Verkauf eines fremden Vermögens zum Gegenstande hat, und auch die Einwilligung des Vermögensinhabers zieht nicht die Anwendbarkeit des § 310 oder des § 311 nach sich (**RG** 79, 285). — Eine wirkliche Ausnahme von der Regel des § 310 macht nur die vertragsmäßige Begründung der allgemeinen Gütergemeinschaft

unter Ehegatten (§ 1437). Aber es würde unter diese Ausnahme nicht mehr gehören, falls sich ein Ehegatte gegen den andern vertraglich nur zu einer Leistung der im § 310 bezeichneten Art verpflichtete. — Nicht getroffen sind durch § 310 Erbverträge (§§ 2274 ff.).

§ 311

Ein Vertrag, durch den sich der eine Teil verpflichtet, sein gegenwärtiges Vermögen oder einen Bruchteil seines gegenwärtigen Vermögens zu übertragen oder mit einem Nießbrauche zu belasten, bedarf der gerichtlichen oder notariellen Beurkundung[1]).

E I 350 II 263; M 2 187; P 1 458.

1. **Vertrag über das gegenwärtige Vermögen,** und zwar das eigene, dagegen nicht auch ein fremdes. Im letzten Falle findet § 311 keine Anwendung (RG 79, 283). — Unter Vermögen versteht das BGB wie in der Regel so namentlich auch im Falle der §§ 311, 419 nur die Gesamtheit des Aktivvermögens ohne Einbeziehung der Passiva (RG 69 S. 285 u. 416). Vgl. § 1922 A 5. — Es handelt sich um eine zwingende Formvorschrift (§ 125), die auf den Fall zu beschränken ist, daß sich die übernommene Verpflichtung auf das gegenwärtige Vermögen als ganzes, wenn etwa auch nur zu einem Bruchteile erstreckt (RG 69 S. 283 u. 416; 72, 116; 80, 257; 82, 277; 85, 168; 92, 77; 94, 314; Warn 1917 Nr 49; 1922 Nr 65). Die Bestimmung ist daher nicht anwendbar, wenn jemand sich verpflichtet, seine einzeln aufgeführten Vermögensbestandteile zu veräußern (oder mit einem Nießbrauche zu belasten), mögen sie auch zusammen seinen ganzen Besitz ausmachen (RG Warn 1922 Nr 65); wofern nicht trotzdem gewollt war, daß das Vermögen in seiner Gesamtheit übertragen werden sollte, was anzunehmen ist, wenn beabsichtigt war, daß alle außer den angeführten Vermögensstücken sonst noch vorhandenen ebenfalls mit zu übertragen seien (RG Warn 1922 Nr 47 und die dort angef. Urt). Auch durch die äußere Trennung des Vertrags in mehrere Urkunden, in welchen die Vermögensgegenstände einzeln aufgeführt sind, wird ein auf Übertragung des Vermögens als Ganzen gerichteter Vertragswille nicht ausgeschlossen (RG a. a. O.). Der Anwendungsfall liegt weiter nicht vor, wenn Gegenstand des Vertrags ein Geschäft mit Aktiven und Passiven ist (RG Gruch 63, 88); oder wenn es sich nur um bestimmte Vermögensgegenstände handelt, die unter einem Gesamtnamen zusammengefaßt sind, oder die sich als ein Inbegriff darstellen. Derartige Verträge können zwar unter § 419, nicht aber unter § 311 fallen (RG 69, 420; 82, 277). Die Übernahme sämtlicher Passiva schließt nicht auch die Absicht zur Übertragung sämtlicher Aktiva in sich (RG SeuffA 75 Nr 148). Sind mehrere Verträge aufgenommen und in diesen die einzelnen zu übertragenden Vermögensstücke aufgeführt, so kann das zwar die Vermutung gegen den § 311 begründen, schließt aber nicht aus, daß die mehreren Verträge eine Einheit darstellen und zusammen den Tatbestand des § 311 ergeben (RG Warn 1922 Nr 47). — Unanwendbar ist der § 311, wenn Gegenstand des Vertrags ein Sondervermögen ist (das einer offenen Handelsgesellschaft, RG JW 1910, 242[30]). Verkauft aber eine juristische Person (G. m. b. H.) ihre ganze Habe einschließlich ihrer Forderungen sowie des Firmenrechts, dann greift der § 311 Platz, wenngleich im Vertrage die Vermögensstücke im einzelnen aufgeführt sind; doch ist es alsdann unter Umständen möglich, die einzelnen Vertragserklärungen, sofern sie formfreie Rechtsgeschäfte betreffen, mittels der Geschäftsumgestaltung gemäß § 140 aufrechtzuerhalten (RG 76, 2). Ein Fall des § 311 liegt auch dann nicht vor, wenn jemand sich nur verpflichtet, über sein Vermögen nicht zu verfügen und dabei zugleich die Verwaltung seines Vermögens auf den andern überträgt (einen Gläubigerausschuß, RG 72, 116). — Über die Form der Beurkundung vgl. § 128. Bei Schenkungen des gegenwärtigen Vermögens ist gemäß § 311 die Beurkundung der beiderseitigen Erklärungen nötig. — Ausgeschlossen ist die Heilung des Vertrags durch Erfüllung (vgl. § 125 A 2); mithin auch dann, wenn zum gegenwärtigen Vermögen auch ein Grundstück gehört und die Auflassung sowie die Eintragung des neuen Eigentümers erfolgt sind. Denn § 313 Satz 2 hat nur die Heilung des aus Satz 1 sich ergebenden Formmangels im Auge (RG 73, 208). Ob aber der Vertrag wenigstens hinsichtlich der Grundstücksveräußerung oder sonst der einzelnen Stücke gültig wird, bestimmt sich nach § 139 (RG 61, 284; SeuffA 75 Nr 148).

§ 312

Ein Vertrag über den Nachlaß eines noch lebenden Dritten ist nichtig. Das gleiche gilt von einem Vertrag über den Pflichtteil oder ein Vermächtnis aus dem Nachlaß eines noch lebenden Dritten[1]).

Diese Vorschriften finden keine Anwendung auf einen Vertrag, der

unter künftigen gesetzlichen Erben über den gesetzlichen Erbteil oder den Pflichtteil eines von ihnen geschlossen wird. Ein solcher Vertrag bedarf der gerichtlichen oder notariellen Beurkundung[2]).

E I 349 II 264; M 2 182; P 1 456.

1. **Der Vertrag über den Nachlaß eines noch lebenden Dritten** ist nichtig aus wirtschaftlichen und sittlichen Gründen (M 2, 182 ff.). Ob der Dritte zugestimmt hat, ist unwesentlich. Gleichgültig ist auch, ob der Dritte eine bestimmte oder eine noch ungewisse Person ist. (Beispielsweise Vertrag „über alle irgendwoher zufallenden Erbschaften".) Die Bestimmung ist entsprechend anwendbar auch bei Verträgen über einen Bruchteil des Nachlasses, demgemäß auch über den Pflichtteil. Sie bezieht sich dagegen nicht auf Verträge über einzelne Gegenstände, die dem erwarteten Nachlasse angehören (RG 17. 5. 24, V 271/23). Der für tot Erklärte gilt gemäß § 18 nicht mehr als lebend. Verzichtet jemand auf den Pflichtteil aus dem Nachlasse eines noch lebenden Dritten, in der Annahme, daß dieser bereits verstorben sei, während der Vertragsgegner wußte, daß der Dritte noch lebte, so ist ein Vertrag nicht zustande gekommen, weil es an einer Willenseinigung fehlt, sofern jeder Teil einen Vertrag von anderer Beschaffenheit wollte (§ 154 A 2 Abs 1), und weil der stille Vorbehalt des Vertragsgegners, den Vertrag als Vertrag über den Pflichtteil eines noch lebenden Dritten anzusehen, gemäß § 116 unbeachtlich wäre (RG Gruch 63, 213).

2. Gestattet sind Verträge **unter künftigen gesetzlichen Erben** (den nächsten oder weiteren, §§ 1924 ff.), jedoch auch hier nur insoweit, als sie den künftigen gesetzlichen Erbteil oder den Pflichtteil zum Gegenstand haben. Sie bedürfen der öffentlichen Beurkundung in der Form des § 128. Bedingung ist nicht, daß der Vertragschließende auch wirklich gesetzlicher Erbe des noch lebenden Dritten wird; denn der Ausdruck „künftiger Erbe" will nur besagen, daß der Vertragschließende zur Zeit zu den gemäß §§ 1924 ff. gesetzlich berufenen Erben gehören muß; der Vertrag wird daher nicht hinfällig, wenn der Vertragschließende demnächst nicht gesetzlicher Erbe, vielmehr Testamentserbe wird (RG SeuffA 75 Nr 149). A. A. Staudinger und Oertmann. Gemäß § 312 ist auch das Versprechen, ein Testament nicht anzufechten oder den Pflichtteil nicht geltend zu machen, unter künftigen gesetzlichen Erben zulässig. Solche Verträge im Sinne des Abs 2 können aber nur ein Schuldverhältnis begründen, haben keine erbrechtliche Bedeutung (RG 65, 364; 71, 136) und vermögen den Anfall der Erbschaft oder die Entstehung des Pflichtteilsanspruchs sowie den Eintritt der damit verbundenen Rechtsfolgen nicht zu hindern (RG JW 07, 244[7]). Alle jene Folgen vollziehen sich vielmehr zunächst ohne Rücksicht auf den Vertrag, während dieser nur die Verpflichtung zu ihrer Beseitigung begründet.

§ 313

Ein Vertrag, durch den sich der eine Teil verpflichtet, das Eigentum an einem Grundstücke zu übertragen[1]), **bedarf der gerichtlichen oder notariellen Beurkundung**[2])[3])[4])[5]). **Ein ohne Beobachtung dieser Form geschlossener Vertrag wird seinem ganzen Inhalte nach gültig, wenn die Auflassung und die Eintragung in das Grundbuch erfolgen**[6])[7]).

E I 351 II 265; M 2 189; P 458.

1. Der Paragraph hat den sog. **Grundstücksveräußerungsvertrag** im Auge, dessen gesetzliche Voraussetzung ist, daß sich der eine Teil zur Übereignung eines Grundstücks verpflichtet. Hält man an dieser Begriffsbestimmung fest, so ergeben sich folgende Merkmale: a) Der **„eine Teil"**: Da das Gesetz nach seiner klaren Fassung zu erkennen gibt, daß es denjenigen Vertrag und nur denjenigen treffen will, der die Verpflichtung eines Teiles zur Grundstücksveräußerung enthält, und da es seinem Wortlaute nach auf das gleichzeitige Vorhandensein einer Gegenverpflichtung zum Erwerbe des Grundstücks überhaupt keine Rücksicht nimmt, und da auch der aus den Motiven 2, 189, Prot 1, 460 ersichtliche Gesetzeszweck offenbar nur der ist, den sich zur Veräußerung eines Grundstücks Verpflichtenden durch das Formerfordernis vor Übereilungen zu schützen (RG 50, 163; 76, 183; 79, 215; 81, 51), so ergibt sich einerseits, daß der Gesetzesfall stets gegeben ist, so oft eine Verpflichtung zur Grundstücksveräußerung übernommen wird, mag ein gegenseitiger Vertrag vorliegen oder mag die Verpflichtung nur einseitig vertraglich eingegangen sein (RG JW 09, 11[4]). Anderseits aber folgt, daß für den § 313 dann niemals Raum sein kann, wenn es sich allein um eine einseitige Bindung behufs Erwerbs eines Grundstücks handelt (RG 81, 134; 95, 7; 101, 335; 110, 338; JW 05, 126[1]; 1911, 320[7 u. 8]). Daß Verträge, in denen sich nur der eine Teil, sei es zur Veräußerung (pactum de vendendo), sei es zum Erwerbe eines Grundstücks (pactum de emendo) verpflichtet, ohne Gegenversprechen des andern Teiles

überhaupt möglich sind, läßt sich im übrigen schwerlich anzweifeln, da das Gesetz zum Zustandekommen eines Vertrags nichts Weiteres fordert als Antrag und Annahme, und auf dem Gebiete der Schuldverhältnisse der Grundsatz der Vertragsfreiheit herrscht. So läßt sich auch nicht einsehen, weshalb nicht ein Vertragsabschluß lediglich auf der Grundlage zulässig sein sollte, daß der eine Teil das Verkaufsangebot oder aber das Kaufangebot macht und der andere Teil es dabei bewenden läßt, diesen Antrag lediglich als solchen ohne eigene Bindung entgegenzunehmen. Der 5. ZS hat demgemäß an diesen Auffassungen trotz der in der Literatur erhobenen Bedenken auch ständig festgehalten (**RG** 81, 134; 95, 7; 101, 335; 109, 45; Warn 1913 Nr 396; 1915 Nr 42; 1918 Nr 71), und die Praxis lehrt, daß im Verkehr Verträge mit rein einseitigen Bindungen der bezeichneten Art in Übung sind. Zu beachten ist dabei freilich, daß, auch wenn äußerlich nur ein einseitig bindendes Verkaufsversprechen vorliegt, unter Umständen schon ein unter der Willkürbedingung der Annahmeerklärung abgeschlossener Kaufvertrag vorliegen kann (**RG** 77, 417; JW 1912, 192[10]). Und zu beachten ist ferner, daß, wenn auf Grund eines vorerst nur bestehenden einseitigen Verkaufsversprechens demnächst der Veräußerungsvertrag selbst zustande kommen soll, auch die Annahmeerklärung des Käufers der gesetzlich vorgesehenen Form bedarf, nach dem Grundsatze (vgl. A 2), daß alle Teile des Grundstücksveräußerungsvertrags formbedürftig sind (**RG** 81, 134). Wie übrigens das einseitige Verkaufsversprechen formbedürftig ist, so muß nach dem Gesetzeszwecke ein gleiches auch hinsichtlich des bloßen, gemäß § 145 bindenden Verkaufsantrags und des Vorvertrags zu einem Grundstücksveräußerungsvertrage (**RG** 106, 176; 110, 335) angenommen werden. — Abmachungen zwischen zwei fiskalischen Stationen, wonach die eine sich der andern zur Übereignung eines Grundstücks verpflichtet, sind nicht formbedürftig, weil die verschiedenen Stationen nicht verschiedene Rechtssubjekte darstellen, sondern nur Bestandteile des nämlichen Rechtssubjekts sind (**RG** 59, 404; JW 1912, 640[12]; 1914, 921[5]). b) **Verpflichtung zur Übereignung** eines **Grundstücks.** Dies Erfordernis ergibt zunächst, daß ein Vertrag im Sinne des § 313 nur dann vorliegt, wenn die Übereignung des Grundstücks den Gegenstand der übernommenen Verpflichtung derart bildet, daß die Grundstücksübereignung gerade zur Erfüllung dieser Verpflichtung dient. Wesentlich ist es aber nicht, in welcher Rechtsform die Verpflichtung in die Erscheinung tritt, und auch darauf kommt es nicht an, ob die Grundstücksveräußerung als der Selbstzweck des Rechtsgeschäfts zu gelten hat oder ob sie nur mittelbar zur Verwirklichung eines andern Zweckes dienen soll. Die Voraussetzung des § 313 ist daher auch dann erfüllt, wenn die Verpflichtung zur Grundstücksveräußerung nur in der Rechtsform der unwiderruflichen Ermächtigung zur Veräußerung des Grundstücks begründet wird, sei es dem in Aussicht genommenen Geschäftsgegner selbst gegenüber, so daß dieser zum Geschäftsabschlusse mit sich selbst ermächtigt wird (§ 181), sei es gegenüber einem Dritten (**RG** 54, 79; 62, 336; 76, 183; 79, 213; 81, 51). **Der § 313 trifft ferner auch dann zu, wenn** Hauptzweck des Rechtsgeschäfts die Begründung einer Gesellschaft war und der eine Teil sich zur Erreichung dieses Zweckes zur Einbringung eines Grundstücks — eines eigenen oder eines noch fremden — in die Gesellschaft verpflichtet hat (**RG** 68, 262; 79, 304); wenn die Auflösung eines Gesamteigentums von Miterben bezweckt war, sofern zu solchem Zwecke zugleich die Verpflichtung übernommen wurde, das bisherige Gesamteigentum am Grundstücke in Miteigentum umzuwandeln, oder das Grundstück einem Dritten zu übereignen (**RG** 57, 432); ferner bei Übernahme der Verpflichtung von Gesellschaftern als bisherigen Miteigentümern des Grundstücks, dieses zum Gesamteigentume der Gesellschaft zu machen (**RG** 56, 96); bei der Vereinbarung von Gesellschaftern, die Gesellschaft aufzulösen und alsdann das bisherige Gesamteigentum am Grundstücke in Miteigentum der bisherigen Gesellschafter umzuwandeln (**RG** 65, 233; 108, 61); bei Parzellierungsverträgen, wenn die eine Partei sich verpflichtet, Teile ihres Grundstücks an die einzelnen Käufer zu veräußern (**RG** 50, 165; 68, 261; 81, 49; Gruch 49, 627); bei einem Grenzfeststellungsvertrage, wenn sich die Beteiligten zugleich zur gegenseitigen Übereignung von Grundstücksteilen verbindlich machen (**RG** Gruch 50, 957); bei einem Schuldübernahmevertrage, durch welchen die Verpflichtung des bisherigen Schuldners (Verkäufers) zur Übereignung eines Grundstücks übernommen wird (**RG** 103, 156); bei einem Vergleiche, wenn darin die Verpflichtung zu einer Grundstücksübereignung von neuem übernommen oder wesentlich verschärft ist (**RG** 94, 151; 109, 23); die abweichenden älteren Entscheidungen (vgl. 5. Aufl A 2 Schlußabsatz S. 450) sind aufgegeben.

Formbedürftigkeit besteht auch, wenn Hauptgegenstand des Vertrags die Veräußerung eines Handelsgeschäfts war und zu diesem ein Grundstück gehört; weiter bei einem Darlehnsvertrage, wenn sich der Schuldner zur Übernahme eines Grundstücks in Anrechnung auf das Darlehn und der Gläubiger anderseits zu der Übereignung verpflichtet (**RG** 95, 6); weiter bei Einräumung eines Vorkaufsrechts — persönlichen wie dinglichen — (**RG** 59, 132; 72, 385; 79, 435; 107, 40; 110, 332); eines persönlichen Wiederkaufsrechts (110, 334; JW 1911, 320[7]; Warn 1921 Nr 122; über die Heilung in diesem Falle vgl. unten A 6); auch des dinglichen

Wiederkaufsrechts bei Rentengütern nach Art 29 PrAGBGB (RG 110, 332); auch ist zutreffend das Formerfordernis angenommen, wenn auf den bereits erklärten Rücktritt von einem Grundstücksveräußerungsvertrage nachträglich wieder vertraglich verzichtet, so also die Verpflichtung von neuem begründet wird (RG 66, 432; JW 08, 479[9]). Auch ein die unentgeltliche Verpflichtung zur Übereignung von Grundeigentum enthaltender Vertrag unterliegt dem vollen Beurkundungszwange des § 313, nicht nur der auf das Schenkungsversprechen beschränkten Formvorschrift des § 518, vgl. A 2 dazu (RG 82, 152; 110, 392, Versprechen eines Grundstücks als Mitgift).

Ob die Verpflichtung **unbedingt** oder **nur bedingt** oder sonst unter Einschränkungen übernommen wird, ist gleichfalls unwesentlich (RG 77, 417; Warn 1915 Nr 42; RG 109, 25; die Beurkundung der bedingten Verpflichtung genügt zur Wirksamkeit des Vertrags, die ohne weiteres bei Eintritt der Bedingung eintritt (RG 77, 417). Der Bürge hat für die Erfüllung der Verbindlichkeit des Hauptschuldners einzustehen, also dem Gläubiger das zu leisten, was der Hauptschuldner leisten soll (vgl. zu § 765); die Bürgschaft für eine Grundstücksübereignungsverpflichtung enthält sonach eine bedingte Verpflichtung zur Übereignung eines (allerdings fremden) Grundstücks und dürfte deshalb der Form des § 313 bedürfen (dahingestellt in RG 103, 157). Auch darauf kommt es nicht an, ob die Veräußerung eines eigenen oder eines fremden Grundstücks versprochen wird (RG 77, 131; 68, 262; JW 1911, 580[20]); endlich ob die Veräußerung abredegemäß an den Vertragsgegner selbst oder an einen Dritten erfolgen soll (RG 50, 163; 81, 50).

Unbedingtes Erfordernis ist es aber, daß eine wirkliche Verpflichtung zur Grundstücksübereignung in Frage steht, und daß sie **durch den Vertrag unmittelbar begründet wird,** schon auf ihm selbst also beruht. **Daher gehören unter den § 313 nicht solche Rechtsgeschäfte,** in denen die Grundstücksübereignung nur in das Belieben des einen Teiles gestellt ist (facultas alternativa; § 262 A 1b). Hätte sich beispielsweise im Falle des pactum de mutuo dando der Darlehnsempfänger zwar verbunden, auf das Darlehn ein Grundstück anzunehmen, der Darlehnsgeber anderseits aber sich nur das Recht vorbehalten, das Grundstück auf das Darlehn zu geben, so wäre § 313 unanwendbar (RG 95, 6; Gruch 48, 972). — Die Formvorschrift dürfte auch nicht anwendbar sein, wenn eine Verpflichtung des Inhalts begründet ist, entweder einen Geldbetrag oder ein Grundstück zu gewähren, sofern, was im Zweifel der Fall ist (§ 262), dem Schuldner das Wahlrecht zusteht (a. A. die 5. Aufl). Anders wenn der Gläubiger das Wahlrecht hat. Ist im letzteren Falle anzunehmen, daß der Vertrag hinsichtlich des Geldleistungsversprechens auch ohne das Leistungsversprechen hinsichtlich des Grundstücks abgeschlossen worden wäre, dann greift die Ausnahmebestimmung des § 139 Platz, und gemäß § 265 schränkt sich dann das Schuldverhältnis auf das erstere Leistungsversprechen allein ein (RG Gruch 48, 973). — In der Natur des Kaufes liegt es, daß der Käufer wandeln kann und der Verkäufer demnächst zur Zurückgabe der ihm übereigneten Kaufsache verbunden ist; diese Verpflichtung ergibt sich dann jedoch nicht unmittelbar aus dem Vertrage selbst, sondern erst aus der durch die Ausübung des Wandelungsrechts ausgelösten Vorschrift des § 467. — In der Natur des Auftragsverhältnisses liegt es, daß der Beauftragte oder der Geschäftsbesorger zur Erfüllung des übernommenen Geschäfts und auch zur Herausgabe dessen, was er aus der Geschäftsbesorgung erlangt hat, verpflichtet ist (§ 667 BGB). Erhält sonach jemand den Auftrag, dem andern Teile ein Grundstück zu verschaffen, so wird der Beauftragte zwar verbunden, das Grundstück, falls er es zunächst in eigenem Namen für Rechnung des Auftraggebers (als dessen stiller Stellvertreter) erworben hat, dem Auftraggeber zu übereignen; er erfüllt damit aber lediglich die ihm durch das Auftragsverhältnis auferlegte Pflicht zur Herausgabe eines materiell nicht zu seinem Vermögen gehörenden Grundstücks; die Übereignungspflicht hat keine selbständige Bedeutung; deshalb trifft der dem § 313 zugrunde liegende Rechtsgedanke (vgl. A 1 Abs 1) hier nicht zu; der Vertrag ist formfrei (RG 54, 76; 64, 116; Warn 1925 Nr 99; 12. 5. 26 V 366/25). Daher entsteht in diesen Fällen die Verpflichtung zur Übereignung des Grundstücks ohne gerichtliche oder notarielle Beurkundung. Anders wenn der Auftrag dahin geht, auf eigene Rechnung ein Grundstück zu erwerben und es dann dem Auftraggeber zu übereignen (RG 77, 130; Warn 1920 Nr 189; LZ 1920, 57). — Anwendbar ist § 313 Satz 1 erst recht nicht, wenn der Geschäftsbesorger nur zu bewirken hat, daß der Eigentümer das Grundstück unmittelbar dem Auftraggeber aufläßt (RG 77, 132; 54, 78), oder wenn der Auftrag überhaupt nur dahin geht, daß der Beauftragte darum bemüht sein solle, daß ein Dritter ein Grundstück dem Auftraggeber gewähre (RG 77, 133); denn in solchem Falle läge nur ein Vertrag über Handlungen vor und könnte der Auftraggeber vom Beauftragten nur die Vornahme der Handlungen, nicht aber die Gewährung des Grundstücks fordern. — Nach den §§ 713, 667 ist auch der geschäftsführende Gesellschafter verpflichtet, der Gesellschaft alles herauszugeben, was er aus der Geschäftsbesorgung erlangt hat, und daher ist § 313 auch dann nicht anwendbar, wenn ein solcher Geschäftsführer ein als solcher von ihm erworbenes Grundstück auf die Gesellschaft überträgt (RG 68,

262; JW 09, 722[2]; 07, 830[7]). Ebensowenig bedarf der Form des § 313 ein Gesellschaftsvertrag, in welchem ein Gesellschafter sich zur Einbringung eines Grundstücks zwar zur Benutzung und dem jeweiligen Werte nach, aber ohne Übertragung des Eigentums in die Gesellschaft verpflichtet (RG 109, 380). Die satzungsmäßige Verpflichtung einer gemeinnützigen Baugenossenschaft zur Übertragung von Grundeigentum an ihre Mitglieder bedarf nicht der Form des § 313 (RG 110, 241).

Die Verpflichtung muß weiter auf die Veräußerung eines Grundstücks gerichtet sein. Daher kommen hier nicht in Betracht Fälle, in denen nur die Belastung eines Grundstücks mit einem jus in re aliena bedungen wird (mit Ausnahme des dinglichen Vorkaufsrechts, da dieses die Verpflichtung zur etwaigen Veräußerung des Grundstücks selbst in sich schließt, und ferner gemäß § 11 Abs 2 der Verordnung über das Erbbaurecht v. 15. 1. 19 — vgl. A 4 dazu in diesem Komm. — mit Ausnahme eines Vertrags, der die Verpflichtung zur Begründung eines Erbbaurechts zum Inhalte hat). Der Form des § 313 unterliegt die vertragsmäßige Verpflichtung zur Übertragung von Bruchteilsanteilen (Miteigentum) an einem Grundstücke (RG Warn 1925 Nr 19). Nicht aber die Verpflichtung zur Übertragung wesentlicher Bestandteile eines Grundstücks für den Fall ihrer künftigen Abtrennung (RG 4. 7. 24 III 42/24). Der Formzwang erstreckt sich nicht auf die Erfüllungsgeschäfte (RG 93, 221; 112, 239). Formbedürftig ist in Preußen auch die Verpflichtung zur Übertragung von Bergwerkseigentum (PrAllgBerggeś § 50 Abs 2, PrAGBGB Art 37 I).

Formbedürftig sind beispielsweise ferner nicht: die Übernahme der Verpflichtung, von einem Rücktrittsrechte demnächst keinen Gebrauch zu machen (RG JW 05, 171[11]), oder ein Grundstück nicht zu verkaufen (RG Gruch 49, 625), oder ein Grundstück zu erwerben, selbst wenn das zum Zwecke der Weiterveräußerung geschehen soll (RG 68, 262; JW 09 S. 160[6], 656[6], 722[11]; Warn 1916 Nr 275); ein Gesellschaftsvertrag, dessen Zweck ist, Grundstücke von dritten Personen für die Gesellschaft zu erwerben und nach Zerteilung weiter zu veräußern (RG 68, 260); oder wenn ein Gesellschafter einem Dritten das Recht auf die Unterbeteiligung an dem Gesellschaftsunternehmen abtritt, selbst wenn dieses auf die Verwertung der der Gesellschaft gehörigen Grundstücke gerichtet ist (RG JW 09, 722[11]); weiter ein Vertrag zwischen den beiden Mitgliedern einer offenen Handelsgesellschaft (oder ihren Erben), wonach der eine Teil das gesamte Gesellschaftsvermögen einschließlich des Grundstücks allein übernimmt (RG 65, 240, unter entsprechender Anwendung des § 738 Satz 1); des ferneren ein Vertrag, durch den ein neuer Gesellschafter in eine Gesellschaft eintritt, zu deren Vermögen ein Grundstück gehört (RG 82, 160); weiter nicht der Vertrag, durch den die Gesellschafter sich verpflichten, ein Grundstück zu einem gemeinsamen Zwecke zu erwerben (RG 82, 302), ein Gesellschaftsvertrag, der auf Beschaffung eines Grundstücks und dessen Verwertung durch reale Teilung unter den Gesellschaftern gerichtet ist (RG 9. 2. 24 V 47/23); desgleichen ein solcher, in dem sich ein Gesellschafter verpflichtet, ein Grundstück nach außen zwar allein, im innern Verhältnis aber für die Gesellschafter je zu einem Bruchteile mit Mitteln aller Gesellschafter zu erwerben (RG 27. 2. 26 V 253/25). Formfrei ist die Abtretung des Vertragsanspruchs auf Auflassung (RG 53, 268; Warn 09 Nr 287; RG 108, 62; 111, 300), auch die Abtretung des Rechts aus einem Meistgebote (RG Warn 09 Nr 394). Ist ein formgültiger Vertrag demnächst unwirksam geworden, weil die ihm beigefügte Bedingung ausgefallen, dann bedarf es zwar eines neuen förmlichen Vertragsabschlusses, dabei können die Parteien jedoch hinsichtlich des Vertragsinhalts auf den früheren Vertrag verweisen, und zwar ohne daß die Beifügung als Anlage erforderlich wäre; es genügt daher beispielsweise, wenn die Parteien in notarieller Form nur erklären, daß der (hinfällig gewordene) Vertrag verlängert werde (RG 77, 415). — Im Enteignungsverfahren gestattet Art 12 § 1 Abs 2 PrAGBGB in Verb. mit §§ 16, 17 PrEnteignGes die schriftliche Form, falls das Enteignungsverfahren, beginnend mit der vorläufigen Feststellung des Planes, bereits eingeleitet ist, während die vorhergehende freiwillige Abtretung des Eigentums an den mit dem Enteignungsrechte ausgestatteten Unternehmer die Form des § 313 für den Vertrag erfordert (RG 70, 45). Auf die bergrechtliche Enteignung kann diese Ausnahmevorschrift nicht entsprechend angewendet werden (RG 56, 190). Die erleichterte Form greift auch nicht Platz, wenn die Entschädigung für das zu enteignende Grundstück in Grund und Boden gewährt wird, also ein Austausch von Grundstücken stattfindet (RG 96, 1). — Kraft besonderer Bestimmung (Art 12 § 1 PrAGBGB in Verb. mit Art 62 EGBGB) genügt für Rentengutsverträge bei den durch Vermittlung der Generalkommission begründeten und bei den vom Staat ausgegebenen Rentengütern die schriftliche Form (RG 101, 294). Diese Bestimmung leidet aber keine Anwendung auf die durch Vermittlung privater Banken oder auch gemeinnütziger provinzieller Siedlungsgesellschaften erfolgten Rentengutsbildungen (RG 110, 336). Das gesetzliche Wiederkaufsrecht gemäß § 20 Reichssiedlungsgesetz bedarf nicht der in § 313 vorgeschriebenen Beurkundung, wohl aber bedarf ihrer eine Vereinbarung, durch die es auf andere Fälle ausgedehnt wird, nicht dagegen wiederum die gemäß § 20 Abs 2 RSiedlGes zulässigen vertraglichen Abreden hinsichtlich des Preises und der näheren Bedingungen für seine Ausübung, sofern der Siedlungsvertrag selbst, weil er noch keine Verpflichtung zur Übereignung des Grundstücks enthält, der Form des § 313 nicht bedarf (RG 110, 337). Über sonstige besondere Beurkundungsformen vgl. A 4.

2. **Umfang des Formerfordernisses.** Viel könnte dafür sprechen, dem Formerfordernisse solche Bestimmungen des Grundstücksveräußerungsvertrags zu entziehen, welche lediglich Begünstigungen des Verkäufers bedeuten, da doch das Gesetz nur bezweckt, den Verkäufer vor übereilter, ihn schädigender Veräußerung seines Grundbesitzes zu schützen (A 1 Abs 1). Indessen das Gesetz läßt nach seiner nicht eingeschränkten Fassung — anders wie beim Schenkungsvertrage, wo nur die öffentliche Beurkundung des Versprechens erfordert wird, vgl. zu § 518 — eine derartige Unterscheidung nicht zu (RG 107, 358). Nach der Regel, daß **die gesamten Abreden** eines Vertrags im Zweifel ein einheitliches Ganzes darstellen (§ 139 A 2), erstreckt sich vielmehr auch das Formerfordernis des § 313 derart auf jede einzelne Vertragsbestimmung, daß die Gültigkeit des gesamten Vertrags ausgeschlossen ist, wenn auch nur irgendeine Bestimmung der Form ermangelt (RG 52, 4; 64, 40; 65, 392; 72, 2; 76, 34; 80, 402; 91, 231; 95, 7). Ob die Abrede einen unbedingt wesentlichen (RG 78, 119; Warn 1913 Nr 309) oder einen an sich nicht wesentlichen Bestandteil des Vertrags betrifft (RG Warn 08 Nr 24, betreffend die Befristung einer Nebenleistung; RG Warn 1914 Nr 151, betreffend die Nichtaufnahme eines Garantieversprechens; 1915 Nr 45, betreffend die Verpflichtung zur Beseitigung einer Hypothek), ist gleichgültig, wofern nur feststeht, daß die Abrede nach dem Willen der Parteien, wie er zur Zeit des förmlichen Vertragsabschlusses bestand, einen Teil des Vertrags ausmachen sollte und von den Parteien daher als wesentlich (relativ wesentlicher Vertragsbestandteil) erachtet worden ist (RG 52, 1; 54, 109; 60, 338; 61, 251; 72, 417; JW 04, 382[2]). Vgl. § 125 A 6 „mündliche Nebenabreden". Die Nichtaufnahme einer Abrede ist sonach nur dann unschädlich, wenn festzustellen ist, daß die Parteien den Vertrag auch ohne die Abrede abgeschlossen haben würden, sie also als unwesentlich angesehen haben (RG 65, 393; Warn 1915 Nr 136). Die Parteien haben es auch nicht in der Hand, der Anforderung des Gesetzes dadurch vorzubeugen, daß sie sich willkürlich darüber einigen, es solle die fragliche Abrede nicht beurkundet werden (RG 97, 219; Warn 1915 Nr 45), oder daß sie auf die Wahrung der Formvorschrift verzichten (RG 61, 267; Warn 1915 Nr 45). Ist es vielmehr erweislich, daß in Wahrheit auch die Nebenabrede Teil des Vertrags sein sollte, dann unterliegt auch sie dem Formzwange, und es greift der § 139 (mindestens entsprechend) Platz (RG 97, 219; 103, 298; vgl. dazu § 139 A 1 Abs 3). Der gesamte Vertrag ist also nichtig, wenn nicht anzunehmen, daß der Veräußerungsvertrag auch ohne die Nebenabrede abgeschlossen worden wäre. Danach sind formbedürftig bei gegenseitigen Grundstücksveräußerungsverträgen auch die Abreden, welche die Gegenleistungen des Erwerbers betreffen; nicht dagegen solche Vereinbarungen, welche nur aus Anlaß des Grundstücksveräußerungsvertrags neben diesem getroffen worden sind und weder zu der Eigentumsübertragungspflicht des Verkäufers noch zu den Gegenleistungen des andern Teils in inneren Beziehungen stehen (RG 103, 297 und die dort angeführten Urteile; 103, 331). Eine Vereinbarung über Tragung der Wertzuwachssteuer durch den Käufer ist formbedürftig, wenn der Verkäufer auf sie wesentliches Gewicht gelegt hat (RG 112, 68). Die Vereinbarung einer besonderen Vergütung für sofortige Räumung des Grundstücks durch den Verkäufer oder für Gestattung besonders frühen Einzugs des Käufers ist als Bestandteil der Gegenleistung des Käufers gleichfalls formbedürftig (RG 114, 233). Dagegen kann aus der Nichtbeurkundung ganz unwesentlicher Abreden nicht eine Nichtigkeit des Vertrags hergeleitet werden (RG Warn 1924 Nr 111). Auch an Dritte zu machende Leistungen bedürfen der Beurkundung, wenn sie mit zu den Gegenleistungen gehören, die der Käufer gegenüber dem Verkäufer übernommen hat (RG 2. 2. 24 V 28/23). In RG 14. 5. 24 V 480/23 = SeuffArch 78 Nr 176, vgl. auch RG 118, 244, ist entschieden, daß Nebenabreden, die von einzelnen Beteiligten ohne Vorwissen der andern bei einem an sich formpflichtigen Auseinandersetzungsvertrage über ein Grundstück getroffen werden, den Vertrag nicht nichtig machen; ob sie selbst wegen Verstoßes gegen die guten Sitten nichtig sind, richte sich nach den Umständen. Doch ist anderseits in RG 14. 5. 25, IV 33/25 ausgesprochen, daß Sondervergütungen für einen Verkäufer vom Erwerber dem Formzwange nicht dadurch entzogen werden könnten, daß sie hinter dem Rücken der andern Vertragsgegner (Verkäufer) getroffen würden. Die letztgenannte Entscheidung dürfte der strengen Auffassung des RG von der Bedeutung der Formvorschrift des § 313, ungeachtet der daraus sich ergebenden Härten, mehr entsprechen. — Ist der Gesamtpreis richtig beurkundet, so bewirkt die Unrichtigkeit von Angaben hinsichtlich der Einzelbeträge, aus denen er sich zusammensetzt, nicht die Nichtigkeit, wenn diese Angaben lediglich für das Innenverhältnis der mehreren Verkäufer oder zu Steuerzwecken (Grundstück und Inventar) gemacht worden sind (RG 20. 9. 24 V 609/663/23; 12. 1. 25 V 838/23). Die Nichtbeurkundung der vereinbarten Zahlungszeit bewirkt Nichtigkeit, wenn auf die Zeit Wert gelegt ist, wie in der Inflationsperiode (RG 9. 5. 25 V 401/24). Unschädlich ist die unrichtige Bezeichnung des Grundstücks in der Urkunde (falsa demonstratio), sofern nur die Parteien, und zwar

jede bei Abgabe ihrer Vertragserklärung, das gleiche Grundstück gemeint haben (RG 17. 11. 24 V 610/23). Vgl. aber wegen der Heilung einer Formnichtigkeit in solchem Falle unten A 6.

Haben die Parteien **mit dem Veräußerungsvertrage zugleich ein anderes Rechtsgeschäft abgeschlossen, das sich äußerlich nicht als Teil jenes Vertrags,** vielmehr als ein selbständiges Rechtsgeschäft darstellt, etwa einen Bierbezugsvertrag oder einen Mietvertrag, dann greifen hinsichtlich des Formerfordernisses und der Gültigkeit der Rechtsgeschäfte in Hinblick auf den § 139 folgende Grundsätze Platz: Darüber, ob das Nebengeschäft Bestandteil des Grundstücksveräußerungsvertrags sein soll oder nicht, entscheidet zunächst der Parteiwille (RG 79, 439; 103, 297). Sind die mehreren Rechtsgeschäfte in äußerlich getrennten Urkunden (oder das Nebengeschäft nur mündlich) vereinbart worden, dann spricht eine tatsächliche Vermutung dafür, daß die Parteien die verschiedenen Geschäfte je als selbständig für sich bestehende gewollt haben (RG 79, 439; 103, 297), eine rechtliche Abhängigkeit des einen Geschäfts vom andern also nicht besteht und mithin auch für den § 139 kein Raum ist. Die Partei, die gleichwohl das Gegenteil geltend machen will, muß alsdann die Vermutung widerlegen. Sind die mehreren Geschäfte anderseits in einer und derselben Urkunde abgeschlossen worden, dann wird eher zu vermuten sein, daß zwischen ihnen auch ein innerer, ein gegenseitiges Abhängigkeitsverhältnis begründender Zusammenhang besteht, und die Beweislast wird sich hier im Streitfalle umkehren. Für die Annahme, daß das Nebengeschäft Teil des Veräußerungsvertrags sein soll, genügt im übrigen nicht schon ein bloß tatsächlicher wirtschaftlicher Zusammenhang, vielmehr ist ein rechtlicher Zusammenhang in dem Sinne erforderlich, daß der Grundstücksvertrag nur im Zusammenhange mit den darin nicht beurkundeten Vereinbarungen Geltung haben sollte (RG 103, 298; nicht entgegenstehend RG 78, 43; 79, 436). Es muß feststehen, daß die mehreren Rechtsgeschäfte vereint erst den wirklich gewollten gesamten Grundstücksveräußerungsvertrag darstellen, und das wird auch hier dann zutreffen, wenn zwischen den Leistungspflichten aus dem einen Geschäfte und dem andern eine innere Beziehung besteht (RG 95, 6; 97, 219; 103, 295), wie beispielsweise der Fall wäre, wenn sich der eine Teil zur Veräußerung des Grundstücks nur gegen die Verpflichtung des andern Teiles zur mietweisen Überlassung des ihm zu übereignenden Grundstücks verbunden hätte; oder wenn etwa der für das Grundstück zu zahlende Preis und anderseits der Preis für das vom Erwerber zu beziehende Bier mit Rücksicht auf dies Gegenseitigkeitsverhältnis bemessen worden wäre. Die Probe darauf, ob die mehreren Geschäfte zusammen einen einheitlichen, untrennbaren Gesamtvertrag im angegebenen Sinne, also „den Grundstücksveräußerungsvertrag" darstellen, wird nicht sowohl in der Frage liegen, ob nach der Absicht einer Partei keines der mehreren Geschäfte von ihr ohne die andern abgeschlossen worden wäre, als darin, ob die Abhängigkeit des einen Vertragsschlusses von dem andern zur stillschweigenden Vertragsbedingung gemacht worden ist (RG 103, S. 298, 382; nicht entgegenstehend RG 97, 220). Daß die Parteien mit dem Zustandekommen beider Geschäfte gerechnet haben, genügt nicht (RG 9. 1. 24 V 57/23). In derartigen Fällen wird die Nichtigkeit auch dadurch nicht vermieden, daß bei den mehreren, getrennt abgeschlossenen Verträgen je die Form des § 313 gewahrt ist, wenn sich der rechtliche Zusammenhang zwischen den Verträgen nicht aus den Urkunden selbst ergibt (RG 97, 220; 23. 9. 22 V 89/22; Warn 1922 Nr 128). — **Für die Annahme eines einheitlichen Gesamtvertrags genügt es dagegen nicht,** wenn sich nur ergibt, daß der Abschluß des einen Geschäfts den Abschluß des andern Geschäfts zur Voraussetzung hat, oder daß es aus Anlaß des andern Geschäfts zum Abschlusse gekommen, der Mietvertrag etwa nur aus Anlaß des Grundstücksveräußerungsvertrags. Denn in solchem Falle bestünde zwischen den beiden Geschäften nur ein tatsächlicher Zusammenhang, und die beiderseitigen Leistungspflichten aus den mehreren Geschäften stünden in keiner rechtlichen Beziehung zueinander (RG 97, 219; 103, 297). — Hat die eine Partei der andern hinreichend erkennbar gemacht, daß sie nur einen einheitlichen Gesamtvertrag abschließen wolle, dann muß die andere Partei das nach dem Grundsatze von Treu und Glauben gelten lassen (RG 103, 299).

Da die förmliche Vertragsurkunde die gesamten Abreden enthalten muß, so folgt auch, daß **Nichtigkeit des gesamten Vertrags** auch dann gegeben ist, wenn irgendeine Vertragsabrede **anders beurkundet** wird, als sie in Wirklichkeit vereinbart worden (über den entsprechenden Einwand vgl. § 125 A 6), wobei es auch hier nicht darauf ankommt, welcher Punkt des Vertrags von der Unrichtigkeit betroffen ist; so namentlich bei unrichtigen Angaben über die vom Käufer zu gewährenden Gegenleistungen: RG 94, 148; 104, 102; 107, 358; 108, 329; Warn 1925 Nr 18 betr. unrichtige Angabe des Kaufpreises; RG JW 06, 548[14]; Warn 08 Nr 134; JW 1912, 237[4], betreffend eine Abrede über Ausschluß der Gewährleistung; RG JW 05, 426[3]; 10. 5. 11 III 382/10, in welchem Falle der Anrechnungspreis einer auf den Kaufpreis übernommenen Hypothek zu niedrig angegeben war; ferner RG 72, 2; 78, 44; SeuffA 58 Nr 96; JW 09, 653[1], wo es sich um die unrichtige Beurkundung der Gegenleistung handelte; Warn 1912 Nr 247 und RG 23. 9. 22 V 89/22, wo ein einheitliches Tauschgeschäft in zwei notariellen

Urkunden als zwei Kauf- bzw. Schenkungsverträge beurkundet war, ohne daß die gegenseitige Abhängigkeit zum Ausdruck kam; ebenso **RG** Warn 1922 Nr 123, wo ein einheitlicher Kaufvertrag über das Haus und das darin betriebene Geschäft in gleicher Weise beurkundet war; Warn 1915 Nr 257, betreffend die Fortlassung einer Bedingung im Sinne des § 158; **RG** 93, 219, betreffend die Übernahme der Verpflichtung, für die Güte der auf den Kaufpreis abzutretenden Hypothek Gewähr zu leisten. — Auch das Versprechen einer Vertragsstrafe für den Fall der Nichtannahme des Verkaufsangebots bedarf der förmlichen Beurkundung (**RG** 53, 257). Auch darauf kommt es nicht an, aus welchem Grunde die unrichtige Beurkundung gewählt worden ist (**RG** JW 1912, 287[7], wo der Kaufpreis zum Zwecke der Steuerhinterziehung zu niedrig angegeben war; Nichtigkeit aus § 138 in solchem Falle hat das Urteil **RG** Warn 1921 Nr 89 verneint). Die Abrede über den Betrag der Gegenleistung des Erwerbers muß lückenlos beurkundet werden, es genügt nicht die Angabe, daß der Preis bezahlt sei (**RG** Warn 08 Nr 450 u. 133). Auch zur Zeit der Beurkundung bereits erfüllte Gegenleistungsverpflichtungen des Käufers (Anzahlungen) müssen beurkundet werden (**RG** 107, 358). Unschädlich ist es, wenn hinsichtlich einer in einer andern Urkunde beurkundeten Verpflichtung versehentlich auf eine falsche Urkunde Bezug genommen ist (falsa demonstratio; **RG** 109, 336). Beim Austausch von Grundstücken bedarf es der Angabe der angenommenen Werte dann nicht, wenn die Parteien darüber einig sind, daß die Werte sich ausgleichen (**RG** SeuffA 64 Nr 58). Jedoch macht eine unrichtige Angabe der Tauschwerte den Vertrag nichtig (**RG** JW 1914, 154[17]; Warn 1915 Nr 13). — Ist ein Grundstücksveräußerungsvertrag nur zum Zwecke der Sicherungsübereignung abgeschlossen worden, so beeinträchtigt es nicht die Gültigkeit des Vertrags, wenn die entsprechende Abrede in den Vertrag nicht aufgenommen wurde (**RG** Gruch 65, 78).

Nachträgliche Abänderungen eines in der vorgeschriebenen Form abgeschlossenen Vertrags stellen sich als neue vertragliche Vereinbarungen dar, die bei sinngemäßer Anwendung des § 313 ihrerseits der dort vorgeschriebenen Form dann bedürfen, wenn die bereits begründete Verpflichtung zur Grundstücksübereignung durch sie inhaltlich wesentlich abgeändert, insbesondere erweitert oder erschwert wird, nicht aber, wenn sie diese Pflicht nur sachlich oder zeitlich einschränken, insbesondere durch Erweiterung der Gegenleistungen, oder aufheben. Diese grundsätzliche Einstellung ist in der Rechtsprechung des **RG** nicht immer zu deutlichem Ausdrucke gekommen. Es ist ausgesprochen, daß nachträgliche Änderungen formbedürftig sind, wenn sie einen Bestandteil des Vertrags betreffen (wie beispielsweise die Vorleistungspflicht, **RG** Warn 09 Nr 74; oder die Art und Weise der Berichtigung des Kaufpreises, **RG** Warn 1911 Nr 318; und wenn sie selbst **zu Bestandteilen des Vertrags werden sollen** (**RG** 51, 180; 76, 33; 65, 392; Warn 1911 Nr 318; 1916 Nr 243; LZ 1920, 154[5]). Ob die Parteien durch die nachträgliche Abrede den alten Vertrag aufheben und ihn durch einen neuen Vertrag ersetzen oder ob sie die nachträgliche Abrede nur zu einem weiteren Bestandteile des bestehenden Vertrags haben machen wollen, soll nach den Umständen des Falles zu beurteilen sein (**RG** Warn 1919 Nr 149). Demnach ist für formbedürftig erklärt die Abrede, wonach die Auflassung bereits an einem früheren Termin als dem bedungenen erfolgen sollte (**RG** 11. 6. 21 V 511/20); sowie eine Abrede, durch welche die dem Käufer gesetzte Frist zur Entgegennahme der Auflassung verlängert wurde (**RG** 76, 33, wo freilich im unklaren gelassen ist, ob es sich um eine im Vertrage bestimmte Frist oder um eine auf Grund des § 326 gesetzte Nachfrist gehandelt hat). Es erscheint bedenklich, derartige bloße Verschiebungen hinsichtlich des Zeitpunktes für die Erfüllung einer einzelnen Vertragsverpflichtung als Änderungen des Inhalts der übernommenen Übereignungsverpflichtung in obigem Sinne anzusehen, ohne daß festgestellt wird, ob diese Verschiebung für den Verkäufer von irgendwie erheblicher Bedeutung war. Daß nur wesentliche Änderungen formbedürftig, ist übrigens in LZ 08, 854[11]; Warn 1911, 248 vom **RG** ausgesprochen. Vgl. auch Planck-Siber Erl 5b. Die nachträgliche Stundung des Kaufpreises über den im Vertrage festgesetzten Fälligkeitstermin bedarf der Form nicht (**RG** 2. 4. 24 V 198/23); anders wenn im Zusammenhange damit der sonstige Vertragsinhalt wesentlich geändert wird (**RG** 14. 2. 25 V 301/24). — Ist noch kein Kaufvertrag abgeschlossen, sondern nur von dem Kaufliebhaber ein für bestimmte Zeit bindendes Kaufangebot gemacht, so kann dieses formlos abgeändert werden, da es noch keine Verpflichtung zur Grundstücksübereignung enthielt, also selbst nicht formbedürftig war (**RG** 101, 335). Handelt es sich dagegen um ein Verkaufsangebot, so bedarf es, wie zu seiner Erklärung, so auch zu seiner inhaltlichen Abänderung (s. oben) der Form des § 313 (**RG** 65, 393). Nimmt nach einer formlosen Abänderung eines solchen Verkaufsangebots der Käufer das Angebot nach Maßgabe des ursprünglichen Vertragsinhalts an, so kommt nach **RG** 65, 394 der Vertrag mit diesem ursprünglichen Vertragsinhalte zustande. Gegen diese Entscheidung sind im Schrifttum (5. Aufl d. Komm und Planck-Siber Erl 3) Bedenken erhoben; doch scheint sie folgerichtig zu sein: der Käufer konnte das Angebot noch nach Maßgabe des ursprünglichen Vertrags annehmen, da der Verkäufer an dieses gebunden und die Abänderung nichtig war (ein dolus kann nach bekannten Grundsätzen in der Berufung auf die Formnichtigkeit nicht gefunden werden); ob er das wollte und in der Annahme hinreichend zum Ausdruck brachte, ist Tatfrage. — Eine nach Ablauf der gemäß § 326 gesetzten Nachfrist (vgl. oben zu dem Urteile RG 76, 33), wiewohl vor Abgabe einer Rücktrittserklärung, vom Verkäufer ausdrücklich oder stillschweigend formlos erklärte Erfüllungsbereitschaft kann eine Erneuerung der erloschenen Übereignungsverpflichtung nicht herbeiführen (RG 107, 346; 2. 2. 24, V 347/23 unter Aufgabe von JW 1908, 479, soweit entgegenstehend). — Ein für die Dauer eines zu einem bestimmten Termine ablaufenden Mietverhältnisses bewilligtes Ankaufsrecht eines Grundstücks kann durch eine von den Parteien oder vom Mieteinigungsamte ausgehende Verlängerung des Mietverhältnisses nicht stillschweigend verlängert werden (RG 107, 346). — Daß auch ein (bedingter) nachträglicher Verzicht auf die Auflassung, durch den die Übereignungspflicht des Verkäufers beseitigt wird, formbedürftig sein soll (RG 10. 5. 11 III 382/10), ist mit den oben aufgestellten Richtlinien schwerlich in Einklang zu bringen.

Keine Formbedürftigkeit nachträglicher Abreden ist angenommen in nachstehenden Fällen: Hat der Eigentümer von dem ihm im Vertrage eingeräumten Kündigungsrechte der Parzellierungsvollmacht Gebrauch gemacht, demnächst aber die Kündigung zurückgenommen und die Vollmacht weiter bestehen lassen, so bedarf es der Form für diese Erklärung nicht, weil sie nicht Bestandteil des Vertrags wurde und der Eigentümer schon auf Grund des Vertrags berechtigt war, die Vertragsdauer so lange währen zu lassen, wie er es nunmehr tat (RG LZ 1920, 159[5]). Die Aufhebung eines förmlichen Kaufvertrags sowie der Rücktritt bedürfen der Form nicht (RG 65, 392; 66, 432), es sei denn, daß die Auflassung schon vollzogen war und sich der Käufer zur Rückauflassung verpflichtete (RG 60, 398). Voraussetzung ist aber, daß die nachträgliche Abrede die Aufhebung schlechthin zum Inhalte hat und nicht etwa einen neuen Vertrag an die Stelle des alten setzen will, da eine solche Abrede nichtig wäre und somit auch nicht die Aufhebungswirkung haben könnte (RG 16. 2. 18 V 320/17). Keine Vertragsabänderung liegt vor, wenn der Verkäufer dem Käufer die Kaufschuld nachträglich stundet oder erläßt; oder wenn der Käufer nachträglich angewiesen wird, den Preis an einen Dritten zu zahlen (RG 28. 2. 14 V 387/13). Gleiches wird aber auch gelten müssen, wenn nachträglich vereinbart wird, daß der Kaufpreis durch Aufrechnung getilgt werden soll (a. A. RG 10. 5. 11 III 382/10). Auch dann besteht keine Formbedürftigkeit, wenn die Parteien nur zwecks Beseitigung einer bei der Abwicklung des Geschäfts unvorhergesehenen Schwierigkeit eine lediglich diese Schwierigkeit betreffende neue Vereinbarung treffen, durch die der Inhalt der beiderseitigen Leistungspflichten nicht berührt wird (RG 103, 331; JW 1921, 123[7]). — Ist im Vertrage die Bestimmung des Kaufpreises oder des Kaufgegenstandes gemäß § 315 einer Vertragspartei überlassen, dann ist deren die Bestimmung enthaltende Erklärung nicht formbedürftig, weil es sich hier nicht um eine Abänderung, sondern um Ausführung des Vertrags handelt (RG Gruch 57, 948). An sich fordert der § 313 auch, daß in der Urkunde ein bestimmter Erwerbsberechtigter angegeben ist (RG JW 06, 388[14]). Aber es muß genügen, wenn der Erwerbsberechtigte nur bestimmbar ist oder wenn die Bestimmung des Käufers einem Dritten überlassen wird, und die Benennung des Dritten wird dann ebenfalls formlos erfolgen können. — Wegen der Vergleiche vgl. A 1 Abs 1 und A 4. — Für die Regeln von der Formbedürftigkeit abändernder nachträglicher Abreden ist kein Raum mehr, wenn sie erst nach vollzogener Auflassung getroffen werden, weil dann eine Verpflichtung zur Veräußerung überhaupt nicht mehr in Frage steht (RG Warn 1911 Nr 226; V 488/24, 7. 10. 25; vgl. A 6 Abs 2).

3. **Die in Beziehung zu einem Grundstücksveräußerungsvertrage mit Dritten abgeschlossenen Rechtsgeschäfte** unterliegen grundsätzlich nicht der Formvorschrift des § 313. In Betracht kommen hier:

a) Die **Bürgschaftsleistung.** Wegen der Bürgschaft für die Übereignungspflicht vgl. A 1 Abs 3. Der Bürge kommt hier nicht als „Dritter" in Betracht, sondern als derjenige, der durch den Abschluß des Bürgschaftsvertrags mit dem Käufer eine bedingte Verpflichtung zur Übereignung des Grundstücks übernimmt. Dagegen ist die Bürgschaft für eine Grundstückskaufschuld nicht der Form des § 313 unterworfen.

b) Die **Schuldübernahme.** Die Übernahme der Schuld des Käufers durch einen Dritten ist nicht formbedürftig; wohl aber die Übernahme der Verbindlichkeit des Verkäufers zur Übereignung (RG 103, 156).

c) Die **Abschlußvollmacht.** Die Vollmacht zum Abschlusse eines Grundstücksveräußerungsvertrags, und zwar sowohl die zum Zwecke des Erwerbs durch den Erwerber, wie auch die zum Zwecke der Veräußerung durch den Veräußerer ausgestellte, ist grundsätzlich gemäß § 167 Abs 2 formfrei. Die Vollmacht zur Veräußerung ist jedoch formbedürftig, wenn schon die Erteilung der Vollmacht eine Verpflichtung zur Grundstücksveräußerung zur Folge hat, wie das namentlich im Falle der vertragsmäßigen und daher unwiderruflichen Vollmachterteilung zutrifft (RG 50, 166 — Parzellierungsverträge —; 54, 79; 62, 337; 81, 49; 108, 125; 110 S. 320, 338), aber auch sonst, wenn der Verkäufer mit der Vollmacht erteilung bereits alles getan hat, was von seiner Seite zum Zustandekommen des Vertrags erforderlich ist, so daß der Bevollmächtigte nunmehr tatsächlich in der Lage wäre, das Grundstück ohne Rücksicht auf eine etwaige Willensänderung des Verkäufers rechtswirksam selbst zu erwerben oder an einen Dritten zu veräußern. Das ist besonders angenommen in Fällen, wo die Vollmacht den Bevollmächtigten zum Abschlusse des Vertrags mit sich selbst ermächtigte (§ 181) oder wo die Vollmacht an einen Angestellten des Erwerbers oder auch an eine sonstige Person erteilt wurde, von der erwartet werden durfte, daß sie lediglich nach den Anweisungen des Erwerbers (mit einem etwas weitgehenden Ausdrucke als dessen „willenloses Werkzeug") handeln werde (**RG** 76, 182; 79, 212; 97, 332; 104, 236; Warn 1922, 66; SeuffA 74 Nr 105). Schließt der Bevollmächtigte auf Grund einer hiernach nicht formgerechten Vollmachtsurkunde, in der das zugrunde liegende Verhältnis angegeben ist, mit einem Dritten den Vertrag ab, so soll nach **RG** 108, 125 der Dritte sich auf den in § 171 Abs 1 gewährten Schutz des guten Glaubens an die Gültigkeit der Vollmacht auch im Falle entschuldbarer Rechtsunkenntnis nicht berufen können. Anders, und wohl mehr den Erfordernissen des Verkehrs entsprechend, für einen gleichliegenden Fall des § 171 Abs 1 **RG** 69, 23. Der Abschluß auf Grund einer nicht formgerechten Vollmacht hat nicht Nichtigkeit, sondern nur Unwirksamkeit des Vertrags für den Verkäufer im Falle der Nichtgenehmigung (§ 177) zur Folge (**RG** 108, 129; 110, 321). — Auch ein unwiderruflicher Auftrag zur Grundstücksveräußerung ist formbedürftig; das muß selbst dann gelten, wenn der Auftraggeber sich das Recht vorbehalten hat, das Grundstück auch selbst zu veräußern (**RG** 22. 4. 25, V 277/24).

d) Die **Auflassungsvollmacht.** Sie ist ebenso wie die Abschlußvollmacht (oben zu c) gemäß § 167 Abs 2 grundsätzlich formfrei und kann formpflichtig nur unter den gleichen Voraussetzungen wie diese werden, nämlich wenn sie entweder unwiderruflich oder doch derart erteilt ist, daß der Bevollmächtigte lediglich nach den Anweisungen des Erwerbers zu handeln und demgemäß in der Lage sein würde, die Eigentumsübertragung ohne Rücksicht auf eine etwaige Willensänderung des Verkäufers zu vollziehen, und zwar auch bei Nichtigkeit des schuldrechtlichen Veräußerungsgeschäfts. Wird insbesondere die Auflassungsvollmacht von den beiden Vertragsparteien beim Vertragsabschlusse einem und demselben Dritten erteilt, dann spricht viel dafür, ist jedenfalls damit zu rechnen, daß jene Maßnahme von den Parteien in der besonderen Absicht ergriffen wurde, sich gegenseitig durch sie die Vertragserfüllung zu sichern. Dann besteht aber auch eine innere Beziehung zwischen den beiderseitigen Vertragspflichten und dem Nebengeschäfte der Vollmachtserteilung, und dann ist dieses als Teil des Veräußerungsvertrags anzusprechen. Nicht anders liegt die Sache, wenn die eine Partei die andere zur Auflassung ermächtigt und dies in der Absicht erfolgt, der ermächtigten Partei auf solche Weise die Vollziehung des Vertrags zu sichern; oder wenn zwar der Dritte nur von der einen Partei bevollmächtigt wird, dies jedoch im Einvernehmen mit der andern Partei zum Zwecke ihrer Sicherung geschieht, so daß der Vollmachtgeber der andern Partei gegenüber zur Aufrechterhaltung der Vollmacht verpflichtet ist. Eine ohne Sicherungsabsicht, lediglich aus Zweckmäßigkeitsrücksichten durch die Parteien vorgenommene Ermächtigung eines und desselben Dritten oder die Ermächtigung der einen Partei durch die andere steht dagegen zu dem Veräußerungsvertrage selbst nicht in einer derartigen inneren Beziehung, daß man die Vollmachtserteilung als einen integrierenden Bestandteil des Vertrags ansehen könnte. Im Einzelfalle wird die Entscheidung, welcher Fall vorliegt, mißlich und schwer genug sein. Indes auf die Unterschiedlichkeit der Fälle hinzuweisen, scheint doch aus in der Sache selbst liegenden Gründen geboten.

Jedenfalls ist die Wichtigkeit der Frage, ob jeweils die mit einem Grundstücksveräußerungsvertrage verbundene Auflassungsvollmacht als Teil des Vertrags anzusehen ist oder nicht, unverkennbar und sie hat sich oft genug in der Praxis geäußert. Denn nunmehr spielt der § 139 seine entscheidende Rolle: hat nämlich die Auflassungsvollmacht als Teil des Veräußerungsvertrags zu gelten, dann hängt gemäß § 139 regelmäßig von ihrer trotz § 167 Abs 2 zu erfordernden Formgerechtigkeit die Rechtsgültigkeit auch des Vertrags ab; anderseits aber hängt auch die Gültigkeit der Vollmacht von der Gültigkeit des Vertrags ab, und diese Tatsache zeigt wiederum ihre Bedeutsamkeit, sobald es sich darum handelt, ob das von dem Bevollmächtigten vollzogene Auflassungsgeschäft imstande war, die an sich mögliche Heilung der Nichtigkeit des Vertrags gemäß § 313 Satz 2 zu bewirken. Ist die Auflassungsvollmacht nämlich nichtig, dann hat der Bevollmächtigte als auftragsloser Geschäftsführer gehandelt; das von ihm vorgenommene Auflassungsgeschäft ist einstweilen daher unwirksam, und Wirksamkeit könnte es nur erlangen, mithin auch gemäß § 313 Satz 2 heilkräftig nur werden, wenn es in Gemäßheit des § 177 nachträglich genehmigt würde (**RG** 94, 151). Über die Frage, ob eine in der gleichen Urkunde wie der wegen Formmangels nichtige Vertrag erteilte Auflassungsvollmacht zur Heilung der Nichtigkeit gemäß Satz 2 des § 313 führen kann, vgl. A 6 Abs 4.

4. Gerichtliche oder notarielle Beurkundung (§ 128). Vgl. über die formellen, zwingenden Erfordernisse die §§ 175, 177 FGG, wonach das Protokoll vorzulesen und von den

Vertragschließenden zu unterschreiben und zu genehmigen ist, und im Protokoll festgestellt sein muß, daß es geschehen (RG Warn 1914 Nr 242). Vgl. ferner § 128 A 1. Wird der gerichtlichen oder notariellen Verhandlung der privatschriftliche Kaufvertrag als Anlage beigefügt, so muß, um dem § 313 zu genügen, nicht nur die Verhandlung, sondern gemäß § 176 Abs 2 FGG auch der beigefügte Vertrag verlesen werden, da er „einen Teil des Protokolls" bildet (RG 54, 195; 61, 148; 72, 415; 24. 6. 19 V 157/19). Anlagen unterliegen dem Formzwange jedoch nur dann, wenn ihr Inhalt zur Ergänzung der beurkundeten Erklärung dient; daher braucht eine vom Erklärenden überreichte Vollmacht nicht vorgelesen zu werden (RG 1914, 350[3]). Unterschrieben zu werden braucht nur das Protokoll, weil der Vermerk, daß das Protokoll verlesen und genehmigt worden, auch die Verlesung der Anlage mitumfaßt (RG 71, 318). Gegebenenfalls genügt es, wenn die Parteien ihre Erklärungen vor einem Gehilfen des Urkundsbeamten abgegeben und die von ihm protokollierten Erklärungen vor dem Urkundsbeamten selbst alsdann genehmigt und unterschrieben haben (RG 61, 95). Der gerichtliche Prozeßvergleich macht die Form entbehrlich (RG 48, 183; 64, 82; 1. 11. 05 V 129/05); nicht aber ein vor dem Mieteinigungsamte abgeschlossener Vergleich (RG 107, 284). Der Vertrag muß, wenn dem Gesetzeszwecke, den sich zur Veräußerung Verpflichtenden vor Übereilungen zu schützen, genügt werden soll, vor dem Gerichte oder dem Notar auch wirklich abgeschlossen werden, und es kann daher den Anforderungen des Gesetzes nicht schon dann Genüge geschehen, wenn durch das Verfahren der Beteiligten nur der äußere Anschein erweckt wird, als läge ein Vertragsabschluß vor den angegebenen Stellen vor. Ein solches Verfahren diente nur zur Umgehung des Gesetzes und böte den Güterausschlächtern lediglich eine taugliche Handhabe zur Vereitlung des Gesetzeszwecks. Es handelt sich hier um die Fälle, daß sich die Parteien zum Abschlusse des förmlichen Vertrags einer Mittelsperson bedienen, diese aber in Wahrheit nicht als rechtlicher, sondern nur als tatsächlicher Stellvertreter, als Bote oder als Werkzeug tätig wird (RG 76, 184; Warn 1911 Nr 333; 1913 Nr 396; 1918 Nr 71; 1922 Nr 66; Gruch 58, 179). Vgl. darüber § 120 A 1 Abs 2. — Auf Grund des Vorbehalts in Art 142 EG, wonach die Landesgesetze für die in dem Gebiete ihres Landes belegenen Grundstücke außer den Gerichten und Notaren auch andere Behörden und Beamte zur Beurkundung gemäß § 313 als zuständig erklären können, hat das Preußische Ausführungsgesetz in Art 12 § 2 bestimmt, daß, sofern bei einem Vertrage gemäß § 313 über ein in Preußen belegenes Grundstück einer der Vertragschließenden durch eine öffentliche Behörde vertreten wird, auch der Beamte zur Beurkundung zuständig ist, welcher von dem Vorstande der zur Vertretung berufenen Behörde oder von der vorgesetzten Behörde bestimmt ist. Diese Bestimmung findet aber keine Anwendung auf die gütliche Einigung der Parteien im bergrechtlichen Enteignungsverfahren, bei der die Parteien nicht durch die Bergbeamten vertreten werden (RG 56, 194).

5. **Die Folge des Formmangels** ist nach § 125 regelmäßig die Nichtigkeit, die von Amts wegen zu berücksichtigen ist, sobald sie sich nach dem gesamten Vorbringen der Parteien aus irgendeinem Grunde ergibt (RG 61, 264; 12. 6. 11 II 458/10, z. B., weil eine Abrede in den förmlichen Vertrag nicht aufgenommen worden). Im übrigen vgl. § 125 A 1. Die Nichtigkeit des gesamten Vertrags schließt gegebenenfalls auch die Möglichkeit aus, den Grundstücksveräußerungsvertrag in Gemäßheit der von den beurkundeten Erklärungen abweichenden mündlichen Erklärungen (vermöge einer Geschäftsumgestaltung im Sinne des § 140) aufrechtzuerhalten. Wenn beispielsweise Nichtigkeit wegen zu hoher Angabe des Preises eintritt, besteht auch kein gültiger Vertrag in Höhe des wirklichen niedrigeren Preises (RG 78, 115). Ausgeschlossen ist aber nicht, daß der von den Parteien in Wirklichkeit vereinbarte mündliche Vertrag durch Auflassung und Eintragung geheilt wird; vgl. A 6. Vgl. dazu auch § 117 A 2. Aus einem formlosen Vertrage entsteht auch nicht ein Anspruch auf Auflassung, der durch Vormerkung gesichert werden könnte (RG 55, 343), ebensowenig ein Anspruch auf Schadensersatz oder auf Gewährleistung (RG JW 06, 161[3]). — Darüber, unter welchen Voraussetzungen gegenüber der Berufung auf die Formnichtigkeit des Vertrags die Einrede der allgemeinen Arglist mit Erfolg geltend gemacht werden kann, vgl. § 242 A 4 und RG 107 S. 181, 357; danach ist erforderlich, daß der die Nichtigkeit geltend machende Teil den andern in den Glauben versetzt hat, die Form sei unnötig, nicht dagegen genügt die Behauptung, jener habe erklärt, daß er in anderer Weise den Vertrag nicht abschließen werde. Zur Begründung der Arglisteinrede ist für erforderlich erachtet, daß der die Nichtigkeit geltend machende Vertragsteil gewußt oder erhebliche Zweifel in der Richtung gehabt hat, daß der Vertrag bei Nichtbeobachtung der Form (unrichtige Beurkundung des Kaufpreises) rechtsungültig sein werde, und daß er auf den Rechtsirrtum des andern Teiles schuldhaft eingewirkt hat (RG 24. 10. 25 V 617/24). Doch wird auch ein schuldhaftes (fahrlässiges) Nichtzweifeln genügen.

6. Eine bedeutungsvolle Abweichung von der Regel der Unheilbarkeit der Nichtigkeit (§ 125 A 2) bildet der Satz, daß die Nichtigkeit auf dem Wege **der Auflassung und Eintragung heilbar** ist, und zwar mit Wirkung von da ab („wird" gültig), ohne daß eine Rückziehung

stattfindet (RG 75, 114), weshalb auch die Verjährung erst von da ab beginnen kann (vgl. § 198 A 2). Die Auflassung muß eine rechtswirksame sein, und daher muß, wenn sie durch einen Bevollmächtigten vorgenommen wird, die Vollmacht ebenfalls rechtsbeständig sein; vgl. A 3d und Abs 4 dieser Anmerkung. Die Auflassung und die wirklich vollzogene (RG 54, 147) Eintragung müssen zusammentreffen, und zwar bei den sämtlichen veräußerten Grundstücken oder Grundstücksteilen (RG 56, 385; 60, 340; 78, 44). Beide müssen auch dasselbe Grundstück betreffen wie der Vertrag (RG 60, 340; 78, 44; Warn 1925 Nr 19). Die Eintragung kann daher nicht Heilkraft haben, wenn sie infolge einer irrtümlich falschen Bezeichnung des Grundstücks im Vertrage auf einem andern Grundbuchblatt bewirkt worden ist, als dem für das zu veräußernde Grundstück angelegten. Hat die falsche Bezeichnung des Grundstücks im Vertrage zur Folge gehabt, daß die Eintragung auf dem Grundbuchblatte des fälschlich benannten Grundstücks bewirkt worden ist, so kann dieser Mangel auch dadurch nicht beseitigt sein, daß der Wille der Parteien bei der Auflassung auf Veräußerung und Erwerb des wirklich gemeinten Grundstücks gerichtet war. Denn dadurch wäre wohl die unrichtige Bezeichnung in Ansehung der Parteierklärungen unschädlich gemacht worden, nicht aber wäre die nach § 313 Satz 2 erforderliche Eintragung erfolgt (RG 60, 338; 61, 264). Bei einem Tauschvertrage über Grundstücke ist erforderlich, daß die Auflassung und Eintragung hinsichtlich beider Grundstücke vollzogen worden sind (RG 56, 383; Warn 1912 Nr 247). Ein Widerspruch, der gleichzeitig mit der Eintragung oder vor ihr eingetragen wird, steht der heilenden Kraft der Auflassung und Eintragung nicht entgegen (RG 109, 334). Eine Vormerkung hat keine heilende Kraft (RG Warn 1925 Nr 128). Eine Rückforderung (Kondiktion) der Auflassung nach §§ 812ff. ist, solange Eintragung nicht erfolgt ist, rechtlich möglich (RG 108, 329; nicht entgegenstehend Gruch 51, 926 und 57, 947), insbesondere wenn die Auflassung ohne Kenntnis von der Nichtigkeit des Grundstücksveräußerungsvertrags wegen eines Formmangels erfolgt ist, nicht dagegen wenn sie gerade zum Zwecke der Heilung dieses Mangels erfolgt ist, sofern nicht etwa der Mangel ein solcher ist, daß er nicht geheilt werden kann (RG JW 1926 I 159[1]) oder wenn der Verkäufer auch nur gewußt hat, daß er zur Auflassung nicht verpflichtet war (§ 814; RG 2. 7. 24 V 791/23). Der Verkäufer ist in den Fällen begründeter Kondiktion berechtigt, durch Erwirkung einer einstweiligen Verfügung die Eintragung zu verhindern (RG a. a. O.). Andernfalls hindert die im Klagewege geltend gemachte Rückforderung nicht, daß während des Rechtsstreits die Eintragung erwirkt und dadurch die Nichtigkeit des Vertrags geheilt wird (RG 109, 354; Warn 1925 Nr 202). Die Berufung auf eine derart erfolgte Heilung steht mit Treu und Glauben nicht in Widerspruch (RG a. a. O.; ferner 111, 98; 18. 3. 25 V 436/24; JW 1926, 987[6]). Haben jedoch die Parteien vereinbart, daß die Auflassung bis zur Erledigung gewisser Streitpunkte dem Gerichte nicht zur Eintragung eingereicht werden solle, so wird zwar durch die trotzdem erfolgte Eintragung der Erwerber Eigentümer, aber nach § 826 dem andern Teile schadensersatzpflichtig (RG JW 1926, 987[6]). Die Berufung auf die heilende Kraft der Auflassung und Eintragung kann unter Umständen eine Arglist enthalten, wenn sie einer mit dem andern Teile getroffenen Abrede, daß diese Maßregeln nicht vorgenommen werden sollten, widerspricht (RG Warn 1924, 100). — Die Auflassung stellt zwar nicht unmittelbar eine Bestätigung des formnichtigen Vertrags im Sinne des § 141 Abs 2 dar, schon weil sie sich nicht in der für das zu bestätigende Rechtsgeschäft vorgeschriebenen Form vollzieht; doch ist der dieser Bestimmung zugrunde liegende Rechtsgedanke (vgl. § 141 A 3) auf sie entsprechend anzuwenden (RG 75, 115; 115, 12) und deshalb insbesondere der Goldmarkbetrag der Forderung für die Aufwertung, entsprechend dem zu vermutenden Parteiwillen, ungeachtet § 2 AufwGes, nach dem Zeitpunkt des Abschlusses des formnichtigen Vertrags, nicht nach dem Zeitpunkt seiner Heilung zu berechnen (RG 115, 6).

Die heilende Kraft der Auflassung und Eintragung versagt, wenn die Parteien zur Zeit der ersteren in Streit über mündliche Zusicherungen waren (RG 20. 1. 04 V 304/03). Sonst erstreckt sie sich auf den gesamten Vertrag, einschließlich derjenigen mündlichen Nebenabreden, welche bei der Auflassung erweislich noch Vertragsinhalt und also Bestandteil des Veräußerungsvertrags waren (RG 52, 4; 61, 264; 65, 392; JW 09, 191[5] u. 1910, 936[7]; Warn 1912 Nr 4; 1913 Nr 87; 1914 Nr 279). Vgl. dazu auch § 125 A 6. Entscheidend ist in jener Hinsicht nur der Zeitpunkt der Auflassung, dagegen nicht auch noch der Zeitpunkt der Eintragung, da die Parteien durch die Auflassung dinglich gebunden werden und zu einem nachträglichen einseitigen Widerrufe ihrer Erklärungen nicht mehr berechtigt sind (RG 103, 157; 109, 354; Gruch 51, 926; 57, 947; Warn 1925 Nr 164), da das Erfüllungsgeschäft von der Nichtigkeit des Verpflichtungsgeschäfts nicht berührt wird. Es besteht keine Vermutung, daß die in der notariellen oder gerichtlichen Urkunde nicht enthaltenen (formlosen) Vereinbarungen auch noch zur Zeit der Auflassung gewollt waren; wer die Fortdauer behauptet, trägt daher die Beweislast (RG Warn 09 Nr 350), was auch dann gilt, wenn eine Partei behauptet, daß nicht der beurkundete Vertrag, sondern der mündlich vereinbarte im Zeitpunkte der Auflassung hat gelten sollen (RG 104, 298). Vgl.

des näheren darüber § 125 A 6. Wenn mehrere, verschiedenartige Verkaufsofferten gemacht sind, so kommt der Vertrag lediglich auf Grund derjenigen zustande, die bei der Auflassung als maßgebend erachtet worden ist (RG JW 07, 246[8]). Ein formloser Kaufvertrag, der sich zugleich über ein Wiederkaufsrecht verhält, wird durch die Auflassung und Eintragung auch betreffs des Wiederkaufsrechts geheilt (RG Warn 1921 Nr 122; 27. 5. 25 V 455/24).

Die Heilung des Formmangels tritt auch dann ein, wenn die Auflassung und Eintragung unter Überspringung des ersten Käufers zugunsten des Nachmanns erfolgen, falls nur die Auflassung im Einverständnisse der als Veräußerer und Erwerber beteiligten Personen zur Erfüllung der sämtlichen Veräußerungsgeschäfte vorgenommen wird (RG 71, 402; 82, 346). Erforderlich ist hierbei nicht, daß derjenige, der schließlich die Auflassung erhält, der Rechtsnachfolger des ersten Käufers ist, er kann vielmehr auch ein beliebiger Dritter sein, falls nur der Verkäufer und der erste Käufer nach ihrem Vertrage darüber einverstanden waren, daß der erstere das Grundstück demnächst an einen Dritten verkaufen, diesem alsdann die Auflassung erteilen und von ihm anderseits auch den Kaufpreis erhalten sollte; in solchen Fällen genügt es zur Heilung des ersten Kaufvertrags, wenn lediglich der Verkäufer und der erste Käufer darüber einverstanden waren, daß auch ihr Vertrag durch die dem Dritten erteilte Auflassung erfüllt werden solle (RG 85, 272). Durch Auflassung und Eintragung werden auch die etwaigen aufeinanderfolgenden Verträge mit Zwischenpersonen gültig, soweit die Verträge sämtlich auf die Übereignung des nämlichen Grundstücks gerichtet sind (RG Warn 1908 Nr 448).

Von besonderer Bedeutung ist die Frage, ob und unter welchen Voraussetzungen ein wegen Formmangels nichtiger Grundstücksveräußerungsvertrag durch die Auflassung und Eintragung auch dann geheilt wird, wenn die Auflassung oder die Auflassungsvollmacht (vgl. A 3) in der gleichen Urkunde erklärt ist, wie der Vertrag, um dessen Heilung es sich handelt. Eine Nichtigkeit dieser abstrakten Rechtsgeschäfte kann in solchem Falle nicht ohne weiteres aus § 139 hergeleitet werden. Denn von der Nichtigkeit eines Teiles eines Rechtsgeschäfts infolge der Nichtigkeit eines andern Teiles kann dann keine Rede sein, wenn dieser letztere Teil in Wirklichkeit von den Parteien gar nicht gewollt, vielmehr nur zum Schein erklärt ist, um ein anderes von ihnen wirklich gewolltes Rechtsgeschäft zu verdecken (RG 68, 326; JW 1910, 388[2]; RG 104, 104; 114, 353; Warn 1925 Nr 20). In solchem Falle entspricht es vielmehr dem Willen der Parteien, der nach § 139 entscheidend ist, daß das eine Geschäft ohne das andere (nicht gewollte) gelte. Dieser Fall liegt vor, wenn in einer notariellen oder gerichtlichen Urkunde nicht die wirklich getroffenen Vereinbarungen, sondern andere, davon abweichende, beurkundet sind. Die in einer solchen Urkunde erklärte Auflassung kann aber nur den Zweck haben, das verdeckte Rechtsgeschäft zu erfüllen, und sie ist, da sie von der Nichtigkeit des in der gleichen Urkunde beurkundeten nicht gewollten Rechtsgeschäfts nicht ergriffen wird, auch geeignet und imstande, gemäß Satz 2 des § 313 die Nichtigkeit des verdeckten Rechtsgeschäfts zu heilen (RG 104 S. 102, 296; Warn 1924 Nr 99, 100). Das gleiche muß aber auch von der in der gleichen Urkunde, wie der nichtige Scheinvertrag, erteilten Auflassungsvollmacht gelten, jedoch mit der Maßgabe, daß sie zur Heilung der Nichtigkeit des gewollten, verdeckten Rechtsgeschäfts nur führen kann, wenn zur Zeit der Auflassung durch den Bevollmächtigten noch Willensübereinstimmung über die Erfüllung des wirklich vereinbarten Vertrages herrscht; denn der Auflassungsbevollmächtigte kann die Partei, die ihre Vollmacht erteilt hat, zwar in dem Willen zur Auflassung, aber nicht in dem Willen zur Erfüllung des Verpflichtungsgeschäfts wirksam vertreten. Deshalb ist in RG 103, 295 auf S. 300ff. die Heilung eines wegen Nichtmitbeurkundung eines Viehkaufs zunächst nichtigen Grundstücksveräußerungvertrags, an dem die Parteien noch zur Zeit der Auflassung hatten festhalten wollen, auf Grund einer in der gleichen Urkunde wie dieser beurkundeten Auflassungsvollmacht, die von beiden Parteien demselben Dritten erteilt war, durch die von dem Bevollmächtigten erklärte Auflassung und die daraufhin erfolgte Eintragung angenommen, während in RG 94, 147 die Heilung verneint worden ist in einem Falle, wo der beurkundete Vertrag, in dem auch die Auflassungsvollmacht beurkundet war, wegen Angabe eines zu niedrigen Kaufpreises nichtig war und die Parteien zur Zeit der Auflassung nicht mehr über die Erfüllung zu dem wirklich vereinbarten höheren Kaufpreise einig waren. Soweit aus der Begründung des letztgenannten Urteils eine über den darin entschiedenen Fall hinausgehende Verneinung der Heilungswirkung entnommen werden konnte, ist diese Begründung in RG 104, 299 aufgegeben worden.

In anderer Weise, insbesondere auch durch eine andere Art der Vertragserfüllung, als durch Auflassung und Eintragung, **kann die Nichtigkeit nicht geheilt werden** (RG 64, 39). So auch nicht dadurch, daß gemäß § 12 des PrGes. v. 7. 7. 91, betreffend Beförderung der Errichtung von Rentengütern, auf Grund Ersuchens der Generalkommission die Umschreibung des Eigentums erfolgt (RG 82, 416). Über die Erfordernisse der Bestätigung vgl. § 141. Hat der Verkäufer arglistig geduldet, daß der Käufer das Grundstück bebaut, so beseitigt auch das nicht die Wirkungen der Nichtigkeit des Veräußerungsvertrags; der Verkäufer wird nach § 951 Eigentümer der Gebäude und kann Rückgabe des nicht aufgelassenen Grundstücks verlangen (RG JW 04, 139[3]). Doch wird er zum Schadensersatze aus § 826 verpflichtet sein.

Geheilt wird endlich durch die Auflassung und Eintragung **nur der Mangel der in § 313 vorgeschriebenen Form,** dagegen nicht auch ein etwaiger anderer Formmangel, wie beispielsweise der Mangel der Beidrückung des Siegels nach § 88 Abs 4 Nr 7 der PrLGO v. 3. 7. 91 (RG 73, 208), oder ein etwaiger dem Geschäfte anhaftender materieller Mangel, wie ein Willensfehler (Warn 09 Nr 194 und 1911 Nr 12, betreffend formlose Schenkung); auch nicht der Mangel einer durch Rechtsgeschäft bestimmten Form, z. B. Annahme des Angebots vor dem gleichen Notar (RG 7. 2. 25 V 220/24). Ist durch Landesgesetz für gewisse Fälle (Art 12 PrAGBGB) nur Schriftform vorgesehen, dann findet Abs 2 des § 313 auch hier Anwendung (RG 29. 1. 16 V 357/15). Die Heilung ergreift den formlos mündlich oder schriftlich vereinbarten Veräußerungsvertrag, so wie er vereinbart ist, seinem ganzen Inhalte nach, d. h. mit allen zum Vertragsinhalte gewordenen Abreden, einschließlich der im Zusammenhang mit ihm abgeschlossenen anderen Rechtsgeschäfte (vgl. A 2 Abs 2), so auch eines wegen dieses Zusammenhanges der Form des § 313 bedürfenden Mietabkommens (RG 103, 383). Rechtswirksam werden auch die neben einer formellen Beurkundung oder im Widerspruch zu ihr getroffenen Abreden, so die Vereinbarung eines höheren oder niederen als des beurkundeten Erwerbspreises, soweit zur Zeit der Auflassung über sie noch Willensübereinstimmung bestanden hat. — Ein privatschriftlicher Vertrag wird zufolge der Heilung stempelpflichtig (RG 60, 398.)

6a. Durch das **Preußische Grundstücksverkehrsgesetz** vom 10. 2. 23, das durch Ges v. 20. 7. 25 abgeändert und am 1. 7. 26 außer Kraft getreten ist, wurden alle Rechtsgeschäfte, welche die Veräußerung eines Grundstückes zum Gegenstande hatten, und zwar auch die Auflassung, falls das zugrunde liegende Verpflichtungsgeschäft nicht genehmigt war, der behördlichen Genehmigung unterworfen. Auf vor seinem Außerkrafttreten errichtete Geschäfte hat dieses Gesetz auch jetzt noch Anwendung zu finden (RG 114, 235ff.). Ist ein genehmigungspflichtiges Geschäft wegen unrichtiger Beurkundung des Kaufpreises oder sonstiger Formwidrigkeit gemäß § 313 Satz 1 nichtig, so kann die Nichtigkeit nur durch eine wirksame (vgl. A 6 Abs 1), also eine auch den Vorschriften des GrundstVerkGes entsprechende Auflassung geheilt werden. Durch Vorlage der den nicht gewollten Scheinvertrag und die Auflassung enthaltenden Urkunde kann eine rechtswirksame Genehmigung weder des wirklich vereinbarten Vertrags noch der Auflassung herbeigeführt werden (RG 111, 244; 114, 234). Der auf die Nichtigkeit einer ohne diese Voraussetzungen erfolgten Auflassung und Eintragung des Käufers gegründeten Klage auf Berichtigung des Grundbuchs (§ 894) kann der Einwand der Arglist in der Richtung, daß der Verkäufer verpflichtet sei, alles zur Erreichung der Genehmigung Erforderliche zu tun und alles sie Gefährdende zu unterlassen, nicht entgegengehalten werden, da eine solche gegenseitige Treuverpflichtung zwar bei formgültigen Verträgen anerkannt ist, bei formwidrigen aber in Ermangelung einer schuldrechtlichen Verpflichtung aus dem Vertrage nicht besteht (RG 115, 38). Wohl aber kann auch in solchem Falle dem Grundbuchberichtigungsanspruche der Einwand der allgemeinen Arglist (vgl. oben A 5) mit der Behauptung entgegengesetzt werden, daß der Verkäufer den Käufer über die Notwendigkeit der richtigen Beurkundung des Kaufpreises oder eines sonstigen Formerfordernisses für die Rechtsgültigkeit des Vertrages vorsätzlich oder fahrlässig in Irrtum versetzt habe (RG 115, 41).

6b. Ähnlich wie in § 313 ist in **§ 15 Abs 4 GmbHG** die Vereinbarung, durch welche die Verpflichtung eines Gesellschafters zur Abtretung seines Gesellschaftsanteils begründet werden soll, der gerichtlichen oder notariellen Form unterworfen mit der Maßgabe, daß die ohne diese Form getroffene Vereinbarung ihrem ganzen Inhalte nach gültig wird durch Abschluß des dinglichen Abtretungsvertrags in der für diesen gleichfalls (durch § 15 Abs 3) vorgeschriebenen gerichtlichen oder notariellen Form. Die für den schuldrechtlichen Vertrag vorgeschriebene Form erstreckt sich, wie bei § 313 (vgl. A 2) auch auf die Gegenleistung, so daß bei unrichtiger Beurkundung des Kaufpreises der Vertrag nichtig ist (RG 65, 39; JW 1926, 550[4]). Dagegen bedarf es in dem dinglichen Übertragungsvertrage nicht der Beurkundung der kausalen Bedingungen der Abtretung (RG 68, 397; JW a. a. O.). Deshalb ist eine nach formgerechtem Abschlusse des dinglichen Abtretungsvertrags erfolgende Vereinbarung über die Gegenleistung und die sonstigen Bedingungen nicht formbedürftig, schließt vielmehr, auch wenn sie formlos erfolgt, die bis dahin begründete Rückforderung der dinglichen Abtretung wegen mangelnden Rechtsgrundes (§§ 812ff) aus (RG 88, 65). Eine gerichtlich oder notariell beurkundete einseitige Abtretungserklärung aber enthält nur das Angebot eines Abtretungsvertrags und hat deshalb nicht die gleiche Bedeutung wie dieser hinsichtlich des Wegfalls des Formbedürfnisses der kausalen Abtretungsvereinbarung (RG 105, 384).

7. Gesetzeskollision. Der § 313 hat nicht rückwirkende Kraft. Aber ein Vertrag, der vor dem 1. Januar 1900 nicht durch Unterschrift beider Teile fertig zum Abschlusse gekommen, konnte auch nicht durch Nachholung der andern Unterschrift oder durch schriftliches Anerkenntnis gültig gemacht werden (RG JW 02, 37[38]; 24. 6. 05 V 631/04). Der § 313 greift hinsichtlich der schuldrechtlichen Wirkungen auch dann Platz, wenn der betreffende Vertrag in der Zeit seit dem 1. Januar 1900 bis zur Anlegung des Grundbuchs abgeschlossen worden ist, da der Art 189 EG sich nicht auch auf die schuldrechtlichen Grundgeschäfte bezieht (RG 64, 39; 79, 78). Auf Veräußerungsverträge, die ausländische Grundstücke betreffen, findet § 313 auch dann nicht Anwendung, wenn sie im Inlande zwischen Inländern abgeschlossen worden (RG 63, 18), dagegen greift er Platz bei Grundstücksveräußerungsverträgen, die sich auf in deutschen Schutzgebieten belegene Grundstücke beziehen (RG 73, 272). Ob die Form des § 313 genügt, richtet sich grundsätzlich nach dem Rechte des Ortes des Vertragsabschlusses (Art 11 Abs 1 Satz 2 EG; RG 79, 78).

§ 314

Verpflichtet sich jemand zur Veräußerung oder Belastung einer Sache, so erstreckt sich die Verpflichtung im Zweifel auch auf das Zubehör der Sache[1]).

E I 790 II 265; M 3 65.

1. Die Bestimmung gilt für Verträge aller Art des im Gesetze bezeichneten Inhalts ohne Rücksicht auf den Verpflichtungsgrund (Kauf, Schenkung usw.). Über den Begriff „Veräußerung" vgl. Vorbem 7 vor § 104; über den Begriff „Belastung" zu § 873; über den Begriff „Zubehör" § 97. Der Grundsatz, der nur im Zweifel eine schuldrechtliche Verpflichtung zur **Mitveräußerung oder Belastung auch des Zubehörs** ausspricht, ist um deswillen von besonderer Wichtigkeit, weil dem Gesetze die Auffassung, daß das Zubehör das rechtliche Schicksal der Hauptsache ohne weiteres teilt, fremd ist. Vgl. über den Miterwerb von Grundstückszubehör bei Erwerb eines Grundstücks § 926. Daß der Veräußerer Eigentümer des Zubehörs war, ist kein Erfordernis für die Anwendung des § 314. Entscheidend für den Umfang der Verpflichtung ist der Zeitpunkt der Entstehung des Schuldverhältnisses. Die schuldrechtliche Verpflichtung zur Veräußerung einer Aktie erstreckt sich auf den dazu gehörigen Gewinnanteilscheinbogen, der (was allerdings in RG 77, 335 dahingestellt gelassen ist) als Zubehör der Aktie angesehen werden kann; dagegen geht das dingliche Recht an dem Bogen nicht von selbst durch die Übereignung der Aktie über (RG 77, 335). Ein „Zwischenbenutzungsrecht" im Sinne des PatentverlGes v. 27. 4. 1920 kann unter Umständen als Zubehör eines Betriebs angesehen werden (RG 112, 242).

§ 315

[1]) Soll die Leistung durch einen der Vertragschließenden bestimmt werden[2]), so ist im Zweifel anzunehmen, daß die Bestimmung nach billigem Ermessen zu treffen ist[3]).

Die Bestimmung erfolgt durch Erklärung gegenüber dem anderen Teile[4]).

Soll die Bestimmung nach billigem Ermessen erfolgen, so ist die getroffene Bestimmung für den anderen Teil nur verbindlich, wenn sie der Billigkeit entspricht[3]). Entspricht sie nicht der Billigkeit, so wird die Bestimmung durch Urteil getroffen; das gleiche gilt, wenn die Bestimmung verzögert wird[4])[5]).

E I 353 II 266; M 2 192; P 1 464.

1. Im allgemeinen gehört zur rechtsgültigen Entstehung eines Schuldverhältnisses die Bestimmtheit der Leistung (§ 241 A 1 a. E.). Eine in die reine Willkür des Schuldners gestellte Leistung erzeugt keine rechtliche Gebundenheit (RG 40, 199; Warn 1913, 221); eine in die reine Willkür des Gläubigers gestellte würde ein gegen die guten Sitten verstoßendes Rechtsgeschäft bedeuten (§ 138) vgl. A 3. Innerhalb dieser Grenzen aber genügt schon die Bestimmbarkeit, d. h. daß aus dem Vertrage ein gewisser Maßstab für die zu treffende Bestimmung zu entnehmen ist, so daß nicht alles der Willkür überlassen bleibt. Es genügt z. B. daß auf ein bestimmtes Ereignis, wie der Tageskurs eines Wertpapiers oder einer sonstigen Ware, Bezug genommen ist, aus dem die Bestimmung entnommen werden kann (RG JW 1912, 73[13]; Gruch 56, 917; RG 104, 116). Die Bestimmbarkeit kann auch dadurch gegeben sein, daß die Bestimmung durch eine Person, sei es ein Vertragsteil oder ein Dritter, zu erfolgen hat. Nur von diesen Fällen handeln die §§ 315—319, und zwar §§ 315, 316 von dem Falle der Bestimmung durch einen Vertragsteil, §§ 317—319 von dem Falle der Be-

stimmung durch einen Dritten. — **Andere Fälle**, in denen die Bestimmbarkeit in Frage kommt: Für die Bestimmbarkeit reicht es nicht aus, wenn etwa vereinbart worden, daß kein Vertragsteil sein Grundstück ohne die Genehmigung des andern verkaufen dürfe, ohne daß ein Anhalt dafür gegeben wäre, unter welchen Bedingungen die Genehmigung versagt werden könne (RG 1. 3. 13 V 401/12). Dagegen fehlt es nicht an der erforderlichen Bestimmbarkeit bei einer Vereinbarung, wonach sich der eine Teil verpflichtet, im Falle der Gründung einer Aktiengesellschaft unter Einbringung eines ihm gehörigen Hotels sich an dieser Gesellschaft in der vorgesehenen Weise zu beteiligen; nur muß die Gründung eine einwandfreie sein (RG 85, 289; 41, 282). Eine hinreichende Bestimmbarkeit ist auch vorhanden, wenn bei Vertragsanträgen oder Kaufverträgen vereinbart ist, daß der Antragsgegner oder Vertragsgegner berechtigt sein solle, eine andere Person als den Käufer zu benennen; der Vertrag kommt alsdann mit dem Antragsgegner oder Vertragsgegner selbst zustande, und diese haben nur das Recht, einen andern in den Vertrag durch Abtretung des Vertragsrechts eintreten zu lassen (RG 20, 37; 24, 66; Gruch 48, 238). Vgl. auch § 145 A 1. — Auch für die Eintragung einer Auflassungsvormerkung genügt die Bestimmbarkeit des Kaufgegenstandes (RG 12. 11. 13 V 216/13; 28. 2. 14 V 437/13). — Die §§ 315—319 setzen voraus, daß eine Einigung darüber, in welcher Weise die Bestimmung der Leistung stattzufinden hat, erfolgt ist; andernfalls ist ein Vertrag in Zweifel überhaupt noch nicht geschlossen (§§ 154 Abs 1; RG 90, 28). Ist der Vertrag geschlossen, die Bestimmung der Leistung aber nachträglicher Einigung vorbehalten geblieben, so ist die Leistung unter entsprechender Anwendung der §§ 315 ff., falls eine Einigung nicht erzielt wird, durch Urteil zu bestimmen (RG Warn 1914 Nr 325).

2. § 315 findet Anwendung, wenn die Bestimmung der Leistung nach ihrer Art oder ihrem Umfang (vgl. § 316) oder aber auch nur hinsichtlich einzelner Modalitäten, wie der Leistungszeit einem Vertragsteile überlassen ist (RG 64, 116; JW 1912, 73[11]). Anwendbar ist der § 315 auch in einem Falle, wo der Verkäufer die Anstellung des Käufers nur in dem Sinne annimmt, daß die Preise und Lieferfristen freibleibend sein sollen; der Vertrag kann hier mit der Maßgabe als entstanden angesehen werden, daß die Bestimmung der Preise und Fristen dem Verkäufer gemäß § 315 zustehen soll (RG Gruch 66, 213). Die Klausel „Preise freibleibend" ist während der Inflationszeit zu einem typischen Bestandteile der handelsrechtlichen, besonders der auf längere Zeit berechneten Lieferungsverträge geworden (RG 103, 415). Sie bedeutet, daß der Verkäufer beauftragt ist, für die laut Vertrag künftig auszuführenden Lieferungen andere als die in dem Vertrage festgesetzten Preise zu berechnen, und zwar nach billigem Ermessen in dem Verhältnis zur Konjunktur bei Lieferzeit, in welchem der vereinbarte Preis zur Konjunktur bei Vertragsabschluß stand; der Käufer ist nicht berechtigt, wegen dieser Abänderung der Preise vom Vertrage zurückzutreten (RG 103, 415; in RG 104, 114 ist die Klausel „freibleibend" dahin ausgelegt, daß Lieferung zum Tagespreise zu erfolgen habe). Auch die Klausel „Lieferungsmöglichkeit vorbehalten" bietet hinreichende Anhaltspunkte zur Bestimmung der Lieferung, insbesondere ihrer Zeit, durch den Verkäufer (RG 104, 114). — Bei einem Vertrage mit einem städtischen Elektrizitätswerke auf Stromlieferung unterwirft sich der einzelne Abnehmer trotz seines Widerspruchs den von dem Werke allgemein festgesetzten, nicht unbilligen Bezugspreisen, wenn er den Strom tatsächlich weiterbezieht (RG 111, 310). — In RG 114, 396 ist § 315 auf einen Fall angewendet, in welchem laut Gesellschaftsvertrag die Gesellschafter, welche die Auseinandersetzung der Gesellschaft betreiben würden, die Wahl unter mehreren Arten der Auseinandersetzung haben sollten. — § 315 ist auch anwendbar, wenn vereinbart ist, daß der Kaufpreis von dem Verkäufer nach Anhörung von Sachverständigen bestimmt werden soll (RG Warn 1924 Nr 155).

3. **Nur im Zweifel** ist als Vertragswille anzunehmen, daß der zur Bestimmung berechtigte Teil sie nach dem sachlichen Maßstabe des billigen Ermessens zu treffen hat (arbitrium boni viri). Grundsätzlich ist daher nicht ausgeschlossen, daß einem Teile der Vertragschließenden — dem Berechtigten oder Verpflichteten — die Bestimmung nach freiem Ermessen überlassen wird und daß daher das Ermessen der berechtigten Vertragspartei nur dann unverbindlich ist, wenn es eine offenbare, d. h. sich dem sachkundigen und unbefangenen Beurteiler sofort aufdrängende (RG Warn 1909 Nr 395) Unbilligkeit enthält (RG 99, 106); vgl. § 319 A 1. Aber auch dann wäre zum Schutze des andern Teiles gegen Mißbrauch immer noch der allgemeine Grundsatz des § 242 zu berücksichtigen (RG JW 1912, 346[11]). — Einen Fall freien Ermessens gibt das HGB beim Spezifikationskaufe (§ 375). Die Entscheidung der „Willkür" eines Vertragsteiles oder eines Dritten zu überlassen, dürfte mit den guten Sitten nicht vereinbar sein (RG 4. 5. 26 VI 9/26).

4. **Die Bestimmung wird bewirkt** durch einseitige, formlose (RG Gruch 57, 950), empfangsbedürftige Erklärung **gegenüber dem anderen Teile** (§§ 130—132), die auch durch schlüssige Handlungen erfolgen kann (RG JW 1912, 346[11]). Hat der Gläubiger die Bestimmung zu treffen, so ist das Treffen der Bestimmung Voraussetzung für die Geltendmachung

seines Anspruchs auf die Leistung; solange er die Bestimmung nicht getroffen hat, kommt der Schuldner durch die Nichtleistung nicht in Verzug (§ 285). Hat der Schuldner die Bestimmung zu treffen, so bildet das Treffen der Bestimmung einen Teil seiner Schuldnerverpflichtung (a. A. die 5. Aufl.). Gerät er mit der Bestimmung in Verzug (§ 284), so hat er gemäß § 286 dem Gläubiger den durch den Verzug diesem entstehenden Schaden zu ersetzen. Dagegen ist, sofern die Bestimmung nach billigem Ermessen erfolgen sollte, die Anwendung des § 326 wegen des Verzugs des Schuldners mit dem Treffen der Bestimmung, auch wenn man darin eine Hauptleistung (vgl. § 326 A 1a) erblicken könnte, ausgeschlossen durch Abs 3 Satz 2 Schlußhalbsatz (A 5); der Gläubiger kann nicht wegen dieses Verzugs eine Nachfrist setzen mit der in § 326 vorgesehenen Androhung, sondern muß, auch wenn es sich nur um die Bestimmung der Leistungszeit handelt, zunächst die Bestimmung durch Urteil mittels Feststellungs- oder Leistungsklage herbeiführen (**RG** 64, 114). In **RG** 90, 29 ist aber angenommen, nach der aus der Natur des Vertragsverhältnisses zu entnehmenden Absicht der Parteien könne die Sache auch so liegen und werde sie namentlich bei Handelssachen in der Regel so liegen, daß wenn nur die Bestimmung der Leistungszeit durch den Schuldner nach billigem Ermessen zu erfolgen habe, der Eintritt der Verzugsfolgen aus § 326 nicht bedingt sei durch einen vorherigen Ausspruch des Richters, sondern schon durch eine Nachfristsetzung des Gläubigers herbeigeführt werde, so daß der Richter nur nachzuprüfen habe, ob die von jenem gesetzte Frist angemessen war.

5. **Absatz 3** enthält eine Sonderbestimmung für den Fall, daß die Bestimmung nach billigem Ermessen (vgl. A 3) zu erfolgen hat. Trifft in solchem Falle der Bestimmungsberechtigte eine Bestimmung, die der Billigkeit nicht entspricht, so ist sie für den anderen Teil unverbindlich; dieser braucht also als Gläubiger die der Bestimmung entsprechende Leistung nicht anzunehmen, als Schuldner eine solche Leistung nicht zu machen. Jeder Teil kann in solchem Falle die Entscheidung des Gerichts herbeiführen, sei es durch eine besondere, auf richterliches Gestaltungsurteil (nicht auf bloße Feststellung) gerichtete Klage, sei es innerhalb des auf die Leistung gerichteten Rechtsstreits; auch in letzterem Falle ist die Entscheidung darüber eine konstitutive, nicht nur deklaratorische. — Dem billigen Ermessen entspricht es z. B. nicht, wenn in Teilleistungen auf Abruf des Käufers zu liefern ist und der Käufer nach längerer Unterlassung des Abrufs die noch zu machenden Lieferungen nunmehr alle auf einmal abruft (**RG** JW 00, 606[9]). Ein Fall der richterlichen Bestimmung ist auch gegeben, wenn die Parteien sich darüber einig sind, daß eine Stundung vereinbart worden, aber über die Dauer der Stundung Streit besteht (**RG** Warn 1910 Nr 11). — Eine Anrufung des Gerichts zur Bestimmung der Leistung kann aber auch dann schon erfolgen, wenn der Bestimmungsberechtigte die Bestimmung **nur verzögert** (Abs 3 Satz 2 Schlußsatzteil). Es bedarf dazu nicht eines Verzugs (§ 284) im eigentlichen Sinne, doch muß die Verzögerung eine ungebührliche sein, was nach den Umständen des Falles zu entscheiden ist (**RG** JW 1912, 386[6]).

6. **Beweislast.** Der Vertragsteil, der auf das Recht der Bestimmung Anspruch macht, hat zu beweisen, daß ihm dieses Recht zusteht, sonach, falls der Käufer behauptet, es sei ein bestimmter geringerer Kaufpreis ausgemacht worden, auch daß dies nicht der Fall ist (**RG** 57, 46). Hat die Bestimmung nach billigem Ermessen zu erfolgen, so liegt im Bestreitungsfalle dem Bestimmenden der Beweis ob, daß seine Bestimmung der Billigkeit entspricht, da sie nur unter dieser Voraussetzung gemäß Satz 1 des Abs 3 für den anderen Teil verbindlich ist. Kann er diesen Beweis nicht führen, so wird die Bestimmung durch Urteil einzutreten haben, obwohl Satz 2 nach seinem Wortlaute hierfür die positive Feststellung der Unbilligkeit als Voraussetzung zu erfordern scheint.

§ 316

Ist der Umfang der für eine Leistung versprochenen Gegenleistung nicht bestimmt, so steht die Bestimmung im Zweifel demjenigen Teile zu, welcher die Gegenleistung zu fordern hat[1])[2]).

E I 354 II 267; M 2 192; P 1 465.

1. **Voraussetzung** dieser sich auf gegenseitige Verträge beschränkenden Vorschrift ist, daß es sich um eine **Gegenleistung** handelt, die der Art nach bestimmt (z. B. Geldleistung), **im Umfange** aber mangels einer ausdrücklichen oder stillschweigenden Abrede (**RG** JW 02 Beil 253[162]) noch **unbestimmt ist** („angemessener" Preis). In diesem Falle hat im Zweifel, also wenn nichts anderes sich aus den Umständen als Vertragsinhalt ergibt, der Forderungsberechtigte das Recht zur Bestimmung des Umfangs der Gegenleistung, und zwar, ohne daß das besonders verabredet worden (**RG** JW 09, 15[8]), beispielsweise also der Verkäufer, der zu einem angemessenen Preise verkauft hatte, zur Bestimmung des Kaufpreises. Die Bestimmung muß aber billigem Ermessen entsprechen (§ 315 ist entsprechend anwendbar, **RG**

27. 6. 24 III 583/23) und verlangt der Berechtigte eine übermäßige Leistung, dann muß auch hier die Bestimmung durch das Gericht eintreten; dies gilt auch dann, wenn die Vertragsparteien die Bestimmung späterer Einigung vorbehalten haben, eine Einigung aber nicht erreicht wird (RG 60, 177, mit bezug auf einen Verlagsvertrag). — Über die Beweislast s. § 315 A 6.

2. Für die Fälle des Dienstvertrags, des Werkvertrags und des Mäklervertrags gelten die Sonderbestimmungen der §§ 612, 637, 652, wonach im Zweifel eine angemessene Vergütung zu gewähren ist, deren Höhe im Streitfalle das Gericht deklaratorisch festzusetzen hat.

§ 317

Ist die Bestimmung der Leistung einem Dritten überlassen, so ist im Zweifel anzunehmen, daß sie nach billigem Ermessen zu treffen ist[1]).

Soll die Bestimmung durch mehrere Dritte erfolgen, so ist im Zweifel Übereinstimmung aller erforderlich; soll eine Summe bestimmt werden, so ist, wenn verschiedene Summen bestimmt werden, im Zweifel die Durchschnittssumme maßgebend[2]).

E I 355, 357 II 268; M 2 193; P 1 467

1. **Bestimmung der Leistung durch einen Dritten.** Die Person des bestimmungsberechtigten Dritten muß an sich gewiß oder wenigstens bestimmbar sein. Falls es an einer zureichenden Einigung der Parteien über die Person des Dritten noch fehlt, liegt der Fall des § 154 vor. Vgl. die dortigen Ausführungen. Zur Anwendbarkeit des Paragraphen gehört, daß der Dritte die Bestimmung gerade für den vorliegenden Fall zu treffen hat. Daher greifen die §§ 317—319 nicht Platz, wenn das maßgebend sein soll, was von dem Dritten (beispielsweise einer Notierungskommission) in andern Fällen angenommen worden war (RG JW 04, 289[9]; Gruch 51, 503). Alsdann handelt es sich vielmehr um die Bestimmbarkeit der Leistung nach einem Ereignisse (s. § 315 A 1). Im übrigen entspricht der Abs 1 dem Abs 1 des § 315. Wie dort für die Bestimmung durch einen Vertragsteil, ist hier für die Bestimmung durch den Dritten nur im **Zweifel** anzunehmen, daß sie **nach billigem Ermessen** zu treffen ist; sie kann ihm durch Parteivereinbarung auch nach *freiem Ermessen*, aber — insoweit abweichend von dem Falle des § 315 (A 1) — auch nach *freiem Belieben*, also nach seiner Willkür, übertragen werden; vgl. § 319 Abs 2. Über die daraus sich ergebenden weiteren Unterschiede vgl. § 319 A 3. — Die Vereinbarung, daß die Bestimmung der Leistung einem Dritten überlassen werden soll, ist kein Schiedsvertrag im Sinne der §§ 1025ff. ZPO, da dem Dritten nicht die Entscheidung eines Rechtsstreites an Stelle des Gerichts übertragen wird (RG 67, 73; 87, 193; 96, 59). Die Aufgabe des Dritten besteht vielmehr darin, an Stelle der Vertragsparteien den Vertragswillen in maßgebender Weise zu ergänzen (Motive zu § 357 des Entwurfs S. 195). Sofern aber, was im Zweifel anzunehmen ist, die Bestimmung *nach billigem Ermessen* durch den Dritten erfolgen soll, handelt es sich um eine Art des *Schiedsgutachtervertrags* auf welche die §§ 317ff. ohne weiteres anzuwenden sind (RG 96, 57, Warn 1915, 137). Nur eine *entsprechende* Anwendung dieser Paragraphen kann dagegen stattfinden, wenn es sich darum handelt, daß der Schiedsgutachter nicht durch Bestimmung der Leistung den Vertragsinhalt insoweit erst schaffen, sondern den schon vorhandenen aber streitigen Vertragsinhalt nur darlegen, klarstellen oder nur gewisse Unterlagen für die Bestimmung der Leistung schaffen soll (RG 96, 60). Ein solcher Schiedsgutachtervertrag kann auch im Rechtsstreite noch geschlossen werden, indem die Parteien etwa vereinbaren, daß ein Bücherrevisor durch Prüfung der Geschäftsbücher maßgebend feststellen soll, ob und in welcher Höhe ein Guthaben der einen oder anderen Partei besteht. Auf einen solchen Vertrag sind die §§ 317ff., insbesondere auch die Vorschrift des § 319 über die Unverbindlichkeit der Bestimmung des Dritten, entsprechend anzuwenden. (RG a. a. O.).

2. Die **mehreren zur Bestimmung berufenen Personen** stellen, wenn nicht ein anderes verabredet worden ist, eine Einheit dar (RG 87, 195), so daß grundsätzlich nur eine von allen übereinstimmend abgegebene Erklärung berücksichtigt werden darf und beim Mangel einer Einigung die Vorschrift des § 319 Abs 1 Satz 2 Schlußsatzteil Platz greifen muß. Nur wenn es sich um die **Bestimmung einer Summe** handelt, soll im Zweifel der sich als Durchschnitt ergebende Betrag als bestimmt gelten.

§ 318

Die einem Dritten überlassene Bestimmung der Leistung erfolgt durch Erklärung gegenüber einem der Vertragschließenden[1]).

Die Anfechtung der getroffenen Bestimmung wegen Irrtums, Drohung oder arglistiger Täuschung steht nur den Vertragschließenden zu; Anfech-

tungsgegner ist der andere Teil. Die Anfechtung muß unverzüglich erfolgen, nachdem der Anfechtungsberechtigte von dem Anfechtungsgrunde Kenntnis erlangt hat. Sie ist ausgeschlossen, wenn dreißig Jahre verstrichen sind, nachdem die Bestimmung getroffen worden ist[2]).

E I 356 II 269; M 2 194; P 1 471.

1. **Erklärung gegenüber einem der Vertragschließenden.** Sie ist empfangsbedürftig und unwiderruflich. Gegenüber welchem von den Vertragschließenden er sie abgeben will, steht im Belieben des Dritten. Abs 1 entspricht der Bestimmung des Abs 2 § 315 (A 4).

2. Danach ist die **Erklärung des Dritten** unter den Voraussetzungen der §§ 119 u. 123 **anfechtbar**; dies jedoch mit der Maßgabe, daß nicht der die Erklärung abgebende Dritte, vielmehr ausschließlich die Vertragsparteien als Anfechtungsberechtigte wie als Anfechtungsgegner in Betracht kommen (**RG** Warn 1913 Nr 356). Eine Abweichung vom Falle des § 123 besteht ferner insofern, als die für ihn in § 124 vorgesehene einjährige Anfechtungsfrist fortfällt und durchweg die Bestimmung des § 121 entsprechend zur Anwendung gebracht ist. — Die Anfechtung ist begründet, wenn der Dritte bei Abgabe seiner Erklärung sich in einem nach § 119 beachtlichen Irrtum befunden hat oder durch arglistige Täuschung oder widerrechtlich durch Drohung zur Abgabe der Erklärung bestimmt worden ist (§ 123). Derjenige Vertragschließende, der die Täuschung oder Drohung verübt hat, wird zur Anfechtung nicht zugelassen werden können. Auch wenn die Täuschung durch einen Dritten verübt worden ist, wird die Anfechtung unbeschränkt zulässig sein; § 123 Abs 2 eignet sich nicht zur entsprechenden Anwendung, die allein in Frage kommen kann. Auf den materiellen Inhalt der Bestimmung, insbesondere ob sie offenbar oder überhaupt unbillig erscheint, kommt es für die Anfechtung nicht an. Ist sie zugleich offenbar unbillig, so hat die benachteiligte Vertragspartei die Wahl zwischen Anfechtung und der nach § 319 Abs 1 gegebenen Zurückweisung als unverbindlich, sofern die Bestimmung nach billigem Ermessen zu treffen war. Macht sie von letzterem Mittel Gebrauch, so tritt ohne weiteres die Bestimmung durch das Gericht an die Stelle, während nach erfolgter Anfechtung es nicht ausgeschlossen ist, daß der Dritte die Leistung von neuem bestimmt, nachdem der Irrtum, die Täuschung oder die Drohung ausgeschaltet sind. Ob freilich den Vertragsparteien zuzumuten ist, sich einer nochmaligen Bestimmung durch den gleichen Dritten zu unterziehen, wird nach Lage der Umstände in Anwendung des § 242 zu bestimmen sein.

§ 319

Soll der Dritte die Leistung nach billigem Ermessen bestimmen, so ist die getroffene Bestimmung für die Vertragschließenden nicht verbindlich, wenn sie offenbar unbillig ist[1]). Die Bestimmung erfolgt in diesem Falle durch Urteil; das gleiche gilt, wenn der Dritte die Bestimmung nicht treffen kann oder will oder wenn er sie verzögert[2]).

Soll der Dritte die Bestimmung nach freiem Belieben treffen, so ist der Vertrag unwirksam, wenn der Dritte die Bestimmung nicht treffen kann oder will oder wenn er sie verzögert[3]).

E I 355 II 270; M 2 193; P 1 468.

1. **Offenbar unbillige Bestimmung des Dritten ist unverbindlich,** falls sie, was Tatfrage ist (**RG** Gruch 51, 910), nach **billigem Ermessen** zu treffen war. **Ersatz durch richterliches Urteil.** Abs 1 Satz 1 entspricht dem § 315 Abs 3 Satz 1, nur daß hier die Erklärung des Dritten für beide Vertragsteile unverbindlich ist und daß die Unverbindlichkeit nur bei „offenbar" unbilliger Bestimmung eintreten soll, wobei es darauf nicht ankommt, ob dem Dritten persönlich ein Vorwurf zu machen ist (**RG** 25. 3. 04 VII 520/03). Offenbar unbillig ist eine Bestimmung dann, wenn sie den Maßstab von Treu und Glauben in grober Weise verletzt und sich ihre Unrichtigkeit dem Blick eines sachkundigen und unbefangenen Beurteilers sofort aufdrängen muß (**RG** 99, 106; Warn 1911 Nr 319; 1913 Nr 356 u. 357). Zugrunde zu legen ist der zur Zeit der Bestimmung vorhanden gewesene erkennbare tatsächliche Zustand, und nur, wenn damals bei unparteiischer und sachgemäßer Prüfung jedem Sachkundigen die grobe Unrichtigkeit der Bestimmung hätte auffallen müssen, ist diese für offenbar unbillig zu erachten, aber nicht schon deshalb, weil sich hinterher nach der jetzigen Sachlage herausstellt, daß das Gutachten ein objektiv unrichtiges und sachwidriges war (**RG** 69, 168). Neue Tatsachen zum Beweise der Unbilligkeit sind nicht unbeschränkt zulässig; die „offenbare" Unbilligkeit muß vielmehr aus der Bestimmung des Dritten selbst unter Zugrundelegung der damaligen Verhältnisse ohne weiteres erhellen, wenn auch nur erkennbar für einen Sachkundigen (**RG** 96, 62). Flüchtigkeit und Oberflächlichkeit sind nicht mit offenbarer Un-

billigkeit gleichbedeutend (RG JW 08, 711[3]; 09, 325[30]). Zum Nachweise offenbarer Unbilligkeit einer Schätzung genügt nicht der Nachweis des Unterschiedes zwischen der Schätzung und einem zutreffenden Gutachten, erforderlich ist vielmehr die ausführliche Darlegung, inwiefern der Schätzer sachwidrig und in einer das Interesse des die Verbindlichkeit Bestreitenden offenbar verletzenden Weise verfahren sei (RG Warn 09 Nr 395). Auch Schadensabschätzungen und Schiedsgutachten in Versicherungsangelegenheiten können unter entsprechender Anwendung des § 319 für unverbindlich erklärt werden; aber offenbare Unbilligkeit ist gegebenenfalls nicht schon deswegen anzunehmen, weil eine Versicherungsgesellschaft zum Mitgliede der Schiedskommission (aber nicht zum Obmann) ihren bereits zuvor angegangenen Vertrauensarzt berufen hat (RG 69, 167). „Billiges Ermessen" und „sachverständiges Ermessen" haben inhaltlich gleiche Bedeutung (RG 13. 11. 07 I 67/07). Vgl. auch RG Warn 1910 Nr 320. — Die Bestimmungen des § 319 sind dispositiv. Es kann also durch den Parteiwillen auch die Unverbindlichkeit einer offenbar unbilligen Bestimmung der Leistung durch den Dritten ausgeschlossen werden (RG 67, 75).

2. Die **Bestimmung durch Urteil** ist weiter für den Fall zugelassen, daß sich das von den Parteien zur Bestimmung der Leistung gewählte Mittel als überhaupt untauglich erweist, weil der Dritte die Bestimmung nicht treffen kann oder nicht treffen will, oder weil er sie verzögert (s. darüber § 315 A 5). — Der § 319 ist auch dann entsprechend anwendbar, wenn ein Dritter nicht zur Bestimmung der Leistung, sondern zur Bestimmung eines andern Streitpunktes bestellt ist, dessen Regelung zur Bestimmtheit des Vertragsinhalts gehört (RG Gruch 60, 156).

3. Soll der Dritte die Bestimmung **nach freiem Belieben** treffen, also ohne an den Maßstab von Billigkeit gebunden zu sein, so hat die Vereitlung dieses Mittels durch das im Gesetze vorausgesetzte Verhalten des Dritten die Unwirksamkeit des Vertrags zur Folge, als wäre eine Bedingung für seine Wirksamkeit ausgefallen. Auch besteht das Recht der Anfechtung gemäß § 318 unter dessen Voraussetzungen.

Zweiter Titel

Gegenseitiger Vertrag[1])

§ 320

[1]) Wer aus einem gegenseitigen Vertrage verpflichtet ist, kann die ihm obliegende Leistung bis zur Bewirkung der Gegenleistung[3]) verweigern[2]), es sei denn, daß er vorzuleisten verpflichtet ist[4]). Hat die Leistung an mehrere zu erfolgen, so kann dem einzelnen der ihm gebührende Teil bis zur Bewirkung der ganzen Gegenleistung verweigert werden[5]). Die Vorschrift des § 273 Abs 3 findet keine Anwendung[6]).

Ist von der einen Seite teilweise geleistet worden, so kann die Gegenleistung insoweit nicht verweigert werden, als die Verweigerung nach den Umständen, insbesondere wegen verhältnismäßiger Geringfügigkeit des rückständigen Teiles, gegen Treu und Glauben verstoßen würde[7])[8]).

E I 362—364; M 2 200; P 1 626.

1. Die Vorschriften dieses Titels (§§ 320—327) haben Geltung ausschließlich bei gegenseitigen Verträgen; anderseits schließen sie die Anwendbarkeit der für Schuldverhältnisse überhaupt in dem Titel „Verpflichtung zur Leistung" (§§ 241—292) gegebenen Vorschriften über die Folgen der Nichterfüllung einer Schuldverbindlichkeit (Verzug, Unmöglichkeit) nicht aus, dienen ihnen vielmehr zur Ergänzung (RG 106, 24). — Die Eigentümlichkeit des gegenseitigen Vertrages besteht darin, daß jeder Teil notwendig schon kraft des Schuldverhältnisses sowohl berechtigt wie verpflichtet, mithin zugleich Gläubiger wie Schuldner ist, und daß die beiderseits versprochenen Leistungen, als Leistung und Gegenleistung, zwischen denselben Personen (RG 65, 47), wechselseitig gegeneinander ausgetauscht werden (RG 10. 6. 10 III 349/09) — so beim Kaufe Preis und Sache, beim Dienstvertrage Dienst und Vergütung — und daß mithin jede Partei für ihre Leistung einen Ersatz in der Gegenleistung findet. Dabei beruht das Gegenseitigkeitsverhältnis weniger auf der objektiven Grundlage als auf dem Willen der Parteien, so daß es auch nicht darauf entscheidend ankommt, ob die beiderseitigen Leistungen einander dem Werte nach entsprechen und ob nicht vielmehr gegebenenfalls objektiv ein erhebliches Mißverhältnis in dieser Hinsicht besteht (RG 81, 365). Subjektiv liegt dem Verhältnisse, in das Leistung und Gegenleistung bei dem gegenseitigen Vertrage

rechtlich zueinander gebracht werden, der wirtschaftliche Äquivalenzgedanke zugrunde, der jedem Teile die von dem anderen zu empfangende Leistung als einen mindestens gleichwertigen Ausgleich der von ihm zu machenden Leistung erscheinen läßt. Vgl. über die Bedeutung des Äquivalenzgedankens für die Aufwertungsfragen § 242 A 5b; auch RG 107, 128. Auch das ist kein Erfordernis, daß die Leistung gerade dem andern Teile gegenüber zu bewirken sei, da die auszutauschende Leistung unmittelbar zugunsten eines Dritten bedungen sein kann; so beispielsweise durch Übernahme von Leistungen an einen Dritten für den Fall der Heirat (RG Warn 1911 Nr 171); ferner, wenn der Käufer die Eigentumsverschaffung zugunsten eines Dritten sich ausbedingt (RG Warn 1917 Nr 269). Notwendig ist jedoch, daß das gegenseitige Verhältnis auf einem Vertrage beruht, so daß der § 320 beispielsweise nicht anwendbar ist, wenn Leistungen zurückgefordert werden, die in Erwartung des Zustandekommens eines demnächst nicht zustande gekommenen Vertrags gemacht sind (RG SeuffA 75 Nr 68); auch muß das Gegenseitigkeitsverhältnis sich als ein Schuldverhältnis darstellen, und erforderlich ist auch, daß die Gegenseitigkeit sich nicht in anderer Weise als der angegebenen äußert, wie es beim wechselseitigen Testament (§ 2269) oder beim gegenseitigen Erbvertrage der Fall ist (RG 67, 65). Es liegt ein gegenseitiger Vertrag auch niemals vor, wenn nach dem Schuldverhältnisse an und für sich nur eine Partei berechtigt, die andere dagegen nur verpflichtet ist, ungeachtet dessen, daß nachträglich infolge Hinzutritts weiterer Vorgänge auch die verpflichtete Partei aus dem nämlichen Verhältnisse einen Anspruch, eine Gegenklage (die sog. actio contraria) erlangen kann. Denn auch unter diesen Umständen träfe immer nicht zu (vgl. die §§ 670, 693, 606, betreffend Auftrag, Verwahrung, Leihe), daß die Leistungen der Parteien gegeneinander ausgetauscht würden, oder daß schon von vornherein die eine um der andern willen versprochen worden wäre. Anderseits kann es auch bei Vorhandensein eines echten gegenseitigen Schuldverhältnisses vorkommen, daß bei ihm die hierüber geltenden Grundsätze teilweise unanwendbar sind, nämlich insoweit, als ein Teil der zugesagten Leistungen sich nicht mehr als Gegenleistung, sondern als eine selbständige, ihrer Natur nach nicht Zug um Zug zu erfüllende Verpflichtung darstellt (wie beispielsweise die von einem Handlungsgehilfen im Dienstvertrage für die Zeit nach Beendigung des Dienstverhältnisses versprochene Konkurrenzenthaltung, RG 54, 125). Einander gegenüberstehende Ansprüche beider Parteien aus einem Vergleiche stehen dadurch allein noch nicht in einem synallagmatischen Verhältnisse (RG 106, 86). Das grundsätzlich einseitige Darlehn wird nicht dadurch zu einem gegenseitigen Vertrage, daß der Darlehnsnehmer sich etwa zur Bestellung einer Sicherheit verpflichtet (RG Warn 1912 Nr 207; JW 1914, 76[3]). Denn dies Versprechen stellt sich immer noch nicht als das einer Gegenleistung für das Darlehn dar. Anders, wenn es sich bei einem Darlehn um ein partiarisches Geschäft (mit Gewinnbeteiligung für den Darlehnsgeber) handelt (RG JW 1912, 462[9]). In einem Gegenseitigkeitsverhältnisse stehen auch nicht einerseits die Verpflichtung eines Buchhalters zur Herausgabe der Bücher nach Beendigung des Dienstverhältnisses und anderseits sein Recht auf Gewährung der Vergütung (RG SeuffA 65 Nr 470). Auch der Gesellschaftsvertrag ist ein gegenseitiger Vertrag, da die Gesellschafter sich nach § 705 gegenseitig verpflichten, den Gesellschaftszweck zu fördern, insbesondere die vereinbarten Beiträge zu leisten (RG 76, 279; 78, 305). Der Klage eines Gesellschafters gegen einen andern auf Leistung der Beiträge an die Gesellschaft gemäß § 432 kann deshalb, soweit eine solche Klage überhaupt zulässig ist (vgl. § 432 A 2) der Beklagte den Einwand aus § 320 entgegenhalten, daß auch der klagende Gesellschafter seine Beitragspflicht nicht erfüllt habe. Doch können die Vorschriften der §§ 320ff. auf Gesellschaftsverträge nur mit den Einschränkungen Anwendung finden, die sich aus dem Gesamthandscharakter der Gesellschaft und den für sie bestehenden Sondervorschriften namentlich nach Durchführung des Gesellschaftsverhältnisses, ergeben (RG 78, 305). Deshalb ist das Leistungsverweigerungsrecht im Sinne des § 320 nicht auch auf den Fall auszudehnen, daß ein Gesellschafter anderen Verpflichtungen als der zur Beitragsleistung nicht nachkommt (RG JW 1911, 808[11]). Fordert ein Gesellschafter seinen Anteil am Gesellschaftserwerbe, so kann ihm der Einwand des nicht erfüllten Vertrags nicht entgegengesetzt werden (RG 26, 256, für preuß. Recht; ferner RG JW 1911, 808[11]; 13. 7. 15 V 72/15). Die Ansprüche auf Leistung rückständiger Beiträge gehören zum Vermögen der Gesellschaft (RG 76, 277). Über die Einschränkung der Anwendbarkeit der Vorschriften des § 326 bei bereits durchgeführten Gesellschaftsverhältnissen vgl. § 326 A 6. Dagegen finden sowohl auf die Gesellschaft des bürgerlichen Rechts, solange sie nach außen nicht hervorgetreten ist, wie auf die offene Handelsgesellschaft, solange sie ihre Tätigkeit noch nicht begonnen hat, die Vorschriften der §§ 320ff. uneingeschränkt Anwendung (RG 112, 283). — In RG 105, 128 ist in Zweifel gezogen, ob gegen die Forderung des Kommittenten gegen den Kommissionär auf Abtretung eines diesem wegen Beschädigung des Kommissionsgutes erwachsenen Schadensersatzanspruchs gegen die Eisenbahn ein Verweigerungsrecht wegen Gegenforderungen, wie die des Kommissionärs auf Provision begründet sei. Der Zweifel erscheint nicht berechtigt, da diese beiden Forderungen, wenn sie während des Bestehens des Kommissionsvertrags zur Entstehung gelangen, in synallagmatischem Verhältnisse stehen dürften. Ist aber über das Vermögen des Kommittenten der Konkurs eröffnet, so ist dadurch nach § 23 KO das Kommissionsverhältnis erloschen und besteht deshalb kein Gegenseitigkeitsverhältnis mehr, das eine Leistungsverweigerung aus § 320 rechtfertigen könnte (RG a. a. O.; vgl. unten A 2 Abs 2). — Zwischen der Forderung auf Räumung des Pachtgrundstücks nach beendeter Pacht und der Gegenforderung des Pächters auf eine durch den Pachtvertrag festgesetzte besondere Vergütung wegen früherer Beendigung des Pachtverhältnisses besteht nach RG 108, 137 kein Gegenseitigkeitsverhältnis. Auch die Ausübung eines Zurückbehaltungsrechts nach § 273 ist durch §§ 556 Abs 2, 581 ausgeschlossen. Die Verpflichtung des Erbschaftskäufers gemäß § 2378 gegenüber dem Erbschaftsverkäufer, für die rechtzeitige Tilgung der Nachlaßverbindlichkeiten Sorge zu tragen, steht nicht in synallagmatischem Verhältnisse zu den Verpflichtungen des Erbschaftsverkäufers aus dem Vertrage (RG 101, 191).

Schließlich ist zu bemerken, daß sich die Anwendbarkeit der einschlägigen Bestimmungen nicht auf die vorbildlichen Vertragsarten, wo Sache gegen Preis oder Handlung gegen Vergütung ausgetauscht wird, beschränkt, daß sie vielmehr auch sonst gegeben sein kann, wenn eine Leistung, mag sie begriffsmäßig auch nur ein einseitiges Versprechen voraussetzen — wie die Übernahme einer Bürgschaft —, im besonderen Falle im Austausch gegen eine Gegenleistung zugesagt ist (RG 66, 425). Auch ein Vertrag zwischen einem Gemeinschuldner und einem andern, inhaltsdessen dieser sich gegen eine Vergütung verpflichtet, für das Zustandekommen eines Zwangsvergleichs tätig zu sein, unterliegt den Bestimmungen der §§ 320ff. (RG Gruch 53, 932). Desgleichen kann auch in einer Schenkung unter einer Auflage unter Umständen ein gegenseitiger Vertrag gefunden werden, namentlich dann, wenn der Wert der Zuwendung und der Wert der Auflage einander gleichstehen (RG SeuffA 71 Nr 136). Ferner in dem Versprechen eines Darlehens gegen Bestellung einer Hypothek, sofern es sich hierbei um eine Kapitalsanlage für den Darleiher gehandelt hat (RG JW 09, 309[4]; 1912, 463). § 320 ist ferner für jedenfalls entsprechend anwendbar erklärt worden, wenn für eine Forderung aus einem gegenseitigen Vertrage zugunsten des Gläubigers eine Vormerkung eingetragen ist und der Schuldner die Löschung der Vormerkung Zug um Zug gegen Zahlung der Forderung verlangt (RG 56, 251); § 326, wenn die Erteilung eines Akkreditivs zur Sicherung des Kaufpreises einer Lieferung bedungen ist (RG Warn 1921 Nr 139).

Über die Anwendung der Vorschriften der §§ 320—327 auf die Verpflichtungen des Verkäufers aus dem Kaufvertrage sind in § 440 besondere Bestimmungen getroffen. Vgl. zu § 440.

2. Die **Einrede der Leistungsverweigerung** (§ 320). Aus der Natur des gegenseitigen Vertrags — dem sog. synallagmatischen Verhältnisse — ergibt sich als wesentlichste, innerlich notwendige Folge der Rechtsgedanke, daß nur eine solche Art der Rechtsausübung berechtigt sein kann, die dem Austauschgrundsatze entspricht und die somit dem Umstande Rechnung trägt, daß der eine Anspruch durch den andern rechtlich bedingt ist. Hierbei ist aber an und für sich eine doppelte Vorstellung möglich: Entweder kann man sich schon die Entstehung der beiderseitigen Ansprüche als gegenseitig bedingt denken; oder man kann davon ausgehen, daß jeder der beiderseitigen Ansprüche je für sich selbständig und unbedingt entsteht, und daß allein das Recht zu ihrer Geltendmachung von dem Gegenanspruche betroffen ist (welcher Unterschied insbesondere im Versäumnisverfahren bedeutsam zutage tritt). Im ersteren Falle genügte zur vollen Begründung des Forderungsrechts nicht schon der Nachweis des Schuldverhältnisses an sich, es müßte vielmehr noch der Nachweis hinzukommen, daß der Fordernde seinerseits schon geleistet oder mindestens die eigene Leistung bereits angeboten habe (§ 71 I 5 ALR). Geht dagegen das beiderseitige Forderungsrecht schon aus dem bloßen Schuldverhältnisse wirksam hervor, dann muß zu seinem Nachweis auch schon die Berufung auf das Vorhandensein dieses Verhältnisses genügen, während es anderseits dem andern Teile überlassen bliebe, im Wege des Einwandes zu behaupten, daß auch der Fordernde noch nicht geleistet habe und daher ebenfalls leisten müsse, wenn er fordern wolle. Diese letztere Auffassung, daß auch bei gegenseitigen Verträgen jeder der einander gegenüberstehenden Ansprüche für sich wirksam zur Entstehung gelangt, hat das BGB in § 320 offensichtlich sich zu eigen gemacht. Zu erkennen gegeben hat es seine Stellungnahme einmal durch die materielle Bestimmung von Satz 1 Abs 1 in § 320, ferner aber auch durch die prozessuale Vorschrift des § 322. An der ersteren Stelle ist, falls der eine Teil fordert, ohne selbst geleistet zu haben, dem andern Teile lediglich die Befugnis eingeräumt, die „ihm obliegende" (also schon jetzt als geschuldet angenommene) Leistung „bis zur Bewirkung der Gegenleistung" zu verweigern, und dementsprechend sieht auch der § 322 vor, daß die Geltendmachung des Leistungsverweigerungsrechts gegebenenfalls nicht zur Abweisung der Klage, sondern nur zur Verurteilung zur Leistung Zug um Zug führen soll. Das Bestehen des Verweigerungsrechts aus § 320 hindert aber den Eintritt des Verzugs des Schuldners durch Mahnung, falls der Gläubiger nicht bereit und imstande ist, seinerseits zu leisten. Einer Kundgabe der Ver-

weigerung, wie im Falle des Zurückbehaltungsrechts aus § 273 (A 3), bedarf es dazu nicht. Vgl. § 284 A 2, § 285 A 1.

Der Rechtsbehelf aus § 320 Satz 1 hat mithin lediglich die Natur eines Rechts zur vorübergehenden Verweigerung der Leistung (§ 202 Abs 1), also einer aufschiebenden Einrede (vgl. A 2 zu § 202); jedoch bildet sein Bestehen ausnahmsweise keinen Hemmungsgrund für die Verjährung (§ 202 Abs 2; vgl. A 3 dazu). Er soll auch nur dazu dienen, die Gegenleistung zu sichern und darf nicht darüber hinaus gemißbraucht werden, um den Gegner zur Übernahme von neuen lästigen Vertragsbedingungen zu zwingen; ein solcher Mißbrauch enthält einen Verstoß gegen Treu und Glauben im Sinne des § 320 Abs 2 (RG 24. 3. 11 II 387/10). Die Einrede ist auch nur insoweit zulässig, als sich die Leistungen vertragsmäßig gegenüberstehen; es muß also das Vertragsverhältnis noch bestehen, und das träfe beispielsweise dann nicht zu, wenn ein Angestellter sich für den Fall des Dienstaustritts des Eintritts in ein Konkurrenzgeschäft bei Vermeidung einer Vertragsstrafe zu enthalten verpflichtet hat und gegenüber der Klage des Geschäftsherrn auf die Vertragsstrafe geltend macht, daß ihm noch Ansprüche aus dem beendeten Dienstverhältnis gegen den Geschäftsherrn zuständen (RG 54, 125). Unbedingte Voraussetzung ist selbstverständlich auch, daß der Vertrag überhaupt zustande gekommen ist; andernfalls greift nicht die Einrede aus § 320, sondern die aus § 273 Platz (RG SeuffA 1920 Nr 68). Eine naturgemäß notwendige Voraussetzung für die Zulässigkeit der Einrede ist im übrigen, daß die anderseits geschuldete Leistung überhaupt noch möglich ist; daher ist die Verweigerung auch insoweit unstatthaft, als die Gegenleistung unmöglich geworden ist (RG Warn 08 Nr 611; vgl. § 273 A 1 Abs 1). Über die Zulässigkeit der Einrede bei einheitlichen auf Teillieferungen gerichteten Verträgen vgl. RG 68, 22. Hiernach hat der Verpflichtete, der einen Teil der Lieferungen bereits empfangen hat, wegen der dieserhalb schuldig gewordenen Gegenleistung die Einrede aus § 320 auch wegen der vom Vertragsgegner hinsichtlich der weiteren Lieferungen begangenen Vertragsverletzung, jedoch nicht schlechthin, sondern nur nach Maßgabe der Schwere und Tragweite der von dem andern Teile begangenen Vertragsverletzung. Ein Rechtssatz, wonach der eine Vertragsteil wegen eines bloß illoyalen Verhaltens des Gegners und der dadurch herbeigeführten Zerstörung des Vertrauensverhältnisses zur Erfüllung seinerseits nicht mehr verpflichtet wäre und die Leistung verweigern könnte, ist bei denjenigen Verträgen, die nicht ein besonderes persönliches Vertrauensverhältnis voraussetzen, namentlich also auch beim Kaufe, im allgemeinen nicht anzuerkennen (RG Gruch 55, 629). Die Zuwiderhandlung gegen eine Unterlassungspflicht kann nicht als Einbehaltung dieser Pflicht aus § 320 wegen Nichterfüllung einer dem andern Teile obliegenden Gegenleistung gerechtfertigt werden (RG 102, 130). Erhebt der Verpflichtete die Einrede nicht, dann darf sie nicht von Amts wegen ergänzt werden, es ist vielmehr gegebenenfalls der Klageanspruch unbedingt zuzusprechen. — Gegeben ist im übrigen die Einrede sowohl dann, wenn der andere Teil die Leistung überhaupt noch nicht bewirkt hat, wie auch dann, wenn er sie zwar angeboten hat, jedoch nicht so, wie sie verlangt werden könnte (das Nähere A 7). In welcher **Form** der Beklagte **die Einrede geltend macht,** ist unwesentlich. Es muß deshalb genügen, wenn er die Abweisung der Klage wegen (angeblicher) Nichtleistung des Klägers begehrt (a. A. Oertmann A 1). Nur ist dabei freilich vorauszusetzen, daß der Beklagte überhaupt noch auf dem Vertragsstandpunkte beharrt und nicht etwa die Berechtigung des Klageanspruchs oder dessen Erfüllbarkeit überhaupt hat verneinen wollen. So kann bei einem Werkvertrage der Besteller, der das Werk wegen vorhandener Mängel endgültig ablehnt, nicht zugleich die Einrede des nicht erfüllten Vertrags vorschützen (RG 58, 173; 69, 383). Das Recht auf die Einrede verliert die Vertragspartei auch dadurch nicht, daß sie den Anspruch auf die Gegenleistung an einen Dritten abgetreten hat (RG 51, 170; 88, 254; Warn 1915 Nr 260; Gruch 55, 640), und der Verpflichtete kann von der Einrede auch dem Rechtsnachfolger des Vertragsgegners gegenüber (dem Zessionar) Gebrauch machen (RG JW 1916, 1115[3]). — Das Weigerungsrecht aus Satz 1 zeigt zwar verwandte Züge mit dem Zurückbehaltungsrecht aus § 273. Aber während diesem der Rechtsgedanke zugrunde liegt, daß der Gläubiger, der fordert, ohne seinerseits zu leisten, wider Treu und Glauben handelt (§ 273 A 1), folgt das Weigerungsrecht aus § 320 notwendig aus der inneren Natur des Schuldverhältnisses, und so erklärt es sich auch, daß hier — im Gegensatze zu § 273 — die Befugnis ausgeschlossen ist, die Einrede durch Bestellung einer Sicherheit abzuwenden (RG 25. 10. 19 V 190/19). Das Weigerungsrecht tritt bei gegenseitigen Verträgen an die Stelle des Zurückbehaltungsrechts (RG JW 06, 333[8]; RG 68, 22). — Über den Einfluß des § 17 KO auf gegenseitige Verträge vgl. RG 73, 58.

Wer in der Lage ist, die Einrede der Leistungsverweigerung zu gebrauchen, darf sich deshalb noch nicht der exceptio doli generalis aus dem Grunde bedienen, weil der Berechtigte den Vertrag verletzt habe (RG Warn 1920 Nr 186; vgl. § 242 A 4).

3. **Die Gegenleistung umfaßt** zunächst die eigentliche, vertragsmäßig geschuldete Leistung

und zwar grundsätzlich die volle Leistung, so daß regelmäßig die eigene Leistung verweigert werden kann, bis die anderseits geschuldete Leistung sowohl dem Umfange wie der Beschaffenheit nach (quantitativ wie qualitativ) der vertragsmäßigen Verpflichtung gemäß völlig und gehörig bewirkt worden ist, oder Zug um Zug bewirkt wird; vgl. aber den Ausnahmefall in Abs 2 (A 7). Die Gegenleistung erstreckt sich weiter aber auch auf den Betrag, um den sich die Schuld des Verpflichteten infolge von Umständen vergrößert hat, die er vertreten muß (§§ 276, 286, 287). Denn zur vollen Erledigung der Vertragspflicht und anderseits zur vollen Befriedigung des Gegners gehört es unzweifelhaft, daß diesem gegebenenfalls auch sein durch das vertragswidrige Verhalten des Schuldners begründeter Schaden ersetzt wird. Namentlich steht hier derjenige Schaden in Frage, der dem Berechtigten durch den Verzug des Verpflichteten entstanden, und der ihm sonach noch neben der Leistung des Geschuldeten gemäß § 286 (vgl. §§ 286 A 2) zu ersetzen ist (was in **RG** JW 1911, 362[11] u. 21. 11. 12 V 240/12 unentschieden geblieben). Wenn etwa der Käufer eines Grundstücks die Umsatzsteuer übernommen, demnächst aber die Entgegennahme der Auflassung verzögert hat, und inzwischen die Steuer erhöht worden ist, und deswegen der Käufer auch für diese Erhöhung haftet (vgl. zu § 449), wird der Verkäufer seine Leistung verweigern können, bis der Käufer sich zur Entrichtung der gegenwärtig geltenden vollen Steuer verpflichtet hat. — Wenn die Ansicht vertreten ist (Oertmann § 320 A 4), daß der aus einem gegenseitigen Vertrage Verpflichtete von der Einrede der Leistungsverweigerung auch dann Gebrauch machen könne, wenn die ihm geschuldete Leistung durch die Schuld des andern Teiles unmöglich geworden und daher an ihre Stelle der Anspruch auf Schadensersatz getreten sei, so könnte für diese Anschauungsweise höchstens dann Raum sein, falls man davon ausgeht, daß jener auch in solchem Falle zu der ihm obliegenden Leistung gemäß § 325 verpflichtet bleibt (Austauschtheorie). Folgt man aber der diesseits vertretenen Auffassung, daß an Stelle der gegenseitigen Verpflichtungen im Falle des § 325 die rein einseitige Forderung des einen Teiles auf Schadensersatz in Geld tritt (Differenztheorie; vgl. § 325 A 1a), dann ist hier für die Erfüllungsverweigerung überhaupt kein Raum mehr (**RG** 7. 10. 22 V 57/22). Vgl. auch A 2 und die dort angeführten Urteile **RG** 58, 173; 69, 383; ferner Warn 08 Nr 611 und 1918 Nr 135.

4. Durch die Übernahme der **Verpflichtung zur Vorleistung** wird die Natur des Rechtsgeschäfts als eines gegenseitigen Vertrags nicht geändert. Die Abrede hat jedoch von selbst zur Folge, daß diejenige Vertragspartei, die sich verpflichtet, früher als die andere zu leisten, des Rechtes der Leistungsverweigerung einstweilen entbehrt (**RG** Gruch 63, 219). Das Versprechen der Vorleistung enthält somit zugleich einen Verzicht auf diese Einrede. Es kann auf sie im übrigen auch ausdrücklich verzichtet werden, und in allen Fällen eines solchen (ausdrücklichen oder stillschweigenden) Verzichts gewinnt die Forderung des andern Teiles die Kraft eines einseitigen Anspruchs. Beansprucht werden kann jedoch die Vorleistung allemal nur dann, wenn der Berechtigte fähig und bereit ist, demnächst auch seinerseits zu leisten (**RG** Warn 08 Nr 451). Daher erlischt die Vorleistungspflicht, wenn der andere Teil bestimmt und endgültig erklärt, daß er die ihm obliegende Leistung überhaupt nicht machen werde oder nicht machen könne, und der Vorleistungspflichtige kann alsdann von den Rechtsbehelfen aus § 326 Gebrauch machen (**RG** 18. 11. 15 V 224/15). Die Vorleistungspflicht hat ferner für den Verpflichteten auch den Nachteil zur Folge, daß er die Leistung von dem andern Teile vor Bewirkung seiner Leistung überhaupt nicht verlangen kann, und daß sonach, solange die Vorleistungspflicht besteht, auch ein Verzug des andern Teiles ausgeschlossen ist (§ 284 A 2). Erst dann ändert sich die Sachlage, wenn inzwischen auch die Leistungspflicht des berechtigten Teiles eingetreten ist, etwa wenn bei einem Teillieferungsvertrage der Käufer die bereits empfangenen Lieferungen nicht bezahlt hat (**RG** 66, 426). Unter solchen Umständen kann sich der Berechtigte auf die ursprüngliche Vorleistungspflicht des Gegners nach Treu und Glauben nicht mehr berufen, vielmehr ist jetzt Zug um Zug zu leisten (**RG** 21. 11. 12 V 240/12), wie überhaupt die Berufung auf die Vorleistungspflicht des Gegners unstatthaft ist, wenn sie gegen Treu und Glauben verstieße (**RG** Gruch 63, 219). Dies trifft jedoch nicht mit der Folge zu, daß der Vorleistungspflichtige mittels der Einrede der exceptio doli generalis verlangen dürfte, daß dem Vorleistungsberechtigten die Rechtshilfe überhaupt versagt wird, weil dieser selbst den Vertrag verletzt habe, vielmehr darf der Verpflichtete um deswillen nur von den ihm grundsätzlich zustehenden Rechtsbehelfen Gebrauch machen (**RG** Warn 1920 Nr 186; § 242 A 4).

5. Vorausgesetzt ist in **Satz 2 des Abs 1**, daß **mehrere Personen** je anteilig (§ 420) forderungsberechtigt sind. Auch hier entspricht es der ganzen Ausgestaltung des gegenseitigen Vertrags, daß der von einem der Forderungsberechtigten anteilig in Anspruch genommene Gegner auch die Teilleistung bis zur Bewirkung der ganzen Gegenleistung verweigern darf. Um dieser Einrede zu begegnen, wäre es gegebenenfalls Sache des einzelnen Klägers, auch die Verpflichtungen seiner mitberechtigten Vertragsgenossen zu erfüllen.

6. Ein Gegenrecht auf Beseitigung der Einrede der Leistungsverweigerung durch **Sicherheitsleistung** ist hier, abweichend von § 273, **versagt.** Vgl. A 2 a. E. Wohl aber kann die bereits geleistete Sicherheit als ein nach § 320 Abs 2 zu berücksichtigender Umstand in Betracht kommen (**RG** JW 1916, 1189[1]).

7. **Nur teilweise Leistung** der einen Vertragspartei schließt an sich das Recht der andern Partei zur Leistungsverweigerung und zwar betreffs der gesamten Leistung (**RG** JW 1915, 1003[9]) nicht aus (vgl. A 3). Das Gesetz beschränkt das Recht jedoch unter der in Abs 2 gegebenen Voraussetzung, indem es, unter Anwendung des allgemeinen Grundsatzes aus § 242 (**RG** 68, 22; 66, 333; 76, 153) vorsieht, daß derjenige, welcher einen Teil der Gegenleistung bereits empfangen hat, von seinem Weigerungsrechte insoweit, d. h. zu dem Betrage, nicht Gebrauch machen darf, als das gegen Treu und Glauben verstieße (Prot 1, 633; vgl. A 1 bei § 273; **RG** 56, 151; 68, 22; 76, 153). Entscheidend ist gegebenenfalls die Schwere und Tragweite der Vertragsverletzung (**RG** 68, 22, für den Fall eines Teillieferungsvertrags). Demgemäß kommt es auch nicht lediglich auf die verhältnismäßige quantitative Geringfügigkeit des rückständigen Teiles an (**RG** Warn 1913 Nr 405). Die Vorschrift gilt vielmehr sowohl für den Fall, daß dem Umfange nach, wie für den, daß nach Beschaffenheit der Leistung nicht vollständig dem Vertrage entsprechend geliefert worden ist; auch in diesem Falle kann die andere Partei ihre Leistung nicht verweigern, wenn die Verweigerung wegen verhältnismäßiger Geringfügigkeit der Mängel der Lieferung gegen Treu und Glauben verstoßen würde. Denn unter einer unvollständigen Leistung ist auch eine mangelhafte zu verstehen, Einrede des nicht gehörig erfüllten Vertrags (**RG** 52, 355; 56, 153; 57, 400). So braucht der Käufer die Kaufsache nicht anzunehmen und kann seinerseits die Leistung verweigern, wenn ihm die Kaufsache nicht in der vertragsmäßigen (oder einer den gesetzlichen Anforderungen genügenden) Beschaffenheit angeboten wird (**RG** JW 1912, 461[7]). Das Verweigerungsrecht wegen mangelhafter Beschaffenheit versagt unbedingt, wenn etwa vereinbart ist, daß alle Meinungsverschiedenheiten über die Beschaffenheit der Ware durch Arbitrage zu regeln seien, weil dann auch die mangelhafte Ware als Erfüllung angenommen werden muß und nur Minderung des Preises verlangt werden kann, es sei denn, daß es sich um Beanstandungen handelt, die überhaupt nicht unter die Arbitrage fallen (**RG** 73, 257). Überhaupt aber findet auch die Einrede des nicht gehörig erfüllten Vertrags ihre Grenze an dem Grundsatze von Treu und Glauben, und sie versagt grundsätzlich wegen Sachmängel nach bereits erfolgter Übergabe und Annahme als Erfüllung, insbesondere bei Grundstücken durch Entgegennahme der Auflassung (**RG** 66, 333). Anders bei Rechtsmängeln; hier sind die §§ 320ff. auch nach erfolgter Annahme als Erfüllung anwendbar (**RG** 108 S. 280, 318). — Bei der Frage, ob der **rückständige Teil** als **geringfügig** zu erachten, sind die gesamten Umstände zu berücksichtigen; z. B. bei einem Kaufe das Verhältnis zwischen dem Umfange des Geleisteten und der noch rückständigen Leistung unter Berücksichtigung auch der Schwierigkeiten, die der vollen Leistung entgegenstehen, sowie des Grundes, weshalb die volle Leistung unterblieben ist (**RG** Gruch 51, 931; JW 1915, 1189[1]; Warn 1913 Nr 405, wonach beispielsweise auch die Dauer des Rückstands oder ein berechtigtes Mißtrauen in die Bereitschaft des Gegners zur vollen Erfüllung mit maßgebend sein können). Die Klage auf Zahlung des Kaufpreises Zug um Zug gegen Auflassung des Grundstücks darf nicht abgewiesen werden, falls trotz der zugesicherten Hypothekenfreiheit nur noch eine geringfügige Rente eingetragen steht (**RG** 56, 151). Dagegen enthält es keinen Verstoß wider Treu und Glauben, wenn etwa der Mieter wegen vorhandener Baumängel Beträge selbst über die Mietzinsminderung hinaus zurückbehält (insbesondere mit Rücksicht auf einen erlittenen Schaden; **RG** 4. 2. 08 III 384/07). Ebensowenig, wenn der Käufer die Zahlung des Preises auf Grund der Tatsache verweigert, daß die verkauften Baumstämme nicht abredegemäß richtig gelagert sind (**RG** 4. 10. 07 II 178/07). — Die Vorschrift des Abs 2 findet auch im Falle des Rücktritts wegen Verzugs gemäß § 326 Anwendung (**RG** 76, 150). Bei einem gegenseitigen Wettbewerbsverbote befreit nach dem Wesen des gegenseitigen Vertrags nicht jede Übertretung des Verbots durch den einen Teil den andern Teil von der Verpflichtung zur Einhaltung des Verbots, wohl aber dann, wenn die Übertretung eine so schwerwiegende war, daß dem Verpflichteten die weitere Bindung nach Treu und Glauben nicht zugemutet werden kann (**RG** 96, 174).

Leistungsverweigerung und Wandelung. Nach der Rechtsprechung des Reichsgerichts kann das Wandelungsrecht (§§ 462ff.) als Gewährleistungsanspruch in der Regel erst geltend gemacht werden, nachdem die Kaufsache übergeben ist; vgl. zu § 459. Doch läßt das Reichsgericht Ausnahmen von diesem Grundsatze zu: so wenn die Mängel auch bis zu einer Übergabe, die nicht jenseits des Zeitpunktes liegen, bis zu dem zu warten dem Käufer zuzumuten ist, nicht beseitigt werden können (**RG** Warn 1911, 358; JW 1912, 461; **RG** 23. 4. 20 II 525/19) oder wenn der Verkäufer die Beseitigung bestimmt und endgültig abgelehnt hat (**RG** 23. 4. 20 II 525/19); in solchen Fällen läßt das Reichsgericht auch schon vor der Übergabe die Ausübung des Wandelungsrechts oder wenigstens ein diesem entsprechendes Abgehen vom Vertrage (**RG** Warn 1911 Nr 321 und 1912 Nr 204) zu. Der Käufer ist aber nicht verpflichtet, gegenüber der Klage des Verkäufers auf Zahlung des Kaufpreises die Wandelung zu erklären, sondern kann sich auf die Erfüllungsverweigerung aus § 320 beschränken.

8. **Beweislast.** Wird die Leistung auf Grund des § 320 verweigert, so hat der sie Fordernde darzutun, daß er die ihm obliegende Gegenleistung bewirkt oder angeboten habe, und zwar vollständig mindestens in einem die Verweigerung gemäß Abs 2 ausschließenden Maße, also auch bis zu diesem Grade vertragsgemäß. Doch kehrt sich gemäß § 363 die Beweislast um, wenn die Leistung als Erfüllung angenommen ist. Handelt es sich bei einem Kaufe um Sachmängel, so ist nach Annahme als Erfüllung die Leistungsverweigerung überhaupt ausgeschlossen (A 7). Bei Rechtsmängeln tritt dagegen nur eine Umkehrung der Beweislast ein. — Wegen der Beweislast für den Eintritt des Verzugs bei gegenseitigen Verträgen vgl. §§ 284 A 2; 285 A 2. Behauptet der Käufer, daß die gewährte und von ihm als Erfüllung angenommene Kaufsache mit Mängeln behaftet ist, so bleibt er auf die Rechtsbehelfe aus der Gewährleistung (§ 459) angewiesen (RG 66, 333).

§ 321

[1]) **Wer aus einem gegenseitigen Vertrage vorzuleisten verpflichtet ist[1 a]), kann, wenn nach dem Abschlusse des Vertrags in den Vermögensverhältnissen des anderen Teiles eine wesentliche Verschlechterung eintritt, durch die der Anspruch auf die Gegenleistung gefährdet wird[2]), die ihm obliegende Leistung verweigern, bis die Gegenleistung bewirkt oder Sicherheit für sie geleistet wird[3])[4]).**

E II 272; P 1 631.

1. Die Lage eines **Vorleistungspflichtigen** (vgl. § 320 A 4) wird ungebührlich verschlechtert, wenn die Vermögensverhältnisse des andern Teiles nach dem Abschlusse des Vertrags eine wesentliche Verschlimmerung erfahren. Zum Schutze gegen eine hieraus drohende Benachteiligung gibt das Gesetz auch dem zur Vorleistung Verpflichteten ausnahmsweise — vgl. § 320 A 4 — das Weigerungsrecht, und zwar unter Anwendung der von ihm (vgl. § 242 A 5 Einl. und a) nur in einzelnen Fällen, nicht als allgemeiner Rechtssatz anerkannten Regel von der Veränderung der Umstände (RG Warn 1911 Nr 223). — Gleiche Sonderbestimmung betreffs des Darlehenversprechens in § 610.

1 a. Eine **Vorleistungspflicht** des Käufers besteht, wenn der Kaufpreis vor Übergabe und Eigentumsverschaffung an der Sache zu zahlen ist, ausgenommen wenn die Zahlung gegen Dispositionspapiere zu erfolgen hat (RG 22. 1. 26 VI 469/25); des Verkäufers, wenn vertraglich „nach Eintreffen der Ware" zu zahlen ist (RG 16. 10. 26 I 19/26).

2. In Betracht kommt nur eine derartige **nachträgliche Verschlechterung der Vermögensverhältnisse,** daß durch sie der **Anspruch auf die Gegenleistung gefährdet wird.** Ein solches Ergebnis ist indes auch dann nicht grundsätzlich ausgeschlossen, wenn die Vermögensverhältnisse auch schon zur Zeit des Vertragsschlusses mißliche waren (RG 12. 11. 04 I 292/04). Ob eine wesentliche Verschlechterung anzunehmen, ist nach dem allgemeinen Maßstabe der Verkehrsanschauung zu beurteilen; es reicht auch schon die erschwerte Verwendbarkeit oder Flüssigmachung der Ausstände aus (RG Warn 08 Nr 298). Maßgebend ist der Zustand in dem Zeitpunkte, in dem die Vorleistung fällig und gefordert wurde. (Die genannte Entscheidung und RG 54, 358.) Die Konkurseröffnung begründet unbedingt eine derartige wesentliche Vermögensverschlechterung (RG 12. 11. 04 I 292/04). Ereignisse, die, wie ein Krieg, zunächst nur die allgemeine Geschäftslage übel beeinflussen, reichen zur Anwendung des § 321 nicht aus (RG Warn 1916 Nr 5). Doch dürfte angesichts der weiteren Entwicklung, der Dauer und der Folgen des Weltkrieges später unter Umständen anders zu entscheiden gewesen sein. Falls der Gegenanspruch dinglich gesichert ist (durch Pfand oder Hypothek), ist für die Einrede so lange kein Raum, als die Sachsicherheit ausreicht (RG 53, 244, im Falle einer hypothekarisch gesicherten Forderung). In RG 112, 198 ist eine sinngemäße Anwendung des § 321 für geboten erklärt auf andere Fälle, in denen der Anspruch auf die Gegenleistung und deren rechtzeitige Erfüllung gefährdet ist, insbesondere wenn der Vorleistungspflichtige Anspruch auf Aufwertung der Gegenleistung erhebt und der andere Teil dagegen mit einer Schadensersatzforderung wegen Lieferungsverzugs aufrechnen will.

3. Das **Verweigerungsrecht** aus § 321 bedarf zu seiner Ausübung nicht einer vorherigen Ankündigung (RG 51, 171). Es besteht auch fort, wenn die Vermögensverhältnisse des andern Teiles sich wieder bessern, der Berechtigte hiervon jedoch keine Kenntnis erhalten hat (RG SeuffA 52 Nr 116). Der Berechtigte muß also die inzwischen wieder eingetretene Besserung seiner Verhältnisse dem Vorleistungspflichtigen anzeigen, widrigenfalls dieser die Einrede aus § 321 fortbehält (RG Gruch 52, 412). — Die Wirkung des Weigerungsrechts beschränkt sich auf das Recht der Einrede, ohne eine Umwandlung des Schuldverhält-

nisses selbst herbeizuführen. Insbesondere bleibt die Vorleistungspflicht an sich bestehen, und es kann der Vorleistungsberechtigte nicht anders in Verzug gesetzt werden, als dadurch, daß der Vorleistungspflichtige sich zur Leistung bereit erweist (RG JW 04, 201[11]). Dieser erlangt auch nicht das Recht, nunmehr auf Leistung Zug um Zug oder auf Bestellung einer Sicherheit zu klagen (RG 53, 62; 54, 358; Gruch 55, 898); ebensowenig erlangt er infolge einer Verschlechterung der Vermögenslage des Vorleistungsberechtigten das Recht zum Rücktritte vom Vertrage (RG 50, 257). So gibt auch im Falle der Erteilung eines Kreditbriefs der Umstand allein, daß die gewährte Deckung unzulänglich wird, kein aus einer gesetzlichen Regel (§ 321) herzuleitendes Recht zum Widerrufe; es kann ebensowenig ohne weiteres als Vertragswille unterstellt werden, daß die „Akkreditierung" nur so lange währen sollte, als die Deckung ausreiche (RG 64, 111). Die Einrede kann auch dem Zessionar des Verpflichteten gegenüber geltend gemacht werden (RG 51, 170). **Durch Bewirkung der Gegenleistung oder einer Sicherheitsleistung** hört die Gefährdung auf. Die Sicherheitsleistung durch Bürgen ist hier — im Gegensatze zu § 273 Abs 3 — nicht ausgeschlossen. Sonach wird aber auch anzunehmen sein, daß das in Frage stehende Weigerungsrecht von vornherein ausgeschlossen ist, falls für die Forderung ein (sicherer) Bürge gestellt war, wie die Einrede auch versagt, wenn eine hinreichende Realsicherheit gewährt war (RG 53, 244).

4. **Beweislast.** Der Vorleistungspflichtige, der von der Einrede aus § 321 Gebrauch machen will, hat die nachträgliche Verschlechterung der Vermögensverhältnisse zu beweisen; dem Gegner steht der Gegenbeweis frei, daß seine Lage schon zur Zeit des Vertragsabschlusses eine gleich schlechte war, und ferner der Einwand, daß die Lage sich inzwischen wieder gebessert hatte und diese Tatsache dem Gegner auch bereits bekannt geworden war.

§ 322

Erhebt aus einem gegenseitigen Vertrage der eine Teil Klage auf die ihm geschuldete Leistung, so hat die Geltendmachung des dem anderen Teile zustehenden Rechtes, die Leistung bis zur Bewirkung der Gegenleistung zu verweigern, nur die Wirkung, daß der andere Teil zur Erfüllung Zug um Zug zu verurteilen ist[1]).

Hat der klagende Teil vorzuleisten, so kann er, wenn der andere Teil im Verzuge der Annahme ist, auf Leistung nach Empfang der Gegenleistung klagen[2]).

Auf die Zwangsvollstreckung findet die Vorschrift des § 274 Abs 2 Anwendung[3]).

E I 364—366; M 2 203; P 1 631.

1. Abs. 1 enthält den prozessualen Grundsatz, daß die **Geltendmachung des Verweigerungsrechts** im Sinne des § 320 nicht zur Abweisung der Klage, sondern nur zur **Verurteilung zur Erfüllung Zug um Zug** führt (vgl. § 274 A 1). Von Amts wegen ist das Verweigerungsrecht nicht zu berücksichtigen (vgl. § 320 A 2). In welcher Form die Einrede erhoben wird, ist unwesentlich (RG JW 03 Beil 22[45]). Abs 1 findet auch dann Anwendung, wenn aus einem noch von keiner Seite erfüllten Tauschvertrage nur auf Zahlung der bedungenen Zugabe geklagt wird (RG 51, 367). Ob sich der Beklagte bereits im Annahmeverzuge befindet, ist für Abs 1 unwesentlich. — Darüber, auf welche Gegenleistungen sich die Verurteilung zur Bewirkung Zug um Zug zu erstrecken hat, vgl. § 320 A 2, 3. Die **Rechtskraft** eines auf Erfüllung Zug um Zug lautenden Urteils erstreckt sich nicht auf die Gegenleistung, von deren Bewirkung Zug um Zug die Verurteilung zur Leistung abhängig gemacht ist (RG Warn 1921 Nr 22).

2. Abs 2 hat nur den Sonderfall im Auge, daß der **Kläger vorleistungspflichtig** ist und der Beklagte sich im Annahmeverzuge befindet. Alsdann soll eine auf „Leistung nach Empfang der Gegenleistung" gerichtete Klage berechtigt sein, wiewohl der Kläger seiner Vorleistungspflicht noch nicht nachgekommen ist (RG SeuffA 59 Nr 149).

3. Hinsichtlich Abs 3 (**Zwangsvollstreckung**) vgl. § 274 A 2. Abs 3 umfaßt alle Fälle des § 322, also auch den, daß der Beklagte gemäß Abs 2 nur zur Leistung nach Empfang der Gegenleistung verurteilt ist. Der obsiegende Kläger kann also auch in diesem Falle, sofern sich der verurteilte Beklagte im Annahmeverzuge befindet, die Zwangsvollstreckung ohne Bewirkung seiner Leistung betreiben und es dem Beklagten überlassen, nunmehr die Gegenleistung anzunehmen (RG SeuffA 59 Nr 264). Vgl. dazu die §§ 756, 726 ZPO. Der zur Leistung Verurteilte kann wegen der Gegenleistung, gegen deren Bewirkung Zug um Zug er zur Leistung verurteilt ist, eine Zwangsvollstreckung gegen den Kläger aus dem Urteile nicht betreiben (RG Warn 1921 Nr 22; vgl. A 1).

4. **Beweislast.** Vgl. § 321 A 4.

§ 323

[1]) Wird die aus einem gegenseitigen Vertrage dem einen Teile obliegende Leistung infolge eines Umstandes unmöglich, den weder er noch der andere Teil zu vertreten hat, so verliert er den Anspruch auf die Gegenleistung[2]); bei teilweiser Unmöglichkeit mindert sich die Gegenleistung nach Maßgabe der §§ 472, 473[3]).

Verlangt der andere Teil nach § 281 Herausgabe des für den geschuldeten Gegenstand erlangten Ersatzes oder Abtretung des Ersatzanspruchs, so bleibt er zur Gegenleistung verpflichtet; diese mindert sich jedoch nach Maßgabe der §§ 472, 473 insoweit, als der Wert des Ersatzes oder des Ersatzanspruchs hinter dem Werte der geschuldeten Leistung zurückbleibt[4]).

Soweit die nach diesen Vorschriften nicht geschuldete Gegenleistung bewirkt ist, kann das Geleistete nach den Vorschriften über die Herausgabe einer ungerechtfertigten Bereicherung zurückgefordert werden[5])[6]).

E I 368; M 2 205; P 1 638.

1. Die §§ 323—325 (die zur Ergänzung der allgemeinen Grundsätze über die Leistungspflicht aus Schuldverhältnissen im Sinne des § 241 [Vorbem 2] dienen, ihrerseits aber nur für gegenseitige Verträge Geltung haben [RG 106, 24]) behandeln den **Einfluß der nachträglichen Unmöglichkeit bei gegenseitigen Verträgen.** Auch hier wird, wie in § 275, unterschieden, ob die Unmöglichkeit nach den Grundsätzen der §§ 276—279 zu vertreten ist oder nicht; das heißt, ob sie durch einen nach diesen Grundsätzen zu vertretenden Umstand oder durch andere Umstände herbeigeführt worden ist (§ 275 A 3). Während aber bei sonstigen Schuldverhältnissen nur die Haftbarkeit des einen Teiles, des Schuldners, in Betracht kommen kann, mußte bei gegenseitigen Verträgen (vgl. § 320 A 1) naturgemäß berücksichtigt werden, zunächst, daß jeder Teil wie Gläubiger so auch Schuldner ist, und ferner, daß sich hier auch die Haftbarkeit jedes Teiles in zweifacher Richtung zu äußern vermag, je nachdem er nämlich die Unmöglichkeit seiner Leistung oder der Leistung des andern zu vertreten hat. Während sich endlich die Wirkung der nicht zu vertretenden nachträglichen Unmöglichkeit sonst darauf beschränkt, daß der Schuldner „von der Leistung frei wird", entsteht bei einem gegenseitigen Vertrage die Frage, wie das von einer oder der anderen oder keiner Partei zu vertretende Unmöglichwerden der einen Leistung zugleich auch den Anspruch auf die andere Leistung beeinflußt. Allen diesen Fragen tragen die Sonderbestimmungen der §§ 323—325 Rechnung. — Über den Begriff Unmöglichkeit vgl. § 275 A 2. Wenn die §§ 323ff. der subjektiven Unmöglichkeit, des „Unvermögens" im Sinne des § 275 Abs 2 (A 5) auch nicht ausdrücklich gedenken, so greifen ihre Grundsätze doch auch hier Platz (RG 6. 11. 07 I 27/07). Die Bestimmungen über die nachträgliche Unmöglichkeit sind nicht zwingend, sie können vielmehr durch Abrede abgeändert werden (RG 18. 1. 18 V 297/17). — Die §§ 323—325 sind trotz der Sonderbestimmungen der §§ 535—538 auch in Miet- und Pachtsachen anwendbar, soweit durch sie der Mieter günstiger gestellt wird (RG 62, 225; 89, 207; desgl. § 323 bei Dienstverträgen trotz § 626 (RG 92, 177). Ist eine mit besonderen Einrichtungen versehene Anlage vermietet worden, die dieserhalb nur zu einem bestimmten entsprechenden Zwecke brauchbar ist, so wird der Mieter von der Zahlungspflicht frei, wenn die Verwendung der Anlage durch außergewöhnliche Ereignisse (Krieg) unmöglich wird (RG 94, 267). Nur insoweit ist die Anwendbarkeit des § 323 überhaupt ausgeschlossen, als der § 552 eingreift, wonach der Mieter von der Entrichtung der Miete nicht befreit wird, wenn er an der Ausübung des Gebrauchsrechts durch einen in seiner Person liegenden Umstand gehindert ist (RG 79, 95). — Inwieweit die Bestimmungen der §§ 323ff. durch § 17 KO beeinflußt werden, vgl. RG 73, 62. Auf eine von Anfang an bestehende Unmöglichkeit sind die Vorschriften des § 323 nicht anwendbar (RG 105, 351). Haben beide Teile die Unmöglichkeit zu vertreten, so ist § 254 entsprechend heranzuziehen, auch wenn es sich nicht um Schadensersatz handelt (RG 71, 187; 94, 142). Über die Beweislast vgl. § 282.

2. Der § 323 behandelt den Fall, daß **weder der eine noch der andere Teil die Unmöglichkeit zu vertreten hat,** daß vielmehr die eine der geschuldeten Leistungen nachträglich (d. h. nach Abschluß des Vertrags; RG JW 05, 171[12]) durch Zufall unmöglich geworden ist. In diesem Falle wird derjenige Teil, dessen Leistung unmöglich geworden ist, nach § 275 ohne weiteres „von der Leistung frei". Aber nach § 323 tritt auch eine Befreiung der andern Partei von ihrer möglich gebliebenen Leistung ein; denn diejenige Partei, deren Leistung unmöglich geworden, **verliert den Anspruch auf die Gegenleistung.** — Ist der Leistungspflichtige außerstande, die Leistung zu bewirken, so hat er keinen Anspruch auf die Gegenleistung, auch wenn er sich in an sich nach § 295 genügender Weise wörtlich zur Leistung erboten hat, z. B. im Falle eines Teilstreiks die arbeitswilligen Arbeitnehmer (RG 106, 276). Der Zufall wirkt hier für wie gegen beide Teile, und hat also tatsächlich das Erlöschen des Vertrags überhaupt zur Folge. Die Ausgleichung hat nach den Grundsätzen von der ungerechtfertigten Bereicherung zu erfolgen (Abs 3; RG LZ 1921, 495[5]). — Dem Falle des § 323 steht auch der gleich, daß die Leistung des einen Teiles infolge zweier zusammenwirkender Umstände unmöglich wird, und jeder Vertragsteil den einen von ihnen zu vertreten hat (RG JW 1910, 936[8]). Im übrigen vgl. noch § 275 A 3.

3. Entsteht nachträglich nur **teilweise Unmöglichkeit** (§ 275 A 4), so kann folgerichtig beiderseits auch nur eine teilweise Befreiung eintreten; denn, soweit die betreffende Leistung noch möglich, ist sie zu bewirken, aber ebenso braucht auch die Gegenleistung nur teilweise gewährt zu werden. Und zwar mindert sie sich nach der Schlußbestimmung des Abs 1, gemäß den hier herangezogenen Grundsätzen der §§ 472, 473 nach eben dem Verhältnisse, in welchem sich der Wert der noch möglichen Leistung zu dem Werte verhält, den diese Leistung zur Zeit des Vertragsschlusses im ganzen gehabt hatte. — Zu beachten ist insbesondere auch hier, daß teilweise Möglichkeit im Sinne des Gesetzes überhaupt nicht vorliegt, sofern sich die noch möglich gebliebene Leistung nicht nur nach der Menge, sondern auch ihrer Beschaffenheit nach als etwas anderes darstellen würde als die vertragsmäßig geschuldete. Vgl. § 266 A 1. Wird durch eine an sich nur zeitweilige Unmöglichkeit der Vertragszweck gefährdet, so muß sie einer dauernden gleichgestellt werden und den Verlust des Anspruchs auf die ganze Gegenleistung herbeiführen (RG 105, 388). Im übrigen schiebt aber eine zeitweilige Unmöglichkeit nur für ihre Dauer den Anspruch auf die Gegenleistung auf (RG 88, 73; 106, 17). Auch das Möglichbleiben teilweiser Leistung innerhalb der Vertragszeit kommt dann der vollen Unmöglichkeit gleich, wenn der Leistungszweck die volle Leistung verlangt (RG Warn 1925 Nr 21); vgl. § 275 A 4. — Die Unmöglichkeit der dem Verkäufer obliegenden Versendung kann von solcher Tragweite sein, daß sie der Unmöglichkeit der geschuldeten Leistung überhaupt gleichzustellen und der Käufer daher gegebenenfalls von Zahlung des ganzen Kaufpreises entbunden ist (RG 88, 37).

4. Wie bereits bei § 275 A 1 dargestellt ist, und zwar unter besonderer Berücksichtigung des § 281, bringt die nachträgliche Unmöglichkeit nicht grundsätzlich das Schuldverhältnis zum Erlöschen, befreit vielmehr nur „von der Leistung". Dieser Rechtsgedanke ist in **Absatz** 2 für gegenseitige Verträge entsprechend verwertet worden, und zwar unter gleichzeitiger Berücksichtigung nur teilweiser Unmöglichkeit. Demnach soll auch hier, falls der eine Teil einen Ersatz oder einen Ersatzanspruch für den geschuldeten Leistungsgegenstand erlangt hat, dem andern Teile das Recht zustehen, an Stelle der bedungenen und nachträglich unmöglich gewordenen Leistung Herausgabe des Ersatzes oder Abtretung des Ersatzanspruchs zu verlangen. Macht er aber hiervon Gebrauch, so **behält jener den Anspruch auf die Gegenleistung.** Für den Fall, daß die Ersatzleistung nicht den vollen Wert der vertraglich geschuldeten Leistung deckt, mindert sich auch die Gegenleistung nach eben dem Verhältnisse, in welchem die Ersatzleistung weniger wert ist als die geschuldete Leistung. Die Ersatzleistung zu fordern, ist indessen nur ein Recht, keine Verpflichtung der Partei, und will sie davon absehen, dann regelt sich das Verhältnis lediglich nach Abs 1. Über die Anwendbarkeit des Abs 2 im Falle des § 325 vgl. § 325 A 2a. — Unter entsprechender Anwendung des § 323 kann auch derjenige, dem eine ausschließliche Lizenz verliehen ist, eine Minderung seiner Gegenleistung verlangen oder sogar zu einer solchen überhaupt nicht mehr verpflichtet sein, wenn anderweite Benutzungsrechte bestehen, für die der Lizenzgeber, wie regelmäßig der Fall, nicht haftet (RG 78, 363).

5. **Rückforderung der nicht geschuldeten Gegenleistung.** Der Abs 3 ist für den Fall berechnet, daß die eine Vertragspartei die Gegenleistung, sei es ganz, sei es zum Teil, bereits empfangen hat, daß sich demnächst aber der Anspruch auf diese um deswillen als unbegründet herausstellt, weil ihre eigene Leistung unmöglich geworden ist, und dabei auch eine Ersatzleistung im Sinne des Abs 2 nicht in Frage kommt. Unter diesen Umständen hat die Partei einen Vorteil erlangt, für den der Grund fortgefallen ist, so daß die Ausgleichung nach §§ 812ff. zu erfolgen hat. Erforderlich ist der Nachweis, daß die Partei, deren Leistung unmöglich geworden, bereichert sein würde, wenn sie die Gegenleistung behalten dürfte (RG 105, 156). Ein Rücktrittsrecht wie in § 326 ist dem andern Teile im Falle beiderseits nicht zu vertretender Unmöglichkeit nicht gegeben (RG 105, 308).

6. **Beweislast.** Derjenige Vertragsteil, der von seiner Leistungspflicht frei geworden sein will, weil die ihm obliegende Leistung unmöglich geworden sei, hat diese Tatsache und ferner zu beweisen, daß sie durch einen Umstand herbeigeführt worden ist, den er nicht zu vertreten hat (§ 275 A 6; § 282 A 1). Macht er außerdem einen Anspruch auf die Gegenleistung aus § 324 geltend, so muß er weiter nachweisen, daß die Unmöglichkeit seiner eigenen Leistung durch einen Umstand herbeigeführt worden ist, den der andere Teil zu ver-

treten hat. — Fordert der Verkäufer, der nur teilweise geleistet hat, insoweit den Preis und behauptet er, daß ihm die weitere Erfüllung in nicht zu vertretender Weise unmöglich geworden sei, verlangt dann aber der Käufer Schadensersatz wegen Nichterfüllung, so hat der Verkäufer die von ihm nicht zu vertretende Unmöglichkeit weiterer Leistung zu beweisen (RG 95, 265).

§ 324

[1]) **Wird die aus einem gegenseitigen Vertrage dem einen Teile obliegende Leistung infolge eines Umstandes, den der andere Teil zu vertreten hat**[1 b]), **unmöglich, so behält er den Anspruch auf die Gegenleistung. Er muß sich jedoch dasjenige anrechnen lassen, was er infolge der Befreiung von der Leistung erspart oder durch anderweitige Verwendung seiner Arbeitskraft erwirbt oder zu erwerben böswillig unterläßt**[1 a]).

Das gleiche gilt, wenn die dem einen Teile obliegende Leistung infolge eines von ihm nicht zu vertretenden Umstandes zu einer Zeit unmöglich wird, zu welcher der andere Teil im Verzuge der Annahme ist[2])[3]).

E I 368; M 2 208; P 1 638.

1. Vorausgesetzt ist hier, daß die **Unmöglichkeit der einen Leistung zu vertreten** ist (vgl. § 275 A 1 und § 323 A 2), und zwar nicht von dem sie schuldenden Teile (vgl. § 325), sondern **von dem Forderungsberechtigten.** Dessen Haftung äußert sich hier daher sachgemäß dahin, daß er trotz der Unmöglichkeit der ihm geschuldeten Leistung die ihm obliegende Gegenleistung nach dem Vertrage gewähren muß. „Sein Anspruch gilt als ihm erfüllt", und der Vertrag bleibt bestehen (RG Warn 1918 Nr 160). Der andere Teil dagegen, dessen Leistung unmöglich geworden, ist befreit. Hat er jedoch infolge des Umstandes, der seine Leistung vereitelt hat, für den zu leisten gewesenen Gegenstand einen Ersatz erlangt, so muß er das Empfangene seinem Gegner herausgeben oder gegebenenfalls seinen Ersatzanspruch abtreten (RG Warn 1918 Nr 160 unter entsprechender Anwendung des in § 281 enthaltenen Grundsatzes).

1 a. Die Regelung in Gemäßheit des § 324 Satz 1 darf jedoch nicht zu einer unbilligen Bereicherung des nicht haftbaren Teiles führen, und daher sieht das Gesetz in Abs 2 vor, daß der von seiner Leistung Befreite **sich anrechnen lassen muß,** was er infolge der Befreiung erspart oder durch anderweitige Verwendung seiner Arbeitskraft erworben oder zu erwerben böswillig unterlassen, d. h. in der Absicht verabsäumt hat, den andern zu schädigen, oder aber wenigstens in der Absicht, die Möglichkeit, untätig zu bleiben, wider Treu und Glauben für sich auszunützen (RG 22. 12. 05 VII 8/05; vgl. hinsichtlich des Dienstvertrags § 615). Die Anrechnung geltend zu machen, ist Sache des Einwandes. Es handelt sich dabei nur um eine Kürzung des Anspruchs, aber nicht um eine Aufrechnung im Sinne des § 387, da der Leistungspflichtige keinen selbständigen Anspruch auf Gewährung des ersparten Betrags erlangt (RG JW 1910, 1002[10]). — Außer dem Vertragsanspruche auf Erfüllung kann dem von seiner Leistung Befreiten überdies noch eine Forderung auf Schadensersatz zustehen, wenn ihm der andere Teil die Leistung durch eine unerlaubte Handlung unmöglich gemacht hat. Kauft A von B eine Sache unter der Abrede, daß sie nach 6 Monaten zu liefern sei und B bis dahin zu ihrem Gebrauche berechtigt sein solle, zerstört er demnächst aber die Sache, um etwa vom Kaufe loszukommen, noch vor Ablauf der Lieferungsfrist, so bleibt er zur Zahlung des Preises verpflichtet, außerdem aber haftet er auf Höhe der Einbuße, die B wegen der Vereitelung des Gebrauchs der Sache erlitten hat. Haben beide Teile die Unmöglichkeit der Leistung verschuldet, dann ist in Gemäßheit der Regeln des § 254 abzuwägen, ob die nachträgliche Unmöglichkeit anteilsweise von beiden Teilen oder nur von einem Teile zu vertreten ist (RG 71, 189; 94, 141). Eine entsprechende Anwendung des Satzes 2 auf dasjenige, was ein Angestellter während der Dauer eines vertragsmäßigen Wettbewerbsverbots, während welcher ihm eine Karenzentschädigung zu zahlen ist, durch anderweite Verwendung seiner Arbeitskraft erwirbt, ist ausgeschlossen (RG 114, 409).

1 b. Aus welchem Beweggrunde der eine Teil die Leistung des andern unmöglich gemacht hat, ist unwesentlich, selbst wenn er aus Rücksicht auf das öffentliche Wohl gehandelt hätte (RG JW 06, 55[7]). Eine Haftung für das Unmöglichwerden der Leistung muß jedoch dann ausgeschlossen sein, wenn der Verpflichtete zu seinem Verhalten berechtigt war, da es unter diesen Umständen an dem Merkmale der objektiven Rechtswidrigkeit wie auch des zu vertretenden Verschuldens fehlt (RG JW 1910, 805[15]). Daher wäre beispielsweise § 324 Abs 1 unanwendbar, falls der Käufer eines Grundstücks dessen zwangsweise Versteigerung durch Nichtzahlung des Kaufpreises verursacht hätte, sofern er die Entgegennahme der Auflassung zu weigern wegen Mangelhaftigkeit des Grundstücks berechtigt war (RG 59, 150).

Dagegen ist die Haftung eines Käufers, der die Versteigerung der Kaufsache dadurch verschuldet hatte, daß er seiner Verpflichtung, den Gläubiger des Verkäufers zu befriedigen, nicht nachgekommen war, mit Recht angenommen worden (RG 66, 345; JW 1910, 805[15]). Ein gleiches träfe zu, wenn der Käufer den Verkäufer durch unberechtigte Vorenthaltung des Kaufpreises außerstand gesetzt hätte, die Hypothekenzinsen zu bezahlen und das Grundstück deshalb zur Versteigerung gekommen wäre (RG Warn 1909 Nr 396).

2. Falls der eine Teil hinsichtlich der ihm gebührenden Leistung sich im **Annahmeverzuge** befindet, haftet der andere Teil gemäß § 300 Abs 1 nur für Vorsatz und grobe Fahrlässigkeit. Wird ihm seine Leistung während der Dauer jenes Annahmeverzugs durch einen von ihm selbst nicht zu vertretenden Umstand — durch eigene nur einfache Fahrlässigkeit (§ 300 Abs 1), durch Verschulden des forderungsberechtigten Gegners oder Zufall — unmöglich gemacht, so sollen zu seinen Gunsten die Grundsätze des Abs 1 Anwendung finden (RG Warn 1918 Nr 160; RG 103, 15). Er behält also den Anspruch auf die Gegenleistung mit Einschluß seiner Anrechnungspflicht gemäß Satz 2. Durch das Angebot einer mit einem Rechtsmangel (§ 434) belasteten Ware, z. B. einer solchen, hinsichtlich deren einer Behörde die Befugnis zur Verfallerklärung zusteht, gerät der Gläubiger nicht in Annahmeverzug; deshalb findet im Falle nach solchem Angebot stattfindender Beschlagnahme § 324 Abs 2 keine Anwendung (RG 111, 86).

3. Der **Beweis** dafür, daß derjenige Teil, dessen Leistung unmöglich geworden ist, Ersparungen gemacht hat, liegt dem Gegner ob (RG JW 09, 455[0]; Gruch 51, 947; 53, 917).

§ 325

Wird die aus einem gegenseitigen Vertrage dem einen Teile obliegende Leistung infolge eines Umstandes, den er zu vertreten hat, unmöglich, so kann der andere Teil Schadensersatz wegen Nichterfüllung verlangen oder von dem Vertrage zurücktreten[1])[1a])[1b]). Bei teilweiser Unmöglichkeit ist er, wenn die teilweise Erfüllung des Vertrags für ihn kein Interesse hat, berechtigt, Schadensersatz wegen Nichterfüllung der ganzen Verbindlichkeit nach Maßgabe des § 280 Abs 2 zu verlangen oder von dem ganzen Vertrage zurückzutreten[2]). Statt des Anspruchs auf Schadensersatz und des Rücktrittsrechts kann er auch die für den Fall des § 323 bestimmten Rechte geltend machen[2a]).

Das gleiche gilt in dem Falle des § 283, wenn nicht die Leistung bis zum Ablaufe der Frist bewirkt wird oder wenn sie zu dieser Zeit teilweise nicht bewirkt ist[3])[4]).

E I 369; M 2 209; P 1 639.

1. Vorausgesetzt ist hier im Gegensatze zu § 324, daß die nachträgliche Unmöglichkeit der einen Leistung von **demjenigen Teile zu vertreten ist, der sie schuldet.** In diesem Falle soll der andere Teil berechtigt sein, wahlweise (§ 262 A 1) entweder gemäß § 280 Abs 1 Schadensersatz wegen Nichterfüllung zu verlangen oder vom Vertrage zurückzutreten, oder endlich die im § 323 behandelten Rechte geltend zu machen. Ist die nachträgliche Unmöglichkeit teils von dem einen Teile, teils von dem andern zu vertreten, dann greift entweder § 324 oder § 325 Platz, und das entscheidet sich gemäß dem auch hier, und zwar auch im Falle des Rücktritts, anwendbaren § 254 danach, wessen Verschulden als das überwiegend ursächliche anzusehen ist; dagegen ist es ausgeschlossen, den Fall beiderseitigen Verschuldens unter dem Gesichtspunkte teilweiser Unmöglichkeit nach § 325 Abs 1 Satz 2 zu behandeln (RG 71, 189; 94, 141). Über die Vertretung der Unmöglichkeit vgl. § 275 A 2, 3 und § 324 A 1. Der Unmöglichkeit ist auch hier das Unvermögen (§ 275 Abs 2) gleichgesetzt (RG Warn 1910 Nr 323). Zu vertretende Unmöglichkeit im Sinne des § 325 liegt beispielsweise auch dann vor, wenn der Verpflichtete, der einem andern für die Tätigkeit bei dem Betriebe seines Unternehmens Provision versprochen hat, diesen Betrieb einstellt und so dem andern den Erwerb von Provisionsansprüchen unmöglich macht (RG Gruch 1912, 919). Neben der Sondervorschrift der §§ 626—628 (Kündigungsrecht ohne Kündigungsfrist bei Dienstverträgen aus wichtigem Grunde) ist § 325 nicht anwendbar (RG 1. 3. 26, III 455/25). Über die Beweislast vgl. § 282.

1a. Von besonderer Wichtigkeit ist die Frage, in welcher Weise der Anspruch auf **Schadensersatz wegen Nichterfüllung** bei gegenseitigen Verträgen geltend zu machen ist. Sie kehrt im Falle des § 326 wieder und soll daher schon hier erschöpfend beantwortet werden. — Nach dem Inhalte des Schuldverhältnisses sind die beiderseitigen Leistungen gegeneinander auszutauschen (§ 320 A 1). So entsteht die Frage, ob sich dieser Grundsatz auch noch bei Geltendmachung des Anspruchs auf Schadensersatz durchsetzt. Nach der einen Ansicht ist das zu bejahen (Austauschtheorie), nach der andern ist der Anspruch auf Schadensersatz ein einseitiger, während der Umstand, daß auch der Ersatzberechtigte zur Leistung verpflichtet war, nur für die Ermittlung des Schadensumfangs von Bedeutung bleibt (Differenztheorie). Wenn A und B einen Tauschvertrag über zwei Pferde abschließen, A sich zur Gewährung seines Pferdes willkürlich außerstand setzt und infolgedessen B Schadensersatz wegen Nichterfüllung verlangt, so könnte er dies nach der Austauschtheorie nur in der Weise durchführen, daß er die ihm obliegende Gegenleistung bewirkte; nach der Differenztheorie dagegen würde er von seiner eigenen Leistungspflicht entbunden sein und schlechthin denjenigen Betrag ersetzt verlangen können, der ihm entgangen ist, weil der Tauschvertrag beiderseits nicht zur Erfüllung gekommen ist. (Vgl. das Nähere über die verschiedenen Theorien bei Oertmann zu § 325.) Die Differenztheorie verdient den Vorzug. Schon die Fassung des Gesetzes führt zu ihr, sofern man hinter „Nichterfüllung" ergänzt „des Vertrags" und nicht „der Leistung". Denn von Nichterfüllung „des Vertrags" kann überhaupt nur im Hinblick auf die beiderseitigen Leistungen gesprochen werden. Vor allem aber ist auch hier die besondere Natur des gegenseitigen Vertrags entscheidend. Nach dieser erscheint die Auffassung als die gegebene, daß, wenn die Leistung des einen Teiles infolge eines von ihm zu vertretenden Umstands fortfällt, **der andere Teil nicht verpflichtet sein kann,** trotzdem seinerseits zu leisten, und zwar möglicherweise auch dann, wenn dies unter den veränderten Umständen gerade gegen sein Interesse verstieße, während anderseits der untreue Vertragsteil, der sich mutwillig zur Leistung außerstand gesetzt hätte, daraus sogar einen besonderen Vorteil ziehen könnte, beispielsweise, wenn er in dem zuvor angegebenen Falle das dem andern Teile tauschweise versprochene Pferd unter besonders günstigen Umständen weiterverkauft hätte. Wenn dagegen erwogen wird (Oertmann 1 c, d), das Interesse des Berechtigten sei schon durch sein Rücktrittsrecht genügend gewahrt, so schlägt das nicht durch, weil die vertragstreue Partei durch den Vertrag Vorteile angestrebt haben kann, deren Erlangung im Falle des Rücktritts ausgeschlossen, also durch das Verschulden des andern Teiles vereitelt worden wäre. Aber auch die Erwägung ist abwegig, daß das Rücktrittsrecht bei Befolgung der Differenztheorie überhaupt keinen Sinn hätte. Denn das genannte Recht behält seine Bedeutung immer noch für den Fall, daß die berechtigte Partei nach den Umständen des Falles einen Schadensersatzanspruch überhaupt nicht zu begründen vermag und daher nur noch das anerkennenswerte Interesse hat, das ganze Schuldverhältnis zum Erlöschen zu bringen. Der Rücktritt schafft alsdann causa finita, und die Partei vermag nunmehr das, was sie etwa schon gewährt hat, zurückzufordern. Unzutreffend erscheint ferner auch der Hinweis auf die „grundsätzliche Selbständigkeit" der beiderseitigen Verpflichtungen (Oertmann A 3). Gemäß § 320 kann nämlich, weil der Grundsatz des Austausches besteht, jeder Teil seine Leistung bis zur Bewirkung der Gegenleistung verweigern, und verfolgt man diesen Grundsatz weiter, so führt das gerade zu dem Ergebnisse, daß, falls die eine Leistung unmöglich geworden ist, auch der andere Teil von seiner Leistungspflicht entbunden sein muß, was § 323 für den Fall zufälliger Unmöglichkeit ausdrücklich ausspricht, und es läßt sich schlechterdings nicht annehmen, daß etwas anderes gelten sollte, wenn die eine Leistung nicht durch Zufall, sondern durch einen zu vertretenden Umstand unmöglich geworden ist. Demgemäß hat sich auch das Reichsgericht der Differenztheorie ausdrücklich angeschlossen (**RG** 50, 262ff.; 57, 106; 58, 177; 60, 347; 61, 348; 66, 67; 102, 62; JW 1919, 308[9]). Vgl. auch **RG** 83, 281. Freilich betreffen alle diese Entscheidungen den § 326 Satz 2. Das gleiche muß aber entsprechend auch für den Fall des § 325 gelten. Im Sinne der bezeichneten Lehre berechnet sich sonach der Schaden aus der Vergleichung einerseits des Werts, den die geschuldete aber unmöglich gewordene Leistung für den Ersatzberechtigten hatte (vgl. § 249 A 1), und anderseits des Werts seiner eigenen Leistung, so daß sich als Schadensbetrag der Unterschied des Vermögensstandes im Falle der Erfüllung und im Falle der Nichterfüllung der beiderseitigen Leistungen ergibt, und sich der Gläubigeranspruch als eine einseitige Forderung auf Erstattung in Geld, und zwar in deutscher Währung, darstellt (**RG** 102, 62).

Die Frage, ob der Ersatzberechtigte, wenn nicht verpflichtet, **so doch berechtigt ist,** seinen Anspruch in der Art geltend zu machen, daß er die ihm obliegende Leistung anbietet und Ersatz nur für die ausgebliebene, ihm geschuldete Leistung fordert, ist zu bejahen. Es kann eine derartige Regelung in dem billig zu berücksichtigenden Interesse des Berechtigten liegen. Vgl. das Urteil **RG** 96, 20, wo mit Recht angenommen ist, daß der zur Wandelung Berechtigte, falls der Verpflichtete nach Vollziehung der Wandelung die Rückgabe der ihm gewährten Sache unmöglich gemacht hat, befugt ist, die seinerseits empfangene Sache zurückzugeben und Entschädigung wegen Vereitelung der Rückgewährung seiner Leistung zu verlangen. Man könnte doch dem Wandelungsberechtigten unmöglich zumuten, daß er die mangelhaft empfangene Sache, etwa ein mit Schwamm behaftetes Haus, behält.

Damit wäre ja der ganze Wandelungszweck vereitelt. Allerdings kann die Regelung zufolge der Wandelung, bei der nur der eine Teil einen Anspruch hat, nicht schlechthin dem Verhältnisse bei gegenseitigen Verträgen gleichgestellt werden, obschon bei ihr die beiderseitigen Leistungen grundsätzlich (wie beim gegenseitigen Vertrage) Zug um Zug zurückzugewähren sind (**RG** 66, 69; 93, 49).

Den **Schadensnachweis** kann der Berechtigte in jeder beliebigen Weise führen. Insbesondere beim Handelskaufe in den dafür geeigneten Fällen durch die **abstrakte Schadensberechnung**; vgl. über ihre Natur und über die Voraussetzungen und Grenzen ihrer Zulässigkeit § 252 A 3. Als Zeitpunkt für die Schadensberechnung kann der Käufer im Falle des § 326 nach seiner Wahl den Zeitpunkt des Eintritts des Verzugs oder des Ablaufs der Nachfrist (**RG** 90, 423; SeuffA 61 Nr 4); im Falle des § 325 den des Eintritts der Unmöglichkeit oder, falls der Verkäufer vorher im Verzuge war, des Verzugs (**RG** 96, 159) zugrunde legen. Zu beachten ist indes, daß die Wahl des Zeitpunkts sich nicht wegen Verstoßes gegen Treu und Glauben als Mißbrauch darstellen darf (**RG** 90, 424; 91 S. 31 und 103). Der Berechtigte darf daher auch nicht den Marktpreis eines Zeitpunkts zugrunde legen, wonach er einen übermäßigen Gewinn erhalten würde (**RG** Warn 1918 Nr 89). — Der Käufer kann ferner vom abstrakten Schaden absehen und statt dessen den sich für ihn aus den besondern Umständen des Falles ergebenden **„konkreten Schaden"** geltend machen (**RG** 89, 283; 90, 161; JW 1917, 355[3]); d. h. den wirklichen Schaden, der sich gegebenenfalls aus dem Unterschiede zwischen dem Betrage ergibt, den er dem Verkäufer hätte zahlen müssen, und anderseits den nunmehr aufzuwendenden Anschaffungskosten (**RG** 98, 272). Beim Verkaufe einer nach Maß, Zahl und Gewicht bestimmten Menge einer vom Verkäufer selbst hergestellten Ware kann dieser auch den Unterschied zwischen dem Herstellungspreise und dem Verkaufspreise erstattet verlangen, und der Käufer kann regelmäßig nicht einwenden, daß der Verkäufer die Ware anderweit hätte verkaufen können (**RG** JW 1919, 495[5]). Hatte der Verkäufer die vom Käufer nicht abgenommene Ware zur Zeit des Kaufabschlusses bereits angeschafft und fordert er demnächst Schadensersatz wegen Nichterfüllung in der Weise, daß er seinen Anschaffungspreis dem vereinbarten Verkaufspreise gegenüberstellt, dann ist für eine Vorteilsausgleichung jedenfalls insofern Raum, als der Verkäufer die ihm nicht abgenommene Ware behält. Der Verkäufer kann hier daher nicht Ersatz des Unterschiedes zwischen dem Anschaffungspreise und dem höheren Verkaufspreise, sondern nur den Unterschied zwischen dem Werte der Ware, die er behält, zu dem der Schadensberechnung zugrunde liegenden Zeitpunkte, und dem Verkaufspreise fordern (**RG** 89, 282; Gruch 63, 220; Warn 1918 Nr 184). Das soll auch gelten, wenn bei dem Deckungsverkaufe die Ware dem Gläubiger selbst zugeschlagen und dieser dadurch in ihrem Besitze verblieben ist (**RG** 110, 159; 89, 282; Gruch 63, 220). — Zur Feststellung des konkreten Schadens kann der Verkäufer auch einen freihändigen Deckungsverkauf vornehmen, ohne an die Vorschriften des § 373 HGB gebunden zu sein (**RG** 28. 4. 05 II 381/04). Ein solcher Verkauf geht nicht auf Rechnung des Käufers, ist aber der Schadensberechnung zugrunde zu legen, sofern der Verkäufer nicht gegen Treu und Glauben verstoßen und auch das Interesse des Käufers nicht außer acht gelassen hat (**RG** 61, 281). Der Käufer anderseits kann (braucht es aber in der Regel nicht, **RG** SeuffA 65 Nr 388) den **Deckungskauf** vornehmen, und zwar unter Umständen schon vor Ablauf der Lieferungsfrist. Der Deckungskauf geht alsdann aber auf seine Gefahr, falls der Verkäufer noch rechtzeitig erfüllt. Den Gewinn aus dem Weiterverkauf der Ware braucht der Käufer sich nicht anrechnen zu lassen (**RG** 52, 150; 90, 160; Warn 1920 Nr 7). Der Deckungskauf ist unter Beobachtung von Treu und Glauben nach den Gepflogenheiten des Verkehrs vorzunehmen; insbesondere darf der Käufer mit der Vornahme nicht ungebührlich warten, und er darf aus der Hinzögerung keinen Vorteil auf Kosten des Verkäufers suchen; den Gepflogenheiten des Handels entspricht eine tunlichst baldige Eindeckung; hat der Käufer danach gehandelt, dann hat der Verkäufer keinen Anlaß zur Beschwerde (**RG** 101, 91; Warn 1919 Nr 133). Fordert der Käufer, der den Deckungskauf unterlassen hat, Ersatz zwischen dem Kaufpreise und dem Preise, der zur anderweiten Anschaffung erforderlich gewesen wäre, so kann er damit nicht zugleich den Gewinn erstattet verlangen, den er im Falle der Vertragserfüllung durch eine gesteigerte Produktion erzielt haben würde (**RG** Warn 1918 Nr 151; JW 1917, 355[3]). — Fordert der Werkbesteller gemäß §§ 635, 326 Schadensersatz, dann kann er, wie bei der Wandelung, Zurückerstattung seiner Leistung fordern, während der andere Teil seinen Anspruch verliert (**RG** JW 1912, 686[9]).

Gegenüber dem Schadensersatzanspruch aus § 325 ist auch der **Einwand des Mitverschuldens aus § 254 zulässig**, und zwar mit der Wirkung, daß zu prüfen ist, ob und inwieweit der einzelne Beteiligte trotz des Mitverschuldens des andern für sein Verschulden und die sich daraus ergebenden Folgen verantwortlich ist und die dadurch erwachsenen Nachteile selbst zu tragen hat; dagegen ist die Folgerung, daß, wenn die Unmöglichkeit teils von dem einen Teile, teils vom andern verschuldet worden ist, das teilweise Verschulden der teilweisen Unmöglichkeit gemäß Abs 1 Satz 2 gleichzustellen sei, rechtlich unhaltbar (**RG** 56, 267; 71, 227; 94, 140; JW 1919, 308[9]; vgl. A 1).

1b. Auf den Rücktritt vom Vertrage im Falle des § 325 finden nach § 327 die Vorschriften der §§ 346—356 über das vertragsmäßige Rücktrittsrecht entsprechende Anwendung. Er erfolgt danach durch eine einseitige, empfangsbedürftige, unwiderrufliche Erklärung. Die Rücktrittserklärung schließt den Erfüllungs- wie den Ersatzanspruch aus (**RG** 61, 130), so daß sich die gegenseitigen Rechte auf den Anspruch auf Rückgabe der gemachten Leistungen beschränken (**RG** JW 02 Beil 251[158]). Der Käufer kann das eingezahlte Kaufgeld nebst Zinsen seit der Zahlung zurückfordern (**RG** 52, 92; vgl. auch § 326 A 1), Die Erklärung, daß Schadensersatz verlangt werde, hindert anderseits nicht den späteren Rücktritt vom Vertrage. Vgl. auch § 326 A 1 Abs 4. Wegen der Anwendung des § 254 vgl. A. 1.

2. Bei nur **teilweiser Unmöglichkeit** — falls also eine Teilerfüllung auch im Rechtssinne noch möglich geblieben (§ 275 A 4) — soll die forderungsberechtigte Partei befugt sein, auch die möglich gebliebene Teilleistung wegen mangelnden Interesses an der bloß teilweisen Erfüllung des Vertrags, mithin (vgl. dagegen § 280 Abs 2) an der beiderseitigen Teilerfüllung (**RG** 50, 138; 67, 104; JW 09, 71[4]) abzulehnen und von den in Abs 1 vorgesehenen Rechtsbehelfen derart Gebrauch zu machen, als wäre ihr gesamter Anspruch durch nachträgliche von dem anderen Teile zu vertretende Unmöglichkeit der Leistung vereitelt worden (vgl. SeuffA 64 Nr 260). Der Berechtigte kann daher auch dann vom gesamten Vertrage zurücktreten, wenn dieser in wesentlichen Teilen zwar erfüllt ist, er aber an dieser bereits bewirkten Teilerfüllung wegen Unmöglichkeit der vollen Erfüllung kein Interesse hat (**RG** Gruch 53, 945, wo die Anwendbarkeit dieser Grundsätze auch bei einem gemischten Vertrage — § 305 A 2 — angenommen ist). Will die Partei dagegen, was ebenfalls in ihrem Belieben steht, eine erfolgte Teilleistung behalten oder eine möglich gebliebene Teilleistung annehmen, so greift entsprechend der Grundsatz des § 323 Abs 1 Halbsatz 2 Platz (vgl. unten A 2a), und es bleibt danach die Partei in verhältnismäßigem Umfange (§ 323 A 3) ebenfalls zur Leistung verpflichtet, so daß sie die Rechte aus §§ 325, 326 nur in dem Verhältnisse geltend machen kann, als die ihr geschuldete Leistung unmöglich geworden ist (**RG** 73, 61). Bei einem einheitlichen Vertrage, der gewöhnlich auch nur einheitlich stehen und fallen soll, ist jedoch auch bei nur teilweiser Nichterfüllbarkeit regelmäßig auch das Rücktrittsrecht nur hinsichtlich des gesamten Vertrags gegeben, ohne Rücksicht darauf, ob der Berechtigte an der bloßen Teilerfüllung Interesse hat oder nicht (**RG** 67, 104; Warn 09 Nr 288; Gruch 53, 948; SeuffA 74 Nr 28), da in der Regel die gesamten Abreden den einheitlichen Vertrag darstellen; nur bei einem in selbständige Teile zerlegbaren Vertrage ist daher auch ein nur teilweiser Rücktritt zulässig (**RG** 67, 101; 79, 311). Geht die Verpflichtung auf ein Unterlassen, beispielsweise die des Zwischenhändlers darauf, nicht unter einem bestimmten Preise weiterzuverkaufen, so begründet die Zuwiderhandlung in den einzelnen Fällen teilweise Unmöglichkeit der Erfüllung, und das Rücktrittsrecht des andern Teiles ist alsdann nach § 325 Abs 1 Satz 2 zu beurteilen (**RG** Warn 1912 Nr 377). Vgl. dazu noch § 326 A 4; ferner über teilweise Unmöglichkeit noch § 275 A 4.

2a. Die **Rechte aus § 323,** die der andere Teil statt des Anspruchs auf Schadensersatz und des Rücktrittsrechts geltend machen kann — **Abs 1 Satz 3** — bestehen in dem Anspruche auf den bei teilweiser Unmöglichkeit noch möglich gebliebenen Teil der Leistung (§ 323 Abs 1; vgl. A 3); ferner in dem Anspruche auf den Ersatz (Abs 2; vgl. A 4) und auf Rückerstattung der bereits bewirkten Gegenleistung (Abs 3; vgl. A 5). Durch die Forderung und Entgegennahme des Ersatzes bleibt aber der andere Teil im Falle des § 325, also der von dem Leistungspflichtigen zu vertretenden Unmöglichkeit der Leistung, nicht nach § 323 Abs 2 zur Gegenleistung verpflichtet; er muß sich nur den Ersatz auf seinen Schadensersatzanspruch anrechnen lassen (**RG** 108, 186).

3. Abs 2 bringt die Grundsätze des Abs 1 auch für den Fall der nur zu unterstellenden Unmöglichkeit (vgl. § 283 A 1) zur Anwendung, falls die Leistung nicht **bis zum Ablaufe derjenigen Frist** ganz oder teilweise bewirkt worden ist, welche dem Leistungspflichtigen nach dessen rechtskräftiger Verurteilung gestellt wurde (vgl. die näheren Ausführungen zu § 283).

4. In § 325 ist sowenig wie in § 326 der sog. **positiven Vertragsverletzungen** Erwähnung geschehen. Daß der Schuldner auch für sie haftet, ist bereits bei § 276 A 6 hervorgehoben worden, wo auch die Frage nach der Beweislast erörtert wurde. Auch bei Werkverträgen ist ein Rücktrittsrecht wegen positiver Vertragsverletzung zulässig (**RG** 104, 16; Warn 1918 Nr 137). Es fragt sich aber, ob dem Berechtigten gegebenenfalls auch die besonderen Rechtsbehelfe der §§ 325 u. 326 zur Seite stehen. Die Frage ist nach der in Wissenschaft und Rechtsprechung vorherrschenden Ansicht zu bejahen. Die Bestimmungen der §§ 325, 326 lassen sich auf den Rechtsgedanken zurückführen, daß, wenn der eine Teil sich durch die Vereitlung der Leistung überhaupt als vertragsuntreu erwiesen hat, dem Gegner das Recht zum Rücktritte und der Anspruch auf Schadensersatz auf Grund des Vertrags zustehen muß und dieser Gesichtspunkt muß zur Anerkennung eines Anspruchs auf Schadensersatz auch dann führen, wenn sich die Vertragsuntreue des andern Teils durch positive Handlungen bei der Erfüllung (fehlerhafte Leistung) betätigt hat und demzufolge die Erreichung des Vertragszwecks durch fehlerhafte Leistung gehindert worden ist, oder wenn der Verpflichtete sonst gegen den Vertrag und seinen Zweck positiv gehandelt hat (RG 54, 98; 67, 7; 57, 115; 63, 297; 106, 22; vgl. übrigens auch die allgemeine Bestimmung des § 276). Es fallen unter die positiven Vertragsverletzungen alle solche vom Schuldner zu vertretenden positiven Zuwiderhandlungen gegen die Vertragspflichten, welche den Vertragszweck derartig gefährden, daß dem vertragstreuen Teile bei Berücksichtigung der Umstände des Falles nach Treu und Glauben die Fortsetzung des Vertrags nicht zugemutet werden kann, und es liegt also eine positive Vertragsverletzung dann vor, wenn die schuldhafte Verletzung der Leistungspflicht dem Gläubiger einen Schaden zugefügt hat, der über das Erfüllungsinteresse hinausgeht (RG Gruch 65, 222; RG 93, 286). Die Einziehung einer Forderung durch den bisherigen Gläubiger nach geschehener Abtretung enthält eine positive Verletzung des der Abtretung zugrunde liegenden gegenseitigen Vertrags, durch den die Leistung unmöglich wird, wenn die Voraussetzungen des § 407 vorliegen (RG 111, 303). Zum Begriffe der positiven Vertragsverletzung sind Rechtsbeziehungen aus gegenseitigen Verträgen erforderlich. Es genügt nicht das Bestehen von gegenseitigen Rechtsbeziehungen, die in wirtschaftlichem Zusammenhange stehen oder aus einem einheitlichen Lebensverhältnisse hervorgehen (RG 12. 7. 24, V 371/23). Die gegebenen Rechtsbehelfe kann jedoch wegen positiver Vertragsverletzungen nur derjenige gebrauchen, der selbst nicht vertragsuntreu ist (RG 67, 319; 109, 55 und die dort angeführten Urteile). Doch kann in der durch die Vertragsuntreue eines Teiles veranlaßten Nichterfüllung des andern Teiles für sich allein eine Vertragsuntreue dieses Teiles nicht gefunden werden (RG 109, 55). — Ob die Leistungsart eine so fehlerhafte ist, daß sie den Vertragszweck überhaupt vereitelt, ist Tatfrage. Beim Kaufe, der auf eine Sachleistung geht, berechtigt nicht schon ein bloß illoyales Verhalten des Käufers ohne erhebliche Vertragsverletzung zum Rücktritte (RG Gruch 55, 629). Bei Rechtsverhältnissen dagegen, die ein persönliches Vertrauensverhältnis voraussetzen, kann sich schon die Zerstörung oder erhebliche Erschütterung dieses Vertrauens, beispielsweise durch Beleidigungen, als eine positive Vertragsverletzung darstellen, die zur Verweigerung der Leistung berechtigt (RG Warn 1910 Nr 422). Auch eine arglistige Täuschung über die Beschaffenheit der gelieferten Ware enthält eine positive Vertragsverletzung (RG 23. 10. 06 II 97/06). Desgleichen die bestimmte Erklärung einer Vertragspartei, daß sie sich vom Vertrage lossage, die Erfüllung verweigere, „den Vertrag annulliere" (RG 57, 105). Eine solche Erklärung kann eine positive Vertragsverletzung auch enthalten, wenn sie schon vor der Fälligkeit erfolgt ist, aber als endgültig aufzufassen war (RG 93, 285). Eine solche Annullierung liegt schon in der einseitigen Aufstellung willkürlicher, wesentlich erschwerender oder gar unmöglicher Bedingungen (RG Gruch 54, 631). Bei Gesellschaftsverhältnissen ist die entsprechende Anwendbarkeit der §§ 325, 326 im Falle positiver Vertragsverletzungen durch § 723 ausgeschlossen (RG 30. 6. 09 I 367/08; JW 1911, 808[11]); ferner bei Dienstverhältnissen durch die §§ 628 BGB und 92 HGB, falls der Verpflichtete dem Gegner durch vertragswidriges Verhalten das Recht zur Kündigung gibt (RG JW 1911, 106[40]). Bei einer **dauernden Verpflichtung**, die auf fortgesetztes Tun oder Unterlassen geht, kann das Vertragsinteresse auch schon durch eine einmalige fehlerhafte Leistung in Frage gestellt sein, so, wenn der Verkäufer seiner Verpflichtung, innerhalb eines bestimmten Absatzgebiets oder zu einem bestimmten niedrigen Preise Waren nur dem andern Teile zu liefern, auch nur einmal entgegengehandelt hat (RG 54, 286; 67, 7; Gruch 54, 911); oder wenn der Käufer die Verpflichtung Ware allein ins Ausland zu verkaufen, nur in einem Falle verletzt (RG JW 06, 171[17]), oder wenn der Käufer fremde (schlechte) Ware als die des Verkäufers ausgibt und so dessen Interesse schädigt (RG JW 06, 299[3]). Hauptsächlich sind jedoch bedeutsam die Fälle wiederholter Vertragsverletzungen (z. B. durch wiederholte vertragswidrige Verwendung von Lieferungen, RG 54, 103; oder durch wiederholte schlechte Lieferung, RG JW 08, 7[7], bei einem Bierabnahmevertrage); endlich bei den **Teillieferungsgeschäften**, die vorliegen, falls durch einen einheitlichen Vertrag Lieferung in Teilbeträgen abgemacht wird (Sukzessivlieferungsverträge). In diesen Fällen kann der Käufer grundsätzlich jede einzelne Lieferung für sich als eine selbständige Leistung behandeln und demgemäß auch bloß in Ansehung ihrer die ihm wegen fehlerhafter Erfüllung überhaupt zustehenden Rechte gebrauchen (RG 58, 419; 61, 128; 65, 49). Er kann aber auch wegen fehlerhafter Lieferung einer oder mehrerer, nicht ganz geringfügiger Leistungsraten vom ganzen Vertrage zurücktreten (desgleichen Schadensersatz wegen Nichterfüllung fordern), wenn anzunehmen ist, daß auch die künftigen Leistungen vertragswidrig ausfallen würden (RG 54, 98; 65, 55; 67, 7; 76, 152; Warn 1917 Nr 239). Des Rechts auf weitere Vertragserfüllung kann bei Teillieferungsverträgen der Käufer, der auf Abruf gekauft hat, dadurch überhaupt verlustig gehen, daß er den Abruf gegen Treu und Glauben verzögert (RG 88, 262; 91, 347; Warn 1918 Nr 161). Dagegen besteht, wenn nicht ein einheitlicher Teillieferungsvertrag, sondern eine Mehrheit von selbständigen Verträgen vorliegt, nicht das Recht, von dem einen Vertrage wegen Verletzung des andern zurückzutreten (RG JW 1911, 216[16]). — Entsprechend finden diese Grundsätze auch im Falle des Verzugs nach § 326 Abs 1 Anwendung. — Liegt jedoch die Schuld an der Mangelhaftigkeit der bisherigen Lieferungen mehr an dem Käufer — an seinem unberechtigten Drängen auf übermäßige Beschleunigung oder an ungenügenden Angaben über die zu liefernde Ware —, so kann er die in Rede stehenden Rechtsbehelfe nicht geltend machen (RG 23. 12. 07 II 402/07). — Handelt es sich um einen sog. **zusammengesetzten Vertrag** (z. B. Kauf einer Gastwirtschaft, verbunden mit einer Bierabnahmevereinbarung; § 305 A 3), so können die Rechtsbehelfe im Zweifel nur in Ansehung des ganzen Vertrags ausgeübt werden (vgl. § 139 A 2, § 305 A 2, § 325 A 2; RG 67, 101; JW 08, 3[2]; Gruch 53, 945).

Von besonderer Bedeutung ist die Frage, ob beim Kaufe der Käufer, der beim Vertrage stehenbleibt und wegen mangelhafter Leistung Gewährleistungsansprüche geltend macht, daneben noch Ansprüche auf Schadensersatz wegen positiver Vertragsverletzung geltend machen darf. Das ist zu verneinen, da aus § 463 zu entnehmen ist, daß neben dem Gewährleistungsanspruche andere Ansprüche aus Mängeln der Kaufsache nicht bestehen sollen. Indes können, sofern der Partei durch die fehlerhafte Erfüllung ein Schaden entstanden ist, der auf einer andern Grundlage beruht als der Gewährleistungsanspruch, ohne Frage beide Ansprüche nebeneinander bestehen, so insbesondere der aus der verzögerten Erfüllung entstehende, gemäß §§ 284, 286. Beim Verkaufe von Rechten finden auf die Gewährleistungspflicht des Verkäufers (§§ 437—439) nach § 440 die Vorschriften der §§ 320 bis 327 Anwendung.

§ 326

[1]) **Ist bei einem gegenseitigen Vertrage der eine Teil mit der ihm obliegenden Leistung im Verzuge[1 a]), so kann ihm der andere Teil zur Bewirkung der Leistung eine angemessene Frist mit der Erklärung bestimmen, daß er die Annahme der Leistung nach dem Ablaufe der Frist ablehne[1 b]). Nach dem Ablaufe der Frist ist er berechtigt, Schadensersatz wegen Nichterfüllung zu verlangen oder von dem Vertrage zurückzutreten[1 c]), wenn nicht die Leistung rechtzeitig erfolgt ist[2]); der Anspruch auf Erfüllung ist ausgeschlossen[3]). Wird die Leistung bis zum Ablaufe der Frist teilweise nicht bewirkt, so findet die Vorschrift des § 325 Abs 1 Satz 2 entsprechende Anwendung[4]).**

Hat die Erfüllung des Vertrags infolge des Verzugs für den anderen Teil kein Interesse, so stehen ihm die im Abs 1 bezeichneten Rechte zu, ohne daß es der Bestimmung einer Frist bedarf[5]) [6]).

E I 369; M 2 209; P 1 642.

1. Das Gesetz regelt hier **die besondern Folgen des Leistungsverzugs bei gegenseitigen Verträgen.** Die Bestimmung greift auch bei gemischten gegenseitigen Verträgen (§ 305 A 2) Platz, auch wenn äußerlich eine Mehrheit von Verträgen vorliegt und nicht an diesen allen dieselben Personen teilgenommen haben (RG 62, 186; 67, 104; 79, 436), so daß namentlich das Rücktrittsrecht nur einheitlich nach § 326 ausgeübt werden kann; vgl. § 325 A 2. Vgl. auch A 4 a. E. Anderseits ist § 326 nur bei gegenseitigen Verträgen verwendbar, und daher nicht, sofern es sich infolge einer Wandelung um Rückgängigmachung des Kaufs handelt und der Käufer hierbei in Verzug gerät; hier ist nur für § 286 Abs 2 Raum (RG 93, 48). Wohl aber ist § 326 anwendbar in Ansehung des Schuldverhältnisses zwischen dem dinglich Vorkaufsberechtigten und dem Vorkaufsverpflichteten im Falle der Ausübbarkeit des Rechts (RG LZ 1922, 403[2]). Auch wenn es sich bei einem Werkvertrage um Leistungen im Sinne der §§ 634, 642 handelt, ist § 326 unanwendbar, weil dieser Fall in den §§ 634, 636, 642 besonders geregelt ist (RG Gruch 53, 943; SeuffA 76 Nr 112). Vgl. noch A 6 a. E. Anwendbar ist aber § 326 auch zugunsten des Vermieters oder Verpächters, die §§ 553, 554 schließen das Rücktrittsrecht aus § 326 nicht aus (RG 105, 168). Ist die Leistung nachträglich unmöglich geworden, und zwar ohne daß der Schuldner zuvor schon in Verzug gekommen war, dann kann nicht mehr § 326, sondern nur noch § 325 in Frage kommen, da der Schuldner zur Bewirkung einer unmöglichen Leistung nicht verpflichtet sein kann (RG 97, 9). Ist die Unmöglichkeit erst nach dem Verzuge eingetreten, dann hat der Schuldner sie zu vertreten, und es greift der § 326 Platz.

1 a. Unter **Verzug** versteht der § 326 lediglich den Schuldnerverzug (vgl. darüber die Ausführungen zu den §§ 284 ff.). Auch muß es sich um eine Hauptleistung handeln. Eine Leistung ist ohne Rücksicht auf ihren selbständigen Wert dann eine Hauptleistung, wenn ihr nach dem Willen der Parteien, wie er beim Vertragsabschlusse seinen Ausdruck gefunden hat, oder wie er sich aus den Umständen ergibt, eine wesentliche Bedeutung beigelegt worden ist, so daß es auf sie der einen Partei oder der andern wesentlich ankam und sie diese Leistung unter allen Umständen erlangen wollte (RG 101, 431, wo die Ausstellung einer Rechnung als eine Hauptleistung angesehen wurde; SeuffA 76 Nr 76, wo es sich um die Verpflichtung des Käufers zur Mitwirkung bei der Ablieferung der Ware durch Stellung von Transportmitteln handelte; RG 92, 388; 96, 257; 102, 156; 103, 380; Warn 1921 Nr 139, betreffend die Verpflichtung zur Stellung eines Akkreditivs; RG 103, 258 betreffend die Verpflichtung des Befrachters zur Lieferung der Ladung § 585 HGB). Beim Kaufe stellt sich die Abnahmepflicht des Käufers aus § 433 Abs 2 zwar als eine Leistungsverpflichtung dar, auf die geklagt werden und deren Nichterfüllung zum Schuldnerverzug führen kann, aber in der Regel nicht als Verpflichtung zu einer Hauptleistung, deren Nichterfüllung für sich allein die Anwendung des § 326 rechtfertigen könnte, insbesondere nicht, wenn es sich um Käufe beweglicher Sachen handelt (RG 53, 161; 57, 108). Doch kann nach den Umständen des Falles die Abnahmeverpflichtung eine Hauptleistung des Käufers in diesem Sinne bilden (RG LZ 1922, 117[4]). So namentlich die Verpflichtung zur Entgegennahme der Auflassung bei Grundstückskäufen, insbesondere wenn von ihr die Ausübung wesentlicher Rechte des Verkäufers (Eintragung einer Kaufgeldhypothek, Befreiung von durch den Käufer übernommenen Hypotheken) abhängt (RG 69, 106; 11. 5. 18 V 36/18; 107, 346). Desgleichen die Verpflichtung zur Abnahme eines ganzen Geschäfts, zumal wenn damit die Feststellung der Preise verbunden ist (RG JW 1910, 750[7]). Ebenso bei einem Kaufe von Materialien auf Abbruch der Abbruch und die Räumung des Grundstücks von ihnen (RG Warn 1922, 96). Auch bei Massegütern (Bausteine, RG I 320/22, 11. 7. 23; Holz auf Stamm, RG VI 243/25, 23. 10. 25) ist damit zu rechnen, daß die Abnahmepflicht eine Hauptleistung bedeutet. Auch der „Abruf" kann eine Hauptleistung sein, namentlich bei speziell herzurichtenden Waren, z. B. Packungen mit bestimmtem Aufdruck (RG 26. 11. 26 VI 263/26). Die Abrede, daß der Käufer die Ware am Abnahmeorte zu untersuchen und im Falle der Beanstandung unverzüglich die sachverständige Begutachtung herbeizuführen, das Ergebnis auch telegraphisch mitzuteilen hat, gestattet im Falle der Zuwiderhandlung die Anwendung des § 326 (RG 92, 270). Auch der Abruf der Kaufsache kann im Einzelfalle eine Hauptleistung darstellen (vgl. oben) und zugleich kann dabei eine kalendermäßige Bestimmung der Zeit für diese Leistung darin liegen, daß das Geschäft nach dem Parteiwillen innerhalb eines kalendermäßig bestimmten Zeitraums abgewickelt sein muß (RG 15. 11. 10 II 8/10). Vgl. auch zu § 433. — Von den Rechtsbehelfen aus § 326 kann nur der Gebrauch machen, der sich selbst auf den Standpunkt vertragstreuer Erfüllung gestellt hat (RG JW 1913, 918[3]; 1925 Nr 48; vgl. § 325 A 4.

Über die **Voraussetzungen des Verzugs** vgl. §§ 284, 285 nebst Anmerkungen. Der Anspruch auf Ersatz des **Verzugsschadens** (§ 286) kann geltend gemacht werden, ohne daß die Voraussetzungen des § 326, die für den Anspruch auf Schadensersatz wegen Nichterfüllung erfüllt sein müssen, erfüllt worden sind (RG 70, 129), jedoch nicht neben dem Anspruche auf Schadensersatz wegen Nichterfüllung, wenigstens nicht für die Zeit, nachdem die Verpflichtung zur Leistung erloschen ist; denn er setzt infolge seines akzessorischen Verhältnisses zur Leistung voraus, daß diese entweder, und zwar verspätet, erfolgt ist oder als geschuldet noch in Frage kommt (RG 94, 206; 105, 281). Das Erlöschen der Leistungspflicht tritt ein durch fruchtlosen Ablauf der aus § 326 gesetzten Nachfrist oder im Falle des Konkurses des Leistungspflichtigen durch Ablehnung der Erfüllung von seiten des Konkursverwalters (RG 94, 207); aber auch schon durch Vornahme eines Deckungskaufs von seiten des Käufers (RG 105, 281). Von diesem Zeitpunkt ab bildet der Verzögerungsschaden einen Bestandteil des Schadens aus der Nichterfüllung und ist bei diesem zu berücksichtigen. Doch bleibt ein in diesem Zeitpunkte für die bis dahin verflossene Zeit bereits entstandener Verzugsschadensanspruch und ebenso der Anspruch auf eine bis dahin verfallene, für den Fall nicht gehöriger, insbesondere nicht rechtzeitiger Erfüllung versprochene Vertragsstrafe bestehen und kann außer dem Schadensersatzanspruch aus § 326 geltend gemacht werden (RG 94, 206). Vgl. auch § 341 A 1.

Die **Fälligkeit der Forderung und der Verzug sind grundsätzlich Voraussetzung** für den Gebrauch der in § 326 gegebenen Rechtsbehelfe, insbesondere für die Fristsetzung (RG 69, 305; 93, 180; auch beim Handelskauf, RG 57, 106), und vor der Fälligkeit kann Verzug niemals eintreten (RG LZ 1919, 591[5]). Doch kann die Mahnung mit der Fristsetzung verbunden werden, so daß diese gleichzeitig mit dem Eintritte des Verzugs stattfindet (RG 50, 262; 93, 181; JW 1910, 332[7]; Warn 1917 Nr 13). Aber unter Umständen kann der Berechtigte **auch ohne Verzug** schon **vom Vertrage zurücktreten oder Schadensersatz wegen Nichterfüllung fordern,** nämlich dann, wenn der Verpflichtete bereits vor der Leistungszeit durch sein Verhalten (positive Vertragsverletzung) in zweifelloser Weise (etwa durch die strikt erklärte Erfüllungsverweigerung oder durch fortgesetzte unbegründete Einwenbungen) zu erkennen gegeben hat, daß er nicht leisten wolle und nicht leisten werde (RG 93, 286; 57, 113; 67, 317; 96, 342; Warn 1910 Nr 50; 1918 Nr 73, 137, 167; Gruch 54, 911). In dem Falle haftet jedoch der Schuldner nicht für die durch Zufall eingetretene Unmöglichkeit der Leistung oder doch nur dann gemäß § 287 Satz 2, wenn der Zufall erst nach eingetretener Fälligkeit sich ereignet hat (RG Warn 1919 Nr 87). — **Ist die Bestimmung des Zeitpunktes der Leistung dem Schuldner überlassen,** dann kann der Gläubiger von den Befugnissen aus § 326 erst dann Gebrauch machen, wenn er gemäß § 315 den Richter um Bestimmung der Leistungszeit angegangen hat (RG 64, 114). Für Handelssachen ist dieser Grundsatz jedoch als unanwendbar erklärt und mit Recht angenommen worden, daß es hier dem Verkehrsbedürfnisse entspricht, die Möglichkeit der Verzugsfolgen nur davon abhängig zu machen, daß der Richter lediglich nachprüft, ob der Schuldner von seinem Ermessen in der richtigen Weise Gebrauch gemacht hat (RG 90, 30). Vgl. § 315 A 4.

1 b. Während im Falle der in § 325 behandelten Unmöglichkeit der Berechtigte von den dort bezeichneten Befugnissen (vgl. A 1 zu § 325) ohne weiteres Gebrauch machen kann, schreibt § 326 in Satz 1 des Abs 1 vor, daß die in Satz 2 daselbst bestimmten besonderen Folgen des Verzugs bei gegenseitigen Verträgen (A 1) in der Regel (vgl. aber A 1c Abs 2 betreffend positive Vertragsverletzungen und A 5) nur eintreten, wenn außer dem Erfordernisse des Verzugs (A 1a) noch **weitere Voraussetzungen** erfüllt sind (RG Warn 1922 Nr 50). Diese Voraussetzungen sind: **Setzung einer Nachfrist** mit Ablehnungserklärung für den Fall fruchtlosen Ablaufs der gesetzten Frist und **Ablauf dieser Frist.**

aa) Dem Gegner muß zunächst eine **angemessene Nachfrist** gesetzt und dabei zugleich (RG JW 1910, 183) die Nichtannahme der Leistung für den Fall fristlosen Ablaufs der gesetzten Frist angedroht worden sein (RG JW 08, 676[4]; 1910, 183; 1913, 856; Warn 1914 Nr 42), und zwar kann die Fristsetzung der Regel nach erst nach eingetretenem Verzuge wirksam erfolgen (RG 93, 180); s. jedoch A 1a Abs 3. Über Angemessenheit der Frist sowie über die Natur der Erklärung vgl. § 250 A 1, 2, ferner RG 56, 231; 62, 66. Einen Maßstab für die Fristbemessung ergeben die gesamten Tatumstände, daneben auch die §§ 187ff., sowie der Grundsatz von Treu und Glauben gemäß § 242 (RG Warn 1911 Nr 66). Dabei sind die Interessen beider Teile, namentlich auch die des Gläubigers, zu berücksichtigen (RG 89, 125); danach hat der Schuldner keinen Anspruch darauf, daß ihm eine Frist bewilligt wird, die ausreicht, die Leistung erst jetzt noch zu ermöglichen (RG Warn 1911 Nr 67); denn die Nachfrist soll nur den säumigen Schuldner instandsetzen, die bereits angefangene Erfüllung zu vollenden, nicht aber mit ihr erst jetzt zu beginnen (RG 89, 125; Warn 1925 Nr 101), und dazu genügt auch, daß der Schuldner bis zum Ablaufe der Frist denjenigen Erfolg herbeiführt (beispielsweise durch Überweisung des Schuldbetrags durch Postanweisung und Anzeige hiervon), auf den es der Sache nach gemäß § 242 ankommt (RG Gruch 61, 123). Stellt der Berechtigte eine unangemessene Frist, dann wird dadurch ohne weiteres eine angemessene Frist in Lauf gesetzt (RG 62, 68; 68, 332; JW 1912, 141[16]; 106, 90). Eine unangemessene Fristsetzung ist jedoch wirkungslos, wenn der Berechtigte zu erkennen gegeben hat, daß er nach ihrem Ablaufe die Leistung, selbst wenn sie noch innerhalb angemessener Frist erfolgen sollte, dennoch keinesfalls annehmen werde (RG 91, 207; JW 1911, 755[10]). Die Bemessung der Frist ist im Streitfalle Sache des Gerichts (RG 69, 305) und bei Bemessung der Frist darf der Richter außer den tatsächlichen Umständen nicht auch die einschlägigen rechtlichen Fragen außer Betracht lassen (RG 8. 1. 21 V 430/20). — Eine Fristbemessung nach Tagen oder sonstigen bestimmten Zeitabschnitten ist nicht unbedingt erforderlich; es kann nach den gegebenen Umständen auch die Aufforderung zur unverzüglichen Leistung (also ohne schuldhaftes Verzögern) ausreichen (RG 75, 357). — Die Fristsetzung zur Auflassung braucht nicht einen bestimmten Termin anzugeben; es genügt, wenn der Gläubiger sich dabei ausdrücklich oder auch nur stillschweigend bereit erklärt, in dem von dem Schuldner zu bestimmenden Termine zu erscheinen (RG JW 1913, 487[7]; 108, 69, unter Aufgabe von 53, 75; auch schon 69, 106; 66, 431). Die Fristsetzung ist trotz Zuvielforderung wirksam, wenn anzunehmen, daß der Schuldner auch einem Verlangen nach der richtigen Leistung nicht nachgekommen sein, der Gläubiger aber eine solche angenommen haben würde (RG 4. 2. 25 V 60/24).

Die **Erklärung** im Sinne des Satzes 1 muß bestimmt sein, unbedingt abgegeben werden, ist unwiderruflich, auch insoweit, als bei der Fristsetzung zugleich der Leistungsort bestimmt wurde (RG JW 1911, 535[6]). Sie muß unzweifelhaft erkennen lassen, daß die Partei für den Fall des erfolglosen Ablaufs der Frist von den Befugnissen aus § 326 Gebrauch machen will (RG JW 1908, 676[4]; 1910, 183; 109, 326; die Nachholung der Androhung würde erst eine neue Fristsetzung bedeuten), braucht nicht schon die Wahl zwischen den in Satz 2 bezeichneten Befugnissen auszusprechen (RG 5. 12. 11 II 242/11), kann es aber (RG 61, 131; Warn 1925 Nr 81). Die Aufforderung des Verkäufers gegenüber dem Käufer, die Ware binnen bestimmter Frist abzunehmen, widrigenfalls die Ware für Rechnung des Käufers öffentlich versteigert werden solle, würde eine Erklärung nicht im Sinne des § 326, sondern gegebenenfalls des § 373 HGB darstellen, da der Verkäufer gerade die Vollziehung des Vertrags androhen würde (**RG** Warn 1912 Nr 100). Die Erklärung des Gläubigers muß völlige Klarheit darüber schaffen, wie er sich weiterhin zu verhalten gedenkt, und was der Schuldner zu erwarten hat, falls er die gestellte Frist fruchtlos vorübergehen läßt; ist dieser Anforderung in der schriftlichen Erklärung nicht entsprochen und hat das Berufungsgericht trotzdem den § 326 für anwendbar erklärt, dann liegt eine Gesetzesverletzung vor (**RG** Warn 1920 Nr 190; 11. 6. 21 V 71/21). Insbesondere muß aus der Erklärung bestimmt hervorgehen, daß der Gläubiger die Leistung gegebenenfalls nicht mehr annehmen werde (**RG** 91, 164). Erklärungen wie: „Ich muß Sie bei Nichteinhaltung der Frist für allen Schaden verantwortlich machen", oder: „Der Vertrag würde mit der Maßgabe aufgerufen werden, daß Schadensersatz verlangt werde", sollen nicht genügen (**RG** LZ 1920, 708[3] und die dort genannten Urteile); ebensowenig die Erklärung des Verkäufers, daß er über die Ware anderweit verfügen werde (**RG** JW 1921, 1359[1]). Andrerseits ist für genügend erachtet die Drohung: „bei Nichteinhaltung der Frist vom Vertrage abzugehen". Eine ganz einheitliche Richtlinie lassen sonach diese Entscheidungen vermissen. Die Drohung, vom Vertrage abzugehen oder ihn „aufzurufen" dürfte voll genügen, da sie die wesentliche Androhung der Nichtannahme der Leistung (**RG** Warn 1922 Nr 51, 96) in sich schließt. Vgl. jetzt auch **RG** 114, 7. Dort ist in einem Falle, wo der Anspruch auf Schadensersatz wegen Nichterfüllung vertraglich ausgeschlossen war, die Erklärung des Käufers, nach fruchtlosem Ablaufe der Frist zum Deckungskaufe übergehen und für den ihm entstandenen Schaden den Verkäufer verantwortlich machen zu wollen, für nicht genügend erachtet, um den Erfüllungsanspruch auszuschließen, weil der Käufer „offenbar" nicht eine Erklärung habe abgeben wollen, welche die Beschränkung seiner vertraglichen Rechte auf den Rücktritt zur Folge gehabt hätte, worüber der Verkäufer nicht habe im Zweifel sein können; eine recht wohlwollende Auslegung der doch mindestens unklaren Erklärung, noch dazu im Gegensatze zum Tatrichter. — Ein Vorbehalt des Festhaltens am Vertrag macht die Erklärung unwirksam (**RG** 91, 164; Warn 1925 Nr 129). Es genügt auch nicht die Aufforderung an den Schuldner, sich über seine Erfüllungsbereitschaft zu erklären, widrigenfalls die Annahme der Leistung solle verweigert werden (**RG** 101, 399). Vor der Fälligkeit kann keine Fristsetzung stattfinden (**RG** Warn 1925 Nr 129). — In allen solchen Fällen kann der Berechtigte nach fruchtlosem Ablaufe der Frist immer noch die Erfüllung und nur diese fordern. Ist die Leistungsfrist auf „zirka Ende eines Monats" vereinbart, dann kann die Nachfrist auf Ende des nächsten Monats gesetzt werden (**RG** 69, 304). Es wird eine mangelhafte Fristsetzung behufs Vornahme der Auflassung geheilt, wenn der Schuldner demnächst den Auflassungstermin selbst bestimmt (**RG** Warn 1910 Nr 424). — Mit dem fruchtlosen **Ablaufe der Frist treten die angedrohten Rechtsfolgen ohne weiteres und zwingend ein,** und der Schuldner kann, wenn der Gläubiger die Rechtsfolge geltend macht, die Einrede der Arglist nur unter ganz besondern Umständen erheben, so etwa, wenn es sich nur um eine ganz geringfügige und dazu durch besondere unverschuldete Verhältnisse verursachte Fristüberschreitung handelt (**RG** 92, 210; Warn 1918 Nr 228; JW 1915, 1004[10]). — Die Befugnis des Berechtigten zur Ausübung seiner Rechte aus § 326 ist an sich unbefristet; nur darf er nicht die Ausübung arglistig oder in einer wider Treu und Glauben verstoßenden Weise hinausschieben (**RG** 2. 7. 12 II 174/12, betreffend Teillieferungsverträge).

bb) Die **Setzung der Nachfrist ist entbehrlich,** abgesehen vom Falle des § 326 Abs 2 und von dem der positiven Vertragsverletzung (A 1c Abs 2), auch dann, wenn der andere Teil auf die Fristsetzung ausdrücklich, oder nach der Natur des Geschäfts stillschweigend (**RG** 71, 308; LZ 1922, 194[3]) verzichtet hat, oder wenn er die Erfüllung in so bestimmter Weise bereits ernsthaft verweigert hat, daß das gewissermaßen als sein letztes Wort gilt (**RG** Warn 1918 Nr 131) und daß eine Änderung seines Entschlusses als ausgeschlossen erscheinen muß (**RG** 51, 347; 53, 161; 57, 105; 90, 317; 66, 421; Gruch 54, 630; Warn 1922 Nr 50; 1924 Nr 178; a. A. Planck-Siber Erl 2d); wenn der Schuldner sich zur Leistung selbst außerstande erklärt oder willkürlich außerstande setzt, beispielsweise durch Weiterverkauf der zu liefernden Ware (**RG** Warn 1922 Nr 51); oder wenn er ungerechtfertigterweise erklärt, daß er vom Vertrage zurücktrete und ihn annulliere (**RG** 57, 113); oder wenn der Schuldner die Leistung von einer ungerechtfertigten Bedingung abhängig macht (**RG** Gruch 54, 631; JW 08 Beil 139[305]). Ein stillschweigender Verzicht kann beispielsweise vorliegen, wenn dem Käufer das Recht eingeräumt ist, ein von ihm noch zu bestellendes Akkreditiv nach fruchtlosem Ablaufe der Lieferfrist zu widerrufen (**RG** 104, 375) oder bei Geschäften des Großhandels in der Kriegszeit (**RG** 104, 41); oder wenn der Käufer dem Rechte auf Annahmeverweigerung im Falle der Überschreitung der Lieferfrist entsagt hat; der Gläubiger ist dann auf den Anspruch aus § 286 beschränkt (**RG** SeuffA 76 Nr 76); ferner bei einem überseeischen (**RG** 71, 308) oder ausländischen (**RG** JW

1917, 538[4]) Abladegeschäfte. In derartigen Fällen kann auch derjenige Teil, der an sich zur Vorleistung verpflichtet war, ohne weiteres von den Rechtsbehelfen aus § 326 Gebrauch machen (**RG** 18. 11. 15 V 224/15). Ob eine wirkliche Erfüllungsverweigerung vorliegt, ist strenge zu beurteilen. Es genügt nicht schon die einfache Ablehnung, insbesondere wegen Meinungsverschiedenheiten über den Inhalt des Vertrags (**RG** 67, 319; Warn 1911 Nr 364; JW 1919, 375[1]; 1920, 19[3]), oder wenn der Schuldner erklärt, die Vertragsaufhebung sei ihm lieber (**RG** JW 1912, 140[15]); es muß vielmehr nach erheblichen tatsächlichen Umständen als ausgeschlossen erscheinen, daß der in Verzug befindliche Vertragsteil auch im Falle der Nachfrist sich für die Erfüllungsleistung entschließen würde (**RG** 57, 113; 66, 419; vgl. Warn 1911 Nr 364 und 1913 Nr 192). So kann die bloße Erklärung, zur Zeit nicht zahlen zu können, mit der Bitte um Stundung nicht als eine Erfüllungsverweigerung erachtet werden (**RG** 66, 430). Ebensowenig die Erklärung eines bedingten Rücktritts (**RG** 7. 10. 04 II 8/04), oder die Erklärung des Verkäufers, er werde unter Vorbehalt seiner Rechte über die Ware anderweit verfügen, denn diese Äußerung kann auch auf die Beabsichtigung eines Selbsthilfeverkaufs bezogen werden (**RG** JW 1921, 1359[1]). Die vorstehenden Grundsätze greifen entsprechend auch im Falle einer vertraglich vorgesehenen Fristsetzung Platz (**RG** JW 07, 706[9]). *Widerruft der Schuldner vor Eintritt der Fälligkeit seine anfängliche Erfüllungsweigerung*, dann wird die Fristsetzung hierdurch wieder erforderlich. Wer selbst vertragsuntreu ist, kann, solange dieser Zustand währt, auch aus der Vertragsuntreue des Gegners keinerlei Rechte geltend machen (**RG** 67, 317; JW 1913, 196[6]). — Die Wahrung der Voraussetzungen des § 326 wird nicht dadurch entbehrlich, daß etwa nach dem Verzuge des Verkäufers die Preise erheblich gestiegen sind (**RG** Warn 1922 Nr 51).

1 c. Die **besondere Folge des Verzugs** bei gegenseitigen Verträgen ist **nach § 326** die, daß der andere Teil das Recht hat, nach Erfüllung der in Abs 1 Satz 1 bezeichneten Voraussetzungen (A 1 b) nach seiner Wahl entweder **a) Schadensersatz wegen Nichterfüllung** zu fordern oder **b)** *vom* **Vertrage zurückzutreten.** — Über den Inhalt dieser Befugnisse und ihre Tragweite ist zunächst auf die Ausführungen bei § 325 A 1, 1 **a**, 1 b zu verweisen. Im übrigen ist noch zu sagen: Ausdrücklich ist die Vorschrift des § 326 nur auf den Fall abgestellt, daß die eine Vertragspartei mit ihrer ganzen, nämlich „der ihr obliegenden“, Leistung in Verzug kommt. Denkbar ist aber auch ein Teilverzug, und zwar dann, wenn es sich um eine teilbare Leistung handelt und erst eine Teilleistung fällig geworden war. In solchen Fällen kann der Berechtigte grundsätzlich von den Befugnissen aus § 326 auch nur in Ansehung dieses Teils, nicht aber hinsichtlich des gesamten Vertrags Gebrauch machen (siehe indes weiter unten betreffs der Teillieferungsverträge). Das *Rücktrittsrecht* jedoch darf regelmäßig — wie im Falle des § 325, dort A 2 — nur betreffs des ganzen Vertrags ausgeübt werden, da ein einheitlicher Vertrag sich nicht zerreißen läßt (**RG** 67, 104; 79, 311; Warn 1909 Nr 288; Gruch 53, 948) und im Zweifel die gesamten Abreden einen einheitlichen Vertrag darstellen (**RG** 57, 165; 71, 388; 72, 218). Enthält aber der Vertrag mehrere selbständige voneinander trennbare Teile, dann ist entsprechend auch ein nur teilweiser Rücktritt zulässig (**RG** 79, 311). In entsprechender Anwendung des § 320 Abs 2 ist der Rücktritt aber im Falle des § 326 überhaupt unstatthaft, wenn der Schuldner nur noch mit einer verhältnismäßig so geringfügigen Teilleistung im Rückstande ist, daß der Rücktritt einen Verstoß gegen Treu und Glauben (§ 242) darstellen würde (**RG** 76, 150; Warn 1915 Nr 228).

Hinsichtlich der Eigentümlichkeiten bei **Teillieferungsverträgen** sei hier auf § 325 A 4 verwiesen und dazu nur noch bemerkt: Ist der Verpflichtete auch nur mit einzelnen Teilleistungen in Verzug geraten, dann kann der Berechtigte nach *fruchtloser Fristsetzung* von dem Vertrag auch hinsichtlich der noch ausstehenden Leistungen zurücktreten (**RG** 57, 115; 58, 420; 65, 54; Warn 08 Nr 137; 1917 Nr 50; 1921 Nr 68; 1924 Nr 156). Bei solchen Teillieferungsverträgen, die ein besonderes Vertrauen und eine besondere Pünktlichkeit voraussetzen, kann sogar schon der Verzug bei der ersten geschuldeten Leistung (Zahlung des Preises) zum Rücktritt vom Vertrage berechtigen, und zwar als *positive Vertragsverletzung ohne das Erfordernis der Fristsetzung* (**RG** 104, 41). Auch sonst kann unter Umständen die schuldhafte Verzögerung einzelner Teilleistungen den Vertragszweck derart gefährden, daß ein Rücktritt ohne Fristsetzung statthaft ist, namentlich bei Zahlungsverpflichtungen in der Inflationszeit (**RG** Warn 1925 Nr 165). Hat jedoch der Käufer, dem fortdauernd zu liefern war und dem nichts geliefert worden ist, sich dieses längere Zeit hindurch (drei Monate) unbeanstandet gefallen lassen, dann darf er nicht ohne weiteres vom ganzen Vertrage zurücktreten (**RG** 96, 129). Regelmäßig hat aber bei Teillieferungsverträgen der Verzug des Schuldners mit einer Teilleistung die gleiche Wirkung, wie wenn er mit der vollen Leistung in Verzug geraten wäre (**RG** 97, 136). Verlangt der Käufer nach § 480 an Stelle einer mangelhaft gelieferten Rate Lieferung einer mangelfreien und kommt der Verkäufer mit dieser in Verzug, so stehen dem Käufer aus diesem Verzuge ebenfalls die Rechte aus § 326 in bezug auf den ganzen Vertrag zu

(RG 8. 11. 04 II 239/04; Gruch 63, 116). In der anstandslosen Annahme bisheriger Teillieferungen kann die Genehmigung ihrer Beschaffenheit auch für künftige Lieferungen gefunden werden (RG Warn 1919 Nr 154). Über Teillieferungsverträge auf Abruf vgl. auch zu § 433. Grundsatz ist, daß der Berechtigte infolge einer positiven Vertragsverletzung auf Grund des § 276 auch ohne Fristsetzung Schadensersatz fordern (RG 106, 22; vgl. § 276 A 6) und vom Vertrage zurücktreten kann (RG 104, 41). Darüber, daß dem Berechtigten die Rechtsbehelfe des § 326 auch bei **positiven Vertragsverletzungen** zustehen, vgl. § 325 A 4; RG 104, 28; JW 1912, 387[7]. Als eine positive Vertragsverletzung ist es auch unter Umständen schon anzusehen, wenn der Schuldner die Erfüllung unbedingt verweigert (RG 66, 421; 67, 319; Warn 1922 Nr 50), oder wenn der Verkäufer dem Käufer etwas anderes liefert als den geschuldeten Gegenstand (RG Warn 1913 Nr 279); oder wenn sich der Verkäufer einer bestimmten Sache zu deren Gewährung durch ihren anderweiten Verkauf außerstand setzt (RG 104, 277). Die Ablehnung einer Aufwertung kann nicht als positive Vertragsverletzung gelten, wenn sie zu einer Zeit erfolgt ist, als die Rechtsanschauung einen solchen Anspruch noch verneinte (RG 111, 157; Warn 1925 Nr 48); vgl. § 242 A 5d δ. Die Anwendung des § 326 zugunsten des Verkäufers ist aber ausgeschlossen, wenn er die dem Käufer noch nicht übereignete Kaufsache vor Fälligkeit des Kaufpreises weiterveräußert, oder er müßte die Leistung dem Käufer demnächst wieder anbieten (RG 63, 108).

Der Anspruch auf Schadensersatz entsteht mit dem Ablaufe der gesetzten Frist oder, wenn die Fristsetzung wegen der Leistungsverweigerung des Schuldners (vgl. den vorangehenden und den folgenden Absatz) unterbleiben kann, schon mit der Erklärung des Gläubigers, daß er Schadensersatz wegen Nichterfüllung fordere. Die Erklärung, statt der Erfüllung Schadensersatz zu fordern, darf nicht ungebührlich verzögert werden (RG SeuffA 75 Nr 187). Gleiches wird von der Erklärung des Rücktritts zu gelten haben (s. unten). Allgemeine Voraussetzung für den Anspruch auf Schadensersatz aus § 326 wegen Nichterfüllung ist im übrigen, daß die Leistung noch möglich war und nicht nachträglich unmöglich geworden ist, in welchem Falle die Verpflichtung zum Schadensersatze nur aus § 325 folgen könnte (RG 97, 9). **Für die Berechnung des abstrakten Schadens** (vgl. § 325 A 1a Abs 3) ist im Falle des Verzugs des Schuldners nach Wahl des Gläubigers, sofern nicht Treu und Glauben entgegenstehen, der Eintritt des Verzugs oder das Ende der dem Schuldner bestimmten Nachfrist (RG Warn 1922 Nr 8); wenn aber der Käufer wegen Lieferungsverweigerung des Verkäufers ohne Nachfristsetzung Schadensersatz wegen Nichterfüllung verlangt, der Tag dieser Erklärung gegebenenfalls der Tag des Überganges von der Erfüllungs- zur Ersatzklage maßgebend (RG 103, 293). Hat der Gläubiger zunächst den Tag des Fristablaufs (in seiner Klage) für die Berechnung des Schadens gewählt, so ist er daran nicht gebunden, er kann demnächst auf den Zeitpunkt des Verzugs zurückgehen, weil es sich dann nur um eine andere Art der Schadensberechnung handelt (RG Warn 1920 Nr 153). Als Grundsatz gilt demnach, daß die einmalige Ausübung des Wahlrechts hinsichtlich des Zeitpunktes das Wahlrecht nicht erschöpft (RG SeuffA 75 Nr 187). Niemals darf jedoch die Wahl des Zeitpunkts Treu und Glauben widerstreben. Tritt noch während des Verzugs des Schuldners Unmöglichkeit der Leistung ein, dann kann der Gläubiger auch diesen Zeitpunkt für die Schadensberechnung wählen (vgl. RG 90, 424; 91, 31; 96, 158; Warn 1919 Nr 156). Verlangt der Käufer als Schadensersatz wegen Nichterfüllung Ersatz des entgangenen Gewinns nach der abstrakten Berechnung, dann ist der Zeitpunkt maßgebend, in dem der Käufer im Falle der Erfüllung die Ware zwecks Weiterveräußerung zur Verfügung gehabt haben würde, und es muß zu der Zeit also auch noch der Erfüllungsanspruch bestanden haben; letzteres ist dagegen nicht erforderlich, wenn der Käufer den Deckungskauf vorgenommen hat und den dabei erlittenen Schaden ersetzt verlangt (RG 91, 103). Über die Art und Weise und die Grenzen der Zulässigkeit der abstrakten Schadensberechnung vgl. § 252 A 3. — **Der konkrete Schaden** kann nicht durch einen Vergleich zwischen der Vermögenslage, in die der Käufer durch die richtige Lieferung gekommen wäre, und anderseits dem Vertragspreise ermittelt werden; vielmehr ist festzustellen, wie sich die Vermögenslage tatsächlich gestaltet hat, ob und wie sich der Käufer etwa eingedeckt oder wie er sich sonst durchgeholfen hat (RG 91, 34; Gruch 65, 477). Im Falle der Ausübung des Deckungskaufs braucht sich der Käufer den Gewinn, den er bei der Weiterveräußerung der erworbenen Sache macht, nicht abrechnen zu lassen (RG 52, 154; 90, 160), und auch von einer Vorteilsausgleichung kann wegen mangelnden adäquaten Zusammenhangs keine Rede sein (RG Warn 1920 Nr 7). Schadensersatz wegen Nichterfüllung infolge von verweigerter Abnahme und Zahlung kann der Verkäufer von Sachen, die erst noch geliefert werden sollten, unter Umständen fordern, auch ohne daß er die Sachen bereits hergestellt hatte; aber Bedingung ist dann, daß die Herstellung und Lieferung innerhalb angemessener Frist möglich war (RG 17. 4. 18 V 462/17). Der Verkäufer einer nur nach Zahl, Maß und Gewicht bestimmten Menge einer von ihm selbst hergestellten Ware kann als Schadensersatz wegen Nichterfüllung nicht nur den Unterschied zwischen dem Vertragspreise und dem niedrigeren Marktpreise, sondern ebensowohl den Unterschied zwischen Vertrags- und Herstellungspreis fordern (**RG** JW 1919, 445[5]). — Siehe ferner über den Schadensnachweis § 325 A 1a Abs 3.

Die Wahl zwischen Rücktritt und Schadensersatz wegen Nichterfüllung steht im Belieben des Berechtigten; doch mit der Maßgabe, daß nicht beide Rechtsbehelfe nebeneinander ausgeübt werden können, und daß die Wahl des Rücktritts jedweden Anspruch aus dem Vertrage unbedingt ausschließt, es sei denn, daß sie zu Unrecht erfolgt war (**RG** 61, 130; 67, 317; 85, 282; JW 1910, 229[4]; 1911, 751[5]). Die Wahl des Ersatzanspruchs dagegen läßt noch die Möglichkeit eines späteren Rücktritts offen, sofern nicht im besonderen Falle ein solches Verhalten einen Verstoß gegen die geschuldete Vertragstreue darstellt (so unter Aufgabe von **RG** 53, 167 nunmehr die ständige Rechtsprechung des Reichsgerichts: **RG** 85, 282; 107, 348; 109, 184; Warn 1916 Nr 100; 1917 Nr 20; 1919 Nr 48; LZ 1924, 232; dahingestellt in **RG** 102, 265). Die Erklärung, „zurückzutreten und Schadensersatz zu verlangen", bedeutet im Zweifel die Wahl des Schadensersatzanspruchs (**RG** JW 1911, 751[5]). Gegebenenfalls liegt auch nicht unzulässige Klagänderung vor (**RG** Warn 1917 Nr 13), wie eine solche auch dann nicht anzunehmen ist, wenn der Berechtigte zuvörderst auf Erfüllung geklagt, dann erst während des Prozesses die Nachfrist gesetzt hatte und nunmehr Schadensersatz wegen Nichterfüllung fordert (**RG** 88, 405; 102, 264; 109, 137). Das ist grundsätzlich zulässig, und zwar sowohl in dem Falle, daß auf Erfüllung geklagt war, wiewohl sich der Schuldner schon im Verzuge befand, wie auch in dem, daß der Gläubiger ohne weiteres Erfüllung forderte, weil der Schuldner die Leistung unbedingt verweigert hatte (**RG** 102, 264; 109, 137). Hat der Beklagte den Vertrag angefochten und die Erfüllung verweigert, dann kann der Kläger noch jetzt seinen Rücktritt erklären (**RG** 7. 8. 07 V 227/07). Wenn beide Teile von den Rechten aus § 326 Gebrauch und unter Vorbehalt von Schadensersatzansprüchen eine bereits erfolgte Übergabe rückgängig machen, liegt noch nicht eine vertragsmäßige Einigung über die Nichterfüllung des Vertrags vor (**RG** 69, 103). Über das Rücktrittsrecht bei Verträgen zugunsten Dritter vgl. § 334 A 1. Ausgeschlossen ist das Rücktrittsrecht bei Leibgedingverträgen durch Art 15 § 7 PrAusfGes zum BGB (**RG** 101, 277). — Eine Frist zur Ausübung des Rücktrittsrechts ist im Gesetze nicht bestimmt; doch erfordern Treu und Glauben, jedenfalls im Geschäftsleben und in Zeiten schwankender Preise und der Geldentwertung, die Ausübung in angemessener Frist (**RG** 107, 109).

2. Bewirkt der in Verzug befindliche Teil die **volle Leistung rechtzeitig, d. h. bis zum Ablaufe der Frist,** so ist der Verzug geheilt und der Berechtigte kann von den Rechtsbehelfen aus § 326 keinen Gebrauch machen. Ob der Schuldner fristgerecht geleistet hat, ist nach Treu und Glauben und nach dem Zwecke der Fristsetzung zu entscheiden (**RG** JW 1916, 1628[3]); Warn 1922 Nr 9). Die Voraussetzung hierfür ist nicht erfüllt, wenn bis zum Ablaufe der Frist auch nur noch ein Teil der Leistung aussteht, gleichgültig, ob die Teilleistung vor oder nach der Fristsetzung bewirkt worden ist (**RG** 50, 140; Gruch 53, 944; **RG** JW 05, 17[10]; **RG** 106, 90); selbst wenn gegebenenfalls der Schuldner nach versäumter Nachfrist die Arbeiten nunmehr in kurzer Zeit noch anfertigen kann und will (**RG** Warn 09 Nr 196). Das Recht, sich von den Folgen des fruchtlosen Fristablaufs insoweit durch den Nachweis der Nichtverschuldung zu befreien (wie im Falle des Verzugs nach § 285), steht dem Schuldner regelmäßig nicht zu (**RG** Warn 1910 Nr 424). Indes, handelt es sich nur um eine ganz geringfügige und zudem durch unverschuldete Verhältnisse herbeigeführte Fristüberschreitung, dann wird man dem Schuldner, falls der Gläubiger trotzdem die Rechtsbehelfe aus § 326 verwenden wollte, die Einrede aus § 242 gewähren müssen (**RG** Warn 09 Nr 196; 1913 Nr 228).

3. Der Gläubiger **verliert,** falls er bei Setzung der Nachfrist die in Satz 1 vorausgesetzte Androhung erklärt, schon damit **den Anspruch auf Erfüllung** (vgl. § 283 A 1, ferner **RG** 52, 94; 57, 105; 107, 347), und nach Ablauf der Frist hat er sich darüber zu erklären, von welchem Rechtsbehelfe aus Satz 2 er Gebrauch machen will. Er kann die Wahl aber auch bereits vor dem Fristablaufe ausüben (**RG** JW 04, 536[3]). Auf Erfüllung und gleichzeitig auf Schadensersatz wegen Nichterfüllung zu klagen, ist mit den Grundsätzen des § 326 unvereinbar; doch kann eventuell, d. h. für den Fall, daß die Voraussetzungen des § 326 nicht erfüllt sein sollten, Erfüllung und Verzugsschaden verlangt werden (**RG** 57, 105; Warn 1922 Nr 51). Einigen die Parteien sich nachträglich auf Vertragserfüllung, so schließt das den Anspruch auf Schadensersatz wegen Nichterfüllung aus; der Berechtigte kann sich aber den Ersatzanspruch wegen verzögerter Erfüllung vorbehalten (**RG** JW 1910, 751[9]). Hat der Verkäufer auf Schadensersatz bereits geklagt, so verstößt es nicht gegen Treu und Glauben, wenn er auf den Einwand des Beklagten hin, daß der Verkäufer die Kaufsache zu früh angeboten habe, das Angebot während des Prozesses nunmehr wiederholt und daraufhin jetzt noch die Erfüllung fordert (**RG** 75, 350).

4. Nur teilweise Leistung nach der Fristsetzung und bis zu deren Ablauf (Abs 1 Satz 3). Grundsätzlich ist der Gläubiger, eine Teilleistung anzunehmen, überhaupt nicht verpflichtet (§ 266). Doch kann es unter Umständen Treu und Glauben widersprechen, wenn er die Annahme verweigert, obwohl nur — beispielsweise bei einem bestellten Werke — ganz Geringfügiges noch fehlt (**RG** Warn 09 Nr 196), und in solchem Falle geriete der Berechtigte in Annahmeverzug. Hat der Gläubiger eine Teilleistung einmal angenommen, dann kommt folgendes in Betracht: Die gesetzliche Voraussetzung, daß „die Leistung innerhalb der Nachfrist teilweise nicht bewirkt wird", trifft sowohl dann zu, wenn der Verpflichtete bis zur Nachfristsetzung überhaupt noch nichts geleistet hat und auch nach der Fristsetzung nur teilweise leistet, wie auch dann, wenn bis zur Nachfristsetzung eine teilweise Leistung bereits erfolgt und alsdann betreffs des noch fehlenden Restes die Fristsetzung erklärt war, demnächst aber die volle Erfüllung ausbleibt (**RG** 50, 138; Warn 1912 Nr 293). Verzug wegen eines nur unwesentlichen Teiles der Leistung gibt jedoch überhaupt kein Rücktrittsrecht (**RG** SeuffA 67 Nr 2). Im übrigen führt die **Anwendung des § 325 Abs 1 Satz 2** zu dem Ergebnisse, daß der Berechtigte auch wegen bloßen Ausbleibens der vollen Leistung nach der Fristsetzung grundsätzlich das Wahlrecht hat zwischen dem Anspruche auf Schadensersatz wegen Nichterfüllung und dem Rücktrittsrechte, indes unter nachstehender Maßgabe: **a)** Hinsichtlich des **Rücktrittsrechts** sieht das Gesetz folgende Unterscheidung vor: Vom ganzen Vertrage kann der Berechtigte nur dann zurücktreten, wenn er an der Teilleistung, und zwar der bereits empfangenen, nicht der noch rückständigen (**RG** Gruch 53, 943), d. h. an der beiderseitigen nur teilweisen Erfüllung (**RG** 50, 143), kein Interesse hat (**RG** Warn 1912 Nr 377); hat er dagegen an der erhaltenen Leistung, d. h. daran, sie auch ohne die noch rückständige gegen entsprechende Gegenleistung zu behalten, Interesse, dann kann er nur insoweit zurücktreten, als der Verpflichtete nach gesetzter Nachfrist noch im Rückstande geblieben ist. Allerdings steht diese Annahme mit dem Grundsatze in Widerspruch, daß ein einheitlicher Vertrag nur im ganzen stehen oder fallen kann (**RG** 67, 104; 79, 311; Warn 09 Nr 288). Aber sie entspricht dem Bedürfnisse des Verkehrs. Hat beispielsweise auf Grund eines einheitlichen Teilleistungsvertrags der Käufer einen Teil der Lieferungen bereits empfangen und auch für sich verwertet, oder hat bei einem Werkvertrage, der den Bau eines Hauses betrifft, der Verpflichtete einen Teil des Baues bereits hergestellt und der Berechtigte diesen Teil abgenommen, dann wäre es doch schwerlich richtig, auch unter solchen Umständen den Rücktritt vom ganzen Vertrage für zulässig zu erachten, zumal wenn der Berechtigte gar nicht mehr imstande sein würde, das Empfangene zurückzugewähren. Unter solchen Umständen kann vielmehr nur ein Rücktritt im Umfange der ausgebliebenen Erfüllung in Frage kommen. Kein Interesse an der teilweisen Erfüllung besteht bei unteilbarem Leistungsgegenstande (Hausgrundstück: **RG** 50, 143; **RG** 15. 10. 24 V 711/23). **b)** Was sodann den **Anspruch auf Schadensersatz** anlangt, so ist auch hier zu unterscheiden: Hat der Berechtigte an der empfangenen Teilleistung ein bleibendes Interesse, dann kann er auch den Anspruch auf Schadensersatz nur insoweit geltend machen, als ihm Schaden daraus erwächst, daß der Vertrag nicht vollständig erfüllt ist; hat dagegen die Teilerfüllung, mag sie vor oder nach der Fristsetzung erfolgt sein, für den Berechtigten kein bleibendes Interesse, dann kann er Ersatz für den durch die Nichterfüllung des Vertrags überhaupt verursachten Schaden fordern (**RG** 50, 138; Gruch 53, 943; **RG** 8. 5. 12 V 11/12), muß dann freilich auch die empfangene Leistung zurückgeben, was natürlich nicht den Rücktritt vom Vertrage bedeutet. Ob der Berechtigte an der Teilerfüllung Interesse hat oder nicht, ist gemäß dem in § 320 Abs 2 ausgesprochenen Grundsatze auch hier nach Treu und Glauben zu beurteilen (**RG** 76, 152; 64, 375; 53, 74). — Nur der Art nach mangelhafte Erfüllung gilt bei § 326 (im Gegensatze zu § 320 Abs 2 A 7) nicht als eine bloße Teilerfüllung (**RG** Warn 1912 Nr 204). Dem Berechtigten, der eine mangelhafte Leistung als Vertragserfüllung angenommen hat, stehen daher allein die Rechtsbehelfe auf Gewährleistung (§§ 459ff) zur Seite. — Zu beachten ist endlich hier, wie bei §§ 325 u. 326 überhaupt, daß sowohl bei der Frage nach dem Interesse wie nach dem Schaden niemals die geschuldete Leistung allein für sich in Betracht kommen kann, daß vielmehr das Interesse an der gegenseitigen und beiderseitigen Erfüllung ins Auge zu fassen ist. Vgl. § 325 A 2. — Kann der Verkäufer einen Teil der verkauften Liegenschaften nicht auflassen, so darf der Verkäufer vom ganzen Vertrage nur zurücktreten, wenn sie ihm als ein Ganzes verkauft sind und er am Teilerwerbe kein Interesse hat (**RG** JW 05, 172[13]). Anders, wenn es sich um den Verkauf eines Hausgrundstücks handelt (**RG** 50, 143). Bei gemischten Verträgen (§ 305 A 2) bilden die einzelnen verschiedenartigen Leistungen zusammen eine Einheit, so daß die für den Fall des nur teilweisen Verzugs vorgesehenen Folgen auch dort Platz greifen, gleichviel mit welchem Teile der verschiedenen Leistungen der Verpflichtete im Rückstande geblieben ist (**RG** Gruch 53, 943). Vgl. A 1 oben.

5. Absatz 2: Auch **ohne Fristsetzung** kann der Berechtigte **schon grundsätzlich** vom Vertrage abgehen oder Schadensersatz wegen Nichterfüllung fordern, wenn er **wegen des Verzugs an der Erfüllung des Vertrags** (also der beiderseitigen Leistungen), nach den gesamten Umständen des Falles beurteilt (RG Gruch 60, 490), überhaupt **kein Interesse mehr hat,** was auch dann zutrifft, wenn ein Käufer im Falle rechtzeitiger Lieferung keinerlei Risiko am Geschäfte zu tragen gehabt hätte, infolge der verzögerten Erfüllung aber das Geschäft nur noch mit erheblichem Risiko durchzuführen vermöchte (RG 104, 376). Es muß aber sein Interesse eben infolge der Leistungsverzögerung und nicht schon zuvor fortgefallen sein (RG 70, 127). Ersteres würde z. B. zutreffen bei Saisonartikeln (RG JW 05, 136[11]). So ist beispielsweise für den Käufer von großen Kartoffellieferungen, der kein Lager hält, mit Eintritt des Winters das Interesse an der Erfüllung fortgefallen (RG 29. 6. 06 II 19/06). Hat der Käufer, dem fortdauernd zu liefern war, nach bis dahin unbeanstandeter Nichtlieferung eines Teiles der Ratenlieferungen, aber vor Ablauf der ganzen Lieferungszeit die gesamte Ware anderweit beschafft, so hat sein Interesse an der Erfüllung nicht infolge des Verzugs des Verkäufers, sondern wegen der erfolgten vorzeitigen Eindeckung aufgehört (RG 96, 129). Bei einem Teillieferungsvertrage zur Deckung der Bedürfnisse des Fabrikbetriebs während eines längeren Zeitraums ist, wenn der Käufer während des größten Teiles der Lieferungsfrist in Leistungsverzug gewesen, der Abs 2 auch wegen der noch nicht fälligen Raten anwendbar (RG 58, 421; 61, 130; 58, 166). Von der Vergünstigung aus Abs 2 kann der Berechtigte auch dann Gebrauch machen, wenn sein Interesse an der Erfüllung erst während des Laufs der zuvor gesetzten Nachfrist unvorhergesehen fortfällt (RG 89, 124). Dazu reicht es aber im allgemeinen nicht aus, daß im Falle eines Kaufes während des Verzugs des Verkäufers eine Preissteigerung erfolgt ist (RG Warn 1922 Nr 51). Das Recht aus § 326 Abs 2 besteht auch unabhängig davon, ob der Verpflichtete es voraussehen konnte, daß das Interesse des Berechtigten an der Erfüllung infolge des Verzugs fortfallen werde (RG 94, 326). Setzt der Gläubiger eine Nachfrist, obwohl er sie nicht zu setzen brauchte, so verliert er seine Befugnisse aus § 326 Abs 2 nur dann, wenn anzunehmen, daß er durch die Stellung der Nachfrist diese Befugnisse hat aufgeben wollen (RG 89, 124). Der Schuldner anderseits kann durch ein nachträgliches Angebot den Gläubiger an der Vertragserfüllung auch dann noch festhalten, wenn dessen Interesse daran infolge des Verzugs bereits fortgefallen war, falls das nachträgliche Angebot erfolgt, bevor der Berechtigte eine Erklärung im Sinne des § 326 abgegeben hat; das kann jedoch nicht auch dann gelten, wenn der Schuldner auf Grund seines nachträglichen Angebots wegen der inzwischen veränderten Umstände Gewinn machen will, während der Gläubiger kein Interesse an der Erfüllung mehr hat (RG 104, 27). Nach fruchtlosem Ablaufe der Frist ist auch ein Anspruch des Schuldners auf Erfüllung ausgeschlossen (RG 50, 268; 107, 347); vgl. § 325 A 1a (Differenztheorie). Doch kann durch ein Verhalten des Gläubigers, das zum Ausdrucke bringt, daß er am Vertrage festhalten wolle, die Verpflichtung zur Vertragserfüllung wiederhergestellt werden (RG 107, 348 und die dort angef. Urt.). Ebenso durch Zusage der Nachlieferung (RG Warn 1925 Nr 51). Doch ist im Falle formbedürftiger Verpflichtungen, wie der zur Grundstücksübereignung (§ 313) die Wiederherstellung nur durch neue Erfüllung der Form möglich (RG 107, 349). — Wegen des Fixgeschäfts vgl. § 361 A 2, wegen des vorbehaltenen Rücktritts § 360 A 1.

6. Der § 326 enthält **nur nachgiebiges Recht;** die Parteien können daher die dort gegebenen Rechte erweitern, beschränken oder durch andere ersetzen (RG 96, 257). Insbesondere kann auf das Erfordernis der Fristsetzung verzichtet werden (RG LZ 1922, 194[3]). Vgl. A 1b, bb. — Die Rechte aus § 326 gehen auf den Zessionar über (RG 55, 402). — Für die Klage auf Schadensersatz wegen Nichterfüllung ist das Gericht des Erfüllungsorts (§ 269) zuständig (§ 29 ZPO; RG Warn 08 Nr 129). Ein besonderer Erfüllungsort, je nachdem etwa der durch den Abnahmeverzug entstandene positive Schaden und anderseits der entgangene Gewinn erstattet verlangt wird, läßt sich nicht begründen; denn maßgebend ist stets der aus der Nichterfüllung des Vertrags in seiner Gesamtheit hervorgehende einheitliche Schaden (RG 55, 423). Wer Rechte aus § 326 herleitet, hat seine Voraussetzungen zu beweisen (RG JW 1910, 937[9]). **Unanwendbar** ist § 326 bei Dienstverträgen und Agenturverträgen, da hier die Sonderbestimmungen der §§ 626—628 bestehen (RG 92, 159; JW 1912, 73[12]; SeuffA 76 Nr 139); ferner gemäß §§ 642, 643, 645, sofern es sich nicht um Verzug bei Annahme eines bereits fertiggestellten Werkes handelt, in welchem Falle der § 326 anwendbar ist (RG SeuffA 76 Nr 186). Bei Gesellschaftsverhältnissen ist im Verhältnisse der einzelnen Gesellschafter untereinander die Anwendbarkeit des § 326 durch die Sonderbestimmung des § 723 überhaupt ausgeschlossen (RG 78, 305; 81, 303; 89, 334). Dem Verkäufer, der erfüllt und den Kaufpreis gestundet hat, steht gemäß § 454 das Rücktrittsrecht nicht zu, was aber ein Rücktrittsrecht gemäß § 326 nicht ausschließt, falls der Käufer noch mit andern Gegenleistungen in Verzug geblieben ist (RG Warn 1915 Nr 259). § 326 findet nur Anwendung auf gegenseitige, beiderseits noch nicht voll erfüllte Verträge; seine Anwendung soll deshalb nach RG 106, 93 ausgeschlossen sein bei Leibrentenversprechen, die durch Gewährung des „Stammrechts" bereits erfüllt seien, wegen Verzugs mit einzelnen Raten.

§ 327

Auf das in den §§ 325, 326 bestimmte Rücktrittsrecht finden die für das vertragsmäßige Rücktrittsrecht geltenden Vorschriften der §§ 346 bis 356 entsprechende Anwendung. Erfolgt der Rücktritt wegen eines Umstandes, den der andere Teil nicht zu vertreten hat, so haftet dieser nur nach den Vorschriften über die Herausgabe einer ungerechtfertigten Bereicherung[1])[2]).

E I 369; M 2 211; P 1 650.

1. Aus § 349 (A 1) ergibt sich, daß die Rücktrittserklärung eine den Vertrag endgültig aufhebende, daher unwiderrufliche, empfangsbedürftige (§ 130) rechtsgeschäftliche Willenserklärung ist (RG 102, 265). Im Gegensatz zur Kündigung hebt sie das Rechtsverhältnis rückwirkend auf (§ 346 A 3); desungeachtet ist das Rücktrittsrecht aus § 326 dem Vermieter und Verpächter auch nach Übergabe der Miet- oder Pachtsache nicht zu versagen (RG 105, 169).

2. Nach dem gemäß Satz 1 dieses Paragraphen entsprechend anwendbaren § 346 haben die Parteien einander die empfangenen Leistungen zurückzugewähren und zwar in der Regel ohne Rücksicht auf eine noch vorhandene Bereicherung. Vgl. §§ 346 A 3, 4 und 348 A 1. Unter dem „andern Teile" in Satz 2 wird derjenige Teil zu verstehen sein, der eine empfangene Leistung zurückzugewähren hat; er haftet, wenn er den Rücktritt, mag dieser von ihm selbst oder von demjenigen Teile, der die Rückgewähr verlangt, erklärt sein, nicht zu vertreten hat, nur auf die Bereicherung; vgl. § 347 A 1. — Die Wirksamkeit der Rücktrittserklärung ist nicht davon abhängig, daß der Rücktretende gleichzeitig die Rückgabe des Empfangenen anbietet (RG 49, 38).

Dritter Titel

Versprechen der Leistung an einen Dritten

§ 328

[1]) Durch Vertrag kann eine Leistung an einen Dritten mit der Wirkung bedungen werden, daß der Dritte unmittelbar das Recht erwirbt, die Leistung zu fordern[2]).

In Ermangelung einer besonderen Bestimmung ist aus den Umständen, insbesondere aus dem Zwecke des Vertrags, zu entnehmen, ob der Dritte das Recht erwerben, ob das Recht des Dritten sofort oder nur unter gewissen Voraussetzungen entstehen[3]) und ob den Vertragschließenden die Befugnis vorbehalten sein soll, das Recht des Dritten ohne dessen Zustimmung aufzuheben oder zu ändern[4]).

E I 412—414 II 280; M 2 265; P 1 749.

1. **Vertrag zugunsten eines Dritten.** Nach § 241 ist kraft des Schuldverhältnisses der Gläubiger berechtigt, die geschuldete Leistung zu fordern, und bei Verträgen ist das regelmäßig nur die Vertragspartei selbst. Durch § 328 sind jedoch Verträge auch des Inhalts für zulässig erklärt, daß ein am Vertragsschlusse Unbeteiligter kraft des ohne seine Mitwirkung zustande gekommenen Schuldverhältnisses forderungsberechtigt wird. Bei einem derartigen Vertrage äußert sich das Schuldverhältnis nach zwei Richtungen hin: **a)** im Verhältnisse zwischen den beiden Vertragschließenden untereinander — also dem die Leistung Versprechenden und dem Versprechensempfänger (Deckungsverhältnis); **b)** im Verhältnisse zwischen dem Versprechenden und dem Dritten (vgl. A 3). Demnach handelt es sich auch um zwei inhaltlich verschiedene Gläubigerrechte, nämlich gemäß § 335 um das des Versprechensempfängers auf Leistung an den Dritten (wobei zwischen den beiden Vertragsteilen auch ein gegenseitiger Vertrag in Frage kommen kann; § 320 A 1) und um das des Dritten auf die geschuldete Leistung an ihn selbst (vgl. A 2). Im Wesen der Sache liegt es dabei, daß durch die Erfüllung dem Dritten gegenüber zugleich der Anspruch des Versprechensempfängers befriedigt und mithin das Schuldverhältnis überhaupt zum Erlöschen gebracht wird. Eine Art von Gesamtschuldverhältnis (Staudinger, Vorbem vor § 328 A II 3) liegt jedoch nicht vor, weil die Forderungen des Versprechensempfängers und des Dritten je einen verschiedenen Inhalt haben. — Die nähere begriffliche Bestimmung des Vertrags zugunsten eines Dritten erscheint für das praktische Rechtsanwendungsbedürfnis nicht von wesentlicher Bedeutung. Die gesetz-

liche Anerkennung der Möglichkeit solcher Verträge ist das Ergebnis der Rechtsentwicklung auf Grund der Anforderungen des Verkehrs (M 2, 265). Es soll eine Zuwendung aus dem Vermögen des Versprechenden an den Dritten in der Weise ermöglicht werden, daß die Übertragung des Vermögensgegenstandes zunächst an den Versprechensempfänger und demnächst von diesem an den Dritten vermieden wird (Prot 1, 755). Jedenfalls ist aber daran festzuhalten, daß beide Forderungsrechte dem nämlichen Schuldverhältnisse entspringen müssen, und daß insbesondere auch das Recht des Dritten ausschließlich in dem Versprechen des Schuldners seinen Grund hat. Hieraus ergibt sich aber einmal, daß auch der Inhalt wie der Rechtscharakter der Forderung des Dritten wie anderseits auch das Einrederecht des Schuldners dem Dritten gegenüber sich lediglich nach dem vom Versprechenden mit dem Versprechensempfänger geschlossenen Vertrage richten können (vgl. §§ 334 BGB, 435 HGB), ferner auch, daß mit der Gültigkeit dieses Vertrags zugleich das Recht des Dritten steht und fällt. Nichtigkeit des ersteren schließt daher in der Regel auch den Anspruch des Dritten aus, gleichgültig, ob die Nichtigkeit von Anfang an bestand oder ob sie erst später durch Anfechtung herbeigeführt wurde (vgl. Näheres § 334 A 1). Ist der Vertrag zugunsten des Dritten abgeschlossen worden, so ist für das Verhältnis zwischen ihm und dem Versprechenden lediglich der schriftliche Vertrag maßgebend, dagegen nicht auch eine zwischen den Vertragschließenden nebenher mündlich getroffene, dem Dritten unbekannte Besprechung (**RG** 20. 9. 10 VII 389/09). — Ein **Verhältnis zwischen dem Versprechensempfänger und dem Dritten** wird durch den Vertrag nicht begründet. Dieses Verhältnis (das sog. Valutaverhältnis) kann sich nur nach den sonstigen Beziehungen zwischen ihnen regeln. Danach allein entscheidet es sich insbesondere auch, ob der Versprechensempfänger gehalten ist, dem Dritten den ihm zugedachten und demnächst zugegangenen Vorteil zu belassen, oder ob er ihm diesen wieder entziehen kann, beispielsweise nach §§ 812ff. unter der Behauptung, daß er sich durch die Zuwendung an den Dritten von einer Schuld bei diesem habe befreien wollen, daß diese Schuld jedoch nicht bestanden habe oder auf andere Weise bereits getilgt worden sei.

Um einen Vertrag im Sinne des § 328 handelt es sich nicht, wenn der Dritte, an den abredegemäß geleistet werden soll, kein eigenes Recht erwerben, sondern nur als Leistungsstelle dienen soll (solutionis causa adjectus).

Anwendbar sind die Regeln über Verträge zugunsten Dritter nach ihrer Stellung im System („Schuldverhältnisse") und nach ihrem Wortlaute nur auf solche Verträge, die ein Schuldverhältnis, d. h. ein Recht des einen Teils (Gläubigers), eine Leistung zu fordern, und eine diesem Rechte gegenüberstehende Pflicht des andern Teils (Schuldners), die Leistung zu machen (§ 241), begründen. Die auf dem Gebiete des Sachenrechts zur rechtsgeschäftlichen Entstehung dinglicher Rechte in der Regel erforderliche „Einigung" — der sog. **dingliche Vertrag** (§§ 873, 925, 929, 1032 usw.) — ist zwar nach richtiger Auffassung ein Vertrag (vgl. zu § 873), begründet aber nicht ein Recht oder eine Verpflichtung zu einer Leistung; auch die durch ihn entstehende „Bindung" (§ 873 Abs 2) ist nicht als Begründung eines Schuldverhältnisses anzusehen (vgl. a. a. O.). Die §§ 328ff. können deshalb keine unmittelbare Anwendung auf den dinglichen Vertrag finden. Ihre ausdehnende (entsprechende) Anwendung ist im Schrifttum von mancher Seite (Strohal in Iherings Jahrb. 1898 S. 86) als durch Verkehrsbedürfnisse geboten befürwortet worden. Dem steht aber der zwingende und ausschließende Charakter der Vorschriften des Sachenrechts entgegen. Diese erfordern für die rechtsgeschäftliche Entstehung oder Übertragung dinglicher Rechte eine zwischen dem zur Verfügung über das Recht Berechtigten und dem Rechtserwerber sich vollziehende Einigung, schließen dadurch also den unmittelbaren Rechtserwerb eines Dritten — soweit nicht ein Stellvertretungsverhältnis vorliegt, vgl. zu § 873 — aus. Deshalb kann das Eigentum an Wertpapieren nicht erworben werden durch einen von dem Eigentümer mit einer Bank abgeschlossenen Vertrag des Inhalts, daß die Bank die Papiere bei Eintritt eines Ereignisses, insbesondere des Todes des Eigentümers, an einen Dritten herausgeben soll (**RG** 98, 279; 106, 3; vgl. über die Bedeutung eines solchen Vertrags im übrigen A 3). Auch die gemäß § 1117 Abs 2 die zum Erwerbe der Hypothek nach Abs 1 daselbst erforderliche Übergabe des Hypothekenbriefs an den Gläubiger ersetzende Vereinbarung kann nicht zwischen dem Grundstückseigentümer und einem nicht im Stellvertretungsverhältnis zu dem Gläubiger stehenden Dritten abgeschlossen werden (**RG** 66, 97). Auch eine Buchhypothek kann rechtsgeschäftlich nur durch Einigung zwischen dem Eigentümer und dem Gläubiger und hinzukommende Eintragung von diesem erworben werden. Ist daher durch einen Vertrag zugunsten eines Dritten eine schuldrechtliche Forderung des Dritten begründet und in dem Vertrage die Bestellung einer Hypothek für die Forderung vereinbart, so erwirbt der Dritte die Hypothek erst mit der zwischen dem Eigentümer und ihm erfolgenden Einigung, die jedoch keiner Form bedarf und daher auch stillschweigend dadurch erfolgen kann, daß der Dritte von der Bestellung der Hypothek für ihn dem Eigentümer gegenüber Kenntnis nimmt und keinen Widerspruch erhebt. Auch für den Erwerb einer Grundschuld bedarf es einer solchen Einigung zwischen dem Eigentümer und dem Erwerber. Aus der Bestellung einer Reallast entsteht gemäß

§ 1108 neben der dinglichen Belastung eine schuldrechtliche Haftpflicht des Eigentümers für die während seiner Besitzzeit fällig werdenden Leistungen; doch wird auch hier eine Anwendung der §§ 328ff. durch § 873 ausgeschlossen sein, abgesehen von der in § 1105 Abs 2 zugelassenen Bestellung zugunsten des jeweiligen Eigentümers. Gleiches wird von der Bestellung eines dinglichen Vorkaufsrechts (§ 1094) zu gelten haben.

2. Die Bestimmung, daß der **Dritte das Recht auf die Leistung unmittelbar erwirbt,** will besagen, daß der Genannte das entsprechende Gläubigerrecht ohne jede eigene Mitwirkung, allein infolge des zu seinen Gunsten abgegebenen und vom Erklärungsgegner angenommenen Versprechens selbständig erlangt. Es braucht ihm also weder die Annahme des Versprechens angetragen zu werden, noch braucht er überhaupt dem Vertrage beizutreten (**RG** 71, 324). Vgl. dazu noch § 333. Daher kann auch ein Geschäftsunfähiger durch einen zu seinen Gunsten abgeschlossenen Vertrag die Forderung unmittelbar erwerben, nur daß das Ausschlagungsrecht gemäß § 333 seinem Vertreter offensteht. Ein eigentliches Vertragsverhältnis zwischen dem Versprechenden und dem Dritten entsteht durch die Forderungsberechtigung des letzteren zwar nicht; wohl aber ein vertragsähnliches, aus dem auch Pflichten des Dritten hervorgehen können, jedoch nur falls dieser von den Rechten aus dem Vertrage Gebrauch macht (vgl. § 333), so namentlich bei einer dauernden Geschäftsverbindung die Pflicht zur Bewährung der erforderlichen Sorgfalt (**RG** JW 1913, 426[3]). — Die Benennung des Dritten kann sich der Versprechensempfänger vorbehalten. Der Dritte erwirbt alsdann den Anspruch erst mit seiner Benennung. Die Person des Dritten braucht auch nur bestimmbar zu sein (§ 315 A 1), und sie ergibt sich alsdann aus den Umständen (beispielsweise bei einer Lebensversicherung „der Erbe" oder „der Inhaber der Police").

3. **Der Parteiwille** und der **Geschäftszweck.** Nicht allemal, wenn in einem Vertrage die Leistung an einen Dritten bedungen worden ist, liegt um deswillen ein Vertrag zugunsten auf Dritten im eigentlichen Sinne (A 1, 2) vor. Es kommt in dieser Hinsicht vielmehr lediglich des die Parteiabsicht an, und über diese entscheidet in erster Linie die etwaige Abmachung. Liegt aber eine solche nicht vor, so soll der Parteiwille aus den Umständen, insbesondere nach dem Geschäftszwecke, ermittelt werden, wobei alle Umstände, auch die Verkehrssitte in Betracht zu ziehen sind (**RG** 56, 292; 64, 113; 65, 168; JW 1911, 1014[4]). Der von den Parteien verfolgte Zweck stellt dabei für die Ermittlung des Parteiwillens ein objektives Merkmal dar, so daß nicht entscheidend ist, ob sich die Parteien selbst der Tragweite ihrer Entschließung bewußt gewesen sind (**RG** Warn 1915 Nr 203; Gruch 64, 350). Ist wirklich ein Vertrag zugunsten eines Dritten gegeben, so ist es doch kein wesentliches Erfordernis — und daher auch kein Begriffsmerkmal eines Vertrags dieser Art —, daß der Dritte das ihm zugedachte Recht sofort oder bedingungslos erwirbt. Es kann vielmehr der Rechtserwerb befristet oder bedingt oder auch von bestimmten „Voraussetzungen" — d. h. stillschweigenden Bedingungen — abhängig sein und ob das in einem gegebenen Falle zutrifft, ist gemäß Abs 2 wiederum nach den erörterten Auslegungsgrundsätzen zu entscheiden. Über die Vermutung, die das Gesetz für Sonderfälle nach der einen Richtung wie nach der andern aufstellt, vgl. die §§ 330, 331. Ist der Erwerb befristet oder bedingt (möglicherweise durch eine in die Willkür des Dritten selbst gestellte Handlung, beispielsweise durch seine Heirat, **RG** Warn 1911 Nr 174), so fällt das Recht dem Dritten endgültig erst mit Eintritt des Termins oder der Bedingung zu. Der Anfall bleibt aber überhaupt aus, wenn die aufschiebende Bedingung ausfällt (§ 158 Abs 1). Ist endlich die Bedingung als auflösend gedacht, so erwirbt der Dritte das Recht zwar sofort, aber mit Eintritt der Bedingung wird der Anfall wieder unwirksam (§ 158 Abs 2). — Hinsichtlich des **Geschäftszwecks** kommen in Betracht sowohl der im gegebenen Falle etwa besonders vorgesehene Zweck, ferner aber auch der bei derartigen Geschäften nach den Gepflogenheiten des Verkehrs allgemein vorauszusetzende Zweck, so bei Geschäften, die gerade im Interesse des Dritten aus Fürsorge für ihn geschlossen zu werden pflegen (§ 330), ferner beim Frachtvertrage (§§ 435, 454 HGB). **Einzelfälle:** Die Ausstellung eines Sparkassenbuches auf den Namen eines Dritten beweist für sich allein nicht, daß der Dritte der Gläubiger sein soll (**RG** 60, 143; Warn 1912 Nr 197; 1916 Nr 75, wonach der Einzahlende im Zweifel auch dann der Gläubiger ist, wenn er die Einzahlung auf den Namen eines andern vorgenommen hat; vgl. § 164 A 3 a. E.). Befreiungsabreden und Haftungsherabminderungen dem Umfange nach, die der Spediteur dem Frachtführer in üblicher Weise zugesteht, binden auch den Eigentümer der Güter auf Grund des in dem Speditionsvertrage zugunsten des Frachtführers zu findenden Verzichts auf weitere Haftung (**RG** 77, 319). Ein Darlehnsvorvertrag kann zugunsten eines Dritten derart geschlossen werden, daß dieser den Anspruch auf Auszahlung des Geldes erlangt und es daher nicht erst noch der Abtretung des Anspruchs bedarf (vgl. § 398 A 3). Die Unfallversicherung für fremde Rechnung gemäß §§ 74ff. VersVG macht den dritten Versicherten zum Bezugsberechtigten (**RG** 95, 253). Ein Vertrag, durch welchen eine Gemeinde ihre Beamten gegen Unfall versicherte, gab diesen den Umständen nach selbständiges

Klagerecht (RG 60, 141). Falls die Gemeinde einem Elektrizitätswerke die Versorgung der Stadt mit Elektrizität überträgt, ist die Auslegung, daß die unmittelbare Berechtigung der einzelnen Gemeindemitglieder nicht gewollt sei, rechtlich unbedenklich (RG 29. 11. 07 III 187/07). Zuwendung des Anspruchs auf die für eine Dienstleistung zu gewährende Vergütung an einen Dritten (RG 81, 42; SeuffA 67 Nr 248). Durch vertragsmäßige Bestimmung des Verkäufers bei Teilung seines Grundstücks können zwischen den einzelnen Teilerwerbern wechselseitige Baubeschränkungen begründet werden (RG SeuffA 67 Nr 174). Verschafft eine Bank auf ihre Rechnung einem Dritten bei einer andern Bank Kredit, dann ist der Dritte im Zweifel nicht als unmittelbar berechtigt anzusehen (RG JW 1918, 426[3]). Das von einer Bank einem Kunden gegebene Versprechen, nach dessen Tode an einen Dritten eine bestimmte Summe zu zahlen, ist als Geschäft unter Lebenden zugunsten eines Dritten wirksam, falls nach den Zwecken und den Umständen des Abkommens der Dritte mit dem Tode des Versprechensempfängers das unmittelbare Recht erwerben sollte, die Auszahlung der Summe von der Bank zu fordern (RG 88, 137; 106, 1, unter Zurückweisung der in RG 98, 279 dagegen aus steuerlichen und erbrechtlichen Rücksichten erhobenen Bedenken, die in der Tat, namentlich im Hinblick auf § 331, vgl. A 1, nicht durchgreifen dürften). Streitig ist, ob im Giroverkehr durch den Überweisungsauftrag ein unmittelbarer Anspruch desjenigen, zu dessen Gunsten die Überweisung erfolgen soll, gegen die Girobank auf Ausführung des Auftrags begründet wird. Verneinend RG 102, 65 gegen RG 84, 354 und 91, 119, unter Hinweis namentlich auf das Scheckgesetz (§§ 15, 18), das dem Inhaber eines Schecks einen Anspruch gegen den Bezogenen versagt hat. Die in der Begründung (S. 14) angeführten Gründe treffen auch für die Giroüberweisung (den „roten Scheck" der Reichsbank) durchaus zu. Anders ist entschieden in RG 105, 399, wo eine Bank eine andere angewiesen hatte, einen Betrag, den ein Dritter bei ihr zugut hatte, an diesen auszuzahlen. Ob durch die widerrufliche Akkreditierung eines Dritten bei einer Bank rechtliche Beziehungen unmittelbar zwischen dem Akkreditierten und der Bank geschaffen worden sind, ist in RG 107, 8 dahingestellt gelassen. Die Entscheidung in RG 105, 399 soll nach RG 27. 9. 24 I 510/23 entsprechende Anwendung finden, wenn jemand einer Bank einen Scheck für Rechnung eines Dritten übergibt. Mit den Auffassungen des Handelsverkehrs, der im Scheckgesetz und seiner Begründung zum Ausdruck gekommen ist, dürften diese Entscheidungen schwerlich in Einklang zu bringen sein. Die seerechtliche Versicherung für fremde Rechnung ist in der Regel ein Vertrag zugunsten eines Dritten, die Versicherung für Rechnung dessen, „den es angeht", ist es dagegen nicht, weil hier beim Vertragsabschlusse allen Beteiligten noch ungewiß ist, wer schließlich der Berechtigte sein wird, und ob nicht möglicherweise der Versicherungsnehmer selbst (RG 89, 24). Auch die Klausel „zahlbar an den Inhaber" in einem Lebensversicherungsvertrage begründet für den Versicherer nur das Recht, aber nicht die Verpflichtung, an den Inhaber zu zahlen (RG 66, 163). Der im Frachtbriefe bezeichnete Absender kann für einen Dritten einen unmittelbaren Anspruch auf Aushändigung der von dem Adressaten eingezogenen Nachnahmeforderung gegen die Eisenbahn gemäß § 99 EisenbVerkO nicht begründen (RG 99, 245). Überweist jemand von seinem Bankguthaben der Bank gegenüber einen Betrag zugunsten seines Gläubigers, so kann ein Vertrag gemäß § 328 vorliegen (RG 84, 354). Gesellschafter können durch einen untereinander abgeschlossenen Vertrag etwa auch in Form eines Beschlusses, zugunsten der Gesellschaft als solcher Rechte ausbedingen (RG 83, 219). Die Bestimmung in einem Versicherungsvertrage, daß bei Übergang des Betriebes auf einen andern dieser ohne weiteres in den Vertrag eintrete, dem Versicherer jedoch ein Kündigungsrecht zustehen solle, kann einen Fall des § 328 ergeben, so daß sich der Eintritt des Dritten in das Versicherungsverhältnis auch ohne Mitteilung des Übergangs vollziehen kann (RG Warn 1914 Nr 280). Vereinbart der Versicherungsnehmer im Vertrage den Gerichtsstand, so wirkt das auch für mitversicherte Dritte (RG Warn 08 Nr 361). Die Übernahme einer Bürgschaft gegenüber einem Wechselinhaber und zugunsten seiner Rechtsnachfolger stellt sich für die letzteren als ein Vertrag gemäß § 328 dar, so daß die Rechtsnachfolger das Bürgschaftsrecht mittels des Indossaments unmittelbar erwerben (RG Warn 1915 Nr 9). Es ist denkbar, daß ein zwischen dem Inhaber und dem Aussteller eines Wechsels durch Hingabe von Prolongationswechseln geschlossener Novationsvertrag auch zugunsten des Akzeptanten wirkt, der an der Novation nicht mitgewirkt hat (RG 107, 36). Der vom Ehemann und Vater mit dem Halter eines Kraftfahrzeugs abgeschlossene Beförderungsvertrag gilt zugleich als Vertrag zugunsten der Frau und des Kindes (RG 87, 64). Es kann ohne Rechtsirrtum angenommen werden, daß aus einem zwischen A und B abgeschlossenen Beförderungsvertrage des Inhalts, daß B einen Dritten (Arzt) abholen soll, der Dritte kein eigenes Recht erworben habe (RG 87, 292; vgl. dazu hinsichtlich eines Schadensersatzanspruchs des A gegen B § 249 A 3). Durch die Unterbringung eines Mitgliedes der Ortskrankenkasse in eine einem Dritten gehörende Krankenanstalt erwirbt das Mitglied ein eigenes

Recht auf sachgemäße Behandlung (RG JW 1915, 916[4]); desgl. das Mitglied einer Knappschaft, durch die es einer Krankenanstalt überwiesen worden (RG JW 1922, 1325[10]). Dem Arzte, der vom Vater eines Kindes zu dessen Behandlung zugezogen wird, steht nur der Vater als Vertragsgegner gegenüber (RG 85, 183). Anders, wenn der Vater das Kind einer gemeinnützigen Anstalt übergibt, die sich gegen Entgelt zur Behandlung und Pflege des Kindes verpflichtet; hier ist anzunehmen, daß der Vater dem Kinde zur Wahrnehmung dessen Interesses eigene Vertragsrechte verschaffen will und verschafft (RG Warn 1919 Nr 14). Im Zweifel ist anzunehmen, daß der Mieter die Absicht hat, seinen Angehörigen hinsichtlich der Mängel der Wohnung die gleichen Rechte zuzuwenden, die ihm selbst zustehen (RG 91, 24). Über die Anwendbarkeit des § 328 bei Tarifverträgen vgl. § 137 A 2 a. E. Ein gemäß VO v. 23. 12. 18 abgeschlossener und für allgemein verbindlich erklärter Tarifvertrag erfaßt alle Arbeitsverträge, die nach der Art der Arbeit unter ihn fallen (RG 103, 25). Die in einem Tarifvertrage ausdrücklich oder stillschweigend vereinbarte Friedensklausel enthält regelmäßig zugleich einen Vertrag zugunsten der Verbandsmitglieder (RG 113, 199). Ein Tarifvertrag kann als solcher Rechtsfolgen nur zugunsten der einzelnen Arbeiter gemäß § 328 haben; verpflichtet werden sie durch ihn nur insoweit, als er Bestandteil der Einzelarbeitsverträge geworden ist (RG 111, 107). Durch einen zwischen einer Krankenkassenorganisation und einer ärztlichen Standesorganisation abgeschlossenen Vertrag, in welchem dem an die ärztliche Organisation angeschlossenen Ärzteverein die Verpflichtung auferlegt ist, unter gewissen Voraussetzungen jeden sich meldenden Arzt aufzunehmen, wird ein Recht der einzelnen Ärzte, auf welche die Voraussetzungen zutreffen, auf Aufnahme in den Verein begründet (RG 106, 120). Der Gerichtsvollzieher, der die gepfändete, in Besitz genommene Sache einem Dritten in Verwahrung gibt, schließt den Verwahrungsvertrag nur für sich, nicht aber auch zugunsten des Gläubigers ab (RG 102, 80). — Der vom Ehemanne abgeschlossene Mietvertrag gilt zugleich auch zugunsten seiner Angehörigen in der Hinsicht als abgeschlossen, daß diesen im Falle einer Schädigung wegen Mängel der Wohnung (gesundheitsschädlicher Beschaffenheit) ein selbständiger Anspruch auf Schadensersatz zusteht (RG 91, 24; 102, 232; Warn 1921 Nr 96). Eine Mutter, die ein Besitzer in Kenntnis dessen als Erntearbeiterin annimmt, daß sie ihr aufsichtsbedürftiges Kind in ihrer Nähe behalten muß, begründet zugleich zugunsten des Kindes einen Anspruch auf Ersatz des Schadens, den das Kind wegen Verletzung der Fürsorgepflicht gegenüber den Gefahren landwirtschaftlicher Maschinen erleidet (RG Gruch 64, 108). — In der Vereinbarung eines Grundeigentümers mit einer Gemeinde, in der diese ausbedingt, daß das Grundstück nicht zu gewerblichen Zwecken benutzt werden soll, kann ein Vertrag auch zugunsten der einzelnen Gemeindemitglieder gefunden werden (RG Warn 1922 Nr 32).

Ist über einen Frachtvertrag zwischen dem Absender und dem Frachtführer ein Ladeschein ausgestellt, so werden dadurch Rechte des Empfängers gegenüber dem Frachtführer nach Maßgabe der §§ 446ff. HGB begründet. Auf die Beförderung durch die Post finden diese Vorschriften nach § 452 HGB keine Anwendung. Im Urteile RG 43, 98 ist angenommen, daß der Adressat eines Geldbriefs einen selbständigen Anspruch auf Auslieferung gegen die Post nicht erwirbt. Der Grund, auf den sich die Entscheidung stützt, daß der Absender die Sendung gemäß § 35 der PostO vom 11. 6. 92 bis zur Ablieferung an den Adressaten zurücknehmen könne, dürfte nicht mehr genügen. Denn im Sinne des Abs 2 des § 328 wird das Vorhandensein eines Vertrags zugunsten eines Dritten nicht dadurch ausgeschlossen, daß den Vertragschließenden (oder einem von ihnen) das Widerrufsrecht vorbehalten ist. Durchschlagend bleibt jedoch der weitere Grund, der Hinweis nämlich auf die Bestimmung des § 6 des PostG vom 28. 10. 71. Denn haftet danach die Post ausschließlich dem Absender, so ist damit nicht vereinbar, daß auch dem Adressaten ein Recht auf die Ablieferung zusteht. Nach § 33 PostO vom 30. 12. 21 (RGBl 1609) erwirbt der letztere ein Recht erst an der ihm durch die Post für den Absender angebotenen, von ihm angenommenen und ihm ausgehändigten Sendung. In RG 68, 286 scheint gleichfalls der Standpunkt vertreten, daß der Adressat Ansprüche gegen die Post nur auf Grund einer Abtretung des Absenders geltend machen kann. Ebensowenig steht dem Adressaten im Falle einer Postanweisung ein selbständiger Anspruch auf Auszahlung des Geldes zu. Nach § 19 der PostO „übermittelt" die Post lediglich die Geldbeträge. Danach liegt es aber nicht in ihrem Willen, sich dem Adressaten gegenüber zu verpflichten. A. M. Oertmann A 3 und Staudinger A 3.

4. Die Vertragschließenden können sich auch **die Befugnis vorbehalten, das Recht des Dritten ohne dessen Zustimmung aufzuheben oder zu ändern. (Absatz 2.)** Ob ein solcher Vorbehalt Vertragsinhalt geworden, ist gleichfalls aus den Umständen, insbesondere dem Zweck des Vertrags (A 3) zu entnehmen. Keineswegs ist dazu etwa ein ausdrücklicher Vorbehalt erforderlich; doch wird er in einer für den Dritten erkennbaren Weise erklärt sein müssen. Die Vertragsparteien sind in solchem Falle berechtigt, durch ihre Willensübereinstimmung dem Dritten das ihm entstandene Recht wieder zu ent-

ziehen; dieses war daher von vornherein nur mit der entsprechenden Beschränkung entstanden. Die Entziehung stellt eine Abänderung des zwischen ihnen geschlossenen Vertrags dar (RG 66, 162). Das gilt auch, wenn an Stelle des ursprünglich bedachten Dritten ein anderer gesetzt wird (RG 64, 108). Doch wird dadurch nicht ausgeschlossen, daß aus den Umständen entnommen werden kann, es solle auch ein einseitiger Widerruf, sei es des Versprechensempfängers oder des Versprechenden, zulässig sein; vgl. § 332. Ist durch Vertrag zugunsten eines Dritten die Ausstellung eines Kreditbriefs für ihn vereinbart, so ist nicht anzunehmen, daß ihm gegenüber der Aussteller zum beliebigen Widerrufe berechtigt sei (RG 64, 108). Nach § 166 VersVG ist bei der Lebensversicherung (§ 330) in Form einer Kapitalversicherung der Versicherungsnehmer „im Zweifel" berechtigt, anstatt des bezeichneten Dritten einen andern zu benennen oder nachträglich noch einen Dritten als Bezugsberechtigten zu bestimmen. Ist ein Vorbehalt in dem Vertrage nicht gemacht oder aus ihm nicht zu entnehmen, so kann dem Dritten das für ihn einmal entstandene Recht (vgl. A 2) durch die Vertragsparteien nicht mehr entzogen werden.

§ 329

Verpflichtet sich in einem Vertrage der eine Teil zur Befriedigung eines Gläubigers des anderen Teiles, ohne die Schuld zu übernehmen, so ist im Zweifel nicht anzunehmen, daß der Gläubiger unmittelbar das Recht erwerben soll, die Befriedigung von ihm zu fordern[1]).

E I 318 II 281; M 2 147; P 1 426.

1. **Vermutung gegen unmittelbaren Rechtserwerb.** Die **bloße Erfüllungsübernahme** steht im Gegensatze zur Schuldübernahme (§§ 414ff.) insofern, als bei dieser der Gläubiger ein unmittelbares Klagerecht gegen den Übernehmer der Schuld erwirbt, während bei der bloßen Erfüllungsübernahme nach der in § 329 aufgestellten Auslegungsregel im Zweifel nur der Versprechensempfänger dem Versprechenden gegenüber das Recht auf Leistung an den Gläubiger hat. Vgl. RG Gruch 58, 180. Die in § 329 enthaltene Vermutung gegen das Vorhandensein eines Vertrags zugunsten eines Dritten ist beseitigt, wenn erweislich beide Parteien übereinstimmend beabsichtigen, dem Gläubiger ein unmittelbares Recht zuzuwenden (RG 65, 166). Die Erfüllungsübernahme kann auch durch ein selbständiges, formbedürftiges Schuldversprechen (§ 780) begründet werden (RG 58, 200). Im Falle des Erwerbes eines Handelsgeschäfts ohne Fortführung der Firma (§ 25 Abs 3 HGB) entsteht ein unmittelbarer Anspruch der Gläubiger gegen den Erwerber nur, wenn ein „besonderer Verpflichtungsgrund" vorliegt, der in § 328 zu finden ist (RG Warn 1917 Nr 270). Ein Vertrag, in dem sich der eine Teil dem andern zur Befriedigung der Gläubiger eines Dritten verpflichtet, enthält keine Schuldübernahme im Sinne der §§ 414ff.; er kann aber einen Vertrag zugunsten der Gläubiger als Dritter enthalten, wenn die Voraussetzungen des § 328 vorliegen (RG 114, 301); die Vermutung des Gegenteils aus § 329 trifft für diesen Fall nicht zu.

§ 330

[1]) Wird in einem Lebensversicherungs-[2]) oder einem Leibrentenvertrage[3]) die Zahlung der Versicherungssumme oder der Leibrente an einen Dritten bedungen, so ist im Zweifel anzunehmen, daß der Dritte unmittelbar das Recht erwerben soll, die Leistung zu fordern. Das gleiche gilt, wenn bei einer unentgeltlichen Zuwendung dem Bedachten eine Leistung an einen Dritten auferlegt[4]) oder bei einer Vermögens- oder Gutsübernahme von dem Übernehmer eine Leistung an einen Dritten zum Zwecke der Abfindung versprochen wird[5]).

E II 282; P 1 751.

1. **Vermutung für unmittelbaren Rechtserwerb.** Gegenüber der allgemeinen Bestimmung des § 328 Abs 2 gibt der § 330 für die in ihm vorgesehenen Fälle eine besondere Auslegungsregel, wonach bis zum Beweise des Gegenteils angenommen werden soll, es sei ein unmittelbarer Rechtserwerb zugunsten des Dritten bezweckt worden (§ 328 A 1 und 2). Den erforderlichen Gegenbeweis zu erbringen ist Sache desjenigen, der den unmittelbaren Rechtserwerb des Dritten nicht gelten lassen will. Er wird nachzuweisen haben, daß eine unmittelbare Zuwendung an den Dritten nicht beabsichtigt worden sei. Über den Zeitpunkt, in welchem der Dritte das Recht erwirbt, bestimmt für den Fall, daß die Leistung nach dem Tode des Versprechensempfängers erfolgen soll, § 331 (vgl. die Anmerkungen dazu).

2. Lebensversicherung. Man unterscheidet Kapital- und Rentenversicherung, die Versicherung auf den Todesfall und die abgekürzte Versicherung. Bei dieser ist die Versicherung spätestens bei Vollendung des im Vertrage festgesetzten Lebensalters zu zahlen. VersVG §§ 159ff. Vgl. ferner § 328 A 4. Sind bei der Lebensversicherung auf den Todesfall die „Hinterbliebenen" die „Familie", die „nächsten Angehörigen" als die Bezugsberechtigten bezeichnet, so genügt das zur Bestimmbarkeit des Dritten (§ 328 A 1); wer gemeint war, ist Tatfrage. Die Frage, ob in dem Abschlusse eines solchen Vertrags „zugunsten meiner Erben" die Bestimmung gefunden werden kann, daß die Versicherungssumme nicht zum Nachlasse gehören, sondern an einen Dritten ausbezahlt werden soll, ist in RG 32, 162 grundsätzlich verneint, in RG 62, 259 dagegen die bejahende Auffassung des Berufungsgerichts als nicht rechtsirrtümlich bezeichnet worden. Vgl. auch RG 62, 47. Eine Auslegung in letzterem Sinne dürfte in der Tat näher liegen, da es sich in der Regel um einen Akt der Fürsorge für mehr oder weniger bestimmte Personen, nicht um eine Bereicherung des Nachlasses als solchen (etwa zugunsten der Gläubiger) handeln wird. Handelt es sich aber bei einer solchen Versicherung um einen Vertrag zugunsten Dritter, so gelangt nach §§ 330, 332 der Anspruch auf die Versicherungssumme nicht in den Nachlaß des Versicherungsnehmers, da er spätestens (vgl. § 331 A 1) mit dessen Tode von dem Dritten unmittelbar aus dem Versicherungsvertrage, einem Rechtsgeschäfte unter Lebenden, erworben wird; er gehört deshalb nicht zur Konkursmasse des etwa über den Nachlaß eröffneten Konkurses (RG 51, 404; 71, 324; 80, 177). Die Frage, ob infolgedessen auch die Anfechtung eines zugunsten Dritter abgeschlossenen Lebensversicherungsvertrags durch den Verwalter des Nachlaßkonkurses auf Grund der §§ 30—32 KO unter allen Umständen ausgeschlossen sei, ist sehr bestritten. Sie kann nicht bejaht werden lediglich mit dem Hinweis darauf, daß der Anspruch des Dritten nicht zum Nachlasse gehört hat; denn Zweck der Anfechtung ist es gerade, Vermögenswerte, die infolge vor Eröffnung des Konkurses betätigter Verfügungshandlungen nicht in die Konkursmasse gelangt sind, in diese hereinzubringen. Es wird vielmehr, sofern die sonstigen Anfechtungsvoraussetzungen vorliegen, darauf ankommen, ob die Verfügung zugunsten des Dritten in eine Zeit fällt, für welche eine Anfechtbarkeit durch das Gesetz begründet ist. In RG 51, 403 ist die Anfechtbarkeit eines am 29. 10. 1900 abgeschlossenen derartigen Vertrags nach dem am 22. 5. 01 erfolgten Tode des Versicherungsnehmers und der über seinen Nachlaß erfolgten Konkurseröffnung auf Grund des § 32 Abs 2 verneint, obwohl die unentgeltliche Verfügung offenbar innerhalb der letzten zwei Jahre vor der Konkurseröffnung erfolgt war. In RG 62, 46 ist dagegen die auf Grund des § 32 Nr 1 KO erfolgte Anfechtung als begründet erklärt hinsichtlich einer im letzten Jahre vor der Konkurseröffnung zu einem vorher abgeschlossenen Vertrage erfolgten Nachtragsvereinbarung, durch welche Dritte als bezugsberechtigt benannt wurden, mit dem Bemerken, daß die Rechtslage hier eine andere sei, wie in dem in RG 51, 403 entschiedenen Falle, wo von vornherein (aber doch innerhalb des Anfechtbarkeitszeitraums) zugunsten eines Dritten der Vertrag abgeschlossen war. In Wirklichkeit dürfte die Rechtslage in beiden Fällen gleich, und zwar im Sinne einer Anfechtbarkeit, gelegen haben. Daß die Zahlung von Prämien für eine solche Versicherung als unentgeltliche Verfügung zugunsten des zum Bezuge der Versicherungssumme berechtigten Dritten im Nachlaßkonkurse des Versicherungsnehmers anfechtbar sei, ist anerkannt (RG 61, 217). — Nach § 167 des VersVG sind, falls bei einer Kapitalsversicherung die Zahlung schlechthin „an die Erben" bedungen worden, „im Zweifel" diejenigen bezugsberechtigt, die zur Zeit des Todes als Erben berufen sind, und zwar nach dem Verhältnis ihrer Erbteile. Die Ausschlagung der Erbschaft hat danach auf die Bezugsberechtigung keinen Einfluß. Der Staat ist als Erbe nicht bezugsberechtigt. — Hat der Versicherungsnehmer einen Dritten überhaupt nicht benannt, so gehört der Anspruch auf die Versicherungssumme mit Abschluß des Vertrags zu seinem Vermögen, ist daher auch pfändbar und abtretbar (RG 62, 46; 66, 158). — Verschieden von der Versicherung zugunsten eines Dritten (die nach dem VersVG bei der Lebensversicherung stattfindet) ist die nach §§ 74ff. des VersVG geregelte Schadensversicherung „für fremde Rechnung". Sie setzt voraus, daß derjenige, welcher mit dem Versicherer den Vertrag im eigenen Namen schließt, das Interesse eines Dritten versichert. In diesem Falle soll nicht der Vertragschließende, im Sinne des Gesetzes der Versicherungsnehmer, sondern der Dritte als der Versicherte gelten, so daß die Vertragsrechte ihm zustehen, ohne daß er jedoch aus dem Vertrage zugleich auch verpflichtet wird. Indessen der Versicherungsnehmer kann hier — abweichend vom Vertrage zugunsten eines Dritten — über die Rechte des Versicherten im eigenen Namen verfügen (bei Vorhandensein eines Versicherungsscheins jedoch nur, wenn er sich im Besitze des Scheines befindet); er kann sodann auch Zahlung vom Versicherer verlangen, wenn er nachweist, daß der Versicherte seine Zustimmung zu der Versicherung (nicht zur Zahlung) erteilt hat. (Hinsichtlich des Rechtes des Versicherers, mit einer Forderung gegen den Versicherungsnehmer aufzurechnen, vgl. § 78 VersVG.)

3. Bei dem Leibrentenvertrage (§§ 759 ff.) zu Gunsten eines Dritten liegt die Sache

ähnlich wie bei der Lebensversicherung (**RG** JW 06, 383[10]); vgl. A 2. In Betracht kommt hier wesentlich die Witwenversorgung.

4. **Unentgeltliche Zuwendung.** Vgl. zu §§ 516, 525 (Auflage zugunsten eines Dritten), § 2301 (Schenkung von Todes wegen).

5. Hinsichtlich der **Übernahme eines Vermögens** vgl. § 311. Die für den **Gutsüberlassungsvertrag** gegebene Regel findet unter entsprechenden Verhältnissen auch bei der Übernahme eines städtischen Fabrikgrundstücks Anwendung (**RG** JW 05, 717[7]). Ist bei der Gutsübernahme die Abfindung für ein minderjähriges Kind an seine Eltern gezahlt worden, so kann das Kind nach Eintritt der Großjährigkeit den Betrag nur von seinen Eltern, nicht aber vom Gutsübernehmer fordern (**RG** Warn 09 Nr 290). Über Ausbedingung von Leistungen zugunsten Dritter in einem unter der Herrschaft des gemeinen Rechts geschlossenen Gutsüberlassungsvertrage vgl. **RG** 110, 184.

§ 331

Soll die Leistung an den Dritten nach dem Tode desjenigen erfolgen, welchem sie versprochen wird, so erwirbt der Dritte das Recht auf die Leistung im Zweifel mit dem Tode des Versprechensempfängers[1]).

Stirbt der Versprechensempfänger vor der Geburt des Dritten, so kann das Versprechen, an den Dritten zu leisten, nur dann noch aufgehoben oder geändert werden, wenn die Befugnis dazu vorbehalten worden ist[2]).

E II 283; P 757.

1. Vermutung für den **Zeitpunkt des Anfalls.** Während § 330 für seine Fälle eine Vermutung über die Rechtsstellung des Dritten überhaupt aufstellt, gibt der § 331 eine Vermutung über die Zeit des Erwerbsanfalls, wodurch zugleich die Anwendbarkeit der allgemeinen Auslegungsregel des § 328 Abs 2 ausgeschlossen wird, bis ein entgegenstehender Parteiwille nachgewiesen ist. Unter den § 331 fallen namentlich Lebensversicherungsverträge, sofern die Leistung abredegemäß nach dem Tode des Versprechensempfängers erfolgen soll (**RG** 51, 404); vgl. § 330 A 2. Aber auch sonst alle Verträge, in denen einem Dritten auf den Todesfall ein Vermögensvorteil zugewendet wird; so beispielsweise der Gründungsvertrag einer Gesellschaft m. b. H., in dem bedungen ist, daß der Geschäftsanteil eines Gesellschafters bei dessen Tode nicht seinen Erben, sondern einem Dritten zufallen soll (**RG** 80, 175). Greift die Vermutung durch, so ist anzunehmen, daß der Dritte das Recht **erst mit Eintritt des Todesfalls erwirbt** (**RG** 80, 177). Die Rechtslage bis dahin ist daher folgende: Der Dritte hat einstweilen keinerlei Anspruch erworben, mithin nicht einmal ein bedingtes (**RG** 51, 404; 71, 326) oder ein vererbliches Recht (Prot 1, 760); er hat vielmehr nur eine Hoffnung erlangt. Die Forderung ist unbeschränkt im Vermögen des Versprechensempfängers zu seiner Verfügung geblieben (**RG** JW 04, 485[6]), ist daher auch pfändbar (**RG** Gruch 49, 101) und wird eintretendenfalls Bestandteil seiner Konkursmasse. Daraus folgt auch, daß die Vertragsparteien bis zum Eintritte des Todesfalls dem Dritten gegenüber in keiner Weise behindert sind, den Vertrag überhaupt oder gerade hinsichtlich der zugunsten des Dritten getroffenen Bestimmung wiederaufzuheben oder abzuändern (§ 328 A 2; **RG** 80, 179). Die Regel des § 331 gilt aber nur im Zweifel und findet daher keine Anwendung, wenn ein anderer Parteiwille in dem Vertrage ausdrücklich erklärt oder aus den Umständen ersichtlich ist. Ist eine Versicherung ausdrücklich „unwiderruflich" zugunsten eines Dritten genommen, so erwirbt, wenn nicht das Gegenteil als Parteiwille festzustellen ist, der Dritte das Recht auf die Versicherungssumme schon mit dem Abschlusse des Vertrags und der Versicherungsnehmer kann es ihm nicht mehr entziehen, auch nicht ohne seine Zustimmung verpfänden oder sonst belasten (**RG** 71, 325). Ein sicheres Mittel, den Anspruch auf die Versicherungssumme dem Dritten zu erhalten, bietet sich für den Versprechensempfänger auch in der Abtretung des Anspruchs an den Dritten oder an einen Mittelsmann mit der Auflage, das seinerzeit einzuziehende Geld dem Dritten zuzuwenden. Dieses Geschäft mit der Mittelsperson kann als ein entgeltliches, aber auch als ein unentgeltliches in Form einer Schenkung unter einer Auflage gemäß § 330 Satz 2 abgeschlossen werden (**RG** 13. 3. 08 VII 134/07). — Nach eingetretenem Todesfalle hat der Dritte ein unentziehbares Recht, und zwar unmittelbar aus dem Vertrage, erworben (**RG** 51, 405; 71, 324; 80, 177). Vgl. des näheren § 330 A 2. — Behält sich bei der Lebensversicherung zugunsten eines Dritten der Versicherungsnehmer die freie Verfügung bis zu seinem Todesfall vor und ist überdies bedungen, daß ein Vertragsverhältnis zwischen dem Versicherer und dem Dritten erst bei Fälligkeit der Versicherungssumme eintreten solle, dann erwirbt der Dritte den Anspruch nur so weit, als dieser von Ver-

fügungen des Versicherungsnehmers frei geblieben ist (**RG** Warn 1913 Nr 135). — Hinsichtlich des Falles, daß nach dem Tode des Versicherungsnehmers über seinen Nachlaß der Konkurs eröffnet wird, vgl. § 330 A 2.

2. **Stirbt der Versprechensempfänger vor der Geburt des Dritten,** so fällt das Recht dem noch ungeborenen Dritten der Regel nach in der gleichen unentziehbaren Weise an, als wenn er schon geboren wäre. Dem Versprechenden sowie den Erben des Versprechensempfängers ist die Befugnis zur Abänderung des Versprechens grundsätzlich entzogen und nur unter der Voraussetzung belassen, daß sie vorbehalten worden ist; doch bedarf es auch hier keines ausdrücklichen Vorbehalts; vgl. § 328 A 4. Hieraus folgt mittelbar, daß das Versprechen überhaupt zugunsten einer noch nicht vorhandenen Person abgegeben werden kann (**RG** 65, 280; JW 1911, 362[10]). Nach **RG** 65, 280 soll das nicht nur für den zu dieser Zeit bereits Erzeugten, den nasciturus, sondern auch für noch nicht erzeugte Personen gelten, wie bei der Einsetzung eines Nacherben (§ 2101) und bei Vermächtnissen (§§ 2162, 2178). Das mag bedenklich erscheinen, zumal Beschränkungen, wie in den §§ 2109, 2162, 2163 hier nicht angeordnet sind.

§ 332

Hat sich der Versprechensempfänger die Befugnis vorbehalten, ohne Zustimmung des Versprechenden an die Stelle des in dem Vertrage bezeichneten Dritten einen anderen zu setzen, so kann dies im Zweifel auch in einer Verfügung von Todes wegen geschehen[1]).

E II 289; P 1 759.

1. Die hier vorausgesetzte Befugnis zur einseitigen Bestimmung eines **andern** Dritten an Stelle des bereits benannten muß dem Versprechensempfänger im Vertrage vorbehalten sein (§ 328 A 4). Wenn nichts anderes vereinbart worden („im Zweifel"), ist der Versprechensempfänger gegebenenfalls auch berechtigt, den andern Dritten in **einer letztwilligen Verfügung zu bezeichnen.** Der Regel nach erfolgt aber die anderweite Benennung durch eine Erklärung dem Antragsgegner gegenüber (§§ 130—132). Vgl. noch § 166 des VersVG bei § 328 A 4.

§ 333

Weist der Dritte das aus dem Vertrag erworbene Recht dem Versprechenden gegenüber zurück, so gilt das Recht als nicht erworben[1])[2]).

E I 415 II 285; M 2 271; P 1 167.

1. **Rückgängigmachung des Anfalls durch den Dritten.** Gegenüber dem Grundsatze des § 328 Abs 1, daß der Dritte das ihm zugedachte Recht ohne sein Zutun erwirbt (§ 328 A 2), mußte ihm das Gesetz anderseits ein Mittel geben, den Anfall wieder rückgängig zu machen, da niemandem ein Rechtserwerb gegen seinen Willen aufgenötigt werden darf (vgl. auch die §§ 516 u. 1942 Abs 1). Ein solches Mittel bietet der § 333 in dem Rechte der **Zurückweisung.** Diese bewirkt, daß das Recht als nicht erworben gilt, und zwar derart, als wäre es überhaupt niemals erworben worden (Grundsatz der Rückwirkung). Falls der Dritte das ihm zugefallene Recht bereits angenommen hatte, ist die Befugnis zur Zurückweisung ausgeschlossen; denn der § 333 setzt voraus, daß der Dritte das Recht lediglich „aus dem Vertrage", also ohne seine Mitwirkung erworben hat (§ 328 A 2). Die Annahmeerklärung dagegen wäre für den Dritten bindend. Eine Zurückweisung mit der Wirkung des § 333 kann erst erfolgen, wenn dem Dritten das Recht bereits angefallen war (§ 328 A 2, 3; § 331 A 1), was in **RG** 101, 306 dahingestellt gelassen, unter der Ausführung jedoch, daß sich der Dritte schon vor dem Anfalle verpflichten könne, von dem ihm zugedachten Rechte keinen Gebrauch zu machen. — Die Zurückweisung selbst ist eine empfangsbedürftige Willenserklärung (§§ 130—132).

2. In welcher Weise die vom Dritten erklärte Zurückweisung auf **das Verhältnis zwischen den beiden Vertragsteilen** einwirkt, sagt das Gesetz nicht. Möglich ist, daß der Versprechensempfänger gemäß § 332 alsdann einen andern Dritten benennen kann. Möglich ist auch, daß er die Leistung nunmehr für sich selbst fordern darf, so bei der Lebensversicherung, jetzt nach § 168 des VersVG, und beim Gutsüberlassungsvertrage, wobei an Stelle des Berechtigten gegebenenfalls seine Erben treten. Möglich ist endlich auch, daß der Geschäftszweck durch die Erklärung des Dritten gänzlich vereitelt wird und sonach ein Fall von nachträglicher Unmöglichkeit der Leistung im Sinne der §§ 275, 323 eintritt.

§ 334

Einwendungen aus dem Vertrage stehen dem Versprechenden auch gegenüber dem Dritten zu[1]).

E I 416 II 286; M 2 272; P 1 768.

1. **Einwendungen des Berechtigten gegenüber dem Dritten.** Es ist bereits in § 328 A 1 dargelegt worden, daß das Recht des Dritten ausschließlich auf dem zu seinen Gunsten abgeschlossenen Vertrage beruht, und daß sich demnach sowohl die Gültigkeit wie die rechtliche Natur seines Anspruchs lediglich nach dem Vertrage regelt. Der § 334 zieht hiervon nur die Folge, indem er bestimmt, daß dem Versprechenden Einwendungen „aus dem Vertrage" (also lediglich diesem und nicht etwa auch aus einem andern Rechtsverhältnisse, RG 64, 118) auch gegenüber dem Dritten zustehen. Der allgemeine Ausdruck Einwendungen soll hier alle Rechtsbehelfe umfassen, die dem Versprechenden aus dem Vertrage überhaupt zustehen, mithin auch den Einwand der Nichtigkeit (sei es einer solchen von Anfang an, sei es der durch Anfechtung herbeigeführten; doch wird er sich im Falle des § 123 Abs 2 Satz 2 auf eine Nichtigkeit des Vertrags nicht berufen können, die durch eine nur dem Versprechensempfänger gegenüber begründete Anfechtung herbeigeführt worden ist, vgl. § 123 A 4 unter b; den Einwand der Verjährung (§ 222); ferner das Recht der Zurückbehaltung nach § 273 (RG 66, 101), sowie, falls der Vertrag ein gegenseitiger, das Recht der Leistungsverweigerung nach § 320, das Recht zur Wandlung oder Minderung gemäß § 462, endlich das Recht zum Rücktritte oder auf Schadensersatz wegen Nichterfüllung aus den §§ 325, 326 (für den Fall nämlich, daß der Versprechensempfänger die Möglichkeit seiner Leistung in von ihm zu vertretender Weise vereitelt hat, oder daß er mit ihr in Verzug geraten ist). Auch bei abstrakten Verträgen stehen dem Versprechenden die bei solchen überhaupt statthaften Einwendungen zu. Erteilt ein Schuldner seinem Gläubiger ein Schuldanerkenntnis, um so dem Gläubiger die Verpfändung der Forderung zu ermöglichen, dann enthält diese Vereinbarung zugleich einen Verzicht des Schuldners zugunsten des demnächstigen Pfandgläubigers auf das Recht der Aufrechnung mit seinen Gegenforderungen an den Gläubiger, so daß der Pfandgläubiger diesen Verzicht gemäß § 328 geltend machen kann (RG 71, 187). Der Rücktritt des Versprechenden kann immer nur dem Versprechensempfänger gegenüber erklärt werden, da die Erklärung den Vertrag in seiner Gesamtheit und nicht allein hinsichtlich des Rechtserwerbs des Dritten rückgängig macht. Dem Dritten gegenüber kann dagegen nur die Tatsache des erklärten Rücktritts geltend gemacht werden (RG JW 1915, 652[4]). Endlich muß dem Versprechenden, wenn sich herausstellt, daß er an den Dritten ohne Grund bereits geleistet hat, auch der Rechtsbehelf aus den §§ 812ff. zustehen (RG JW 1915, 652[4]). — Ausgeschlossen ist das Recht zur Aufrechnung mit einer Forderung an den Versprechensempfänger, da es sich insoweit nicht um einen Einwand aus dem Vertrage handelt und auch die Voraussetzung „inter easdem partes" fehlt (§ 387). Anfechtungsberechtigt anderseits kann der Dritte niemals sein. Denn grundsätzlich kann nur der Erklärende selbst seinen Willensmangel geltend machen (Ausnahme im Falle des § 318 Abs 2). Dem Dritten steht nur das Recht der Zurückweisung (§ 333) zu. — Schadensersatzansprüche aus dem Vertrage kann der Versprechende dem Dritten gegenüber nur im Wege des Zurückbehaltungsrechts zur Geltung bringen (RG 66, 101).

§ 335

Der Versprechensempfänger kann, sofern nicht ein anderer Wille der Vertragschließenden anzunehmen ist, die Leistung an den Dritten auch dann fordern, wenn diesem das Recht auf die Leistung zusteht[1]).

E I 412 II 287; M 2 269; P 1 756.

1. Ob neben dem Dritten auch der Versprechensempfänger berechtigt sein soll, die Leistung zu fordern, ist Sache der Auslegung des Vertragswillens. § 335 stellt aber eine Auslegungsregel in dem Sinne auf, daß das anzunehmen ist, sofern nicht ein anderer Vertragswille sich aus dem Vertrage ergibt, also „im Zweifel". Liegt dieser Ausnahmefall nicht vor, dann kann der Versprechensempfänger die Forderung auf Leistung an den Dritten geltend machen, ohne daß er ein besonderes Interesse an der Klage nachzuweisen braucht. Doch darf er von keinem Rechtsbehelfe Gebrauch machen, durch den er in das Recht des Dritten eingreifen würde. So darf er nicht aus den Gesichtspunkten der §§ 325, 326 Schadensersatz wegen Nichterfüllung, auch nicht für den Dritten, fordern oder vom Vertrage zurücktreten oder gemäß § 462 wandeln. Zulässig ist indes der Rücktritt des Versprechensempfängers, wenn das Recht dem Dritten nur widerruflich zugewendet war, im übrigen aber selbstverständlich mit der Zustimmung des Dritten (RG 101, 276). — Die Vorschrift des Art 15 § 7 PrAG.BGB versagt das Rücktrittsrecht bei den Leibgedingeverträgen; diese Vorschrift ist aber dann nicht anwendbar, wenn das Leibgedinge in einem Vertrage zwischen dem Erwerber und dem Veräußerer zugunsten des Altsitzers als eines Dritten ausbedungen worden ist (RG 101, 276). Ob der Versprechensempfänger einen Anspruch auf Schadensersatz für sich geltend machen kann, falls der Versprechende die Leistung an den Dritten in zu vertretender Weise vereitelt, richtet sich danach, ob er auf die angegebene Weise auch selbst einen Schaden erlitten hat.

Vierter Titel

Draufgabe Vertragsstrafe

§ 336

Wird bei der Eingehung eines Vertrags etwas als Draufgabe gegeben, so gilt dies als Zeichen des Abschlusses des Vertrags[1]).

Die Draufgabe gilt im Zweifel nicht als Reugeld[1]).

E I 417 II 288; M 2 417; P 1 769.

1. Diese Bestimmung weist der **Draufgabe** (Angeld, Handgeld, Weinkauf, Mietstaler) lediglich die Rolle der arrha confirmatoria des gemeinen Rechtes zu. Denn als **Zeichen des Abschlusses des Vertrags** soll die Draufgabe lediglich eine widerlegbare Beweisvermutung dafür begründen, daß die Willenseinigung erzielt worden ist. Sie entbehrt dagegen jedes Einflusses auf das Zustandekommen des Vertrags, setzt vielmehr begrifflich einen rechtsgültigen Vertrag als gegeben voraus. Fehlt es hieran, so ist auch die Abrede hinsichtlich der Draufgabe hinfällig (§ 139; **RG** 53, 238), und gemäß §§ 812ff. kann sie zurückgefordert werden. Insbesondere vermag also die Draufgabe auch nicht die Wahrung der erforderlichen Vertragsform zu ersetzen. — Der Empfänger der Draufgabe wird daran Eigentümer. Möglich ist es an sich, daß auch eine Forderung als Draufgabe übereignet wird, wenngleich der Ausdruck Draufgabe auf körperliche Sachen hinweist. — Die Draufgabe ist **kein Reugeld** gemäß § 359 (arrha poenitentialis). Der Geber ist also regelmäßig nicht berechtigt, gegen Preisgabe des Gegebenen vom Vertrage zurückzutreten, ebensowenig der Empfänger gegen Rückgabe des Empfangenen. Daß die Parteien jedoch eine derartige Abrede treffen können, folgt aus dem Grundsatze der Vertragsfreiheit. — Zu unterscheiden ist die Draufgabe von der Anzahlung, die die Befriedigung des Gläubigers zu einem Teile sichern soll und seine Forderung ohne weiteres in entsprechender Höhe tilgt. Die Draufgabe dagegen bedarf hierzu gemäß § 337 erst der „Anrechnung", abgesehen davon, daß die Anrechnung überhaupt ausgeschlossen werden kann. — Über die Draufgabe (Mietgeld) beim Gesinderechte vgl. Art 95 EG.

§ 337

Die Draufgabe ist im Zweifel auf die von dem Geber geschuldete Leistung anzurechnen oder, wenn dies nicht geschehen kann, bei der Erfüllung des Vertrags zurückzugeben[1]).

Wird der Vertrag wiederaufgehoben, so ist die Draufgabe zurückzugeben[2]).

E I 418 II 289; M 2 274; P 1 791.

1. Nach dieser Auslegungsregel gilt die Draufgabe, vorbehaltlich eines andern Parteiwillens, nicht als Zugabe, da sie der Regel nach **bei Erfüllung des Vertrags** auf die vom Geber geschuldete Leistung **anzurechnen**, oder, falls sie mit dem Leistungsgegenstande nicht gleichartig, **zurückzugewähren** ist.

2. Bei **Aufhebung des Vertrags** ist die Draufgabe nach den Grundsätzen der §§ 812ff. **zurückzugeben**, da der Rechtsgrund für sie alsdann fortgefallen ist. Auch diese Vorschrift unterliegt aber der Ausschließung durch Parteivereinbarung. Sie findet im übrigen nicht nur bei vereinbarter, sondern auch bei einseitiger Aufhebung durch Rücktritt (§§ 346ff.) Anwendung; vgl. jedoch § 338.

§ 338

Wird die von dem Geber geschuldete Leistung infolge eines Umstandes, den er zu vertreten hat, unmöglich oder verschuldet der Geber die Wiederaufhebung des Vertrags, so ist der Empfänger berechtigt, die Draufgabe zu behalten[1]). Verlangt der Empfänger Schadensersatz wegen Nichterfüllung, so ist die Draufgabe im Zweifel anzurechnen oder, wenn dies nicht geschehen kann, bei der Leistung des Schadensersatzes zurückzugeben[2]).

E I 149 II 290; M 2 274; P 1 774.

1. Entgegen der Regel des § 337 darf **der Empfänger die Draufgabe behalten**, wenn der Geber die geschuldete Leistung in einer von ihm zu vertretenden Weise (§§ 276ff.) vereitelt oder die Wiederaufhebung des Vertrags verschuldet. Hierher gehören auch solche

Fälle, in denen das Verhalten des Gebers den Empfänger zum Rücktritte vom Vertrage (§§ 325, 326, 360, 361) oder zur Wandelung (§ 462) berechtigt; nicht aber auch der Fall, daß der Empfänger lediglich von einem ihm gemäß § 346 vorbehaltenen Rücktrittsrechte Gebrauch macht. Von selbst versteht es sich, daß, wenn der Empfänger die Unmöglichkeit der Leistung zu vertreten oder die Aufhebung des Vertrags verschuldet hat, er die Draufgabe nicht behalten darf. Gleiches wird zu gelten haben, wenn die Unmöglichkeit der Leistung eines Teiles durch keinen von beiden Teilen verschuldet ist (§ 323), da hier eine der Aufhebung des Vertrags (§ 337 Abs 2) entsprechende Sachlage eintritt.

2. **Schadensersatzansprüche wegen Nichterfüllung** verbleiben dem Gläubiger. Da jedoch der Schadensersatzanspruch an die Stelle der Leistung tritt (vgl. § 275 A 1 und § 325 A 1), ist die Draufgabe folgerichtig auch auf ihn anzurechnen und im Falle der Ungleichartigkeit des Gegenstandes bei der Ersatzleistung zurückzugeben, auch hier jedoch nur im Zweifel, d. h. sofern nicht entgegen § 337 die Draufgabe auch im Falle der Leistung nicht anzurechnen oder zurückzugeben gewesen wäre.

§ 339

[1]) Verspricht der Schuldner dem Gläubiger für den Fall, daß er seine Verbindlichkeit nicht oder nicht in gehöriger Weise erfüllt[2]), die Zahlung einer Geldsumme als Strafe, so ist die Strafe verwirkt, wenn er in Verzug kommt[1]). Besteht die geschuldete Leistung in einem Unterlassen, so tritt die Verwirkung mit der Zuwiderhandlung ein[2–4]).

E I 422 II 291; M 2 278; P 1 779.

1. **Vertragsstrafe.** Sie ist eine Leistung, die der Schuldner für den Fall der Nichterfüllung (§ 340) oder für den Fall nicht gehöriger Erfüllung (§ 341) seiner Verbindlichkeit verspricht. Grundsätzlich macht es keinen Unterschied, ob die Zahlung einer Geldsumme, wovon das Gesetz in § 339 ausgeht, oder ob eine andere Leistung als Strafe zugesagt (§ 342), oder ob etwa eine Herabminderung der Gegenleistung bedungen wird (RG 68, 42; JW 08, 238[10]). Auch kommt es nicht darauf an, daß die versprochene Leistung als Strafe bezeichnet wird; entscheidend ist vielmehr nur das objektive Vorhandensein der Voraussetzungen des § 339 (RG Warn 09 Nr 349). — Gleichgültig ist ferner, ob das Versprechen sofort im Hauptvertrage oder in einem späteren Vertrage abgegeben wird. — Voraussetzung für das Strafgedinge ist das Bestehen einer nicht gesetzlich unwirksamen Verbindlichkeit (§ 344). Diese Voraussetzung ist auch gegeben, wenn eine Verpflichtung zur Nichtverfügung über ein veräußerliches Recht übernommen wird, da eine solche schuldrechtliche Verpflichtung nach § 137 Satz 2 wirksam ist (RG 73, 17, wo es sich um Übernahme der Verpflichtung handelte, ein Grundstück nicht an einen Polen zu veräußern). — In ihrer Eigenschaft als bedingtes Recht ist auch schon die noch nicht verwirkte Vertragsstrafe übertragbar. — Die Vertragsstrafe kann auch noch nach Beendigung des Vertragsverhältnisses wegen vorher begangener Verfehlungen geltend gemacht werden, so von einem Kartell durch Verhängung nach dem Ausscheiden des Mitgliedes (RG 114, 332). Die Aufwertung einer Vertragsstrafe hat in Anwendung des § 242 (vgl. A 5 dazu) nach billigem Ermessen zu erfolgen (RG 30. 4. 26 II 390/25).

Die Vertragsstrafe hat im Zweifel nicht den Sinn, daß dadurch dem Schuldner ein Mittel geboten werden soll, sich der Erfüllung der Hauptverbindlichkeit zu entziehen; sie dient vielmehr in der Regel dem Rechte des Gläubigers auf Erfüllung und soll den Schuldner hierzu anhalten. Deshalb entsteht durch die Nichterfüllung ein neben den Erfüllungsanspruch tretender Anspruch des Gläubigers auf die Vertragsstrafe, und zwar in der Weise, daß im Falle des § 340 (vgl. A 1 dazu) der Gläubiger die Wahl hat, entweder die Strafe oder die Leistung zu verlangen; im Falle des § 341 (vgl. A 1 dazu) dagegen die Strafe neben der Erfüllung verlangen kann. Dadurch unterscheidet sich die Vertragsstrafe von der Wandelpön (richtiger Reugeld) nach § 359, indem diese den Erfüllungsanspruch des Gläubigers ausschließt und sich nicht als Straffolge wegen Nichterfüllung darstellt, sondern als ein dem Schuldner gewährtes vertragsmäßiges Recht, sich von der Erfüllung zu befreien, bei dessen Ausübung die Befugnis des Gläubigers Platz greift, das Reugeld zu verlangen (RG 43, 281; LZ 1921, 140[3]). In JW 02 Beil 250[156] ist angenommen, daß der Schuldner sich durch Leistung der Vertragsstrafe freimachen könne (sonach der Fall des Reugeldes vorliege), wenn sie dazu bestimmt sei, das volle Interesse an der Vertragserfüllung zu ersetzen; ebenso in RG Warn 09 Nr 349 für den Fall des Versprechens einer Vertragsstrafe durch den Handlungsgehilfen gegenüber dem Prinzipal wegen Zuwiderhandlung gegen auferlegte Beschränkungen unter der gleichen Voraussetzung. — Von dem Vorbehalte der Verwirkung (clausula cassatoria) im Sinne des § 360 unterscheidet sich die Vertragsstrafe insofern, als die Verwirkung den Schuldner für den Fall der Nichterfüllung seiner Rechte verlustig gehen läßt, während das bei dem Strafgedinge nicht der Fall ist, und als nach § 339 die Strafleistung als eine neue Verbindlichkeit neben die Hauptleistung tritt, während die Verfallklausel gegebenenfalls nur den Rechtsverlust, insbesondere bei einer Stundung die sofortige Fälligkeit der bereits geschuldeten Leistung begründet (**RG** JW 1914, 527[4]); endlich von dem Versprechen einer Strafleistung für den Fall, daß der Versprechende „eine Handlung vornimmt oder unterläßt", dem „uneigentlichen Strafgedinge" im Sinne des § 343 Abs 2 insofern, als ein derartiges Versprechen nicht eine bereits bestehende und zu sichernde Verpflichtung zur Vornahme oder zur Unterlassung der Handlung voraussetzt, sondern die Verpflichtung zur Strafleistung selbständig begründen soll (vgl. § 343 A 4).

Nicht erfüllt hat der Verpflichtete im Sinne des Gesetzes bei Verpflichtungen zu positiven Leistungen sowohl dann, wenn er überhaupt nicht leistet, wie auch dann, wenn sein Angebot so mangelhaft war, sei es dem Umfange (§ 266), sei es der Art nach (vgl. § 320 A 7), daß der Berechtigte die Annahme abzulehnen berechtigt war und abgelehnt hat. Nimmt der Gläubiger dagegen die derartig fehlerhafte Leistung an, so liegt stets nur der Fall **nicht gehöriger** Erfüllung vor (vgl. § 341 Abs 3). Eine solche steht in Frage, wenn in der Hauptsache erfüllt ist, aber die Leistung in irgendeiner Beziehung nicht so bewirkt worden, wie der Gläubiger es beanspruchen konnte. **Die Strafe ist verwirkt,** sobald der Schuldner nach den §§ 284ff. **„in Verzug kommt".** Grundsätzlich ist daher auch für den Verfall der Vertragsstrafe ein Verschulden (vgl. § 285 A 1) erforderlich (**RG** Gruch 57, 929; JW 1916, 1584[3]). Anders im Falle des Satzes 2 (vgl. A 2). Ein Unternehmer wird von der Vertragsstrafe nicht dadurch befreit, daß er zur Aussperrung der Arbeiter durch seine Mitgliedschaft im Arbeitgeberverbande verpflichtet war (**RG** JW 1914, 296[4]).

2. Bei **Leistungen, die eine Unterlassung** zum Inhalte haben, wird die Strafe, falls nicht das Gegenteil vereinbart worden (**RG** 79, 40; Warn 1911 Nr 425; SeuffA 76 Nr 77), ohne Rücksicht auf Verschulden schon durch die bloße Zuwiderhandlung verwirkt (**RG** 55, 78; vgl. auch **RG** JW 1912, 582[3] und Warn 1913 Nr 311; 1915 Nr 105 und die dort genannten Urteile). **RG** 63, 116 läßt dahingestellt, ob nicht Satz 2 lediglich bezweckt, den Gläubiger vom Nachweise des Verschuldens zu befreien, dem Schuldner dagegen die Möglichkeit des Entschuldigungsbeweises freilassen will. M 2, 278 ergeben jedoch klar, daß die Verwirkung bei Unterlassungen von einem Verschulden grundsätzlich nicht hat abhängig gemacht werden sollen und das ist auch im Wortlaut hinreichend zum Ausdruck gekommen (**RG** JW 1911, 38[18]; 1915, 444[2]). Fraglich könnte sein, ob die Strafe auch dann verwirkt wird, wenn der Verpflichtete bei Vornahme der Handlung, die sich äußerlich als eine Zuwiderhandlung darstellt, gar nicht weiß, daß er eine Zuwiderhandlung begeht. Beispielsweise er weiß nicht, daß der Ortsteil X, in dem er ein Geschäft errichtet, dem Orte Y, in dem ihm die Errichtung eines Geschäfts untersagt war, einverleibt ist. Die Strafe wäre mangels einer andern Abrede auch unter diesen Umständen verwirkt, da das Strafgedinge dem Berechtigten nach dem Gesetze einen unbedingten Schutz gewähren soll. Daher kommt es nicht darauf an, ob der Verpflichtete sich dessen bewußt war, daß er sich einer Zuwiderhandlung schuldig mache (vgl. **RG** 79, 40). So viel wird indessen doch zu verlangen sein, daß die Zurechenbarkeit der Zuwiderhandlung im besondern Falle nicht aus Gründen ausgeschlossen ist, die sich aus den persönlichen Eigenschaften des Verpflichteten ergeben (vgl. § 276 Abs 1 Satz 3). Vgl. dazu JW 1915, 444[2]. Jedenfalls aber enthält Satz 2 nur eine durch Abrede frei abänderbare Auslegungsvorschrift (**RG** JW 1912, 582[3]; 1915, 444[2]). — Hat der Berechtigte die Zuwiderhandlungen gegen ein Wettbewerbsverbot längere Zeit (wissentlich) geduldet, dann verstößt es gegen Treu und Glauben, wenn er nachträglich die Strafe fordert (**RG** Warn 1914 Nr 44). — Eine Zuwiderhandlung ist möglich auch durch die Verwendung eines Erfüllungsgehilfen; **RG** 63, 116. Vgl. § 278 A 4. Haben beide Teile gegenseitig Wettbewerbsverboten sich unterworfen und gegenseitig für den Fall der Zuwiderhandlung sich zu Vertragsstrafen verpflichtet, dann kann die Leistung der Strafe nicht ohne weiteres aus dem Grunde verweigert werden, weil auch der andere Teil sich einer Zuwiderhandlung schuldig gemacht habe, sondern nur dann, wenn die Übertretung des andern eine so schwere war, daß seinem Gegner die Bindung nach Treu und Glauben nicht zugemutet werden kann (**RG** 96, 174).

3. **Auslegung.** Strafgedinge dürfen, weil sie eine Beschränkung der persönlichen Freiheit enthalten, nicht ausdehnend ausgelegt werden (**RG** JW 04, 139[4]; 06, 736[4]; 1915, 444[2]). Im übrigen greifen lediglich die allgemeinen Auslegungsregeln der §§ 157, 242 Platz (**RG** JW 04, 139[4]; 1910, 934[2]; 1920 S. 137[1] u. 279[3]). Insbesondere trifft das auch in Ansehung von Strafgedingen bei **Verboten des Wettbewerbs** (Konkurrenzklauseln) zu (**RG** JW 06, 736[4], wo es sich um das Verbot „indirekter Beteiligung an einem Konkurrenzgeschäfte" handelte). Es soll keine Übertretung des Wettbewerbsverbots bedeuten, wenn der Verpflichtete außerhalb des ihm entzogenen Stadtbezirks ein selbständiges Geschäft eröffnet und von dort aus den Absatz innerhalb des Stadtbezirks sucht (**RG** Gruch 46, 124). In **RG** Warn 08 Nr 574 ist die Verletzung des bedungenen Wettbewerbsverbots darin ge-

funden worden, daß der Verkäufer eines Geschäfts seinen Vorgänger, der sich ihm gegenüber einem gleichen Verbote unterworfen hatte, von diesem nachträglich wieder entband. Die Auslegung eines Wettbewerbsverbots dahin, daß der Verpflichtete dem Verbote nicht zuwiderhandle, wenn er ein Geschäft in einem nur 5 Minuten von der ihm verschlossenen Stadt entfernt liegenden Orte begründe, soll nach den Regeln der §§ 157, 242 zulässig sein (RG 26. 5. 08 VII 545/07). Bei Wettbewerbsverboten, denen sich ein Gewerbegehilfe unterworfen hat, ist zu seinen Gunsten eine entsprechende Anwendung des in § 75 Abs 1 HGB ausgesprochenen Grundsatzes zulässig, wenn nicht eine entgegenstehende Vereinbarung getroffen worden ist, eine solche ist an sich zulässig (RG 59, 76; Gruch 57, 842). — Bei einem Konkurrenzverbote kommen nur solche Handlungen in Betracht, die auf den Geschäftsbetrieb des andern ungünstig einwirken (richtiger: einwirken können), daher bei einem auf eine bestimmte Zeit abgestellten Verbote nur solche Veranstaltungen, die sich schon während dieser Zeit ungünstig äußern (RG JW 1914, 142[5]). Eine durch die Polenklausel (§ 138 A 1 B c) vereinbarte Vertragsstrafe ist schon dann als verwirkt angesehen worden, wenn der weitere Erwerber von polnischer Abstammung ist, die polnische Sprache seine Muttersprache ist und er den Kreisen von deutschfeindlicher Gesinnung angehört, ohne daß er sich selbst derartig betätigt zu haben braucht (RG Warn 1913 Nr 311). — Unterwirft sich der Veräußerer eines Geschäfts einer Wettbewerbsbeschränkung, dann wird das Recht daraus im Zweifel für das Geschäft erworben und geht daher bei dessen Weiterveräußerung auf den nunmehrigen Erwerber über (RG 72, 434; Warn 1914 Nr 206).

4. Über die Strafgedinge bei Gesamtschuldverhältnissen vgl. die §§ 423, 429. Der Anspruch auf die Strafe gilt als Nebenforderung im Sinne des § 4 ZPO (RG 66, 309), und er unterliegt dem Gerichtsstande der Hauptverpflichtung (RG 57, 15; 69, 9).

§ 340

Hat der Schuldner die Strafe für den Fall versprochen, daß er seine Verbindlichkeit nicht erfüllt, so kann der Gläubiger die verwirkte Strafe statt der Erfüllung verlangen[1]. Erklärt der Gläubiger dem Schuldner, daß er die Strafe verlange, so ist der Anspruch auf Erfüllung ausgeschlossen[2].

Steht dem Gläubiger ein Anspruch auf Schadensersatz wegen Nichterfüllung zu, so kann er die verwirkte Strafe als Mindestbetrag des Schadens verlangen. Die Geltendmachung eines weiteren Schadens ist nicht ausgeschlossen[3].

E I 420 II 292; M 2 275; P 1 775.

1. **Strafgedinge für den Fall der Nichterfüllung** (vgl. § 339 A 1). In diesem Falle hat der Gläubiger die Wahl zwischen dem Anspruche auf Erfüllung und dem auf Leistung der verwirkten Strafe. Es liegt aber weder eine Wahlschuld im Sinne des § 262 noch eine sog. facultas alternativa vor (vgl. § 262 A 1). Eine Wahlschuld nicht, weil das Schuldverhältnis an sich nur auf eine, und zwar nur auf die Erfüllungsleistung gerichtet ist; eine facultas alternativa nicht, weil die Leistung der Strafe nicht Erfüllung ist. Hier handelt es sich vielmehr nur um ein dem Gläubiger gesetzlich gewährtes Wahlrecht zwischen mehreren, unter sich verschiedenen Rechtsbehelfen, elektive Konkurrenz (vgl. § 262 A 1). Da es sich nicht um eine Wahlschuld handelt, ist der Gläubiger, der zunächst den Erfüllungsanspruch verfolgt hat, auch nicht gehindert, demnächst davon abzugehen und die Strafe zu fordern (RG JW 1913, 319[5]). Anders im umgekehrten Falle auf Grund der besonderen Bestimmung in Satz 2 (vgl. A 2). — Der Anspruch auf die Vertragsstrafe wird weder im Falle des § 340 noch in dem des § 341 durch den Nachweis ausgeschlossen, daß dem Gläubiger durch die Nichterfüllung bzw. nicht gehörige Erfüllung ein Schaden überhaupt nicht oder in geringerer Höhe entstanden sei (RG 103, 99).

2. Wählt der Gläubiger die Vertragsstrafe, so ist der Anspruch auf Erfüllung ausgeschlossen. Dies freilich nur unter der Voraussetzung, daß die Geltendmachung der Strafe gerechtfertigt war (RG JW 1912, 74[13]; ebenso für den Fall des § 340 Abs 2 RG 77, 292). Die Wahl wird ausgeübt durch eine einseitige, empfangsbedürftige, unwiderrufliche Erklärung des Gläubigers an den Schuldner, die insbesondere auch in der Erhebung einer Klage auf die Vertragsstrafe enthalten ist. Ein Mittel, den Gläubiger zur Wahlausübung zu zwingen, ist dem Schuldner nicht gegeben, insbesondere nicht das der Fristsetzung, wie nach § 264 Abs 2.

3. **Ein Anspruch auf Schadensersatz wegen Nichterfüllung** kann dem Gläubiger zustehen nach Maßgabe der §§ 280, 286 Abs 2 Satz 1, 325, 326, wo überall die Vertretungspflicht des Schuldners vorausgesetzt wird. Möglich ist aber auch, daß die Strafe verwirkt wird,

ohne daß ein Verschulden des Schuldners vorliegt, nämlich im Falle seines Zuwiderhandelns gegen eine Unterlassungspflicht (§ 339 A 2) und daß deshalb nur die Vertragsstrafe, aber nicht Schadensersatz wegen Nichterfüllung gefordert werden kann. Ebenso wenn im Falle des § 326 zwar Verzug vorliegt, aber die weiteren Voraussetzungen (Nachfristsetzung usw.) nicht erfüllt sind. — Fordert der Gläubiger Schadensersatz wegen Nichterfüllung, so kann er nicht außerdem auch noch den Strafanspruch geltend machen. Fordert er aber die Strafe, dann kann er grundsätzlich auch noch den darüber hinausgehenden Schadensbetrag verlangen, da die Strafe nur den **Mindestbetrag des Schadens** darstellt (RG 66, 310). Soweit er die Strafe verlangt, hat er den Vorteil, daß er insoweit seinen Schaden nicht nachzuweisen braucht (RG 77, 290), und daß sein Anspruch auf Schadensersatz überhaupt nicht berührt wird, wenn sich der Anspruch auf die Strafe als unbegründet herausstellt (RG JW 1912, 74[13]). In JW 1917, 597[6] hat das Reichsgericht aus der Differenztheorie (vgl. § 325 A 1 a) die Folgerung gezogen, daß bei gegenseitigen Verträgen der vertragstreue Teil, der wegen Nichterfüllung des Vertrags durch den andern Teil die vereinbarte Vertragsstrafe in vollem Betrage ungeachtet der eingetretenen Befreiung von seiner Leistungspflicht fordert, einen Nachweis seines Schadens durch Aufstellung einer umfassenden, den Wert der beiderseitigen Leistungen in Vergleich setzenden Liquidation führen müsse. Ob diese Entscheidung mit dem Grundsatze, daß die Vertragsstrafe ohne weiteres als Mindestbetrag des Schadens in Ansatz gebracht werden kann, zu vereinbaren ist, erscheint recht zweifelhaft; die durch die Vertragsstrafe bezweckte Beweiserleichterung wird dadurch völlig außer Wirkung gesetzt. Es muß auch wohl im Zweifel davon ausgegangen werden, daß bei Festsetzung der Höhe der Vertragsstrafe die Befreiung von der eigenen Leistung als Rechnungsfaktor bereits in Rechnung gezogen worden sei. Der Beweis des Gegenteils dürfte jedenfalls dem Schuldner obliegen. — Erscheint eine versprochene „Entschädigung" den Umständen nach als Strafe, so ist sie auch als „Strafe" anzusehen (RG Warn 09 Nr 443). — Abweichende Regelung für das Verhältnis zwischen Handlungsgehilfen und Prinzipal im § 75 Abs 2 HGB, wonach der Dienstherr bei Wettbewerbsverboten nur die Strafe fordern darf, während der Anspruch auf Erfüllung oder auf Schadensersatz ausgeschlossen ist.

Auch bei **Unterlassungspflichten** kann der § 340 anwendbar sein, und zwar ist es dann der Fall, wenn die einmalige oder mehrmalige Zuwiderhandlung bereits die Nichterfüllung des Vertrags überhaupt darstellt. Handelt es sich dagegen nur um einzelne Zuwiderhandlungen, die sich lediglich als nicht gehörige Erfüllung darstellen, dann greift der § 341 Platz. Im Falle der Nichterfüllung stände, falls die Strafe für diesen Fall versprochen ist, dem Berechtigten neben dem Anspruche auf die Strafe die Forderung auf Ersatz des weitergehenden Schadens, im Falle nicht gehöriger Erfüllung, falls die Strafe für diesen Fall versprochen ist, neben der Strafforderung der Erfüllungsanspruch zu. Demgemäß wird man den ersteren Fall (§ 340) oder aber den zweiten Fall (§ 341) als gegeben anzusehen haben, je nachdem die Strafe nach Absicht der Parteien das Interesse des Berechtigten an der dauernden Unterlassung oder aber nur an einer jedesmaligen Zuwiderhandlung sichern soll (RG 70, 441; 112, 366), und die Entscheidung darüber wird gemäß § 157 oftmals von der Höhe der Strafe abhängen. So kann bei Wettbewerbsverboten die Sache leicht so liegen, daß das Strafgedinge dem Verpflichteten das Recht geben soll, sich durch einmalige Erlegung der Strafe von dem Verbote für die Dauer freizumachen, zugleich aber den Berechtigten durch die Höhe der Strafe gegen das Übertreten des Verbots überhaupt schützen soll. Unter andern Umständen wird dagegen anzunehmen sein, daß die Strafe auf die jedesmalige Zuwiderhandlung abgestellt ist, so beispielsweise, wenn ein Bauunternehmer, der seinerseits Arbeiten an einen Dritten vergibt, diesem bei Strafe untersagt, irgendeinem seiner (des Unternehmers) Angestellten irgendeine Zuwendung zu machen (RG JW 1911, 38[18]; vgl. auch RG 112, 366).

§ 341

Hat der Schuldner die Strafe für den Fall versprochen, daß er seine Verbindlichkeit nicht in gehöriger Weise, insbesondere nicht zu der bestimmten Zeit, erfüllt, so kann der Gläubiger die verwirkte Strafe neben der Erfüllung verlangen[1]).

Steht dem Gläubiger ein Anspruch auf Schadensersatz wegen der nicht gehörigen Erfüllung zu, so finden die Vorschriften des § 340 Abs 2 Anwendung[2]).

Nimmt der Gläubiger die Erfüllung an, so kann er die Strafe nur verlangen, wenn er sich das Recht dazu bei der Annahme vorbehält[3])[4]).

E I 421 II 293; M 2 276; P 1 776.

1. Ist die **Strafe für den Fall nicht gehöriger, insbesondere nicht rechtzeitiger Erfüllung** versprochen (vgl. § 339 A 1), so kann der Gläubiger **Strafe und Erfüllung nebeneinander** verlangen. Er kann aber den Strafanspruch auch neben dem Schadensersatzanspruche wegen Nichterfüllung geltend machen, wenn die Strafe bereits vor Entstehung des letzteren Anspruchs für die bis dahin verflossene Zeit verwirkt gewesen war, so daß sich beide Forderungen nicht miteinander decken; vgl. A 2. Es ist auch hier, abgesehen von Zuwiderhandlungen gegen eine Unterlassungspflicht (§ 339 A 2), grundsätzlich ein Verschulden zu erfordern. Ein solches ist nicht angenommen worden in einem Falle, wo sich der Bauunternehmer den von seinen Innungsgenossen zur Bekämpfung eines Arbeiterausstandes unternommenen Gegenmaßregeln angeschlossen hatte, RG Gruch 50, 943. Für den Fall von Strafgedingen bei Unterlassungspflichten vgl. § 340 A 3 Abs 2.

2. Die Anwendung des **§ 340 Abs 2** führt zu dem Ergebnisse, daß der Gläubiger die **Vertragsstrafe als den Mindestbetrag** seines aus der nicht gehörigen Erfüllung erwachsenen **Schadens geltend machen darf**, unbeschadet seines Rechtes, den auf demselben Rechtsgrunde beruhenden weiteren Schadensersatzanspruch außerdem zu verfolgen. Vgl. Näheres § 340 A 3. Fordert bei einem gegenseitigen Vertrage der Gläubiger wegen Verzugs gemäß § 326 Schadensersatz wegen Nichterfüllung, so ist für die Zeit von der Entstehung dieses Anspruchs ab der Anspruch auf Vertragsstrafe wegen der Erfüllungsverzögerung ausgeschlossen, nicht aber für die bis dahin bereits abgelaufene Zeit (RG 94, 206; vgl. § 326 A 1 Abs 1).

3. Der Anspruch auf die Vertragsstrafe wegen nicht gehöriger Erfüllung **erlischt** kraft Gesetzes (RG 53, 358), wenn **ihn der Gläubiger sich nicht bei der Annahme vorbehalten** hat. Auch Unterlassen des Vorbehalts wegen Unkenntnis seines Rechtes schützt den Gläubiger nicht vor dem Verluste; ein Verzichtswille ist nicht erforderlich (RG 53, 357; 61, 65). Die Vorschrift des Abs 3 enthält jedoch nur nachgiebiges, durch Parteiabrede abänderungsfähiges Recht (RG Warn 1914 Nr 319). Der Vorbehalt braucht nicht ausdrücklich durch Worte erklärt zu werden, jedenfalls aber bedarf es einer äußeren Kundgebung dem Verpflichteten gegenüber (RG 61, 65). Er muß grundsätzlich auch bei der Annahme selbst erklärt sein (RG 59, 378; 57, 337), wobei das Wort „bei" (anders als in den Fällen der §§ 464, 640) streng auszulegen ist (RG 73, 147; Gruch 55, 901). Weder genügt ein nachträglich noch ein vor der Annahme erklärter Vorbehalt, selbst wenn das Fortwirken des Vorbehalts noch bei der Annahme unterstellt werden kann (RG 57, 339; 59, 379; JW 07, 171[9]; Warn 1910 Nr 53; 1911 Nr 227; RG 73, 147). Doch ist kein weiterer Vorbehalt mehr erforderlich, wenn vor der Annahme bereits eine Vereinbarung über die verwirkte Strafe getroffen worden ist (RG 72, 168). — Befugt zur Erklärung des Vorbehalts ist nur der Empfänger der Leistung selbst. So würde insbesondere nicht der vom selbstschuldnerischen Bürgen des Verpflichteten erklärte Vorbehalt genügen (RG 53, 356). — Die **„Annahme"** der Leistung mit der ausschließenden Wirkung des Abs 3 stellt, im Gegensatze zur Abnahme im Sinne des § 433 Abs 2, nicht den nur tatsächlichen Vorgang, durch den die Sache in die Verfügungsgewalt des Berechtigten gelangt, sondern eine rechtsgeschäftliche Erklärung dar und setzt daher voraus, daß der Gläubiger dem Schuldner gegenüber, sei es bei der Hinnahme der Leistung, sei es auch später, wenn auch nur stillschweigend zu erkennen gibt, daß er die Leistung als eine der Hauptsache nach vertragsmäßige Erfüllung gelten lasse (Annahme als Erfüllung, § 363 A 1; RG 57, 337; 64, 240; JW 1911, 486[6]; Warn 1918 Nr 93 und 164). Falls bei der Leistung Einzelheiten noch unerfüllt geblieben sind (beispielsweise wenn bei der Übernahme eines Baues noch einzelne Arbeiten im Rückstande sind), so genügt doch ein bei der Annahme der Hauptleistung erklärter Vorbehalt, und dessen Wiederholung bei Annahme der weiteren Leistungen ist überflüssig (RG 15. 10. 07 VII 532/06; 73, 148). Bei Teilleistungsverträgen (Sukzessivlieferungen) erstreckt sich jedoch die Wirkung des Vorbehalts nur je auf die Einzelleistung, und ist die Strafe einheitlich für die gesamte Erfüllung bedungen, dann ist der Vorbehalt vor oder bei Annahme der Restleistung erforderlich (RG Gruch 52, 664; Warn 1911 Nr 170). Im übrigen schließt die Annahme noch nicht einen Verzicht auf sonstige Rechtsbehelfe, namentlich auf den Gewährleistungsanspruch in sich (RG 71, 23). Sie ist vielmehr des weiteren nur noch von Einfluß auf die Beweislast (§ 363; RG 66, 282; JW 1911, 486[6]). — Die Annahme wird wirkungslos durch ihre Anfechtung wegen Irrtums, Betrugs oder Zwangs. Den **Beweis** für die Annahme muß der Verpflichtete, den Beweis für den Vorbehalt alsdann derjenige erbringen, welcher das Recht auf die Vertragsstrafe geltend macht (RG 53, 356).

4. Der Abs 3 greift nicht bei Schuldverhältnissen Platz, die **vor dem 1. Januar 1900** entstanden sind (RG 61, 133).

§ 342

Wird als Strafe eine andere Leistung als die Zahlung einer Geldsumme versprochen, so finden die Vorschriften der §§ 339 bis 341 Anwendung; der

Anspruch auf Schadensersatz ist ausgeschlossen, wenn der Gläubiger die Strafe verlangt[1]**.**

E I 420 II 294; P 1 776.

1. Danach kann auch eine **Leistung, die nicht auf Geldzahlung geht, als Strafe** bedungen werden, z. B. die Gewährung einer Sache oder eines Rechtes, die Vornahme einer Handlung oder eine Herabminderung der Gegenleistung (**RG** 68, 42) oder die Verwirkung des Vertragsrechts (**RG** 25. 9. 15 V 143/15). Die §§ 339—341 sollen in diesem Falle ebenfalls Anwendung finden, nur mit der Beschränkung, daß hier außer der Strafe nicht auch weiterer Schaden ersetzt verlangt werden kann, und daß der Gläubiger, der die Strafe fordert und fordern kann, schon dadurch jeden weiteren Schadensersatzanspruch einbüßt (**RG** 77, 292). Verlangt der Gläubiger zunächst Schadensersatz, so darf er davon bis zu dessen Leistung noch abgehen und die Strafe fordern. Vgl. anderseits § 340 Abs 1 Satz 2 und § 341 Abs 2. Anwendbar ist hier insbesondere auch § 341 Abs 3.

§ 343

Ist eine verwirkte Strafe unverhältnismäßig hoch, so kann sie auf Antrag des Schuldners durch Urteil auf den angemessenen Betrag herabgesetzt werden. Bei der Beurteilung der Angemessenheit ist jedes berechtigte Interesse des Gläubigers, nicht bloß das Vermögensinteresse, in Betracht zu ziehen. Nach der Entrichtung der Strafe ist die Herabsetzung ausgeschlossen[1]**.**

Das gleiche gilt auch außer den Fällen der §§ 339, 342, wenn jemand eine Strafe für den Fall verspricht, daß er eine Handlung vornimmt oder unterläßt[2][3]**.**

E II 295; P 2 780.

1. Der Parteiwillkür wird hinsichtlich der Höhe des Strafgedinges grundsätzlich zwar keine Schranke gesetzt; aber zum Schutze des wirtschaftlich Schwachen stellt das Gesetz den Grundsatz des **richterlichen Ermäßigungsrechts** auf. Vgl. die ähnliche Bestimmung des § 4 des AbzG v. 16. 5. 94. — Ob die **verwirkte Strafe unverhältnismäßig hoch** ist, was nachzuweisen Sache des Schuldners, ist Tatfrage (**RG** JW 07, 12[13]). In Verhältnis zu setzen sind einerseits der Betrag der Strafe und anderseits jedes berechtigte Interesse des Gläubigers an der Erfüllung oder gehörigen Erfüllung des Vertrags, nicht nur sein Vermögensinteresse, und zwar alles beurteilt nicht schlechthin nur nach der zur Zeit der Vereinbarung bestehenden Sachlage, sondern gegebenenfalls auch nach den Verhältnissen zur Zeit der Verwirkung oder sogar der Urteilssprechung, wobei aber auch die wirtschaftliche Lage des Schuldners mit berücksichtigt werden kann, wenngleich sie niemals allein für sich entscheidend ist (**RG** 64, 293; 86, 28; JW 1912, 794[10]; 1915, 136[1]). Übernimmt es ein Dritter dem Schuldner gegenüber, die etwa verwirkte Strafe zu bezahlen, dann erleichtert das unter Umständen die Lage des Schuldners, und daher ist dieser Umstand bei der nach § 343 erforderlichen Abwägung zu berücksichtigen (**RG** 86, 28). — Der Umstand, daß ein Schaden nur in geringfügiger Höhe oder gar überhaupt nicht entstanden ist, reicht allein nicht aus zur Herabsetzung der Strafe (**RG** SeuffA 63 Nr 38; Warn 08 Nr 300). Übersteigt eine Vertragsstrafe alle Grenzen, läuft sie in eine ungewisse und für den Schuldner nach dem gewöhnlichen Gange der Dinge unerschwingliche Summe aus, so kann ein Verstoß gegen die guten Sitten im Sinne des § 138 vorliegen (**RG** 68, 231; 90, 181; SeuffA 61 Nr 351). Aber die unverhältnismäßige Höhe der Strafe allein reicht zur Annahme der Sittenwidrigkeit nicht aus; es muß noch etwas anderes dazu kommen, was den Stempel der Sittenwidrigkeit aufdrückt, wie es namentlich bei Dienstverträgen oder Knebelungsverträgen der Fall sein kann (**RG** Warn 09 Nr 495; 1920 Nr 99; 1921 Nr 90; JW 1913, 319[5]). Ist in solchem Falle gemäß § 139 der Vertrag insgesamt nichtig, so kann das richterliche Herabsetzungsrecht aus § 343 überhaupt nicht in Frage kommen (**RG** 68, 229; 90, 183; vgl. auch SeuffA 61 Nr 351, betreffend die Nichtigkeit einer sich mit „jedem folgenden Jahre verdoppelnden Vertragsstrafe" wegen Unmöglichkeit und Unsittlichkeit). Bei einem Wettbewerbsverbote im Sinne des § 74 HGB sind für die Herabsetzung der Vertragsstrafe lediglich die Vorschriften des § 343 maßgebend, und es ist danach zu prüfen, ob die Verletzung, die gemäß § 74 überhaupt nur in Hinsicht auf Verbote für einen bestimmten Ort, eine bestimmte Zeit und in bezug auf bestimmte Gegenstände in Frage kommt, unter das nur insoweit gültige Verbot fällt, und ob die Strafe danach unverhältnismäßig hoch erscheint. Begehrt ein Kaufmann die Herabsetzung der Strafe nach § 351 HGB, so ist für seine Eigenschaft als Minderkaufmann (§ 4 HGB) ausschließlich der Zeitpunkt des Strafversprechens maßgebend **RG** JW 08, 148). Den Vollkaufleuten steht nach § 348 HGB das Recht auf die

Ermäßigung der Strafe überhaupt nicht zu, und entscheidend ist allein, ob der Verpflichtete zur Zeit des Strafversprechens Vollkaufmann gewesen war (RG Warn 1920 Nr 99). Der § 343 (nicht auch § 75 Abs 2 HGB) findet Anwendung auch auf die im Dienstvertrage des Geschäftsführers einer G. m. b. H. bedungene Vertragsstrafe (RG 28. 1. 08 II 308/07). § 343 findet nach § 75 Abs 2 Satz 2 HGB auch Anwendung auf das zur Sicherung eines Konkurrenzverbots von dem Handlungsgehilfen abgegebene Versprechen (RG 69, 12). — Eine Herabsetzung der Strafe ist auch dann zulässig, wenn die Strafe nicht in Geld besteht, beispielsweise die Verwirkung der Vertragsrechte als Strafe gesetzt war (RG 25. 9. 15 V 143/15; vgl. § 342 A 1).

Geltend gemacht werden kann das Begehren auf Herabsetzung durch Klage und Einrede; nach dem Wortlaute des Gesetzes aber jedenfalls (RG Warn 1913 Nr 217) erst nach Verwirkung der Strafe („eine verwirkte Strafe") und anderseits gemäß Satz 3 des Abs 1 nur vor ihrer Entrichtung. Ist der Verfall eines angezahlten Kaufpreisbetrags als Strafe bedungen, dann kann gleichwohl noch die Herabsetzung der Strafe verlangt werden, weil die Anzahlung nicht bereits die Entrichtung der Strafe bedeutete (RG JW 1913, 487). Das **Urteil** hat gegebenenfalls rechtsgestaltende (konstitutive) Kraft, indem es den Betrag der verwirkten Strafe für beide Teile bindend **auf den angemessenen Betrag herabsetzt.** Die Entscheidung über den Betrag der Herabsetzung betrifft im Sinne des § 304 ZPO nicht den Grund, sondern den Betrag des Anspruchs (RG Gruch 59, 499).

2. Wird eine Strafe für den Fall **der Vornahme oder Unterlassung einer Handlung durch den Versprechenden** bedungen, so liegt kein eigentliches Strafgedinge im Sinne der §§ 339—341 vor, weil danach eine für den Fall der Verletzung einer schon bestehenden, rechtlich wirksamen Verbindlichkeit vereinbarte Strafe vorausgesetzt wird (vgl. § 339 A 1). Vielmehr handelt es sich hier um ein „uneigentliches Strafgedinge", bei dem die Verpflichtung zur Strafleistung selbständig begründet wird und alsdann auch den alleinigen Gegenstand des Schuldverhältnisses bildet. Die ausdrückliche Erstreckung der Herabsetzungsbefugnis des Abs 1 auch auf diesen Fall war daher erforderlich. Solche uneigentlichen Strafgedinge dienen namentlich dazu, die Vornahme von Handlungen durch einen anderen oder eine Unterlassung wenigstens mittelbar auch dann zu sichern, wenn die Verpflichtung zur Vornahme der Handlung oder zur Unterlassung nicht unmittelbar begründet werden kann, und zwar deswegen nicht, weil es dazu an einem hinreichenden rechtlichen Interesse fehlt (Vorbem 1 vor § 241). Freilich darf auch hier niemals ein an sich unzulässiger Zweck und nicht die Umgehung eines Verbotsgesetzes in Frage kommen, weshalb beispielsweise Strafgedinge gegen § 152 GewO wirkungslos sind (RG 50, 30; Warn 1912 Nr 248). Das uneigentliche Strafgedinge ist daher jedenfalls wirkungslos, wenn schon das Versprechen zur Vornahme der Handlung oder zur Unterlassung kraft Verbotsgesetzes der rechtlichen Wirksamkeit entbehren würde. Vgl. § 344 A 1. Ein uneigentliches Strafgedinge liegt auch vor, wenn mit einem sonst einseitigen Verkaufsangebote mit Bindung des Antragenden auf eine bestimmte Zeit die Abrede verbunden worden ist, daß der vom Antragsgegner angezahlte Betrag dem Antragenden als Entgelt für die Bindung verfallen sein solle, falls die Annahme nicht rechtzeitig erfolge; auf einen solchen Fall kann der Rechtsgrundsatz entsprechend angewendet werden, daß der Verfall einer Strafe in der Regel ein Verschulden voraussetzt (vgl. § 339 A 1 Abs 2) und der Verfall tritt daher auch hier nicht ein, wenn die rechtzeitige Annahme durch Umstände gehindert worden ist, die der Antragsgegner nicht zu vertreten braucht (RG 95, 199; vgl. auch § 360 A 1).

3. Dem § 343 kommt nach ständiger Rechtsprechung des Reichsgerichts **keine rückwirkende Kraft zu;** auch dann nicht, wenn die Strafe erst nach dem 1. Januar 1900 verwirkt ist (RG 53, 420).

§ 344

Erklärt das Gesetz das Versprechen einer Leistung für unwirksam, so ist auch die für den Fall der Nichterfüllung des Versprechens getroffene Vereinbarung einer Strafe unwirksam, selbst wenn die Parteien die Unwirksamkeit des Versprechens gekannt haben[1]).

E I 424 II 296; M 2 279; P 1 787.

1. Die Vorschrift will einer Umgehung von Gesetzen vorbeugen und schließt deshalb aus, daß gesetzlich **unwirksame Leistungsversprechen** durch ein Strafgedinge gesichert werden. Beschränkt ist die Bestimmung mithin auf die Fälle der Unwirksamkeit kraft Gesetzes. In Betracht kommen hierbei die Bestimmungen der §§ 104 ff., ferner Verbotsgesetze im Sinne der §§ 134, 138, die gesetzlichen Formvorschriften der §§ 125, 313, 518, ferner die Fälle der §§ 656, 762, 763, 764 (vgl. dazu auch § 134 A 3) u. § 152 GewO (RG 50, 30; ferner 21. 3. 12 IV 414/11). Dagegen gehören nicht hierher die §§ 135, 136, die nur eine bedingte Unwirksam-

keit androhen, ferner nicht § 137, der das Verpflichtungsversprechen gerade für wirksam erklärt (RG 73, 18); ebensowenig der § 75 Abs 2 HGB, der das Strafgedinge ausdrücklich zuläßt (RG 69, 11; vgl. § 241 A 1 a. E.). Auch nicht unter der Herrschaft der Mieterschutzverordnung (§ 6 Abs 1 Nr 1) die Vereinbarung, auf Grund deren der Mieter das Grundstück an einem bestimmten Tage zu räumen hat, da sie der Zustimmung des Mieteinigungsamtes nicht bedarf (RG 104, 311). Demnach kann die Annahme des Verkaufsangebots betreffs eines Grundstücks nicht durch die formlose Vereinbarung einer Vertragsstrafe für den Fall ihrer Ablehnung gesichert werden (RG 53, 257). Ebensowenig die Erfüllung eines mündlich abgeschlossenen Kaufvertrags über ein Grundstück (RG 53, 236) oder über Abtretung von Geschäftsanteilen an einer GmbH (RG 105, 385); sowie die Erfüllung einer der Form des § 313 entbehrenden Verpflichtung zur Einräumung eines Vorkaufsrechts an einem Grundstücke (RG 107, 40). Die trotz der Unwirksamkeit nach § 344 entrichtete Strafe kann zurückgefordert werden (RG JW. 02 Beil 281 Nr 233). Vgl. ferner die Sonderbestimmung des § 1297 Abs 2 (Nichtigkeit einer Vertragsstrafe für den Fall des Unterbleibens einer Ehe). Das Strafgedinge für den Fall des Verkaufs an einen Nationalpolen, oder aber umgekehrt für den Fall des Verkaufs an einen andern, als einen Nationalpolen, ist für zulässig erklärt (RG 73, 17; 77, 419; 84, 394; JW 1912, 134[6]). — Im Falle der bloßen **Anfechtbarkeit** eines Vertrags kann der § 344 nicht ohne weiteres Platz greifen. Er wird aber jedenfalls entsprechend anwendbar, sobald die Anfechtung erfolgt ist. Kannte der die Strafleistung Versprechende die Anfechtbarkeit des Hauptvertrags, dann kann in seinem Versprechen die Genehmigung des Hauptvertrags und damit ein Verzicht auf die Anfechtung liegen.

§ 345

Bestreitet der Schuldner die Verwirkung der Strafe, weil er seine Verbindlichkeit erfüllt habe, so hat er die Erfüllung zu beweisen, sofern nicht die geschuldete Leistung in einem Unterlassen besteht[1]).

E I 425 II 297; M 2 279; P 1 787.

1. **Beweisregelung.** Entsprechend der vor Erlaß des BGB bereits überwiegend vertretenen Rechtsauffassung (vgl. RG 41, 221) haben die Mot. (I 383) es als allgemeinen Beweisrechtsgrundsatz bezeichnet, daß, wenn besondere, kraft Gesetzes oder Rechtsgeschäfts an die Nichterfüllung eines positiven Schuldverhältnisses geknüpfte Rechtsfolgen geltend gemacht werden, nicht der Gläubiger die Nichterfüllung, sondern der Schuldner die Erfüllung zu beweisen habe; dieser Grundsatz habe in den §§ 425 und 434 Abs 2 des Entwurfs (§§ 345 und 358 des Gesetzes) Berücksichtigung gefunden. Abweichend hiervon hat das RG in JW 1910, 937[10] die Ansicht vertreten, daß die genannte Beweislastregelung nur für die Fälle der §§ 345 und 358, für die sie ausdrücklich angeordnet ist, zu gelten habe, eine allgemeine Regel solchen Inhalts aber nicht anzuerkennen sei. Jedenfalls hat hiernach im Falle des § 345 der Gläubiger nur das Versprechen der Strafe und die Voraussetzungen für den Eintritt des Verzugs (Mahnung oder kalendermäßige Fälligkeit, §§ 284 ff.) zu beweisen und Nichterfüllung bzw. nicht gehörige Erfüllung zu behaupten; der Schuldner muß alsdann die Erfüllung oder gehörige Erfüllung beweisen (RG 41, 222 für früheres Recht; Warn 1913 Nr 222; JW 1914, 734). Hat aber der Gläubiger die Leistung als Erfüllung angenommen, und zwar unter Vorbehalt (über den Fall vorbehaltloser Annahme vgl. § 341 Abs 3 A 3), so dreht sich die Beweislast hinsichtlich der Erfüllung oder gehörigen Erfüllung auch hier gemäß § 363 um. Handelt es sich um eine Unterlassungspflicht, so trifft die Beweislast auch hinsichtlich der Zuwiderhandlung den Gläubiger (RG JW 1910, 937[10]).

Fünfter Titel

Rücktritt

§ 346

[1]) **Hat sich in einem Vertrag ein Teil den Rücktritt vorbehalten[2]), so sind die Parteien, wenn der Rücktritt erfolgt, verpflichtet, einander die empfangenen Leistungen zurückzugewähren[3]). Für geleistete Dienste sowie für die Überlassung der Benutzung einer Sache ist der Wert zu vergüten oder, falls in dem Vertrag eine Gegenleistung in Geld bestimmt ist, diese zu entrichten[4]).**

E I 427; M 2 280; P 1 788.

1. Der vorliegende Abschnitt gestaltet das **Rücktrittsrecht** zu einem besondern Rechtsgebilde. Ausdrücklich hat er zwar nur das vertragsmäßig vorbehaltene Rücktrittsrecht

im Auge. Nach den Bestimmungen der §§ 280 Abs 2, 286 Abs 2, 327 sollen jedoch die §§ 346 bis 356 auch in den dort geregelten Fällen des gesetzlichen Rücktrittsrechts entsprechende Anwendung finden (vgl. jedoch § 347 A 1 a. E.); ferner nach § 467 teilweise (vgl. RG 55, 110), bei der Wandelung. Begrifflich verschieden vom Rücktritte sind die Kündigung und der Widerruf, da der Rücktritt den Vertrag von Anfang an aufhebt (A 3), während die **Kündigung und der Widerruf** nur für die Zeit von der Erklärung ab wirksam sind, gleichgültig, ob die entsprechende Befugnis auf Gesetz (§§ 553, 554, 605, 627, 658 usw.) oder auf Vertrag beruht (RG 90, 330). Da Rücktritt und Kündigung wesensverschieden sind, ist bei dieser auch nicht der § 356 anwendbar (RG 90, 330). Auch das auflösend bedingte Rechtsgeschäft ist von dem Falle des Rücktrittsrechts den Folgen nach wesentlich verschieden (vgl. § 158 A 5), weswegen auch die Anwendbarkeit des § 351 bei ihm ausgeschlossen ist (RG Warn 1921 Nr 43; Gruch 65, 717; vgl. § 351 A 1).

2. **Vorbehalten** im Sinne des Gesetzes ist ein Rücktrittsrecht nur dann, wenn der Vorbehalt zum wirklichen Vertragsinhalte gehört (RG 62, 267). Vgl. auch § 119 A 2, betreffend bloße Voraussetzungen. In der Klausel „freibleibend" ist ein solcher Vorbehalt zu finden (RG 105, 370). Ein Rücktrittsrecht allein aus dem Grunde, weil der eine Vertragsteil durch sein illoyales Verhalten das gegenseitige Vertrauensverhältnis zerstört hat, ist jedenfalls bei denjenigen Verträgen, die nicht ein besonderes persönliches Vertrauensverhältnis voraussetzen (so beim Kaufe), nicht anzuerkennen; wohl aber kann ein Rücktrittsrecht in andern Verhältnissen aus dem bezeichneten Grunde gegeben sein (RG Gruch 55, 629; vgl. dazu auch § 242 A 2). — Stellen die etwaigen mehreren äußerlich voneinander getrennten Verträge eine Einheit im Sinne des § 139 dar (vgl. § 139 A 1 Abs 1), dann ist der Rücktritt nur von allen Verträgen zusammen möglich (RG 67, 104; 79, 311; Warn 1909 Nr. 288; SeuffA 74 Nr 28). Die Ausübung des bedingungslos vorbehaltenen Rücktrittsrechts steht zwar an sich im freien Belieben des Berechtigten, unter Umständen kann es jedoch nach Treu und Glauben geboten sein, daß der Berechtigte den Rücktritt (für den Fall unpünktlicher Erfüllung) zuvor androht (RG Warn 1918 Nr 136). Auch erfordern Treu und Glauben, daß für den Regelfall von dem Rücktrittsrechte in angemessener Frist Gebrauch gemacht werde, besonders in Zeiten erheblicher Preisschwankungen; ein Jahr und Tag fortgesetztes Warten mit der Rücktrittserklärung kann als Verzicht gelten (RG 107, 110).

3. Die Wirkung des Rücktritts besteht in der **Verpflichtung der Parteien, einander die empfangenen Leistungen zurückzugewähren.** Er bringt das Schuldverhältnis durch einseitige Erklärung zum Erlöschen, was er mit der Anfechtung gemein hat (vgl. dazu auch § 362 A 1). Er teilt mit der Anfechtung aber auch die Eigenschaft der Zurückwirkung. Indem nämlich das Gesetz die Rückgewährungspflicht vorsieht, geht es davon aus, daß der Rücktritt den Rechtsgrund der bewirkten Leistungen „von Anfang an" (§ 142) beseitigt, und daß es sich für die Parteien alsdann nur noch um die Wiederherstellung des Zustandes handeln kann, der vor dem Vertragsabschlusse bestanden hat. Das Gesetz konnte dies Ziel auf verschiedenen Wegen erreichen. Es wäre in der Lage gewesen, für die Ausgleichung zwischen den Parteien wie im Falle der Anfechtung den Gesichtspunkt der ungerechtfertigten Bereicherung zugrunde zu legen. Es hätte ferner den Rechtsgedanken des § 158 Abs 2 von der auflösenden Bedingung benutzen und demgemäß bestimmen können, daß mit dem Rücktritte der frühere Zustand ohne weiteres eintrete, wodurch dem Rücktritte eine dingliche Wirkung beigelegt worden wäre (§ 158 A 5). Das Gesetz konnte endlich aber, von dem einen wie dem andern absehend, die Sache auch so regeln, daß es den Parteien zum Zwecke der Herbeiführung des früheren Zustandes einen besondern, persönlichen Anspruch auf Rückgewährung des Geleisteten, anderseits aber auch nur einen Anspruch gewährte. Das Gesetz hat dieses letzte Mittel gewählt (RG 75, 201; 108, 27). Danach sind aber die Parteien nicht auf den Bereicherungsanspruch beschränkt, der sich der Höhe nach erst aus einer Vergleichung zwischen dem Wert des Geleisteten und anderseits des Empfangenen ergäbe und auch nur auf die „noch vorhandene Bereicherung" ginge (§ 818), während gemäß § 346 jede Partei die volle wirkliche Leistung zurückfordern kann (RG 50, 266; 66, 68; 71, 277). Anderseits freilich entbehren die Parteien nach dieser Rechtsgestaltung der Vorteile, die eine dingliche Wirkung des Rücktritts mit sich bringen würde, da nach ihr das Eigentum an der gewährten Sache oder das Recht an einer dem Gegner übertragenen Forderung an den Veräußerer nicht ohne weiteres zurückfällt (RG 108, 27). Daß im übrigen den Parteien auch der Anspruch auf Herausgabe der Bereicherung zusteht, ist selbstverständlich. Die wesentliche Folge des Rücktritts ist somit alles in allem die, daß das ursprüngliche Vertragsverhältnis beseitigt ist und an seine Stelle das Schuldverhältnis aus § 346 tritt (RG 71, 277), welches lediglich die Rückgewähr bereits erfolgter Leistungen betrifft und also solche voraussetzt, während im übrigen Rechte und Pflichten erloschen sind und eine Neubegründung von solchen nur durch neuen gegebenenfalls formbedürftigen Vertrag in Frage kommen kann (RG 66, 432; JW 08, 479[9]). — Der Umstand, daß **dem Rücktritt nur**

eine persönliche Wirkung zukommt, ist auch nach außen hin von besonderer Bedeutung. Da nämlich das Recht des Empfängers der Leistung durch den Rücktritt an sich nicht zerstört wird, vielmehr nur die schuldrechtliche Rückgabeverpflichtung entsteht, so beeinflußt der Rücktritt auch nicht die Rechtsstellung eines Dritten, an den der Rückgabeverpflichtete oder auch der Berechtigte die zurückzugewährende Sache oder die Forderung weiter übertragen hat. Insbesondere ist also auch für die Grundsätze vom gutgläubigen oder schlechtgläubigen Rechtserwerbe hier kein Raum. Die vom Gesetze aufgestellten Grundsätze vom Rücktrittsrechte schaffen jedoch kein zwingendes Recht, und daher ist es nicht ausgeschlossen, daß die Parteien der Erklärung des Rücktritts die Bedeutung einer auflösenden Bedingung im Vertrage ausdrücklich beilegen, und so auch die Grundsätze des § 158 Abs 2 und damit zugleich die des § 161 anwendbar machen (RG 54, 340). — Geltend gemacht wird der Rücktritt durch eine einseitige, empfangsbedürftige Erklärung, die gegebenenfalls den Vertrag endgültig — vgl. dazu § 349 A 1 — beseitigt (RG 66, 432). Erfüllungsort für die Rückgabe ist bei der Wandelung dort, wo sich die Sache zur Zeit des Rücktritts dem Vertrage gemäß befindet (RG 55, 113; 57, 15). Ob diese Regel auch auf das vereinbarte Rücktrittsrecht Anwendung findet, ist in den genannten Urteilen offen gelassen. Zur vollständigen „Rückgewähr" dürfte die Zur-Verfügungstellung an dem Orte der Leistung gehören; daß die Verbringung an einen anderen Ort dem Vertrage entsprach, kann nicht maßgebend sein, da ja gerade die Folgen des Vertrags rückgängig gemacht werden sollen. Vgl. auch § 347 A 1. Zurückzuerstattende Gelder sind unter Umständen aufzuwerten (RG 108, 281). — Steht das Rücktrittsrecht beiden Vertragsparteien zu und machen beide von ihm Gebrauch, so entsteht dadurch kein Aufhebungsvertrag, vielmehr treten nur die Folgen des Rücktritts ein (RG JW 1914, 865[5]). In den Fällen der §§ 325, 326 beschränkt sich, falls der Rücktritt wegen eines Umstandes erfolgt, den der andere Teil nicht zu vertreten hat, dessen Haftung auf die Herausgabe einer ungerechtfertigten Bereicherung (§ 327 Satz 2 A 2).

4. Sind **Dienste geleistet oder ist die Benutzung einer Sache überlassen,** in welchen Fällen eine Rückgewährung naturgemäß ausgeschlossen, dann ist der allgemeine Schätzungswert (zur Zeit der Leistung oder während der Dauer der Überlassung), und, falls hierfür im Vertrage eine Gegenleistung in Geld (sei es ziffermäßig, sei es nach einer vorgeschriebenen Berechnungsweise) bestimmt worden, der bestimmte Betrag zu erstatten, und zwar auch hier ohne Rücksicht auf die Höhe der Bereicherung (RG JW 07, 670[4]). Die Vorschrift in Satz 2 ergibt die allgemeine Auffassung des Gesetzes, daß im Falle der naturgemäßen, von vornherein bestehenden Unmöglichkeit der Rückgewähr der empfangenen Leistung der Wert zu vergüten ist (RG JW 1911, 756[11]; Gruch 56, 116; Warn 1914 Nr 45). Es kann aus ihr jedoch nicht etwa hergeleitet werden, daß bei einem Werkvertrage der Rückforderungsanspruch des Unternehmers dessen zur Herstellung des Werkes aufgewendete persönliche Dienste und sonstige Ausgaben mit umfasse. Denn das käme auf Ersatz des negativen Interesses heraus, was ausgeschlossen ist. Bei einem Werkvertrage kann als Gegenstand der Zurückgewährung allein das, sei es ganz, sei es teilweise, hergestellte und abgelieferte Werk angesehen werden; ein nur teilweise hergestelltes Werk kann aber überhaupt wertlos sein (RG JW 1911, 756[11]), vgl. auch § 326 A 5. — Der Schadensersatzanspruch wegen einer nachträglich aus besonderen Gründen eingetretenen Unmöglichkeit der Rückgewähr richtet sich nach § 347.

§ 347

Der Anspruch auf Schadensersatz wegen Verschlechterung, Unterganges oder einer aus einem anderen Grunde eintretenden Unmöglichkeit der Herausgabe bestimmt sich im Falle des Rücktritts von dem Empfange der Leistung an nach den Vorschriften, welche für das Verhältnis zwischen dem Eigentümer und dem Besitzer von dem Eintritte der Rechtshängigkeit des Eigentumsanspruchs an gelten. Das gleiche gilt von dem Anspruch auf Herausgabe oder Vergütung von Nutzungen und von dem Anspruch auf Ersatz von Verwendungen[1]). Eine Geldsumme ist von der Zeit des Empfanges an zu verzinsen[2])[3]).

E I 427; E II 298; M 2 281; P 1 798.

1. Die **Verpflichtung zum Schadensersatze** beruht unter den hier gesetzlich vorgesehenen Voraussetzungen auf dem Rechtsgedanken, daß derjenige, der eine Leistung in dem Bewußtsein annimmt, er werde sie infolge des ihm oder dem andern Teile zustehenden Rücktrittsrechts eintretendenfalls zurückgewähren müssen, sein Verhalten so einzurichten hat, daß er dieser Verpflichtung demnächst auch gehörig genügen kann und daß er sich sonach in ähnlicher Lage befindet wie der vom Eigentümer in Anspruch genommene Besitzer seit dem Zeitpunkte der Rechtshängigkeit (RG 44, 252; JW 1912, 288[6]). Die in Be-

tracht kommenden Vorschriften sind die §§ 987 (Verpflichtung zur Herausgabe der gezogenen Nutzungen und Ersatz für die schuldhaft nicht gezogenen), 989 (Verantwortlichkeit für den infolge seines Verschuldens durch Verschlechterung, Untergang oder sonstige Unmöglichkeit der Herausgabe entstehenden Schaden), 994 Abs 2 (Anspruch auf Ersatz nur für notwendige Verwendungen nach den Vorschriften über die Geschäftsführung ohne Auftrag; RG 50, 144). § 996 gehört nicht zu den in Betracht kommenden Vorschriften; deshalb kein Ersatzanspruch für nicht notwendige Verwendungen (RG 22. 9. 24 V 596/23); doch wird im Falle der bleibenden Werterhöhung ein Bereicherungsanspruch gegeben sein. Vgl. auch § 292 A 1. Dagegen wird durch den Rücktritt ein Anspruch auf Schadensersatz wegen Nichterfüllung des Vertrags, sofern nicht etwa anderes vereinbart ist, ausgeschlossen. Die Vorschrift des § 347 ist auf den Fall abgestellt, daß das Rücktrittsrecht schon vor erfolgter Leistung begründet war. Ihre lediglich entsprechende Anwendung auf die Fälle des gesetzlichen Rücktrittsrechts (vgl. § 346 A 1) wird deshalb nur in der Weise erfolgen können, daß an Stelle des Zeitpunktes der Leistung der etwa spätere Zeitpunkt der Entstehung des Rücktrittsrechts für den Beginn der Haftung nach § 347 maßgebend ist. Auch bei Vorliegen aller Voraussetzungen aber kann die Vorschrift des § 347, wie in RG 50, 145 hervorgehoben ist, zu höchst unbilligen Ergebnissen führen. Im Falle des § 327 Satz 2 ist die Anwendung des § 347 durch die dort getroffene Sonderbestimmung ausgeschlossen; vgl. § 327 A 2.

2. **Verzinsung von Geldsummen (Satz 3).** Wegen der Höhe vgl. § 246; vgl. ferner RG 52, 95. Satz 3 ist nicht auf den Fall der Werterstattung gemäß § 346 Satz 2 (vgl. § 346 A 4) zu erstrecken.

3. **Beweislast.** Steht die Unmöglichkeit der Herausgabe oder die Verschlechterung der empfangenen Sache und der Eintritt dieser Umstände nach dem maßgebenden Zeitpunkte (A 1) fest, so hat der Verpflichtete, dem die Erfüllung schlechthin oder doch die gehörige Erfüllung unmöglich geworden ist, gemäß § 282 nachzuweisen, daß er die Unmöglichkeit nicht zu vertreten hat, gegebenenfalls, daß er den an sich feststehenden Untergang der Sache nicht verschuldet hat (RG 10. 1. 11 II 129/10). In dem Rückgange eines im gekauften Grundstücke betriebenen Gewerbes könnte eine Verschlechterung des Grundstücks selbst jedenfalls dann nicht gefunden werden, wenn dieses für das Gewerbe weder besonders eingerichtet noch sonst besonders geeignet ist, und eine Schadensersatzpflicht besteht daher nicht, sofern das Grundstück als solches ohne Beziehung auf einen bestimmten Gewerbebetrieb der Gegenstand des Kaufes war (RG 56, 261; Gruch 48, 896).

§ 348

Die sich aus dem Rücktritt ergebenden Verpflichtungen der Parteien sind Zug um Zug zu erfüllen. Die Vorschriften der §§ 320, 322 finden entsprechende Anwendung[1]).

E I 428; M 2 282; P 1 790.

1. Die **Anwendung der §§ 320, 322** führt sachlich zu dem Ergebnisse, daß jedem Teile gegebenenfalls das Leistungsverweigerungsrecht im Sinne des § 320 Abs 1 u. 2 zusteht, und prozessual, daß jede Partei nur Zug um Zug zur Zurückgewährung der empfangenen Leistung zu verurteilen ist, falls die Einrede erhoben wird (RG 24. 4. 07 V 462/06). Aus § 348 ist beispielsweise hergeleitet worden, daß, wenn der Zurückgetretene vom Gegner auf Erfüllung seiner Wechselverbindlichkeit in Anspruch genommen wird, er sich dagegen nicht durch den bloßen Einwand des Rücktritts von dem Grundgeschäfte, auf Grund dessen er den Wechsel gegeben hat, schützen kann, daß er vielmehr zugleich die Erfüllung seiner sich aus dem Rücktritt ergebenden Verpflichtungen anbieten muß (RG 75, 201). Es kann dies jedoch nur dann gelten, wenn der Gegner behauptet hat, daß er infolge des Rücktritts einen Rückgewähranspruch habe; nicht aber kann schon von vornherein eine Pflicht des Schuldners bestehen, zu behaupten und darzutun, daß er derartige Verpflichtungen erfüllt habe; vgl. auch § 349 A 1. — Die sonstigen Vorschriften des zweiten Titels über gegenseitige Verträge sind nicht für anwendbar erklärt. Die beiderseitigen Rückgabepflichten stehen nicht in einem voll synallagmatischen Verhältnisse. Deshalb wird die Rückgabepflicht eines Teiles nicht, entsprechend § 323, dadurch beseitigt, daß dem anderen Teile die Rückgabe durch einen von keinem Teile zu vertretenden Umstand unmöglich geworden ist; vgl. vielmehr § 350 A 1. Vgl. auch RG 105, 308. Auch die §§ 325, 326 können keine Anwendung finden. Die Folgen der Unmöglichkeit und des Verzugs mit der Rückgewähr richten sich vielmehr nach den besonderen Vorschriften der §§ 350—354. Doch ist in RG 66, 65 für die Rückgabepflicht nach einem Wandelungsurteil auf den Schadensersatz wegen Nichterfüllung auf Grund des § 283 die Differenztheorie (vgl. § 325 A 1a) für anwendbar erklärt werden; vgl. § 283 A 3. — Über den Leistungsort vgl. § 269 A 1, 7.

§ 349

Der Rücktritt erfolgt durch Erklärung gegenüber dem anderen Teile[1]).

E I 426; M 2 282; P 1 790.

1. **Der Rücktritt wird bewirkt** durch eine einseitige, empfangsbedürftige (§§ 130—132), unbedingte **Erklärung gegenüber dem andern Teile,** die unwiderruflich ist (M 2, 280; Prot 6, 153). Sie kann auch im Wege der Klage (RG 71, 277) und im Prozesse auch durch den Prozeßbevollmächtigten und ihm gegenüber abgegeben werden (vgl. Vorbem 8 vor § 104 und RG 50, 138). Nicht erforderlich ist, daß sich der Erklärende zugleich zur Rückgewährung der empfangenen Leistung erbietet (RG 49, 38; JW 08, 479[9]). Der Rücktritt von einem Vergleiche, der ein früheres Schuldverhältnis neu regelt, kann auch schon durch Erhebung einer Klage aus eben diesem Verhältnisse bewirkt werden (RG Warn 08 Nr 452). — Vor Erklärung des Rücktritts kann auf das Rücktrittsrecht formlos (auch stillschweigend) verzichtet werden; nach der Erklärung hat ein Verzicht auf den Rücktritt nur dann Wirksamkeit, wenn er formgerecht (§ 313) den Vertrag neu begründet (RG 66, 432). Eine Pflicht des Berechtigten, seinen Rücktritt alsbald nach Entstehung der Ausübungsbefugnis zu erklären, ist vom Gesetz nicht vorgesehen; überhaupt für die Ausübung keine bestimmte Frist gesetzt. Doch erfordern Treu und Glauben eine Ausübung binnen angemessener Frist; andernfalls könnte unter Umständen ein Verzicht angenommen werden (RG 88, 143; 91, 108; 107, 109). Eine Verwirkung des Rechtes bei Hinausschiebung der Erklärung muß jedenfalls im Falle arglistigen, illoyalen Verhaltens angenommen werden (RG Warn 1912 Nr 379). Vgl. dazu § 242 A 1. Im übrigen greift hinsichtlich der Fristsetzung § 355 Platz.

§ 350

Der Rücktritt wird nicht dadurch ausgeschlossen, daß der Gegenstand, welchen der Berechtigte empfangen hat, durch Zufall untergegangen ist[1]).

E I 429; M 2 282; P 1 790.

1. **Die Gefahr des Zufalls** (§ 203 A 2), von dem der empfangene und nach § 346 grundsätzlich wieder zurückzugewährende Gegenstand bis zum Zeitpunkte des Rücktritts oder auch später (soweit nicht die Verzugsfolgen eintreten) beim Rücktrittsberechtigten betroffen wird, ist von dem anderen Teile zu tragen. Das Gesetz spricht zwar ausdrücklich nur vom zufälligen **Untergange.** Aber der gleiche Gesichtspunkt muß Platz greifen, wenn sich der Gegenstand (Sache oder Recht) in der Zwischenzeit durch Zufall nur verschlechtert hat. Der andere Teil muß also den Rücktritt sich auch dann gefallen lassen, wenn der Berechtigte den infolge Zufalls untergegangenen Gegenstand überhaupt nicht mehr zurückzugewähren imstande ist; auch steht ihm weder in diesem Falle, noch bei einer durch Zufall verursachten Verschlechterung des ihm zurückzugewährenden Gegenstandes ein Ersatz- oder Minderungsanspruch zu. Der Berechtigte haftet ihm gegebenenfalls nur aus der Bereicherung nach §§ 812 ff., 818 Abs 3. — In RG Warn 1921 Nr 93 sind die Vorschriften der §§ 350, 351 auch auf einen „Kauf auf Probe", der resolutiv durch Mißbilligung bedingt war (also abweichend von § 495), für anwendbar erklärt, obwohl hier ein Rücktrittsrecht im Sinne von § 346 (vgl. A 3 dazu) nicht vorliegt. Einer, wenn auch nur entsprechenden Anwendung des § 351 auf resolutiv bedingte Verträge tritt aber RG Warn 1921 Nr 43 mit guten Gründen entgegen.

§ 351

Der Rücktritt ist ausgeschlossen, wenn der Berechtigte eine wesentliche Verschlechterung, den Untergang oder die anderweitige Unmöglichkeit der Herausgabe des empfangenen Gegenstandes verschuldet hat[1]). Der Untergang eines erheblichen Teiles steht einer wesentlichen Verschlechterung des Gegenstandes[2]), das von dem Berechtigten nach § 278 zu vertretende Verschulden eines anderen steht dem eigenen Verschulden des Berechtigten gleich[3])[4]).

E I 430; M 2 283; P 1 794.

1. **Ausschluß des Rücktrittsrechts durch Verschulden des Berechtigten.** In Frage kommt nur ein Verschulden vor Erklärung des Rücktritts (RG 59, 97). War dieser einmal rechtswirksam erfolgt, so kann er auch durch ein nachträgliches schuldhaftes und widerrechtliches Verhalten des Berechtigten in Ansehung des empfangenen und herauszugebenden Gegenstandes nicht wieder beseitigt werden (RG 71, 277; JW 1911, 321[12]; SeuffA 67 Nr 175). Für den Rücktrittsberechtigten entstünde vielmehr, falls er die Unmöglichkeit der

Rückgabe nachträglich schuldhaft vereitelt hat, nur die Verpflichtung zum Schadensersatze, insbesondere gemäß §§ 347, 989 (**RG** 71, 277; der Rücktrittsberechtigte war hier erst infolge der nach Erklärung des Rücktritts erfolgten Versteigerung des empfangenen Grundstücks in die Lage gekommen, es nicht wieder zurückgeben zu können). Der erörterte Grundsatz von dem nachträglichen Verschulden des Rücktrittsberechtigten greift in entsprechender Anwendung bei der Wandelung (vgl. § 346 A 1) nur unter der Voraussetzung Platz, daß die Verschlechterung erst nach bereits vollzogener Wandelung (§ 465) herbeigeführt worden ist (**RG** 59, 97; 71, 277; JW 1911, 321[12]; 1915, 1004[11]). Tritt die Unmöglichkeit der Rückgabe erst ein, wenn sich der Gegner bereits im Annahmeverzuge befindet, dann hat sie der Rücktrittsberechtigte gemäß § 300 Abs 1 überhaupt nur zu vertreten, wenn er die Unmöglichkeit wenigstens grobfahrlässig herbeigeführt hat (**RG** 71, 278; Warn 1910 Nr 432). Für die Annahme, daß der Rücktrittsverpflichtete (Wandelungsverpflichtete) sich zum Nachweise des Wegfalls seiner Verpflichtung auf die §§ 351, 353, 467 dann nicht berufen könne, wenn er die den Rücktritt (die Wandelung) veranlassenden Tatsachen beim Vertragsschlusse arglistig verschwiegen habe, gibt das Gesetz keinen Anhalt; der Verpflichtete entbehrt der bezeichneten Rechtsbehelfe jedenfalls dann nicht, wenn der Rücktritts- (Wandelungs-) Berechtigte im Falle einer Verschlechterung der Kaufsache, auf sein Rücktrittsrecht (Wandelungsrecht) pochend, zum Schaden des Verpflichteten arglistig handelt (**RG** JW 1910, 997[1]). Das die Rücktrittsbefugnis ausschließende Verschulden des Rücktrittsberechtigten muß eine **wesentliche Verschlechterung, den Untergang oder die anderweite Unmöglichkeit der Herausgabe** des empfangenen Gegenstandes (Sache oder Recht) verursacht haben. Auch das verschuldete Unvermögen zur Herausgabe (vgl. § 275 Abs 2 A 5) schließt das Rücktrittsrecht und die Wandelung aus (**RG** 50, 190; 56, 260; 59, 93; 102, 314; Warn 1913 Nr 190; a. M. Oertmann A 7; Staudinger A 2 zu § 354; Planck A 1a). Gerade auf Fälle des Unvermögens beziehen sich die Entscheidungen zumeist. — Der Umstand, daß der Rücktrittsberechtigte die empfangene Sache veräußert hat oder daß sie ihm durch Zwangsversteigerung entzogen worden ist, schließt den Rücktritt noch nicht von vornherein aus, da mit der Möglichkeit gerechnet werden muß, daß er sich die Sache bis zu dem für die Unmöglichkeit der Herausgabe entscheidenden Zeitpunkte, nämlich dem Zeitpunkte der zu vollziehenden Rückgewähr (**RG** SeuffA 67 Nr 175), wieder verschafft (**RG** 50, 190). Der Rücktritt wird aber unwirksam, wenn die Voraussetzungen des § 354 (A 1) erfüllt sind. Ausgeschlossen ist der Rücktritt nach erfolgter Veräußerung, wenn bei dem Erwerber die Voraussetzungen des § 351 oder des § 352 eingetreten sind; vgl. § 353 A 1. Ist der Erwerber zur Rückveräußerung durch den Veräußerungsvertrag nicht verpflichtet worden, so enthält seine Weigerung, die Sache dem Rücktrittsberechtigten zurückzuveräußern, kein Verschulden seinerseits. Ob ein Verschulden des Rücktrittsberechtigten in solchem Falle vorliegt, ist nach Lage des Einzelfalles zu entscheiden (**RG** 56, 261), wird aber wohl in der Regel zu bejahen sein, da der Rücktrittsberechtigte mit Rücksicht auf das ihm zustehende Rücktrittsrecht die Sache in dieser Weise nicht veräußern durfte; vgl. unten. — Ob eine wesentliche Verschlechterung vorliegt, ist eine Tatfrage, bei der das Interesse des empfangsberechtigten Teiles vornehmlich zu berücksichtigen ist. Es muß aber eine wirkliche Verschlechterung oder eine geminderte Brauchbarkeit der Sache selbst vorliegen, während es nicht darauf ankommen kann, ob der Wert der Sache inzwischen bloß nach der Auffassung beteiligter Kreise eine Minderung erfahren hat (**RG** 64, 376). Eine Verschlechterung der Sache kann auch schon dann vorliegen, wenn eine Eigenschaft derselben, so ein Grundstück in seiner Eigenschaft als Restaurationsgrundstück, verschlechtert worden ist (**RG** JW 1910, 997[1]), wobei die Einrichtung des Grundstücks zum Gewerbebetriebe schon dann anzunehmen ist, wenn es mit Einrichtungen versehen ist, die die dauernde Bestimmung zu dem Betriebe erkennen lassen, ohne daß zugleich eine zweckentsprechende bauliche Beschaffenheit des Grundstücks erforderlich wäre (**RG** Warn 1912 Nr 286). Die Umgestaltung eines Wohnhauses in ein Geschäftshaus bedeutet (unter gewöhnlichen Umständen) keine wesentliche Verschlechterung der Sache und hat nicht die Unmöglichkeit der Zurückgewährung zur Folge (**RG** Warn 1916 Nr 131). Inwiefern auch die Veräußerung des Gegenstandes oder dessen Belastung mit dem Rechte eines Dritten hier in Betracht kommen können, darüber vgl. § 353 A 1. Zweifelhaft ist in § 351 die Bedeutung des Ausdrucks **„verschuldet"** (vgl. Oertmann und Staudinger A 1 zu § 351). Man wird wie bei § 347 von der allgemeinen Erwägung ausgehen müssen, daß auch der Berechtigte bis zur Erledigung der Sache mit dem Vorhandensein des Rücktrittsrechts fortdauernd rechnen und es sich daher als eigenes Verschulden zurechnen muß, wenn er mit dem empfangenen Gegenstande willkürlich Veranstaltungen trifft, die ihn voraussehbar an der gehörigen Rückgewährung hindern. Der Umstand, daß der Berechtigte, der mit der empfangenen Sache nach Belieben verfährt, nur sein Recht ausübt, beweist nichts gegen diese Auffassung. Denn mag auch der Rücktrittsberechtigte zur beliebigen Verfügung über den empfangenen, ihm zu eigen gewordenen Gegenstand an sich wirklich befugt sein, so bleibt anderseits doch bestehen, daß er sich des Rücktrittsrechts selbst beraubt, wenn er sich auf die angegebene Art in zurechenbarer Weise zur Erfüllung seiner Zurückgewährungspflicht außerstand setzt. Das Verschulden im Sinne des § 351 hat überhaupt nichts mit einem pflichtwidrigen Verhalten gegen den Gegner zu tun, sondern nur mit einer zurechenbaren Unvorsichtigkeit in eigener Angelegenheit. Denn niemals hat das hier fragliche Verschulden eine Verpflichtung zum Schadensersatze, sondern stets nur die Einbuße eines eigenen Rechtes zur Folge. Es liegt mithin ein dem § 254 ähnlicher Fall vor (vgl. § 254 A 1). Der § 351 ist aus dem Gegensatze zu § 350 zu verstehen, aus dem Gegensatze nämlich zwischen der Vereitlung der Rückgewähr durch Zufall und einer solchen durch willkürlich herbeigeführte Ereignisse. In Gemäßheit des § 254 kann sich der Rücktrittsberechtigte durch den Nachweis entlasten, daß den andern Teil das überwiegende Verschulden trifft (RG 59, 93). Beispielsweise: der Berechtigte hat es zur zwangsweisen Versteigerung des Grundstücks kommen lassen, und er macht alsdann geltend, daß es an der mangelhaften Erfüllung des Gegners lag, wenn er außerstande war, die Hypothekenzinsen zu bezahlen (RG 56, 261). — Die Folgen des § 351 müssen auch dann eintreten, wenn der Rücktrittsberechtigte bei Verschuldung der wesentlichen Verschlechterung usw. in Unkenntnis von seinem Rücktrittsrechte gehandelt hat, eben deswegen, weil es sich hier überhaupt nicht um ein schuldhaftes Handeln im gewöhnlichen Sinne handelt (RG 56, 270; 59, 93). In der Art und Weise der Verfügung über die empfangene Sache kann möglicherweise ein Verzicht auf das Rücktrittsrecht gefunden werden (RG 43, 69; JW 09, 685[5]).

2. **Teilweiser Untergang.** Ob der Teil ein erheblicher ist, wird nach der Natur des Gegenstandes und nach seiner wirtschaftlichen Bestimmung zu beurteilen sein, unter Berücksichtigung des Interesses des Rücktrittsverpflichteten.

3. **Fremdes Verschulden.** Als „andere" kommen nach § 278 der gesetzliche Vertreter und die Erfüllungsgehilfen in Betracht. Als solche müssen hier auch diejenigen Personen gelten, deren sich der Berechtigte bei Bewahrung oder Erhaltung der Sache tatsächlich bedient hat, gleichgültig, zu welchem besondern Zwecke er ihnen den Gegenstand überlassen haben mag (vgl. § 278 A 3). Auch beim Verschulden des andern steht kein Verschulden im gewöhnlichen Sinne — als Pflichtwidrigkeit gegenüber dem Rücktrittsverpflichteten —, sondern ein Verschulden in der eigenen Angelegenheit des Rücktrittsberechtigten in Frage (A 1).

4. **Beweislast.** Der Rücktrittsverpflichtete hat die behauptete Verschlechterung, den Untergang usw., nachzuweisen, der Rücktrittsberechtigte muß alsdann sein angebliches Verschulden widerlegen oder aber das überwiegende Verschulden des andern dartun (RG 56, 261; JW 1911 39[20], betreffend das Wandelungsrecht). Vgl. auch die Ausführungen bei § 282.

§ 352

Der Rücktritt ist ausgeschlossen, wenn der Berechtigte die empfangene Sache durch Verarbeitung oder Umbildung in eine Sache anderer Art umgestaltet hat[1])[2]).

E I 430; M 2 283; P 2 794.

1. Hier handelt es sich um einen **Ausschluß des Rücktritts ohne Rücksicht auf Verschulden.** Vgl. § 950. Wäre nur ein Teil der Sache verarbeitet oder umgestaltet worden, so käme es darauf an, ob der Vorgang nach den Anschauungen des Verkehrs eine Umgestaltung der Sache im ganzen bewirkt hat. Handlungen von Hilfspersonen müßten dem Rücktrittsberechtigten unter entsprechender Anwendung des § 351 Satz 2 als seine eigene Handlung zugerechnet werden. — Die bauliche Umgestaltung eines Wohnhauses in ein Geschäftshaus bedeutet nicht ohne weiteres eine Umgestaltung im Sinne des § 352 (RG Warn 1916 Nr 131).

2. Darüber, inwieweit § 352 auch bei der Wandelung Platz greift, vgl. § 467.

§ 353

Hat der Berechtigte den empfangenen Gegenstand oder einen erheblichen Teil des Gegenstandes veräußert oder mit dem Rechte eines Dritten belastet, so ist der Rücktritt ausgeschlossen, wenn bei demjenigen, welcher den Gegenstand infolge der Verfügung erlangt hat, die Voraussetzungen des § 351 oder des § 352 eingetreten sind[1]).

Einer Verfügung des Berechtigten steht eine Verfügung gleich, die im Wege der Zwangsvollstreckung oder der Arrestvollziehung oder durch den Konkursverwalter erfolgt[2]).

E I 430; M 2 283; P 2 794.

1. **Ausschluß des Rücktrittsrechts im Falle der Veräußerung oder Belastung.** Diese Bestimmung erweitert gegenüber § 351 Satz 2 Halbsatz 2 den Kreis derjenigen Personen, deren Handlungsweise dem Rücktrittsberechtigten unmittelbar zuzurechnen ist. Denn danach soll dieser des Rücktrittsrechts auch dann verlustig gehen, wenn die Unmöglichkeit der Herausgabe des empfangenen Gegenstandes im Sinne des § 351 schuldhaft oder wenn die Verarbeitung oder Umbildung der empfangenen Sache nach § 352 von jemand herbeigeführt worden ist, der den Gegenstand oder die Sache im Wege einer dinglichen Verfügung des Rücktrittsberechtigten (Übereignung oder etwa Bestellung eines Nießbrauchs) erlangt hat. Es ist dabei unerheblich, ob die Verarbeitung oder Umbildung oder die Verschlechterung durch den nächsten Erwerber des Gegenstandes oder erst durch einen Nachmann verursacht worden ist. Daß die Veräußerung oder die Bestellung des dinglichen Rechts nicht regelmäßig schon an und für sich und unbedingt das Rücktrittsrecht ausschließt (vgl. § 351 A 1), wird durch § 353 bestätigt. Auch für den Fall des § 353 ist maßgebend der Zeitpunkt, zu welchem die Rückgewähr vollzogen werden muß; vgl. § 351 A 1.

2. Über den Begriff der **Verfügung** vgl. Vorbem 7 vor § 104. Wie in anderen Fällen (§§ 135, 161 Abs 1 Satz 2) ist auch hier der von dem Berechtigten selbst getroffenen Verfügung eine gegen ihn im Wege der Zwangsvollstreckung oder der Arrestvollziehung oder durch den Konkursverwalter (der nicht gesetzlicher Vertreter des Gemeinschuldners ist) getroffene Verfügung — Veräußerung oder Belastung der Sache — gleichgestellt.

§ 354

Kommt der Berechtigte mit der Rückgewähr des empfangenen Gegenstandes oder eines erheblichen Teiles des Gegenstandes in Verzug, so kann ihm der andere Teil eine angemessene Frist mit der Erklärung bestimmen, daß er die Annahme nach dem Ablaufe der Frist ablehne. Der Rücktritt wird unwirksam, wenn nicht die Rückgewähr vor dem Ablaufe der Frist erfolgt[1]).

E I 430; M 2 283; P 6 160.

1. **Verzug des Berechtigten mit der Rückgewähr.** Voraussetzung ist, daß der Rücktritt wirksam erklärt war. Die Folge des Verzugs (§§ 284ff.), verbunden mit der fruchtlosen Fristsetzung (§ 250 A 1), ist, daß der Rücktritt nachträglich unwirksam wird. Auch die nur teilweise Leistung schließt jedoch die Verzugsfolge aus, wenn der noch übrigbleibende Teil nicht mehr erheblich (vgl. § 351 A 2) ist. Vgl. auch § 326 A 1b, bb, wonach die Fristsetzung, wie im Falle des § 326, dann entbehrlich ist, wenn der Rücktrittsberechtigte bestimmt erklärt hat, nicht zurückgeben zu können oder zu wollen. Das Unwirksamwerden des Rücktritts hat das Wiederinkrafttreten des Vertrags zur Folge.

§ 355

Ist für die Ausübung des Rücktrittsrechts eine Frist nicht vereinbart, so kann dem Berechtigten von dem anderen Teile für die Ausübung eine angemessene Frist bestimmt werden. Das Rücktrittsrecht erlischt, wenn nicht der Rücktritt vor dem Ablaufe der Frist erklärt wird[1]).

E I 432; M 2 284; P 1 796.

1. Dem Gegner dient beim Mangel einer Fristabrede für die Ausübung des Rücktrittsrechts die **Fristsetzung als Mittel,** tunlichst bald eine endgültige Entschließung des Berechtigten herbeizuführen (**RG** 105, 370). Mit dem fruchtlosen Ablaufe der angemessenen Frist erlischt sein Rücktrittsrecht ohne weiteres. Vgl. dazu die Ausführung zu der ähnlichen Bestimmung des § 250. Zulässig ist die Fristsetzung erst in dem Zeitpunkte, wo das Rücktrittsrecht ausgeübt werden konnte, also erst nach Eintritt einer etwaigen Bedingung (**RG** JW 02, 10). — Ein weiterer Erlöschungsgrund kann sich aus Bewirkung der Leistung oder anderseits aus der Annahme der Gegenleistung und dem daraus zu entnehmenden Verzichte auf das Rücktrittsrecht ergeben (**RG** 43, 69; vgl. auch § 360 Anm 1 Abs 2 hinsichtlich des Verzichts auf Geltendmachung der Verwirkungsklausel und § 357 Anm 1).

§ 356

Sind bei einem Vertrag auf der einen oder der anderen Seite mehrere beteiligt, so kann das Rücktrittsrecht nur von allen und gegen alle ausgeübt

werden[1]). Erlischt das Rücktrittsrecht für einen der Berechtigten, so erlischt es auch für die übrigen[2]).

E I 433; M 2 284; P 1 796.

1. Grundsatz der **Unteilbarkeit des Rücktrittsrechts.** Er besteht für alle Fälle, in denen am Vertrage, sei es auf der berechtigten Seite, sei es auf der Gegenseite, mehrere beteiligt sind, und dieser Grundsatz greift auch dann Platz, wenn es sich um mehrere Geschäfte handelt, die aber zusammen nur eine Einheit darstellen (vgl. § 326 A 1c; **RG** SeuffA 74 Nr 26). Ob es sich um anteilsweise Berechtigung oder Verpflichtung (§ 420), oder um Gesamtschuldnerschaft (§ 427) bzw. Gesamtgläubigerschaft (§ 428), oder endlich um ein Verhältnis zur gesamten Hand (§§ 709, 2039) handelt, ist gleichgültig. Der Rücktritt kann auch dann nur von den sämtlichen bei einem einheitlichen Vertrage beteiligten Berechtigten ausgeübt werden, wenn die Beteiligung jedes einzelnen von ihnen nur bei einem bestimmten Teile des gesamten Geschäftes in Frage steht (**RG** 26. 1. 06 VII 409/05; 3. 7. 18 V 111/18).

2. Gemäß Satz 2 hat überdies das **Erlöschen des Rechtes für einen** der Berechtigten das Erlöschen **zum Nachteile aller Mitberechtigten** zur Folge. Auf den Erlöschungsgrund kommt es nicht an. — Daß umgekehrt das Erlöschen zugunsten eines Verpflichteten auch zum Vorteile der Mitverpflichteten wirkt, besagt das Gesetz nicht. Es folgt das aber aus Satz 1, da das Rücktrittsrecht nur gegen alle am Vertrag Beteiligte ausgeübt werden kann.

Der § 356 ist nicht auch bei der Kündigung anwendbar (**RG** 90, 330).

§ 357

Hat sich der eine Teil den Rücktritt für den Fall vorbehalten, daß der andere Teil seine Verbindlichkeit nicht erfüllt[1]), so ist der Rücktritt unwirksam, wenn der andere Teil sich von der Verbindlichkeit durch Aufrechnung befreien konnte und unverzüglich nach dem Rücktritte die Aufrechnung erklärt[2]).

E II 306; P 1 367.

1. Ein Fall der sog. **Verwirkungsklausel** (lex commissoria; § 360), inhaltlich deren sich der eine Teil den Rücktritt (nicht nur ein Kündigungsrecht, § 346 A 1) für den Fall der Nichtleistung des andern Teiles vorbehält. Verträge, in denen sich der Gläubiger für den Fall nicht pünktlicher Zinszahlung das Recht zu vorzeitiger Kündigung vorbehält, sind nach Treu und Glauben dahin auszulegen, daß die Rechtsfolge nicht auch bei ausreichend entschuldigter Säumnis eintritt (**RG** JW 08, 234[5]; 19. 6. 12 V 83/12). Gleiches muß auch bei Vorbehalt des Rücktritts für diesen Fall gelten. Derartige Verwirkungsbestimmungen sind ferner nach Treu und Glauben (§§ 157, 242) dahin auszulegen, daß das aus ihnen entspringende Recht zur Vermeidung seines Erlöschens in angemessener Frist auszuüben ist und der Verpflichtete nicht in einem ihm besonders lästigen Schwebezustande belassen werden darf (**RG** Gruch 47, 398; Warn 08 Nr 283; JW 1912, 585[4]; 1915, 572[5]). Der Verlust des Rechts wird im zutreffenden Falle auch nicht dadurch gehindert, daß der Verpflichtete das unangemessen verzögerte Erfüllungsverlangen nicht sofort und unbedingt zurückweist, vielmehr noch um Nachsicht bittet (**RG** 13. 7. 18 V 92/18).

2. Vorausgesetzt ist, daß nicht bloß der andere Teil eine zur Aufrechnung geeignete Forderung hatte, sondern daß auch die Forderung des Berechtigten zur Zeit des Rücktritts schon aufrechnungsfähig war (§§ 387ff.), der andere Teil aber unterlassen hat, bis zum Rücktritt von der Aufrechnung Gebrauch zu machen. Unter diesen Umständen macht noch die **nachträgliche unverzügliche** (§ 121 A 2) **Erklärung der Aufrechnung** (§ 388) den Rücktritt von Anfang an **unwirksam,** und der Vertrag tritt somit wieder in Kraft.

§ 358

Hat sich der eine Teil den Rücktritt für den Fall vorbehalten, daß der andere Teil seine Verbindlichkeit nicht erfüllt, und bestreitet dieser die Zulässigkeit des erklärten Rücktritts, weil er erfüllt habe, so hat er die Erfüllung zu beweisen, sofern nicht die geschuldete Leistung in einem Unterlassen besteht[1]).

E I 434; M 2 284; P 1 797.

1. Diese **Beweisverteilung** entspricht der des § 345. Der Berechtigte hat das Rücktrittsrecht zu beweisen und die Nichterfüllung seitens des Verpflichteten zu behaupten; der letztere

muß demgegenüber die Erfüllung beweisen (RG Warn 1913 Nr 222). Geht die Verpflichtung auf eine Unterlassung, so liegt dem Berechtigten auch der Beweis hinsichtlich der Zuwiderhandlung ob. Vgl. auch § 345 A 1.

§ 359

Ist der Rücktritt gegen Zahlung eines Reugeldes vorbehalten, so ist der Rücktritt unwirksam, wenn das Reugeld nicht vor oder bei der Erklärung entrichtet wird und der andere Teil aus diesem Grunde die Erklärung unverzüglich zurückweist. Die Erklärung ist jedoch wirksam, wenn das Reugeld unverzüglich nach der Zurückweisung entrichtet wird[1])[2]).

E I 435; M 2 285; P 1 797.

1. **Rücktritt gegen Reugeld** (Wandelpön, § 336 A 2). Das Gesetz macht hier die Wirksamkeit des Rücktritts grundsätzlich davon abhängig, daß der Rücktrittsberechtigte das Reugeld spätestens gleichzeitig mit der Erklärung entrichtet. Aber dabei begünstigt es doch den Berechtigten; denn es läßt seinen Rücktritt auch ohne Erfüllung der gesetzlichen Bedingung von vornherein wirksam sein, falls der Gegner unterläßt, die Erklärung wegen mangelnder Zahlung unverzüglich (§ 121 A 2) zurückzuweisen. Und selbst im Falle dieser Zurückweisung bleibt der Rücktritt noch wirksam, wenn die Zahlung wenigstens nunmehr unverzüglich nachgeholt wird. — Der Verfall des Reugeldes kommt nur bei Ausübung des vertragsmäßigen Rücktrittsrechts in Frage; dagegen nicht auch, wenn der Rücktritt gemäß § 326 erklärt wird (RG JW 1913, 918[4]).

2. **Die Beweislast** verteilt sich dahin, daß der Rücktrittsberechtigte, der die unbedingte Wirksamkeit des Rücktritts geltend machen will, die Zahlung des Reugeldes vor oder bei der Rücktrittserklärung nachzuweisen hat. Gelingt ihm dieser Beweis, so ist jeder Einwand des Gegners ausgeschlossen. Gelingt der Beweis dem Berechtigten nicht, so steht dem Gegner der Einwand offen, daß er die Erklärung zurückgewiesen habe, und insoweit ist er beweispflichtig. Mißglückt dem Gegner dieser Beweis, dann ist das Fehlschlagen des Hauptbeweises unschädlich geworden. Glückt dem Verpflichteten dagegen der Beweis seines Einwandes, dann verbleibt dem Berechtigten noch die Möglichkeit, zu beweisen, daß er die Zahlung unverzüglich nachgeholt hat (a. M. Oertmann A 3 und anscheinend auch Staudinger A 5).

§ 360

Ist ein Vertrag mit dem Vorbehalte geschlossen, daß der Schuldner seiner Rechte aus dem Vertrage verlustig sein soll, wenn er seine Verbindlichkeit nicht erfüllt, so ist der Gläubiger bei dem Eintritte dieses Falles zum Rücktritte von dem Vertrage berechtigt[1]).

E 436; M 2 285; P 1 798.

1. **Der Vorbehalt der Verwirkung der Rechte des Schuldners aus dem Vertrage** (lex commissoria) für den Fall der Nichterfüllung hat die Folge, daß der **Gläubiger zum Rücktritte berechtigt** ist. Macht der Gläubiger davon keinen Gebrauch, so bleibt das Vertragsverhältnis im ganzen, also einschließlich der Rechte des Schuldners, wirksam. Dies aber auch schon dann, wenn der Gläubiger so lange Zeit hindurch Nachsicht geübt hat, daß er nach Treu und Glauben verpflichtet gewesen wäre, falls er nunmehr von dem Vorbehalte Gebrauch machen wollte, den Schuldner hiervon zuvörderst in Kenntnis zu setzen (RG Gruch 47, 398; Warn 1912 Nr 162; JW 1912, 385[4]; 1915, 572[5]). Ohne weiteres erlischt das Schuldverhältnis bei ausbleibender Erfüllung nicht, da es andernfalls in die Hand des Schuldners gegeben wäre, einen ihm unliebsamen Vertrag durch Leistungsverzug zu beseitigen. Ist eine Rücktrittsfrist nicht verabredet worden, so kann der Berechtigte vom Rücktrittsrechte gemäß § 360 wirksam nur innerhalb einer angemessenen Frist Gebrauch machen (RG Warn 08 Nr 283; 1913 Nr 223); denn das aus der kassatorischen Klausel entspringende Recht des Gläubigers darf nicht zu einem für den andern Teil besonders lästigen Schwebezustand führen. Der Berechtigte muß auch ein Recht auf sofortige Kündigung bei Verlust dieses Rechtes binnen angemessener Frist ausüben (RG JW 08, 550[11]; 1912, 385[4]). — Macht der Gläubiger von dem Rücktrittsrechte Gebrauch, so greift demnächst der Grundsatz von der gegenseitigen Rückgabeverpflichtung nach § 346 Platz. Ausgeschlossen ist jedoch im allgemeinen nicht die Abrede, daß die bisherigen Leistungen des Schuldners dem Gläubiger verfallen sein sollen. Alsdann läge in Ansehung der Verfallklausel zugleich ein Strafgedinge vor (vgl. RG 68, 42; JW 1914, 527[4]), das gemäß § 339 nur im Falle des Verzugs wirksam wird, während die Ausübbarkeit des bloßen Rück-

trittsrechts je nach dem Sinne der Abrede möglicherweise schon durch die Tatsache der Nichterfüllung begründet sein kann; vgl. aber Abs 2 dieser Anmerkung und § 357 A 1.

Ist ein Rechtsnachteil, insbesondere der Verlust eines Anspruchs, an den Fall einer **Fristversäumung** geknüpft, wobei es sich um eine Verwirkungsklausel handelt, dann wird es sich in der Regel nicht um eine Verjährungsfrist, sondern um eine Ausschlußfrist handeln, so daß die Versäumung der Frist regelmäßig nicht eine bloße Einrede erzeugt, sondern den Anspruch des Verpflichteten ohne weiteres erlöschen läßt (RG 10. 7. 11 V 119/11, teilweise abgedruckt JW 1911, 805[6]). Ist an die Nichteinhaltung von Nachsichtsfristen die sofortige Fälligkeit oder Kündbarkeit des Darlehns geknüpft, dann tritt diese Folge im Zweifel nur bei Verschulden des Verpflichteten ein (RG Warn 1913 Nr 223). Ein gleiches ist entsprechend namentlich auch für Versicherungsverträge angenommen (RG 62, 191; 69, 176; 70, 44; JW 1911, 805[6]). Die Beweislast trifft aber den Verpflichteten für das behauptete Nichtverschulden. Überhaupt setzt die Verfallklausel, ebenso wie die Strafklausel (§ 339 A 1 Abs 3), regelmäßig Verzug und daher Verschulden voraus (RG JW 1919, 570[4]; Warn 1919 Nr 161), so daß es zur Hinderung der Folgen in der Regel genügt, wenn der Verpflichtete (beispielsweise der Mieter) ohne Verletzung der im Verkehr erforderlichen Sorgfalt glauben durfte, er sei zur Zurückhaltung seiner Leistung berechtigt (RG JW 1916, 1584[3]; Gruch 57, 928; Warn 1913 Nr 223 und 1917 Nr 48). So genügt es auch, wenn ein Pächter nachweist, daß er rechtzeitig in der Wohnung des Verpächters hat zahlen wollen, einen Empfangsberechtigten jedoch nicht angetroffen habe; alsdann kommt vielmehr der Verpächter in Annahmeverzug (RG Warn 1913 Nr 355). Ist mit einem einseitigen Verkaufsangebote mit bestimmter Bindungsfrist für den Antragenden die Abrede verbunden worden, daß der vom Antragsgegner auf den Preis angezahlte Betrag dem Antragenden als Entgelt für seine Bindung verfallen sein solle, falls das Angebot nicht rechtzeitig angenommen werde, dann tritt der Verfall nicht ein, wenn der Antragsgegner an der rechtzeitigen Annahme durch Umstände gehindert wurde, die er nicht zu vertreten braucht (RG 95, 199; vgl. dazu auch § 343 A 2). Es kann aber einer Abrede im Sinne des § 360 auch die Bedeutung beigelegt werden, daß die Verwirkung auf Grund der Nichterfüllung schlechthin erfolgt (RG 92, 391). Es handelt sich hierbei um eine Frage der Auslegung. — In der Annahme der verspäteten Leistung liegt nicht unter allen Umständen ein Verzicht des Berechtigten auf die Geltendmachung der Verwirkung (RG JW 03 Beil 23[47]); möglicherweise aber darin, daß er sein Recht nicht alsbald ausübt (RG JW 08, 234[5]). — Der § 5 des AbzG verbietet die Verfallklausel. Die Vereinbarung bei einem Abzahlungsgeschäfte, daß die ganze Restschuld fällig werden solle, wenn der Käufer mit mindestens zwei aufeinanderfolgenden Teilzahlungen in Verzug gerät, ist jedoch nur insoweit ungültig, als die Abrede über die nach § 4 Abs 2 des AbzG zulässige Grenze hinausgeht (RG 64, 94). — Ist dem Gläubiger nur das Recht der Vertragsauflösung für die Zukunft vorbehalten, so handelt es sich nur um ein Kündigungsrecht (§ 346 A 1).

§ 361

Ist in einem gegenseitigen Vertrage vereinbart, daß die Leistung des einen Teiles genau zu einer festbestimmten Zeit oder innerhalb einer festbestimmten Frist bewirkt werden soll¹), so ist im Zweifel anzunehmen, daß der andere Teil zum Rücktritte berechtigt sein soll, wenn die Leistung nicht zu der bestimmten Zeit oder innerhalb der bestimmten Frist erfolgt²).

E 361; M 2 199; P 1 626, 640.

1. Das **Fixgeschäft.** Es liegt nur dann vor, wenn die bestimmte Erfüllungszeit zu einer Geschäftsbedingung des Inhalts erhoben worden ist, daß mit ihrer Einhaltung oder Verabsäumung das Geschäft stehen und fallen, eine nachträgliche Erfüllung mithin überhaupt nicht mehr als Vertragserfüllung gelten soll (RG 51, 347; Gruch 46, 904). Der Charakter des Geschäfts kann entweder durch Ausdrücke wie „genau", „präzis", „prompt" hervorgehoben sein, oder aus dem Vertragsinhalte, den begleitenden Umständen, der Natur des Geschäfts deutlich erhellen; andernfalls ist der Charakter von dem ihn Behauptenden zu beweisen (RG 25. 4. 07 VI 421/06). In dem Ausdruck „Verladung September" oder „prompte Verladung" kann die Bestimmung einer festen Lieferungsfrist im Sinne eines Fixgeschäftes nicht gefunden werden (RG Warn 1922 Nr 49). Beschränkt ist die Vorschrift auf gegenseitige Verträge. Auch bei einem nicht eigentlichen Fixgeschäfte können die Parteien der festgesetzten Erfüllungszeit (Abruf bis ...) eine so wesentliche Bedeutung beigemessen haben, daß der Käufer bei Versäumung der Frist (Abrufsfrist) nachträglich die Erfüllung nicht mehr fordern, der Verkäufer vielmehr ohne weiteres vom Vertrage abgehen kann, es liegt hier indes nicht eine Zeitbestimmung mit der dinglich auflösenden Wirkung des § 163 vor (RG Warn 1916 Nr 273 u. 221); vgl. § 163 A 1.

Bei den sogenannten „**Abladegeschäften**", d. h. solchen Geschäften, bei denen Gegenstand der Lieferpflicht eine innerhalb einer bestimmten Zeit von einem überseeischen Hafen aus „abzuladende" (zu verschiffende) Ware ist, hat nach Handelsgebrauch die Abladezeit die Bedeutung einer wesentlichen Eigenschaft der Leistung. Die Bestimmungen über das Fixgeschäft haben deshalb auf solche Geschäfte entsprechende Anwendung zu finden, insbesondere ist der Rücktritt ohne Setzung einer Nachfrist zulässig (**RG** 1, 64; 30, 60; 58, 229; 71, 307; 88, 73). Das gilt sowohl für die eigentlichen Abladegeschäfte, bei denen der Verkäufer die Lieferung durch Abladung im Verschiffungshafen erfüllt, wie für die uneigentlichen, bei denen Erfüllungsort für den Verkäufer der Ankunftshafen ist (**RG** 88, 73; 8. 11. 26 VI 252/26).

2. Durch das Fixgeschäft wird nach § 361 ein gesetzliches Rücktrittsrecht begründet, das in Kraft tritt durch das Ausbleiben der Leistung zu der bestimmten Zeit oder innerhalb der bestimmten Frist, ohne daß eine Verzugsetzung des Schuldners erforderlich ist (Denkschr. z. HGB S. 22/23; **RG** 108, 159). Ein späteres Angebot kann das einmal erwachsene Rücktrittsrecht nicht beseitigen (**RG** 108, 160). Der Berechtigte soll aber auch hier (vgl. § 360 A 1) mangels eines erkennbaren andern Parteiwillens gegebenenfalls **nur als rücktrittsberechtigt** gelten. Daraus folgt, daß, wenn der Berechtigte schweigt (§ 349), der Vertrag bestehenbleibt und dem Berechtigten im Falle der verspäteten Erfüllung ein Anspruch auf Schadensersatz nur bei wirklichem Verzuge gemäß § 286, ein Ersatzanspruch aber wegen Nichterfüllung nur unter den Voraussetzungen des § 326 Abs 1 zustehen kann. — Besonders geregelt ist das Fixgeschäft im Handelsrechte durch § 376 HGB. Nach dieser Bestimmung hat das Schweigen des Berechtigten gerade zur Folge, daß er den Anspruch auf die Leistung verliert. Vgl. endlich § 18 KO.

Dritter Abschnitt

Erlöschen der Schuldverhältnisse

Erster Titel

Erfüllung

§ 362

[1]) **Das Schuldverhältnis erlischt, wenn die geschuldete Leistung an den Gläubiger[2 a]) bewirkt wird[2]).**

Wird an einen Dritten zum Zwecke der Erfüllung geleistet, so finden die Vorschriften des § 185 Anwendung[3])[4]).

E I 263, 266; M 2 77; I 333.

1. Ein **Schuldverhältnis**, seiner Natur nach auf Beendigung gerichtet (Vorbem 2 vor § 241), kann erlöschen: einmal unabhängig vom Willen der Beteiligten kraft äußerer Vorgänge — so durch nicht zu vertretendes Unmöglichwerden der Leistung (§§ 275ff., vgl. aber A 1 zu § 275), durch den Eintritt einer auflösenden Bedingung (§ 158 Abs 2), den Tod eines der Beteiligten (in Fällen höchstpersönlicher Leistungen, §§ 673, 727) —; ferner aber infolge eines Rechtsgeschäfts der Beteiligten, und zwar eines zweiseitigen oder eines einseitigen. Dahin gehören einerseits der Aufhebungsvertrag (contrarius consensus, § 305 A 1a), der Erlaß und die negative Anerkennung im Sinne des § 397, anderseits die Anfechtung (§ 142), der Rücktritt (§ 349), der Widerruf, die Kündigung (§ 346 A 1), die Hinterlegung (§ 378), die Aufrechnung (§ 389). Sein natürliches, bestimmungsmäßiges Ende erreicht ein Schuldverhältnis jedoch allein durch die Erfüllung. So ist es auch zu verstehen, wenn das Gesetz in dem vorliegenden Abschnitte von der Erfüllung ausgeht.

2. Als **Erfüllung** kommt in erster Linie die Leistung des Geschuldeten in Betracht (ejus quod debetur). Sie läßt das Schuldverhältnis ohne weiteres erlöschen, während bei den sonstigen Erfüllungsarten, den sog. Ersatzleistungen, dazu noch etwas Weiteres hinzukommen muß, nämlich die entsprechende Willenseinigung der Parteien (§ 364 A 1). Eine Ausnahme von dem Grundsatze des § 362 macht nur die Wechselschuld insofern, als hier trotz der Zahlung die Forderung weiterbesteht, wenn nicht auch die Urkunde zerstört oder auf sie der Quittungsvermerk gesetzt wird (**RG** 61, 5). Durch die Erfüllung erlischt das Schuldverhältnis auch endgültig, so daß eine nachträgliche Abrede, wonach die Erfüllung (Zahlung) rückgängig gemacht sein soll, nur ein neues Schuldverhältnis begründen kann. Kein Erlöschen des Schuldverhältnisses tritt ein in den Fällen, in denen durch die Erfüllung die Forderung auf denjenigen übergeht, der den Gläubiger befriedigt: §§ 774 (Bürge); 1143 (Eigentümer, der nicht persönlicher Schuldner ist, bei einer Hypothek); 268 Abs 3 (der Ablösungsberechtigte). Vgl. auch § 397 A 1, betreffend Neubegründung einer erlassenen Schuld.

Eine besondere Betrachtung verdient die Natur des **Erfüllungsgeschäfts.** Es kommt zustande durch Bewirkung der Leistung, und daher ist das, was das Erlöschen des Schuldverhältnisses unmittelbar bewirkt, lediglich die Tatsache der Leistung. Da sich die Leistung jedoch, rein äußerlich betrachtet, meist durch Geben und Nehmen vollzieht, so kann es den Anschein haben, als schlössen diese beiden Vorgänge einen Vertragsschluß in sich (vgl. über die hierüber herrschenden verschiedenartigen Theorien Oertmann A 4 bei § 362 sowie Staudinger A 2 zur Vorbem vor § 362). Eine solche Auffassung entspricht aber weder dem Gesetzeswortlaute noch der Natur der Sache. Sie ist schon deswegen abzulehnen, weil der Gläubiger, der das ihm Geschuldete zum Zwecke der Erfüllung erhält und entgegennimmt, seinen Anspruch notwendig einbüßt, gleichgültig, ob er damit einverstanden ist oder nicht, ja selbst wenn er etwa ausdrücklich dagegen Widerspruch erhöbe. Einer „Annahme als Erfüllung" (§ 363) bedarf es dazu nicht. Erforderlich ist nur in den Regelfällen das Einverständnis des Gläubigers damit, daß der Leistungsgegenstand in sein Vermögen übergeht (der dingliche Vertrag). Weist daher der Gläubiger den Leistungsgegenstand, der ihm angeboten wird, zurück, so kommt eine „Bewirkung" der Leistung nicht zustande. Überdies aber setzt die Erfüllung nicht einmal notwendig ein Geben und Nehmen der Leistung zwischen Gläubiger und Schuldner voraus, da es Fälle gibt, wo die Leistung bewirkt werden kann, ohne daß der Gläubiger dabei mitzuwirken braucht (das Nähere darüber unten A 2a). Das Erlöschen des Anspruchs kann hier also nicht auf einer Willenseinigung beruhen (**RG** JW 07, 509[8]). — Die weitere Frage, ob die Vornahme der Leistung wenn nicht ein Vertrag so doch ein Rechtsgeschäft sei, läßt sich allgemein ebenfalls nicht bejahen. Entscheidend ist vielmehr die Art der Leistung, und diese kann ebensowohl in einer rein tatsächlichen Handlung, so einer tatsächlichen Dienstleistung, bestehen, wie auf Herbeiführung einer Rechtsänderung (Vorbem 1 vor § 104) gerichtet sein. — Mit der letzterörterten Frage hängt die weitere zusammen, ob für die Wirksamkeit der Leistung Geschäftsfähigkeit des Schuldners Bedingung ist; denn auch das hängt von der Art der Leistung ab, nämlich davon, ob es sich um eine Leistung handelt, die an sich Geschäftsfähigkeit erfordert, oder ob das Gegenteil der Fall ist. Maßgebend sind die allgemeinen Grundsätze der §§ 104ff.

2a. Leistung an den Gläubiger. Nach der Vorschrift des Gesetzes muß die Leistung regelmäßig (vgl. aber A 3) an den Gläubiger (§ 241 A 1) bewirkt werden, während es kein allgemeines Erfordernis ist, daß sie gerade vom Schuldner ausgeht (§ 267 A 1). Die zuvor bezeichnete Regel ist indessen nicht so zu verstehen, daß die Leistung unter allen Umständen der Person des Gläubigers gegenüber bewirkt werden muß. Handelt es sich nach Inhalt des Schuldverhältnisses um die Vornahme einer Handlung, bei welcher die Mitwirkung des Gläubigers überhaupt unnötig ist, so braucht sie nicht ihm gegenüber vorgenommen zu werden (z. B. Erfüllung eines Beförderungsauftrags oder Zahlung an einen zur Empfangnahme im Vertrage bestimmten Dritten oder Besorgung eines Geschäfts für den Gläubiger). Das Wesentliche der Regel liegt nur in dem Gedanken, daß die Leistung nur dann befreiend wirken kann, wenn der Gläubiger durch sie das erhält, worauf er Anspruch hat. Es kommt nicht darauf an, ob er sich befriedigt glaubt, sondern ob er es wirklich ist (**RG** 114, 403). Ob der Gläubiger geschäftsfähig sein muß, hängt davon ab, ob nach Inhalt der Leistung seine rechtsgeschäftliche Mitwirkung dabei erforderlich ist (vgl. A 2 Abs 2). Ist dem Gläubiger die Befugnis, über das Vermögen, zu welchem die Forderung gehört, zu verfügen, durch Konkurseröffnung oder durch Anordnung der Nachlaßverwaltung entzogen, so sind Leistungen, die an ihn persönlich durch Rechtsgeschäft gemacht werden, nach Maßgabe der §§ 7, 8 KO, die auch im Falle der Nachlaßverwaltung anwendbar sind (§ 1984 Satz 2), wirksam oder unwirksam (**RG** 38, 40). Unwirksam ist eine Leistung an den Gläubiger, wenn dem Schuldner die Leistung an ihn durch gerichtliches Verbot im Zwangsvollstreckungsverfahren untersagt ist (§§ 829, 845 ZPO). Für den Fall der Verpfändung einer Forderung vgl. §§ 1280 ff; für den Fall des Nießbrauchs an einer solchen § 1077. Welche Folgen hat es schließlich, wenn der Gläubiger unberechtigt die Annahme der Leistung ablehnt? Die Antwort hierauf geben einerseits die §§ 293ff. über den Annahmeverzug und anderseits die §§ 372ff. über das Hinterlegungsrecht des Schuldners. Keine dieser Folgen kann jedoch eintreten, wenn die angebotene Leistung zur Erfüllung ungeeignet war; denn dann handelte es sich überhaupt nur um einen untauglichen Leistungsversuch. Was im übrigen zur gehörigen Erfüllung gehört, ist bereits unter den §§ 266, 269, 271 und 320 erörtert worden. Kurz zusammenfassend sei nur noch gesagt: die angebotene Leistung muß nach Umfang wie Beschaffenheit vollständig gewesen und das Angebot muß am rechten Orte und zur rechten Zeit erfolgt sein.

3. Leistung an einen Dritten. Die für diesen Fall in **Abs 2** angeordnete **Anwendung der Vorschriften des § 185,** die nur eine entsprechende sein kann, ergibt folgendes: eine Leistung, die an einen andern als den Gläubiger erfolgt, ist für diesen gleichwohl ohne weiteres wirksam, wenn sie mit seiner im voraus erklärten Einwilligung (§ 183) bewirkt wurde (§ 185 Abs 1), sonst aber wird sie wirksam, wenn die Voraussetzungen des § 185 Abs 2 — nachträgliche Genehmigung durch den Gläubiger oder Beerbung des Dritten durch den Gläubiger mit unbeschränkter Haftung für die Nachlaßverbindlichkeiten — eintreten. Daß die Leistung an einen Stellvertreter des Gläubigers oder an einen Dritten, dessen Befugnis zur Annahme für den Gläubiger schon im Vertrage ausgemacht worden ist (solutionis causa adjectus), den Schuldner befreit, ist selbstverständlich und wird vom Gesetze nicht besonders ausgesprochen. Wirksam ist im Falle der Abtretung die Leistung an den bisherigen Gläubiger unter den Voraussetzungen der §§ 407, 408 (**RG** 111, 303).

4. Eine hervorragend wichtige Rolle als Erfüllung spielt die **Zahlung.** Sie setzt voraus eine Geldschuld und eine Geldleistung zum Zwecke ihrer Tilgung (Zahlung im engeren Sinne). Erfolgt die Zahlung im voraus, jedoch in Erwartung der künftigen Gegenleistung, dann handelt es sich um eine Vorleistung (§ 320 A 4), die gegebenenfalls mit der Bereicherungsklage zurückgefordert werden kann, nicht aber um ein Darlehn, da ein solches credendi und nicht solvendi causa gewährt wird (**RG** JW 1912, 684[8]). — Über die Begriffe Geldschuld und Geld vgl. die Ausführungen unter § 244. — Die Überweisung des Schuldbetrags auf das Girokonto des Gläubigers bei einer Reichsbankstelle mittels eines roten Schecks kann jedenfalls nicht schon im Augenblicke des Eingehens des Schecks bei der Bankstelle als Zahlung gelten (**RG** 30. 6. 08 II 68/08). Die Überweisung des Schuldbetrags auf das Girokonto des Gläubigers bei einer Bank und die daraufhin erfolgte Gutschrift des Betrags bei der Bank zugunsten des Gläubigers bewirkt eine rechtsverbindliche Zahlung, auch wenn dem Gläubiger keine Mitteilung von der Überweisung und der Gutschrift durch die Bank gemacht worden ist (**RG** 114, 140). — Eine besondere Streitfrage ist es, ob der Gläubiger eine **Zahlung mit Vorbehalt** anzunehmen verpflichtet ist. Will der Schuldner mit dem Vorbehalte das Bestehen einer Verbindlichkeit überhaupt leugnen und die Zahlung nur als eine bedingte gelten lassen, dem Gläubiger mithin noch den Beweis seines Forderungsrechts zumuten, dann handelt es sich überhaupt nicht um ein gehöriges Leistungsangebot im Sinne des § 362, und unter solchen Umständen braucht der Gläubiger das Angebot nicht anzunehmen (**RG** 79, 142; Warn 1914 Nr 240; 1924 Nr 179). Die Annahme, daß der Gläubiger auch die mit Vorbehalt angebotene Zahlung zur Vermeidung des Annahmeverzugs unter allen Umständen annehmen müsse, kann nicht gebilligt werden. Nimmt aber der Gläubiger die ihm nur unter der Bedingung, daß er das Bestehen seines Forderungsrechts nachweisen werde, angebotene Zahlung an, dann unterwirft er sich damit zugleich der ihm vom Gegner zugemuteten Fortdauer seiner Beweislast (**RG** 30, 174). Ist dagegen der Vorbehalt so zu verstehen gewesen, daß dem Zahlenden der Nachweis des Nichtbestehens der Forderung vorbehalten sein und die Zahlung sonach nur als unter der Resolutivbedingung des Gelingens jenes Nachweises als erfolgt gelten solle, dann trifft den Zahler die Beweislast (**RG** 7 S. 184 u. 186; 79, 142). Falls ferner der Schuldner seine Verbindlichkeit an sich nicht bestreitet, die Zahlung bedingungslos leisten will und sich nur einen Rückforderungsanspruch aus dem Gesichtspunkte der Bereicherung des Gegners oder die Ausführung von Gegenrechten (des Leistungsverweigerungsrechts oder der Aufrechnung) vorbehält, namentlich um sich gegen die Anwendung des § 814 zu schützen, dann hat der Gegner kein anerkennenswertes Interesse an der Ablehnung (**RG** Warn 1914 Nr 240). Hat der Gläubiger auf den vom Schuldner beim Angebote der Zahlung erklärten Vorbehalt damals erweislich kein Gewicht gelegt, sondern die Annahme aus andern Gründen abgelehnt, dann kann er den Annahmeverzug auch nachträglich nicht unter Hinweis auf jenen Vorbehalt beseitigen (**RG** 18. 10. 11 V 100/11). Der vom Schuldner unter Bestreiten der Forderung bei der Zahlung gemachte Vorbehalt schließt die Anwendung des § 814 aus (**RG** 18. 11. 07 VI 50/07). Ist die Zahlung von dem Gläubiger als Erfüllung angenommen (§ 363), so wirkt sie trotz des Vorbehalts als solche (**RG** 7, 184; Gruch 59, 466). — Hat der Schuldner **auf Grund staatlichen Zwanges** leisten müssen und hat daher sein Vorbehalt überhaupt keine rechtliche Bedeutung, dann ändert sich an der bestehenden Beweislast überhaupt nichts (**RG** 26, 55; 30, 174). Die im Wege der Zwangsvollstreckung erfolgte Wegnahme und Ablieferung des Geldes hat das endgültige Erlöschen des Schuldverhältnisses nur im Falle des Eintritts der Rechtskraft des Urteils zur Folge (**RG** 63, 332).

§ 363

Hat der Gläubiger eine ihm als Erfüllung angebotene Leistung als Erfüllung angenommen, so trifft ihn die Beweislast, wenn er die Leistung deshalb nicht als Erfüllung gelten lassen will, weil sie eine andere als die geschuldete Leistung oder weil sie unvollständig gewesen sei[1])[2]).

E I 367; M 2 204; P 1 636.

1. Hat der **Gläubiger die ihm als Erfüllung angebotene Leistung als Erfüllung angenommen,** so liegt die Sache zwar äußerlich so, als wäre die Schuld getilgt und das Schuld-

verhältnis gemäß § 362 erloschen. Diese Wirkung kann jedoch gemäß § 362 in Wirklichkeit nur dann eintreten, wenn die **„geschuldete Leistung"**, d. h. die **vollständige** Leistung (§ 362 Abs 1 A 2a), bewirkt worden ist, und daher stehen dem Gläubiger, der die geschuldete Leistung empfangen zu haben bestreiten will, grundsätzlich die sämtlichen Rechtsbehelfe auch noch nach Empfang der Leistung zur Seite, die das Gesetz bei ausbleibender Erfüllung sowie gegenüber einer nicht gehörigen Erfüllung überhaupt bietet. Er behält also die Einrede des nicht erfüllten und die des nicht gehörig erfüllten Vertrags (RG Gruch 55, 91). Denn durch die Annahme der Leistung als Erfüllung wird die Leistung nicht zugleich als die geschuldete oder als eine vertragsmäßige genehmigt. Die Annahme als „Erfüllung" bedeutet vielmehr lediglich die Entgegennahme der Leistung als einer zur Erfüllung des Vertrags bestimmten (RG Warn 1912 Nr 40). Die **„Annahme als Erfüllung"** erfordert daher einerseits keine so weitgehende Willensrichtung auf seiten des Gläubigers, daß er sich als endgültig befriedigt und das Schuldverhältnis als erloschen betrachten müßte; andrerseits muß sein Wille darauf gerichtet sein, die Leistung einstweilen der Hauptsache nach als solche anzunehmen vorbehaltlich sich ergebender Berechtigung zur Geltendmachung von weiteren Ansprüchen, insbesondere Gewährleistungsansprüchen (RG 57, 338; 66, 282; 109, 296; Warn 1912 Nr 40 u. 201). Daher ist eine lediglich zur Prüfung und Untersuchung (§ 377 HGB) erfolgende Hinnahme der Leistung nicht als Annahme als Erfüllung erachtet worden (RG 66, 284). — Die tatsächliche Vermutung, daß erfüllt sei, steht nach erfolgter Annahme dem Gläubiger, da er die Leistung als Erfüllung einmal hat gelten lassen, infolge seines eigenen Verhaltens entgegen, und so legt ihm jetzt das Gesetz — das nicht auch eine materielle Bestimmung treffen, sondern nur die Beweisfrage regeln will — ausdrücklich die **Beweislast** dahin auf, daß die Leistung zur Erfüllung nicht geeignet war. Danach gestaltet sich **die Beweislage** im ganzen dahin: **a)** Der Schuldner, der das Erlöschen des Schuldverhältnisses durch Erfüllung behaupten will, muß von vornherein nachweisen, entweder, daß er wirklich die „geschuldete Leistung" bewirkt hat (§ 362), oder wenigstens, daß der Gläubiger die ihm als Erfüllung angebotene Leistung als solche angenommen hat. Gelingt dem Schuldner auch nur dieser letztere Beweis, so liegt nunmehr **b)** dem Gläubiger der Beweis ob, daß ihm etwas anderes als das Geschuldete gewährt worden, oder aber, daß die angenommene Leistung mangelhaft war (RG 66, 281; Warn 1910 Nr 374), und daß der Schuldner das zu vertreten habe (RG 57, 400; 66, 281; Warn 1910 Nr 425). — Vor dieser Beweislast vermögen den Gläubiger auch nicht Vorbehalte zu schützen, da solche allein im Sinne der §§ 464, 640 Abs 2, nicht aber auch hinsichtlich der Beweislast von Bedeutung sind (RG 71, 23; JW 07, 509[8 u. 9]). Anders, wenn der Vorbehalt derart beschaffen ist, daß er die Annahme als Erfüllung ausschließt; vgl. oben zu RG 66, 284. Seine Annahmeerklärung kann der Gläubiger auch nicht durch Anfechtung beseitigen, da das Gesetz überhaupt nicht auf dem Standpunkte steht, daß durch das Angebot und durch die Annahme der Leistung ein Rechtsgeschäft vorgenommen werde. Wie in § 341 unter „Annahme der Erfüllung" und in § 640 unter „Abnahme", so versteht das Gesetz vielmehr auch im Falle des § 363 unter der „Annahme" nur einen tatsächlichen Vorgang, dessen Bedeutung je nach den Umständen des Falles zu beurteilen ist (RG 57, 337; 59, 378; 66, 284; 71, 23; 109, 296). Bei beiderseitigen Handelskäufen liegt dem Käufer nach der „Ablieferung" der Ware die Pflicht zur unverzüglichen Prüfung und Anzeige von Mängeln ob, widrigenfalls sie als genehmigt gilt (§§ 377, 378 HGB). In § 378 HGB wird sogar davon ausgegangen, daß wenn offensichtlich eine andere als die geschuldete Sache geliefert worden, die Genehmigung des Käufers als ausgeschlossen zu erachten ist. — Der § 363 findet auch auf Werkverträge, die die Herstellung einer nicht vertretbaren Sache zum Gegenstande haben, Anwendung; der § 640 Abs 2 steht dem nicht entgegen (RG Warn 1910 Nr 374).

2. Die einzelnen **Rechtsbehelfe des Gläubigers**, der die als Erfüllung angenommene Leistung als Erfüllung demnächst nicht gelten lassen will, richten sich nach der Sachlage. Im Falle des Kaufes insbesondere hat der Käufer von seinen Rechtsbehelfen aus § 440 auch unter den Voraussetzungen des § 363 materiell nichts eingebüßt, da diese Bestimmung lediglich eine Beweisregel gibt (RG 57, 899; 66, 282; Gruch 55, 91; JW 07, 509[8 u. 9]). Ist etwas anderes als das Geschuldete gewährt, so ist in Wirklichkeit überhaupt noch nicht erfüllt, und der Gläubiger kann daher jetzt noch die Erfüllung verlangen. Ist in der Hauptsache zwar erfüllt worden, aber noch unvollständig, so kann die Nachgewährung des Fehlenden gefordert werden. Unter einer **„unvollständigen Leistung"** ist nach der ständigen Rechtsprechung des Reichsgerichts, die sich auf die Entstehungsgeschichte des § 363 (Prot. II Bd. 1 S. 637) gründet, auch eine mangelhafte Leistung zu verstehen (RG 57, 400; 66, 281; 109, 296); auch in diesem Falle kehrt sich durch die Annahme als Erfüllung lediglich die Beweislast um. Streitig ist, ob bei Spezieskäufen zur Leistungspflicht des Verkäufers gehört, daß die Sache die zugesicherten Eigenschaften hat. Das wird zu verneinen sein, vgl. § 306 A 3; ebenso Planck-Siber Vorbem I 5 und IV 1c; vgl. auch § 459 A 6 dieses Kommentars. A. A. RG 66, 281, wo deshalb angenommen ist, daß der Verkäufer nachweisen müsse, daß die Sache die zugesicherten Eigenschaften habe, sofern nicht Annahme als Erfüllung stattgefunden hat. — Auch nach Annahme der Leistung kann der Gläubiger die ihm zustehenden Rechtsbehelfe sowohl im Wege der Klage auf Erfüllung der Leistungs- oder Garantiepflichten, wie auch durch Ausübung des Zurückbehaltungsrechts und Verweigerung seiner Leistung nach §§ 273, 320 geltend machen.

3. Eine besondere Anwendung haben die oben dargelegten Rechtsgrundsätze über die Bedeutung des § 363 in der Aufwertungsfrage insofern gefunden, als im Laufe der Entwicklung der Rechtsprechung erkannt und seitdem vom Reichsgericht auf dem Gebiete der freien Aufwertung ständig als Grundsatz festgehalten worden ist, daß eine nicht oder nicht entsprechend aufgewertete Leistung keine gehörige Erfüllung bedeute und die Annahme einer solchen Leistung, auch wenn sie ohne Vorbehalt erfolgt ist, als Erfüllung kein Erlöschen des Schuldverhältnisses, sondern nur gemäß § 363 eine Umkehr der Beweislast bewirke, wobei aber der danach dem Gläubiger obliegende Beweis der Unvollständigkeit der Leistung durch den Hinweis auf die Aufwertungsgrundsätze in der Regel ohne weiteres als geführt zu erachten sei. Dadurch wird freilich nicht ausgeschlossen, daß im Einzelfalle die Annahme der Leistung unter besonderen Umständen erfolgt sein kann, welche einen Verzicht auf die Aufwertung erkennen lassen. Vgl. Näheres § 242 A 5dα. In diese Rechtsprechung ist zunächst durch die 3. StNotVO (§ 11) dadurch eingegriffen, daß auf dem durch sie geregelten Gebiete die Aufwertung von Ansprüchen, bei denen der Gläubiger die Zahlung ohne Vorbehalt angenommen bzw. (bei Hypotheken) die Löschung bewilligt hatte, aus irgendeinem Rechtsgrunde (auch wegen Irrtums und Bereicherung) ausgeschlossen wurde. Das Aufwertungsgesetz hat eine Erleichterung in der Weise gebracht, daß es den Begriff der „Rückwirkung" einführte (§ 15), der bei Hypotheken und anderen dinglichen Ansprüchen, sowie den durch Hypothek gesicherten Forderungen, nicht aber für andere im AufwG geregelte Ansprüche, insbesondere nicht für Industrieobligationen, eine Aufwertung auch gestattet, wenn der Gläubiger die Leistung in der Zeit vom 15. 6. 1922 bis zum 14. 2. 1924 ohne Vorbehalt angenommen hat, wobei das Gesetz von der rechtsirrigen Auffassung ausging, daß diese, wie alle sonstigen Ansprüche, bereits durch die Annahme einer unaufgewerteten Leistung erloschen seien, und zum Ausdrucke brachte, daß eine Aufwertung außerhalb der durch § 15 gezogenen Grenzen ausgeschlossen bleiben solle (§ 19).

§ 364

[1]) **Das Schuldverhältnis erlischt, wenn der Gläubiger eine andere als die geschuldete Leistung an Erfüllungs Statt annimmt[1]).**

Übernimmt der Schuldner zum Zwecke der Befriedigung des Gläubigers diesem gegenüber eine neue Verbindlichkeit, so ist im Zweifel nicht anzunehmen, daß er die Verbindlichkeit an Erfüllungs Statt übernimmt[2]).

E I 364; M 2 82; P 1 333.

1. **Leistung an Erfüllungs Statt.** Ein Schuldverhältnis kann grundsätzlich auch dadurch zum Erlöschen gebracht werden, daß etwas anderes als das Geschuldete gewährt wird, aber dann nur unter der Bedingung, daß Gläubiger und Schuldner über diese Art der Tilgung des Schuldverhältnisses einverstanden sind (§ 362 A 2). In diesem Falle liegt Erfüllung mittels eines Ersatzmittels und eine Leistung „an Erfüllungs Statt" vor. Geeignet als solche Ersatzmittel sind Leistungen aller Art, Handlungen, Übereignungen von Sachen, Rechten, Forderungen, aber auch die Begründung eines neuen Schuldverhältnisses an Stelle des alten mit der Abrede, daß hierdurch das letztere getilgt und erloschen sein soll, Umschaffung (Novation) (vgl. darüber § 305 A 1 b). Eine solche Umschaffung zum Zwecke der Erfüllung der alten Schuld ist auch nach dem BGB möglich (RG SeuffA 62 Nr 202), aber es besteht keine hierauf gerichtete Vermutung; es ist vielmehr gemäß Abs 2 (A 2) der darauf gerichtete Vertragswille zu beweisen (RG 12. 2. 08 V 278/07). Zutreffendenfalls hat die Umschaffung die volle Wirkung der Erfüllung, so daß mit der Hauptschuld insbesondere auch die Nebenrechte (Bürgschaften, Pfandrechte) ohne weiteres untergehen (RG JW 03 Beil 96[219]; vgl. aber § 356 HGB). — Eine die Aufwertung von Industrieobligationen gemäß § 35 Abs. 5 AufwG ausschließende „Bewirkung der Leistung" ist in RG 113, 317 in einem Falle angenommen worden, in welchem statt der Barauszahlung Schuldverschreibungen eines andern industriellen Schuldners, und zwar, wie angenommen wurde, zur Tilgung des bisherigen Schuldverhältnisses, also an Erfüllungs Statt gegeben und angenommen worden waren.

2. Abs 2 stellt für den besonderen Fall, daß der **Schuldner zum Zwecke der Befriedigung des Gläubigers diesem gegenüber eine neue Verbindlichkeit übernimmt,** eine negative Vermutung dahin auf, daß damit nicht zugleich eine Übernahme an Erfüllungs

Statt beabsichtigt sei. Somit wird nach Maßgabe der gesetzlichen Vermutung (die auch durch eine Quittungsleistung nicht unbedingt beseitigt sein soll: RG Warn 1911 Nr 13) und vorbehaltlich ihrer Widerlegung die alte Verbindlichkeit als durch die neu übernommene nicht berührt angesehen, und die Folge davon ist, daß der Gläubiger nunmehr über zwei Forderungsrechte verfügen kann, über das ursprüngliche und über das neu begründete. Beide stehen jedoch, da auch die neue Schuld nur um der alten Forderung willen begründet worden ist, notwendig in einer inneren Beziehung zueinander; und diese äußert sich darin, daß das alte Forderungsrecht ebenfalls untergehen muß, falls die neu übernommene Verbindlichkeit getilgt wird, und daß anderseits auch die neue Verbindlichkeit nicht bestehen kann, wenn die alte Schuld nicht rechtsbeständig ist oder durch Anfechtung vernichtet wird. Bezüglich der neu übernommenen Verbindlichkeit würde vielmehr in diesem Falle ungerechtfertigte Bereicherung vorliegen (RG 61, 321). Die Eingehung einer Wechselverbindlichkeit, insbesondere die Hingabe eines Akzepts, zum Zwecke der Befriedigung spielt dabei im Verkehr die bedeutsamste Rolle. Die Vermutung spricht hier gegen die Absicht, den Schuldner aus der alten Verbindlichkeit zu entlassen; es steht vielmehr nur ein Zahlungsversuch auf Kosten des Schuldners (RG 31, 109; SeuffA 65 Nr 67; Gruch 56, 103), mithin nur eine bedingte, nämlich von der Einlösung des Wechsels abhängige Tilgung in Frage. Sie ist als solche auch vom Rechtsnachfolger des Gläubigers dann anzuerkennen, wenn er von der Hingabe des Wechsels Kenntnis gehabt hat (RG 21. 3. 06 V 477/05). Die negative Vermutung aus Abs 2 muß jedoch als widerlegt angesehen werden, wenn bei Hingabe von Prolongationswechseln die alten Wechsel zurückgegeben worden sind; in diesem Falle ist nach Handelsgebrauch Novation anzunehmen (RG 107, 35). — Die Vermutung greift auch Platz bei der Hingabe eines Schecks; die vorbehaltlose Annahme eines solchen bedeutet keinen Verzicht auf Barzahlung, sondern nur die Erklärung, daß der Gläubiger den Scheck mit Verkehrssorgfalt zur Einlösung zu bringen suchen und die etwaige Einlösung als Zahlung gelten lassen werde (RG 3. 2. 26 I 155/25; 23. 2. 26 II 280 25). Die scheckrechtliche Regreßverpflichtung des Hingebenden (Ausstellers, Indossanten) tritt hier neben die Verpflichtung aus dem der Hingabe zugrunde liegenden Schuldverhältnisse. — Auch abgesehen von dem Falle des Abs 2 besteht keine Vermutung dafür, daß die Hingabe einer andern Leistung an Stelle der geschuldeten „an Erfüllungs Statt", d. h. mit der Wirkung des sofortigen und unbedingten Erlöschens des bisherigen Schuldverhältnisses, und nicht vielmehr „erfüllungshalber", d. h. versuchshalber zu dem Zwecke, auf diesem Wege die Befriedigung des Gläubigers zu ermöglichen, unter einstweiliger Aufrechterhaltung des bisherigen Schuldverhältnisses, erfolgt und angenommen worden sei. Das gilt insbesondere dann, wenn zum Zwecke der Befriedigung dem Gläubiger eine Forderung des Schuldners übertragen wird (RG 65, 79). Doch wird sich bei solchen Hingaben erfüllungshalber (ähnlich wie bei Sicherungsübereignung von Forderungen, RG 59, 192; 76, 348) nach Treu und Glauben als Vertragswille (§ 157) in der Regel ergeben, daß der Gläubiger nunmehr nicht nach Willkür die eine oder die andere Forderung betreiben kann, daß er vielmehr gehalten ist, in erster Linie von dem ihm neu gewährten Befriedigungsmittel Gebrauch zu machen (vgl. die genannten Urteile und Warn 1913 Nr 136), auf die eigentliche Forderung dagegen erst dann zurückgehen darf, wenn sich das bezeichnete Mittel, sei es erst bei seiner Verwendung (Unbeitreibbarkeit der neuen Forderung), sei es schon wegen Nichtigkeit des neuen Schuldgrundes (auch zufolge bewirkter Anfechtung), zur Befriedigung des Gläubigers als untauglich erwiesen hat (RG 65, 81; Warn 1913 Nr 136; Gruch 56, 103). Aus den dargestellten Beziehungen zwischen der alten Schuld und der neuen folgt zugleich die Verpflichtung des Gläubigers, nach Treu und Glauben (§ 242) nichts vorzunehmen, was geeignet ist, die Tauglichkeit des neuen Befriedigungsmittels zu vereiteln, und nichts zu unterlassen — wie etwa die rechtzeitige Protestierung eines Wechsels, die rechtzeitige Vorzeigung eines Schecks zur Einlösung —, was zur Erreichung des Zweckes erforderlich ist (RG 65, 79; Warn 09 Nr 397, betreffend Prolongationswechsel). Haben sich indes die Verhältnisse derart gestaltet, daß der Gläubiger die Geltendmachung der abgetretenen Forderung für aussichtslos erachten kann, dann darf er von ihr Abstand und seinen Schuldner selbst ohne weiteres in Anspruch nehmen (RG 28. 10. 22 V 42/22). — Ist der neuen Schuld ein Schuldgrund untergelegt, mit dem die Fortdauer des alten Schuldgrundes unvereinbar wäre, so kann Abs 2 des § 364 nicht Platz greifen; vielmehr liegt dann notwendig eine Umwandlung vor (RG 62, 51, betreffend die Umwandlung einer Bauschuld in ein Darlehn gemäß § 607 Abs 2, und RG 67, 264, betreffend die Umwandlung eines irregulären Verwahrungsvertrags in ein verzinsliches Depositum). — Über die umschaffende Wirkung eines anerkannten Saldos im Kontokorrentverkehr vgl. §§ 355, 356 HGB und dazu RG 28, 36; 56, 24. — Nach der Fassung des Gesetzes („übernimmt der Schuldner") ist Abs 2 nicht anwendbar, wenn ein Dritter die neue Verbindlichkeit übernimmt (darüber vgl. § 414). Ob in solchem Falle das alte Schuldverhältnis als erloschen, oder ob das vom Dritten eingegangene Schuldverhältnis nur erfüllungshalber neben dem alten Schuldverhältnisse begründet sein soll, ist hier sonach Sache der Auslegung (vgl. oben). Angenommen wurde das letztere bei Hingabe eines Schecks durch einen Dritten in RG 78, 142.

§ 365

Wird eine Sache, eine Forderung gegen einen Dritten oder ein anderes Recht an Erfüllungs Statt gegeben, so hat der Schuldner wegen eines Mangels im Rechte oder wegen eines Mangels der Sache in gleicher Weise wie ein Verkäufer Gewähr zu leisten [1]).

E I 265; M 2 83; P 1 333.

1. Der Gläubiger, der vom Schuldner **eine Sache, eine Forderung** seines Schuldners **gegen einen Dritten** oder **ein anderes Recht an Erfüllungs Statt** (§ 364 Abs 1) annimmt, erwirbt diese Vermögenswerte in entgeltlichem Austausche gegen seine Forderung an den Schuldner, also in einer der Rechtslage beim Kauf entsprechenden Weise. Dem entspricht es, daß ihm der bisherige Schuldner **in der gleichen Weise wie ein Verkäufer Gewähr zu leisten hat,** und zwar sowohl wegen eines Mangels im Rechte (worunter bei Hingabe einer Sache die Nichtverschaffung des Eigentums — §§ 433, 440 —, bei Hingabe einer Forderung oder eines sonstigen Rechts der Mangel des rechtlichen Bestehens — § 437 — zu verstehen ist); wie auch wegen eines Mangels der Sache, also nach den §§ 459ff. Bei Mängeln im Rechte kann der Gläubiger gemäß § 440 die Rechte aus den §§ 320—327 ausüben, doch kommt die Leistungsverweigerung aus § 320 nicht in Frage, da er seine Leistung — die Befreiung des Schuldners von der Schuld — bereits tatsächlich gemacht hat (die Hingabe und Annahme an Erfüllungs Statt ist ein Realvertrag). Ein unmittelbares Wiederaufleben der erloschenen Schuld findet aber in keinem dieser Fälle statt; es läßt sich nur ein schuldrechtlicher Anspruch auf Wiederbegründung rechtfertigen, und zwar, falls Schadensersatz wegen Nichterfüllung (§§ 325, 326, 463) geltend gemacht wird, als Herstellungsanspruch (§ 249); im Falle des Rücktritts (§§ 325, 326) oder der Wandelung (§ 467) als Anspruch auf Rückgewähr der Leistung. Die Herstellungs- bzw. Rückgewährpflicht erstreckt sich auch auf die Wiederbegründung der erloschenen Sicherungsrechte (Bürgschaften und Pfandrechte). Soweit der ursprüngliche Zustand nicht wiederhergestellt werden kann, ist gemäß § 249 ein ihm wirtschaftlich möglichst gleichkommender herzustellen. Doch kann der Gläubiger, soweit er Schadensersatz wegen Nichterfüllung beanspruchen kann, auch unter Ablehnung der Wiederbegründung seiner Forderung Ersatz der Differenz in Geld verlangen (§ 325 A 1a). Auch die Offenbarungspflicht des Schuldners und die aus ihrer Verletzung entspringende Anfechtbarkeit des Vertrags über die Hingabe an Zahlungs Statt wegen arglistiger Täuschung (§ 123) richten sich nach den für den Kaufvertrag darüber bestehenden Regeln (RG 111, 234). — Ob die ursprüngliche Schuld sich auf einen entgeltlichen Vertrag oder auf ein Schenkungsversprechen gründete, ist unerheblich für die Haftung des Schuldners; auch im letzteren Falle gründet diese sich nunmehr auf den entgeltlichen Vertrag der Hingabe an Zahlungs Statt und unterliegt daher nicht mehr den Beschränkungen der Haftung des Schenkers (§§ 523, 524); vgl. Mot 2, 83. Die Vorschriften des § 365 sind indessen nicht zwingender Natur, und daher ist es möglich, daß die Parteien über die Haftung des Schuldners besondere Abreden treffen, sei es, um die Durchführbarkeit des Anspruchs besonders zu regeln, sei es, um die Haftung überhaupt auszuschließen. Im letzteren Falle könnte dennoch wegen arglistiger Täuschung Schadensersatz gefordert werden (RG 26. 11. 04 V 175/04). Hat der Schuldner die Haftung für die Güte eines an Erfüllungs Statt gegebenen Rechts oder einer Forderung abredegemäß übernommen, so ist diese Nebenabrede nicht als Bürgschaft aufzufassen und bedarf daher nicht der Schriftform (RG JW 07, 105[6]). — Die Grundsätze des § 365 werden auch einem Dritten gegenüber Platz greifen müssen, der gemäß § 267 oder auf Grund einer Ablösungsbefugnis (§ 268) die Verbindlichkeit des Schuldners durch Hingabe an Erfüllungs Statt getilgt hat.

§ 366

Ist der Schuldner dem Gläubiger aus mehreren Schuldverhältnissen zu gleichartigen Leistungen verpflichtet und reicht das von ihm Geleistete nicht zur Tilgung sämtlicher Schulden aus, so wird diejenige Schuld getilgt, welche er bei der Leistung bestimmt [1]).

Trifft der Schuldner keine Bestimmung, so wird zunächst die fällige Schuld, unter mehreren fälligen Schulden diejenige, welche dem Gläubiger geringere Sicherheit bietet, unter mehreren gleich sicheren die dem Schuldner lästigere, unter mehreren gleich lästigen die ältere Schuld und bei gleichem Alter jede Schuld verhältnismäßig getilgt [2]) [3]).

E I 267; M 2 86; P 1 335.

1. **Reihenfolge der Verrechnung mehrerer gleichartiger Leistungen aus mehreren Schuldverhältnissen.** Die **Stufenordnung** ist folgende: In erster Linie gilt das einseitige **Bestimmungsrecht des Schuldners** mit der Wirkung daß es der Gläubiger auch nicht durch die Erklärung einer anderweiten Verrechnung hinfällig machen kann. Verweigert der Gläubiger, weil er die Bestimmung des Schuldners nicht gelten lassen will, die Annahme überhaupt, so bleibt die Erfüllung aus (§ 362), und der Gläubiger kommt in Annahmeverzug (§ 293). Die Bestimmung kann auch stillschweigend erfolgen (**RG** JW 04, 58[14]); nur muß der Schluß auf sie zuverlässig sein. In zweiter Linie — falls nämlich der Schuldner keine Bestimmung trifft — entscheiden über die Ordnung nacheinander folgende Umstände: a) die **Fälligkeit,** so daß die fällige Forderung vor der nicht fälligen unbedingt den Vorzug hat; b) falls alle Forderungen fällig sind: die **geringere Sicherheit,** die sich sowohl in dem Umfange wie in dem Werte der geleisteten Sicherheit äußern kann (sachliche Sicherheit geht der Sicherheitsleistung mittels Bürgschaft vor, §§ 232 Abs 2, 273 Abs 3); demnächst der **größere** Grad der **Lästigkeit,** z. B. höherer Zinsfuß, oder die Tatsache, daß die eine Forderung bereits eingeklagt ist (**RG** 66, 275); zuletzt, bei Versagen aller dieser Gründe, das **höhere Alter** der betreffenden Forderung, nach der Zeit ihrer Entstehung bemessen. Endlich aber soll, falls sich nach keiner Richtung hin für irgendeine Forderung ein Vorzugsrecht ergibt, der Grundsatz gelten, daß die Forderungen **durchweg nach Verhältnis ihrer Höhe** als getilgt anzusehen sind. Dem Gläubiger ist ein Bestimmungsrecht für keinen Fall eingeräumt worden (**RG** 55, 414). Streitig ist in welcher Weise eine vor der Leistung erfolgte Vereinbarung zwischen dem Gläubiger und dem Schuldner auf das dem Schuldner bei der Leistung zustehende Bestimmungsrecht wirkt. In **RG** 66, 54 ist eine gleichsam dingliche Wirkung in der Weise angenommen worden, daß dadurch das Bestimmungsrecht des Schuldners beseitigt ist und eine der Vereinbarung widersprechende Bestimmung bei der Leistung wirkungslos bleibt. Für eine derartige, auf schuldrechtlichem Gebiete ungewöhnliche Wirkung der Vereinbarung dürfte ein zureichender Rechtsgrund fehlen; es wird vielmehr dem Schuldner überlassen bleiben müssen, ob er der durch die Vereinbarung übernommenen Verpflichtung zuwiderhandeln will, in welchem Falle er sich allerdings schadensersatzpflichtig machen würde. Nicht ausgeschlossen ist jedenfalls eine der vorherigen Vereinbarung widersprechende Bestimmung, wenn sie im ausdrücklich oder stillschweigend erklärten Einverständnisse beider Teile erfolgt (**RG** 66, 59). Der Fall, daß beide Parteien bei der Leistung über die Anrechnung einig sind, ist in § 366 überhaupt nicht geregelt (**RG** 105, 31); in diesem Falle ist selbstverständlich der Parteiwille maßgebend. Hat der Gläubiger nur einen Teil seiner Forderung eingeklagt und der beklagte Schuldner hierauf Zahlung geleistet, dann ist der Gläubiger nicht berechtigt, diese Zahlung auf den nicht eingeklagten Teil der Forderung zu verrechnen (**RG** 66, 266).

2. § 366 Abs 1 bezieht sich nur auf freiwillige rechtsgeschäftliche Erfüllungsleistungen des Schuldners; bei zwangsweiser Beitreibung kann eine Bestimmung durch den Schuldner nicht maßgebend sein; doch ist auch dem Gläubiger kein Bestimmungsrecht für diesen Fall gegeben. Ob gleiches auch für **Abs 2** gilt, ist bestritten; desgleichen ob dieser Absatz auch Anwendung finden kann, wenn eine nichtige Schuld bezahlt ist und es sich um Anrechnung der grundlosen Bereicherung handelt. Verneinend **RG** 60, 290; a. A. Planck-Siber A 5. Es ist zuzugeben, daß Abs 2 in erster Linie dem nach vernünftigem Ermessen zu unterstellenden Parteiwillen gemäß die Entscheidung treffen will; warum aber diese Entscheidung nicht auch in Fällen, wo der Parteiwille nicht unmittelbar maßgebend ist oder fehlt, entsprechende Anwendung finden könnte, ist nicht einzusehen, zumal es andernfalls an einer dem Interesse der Parteien gerecht werdenden Anrechnungsregel überhaupt fehlen würde. — § 366 Abs 2 ist auch für anwendbar erklärt auf die Anrechnung des Erlöses von Sicherheiten, die unterschiedslos für ältere und neuere Forderungen gegeben sind, wenn die Sicherheitsleistung für die ersteren anfechtbar, für die letzteren unanfechtbar war; eine Anrechnung bloß auf die letzteren wurde für unstatthaft erachtet (**RG** 114, 211).

3. **Beweislast.** Steht es fest, daß der Beklagte an den Kläger eine Zahlung zum Zwecke der Erfüllung geleistet hat, so muß der Kläger, der behauptet, daß die Zahlung auf eine gleichartige andere Forderung zu verrechnen sei, zunächst das Vorhandensein einer solchen beweisen. Glückt dem Kläger der Beweis nicht, so ist die Zahlung ohne weiteres auf die vom Beklagten (allein) geschuldete Klageforderung zu verrechnen (**RG** 55, 413; Warn 08 Nr 617; 1910 Nr 10). Glückt dem Kläger der Beweis, so muß der Beklagte dartun, weshalb durch seine Zahlung gerade die Klageforderung getilgt sei.

§ 367

Hat der Schuldner außer der Hauptleistung Zinsen und Kosten zu entrichten, so wird eine zur Tilgung der ganzen Schuld nicht ausreichende Leistung

zunächst auf die Kosten, dann auf die Zinsen und zuletzt auf die Hauptleistung angerechnet[1]).

Bestimmt der Schuldner eine andere Anrechnung, so kann der Gläubiger die Annahme der Leistung ablehnen[2]).

E I 268; M 2 316; P 1 86.

1. **Die Hauptleistung** bildet zwar **mit Zinsen und Kosten** rechtlich nur eine Schuld. Immerhin ist aber eine grundsätzliche Regelung der Verrechnung auch hier nötig wegen der Verschiedenheit der Rechtsverhältnisse an ihnen (Verjährung usw.). Sind Zinsen und Kosten von mehreren Forderungen des Gläubigers zu entrichten, so ist die Zahlung zunächst auf die gemäß § 366 bevorzugte Forderung nebst Zinsen und Kosten (hier in Gemäßheit des § 367) zu verrechnen, und nur der etwaige Überschuß entfällt alsdann auf die nachfolgende Forderung nebst Zinsen und Kosten. — Auch bei der Zahlung eines Dritten (§§ 267, 268) können die obigen Regeln entsprechende Anwendung finden.

2. Im Gegensatze zu § 366 ist hier ein unbedingtes **Bestimmungsrecht des Schuldners nicht anerkannt.** Vielmehr sind an sich beide Teile an die in Abs 1 gegebene Stufenordnung (entsprechend § 48 KO) gebunden. Bestimmt der Schuldner eine davon abweichende Verrechnung, so berechtigt dies den Gläubiger zur Ablehnung der Leistung, ohne daß Annahmeverzug eintritt. Macht aber der Gläubiger von dieser Befugnis nicht Gebrauch, so hat das zur Folge, daß er sich der Bestimmung des Schuldners fügen muß, weil er die Richtung der von ihm angenommenen Leistung nicht zu ändern vermag. Die Annahme einer nicht zureichenden Leistung könnte der Gläubiger auch aus dem Gesichtspunkte des § 266 verweigern.

§ 368

Der Gläubiger hat gegen Empfang der Leistung auf Verlangen ein schriftliches Empfangsbekenntnis (Quittung) zu erteilen[1]). Hat der Schuldner ein rechtliches Interesse, daß die Quittung in anderer Form erteilt wird, so kann er die Erteilung in dieser Form verlangen[2]).

1. Verpflichtung des Gläubigers **zur Leistung einer Quittung.** Der die Leistung anbietende Schuldner hat einen gesetzlichen, durch die Leistung selbst kraft Gesetzes begründeten (nicht etwa aus dem Vertrage hervorgehenden, **RG** JW 1911, 808[12]; vgl. § 273 A 1 Abs 4) Anspruch darauf, daß ihm der zu befriedigende Gläubiger (nicht auch ein Dritter, dem die Leistung nur mittelbar zugute kommt, auch nicht derjenige Gesamtgläubiger, an den die Leistung nicht erfolgt) Zug um Zug gegen Empfang der Leistung ein schriftliches (mithin nicht nur mechanisch hergestelltes, § 126) Empfangsbekenntnis (Quittung), und zwar gerade hinsichtlich der in Betracht kommenden genügend zu kennzeichnenden (**RG** 79, 191) Leistung, erteilt. Daraus ergibt sich einerseits, daß der Schuldner wegen Verweigerung eines solchen Empfangsbekenntnisses gemäß § 273 auch seine Leistung zurückbehalten darf (**RG** JW 1911, 868[6]), ohne in Leistungsverzug zu kommen, anderseits aber, daß der Gläubiger im Falle der Verweigerung in Annahmeverzug gerät. Trotz der Fassung des Gesetzes, daß der Schuldner die Quittung „gegen Empfang der Leistung" verlangen könne, ist hierdurch sein Anspruch keineswegs entsprechend zeitlich beschränkt, vielmehr kann der Anspruch auch noch nach der Leistung geltend gemacht werden (und zwar im allgemeinen Gerichtsstande des Schuldners, **RG** 48, 399). Die Annahme, daß in dem Unterlassen des Verlangens bei der Leistung regelmäßig ein Verzicht auf die Quittung zu finden sei, erscheint nicht als begründet. Die „Erteilung" der Quittung fordert nicht gerade ihre Aushändigung, es genügt vielmehr jede Entäußerung, die den Schuldner in die Lage versetzt, über die Urkunde verfügen zu können (**RG** 51, 186; 26. 1. 18 V 305/17). — Die Vorschrift des § 368 greift Platz bei Schuldverhältnissen aller Art und nicht minder bei der Teilleistung wie bei der vollen Erfüllung (vgl. Art 39 WO). Was die **rechtliche Natur der Quittung** anlangt, über die in der Wissenschaft viel Streit herrscht (vgl. Oertmann sowie Planck A 5 zu § 368), so ergibt der Gesetzeswortlaut, daß es sich nur um eine einseitige Erklärung des Gläubigers handelt, in der er die Leistung empfangen zu haben bekennt. Die Quittung schließt mithin begrifflich keinen Vertrag und überhaupt kein Rechtsgeschäft in sich, schafft vielmehr in Form einer Urkunde (§§ 415ff. ZPO) lediglich ein Beweismittel, das durch Gegenbeweis entkräftet werden kann (**RG** Warn 1911 Nr 13; 108, 55); sie enthält im Zweifel keinen Verzicht auf weitergehende Ansprüche, auch wenn solche nicht vorbehalten sind (**RG** 3. 12. 24 I 55/24). Freilich kann mit Erteilung einer Quittung ein Vertrag verbunden werden, so ein Erlaß im Sinne des § 397. Aber auch dann wäre in der Quittungsleistung an und für sich immer nur einer der mehreren Vorgänge zu finden, die zusammen den Vertragsschluß ergäben, und vornehmlich könnte die Leistung der Quittung hierbei als Auslegungs-

mittel dienen. Ist eine Quittung erweislich im voraus, und zwar angeblich in Erwartung der Leistung, erteilt, so kann sie der Gläubiger, wenn der bezweckte Erfolg ausbleibt, nach § 812 Abs 1 Satz 2 zurückfordern, während dem Schuldner gegebenenfalls der Beweis offenbliebe, daß ein Erlaßvertrag vorliege. Im übrigen würde der Gläubiger, der trotz einer erteilten Quittung die Leistung fordert, um deren Beweiskraft auszuschließen, lediglich zu beweisen haben, daß die Quittung nicht gegen Leistung, sondern in Erwartung der Leistung erteilt worden sei. Denn glückt ihm dieser Beweis, so ist die Unrichtigkeit des Inhalts der Quittung festgestellt und ihr damit die Bedeutung als solcher, nämlich als Beweismittel für die empfangene Leistung, genommen (RG LZ 09, 311[16]; vgl. auch RG 14, 243). Der Gläubiger braucht daher auch nicht zu beweisen, daß seine Forderung noch besteht. Die Meinung (Oertmann A 5; Staudinger A 3), daß der Gläubiger auch zu beweisen habe, es sei die Leistung auch später niemals erfolgt, kann nicht gebilligt werden. Denn es spricht für den Schuldner keinerlei Vermutung dahin, daß er, wenn nicht bei der in der Quittung angegebenen Gelegenheit so doch später jemals geleistet habe. — Auch ein Dritter, von dem der Gläubiger die Leistung annimmt, hat Anspruch auf die Quittung, da dieser Anspruch durch die Leistung entsteht.

2. Vgl. die §§ 1144, 1167, 1192, § 29 GBO und §§ 167 ff. FGG. Quittungen bei Wechselzahlungen nach WO Artt 39, 48; des Gerichtsvollziehers nach ZPO § 757.

§ 369

Die Kosten der Quittung hat der Schuldner zu tragen und vorzuschießen, sofern nicht aus dem zwischen ihm und dem Gläubiger bestehenden Rechtsverhältnisse sich ein anderes ergibt[1]).

Treten infolge einer Übertragung der Forderung oder im Wege der Erbfolge an die Stelle des ursprünglichen Gläubigers mehrere Gläubiger, so fallen die Mehrkosten den Gläubigern zur Last[2]).

E I 270; M 2 89; P 1 340; 6 164.

1. **Kosten der Quittung.** Da die Regelbestimmung des Abs 1 auf der Erwägung beruht, daß die Quittung dem Interesse des Schuldners dient, so versagt dieser Grund und liegt daher ein den Gläubiger belastender Ausnahmefall vor, falls das Schuldverhältnis gerade in seinem Interesse bestand, so bei der Verwahrung. Zu den Kosten, die der Schuldner zu tragen hat, können solche Aufwendungen niemals gehören, die aus außergewöhnlichen Gründen in der Person des Gläubigers entstehen, so wegen Krankheit oder Geschäftsunfähigkeit. Endlich treffen den Schuldner auch nicht die dem Gläubiger etwa durch Landesgesetz auferlegten Stempelgebühren (M 2, 90). Wenn der Schuldner seiner Vorschußpflicht nicht nachkommt, kann der Gläubiger die Erteilung der Quittung gemäß § 273 zurückhalten, und der Schuldner darf wegen dieser Zurückhaltung ihm nicht die Leistung vorenthalten.

2. Es wäre unbillig, dem Schuldner die **Mehrkosten** aufzubürden, die lediglich durch die in **Absatz** 2 bezeichneten Vorgänge auf der Gläubigerseite veranlaßt worden sind.

§ 370

Der Überbringer einer Quittung gilt als ermächtigt, die Leistung zu empfangen, sofern nicht die dem Leistenden bekannten Umstände der Annahme einer solchen Ermächtigung entgegenstehen[1]) [2]).

E II 319; P 1 341.

1. **Vermutung** für die **Ermächtigung des Überbringers einer Quittung zur Empfangnahme der Leistung.** Sie besteht im Interesse des Verkehrs zugunsten des Schuldners, nach der allgemeinen Fassung des Gesetzes aber auch eines Dritten, der leisten will. Nur dürfen der Vermutung nicht besondere, dem Leistenden bekannte — mithin nicht bloß erkennbar gewesene — Umstände, sei es hinsichtlich der Persönlichkeit des Überbringers, sei es hinsichtlich des Gläubigers, z. B. hinsichtlich seiner feststehenden, andersgearteten Gepflogenheiten, entgegenstehen. Sie entkräften die Vermutung. Zu solchen Umständen werden auch dem Schuldner erkennbar gewordene Korrekturen auf der Urkunde gerechnet werden können. — In Betracht kommt grundsätzlich (vgl. aber unten) nur eine echte Quittung im Sinne des § 368 (RG 73, 349), und zwar eine solche des Empfangsberechtigten selbst, über die geschuldete Leistung (RG Warn 1911 Nr 228). Der § 370 ist daher nicht anwendbar, wenn einem Notar lediglich eine Löschungsbewilligung ausgehändigt worden ist (RG Warn 08 Nr 196). Der Wechselinhaber kann sich zum Zwecke seiner Legitimation zur Protesterhebung gegen den Akzeptanten auf die auf dem Wechsel befindliche Quittung und demgemäß auf die nach § 370

gegebene Vermutung nicht berufen, wie die formalen Vorschriften des Wechselrechts (Art 43 WO) durch § 370 überhaupt nicht berührt werden (RG 69, 107). — Als „überbracht" kann die Quittung nur dann gelten, wenn sie tatsächlich vorgelegt und dem Schuldner zur Verfügung gestellt wird. Die Leistung darf nicht an eine andere Person, als an den Überbringer der Quittung erfolgen (vgl. RG 102, 344). Die Vermutung reicht nicht weiter als das Gesetz besagt, mithin nicht etwa dahin, daß der Überbringer der Quittung auch zum Erlasse oder zur Annahme von Leistungen an Erfüllungs Statt oder zur Aufrechnung ermächtigt sei. Der § 370 ist ferner nur anwendbar, wenn die Quittung schon vor der Leistung ausgestellt worden war (RG 26. 11. 10 V 273/10; LZ 1911, 216[15]). Falls jemand sich einem andern gegenüber in einer Schuldurkunde zum Empfange eines tatsächlich noch nicht gewährten Darlehns bekennt und dem andern die Schuldurkunde mit dem Auftrage aushändigt, durch Zession seiner (angeblichen) Forderung ihm, dem Schuldner, die Darlehnssumme zu verschaffen, dann ist der andere im Zweifel zur Erhebung des Geldes deswegen befugt, weil in der Abrede zugleich eine dahingehende Ermächtigung zu finden ist (RG 12. 2. 10 V 198/09 u. 26. 11. 10 V 273/10). — Auf welche Weise der „Überbringer" in den Besitz der Quittung gelangt ist, ob etwa durch eine unerlaubte Handlung, ist unwesentlich, falls der Leistende gutgläubig ist. Die Annahme (Staudinger A 1), daß die Leistung an den Überbringer einer gefälschten Quittung ebenfalls befreiend wirke, falls den Gläubiger ein Verschulden an der Fälschung treffe, dürfte im Ergebnis zutreffen (a. A. die 5. Aufl). Denn ein Verschulden des Gläubigers gegenüber seinem Schuldner in dieser Richtung kann eine Verpflichtung zum Schadensersatze begründen. So wenn der Schuldner dem Gläubiger Quittungsformulare ausgehändigt, der Gläubiger diese nicht sorgfältig aufbewahrt und infolgedessen ein Dritter ein Formular widerrechtlich benutzt hat (RG 73, 352; vgl. auch 81, 255). Der Schadensersatzanspruch wird aber in solchen Fällen gemäß § 249 dahin gehen, daß der Gläubiger vom Schuldner nicht nochmalige Zahlung verlangen kann. Hat der Gläubiger seine Unterschrift in blanco erteilt und einem Angestellten überlassen, der das Blankett mißbräuchlich ausgefüllt und dem Schuldner überbracht hat, so trifft § 370 zu.

2. Nach der allgemeinen Fassung des Gesetzes muß § 370 nicht lediglich dem leistenden Schuldner selbst, sondern auch dem Dritten zustatten kommen, der die Leistung bewirkt, sei es auf Grund des § 267 oder als Ablösungsberechtigter (§ 268).

§ 371

Ist über die Forderung ein Schuldschein ausgestellt worden, so kann der Schuldner neben der Quittung Rückgabe des Schuldscheins verlangen[1]). Behauptet der Gläubiger, zur Rückgabe außerstande zu sein, so kann der Schuldner das öffentlich beglaubigte Anerkenntnis verlangen, daß die Schuld erloschen sei[2]).

E I 271; M 2 90; P 1 341.

1. Über den Begriff und das Wesen des Schuldscheins vgl. zu § 607. Nach § 952 steht der Schuldschein im Eigentume des Gläubigers. Aber dem **Schuldner** (nicht auch einem gemäß § 267 leistenden Dritten) ist der persönliche **Anspruch auf Rückgabe des Schuldscheins** gewährt. Dieser Anspruch richtet sich nur gegen den Gläubiger selbst, nicht auch gegen dritte Besitzer der Urkunde. Vgl. die entsprechenden Ausführungen unter § 175. A. A. Planck Anm 1. Es wird sich jedoch schwerlich annehmen lassen, daß das Eigentum am Schuldscheine mit Tilgung der Schuld ohne weiteres auf den Schuldner übergeht. — Als Gläubiger im Sinne des § 371 muß auch der Zessionar angesehen werden, da der Schuldner durch die Zession nicht schlechter gestellt werden kann. — Befindet sich der Schuldner im Besitze der Schuldurkunde (oder zutreffendenfalls des Hypothekenbriefs), so kann das an und für sich eine tatsächliche Vermutung dahin begründen, daß der Gläubiger die Schuldurkunde dem Schuldner in Erledigung seiner Verpflichtung aus § 371 (oder § 1144) zurückgegeben hat; welche Tragweite aber der Richter dieser Vermutung beimessen will, ist Sache seines freien Ermessens (RG JW 1910, 64[10]). — Ob § 371 auch dann anwendbar ist, wenn nicht ein Vorgang in Frage steht, auf Grund dessen der Schuldner die Erteilung einer Quittung fordern darf, die Forderung vielmehr auf andere Weise erloschen ist, etwa durch Anfechtung, dürfte zu verneinen sein. Augenscheinlich beruht der Anspruch aus § 371 wie der aus § 370 auf der Leistung. A. A. Planck Anm. 1 Abs 3. Die Rückforderung wird gegebenenfalls nach § 812 ff. erfolgen müssen.

2. Gegenüber der bloßen Behauptung des Gläubigers, zur Rückgabe des Schuldscheins außerstande zu sein, ist der Schuldner berechtigt, die **Erteilung eines öffentlich beglaubigten** (§ 129) **Anerkenntnisses** zu verlangen. Er wird sich aber in der Regel auch mit

einem solchen begnügen müssen, ohne den Gläubiger zu dem als Beweis einer Negation schwierigen Beweise seiner Behauptung nötigen zu können, da er regelmäßig kein Interesse an der Rückgabe des Schuldscheins haben kann (§ 226). Weist er freilich seinerseits nach, daß der Gläubiger zur Rückgabe imstande ist und daß er ein Interesse an der Rückgabe hat, so wird er die Rückgabe verlangen können. — Anders wie bei der Quittung (§ 368 A 1) handelt es sich hier nicht um ein bloßes Beweismittel, sondern um ein vertragsmäßiges negatives Schuldanerkenntnis (§ 397 Abs 2).

Zweiter Titel

Hinterlegung

§ 372

[1]) Geld, Wertpapiere und sonstige Urkunden sowie Kostbarkeiten[1a]) kann der Schuldner bei einer dazu bestimmten öffentlichen Stelle für den Gläubiger hinterlegen, wenn der Gläubiger im Verzuge der Annahme ist[2]). Das gleiche gilt, wenn der Schuldner aus einem anderen in der Person des Gläubigers liegenden Grunde[3]) oder infolge einer nicht auf Fahrlässigkeit beruhenden Ungewißheit über die Person des Gläubigers seine Verbindlichkeit nicht oder nicht mit Sicherheit erfüllen kann[4]).

E I 372; M 2 91; P 1 342.

1. Dieser Titel beschäftigt sich mit der **Hinterlegung** nur insofern, als diese für das „Erlöschen des Schuldverhältnisses" (3. Abschnitt) als ersatzweises Erfüllungsmittel (§ 362 A 1) gemäß §§ 378 (A 1), 379 (A 1) in Betracht kommt. Er hat mithin nichts mit der Hinterlegung zur Sicherheitsleistung (§§ 232 ff.) und nichts mit dem entsprechenden prozeßrechtlichen Gebilde (§§ 108—113 ZPO) zu tun. Auch die Hinterlegungsbefugnis des Drittschuldners bei Konkurrenz mehrerer pfändender Gläubiger (§ 853 ZPO) fällt nicht unter die §§ 372 ff.; wohl aber finden diese Anwendung, wenn neben den pfändenden Gläubigern ein Zessionar Anspruch auf die Forderung erhebt (**RG** 59, 18). — Beteiligt sind bei der Hinterlegung einmal die Parteien, ferner die Hinterlegungsstelle. Die Rechtsverhältnisse zwischen den Parteien ergeben sich aus den Einzelbestimmungen, insbesondere den §§ 373, 374, 375, 376, 379, worüber das Nähere dort. Die Beziehungen zwischen den Parteien und der Hinterlegungsstelle regeln sich gemäß Artt 145, 146 EG nach den näheren Bestimmungen der Landesgesetzgebung und im übrigen nach allgemeinen Rechtsgrundsätzen. Hiernach entsteht durch die Hinterlegung zwischen der Hinterlegungsstelle bzw. dem Staate und dem Hinterleger (nicht auch etwa dem Dritten, der das Geld dem Hinterleger zur Hinterlegung gegeben hatte, **RG** Warn 1921 Nr 91) nicht ein privatrechtliches Vertragsverhältnis, sondern ein Verhältnis öffentlich-rechtlicher Art, das auf den durch Art 145 EG den Landesgesetzen vorbehaltenen Bestimmungen über das Hinterlegungswesen, in Preußen auf der Hinterlegungsordnung vom 21. 4. 13 beruht und auf das die Vorschriften des BGB über den Verwahrungsvertrag und das Darlehen (§§ 700, 607) keine unmittelbare Anwendung finden können (**RG** 11. 12. 25 VI 305/25, AufwRechtspr I Nr 67). Auch die unmittelbare Anwendung des § 242, insbesondere hinsichtlich der Aufwertungsfrage, soll danach ausgeschlossen sein, nicht freilich eine entsprechende Anwendung des dieser Vorschrift zugrunde liegenden Rechtsgedankens von Treu und Glauben. Doch soll auch einer solchen Anwendung für Preußen die Art der landesgesetzlichen Regelung des Hinterlegungswesens entgegenstehen, weil danach der Übergang hinterlegten Geldes in das Eigentum des Staates nur eine innere Verwaltungsmaßregel sei, aus welcher der Hinterleger keine weitergehenden Rechte ableiten könne, als ihm zustehen würden, wenn das hinterlegte Geld sein Eigentum geblieben wäre (**RG** a. a. O.). Die Begründung dieser im Ergebnisse recht fiskalisch anmutenden Entscheidung, die zudem eine bedenkliche Rechtsungleichheit innerhalb Deutschlands schafft, erscheint keineswegs überzeugend; vielmehr dürfte auch für Preußen der Gesichtspunkt nicht ausgeschlossen sein, daß der Staat, dem die Leistung in vollem oder nur geringfügig verminderten Goldmarkbetrage zugeflossen ist und der in der Lage war, sie wenigstens teilweise sich in diesem Werte zu erhalten, den Hinterleger nicht mit gänzlich entwerteter Papiermark abspeisen kann (vgl OLG Hamburg in AufwRechtspr I Nr 54). Ob dem Gläubiger ein unmittelbarer Anspruch auf Auszahlung der vom Schuldner hinterlegten Summe zusteht und unter welchen Voraussetzungen, entscheidet sich gleichfalls nach den landesgesetzlichen Hinterlegungsbestimmungen; vgl. auch § 380 A 1. Daß für den Anspruch auf Rückzahlung einer Hinterlegungssumme der Rechtsweg nicht ausgeschlossen, ist vom **RG** a. a. O. anerkannt, entgegen dem vor der Hinterlegungsordnung von 1913 ergangenen Erkenntnisse

des Preuß. Kompetenzgerichtshofs (DJZ 1904 S. 655). Nach den landesgesetzlichen Vorschriften richtet es sich ferner, ob und unter welchen Voraussetzungen hinterlegte Gelder und Wertpapiere in das Eigentum des Fiskus oder der als Hinterlegungsstelle bestimmten Anstalt übergehen, in welchen Fällen der Verkauf der hinterlegten Sachen von Amts wegen angeordnet werden kann, sowie die Voraussetzungen für das Erlöschen des Anspruchs auf Rückgabe zugunsten des Fiskus oder der Hinterlegungsanstalt (Art 145 EG). Vgl. auch § 382 A 2. Ist zugunsten mehrerer hinterlegt, dann entsteht zwischen ihnen **im Streitfalle** das Verhältnis von Forderungsprätendenten, und der Hinterlegungsstelle gegenüber hat nur derjenige den Zahlungsanspruch, der seine ausschließliche Berechtigung nachweist (**RG** 79, 74; 103, 412). — Die Vorschrift des § 372 begründet unter allen Umständen nur ein Recht, aber keine Verpflichtung des Schuldners (**RG** 61, 250; Warn 1913 Nr 355). Eine Verpflichtung zur Hinterlegung erkennt das Gesetz nur in besondern Fällen an (z. B. in den §§ 432, 1077, 1281), und auch hier nur, falls der Gläubiger die Hinterlegung verlangt (**RG** 52, 141). Das Gesetz gewährt im übrigen nur dem Schuldner das Hinterlegungsrecht, nicht aber auch jedem Dritten, der für den Schuldner leisten wollte (vgl. § 267 A 1). Das Recht zur Hinterlegung steht unter den gesetzlichen Voraussetzungen auch der Sparkasse zu (**RG** 89, 401). — Erforderlich ist für die Ausübung des Rechtes, daß der Schuldner zu erfüllen gemäß § 271 Abs 1 u. 2 bereits berechtigt, zu leisten auch willens ist, an Bewirkung der Leistung aber aus Gründen in der Person des Gläubigers gehindert wird. Unter solchen Umständen will ihn das Gesetz durch das Mittel der Hinterlegung instand setzen, seine Befreiung auch ohne die sonst erforderliche Mitwirkung des Gläubigers herbeizuführen. Als Hinderungsgründe im zuvor angegebenen Sinne sind ausschließlich die vom Gesetze in § 372 ausdrücklich genannten Umstände (A 2, 3, 4) maßgebend. Eine ohne rechtmäßigen Grund erfolgte Hinterlegung hat, selbst wenn auf das Rücknahmerecht (§§ 378, 379) verzichtet ist, keine befreiende Wirkung (**RG** 59, 17; 66, 412). Vgl. § 378 A 2.

1a. Die **Hinterlegung erfolgt** bei Gegenständen der in § 372 bezeichneten **Art (Geld, Wertpapieren, sonstigen Urkunden und Kostbarkeiten)** durch Hinterlegung der Sache selbst, bei beweglichen Sachen aber, die zu ihr ungeeignet sind, durch Hinterlegung des Versteigerungserlöses bzw. des Verkaufspreises (§§ 383ff.). In Ansehung der Verpflichtung zur Herausgabe von Grundstücken vgl. § 303. Über den Begriff Kostbarkeiten vgl. **RG** 75, 194; 105, 204 und JW 1911, 374; 1913, 382[16]). Den Landesgesetzen ist durch Art 146 EG vorbehalten, zu bestimmen, daß die Hinterlegungsstellen auch andere Sachen als die hier bezeichneten anzunehmen haben. Auf Schuldverhältnisse, die auf die Leistung solcher Sachen gerichtet sind, finden alsdann die §§ 372—382 entsprechende Anwendung.

2. **Annahmeverzug** auf seiten des Gläubigers vgl. §§ 293, 362 A 4. Besondere Vorschriften für den Handelskauf im Falle des Verzugs des Käufers mit Annahme der Ware § 373 HGB. Als Gläubiger im Sinne des § 372 ist auch der Testamentsvollstrecker anzusehen, weil er sein Amt kraft eigenen Rechtes unabhängig vom Erben ausübt (**RG** Warn 1910 Nr 426). Aus gleichem Grunde auch der Konkursverwalter sowie der Zwangsverwalter.

3. **Der Gläubiger ist gewiß und bekannt, aber die Leistung läßt sich aus einem in seiner Person liegenden Grunde** an ihn trotzdem nicht oder wenigstens nicht mit Sicherheit bewerkstelligen — so wegen seiner Abwesenheit vom Leistungsort oder wegen Verschollenheit, oder weil ihm die Geschäftsfähigkeit oder Verfügungsbefugnis mangelt, ohne daß ein Vertreter oder sonst Empfangsberechtigter vorhanden wäre. In diesem Falle ist die Möglichkeit ausgeschlossen, ihn in Annahmeverzug (A 2) zu versetzen und deshalb die Hinterlegung ohne dieses Erfordernis statthaft **(Satz 2 Halbsatz 1).**

4. Es ist dem Schuldner **ungewiß, wer der Gläubiger ist,** und diese Ungewißheit beruht **nicht auf einer Fahrlässigkeit (Satz 2 Halbsatz 2).** Voraussetzung ist dabei immer, daß es sich um eine bestimmte Verbindlichkeit handelt und nur darüber Zweifel bestehen können, wem das Gläubigerrecht hinsichtlich dieser einen Verbindlichkeit zusteht. Daher gehört nicht der Fall unter den § 372, daß mehrere Verbindlichkeiten in Frage stehen, deren Erfüllung verschiedene Gläubiger von dem Schuldner, jeder aus einem andern Rechtsgrunde, verlangen und der Schuldner ohne Fahrlässigkeit im Zweifel sein kann, welche von diesen Verbindlichkeiten begründet ist; in solchem Falle muß er selbst seine Verteidigung gegenüber den mehreren Ansprüchen durchführen (**RG** 103, 285). Für die Anwendung des § 372 genügt es im übrigen, wenn Zweifel darüber bestehen, ob ein anderer oder ob der Hinterlegende selbst als der berechtigte Gläubiger zu gelten hat (**RG** Warn 09 Nr 398; Gruch 53, 951). — Hinsichtlich der Fahrlässigkeit geht das Gesetz davon aus, daß der Schuldner die Pflicht hat, mit der erforderlichen Sorgfalt (§ 276), also auch unter Berücksichtigung derjenigen Gesetzesbestimmungen, die den leistenden Schuldner gegen eine Inanspruchnahme durch einen Dritten schon grundsätzlich genügend schützen, die Frage zu erwägen, ob er ohne Gefahr an denjenigen, der den Anspruch erhebt, leisten kann, und daß er nur im Falle begründeter Zweifel zur Hinterlegung berechtigt ist; denn

er darf nicht fahrlässig gehandelt haben (RG 53, 211; 55, 47; 59, 15; 69, 149). Die den gutgläubig an einen Nichtberechtigten leistenden Schuldner gegen eine nochmalige Inanspruchnahme durch den wirklich Berechtigten schützenden Vorschriften vom guten Glauben, wie insbesondere der § 893, schließen jedoch das Hinterlegungsrecht keineswegs schlechthin aus; immer bleibt vielmehr entscheidend, ob der Schuldner trotz der Schutzvorschrift ohne Fahrlässigkeit Zweifel darüber hegen konnte und gehegt hat, ob er durch Leistung an den dem Anscheine nach Berechtigten (den eingetragenen Hypothekengläubiger) derart erfüllen könne, daß er vor nochmaliger Inanspruchnahme gesichert wäre; es ist das auch nicht nach dem zur Zeit bekanntgewordenen Sachverhalte, sondern nach den vormaligen Umständen zu prüfen, mit denen der Schuldner zu rechnen hatte (RG 97, 173). Als weitere Schutzvorschriften kommen in Betracht die §§ 409, 793 Abs 1 Satz 2, 1435, ferner Art 36, 74 WO. Auch durch § 409 wird die Möglichkeit begründeter Zweifel unter besonderen Umständen nicht ausgeschlossen (SeuffA 67 Nr 197 S. 355; 30. 11. 26 II 606/25). Behauptet der Vormann des Inhabers des indossierten Wechsels, daß dieser ihm gestohlen und daß er von dem jetzigen Inhaber grob fahrlässig erworben sei, dann wird der in Anspruch genommene Wechselschuldner zu erwägen haben, ob seine Zahlung an den Inhaber als eine ohne bösen Glauben und ohne grobe Fahrlässigkeit geleistete zu gelten haben würde (RG 55, 49; 53, 207). — Als Zweifel können in Betracht kommen sowohl solche, die nur in den tatsächlichen Verhältnissen oder in der Auslegung des Rechtsgeschäfts (RG JW 1911, 771[39]), wie solche, die in Rechtsnormen (RG 69, 149) ihren Grund haben (beispielsweise im Konkursfalle); so auch Zweifel über ein von den Erben bestrittenes Fortbestehen des Testamentsvollstreckeramts (RG Warn 1910 Nr 426); ferner über die Person des Berechtigten bei Versicherungen (RG JW 1911, 771[39]); weiter Zweifel, falls das die Gläubigerschaft begründende Rechtsgeschäft (Abtretung) angefochten ist, über die Wirksamkeit der Anfechtung (RG 70, 90; 89, 402, wo zugleich ausgeführt ist, daß gegebenenfalls die Ungewißheit hinsichtlich der Person des Empfangsberechtigten nicht beseitigt ist, wenn ein Sparkassenbuch auf den angeblichen Forderungserwerber umgeschrieben worden ist). Das Recht auf Hinterlegung ist auch gegeben, wenn der Gläubiger die von ihm erstattete Anzeige über eine erfolgte Forderungsabtretung widerruft (RG SeuffA 67 Nr 197). Auch Zweifel über das objektive Recht genügen (RG 59, 14; 69, 149; 97, 175). Die Zweifel müssen aber noch zur Zeit der Hinterlegung bestehen (RG Warn 08 Nr 502). Im übrigen genügt es, daß der Schuldner für seine Person (subjektiv) im ungewissen ist (RG Warn 09 Nr 398). Der subjektive Zweifel des Schuldners muß aber objektiv verständig sein, was beim Auftreten mehrerer Forderungsprätendenten in der Regel zutreffen wird (RG 89, 401; 30. 11. 26 II 606/25). Ob die Zweifel des Schuldners begründet waren, ist eine der Nachprüfung zugängliche Rechtsfrage (RG 15. 5. 07 V 481/06).

Zur Rechtmäßigkeit der Hinterlegung ist auch erforderlich, daß sie bei einer gesetzlich zugelassenen Hinterlegungsstelle oder bei einer etwa vereinbarten erfolgte (RG 3. 1. 21 V 350/20). — Die Auszahlung des hinterlegten Betrags kann der eine Gläubiger nur durch Klage gegen den andern Gläubiger, zu dessen Gunsten die Hinterlegung mit erfolgte, erlangen, und er hat dabei zu beweisen, daß ihm das Recht auf das hinterlegte Geld zusteht (RG 103, 418); und im Falle des § 380 durch eine Klage gegen den Schuldner.

§ 373

Ist der Schuldner nur gegen eine Leistung des Gläubigers zu leisten verpflichtet, so kann er das Recht des Gläubigers zum Empfange der hinterlegten Sache von der Bewirkung der Gegenleistung abhängig machen[1]).

E II 322; P 1 345.

1. Der Schuldner hat im vorausgesetzten Falle das Zurückbehaltungs- und Leistungsverweigerungsrecht aus den §§ 273, 320, und kann mit Rücksicht hierauf das **Empfangsrecht des Gläubigers** (vgl. §§ 372 A 1, 380 A 1) **von Bewirkung der Gegenleistung** schon in seiner Hinterlegungserklärung, gegebenenfalls aber bis zum Ausschlusse des Rücknahmerechts (§ 376) auch erst durch eine spätere, an die Hinterlegungsstelle gerichtete Erklärung **abhängig machen,** so daß der Anspruch des Gläubigers auf Ausantwortung des hinterlegten Gegenstandes nur auf Grund des Nachweises der erfolgten Gegenleistung geltend gemacht werden kann. Dieser Vorbehalt ist gegebenenfalls in das nach § 380 (A 1) dem Gläubiger vom Schuldner auszustellende Anerkenntnis aufzunehmen. Die Hinterlegung hindert im übrigen den Schuldner selbstverständlich nicht an der Klage auf die Gegenleistung. Denn der § 373 gibt dem Schuldner nur eine Befugnis für den Fall, daß er sich von seiner Verpflichtung durch Hinterlegung befreien will und gemäß § 372 dies tun darf (RG 9. 3. 12 V 406/11, teilweise abgedruckt JW 1912, 592[13]). Hinterlegungen unter anderweiten Vorbehalten (oder Bedingungen) als

dem aus § 373 kann die Hinterlegungsstelle zurückweisen. Tut sie das nicht, dann ist sie, den Vorbehalt zu beachten, dem Hinterleger gegenüber auch verpflichtet.

§ 374

Die Hinterlegung hat bei der Hinterlegungsstelle des Leistungsorts zu erfolgen; hinterlegt der Schuldner bei einer anderen Stelle, so hat er dem Gläubiger den daraus entstehenden Schaden zu ersetzen[1]).

Der Schuldner hat dem Gläubiger die Hinterlegung unverzüglich anzuzeigen; im Falle der Unterlassung ist er zum Schadensersatze verpflichtet. Die Anzeige darf unterbleiben, wenn sie untunlich ist[2]).

E I 273; M 2 97; P 1 348.

1. Die Hinterlegung bei einer andern Stelle als der des **Leistungsorts** (§ 269) zieht nicht die Wirkungslosigkeit der Hinterlegung, sondern nur die Haftung des Schuldners für den dem Gläubiger daraus etwa entstehenden Schaden nach sich. Welche Stelle für den Leistungsort zuständig ist, richtet sich nach den landesgesetzlichen Vorschriften, die auch über die sachliche Zuständigkeit zu bestimmen haben (Art 144 EG).

2. Über den Begriff **unverzüglich** vgl. § 121, über **untunlich** § 303. Den Hinterlegungsschein beizufügen, ist der Schuldner nicht verpflichtet (**RG** JW 03 Beil 79[182]).

§ 375

Ist die hinterlegte Sache der Hinterlegungsstelle durch die Post übersendet worden, so wirkt die Hinterlegung auf die Zeit der Aufgabe der Sache zur Post zurück[1]).

E II 342; P 1 348.

1. **Grundsatz der Zurückwirkung der Hinterlegung.** Es muß die Sache durch Vermittlung der **Post** an die Hinterlegungsstelle auch wirklich gelangt sein, da andernfalls eine Hinterlegung überhaupt nicht erzielt wäre. Die Übersendungsgefahr trägt also der Schuldner.

§ 376

Der Schuldner hat das Recht, die hinterlegte Sache zurückzunehmen[1]).

Die Rücknahme ist ausgeschlossen[1]):

1. **wenn der Schuldner der Hinterlegungsstelle erklärt, daß er auf das Recht zur Rücknahme verzichte[2]);**
2. **wenn der Gläubiger der Hinterlegungsstelle die Annahme erklärt[2]);**
3. **wenn der Hinterlegungsstelle ein zwischen dem Gläubiger und dem Schuldner ergangenes rechtskräftiges Urteil vorgelegt wird, das die Hinterlegung für rechtmäßig erklärt[2]).**

E I 274; M 2 98; P 1 350.

1. Für das Rechtsverhältnis zwischen Schuldner, d. h. Hinterleger (**RG** Gruch 51, 961), und Gläubiger macht es einen Unterschied, ob die Hinterlegung **mit dem Rücknahmerechte des Schuldners** oder **ohne solches** erfolgt ist. Über die Wirkung der ersteren verhält sich § 379, über die mit Ausschluß des Rücknahmerechts § 378. Das Rücknahmerecht steht dem Schuldner grundsätzlich zu und geht ihm nur aus den drei besondern Gründen des Abs 2 verloren. Dagegen können Vereinbarungen über das Rücknahmerecht zwischen dem Gläubiger und Schuldner nur vertragliche Wirkungen, aber nicht die gesetzliche des Abs 2 hervorbringen. Trotz des Ausschlusses des Rücknahmerechts wird der Schuldner zur Rücknahme wieder berechtigt in den Fällen der §§ 382, 1171 Abs 3; ferner nach allgemeinen Rechtsgrundsätzen, falls der Schuldner die Hinterlegungserklärung anzufechten oder aus dem Gesichtspunkte der grundlosen Bereicherung des Gläubigers wegen Nichtbestehens der Schuld rückgängig zu machen vermag (im Falle des § 75 ZPO, wenn die hinterlegte Sache keiner der streitenden Parteien zugesprochen wird).

2. Der **Verzicht auf das Rücknahmerecht (Abs 2 Nr 1)** kann bei der Hinterlegung oder später erklärt werden. Ein dem Gläubiger gegenüber erklärter Verzicht kommt hier nicht in Frage. Diese empfangsbedürftige Erklärung (Vorbem 1 vor § 116) wirkt unmittelbar auch zugunsten des Gläubigers (§ 378) und ist deshalb unwiderruflich. Wem der hinterlegte Betrag zuzusprechen ist, regelt sich, auch wenn die Rücknahme ausgeschlossen ist, lediglich nach dem

zwischen den mehreren Prätendenten bestehenden materiellen Rechtsverhältnisse (**RG** 23. 11. 12 V 270/12). Der Verzicht auf die Rücknahme schließt nicht aus, daß der Gläubiger die Abgabe der Einwilligungserklärung fordern kann (**RG** 87, 377); vgl. aber § 380 A 1. — In welcher Form die **Annahmeerklärung** des Gläubigers (**Abs 2 Nr 2**) erfolgt, ist gleichgültig. Die Annahme kann nur von demjenigen Gläubiger erklärt werden, zu dessen Gunsten die Hinterlegung erfolgt ist; ist die Hinterlegung wegen Ungewißheit der Person des Gläubigers zugunsten mehrerer, auch unbestimmter Personen erklärt, so kann die Annahme von jeder Person erklärt werden, die danach als Gläubiger in Betracht kommen kann. Ein nur für vorläufig vollstreckbar erklärtes **Urteil** (**Abs 2 Nr 3**) genügt nach dieser Bestimmung nicht. Die drei bezeichneten Vorgänge werden mit dem Zugange der Erklärung oder des Urteils bei der Hinterlegungsstelle ohne weiteres wirksam.

§ 377

Das Recht zur Rücknahme ist der Pfändung nicht unterworfen¹).

Wird über das Vermögen des Schuldners der Konkurs eröffnet, so kann während des Konkurses das Recht zur Rücknahme auch nicht von dem Schuldner ausgeübt werden²).

E I 277; M 2 277; P 1 352.

1. **Unpfändbarkeit des Rücknahmerechts.** Danach stellt sich das Rücknahmerecht — nämlich das in Gemäßheit des § 376 Abs 1 bestehende und eine rechtmäßige, wirksame Hinterlegung voraussetzende — als ein höchstpersönliches Recht dar, das gemäß dem Grundsatze des § 400 zugleich rechtsgeschäftlich unübertragbar ist; auch gemäß § 1 KO nicht zur Konkursmasse gehört.

2. Da das Rücknahmerecht nicht zur Konkursmasse gehört (A 1), so würde der Schuldner (Gemeinschuldner) es auch während des Konkurses ausüben und dem Gläubiger die Befriedigung aus der hinterlegten Sache entziehen können. Das wird durch Abs 2 ausgeschlossen. Verboten ist aber nur die Ausübung des Rücktrittsrechts, nicht der Verzicht darauf, der zugunsten des Gläubigers wirkt. Auch kann der Gläubiger während des Konkurses die Annahme erklären und dadurch gemäß § 376 Abs 2 Nr 2 das Rücknahmerecht beseitigen. Den andern Gläubigern und dem Konkursverwalter steht nur die Anfechtung des Hinterlegungsgeschäfts offen.

§ 378

¹) Ist die Rücknahme der hinterlegten Sache ausgeschlossen, so wird der Schuldner durch die Hinterlegung von seiner Verbindlichkeit in gleicher Weise befreit, wie wenn er zur Zeit der Hinterlegung an den Gläubiger geleistet hätte²).

E I 272; M 2 96; P 1 350.

1. Diese Vorschrift bestimmt an sich nur die **Wirkung der Hinterlegung bei Ausschluß der Rücknahme,** läßt indessen mittelbar zugleich die juristische Natur der Hinterlegung als Erfüllungssurrogat überhaupt erkennen. Das Gesetz besagt, daß der Schuldner gegebenenfalls in gleicher Weise befreit wird, wie wenn er an den Gläubiger selbst geleistet hätte. Demgemäß weist es, soweit die Befreiung des Schuldners in Betracht kommt, dem Ausschlusse der Rücknahme die Rolle der Bewirkung der Leistung an den Gläubiger gemäß § 362 zu, ohne daß der Gläubiger dabei mitwirkt (§ 362 A 2). In Wirklichkeit wird durch den Ausschluß des Rücknahmerechts noch keine Leistung an den Gläubiger bewirkt, weil hierzu nach der Natur der Leistung die dingliche Einigung, also die Mitwirkung des Gläubigers, erforderlich wäre; vgl. § 362 A 2a. So auch Planck-Siber Erl 1; a. A. anscheinend die 5. Aufl dieses Kommentars. Deshalb wird durch den Ausschluß des Rücknahmerechts auch noch keine Annahme der Leistung als Erfüllung (§ 363) bewirkt, durch welche, falls sie bei einer nach den Vorschriften des Aufwertungsgesetzes aufzuwertenden Leistung vor dem 15. 6. 22 erfolgt wäre, die Aufwertung ausgeschlossen sein würde (KG 30. 3. 26 2 U 811/26, AufwRechtspr I Nr 197; vgl. auch ebenda Nr 23). Ebensowenig kann der Gläubiger durch den Ausschluß des Rücknahmerechts bereits das Eigentum an der hinterlegten Sache erwerben, da auch hierzu die dingliche Einigung erforderlich sein würde; vielmehr muß, falls nicht nach landesgesetzlichen Bestimmungen das Eigentum auf die Hinterlegungsstelle übergeht, es so angesehen werden, daß der Schuldner noch Eigentümer bleibt unter der auflösenden Bedingung der Annahme der Hinterlegung und des in ihr liegenden nunmehr unwiderruflichen Übereignungsangebots (**RG** 49, 359) durch den Gläubiger. Ob der Gläubiger durch die unwiderrufliche Hinterlegung mittelbarer Besitzer wird, hängt davon ab, ob nach den

landesgesetzlichen Hinterlegungsbestimmungen ein dem § 868 entsprechendes Verhältnis zwischen ihm und der Hinterlegungsstelle begründet wird (vgl. §§ 372 A 1, 380 A 1).

2. **Da der Schuldner durch die Hinterlegung befreit wird, wie wenn er zur Zeit der Hinterlegung geleistet hätte,** so ist dem Ausschlusse der Rücknahme in Ansehung der Befreiung rückwirkende Kraft beigelegt. Bereits vom Zeitpunkte der Hinterlegung ab werden mithin, falls der Ausschluß der Rücknahme später erfolgt, auch die Bürgen und Pfänder frei. Und von eben jenem Zeitpunkte ab würde auch der Gläubiger, falls der Schuldner von ihm nunmehr die Gegenleistung forderte, nicht mehr die Einrede der Leistungsverweigerung aus § 320 erheben können. Eine **unrechtmäßige Hinterlegung,** bei der es an den Voraussetzungen des § 372 mangelt, kann selbstverständlich die nur der rechtmäßigen Hinterlegung gesetzlich beigelegten Wirkungen niemals haben (**RG** 66, 412). Über die Voraussetzungen einer rechtmäßigen Hinterlegung vgl. § 372 A 2—4. Die Befreiung könnte im Falle unrechtmäßiger Hinterlegung nur dadurch herbeigeführt werden, daß der Gläubiger die Leistung als Erfüllung annimmt, und zwar auch in diesem Falle mit rückwirkender Kraft gemäß § 378, da durch die Annahme der Mangel der Rechtmäßigkeit geheilt würde.

Der § 378 ist entsprechend anwendbar auch bei der prozessualen Hinterlegung einer Sicherheit, so daß diese durch Ausschluß des Rücknahmerechts die Eigenschaft einer solchen aus § 372 annehmen kann (**RG** **JW** 1914, 466[6]).

§ 379

Ist die Rücknahme der hinterlegten Sache nicht ausgeschlossen, so kann der Schuldner den Gläubiger auf die hinterlegte Sache verweisen[1]).

Solange die Sache hinterlegt ist, trägt der Gläubiger die Gefahr und ist der Schuldner nicht verpflichtet, Zinsen zu zahlen oder Ersatz für nicht gezogene Nutzungen zu leisten[2]).

Nimmt der Schuldner die hinterlegte Sache zurück, so gilt die Hinterlegung als nicht erfolgt[3]).

E I 275; M 2 827; P 1 530.

1. Solange die **Rücknahme nicht ausgeschlossen** ist, steht dem Schuldner nach § 376 Abs 1 das Recht des Widerrufs zu und hat die Hinterlegung nicht die befreiende Wirkung des § 378; sie gibt dem Schuldner vielmehr nur das Recht der **Verweisung auf die hinterlegte Sache.** Diese Verweisung stellt kein Rechtsgeschäft dar, durch welches ein Anspruch des Gläubigers auf die hinterlegte Sache begründet würde, sondern bedeutet lediglich eine Einrede des Schuldners gegenüber dem Anspruche des Gläubigers auf Leistung in dem Sinne, daß er nicht zu leisten brauche, weil und solange er berechtigterweise hinterlegt habe (**RG** 59, 17). Der Schuldner verliert durch ihren Gebrauch daher nicht das Rücknahmerecht im Sinne des § 377, und der Gläubiger gewinnt keinen Anspruch auf die hinterlegte Sache. Die Einrede wirkt demgemäß auch nur so lange, als die Hinterlegung besteht (vgl. **RG** 59, 17). Nach §§ 768, 1137, 1211 kann die Einrede auch vom Bürgen und Verpfänder geltend gemacht werden.

2. Die (rechtmäßige) Hinterlegung hat, solange die Rücknahme nicht ausgeschlossen ist, die weitere Wirkung, daß während ihrer Dauer der **Gläubiger die Gefahr trägt** und der **Schuldner von der Zinspflicht** sowie gegebenenfalls von der **Haftung für nicht gezogene Nutzungen befreit ist.** Unter der Gefahr ist hier, wo es sich lediglich um das Schuldverhältnis handelt, nicht die Gefahr hinsichtlich der hinterlegten Sache selbst (periculum rei), sondern die der Nichterfüllbarkeit der Schuld oder ihrer nicht mangelfreien Erfüllbarkeit mittels der hinterlegten Sache im Sinne der §§ 275, 323 zu verstehen (periculum obligationis). Ginge die Sache während bestehender Hinterlegung unter, oder verschlechterte sie sich, so bewährte sich die Regel, daß bei rechtmäßiger Hinterlegung (§ 378 A 2 a. E.) der Gläubiger die Gefahr trägt, insofern als der Schuldner von der Leistung frei, den Anspruch auf die Gegenleistung aber verlieren würde. Auch die Gefahr des weiteren W ä h r u n g s v e r f a l l s trifft in dieser Zeit den Gläubiger, falls der Schuldner einen zur Zeit der Hinterlegung hinreichend aufgewerteten Betrag hinterlegt hat (**RG** 108, 340).

3. Mit der **Rücknahme der hinterlegten Sache** verliert die Hinterlegung, und zwar unter Rückwirkung auf die Zeit der Hinterlegung, jede Wirkung. Dies ist von Bedeutung auch für die Zinspflicht und die Gefahrtragung (Abs 2) sowie für die Frage des Verzugs und seine Folgen.

§ 380

Soweit nach den für die Hinterlegungsstelle geltenden Bestimmungen zum Nachweise der Empfangsberechtigung des Gläubigers eine diese Berech-

tigung anerkennende Erklärung des Schuldners erforderlich oder genügend ist, kann der Gläubiger von dem Schuldner die Abgabe der Erklärung unter denselben Voraussetzungen verlangen, unter denen er die Leistung zu fordern berechtigt sein würde, wenn die Hinterlegung nicht erfolgt wäre[1]).

E II 328; P 1 355.

1. Ob dem Gläubiger, zu dessen Gunsten die Hinterlegung erfolgt ist, daraus in entsprechender Anwendung der §§ 328ff. ein unmittelbares Recht auf Ausantwortung der Sache gegenüber der Hinterlegungsstelle entsteht und bejahendenfalls unter welchen Voraussetzungen, richtet sich nach den durch Art 144—146 EG vorbehaltenen näheren Bestimmungen der Landesgesetze. Danach entscheidet es sich demgemäß auch, ob und in welcher Weise dabei eine Mitwirkung des Schuldners (Hinterlegers) stattzufinden hat. § 380 legt nun dem Schuldner die Pflicht ob, dem Gläubiger diese Mitwirkung durch **Abgabe einer die Berechtigung des Gläubigers zum Empfange anerkennenden Erklärung** zu gewähren, sofern eine solche Erklärung nach den für die Hinterlegungsstelle geltenden Bestimmungen **erforderlich oder genügend** ist. Diese Verpflichtung bleibt grundsätzlich auch bestehen, nachdem der Schuldner durch Eintritt einer der in § 376 Abs 2 aufgezählten Voraussetzungen für den Ausschluß der Rücknahme gemäß § 378 im übrigen von der Schuld befreit worden ist (**RG** 87, 377). Für das Gebiet der Preuß. Hinterlegungsordnung vom 21. 4. 13 hat jedoch das **RG** a. a. O. angenommen, daß er in diesem Falle in der Regel (insbesondere solange nicht § 382 in Frage komme oder sonstige besondere Umstände seine Hinzuziehung erforderlich erscheinen ließen) nicht als „Beteiligter" im Sinne von § 14 das. anzusehen und ein Anerkenntnis von ihm deshalb nicht erforderlich; ebensowenig aber, falls die Hinterlegung wegen Unsicherheit über die Person des Gläubigers noch für andere Personen, als den angeblichen Gläubiger, der das Anerkenntnis verlangt, erfolgt war, genügend sei, solange nicht diese andern ein solches Anerkenntnis erteilt oder rechtskräftig dazu verurteilt seien. — Die **Voraussetzungen** für diesen Anspruch des Gläubigers sind die gleichen, unter denen **er, falls die Hinterlegung nicht erfolgt wäre, die Leistung fordern könnte**: also Nachweis des Bestehens der Forderung und seiner Gläubigerberechtigung, insbesondere falls die Hinterlegung zugunsten mehrerer Personen erfolgt ist, seiner alleinigen Gläubigerberechtigung (**RG** 79, 76). Es läßt sich nicht verkennen, daß durch diese Vorschrift der Wert der Hinterlegungsbefugnis für den Schuldner erheblich vermindert wird. Solange die Hinterlegung noch nicht unwiderruflich ist, kann er den Anspruch durch Rücknahme der Sache abwehren.

§ 381

Die Kosten der Hinterlegung fallen dem Gläubiger zur Last, sofern nicht der Schuldner die hinterlegte Sache zurücknimmt[1]).

E I 279; M 2 103; P 1 358.

1. Die **Kostenpflicht des Gläubigers** erklärt sich aus den Voraussetzungen einer rechtmäßigen Hinterlegung (§ 372 A 2—4), wonach diese aus Gründen erfolgt, die in der Person des Gläubigers liegen; die Ausnahme aus § 379 Abs 3.

§ 382

Das Recht des Gläubigers auf den hinterlegten Betrag erlischt mit dem Ablaufe von dreißig Jahren nach dem Empfange der Anzeige von der Hinterlegung, wenn nicht der Gläubiger sich vorher bei der Hinterlegungsstelle meldet[1]**); der Schuldner ist zur Rücknahme berechtigt, auch wenn er auf das Recht zur Rücknahme verzichtet hat**[2]).

P 6 165.

1. Das **Recht des Gläubigers auf den hinterlegten Betrag** (d. h. die hinterlegte Sache oder ihren Erlös) besteht nur für die Dauer einer **Ausschlußfrist von 30 Jahren** (vgl. § 186 A 1). Die Frist läuft von dem Zeitpunkte ab, wo dem Gläubiger die Anzeige der Hinterlegung zugeht (§ 130), und, falls die Anzeige untunlich war (Schlußsatz des § 374), welchen Fall das Gesetz überhaupt unberücksichtigt läßt, nach richtiger Ansicht schon von der Hinterlegung ab. Denn die Ausschlußfrist kann nicht zu Lasten des Schuldners durch die Untunlichkeit der Anzeige außer Lauf gesetzt werden. Der Gläubiger kann die Folge des Fristablaufs dadurch hindern, daß er sich **bei der Hinterlegungsstelle meldet**, d. h. sich als den Empfangsberechtigten kundgibt, ohne Beweis dafür anzutreten. — Hat der Gläubiger mit dem Verluste seines Rechtes auf die Empfangnahme der Sache zugleich gemäß § 362 Abs 1

auch seinen Anspruch auf die Leistung verwirkt? Diese an sich nur bei der Hinterlegung ohne Ausschluß des Rücknahmerechts berechtigte Frage (da für den andern Fall § 378 Platz greift) ist zu bejahen. So jetzt auch Planck-Siber Erl 2 Abs 2 gegen frühere Auflagen. Es kann nicht in der Hand des Gläubigers liegen, dem Schuldner den Vorteil aus der Hinterlegung dadurch zu entziehen, daß er die Ausschlußfrist verstreichen läßt. Der Schuldner kann demnach in beiden Fällen nach Ablauf der Frist die hinterlegte Sache zurücknehmen, ohne sie nochmals leisten zu müssen, auch wenn Verjährung des Anspruchs noch nicht eingetreten ist.

2. Der fruchtlose Fristablauf stellt für den Schuldner die ihm nach § 376 Abs 2 Nr 1 verlorengegangene **Befugnis zur Rücknahme der Sache** wieder her (§ 376 A 1). Nach Art 145 Satz 2 EG müssen die Landesgesetze dem Hinterleger die Rücknahme mindestens noch während eines Jahres nach dem Erlöschen des Rechtes des Gläubigers auf den hinterlegten Betrag einräumen; vgl. § 372 A 1.

§ 383

Ist die geschuldete bewegliche Sache zur Hinterlegung nicht geeignet[1]), so kann der Schuldner sie im Falle des Verzugs des Gläubigers am Leistungsorte[3]) versteigern lassen und den Erlös hinterlegen[2]). Das gleiche gilt in den Fällen des § 372 Satz 2, wenn der Verderb der Sache zu besorgen oder die Aufbewahrung mit unverhältnismäßigen Kosten verbunden ist[2]).

Ist von der Versteigerung am Leistungsort ein angemessener Erfolg nicht zu erwarten, so ist die Sache an einem geeigneten anderen Orte zu versteigern[3]).

Die Versteigerung hat durch einen für den Versteigerungsort bestellten Gerichtsvollzieher oder zu Versteigerungen befugten anderen Beamten[4]) oder öffentlich angestellten Versteigerer öffentlich zu erfolgen (öffentliche Versteigerung). Zeit und Ort der Versteigerung sind unter allgemeiner Bezeichnung der Sache öffentlich bekanntzumachen[4]).

E I 278; M 2 102; P 1 356.

1. **Zur Hinterlegung nicht geeignet** sind andere als die in § 372 (A 1a) bezeichneten beweglichen Sachen, deren Annahme durch die Hinterlegungsstellen auch nicht durch die Landesgesetze gemäß Art 146 EG angeordnet worden ist.

2. Je nach dem Hinterlegungsgrunde (§ 372 Satz 1 u. 2) steht dem Schuldner die **Befugnis zur Versteigerung der beweglichen Sache** (§ 90) und alsdann zur Hinterlegung des Erlöses unbedingt, gemäß § 383 Abs 1 Satz 1, oder nur unter den besonderen Voraussetzungen von Satz 2 zu. Für die Hinterlegung des Erlöses und ihre Wirkungen kommen die Vorschriften über die Hinterlegung geschuldeter Sachen (§§ 372—382) zur Anwendung.

3. **Ort der Versteigerung.** In der Regel der **Leistungsort** (§ 269 A 1); unter den Voraussetzungen von Abs 2 ein **geeigneter anderer Ort.** Das Vorhandensein dieser Voraussetzungen hat der Schuldner nachzuweisen. Die am unrechten Orte vorgenommene Versteigerung macht den Selbsthilfeverkauf nicht unwirksam, verpflichtet den Schuldner vielmehr nur zum Schadensersatze (**RG** 95, 117). A. A. Staudinger A 7; vgl. auch § 373 HGB und dazu **RG** JW 01, 617[6], 756[16]. Vermag der hierfür beweispflichtige Gläubiger zu beweisen, daß beim Verkaufe am rechten Orte ein höherer Preis erzielt worden wäre, dann muß der Schuldner hierfür aufkommen (**RG** 95, 118; 104, 421; 110, 269).

4. Die Einhaltung der Verfahrensvorschriften für die **öffentliche Versteigerung** ist für die Wirksamkeit des Selbsthilfeverkaufs wesentlich. Befugte Beamte sind außer dem Gerichtsvollzieher (**RG** 75, 182) und dem öffentlich angestellten Versteigerer (GewO § 36) landesgesetzlich namentlich die Notare.

§ 384

Die Versteigerung ist erst zulässig, nachdem sie dem Gläubiger angedroht worden ist; die Androhung darf unterbleiben, wenn die Sache dem Verderb ausgesetzt und mit dem Aufschube der Versteigerung Gefahr verbunden ist.

Der Schuldner hat den Gläubiger von der Versteigerung unverzüglich zu benachrichtigen; im Falle der Unterlassung ist er zum Schadensersatze verpflichtet.

Die Androhung und die Benachrichtigung dürfen unterbleiben, wenn sie untunlich sind[1]).

E I 278; M 2 102; P 1 356.

1. **Vorbedingung für die Zulässigkeit der Versteigerung** ist danach regelmäßig deren vorherige Androhung. Über die Begriffe „Androhung" und „untunlich" vgl. § 303 A 1. Der Beweis aller derjenigen Tatsachen, von denen die Zulässigkeit der Versteigerung abhängt, liegt dem Schuldner ob.

§ 385

Hat die Sache einen Börsen- oder Marktpreis[1]), so kann der Schuldner den Verkauf aus freier Hand durch einen zu solchen Verkäufen öffentlich ermächtigten Handelsmäkler[2]) oder durch eine zur öffentlichen Versteigerung befugte Person[2]) zum laufenden Preise bewirken[3]).

P 6 166.

1. D. h. einen Preis, der sich aus der Vergleichung einer über die in Frage stehende Ware (Sache) an dem maßgeblichen Börsen- oder Marktplatze zur fraglichen Zeit geschlossenen größeren Zahl von Geschäften ergibt (**RG** 34, 121).
2. § 34 des BörsG. Vgl. ferner § 383 A 4.
3. Androhung und Benachrichtigung wie im Falle der Versteigerung nach § 384. Der Erlös ist zu hinterlegen (§ 383 Abs 1 Satz 1).

§ 386

Die Kosten der Versteigerung oder des nach § 385 erfolgten Verkaufs fallen dem Gläubiger zur Last, sofern nicht der Schuldner den hinterlegten Erlös zurücknimmt[1]).

E I 279; M 2 103; P 1 358.

1. Vgl. dazu die entsprechenden Ausführungen bei § 381.

Dritter Titel

Aufrechnung

§ 387

[1]) Schulden zwei Personen einander Leistungen[2]), die ihrem Gegenstande nach gleichartig sind[3]), so kann jeder Teil seine Forderung gegen die Forderung des anderen Teiles aufrechnen[4]), sobald er die ihm gebührende Leistung fordern und die ihm obliegende Leistung bewirken kann[5])[6])[7]).

E I 281; M 2 104; P 1 361.

1. Die **Aufrechnung** erweist sich nach ihrer Stellung im System des BGB und nach dem klaren Ausspruche des § 389 als ein materiell-rechtliches Gebilde, und zwar als die an das Vorhandensein gewisser Bedingungen (A 2—5) geknüpfte Befugnis, eine Schuld durch die einseitige Erklärung der Aufrechnung zum Erlöschen zu bringen. — Verschieden hiervon ist die zweiseitige Aufrechnung, die eine Willenseinigung voraussetzt, der sog. **Aufrechnungsvertrag**, der inhaltlich einen gegenseitigen Erfüllungsvertrag (§ 362 A 1; nicht Erlaßvertrag) darstellt (**RG** 63, 190; JW 1910, 752[10]). Er fußt auf dem Grundsatze der Vertragsfreiheit und ist daher von den an die einseitige Aufrechnung gestellten Anforderungen insoweit unabhängig, als es sich nicht um zwingendes Recht handelt oder im Wesen der Aufrechnung begründete Erfordernisse in Frage stehen (**RG** 72, 377; 104, 188), wie die gegenständliche Gleichartigkeit (**RG** Warn 1911 Nr 365; Gruch 55, 906, wonach im Falle der Ungleichartigkeit etwa gegenseitige Hingabe an Zahlungs Statt vorläge). Ausgeschlossen ist im übrigen ein Aufrechnungsvertrag auch dann nicht, wenn die Voraussetzungen der einseitigen Aufrechnung gemäß § 387 gegeben sind; vielmehr behält er seine Bedeutsamkeit immer noch deswegen, weil er den Aufrechnenden des Beweises enthebt, daß seine aufgerechnete Forderung wirklich bestand und begründet war (**RG** Gruch 64, 722). Indes jedenfalls setzt die Wirksamkeit auch des Aufrechnungsvertrags voraus, daß sich rechtsgültige Forderungen gegenüberstehen, oder wenigstens solche Forderungen, denen der Verpflichtete durch sein Anerkenntnis Wirksamkeit verleihen kann. Daher ist, wenn die eine Forderung schlechthin nichtig ist, der ganze Aufrechnungsvertrag

gegenstandslos und unwirksam; liegt aber nur vor, daß die Gegenforderung bei Abschluß des Vertrags noch nicht bestand und ist die Entstehung nur ungewiß, dann kann es sich um einen aufschiebend bedingten Vertrag handeln (RG Gruch 54, 900). Anderseits ermöglicht der Aufrechnungsvertrag auch eine vertragsmäßige Steigerung der Aufrechnungsbedingungen. — Von besonderer Bedeutung ist der Aufrechnungsvertrag überall da, wo es an einer wesentlichen Bedingung für die einseitige Aufrechnung fehlt, so bei mangelnder Gegenseitigkeit oder bei mangelnder Fälligkeit (RG 72, 378; 78, 384; 104, 188; Warn 1912 Nr 66; JW 1913, 264); ferner, falls der einseitigen Aufrechnung Aufrechnungsverbote entgegenstehen. Will aber das Gesetz die Zulässigkeit der Aufrechnung schlechthin ausschließen, wie § 19 GmbHG, dann ist auch der Aufrechnungsvertrag wirkungslos (RG 85, 354). — Anderseits kann auf die Aufrechnung auch vertraglich wirksam verzichtet werden. Ein Verzicht ist regelmäßig in der Ausbedingung sofortiger Barzahlung zu finden (RG 8. 6. 10 V 514/09). Hierbei handelt es sich jedoch nicht um einen entsprechenden Rechtssatz; ob ein Verzicht in solcher Abrede zu finden ist, muß vielmehr Sache der Auslegung in jedem einzelnen Falle bleiben (RG 20. 12. 19 V 290/19). In RG Warn 1926 Nr 95 ist freilich in Form eines Rechtssatzes ausgesprochen, aus der Abrede der Vorauszahlung des Preises sei der Ausschluß der Aufrechnungsbefugnis noch nicht zu folgern; vgl. auch Warn 1917 Nr 162. Der Verzicht ist, falls nicht das Gegenteil als gewollt anzunehmen, auch dann bindend, wenn ein Teil in Konkurs gerät (RG 60, 356). Der Verzicht gilt jedoch nicht, wenn der Gegner wegen Betrugs schadensersatzpflichtig geworden ist und der Betrogene mit dieser Ersatzforderung aufrechnet (RG 60, 296). — Gegenseitige Forderungen unter mehr als zwei Personen (A hat eine Forderung an B, B an C und C wiederum an A) können, abgesehen von dem Mittel der Abtretung, Schuldübernahme oder Anweisung, auch auf Grund allseitiger Vereinbarung zur aufrechnungsmäßigen Ausgleichung gebracht werden (Skontration). Darauf beruht der sog. Clearingverkehr der Abrechnungsstellen an den Börsenplätzen (vgl. auch zu § 764).

Über das Verhältnis zwischen Zurückbehaltung und Aufrechnung vgl. § 273 A 1 Abs 2 und RG 85, 110.

Die Entscheidung über eine einredeweise geltend gemachte Aufrechnung gehört in das **Verfahren über den Grund** des Anspruchs im **Sinne des § 304 ZPO** und darf nicht dem Nachverfahren vorbehalten werden (RG Gruch 64, 501).

2. Die (außervertragliche) Aufrechnung ist nur unter den nämlichen Personen möglich, **die einander Leistungen schulden** (compensatio fit inter easdem partes), wobei es jedoch lediglich auf den Zeitpunkt der Aufrechnung ankommt, so daß es gleichgültig ist, ob die gegenseitige Gläubigerschaft und Schuldnerschaft von Anfang an bestanden hat oder ob sie erst später im Wege der Übertragung oder durch Schuldübernahme entstanden war. Der rechtsgeschäftlichen Übertragung gemäß § 398 steht in dieser Hinsicht die Verpfändung nach § 1275 sowie die Überweisung nach § 835 ZPO gleich. Der Schuldner einer verpfändeten Forderung kann mit seiner Forderung gegen den die Forderung gemäß § 1282 einziehenden Pfandgläubiger aufrechnen (RG 58, 108; 84, 13). Die Aufrechnungsmöglichkeit gegenüber dem Pfandgläubiger sowie anderseits durch diesen gegenüber dem Schuldner ist gemäß § 1282 gegeben, sobald die Voraussetzungen des § 1228 Abs 2 erfüllt sind (RG 58, 108). Das Erfordernis der Gegenseitigkeit ist im übrigen ein derartig unbedingtes, daß die einseitige Aufrechnung mit einer fremden Forderung selbst dann unstatthaft ist, wenn deren Inhaber in sie einwilligt (RG 78, 382; Warn 1917 Nr 136). Doch besteht die Möglichkeit, mittels eines Aufrechnungsvertrags mit dem Gläubiger auch durch Aufrechnung einer eigenen Forderung eine fremde Schuld zu tilgen (RG 72, 377; Warn 1912 Nr 66). Auch ein Gesamtschuldner kann nicht mit der dem andern Gesamtschuldner zustehenden Forderung einseitig aufrechnen (§ 422 Abs 2). Ebensowenig ein Schuldner mit einer ihm gegen einen einzelnen Gesellschafter zustehenden Forderung gegen eine Forderung, die zum Gesellschaftsvermögen gehört (§ 719 Abs 2). Wohl aber kann der wegen einer Gesellschaftsschuld persönlich in Anspruch genommene Gesellschafter mit einer Gesellschaftsforderung aufrechnen, falls er die Vertretungsmacht besitzt (vgl. zu § 719), da hier das Erfordernis inter easdem personas erfüllt ist. Unzulässig ist auch die Aufrechnung mit einer Forderung an die Person des Vorerben gegen eine Forderung der Erbschaft (RG 80, 30; vgl. § 394 A 1), sowie die Aufrechnung des Bürgen gegen die Forderung des Gläubigers mit einer Forderung des Hauptschuldners (RG 53, 403), wie endlich auch die Aufrechnung des Eigentümers der Pfandsache (§ 1211) mit einer Forderung des Schuldners (RG Warn 1912 Nr 303); ferner die Aufrechnung einer Forderung an den Nießbraucher gegenüber einer Schuld, die zugunsten des Inhabers der mit dem Nießbrauche belasteten Forderung besteht (RG 103, 29). Dem Eigentümer der Pfandsache wie dem Bürgen steht nur die verzögerliche Einrede der Leistungsverweigerung nach §§ 770 Abs 2, 1137, 1121 zu, solange sich der Gläubiger durch Aufrechnung gegen eine Forderung des Hauptschuldners befriedigen kann. Ebensowenig vermag der Hauptschuldner gegen die Rückgriffsforderung des Bürgen an ihn mit seiner etwaigen Forderung an den Gläubiger aufzurechnen (RG 59, 207).

Wird eine Forderung durch ein Rechtsgeschäft abgetreten, das nach dem Anfechtungsgesetze anfechtbar ist, und ficht ein Gläubiger des Zedenten das Geschäft wirklich an, so kann der Zessionar gegen ihn mit einer Forderung des Zedenten nicht aufrechnen (RG 9. 1. 06 VII 225/05 und 30. 10. 06 VII 644/05). Gegen seine Schuld aus dem Meistgebote kann der Ersteher mit einer Forderung an die zur Hebung gekommenen Gläubiger grundsätzlich erst aufrechnen, wenn diesen die Forderungen an ihn gemäß § 118 ZVG überwiesen sind, weil die Gläubiger vorher nicht persönliche Gläubiger des Erstehers geworden sind (RG 64, 308; 84, 12). Vor der Überweisung hat jedoch der Ersteher gegenüber dem Hypothekengläubiger oder dem Zwangsvollstreckungsschuldner, der eine Eigentümergrundschuld und damit ebenfalls ein Pfandrecht an dem Versteigerungserlöse geltend macht, bereits die rechtlich begründete Aussicht auf die Möglichkeit der Aufrechnung mit einer Gegenforderung gegen diesen, die ihm durch Abtretung nicht entzogen werden kann (§ 406), und daher kann der Ersteher von der Aufrechnung auch gegenüber dem Dritten Gebrauch machen, dem die Forderung gegen ihn aus dem Meistgebote auf Grund einer (wirksamen oder unwirksamen) Abtretung des Hypothekengläubigers oder Eigentümers vom Vollstreckungsgerichte übertragen worden ist (RG 84, 8). Vgl. § 406 A 1. Wird die Aufrechnung schon vor der Überweisung widerspruchslos zugelassen, so kann hierin möglicherweise zugleich eine stillschweigende Überweisung gefunden werden (RG JW 1910, 158[29]). Kann im Falle der bloßen Inkassozession zum Zwecke der Einziehung der Schuldner dem Inkassozessionar gegenüber mit seinen Forderungen an den Zedenten, auch über § 406 hinaus, aufrechnen? In RG 8. 6. 10 V 514/09 als zweifelhaft angesehen. Die Frage ist zu bejahen, da der Zessionar gegebenenfalls die Geschäfte des Zedenten führt und die Abtretung nur eine besondere Art der Ermächtigung darstellt; vgl. § 398 A 1 Abs 3. — **Eine Ausnahme** erleidet der Grundsatz „inter easdem partes" nur in den Fällen der §§ 268, 1142, 1224, 1249 (vgl. § 268 A 2 u. zu § 1142); ferner im Falle der Zession gemäß § 406 zugunsten des Schuldners. Nach der ausdrücklichen Bestimmung des § 1142 Abs 2 ist der Grundstückseigentümer, der nicht persönlicher Schuldner ist, berechtigt, gegen eine Hypothekenforderung aufzurechnen, und gemäß § 1192 muß dasselbe auch hinsichtlich einer Grundschuld gelten, wiewohl hier lediglich eine Verpflichtung auf Zahlung aus dem Grundstück besteht (RG 2. 12. 05 V 207/05 und JW 1910, 704[2], wo zugleich angenommen ist, daß das Recht des Eigentümers auch dann besteht, wenn der Hypothekengläubiger eine Konkursmasse ist). Dagegen kann nicht der Hypotheken- oder Grundschuldgläubiger mit seiner dinglichen Forderung gegen eine persönliche Forderung des Eigentümers aufrechnen (RG Warn 1914 Nr 323). Mit Ansprüchen, die sich nur gegen den Fideikommißbesitzer persönlich richten, kann gegen Fideikommißforderungen nicht aufgerechnet werden (ebensowenig ist Zwangsvollstreckung in das Fideikommißvermögen oder Zurückbehaltung der Fideikommißforderung, § 273, möglich, RG 19. 3. 25 IV 526/24; vgl. § 273 A 1 Abs 4). — Über die ausnahmsweise Befugnis des Mannes, mit Forderungen der Frau gegen Forderungen an diese aufzurechnen, vgl. § 1376 Nr 2.

3. Das Erfordernis der **Gleichartigkeit** erstreckt sich nur **auf den Gegenstand,** nicht auf den Grund der beiderseitigen Forderungen (M 2, 104; RG Warn 1911 Nr 365; RG 52, 306). Gleichartigkeit des Gegenstandes kann niemals gegeben sein, wenn bestimmte Sachen oder nicht vertretbare Handlungen gegenseitig zu leisten sind. Ebensowenig dann, wenn es sich einerseits um eine Geldschuld und anderseits um eine Gewährungs- oder Verschaffungspflicht, mag diese auch auf Geld gerichtet sein, oder um eine Leistung handelt, die ein Tun zum Gegenstande hat. Daher kann der Verwahrer oder der Beauftragte nicht gegen seine Verpflichtung, die verwahrte Sache oder das in Ausführung des Auftrags Empfangene an den Verwahrer oder an den Auftraggeber herauszugeben (§§ 695, 667), mit einer Geldforderung aufrechnen (M 2, 105). Ungleichartig sind Forderungen beispielsweise auch dann, wenn die eine (eine Wechselforderung) auf Zahlung schlechthin und die andere auf Gewährung des vertragsmäßig versprochenen Darlehns gerichtet ist (RG 52, 306); weiter der Anspruch auf Zahlung einer Summe und der Anspruch auf Schuldbefreiung (RG JW 1910, 332[8]). Regelmäßig kann Gleichartigkeit daher nur vorliegen bei Gattungsschulden (§ 243). Gleichartigkeit kann indessen nach der Verkehrsanschauung, falls nicht besondere Umstände entgegenstehen, auch angenommen werden in Ansehung einer Geldforderung und anderseits einer solchen, die auf Wertpapiere gerichtet ist (RG Warn 1912 Nr 202). Sie besteht endlich auch dann, wenn ein Geldbetrag wegen Zweifelhaftigkeit der Person des Berechtigten hinterlegt ist und alsdann beide Prätendenten den Betrag für sich in Anspruch nehmen, indem sie wechselseitig die Einwilligung in die Auszahlung fordern, und nunmehr der eine von ihnen mit einer Geldforderung gegen den andern aufrechnet (JW 1912, 635[5]). Gegen eine in ausländischer Währung ausgedrückte Geldforderung, die der Schuldner nach dem Regelfalle des § 244 in deutscher Währung zu zahlen berechtigt ist, kann er auch mit einer ihm gegen den Gläubiger in deutscher Währung zustehenden Forderung aufrechnen, unter Umrechnung nach dem Kurse zur Zeit der Aufrechnungserklärung (§ 388; RG 106, 99). Dagegen wird die Aufrechnung zwischen Effektivforderungen in ausländischer Währung (§ 244 A 2) und Forderungen in deutscher Währung wegen Ungleichartigkeit ihres Gegen-

standes ausgeschlossen sein. Da für die Aufrechnung lediglich der Zeitpunkt der Erklärung maßgebend ist (RG 73, 141; Warn 1911 Nr 365), so besteht hinsichtlich des Erfordernisses der Gleichartigkeit kein Anstand mehr, falls eine Speziesschuld zur angegebenen Zeit bereits in eine auf Geld gerichtete Schadensersatzforderung übergegangen ist (RG 73, 141; JW 1911, 711[9]). Daher besteht auch Gleichartigkeit der Forderungen, wenn der Übernehmer eines Vermögens, der dieses bereits versilbert hat, jetzt gemäß § 419 in Verb. mit § 1990 auf Befriedigung aus diesem Erlöse in Anspruch genommen wird, und er anderseits gegen den Forderungsberechtigten eine Geldleistung geltend macht (RG 82, 276). Ungleichartigkeit in Hinsicht auf Nebenbestimmungen (Zeit-, Ortsbestimmungen), ist im Sinne des § 387 bedeutungslos (RG JW 1911, 711[9]). Eine Kaufpreisforderung, die nur Zug um Zug gegen die noch zu machende Leistung geltend gemacht werden kann, ist jedoch gegenüber einer unbedingten Geldforderung nicht aufrechnungsfähig (RG I 326/25, 14. 4. 26). Eine bereits rechtskräftig zuerkannte Forderung ist gemäß § 389 BGB und § 767 ZPO einer nachträglichen Geltendmachung der Aufrechnung einer vorher bestandenen und aufrechnungsfähig gewesenen Forderung entzogen (RG Warn 1913 Nr 389).

4. Forderung gegen Forderung. Das Gegenüberstehen der beiden Forderungen bewirkt an sich noch kein Erlöschen der einen und der anderen; den Satz „ipso iure compensatur" hat das BGB nicht aufgenommen (RG 66, 272; vgl. auch § 389 A 1). Es bedarf vielmehr zur Auslösung der Aufrechnungswirkung der **„Aufrechnung"**, einer Rechtshandlung des Gläubigers der einen Forderung, der diese (oder mit dieser) gegen die andere, deren Schuldner er ist, aufrechnen und dadurch beide, soweit sie sich decken, zum Erlöschen bringen will. Beide Forderungen, sowohl die Hauptforderung, „gegen" die aufgerechnet wird, wie die Gegenforderung, „mit" der aufgerechnet wird, müssen bereits entstanden (RG SeuffA 60 Nr 50) und müssen grundsätzlich auch klagbar sein. Beiden Teilen muß auch das Verfügungsrecht über ihre Forderungen zustehen (was beispielsweise beim Nießbrauchsberechtigten nicht der Fall; RG 103, 29). Das Gesetz setzt eine „gebührende" und anderseits eine „obliegende" Leistung voraus. Mit einer nichtigen Forderung, insbesondere einer solchen, die aus einem wider die guten Sitten verstoßenden Vertrage herrührt, kann einseitig nicht aufgerechnet werden; ebensowenig mit einer zwar nicht nichtigen, aber klaglosen (§§ 134 A 4, 762, 656), sofern nicht die Aufrechnung durch das Gesetz ausdrücklich gestattet wird (§ 390, BörsG § 56). Ebensowenig gegen eine nichtige Forderung, da hier nur auf der einen Seite eine Forderung steht, deren Aufopferung einen Erlaß bedeuten würde, der nach § 397 eines Vertrages bedarf. Dagegen bringt die vertragsmäßig erfolgende Aufrechnung die aufgerechnete Forderung auch dann zum Erlöschen, wenn die Gegenforderung nicht besteht, vorbehaltlich eines Bereicherungsanspruchs (RG 63, 190). Auch die vereinbarte Aufrechnung verlangt aber eine materiell begründete Forderung mit der aufgerechnet werden soll (2. 5. 14 V 567/13). — Erforderlich ist auch, daß die Forderung bereits wirksam entstanden ist, zutreffendenfalls also, daß die Bedingung bereits eingetreten ist. Daher ist auch eine erst für den Fall der Entstehung der Hauptforderung im voraus erklärte einseitige Aufrechnung wirkungslos (RG JW 03 Beil 124[275]). Nur der § 54 KO gestattet die Aufrechnung mit noch bedingten Forderungen sowie gegen solche (RG JW 1912, 635[5]). Zur Aufrechnung ungeeignet ist auch eine Forderung, die nur auf einer erst vorläufig vollstreckbaren behördlichen Verfügung (einer Verwaltungsbehörde) beruht; erweist sich die Verfügung demnächst als ungesetzlich, dann hat die Forderung in Wirklichkeit überhaupt niemals bestanden (RG JW 1913, 131[7]). Im Falle des § 19 Abs 2 Ges betr. Gesellschaften m. b. H. ist auch die vertragsmäßige Aufrechnung gegen die Forderung auf Einzahlung der Einlage nur unter besondern Umständen zulässig (RG 85, 352). Wegen der Aussetzung des Verfahrens bis zur Entscheidung der Verwaltungsbehörde über die Begründetheit der Gegenforderung vgl. RG 77, 412. Für den Fall, daß einer Forderung eine Einrede entgegensteht, vgl. die Ausführungen zu § 390. „Gegen" eine zwar nicht nichtige, aber klaglose Hauptforderung ist die Aufrechnung nach den Grundsätzen der §§ 762 Abs 1 Satz 2 u. 656 Abs 1 Satz 2 wirksam. — Daß die Forderung, die (mit der) aufgerechnet werden soll, kleiner ist als die Gegenforderung, schließt das Recht zur Aufrechnung nicht aus. Unstatthaft ist es aber, nur mit einem Teile einer Forderung aufzurechnen, wenn dem Gläubiger aus der wiederholt nur teilweise erfolgenden Tilgung seiner Gegenforderung Belästigungen erwüchsen, die er nicht zu dulden braucht; es folgt das aus den Grundsätzen der §§ 266, 242, wonach der Gläubiger gegen Belästigungen, die Teilleistungen mit sich bringen, geschützt sein soll (RG 79, 359; die Gegenforderung war hier eine Hypothekenforderung, weshalb die §§ 1144, 1445 mit berücksichtigt wurden). — Zulässig ist die Aufrechnung gegen Ansprüche auf Schadensersatz aus § 717 Abs 2 ZPO (RG 76, 406). Gegen Forderungen öffentlich-rechtlichen Charakters ist eine Aufrechnung jedenfalls insoweit unzulässig, als das Gesetz, auf dem die Abgabepflicht beruht, die Barzahlungspflicht vorsieht und so die Aufrechnungsmöglichkeit, wenn auch nur mittelbar, ausschließt (RG 22. 1. 09 VII 171/08, wo die Frage unentschieden geblieben ist, ob der gemeinrechtliche Grundsatz gemäß l. 46 § 5 Dig. de iure fisci 49, 14, daß gegen steuerrechtliche Forderungen des Staates die Aufrechnung unzulässig, auch gegenwärtig Geltung hat, jedoch so viel ausgesprochen ist, daß die Gültigkeit eines solchen dem öffentlichen Rechte angehörenden Grundsatzes durch Art 55 EG nicht ausgeschlossen sein würde). Die Zulässigkeit der Aufrechnung gegen die Stempelforderung eines Staates (Württemberg) ist in **RG** 93, 63 angenommen und damit wenigstens stillschweigend die Geltung des zuvor angeführten gemeinrechtlichen Grundsatzes verneint worden. — Mit einer Stempelforderung kann der Staat ohne weiteres aufrechnen, sobald die Verbindlichkeit kraft Gesetzes zur Entstehung gelangt ist, ohne daß es erst noch einer Veranlagung bedürfte (**RG** 47, 333).

5. **Fälligkeit der Gegenforderung,** mit der der Erklärende aufrechnen will, ist unbedingtes Erfordernis, sofern nicht der Aufrechnungsgegner der Aufrechnung trotz mangelnder Fälligkeit der Forderung (wenn auch nur stillschweigend) zustimmt (**RG** 104, 188). Hinsichtlich der Forderung, gegen die die Aufrechnung erklärt wird, genügt dagegen, daß der sie Erklärende zu leisten, wenn auch noch nicht verpflichtet, so doch gemäß § 271 Abs 2 bereits berechtigt ist und daß daher der Berechtigte die Leistung bereits annehmen muß (§ 271 A 3). Über den Begriff Fälligkeit vgl. § 198 A 2 und § 271 A 1. Eine vor der Fälligkeit erklärte Aufrechnung ist auch dann unwirksam, wenn der andere Teil nicht ausdrücklich widersprochen hat, ohne aber, wenn auch nur durch schlüssige Handlungen, sich mit dem Abschlusse eines Aufrechnungsvertrages (A 1) einverstanden zu erklären; es bedarf dann nach Eintritt der Fälligkeit einer neuen Erklärung (**RG** 3. 10. 08 V 564/07 in Verbindung mit **RG** 104, 188).

6. Weitere, allgemeine Erfordernisse als die zuvor behandelten hat das Gesetz für die einseitige Aufrechnung nicht aufgestellt; die §§ 390, 392—395 geben nur besondere Ausschließungsgründe. Insbesondere **verlangt das Gesetz nicht rechtlichen Zusammenhang** zwischen den Forderungen, auch nicht Identität des Leistungsortes, § 391; auch muß die Forderung nicht bereits anerkannt oder sonst liquid sein. Von Bedeutung ist dies nur für die Behandlung der Aufrechnung im Prozesse. Vgl. dazu die §§ 145 Abs 3, 302, 322 ZPO. — Über die Aufrechnung mittels **Kontokorrents** vgl. § 355 HGB (**RG** 76, 330), über die Aufrechnung im **Konkurse** die §§ 21, 53—56, 199 KO und **RG** 56, 362 u. 46, 98. Bei einem Kontokorrent, das verbotene Börsentermingeschäfte enthält, ist insoweit sowohl die Anerkennung des Saldos wie auch die auf solche Geschäfte sich erstreckende Verrechnung ungültig; die Börsentermingeschäfte müssen daher bei Feststellung des Saldos ausscheiden (**RG** JW 1912, 85[35]).

7. **Übergangsrecht.** Ist eine Forderung vor dem 1. Januar 1900 entstanden, die Aufrechnung aber nachher erklärt, so beurteilt sich ihre Aufrechnungsfähigkeit nach dem früheren Rechte (**RG** 50, 37; JW 07, 510[10]), das Aufrechnungsgeschäft selbst dagegen nach dem BGB (**RG** 57, 99).

§ 388

Die Aufrechnung erfolgt durch Erklärung gegenüber dem anderen Teile[1]). Die Erklärung ist unwirksam, wenn sie unter einer Bedingung oder einer Zeitbestimmung abgegeben wird[2])[3]).

E I 282; M 2 106; P 1 365.

1. **Die Aufrechnungserklärung** (vgl. § 387 A 4) ist eine einseitige, empfangsbedürftige (§§ 131, 132) rechtsgeschäftliche Erklärung, die mit Zugang an den andern Teil oder an denjenigen, der über die Forderung des andern Teiles zu verfügen befugt ist (**RG** 56, 364; JW 07, 742[8]), wirksam und damit unwiderruflich wird. Sie braucht nicht ausdrücklich abgegeben zu werden. So wurde schon in einer Erklärung des Schuldners gegenüber dem Gläubiger, daß er „diesem nichts mehr schuldig sein wolle und sogar noch Geld dazu verlange", eine Aufrechnung gefunden (**RG** 59, 207), und desgleichen in Geltendmachung des Zurückbehaltungsrechts oder der Leistungsverweigerung gegenüber einer gleichartigen Schuld (**RG** 83, 140; 94, 310; Gruch 53, 919; Warn 08 Nr 550). Vgl. § 273 A 1 Abs 2. Eine Abmachung, daß der Schuldner seine Schuld durch gewisse Leistungen (Dienstleistungen) abverdienen solle, enthält im voraus einen Aufrechnungsvertrag, so daß es einer späteren Aufrechnungserklärung nicht mehr bedarf (**RG** 10. 1. 08 VII 133/07). — Die Aufrechnungserklärung kann außerhalb wie innerhalb eines Prozesses abgegeben werden, und im letzteren Falle kommt sie sowohl materiell wie als Prozeßhandlung in Betracht. Vgl. das Nähere hierüber, insbesondere auch über die Befugnis der Prozeßvertreter zur Abgabe und Empfangnahme der Erklärung, Vorbem 8 vor § 104.

2. Die Erklärung darf **nicht unter einer Bedingung oder einer Zeitbestimmung abgegeben werden,** da sie sonst den Zweck, die Schuld sofort mit der Erklärung zum Erlöschen zu bringen, nicht erfüllen könnte. Keine Bedingung im Sinne des Paragraphen, sondern eine bloße Rechtsbedingung ist es jedoch, wenn die Aufrechnung für den Fall erklärt wird,

daß die Gegenforderung besteht (Eventualaufrechnung), da in diesem Falle die Wirksamkeit der Erklärung nicht von einem zukünftigen ungewissen Ereignisse, sondern nur von der Aufklärung eines jetzt bereits bestehenden Zustandes, von dem ihre Wirksamkeit ohnedies abhängig ist, noch ausdrücklich abhängig gemacht ist; Mot. 2, 108; **RG** 57, 101; 97, 273; JW 1914, 77). Über die Behandlung der Eventualaufrechnung im Prozesse vgl. A 3. Wohl aber ist unwirksam die Erklärung der Aufrechnung für den Fall, daß die Forderung demnächst entstehen werde, weil hierin eine echte Bedingung enthalten sein würde (**RG** JW 08 Beil 124[275]). Geltendmachung der Aufrechnung mit der Vollstreckungsgegenklage, § 767 ZPO (**RG** 64, 229; JW 1913 S. 103 u. 929; Gruch 58, 488).

3. **Eventualaufrechnung im Prozesse.** Sie ist gegeben, wenn der Beklagte die Klageforderung bestreitet, etwa auch selbständige Einreden gegen sie vorbringt, dabei jedoch zugleich vom Einwande der Aufrechnung Gebrauch macht. Über die Zulässigkeit einer solchen Prozeßverteidigung herrscht fast ausnahmslos Einverständnis (A 2; vgl. auch M 2, 108 und Prot 1 S. 356, 366, ferner **RG** 57, 101). Wie aber hat der Prozeßrichter zu verfahren, wenn der Kläger die erst **im Prozesse zur Aufrechnung gestellte Gegenforderung anerkennt, während die Klageforderung bestritten ist? Darf er die Klage jetzt ohne weiteres abweisen? Oder muß er zuvörderst durch Beweiserhebung das Bestehen oder Nichtbestehen des Klageanspruchs erörtern? Das ist die Streitfrage zwischen der sog. Klageabweisungs- und der Beweiserhebungstheorie** (vgl. die Übersichten bei Oertmann und Staudinger A 2 zu § 388). Es sind zwei Fälle auseinanderzuhalten: **a)** Der Beklagte will nur eine Eventualaufrechnung erklären, die zulässig ist (A 2), er will also den Aufrechnungseinwand dem Gerichte nur für den Fall unterbreiten und seine Forderung nur in dem Falle aufopfern, daß das Gericht die von ihm bestrittene Forderung des Klägers als begründet ansieht (**RG** 79, 26). Dieser Fall wird regelmäßig zu unterstellen sein. Alsdann hat aber seine Erklärung nur die gleiche Bedeutung wie jede andere im Prozeß zulässige Eventualerklärung; sie kann vom Gericht nur gewürdigt werden, wenn die Rechtsbedingung, unter der sie abgegeben, eingetreten, also festgestellt ist, daß die Klageforderung sich als begründet erweist. Bis das der Fall, ist der Aufrechnungseinwand noch nicht derartig zum Gegenstande der Verhandlung gemacht worden, daß das Gericht ihn schon jetzt berücksichtigen dürfte (**RG** 7. 1. 22 V 530/21). Auf dem Standpunkte der Beweiserhebungstheorie in diesem Sinne steht denn auch das Reichsgericht in ständiger Rechtsprechung (**RG** JW 1902, 544[7] und die dort angeführten Entscheidungen; **RG** 80, 166). Wenn dabei nicht jedesmal hervorgehoben worden ist, daß die Aufrechnung nur als eventuelle erklärt worden sei, so erklärt sich das daraus, daß diese Art der Aufrechnung, falls die Klageforderung bestritten wird, in aller Regel der Sachlage entsprechen und daher durch Auslegung als Erklärungsinhalt festzustellen sein wird, da nicht anzunehmen ist, daß der Beklagte seine Forderung gegen eine von ihm bestrittene Forderung des Klägers habe aufopfern wollen. Es muß also in diesem Falle Beweis über die Klageforderung erhoben werden. Gleiches muß selbstverständlich gelten, wenn der Beklagte eine prozessual und materiell wirksame Aufrechnungserklärung überhaupt noch nicht abgegeben, sondern nur, etwa in einem vorbereitenden Schriftsatze oder auch in der mündlichen Verhandlung, angekündigt hat, daß er eine solche Erklärung abgeben werde, falls die Klageforderung bewiesen werden sollte. **b)** Möglich ist immerhin auch der zweite Fall: daß nämlich der Beklagte zwar die Klageforderung bestreitet, aber daneben zugleich, und zwar nicht im Eventualverhältnis, die Aufrechnung erklärt. Eine derartige Verteidigung wäre zwar eine widerspruchsvolle; aber auch solche sind prozessual nicht unbeachtlich. Sie könnte auch unter Umständen einen vernünftigen Sinn haben, indem es dem Beklagten wegen Vermögenslosigkeit des Klägers nicht darauf ankäme, seine Gegenforderung aufzuopfern, und er nur die Abweisung der Klage auf alle Fälle erreichen, aber doch die Klageforderung nicht anerkennen wollte. Zu dem gleichen Zwecke ist es aber auch denkbar, daß der Beklagte erklärt, für den Fall, daß er dadurch die sofortige Abweisung der Klage erreichen könne, wolle er die Klageforderung anerkennen; ein solches bedingtes Anerkenntnis ist zulässig (**RG** 42, 322). Liegt ein solcher Fall vor, so hat das Gericht, ohne darauf einzugehen, ob die Klageforderung abgesehen von der Aufrechnung bestehen würde, die Klage auf Grund der liquiden oder als begründet befundenen Gegenforderung abzuweisen (**RG** 42, 322). Durch Ausübung des Fragerechts wird das Gericht meist in der Lage sein, Klarheit darüber zu schaffen, ob die Aufrechnungserklärung in einem solchen Sinne gemeint ist. Aus der Erklärung des Beklagten, daß er unbedingt aufrechne, ohne weiteres zu schließen, daß er die Klageforderung anerkenne, obwohl er erklärt, sie zu bestreiten (so anscheinend die 5. Aufl.), dürfte nicht angängig sein. — Streitig ist auch der Umfang der Rechtskraft eines die Klage wegen Tilgung der Klageforderung durch Aufrechnung einer Gegenforderung des Beklagten abweisenden Urteils, im Hinblick auf § 322 Abs 2 ZPO, wonach nunmehr (anders nach § 293 ZPO in der Fassung vor der Novelle vom 17. 5. 1898) der Rechtskraft fähig nur die (aus den Gründen zu entnehmende) Entscheidung ist, daß die Gegenforderung nicht besteht, nicht die Entscheidung, daß sie besteht. In **RG** 80, 165 ist angenommen, daß es sich in dem bezeichneten Falle um eine der Rechtskraft nicht fähige Entscheidung handle, da ihr Inhalt dahin gehe,

daß die Gegenforderung bestehe, d. h. bis zur Aufrechnung bestanden habe. Das dürfte auch dem Sinne des § 322 Abs 2 a. a. O. entsprechen; daß die Gegenforderung infolge der Aufrechnung nun nicht mehr besteht, kann nicht maßgebend sein. — Hat der Beklagte die Aufrechnung nur eventuell erklärt, so kann er gegen das die Klage wegen Tilgung der für begründet erachteten Klageforderung durch die Aufrechnung der Gegenforderung abweisende Urteil Berufung einlegen (RG 37, 403; 78, 398; 80, 167).

Auch der Kläger ist zur eventuellen Aufrechnung berechtigt und sonach in der Lage, von seiner Gesamtforderung nur den bestimmten Teil einzuklagen, der abzüglich der (an sich bestrittenen) angeblichen Gegenforderung des Beklagten übrigbleibt, und der letztere kann daher in diesem Falle nicht die Aufrechnung gegen den eingeklagten Teil geltend machen, da der Kläger ihm mit der Aufrechnung des nicht eingeklagten Teiles gegen die Forderung des Beklagten bereits zuvorgekommen ist (RG 57, 101; 24. 1. 27 IV 806/26). In RG 66, 266 ist anderseits mit Recht angenommen worden, daß die Sache anders liegt, wenn eine Teilforderung ohne vorsorgliche Aufrechnung des nicht eingeklagten Teiles gegen etwaige Gegenforderungen des Beklagten eingeklagt worden ist und wenn nun der Beklagte seinerseits mit einer Gegenforderung gegen den eingeklagten Teil aufrechnet; in diesem Falle könne der Kläger nicht durch eine replica compensationis den Beklagten auf den nicht eingeklagten Teil verweisen; der eingeklagte Teil habe sich vielmehr so verselbständigt, daß nunmehr mehrere Forderungen beständen, von denen die eingeklagte die lästigere sei, so daß § 366 Abs 2 (vgl. § 396 A 1) zur Anwendung komme. Weitergehend ist in RG 80, 393 die Verweisung auf den nicht eingeklagten Teil der Forderung des Klägers gegenüber einer vom Beklagten erklärten Aufrechnung gegen den eingeklagten Teil mit Recht als dem für die Aufrechnung entscheidenden Willen des Aufrechnenden widersprechend für unzulässig erklärt, ohne Heranziehung des § 396. Vgl. auch RG JW 1911, 979[12].

§ 389

[1]) Die Aufrechnung bewirkt, daß die Forderungen, soweit sie sich decken[2]), als in dem Zeitpunkt erloschen gelten, in welchem sie zur Aufrechnung geeignet einander gegenübergetreten sind[3]).

E I 283; M 2 108; P 1 366.

1. **Die Wirkung der Aufrechnung.** Diese Vorschrift enthält einen allgemeinen und einen besondern Grundsatz. Der erstere besagt, daß die Aufrechnung das Erlöschen der Forderungen bewirkt, der zweite geht dahin, daß diese Wirkung auf den Zeitpunkt zurückzubeziehen ist, „in dem die Forderungen zur Aufrechnung geeignet einander gegenübergetreten sind". Dabei ergibt sich aus der Fassung des Gesetzes, daß es den Grund für die von ihm angenommene Wirkung ausschließlich in der „Aufrechnung", mithin gemäß § 388 lediglich in der Vornahme dieses Geschäfts, nicht aber schon in der Tatsache des Sichgegenüberstehens von Forderung und Gegenforderung findet. Denn abgesehen von dem ausdrücklichen Ausspruche „die Aufrechnung bewirkt", besagt das Gesetz anderseits nur, daß die Forderungen in dem Augenblicke des Sichgegenübertretens als erloschen „gelten". Die entscheidende Wirkung kann also dem bloßen Sichgegenüberstehen nicht beigemessen sein; vielmehr handelt es sich bei der Rückbeziehung um eine positive Anordnung des Gesetzes, die nur das Mittel darstellt, auf Grund dessen die an das Aufrechnungsgeschäft selbst geknüpfte schuldtilgende Wirkung zweckgemäß auf den früheren Zeitpunkt zurückbezogen wird (RG 66, 274). Völlig rechtsunerheblich ist allerdings auch die bloße Tatsache des Sichgegenüberstehens von an sich aufrechnungsfähigen gegenseitigen Forderungen nicht. So berechtigt dieser Umstand insbesondere den Bürgen zur Einrede aus § 770 Abs 2. Aber es handelt sich hier nur um eine aufschiebende Einrede und nicht um die Geltendmachung einer rechtsvernichtenden Tatsache. Vgl. ferner die Ausführungen zu § 392. Wäre übrigens schon das Gegenüberstehen von Forderung und Gegenforderung von rechtszerstörender Wirkung, so müßte es bedeutungslos bleiben, wenn in der Folge die eine der beiden Forderungen erlöschen würde, bevor die Aufrechnung erklärt worden. Das ist aber nicht der Fall. Die Aufrechnungserklärung setzt für ihre Wirksamkeit vielmehr voraus, daß beide Forderungen noch zur Zeit der Aufrechnung bestehen. Endlich steht dem Teile, der seine Schuld in Unkenntnis seiner Gegenforderung vor der Aufrechnung bezahlt, keineswegs der Bereicherungsanspruch aus § 814 auf Grund der bloßen Behauptung zu, daß er eine Nichtschuld bezahlt habe (a. A. Oertmann A 1 und Planck-Siber A 3). Es wird sich auch schwerlich sagen lassen, daß wegen des Gegenüberstehens einer Gegenforderung die Hauptforderung mit einer „Einrede" im Sinne des § 813 behaftet gewesen sei. — Die **Wirkung der Aufrechnung** tritt mit allen regelmäßigen Folgen einer solchen ohne weiteres kraft Gesetzes und endgültig ein. Daher ist auch die sog. replica compensationis, der Versuch des Klägers, gegen die bereits aufgerechnete Gegenforderung des Beklagten mit einer andern ihm gegen den Beklagten zustehenden Forderung seiner-

seits aufzurechnen, wirkungslos (RG JW 1911, 151[5]); vgl. auch § 388 A 3 am Schlusse. Stellt sich nachträglich heraus, daß der Gegenforderung eine zerstörliche Einrede entgegenstand (§ 390), so wird der Anspruch aus einer zu Unrecht erfolgten Aufrechnung nach den Grundsätzen über Herausgabe einer ungerechtfertigten Bereicherung beurteilt (RG 26. 6. 07 V 572/06).

2. Die Aufrechnung einer Forderung **gegen eine größere Forderung** bringt diese so weit zum Erlöschen, als der aufgerechnete Betrag reicht. Durch die Abtretung sowie durch die Einklagung eines Teilbetrags einer Forderung wird dieser Teil derart verselbständigt, daß er für die Aufrechnung als eine Forderung für sich in Betracht kommt. Daher kann der Gläubiger, der einen Teilbetrag eingeklagt hat, den Beklagten, der gegen die Klagforderung aufrechnet, nicht auf den nicht eingeklagten Teil seiner Forderung verweisen (RG 66, 271). Dem Gläubiger der größeren Forderung ist es unbenommen, zuerst seinesteils von der Aufrechnung Gebrauch zu machen und so dem Beklagten die Möglichkeit zu entziehen, sich gegen die Klage durch die Aufrechnung zu verteidigen. Erst nach der Aufrechnung des Beklagten versagt dies Mittel. Vgl. § 388 A 3 am Schlusse.

3. Die **Zurückbeziehung** äußert sich insbesondere dahin: Eine seit dem Sichgegenüberstehen der Forderungen abgelaufene Verjährung schließt die Aufrechnung nicht aus (§ 390); Leistungsverzug (§ 284) ist seit jenem Zeitpunkte ausgeschlossen, mithin auch der Verfall einer Vertragsstrafe; der Zinsenlauf hört mit dem Zeitpunkte auf, in dem die aufgerechnete Gegenforderung entstanden war (RG 101, 113); endlich sind vom bezeichneten Zeitpunkte ab auch Bürgen und Pfänder befreit. Gemäß § 767 ZPO kann gegen eine bereits rechtskräftig zuerkannte Forderung nicht eine vorher entstandene Gegenforderung aufgerechnet werden (RG Warn 1913 Nr 389). Darüber, zu welchem Zeitpunkte eine Forderung aufrechnungsfähig ist, vgl. § 387 A 5; RG 101, 112. — Für den Prozeß hat die Rückwirkung auf die Kostenlast insofern entscheidenden Einfluß, als der Kläger die Kosten selbst dann zu tragen hat, wenn die Aufrechnung erst im Prozesse erklärt wird, vorausgesetzt, daß die beiden Forderungen sich schon vor dem Prozesse aufrechnungsfähig gegenüberstanden (RG 50, 389). Hat der Beklagte eine Gegenforderung im Laufe des Rechtsstreits erlangt, und mit ihr aufgerechnet, und ist deswegen der Rechtsstreit in der Hauptsache für erledigt erklärt, so muß der Beklagte, da er zur Zeit der Klagerhebung materiell im Unrecht war, die Kosten tragen (RG 57, 385; 58, 417).

§ 390

Eine Forderung, der eine Einrede entgegensteht, kann nicht aufgerechnet werden. Die Verjährung schließt die Aufrechnung nicht aus, wenn die verjährte Forderung zu der Zeit, zu welcher sie gegen die andere Forderung aufgerechnet werden konnte, noch nicht verjährt war[1]).

E I 282; M 2 106; P 1 362.

1. **Mit einer Einrede behaftete Forderungen**, sei es mit einer rechtszerstörenden, sei es auch nur mit einer verzögerlichen, können vom Forderungsberechtigten nicht zur Aufrechnung benutzt werden. Zu den verzögerlichen Einreden gehört auch die der Zurückbehaltung aus § 273. Befindet sich aber der Aufrechnungsgegner im Annahmeverzuge, dann ist der Aufrechnende an der Aufrechnung nicht dadurch gehindert, daß sein Gegner das Zurückbehaltungsrecht geltend macht; nur muß der Aufrechnende seine Leistung angeboten haben und dauernd zur Verfügung halten (RG 94, 310, unter Hinweis auf § 274 Abs 2). Daß die Einrede der Verjährung hier einflußlos ist, sofern sie erst nach dem Sichgegenübertreten der Forderungen entstanden ist, ergibt sich, wie schon bei § 389 A 3 ausgeführt worden, aus dem Grundsatze der Rückwirkung der Aufrechnung. Wohl aber ist die Aufrechnung gegen eine mit einer Einrede behaftete Forderung möglich. Nur wird der Aufrechnende gegebenenfalls nach § 813 vom Gegner die diesem durch die erfolgte Aufrechnung zuteil gewordene ungerechtfertigte Bereicherung herausfordern können (RG 63, 189), allerdings nur unter der Bedingung, daß er von seiner Einrede nicht schon bei der Aufrechnung unterrichtet war (§ 814). Wegen § 212 KO vgl. RG 56, 365. — Daß es sich im Sinne des § 390 nicht auch um solche Einreden (Einwendungen) handelt, die in der Nichtigkeit der Forderung ihren Grund haben, folgt daraus, daß schon nach den allgemeinen Voraussetzungen der Aufrechnung (§ 387 A 4) die Aufrechnung solcher Forderungen unzulässig ist. Die Anfechtbarkeit einer Forderung, z. B. wegen Irrtums, schließt, solange die Anfechtung nicht erfolgt ist, die Aufrechnungsfähigkeit der Forderung nicht aus (a. A. Planck A 1a). Erfolgt jedoch die Anfechtung, so wirkt die Vernichtung der Forderung notwendig auch auf die Aufrechnung zurück (§ 142). Dabei ist jedoch nicht zu übersehen, daß in der Aufrechnung gegen eine anfechtbare Forderung trotz Kenntnis ihrer Anfechtbarkeit, sofern die Aufrechnung nicht nur eventuell erklärt ist (§ 388 A 2, 3), eine Bestätigung des Geschäfts mit der Wirkung des § 144 enthalten wäre. Die Aufrechnung mit

einer Forderung, über die erst durch ein Schiedsgericht zu entscheiden ist, soll unzulässig sein (RG JW 1912, 132[3]). Der § 479 (betreffend den Anspruch des Käufers auf Schadensersatz wegen Mangels zugesicherter Eigenschaften nach vollendeter Verjährung) schränkt den Satz 2 § 390 dahin ein, daß der Schadensersatzanspruch nach Vollendung der Verjährung nur dann aufgerechnet werden kann, wenn eine der in § 478 bezeichneten Handlungen vor Ablauf der Verjährungszeit vorgenommen war (Warn 1914 Nr 46).

§ 391

Die Aufrechnung wird nicht dadurch ausgeschlossen, daß für die Forderungen verschiedene Leistungs- oder Ablieferungsorte bestehen. Der aufrechnende Teil hat jedoch den Schaden zu ersetzen, den der andere Teil dadurch erleidet, daß er infolge der Aufrechnung die Leistung nicht an dem bestimmten Orte erhält oder bewirken kann[1]).

Ist vereinbart, daß die Leistung zu einer bestimmten Zeit an einem bestimmten Orte erfolgen soll, so ist im Zweifel anzunehmen, daß die Aufrechnung einer Forderung, für die ein anderer Leistungsort besteht, ausgeschlossen sein soll[2]).

E I 285; M 2 111; P 1 371.

1. **Verschiedenheit der Leistungs- oder Ablieferungsorte.** Daß Identität des Erfüllungsorts kein gesetzliches Erfordernis für die Aufrechnung bildet, ist bereits bei § 387 A 6 bemerkt. Für den etwaigen Schadensersatz kann gemäß § 251 nur eine Geldleistung in Frage kommen.

2. Über das **Fixgeschäft** s. § 361. Die gesetzliche Vermutung („im Zweifel") ist von der aufrechnenden Partei zu widerlegen.

§ 392

Durch die Beschlagnahme einer Forderung wird die Aufrechnung einer dem Schuldner gegen den Gläubiger zustehenden Forderung nur dann ausgeschlossen, wenn der Schuldner seine Forderung nach der Beschlagnahme erworben hat oder wenn seine Forderung erst nach der Beschlagnahme und später als die in Beschlag genommene Forderung fällig geworden ist[1]) [2]).

E I 286; M 2 111; P 1 373.

1. **Die beschlagnahmte Forderung.** Hat A gegen B eine Geldforderung und wird diese von seinem (des A) Gläubiger C gepfändet, so ergeht an B gemäß § 829 ZPO das Zahlungsverbot. In Befolgung dieses Verbots würde B den A auch nicht mehr durch Aufrechnung befriedigen dürfen. Aus Billigkeit für den Drittschuldner (B) ist jedoch bestimmt, daß er durch die Beschlagnahme an der Aufrechnung grundsätzlich nicht gehindert sein soll. Es ist berücksichtigt, daß der Drittschuldner (B), sofern sich Forderung und Gegenforderung bereits vor der Beschlagnahme aufrechnungsfähig gegenüberstanden, auch zur Aufrechnung schon vor jenem Zeitpunkte in der Lage gewesen wäre, und daß die demnächst beschlagnahmte Forderung zur Zeit der Beschlagnahme im Falle rechtzeitiger Geltendmachung der Aufrechnung ohnehin nicht mehr bestanden hätte. Dieser Rechtsgrund versagt, wenn der Drittschuldner vor der Beschlagnahme zur Aufrechnung aus irgendeinem Grunde noch nicht in der Lage gewesen wäre, und demgemäß soll auch die Beschlagnahme die Möglichkeit der Aufrechnung sowohl dann ausschließen, wenn der Drittschuldner seine Gegenforderung erst nach der Beschlagnahme erworben hat (RG Warn 1912 Nr 380), wie auch dann, wenn zwar das Gegenteil zutrifft, die Aufrechnung aber durch den Mangel der Fälligkeit der Gegenforderung einstweilen noch gehindert war. Gemäß §§ 135, 136 wirkt, im übrigen die Beschlagnahme auch in jenen Ausnahmefällen ausschließlich zugunsten dessen, für den sie bewirkt worden ist, daher in dem oben vorausgesetzten Falle nicht auch zugunsten des Forderungsberechtigten A. — Die Grundsätze des § 392 werden entsprechend auch bei einem Aufrechnungsvertrage anwendbar sein.

2. Über den Einfluß des Konkurses auf die Aufrechnung vgl. die §§ 53—56 KO.

§ 393

Gegen eine Forderung aus einer vorsätzlich begangenen unerlaubten Handlung ist die Aufrechnung nicht zulässig[1]).

E I 287; M 2 112; P 1 374.

1. **Unzulässigkeit der Aufrechnung** gegen eine Forderung, die dem Gläubiger aus einer **vorsätzlich** (§ 276 A 4b) **begangenen unerlaubten Handlung** dem andern Teile gegenüber erwachsen ist. Der Schuldner muß in diesem Falle unbedingt Zahlung leisten. Unbenommen ist natürlich dem Gläubiger die Aufrechnung mit seiner Schadensersatzforderung. — Der Begriff der unerlaubten Handlung ist auch hier im Sinne der §§ 823ff. (RG Warn 1911 Nr 69), insbesondere des § 826 (RG 56, 321), zu verstehen. Strafbarkeit der Handlung ist bei § 393 kein Erfordernis (RG Warn 1911, 78[69]). Der Wucherer kann sonach gegen eine Rückgewähr- oder Schadensersatzforderung, die aus dem Wuchergeschäfte dem Bewucherten entstanden ist, nicht aufrechnen (RG 21. 12. 06 II 254/06); ebensowenig der Empfänger eines Wechsels gegen einen Anspruch des Wechselgebers, der sich nach § 826 darauf gründet, daß der Empfänger des Wechsels diesen geflissentlich, um den Wechselgeber zu schädigen, abredewidrig weiterbegeben hat (RG 56, 317). Gegenüber der Forderung des Auftraggebers gegen den Beauftragten (Einziehungsbevollmächtigten, Agenten), der eingegangene Beträge nicht abgeliefert, sondern verheimlicht hat, kann der Beauftragte insoweit nicht aufrechnen, als der Anspruch des Auftraggebers sich als Schadensersatzforderung wegen rechtswidriger Vorenthaltung darstellt. Unzulässig ist die Aufrechnung gegen einen Ersatzanspruch an den Aufrechnenden wegen arglistiger Täuschung (RG LZ 09, 310[9]). Der bloße Vertragsanspruch dagegen aus einer, auch vorsätzlichen Vertragsverletzung findet in § 393 keinen Schutz gegen die Aufrechnung (RG SeuffA 63 Nr 361; RG 56, 321). Die Aufrechnung gegen eine Forderung auf Schadensersatz aus dem Grunde bloßer Arglist nach § 463 dürfte ebenfalls zulässig sein, da diese Forderung nicht als Forderung aus unerlaubter Handlung, sondern als Vertragsanspruch behandelt wird (vgl. § 463 A 5, § 123 A 5b; RG JW 07, 358[5]) und eine Ausdehnung der Ausnahmevorschrift des § 393 als unstatthaft erscheint. Die Vorschrift des § 393 hindert nicht, daß der aus einer unerlaubten Handlung in Anspruch Genommene dem Schadensersatzanspruche gegenüber zur Ausgleichung die dem Ersatzberechtigten etwa aus ihr zugeflossenen Vorteile geltend macht, da eine solche Vorteilsausgleichung ohne Zuhilfenahme von Aufrechnungsgrundsätzen stattzufinden hat (vgl. Vorbem 5 vor § 249; RG 54, 139). — Der § 393 ist zwingenden Rechtes, im voraus auch durch Abrede nicht abänderlich (RG LZ 1912, 71[25]), und ist auch dann anzuwenden, wenn sich die Forderung und Gegenforderung bereits vor dem 1. Januar 1900 aufrechnungsfähig gegenüberstanden, die Aufrechnung aber erst später erfolgt ist (RG 12. 10. 11 VI 452/10).

§ 394

Soweit eine Forderung der Pfändung nicht unterworfen ist, findet die Aufrechnung gegen die Forderung nicht statt. Gegen die aus Kranken-, Hilfs- oder Sterbekassen, insbesondere aus Knappschaftskassen und Kassen der Knappschaftsvereine, zu beziehenden Hebungen können jedoch geschuldete Beiträge aufgerechnet werden[1]).

E I 288; M 2 114; P 1 374.

1. **Gegen unpfändbare Forderungen** ist innerhalb der Grenze der Unpfändbarkeit („soweit"; vgl. RG Gruch 52, 668) die Aufrechnung, von den in Satz 2 vorgesehenen Ausnahmefällen abgesehen, **unzulässig**. Diese Vorschrift ist zwingend. Die Pfändbarkeit schließen namentlich aus: ZPO § 850 in Verbindung mit LohnBG, §§ 851, 852; HilfsKG § 10; KrankVG § 56; GewUVG § 68; InvVG § 55; GewO § 100c Abs 2; GenG § 22 Abs 3; Pr Angestellten VersG § 26; FürsG § 19; RVO §§ 119, 621, 955, 1127, 1324, 1325; RVG §§ 128ff. Eine diesen zwingenden Vorschriften zuwider, selbst durch Vertrag, vorgenommene Aufrechnung ist wirkungslos. Da ein zu einer Vorerbschaft gehörender Gegenstand unter den Voraussetzungen des § 2115 BGB im Wege der Zwangsvollstreckung nicht überwiesen werden darf (§ 773 ZPO), kann insoweit auch der Schuldner einer zu einer Vorerbschaft gehörenden Forderung gegen diese nicht mit einer ihm gegen den Vorerben persönlich zustehenden Forderung aufrechnen (RG 80, 30). Dem Aufrechnungsverbote des § 394 gegenüber schlägt jedoch die Einrede der Arglist durch, falls die Forderung, mit der aufgerechnet werden soll, sich auf eine vorsätzliche unerlaubte Handlung des anderen Teiles (Bediensteten) gründet, die dieser im Rahmen eben des Verhältnisses (Dienstverhältnisses) begangen hat, auf dem seine Forderung (Gehaltsforderung) beruht (RG 85, 116). — Vorbehalte für die Landesgesetzgebung gemäß EG Artt 80, 81 erstrecken sich nur auf Sonderbestimmungen der Landesgesetze, nicht aber auch auf allgemeine Grundsätze des früheren Rechtes (RG 55, 2). — Neben § 394 besteht der § 115 GewO, wonach Löhne der Arbeiter bar auszuzahlen sind. — Auch mit der Forderung auf Rückzahlung zuviel gezahlter Beträge unpfändbarer Forderungen kann gegen später fällig werdende nicht aufgerechnet werden (RG 21. 3. 04 IV 363/03; betreffend Unterhaltsforderungen eines unehelichen Kindes). Das Verbot der

Aufrechnung mit Forderungen eines Gesellschafters einer Gesellschaft m. b. H. gegen den Anspruch auf Einzahlung der Stammeinlage gemäß § 19 Abs 2 GmbHG besteht auch dem Rechtsnachfolger des Gesellschafters gegenüber, an den der letztere die Forderung abgetreten oder der die Forderung gepfändet hat (RG 85, 351). Der § 19 a. a. O. schließt auch die vertragsmäßige Aufrechnung aus (RG 85, 354). Eine abredegemäße Verrechnung zwischen dem Preise für eine eingebrachte Sache und der Einlage ist nichtig, wenn die Vereinbarung nicht in die Satzung der Gesellschaft m. b. H. aufgenommen worden ist (RG 86, 291). Der § 105 Abs 5 GenG, der bestimmt, daß gegen Nachschußforderungen von den Genossen nicht aufgerechnet werden darf, will die Aufrechnung derart beschränken, daß die in der Nachschußberechnung festgesetzten Beiträge der Konkursmasse unverkürzt zufließen sollen (RG 88, 49). — Kann der Gläubiger der unpfändbaren Forderung mit dieser aufrechnen? Die Frage ist zu bejahen, soweit nicht das Gesetz, wie § 2 des LohnBG, dem Gläubiger zugleich die Verfügung über die Forderung entzieht. Denn das Gesetz schließt an sich nur die Aufrechnung „gegen" eine unpfändbare Forderung aus. Der § 400 ferner erklärt zwar eine unpfändbare Forderung für nicht abtretbar. Indessen es ist doch etwas anderes, ob der Gläubiger seine der Pfändung entzogene Forderung zum Zwecke der Veräußerung abtritt oder ob er sie unmittelbar zur Tilgung einer Schuld mittels Aufrechnung verwendet. Entzieht freilich das Gesetz dem Gläubiger die Verfügung über seine Forderunb überhaupt, dann ist ihm damit schlechthin jede Art Verfügung entzogen, mithin auch die in einer Aufrechnung enthaltene.

§ 395

Gegen eine Forderung des Reichs oder eines Bundesstaats sowie gegen eine Forderung einer Gemeinde oder eines anderen Kommunalverbandes ist die Aufrechnung nur zulässig, wenn die Leistung an dieselbe Kasse zu erfolgen hat, aus der die Forderung des Aufrechnenden zu berichtigen ist[1]).

E I 289; M 2 114; P 1 375.

1. Diese aus Zweckmäßigkeitsgründen mit Rücksicht auf die Organisation der Reichs-, Staats- und Kommunalbehörden gegebene Vorschrift, durch welche Verwirrungen vermieden werden sollen, schließt nur die weitergehende Aufrechnung durch einen Schuldner der dort genannten öffentlichen Körperschaften mit ihm gegen diese zustehenden Forderungen aus; nicht aber wird dadurch die Aufrechnung durch jene Körperschaften mit ihnen zustehenden Forderungen gegen Forderungen, die ihnen gegenüber bestehen, eingeschränkt. — Erfordert wird Identität der **Kasse**, an welche die Forderung des Reiches usw. nach den bestehenden Verwaltungsvorschriften zu berichtigen ist, mit derjenigen, aus welcher nach den gleichen Vorschriften die Berichtigung der Forderung des Aufrechnenden zu erfolgen hat. Über den Begriff der Kasse vgl. RG 82, 236. Danach ist maßgebend, ob einer Amtsstelle bestimmte Geldbestände und Einnahmen für einen bestimmten Bezirk zu selbständiger Verwaltung überwiesen sind. — Solange die Reichsstempelabgaben von den Einzelstaaten, und zwar nicht in Vertretung des Reiches, sondern in eigenem Namen erhoben wurden, war die Aufrechnung gegen Reichsstempelforderungen mit Forderungen gegen den die Abgaben einfordernden Einzelstaat unter den Voraussetzungen des § 395 zulässig (RG 93, 63).

§ 396

Hat der eine oder der andere Teil mehrere zur Aufrechnung geeignete Forderungen, so kann der aufrechnende Teil die Forderungen bestimmen, die gegeneinander aufgerechnet werden sollen. Wird die Aufrechnung ohne eine solche Bestimmung erklärt oder widerspricht der andere Teil unverzüglich, so findet die Vorschrift des § 366 Abs 2 entsprechende Anwendung[1]).

Schuldet der aufrechnende Teil dem anderen Teile außer der Hauptleistung Zinsen und Kosten, so finden die Vorschriften des § 367 entsprechende Anwendung[2]).

E I 284; M 2 110; P 1 368; 6 166.

1. **Mehrheit aufrechnungsfähiger Forderungen.** Voraussetzung des Abs 1 ist, daß entweder der Aufrechnende mehrere Forderungen hat, mit denen er aufrechnen kann, oder daß dem Gegner mehrere Forderungen zustehen, gegen welche die Aufrechnung möglich ist. Für diese Fälle gilt folgendes: a) Der aufrechnende Teil kann die Forderungen, mit denen oder gegen die er aufrechnen will, bestimmen; tut er das und schweigt der Gegner, dann greift die getroffene Bestimmung durch; widerspricht der Gegner, und zwar unver-

züglich (§ 121), dann entscheiden die in § 366 Abs 2 gegebenen Regeln. b) Trifft der Aufrechnende keine Bestimmung, dann ist wiederum die Regel des § 366 Abs 2 maßgebend; auf den Gegner geht also das Bestimmungsrecht nicht über. — Es ist in Zweifel gezogen, ob eine Aufrechnungserklärung überhaupt als abgegeben angesehen werden kann, wenn der Aufrechnende gar nicht erkennen läßt, welche von seinen mehreren Forderungen er aufrechnen will. Die Fassung der Vorschrift gibt in Satz 2 jedoch zu einem solchen Zweifel keine Berechtigung, da sie nach ihrer uneingeschränkten Fassung ebensowohl für den Fall zutrifft, daß der Aufrechnende nicht bestimmt, mit welcher von mehreren ihm zustehenden Forderungen er aufrechnen will, wie für den Fall, daß er nicht bestimmt, gegen welche von mehreren Forderungen des Gegners er aufrechnen will. Nach beiden Richtungen ist es daher möglich, die fehlende Bestimmung aus dem Gesichtspunkte des § 366 Abs 2 zu ersetzen. — „Bestimmung" wie Widerspruch sind einseitige empfangsbedürftige (§§ 131 u. 132), unwiderrufliche Willenserklärungen. — Hat der Kläger, ohne selbst aufzurechnen, nur einen Teil seiner Forderung eingeklagt, und der Beklagte eine Gegenforderung zur Aufrechnung gestellt, dann ist der Kläger nicht berechtigt, die Aufrechnung auf den nichteingeklagten Teil seiner Forderung zu verweisen (**RG** 66, 266; **RG** 80, 394). Vgl. § 388 A 3 a. E. — Über Aufrechnung im Kontokorrentverkehr vgl. **RG** 56, 24; 59, 194.

2. Im Falle des Abs 2 werden gemäß § 367 von der Aufrechnung **zuerst die Kosten, dann die Zinsen, zuletzt die Hauptforderung betroffen.** Der Aufrechnungsgegner kann in diesem Falle die Aufrechnung ablehnen, wenn der Aufrechnende seine andere Reihenfolge bestimmt, und macht damit die Aufrechnungserklärung wirkungslos. A. A. Planck A 2 Abs 2.

Vierter Titel

Erlaß

§ 397

Das Schuldverhältnis erlischt, wenn der Gläubiger dem Schuldner durch Vertrag die Schuld erläßt[1]).

Das gleiche gilt, wenn der Gläubiger durch Vertrag mit dem Schuldner anerkennt, daß das Schuldverhältnis nicht bestehe[2]).

E I 290; M 2 114; P 1 376.

1. Wie bereits bei § 362 A 1 ausgeführt worden ist, stellt der **Erlaß** einen **Schulderlöschungsgrund** dar. Das Eigentümliche dabei ist, daß er seine erlöschende Wirkung unmittelbar durch die auf ihn gerichteten Willenserklärungen, den Vertrag, hervorbringt, nämlich durch die gegenseitige, möglicherweise auch bloß stillschweigend erfolgende (**RG** 72, 171; JW 1911, 1014[6]) Willenseinigung darüber, daß die Schuld nicht mehr bestehen soll. Auf dem Gebiete der Schuldverhältnisse ist, wie zur Begründung (§ 305 A 1 a), so auch zur Aufgabe eines Rechtes, auch des Vorkaufsrechts, grundsätzlich ein Vertrag, eben der Erlaßvertrag, erforderlich (**RG** 72, 171; 110, 418; 114 S. 6, 158; JW 1912, 858[14]; LZ 1925 Sp. 546[7]). Daher kommt der Schulderlaß nicht schon durch einseitige Erklärung zustande, etwa also dadurch, daß der Gläubiger auf den Schuldschein schreibt: „Dieser Schein wird mit meinem Tode ungültig"; im übrigen würde es hier auch an der gehörigen Form sowohl des Schenkungsversprechens wie einer letztwilligen Verfügung mangeln (**RG** 11. 2. 08 III 318/07). Der schenkungshalber erfolgende Schulderlaß (**RG** 53, 294; 80, 138) ist aber als sofort vollzogene Schenkung der Form nicht bedürftig (§ 518). Dagegen ist dem Formzwange unterworfen die mit der Aufhebung des Schulderlasses verbundene unentgeltliche Wiederherstellung des früheren Schuldverhältnisses (**RG** 76, 59). — Da der Erlaßvertrag für sein Zustandekommen nichts weiter fordert als die Willenseinigung, und da diese Willenseinigung unmittelbar auf ein bestehendes Recht einwirkt, so gehört der Erlaß zu den dinglichen Verträgen. Weil ferner seine Wirkung von einem den Erlaß etwa veranlassenden Grundgeschäfte unabhängig ist, so folgt, daß er auch den abstrakten Rechtsgeschäften (Vorbem 5 vor § 104) zugehört (**RG** 53, 296). Als solches ist der Erlaß grundsätzlich von der Rechtsbeständigkeit des Grundgeschäfts unabhängig, insbesondere ist dessen Formerfordernis für ihn ohne Bedeutung (**RG** 53, 294; JW 1913, 428; Gruch 57, 959). Es kann freilich beabsichtigt sein, den Erlaß vom Bestimmungsgrunde derartig abhängig zu machen, daß er hinfällig wird, wenn sich der Bestimmungsgrund nicht als rechtsbeständig erweist; dann tritt die Hinfälligkeit gegebenenfalls ohne weiteres ein (**RG** JW 1911, 488[11]). Auch kann dem Erlasse eine aufschiebende (**RG** JW 1911, 1014) wie auch eine auflösende Bedingung zugefügt sein, deren Eintritt ihn ebenfalls unwirksam macht (**RG** Warn 1911 Nr 259). Der Erlaß stellt ferner, da er eine Vermögensverschiebung zwischen den

Vertragsteilen bewirkt, eine Leistung im Sinne des § 812 dar (RG 53, 296) und kann deshalb nach Bereicherungsgrundsätzen bei Fehlen oder Wegfall des rechtlichen Bestimmungsgrundes zurückgefordert werden. Der Bestimmungsgrund kann ein unentgeltliches Geschäft (Schenkung) oder auch ein entgeltliches (Verpflichtung gegen anderweiten Entgelt, Vergleich) sein. — In der Natur der Sache liegt es aber weiter, daß der Erlaßvertrag die ihm zukommende dingliche Wirkung nur dann auszuüben vermag, wenn er, wie dies das Gesetz ausdrücklich vorsieht, zwischen Gläubiger und Schuldner abgeschlossen wird, so daß ein gegenüber dem Hauptschuldner zugunsten der Bürgschaftsschuld eines Dritten erklärter Erlaß wirkungslos wäre (RG 24. 2. 02 VI 32/02). Dem Gläubiger muß auch, da der Erlaß eine Verfügung über die Forderung enthält, die Verfügungsbefugnis über die Forderung zugestanden haben; oder es könnte dieser Mangel nur unter den in § 185 gegebenen, hier ebenfalls zutreffenden Bedingungen behoben werden. — Da der Erlaß die Schuld endgültig zum Erlöschen bringt, ist es nicht möglich, die erlassene Schuld durch bloße Abrede wiederherzustellen. Vielmehr bedarf es einer erneuten Schuldbegründung (RG 76, 59; JW 1911, 400[9]). Liegt dem Erlasse ein gegenseitiger Vertrag zugrunde, dann kann er durch einen Rücktritt von diesem Vertrage unter den Voraussetzungen der §§ 325, 326 und nach den Regeln der §§ 327, 346 ff. wieder beseitigt werden (RG JW 1913, 427[4]). Der Erlaß setzt begrifflich eine bereits dem Grunde nach entstandene Forderung voraus, so daß der „Erlaß" einer erst künftigen Forderung überhaupt nicht einen solchen aus § 397, sondern eine Abrede darstellt, die schon die Entstehung der Forderung hindert; anders bei einer nur betagten oder bedingten. — Auch eine auf Verlangen des Schuldners abgegebene Entlastungserklärung kann einen Erlaß im Sinne des § 397 darstellen (RG SeuffA 70 Nr 75).

Zu unterscheiden vom Erlasse sind: a) Das lediglich eine persönliche (obligatorische) Verpflichtung begründende Versprechen des Gläubigers, den Schuldner nicht, insbesondere nicht innerhalb gewisser Frist, in Anspruch nehmen zu wollen (pactum de non petendo); vgl. dazu hinsichtlich der Gesamtschuldverhältnisse § 423 und betreffs des Einrederechts des Bürgen §§ 768, 770. b) Der Verzicht. Dem Erlasse mit einem Verzicht gemeinsam ist, daß auch dieser den Untergang eines Rechtes zur Folge hat. Aber der im BGB überhaupt nicht einheitlich behandelte Verzicht hat seinen Platz auch bei der Aufgabe von bloßen Befugnissen und Einreden (§§ 239, 571, 671, 768, 739 Nr 1, 1137, 1822 Nr 2), sowie von Rechten außerhalb des Gebiets der Schuldverhältnisse, während der Erlaß ausschließlich hier in Betracht kommt; endlich setzt der Verzicht überhaupt nicht ein bereits wohlerworbenes Recht voraus (§ 2346) und zu seiner Begründung verlangt er begrifflich auch nicht ein zweiseitiges Rechtsgeschäft (§§ 376 Abs 2 Nr 1, 533, 658 Abs 2, 1406 Nr 1, 1453, 1643), abgesehen vom Gebiete der Schuldverhältnisse, wo die Annahme des Verzichts und daher ein Vertrag erforderlich ist (RG 72, 171; 110, 418; 28. 4. 20 V 470/19). Zum Verzichte auf ein vertragliches oder gesetzliches Vorkaufsrecht bedarf es eines Vertrages zwischen dem Vorkaufsberechtigten und dem Vorkaufsverpflichteten, auch wenn es dinglich gesichert ist (§§ 504, 1098; RG JW 1912, 858[14]; 28. 3. 25 V 472/24; vgl. auch zu § 1098). Anderseits gehört es nicht zum Wesen des Verzichts, wie auch nicht zum Wesen des Erlasses, daß er ohne Gegenleistung, unentgeltlich erfolgt (vgl. §§ 1491 Abs 2, 1501 Abs 1; RG 75, 263). Auch ein Verzicht kann übrigens stillschweigend erklärt werden; er betrifft alsdann aber in der Regel nur die dem Erklärenden bekannten Rechte und nicht auch solche, die ihm etwa aus Fahrlässigkeit unbekannt geblieben sind (RG 84, 405; vgl. auch 110, 93 hinsichtlich des Verzichts auf Aufwertungsansprüche). Eine allgemeine Auslegungsregel, daß Rechtsverzichte nicht zu vermuten seien, ist dem BGB unbekannt (RG 19. 11. 06 IV 181/06). Steht ein unentgeltlicher Verzicht auf ein wohlerworbenes Recht in Frage, dann ist, da eine allgemeine Verkehrssitte hier schwerlich besteht, gemäß § 157 der etwaige Vertrag gegen den auszulegen, dem der Verzicht zugute käme (RG JW 1911, 1014[6]). Wegen des Verzichts auf das Eigentum an beweglichen Sachen, wodurch diese herrenlos werden, vgl. § 959. Der Verzicht auf das Eigentum zugunsten eines anderen, wodurch dieser Eigentümer werden soll, bedarf dagegen der Übereignung auf Grund der Einigung, also eines Vertrags (§ 929; unrichtig RG 66, 349). Ist freilich, wie in dem dort entschiedenen Falle, die Übergabe unter Eigentumsvorbehalt bereits erfolgt, so genügt die Kundmachung des Verzichts auf diesen Vorbehalt, wodurch die bedingte Eigentumsübertragung unbedingt wird (RG Warn 1911 Nr 71). Vgl. § 455 A 4. Bei Rechten an einer fremden beweglichen Sache (Nießbrauch und Pfandrecht) ist eine einseitige Erklärung dem andern Beteiligten gegenüber (Eigentümer oder Besteller) erforderlich und genügend (§§ 1064, 1255). Bei Aufgabe von Rechten an Grundstücken im Wege des Verzichts kann dieser sowohl demjenigen gegenüber, zu dessen Gunsten die Aufgabe erfolgt, wie auch dem Grundbuchamte gegenüber erklärt werden (§§ 875, 1064, 1183, 1192, 1199, 1255). — Zur Begründung eines Verzichts auf ein negatorisches Recht reicht die bloße Tatsache, daß das Recht nicht ausgeübt worden ist, nicht aus (RG JW 1910, 941[18]; SeuffA 56 Nr 104). Zur Begründung eines Verzichts (auf Absonderungsrechte im Konkurse) ist nicht der Nachweis des inneren Verzichtwillens erforderlich; es genügt vielmehr die Feststellung eines unzweideutigen Verhaltens des Berechtigten, das von dem Erklärungsgegner nach Treu und Glauben mit Rücksicht auf die Verkehrssitte sowie nach Maßgabe der gesetzlichen Bestimmungen als Aufgabe des Rechtes angesehen werden konnte (RG 11. 12. 15 V 248/15).

2. Der sog. **negative Anerkennungsvertrag** ist nach Abs 2 dem Erlasse gleichgestellt. Er bringt mithin wie der Erlaß das bestehende Schuldverhältnis — bei gegenseitigen Verträgen den betroffenen Einzelanspruch — zum Erlöschen. Über den zwangsweisen Erlaß im Wege des Zwangsvergleichs s. § 173 KO. Das negative Schuldanerkenntnis kann, wenn der Rechtsgrund fehlt oder weggefallen ist, nach §§ 812ff. kondiziert werden (RG 108, 107; 109, 28). Hat aber jemand das Nichtbestehen einer Forderung anerkannt, wiewohl er von ihrem Bestehen Kenntnis hatte, so hat er das Anerkenntnis ohne Rücksicht auf den Bestand des Schuldverhältnisses abgegeben und ist daher ein Rückforderungsrecht (die Kondiktion des Anerkenntnisses) ausgeschlossen (RG Warn 1911 Nr 4). Vgl. im übrigen betreffs der Rückforderung der im negativen Anerkennungsvertrage enthaltenen Leistung die Erläuterungen zu § 812 Abs 2.

Vierter Abschnitt

Übertragung der Forderung

§ 398

Eine Forderung²) kann von dem Gläubiger durch Vertrag mit einem anderen auf diesen übertragen werden (Abtretung)¹). Mit dem Abschlusse des Vertrags tritt der neue Gläubiger an die Stelle des bisherigen Gläubigers³)⁴).

E I 293; M 2 118; P 1 377.

1. **Abtretung.** Nach dem BGB sind wie Sachen so auch Forderungen im allgemeinen frei veräußerlich (vgl. § 137 A 1) und daher mit der Wirkung rechtsgeschäftlich übertragbar, daß der eine Teil sein Gläubigerrecht verliert und der andere es erwirbt. Das entsprechende Rechtsgeschäft ist die Abtretung. Nach diesem ihrem Zwecke spielt sie im Gebiete der Forderungsrechte die gleiche Rolle wie bei der Veräußerung von Sachen die Einigung und Übergabe im Sinne des § 929 und die Auflassung und Eintragung nach § 873. Denn überall handelt es sich hier um die Übertragung von Rechten, nur daß der Gegenstand des Rechtes je ein verschiedener ist und demgemäß auch das Übertragungsmittel entsprechend anders geartet sein muß. Allein ein Erfordernis stellt das Gesetz für alle Fälle von Rechtsübertragungen gleichmäßig auf, das ist das Zustandekommen des sog. dinglichen Vertrags, d. h. der Einigung des Veräußerers und des Erwerbers über den Rechtsübergang. Bei der reinen schuldrechtlichen Forderung, der lediglich ein Verhältnis von Person zu Person zugrunde liegt, ohne daß das Recht an einen sonstigen Rechtsträger, insbesondere eine Urkunde, gebunden wäre, reicht auch das Mittel der Willenseinigung für den Rechtserfolg völlig aus. Für die dingliche Wirkung der Rechtsübertragung kommt hier mithin weiteren Vorgängen (wie der Anzeige an den Schuldner, bei beurkundeten Forderungen der Übergabe der Urkunde) überhaupt keine entscheidende Bedeutung zu. Auch zur Abtreteng eines Sparkassenguthabens bedarf es der Übergabe des Sparkassenbuchs nicht (RG Warn 1916 Nr 74). Zur Übertragung einer Wechsel- sowie einer Scheckforderung gehört dagegen auch die Übereignung des Wechsels oder des Schecks (RG 88, 292), und bei Hypothekenforderungen die Übergabe des Hypothekenbriefs (§ 1154). Ebenso ist bei Inhaberforderungen (§§ 793ff.) zum Übergange des Rechts der Erwerb der Innehabung der Urkunde erforderlich. — Da die Wirkung der Abtretung lediglich an die Willenseinigung geknüpft, von einem etwaigen Grundgeschäfte mithin unabhängig gemacht ist, ein solches unter den gleichen Personen nicht einmal zur notwendigen Voraussetzung hat (RG 87, 70), so gehört auch die Abtretung wie der Erlaßvertrag zu den abstrakten Rechtsgeschäften (RG 68, 99; 87, 71; JW 1911, 653²⁵; 1915, 650). Ein schuldrechtliches Rechtsverhältnis wird zwischen den Parteien durch das Rechtsgeschäft der Abtretung allein für sich nicht begründet; eine solche Folge kann vielmehr nur das der Abtretung zugrunde liegende Grundgeschäft haben, sei es, daß dieses ihm vorangegangen ist, sei es, daß beide Rechtsgeschäfte zusammenfallen (M 1, 128; RG JW 1914, 188⁴). Aus dieser Rechtsnatur der Übertragung als dingliches und abstraktes Geschäft erklären sich mannigfache Erscheinungen. Zunächst die, daß die Übertragung, soweit nicht Sonderbestimmungen Platz greifen (§§ 1154, 1155, 1159, 1192; § 15 Abs 3 GmbHG; RG Warn 1912 Nr 105), einer Form selbst dann nicht bedarf, wenn sie sich als die Vollziehung eines formbedürftigen Grundgeschäfts (wie eines Schenkungsversprechens) darstellt (RG 53, 270; 14, 264; JW 07 S. 73³ u. 329⁵); ferner die Tatsache, daß die Nichtigkeit sowie die

Anfechtung des etwaigen Grundgeschäfts nicht ohne weiteres und unbedingt auch die Übertragung mit beeinträchtigt (vgl. darüber **RG** 57, 95; 69, 16; 70, 89 und § 125 A 1c).

Weiter erklärt sich aus der abstrakten Natur der Abtretung das praktisch bedeutsame Ergebnis, daß die Abtretung ihre dingliche Wirkung auch dann ausübt, wenn die Parteien nach dem Grundgeschäfte nicht eine Veräußerung, sondern nur ein **Sicherungsgeschäft** oder eine fiduziarische Abtretung aus anderem Grunde bezweckt haben. Denn in diesem Falle kommt den Vorbehalten Bedeutung nur für das Innenverhältnis zwischen den Parteien selbst zu (wonach der Zessionar bei Verwertung der Forderung zur Vermeidung eigener Haftung das Interesse des Zedenten wahrzunehmen hat (**RG** JW 1911, 712[10]), während die Übertragung ihre Wirkung nach außen hin selbständig äußert und die nämlichen dinglichen Wirkungen äußert wie sonst eine Forderungsübertragung (**RG** 99, 143), so daß die abgetretene Forderung auch nicht von selbst nach Befriedigung des Zessionars an den Zedenten zurückgelangt, sondern es dazu erst einer Rückzession bedarf; daß ferner die Abtretung grundsätzlich unwiderruflich ist, und daß der Schuldner auch nicht berechtigt ist, dem Zessionar Einwendungen aus dem der Abtretung zugrunde liegenden Verhältnisse zwischen dem alten Gläubiger und dem Zessionar entgegenzusetzen, namentlich auch nicht die, daß der Zessionar vom alten Gläubiger bereits befriedigt sei (**RG** 102, 386). Anders im Falle einer Abtretung bloß zur Einziehung (zum Inkasso); vgl. dazu Abs 2 dieser A. Vgl. über die sog. fiduziarischen Geschäfte noch Vorbem 6 vor § 104; ferner § 117 A 3 und **RG** 53, 416; 76, 347; Warn 1911 Nr 70. Ist die Sicherungsabtretung zur Sicherung der Forderung aus einem wucherischen Geschäfte erfolgt, so ergreift die Nichtigkeit auch die Sicherungsabtretung und ist daher auch die Weiterübertragung der sicherungshalber abgetretenen Forderung nichtig (**RG** 95, 245). Ist bei einer Sicherungsabtretung der Zweck erreicht, so steht dem Abtretenden gegen den Zessionar ein Anspruch auf Rückabtretung zu (**RG** 95, 245; Warn 08 Nr 197), nach dem Grundsatze aber von der ungeteilten Haftung des Pfandes erst dann, wenn die gesamte zu sichernde Forderung erloschen ist (**RG** Gruch 51, 374; 54, 1175; JW 1912, 135[7], wonach der Fiduziar, wenn er sich zur Rückübertragung außerstand gesetzt hat, zum Schadensersatze verpflichtet ist). Ohne weiteres endigt mit der Befriedigung des Gläubigers die Wirkung der Sicherungsabtretung nur dann, wenn die Befriedigung oder das sonstige Erlöschen der Forderung als auflösende Bedingung gesetzt worden sind (**RG** Gruch 54, 1172; Warn 1914 Nr 7). Der Schuldner (Zedent), der das Übertragungsgeschäft rückgängig machen will, muß durch Befriedigung des Zessionars vorleisten, und er entbehrt deswegen des Zurückbehaltungsrechts aus § 273 (**RG** Warn a. a. O.). Der Fiduziar hat im übrigen wie ein Beauftragter die Pflicht, behufs Erhaltung der Forderung und bei ihrer Verwertung das Interesse seines Schuldners (des Zedenten) zu schützen (**RG** 76, 347; JW 1911, 581[23]; Warn 1914 Nr 7, wonach ihm bei der Übereignung einer beweglichen Sache sicherungshalber die Pflicht zur sorgfältigen Aufbewahrung der Sache obliegt). Vgl. weiter § 117 A 3. — Der Fiduziar ist auch zur Weiterübertragung der Forderung (**RG** 95, 245) sowie zu ihrer Einklagung befugt, und eine Abmachung zwischen ihm und dem Zedenten, daß dieser auch selbst im eigenen Namen klagen dürfe, oder daß er allein der Klageberechtigte sein solle, würde den ganzen Abtretungsvertrag vernichten (vgl. **RG** 90 S. 248 und 276/77; 92, 109 und die dort angeführten zahlreichen weiteren Urteile; ferner 92, 240). Danach genügt es auch nicht zur Wirksamkeit der Zession, wenn dem Zessionar die Klagebefugnis nur für den Fall ausbedungen worden ist, daß der Zedent durch Maßregeln seiner Gläubiger bedroht wird. Und anderseits genügt zur Vereitlung der Zession schon die Abrede, daß der Zessionar grundsätzlich und dauernd nicht befugt sein soll, dem Schuldner die Zession bekanntzumachen (**RG** 92, 108). **Zur Wirksamkeit einer Zession ist es eben unbedingtes Erfordernis, daß nach außen hin der Zessionar als der nunmehrige Gläubiger in die Erscheinung treten soll,** und zwar an Stelle des bisherigen Gläubigers. Daher widerspricht es auch durchaus dem Wesen der Zession, wenn dem Zedenten die Verfügung über die Forderung in eigenem Namen und die Verwendung des eingezogenen Betrags zu eigenem Zwecke dauernd verbleiben soll (vgl. unten A 3), während es mit dem Wesen der Zession noch als vereinbar erscheint, wenn der Zedent das Recht nur so lange behalten soll, als er seinen Zahlungsverpflichtungen dem Zessionar gegenüber nachkommt, dieser jedoch seinerseits zu eigener Einziehung der Forderung befugt sein soll, sobald der Zedent eine fällige Verpflichtung nicht erfüllt; daher sind auch solche Zessionen, wie sie namentlich behufs Diskontierung von Buchforderungen vorgenommen werden, nicht schlechthin unwirksam (**RG** 12. 3. 18 II 528/17; vgl. auch JW 09, 734, wonach solche Abtretungen auch dadurch nicht unwirksam werden, daß Nichtanzeige an den Schuldner verabredet wird). Die fiduziarische Abtretung aller Außenstände zur Sicherung eines einzigen Gläubigers ist aber vom Reichsgericht (JW 1911, 576[10]) als unter Umständen den guten Sitten widersprechend und deshalb nichtig erklärt worden; vgl. A 2 Abs 3.

Möglich ist es aber, **lediglich das Verfügungsrecht über eine Forderung** oder über ein Recht, insbesondere die bloße Klagebefugnis, derart abzutreten, daß das Gläubigerrecht oder das Recht selbst im Innenverhältnis dem Zedenten verbleibt, und der Zessionar mithin das ihm übertragene Recht zwar in eigenem Namen und in eigenem Interesse, aber doch für fremde Rechnung und als ein fremdes auszuüben vermag (Inkassozession, RG 53, 418; 73, 306; 78, 90; 107, 134; Warn 08 Nr 197; Gruch 59 Nr 12); so erfüllungshalber (RG 76, 348; Warn 1913 Nr 136); vgl. dazu auch § 117 A 3 und § 364 A 2. Zulässig ist es daher auch, daß in einem bestätigten Zwangsvergleiche jemandem (dem Konkursverwalter) die Befugnis eingeräumt wird, die Masse zu verwerten und zu verteilen, der Ermächtigte ist dann aktiv und passiv legitimiert (RG 89, 133). Unbedingtes Erfordernis ist es jedoch bei Abtretung der bloßen Einziehungs- oder Klagebefugnis, daß der Zessionar ein eigenes rechtliches Interesse an Geltendmachung des Rechtes für sich hat, da ihm andernfalls das erforderliche Rechtsschutzinteresse mangeln würde; im Grunde handelt es sich in solchen Fällen auch nur um eine Ermächtigung (RG 91, 395). Die Feststellung des Vorhandenseins eines Interesses liegt auf tatsächlichem, die Würdigung des Schutzbedürfnisses auf rechtlichem Gebiete (RG 1. 7. 25 V 525/24). Ist die Abtretung zur Einziehung (Inkasso) lediglich im Interesse des Gläubigers erfolgt, dann steht diesem das freie Widerrufsrecht zu; dagegen ist dieses Recht ausgeschlossen, wenn die Abtretung auch im Interesse des Zessionars erfolgte, wofür es sprechen kann, wenn abgemacht ist, daß die Einziehungskosten dem Zessionar zur Last fallen (RG Warn 1919 Nr 162; LZ 1920, 158[7]). Da in Fällen gedachter Art das Gläubigerrecht in Wirklichkeit beim Zedenten verbleibt, so ist auch die Ansicht zu billigen, daß der Schuldner dem Zessionar Einwendungen aus dem Rechtsverhältnisse zwischen dem Gläubiger und dem Inkassozessionar entgegensetzen darf, insbesondere also auch die, daß der Gläubiger bereits befriedigt sei (RG 53, 419; 102, 387). Der Inkassozessionar kann auch einen nach der Zession dem Zedenten entstandenen Verzugsschaden einklagen (RG 107, 135). Er muß die Rechtskraft eines gegen den Zedenten ergehenden Urteils gegen sich gelten lassen (RG 52, 216; JW 1910, 110[18]). Auch ein Nießbrauchrecht kann zur bloßen Ausübung mit Klagebefugnis einem andern wirksam übertragen werden. — Zu bemerken ist, daß die Rechtsprechung des Reichsgerichts, wonach auch die Übertragung von bloßen aus dem Rechte abgeleiteten Befugnissen oder die Abtretung lediglich zur Einziehung möglich ist, im Schrifttume vielfach angefochten worden ist; vgl. insbesondere Planck A 1b β. Indes die Rechtsprechung dient einem praktischen Bedürfnisse und läßt sich rechtlich begründen.

Da die Abtretung dinglich wirken soll, so ist es notwendige Vorbedingung hierfür, daß dem Abtretenden selbst das **Verfügungsrecht** über die Forderung zusteht. Jedoch sind die Regeln des § 185 auch hier entsprechend anwendbar. Durch den bloßen Vorvertrag, das keiner Form bedürftige (RG 87, 71; 54, 147; JW 1915, 1007) pactum de cedendo, wird nur eine persönliche Verpflichtung zur Abtretung begründet, und daher kann sie auch von einem nicht Verfügungsberechtigten eingegangen werden. Unanwendbar sind die nur für das Sachenrecht gegebenen Grundsätze vom gutgläubigen Erwerbe (vgl. indessen § 405).

Nach den allgemeinen Grundsätzen von Willenserklärungen kann die Abtretung auch **stillschweigend** erfolgen; so die einer verbrieften Forderung durch Übergabe der Urkunde (RG JW 04, 337[3]; 07, 329[5]); ferner der vom Zwangsverwalter erstrittene Anspruch auf Zurückschaffung von Gegenständen, die vom Grundstücke entfernt sind, durch Aufnahme dieses Anspruchs in die Versteigerungsbedingungen (RG 3. 4. 11 V 348/10), auch ein dem Veräußerer zustehender Anspruch auf Berichtigung des Grundbuchs durch Erteilung der Auflassung (RG 46, 230; 62, 326; vgl. im übrigen wegen der Abtretung des Berichtigungsanspruchs A 2). Es muß sich stets nur ergeben, daß mit Vornahme des ausdrücklich erklärten Geschäfts auch die Abtretung verbunden sein sollte (RG JW 04, 337[3]).

2. Im allgemeinen ist **jede Forderung abtretungsfähig,** also auch eine sog. unvollkommene (§ 134 A 3). Über die unübertragbaren Forderungen, welche die Ausnahme bilden, vgl. § 399. Zur Rechtswirksamkeit der Abtretung gehört aber die Bestimmtheit oder wenigstens Bestimmbarkeit (vgl. § 315 A 1) der Forderung, die abgetreten wird. An diesem Erfordernisse fehlt es, wenn der Zedent mehrere Forderungen hat und nur ein summenmäßiger Teil dieser mehreren Forderungen, nicht eine bestimmte Quote von ihnen abgetreten wird (RG 90, 248; 98, 202). Übertragbar sind grundsätzlich auch Ansprüche aus gegenseitigen Verträgen, ohne daß hierdurch das Einrederecht des andern Teiles aus den §§ 320, 321 berührt wird (RG 51, 170; 64, 122; Gruch 55, 640; vgl. § 404). Hat der aus einem solchen Vertrage Verpflichtete seinen Anspruch (Kaufpreisforderung) an einen andern abgetreten, dann kann er gleichwohl noch selbst seine Leistung verweigern, bis der Berechtigte seine Schuld dem Zessionar gegenüber erfüllt (RG JW 1916, 1115[3]). Bei der Übertragung von Forderungen, die auf die Dauer gerichtet sind, ist auslegungsweise festzustellen, in welchem Umfange die Forderung abgetreten ist; regelmäßig wird als Parteiabsicht anzunehmen sein, daß Erweiterungen der Forderung mit übertragen sind (RG Warn 1915 Nr 260). Die Abtretung des Anspruchs aus einem Teillieferungsvertrage (Sukzessivlieferungsvertrage) hindert den abtretenden Verkäufer

nicht, dem Lieferungsanspruche des Käufers gegenüber die Einrede der Zurückbehaltung aus § 320 geltend zu machen (RG 88, 254). — Abtretbar ist der Auseinandersetzungsanspruch aus einem Gesellschaftsvertrage (nicht aber aus einer Erbengemeinschaft; RG 60, 126); die Forderung einer Gesellschaft m. b. H. oder einer Aktiengesellschaft auf Zahlung der restlichen Kapitalseinlage (RG 76, 436; 85, 352; 102, 385); das zugunsten eines Geschäftsinhabers begründete Recht aus einer Wettbewerbsklausel, und zwar geht mit dem Geschäfte im Zweifel auch das Recht aus der Klausel ohne weiteres auf den Erwerber über (RG 96, 172; 102, 129); das Recht aus einer Löschungsvormerkung (RG 52, 11; vgl. dazu § 401 A 1 g. E.); des ferneren, wie der Anspruch auf Herausgabe gemäß §§ 870, 931, so auch die Besitzklage aus § 861 (RG 4. 4. 14 V 535/13). Abtretbar ist im Falle der Weiterzession auch der dem (ersten) Zessionar aus dem Vertrage mit seinem Zedenten erwachsene, wenngleich erst in der Person des Nachzessionars zur Entstehung gelangende Gewährleistungsanspruch (RG Gruch 49, 906). — Übertragbar ist auch der Anspruch auf Auflassung, und zwar ohne Einhaltung der Form des § 313 (RG 53, 268; Warn 1909 Nr 287, vgl. auch Nr 394; RG 111, 300). Dagegen ist der dingliche Berichtigungsanspruch (§ 894) für sich allein, ohne Auflassung des Grundstücks (vgl. oben A 1 Schlußabsatz), nicht in der Weise übertragbar, daß dadurch der Zessionar berechtigt würde, die Berichtigung des Grundbuchs auf seinen Namen zu verlangen; eine solche Abtretung kann vielmehr nur die Wirkung haben, daß der Abtretungsempfänger ermächtigt wird, den dem Abtretenden als dem wahren Berechtigten zustehenden Berichtigungsanspruch im eigenen Interesse dahin geltend zu machen, daß die Berichtigung auf dessen Namen vorgenommen werde (RG 53, 410; 59, 294; 64, 165; 112, 265 und die dort angeführten weiteren Urteile des Reichsgerichts). Passiv legitimiert ist an sich nur derjenige, der zu Unrecht eingetragen steht; die nach der Rechtshängigkeit des gegen den Eingetragenen erhobenen Berichtigungsanspruchs erfolgte Veräußerung des Rechtes nimmt ihm jedoch nicht seine Passivlegitimation (RG Gruch 1921, 725). — Auch die Abtretung der einem gemeinnützigen Siedlungsunternehmen durch die Ausübung des Vorkaufsrechts erwachsenen Rechte ist grundsätzlich nicht unzulässig (RG 108, 116).

Wie im ganzen, so ist eine Forderung auch **teilweise übertragbar**, vorausgesetzt, daß sie an sich teilbar ist (RG 64, 120), wobei im Zweifel nicht anzunehmen ist, daß der Zedent dem Zessionar das Vorrecht zugunsten der abgetretenen Teilforderung hat abtreten wollen (RG JW 1914, 528[5]; nemo surrogat contra se). Ebenso ist von mehreren in dem nämlichen Vertrage begründeten Ansprüchen ein einzelner übertragbar (RG Gruch 54, 924). Auch die Teilabtretung einer Wechselforderung ist möglich, erfordert jedoch Einräumung des Besitzes am Wechsel (vgl. oben A 1), wozu aber die Einräumung des Mitbesitzes gemäß § 868 genügt (RG Warn 1921 Nr 123; vgl. zu § 868).

Kommt der Abtretung auch gleich der Übergabe eine dingliche Wirkung zu, so ergibt sich aus der Natur der Sache doch der Unterschied, daß die Übergabe notwendig eine bereits vorhandene Sache voraussetzt, weil eine körperliche Übergabe einer nicht vorhandenen Sache undenkbar ist, daß hingegen die sich allein durch Willenserklärungen vollziehende **Abtretung auch erst künftiger Forderungen** wie Rechte begrifflich möglich ist. Notwendig dazu ist freilich, daß die künftige Forderung schon so genügend bestimmt, wenigstens bestimmbar (RG JW 1917, 764[7]) ist, daß es nur noch ihrer Entstehung bedarf, um die Übertragung von da ab ohne weiteres wirksam werden zu lassen (RG 55 S. 334, 404; 58, 72; 67, 166; sowie 75, 225). Die Übertragung künftiger Forderungen hat daher auch sofort die dingliche Wirkung, daß bei Entstehung der Forderung der Übergang sich ohne weiteres vollzieht (RG JW 1913, 132[8]). So ist auch die Abtretung künftiger Zinsen (vgl. § 246 A 1 a. E.) sowie aller Mietansprüche aus einem bestimmten Mietverhältnisse zulässig (RG Gruch 48, 891; Warn 1912 Nr 361); ferner die Übertragung künftiger Hypotheken (RG 74, 416); weiter die Übertragung des Anspruchs auf künftig zur Entstehung gelangende Dividendenansprüche (RG 98, 320, wo zugleich ausgeführt ist, daß die Übertragung des Geschäftsanteils unter Vorbehalt des Dividendenanspruchs zulässig ist). Da die Abtretung unbedingt erst mit Entstehung der Forderung oder des Rechtes wirksam werden kann und eine Rückwirkung ausgeschlossen ist, so sind bei Abtretung einer künftigen Hypothek die Grundsätze vom gutgläubigen Erwerbe (§ 892) nicht anwendbar (RG 74, 416). Über die Abtretbarkeit der Baugeldhypothek auch vor erfolgter Valutierung vgl. § 157 A 3 Abs 2 (RG JW 1910, 755[17]). Wird eine abredegemäß in Teilzahlungen zu tilgende Hypothek nur zu einem Teilbetrage abgetreten, so steht der Anspruch auf die Tilgungsbeiträge den einzelnen Teilhypothek-Gläubigern nach Verhältnis ihrer Anteile zu, und zwar auch dann, wenn bei der Abtretung der einen Teilhypothek vor der andern der Vorrang eingeräumt worden ist (RG Warn 1911 Nr 192). Im Fall eines gemäß § 328 zugunsten des Zedenten abgeschlossenen Vertrags (beispielsweise eines Lebensversicherungsvertrags) ist die Übertragung der Forderung schon in einem Zeitpunkte möglich, in welchem der Zedent den Anspruch im Sinne des § 328 Abs 2 noch nicht erworben hat (RG 13. 2. 06 VII 241/05). Zulässig ist auch, daß einem andern eine noch nicht bestehende

Forderung mit der Abrede eingeräumt wird, daß er sie einem Dritten abtrete, um die von diesem als Entgelt dafür zu gewährende Leistung dem Schuldner zuzuführen, so daß das Schuldverhältnis in Wirklichkeit erst zwischen dem Dritten und dem Schuldner begründet wird und der erste Gläubiger nur zur Empfangnahme der vom Dritten zu gewährenden Leistung ermächtigt sein soll (RG 12. 2. 10 V 198/09 u. 26. 11. 10 V 273/10). Es liegt hier kein Scheingeschäft vor (RG 60, 23). Zu gleichem Zwecke ist auch die Zession in blanco statthaft derart, daß der Zessionar ermächtigt ist, den künftigen Gläubiger erst seinerseits zu bestimmen und die Zessionsurkunde auf dessen Namen auszufüllen. **Abtretungsfähig ist dagegen nicht** ein erst künftiges Patentrecht, solange die Erfindung noch nicht gemacht ist (RG 75, 228). Ebensowenig die Abtretung aller künftigen Einnahmen, da es an der erforderlichen Bestimmtheit fehlt (RG JW 1911, 576[10]). Einer ausreichenden Bestimmtheit (vgl. oben Abs 1 dieser Anm) ermangelt auch die Abtretung „aller aus den Büchern ersichtlichen Kundenforderungen“, oder die Abtretung „aller auf die (angegebene) Art erworbenen Forderungen“ (RG Warn 1916 Nr 71), oder die Abtretung „der jeweils jüngsten Forderungen“ einer Gesellschaft (RG 93, 246). — Als **wider die guten Sitten verstoßend ist unter Umständen nichtig** die fiduziarische Abtretung „aller Außenstände“ RG JW 1911, 576[10]); die zur Verschleierung dienende Abtretung (RG Gruch 49, 352); ferner die Abtretung allein zu dem Zwecke, um dem Zessionar die Klage im Armenrechte zu ermöglichen (RG 81, 175; 22. 1. 24 III 319/23). Die Abtretung allein zu dem Zwecke, den Zedenten als Zeugen auftreten zu lassen, verstößt noch nicht gegen die guten Sitten (RG JW 09, 270[3]; 1913, 317[3]); wohl aber dann, wenn zugleich bezweckt ist, den Zedenten Unwahres aussagen zu lassen (RG 81, 162; Gruch 53 913). Daß **bedingte** und **befristete Forderungen** zur Übertragung geeignet sind, folgt schon aus ihrer Natur als erworbenes Recht (Vorbem 5 vor § 158). Endlich ist auch die bedingte Abtretung erst künftiger Forderungen zulässig (RG 67, 166; 75, 227; Warn 1912 Nr 157, wonach in der Abrede, daß die Versicherungsgesellschaft durch Zahlung der Versicherungssumme in die Rechte des Versicherten eintrete, eine derartige Abtretung liegt). — Durch die noch geltende Vorschrift des Anhangs § 163 PrAGO sind der Abtretbarkeit entzogen Gehaltsansprüche eines preußischen Beamten.

Hinsichtlich der Übertragbarkeit von Rechten vgl. § 413. Über den Übergang von Forderungen kraft Gesetzes (cessio legis) vgl. § 412; auf Grund richterlicher Anordnungen §§ 835—838, 844, 857, 859, 860 ZPO; über die Abtretung einer rechtshängigen Forderung § 265 ZPO; der Kläger kann alsdann nur noch Zahlung an den Zessionar verlangen (RG 56, 301). — Über Fälle mangelnder Übertragbarkeit s. § 399 (A 1 u. 4) und § 400. Darüber, ob das Recht aus einem bereits zugegangenen, noch nicht angenommenen Vertragsantrage abtretbar ist, vgl. § 145 A 2 Abs 3.

3. Mit dem Vorgange, daß der neue **Gläubiger an Stelle des bisherigen Gläubigers tritt**, hört das Gläubigerrecht des bisherigen Gläubigers völlig auf, und es steht fortan dem Zessionar zu (RG 56, 301), und zwar nach § 401 nebst allen hiermit verbundenen Nebenrechten. Mit der Abtretung ist daher eine Abrede unvereinbar, infolge deren dem Zedenten das Recht vorbehalten wird, über die Forderung für sich zu verfügen, oder wonach der Zessionar nicht befugt sein soll, die Forderung in eigenem Namen geltend zu machen; die Übertragung wäre gegebenenfalls nichtig (RG 90, 249; 92, 240; JW 1914, 528[6]; Gruch 60, 851; vgl. A 1 Abs 2 g. E.) Behält sich der Gläubiger das Recht vor, die Forderung in eigenem Namen einzuziehen, dann liegt ein Scheingeschäft vor (RG 90, 275). Die bloße Ermächtigung, die Forderung des Gläubigers einzuziehen, enthält daher ebenfalls keine Abtretung (RG 92, 239). — Im Falle einer wirklichen Zession kann der Zedent auch nicht mehr Handlungen zugunsten des Zessionars im eigenen Namen vornehmen (auch dann nicht, wenn Gegenstand der Abtretung das Recht aus einem Schiedsspruche gewesen, RG JW 1911, 644[9]). Insbesondere kann der alte Gläubiger für den neuen nicht mehr Nebenrechte erwerben oder die Verjährung unterbrechen, gleichgültig, ob dem Schuldner die Zession schon bekannt war oder nicht (RG 52, 281). Wohl aber kann der Versprechensempfänger aus einem **pactum de mutuo dando** nach Abtretung dieses Anspruchs an einen Dritten (vgl. § 399 A 2 a. E.) immer noch auf Zahlung an den Dritten klagen, da er seinem Vertragsgegner gegenüber trotz der Abtretung der Vertragsberechtigte bleibt, wie er anderseits auch durch Zahlung des Darlehnsbetrags von seiten seines Vertragsgegners an den Dritten der Schuldner des ersteren wird (RG 66, 359; 68, 356; 77, 407). Im übrigen ist es auch möglich, daß der Darlehnsvorvertrag zugunsten des Dritten mit der Wirkung des § 328 abgeschlossen wird und der Dritte sonach unmittelbar und sofort den Anspruch auf Gewährung der Darlehnssumme erhält (§ 328 A 3). — Auch im Falle der Pfändung und Überweisung einer Forderung kann der Pfändungsschuldner gegen seinen Schuldner unmittelbar auf Zahlung an den Pfändungsgläubiger klagen (RG JW 1912, 34[19]; Gruch 49, 1061). Einen nach der Abtretung in seiner Person entstandenen Verzugsschaden kann der Zessionar nur geltend machen, wenn der Schuldner von dem Gläubigerwechsel Kenntnis erhalten und trotzdem

im Verzuge beharrt hat (RG 107, 187). — Auf Ansprüche, die einer deutschen Firma entstanden, aber einer ausländischen abgetreten sind, findet § 7 des Reichshaftungsgesetzes vom 22. 9. 10 (RGBl 798) keine Anwendung (RG 111, 295). — Bringt der zur Abtretung verpflichtete Zedent eines Lieferungsanspruchs durch Verletzung seiner ihm aus dem Kaufvertrage obliegenden Vertragspflichten den abgetretenen Anspruch schuldhaft zum Erlöschen, so muß er sich gegenüber dem Zessionar so behandeln lassen, als hätte er den Anspruch noch nicht abgetreten (RG 112, 376). — Für die freie Aufwertung einer abgetretenen Forderung bildet nicht, wie in der Regel für die durch das Aufwertungsgesetz geregelten Ansprüche (§§ 2, 3 Nr 1), bei der Berechnung des Goldmarkbetrags der Tag des Erwerbs der Forderung durch den derzeitigen Gläubiger den unbedingt maßgebenden Zeitpunkt, sondern es sind dabei alle Umstände, zu denen auch der vom Zessionar bezahlte unaufgewertete Erwerbspreis gehören kann, nach § 242 zu würdigen (RG 113, 30).

4. Übergangsrecht und Gesetzeskollision. Die Rechtsfolgen einer nach dem 1. 1. 00 vorgenommenen Abtretung sind nach dem BGB zu beurteilen, auch wenn die Forderung vor dem angegebenen Zeitpunkte entstanden war (RG 56, 301). Das deutsche Recht entscheidet auch über die Abtretung und ihre Wirkungen, wenn die Rechtsverhältnisse der abgetretenen Forderung nach deutschem Rechte zu beurteilen sind (RG 65, 358; 18. 6. 24 I 474/23).

§ 399

Eine Forderung kann nicht abgetreten werden[1]), wenn die Leistung an einen anderen als den ursprünglichen Gläubiger nicht ohne Veränderung ihres Inhalts erfolgen kann[2]) oder wenn die Abtretung durch Vereinbarung mit dem Schuldner ausgeschlossen ist[3])[4]).

E I 295; M 2 121; P 1 384.

1. **Unübertragbarkeit der Forderung.** In den beiden durch § 399 getroffenen Fällen (A 2, 3) ist die Übertragung durch § 399, also durch Gesetz, verboten. Die Bestimmung ist jedoch nicht (wie § 400, vgl. Anmerkung dazu) im öffentlichen Interesse gegeben und daher zwingendes Recht; sie bezweckt vielmehr lediglich die Wahrung der Interessen des Schuldners (RG 29. 10. 06 I 110/06). Handelt es sich sonach um ein lediglich den Schutz einer bestimmten Person bezweckendes Veräußerungsverbot (§ 135), so ist eine ihm zuwider erfolgende Abtretung nicht nichtig (wie in RG 75, 145 unrichtigerweise angenommen worden), sondern nur dem Schuldner gegenüber unwirksam. Da jedoch eine Forderung nur ein schuldrechtliches Band zwischen Gläubiger und Schuldner bildet, so ist eine dem Schuldner gegenüber unwirksame Übertragung auch im Verhältnisse zwischen Zedent und Zessionar keine Übertragung eines Vermögenswerts; die Forderung bleibt in Wirklichkeit im Vermögen des Zedenten; sie kann deshalb auch von seinen Gläubigern noch gepfändet werden (RG 75, 143; 86, 350). Erfolgt die Abtretung mit Einwilligung des Schuldners, so ist sie von vornherein vollwirksam. Eine nachträgliche Einwilligung (Genehmigung) des Schuldners beseitigt die bis dahin bestehende Unwirksamkeit, jedoch nicht mit rückwirkender Kraft, da es sich nicht um einen Fall des § 185 Abs 2 und auch nicht um einen solchen des § 184 handelt, sondern um einen Verzicht des Schuldners auf die lediglich ihm gegenüber bestehende Unwirksamkeit (RG 75, 143; vgl. auch § 135 A 2 und § 182 A 1). Deshalb werden in der Zwischenzeit vorgenommene Pfändungen der Forderung durch Gläubiger des Zedenten durch die nachträgliche Zustimmung des Schuldners in ihrer Wirksamkeit nicht beeinträchtigt (RG 75, 143). — Weil die Übertragbarkeit der Rechte die Regel bildet, trifft die Beweislast für die Ausnahme den Schuldner (RG JW 01, 725[20]). — Auch der auf § 67 Satz 1 des VersVG beruhende Übergang des dem Versicherungsnehmer gegen einen Dritten zustehenden Schadensersatzanspruchs auf den Versicherer kann durch Vereinbarung wirksam ausgeschlossen werden (RG 97, 78; SeuffA 75 Nr 95).

2. Es genügt nicht eine solche **Veränderung des Inhalts der Forderung,** die bloß in Verschiedenheiten der individuellen Persönlichkeit der Gläubiger ihren Grund hat (der eine ist beispielsweise nachsichtiger als der andere), ohne daß sachliche Unterschiede, wie etwa infolge einer privilegierten Stellung des Fiskus, bestehen; es muß vielmehr die Veränderung des Gläubigers zugleich den Inhalt der Leistung ändern. Beispiele hierfür bietet das Gesetz selbst in den §§ 613 Satz 2, 664 Abs 2. Eine Veränderung des Leistungsinhalts liegt insbesondere vor, wenn die Leistung nach Lage des Falles überhaupt nur zugunsten des alten Gläubigers erfolgen kann, wie das beispielsweise bei dem Anspruche auf Schuldbefreiung zutrifft (RG JW 1911, 711[8]; 1912, 857; Gruch 59, 911); es sei denn, daß die Abtretung des Schuldbefreiungsanspruchs an den Gläubiger selbst erfolgt (RG 80, 183; 81, 253). Der Anspruch aus einem Darlehnsvorvertrage (pactum de mutuo dando) kann in der Regel wegen der damit verbundenen Änderung des Leistungsinhalts nicht abgetreten werden;

doch kann im Einzelfalle auch die Abtretbarkeit dem Vertragswillen entsprechen (RG 66, 361). Abtretbar ist jedenfalls der bloße Anspruch auf die *Auszahlung* des Geldes in der Weise, daß der Zedent dadurch Darlehnsschuldner wird (RG 68, 356; JW 1910, 747[3]; Warn 09 Nr 15) und daß er nunmehr auf Auszahlung des Geldes an den Zessionar klagen kann (RG 77, 407; JW 1912, 192[11]). Das gilt auch bei dem zugesagten *Baudarlehen* (RG 66, 359; JW 09, 309[4]; Warn 1911 Nr 320). — Bei *gegenseitigen Verträgen* kann die eine Forderung übertragbar sein, die andere nicht, wie beispielsweise beim Mietvertrage der Anspruch auf die Miete frei übertragbar ist, das Mietrecht dagegen nur mit Erlaubnis des Vermieters (§ 549), weil die Leistung des Vermieters an sich eine andere ist, je nachdem er den Gebrauch dieser oder jener Persönlichkeit zu überlassen hat (RG JW 1911, 487[7]; 3. 7. 23 III 127/23). Im übrigen vgl. § 398 A 2.

3. Ist die **Abtretung durch Vereinbarung mit dem Schuldner ausgeschlossen**, so wirkt der Ausschluß (in dem in A 1 erörterten Sinne) nicht nur zwischen Gläubiger und Schuldner, sondern auch jedem Dritten, insbesondere dem Zessionar (RG JW 1915, 577[11]) gegenüber, nimmt also der Forderung selbst die Eigenschaft der Veräußerungsfähigkeit. Vgl. aber über den Einfluß des guten Glaubens des Zessionars § 405. Auch in diesem Falle handelt es sich nicht (wie in dem Falle der Abtretung zur Einziehung, RG 99, 143) um ein lediglich rechtsgeschäftliches Veräußerungsverbot, das nach § 137 nur schuldrechtliche Wirkung äußern könnte (so die 5. Aufl.), sondern um ein durch § 399 gegebenes gesetzliches Veräußerungsverbot; vgl. A 1. Darüber, daß keine Nichtigkeit besteht, vgl. A 1. Vgl. RG 95, 207, wonach auch eine gegen das Verbot des § 98 VersVG erfolgte Abtretung der Versicherungssumme nicht nichtig, sondern nur zugunsten der geschützten Personen (§ 1128 BGB) unwirksam ist. — Auch der auf § 67 Satz 1 RVersG beruhende, sich also kraft Gesetzes vollziehende Rechtsübergang kann durch eine Vereinbarung gemäß § 399 ausgeschlossen werden (RG 97, 77). — Auch dem Erwerber einer Hypothek kann mangels guten Glaubens die Einrede entgegengesetzt werden, daß der Zedent nach einer mit dem Eigentümer getroffenen Abrede zur Abtretung der Hypothek nicht berechtigt sei. — Das Verbot der Abtretung einer Forderung hindert nicht, daß auf den Fall der Zuwiderhandlung wirksam *eine Strafe gesetzt wird*, da schon der *Versuch* der Abtretung durch die Strafandrohung gehindert werden soll (RG 25. 9. 15 V 143/15).

4. Eine Veränderung des Leistungsinhalts (A 2) wird vom Gesetze als mit der Abtretung verbunden auch in solchen Fällen angenommen, in denen das Recht an die Person des Berechtigten gebunden ist (**höchstpersönliche Rechte**). Aus diesem Grunde sind insbesondere nicht übertragbar die Ansprüche der Gesellschafter einer *bürgerlich-rechtlichen Gesellschaft* gegeneinander aus dem Gesellschaftsverhältnisse, § 717, mit den in Satz 2 daselbst bezeichneten Ausnahmen, die jedoch nicht über ihren Wortlaut ausgedehnt werden dürfen, insbesondere nicht auf von Gewinn und Verlust unabhängige Ansprüche auf Entnahmen aus der Gesellschaftskasse (RG 67, 17), während anderseits Ansprüche einer *Gesellschaft, die selbständige Rechtspersönlichkeit hat*, gegen ihre Mitglieder, wie der Anspruch auf Einzahlung der restlichen Kapitaleinlage, nicht unter das Abtretungsverbot des § 717 fallen (RG 76, 436; 102, 386); ferner der Anspruch eines Gesellschafters auf *Rechnungslegung*, während der Anspruch auf das aus der Liquidation sich ergebende Guthaben übertragbar ist (RG 52, 35; 90, 19; JW 1917, 539[7]; *Altenteilsrechte* (RG 14. 10. 05 V 257/05); ferner nicht übertragbar der Anspruch auf Ersatz immateriellen Schadens (§ 847 Satz 2), der Anspruch aus der Defloration (§ 1300), der Anspruch auf Aussteuer (§ 1623), der Anspruch der Erben auf Auseinandersetzung (RG 60, 132); sowie Ansprüche auf Unterhalt, soweit es sich nicht um bereits festgestellte, bestimmte Beträge handelt (RG JW 05, 684); Ansprüche aus einem Kreditvertrage (RG 51, 119). — Ansprüche, die der Zwangsverwalter durch Urteil erstritten hat (der Anspruch auf Zurückschaffung von entfernten Zubehörstücken), sind abtretbar (RG 3. 4. 11 V 348/10, vgl. auch § 398 A 1 Schlußabsatz). Aus *Gründen des öffentlichen Interesses* sind durch § 400 als unübertragbar erklärt *unpfändbare* Forderungen. Auch öffentliche Pfandleiher (§ 34 GewO) können Forderungen, die sie in diesem Gewerbebetriebe gegen Faustpfänder erworben haben, an Dritte, die nicht öffentliche Pfandleiher sind, nicht abtreten (RG 58, 71). — Endlich sind *nicht selbständig übertragbar* bloße *Rechtsbefugnisse* wie der Feststellungsanspruch, das Rücktrittsrecht und das Anfechtungsrecht; sie können von den ihnen zugrunde liegenden Rechtsverhältnissen nicht losgelöst werden (RG JW 09, 685[8]; Warn 1912 Nr 67; Gruch 55, 1068). Wohl aber ist es auch in den bezeichneten Fällen möglich, einen andern durch Abtretung der bloßen Rechtsbefugnis zur Durchführung des Anspruchs auf eigenen Namen und für eigene Rechnung zu ermächtigen, während das Vermögensrecht selbst dem Abtretenden verbleibt. Voraussetzung ist dabei jedoch, daß die Abtretung zur Wahrnehmung *eines eigenen Interesses des Zessionars* erfolgt, da es ihm sonst am Rechtsschutzinteresse fehlen würde (RG 53 S. 275, 411 und 73, 307; 91, 395).

Fraglich ist, ob **Nebenrechte** (akzessorische Rechte) selbständig übertragbar sind. Hinsichtlich der Vertragsstrafe ist dieses bereits bei § 339 A 1 bejaht worden. Zinsansprüche, die bereits entstanden sind, haben die Eigenschaft selbständiger Rechte. Aber auch Ansprüche auf künftige Zinsen sind nach den unter § 398 A 2 erörterten Grundsätzen abtretungsfähig. Die Bürgschaft und das Pfandrecht werden dagegen vom Gesetze nach § 401 als unselbständige, nur dem Hauptanspruche dienende Rechte aufgefaßt und sind daher nicht selbständig übertragungsfähig (RG 15, 278; JW 09, 685[8]; a. A. Planck § 401 A 1c), wie dies § 1153 Abs 2 hinsichtlich der Hypothek ausdrücklich ausspricht. Unübertragbar sind der Substanz nach die mit dem Eigentume untrennbar verbundenen Rechte. So der Berichtigungsanspruch als solcher (RG Gruch 54, 943; vgl. § 398 A 2) und das Recht auf den Vorrang, das sich der Eigentümer zugunsten einer von ihm künftig zu bestellenden Hypothek vorbehält (RG 28. 1. 11 V 151/10, teilweise abgedruckt JW 1911, 334[29]), endlich der Anspruch auf Vorlegung aus §§ 809, 810 ohne den Hauptanspruch (RG Gruch 54, 943). Das in einem Gesellschaftsvertrage (einer offenen Handelsgesellschaft) einem Gesellschafter vorbehaltene Recht, die Anteile der übrigen Gesellschafter zu erwerben, ist jedenfalls dann abtretbar, wenn es zugleich mit dem Gesellschaftsrechte selbst, falls dieses abtretbar ist, abgetreten wird (RG 92, 167).

§ 400

Eine Forderung kann nicht abgetreten werden, soweit sie der Pfändung nicht unterworfen ist¹).

E I 296; M 2 123; P 1 384.

1. Vgl. hierzu die Ausführungen unter § 394. Die der Pfändung nicht unterworfenen Forderungen sind in § 850 ZPO aufgezählt; außerdem enthält § 851 Abs 1 die Generalklausel, daß eine Forderung der Pfändung nur insoweit unterworfen, als sie übertragbar ist; es wird also dort die Übertragbarkeit als Voraussetzung der Pfändbarkeit aufgestellt, während umgekehrt hier § 400 die Pfändbarkeit als Voraussetzung der Übertragbarkeit aufstellt. Nach § 851 Abs 2 ZPO wird aber ferner die Pfändbarkeit durch eine nach § 399 bestehende Unabtretbarkeit nicht ausgeschlossen, falls und soweit der geschuldete Gegenstand pfändbar ist. § 400 findet Anwendung, auch wenn die Übertragbarkeit noch nach altem Rechte zu beurteilen ist (RG 67, 15). § 400 enthält zwingendes Recht, das auch im öffentlichen Interesse geschaffen ist (RG 94, 137). Die entgegen § 400 erfolgte Abtretung ist nichtig. Der § 817 Abs 2 ist hier aber nur dann anwendbar, wenn die Abtretung zur Erfüllung eines Vertrags geschah, der einen gesetzlich verbotenen Zweck verfolgte (RG Gruch 61, 304). Der dem Schuldner zustehende lebenslängliche Nießbrauch an einer Hypothek ist in Ansehung des Zinsanspruchs pfändbar und daher auch abtretbar; um den Gläubiger gegen eine Vereitlung des Pfändungspfandrechts, namentlich durch Löschung des Nießbrauchs auf Grund eines Verzichts zu schützen (§ 892 Satz 2), bedarf es der Eintragung der Verfügungsbeschränkung (RG 74, 78). Der § 400 gilt auch für die kraft Gesetzes übergehenden Forderungen (§ 412). Der § 400 hindert nicht die Abtretung des bloßen Verfügungsrechts über eine Forderung derart, daß das Gläubigerrecht dem Zedenten verbleibt (RG 94, 137). Vgl. § 398 A 1 Abs 3. Soweit das Recht aus einem Darlehnsvorvertrage abtretbar ist (vgl. § 399 A 2), ist es auch pfändbar.

§ 401

Mit der abgetretenen Forderung gehen die Hypotheken oder Pfandrechte, die für sie bestehen, sowie die Rechte aus einer für sie bestellten Bürgschaft auf den neuen Gläubiger über¹).

Ein mit der Forderung für den Fall der Zwangsvollstreckung oder des Konkurses verbundenes Vorzugsrecht kann auch der neue Gläubiger geltend machen²)³).

E I 297; M 2 124; P 1 385.

1. **Der Mitübergang von Nebenrechten auf den neuen Gläubiger** entspricht der Auffassung, daß Nebenrechte, wie Hypothek, Pfandrecht, Bürgschaft der Selbständigkeit entbehren (§ 399 A 4 Abs 2) und daher dem Hauptrechte, um dessentwillen sie begründet wurden, ohne weiteres folgen (anders das Verhältnis zwischen Sache und Zubehör; vgl. dazu die Ausführungen bei § 314). Wird daher das Hauptrecht mit Ausschluß des Nebenrechts übertragen, was begrifflich möglich ist, dann führt eine solche Übertragung notwendig zum Untergange des Nebenrechts, wie das in § 1250 Abs 2 hinsichtlich des Pfandrechts ausdrücklich

vorgesehen ist (RG 85, 364). „Wie das Pfandrecht, so werden auch andere nicht mit abgetretene Nebenrechte, die selbständig nicht bestehen können, als erloschen zu gelten haben" (RG JW 05, 428[6]). § 401 kann auch auf andere als die in ihm aufgezählten einzelnen Nebenrechte Anwendung finden (RG 60, 371; 65, 418; 91, 279). Die sicherungshalber erfolgte Übertragung einer Forderung kann aber als Nebenrecht der zu sichernden Forderung nicht gelten. Dient die Übertragung gegebenenfalls auch dem gleichen Zwecke wie die eigentliche Verpfändung, so besteht doch der entscheidende Unterschied, daß der Gläubiger im letzteren Falle ein an sich unselbständiges Recht erlangt, im Falle der Übereignung sicherheitshalber dagegen die übertragene Forderung selbst zu eigenem Rechte erwirbt, während sich der Sicherungszweck nur nach der schuldrechtlichen Seite im Innenverhältnisse äußert; vgl. § 117 A 3. Doch ist eine entsprechende Anwendung des § 401 in Verbindung mit § 412 auf die Sicherungsübereignung in der Weise, daß die Rechte aus ihr mit der Abtretung oder dem gesetzlichen Übergange der Forderung zwar nicht ohne weiteres übergehen, aber der bisherige Gläubiger zu ihrer Übertragung schuldrechtlich verpflichtet ist, wegen der Gleichheit des wirtschaftlichen Zweckes in RG 89, 195 (für den Fall der Befriedigung des Gläubigers durch den Bürgen) und in RG 91, 279 (für den Fall der Befriedigung des Gläubigers durch einen ausgleichsberechtigten Gesamtschuldner) wohl mit Recht als gegeben erachtet und auch für den Fall der Sicherungsübereignung einer Forderung anzuerkennen. — Zwischen Forderung und Hypothek ist ein so enger Zusammenhang geschaffen, daß die erstere nicht ohne die letztere wie die letztere nicht ohne die erstere übertragen werden kann, und daß ein dagegen verstoßendes Rechtsgeschäft somit nichtig ist (§ 1153 Abs 2). Anders verhält es sich nur bei der Höchstbetragshypothek (§ 1190 Abs 4); bei ihr kann die Übertragung der Forderung nach den für die Übertragung von Forderungen geltenden Vorschriften erfolgen und der Übergang der Hypothek ist in diesem Falle ausgeschlossen. — Selbständige Ansprüche gehen, auch wenn sie mit dem abgetretenen Anspruche zusammenhängen, nicht ohne weiteres mit der Abtretung des letzteren über, vielmehr müssen sie mitabgetreten sein: so Schadensersatzansprüche (RG Warn 1912 Nr 11), vertragsmäßige Gewährleistungsansprüche des Zedenten gegen einen früheren Zedenten, weil durch das Versprechen der Gewährleistung nicht die Haftung für eine fremde Schuld (Bürgschaft), sondern eine selbständige Verpflichtung übernommen wird (RG 60, 371; 72, 141); desgleichen die Übernahme der Haftung für die Zulänglichkeit der zur Deckung einer bloß dinglichen Schuld gewährten Sache, weil darin keine Bürgschaft liegt, bei welcher die Haftung für die Leistung des persönlichen Schuldners erforderlich ist (RG Warn 1916 Nr 130, doch dürfte es sich hier wohl um ein der Bürgschaft wesensähnliches Nebenrecht handeln); ferner der Anspruch des Hypothekengläubigers auf Herausgabe des Hypothekenbriefs (RG 54, 111). Das nicht selbständige Anfechtungsrecht gehört nicht zu denjenigen Nebenrechten im Sinne des § 401, die ohne weiteres mitübergehen (RG 30, 74; Warn 1912 Nr 67). Vgl. noch § 142 A 1. **Das Recht auf die noch nicht verfallene Vertragsstrafe geht als Bestandteil des Gläubigerrechts bei dessen Übertragung ohne weiteres mit über (Prot 1, 422).**

Dagegen gehören zu den Nebenrechten, die mit der Abtretung übergehen, das Recht aus einer Erfüllungsübernahme gemäß §§ 415 Abs 3, 329 (RG 65, 170) und das kaufmännische Zurückbehaltungsrecht (RG JW 07, 170[8]). Ob und inwieweit die Zinsansprüche aus der abgetretenen Forderung, die an sich selbständig übertragbar sind (RG 74, 81; vgl. § 398 A 2 Abs. 3), als mitübertragen zu erachten sind, ist durch Auslegung der Erklärung festzustellen (RG Warn 08 Nr 454; 1914 Nr 244). Im Zweifel dürfte anzunehmen sein, daß die Übertragung des Anspruchs auf bereits fällige Zinsen, da er zu einer selbständigen Forderung geworden ist, nicht beabsichtigt war, daß dagegen das Umgekehrte hinsichtlich des Anspruchs auf die noch nicht fälligen Zinsen zutrifft. Streitig. Jedenfalls ist es zulässig, bei Abtretung der Forderung das Zinsrecht als solches vorzubehalten, und zwar auch bei Hypotheken- und Grundschuldforderungen, wiewohl das Zinsrecht an sich das Schicksal des Hauptrechts teilt und erst die einzelne, fällig gewordene Zinsrate sich als selbständiges Recht vom Hauptrechte ablöst (RG 74, 80; Warn 1914 Nr 244). Vgl. § 246 A 1. Nach den Umständen des Falles ist auch zu beurteilen, ob Forderungen auf Schadensersatz und auf eine bereits verfallene und daher schon zum selbständigen Anspruche erwachsene Vertragsstrafe als mitübertragen zu gelten haben (RG JW 07 S. 171[9] u. 745[16]); aber auch der Anspruch auf eine noch nicht verwirkte Vertragsstrafe wird, insoweit als er zur Sicherung der Erfüllung der übertragenen Vertragsrechte dient, im Zweifel als mitübertragen zu gelten haben (a. A. anscheinend die 5. Aufl); übrigens kann er auch als bedingtes Recht für sich allein übertragen werden. Ob mit Abtretung der Hypothekenforderung auch die Abtretung des Anspruchs auf Herausgabe des Hypothekenbriefs verbunden worden ist, wird gleichfalls auslegungsweise festzustellen sein (vgl. RG 54, 111; ferner § 402 A 1). Der Anspruch aus einer Löschungsvormerkung ist an sich abtretbar (RG 52, 11); er geht mit Übertragung der geschützten Hypothek nicht ohne weiteres über; doch kann auch bei ihm eine stillschweigende Abtretung aus den Umständen gefolgert werden (RG 11. 6. 13 V 23/13).

Daß die Mitübertragung beabsichtigt war, wird wohl meist anzunehmen sein. Daß der Erwerber eines Anspruchs, der zugleich in das entsprechende Schuldverhältnis durch Schuldübernahme eintritt, ohne weiteres auch von den Einreden aus §§ 273 u. 320 Gebrauch machen kann, ergibt sich schon aus den Grundsätzen von der Schuldübernahme (§ 417). Das in § 19 Abs 2 des Ges. betr. Gesellschaften m. b. H. vorgesehene Aufrechnungsverbot gegenüber der Forderung auf Einzahlung der Stammeinlage wirkt, weil es der Forderung selbst dienen soll, auch zugunsten des Zessionars fort (**RG** 85, 351).

2. **Mitübergang von Vorzugsrechten,** die im Falle des Konkurses (§§ 47ff., 61, 62 KO) sowie der Zwangsvollstreckung bestehen (§ 804 Abs. 2 ZPO). Der Mitübergang beschränkt sich nur auf die mit der Forderung verbundenen Vorzugsrechte, erstreckt sich also nicht auch auf solche, die etwa dem Zedenten persönlich zustehen. Gemäß Abs 2 erwirbt auch derjenige, der nach § 268 den am zollpflichtigen Gegenstande pfandberechtigten Fiskus wegen seiner Zollforderung befriedigt, dessen Zollanspruch mit dem konkursrechtlichen Vorrechte aus § 61 Nr 2 KO (**RG** 67, 214).

3. Die Bestimmungen von Abs 1 u. 2 greifen Platz auch im Falle des **Übergangs** der Forderung **kraft Gesetzes** (§ 412) sowie zufolge der **Überweisung** im Zwangsvollstreckungsverfahren (§§ 836ff. ZPO). Nur gewährt der § 838 das. dem Schuldner gegenüber dem Anspruche des Gläubigers auf Herausgabe des Pfandes ein einredeweise geltend zu machendes Zurückbehaltungsrecht. — Im übrigen sind die Vorschriften des § 401 nicht erschöpfend und sie gestatten eine entsprechende Anwendung (**RG** 24. 2. 02 IV 351/01). Hat der Bürge den Gläubiger befriedigt, dann geht auf ihn auch der Anspruch des Gläubigers aus einem Erfüllungsübernahmevertrage über (**RG** JW 07, 170[3]), und im Falle des § 225 Abs 2 KO auf den zahlenden Erben das mit der berichtigten Forderung verbundene Hypothekenrecht (**RG** 55, 157). Falls einer von mehreren Gesamtschuldnern den Gläubiger befriedigt, geht auf ihn dessen Forderung nebst den für diese bestellten Sicherungshypotheken, und falls an deren Stelle im Zwangsversteigerungsverfahren der Erlös getreten ist, der Anspruch auf Befriedigung aus dem Erlöse mit über (§§ 426 Abs 2, 401, 412; **RG** JW 07, 305[7]; **RG** 65, 414). — War durch das zwischen Gläubiger und Schuldner bestehende Arbeitsvertragsverhältnis die Zuständigkeit des Gewerbegerichts begründet (§ 1 Abs 1 GewGG.), so entfiel diese Zuständigkeit, wenn die Forderung auf einen nicht in diesen Verhältnissen stehende Person überging (**RG** 51, 193); anders jetzt nach § 2 Abs 2 des Arbeitsgerichtsgesetzes vom 26. 12. 1926 (RGBl. I 507).

§ 402

Der bisherige Gläubiger ist verpflichtet, dem neuen Gläubiger die zur Geltendmachung der Forderung nötige Auskunft zu erteilen und ihm die zum Beweise der Forderung dienenden Urkunden, soweit sie sich in seinem Besitze befinden, auszuliefern[1]).

E I 301; M 2 128; P 1 387.

1. **Diese Verpflichtung des bisherigen Gläubigers zur Auskunftserteilung und zur Auslieferung der Urkunden** trifft den Gläubiger schon infolge der Abtretung, ohne Rücksicht also auf das etwaige Grundgeschäft. Im Falle der Zuwiderhandlung ist der Zedent dem Zessionar für den ihm daraus entstehenden Schaden haftbar. — Auskunft beispielsweise über die Leistungszeit, den Leistungsort und den Wohnsitz des Schuldners. Die Beweisurkunden sind auszuliefern einschließlich der etwaigen Briefschaften. Befindet sich der Zedent nur im mittelbaren Besitze der Urkunden, dann wird er zur Abtretung des Herausgabeanspruchs (§ 870) verpflichtet sein. Streitig. Vgl. die entsprechende Bestimmung in § 444. — Das Eigentum an der Schuldurkunde erwirbt der Zessionar gemäß § 952 Satz 1 schon mit dem Gläubigerrechte selbst. Die Ansicht, daß der Zedent gemäß § 402 auch noch verpflichtet sei, das Eigentumsrecht an der Urkunde dem Zessionar zu verschaffen (Staudinger A 1b zu § 402), scheint daher nicht zutreffend. Hat der Zessionar das Eigentum bereits nach § 952 erworben, dann würde die Verpflichtung des Zedenten zur Verschaffung des Eigentums überdies auf eine unmögliche Leistung gerichtet sein (§ 275 A 2). Im Falle einer Briefhypothek erlangt freilich der Zessionar Eigentum am Hypothekenbriefe erst mit dessen Übergabe (§ 1154), und es steht ihm bis dahin nur ein persönlicher Anspruch gegen den Schuldner auf Herausgabe des Hypothekenbriefs zu (**RG** Warn 08 Nr 64). — Bei einer Teilabtretung wird der Zedent seiner Verpflichtung aus § 402 genügen, falls er dem Zessionar beglaubigte Abschriften erteilt. Streitig; vgl. aber § 444 Satz 2 und GBO § 61 über den Teilhypothekenbrief. An der Schuldurkunde selbst entstände notwendig Miteigentum. — Die gleichen Bestimmungen greifen Platz auch im Falle der Überweisung im Zwangsvollstreckungsverfahren, gemäß § 836 Abs 3 ZPO.

§ 403

Der bisherige Gläubiger hat dem neuen Gläubiger auf Verlangen eine öffentlich beglaubigte Urkunde über die Abtretung auszustellen. Die Kosten hat der neue Gläubiger zu tragen und vorzuschießen[1].

E I 301; M 2 128; P 1 387.

1. Diese Verpflichtung folgt ebenfalls aus der bloßen Tatsache der Übertragung (§ 402 A 1). — Die **öffentliche Beglaubigung** (§ 129) dient zur zweifelsfreien Legitimation des Zessionars dem Schuldner gegenüber (vgl. §§ 409, 410). Einer öffentlich beglaubigten Urkunde ist ein rechtskräftiges Urteil, das die erfolgte Abtretung feststellt, gleichzustellen (**RG** JW 1916, 1178[6]). Verweigert der Zessionar den **Kostenvorschuß**, so hat der Zedent ein Zurückbehaltungsrecht aus § 273. Anwendbar ist die Bestimmung auch im Falle des Übergangs der Forderung kraft Gesetzes (§ 412).

§ 404

Der Schuldner kann dem neuen Gläubiger die Einwendungen[1]**) entgegensetzen, die zur Zeit der Abtretung der Forderung gegen den bisherigen Gläubiger begründet waren**[2—4].

E I 302; M 2 128; P 1 387.

1. **Einwendungen gegenüber dem neuen Gläubiger.** Durch die Änderung der Person des Gläubigers darf der Schuldner nicht schlechter gestellt werden, als er im Falle der Fortdauer der Gläubigerschaft des Zedenten stände. Er muß demgemäß berechtigt sein, auch dem neuen Gläubiger gegenüber **alle Einwendungen geltend zu machen, die gegen den bisherigen Gläubiger begründet waren;** mithin nicht nur die Einreden im eigentlichen Sinne (§ 202 A 2; **RG** 72, 215), sondern auch die rechtshindernden (§§ 117, 118, 138, 320) und rechtsvernichtenden Tatsachen (§§ 119, 123; **RG** JW 07, 742[3]; Warn 1908 Nr 28). So wie der Empfänger eines abstrakten Versprechens selbst (§§ 780, 781) muß sich auch sein Rechtsnachfolger die Zurückforderung nach § 812 wegen ungerechtfertigter Bereicherung des ursprünglichen Empfängers gefallen lassen, auch wenn die Aretung keine unentgeltliche (§ 822) war (**RG** 86, 303). Vgl. auch § 334. Auch der prozuale Einwand aus Vereinbarungen über den Gerichtsstand gehört hierher; ferner der Einwand des Schiedsvertrags (**RG** 56, 183); sowie der Einwand der mangelnden Kostenerstattung in einem Vorprozesse (**RG** 33, 361). Über die Aufrechnung vgl. die Sonderbestimmung des § 406. Die einredeweise Entgegensetzung von Forderungen gemäß §§ 320 ff., 326 (beispielsweise einer Schadensersatzforderung wegen Nichterfüllung gegenüber einer Werklohnforderung aus demselben gegenseitigen Vertrage) enthält keine Aufrechnung, und daher kommt es dabei nicht auf die Voraussetzungen des § 406 an (**RG** Warn 1913 Nr 278; 1914 Nr 329). — Der § 404 enthält nicht zwingendes Recht (**RG** 71, 32); daher kann zwischen dem ursprünglichen Gläubiger und dem Schuldner wirksam vereinbart werden, daß dieser Einwendungen, die an sich die Forderung betreffen, insbesondere die des nicht erfüllten Vertrags, einem Zessionar nicht entgegensetzen dürfe.

2. Die Einwendungen sind — was hier für ihre Verwendbarkeit Rechtsbedingung ist — **schon zur Zeit der Abtretung begründet gewesen,** wenn sie damals auch nur d e m R e c h t s g r u n d e n a c h bereits gegeben waren (**RG** 72, 213), wie namentlich das Verweigerungsrecht im Sinne der §§ 320, 321 schon in dem gegenseitigen Vertrage seinen **Grund** hat (**RG** 77, 158; Warn 08 Nr 28). Ob die die Einwendung begründenden Umstände v o r o d e r n a c h d e r A b t r e t u n g e i n g e t r e t e n sind, ist unerheblich, falls nur die Einwirkung der erst nachträglich eingetretenen Umstände auf das Schuldverhältnis noch in dessen Inhalt und Beschaffenheit allein, unabhängig von der Abtretung, ihren Grund findet (**RG** 83, 282; 82, 307 [zu § 61 Reichserbschaftssteuergesetz]; JW 1911, 362; Warn 09 Nr 347). Nach den Motiven muß es sich nur um Tatsachen handeln, die, ohne in ausschließlicher Beziehung zum Wechsel des Gläubigers zu stehen, den Schuldner zu einer Einwendung nach dem Wesen und Inhalte des Schuldverhältnisses berechtigen, wie beispielsweise die erst nach der Abtretung eingetretene Entwehrung oder der erst nachträglich erfolgte Eintritt einer Bedingung oder die sich erst vollendende Verjährung. Insbesondere muß bei g e g e n s e i t i g e n V e r t r ä g e n der Zessionar sich alle Einwendungen gefallen lassen, die sich aus der späteren Entwicklung des Rechtsverhältnisses, das im übrigen durch die Abtretung unberührt geblieben ist, z. B. aus der Verschlechterung des Vermögensverhältnisse d e s Z e d e n t e n (§ 321; **RG** 51, 170) oder aus der Verwirkung eines Versicherungsanspruchs durch das Verhalten des Zedenten ergeben (**RG** 83, 282; 72, 215; Warn 09 Nr 347; 1911 Nr 16; Gruch 55, 639). Der S c h u l d n e r v e r l i e r t jedoch s e i n e E i n w e n d u n g e n dem neuen Gläubiger gegenüber, wenn er die Abtretung mit

dem aus den Umständen und nach der Verkehrssitte erkennbaren Willen angenommen hat, hierdurch die Forderung des neuen Gläubigers als eine einwandlos zu Recht bestehende anzuerkennen (**RG** 77, 157, wo der Bauunternehmer seinen Anspruch gegen den Geldgeber aus dem Baugeldvertrage einem Dritten abgetreten und der Geldgeber die Abtretung angenommen hatte). **Vgl.** auch **RG** 83, 186: „In der Regel weiß und will der Schuldner, der die abgetretene Forderung und nicht nur die Abtretung (gegenüber dem Zessionar) anerkennt, daß er bei seinem Worte festgehalten werden kann"; ferner JW 1917, 763[2]; SeuffA 71 Nr 226. Ein Verzicht auf die Einreden liegt jedoch noch nicht dann vor, wenn der Schuldner dem Gläubiger nur erklärt, daß er von der Abtretung Kenntnis genommen habe (**RG** LZ 1920, 434[4]). Gegenüber der dinglichen Klage aus einer Hypothek hat der Schuldner gemäß §§ 892, 1138 den Betrugseinwand nur dann, wenn der Zessionar ihn beim Erwerbe der Hypothek erweislich gekannt hat; dem persönlichen Anspruche gegenüber greift aber § 404 Platz (**RG** 23. 3. 07 V 449/06). Über das Einrederecht gegenüber Forderungen aus Schuldverschreibungen vgl. § 796, aus Wechseln Art 82 WO. Über die Einrede der Unzuständigkeit eines Sondergerichts vgl. A 3 a. E. bei § 401. — Der Einwand, daß infolge der BRVO v. 28. 9. 14 aus der abgetretenen Goldhypothek eine Papiermarkhypothek geworden sei, kann einem schweizerischen Zessionar gemäß Art 2 ZusAbk betr. schweizerische Goldhypotheken (Ges. v. 23. 6. 23, RGBl II 284) nicht entgegengesetzt werden, wenn er die Hypothek am 31. 7. 14 bereits erworben hatte.

Tritt der Zessionar die Forderung weiter ab, dann stehen dem Schuldner die Einreden zu, die er gegen den ursprünglichen Gläubiger und gegen den Zwischenzessionar hatte.

3. Abgesehen von den Einwendungen aus dem ursprünglichen Schuldverhältnisse kann der Schuldner auch die ihm gegen den Zessionar unmittelbar zustehenden Einwendungen gebrauchen; so den Einwand des Scheingeschäfts (**RG** JW 06, 329[2]) und der Arglist. Hatte der Zessionar beim Erwerbe einer Grundschuld Kenntnis von der Absicht des Zedenten, dem Schuldner durch die Abtretung Einwendungen abzuschneiden, die seiner etwaigen eigenen Klage entgegenstehen würden, so kann auch der Zessionar die Grundschuld im Klagewege nicht geltend machen (**RG** Warn 08 Nr 454).

4. Der § 404 findet als Ausdruck eines allgemeinen Rechtssatzes (nomo plus iuris usw.) Anwendung **auch bei der Verpfändung** von Forderungen gegenüber dem Pfandgläubiger, und zwar bei der Verpfändung von Hypotheken, soweit es sich um Geltendmachung des persönlichen Anspruchs handelt (**RG** Warn 1914 Nr 245); ferner bei dem Übergange kraft Gesetzes (§ 412) sowie bei Überweisungen im Zwangsvollstreckungsverfahren.

§ 405

Hat der Schuldner eine Urkunde über die Schuld ausgestellt, so kann er sich, wenn die Forderung unter Vorlegung der Urkunde abgetreten wird, dem neuen Gläubiger gegenüber nicht darauf berufen, daß die Eingehung oder Anerkennung des Schuldverhältnisses nur zum Schein erfolgt oder daß die Abtretung durch Vereinbarung mit dem ursprünglichen Gläubiger ausgeschlossen sei, es sei denn, daß der neue Gläubiger bei der Abtretung den Sachverhalt kannte oder kennen mußte[1]).

E II 348; P 1 389; 6 167.

1. **Schutz des gutgläubigen Zessionars.** Der gutgläubige Rechtserwerb von Forderungen ist im allgemeinen nicht geschützt. Der § 405 berücksichtigt jedoch den guten Glauben des Zessionars in den beiden Sonderfällen: a) daß die ihm übertragene Forderung aus einem Scheingeschäfte herrührt (§ 117); b) daß die Übertragbarkeit der Forderung abredegemäß ausgeschlossen gewesen war (§ 399). Entgegen dem allgemeinen Grundsatze des § 404 geht nämlich der Schuldner des Einwandes des Scheines sowohl wie des Einwandes des Veräußerungsverbots verlustig, falls der gute Glaube des Zessionars auf den Inhalt der Schuldurkunde gestützt wird und die Forderung unter Vorlegung der Urkunde abgetreten worden ist. Sind diese beiden Bedingungen erfüllt, dann soll der Rechtserwerb trotz der an sich bestehenden Hinderungsgründe als ein vollkommener gelten. Das gilt aber nicht, wenn der Zessionar den wirklichen Sachverhalt, nämlich die Scheinnatur des Geschäfts bzw. das bestehende Abtretungsverbot, bei der Abtretung **gekannt hat oder** auch nur **hat kennen müssen** (vgl. § 122 Abs 2), was ihm der Gegner nachzuweisen hat. Unter solchen Umständen muß sich der Zessionar in dem einen Falle den Einwand des Scheingeschäfts und im andern Falle den Einwand aus § 399 gefallen lassen. — Ob ein Scheingeschäft vorliegt, entscheidet sich nach § 117. Auch der Fall des § 117 A 2 — Verdeckung eines wirklich gewollten (dissimulierten) Geschäfts durch ein Scheingeschäft — kommt hier in Frage

(RG Warn 1914 Nr 245, in welchem Falle ein Hypothekengläubiger die Hypothek als solche für ein verzinsliches Darlehn verpfändet hatte, während in Wirklichkeit dem Geschäfte durchaus andere Vereinbarungen zugrunde lagen). Erforderlich ist zur Anwendung des § 405 eine beurkundete Forderung und daß die Abtretung **„unter Vorlegung der Urkunde"** erfolgt ist, d. h. daß der Zedent sie dem Zessionar als Beweis für das Bestehen und den Inhalt der abzutretenden Forderung derart körperlich nahegebracht hat, daß dieser sie in Augenschein nehmen konnte (RG 56, 66). Daß der Zessionar vorher von der Urkunde irgendwie Kenntnis erhalten und im Vertrauen auf seine Bekanntschaft mit dem Inhalte die Forderung erworben hat, genügt nicht (RG 111, 46). Auf Grund eines von ihm ausgestellten Lagerscheins muß sich der Aussteller gegenüber dem Zessionar unter den Voraussetzungen des § 405 so behandeln lassen, als wenn wirklich die Ware für den Zedenten auf Grund eines Lagervertrags bei ihm lagerte (RG Warn 1926 Nr 211).

Der **gutgläubige Erwerb wirkt nach dem Gesagten rechtsbegründend,** und daher kann es, falls der gutgläubige Zessionar die ihm abgetretene Forderung weiter überträgt, auf die Gutgläubigkeit seines Nachmanns überhaupt nicht mehr ankommen. In der Hand des Zessionars hat sich vielmehr die bloße Scheinforderung in eine rechtsbeständige verwandelt und ist die Abtretung auch trotz eines entgegenstehenden rechtsgeschäftlichen Veräußerungsverbots ein für allemal wirksam geworden (a. A. Staudinger A 3). Die Ansicht, daß das Gesetz den Schutz aus § 405 auch dem weiteren Erwerber nur im Falle seiner Gutgläubigkeit gewähren wolle, ist abzulehnen. Es liegt vielmehr auch dem § 405, wie dem § 932, der Rechtsgedanke zugrunde, durch Anerkennung des rechtsgeschäftlichen gutgläubigen Rechtserwerbes der Sicherheit des Rechtsverkehrs zu dienen, und dieser Zweck kann zweifellos nur dann völlig erreicht werden, wenn man dem gutgläubigen Rechtserwerbe im Sinne des § 405 die Rechtswirkung zuerkennt, daß sich das gutgläubig erworbene Recht zu einem vollkommenen und rechtsbeständigen in der Hand des ersten Erwerbers gestaltet. Vgl. die ähnliche Rechtslage bei dem gutgläubigen Erwerbe einer Hypothek gemäß § 1138.

Eine Rechtsfolge des § 405 ist es, daß der gutgläubige Erwerber einer vor Eröffnung des Konkurses vom Gemeinschuldner beurkundeten Scheinforderung diese auch im Konkurse geltend machen kann, selbst wenn ihm die Forderung erst nach Eröffnung des Konkurses abgetreten war (RG 87, 420). Der § 405 schließt nicht die Aufrechnung von Gegenforderungen des Scheinschuldners gegen den Scheingläubiger im Rahmen des § 406 aus (RG a. a. O.). — Der § 405 ist eine Sondervorschrift und läßt keine ausdehnende Anwendung auf Einreden anderer Art als die im § 405 vorgesehenen zu, insbesondere auch nicht auf die der Nichtigkeit der Forderung aus andern Gründen als dem des Scheingeschäfts (RG 71, 30; 74, 421; Warn 1912 Nr 334). Er will nur gegen die zwei in ihm ausdrücklich bezeichneten Einwände schützen (RG JW 1911, 216[17]). Er findet im übrigen Anwendung auch im Falle des Rechtsübergangs kraft Gesetzes, wobei es auf die Kenntnis der den Übergang begründenden Tatsachen ankommt (RG 60, 204; JW 1912, 153[39], ergangen zu §§ 407, 412). — Der § 405 ist auch bei Verpfändungen (vgl. § 404 A 4) anwendbar (RG Warn 1914 Nr 495). Desgleichen gemäß § 413 bei Abtretung des Rechts aus einem bindenden Vertragsangebote, jedenfalls dann, wenn dem Berechtigten die Befugnis zur Abtretung dieses Rechts eingeräumt ist (RG 111, 46).

§ 406

Der Schuldner kann eine ihm gegen den bisherigen Gläubiger zustehende Forderung auch dem neuen Gläubiger gegenüber aufrechnen, es sei denn, daß er bei dem Erwerbe der Forderung von der Abtretung Kenntnis hatte oder daß die Forderung erst nach der Erlangung der Kenntnis und später als die abgetretene Forderung fällig geworden ist[1])[2]).

E I 303; M 2 131; P 1 91.

1. **Aufrechnung gegenüber dem neuen Gläubiger.** Soll der Schuldner durch die Übertragung der Forderung auf den neuen Gläubiger nicht schlechter gestellt werden (§ 404 A 1), so muß er auch berechtigt bleiben, die Schuld im Wege der Aufrechnung mit einer ihm gegen den alten Gläubiger zustehenden Forderung zu tilgen. Dem trägt das Gesetz in weitem Maße Rechnung. Denn grundsätzlich gewährt es dem Schuldner das Aufrechnungsrecht ohne Rücksicht darauf, ob seine Forderung an den Zedenten vor oder nach der Abtretung entstanden ist. Demgemäß ist es nicht erforderlich, daß sich die aufzurechnenden Forderungen schon vor der Zession als fällige gegenüberstanden (RG Warn 1910 Nr 105); insbesondere nicht, daß die Forderung des Schuldners damals bereits unbedingt geworden war, es genügt vielmehr, daß die rechtliche Grundlage für die Forderung (§ 404 A 2) entstanden ist, bevor der Schuldner Kenntnis von der Abtretung erlangt hat (RG 73 140; JW 1910, 147; Gruch 55, 903; SeuffA 69 Nr 234). Ähnlich wie im Falle des § 392 zieh

das Gesetz nämlich auch hier eine Schranke, indem es dem Schuldner die in Rede stehende Aufrechnungsbefugnis entzieht: a) falls er die Gegenforderung erst nach der Abtretung **und in Kenntnis von der Abtretung** erworben hat, b) falls die **Fälligkeit** seiner Gegenforderung erst nach Erlangung jener Kenntnis und nach Fälligwerden seiner Schuld eingetreten war (RG Warn 1912 Nr 380). Vorausgesetzt ist hier überall als Kenntnis wirkliches Wissen (RG 74, 117; 88, 6, vgl. § 407 A 1), gleichgültig, worauf es beruht, während Kennenmüssen (§ 122 Abs 2) nicht in Betracht kommt. Im übrigen aber müssen die wesentlichen Bedingungen der Aufrechnung (§ 387), namentlich das Erfordernis der Gleichartigkeit schon zur Zeit der Abtretung, erfüllt gewesen sein (RG Gruch 55, 903; 57, 1076; Warn 1911 Nr 365). Dem allgemeinen Rechtsgedanken des § 406 entspricht es, dem Schuldner die Aufrechnungsbefugnis auch dann zuzugestehen, wenn der Gläubiger die Forderung kraft Gesetzes oder gemäß § 118 ZVG durch Überweisung im Zwangsversteigerungsverfahren erworben hat (RG 84, 12). Vgl. § 387 A 2. — Die einredeweise Entgegensetzung von Forderungen aus demselben gegenseitigen Vertrag gemäß §§ 320, 326 enthält keine Aufrechnung und ist daher nicht an die Beschränkungen des § 406 gebunden (RG Warn 1913 Nr 278; 1914 Nr 329; vgl. § 404 A 1). Der § 405 schließt nicht die Aufrechnung von Gegenforderungen des Scheinschuldners gegen den Scheingläubiger im Rahmen des § 406 aus (RG 87, 420; vgl. § 405 A 1 Schlußabsatz). — Bei mehrfacher Abtretung erweitert sich die Aufrechnungsbefugnis des Schuldners gemäß § 406 dahin, daß dieser gegen den letzten Zessionar auch mit seinen Gegenforderungen an die Zwischenzessionare aufrechnen kann. — Die Ausgleichung zwischen Zedent und Zessionar regelt sich, falls der Schuldner von seiner Aufrechnungsbefugnis dem Zessionar gegenüber Gebrauch macht, nach dem zwischen ihnen bestehenden Rechtsverhältnisse. Rechnet der Schuldner (debitor cessus) dem Zessionar gegenüber mit einer Forderung auf, die er gegen den Zedenten hat, dann wird dieser von seiner entsprechenden Schuld befreit, und es geschieht das gegebenenfalls auf Kosten des Zessionars, da der letztere infolge der Aufrechnung der ihm abgetretenen Forderung verlustig geht. Alsdann greifen im Verhältnisse zwischen Zedent und Zessionar die Vorschriften der §§ 812ff., 818 Abs 3 Platz. Nach dem Grundsatze des § 389 von der Rückwirkung der Aufrechnung hätte überdies die Aufrechnung mit einer schon vor der Zession aufrechnungsfähig gegenüberstehenden Gegenforderung mittelbar zur Folge, daß eine nicht bestehende Forderung übertragen worden wäre, und es träfe demnach der § 437 zu, wonach der Verkäufer einer Forderung für ihren rechtlichen Bestand haftet. — Der § 406 greift — anders wie § 407 Abs 2 (vgl. A 2 dazu) — auch dann Platz, wenn die Hauptforderung erst nach erhobener Klage an einen Dritten abgetreten wird. Vgl. dazu RG Warn 1912 Nr 380. Vgl. auch § 392 A 1. — Die Beweislast für die die Unzulässigkeit der Aufrechnung ergebenden Umstände hat der Zessionar.

2. Die Regel des § 406 bleibt nach § 1156 insoweit außer Anwendung, als der Eigentümer von dem Rechtsnachfolger eines Hypothekengläubigers mit der dinglichen Klage in Anspruch genommen wird (RG 30. 3. 10 V 333/09). Das Nähere hierüber bei § 1156.

§ 407

Der neue Gläubiger muß eine Leistung, die der Schuldner nach der Abtretung an den bisherigen Gläubiger bewirkt, sowie jedes Rechtsgeschäft, das nach der Abtretung zwischen dem Schuldner und dem bisherigen Gläubiger in Ansehung der Forderung vorgenommen wird, gegen sich gelten lassen, es sei denn, daß der Schuldner die Abtretung bei der Leistung oder der Vornahme des Rechtsgeschäfts kennt[1]).

Ist in einem nach der Abtretung zwischen dem Schuldner und dem bisherigen Gläubiger anhängig gewordenen Rechtsstreit ein rechtskräftiges Urteil über die Forderung ergangen, so muß der neue Gläubiger das Urteil gegen sich gelten lassen, es sei denn, daß der Schuldner die Abtretung bei dem Eintritte der Rechtshängigkeit gekannt hat[2])[3]).

E 1 304; M 2 132; P 1 391.

1. **Schutz des gutgläubigen Schuldners in Ansehung von Rechtsgeschäften** mit dem alten Gläubiger. Der Schuldner soll auch in dieser Hinsicht infolge der Zession nicht schlechter gestellt werden, als er ohne die Zession gestellt sein würde.

Bei strenger Durchführung des in § 398 Satz 2 aufgestellten Grundsatzes müßten nämlich alle Rechtsgeschäfte, die der Schuldner mit dem bisherigen Gläubiger nach der Abtretung in Ansehung der übertragenen Forderung vornimmt, wirkungslos bleiben. Das brächte aber dem Schuldner unter Umständen einen unbilligen Nachteil. Hätte er insbesondere gutgläubig noch an den alten Gläubiger geleistet, so käme er in die Gefahr, dem neuen Gläubiger

nochmals leisten zu müssen, während sein Rückerstattungsanspruch an den alten Gläubiger tatsächlich wertlos sein könnte. Einem solchen Ergebnisse will das Gesetz vorbeugen, indem es auch hier den guten Glauben des Schuldners, d. h. seine Unkenntnis von der Abtretung, bei seinen etwaigen mit dem alten Gläubiger in Ansehung der Forderung vorgenommenen Rechtsgeschäften, insbesondere bei der etwaigen Leistung an diesen derart **berücksichtigt**, daß auch der neue Gläubiger diese Rechtsgeschäfte gegen sich gelten lassen muß. **Als** derartige Rechtsgeschäfte kommen namentlich in Betracht **Kündigung**, Stundung, Erlaß, alle Erfüllungsgeschäfte §§ 362ff., sodann auch die Aufrechnung gemäß § 387; aber auch einseitige, empfangsbedürftige Willenserklärungen, wie gemäß § 25 Abs 2 HGB die Mitteilung der abweichenden Vereinbarung mit dem Dritten (**RG** 67 S. 9 u. 414; 80, 94). Der Zweck des Gesetzes ist aber nur der, den Schuldner gegen die Nachteile zu schützen, die für ihn aus der Unwirksamkeit von seine Lage verbessernden Rechtsgeschäften mit dem alten Gläubiger, die er in Unkenntnis des Gläubigerwechsels vorgenommen hat, erwachsen könnten, und daher besteht für den § 407 kein Raum in Ansehung von solchen nach der Zession vorgenommenen Rechtsgeschäften zwischen dem alten Gläubiger und dem Schuldner, welche die Lage des Schuldners verschlechtern würden, wie die Bestellung eines Pfandes oder die Unterbrechung der Verjährung oder die Mahnung. Solche Rechtsgeschäfte sind schlechthin wirkungslos, weil dem alten Gläubiger nach der Zession jede Beziehung zu der Forderung fehlt (**RG** 52, 184; Warn 1912 Nr 202). Weiter kommen bei § 407 nur solche Rechtsgeschäfte in Frage, die auf die Forderung selbst dinglich einwirken, indem sie sie aufheben oder verändern, und zwar zweiseitige wie einseitige. Ausgeschlossen wird die Gutgläubigkeit nur durch wirkliche Kenntnis und nicht schon durch Kennenmüssen. **Kenntnis ist aber schon dann bis auf weiteres anzunehmen,** wenn der Schuldner auf irgendeine Weise Umstände erfahren hat, die vernünftigerweise den Schluß auf die erfolgte Abtretung mit Sicherheit ergeben (**RG** 74, 117; 102, 387), wobei nicht schon die Möglichkeit eines Zweifels die Kenntnis ausschließt, und hat der Schuldner eine sich zunächst als zuverlässig darstellende Mitteilung erhalten, dann soll er den etwaigen Zweifeln nachgehen und sich Gewißheit verschaffen müssen (**RG** 88, 6). Daher soll unter Umständen die Kenntnis ausreichend auch schon durch die einfache, glaubwürdige Anzeige eines neuen Gläubigers vermittelt werden, falls er eine vertrauenswürdige Persönlichkeit ist und auch seine wirtschaftliche Lage den Gedanken an eine beabsichtigte Täuschung ausschließt; urkundliche Kenntnis und völliger Ausschluß der Möglichkeit jedes Irrtums erfordere der § 407 nicht (**RG** 74, 117). Doch darf der Schuldner nicht begründete Zweifel hegen (**RG** Warn 1911 Nr 426). „Wo ein vernünftiger Zweifel aufhört, wird daher die sichere Kenntnis anzunehmen sein, und wenn eine an sich zuverlässige Vermittlung der Kenntnis nachgewiesen ist, wird es Sache des Mitteilungsempfängers sein, die (wenigstens subjektive) Begründetheit seiner Zweifel nachzuweisen" (**RG** 88, 6). Fahrlässige Unkenntnis reicht niemals aus. Doch handelt der Schuldner auf seine Gefahr, wenn er der Abtretung lediglich auf Grund eigener Rechtsüberzeugung, insbesondere ohne Einholung sachverständigen Rates die Wirksamkeit versagt (**RG** 102, 387). Die bloße Erklärung eines Dritten, daß an ihn abgetreten sei, braucht der Schuldner grundsätzlich nicht zu berücksichtigen, die Ungewißheit berechtigt ihn zwar zur Hinterlegung, kann ihn aber **nicht dazu verpflichten** (**RG** 61, 245), und eine nicht weiter belegte Mitteilung verpflichtet den Schuldner auch nicht ohne weiteres zur Anstellung von weiteren Nachforschungen (**RG** JW 05, 641[8]). **Vgl. auch Warn 1910 Nr 427, betreffend den Fall der Überweisung nach zuvor erfolgter Abtretung. Vgl. aber oben! Vgl. anderseits § 409 im Falle der Anzeige des Gläubigers.** Entscheidend für die Gutgläubigkeit ist derjenige Zeitpunkt, in dem der Schuldner das seinerseits zur Vornahme des Rechtsgeschäfts Erforderliche getan hat. Daher beispielsweise bei der Erfüllung schon der Zeitpunkt, in dem der Schuldner das Geld absendet, und nicht der, in dem der alte Gläubiger das Geld empfängt.

Anwendbar ist der Grundsatz des Abs 1 insbesondere auch im Gebiete der Unfallversicherungsgesetze. Daher ist ein Vergleich, den der Verletzte behufs seiner Abfindung mit dem Täter abschließt, der von dem Bestehen der Versicherung keine Kenntnis hat, der Berufsgenossenschaft gegenüber wirksam und hindert so den Erwerb der Ersatzforderung durch die Genossenschaft (**RG** 60, 200ff.). Doch erscheint die Begründung dieser Entscheidung insofern bedenklich, als für die Kenntnis nicht das Bestehen der Versicherung in Betracht kommen kann, sondern nur der Übergang des Anspruchs auf die Berufsgenossenschaft, der, wie das **RG** a. a. O. selbst ausführt, erst mit der Feststellung der Rente für den Verletzten eintritt; von dieser müßte also der Täter Kenntnis haben, wenn die Wirksamkeit des Vergleichs der Berufsgenossenschaft gegenüber ausgeschlossen sein soll. Der Aussteller eines Lagerscheins, der dem Vertrage entgegen die eingelagerten Güter dem Einlagerer ohne Rückempfang des Lagerscheins ausliefert, muß dessen gutgläubigem Erwerber nochmals leisten, ohne daß ihm der § 407 zur Seite stünde (**RG** 78 S. 149, 153). Teilt der Veräußerer eines Grundstücks im Falle des § 416 die Schuldübernahme, nachdem der Gläubiger die Forderung auf einen andern übertragen hat, gutgläubig noch dem alten Gläubiger mit, so ist die Anforderung des § 416 auch dem neuen Gläubiger gegenüber erfüllt (**RG** 67,

412; 80, 92). — Greift § 407 auch Platz, wenn der Gläubiger nach § 267 durch einen Dritten befriedigt wird? Das dürfte zu verneinen sein (a. A. Oertmann A 1b bei § 407), weil der Dritte, der ohne Verpflichtung hierzu leistet, keinen begründeten Anspruch auf Schutz hat, wie der gutgläubige Schuldner. Jedenfalls wendet das Gesetz seinen Schutz ausdrücklich nur dem Schuldner zu. — Der § 407 ist anwendbar auch bei Rechtsübergängen kraft Gesetzes, wobei es auf die Kenntnis derjenigen Tatsachen ankommt, die den Übergang bewirkt haben (RG 60, 204; JW 1912, 153[39]).

Der **Schuldner kann die dem alten Gläubiger gewährte Leistung** auch dann von ihm gemäß § 812 **zurückfordern,** wenn er sie ohne Kenntnis von der bereits erfolgten Abtretung bewirkt hat, weil es in seinem Interesse liegen kann, daß er an den Zessionar leistet; es steht also beim Schuldner, ob er von der Kondiktion Gebrauch machen oder ob er sich dem neuen Gläubiger gegenüber auf den § 407 berufen will (RG 83, 188, wo darauf hingewiesen ist, daß der Schuldner das Interesse haben kann, den Zessionar als den Forderungsberechtigten gelten zu lassen, weil er an diesen eine Forderung hat, mittels deren er sich durch Aufrechnung zu befreien vermag).

2. Wirkung des nach der Abtretung zwischen dem Schuldner und dem bisherigen Gläubiger ergangenen **rechtskräftigen Urteils.** Eine weitere Gefahr kann dem Schuldner, der von der Abtretung nicht unterrichtet ist, auch aus dem prozessualen Grundsatze entstehen: sententia jus facit inter partes. Unterläßt er es nämlich wegen seiner Unkenntnis von der Abtretung, dem alten Gläubiger, der ihn noch nach der Abtretung verklagt, den Einwand mangelnden Gläubigerrechts (Aktivlegitimation) entgegenzusetzen, und unterliegt er im Prozesse, so hätte er den bezeichneten Einwand dem alten Gläubiger gegenüber gemäß § 767 ZPO endgültig eingebüßt, und dem neuen Gläubiger gegenüber könnte er den Einwand, daß er schon auf die Klage des Zedenten verurteilt sei, bei uneingeschränkter Anwendbarkeit des § 398 Satz 2 nicht erheben. Erlangt anderseits der Schuldner die Abweisung des früheren Gläubigers, und zwar aus Gründen, die die Beschaffenheit der Forderung selbst betreffen, so nützte ihm gegenüber einer späteren Klage des neuen Gläubigers auch dieses Urteil nichts. Um nun den Schuldner, der sich gutgläubig noch auf den Prozeß mit dem früheren Gläubiger eingelassen hat, gegen die zuvor erwogenen Gefahren zu schützen, zwingt der Abs 2 den neuen Gläubiger, auch das zwischen seinem Rechtsvorgänger und dem Schuldner ergangene Urteil gegen sich gelten zu lassen, falls der Rechtsstreit erst nach der Abtretung anhängig gemacht worden ist und der Beklagte in diesem Zeitpunkte die Abtretung nicht gekannt hat (über die Voraussetzungen der Kenntnis vgl. § 406 A 1; § 407 A 1). Unbenommen ist es dabei dem Schuldner, falls er von der erfolgten Abtretung noch im Laufe des Prozesses mit dem alten Gläubiger erfährt, nunmehr von den Rechtsbehelfen aus den §§ 72, 75 ZPO Gebrauch zu machen. Hat der Schuldner dagegen von der erfolgten Abtretung schon bei Eintritt der Rechtshängigkeit Kenntnis gehabt, so verdient und braucht er keinen besondern Schutz, da er alsdann ohnehin in der Lage war, die richtige Verteidigung zu wählen. Auch ein Urteil, laut welchem der Schuldner dem alten Gläubiger gegenüber die Schuld mit Erfolg angefochten hätte, würde ihm dem Zessionar gegenüber nichts nützen, falls es nach der Zession ergangen wäre und der Schuldner bei der Rechtshängigkeit die Abtretung schon gekannt hätte (RG JW 06, 379[7]). Ist endlich der Rechtsstreit zur Zeit der Abtretung bereits anhängig gewesen, so kann diese auf den Prozeß gemäß § 265 ZPO überhaupt keinen Einfluß haben. — Ist die Abtretung erst erfolgt, nachdem der alte Gläubiger ein obsiegliches Urteil erlangt hatte, dann greift schlechthin § 407 Abs 1 Platz; dies ist auch dann der Fall, wenn die Abtretung vor Beginn des Rechtsstreits zwischen dem alten Gläubiger und dem Schuldner erfolgt war, der Schuldner aber Kenntnis von der Abtretung erlangt und daraufhin trotzdem noch an den alten Gläubiger geleistet hat, auch in diesem Falle braucht der neue Gläubiger die Leistung nicht gegen sich gelten zu lassen, selbst wenn der Schuldner zur Leistung an den alten Gläubiger in dem zwischen ihnen nach der Abtretung anhängig gewordenen Prozesse demnächst verurteilt worden ist (RG 84, 289).

Die **Beweislast** hinsichtlich der Kenntnis des Schuldners liegt im Falle des Abs 1 sowie des Abs 2 dem neuen Gläubiger ob, der die Unwirksamkeit des Rechtsgeschäfts oder die Unmaßgeblichkeit des Urteils behauptet (RG 52, 143; 61, 250); doch muß der von dem neuen Gläubiger in Anspruch genommene Schuldner vorerst behaupten, daß er im Zeitpunkte der Klagezustellung im Vorprozesse von dem Forderungsübergange nichts gewußt habe, widrigenfalls er das Recht einbüßt, sich auf das im Vorprozesse ergangene Urteil zu berufen (RG SeuffA 75 Nr 96).

3. Besondere Wirkungen treten ein, falls der bisherige Gläubiger dem Schuldner die Abtretung anzeigt; darüber § 409. — Nimmt der alte Gläubiger eine vom Schuldner in Kenntnis der Abtretung erfolgende Leistung entgegen, so ist der Zessionar nicht auf den ihm trotz der Leistung verbliebenen Anspruch gegen den Schuldner beschränkt, sondern kann von dem alten Gläubiger unmittelbar die Herausgabe der Leistung auf Grund des der Zession zugrunde liegenden Kausalgeschäfts wegen positiver Vertragsverletzung verlangen (RG

111, 299). Gleiches gilt, wenn der alte Gläubiger eine ohne Kenntnis von der Abtretung erfolgte Leistung des Schuldners entgegengenommen und dadurch die Geltendmachung des Anspruchs gegen den Schuldner unmöglich gemacht hat (RG a. a. O.). Über die etwa erforderlich werdende Ausgleichung zwischen dem neuen und dem alten Gläubiger s. § 406 A 1. Vgl. ferner über das Recht des Zessionars zur Erhebung der Hauptintervention § 64 und zur Nebenintervention § 66 ZPO. — Die Bestimmungen des Abs 1 u. 2 stehen dem Eigentümer, der von dem Rechtsnachfolger eines Hypothekars mit der dinglichen Klage in Anspruch genommen wird, gemäß § 1156 nicht zur Seite. Das Nähere s. bei § 1156. Der § 407 ist nach der sehr bestrittenen aber richtigen Ansicht auch anwendbar bei Überweisungen im Zwangsvollstreckungsverfahren, die nach § 836 ZPO keine weitergehenden Wirkungen haben als die Abtretung; die Ersatzzustellung des Überweisungsbeschlusses, von welcher der Drittschuldner keine Kenntnis erlangt hat, kann die wirkliche Kenntnis nicht ersetzen (so RG 87, 412; a. A. die 5. Aufl.). Ebenso in den Fällen der §§ 1070 Abs 1 (Nießbrauch an Rechten auf Leistung), 1275 (Verpfändung eines solchen Rechts). Ähnliche Schutzvorschriften finden sich in Fällen, wo dem Berechtigten die Ausübung eines Rechts entzogen und einem Verwalter übertragen wird (§§ 1070 Abs 2, 1275, 2129 Abs 2 BGB; § 8 Abs 2, 3 KO; § 1984 Abs 1 Satz 2 BGB). Gleicher Schutz muß auch gewährt werden, wenn durch Anordnungen der Fideikommißbehörde dem Fideikommißbesitzer die Verfügung über das Fideikommißvermögen entzogen und einem Pfleger übertragen wird (RG Warn 1921 Nr 92).

§ 408

Wird eine abgetretene Forderung von dem bisherigen Gläubiger nochmals an einen Dritten abgetreten, so finden, wenn der Schuldner an den Dritten leistet oder wenn zwischen dem Schuldner und dem Dritten ein Rechtsgeschäft vorgenommen oder ein Rechtsstreit anhängig wird, zugunsten des Schuldners die Vorschriften des § 407 dem früheren Erwerber gegenüber entsprechende Anwendung[1]).

Das gleiche gilt, wenn die bereits abgetretene Forderung durch gerichtlichen Beschluß einem Dritten überwiesen wird oder wenn der bisherige Gläubiger dem Dritten gegenüber anerkennt, daß die bereits abgetretene Forderung kraft Gesetzes auf den Dritten übergegangen sei[2])[3]).

E I 305; M 2 134; P 1 393.

1. **Wiederholte Abtretung.** Hat der Gläubiger seine Forderung einmal übertragen, so ist er seines Rechtes ledig geworden, und eine nachträgliche nochmalige Abtretung an einen andern könnte diesem somit keinerlei Rechte mehr an der Forderung verschaffen. Aus diesem Grunde müßten daher auch solche Rechtsgeschäfte, die der Schuldner mit einem nachfolgenden zweiten Zessionar des Gläubigers in Ansehung der Forderung abschlösse, dem ersten Zessionar gegenüber wirkungslos bleiben. Das begründet für den Schuldner, der etwa in Unkenntnis von einer ersten Zession mit einem zweiten Zessionar des alten Gläubigers verhandelt oder sich auf dessen Klage eingelassen hat, die Gefahr, daß der erste Zessionar jene Verhandlungen, Leistungen usw. nicht gelten läßt, die Leistung vielmehr nachmals noch für sich fordert. In Erwägung dessen kommt das Gesetz dem gutgläubigen Schuldner auch hier zu Hilfe, indem es den Grundsatz des § 407 heranzieht, und so vorsieht, daß das, was dort hinsichtlich der zwischen dem Zedenten und Schuldner zuungunsten des Zessionars vorgenommenen Rechtsgeschäfte bestimmt worden ist, entsprechend auch hinsichtlich der zwischen dem zweiten Zessionar und dem Schuldner zuungunsten des ersten Zessionars vorgenommenen Rechtsgeschäfte zu gelten hat. Und ein gleiches gilt hinsichtlich der Rechtskraftwirkung eines Urteils. Vgl. § 407 A 1 u. 2. — Es ist streitig, ob der erste Zessionar auch eine vom Schuldner gegenüber dem „Dritten" (also dem weiteren Zessionar des alten Gläubigers) erklärte Aufrechnung gegen sich gelten lassen muß. Falls der Schuldner mit einer Forderung aufrechnet, die ihm an den Dritten selbst zusteht, entbehrt die Sache jedes Zweifels, da ein solcher Fall schon durch den § 408 ohne weiteres gedeckt wird (Vornahme eines Rechtsgeschäfts, das die Leistung ersetzt). Aber auch die Aufrechnung mit einer Forderung des Schuldners gegen den Zedenten muß in solchem Falle gegenüber dem ersten Zessionar wirksam sein, da § 406 die Aufrechnung einer Forderung gegen den Zedenten gegenüber dem Zessionar grundsätzlich zuläßt und nach § 408 in Verbindung mit § 407 die in Unkenntnis der ersten Zession gegenüber dem zweiten Zessionar erfolgende Aufrechnung so anzusehen ist, als sei sie gegenüber dem berechtigten Erwerber der Forderung erfolgt.

2. **Anwendung der Regel des Abs 1 auf den Fall, daß eine bereits abgetretene Forderung nachträglich einem Dritten gerichtlich überwiesen wird,** oder daß der bisherige

Gläubiger nach der Abtretung seiner Forderung einem Dritten gegenüber **anerkennt,** daß auf diesen die Forderung kraft Gesetzes übergegangen sei. In diesen beiden Fällen ist der Schuldner ebenso mißlich gestellt wie im Falle der wiederholten rechtsgeschäftlichen Abtretung (M 2, 134). Die Anerkennung ist eine empfangsbedürftige, keiner Form bedürfende Erklärung (§ 130).

3. Gemäß § 412 greifen die Regeln des § 408 auch zuungunsten desjenigen entsprechend Platz, der die Forderung vor deren Abtretung bereits kraft Gesetzes erworben hatte. Falls die Forderung vor ihrer Abtretung einem andern durch gerichtlichen Beschluß bereits überwiesen war (§§ 835 ff. ZPO), muß das gleiche gelten; vgl. § 407 A 3.

Die Beweislast regelt sich wie im Falle des § 407 (A 2 Abs 2).

§ 409

Zeigt der Gläubiger dem Schuldner an, daß er die Forderung abgetreten habe, so muß er dem Schuldner gegenüber die angezeigte Abtretung gegen sich gelten lassen, auch wenn sie nicht erfolgt oder nicht wirksam ist[1]). Der Anzeige steht es gleich, wenn der Gläubiger eine Urkunde über die Abtretung dem in der Urkunde bezeichneten neuen Gläubiger ausgestellt hat und dieser sie dem Schuldner vorlegt[1]).

Die Anzeige kann nur mit Zustimmung desjenigen zurückgenommen werden, welcher als der neue Gläubiger bezeichnet worden ist[2])[3]).

E I 306; M 2 135; P 1 394.

1. **Wirkung der Anzeige des Gläubigers an den Schuldner, daß er die Forderung abgetreten habe, und der beurkundeten Abtretung.** Ist eine Abtretung der Forderung **in Wirklichkeit nicht erfolgt** (auch ohne daß ein Scheingeschäft, § 405, vorliegt) **oder ist sie aus irgendeinem Grunde unwirksam,** sei es von vornherein wegen Unabtretbarkeit (§ 399) oder wegen Mangels der dinglichen Einigung (§ 398 A 1) oder als nichtig wegen Wuchers (§ 138 A 2), sei es wegen nachträglich durch Anfechtung herbeigeführter Nichtigkeit (§§ 119, 123), so wird der Schuldner durch eine Leistung an den angeblichen oder anscheinenden Zessionar in der Regel nicht befreit, auch wenn er in gutem Glauben an das wirksame Bestehen der Abtretung geleistet hat. Es liegt ihm sonach auf seine Gefahr ob, die Gültigkeit der Abtretung zu prüfen. Diese Prüfungspflicht und die damit verbundene Gefahr wird ihm nur in den beiden durch § 409 geregelten Fällen abgenommen, nämlich: a) wenn der Gläubiger ihm angezeigt hat, daß er die Forderung abgetreten habe (Abs 1 Satz 1); b) wenn er über die Abtretung eine Urkunde ausgestellt hat und der in dieser als neuer Gläubiger Bezeichnete sie dem Schuldner vorlegt. Über das Erfordernis der Vorlegung vgl. § 405 A 1. Liegen die Voraussetzungen des einen oder andern Falles vor, so ist der Schuldner dagegen geschützt, daß der Gläubiger geltend macht, eine wirksame Abtretung sei nicht erfolgt und durch die der Anzeige oder der Beurkundung entsprechende Leistung an den darin bezeichneten Zessionar sei der Schuldner nicht befreit. Dieser Schutz versagt auch nicht (wie der in § 405 dem neuen Gläubiger und in § 407 dem Schuldner gewährte) lediglich um deswillen, weil der Schuldner von dem Nichtbestehen oder der Unwirksamkeit der Abtretung Kenntnis hatte. Planck A 1d will dem Schuldner die Berufung auf die Anzeige oder die Beurkundung versagen, wenn er gewußt hat, nicht nur daß diese unrichtig, sondern daß der darin Bezeichnete auch sonst in keiner Weise ermächtigt sei, die Forderung geltend zu machen oder sonst über sie zu verfügen. Diese Einschränkung wird sich schwerlich rechtfertigen lassen, insbesondere nicht aus § 116 Satz 2, da § 409 als **lex specialis** dieser Bestimmung vorgeht. Die Berufung des Schuldners auf die Voraussetzungen des § 409 wird vielmehr nur dann abgelehnt werden können, wenn sie sich als eine wider die guten Sitten verstoßende, vorsätzliche Schadenszufügung (§ 826) darstellt, insbesondere wenn der Schuldner im Einverständnis mit dem Dritten zur Schädigung des Gläubigers gehandelt hat. Vgl. die ähnlichen Vorschriften in den §§ 171, 172, wo aber in § 173 ausdrücklich der Fall des Kennens oder Kennenmüssens ausgenommen ist. Der Schuldner kann demgemäß in der Regel auch dann noch an den ihm angezeigten neuen Gläubiger leisten, wenn er erfahren hat, daß die Abtretung in Wirklichkeit nicht erfolgt sei (in **RG** 4. 1. 22 V 502/21 ist nur ausgesprochen, daß gegebenenfalls der Schuldner an den ihm angezeigten Gläubiger „vielleicht" nicht mehr mit befreiender Wirkung habe zahlen dürfen). Da § 409 lediglich eine Schutzvorschrift zugunsten des Schuldners darstellt, so schließt er nicht das Recht des Schuldners aus, trotz der ihm gemachten Anzeige die Nichtigkeit der Zession (oder eine wirksam erfolgte Anfechtung) seinerseits geltend zu machen und daraufhin — auf die Gefahr hin, daß die Zession wirksam ist — die Leistung dem (angeblichen) Zessionar gegenüber zu ver-

weigern (RG 53, 420; 63, 235; 70, 89; 93, 75); alsdann aber hat er seinen Einwand zu beweisen, gegebenenfalls kann er sich jedoch, um der Gefahr des Verzugs zu entgehen, durch Hinterlegung befreien (RG 53, 420; 70, 89). Die Anzeige kann mündlich oder schriftlich erfolgen. Schriftliche Anzeige und Beurkundung sind selbstverständlich nur wirksam, wenn sie vom Gläubiger herrühren (echt sind), was der Schuldner zu beweisen haben wird, falls die Urkunde nicht öffentlich beglaubigt ist. Die Anzeige kann auch durch einen mit Vertretungsmacht versehenen Vertreter erfolgen, der sich aber als solcher ausgewiesen haben muß (RG 88, 308). Aus der Anzeige muß sich die Persönlichkeit des neuen Gläubigers zuverlässig entnehmen lassen (RG Warn 1922 Nr 52). Ein Urteil, das die erfolgte Abtretung rechtskräftig feststellt, ist einer öffentlich beglaubigten Abtretungsurkunde gleichzustellen (RG JW 1916, 1273[6]). — Dem Gesetzeswortlaute nach beschränkt sich die Regel des Abs 1 auf das Verhältnis zwischen dem Schuldner und dem Gläubiger und ist daher im Verhältnisse zwischen dem alten Gläubiger und dem neuen in keiner Weise anwendbar (RG 63, 235). — Bei einer Hypothekenklage würde sich der Schuldner dem angeblichen Zessionar gegenüber nicht darauf berufen können, daß die ihm angezeigte Abtretung zum Scheine erfolgt sei (RG 4. 3. 05 V 558/04). Hat der Gläubiger einer Hypothek die Forderung schriftlich abgetreten, auch die Abtretungsurkunde und den Hypothekenbrief dem Zessionar ausgehändigt, dann kann er einem gutgläubigen Dritterwerber gegenüber nicht einwenden, daß sein Übertragungsgeschäft als Scheingeschäft rechtsunwirksam gewesen sei (RG 90, 278). Bei Übertragung indossabler Papiere, eines Schecks oder eines Wechsels, durch Indossament ist für den § 409 an sich nicht Raum, wohl aber ist er auch hier dann anwendbar, wenn der Gläubiger gemäß § 409 Anzeige von einer bürgerlich-rechtlichen Abtretung gemacht hat (RG Warn 1922 Nr 52).

2. Die **Zurücknahme der Anzeige** ist nur mit Zustimmung der in ihr als Zessionar bezeichneten Persönlichkeit zulässig, weil deren Interesse durch die Zurücknahme berührt wird, oder wenigstens berührt werden kann. Daher kann der alte Gläubiger ohne die Zustimmung des angezeigten Gläubigers nicht mehr Zahlung fordern (RG 4. 1. 22 V 502/21). Verweigert dieser nach dem zwischen ihm und dem Gläubiger bestehenden Rechtsverhältnisse die Zustimmung zum Widerrufe widerrechtlich, so kann der Gläubiger auf Abgabe der Erklärung klagen, wobei die §§ 894—898 ZPO Anwendung finden. Gegebenenfalls könnte der Gläubiger die Anzeige auch durch Anfechtung seiner Erklärung beseitigen, da diese nach richtiger Ansicht nicht bloß eine tatsächliche Mitteilung, sondern eine rechtserhebliche Erklärung und daher eine rechtsgeschäftliche Willenserklärung darstellt. Der Schuldner kann von dem alten Gläubiger den Nachweis verlangen, daß der neue Gläubiger der Rücknahme zugestimmt hat oder daß diese Zustimmung durch ein rechtskräftiges Urteil ihm gegenüber gemäß § 894 ZPO ersetzt worden ist (RG Warn 1926 Nr 88). Die Zustimmungserklärung regelt sich nach den §§ 182ff.

3. Nach § 412 findet § 409 auch bei einer Übertragung kraft Gesetzes entsprechende Anwendung. Über die Wirksamkeit eines zu Unrecht erlassenen Überweisungsbeschlusses und anderseits über ihre Beseitigung vgl. § 836 Abs 2 ZPO.

§ 410

Der Schuldner ist dem neuen Gläubiger gegenüber zur Leistung nur gegen Aushändigung einer von dem bisherigen Gläubiger über die Abtretung ausgestellten Urkunde verpflichtet[1]). Eine Kündigung oder eine Mahnung des neuen Gläubigers ist unwirksam, wenn sie ohne Vorlegung einer solchen Urkunde erfolgt und der Schuldner sie aus diesem Grunde unverzüglich zurückweist[2]).

Diese Vorschriften finden keine Anwendung, wenn der bisherige Gläubiger dem Schuldner die Abtretung schriftlich angezeigt hat[3])[4]).

E I 308; M 2 137; P 1 396.

1. **Leistungspflicht des Schuldners nur gegen Aushändigung einer Abtretungsurkunde** (§ 403). Damit soll der Schuldner ganz besonders gegen die Gefahr geschützt werden, doppelte Zahlung leisten zu müssen. Er kann mithin die Leistung gegebenenfalls verweigern und kommt alsdann nicht in Verzug. Anderseits aber gibt Abs 1 dem Schuldner keinen selbständigen Anspruch auf Aushändigung der Urkunde, und daher (§ 273 A 1 Abs 5) handelt es sich bei dem Weigerungsrechte aus § 410 nur um eine aufschiebende Einrede (§ 202 A 2) und nicht um ein Zurückbehaltungsrecht im Sinne des § 273 (RG 56, 303); auch ist der Urkundenprozeß nicht etwa um deswillen unzulässig, weil der Anspruch auf Leistung gegen eine Gegenleistung gerichtet ist (RG a. a. O.). Doch wird es zulässig sein, den Schuldner, dem die Abtretungs-

urkunde vorenthalten wird, unter entsprechender Anwendung des § 274 zur Zahlung gegen Aushändigung der Abtretungsurkunde zu verurteilen. Der Zessionar anderseits ist zur Aushändigung der Abtretungsurkunde nur dann verpflichtet, wenn der Schuldner sich zur Leistung bereit erklärt, mithin nur Zug um Zug gegen die Leistung. Demnach braucht auch ein Schuldner, der die Klageforderung gegen eine ihm abgetretene Forderung aufrechnet, dem Kläger die Abtretungsurkunde nur dann auszuhändigen, wenn der Kläger die Aufrechnung gelten läßt (**RG** 70, 164). Hat ein Bevollmächtigter des Gläubigers an dessen Stelle die Abtretung erklärt, so ist der Schuldner nach § 410 nicht berechtigt, die Aushändigung auch der Vollmachtsurkunde zu verlangen (**RG** 56, 304). Öffentliche Beglaubigung der auszuhändigenden Urkunde ist nicht vorgeschrieben (anders im Falle des § 411). Doch wird der Zessionar im Bestreitungsfalle die Echtheit zu beweisen haben.

2. Der Schuldner braucht auch eine **Kündigung oder Mahnung des neuen Gläubigers** nur dann entgegenzunehmen, wenn ihm dabei die Abtretungsurkunde vorgelegt wird. Er muß jedoch, wenn letzteres nicht geschieht, die Erklärungen aus diesem Grunde unverzüglich zurückweisen, widrigenfalls Kündigung wie Mahnung wirksam werden (vgl. noch § 174). Eine Klage des Zessionars könnte als wirksame Kündigung überhaupt nur dann angesehen werden, wenn darin mindestens die Anzeige von der erfolgten Abtretung enthalten wäre (**RG** Warn 08 Nr 32).

3. Im Falle der **schriftlichen Anzeige** ist der Schuldner schon nach § 409 geschützt.

4. Der Paragraph findet auch bei Übertragungen kraft Gesetzes entsprechende Anwendung (§ 412). Es muß also eine den Rechtsübergang nachweisende Urkunde ausgehändigt werden. Bei Überweisungen im Zwangsvollstreckungsverfahren vertritt die Zustellung des Beschlusses zugleich die Anzeige (§ 836 Abs 1 ZPO). — Gleichgültig für die Anwendbarkeit des Paragraphen ist es, ob das Schuldverhältnis bereits vor dem 1. Januar 1900 entstanden war, nur muß die Abtretung nach dem 31. Dezember 1899 erfolgt sein (**RG** 56, 302).

§ 411

Tritt eine Militärperson, ein Beamter, ein Geistlicher oder ein Lehrer an einer öffentlichen Unterrichtsanstalt den übertragbaren Teil des Diensteinkommens, des Wartegeldes oder des Ruhegehalts ab, so ist die auszahlende Kasse durch Aushändigung einer von dem bisherigen Gläubiger ausgestellten, öffentlich beglaubigten Urkunde von der Abtretung zu benachrichtigen. Bis zur Benachrichtigung gilt die Abtretung als der Kasse nicht bekannt[1]).

E I 311; M 2 140; P 1 404.

1. **Öffentliche Kassen** sind hiernach im gegebenen Falle zur Zahlung an den Zessionar nur verpflichtet, wenn ihnen die Abtretung durch Aushändigung einer öffentlich beglaubigten Abtretungsurkunde bekanntgemacht worden ist.

§ 412

Auf die Übertragung einer Forderung kraft Gesetzes finden die Vorschriften der §§ 399 bis 404, 406 bis 410 entsprechende Anwendung[1]).

E I 293; M 2; P wie bei den einzelnen Paragraphen.

1. Fälle der **Übertragung einer Forderung kraft Gesetzes** enthalten die §§ 268 Abs 3, 426 Abs 2, 774 Abs 1 (der auch zugunsten des Nachbürgen gilt, **RG** 83, 342), 1143 Abs 1, 1225, 1249, 1438, 1519 Abs 2, 1549, 1607 Abs 2, 1709 Abs 2; ferner die Versicherungsgesetze (vgl. **RG** 60, 200), insbesondere § 67 VersVG, dessen Wirkung jedoch durch eine Vereinbarung im Sinne des § 399 ausgeschlossen werden kann (**RG** SeuffA 75 Nr 95); § 1542 RVO; § 57 Abs 4 KrankVG, wobei es gleichgültig ist, ob die Ortskrankenkasse den Schadensersatzanspruch eines gesetzlich Versicherungspflichtigen oder eines ihr freiwillig Beigetretenen zahlt (**RG** 83, 316); weiter § 225 Abs 2 KO (**RG** 55, 161); § 54 InvG, wonach der dem Invaliden auf Ersatz des ihm durch die Invalidität verursachten Schadens gegen Dritte zustehende Anspruch auf die Versicherungsanstalt bis zum Betrage der von ihr zu gewährenden Rente übergeht (**RG** 102, 132); § 12 des BeamtUFürsG v. 18. 6. 01 (**RG** 80, 49, wonach auch in diesem Falle ein gesetzlicher Forderungsübergang auf die Betriebsverwaltung gemäß § 412 stattfindet. Gemäß §§ 69ff. VersVG tritt der Erwerber einer versicherten Sache an Stelle des Veräußerers in dessen Rechte und Pflichten ein, und zwar für die Dauer seines Eigentums. Dazu vgl. **RG** 84, 409. Der Rechtsübergang knüpft sich in diesen

Fällen ohne weiteres an den Eintritt der ihn bewirkenden Tatsache an. Über die dem Rechtsnachfolger kraft Gesetzes in den bezeichneten Gesetzesstellen zum Schutze des Rechtsvorgängers auferlegte Verfügungsbeschränkung vgl. § 268 A 4. Auf den Erwerber eines Grundstücks geht auch das Recht aus der für die Miete bestellten Bürgschaft über (RG Warn 1913 Nr 286).

§ 413

Die Vorschriften über die Übertragung von Forderungen finden auf die Übertragung anderer Rechte entsprechende Anwendung, soweit nicht das Gesetz ein anderes vorschreibt[1]).

E I 312; M 2 141; P 1 404.

1. **Übertragung anderer Rechte.** In Betracht kommen hier als nicht aus Schuldverhältnissen hervorgehende Ansprüche solche dinglicher (§§ 931, 986) und familienrechtlicher Art, ferner Erbansprüche, insbesondere aber die nicht im BGB behandelten Patentrechte und Urheberrechte aller Art, sowie „sonstige Rechte" im Sinne des § 823. Darüber, ob aus dem Vertragsantrage für den Antragsgegner ein übertragbares Recht entsteht, vgl. § 145 A 2 Abs 3. Besonders geregelt ist die Abtretung des Rechtes aus dem Meistgebote in §§ 81, 118 ZVG. Die Übertragung der Forderung an den Ersteher auf die Berechtigten hat die Wirkung, daß sie als Befriedigung aus dem Grundstücke gilt.

Fünfter Abschnitt

Schuldübernahme [1])

§ 414

[1]) **Eine Schuld kann von einem Dritten durch Vertrag mit dem Gläubiger in der Weise übernommen werden, daß der Dritte an die Stelle des bisherigen Schuldners tritt[2]) [3]).**

E I 314; M 2 142; P 1 405.

1. Der **Eintritt in ein fremdes Schuldverhältnis** auf der Schuldnerseite kann in folgenden Formen erfolgen: a) Der Dritte tritt an die Stelle des ausscheidenden bisherigen Schuldners, so daß, als Gegenstück zur Abtretung, eine Sondernachfolge auf der Schuldnerseite rechtsgeschäftlich begründet wird — translative, befreiende oder privative Schuldübernahme; davon handeln die §§ 414, 415. b) Der Dritte tritt neben dem bisherigen Schuldner als weiterer Schuldner hinzu, und zwar unter Übernahme einer neuen Verbindlichkeit neben der bereits bestehenden mit gleichem Inhalte (RG Warn 1913 Nr 407) — kumulative, zusätzliche Schuldübernahme. Diesen zweiten Fall hat das Gesetz nicht besonders berücksichtigt (vgl. aber die §§ 419, 556 Abs 3, 2382, 2385); er regelt sich daher nach allgemeinen Grundsätzen wie folgt: Begründet wird die **zusätzliche Schuldübernahme** durch Vertrag des Dritten entweder mit dem Gläubiger oder mit dem Schuldner. Letzterenfalls liegt ein Vertrag zugunsten eines Dritten (des Gläubigers) gemäß § 328 vor und der Gläubiger erwirbt das Recht gegen den Schuldübernehmer selbständig (anders als im Falle der bloßen Erfüllungsübernahme im Sinne des § 329, wo der Anspruch auf Vornahme der Erfüllung lediglich dem Schuldner zusteht). Bei einem Vertrage anderseits zwischen dem Gläubiger und dem Dritten ist die zusätzliche Schuldübernahme, je nach der Absicht der Parteien und dem verfolgten Zwecke an sich in zweifacher Gestalt möglich: Entweder soll die Haftung des Dritten abhängig sein von dem jeweiligen Bestande der übernommenen Verbindlichkeit (§ 767) und der Dritte demzufolge nur wie ein selbstschuldnerischer Bürge für eine fremde Schuld haften. Alsdann liegt nur ein bürgschaftliches Verhältnis vor und der Vertrag bedarf der Schriftform gemäß § 766. Oder die Haftung soll von der Verpflichtung des Schuldners unabhängig sein und der Dritte demzufolge selbständig haften; alsdann richtet sich seine Haftung nach den Regeln von der gewöhnlichen Gesamtschuld nach § 421 und der Vertrag ist formfrei (vgl. RG 51, 120, wo aber auch für letzteren Fall die Form des § 766 für erforderlich erklärt wurde; 59, 232; 64, 318; 61, 157; 71, 118; 68, 130; Warn 1915 Nr 113). Ob das eine oder das andere gewollt war, ist Sache der Auslegung. Beispielsweise, wenn vereinbart wird, der Dritte solle leisten, „falls der Schuldner nicht zahle", liegt Bürgschaftsübernahme vor (RG Warn 08 Nr 199). Für die Begründung einer selbständigen Verbindlichkeit spricht es, wenn der Dritte die Schuld im eigenen Interesse übernommen hat (RG 64, 318; 103, 156; JW 08 S. 31[6] u. 137[5]; 09, 459[14]; 1911, 581[22]; Warn 1918 Nr 7; 1920 Nr 154).

Solange solches nicht nachgewiesen wird, ist in der Erklärung, die Schuld eines andern auf sich nehmen zu wollen, der Regel nach nur ein Bürgschaftsversprechen zu finden (RG Warn 1911 Nr 171; JW 1921, 335[4]). Vgl. ferner § 438 A 1 u. 2 für den Fall, daß der Verkäufer einer Forderung für die Zahlungsfähigkeit des Schuldners oder für den (vollständigen und pünktlichen) Eingang der Forderung Gewähr leistet. — Die Unabhängigkeit der Verpflichtung des Übernehmers von dem jeweiligen Bestande der übernommenen Verbindlichkeit bedeutet nicht, daß jene abstrakt sein müßte, vielmehr kann sie mit der übernommenen Verbindlichkeit mehr oder weniger kausal verknüpft sein, z. B. wenn sich der Käufer dem Verkäufer seines Verkäufers gegenüber zur Bezahlung des noch rückständigen Kaufpreises verpflichtet (RG 16. 4. 26 VI 581/25). Keine privative Schuldübernahme nach § 414, auch keine Bürgschaft, sondern Begründung einer selbständigen Verbindlichkeit neben der des bisherigen Alleinschuldners, und zwar als Vertrag zugunsten der Gläubiger als Dritter nach § 328 ist angenommen in einem Falle, in dem eine Firma in einer mit dem Reiche getroffenen Vereinbarung über ihre Entschädigung für Liquidationsschäden sich diesem gegenüber verpflichtet hatte, die Verbindlichkeiten einer im abgetretenen Gebiete (Elsaß-Lothringen) bestehenden Firma, deren sämtliche Aktien jene besaß, zu erfüllen; demgemäß ist erkannt worden, daß die Verjährung der Verbindlichkeit der übernehmenden Firma nicht schon eingetreten sei mit der Verjährung der übernommenen Verbindlichkeiten und daß die erstere auch im übrigen, insbesondere für die Frage der Aufwertung, selbständig, und zwar lediglich nach den Verhältnissen zur Zeit der Übernahme zu beurteilen sei (RG 114, 299). — Die Schuldübernahme setzt zu ihrer Wirksamkeit nicht eine klagbare Schuld voraus, es genügt vielmehr auch eine nur natürliche Verbindlichkeit (RG Warn 1916 Nr 68).

Wird die selbständige, nicht akzessorische Verpflichtung, für einen bestimmten Erfolg einzustehen, insbesondere das Risiko aus einem Unternehmen, oder das Einstehen für den Verlust, den ein anderer aus dem einem Dritten gewährten Kredite erleiden sollte, übernommen, so handelt es sich um einen Garantievertrag; ein solcher setzt voraus, daß der etwaige Schade zur Zeit der Garantieübernahme noch nicht eingetreten ist, mit seinem Eintritte vielmehr erst gerechnet wird (RG 90, 416).

2. Die **befreiende Schuldübernahme,** vermöge deren **der Dritte an die Stelle des bisherigen Schuldners tritt,** und dieser ausscheidet, kann ebenfalls durch Vertrag des Dritten sowohl mit dem Gläubiger wie dem Schuldner begründet werden. Sie stellt eine Nachfolge in die alte Schuld dar und erfolgt mittels eines keiner Form bedürftigen, einseitigen, von dem zugrunde liegenden Rechtsgrunde unabhängigen Vertrags (RG Gruch 56, 928; 58, 386; 63, 46). Den ersteren der beiden bezeichneten Fälle trifft der § 414, den letzteren § 415. Möglich ist es auch, daß der Schuldner für einen noch nicht vorhandenen Dritten (eine erst zu bildende juristische Person) als dessen auftragsloser Geschäftsführer dem Gläubiger gegenüber den Schuldübernahmevertrag abschließt. Die Schuldübernahme wird alsdann mit Entstehung des Dritten und mit dessen Genehmigung wirksam (RG JW 06, 303[3]). Im Falle des § 414 bedarf es der Zustimmung des Schuldners nicht. Die Abmachung zwischen dem Dritten und dem Gläubiger befreit den Schuldner ohne weiteres, falls sich überhaupt nur aus den Umständen mit Sicherheit ergibt, daß der Gläubiger den Dritten an Stelle des alten Schuldners als solchen annehmen wollte (RG Warn 1914 Nr 281; LZ 1913, 366[3]). Dieser Schuldübernahmevertrag folgt den gewöhnlichen Regeln, ist formfrei (RG 60, 263) und kann auch stillschweigend zustande kommen (RG 59, 233; 72, 404; 107, 216). In der bloßen Annahme eines weiteren Schuldners liegt noch nicht die Entlassung des alten Schuldners (RG JW 1910, 284[14]). Daß die Schuld, die übernommen wird, zu der Zeit schon besteht, oder daß sie überhaupt klagbar, ist ebenfalls kein Erfordernis (RG Warn 1916 Nr 68); eine wirksame Schuldübernahme kann daher auch dann vorliegen, wenn etwa die Urkunde die Schuld als eine bereits bestehende behandelt, während in Wirklichkeit ihre Entstehung noch erst begründet werden soll, nur hat alsdann der Gläubiger das Sachverhältnis zu beweisen (RG Warn 1910 Nr 428). Beim Abschlusse eines Vertrags im Sinne des § 414 ist auch eine Vertretung des Dritten zulässig, insbesondere auch durch den Schuldner selbst. Falls der Vertreter ohne Vollmacht handelte, wird der Vertrag durch die nachträgliche Genehmigung der Stellvertretung wirksam (RG JW 06, 303[3]).

3. **Der bisherige Schuldner wird frei.** Dieser Einfluß der Schuldübernahme auf die Haftung des alten Schuldners ist selbstverständlich von der Rechtsbeständigkeit der Schuldübernahme abhängig. Im Falle ihrer Nichtigkeit sowie im Falle der Anfechtung bleibt daher jede Einwirkung auf das bisherige Schuldverhältnis von vornherein oder aber vermöge der Rückwirkung (§ 142) aus. Eine etwaige spätere Aufhebung des Übernahmevertrags durch einseitigen Rücktritt (§ 346) oder durch Vertrag könnte dagegen die einmal eingetretene Befreiung des Schuldners nicht wieder rückgängig machen.

§ 415

Wird die Schuldübernahme von dem Dritten mit dem Schuldner vereinbart, so hängt ihre Wirksamkeit von der Genehmigung des Gläubigers ab[1]). Die Genehmigung kann erst erfolgen, wenn der Schuldner oder der Dritte dem Gläubiger die Schuldübernahme mitgeteilt hat[2]). Bis zur Genehmigung können die Parteien den Vertrag ändern oder aufheben[3]).

Wird die Genehmigung verweigert, so gilt die Schuldübernahme als nicht erfolgt[1]). Fordert der Schuldner oder der Dritte den Gläubiger unter Bestimmung einer Frist zur Erklärung über die Genehmigung auf, so kann die Genehmigung nur bis zum Ablaufe der Frist erklärt werden; wird sie nicht erklärt, so gilt sie als verweigert[4]).

Solange nicht der Gläubiger die Genehmigung erteilt hat, ist im Zweifel der Übernehmer dem Schuldner gegenüber verpflichtet, den Gläubiger rechtzeitig zu befriedigen. Das gleiche gilt, wenn der Gläubiger die Genehmigung verweigert[5]).

E I 315; M 2 143; P 1 405.

1. **Schuldübernahme durch Vertrag zwischen dem Dritten und dem Schuldner.** Davon ist der Fall zu unterscheiden, daß sich etwa der Dritte (A), der Schuldner des Schuldners (B) ist, diesem gegenüber das Recht ausbedingt, mit befreiender Wirkung an den Gläubiger (C) zahlen zu dürfen (**RG** SeuffA 61 Nr 135). — Grundsatz ist im Falle des § 415, daß die Befreiung des alten Schuldners **von der Genehmigung des Gläubigers abhängt,** da dessen Interesse in Frage steht. Unabhängig dagegen von der Genehmigung des Gläubigers ist das Rechtsverhältnis zwischen dem alten Schuldner und dem Dritten (Abs 3). Demnach gestaltet sich die gesamte Rechtslage folgendermaßen: Erteilt der Gläubiger seine Genehmigung, dann treten ohne weiteres die in § 414 vorgesehenen Rechtsfolgen ein, und zwar gemäß § 184 mit rückwirkender Kraft; versagt er dagegen die Genehmigung, dann „gilt die Schuldübernahme (als solche) als nicht erfolgt", und der Gläubiger bleibt mithin von ihr unberührt; auch eine spätere Genehmigung wäre wirkungslos. Wohl aber behält der Übernahmevertrag im Verhältnisse zwischen dem Schuldner und dem Dritten im Zweifel die Eigenschaft eines Schulderfüllungsvertrags im Sinne des § 329, mit dem Anspruche des Schuldners auf Befreiung von der Schuld. Die Übernahme einer Schuld, für die eine Hypothek bestellt ist, durch den Erwerber des Grundstücks gegenüber dem Veräußerer stellt sich regelmäßig als eine die Befreiung bezweckende (§ 414 A 2) Schuldübernahme dar (**RG** 56, 200; 75, 340; Warn 1912 Nr 249; vgl. A 2). — Auch ein während bestehender Ehe geschlossener Ehevertrag, durch den an Stelle der bisherigen Gütergemeinschaft Gütertrennung eingeführt wird, und in dem der eine Teil die bisherigen Gesamtgutsverbindlichkeiten übernimmt, stellt eine Schuldübernahme dar, und ist der Ehevertrag im Güterregister eingetragen, dann kann sich der Gläubiger auf die Übernahme berufen, auch wenn sie ihm nicht mitgeteilt wurde (**RG** 14. 4. 08 II 32/08; vgl. A 2). Die Übertragung des Versicherungsvertrags durch den Versicherer auf eine andere Versicherungsgesellschaft bedeutet rechtlich eine Übernahme seiner Verpflichtungen durch diese; sie bedarf daher, um als privative Schuldübernahme gemäß § 415 wirksam zu werden, der Genehmigung des Versicherungsnehmers, sofern es sich nicht um einen Fall des § 14 VersAufsG (Übertragung des Portefeuilles) handelt und auch die Satzung des Versicherungsvereins nichts Gegenteiliges bestimmt (**RG** 112, 123; vgl. auch das vor dem Inkrafttreten des VersAufsG ergangene Urteil 56, 292, wo ausgesprochen ist, daß dem Versicherungsnehmer ein Sonderrecht darauf zusteht, daß ihm nicht wider seinen Willen ein anderer Versicherer als Schuldner aufgedrängt werde, was in **RG** 112, 123 dahingestellt gelassen wird. — Der Schuldübernehmer braucht nicht immer ein bisher Unbeteiligter zu sein. Eine Schuldübernahme kann vielmehr auch in der Weise erfolgen, daß von mehreren Gesamtschuldnern der eine die Schuld mit befreiender Wirkung für die übrigen allein übernimmt, beispielsweise, indem bei Auflösung einer offenen Handelsgesellschaft der eine Gesellschafter eine Gesellschaftsschuld übernimmt (**RG** 13. 4. 12 VI 399/11). Im übrigen aber muß der Schuldübernehmer ein anderer sein als der bereits vorhandene Schuldner (**RG** JW 1913, 324[9]). Vgl. auch A 5 a. E.

2. Für die **Genehmigung des Gläubigers** besteht an sich (vgl. aber A 4) keine Frist (**RG** 56, 200; 75, 342). Die Verzögerung der Genehmigung darf jedoch nicht aus arglistiger Absicht erfolgt sein, widrigenfalls die Genehmigung durch die Einrede der Arglist (exceptio doli generalis) entkräftet wird (**RG** 75, 342). Raum ist für die Genehmigung regelmäßig **erst nach Empfang der Mitteilung** von der Schuldübernahme, weil erst durch diese die Vertragsparteien

in Beziehungen zu dem Gläubiger treten (RG JW 1912, 683[7]). Die Mitteilung kann von dem Schuldner oder dem Dritten ausgehen (anders im Falle des § 416; vgl. A 1 dazu). Dies schließt jedoch nicht aus, daß der beim Vertragsabschlusse anwesende Gläubiger schon hierbei (RG Warn 1915 Nr 205), oder daß der Gläubiger schon vor Abschluß des Übernahmevertrags mit Zustimmung der Vertragsparteien sein Einverständnis hiermit und seine Einwilligung in die Schuldübernahme wirksam erklären kann (RG Warn 1911 Nr 262; 1919 Nr 29). In solchem Falle würde die Schuldübernahme, ohne daß es noch einer späteren Mitteilung bedürfte, mit Abschluß des Vertrags ohne weiteres für den Gläubiger und gegen den Übernehmer wirksam werden (RG 60, 416). Es kann indessen der Gläubiger seine im voraus erteilte Einwilligung, falls nicht besondere Umstände entgegenstehen, gemäß § 183 vor dem Abschlusse des Übernahmevertrags noch einseitig widerrufen. — Die Genehmigung kann auch stillschweigend erklärt werden, so insbesondere durch Anstellung der Klage (RG JW 08, 108[6]; 1911, 213[9]; Warn 1912 Nr 67; 1914 Nr 281; RG 107, 216). Stundung aber enthält noch keine Genehmigung (RG JW 1910, 13[18]), auch bloßes Schweigen noch nicht (RG Warn 1912 Nr 67); desgleichen noch nicht die Annahme von Hypothekenzinsen (RG 59, 32; 63, 44) oder eine sonstige Verhandlung mit dem Eigentümer. Es muß sich vielmehr der Wille, auf die Haftung des alten Schuldners zu verzichten, aus den Umständen mit Sicherheit ergeben, und das ist strenge zu prüfen, da durch den Eintritt eines neuen Schuldners die Interessen des Gläubigers wesentlich berührt werden (RG Warn 1914 Nr 281; LZ 1919, 1133[4]; 1. 12. 20 V 115/20). Gemäß § 182 kann die nachträgliche Erklärung sowohl dem Schuldner wie dem Übernehmer gegenüber abgegeben werden (RG JW 1911, 644[10]). Wird das verkaufte Grundstück von dem Käufer, der eine Restkaufschuld des Verkäufers übernommen hat, weiterverkauft und dessen Kaufschuld aus dem ersten Kaufvertrage von seinem Abkäufer wiederum in Anrechnung auf den Preis übernommen, dann kann der Gläubiger die erste Schuldübernahme auch noch nach dem Weiterverkaufe wirksam genehmigen (RG 75, 338). — Da nach der Verkehrsauffassung bei der Übernahme einer Hypothek durch den Käufer (§ 416) eine befreiende Schuldübernahme als gewollt gilt, so ist für die Wirksamkeit der Schuldübernahme dem Gläubiger gegenüber nicht erforderlich, daß ihm dieser Wille noch besonders erkennbar gemacht wird (RG 56, 200; 75, 339; JW 1911, 644[10]; 1918, 376[2]; 1915, 917[5]; Warn 1920 Nr 35). Genehmigt mithin der Gläubiger einen solchen die Schuldübernahme enthaltenden Vertrag, dann wird hierdurch der alte Schuldner ohne weiteres frei (RG Warn 1920 Nr 35), mag sich auch der Gläubiger dieser Rechtsfolge seiner Erklärung nicht bewußt geworden sein (RG 6. 11. 15 V 245/12; Warn 1916 Nr 227). Dies alles gilt jedoch nicht in gleicher Weise im Falle des § 414 (RG LZ 1913, 366[3]). Vgl. § 414 A 2. Die Vereinbarung zwischen dem Hypothekengläubiger und dem Grundstückserwerber über Stehenlassen der Hypothek und über ihre Zahlungsbedingungen bezieht sich im Zweifel nur auf die dinglichen Leistungen, und es kann daher aus einer solchen Vereinbarung (regelmäßig) noch nicht die Absicht des Gläubigers entnommen werden, den alten Schuldner zu entlassen (RG JW 1919, 237[2]).

3. Während des **Schwebezustandes bis zur Genehmigung** haben der Schuldner und der Dritte noch freie Verfügung über den Vertrag, und der Gläubiger vermag sie daran vor Erteilung der Genehmigung selbst dann nicht zu hindern, wenn ihm die Schuldübernahme (der Vertrag) bereits mitgeteilt war (RG 3. 2. 15 V 387/14). Vgl. §§ 108, 177 ff.

Bis zur Genehmigung der Schuldübernahme kann der Übernehmer die Übernahme insbesondere auch durch eine dem Schuldner gegenüber zu erklärende Anfechtung wieder beseitigen und so eine künftige wirksame Genehmigung des Gläubigers ausschließen. Nach wirksam erfolgter Genehmigung ist eine Anfechtung der Schuldübernahme auch dem Gläubiger gegenüber möglich, falls dieser oder mit seiner Kenntnis ein Dritter sich arglistiger Täuschung schuldig gemacht hat (§ 123 Abs 2; RG Gruch 57, 560).

4. Um den Schwebezustand beseitigen und eine endliche Entscheidung über die Rechtslage herbeiführen zu können, gewährt das Gesetz dem Schuldner wie dem Dritten **das Recht der Fristsetzung,** mit der Folge, daß sich der Gläubiger nur innerhalb der ihm gestellten Frist über die Genehmigung mit Wirksamkeit erklären kann und daß mit fruchtlosem Ablauf der Frist die Genehmigung als verweigert gilt. Haben der Schuldner und der Dritte je eine verschiedene Frist gesetzt, so muß folgerichtig schon die zuerst ablaufende Frist die gesetzliche Wirkung äußern. Obwohl das Gesetz hier nicht, wie in § 326, ausdrücklich die Setzung einer „angemessenen" Frist erfordert, wird doch die Frist nach Treu und Glauben so bemessen werden müssen, daß der Gläubiger in der Lage ist, innerhalb ihres Laufes seine Erklärung über die Genehmigung ordnungsmäßig abzugeben; andernfalls wird eine dazu ausreichende Frist an Stelle der gesetzten laufen. Vgl. § 326 A 1 b. A. A. anscheinend die 5. Aufl. — Die Mitteilung (der Übernahme), die Setzung der Frist so wie die Genehmigung sind einseitige, empfangsbedürftige, formlose Willenserklärungen (§§ 130—132; RG 11. 3. 09 VI 658/08).

5. Der **Vertrag des Schuldners mit dem Dritten** äußert seine Wirkung zwischen diesen beiden Vertragsteilen als **Schulderfüllungsvertrag** unbedingt und sofort (A 1), gleichviel wie sich der Gläubiger verhält. Kommt die Schuldübernahme überhaupt nicht zustande, dann beschränkt sich die Wirkung des Vertrags auf das bezeichnete Innenverhältnis. Danach kann der Schuldner von dem Dritten regelmäßig seine Befreiung von seiner Schuldverbindlichkeit verlangen (RG Warn 1912 Nr 249) und mithin, sobald die Schuld fällig ist, die Befriedigung des Gläubigers durch die Leistung fordern. Dies Recht steht ihm übrigens auch dann zu, wenn die Genehmigung oder aber deren Versagung noch aussteht, die Fälligkeit der Schuld indessen schon während der Genehmigungslage eintritt (RG 25. 5. 04 V 147/04). Der Schuldner ist aber nicht berechtigt, eine noch nicht fällige Schuld zu kündigen und so die beschleunigte Befriedigung des Gläubigers herbeizuführen (RG SeuffA 62 Nr 204). Der Gläubiger und der Schuldner können auch nicht ohne oder gegen den Willen des Übernehmers zu dessen Ungunsten die Schuld früher fällig machen (RG JW 08, 713[9]; Gruch 53, 421). Ein Anspruch auf Schuldbefreiung entsteht zugunsten des Versteigerungsschuldners gegenüber dem Ersteher des Grundstücks gemäß § 53 ZVG ohne weiteres, wenn der Ersteher die innerhalb des Mindestgebots fallende Hypothek (§ 52 des Ges.) übernimmt (RG 81, 85). Weder eine Schuldübernahme noch eine Erfüllungsübernahme im Sinne des § 415 liegt vor, wenn von zwei Gesellschaftern der eine dem andern gegenüber die Schulden der offenen Handelsgesellschaft übernimmt, da der Übernehmer ohnedies schon als Gesamtschuldner haftete; es handelt sich vielmehr um das Versprechen der Schuldbefreiung (RG Warn 1913 Nr 134).

§ 416

Übernimmt der Erwerber eines Grundstücks durch Vertrag mit dem Veräußerer eine Schuld des Veräußerers, für die eine Hypothek an dem Grundstücke besteht, so kann der Gläubiger die Schuldübernahme nur genehmigen, wenn der Veräußerer sie ihm mitteilt[1]). Sind seit dem Empfange der Mitteilung sechs Monate verstrichen, so gilt die Genehmigung als erteilt, wenn nicht der Gläubiger sie dem Veräußerer gegenüber vorher verweigert hat; die Vorschrift des § 415 Abs 2 Satz 2 findet keine Anwendung[2]).

Die Mitteilung des Veräußerers kann erst erfolgen, wenn der Erwerber als Eigentümer im Grundbuch eingetragen ist. Sie muß schriftlich geschehen und den Hinweis enthalten, daß der Übernehmer an die Stelle des bisherigen Schuldners tritt, wenn nicht der Gläubiger die Verweigerung innerhalb der sechs Monate erklärt[3]).

Der Veräußerer hat auf Verlangen des Erwerbers dem Gläubiger die Schuldübernahme mitzuteilen. Sobald die Erteilung oder Verweigerung der Genehmigung feststeht, hat der Veräußerer den Erwerber zu benachrichtigen[4])[5]).

1. **Übernahme einer Hypothekenschuld.** § 416 betrifft einen besonderen Fall der in § 415 geregelten Schuldübernahme. Vorausgesetzt ist nämlich hier wie in § 415, daß die Schuld durch einen Vertrag zwischen dem Schuldner und dem Dritten, vorliegend also zwischen **dem Veräußerer des mit der Hypothek belasteten Grundstücks und dessen Erwerber** übernommen wird. Demgemäß gilt auch hier der Grundsatz, daß die Wirkung dem Gläubiger gegenüber nur infolge seiner Genehmigung eintreten kann, die auch hier nur erfolgen kann, wenn die Schuldübernahme dem Gläubiger mitgeteilt wird. Anders, wie im Falle des § 415 (A 2), kann jedoch hier die Mitteilung nur von dem Veräußerer (Schuldner), nicht von dem Erwerber (Dritten) ausgehen (Abs 1 Satz 1). Anders, wie dort, tritt ferner im Falle des Schweigens des Gläubigers nicht eine Vermutung der Verweigerung, sondern eine **Vermutung der Genehmigung** ein, und zwar nach Ablauf einer vom Gesetze selbst bestimmten, nicht, wie nach § 415 Abs 2 Satz 2, einer erst durch Parteibestimmung gesetzten Frist (Abs 1 Satz 2). — Es ist der Zweifel aufgetaucht, ob das Wirksamwerden der Schuldübernahme im Falle des § 416 ausschließlich auf dem hier besonders vorgesehenen Wege erreicht werden kann, so daß insbesondere selbst eine ausdrückliche Genehmigung des Gläubigers bedeutungslos wäre, falls ihm die Übernahme nicht vom Veräußerer (Abs 1 Satz 1), sondern vom Erwerber des Grundstücks mitgeteilt worden wäre. Die Frage ist zu verneinen. Der Zusammenhang des § 416 mit § 415, an den sich der erstere offensichtlich anlehnt, sowie der erkennbare Zweck des § 416 zeigen, daß seine Sonderbestimmungen allein in Hinsicht auf den in ihm behandelten Sonderfall gegeben sein sollen, also den, daß der Gläubiger sich schwei-

gend verhält, während es in sonstigen Fällen bei den allgemeinen Grundsätzen verbleiben soll, nach denen das Wirksamwerden eines Schuldübernahmevertrags zu beurteilen ist. Soweit es sonach im Einzelfalle darauf ankommt, ob gegen den Gläubiger lediglich auf Grund seines Schweigens die Unterstellung des § 416 anwendbar ist, sind alle in Abs 1 daselbst aufgestellten Voraussetzungen zu berücksichtigen — als Bedingungen der gesetzlichen Unterstellung —; sofern dagegen der Gläubiger seine Genehmigung, sei es ausdrücklich, sei es durch schlüssige Handlungen, erklärt hat und es sich darum handelt, ob diese Erklärung von Wirksamkeit ist, sind lediglich die allgemeinen Bestimmungen der §§ 182 ff. in Verbindung mit § 415 in Betracht zu ziehen. Dementsprechend kann aber die Schuldübernahme mit befreiender Wirkung durch Genehmigung des Gläubigers gemäß § 415 auch dann zustande kommen, wenn die eine oder die andere Voraussetzung des § 416 nicht erfüllt worden ist, insbesondere also wenn die Mitteilung nicht von dem Veräußerer, sondern von dem Erwerber ausgegangen ist (**RG** JW 07, 742[9]; 08, 713[9]; 1911, 644[10]; 1912, 683[7]). Auch die Entstehungsgeschichte des § 416 spricht für diese Auffassung. Vgl. darüber die ausführlichen Erörterungen in **RG** 63, 42, wo ebenfalls die Auffassung vertreten ist, daß die Sonderbestimmungen des § 416 im Falle ausdrücklich erteilter Genehmigung nicht in Frage kommen, ferner **RG** Warn 1911 Nr 262; 1915 Nr 229. Die vormals entgegengesetzte Stellung zu der vorliegenden Frage (vgl. Gruch 49, 354) ist zugunsten der dargelegten Anschauungen aufgegeben worden. Insbesondere findet auch der Abs 3 des § 415 bei § 416 Anwendung (**RG** Warn 08 Nr 136). Wird die Hypothekenschuld durch einen Vertrag zwischen dem Dritten und dem Gläubiger übernommen, dann liegt der Fall des § 414 vor.

2. Die Unterstellung — eine gesetzliche, nicht widerlegbare Vermutung (praesumtio iuris et de iure, Fiktion) — geht dahin, daß **die Genehmigung als erteilt gilt, wenn sie der Gläubiger nicht innerhalb von sechs Monaten seit Empfang** der Mitteilung (d. h. seit deren Zugang im Sinne des § 130; **RG** 8. 6. 05 IV 60/05) **dem Veräußerer gegenüber** (ausdrücklich oder durch schlüssige Handlungen, aber positiv) **verweigert hat.** Die Frist ist eine gesetzliche Ausschlußfrist. Von dem Mittel einer Fristsetzung durch die Parteien gemäß § 415 Abs 2 Satz 2 ist hier abgesehen worden. Die Verweigerung ist (wie die Genehmigung) eine einseitige, empfangsbedürftige (§§ 130 bis 132), unwiderrufliche Erklärung.

3. Die **weiteren Bedingungen** für die Annahme des Gesetzes (vgl. A 2) sind folgende: Die Mitteilung muß schriftlich geschehen sein; es muß in ihr ausdrücklich angekündigt worden sein, daß „der Übernehmer an die Stelle des bisherigen Schuldners trete, wenn nicht der Gläubiger die Verweigerung innerhalb der sechs Monate erklärt habe"; endlich kann die Mitteilung erst erfolgen, nachdem der Erwerber des Grundstücks als Eigentümer eingetragen worden ist (Abs 2 Satz 2 **RG** 56, 200; JW 08, 32[7]). Die Verweigerung muß dem Veräußerer gegenüber erklärt werden (Abs 1 Satz 2, **RG** Warn 08 Nr 440), während die Genehmigung auch dem Käufer gegenüber erfolgen kann (§ 415 A 2; **RG** JW 1911, 644[10]; 1912, 683[7]). Ist eine dieser Bedingungen nicht erfüllt, dann kann nur § 415 Platz greifen (**RG** 63, 43). Als Veräußerer kann hier nur der persönliche Schuldner der Hypothek in Betracht kommen. Sind Miteigentümer des Grundstücks die Veräußernden, dann kann als Anzeigeberechtigter nur derjenige von ihnen in Betracht kommen, der der persönliche Schuldner ist. Sind die Miteigentümer als Gesamtschuldner sämtlich persönlich verpflichtet, dann wirkt die von ihnen gemeinsam ausgehende Anzeige für alle; es ist aber auch jeder einzelne von ihnen befugt, die Anzeige für sich allein zu machen, und in dem Falle äußert sich auch die durch das Schweigen des Gläubigers eintretende Schuldbefreiung nur zu seinen Gunsten (**RG** 80, 92). Eine Mitteilung des Erwerbers ließe sich nur als ein Antrag an den Gläubiger zum Abschlusse eines Schuldübernahmevertrags nach § 414 auffassen (**RG** Gruch 49, 359). Hatte der ursprüngliche Hypothekengläubiger die Forderung bereits an einen andern abgetreten, so genügt trotzdem die an den alten Gläubiger gemachte Mitteilung, wenn der Schuldner von der Abtretung keine Kenntnis hatte (§ 407; **RG** 67, 414; 80, 92). Vgl. § 407 A 1. Ob der Erwerber das Eigentum am Grundstücke inzwischen wieder eingebüßt hat, sei es durch Weiterveräußerung oder im Wege der Zwangsversteigerung, ist unerheblich (**RG** 56, 200; 75, 342), wie auch der Ausfall der Hypothek bei der Versteigerung bedeutungslos ist (**RG** 56, 200; JW 08, 32[7]; 1911, 442[5]). Im Falle der Weiterveräußerung des Grundstücks durch den Schuldübernehmer ist für den Abschluß eines Schuldübernahmevertrags zwischen ihm und seinem demnächstigen Käufer erst dann Raum, wenn die seinerseits erfolgte Schuldübernahme durch den Gläubiger genehmigt worden ist (**RG** 75, 344). Die Mitteilung ist eine rechtsgeschäftliche Erklärung; sie enthält das Angebot zum Abschlusse eines Entlastungsvertrags (**RG** Warn 09 Nr 271).

4. Abweichend von § 415 ist dem Übernehmer (Grundstückserwerber) in § 416 Abs 3 ein **besonderer Anspruch gegen den Veräußerer** darauf gegeben, daß dieser die Mitteilung macht und ihm von der erteilten oder verweigerten Genehmigung sofort Kenntnis gibt. Im Falle der Zuwiderhandlung macht sich der Veräußerer schadensersatzpflichtig. Vorausgesetzt ist aber dabei, daß der Käufer den Verkäufer zur Benachrichtigung des Gläubigers aufge-

fordert hat und der Verkäufer der Aufforderung nicht nachgekommen ist; ohne die Aufforderung kann der Käufer wegen Unterlassung der Benachrichtigung auch nicht den Einwand des nicht erfüllten Vertrags erheben (**RG** JW 08, 32[7]; Warn 1914 Nr 246). Im Falle schuldhafter Verzögerung oder Unterlassung haftet der Verkäufer auf Schadensersatz.

5. **Das Anwendungsgebiet des** § 416 **beschränkt sich** auf den Fall der Übernahme von **Hypotheken,** mit Einschluß von Vormerkungen in ihrer Eigenschaft als bedingter Hypotheken. Die Übernahme einer Hypothek in Anrechnung auf den Kaufpreis schließt ohne weiteres auch die Übernahme der persönlichen Schuld in sich (**RG** 30, 291), und sie gilt im Zweifel als eine befreiende (**RG** 75, 340; Warn 1915 Nr 205; 1920 Nr 35). Ob das Erwerbsgeschäft gerade ein Kauf ist, darauf kommt es nicht an (**RG** 22, 246), wenn auch der regelmäßige Fall die Übernahme von Hypotheken in Anrechnung auf den Kaufpreis sein wird. Vorauszusetzen ist im übrigen ein gültiger Veräußerungsvertrag, da dessen Nichtigkeit oder spätere Vernichtung durch Anfechtung auch die in ihn eingeschlossene Abrede über die Übernahme träfe (§ 139; **RG** 58, 386). Mit der Übernahme der Hypothekenschuld in Anrechnung auf den Kaufpreis übernimmt der Erwerber des Grundstücks mangels entgegenstehender Vereinbarung die Schuld einschließlich der Aufwertungslast (§ 242 A 5) im Zustande zur Zeit der Übernahme (2. 3. 27 V 380/26; 23. 2. 27 V 351/26 = AufwRechtspr 1927 S. 336. Vgl. auch AufwRechtspr 1928 S. 130ff. Nr 78 A, B, C). — **Im Falle der Zwangsversteigerung** entsteht gemäß § 53 ZVG durch den Zuschlag zwischen dem Zwangsvollstreckungsschuldner und dem Ersteher die gleiche Rechtslage, wie sie durch die vertragliche Übernahme einer Hypothekenschuld im Falle der Veräußerung gemäß §§ 415, 416 zwischen dem Veräußerer und dem Erwerber begründet wird; danach erlangt der Schuldner gegenüber dem Ersteher ohne weiteres den Anspruch auf Schuldbefreiung, und ist Ersteher der Gläubiger selbst, dann kann er seine frühere Forderung gegen den Schuldner nicht mehr geltend machen. Dagegen wird der Ersteher gegenüber dem Gläubiger erst unter der Voraussetzung persönlich haftbar, daß der Vollstreckungsschuldner dem Gläubiger die Schuldübernahme mitteilt, und der Gläubiger diese, sei es ausdrücklich, sei es durch Verstreichenlassen der sechsmonatigen Frist, kraft gesetzlicher Vermutung stillschweigend genehmigt (**RG** 84, 381; Warn 1912 Nr 203). — Ist § 416 auch da anwendbar, wo das Grundbuch noch nicht angelegt worden ist? Mit **RG** 58, 384 ist die Frage — im Gegensatze zu einzelnen abweichenden Äußerungen mit der überwiegenden Meinung des Schrifttums — zu verneinen.

§ 417

Der Übernehmer kann dem Gläubiger die Einwendungen entgegensetzen, welche sich aus dem Rechtsverhältnisse zwischen dem Gläubiger und dem bisherigen Schuldner ergeben[1]). Eine dem bisherigen Schuldner zustehende Forderung kann er nicht aufrechnen[2]).

Aus dem der Schuldübernahme zugrunde liegenden Rechtsverhältnisse zwischen dem Übernehmer und dem bisherigen Schuldner kann der Übernehmer dem Gläubiger gegenüber Einwendungen nicht herleiten[1]).

E I 316; M 2 146; P 1 419.

1. **Einreden des Übernehmers.** Im Falle der zusätzlichen (kumulativen) Übernahme kommt es darauf an, ob sie sich als selbstschuldnerische Bürgschaft darstellt oder als die Übernahme selbständiger Haftung nach den Grundsätzen der Gesamtschuld (§ 414 A 1). Im ersteren Falle greifen die Regeln vom Einrederecht des Bürgen ein (§§ 768, 770, 771), im letzteren die von der Gesamthaftung (§§ 420ff.). Im Falle der befreienden Übernahme (§§ 414, 415, 416) ist hinsichtlich des Einrederechts dreierlei auseinanderzuhalten: a) das Schuldverhältnis, in welches der Übernehmer eintritt; b) dasjenige Rechtsgeschäft, mittels dessen er eingetreten ist; c) das Grundgeschäft, in Veranlassung dessen die Schuldübernahme vorgenommen worden ist. **Zu a:** Da die befreiende Schuldübernahme ihrem Wesen nach nichts anderes ist als eine Sondernachfolge in ein bereits bestehendes Schuldverhältnis, so folgt von selbst, daß der Übernehmer alle die Einwendungen gebrauchen kann, **die sich aus dem Rechtsverhältnisse zwischen dem Gläubiger und dem bisherigen Schuldner ergeben,** mithin auch vom ursprünglichen Schuldner hätten geltend gemacht werden können, und weiter folgt, daß der Übernehmer auch hinsichtlich der Beweislast so dasteht, wie der Schuldner selbst stehen würde; so hat er beispielsweise die Beweislast, wenn er gegenüber dem Schuldscheine des ursprünglichen Schuldners einwendet, das Darlehn sei noch erst auszuzahlen (**RG** Warn 1910 Nr 428). Es kann insoweit auf die Ausführungen bei § 404 verwiesen werden, dessen Grundsatz hier entsprechend angewendet ist. Fraglich könnte nur sein, welcher Zeitpunkt bei Beurteilung des Schuldverhältnisses im Falle des § 415 zugrunde zu legen ist, ob gegebenenfalls der des

Vertragsschlusses zwischen dem Übernehmer und dem Schuldner oder derjenige, in dem die Übernahme dem Gläubiger gegenüber durch seine Genehmigung Wirksamkeit erlangt hat. Das Gesetz kann nur das letztere gemeint haben, in Betracht dessen, daß erst mit der Genehmigung des Gläubigers der Übernehmer in das Schuldverhältnis eintritt und daher für sein Verhältnis zum Gläubiger das Schuldverhältnis nur so in Betracht kommen kann, wie es zur Zeit seines Eintritts besteht. Der Grundsatz des § 184 von der Rückwirkung kann daher insoweit nicht Platz greifen. **Zu b:** Hier handelt es sich um dasjenige Rechtsgeschäft, welches den Eintritt des Dritten in die fremde Schuld unmittelbar bewirkt hat, also um das dingliche, abstrakte, in der Übernahme enthaltene Vollzugsgeschäft (**RG** 63, 46). Einwendungen gegen die Rechtsbeständigkeit dieses Geschäfts kann der Übernehmer dem Gläubiger gegenüber immer geltend machen, mag es diesem selbst (§ 414) oder dem Schuldner gegenüber (§§ 415, 416) vorgenommen sein. Denn ist das Geschäft nichtig oder wirksam angefochten worden (§ 415 A 3), dann entbehrt es jeder Wirkung. Unter Umständen ergibt sich die Nichtigkeit der Schuldübernahme auch aus dem Zusammenhange mit dem sie veranlassenden Grundgeschäfte. Ist sie nämlich ein untrennbarer Bestandteil desselben, dann wird sie von dessen Nichtigkeit ohne weiteres mitergriffen (**RG** 58, 386). Vgl. § 139 A 2 Abs 3. In **RG** Warn 1912 Nr 295 ist schlechthin ausgesprochen, daß der Rechtsbestand des Kausalgeschäfts „auf die Rechtsgültigkeit des zwischen dem Gläubiger und dem neuen Schuldner abgeschlossenen Übernahmevertrags einflußlos ist". In dem dort entschiedenen Falle war indes ein Zusammenhang zwischen dem Grundgeschäfte und dem besonders abgeschlossenen Übernahmevertrage, wie er zuvor vorausgesetzt worden, nicht gegeben. **Zu c:** Im Falle der §§ 415, 416 berührt das Grundgeschäft, das den Übernahmevertrag veranlaßt hat, den Gläubiger überhaupt nicht (**RG** Warn 1911 Nr 263), da es ihn nichts angeht, aus welchem Grunde, aus welcher Veranlassung oder unter welchen Bedingungen der Dritte mit dem Schuldner die Schuldübernahme vereinbart hat. Demgemäß läßt Abs 2 **keine Einwendungen aus dem der Schuldübernahme zugrunde liegenden Rechtsverhältnisse zwischen dem Übernehmer und dem bisherigen Schuldner zu.** So könnte der Übernehmer dem Gläubiger gegenüber insbesondere nicht geltend machen, daß ihm der Schuldner die Gegenleistung für die Schuldübernahme nicht oder nicht gehörig gewährt und daß im Falle des § 416 der Veräußerer (Hypothekenschuldner) seine Verpflichtungen als Verkäufer nicht erfüllt habe (**RG** Warn 1912 Nr 295). Ausgeschlossen ist auch, daß der Übernehmer, um den Inhalt seiner Verpflichtungen dem Hypothekengläubiger gegenüber zu ändern, etwa geltend machen könnte, der Veräußerer habe ihm hinsichtlich des Schuldverhältnisses falsche Angaben gemacht, und er habe den Kaufvertrag mit Erfolg angefochten (**RG** Warn 1912 Nr 295). Haftet also der Übernehmer überhaupt, so haftet er unbedingt nach Maßgabe des Schuldverhältnisses, wie es besteht (**RG** 1. 5. 06 II 425/05). Von solchen aus dem Grundgeschäfte zu entnehmenden Einwendungen kann der Übernehmer nur dem Schuldner gegenüber Gebrauch machen, um von ihm Befreiung von der Schuldübernahme oder gegebenenfalls Wertersatz gemäß § 818 zu erlangen. Im Falle des § 414 anderseits könnte der Übernehmer aus dem Grundgeschäfte, falls es gleichfalls mit dem Gläubiger abgeschlossen ist, Einwendungen in der Weise entnehmen, daß er auf Grund ihrer nach den Grundsätzen von der Bereicherung (§§ 812ff.) oder gegebenenfalls des Schadensersatzes (§ 249) die wirtschaftlichen Folgen des Vollzugsgeschäfts zu beseitigen vermöchte, beispielsweise durch den Einwand, daß das Grundgeschäft betrügerisch oder durch Zwang herbeigeführt worden und rechtzeitig angefochten sei. Vgl. dazu die Ausführungen unter § 125 A 1 b, c.

2. **Der Aufrechnung mit einer Forderung des bisherigen Schuldners** steht der Grundsatz des § 387 „compensatio fit inter easdem partes" entgegen. Das schließt nicht aus, daß der Übernehmer eine vor der Schuldübernahme von dem bisherigen Schuldner selbst bereits erklärte Aufrechnung einwandweise geltend machen kann. Eine Aufrechnung mit eigenen ihm gegen den Gläubiger zustehenden Forderungen, wenn etwa auch erst durch Abtretung seitens des früheren Schuldners erworbenen, ist dem Übernehmer selbstverständlich unbenommen.

§ 418

Infolge der Schuldübernahme erlöschen die für die Forderung bestellten Bürgschaften und Pfandrechte[1]). Besteht für die Forderung eine Hypothek, so tritt das gleiche ein, wie wenn der Gläubiger auf die Hypothek verzichtet[2]). Diese Vorschriften finden keine Anwendung, wenn der Bürge oder derjenige, welchem der verhaftete Gegenstand zur Zeit der Schuldübernahme gehört, in diese einwilligt[3]).

Ein mit der Forderung für den Fall des Konkurses verbundenes Vorzugsrecht kann nicht im Konkurs über das Vermögen des Übernehmers geltend gemacht werden⁴).

1. **Das Erlöschen der für die Forderung bestellten Bürgschaften und Pfandrechte** erklärt sich daraus, daß das Schicksal der bezeichneten Nebenrechte wesentlich von der Zuverlässigkeit und von der Vermögensfähigkeit des Hauptschuldners abhängt, und mithin durch einen Wechsel in dieser Hinsicht auch die Lage des Bürgen oder Pfandschuldners eine andere wird. Auf gesetzliche Bürgschaften und Pfandrechte bezieht sich die Vorschrift nicht; denn in diesen Fällen besteht die Haftung unabhängig von der Entschließung der Beteiligten, so daß es hier an dem rechtlichen Grunde für das Erlöschen fehlt. Das Gesetz spricht deshalb nur von „bestellten" Bürgschaften und Pfandrechten. A. A. Planck A 4.

2. Die Schuldübernahme beseitigt zwar nach dem in Satz 1 (A 1) ausgesprochenen Grundsatze das Recht des Gläubigers an der für die Forderung bestellten Hypothek, führt jedoch nach den Grundsätzen des Hypothekenrechts nicht zu einem Erlöschen der Hypothek und einem damit verbundenen Aufrücken der Nachmänner, sondern hat, wie der Verzicht auf die Hypothek (§ 1168), die Entstehung einer Eigentümerhypothek zur Folge. Die weitere Folge des Verzichts auf eine Hypothek — Freiwerden des ersatzberechtigten persönlichen Schuldners (§ 1165) — ergibt sich schon aus der Natur der Schuldübernahme. Die Entstehung der Eigentümerhypothek vollzieht sich hier außerhalb des Grundbuchs, während der Verzicht der Eintragung bedarf (§ 1168 Abs 2).

3. Der Grund der Bestimmung des Satzes 1 (vgl. A 1) versagt, falls der Bürge oder der am Pfandgegenstande Berechtigte (Eigentümer, dinglich Berechtigter, Forderungsgläubiger) sich mit der Person des neuen Schuldners einverstanden erklärt (RG Warn 1916 Nr 222). Deshalb soll in diesem Falle auch die Bestimmung keine Anwendung finden. Die **Einwilligung des Bürgen oder des hinsichtlich des Pfandgegenstandes Berechtigten** muß gemäß § 183 im voraus, sei es dem Gläubiger, sei es dem Übernehmer gegenüber (§ 182), erklärt werden, was formlos und auch stillschweigend geschehen kann, da keine neue Bürgschaft begründet wird (RG 70, 411). Eine wirksame Einwilligung liegt daher stets auch schon dann vor, wenn der Eigentümer des Pfandgegenstandes (des haftenden Grundstücks) selbst die Schuld übernimmt, oder etwa sich an einem Gesellschaftsvertrage mit beteiligt, in dem die Gesellschaft die Schuld übernimmt (RG Warn 1916 Nr 222). Eine erst nachträgliche Genehmigung könnte die nach Abs 1 Satz 1 bereits eingetretene Rechtsfolge nicht wieder beseitigen (a. A. Oertmann A 2 zu § 418). Es bedürfte vielmehr zur Begründung des etwaigen erloschenen Nebenrechts eines neuen Rechtsgeschäfts. Falls jedoch der Gläubiger die Schuldübernahme nur unter der Bedingung der Zustimmung des Bürgen bzw. des Eigentümers genehmigt und die Zustimmung alsdann erteilt wird, liegt eine Einwilligung im Sinne des Abs 1 Satz 3 vor (RG 11. 5. 07 V 412/06).

4. Die Bestimmung des Abs 2 beruht darauf, daß „die Fortdauer der mit der Forderung verbundenen bloßen **Vorzugsrechte im Konkurse**" — das sind die nach § 61 unter Nr 1—5 KO begründeten Rechte auf Berichtigung vor den übrigen Konkursforderungen — sich nicht mit der zwingenden Natur der die Rangordnung der Gläubiger bestimmenden Rechtsnormen verträgt" (M 2, 147).

§ 419

Übernimmt jemand durch Vertrag das Vermögen eines anderen, so können dessen Gläubiger, unbeschadet der Fortdauer der Haftung des bisherigen Schuldners, von dem Abschlusse des Vertrags an ihre zu dieser Zeit bestehenden Ansprüche auch gegen den Übernehmer geltend machen¹)¹ᵃ).

Die Haftung des Übernehmers beschränkt sich auf den Bestand des übernommenen Vermögens und die ihm aus dem Vertrage zustehenden Ansprüche. Beruft sich der Übernehmer auf die Beschränkung seiner Haftung, so finden die für die Haftung des Erben geltenden Vorschriften der §§ 1990, 1991 entsprechende Anwendung²).

Die Haftung des Übernehmers kann nicht durch Vereinbarung zwischen ihm und dem bisherigen Schuldner ausgeschlossen oder beschränkt werden³)⁴).

E 1 319; M 2 151; P 1 427.

1. **Vertragsmäßige Übernahme des Vermögens eines andern.** Unter Vermögen versteht das Gesetz wie in der Regel so auch im Falle des § 419 nur das Aktivvermögen ohne Einbeziehung der Passiva (RG 69 S. 285 u. 416; vgl. auch zu § 1922). Während § 311 die

Form des schuldrechtlichen Vertrages betrifft, durch den sich der eine Teil zur Übertragung seines Vermögens oder eines Bruchteils davon verpflichtet, regelt § 419 die Wirkungen eines Vertrages, der die Übernahme des Vermögens eines andern zum Gegenstande hat, in Hinsicht auf die Gläubiger des Veräußerers. Ein solcher Vertrag kann ein schuldrechtlicher Verpflichtungsvertrag gemäß § 311 sein und es muß angenommen werden, daß ein solcher bereits genügt, um die in § 419 bestimmte Haftungswirkung des Übernehmers herbeizuführen, da dieser nach Satz 1 schon „von dem Abschlusse des Vertrags an" haften soll, die dingliche Übertragung aber nicht durch einheitlichen Vertrag, sondern nur durch Einzelübereignung der zu dem Vermögen gehörenden Gegenstände erfolgen kann; vgl. A 2. Doch ist der Abschluß eines formgerechten Vertrags nach § 311 kein Erfordernis für die Anwendung des § 419; dazu genügt vielmehr auch die ohne vorher übernommene Verpflichtung erfolgende dingliche Übereignung der sämtlichen das Vermögen bildenden Vermögensbestandteile, und zwar, im Gegensatze zu § 311 (vgl. A 1 dazu) auch dann, wenn nur die Übereignung dieser Vermögensbestandteile, nicht die des gesamten Vermögens als solchen beabsichtigt war, ohne daß die Beteiligten sich bewußt sein müßten, daß diese Vermögensgegenstände tatsächlich das gesamte Vermögen des Veräußerers ausmachen (so zutreffend RG 85, 169; ebenso 76, 4 u. 69, 420). Das Anwendungsgebiet des § 419 geht somit über dasjenige des § 311 hinaus und die Gründe, die zu der Vorschrift des § 419 geführt haben (Schutz der Gläubiger des Veräußerers) haben mit den Gründen für die Formvorschrift des § 311 (Schutz des Veräußerers vor Übereilung) nichts gemein (RG 69, 421). Da, wo die Vermögensmasse, die natürliche Unterlage des dem Schuldner gewährten Kredits, geblieben ist, soll auch die Befriedigung von den Gläubigern gesucht werden dürfen (RG 69, 288). Dementsprechend kann auch unter Umständen ein nach § 311 beabsichtigter, indes formungültiger Vertrag gemäß § 140 mittels einer Geschäftsumgestaltung (Konversion) möglicherweise als Vertrag im Sinne des § 419 aufrechterhalten werden (RG 69, 420; 76, 3; 82, 277). Unerheblich ist es ferner, wenn einzelne Vermögensstücke von der Übernahme ausgeschlossen werden (beispielsweise bei Übertragung der gesamten Aktiva einer Aktiengesellschaft die Grundstücke), falls nur die einzelnen Vermögensstücke im Verhältnisse zum Ganzen nur unbedeutend sind (RG 69 S. 289, 419; 80, 260; Warn 1914 Nr 282). Dabei sind jedoch die auf einem Grundstücke etwa ruhenden Lasten bei der Frage, ob die ausgeschlossenen einzelnen Vermögensstücke verhältnismäßig nur unbedeutenden Wert haben, außer Betracht zu lassen, da eben unter dem Vermögen im Sinne des § 419 nur das Aktivvermögen zu verstehen ist (RG 69, 284; 82, 277; JW 1919, 822[4]). Die Übernahme des Vermögens einer offenen Handelsgesellschaft ohne gleichzeitige Übernahme der Vermögen auch der Gesellschafter reicht zur Anwendung des § 419 nicht aus (RG JW 1910, 242[30]; Warn 1917 Nr 270). Dagegen bildet die Verschmelzung einer Genossenschaft mit einer Aktiengesellschaft unter Übernahme der Aktiva und Passiva ohne weiteres eine Vermögensübernahme im Sinne des § 419 (RG 4. 10. 13 V 177/13). — Erforderlich ist nicht, daß die Vermögensübernahme durch einen einzigen Vertrag erfolgt; es genügt vielmehr der Abschluß mehrerer, tatsächlich auf Übertragung des gesamten Vermögens gerichteter, getrennter Verträge (RG 65, 171). Erforderlich ist aber ein auf die Vermögensübernahme gerichteter „Vertrag", so daß beispielsweise der Übergang des Vermögens einer Gesellschaft m. b. H. infolge eines Liquidationsbeschlusses auf einen einzelnen Gesellschafter zur Anwendung des § 419 nicht ausreicht (RG 92, 85). — Ob das dem Veräußerer gegenüber ergehende Urteil über einen zu dem Vermögen gehörenden Gegenstand auch dem Übernehmer gegenüber Rechtskraft macht, regelt sich nach § 325 ZPO.

1a. Die Übernahme eines Vermögens, also der Aktiva (vgl. A 1), ist keine vertragsmäßige Schuldübernahme, weder eine privative im Sinne des § 415, noch eine zusätzliche (§ 414 A 1). Der § 419 verleiht aber kraft Gesetzes einem solchen Vertrage die Wirkungen einer zusätzlichen **Schuldübernahme durch den Übernehmer** des Vermögens, und zwar läßt es diese ohne weiteres schon mit dem Abschlusse des (schuldrechtlichen) Vertrags eintreten, ohne daß es erst der dinglichen Vermögensübertragung (mittels Übergabe, Auflassung, Abtretung) bedarf (RG 69, 288; vgl. A 1), während anderseits Voraussetzung des § 419 ein rechtsbeständiger Übernahmevertrag ist und der bloß tatsächlich erfolgte Vermögensübergang nicht genügt (RG 76, 2; 92, 85; vgl. A 1). Erfordernis ist nicht, daß die Übernahme der Schulden besonders verabredet wird; vielmehr greift die Regel des § 419 Abs 1 gegebenenfalls sogar gegen den Willen der Vertragsparteien Platz (RG 69, 286; 76, 4); wie es auch nicht darauf ankommt, ob sich die Vertragsparteien der Beschaffenheit des Vertrags als eines solchen aus § 419 bewußt waren (RG 85, 168). — Die Schuldübernahme entsteht hier im übrigen unbeschadet der Fortdauer der Haftung des bisherigen Schuldners, so daß dieser mit dem etwa noch zurückbehaltenen wie seinem später erworbenen Vermögen nach wie vor verpflichtet bleibt. Im Verhältnisse zueinander haften endlich beide Vertragsteile wie Gesamtschuldner, da die Haftung des Übernehmers keine bürgschaftliche, sondern eine selbständige ist (vgl. A 1 bei § 414; RG 69, 284). — Da die Vermögensübernahme keine Gesamtrechtsnachfolge bewirkt, der das Vermögen Übertragende vielmehr nach wie vor verpflichtet bleibt, so hat die Vermögensübertragung gemäß § 419 (anders als im Falle des § 418) auch nicht die Befreiung des für die Schuld des Übertragenden bestellten Bürgen zur Folge, und ist der Übernehmer selbst Gläubiger, so kann auch er den Bürgen in Anspruch nehmen (RG 82, 278). — **Geschützt sind durch § 419 diejenigen Gläubiger,** deren Ansprüche zur Zeit des Abschlusses des Übernahmevertrags bereits bestanden, mag eine Forderung damals auch erst eine aufschiebend bedingte gewesen sein (RG 69, 421). **Daß der Veräußerer ihnen haftbar bleibt, ist zwingenden Rechts,** eine entgegenstehende Vereinbarung zwischen dem Veräußerer und dem Erwerber wäre den Gläubigern gegenüber nichtig (Abs 3). Ob die Übernahme ohne oder gegen eine mehr oder weniger gleichwertige Gegenleistung erfolgt, ist unerheblich; in letzterem Falle ist der Anspruch auf die Gegenleistung ein erst durch den Vertrag neu entstehender Vermögensbestandteil, der nicht ausschließt, daß das gesamte, bei Abschluß des Vertrages vorhandene Vermögen übertragen ist. Deshalb kann § 419 auch anwendbar sein bei Gutsübernahmen, ferner bei Übertragung eines Vermögens, möglicherweise eines Warenlagers, sicherungshalber. In diesem Falle behält der Erwerber seine zu sichernde Forderung und ist gemäß § 1991 Abs 1, § 1979 ohne Vorzugsrecht neben den übrigen Gläubigern zu befriedigen (RG JW 1913, 919[5]). Vgl. unten A 3. — Bei Eingemeindungen findet § 419 keine Anwendung; hier greift öffentliches Recht ein (RG 68, 213).

2. **Die Haftung des Übernehmers** besteht, und zwar lediglich für Forderungen, die schon bei Abschluß des Übernahmevertrags wenn auch erst als bedingte (RG 69, 421), vorhanden waren (RG 69, 426, JW 1914, 978[3]; 1917, 102[4]), nur insoweit, als er aus dem Übernahmevertrage Rechte und Ansprüche (persönliche oder dingliche) erworben hat, und zwar nur mit diesen Gegenständen. Die Haftung selbst ist stets nur persönlicher und nicht dinglicher Art (RG JW 1912, 347[12]). Da ferner auf die **§§ 1990, 1991** verwiesen ist, so folgt auch, daß der Übernehmer berechtigt ist, selbst bei Kenntnis von der Unzulänglichkeit des Vermögens, sich aus diesem wegen einer eigenen Forderung gegen den Übergeber vorweg zu befriedigen (RG Warn 1914 Nr 213; vgl. zu § 1991). Als das **„übernommene Vermögen"** sind hierbei die das Aktivvermögen bildenden Gegenstände, ohne Abzug der Schulden (RG 69, 284; 82, 277), sowie ohne Abzug des vom Übernehmer etwa gewährten Entgelts anzusehen (RG 69, 287). Mit seinem sonstigen Vermögen haftet der Übernehmer überhaupt nicht, auch nicht etwa auf Höhe des Wertes des Übernommenen (also Fall der Haftung cum, nicht pro viribus, vgl. § 1975). Das Ergebnis ist, daß der Übernehmer überhaupt haftfrei ist, falls aus dem Bestande des übernommenen Vermögens infolge Befriedigung einzelner Gläubiger nichts mehr vorhanden ist, und daß er die Befriedigung der Gläubiger insoweit verweigern kann, als das Vermögen nicht ausreicht, ohne Vermögensverwaltung (entsprechend einer Nachlaßverwaltung) oder Konkurs beantragen zu müssen; doch muß er in diesem Falle das vorhandene Vermögen zur Befriedigung der Gläubiger im Wege der Zwangsvollstreckung herausgeben. Das folgt aus der entsprechenden Anwendung der vom Gesetze hier herangezogenen §§ 1990, 1991. Zu beachten ist im übrigen, daß zu der übernommenen Vermögensmasse auch das zu rechnen ist, was etwa auf Grund eines zu dem Vermögen gehörenden Rechtes, oder als Ersatz für einen entzogenen Gegenstand, oder endlich durch Rechtsgeschäfte erworben ist. Es entspricht das dem bei Sondervermögen vom Gesetze durchweg angenommenen Ersatzgrundsatze (Surrogationsprinzip); vgl. die §§ 1370, 1473, 1524, 1638, 1651, 2111. — Mehrere Übernehmer des Vermögens haften als Gesamtschuldner (§ 427).

3. **Prozessualisch** regelt sich die Haftung des Übernehmers zufolge § 786 ZPO nach den §§ 780 Abs 1, 781, 785 das. Der Gläubiger kann danach die Zwangsvollstreckung auf jeden beliebigen im Vermögen des Übernehmers vorhandenen Gegenstand richten und es jenem überlassen, einredeweise (nach den §§ 767, 769, 770 ZPO) einzuwenden und zu beweisen, daß der Gegenstand dem übernommenen Vermögen nicht zugehört. Voraussetzung hierfür ist jedoch, daß dem Übernehmer die Beschränkung der Haftung in dem über den Anspruch selbst ergangenen Urteile (wenn auch nur im allgemeinen) vorbehalten worden ist, daß der Übernehmer mithin in jenem Prozesse einen entsprechenden Antrag gestellt hatte. (An sich genügt es, daß solches in der mündlichen Verhandlung geschieht, während die Verlesung des Antrags kein Erfordernis ist; RG 69, 291.) Ist ein Gegenstand des übernommenen Vermögens noch im Gewahrsam des andern Vertragsteiles geblieben und hier von einem seiner Gläubiger gepfändet, dann steht dem Übernehmer die Widerspruchsklage aus § 771 ZPO auf Grund des von ihm erworbenen Eigentums nicht zu, weil er schuldnerisch verpflichtet ist (vgl. A 2), die Zwangsvollstreckung in den Gegenstand zu dulden (RG Warn 1912 Nr 158). Hat der Übernehmer des Vermögens Vermögensbestandteile bereits verwertet, so führt die entsprechende Anwendung des § 1990 dazu, daß er den an die Stelle des verwerteten Vermögens getretenen Erlös zur Befriedigung der Gläubiger des Übertragenden im Wege der Zwangsvollstreckung herausgeben muß (RG 82, 276).

4. Besonders geregelt ist die Haftung des Erbschaftskäufers durch die §§ 2371 ff. und

die des Nießbrauchers eines Vermögens durch die §§ 1085ff. Im Falle des § 25 HGB ist nicht die Übertragung des Vermögensganzen, sondern nur die eines Handelsgeschäfts vorausgesetzt, zwar ebenfalls eines Vermögensinbegriffs, indessen nicht eines derartigen, der das ganze Vermögen eines Kaufmanns zu erschöpfen pflegt. Hier ist also für § 419 kein Raum oder doch nur dann, wenn eine juristische Person der Geschäftsinhaber ist (RG 69, 290). In ähnlicher Weise wie § 419 für das bürgerliche Recht an die vertragliche Vermögensübernahme die Schuldenhaftung knüpft, hat der Staatsvertrag über den Übergang der Staatseisenbahnen auf das Reich vom 31. 3./20. 4. 1920 (RGBl 1920, 773) dem durch ihn geordneten Übergang der Eisenbahnen der Länder auf das Reich die gleiche Folge gegeben; grundsätzlich ist dadurch das Reich Schuldner der Eisenbahnverpflichtungen der Länder unmittelbar gegenüber den Berechtigten geworden, insbesondere auch für den in § 28 geregelten Fall der Übernahme der Ruhegehälter der Eisenbahnbeamten (RG 114, 97).

Sechster Abschnitt

Mehrheit von Schuldnern und Gläubigern

§ 420

[1]) **Schulden mehrere eine teilbare Leistung oder haben mehrere eine teilbare Leistung zu fordern, so ist im Zweifel jeder Schuldner nur zu einem gleichen Anteile verpflichtet, jeder Gläubiger nur zu einem gleichen Anteile berechtigt[2]).**

E I 320; M 2 153; P 1 430.

1. Falls an dem nämlichen Schuldverhältnisse auf der Schuldnerseite oder auf der Gläubigerseite eine **Mehrheit von Personen** beteiligt ist, kann sich ihre Beteiligung nach dem Standpunkte des BGB auf folgende Weise äußern: Die etwaigen mehreren Schuldner können entweder jeder auf das Ganze oder nur je anteilig haften. Bei einer Mehrheit von Gläubigern anderseits kann die Sache so sein, daß nur alle zusammen, als Einheit gedacht, die Berechtigten sind, so daß der Schuldner auch nur an alle zusammen mit befreiender Wirkung leisten kann, oder so, daß jeder einzelne Gläubiger in Ansehung des Ganzen forderungsberechtigt ist, und demgemäß auch der Schuldner gegenüber jedem einzelnen Gläubiger die ganze Verbindlichkeit zu erfüllen vermag, oder endlich so, daß die einzelnen Gläubiger nur nach Anteilen, aber insoweit wiederum selbständig berechtigt sind. Haften die mehreren Schuldner auf das Ganze, so liegt ein Gesamtschuldverhältnis vor (§§ 421ff.). Ist jeder einzelne der mehreren Gläubiger in Hinsicht auf das Ganze forderungsberechtigt, so handelt es sich um ein Gesamtgläubigerrecht (§§ 428ff.). Welcher Art Haftung oder welcher Art Gläubigerrecht im Einzelfalle anzunehmen ist, richtet sich nach den in Betracht kommenden besondern Vorschriften des Gesetzes, bei rechtsgeschäftlich begründeten Schuldverhältnissen aber in erster Linie nach dem Parteiwillen. Doch hat das Gesetz in dem vorliegenden Abschnitte auch allgemeine Vermutungen aufgestellt, die an die Teilbarkeit oder Unteilbarkeit der Forderung anknüpfen; vgl. § 420 und anderseits § 431 (A 2).

2. Der § 420 stellt bei **teilbaren** Leistungen (§ 266 A 1) eine **Vermutung für Verpflichtung oder Berechtigung nur zu gleichen Anteilen auf.** In Fällen solcher Art liegen im Zweifel einfache, voneinander unabhängige Teilforderungen ohne Gemeinschaftsverhältnis vor, so daß jeder von den mehreren Forderungsberechtigten über seinen Anteil selbständig durch Abtretung oder Vergleich verfügen kann (RG 22. 2. 06 VI 417/05) und jeder von den mehreren Schuldnern nur in Höhe seines Anteils in Anspruch genommen werden darf. Die Vermutung geht zugleich dahin, daß die Anteile der einzelnen gleiche sind. Sie greift auch bei einer für mehrere Personen eingetragenen Grundschuld in der Weise Platz, daß einer jeden einzelnen von ihnen ohne Auseinandersetzung sofort ein der Zahl der Beteiligten entsprechender, selbständiger Anteil zusteht (RG 9. 3. 12 V 406/11 — teilweise abgedruckt JW 1912, 592[13]). Die Vermutung des § 420 ist indessen tatsächlich von geringer Bedeutung, da das Gesetz sie durch seine Ausnahmebestimmungen wesentlich durchbricht (vgl. die allgemeine Bestimmung des § 427 für den Vertragsfall und die §§ 42, 53, 86, 89, 769, 830, 840, 1108, 1388, 1459 Abs 2, 1480, 1530, 1833, 1915, 2058, 2219 Abs 2, 2382). — Über **Teilbarkeit der Leistung** vgl. § 266 A 1, § 275 A 4. Teilbarkeit liegt vor, wenn sich der geschuldete Gegenstand ohne Verminderung des Wertes in gleichartige Teile zerlegen läßt. Die Verpflichtung zur Herausgabe mehrerer Sachen kann teilbar sein (RG JW 1912, 142[18]); desgl. die Verpflichtung zur Leistung von Diensten (RG JW 1911, 756[11]). Teilbar ist die auf Gewährung einer Menge von vertretbaren Sachen, namentlich einer Geldsumme, gerichtete Leistung (RG 75, 310; JW 08, 70[4]); wofern nicht die Sachmenge wirtschaftlich eine Einheit darstellt (eine Tonne

Heringe); oder wofern nicht eine Zahlung aus dem Grundstücke in Frage steht (RG JW 02 Beil 198). Eine teilbare Forderung stellt der statutenmäßige Anspruch der einzelnen Aktionäre auf den Gewinnanteil dar (RG 75, 310). — Unteilbar ist die Verpflichtung zur Herstellung eines Werkes (RG JW 1911, 756[11]; Gruch 56, 116); die Verpflichtung zur Herstellung des Zustandes gemäß § 249 (RG JW 07, 275; 1911, 456[11]); die Verpflichtung des Vermieters zur Gebrauchsüberlassung an mehrere Mieter (RG JW 1917, 849[4]); die Verpflichtung von Miteigentümern, eine bestimmte Summe gemäß § 1113 aus dem Grundstücke zu zahlen. Unteilbar sind Unterlassungsverpflichtungen. — Die Ansicht, daß die Verpflichtung zur Verschaffung eines Rechts, insbesondere des Eigentums an einer bestimmten Sache, teilbar sei (Planck A 2a), ist im allgemeinen nicht zu billigen. Mag auch das Miteigentum an der Sache qualitativ dem Eigentum an der ganzen Sache entsprechen, so läßt sich doch schwerlich sagen, daß durch die Verschaffung des Miteigentums der wirtschaftliche Zweck, der durch die Verschaffung des vollen Eigentums verwirklicht werden soll, regelmäßig wenigstens teilweise erreicht wird, auch nicht annehmen, daß der Wert des Teileigentums verhältnismäßig dem Werte des ungeteilten Eigentums wirtschaftlich entspricht.*)

§ 421

Schulden mehrere eine Leistung in der Weise, daß jeder die ganze Leistung zu bewirken verpflichtet, der Gläubiger aber die Leistung nur einmal zu fordern berechtigt ist (Gesamtschuldner), so kann der Gläubiger die Leistung nach seinem Belieben von jedem der Schuldner ganz oder zu einem Teile fordern[1]). Bis zur Bewirkung der ganzen Leistung bleiben sämtliche Schuldner verpflichtet[2]).

E I 321; M 2 154; P 1 438.

1. **Das passive Gesamtschuldverhältnis.** a) **Begriff.** Es ist gegeben, wenn der nämliche Gläubiger „eine" Leistung von mehreren Personen nur einmal fordern kann mit der Maßgabe, daß jeder einzelne Schuldner die ganze Leistung zu bewirken verpflichtet ist und der Gläubiger die freie Wahl hat, wen er in Anspruch nehmen will und ob den einzelnen in voller Höhe der Forderung oder nur teilweise. Davon zu unterscheiden ist der Fall, daß der Gläubiger die eine Leistung nicht von jedem Schuldner in voller Höhe, auch nicht von jedem Schuldner zu einem Anteile, sondern nur von allen Schuldnern gemeinsam verlangen kann. Dieser Fall liegt vor, wenn mehrere in einem Gesamthandsverhältnisse (vgl. zu § 718) stehen und nach dem Schuldverhältnisse die Leistung aus dem Gesamthandsvermögen zu erfolgen hat, in welchem Falle zur Zwangsvollstreckung in dieses Vermögen ein gegen alle Gesamthänder ergangenes Urteil erforderlich ist (§ 736 ZPO). Ob in solchem Falle der Gläubiger auch die Leistung gegen jeden einzelnen Schuldner aus dessen Privatvermögen verlangen kann, richtet sich nach der gesetzlichen Regelung der einzelnen Gesamthandsverhältnisse. — Welches Innenverhältnis unter den mehreren Gesamtschuldnern und ob unter ihnen überhaupt an und für sich ein besonderes Rechtsverhältnis besteht, ist für den Begriff des Gesamtschuldverhältnisses, auch des echten (vgl. unter b), nicht wesentlich; das Gesetz schafft in § 426 Rechtsbeziehungen der Gesamtschuldner untereinander durch die Ausgleichspflicht, die unter ihnen stattzufinden hat, „soweit nichts anderes" (auf Grund des unter ihnen bestehenden Innenverhältnisses) „bestimmt ist". In diesem Sinne besteht zwischen ihnen als Gesamtschuldnern von vornherein eine notwendige Rechtsgemeinschaft (RG 79, 289; 92, 151); vgl. § 426 A 1. — Aus dem Umstande, daß der Gläubiger nur die „eine" Leistung, und zwar nur einmal zu fordern hat, folgt, daß er durch einmalige Leistung völlig befriedigt und völlig abgefunden wird, gleichgültig von welchem seiner mehreren Schuldner er die ihm geschuldete Leistung erhält, und weiter folgt auch, daß durch die Leistung des einen Mitverpflichteten auch jeder andere von ihnen dem Gläubiger gegenüber befreit ist (§ 422). Nicht aber zieht das Gesetz auch die Folge, daß mit der Befriedigung des Gläubigers durch nur einen Gesamtschuldner zugleich der Untergang des Anspruchs an sich verknüpft ist. Einem solchen Ergebnisse ist das Gesetz sogar geflissentlich entgegengetreten, indem es in § 426 Abs 2 vorsieht, daß „die Forderung" auf den leistenden Schuldner

---

*) Diese (schon in der 5. Aufl. von Kiehl ohne besonderen Anlaß gemachten) Ausführungen gewinnen besondere Bedeutung angesichts der in der neuesten Zeit von den Großbanken mit vielleicht nicht immer ganz einwandfreien Mitteln geförderten, rechtlich und wirtschaftlich nicht unbedenklichen Einrichtung der sog. **„Sammeldepots"** für Effekten, bei denen der einzelne Hinterleger kein Alleineigentum an irgendeinem Stück seines Vermögensbesitzes, sondern nur Miteigentum mit einer unbestimmten Zahl ihm gänzlich unbekannter anderer Personen behält!

insoweit ohne weiteres übergeht, als er seine Mitschuldner auf Grund ihrer zuvor bezeichneten Beitragspflicht in Anspruch nehmen kann. Denn dieser Übergang läßt sich ohne Fortbestehen der Forderung trotz Befriedigung des Gläubigers überhaupt nicht denken. Die Bestimmung anderseits des Gesetzes, daß der Gläubiger nach seinem Belieben jeden einzelnen Schuldner in Anspruch nehmen kann, erklärt sich daraus, daß das Gesetz bei einem Gesamtschuldverhältnisse so viele selbständige Einzelverpflichtungen als gegeben annimmt, als Schuldner vorhanden sind, und somit die Auffassung ablehnt, als setze das Erfordernis nur „einer" Leistung zugleich das Vorhandensein nur „einer" Verpflichtung voraus (Korrealobligation im engeren Sinne). Daß das Gesetz in Wirklichkeit davon ausgeht, daß auch beim echten Gesamtschuldverhältnisse, gleichgültig, worauf es sich gründet, ob auf eadem causa (§ 427) oder auf verschiedene Tatbestände, so viele selbständige Schuldverhältnisse gegeben sind, als Schuldner vorhanden, folgt namentlich auch aus den Bestimmungen der §§ 423, 425, 426 Abs 2. Vgl. auch die Prot 1 S. 437, 439. Läge überhaupt nur ein Schuldverhältnis vor, dann müßte es durch die einmalige Leistung, gleichviel welchen Schuldners, überhaupt erlöschen (§ 362 Abs 1). Das trifft aber, wie schon gesagt, nicht zu. Der Schuldnerverzug, das Verschulden, die Kündigung, das Urteil sollen ebenfalls nur in der Person des einzelnen betroffenen Schuldners Wirkungen hervorrufen. In § 423 freilich spricht das Gesetz von dem „ganzen Schuldverhältnisse". Indessen der Schluß aus dem Gegenteil ergibt, daß das Gesetz auch hier zwischen dem „ganzen Schuldverhältnisse" und den bestehenden einzelnen Schuldverhältnissen unterscheidet, indem es bestimmt, daß durch den Erlaßvertrag zwischen dem Gläubiger und einem Schuldner die Befreiung aller Mitschuldner nur dann eintritt, wenn die Vertragschließenden gewollt haben, daß das ganze Schuldverhältnis erlösche, also davon ausgeht, daß mangels eines solchen Willens nur das zwischen den Vertragschließenden bestehende einzelne Verhältnis untergeht. Mithin sind innerhalb eines Gesamtschuldverhältnisses in der Richtung zwischen dem Gläubiger und den Schuldnern zu unterscheiden: einmal das einheitlich gedachte, durch die Identität der Leistung bedingte und die sämtlichen Einzelverhältnisse umfassende Gesamtverhältnis, und zweitens die in der Selbständigkeit der Verpflichtungen der einzelnen Schuldner beruhenden besonderen Schuldverhältnisse, so daß das Wort Gesamtschuldverhältnis im Sinne eines Kollektivbegriffs zu verstehen ist. Vgl. **RG** 53, 404. Daß die einzelnen Schuldverhältnisse voneinander unabhängig sind (selbst, wenn jeder einzelne Mitschuldner aus demselben Rechtsgeschäfte verpflichtet ist), spricht sich auch in der nach feststehender Rechtsmeinung begründeten Regel aus, daß die Art der Verpflichtung der einzelnen Schuldner durch Hinzufügung von Nebenbestimmungen, wie Bedingung und Befristung, unterschiedlich gestaltet werden kann (**RG** Gruch 54, 149), und endlich darin, daß die Nichtigkeit oder Anfechtbarkeit des einen Schuldverhältnisses das Schicksal der übrigen, soweit § 139 nicht Platz greift, unberührt läßt. Begrifflich notwendig ist für ein Gesamtschuldverhältnis auch nicht, daß sich die von den mehreren Schuldnern geschuldeten Leistungen dem Umfange nach genau decken; ist dies nicht der Fall, dann besteht eine Gesamtschuld insoweit, als die Leistungen sich decken (**RG** JW 1913, 978[6]).

b) **Entstehung des Gesamtschuldverhältnisses und Identität der Leistung.** Ist daran festzuhalten, einerseits, daß bei einem echten Gesamtschuldverhältnisse das Erfordernis der Identität der Leistung begrifflich unerläßlich ist, anderseits aber, daß, weil der Grundsatz der Selbständigkeit der einzelnen Schuldverhältnisse besteht, die Identität des Schuldgrundes nicht erforderlich ist, daß mithin der Verpflichtungsgrund hinsichtlich der einzelnen Schuldner je ein verschiedener und sogar verschiedenartiger sein kann, indessen immer unbeschadet der Identität der Leistung, so entscheidet sich hiernach mittelbar zugleich auch die Frage, was nach dem Gesetze unter der Identität der Leistung zu verstehen ist, und wie ein echtes Gesamtschuldverhältnis zu entstehen vermag. Die zweifelloseste und natürlichste Entstehungsweise ist selbstverständlich gegeben, wenn die sämtlichen Schuldner aus demselben Tatbestande verpflichtet sind. Dahin gehört der Fall des § 427 (Verpflichtung durch einen und denselben Vertrag), ferner der Fall des § 2058 (Haftung der Miterben) und der Fall des § 840 (Mittäterschaft bei einer unerlaubten Handlung). Ein Gesamtschuldverhältnis besteht sonach auch zwischen den mehreren gemäß § 839 haftenden Beamten, sowie zwischen ihnen und dem nach § 1 des preuß. Beamtengesetzes haftbaren Staate (**RG** 85, 411); desgl. im Falle des Verlustes öffentlicher Gelder zwischen den mehreren Beamten, die hierfür aufzukommen haben, und zwar der eine als der Täter, der andere als der Vorgesetzte, der seine Aufsichtspflicht nicht gehörig erfüllt hat (**RG** 95, 347). Keineswegs ist jedoch für ein Gesamtschuldverhältnis ein gemeinschaftlicher Verpflichtungsgrund oder Entstehungsgrund erforderlich (**RG** 77, 323). So ist an der Identität der Leistung nicht zu zweifeln, wenn jemand in ein bereits bestehendes Schuldverhältnis als weiterer Schuldner eintritt (**RG** 70, 410 und die dort angeführten Urteile; ferner 72, 404; 102, 399, Eintritt eines neuen Mieters unter Forthaftung des bisherigen Mieters), und zwar auch dann nicht, wenn er sich in bezug auf die kausale Schuld eines andern (Kaufschuld) durch ein selbständiges Versprechen (§ 780) abstrakt mitverpflichtet (**RG** 70, 409; 77, 323; das auf anderm Standpunkte stehende

Urteil RG 67, 128 muß insoweit als überholt gelten). Auch haften mehrere Personen, die demselben Gläubiger in bezug auf denselben Gegenstand aus mehreren einzelnen Verträgen für den ihm durch Vertragsbruch verursachten Schaden haftbar geworden sind, insoweit als Gesamtschuldner, als ihr Vertragsbruch mitverursachend geworden ist (RG Warn 09 Nr 197). Über das Gemeinschaftsverhältnis zwischen mehreren vereinigten Rechtsanwälten vgl. § 425 A 1 a. E. Für die Identität der Leistung muß es auch genügen, wenn mehrere Personen, jede für sich, im Interesse des nämlichen (demnächstigen) Gläubigers behufs Erreichung desselben Zweckes tätig und ihm hierbei infolge ihrer Handlungsweise sämtlich verpflichtet geworden sind. Denn unter diesen Umständen hat die Identität der Leistung ihren Grund in der Identität des Zweckes, um dessen Erreichung es sich gehandelt hat. Dies ergibt den Begriff der **Zweckgemeinschaft** (RG 77, 323). Einen lehrreichen Fall derart gibt das Gesetz selbst in § 769. Wenn es hier vorsieht, daß mehrere Bürgen selbst dann Gesamtschuldner sind, wenn sie die Bürgschaft nicht gemeinschaftlich, vielmehr zu verschiedenen Zeiten (RG SeuffA 68 Nr 50) übernommen haben, so läßt sich auch diese Vorschrift nur daraus erklären, daß zwischen den Bürgen das Gemeinschaftsverhältnis um deswillen besteht, und die Leistung, die sie schulden, die nämliche aus dem Grunde ist, weil das allseitige Tun auf den einen Zweck gerichtet war, den Gläubiger sicherzustellen. Erhält der Gläubiger auch nur von dem einen Bürgen Befriedigung, dann ist der überhaupt verfolgte Zweck völlig erreicht. Ein weiteres Beispiel bietet auch der § 59 des VersVG v. 30. 5. 08, nach dem auch zwischen den mehreren Versicherern, bei denen dasselbe Interesse gegen dieselbe Gefahr versichert ist, ein Gesamtschuldverhältnis besteht. Da endlich bei einem Gesamtschuldverhältnisse möglich ist, daß der Verpflichtungsgrund der einzelnen Schuldner je ein verschiedener und sogar ein verschiedenartiger sein kann, und da die Identität des Zweckes als Voraussetzung für die Identität der Leistung genügt, so ist es auch denkbar, daß ein Verhältnis der fraglichen Art auch unter solchen Umständen entstehen kann, wo der eine Schuldner zu der Leistung vertraglich verpflichtet, der andere aber infolge einer unerlaubten Handlung haftbar geworden ist. Beispielsweise: Der Frachtführer A, der die Beförderung der Güter des B übernommen, hat die Ausführung dessen dem Frachtführer C übertragen, und durch dessen Schuld sind die Güter beschädigt worden. Hier haftet A aus dem Vertrage und C gegebenenfalls aus der unerlaubten Handlung auf Ersatz des dem B erwachsenen Schadens. Es ist aber ein Gesamtschuldverhältnis entstanden, weil A und C zu dem nämlichen Zwecke tätig geworden sind, und weil B, gleichviel von wem er den Schaden ersetzt bekommt, den Ausgleich dafür erhält, daß der Zweck nicht oder doch nur in mangelhafter, ihn schädigender Weise erreicht worden ist. Das den obigen Fall behandelnde Urteil RG 77, 323 ist daher zu billigen. Vgl. auch RG 79, 290; 82, 439; JW 1913, 859[5], betreffend die Haftung des Postfiskus aus dem Beförderungsvertrage und zugleich des Straßenanliegers wegen Verletzung der Verpflichtung zum Bestreuen der Straße; RG 84, 415, betreffend die Haftung der Straßenbahn aus dem Beförderungsvertrage und zugleich die Haftung des Halters eines Kraftfahrzeugs, mit dem der Zusammenstoß erfolgte, aus dem Kraftfahrzeuggesetze; RG JW 1915, 22[7], betreffend die Haftung des Kraftfahrzeugfahrers, dessen sich der Beschädigte bediente, und der Straßenbahn, die mit dem Kraftfahrzeuge zusammenstieß; RG SeuffA 74 Nr 68, wonach im Falle des Zusammenstoßes zweier Kraftwagen die Halter der beiden Kraftwagen hinsichtlich des entstandenen Personenschadens als Gesamtschuldner haften. Voraussetzung für die Entstehung des Gesamtschuldverhältnisses ist im übrigen nicht einmal, daß die mehreren Schuldner, die um desselben Zweckes willen tätig geworden sind, im Bewußtsein einer solchen Zusammenwirkung gehandelt haben. Auch hierfür ist der Fall des § 769 beweiskräftig, da doch die mehreren Bürgen nach dieser Bestimmung unzweifelhaft selbst dann als Gesamtschuldner gelten müßten, wenn jeder von ihnen die Bürgschaft ohne Wissenschaft um die Bürgschaftsleistung des andern übernommen hätte. Und ein gleiches müßte entsprechend auch in dem Falle des § 59 des VersVG gelten. Weiter haften auch die mehreren Akzeptanten eines Wechsels oder die mehreren Aussteller eines eigenen Wechsels als Gesamtschuldner, selbst wenn der erste Unterzeichner nicht gewußt hat, daß demnächst noch ein anderer mitunterzeichnen werde (RG 17. 10. 06 I 39/06); endlich die mehreren Anfechtungsgegner, die sich durch den angefochtenen Vertrag gemeinschaftlich verpflichtet hatten, auf Rückgabe der empfangenen Leistung (RG 67, 261). Durch Wechselunterschriften wird jedoch nicht ohne weiteres ein Gemeinschaftsverhältnis begründet (JW 03, 245[29]; 06, 305[10]). Regelmäßig stehen sich vielmehr die mehreren Wechselverpflichteten als Gläubiger und Schuldner nach Wechselrecht gegenüber; es findet unter ihnen keine Ausgleichung gemäß § 426 statt (RG 40, 57; 48, 152; 96, 136). Vgl. § 426 A 2. Nur zwischen Avalisten regelt sich das Regreßrecht stets nach bürgerlichem Rechte, da es hier an Regeln des Wechselrechts fehlt (RG 48, 157). Auch durch die Eingehung einer Wechselverpflichtung für die Schuld eines andern entsteht noch kein Gesamtschuldverhältnis, es wäre dazu vielmehr noch die Schuldübernahme nötig, durch die zwei Schuldverpflichtungen begründet würden, die auf denselben Schuldgegenstand gerichtet wären (RG 96, 139). — Auch mehrere Unterzeichner eines trockenen Wechsels sind im Zweifel untereinander zu gleichen Anteilen verpflichtet (RG 52, 222). — In zahlreichen Fällen entsteht auch ein Gesamtschuldverhältnis kraft Gesetzes (vgl. §§ 840, 2058 und sonst).

Es sind jedoch Fälle derart denkbar, daß eine Person an verschiedene Personen Forderungen hat, die sämtlich, wenigstens dem äußeren Anscheine nach, auf die nämliche einmalige Leistung gerichtet sind, ohne daß zugleich die eigentümlichen Merkmale des echten Gesamtschuldverhältnisses zutreffen. Alsdann pflegt man von einem **unechten Gesamtschuldverhältnisse** zu sprechen (RG 67, 128; 70, 409; 77, 323; 79, 290), wiewohl von einem Gesamtschuldverhältnisse hier in Wirklichkeit überhaupt nicht die Rede sein kann, weil es an der begrifflich notwendigen wirklichen Einheit der Leistung fehlt. Es versteht sich von selbst, daß unter solchen Umständen auch alle Folgen fortfallen, die beim wirklichen Gesamtschuldverhältnisse gerade als das Ergebnis der Leistungseinheit in die Erscheinung treten. Aber es fragt sich, was das unterscheidende Merkmal zwischen dem echten Gesamtschuldverhältnisse und dem sog. unechten bildet. Es kann am besten negativ dargelegt werden. Ein wirkliches Gesamtschuldverhältnis kann nämlich niemals gegeben sein, wenn es an einer solchen inneren Beziehung zwischen den einzelnen Verpflichtungen fehlt, wie sie bei dem echten Gesamtschuldverhältnisse gerade vorhanden sein muß, wenn also die einheitliche Leistung weder gewollt ist, noch sich aus der Identität des verfolgten Zweckes ergibt. Wäre mithin die Tatsache, daß die mehreren Personen dem nämlichen Gläubiger anscheinend die nämliche Leistung schulden, nur auf Zufall zurückzuführen (RG 67, 130; 70, 409; 77, 323; 79, 290), so wäre die Annahme einer wirklichen Identität der Leistung ausgeschlossen. Hat jemand beispielsweise sein Haus gegen Feuersgefahr versichert und wird dieses demnächst infolge von vorsätzlicher Brandstiftung zerstört, dann hat er einen Anspruch auf Schadensersatz sowohl gegen die Gesellschaft (in Form des Anspruchs auf die Versicherungssumme) wie auch gegen den Brandstifter. Ein Gemeinschaftsverhältnis zwischen den beiden Verpflichteten besteht aber hier keineswegs, weil es an der Zweckidentität fehlt, da jeder der Verpflichteten zu anderm Zwecke gehandelt hat (RG 61, 61). Allerdings wird der Gläubiger, wenn er von dem Brandstifter Befriedigung erhält, nicht nochmals die Gesellschaft in Anspruch nehmen können. Aber das liegt nicht daran, daß der Gläubiger zugleich auch die von der Gesellschaft geschuldete Leistung erhalten hätte, sondern daran, daß hier die Regel von der Vorteilsausgleichung Platz greift (Vorbem 5 vor § 249). Wird der Gläubiger aber umgekehrt von der Gesellschaft befriedigt, dann läge eigentlich nur der Fall des § 255 vor; das heißt, die Forderung des Gläubigers an den Brandstifter ginge nicht ohne weiteres auf die Gesellschaft über; diese könnte vielmehr nach § 255 nur die Abtretung verlangen; freilich kommt jetzt in Wirklichkeit hier die Vorschrift des § 67 VersVG v. 30. 5. 08 in Betracht (vgl. § 255 A 3), die den Übergang kraft Gesetzes ausdrücklich vorsieht. Aber jedenfalls ist davon keine Rede, daß durch die Leistung des einen Verpflichteten zugleich auch der andere Verpflichtete dem Versicherungsnehmer gegenüber ohne weiteres befreit würde, und auch davon nicht, daß einer von dem andern die Ausgleichung im Sinne des § 426 Abs 1 fordern könnte. Denn im Rechtssinne handelt es sich nicht um eine und dieselbe Leistung der beiden Verpflichteten, sondern um zwei verschiedene Leistungen, und es greifen daher nicht die Regeln der §§ 421—427 Platz (RG 67, 131). Die Lehre von der Unterscheidung zwischen dem echten und unechten Gesamtschuldverhältnisse ist trotz alledem noch recht ungeklärt.

2. Der Satz 2 bestimmt den Zeitpunkt, bis zu dem der Gläubiger die einzelnen Gesamtschuldner beliebig in Anspruch nehmen kann. Das ist der Fall bis zu dem Augenblicke, in dem er **die ganze Leistung empfangen hat.** Die Klage gegen den einen Schuldner hindert den Gläubiger mithin nicht an einer Inanspruchnahme der andern, und die Einrede der Rechtshängigkeit ist dem Gesamtschuldner sonach ebenfalls versagt.

§ 422

Die Erfüllung durch einen Gesamtschuldner wirkt auch für die übrigen Schuldner. Das gleiche gilt von der Leistung an Erfüllungs Statt, der Hinterlegung und der Aufrechnung.

Eine Forderung, die einem Gesamtschuldner zusteht, kann nicht von den übrigen Schuldnern aufgerechnet werden[1]).

E I 329; M 2 161; P 1 435.

1. Die Regel des Abs 1 ergibt sich aus der Natur des passiven Gesamtschuldverhältnisses (vgl. § 421 A 1); die Regel des Abs 2 aus dem Grundsatze des § 387 „compensatio fit inter easdem personas". Die befreiende Wirkung der Erfüllung durch einen Gesamtschuldner kommt auch der Erfüllung durch den Hauptwechselschuldner zu (RG 9, 64 u. 28. 6. 11 V 44/11). Die Regel des Abs 1 muß auch dann Platz greifen, wenn anstatt eines Gesamtschuldners gemäß § 267 ein Dritter die geschuldete Leistung bewirkt.

§ 423

Ein zwischen dem Gläubiger und einem Gesamtschuldner vereinbarter Erlaß wirkt auch für die übrigen Schuldner, wenn die Vertragschließenden das ganze Schuldverhältnis aufheben wollten[1]).

E I 332; M 2 164; P 1 435.

1. Ob der **Erlaß** das gesamte Schuldverhältnis zerstört oder ob er nur den Mitschuldner, mit dem das Abkommen getroffen wurde, befreit, hängt von der Absicht der Beteiligten, nämlich davon ab, ob dem Erlasse die Wirkung auf das Gesamtschuldverhältnis beigelegt (pactum in rem) oder ob nur der Vertragspartei ihre Verpflichtung erlassen werden sollte (pactum in personam). Im übrigen vgl. § 421 A 1. Unberührt bleibt vom Erlasse in allen Fällen das Innenverhältnis zwischen den Gesamtschuldnern gemäß § 426 (RG SeuffA 76 Nr 1). Ein Vergleich zwischen dem Gläubiger und einem einzelnen Gesamtschuldner wird auch für die übrigen Mitschuldner soweit befreiend wirken, als er die wirkliche Befriedigung des Gläubigers und damit den Untergang des Forderungsrechts überhaupt zur Folge hat. Die Wirkung eines vergleichsweisen Erlasses bemißt sich aber nach der Tragweite des Erlasses selbst. Wechselrechtlich ist es möglich, daß durch Vertrag zwischen dem Wechselrückgriffsberechtigten und dem Akzeptanten nur dieser und ein Vormann des Berechtigten befreit, der Aussteller aber nicht befreit wird (RG 59, 319). Über den Zwangsvergleich vgl. § 193 KO.

§ 424

Der Verzug des Gläubigers gegenüber einem Gesamtschuldner wirkt auch für die übrigen Schuldner[1]).

E I 325; M 2 159; P 1 437.

1. Die **Wirkungen des Gläubigerverzugs** (§§ 293ff., 300, 304, 372ff.) **treten auch zugunsten der übrigen Gesamtschuldner ein,** weil, wenn der Gläubiger die Bewirkung der Leistung des einen Gesamtschuldners nicht gehindert hätte, die sämtlichen Schuldner durch die Leistung gemäß § 422 befreit worden wären. Anderseits hört aber auch die Gesamtwirkung des Gläubigerverzugs auf, sobald dieser wieder beseitigt worden ist. Letzteres kann indes nur herbeigeführt werden durch Handlungen gegenüber demjenigen Schuldner, dem gegenüber der Gläubiger in Verzug geraten war. Die entgegengesetzte Annahme überspannt die Regel des § 424, da diese zwar den vorausgesetzten Teilverzug zugunsten aller Schuldner wirken lassen will, dagegen keineswegs unterstellt, daß der Teilverzug zugleich einen Verzug allen übrigen Gesamtschuldnern gegenüber bedeute (teilweise a. A. Staudinger A 3).

§ 425

Andere als die in den §§ 422 bis 424 bezeichneten Tatsachen wirken, soweit sich nicht aus dem Schuldverhältnis ein anderes ergibt, nur für und gegen den Gesamtschuldner, in dessen Person sie eintreten[1]).

Dies gilt insbesondere von der Kündigung, dem Verzuge, dem Verschulden, von der Unmöglichkeit der Leistung in der Person eines Gesamtschuldners, von der Verjährung, deren Unterbrechung und Hemmung, von der Vereinigung der Forderung mit der Schuld und von dem rechtskräftigen Urteile[2]).

E I 325, 326; M 2 159; P 1 437.

1. Während die Erfüllung und der Gläubigerverzug nach den §§ 422, 424 unbedingt und der Erlaß nach § 423 unter Umständen zugunsten aller Gesamtschuldner wirken, beschränken **andere Tatsachen,** die die Leistungspflicht zu verändern, zu erhöhen oder auch zu beseitigen geeignet sind (A 2), ihre Wirksamkeit auf denjenigen Gesamtschuldner, in dessen Person sie sich vollzogen haben (RG 72, 406). Es folgt das aus der Selbständigkeit der einzelnen Verpflichtungen (vgl. § 421 A 1). Das Gesetz stellt jedoch nur eine Auslegungsregel auf, indem es vorsieht, daß sich aus dem Schuldverhältnisse ein anderes ergeben kann, wenn nämlich die Abweichung vereinbart ist, oder in dem besondern Geschäftszwecke erkennbar ihren Grund hat. So in dem Verhältnisse zweier Rechtsanwälte, die sich zur gemeinschaftlichen Ausübung des Anwaltsberufs verbunden haben, da hierin die stillschweigend erfolgte gegenseitige Übernahme der Haftung je für ein Versehen des andern zu finden ist, soweit der Verursacher des Schadens innerhalb des gemeinschaftlichen Berufsgebiets gehandelt, also nicht etwa außerhalb dieses Gebietes eine ihn haftbar machende Auskunft erteilt hat (RG 85, 307; 88, 344). Im übrigen vgl. § 421 A 1.

2. Der Abs 2 hebt nur beispielsweise einzelne, besonders wichtige Fälle hervor: a) Die **Kündigung** (des Gläubigers wie des Schuldners). Sie läßt hinsichtlich derjenigen Gesamtschuldner, denen gegenüber der Gläubiger nicht gekündigt hat oder die nicht gekündigt haben, den Vertrag fortbestehen. b) Den **Verzug** (Schuldnerverzug). Danach sind sowohl die Voraussetzungen dieses Verzugs (§§ 284, 285) wie seine Folgen (§§ 286ff.) allein aus der Person je des einzelnen Mitschuldners zu beurteilen (RG 65, 26); unberührt bleibt jedoch gemäß § 356 der Grundsatz der Unteilbarkeit des Rücktrittsrechts wegen Verzugs aus §§ 325, 326. c) **Verschulden.** Vgl. über die positive Vertragsverletzung §§ 276 A 6, 325 A 4. Hat das Verschulden (§ 276) eines Gesamtschuldners zur Folge, daß die Leistung wegen objektiver Unmöglichkeit überhaupt unerfüllbar wird, so muß dieser Umstand auf die Rechtslage der schuldfreien Mitverpflichteten dahin zurückwirken, daß sie nach den §§ 275, 323 frei werden, während derjenige Gesamtschuldner, dem das Verschulden zur Last fällt, ersatzpflichtig wird (§ 280). Wird dagegen durch das Verschulden des einen Gesamtschuldners nur eine Verpflichtung zum Schadensersatze neben der fortbestehenden Leistungspflicht begründet, so bleiben zwar auch die schuldlosen Mitschuldner zur Leistung nach Maßgabe des Schuldverhältnisses verpflichtet; aber sie haften nicht außerdem auch auf Ersatz des Schadens (RG 65, 29). War die Leistung von Anfang an unmöglich (§ 306), so haftet für das negative Interesse gemäß § 307 nur derjenige Mitschuldner, bei dem die Voraussetzungen hierfür vorliegen. d) **Unmöglichkeit der Leistung in der Person (nur) eines Gesamtschuldners** (im Sinne des § 275 Unvermögen). Die Haftung der übrigen Schuldner bleibt unberührt, während der zur Leistung unvermögende Schuldner überhaupt befreit oder aber zum Schadensersatze verpflichtet ist, je nachdem er sein Unvermögen zu vertreten hat oder nicht (§§ 275, 280, 325). e) **Verjährung.** Für jeden Mitschuldner läuft eine besondere Verjährung. f) Die **Vereinigung von Forderung und Schuld** in der Person des Gläubigers oder eines Mitschuldners (Konfusion). In diesen Fällen kann der Gläubiger oder der betroffene Mitschuldner die Forderung gegen die übrigen Schuldner geltend machen, aber nur abzüglich desjenigen Betrags, auf den er ihnen gemäß § 426 aus dem Grunde der Ausgleichung haftet (dolo facit, qui petit, quod redditurus est). Vgl. § 426 Abs 2 (A 3). — g) Das **rechtskräftige** Urteil; vgl. § 325 ZPO. Danach wirkt dieses nur für und gegen diejenigen Gesamtschuldner, die Parteien in dem Rechtsstreite waren; insbesondere bewirkt die rechtskräftige Verurteilung des Hauptschuldners nicht Rechtskraft gegenüber dem Bürgen (RG 56, 109; 66, 334; Warn 09, 448). Die Abweisung der Klage des Verletzten gegen einen der als Gesamtschuldner auf Schadensersatz in Anspruch Genommenen bewirkt nicht Rechtskraft für den gegen diesen von den andern Gesamtschuldnern aus §§ 839, 840, 426 zu erhebenden Ausgleichungsanspruch (RG 69, 422; vgl. auch § 426 A 1). — Auch die mit einem Gesamtschuldner (z. B. einem in den Mietvertrag neu, unter Fortdauer der Haftung des bisherigen Mieters, eingetretenen Mieter) durch den Gläubiger getroffenen abändernden Vereinbarungen wirken nicht vertragsändernd gegenüber den andern Gesamtschuldnern (dem ersten Mieter; RG 102, 399). Auch die Befreiung durch Schuldübernahme (§§ 414—416) beschränkt ihre Wirksamkeit auf denjenigen Gesamtschuldner, dessen Schuld von dem Dritten übernommen worden ist (RG JW 1912, 1102[3]).

§ 426

Die Gesamtschuldner sind im Verhältnisse zueinander zu gleichen Anteilen verpflichtet[1]), soweit nicht ein anderes bestimmt ist[2]). Kann von einem Gesamtschuldner der auf ihn entfallende Beitrag nicht erlangt werden, so ist der Ausfall von den übrigen zur Ausgleichung verpflichteten Schuldnern zu tragen[1]).

Soweit ein Gesamtschuldner den Gläubiger befriedigt und von den übrigen Schuldnern Ausgleichung verlangen kann, geht die Forderung des Gläubigers gegen die übrigen Schuldner auf ihn über[3]). Der Übergang kann nicht zum Nachteile des Gläubigers geltend gemacht werden[4])[5])[6]).

E I 337; M 2 166; P 1 440.

1. Das **Verhältnis unter den Gesamtschuldnern.** Vorausgesetzt ist das Vorhandensein eines echten Gesamtschuldverhältnisses (§ 421 A 1; RG 61, 60; 67, 132; 69, 424; 70, 409; 79, 290; JW 1913 S. 859[5]; 919[6]; 978[6]), während das Rückgriffsrecht bei einem nur zufälligen, unechten Schuldverhältnisse (vgl. § 421 A 1 unter b) sich nur nach allgemeinen Rechtsgrundsätzen, insbesondere nach denen von der Bereicherung (RG 13. 3. 06 VII 304/05) oder möglicherweise von der auftragslosen Geschäftsführung regeln kann (RG 79, 290). Liegt ein echtes Gesamtschuldverhältnis vor, dann besteht die gegenseitige Ausgleichungspflicht zwischen den Gesamtschuldnern gemäß Abs 1 ohne weiteres auf Grund des Gesamtschuldverhältnisses

selbst (§ 421 A 1) und auf Grund der zwischen den Gesamtschuldnern notwendig bestehenden Rechtsgemeinschaft (RG 79, 290; 81, 418; 92, 151). Insbesondere ist die Beitragspflicht nicht davon abhängig, daß ein Gesamtschuldner bereits geleistet hat (Abs 2), wie auch nicht davon, wie sich die Beziehungen zwischen dem Gläubiger und den einzelnen Gesamtschuldnern gestaltet haben mögen, sei es durch Vergleich, sei es durch Erlaß, sei es durch Urteil. Denn dafür, ob eine Ausgleichungspflicht gemäß § 426 Abs 1 Satz 1 besteht oder nicht besteht, ist allein der wirkliche, objektive Sachverhalt entscheidend, während auch ein zwischen dem Gläubiger und einem einzelnen Gesamtschuldner ergehendes Urteil, mag es zugunsten oder zuungunsten des Gesamtschuldners ergangen sein, im Verhältnisse zwischen den Gesamtschuldnern keine Rechtskraft macht und überhaupt keine maßgebliche Rolle spielt. Vgl. über die erörterten Fragen RG 69, 422. Der Ausgleichungsanspruch aus Abs 1 geht auch nicht dadurch verloren, daß der Gesamtschuldner gegebenenfalls durch seine Leistung die Gläubigerforderung erwirbt. Anderseits auch dadurch nicht, daß der Ausgleichungsberechtigte einen etwaigen besondern, ihm noch vertraglich zustehenden gleichartigen Anspruch einbüßt (etwa durch Verjährung; vgl. am Schlusse dieser A.).

Da die Ausgleichungspflicht gegebenenfalls ohne weiteres besteht, so folgt zugleich, daß die Gesamtschuldner auch bereits **zur Mitwirkung behufs Befriedigung** des Gläubigers gegeneinander verpflichtet sind, und daß mithin einer gegen den andern ein klagbares Recht darauf hat, falls nicht besondere Verhältnisse maßgebend entgegenstehen (RG 79, 291; 81, 418; 92, 151). Danach hat also jeder Gesamtschuldner den seinem Anteile entsprechenden Betrag bei Fälligkeit an den Gläubiger zu zahlen, und er wird im Verzugsfalle dem andern Gesamtschuldner gegenüber für den vollen diesem daraus erwachsenen Schaden gemäß § 286 haftbar (RG 79, 291). Regelmäßig besteht die Beitragspflicht unter den Gesamtschuldnern **zu gleichen Teilen,** und dem entspricht auch das gegenseitige Rückgriffsrecht, wobei im Auge zu behalten ist, daß ein Ausgleichs*anspruch* wegen einer Gesamtschuld auf Schadensersatz nur in den Grenzen besteht, in denen der die Ausgleichung beanspruchende Gesamtschuldner dem Gläubiger schadensersatzpflichtig ist und eine Ausgleichungs*pflicht* nur in dem Maße, in dem auch der auf Ausgleichung in Anspruch genommene Gesamtschuldner dem Gläubiger schadensersatzpflichtig ist (RG 84, 431, wo es sich um die Ausgleichung zwischen einem aus einem Beförderungsvertrage und anderseits einem aus dem Kraftfahrzeuggesetze Haftbaren handelte). Die *Kosten*, die einem Mitverpflichteten im Prozesse des Gläubigers wider ihn entstanden sind, gehören nicht mit zum Gegenstande der Ausgleichung, sie stellen nur seinen eigenen Vermögensschaden dar (RG 92, 148), und es haben auch die Prozesse des Gläubigers mit den einzelnen Verpflichteten keine Rechtskraftwirkung für oder gegen den Ausgleichungsanspruch (RG 92, 153); vgl. § 425 A 2. — Hat sich der eine von den Ausgleichungsverpflichteten als unvermögend erwiesen, so überträgt sich die **Haftung für den Ausfall** zu gleichen Verhältnissen auf die übrigen Mitschuldner, und zwar nach dem gleichen Verteilungsmaßstabe, der bei der Hauptausgleichung gemäß § 426 Satz 1 maßgebend war (RG 92, 146). — Die *Ausgleichung* der Schadensersatzpflichtigen nach § 17 *KraftFahrG* hat für die Anwendbarkeit dieser Vorschrift nur zur Voraussetzung, daß zwei Kraftfahrzeuge, oder ein solches und eine Eisenbahn, oder ein Kraftfahrzeug und ein Tier bei der Verursachung des Schadens mitgewirkt haben, und die Unternehmer oder Halter einem Dritten zum Schadensersatze kraft Gesetzes gegebenenfalls aus den §§ 823, 276 bzw. 833 verpflichtet sind, und gemäß § 17 Abs 1 Satz 2 greifen die Grundsätze des Satzes 1 auch dann Platz, wenn der Schaden einem von den beteiligten Fahrzeughaltern — oder nach Abs 2 beteiligten Eisenbahnunternehmern oder Tierhaltern — selbst entstanden ist (RG 96 S. 69, 130). Die die Ausgleichung zwischen *mehreren Kraftfahrzeugen* oder zwischen dem Halter und dem Führer regelnden Bestimmungen der §§ 17, 18 KraftfahrG finden auch dann Anwendung, wenn die Haftung nicht auf Grund dieses Gesetzes, sondern auf Grund eines andern Gesetzes begründet ist (RG 87, 65).

Mitberücksichtigung **der Grundsätze der §§ 254, 278.** Wie im Verhältnisse zwischen dem Schädiger und dem Beschädigten, so ist auch bei der Ausgleichung zwischen den mehreren Haftbaren der **Grundsatz des § 254** heranzuziehen und demgemäß zu ermitteln, ob der Schaden überwiegend durch den einen oder den andern Gesamtschuldner verursacht worden ist, und wie der Schaden danach unter beide zu verteilen ist (RG 75, 251; 84, 429; 102, 32; Warn 1920 Nr 194; JW 1912, 141[17]; 15, 22[7]). Der § 254 ist bei der Ausgleichung auch dann anzuwenden, wenn die Gesamthaftung wegen Mitwirkung an einer unerlaubten Handlung gemäß § 840 besteht, und selbst dann, wenn der eine der Mitverpflichteten nach Maßgabe des HaftpflG, oder etwa des KraftFahrG, der andere wegen unerlaubter Handlung haftbar geworden (RG 69, 422; 87, 67; Warn 1911 Nr 394); desgleichen wenn von zwei durch den beiderseitigen Betrieb aus § 1 HaftpflG haftbar gewordenen Eisenbahnunternehmern der eine von diesen dem Verletzten außerdem auch aus dem Beförderungsvertrage haftet (RG 61, 56). — *Die mehreren zur Ausgleichung Verpflichteten* haften auf die Ausgleichung dem Ausgleichungsberechtigten regelmäßig *nicht als Gesamtschuldner*, weil solches dem Wesen der Ausgleichungspflicht widerspricht (RG 92, 146; JW 1914, 922[7]). Eine Gesamtschuld besteht aber dann, wenn der eine von mehreren Gesamtschuldnern nach dem Grundsatze des § 254 von der Beitragspflicht den übrigen Gesamtschuldnern gegenüber frei ist und er nunmehr von den letzteren Ersatz dessen verlangt, was er dem Geschädigten hat gewähren müssen (RG 87, 67). — Soweit eine gegenseitige Ausgleichungspflicht besteht, greift auch der **Grundsatz des § 278** Platz, sofern sich die Haftung des einen Gesamtschuldners aus dem Verschulden seines Erfüllungsgehilfen ergibt (RG Gruch 59, 354). Im Falle des Haftpflichtgesetzes muß das schuldhafte Verhalten eines Angestellten des Unternehmers auch dann als ein die Betriebsgefahr erhöhender Umstand angesehen werden, wenn der Unternehmer wegen sorgfältiger Auswahl des Angestellten von eigener Haftung frei ist, und dieser Umstand ist auch bei der Ausgleichung in Gemäßheit der §§ 426, 254 zu berücksichtigen (RG 93, 98).

Da der Ausgleichungsanspruch selbständig für sich besteht, so unterliegt er auch seiner **eigenen Verjährung,** gleichgültig welcher Verjährung der Gläubigeranspruch unterworfen ist. Daher greift für ihn die dreißigjährige Verjährung selbst dann Platz, wenn die auf unerlaubter Handlung beruhende und durch die Leistung des einen Gesamtschuldners auf diesen nach § 426 Abs 2 übergehende Gläubigerforderung gemäß § 852 in drei Jahren verjährt (RG 69, 426).

2. Die zuvor erörterten Grundsätze von der Ausgleichungspflicht gelten nur für den Regelfall. **Ein anderes kann bestimmt sein** durch Gesetz (§§ 840 Abs 2, 3, 841, 1833 Abs 2, 735 Satz 2 BGB, §§ 432 Abs 3, 735 Abs 2 HGB [RG 51, 367; 61, 60]; §§ 17, 18 KraftFahrG, s. A 1) sowie durch den Grundsatz des § 254 (RG Warn 1912 Nr 64; vgl. A 1 Abs 3) oder durch das Vertragsverhältnis (RG 75, 251), gegebenenfalls auch stillschweigend (RG 79, 291; 91, 278; 61, 56). Maßgebend kann auch die Natur des besondern Rechtsverhältnisses sein (RG 88, 123; Warn 1914 Nr 247; JW 1912, 240[7], betreffend die Ausgleichung unter Gesellschaftern entsprechend dem vertragsmäßigen Beteiligungsverhältnisse), so daß der Satz 1 sich überhaupt nur als eine Hilfsregel darstellt, wenn jeder sonstige Verteilungsmaßstab, insbesondere auch der aus § 254, fehlt (RG 75, 256). Eine besondere gesetzliche Regelung ist gegeben für das Verhältnis unter den Indossanten und dem Akzeptanten eines Wechsels, die an sich ebenfalls Gesamtschuldner sind; die Ausgleichung unter ihnen findet aber nicht nach § 426 statt (RG 48, 152; 27. 9. 11 I 261/10). Der einlösende Aussteller oder Indossant erwirbt auch nicht die Wechselforderung seines Nachmannes, vielmehr lebt nur seine alte eigene Forderung wieder auf (RG 48, 155); und zwischen dem Akzeptanten und einem Mitunterzeichner des Wechsels findet weder eine Ausgleichung, noch zugunsten des zahlenden Mitunterzeichners ein Rechtsübergang gemäß § 426 statt (RG 96, 136). Vgl. im übrigen in Ansehung der Beziehungen aus Wechselunterschriften § 421 A 1 Abs 1 a. E. Gemäß § 774 Abs 2 haften Mitbürgen untereinander „nur nach § 426", und gemäß § 1225 Satz 2 gilt das gleiche bei mehreren Pfandschuldnern, die nicht zugleich persönliche Schuldner sind, und zwar gilt das für ihr Verhältnis untereinander wie auch für das zum Bürgen. Übernehmen mehrere Bürgen die Bürgschaft für dieselbe Schuld je in verschiedener Höhe, so ist der Rückgriff gegen den Bürgen ausgeschlossen, der den von ihm übernommenen Höchstbetrag bereits an den Gläubiger bezahlt hat (RG 81, 414; JW 1912, 746[9]). Nach §§ 432, 454 Abs 2 HGB haften auch mehrere Frachtführer oder mehrere Eisenbahnunternehmer, die die Beförderung nacheinander übernommen haben, als Gesamtschuldner, und der § 426 findet auch unter ihnen Anwendung (RG 61, 56). Haben nach der Gemeindesteuerordnung der Veräußerer und der Käufer die Umsatzsteuer zu tragen, so sind sie Gesamtschuldner, und es findet unter ihnen die Regel des § 426 Satz 1 Anwendung, weil ein Ausnahmefall im Sinne dieser Vorschrift nicht vorliegt; denn es gehört die Umsatzsteuer nicht zu den Kosten, die nach § 449 der Verkäufer gegenüber dem Käufer zu tragen hat (RG 75, 209). Ein Vater, der durch Vernachlässigung seiner Aufsichtspflicht den Eisenbahnunfall seines Kindes mit verschuldet hat, ist dem Eisenbahnunternehmer zur Ausgleichung nach § 426 verpflichtet, falls seine Handlungsweise nicht allein gegen §§ 1627, 1631, sondern zugleich auch gegen § 823 Abs 1 verstößt (RG Warn 1912 Nr 64). Wer einen Ausnahmefall von § 426 behauptet, ist dafür beweispflichtig (RG 88, 126).

3. **Der in Abs 2 bestimmte Übergang der Gläubigerforderung kraft Gesetzes** (§ 412) ist das Mittel für die Durchführung des Anspruchs auf Ausgleichung aus Abs 1, falls und soweit der Ausgleichungsberechtigte den Gläubiger bereits befriedigt hat. Die Forderung geht über, soweit der Gesamtschuldner den Gläubiger befriedigt hat und er von den Mitschuldnern die Ausgleichung verlangen kann (RG 92, 145). In welcher Weise die Befriedigung bewirkt worden ist, ob durch die Leistung des Geschuldeten, oder durch Hingabe an Erfüllungs Statt, durch Hinterlegung oder durch Aufrechnung, ist gleichgültig. Der Erlaß aber stellt keine Befriedigung dar. Hat der Gesamtschuldner nicht mehr als den nach Abs 1 auf ihn entfallenden Betrag geleistet, dann hat er nur die ihm im Verhältnisse zu den Mitschuldnern bestehende Verpflichtung erfüllt und ein Rückgriffsrecht

besteht nicht. Haften ein Grundstückseigentümer und ein Hypothekengläubiger einem Dritten als Gesamtschuldner, und ist dem Dritten als Gläubiger die Hypothek zur Einziehung überwiesen und liquidiert demnächst der Gläubiger bei der Zwangsversteigerung des Grundstücks den auf die Hypothek entfallenen Betrag für sich, dann geht die Forderung des Gläubigers gegen den Grundstückseigentümer auf den Hypothekengläubiger über, weil der Gläubiger Befriedigung aus dem Vermögen des Hypothekengläubigers erhalten hat (**RG** 65, 417). — Einen Anspruch an den Gläubiger auf Abtretung seiner Forderung hat der ihn befriedigende Gesamtschuldner nicht (**RG** JW 02 Beil 245[188]).

4. Über diese Beschränkung vgl. die Ausführungen bei § 268 A 4. — Ein Gesamtschuldner, der vom Gläubiger in Anspruch genommen wird, kann nicht auf Grund der bloßen, von dem Mitschuldner nicht als richtig anerkannten Behauptung, daß ihm seinem Mitschuldner gegenüber ein volles Ausgleichungsrecht zustehe, gegen seine Leistung vom Gläubiger die Zug-um-Zug-Herausgabe des Pfandes fordern, das der Mitschuldner dem Gläubiger bestellt hat, und er kann auch nicht seine Leistung bis zur Herausgabe des Pfandes zurückhalten; einmal stünde ihm der § 273 in Hinblick auf dessen Ausnahmefall (§ 273 A 5) entgegen, sodann aber auch Satz 2 Abs 2 des § 426, beides weil die Lage des Gläubigers dadurch in unbilliger Weise verschlechtert werden würde (**RG** 82, 25).

5. Über den Rechtsübergang bei **Gesamthypotheken** infolge der Befriedigung des Gläubigers durch einen der Eigentümer oder durch den persönlichen Schuldner vgl. §§ 1173, 1174.

6. Übergangsrecht. Der § 426 Abs 2 greift auch dann Platz, wenn eine vor dem 1. Januar 1900 entstandene Forderung nach diesem Tage erfüllt wird (**RG** JW 01, 226).

§ 427

Verpflichten sich mehrere durch Vertrag gemeinschaftlich zu einer teilbaren Leistung, so haften sie im Zweifel als Gesamtschuldner[1]) [2]).

E II 370; P 1 430.

1. Abweichend von der Regel des § 420, entsteht ein Gesamtschuldverhältnis auch bei **teilbarer Leistung,** wenn die Verpflichtung **gemeinschaftlich vertragsmäßig** übernommen wird. Hinsichtlich unteilbarer Leistungen vgl. § 431. Die Vorschrift setzt unbedingt das Bestehen einer vertraglichen Verpflichtung voraus und kann daher auch nicht Anwendung finden, wenn beispielsweise ein Herausgabeanspruch aus § 812 geltend gemacht wird, ohne daß zuvor eine vertragliche Verpflichtung zur Herausgabe auf seiten der mehreren Personen bestanden hatte (**RG** Warn 1914 Nr 114). Haben aber mehrere Personen auf Grund eines Vertrags, in dem sie sich gemeinschaftlich einem Dritten verpflichtet hatten, von diesem eine teilbare Leistung empfangen, dann haften sie auf deren Rückgabe wenn der Dritte den Vertrag anficht, in Gemäßheit des § 427 (**RG** 67, 260). Ausgeschlossen wird die Gesamthaftung durch ausdrückliche oder auch nur stillschweigende Vereinbarung; bei einem Vertrage mit einem nicht rechtsfähigen Verein ist die gesamtschuldnerische Haftung der mehreren Personen, die im Namen des Vereins gehandelt haben, aus § 54 Satz 2 Halbsatz 2 auch dann ausgeschlossen, wenn die dem Vertragsgegner bekannten Satzungen eine beschränkte Haftung ausdrücklich vorsehen (**RG** JW 07, 136[16]). Streitig ist, ob notwendige Voraussetzung des Gesetzes ist, daß sich die mehreren Schuldner gleichzeitig verpflichten, und ob mithin die Vermutung des § 427 schlechthin ausgeschlossen ist, wenn die Schuldner es nacheinander getan haben. Richtiger dürfte es sein, diese Frage zu verneinen. Falls A vertraglich erklärt, seine Sache an B, C und D zu verkaufen, den entsprechenden schriftlichen Vertrag zunächst mit B abschließt, dabei aber er selbst sowohl wie auch B davon ausgehen, daß C und D den Vertrag mitabschließen werden, und wenn demnächst diese beiden dem Vertrage, wenn auch zu verschiedenen Zeiten als Vertragspartei wirklich beitreten, dann ist schwerlich zu bezweifeln, daß B, C und D „gemeinschaftlich" gekauft und Zahlung versprochen haben (a. A. Oertmann A 1). „Gemeinschaftlich" besagt nicht soviel wie „gleichzeitig". Grundsätzlich wird es daher genügen, wenn die mehreren Verpflichteten in bewußter gegenseitiger Beziehung zueinander das nämliche Schuldversprechen, sei es gleichzeitig, sei es nacheinander, vertraglich abgegeben haben. Vgl. **RG** 70, 410. — Nach § 54 Satz 1 in Verbindung mit § 714 haften aus einem namens eines nichtrechtsfähigen Vereins einem Dritten gegenüber durch die zur Geschäftsführung ermächtigten Vereinsmitglieder abgeschlossenen Rechtsgeschäfte die sämtlichen Vereinsmitglieder als Gesamtschuldner; es kann aber durch die Satzung die Haftung auf das Vereinsvermögen beschränkt werden und diese Beschränkung ist wirksam jedenfalls gegenüber solchen Dritten, die davon Kenntnis haben müssen (**RG** 63, 63). Der von einem Berufsverein oder Arbeiterverbande mit dem Unternehmer abgeschlossene Tarifvertrag begründet zwischen dem Verbande und seinen Angehörigen einerseits und dem Unternehmer anderseits kein Gesamtschuldverhältnis; aber auch die einzelnen Arbeiter haften nicht als Gesamtschuldner, da sie sich nicht zu der nämlichen Leistung verpflichten (**RG** JW 1911, 1014[4]). Vgl. dazu noch § 137 A 2 a. E. — Die Er-

nennung eines Schiedsrichters begründet, auch wenn sie nur durch eine Partei erfolgt ist, ein Vertragsverhältnis (Dienstvertrag, nicht Werkvertrag) des Schiedsrichters mit beiden Parteien, und beide Parteien sind daher als Gesamtschuldner dem Schiedsrichter gemäß § 427 zur Entrichtung der ihm gesetzlich zustehenden Vergütung verpflichtet (RG 94, 212). Das muß wohl grundsätzlich auch hinsichtlich der von der Partei, die den Schiedsrichter bestellt hat, ihm zugesagten Vergütung gelten, da sie beim Abschlusse des Vertrags die andere Partei zu vertreten berechtigt ist; a. A. die 5. Aufl. Ordnet ein Schiedsgericht eine Beweisaufnahme, etwa die Vernehmung eines Sachverständigen, an, dann haften für die dadurch verursachten Kosten beide Parteien (auf Grund des durch Vermittlung des Schiedsgerichts zwischen ihnen und dem Sachverständigen abgeschlossenen Vertrags) als Gesamtschuldner (RG 74, 324).

2. Die Gesamtverpflichtung erstreckt sich gegebenenfalls nicht nur auf die **geschuldete Leistung selbst,** sondern auch auf die an ihre Stelle tretende Verpflichtung zum Schadensersatze wegen Nichterfüllung (RG 2. 10. 07 V 645/06), sowie auf sonstige Nebenverpflichtungen, wie ferner auf die Leistungspflicht im Falle des Rücktritts gemäß § 346 oder der Wandelung wie der Minderung gemäß §§ 467, 472, wie endlich auf die Herausgabepflicht nach § 812 im Falle der Anfechtung; alles das jedoch unter Berücksichtigung des § 425 (das. A 2). Soweit es also auf Verschulden ankommt, haftet insoweit nur derjenige Mitschuldner, dem das Verschulden zur Last fällt. Bewirkt der Gläubiger bei einem gegenseitigen Vertrage seine Leistung an alle Gesamtschuldner zusammen, dann ist damit die Vorleistung zugleich jedem einzelnen Schuldner gegenüber im ganzen erfolgt, und es steht sonach keinem von ihnen aus § 320 die Einrede zu, daß er tatsächlich nur einen Teil empfangen habe. Falls der Vertrag durch Anfechtung fortfällt, haftet jeder einzelne als Gesamtschuldner auch aus § 812 auf Herausgabe der allen zusammen zuteil gewordenen Bereicherung (RG 67, 260; vgl. A 1).

§ 428

[1]) **Sind mehrere eine Leistung in der Weise zu fordern berechtigt, daß jeder die ganze Leistung fordern kann, der Schuldner aber die Leistung nur einmal zu bewirken verpflichtet ist (Gesamtgläubiger), so kann der Schuldner nach seinem Belieben an jeden der Gläubiger leisten[2]). Dies gilt auch dann, wenn einer der Gläubiger bereits Klage auf die Leistung erhoben hat[3]).**

E I 323; M 2 157; P 1 442

1. Die §§ 428—430 behandeln das **Gesamtgläubigerrecht** (aktives Gesamtschuldverhältnis). Über den Begriff vgl. § 420 A 1.

2. Das Rechtsverhältnis ist hier folgendes: Trotz einer Mehrheit von Gläubigern wird nach der gesetzlichen Voraussetzung **nur eine Leistung** geschuldet, so daß die einmalige Leistung den Schuldner überhaupt befreit. Dabei ist jeder einzelne Gläubiger in Ansehung des Ganzen selbständig forderungsberechtigt, und daher ist es auch unwesentlich, an wen von den mehreren Gläubigern die Leistung erfolgt; der Schuldner kann vielmehr nach seiner Wahl an jeden von den Gläubigern mit befreiender Wirkung leisten. Da im übrigen das Forderungsrecht jedes Gesamtgläubigers von dem Rechte der andern Gläubiger unabhängig ist (vgl. § 429 A 1), bleibt es auch von der etwaigen Nichtigkeit des Anspruchs eines der Gesamtgläubiger, sowie von etwaigen Vereinbarungen zwischen einem andern Gesamtgläubiger und dem Schuldner unberührt. Ob die nur einem Gesamtgläubiger gegenüber erfolgte Anfechtung das gesamte Vertragsverhältnis vernichtet, wird hier wie entsprechend im Falle der Gesamtschuldnerschaft (§ 421 A 1 unter a) nach dem Grundsatze des § 139 zu entscheiden sein. — Ob ein Gesamtgläubigerverhältnis in diesem Sinne besteht, ist, soweit nicht besondere gesetzliche Vorschriften eingreifen, aus den getroffenen Vereinbarungen und hilfsweise aus der Natur des in Frage stehenden Rechtsverhältnisses durch Auslegung festzustellen; eine Vermutung dafür besteht nicht, vielmehr ist bei teilbaren Leistungen im Zweifel anteilsmäßige Berechtigung anzunehmen (§ 420), bei unteilbaren tritt im Zweifel das Verhältnis des § 432 (vgl. A 1 dazu) ein. Haben z. B. mehrere eine Jagd gemeinschaftlich gepachtet, so ist, da die Leistung unteilbar ist, zwar jeder einzelne zur Klage befugt (RG JW 07, 704[5]), aber er wird gemäß § 432 nur die Leistung an alle fordern können. In allgemeiner Gütergemeinschaft lebende Eheleute sind, wenn jemand der Ehefrau die Tätigkeit im Haushalte unmöglich macht, Gesamtgläubiger, weil beide geschädigt sind (RG 73, 311). Eheleute, die im gesetzlichen Güterstande leben, können die Ansprüche wegen eines der Frau zugestoßenen Unfalls, gleichgültig, wem von ihnen die Ansprüche zustehen, gemeinschaftlich einklagen, weil jeder Ehegatte den andern zur Verfügung über den Anspruch ermächtigen kann, und die gemeinschaftliche Klageerhebung

berechtigt den Schuldner, mit befreiender Wirkung an jeden von beiden Eheleuten zu zahlen (RG 24. 11. 11 III 643/10; Warn 09 Nr 300). — Das Verhältnis der Gesamtgläubiger untereinander regelt § 430.

3. Das Wahlrecht des Schuldners wird auch dadurch nicht ausgeschlossen, daß **einer der Gläubiger bereits Klage auf die Leistung erhoben hat.** Der Schuldner kann auch nach Rechtshängigkeit sich durch Zahlung an einen andern Gläubiger befreien. Eine prozessuale Einrede (der Rechtshängigkeit oder der rechtskräftig entschiedenen Sache) steht ihm gegenüber einem andern Gesamtgläubiger nicht zu (vgl. § 421 A 2). Den Einwand der Erfüllung kann er aber auch noch nach rechtskräftiger Verurteilung nach Maßgabe des § 767 ZPO jedem der Gesamtgläubiger gegenüber geltend machen.

§ 429

[1]) Der Verzug eines Gesamtgläubigers wirkt auch gegen die übrigen Gläubiger[2]).

Vereinigen sich Forderung und Schuld in der Person eines Gesamtgläubigers, so erlöschen die Rechte der übrigen Gläubiger gegen den Schuldner[3]).

Im übrigen finden die Vorschriften der §§ 422, 423, 425 entsprechende Anwendung[4]). Insbesondere bleiben, wenn ein Gesamtgläubiger seine Forderung auf einen anderen überträgt, die Rechte der übrigen Gläubiger unberührt[5]).

E I 325; M 2 159; P 1 442.

1. Die Bestimmungen dieses Paragraphen erklären sich aus der Natur des Gesamtgläubigerrechts, wie es unter § 428 dargestellt worden ist. Das Gesetz geht demnach, wie entsprechend in § 425, so auch hier grundsätzlich davon aus, daß Tatsachen, die den Inhalt der Leistung zu beeinflussen geeignet sind — wie Kündigung, Verschulden, Verzug, Verjährung, rechtskräftiges Urteil —, grundsätzlich nur demjenigen Gläubiger gegenüber wirken, in dessen Person sie sich ereignet haben (Abs 3). Die Ausnahmen enthalten Abs 1 u. 2.

2. Der **Gläubigerverzug** übt eine Gesamtwirkung aus, weil der Schuldner im vorausgesetzten Falle zu erfüllen bereit und auch imstande gewesen war (entsprechend § 424, vgl. A 1 dazu).

3. **Die Vereinigung von Forderung und Schuld in der Person eines Gesamtgläubigers,** sei es, daß ein solcher in die Verpflichtung, oder aber daß der Schuldner in das Gläubigerrecht eingetreten ist, befreit den Eingetretenen von der Schuld nicht nur soweit sie durch Konfusion erloschen ist, sondern auch den übrigen Gläubigern gegenüber. Denn nach dem Grundsatze, daß der Schuldner die Wahl hat, wem er leisten will (§ 428) könnte derjenige, in dessen Person sich Schuld und Forderung vereinigt haben, die Leistung an sich selbst wählen. Für das Innenverhältnis der Gesamtgläubiger bleibt der § 430 maßgebend. — In welcher Form sich die Vereinigung vollzieht, ob durch Erbgang, durch Abtretung oder durch Schuldübernahme — soweit diese den andern Gläubigern gegenüber nach Maßgabe der §§ 414 ff. wirksam wird — ist unwesentlich.

4. Nach § 422 wird durch die **Erfüllung** das gesamte Schuldverhältnis zerstört, ebenso nach § 423 durch den **Erlaß,** falls er auf die Aufhebung des gesamten Schuldverhältnisses gerichtet war. Hinsichtlich des § 425 **(andere Tatsachen)** vgl. die Ausführungen daselbst in A 1 u. 2.

5. Daß der einzelne **Gesamtgläubiger „seine" Forderung auf einen Dritten übertragen** kann, folgt aus der Selbständigkeit der einzelnen Forderungen (§ 428 A 2). Im übrigen wird durch eine solche Abtretung an dem gesamten Schuldverhältnisse selbst nichts geändert. Hinsichtlich des Falles der Vereinigung von Schuld und Forderung in einer Person durch Abtretung an den Schuldner vgl. A 3.

§ 430

Die Gesamtgläubiger sind im Verhältnisse zueinander zu gleichen Anteilen berechtigt, soweit nicht ein anderes bestimmt ist[1]).

E I 337; M 2 169; P 1 444.

1. Das **Innenverhältnis der Gesamtgläubiger.** In erster Linie entscheidet die getroffene Abmachung oder die sich aus dem Geschäftszwecke ergebende Parteiabsicht, mangels derartiger Anhaltspunkte aber ist eine Berechtigung zu gleichen Anteilen anzunehmen. Vgl. § 426 Abs 1 A 2. Daraus folgt für jeden einzelnen Gesamtgläubiger ohne weiteres auch das Recht, nach der Leistung des Schuldners den anteilsmäßig davon auf ihn ent-

fallenden Betrag vom Empfänger der Leistung herauszuverlangen. Wie aber, wenn der Empfänger nur so viel erhalten hat, als ihm im Verhältnisse zu den andern Gläubigern zukommt? Falls die noch schuldig gebliebene Leistung beitreibbar ist, wird der Empfänger mit Erfolg einwenden können, daß er nur das Seinige empfangen habe; falls sich dagegen der Schuldner im übrigen als leistungsunfähig erwiesen hat, wird der Einwand versagen und vielmehr die Regel durchgreifen müssen, daß alle Gesamtgläubiger zu gleichen Anteilen berechtigt sind. Es ist kein Grund ersichtlich, weshalb bloßes Zuvorkommen dem Empfänger der Teilleistung ein Vorzugsrecht geben sollte. A. M. Oertmann A 2. — Einen gesetzlichen Fall von Gesamtgläubigerschaft gibt § 2151 Abs 3; hier ist aber die Verpflichtung zur Teilung durch Abs 3 Satz 3 ausdrücklich ausgeschlossen.

§ 431

[1]) Schulden mehrere eine unteilbare Leistung, so haften sie als Gesamtschuldner[2]).

E I 340; M 2 173; P 1 444.

1. Während der § 420 eine teilbare Leistung im Auge hat und dabei seine Vermutung in gleicher Weise sowohl für den Fall einer Mehrheit von Schuldnern wie den einer Mehrheit von Gläubigern aufstellt, regeln die §§ 431 u. 432 den Fall einer **unteilbaren Leistung**, und zwar hier unterschiedlich, je nachdem es sich um eine Mehrheit von Schuldnern oder von Gläubigern handelt.

2. Steht eine **von mehreren geschuldete unteilbare Leistung** in Frage, so wird überhaupt nicht eine bloße Vermutung dahin aufgestellt, sondern die zwingende Bestimmung gegeben, daß die mehreren Schuldner **als Gesamtschuldner haften.** Entscheidend für die Unteilbarkeit ist hier lediglich die Art des nach dem Schuldverhältnisse an sich geschuldeten Leistungsgegenstandes, so daß es nicht darauf ankommt, ob etwa in der Folge an die Stelle einer unteilbaren Leistung ein auf Geld gerichteter, an sich teilbarer Ersatzanspruch getreten ist (RG 67, 275). Schulden mehrere Schadensersatz und kann der Gläubiger die Herstellung gemäß § 249 fordern, so liegt nur dann eine unteilbare Leistung vor, wenn von allen Schuldnern eine und dieselbe dem Inhalte nach gleiche Naturalherstellung (§ 249 Satz 1) geschuldet wird (RG 67, 273). Geht die vertraglich geschuldete Leistung von vornherein auf Geld, so bleibt § 431 selbst dann unanwendbar, wenn die mehreren Empfänger der Geldleistung je die erlangte Bereicherung (nach Anfechtung des Vertrags) an den Schuldner herauszugeben haben; denn in diesem Falle könnte nur der Umfang der Verpflichtung des einzelnen ungewiß sein, und die Ungewißheit des Umfangs einer Schuldh at mit der Frage der Teilbarkeit nichts zu tun (RG 67, 260). Vgl. auch § 427 A 1 (RG Warn 1914 Nr 114). Ein ursprünglich auf eine unteilbare Leistung mehrerer Verpflichteter gerichtetes Gesamtschuldverhältnis verwandelt sich nicht dadurch in ein anteiliges Schuldverhältnis, daß an Stelle der Naturalrestitution die Verpflichtung zur Geldentschädigung tritt (RG 30. 4. 24 V 86/23). Vgl. im übrigen über die Begriffe der Teilbarkeit und Unteilbarkeit einer Leistung § 266 A 1 Abs. 2 und § 275 A 4.

§ 432

[1]) Haben mehrere eine unteilbare Leistung zu fordern, so kann, sofern sie nicht Gesamtgläubiger sind, der Schuldner nur an alle gemeinschaftlich leisten und jeder Gläubiger nur die Leistung an alle fordern[2]). Jeder Gläubiger kann verlangen, daß der Schuldner die geschuldete Sache für alle Gläubiger hinterlegt oder, wenn sie sich nicht zur Hinterlegung eignet, an einen gerichtlich zu bestellenden Verwahrer abliefert[2]).

Im übrigen wirkt eine Tatsache, die nur in der Person eines der Gläubiger eintritt, nicht für und gegen die übrigen Gläubiger[3]).

E I 339; M 2 171; P 1 446.

1. Ist bei **Unteilbarkeit der geschuldeten Leistung eine Mehrheit von Gläubigern** vorhanden, so gilt folgendes: a) Die mehreren Gläubiger sind Gesamtgläubiger im Sinne der §§ 428—430, wenn hierfür die maßgeblichen Voraussetzungen, sei es kraft gesetzlicher Bestimmung, sei es auf Grund vertraglicher Abmachungen, gegeben sind. b) In allen sonstigen Fällen besteht dagegen unbedingt das Verhältnis gemeinschaftlicher Berechtigung (A 2). Das letztere Verhältnis bildet also im Zweifel die Regel und ist mithin auch zu vermuten, solange nicht der Ausnahmefall zu a nachgewiesen wird. Entsprechende Anwendung findet § 432 auch bei Gemeinschaften zur gesamten Hand (RG 86, 69). — Die Bezeichnung mehrerer Remittenten auf einem gezogenen Wechsel ohne nähere Angabe über ihr Berechtigungs-

verhältnis macht den Wechsel nicht ohne weiteres ungültig, sondern bewirkt (sofern keine Unklarheit im übrigen vorliegt) gemeinschaftliche Berechtigung nach § 432, wie sie für unteilbare Leistungen als Regel durch diese Bestimmung vorgeschrieben ist und der rechtlichen Natur des Wechselverhältnisses entspricht, wonach die Gläubigerschaft keine anteilige (§ 420) sein kann; vgl. Staub-Strantz WO § 4 A 12; a. A. die 5. Aufl im Anschluß an **RG** 66, 9, wo jedoch eine auf mehrere Aussteller in unklarer Weise („Zahlen Sie mir") Bezug nehmende Bezeichnung des oder der Remittenten zugrunde lag. Handelt es sich um den Anspruch (der Miterben) auf Herausgabe von Sachen, dann hängt die Teilbarkeit des Anspruchs von der Art der Sache ab (**RG** JW 1912, 142[11]). Mehrere Mieter, die ein Grundstück gemeinschaftlich gemietet haben, sind gemeinschaftlich berechtigte Gläubiger im Sinne des § 432 (**RG** Gruch 59, 469). — Wegen mehrerer Jagdpächter vgl. § 428 A 2.

2. **Gemeinschaftliche Berechtigung.** Als das berechtigte Subjekt gelten nur alle Gläubiger zusammen (vgl. § 420 A 1). Demgemäß kann auch der Schuldner mit befreiender Wirkung nur an alle gemeinschaftlich leisten, sofern er sich nicht gemäß §§ 372ff. durch Hinterlegung zu befreien vermag. Der einzelne Gläubiger ist jedoch infolge seines Sonderinteresses (Individualrecht) selbständig zu fordern berechtigt entweder, daß der Schuldner an alle leistet oder für alle hinterlegt, oder daß er die geschuldete Sache, falls sie zur Hinterlegung ungeeignet, an einen gerichtlich zu bestellenden Verwahrer abliefert. Dieses Recht steht auch dem Ehemanne, der mit seiner Ehefrau im gesetzlichen Güterstande gelebt hat, gemäß § 1380 Satz 1 den Miterben der Frau gegenüber zu (**RG** JW 1912, 534[12]), und dem einzelnen Miterben kraft seines Individualrechts gemäß § 2039 (**RG** Warn 1916 Nr 248). Über das Verhältnis zwischen mehreren Erben und dem Schuldner vgl. auch zu § 2039. Gemäß § 432 kann auch ein Gesellschafter als Mitglied der Gemeinschaft zur gesamten Hand auf Zahlung an die Gesellschaft klagen, jedoch dann nicht, wenn die Vertretung der Gesellschaft durch Gesetz, wie bei der offenen Handelsgesellschaft, oder durch Vertrag besonders geregelt ist (**RG** 70, 33; 86, 68; SeuffA 71 Nr 43). Stellt einer der Gläubiger ein Verlangen der einen oder der andern zuvor bezeichneten Art, dann befreit sich der Schuldner gegenüber allen Gläubigern dadurch, daß er dem Verlangen nachkommt.

3. Alle **sonstigen Tatsachen,** die nur in der Person eines Gläubigers eintreten — also auch die nicht nach Abs 1 an alle oder für alle erfolgende Leistung, Hinterlegung oder Ablieferung (§ 422), ferner der Erlaß (§ 423) und der Gläubigerverzug (§ 424) — wirken hier weder für noch gegen die andern Gläubiger.

Nachträge

Band II:

S. 94, zu § 482 Anm 2: „Die Abänderung der Kaiserl. VO v. 27. 3. 1899 hat nach RGes v. 4. 3. 1919 (RGBl S. 285) durch den Reichspräsidenten mit Zustimmung des Reichsrates zu erfolgen. A. M. Planck, Anm. 4."

Band III:

S. 153, zu § 893 A 4 a. E.: In **RG** 118, 230 nimmt nun auch das Reichsgericht an, daß die Bewilligung der Eintragung einer Vormerkung, wenn die Eintragung erfolge, mit Rücksicht auf die hierdurch bewirkte dingliche Gebundenheit des betroffenen Grundstücks oder Rechts als eine Verfügung im Sinne des § 893 anzusehen sei.

S. 665, zu § 1190 A 1: In **RG** 118, 162 erklärt auch das Reichsgericht die Eintragung einer zweiten Höchstbetraghypothek für denselben Forderungskreis auf das nämliche Grundstück als nicht inhaltlich unzulässig, wenn sie lediglich, was mangels entgegenstehender besonderer Umstände als ihr Sinn zu erachten, dazu bestimmt sei, denjenigen Betrag der schließlich festzustellenden Gesamtforderung zu decken, der den Höchstbetrag der früheren Hypothek übersteige.

S. 665, zu § 1190 A 1: In **RG** 118, 354 erachtet das Reichsgericht die Eintragung einer Höchstbetraghypothek zur Sicherung von Forderungen gegen mehrere Schuldner, die nicht in Verpflichtungsgemeinschaft stehen, als eine inhaltlich unzulässige, auf welche die dingliche Hypothekenklage nicht gegründet werden könne.

Band IV:

S. 415: Anm. 2 Zeile 14 von unten statt „JW 1917, 739" richtig „JW 1917, 737".

FSC
www.fsc.org
MIX
Papier | Fördert
gute Waldnutzung
FSC® C083411

Kolibri 360 GmbH
Ferdinand-Jühlke-Straße 7
99095 Erfurt, Deutschland
produktsicherheit@kolibri360.de